D1732147

Großkommentare der Praxis

Löwe-Rosenberg

# Die Strafprozeßordnung und das Gerichtsverfassungsgesetz

Großkommentar

**24., neubearbeitete Auflage**

herausgegeben von

Peter Rieß

**Dritter Band**
§§ 198 bis 295

Bearbeiter:

§§ 198 bis 212 b: Peter Rieß      §§ 213 bis 295: Walter Gollwitzer

1987

**Walter de Gruyter · Berlin · New York**

Erscheinungdaten der Lieferungen:

§§ 198 bis 212b     (2. Lieferung):   September 1984
§§ 213 bis 225a     (3. Lieferung):   Oktober 1984
§§ 226 bis 243      (5. Lieferung):   Dezember 1984
§§ 244 bis 248      (7. Lieferung):   August 1985
§§ 249 bis 266      (16. Lieferung):  März 1987
§§ 267 bis 295      (11. Lieferung):  Mai 1986

*CIP-Kurztitelaufnahme der Deutschen Bibliothek*

**Die Strafprozessordnung und das Gerichtsverfassungsgesetz:**
Grosskommentar/Löwe-Rosenberg. Hrsg. von Peter Riess. —
Berlin; New York: de Gruyter
   (Grosskommentare der Praxis)
   Teilw. verf. von Hanns Dünnebier . . .
NE: Löwe, Ewald [Begr.]; Dünnebier, Hanns [Mitarb.]; Riess, Peter
[Hrsg.]
Löwe-Rosenberg, . . .
Bd. 3.   §§ 198 bis 295/Bearb.:   §§ 198—212b: Peter Riess.
§§ 213—295: Walter Gollwitzer. — 24., neubearb. Aufl. — 1987.

Printed in Germany.

Satz und Druck: H. Heenemann GmbH & Co, Berlin 42.
Bindearbeiten: Lüderitz & Bauer, Buchgewerbe GmbH, Berlin 61.

## Die Bearbeiter der 24. Auflage

Dr. **Hans Dahs**, Rechtsanwalt, Honorarprofessor an der Universität Bonn

Dr. **Karl Heinz Gössel**, Professor an der Universität Erlangen-Nürnberg, Vorsitzender Richter am Landgericht München I

Dr. **Walter Gollwitzer**, Ministerialdirigent im Bayerischen Staatsministerium der Justiz, München

Dr. **Ernst-Walter Hanack**, Professor an der Universität Mainz

Dr. **Hans Hilger**, Vorsitzender Richter am Landgericht Bonn

Dr. **Klaus Lüderssen**, Professor an der Universität Frankfurt am Main

Dr. **Peter Rieß**, Ministerialdirigent im Bundesministerium der Justiz, Honorarprofessor an der Universität Göttingen

Dr. **Gerhard Schäfer**, Vorsitzender Richter am Landgericht Stuttgart

Dr. **Karl Schäfer**, Senatspräsident a. D. in Frankfurt am Main

**Günter Wendisch**, Generalstaatsanwalt a. D. in Bremen

# Inhaltsübersicht

ZWEITES BUCH

**Verfahren im ersten Rechtszug**

# VIERTER ABSCHNITT

## Entscheidung über die Eröffnung des Hauptverfahrens

### Vorbemerkungen

**Schrifttum.** *Arndt* Fehlerhafte Eröffnungs-Beschlüsse, GerS **101** (1932) 187; *Biechtler* Die gerichtliche Anklageprüfung, NJW **1950** 530; *Fezer* Richterliche Kontrolle der Staatsanwaltschaft vor Anklageerhebung? Gedächtnisschrift Schröder S. 407; *Germann* Der Eröffnungsbeschluß, NJW **1960** 758; *Goebel* Sinnwandel des Eröffnungsbeschlusses? MDR **1962** 437; *Kern* Die Ausschließung des Eröffnungsrichters im erkennenden Gericht, FS v. Weber S. 368; *Nagler* Das Zwischenverfahren, GerS **111** (1938) 342; *Oetker* Die Begründung des Strafprozesses, GerS **99** (1930) 241; *Oetker* Der Wert des Eröffnungsbeschlusses, GerS **106** (1935) 66; *Roxin* Die Reform der Hauptverhandlung im deutschen Strafprozeß, in Probleme der Strafprozeßreform (1975) S. 52; *Schmid* Die „Verwirkung" von Verfahrensrügen im Strafprozeß (1967) S. 173 bis 218; *Eb. Schmidt* Anklageerhebung, Eröffnungsbeschluß, Hauptverfahren, Urteil, NJW **1963** 1081. Zum beschleunigten Verfahren vgl. das bei § 212 angegebene Schrifttum.

**Entstehungsgeschichte.** Der Abschnitt ist neben zahlreichen kleineren Änderungen der einzelnen Vorschriften (vgl. die Entstehungsgeschichte dort) mehrfach einschneidend umgestaltet und erweitert worden, besonders tiefgreifend durch die — vorübergehende — Beseitigung des Eröffnungsbeschlusses, durch die Umwandlung des die Tat konkretisierenden Eröffnungsbeschlusses in eine formale Zulassung der Anklage durch das StPÄG 1964 und infolge der Abschaffung der gerichtlichen Voruntersuchung durch das 1. StVRG.

In seiner ursprünglichen Fassung (§§ 196–211) sah der Abschnitt — wie heute — in jedem Fall eine gerichtliche Entscheidung über die Eröffnung des Hauptverfahrens vor, bei der jedoch das Gericht bei der Eröffnung des Hauptverfahrens die dem Angeklagten zur Last gelegte Tat bezeichnete (§ 205 a. F.). Da in dem Antrag auf Eröffnung der gerichtlichen Voruntersuchung die öffentliche Klage lag, kam eine Einstellung des Verfahrens durch die Staatsanwaltschaft nach der Voruntersuchung nicht in Betracht, vielmehr war in jedem Fall über die Eröffnung des Hauptverfahrens oder die Außerverfolgungsetzung zu beschließen. Eine den heutigen §§ 206 a, 206 b entsprechende Regelung fehlte; Ansätze des heutigen beschleunigten Verfahrens (§§ 212 bis 212 b) enthielt § 211 a. F. § 208 a. F. enthielt einen Vorläufer des heutigen § 154; er wurde mit dessen Einführung durch die EmmingerVO gestrichen, die ferner dem Abschnitt die im Kern noch heute maßgebende Gliederung und die Paragraphenbezeichnung §§ 198 bis 212 gab.

Mit der Beseitigung des Eröffnungsbeschlusses gemäß dem Erlaß des Führers über die Vereinfachung der Rechtspflege vom 21. 3. 1942 (RGBl. I 139) aufgrund von Art. 1 der 2. VereinfVO durch die VO über die Beseitigung des Eröffnungsbeschlusses im Strafverfahren vom 13. 8. 1942 (RGBl. I 512) trat an seine Stelle die Anordnung der Hauptverhandlung durch den Vorsitzenden. Der Abschnitt erhielt eine vollständig neue Fassung (§§ 198 bis 207). An die Stelle der zentralen §§ 203, 204, 206 und 207 traten folgende Vorschriften:

### § 202

(1) [1]Hat der Vorsitzer gegen die Anordnung der Hauptverhandlung keine Bedenken, so bestimmt er Ort und Zeit der Hauptverhandlung. [2]Er beschließt zugleich über die Anordnung oder Fortdauer der Untersuchungshaft oder einstweiligen Unterbringung.

Peter Rieß

(2) Hat der Vorsitzer gegen die Anordnung der Hauptverhandlung Bedenken, so führt er die Entscheidung des Gerichts herbei.

### § 203

(1) Das Gericht lehnt die Anordnung der Hauptverhandlung ab, wenn nach seiner Überzeugung aus tatsächlichen oder rechtlichen Gründen mit Sicherheit zu erwarten ist, daß der Angeschuldigte in der Hauptverhandlung nicht verurteilt wird.

(2) Es lehnt die Anordnung der Hauptverhandlung wegen Unzuständigkeit ab,
1. wenn in seinem Bezirk kein Gerichtsstand begründet ist;
2. wenn die Sache nicht zur sachlichen Zuständigkeit des Gerichts gehört, insbesondere wenn nach Auffassung des Amtsrichters mit großer Wahrscheinlichkeit damit zu rechnen ist, daß die zu verhängende Strafe oder Maßregel der Sicherung und Besserung seine Strafgewalt überschreitet.

(3) Ist wegen mehrerer Taten Anklage erhoben und wird nur wegen einzelner von ihnen die Anordnung der Hauptverhandlung abgelehnt, so werden diese Taten in dem Beschluß bezeichnet.

(4) Der ablehnende Beschluß wird dem Staatsanwalt und dem Angeschuldigten bekannt gemacht.

(5) Hat das Gericht gegen die Anordnung der Hauptverhandlung keine Bedenken, so bestimmt der Vorsitzer Ort und Zeit der Hauptverhandlung.

Der neue § 204 entsprach inhaltlich etwa dem jetzigen § 210, § 205 blieb inhaltlich unverändert, § 206 entsprach im wesentlichen dem jetzigen § 206 a und § 207 dem heutigen § 211.

Das VereinhG stellte den Eröffnungsbeschluß wieder her und gab dem Abschnitt im wesentlichen die frühere Fassung unter Einbeziehung des beschleunigten Verfahrens (§§ 212 bis 212 b), das bereits vorher außerhalb des Textes der StPO geregelt war (vgl. Entstehungsgeschichte zu § 212). Das StPÄG 1964 ersetzte den die Tat beschreibenden Eröffnungsbeschluß durch die Zulassung der Anklage. Die Abschaffung der gerichtlichen Voruntersuchung durch das 1. StVRG führte zur Streichung der §§ 198, 208 und zur Änderung mehrerer Vorschriften. Weitere Änderungen traten durch das StVÄG 1979 ein, das namentlich die Verweisung zwischen Spezialstrafkammern in § 209 a regelte.

*Übersicht*

### 1. Inhalt und Aufbau des Abschnitts

**1** **a) Zwischenverfahren.** Das deutsche Strafverfahrensrecht schiebt im normalen Verfahren zwischen die Anklageerhebung durch die Staatsanwaltschaft und das gerichtliche Hauptverfahren, das regelmäßig mit einem aufgrund einer Hauptverhandlung ergehenden Urteil endet, ein besonderes gerichtliches Prüfungsverfahren ein, das in der Praxis, ohne daß das Gesetz hierfür einen eigenen Ausdruck enthält, als Zwischenverfahren oder (besser) **Eröffnungsverfahren** bezeichnet wird (zur unterschiedlichen Terminologie in der Lehre *v. Hippel* 470 Fußn. 4). Der Abschnitt regelt die Anklageerhebung als Voraussetzung des Zwischenverfahrens (§§ 199, 200), das Verfahren bis zur Eröffnungsentscheidung (§§ 201, 202), die Maßstäbe und Grundsätze für die Entscheidung (§§ 203, 206), den negativen (§ 204) und positiven (§ 207) Beschluß, das Verfahren bei sachlicher Unzuständigkeit (§ 209) und bei Unzuständigkeit wegen Eingreifens einer gesetzlichen Spezialzuständigkeit (§ 209a) sowie die Anfechtbarkeit (§ 210) und die Rechtskraftwirkung der negativen Entscheidung (§ 211). Eine Regelung über das Verfahren bei örtlicher Unzuständigkeit des angerufenen Gerichts fehlt (vgl. § 204, 6 f).

**b) Weiterer Inhalt des Abschnitts.** Die §§ 205, 206a und 206b haben mit diesem **2** Zwischenverfahren nur eine lose Verbindung; sie gelten trotz ihrer Stellung im vierten Abschnitt des zweiten Buches nicht nur in diesem sondern auch, die §§ 206 a und 206 b sogar nur für andere Verfahrensabschnitte (vgl. § 205, 3 ff; § 206 a, 8; § 206 b, 6).

Auch das **„beschleunigte Verfahren"** (§§ 212 bis 212 b) steht mit der „Entschei- **3** dung über die Eröffnung des Hauptverfahrens" nur insoweit in einem äußerlichen Zusammenhang, als eine seiner Besonderheiten das Fehlen der Voraussetzung der schriftlichen Anklage und des Eröffnungsbeschlusses darstellt. Systematisch gehört es zu den besonderen Verfahrensarten des sechsten Buches (§ 212, 1 ff).

**c) Entsprechende Geltung.** Das Zwischenverfahren mit ausdrücklicher Eröffnung **4** des Hauptverfahrens gibt es auch im Privatklageverfahren (§ 383) sowie im Sicherungsverfahren nach den §§ 413 ff (§ 414 Abs. 1). Auch die ehrengerichtlichen Verfahren, die dem Muster der Strafprozeßordnung nachgebildet sind, kennen den Eröffnungsbeschluß[1], nicht dagegen die beamtenrechtlichen Disziplinarverfahren[2].

### 2. Ablauf des Zwischenverfahrens

**a) Anklageerhebung.** Nach der Beseitigung der gerichtlichen Voruntersuchung **5** (vgl. Einl. Kap. 13, B I) kann die öffentliche Klage als Voraussetzung des Zwischenverfahrens nur noch durch Einreichung einer Anklageschrift erhoben werden[3], im Privatklageverfahren ist eine entsprechende Anklageschrift des Privatklägers erforderlich (§§ 381, 383). Ohne eine solche Anklageschrift, die Prozeßvoraussetzung ist, kann ein wirksames Zwischenverfahren nicht in Gang gesetzt werden; ein irrtümlicherweise ohne wirksame Anklage erlassener Eröffnungsbeschluß stellt keine taugliche Grundlage für das weitere Verfahren dar, vielmehr ist wegen Fehlens der Klage das Verfahren einzustellen (§ 207, 60). Mit der Klageerhebung wird die Sache bei Gericht anhängig (Vor § 151); der Beschuldigte wird als Angeschuldigter bezeichnet.

**b) Gerichtliche Tätigkeit.** Das Zwischenverfahren ist ein schriftliches Verfahren **6** unter Verwendung des gesamten Akteninhalts nach den Grundsätzen des Freibeweises. Es beginnt mit der Zustellung der Anklageschrift an den Angeschuldigten (§ 201), durch die dieser umfassendes rechtliches Gehör erhält, namentlich die Möglichkeit, Beweisanträge zu stellen. Auf diese hin oder von Amts wegen kann das Gericht, soweit dies für die Entscheidung über die Eröffnung erforderlich ist, einzelne Beweiserhebungen an-

---

[1] Vgl. z. B. §§ 130 bis 132 BRAO; dazu *Isele* 1593.
[2] Vgl. z. B. § 67 BDO.
[3] Die Strafprozeßordnung behandelte (§ 170 Abs. 1, § 198) den Antrag auf Eröffnung der Voruntersuchung als Erhebung der öffentlichen Klage. Deshalb war nach Abschluß der gerichtlichen Voruntersuchung in jedem Fall ein Zwischenverfahren durchzuführen

(§ 198 Abs. 1), das entweder durch Anklage oder durch staatsanwaltschaftlichen Außerverfolgungsetzungsantrag eingeleitet wurde (§ 198 Abs. 2). Beschloß das Gericht entgegen dem Antrag der Staatsanwaltschaft die Eröffnung des Hauptverfahrens, so hatte die Staatsanwaltschaft eine Anklage nachzureichen (§ 208 Abs. 2).

Peter Rieß

ordnen (§ 202). Im Zwischenverfahren ist nicht nur die sachliche Zuständigkeit (§ 6), sondern auch die örtliche Zuständigkeit (§ 16 Satz 1) und die Zuständigkeit besonderer Strafkammern (§ 6 a Satz 1) von Amts wegen zu beachten.

**7**     **c) Entscheidungen.** Bei regelmäßigem Verlauf des Eröffnungsverfahrens lautet die gerichtliche Entscheidung entweder auf Eröffnung des Hauptverfahrens (§ 203) oder auf Ablehnung der Eröffnung (§ 204); eröffnet wird das Hauptverfahren regelmäßig in der Form, daß die Anklage zur Hauptverhandlung zugelassen wird (§ 207 Abs. 1), dabei kann das Gericht, wenn es sich im Rahmen der angeklagten Tat hält (§ 206, 2), Änderungen der Anklage beschließen. Maßstab für diese Entscheidung ist, ob der Angeschuldigte durch das von der Anklage abgegrenzte Verhalten „einer Straftat hinreichend verdächtig erscheint" (§ 203, 6 ff). Dieser abschließenden Entscheidung kann eine Vorlage an ein Gericht höherer Ordnung oder ein Jugendgericht gleicher Ordnung oder eine nach § 74 e GVG in der Reihenfolge vorgehende Strafkammer vorangehen, wenn das ursprünglich mit der Sache befaßte Gericht diese für zuständig hält (§ 209 Abs. 2, § 209 a); sie kann durch vorläufige Einstellung wegen eines vorübergehenden Hindernisses (§ 205) oder nach § 262 Abs. 2 (OLG Köln *Alsb.* E 2 81) hinausgeschoben werden; sie wird entbehrlich, soweit die Anklage zurückgenommen (vgl. §§ 156, 391 Abs. 1) oder das Verfahren nach den §§ 153 Abs. 2, 153 a Abs. 2, 153 b Abs. 2, 153 e Abs. 2, 154 Abs. 2, 154 b Abs. 2, 154 e Abs. 2, 383 Abs. 2 oder § 47 JGG eingestellt wird. Ist das angegangene Gericht örtlich unzuständig, so wird das Verfahren durch Unzuständigkeitserklärung beendet (§ 204, 7). Zur Wirkung des Eröffnungsbeschlusses vgl. § 207, 3 ff; zur (beschränkten) Rechtskraft der Nichteröffnung § 211 und die dortigen Erl.

**8**     **Zuständig** für die Entscheidungen im Zwischenverfahren ist grundsätzlich das Gericht, das für das Hauptverfahren zuständig wäre (näher § 199, 3 f). Richter, die an der Eröffnungsentscheidung mitgewirkt haben, sind für das Hauptverfahren weder kraft Gesetzes ausgeschlossen[4] noch begründet diese Mitwirkung allein die Besorgnis der Befangenheit[5].

**9**     **3. Fehlendes Zwischenverfahren.** Obwohl nach dem Aufbau der Strafprozeßordnung der Eröffnungsbeschluß die regelmäßige Einleitungsform des gerichtlichen Verfahrens darstellt, stehen ihr in der Rechtswirklichkeit zahlenmäßig, wenn auch nicht in bezug auf die Bedeutung der Verfahren, die Verfahrenseinleitungen ohne förmliches Zwischenverfahren gleich[6]. Es findet nicht statt im beschleunigten Verfahren (§§ 212 bis 212 b), im Strafbefehlsverfahren (§ 407 ff), im vereinfachten Jugendverfahren (§§ 76 bis 78 JGG) sowie im objektiven Einziehungsverfahren (§ 440). Kommt es im Strafbefehlsverfahren nach § 408 Abs. 2 oder auf Einspruch zum Hauptverfahren, so ersetzen der Strafbefehlsantrag oder der Strafbefehl den Eröffnungsbeschluß. Das förmliche Zwischenverfahren entfällt auch, wenn das Gericht auf Nachtragsanklage der Staatsanwaltschaft durch Beschluß nach § 266 Abs. 1 eine Tat einbezieht, doch setzt dieser Beschluß voraus, daß die materiellen Voraussetzungen für eine Eröffnung des Hauptverfahrens vorliegen (vgl. die Erläuterungen zu § 266).

---

[4] Bis zur EmmingerVO bestimmte § 23 Abs. 3 der Sache nach, daß in Strafkammersachen der „Berichterstatter" der Eröffnungsentscheidung im Hauptverfahren kraft Gesetzes ausgeschlossen war; dazu ausführlich *Kern* 369.

[5] Vgl. § 24, 30 f; BVerfGE 30 157; vgl. auch Rdn. 19.

[6] 1981 standen 530 699 durch Anklage und Privatklage eingeleiteten Verfahren 531 917 Verfahren gegenüber, in denen kein Eröffnungsbeschluß erging (436 400 Strafbefehlsanträge, 54 725 vereinfachte Jugendverfahren, 39 871 beschleunigte Verfahren und 921 objektive Verfahren).

**4. Bedeutung des Zwischenverfahrens.** Der Eröffnungsbeschluß stellt **systematisch** **10** und **funktionell** einen entscheidenden Verfahrenseinschnitt dar[7]. Nach seinem Erlaß kann die öffentliche Klage regelmäßig[8] nicht mehr zurückgenommen werden. Er ist **Verfahrensvoraussetzung** für das weitere Verfahren (§ 207, 5), fehlt er oder ist er mit schwerwiegenden Mängeln behaftet (§ 207, 37 ff), so ist das Verfahren von Amts wegen einzustellen. Die Regelung der Anfechtbarkeit des Eröffnungsbeschlusses (§ 210) bewirkt, daß Verfahrensfehler im Vor- und Zwischenverfahren sowie ihm anhaftende, seine Wirksamkeit als Verfahrensvoraussetzung nicht beeinträchtigende Fehler als solche der späteren Prüfung durch das Revisionsgericht weitgehend entzogen sind (§ 207, 70 ff)[9]. Außerdem gewährleistet das Zwischenverfahren dem Angeschuldigten umfassendes rechtliches Gehör und ermöglicht eine umfassende **Prüfung der Zuständigkeit** des erkennenden Gerichts von Amts wegen (§§ 6, 6 a, 16, 209, 209 a); es stellt damit sicher, daß der Verfassungsgrundsatz des gesetzlichen Richters gewahrt und das Hauptverfahren von Zuständigkeitsprüfungen und Zuständigkeitsverschiebungen entlastet wird.

Die **praktische** und **rechtspolitische** Bedeutung des Zwischenverfahrens mit einer **11** Verdachtsprüfung und nachfolgender Eröffnungsentscheidung liegt in seiner Filterwirkung und der durch § 207 eröffneten Möglichkeit, das Hauptverfahren und namentlich die Hauptverhandlung zu straffen und die Gefahr von Unterbrechungen und Aussetzungen zu vermindern. Diese Bedeutung ist durch die Abschaffung der gerichtlichen Voruntersuchung und die Beseitigung des erst durch das StPÄG 1964 geschaffenen Schlußgehörs (§ 169 b) durch das 1. StVRG noch gesteigert worden, nachdem sich, entgegen ursprünglichen Erwartungen[10], gezeigt hatte, daß das Eröffnungsverfahren gegenüber dem Schlußgehör das tauglichere Mittel zur Verhinderung ungerechtfertigter oder überschießender Anklagen darstellt. Durch die Prüfung des hinreichenden Tatverdachts wird der Angeschuldigte davor geschützt, ohne zureichenden Grund einer regelmäßig unangenehmen — möglicherweise sogar trotz der Unschuldsvermutung faktisch sein Ansehen beeinträchtigenden (*Nagler* 356; *Roesen* NJW **1959** 1861) — Hauptverhandlung ausgesetzt zu werden; die Justiz wird von überflüssigen, regelmäßig besonders kapazitätsbeanspruchenden Hauptverhandlungen entlastet; die Inanspruchnahme Dritter (Zeugen, Sachverständige) durch die Erscheinenspflicht in der Hauptverhandlung kann vermieden werden (KMR-*Paulus* 13). Von erheblicher Bedeutung ist, namentlich in umfangreichen und schwierigen Fällen, auch die Befugnis des Angeschuldigten, durch Beweisanträge und Einwendungen schon auf die Eröffnungsentscheidung Einfluß nehmen zu können (*Roxin* § 40 A II 1), zumal bei notwendiger Verteidigung erst jetzt die Mitwirkung eines Verteidigers gewährleistet ist (§ 141 Abs. 1).

Nicht minder bedeutungsvoll ist die Befugnis des Gerichts zur **veränderten Anklagezulassung** (§§ 207, 209, 209 a). Die Befugnis, bereits in diesem Verfahrensabschnitt **12** wegen einzelner Taten das Hauptverfahren nicht zu eröffnen, den Prozeßstoff nach § 154 a zu verändern, die Tat rechtlich anders zu würdigen und Zuständigkeitsfragen zu klären, ermöglicht bei sachgerechter Handhabung eine Konzentration der Hauptverhandlung. Durch Veränderungen in der rechtlichen Beurteilung sowie durch in den Eröffnungsbeschluß aufzunehmende rechtliche Hinweise (§ 207, 26) können Hinweise in der Hauptverhandlung nach § 265 mit der aus ihnen folgenden Gefahr der Unterbre-

---

[7] *Oetker* GerS **99** 250 „In der Eröffnung liegt nächst dem Urteil die wichtigste Prozeßentscheidung“.

[8] Ausnahmen in § 153 c Abs. 3; § 153 d Abs. 2.

[9] BGH NStZ **1981** 447 mit Anm. *Rieß*; *Rieß* GA **1976** 20; *Schmid* 173.

[10] *Goebel* 439; *Eb. Schmidt* Nachtr. I §§ 169a bis 169 c, 1; NJW **1963** 1083.

Peter Rieß

chung oder Aussetzung entbehrlich werden (*Oetker* GerS **106** 77). Auch dem Angeklag-ten wird durch eine veränderte Anklagezulassung deutlich gemacht, ob er sich gegen be-stimmte Anklagevorwürfe noch verteidigen muß; er kann seine Verteidigungsvorberei-tungen auf die dem Eröffnungsbeschluß zugrundeliegende Auffassung einrichten.

### 5. Kritik und Reformvorschläge

**13**  a) **Übersicht.** Das Eröffnungsverfahren ist seit jeher umstritten[11]; die Reforment-würfe haben sehr unterschiedliche Lösungen vorgeschlagen[12]. Nach 1945 ist namentlich *Eb. Schmidt* (I 161 Fußn. 285; Nachtr. I 3; NJW **1963** 1081; NJW **1969** 1143) für eine weitgehende Beseitigung des Zwischenverfahrens eingetreten[13]. Im neueren Schrifttum wird dagegen der prozessuale Wert des Eröffnungsverfahrens überwiegend aner-kannt[14], jedoch wird im Anschluß an die Auseinandersetzungen bei den Beratungen des StPÄG 1964 teilweise die Trennung von eröffnendem und erkennendem Richter durch Einführung eines besonderen „Eröffnungsrichters" gefordert[15]; teilweise wird auch eine stärkere Aktivierung der Beweisaufnahme im Zwischenverfahren und eine umfas-sendere Kontrolle des Ermittlungsverfahrens vorgeschlagen[16]. Von anderer Seite[17] wird gegen die schon im Eröffnungsverfahren dem Gericht nach § 207 Abs. 2 mögliche Umgestaltung der Strafklage Kritik erhoben.

**14**  Dabei ist die sachlich **entscheidende Streitfrage** die, ob im Zwischenverfahren eine Prüfung des hinreichenden Tatverdachts stattfinden soll oder ob die Hauptver-handlung bei Vorliegen der auch ohne besonderes Zwischenverfahren in jeder Verfah-renslage von Amts wegen zu prüfenden Verfahrensvoraussetzungen (*Eb. Schmidt* NJW **1963** 1084) in jedem Fall soll stattfinden müssen. Gegen die Verdachtsprüfung durch das später erkennende Gericht wird neben dem Hinweis, daß sie überwiegend schema-tisch erfolge und deshalb nur eine überflüssige Arbeitsbelastung und Verzögerung mit sich bringe (*Jescheck* JZ **1970** 204), in erster Linie eingewandt, sie bewirke tatsächlich (*Roesen* NJW **1959** 1861; *Roxin* § 40 A II 2) oder aus der Sicht des Angeschuldigten (LR-*Kohlhaas*[22] 5; *Eb. Schmidt* NJW **1963** 1081) eine Festlegung des Gerichts. Demge-genüber ist es eine eher sekundäre, wenn auch dogmatisch und in den Konsequenzen keineswegs bedeutungslose (*Meyer-Goßner* JR **1981** 217) Frage, ob man entsprechend dem Rechtszustand vor dem StPÄG 1964 einen ausdrücklichen, die Tat konkretisieren-den Eröffnungsbeschluß oder die bloße Zulassung der Anklage mit einer Änderungsbe-fugnis durch das Gericht vorsieht. Nachdem sich entgegen der anfänglichen Kritik an

---

[11] Vgl. zur älteren Diskussion *v. Hippel* 504; *Oetker* GerS **99** 262.

[12] Übersicht über die Vorschläge bis zum Entw.EGStGB 1930 bei *Oetker* GerS **99** 241; ferner *Aschrott* 414; *Gürtner* 118.

[13] Ebenso *Goebel* 439; *Henkel*[1] 364; *Jescheck* JZ **1970** 204, sowie neuerdings für die österreichische StPO-Reform *Moos* Zur Reform des Strafprozeßrechts und des Sanktionenrechts für Bagatelldelikte (1981) S. 125.

[14] *Gössel* Vor § 11; KK-*Treier* 4; KMR-*Pau-lus* 13; *Peters* § 51 V; *Rüping* 103; *G. Schäfer* § 43 I; *Schlüchter* 408 sowie bereits früher

u. a. *Oetker* GerS **99** 250; GerS **106** 66; der Sache nach auch *Nagler* 358.

[15] *Roesen* NJW **1959** 1861; *Roxin* § 40 A II 2; Reform der Hauptverhandlung 61; ihm folgend *Kühne* 324; *Schünemann* GA **1978** 170; *Sessar* ZStW **92** (1980) 703, 712; ähnlich *Wendisch* Vor § 22, 20.

[16] *Fezer* 421; *Grünwald* Verh. des 50. DJT Bd. 1 S. C 49; *Römer* Verh. des 50. DJT Bd. 2 S. K 28.

[17] *Biechtler* 531; *Goebel* 438; *v. Hippel* 504; LR-*Kohlhaas*[22] § 207, 5 c, d; *Nagler* 365; *Eb. Schmidt* NJW **1963** 1086; ausdrücklich be-fürwortend dagegen *Oetker* GerS **99** 259.

der Neuregelung durch das StPÄG 1964[18] die Neufassung im wesentlichen bewährt und gegenüber der früheren Fassung als brauchbarer erwiesen hat, besteht kein Grund, diese erst 1964 getroffene, nur die äußere Form betreffende Entscheidung wieder in Frage zu stellen.

**b) Würdigung.** Eine isolierte Reform des Zwischenverfahrens ist derzeit nicht an- **15** gezeigt. Ob bei einer umfassenden Reform des Strafverfahrens tiefergreifende Änderungen in Betracht zu ziehen sein werden, hängt von der Beantwortung von hier nicht zu erörternden Vorfragen ab, die die Grundstrukturen eines künftigen Verfahrens betreffen.

Die Vorschläge zur völligen **Beseitigung** des Eröffnungsbeschlusses oder zur **Ein- 16 schränkung** der dem Gericht obliegenden Prüfungspflicht verdienen **keine Unterstützung.** Dadurch würden nicht nur vermeidbare Hauptverhandlungen erforderlich, sondern vor allem würde der Angeschuldigte des Schutzes vor ungerechtfertigten oder zu weitgehenden Anklagen beraubt, der weniger in der Masse der einfach liegenden gewöhnlichen, sondern gerade bei den schwierigen und zweifelhaften Verfahren erforderlich ist (*Roxin* § 40 A II 2). Der Einwand, die Verdachtsprüfung sei praktisch wirkungslos, da ohnehin nahezu alle Anklagen zugelassen würden, ist schon deshalb nicht begründet, weil gerade die richterliche Prüfung im Eröffnungsverfahren schon die Staatsanwaltschaft zu sorgfältigerer Arbeit veranlaßt. Darauf deutet auch hin, daß die Qualität der Anklageschriften zu der Zeit nachließ, als der Eröffnungsbeschluß beseitigt war (*Biechtler* 530; *Kohlhaas* GA **1955** 65). Im übrigen ist die absolute Zahl der Ablehnungen der Eröffnung, bei der die Teilablehnungen und die Eröffnungen mit abweichender rechtlicher Würdigung noch nicht einmal erfaßt sind, keineswegs unbeträchtlich, auch wenn sie nur einen verhältnismäßig kleinen Prozentsatz aller Anklagen ausmachen[19].

Es ist auch **nicht** gerechtfertigt, die Prüfungsbefugnis des eröffnenden Gerichts **17** entsprechend dem Vorschlag von *Eb. Schmidt* (NJW **1963** 1084; NJW **1969** 1144) auf das Vorliegen der Prozeßvoraussetzungen zu beschränken und die **Verdachtsprüfung** in tatsächlicher und rechtlicher Hinsicht **entfallen** zu **lassen**, da dies die Prozeßvoraussetzungen gegenüber inhaltlichen Mängeln in nicht zu rechtfertigender Weise herausheben würde. Wenn es aber sachlich geboten ist, an der inhaltlichen Prüfung der als Tatverdacht zu umschreibenden Verurteilungswahrscheinlichkeit festzuhalten, bedarf es auch nicht des Verzichts auf den positiven Eröffnungsbeschluß dergestalt, daß nur bei Fehlen des Verdachts die Eröffnung ausdrücklich abzulehnen ist, das positive Ergebnis aber nur stillschweigend durch die ersten das Hauptverfahren betreffenden Maßnahmen zum Ausdruck zu bringen ist (so *Peters*[2] 400). Damit wäre auch keine nennenswerte Arbeitserleichterung verbunden[20], und dem Voreingenommenheitseinwand könnte der Sache nach der Boden nicht entzogen werden.

Es besteht auch kein Grund, der Kritik an der **Befugnis zur Umgestaltung der 18 Strafklage** (Rdn. 13 Fußn. 17) zu folgen und § 207 Abs. 2 aufzugeben, bei dem allenfalls

---

[18] *Goebel* 438; LR-*Kohlhaas*[22] § 207, 5 c; *Peters*[2] 398; *Eb. Schmidt* Nachtr. I 3; § 207, 5; NJW **1963** 1082; *Schmidt-Leichner* AnwBl. **1961** 32; noch heute KMR-*Paulus* 13; positiv aber bereits *Nagler* 358; *Germann* 759; *Kern* 371.

[19] 1981 wurden bei insgesamt 520 699 Anklagen 3 842 (0,74 %) Hauptverfahren nicht eröffnet, und zwar beim Amtsgericht 3 663

(0,72 %) von 509 504, beim Landgericht 175 (1,57 %) von 11 126 und beim Oberlandesgericht 4 (5,80 %) von 69. Von 9 782 Privatklagen wurden sogar 1 750 (17,9 %) im Eröffnungsverfahren zurückgewiesen.

[20] *Oetker* GerS **99** 257 noch für den die Tat konkretisierenden Eröffnungsbeschluß. Für die bloße Zulassung der Anklage gilt das erst Recht.

Peter Rieß

die rechtstechnische Umsetzung des Grundgedankens verbesserungsbedürftig erscheinen mag (§ 207, 13; 18; 20). Ein Verstoß gegen das Anklageprinzip liegt hier nicht (*Peters* § 51 II 2), und es eröffnet dem Angeklagten, ohne daß seine schutzwürdigen Interessen beeinträchtigt werden, bessere Verteidigungsmöglichkeiten, wenn er rechtzeitig die rechtliche Beurteilung erfährt, von der nach Aktenlage das Gericht ausgeht, dessen Auffassung im Ergebnis entscheidend ist (vgl. § 155 Abs. 2, §§ 206, 264 Abs. 2). Dies gilt auch (und gerade dann), wenn das Gericht die angeklagte Tat rechtlich schwerer bewertet (**a. A** LR-*Kohlhaas*[22] § 207, 5 e). Würde dies erst durch einen rechtlichen Hinweis in der Hauptverhandlung zum Ausdruck kommen, so träfe es den Angeklagten oft unvorbereitet und könnte (trotz § 265 Abs. 3, 4) die Möglichkeit von Gegenmaßnahmen erschweren.

**19**     Der **Einwand der** wirklichen oder vermeintlichen **Voreingenommenheit** des erkennenden Richters durch die Teilnahme an der Eröffnungsentscheidung läßt sich weder empirisch belegen[21] noch gerade durch die Eröffnungsprüfung begründen. Das Problem der Fixierung an das Ermittlungsergebnis ist generell mit der Aktenkenntnis des erkennenden Richters verbunden und kann daher auch nur in diesem größeren Zusammenhang erörtert werden. Für das Gericht ist der Freispruch nicht das Eingeständnis, daß die Eröffnungsentscheidung falsch war, sondern die Konsequenz aus den in der Hauptverhandlung gewonnenen Erkenntnissen. Es bedarf daher auch **nicht** der Einführung eines besonderen, von der Hauptverhandlung ausgeschlossenen **Eröffnungsrichters**[22], vor dem vielmehr, ganz unabhängig von den organisatorischen Schwierigkeiten und dem damit verbundenen Richtermehrbedarf[23], zu warnen ist, weil er die Filterwirkung des Eröffnungsverfahrens gefährden würde. Gerade der Richter, der eine möglicherweise lange und komplizierte Hauptverhandlung vor sich sieht, wird sich der Prüfung des Tatverdachts intensiver widmen und von den stoffbeschränkenden Befugnissen des § 207 eher Gebrauch machen, als ein Richter, der mit der Sache nicht wieder befaßt wird und der darüber hinaus zwar nicht die Eröffnungsentscheidung (§§ 34, 210 Abs. 1), wohl aber die Ablehnung der Eröffnung begründen muß[24].

**20**     Andererseits sollte die **Funktion** des Eröffnungsverfahrens auch **nicht überdehnt** werden. Gerade wegen der sonst eintretenden Gefährdung des Unmittelbarkeitsprinzips darf es nicht zu einer „kleinen Hauptverhandlung" werden, sondern ist — auch in den Beweisaufnahmebefugnissen (§ 202, 2) — strikt auf die Verdachtsprüfung zu beschränken. Eine ausdrückliche gesetzliche Verpflichtung zur (erforderlichen) Beweisaufnahme (Rdn. 13 Fußn. 16) könnte dieser Zurückhaltung ebenso entgegenstehen, wie die von *Sessar* (ZStW **92** [1980] 712) empfohlene obligatorische ausführliche Verteidigungsschrift im Zwischenverfahren, die einzureichen schon nach geltendem Recht (§ 201) keinem Verteidiger verwehrt ist, *wenn* er sie für angebracht hält. Schon aus diesen Grün-

---

[21] Daß die Eröffnung des Verfahrens die Verurteilung nicht präjudiziert, zeigt sich schon darin, daß ein beträchtlicher, seit Jahren zunehmender Teil der Angeklagten (= Abgeurteilten) nicht verurteilt wird; er liegt derzeit bei den nach Erwachsenenstrafrecht Abgeurteilten bei rund 21 %; *Rieß* DRiZ **1982** 211.

[22] Vgl. Rdn. 13 Fußn. 15. Im Ergebnis läuft auch die bei den Beratungen des StPÄG 1964 vom Bundestag in 2. Lesung beschlossene und erst nach nochmaliger Ausschuß-

beratung wieder aufgegebene (*Kleinknecht* JZ **1965** 113; *Eb. Schmidt* NJW **1963** 1082) Aufnahme des eröffnenden Richters in die Ausschlußgründe des § 23 (BTDrucks. **IV** 1020 S. 20; **zu** BTDrucks. **IV** 1020 S. 4) auf die Einführung eines gesonderten Eröffnungsrichters hinaus.

[23] *Creifelds* JR **1965** 4; *Kern* 371; *Tröndle* NJW **1971** 1028; **a. A** *Wendisch* Vor § 22, 21.

[24] *Fezer* 422; *Peters* Fehlerquellen im Strafprozeß, Bd. 2 (1972) S. 223; *Schlüchter* 408.

den ist auch eine fakultative **mündliche Verhandlung** mit beschränkter Beweisaufnahme-
befugnis **bedenklich**, wie sie während der Beratungen des StPÄG 1964 vom Bundestag
beschlossen und erst aufgrund des Widerstandes des Bundesrates im Vermittlungs-
ausschuß wieder aufgegeben wurde[25]. Mit der Funktion des Eröffnungsverfahrens läßt
sich schließlich auch nicht der Vorschlag von *Fezer* 421 ff vereinbaren, nicht erledigte Beweisanträge des Ermittlungsverfahrens mit den darauf ergangenen Entscheidungen der
Staatsanwaltschaft sowie die Begründungen der Staatsanwaltschaft für die Nichtvor-
nahme naheliegender Ermittlungen dem Gericht im Zwischenverfahren vorzulegen.
Diesem kann nicht die Aufgabe übertragen werden, retrospektiv die Staatsanwaltschaft
zu kontrollieren, zumal der Angeschuldigte nach § 201 aufgefordert wird, Einwände
geltend zu machen und Beweiserhebungen zu beantragen, und deshalb schon von sich
aus die ihn beschwerenden Unterlassungen des Ermittlungsverfahrens beanstanden
wird, wenn er dies für aussichtsreich hält, um die Hauptverhandlung zu vermeiden.

# § 198

Die Vorschrift ist durch Art. 1 Nr. 58 des 1. StVRG **aufgehoben** worden. Über ihren
Inhalt vgl. die Entstehungsgeschichte bei § 199.

# § 199

**(1) Das für die Hauptverhandlung zuständige Gericht entscheidet darüber, ob das
Hauptverfahren zu eröffnen oder das Verfahren vorläufig einzustellen ist.**
**(2)[1] Die Anklageschrift enthält den Antrag, das Hauptverfahren zu eröffnen. [2] Mit ihr
werden die Akten dem Gericht vorgelegt.**

**Schrifttum.** *Bender/Nack* Unzulässige Beschränkung der Verteidigung durch Vorenthaltung
der Spurenakten? ZRP **1983** 1; *Beulke* Das Einsichtsrecht des Strafverteidigers in die polizeilichen
Spurenakten, FS Dünnebier S. 285; *Kleinknecht* Die Handakten der Staatsanwaltschaft, FS Dreher
S. 721; *Meyer-Goßner* Die Behandlung kriminalpolizeilicher Spurenakten im Strafverfahren, NStZ
**1982** 353; *Helmut Schäfer* Die Grenzen des Rechts auf Akteneinsicht durch den Verteidiger, NStZ
**1984** 203; *Wasserburg* Das Einsichtsrecht des Anwalts in die kriminalpolizeilichen Spurenakten,
NJW **1980** 2440.

**Entstehungsgeschichte zu den §§ 198, 199.** Die Vorschriften hatten, als §§ 196, 197,
ursprünglich folgenden Wortlaut:

### § 196

Hat eine Voruntersuchung stattgefunden, so entscheidet das Gericht, ob das Hauptverfahren zu eröffnen oder der Angeschuldigte außer Verfolgung zu setzen oder das
Verfahren vorläufig einzustellen sei.

Die Staatsanwaltschaft legt zu diesem Zweck die Akten mit ihrem Antrage dem Gerichte vor. Der Antrag auf Eröffnung des Hauptverfahrens erfolgt durch Einreichung
einer Anklageschrift.

---

[25] BTDrucks. **IV** 1020 S. 25; **IV** 2378 S. 54;
**IV** 2459 S. 3; dazu *Eb. Schmidt* NJW **1963**
1085 Fußn. 26 a.

Peter Rieß

§ 197

Erhebt die Staatsanwaltschaft, ohne daß eine Voruntersuchung stattgefunden, die Anklage, so ist die Anklageschrift mit den Akten, wenn die Sache zur Zuständigkeit des Schöffengerichts gehört, bei dem Amtsrichter, andernfalls bei dem Landgerichte einzureichen.

Die EmmingerVO gab den Vorschriften ihre heutige Paragraphenbezeichnung und bestimmte in § 198 Abs. 1, daß in den zur Zuständigkeit des Reichsgerichts oder des Oberlandesgerichts gehörenden Sachen diese Gerichte, sonst das Landgericht zu entscheiden hatte. In § 199 wurde geregelt, daß bei unmittelbarer Anklage die Anklageschrift beim Amtsrichter einzureichen war[1]. Durch die VO über die Beseitigung des Eröffnungsbeschlusses vom 13. 8. 1942 wurde die Reihenfolge der Vorschriften umgedreht: § 198 regelte die unmittelbare Anklageerhebung „bei dem Vorsitzer des zuständigen Gerichts", § 199 das Verfahren nach Voruntersuchung. Durch Art. 3 I Nr. 81 und 83 VereinhG erhielt § 198 wieder die bis 1942 geltende, § 199 die heutige Fassung, doch lauteten die Eingangsworte: „Hat keine Voruntersuchung stattgefunden, so entscheidet . . ." Mit der Abschaffung der Voruntersuchung durch das 1. StVRG erhielt durch dessen Art. 1 Nr. 59 § 199 seine jetzige Fassung.

*Übersicht*

**1**    **1. Bedeutung der Vorschrift.** § 199 ist die Grundnorm für das sog. Zwischen- oder (besser) Eröffnungsverfahren. Aus ihm ergibt sich, daß im Normalverfahren (zu Verfahrensarten ohne Zwischenverfahren s. Vor § 198, 9) die Anklageerhebung durch die Staatsanwaltschaft nicht ohne weiteres zur Erledigung der Sache in einer Hauptverhandlung führt, sondern daß eine mit einer Entscheidung[2] abzuschließende gerichtliche

---

[1] Eine erstinstanzliche Zuständigkeit der Strafkammer gab es nach der EmmingerVO nicht und für das Schwurgerichtsverfahren war die Voruntersuchung obligatorisch. Als durch Art. 1 § 1 der 4. AusnVO die erstinstanzliche Zuständigkeit der großen Strafkammer auch für Verfahren ohne Voruntersuchung wiederbegründet wurde, unterblieb zunächst eine Anpassung der Vorschrift, doch wurde allgemein angenommen (so z. B. LR[19] Anm. 2), daß in diesen Fällen die Anklage an das Landgericht zu richten sei. Eine Klarstellung erfolgte erst durch § 4 der ZustVO.

[2] Terminologisch bezeichnet die StPO nach der Veränderung der Form des Beschlusses durch das StPÄG 1964 (Entstehungsgeschichte Vor § 198) weiterhin die positive gerichtliche Entscheidung als „Eröffnung des Hauptverfahrens", sie geschieht äußerlich und der Form nach seither (außer in den Sonderfällen des § 207 Abs. 2) dadurch, daß in der Regel ohne eigene Zusätze „die Anklage zur Hauptverhandlung zugelassen wird". Eine inhaltliche Änderung der Eröffnungsmaßstäbe und Kriterien ist damit nicht verbunden gewesen.

Vorprüfung der Anklage stattfinden muß. Zum Ablauf des Zwischenverfahrens s. Vor § 198, 5 ff, zur Bedeutung Vor § 198, 10 ff und zur rechtspolitischen Bewertung Vor § 198, 13 ff. Die Vorschrift bestimmt weiter, daß die Eröffnungsentscheidung durch das für das Hauptverfahren zuständige Gericht (also nicht durch einen besonderen Eröffnungsrichter, vgl. Vor § 198, 19) zu treffen ist, daß die Entscheidung einen besonderen, mit der Anklageschrift zu verbindenden Antrag der Staatsanwaltschaft voraussetzt (Absatz 2 Satz 1) und daß die Staatsanwaltschaft mit der Anklageerhebung die Akten dem Gericht vorzulegen hat (Absatz 2 Satz 2).

**2. Antrag der Staatsanwaltschaft.** Der in die Anklageschrift (§ 200) aufzuneh- **2** mende Antrag der Staatsanwaltschaft, das Hauptverfahren zu eröffnen, ist Voraussetzung für das Tätigwerden des Gerichts. Er ist eine selbständige, vom Akt der Anklageerhebung (§§ 151, 155) rechtlich unabhängige, wenn auch regelmäßig mit ihm verbundene Prozeßhandlung. Das ergibt sich schon daraus, daß beispielsweise im beschleunigten Verfahren nach §§ 212 ff zwar kein Antrag auf Eröffnung des Hauptverfahrens erfolgt, eine (mündliche oder schriftliche) Anklage aber notwendig ist. Die Erhebung der öffentlichen Klage nach den §§ 170 Abs. 1, 200 ist allerdings notwendige Voraussetzung für den Eröffnungsantrag, dem sonst sein Bezugspunkt fehlen würde. Jedoch kann der Eröffnungsantrag, solange das Gericht noch nicht entschieden hat, unter Aufrechterhaltung der Anklage zurückgenommen werden, etwa, wenn die Staatsanwaltschaft ins beschleunigte Verfahren übergehen will, und er kann selbständig einer bereits im beschleunigten Verfahren erhobenen Anklage nachgeschoben werden (§ 212, 20). Nimmt die Staatsanwaltschaft, solange sie hierzu nach § 156 berechtigt ist, ohne Einschränkungen „die Anklage zurück", so liegt darin auch die Rücknahme des Eröffnungsantrags.

**3. Entscheidung des Gerichts**
**a) Zuständigkeit.** Die Entscheidung über die Eröffnung des Hauptverfahrens **3** trifft im allgemeinen das Gericht, das für den Fall der Eröffnung für die Hauptverhandlung zuständig wäre. Gemeint ist damit der für die Hauptverhandlung konkret zuständige Spruchkörper, nicht nur das Gericht im organisatorischen Sinne[3]. Die örtliche Zuständigkeit ergibt sich aus den §§ 7 bis 13, die sachliche aus den §§ 24, 25, 74, 120 GVG, die von besonderen Spruchkörpern kraft Gesetzes (Vor § 1, 12; § 209, 6) aus den §§ 74 Abs. 2, 74 a, 74 c GVG, 33, 103, 107 JGG. Der Grundsatz der Eröffnungszuständigkeit des erkennenden Gerichts wird (ausnahmsweise) dadurch durchbrochen, daß nach den §§ 209, 209 a (vgl. i. E. die dortigen Erläuterungen) ein Gericht höherer Ordnung oder ein Spruchkörper gleicher Ordnung mit gesetzlicher besonderer Zuständigkeit, der in der Vorrangreihenfolge nach § 209 a Nr. 2 oder nach § 74 c GVG vorgeht, das Hauptverfahren bei Vorliegen der sonstigen Eröffnungsvoraussetzungen auch vor einem Gericht niedrigerer Ordnung oder einem in der Vorrangreihenfolge nachgehenden Spruchkörper in seinem Bezirk eröffnet.

**b) Inhalt und Form der Entscheidung.** Zu den verschiedenen inhaltlichen Entschei- **4** dungsmöglichkeiten s. Vor § 198, 7. Alle Entscheidungen werden durch Beschluß ohne Schöffen getroffen. Beim Oberlandesgericht entscheiden über die Eröffnung des Hauptverfahrens, wie in der Hauptverhandlung im ersten Rechtszug, fünf Richter

---

[3] Ob bei mehreren Spruchkörpern gleicher Art der Geschäftsverteilungsplan allgemein regeln könnte, daß die Eröffnungsentscheidung stets von einem anderen Spruchkörper als dem für die Hauptverhandlung zuständigen zu treffen ist, erscheint zweifelhaft. In der Praxis umfaßt die geschäftsplanmäßige Zuständigkeit für das Hauptverfahren regelmäßig die Eröffnungszuständigkeit mit.

Peter Rieß

(§ 122 Abs. 2 Satz 2 GVG); beim Amtsgericht entscheidet der Richter beim Amtsgericht allein auch über die Eröffnung vor dem Schöffengericht, und zwar auch dann, wenn für die Hauptverhandlung nach § 29 Abs. 2 GVG ein zweiter Richter (erweitertes Schöffengericht) hinzugezogen wird. Beim Kollegialgericht kann die Eröffnungsentscheidung aufgrund eines Entscheidungsvorschlags des Berichterstatters im schriftlichen Umlaufverfahren getroffen werden[4], doch erscheint in schwierigeren Fällen, namentlich wenn über Einwendungen und Anträge des Angeschuldigten zu entscheiden ist, eine mündliche Beratung angezeigt.

**5**      c) **Wirkung der Entscheidung.** Nach Eröffnung des Hauptverfahrens (§§ 203, 207) muß das Verfahren regelmäßig durch richterliche Entscheidung abgeschlossen werden; eine Rücknahme der Anklage und die Einstellung des Verfahrens durch die Staatsanwaltschaft ist im allgemeinen nicht mehr möglich (§ 156). Ausnahmsweise behält die Staatsanwaltschaft die Rücknahmemöglichkeit unter den Voraussetzungen der §§ 153 c Abs. 3, 153 d Abs. 2. Auch das Gericht ist zu einer Rücknahme des Eröffnungsbeschlusses grundsätzlich nicht befugt (näher § 207, 34 ff). Die Erledigung des einmal eröffneten Verfahrens ist im allgemeinen nur nach einer Hauptverhandlung durch **Urteil** (Verurteilung, Freispruch oder Einstellung wegen eines Verfahrenshindernisses nach § 260 Abs. 3) möglich. Eine gerichtliche Erledigung durch **Beschluß**, die in der Rechtswirklichkeit keine seltene Ausnahme mehr darstellt[5], ist nach den §§ 206 a, 206 b sowie aufgrund der §§ 153 Abs. 2, 153 a Abs. 2, 153 b Abs. 2, 153 e Abs. 2, 154 Abs. 2, 154 b Abs. 4, 154 e Abs. 2 und nach § 47 JGG, § 37 Abs. 2 BtMG möglich.

**6**      Wird die **Eröffnung** des Hauptverfahrens **abgelehnt**, so erlangt diese Entscheidung beschränkte Rechtskraft. Die Staatsanwaltschaft kann die öffentliche Klage nur aufgrund neuer Tatsachen oder Beweismittel erneut erheben; vgl. i. E. § 211 und die dortigen Erläuterungen.

### 4. Vorlage der Akten

**7**      a) **Begriff der Akten.** Nach Absatz 2 Satz 2 werden mit der Anklageschrift „die Akten" dem Gericht vorgelegt. Sie gehen damit in die Verwaltung des Gerichts über (KK-*Treier* 2), dessen Vorsitzender nunmehr nach § 147 Abs. 5 über die Akteneinsicht des Verteidigers sowie gemäß Nr. 183 Buchst. b RiStBV über die Akteneinsicht durch Dritte zu entscheiden hat[6]. Darüber, was Akten sind, enthält die StPO hier wie auch an anderen Stellen, wo von den Akten die Rede ist[7], keine Aussage. Insbesondere in der neueren Auseinandersetzung über die Behandlung der sog. Spurenakten (Rdn. 16 ff) werden ein materieller und ein formeller Aktenbegriff vertreten. Dem materiellen Aktenbegriff liegt namentlich für die Akten des Ermittlungsverfahrens die Auffassung zugrunde, daß in schriftlicher Form dokumentierte tatbezogene Ermittlungshandlungen ohne weiteres zu den Verfahrensakten gehören, während die Verwender des formellen Aktenbegriffs zu den Ermittlungsakten nur diejenigen Vorgänge zählen, die von der

---

[4] A. A *Kohlhaas* GA **1955** 70; LR-*Meyer-Goßner* [23] 7; *Eb. Schmidt* Nachtr. I § 203, 3.

[5] Die „Urteilsquote" (Verhältnis der Urteile zu den anhängig gewordenen Verfahren) betrug 1981 beim Amtsgericht 57 %, beim Landgericht erster Instanz 73 % und beim Landgericht in der Berufungsinstanz 60 %; vgl. *Rieß* DRiZ **1982** 465.

[6] A. A (Zuständigkeit der Staatsanwaltschaft für Gewährung von Akteneinsicht im Zwi-

schenverfahren) *Wasserburg* 2444 entgegen dem eindeutigen Gesetzeswortlaut und ohne nähere Begründung; dagegen (wie hier) *Meyer-Goßner* 357.

[7] Vgl. z. B. § 80 Abs. 2, §§ 96, 121 Abs. 3, §§ 145 a, 147, 168 a Abs. 2 Satz 3, §§ 169 a, 209 Abs. 2, § 267 Abs. 1 Satz 3, § 275 Abs. 1 Satz 1, § 319 Abs. 2, §§ 320, 321, 347, 348, 377 Abs. 2, § 408 Abs. 1 Satz 4, § 459 a.

Staatsanwaltschaft in pflichtgemäßer Ausübung ihrer Objektivitätsverpflichtung als möglicherweise entscheidungserheblich den Verfahrensakten zugeordnet werden[8].

Bei der vielfältigen Verwendung des nicht näher bestimmten und auch nach dem **8** allgemeinen Sprachgebrauch nicht eindeutigen Begriffs der Akten wird man bei der Auslegung einen aus dem Gesamtzusammenhang der jeweiligen Regelung abzuleitenden **funktionellen Aktenbegriff** zugrunde zu legen haben. Für ihn ist entscheidend auf den prozessualen Zweck der in der auszulegenden Vorschrift angeordneten aktenmäßigen Behandlung abzustellen. Für die mit der Erhebung der Anklage angeordnete Aktenvorlage an das Gericht ergibt sich hieraus folgendes[9]: Mit der Erhebung der Anklage gehen Verfahrensherrschaft und Entscheidungszuständigkeit auf das Gericht über. Es hat im Eröffnungs- und im Hauptverfahren den Sachverhalt unter Ausschöpfung aller Erkenntnisquellen von Amts wegen aufzuklären. Die Entscheidung über die Eröffnung nach dem Maßstab, ob hinreichender Tatverdacht besteht, wird in einem schriftlichen Verfahren getroffen; hierfür vermitteln allein die vollständigen Akten des Ermittlungsverfahrens die notwendige Information (*Rieß* NStZ **1983** 247). Das Ermittlungsverfahren dient der Vorbereitung der öffentlichen Klage; für die Entscheidung über sie gilt der gleiche Maßstab wie für die Eröffnungsentscheidung, da der „genügende Anlaß zur Erhebung der öffentlichen Klage" inhaltlich mit dem hinreichenden Tatverdacht übereinstimmt (*Lüttger* GA **1957** 195; vgl. auch die Erl. zu § 170). Deshalb müssen diejenigen verkörperten Unterlagen, die für die Staatsanwaltschaft bei ihrer Abschlußentscheidung nach § 170 verfügbar waren, auch dem Gericht für seine Entscheidungen zur Verfügung gestellt werden. Die in Absatz 2 Satz 2 angeordnete Aktenvorlage bedeutet daher die Verpflichtung zur Verfügungstellung (Rdn. 23) aller im Ermittlungsverfahren angefallener oder sonst herangezogener für die Entscheidung des Gerichts potentiell erheblicher, gegenständlich verkörperter Erkenntnisquellen.

Die mit dem Wort Akten in Absatz 2 Satz 2 unvollständig beschriebene Vorla- **9** geverpflichtung umfaßt daher auch die **amtlich verwahrten Beweisstücke** im Sinne des § 147 Abs. 1, 4[10], die im Einzelfall Akten oder Aktenbestandteile sein können, etwa wenn es sich um schriftliche Beweisunterlagen oder in den Akten verwahrte kleinere Beweisgegenstände handelt, aber nicht notwendig Akten sein müssen[11]. Diese Gegenstände dürfen, auch wenn sie technisch im Gewahrsam der Staatsanwaltschaft bleiben, dem Gericht nicht vorenthalten werden. Im übrigen deckt sich der in Absatz 2 Satz 2 verwendete Aktenbegriff mit dem **Aktenbegriff in § 147**. Das folgt nicht nur aus dem insoweit ähnlichen Zweck des Akteneinsichtsrechts für den Verteidiger, sondern auch aus

---

[8] Den materiellen Aktenbegriff vertreten in dem hier interessierenden Zusammenhang insbesondere *Beulke* 294; *Dünnebier* StrVert. **1981** 505; *Peters* § 29 V 2 und NStZ **1983** 276; *Wasserburg* 2441 und NStZ **1981** 211; den formellen Aktenbegriff BGHSt **30** 138 f; *Meyer-Goßner* 353 ff. BVerfGE **63** 62 = NJW **1983** 1043 hält den formellen Aktenbegriff für verfassungsrechtlich unbedenklich. *Helmut Schäfer* 205 unterscheidet zwischen geborenen und gekorenen Aktenteilen und dürfte insgesamt eher dem materiellen Aktenbegriff zuneigen.

[9] Die nähere Bestimmung des Inhalts des (funktionellen) Aktenbegriffs an anderen Stellen der StPO (zur Bedeutung in § 147 vgl. aber Rdn. 9) ist hier nicht vorzunehmen. Für den in § 275 Abs. 1 Satz 1 verwendeten Aktenbegriff sei nur beispielsweise darauf hingewiesen, daß das „zu den Akten bringen" dort „in den Machtbereich der Geschäftsstelle bringen" bedeutet; vgl. *Rieß* NStZ **1982** 443.

[10] Im Ergebnis übereinstimmend KMR-*Paulus* 1; *G. Schäfer* § 28 IX 2; *Helmut Schäfer* 204.

[11] Näher *Rieß* FS II Peters, 113; **a. A** *Helmut Schäfer* 204, der zu den Akten im Sinne des § 147 nur die Justiz „gehörenden" Akten zählt, aber für die hier zu erörternde Frage zum gleichen Ergebnis kommt.

Peter Rieß

der in § 147 Abs. 5 getroffenen Regelung, wonach nach Erhebung der öffentlichen Klage der Vorsitzende über die Gewährung der Akteneinsicht zu entscheiden hat.

**10**    **b) Vorzulegende Akten.** Hierzu gehören zunächst die in dem Verfahren entstandenen **Ermittlungsakten** (nicht jedoch die Handakten der Staatsanwaltschaft, Rdn. 21 f) einschließlich der bei der Polizei aufgrund staatsanwaltschaftlichen Ersuchens nach § 161 oder ihrer Tätigkeit nach § 163 entstandenen Vorgänge. Soweit die Polizei nach diesen Vorschriften tätig wird, gibt es keine selbständigen polizeilichen Ermittlungsakten[12]. Diese Akten müssen das Ermittlungsergebnis und den Gang des Verfahrens vollständig widerspiegeln (Grundsatz der Aktenvollständigkeit; *Kleinknecht* 722 f). Zu ihnen gehören auch die Auskünfte aus dem Strafregister und dem Verkehrszentralregister (OLG Frankfurt NJW **1960** 1731; vgl. BVerfGE **62** 338). Sie können auch Informationen umfassen, die nicht schriftlich, sondern in anderer Weise verkörpert sind (*Helmut Schäfer* 204), so Aufzeichnungen auf Tonträgern (vgl. § 168 a Abs. 2 Satz 3), Tatortskizzen, Karten oder Lichtbilder[13]. Ferner gehören zu den vorzulegenden Ermittlungsakten auch die im Ermittlungsverfahren beschlagnahmten oder sichergestellten schriftlichen Beweisunterlagen, unabhängig davon, ob sie im Original verwahrt werden oder ob von ihnen Ablichtungen für die Ermittlungsakten hergestellt worden sind[14]. Ob die Akten fortlaufend geordnet sind, ob Sonderbände, etwa für Beweisunterlagen angelegt worden sind, ob bestimmte Aktenbestandteile, weil sie sich technisch nicht zur Einordnung in die Akten eignen, wie etwa Tonträger, gesondert mit den Akten verwahrt werden[15], ist unerheblich.

**11**    Bei einer **Verbindung und Trennung** von Ermittlungsverfahren durch die Staatsanwaltschaft ist der Bestand der Ermittlungsakten anzupassen (*Dünnebier* StrVert. **1981** 505). Werden Ermittlungsverfahren verbunden, so sind die bisher selbständigen Akten zu einheitlichen Ermittlungsakten zusammenzulegen (*Helmut Schäfer* 206 f). Bei Verfahrenstrennung ist für das abgetrennte Verfahren durch Herstellung von beglaubigten Ablichtungen aller hier potentiell relevanter Aktenteile eine neue Ermittlungsakte zu bilden und mit der Anklageerhebung nach Absatz 2 Satz 2 vorzulegen. Bei **Einstellung einzelner Taten** durch die Staatsanwaltschaft nach § 170 Abs. 2 oder nach § 154 verbleiben die hierauf bezüglichen Aktenteile bei den vorzulegenden Ermittlungsakten, wenn die Staatsanwaltschaft danach im übrigen Anklage erhebt.

**12**    Auch die **sonstigen** für das Ermittlungsverfahren verfügbaren **Unterlagen** sind dem Gericht „vorzulegen". Hierzu gehören einmal die als Beweismittel dienenden, in amtlicher Verwahrung befindlichen Gegenstände (Rdn. 9) sowie grundsätzlich (vgl. aber Rdn. 14) sog. **Beiakten.** Dazu gehören Vorstrafakten, Akten über Zivil- oder Verwaltungsprozesse, Verwaltungsakten, Personalakten u. ä. Die Staatsanwaltschaft ist jedoch als aktenführende Stelle nicht gehindert, bis zur Erhebung der öffentlichen Klage Beweisstücke aus der amtlichen Verwahrung zu entlassen oder Beiakten, weil für das

---

[12] *Dünnebier* StrVert. **1981** 505 f; *Kleinknecht* 722. Selbstverständlich kann die Polizei aus Duplikaten der bei ihr entstandenen Vorgänge eigene Akten bilden; sie darf aber keine im Rahmen des Ermittlungsverfahrens bei ihr anfallenden Vorgänge nur zu diesen nehmen.

[13] Die Einverleibung von Lichtbildern und ggfs. auch Tonaufzeichnungen in die Ermittlungsakten ist besonders bei Wahlgegen-

überstellungen wichtig; nähere Hinweise BVerfG NStZ **1983** 84; OLG Karlsruhe Str.Vert. **1984** 11 mit Anm. *Odenthal* NStZ **1984** 137; *Nöldeke* NStZ **1982** 194; vgl. auch BayObLG VRS 60 (1981) 378.

[14] A. A in der Begründung, aber im Ergebnis übereinstimmend *Helmut Schäfer* 205.

[15] Auf solche gesondert verwahrten Unterlagen sollte in einem schriftlichen Verzeichnis in der Akte hingewiesen werden.

Verfahren unergiebig oder unverwertbar, wieder zu trennen und zurückzugeben. Solche Maßnahmen sind jedoch in den Ermittlungsakten aktenkundig zu machen.

**c) Ausnahmen von der Vorlagepflicht.** Für die **Ermittlungsakten** (zu den sog. Spu- **13** renakten s. Rdn. 16 ff) des jeweiligen Verfahrens gibt es von der Vorlagepflicht **keine Ausnahme.** Was an aktenkundigen Informationen in der Stoffsammlungsphase des das gerichtliche Verfahren vorbereitenden Ermittlungsverfahrens anfällt, darf dem gerichtlichen Verfahren nicht vorenthalten werden (LR-*Dünnebier*[23] § 147, 6). Insbesondere kann sich die Staatsanwaltschaft insoweit dem Gericht gegenüber nicht auf eine Sperrerklärung nach § 96 berufen[16]. Dies gilt auch dann, wenn an sich den Voraussetzungen des § 96 unterfallende Unterlagen anderer Behörden, etwa in der Form von gutachtlichen Äußerungen oder Auskünften für das jeweilige Strafverfahren abgegeben und zu den Ermittlungsakten gelangt sind (vgl. BGHSt 18 370).

**Beiakten** sind **nicht vorzulegen**, wenn ihre Verwertung durch das Gericht nicht **14** zulässig ist (vgl. Nr. 111 Abs. 5 RiStBV); können dann aber auch von der Staatsanwaltschaft nicht als Belastungsmaterial bei der Entscheidung über den „genügenden Anlaß" zur Erhebung der öffentlichen Klage verwendet werden. Das kann bei Vorstrafakten beispielsweise dann der Fall sein, wenn die in ihnen enthaltenen Vorstrafen nach §§ 49, 50 BZRG einem Verwertungsverbot unterliegen. Bei sonstigen Beiakten unterbleibt die Vorlage, wenn die nach § 96 zuständige Behörde nach dieser Vorschrift der Verwertung im gerichtlichen Verfahren widersprochen hat, doch ist dieser Umstand, schon um dem Gericht die Möglichkeit einer Gegenvorstellung und dem Verteidiger die Möglichkeit der Anfechtung der Sperrerklärung[17] zu geben, aktenkundig zu machen. Sind Beiakten lediglich als „vertraulich" und nicht unter Berufung auf § 96 oder auf eine im Strafverfahren zu beachtende gesetzliche Geheimhaltungspflicht (z. B. § 30 AO) übersandt worden[18], so hindert dies nicht ihre Vorlage an das Gericht unter Hinweis auf diesen Umstand, weil diesem die Möglichkeit gegeben werden muß, die aktenführende Behörde darauf hinzuweisen, daß ohne eine formelle Sperrerklärung nach § 96 die Aktenverwertung zulässig ist (vgl. *Eb. Schmidt* § 96, 7). Schwierigkeiten und Mißverständnisse lassen sich dadurch vermeiden, daß bereits die Staatsanwaltschaft im Ermittlungsverfahren bei vertraulicher Aktenübersendung Klarheit über die Abgabe einer Sperrerklärung herbeiführt.

Ob auch **staatsanwaltschaftliche Ermittlungsakten**, die an sich als Beiakten beizu- **15** fügen wären, unter Berufung auf § 96 von der Vorlage ausgenommen werden können, ist umstritten. Das OLG Frankfurt (NJW **1982** 1409) und KMR-*Müller* § 96, 3 bejahen es, während das OLG Hamburg (StrVert. **1984** 11) es verneint, allerdings lediglich über einen Sachverhalt zu entscheiden hatte, bei dem ein so enger Zusammenhang zwischen dem gerichtlich anhängigen Verfahren und dem Verfahrensgegenstand der teilweise vorenthaltenen Ermittlungsakten bestand, daß zu fragen wäre, ob diese Aktenteile nicht ohnehin hätten zu den Ermittlungsakten des anhängigen Verfahrens genommen werden müssen. Jedenfalls soweit die beizuziehenden Ermittlungsakten bei einer anderen Staatsanwaltschaft geführt werden, dürfte § 96 anwendbar sein. Die Frage ist bei den Erläuterungen zu § 96 näher zu erörtern.

---

[16] Ebenso, wenn auch wohl weitergehend OLG Hamburg StrVert. **1984** 11; einen anderen Fall betreffen OLG Frankfurt NJW **1982** 1409 und KMR-*Müller* § 96, 3; vgl. Rdn. 15.

[17] Dazu *Hilger* NStZ **1984** 145.

[18] Es ist eine Frage des Einzelfalles, ob in der vertraulichen Übersendung zugleich eine Sperrerklärung nach § 96 liegt; so RGSt **42** 293; **72** 271; *Eb. Schmidt* § 96, 7; **a. A** (keine Sperrerklärung) KMR-*Müller* § 96, 7.

Peter Rieß

**16**　　d) **Spurenakten.** Namentlich, wenn zu Beginn des Ermittlungsverfahrens ein Tatverdächtiger noch nicht bekannt ist, kann die Notwendigkeit entstehen, durch eine Vielzahl von Ermittlungshandlungen zahlreichen Indizien und Spuren nachzugehen und die dabei gewonnenen Erkenntnisse aktenkundig zu machen (Beispiele bei *Meyer-Goßner* 354). Dadurch entstehen einzelne Aktenvorgänge über nach Auffassung der Strafverfolgungsbehörden letztlich erfolglos gebliebene Ermittlungshandlungen, die üblicherweise als Spurenakten bezeichnet werden[19]. Sie können bei schwierigen Anfangsermittlungen einen sehr großen Umfang annehmen. Die **aktenmäßige Behandlung** dieser Spurenakten ist unterschiedlich. Teilweise, namentlich wenn sie von geringem Umfang sind, werden sie von der aktenführenden Stelle in die laufenden Akten eingeordnet oder in Sonderbänden dieser Akten zusammengefaßt („integrierte Spurenakten"; vgl. *Meyer-Goßner* 356). Teilweise wird bei ihrer gesonderten Verwahrung bei Polizei oder Staatsanwaltschaft lediglich ein Verzeichnis der vorhandenen Spurenakten zu den Ermittlungsakten genommen (so bei dem von OLG Koblenz NJW **1981** 1570 entschiedenen Fall). Besonders bei sehr umfangreichen Spurenakten werden sie aber auch bei der Staatsanwaltschaft oder von Anfang oder nach Rückgabe durch diese bei der Polizei verwahrt, ohne daß sich dies aus den (Haupt)ermittlungsakten (im einzelnen) ergibt. Während nach allg. M die integrierten Spurenakten zu den dem Gericht vorzulegenden und dem Einsichtsrecht des Verteidigers nach § 147 unterliegenden[20] Verfahrensakten gehören, besteht über die Behandlung aktenmäßig selbständiger Spurenaktenbestände in mehrfacher Hinsicht Streit. Es ist umstritten, ob diese Akten zu den mit der Anklage dem Gericht vorzulegenden gehören, ob dem Verteidiger ein auf § 147 gestütztes Akteneinsichtsrecht zusteht, und welche Anforderungen an einen Antrag auf Beiziehung dieser Akten zu stellen sind, damit er als Beweisantrag angesehen werden kann. Die beiden letzten Fragen stellen sich allerdings nur dann, wenn die erste Frage verneint wird.

**17**　　Der **Bundesgerichtshof**[21] ist der Auffassung, daß nichtintegrierte Spurenakten nicht per se zu den dem Gericht vorzulegenden Akten gehören und daß sie vom Einsichtsrecht des Verteidigers nicht ohne weiteres erfaßt werden[22]. Sie seien vielmehr als Beiakten zu behandeln. Ob sie mit den Ermittlungsakten vorzulegen seien, hänge davon ab, ob ihr Inhalt von schuld- oder rechtsfolgenrelevanter Bedeutung sei, dies wiederum habe die Staatsanwaltschaft in eigener, an ihrer Objektivitätsverpflichtung auszurichtender Verantwortung zu entscheiden (S. 139 f). Außer mit aus dem möglichen Umfang der Spurenakten hergeleiteten Praktikabilitätserwägungen begründet der BGH (S. 138 f) dogmatisch seine Auffassung damit, daß der Umfang der dem Gericht vorzulegenden Akten durch den Prozeßgegenstand, dieser wiederum durch Tat und Täter bestimmt werde. Was außerhalb dieses Prozeßgegenstandes liege, also mit der Tat oder mit dem durch die Anklage konkretisierten Tatverdächtigen[23] nicht in Zusammenhang stehe, stelle „verfahrensfremde" Akten dar, die nach den für Beiakten geltenden Maß-

---

[19] Zur Definition der Spurenakten auch *Dünnebier* StrVert. **1981** 504 Fußn. 6; *Meyer-Goßner* 353; *Wasserburg* 2441.

[20] Nach OLG Koblenz NJW **1981** 1570 auch im Falle der Integrierung allein durch ein detailliertes Spurenaktenverzeichnis.

[21] BGHSt **30** 131 = StrVert. **1981** 500 mit Anm. *Dünnebier*; im Schrifttum folgen dieser Auffassung im Prinzip KK-*R. Müller* § 170,

11; *Meyer-Goßner* 361; *Roxin* § 19 E IV (anders noch in der 17. Auflage); *Rüping* 47.

[22] Vgl. aber die spätere Entscheidung BGH NStZ **1983** 228, wonach es angezeigt sein kann, dem Verteidiger Einsicht in alle Spurenakten zu gewähren.

[23] In diesem Sinne muß wohl die Verwendung des Wortes „Täter" durch den BGH schon in Hinblick auf die Unschuldsvermutung verstanden werden.

stäben zu behandeln seien. Dazu gehörten die Spurenakten, weil ihnen der Bezug zu dem später durch die Anklageerhebung konkretisierten Tatverdächtigen fehle. Das **Bundesverfassungsgericht**[24] hat die gegen die Entscheidung des BGH gerichtete Verfassungsbeschwerde zurückgewiesen, weil die von diesem gewählte willkürfreie Auslegung der §§ 199 Abs. 2 Satz 2, 147 weder gegen den Anspruch auf rechtliches Gehör noch gegen den auf ein faires Verfahren verstoße. Es hat aber ergänzend[25] darauf hingewiesen, daß dem Beschuldigten durch Vermittlung seines Verteidigers grundsätzlich ein Recht auf Einsicht in die (als verfahrensfremde Akten behandelten) Spurenakten zustehe, das im Verfahren nach den §§ 23 ff EGGVG durchgesetzt werden könne. Nach der Entscheidung des BVerfG steht zwar für die Rechtspraxis mit bindender Wirkung fest, daß die Auffassung des BGH verfassungsrechtlich unangreifbar ist, aus ihr ergibt sich jedoch nicht, daß sie einfachgesetzlich zutreffend ist.

Die Entscheidung des BGH hat im **Schrifttum** überwiegend **keine Zustimmung** gefunden[26], wobei sich die dortigen Stellungnahmen teilweise in erster Linie mit dem Akteneinsichtsrecht des Verteidigers nach § 147, teilweise auch mit der Vorlagepflicht nach § 199 Abs. 2 Satz 2 befassen. Hierzu gibt namentlich *Beulke* 296, obwohl er aus dogmatischer Sicht zur Einbeziehung der Spurenakten in die Vorlagepflicht neigt (S. 294), zu erwägen, insoweit allein ein auf § 147 gestütztes Akteneinsichtsrecht des Verteidigers anzuerkennen (ähnlich wohl auch *Bender/Nack* 4).    **18**

Obwohl mit dem durch das BVerfG anerkannten Einsichtsrecht des Verteidigers    **19** auch in die Spurenakten und seiner Durchsetzbarkeit im Verfahren nach § 23 EGGVG die Entscheidung des BGH mit den Verteidigungsinteressen des Beschuldigten einigermaßen in Einklang zu bringen ist[27], kann ihr nicht zugestimmt werden. Die im Ermittlungsverfahren wegen der angeklagten Tat entstandenen Spurenakten werden vielmehr ohne Rücksicht auf ihre aktentechnische Behandlung von der **Verpflichtung zur Aktenvorlage** (Rdn. 23) nach Absatz 2 Satz 2 erfaßt. Schon dem dogmatischen Ausgangspunkt der Auffassung des BGH kann nicht zugestimmt werden. Das Argument, daß der Prozeßgegenstand für das gerichtliche Verfahren unbestrittenermaßen durch die Konkretisierung des Tatverdächtigen und der Tat in der Anklage bestimmt wird, gibt für die Frage des Aktenumfangs nichts her (*Dünnebier* StrVert. **1981** 505) und übersieht darüber hinaus, daß Art und Umfang der in den Spurenakten dokumentierten negativen Ermittlungsergebnisse Erkenntnisse darüber vermitteln können, warum die Staatsanwaltschaft den Prozeßgegenstand gerade auf diesen Angeschuldigten konkretisiert hat. Die Auffassung des BGH wirft auch die Frage auf, wonach der Aktenbegriff bestimmt werden soll, solange überhaupt noch kein Tatverdächtiger ermittelt

---

[24] BVerfGE **63** 45 ff = NStZ **1983** 273 mit Anm. *Peters* = StrVert. **1983** 177 mit Anm. *M. Amelung.*

[25] BVerfGE **63** 66; so schon vorher *Meyer-Goßner* 357 f.

[26] Ablehnend mit unterschiedlicher Intensität und verschiedenen Schwerpunkten *M. Amelung* StrVert. **1983** 181; *Bender/Nack*; *Beulke*; *Dahs* Hdb. 214; *Dünnebier* StrVert. **1981** 504; KK-*Laufhütte* § 147, 4; *Kleinknecht/Meyer* 2; § 147, 10; *Kühne* 98; *Peters* § 29 V 2 und NStZ **1983** 276; *Schäfer* § 28 IX 1; wohl auch *Schlüchter* 108.1; bereits früher entgegen der späteren Auffassung des BGH

*Wasserburg* NJW **1980** 2440 und NStZ **1981** 211.

[27] Allerdings führt bei restriktiver Handhabung der Gewährung des besonderen Einsichtsrechts in die Spurenakten der Rechtsweg über § 23 EGGVG zu einer auch verfahrensökonomisch wenig erfreulichen Entscheidungsspaltung mit der Gefahr einer Vielzahl von Nebenverfahren; zu den vielfältigen Problemen näher *M. Amelung* StrVert. **1983** 182 f; vgl. auch die im Verfahren nach § 23 EGGVG über die Einsicht ergangene Entscheidung OLG Hamm MDR **1984** 514 = NStZ **1984** 423 mit Anm. *Meyer-Goßner.*

ist. Maßstab für den Akteninhalt kann bei dieser Sachlage nur die Tatbezogenheit der dokumentierten Ermittlungen sein (*Peters* § 29 V 2). Daß auch die nach Auffassung der Strafverfolgungsbehörden irrelevanten Spurenakten sich namentlich bei Indizienbeweisen als entscheidungsrelevant erweisen können, belegen sowohl der von *Dünnebier* (aaO S. 504) mitgeteilte Einzelfall wie die von *Bender/Nack* 2 f angestellten wahrscheinlichkeitstheoretischen Überlegungen. Schließlich wäre es auch ein eigenartiges Ergebnis, daß die *rechtliche* Behandlung der Spurenakten davon abhängen soll, ob sie *aktentechnisch* in die Ermittlungsakten integriert werden, was sie nach einhelliger Auffassung zu vorzulegenden Akten macht, oder ob sie gesondert verwahrt werden. Solche überwiegend vom Umfang der Spurenakten oder von örtlichen Gepflogenheiten abhängigen Zufälligkeiten sind kein taugliches Kriterium für die hier zu entscheidende rechtliche Qualifikation.

**20**     Aus der hier vertretenen Auffassung, daß alle tatbezogenen Spurenakten[28] ohne Rücksicht auf ihre aktentechnische Behandlung Bestandteil der dem Gericht vorzulegenden Ermittlungsakten sind, ergeben sich folgende **Konsequenzen**: Es ist zwar nicht notwendig, daß diese Spurenakten körperlich mit der Anklage vorgelegt werden (Rdn. 23), doch muß aus den übersandten Akten ihr Vorhandensein und der Gegenstand der in ihnen dokumentierten Ermittlungshandlungen ersichtlich sein. Eine Sperrerklärung nach § 96 kommt für solche Spurenakten nicht in Betracht (Rdn. 13). Das Einsichtsrecht des Verteidigers richtet sich nach § 147, so daß nach Erhebung der Klage hierüber der Vorsitzende entscheidet und seine Entscheidung mit der Beschwerde anfechtbar ist[29]. Besonderer Anträge auf Beiziehung der Spurenakten bedarf es nicht. Ihr Inhalt ist im Rahmen der Aufklärungspflicht (§ 244 Abs. 2) ggf. für die Hauptverhandlung auszuschöpfen; ein Verstoß hiergegen kann mit der Aufklärungsrüge geltend gemacht werden. Das bedeutet allerdings nicht, daß das Gericht in jedem Fall gezwungen wäre, sämtliche Spurenakten eingehend zu überprüfen (*Bender/Nack* 4). Soweit ihm keine besonderen Umstände (die ihm auch durch die Verteidigung vermittelt werden können) Anhaltspunkte für entscheidungsrelevante Aufklärungsmöglichkeiten aufgrund der Spurenakten aufdrängen, steht es ihm nach pflichtgemäßem Ermessen frei, die Einschätzung der Strafverfolgungsbehörden von der Bedeutungslosigkeit dieser Akten zu akzeptieren; ggf. kann es die für die Spurenermittlung verantwortlichen Polizeibeamten über die Art und die Anlage dieser Ermittlungen vernehmen, um sich ein eigenes Bild über den möglichen Informationsgehalt dieser Spurenakten zu verschaffen.

**21**     e) **Handakten der Staatsanwaltschaft.** Spätestens bei der Abgabe der Akten an das Gericht werden bei der Staatsanwaltschaft für deren eigenen Gebrauch Handakten[30] angelegt. Sie unterliegen weder der Vorlegungspflicht an das Gericht noch der Akteneinsicht durch den Verteidiger, sondern dienen allein dem inneren Dienstbetrieb der Staatsanwaltschaft, die schon deshalb über aktenmäßige Unterlagen verfügen muß, weil sie am weiteren Verfahren beteiligt bleibt. Da die Handakten dem Gericht und Drit-

---

[28] Anders zu beurteilen sind diejenigen polizeilichen Unterlagen, die nicht aufgrund eines konkreten Tatverdachts bei Ermittlungen nach §§ 161, 163 entstanden sind, sondern auf präventiv-polizeilichen Ermittlungen beruhen. Hier handelt es sich nicht um Spurenakten des Verfahrens, sondern um Akten anderer Behörden.

[29] § 147 Abs. 5 in Vbdg. mit § 304 Abs. 1. Zur Frage der Anfechtbarkeit der Versagung der Akteneinsicht vor Erhebung der öffentlichen Klage vgl. die Erl. zu § 147; für Anwendung des § 23 EGGVG in diesen Fällen neuerdings z. B. *Wasserburg* 2444; dagegen *Meyer-Goßner* 357.

[30] Dazu *Burchardi/Klempahn/Wetterich* 47; *Kleinknecht*.

ten nicht zugänglich sind, darf, was in die Hauptakten gehört, nach Erhebung der Anklage[31] nicht exklusiv in die Handakten genommen werden. Diese sind insoweit nur für die Aufnahme solcher Vorgänge bestimmt, die den internen Dienstbetrieb der Staatsanwaltschaft betreffen. Solche Vorgänge darf die Staatsanwaltschaft jedoch, wenn sie sie, weil noch keine Handakten angelegt sind, zunächst zu den Hauptakten genommen hat, bei Anlegung der Handakten oder bei Übersendung der Akten an das Gericht in die Handakten überführen, ohne daß sie dies kenntlich machen muß (*Kleinknecht* 723 Fußn. 5; a. A. *Peters* § 23 III 2 a. E). Es ist aber unzulässig, Unterlagen, die für die gerichtlichen Entscheidungen erheblich sein können, nach Erhebung der öffentlichen Klage vorübergehend in den Handakten zurückzuerhalten, um von ihnen später Gebrauch zu machen.

**Inhalt der** bei Anklageerhebung bei der Staatsanwaltschaft verbleibenden **Handak-** **22** **ten** sind beispielsweise Berichte an vorgesetzte Stellen, Entwürfe und Weisungen oder Anregungen zur Sachbehandlung durch vorgesetzte Stellen[32], formeller Schriftwechsel mit anderen Behörden (*Kleinknecht* 725), Sachstandsanfragen unbeteiligter Dritter, nicht aber Dienstaufsichtsbeschwerden und Gegenvorstellungen betroffener Personen (*Kleinknecht* 724). Im übrigen unterliegt der Inhalt der Handakten dem gesetzlich nicht näher gebundenen Ermessen der Staatsanwaltschaft, das auch durch Verwaltungsanweisungen geregelt werden kann. **Doppelstücke** von **Hauptaktenteilen** können selbstverständlich in die Handakten genommen werden; für die Anklage, den Eröffnungsbeschluß und den Strafbefehlsantrag ist dies schon in Hinblick auf § 243 Abs. 3 Satz 1 stets erforderlich. Auch sonst ist es zweckmäßig, möglichst viele bedeutsame Teile der Hauptakten als Duplikat zu den Handakten zu nehmen (z. B. Haftentscheidungen, Vernehmungsprotokolle, schriftliche Äußerungen und Auskünfte), zumal der Sachbearbeiter wechseln kann und in der Praxis häufig nicht Sitzungsvertreter in der Hauptverhandlung ist. Auch wenn die Staatsanwaltschaft bei Vorlage der Akten an das Gericht ein vollständiges Duplikat zurückbehält, wird es Bestandteil der Handakten.

**f) Vorlage.** Dem Gebot des Absatz 2 Satz 2, die Akten „vorzulegen", wird in der **23** Praxis regelmäßig dadurch entsprochen, daß die gesamten Akten zusammen mit der Anklage von der Geschäftsstelle der Staatsanwaltschaft der Geschäftsstelle des Gerichts übersandt werden. Rechtlich zwingend ist diese körperliche Übergabe jedoch nicht; entscheidend ist vielmehr, daß die Akten in die Verfügungsgewalt des Gerichts übergehen, daß sie ihm „an die Hand gegeben" werden. Es muß sichergestellt sein, daß das Gericht jederzeit auf die nach Absatz 2 Satz 2 vorzulegenden Unterlagen zurückgreifen kann. Beweisstücke, besonders solche umfangreicherer Art, verbleiben in der Praxis regelmäßig in der Asservatenkammer der Staatsanwaltschaft oder einer anderen Behörde (vgl. auch § 214 Abs. 4 Satz 1). Auch schriftliche Beweisunterlagen oder Tonträger können im Einverständnis mit dem Gericht vorerst bei der Staatsanwaltschaft (oder der Polizei) verbleiben, was insbesondere bei umfangreichen Spurenakten (Rdn. 16 ff) Bedeutung erlangen kann. Behält die Staatsanwaltschaft Akten in Verwahrung, so ist dies, schon um ihr Vergessen im weiteren Verfahren zu verhindern, stets aktenkundig zu machen. Verlangt das Gericht die körperliche Vorlage, so ist dem unverzüglich zu entsprechen.

---

[31] Zur vorübergehenden Verwahrung von Hauptaktenteilen in den Handakten während des Ermittlungsverfahrens *Kleinknecht* 723.

[32] *Kleinknecht* 724; a. A *Peters* § 29 V 2 mit dem Hinweis, daß der Umstand der Weisung für die Entscheidung des Gerichts bedeutungsvoll sein kann. Er verkennt, daß dieser Umstand wegen der monokratischen Struktur der Staatsanwaltschaft (§§ 144, 146 GVG) nicht entscheidungserheblich sein *darf.*

**24**  **g) Unterlassene und unvollständige Aktenvorlage.** Daß die Staatsanwaltschaft eine Anklage gänzlich ohne Aktenvorlage erhebt oder ein etwaiges Versehen nicht wenigstens auf Hinweis des Vorsitzenden beseitigt, ist kaum denkbar. Ggf. würde das Gericht, das die Staatsanwaltschaft nicht zur Aktenvorlage zwingen kann, die Eröffnung des Hauptverfahrens ablehnen müssen, weil es ohne Akten einen hinreichenden Tatverdacht nicht positiv feststellen kann. Bestehen zwischen der Staatsanwaltschaft und dem Gericht unüberwindbare rechtliche Meinungsverschiedenheiten, ob bestimmte Akten von der Vorlagepflicht erfaßt sind (was angesichts der kontroversen Rechtslage besonders bei Spurenakten vorkommen kann), so wird die Aufforderung des Gerichts, solche Akten nach Absatz 2 Satz 2 vorzulegen, sich vom Rechtsstandpunkt der Staatsanwaltschaft aus als ein Antrag auf Vorlage selbständiger Akten als Beiakten darstellen und nach den dafür maßgebenden Gesichtspunkten zu beurteilen sein. Beharrt die Staatsanwaltschaft auf ihrer Weigerung, so ist das Gericht hieran gebunden. Über die Konsequenzen einer unvollständigen Aktenvorlage auf die Entscheidung über die Eröffnung vgl. unten, § 207, 36; § 211, 10; *Rieß* NStZ **1983** 247.

**25**  **5. Fehlerhafte Entscheidungen und Anfechtbarkeit.** Über die **Anfechtbarkeit** der Entscheidung über die Eröffnung s. § 210 und die dortigen Erläuterungen. Die Folgen eines mangelhaften Eröffnungsbeschlusses sind bei § 207, 37 ff erläutert. Bei **fehlerhaften Zuständigkeitsbestimmungen** für das Hauptverfahren ist zu unterscheiden: Die örtliche Unzuständigkeit und die Unzuständigkeit wegen einer gesetzlich geregelten Spezialzuständigkeit nach §§ 74 Abs. 2, 74 a, 74 c GVG berücksichtigt das erkennende Gericht nur noch auf zeitlich befristeten Einwand des Angeklagten (§§ 6 a, 16; vgl. auch § 201, 25). Wäre richtigerweise für das Hauptverfahren ein Gericht niedrigerer Ordnung oder statt des Jugendgerichts ein für allgemeine Strafsachen zuständiges Gericht gleicher Ordnung zuständig, so bleibt, außer bei willkürlicher Zuständigkeitsannahme (BGH GA **1970** 240; GA **1981** 321) wegen § 269 und § 47 a JGG das Gericht, vor dem eröffnet wurde, zuständig. Wäre richtigerweise ein Gericht höherer Ordnung oder ein Jugendgericht zuständig, so ist dieser Zuständigkeitsmangel vom Amts wegen in jeder Lage des Verfahrens zu beachten (§ 6) und, wenn er rechtzeitig erkannt wird, außerhalb der Hauptverhandlung durch Vorlage an das für zuständig gehaltene Gericht (§ 225 a), in der Hauptverhandlung durch Verweisung an dieses (§ 270) zu heilen.

## § 200

(1) ¹Die Anklageschrift hat den Angeschuldigten, die Tat, die ihm zur Last gelegt wird, Zeit und Ort ihrer Begehung, die gesetzlichen Merkmale der Straftat und die anzuwendenden Strafvorschriften zu bezeichnen (Anklagesatz). ²In ihr sind ferner die Beweismittel, das Gericht, vor dem die Hauptverhandlung stattfinden soll, und der Verteidiger anzugeben.

(2) ¹In der Anklageschrift wird auch das wesentliche Ergebnis der Ermittlungen dargestellt. ²Davon kann abgesehen werden, wenn Anklage beim Strafrichter erhoben wird.

**Schrifttum.** *Heimansohn* Die Anklageschrift, Würzburger Abhandlungen Heft 25 (1933); *Kaiser* Sind nur für den Rechtsfolgenausspruch bedeutsame Tatumstände im Anklagesatz kenntlich zu machen? NJW **1981** 1028; *Kinnen* Zur Fassung des Anklagesatzes, MDR **1978** 634; *Kohlhaas* Fehlerhafte Anklagen und Eröffnungsbeschlüsse, GA **1955** 64; *Puppe* Die Individualisierung der Tat in Anklageschrift und Bußgeldbescheid und ihre nachträgliche Korrigierbarkeit, NStZ **1982** 230; *Solbach* Zur Fassung der Anklageschrift, DRiZ **1972** 235; *Solbach* Zur Fassung des Anklagesatzes, MDR **1978** 900.

**Entstehungsgeschichte. Absatz 1** lautete ursprünglich

> „Die Anklageschrift hat die dem Angeschuldigten zur Last gelegte Tat unter Hervorhebung ihrer gesetzlichen Merkmale und des anzuwendenden Strafgesetzes zu bezeichnen sowie die Beweismittel und das Gericht, vor dem die Hauptverhandlung stattfinden soll, anzugeben."

und blieb in dieser Form bis 1964 unverändert. Er erhielt durch Art. 7 Nr. 2 StVÄG 1964 seine heutige Fassung; lediglich das Wort „Straftat" ist erst durch Art. 21 Nr. 58 EGStGB 1974 an die Stelle der Worte „strafbare Handlung" getreten.

Nach **Absatz 2** war ursprünglich nur in den vor dem Reichsgericht, den Schwurgerichten oder den Landgerichten zu verhandelnden Strafsachen das wesentliche Ergebnis der Ermittlungen in die Anklageschrift aufzunehmen. Durch Art. III Nr. 2 EntlG wurde die Vorschrift auf die Schöffengerichte und aufgrund der EmmingerVO durch die Bekanntmachung 1924 auf die vor dem Einzelrichter beim Amtsgericht zu verhandelnden Sachen ausgedehnt, wenn ein Verbrechen den Gegenstand der Anklage bildete, beide Änderungen standen im Zusammenhang mit der Erweiterung der Zuständigkeit des Amtsgerichts. Durch Gesetz vom 27. 12. 1926 (RGBl. I 529) wurde die Aufnahme des wesentlichen Ermittlungsergebnisses auch vorgeschrieben, wenn eine Voruntersuchung stattgefunden hatte, und durch einen Satz 3 klargestellt, daß in anderen Sachen ein wesentliches Ermittlungsergebnis aufgenommen werden könne. Durch Art. 2 der 3. VereinfVO erhielt Absatz 2 folgende Fassung:

> „In der Anklageschrift wird auch das wesentliche Ergebnis der Ermittlungen dargestellt. Davon kann abgesehen werden, wenn die Darstellung zur Vorbereitung der Hauptverhandlung nicht erforderlich ist."

Durch Art. 3 I Nr. 84 VereinhG erhielt Absatz 2 seine heutige Fassung; lediglich die Worte „Amtsrichter als Einzelrichter" wurden erst durch Art. 1 Nr. 60 des 1. StVRG durch das Wort „Strafrichter" ersetzt. Bezeichnung bis 1924: § 198.

*Übersicht*

Peter Rieß

## I. Allgemeines

**1**　**1. Reichweite der Vorschrift.** § 200 enthält die gesetzlichen Mindestanforderungen an den Inhalt der Anklageschrift, und zwar Absatz 1 die für alle Anklagen geltenden Bestimmungen, Absatz 2 solche, die bei Anklageerhebung vor dem Strafrichter und dem Jugendrichter nicht obligatorisch sind (näher Rdn. 23). Den Anforderungen des Absatzes 1 müssen auch die Anklagen entsprechen, die ohne Eröffnungsverfahren mündlich oder schriftlich erhoben werden, nämlich die Anklage im beschleunigten Verfahren (§ 212 a, 4), die Nachtragsanklage (§ 266 Abs. 2 Satz 2) und der Antrag im vereinfachten Jugendverfahren (§ 76 Abs. 1 Satz 2 JGG)[1]. Für die Privatklage (§ 381 Satz 2), den Antrag im Sicherungsverfahren (§ 414 Abs. 2 Satz 1) und den Antrag im objektiven Einziehungsverfahren (§ 440 Abs. 2) gelten die gleichen Anforderungen. Die gesetzlichen Anforderungen an den Inhalt des Strafbefehls (§ 409 Abs. 1 Nr. 1 bis 5) und an den Bußgeldbescheid (§ 66 Abs. 1 Nr. 1 bis 4 OWiG) sind zwar selbständig geregelt, stimmen aber in allen wesentlichen Punkten mit dem Inhalt der Anklageschrift nach Absatz 1 überein. Es gelten daher für alle Formen der Erhebung der (öffentlichen und privaten) Klage und für den nach Einspruch in seiner Funktion insoweit vergleichbaren Bußgeldbescheid die gleichen gesetzlichen Maßstäbe. Namentlich wegen der Mindestanforderungen an die Bezeichnung der Tat und bei der Bewertung der Folgen von Mängeln kann deshalb bei der Auslegung des § 200 auch auf die umfangreiche Rechtsprechung zu den Mindestanforderungen an den Bußgeldbescheid zurückgegriffen werden, doch ist zu berücksichtigen, daß sich diese Rechtsprechung ganz überwiegend mit der Frage befaßt, ob Ungenauigkeiten, Lücken und Mängel so schwerwiegend sind, daß sie eine Einstellung des Verfahrens erfordern (Rdn. 57). Von einer sachgerechten Anklageschrift muß mehr verlangt werden, als daß sie diesen Mindeststandards gerade noch entspricht.

### 2. Inhalt und Bedeutung der Anklageschrift

**2**　**a) Inhalt.** Die Anklageschrift besteht aus mehreren, ihrer Funktion nach unterschiedlichen und in der äußeren Darstellung deutlich zu trennenden Teilen. Das Gesetz hebt (Absatz 1 Satz 1) den in der Hauptverhandlung vom Staatsanwalt zu verlesenden (§ 243 Abs. 1 Satz 1) **Anklagesatz** besonders hervor, bei dem wiederum mehrere, aufeinander bezogene Teile zu unterscheiden sind, nämlich (1) zur Bestimmung des Prozeßgegenstandes die Individualisierung (a) des Angeschuldigten und (b) der Tat im Sinne des prozessualen Tatbegriffs, (2) die Angabe der gesetzlichen Merkmale der von der Staatsanwaltschaft für gegeben erachteten Straftat im materiell-rechtlichen Sinne und (3) die danach anzuwendenden Strafvorschriften. Ferner enthält die Anklageschrift stets die

---

[1] Gegen die im jugendgerichtlichen Schrifttum bei *Brunner* § 78, 8; *Dallinger/Lackner* § 76, 9; *Eisenberg* §§ 76 bis 78, 12 vertretene Meinung, daß geringere Anforderungen genügen, bestehen Bedenken.

Angabe der nach Auffassung der Staatsanwaltschaft erforderlichen **Beweismittel** und des nach Meinung der Staatsanwaltschaft **zuständigen Gerichts** sowie den Namen eines etwaigen **Verteidigers.** Außer bei einer Anklageerhebung vor dem Strafrichter und dem Jugendrichter muß die Anklage im ordentlichen Verfahren eine gedrängte Darstellung der Ergebnisse des vorbereitenden Verfahrens, das **wesentliche Ergebnis der Ermittlungen** enthalten. Ferner sind regelmäßig mit der Anklage der Antrag auf Eröffnung des Hauptverfahrens nach § 199 Abs. 1 Satz 2 (§ 199, 2) sowie sonstige nach Sachlage erforderliche **Anträge** verbunden (Rdn. 48). Üblicherweise werden in die Anklageschrift noch einige weitere, gesetzlich nicht vorgeschriebene Informationen und Hinweise aufgenommen (Rdn. 42 ff), die sich aus ihrem Charakter als vorbereitender Schriftsatz (*v. Kries* 501) ergeben.

**b) Bedeutung.** Die Anklageschrift hat eine doppelte Bedeutung. Sie dient einmal **3** nach dem Anklageprinzip (§§ 152, 155 Abs. 1, 264) der Bestimmung des Prozeßgegenstandes[2] (**Umgrenzungsfunktion,** *Eb. Schmidt* Nachtr. I, 4) und sie ist ein das Hauptverfahren vorbereitender Schriftsatz[3], der dem Gericht und dem Angeschuldigten die für die Durchführung des Verfahrens und die Verteidigung notwendigen Informationen vermittelt (**Informationsfunktion**). Der Prozeßgegenstand wird durch die in den Anklagesatz aufzunehmende Bezeichnung des Angeschuldigten *und* der Tat als des historischen Lebensvorgangs, den der Kläger zur gerichtlichen Entscheidung stellen will, bestimmt. In diesem Umfang ist das Gericht an die Begrenzungen durch die Anklageschrift gebunden. Dagegen haben die weiteren vom Gesetz verlangten Angaben, auch soweit sie in den Anklagesatz aufzunehmen sind (Angabe der gesetzlichen Merkmale der Straftat und der anzuwendenden Strafvorschriften) mit dieser Umgrenzungsaufgabe der Anklage nichts zu tun. Ihr Sinn liegt allein, wie auch zusätzlich der der Bezeichnung des Angeschuldigten und vor allem der Tat, in der Informationsfunktion der Anklageschrift[4]. Eine Bindung des Gerichts tritt, wenn es sich an den Prozeßgegenstand hält, insoweit nicht ein (§§ 155 Abs. 2, 206, 207 Abs. 2 Nr. 3, 264 Abs. 2; vgl. ergänzend die Erl. zu § 206).

Die **Informationsfunktion** der Anklageschrift ist von einer der Umgrenzungsfunk- **4** tion **gleichwertigen Bedeutung.** Durch die Anklage werden Angeschuldigter und Gericht über den konkreten Tatvorwurf und die vom Kläger (regelmäßig der Staatsanwaltschaft) vorgenommene (vorläufige) rechtliche Bewertung der Tat unterrichtet. Die Angabe der konkreten gesetzlichen Merkmale der Straftat und ihre Verbindung mit den tatkonkretisierenden Angaben des (vermuteten) Lebenssachverhalts informieren (besonders bei gesetzlichen Tatbeständen mit mehreren Modalitäten) Gericht und namentlich den Angeschuldigten darüber, welche einzelnen Tatbestandsmerkmale die Staatsanwaltschaft für gegeben erachtet; die Mitteilung der gesetzlichen Vorschriften ermöglicht insbesondere dem Angeschuldigten, sich über ihren Inhalt zu informieren. Die Wiedergabe des wesentlichen Ergebnisses der Ermittlungen mit der Darstellung und Gewichtung des im Ermittlungsverfahren gesammelten Beweisstoffes hilft dem Angeschuldigten bei einer sachgerechten Verteidigung im Eröffnungs- und Hauptverfahren (BGH NJW **1974** 361). Die Informationsfunktion der Anklageschrift konkretisiert damit letztlich den Anspruch des Angeschuldigten auf rechtliches Gehör (Art. 103 Abs. 1 GG). Darüber hinaus vermag eine sorgfältig abgefaßte, vollständige und übersichtlich geglie-

---

[2] BGHSt **16** 48; **29** 126.
[3] *v. Kries* 500 f; ähnlich *v. Hippel* 483 f; *Peters* § 50 II 1 b; *Eb. Schmidt* 2; 3. Der von *v. Kries* als dritte Aufgabe der Anklageschrift angesehene Antrag auf Eröffnung des Hauptverfahrens hat eine selbständige Bedeutung; vgl. § 199, 2.
[4] Unscharf insoweit BGHSt **16** 48; **29** 126.

Peter Rieß

derte Anklage dem Gericht, dem Angeschuldigten und seinem Verteidiger sowie dem Sitzungsvertreter der Staatsanwaltschaft die Durchführung der Hauptverhandlung wesentlich zu erleichtern. Sorgfalt bei der Abfassung der Anklage ist namentlich bei Großverfahren mit umfangreichem Prozeßstoff ein wichtiges Mittel für eine ökonomische Durchführung des weiteren Verfahrens. Sie dient damit auf Ganze gesehen auch der Entlastung der Justiz.

**5**   **3. Fassung der Anklageschrift.** Das Gesetz enthält nur Mindestvoraussetzungen für den Inhalt der Anklageschrift, es bestimmt ihren Inhalt und namentlich Fassung und Aufbau nicht im einzelnen. Insoweit obliegt die Fassung der Anklageschrift dem pflichtgemäßen Ermessen des Staatsanwalts, das teilweise durch die RiStBV weiter gebunden ist (vgl. Nr. 110 bis 114 RiStBV). Im einzelnen bestehen vielfach regionale Unterschiede und örtliche Gewohnheiten; das ist vom Gesetz her nicht zu beanstanden[5]. Da die Anklageschrift die wichtigste Informationsquelle für den (insbesondere unverteidigten) Angeschuldigten darstellt, sollte sie, soweit dies möglich ist, für ihn verständlich sein. Fachausdrücke sind daher nach Möglichkeit zu vermeiden, der Satzbau sollte klar und einfach, der Aufbau übersichtlich sein. Allerdings darf das Bestreben nach Verständlichkeit der Anklage namentlich in den vorwiegend der Umgrenzungsfunktion dienenden Teilen nicht auf Kosten der Genauigkeit gehen[6].

### II. Der Anklagesatz (Absatz 1 Satz 1)

**6**   **1. Allgemeines.** Im Rechtssinne umfaßt der Anklagesatz nur die in Satz 1 verlangten Angaben (Angeschuldigter, Tat, gesetzliche Merkmale und anzuwendendes Strafgesetz) und wird auch nur insoweit zu Beginn der Hauptverhandlung verlesen (§ 243 Abs. 3 Satz 1). Aus Gründen der Zweckmäßigkeit und Übersichtlichkeit können, namentlich bei den Angaben zur Person des Angeschuldigten (dem gelegentlich so bezeichneten Anklagerubrum) weitere Angaben angebracht werden (z. B. zur Haft, zur Verteidigung, zu weiteren Prozeßbeteiligten), die dann mit dem Anklagesatz äußerlich verbunden erscheinen, aber nicht sein zu verlesender Bestandteil sind (KMR-*Paulus* 8). Mängel des Anklagesatzes können ein Verfahrenshindernis begründen oder zur Ablehnung der Eröffnung führen (§ 207, 55 ff sowie unten Rdn. 57). Durch seine Verlesung werden auch die Schöffen (und die Zuhörer), die im übrigen keine Aktenkenntnis haben, mit dem Gegenstand der Hauptverhandlung bekanntgemacht. Der Anklagesatz ist deshalb prozessual der wesentliche Teil der Anklageschrift[7].

**7**   **2. Bezeichnung der Person des Angeschuldigten.** Nach § 155 Abs. 1 erstreckt sich die gerichtliche Untersuchung und Entscheidung nur auf die in der Klage bezeichneten Personen. Die Bezeichnung des (oder, wenn mehrere Personen in einer Anklageschrift

---

[5] Fassungsbeispiele für verschiedene Anklageformen z. B. bei *Burchardi/Klempahn/Wetterich* 456 ff; *Kraß* Anklage und Begleitverfügung (1977); *Kroschel/Meyer-Goßner* 371 ff; *Kunigk* Die staatsanwaltschaftliche Tätigkeit[3] (1983); *Rahn* Mustertexte im Strafprozeß[2] (1982); *G. Schäfer* § 28; *Solbach* Anklage und Einstellungsverfügung[3] (1983).

[6] So schon gegenüber damaligen Bestrebungen nach einer „volkstümlichen" Fassung der Anklage *Haag* GerS 113 (1939) 254.

[7] KK-*Treier* 2; *Kleinknecht/Meyer* 5. Das wird auch von OLG Hamm NJW 1977 967 trotz des leicht mißverständlichen Leitsatzes nicht bezweifelt; das OLG hat nur die Frage verneint, ob der Anklagesatz ein wesentlicher Teil der Anklage im Sinne der Strafvorschrift des § 354 d Nr. 3 StGB darstellt; ebenso OLG Köln JR 1980 473 mit Anm. *Bottke*; dazu auch *Toebbens* GA 1983 102 ff.

angeklagt werden, der) Angeschuldigten soll seiner Identifizierung dienen und muß deshalb so genau sein, daß dies verwechslungsfrei möglich ist. Darüber hinaus bezwekken diese Personalangaben aber auch eine schnelle und übersichtliche Information der Prozeßbeteiligten. Die persönlichen Lebensumstände sind an dieser Stelle ebensowenig zu erwähnen wie die Religionszugehörigkeit oder die Angabe, ob und ggf. wie der Angeschuldigte vorbestraft ist[8]. Solche Angaben sind, soweit es auf sie ankommt, in das wesentliche Ermittlungsergebnis, allenfalls in die tatkonkretisierenden Angaben des Anklagesatzes (vgl. Rdn. 18 ff) aufzunehmen. Dagegen ist es üblich und unbedenklich[9], mit den Personalangaben die Mitteilung zu verbinden, ob und wielange sich der Angeschuldigte in **Untersuchungshaft** befindet (s. auch Rdn. 43) oder befunden hat oder ob aus anderen Gründen (Strafhaft in anderer Sache) eine Freiheitsentziehung stattfindet. Damit wird, was auch für die Zustellung der Anklage von Bedeutung ist (§ 201, 14) für das Gericht an herausgehobener Stelle erkennbar, daß der Angeschuldigte sich nicht in Freiheit befindet. Es ist auch zweckmäßig, den Personaldaten des Angeschuldigten die Angabe seines Verteidigers nachzustellen (Rdn. 41). All diese Zusatzangaben gehören jedoch nicht zu dem nach § 243 Abs. 3 Satz 1 zu verlesenden Anklagesatz (*Kleinknecht/ Meyer* 23; KMR-*Paulus* 8).

Zu den **Angaben zur Person** gehören der **Familienname** und sämtliche Vornamen **8** unter Hervorhebung des Rufnamens und unter Vermeidung der Verwendung volkstümlicher Abkürzungen[10], bei Namensänderungen durch Eheschließung auch der Geburtsname (§ 1355 Abs. 2 BGB) und der Begleitname (§ 1355 Abs. 3 BGB), ferner **Geburtstag** und **Geburtsort** mit Kreis und Bezirk, Staatsangehörigkeit (bei Ausländern), Familienstand, der (ausgeübte) **Beruf** sowie der **Wohnort** mit der Anschrift, unter der zugestellt werden kann. Befindet sich der Angeschuldigte nicht in Freiheit, so ist der Haft- oder Unterbringungsort anzugeben. Hat er einen gesetzlichen Vertreter, so ist dessen Name und Anschrift anzugeben (vgl. Nr. 110 Abs. 2 Buchst. a RiStBV).

Sind die **Personalien nicht** oder nicht vollständig **bekannt** und wird dadurch die **9** Identifizierung zweifelhaft, so muß die Beschreibung des Angeschuldigten in einer anderen, seine spätere Identifizierung ermöglichenden und Verwechslungen ausschließenden Weise erfolgen (KMR-*Paulus* 10; *Eb. Schmidt* 5); etwa durch Angabe des „alias-Namen", sonst verwendeter Bezeichnungen oder von bekannten Personenmerkmalen. Unrichtige Personalienangaben (etwa wenn sich der richtige Name oder das richtige Geburtsdatum erst nach der Erhebung der Anklage herausstellen) berühren die Wirksamkeit der Anklage nicht, wenn die Identität feststeht[11]; das Verfahren richtet sich gegen die tatsächlich gemeinte Person (KMR-*Paulus* 10; *G. Schäfer* § 28 I 1).

### 3. Bezeichnung der Tat und der gesetzlichen Merkmale der Straftat
**a) Verhältnis beider Angaben.** Die Bezeichnung der Tat und der gesetzlichen **10** Merkmale der Straftat sind zwar begrifflich zu trennen aber aufeinander bezogen. Die angegebenen Merkmale der Straftat müssen durch konkrete Tatsachen belegt, der Grund für die Angabe solcher Tatsachen muß aus den aufgeführten gesetzlichen Merkmalen erkennbar werden[12]. Für die sprachliche Verknüpfung beider Merkmale sind un-

---

[8] Heute ganz h. M; *Burchardi/Klempahn/Wetterich* 459; KMR-*Paulus* 9; *Kroschel/Meyer-Goßner* 372; *G. Schäfer* § 28 III 1; *Solbach* DRiZ **1972** 235.

[9] Nr. 110 Abs. 4 RiStBV; *Burchardi/Klempahn/Wetterich* 458; KK-*Treier* 3; KMR-*Paulus* 8; *Kroschel/Meyer-Goßner* 372; **a. A** *Kohlhaas* 67.

[10] Z. B. Jupp statt Josef, Hein statt Heinrich, Grete statt Margarethe usw.

[11] OLG Düsseldorf VRS **65** (1983) 455; vgl. auch OLG Karlsruhe VRS **62** (1982) 289; dazu *Göhler* NStZ **1983** 65.

[12] BGH NJW **1954** 360; *Arndt* 210; *Haag* GerS 113 (1939) 256; *v. Kries* 503.

Peter Rieß

terschiedliche, grundsätzlich gleichwertige Möglichkeiten vorhanden. Die gesetzlichen Merkmale können vorangestellt und mit der Tatbeschreibung etwa durch die Wendung „indem er" oder auf ähnliche Weise verbunden werden, doch ist es auch möglich, die Tatbeschreibung voranzustellen und die gesetzlichen Merkmale durch eine Wendung wie „und dadurch" anzufügen. Bei einfachen Tatbeständen und Sachverhalten kann auch jedes einzelne Tatbestandsmerkmal mit den konkreten Tatumständen verbunden werden. Werden mehrere Personen oder wird eine Person mehrerer Taten angeschuldigt, so muß deutlich werden, welche Tatbeschreibung mit welchen gesetzlichen Merkmalen in Beziehung steht.

**11**      **b) Bezeichnung der Tat.** Die Tat muß als Lebensvorgang so beschrieben werden, daß praktisch unverwechselbar festeht, welcher historische Vorgang Gegenstand der Aburteilung sein soll; damit wird sie als Verfahrensgegenstand konkretisiert (*v. Kries* 501; *Eb. Schmidt* 6). Das geschieht nach Zeit, Raum und Gegenstand, durch die Angabe der Art der Tätigkeit und des angestrebten oder verwirklichten Erfolges (*v. Kries* 501). Entscheidend ist, daß kein Zweifel darüber entstehen kann, welcher tatsächliche Vorgang gemeint ist[13]. Wann diese Voraussetzung erfüllt ist, läßt sich nicht allgemein sagen, sondern hängt von den Umständen des Einzelfalls ab[14]; die Schilderung muß um so konkreter sein, je größer die allgemeine Möglichkeit ist, daß der Angeschuldigte verwechselbare weitere Straftaten gleicher Art verübt hat (BGH NStZ **1984** 229). Es genügt nicht, die Tatsachengrundlagen lediglich im wesentlichen Ergebnis der Ermittlungen anzuführen[15].

**12**      **Zeit und Ort der Begehung** der Tat, die das Gesetz (an sich überflüssigerweise) besonders hervorhebt, sind zwar wichtige Individualisierungsmerkmale, reichen aber regelmäßig allein zur Konkretisierung der Tat nicht aus[16] und sind andererseits nicht unerläßlich, wenn sie nicht exakt feststellbar sind[17]. Es genügt dann die Angabe eines möglichst kurz zu bemessenden Tatzeitraums oder einer allgemeinen Beschreibung der Tatorte, doch muß dann die insoweit unvollständige Konkretisierung möglichst durch andere Merkmale angereichert werden[18].

**13**      Über die tatkonkretisierenden **Mindestangaben** hinaus sind wegen der Informationsaufgabe des Anklagesatzes alle gesetzlichen (äußeren und inneren) Tatbestandsmerkmale durch Tatsachen zu belegen (zur Angabe von Tatsachen zur Rechtsfolgenzumessung vgl. Rdn. 18 ff), wenn auch insoweit Mängel die Wirksamkeit der Anklage und des auf ihr beruhenden Eröffnungsbeschlusses nicht gefährden (vgl. aber Rdn. 58). Enthält ein Tatbestand mehrere **Alternativen**, so muß die von der Staatsanwaltschaft für ver-

---

[13] Z. B. BGHSt **5** 227; **10** 139 = JR **1957** 384 mit Anm. *Eb. Schmidt*; BGH NJW **1954** 360 = JR **1954** 149 mit Anm. *Görcke*; KK-*Treier* 4; KMR-*Paulus* 12; sehr eng *Puppe* 231.

[14] BGHSt **10** 140; BGH GA **1960** 245; NStZ **1984** 229; BayObLG JR **1960** 190; kritisch *Puppe* 231 namentlich, soweit dabei auf die individuelle Kenntnis des Angeschuldigten abgestellt wird.

[15] Allg. M.: **a. A** nur *Görcke* JR **1954** 150; zur Frage, ob und wieweit der Anklagesatz aus dem wesentlichen Ergebnis der Ermittlungen ergänzt werden kann, vgl. § 207, 57 f.

[16] So schon RGSt **10** 58; **21** 65; **68** 106; heute allg. M.

[17] So z. B. für nationalsozialistische Massenvernichtungsaktionen bei Unmöglichkeit der genauen Bezeichnung der Tatzeit und der Namen der Opfer BGH vom 18. 1.1980 – 2 StR 270/79; doch müssen auch insoweit ausreichende tatsächliche Anhaltspunkte für eine Unterscheidung der einzelnen Taten vorliegen; BGH NStZ **1984** 229.

[18] BGHSt **10** 140; BGH GA **1960** 245 (im konkreten Fall bedenklich großzügig) sowie (alle zum Bußgeldbescheid) OLG Düsseldorf VRS **63** (1982) 140; OLG Karlsruhe MDR **1982** 248; OLG Köln NStZ **1982** 123.

wirklicht gehaltene und deshalb bei den gesetzlichen Merkmalen hervorzuhebende auch durch Tatsachen belegt werden (BGH NStZ **1984** 133; **1984** 329); gleiches gilt für die Annahme von Beihilfe (BGH bei *Pfeiffer/Miebach* NStZ **1983** 358 Nr. 34) oder für Umstände, durch die ein neuer qualifizierter Tatbestand entsteht (KK-*Treier* 8).

Wird eine **fortgesetzte Handlung** angeklagt, so muß bei der Tatbeschreibung **14** neben dem Gesamtvorsatz mindestens angegeben werden, wann die Tat begann und wann sie endete; auch die Mindestzahl der dem Angeschuldigten vorgeworfenen Einzelakte und die Art ihrer Begehung sowie die Bezeichnung der Geschädigten und die Mindesthöhe des Schadens müssen sich regelmäßig aus dem Anklagesatz ergeben[19]. Die pauschale Angabe „innerhalb von 8 Jahren fortgesetzt in 268 Einzelakten" reicht nicht aus (OLG Schleswig bei *Ernesti/Lorenzen* SchlHA **1982** 102 Nr. 83). Bei fortgesetzter Steuerhinterziehung genügt in der Regel die Angabe der betroffenen Steuerarten und der Summe der verkürzten Angaben nicht[20]. Voraussetzung dafür, daß in der Anklageschrift nicht bezeichnete, in der Hauptverhandlung festgestellte Vorgänge von der Anklage umfaßt werden, ist stets, daß sie sich als Bestandteile der angeklagten Fortsetzungstat erweisen, insbesondere müssen sie während des angeklagten Tatzeitraums begangen sein[21].

Kommt **Wahlfeststellung** in Betracht, so sind alle in Frage kommenden Tatbe- **15** stände mit ihren tatsächlichen Konkretisierungen in den Anklagesatz aufzunehmen[22]; gleiches gilt für die Fälle der sog. Tatsachenalternativität[23], nicht aber, wenn ein „Auffangtatbestand" verwirklicht wird (*Solbach* DRiZ **1972** 236). Bei unechten **Unterlassungsdelikten** ist die Garantenpflicht durch tatsächliche Angaben zu konkretisieren (KMR-*Paulus* 21; *Schneider* JZ **1956** 494), bei **Vollrausch** nach § 323 a StGB die Rauschtat (*Solbach* MDR **1978** 900), bei **Fahrlässigkeitsdelikten** sind die tatsächlichen Umstände mitzuteilen, aus denen sich Pflichtwidrigkeit, Vorhersehbarkeit und Vermeidbarkeit ergeben soll (*G. Schäfer* § 28 III 2; *Solbach* DRiZ **1972** 236).

Bei der **Fassung der Tatkonkretisierung** im Anklagesatz ist zu bedenken, daß sie **16** zu Beginn der Hauptverhandlung vom Staatsanwalt durch Verlesung bekannt gemacht wird, aber die Unvoreingenommenheit namentlich der Schöffen, denen die Rechtsprechung den Einblick in das wesentliche Ermittlungsergebnis versagt (RGSt **69** 120; BGHSt **13** 73), nicht beeinflussen darf. Die im Interesse der Information notwendige Konkretisierung des Vorwurfs durch Ausfüllung aller Tatbestandsmerkmale durch Tatsachen darf deshalb nicht zu weitschweifig werden. Einzelheiten sind in das wesentliche Ermittlungsergebnis zu verweisen. Vor allem muß die Tatbeschreibung so gefaßt werden, daß sie keine Beweiswürdigung enthält und daß nicht der Eindruck erweckt wird,

---

[19] BGH GA **1973** 111; OLG Düsseldorf JMBlNW **1982** 141 (mit Hinweis auf besondere Umstände, die geringere Anforderungen gestatten); KK-*Treier* 6; KMR-*Paulus* 17; *Eb. Schmidt* 10; weitergehend OLG Oldenburg NJW **1952** 990 (jedenfalls, soweit die Einzelakte individualisierbar seien).

[20] OLG Düsseldorf NStZ **1982** 336 mit Hinweisen über die erforderlichen Mindestangaben.

[21] BGH NStZ **1982** 128; vgl. auch BGH StrVert. **1982** 256.

[22] BGH GA **1967** 184; OLG Hamm GA **1974** 84; KK-*Treier* 7; *Kleinknecht/Meyer* 7;

KMR-*Paulus* 15; *Burchardi/Klempahn/Wetterich* 479; *Solbach* DRiZ **1972** 236; zur Frage, ob bei einer Anklage auf eindeutiger Tatsachengrundlage ohne Nachtragsanklage eine Wahlfeststellung möglich ist, nunmehr verneinend, wie bereits früher OLG Hamm GA **1974** 84; BGHSt **32** 146; früher bejahend BayObLG NJW **1965** 2211.

[23] **Beispiel:** Von zwei sich widersprechenden Aussagen muß eine falsch und daher in einem Fall ein Straftatbestand nach den §§ 153 ff StGB erfüllt sein.

Peter Rieß

hier werde ein bereits feststehender Sachverhalt geschildert[24]. Es muß auch sprachlich klar sein, daß es sich lediglich um eine Anschuldigung handelt[25]. Das kann beispielsweise dadurch geschehen, daß die Tat im Konjunktiv dargestellt wird oder daß in einem Einleitungssatz die Bemerkung vorangesetzt wird, daß das geschilderte Verhalten dem Angeschuldigten lediglich zur Last gelegt werde[26].

**17**      c) **Gesetzliche Merkmale der Straftat** sind diejenigen rechtlichen Bezeichnungen des Obersatzes des Subsumtionsschlusses, unter die die konkreten Umstände der Tatbeschreibung im Anklagesatz subsumiert werden und aus denen sich nach Auffassung der Staatsanwaltschaft die Strafbarkeit des Angeschuldigten ergeben soll. Die Anforderungen an den Urteilstenor (§ 265 Abs. 1) bilden hierfür wegen seiner andersartigen Funktion keinen Maßstab[27]. Der Begriff der „gesetzlichen Merkmale" ist weiter als der der Tatbestandsmerkmale. Zu ihm gehören neben diesen die Schuldform (OLG Düsseldorf JMBlNW **1979** 259), jedenfalls, soweit vorsätzliches und fahrlässiges Verhalten strafbar ist, die Teilnahmeformen (Mittäterschaft, Anstiftung, Beihilfe; BGH NStZ **1984** 133), die Erscheinungsformen (Versuch und Unternehmen) und die Konkurrenzen (a. A für Realkonkurrenz *Pusinelli* JR **1949** 506). Enthält ein Tatbestand **mehrere Alternativen** oder Modalitäten, so dürfen nur die dem Angeschuldigten zur Last gelegten angegeben werden[28]; die Informationsfunktion des Anklagesatzes würde verfehlt, wenn etwa sämtliche Mordmerkmale angegeben oder bei Untreue gleichzeitig der Mißbrauchs- und der Treubruchstatbestand aufgeführt würden. Werden jedoch Merkmale dem Angeschuldigten kumulativ zur Last gelegt, so sind sie auch kumulativ aufzuführen. Grundsätzlich sind bei der Angabe der gesetzlichen Merkmale die Worte des Gesetzes zu wählen. Doch können umständliche gesetzliche Umschreibungen durch einfache, allgemein gebräuchliche Begriffe (z. B. Versuch) ersetzt werden, wenn sichergestellt ist, daß sie umgangssprachlich im wesentlichen übereinstimmend mit ihrer rechtlichen Bedeutung verwendet werden. Im Zweifel ist eine den Gesetzeswortlaut korrekt wiedergebende Fassung einer sprachlich flüssigeren, aber mißverständlichen vorzuziehen (*Kohlhaas* 67); das Bemühen, auch diesen Teil des Anklagesatzes dem juristisch nicht vorgebildeten Angeschuldigten verständlich zu machen, schlägt fehl, wenn daraus nur Mißverständnisse erwachsen können.

**18**      d) **Merkmale und Umstände, die die Rechtsfolgen betreffen.** Es ist umstritten, ob auch gesetzliche Merkmale, welche die Rechtsfolgenzumessung betreffen, bei den gesetzlichen Merkmalen der Straftat zu erwähnen und demzufolge bei der Tatbeschreibung durch Tatsachen zu belegen sind[29]. Dazu gehören z. B. die Regelbeispiele für besonders schwere Fälle (§ 243 StGB, § 29 Abs. 3 BtMG), die unbenannten besonders schweren und minderschweren Fälle, die Annahme des Rückfalls (§ 48 StGB) oder der verminderten Schuldfähigkeit (§ 21 StGB), sowie die Voraussetzungen für eine Maßre-

---

[24] Bedenklich daher das zweite Beispiel eines Anklagesatzes bei *Schlüchter* 403; sowie die sehr breiten Tatschilderungen in den Beispielen bei *Kroschel/Meyer-Goßner* 387 f.

[25] *Burchardi/Klempahn/Wetterich* 469; *Kleinknecht/Meyer* 2; *Kohlhaas* 67; *Kroschel/Meyer-Goßner* 374; *G. Schäfer* § 28 III 6 a. E.

[26] Beispiele bei *Burchardi/Klempahn/Wetterich* 469; *G. Schäfer* § 28 III 6.

[27] *Kaiser* 1029; KMR-*Paulus* 21; *Kroschel/Meyer-Goßner* 373; *G. Schäfer* § 28 III 7; *Solbach* MDR **1978** 900; **a. A** *Kinnen*.

[28] OGHBZ NJW **1949** 355; BGH NStZ **1984** 133; *Feisenberger* 1 c; *Reuter* JR **1957** 116; *Solbach* DRiZ **1972** 235.

[29] Gänzlich ablehnend *Kinnen*; nur für „tatbezogene Umstände" LR-*Meyer-Goßner*[23] 12; 15; *Schlüchter* 402 Fußn. 54; ähnlich, jedoch nur bei der Tatbeschreibung, nicht bei den gesetzlichen Merkmalen *Kleinknecht/Meyer* 10; 11; differenzierend *Burchardi/Klempahn/Wetterich* 476 ff.

gel der Besserung und Sicherung, für eine Nebenstrafe (Fahrverbot) oder eine Nebenfolge (Verlust der Amtsfähigkeit). Daß die für die Rechtsfolgen ganz allgemein geltenden gesetzlichen Vorschriften, etwa über die Strafbemessung im allgemeinen (§ 46 StGB), die Bemessung der Geldstrafe (§§ 40 ff StGB) oder den Verhältnismäßigkeitsgrundsatz bei Maßregeln (§ 62 StGB) hierunter nicht fallen, ist unbestritten. Im übrigen hat sich die Rechtsprechung des BGH[30] mit dieser Frage bisher überwiegend nur insoweit zu befassen gehabt — und dies meist nur im Zusammenhang mit der Frage der Verletzung des § 265 —, als zu entscheiden war, ob solche Merkmale zum *notwendigen* tatkonkretisierenden Inhalt des Anklagesatzes gehören; dies hat sie mit Recht verneint. Das erlaubt aber keine Rückschlüsse darauf, ob die Informationsfunktion des Anklagesatzes die Aufnahme solcher Merkmale erfordert.

Diese **Frage ist** grundsätzlich **zu bejahen**[31]. Da die Anklageschrift auch dazu **19** dient, dem Angeschuldigten den Umfang des Anklagevorwurfs im Anklagesatz in konzentrierter Form zu verdeutlichen und ihm damit eine sachgerechte Vorbereitung seiner Verteidigung zu ermöglichen, muß ihm auch vor Augen geführt werden, mit welchen Rechtsfolgen er nach Auffassung der Staatsanwaltschaft rechnen muß. Soweit sich hierüber etwas aus besonderen gesetzlichen Vorschriften ergibt, die nach Auffassung der Staatsanwaltschaft auf den konkreten Fall anzuwenden sind, müssen sie ihm ebenso mitgeteilt werden, wie die unter sie zu subsumierenden tatsächlichen Umstände, die der Angeschuldigte schon deshalb kennen muß, damit er sich gezielt gegen sie verteidigen kann. Mit der bloßen Erwähnung solcher die Rechtsfolgenzumessung betreffenden Vorschriften bei den anzuwendenden Strafgesetzen (so *Kleinknecht/Meyer* 14) wird der Angeschuldigte im allgemeinen nichts anfangen können (KK-*Treier* 14 a. E.). Diese Information des Angeschuldigten ließe sich zwar auch mit der Darstellung der in Betracht kommenden Rechtsfolgenzumessungstatsachen im wesentlichen Ermittlungsergebnis erreichen, doch würden sie dann in ihrer für den Angeschuldigten oft gegenüber den Tatbestandsmerkmalen mindestens gleichgewichtigen Bedeutung zu sehr zurücktreten, ganz abgesehen davon, daß die überwiegende Zahl aller Anklagen zum Strafrichter und Jugendrichter erhoben wird und hier ein wesentliches Ergebnis der Ermittlungen meist fehlt.

Im Anklagesatz ist daher sowohl in **tatsächlicher** als auch in **rechtlicher Hinsicht 20** **darzustellen**, daß die Voraussetzungen eines Regelbeispiels für einen besonders schweren Fall vorliegen, daß ein unbenannter besonders schwerer oder minderschwerer Fall anzunehmen sei, daß verminderte Schuldfähigkeit nach § 21 StGB angenommen werde oder daß die Voraussetzungen für eine Nebenstrafe (insbesondere ein Fahrverbot) oder eine Maßregel der Besserung und Sicherung für gegeben erachtet würden. Auch die Aufnahme der **Rückfallvoraussetzungen** nach § 48 StGB dürfte zulässig und geboten sein[32]. § 243 Abs. 4 Satz 3, 4 steht dem nicht entgegen. Mit der bloßen Erwähnung der Rückfallmerkmale im Anklagesatz werden die Vorstrafen noch nicht „festgestellt". Dem gesetzgeberischen Anliegen dieser Vorschrift kann ferner dadurch Rechnung getragen werden, daß die Angaben auf ein Minimum beschränkt und die genaueren Daten und

---

[30] Insbesondere BGHSt **16** 48; **22** 338; **29** 136; **29** 276; dagegen hat BGH MDR **1952** 244 die Aufnahme eines Hinweises auf die Voraussetzungen eines Berufsverbots in den Eröffnungsbeschluß für zulässig gehalten.

[31] Ebenso KK-*Treier* 10 und *G. Schäfer* § 28 III 7 mit zutreffendem Hinweis auf die neuere Rechtsprechung zur Hinweispflicht

nach § 265 Abs. 2, 4; ferner *Kaiser*; KMR-*Paulus* 19; *Solbach* DRiZ **1972** 236 und MDR **1978** 901.

[32] Ebenso *G. Schäfer* § 28 III 7; *Solbach* DRiZ **1972** 237 und (mit Einschränkungen) *Kaiser*; a. A LR-*Meyer-Goßner*[23] 12; *Mecker* DRiZ **1972** 359; *Schlüchter* 402 Fußn. 54.

Peter Rieß

näheren Einzelheiten im wesentlichen Ermittlungsergebnis und in Ermangelung eines solchen an anderer Stelle der Anklage außerhalb des zu verlesenden Anklagesatzes aufgeführt werden. Das **Fehlen** von Angaben zu den Rechtsfolgenzumessungsfragen hat allerdings auf die Wirksamkeit der Anklage keinen Einfluß und hindert auch nicht, solche Umstände bei der Rechtsfolgenbemessung zu berücksichtigen; es können aber Hinweise nach § 265 erforderlich werden, soweit die Voraussetzungen dieser Bestimmung vorliegen.

**21**    **4. Die anzuwendenden Strafvorschriften.** Bei diesen wird üblicherweise (nicht zwingend, aber zweckmäßig) die Qualifikation der Tat nach § 12 StGB als Verbrechen oder Vergehen an die Spitze gestellt[33]. Danach werden die dem Angeschuldigten vorgeworfenen Straftatbestände nach ihrer gesetzlichen Überschrift und, falls eine solche fehlt, nach einem anderen anschaulichen Namen bezeichnet. Die Schuldform ist anzugeben, wenn ein Tatbestand vorsätzlich oder fahrlässig begangen werden kann. Ferner sind Mittäterschaft, Anstiftung, Beihilfe und Versuch sowie die Konkurrenzverhältnisse einschließlich eines etwaigen Fortsetzungszusammenhangs hervorzuheben. Die Angaben sind so zu verknüpfen, daß bei mehreren Angeschuldigten und/oder mehreren Taten nicht zweifelhaft bleibt, welche Straftaten in welcher Beteilungsform und in welchem Konkurrenzverhältnis den Angeschuldigten vorgeworfen wird.

**22**    Ferner ist die **genaue Gesetzesstelle** in ähnlicher Form wie in § 260 Abs. 5, § 409 Abs. 1 Nr. 4 zu bezeichnen. Die in Betracht kommenden Vorschriften sollten so eindeutig bestimmt werden, daß sie unschwer aufzufinden sind. Abkürzungen für Gesetzesbezeichnungen, besonders im Nebenstrafrecht, die nicht allgemein bekannt oder unschwer aufzufinden sind, sind aufzulösen. Neben den in Frage kommenden Straftatbeständen des besonderen Teils sind auch die für den konkreten Fall maßgebenden Vorschriften des allgemeinen Teils sowie die Vorschriften anzugeben, die sich über die allgemeine Rechtsfolgenbemessung hinaus mit den konkreten Rechtsfolgen befassen und nach Auffassung der Staatsanwaltschaft in Betracht kommen können. Dazu gehören z. B. die §§ 21, 44, 48, 49, 63, 64, 68, 69, 70, 73 StGB, nicht dagegen die §§ 38 bis 43, 46, 47, 56 ff, 62 StGB. Ob nach der konkreten Sachlage anwendbare Vorschriften über Nebenstrafen und Nebenfolgen angegeben werden *müssen*, ist umstritten[34], sachgerecht ist es stets.

### III. Wesentliches Ergebnis der Ermittlungen

**23**    **1. Notwendigkeit.** Die Darstellung des wesentlichen Ergebnisses der Ermittlungen ist nach dem Gesetz bei Anklagen zum Strafrichter und zum Jugendrichter (§ 39 JGG) fakultativ, sonst zwingend vorgeschrieben[35]. Doch sollte, worauf Nr. 112 Abs. 1 RiStBV

---

[33] Soweit die Staatsanwaltschaft eine rechtlich selbständige, mit der Straftat zusammenhängende (dazu *Göhler* § 42, 3 ff) **Ordnungswidrigkeit** nach §§ 42, 64 OWiG übernimmt und die Anklage hierauf erstreckt, ist auch diese Qualifikation ebenso anzugeben wie die einzelnen Bußgeldvorschriften; ebenso ist diese Ordnungswidrigkeit im Anklagesatz zu konkretisieren. Besteht zwischen der Straftat und der Ordnungswidrigkeit Tateinheit (§§ 21, 40 OWiG), so wird der Bußgeldtatbestand nur erwähnt, wenn er Grundlage für selbständige Nebenfolgen nach § 21 Abs. 2 Satz 1 OWiG sein soll.

[34] Verneinend BGHSt **22** 383 mit weit. Nachw. für die (damals noch zulässige) Aberkennung der bürgerlichen Ehrenrechte; bejahend *Hanack* JZ **1971** 220; KMR-*Paulus* 24. Die Kontroverse ist, da auch bei positiver Antwort das Fehlen der Angabe keine Auswirkung auf die Wirksamkeit der Anklage hat, nicht hier, sondern nur für die Anwendung des § 265 von Bedeutung.

[35] Diese Verpflichtung entfällt, wenn beim Schöffengericht Anklage im beschleunigten Verfahren erhoben (§ 212 a, 4) oder Strafbefehlsantrag gestellt wird.

zutreffend hinweist, auch bei Anklagen zum Strafrichter und Jugendrichter das Ermittlungsergebnis aufgenommen werden, wenn die Sach- oder Rechtslage Schwierigkeiten bietet. Wird vor einem Gericht höherer Ordnung Anklage erhoben, so ist das gesondert darzustellende Ermittlungsergebnis auch erforderlich, wenn die Sach- und Rechtslage einfach ist. Legt der Strafrichter (durch Vermittlung der Staatsanwaltschaft) die Sache nach § 209 einem Gericht höherer Ordnung vor, so ist die Anklage um ein Ermittlungsergebnis zu ergänzen (§ 209, 41). Es entspricht auch nicht dem Gesetz, wenn die gesetzliche Verpflichtung praktisch dadurch umgangen wird, daß das Ermittlungsergebnis auf die nichtssagende Formel reduziert wird: „Der Angeschuldigte ist geständig, die in der Anklageformel bezeichneten Taten begangen zu haben"[36].

**2. Die Bedeutung** des wesentlichen Ermittlungsergebnisses liegt in der Informationsaufgabe der Anklageschrift; es dient nicht der Tatkonkretisierung und damit der Umgrenzungsfunktion der Anklage[37]. Es soll den Angeschuldigten — für den die Anklageschrift mangels Akteneinsicht oft die einzige Informationsquelle darstellt —, den Verteidiger, aber auch das Gericht (*Paul* NJW **1956** 478) und den Sitzungsvertreter der Staatsanwaltschaft (*Burchardi/Klempahn/Wetterich* 508) in gedrängter Form über den Sachstand, die Beweislage und alle sonstigen für die Entscheidung relevanten, nach Abschluß des Ermittlungsverfahrens erkennbaren Umstände unterrichten. Seine Abfassung bedeutet auch eine wertvolle Selbstkontrolle des Anklageverfassers (vgl. *Peters* § 50 II 1 b). Die Objektivitätsverpflichtung der Staatsanwaltschaft ist auch für die Art der Darstellung im Ermittlungsergebnis zu beachten. Es ist kein einseitiger Parteischriftsatz, sondern eine neutrale Darstellung der be- und entlastenden Umstände, die das Ermittlungsverfahren zutage gefördert hat. **24**

**3. Inhalt**
**a) Allgemeines.** Nähere Vorschriften über den Inhalt des wesentlichen Ergebnisses der Ermittlungen gibt das Gesetz nicht. Immerhin ist dem Wortlaut zu entnehmen, daß es sich um das „Ergebnis" der Ermittlungen handeln soll, also das, was zum Zeitpunkt der Abschlußverfügung der Staatsanwaltschaft an Erkenntnissen vorliegt, und daß es auf das „Wesentliche" zu beschränken ist. Der Verlauf der Ermittlungen braucht daher nur insoweit dargestellt zu werden (muß es dann aber auch), als er in irgendeiner Form noch entscheidungserheblich sein kann (*Kroschel/Meyer-Goßner* 378). Dem Wesentlichkeitserfordernis würde es nicht entsprechen, in ungeordneter Form den Akteninhalt wiederzugeben. Wesentlich ist aber, angesichts der Bedeutung des Ermittlungsergebnisses auch für die Vorbereitung und Durchführung der Hauptverhandlung, was nur für diese, nicht für die Eröffnungsentscheidung von Bedeutung ist, namentlich für die Zumessung der Rechtsfolgen. Daß nach Verwaltungsvorschriften (z. B. MiStra) die Anklage Dritten mitzuteilen ist, ist kein Grund, in das Ermittlungsergebnis Angaben aufzunehmen, die nur insoweit von Bedeutung sind[38]. Im übrigen richtet sich die Fassung nach den Bedürfnissen des jeweiligen Falles. Dessen Besonderheiten sind auch für den **Aufbau** maßgebend, für den sich deshalb keine allgemeinen Regeln aufstellen lassen. **25**

---

[36] Ähnlich KMR-*Paulus* 33. Noch evidenter ist der Verstoß gegen das Gesetz bei der Fassung: „Der Angeschuldigte bestreitet die Tat, wird aber durch die angeführten Beweismittel in der Hauptverhandlung überführt werden."

[37] A. A *Görcke* JR **1954** 150; zur Möglichkeit der Verwendung des wesentlichen Ermittlungsergebnisses zur Ergänzung eines mangelhaften Anklagesatzes s. § 207, 57 f.

[38] A. A *Burchardi/Klempahn/Wetterich* 509 mit bedenklichen Beispielen.

Peter Rieß

**26**    In **Jugendstrafsachen** soll nach § 48 JGG[39] das Ermittlungsergebnis so dargestellt werden, daß dem Beschuldigten durch dessen Kenntnisnahme keine Erziehungsnachteile entstehen, allerdings darf dadurch die strafprozessuale Informationsfunktion nicht beeinträchtigt werden[40]. Der Grundgedanke dieser Vorschrift läßt sich verallgemeinernd auch auf das allgemeine Strafverfahren übertragen: vermeidbare diskriminierende, herabsetzende und der späteren Resozialisierung nachteilige Ausführungen oder Formulierungen sind zu vermeiden.

**27**    **b) Angaben zum Tatgeschehen.** Die im Anklagesatz enthaltenen Angaben zum Tatgeschehen brauchen nicht wiederholt zu werden, es ist jedoch unschädlich und kann aus Darstellungsgründen zweckmäßig sein, nochmals eine kurze, geschlossene Schilderung zu bringen (*Paul* NJW **1956** 478; *Peters* § 50 II 1 b), zumal, wenn der Anklagesatz, wie wünschenswert, zwar vollständig, aber knapp gehalten wird. Bei umfangreichen und verwickelten Sachverhalten, etwa in Fällen der Wirtschaftskriminalität, kann sich eine geschlossene Darstellung der dem Anklagevorwurf zugrundeliegenden allgemeinen Verhältnisse empfehlen. Ferner sollten, sofern dies erheblich ist, die Umstände dargestellt werden, die das Tatgeschehen begleiten, es ausfüllen und illustrieren. Besonderer Wert ist auf die Darstellung der **Beweisgründe** zu legen; mitzuteilen ist ggf. die Einlassung des Angeschuldigten und ihre Bewertung durch die Staatsanwaltschaft sowie eine Würdigung der Beweismittel. Insbesondere der bestreitende Angeschuldigte sollte aus dem Ermittlungsergebnis entnehmen können, durch welche Umstände er nach Auffassung der Staatsanwaltschaft überführt wird, damit er sich sachgerecht verteidigen kann. Diesem Zweck wird eine geschlossene, urteilsmäßige Darstellung weniger gut gerecht, vorzuziehen ist daher eine solche, die nicht vollständige Feststellungen, sondern eine Beweisführung enthält (*Kroschel/Meyer-Goßner* 378).

**28**    **c) Angaben zu den persönlichen Verhältnissen.** Nach § 160 Abs. 3 sind die Ermittlungen im Vorverfahren auch auf die für die Rechtsfolgenzumessung maßgeblichen Umstände zu erstrecken. Der Ertrag dieser Ermittlungen ist im Ermittlungsergebnis so umfassend darzustellen, daß dem Gericht in der Hauptverhandlung die Feststellung des Rechtsfolgenzumessungssachverhalts möglich ist. Grundlage hierfür kann auch der Bericht der Gerichtshilfe sein[41]. Je nach Bedeutung der Sache und den Umständen des Einzelfalls ist auf den Lebenslauf des Angeschuldigten, seine persönlichen Verhältnisse, die Grundlagen für die Bemessung der Höhe des Tagessatzes einer etwa zu verhängenden Geldstrafe und sein Verhalten nach der Tat einzugehen und die Frage einer verminderten Schuldfähigkeit nach § 21 StGB, bei Jugendlichen und Heranwachsenden auch die Frage der Reife (§§ 3, 105 JGG) zu erörtern. Verwertbare Vorstrafen sind hier erforderlichenfalls im einzelnen darzustellen. Soweit entgegen der hier vertretenen Auffassung (Rdn. 19 f) die rechtsfolgenrelevanten Umstände und Merkmale nicht in den Anklagesatz aufgenommen werden, sind sie hier darzustellen, sonst ggf. zu präzisieren und zu ergänzen. Alles, was an Erheblichem in Bezug auf die strafrechtliche Sanktion nicht im Anklagesatz enthalten ist, ist an dieser Stelle darzustellen (KK-*Treier* 17).

---

[39] Die Vorschrift gilt nicht unmittelbar für Heranwachsende, doch ist es sinnvoll, ihren Grundgedanken auch bei Verfahren gegen diese zu beachten; so auch Nr. 4 RiJGG zu § 46.

[40] Ähnlich *Brunner* § 46, 6; *Eisenberg* § 46, 8; die Fassung von Nr. 1 RiJGG zu § 46 dürfte zu apodiktisch sein.

[41] **A. A** wohl *Kleinknecht/Meyer* 20. Zwar wird der Bericht nicht Bestandteil des Ermittlungsergebnisses, aber nichts hindert die Staatsanwaltschaft, ihn zu verwerten und, soweit er dazu geeignet ist, zu übernehmen.

**d) Rechtliche Ausführungen** sind in das wesentliche Ermittlungsergebnis aufzu- **29** nehmen, soweit hierfür besondere Veranlassung besteht[42]. Eine routinemäßige Behandlung von Rechtsfragen, die jedem Strafjuristen geläufig sind, ist stets entbehrlich. Wohl aber kann Veranlassung bestehen, ggfs. auch eingehender auf Rechtsfragen einzugehen, wenn sie in diesem Verfahren neu auftauchen, wenn es sich um (für den Strafjuristen) nicht alltägliche Rechtsgebiete handelt, wenn die Staatsanwaltschaft in entscheidungserheblicher Weise von der bisherigen Rechtsprechung abweichen will oder wenn bereits im Ermittlungsverfahren die Verteidigung einen Rechtsstandpunkt vertreten hat, der mit der Anklageerhebung nicht zu vereinbaren ist. **Verfahrensrechtliche** Darlegungen sind in der Regel entbehrlich, können im Einzelfall aber geboten sein, etwa wenn das Vorhandensein des normativen Zuständigkeitsmerkmals der besonderen Bedeutung der Sache dazutun (vgl. Nr. 113 Abs. 2 RiStBV) oder wenn auf den Umfang von Beweisverwertungsverboten in bezug auf aktenkundiges Beweismaterial einzugehen ist.

**e) Prozeßvoraussetzungen.** Auf das Vorhandensein aller Prozeßvoraussetzungen **30** und das Fehlen von Prozeßhindernissen ist im Ermittlungsergebnis in tatsächlicher und ggf. auch rechtlicher Hinsicht einzugehen, soweit hierfür besonderer Grund besteht. So ist z. B. darzulegen, durch welche Handlungen die Verjährung unterbrochen worden ist, wenn es hierauf ankommt. Auch auf auslieferungsrechtliche Verfahrenshindernisse, etwa aufgrund des Spezialitätsgrundsatzes oder (bei Abgeordneten) auf Fragen der Immunität ist hinzuweisen. An dieser Stelle ist auch auf das Vorliegen eines **Strafantrags** bzw. auf das (besondere) **öffentliche Interesse** an der Strafverfolgung (§ 376 StPO, §§ 183 Abs. 2, 232, 248 a StGB) einzugehen. Die wohl überwiegende Meinung verlangt die Behandlung dieser Fragen im Anklagesatz[43]. Dagegen ist einzuwenden, daß der Strafantrag oder die Erklärung des (besonderen) öffentlichen Interesses weder etwas mit der Tat im prozessualen Sinne noch mit den gesetzlichen Merkmalen der Straftat zu tun haben[44]. Bei Privatklagedelikten bedarf es nicht notwendig eines besonderen Hinweises, daß das öffentliche Interesse an der Strafverfolgung bejaht werde, das ergibt sich aus dem Umstand der Anklageerhebung (OLG Oldenburg GA **1959** 187), gleiches gilt für die Annahme des besonderen öffentlichen Interesses an der Strafverfolgung nach den §§ 183 Abs. 3, 232, 248 a StGB[45]. Ein Hinweis ist jedoch zulässig und oft zweckmäßig; er ist erforderlich, wenn das besondere öffentliche Interesse zusätzlich zu einem Strafantrag erklärt werden soll, was wegen dessen Rücknahmemöglichkeit geboten sein kann (*G. Schäfer* § 28 III 8).

**f) Weiterer Inhalt.** In das wesentliche Ermittlungsergebnis können auch solche In- **31** formationen aufgenommen werden, deren Mitteilung wegen der Informationsfunktion der Anklage wünschenswert ist, sofern sie sich nicht besser an anderer Stelle unterbringen lassen, namentlich für das weitere Verfahren wichtige **Angaben aus der Verfahrens-**

---

[42] Wohl noch enger die verbreitete Formulierung, sie seien im allgemeinen nicht erforderlich; so z. B. *Kleinknecht/Meyer* 19; KMR-*Paulus* 36; *Kroschel/Meyer-Goßner* 379; eher wie hier *Burchardi/Klempahn/Wetterich* 506.

[43] *Burchardi / Klempahn / Wetterich* 486; KK-*Treier* 18; KMR-*Paulus* 20; *G. Schäfer* § 28 III 8; wie hier *Kroschel/Meyer-Goßner* 379; *Eb. Schmidt* Nachtr. I 11.

[44] Enthält die Anklage kein wesentliches Ermittlungsergebnis, so sind die insoweit erforderlichen Angaben an anderer Stelle der Anklage außerhalb des Anklagesatzes unterzubringen.

[45] RGSt **75** 342; **76** 8; BGHSt **6** 284; **16** 225; LK-*Hirsch* § 232, 19; **a. A** wohl *Schönke/Schröder/Stree* § 232, 7; vgl. auch BGHSt **19** 377 für den Fall, daß sich erst nachträglich die Notwendigkeit einer solchen Erklärung herausstellt.

Peter Rieß

**geschichte.** Sie sind bei Anklagen ohne Ermittlungsergebnis, soweit unerläßlich, an anderer Stelle zu machen. Hierzu gehört der Hinweis, daß der Verfahrensstoff vor Erhebung der öffentlichen Klage nach § 154 a Abs. 1 beschränkt worden ist (Nr. 101 a Abs. 3 RiStBV). Ein entsprechender Hinweis erscheint angebracht, wenn im gleichen Ermittlungsverfahren selbständige Taten nach § 154 eingestellt worden sind. Auch Hinweise auf anderweitig anhängige oder nach § 154 vorläufig eingestellte Verfahren gegen den Angeschuldigten können zweckmäßig sein (a. A *Solbach* DRiZ **1978** 350). Schließlich sollte im Ermittlungsergebnis auf gesondert verwahrte **Spurenakten** (§ 199, 16 ff) hingewiesen werden, um dem Verteidiger die Einsicht in sie und dem Gericht ihre Heranziehung zu ermöglichen.

## IV. Angabe der Beweismittel

**32**     **1. Anzugebende Beweismittel.** Die Angabe der Beweismittel dient dazu, die Vorbereitung der Hauptverhandlung zu erleichtern; sie informiert den Angeschuldigten zugleich darüber, welche Beweismittel nach Auffassung der Staatsanwaltschaft erforderlich sind. Damit wird er in den Stand gesetzt, schon im Eröffnungsverfahren (§ 201 Abs. 1) oder für die Hauptverhandlung (§§ 219, 220) auf die Heranziehung weiterer Beweismittel hinzuwirken oder Einwendungen gegen ihre Qualität bereits jetzt geltend zu machen, etwa einen Sachverständigen nach § 74 abzulehnen. Allerdings kann er nicht darauf vertrauen, daß die von der Staatsanwaltschaft benannten Beweismittel (und nur diese) auch herangezogen werden; die Beweismittelliste in der Anklage bindet weder das Gericht (§§ 214, 221, 222 Abs. 1 Satz 1) noch die Staatsanwaltschaft selbst (§§ 214 Abs. 3, 222 Abs. 1 Satz 2). **Beweismittel** sind Zeugen, Sachverständige, verwertbare Urkunden (§§ 249 bis 256) und Gegenstände des Augenscheins (zur Einlassung des Angeschuldigten s. Rdn. 36); dagegen nicht der Gerichtshelfer oder der Vertreter der Jugendgerichtshilfe und ihre Berichte. Sie sind, falls unerläßlich, als Zeugen zu benennen. Beweismittel, hinsichtlich derer ein Beweisverbot besteht, werden nicht angegeben; die Rechtslage ist insoweit ggf. im wesentlichen Ermittlungsergebnis (Rdn. 29) darzulegen.

**33**     **2. Auswahl der Beweismittel.** Da die Beweismittelliste in erster Linie der Vorbereitung der Hauptverhandlung dient, ist bei ihrer Zusammenstellung auf die Erfordernisse der Beweisführung in der Hauptverhandlung Bedacht zu nehmen. Es führt zu einer unnötigen Aufblähung der Hauptverhandlung, wenn die im Ermittlungsverfahren herangezogenen Beweismittel ohne kritische Würdigung ihrer (jetzt noch bestehenden) Erheblichkeit schematisch in die Anklageschrift übernommen werden und der Vorsitzende diese Beweismittelliste ebenso schematisch in die Ladungsverfügung nach § 214 übernimmt (vgl. auch Nr. 111 RiStBV); es kann aber auch zu einer Verzögerung des Verfahrens durch Unterbrechung oder Aussetzung der Hauptverhandlung führen, wenn bei der Benennung der Beweismittel zu zurückhaltend vorgegangen wird. Sind während des Ermittlungsverfahrens Zeugen bekannt geworden, die bestimmte Tatsachen unmittelbar wahrgenommen haben, so kann auf die zunächst herangezogenen mittelbaren Zeugen vielfach verzichtet werden; werden Tatsachen (voraussichtlich) in der Hauptverhandlung nicht sehr umstritten sein, so kann die Angabe eines Teils der zur Verfügung stehenden Zeugen und Sachverständigen genügen, wobei die mit dem (vermutlich) umfassendsten Wissen und die zuverlässigsten auszuwählen sind. Ein vermutlich ausreichender und gesetzlich zulässiger Urkundenbeweis (§§ 251 Abs. 1 Nr. 4, 256) kann den zeit- und kostenaufwendigeren Personalbeweis entbehrlich machen.

**34**     Jedoch ist die Staatsanwaltschaft auch bei der Erstellung der Beweismittelliste an ihre **Objektivitätspflicht** gebunden. Sie hat deshalb auch die zur **Entlastung** des Angeschuldigten dienenden Beweismittel aufzunehmen (*Eb. Schmidt* Nachtr. I 15), auch solche, die die Zuverlässigkeit der von ihr für überzeugend gehaltenen Beweismittel in Frage stellen können.

**3. Art der Beweismittelangabe.** Bei Zeugen und Sachverständigen sind Name und **35** ladungsfähige Anschrift anzugeben (vgl. §§ 222, 246)[46]; § 68 Abs. 1 Satz 2 gilt hier nicht. Entsprechend der zu dieser Vorschrift vertretenen Auffassung (vgl. die dortigen Erläuterungen) reicht aber auch eine Dienst- oder Geschäftsanschrift aus. Urkunden und Niederschriften über Vernehmungen, die als Beweismittel benannt werden, sind im einzelnen zu bezeichnen; der globale Hinweis auf Beiakten reicht nicht aus und gehört nicht in die Beweismittelliste (vgl. Rdn. 51). Bei umfangreichen Anklagen mit kompliziertem Anklagesatz und Sachverhalt kann sich die Zuordnung der Beweismittel zu den einzelnen Anklagevorwürfen empfehlen; die Art, wie dies technisch geschieht[47], ist ebenso eine Frage der Zweckmäßigkeit wie die, ob die Beweismittelliste vor oder nach dem wesentlichen Ermittlungsergebnis gebracht wird.

**4. Einlassung des Angeschuldigten.** Nach der Konzeption des Gesetzes (vgl. **36** §§ 243 Abs. 4 Satz 2, 244 Abs. 1) ist die Einlassung des Angeklagten in der Hauptverhandlung zwar Erkenntnismittel aber kein Beweismittel. Erklärungen des Beschuldigten im Ermittlungsverfahren können ebenfalls für die Hauptverhandlung keine Beweismittel sein, sondern bedürfen der Einführung *durch* Beweismittel. Das kann bei einer richterlichen Vernehmung des Beschuldigten die hierüber aufgenommene, nach § 254 verlesbare Niederschrift oder eine nach § 249 verlesbare, von ihm herrührende schriftliche Äußerung (etwa nach § 163 a Abs. 1 Satz 2) sein. Dann sind diese in die Beweismittelliste als Gegenstände des Urkundenbeweises aufzunehmen. Im übrigen muß die Einlassung des Beschuldigten im Ermittlungsverfahren, wenn sie in der Hauptverhandlung Beweisgegenstand sein soll, durch Vernehmung der Verhörpersonen eingeführt werden, die dann als Zeugen aufzuführen sind. Dies kann auch zusätzlich notwendig werden, wenn der Widerruf eines gerichtlichen Geständnisses zu erwarten ist, da oft die Verlesung nach § 254 Abs. 1 zur Aufklärung nicht ausreichen wird (*Eb. Schmidt* Nachtr. I 14).

Auch bei der (zu erwartenden) **Einlassung des Angeklagten in der Hauptverhand-** **37** **lung** ist es nicht korrekt, sie als „Geständnis" oder als „Einlassung" in die Beweismittelliste aufzunehmen. Ein gerichtliches oder außergerichtliches glaubhaftes Geständnis im Ermittlungsverfahren, das zur vollständigen Beurteilung der Tat und der Sanktionsbemessung ausreicht und dessen Wiederholung in der Hauptverhandlung erwartet werden kann, kann allerdings die Angabe von Beweismitteln entbehrlich machen (vgl. Nr. 111 Abs. 4 RiStBV). Dann kann dies im wesentlichen Ermittlungsergebnis erwähnt oder, wenn ein solches fehlt, ausgeführt werden: „Keine Beweismittel, da der Angeschuldigte geständig ist."

## V. Angabe des Gerichts

Die in Absatz 1 Satz 2 geforderte Angabe des Gerichts, vor dem die Hauptver- **38** handlung stattfinden soll, betrifft die sachliche Zuständigkeit im Sinne der §§ 24, 25, 74, 120 GVG, die Zuständigkeit besonderer Spruchkörper kraft Gesetzes nach den §§ 74 Abs. 2, 74 a, 74 c GVG, §§ 33, 103, 107 JGG, die Zuständigkeit der Jugendgerichte in Jugendschutzsachen nach den §§ 26, 74 b GVG (vgl. § 209 a, 30 ff) und, sofern (etwa bei

---

[46] OLG Celle NJW **1970** 580 (zum Bußgeldbescheid). Die Auffassung von *Peters* § 50 II 1 b, daß die Anschriftenangabe nicht nötig sei, widerspricht dem Gesetz.

[47] Z. B. Ordnung der Beweismittel nach Anklagepunkten oder Angabe der jeweiligen Anklagepunkte bei jedem Beweismittel.

Peter Rieß

einer Anklage vor dem Amtsgericht) im Bezirk der Staatsanwaltschaft mehrere örtlich zuständige Gerichte in Frage kommen[48], die örtliche Zuständigkeit nach §§ 7 bis 13. Die Staatsanwaltschaft hat also anzugeben, ob die Hauptverhandlung vor dem Strafrichter (Jugendrichter), dem Schöffengericht (Jugendschöffengericht), der (allgemeinen) Strafkammer, der Schwurgerichtskammer der sog. Staatsschutz-Strafkammer (§ 74 a GVG), der Wirtschaftsstrafkammer, der Jugendkammer oder dem Strafsenat des Oberlandesgerichts stattfinden soll. Ggf. hat sie auch das örtlich zuständige Gericht zu bezeichnen, was sich regelmäßig bereits aus der Adressierung der Anklageschrift (Rdn. 51) ergibt. **Nicht angegeben** zu werden braucht der lediglich geschäftsplanmäßig zuständige Spruchkörper (*Hilger* NStZ **1984** 132); ist insoweit die (überflüssige) Bezeichnung unrichtig, so ist der zuständige Spruchkörper ohne Beteiligung der Staatsanwaltschaft gerichtsintern zu bestimmen (§ 209, 8); eine Rücknahme der erhobenen Anklage und ihre Neuerhebung nach Änderung der Bezeichnung des nur geschäftsplanmäßig zuständigen Spruchkörpers ist ein ebenso überflüssiger wie bedenklicher Umweg[49].

**39**     Die Bezeichnung des zuständigen Gerichts durch die Staatsanwaltschaft bewirkt ausnahmslos **keine Bindung** des eröffnenden oder erkennenden Gerichts, vielmehr sind alle hier gemeinten Zuständigkeiten im Eröffnungsverfahren von Amts wegen zu prüfen (§§ 6, 6 a, 16, 209 a). Beim Umfang der Prüfung ist zwischen der örtlichen Zuständigkeit einerseits und den anderen Zuständigkeiten zu unterscheiden: Bei der örtlichen Zuständigkeit hat das Gericht nur zu prüfen, ob sie überhaupt besteht und kann sie nicht mit der Begründung verneinen, daß *auch* ein anderes Gericht örtlich zuständig und die Verhandlung vor diesem sachgerechter sei (Vor § 7, 20 ff). Bei der sachlichen Zuständigkeit und der Zuständigkeit besonderer Spruchkörper kraft Gesetzes steht der Staatsanwaltschaft auch in den nach dem Gesetzeswortlaut hierauf hindeutenden Fällen „beweglicher Zuständigkeiten" (§ 24 Abs. 3 in Vbdg. mit § 74 Abs. 1, § 25 Nr. 3 GVG) kein Wahlrecht zu, vielmehr ist die „besondere Bedeutung der Sache" und die in § 25 GVG durch verfassungskonforme Auslegung in den Wortlaut hineininterpretierte „mindere Bedeutung der Sache" vom Gericht als unbestimmter Rechtsbegriff selbständig auszulegen und anzuwenden und das weitere Merkmal, daß die Staatsanwaltschaft vor einem bestimmten Spruchkörper Anklage erhoben haben muß, als zuständigkeitsbegründendes Merkmal gegenstandslos geworden[50]. Die Angabe des Gerichts in der Anklage bedeutet daher insoweit nur die (ggf. im wesentlichen Ermittlungsergebnis näher zu begründende; vgl. Rdn. 29) Mitteilung der Rechtsauffassung der Staatsanwaltschaft, welchen Spruchkörper sie für zuständig hält. Soweit die Zuständigkeit von bestimmten Deliktskatalogen abhängt, ist für die Zuständigkeitsangabe der Staatsanwaltschaft die materiell-rechtliche Straftat maßgebend, wegen derer sie Anklage erhebt (*Dünnebier* NStZ **1981** 152 f).

**40**     Die Zuständigkeit des sog. **erweiterten Schöffengerichts** nach § 29 Abs. 2 GVG hängt davon ab, daß der Richter beim Amtsgericht bei der Eröffnung die Zuziehung eines

---

[48] Mehrere örtliche Zuständigkeiten können ferner in Betracht kommen, wenn der Generalbundesanwalt in den Fällen des § 120 GVG nach § 142 a GVG das Amt der Staatsanwaltschaft ausübt oder wenn nach § 143 Abs. 4 GVG die staatsanwaltschaftliche Zuständigkeit für mehrere Gerichtsbezirke konzentriert ist.

[49] Vgl. *Hilger* NStZ **1984** 132; der BGH (NStZ **1984** 132); der über eine diese Ver-

fahrensweise als Verstoß gegen § 338 Nr. 1 rügende Revision zu befinden hatte, hat diese Handhabung lediglich als vertretbar beurteilt und deshalb die Revision mangels willkürlicher Richterentziehung verworfen.

[50] Vgl. BVerfGE **9** 223 (zu §§ 24, 74 GVG); **22** 254 (zu § 25 GVG); *Rieß* GA **1976** 8 mit weit. Nachw.; ferner § 209, 1; 24 sowie die Erl. zu den §§ 16, 24, 25 GVG.

zweiten Richters beschließt *und* die Staatsanwaltschaft (außer bei Eröffnung durch ein Gericht höherer Ordnung, § 29 Abs. 2 Satz 2 GVG) einen entsprechenden Antrag stellt. Zur Angabe des zuständigen Gerichts gehört deshalb in den in Frage kommenden Fällen der Antrag nach § 29 Abs. 2 Satz 1 GVG, der allerdings auch noch nach der Erhebung der Anklage gestellt werden kann. Wegen der weiteren Einzelheiten s. die Erl. zu § 29 GVG und *Deisberg/Hohendorf* DRiZ **1984** 261.

## VI. Angabe des Verteidigers

Der rechtspolitische Grund dafür, vorzuschreiben, daß der Verteidiger in der An- **41** klageschrift anzugeben sei, lag in dem Bestreben, seine Stellung als Organ der Rechtspflege äußerlich zu dokumentieren (Begr. zum RegE StVÄG 1964, BTDrucks. **IV** 178, S. 41); der praktische Nutzen ist vorwiegend darin zu sehen, daß dadurch der Informationsgehalt der Anklage verbessert wird. Dieser läßt es als zweckmäßig erscheinen, daß die jeweiligen Verteidiger mit Angabe ihrer Anschrift bei den Personalangaben der einzelnen Angeschuldigten aufgeführt werden, ohne daß dieser Zusatz damit zum Bestandteil des zu verlesenden Anklagesatzes wird, und daß hierbei auf die Blattzahl der zu den Akten gereichten Vollmacht oder gerichtlichen Bestellung hingewiesen wird (*G. Schäfer* § 28 III 1). Hat ein Angeschuldigter mehrere Verteidiger, so sind sie alle anzugeben, nicht dagegen frühere Verteidiger. Beim bestellten Verteidiger (§ 141) ist die Bezeichnung „Pflichtverteidiger" weder erforderlich noch angebracht.

## VII. Weitere Angaben in der Anklageschrift

**1. Allgemeines.** § 200 bestimmt nur den Mindestinhalt der Anklageschrift. Die **42** Notwendigkeit weiterer Angaben ergibt sich teilweise zwingend aus dem Sachzusammenhang und der Funktion der Anklageschrift, teilweise haben sich solche Zusatzangaben in der Praxis als zweckmäßig eingebürgert. Ihren Sinn finden solche zusätzlichen Angaben meist in der Informationsaufgabe der Anklage, die dem Gericht, dem Angeschuldigten, dem Verteidiger und ggf. den sonstigen Prozeßbeteiligten eine übersichtliche und möglichst vollständige Information über den Verfahrensstand verschaffen und ihnen — wie auch dem Staatsanwalt bei der weiteren Beteiligung am Verfahren — als Grundlage für die weitere Verfahrensgestaltung dienen soll. Es ist wegen dieser Informationsfunktion auch zweckmäßig, durch Angabe der Blattzahl oder sonstige Hinweise den Zugriff auf die in Betracht kommenden Aktenstellen zu erleichtern.

**2. Haftsachen.** Befindet sich der Angeschuldigte in Untersuchungshaft, so wird **43** die Anklage, zweckmäßigerweise an auffälliger Stelle, meist im Eingang, deutlich als Haftsache gekennzeichnet (vgl. auch Rdn. 7). Ferner ist der nächste Haftprüfungstermin sowie ggf. der Ablauf der Frist zur Vorlage an das Oberlandesgericht nach den §§ 121, 122 mitzuteilen. Da das Gericht mit der Eröffnungsentscheidung über die Fortdauer der Untersuchungshaft oder einstweiligen Unterbringung von Amts wegen entscheiden muß (§ 207 Abs. 4), sollte hierzu ein bestimmter Antrag gestellt werden (vgl. Nr. 110 Abs. 4 RiStBV).

**3. Angaben zu sonstigen Prozeßbeteiligten**
**a) Nebenkläger.** Hat ein zum Anschluß als Nebenkläger berechtigter Verletzter **44** (§ 395) bereits im Ermittlungsverfahren seinen **Anschluß erklärt,** so wird die Anschlußerklärung mit der Erhebung der öffentlichen Klage wirksam (§ 396 Abs. 1 Satz 2). Die in § 396 Abs. 2 Satz 1 verlangte gerichtliche Entscheidung hat nach h. M nur deklaratorische Bedeutung (vgl. die Erl. zu § 396 Abs. 2). Hat die Staatsanwaltschaft an der

Peter Rieß

Anschlußbefugnis keinen Zweifel, so ist es deshalb sachgerecht, den Nebenkläger — ggf. auch den ihn vertretenden Rechtsanwalt und seinen gesetzlichen Vertreter — bereits als solchen in der Anklage aufzuführen; zweckmäßigerweise geschieht dies im Eingang der Anklage im Anschluß an die Namen der Angeschuldigten und der Verteidiger. Ferner ist — wegen der in § 396 Abs. 2 Satz 1 vor der gerichtlichen Entscheidung vorgeschriebenen Anhörung der Staatsanwaltschaft — die (positive) Stellungnahme zur Anschlußberechtigung zum Ausdruck zu bringen. Verneint die Staatsanwaltschaft die Anschlußbefugnis, so ist in der Anklage auf die Anschlußerklärung hinzuweisen und zugleich darzulegen, warum die Anschlußbefugnis nach Auffassung der Staatsanwaltschaft nicht besteht.

**45**     Hat der Anschlußberechtigte seinen **Anschluß noch** nicht erklärt, sondern ihn für den Fall der Erhebung der öffentlichen Klage lediglich angekündigt, so ist hierauf in der Anklageschrift hinzuweisen, zugleich ist eine Stellungnahme zur Anschlußbefugnis abzugeben.

**46**     **b) Adhäsionskläger.** Macht ein Verletzter schon im Ermittlungsverfahren nach den §§ 403 ff zivilrechtliche Ersatzansprüche im Adhäsionsverfahren geltend, so ist in der Anklageschrift hierauf in geeigneter Weise hinzuweisen. Eine Stellungnahme der Staatsanwaltschaft zum Gegenstand des Klaganspruchs ist regelmäßig nicht veranlaßt, doch kann, wenn es erforderlich ist, auf seine Auswirkungen für das Strafverfahren hingewiesen werden (Nr. 174 Abs. 1 RiStBV).

**47**     **c) Nebenbeteiligte.** In Betracht kommen Einziehungsbeteiligte (§ 431 Abs. 1 Satz 1), Verfallsbeteiligte (§ 442 Abs. 2 Satz 1) oder juristische Personen oder Personenvereinigungen bei Festsetzung einer Geldbuße (§ 444). Sie erlangen die Stellung eines Prozeßbeteiligten erst durch einen, nach Erhebung der öffentlichen Klage möglichen, konstitutiven gerichtlichen Beschluß, sind aber ggf. als „Einziehungsinteressenten" im vorbereitenden Verfahren zu hören (§ 432). Sie sind deshalb in der Anklageschrift noch nicht als Prozeßbeteiligte (wie etwa der Nebenkläger bei zweifelsfreier Anschlußbefugnis, vgl. Rdn. 44) aufzuführen. Jedoch hat die Staatsanwaltschaft in der Anklageschrift eine vorgeschriebene oder ihr geboten erscheinende Erstreckung des Verfahrens auf sie zu beantragen. Dabei hat sie die Nebenbeteiligten genau zu bezeichnen und die tatsächlichen und rechtlichen Voraussetzungen für die Beteiligung anzugeben (*Kleinknecht/ Meyer* 15). Auch wenn eine an sich in Betracht kommende Nebenbeteiligung aus besonderen Gründen nicht veranlaßt ist (z. B. § 432 Abs. 1 Satz 2, 3, Abs. 6), ist in der Anklageschrift hierauf einzugehen.

**48**     **4. Anträge.** In die Anklageschrift sind die nach der jeweiligen Sachlage veranlaßten Anträge der Staatsanwaltschaft aufzunehmen. Die normale Anklage im Eröffnungsverfahren ist stets mit dem Antrag zu verbinden, das **Hauptverfahren zu eröffnen** (§ 199, 2); der Zusatz, Termin zur Hauptverhandlung zu bestimmen, ist wegen § 213 entbehrlich (*Solbach* DRiZ **1972** 237), aber unschädlich. Der Antrag entfällt, wenn schriftlich Anklage im beschleunigten Verfahren erhoben wird (§ 212 a, 5), an seine Stelle tritt der **Antrag auf Aburteilung im beschleunigten Verfahren** (§ 212, 15 ff). An **weiteren Anträgen** kommen z. B. in Betracht: Bestellung eines Verteidigers nach § 141 Abs. 1; Verbindung mit einem bereits anhängigen Verfahren (§§ 4, 13, 237), kommissarische Vernehmung von Zeugen oder Sachverständigen oder Einnahme eines Augenscheins (§§ 223, 224), Anträge auf Bestellung von Sachverständigen für die Hauptverhandlung (§ 73); Hinzuziehung eines zweiten Richters bei Anklagen vor dem Schöffengericht nach § 29 Abs. 2 GVG; s. auch Rdn. 43 (Untersuchungshaft), Rdn. 44 (Nebenklage) und Rdn. 47 (Nebenbeteiligte). Auf noch nicht erledigte **Anträger anderer Prozeßbeteiligter** sollte, ggf. mit einer Stellungnahme, hingewiesen werden.

**5. Geheimvermerk.** Enthält oder erörtert die Anklage Staatsgeheimnisse (§ 93 **49** StGB), was ohnehin nur geschehen sollte, soweit dies unerläßlich ist (KMR-*Paulus* 40), so kann die Staatsanwaltschaft die Anklageschrift ganz oder teilweise mit einem Geheimvermerk versehen. Zu den Folgen und den damit verbundenen Geheimhaltungsmöglichkeiten und ihren Grenzen vgl. BGHSt 18 372; näher § 201, 9.

**6. Bezeichnung der Staatsanwaltschaft, Unterschrift.** Es ist als selbstverständlich **50** nicht ausdrücklich bestimmt, daß die Anklageschrift (üblicherweise als Kopf) die **Bezeichnung der Staatsanwaltschaft** (oder des Privatklägers), von der sie herrührt, sowie **Datum** und die Unterschrift eines zeichnungsberechtigten Staatsanwalts enthalten muß[51]. Interne Zeichnungsvorbehalte und Zeichnungsbeschränkungen sind für die Wirksamkeit der Unterschrift ohne Bedeutung (vgl. § 144 GVG), doch ist die Tätigkeit des Amtsanwalts nach § 142 Abs. 1 Nr. 3 GVG gesetzlich auf die Anklageerhebung vor dem Amtsgericht beschränkt. Eine fehlende oder hiernach nicht ausreichende Unterschrift kann nach allg. M. jederzeit nachgeholt und auch sonst der Nachweis erbracht werden, daß die nicht unterschriebene Anklage mit Wissen und Willen des zuständigen Staatsanwalts dem Gericht vorgelegt worden ist; auf die Wirksamkeit der Anklageerhebung hat dann der Mangel keinen Einfluß[52].

**7. Übersendung der Anklageschrift.** Die Staatsanwaltschaft übersendet die Anklage dem Gericht, nicht dem Angeschuldigten. Dieser erhält sie erst aufgrund der Zustellungsanordnung durch den Vorsitzenden (§ 201, 4). Daß die Staatsanwaltschaft, **51** was ohne jede rechtliche Wirkung wäre und nur der Unterrichtung dienen könnte, dem Angeschuldigten oder seinem Verteidiger gleichzeitig mit der Anklageerhebung bei Gericht eine Anklageschrift zugänglich macht, ist zwar gesetzlich nicht verboten, aber in der Praxis unüblich und erscheint auch wenig zweckmäßig (**a. A** *Mayer-Wegelin* DStZ **1984** 248). Die Anklage wird üblicherweise im Eingang oder am Ende in Form einer Anschrift an das für die Eröffnung des Hauptverfahrens zuständige Gericht (oder dessen Vorsitzenden) adressiert. Die für die Mitteilung an die Prozeßbeteiligten (§ 201, 12 f) erforderliche Zahl von **Überstücken** (als beglaubigte Abschriften) ist beizufügen. Ist ein Kollegialgericht zuständig, so sollten (besonders bei umfangreichen Sachen) weitere Überstücke für den Handgebrauch des Gerichts beigefügt werden. Es ist zweckmäßig, in der Anklageschrift (oder in einem Begleitschreiben) anzugeben, wieviele Bände Akten und welche Beiakten mit übersandt werden. Hat die Staatsanwaltschaft nach § 42 OWiG die Verfolgung einer selbständigen Ordnungswidrigkeit übernommen, so hat sie Anklageschrift, soweit sie sich hierauf bezieht, der an sich zuständigen Verwaltungsbehörde in geeigneter Form (*Göhler* § 63, 9) mitzuteilen (§ 63 Abs. 3 OWiG).

## VIII. Mängel der Anklage und ihre Folgen

**1. Allgemeines.** Die Anklageschrift kann in unterschiedlicher Weise mit Mängeln, **52** Fehlern und Unvollständigkeiten behaftet sein oder wenigstens nach der Auffassung des eröffnenden Gerichts solche enthalten. Die verbreitete Unterscheidung in wesentliche

---

[51] Ein Faksimilestempel mag zwar genügen (so RGSt **63** 247 zur Berufungseinlegung; OLG Saarbrücken NJW **1973** 2041 zum Bußgeldbescheid) wird aber der Bedeutung der Anklage nicht gerecht. Dagegen ist es nicht zu beanstanden, wenn die vom Staatsanwalt unterschriebene Urschrift in den Handakten verbleibt und dem Gericht nur beglaubigte Abschriften vorgelegt werden; vgl. BGHSt **2** 77; **a. A** früher RGSt **34** 137; **57** 280; *Feisenberger* 1 g.

[52] RGSt **37** 408; KMR-*Paulus* 41; *Eb. Schmidt* I 136; krit. *Feisenberger* 1 g.

Peter Rieß

Mängel, die die Ablehnung der Eröffnung durch das Gericht, und, falls sie hierbei übersehen werden, die spätere Einstellung des Verfahrens rechtfertigen, und unwesentliche Mängel, die den Fortgang des Verfahrens nicht berühren, ist ungenau und trägt zur Lösung der auftauchenden Fragen solange nicht bei, wie nicht bestimmt wird, welche Mängel in diesem Sinne wesentlich sind. Sobald hierüber aber Klarheit besteht, ist der Begriff der wesentlichen Mängel entbehrlich. Es trifft auch nicht schlechthin zu, daß Mängel, die nicht zur Ablehnung der Eröffnung oder zur Einstellung des Verfahrens führen, den Fortgang des Verfahrens nicht berühren; sie können vielmehr zu zusätzlichen Maßnahmen und Entscheidungen des Gerichts Anlaß geben. Allenfalls ließe es sich vertreten, von unwesentlichen Mängeln in dem Sinne zu sprechen, daß damit die Gruppe von Ungenauigkeiten, Lücken und Unvollständigkeiten bezeichnet wird, die, auch wenn sie nicht behoben oder durch zusätzliche Maßnahmen kompensiert werden, keinerlei Folgen für das Verfahren haben.

**53**     Bei **Anklagemängeln** ist **zu unterscheiden,** ob sie die Umgrenzungsfunktion der Anklageschrift (Rdn. 3) in Frage stellen, ob sie die Informationsfunktion in schwerwiegender Weise beeinträchtigen oder ob sie lediglich gegen das Gebot der Übersichtlichkeit und Klarheit verstoßen oder Lücken und Unvollständigkeiten nur bei den mehr instruktionell geforderten oder üblicherweise vermittelten Informationen enthalten. Nur nicht behobene (Rdn. 56) Mängel, aufgrund derer die Umgrenzungsfunktion der Anklage in Frage gestellt wird, führen zur Ablehnung der Eröffnung und, falls dennoch eröffnet wird, ggf. zur Einstellung des Verfahrens. Schwerwiegende Beeinträchtigungen der gesetzlich vorgeschriebenen Informationsfunktion der Anklageschrift, können, soweit sie nicht bereits im Eröffnungsverfahren ausgeglichen werden, besondere Hinweise oder Maßnahmen in der Hauptverhandlung erfordern. Mängel bei den nur instruktionellen Vorschriften oder bei den üblichen Gepflogenheiten bleiben regelmäßig ohne Folgen.

**54**     **Keine Mängel der Anklageschrift** in dem hier zu erörternden Sinne stellen Meinungsverschiedenheiten zwischen der Staatsanwaltschaft und dem eröffnenden Gericht über das Bestehen eines hinreichenden Tatverdachts, die rechtliche Qualifikation der angeklagten Tat und die gerichtliche Zuständigkeit dar. Verneint das Gericht den hinreichenden Tatverdacht, so hat es die Eröffnung des Hauptverfahrens abzulehnen. Würdigt es die angeklagte Tat anders, so hat es dies im Eröffnungsbeschluß darzulegen (§ 207 Abs. 2 Nr. 3); es kann nicht verlangen, daß die Staatsanwaltschaft eine Anklageschrift einreicht, die seinen rechtlichen Vorstellungen entspricht[53]. Hält es seine Zuständigkeit nicht für gegeben, so verfährt es nach den §§ 209, 209 a. Das Gesetz verbietet in solchen Fällen zwar nicht ausdrücklich, daß der Vorsitzende das von ihm für richtig gehaltene Ergebnis durch bloße Hinweise an die Staatsanwaltschaft zu erreichen versucht, doch ist, abgesehen von offensichtlichen Versehen, eine solche Umgehung gesetzlich vorgeschriebener Entscheidungsformen hinter dem Rücken des Angeschuldigten wenig angebracht.

**55**     **2. Fehlen und Verlust der Anklageschrift.** Fehlt, was in der Praxis kaum vorkommen wird (vgl. aber § 207, 60), eine vorgeschriebene Anklageschrift völlig, so kann das Verfahren selbstverständlich nicht eröffnet werden; sollte es irrtümlich eröffnet sein, so ist es wegen Fehlens der Prozeßvoraussetzung einer Anklage regelmäßig einzustellen, wenn nicht dieser Fehler ausnahmsweise durch die Wahl einer anderen Verfahrensart

---

[53] OLG Kassel GA 40 (1892) 183; *Olbricht*
GA 55 (1908) 209.

behoben werden kann[54]. Ist die **Anklageschrift** nachträglich **verlorengegangen,** so kann das Verfahren fortgesetzt werden, wenn mindestens der Anklagesatz soweit rekonstruiert werden kann, daß feststeht, gegen wen und wegen welcher Tat Anklage erhoben worden ist[55].

### 3. Behandlung mangelhafter Anklageschriften durch das Gericht

**a) Rückgabe.** Entspricht eine Anklageschrift nach Auffassung des Gerichts oder **56** des Vorsitzenden, der insoweit eine Vorprüfung vornehmen kann (§ 201, 5), nicht den Erfordernissen des § 200, so kann der Vorsitzende sie der Staatsanwaltschaft mit der Anregung zurückgeben, sie zu ergänzen oder zu verbessern[56], dies kann auch schon vor Zustellung der Anklage an den Angeschuldigten geschehen (§ 201, 5). Erzwingbar ist eine solche „Nachbesserung" nicht; die Staatsanwaltschaft ist zu einer Korrektur nicht verpflichtet[57]. Lehnt sie sie ab, so muß das Gericht entscheiden; eine „vorläufige Ablehnung der Eröffnung" ist auch bei behebbaren Mängeln der Anklage unzulässig[58].

**b) Mängel, die die Umgrenzungsfunktion betreffen.** Ist durch die Anklageschrift **57** die Person des Angeschuldigten oder die Tat nicht genügend konkretisiert, so muß das Gericht die Eröffnung des Hauptverfahrens ablehnen, da der Prozeßgegenstand, über den es entscheiden soll, nicht hinreichend feststeht und weil darüber hinaus ein solcher Mangel wegen § 207 Abs. 1 auch ein Mangel des Eröffnungsbeschlusses wäre, der zur Einstellung des Verfahrens nach §§ 206 a, 260 Abs. 3 führen müßte. Dies kann auch schon vor der Zustellung der Anklage an den Angeschuldigten geschehen (§ 201, 7). Eine ungenügende Konkretisierung des Prozeßgegenstandes liegt aber nur vor, wenn der Anklagesatz in bezug auf die Bezeichnung des Angeschuldigten oder der prozessualen Tat den gesetzlichen Mindestvoraussetzungen in so krasser Weise nicht entspricht, daß unklar bleibt, auf welchen konkreten Angeschuldigten oder auf welchen konkreten Sachverhalt sich die Anklage bezieht und welchen Umfang die Rechtskraft eines daraufhin ergehenden Urteils haben würde (zuletzt BGH NStZ **1984** 133 mit weit. Nachw.). Ist dies aber der Fall, so wird die Ablehnung der Eröffnung auch nicht dadurch entbehrlich, daß nach allerdings umstrittener Auffassung (§ 207, 57 f) nach Zulassung der Anklage eine Ergänzung des Anklagesatzes durch den Inhalt des wesentlichen Ermittlungsergebnisses möglich wäre[59]. Eine solche ergänzende Interpretation, die BGH JR **1954** 150 als „Notlösung" bezeichnet, kann allenfalls in Betracht kommen,

---

[54] Z. B. durch Übergang ins beschleunigte Verfahren nach den §§ 212 ff und mündlicher Anklageerhebung, wenn dessen Voraussetzungen bei Entdeckung des Mangels vorliegen oder geschaffen werden können. Ob der in der Hauptverhandlung entdeckte Mangel des völligen Fehlens einer Anklage auch durch die Erhebung einer Nachtragsanklage (mit Zustimmung des Angeklagten) behoben werden kann (so RGSt **56** 113) erscheint zweifelhaft; dazu *Schmid* 189 f.

[55] Vgl. (zum Eröffnungsbeschluß) RGSt **55** 159; **65** 251; *Schmid* FS Lange 783 ff; *Eb. Schmidt* 19; zur Frage, ob der Verteidiger an der Rekonstruktion mitwirken muß, *Rösmann* NStZ **1983** 446.

[56] OLG Oldenburg NJW **1952** 990; OLG Saarbrücken OLGSt § 200, 10; *Kleinknecht/ Meyer* 26; KMR-*Paulus* 47; *Eb. Schmidt* 18.

[57] Allg. M; OLG Kassel GA **40** (1892) 183 hatte über das unberechtigte (vgl. § 206) Begehren einer Strafkammer zu entscheiden, eine in bezug auf die angeklagte Tat ihrer Rechtsauffassung entsprechende Anklage einzureichen; die von OLG Marienwerder *Alsb.* E **2** 34 und *Olbricht* GA **55** (1908) 206 ff behandelten Probleme können bei der gegenwärtigen Rechtslage nicht mehr vorkommen.

[58] KMR-*Paulus* 47; a. A OLG Saarbrücken OLGSt § 210, 10; möglicherweise handelt es sich dort aber lediglich um einen mißverständlichen Ausdruck, mit dem das OLG zutreffend (vgl. § 211, 13) darauf hinweisen wollte, daß die Sperre des § 211 hier nicht gilt.

[59] Ebenso, jedenfalls für grobe Mängel, OLG Saarbrücken OLGSt § 210, 8 ff.

Peter Rieß

wenn die Anklage bereits zugelassen ist, sie darf aber nicht dazu führen, daß das eröffnende Gericht gezwungen wäre, eine solche Anklage überhaupt erst zuzulassen. Die
frühere Rechtsprechung[60] ist insoweit auch dadurch weitgehend überholt, daß nach
der Neufassung des § 207 das Gericht die Tatkonkretisierung im Eröffnungsbeschluß
nicht mehr selbst vornimmt, und deshalb in der Regel keinen Anlaß hat, einen mangelhaften Anklagesatz in einer für das weitere Verfahren geeigneten Weise zu ergänzen
(s. aber § 207, 11).

**58**      **c) Mängel, die die Informationsfunktion betreffen.** Mängel, die nicht die Umgrenzungsfunktion der Anklage, sondern nur ihre Informationsaufgabe betreffen, berechtigen das Gericht in keinem Fall zur Ablehnung der Eröffnung des Hauptverfahrens; ggf.
muß das Gericht auch bei einer solchen unzureichenden Anklage durch eigenes Akten-
studium feststellen, wegen welcher Straftaten im materiell-rechtlichen Sinne der Angeschuldigte hinreichend verdächtig erscheint und dies im Eröffnungsbeschluß nach § 207
Abs. 2 Nr. 3 zum Ausdruck bringen. Ist die Anklageschrift dagegen so unklar und mangelhaft, daß sie ihre Aufgabe, dem Angeschuldigten für das Eröffnungsverfahren rechtliches Gehör zu gewähren (Rdn. 4) schlechthin nicht mehr erfüllen kann, so wird man
den Vorsitzenden, wenn die Staatsanwaltschaft sich weigert, die Mängel zu beheben,
für berechtigt ansehen müssen, durch begründete und beschwerdefähige (§ 304 Abs. 1)
Entscheidung die **Zustellung** der Anklage an den Angeschuldigten **zu verweigern.** Als
solche Fälle wären etwa anzusehen, wenn die Anklage die gesetzlichen Merkmale der
Straftat oder die anzuwendenden Gesetzesvorschriften überhaupt nicht oder offensichtlich unrichtig bezeichnet[61] oder wenn bei Anklageerhebung vor dem Schöffengericht
oder einem Gericht höherer Ordnung das wesentliche Ergebnis der Ermittlungen gänzlich fehlt.

**59**      Im übrigen können erhebliche Mängel, die die Informationsfunktion der zugelassenen Anklage betreffen, zu einer **Klarstellung** bei der Verlesung der Anklage in der
Hauptverhandlung zwingen (BGH NStZ **1984** 133), die als wesentliche Förmlichkeit im
Sitzungsprotokoll zu beurkunden ist (BGH GA **1973** 112). Sie können es auch erforderlich machen, in vermehrtem Umfang eindeutige rechtliche (§ 256 Abs. 1) und tatsächliche (§ 265 Abs. 4) Hinweise zu geben (BGH bei *Pfeiffer/Miebach* NStZ **1983** 358
Nr. 34).

**60**      **4. Revision.** Auf Mängel der Anklageschrift allein kann die Revision nicht gestützt werden, da das Urteil nicht auf ihr beruht[62]. Das bedeutet jedoch nicht, daß eine
mangelhafte Anklage stets revisionsrechtlich unerheblich ist. Konkretisiert die Anklage
den Prozeßgegenstand nicht ausreichend, so fehlt es an einer wirksamen Anklage (und
wegen ihrer unveränderten Zulassung meist auch an einem wirksamen Eröffnungsbeschluß, vgl. § 207, 55), so daß das Revisionsgericht auf eine zulässige Revision das
Verfahren von Amts wegen wegen Fehlens einer Prozeßvoraussetzung einzustellen hat.
Mängel, die die Wirksamkeit der Anklage unberührt lassen, aber ihre Informationsfunktion betreffen, können in die Hauptverhandlung hineinwirken (*Sarstedt/Hamm*
189), indem sie prozessuale Handlungspflichten des Gerichts auslösen, deren Verlet-

[60] Z. B. RGSt **3** 225; **10** 138; **21** 66; auch
noch OLG Köln JR **1966** 429 mit Anm.
*Kohlhaas.*

[61] Solche Fälle mögen durch Kanzleiverse-
hen bei textbausteingefertigten oder mit
Hilfe von Schreibautomaten hergestellten
Anklagen vorkommen, sollten aber jeden-

falls auf Hinweis des Vorsitzenden bereinigt
werden.

[62] RGSt **31** 104; **58** 125; BGHSt **15** 44;
OLG Schleswig bei *Ernesti/Jürgensen*
SchlHA **1976** 170 Nr. 50; *Dahs/Dahs* 184;
*Kleinknecht/Meyer* 27; KMR-*Paulus* 52.

zung mit der Verfahrensrüge geltend gemacht werden kann, so wenn eine klarstellende Erläuterung des zu verlesenden Anklagesetzes unterbleibt, der nicht klar erkennen läßt, welche von mehreren Tatbestandsalternativen erfüllt sein soll, (BGH NStZ **1984** 133) oder durch die mangelhafte Fassung der Anklage notwendig werdende Hinweise nach § 265 nicht gegeben werden.

## § 201

(1) Der Vorsitzende des Gerichts teilt die Anklageschrift dem Angeschuldigten mit und fordert ihn zugleich auf, innerhalb einer zu bestimmenden Frist zu erklären, ob er die Vornahme einzelner Beweiserhebungen vor der Entscheidung über die Eröffnung des Hauptverfahrens beantragen oder Einwendungen gegen die Eröffnung des Hauptverfahrens vorbringen wolle.

(2) [1]Über Anträge und Einwendungen beschließt das Gericht. [2]Die Entscheidung ist unanfechtbar.

**Entstehungsgeschichte.** Die Vorschrift galt, wie sich in der ursprünglichen Fassung aus ihrem Absatz 4 ergab, zunächst nur für Anklagen vor dem Landgericht, dem Schwurgericht und dem Reichsgericht, aber nicht für das amtsgerichtliche Verfahren. Dabei war der Angeschuldigte auch über das Recht zu belehren, eine Voruntersuchung zu beantragen. Die Ablehnung der Voruntersuchung und die Verwerfung des Einwandes der örtlichen Unzuständigkeit unterlagen der sofortigen Beschwerde. Art. III Nr. 3 EntlG erstreckte die Mitteilungspflicht und die Aufforderung zur Abgabe von Erklärungen auf Anklagen vor dem Schöffengericht, wenn ein Verbrechen Verfahrensgegenstand war; mit der Bekanntmachung 1924 wurde diese Regelung auch auf beim Einzelrichter angeklagte Verbrechen erweitert. Das Gesetz zur Abänderung der StPO vom 27. 12. 1926 (RGBl. I 529) erstreckte den Anwendungsbereich der Vorschrift auf Strafsachen wegen Vergehen, wenn die Anklageschrift ein wesentliches Ergebnis der Ermittlungen enthielt. Durch Art. 4 des Gesetzes zur Änderung von Vorschriften des Strafverfahrens und des Gerichtsverfassungsgesetzes vom 28. 6. 1935 (RGBl. I 844) wurden die auf die gerichtliche Voruntersuchung bezüglichen Antrags- und Anfechtungsbefugnisse beseitigt. Die Verordnung über die Beseitigung des Eröffnungsbeschlusses im Strafverfahren vom 13. 8. 1942 (RGBl. I 512) enthielt die uneingeschränkte Verpflichtung zur Zustellung der Anklageschrift, beschränkte aber das Antrags- und Einwendungsrecht des Angeschuldigten auf Verfahren vor dem Volksgerichtshof, dem Oberlandesgericht und der Strafkammer.

Das VereinhG nahm aus dem Geltungsbereich der Vorschrift erneut die Anklagen zum Einzelrichter aus; erst nach der Änderung durch Art. 7 Nr. 3 StPÄG 1964 galt die Bestimmung für alle Strafverfahren. Durch Art. 1 Nr. 61 1. StVRG wurden infolge der Abschaffung der Voruntersuchung alle sich auf die Voruntersuchung beziehenden Teile der Regelung gestrichen. Absatz 2 Satz 2 bestimmte, daß dem Angeschuldigten gegen die Verwerfung des Einwandes der örtlichen Unzuständigkeit die sofortige Beschwerde zustehe, während nach Satz 3 der Beschluß über Anträge und Einwendungen im übrigen unanfechtbar war. Durch Art. 1 Nr. 14 StVÄG 1979 erhielt die Vorschrift ihre jetzige Fassung (zur Bedeutung dieser Änderung vgl. 23. Aufl., EB., Rdn. 1, 2). Bezeichnung bis 1924: § 199.

Peter Rieß

*Übersicht*

## I. Bedeutung der Vorschrift

**1**　　Es handelt sich um eine wichtige Schutzvorschrift für den Angeschuldigten[1], die seinen Anspruch auf rechtliches Gehör konkretisiert (*Roxin* § 18 B I), gewährleistet, daß er über Art und Grund der gegen ihn erhobenen Beschuldigung in Kenntnis gesetzt wird (Art. 6 Abs. 3 Buchst. b MRK), und ihm ermöglicht, der Eröffnung des Hauptverfahrens entgegenzuwirken oder bestimmte, ihn weniger belastende Eröffnungsmodalitäten zu erreichen (KMR-*Paulus* 1). Diese Bedeutung, die es heute als selbstverständlich erscheinen läßt, daß die Anklageschrift in *allen* Verfahren vor Eröffnung des Hauptverfahrens mitgeteilt wird, ist allerdings erst in einer allmählichen Entwicklung hervorgetreten (vgl. *Rieß* FS Reichsjustizamt, 401); ursprünglich war die Bestimmung im wesentlichen als Ausgleich für die Gewährung nur einer Tatsacheninstanz gedacht[2]. Da die Hauptfunktion der Vorschrift darin besteht, das rechtliche Gehör zu gewährleisten und dem Angeschuldigten die *Möglichkeit* der Verteidigung gegen die Anklage einzuräumen, steht ihm die Inanspruchnahme dieser Rechte frei[3]. Verzeichtet er darauf und zieht er es vor, sich erst im Hauptverfahren zu verteidigen, so dürfen hieraus keine ihm nachteiligen Schlüsse gezogen werden (KMR-*Paulus* 1).

**2**　　Die **Bestimmung** ist im Laufe ihrer Entwicklung wesentlich **vereinfacht** worden, weil die besonderen Antragsrechte auf Durchführung einer Voruntersuchung und auf

---

[1] *Peters* § 28 IV 2 (S. 194) (wichtiger Verteidigungswall); *Eb. Schmidt* 1.

[2] RGSt **67** 60; *Rieß* FS Reichsjustizamt 401; *Eb. Schmidt* 1.

[3] Zu verteidigungstaktischen Überlegungen bei Stellungnahme, Einwendungen und Anträgen *Dahs* Hdb. 337 ff; insbesondere zur Verteidigungsschrift *Dahs* Hdb. 355; *Hamm* StrVert. **1982** 489.

Bestellung eines Verteidigers bei antragsgebundener notwendiger Verteidigung[4] entfallen sind und die Zulässigkeit der sofortigen Beschwerde bei Ablehnung der Voruntersuchung und Verwerfung des Einwandes der örtlichen Unzuständigkeit beseitigt worden ist (vgl. die Entstehungsgeschichte). Gerade diese Besonderheiten hatten eine Vielzahl von Streitfragen ausgelöst, mit denen sich die ältere Rechtsprechung befaßt. Obwohl der Kerngehalt der Vorschrift seit ihrer Entstehung unverändert geblieben ist, ist deshalb bei der Übertragung der Grundsätze der älteren Rechtsprechung auf die gegenwärtige Rechtslage Zurückhaltung geboten.

## II. Mitteilungen an den Angeschuldigten

**1. Allgemeines.** Die in Absatz 1 vorgeschriebenen Mitteilungen bewirken die Information des Angeschuldigten über den Anklagevorwurf und stellen die Aufforderung an ihn zur Verteidigungsinitiative (*Peters* § 58 II 1) dar. Ein **Verzicht** des Angeschuldigten auf die Mitteilung ist unbeachtlich[5]. Nur in Ausnahmefällen kann das Gericht die Eröffnung des Hauptverfahrens ohne vorherige Mitteilung der Anklage ablehnen (Rdn. 7). **3**

**2. Zuständigkeit und Zeitpunkt**

**a) Zuständigkeit.** Es ist Aufgabe des **Vorsitzenden** (nicht des Gerichts als Kollegium), die Mitteilung der Anklageschrift zu verfügen und die dabei notwendigen Entscheidungen (Bestimmung des Adressaten, Rdn. 12; Fristbestimmung, Rdn. 16; ggf. Verteidigerbestellung, Rdn. 11) zu treffen. Dem Urkundsbeamten der Geschäftsstelle steht dies nicht zu, jedoch kann ihm die Ausführung der Anordnung überlassen bleiben. Dabei ist es unschädlich, wenn er hierbei nicht, was freilich zweckmäßig ist, erkennbar macht, daß er auf richterliche Anordnung handelt (OLG Bremen JZ **1955** 680 mit Anm. *Eb. Schmidt*). Daß der Urkundsbeamte der Geschäftsstelle ohne richterliche Anordnung nach Absatz 1 verfährt, dürfte schon wegen der jeweils im Einzelfall vom Richter festzusetzenden Frist kaum vorkommen[6]. **4**

**b) Vorprüfung der Anklage.** Es ist nicht Aufgabe des Vorsitzenden, zu prüfen, ob der Antrag der Staatsanwaltschaft, das Hauptverfahren zu eröffnen, begründet und ob die Tat rechtlich anders zu qualifizieren ist. Das geschieht erst (durch das beschließende Gericht), wenn nach der Mitteilung der Anklage über die Eröffnung des Hauptverfahrens zu entscheiden ist. Doch kann und sollte der Vorsitzende vor der Zustellung auf die Beseitigung offensichtlicher Mängel (Tatzeit, Tatort, Angabe der Beweismittel, wesentliches Ergebnis der Ermittlungen) hinwirken. Zu diesem Zweck kann er die Anklageschrift mit den Akten an die Staatsanwaltschaft zurückgeben; erzwingbar ist die Nachbesserung nicht (§ 200, 54; 56). Auch bei sonstigen offenkundigen Versehen, etwa in der Zuständigkeitsbeurteilung, kann der Vorsitzende eine Rücknahme der Anklage und ggf. ihre Erhebung vor dem zuständigen Gericht anregen (vgl. aber § 200, 54); bei bloß unrichtiger Bezeichnung des geschäftsplanmäßigen Spruchkörpers ist auch die als- **5**

---

[4] Nach Absatz 1 Satz 3 i.d.F. d. VereinhG (aufgehoben durch das StVÄG 1964) war der Angeschuldigte auf sein Recht hinzuweisen, gemäß § 140 Abs. 1 Nr. 2, 5 der damaligen Fassung die Bestellung eines Verteidigers zu beantragen. Zu den Schwierigkeiten die sich hieraus, insbesondere aus dem Zusammentreffen der richterlichen Frist des § 201 mit der gesetzlichen Frist des § 140

Abs. 1 Nr. 2, 5 ergaben, vgl. *Eb. Schmidt* 11, 12.

[5] *Kleinknecht/Meyer* 1; KK-*Treier* 4; KMR-*Paulus* 3; *Eb. Schmidt* 3.

[6] Zu den Wirkungen einer Zustellung ohne richterliche Anordnung allgemein § 36, 8. Ob im Falle des § 201 die ohne richterliche Anordnung mitgeteilte Anklageschrift wie eine unterlassenen Mitteilung (Rdn. 34) zu behandeln ist, erscheint zweifelhaft.

Peter Rieß

baldige formlose Abgabe an den Vorsitzenden des zuständigen Spruchkörpers mit dessen Einverständnis (§ 209, 8) möglich.

**6**     **c) Zeitpunkt der Mitteilung.** Abgesehen von diesen durch Vorprüfungen etwa veranlaßten Maßnahmen müssen die Mitteilungen nach Absatz 1 grundsätzlich unverzüglich nach Eingang der Anklage und ohne Rücksicht auf das voraussichtliche Ergebnis der Eröffnungsentscheidung erfolgen; der Angeschuldigte muß sogleich erfahren, daß gegen ihn Anklage erhoben wurde. Die Anklageschrift ist deshalb regelmäßig auch mitzuteilen, wenn wahrscheinlich die Eröffnung des Hauptverfahrens abgelehnt werden wird und *bevor* die Sache einem Gericht höherer Ordnung nach § 209 Abs. 2 vorgelegt oder zusätzliche Beweisaufnahmen nach § 202 beschlossen werden (vgl. aber § 202, 8). Für den Fall der vorläufigen Einstellung nach § 205 s. § 205, 5; 11.

**7**     Nur in Ausnahmefällen ist auch eine alsbaldige **Ablehnung der Eröffnung ohne vorherige Mitteilung** der Anklageschrift möglich[7], denn § 201 Abs. 1 ist nur eine Konkretisierung des allgemein in § 33 geregelten Anspruchs auf rechtliches Gehör, so daß auch der dem § 33 Abs. 3 zugrundeliegende Grundgedanke, daß eine Gehörsgewährung nur vor nachteiligen Entscheidungen erforderlich ist, berücksichtigt werden kann. Es würde dem Schutzzweck der Vorschrift nicht gerecht, wollte man ihm die ausnahmslose Verpflichtung entnehmen, die Mitteilungen nach Absatz 1 auch bei sicher voraussehbarer Ablehnung der Eröffnung zu machen und den Angeschuldigten dadurch zu möglicherweise überflüssigen Verteidigungsmaßnahmen zu veranlassen. Solche Fälle können insbesondere dann gegeben sein, wenn das Gericht entscheidungserhebliche Rechtsfragen anders beurteilt als die Staatsanwaltschaft, wenn diese ein Verfahrenshindernis übersehen hat oder wenn sie eine unzulängliche Anklage entgegen einer Anregung des Vorsitzenden (Rdn. 5) nicht nachbessert[8]. Hält der Vorsitzende eine solche Situatuion für gegeben, so kann er vor der Mitteilung der Anklage eine Entscheidung des Gerichts über die Nichteröffnung herbeiführen.

**8**     Bei sofortiger **Beschwerde** der Staatsanwaltschaft gegen die Ablehnung der Eröffnung muß in solchen Fällen das Beschwerdegericht entsprechend § 308 Abs. 1 Satz 1 zusammen mit der Beschwerdeschrift dem Angeschuldigten auch die Anklageschrift mitteilen und die sonstigen Mitteilungen nach Absatz 1 vornehmen, bevor es zum Nachteil des Angeschuldigten entscheidet. Es darf nicht etwa unter Aufhebung der Ablehnungsentscheidung dem Vorsitzenden des erstinstanzlichen Gerichts die Mitteilung der Anklageschrift überlassen[9], weil dadurch dem Angeschuldigten das rechtliche Gehör verkürzt würde. Um diese Komplikationen zu vermeiden, sollte von einer Eröffnungsablehnung ohne Anklagemitteilung abgesehen werden, wenn mit einer Beschwerde der Staatsanwaltschaft gerechnet werden muß.

### 3. Gegenstand der Mitteilung

**9**     **a) Anklage.** Die Anklageschrift ist in der Form mitzuteilen, daß dem Adressaten eine Ausfertigung oder beglaubigte Abschrift überlassen wird, die bloße Gelegenheit zur Einsicht oder die Überlassung von Auszügen reicht nicht aus. Das gilt auch, wenn sich die Anklageschrift mit **Staatsgeheimnissen** befaßt; das Recht des Angeschuldigten, über den Anklagevorwurf so unterrichtet zu werden, daß ihm eine sachgerechte Verteidigung

---

[7] *Kleinknecht/Meyer* 1; KK-*Treier* 3; **a. A** KMR-*Paulus* 3; LR-*Meyer-Goßner*[23] 3; *Eb. Schmidt* Nachtr. I 5.

[8] Vgl. etwa den vom OLG Oldenburg NJW **1952** 990 entschiedenen Fall, wo das OLG zu Recht darauf hinweist, daß ein unzureichender Anklagesatz dem Angeschuldigten keine ausreichende Verteidigungsmöglichkeit eröffne; s. auch § 200, 58.

[9] So KG JW **1934** 2272 zu einer anderen Fassung des § 308.

möglich ist, darf durch Geheimschutzinteressen nicht beeinträchtigt werden (BGHSt **18** 372). Den Empfängern der Anklageschrift soll in analoger Anwendung des § 174 Abs. 3 Satz 1 GVG bei der Mitteilung der Anklageschrift ein Geheimhaltungsgebot auferlegt werden können[10], auch Einzelanordnungen zur Sicherung der Geheimhaltung (Verwahrung der Anklageschrift, Verbot der Herstellung von Abschriften) sind zulässig (BGHSt **18** 373), soweit sie die Verteidigung nicht beeinträchtigen. Ob die Wiedereinziehung der Anklageschrift nach Abschluß des Verfahrens aus Geheimschutzinteressen heraus zulässig ist, erscheint zweifelhaft[11].

**b) Aufforderung zur Erklärung.** Mit der Mitteilung der Anklageschrift ist die Auf-  **10** forderung zu verbinden, zu erklären, ob einzelne Beweiserhebungen beantragt oder Einwendungen gegen die Eröffnung geltend gemacht werden. Namentlich beim unverteidigten Angeschuldigten sollte diese Aufforderung deutlich erkennen lassen, daß es sich dabei lediglich um ein *Recht* des Angeschuldigten handelt. Die Aufforderung kann zwar auch mündlich, etwa bei Zustellung der Anklageschrift gegeben werden[12], doch ist eine schriftliche Aufforderung in einem Begleitschreiben zur Anklageschrift stets vorzuziehen und in der Praxis üblich. Zu den Folgen einer unterbliebenen Aufforderung s. Rdn. 34.

**c) Verteidigerbestellung.** Nach § 141 Abs. 1 ist in Fällen notwendiger Verteidi-  **11** gung dem unverteidigten Angeschuldigten mit der Aufforderung zur Erklärung über die Anklageschrift ein Verteidiger zu bestellen. Eine gesetzliche Regelung, daß dem Angeschuldigten vorher Gelegenheit zu geben ist, einen zu bestellenden Verteidiger zu bezeichnen, ist zwar (noch) nicht vorhanden[13], doch ist nach der Rechtsprechung des BVerfG dem Beschuldigten grundsätzlich ein Verteidiger seines Vertrauens beizuordnen[14]. Dieser Rechtslage läßt sich dadurch Rechnung tragen, daß der Angeschuldigte mit der Zustellung der Anklageschrift auf die Notwendigkeit der Verteidigung hingewiesen und aufgefordert wird, binnen kurzer Frist einen Verteidiger zu wählen oder einen zu bestellenden zu bezeichnen, und daß der Vorsitzende erst nach Ablauf dieser (kürzer als die Erklärungsfrist zu bemessenden) Frist über die Verteidigerbestellung entscheidet[15].

### 4. Art der Mitteilung

**a) Adressaten.** Die Mitteilung ist an den **Angeschuldigten** persönlich zu richten. **12** Hat er einen **Verteidiger,** so kann sie nach § 145 a Abs. 1 auch an diesen gerichtet werden. Da die richterliche Fristsetzung eine Entscheidung darstellt (vgl. OLG Karlsruhe NJW **1974** 712), gilt § 145 a Abs. 4[16]. An einen anderen Zustellungsbevollmächtigten

---

[10] BGH vom 27.7. 1954 – StE 91/52; KK-*Treier* 9; KMR-*Paulus* 7; *Loesdau* MDR **1962** 773; zweifelnd *Eb. Schmidt* Nachtr. I 6; § 174, 19 GVG; vgl. auch Nr. 213 RiStBV.

[11] So LR-*Kohlhaas*[22] 2; KMR[6] 2 b; zweifelnd *Eb. Schmidt* Nachtr. I 6. Entscheidend wird sein, ob durch die Wiedereinziehung der Anklageschrift, die frühestens nach rechtskräftigem Abschluß des Verfahrens in Betracht kommt, Verteidigungsinteressen des Angeschuldigten beeinträchtigt werden können.

[12] Vgl. BGH NJW **1951** 205, der (in einem obiter dictum) dieses Verfahren nicht beanstandet hat.

[13] Vgl. aber § 142 Abs. 2 i. d. F. des (insoweit bei den Beratungen zurückgestellten) Reg-Entw. eines 2. StVRG (BTDrucks. 7 2526) sowie § 142 Abs. 1 Satz 2, 3 nach dem Vorschlag von Art. 1 Nr. 9 StVÄGE 1984.

[14] BVerfGE **9** 36, 38; vgl. die Erl. zu § 142.

[15] Vgl. *Molketin* AnwBl. **1981** 8; *Schlothauer* StrVert. **1981** 448 mit weit. Nachw. Eine rechtliche Verpflichtung zu dieser Verfahrensweise, die, wenn keine nennenswerte Verfahrensverzögerung zu befürchten ist, einem nobile officium entspricht, besteht wohl noch nicht.

[16] *Kleinknecht/Meyer* 4; KK-*Treier* 7; KMR-*Paulus* 5; *Eb. Schmidt* Nachtr. I 4.

Peter Rieß

darf sie nicht gerichtet werden (§ 37, 41). Im Verfahren gegen **Jugendliche** soll die Mitteilung *zusätzlich* an den Erziehungsberechtigten und den gesetzlichen Vertreter gerichtet werden (§ 67 Abs. 2 JGG).

**13**      Dem **Einziehungsbeteiligten** (§ 431) sowie der juristischen Person oder Personenvereinigung bei Festsetzung einer Geldbuße (§ 444 Abs. 2) ist die Anklageschrift mit der Terminsnachricht mitzuteilen (§ 435 Abs. 2). Dies gilt nach § 440 Abs. 3 auch für die Antragsschrift im objektiven Einziehungsverfahren (OLG Karlsruhe NJW **1974** 711). Dem **Nebenkläger,** dessen Anschluß mit der Klageerhebung zulässig bzw. wirksam wird, muß die Anklageschrift nicht von Amts wegen mitgeteilt werden (*Kleinknecht/ Meyer* 2), jedoch kann dies geschehen; auf Antrag ist sie zumindest seinem anwaltlichen Vertreter auszuhändigen (KK-*Treier* 7; KMR-*Paulus* 5).

**14**      **b) Art und Weise.** Die Mitteilung nach Absatz 1 bedarf der förmlichen Zustellung, denn in der mit ihr zu verbindenden Fristsetzung liegt eine richterliche Entscheidung im Sinne des § 35 Abs. 2[17]. **Öffentliche Zustellung** nach § 40 scheidet aus (*Schmid* MDR **1978** 97). **Ersatzzustellung** nach den §§ 181 ff ZPO ist zulässig[18]. Wird die Ersatzzustellung durch Niederlegung (§ 182 ZPO) bewirkt, so ist es jedoch ratsam, vor der Entscheidung über die Eröffnung festzustellen, ob die Mitteilung den Adressaten tatsächlich erreicht hat. Befindet sich der Angeschuldigte nicht auf freiem Fuß, so ist — praktisch wenig bedeutsam (§ 35, 23) — § 35 Abs. 3 zu beachten.

**15**      Eine **Übersetzung** der Anklageschrift ist beizufügen, wenn der Angeschuldigte der deutschen Sprache nicht mächtig ist (Nr. 181 Abs. 2 RiStBV). Das folgt aus dem als innerstaatliches Recht geltenden Art. 6 Abs. 3 Buchst. b MRK[19].

### 5. Erklärungsfrist

**16**      **a) Fristbestimmung.** Die Länge der Erklärungsfrist wird vom Vorsitzenden bestimmt. Sie ist entsprechend dem Schutzzweck der Vorschrift so zu bemessen, daß dem Angeschuldigten eine ausreichende Prüfung des Anklagevorwurfs und die Befragung eines Verteidigers möglich ist. Auch in einfacheren Sachen sollte sie mindestens eine Woche betragen[20]. Muß dem Angeschuldigten nach § 141 ein Verteidiger bestellt werden, so muß auch diesem eine ausreichende Frist zur Verfügung stehen, sie darf durch das in Rdn. 11 empfohlene Verfahren nicht unangemessen verkürzt werden. Bei mehreren verteidigten Angeschuldigten ist bei der Fristsetzung zu berücksichtigen, daß das Akteneinsichtsrecht nicht durch zu kurze Fristen beeinträchtigt wird (vgl. *Dahs* Hdb. 351). Wegen des Beschleunigungsgrundsatzes sollten aber auch zu lang bemessene Fristen vermieden werden. Ist ungewiß, ob der verteidigte Angeschuldigte im Eröffnungsverfahren überhaupt eine ausführlichere Stellungnahme abgeben will, so kann insbesondere in umfangreichen Verfahren zunächst eine zwar zur Prüfung der Sach- und Rechtslage durch den Verteidiger ausreichende, aber doch verhältnismäßig knapp bemessene Frist bestimmt und ein Fristverlängerungsantrag des Verteidigers abgewartet werden.

---

[17] OLG Karlsruhe NJW **1974** 712; *Gössel* § 11 A I a; *Kleinknecht/Meyer* 3; KK-*Treier* 8; KMR-*Paulus* 4; *Eb. Schmidt* Nachtr. I 4; a. A (Zustellung nicht vorgeschrieben aber zweckmäßig) *G. Schäfer* § 43 I 2; *Schlüchter* 411.

[18] *Gössel* aaO; *Janetzke* NJW **1956** 621; KK-*Treier* 8; KMR-*Paulus* 4.

[19] KK-*Treier* 8; *Eb. Schmidt* Nachtr. I 4; *Kleinknecht/Meyer* Art. 6 MRK, 13; enger KMR-*Paulus* 4.

[20] KK-*Treier* 10; KMR-*Paulus* 9; *G. Schäfer* § 43 I 2; für längere Frist *Ostler* ZRP **1981** 59; die Auffassung des OLG Dresden *Alsb.* E 2 36, daß in einfacheren Sachen in der Regel drei Tage ausreichten, kann heute nicht mehr anerkannt werden.

Da es sich um eine richterliche Frist handelt, ist ihre **Verlängerung,** auch still- **17** schweigend (vgl. *Dahs* Hdb. 351), jederzeit möglich (allg. M)[21]. Die Zulässigkeit ihrer **Verkürzung** (so KMR-*Paulus* 9) erscheint jedenfalls ohne Einverständnis des Angeschuldigten zweifelhaft, da sich dieser bei seiner Vorbereitung der Stellungnahme auf die Frist eingerichtet haben kann. In der Regel wird eine Fristverlängerung aufgrund eines Antrags gewährt werden, dem stattzugeben ist, wenn hierfür ein berechtigtes Bedürfnis dargetan wird (*G. Schäfer* § 43 I 2). Auch von Amts wegen kann die Frist verlängert werden. Zur Unanfechtbarkeit s. Rdn. 36.

**b) Fristüberschreitung.** Es handelt sich um eine bloße Erklärungsfrist, nicht um **18** eine Ausschlußfrist. Anträge und Einwendungen, die nach Fristablauf aber vor der Entscheidung über die Eröffnung dem Gericht bekannt werden, dürfen nicht übergangen werden, sondern sind bei der Entscheidung zu beachten (OLG Schleswig SchlHA **1974** 109; im Schrifttum allg. M); das folgt schon daraus, daß sie ohnehin nur die bis zur Eröffnungsentscheidung bestehenden Pflichten zur Prüfung von Amts wegen in eine bestimmte Richtung lenken können. Die überwiegende, allgemein nicht weiter begründete Auffassung, daß nach Fristablauf eingehende Anträge und Einwendungen nicht mehr beschieden zu werden brauchen[22], erscheint jedenfalls bei der jetzt geltenden Fassung des § 201 nicht mehr gerechtfertigt. Sie war allenfalls solange und soweit sinnvoll, wie der Antrag auf gerichtliche Voruntersuchung und der Einwand der örtlichen Unzuständigkeit vorab zu bescheiden waren, weil ihre Ablehnung der sofortigen Beschwerde unterlag. Da es aber nach geltendem Recht möglich ist, alle Anträge und Einwendungen zusammen mit der Eröffnungsentscheidung abzulehnen (Rdn. 28) und da auch verspätete Anträge und Einwendungen sachlich zu würdigen sind, ist kein Grund dafür ersichtlich, das Ergebnis der sachlichen Würdigung nicht mitzuteilen.

**Die Bescheidungspflicht entfällt** daher im Ergebnis erst dann, wenn bereits über **19** die Eröffnung des Hauptverfahrens entschieden ist[23], weil dann Anträge und Einwendungen gegen die Eröffnung des Hauptverfahrens ins Leere gehen (vgl. aber Rdn. 20). Nach diesem Zeitpunkt eingegangene Anträge auf Beweiserhebungen werden jedoch regelmäßig als Beweisanträge nach § 219, Einwendungen gegen die örtliche Zuständigkeit und die Zuständigkeit von Spezialstrafkammern als solche nach § 6 a Satz 2, § 16 Satz 2 zu behandeln sein, da anzunehmen ist, daß der Angeklagte solche im Eröffnungsverfahren nicht berücksichtigten Einwendungen im Hauptverfahren wiederholen will.

**c) Wiedereinsetzung in den vorigen Stand** gegen die Versäumung der Erklärungsfrist **20** ist möglich[24], jedoch ergeben sich wegen der Eigenart dieser Frist einige Besonderheiten. Wird die versäumte Erklärung zwar verspätet, aber noch **vor der Entscheidung** nachgeholt, so bedarf es keiner Wiedereinsetzung, da auch verspätete Erklärungen zu beachten und zu bescheiden sind (Rdn. 18). Sinnvoll ist daher allein die Wiedereinsetzung gegen die Fristversäumung **nach der Entscheidung,** die als zulässig anzusehen ist[25]. Wird sie gewährt, so führt das aber nicht ohne weiteres zum Wegfall des Eröff-

---

[21] Ob auch im Falle des § 201 der allgemeine Grundsatz (Vor § 42, 4) gilt, daß eine Fristverlängerung nach Fristablauf nicht mehr gewährt werden kann, ist zweifelhaft. Jedenfalls kann sie dann neu gewährt werden (*Kleinknecht/Meyer* Vor § 42, 6; KK-*Maul* § 43, 4), so lange noch nicht entschieden ist.

[22] BayObLGSt **1951** 379 (obiter dictum); *Gössel* § 11 A II b; KK-*Treier* 11; *Kleinknecht/Meyer* 4; LR-*Meyer-Goßner*[23] 18; a. A

(im Ergebnis wie hier) *Arndt* 217; KMR-*Paulus* 9.

[23] Zum Zeitpunkt des Wirksamwerdens einer solchen Entscheidung § 33, 12.

[24] Die Frage wird in der neueren Rechtsprechung und im neueren Schrifttum kaum behandelt; vgl. aber § 44, 7 und für die Zeit vor 1945 *Arndt* 218; LR[19] 6; vgl. auch *Schmid* 168.

[25] *Arndt* 218; **a. A** OLG München SeuffBl. **63** (1887) 521; LR[19] 6.

Peter Rieß

nungsbeschlusses, sondern verpflichtet das eröffnende Gericht lediglich zur Beachtung und Bescheidung der Einwendungen; der Eröffungsbeschluß wird erst aufgehoben, wenn sich aufgrund der Einwendungen seine Unrichtigkeit ergibt. Denn die Wirkung der Wiedereinsetzung erschöpft sich darin, daß die versäumte Prozeßhandlung als rechtzeitig vorgenommen gilt und daß das Verfahren so fortgesetzt wird, als sei die Frist nicht versäumt[26]; sie darf dem Betroffenen keine nur auf seiner Säumnis beruhenden Vorteile verschaffen (OLG Hamm NJW **1972** 2097; KMR-*Paulus* Vor § 42, 23). Da der Angeschuldigte bei rechtzeitiger Geltendmachung seiner Einwendungen nur deren Beachtung und Bescheidung erwarten kann, kann er auch bei Wiedereinsetzung nicht mehr verlangen. Die automatische Unwirksamkeit des Eröffnungsbeschlusses bei Gewährung der Wiedereinsetzung würde ihm einen ungerechtfertigten Vorteil verschaffen. Die Rechtslage bei unverschuldeter Fristversäumung entspricht daher weitgehend der, die sich aus dem bei Nichtmitteilung der Anklageschrift auch beim Eröffnungsbeschluß anwendbaren § 33 a (Rdn. 34) ergibt, nur müssen die materiellen und formellen Wiedereinsetzungsvoraussetzungen gegeben sein.

### III. Erklärungen des Angeschuldigten

**21**     **1. Form.** Formvorschriften für die Erklärungen des Angeschuldigten enthält das Gesetz nicht; jedoch ist eine **schriftliche Äußerung** üblich und zweckmäßig, wobei das Fehlen der Unterschrift unschädlich ist, wenn Person und Erklärungswille nicht zweifelhaft sind. Für den Angeschuldigten kann der **Verteidiger** die Erklärung abgeben (vgl. *Dahs* Hdb. 355, auch zu verteidigungstaktischen Überlegungen hierbei), eine Vertretung in der Erklärung durch andere Dritte ist wirksam, sofern sie dem Willen des Angeschuldigten entspricht (*Eb. Schmidt* 16). Wirksam und zu beachten sind auch mündliche und fernmündliche Erklärungen, bei inhaftiertem Angeschuldigten auch solche, die gegenüber einem Gefängnisbeamten erfolgen (*Eb. Schmidt* 16). Mündliche und fernmündliche Erklärungen sind zu protokollieren oder sonst schriftlich festzuhalten. Zur Frage, ob eine Pflicht zur Entgegennahme mündlicher Erklärungen besteht, vgl. § 33, 33 (wohl bejahend *Eb. Schmidt* 16). Der nicht auf freiem Fuß befindliche Angeschuldigte kann auch zur Niederschrift eines Urkundsbeamten der Geschäftsstelle oder eines Vollzugsbediensteten darüber befragt werden, ob er Einwände erheben oder Beweisanträge stellen wolle.

**22**     **2. Anträge auf Vornahme einzelner Beweiserhebungen** zielen regelmäßig darauf, ganz oder teilweise den hinreichenden Tatverdacht zu entkräften oder die Eröffnung nur wegen eines milderen Delikts (§ 207 Abs. 2) zu erreichen; sie können auch Beweissicherung nach den §§ 205 Satz 2, 285 bezwecken. Sie müssen nicht den inhaltlichen Anforderungen von Beweisanträgen entsprechen, sondern können auch Beweisermittlungsanträge darstellen; die Unterscheidung hat in diesem Verfahrensabschnitt rechtlich keine Bedeutung (a. A *Alsberg/Nüse/Meyer* 344; *Kleinknecht/Meyer* 6). Ist erkennbar, daß der Angeschuldigte mit seinen Anträgen nur eine Beweisaufnahme in der Hauptverhandlung erreichen will, er sich also mit ihnen nicht gegen die Eröffnung des Hauptverfahrens wendet, so sind sie nach § 219 zu behandeln.

**23**     **3. Einwendungen.** Die Einwendungen des Angeschuldigten können tatsächlicher oder rechtlicher Art sein, sie können die Nichteröffnung des Hauptverfahrens aus tat-

---

[26] *Kalthoener* Probleme aus dem strafprozessualen Recht der Wiedereinsetzung (1957), 18 f; KMR-*Paulus* Vor § 42, 23; vgl. § 46, 11.

sächlichen oder rechtlichen Gründen bezwecken, die rechtliche Qualifizierung betreffen oder ein Verfahrenshindernis geltend machen.

**Unzuständigkeitseinwendungen** unterliegen keiner Sonderregelung mehr. Der Angeschuldigte kann die Unzuständigkeit des mit der Anklage befaßten Gerichts in sachlicher, örtlicher oder funktioneller Hinsicht geltend machen. Diese Unzuständigkeitseinwendung bedeutet lediglich einen Hinweis darauf, mit welchem Ergebnis das Gericht nach Auffassung des Angeschuldigten seiner Amtspflicht zur Zuständigkeitsprüfung (§§ 6, 6 a, 16; vgl. Rdn. 31) nachkommen soll. Mit dem Unzuständigkeitseinwand nach § 6 a Satz 2, § 16 Satz 2 hat diese Einwendung nichts zu tun. Denn jener Einwand entsteht, wie der Gesetzeswortlaut in den §§ 6 a, 16 mit der Verwendung des Wortes „Danach" und der Anknüpfung an den Begriff „Angeklagter"[27] verdeutlicht, erst mit dem Ende der Pflicht zur Prüfung von Amts wegen. **24**

**Kein Verbrauch des Einwandes** der örtlichen Unzuständigkeit und der Zuständigkeit einer Spezialstrafkammer nach den §§ 6 a Satz 2, 16 Satz 2 tritt nach der seit dem StVÄG 1979 geltenden Rechtslage[28] dadurch ein, daß der Angeschuldigte eine entsprechende Einwendung im Eröffnungsverfahren erhebt und das eröffnende Gericht hierüber (ausdrücklich oder inzident) entscheidet[29]. Umgekehrt wirkt die Unzuständigkeitseinwendung im Zwischenverfahren selbst dann nicht für das Hauptverfahren weiter, wenn sie vom Gericht ohne besondere Begründung übergangen worden ist; will sich der Angeklagte in diesen Fällen die Revisionsmöglichkeit erhalten, so muß er den Einwand nach § 6 a Satz 2, § 16 Satz 2 rechtzeitig wiederholen[30]. **25**

## IV. Entscheidung des Gerichts

**1. Zuständigkeit.** Über die Einwendungen und Beweisanträge entscheidet stets das **Gericht** in Beschlußbesetzung (§ 199, 4), beim Landgericht und Oberlandesgericht also das Kollegium. Wird nicht zugleich über die Eröffnung des Hauptverfahrens entschieden (Rdn. 28), so ist der Strafsenat des Oberlandesgerichts nur mit drei Richtern besetzt (KK-*Treier* 15; a. A *Kleinknecht/Meyer* 7). Ebenso trifft das Gericht im Eröffnungsverfahren etwa notwendig werdende Haftentscheidungen. Dagegen ist der **Vorsitzende** zuständig für Auswahl und Bestellung eines Verteidigers (§ 140 Abs. 2, § 142)[31], für Entscheidungen über den Vollzug der Untersuchungshaft (§ 119 Abs. 6 i. V. mit § 126 Abs. 2 Satz 3) und in dringenden Fällen für die Aufhebung oder Außervollzugsetzung des Haftbefehls (§ 126 Abs. 2 Satz 4). **26**

**2. Zeitpunkt.** Vor Fristablauf für alle Angeschuldigten darf weder über Beweisanträge und Einwendungen noch über die Eröffnung des Hauptverfahrens entschieden werden; es sei denn, daß bereits erkennbar abschließend gemeinte Erklärungen vorlie- **27**

---

[27] In § 16 Satz 2 im Gegensatz zu dem bis 1979 geltenden Wortlaut.

[28] Bis dahin wurde überwiegend angenommen, daß die erfolglose Erhebung des Einwandes der örtlichen Unzuständigkeit nach §§ 16, 18 im Eröffnungsverfahren die erneute Geltendmachung ausschloß; vgl. RGSt 26 342; 34 215; *Kleinknecht*[33] § 16, 2; KMR-*Sax*[6] § 16, 3 b; LR-*Dünnebier*[23] § 16, 33.

[29] § 6 a, 20; § 16, 14 f; *Kleinknecht/Meyer* § 6 a, 7; § 16, 6; § 270, 16; KK-*Treier* 20;

KMR-*Paulus* § 6 a, 7; § 201, 20; zur Begründung näher 23. Aufl., EB 4.

[30] *Bohnert* 41; § 6 a, 16; *Kleinknecht/Meyer* § 16, 9; KK-*Treier* 20; KK-*Pfeiffer* § 6 a, 8; KMR-*Paulus* § 6 a, 7.

[31] Die Entscheidung des BayObLG NJW 1952 161, daß die Ablehnung der Bestellung eines Pflichtverteidigers nach § 140 Abs. 2 Nr. 1 a a. F. die Entscheidung des Gerichts erfordere, ist durch spätere Gesetzesänderungen überholt; vgl. auch die Erläuterungen zu § 141.

Peter Rieß

gen[32]. Zu Einwendungen und Anträgen ist die Staatsanwaltschaft gemäß § 33 Abs. 2 vor der Entscheidung zu hören (*G. Schäfer* § 43 I 2).

**28**      Wird **Anträgen** auf Vornahme von Beweiserhebungen **entsprochen,** so muß diese Entscheidung notwendigerweise **vor** der Entscheidung über die Eröffnung ergehen. Die **Ablehnung** von Beweisanträgen und die **Entscheidung über Einwendungen,** sei sie stattgebender oder ablehnender Art, kann mit der Entscheidung über die Eröffnung **verbunden** werden[33], jedoch grundsätzlich unter ausdrücklicher Bescheidung (Rdn. 32).

### 3. Inhalt der Entscheidung

**29**      **a) Allgemeines.** § 201 enthält keine eigenen Aussagen darüber, nach welchen **Maßstäben** das Gericht über die Anträge und Einwendungen zu entscheiden hat. Sie ergeben sich aus den Vorschriften, die bestimmen, unter welchen Voraussetzungen das Hauptverfahren zu eröffnen ist (§§ 203, 204, 207) und welche Entscheidungen hierbei gegebenenfalls zu treffen sind. Richten sich die Einwendungen allein gegen den hinreichenden Tatverdacht und hält das Gericht sie für begründet, so führt das zu einem Beschluß nach § 204 oder § 207 Abs. 2 Nr. 1, 3, hält das Gericht sie für unbegründet, so werden sie durch die Eröffnung des Hauptverfahrens abgelehnt.

**30**      **b) Beweisanträge.** Beantragte Beweise sind (nach § 202) zu erheben, soweit sie für die Entscheidung über die Eröffnung des Hauptverfahrens von Bedeutung sind, also immer dann, wenn die Beweiserhebung in der im Eröffnungsverfahren zulässigen Form Art oder Umfang der Eröffnung beeinflussen kann (KMR-*Paulus* 16); sie können dann nicht mit der Begründung abgelehnt werden, daß die Beweise auch in der Hauptverhandlung erhoben werden könnten (*Gössel* § 11 A III c 2; KMR-*Paulus* 18; vgl. § 202, 4). Die Ablehnungsgründe des § 244 Abs. 3 bilden hierfür einen gewissen Maßstab[34]. Kann die beantragte Beweiserhebung die Eröffnungsentscheidung nicht beeinflussen, so ist die Ablehnung des Antrags mit der Begründung geboten, daß es der Beweiserhebung für die Entscheidung über die Eröffnung nicht bedürfe oder daß sie für diese Entscheidung ohne Bedeutung sei[35]. Diese Entscheidung erledigt den Beweisantrag endgültig, er muß deshalb gegebenenfalls im Hauptverfahren wiederholt werden (RGSt **73** 193). **Wahrunterstellung** zugunsten des Angeschuldigten ist zulässig, wenn eindeutig klargestellt wird, daß sie *nur* für die Eröffnungsentscheidung gemeint ist; bei einer weitergehenden Wahrunterstellung (die nicht zulässig wäre) gelten die für diesen Fall zu § 219 aufgestellten Grundsätze (RGSt **73** 193; vgl. § 219, 13; 27). Es ist nicht zulässig, Beweisanträge dahingehend zu bescheiden, die Entschließung bleibe dem Vorsitzenden der erkennenden Strafkammer vorbehalten (RGSt **72** 233); wird dennoch so verfahren, so trifft diesen die revisible Pflicht, eine Klärung der Verfahrenslage herbeizuführen[36].

**31**      **c) Zuständigkeitseinwendungen.** Macht der Angeschuldigte die **örtliche Unzuständigkeit** geltend, so hat das Gericht, das dieser Einwendung folgt, sich durch Beschluß für unzuständig zu erklären (§ 204, 7). Wendet der Angeschuldigte ein, daß das Gericht

---

[32] Weitergehend BGH bei *Pfeiffer/Miebach* NStZ **1983** 214 (zu § 349 Abs. 3, nur dann nicht, wenn weitere Erklärungen ausdrücklich vorbehalten); *Kleinknecht/Meyer* 7.

[33] *Kleinknecht/Meyer* 7; KMR-*Paulus* 13; nach dem Wegfall der sofortigen Beschwerde besteht auch kein Bedürfnis mehr (vgl. dazu LR-*Meyer-Goßner*[23] 27; *Schmid* 166 f), über den Einwand der örtlichen Unzuständigkeit vorab zu entscheiden.

[34] Ähnlich KMR-*Paulus* 18; a. A KK-*Treier*

[35] RGSt **73** 193; OLG Köln JMBlNW **1960** 222; *Kleinknecht/Meyer* 8; *Kühne* 332.

[36] RGSt **72** 233; vgl. Rdn. 40. Namentlich bei unverteidigten Angeklagten sollte die Begründung der Beweisanträge ablehnenden Entscheidung den Angeschuldigten nicht im Zweifel darüber lassen, daß er seine Beweisanträge im Hauptverfahren wiederholen muß; vgl. auch *Schmid* 208 f.

19 (Entscheidung nach freiem Ermessen); *Kleinknecht/Meyer* 8.

sachlich oder wegen der Zuständigkeit einer besonderen Strafkammer oder der Jugendgerichte unzuständig sei, so verfährt das Gericht nach § 209, ggf. in Vbdg. mit § 209 a, wenn es diese Auffassung teilt. Teilt das Gericht die mit der Zuständigkeitseinwendung vorgetragene Auffassung nicht, so eröffnet es das Hauptverfahren vor sich oder (unter Anwendung der §§ 209, 209 a) vor einem anderen von ihm für zuständig gehaltenen Gericht. Damit wird zugleich über die Unzuständigkeitseinwendung ablehnend entschieden.

**4. Form der Entscheidung.** Richtet sich die Einwendung allein gegen die An-  **32** nahme des hinreichenden Tatverdachts, so wird hierüber inzidenter bei der Entscheidung über die Eröffnung mitentschieden[37]. Im übrigen muß über Beweisanträge und Einwendungen ausdrücklich entschieden werden, sie dürfen nicht stillschweigend durch die Eröffnung des Hauptverfahrens abgelehnt werden[38]. Aus dem Fehlen einer ausdrücklichen Entscheidung ergibt sich allerdings nicht ohne weiteres, daß der Antrag oder die Einwendung nicht geprüft worden ist[39]. Wird die Eröffnung des Hauptverfahrens aus anderen Gründen abgelehnt, so werden Beweisanträge und Einwendungen gegenstandslos. Die Entscheidung ist dem Angeschuldigten und der Staatsanwaltschaft bekanntzugeben. Einer förmlichen Zustellung bedarf es regelmäßig nicht (§ 35 Abs. 2 Satz 2), es sei denn, daß die Entscheidung mit dem (zuzustellenden) Eröffnungsbeschluß verbunden ist.

Eine **Begründung** der Entscheidung ist **nicht erforderlich,** wenn Anträgen auf Be-  **33** weiserhebung stattgegeben wird. Führen Einwendungen zur Nichteröffnung oder zur Eröffnung vor einem Gericht niedrigerer Ordnung, so ist diese Entscheidung, da für die Staatsanwaltschaft anfechtbar, zu begründen. Bei der Ablehnung von Anträgen und Einwendungen wird allgemein ohne weitere Differenzierung eine auf § 34 gestützte **Begründungspflicht** angenommen[40]. Dem ist bei der Ablehnung von beantragten Beweiserhebungen zuzustimmen, weil damit ein Antrag im Sinne des § 34 abgelehnt wird. Dagegen trägt § 34 die Begründungspflicht bei der Ablehnung von Einwendungen nicht, da die Entscheidung über die Eröffnung und über die Zuständigkeit von Amts wegen zu treffen ist und damit keinen Antrag im Sinne des § 34 voraussetzt (§ 34, 4). Gleichwohl empfiehlt es sich, im Eröffnungsbeschluß auf die **Unzuständigkeitseinwendung** einzugehen. Wird der Angeklagte auf diese Weise über die für die gerichtliche Zuständigkeitsentscheidung maßgebenden Gründe unterrichtet, so kann er sein weiteres Verhalten, insbesondere die Entscheidung, ob er den Einwand im Hauptverfahren erheben will, hierauf einrichten. Ein kurzes Eingehen auf Einwendungen gegen den hinreichenden Tatverdacht kann im Einzelfall zur Unterrichtung des Angeklagten zweckmäßig sein.

## V. Fehlerhaftes Verfahren

**1. Fehler bei der Mitteilung.** Ist dem Angeschuldigten die Anklageschrift nicht  **34** ordnungsgemäß mitgeteilt worden und wird dennoch das Hauptverfahren eröffnet[41],

[37] *Kleinknecht/Meyer* 7; KMR-*Paulus* 13; a. A *Eb. Schmidt* Nachtr. I 18.

[38] RGSt **1** 171; **44** 381; OLG Karlsruhe Justiz **1977** 277; *Gössel* § 11 A III b 2; *Kleinknecht/Meyer* 7; KMR-*Paulus* 13; *Eb. Schmidt* Nachtr. I 18.

[39] OLG Karlsruhe Justiz **1977** 277, kritisch *Arndt* 219; *Eb. Schmidt* Nachtr. I 18.

[40] RGSt **1** 171; **44** 381; OLG Karlsruhe Justiz **1977** 277; *Alsberg/Nüse/Meyer* 345; KK-*Treier* 17; *Kleinknecht/Meyer* 7; *Eb. Schmidt* Nachtr. I 18; KMR-*Paulus* 13 (nicht nach § 34, aber aufgrund gerichtlicher Fürsorgepflicht); a. A *Gössel* § 11 A III d.

[41] Stellt sich der Fehler vor der Entscheidung über die Eröffnung heraus, so ist die Mitteilung nachzuholen und mit der Entscheidung bis Fristablauf abzuwarten.

Peter Rieß

so berührt das die Wirksamkeit des Eröffnungsbeschlusses nicht unmittelbar, es ist vielmehr nach § 33 a zu verfahren[42]. Die Anhörung des Angeschuldigten ist nachzuholen und danach zu entscheiden, ob der Eröffnungsbeschluß aufrechtzuerhalten, abzuändern oder unter seiner Aufhebung die Eröffnung abzulehnen ist[43]. In der Hauptverhandlung kann der Angeklagte entsprechend dem Rechtsgedanken des § 265 Abs. 4 Aussetzung zur besseren Vorbereitung verlangen (BGH NStZ 1982 125; *Meyer* JR 1983 259). § 33 a ist auch anzuwenden, wenn über die Eröffnung des Hauptverfahrens vor Ablauf der Erklärungsfrist (Rdn. 27) entschieden worden ist[44]. Zur Behandlung einer Eröffnungsentscheidung des Gerichts auf unvollständiger Aktengrundlage s. § 207, 36. Ist bei Mitteilung der Anklageschrift die Aufforderung nach Absatz 1 oder die Fristsetzung unterblieben, so kann der Angeschuldigte in analoger Anwendung des § 44 Satz 2 Wiedereinsetzung in den vorigen Stand (Rdn. 20) beanspruchen.

**35**　　2. **Übersehen von Einwendungen.** Werden einzelne Beweisanträge oder sonstige Einwendungen übersehen, was sich aber nicht schon daraus ergibt, daß sie nicht ausdrücklich beschieden sind (vgl. Rdn. 32 mit Fußn. 39), so ist § 33 a ebenfalls anzuwenden (OLG Karlsruhe Justiz 1977 277 für Beweisanträge), wenn sie eine Stellungnahme zu Tatsachen und Beweismitteln enthalten. Übersehene Beweisanträge sind darüber hinaus regelmäßig nach § 219 zu behandeln (vgl. Rdn. 30). Im übrigen können übergangene berechtigte sachliche Einwendungen nur nach den für das Hauptverfahren geltenden Vorschriften behandelt werden, regelmäßig also nur für die aufgrund der Hauptverhandlung ergehende Entscheidung Bedeutung gewinnen. Gegebenenfalls kann eine Verfahrenseinstellung durch Beschluß nach den §§ 206 a, 206 b in Betracht kommen.

## VI. Anfechtbarkeit

### 1. Beschwerde

**36**　　a) **Ausschluß.** Nach Absatz 2 Satz 2 ist die Entscheidung über die Anträge und Einwendungen unanfechtbar; damit ist die Beschwerde sowohl für den Angeschuldigten als auch für die Staatsanwaltschaft ausgeschlossen. Da sich die Unanfechtbarkeit des Eröffnungsbeschlusses selbst für den Angeschuldigten bereits aus § 210 Abs. 1 ergibt, besagt die Vorschrift selbständig lediglich, daß dem Eröffnungsbeschluß vorhergehende Entscheidungen, durch die Anträge und Einwendungen verworfen werden, entgegen § 304 Abs. 1 nicht der Beschwerde unterliegen. Im übrigen stellt sie klar, daß gegen eine mit dem Eröffnungsbeschluß zusammen (ausdrücklich oder inzident) vorgenommene Ablehnung eines Antrags oder einer Einwendung auch nicht in begrenztem Umfang die Beschwerde eröffnet wird. Wird einem Beweisantrag stattgegeben, so ist diese Entscheidung nach § 202 Satz 2 unanfechtbar. Auch Verstöße gegen die Mitteilungspflicht nach Absatz 1 eröffnen nicht die Beschwerde (vgl. Rdn. 34), ebensowenig ist sie gegen die Bestimmung der Erklärungsfrist, die Ablehnung eines Antrags auf Fristverlängerung[45]

---

[42] OLG Hamburg NJW 1965 2417; OLG Karlsruhe Justiz 1977 277; zweifelnd *Meyer* JR 1983 259; damit hat sich der frühere Streit (vgl. LR-*Meyer-Goßner*[23] § 210, 8) darüber erledigt, ob bei Versagung des rechtlichen Gehörs gegen den Eröffnungsbeschluß die einfache Beschwerde zulässig und Verfassungsbeschwerde nach § 90 BVerfGG gegeben ist.

[43] Zur Frage der Beschwerdefähigkeit einer Entscheidung, die die Anwendung des § 33 a ablehnt, vgl. OLG Karlsruhe Justiz 1977 277; § 33 a, 20 f.

[44] Die Revision begründet ein solcher Verstoß nicht; RGSt **2** 19.

[45] OLG Hamm NJW 1977 210; a. A *Arndt* 218.

oder gegen eine während des Eröffnungsverfahrens getroffene Entscheidung über eine Verfahrensverbindung[46] zulässig.

**b) Zulässige Beschwerde.** Absatz 2 Satz 2 schließt dagegen die Beschwerde gegen **37** solche Entscheidungen nicht aus, die zwar während des Zwischenverfahrens ergehen, aber nicht den Regelungsgehalt des § 201 betreffen, oder bei denen sich die Beschwerdemöglichkeit aus anderen Vorschriften ergibt. Die einer Einwendung stattgebende Entscheidung kann deshalb von der Staatsanwaltschaft mit der Beschwerde angefochten werden, wenn sie die Eröffnung des Hauptverfahrens ganz oder teilweise ablehnt oder das Verfahren vor einem Gericht niedrigerer Ordnung eröffnet (§ 210 Abs. 2) oder die örtliche Unzuständigkeit erklärt (§ 204, 7; § 210, 32). Der Beschwerde zugänglich sind auch Entscheidungen des Vorsitzenden über die Bestellung und Auswahl des Verteidigers (vgl. die Erläuterungen zu den §§ 141, 142) und Entscheidungen über die Untersuchungshaft.

## 2. Revision
**a) Grundsatz.** Verfahrensfehler des Zwischenverfahrens, insbesondere Verstöße **38** gegen § 201 begründen als solche nicht unmittelbar die Revision. Das folgt allerdings nicht stets, wie vielfach gesagt wird, daraus, daß das Urteil auf diesen Fehlern nicht beruhen könne, sondern es ergibt sich teilweise aus der Unanfechtbarkeit nach Absatz 2 Satz 2, teilweise aus der Regelung über die Anfechtbarkeit des Eröffnungsbeschlusses, jeweils in Vbdg. mit § 336 Satz 2 (*Schmid* 177 f). Solche Fehler können jedoch dann mittelbar die Revision begründen, wenn sie zur selbständigen Verletzung von Verfahrensvorschriften im Hauptverfahren und namentlich in der Hauptverhandlung führen oder wenn die fehlerhafte Behandlung eine den Angeklagten täuschende Lage schafft, die ihn von einer sachgerechten Antragstellung abhält, und wenn das erkennende Gericht diese Unklarheit nicht beseitigt (*Schmid* 178, 208; *Eb. Schmidt* 22). Das gilt insbesondere dann, wenn der Angeschuldigte durch die fehlerhafte Sachbehandlung seines im Zwischenverfahren gestellten Antrags in den Glauben versetzt wird, daß dieser für das Hauptverfahren Beachtung finden werde; unterläßt er deshalb die an sich erforderliche Antragswiederholung, so kann die Übergehung des Antrags die Revision begründen. Es gelten hier vergleichbare Grundsätze, wie sie die Rechtsprechung zu § 219 entwickelt hat (vgl. § 219, 25 ff).

**b) Einzelfälle.** Wird bei einer **unterlassenen** oder sonst verfahrenswidrig das recht- **39** liche Gehör beeinträchtigenden **Mitteilung** der Anklageschrift der Antrag auf Aussetzung der Hauptverhandlung zur besseren Vorbereitung (Rdn. 34) abgelehnt, so kann der hierin liegende Verstoß gegen § 265 Abs. 4 mit der Revision geltend gemacht werden[47]. Wird jedoch der dem Angeklagten und seinem Verteidiger bekannte Mangel nicht geltend gemacht, so steht dies einer späteren Verfahrensrüge entgegen (RGSt **58** 127; RG GA **36** (1888) 167; BGH NStZ **1982** 125).

Ist die **Entscheidung über Beweisanträge** und Einwendungen bei der Eröffnung **40** (unzulässigerweise) dem Vorsitzenden des erkennenden Gerichts vorbehalten worden, so begründet das die (revisible) Pflicht, eine Klärung der Verfahrenslage herbeizuführen; die Anträge dürfen nicht einfach übergangen werden (RGSt **72** 232). Die uneingeschränkte Wahrunterstellung durch das eröffnende Gericht auf einen Beweisantrag be-

---

[46] OLG Karlsruhe GA **1978** 122, zugleich zweifelnd, ob eine Vorabentscheidung über die Verbindungsfrage überhaupt statthaft ist.

[47] RGSt **1** 345; RG GA **35** (1887) 320; GA **36** (1888) 167; *Arndt* 224; *Schmid* 179.

Peter Rieß

gründet für das erkennende Gericht die revisible Rechtspflicht zum Hinweis, wenn es sich an die Wahrunterstellung nicht halten will (RGSt 73 193; vgl. aber RGSt 44 381).

**41**      Bei **Zuständigkeitseinwendungen** ist zu unterscheiden: Läßt das Gesetz eine Wiederholung des mit der Einwendung verfolgten Begehrens nach der Eröffnung nicht mehr zu, weil über diese Zuständigkeitsfrage im Eröffnungsverfahren abschließend entschieden werden soll, wie bei der Zuständigkeit in Jugendschutzsachen (§ 209 a, 32) oder bei den normativen Zuständigkeitsmerkmalen der besonderen oder minderen Bedeutung (§ 209, 49) oder des Erfordernisses besonderer Kenntnisse des Wirtschaftslebens (§ 209 a, 45), so kann der Zuständigkeitsmangel mit der Revision nicht geltend gemacht werden. Gewährt das Gesetz dagegen dem Angeklagten nach Eröffnung des Hauptverfahrens ein Einwandsrecht wie in § 6 a Satz 2 und § 16 Satz 2, so kann er den Einwand im Hauptverfahren erheben und die Revision darauf stützen, daß *dieser* Einwand gesetzwidrig behandelt worden sei (*Kleinknecht/Meyer* 9). Hat das Gericht, wie bei der sachlichen Zuständigkeit eines Gerichts höherer Ordnung oder der Zuständigkeit der Jugendgerichte seine Zuständigkeit auch nach der Eröffnung des Hauptverfahrens von Amts wegen zu prüfen, so kann der Angeklagte die Verletzung dieser fortbestehenden Amtspflicht ohne erneuten Einwand in der Hauptverhandlung auch dann mit der Revision geltend machen, wenn er bereits im Eröffnungsverfahren die Unzuständigkeit mit einer Einwendung nach § 201 Abs. 1 beanstandet hatte.

**42**      Die fehlerhafte Entscheidung über **sachliche Einwendungen** gegen den hinreichenden Tatverdacht kann mit der Revision niemals geltend gemacht werden. Ob der Angeklagte im Zeitpunkt der Eröffnungsentscheidung der angeklagten Straftat hinreichend verdächtig war, ist für die revisionsrechtliche Prüfung ohne Bedeutung. Prüfungsgegenstand ist allein die (soweit revisionsrechtlich erfaßbar) korrekte Tatsachenfeststellung und richtige Rechtsanwendung durch das erkennende Gericht.


## § 202

¹Bevor das Gericht über die Eröffnung des Hauptverfahrens entscheidet, kann es zur besseren Aufklärung der Sache einzelne Beweiserhebungen anordnen. ²Der Beschluß ist nicht anfechtbar.


**Entstehungsgeschichte.** Die Vorschrift bestimmte ursprünglich in Absatz 1, daß das Gericht eine Ergänzung der Voruntersuchung und bei unmittelbarer Anklageerhebung die Eröffnung einer solchen oder einzelne Beweiserhebungen anordnen könne, zu letzteren erklärte Satz 2 auch den Amtsrichter für befugt. Absatz 2 bestimmte die Unanfechtbarkeit der Entscheidungen. Nach der EmmingerVO regelte Absatz 1 die Ergänzung der Voruntersuchung, Absatz 2 das vom Amtsrichter einzuschlagende Verfahren, falls er eine Voruntersuchung für erforderlich hielt, Absatz 3 die Befugnis zur Anordnung einzelner Beweiserhebungen durch den Amtsrichter und Absatz 4 die Unanfechtbarkeit. Durch Art. 4 des Gesetzes zur Änderung von Vorschriften des Strafverfahrens und des Gerichtsverfassungsgesetzes vom 28. 6. 1935 (RGBl. I 844) wurde die Vorschrift aufgehoben und durch das VereinhG wieder hergestellt; sie bestimmte nun in Absatz 1 die Befugnis zur Anordnung und Ergänzung der Voruntersuchung und zur Anordnung einzelner Beweiserhebungen, die Absätze 2 und 3 entsprachen den Absätzen 3 und 4 nach der EmmingerVO. Mit der Beseitigung der Voruntersuchung erhielt die Vorschrift durch Art. 1 Nr. 62 des 1. StVRG ihre jetzige Fassung. Bezeichnung bis 1924: § 200.

*Übersicht*

## 1. Bedeutung und Reichweite der Vorschrift

**a) Allgemeines.** Die Vorschrift steht in innerem Zusammenhang mit § 155 Abs. 2, **1** § 206 und § 244 Abs. 2; in § 201 Abs. 1 wird die durch sie eingeräumte Befugnis vorausgesetzt. Die Bestimmung macht deutlich, daß auch im Zwischenverfahren die **Instruktionsmaxime** gilt. Ihre Bedeutung liegt darin, daß sie dem eröffnenden Gericht eine Ermittlungskompetenz einräumt, diese zugleich gegenständlich auf das Thema des Eröffnungsverfahrens und umfangmäßig auf einzelne Beweiserhebungen begrenzt und die Anordnungskompetenz dem Gericht als Kollegium zuweist (vgl. aber Rdn. 5). Dagegen sagt die Vorschrift nichts über die Form der Beweisaufnahme (Rdn. 9) sowie über die Art der Durchführung der Anordnung (Rdn. 11 ff), sie schließt auch als solche Ermittlungsbefugnisse der Staatsanwaltschaft nicht aus (Rdn. 6).

**b) Umfang und Notwendigkeit.** Nach Satz 1 sind einzelne Beweiserhebungen zur **2** besseren Aufklärung der Sache *vor* der der Eröffnungsentscheidung möglich. Daraus folgt, daß diese Ermittlungen notwendig und geeignet sein müssen, die Eröffnungsentscheidung zu beeinflussen. Sie sind stets dann geboten, wenn dem Gericht erkennbar ist, daß durch solche Ermittlungen ein bereits bestehender hinreichender Tatverdacht ganz oder teilweise beseitigt werden oder ein noch nicht bestehender begründet werden kann. Dagegen haben sie nicht den Sinn, der Hauptverhandlung vorzugreifen[1]; sie müssen deshalb unterbleiben, wenn sie nur dazu beitragen können, einen bereits bestehenden hinreichenden Verdacht weiter zu verstärken. Sie sind, schon aus verfahrensökonomischen Gründen, auch zu unterlassen, wenn sie nur einen nicht mehr hinreichenden Verdacht noch weiter zerstreuen können. Weitergehende Beweisaufnahmen kommen nur aus Gründen der Beweissicherung in Betracht; sie beruhen dann auf den auch im Zwischenverfahren anwendbaren §§ 223 ff[2]. Doch ist es für die spätere Verwertbarkeit in der Hauptverhandlung unschädlich, wenn sie auf § 202 gestützt waren (BGH VRS **36** 356).

Es muß sich um **einzelne Beweiserhebungen** handeln, also um eine bloße Ergän- **3** zung eines von der Staatsanwaltschaft im Ermittlungsverfahren bereits weitgehend aufgeklärten Sachverhalts. Würde die Ermittlungsanordnung des Gerichts darauf hinauslaufen, daß erhebliche Teile des Ermittlungsverfahrens nachgeholt werden müßten, so

---

[1] *Fezer* 408; *Gössel* § 11 B I; KK-*Treier* 3; *Eb. Schmidt* 2.

[2] RGSt **66** 214; BGH VRS **36** 356; OLG Schleswig SchlHA **1958** 290; KK-*Treier* 8; *Eb. Schmidt* 2.

ist für das Verfahren nach § 202 kein Raum[3]. In solchen Fällen kann bereits der Vorsitzende bei der Vorprüfung der Anklage (§ 201, 5) gegenüber der Staatsanwaltschaft die Rücknahme der Anklage zur Nachholung eines ordnungsgemäßen Ermittlungsverfahrens anregen; kommt die Staatsanwaltschaft dieser Anregung nicht nach, so kommt eine Ablehnung der Eröffnung in Betracht. Werden ausgedehnte und umfangreiche Nachermittlungen mit ungewissem Ausgang erforderlich, so empfiehlt sich stets die Rücknahme der Anklage, die der Staatsanwaltschaft volle Handlungsfreiheit verschafft.

4　　　In diesem Rahmen besteht eine **Verpflichtung** des Gerichts, von den durch § 202 eingeräumten Möglichkeiten Gebrauch zu machen; das folgt aus § 155 Abs. 2 und § 206[4]. Besteht die Möglichkeit, daß der hinreichende Tatverdacht durch einzelne Beweiserhebungen beseitigt werden kann, so darf nicht etwa das Hauptverfahren eröffnet und die Erhebung der Entlastungsbeweise der Hauptverhandlung überlassen bleiben, ebensowenig darf die Eröffnung abgelehnt werden, wenn einzelne Beweiserhebungen die Gewinnung eines hinreichenden Verdachts ermöglichen könnten. Wegen der hierbei anzuwendenden sehr unbestimmten Rechtsbegriffe steht dem Gericht freilich in der Praxis ein breiter Beurteilungsspielraum zu, der wegen der Unanfechtbarkeit der Entscheidung (Satz 2) keiner Überprüfung unterliegt.

5　　　c) **Befugnisse des Vorsitzenden.** Obwohl Satz 1 die Anordnung von Beweiserhebungen dem Gericht vorbehält, schließt er ein Tätigwerden des Vorsitzenden in Ausübung seiner generellen Befugnis zur Verfahrensleitung nicht aus[5]. Jedoch können Anordnungen des Vorsitzenden eine *Verpflichtung* anderer Stellen zu Ermittlungsmaßnahmen (vgl. Rdn. 14) nicht begründen und richterlichen Ermittlungshandlungen keine Grundlage für die Anordnung von Zwangsmaßnahmen verschaffen. Der Vorsitzende kann aber aus eigenem Recht die Heranziehung von Beiakten anordnen (vgl. OLG Frankfurt NJW **1982** 1408), bei der Staatsanwaltschaft oder Polizei ergänzende Ermittlungen anregen oder andere Behörden um Auskünfte bitten. Seine Aufgabe ist es auch, aufgrund einer gerichtlichen Beweisanordnung die etwa weiter erforderlichen Maßnahmen, wie Ersuchensschreiben, zu treffen.

6　　　d) **Ermittlungsbefugnis der Staatsanwaltschaft.** Auch im Zwischenverfahren bleibt die Staatsanwaltschaft zu eigenen Ermittlungshandlungen befugt[6]. Dies ergibt sich zwar nicht unmittelbar aus § 160, aber aus der allgemeinen Stellung der Staatsanwaltschaft (vgl. die Erläuterungen zu § 160). Da die Verfahrensherrschaft mit der Einreichung der Anklage auf das Gericht übergeht, dürfen die staatsanwaltschaftlichen Ermittlungen auf die gerichtliche Tätigkeit nicht störend einwirken (RGSt **60** 263), was etwa dann der Fall wäre, wenn sie bevorstehenden richterlichen Ermittlungshandlungen zuvorkämen. Wenn die Staatsanwaltschaft bei ihrer selbständigen Ermittlungstätigkeit richterliche

---

[3] Vgl. RGSt **76** 255 (allerdings zur Rechtslage ohne Eröffnungsbeschluß); *Eb. Schmidt* 12.

[4] Der gelegentlich geforderten ausdrücklichen gesetzlichen Begründung einer solchen Verpflichtung (*Fezer* 421; *Grünwald* Verh. des 50. DJT 1974, S. C 49; *Römer* Verh. des 50. DJT 1974 S. K 28; Beschl. des 50. DJT, Verh. des 50. DJT 1974 S. K 143) bedarf es nicht.

[5] Im Grundsatz allg. M; vgl. KK-*Treier* 4; KMR-*Paulus* 5, 7; die wohl weitergehenden

Aussagen RGSt **76** 256 beziehen sich auf die Rechtslage ohne Eröffnungsbeschluß.

[6] RGSt **60** 263; OLG Celle GA **59** 367; LG Münster JR **1979** 40; *Gössel* § 11 B II a; *Kleinknecht* MDR **1953** 120; *Kleinknecht/ Meyer* § 162, 16; KK-*Treier* 2; KMR-*Paulus* 2; *Peters* § 58 II 2 b; *G. Schäfer* § 43 I 2; *Schlüchter* 411; *Eb. Schmidt* Nachtr. I 6. Die Frage ist von derjenigen zu unterscheiden, ob die Staatsanwaltschaft verpflichtet ist, gerichtliche Beweisanordnungen auszuführen; vgl. Rdn. 12 ff.

Ermittlungshandlungen für erforderlich hält, muß sie sie als Maßnahmen nach § 202 Satz 1 beim Eröffnungsgericht beantragen, die Zuständigkeit des Ermittlungsrichters nach § 162 besteht grundsätzlich nicht mehr[7]. Nach dem Rechtsgedanken des § 162 Abs. 1 Satz 3 bleibt jedoch der Ermittlungsrichter zuständig, wenn durch das Verfahren nach § 202 der Untersuchungserfolg durch Verzögerung gefährdet werden würde[8].

## 2. Anordnung der Beweiserhebung

**a) Zuständigkeit.** Für die Anordnung ist das Gericht, nicht der Vorsitzende zuständig (vgl. aber Rdn. 5). Im Übernahmeverfahren nach § 40 Abs. 2 JGG kann die Jugendkammer Beweiserhebungen anordnen (OLG Schleswig SchlHA **1958** 291). Die Beweiserhebungen können auf Antrag des Angeschuldigten nach § 201 Abs. 2 Satz 1, auf Anregung oder Antrag der Staatsanwaltschaft oder von Amts wegen angeordnet werden. Der Staatsanwaltschaft sind solche Anträge trotz ihrer eigenen Ermittlungsbefugnis möglich; sie ist auf sie angewiesen, wenn sie richterliche Ermittlungshandlungen für erforderlich hält (Rdn. 6).

**7**

**b) Zeitpunkt.** Die Anordnung sollte regelmäßig erst getroffen werden, wenn dem Angeschuldigten die Anklageschrift mitgeteilt und die Erklärungsfrist abgelaufen ist. Der Angeschuldigte muß Gelegenheit haben, auf den gegen ihn erhobenen Anklagevorwurf auch dadurch einzuwirken, daß er eine beabsichtigte Beweiserhebung in die von ihm gewünschte Richtung lenken kann. Außerdem kann die alsbaldige Beweiserhebung in unökonomischer Weise weitere Maßnahmen erforderlich machen, wenn sich aus den Erklärungen des Angeschuldigten neue Gesichtspunkte ergeben. Zwingend vorgeschrieben ist die vorherige Äußerung des Angeschuldigten nach Mitteilung der Anklageschrift jedoch nicht; eine frühere Anordnung, die in Ausnahmefällen sinnvoll sein kann, ist wirksam und verbindlich[9]. Es können auch mehrere Beweisanordnungen nacheinander ergehen, doch sollte das möglichst wegen der damit verbundenen Verfahrensverzögerung vermieden werden. Eine vorherige Anhörung der Staatsanwaltschaft und des Angeschuldigten zu einer von Amts wegen getroffenen Anordnung ist nicht erforderlich[10]. Die **Befugnis** aus § 202 **endet,** wenn über die Eröffnung des Hauptverfahrens entschieden worden ist[11].

**8**

**c) Form und Inhalt.** Die Anordnung ergeht durch Gerichtsbeschluß, in ihr sind das Beweisthema und möglichst die Beweismittel zu bezeichnen. Da die Ermittlungen im Zwischenverfahren freibeweislich erfolgen (Rdn. 11), braucht sich die Beweiserhebung nicht auf Beweismittel im formellen Sinne zu beschränken, so kommt beispielsweise auch die Vernehmung des Angeschuldigten (OLG Celle MDR **1966** 781) oder die

**9**

---

[7] OLG Stuttgart MDR **1983** 955; LG Coburg MDR **1953** 120 mit zust. Anm. *Kleinknecht*; *Kleinknecht/Meyer* § 162, 16; KK-*Treier* 1; KMR-*Paulus* 3; diese Auffassung dürfte wohl auch BGHSt **27** 253 zugrunde liegen; a. A *Gössel* § 11 B II b; GA **1977** 281; *Eb. Schmidt* Nachtr. I 6. Der Hinweis von *Gössel* und *Eb. Schmidt*, daß bei der Entscheidung nach § 202 das Gericht anders als nach § 162 Abs. 3 auch die Zweckmäßigkeit der beantragten Untersuchungshandlung prüfen dürfe, trifft zwar zu, ist aber die notwendige Folge davon, daß die Staatsanwaltschaft mit der Anklageerhe-

bung die Verfahrensherrschaft aus der Hand gegeben hat.

[8] *Kleinknecht/Meyer* § 162, 16 a.E.; vgl. dazu auch den Sachverhalt in RGSt **66** 213.

[9] OLG Celle MDR **1966** 181 (ohne Einschränkung); *Gössel* § 11 B I; *Kleinknecht/Meyer* 1; KK-*Treier* 6; KMR-*Paulus* 11; *Eb. Schmidt* Nachtr. I 8; a. A LR-*Meyer-Goßner*[23] 7.

[10] KK-*Treier* 7; KMR-*Paulus* 12; *Eb. Schmidt* Nachtr. 1, 17; a. A LR-*Meyer-Goßner*[23] 9.

[11] Ob und wieweit im Hauptverfahren vor der Hauptverhandlung einzelne Beweisaufnahmen zulässig sind, ist umstritten; vgl. Vor § 213, 11 ff; *Meyer-Goßner* NJW **1970** 415.

Peter Rieß

Einholung schriftlicher Auskünfte (BGH NJW **1981** 1052) in Betracht. Die Einholung eines **Rechtsgutachtens** zur Klärung von Rechtsfragen des innerstaatlichen Rechts ist ebenso wie die Vorlage an das Bundesverfassungsgericht nach Art. 100 GG (BVerfGE 4 352) auch im Zwischenverfahren möglich, dabei handelt es sich aber nicht um eine Beweiserhebung nach § 202[12].

**10**      **Beweisverbote** sind auch bei Beweiserhebungen nach § 202 zu **beachten;** eine gesetzlich nicht statthafte Beweiserhebung darf nicht angeordnet werden. So darf keine Maßnahme gegen den sich weigernden Angeschuldigten angeordnet werden, die nur mit seinem Einverständnis zulässig ist (OLG Hamm NJW **1974** 713). Zur Anfechtbarkeit s. Rdn. 17.

### 3. Durchführung der Beweiserhebung

**11**      **a) Allgemeines.** Für die Durchführung der angeordneten Beweiserhebung gilt grundsätzlich **Freibeweis,** da die Beweisergebnisse zur Vorbereitung der Eröffnungsentscheidung bestimmt sind und das eröffnende Gericht hierbei den gesamten Akteninhalt verwenden darf. Die strengbeweislichen Regeln der §§ 244 ff gelten regelmäßig nicht. Richterliche Vernehmungen sind nur dann geboten, wenn eine Verwertung der Beweisergebnisse in der Hauptverhandlung in Betracht kommt oder wenn sie zur Herbeiführung einer wahrheitsgemäßen Aussage (etwa wegen der Vereidigungsmöglichkeit oder wegen der Strafdrohung des § 153 StGB) erforderlich erscheinen. Im übrigen kann die Einholung schriftlicher Äußerungen oder behördlicher Auskünfte ausreichen. Die Befugnis, von allen öffentlichen Behörden nach § 161 Satz 1 Auskünfte zu verlangen, steht nach § 202 auch dem Gericht zu (BVerfGE **57** 250, 282; BGH NJW **1981** 1052).

**12**      Aus dem Gesetzeswortlaut ergibt sich **nicht,** daß das **Gericht** die Beweisaufnahme regelmäßig **selbst durchführen** müsse, er deutet eher auf das Gegenteil hin. Denn Satz 1 spricht nicht davon, daß das Gericht einzelne Beweise erheben könne, sondern ermächtigt es, sie *anzuordnen,* was den Schluß zuläßt, daß nach der Vorstellung des Gesetzgebers die Durchführung anderen Stellen überlassen werden kann (einschränkender OLG Kassel GA **40** [1892] 357). Um eine der Vollstreckung bedürftige gerichtliche Entscheidung, die nach § 36 Abs. 2 der Staatsanwaltschaft zur weiteren Veranlassung zu übergeben ist, handelt es sich dabei allerdings nicht[13]. Nach allgemeiner Meinung ist die Staatsanwaltschaft *befugt,* die vom Gericht angeordneten Beweiserhebungen entweder selbst vorzunehmen oder durch die Polizei vornehmen zu lassen[14]. Ob sie dazu auch *verpflichtet* ist, ist umstritten[15], wobei sich sowohl die Befürworter als auch die Gegner auf die der Staatsanwaltschaft nach § 160 obliegende Pflicht zur Sachverhaltserforschung stützen. Richtigerweise handelt es sich jedoch bei der Inanspruchnahme anderer Behörden

---

[12] Zum Rechtsgutachten OLG Celle JZ **1954** 200; KMR-*Paulus* 13; *Eb. Schmidt* I 377 Fußn. 94 mit weit. Nachw.; **a. A** *Peters* JZ **1954** 182. Ob das weitere Verfahren des OLG Celle, das die Beschwerde für zulässig hielt und die Anordnung aufhob, richtig war, ist zweifelhaft; vgl. dazu *Peters* aaO 184.

[13] OLG Celle GA **59** (1912) 366; OLG Kassel GA **40** (1892) 357; KG JR **1966** 231; OLG München *Alsb.* E 1 88; *Kleinknecht*[35] 3; KMR-*Paulus* 16; *Eb. Schmidt* Nachtr. I 14.

[14] In der Justizpraxis kommt sie solchen Ersuchen regelmäßig nach.

[15] **Bejahend** OLG Celle GA **59** (1912) 365; LG Münster JR **1979** 40 mit zust. Anm. *Peters*; KMR-*Paulus* 16 (mit Einschränkungen); *Peters* § 23 III 1, § 58 II 2 b; *Roxin* § 40 B II 2; **verneinend** KG JR **1966** 230 mit Anm. *Kleinknecht*; JR **1967** 69; *Alsberg/Nüse/Meyer* 346; KK-*Treier* 8; *Kleinknecht/Meyer* 3; LR-*Meyer-Goßner*[23] 14; *K. Schäfer* Erläuterungen zu § 150 GVG; *Schlüchter* 411; *Eb. Schmidt* 12. *G. Schäfer* § 43 I 2 empfiehlt jedenfalls aus Gründen der Optik, die Staatsanwaltschaft nicht zu beauftragen.

zur Durchführung von Beweisanordnungen um **Amtshilfe,** so daß für die Verpflichtung zum Tätigwerden die hierfür geltenden Grundsätze maßgebend sind[16].

b) **Richterliche Untersuchungshandlungen** können durch einen ersuchten Richter **13** im Wege der Rechtshilfe, im Eröffnungsverfahren vor dem Amtsgericht durch den Richter des Amtsgerichts (§ 30 Abs. 2 GVG), im Eröffnungsverfahren vor der Strafkammer und dem Oberlandesgericht im ersten Rechtszug auch durch einen beauftragten Richter oder alle Mitglieder der beschließenden Kammer[17] durchgeführt werden. Bei der Vernehmung des Angeschuldigten, von Zeugen und Sachverständigen und bei Augenscheinseinnahmen gelten die §§ 168 c, 168 d entsprechend. Der Auffassung, daß die §§ 223 ff anzuwenden seien[18], ist entgegenzuhalten, daß es sich hier nicht um einen vorweggenommenen Teil der Hauptverhandlung, sondern um eine noch dem Ermittlungsverfahren zugehörige richterliche Untersuchungshandlung handelt. Über die Vereidigung ist nach den §§ 65, 66 b zu entscheiden. Lediglich dann, wenn bereits vor der Eröffnung des Hauptverfahrens eine kommissarische Vernehmung mit dem Ziel der späteren Verwendung in der Hauptverhandlung angeordnet wird (Rdn. 2 a. E.), sind die §§ 223 ff zu beachten. Wird bei der richterlichen Vernehmung gegen die Benachrichtigungspflichten verstoßen, so dürfen die Protokolle in der Hauptverhandlung nicht gegen den Widerspruch des Angeklagten verwertet werden (BGH bei *Holtz* MDR **1977** 461); im übrigen handelt es sich um nach den allgemeinen Grundsätzen verlesbare richterliche Protokolle (RGSt **66** 213; BGH VRS **36** 356).

c) **Beweisaufnahmen durch die Staatsanwaltschaft und Polizei.** Staatsanwaltschaft **14** und Polizei sind stets *berechtigt,* einzelne Beweiserhebungen aufgrund einer Anordnung des Gerichts oder eines bloßen Ersuchens des Vorsitzenden vorzunehmen. Eine **Verpflichtung** hierzu[19] besteht nur dann, wenn ein Gerichtsbeschluß nach § 202 Satz 1 ergangen ist und wenn nach allgemeinen Grundsätzen Amtshilfe verlangt werden kann. Das ist immer dann der Fall, wenn das Gericht die angeordneten Ermittlungsmaßnahmen aus tatsächlichen Gründen nicht oder nur mit wesentlich größerem Aufwand durchführen könnte als Polizei oder Staatsanwaltschaft, sofern nicht, was praktisch kaum vorkommen wird, durch die erbetene Amtshilfe deren Aufgabenerfüllung ernsthaft gefährdet würde[20]. Dabei kann sich die um Ermittlungen gebetene Staatsanwaltschaft ihrerseits stets der Polizei bedienen (§ 161 Satz 2; § 152 GVG), doch kann das Gericht sich auch unmittelbar an die Polizei wenden[21].

Eine **Verpflichtung** der Staatsanwaltschaft oder Polizei wird daher regelmäßig **zu 15 bejahen** sein, wenn zur Durchführung der angeordneten Beweisaufnahme kriminaltechnische Untersuchungen, Ermittlungen nach der Identität bestimmter Beweispersonen

---

[16] Nicht unmittelbar anwendbar sind die positivrechtlichen Amtshilfevorschriften nach §§ 4 ff VwVfG (vgl. § 2 Abs. 2 Nr. 2 VwVfG).

[17] Die für das Hauptverfahren umstrittene Frage, ob alle drei richterlichen Mitglieder zu beauftragten Richtern bestellt werden können (§ 223, 28), stellt sich hier nicht; eine Ermittlungshandlung durch alle Mitglieder der beschließenden Kammer ist keine solche durch beauftragte Richter.

[18] *Alsberg/Nüse/Meyer* 346; *Kleinknecht/Meyer* 3; KMR-*Paulus* 15; LR-*Meyer-Goßner*[23] 13; RGSt **66** 214; BGH VRS **36** 356; OLG Schleswig SchlHA **1958** 290 betreffen nicht

den Fall der Beweiserhebung nach § 202; ein sachlicher Unterschied besteht nur insoweit, als 168 c Abs. 3 gegenüber § 224 weitergehende Möglichkeiten bietet, den Angeschuldigten von der Anwesenheit bei Zeugenvernehmungen auszuschließen.

[19] Zum Streitstand vgl. oben Fußn. 15.

[20] Vgl. § 5 Abs. 1 Nr. 2 und 5, Abs. 3 VwVfG, der insoweit nur allgemeine Amtshilfegrundsätze enthält.

[21] **A. A** OLG Celle GA **59** (1912) 366; LG Münster JR **1979** 40; KMR-*Paulus* 17; die den Gesichtspunkt der Amtshilfe außer Betracht lassen.

Peter Rieß

oder Fahnungsmaßnahmen erforderlich sind, oder wenn anderen aus den Akten ersichtlichen Hinweisen durch eine gezielte Ermittlungstätigkeit nachgegangen werden muß;
solche Nachforschungen sind nicht Aufgabe des Gerichts. Zeugenvernehmungen sind
insbesondere dann einfacher durch die Polizei möglich, wenn sie ortsnah erfolgen können.

**16**  **4. Mitteilung des Ergebnisses der Beweiserhebungen.** Vor der Entscheidung über
die Eröffnung des Hauptverfahrens ist der Staatsanwaltschaft (§ 33 Abs. 2) und dem Angeschuldigten (§ 33 Abs. 3) zu den Ergebnissen der Beweiserhebung rechtliches Gehör
zu gewähren. Gegenüber der Staatsanwaltschaft geschieht dies durch Vorlage der
Akten; sie ist entbehrlich, wenn die Staatsanwaltschaft die Beweiserhebungen durchgeführt oder vermittelt hat. Dem Angeschuldigten wird das Ergebnis mitgeteilt (§ 33, 33);
dabei wird zweckmäßigerweise eine Äußerungsfrist gesetzt. Werden aufgrund der Mitteilung vom Angeschuldigten weitere Beweiserhebungen beantragt oder nunmehr Einwendungen gegen die Eröffnung des Hauptverfahrens erhoben, so ist darüber nach
§ 201 zu entscheiden. Die Staatsanwaltschaft kann aufgrund des Beweisergebnisses die
Anklage gänzlich zurücknehmen oder nach Rücknahme in geänderter Form neu erheben.

**5. Anfechtbarkeit**

**17**  **a) Beschwerde.** Der Beweisanordnungsbeschluß ist nach Satz 2 **unanfechtbar;** gleiches gilt für die Ablehnung beantragter Beweiserhebungen (§ 201 Abs. 2 Satz 1)[22]. Die
(einfache) **Beschwerde** nach § 304 ist jedoch **gegeben,** wenn die vom Gericht angeordnete Beweisaufnahme unzulässig ist[23] oder soweit bei der Beweisaufnahme gesetzwidrig verfahren wird. Zu weit geht jedoch die häufig gebrauchte Formulierung, die Unanfechtbarkeit entfalle, wenn das Gericht die ihm in Satz 1 gesetzten Grenzen überschritten habe.

**18**  **b) Revision.** Auf bloße Fehler bei der Anwendung des § 202 kann die Revision
nicht gestützt werden, namentlich nicht darauf, daß das Gericht zur Vermeidung einer
positiven Eröffnungsentscheidung einzelne Entlastungsbeweise hätte erheben müssen
(§ 202 Satz 2, § 210 Abs. 1 in Vbdg. mit § 336 Satz 2). Mit der Revision können jedoch
Verstöße gegen zwingende Beweisaufnahmevorschriften im Verfahren nach § 202 geltend gemacht werden, wenn sich diese Verstöße auf die Beweisaufnahme in der Hauptverhandlung ausgewirkt haben, so etwa, wenn in der Hauptverhandlung im Zwischenverfahren zustande gekommene richterliche Vernehmungsniederschriften verlesen werden, bei denen die maßgeblichen Benachrichtigungsvorschriften verletzt worden sind
(BGH bei *Holtz* MDR **1977** 461).

# § 203

**Das Gericht beschließt die Eröffnung des Hauptverfahrens, wenn nach den Ergebnis-
sen des vorbereitenden Verfahrens der Angeschuldigte einer Straftat hinreichend verdächtig erscheint.**

---

[22] Die Unanfechtbarkeit ergibt sich nicht aus
§ 305, da es sich noch nicht um ein erkennendes Gericht handelt; RGSt **43** 181; OLG
Schleswig SchlHA **1958** 290.
[23] OLG Celle JZ **1954** 199; OLG Hamm

NJW **1974** 713; *Giesler* Der Ausschluß der
Beschwerde gegen richterliche Entscheidungen in Strafverfahren (1981), 249;
KK-*Treier* 9; KMR-*Paulus* 20; *Peters* JZ
**1954** 183; *Eb. Schmidt* 15.

**Schrifttum.** *Kühne* Die Definition des Verdachts als Voraussetzung strafprozessualer Zwangsmaßnahmen, NJW **1979** 617; *Lüttger* Der genügende Anlaß zur Erhebung der öffentlichen Klage, GA **1957** 193.

**Entstehungsgeschichte.** Die Vorschrift enthielt ursprünglich nach den Worten „des Hauptverfahrens" noch die Worte „wenn nach den Ergebnissen der Voruntersuchung oder, falls eine solche nicht stattgefunden hat", die durch Art. 1 Nr. 63 des 1. StVRG bei der Abschaffung der gerichtlichen Voruntersuchung gestrichen wurden. Das Wort „Straftat" trat erst durch Art. 21 Nr. 58 EGStGB 1974 an die Stelle der früheren Bezeichnung „strafbare Handlung". Im übrigen ist die Bestimmung seit dem Inkrafttreten der StPO unverändert. Lediglich während der Beseitigung des Eröffnungsbeschlusses von 1942 bis 1950 trat an ihre Stelle der damalige §202 (vgl. die Entstehungsgeschichte Vor §198). Bezeichnung bis 1924: §201.

*Übersicht*

**1. Bedeutung und Reichweite der Vorschrift.** Die Vorschrift bestimmt mit den **1** Worten „einer Straftat hinreichend verdächtig" die gesetzliche Voraussetzung, von der es abhängt, ob das Hauptverfahren zu eröffnen ist (sog. **hinreichender Tatverdacht**). Inzident ergibt sich daraus zugleich, daß bei Verneinung dieser Voraussetzung die Eröffnung des Hauptverfahrens abzulehnen ist (KMR-*Paulus* 1); für diesen ablehnenden Beschluß gibt §204 ergänzende Regelungen über seine Begründung und Bekanntmachung. Daß im Normalverfahren überhaupt eine Eröffnungsentscheidung erforderlich ist, bestimmt §199 Abs. 1; den näheren Inhalt des positiven Eröffnungsbeschlusses regelt §207. Zur Bedeutung des Eröffnungsbeschlusses für das weitere Verfahren sowie die Konsequenzen eines fehlenden oder fehlerhaften Eröffnungsbeschlusses s. im einzelnen die Erl. zu §207.

Der hier erwähnte hinreichende Tatverdacht entspricht in Hinblick auf die Verur- **2** teilungsprognose dem „genügenden Anlaß" zur Erhebung der öffentlichen Klage im Sinne des §170 Abs. 1 (vgl. die dortigen Erläuterungen) und ist auch für **andere gerichtliche Verfahren** maßgebend, die nicht durch die mit einem Antrag auf Eröffnung des Hauptverfahrens verbundene Erhebung der öffentlichen Klage eingeleitet werden. Im **Privatklageverfahren** ist der hinreichende Tatverdacht aufgrund der Privatklageschrift zu prüfen und Voraussetzung für die Eröffnung des Verfahrens (vgl. §383 und die dortigen Erl.; zur Übernahme der Privatklage durch die Staatsanwaltschaft vor Eröffnung s. die Erl. zu §377). Auch die Zulassung einer **Nachtragsanklage** nach §266 setzt einen hinreichenden Tatverdacht voraus[1]. Bei einer Anklage im **beschleunigten Verfahren**

---

[1] *Lüttger* 206; vgl. die Erl. zu §266; zur Frage, ob eine Nachtragsanklage im Sinne der §§ 204, 211 bei Fehlen eines hinreichenden Tatverdachts abgelehnt werden kann, bejahend *Hilger* JR **1983** 441; verneinend *Meyer-Goßner* JR **1984** 53.

Peter Rieß

nach den §§ 212 ff ist (nach allerdings umstrittener Auffassung) der hinreichende Tatverdacht zu prüfen (§ 212 a, 9) und bei negativem Ergebnis die Aburteilung im beschleunigten Verfahren mangels Eignung abzulehnen (§ 212 a, 17). Ebenso ist im vereinfachten Jugendverfahren nach den §§ 76 ff JGG zu verfahren[2]. Auch im **Strafbefehlsverfahren** ist der hinreichende Tatverdacht vorrangig zu prüfen; wird er verneint, so darf weder ein Strafbefehl ergehen, noch ist nach § 408 Abs. 2 Satz 2 Hauptverhandlung anzuberaumen, vielmehr ist in einem solchen Fall analog § 204 mit der Rechtskraftwirkung des § 211 der Erlaß des Strafbefehls abzulehnen[3].

3      Im **Sicherungsverfahren** nach den §§ 413 ff entspricht dem hinreichenden Tatverdacht die nach den gleichen Maßstäben zu beurteilende Wahrscheinlichkeit der Anordnung von Maßregeln der Besserung und Sicherung[4]; im objektiven Verfahren nach § 440 die Wahrscheinlichkeit der Einziehung (*Lüttger* 210).

4      **2. Keine Entscheidung über die Eröffnung des Hauptverfahrens** unter Prüfung des hinreichenden Tatverdachts ergeht, wenn das Gericht im Eröffnungsverfahren nach den §§ 153 ff das Verfahren einstellt (zu den Fällen s. Vor § 198, 7) und solange es nach den §§ 205, 262 Abs. 2 und § 37 BtMG das Verfahren vorläufig einstellt. Auch die vorläufige Einstellung unter Auferlegung von Auflagen und Weisungen nach § 153 a setzt keine förmliche Entscheidung über den hinreichenden Tatverdacht voraus; sie darf allerdings nur erfolgen, wenn das Gericht den Angeschuldigten materiell für mindestens hinreichend verdächtig hält (vgl. die Erl. zu § 153 a). Nimmt die Staatsanwaltschaft die Anklage zurück (§ 156), so kommt eine Entscheidung über die Eröffnung nicht mehr in Betracht.

5      **3. Entscheidungsgrundlagen.** Grundlage für die Entscheidung, ob hinreichender Tatverdacht besteht, sind die Ergebnisse des vorbereitenden Verfahrens, also die gesamten, in den mit der Anklage dem Gericht vorzulegenden Akten (§ 199, 7 ff) dokumentierten Ergebnisse des Ermittlungsverfahrens, nicht nur die in der Anklageschrift bezeichneten Tatsachen und Beweismittel[5], ggf. einschließlich der Ergebnisse nach § 202 vorgenommener Ermittlungen sowie der Ausführungen des Angeschuldigten in seiner Stellungnahme zur Anklageschrift. Ergibt sich aus diesem Material bei zweifelhafter Verdachtslage noch eine Aufklärungsmöglichkeit, so ist von ihr unter Anwendung des § 202 Gebrauch zu machen (§ 202, 4; OLG Kiel GA **42** [1894] 149). Zweifel an der **Verfassungsmäßigkeit** entscheidungserheblicher Rechtsnormen sind schon im Eröffnungsverfahren zu klären und, wenn sie zur Annahme der Verfassungswidrigkeit führen, schon vor der Eröffnungsentscheidung nach Art. 100 Abs. 1 GG dem BVerfG zu unterbreiten[6]. Nur wenn sich die Entscheidungsrelevanz der für verfassungswidrig gehaltenen Normen aus tatsächlichen Gründen erst in der Hauptverhandlung klären läßt, kann die Vorlageentscheidung dem Hauptverfahren vorbehalten werden.

**4. Entscheidungsmaßstab (Hinreichender Tatverdacht)**

6      **a) Begriff des hinreichenden Tatverdachts.** Eine nähere Bestimmung, was unter „einer Straftat hinreichend verdächtig" zu verstehen ist, enthält das Gesetz nicht. Aus der Formulierung „*einer* Straftat" läßt sich allerdings in Verbindung mit § 206 entneh-

---

[2] *Eisenberg* §§ 76 bis 78, 14; KMR-*Paulus* 4; *Lüttger* 208; teilw. a. A *Brunner* § 78, 11 ff.

[3] Vgl. die Erl. zu § 408; der StVÄGE 1984 schlägt in Art. 1 Nr. 30 eine dies klarstellende Neufassung vor.

[4] BGHSt **22** 4; KMR-*Paulus* 3; *Lüttger* 210; *Peters* § 51 II 1.

[5] *Kleinknecht/Meyer* 1; KMR-*Paulus* 7; *Rieß* NStZ **1983** 247.

[6] BVerfGE **4** 355; **22** 41; **47** 114; **54** 50; zur Zulässigkeit der Verfassungsbeschwerde des Angeklagten gegen den Eröffnungsbeschluß s. § 210, 9.

men, daß die angeklagte prozessuale Tat (vgl. § 155 Abs. 2) unter jedem denkbaren rechtlichen Gesichtspunkt zu würdigen ist, auch unter dem einer Ordnungswidrigkeit (§ 82 OWiG). Es kommt also nicht darauf an, ob der Angeschuldigte gerade des Delikts verdächtig ist, das die Staatsanwaltschaft in der Anklageschrift bezeichnet hat (*Eb. Schmidt* 10). Die Verwendung des Wortes „hinreichend" im Zusammenhang mit dem Verdacht macht deutlich, daß dieser in Beziehung zu einem anderen Ereignis zu setzen ist. Schließlich ist auch unbestritten, daß mit dem Begriff des Verdachts, wie ihn die StPO verwendet, eine überzufällige Wahrscheinlichkeit (dazu näher *Kühne* Verdacht 622) beschrieben wird, die eine tatsächliche Grundlage haben muß, was hier durch die Verknüpfung mit den Ergebnissen des Ermittlungsverfahrens noch hervorgehoben wird (vgl. §§ 160 Abs. 1, 170 Abs. 1). Im übrigen besteht in Schrifttum und Rechtsprechung sowohl in terminologischer als auch in sachlicher Hinsicht Unsicherheit. Sachlich ist namentlich umstritten, welchen Grad an Stärke die mit dem Wort „verdächtig" umschriebene Wahrscheinlichkeit haben und worauf sie sich beziehen muß; terminologisch ist unklar, ob die in der Vorschrift allein genannte Voraussetzung des hinreichenden Tatverdachts alle dem Gericht bei der Eröffnungsentscheidung obliegenden Prüfungen und Überlegungen umfaßt[7] oder ob damit nur der Teilbereich der Bewertung der Beweisführung im Tatsächlichen gemeint ist[8].

In der terminologischen Frage, von der freilich sachliche Entscheidungen nicht **7** abhängig gemacht werden dürfen, dürfte der Auffassung der Vorzug zu geben sein, den Begriff des **hinreichenden Tatverdachts umfassend** zu verstehen, also als die Summe aller derjenigen Urteile und Entscheidungsvoraussetzungen, die das eröffnende Gericht vor einer positiven Entscheidung bejahen muß. Dabei wird in Kauf genommen, daß der hinreichende Tatverdacht nicht allen Punkten lediglich ein auf Tatsachen bezogenes Wahrscheinlichkeitsurteil zum Ausdruck bringt, sondern teilweise, etwa in Rechtsfragen, eine Richtigkeitsüberzeugung erfordert. Die Gegenauffassung wäre angesichts des Schweigens des Gesetzes genötigt, anzunehmen, daß § 203 nur einen Teil der zur Eröffnungsentscheidung erforderlichen Voraussetzungen bezeichnet (so ausdrücklich *v. Kries* 513 Fußn. 1), was der Verständigung nicht dienlich erscheint.

In sachlicher Hinsicht führt angesichts der Unergiebigkeit des Wortlauts nur eine **8** **teleologische Auslegung** des hinreichenden Tatverdachts weiter, die einerseits die Funktion des Eröffnungsverfahrens, die Zurückweisung ungerechtfertigter Anklagen zu bewirken (Vor § 198, 11), andererseits die Aufgabe der Hauptverhandlung berücksichtigt, dem entscheidenden Gericht nach den Grundsätzen der Mündlichkeit und Unmittelbarkeit und mit den Mitteln des Strengbeweises eine Überzeugungsbildung in *tatsächlicher Hinsicht* zu ermöglichen. Die nach der gesetzlichen Grundentscheidung überlegene Erkenntnisqualität der Hauptverhandlung bezieht sich nur auf die tatsächlichen Grundlagen der gerichtlichen Entscheidung. Insoweit ist es zutreffend, für die Eröffnungsentscheidung von einer „vorläufigen Tatbewertung" zu sprechen, die sich aufgrund der Hauptverhandlung als unzulänglich oder falsch erweisen kann[9], so daß in

---

[7] So z. B. *Gössel* § 12 A I a; *v. Hippel* 501; KMR-*Paulus* 7 ff; *Kühne* 319; *Peters* § 51 II 1; *Rüping* 103; *G. Schäfer* § 34 II 1; *Schlüchter* 401; wohl auch *Beling* 363 Fußn. 4; auch dem in Art. 1 Nr. 30 StVÄGE 1984 vorgeschlagenen neuen § 408 Abs. 2 liegt, wie die Begründung S. 35 zeigt, diese Terminologie zugrunde.

[8] So z. B. LR-*Meyer-Goßner*[23] 8; 13; *Burchardi/Klempahn/ Wetterich* 445; *Henkel* 320; *v. Kries* 513; *Roxin* § 40 II 2 c; wohl auch *Gerland* 335; die Auffassung kann sich auf die Motive (*Hahn* 170 f) stützen.

[9] BGHSt **22** 306; diese Formel übernehmend z. B. BayObLG NStZ **1983** 123; LG München I StrVert. **1982** 120; auch das Schrifttum folgt ihr weitgehend.

Peter Rieß

bezug auf die tatsächliche Seite des Straffalles die Beurteilung im Eröffnungsverfahren aufgrund des Akteninhalts sich immer nur als eine Wahrscheinlichkeit darstellen kann. Diese Überlegenheit der Hauptverhandlung existiert jedoch nicht in bezug auf die Beantwortung von Rechtsfragen, und sie ist kraft gesetzlicher Regelung für solche tatsächlichen Grundlagen irrelevant, bei denen ausdrücklich die Entscheidung auf rein schriftlicher Erkenntnisgrundlage im Wege des Freibeweises zugelassen ist; dazu gehören nach gesetzlicher Regelung (§ 206 a) namentlich die Prozeßvoraussetzungen. Es ist deshalb in bezug auf *diese* Umstände vom Zweck der Hauptverhandlung her nicht gefordert und würde nicht der Filterfunktion des Eröffnungsverfahrens entsprechen, die Anklage schon bei der bloßen Wahrscheinlichkeit einer positiven Antwort zuzulassen; hier ist vielmehr Sicherheit zu verlangen (KMR-*Paulus* 7). Anderes kann nur gelten, wenn die Vorläufigkeit einer rechtlichen Bewertung sich daraus ergibt, daß ihre tatsächlichen Grundlagen sich in der Hauptverhandlung verändern können[10].

**9**    Ferner ergibt sich aus dem **prozessualen Zweck** des auf Aburteilung eines Tatverdächtigen zielenden Strafverfahrens und aus der Funktion des Eröffnungsverfahrens, freispruchsreife Sachen vom Hauptverfahren fernzuhalten, daß es trotz der Worte „einer Straftat ... verdächtig" nicht allein auf die materiell-strafrechtliche Beurteilung ankommt. Es muß zwar zunächst die Wahrscheinlichkeit bestehen, daß eine Straftat vom Angeschuldigten begangen wurde. Darüber hinaus muß aber auch wahrscheinlich sein, daß mit den Beweismitteln und Erkenntnismöglichkeiten der Hauptverhandlung eine Verurteilung wegen der Straftat möglich ist. Die Vorschrift stellt daher auf **Verurteilungswahrscheinlichkeit** ab[11].

**10**    Für die **Struktur** der komplexen Eröffnungsvoraussetzung des **hinreichenden Tatverdachts** ergibt sich hieraus folgendes: Hinreichender Tatverdacht besteht, wenn eine Verurteilung wahrscheinlich ist. Dies ist der Fall, wenn (1) die Ergebnisse des vorbereitenden Verfahrens (Rdn. 5) in tatsächlicher Hinsicht wahrscheinlich (zum Wahrscheinlichkeitsgrad s. Rdn. 11 f) und (2) mit den Mitteln des Strengbeweises in der Hauptverhandlung nach den für diese geltenden Beweisregeln wahrscheinlich beweisbar sind, (3) diese in rechtlicher Hinsicht eine Strafbarkeit des Angeschuldigten begründen würden und (4) die Prozeßvoraussetzungen (das Fehlen von Prozeßhindernissen) in tatsächlicher und rechtlicher Hinsicht gegeben sind. Die Wahrscheinlichkeitsfrage stellt sich demnach nur in bezug auf die für die Anwendung des materiellen Strafrechts relevanten tatsächlichen Umstände und setzt sich *insoweit* aus einer Summe von Wahrscheinlichkeitsurteilen zusammen (OLG Celle NJW **1963** 1886; KMR-*Paulus* 8).

**11**    b) **Wahrscheinlichkeit der tatsächlichen Grundlagen des hinreichenden Tatverdachts.** Die in der Hauptverhandlung zu erweisenden Tatsachen, aus denen sich die Strafbarkeit des Angeschuldigten ergeben soll, müssen unter Zugrundelegung des gesamten Akteninhalts für das eröffnende Gericht wahrscheinlich sein. Dieses Wahrscheinlichkeitsurteil läßt seiner Natur nach die Möglichkeit von Zweifeln offen, so daß für die *unmittelbare* Anwendung des Grundsatzes „in dubio pro reo" im Eröffnungsverfahren kein Raum ist (vgl. aber Rdn. 14). Umstritten ist der **Wahrscheinlichkeitsgrad,**

---

[10] Ähnlich wohl auch *v. Hippel* 501 und im Anschluß an ihn *Eb. Schmidt* 10, nach denen hinreichender Tatverdacht besteht, wenn eine Verurteilung als so ernsthaft möglich erscheint, daß es einer Entscheidung *durch* Hauptverhandlung *bedarf*, wobei allerdings offenbleibt, *wann* es einer solchen Entscheidung bedarf.

[11] Ebenso z. B. *Gössel* § 12 A I b; KK-*Treier* 5; KMR-*Paulus* 7; *Lüttger* 198; *G. Schäfer* § 43 II 1; *Eb. Schmidt* 10.

insbesondere, ob eine „einfache" Wahrscheinlichkeit genügt[12] oder ob ein höherer Wahrscheinlichkeitsgrad zu verlangen ist, wie er etwa im Haftrecht mit dem Begriff des dringenden Tatverdachts zum Ausdruck gebracht wird[13]. Daß die Eröffnung des Hauptverfahrens schon zu beschließen sei, wenn die Verurteilung nicht gänzlich unwahrscheinlich ist[14], wird heute nicht mehr vertreten und wäre mit der Filterfunktion des Eröffnungsverfahrens auch nicht in Einklang zu bringen. Die Rechtsprechung dürfte, wie die verhältnismäßig niedrige Freispruchsquote[15] zeigt, den insoweit unbestimmten Rechtsbegriff[16] des hinreichenden Verdachts trotz des verbalen Bekenntnisses zur einfachen Wahrscheinlichkeit eher im Sinne des dringenden Tatverdachts interpretieren.

Entgegen der überwiegenden Meinung der Literatur und der sich zum Verdachts- **12** grad ausdrücklich äußernden (spärlichen) Rechtsprechung, die den hinreichenden Tatverdacht mit der einfachen Wahrscheinlichkeit gleichsetzt, spricht wohl mehr dafür, die gleich hohe tatsächliche Wahrscheinlichkeit zu verlangen, die von der StPO mit dringender Tatverdacht bezeichnet wird, und unter hinreichendem Verdacht den am **Ende des Ermittlungsverfahrens** stehenden **dringenden Verdacht** zu verstehen (*Kühne* NJW **1979** 622). Dafür spricht einmal die Filteraufgabe des Eröffnungsverfahrens, im Interesse der Verfahrensökonomie und der Schonung des Angeschuldigten Hauptverhandlungen möglichst zu vermeiden, bei denen keine Verurteilung erwartet werden kann. Gestützt wird diese Auffassung auch durch das Haftrecht, nach dem der dringende Tatverdacht stets und damit auch bei und nach Eröffnung des Hauptverfahrens Voraussetzung der Aufrechterhaltung der Untersuchungshaft ist. Vom Standpunkt der herrschenden Ansicht her, daß der hinreichende Verdacht nicht dringend zu sein brauche, könnte sich für das eröffnende Gericht bei der bei Erlaß des Eröffnungsbeschlusses notwendigen Prüfung der Haftvoraussetzungen (§ 207 Abs. 4) die eigenartige Lage ergeben, daß es in *einem* Beschluß die Eröffnung des Hauptverfahrens anordnen und damit zum Ausdruck bringen müßte, daß eine Hauptverhandlung stattfinden soll, gleichzeitig aber selbst bei nahezu sicherer Fluchtgewißheit den Haftbefehl mangels dringenden Tatverdachts aufzuheben gezwungen wäre, und damit in Kauf nehmen müßte, daß die Hauptverhandlung aller Voraussicht nach nicht stattfinden kann. Der Gleichsetzung des dringenden mit dem hinreichenden Tatverdacht steht auch nicht entgegen, daß der Gesetzgeber in § 138 a Abs. 1 den dringenden und den die Eröffnung des Hauptverfahrens

---

[12] So z. B. BGH NJW **1970** 1544 (Zivilsenat); BayObLG NStZ **1983** 123; LG München I StrVert. **1982** 120; *Feisenberger* § 112, 3; *Gössel* § 12 A I a; *Henkel* 310; KK-*Treier* 5; *Lüttger* 196; *Nagler* 362; *Peters* § 47 A II 2 a, § 51 II 1; *Rüping* 103; *G. Schäfer* § 34 I 1; § 43 II 2; *Schlüchter* 400; wohl auch *Beling* 362.

[13] So *Kühne* 196 und NJW **1979** 622; wohl auch (überwiegende Wahrscheinlichkeit) *v. Kries* 512; *Roxin* § 40 C II 1; zweifelnd *Loos* JuS **1979** 702.

[14] So die gesetzliche Voraussetzung während der Zeit ohne Eröffnungsbeschluß; vgl. Entstehungsgeschichte Vor § 198.

[15] In den letzten Jahren etwa 4 % aller Aburteilungen gegenüber rund 80 % Verurteilungen; vgl. *Rieß* DRiZ **1982** 211.

[16] Vgl. BGH NJW **1970** 1563; *Bloy* GA **1980** 162; *Gössel* § 12 A I b, KMR-*Paulus* 9; *Sailer* NJW **1977** 1138. Uneingeschränkte Zustimmung verdient diese Auffassung allerdings nur, soweit sie darauf hinweist, daß die Eröffnungsentscheidung (und die entsprechende Entscheidung über die Anklageerhebung nach § 170 Abs. 1) in keinem Punkt eine *Ermessensentscheidung* darstellt (a. A. *Lüttger* 203 – wohl von einem anderen Ermessensbegriff aus). Sofern sie auf den Beurteilungsspielraum des unbestimmten Rechtsbegriffs hinweist, kann sich dies, entgegen teilweise weitergehenden Fassungen (insbesondere BGH aaO) nur auf die Wahrscheinlichkeitsbeurteilung der tatsächlichen Grundlagen beziehen.

Peter Rieß

rechtfertigenden (hinreichenden) Verdacht selbständig nebeneinandergestellt hat, denn diese Formulierung läßt sich auch dahin verstehen, daß der Verteidigerausschluß auch schon bei einer noch nicht anklagereif durchermittelten Sache bei dringendem Verdacht zulässig sein soll.

**13**      **Dringender Verdacht** in diesem Sinne **entfällt** allerdings **nicht** schon deshalb, weil über solche Tatsachen noch (auch erhebliche) Zweifel bestehen, für die gerade die besseren Aufklärungsmöglichkeiten der Hauptverhandlung unerläßlich sind, so etwa, wenn es auf die Konfrontation der Einlassung des Angeklagten mit Zeugenaussagen oder auf den persönlichen Eindruck des erkennenden Gerichts wegen der Glaubwürdigkeit entscheidend ankommt (*Loos* JuS **1979** 702).

**14**      c) **Wahrscheinlichkeit der Beweisbarkeit.** Da der hinreichende Verdacht im Sinne des § 203 nicht allein als materieller Tatverdacht, sondern auch als prozessualer „Verurteilungsverdacht" zu interpretieren ist (KMR-*Paulus* 7), bedarf es zusätzlich zu der (hohen) Wahrscheinlichkeit, daß die die Strafbarkeit begründenden Tatsachen der Wirklichkeit entsprechen, auch der Wahrscheinlichkeit, daß es mit den prozessual zulässigen Mitteln auch gelingen werde, sie zur Überzeugung des erkennenden Gerichts zu beweisen: zum retrospektiven Wahrscheinlichkeitsurteil muß eine prozessuale Beweisbarkeitsprognose treten (KMR-*Paulus* 8)[17]. In diesem Zusammenhang ist auch der Grundsatz „in dubio pro reo" mittelbar von Bedeutung. Ist nicht zu erwarten, daß tatsächliche Zweifel aufgrund der Hauptverhandlung überwunden werden können, so schlägt dies auf die Eröffnungsentscheidung deshalb durch, weil wegen der dann gebotenen Anwendung des Zweifelssatzes durch das erkennende Gericht die Verurteilung prozessual nicht wahrscheinlich ist[18]. Die Beweisbarkeitsprognose kann trotz nach Aktenlage materiell hoher Tatwahrscheinlichkeit auch dann negativ ausgehen, wenn für die Hauptverhandlung Beweisverbote zu beachten oder sonst Beweisschwierigkeiten zu erwarten sind. Dies kann etwa in Betracht kommen, wenn sicher zu erwarten ist, daß Zeugen von einem Weigerungsrecht Gebrauch machen werden und die Einführung ihrer Aussagen aus dem Ermittlungsverfahren entweder nicht möglich (§ 252) oder zur Überzeugungsbildung nicht ausreichend sein wird, oder wenn die zuständige Behörde einen V-Mann für die Hauptverhandlung nicht zur Verfügung stellt und deshalb entweder, weil dies willkürlich geschieht, sein Wissen nicht verwendet werden darf[19] oder die dann (möglicherweise) allein mögliche Einführung des Wissens durch Zeugen von Hörensagen oder Urkunden (§ 251 Abs. 2) wegen der deshalb gebotenen besonders sorgfältigen Würdigung des Beweiswerts[20] keine ausreichende Überzeugung begründen kann.

**15**      d) **Strafbarkeit.** Das in tatsächlicher Hinsicht wahrscheinliche und wahrscheinlich beweisbare Verhalten muß in **rechtlicher Hinsicht** die Strafbarkeit des Angeschuldigten begründen; in dieser rechtlichen Prüfung muß das Gericht bei der Eröffnung sicher sein und darf sich auch bei zweifelhaften Rechtsfragen nicht mit einem Wahrscheinlichkeitsurteil begnügen[21]. Aus den voraussichtlich festellbaren Tatsachen müssen sich daher

---

[17] Ebenso BayObLGSt **1977** 145; NStZ **1983** 123; LG München I StrVert. **1982** 120; *Lüttger* 197.
[18] OLG Karlsruhe NJW **1974** 807; *Bloy* GA **1980** 163; KK.-*R. Müller* § 170, 5; *Kleinknecht/Meyer* 2; KMR-*Müller* § 170, 4; *Loos* JuS **1979** 702; a. A. LR-*Meyer-Goßner*[23] § 170, 23.
[19] Vgl. z. B. BVerfGE **57** 288 sowie zuletzt

BGHSt **32** 115 (GSSt); **26** 334; **31** 144; **31** 154.
[20] Vgl. BVerfGE **57** 277; BGHSt **17** 382; BGH StrVert. **1983** 403. Nähere Einzelheiten zur Frage der Einführung und Verwertung des Wissens eines gesperrten V-Manns sind bei den §§ 244, 250 zu erläutern.
[21] *Bloy* GA **1980** 163; *Gössel* § 12 A I a 2; KMR-*Paulus* 7; *Lüttger* 211; *Peters* § 51 II 1; a. A *v. Kries* 512; *Nagler* 363 f.

der objektive und subjektive Tatbestand, das Fehlen von Rechtfertigungs- und Schuldausschließungsgründen, die Schuldfähigkeit (außer im Sicherungsverfahren nach § 413 ff), das Fehlen persönlicher Strafausschließungs- oder Strafaufhebungsgründe sowie etwaige objektive Bedingungen der Strafbarkeit rechtlich zweifelsfrei ableiten lassen.

**e) Prozeßvoraussetzungen** müssen in rechtlicher und tatsächlicher Hinsicht feststehen, gleiches gilt für das Fehlen von Prozeßhindernissen. Hier genügt auch in tatsächlicher Hinsicht kein Wahrscheinlichkeitsurteil[22]. Etwaige tatsächliche Zweifel sind vor der Eröffnungsentscheidung freibeweislich zu klären. Zur Frage, wie sich unüberwindbare Zweifel auswirken und ob insoweit der Grundsatz „in dubio pro reo" gilt, s. § 206 a, 28 ff. Das gilt auch für das Vorhandensein der Prozeßvoraussetzungen der Zuständigkeit, nur erfolgt insoweit bei ihrem Fehlen keine Ablehnung der Eröffnung (§ 204, 4 ff). **16**

Ist nach den §§ 42, 64 OWiG eine selbständige **Ordnungswidrigkeit** mit angeklagt, so gehört zu den vom Gericht zu prüfenden Prozeßvoraussetzungen auch, daß die allein durch den Zusammenhang im Sinne des § 42 Abs. 1 OWiG vermittelte Klagebefugnis der Staatsanwaltschaft besteht. Dagegen ist die Sachdienlichkeitsvoraussetzung des § 42 Abs. 2 OWiG grundsätzlich keine vom Gericht zu prüfende Prozeßvoraussetzung. Sie ist aber insoweit vom Gericht (als Prozeßvoraussetzung) überprüfbar, als die Staatsanwaltschaft bei der Beurteilung der Sachdienlichkeit nicht willkürlich verfahren sein darf[23]. **17**

**5. Unzulässige Entscheidungsmaßstäbe.** Der vorstehend erläuterte hinreichende Tatverdacht ist die einzige Voraussetzung, unter der die Eröffnung des Hauptverfahrens beschlossen werden darf und — wenn sie gegeben ist — auch beschlossen werden muß. Weder die Nichteröffnung trotz Vorliegens noch die Eröffnung trotz Nichtvorliegens des hinreichenden Verdachts ist zulässig. Die Tatverdachtsprüfung muß **täter- und deliktsneutral** erfolgen[24], was allerdings nicht ausschließt, daß die Persönlichkeit des Angeschuldigten und sein Vorleben indizielle Bedeutung für seine Glaubwürdigkeit erlangen und damit den hinreichenden Tatverdacht beeinflussen kann (*Lüttger* 201). Ebensowenig kann das Interesse der Öffentlichkeit an der öffentlichen Erörterung des Tatvorwurfs in einer Hauptverhandlung den hinreichenden Tatverdacht ersetzen[25]. Unzulässig ist ferner die Eröffnung des Hauptverfahrens mit dem Ziel, mittels der Revision eine höchstrichterliche Entscheidung herbeizuführen[26] oder durch den zu erwartenden Freispruch dem Angeklagten einen größeren Schutz vor einer neuen Anklage zu geben als er ihn durch § 211 erlangen kann. **18**

**6. Anfechtung und Revision.** Der (positive) Eröffnungsbeschluß kann nicht angefochten werden. Das ist für den Angeklagten ausdrücklich in § 210 Abs. 1 bestimmt, gilt **19**

---

[22] KK-*Treier* 5; KMR-*Paulus* 7; *Kleinknecht/Meyer* 2 a.E.; *v. Kries* 512; *Eb. Schmidt* 9; zweifelnd *Loos* JuS **1979** 703 Fußn. 57; **a. A** *Lüttger* 202 Fußn. 64.

[23] *Göbler* § 42, 17; *Rotberg* § 42, 9; *Rebmann/Roth/Herrmann* § 42, 9 a; **a. A.** *Berz* VOR **1972** 257; LR-*Meyer-Goßner*[23] § 204, 8.

[24] *Lüttger* 199 ff (mit Hinweisen auf frühere, teilweise abweichende Auffassungen); ebenso *Gössel* § 12 A I b; KMR-*Paulus* 13.

[25] *Bockelmann* NJW **1960** 221; *Güde* NJW **1960** 516 (anders für Anklageerhebung); *Kleinknecht/Meyer* 2; KMR-*Paulus* 14; *Roxin* § 40 C II 1.

[26] **A. A** *v. Kries* 512. Bei Anklage vor dem Amtsgericht endet der Beschwerderechtszug nach § 210 Abs. 2 beim Landgericht (§§ 310 Abs. 2, 73 Abs. 1 GVG); bei Anklage vor dem Landgericht entscheidet über die Beschwerde das OLG, eine Pflicht zur Divergenzvorlage an den BGH besteht hier nicht (vgl. § 121 Abs. 2 GVG).

Peter Rieß

aber umfassend (§ 210, 7). Jedoch ist § 33 a anzuwenden, wenn dem Angeschuldigten das rechtliche Gehör nicht gewährt worden ist (§ 201, 34). Sonst ist die Eröffnung auch für das Gericht unwiderruflich (§ 207, 34 ff). Der Staatsanwaltschaft steht die sofortige Beschwerde zu, soweit das Verfahren entgegen ihrem Antrag vor einem Gericht niedrigerer Ordnung eröffnet worden ist (§ 210 Abs. 2). Auch der revisionsrechtlichen Überprüfung ist die Frage, ob das eröffnende Gericht den hinreichenden Tatverdacht zu Recht bejaht hat, in keinem Fall zugänglich. Hat es allerdings Prozeßhindernisse übersehen, die auch noch nach Eröffnung des Verfahrens von Amts wegen zu beachten sind, so sind sie auch im Revisionsverfahren zu berücksichtigen. Über die Revisibilität bei formellen Mängeln des Eröffnungsbeschlusses s. § 207, 70 ff.

## § 204

**(1) Beschließt das Gericht, das Hauptverfahren nicht zu eröffnen, so muß aus dem Beschluß hervorgehen, ob er auf tatsächlichen oder auf Rechtsgründen beruht.**
**(2) Der Beschluß ist dem Angeschuldigten bekanntzumachen.**

**Entstehungsgeschichte.** Die Vorschrift enthielt ursprünglich als Absatz 2 eine Regelung, nach der nach einer Voruntersuchung auszusprechen war, daß der Angeschuldigte „außer Verfolgung zu setzen" sei. Mit der Beseitigung der gerichtlichen Voruntersuchung wurde dieser Absatz durch Art. 1 Nr. 64 des 1. StVRG gestrichen. Im übrigen ist der Wortlaut der Vorschrift unverändert. Lediglich während der Beseitigung des Eröffnungsbeschlusses von 1942 bis 1950 trat an seine Stelle ein § 203 mit dem aus der Entstehungsgeschichte Vor § 198 ersichtlichen Wortlaut. Bezeichnung bis 1924: § 202.

*Übersicht*

**1**   **1. Bedeutung und Anwendungsbereich der Vorschrift.** Nach § 199 Abs. 1 Satz 1 ist auf den von der Staatsanwaltschaft auf Eröffnung des Hauptverfahrens gerichteten Antrag darüber zu entscheiden, *ob* das Hauptverfahren zu eröffnen ist. § 203 bestimmt als Entscheidungsmaßstab den hinreichenden Tatverdacht. Fehlt es an ihm, so ergibt sich bereits aus diesen beiden Vorschriften, daß die Eröffnung des Hauptverfahrens abzulehnen ist. § 204 setzt diese Entscheidung inzident voraus und bestimmt in Absatz 1, worauf es in der Begründung ankommt (*Eb. Schmidt* 1), und in Absatz 2, daß der Beschluß dem Angeschuldigten bekannt zu machen ist. Damit in Zusammenhang stehen § 210 Abs. 2, der die Anfechtbarkeit des Ablehnungsbeschlusses regelt, und § 211, der bestimmt, wie weit seine Sperrwirkung reicht. Auch für die Zurückweisung der Privatklage gilt § 204 (§ 383 Abs. 1 Satz 1). Nach allgemeiner Meinung ist § 204 entsprechend anzuwenden, wenn der aufgrund eines Strafbefehlsantrags mit der Sache befaßte Richter beim Amtsgericht den hinreichenden Tatverdacht verneint[1]. Ob dies auch in Betracht kommt, wenn der hinreichende Tatverdacht bei einem Antrag auf Aburteilung im beschleunigten Verfahren (§ 212 a, 17) oder bei einer Nachtragsanklage nach § 266[2] nicht besteht, ist umstritten.

Die **Vorschrift** ist **nicht anwendbar,** wenn das mit der Anklage befaßte Gericht un- **2** zuständig ist (Rdn. 4 ff), wenn keine endgültige ablehnende Entscheidung getroffen, sondern das Verfahren nach den §§ 154 e Abs. 2, 205, 262 Abs. 2 vorläufig eingestellt wird, wenn die angeklagte Tat (im prozessualen Sinne) lediglich rechtlich anders gewürdigt wird (§ 207 Abs. 2 Nr. 3) oder wenn die Staatsanwaltschaft die Anklage vor der Entscheidung (Rdn. 17 a. E) zurücknimmt. Ein Ablehnungsbeschluß entfällt auch, wenn das Gericht im Eröffnungsverfahren nach den §§ 153 ff, 47 JGG oder § 37 BtMG verfährt (zur Sperrwirkung dieser Einstellungsentscheidungen s. die Erl. zu diesen Vorschriften).

Eine **Teilablehnung** ist möglich und erforderlich, wenn der hinreichende Tatver- **3** dacht bezüglich einzelner von mehreren prozessualen Taten oder einzelner von mehreren Angeschuldigten verneint wird. Soweit das Gericht insoweit das Hauptverfahren nicht eröffnen will, muß es einen ausdrücklichen Beschluß nach § 204 erlassen (zur zeitlichen Reihenfolge vgl. § 207, 8). Das früher vielfach erörterte Problem des Übergehens einzelner Taten[3] spielt deshalb heute keine erhebliche Rolle mehr, weil das Gericht bei einem kombinierten Ablehnungs- und Eröffnungsbeschluß regelmäßig die Teile der Anklage, hinsichtlich derer es den hinreichenden Tatverdacht bejaht, ohne eigene Tatkonkretisierung zulassen wird.

## 2. Unzuständigkeit

**a) Allgemeines.** Hält sich das mit der Anklage befaßte Gericht für unzuständig, **4** so wird die Eröffnung des Hauptverfahrens in keinem Fall abgelehnt. Denn die in § 204 geregelte Ablehnung der Eröffnung ist das Spiegelbild des in den §§ 203, 207 geregelten positiven Eröffnungsbeschlusses und setzt folglich voraus, daß das Gericht den hinreichenden Verdacht verneint. Ein Gericht, das mangels Zuständigkeit nicht tätig werden darf, trifft aber überhaupt keine Entscheidung über den hinreichenden Verdacht. Das ist für die sachliche Zuständigkeit und die Zuständigkeit besonderer Spruchkörper kraft Gesetzes unbestritten, für die örtliche Zuständigkeit dagegen umstritten. Handelt es sich allein um die geschäftsplanmäßige Zuständigkeit, die die Staatsanwaltschaft in ihrer Anklage nicht angeben muß (§ 200, 38), so ist ein Zuständigkeitsstreit innergerichtlich zu lösen (§ 209, 7 ff); der vom Präsidium als zuständig bestimmte Spruchkörper darf die Eröffnungsentscheidung nicht ablehnen, weil er sich weiterhin für unzuständig hält (OLG Düsseldorf MDR **1984** 73).

**b) Sachliche Zuständigkeit und Zuständigkeit besonderer Spruchkörper kraft Ge- 5** setzes.** In diesen Fällen ergeht weder ein Beschluß nach § 204 noch eine isolierte Unzuständigkeitserklärung, vielmehr ist nach den §§ 209, 209 a zu verfahren (vgl. die dortigen Erläuterungen). Ein Beschluß der (fälschlicherweise) in diesen Fällen die Eröffnung

---

[1] Vgl. die Erl. zu § 408. § 408 Abs. 2 Satz 2 i.d.F. des Vorschlags von Art. 1 Nr. 30 des StVÄGE 1984 soll ausdrücklich bestimmen, daß die Entscheidung, durch die mangels hinreichenden Tatverdachts der Erlaß eines Strafbefehls abgelehnt wird, dem Beschluß gleichsteht, „durch den die Eröffnung des

Hauptverfahrens abgelehnt worden ist (§§ 204, 210 Abs. 2, § 211)".
[2] Bejahend *Hilger* JR **1983** 441; verneinend *Meyer-Goßner* JR **1984** 53; vgl. im einzelnen die Erl. zu § 266.
[3] Vgl. *Arndt* 201 ff; *Feisenberger* 1; *Eb. Schmidt* 2; vgl. § 210, 7.

Peter Rieß

des Hauptverfahrens ablehnt, bewirkt, auch wenn er nicht angefochten wird (zu den Anfechtungsmöglichkeiten s. § 210, 29 ff), nicht die Sperrwirkung des § 211[4].

**6**　c) **Örtliche Zuständigkeit.** Die Frage, wie bei örtlicher Unzuständigkeit zu verfahren ist, ist entgegen der von 1942 bis 1950 geltenden Rechtslage[5] im Gesetz nicht geregelt. Eine Verweisung an das für zuständig gehaltene Gericht scheidet mangels gesetzlicher Grundlage aus[6]. Von der Rechtsprechung bisher nicht beantwortet[7] und im Schrifttum umstritten ist die Frage, ob das örtlich unzuständige Gericht die Eröffnung des Hauptverfahrens ablehnen muß[8] oder sich auf den Ausspruch seiner Unzuständigkeit zu beschränken hat[9]. Die Frage ist nicht wegen der Sperrwirkung des § 211, die nach keiner der beiden Meinungen eintritt (§ 211, 5), von Bedeutung. Von ihr hängt aber ab, ob gegen die Entscheidung die einfache oder die sofortige Beschwerde zulässig ist (§ 210, 30) und wie hinsichtlich bestehender Untersuchungshaft zu verfahren ist. Das Problem ist bei der gegenwärtigen Gesetzeslage nicht restlos befriedigend zu lösen. Wer sich für die Ablehnung der Eröffnung ausspricht, muß entweder die höchst unsachgemäße Konsequenz akzeptieren, daß ein Haftbefehl stets aufzuheben ist, oder § 120 Abs. 1 Satz 2 auf diesen Fall entgegen seinem klaren Wortlaut nicht anwenden[10]. Wer für eine isolierte Unzuständigkeitserklärung eintritt, muß in Kauf nehmen, daß als Rechtsmittel entgegen § 210 Abs. 2 nicht die sofortige, sondern die einfache Beschwerde zulässig ist.

**7**　Mindestens aus dogmatischen Gründen (Rdn. 4) vorzuziehen ist die Auffassung, daß sich das Gericht bei örtlicher Unzuständigkeit auf eine **Unzuständigkeitserklärung** zu beschränken und nicht die Eröffnung des Hauptverfahrens abzulehnen hat. Es ist mangels örtlicher Zuständigkeit zur Prüfung des hinreichenden Verdachts nicht befugt und lehnt nicht den Antrag *auf* Eröffnung des Hauptverfahrens ab, wovon die §§ 204, 210 Abs. 2, 211 allein handeln, sondern die Entscheidung *über* den Antrag. Die Unzuständigkeitserklärung ist mit der einfachen Beschwerde anfechtbar (§ 210, 30), sie bewirkt nicht die Rechtskraft nach § 211 (§ 211, 5) und zwingt nicht zur Aufhebung des Haftbefehls nach § 120 Abs. 1 Satz 2. Sie ist allerdings, da sie das Verfahren vor *diesem* Gericht endgültig beenden will, eine die Untersuchung einstellende Entscheidung im Sinne des § 464 Abs. 1 und deshalb mit einer Kostenentscheidung zu versehen[11]. Eine mit einem Teilablehnungsbeschluß (Rdn. 3) kombinierte Unzuständigkeitserklärung wird notwendig, wenn bei mehreren Taten der hinreichende Tatverdacht wegen der *allein* zuständigkeitsbegründenden Tat verneint wird (näher Rdn. 209, 5).

---

[4] § 211, 5; RGSt **32** 51; LG Köln JMBlNW **1962** 166.

[5] § 203 Abs. 2 Nr. 1 in der in der Entstehungsgeschichte Vor § 198 wiedergegebenen Fassung.

[6] § 16, 10; BGHSt **13** 188; **23** 82; OLG Hamm NJW **1961** 232; VRS **38** 345; OLG Karlsruhe GA **1977** 58.

[7] RGSt **32** 50 betrifft einen Fall der sachlichen Zuständigkeit; die Wendung in RGSt **41** 283 f bezieht sich auf das Hauptverfahren; OLG Hamm VRS **58** 363; OLG Stuttgart NStZ **1981** 105 beziehen sich auf Bußgeldverfahren nach Einspruch; ebenso BayObLG MDR **1980** 253, wo es sich bei den auf die Zulässigkeit einer bloßen Unzuständigkeitserklärung hindeutenden Wendungen um obiter dicta handelt.

[8] So KK-*Treier* § 199, 4; wohl auch KK-*Pfeiffer* § 16, 4; ferner *G. Schäfer* § 38 III; früher z. B. LR-*Kohlhaas*[22] 4.

[9] *Wendisch* § 16, 8; *Gössel* § 12 B I b 2 und GA **1977** 282; *Kleinknecht/Meyer* 2 (vgl. jedoch auch § 16, 2); KMR-*Paulus* 2 (vgl. jedoch auch Vor § 1, 50); *Kohlrausch* 3; *Schlüchter* 415 Fußn. 36; *Eb. Schmidt* §§ 16 bis 18, 13.

[10] So KK-*Treier* § 199, 4; **a. A** ausdrücklich LR-*Kohlhaas*[22] 4.

[11] So für den insoweit gleichliegenden Fall einer Einstellung nach § 206 a nach Eröffnung des Hauptverfahrens wegen örtlicher Unzuständigkeit OLG Hamm JMBlNW **1962** 166.

**3. Ablehnung der Eröffnung** ist zu beschließen, wenn nach der Erschöpfung aller **8** Aufklärungsmöglichkeiten (§ 203, 5) kein hinreichender Tatverdacht besteht. Die Voraussetzungen des Nichteröffnungsbeschlusses entsprechen spiegelbildlich denen des Eröffnungsbeschlusses. Wegen der Einzelheiten kann deshalb auf die Erl. zu § 203, 6 ff mit der Maßgabe verwiesen werden, daß stets dann, wenn mindestens eines der verschiedenen Elemente des hinreichenden Tatverdachts (§ 203, 9) verneint wird, die Eröffnung des Hauptverfahrens abzulehnen ist. Die Ablehnung ist demnach zu beschließen, wenn das Vorliegen der Prozeßvoraussetzungen (Fehlen der Prozeßhindernisse) nicht feststeht, wenn das dem Angeschuldigten vorgeworfene Tatgeschehen aus Rechtsgründen nicht strafbar erscheint oder wenn die tatsächlichen Grundlagen nicht hinreichend wahrscheinlich oder beweisbar sind. Dabei geht die Ablehnung der Eröffnung wegen des Fehlens von Prozeßvoraussetzungen, da von deren Vorliegen die Sachentscheidung abhängt, vor[12]. Im übrigen kann der liquideste Ablehnungsgrund gewählt werden, ein Vorrang der Rechtsgründe existiert nicht[13]. Bei der Ablehnung aus tatsächlichen Gründen kann daher offengelassen werden, ob das vorgeworfene Verhalten überhaupt eine Strafbarkeit begründen könnte; bei der Ablehnung aus Rechtsgründen kann dahingestellt bleiben, ob das nach Sachlage in Betracht kommende tatsächliche Verhalten hinreichend wahrscheinlich ist (vgl. auch Rdn. 12).

Ist Gegenstand der Anklage auch eine **Ordnungswidrigkeit** (§§ 21, 40, 42, 64, 82 **9** OWiG), so ist zu unterscheiden: Stellt sich die prozessuale Tat zugleich als eine Ordnungswidrigkeit dar (Fälle der §§ 21, 40, 82 OWiG) und ist das Gericht der Auffassung, daß insoweit nur eine Ordnungswidrigkeit, nicht aber eine Straftat vorliegt, so ist das Verfahren wegen dieser Ordnungswidrigkeit zu eröffnen (§ 207, 16). Ein Nichteröffnungsbeschluß ergeht nicht.

Hat die Staatsanwaltschaft eine **selbständige,** zusammenhängende **Ordnungswid-** **10** **rigkeit** übernommen und die Anklage hierauf erstreckt (Fälle der §§ 42, 64 OWiG), so hat das Gericht in bezug auf diese neben den sonstigen Voraussetzungen des hinreichenden Tatverdachts auch das Vorliegen des Zusammenhangs nach § 42 Abs. 1 OWiG zu prüfen und die Eröffnung abzulehnen, wenn es diesen verneint (§ 203, 17). Verneint es den hinreichenden Tatverdacht *nur* in bezug auf die angeklagten Straftaten, so verbleibt als Gegenstand des Verfahrens nur noch eine Ordnungswidrigkeit. Damit fehlt es an dem in § 42 OWiG geforderten Zusammenhang und es bleibt ein reines Bußgeldverfahren, für das es an einer Klagebefugnis der Staatsanwaltschaft und dem Bußgeldbescheid als Voraussetzung für eine gerichtliche Tätigkeit fehlt[14]. Deshalb ist insoweit die Eröffnung wegen des Fehlens einer Prozeßvoraussetzung und daher insgesamt abzulehnen. Der Nichteröffnungsbeschluß hat insoweit in bezug auf die Straftat materiellen und in bezug auf die Ordnungswidrigkeit prozessualen Charakter. Wird die Anklage wegen einzelner verbleibender Straftaten oder gegen einzelne Angeschuldigte zugelassen, so ist zu prüfen, ob insoweit noch ein Zusammenhang im Sinne des § 42 Abs. 1 OWiG besteht. Ist dies nicht mehr der Fall, so ist auch die Eröffnung wegen der Ordnungswidrigkeit abzulehnen (*Göhler* § 82, 9). Die auf prozessualen Gründen beruhende Ablehnung der Eröffnung wegen der als Ordnungswidrigkeit zu qualifizierenden Tat

---

[12] KK-*Treier* 5; *Kleinknecht/Meyer* 4; KMR-*Paulus* 5; *Eb. Schmidt* 7.

[13] **A. A** KK-*Treier* 5; LR-*Meyer-Goßner*[23] 7; 8; wie hier wohl KMR-*Paulus* 5.

[14] *Göhler* § 82, 8; *Rebmann/Roth/Hermann* § 82, 7; *Rotberg* § 82, 2.

Peter Rieß

hat in diesen Fällen nicht die Sperrwirkung des § 211; vielmehr fällt die Ahndungskompetenz an die Verwaltungsbehörde zurück, die einen Bußgeldbescheid erlassen kann.

#### 4. Inhalt des Ablehnungsbeschlusses

**11**    **a) Hauptentscheidung.** Der mit den erforderlichen Nebenentscheidungen (Rdn. 13) zu verbindende Tenor des Ablehnungsbeschlusses lautet lediglich, daß die Eröffnung des Hauptverfahrens abgelehnt werde; der zusätzliche Hinweis, daß damit auch der Antrag der Staatsanwaltschaft auf Eröffnung des Hauptverfahrens (§ 199 Abs. 2 Satz 1) abgelehnt wird, ist entbehrlich. Bei **Teilablehnung** (Rdn. 3) muß zweifelsfrei erkennbar sein, hinsichtlich welcher Angeschuldigten und welcher (prozessualen) Taten die Eröffnung abgelehnt wird. Wird die Teilablehnung mit einem Eröffnungsbeschluß verbunden, so müssen, wenn nicht wegen des Restes eine Verfahrenstrennung erfolgt oder sonst klargestellt wird, daß die Eröffnungsentscheidung vorbehalten bleibe (vgl. § 207, 8), beide zusammen die Anklage erschöpfen, zweckmäßigerweise dergestalt, daß zunächst der Umfang der Ablehnung beschrieben und dann die Anklage „im übrigen" zugelassen wird.

**12**    Daß der Beschluß **Gründe** enthalten muß, folgt an sich schon aus § 34 in Vbdg. mit §§ 199 Abs. 2 Satz 1 und 210 Abs. 2. § 204 hebt es noch ausdrücklich hervor und verlangt als Mindestangabe, daß klargestellt werden muß, ob die Ablehnung auf tatsächlichen oder rechtlichen Gründen beruht. Das ist wegen des Umfangs der Sperrwirkung nach § 211 von Bedeutung (KMR-*Paulus* 5). Insbesondere muß wegen der insoweit unterschiedlichen Wirkungen (§ 211, 12 f) deutlich werden, ob die Nichteröffnung auf prozessualen oder materiellen Gründen beruht. Die Angabe der Rechtsgründe für die Nichteröffnung ist auch deshalb erforderlich, weil bei der Prüfung der Erheblichkeit von Noven von der Rechtsansicht des Ablehnungsbeschlusses auszugehen ist (§ 211, 11). Der maßgebliche Entscheidungsgrund muß aus der Begründung hervorgehen, wobei die Beweiswürdigung keiner ausführlichen Darlegung bedarf. Wegen des Wortlauts (tatsächliche *oder* rechtliche Gründe) und wegen der Begrenzungsfunktion der Begründung für die Sperrwirkung des § 211 ist eine tragende **Doppelbegründung,** die auf rechtliche und tatsächliche Gründe abstellt, nicht statthaft; wird der nicht tragende Teil deutlich als Hilfsbegründung gekennzeichnet, so ist dies unschädlich (a. A KK-*Treier* 5), dürfte aber in der Regel schon wegen sonst möglicher Unklarheiten wenig zweckmäßig sein.

**13**    **b) Nebenentscheidungen.** Mit dem Ablehnungsbeschluß sind je nach Sachlage eine Reihe von Nebenentscheidungen zu verbinden und (falls erforderlich) zu begründen. Da der Beschluß eine das Verfahren beendende Entscheidung darstellt, muß er eine **Kostenentscheidung** nach § 464 Abs. 1, 2 enthalten, für deren Inhalt die §§ 467, 469, 470 und ggf. 471 maßgebend sind. Sofern eine Veranlassung besteht, kann eine Entscheidung über die **Entschädigung** für **Strafverfolgungsmaßnahmen** in Betracht kommen (§§ 2, 8 StrEG). Ein **Haftbefehl** ist stets aufzuheben (§ 120 Abs. 1 Satz 2). Das gilt grundsätzlich auch für den **Unterbringungsbefehl** nach § 126 a, der nach Absatz 3 aufzuheben ist, wenn die Voraussetzungen nicht mehr vorliegen. Wird die Eröffnung abgelehnt, so liegen diese Voraussetzungen (§ 126 a Abs. 1) regelmäßig nicht mehr vor. Etwas anderes gilt allenfalls dann, wenn die Eröffnung des Hauptverfahrens nur wegen Schuldunfähigkeit (§ 20 StGB) abgelehnt wird *und* die Durchführung eines Sicherungsverfahrens nach den §§ 413 ff wahrscheinlich ist. Aufzuheben sind ferner die vorläufige **Entziehung der Fahrerlaubnis** (§ 111 a) und das vorläufige **Berufsverbot** (§ 132 a), weil mit der Nichteröffnung die Annahme dringender Gründe für die endgültige Anordnung der Maßnahme unvereinbar ist. Auch eine **Beschlagnahme** (§§ 94, 111 b Abs. 2) ist regelmäßig aufzuheben (OLG München *Alsb.* E 1 321), sofern nicht die Einziehungsbeschlagnahme für ein objektives Einziehungsverfahren (§ 440) aufrechtzuerhalten ist[15].

**5. Mitteilung des Beschlusses**
**a) Mitteilung an den Angeschuldigten.** Der Angeschuldigte darf nicht in Ungewiß- **14** heit über den Ausgang des gegen ihn schwebenden Strafverfahrens bleiben und muß wegen der ihn begünstigenden Folgen der Nichteröffnung (§ 211) von dem Beschluß erfahren. Absatz 2 schreibt deshalb ausdrücklich vor, daß ihm der Beschluß bekanntzumachen ist. Ist der Angeschuldigte Jugendlicher, so ist die Entscheidung auch dem gesetzlichen Vertreter und den Erziehungsberechtigten mitzuteilen (§ 67 Abs. 2 JGG). Da die Entscheidung für den Angeschuldigten nicht anfechtbar ist, genügt nach § 35 Abs. 2 Satz 2 formlose Mitteilung. **Zustellung** ist erforderlich, wenn der Beschluß selbständig anfechtbare Nebenentscheidungen (vgl. z. B. § 8 Abs. 3 StrEG) enthält (KK-*Treier* 11), auch sonst kann sie wegen der Bedeutung der Entscheidung empfehlenswert sein[16]. Eine Zustellung kann nach § 145 a Abs. 1 auch an den Verteidiger erfolgen; auch die einfache Mitteilung wird wirksam an den Verteidiger bewirkt werden können[17].

**b) Andere Mitteilungen.** Der **Staatsanwaltschaft** sowie dem **Nebenkläger**, über **15** dessen Berechtigung zum Anschluß vorher zu entscheiden ist, ist der Beschluß wegen § 35 Abs. 2 Satz 1 in Vbdg. mit § 210 Abs. 2 durch Zustellung bekanntzumachen. Wie der Angeschuldigte sind der **Einziehungs-** und **Verfallsbeteiligte** (§§ 431, 442) nach Anordnung der Beteiligung zu benachrichtigen. Einen **Verletzten,** der Strafanzeige (§ 158) erstattet hatte, soll die Staatsanwaltschaft nach Nr. 115 Abs. 3 RiStBV von der Ablehnung der Eröffnung benachrichtigen. Hat die Staatsanwaltschaft die Anklage auf eine selbständige Ordnungswidrigkeit erstreckt, so muß, entsprechend der für die Erhebung der Klage getroffenen gesetzlichen Regelung (§ 63 Abs. 2 OWiG), auch die **Verwaltungsbehörde** von der Ablehnung der Eröffnung in Bezug auf die Ordnungswidrigkeit unterrichtet werden, und zwar auch dann, wenn diese Ablehnung nicht auf prozessualen Gründen (Rdn. 10) beruht, sondern auf fehlendem hinreichenden Tatverdacht.

**6. Anfechtbarkeit.** Der Beschluß, der die Eröffnung des Hauptverfahrens ablehnt, **16** kann vom Angeschuldigten nicht angefochten werden; die mit ihm zu verbindenen Nebenentscheidungen können allerdings nach den dafür maßgebenden Vorschriften anfechtbar sein (§ 210, 15). Der Staatsanwaltschaft und dem Nebenkläger (§ 397 Abs. 1 in Vbdg. mit § 390 Abs. 1 Satz 1) steht die sofortige Beschwerde zu (§ 210 Abs. 2; vgl. i. E. die dortigen Erl.). Über die Anfechtbarkeit einer Unzuständigkeitserklärung s. § 210, 29 ff.

**7. Bestandskraft des Beschlusses.** Der Ablehnungsbeschluß kann von dem Gericht, **17** das ihn erlassen hat, grundsätzlich nicht — auch nicht während der Anfechtungsfrist — wieder aufgehoben werden. Das folgt sowohl aus dem Sinn der in § 211 getroffenen Regelung wie aus § 311 Abs. 3 Satz 1. Eine Ausnahme gilt gemäß § 311 Abs. 3 Satz 2 nur für den Fall der Verletzung des rechtlichen Gehörs (vgl. im einzelnen die Erl. zu § 311 Abschn. 4 b); was beispielsweise bei der Beteiligung eines Nebenklägers praktische Bedeutung erlangen kann, wenn übersehen wird, ihm das Ergebnis ergänzender Ermittlungen nach § 202 mitzuteilen. Für eine erneute Strafverfolgung bewirkt der Beschluß

---

[15] KK-*Treier* 10; *Kleinknecht/Meyer* 10; KMR-*Paulus* 7.
[16] Weitergehend (Zustellung obligatorisch wegen der urteilsgleichen Wirkung) KMR-*Paulus* 12; LR-*Meyer-Goßner*[23] 16; *Eb. Schmidt* 9.

[17] Vgl. BGHSt **26** 381; KK-*Laufhütte* § 145 a, 10; *Kleinknecht/Meyer* 4; KMR-*Müller* § 145 a, 1; ausdrückliche Regelung in dieser Richtung nunmehr in der vorgeschlagenen Neufassung des § 145 a Abs. 1 im StVÄGE 1984 (Art. 1 Nr. 10).

Peter Rieß

eine beschränkte Rechtskraft (vgl. § 211 und die dortigen Erläuterungen, auch zum Ausnahmefall eines wirkungslosen Beschlusses). Nach dem Erlaß des Ablehnungsbeschlusses kann die Staatsanwaltschaft die Klage nicht mehr zurücknehmen[18].

## § 205

[1]**Steht der Hauptverhandlung für längere Zeit die Abwesenheit des Angeschuldigten oder ein anderes in seiner Person liegendes Hindernis entgegen, so kann das Gericht das Verfahren durch Beschluß vorläufig einstellen.** [2]**Der Vorsitzende sichert, soweit nötig, die Beweise.**

**Schrifttum.** *Baxhenrich* Die Verhandlungsfähigkeit des Angeklagten, Diss. Münster, 1979; *Cabanis* Verhandlungs- und Venehmungs(un)fähigkeit, StrVert. **1984** 87; *Glatzel* Zur Vernehmungsfähigkeit beschuldigter Drogenabhängiger, StrVert. **1981** 191; *Krause* Die vorläufige Einstellung von Strafsachen praeter legem, GA **1969** 97; *Kunkel* Zur entsprechenden Anwendung des § 205 bei nicht in der Person des Beschuldigten liegenden Hindernissen, DRiZ **1981** 263; *Seetzen* Zur Verhandlungs(un)fähigkeit, DRiZ **1974** 259.

**Entstehungsgeschichte.** Die Vorschrift lautete zunächst: „Vorläufige Einstellung des Verfahrens kann beschlossen werden, wenn dem weiteren Verfahren Abwesenheit des Angeschuldigten oder der Umstand entgegensteht, daß er nach der Tat in Geisteskrankheit verfallen ist."

Die heutige Fassung beruht auf der Verordnung über die Beseitigung des Eröffnungsbeschlusses im Strafverfahren vom 13. 8. 1942 (RGBl. I 512); sie wurde durch Art. 3 I Nr. 87 des VereinhG beibehalten. Bezeichnung bis 1924: § 203.

### Übersicht

---

[18] Vgl. die Erl. zu § 156; KMR-*Paulus* 14;
**a. A** KK-*Schoreit* § 156, 8.

## I. Bedeutung und Geltungsbereich

**1. Bedeutung der Vorschrift.** Aus dem Rechtsstaatsprinzip ergibt sich ebenso wie **1** aus Art. 6 Abs. 1 Satz 1 MRK und zahlreichen Einzelregelungen der StPO der Grundsatz der Beschleunigung[1]. Der Beschuldigte hat Anspruch darauf, nicht länger als unvermeidbar in ein Strafverfahren mit ungewissem Ausgang verstrickt zu sein. Dem zügigen Fortgang des Verfahrens können faktische und rechtliche Hindernisse entgegenstehen, die es unmöglich machen, den nach dem Verfahrensrecht nunmehr gebotenen Prozeßschritt in der rechtlich vorgeschriebenen Weise durchzuführen. Ist der spätere Fortfall solcher Hindernisse möglich, so gebietet es grundsätzlich die Justizgewährungspflicht und die Pflicht, den Sachverhalt zu erforschen, solange mit dem Verfahren innezuhalten, bis das Hindernis nicht mehr besteht. § 205 bringt zunächst zum Ausdruck, daß dies trotz des Beschleunigungsgebots zulässig ist. Ferner bestimmt die Vorschrift, daß dieses Innehalten bei nicht nur ganz kurzfristigen (Rdn. 8) aber jedenfalls voraussichtlich vorübergehenden Hindernissen in der Form einer **vorläufigen Einstellung durch** ausdrücklichen **Beschluß** (also nicht nur durch bloßes Liegenlassen) anzuordnen ist und daß für die spätere Verfahrensfortführung die erforderlichen Beweise zu sichern sind.

Die Vorschrift enthält über ihren Wortlaut, der sich nur auf Hindernisse in der **2** Person des Angeschuldigten und für die Durchführung der Hauptverhandlung bezieht, und über ihren Standort, der lediglich das Eröffnungsverfahren betrifft, hinaus den **allgemeinen Rechtsgedanken**, daß ein Strafverfahren bei einem vorübergehenden Hindernis bis zu dessen Fortfall förmlich vorläufig einzustellen ist[2]. Sie ermächtigt aber nicht dazu, bei Hindernissen, die nur einem bestimmten Verfahrensabschluß entgegenstehen, mit dem Verfahren gänzlich innezuhalten, so lange es in anderer Weise noch gefördert werden kann (Rdn. 3; 9). Mit der Vorschrift verwandt sind spezielle Regelungen über die vorläufige Einstellung zur Klärung von Vorfragen in den **§§ 154 d, 262 Abs. 2** (Einstellungs- und Aussetzungsbefugnis bei präjudiziellen Rechtsverhältnissen) und in **§ 154 e** (Einstellungspflicht bei präjudiziellem Straf- oder Disziplinarverfahren in den Fällen der §§ 164, 185 bis 187 a StGB).

**2. Geltungsbereich der Vorschrift**
**a) Allgemeines.** Ihrem Wortlaut und systematischen Standort nach bezieht sich **3** die Vorschrift nur auf das Eröffnungsverfahren, indem sie den Entscheidungsmöglichkeiten nach §§ 203, 204 eine weitere hinzufügt, und gilt nur für ein der Hauptverhandlung entgegenstehendes Hindernis. Aus ihrer allgemeinen Bedeutung folgt jedoch, daß sie auch in anderen Verfahrensabschnitten anwendbar ist, und nicht nur Hindernisse der Hauptverhandlung, sondern auch solche betrifft, die einer anderen notwendigen Verfahrenshandlung entgegenstehen. Dagegen ist die Vorschrift nicht anzuwenden, wenn das Hindernis *allein* der Durchführung einer Hauptverhandlung entgegensteht, das Verfahren aber auf andere Weise, etwa durch Strafbefehl oder Einstellung, beendet werden kann. Jede zulässige und aussichtsreiche Möglichkeit, das Verfahren durch eine Sachentscheidung endgültig zu beenden, hat wegen des Beschleunigungsgrundsatzes vor der vorläufigen Einstellung Vorrang. Die Vorschrift entbindet auch nicht von der Pflicht, das Verfahren soweit möglich zu fördern und auf die **Beseitigung** des Hindernisses hinzuwirken, also etwa nach dem abwesenden Beschuldigten zu fahnden, einen

---

[1] BVerfGE **46** 28; **63** 68; Einl. Kap. **12** VIII; *Roxin* § 16 C.

[2] KK-*Treier* 1; *Kleinknecht/Meyer* 3; KMR-*Paulus* 2; *Krause* 97; *Roxin* § 40 C II 2 b; grundsätzlich auch *Gössel* § 13 B I a.

Peter Rieß

Haftbefehl zu erlassen[3] oder zu beantragen oder Maßnahmen der internationalen Rechtshilfe durchzuführen.

**4**     **b) Ermittlungsverfahren.** Im Ermittlungsverfahren ist § 205 analog anzuwenden, soweit dessen weiterem Fortgang Hindernisse (Rdn. 8 ff) entgegenstehen[4]. Es ist weder angängig, das Verfahren einfach nicht zu betreiben, bis das Hindernis wegfällt (so *Eb. Schmidt* 2), noch es nach § 170 Abs. 2 einzustellen und es wegen der fehlenden Rechtsbeständigkeit dieser Einstellung (vgl. die Erl. zu § 170) nach Fortfall des Hindernisses wieder aufzunehmen (so *Gössel* § 9 A III). Der ersten Lösung steht entgegen, daß die ausdrückliche vorläufige Einstellung auch der Rechtsklarheit und der Kontrolle dient, ob dem Beschleunigungsgebot Rechnung getragen ist (*Krause* 99), der zweiten die Überlegung, daß die Einstellung nach § 170 Abs. 2 ihrer Intention nach auf endgültige Verfahrensbeendigung gerichtet ist und ihre Rechtsfolgen, insbesondere § 172 auf die vorläufige Einstellung nicht passen. Jedoch wird es im Ermittlungsverfahren vielfach bei in der Person des Beschuldigten liegenden Hindernissen möglich und deshalb auch geboten sein, den Sachverhalt zunächst weiter aufzuklären (*Eb. Schmidt* 2).

**5**     **c) Eröffnungsverfahren.** Nach dem Wortlaut kommt die vorläufige vorläufige Einstellung im Eröffnungsverfahren nur in Betracht, wenn der *Hauptverhandlung* Hindernisse entgegenstehen. Sie ist aber erst recht auszusprechen, wenn bereits für die Eröffnungsentscheidung vorläufige Hindernisse bestehen, etwa weil der Angeschuldigte schon in bezug auf die in diesem Verfahrensabschnitt von ihm wahrzunehmenden Rechte verhandlungsunfähig ist (Rdn. 15), oder wenn die Anklage ihm, weil sein Aufenthalt unbekannt und öffentliche Zustellung nicht möglich ist (§ 201, 14) nicht zugestellt werden kann. Bezieht sich das vorübergehende Hindernis nicht auf die Eröffnungsentscheidung, sondern nur auf die Hauptverhandlung, so besteht für das eröffnende Gericht **keine Verpflichtung**, von § 205 Gebrauch zu machen; es kann auch das Hauptverfahren eröffnen und die vorläufige Einstellung dem erkennenden Gericht überlassen. Dies kann namentlich zweckmäßig sein, um für den Angeschuldigten den Schwebezustand des Eröffnungsverfahrens zu beseitigen und ihm schon jetzt die Vorbereitung für die nach Wegfall des Hindernisses durchzuführende Hauptverhandlung zu ermöglichen, vor allem, wenn die Anklage mit Änderungen (§ 207 Abs. 2) zugelassen werden soll. Besteht kein hinreichender Tatverdacht und ist daher die Ablehnung der Eröffnung nach § 204 geboten, so hat diese Entscheidung den Vorrang vor der vorläufigen Einstellung nach § 205, wenn das Hindernis nur das Hauptverfahren betrifft, denn zu einer Hauptverhandlung, der das Hindernis entgegenstehen könnte, kommt es in diesem Fall ja gerade nicht. Entsprechendes gilt für Einstellungen nach den §§ 153 ff (KMR-*Paulus* 4), die auch im Eröffnungsverfahren möglich sind und deshalb durch ein nur das Hauptverfahren betreffendes Hindernis nicht berührt werden.

**6**     **d) Hauptverfahren.** Tritt das Hindernis nach Eröffnung des Hauptverfahrens auf oder wird es erst für die Hauptverhandlung bedeutsam, so ist ebenfalls nach § 205 vorläufige Einstellung geboten[5]. Dies gilt auch, wenn sich das Hindernis **in der Hauptverhandlung** herausstellt, etwa wenn der Angeklagte in ihr verhandlungsunfähig wird oder flieht. Kurzfristige Hindernisse können allerdings unter Ausnutzung der Unterbrechungsmöglichkeiten nach § 229 erledigt werden. Sonst muß die Hauptverhandlung zu-

---

[3] *Hanack* JR **1977** 435; *Kleinknecht/Meyer* 1; KMR-*Paulus* 25.

[4] *Henkel* 315; KK-*Treier* 1; *Kleinknecht/ Meyer* 3; KMR-*Paulus* 2; *Krause* 99; *Kunkel* 263; *Peters* § 50 IV; *G. Schäfer* § 30 II 4;

*Schlüchter* 406. 1; vgl. auch § 33 Abs. 1 Nr. 5 OWiG; Nr. 104 Abs. 1 RiStBV.

[5] Allg. M; ob es sich um eine unmittelbare oder, wie OLG Dresden *Alsb.* E **2** 52 ff meint, analoge Anwendung handelt, kann dahinstehen.

nächst ausgesetzt werden. Kann hierbei sogleich auf einen späteren Termin neu terminiert werden, so bedarf es der vorläufigen Einstellung ebensowenig, wie wenn die Aussetzung zum Zwecke der Durchführung weiterer Ermittlungen stattfindet. Abwesenheit des Angeklagten im Hauptverfahren zwingt nicht zur vorläufigen Einstellung, wenn die Hauptverhandlung ohne den Angeklagten durchgeführt werden (§§ 231 Abs. 2, 232, 233, 412), selbstverschuldete Verhandlungsunfähigkeit dann nicht, wenn nach den §§ 231 Abs. 2, 231 a verfahren werden kann[6]. Der Erlaß eines Strafbefehls zur Überwindung des Hindernisses ist nach geltendem Recht nach Eröffnung des Hauptverfahrens nicht möglich[7], wohl aber die außerhalb der Hauptverhandlung zulässige Einstellung nach den §§ 153 ff, insbesondere nach § 153 a Abs. 2, sofern die Zustimmung des Angeklagten erreicht werden kann.

e) **Rechtsmittelverfahren**. § 205 ist grundsätzlich anwendbar[8], sofern das Hindernis den Verfahrensabschluß unmöglich macht, was allerdings wegen der größeren Möglichkeiten, ohne den Angeklagten zu verhandeln, seltener als im erstinstanzlichen Verfahren der Fall sein wird. Ist der Angeklagte zur **Berufungsverhandlung** ordnungsgemäß, ggf. öffentlich (§ 40,8) geladen, so muß nach § 329 Abs. 1 oder 2 verfahren werden, wenn dessen Voraussetzungen vorliegen[9], eine vorläufige Einstellung kommt nicht in Betracht. Vorläufig einzustellen ist dagegen das Berufungsverfahren, wenn der Angeklagte verhandlungsunfähig wird. Auch in der **Revisionsinstanz** hindert die Abwesenheit des Angeklagten, wie § 350 Abs. 1 Satz 2 zeigt, den Fortgang des Verfahrens im allgemeinen nicht. Dagegen ist § 205 anzuwenden, wenn der Angeklagte in der Revisionsinstanz oder für die Revisionshauptverhandlung verhandlungsunfähig wird (vgl. § 351, 8); letzteres ist freilich unschädlich, wenn das Revisionsgericht durch Beschluß nach § 349 Abs. 1 bis 4 entscheidet. **7**

## II. Hindernisse

1. **Allgemeines.** Aus dem Zweck der Vorschrift folgt, daß das in ihr genannte **8** **Hindernis** nicht mit dem Verfahrenshindernis im technischen Sinne (§ 206 a, § 260 Abs. 3) gleichzusetzen ist. Es geht vielmehr um zeitlich länger dauernde, dem weiteren Fortgang des konkreten Verfahrens entgegenstehende Umstände rechtlicher oder tatsächlicher Art. Darunter können sich auch Verfahrenshindernisse im technischen Sinne befinden (z. B. Immunität, vorübergehende Verhandlungsunfähigkeit), gemeint sind aber auch Umstände anderer Art wie die ausdrücklich genannte Abwesenheit des Angeschuldigten. Das Hindernis muß **vorübergehend** sein; es muß möglich erscheinen, daß es später wegfällt. Ist es endgültig, so kommt, sofern es sich um ein Verfahrenshindernis handelt, vor Eröffnung des Hauptverfahrens deren Ablehnung nach § 204 und nach Eröffnung Einstellung nach den §§ 206 a, 260 Abs. 3 in Betracht[10]. Kurzfristige Hemm-

---

[6] *Kleinknecht/Meyer* 3; vgl. näher die Erl. zu diesen Vorschriften.

[7] Anders der in Art. 1 Nr. 31 StVÄGE 1984 vorgeschlagene neue § 408 a, der im Verfahren vor den Amtsgerichten auch nach Eröffnung des Strafverfahrens den Erlaß eines Strafbefehls ermöglichen will, „wenn der Durchführung einer Hauptverhandlung das Ausbleiben oder die Abwesenheit des Angeklagten oder ein anderer wichtiger Grund entgegensteht".

[8] Jetzt allg. M; in der Rspr. z. B. OLG Stuttgart MDR **1982** 775; a. A früher OLG Hamburg *Alsb.* E 2 51.

[9] OLG Stuttgart MDR **1982** 775; LG Verden NJW **1974** 2194; KK-*Treier* 6; *Kleinknecht/Meyer* 3; KMR-*Paulus* 4; vgl. auch RGSt **65** 417.

[10] OLG Hamburg JR **1962** 269; OLG Nürnberg MDR **1968** 516.

Peter Rieß

nisse des Verfahrensfortgangs, wie etwa die Nichtgreifbarkeit dringend erforderlicher Beiakten, eine akute Erkrankung des Angeklagten oder seine vorübergehende Abwesenheit, zwingen nicht zur vorläufigen Einstellung[11]. Das Hindernis muß vielmehr für **längere Zeit** dem Verfahrensfortgang entgegenstehen. Wann das der Fall ist, läßt sich nicht zeitlich generalisierend näher angeben. Maßgebend für die Abgrenzung zwischen dem durch einfaches Liegenlassen überbrückbaren Zeitraum und der förmlichen vorläufigen Einstellung dürfte sein, ob ein Verstoß gegen das Beschleunigungsgebot angenommen werden könnte, wenn nicht durch eine ausdrückliche überprüfbare Entscheidung deutlich gemacht wird, daß ein Hindernis vorliegt. Eine ausdrückliche vorläufige Einstellung wird dann eher erforderlich, wenn der Zeitpunkt des Wegfalls des Hindernisses ungewiß ist.

**9**     **Kein Hindernis** im Sinne des § 205 liegt vor, wenn das Verfahren in einer rechtlich zulässigenForm fortgeführt und beendet werden kann (KMR-*Paulus* 3). Möglichkeiten einer verfahrensfördernden Maßnahme haben Vorrang. Deshalb ist, wenn das Hindernis nur einen von mehreren Mitangeschuldigten betrifft, etwa weil er flüchtig ist, nach Abtrennung (§ 2, 62) das Verfahren gegen die übrigen durchzuführen und nur gegen ihn vorläufig einzustellen (OLG München NJW **1978** 176). Ebensowenig liegt, wenn keine besonderen Vorschriften hierzu ermächtigen (§§ 154 e, 262 Abs. 2), ein Hindernis vor, wenn das Gericht zwar entscheiden könnte, aber (auch aus verständlichen Gründen) nicht entscheiden möchte (KMR-*Paulus* 3). Es ist daher nicht zulässig, nach § 205 das Verfahren vorläufig einzustellen[12], um die obergerichtliche Klärung einer Rechtsfrage abzuwarten[13], um eine zu erwartende materiell-rechtliche Gesetzesänderung berücksichtigen zu können[14], um eine Amnestie abzuwarten[15] oder auf die Entscheidung des BVerfG in einem dort anhängigen Normenkontrollverfahren nach Art. 100 GG zu warten[16]. Hält das Gericht selbst die anzuwendende Norm für verfassungswidrig, so muß es seinerseits dem BVerfG ohne Rücksicht darauf vorlegen, ob bereits andere Gerichte vorgelegt haben und kann dann wegen seiner Vorlage nach § 205 verfahren. Allenfalls kann, wenn diese Ereignisse unmittelbar bevorstehen, etwa eine Gesetzesänderung bereits verkündet, aber noch nicht in Kraft getreten ist, kurzfristig und ohne Anwendung des von einem für längere Zeit dauernden Hindernis ausgehenden § 205 mit dem Verfahren innegehalten werden, wenn dadurch das Beschleunigungsgebot nicht berührt wird (*Krause* 102). Auch eine Überlastung von Staatsanwaltschaft oder Gericht rechtfertigt es nicht, einzelne Verfahren nach § 205 vorläufig einzustellen (**a. A** *Kunkel*). Zur Frage, ob die vorübergehende Nichtverfügbarkeit wichtiger Beweismittel die vorläufige Einstellung rechtfertigen kann, s. Rdn. 22.

### 2. Hindernisse in der Person des Angeschuldigten

**10**     **a) Abwesenheit.** Der Angeschuldigte ist nach der auch für § 205 geltenden[17] Legaldefinition des § 276 (vgl. i.E die dortigen Erl.) abwesend, wenn sein Aufenthalt unbekannt ist oder wenn er sich im Ausland aufhält und seine Gestellung vor das zuständige Gericht nicht ausführbar oder nicht angemessen erscheint. Die in den §§ 286 bis 294 ge-

---

[11] KK-*Treier* 3; *Kleinknecht/Meyer* 3; *Krause* 102.

[12] Ausführlicher LR-*Meyer-Goßner*[23] 17 bis 19.

[13] KMR-*Paulus* 5; *Krause* 102; a. A *Peters* § 50 IV.

[14] Vgl. OLG Celle NJW **1969** 519; *Dahs* ZRP **1970** 5; *Hohler* NJW **1969** 1228; *Pulch* ZRP **1969** 150; *Schulz* MDR **1969** 538.

[15] A. A *Kaiser* ZRP **1970** 51 mit unklarer Anwendung des § 206 a.

[16] OLG Köln NJW **1961** 2271; VGH Kassel NJW **1956** 525; KMR-*Paulus* 5; *Krause* 101; a. A *Peters* § 50 IV.

[17] *Bloy* GA **1980** 165; *Roxin* § 40 C II 2 c; *Eb. Schmidt* 13.

regelten Maßnahmen bleiben trotz der vorläufigen Einstellung möglich. Ein die vorläufige Einstellung rechtfertigendes Hindernis bildet die Abwesenheit jedoch nur dann, wenn die nunmehr vorzunehmende prozessuale Maßnahme an ihr scheitern würde. Das ist regelmäßig der Fall, wenn eine **Hauptverhandlung** durchgeführt werden müßte. Vorläufige Einstellung ist jedoch nicht erforderlich, wenn die Voraussetzung für eine Hauptverhandlung ohne den Angeklagten vorliegen, doch braucht sich das Gericht, wenn es die Anwesenheit für erforderlich hält (§ 236), auch in einem solchen Fall eine Verhandlung ohne Angeklagten nicht aufdrängen zu lassen[18]. Auch bei einem im Ausland lebenden Angeklagten, bei dem eine Auslieferung nicht in Betracht kommt, braucht nicht vorläufig eingestellt zu werden, wenn erwartet werden kann, daß er freiwillig zur Hauptverhandlung erscheint. Ein **Strafbefehl** kann auch gegen einen abwesenden Angeschuldigten erlassen werden, wenn seine Zustellung, etwa im Wege der internationalen Rechtshilfe oder an den Verteidiger nach § 145 a oder an einen Zustellungsbevollmächtigten nach den §§ 116 a Abs. 3, 132 Abs. 1 Nr. 2 erfolgen kann[19].

Für Prozeßhandlungen **außerhalb der Hauptverhandlung** kommt die vorläufige Einstellung wegen Abwesenheit nur in Frage, wenn deshalb das Verfahren nicht weiter gefördert werden kann. Dies ist im Ermittlungsverfahren etwa dann der Fall, wenn die öffentliche Klage erhoben werden soll und der Beschuldigte weder vernommen werden noch eine schriftliche Äußerung von ihm herbeigeführt werden kann (§ 163 a Abs. 1); im Eröffnungsverfahren, wenn ihm die Anklage weder selbst noch seinem Verteidiger (§ 145 a), noch einem Zustellungsbevollmächtigten (§ 132 Abs. 1 Nr. 2; vgl. § 37, 29 ff) zugestellt werden kann. **11**

b) **Verhandlungsunfähigkeit.** Der Beschuldigte muß in jeder Lage des Verfahrens **12** verhandlungsfähig sein. Das folgt aus der mit der Menschenwürde verbundenen Anerkennung seiner Subjektqualität. Verhandlungsunfähigkeit ist ein von Amts wegen zu beachtendes Verfahrenshindernis[20], lediglich für das Sicherungsverfahren nach den §§ 413 ff wird sie nicht uneingeschränkt vorausgesetzt. Bei dauernder Verhandlungsunfähigkeit ist das Verfahren je nach Sachlage nach den §§ 170 Abs. 2, 206 a oder 260 Abs. 3 einzustellen[21]. Ist die Wiederherstellung der Verhandlungsfähigkeit möglich, so ist das Verfahren für die Dauer der Verhandlungsunfähigkeit nach § 205 vorläufig einzustellen, und zwar auch dann, wenn die Wiederherstellung ungewiß ist (OLG Nürnberg MDR **1968** 516). Bei verhältnismäßig kurzer Verhandlungsunfähigkeit, etwa wenn der Angeklagte betrunken zur Hauptverhandlung erscheint, vorübergehend an Entzugserscheinungen leidet (dazu *Cabanis* 89; *Glatzel* 191) oder akut erkrankt ist, kann ohne ausdrückliche vorläufige Einstellung bis zur Wiederherstellung der Verhandlungsfähigkeit abgewartet werden. Soweit besondere gesetzliche Vorschriften es ermöglichen (§§ 230 Abs. 2, 231 a) kann auch das Strafverfahren unter den dort jeweils bestimmten Voraussetzungen trotz Verhandlungsunfähigkeit weitergeführt werden.

---

[18] OLG Hamburg MDR **1968** 345 (kein Verstoß gegen Art. 6 MRK); vgl. OLG Stuttgart NJW **1978** 1120.

[19] Zu den Problemen der Verfolgung von Verkehrsstraftaten durchreisender Ausländer vgl. zuletzt mit weit. Nachw. *Geppert* GA **1979** 282; ferner – teilweise durch Gesetzesänderungen überholt – *Kaiser* NJW **1964** 1553; *Neu* NJW **1964** 2334; *Oppe* NJW **1966** 2237.

[20] RG JW **1938** 1644; BGH bei *Dallinger* MDR **1958** 141; **1968** 552; NJW **1970** 1981;

offengelassen, ob in jedem Fall BGHSt **26** 92; im Schrifttum h. M, vgl. Einl. Kap. **12** IX; KK-*Treier* 4; *Peters* § 35 II 1; *Roxin* § 21 B III 1; *Volk* Prozeßvoraussetzungen 230; vollständiger Nachweis bei *Baxhenrich* 86.

[21] A. A (stets nur vorläufige Einstellung nach § 205) *Schneidewin* JR **1962** 271, der verkennt, daß es zahlreiche Fälle gibt, in denen an der Unwiederherstellbarkeit der Verhandlungsfähigkeit kein vernünftiger Zweifel besteht.

Peter Rieß

**13**　　War der Beschuldigte **bei** der **Tatbegehung schuldunfähig**, so hindert dieser materiell-strafrechtliche Umstand auf jeden Fall eine Bestrafung, allenfalls kommt eine Maßregel der Besserung und Sicherung in Betracht. Vor Eröffnung des Hauptverfahrens ist in diesem Fall nach § 170 Abs. 2 einzustellen oder die Eröffnung abzulehnen. Nach Eröffnung des Hauptverfahrens ist der Angeklagte (wenn keine Maßregel der Besserung und Sicherung angeordnet wird) aufgrund einer Hauptverhandlung freizusprechen, wenn er verhandlungsfähig ist; eine bloße Verfahrenseinstellung ist nicht zulässig[22]. Ist er dauernd verhandlungsunfähig, so muß das Verfahren nach §§ 206 a, 260 Abs. 3 ohne Sachurteil eingestellt werden, und zwar auch, wenn ein Sicherungsverfahren in Betracht kommt[23]. Bei vorübergehender Verhandlungsunfähigkeit ist auch in diesem Fall vorläufig einzustellen (OLG Dresden *Alsb.* E 2 53).

**14**　　**Verhandlungsfähigkeit** bedeutet, daß der Beschuldigte in der Lage sein muß, physisch und psychisch den Verfahrenshandlungen zu folgen, die Bedeutung aller Umstände für den ihm gemachten Vorwurf zu erkennen, sich selbst im Verfahren zu äußern, seine Verfahrensbefugnisse auszuüben und seine Verfahrenspflichten zu erfüllen. Er muß fähig sein, seine Interessen vernünftig zu vertreten, seine Rechte zu wahren und seine Verteidigung in verständlicher Weise zu führen[24]. Entscheidend ist die autonome Fähigkeit zur prozessualen Interessenvertretung (*Baxhenrich* 21). Allerdings setzt das Verfahrensrecht bei dem geistig und körperlich durchschnittlich gesunden Beschuldigten diese Fähigkeit normativ voraus, so daß es nicht darauf ankommen kann, ob ein solcher Beschuldigter bei einer besonders komplizierten Verfahrenssituation im Einzelfall überfordert ist. Nur schwere geistige oder körperliche Mängel können in der Regel Verhandlungsunfähigkeit begründen (BGH NJW **1970** 1981; OLG Karlsruhe NJW **1978** 601). Wer taub oder stumm ist, ist damit, wie sich aus § 140 Abs. 1 Nr. 5 ergibt, ebensowenig ohne weiteres verhandlungsunfähig wie der Blinde. Verhandlungsunfähigkeit ist weder gleichzusetzen mit der materiell-strafrechtlichen Schuldunfähigkeit noch mit der zivilrechtlichen Geschäftsfähigkeit (OLG Hamm NJW **1973** 1894), noch mit der zivilprozessualen Prozeßfähigkeit (*Peters* § 32 III 2). Beurteilungsmaßstab sind die durch das konkrete Verfahren bestimmten Anforderungen (*Baxhenrich* 23); so daß für einen bestimmten Beschuldigten Verhandlungsfähigkeit für ein kleineres Verfahren noch gegeben sein, für ein besonders umfangreiches aber bereits fehlen kann.

**15**　　Ob **Verhandlungsfähigkeit** besteht, kann **für die verschiedenen Verfahrensabschnitte unterschiedlich** zu beurteilen sein, weil die Anforderungen an die Fähigkeit zur vernünftigen Interessenwahrnehmung je nach Verfahrenslage unterschiedlich sind. Da insoweit namentlich die Hauptverhandlung besondere Anforderungen stellt, erscheint es sachgerecht, von der allgemeinen Verhandlungsfähigkeit eine besondere **Hauptverhandlungsfähigkeit** zu unterscheiden[25]. Diese unterscheidet sich, wie sich jetzt auch aus

---

[22] KK-*Treier* 5; KMR-*Paulus* 16; *Eb.* Schmidt 11; **a. A** wohl *Peters* ZStW **68** (1956) 391 (Wahl zwischen Freispruch und Einstellung).

[23] OLG Schleswig bei *Ernesti/Lorenzen* SchlHA **1981** 93; *Kleinknecht/Meyer* § 416, 2; KMR-*Paulus* 16; **a. A** *K. Schäfer* § 416, 3 in der 23. Aufl.

[24] RGSt 1 150; **29** 326; **64** 14; BGH bei *Dallinger* MDR **1958** 141; NJW **1970** 1981; OLG Frankfurt NJW **1969** 570; OLG Hamburg JR **1962** 269; OLG Hamm NJW **1973** 1894; OLG Karlsruhe NJW **1978** 601; im Schrifttum im wesentlichen übereinstim-

mend z. B. *Gössel* § 16 B III b; *Henkel* 333; *v. Hippel* 274; KK-*Treier* 4; KMR-*Paulus* 8; *Peters* § 32 III 2; *Roxin* § 21 III 1 b; *Rüping* 16; *Eb.* Schmidt I 145; zur Verhandlungsunfähigkeit aus medizinischer Sicht *Cabanis* 88; bei Betäubungsmittelabhängigkeit *Glatzel* 181; *Täschner* NJW **1984** 641.

[25] *Rieß* Beiheft ZStW **1978** 183 Fußn. 19; ähnlich *Zipf* Strafprozeßrecht² (1977) 94; *Kleinknecht/Meyer* Einl. 97; **a. A** *Baxhenrich* 4, 25, der den Begriff der Verhandlungsfähigkeit allein auf die Hauptverhandlung bezieht; dagegen widerspricht RGSt **64** 15 die-

der Regelung des § 231 a ergibt, auch von der **Vernehmungsfähigkeit**, dergestalt, daß ein Beschuldigter trotz körperlicher oder geistiger Mängel noch in der Lage sein kann, bei einer in ihrer Durchführung auf seine Behinderung Rücksicht nehmenden Vernehmung seine Interessen sachgerecht wahrzunehmen, während dies für die komplexen Vorgänge der Hauptverhandlung ausgeschlossen sein kann. Die Anforderungen an die einfache Verhandlungsfähigkeit und die Vernehmungsfähigkeit sind regelmäßig geringer als an die Hauptverhandlungsfähigkeit, namentlich werden körperliche Behinderungen sie nur selten ausschließen, geistige Defekte nur dann, wenn sie so schwerwiegend sind, daß eine auch nur ungefähre Einsicht in die Prozeßlage ausgeschlossen erscheint. Andererseits muß aber auch bedacht werden, daß die Wirkung von Alkohol, anderer Suchtmittel oder Übermüdung, auch wenn Vernehmungs- oder Verhandlungsfähigkeit an sich noch gegeben sind, zu einer im Sinne des § 136 a unzulässigen Vernehmung führen kann (vgl. § 136 a, 22; 28). In diesem Fall bedarf es allerdings regelmäßig nicht der Anwendung des § 205 (Rdn. 12); es genügt, die Vernehmung oder Verhandlung bis zur Wiederherstellung des Normalzustandes zu verschieben. Fehlt vorübergehend lediglich die Hauptverhandlungsfähigkeit, so steht dies weder der Anklageerhebung noch der Eröffnung des Hauptverfahrens entgegen, vielmehr kann das Verfahren bis zur Hauptverhandlungsreife gefördert werden.

**Hauptverhandlungsunfähigkeit**, die zur vorläufigen (oder endgültigen) Einstellung des Verfahrens führt, **liegt** dann **nicht vor**, wenn durch eine dem Gesundheitszustand des Angeklagten entsprechende Verhandlungsgestaltung, gegebenenfalls durch eine Verhandlung am Aufenthaltsort des nicht reisefähigen Angeklagten, auch außerhalb des Gerichtsbezirks (BGHSt **22** 250), oder durch eine Stoffbegrenzung nach den §§ 154, 154 a der eingeschränkten Verhandlungsfähigkeit Rechnung getragen werden kann, so wenn der Angeklagte in Anwesenheit eines Arztes einige Stunden am Tag mit Erholungspausen an der Verhandlung teilnehmen kann[26]; doch gilt dies dann nicht mehr, wenn dadurch eine einigermaßen konzentrierte Durchführung der Hauptverhandlung unmöglich wird (OLG Karlsruhe NJW **1978** 601) oder wenn infolge der Dauer der Hauptverhandlung sicher abgesehen werden kann, daß in ihrem Verlauf Verhandlungsunfähigkeit eintreten wird (OLG Karlsruhe aaO). Ggf. ist der eingeschränkten Verhandlungsfähigkeit auch durch Bestellung eines Verteidigers nach § 140 Abs. 2 Rechnung zu tragen. **16**

Als (regelmäßig nur auf die Hauptverhandlung bezogene) Sonderform der Verhandlungsunfähigkeit gilt auch die konkrete Gefahr einer **Lebens-** oder **schwerwiegenden Gesundheitsgefährdung** des Angeklagten durch die Verfahrensfortsetzung. Das folgt aus dem grundgesetzlich geschützten Anspruch auf Leben und körperliche Unversehrtheit (Art. 1 Abs. 2 Satz 1 GG)[27]. In diesen Fällen ist der Angeklagte zwar in dem Sinne verhandlungsfähig, daß er zu seiner Interessenwahrnehmung in der Lage wäre; wegen der damit verbundenen Gesundheitsgefährdung ist ihm eine Verhandlung jedoch nicht zumutbar. Wann diese Art der Verhandlungsunfähigkeit besteht, ist nach **17**

---

ser Auffassung nicht, die dortige Bemerkung, die Verhandlungsfähigkeit könne nur nach einheitlichen Gesichtspunkten beantwortet werden, steht in einem anderen Zusammenhang.

[26] OLG Frankfurt NJW **1969** 570; OLG Hamm GA **1957** 154; vgl. auch BGHSt **19** 144.

[27] BVerfGE **51** 346; OLG Frankfurt NJW **1969** 570; OLG Karlsruhe NJW **1978** 601; die Entscheidung des OLG Hamburg JR **1979** 383 mit Anm. *Meyer-Goßner*, der eine wesentlich engere Auffassung zugrundeliegt, ist von BVerfG aaO aufgehoben worden; *Dahs* Hdb. 342; KK-*Treier* 4; *Kleinknecht/ Meyer* Einl. 94; KMR-*Paulus* 15; *Roxin* § 21 B III 1 b; *Seetzen* 260; wohl weitergehend *Baxhenrich* 38.

Peter Rieß

den Umständen des Einzelfalls zu entscheiden (BVerfGE **51** 347). Bei ernsthafter Gefahr eines schwerwiegenden, irreparablen gesundheitlichen Schadens darf die Hauptverhandlung regelmäßig nicht durchgeführt werden; bei ernsten gesundheitlichen Beeinträchtigungen vorübergehender Natur kann es auf die Möglichkeit späterer Heilung oder Besserung ankommen; leichte Gesundheitsbeeinträchtigungen sind stets hinzunehmen (*Seetzen* 260). Die unterhalb der Wahrscheinlichkeit liegende bloße Möglichkeit solcher Schäden begründet keine Verhandlungsunfähigkeit; eine an Sicherheit grenzende Wahrscheinlichkeit kann nicht verlangt werden (BVerfGE **51** 348 f). Bei der Gesundheitsgefährdungsprognose kann auch die Lebensführung des Angeklagten berücksichtigt werden; wer durch seinen sonstigen Lebenswandel erhebliche Gesundheitsrisiken auf sich nimmt, kann sich für das Strafverfahren nicht auf eine besondere Schonungsbedürftigkeit berufen (*Baxhenrich* 42; *Seetzen* 260).

**18**      Eine Verhandlungsfähigkeit, die den Verlust der Fähigkeit zur sachgerechten Verteidigung bewirkt (Rdn. 14) steht nicht zur **Disposition des Beschuldigten**; gegen ihn darf auch dann nicht verhandelt werden, wenn er damit einverstanden ist oder es sogar ausdrücklich wünscht. Dagegen läßt sich bei der durch die Hauptverhandlung begründeten schwerwiegenden Gefahr für Leben oder Gesundheit (Rdn. 17) die Frage aufwerfen, ob der Angeklagte auf den Schutz de Annahme, er sei verhandlungsunfähig, verzichten kann. Denn solange sich die Gefahr nicht realisiert, ist der Angeklagte in der Lage, seine Interessen sachgerecht wahrzunehmen und damit verhandlungsfähig; die Gefährdungslage wird nur deshalb mit der Verhandlungsunfähigkeit gleichgesetzt, um den grundgesetzlich gesicherten Anspruch auf Leben und körperliche Unversehrtheit auch gegenüber den Anforderungen des Strafverfahrens zu gewährleisten. Ein Angeklagter, der sich von der Hauptverhandlung seine Rehabilitierung erhofft, kann durchaus bereit sein, hierfür auch das Risiko einer erheblichen Lebens- oder Gesundheitsgefährdung in Kauf zu nehmen. Dagegen läßt sich allerdings einwenden, daß Art. 2 Abs. 2 Satz 1 GG den Staatsorganen auch eine objektive Schutzpflicht für das Leben und die Gesundheit des Bürgers auferlegt. Zur Revisibiltät einer Ablehnung der Verhandlungsunfähigkeit aus diesem Grunde s. unten Rdn. 34.

**19**      Bestehen für den Tatrichter **Zweifel an der Verhandlungsfähigkeit**[28], so ist, ohne daß der Grundsatz in dubio pro reo eine Rolle spielt (§ 206 a, 30) zu unterscheiden (vgl. KMR-*Paulus* 12 ff): Ist der Angeschuldigte möglicherweise verhandlungsunfähig und läßt sich die Frage (freibeweislich) auch unter Ausschöpfung aller Erkenntnisquellen nicht klären, so darf nicht verhandelt werden[29]. Ist er unzweifelhaft verhandlungsfähig und besteht lediglich die Möglichkeit, er werde im Laufe des weiteren Verfahrens verhandlungsunfähig werden, so ist das Verfahren so lange weiterzuführen, bis tatsächlich Verhandlungsunfähigkeit eintritt; davon kann nur dann abgesehen werden, wenn unzweifelhaft ist, daß ein Verfahrensabschluß mit einem verhandlungsfähigen Angeklagten nicht erreicht werde kann. Begründet das Strafverfahren die Gefahr einer Lebens- oder schwerwiegenden Gesundheitsgefährdung und nur deshalb Verhandlungsunfähigkeit, so kommt es auf die Wahrscheinlichkeit an, ob sich die Gefahr realisiert (Rdn. 17). Ist lediglich zweifelhaft, ob die Verhandlungsunfähigkeit vorübergehend oder endgültig ist, so ist das Verfahren nur vorläufig einzustellen (OLG Nürnberg MDR **1968** 516).

**20**      **c) Sonstige Hindernisse in der Person des Angeschuldigten** sind beispielsweise die parlamentarische Immunität nach Art. 46 Abs. 2 bis 4 GG und den entsprechenden Be-

---

[28] Zu der hier nicht zu erörternden Frage, wieweit das Revisionsgericht die Entscheidung des Tatrichters, daß der Angeklagte verhandlungsfähig sei, überprüfen kann, vgl.

Einl. Kap. **11** VI und die Erl. zu § 337 unter III 3.
[29] KMR-*Paulus* 12; vgl. auch BGHSt **19** 144; **26** 92.

stimmungen in den Länderverfassungen (vgl. die Erl. zu § 152 a), solange die Genehmigung zur Strafverfolgung nicht erteilt ist, die völkerrechtliche Immunität, wenn eine Strafverfolgung nach ihrem Wegfall möglich ist (vgl. die Erl. zu den §§ 18, 19 GVG) sowie der auslieferungsrechtliche Spezialitätsgrundsatz (OLG Hamburg NJW **1969** 998; vgl. die Erl. Vor § 156 GVG), wenn eine spätere Strafverfolgung etwa durch nachträgliche Bewilligung oder Wegfall des auslieferungsrechtlichen Schutzes infolge freiwilligen Verweilens im Bundesgebiet noch möglich erscheint.

**3. Nicht in der Person des Angeschuldigten liegende Hindernisse**
**a) Allgemein.** Auf nicht in der Person des Angeschuldigten liegende, für längere **21** Zeit bestehende, nicht endgültige Hindernisse ist grundsätzlich § 205 ebenfalls (zumindest analog) anwendbar (a. A insgesamt *Bloy* GA **1980** 167). Auch solche Umstände können unbeschadet des Beschleunigungsgebots einer alsbaldigen Sachentscheidung entgegenstehen und insoweit ist die Situation keine andere, als wenn die Hindernisse in der Person des Angeschuldigten liegen. Allerdings ist zu beachten, daß § 205 keine materielle Ermächtigung zum Innehalten mit dem Verfahren enthält[30], sondern nur eine Regelung über die *förmliche* Unterbrechung eines Verfahrens trifft, das aus *anderen* Gründen nicht gefördert werden kann. Deshalb wird der generell bei Anwendung des § 205 zu beachtende Vorrang verfahrensbeendender Entscheidungen bei nicht in der Person des Angeschuldigten liegenden Hindernissen sehr viel seltener eine vorläufige Einstellung rechtfertigen können. Sie ist in diesen Fällen immer auch am Beschleunigungsgebot des Art. 6 Abs. 1 MRK zu messen. Auf das Einverständnis des Angeschuldigten mit der vorläufigen Einstellung kommt es aber auch insoweit nicht an (a. A OLG München NJW **1978** 176).

**b) Unerreichbarkeit von Zeugen.** Umstritten ist namentlich, ob das Verfahren **22** unter Anwendung des § 205 auch vorläufig eingestellt werden kann, wenn ein Zeuge für einen längeren Zeitraum abwesend oder vernehmungsunfähig ist oder ein anderes Beweismittel längere Zeit nicht zur Verfügung steht[31]. Die Frage läßt sich nicht allgemein und nicht für alle Verfahrenssituationen gleich beantworten. Es ist vielmehr eine Abwägung zwischen dem Beschleunigungsgrundsatz und dem Gebot der umfassenden Sachverhaltsaufklärung unter Berücksichtigung der Bedeutung des zeitweise nicht erreichbaren Beweismittels und der voraussichtlichen Verfahrensverzögerung vorzunehmen. Ergibt sich dabei, daß auch unter Berücksichtigung der Möglichkeit der Verwendung von Vernehmungssurrogaten nach den §§ 251 ff und der Vernehmung von Zeugen vom Hörensagen das Aufklärungsinteresse das Interesse an einer baldigen Fortführung des Verfahrens überwiegt, so darf und muß ohne Verstoß gegen den Beschleunigungsgrundsatz bis zur Erreichbarkeit des besseren Beweismittels abgewartet werden (vgl. BayObLG StrVert. **1982** 412). In diesem Fall ist, wenn es sich nicht lediglich um eine kurzfristige Verzögerung handelt, der sich aus dem Gebot der Wahrheitserforschung ergebenden Notwendigkeit, mit dem Verfahren innezuhalten, *formal* durch eine vorläufige Einstellung Rechnung zu tragen. Im umgekehrten Fall ist für die Anwendung des § 205 dagegen kein Raum, sondern unter Verzicht auf das zeitweilig unerreichbare Beweismittel (vgl. *Alsberg/Nüse/Meyer* 626) sachlich zu entscheiden.

---

[30] OLG Frankfurt NStZ **1982** 218; OLG München NJW **1978** 176.

[31] **Bejahend** OLG Düsseldorf *Alsb.* E **2** 51; LR-*Meyer-Goßner*[23] 14; *Henkel* 315; *v. Hippel* 504; *Krause* 98; *Kunkel* 263; wohl auch *Gössel* § 13 B I a; **verneinend** OLG Düssel-dorf MDR **1984** 512; OLG Frankfurt NStZ **1982** 218; OLG München NJW **1978** 176; *Bloy* GA **1980** 166; *Kleinknecht/Meyer* 8; KK-*Treier* 9; KMR-*Paulus* 19; *Rüping* 104; *Schlüchter* 406 Fußn. 63 b; *Eb. Schmidt* 16.

Peter Rieß

**23**    **c) Behebbare Verfahrenshindernisse** im technischen Sinne können ebenfalls eine vorläufige Einstellung rechtfertigen, so wenn ein fehlender Strafantrag noch gestellt werden oder im Privatklageverfahren der erforderliche Sühneversuch (§ 380) noch nachgeholt werden kann[32]. Oft wird aber in solchen Fällen, weil der Schwebezustand keine längere Zeit dauern kann, eine ausdrückliche vorläufige Einstellung entbehrlich sein (so für den Strafantrag generell *Bloy* GA **1980** 167). **Unzuständigkeitserklärungen**, wie sie etwa bei fehlender örtlicher Zuständigkeit (§ 204, 6 f) oder bei anders nicht lösbaren Auseinandersetzungen über die geschäftsplanmäßige Zuständigkeit (§ 209,9) möglich sind, rechtfertigen eine vorläufige Einstellung nicht. Ganz abgesehen davon, daß dem Gericht nach Ausspruch seiner Unzuständigkeit jede Kompetenz zur vorläufigen Einstellung fehlt, soll durch die Unzuständigkeitserklärung das Verfahren (durch Anrufung des zuständigen Gerichts oder eine Entscheidung nach den §§ 14, 19) ja gerade weiter gefördert werden.

### III. Entscheidung

**24**    **1. Kein Ermessen.** Trotz des Wortlauts der Vorchrift („kann…einstellen") handelt es nicht generell um eine Ermessensentscheidung (a. A KMR-*Paulus* 22). Wenn ein vorläufiges Hindernis dem Verfahrensfortgang für längere Zeit entgegensteht, muß das Verfahren vorläufig eingestellt werden, da es keine andere Entscheidungsmöglichkeit gibt. Allerdings stecken in dem Merkmal der „längeren Zeit" und in der Frage, ob andere verfahrensbeendende Entscheidungen in Betracht kommen, erhebliche Beurteilungsspielräume, die die Entscheidung faktisch einem Ermessen annähern (*Bloy* GA **1980** 165). Ein echtes **Ermessen** besteht dagegen bei einem nur die Hauptverhandlung betreffenden Hindernis für das eröffnende Gericht bei der Entscheidung, ob es sogleich das Verfahren vorläufig einstellt oder zunächst die Eröffnung des Hauptverfahrens beschließt (Rdn. 5).

**25**    **2. Verfahren bis zur Entscheidung.** Die vorläufige Einstellung kann von Amts wegen oder auf Antrag eines Prozeßbeteiligten beschlossen werden. Die Beteiligten sind, sofern nicht ihrem Antrag entsprochen wird, vor der Entscheidung zu hören (§ 33 Abs. 2, 3). Daß entgegen einem Antrag der Staatsanwaltschaft auf Eröffnung des Hauptverfahrens auch die vorläufige Einstellung (BayObLG *Alsb.* E 2 50; *Eb. Schmidt* 5) und entgegen dem Antrag auf diese auch die Eröffnung des Hauptverfahrens beschlossen werden kann, folgt auch aus § 206. Im zweiten Fall ist allerdings das Verfahren nach § 201 notwendig, und es erscheint zweckmäßig, den Einstellungsantrag der Staatsanwaltschaft durch einen gesonderten Beschluß abzulehnen und erst danach über die Eröffnung des Hauptverfahrens zu entscheiden[33].

**26**    **3. Form und Inhalt der Entscheidung.** Im Ermittlungsverfahren erfolgt die vorläufige Einstellung durch Verfügung, sonst durch Gerichtsbeschluß, bei dem, wenn er in der Hauptverhandlung ergeht, die Schöffen mitwirken (KMR-*Paulus* 21). Allerdings muß, auch wenn sich das Hindernis in der Hauptverhandlung herausstellt, die vorläufige Einstellung nicht in dieser erfolgen. Der die Hauptverhandlung beendende Beschluß

---

[32] KMR-*Paulus* 18; *Roxin* § 40 C II 2 b; a. A *Bloy* GA **1980** 167; vgl. OLG Düsseldorf JMBlNW **1961** 111 sowie für ähnliche Fallgestaltungen RGSt **77** 36; BGHSt **8** 154; **10** 363.

[33] Zwingend notwendig, so LR-*Meyer-Goßner*[23] 21; *Oetker* GerS **99** (1930) 262, ist dies allerdings nicht, zumal wegen der Zulässigkeit der *einfachen* Beschwerde keine Rechtsbeständigkeit der ablehnenden Entscheidung eintritt.

(§ 228 Abs. 1 Satz 1) kann sich auf deren Aussetzung beschränken und die vorläufige Einstellung (ggf. nach weiteren Nachforschungen) außerhalb dieser ohne Schöffen vorgenommen werden. Beim erstinstanzlich tätigen Oberlandesgericht entscheiden außerhalb der Hauptverhandlung drei Richter, die Ausnahmeregelung des § 122 Abs. 2 Satz 2 GVG gilt für diesen Fall nicht. Die Entscheidung ist, weil mit der Beschwerde anfechtbar (Rdn. 28 f) nach § 34 zu begründen. Eine **Kostenentscheidung** enthält sie nicht, weil sie das Verfahren nicht endgültig abschließt. Die Einstellungsentscheidung sowie die einen Einstellungsantrag ablehnende Entscheidung sind der Staatsanwaltschaft, dem Nebenkläger und dem Angeschuldigten **mitzuteilen**; Zustellung ist nicht erforderlich (§ 35 Abs. 2 Satz 2). Die vorläufige Einstellung durch die Staatsanwaltschaft wird auch dem Anzeigeerstatter mitgeteilt (Nr. 104 Abs. 3 RiStBV). Ein **Haft-** oder **Unterbringungsbefehl** muß nicht nach § 120 Abs. 1 Satz 2 aufgehoben werden, doch kann sich die Notwendigkeit der Aufhebung im Einzelfall aus § 120 Abs. 1 Satz 1, § 126 a Abs. 3 ergeben (OLG Karlsruhe JZ **1967** 418). Gleiches gilt für sonstige Zwangsmaßnahmen.

**4. Wirkung der Entscheidung.** Die vorläufige Einstellung hat im wesentlichen de- **27** klaratorische Bedeutung (KMR-*Paulus* 25), sie begründet kein Prozeßhindernis, hindert nicht, die nach Sachlage gebotenen und möglichen Maßnahmen vorzunehmen und kann jederzeit durch Fortsetzung des Verfahrens beendet werden (Rdn. 28). Die **Verjährung** wird infolge des abschließenden Charakters des § 78 c Abs. 1 StGB (BGHSt **25** 8) nur unterbrochen, wenn die vorläufige Einstellung durch das Gericht wegen Abwesenheit (§ 78 c Abs. 1 Nr. 10 StGB) oder wegen Verhandlungsunfähigkeit (§ 78 c Abs. 1 Nr. 11 StGB) beschlossen wird, nicht wenn sie aus anderen Gründen oder aus einem dieser Gründe durch die Staatsanwaltschaft[34] vorgenommen wird[35]. Soweit die Verjährung durch die vorläufige Einstellung unterbrochen wird, wird sie auch danach durch staatsanwaltschaftliche und richterliche Anordnungen nach § 78 c Abs. 1 Nr. 10, 11 StGB bis zur Grenze der doppelten Verjährungsfrist (§ 78 c Abs. 2 Satz 2 StGB) erneut unterbrochen. Ein Ruhen der Verjährung nach § 78 b StGB bewirkt die vorläufige Einstellung in keinem Fall[36].

## IV. Fortsetzung des Verfahrens nach Einstellung

Solange das Verfahren vorläufig eingestellt ist, haben Gericht und Staatsanwalt- **28** schaft regelmäßig darauf zu achten, ob das Hindernis noch besteht und ob sein Wegfall weiterhin möglich erscheint. Dabei ist auch zu prüfen, ob die während der Einstellung fortdauernden Maßnahmen (Fahndung, Haftbefehl) noch aufrechterhalten werden dürfen, ob zusätzliche, etwa die Aufhebung einer Haftverschonung (*Kleinknecht/Meyer* 5) geboten sind und ob weitere Beweissicherungsmaßnahmen getroffen werden müssen. Ggf. ist, sofern möglich (Rdn. 27), die Verjährung nach § 78 c StGB zu unterbrechen (*Kleinknecht/Meyer* 5). Die Fortsetzung des Verfahrens[37] ist von Amts wegen möglich

---

[34] Anders nach § 33 Abs. 1 Nr. 6 OWiG im Bußgeldverfahren bei vorläufiger Einstellung durch die Verwaltungsbehörde (dazu *Göhler* § 33, 27) wegen Abwesenheit des Betroffenen.

[35] Nach § 68 StGB in der bis 1970 geltenden Fassung war die Frage, ob die vorläufige Einstellung die Verjährung unterbrach, umstritten; vgl. die Nachw. bei LR-*Kohlhaas*[21] 8; *Eb. Schmidt* 18.

[36] RGSt **52** 36; *Dreher/Tröndle* § 78 b, 3; KMR-*Paulus* 26; *Eb. Schmidt* 19; *Schönke/Schröder/Stree* § 78 b, 3.

[37] Der Ausdruck „Wiederaufnahme" (so *Kleinknecht/Meyer* 5) ist zwar vielfach üblich und unschädlich, erscheint aber wenig zweckmäßig und sollte der Fortführung an sich endgültig abgeschlossener Verfahren vorbehalten werden.

Peter Rieß

und geboten, sobald eine endgültig das Verfahren beendende Entscheidung getroffen werden kann. Die Staatsanwaltschaft hat dies zu beantragen; auch der Angeschuldigte und der Nebenkläger können solche Anträge stellen. Ein ausdrücklicher Fortsetzungsbeschluß ist nicht erforderlich; es genügt eine Maßnnahme, aus der sich konkludent ergibt, daß nunmehr das Verfahren weitergeführt werden soll[38].

**29**　　Bei **Wegfall des Hindernisses** ist die nunmehr gebotene Prozeßhandlung vorzunehmen, also z. B. Anklage zu erheben, über die Eröffnung zu entscheiden oder Termin zur Hauptverhandlung anzuberaumen. Bei veränderter Sachlage kann es auch möglich sein, nunmehr eine Verfahrensbeendigung zu wählen, der das Hindernis nicht entgegensteht; bei bloßer Hauptverhandlungsunfähigkeit kann beispielsweise das Verfahren nach den §§ 153 ff eingestellt oder, sofern dies noch möglich ist, ein Strafbefehl erlassen werden.

**30**　　Besteht das **Hindernis fort**, so ist eine verfahrensbeendende Entscheidung zu treffen, sobald feststeht, daß es zu einem endgültigen geworden ist, etwa wenn sich herausstellt, daß der Angeschuldigte nicht wieder verhandlungsfähig werden wird. Spätestens ist das Verfahren zu beenden, wenn die Straftat verjährt ist (§ 78 c Abs. 3 Satz 2 StGB); bei unverjährbaren Taten (§ 78 Abs. 2 StGB) kommt die endgültige Einstellung erst beim Tod des Angeschuldigten oder seiner endgültigen Verhandlungsunfähigkeit in Betracht. Die Entscheidung ergeht je nach Lage des Verfahrens nach den §§ 170 Abs. 2, 204 oder 206 a.

## V. Anfechtbarkeit

### 1. Beschwerde

**31**　　a) Der **Einstellungsbeschluß** des Gerichts kann von der Staatsanwaltschaft, dem Nebenkläger und dem Angeschuldigten gemäß § 304 mit der einfachen Beschwerde angefochten werden[39], auch wenn er nach Eröffnung des Hauptverfahrens ergeht. Der Angeschuldigte ist durch die nur vorläufige Einstellung, anders als durch die endgültige nach 206 a (§ 206 a, 68) beschwert, weil sein Recht auf zügige Aburteilung verletzt sein kann. Keine Beschwerdemöglichkeit besteht, wenn die vorläufige Einstellung in der Revisionsinstanz oder durch das Oberlandesgericht im ersten Rechtszug beschlossen wird (§ 304 Abs. 4). Die einfache Beschwerde ist auch gegen eine vorläufige Einstellung durch das Landgericht als Beschwerdegericht zulässig, die dieses aufgrund einer sofortigen Beschwerde gegen eine Einstellung nach § 206 a unter deren Aufhebung vorgenommen hat[40]. Mit der Beschwerde kann auch geltend gemacht werden, daß der zuerst erkennende Richter richtigerweise nach § 206 a und nicht nach § 205 hätte verfahren müssen[41], dagegen soll nach OLG Celle MDR **1978** 161 die Beschwerde unzulässig sein, wenn mit ihr das Ziel verfolgt wird, eine vom erstinstanzlichen Richter für später vorbehaltene endgültige Einstellung nach § 206 a zu erreichen. Die durch die Staatsanwaltschaft verfügte vorläufige Einstellung des Ermittlungsverfahrens ist gerichtlich nicht überprüfbar.

---

[38] OLG Colmar *Alsb.* E **2** 57; *Kleinknecht/ Meyer* 5; KMR-*Paulus* 27; *Eb. Schmidt* 20.

[39] BayObLG *Alsb.* E **2** 55; OLG Dresden *Alsb.* E **2** 57; OLG Frankfurt NStZ **1982** 218; OLG Hamburg MDR **1968** 345; GA **1979** 145; OLG Hamm GA **1957** 154; OLG München NJW **1978** 176; OLG Stuttgart MDR **1982** 775; KK-*Treier* 12; *Kleinknecht/ Meyer* 4; KMR-*Paulus* 29; *Eb. Schmidt* 17;

*Schlüchter* 623. 2 Fußn. 35; **a. A** OLG Colmar *Alsb.* E **2** 56; *Schwarze* GerS **36** (1884) 301, die auch auf diesen Fall § 210 anwenden wollen.

[40] OLG Hamburg GA **1979** 145; KK-*Treier* 14.

[41] OLG Hamburg NJW **1969** 998; KMR-*Paulus* 29; KK-*Treier* 12.

**b) Der die vorläufige Einstellung ablehnende Beschluß** des Gerichts ist ebenfalls **32** mit der einfachen Beschwerde anfechtbar, solange das Hauptverfahren noch nicht eröffnet ist (*Eb. Schmidt* 22). Wird der Antrag auf vorläufige Einstellung nach Eröffnung des Hauptverfahrens durch das erkennende Gericht abgelehnt, so ist die Beschwerde durch § 305 ausgeschlossen[42]. Wird die Beschwerde gegen einen vor der Eröffnung des Hauptverfahrens abgelehnten Antrag erst nach der Eröffnung erhoben, so ist sie ebenfalls unzulässig (*Eb. Schmidt* 21); dem Antragsteller bleibt es unbenommen, erneut die vorläufige Einstellung durch das erkennende Gericht zu beantragen.

**c) Entscheidungen, die Fortsetzung des Verfahrens nach vorläufiger Einstellung** **33** **betreffen.** Mit der einfachen Beschwerde ist der Beschluß anfechtbar, der es entgegen einem gestellten Antrag (Rdn. 28) ablehnt, das Verfahren fortzusetzen. Wird das Verfahren fortgesetzt (Rdn. 29), so ist ein neuer Antrag auf vorläufige Einstellung möglich, für dessen Ablehnung das unter Rdn. 32 Ausgeführte gilt. Wird das Verfahren wegen Endgültigkeit des Hindernisses beendet (Rdn. 30), so richtet sich die Anfechtbarkeit nach der Art der Entscheidung, durch die dies geschieht.

**2. Revision.** Auf die unrichtige Anwendung des § 205 als solche kann die Revision **34** nicht gestützt werden. Mit ihr können aber Verfahrensfehler geltend gemacht werden, die darauf zurückzuführen sind, daß das Gericht das Verfahren nicht vorläufig eingestellt, sondern bis zum Urteil durchgeführt hat, sofern das Urteil auf diesen Fehlern beruht oder § 338 eingreift. In Betracht kommen hierbei insbesondere die Nichtbeachtung der Verhandlungsunfähigkeit des Angeklagten oder die Hauptverhandlung in seiner Abwesenheit (§ 338 Nr. 5). Allein auf die Behauptung einer wegen Lebens- oder schwerwiegender Gesundheitsgefährdung begründeten Hauptverhandlungsunfähigkeit (Rdn. 17) kann allerdings regelmäßig die Revision, anders als bei der „normalen" Verhandlungsunfähigkeit, nicht gestützt werden. Solange sich die Gefahr nicht durch den Eintritt eines Gesundheitsschadens realisiert hat, war der Angeklagte voll verhandlungsfähig; auf der bloßen Verkennung der Wahrscheinlichkeit dieser Gefahr kann bei Nichteintritt des Erfolgs das Urteil regelmäßig nicht beruhen. War das Verfahren zu Unrecht längere Zeit vorläufig eingestellt, so kann hierin ein Verstoß gegen das Beschleunigungsgebot liegen, der bei der Strafzumessung strafmildernd berücksichtigt werden muß (§ 206 a, 56); dies kann mit der Sachrüge geltend gemacht werden.

## VI. Beweissicherung    35

Zweck der nach Satz 2 vorgeschriebenen Beweissicherung ist es, die Beweise, deren Verlust bis zur späteren — zeitlich in der Regel ungewissen — Hauptverhandlung zu besorgen ist, in einer für diese verwertbaren Form (§§ 249, 251 Abs. 1, 254 Abs. 1) sicherzustellen (vgl. auch § 285). Dieser Zweck kann es auch erfordern, Beweise, deren Verlust für die Hauptverhandlung zu befürchten ist, erst zu beschaffen (KMR-*Paulus* 33). Auch wenn das Verfahren bereits bei Gericht anhängig ist, bleibt die Staatsanwaltschaft zu weiteren selbständigen Ermittlungen befugt (§ 202, 6), die möglicherweise Anlaß zu weiteren Beweissicherungsmaßnahmen des Vorsitzenden geben können. Die Pflicht zur Beweissicherung besteht während der gesamten Dauer der vorläufigen Einstellung. Sie aktualisiert sich bei jedem drohenden Beweisverlust, so daß auch mehrfache Beweissicherungsmaßnahmen in Betracht kommen können. Soweit das Hindernis

---

[42] KG JR **1950** 412; *Gössel* § 13 B II b;
KK-*Treier* 13; *Kleinknecht/Meyer* 4; KMR-
*Paulus* 30; *Eb. Schmidt* 22.

Peter Rieß

auch ihnen entgegensteht, etwa bei der Immunität eines Abgeordneten (vgl. *Nau* NJW 1958 1669), scheiden Beweissicherungsmaßnahmen aus.

**36**    Als **Mittel der Beweissicherung** kommen insbesondere (wegen der besseren Verwertbarkeit der Niederschriften in der Hauptverhandlung) richterliche Vernehmungen von Zeugen und Sachverständigen und richterliche Augenscheinseinnahmen oder die Sicherstellung von Beweisgegenständen in Betracht. Auch die richterliche Vernehmung des Angeschuldigten, der aber mindestens vernehmungsfähig sein muß, kann geboten sein (vgl. § 254 Abs. 1). Für die **Vereidigung** von Zeugen bei richterlichen Vernehmungen soll nach allg. M nicht § 223 Abs. 2 gelten, sondern §§ 65, 66 b analog anzuwenden sein[43]; für den Fall des Abwesenden s. § 286 Abs. 2.

**37**    **Zuständig** für die Anordnung der Beweissicherung bei vorläufiger Einstellung durch das Gericht **ist der Vorsitzende**, nicht wie in § 202 das Gericht. Bei vorläufiger Einstellung im Ermittlungsverfahren trifft die Staatsanwaltschaft die erforderlichen Beweissicherungsmaßnahmen, wobei sie richterliche Untersuchungshandlungen (§ 162) beantragt, falls die eigenen Ermittlungshandlungen keine genügende Beweissicherung gewährleisten. Richterliche Beweissicherungsmaßnahmen kann der Vorsitzende selbst durchführen oder durch einen ersuchten Richter (§§ 156 ff GVG) vornehmen lassen; für die Inanspruchnahme der Staatsanwaltschaft und Polizei gelten die gleichen Grundsätze wie bei § 202 (vgl. § 202, 12; 14 f).

# § 206

**Das Gericht ist bei der Beschlußfassung an die Anträge der Staatsanwaltschaft nicht gebunden.**

**Entstehungsgeschichte.** Mit Ausnahme des Zeitraumes der Beseitigung des Eröffnungsbeschlusses (1942 bis 1950, vgl. Entstehungsgeschichte Vor § 198) blieb die Vorschrift unverändert. Bezeichnung bis 1924: § 204.

**1**    **1. Bedeutung und Reichweite.** Die Vorschrift ist nach allgemeiner und zutreffender Auffassung[1] nur eine für das Eröffnungsverfahren der Klarstellung halber[2] gegebene Konkretisierung des allgemein in § 155 Abs. 2 zweiter Halbsatz aufgestellten Grundsatzes, daß die gerichtliche Entscheidung, sofern sie sich an das von der Anklagebehörde bestimmte Prozeßthema (§ 152 Abs. 1, § 155 Abs. 1) hält, grundsätzlich keinen Bindungen unterliegt. Mit den §§ 151, 155 ud 264 gehört sie zu den das Prozeßmodell des deutschen Strafverfahrens konstituierenden Bestimmungen, die die Anklageform mit der Instruktionsmaxime und damit mit der allseitigen Kognitionspflicht des Gerichts (*Eb. Schmidt* I 272, 296) verbinden. Über die Selbstverständlichkeit hinaus, daß der in der Anklage liegende Antrag der Staatsanwaltschaft bei Fehlen der gesetzlichen Eröffnungsvoraussetzungen abgelehnt werden kann, berechtigt die Vorschrift das eröffnende Gericht zur „Umgestaltung der Strafklage" (zur praktischen Bedeutung Vor § 198, 12).

---

[43] KK-*Treier* 15; *Eb Schmidt* 24; vgl. auch § 202, 13. Der Unterschied dürfte praktisch nicht von allzu großer Bedeutung sein, weil in diesen Fällen meist die Voraussetzungen des § 65 Nr. 1 oder Nr. 3 vorliegen werden.

[1] *Beling* 362; *Henkel* 102; *v. Hippel* 498; KK-*Treier* 1; KMR-*Paulus* 1; *v. Kries* 513; *Peters* § 51 II 1; *Eb. Schmidt* 2.

[2] *v. Hippel* 498 Fußn. 2. Die Vorschrift war in der Reichsratsvorlage noch nicht enthalten und wurde von der Justizkommission eingefügt; vgl. *Hahn* 117, 814 f.

Die **Grenzen** der Umgestaltung der Strafklage ergeben sich aus dem in den **2** §§ 151, 155 Abs. 1 verankerten Anklageprinzip. Die Entscheidungsfreiheit des Gerichts gegenüber den Anträgen der Staatsanwaltschaft gilt nur innerhalb der angeklagten prozessualen Tat und gegenüber den durch die Klage beschuldigten Personen. Nach der herrschenden Auffassung über den prozessualen Tatbegriff (Einl., Kap. **12** V) bedeutet das, daß der von der Anklage bezeichnete Vorgang einschließlich aller damit zusammenhängenden und darauf bezüglichen Vorkommnisse und tatsächlichen Umstände, das gesamte Verhalten des Angeschuldigten, soweit es mit diesem geschichtlichen Vorkommnis nach der Auffassung des Lebens einen einheitlichen Vorgang bildet (BGHSt **23** 145), vom Gericht selbständig zu würdigen ist, daß es aber über diesen Vorgang nicht hinausgehen darf. Das eröffnende Gericht ist in dem gleichen Umfang zur Umgestaltung der Strafklage berechtigt, wie es das erkennende nach § 264 ist.

Eine **Bindung des Gerichts** besteht auch gegenüber solchen Prozeßerklärungen **3** der Staatsanwaltschaft, die ausschließlich dieser vorbehalten sind und einer gerichtlichen Prüfung nicht unterliegen (KMR-*Paulus* 5). Dazu gehört die Bejahung des öffentlichen Interesses an der Strafverfolgung nach § 376 oder des den fehlenden Strafantrag ersetzenden besonderen öffentlichen Interesses nach den Vorschriften des StGB (z. B. §§ 232 Abs. 1, 248 a StGB)[3], sofern man mit der h. M[4] diese Entscheidungen der Staatsanwaltschaft für gerichtlich unüberprüfbar hält. Gleiches gilt, sofern das eröffnende Gericht überhaupt örtlich zuständig ist, für die gerichtlich unüberprüfbare (Vor § 7, 42) staatsanwaltschaftliche Wahl zwischen mehreren Gerichtsständen.

**2. Möglichkeiten der Umgestaltung.** Maßgebend ist für das Gericht in **tatsächli- 4** **cher Hinsicht** die Lage, wie sie sich nach seiner (vorläufigen) Beweiswürdigung aufgrund des Akteninhalts einschließlich der Erklärungen des Angeschuldigten nach § 201 und der Ergebnisse etwaiger Beweisaufnahmen nach § 202 darstellt. Wird danach der hinreichende Tatverdacht insgesamt oder für einzelne von mehreren prozessual selbständigen Taten oder hinsichtlich einzelner von mehreren Angeschuldigten verneint, so ist insoweit die Eröffnung abzulehnen. Im übrigen hat das Gericht einer von der Staatsanwaltschaft abweichenden Beurteilung im Tatsächlichen falls erforderlich durch eine abweiche **rechtliche Würdigung** Rechnung zu tragen, dabei kann es die angeklagte Tat in jeder Hinsicht rechtlich anders beurteilen. Es kann einen leichteren oder schwereren als den von der Staatsanwaltschaft angeklagten Tatbestand annehmen, ein idealkonkurrierendes Delikt verneinen oder bejahen, statt Tateinheit Tatmehrheit und umgekehrt annehmen, statt einer fortgesetzten Handlung mehrere Einzeltaten für gegeben halten oder mehrere Einzeltaten zu einer fortgesetzten Handlung zusammenfassen, es darf dabei nur nicht die Grenzen der angeklagten Tat verlassen. Zu einer solchen Umgestaltung ist das Gericht auch berechtigt, wenn allein seine rechtliche Würdigung von der Auffassung der Staatsanwaltschaft abweicht.

Zu einer **Veränderung des Prozeßstoffes** ist das Gericht nach den allgemein dafür **5** geltende Vorschriften befugt. Das Ausscheiden einzelner Tatteile oder Gesetzesverletzungen ist nur mit Zustimmung der Staatsanwaltschaft möglich (§ 154 a Abs. 2), während die Wiedereinbeziehung bereits von der Staatsanwaltschaft ausgeschiedener Tatteile oder Gesetzesverletzungen von Amts wegen vorgenommen werden kann (§ 154 a Abs. 3). Für die Einstellung selbständiger Taten nach den §§ 153 ff ist im allgemeinen die

---

[3] *Kleinknecht/Meyer* 1; KK-*Treier* 1; KMR-*Paulus* 5.
[4] Vgl. BVerfGE **51** 176; BGHSt **16** 225; *Dreher/Tröndle* § 232, 4; *Lackner* § 232, 3 c;

a. A LK-*Hirsch* § 232, 16; *Schönke/Schröder/ Stree* § 232, 3; SK-*Horn* § 232, 4; eingeschränkt (nur Überprüfung auf Ermessensfehler) *Keller* GA **1983** 512 ff.

Zustimmung oder (nach § 154 Abs. 2, § 154 b Abs. 3) ein Antrag der Staatsanwaltschaft erforderlich.

**6**     Auch in bezug auf die **verfahrensrechtliche Lage** ist das Gericht nicht an die Anträge der Staatsanwaltschaft gebunden; es kann namentlich entgegen der Auffassung der Staatsanwaltschaft das Verfahren nach § 205 vorläufig einstellen oder ein endgültiges Verfahrenshindernis bejahen. Die Angabe des **zuständigen Gerichts** in der Anklage (§ 200 Abs. 1 Satz 2) bindet das Gericht nicht. Es hat vielmehr die sachliche Zuständigkeit (§ 6), die Zuständigkeit besonderer Strafkammern (§ 6 a) und das Vorhandensein einer örtlichen Zuständigkeit (§ 16) im Zwischenverfahren von Amts wegen zu prüfen. Dabei verfährt es nach den §§ 209, 209 a, wenn es die sachliche Zuständigkeit oder die Zuständigkeit besonderer Strafkammern abweichend beurteilt; bei fehlender örtlicher Zuständigkeit erklärt es sich für unzuständig (§ 204, 7). Eine abweichende Beurteilung der Zuständigkeitsfrage kann insbesondere die Folge einer anderen rechtlichen Würdigung sein.

**7**     **3. Folgen der Umgestaltung der Strafklage.** Eine teilweise **Ablehnung der Eröffnung** mit der Rechtskraftwirkung nach § 211 und der Beschwerdebefugnis nach § 210 Abs. 2 ist nur geboten, wenn das Verfahren wegen einzelner von mehreren selbständigen prozessualen Taten (RGSt 46 221) oder gegen einzelne von mehreren Angeschuldigten aus tatsächlichen oder rechtlichen Gründen nicht eröffnet wird. Dagegen ist **keine** teilweise **Ablehnung** der Eröffnung zulässig, soweit das Gericht die einheitliche prozessuale Tat lediglich rechtlich abweichend würdigt, mag es sich dabei auch um mehrere materiell-rechtlich selbständige Straftaten handeln[5]. Ein etwa erlassener Ablehnungsbeschluß ist ohne rechtliche Wirkung (RGSt **48** 92; **62** 113), ihm kommt keine Rechtskraftwirkung zu (RGSt **23** 396; **46** 220), er bindet das erkennende Gericht nicht und eröffnet der Staatsanwaltschaft nicht die sofortige Beschwerde nach § 210 Abs. 2 (OLG Düsseldorf OLGSt § 210, 3).

**8**     Eine **neue Anklage** ist vorgeschrieben, wenn das Gericht die Eröffnung teilweise ablehnt oder abtrennbare Teile einer Tat nach § 154 a ausscheidet oder wieder einbezieht (§ 207 Abs. 2 Nr. 1, 2, Abs. 3). Ob die Staatsanwaltschaft in den übrigen Fällen einer veränderten Anklagezulassung (§ 207 Abs. 2 Nr. 3, 4) eine rein deklaratorische neue „Anklage" einreichen sollte, ist zweifelhaft (§ 207, 21). In diesen Fällen sind der Verlesung des Anklagesatzes die durch den Eröffnungsbeschluß vorgenommenen Änderungen zugrunde zu legen, dem Staatsanwalt steht es frei, seine Rechtsauffassung zusätzlich vorzutragen (§ 243 Abs. 3 Satz 3). Zur Nachholung des wesentlichen Ergebnisses der Ermittlungen bei Vorlage einer Strafrichteranklage an ein Gericht höherer Ordnung s. § 209, 41.

# § 206 a

**(1) Stellt sich nach Eröffnung des Hauptverfahrens ein Verfahrenshindernis heraus, so kann das Gericht außerhalb der Hauptverhandlung das Verfahren durch Beschluß einstellen.**

**(2) Der Beschluß ist mit sofortiger Beschwerde anfechtbar.**

**Schrifttum.** *Bloy* Zur Systematik der Einstellungsgründe im Strafverfahren, GA **1980** 161; *Bohnert* Die Einstellungsbeschlüsse nach §§ 206 a, 206 b StPO, GA **1982** 166; *Herzog* Die Rechts-

---

[5] RGSt **23** 394; **46** 218; **48** 92; **62** 113;
OLG Celle GA **59** (1912) 482; *Eb. Schmidt* 7.

kraft strafgerichtlicher Beschlüsse und ihre Beseitigung, Diss., Freiburg, 1971; *Karnowsky* Revisionszulässigkeit und Verfahrenshindernisse im Strafverfahren, Diss., Münster, 1974; *Kühl* Der Tod des Beschuldigten oder Angeklagten während des Strafverfahrens, NJW **1978** 977; *Lampe* Auslagenerstattung bei Tod des Angeklagten, NJW **1974** 1856; *D. u. U. Mann* Die Anwendbarkeit des Grundsatzes „in dubio pro reo" auf Prozeßvoraussetzungen, ZStW **76** (1964) 264; *Meyer-Goßner* Zur Anwendbarkeit des § 206 a im Rechtsmittel- und Wiederaufnahmeverfahren, GA **1973** 366; *Niese* Prozeßvoraussetzungen und -hindernisse und ihre Feststellung im Strafprozeß, DRZ **1949** 505; *Eb. Schmidt* Revisionsgericht und Verfahrenshindernisse, JZ **1962** 155; *Schöneborn* Die Behandlung der Verfahrenshindernisse im strafprozessualen Verfahrensgang, MDR **1975** 6; *Sulanke* Die Entscheidung bei Zweifeln über das Vorhandensein von Prozeßvoraussetzungen und Prozeßhindernissen im Strafverfahren (1974); *Toebbens* Der Freibeweis und die Prozeßvoraussetzungen im Strafprozeß, NStZ **1982** 184; *Ungern-Sternberg* Verfolgungs- und Vollstreckungshindernisse als Rechtsfolgen von Strafverfolgungsersuchen, ZStW **94** (1982) 84; weiteres Schrifttum s. Einl., Kap. **11** und **12**.

**Entstehungsgeschichte.** Die Vorschrift ist als § 206 durch die Verordnung über die Beseitigung des Eröffnungsbeschlusses im Strafverfahren vom 13. 8. 1942 (RGBl. I 512) in die Strafprozeßordnung eingefügt worden. Durch Art. 3 I Nr. 89 VereinhG erhielt sie die Bezeichnung § 206 a, wobei im Text der Vorschrift lediglich die Worte „nach Anordnung der Hauptverhandlung" durch „nach Eröffnung des Hauptverfahrens" ersetzt wurden.

*Übersicht*

Peter Rieß

## I. Bedeutung der Vorschrift

**1**     **1. Allgemeines.** Die Vorschrift stellt eine Ausnahme von dem bei Schaffung der Strafprozeßordnung konsequent durchgeführten Grundsatz dar, daß ein einmal eröffnetes Hauptverfahren nur aufgrund einer Hauptverhandlung beendet werden kann, entspricht aber dem auch sonst angewandten Prinzip, prozeßerledigende Formalentscheidungen außerhalb der Hauptverhandlung durch Beschluß zu gestatten (*Bohnert* GA **1982** 166). Bereits vor der gesetzlichen Anerkennung dieser Möglichkeit war sie richterrechtlich durch die Rechtsprechung entwickelt worden[1]. In dieser Zwischenstellung (abschließende Verfahrenserledigung außerhalb der Hauptverhandlung durch Beschluß) trifft sich die Vorschrift in der neueren Rechtsentwicklung mit anderen Möglichkeiten der Prozeßerledigung durch Beschluß (vgl. §§ 153 ff, 206 b), die es zusammengenommen heute nicht mehr gestatten, diese Erledigungsform als seltene und systemwidrige Ausnahme anzusehen[2]. All diese Möglichkeiten beruhen auf dem Gedanken der Verfahrensökonomie[3] und dem Bestreben, dem Angeklagten die (ihn regelmäßig besonders belastende) Hauptverhandlung zu ersparen. Dagegen läßt sich aus der Einstellungsmöglichkeit außerhalb der Hauptverhandlung durch Beschluß keine Aussage über eine „absolute Bedeutung" von Verfahrenshindernissen herleiten[4].

**2**     Entstehungsgeschichtlich bedeutet die mit der Vorschrift ebenso wie mit § 260 Abs. 3[5] verbundene Bestimmung, daß das Verfahren bei Fehlen einer Verfahrensvoraussetzung einzustellen sei, nicht, daß erst durch diese Gesetzesvorschrift der Grundsatz anerkannt wurde, daß das Vorliegen von Verfahrenshindernissen regelmäßig[6] zur Verfahrenseinstellung führt. Vielmehr hatten zunächst, da bei Schaffung der Strafprozeßordnung das Institut der Verfahrensvoraussetzung noch nicht als selbständige Kategorie erkannt war[7], Rechtsprechung und Wissenschaft die **Rechtsfolge der Verfahrensein-**

---

[1] Vgl. z. B. RGSt **24** 65; **37** 409; **53** 52; **53** 250; Einl. Kap. **11** I; *Bohnert* GA **1982** 167; *Meyer-Goßner* 367; Nachw. über den früheren Streitstand z. B. bei LR[19] § 260, 2 c; *Beling* 226; zur Entwicklung auch *Herzog* 10 ff.

[2] Die Urteilsquote betrug 1981 beim Amtsgericht 57 %, beim Landgericht erster Instanz 73 % und in der Berufungsinstanz 60 %; näher *Rieß* DRiZ **1982** 208, 465. Dabei kommt allerdings der Einstellung nach § 206 a, verglichen mit der nach den §§ 153 ff (dazu *Rieß* ZRP **1983** 96 f) eine zahlenmäßig geringe Bedeutung zu. 1981 wurden nach § 206 a eingestellt: beim AG 9300 Verfahren (= 1,2 % der Strafverfahren), beim LG in erster Instanz 35 (= 0,3 %), in der Berufungsinstanz 264 (= 0,4 %) und bei OLG in der Revisionsinstanz 63 (= 0,8 %).

[3] BGSt **24** 212; vgl. *Hertweck* NJW **1968** 1462; *Peters* § 51 III 3.

[4] BGHSt **16** 119; **22** 216; a. A *Eb. Schmidt* JZ **1962** 157.

[5] § 260 Abs. 3 (bis 1933 Absatz 2) hat seine heutige, allgemein auf Verfahrenshindernisse abstellende Fassung erst durch das VereinhG erhalten; er regelte bis dahin nur den Teilbereich des fehlenden oder zurückgenommenen Strafantrags.

[6] In Ausnahmefällen führt das Fehlen einer Verfahrensvoraussetzung nicht zur Einstellung, sondern erfordert eine andere Reaktion oder gestattet einen Freispruch; vgl. Rdn. 4; 7.

[7] Ausführlich zur dogmengeschichtlichen Entwicklung Einl. Kap. **11** I; *Volk* Prozeßvoraussetzungen, 103 ff.

**stellung** bei ihrem Fehlen entwickelt[8]; die gesetzlichen Regelungen in § 206 a und der Neufassung des § 260 Abs. 3 haben diese Entwicklung nur anerkannt. Dennoch muß bei der heute erreichten Rechtslage aus den §§ 206 a, 260 Abs. 3 auch die gesetzliche Aussage entnommen werden, daß das Fehlen von Verfahrensvoraussetzungen die Verfahrenseinstellung (und nicht etwa den Freispruch) zur Folge hat. Dagegen läßt sich weiterhin aus den gesetzlichen Bestimmungen nicht ableiten, welche Umstände und Ereignisse Verfahrensvoraussetzungen darstellen (vgl. näher Rdn. 32 ff), welche Voraussetzungen im einzelnen vorliegen müssen, damit dem Einstellungsgebot Rechnung getragen werden kann[9], und welche Wirkungen die Einstellung im einzelnen hat (vgl. Rdn. 65). § 206 a stellt (ebenso wie § 260 Abs. 3) lediglich eine partielle Regelung des umfassenderen Rechtsinstituts der Verfahrensvoraussetzungen dar; er setzt diese voraus, begründet sie aber nicht.

### 2. Allgemeine Reichweite

**a) Verhältnis zu § 205.** Anders als die vorläufige Einstellung, die nach Wegfall des **3** Hindernisses jederzeit die Verfahrensfortsetzung gestattet (§ 205, 28), schließt die Einstellung nach § 206 a das Verfahren grundsätzlich endgültig ab (vgl. Rdn. 75 ff). Die Vorschrift ist daher nur bei unbehebbaren Verfahrenshindernissen im rechtstechnischen Sinne anzuwenden[10]; besteht die Möglichkeit, daß das Hindernis wegfällt oder beseitigt werden kann, so kann eine vorläufige Einstellung nach § 205 in Betracht kommen[11]. Wegen der Prozeßförderungspflicht des Gerichts muß vor einer endgültigen Einstellung versucht werden, fehlende Verfahrensvoraussetzungen beizubringen oder Verfahrenshindernisse zu beseitigen, also etwa die Entscheidung über einen noch nachholbaren Strafantrag oder die Erklärung des besonderen öffentlichen Interesses an der Strafverfolgung herbeizuführen, eine nachträgliche Auslieferungsbewilligung zu beschaffen oder einen fehlenden oder als Prozeßvoraussetzung unwirksamen Eröffnungsbeschluß nachzuholen, soweit dies möglich ist (§ 207, 64).

**b) Vorrang von Spezialregelungen.** Spezialvorschriften, die trotz Vorliegens eines **4** Verfahrenshindernisses dessen Behebung und die Verfahrensfortführung gestatten, haben Vorrang vor der Einstellung. Solche Vorschriften finden sich z. B. bei fehlender sachlicher Zuständigkeit oder bei fehlender gesetzlicher Spezialzuständigkeit sowohl für das erkennende Gericht (§§ 225 a, 269, 270, § 47 JGG) als auch, bei Aufdeckung des Fehlers erst in der Rechtsmittelinstanz, für das Rechtsmittelgericht (§§ 328 Abs. 2, 355). Ob das Revisionsgericht nach § 355 unter Aufhebung eines an sich richtigen tatrichterlichen Einstellungsurteils die Sache an das sachlich zuständige Gericht verweisen darf, ist umstritten[12].

**c) Verhältnis zu § 260 Abs. 3.** Die sachlichen Voraussetzungen der Einstellung **5** durch Urteil in der Hauptverhandlung nach § 260 Abs. 3 und der nach § 206 a decken sich; der Unterschied liegt allein in der Verfahrenslage und der Entscheidungsform. Die Einstellung durch Beschluß nach § 206 a ist immer dann möglich, wenn eine Hauptverhandlung nicht stattfindet und wenn es auch keiner solchen bedarf, um die tatsächlichen Unterlagen für eine Entscheidung über das Vorliegen eines Verfahrenshindernisses zu

---

[8] Näher Einl. Kap 11 I; *Bohnert* 167.

[9] Diese Frage wird besonders für die Behandlung von Verfahrenshindernissen in der Rechtsmittelinstanz bedeutsam; vgl. näher Rdn. 14 ff.

[10] KK-*Treier* 1; KMR-*Paulus* 1; enger *Kleinknecht/Meyer* 2.

[11] OLG Hamburg NJW **1969** 998 (für den Fall des möglichen Wegfalls der auslieferungsrechtlichen Spezialität); OLG Nürnberg MDR **1968** 516.

[12] So BGHSt **26** 191; a. A *Meyer-Goßner* NJW **1976** 977; *Sieg* NJW **1976** 301; vgl. auch § 355, 3.

Peter Rieß

gewinnen[13]. Sie ist dann, wenn dies von den Prozeßbeteiligten auch nicht erzwingbar ist (Rdn. 73), einer Einstellung nach § 260 Abs. 3 in der Hauptverhandlung vorzuziehen[14], doch ist, wenn mit der Hauptverhandlung begonnen wurde, auch dann nach § 260 Abs. 3 zu verfahren, wenn das Verfahrenshindernis schon vorher feststand[15]. Dagegen ist § 206 a nicht anzuwenden, wenn nur aufgrund einer Hauptverhandlung geklärt werden kann, ob ein Verfahrenshindernis eingreift, etwa wenn bei einer einheitlichen Tat zweifelhaft ist, ob eine schwerere rechtliche Qualifikation erweisbar sein wird, wegen der minderschweren aber ein Verfahrenshindernis (z. B. Verjährung oder fehlender Strafantrag) vorliegen würde.

**6**     **d) Weitere Anwendungsgrenzen.** § 206 a findet keine Anwendung mehr, sobald das Urteil (vollen Umfangs) rechtskräftig geworden ist[16], jedoch kann, wenn hierfür die gesetzlichen Voraussetzungen vorliegen, die Einstellung des Verfahrens wegen bestimmter Verfahrenshindernisse im Wiederaufnahmeverfahren betrieben werden (vgl. die Erl. zu § 359). Hat das Verfahren mehrere (prozessuale) Taten zum Gegenstand oder richtet es sich gegen mehrere Angeklagte und betrifft das Verfahrenshindernis nur einzelne Taten oder Angeklagte, so ist es nur soweit nach § 206 a einzustellen, wie das Verfahrenshindernis reicht[17]. Steht das Verfahrenshindernis bei einer einheitlichen prozessualen Tat nur der Verfolgbarkeit einzelner von mehreren Gesetzesverletzungen, einzelner von mehreren materiell-rechtlichen Straftaten oder einzelner von mehreren abtrennbaren Teilen einer fortgesetzten Handlung entgegen, etwa weil es insoweit an einer erforderlichen Auslieferungsbewilligung fehlt oder weil Verjährung eingetreten ist, so ist weder nach § 206 a noch nach § 260 Abs. 3 einzustellen. Das Verfahren ist durch ein Sachurteil abzuschließen, das die Nichtverfolgbarkeit dieser rechtlichen Gesichtspunkte berücksichtigt[18]. Unanwendbar ist § 206 a auch in besonderen Zwischenverfahren mit einem selbständigen Entscheidungsgegenstand, so bei Gerichtsstandsbestimmungen nach § 13 a (BGHSt **18** 19 = JZ **1963** 564 mit Anm. *Jescheck*).

**7**     Bei Anwendung des § 260 Abs. 3 in der Hauptverhandlung kann sich ergeben, daß gleichzeitig mit der Feststellung des Verfahrenshindernisses eine liquide **Freispruchslage** eintritt. Hier ist im einzelnen umstritten, ob und unter welchen Voraussetzungen der Freispruch Vorrang vor der Einstellung hat (vgl. Einl. Kap. **11** XI und die Erl. zu § 260). Für § 206 a hat diese Frage regelmäßig keine Bedeutung (vgl. aber Rdn. 5 a. E.), weil in der Tatsacheninstanz eine rechtlich beachtliche liquide Freispruchslage außerhalb der Hauptverhandlung nicht eintreten kann (vgl. § 207, 36) und weil der Angeklagte einer Einstellung durch Beschluß auch nicht mit dem Ziel widersprechen kann, in einer Hauptverhandlung statt der Verfahrenseinstellung einen Freispruch zu erreichen[19]. Lediglich in der Revisionsinstanz kann eine freisprechende Sachentscheidung auch durch Beschluß nach § 349 Abs. 4 in Vbdg. mit § 354 Abs. 1 erfolgen und in Konkurrenz mit dem Einstellungsbeschluß nach § 206 a treten. Diese Fälle sind nach den gleichen Grundsätzen zu lösen, die für das Verhältnis von Freispruch und Einstellung in der Hauptverhandlung gelten. Hatte bereits der Tatrichter bei einer einheitlichen prozessualen Tat die schwerere rechtliche Qualifikation für nicht erweisbar angesehen, wegen der minderschweren aber unter Übersehen des Verfahrenshindernisses verurteilt, so ist

---

[13] *Eb. Schmidt* 2.

[14] KMR-*Paulus* 1 (zwingende Vorschrift); a. A *Herzog* 117 Fußn. 2; wohl auch *Bohnert* 173.

[15] OLG Köln MDR **1953** 695.

[16] Zu den besonderen Anwendungsgrenzen im Rechtsmittelverfahren s. Rdn. 17.

[17] *Kleinknecht/Meyer* 4; unklar KK-*Treier* 1.

[18] *Kleinknecht/Meyer* 5; KMR-*Paulus* 18.

[19] Anders lediglich teilweise kraft ausdrücklicher gesetzlicher Vorschrift bei Straffreiheitsgesetzen, vgl. z. B. § 17 StrFG 1954; § 9 StrFG 1968; § 11 StrFG 1970.

im Revisionsverfahren der fälschlicherweise unterlassene Freispruch nachzuholen und nicht etwa nach § 206 a einzustellen (KMR-*Paulus* 50; a. A. *Hertweck* NJW **1968** 1462). Zur Konkurrenz der Einstellungsmöglichkeiten nach den §§ 206 a und 206 b s. § 206 b, 13.

## II. Geltungsbereich der Vorschrift

**1. Vor Eröffnung des Hauptverfahrens** gilt § 206 a nicht, wie sich sowohl aus sei- **8** nem Wortlaut als auch aus seinem Zweck ergibt[20]. Die — entstehungsgeschichtlich bedingt — systematisch falsch eingeordnete Vorschrift ist vielmehr erst nach Erlaß des Eröffnungsbeschlusses anzuwenden, dann allerdings ohne Rücksicht darauf, ob das Verfahrenshindernis im Zeitpunkt der Eröffnung bereits vorgelegen hatte oder erst später eingetreten ist[21]. Fehlt vor der Eröffnung des Hauptverfahrens eine Verfahrensvoraussetzung, so fehlt es damit am hinreichenden Tatverdacht (§ 203, 7; 16) und damit auch am genügenden Anlaß zur Erhebung der öffentlichen Klage. Deshalb hat die Staatsanwaltschaft das Verfahren nach § 170 Abs. 2 einzustellen, das Gericht regelmäßig die Eröffnung des Hauptverfahrens mit der beschränkten Sperrwirkung des § 211 (vgl. § 211, 13) abzulehnen. Besteht das Verfahrenshindernis in der Unzuständigkeit des angerufenen Gerichts, so ist entweder nach den §§ 209, 209 a zu verfahren oder eine örtliche Unzuständigkeitserklärung auszusprechen (§ 204, 7). Steht einem **Strafbefehlsantrag** ein Verfahrenshindernis entgegen, so ist der Erlaß des Strafbefehls abzulehnen.

## 2. Erstinstanzliches Verfahren

**a) Vor Urteilserlaß.** Ein nach Erlaß des Eröffnungsbeschlusses im Normalverfah- **9** ren, auch im Privatklageverfahren und im Sicherungsverfahren nach §§ 413 ff (für besondere Verfahrensarten ohne Eröffnungsbeschluß s. Rdn. 19 f), entstehendes oder nun erst festgestelltes unbehebbares Verfahrenshindernis führt zur Anwendung des § 206 a, wenn eine Klärung ohne Hauptverhandlung möglich ist, und zwar unabhängig davon, ob noch keine Hauptverhandlung stattgefunden hatte oder eine solche nach §§ 228, 229 Abs. 3 ausgesetzt worden war. Nur wenn das Verfahrenshindernis in der Hauptverhandlung erkannt wird, ist nach § 260 Abs. 3 zu verfahren; in diesem Fall darf diese nicht etwa ausgesetzt werden, um eine Beschlußentscheidung nach § 206 a zu ermöglichen. Doch ist eine Aussetzung zulässig, wenn noch Ermittlungen darüber angestellt werden müssen, ob die tatsächlichen Voraussetzungen für ein Verfahrenshindernis vorliegen. Auch wenn das Verfahrenshindernis im Fehlen oder in der (unbehebbaren) Unwirksamkeit der Anklage oder des Eröffnungsbeschlusses besteht, ist nach § 206 a zu verfahren; die Worte „nach Eröffnung des Hauptverfahrens" haben nicht die Bedeutung, daß diese als Verfahrensvoraussetzung wirksam sein müsse[22].

**b) Nach Urteilserlaß.** War das **Verfahrenshindernis**, was regelmäßig der Fall sein **10** wird, bei Erlaß des Urteils **bereits vorhanden** und vom erkennenden Gericht lediglich übersehen oder als solches nicht zutreffend gewürdigt worden, so ist das Gericht auch vor Rechtskraft des Urteils nicht mehr zu einer Einstellung des Verfahrens befugt. Die Beseitigung des erlassenen Urteils, auf die im Ergebnis eine solche Einstellung hinauslaufen würde, ist nur dem Rechtsmittelgericht gestattet[23].

[20] Allg. M; vgl. z. B. KK-*Treier* 2; KMR-*Paulus* 2; *Peters* § 35 IV 1.
[21] OLG Köln MDR **1963** 695; *Kleinknecht/ Meyer* 6; *Eb. Schmidt* 2.
[22] *v. Steuber* MDR **1978** 890 (mindestens entsprechende Anwendung).

[23] BGHSt **16** 116; **22** 216; BGH NStZ **1984** 279; BayObLG NJW **1953** 1404; *Bohnert* GA **1982** 171; *Karnowsky* 86; KK-*Treier* 3; KMR-*Paulus* 5; *Eb. Schmidt* JZ **1962** 156; *Schöneborn* 8; *Stratenwerth* JZ **1961** 392; a. A *Staff* NJW **1971** 1789.

Peter Rieß

**11**      Entsteht das **Verfahrenshindernis nach Urteilserlaß** aber vor dessen Rechtskraft, so ist dagegen § 206 a durch das erstinstanzliche Gericht grundsätzlich anzuwenden; dieses kann und muß (vgl. aber Rdn. 12) das Verfahren einstellen[24]. Darin liegt keine unzulässige Korrektur seines eigenen Urteils, sondern die Berücksichtigung eines nachträglich eingetretenen, nach § 206 a zu behandelnden Umstands (vgl. *Küper* NJW **1975** 1330). Die in der Praxis früher nicht seltenen Fälle des Eintritts der Strafverfolgungsverjährung nach Urteilserlaß können heute zwar wegen der in den §§ 78 b Abs. 3 StGB, 32 Abs. 2 OWiG getroffenen Regelung nicht mehr vorkommen, doch ist eine Rücknahme des Strafantrags bis zur Rechtskraft des Urteils möglich (§ 77 d Abs. 1 Satz 2 StGB); es kann in diesem Zeitraum ein Straffreiheitsgesetz in Kraft treten, oder es können die Voraussetzungen der diplomatischen Immunität eintreten. Der Tatrichter hat das Verfahren sowohl dann einzustellen, wenn die Rechtskraft ohne Rechtsmitteleinlegung wegen noch offener Einlegungsfrist in der Schwebe ist, als auch dann, wenn zwar bereits ein Rechtsmittel eingelegt ist, das Verfahren aber noch bei ihm anhängig ist, weil die Akten noch nicht an das Rechtsmittelgericht gesandt sind. Unterläßt er im zweiten Fall die Einstellung, so holt sie das Rechtsmittelgericht nach[25].

**12**      Die **Befugnis zur Einstellung** des Verfahrens **entfällt** auch bei nach Urteilserlaß und vor Rechtskraft eingetretenen Verfahrenshindernissen, sobald das Urteil durch ungenutzten Ablauf der Rechtsmittelfrist, durch allseitigen Rechtsmittelverzicht oder durch Rechtsmittelrücknahme rechtskräftig geworden ist[26]. Verfahrenshindernisse gebieten zwar die Einstellung des Verfahrens, doch beenden sie nicht das Verfahren dergestalt von selbst, daß der Einstellungsbeschluß lediglich deklaratorische Bedeutung hätte[27]. Die gerichtliche Prozeßhandlung der Verfahrenseinstellung hat konstitutiven Charakter; sie setzt voraus, daß das Verfahren noch nicht durch Eintritt der (vollen) Rechtskraft abgeschlossen ist. Deshalb ist beispielsweise, auch wenn ein Strafantrag nach Urteilserlaß vor Rechtskraft wirksam zurückgenommen wird (der bei der gegenwärtigen Rechtslage praktisch allein bedeutsame Fall)[28] der Tatrichter ebensowenig wie das Rechtsmittelgericht zur Einstellung befugt, wenn er von dieser Rücknahme erst nach Rechtskrafteintritt erfährt. Ein Einstellungsbeschluß, der in Unkenntnis der zwischenzeitlich eingetretenen Rechtskraft ergeht, ist wirkungslos[29]. Daß damit durch die Zufälligkeiten des Zeitpunkts der Kenntnisnahme eingetretener Verfahrenshindernisse gewisse Unzuträglichkeiten auftreten können, muß demgegenüber hingenommen werden; sie werden dadurch abgemildert, daß in den praktisch in Betracht kommenden Fällen, insbesondere bei der Antragsrücknahme, die Wiederaufnahme des Verfahrens mit dem Ziel der Verfahrenseinstellung möglich erscheint[30].

---

[24] RGSt **67** 146 (für den Fall der Amnestie); BGHSt **22** 217 f; BayObLG NJW **1953** 1404 = JZ **1954** 580 mit Anm. *Niethammer*; JR **1975** 121 mit Anm. *Teyssen*; *Bohnert* GA **1982** 171; *Karnowsky* 90; *KK-Treier* 3; *KMR-Paulus* 5; *Eb. Schmidt* JZ **1962** 156; *Sieg* MDR **1975** 812; *Stratenwerth* JZ **1961** 392; a. A *Schöneborn* 8.

[25] RGSt **67** 146; vgl. BGHSt **22** 218.

[26] *KMR-Paulus* 5; *Teyssen* JR **1975** 122; vgl. *Küper* GA **1969** 366.

[27] Anders die früher herrschende Auffassung bei Vorliegen einer Amnestie; vgl. Einl. Kap. **12** VI; *Schöneborn* 9.

[28] Unproblematisch ist der umgekehrte Fall, daß die Antragsrücknahme erst nach Eintritt der Rechtskraft wirksam werden würde, etwa weil die Rücknahmeerklärung erst danach bei Gericht eingeht. Diese Rücknahmeerklärung ist wegen § 77 d Abs. 1 Satz 2 StGB unbeachtlich.

[29] OLG Hamm VRS **41** 286 (das es für zulässig hält, daß das Revisionsgericht in einem solchen Fall seinen Einstellungsbeschluß zurücknimmt); *Karnowksy* 12; vgl. OLG Saarbrücken MDR **1974** 249; *Eb. Schmidt* I 263.

[30] Vgl. *Schöneborn* 10 und die Erl. zu § 359.

Rechtsprechung und Schrifttum haben diese allgemeine Frage bisher vorwiegend **13** anhand des Sonderfalls erörtert, daß nach Eintritt des Verfahrenshindernisses eine **Rechtsmittelrücknahme** erklärt wird. Eine solche hat das BayObLG für unwirksam gehalten und das Verfahren nach § 206 a eingestellt[31]. Dem kann nicht zugestimmt werden[32]. Das BayObLG mißt damit dem Verfahrenshindernis eine ihm nicht zukommende absolute Bedeutung bei (vgl. Rdn. 1 mit Fußn. 4) und verkennt, daß die von ihm für den Fall der Rechtsmittelrücknahme gewählte Lösung sich nicht auf den Fall des Rechtskrafteintritts durch einfachen Fristablauf übertragen läßt, der aus sachlichen Gründen gleichbehandelt werden muß.

**3. Rechtsmittelverfahren**
**a) Allgemeines.** Wieweit § 206 a im Rechtsmittelverfahren gilt, ist noch nicht rest- **14** los geklärt. Übereinstimmung besteht allerdings heute dahingehend, daß die Vorschrift anwendbar ist, wenn das eingelegte Rechtsmittel alle Zulässigkeitsvoraussetzungen erfüllt und wenn das Verfahrenshindernis erst nach Erlaß des erstinstanzlichen Urteils eingetreten ist. Ebenfalls besteht Einigkeit darüber, daß im Ergebnis auch ein vom Tatrichter nicht beachtetes Verfahrenshindernis regelmäßig auf ein zulässiges Rechtsmittel hin zur Verfahrenseinstellung durch das Rechtsmittelgericht führt, fraglich ist aber, nach welcher Vorschrift dies geschieht. Die Rechtsprechung[33] und die ganz überwiegende Meinung im Schrifttum[34] halten § 206 a im Rechtsmittelverfahren auch dann für anwendbar, wenn das Verfahrenshindernis vom erstinstanzlichen Richter fälschlicherweise unbeachtet gelassen wurde; hier habe der Rechtsmittelrichter die Wahl, nach den rechtsmittelrechtlichen Vorschriften (für die Berufung nach §§ 328 in Vbdg. mit § 260 Abs. 3, für die Revision nach §§ 349 Abs. 4, 5, 353, 354 Abs. 1) oder nach § 206 a die Einstellung auszusprechen. Für das **Berufungsverfahren** wird weiter angenommen, daß die nach § 206 a gebotene Einstellung auch bei unentschuldigtem Nichterscheinen des Angeklagten zur Berufungshauptverhandlung der Verwerfung nach § 329 Abs. 1 vorgeht[35].

Dagegen vertritt *Meyer-Goßner*[36] die Auffassung, daß § 206 a im Rechtsmittelver- **15** fahren nicht anwendbar sei, wenn das Verfahrenshindernis bereits vor Erlaß des erstinstanzlichen Urteils vorgelegen habe, weil in diesen Fällen das Rechtsmittelgericht nicht, wie in § 206 a vorgesehen, eine Erstentscheidung zu treffen habe, sondern zugleich das durch die Nichtbeachtung des Verfahrenshindernisses fehlerhafte angefochtene Urteil aufheben müsse, wozu § 206 a keine Grundlage biete. In diesem Fall komme allein eine Entscheidung nach § 328 Abs. 1 in Vbdg. mit § 260 Abs. 3 (für das Berufungsgericht) bzw. nach §§ 349 Abs. 4, 353 Abs. 1 in Vbdg. mit § 354 Abs. 1 (für das Revisionsgericht) in Betracht; nur dadurch könne auch das systematisch unhaltbare Ergebnis vermieden werden, daß das Gesetz für das gleiche Ergebnis zwei unterschiedliche Entscheidungs-

---

[31] JR **1975** 120 mit Anm. *Teyssen* = MDR **1975** 72 mit Bespr. *Schöneborn* MDR **1975** 9 f.

[32] Ebenso KMR-*Paulus* 5; *Teyssen* aaO; *Schöneborn* aaO; ausf. Einl. Kap. **11** V.

[33] BGHSt **23** 365; **24** 212; **32** 275; BayObLG NJW **1970** 620; OLG Celle JZ **1959** 180 mit Anm. *Kleinknecht*; MDR **1969** 503; OLG Hamm NJW **1978** 654; OLG Köln MDR **1953** 695; offengelassen von OLG Bremen JZ **1951** 22; nur mit dieser Auffassung ist ferner die Rechtsprechung vereinbar, die die Einstellung bereits im Zulassungsverfahren bei der Rechtsbeschwerde

nach dem OWiG ermöglichen will; vgl. Rdn. 16 mit Fußn. 43.

[34] *Bohnert* GA **1982** 173; *Karnowksy* 19; KK-*Treier* 4; *Kleinknecht/Meyer* 6; KMR-*Paulus* 10; *Roxin* § 54 G IV (analog); *Eb. Schmidt* 3; *Schlüchter* 679.2.

[35] OLG Karlsruhe NJW **1978** 840; LG Frankfurt NJW **1977** 508; *Sieg* NJW **1978** 1835; vgl. die Erl. zu § 329; a. A *Meyer-Goßner* NJW **1978** 1978; **1979** 201.

[36] GA **1973** 366 sowie in der 23. Aufl., Rdn. 11 f; ebenso wohl *Volk* Prozeßvoraussetzungen, 68.

Peter Rieß

formen zur Verfügung stelle[37]. Diese Auffassung ist dogmatisch durchaus begründbar; zwingend ist sie indessen nicht. Ihr läßt sich, auch unter Hinweis auf die auch dem Revisionsgericht zustehenden Einstellungsmöglichkeiten nach den §§ 153, 154, entgegenhalten, daß eine dem Rechtsmittelgericht durch das Gesetz eingeräumte Erstentscheidung, die das Verfahren beendet, die Aufhebung eines (möglicherweise oder sicher) fehlerhaften erstinstanzlichen Urteils entbehrlich machen kann (vgl. auch Rdn. 66). Die für die Schaffung und Anwendung des § 206 a auch mit maßgebenden prozeßökonomischen Gründe und das Bestreben, auch im Interesse des Angeklagten Hauptverhandlungen zu vermeiden, geben Veranlassung, der Auffassung *Meyer-Goßners* nicht zu folgen, sondern der herrschenden Meinung den Vorzug zu geben. Diese ist allerdings dahingehend zu modifizieren, daß auch im Rechtsmittelverfahren keine freie Wahl zwischen der Einstellung nach § 206 a und der durch Urteil des Rechtsmittelgerichts[38] besteht[39], sondern daß wie im erstinstanzlichen Verfahren die Einstellung durch Beschluß nach § 206 a grundsätzlich den Vorrang hat (Rdn. 5).

**16**       **b) Teilrechtskraft, Zulassungsverfahren.** Die Einstellung wegen eines Verfahrenshindernisses ist auch (noch) zulässig und geboten, wenn das Urteil infolge Rechtsmittelbeschränkung oder beschränkter Aufhebung teilrechtskräftig geworden ist, selbst wenn es nur im Kostenpunkt mit der sofortigen Beschwerde angefochten wird[40], anders, wenn das Rechtsmittelgericht nur mit einer nachträglichen Gesamtstrafenbildung befaßt ist[41]. Wegen der Einzelheiten s. die Erl. zu § 318 unter IV 6 und zu § 337 unter III. Andererseits ist, soweit das Rechtsmittel, wie derzeit nur im Bußgeldverfahren die Rechtsbeschwerde nach §§ 79 Abs. 1 Satz 1, 80 OWiG[42], nur aufgrund einer besonderen **Zulassung** gegeben ist, nach der Rechtsprechung § 206 a schon im Zulassungsverfahren ohne Prüfung der sonstigen Zulassungsvoraussetzungen anzuwenden, wenn der Zulassungsantrag form- und fristgerecht gestellt ist[43].

**17**       **c) Unzulässiges Rechtsmittel.** Ist das Rechtsmittel **verspätet** eingelegt, so tritt mit Ablauf der Rechtsmittelfrist Rechtskraft ein. Ein Verfahrenshindernis kann in diesem Fall auch dann nicht mehr berücksichtigt werden, wenn der judex a quo das Rechtsmittel als unzulässig verwirft und der Rechtsmittelführer hiergegen nach den §§ 319 Abs. 2, 346 Abs. 2 die Entscheidung des Rechtsmittelgerichts beantragt. Ist die form- und fristgerecht eingelegte Revision (bei der Berufung kann diese Frage nicht auftreten) nur **mangels** ordnungsmäßiger oder rechtzeitiger **Begründung** unzulässig, so ist nach der

[37] *Bohnert* GA **1982** 173 weist zu Recht darauf hin, daß dies der gesetzlichen Regelung dieser Fälle im erstinstanzlichen Verfahren entspreche.

[38] bzw. dem urteilsersetzenden Beschluß nach § 349 Abs. 4.

[39] A. A wohl OLG Celle MDR **1969** 503; für freie Wahl auch *Bohnert* GA **1982** 173; KK-*Treier* 4; KMR-*Paulus* 10.

[40] BGHSt **13** 128; OLG Hamm NJW **1978** 654; *Gössel* § 37 D II a; KMR-*Paulus* 14.

[41] OLG Schleswig SchlHA **1976** 44; vgl. auch (anders für den Fall der normalen Gesamtstrafenbildung) BGHSt **8** 270 = JZ **1976** 417 mit Anm. *Jescheck*; a. A *Grünwald*

Die Teilrechtskraft im Strafverfahren (1964), 325.

[42] Das Problem würde sich im Strafverfahren in gleicher Weise stellen, wenn, wie vom BRat in Nr. 13 seiner Stellungnahme zum StVÄGE 1984 (S. 52) vorgeschlagen, gegen Berufungsurteile eine Zulassungsrevision eingeführt würde.

[43] BGHSt **23** 365; **27** 271; ferner z. B. BayObLG VRS **60** 156; OLG Celle NdsRpf. **1977** 169; OLG Düsseldorf NJW **1982** 2833; MDR **1983** 866; OLG Frankfurt VRS **59** 134; OLG Hamm VRS **58** 390; OLG Karlsruhe Justiz **1974** 138; OLG Koblenz VRS **57** 46; krit. *Göhler* § 31, 19; *Michaelowa* NStZ **1982** 22.

nunmehr herrschenden Meinung[44], unabhängig davon, ob das Revisionsgericht unmittelbar oder im Verfahren nach § 346 Abs. 2 mit dem Rechtsmittel befaßt ist, zu unterscheiden: Ist das Verfahrenshindernis erst nach Erlaß des angefochtenen Urteils eingetreten, so ist es zu beachten und das Verfahren nach § 206 a (oder nach § 354 Abs. 1) einzustellen; dagegen ist ohne Beachtung des Verfahrenshindernisses die Revision zu verwerfen, wenn es bereits vor Erlaß des angefochtenen Urteils vorgelegen hatte und lediglich vom Tatrichter nicht berücksichtigt wurde. Wegen der Einzelheiten und der früheren, sehr kontroversen Auffassungen s. Einl. Kap. 11 V und die Erl. zu § 346.

**18**   d) **Erstreckung der Einstellung.** Nach ganz h. M gilt die in § 357 angeordnete Erstreckung der Urteilsaufhebung auf den Nichtrevidenten jedenfalls dann, wenn bereits der Tatrichter das Verfahrenshindernis nicht beachtet hatte[45], die überwiegende Meinung nimmt dies auch dann an, wenn das Verfahrenshindernis erst nach Urteilserlaß entstanden ist. Dagegen wendet *Meyer-Goßner*[46] ein, daß eine Erstreckung nach § 357 dem Wortlaut nach die Urteilsaufhebung voraussetze, die nach § 206 a gerade nicht erfolge. Es besteht jedoch kein Grund, hier auf einen aus der Entstehungszeit der StPO stammenden Wortlaut abzustellen, der ersichtlich nicht auf die Berücksichtigung von Verfahrenshindernissen durch Einstellung im Beschlußwege zugeschnitten ist. Entscheidend ist, daß das angefochtene Urteil durch die das Verfahrenshindernis beachtende Einstellung seiner sämtlichen Wirkungen entkleidet wird (Rdn. 66). **Keine Erstreckung** auf solche Angeklagte, die nicht ebenfalls Rechtsmittel eingelegt haben, ist dagegen bei einer Einstellung **im Berufungsverfahren** möglich, weil es an einer dem § 357 entsprechenden Vorschrift fehlt[47].

**4. Besondere Verfahrensarten**

**19**   a) **Beschleunigtes Verfahren.** Vor Erlaß des Urteils kann § 206 a, anders als § 260 Abs. 3 (vgl. § 212 b, 11), nicht angewendet werden. Ergeben sich außerhalb der Hauptverhandlung Hinweise auf das Vorliegen eines Verfahrenshindernisses, so ist stets das beschleunigte Verfahren mangels Eignung abzulehnen (§ 212 a, 17, umstritten). Nach Erlaß eines Sachurteils entspricht die Rechtslage der im Normalverfahren.

**20**   b) Im **Strafbefehlsverfahren** besteht, wenn der Strafbefehl erlassen ist, bei Übertragung der für das Normalverfahren geltenden Grundsätze (Rdn. 9 ff) ein eigenartiger Schwebezustand. Er folgt aus der Doppelfunktion des Strafbefehls, ohne rechtzeitigen Einspruch die Wirkung eines Urteils zu erlangen (§ 410), nach Einspruch aber lediglich die Funktion eines Eröffnungsbeschlusses zu übernehmen[48]. Wenn der Strafbefehl erlassen, gegen ihn aber noch kein Einspruch eingelegt ist und die Einspruchsfrist noch läuft, kann § 206 a nur bei Verfahrenshindernissen angewendet werden, die nach seinem Erlaß eingetreten sind. Sobald gegen den Strafbefehl ein rechtzeitiger und auch sonst zulässiger Einspruch eingelegt ist, befindet sich das Strafbefehlsverfahren im Sta-

---

[44] BGHSt **22** 213 = JR **1969** 347 mit Anm. *Koffka*; dazu ausführlich *Küper* GA **1969** 365; BGHSt **23** 367; **25** 261; KK-*Treier* 4; KMR-*Paulus* 9; 11; weitere Nachw. s. Einl. Kap. 11 V und die Erl. zu § 346; **a. A** *Rüping* 171; *Volk* Prozeßvoraussetzungen, 68 ff (stets Verwerfung der Revision); *Karnowsky* 127; *Kühne* 674; *Peters* § 75 V 1; *Roxin* § 53 J I 2 (stets Einstellung).

[45] BGHSt **24** 208; *Karnowksy* 138; KK-

[46] GA **1973** 371 und 23. Aufl., Rdn. 13 (Einstellungserstreckung nur bei übersehenen, nicht bei später eingetretenen Verfahrenshindernissen).

[47] **A. A** *Gössel* § 37 D II a 1; *Meyer-Goßner* 374 Fußn. 59 (soweit eine Einstellungserstreckung überhaupt zulässig).

[48] BGHSt **23** 281; vgl. die Erl. zu § 411.

Treier 6; KMR-*Paulus* 13; *Kleinknecht/Meyer* 9; *Eb. Schmidt* Nachtr. I 5.

           Peter Rieß

dium des ordentlichen Verfahrens nach Eröffnung und vor Urteilserlaß, so daß nunmehr § 206 a uneingeschränkt anzuwenden ist[49].

**21**    c) Im **Wiederaufnahmeverfahren** kommt eine Anwendung des § 206 a stets in Betracht, wenn nach der Entscheidung nach § 370 Abs. 2 ein Verfahrenshindernis eintritt. Dagegen soll die Vorschrift unanwendbar sein, wenn in dem früheren Verfahren ein Verfahrenshindernis nicht beachtet worden war, da die §§ 371, 373 insoweit eine Sonderregelung darstellten[50]; die Frage ist bei § 373 näher zu erörtern.

### III. Verfahrenshindernis

#### 1. Allgemeines

**22**    a) **Bezeichnung und Begriff.** Der Gesetzeswortlaut spricht hier (wie in § 260 Abs. 3)[51] von Verfahrenshindernis und bezeichnet damit das Fehlen eines Umstandes. Den in der Prozeßrechtswissenschaft gebräuchlichen Begriff **Verfahrensvoraussetzung**[52] kennt die StPO nicht, beide bezeichnen indessen nach heute allgemeiner Meinung das Gleiche. Ein Verfahrenshindernis liegt immer dann vor, wenn eine Verfahrensvoraussetzung fehlt[53]. Diese werden in der Einl. Kap. 11; 12 eingehend behandelt, so daß hier die Darstellung auf eine Zusammenfassung beschränkt werden kann[54]. Verfahrensvoraussetzungen sind ihrem **Begriff** nach Umstände, die von einem bestimmten Zeitpunkt ab vorliegen müssen, damit überhaupt in einem bestimmten Prozeß über einen bestimmten Prozeßgegenstand mit bestimmten Prozeßbeteiligten mit dem Ziel einer Sachentscheidung verhandelt werden darf[55]. Ihr besonderes, sie von den sonstigen Wirksamkeitsvoraussetzungen einzelner Prozeßhandlungen unterscheidendes Charakteristikum liegt darin, daß, sobald ihr Fehlen feststeht oder nicht auszuschließen ist (Rdn. 28 ff), eine Fortführung des Verfahrens in Richtung auf eine Entscheidung über den Tatvorwurf in seiner Gesamtheit regelmäßig ausgeschlossen ist, mag auch eine Verfahrensfortsetzung zur weiteren Klärung ihres Vorliegens oder für Nebenentscheidungen in Betracht kommen.

**23**    Von der Begriffsbestimmung her ließe sich auch die wirksame **Anfechtung** als besondere Prozeßvoraussetzung des Rechtsmittelverfahrens erfassen. Jedoch erscheint dies unzweckmäßig, weil die unwirksame Anfechtung vielfach anderen Regeln folgt als die Prozeßhindernisse im übrigen. Sie führt vor allem nicht zur Einstellung des (Rechtsmittel-)Verfahrens, sondern zur Verwerfung des Rechtsmittels als unzulässig. Auch die Behandlung von tatsächlichen Zweifeln über das Vorliegen einer wirksamen Anfech-

---

[49] Zur Verfahrensweise beim Übersehen der Unzulässigkeit des Einspruchs vgl. die Erl. zu § 411 unter II.

[50] *Meyer-Goßner* 375; KMR-*Paulus* 15; a. A LR-*Meyer*[23] § 373, 18; vgl. auch OLG Frankfurt NJW **1983** 2398; *Hassemer* NJW **1983** 2353 zur Verhandlungsunfähigkeit im Wiederaufnahmeverfahren sowie *Gössel* NStZ **1983** 393 zur Frage des nachträglichen Wegfalls der Rechtskraft als Voraussetzung des Wiederaufnahmeverfahrens.

[51] Ebenso, hieran anknüpfend, in §§ 304 Abs. 4 Satz 2 Nr. 2; 467 Abs. 3 Satz 2 Nr. 2.

[52] Überwiegend synonym mit Verfahrenshindernis und Verfahrensvoraussetzung werden auch die Begriffe „Prozeßhindernis" und

„Prozeßvoraussetzung" verwendet; Unterschiede in der Sache indessen in Anschluß an *Goldschmidt* und *Sauer* bei *Peters* § 35 II und *Baumann* § 4 III 1 a.

[53] Näher Einl. Kap. **11** I; *Eb. Schmidt* I 193 f.

[54] Zu den Besonderheiten, die bei der Beachtung von Verfahrenshindernissen in der Revisionsinstanz zu beachten sind, vgl. die Erl. zu § 337 unter III.

[55] *Eb. Schmidt* I 119; ähnlich Einl. Kap. **11** I; *Gössel* § 15 A I; die Bezugnahme auf das Verfahren in seiner konkreten Gestalt macht eine weitere wissenschaftlich und praktisch nicht ergiebige (*Eb. Schmidt* I 120) Differenzierung entbehrlich.

tung wird oft anders behandelt als das Vorliegen von Zweifeln bei Prozeßvoraussetzungen[56].

Die Bestimmung einzelner Umstände als Verfahrensvoraussetzungen wirft, ob- **24** wohl über den Hauptbestand heute weitgehende Übereinstimmung besteht, in zweifacher Hinsicht **Abgrenzungsprobleme** auf. Einerseits ist in Randbereichen umstritten, wie sich die Verfahrensvoraussetzungen als Erscheinungen des Verfahrensrechts zu materiell-rechtlichen Umständen verhalten, die mit der Tat verbunden sind oder sie begleiten und die meist als objektive Bedingungen der Strafbarkeit oder persönliche Strafausschließungsgründe gekennzeichnet werden[57]. Auf der anderen Seite besteht keine völlige Einigkeit darüber, welche unumstritten verfahrensrechtlichen Wirksamkeitsvoraussetzungen von solchem Gewicht sind, daß sie sich von den sonstigen Rechtsnormen über das Verfahren, denen die Wirkungen der Verfahrensvoraussetzungen nicht zukommen, abgrenzen lassen[58]. Diese Abgrenzungsfragen lassen sich, namentlich im zweiten Bereich, nicht rein dogmatisch lösen, sondern bedürfen einer wertenden Entscheidung, für die die Bedeutung der Verfahrensvorschrift ebenso zu berücksichtigen ist, wie die Konsequenzen, die sich aus der Anerkennung oder Verneinung des Charakters einer Verfahrensvoraussetzung ergeben würden[59].

Noch nicht restlos geklärt sind insoweit die inhaltlichen **Beurteilungskriterien 25 und Maßstäbe** dafür, wann ein Umstand als Verfahrensvoraussetzung bestimmt werden kann. Nach der Auffassung der Rechtsprechung muß es sich um Umstände handeln, die nach dem (ausdrücklich erklärten oder aus dem Zusammenhang ableitbaren) Willen des Gesetzgebers so schwer wiegen, daß von ihrem Vorhandensein die Zulässigkeit des Verfahrens im ganzen abhängig gemacht werden muß, und zwar nicht nur im Interesse des Angeklagten, sondern auch im öffentlichen Interesse[60]. Dabei sollen solche Umstände ausscheiden, die überwiegend Gegenstand wertender Beurteilung sind[61]. Demgegenüber hat *Volk*, der nicht zu Unrecht auf die geringe Aussagekraft dieser Beschreibungen hinweist, den Versuch unternommen, den Maßstab für die Beurteilung als Verfahrensvoraussetzung aus dem Prozeßzweck der Sicherung des Rechtsfriedens zu gewinnen. Danach sind Verfahrensvoraussetzungen typisierte Voraussetzungen der Sicherung des Rechtsfriedens und umgekehrt Verfahrenshindernisse solche Umstände, bei deren Vorliegen kein Anlaß zur Bewährung der Strafrechtsordnung besteht[62]. Im praktischen Ergebnis der Zuordnung der verschiedenen Umstände kommt *Volk* (S. 219 ff) im wesentlichen zu den allgemein anerkannten Ergebnissen; auch ist, was er selbst einräumt (S. 205), sein Ansatz nicht zu einer trennschärferen Abgrenzung in der Lage. Beim derzeitigen Diskussionsstand läßt sich in den wenigen zweifelhaften Fällen (vgl. Rdn. 56 ff) die Frage, ob ein bestimmter Umstand eine Verfahrensvoraussetzung

---

[56] Näher *Sulanke* 55 ff, 125 f; ergänzend Einl. Kap. 11 IX und die Erl. zu § 341.

[57] Zu den Umständen, bei denen der Charakter als Verfahrensvoraussetzung oder objektive Strafbarkeitsbedingung umstritten ist, gehören etwa die Amnestie (Einl. Kap. 12 VI), die Verjährung (Einl. Kap. 12 VII) und der Strafantrag (Einl. Kap. 12 X) sowie – als neue Frage – die Tatprovokation (Rdn. 57).

[58] Noch in neuerer Zeit umstritten z. B. die Abwesenheit des Angeklagten (Einl. Kap. 12 IX), die überlange Verfahrensdauer (Einl. Kap. 12 VIII; Rdn. 56) oder die Zuständig-

keit der Jugendgerichte (vgl. BGHSt 18 79 gegenüber BGHSt 7 26; 8 349; 9 399).

[59] *Rieß* GA **1976** 22; vgl. auch (ähnlich) BGHSt 26 91.

[60] BGHSt 15 290; 19 278; 21 81; 24 240; 26 91; ähnlich z. B. *KK-Pfeiffer* Einl. 22; *Kleinknecht/Meyer* Einl. 143; *KMR-Paulus* 17; krit. *Volk* Prozeßvoraussetzungen, 205 ff.

[61] So z. B. Einl. Kap. 11 I; vgl. auch BGHSt 24 240; *Volk* Prozeßvoraussetzungen, 215 f.

[62] Ausführlich Prozeßvoraussetzungen, 204 ff; im Ansatz zustimmend z. B. *Roxin* § 21 A; *Schlüchter* 367.

Peter Rieß

darstellt, wohl nur pragmatisch unter Berücksichtigung und Offenlegung aller maßgeblichen Wertungsgesichtspunkte und verfahrensrechtlichen Konsequenzen entscheiden (vgl. auch Rdn. 32).

**26**      **b) Wirkung.** Das Vorliegen der Prozeßvoraussetzungen ist in jeder Lage des Verfahrens, auch in der Rechtsmittelinstanz (vgl. Rdn. 14 ff) von Amts wegen zu berücksichtigen[63]. Der Angeklagte kann hierüber nicht disponieren; sie brauchen auch in der Revisionsinstanz nicht gerügt zu werden[64]. Aus ihrem Charakter als Bedingungen einer Sachentscheidung folgt, daß das Verfahren grundsätzlich[65] durch eine Einstellungsentscheidung zu beenden ist, wenn ihr Vorhandensein nicht feststeht (vgl. auch Rdn. 2; 28 ff). Die Verwendung des Wortes „kann" in § 206 a stellt keine Ermächtigung dar, trotz Vorliegens eines Verfahrenshindernisses eine Sachentscheidung zu erlassen, sondern bezieht sich nur auf die Möglichkeit, das Verfahren außerhalb der Hauptverhandlung durch Beschluß einzustellen.

**27**      Als Institute des Prozeßrechts unterliegen die Verfahrenshindernisse nicht dem Rückwirkungsverbot[66]; die Verfahrensvoraussetzungen müssen im **Zeitpunkt der** jeweils zu treffenden **Sachentscheidung** vorliegen. Deshalb können sie beispielsweise, soweit dies nach Sachlage noch möglich ist, im Laufe des Verfahrens herbeigeführt werden. Fehlt etwa ein Strafantrag und wurde dies vom Tatrichter übersehen, so kann er bei noch laufender Antragsfrist in der Rechtsmittelinstanz auch gegenüber dem Revisionsgericht[67] noch gestellt oder in den Fällen, wo dies zulässig ist (§§ 183 Abs. 2, 232, 248 a StGB) durch Erklärung des besonderen öffentlichen Interesses an der Strafverfolgung ersetzt werden[68]. Zur Nachholung fehlender oder unwirksamer Eröffnungsbeschlüsse s. § 207, 44 ff. Wird während des Verfahrens eine **Verfahrensvoraussetzung** durch Gesetz neu **geschaffen** oder **beseitigt**, so gilt dies, wenn das Gesetz nichts Abweichendes bestimmt, auch für bereits anhängige Verfahren. Die Einführung des Antragserfordernisses wirkt daher (im Ergebnis) auf die Tatbeurteilung zurück[69]; seine Beseitigung führt dazu, daß die Tat ebenso verfolgbar ist, wie wenn es nie bestanden hätte[70]. Ein erst zu erwartendes Verfahrenshindernis (z. B. das Bevorstehen einer Amnestie) gestattet dagegen die Einstellung des Verfahrens nicht (**a. A** *Kaiser* ZRP **1970** 51; vgl. auch § 205, 9).

---

[63] BGHSt **6** 306; **8** 270; **9** 192; **10** 75; **10** 362; **11** 393; **13** 128; **15** 206; **16** 117; **18** 81; **20** 292; **21** 243; **22** 2; **26** 88; **29** 94; **29** 225; ebenso bereits früher das RG, RGSt **57** 208; **59** 56; **61** 119; **63** 321; **64** 21; **66** 256; **67** 55; **67** 59; **67** 323; **68** 19; **68** 107; **69** 126; **69** 245; **69** 319; **71** 252; **72** 5; **72** 102; **72** 379; **73** 114; **74** 187; **75** 257; **76** 160; sowie der OGH, OGHSt **2** 376 und die Rechtsprechung der Oberlandesgerichte, vgl. z. B. BayObLG VRS **39** 107; OLG Hamburg NJW **1962** 2119; KG VRS **8** 463; OLG Koblenz OLGSt § 191 StGB a. F. S. 1; OLG Saarbrücken VRS **35** 42; im Schrifttum allg. M; vgl. aber Rdn. 6 a. E.

[64] Ganz h. M; vgl. z. B. *Sarstedt/Hamm* 159; krit. *Volk* Prozeßvoraussetzungen, 57 ff.

[65] Sofern nicht aus besonderen Gründen eine freisprechende Sachentscheidung zu ergehen hat; vgl. Rdn. 7; Einl. Kap. 11 XI und die Erl. zu § 260 Abs. 3.

[66] Das ist teilweise, z. B. für die Verjährung umstritten; vgl. Einl. Kap. 12 VII.

[67] RGSt **68** 120; BGHSt **3** 73; **6** 157; **6** 285; *Sarstedt/Hamm* 159.

[68] RGSt **75** 342; **76** 9; BGHSt **6** 285; **19** 381; BGH bei *Dallinger* MDR **1974** 546; OLG Köln JR **1953** 232; OLG Oldenburg NJW **1952** 989; LK-*H.-J. Hirsch* § 232, 18; *Sarstedt/Hamm* 160 Fußn. 171; anders, wenn das öffentliche Interesse bereits verneint war; BGHSt **19** 381; zur Frage der Rücknahme der Erklärung des besonderen öffentlichen Interesses s. Rdn. 46.

[69] BayObLG NJW **1961** 2269; OLG Hamm NJW **1970** 578; vgl. RGSt **46** 269.

[70] RGSt **75** 311; **77** 160; BGHSt **20** 27; **21** 369; OLG Hamm NJW **1961** 2030.

**2. Zweifel über das Vorhandensein von Verfahrenshindernissen.** Nach dem Wort- **28** laut des § 206 a ist das Verfahren einzustellen, wenn sich ein Verfahrenshindernis „herausstellt"; § 260 Abs. 3 gebietet die Einstellung durch Urteil, wenn es „besteht". Ein solcher Fall ist immer dann gegeben, wenn **mit Sicherheit** feststeht, daß eine Verfahrensvoraussetzung (unbehebbar) nicht vorliegt. Aus dem Gesetzeswortlaut ergibt sich jedoch keine Aussage darüber, wie zu verfahren ist, wenn nach Ausschöpfung aller Erkenntnismöglichkeiten unüberwindbare **tatsächliche Zweifel** darüber bestehen, ob eine Verfahrensvoraussetzung fehlt oder, was das gleiche ist, ob ein Prozeßhindernis gegeben ist[71], insbesondere ist nicht der Umkehrschluß möglich, daß bei tatsächlichen Zweifeln über das Vorliegen von Prozeßvoraussetzungen das Verfahren nicht einzustellen, sondern durch Sachentscheidung zu beenden sei. Die Auffassung, daß bloße Zweifel niemals eine Einstellung rechtfertigen[72], wird heute nicht mehr vertreten. Für die meisten Verfahrensvoraussetzungen, bei denen dieses Problem praktisch bedeutsam werden kann, ist vielmehr anerkannt, daß das Verfahren auch einzustellen ist, wenn sie möglicherweise fehlen. Umstritten ist lediglich, ob dies für alle gilt und wie das Ergebnis dogmatisch-konstruktiv zu begründen ist. Insoweit sieht die wohl überwiegende Meinung in dieser Frage ein Problem der Anwendung des Grundsatzes „in dubio pro reo"[73].

In der **Rechtsprechung** lehnt der Bundesgerichtshof unter Anwendung dieses **29** Grundsatzes „eine schablonenhafte Antwort, die einheitlich gelten könnte" ab[74] und beschränkt sich auf die Entscheidung bei der jeweils in Frage stehenden Verfahrensvoraussetzung. Insoweit ist nach dem gegenwärtigen Stand der Rechtsprechung für folgende Verfahrensvoraussetzungen anerkannt, daß bereits bloße Zweifel an ihrem Vorliegen zur Verfahrenseinstellung führen müssen: mangelnde Strafmündigkeit[75], Vorliegen oder Fortbestehen eines wirksamen Strafantrags[76], Umfang des Verbrauchs der Strafklage[77] und Verjährung[78]. Bei einer Amnestie soll nach der Rechtsprechung zu unterscheiden sein: Gesetzliche Voraussetzungen, insbesondere Tatbegehung vor dem Stichtag, müssen feststehen[79]; Zweifel bei der Feststellung des für die Amnestie bedeutsamen

---

[71] Deshalb auch verfehlt OGHSt **1** 207 = NJW **1949** 556 mit abl. Anm. *Reinicke*; 1 243 mit der Unterscheidung von zur Einstellung führenden Zweifeln bei Prozeß*voraussetzungen* und unbeachtlichen Zweifeln bei Prozeß*hindernissen*; dagegen *Niese* DRZ **1949** 505; *Seibert* DRZ **1949** 558; zustimmend *Schwarz* NJW **1950** 125.

[72] So noch BGH bei Herlan MDR **1955** 527; ferner *Moser* In dubio pro reo, Diss., München, 1933, 103.

[73] So neben der Rechtsprechung z.B. *K. Schäfer* in der Einl. Kap. **11** IX; *D.* und *U. Mann* 264; *Niese* DRZ **1949** 507; *Sarstedt/Hamm* 396; *Eb. Schmidt* I 198; *Stree* In dubio pro reo (1962) 53 ff; weitere Nachweise bei *Sulanke* 16 ff; wie hier (Rdn. 30) aber im Ansatz bereits *Henkel* 352 f.

[74] BGHSt **18** 274 = JZ **1963** 605 mit Anm. *Eb. Schmidt* = MDR **1963** 855 mit Anm. *Dreher*.

[75] BGHSt **5** 366; ebenso *Brunner* § 1, 10; *Eisenberg* § 1, 11; *Sulanke* 104.

[76] RGSt **47** 238; BGHSt **22** 93; OLG Celle NJW **1963** 68; OLG Hamm VRS **14** 33; OLG Stuttgart NStZ **1981** 184; ebenso z. B. *Kohlhaas* NJW **1954** 1719; *Dreher/Tröndle* § 77 b, 8; *Schönke/Schröder/Stree* § 77, 48; *Stree* In dubio pro reo, 60 teilweise **a. A** *Schwarz* NJW **1950** 125 (Rücknahme muß feststehen).

[77] BayObLG NJW **1968** 2118; *Niese* DRZ **1949** 507; *Reinicke* NJW **1949** 556; *Sarstedt/Hamm* 398; **a. A** OGHSt **1** 207.

[78] BGHSt **18** 274 = JZ **1963** 605 mit Anm. *Eb. Schmidt*; BayObLG bei *Rüth* DAR **1974** 185; OLG Hamburg MDR **1965** 677; OLG Hamm NJW **1976** 2222; OLG Karlsruhe VRS **61** 45; KG JR **1967** 151; OLG Saarbrücken VRS **47** 368; OLG Stuttgart DAR **1964** 46; *Dreher* MDR **1963** 858; *Sarstedt/Hamm* 397.

[79] RGSt **53** 324; **56** 50; **66** 78; **69** 126; **71** 263; **72** 5; RG HRR **1939** Nr. 1014; BGH JZ **1951** 655; NJW **1952** 634; GA **1956** 350; bei *Herlan* MDR **1955** 527; ebenso *Sarstedt/Hamm* 396.

Peter Rieß

Schuldumfangs sollen zugunsten des Angeklagten zu berücksichtigen sein[80]. Für die Verhandlungsunfähigkeit hat der BGH zwar für die Prüfung durch das Revisionsgericht den Zweifelsgrundsatz nicht anwenden wollen[81], doch kann daraus wohl nicht auf seine Auffassung geschlossen werden, daß gegen einen möglicherweise Verhandlungsunfähigen verhandelt werden dürfe, sondern diese Entscheidung hängt damit zusammen, daß für das Revisionsgericht in diesem Punkt der vom Tatrichter gewonnene persönliche Eindruck maßgebend ist (vgl. § 205, 19 und die Erl. zu § 337 unter III). Im **Schrifttum** wird die (jedenfalls im theoretischen Ansatz) differenzierende Betrachtungsweise der Rechtsprechung teilweise, wenn auch in Einzelfällen mit abweichenden Ergebnissen, geteilt[82]; überwiegend wird jedoch die unterschiedslose Anwendung des Grundsatzes „in dubio pro reo" vertreten[83]; wegen der Einzelheiten s. Einl. Kap. 11 IX.

30      Vorzuziehen ist jedoch dogmatisch die von *Sulanke* (S. 72 ff) überzeugend begründete Auffassung, daß die Frage der Behandlung von tatsächlichen Zweifeln über das Vorliegen der Prozeßvoraussetzungen nicht mit Hilfe des Satzes „in dubio pro reo" lösbar ist, sondern aus der **Funktion der Prozeßvoraussetzung als Zulässigkeitsbedingung** für das weitere Prozedieren mit dem Ziel der Gewinnung einer Sachentscheidung (S. 84 ff). Definiert man Verfahrensvoraussetzungen als Bedingungen für die Zulässigkeit einer Sachentscheidung, so müssen sie mit Gewißheit vorliegen, bevor eine Sachentscheidung ergehen kann. Wenn nur *möglicherweise* eine ordnungsgemäße Anklage erhoben oder ein wirksamer Eröffnungsbeschluß erlassen, ein Strafantrag *vielleicht* gestellt oder *vielleicht* nicht zurückgenommen ist, die Verjährung *eventuell* nicht eingetreten ist, die Rechtsgemeinschaft *vielleicht* auf den Sanktionsanspruch durch eine Amnestie verzichtet hat, dann bleibt stets fraglich, ob die Grundbedingung des weiteren Prozedierens gegeben ist. Wenn dies aber möglicherweise unzulässig wäre, dann muß dem ebenso durch Einstellung Rechnung getragen werden, wie wenn es mit Gewißheit unzulässig wäre. Auf die Frage, was die für den Angeklagten günstigere Entscheidung wäre, die bei Anwendung der in-dubio-Regel im Auge behalten werden müßte[84], kommt es hierbei nicht an. Es erscheint bei dieser Betrachtungsweise auch nicht sinnvoll, zwischen verschiedenen Verfahrensvoraussetzungen zu differenzieren[85].

31      Nach dieser Auffassung, die sich im **Ergebnis** weitgehend und, soweit diese im Schrifttum zunehmend die Anwendung des Grundsatzes in dubio pro reo generell bejaht, völlig mit der h. M deckt, führen tatsächliche unbehebbare Zweifel über das Vor-

---

[80] BGH JR **1954** 351 mit Anm. *Nüse;* NJW **1958** 392; weitergehend (stets im Zweifel für Einstellung) *Schmidt-Leichner* NJW **1950** 477; *Thiele* GA **1955** 3.

[81] BGH bei *Dallinger* MDR **1973** 902 mit weit. Nachw.; ebenso (generell) *Kleinknecht/Meyer* § 261, 34.

[82] Z. B. *KK-Treier* 8; *Kleinknecht/Meyer* 7 (vgl. aber § 261, 34); *Sarstedt/Hamm* 395; *Sax* JZ **1958** 178; *Schünemann* ZStW **84** (1972) 882 ff.

[83] *Gössel* § 15 B II; *Karnowsky* 143; *Loos* JuS **1979** 702; *D. u. U. Mann* 278; *Niese* DRZ **1949** 507; *Peters* § 37 III 1 d; *Roxin* § 15 D 3 b; *Rüping* 145; *Eb. Schmidt* I 198; *Schlüchter* 389; *Stree* In dubio pro reo, 57; eingeschränkt auch *K. Schäfer* Einl. Kap. 11 XI.

[84] Vgl. dazu ausführlich *Sulanke* 78 ff mit

Nachweis, daß in manchen Fällen nicht feststellbar ist, ob die Einstellung die dem Angeklagten günstigere Entscheidung darstellt; ähnlich schon *Sarstedt* JR **1974** 471 sowie mit weiteren Beispielen LR-*Meyer-Goßner*[23] 22; *a. A Gössel* § 15 B II mit problematischem Hinweis darauf, daß jede weitere Verfahrensdurchführung den Angeklagten diskriminiere.

[85] Insoweit im theoretischen Ansatz, nicht aber im Ergebnis abweichend *Sulanke* 89, der auf das sittliche Fundament der der einzelnen Prozeßvoraussetzung jeweils zugrundeliegenden Wertentscheidung abstellen will und dabei verkennt, daß diese Bewertung bereits in die Qualifikation eines Umstandes als Prozeßvoraussetzung eingehen muß.

handensein aller im konkreten Fall erforderlichen Verfahrensvoraussetzungen stets zur Einstellung des Verfahrens, oder, umgekehrt ausgedrückt, ein Verfahrenshindernis stellt sich im Sinne des § 206 a immer schon dann heraus, wenn es möglicherweise vorliegt. Dabei genügt freilich der bloß theoretische, nur denkgesetzlich mögliche Zweifel hier ebensowenig wie bei der Überzeugungsbildung des Gerichts zur Schuldfrage. Eine Einstellung ist nur dann geboten, wenn sich die Zweifel am Vorliegen aller Prozeßvoraussetzungen auf konkrete tatsächliche Umstände gründen und wenn sie auch nach Ausschöpfung aller Erkenntnismöglichkeiten unüberwindbar bleiben.

### 3. Einzelne Verfahrensvoraussetzungen

**a) Allgemeines.** Eine ausführliche Darstellung der Verfahrensvoraussetzungen **32** und ihrer Entwicklung enthält die Einleitung (Kap. 12), so daß hier nur in einer Zusammenfassung die wichtigsten Fälle unter Hervorhebung der für die Anwendung des § 206 a bestehenden Besonderheiten dargestellt werden. Da die Verfahrensvoraussetzungen gesetzlich im einzelnen nicht bestimmt sind, sondern lediglich als Institution vorausgesetzt werden (Rdn. 2), ist eine abschließende Aufzählung nicht möglich. Der Katalog der zu ihnen gehörenden Umstände ist offen und durch Rechtsprechung und Lehre zu bestimmen. Dabei zeigt sich in der neueren Diskussion eine Neigung zu seiner Ausweitung unter vorrangiger Verwendung des Maßstabs des Rechtsstaatsprinzips und des fair-trial-Gedankens, indem vorgeschlagen wird, Verstöße gegen grundlegende, namentlich verfassungsrechtlich verankerte Verfahrensgrundsätze als Verfahrenshindernisse zu qualifizieren (vgl. näher Rdn. 56 ff). Eine solche Entwicklung ist bedenklich. Es ist nicht in erster Linie die Aufgabe von Verfahrensvoraussetzungen, Verfahrensregeln von besonderem, auch verfassungsrechtlichem Gewicht abzusichern, und der Begriff des Verfahrenshindernisses darf nicht im wesentlichen synonym mit dem eines besonders schwerwiegenden Verfahrensverstoßes verwendet werden. Wenn bei der Entwicklung neuer Verfahrensvoraussetzungen nicht beachtet wird, daß diese eine verfahrensrechtlich klar umrissene Funktion zu erfüllen haben und daß bestimmte funktionsgerechte Konsequenzen an sie geknüpft werden müssen, und wenn bei neu als Verfahrensvoraussetzungen qualifizierten Umständen nicht hinreichend bedacht wird, ob mit ihnen diese (verschiedenartigen) Konsequenzen sinnvollerweise überhaupt verbunden werden können, verliert das Institut der Verfahrensvoraussetzung seine Konturen und damit seine Fähigkeit zur funktionsgerechten Bewältigung der von ihm zu leistenden Aufgaben (vgl. auch das in Rdn. 57 a genannte Urteil des BGH unter II 2).

**b) Persönliche Umstände, insbesondere des Angeklagten.** Die **Strafmündigkeit 33** (§§ 19 StGB, 1 JGG) ist (mindestens auch) Verfahrensvoraussetzung; stellt sich im Laufe des Verfahrens heraus, daß der Angeklagte zur Tatzeit noch nicht 14 Jahre alt war, so ist es einzustellen[86]. Ist der Angeklagte Jugendlicher, so stellt dies für eine gegen ihn erhobene **Privatklage** wegen § 80 JGG ebenfalls ein Verfahrenshindernis dar[87]. Verfahrenshindernis ist ferner die **Verhandlungsunfähigkeit** (vgl. näher § 205, 12 ff), jedoch kommt eine Einstellung nach § 206 a nur dann in Frage, wenn die Wiederherstellung der Verhandlungsfähigkeit ausgeschlossen erscheint. Zum Tod des Angeklagten s. Rdn. 53 ff. Die **Abwesenheit** des Angeklagten im Sinne des § 276 ist zwar nach allg. M Verfahrenshindernis, rechtfertigt aber regelmäßig nicht die Einstellung nach § 206 a, sondern nur die vorläufige Einstellung nach § 205. Auch wenn der Angeklagte zur

---

[86] RGSt **57** 208; *Brunner* § 1, 13; *Dallinger/ Lackner* § 1, 38 ff; *Dreher/Tröndle* § 19, 2; *Eisenberg* § 1, 31; *Peters* ZStW **68** (1956) 389; *Roxin* § 21 B III 1 e; *Volk* Prozeßvoraussetzungen, 229; **a. A** (Freispruch) *Portrykus* § 1, B 7.

[87] *Brunner* § 80, 1; *Dallinger/Lackner* § 80, 4; *Eisenberg* § 80, 3; *Kleinknecht/Meyer* Einl., 148.

Peter Rieß

Hauptverhandlung nicht erscheint oder ungesetzlicherweise zeitweilig in ihr abwesend ist, stellt dies für den Tatrichter allenfalls einen Grund zur vorläufigen Einstellung nach § 205 dar; ein Verfahrenshindernis liegt hierin nicht[88].

**34**    Die **parlamentarische Immunität** eines Abgeordneten (vgl. die Erl. zu § 152 a) stellt, solange sie besteht und keine Genehmigung zur Strafverfolgung erteilt ist, ein persönliches Verfahrenshindernis dar[89]. Es entfällt, wenn die Genehmigung erteilt wird; an die darin zum Ausdruck gekommene oder ihr zugrundeliegende rechtliche Beurteilung der Tat ist das Gericht nicht gebunden (BGHSt **15** 274). Oft wird jedoch bei Immunität nur eine vorläufige Einstellung nach § 205 in Betracht zu ziehen sein. Dies gilt auch dann, wenn die Genehmigung zur Strafverfolgung versagt wird, denn das Verfahrenshindernis endet spätestens mit der Beendigung des Abgeordnetenmandats, so daß stets die naheliegende Möglichkeit besteht, daß die Verfolgbarkeit wieder eintritt. Kein Verfahrenshindernis, sondern ein persönlicher Strafausschließungsgrund ist die sogenannte **Indemnität** nach Art. 46 Abs. 1 GG.

**35**    c) **Gerichtsbarkeit, Gerichtsunterworfenheit.** Verfahrensvoraussetzung, deren Fehlen zur Verfahrenseinstellung führt, ist das Bestehen der **deutschen Gerichtsbarkeit** wegen der angeklagten Tat[90]. Gleiches gilt für den Fall, daß für bestimmte Strafsachen **Sondergerichte** (Art. 96 Abs. 2, §§ 13, 14 GVG und die dortigen Erl.) zuständig sind; deren Zuständigkeit stellt für die ordentlichen Strafgerichte ein Verfahrenshindernis dar[91]. Dies ist derzeit ohne praktische Bedeutung, da für Strafsachen keine Sondergerichte bestehen. Das Verhältnis der nach § 14 GVG zulässigen Rhein- und Moselschiffahrtsgerichte zu den ordentlichen Gerichten ist als ein solches der sachlichen Zuständigkeit zu betrachten (vgl. § 209, 10 und die Erl. zu § 14 GVG).

**36**    Die fehlende Gerichtsunterworfenheit namentlich aufgrund **diplomatischer Immunität** stellt ein persönliches Verfahrenshindernis dar[92]. Die Einzelheiten sind bei den §§ 18 bis 20 GVG erläutert. Ob im Einzelfall Immunität besteht, haben die Gerichte ohne Bindung an behördliche Auffassungen zu entscheiden (BGHSt **32** 275 ff). Aufgrund von Völkergewohnheitsrecht können mit diplomatischer Immunität auch einzelne Personen ohne generellen diplomatischen Status ausgestattet sein, wenn sie eine besondere diplomatische Aufgabe erfüllen (sog. ad-hoc-Botschafter); diplomatische Immunität lediglich ad personam gibt es dagegen nicht[93].

**37**    Für **NATO-Angehörige** und das zivile Gefolge richtet sich die Gerichtsunterworfenheit nach den Vorschriften des NATO-Truppenstatuts und des ZusatzAbk. Diese unterscheiden zwischen der ausschließlichen Gerichtsbarkeit des Entsende- bzw. des Aufnahmestaates (Art. VII Abs. 2 NATO-Truppenstatut) und der konkurrierenden Gerichtsbarkeit und hierbei wieder zwischen einer solchen mit dem Vorrang des Entsendestaats oder des Aufnahmestaats, also der Bundesrepublik Deutschland (Art. VII

---

[88] Ob die gesetzwidrige Abwesenheit des Angeklagten in der Hauptverhandlung als Verfahrenshindernis von Amts wegen oder lediglich (als absoluter Revisionsgrund nach § 338 Nr. 5) auf Rüge zu beachten ist, ist umstritten, in der Rechtsprechung aber durch BGHSt **26** 86 im Sinne eines rügepflichtigen Verstoßes entschieden worden; a. A *Roxin* § 21 B III 2; vgl. näher Einl. Kap. **12** IX 3 sowie die Erl. zu § 338 Nr. 5.

[89] OLG Celle JZ **1953** 574; OLG Karlsruhe DÖV **1956** 764; OLG Oldenburg NdsRpf. **1954** 53; *Bockelmann* Unverfolgbarkeit der Abgeordneten (1951), 28 ff; *Herlan* JR **1951** 325; *Sarstedt/Hamm* 161.

[90] RGSt **17** 51; BGHSt **14** 139; OLG Braunschweig MDR **1947** 37; OLG Karlsruhe JZ **1967** 418; OLG Nürnberg NJW **1975** 2152; OLG Saarbrücken JR **1975** 291 mit Anm. *Oehler*; vgl. Einl. Kap. **12** II.

[91] RGSt **12** 125; **17** 245; **18** 55; **27** 143; **34** 256; **52** 237; **59** 36; **69** 156; **72** 379.

[92] Vgl. RGSt **71** 51; **71** 337; BGHSt **32** 275 ff; ausführlich LK-*Tröndle* Vor § 3, 69 ff.

[93] BGHSt **32** 275 ff.

Abs. 3 NATO-Truppenstatut). Auf den ihr zustehenden Vorrang bei der konkurrierenden Gerichtsbarkeit hat die Bundesrepublik allgemein verzichtet[94]. Dieser Verzicht kann durch die deutschen Strafverfolgungsbehörden[95] innerhalb von 21 Tagen nach Mitteilung durch den Entsendestaat im Einzelfall widerrufen werden (Art. 19 Abs. 3 ZusatzAbk.). Die Rücknahme des Verzichts unterliegt keinen Formvorschriften, sie kann auch mündlich oder fernmündlich oder vorsorglich erklärt werden[96]. Ein Verfahrenshindernis besteht, wenn die Rücknahme des Verzichts nicht innerhalb der Frist erklärt wird[97]; es entfällt, wenn der Beschuldigte ohne Aburteilung durch die Militärgerichtsbarkeit aus der Truppe ausscheidet[98].

**d) Zuständigkeit.** Die **örtliche Zuständigkeit** ist Verfahrensvoraussetzung, jedoch **38** ist die Unzuständigkeit nach Eröffnung des Hauptverfahrens nur auf rechtzeitigen Einwand des Angeklagten (vgl. § 16 und die dortigen Erl.) zu beachten. Wird er erhoben, so ist das Verfahren nach §§ 206 a, 260 Abs. 3 einzustellen[99], ohne daß dies die Verfahrensfortführung nach neuer Anklageerhebung vor einem anderen örtlich zuständigen Gericht hindert (BGHSt 18 5).

Die **sachliche Zuständigkeit** ist eine auch ohne Einwand des Angeklagten von **39** Amts wegen zu prüfende Verfahrensvoraussetzung, führt aber regelmäßig nicht zur Einstellung des Verfahrens, sondern zur Verweisung bzw. Vorlage an das zuständige Gericht nach den §§ 225 a, 270. Wird die fehlende sachliche Zuständigkeit erst im Rechtsmittelverfahren aufgedeckt, so ist nach den §§ 328 Abs. 3, 355 zu verfahren. Eine Verfahrenseinstellung kommt nur dann in Betracht, wenn (ausnahmsweise) keine Verweisungsmöglichkeit besteht[100]. § 206 a ist auch dann nicht anzuwenden, wenn bei einer Zuständigkeitskonzentration bei einem Amtsgericht nach § 58 GVG, die mehrere Landgerichtsbezirke umfaßt, das organisatorisch übergeordnete Landgericht örtlich unzuständig wäre[101]. In diesem Fall kann das Amtsgericht nach § 270 an das örtlich zuständige Landgericht verweisen, vgl. näher § 209, 15.

Dagegen sind die **Zuständigkeit besonderer Spruchkörper** kraft Gesetzes nach **40** § 6 a, die der **Jugendgerichte** im Verhältnis zu den Erwachsenengerichten[102] und umgekehrt sowie die **geschäftsplanmäßige Zuständigkeit** keine Verfahrensvoraussetzungen im technischen Sinne; sie werden daher vom Revisionsgericht nur auf eine ordnungsmäßige Verfahrensrüge beachtet. Für den Tatrichter sind allerdings auch solche Zuständigkeitsvorschriften, soweit das Gesetz nicht, wie in § 6 a, die Prüfung von Amts wegen beschränkt, ohne besonderen Einwand zu beachten (BGHSt 26 199), wobei für die Zuständigkeit besonderer Spruchkörper kraft Gesetzes und der Jugendgerichte Vorlage- und Verweisungsregelungen gelten, die denen der sachlichen Zuständigkeit entsprechen (§§ 209 a, 225 a Abs. 4, 270 Abs. 1 Satz 2). Bei geschäftsplanmäßiger Unzuständigkeit kommt in erster Linie eine formlose Abgabe und die Übernahme durch den zuständigen Spruchkörper in Frage, ggf. hat das Präsidium zu entscheiden (§ 209, 7 ff).

---

[94] Art. 19 Abs. 1 ZusatzAbk. in Vbdg. mit dem Unterzeichnungsprotokoll vom 3. 8. 1959; Einzelheiten bei LK-*Tröndle* Vor § 3, 76 ff.

[95] Zuständig ist nach Art. 3 des Zustimmungsgesetzes vom 18. 8. 1961 (BGBl. II 1138) die Staatsanwaltschaft.

[96] BGHSt 30 380; vgl. auch BGH NJW **1966** 2280 (vorsorgliche Verzichtsrücknahme reicht zur Fristwahrung aus).

[97] BGHSt 30 380; BGH NJW **1966** 2280.

[98] BGHSt 28 96 mit weit. Nachw.

[99] BayObLG MDR **1980** 253; OLG Stuttgart NStZ **1981** 105; vgl. auch § 16, 9; § 207, 47.

[100] Vgl. BGHSt 18 381 für den Fall der ausschließlichen Zuständigkeit von Rheinschifffahrtsgerichten.

[101] So aber *Behl* DRiZ **1980** 182.

[102] BGHSt 18 79; 26 197 f; auch nicht nach der Neuregelung durch das StVÄG 1979, *Rieß* NStZ **1981** 305 mit Nachweis unveröffentlichter Rechtsprechung des BGH; a. A OLG Oldenburg NJW **1981** 1384.

Peter Rieß

Kann die Frage nicht auf diese Weise entschieden werden, so hält der BGH die Einstellung des Verfahrens für geboten[103], doch dürfte die Auffassung vorzuziehen sein, daß das Gericht sich in diesem Fall auf eine Unzuständigkeitserklärung beschränkt und ggf. nach den §§ 14, 19 zu verfahren ist[104].

**41**    **e) Anklage, Eröffnungsbeschluß und ähnliches.** Für das gerichtliche Verfahren stellt das Vorliegen einer ordnungsmäßigen Anklage (§ 200, 57) und eines ordnungsmäßigen Eröffnungsbeschlusses (§ 207, 5) eine Verfahrensvoraussetzung dar, bei deren Fehlen, wenn der Mangel nicht geheilt werden kann (§ 207, 64) das Verfahren einzustellen ist[105]. Gleiches gilt für die Antragsschrift nach § 414 Abs. 2[106], den Einziehungsantrag nach § 440[107] sowie die Nachtragsanklage und den Einbeziehungsbeschluß nach § 266. Hat der Tatrichter in Verkennung der Reichweite des Tatbegriffs wegen eines Geschehens verurteilt, das von der Anklage nicht erfaßt war, während er den angeklagten Lebenssachverhalt nicht für erweislich hielt, so soll im Revisionsverfahren neben der erforderlichen Urteilsaufhebung keine zusätzliche Einstellung nach § 206 a in Betracht kommen (OLG Koblenz VRS 60 459). War das Verfahren durch **Strafbefehl** eingeleitet, so ist dessen Wirksamkeit ebenso Verfahrensvoraussetzung für das weitere Verfahren, wie es im Normalverfahren Anklage und Eröffnungsbeschluß sind[108]. Dagegen liegt kein Verfahrenshindernis vor, wenn der Richter nach § 408 Abs. 2 Hauptverhandlung anberaumt und entgegen § 408 Abs. 2 Satz 2 die Mitteilung des Strafbefehlsantrags unterläßt[109]. Bei einer aufgrund eines **Wiederaufnahmeverfahrens** erneuerten Hauptverhandlung stellt der Beschluß nach § 370 Abs. 2 eine Verfahrensvoraussetzung dar[110]. War dem Verfahren eine Ablehnung der Eröffnung nach § 204 oder ein erfolgloses Klageerzwingungsverfahren vorausgegangen, so gehört das Vorliegen neuer Tatsachen oder Beweismittel im Sinne der §§ 174 Abs. 2, 211 zu den Verfahrensvoraussetzungen (vgl. näher § 211, 9; 22).

**42**    **f) Anderweitige Rechtshängigkeit, Strafklageverbrauch und andere Sperrwirkungen.** Verfahrensvoraussetzung ist die Unberührtheit der Sache. Anderweitige, vorrangige Rechtshängigkeit, die mit der Eröffnung des Hauptverfahrens eintritt, ist daher ein Verfahrenshindernis, das, soweit es reicht, von Amts wegen durch Verfahrenseinstellung zu berücksichtigen ist[111]. Grundsätzlich gilt bei mehrfacher Rechtshängigkeit der Grundsatz der Priorität (vgl., auch zu den Ausnahmen, § 12, 16 ff), so daß regelmäßig das Gericht sein Verfahren einzustellen hat, welches das Hauptverfahren später eröffnet

---

[103] BGHSt **26** 201 = NJW **1975** 2304 mit Anm. *Sieg* NJW **1976** 301.

[104] So *Meyer-Goßner* NJW **1976** 977 und 23. Aufl., Rdn. 36.

[105] Ständige Rechtspr., vgl. z. B. BGHSt **5** 227; **6** 113; **10** 141; **15** 44; **15** 182; **25** 310; BayObLG NJW **1960** 2014; OLG Celle NdsRpf. **1957** 159; OLG Hamburg NJW **1962** 2119; OLG Hamm NJW **1961** 233; KG VRS **28** 124; OLG Schleswig SchlHA **1963** 78; ebenso schon RGSt **10** 58; **24** 66; **27** 126; **31** 104; **35** 353; **41** 155; **43** 217; **67** 59; **68** 107; **68** 291.

[106] Vgl. RGSt **68** 291; **72** 143.

[107] OLG Karlsruhe NJW **1974** 711.

[108] BayObLG NJW **1960** 2014; OLG Bremen NJW **1965** 120 mit Anm. *Lindemann*; KG *Alsb.* E **2** 268; GA **71** (1927) 146; vgl.

BayObLG NJW **1961** 1783 mit Anm. *Maywald* NJW **1962** 549.

[109] A. A OLG Braunschweig GA **1980** 390 mit Hinweis auf die Behinderung der Verteidigung, die zwar ohne Zweifel vorliegt, aber ebensowenig wie die unterlassene Mitteilung der Anklage oder des Eröffnungsbeschlusses die Annahme eines Verfahrenshindernisses begründen kann.

[110] RGSt **35** 351; RG JW **1938** 1165; BayObLGSt **1952** 78; OLG Dresden JW **1928** 1882 mit Anm. *Unger*.

[111] RGSt **52** 262; **67** 55; BGHSt **5** 384; **10** 363; **22** 186; **22** 235; BGH bei *Pfeiffer/Miebach* NStZ **1984** 212 (Nr. 27); BayObLGSt **1951** 296; a. A (früher) RGSt **37** 56; KG JW **1928** 2288.

hat. Soweit ausnahmsweise statt des Prioritätsprinzips der Grundsatz der umfassenderen Aburteilungsmöglichkeit gilt, muß ggf. das zuerst eröffnete Verfahren eingestellt werden. Zu weiteren Einzelfragen s. Einl. Kap. **12** IV und die Erl. zu § 12, zur Fortsetzungsmöglichkeit bei Wegfall der anderweitigen Rechtshängigkeit § 12, 22 f.

Verfahrensvoraussetzung ist, daß die den Gegenstand des Verfahrens bildende **43** (prozessuale) Tat noch nicht anderweitig rechtskräftig abgeurteilt ist („ne bis in idem" — Art. 103 Abs. 3 GG). Ist das geschehen, so bildet der hierdurch eingetretene **Strafklageverbrauch**, so weit er reicht[112], ein von Amts wegen zu berücksichtigendes und zur Verfahrenseinstellung führendes Verfahrenshindernis[113]. **Ausländische Verurteilungen** wegen der gleichen Tat bewirken, wenn nicht im Einzelfall etwas anderes bestimmt ist[114], keinen Strafklageverbrauch[115]; ihre Rechtswirkungen können jedoch nach § 51 Abs. 3 StGB oder nach § 153 c Abs. 1 Nr. 3 berücksichtigt werden[116]. Ausführlich sind die Fragen der Rechtskraft in der Einleitung, Kap. **12** V erläutert; zur Verfahrensweise bei zunächst übersehener Rechtskraft im anhängigen Verfahren vgl. die Erl. zu § 337 unter III 3 und zu § 410 unter II.

Keine Sperrwirkung und damit kein Verfahrenshindernis bewirken nach ganz **44** h. M **staatsanwaltschaftliche Einstellungen** nach den §§ 153 ff und nach § 170 Abs. 2[117]. Dagegen kommt einer **gerichtlichen Einstellung** nach den §§ 153 Abs. 2, 153 b Abs. 2 eine beschränkte Sperrwirkung zu, die, soweit sie reicht, ein Verfahrenshindernis darstellt (vgl. näher die Erl. zu §§ 153, 153 b). Bei vorläufiger Einstellung des Verfahrens nach § 153 a durch die Staatsanwaltschaft oder das Gericht steht die Erfüllung der Auflagen und Weisungen als Verfahrenshindernis der Verfolgung der Tat als Vergehen entgegen (§ 153 a Abs. 1 Satz 4, vgl. die dortigen Erl.); dem ist ggf. durch Einstellung Rechnung zu tragen. Zur umstrittenen Frage, ob die endgültige Verfahrenseinstellung nach Erfüllung der Auflagen auf § 206 a beruht, s. die Erl. zu § 153 a. Die gerichtliche Einstellung des Verfahrens nach den **§§ 154 Abs. 2, 154 b Abs. 2** begründet so lange ein Verfahrenshindernis, bis das Verfahren durch das Gericht, das die Einstellung ausgesprochen hat, durch förmlichen, den materiellen Wiederaufnahmevoraussetzungen entsprechenden Beschluß wiederaufgenommen worden ist[118]. Die Anhängigkeit des Straf- oder Disziplinarverfahrens in den Fällen des § 154 e ist zwar ein (vorübergehendes) Verfahrenshindernis, führt aber nicht zur Einstellung nach § 206 a, sondern nur zu einer vorläufigen Einstellung, die ihre Rechtsgrundlage in § 154 e Abs. 3 findet und mit der vorläufigen Einstellung nach § 205 verwandt ist.

---

[112] Zur umstrittenen beschränkten Rechtskraft des Strafbefehls s. die Erl. zu § 410; ferner jetzt BVerfGE **65** 377; und den Vorschlag in Art. 1 Nr. 27 StVÄGE 1984.

[113] BGHSt **9** 162; **13** 306; **15** 268; **20** 293; BGH bei *Dallinger* MDR **1958** 566; NJW **1963** 1020; OLG Celle MDR **1960** 334; OLG Frankfurt SJZ **1949** 872; NJW **1969** 1915; KG GA **1953** 123; OLG Saarbrücken VRS **47** 433; ebenso das RG in ständiger Rechtsprechung, vgl. z. B. RGSt **18** 272; **25** 29; **30** 342; **41** 153; **49** 170; **56** 351; **62** 262; **65** 150; **69** 171; **72** 102; RG HRR **1938** Nr. 132 (auch bei fälschlicher Aufspaltung einer prozessualen Tat in ein rechtskräftig abgeurteiltes Vergehen und ein noch rechtshängiges Verbrechen).

[114] Für besatzungsgerichtliche Urteile vgl. LK-*Tröndle* Vor § 3, 81 ff; vgl. auch Rdn. 52.

[115] BVerfGE **12** 66; BGHSt **6** 177; **12** 36; **24** 57; LK-*Tröndle* § 51, 66 ff; *Luther* NJW **1958** 1026.

[116] Dazu mit weit. Nachw. LK-*Tröndle* § 51, 61 ff; *Ungern-Sternberg* 85 f.

[117] Vgl. *Loos* JZ **1978** 592; *Rieß* NStZ **1981** 9; a. A zu § 153 c Abs. 1 jetzt AG Gießen StrVert. **1984** 238.

[118] BGHSt **30** 198; BGH GA **1981** 36 mit Anm. *Rieß;* vgl. näher die Erl. zu § 154.

Peter Rieß

**45**    **g) Strafantrag und andere Erklärungen Dritter.** Der gesetzlich vorgeschriebene, rechtzeitige und wirksame Strafantrag[119] ist Verfahrensvoraussetzung; sein Fehlen, seine Rücknahme oder die Ungewißheit über sein Vorliegen (Rdn. 29) führen daher zur Einstellung des Verfahrens[120], wenn nicht die Möglichkeit besteht, daß er noch nachgeholt wird (dann ggf. vorläufige Einstellung nach § 205; vgl. § 205, 23). Für behördliche Strafverlangen und Ermächtigungen gelten die gleichen Grundsätze.

**46**    Bei einem Teil der Antragsdelikte ist der Antrag entbehrlich, wenn die Staatsanwaltschaft, was noch im Laufe des Verfahrens möglich ist (Rdn. 27), das **besondere öffentliche Interesse an der Strafverfolgung** bejaht[121]. Dann ist diese Erklärung der Staatsanwaltschaft Verfahrensvoraussetzung, nicht dagegen ein vom Gericht zu beurteilendes tatsächliches Vorhandensein eines besonderen öffentlichen Interesses (umstritten, vgl. § 206 Fußn. 4). Zweifelhaft ist, ob nach Eröffnung des Hauptverfahrens die Staatsanwaltschaft ihre Erklärung des besonderen öffentlichen Interesses mit der Wirkung zurücknehmen kann, daß, soweit nicht auch Strafantrag gestellt ist, nunmehr das Verfahren wegen Wegfalls einer Verfahrensvoraussetzung einzustellen ist. Die neuere Rechtsprechung und ein Teil des Schrifttums bejahen dies[122]. Vorzuziehen ist jedoch mit der früheren Rechtsprechung und einer verbreiteten Meinung im Schrifttum[123] die Auffassung, daß nach Eröffnung des Hauptverfahrens **keine Rücknahme** der Erklärung der Staatsanwaltschaft dergestalt möglich ist, daß damit die Verfahrensvoraussetzung entfällt. Diese Meinung entspricht nicht nur besser dem Gesetzeswortlaut, nach dem die Staatsanwaltschaft das „Einschreiten" für geboten halten muß, sondern trägt auch dem Grundsatz des § 156 Rechnung, demzufolge die Klage nicht zurückgenommen werden kann, worauf eine Verneinung des öffentlichen Interesses im Ergebnis hinauslaufen würde. Sie trägt ferner den Interessen des Verletzten besser Rechnung, der im Vertrauen auf die staatsanwaltschaftliche Erklärung die Antragstellung unterlassen oder den Antrag zurückgenommen haben kann. Mit den Möglichkeiten der Verfahrenseinstellung nach den §§ 153 ff läßt sich auch nach der hier vertretenen Meinung bei einer veränderten Verfahrenslage den berechtigten Interessen an einer Nichtbestrafung des Angeklagten ausreichend Rechnung tragen.

**47**    **h) Verjährung.** Nach in Rechtsprechung seit langem einhelliger und im Schrifttum wohl überwiegender Meinung ist die Verjährung (mindestens auch) prozeßrechtli-

---

[119] Vollständige Aufzählung der Antragsdelikte bei *Rieß* Verh. des 55. DJT (1984) Bd. I S. C 16 Fußn. 38.

[120] BGHSt **6** 166; **18** 125; BGH NJW **1951** 368; bei *Dallinger* MDR **1954** 152; **1955** 143; OLG Celle MDR **1960** 334; OLG Hamburg NJW **1956** 523; OLG Koblenz NJW **1958** 2039; OLG Oldenburg MDR **1954** 55; aus der Rechtsprechung des RG z. B. RGSt **45** 128; **46** 271; **47** 202; **48** 276; **51** 72; **57** 143; **62** 262; **64** 107; **65** 150; **67** 55; **68** 124; **73** 114; **74** 187; **75** 257; **76** 159; **77** 183; im Schrifttum heute ganz überwiegende M; vgl. mit weit. Nachw. *Jescheck* 722; *M.-K. Meyer* Zur Rechtsnatur und Funktion des Strafantrags (1984), 8, 42; *Schönke/Schröder/Stree* § 77, 8; *Volk* Prozeßvoraussetzungen, 233; **a. A** (objektive Bedingung der Strafbarkeit)

*Hilde Kaufmann* Strafanspruch – Strafklagerecht (1968), 153; *Maiwald* GA **1970** 38.

[121] §§ 183 Abs. 2, 232 Abs. 1, 248 a StGB sowie die auf diese Vorschrift verweisenden Bestimmungen; vgl. auch Einl. Kap. **12** X.

[122] BGHSt **19** 377; OLG Celle GA **1961** 214; OLG Düsseldorf NJW **1953** 236; **1970** 1054; KG NJW **1961** 569; OLG Stuttgart NJW **1961** 1126; *Dreher/Tröndle* § 232, 6; *Gössel* § 2 B II b 3; KK-*v. Stackelberg* § 376, 6; *K. Schäfer* Einl. Kap. **12** X; LR-*Meyer-Goßner*[23] 43; *Mühlhaus* JZ **1952** 172.

[123] RGSt **77** 72; OLG Bremen JZ **1956** 663 (später aufgegeben); OLG Karlsruhe VRS **15** 356; LK-*Hirsch* § 232, 22; *Maurach/Schroeder* I § 9 I B 1; *Oehler* JZ **1956** 622; *Wendisch* § 376 unter III; *Weigelt* DAR **1959** 14; wohl auch *Schönke/Schröder/Stree* § 232, 3.

cher Natur; ihr Vorliegen stellt daher ein Verfahrenshindernis dar, das ebenso zur Verfahrenseinstellung führt[124] wie Zweifel daran, ob die Tat verjährt ist[125]. Keine gesonderte Einstellung, sondern lediglich eine Berücksichtigung beim Schuldspruch oder beim Schuldumfang erfolgt, wenn sich die Verjährung nur auf einzelne, in Tateinheit oder Tatmehrheit stehende Delikte oder Einzelakte einer fortgesetzten Handlung innerhalb einer einheitlichen prozessualen Tat bezieht[126].

**i) Amnestie.** Das Eingreifen eines Straffreiheitsgesetzes[127] begründet, soweit der **48** Amnestietatbestand reicht, ein zur Einstellung des Verfahrens führendes Verfahrenshindernis[128]. Dabei wurde früher vielfach angenommen, daß das Straffreiheitsgesetz die Rechtshängigkeit kraft Gesetzes beende, so daß der Einstellungsbeschluß nur deklaratorische Wirkung habe, eine Auffassung, die durch die neuere Rechtsentwicklung als überholt gilt[129]. Die neueren Straffreiheitsgesetze enthalten regelmäßig eigene verfahrensrechtliche Vorschriften, die zu überwiegend gleichen Ergebnissen führen wie die Einstellung nach § 206 a[130]. Zur Behandlung von Zweifeln über das Vorliegen der Amnestievoraussetzungen s. Rdn. 29 mit Fußn. 79; 80.

Während allgemein bei der Konkurrenz mehrerer Verfahrenshindernisse die Ein- **49** stellung auf den liquidesten gestützt werden kann (Rdn. 60), soll nach einer älteren Rechtsprechung die Einstellung wegen Verjährung[131] oder wegen fehlenden Strafantrags[132] **Vorrang vor der wegen Amnestie** haben (vgl. auch Einl. Kap. 12 VIII). Ob dem heute noch zugestimmt werden kann, ist zweifelhaft, zumal berechtigten Interessen des Angeklagten an einer Rehabilitierung durch den in den neueren Straffreiheitsgesetzen regelmäßig enthaltenen Anspruch auf Verfahrensfortsetzung[133] ausreichend Rechnung getragen wird. Jedenfalls gilt dieser Vorrang anderweitiger Verfahrenseinstellung nicht generell, so wäre es beispielsweise sinnlos, bei Eingreifen einer Amnestie das Verfahren wegen Fehlens der Anklage oder des Eröffnungsbeschlusses einzustellen.

**j) Auslieferungsrechtliche Beschränkungen und ähnliches.** Wird ein Beschuldigter **50** von einer fremden Regierung zur Strafverfolgung ausgeliefert (dazu ausführlich Einl. Kap. 12 X und Vor § 156 GVG), gilt der Grundsatz der **Spezialität**. Der Beschuldigte darf nur innerhalb des von der ausliefernden Stelle gesetzten rechtlichen und tatsächlichen Rahmens verfolgt werden. Maßgebend hierfür sind die konkrete Auslieferungsbewilligung, die jeweiligen zweiseitigen Verträge (BGHSt 15 126) und das EuAuslÜbk.

---

[124] RGSt **32** 251; **53** 276; **63** 321; **66** 328; **67** 55; **76** 159; BGHSt **2** 306; **4** 382; **8** 270; **11** 395; BGH bei *Dallinger* MDR **1952** 407; OLG Bremen NJW **1956** 1248; OLG Celle MDR **1966** 865; OLG Hamburg MDR **1958** 52; OLG Hamm NJW **1972** 2097; KG VRS **21** 200; **26** 286; OLG Neustadt GA **1962** 125; OLG Oldenburg NdsRpf. **1953** 207; vgl. auch BVerfGE **25** 209; **a. A** (Freispruch) anfänglich das RG, RGSt **12** 436; **40** 90; RG GA **47** (1900) 159; zum Schrifttum vgl. *Dreher/Tröndle* Vor § 78, 4; SK-*Rudolphi* Vor § 78, 8 ff; *Schönke/Schröder/Stree* Vor § 78, 3; *Volk* Prozeßvoraussetzungen, 225 f; s. näher Einl. Kap. 12 VII.

[125] BGHSt **18** 274; näher Rdn. 29 mit Fußn. 78.

[126] Zur Frage der Behandlung der Sache, wenn die Tat unter einem schwereren recht-

lichen Gesichtspunkt nicht erweislich, unter dem leichteren aber verjährt ist, s. Rdn. 5; 7.

[127] Übersicht über die neuere Amnestiegesetzgebung bei *Schätzler* Handbuch des Gnadenrechts (1976), 123 ff.

[128] RGSt **53** 39; **53** 235; **54** 12; **55** 231; **59** 56; **67** 55; **67** 146; **70** 195; **71** 252; BGHSt **3** 136; **4** 289; **6** 305; **9** 104; **10** 115; **24** 265.

[129] Ausführlich Einl. Kap. 12 VI und die Erl. Vor § 12 GVG; vgl. auch *Schöneborn* 9.

[130] Vgl. z. B. §§ 3, 5, 6 StrFG 1949; §§ 16 ff StrFG 1954; §§ 7, 10 StrFG 1968 und §§ 7, 9 StrFG 1970.

[131] RGSt **53** 276; RG JW **1938** 1886; HRR **1939** Nr. 1014; BGHSt **12** 15.

[132] RG DStR **1937** 206.

[133] Vgl. z. B. § 17 StrFG 1954; § 9 StrFG 1968; § 11 StrFG 1970.

Peter Rieß

Soweit hiernach eine Auslieferung nicht bewilligt ist, besteht ein Verfahrenshindernis, das zur Einstellung selbständiger prozessualer Taten zwingt[134]. Beschränkt der Spezialitätsgrundsatz nur die Strafverfolgung innerhalb einer einheitlichen Tat, so muß dem ohne Einstellung beim Schuldspruch Rechnung getragen werden. Ob die Auslieferung gegen das Recht des ausliefernden Staates verstieß, ist nicht zu prüfen, ein solcher Verstoß begründet kein Verfahrenshindernis[135]. Ist ein unter Verstoß gegen diese Grundsätze ergangenes Urteil rechtskräftig geworden, so ist es wirksam und vollstreckbar[136] und kann in eine nachträglich zu bildende Gesamtstrafe einbezogen werden[137].

**51**      Eine bloße **Abschiebung** aus dem Ausland begründet, auch wenn sie ein Auslieferungsverfahren ersetzt, weder als solche ein Verfahrenshindernis, noch können sich aus ihr entsprechend dem auslieferungsrechtlichen Spezialitätsgrundsatz Verfahrenshindernisse ergeben[138]. Der Spezialitätsgrundsatz begrenzt die Strafverfolgung auch nicht, wenn die beteiligten Staaten ihn in jahrelanger Auslieferungspraxis bei Einverständnis des Betroffenen in seine Übergabe nicht anwenden; eine Änderung dieser Rechtsauffassung hat keine rückwirkende Kraft[139].

**52**      Wird ein ausländischer Staat für eine an sich der deutschen Gerichtsbarkeit unterliegende Straftat um **Übernahme der Strafverfolgung** ersucht, so begründet dies auf der Grundlage von Art. 21 EuRHÜbk. allein kein Verfahrenshindernis für die Einleitung und Fortführung eines inländischen Strafverfahrens[140]. Zweiseitige Verträge über Rechtshilfe in Strafsachen, die eine Übernahme der Strafverfolgung ermöglichen, sehen dagegen teilweise ein Strafverfolgungshindernis für die inländische Strafverfolgung vor, das teilweise erst durch den Abschluß des ausländischen Verfahrens[141], teilweise bereits durch dessen Einleitung[142] ausgelöst wird. Der sogenannte Spezialitätsgrundsatz bei der **Rechtshilfe** in Strafsachen mit dem Ausland begründet kein Verfahrenshindernis, sondern ein Beweisverwertungsverbot[143].

### 4. Umstrittene Verfahrenshindernisse

**53**      **a) Tod des Angeklagten.** Daß das Verfahren beim Tod des Angeklagten nicht mit dem Ziel einer Sachentscheidung weitergeführt werden kann, ist unzweifelhaft. Umstritten ist jedoch, auf welchem dogmatisch-konstruktiven Wege das sachlich unumstrittene Ergebnis der Verfahrensbeendigung von Amts wegen begründet werden soll. Neben einer terminologisch und sachlich unklaren Meinung, die den Tod als Verfahrenshindernis besonderer Art bezeichnet, ohne die wesentlichen Wirkungen eines Ver-

---

[134] BGSt **19** 119; **19** 190; **20** 109; **22** 307; **29** 94; BGH NJW **1960** 2202; **1965** 1146; GA **1965** 284; **1980** 314; ebenso die Rechtsprechung des RG, z. B. RGSt **45** 277; **55** 285; **60** 202; **64** 187; **66** 173; **67** 55; **70** 286.

[135] BGHSt **18** 220; **22** 309; BGH NJW **1977** 2355.

[136] RGSt **72** 78; BGH MDR **1982** 1031; OLG Hamm NJW **1956** 1936.

[137] BGH MDR **1982** 1031.

[138] BGH bei *Holtz* MDR **1980** 631; vgl. auch RG JW **1922** 1588; OLG Düsseldorf JMBlNW **1983** 210 (möglicherweise völkerrechtswidrige Festnahme auf fremdem Hoheitsgebiet); BGH vom 25. 4. 1984 – 3 StR 103/84 – NStZ **1984** Heft 10.

[139] BGHSt **31** 51.

[140] *Ungern-Sternberg* 84; zum noch nicht in Kraft getretenen europäischen Übereinkommen über die Übernahme der Strafverfolgung mit dort vorgeschlagener Regelung S. 93 f.

[141] So nach dem deutsch-jugoslawischen, deutsch-schweizerischen, deutsch-italienischen und deutsch-österreichischem Vertrag; vgl. *Ungern-Sternberg* 85 ff.

[142] So nach dem deutsch-niederländischen und deutsch-israelischen Vertrag; vgl. *Ungern-Sternberg* 87.

[143] Näher *Linke* NStZ **1982** 419.

fahrenshindernisses hieran zu knüpfen[144], stehen sich zwei Auffassungen gegenüber. Einerseits wird die Meinung vertreten, daß der Tod des Angeklagten, ebenso wie die Todeserklärung[145], das Verfahren von selbst beende, ohne daß es seiner förmlichen Einstellung bedürfe. Ein Einstellungsbeschluß sei zwar nicht unzulässig, habe aber lediglich deklaratorische Bedeutung und beruhe nicht auf § 206 a[146]. Die dogmatische Begründung stützt sich im wesentlichen darauf, daß die Existenz des konkreten Prozesses durch das Vorhandensein eines Beschuldigten bedingt sei; mit seinem Tode entfalle ein das Verfahren bedingendes Prozeßsubjekt[147]. Die Gegenmeinung sieht in dem Vorhandensein eines lebenden Beschuldigten lediglich eine, wenn auch zentrale Prozeßvoraussetzung, sie qualifiziert deshalb den Tod des Angeklagten als Verfahrenshindernis mit den sich hieraus ergebenden Rechtsfolgen[148].

Der dogmatische Streit ist in zweifacher Hinsicht von praktischer Bedeutung, **54** nämlich für die Kostenentscheidung und für die Anfechtbarkeit. Die Auffassung, daß der Tod des Angeklagten das Verfahren automatisch beende, kann die **kostenrechtlichen Vorschriften**, die an die Einstellung wegen eines Verfahrenshindernisses anknüpfen, insbesondere § 467 und die §§ 2, 8, 9 StrEG, jedenfalls nicht unmittelbar anwenden. Sie sieht darin allerdings teilweise eine Unbilligkeit, die sie zu einer analogen Anwendung veranlaßt[149]. Dagegen ist für die ein Verfahrenshindernis bejahende Auffassung die un-

---

[144] OLG Hamm NJW **1978** 178; MDR **1978** 163; OLG Schleswig SchlHA **1977** 181; NJW **1978** 1016; *Kleinknecht* MDR **1972** 1050 (das stärkste Verfahrenshindernis tatsächlicher Art, das der Fortführung des Verfahrens so selbstverständlich entgegensteht, daß es nicht zu den Verfahrenshindernissen gezählt wird); ähnlich *Roxin* § 21 B III 1 a (ist ein Prozeßhindernis und beendet das Verfahren von selbst).

[145] OLG Hamm NJW **1978** 177; *Kleinknecht/ Meyer* 8.

[146] BGH NJW **1983** 463 = NStZ **1983** 179 mit Anm. *Schätzler*; BayObLG NJW **1962** 262; OLG Celle NJW **1971** 2182; OLG Hamburg NJW **1971** 2183; **1983** 464; OLG Hamm MDR **1970** 1030; KG GA **1974** 80; OLG München MDR **1973** 695; JurBüro **1976** 788; OLG Stuttgart AnwBl. **1972** 330; LG Aurich NdsRpf. **1979** 21; LG Flensburg JurBüro **1983** 882; LG Kleve MDR **1981** 606; im Ergebnis auch die in Fußn. 144 genannten Entscheidungen sowie diejenigen, die sich mit der *analogen* Anwendung der kostenrechtlichen Vorschriften auseinandersetzen, OLG Düsseldorf JMBlNW **1978** 240; OLG Karlsruhe MDR **1977** 952; keine verfassungsrechtlichen Bedenken BVerfG, vgl. Nichtannahmebeschluß vom 23. 10. 1975 – 2 BvR 722/75 – mitgeteilt bei OLG München JurBüro **1976** 790; im Schrifttum *Bloy* 168; *Henkel* 182; KK-*Treier* 9; KK-*Schikora* § 465, 6; *Kleinknecht/Meyer* 8; KMR-*Paulus* 38; *K. Schäfer* Einl. Kap. **12** IX

und in den Erl. zu § 467; *Schätzler* NStZ **1983** 179 und StREG § 13, 10 ff; *Eb. Schmidt* I 149; *G. Schäfer* § 11 III 5; *Seier* NStZ **1982** 272; vgl. *Pflüger* NJW **1983** 1894; Nachw. über die Rechtsprechung vor 1945 bei BGH aaO und über das frühere Schrifttum bei *Eb. Schmidt* I 149, Fußn. 267.

[147] *Eb. Schmidt* I 149; ihm folgend *K. Schäfer* Einl Kap. **12** IX; *Bloy* 168 (mit weiterem Hinweis, daß es sich um ein materiell-rechtliches Bestrafungshindernis handle).

[148] OLG Frankfurt NJW **1982** 1891 = NStZ **1982** 480 mit Anm. *Kühl*; wohl auch BGH vom 19. 12. 1972 – 5 StR 527/72 –, mitgeteilt bei KG **1974** 80 und bei *Lampe* NJW **1974** 1856; wohl ähnlich in der früheren Rechtsprechung RG HRR **1926** 993; OLG Dresden GA **46** (1899) 365; im Schrifttum KMR-*Sax* Einl. IX 7; *Kühl* NStZ **1982** 481 (noch offengelassen NJW **1978** 977); *Lampe* NJW **1974** 1856; LR-*Meyer-Goßner*[23] 28 ff; *Rüping* 13; *Sarstedt/Hamm* 161; *H. Schmidt* FS Schäfer 239; *Volk* Prozeßvoraussetzungen, 152 Fußn. 248; wohl auch *Schlüchter* 374 f.

[149] OLG Hamm MDR **1970** 1030; **1978** 163; NJW **1978** 178; OLG Stuttgart AnwBl **1972** 330; OLG Hamburg NJW **1983** 464 hat seine frühere dahingehende Auffassung (NJW **1971** 2183) aufgegeben; *Kleinknecht* MDR **1972** 1050 (a. A jetzt *Kleinknecht/ Meyer* § 464, 14); *Kühl* 979; *Roxin* § 21 B III 1 a; *G. Schäfer* § 11 III 5; *Seier* NStZ **1982** 272 (nur bei grob unbilligen Ergebnissen); vgl. hierzu näher die Erl. zu § 467.

Peter Rieß

mittelbare Anwendung dieser kosten- und entschädigungsrechtlichen Bestimmungen geboten und allenfalls bei der Anwendbarkeit einzelner Vorschriften, namentlich des § 467 Abs. 3 Satz 2 Nr. 2 den Besonderheiten dieses Verfahrenshindernisses Rechnung zu tragen[150]. Für die **Anfechtbarkeit** ergibt sich in den zwar seltenen, aber durchaus denkbaren Fällen[151], daß der Tod des Angeklagten zweifelhaft ist, aus der Qualifikation als Verfahrenshindernis die Möglichkeit der sofortigen Beschwerde gegen die Verfahrenseinstellung (§ 206 a Abs. 2). Dagegen folgt aus der Auffassung der automatischen Verfahrensbeendigung und der lediglich deklaratorischen, nicht auf § 206 a beruhenden Einstellungsentscheidung, daß der Staatsanwaltschaft oder dem Nebenkläger die unbefristete einfache Beschwerde zusteht, wenn das Gericht, weil es den Tod des Angeklagten annimmt, das Verfahren nicht weiterführt.

**55**    Vorzuziehen ist die Auffassung, daß der Tod des Angeklagten ein **Verfahrenshindernis** darstellt. Sie ist dogmatisch besser begründbar[152] und führt zu praktikableren Konsequenzen, namentlich dann, wenn der Todeseintritt zweifelhaft ist. Die Begriffsbestimmung des Verfahrenshindernisses als eines Umstandes, der einem weiteren Prozedieren in Richtung auf eine Sachentscheidung entgegensteht, ohne eine Verfahrensfortsetzung zur Klärung der Voraussetzungen des Hindernisses oder für notwendige Annexentscheidungen auszuschließen, und seine Funktion, durch die Pflicht zur Berücksichtigung von Amts wegen und eine konstitutive, abschließende Entscheidung insoweit Rechtsklarheit herbeizuführen, deckt auch die beim Tod des Angeklagten auftretenden prozessualen Notwendigkeiten. Die Besonderheiten des Todes sind mit keiner Konsequenz der Annahme eines Verfahrenshindernisses unvereinbar. Die tragende dogmatische Begründung der Gegenmeinung, mit dem Tode des Angeklagten falle ein den Prozeß konstituierendes Prozeßsubjekt weg, trifft zwar zu, läßt sich aber zwanglos auch mit dem Charakter als Verfahrenshindernis vereinbaren; andernfalls müßte man entgegen der ganz h. M und dem Gesetzeswortlaut (§ 393 Abs. 1) auch dem Tod des Privatklägers eine automatische Verfahrensbeendigung zuschreiben und den Charakter als Verfahrenshindernis verneinen. Das Fehlen oder der Wegfall von den konkreten Prozeß konstituierenden Elementen ist für die Einordnung von Umständen als Prozeßhindernisse gerade ein besonders wichtiges Beurteilungskriterium. Ob bei Anwendung der an die Einstellung wegen eines Verfahrenshindernisses anknüpfenden kostenrechtlichen Regelungen, insbesondere des § 467 Abs. 3 Satz 2 Nr. 2, den Besonderheiten dieses Verfahrenshindernisses Rechnung getragen werden muß, ist eine hier im einzelnen nicht zu erörternde Frage, von der die dogmatisch richtige Einordnung des Todes des Angeklagten nicht abhängig gemacht werden kann.

**56**    **b) Überlange Verfahrensdauer.** Der Verstoß gegen das Beschleunigungsgebot (Art. 6 Abs. 2 Satz MRK) begründet entgegen vereinzelten früheren Entscheidungen[153] nach der ständigen Rechtsprechung des Bundesgerichtshofes kein Verfahrenshindernis, sondern ist ein bei der Strafzumessung zugunsten des Angeklagten (ggf. auch durch Anwendung der §§ 153 ff) zu berücksichtigender Umstand[154]. Im Schrifttum ist die Frage

---

[150] Vgl. OLG Frankfurt (Fußn. 148); *Lampe* 1857.

[151] Vgl. die Beispiele bei *Lampe* und *H. Schmidt* FS Schäfer 239.

[152] Vgl. insbes. *Kühl* NStZ **1982** 481.

[153] OLG Koblenz NJW **1972** 404; LG Frankfurt JZ **1971** 234; LG Krefeld JZ **1971** 733; offengelassen von OLG Stuttgart JZ **1974** 268; vgl. auch OLG Karlsruhe NJW **1972** 1907 (allenfalls ausnahmsweise).

[154] BGHSt **21** 83; **24** 239; **27** 274 = JR **1978** 246 mit Anm. *Peters*; BGH NStZ **1982** 291; **1983** 135 (mit Nachweis unveröffentlichter Rechtsprechung); bei *Pfeiffer/Miebach* NStZ **1984** 18 (Nr. 28); 213 (Nr. 34); bei *Holtz* MDR **1984** 89; OLG Hamm NJW **1975** 703; vgl. auch EuGHMR EuGRZ **1983** 371 ff (381 f), wonach es Angelegenheit der nationalen Fachgerichte ist, Art und Ausmaß der Berücksichtigung eines Verstoßes gegen das

---

nach wie vor umstritten[155]. Neuerdings hat der Vorprüfungsausschuß des BVerfG allerdings in einem Nichtannahmebeschluß[156] die Auffassung vertreten, daß in extrem gelagerten Fällen von Verfassungs wegen ein Verfahrenshindernis gegeben sein könne. Dabei handelt es sich jedoch um ein obiter dictum, da der Vorprüfungsausschuß im konkreten Fall das Vorliegen eines solchen, von ihm theoretisch in Betracht gezogenen Extremfalls verneint hatte und deshalb auch keine Notwendigkeit für ihn bestand, die Grenzen präziser zu bestimmen und sich näher und argumentativ mit der ausführlichen strafprozessualen Diskussion auseinanderzusetzen. Die Frage wird in der Einleitung, Kap. 12 VIII näher erörtert.

**c) Tatprovokation.** Der BGH hat bis vor kurzem in seiner neueren Rechtsprechung, der die Instanzgerichte teilweise gefolgt sind, in einigen Entscheidungen die Möglichkeit anerkannt, daß die staatlicherseits geduldete oder geförderte Tatprovokation für den Provozierten dann ein Verfahrenshindernis begründen kann, wenn die Zulässigkeitsgrenzen für den Einsatz von **Lockspitzeln** in so schwerwiegender Weise überschritten werden, daß der Provozierte unter Verletzung seiner Menschenwürde zum Objekt staatlichen Handelns herabgewürdigt wird[157]. Gegen die Annahme eines Verfahrenshindernisses hatte der 5. Strafsenat (StrVert. 1984 58) Bedenken geäußert und ausgesprochen, daß er dazu neige, in solchen Fällen einen aus dem Rechtsstaatsprinzip herzuleitenden persönlichen Strafausschließungsgrund zu bejahen. Die Zulässigkeitsgrenze soll durch eine Gesamtabwägung zu bestimmen sein, bei der zu berücksichtigen sind: Art und Ausmaß des vorher bestehenden Verdachts, Gefährlichkeit der aufzuklärenden Straftat und Umfang der Aufklärungsschwierigkeiten, Umfang und Zweck der Einwirkung durch den Lockspitzel und eigene, nicht fremdgesteuerte Aktivitäten des Provozierten. Eine unterhalb der Zulässigkeitsgrenze liegende, nicht unerhebliche Tatprovokation schließt nach dieser Auffassung die Strafbarkeit oder Verfolgbarkeit nicht aus, ist aber strafmildernd zu berücksichtigen[158]. Im Schrifttum hat diese Auffassung überwiegend Zustimmung gefunden; es wird aber auch diskutiert, ob die Annahme eines Verfahrenshindernisses die dogmatisch richtige Lösung ist oder ob ein persönlicher Strafausschließungsgrund, die Anwendung des § 136 a (vgl. § 136 a, 4) oder die Annahme von Beweisverboten richtiger wäre[159].

**57**

---

Beschleunigungsgebot entsprechend der jeweiligen Rechtsordnung näher zu bestimmen.

[155] **Gegen** die Annahme eines Verfahrenshindernisses *Hanack* JZ 1971 705; *Heubel* Der „fair trial" – ein Grundsatz des Strafverfahrens? (1981) 117 ff; *Jescheck* JZ 1970 204; KK-*Pfeiffer* Einl. 10; *Kleinknecht/Meyer* Art. 6, 8 MRK; *Kloepfer* JZ 1979 215; KMR-*Paulus* 42; *Roxin* § 16 C; *Rüping* 110; *G. Schäfer* § 11 III 3; *Schlüchter* 388; *Vogler* ZStW 89 (1977) 781; *Volk* Prozeßvoraussetzungen, 227; **für** ein Verfahrenshindernis *Baumann* FS Eb. Schmidt 541; *Hillenkamp* JR 1975 139; *Peters* § 28 IV 6; *Schwenck* ZStW 79 (1967) 736; *v. Stackelberg* FS Bockelmann 769; *Ulsenheimer* wistra 1983 13.

[156] NJW 1984 967.

[157] BGH NJW 1981 1627 = StrVert. 1981 392 mit Anm. *Mache* S. 399; NStZ 1982 126; 156; LG Stuttgart StrVert. 1984 197 (durch die in Rdn. 57 a genannte Entscheidung des BGH aufgehoben); LG Verden StrVert. 1982 364; AG Heidenheim NJW 1981 1629; vgl. auch BGH GA 1975 333; NJW 1980 1761; GA 1981 89; NStZ 1981 70; 1983 80 = StrVert. 1983 2 mit Anm. *Körner*; StrVert. 1984 4.

[158] BGH NStZ 1982 126; StVert. 1982 221; OLG Düsseldorf StrVert. 1983 450; KG NJW 1982 838; OLG Stuttgart StrVert. 1983 381; AG Osterholz-Scharmbeck StrVert. 1983 247.

[159] Aus den neueren Schrifttum z. B. *Berz* JuS 1981 416; *Bruns* NStZ 1983 49; *Dencker* FS Dünnebier 447; *Foth* NJW 1984 221; *Franzheim* NJW 1979 2014; *Körner* StrVert. 1982 382; *Lüderssen* FS Peters 349; *Schoreit* NStZ 1983 18; *H.W. Schmidt* MDR 1982 886; *Schlüchter* 388.1; *Sieg* StrVert. 1981 636; *Seelmann* ZStW 95 (1984) 797; *Taschke* StrVert. 1984 178.

Peter Rieß

**57a**  In der ausführlich begründeten Entscheidung vom 23. 5. 1984 ( — 1 StR 148/84 — zum Abdruck in BGHSt Bd. **32** bestimmt) hat der 2. Strafsenat nunmehr (in den nicht tragenden Gründen) die Auffassung vertreten, daß die Tatprovokation für den Provozierten **kein Verfahrenshindernis** und **keinen persönlichen Strafausschließungsgrund** begründe. Die Annahme eines Verfahrenshindernisses scheide schon deshalb aus, weil nur mit Hilfe eines Wertungsaktes festgestellt werden könne, ob die Grenzen der Zulässigkeit der Tatprovokation überschritten seien, Verfahrenshindernisse über zur Erhaltung der Konturen dieses Rechtsinstituts an Tatsachen anknüpfen müßten (vgl. Rdn. 32), auch die Berufung auf das amerikanische „estoppel-Prinzip" (*Bruns* NStZ **1983** 49, 53) gehe fehl. Ebensowenig lasse sich aus dem Rechtsgedanken der Verwirkung des staatlichen Strafanspruchs für den Tatprovozierten ein persönlicher Strafausschließungsgrund herleiten, was darüber hinaus zu einem unlösbaren Wertungswiderspruch zur strafrechtlichen Haftung eines Beamten oder Soldaten für strafbares Handeln auf Befehl führe (§ 56 Abs. 2 Satz 3 BBG; § 11 Abs. 2 SoldG; § 7 Abs. 2 UZwG). Die Tatprovokation kann (und muß) nach dieser Auffassung bei der Rechtsfolgenzumessung berücksichtigt werden, äußerstenfalls bis zur Grenze der Verwarnung mit Strafvorbehalt (§ 59 StGB) oder im Rahmen der gesetzlichen Grenzen durch Verfahrenseinstellung nach den §§ 153, 153 a. Ob in Extremfällen auch in analoger Anwendung des § 5 Abs. 2 WStG das Absehen von Strafe in Betracht kommt, hat der BGH offengelassen. Eine nähere Darstellung der noch nicht völlig geklärten Problematik erfolgt bei den Erl. zu § 163.

**58**  **d) Andere Fälle.** In einer Reihe weiterer, verschiedenartiger Fälle hat die Rechtsprechung zu Recht dem geltendgemachten Umstand den Charakter eines Verfahrenshindernisses versagt. Ein solches liegt beispielsweise nicht darin, daß den Strafverfolgungsbehörden durch eine (auch unzulässige) Beschlagnahme der Handakten der Verteidigung die Verteidigungsstrategie bekannt werden kann[160], daß gegen Art. 10 GG oder § 136 a verstoßen worden ist[161] oder daß das rechtliche Gehör nicht gewährt wurde[162]. Auch eine sog. „öffentliche Vorverurteilung", also eine Behandlung eines Beschuldigten als mehr oder minder bereits Überführten, vor allem durch die Medienberichterstattung, begründet kein Verfahrenshindernis.

## IV. Verfahren und Entscheidung des Gerichts

**59**  **1. Verfahren zur Feststellung des Verfahrenshindernisses.** Da die Entscheidung nach § 206 a außerhalb der Hauptverhandlung ergeht, sind die tatsächlichen Feststellungen hierfür im **Freibeweisverfahren** unter Verwendung des gesamten Akteninhalts zu treffen. Ergänzende Ermittlungen sind freibeweislich möglich; zu ihnen ist den Beteiligten rechtliches Gehör zu gewähren. Die bei Anwendung des § 260 Abs. 3 in der Hauptverhandlung entgegen der auch hier Freibeweis grundsätzlich zulassenden Rechtsprechung[163] im Schrifttum umstrittene Frage, ob auch für die Feststellung des Vorliegens der Verfahrensvoraussetzungen Strengbeweis gilt[164], stellt sich für die Anwendung des

---

[160] BGHSt MDR **1984** 335 = NJW **1984** 1907.

[161] BGHSt **21** 278; MDR **1984** 335 (nur Beweisverwertungsverbot).

[162] BGH MDR **1984** 335.

[163] Vgl. z. B. BGHSt **16** 166; **21** 81; näher, auch zu Einschränkungen, namentlich bei „doppelrelevanten Tatsachen" Einl. Kap. **11** IV und § 244, 3 ff.

[164] Für die Anwendung der strengbeweislichen Vorschriften z. B. *Bovensiepen* Der

Freibeweis im Strafprozeß, Diss., Bonn, 1978, 156 ff; *Peters* § 41 II 4 d bb; *Roxin* § 21 C; *Toebbens* 185 f; *Volk* Prozeßvoraussetzungen, 249; dagegen halten auch im neueren Schrifttum insoweit am Freibeweisverfahren fest: *Alsberg/Nüse/Meyer* 119 f; *Gössel* § 15 B II; KK-*Herdegen* § 244, 10; KK-*Hürxthal* § 260, 48; KMR-*Sax* Einl. IX 14; *Kühne* 354; eingeschränkt *Rüping* 131; zweifelnd *Schlüchter* 389 Fußn. 1.

§ 206 a nicht[165]. Wegen der grundsätzlichen Gleichstellung der Einstellungsmöglichkeiten nach §§ 206 a und 260 Abs. 3 (Rdn. 5) läßt sich jedoch aus der dem § 206 a zugrundeliegenden gesetzgeberischen Entscheidung, die Tatsachenfeststellung in bezug auf Verfahrenshindernisse außerhalb der Hauptverhandlung auf der Grundlage der Akten und damit notwendig freibeweislich zu ermöglichen, ein weiteres Argument für die Zulässigkeit des Freibeweises auch für die Entscheidungsgrundlagen für die Einstellung nach § 260 Abs. 3 in der Hauptverhandlung ableiten[166].

**2. Mehrere Einstellungsmöglichkeiten.** Mehrere Verfahrenshindernisse (z. B. feh- **60** lender Strafantrag, Verjährung und unwirksamer Eröffnungsbeschluß) stehen grundsätzlich gleichwertig nebeneinander (zur Amnestie s. Rdn. 49), so daß es dem Gericht freisteht, auf welches es die Einstellungsentscheidung stützen will (KMR-*Paulus* 49); eine Mehrfachbegründung ist zulässig. Regelmäßig ist es zweckmäßig, den liquidesten Einstellungsgrund zu wählen, namentlich wenn hinsichtlich der weiteren zusätzliche Ermittlungen erforderlich wären. Sonst wird der am weitesten reichende Einstellungsgrund vorzuziehen sein, so etwa Verjährung gegenüber einem fehlenden Eröffnungsbeschluß. Zum Verhältnis zu § 206 b s. § 206 b, 13.

Für eine **Einstellung nach § 153 a** ist kein Raum, wenn die Voraussetzungen des **61** § 206 a vorliegen; dieser hat Vorrang. Denn die mit der Anwendung des § 153 a verbundenen Auflagen und Weisungen haben auch Sanktionscharakter und setzen (mindestens) voraus, daß hinreichender Tatverdacht besteht (vgl. die Erl. zu § 153 a). Dagegen erscheint es vertretbar, das Verfahren auch dann durch eine Einstellungsentscheidung nach den **§§ 153 Abs. 2, 154 Abs. 2** zu beenden, wenn die Möglichkeit eines Verfahrenshindernisses besteht[167], namentlich, wenn insoweit noch weitere Aufklärung erforderlich wäre. Denn diese Einstellungen beenden das Verfahren rein prozessual ohne Sachentscheidung, die zu verhindern die Funktion der Verfahrenshindernisse ist.

**3. Form der Entscheidung.** Die Einstellung wird durch — zu begründenden (§ 34 **62** in Vbdg. mit Absatz 2) — **Beschluß** in der für Entscheidungen außerhalb der Hauptverhandlung vorgeschriebenen **Besetzung** erlassen. Es entscheiden also beim Amtsgericht der Richter beim Amtsgericht allein (§ 30 Abs. 2 GVG), beim Landgericht im ersten Rechtszug und in der Rechtsmittelinstanz — auch soweit die kleine Strafkammer für die Berufung zuständig ist[168] — drei Richter (§ 76 Abs. 1 GVG), beim Oberlandesgericht als Revisions- und Rechtsbeschwerdegericht drei Richter (§ 122 Abs. 1 GVG), als erstinstanzliches Gericht kraft ausdrücklicher gesetzlicher Vorschrift (§ 122 Abs. 2 Satz 2 GVG) fünf Richter und beim Bundesgerichtshof stets, auch als Beschwerdegericht, fünf Richter (§ 139 Abs. 1, Abs. 2 Satz 2 GVG).

**4. Inhalt und Bekanntmachung der Entscheidung.** Die Entscheidung lautet dahin, **63** daß das Verfahren (insgesamt oder wegen der von dem Verfahrenshindernis betroffenen Tat oder in bezug auf den hiervon betroffenen Angeklagten) eingestellt werde; etwa bereits ergangene Sachentscheidungen können, müssen aber nicht, aufgehoben werden

---

[165] So *Bovensiepen* aaO, S. 106; wohl auch *Toebbens* 185.

[166] Ebenso *Alsberg/Nüse/Meyer* 120; a. A *Bovensiepen* aaO, S. 106 f; *Volk* Prozeßvoraussetzungen, 83 mit Fußn. 246; 249, der aus der von ihm vertretenen Notwendigkeit des Strengbeweises für Prozeßvoraussetzungen eine starke Reduzierung des Anwendungsbereichs des § 206 a herleiten will, was weder

mit dem Gestzeswortlaut noch mit der erkennbaren gesetzgeberischen Absicht bei seiner Schaffung vereinbar sein dürfte.

[167] A. A KMR-*Paulus* 48; LR-*Meyer-Goßner* [23] 45.

[168] Anders für die kleine Strafkammer (1 Richter) bei Verwirklichung des Änderungsvorschlags zu § 76 GVG gemäß Art. 2 Nr. 1 StVÄGE 1984.

Peter Rieß

(s. Rdn. 66). Muß die Verfahrensvoraussetzung erst von einem bestimmten Zeitpunkt an vorliegen, wie etwa der Eröffnungsbeschluß, so ist die Einstellung auf den Verfahrensteil zu beschränken, der durch das Verfahrenshindernis fehlerhaft geworden ist (§ 207, 66 ff).

**64**  Da der Einstellungsbeschluß das Verfahren endgültig abschließt, ist er mit den erforderlichen **Nebenentscheidungen** nach den gleichen Vorschriften zu versehen, die für die Ablehnung der Eröffnung des Hauptverfahrens gelten (§ 204, 13). Bei der Entscheidung über die notwendigen Auslagen des Angeklagten gilt § 467 Abs. 2 Satz 2 Nr. 2, bei der über die Entschädigung für Strafverfolgungsmaßnahmen § 6 Abs. 1 Nr. 2 StrEG. Die Entscheidung ist dem Angeklagten, der Staatsanwaltschaft oder dem Privatkläger sowie ggf. sonstigen Anfechtungsberechtigten durch **Zustellung** bekanntzumachen.

**65**  **5. Wirkung der Entscheidung.** Mit dem Eintritt der Unanfechtbarkeit der Einstellungsentscheidung wird — unbeschadet etwaiger Annexverfahren, z. B. über die Höhe der zu erstattenden notwendigen Auslagen und der Entschädigung nach dem StrEG — das rechtshängige Verfahren beendet (zur Bestandskraft s. Rdn. 75 ff), soweit die Einstellung kraft ausdrücklicher Beschränkung oder ihrer Natur nach reicht. Das hängt im einzelnen von der Art des Verfahrenshindernisses ab. Stehen sie der Strafverfolgung insgesamt entgegen (z. B. Verjährung, fehlender Strafantrag, Strafklageverbrauch usw.), so beendet die Einstellung das Verfahren insgesamt. Betreffen sie nur das gerichtliche Verfahren (z. B. fehlende oder unwirksame Klageerhebung oder Eröffnungsbeschluß, örtliche Unzuständigkeit), so wird durch die Einstellung, auch wenn sie keine ausdrückliche Beschränkung enthält, lediglich das gerichtliche Verfahren[169] beendet und die Sache in den Stand eines staatsanwaltschaftlichen Ermittlungsverfahrens zurückversetzt; die Staatsanwaltschaft hat eine neue Abschlußentscheidung zu treffen.

**66**  Bereits ergangene **Sachentscheidungen werden** durch die Einstellung des Verfahrens **gegenstandslos**, ohne daß es ihrer Aufhebung bedarf, und zwar unabhängig davon, ob sie wegen des schon im Zeitpunkt ihres Erlasses vorhandenen Verfahrenshindernisses nicht hätten ergehen dürfen oder ob dieses später eingetreten ist[170]. Eine zusätzliche Aufhebung hätte nur deklaratorische Bedeutung. Dagegen wendet *Meyer-Goßner* für den Fall des vom Tatrichter nicht beachteten Verfahrenshindernisses ein, daß — auch im Interesse des Angeklagten — bei einem begründeten Rechtsmittel das fehlerhafte Urteil stets aufgehoben werden müsse[171]. Da aber bereits die bloße, auch von *Meyer-Goßner* zusätzlich zur Urteilsaufhebung für notwendig gehaltene Verfahrenseinstellung in der Rechtsmittelinstanz das vorher ergangene Sachurteil aller rechtlichen Wirkungen beraubt[172], kann an seiner zusätzlichen Aufhebung, die sich auch auf Nebenentscheidungen nicht auswirkt, kein rechtlich anzuerkennendes Interesse des Angeklagten und auch kein sonstiges Bedürfnis bestehen. Was kraft Einstellung unwirksam wird, braucht nicht zusätzlich durch Aufhebung beseitigt zu werden.

## V. Anfechtung der Entscheidung

**67**  **1. Allgemeines.** Nach Absatz 2 ist der Einstellungsbeschluß mit der sofortigen Beschwerde anfechtbar. Sie ersetzt, gemessen am vergleichbaren Fall der Einstellung nach § 260 Abs. 3, inhaltlich die Revision (*Bohnert* 168). Absatz 2 bezieht sich nur auf eine auf § 206a gestützte Verfahrenseinstellung, nicht die sofortige Beschwerde ist deshalb

---

[169] Ganz oder teilweise, vgl. § 207, 66 ff.
[170] BGSt **27** 273; OLG Celle MDR **1958** 444; OLG Köln MDR **1953** 695; vgl. auch BGHSt **22** 217.
[171] GA **1973** 369 und 23. Aufl., Rdn. 11.
[172] BGHSt **22** 217; **27** 273.

eröffnet, wenn das Gericht sich lediglich im Bereich der geschäftsplanmäßigen Zuständigkeit (Rdn. 40) für unzuständig erklärt, mag dies auch in Form einer „Einstellung des Verfahrens" geschehen[173]. Auch für die Ablehnung einer beantragten Einstellung gilt Absatz 2 nicht (Rdn. 73). Die Statthaftigkeit der sofortigen Beschwerde ist ferner durch die allgemeinen Beschwerdevorschriften beschränkt; deshalb kann gegen eine Einstellungsentscheidung in der Revisionsinstanz keine Beschwerde eingelegt werden (§ 304 Abs. 4 Satz 1, Satz 2 erster Halbsatz). Beschwerdefähig sind dagegen die Einstellungsentscheidungen des Oberlandesgerichts im ersten Rechtszug (§ 304 Abs. 4 Satz 2, zweiter Halbsatz, Nr. 2) und die Einstellungen durch das Berufungsgericht (§ 304 Abs. 1). Auch im **Bußgeldverfahren** ist bei Einstellung wegen eines Verfahrenshindernisses nach § 206 a (in Vbdg. mit § 46 Abs. 1 OWiG) die sofortige Beschwerde, nicht etwa die Rechtsbeschwerde nach § 79 OWiG gegeben[174].

**2. Anfechtung der Einstellungsentscheidung durch den Angeklagten.** Für den An- **68** geklagten wäre die sofortige Beschwerde, da sie nicht wie in § 210 ausdrücklich ausgeschlossen ist, an sich statthaft. Sie ist aber stets unzulässig, da er durch die Einstellung nicht beschwert ist[175]. Dies gilt nach der gegenwärtig noch h. M. zur Beschwer gegen ein freisprechendes Urteil (vgl. Einl. Kap. 13 VI) auch dann, wenn die Einstellung auf Verhandlungsunfähigkeit beruht. Eine in der Rechtsprechung vom OLG Hamburg und teilweise auch im Schrifttum vertretene Gegenmeinung[176] hält regelmäßig oder unter besonderen Voraussetzungen[177] eine Beschwer des Angeklagten für gegeben, weil die Einstellung weniger rehabilitierend wirke als der möglicherweise in der Hauptverhandlung erreichbare Freispruch. Dabei wird jedoch das normative Postulat der Unschuldsvermutung (Art. 6 Abs. 2 MRK) verkannt, das mangels rechtskräftiger Verurteilung jeden Angeklagten ohne Rücksicht auf den Grad des verbleibenden Verdachts als unschuldig anzusehen und zu behandeln gebietet[178]. Eine zur Zulässigkeit der Beschwerde führende Beschwer liegt auch dann nicht vor, wenn die Einstellung auf einem Verfahrenshindernis beruht, das einem neuen Verfahren nicht entgegensteht (Rdn. 76, 79) und der Angeklagte geltend macht, daß die Einstellung wegen eines anderen Verfahrenshindernisses eine größere Reichweite habe. Das würde auf die Anerkennung einer Beschwer durch die Gründe hinauslaufen und der Gleichwertigkeit mehrerer Einstellungsmöglichkeiten (Rdn. 60) widersprechen (**a. A** OLG Stuttgart NJW **1968** 1296 zum Bußgeldbescheid; G. *Schäfer* § 97 V 3).

Für eine Beschlußentscheidung gelten auch dann **keine Ausnahmen**, wenn bei **69** einer Einstellung durch Urteil nach § 260 Abs. 3 ausnahmsweise eine Beschwer gegenüber dem unterlassenen Freispruch anerkannt wird[179]. Denn diese Ausnahmen be-

---

[173] Vgl. BGHSt **25** 242; *Meyer-Goßner* NJW **1976** 977; zur Anfechtung von Unzuständigkeitserklärungen s. auch § 210, 29 ff.

[174] OLG Oldenburg NJW **1970** 622; *Göhler* § 72, 54.

[175] BayObLG JR **1955** 28; OLG Düsseldorf OLGSt N. F § 206 a Nr. 1; KG JR **1977** 258; OLG Karlsruhe JR **1981** 38 mit Anm. *Meyer*; OLG Köln OLGSt § 206 a, 29; OLG Nürnberg OLGSt § 206 a, 11; KK-*Treier* 13; *Kleinknecht/Meyer* 10; grundsätzlich auch KMR-*Paulus* 55.

[176] OLG Hamburg JR **1962** 268; MDR **1967** 688; *Eb. Schmidt* 7; *Schneidewin* JR **1962**

269; *Vogler* ZStW **89** (1977) 785 f; ähnlich auch *Gössel* § 33 C III d 2; vgl. auch *Peters* § 71 II 7.

[177] So *Eb. Schmidt* 7; *Baxhenrich* LV zu § 205, 115 ff (Beschwer bei Verhandlungsunfähigkeit).

[178] Ähnlich KMR-*Paulus* 55; **a. A** *Vogler* ZStW **89** (1977) 785 f, der aus Art. 6 Abs. 2 MRK einen Anspruch auf die dem Beschuldigten günstigste Erledigung herleitet.

[179] **A. A** KMR-*Paulus* 56; zu diesen Fällen s. näher die Erl. zu § 296 unter 7 und zu § 333 unter IV.

Peter Rieß

treffen nur den Fall, daß das Gericht bei einer liquiden Freispruchslage den an sich gebotenen Freispruch unterlassen hat. Eine solche liquide Freispruchslage gibt es jedoch in der Tatsacheninstanz bei der Beschlußeinstellung nach § 206 a nicht (Rdn. 7), hier würde daher die Anerkennung einer Beschwer auf den — nicht vorhandenen[180] — Anspruch des Angeklagten auf Fortsetzung einer entscheidungsreifen Sache zum Nachweis seiner Unschuld hinauslaufen. In der Revisionsinstanz kann zwar (Rdn. 7 a. E.) eine liquide Freispruchslage auch für eine Beschlußentscheidung eintreten, doch ist in dieser die sofortige Beschwerde gegen die Einstellungsentscheidung generell nicht statthaft (Rdn. 67).

**70**     Soweit der Angeklagte durch eine mit der Einstellungsentscheidung verbundene **Nebenentscheidung** beschwert ist, etwa durch die Nichtübernahme der notwendigen Auslagen oder die Versagung einer Entschädigung, steht ihm gegen diese Entscheidung die **sofortige Beschwerde** zu (§ 464 Abs. 3, § 8 Abs. 3 StrEG)[181]. Die Rechtsprechung vertritt teilweise die Auffassung, daß auch die Kosten- und Entschädigungsentscheidung unanfechtbar sei[182]. Dabei verkennt sie, daß hier das Problem anders liegt als bei der ebenfalls umstrittenen Frage (vgl. die Erl. zu § 464), ob eine Kostenentscheidung anfechtbar ist, wenn gegen die Hauptentscheidung generell kein Rechtsmittel statthaft ist[183].

**71**     3. Für die **Anfechtung der Einstellungsentscheidung durch die Staatsanwaltschaft** mit der sofortigen Beschwerde gelten keine Besonderheiten. Die Anfechtungsmöglichkeit steht auch dem **Privatkläger** (§ 383 Abs. 1 Satz 1) und dem **Nebenkläger** zu. Wer nebenklagebefugt ist (§ 395), kann sich auch zum Zweck der Einlegung der sofortigen Beschwerde noch dem Verfahren anschließen (§ 395 Abs. 1 Satz 2).

**72**     4. **Beschwerdeentscheidung.** Teilt das Beschwerdegericht die Auffassung, daß ein Verfahrenshindernis besteht und verwirft es deshalb die Beschwerde, so wird damit die Einstellungsentscheidung bestandskräftig (Rdn. 75). Hält es kein Verfahrenshindernis für gegeben, so hebt es den Einstellungsbeschluß mit der Folge auf, daß das Verfahren vor dem Gericht, bei dem es anhängig ist, fortzusetzen ist. Eine weitergehende **Bindungswirkung** hat die Beschwerdeentscheidung **nicht**; mit ihr steht nicht rechtskräftig fest, daß keine Verfahrenshindernisse vorliegen. Es kann deshalb noch nach § 260 Abs. 3 verfahren oder im weiteren Rechtsmittelzug nach § 206 a eingestellt werden; diese Befugnis steht auch dem Gericht, dessen Einstellungsbeschluß aufgehoben wurde, zu, wenn ein Verfahrenshindernis nach der Beschwerdeentscheidung eintritt. Ist das Beschwerdegericht der Auffassung, daß das Verfahrenshindernis nur eine vorläufige Einstellung nach § 205 rechtfertigt, so kann es diese unter Aufhebung des Einstellungsbeschlusses nach § 206 a selbst aussprechen[184]. Eine Zurückverweisung an eine andere Kammer oder andere Abteilung oder an ein anderes Gericht in analoger Anwendung

---

[180] Vgl. BGHSt **7** 153; **16** 379; **23** 259.

[181] OLG Hamm JMBlNW **1984** 71; OLG Karlsruhe AnwBl. **1976** 305; JR **1981** 38 mit Anm. *Meyer*; KG JR **1977** 258; OLG Stuttgart Justiz **1984** 191; LG Flensburg JurBüro **1983** 883; LG Konstanz AnwBl. **1978** 357; LG Mainz AnwBl. **1978** 269; KK-*Treier* 13; *Kleinknecht/Meyer* 10; KMR-*Paulus* 57; *Seier* NStZ **1982** 273; vgl. auch OLG Hamm NJW **1974** 71; OLG Koblenz OLGSt § 206 a, 35.

[182] OLG Düsseldorf JMBlNW **1978** 92; OLG Köln OLGSt § 206 a, 29; OLG Schleswig JurBüro **1982** 1535; LG Karlsruhe NJW **1976** 121.

[183] Ausdrückliche Klarstellung in diesem Sinne in § 464 Abs. 3 Satz 1 nach dem Vorschlag des StVÄGE 1984; vgl. dazu auch die Entwurfsbegründung S. 40.

[184] OLG Hamburg GA **1979** 145; vgl. ergänzend § 205, 31.

des § 210 Abs. 3 ist wegen des Ausnahmecharakters jener Bestimmung (§ 210, 24) nicht zulässig[185].

**5. Anfechtung der Ablehnung der Einstellung.** Lehnt das Gericht einen Antrag **73** ab, nach § 206 a das Verfahren wegen eines Verfahrenshindernisses einzustellen, so ist diese Entscheidung nach dem klaren Wortlaut des § 206 a nicht mit der sofortigen Beschwerde anfechtbar. Auch die einfache Beschwerde ist nach § 305 Satz 1 regelmäßig ausgeschlossen, weil es sich um eine der Urteilsfällung vorausgehende Entscheidung des erkennenden Gerichts handelt und der Angeklagte das von ihm behauptete Verfahrenshindernis in der Hauptverhandlung und im Rechtsmittelzug geltend machen kann[186].

Tritt das **Verfahrenshindernis** erst **nach Erlaß des Urteils**, aber vor Rechtskraft **74** ein und könnte der Richter es noch berücksichtigen (Rdn. 11), so fällt ein die Einstellung ablehnender Beschluß jedenfalls dann, wenn gegen das Urteil kein Rechtsmittel eingelegt ist, nicht mehr unter § 305 Satz 1, so daß gegen ihn an sich die einfache Beschwerde zulässig ist[187]. Sie kann jedoch nur dann ihr Ziel erreichen, wenn ihr das Beschwerdegericht vor Eintritt der Rechtskraft, die sie nicht hemmt (vgl. § 307 Abs. 1), stattgibt (vgl. Rdn. 12). Solche Fälle werden bei den kurzen Rechtsmittelfristen kaum vorkommen; sie sind indessen dann denkbar, wenn in bezug auf einzelne Prozeßbeteiligte die Rechtsmittelfrist erst mit der Urteilszustellung beginnt[188].

## VI. Bestandskraft des Einstellungsbeschlusses

**1. Fortsetzung des Verfahrens.** Wird der Einstellungsbeschluß unanfechtbar oder **75** wird die gegen ihn gerichtete sofortige Beschwerde verworfen, so kann auch dann nicht unter seiner Aufhebung das Verfahren fortgesetzt werden, wenn sich seine Unrichtigkeit aus rechtlichen oder tatsächlichen Gründen nachträglich herausstellt[189], etwa weil der vermißte Strafantrag doch gestellt, eine aus den Akten nicht erkennbare verjährungsunterbrechende Handlung vorgenommen oder der fehlende Eröffnungsbeschluß in den Handakten der Staatsanwaltschaft aufgefunden wird. Die formelle Rechtskraft steht in diesen Fällen der Verfahrensfortsetzung entgegen; das Gericht, das den Einstellungsbeschluß erlassen hat, würde ihn, wenn es das Verfahren fortsetzt, wieder aufheben, hierzu ist es aber nicht befugt (§ 311 Abs. 3 Satz 1).

Allerdings gilt dies nur, **soweit** die **Einstellung reicht** (Rdn. 65). Eine Verfahrens- **76** fortsetzung, die auf einer neu geschaffenen Verfahrensvoraussetzung beruht, ist nicht ausgeschlossen. So ist etwa, wenn lediglich der Eröffnungsbeschluß fehlte und die Einstellung entsprechend begrenzt war, die Fortsetzung des gerichtlich anhängigen Verfahrens mit dem Ziel einer neuen Eröffnungsentscheidung ohne Verstoß gegen die formelle Rechtskraft des Einstellungsbeschlusses möglich (§ 207, 66 ff).

**2. Neues Verfahren bei fehlerhaftem Einstellungsbeschluß.** Ob ein neues Verfah- **77** ren eingeleitet werden kann, wenn sich herausstellt, daß zu Unrecht wegen eines Verfahrenshindernisses eingestellt wurde, ist noch nicht restlos geklärt. Einigkeit dürfte in-

---

[185] **A. A** OLG Hamburg JR **1979** 383 mit abl. Anm. *Meyer-Goßner.*

[186] BayObLGSt **1949/51** 490; OLG Celle NdsRpf. **1977** 65; MDR **1978** 161; OLG Hamburg JZ **1953** 186 (nur Leitsatz); OLG Saarbrücken MDR **1974** 249; *Bohnert* GA **1982** 168 ff; *Gössel* § 33 C III d 2; KK-*Treier* 14; *Kleinknecht-Meyer* 10; KMR-*Paulus* 58; *Eb. Schmidt* 8.

[187] OLG Saarbrücken MDR **1974** 249.

[188] Vgl. §§ 314 Abs. 2, 341 Abs. 2; 401 Abs. 2 Satz 1; §§ 75, 79 Abs. 4 OWiG.

[189] BayObLG JR **1970** 391; OLG Köln NJW **1981** 2208; *Kleinknecht/Meyer* 11; KMR-*Paulus* 60; *Eb. Schmidt* 9; *a. A Peters* JR **1970** 399.

Peter Rieß

soweit bestehen, daß eine abweichende rechtliche Würdigung bei unveränderter tatsächlicher Grundlage eine Beseitigung der Bestandskraft des Einstellungsbeschlusses nicht rechtfertigt. Umstritten ist jedoch hier wie beim Einstellungsurteil nach § 260 Abs. 3 (vgl. Einl. Kap. **12** V), ob ein neues Verfahren durchgeführt werden darf, wenn sich herausstellt, daß das angenommene Verfahrenshindernis aus tatsächlichen Gründen nicht vorlag[190]. Die Frage hängt mit der insgesamt wenig geklärten Problematik des Umfangs der materiellen Rechtskraft verfahrensbeendender Beschlüsse einerseits[191] und reiner Prozeßurteile andererseits[192] zusammen, die hier nicht näher dargestellt werden kann. Eine ausdrückliche gesetzliche Regelung wie in den §§ 174, 211 fehlt; die neuere Rechtsprechung hat das spezielle Problem einer materiellen Rechtskraft des Einstellungsbeschlusses nach § 206 a und seiner Reichweite, soweit ersichtlich, bisher kaum behandelt[193].

**78**      Die besseren Gründe dürften dafür sprechen, jedenfalls dem **Einstellungsbeschluß** nach § 206 a ebenso wie dem Einstellungsurteil nach § 260 Abs. 3 eine spezifische **materielle Rechtskraft** zuzuschreiben, die es ausschließt, die Existenz des von ihm behandelten Verfahrenshindernisses nachträglich in Frage zu stellen. Dabei ist vom Einstellungsurteil nach § 260 Abs. 3 auszugehen, für das jedenfalls die beschränkte Rechtskraft der §§ 174, 211 nicht ausreicht. Die rechtspolitische und rechtsdogmatische Funktion der Rechtskraft liegt darin, daß der damit ein für allemal entschiedene Streit auch in einem neuen Verfahren nicht wieder aufgerollt werden soll (vgl. *Geppert* GA **1972** 170). Entscheidungsthema des einstellenden Prozeßurteils ist das Bestehen eines bestimmten Verfahrenshindernisses. Wenn jedenfalls beim freisprechenden Urteil, dem das Einstellungsurteil insoweit gleichzustellen ist, die nachträgliche Erschütterung der von ihm angenommenen Tatsachenbasis eine Korrektur der Entscheidung nicht gestattet, müßten besondere Gründe dafür angegeben werden, warum diese Wertentscheidung für das Einstellungsurteil nicht gelten soll. Sie sind nicht erkennbar. Wegen der prinzipiellen Gleichwertigkeit der Einstellungen nach § 206 a und nach § 260 Abs. 3 erscheint es nicht vertretbar, die Rechtskraft des Einstellungsbeschlusses nach § 206 a hinter der des Einstellungsurteils nach § 260 Abs. 3 zurückbleiben zu lassen.

**79**      **3. Neues Verfahren nach Wegfall des Verfahrenshindernisses.** Von der Rechtskraftwirkung des Einstellungsbeschlusses, die auch den Fall erfaßt, daß das angenommene Verfahrenshindernis nicht vorlag, ist die Frage zu unterscheiden, ob bei Wegfall des Verfahrenshindernisses nach Erlaß des Einstellungsbeschlusses ein neues Verfahren durchgeführt werden kann. Sie ist uneingeschränkt zu bejahen. Der Einstellungsbeschluß kann immer nur die Konsequenz daraus ziehen, daß es im Zeitpunkt seines Erlasses an einer Verfahrensvoraussetzung fehlte, nur hierauf bezieht sich seine materielle Rechtskraft. Entsteht eine bisher fehlende Verfahrensvoraussetzung neu, so wird durch das neue Verfahren nicht, was zu verhindern Zweck der Rechtskraft ist, der abschlie-

---

[190] **Bejahend** *Gössel* § 33 E III a 1; *Göhler* § 84, 2; *Kleinknecht* FS Bruns, 479; *Kleinknecht/Meyer* 11; KMR-*Paulus* 61; **verneinend** *Henkel* 390; *Eb. Schmidt* 9; bereits früher *Beling* 271; wohl auch *Roxin* § 50 B III 1 a; vgl. auch *Volk* Prozeßvoraussetzungen, 85; 93.

[191] Dazu z. B. *Geppert* GA **1972** 171 ff; *Herzog* 79 ff sowie die Erl. Vor § 304.

[192] Vgl. dazu z. B. *Peters* § 54 III; *Volk* Prozeßvoraussetzungen, 85; 93.

[193] Bejahend für den Bereich des OWiG in einem nicht begründeten obiter dictum OLG Köln VRS **57** 131; nicht einschlägig dagegen OLG Köln NJW **1981** 2208, da die dort für zulässig gehaltene Verfahrensfortführung nach neuem Eröffnungsbeschluß gerade auf die neue Begründung einer Verfahrensvoraussetzung abzielt; BGHSt **7** 64 hat es mit einer nach § 211 zu beurteilenden Lage zu tun.

ßend entschiedene Streit wieder aufgerollt, sondern einer neuen Lage Rechnung getragen. Deshalb steht beispielsweise der Einstellungsbeschluß einem neuen Verfahren nicht entgegen, wenn nunmehr ein ordnungsmäßiger Strafantrag gestellt wird, wenn die diplomatische oder parlamentarische Immunität nicht mehr besteht, wenn vor dem örtlich zuständigen Gericht Anklage erhoben wird[194], wenn die bisher fehlende Anklage erhoben oder der bisher fehlende Eröffnungsbeschluß erlassen wird[195] oder wenn die anderweitige Rechtshängigkeit ohne abschließende Erledigung der eingestellten Tat nicht mehr besteht[196].

## § 206 b

[1] **Wird ein Strafgesetz, das bei Beendigung der Tat gilt, vor der Entscheidung geändert und hat ein gerichtlich anhängiges Strafverfahren eine Tat zum Gegenstand, die nach dem bisherigen Recht strafbar war, nach dem neuen Recht aber nicht mehr strafbar ist, so stellt das Gericht außerhalb der Hauptverhandlung das Verfahren durch Beschluß ein. [2] Der Beschluß ist mit sofortiger Beschwerde anfechtbar.**

**Schrifttum** *Bohnert* Die Einstellungsbeschlüsse nach §§ 206 a, 206 b StPO, GA **1982** 166.

**Entstehungsgeschichte** Die Vorschrift wurde durch Art. 3 Nr. 4 des 4. StrRG eingefügt. Sie hat einen Vorläufer in Art. 96 des 1. StrRG.

*Übersicht*

### 1. Bedeutung der Vorschrift

**a) Zweck und Funktion.** Nach § 2 Abs. 3 StGB ist bei einer Gesetzesänderung **1** nach Begehung der Tat, soweit kein Zeitgesetz vorliegt[1], das im Zeitpunkt der Entscheidung geltende mildere Strafgesetz anzuwenden. Hieraus ergibt sich, daß auch der Wegfall der Strafbarkeit bis zur abschließenden Entscheidung zu berücksichtigen ist[2]. Dem hatte der Gesetzgeber bereits 1935 für das Revisionsverfahren, in dem sich wegen

---

[194] Vgl. BGHSt **18** 5; BayObLG MDR **1980** 253.

[195] BGHSt **29** 97; BGH JR **1957** 69; GA **1973** 112; OLG Köln NJW **1981** 2208; s. auch § 207, 68.

[196] Vgl. RGSt **52** 264; **67** 57; § 12, 22.

[1] § 2 Abs. 4 StGB, dazu i. E. LK-*Tröndle* § 2, 44 ff.

[2] Milderes Gesetz im Sinne des § 2 Abs. 3 StGB ist (erst-recht-Schluß) auch ein solches, das den gänzlichen Wegfall der Strafbarkeit bestimmt; vgl. näher LK-*Tröndle* § 2, 30.

Peter Rieß

der Eigenarten des Revisionsrechts eine Berücksichtigung nachträglich eingetretener Gesetzesänderungen nicht von selbst verstand, verfahrensrechtlich durch die Einfügung des § 354 a Rechnung getragen (vgl. die dortigen Erl.). Für die Tatsacheninstanz sind verfahrensrechtliche Vorschriften zur Realisierung des materiell-rechtlichen Rückwirkungsgebots an sich entbehrlich. Es bedarf keiner ausdrücklichen Bestimmung, daß der Tatrichter bei Anwendung des materiellen Strafrechts in seinem Urteil auch § 2 Abs. 3 StGB zu beachten hat. Das führt, wenn die Strafbarkeit gänzlich entfallen ist, zum Freispruch und wenn sie gemildert wird, zur Anwendung des milderen Gesetzes aus Gründen des materiellen Strafrechts.

**2**   **Prozessuale Ergänzungsvorschriften** für den Tatrichter bei Wegfall der materiellrechtlichen Strafbarkeit können sich empfehlen, um bei klarer Sachlage den Aufwand einer Hauptverhandlung zu ersparen, deren Ergebnis (Nichtverurteilung) feststeht, oder um ohne den Aufwand eines Rechtsmittelverfahrens auch noch eine Gesetzesänderung berücksichtigen zu können, die nach Erlaß aber vor Rechtskraft der tatrichterlichen Entscheidung die Strafbarkeit beseitigt[3]. Solche Regelung zu treffen ist an sich die Aufgabe von Überleitungsvorschriften des die Strafbarkeit zurücknehmenden Strafrechtsänderungsgesetzes. In Art. 96 des 1. StrRG war eine solche, dem jetzigen § 206 b weitgehend entsprechende Überleitungsvorschrift getroffen worden. Der Gesetzgeber hat sie mit dem 4. StrRG, wohl in der Erwartung einer kontinuierlichen Reduktion von Straftatbeständen, als Dauerregelung in das Strafverfahrensrecht übernommen, wobei ihm die vielfältigen Implikationen einer solchen Übernahme einer typischen Überleitungsvorschrift in den größeren systematischen Zusammenhang einer Dauerkodifikation nicht voll bewußt gewesen sein dürften. Der Zweck der Vorschrift liegt in erster Linie in Verfahrensvereinfachung, daneben auch in einer Schonung des Angeklagten, dem eine Hauptverhandlung erspart werden soll[4].

**3**   **b) Dogmatische Bedeutung.** Der Gesetzgeber hat die Vorschrift zum Teil dem § 206 a formulierungsmäßig nachgebildet und hinter diesen in die StPO eingestellt, weil er sie mit ihm für „systematisch verwandt" hielt[5]. Das ist indessen zu vordergründig gesehen. Die Verwandtschaft beschränkt sich auf die Entscheidungsform (Beschluß außerhalb der Hauptverhandlung); sie ist hinsichtlich des Entscheidungsinhalts (Verfahrenseinstellung) durch die gesetzgeberische Entscheidung künstlich hergestellt und sachlich bedenklich (Rdn. 4). Der wesentliche Unterschied zu § 206 a liegt darin, daß es sich inhaltlich um eine Verfahrensbeendigung aus **materiell-rechtlichen Gründen** lediglich in vereinfachter Form handelt. § 206 b knüpft weder an ein Verfahrenshindernis an, noch begründet er ein solches[6]. Er gebietet die Verfahrensbeendigung, weil infolge der in § 2 Abs. 3 StGB angeordneten Rückwirkung die Tat nicht mehr als *strafbar* behandelt wird, und ist daher der Sache nach ein Freispruch[7].

---

[3] Für bereits rechtskräftig verhängte Strafen enthalten die Überleitungsregelungen in neuerer Zeit regelmäßig Vorschriften über den Erlaß, der Sache nach begrenzte Amnestien; vgl. *Schätzler* Handbuch des Gnadenrechts (1976) 131; so. z. B. Art. 97 1. StrRG; Art. 7 4. StrRG sowie bezogen auf das 3. StrRG das StrFG 1970.

[4] Begründung zu Art. 96 1. StrRG im Schriftlichen Bericht des Sonderausschusses für die Strafrechtsreform, BTDrucks. V 4094, S. 65; der Regierungsentw. des

4. StrRG (damalige Bezeichnung 3. StrRG) nimmt hierauf Bezug; vgl. BTDrucks. VI 1552, S. 37.

[5] Regierungsentw. des 4. StrRG, BTDrucks. VI 1552, S. 37; vgl. auch *Bohnert* GA **1982** 174.

[6] KK-*Treier* 1; *Kleinknecht/Meyer* 1; KMR-*Paulus* 2; *Küper* JR **1970** 273; a. A BayObLG JR **1970** 270.

[7] *Bloy* GA **1980** 164; KMR-*Paulus* 2, 15; *Küper* JR **1970** 273; *Wulf* JZ **1970** 163.

**c) Kritik.** Die Vorschrift, die als verfahrensrechtliche Bestimmung mit Dauerwir- **4** kung ohnehin entbehrlich wäre, ist gesetzestechnisch mißglückt. Sie beschreibt ihren Anwendungsbereich nicht ihrer eigenen Zielsetzung entsprechend, sondern bedarf der einschränkenden Auslegung (Rdn. 6); ist nicht ausreichend mit § 354 a koordiniert (Rdn. 10) und entbehrt an sich sachlich gebotener Anpassungen im Gerichtsverfassungsrecht (Rdn. 14) sowie für die Zulässigkeit der Beschwerde (Rdn. 17). Ein schwerwiegender systematischer Mangel liegt darin, daß sie als Dauerregelung (in einer bloßen Überleitungsvorschrift wäre ein solcher systematischer Bruch eher hinzunehmen) entgegen der sonst konsequent durchgeführten Unterscheidung zwischen der stets auf verfahrensrechtlichen Gründen beruhenden Einstellung des gerichtlichen Verfahrens und der aus materiell-strafrechtlichen Gründen erfolgenden Freisprechung statt dieser die Verfahrenseinstellung gebietet und damit Mißverständnissen und Fehlinterpretationen Tür und Tor öffnet. Es wäre sachgerechter gewesen, hier die Form des auch sonst dem geltenden Recht nicht mehr gänzlich fremden[8] Freispruchs durch Beschluß zu wählen.

**2. Anwendungsbereich**

**a) Vor Eröffnung des Hauptverfahrens.** Nach bisher einhelliger Meinung im **5** Schrifttum[9] gilt § 206 b, anders als § 206 a (§ 206 a, 8), bereits im Eröffnungsverfahren, also vom Zeitpunkt der Erhebung der öffentlichen Klage an. Diese Auffassung stützt sich auf den Wortlaut, der von „gerichtlich anhängigen Strafverfahren" spricht. Damit ist nach einem verbreiteten, wenn auch nicht gänzlich unumstrittenen Sprachgebrauch (vgl. die Erl. zu § 151) auch das Eröffnungsverfahren gemeint. Allerdings könnte auch nach dieser Meinung die Staatsanwaltschaft bis zum Erlaß des Eröffnungsbeschlusses die Klage zurücknehmen (§ 156) und nach § 170 Abs. 2 verfahren.

Dieser Auffassung kann nicht zugestimmt werden. Die Vorschrift **gilt** vielmehr **6** **erst nach Eröffnung** des Hauptverfahrens, bei Verfahren ohne Eröffnungsbeschluß nach Eintritt des diesem Zeitpunkt gleichstehenden Ereignisses (vgl. § 206 a, 19 f). Es liegt nahe, daß der Wortlaut auf einem Redaktionsversehen beruht, jedenfalls bedarf er der teleologischen Reduktion. Sinngemäß sind die Worte „gerichtlich anhängiges Strafverfahren" wie „nach Eröffnung des Hauptverfahrens" zu lesen. Daß der Wortlaut dieser nachlässig gearbeiteten, einer bloßen Überleitungsvorschrift nachgebildeten und bei ihrer Übernahme in die StPO erkennbar nicht mehr geprüften[10] Bestimmung die Folgerung der h. M nicht trägt, ergibt sich bereits aus der Begründung zu Art. 96 1. StRG. Dort ist (als Zweck der Vorschrift) ausgeführt, daß ohne sie, „wenn das Hauptverfahren bereits eröffnet" sei, eine Hauptverhandlung mit dem Ziele des Freispruchs des *Angeklagten* durchzuführen sei, die im Interesse der Entlastung der Gerichte und zur Vermeidung einer Bloßstellung des *Angeklagten* vermieden werden solle[11]. Der aus dem

---

[8] Vgl. z. B. § 349 Abs. 4 in Vbdg. mit § 354 Abs. 1; § 371 (dazu BGHSt **8** 304; **14** 66).

[9] KK-*Treier* 2; *Kleinknecht/Meyer* 2; KMR-*Paulus* 4; LR-*Meyer-Goßner*[23] 4.

[10] Die Begründung des Regierungsentw. 4. StRG (BTDrucks. **VI** 1552, S. 37) nimmt ohne eigene Ausführungen wegen des Inhalts des § 206 a auf die Begründung zu Art. 96 (dort Art. 97) im Schriftlichen Bericht des Sonderausschusses für die Strafrechtsreform zum 1. StRG (BTDrucks. **V** 4094) Bezug. Die beiden Schriftlichen Berichte des Sonderausschusses zum 4. StRG (BT-

Drucks. **VI** 3521; 7 514) enthalten keine Bemerkungen zur unverändert beschlossenen Fassung. In den Beratungen des Sonderausschusses (5. Wahlperiode, S. 3170, 7. Wahlperiode, S. 25) findet sich nur zu Art. 96 1. StRG eine Erläuterung des Vertreters der Bundesregierung, die über den Inhalt des schriftlichen Berichts nicht hinausgeht; § 206 b ist bei den Beratungen des 4. StRG überhaupt nicht beraten, sondern ohne Debatte unverändert angenommen worden.

[11] BTDrucks. **V** 4094, S. 65.

Peter Rieß

Wortlaut herleitbare (nicht zwingende) Schluß, daß das Eröffnungsverfahren einbezogen sei, wird durch diese, an die Eröffnung des Hauptverfahrens anknüpfende und den Begriff des „Angeklagten" (vgl. § 157) verwendende Begründung widerlegt. Für die Anwendbarkeit im Eröffnungsverfahren gibt es vom alleinigen gesetzgeberischen Zweck der Vorschrift her, sonst notwendige Hauptverhandlungen und unvermeidbare Bloßstellungen des Angeklagten zu vermeiden, keinen Grund. Entfällt die Strafbarkeit während des Eröffnungsverfahrens, so wird entweder die Staatsanwaltschaft die Anklage zurücknehmen oder, falls hierüber Meinungsverschiedenheiten bestehen, das Gericht die Eröffnung des Hauptverfahrens nach § 204 ablehnen, weil es an dem die Verurteilungswahrscheinlichkeit mit umfassenden (§ 203, 9; 15) hinreichenden Tatverdacht fehlt.

7       **b) Erstinstanzliches Verfahren.** Ist das Hauptverfahren eröffnet, so ist § 206 b **vor Urteilserlaß** anzuwenden, wenn die Entscheidung, daß die (prozessuale) Tat nicht mehr strafbar ist, ohne Hauptverhandlung getroffen werden kann, unabhängig davon, ob das die Strafbarkeit beseitigende Gesetz vor oder nach Erlaß des Eröffnungsbeschlusses in Kraft getreten ist. Die Einstellung kann auch auf einzelne von mehreren selbständigen (prozessualen) Taten begrenzt werden. Dagegen ist eine **Hauptverhandlung** durchzuführen, wenn aufgrund des Akteninhalts nicht entschieden werden kann, ob das dem Angeklagten vorgeworfene Verhalten möglicherweise nach einer anderen, auch einer geänderten Vorschrift strafbar bleibt[12]. Stellt sich der Wegfall der Strafbarkeit erst in der Hauptverhandlung heraus, so ist in dieser (auch wenn an sich vorher hätte nach § 206 b verfahren werden können) das Verfahren durch ein **freisprechendes Sachurteil** zu beenden, nicht etwa durch ein Einstellungsurteil nach § 260 Abs. 3[13].

8       **Nach Erlaß des** erstinstanzlichen **Urteils** bleibt das Gericht bis zur Rechtskraft zur Anwendung des § 206 b verpflichtet, wenn das Verfahren noch bei ihm anhängig und das neue Gesetz nach Urteilserlaß in Kraft getreten ist. Dagegen kann das Verfahren nicht mehr eingestellt werden, wenn die Straflosigkeit bereits vor dem Urteil eingetreten war und vom Gericht nicht beachtet worden ist (vgl. § 206 a, 10 ff).

9       **c) Im Berufungsverfahren** ist § 206 b, auch bei Teilrechtskraft[14], uneingeschränkt anwendbar, und zwar sowohl dann, wenn die Straflosigkeit nach Erlaß des angefochtenen Urteils eintritt, als auch dann, wenn sie bereits zur Zeit der Urteilsfällung nicht mehr gegeben war. Demgegenüber wird vielfach für den zweiten Fall angenommen, daß das Berufungsgericht aufgrund einer Hauptverhandlung durch freisprechendes Urteil unter Aufhebung des fehlerhaften erstinstanzlichen Urteils entscheiden müsse[15]. Diese Auslegung wird jedoch vom Wortlaut der Vorschrift nicht gefordert und ihrem auf Verfahrensvereinfachung und Schonung des Angeklagten gerichteten Zweck nicht gerecht. Mit der Einstellung des Verfahrens wird das angefochtene Urteil gegenstandslos; seiner Aufhebung bedarf es nicht (vgl. § 206 a, 66).

10      **d) Im Revisionsverfahren** ist die Anwendbarkeit des § 206 b umstritten, weil der Gesetzgeber es unterlassen hat, das Verhältnis zu dem gleichfalls auf diese Situation anwendbaren § 354 a klarzustellen. Teilweise wird die Auffassung vertreten, § 354 a verdränge als lex spezialis § 206 b[16], teilweise wird behauptet, § 206 b habe als lex posterior für seinen speziellen Anwendungsbereich § 354 a verdrängt[17]. Die überwiegende Mei-

---

[12] *Kleinknecht/Meyer* 3; vgl. auch *Bohnert* GA **1982** 174.

[13] OLG München NJW **1974** 873; *Bohnert* GA **1982** 175; KK-*Treier* 1; *Kleinknecht/Meyer* 3; KMR-*Paulus* 5.

[14] *Kleinknecht/Meyer* 4; KMR-*Paulus* 17; vgl. BGHSt **20** 118; **26** 2.

[15] KK-*Treier* 4; KMR-*Paulus* 10; LR-*Meyer-Goßner*[23] 7.

[16] LR-*Meyer-Goßner*[23] 8; dagegen ausdrücklich *Bohnert* GA **1982** 176.

[17] KMR-*Paulus* 9; vgl. auch *Wulf* JZ **1970** 163.

nung nimmt an, daß beide Vorschriften nebeneinander anwendbar seien, so daß das Revisionsgericht die Wahl habe, nach welcher es verfahre[18]. Sie erscheint vom Ansatz her zutreffend. **§206 b gilt auch für das Revisionsverfahren,** zumal von einer Deckungsgleichheit beider Bestimmungen auch bei Wegfall der Strafbarkeit nicht die Rede sein kann. Denn §206 b ermöglicht ohne die engeren Voraussetzungen des §349 Abs. 4 die Erledigung ohne Hauptverhandlung durch Beschluß in Form einer Verfahrenseinstellung, eine Erledigungsart, für die §354 a sicher keine Grundlage abgeben kann[19]. Ist das Revisionsgericht aufgrund einer ordnungsmäßig begründeten Revision einstimmig der Auffassung, daß die Tat nach geändertem Recht nicht mehr strafbar ist, so kann es, statt nach §206 b durch Beschluß einzustellen, den Angeklagten durch Beschluß nach §349 Abs. 4 in Vbdg. mit §§354 Abs. 1, 354 a freisprechen (vgl. auch die Erl. zu §349 unter IV und zu §354, 8).

Im übrigen gelten ähnliche **Grenzen für die Berücksichtigung** des Wegfalls der **11** Strafbarkeit, wie sie für die Berücksichtigung von Verfahrenshindernissen entwickelt worden sind (vgl. §206 a, 16 f). Ist das Gesetz, durch das die Strafbarkeit beseitigt wird, erst **nach Erlaß des** angefochtenen **Urteils** in Kraft getreten, so ist §206 b auch dann anzuwenden, wenn die Revision nicht vorschriftsmäßig begründet worden ist, auch eine ordnungsgemäß erhobene Sachrüge ist nicht erforderlich[20]. Hatte dagegen der **Tatrichter** die bereits vorliegende **Straflosigkeit nicht beachtet,** so kann §206 b nur angewendet werden, wenn alle Zulässigkeitsvoraussetzungen der Revision einschließlich der Revisionsbegründung gegeben sind[21]; in diesem Fall erscheint es auch richtig, eine ordnungsgemäße Sachrüge zu verlangen[22]. Zur Frage der Erstreckung auf Nichtrevidenten vgl. §357, 13 f.

**3. Wegfall der Strafbarkeit.** Ob die Tat (im prozessualen Sinne) infolge der Ge- **12** setzesänderung nicht mehr strafbar ist, beurteilt sich nach den jeweils anzuwendenden materiell-rechtlichen Strafvorschriften und den in §2 StGB getroffenen Regeln über die zeitliche Geltung. Im Sinne des §206 b bleibt die „Strafbarkeit" erhalten, wenn die bisher strafbare Tat aufgrund der Gesetzesänderung als **Ordnungswidrigkeit** zu ahnden ist; hier geht das Strafverfahren entsprechend §82 OWiG in ein Bußgeldverfahren über[23]. Steht der (neuen) Ordnungswidrigkeit ein Verfahrenshindernis, etwa Verjährung, entgegen, so ist das Verfahren deshalb nach §206 a einzustellen[24]. Die **Tat bleibt** auch **strafbar,** wenn die Gesetzesänderung dazu führt, daß lediglich einzelne von mehreren, bisher geltenden tateinheitlich oder tatmehrheitlich zusammentreffenden Tatbeständen unanwendbar werden.

**4. Konkurrenz mit Verfahrenshindernissen.** Entfällt die Strafbarkeit einer Tat, **13** die, wenn sie noch strafbar wäre, wegen eines Verfahrenshindernisses nicht verfolgt

---

[18] KK-*Treier* 2; wohl auch *Bohnert* GA **1982** 177; *Kleinknecht/Meyer* 3; *Küper* NJW **1975** 1330; ebenso in diesem Kommentar *Hanack* §349 unter IV; §354 a, 8.

[19] Ebenso *Bohnert* GA **1982** 176.

[20] *Bohnert* GA **1982** 175; KK-*Treier* 4; KMR-*Paulus* 9; *Küper* NJW **1975** 1370.

[21] Für gänzliche Unanwendbarkeit in diesem Fall KK-*Treier* 4; KMR-*Paulus* 10; LR-*Meyer-Goßner*[23] 10.

[22] Zur umstrittenen Frage, ob §354 a eine Sachrüge voraussetzt, vgl. **bejahend** BGHSt **26** 94; LR-*Meyer*[23] §354 a, 8; **verneinend**

*Hanack* §354 a, 8 mit weit. Nachw.; *Bohnert* GA **1982** 174 f; *Küper* NJW **1975** 1329.

[23] BayObLG JR **1969** 350 mit Anm. *Kohlhaas*; OLG Saarbrücken NJW **1974** 1009; *Göhler* §82, 27; KK-*Treier* 6; *Kleinknecht/Meyer* 1; KMR-*Paulus* 12; vgl. auch OLG Düsseldorf MDR **1976** 75; OLG Frankfurt MDR **1974** 859; OLG Karlsruhe MDR **1975** 858; zur entsprechenden Anwendung des §206 a im Bußgeldverfahren bei Wegfall der Bußgelddrohung *Göhler* Vor §67, 30.

[24] OLG Saarbrücken NJW **1974** 1009; vgl. BGHSt **20** 78; KK-*Treier* 6.

Peter Rieß

werden könnte, so könnte durch Beschluß sowohl nach § 206 a als auch nach § 206 b eingestellt werden. Da die Einstellung nach § 206 b Freispruchscharakter hat, kommen hier die Grundsätze zur Anwendung, die auch im übrigen bei Konkurrenz einer Einstellung wegen eines Verfahrenshindernisses und einer liquiden Freispruchslage gelten (§ 206 a, 7). Sie führen dazu, daß die Einstellung nach **§ 206 b Vorrang vor** der nach **§ 206 a** hat[25]. Dagegen ist nach § 206 a zu verfahren, wenn die Tat auch nach der Gesetzesänderung an sich unter bestimmten rechtlichen Gesichtspunkten strafbar[26] bleibt, aber wegen eines Verfahrenshindernisses nicht mehr verfolgt werden kann, etwa wenn sich durch eine andere Qualifikation oder geringere Höchststrafe die Verjährungsfrist verkürzt und deshalb Verjährung eingetreten ist. Hier tritt keine Konkurrenz zwischen den beiden Vorschriften auf; vielmehr ist § 206 b überhaupt nicht anwendbar (Rdn. 12).

### 5. Entscheidung des Gerichts

**14**   **a) Verfahren und Form.** Vor der Entscheidung ist die Staatsanwaltschaft nach § 33 Abs. 2 zu hören; die Anhörung des Angeklagten ist nicht erforderlich[27]. Die Entscheidung ergeht durch — zu begründenden (§ 34) — Beschluß in der für Entscheidungen außerhalb der Hauptverhandlung vorgesehenen Besetzung (vgl. § 206 a, 62). Anders als bei der Entscheidung über die Eröffnung des Verfahrens und bei der Einstellung wegen eines Verfahrenshindernisses wirken auch beim Oberlandesgericht im ersten Rechtszug nur drei und nicht fünf Richter mit; § 122 Abs. 2 Satz 2 GVG betrifft diesen Fall nach seinem eindeutigen Wortlaut nicht. Diese Rechtslage, die darauf zurückzuführen sein dürfte, daß der Gesetzgeber die Anpassung des § 122 Abs. 2 Satz 2 GVG versehentlich unterlassen hat, erscheint wenig sachgerecht, doch kann sie bei der eindeutigen Fassung des Gesetzeswortlauts nicht durch Auslegung korrigiert werden[28].

**15**   **b) Inhalt und Wirkung.** Der Beschluß lautet auf Einstellung des Verfahrens; mit seiner formellen Rechtskraft beendet er dieses endgültig (Rdn. 20). Mit ihm ist die Aufhebung eines Haftbefehls (§ 120 Abs. 1 Satz 2) sowie der Anordnung sonstiger Zwangsmaßnahmen zu verbinden. Eine Beschlagnahme kann dann aufrechterhalten bleiben, wenn sie als Einziehungsbeschlagnahme für ein objektives Sicherungsverfahren nach § 440 geboten ist (§ 204, 13 a. E.). Nach § 464 ist eine **Kostenentscheidung** erforderlich, deren Inhalt sich nach § 467 Abs. 1, 2, 3 Satz 1 richtet. § 467 Abs. 3 Satz 2 Nr. 2 ist unanwendbar, da hier nicht wegen eines Verfahrenshindernisses eingestellt wird[29].

**16**   Wenn die gesetzlichen Voraussetzungen (§§ 2, 8 StrEG) vorliegen, muß mit der Einstellung eine Entscheidung über die **Entschädigung für Strafverfolgungsmaßnahmen** verbunden werden. Dabei ist umstritten, ob dem Angeklagten eine Entschädigung versagt werden kann. Unanwendbar ist § 6 Abs. 1 Nr. 2 StrEG. Teilweise wird in Art. 9 des 4. StrRG, der als Überleitungsvorschrift bei Straflosigkeit allein wegen Gesetzesänderung die Entschädigung zwingend ausschloß, der Ausdruck eines allgemeinen, auch auf § 206 a anwendbaren Rechtsgedankens gesehen[30]. Dem kann schwerlich zugestimmt werden. Demgegenüber will *Schätzer* (§ 5, 63) auf diese Fälle § 5 Abs. 2 anwenden, nach

---

[25] *Kleinknecht/Meyer* 1; KMR-*Paulus* 11; a. A (Vorrang des § 206 a) *Kleinknecht* bis zur 34. Aufl.

[26] oder als Ordnungswidrigkeit ahndbar.

[27] *Kleinknecht/Meyer* 2; a. A KMR-*Paulus* 14.

[28] Ebenso *Kissel* § 122, 4; KK-*Treier* 7; KK-*Salger* § 122, 3 GVG; a. A (analoge Anwendung) *K. Schäfer* in der 23. Aufl., § 122, 2 GVG.

[29] OLG Hamburg MDR **1975** 511; OLG München NJW **1974** 873; BTDrucks. V 4094, S. 65; KK-*Treier* 8; *Kleinknecht/Meyer* 5; KMR-*Paulus* 15; *Wulf* JZ **1970** 163.

[30] KG JR **1977** 334; *Kleinknecht/Meyer* 6; KMR-*Paulus* 15; a. A KK-*Treier* 9; *Schätzler* § 5, 63.

dem die Entschädigung ausgeschlossen ist, wenn der Beschuldigte die Strafverfolgung vorsätzlich oder grob fahrlässig verursacht hat. Auch diese Auffassung, die in ihrer Analogiebasis problematisch ist und im Ergebnis doch wieder auf die Anwendung des Art. 9 4. StrRG hinausläuft, erscheint bedenklich. Es wäre Sache des Gesetzgebers, die (sachlich nicht zu rechtfertigende) Entschädigung auszuschließen[31].

**6. Anfechtung der Entscheidung.** Gegen den Einstellungsbeschluß ist für die **17** Staatsanwaltschaft, den Privatkläger und den Nebenkläger nach Satz 2 die sofortige Beschwerde gegeben, außer wenn die Entscheidung von einem Revisionsgericht erlassen ist (§ 304 Abs. 4). Zweifelhaft ist, ob die Beschwerde zulässig ist, wenn das Oberlandesgericht im ersten Rechtszug entschieden hat. Der Gesetzeswortlaut (§ 304 Abs. 4 Satz 2 zweiter Halbsatz) eröffnet die Beschwerde nicht, insbesondere ist die Nummer 2 nicht einschlägig, weil es sich nicht um eine Einstellung wegen eines Verfahrenshindernisses handelt. Doch ist eine entsprechende Anwendung dieses Ausnahmenkatalogs, wenn auch nur im engsten Rahmen, nicht gänzlich ausgeschlossen; der BGH hält beispielsweise den Beschluß über die nachträgliche Gesamtstrafenbildung nach § 460 für anfechtbar[32]. Auch in dem hier vorliegenden Fall dürfte manches dafür sprechen, § 304 Abs. 4 Satz 2 Nr. 2 analog auf die Einstellung nach § 206 b anzuwenden. Zu den Grenzen der **Bindungswirkung** einer den Einstellungsbeschluß aufhebenden Beschwerdeentscheidung gelten die Ausführungen unter § 206 a, 72 entsprechend.

Für den **Angeklagten** ist die sofortige Beschwerde gegen den Einstellungsbe- **18** schluß, der auch in seiner Rechtskraftwirkung einem freisprechenden Urteil gleichsteht (Rdn. 20), mangels Beschwer stets unzulässig[33]. Eine Beschwer, die insoweit die sofortige Beschwerde zulässig macht (§ 464 Abs. 3, § 8 Abs. 3 StrEG) kann jedoch in der Entscheidung über die Kosten oder die Entschädigung für Strafverfolgungsmaßnahmen liegen.

Für die Anfechtbarkeit einer die **Einstellung** nach § 206 b **ablehnenden Entschei- 19 dung** ist die Rechtslage die gleiche wie bei § 206 a (vgl. § 206 a, 73 f).

**7. Die Rechtskraft des Einstellungsbeschlusses** entspricht der eines freisprechen- **20** den Urteils; er hat deshalb auch den Verbrauch der Strafklage zur Folge und steht — außer in den Fällen des § 362 — einem neuen Verfahren entgegen, wenn sich später, auch auf veränderter tatsächlicher Grundlage, herausstellt, daß das angeklagte Verhalten auch nach neuem Recht strafbar war[34]. Eine Gegenmeinung[35] will unter Hinweis darauf, daß die Entscheidung nicht unter den Verfahrensgarantien der Hauptverhandlung zustandegekommen sei, § 211 anwenden und ein neues Verfahren bei Vorliegen neuer Tatsachen oder Beweismittel zulassen. Dadurch werden jedoch die freispruchsgleichen Wirkungen des Beschlusses nach § 206 b unterlaufen. Es sollte nicht zu Lasten des Angeklagten gehen, wenn der Gesetzgeber aus überwiegend justizökonomischen Gründen eine vereinfachte Erledigungsform schafft, die der Sache nach an die Stelle des an sich systematisch gebotenen Freispruchs aufgrund einer Hauptverhandlung tritt.

---

[31] Ebenso KK-*Treier* 9.
[32] BGHSt **30** 168; vgl. auch BGHSt **27** 97; **29** 13.
[33] KK-*Treier* 10; *Kleinknecht/Meyer* 7; KMR-*Paulus* 20.
[34] Ebenso KK-*Treier* 11; *Kleinknecht/Meyer* 8.
[35] *Kleinknecht*[35] 8; KMR-*Paulus* 18.

Peter Rieß

## § 207

(1) In dem Beschluß, durch den das Hauptverfahren eröffnet wird, läßt das Gericht die Anklage zur Hauptverhandlung zu und bezeichnet das Gericht, vor dem die Hauptverhandlung stattfinden soll.

(2) Das Gericht legt in dem Beschluß dar, mit welchen Änderungen es die Anklage zur Hauptverhandlung zuläßt, wenn

1. wegen mehrerer Taten Anklage erhoben ist und wegen einzelner von ihnen die Eröffnung des Hauptverfahrens abgelehnt wird,
2. die Verfolgung nach § 154 a auf einzelne abtrennbare Teile einer Tat beschränkt wird oder solche Teile in das Verfahren wieder einbezogen werden,
3. die Tat rechtlich abweichend von der Anklageschrift gewürdigt wird oder
4. die Verfolgung nach § 154 a auf einzelne von mehreren Gesetzesverletzungen, die durch dieselbe Straftat begangen worden sind, beschränkt wird oder solche Gesetzesverletzungen in das Verfahren wieder einbezogen werden.

(3) [1]In den Fällen des Absatzes 2 Nr. 1 und 2 reicht die Staatsanwaltschaft eine dem Beschluß entsprechende neue Anklageschrift ein. [2]Von der Darstellung des wesentlichen Ergebnisses der Ermittlungen kann abgesehen werden.

(4) Das Gericht beschließt zugleich von Amts wegen über die Anordnung oder Fortdauer der Untersuchungshaft oder der einstweiligen Unterbringung.

**Schrifttum.** *Knauth* Das übergangene Eröffnungsverfahren, JuS **1977** 113; *Nelles* Zur Revisibilität „fehlerhafter" und „unwirksamer" Eröffnungsbeschlüsse, NStZ **1982** 96; *Puppe* Die Individualisierung der Tat in Anklageschrift und Bußgeldbescheid und ihre nachträgliche Korrigierbarkeit, NStZ **1982** 230; *Rieß* Eröffnungsentscheidung auf unvollständiger Aktengrundlage, NStZ **1983** 247; *v. Steuber* Rechtsfolgen bei Fehlen oder Mängeln des Eröffnungsbeschlusses, MDR **1978** 889.

**Entstehungsgeschichte.** Die Vorschrift hatte ursprünglich folgenden Wortlaut:

> „(1) In dem Beschlusse, durch welchen das Hauptverfahren eröffnet wird, ist die dem Angeklagten zur Last gelegte Tat unter Hervorhebung ihrer gesetzlichen Merkmale und des anzuwendenden Strafgesetzes sowie das Gericht zu bezeichnen, vor welchem die Hauptverhandlung stattfinden soll.
>
> (2) Das Gericht hat zugleich von Amts wegen über die Anordnung oder Fortdauer der Untersuchungshaft zu beschließen."

Durch Art. 2 Nr. 19 GewVerbrG wurden in Absatz 2 die Worte „oder einstweiligen Unterbringung" eingefügt. Während der Beseitigung des Eröffnungsbeschlusses von 1942 bis 1950 traten an ihre Stelle die §§ 202, 203 mit dem aus der Entstehungsgeschichte Vor § 198 ersichtlichen Wortlaut. Art. 3 I Nr. 90 VereinhG stellt die alte Fassung wieder her. Durch Art. 7 Nr. 5 StPÄG 1964 erhielt die Vorschrift im wesentlichen ihre heutige Fassung, durch die der ausdrücklich die Tat konkretisierende Eröffnungsbeschluß durch die bloße Zulassung der Anklage mit Änderungsbefugnis durch das Gericht ersetzt wurde[1]. Seither ist die Vorschrift sachlich unverändert geblieben; Art. 21 Nr. 59 EGStGB 1974 paßte lediglich Absatz 2 Nr. 4 terminologisch an den neuen strafrechtlichen Sprachgebrauch an. Bezeichnung bis 1924: § 205.

---

[1] Zur damaligen Kritik an dieser Änderung vgl. Vor § 198, 14.

*Übersicht*

# I. Inhalt und Bedeutung der Vorschrift

**1. Regelungsgehalt und Reichweite. In** § 203 ist mit dem Maßstab des „hinreichen- **1** den Tatverdachts" die materielle Voraussetzung bestimmt, die vorliegen muß, damit das Gericht aufgrund eines Antrags der Staatsanwaltschaft (§ 199 Abs. 2 Satz 1) im positiven Sinne über die Eröffnung des Hauptverfahrens entscheidet (§ 199 Abs. 1). Aus § 206 ergibt sich, daß es hierbei, wenn es sich im Rahmen der angeklagten Tat hält (§ 206, 2) in seiner rechtlichen Beurteilung frei und nicht an die Auffassung der Staatsanwaltschaft gebunden ist. § 207 regelt den näheren Inhalt der positiven Entscheidung über die Eröffnung des Hauptverfahrens. Er bestimmt die Form, in der der Eröffnungsbeschluß[2] ergeht, regelt für den Sonderfall einer veränderten Anklagezulassung, wie die Staatsanwaltschaft hierauf zu reagieren hat (Absatz 3), und begründet die Verpflichtung, von Amts wegen über den Fortbestand von Untersuchungshaft und einstweiliger Unterbringung zu entscheiden (Absatz 4). Ein Eröffnungsbeschluß ergeht auch im **Privatklageverfahren** mit der Besonderheit, daß er, wie bis 1965 im Offizialverfahren, die Tat selbst konkretisieren muß und nicht lediglich die Privatklageschrift zuläßt (§ 383 Abs. 1 Satz 2), und im Sicherungsverfahren nach den §§ 423 ff[3].

**2**     **Kein** förmlicher **Eröffnungsbeschluß** ergeht im beschleunigten Verfahren nach den §§ 212 ff, im vereinfachten Jugendverfahren nach den §§ 76 ff JGG, im Strafbefehlsverfahren, auch nicht, wenn nach § 408 Abs. 2 oder aufgrund eines Einspruchs eine Hauptverhandlung durchgeführt wird, sowie bei der Nachtragsklage nach § 266, bei der der Zulassungsbeschluß den Eröffnungsbeschluß ersetzt. Auch bei diesen vereinfachten Verfahrenseinleitungen muß jedoch die materielle Voraussetzung des hinreichenden Tatverdachts vorliegen (vgl. § 203, 2; teilweise umstritten).

### 2. Bedeutung des Eröffnungsbeschlusses

**3**     **a) Funktionelle Bedeutung.** Durch die Zulassung der Anklage im Eröffnungsbeschluß wird das Hauptverfahren eingeleitet. Damit tritt die Rechtshängigkeit der Sache vor dem erkennenden Gericht ein (vgl. Einl. Kap. **12** IV), und für eine weitere Anklage wegen derselben Tat entsteht ein Verfahrenshindernis; bei mehrfacher Anhängigkeit gilt von nun an der Grundsatz der Prävention[4]. Der Beschuldigte wird nun als Angeklagter bezeichnet (§ 157). Die Verfahrensherrschaft geht endgültig auf das Gericht über; die Staatsanwaltschaft kann die Anklage grundsätzlich (Ausnahmen §§ 153 c Abs. 3, 153 d Abs. 2) nicht mehr zurücknehmen (§ 156). Das durch den Eröffnungsbeschluß in Verbindung mit der Anklage konkretisierte historische Geschehen bestimmt als prozessuale Tat den **Gegenstand des** weiteren **Verfahrens** in persönlicher und sachlicher Hinsicht[5], an den das erkennende Gericht gebunden ist und den es durch seine Entscheidung erschöpfen muß (§ 264 Abs. 1). Eine Rücknahme des Eröffnungsbeschlusses ist grundsätzlich nicht möglich (Rdn. 34); das Verfahren muß stets durch gerichtliche Entscheidung, regelmäßig durch Urteil in der Sache (Ausnahmen s. § 199, 5) erledigt werden. Dagegen bedeutet der Eröffnungsbeschluß keine Bindung in rechtlicher Hinsicht (§ 264 Abs. 2); insofern stellt er lediglich eine auf Aktenlage beruhende „vorläufige Tatbewertung" (BGHSt **23** 306) dar.

**4**     Ferner wird die **Zuständigkeit** für das erkennende Gericht durch den Eröffnungsbeschluß und die im Eröffnungsverfahren nach den §§ 209, 209 a möglichen Maßnahmen umfassend geprüft und vielfach festgelegt. Bei der Eröffnungsentscheidung werden die sachliche (§ 6), die örtliche (§ 16 Satz 1) und die Zuständigkeit besonderer Spruchkörper kraft Gesetzes (§ 6 a Satz 1) letztmals insgesamt von Amts wegen geprüft. Danach ist nur noch die sachliche Zuständigkeit von Amts wegen zu beachten (§ 6) und ggf. zu korrigieren (§§ 225 a, 269, 270, StPO, § 47 a JGG), andere Zuständigkeitsmängel werden nur

---

[2] Die Bezeichnung „Eröffnungsbeschluß" ist in Wissenschaft und Praxis ganz herrschend. Das Gesetz kennt sie nicht, sondern verwendet, sachlich gleichbedeutend, die umständlichere Formulierung „Beschluß, durch den das Hauptverfahren eröffnet wird" (§§ 207 Abs. 1, 210 Abs. 1, 383 Abs. 1 Satz 2) oder „Beschluß über die Eröffnung des Hauptverfahrens" (§ 215 Satz 1).

[3] RGSt **68** 291; KK-*W. Müller* § 414, 2; *Kleinknecht/Meyer* § 414, 5; vgl. § 414 Abs. 1 und die Erl. dazu.

[4] Vgl. § 12, 10; zu den Ausnahmen Einl. Kap. **12** IV; Vor § 1, 15 ff; § 12, 16 ff.

[5] RGSt **68** 107; BGHSt **5** 227; **23** 145; **29** 351; vgl. auch Einl. Kap. **12** I.

noch auf befristeten Einwand des Angeklagten beachtet (§§6a Satz 2, 3; 16 Satz 2, 3; 225a Abs. 4; 270 Abs. 1 Satz 2).

**b) Dogmatische Bedeutung.** Wegen dieser grundlegenden Bedeutung für das ge- **5** richtliche Verfahren stellt der Erlaß eines ordnungsgemäßen Eröffnungsbeschlusses — nicht jedoch seine ordnungsmäßige und rechtzeitige Zustellung an den Angeklagten[6] — eine **Verfahrensvoraussetzung** dar[7]. Fehlt er, oder ist er infolge von Mängeln zur Erfüllung der ihm zukommenden Funktionen nicht geeignet[8], und werden seine Mängel auch nicht rechtzeitig geheilt (Rdn. 44 ff, 57 f, 64), so ist das Verfahren in jeder Lage von Amts wegen einzustellen. Wird jedoch ein Urteil rechtskräftig, ohne daß das Fehlen oder der Mangel des Eröffnungsbeschlusses aufgedeckt wurde, so ist es wirksam (*Peters* §55 I 2).

### 3. Inhalt und Umfang der Eröffnungsentscheidung

**a) Inhalt (Übersicht).** Notwendigerweise muß bei einem Eröffnungsbeschluß nach **6** §207 das Hauptverfahren in bezug auf mindestens eine Tat und einen Angeschuldigten durch Zulassung der Anklage eröffnet werden, weil hinreichender Tatverdacht bejaht wird. Bejaht das Gericht den hinreichenden Verdacht für alle Angeschuldigten und alle Taten in Übereinstimmung mit der rechtlichen Würdigung der Anklage, so läßt es diese nach Absatz 1 unverändert zu (Rdn. 10). Für eine veränderte Anklagezulassung nach Absatz 2 gibt es drei Möglichkeiten, die auch miteinander kombiniert werden können: (1) Das Gericht verneint den hinreichenden Tatverdacht in bezug auf einzelne Taten und/oder Angeschuldigte und lehnt insoweit die Eröffnung des Hauptverfahrens ab (kombinierter Eröffnungs- und Nichteröffnungsbeschluß, Absatz 2, Nr. 1; vgl. Rdn. 14). (2) Es läßt die Anklage wegen der angeklagten prozessualen Taten zwar zu, würdigt diese aber rechtlich anders (Absatz 2 Nr. 3; vgl. Rdn. 15). (3) Es scheidet gemäß §154a abtrennbare Teile oder einzelne Gesetzesverletzungen bei einer einheitlichen Tat aus oder bezieht solche wieder ein (Absatz 2 Nr. 2, 4; vgl. Rdn. 18). Weiterer notwendiger Inhalt des Eröffnungsbeschlusses ist stets die Bezeichnung des für die Hauptverhandlung zuständigen Gerichts (Rdn. 22).

**Möglicher weiterer Inhalt** des Eröffnungsbeschlusses oder mit ihm zusammen zu **7** treffender Entscheidungen können sein: Entscheidungen über die Anordnung oder den Fortbestand der Untersuchungshaft oder einer einstweiligen Unterbringung (Absatz 4; vgl. Rdn. 24); Hinweise auf eine nach dem Ergebnis der Hauptverhandlung mögliche Veränderung des rechtlichen Gesichtspunkts (Rdn. 26); Terminierung und ggf. Maßnahmen zur Vorbereitung der Hauptverhandlung (Rdn. 27); Entscheidungen über die Verbindung und Trennung mehrerer anhängiger Verfahren (Rdn. 28); oder vorläufige Einstellung des Verfahrens (Rdn. 29).

**b) Umfang der Entscheidung.** Nach einer in Rechtsprechung und Schrifttum ver- **8** tretenen Auffassung soll das Gericht auf eine einheitliche Anklage, auch wenn sie mehrere Taten oder mehrere Angeschuldigte betrifft — bei einer prozessualen Tat ist dies

---

[6] OLG Karlsruhe MDR **1970** 438; näher §215, 6; a. A *Oetker* JW **1929** 1044.

[7] Zuletzt BGHSt **29** 354; st. Rspr., vgl. z. B. RGSt **10** 58; **24** 65; **31** 104; **35** 353; **43** 218; **67** 59; **68** 107; **68** 291; BGHSt **5** 227; **6** 113; **10** 140 = JR **1957** 384 mit Anm. *Eb. Schmidt*; **10** 279 = JZ **1958** 93 mit Anm. *Kern*; **18** 2; **25** 310; BGH LM §207 Nr. 5 mit Anm. *Martin*; JR **1954** 149 mit Anm. *Görcke*; NJW **1955** 641; BayObLG NJW **1960** 2014; OLG

Celle NdsRpfl. **1957** 159; OLG Hamburg NJW **1962** 2119; OLG Hamm NJW **1961** 233; OLG Schleswig SchlHA **1963** 78; im Schrifttum allg. M, vgl. z. B. *Henkel* 233; *v. Hippel* 336; *Peters* §51 III 3; *Roxin* §40 C II 2 c; *Eb. Schmidt* I 161; *Schmid* 185; *Volk* Prozeßvoraussetzungen, 219 f.

[8] Darüber, welche Mängel dem Eröffnungsbeschluß seine Eignung als Prozeßvoraussetzung nehmen, näher unten Rdn. 37 ff.

Peter Rieß

selbstverständlich —, nur gleichzeitig durch eine die Anklage erschöpfende "**Gesamtent-scheidung**" entscheiden können[9]. Ob das richtig ist, erscheint zweifelhaft. Der zur dog-matischen Begründung herangezogene Wortlaut des § 207 Abs. 2 Nr. 1 trägt die Auffas-sung nicht. Aus ihm ergibt sich nur, daß das Gericht im Eröffnungsbeschluß eine teil-weise Nichteröffnung aussprechen *kann*, wenn es insoweit den Tatverdacht verneint, nicht aber, das es dies auch in *diesem* Beschluß tun *muß*. Auch die behaupteten Unzuträg-lichkeiten bei getrennter Entscheidung (OLG Nürnberg MDR 1972 967) sind nicht generell ersichtlich; sie können nie eintreten, wenn gegen einzelne von mehreren Ange-schuldigten vorab die Eröffnung abgelehnt werden kann, was gelegentlich zweckmäßig sein dürfte. Jedenfalls kann das eröffnende Gericht auch nach der engeren Auffassung jederzeit zeitlich getrennte Entscheidungen über verschiedene Taten und/oder Ange-schuldigte dadurch rechtlich bedenkenfrei treffen, daß es bei der ersten Entscheidung einen **Trennungsbeschluß** nach § 2 erläßt, wozu es in jeder Lage des Verfahrens, also auch im Eröffnungsverfahren, berechtigt ist.

**9**　　**Kein Eröffnungsbeschluß** ergeht mehr in bezug auf solche prozessualen Taten und/oder Angeschuldigte, hinsichtlich derer das Verfahren nach den §§ 153 ff durch das Gericht bis zur Eröffnungsentscheidung (auch gleichzeitig mit ihr) eingestellt worden ist. So können etwa auf, ggf. vom Gericht angeregten, Antrag der Staatsanwaltschaft Nebenstraftaten nach **§ 154 Abs. 2** eingestellt werden oder es kann, mit Zustimmung der Staatsanwaltschaft, gegen einzelne von mehreren Mitangeschuldigten nach den **§§ 153 Abs. 2, 153 a Abs. 2** verfahren werden. Das ist kein Fall einer veränderten Anklagezulas-sung nach Absatz 2[10]; vielmehr sind solche Taten nicht mehr Gegenstand der Eröff-nungsentscheidung, auch wenn die Anklage äußerlich unverändert zugelassen wird. Dies kann, muß aber nicht, rein deklaratorisch im Eröffnungsbeschluß zum Ausdruck gebracht werden. Beim Vortrag des Anklagesatzes der zugelassenen Anklage in der Hauptverhandlung (§ 243 Abs. 3) hat der Staatsanwalt es durch Weglassen der diese Taten oder Angeschuldigten betreffenden Angaben zu berücksichtigen.

### II. Zulassung der Anklage

**10**　　**1. Unveränderte Zulassung.** Hält das Gericht den oder die Angeschuldigten wegen aller angeklagten Taten für hinreichend verdächtig und teilt es die in der Anklage enthaltene rechtliche Würdigung, so ist die Anklage nach dem Wortlaut des § 207 Abs. 1 „zur Hauptverhandlung zuzulassen". Der Inhalt des Anklagesatzes wird anders als unter dem bis 1965 geltenden Rechtszustand nicht in den Eröffnungsbeschluß aufge-nommen[11]. Zweckmäßig erscheint die Formulierung: „Die Anklage der Staatsanwalt-schaft X vom ... gegen ... wegen ... wird zur Hauptverhandlung zugelassen." Diese Zulassung ist, nach der Konstruktion des Gesetzes, die Eröffnung des Hauptverfah-

---

[9] OLG Nürnberg MDR 1972 967; OLG Düsseldorf MDR 1979 695; KK-*Treier* 2; *Kleinknecht/Meyer* 2; KMR-*Paulus* 4. Die vielfach als Beleg für diese Auffassung her-angezogenen Entscheidungen BGH GA 1963 188 und OLG München 1956 375 be-treffen diese Frage nicht; der BGH hatte es mit einer nach Erlaß des Eröffnungsbe-schlusses durch den Vorsitzenden vorge-nommenen Beschränkung des Prozeßstoffs bei einer fortgesetzten Handlung zu tun; das OLG München mit einer abweichenden

rechtlichen Würdigung bei einer einheitli-chen Tat.

[10] **A. A** KK-*Treier* (analoge Anwendung des Absatz 2 Nr. 1); *Kleinknecht/Meyer* 3; KMR-*Paulus* 10.

[11] Allg. M, KK-*Treier* 2; *Kleinknecht/Meyer* 1; *Kroschel/Meyer-Goßner* 297; *G. Schäfer* § 43 II 3; die abweichende Auffassung von *Eb. Schmidt* Nachtr. I 4 ist vereinzelt geblie-ben; anders im Privatklageverfahren, vgl. § 383 Abs. 1 Satz 2.

---

rens; der in der Praxis teilweise übliche Zusatz „Das Hauptverfahren wird eröffnet" (*G. Schäfer* § 43 II 3) ist unschädlich, aber entbehrlich (*Kroschel/Meyer-Goßner* 297). Mit der unveränderten Anklagezulassung wird der Inhalt des Anklagesatzes eine eigene Entscheidung des Gerichts und integrierender Bestandteil des Eröffnungsbeschlusses[12]. Auch andere Formulierungen reichen aus, wenn sich aus ihnen eindeutig ergibt, daß das Gericht — nach Prüfung gemäß § 203 — das Hauptverfahren durchführen will[13].

**Mängel des Anklagesatzes**, die seine Funktion, den Prozeßgegenstand zu bestim- **11** men, erschweren oder seine Informationsfunktion beeinträchtigen, können auch bei unveränderter Anklagezulassung im Sinne des Absatzes 1 im Eröffnungsbeschluß eine selbständige Tatkonkretisierung erforderlich machen (vgl. § 200, 57; 58); das Gesetz verbietet sie in solchen Fällen nicht. Wenn es auch allgemein für zulässig gehalten wird, noch in der Hauptverhandlung eine unklare Anklage zu erläutern (Rdn. 57), sollten doch solche Situationen tunlichst dadurch vermieden werden, daß spätestens der Eröffnungsbeschluß eine einwandfreie Grundlage für das weitere Verfahren bietet. Er muß in Verbindung mit der durch ihn zugelassenen Anklage klar erkennen lassen, wegen welcher Tat dem Angeklagten welcher strafrechtliche Vorwurf gemacht wird[14].

### 2. Veränderte Anklagezulassung (Absatz 2)

**a) Allgemeines.** Absatz 2 schreibt dem Gericht vor, wie es zu verfahren hat, wenn **12** es die Anklage in veränderter Form zuläßt; es hat dies im Beschluß „darzulegen", das heißt, im Beschlußtenor deutlich zu machen, was sich gegenüber der im übrigen zugelassenen Anklage ändert. Auch hier müssen Eröffnungsbeschluß und Anklage zusammen eindeutig erkennen lassen, was in tatsächlicher und rechtlicher Hinsicht den Angeklagten vorgeworfen wird. Die Befugnis zur veränderten Anklagezulassung setzt Absatz 2 voraus. Sie ergibt sich für Nummer 1 aus den §§ 199, 204 (vgl. § 204, 1), für Nummer 3 aus den §§ 155 Abs. 2, 206 und für die Nummern 2 und 4 aus § 154 a Abs. 2, 3. Der Prozeßgegenstand für das Hauptverfahren wird hierdurch nur im Falle der Nummer 1 verändert (KMR-*Paulus* 8).

Der Auffassung, daß die Nummern 2 bis 4 keine große **Bedeutung** hätten, weil **13** sich der Änderungsaufwand nicht lohne und die Gerichte derartige Entscheidungen meist mit gutem Grund der Hauptverhandlung überließen[15], kann nicht zugestimmt werden. Gerade bei umfangreichem Verfahrensstoff sind die richtige rechtliche Einordnung und die Beschränkung des Prozeßstoffs nach § 154 a wichtige Mittel zur ökonomischen Durchführung der Hauptverhandlung und ermöglichen dem Angeklagten eine sachgerechte Verteidigung (vgl. Vor § 198, 12; 18). Allerdings ist fraglich, ob es wirklich sinnvoll ist, teilweise von der Staatsanwaltschaft eine neue, nachgereichte Anklageschrift zu verlangen, und, wenn man dies für notwendig hält, es auf die Fälle der Nummern 1 und 2 zu beschränken (vgl. *Peters* § 51 II 2).

**b) Teilablehnung (Absatz 2 Nr. 1).** Die Vorschrift ist anzuwenden, wenn wegen **14** mehrerer selbständiger Taten im prozessualen Sinne bei einzelnen die Eröffnungsvoraussetzungen nicht vorliegen; sie gilt auch dann, wenn gegen mehrere Angeschuldigte Anklage erhoben wurde und das Gericht nur bei einigen von ihnen eröffnen will[16]. Es

---

[12] BGH GA **1973** 111; **1980** 109; OLG Köln JR **1966** 429 mit Anm. *Kohlhaas*; OLG Karlsruhe VRS **33** 127; KMR-*Paulus* 3; *Eb. Schmidt* Nachtr. I 21; *Schmid* 186.

[13] BGH bei *Dallinger* MDR **1975** 197.

[14] BGHSt **10** 138; **23** 305; OLG Karlsruhe VRS **33** 128; vgl. auch BGHSt **16** 73.

[15] LR-*Meyer-Goßner*[23] 14; KK-*Treier* 8 f; *Eb. Schmidt* Nachtr. I 13; 16; wie hier *Schlüchter* 414 a.E.

[16] OLG Düsseldorf MDR **1979** 695; KK-*Treier* 6; KMR-*Paulus* 10; *Eb. Schmidt* Nachtr. I 9.

Peter Rieß

handelt sich um eine Kombination des Eröffnungsbeschlusses mit einem Beschluß, der im Sinne des § 204 die Eröffnung des Hauptverfahrens ablehnt und der insoweit nach den dafür geltenden Vorschriften zu behandeln ist (vgl. die Erl. zu § 204). Da ohne hinreichenden Tatverdacht nicht eröffnet werden darf, besteht eine **Verpflichtung** zur Teilnichteröffnung, wenn in bezug auf einzelne Taten oder Mitangeschuldigte kein hinreichender Tatverdacht besteht; es ist unzulässig, deshalb großzügiger zu verfahren, weil ohnehin eine Hauptverhandlung stattfinden muß. Bei einheitlichen prozessualen Taten ist dagegen Nummer 1 nicht anwendbar. Hält das Gericht eines von mehreren in Tateinheit stehenden Strafgesetzen oder in den seltenen Fällen, in denen trotz Realkonkurrenz nur eine prozessuale Tat vorliegt, ein in Tatmehrheit stehendes Strafgesetz für nicht verletzt, so ist ggf. nach Nummer 3 zu verfahren; eine Teilablehnung kommt nicht in Betracht; erfolgt sie, so ist sie ohne Wirkung (§ 206, 7). Das gleiche gilt, wenn das Gericht anstelle einer in der Anklage enthaltenen Wahlfeststellung eine eindeutige rechtliche Qualifizierung vornimmt[17].

**15**      **c) Abweichende rechtliche Würdigung (Absatz 2 Nr. 3).** Hier bleibt der Prozeßgegenstand unverändert; das Gericht bringt lediglich aufgrund seiner Entscheidungsfreiheit (§§ 155 Abs. 2, 206) zum Ausdruck, daß es das historische Tatgeschehen rechtlich anders qualifiziert. Soweit erforderlich sind bei der Darlegung der anderen rechtlichen Würdigung entsprechend den Anforderungen an den Anklagesatz (§ 200, 10 ff) auch die Tatsachen anzugeben, die die gesetzlichen Merkmale des vom Gericht für verwirklicht gehaltenen Tatbestandes enthalten (BGHSt **23** 305). Ändert sich lediglich die Bezeichnung der Straftat zwischen Anklageerhebung und Eröffnungsbeschluß, so braucht hierauf nicht nach dieser Vorschrift hingewiesen zu werden (BGH NStZ **1981** 309). Hält das Gericht eine abweichende rechtliche Würdigung nur für möglich, so kann es sich bei unveränderter Anklagezulassung auf einen entsprechenden Hinweis beschränken (Rdn. 26). **Entsprechend anwendbar** dürfte Nummer 3 dann sein, wenn das Gericht ohne Änderung der rechtlichen Würdigung eine wesentliche Veränderung des Schuldumfangs, namentlich bei fortgesetzten Handlungen, annimmt oder von der Staatsanwaltschaft in der Anklage nicht erwähnte, die Rechtsfolgenzumessung betreffende Umstände (§ 200, 18 ff) für gegeben hält (*Kleinknecht/Meyer* 5). Würde sich durch die vom Gericht erwogene abweichende rechtliche Würdigung die Zuständigkeit eines Gerichts höherer Ordnung (§ 209, 11) ergeben, so kann nicht eröffnet werden; die Sache muß unter Darlegung der hierfür sprechenden Erwägungen nach § 209 Abs. 2 diesem Gericht zur Entscheidung über die Eröffnung vorgelegt werden.

**16**      Auch wenn das Gericht die als Straftat angeklagte Tat lediglich als **Ordnungswidrigkeit** qualifiziert, ist Nummer 3 anzuwenden. Die Anklage ist dann ohne vorausgegangenes verwaltungsbehördliches Bußgeldverfahren und ohne Bußgeldbescheid wegen der Ordnungswidrigkeit zuzulassen, womit das Verfahren in ein Bußgeldverfahren übergeleitet wird[18]. Ist die Sache im Eröffnungsverfahren nicht beim Strafrichter, sondern bei einem Gericht höherer Ordnung anhängig, so muß bei Eröffnung allein wegen einer Ordnungswidrigkeit regelmäßig nach § 209 Abs. 1 vor dem Straf-(Bußgeld-)richter (§ 68 Abs. 1 Satz 2 OWiG) eröffnet werden.

**17**      Eine Ausnahme gilt für **Kartellordnungswidrigkeiten**, für die nach § 82 GWB im ersten Rechtszug das Oberlandesgericht zuständig ist. Hier besteht, wenn die Staatsanwaltschaft wegen einer Straftat, etwa wegen Betruges, vor dem Amtsgericht oder Land-

---

[17] BGH vom 20. 8. 1982 – 2 StR 278/82 –, insoweit in StrVert. **1982** 523 nicht abgedruckt.

[18] § 82 OWiG, näher *Göhler* § 82, 5; zur Behandlung einer lediglich mit einer Straftat zusammenhängenden Ordnungswidrigkeit vgl. § 203, 17; § 204, 10; KMR-*Paulus* 15.

gericht[19] angeklagt hat und dieses den hinreichenden Verdacht der Straftat verneint, den der Kartellordnungswidrigkeit aber bejaht, die merkwürdige Lage, daß das Strafgericht zwar über die Straftat abschließend verneinend entscheiden könnte, dies aber deshalb nicht darf, weil die mit zu treffende Entscheidung über die Ordnungswidrigkeit einem Gericht höherer Ordnung zusteht. Vielmehr hat die Strafkammer (oder der Amtsrichter) in einem solchen Fall in einem begründeten Beschluß (§ 209, 38) ihre Auffassung vom Nichtvorliegen der Straftat und dem Vorliegen einer Kartellordnungswidrigkeit darzulegen und die Sache nach § 209 Abs. 2 dem Kartellsenat des Oberlandesgerichts vorzulegen, der über die Eröffnung insgesamt zu entscheiden hat. Teilt er die Auffassung des vorlegenden Gerichts, so hat er das Hauptverfahren wegen der Ordnungswidrigkeit vor sich zu eröffnen; bejaht er im Gegensatz zu diesem die Straftat, so hat er wegen dieser nach § 209 Abs. 1 das Verfahren vor der Strafkammer oder dem Amtsgericht zu eröffnen. Diese wären übrigens wohl nicht gehindert, nach dem Beginn der Hauptverhandlung die Straftat erneut zu verneinen und wegen der dann selbständig werdenden Ordnungswidrigkeit (§ 21 OWiG) die Sache mit nunmehr zuständigkeitsmäßig bindender Wirkung nach § 270 an das Oberlandesgericht zu verweisen.

**d) Anwendung des § 154 a (Absatz 2 Nr. 2, 4).** Die Regelung stellt, an sich über- **18** flüssigerweise und nur wegen der Bezugnahme in Absatz 3 in zwei Nummern, auf die Beschränkungs- und Wiedereinbeziehungsmöglichkeiten ab, die bei einer einheitlichen prozessualen Tat durch § 154 a eröffnet werden. Zu den hier verwendeten Begriffen der abtrennbaren Teile einer Tat (Nummer 2) und einzelner von mehreren Gesetzesverletzungen (Nummer 4) s. die Erl. zu § 154 a. Trotz der Verwendung des Wortes Straftat in Nummer 4 ist dieser Begriff als prozessuale Tat zu lesen[20]. Das Gericht hat im Eröffnungsbeschluß sowohl zum Ausdruck zu bringen, wenn es den Verhandlungsstoff entgegen einer von der Staatsanwaltschaft vor Klageerhebung vorgenommenen Anwendung des § 154 a erweitern will, was es ohne deren Zustimmung tun kann (§ 154 a Abs. 3 Satz 1) und auf deren Antrag tun muß (§ 154 a Abs. 3 Satz 2), als auch darzulegen, wenn es, mit Zustimmung der Staatsanwaltschaft (§ 154 a Abs. 2) eine solche Beschränkung erst vornimmt. Im ersten Fall ist der Angeschuldigte vorher zu hören[21]. Wegen der jederzeitigen Wiedereinbeziehungsmöglichkeit und der Rechtskrafterstreckung auch auf ausgeschiedene Tatteile wird durch die Anwendung der Nummern 2 und 4 der Prozeßgegenstand nicht verändert. Wegen der Einzelheiten vgl. die Erl. zu § 154 a, zur Zuständigkeitsveränderung durch das Ausscheiden einzelner Gesetzesverletzungen s. § 209, 22.

**3. Folgen veränderter Anklagezulassung.** Bei **Teilablehnung** der Eröffnung wegen **19** rechtlich selbständiger prozessualer Taten nach Nummer 1 scheiden diese aus dem weiteren Verfahren aus; sie unterliegen nicht mehr der Kognition des erkennenden Gerichts. Auch durch eine Nachtragsanklage können sie nur noch zum (zusätzlichen) Verfahrensgegenstand gemacht werden, wenn die Voraussetzungen des § 211 vorliegen. Das **Ausscheiden von einzelnen Tatteilen** und Gesetzesverletzungen (Nummern 2, 4) beschränkt solange den Verhandlungsgegenstand für das Hauptverfahren, bis sie nach § 154 a Abs. 3 wieder einbezogen werden. Geschieht das nicht, so tritt mit Rechtskraft der gerichtlichen Entscheidung auch insoweit Strafklageverbrauch ein. Eine **abweichende rechtliche Würdigung** bindet das erkennende Gericht ebensowenig wie die

---

[19] Daß in solchen Fällen die erstinstanzliche Zuständigkeit des Oberlandesgerichts wegen einer Straftat nach § 120 GVG begründet sein könnte, erscheint fast ausgeschlossen.

[20] *Achenbach* MDR **1975** 20; KMR-*Paulus* 16; *Kleinknecht/Meyer* 7.
[21] Vgl. § 33 Abs. 3; *Gössel* § 12 C II c 2; *Kleinknecht/Meyer* 4; KMR-*Paulus* 12.

Peter Rieß

Staatsanwaltschaft (§ 264 Abs. 2). Es kann zu der Bewertung zurückkehren, die der Anklage zugrundeliegt oder eine dritte rechtliche Würdigung vornehmen. In beiden Fällen ist ein Hinweis nach § 265 erforderlich.

**20**      Nach Absatz 3 hat die Staatsanwaltschaft eine **neue Anklage** einzureichen, wenn die Eröffnung des Verfahrens wegen einzelner Taten oder gegen einzelne Angeschuldigte abgelehnt wird (Absatz 2 Nr. 1) oder wenn abtrennbare Teile der Tat ausgeschieden oder wieder einbezogen werden (Absatz 2 Nr. 2). Ein wesentliches Ergebnis der Ermittlungen ist in keinem Fall erforderlich (Satz 2) und sollte stets unterbleiben. Diese „Anklage" ist keine Anklage, sondern eine rein deklaratorische Klarstellung und Neufassung dessen, was sich in bezug auf den Anklagesatz aus der ursprünglichen Anklage und der Änderung im Eröffnungsbeschluß ergibt[22]. Keine der Wirkungen einer Anklage gehen von ihr aus; sie kann den Prozeßgegenstand weder erweitern noch verengen, wird dem Angeklagten nicht zur Erklärung nach § 201 mitgeteilt, sondern lediglich nach § 215 Satz 2 zugestellt und kann nicht zugelassen werden. Mängel des ursprünglichen Anklagesatzes, die seine Umgrenzungsfunktion betreffen (§ 200, 57) und die nicht bereits durch den Eröffnungsbeschluß behoben sind, kann sie nicht heilen; haften ihr allein solche Mängel an, so berührt das weder die Wirksamkeit der ursprünglichen Anklage noch des Eröffnungsbeschlusses, kann aber eine unklare Verfahrenslage schaffen, infolge derer erläuternde Hinweise in der Hauptverhandlung erforderlich werden.

**21**      Bei veränderter Anklagezulassung nach Absatz 2 Nr. 3 und 4 (abweichende rechtliche Würdigung und Ausscheiden oder Wiedereinbeziehung einzelner Gesetzesverletzungen) ist **keine neue Anklage** vorgeschrieben und in der Regel auch nicht sinnvoll[23]. Allerdings kann die Staatsanwaltschaft, schon für die Zwecke des Vortrags in der Hauptverhandlung nach § 243 Abs. 3 Satz 3, 4 ein auch als „Anklage" bezeichnetes Schriftstück fertigen, das die ursprüngliche Anklageformel und die Änderungen durch den Eröffnungsbeschluß zu einem einheitlichen Text zusammenfaßt, und dieses Schriftstück auch dem Gericht und dem Angeklagten übermitteln. Zum Vortrag und zu Verlesung des Anklagesatzes bei veränderter Anklagezulassung s. § 243 Abs. 3 Satz 2 bis 4 und die dortigen Erl.

### III. Bestimmung des zuständigen Gerichts

**22**      Das für die Hauptverhandlung zuständige Gericht im Sinne des **konkret zuständigen Spruchkörpers** (§ 209, 3) ist stets im Eröffnungsbeschluß anzugeben, und zwar aufgrund einer von Amts wegen vorzunehmenden umfassenden Zuständigkeitsprüfung. Dies geschieht entweder in der Weise, daß in die Zulassungsformel (Rdn. 10) die Bezeichnung des Spruchkörpers eingefügt oder daß der gesonderte Satz „Die Hauptverhandlung findet vor... statt" angeschlossen wird. Zur Bezeichnung des zuständigen Gerichts gehört auch die Angabe, welcher Spruchkörper von mehreren nach dem Geschäftsverteilungsplan zuständig ist[24]; sie entfällt, wenn ein Gericht höherer Ordnung nach § 209 Abs. 1 das Hauptverfahren vor einem Gericht niedrigerer Ordnung eröffnet[25]. Bei der Strafkammer muß auch angegeben werden, ob sie als allgemeine Straf-

---

[22] *Kleinknecht/Meyer* 9; KMR-*Paulus* 8; *Eb. Schmidt* Nachtr. I 17; nicht unberechtigte Kritik bei *Peters* § 51 II 2.

[23] **A. A** *Eb. Schmidt* Nachtr. I 17; LR-*Meyer-Goßner*[23] 23; dies könne auch hier der Klarstellung dienen. Aber für den unverteidigten Angeklagten bringt ein solches Verfahren

höchstens Verwirrung, für den verteidigten ist es überflüssig.

[24] KK-*Treier* 3; *Kleinknecht/Meyer* 1; G. *Schäfer* § 43 II 3.

[25] § 209, 27; G. *Schäfer* § 43 II 3; zur ausnahmsweisen Angabe in diesem Fall s. § 210, 25.

kammer oder als Spezialkammer (§§ 74 Abs. 2, 74 a, 74 c GVG, § 41 JGG) tätig wird. Dies gilt auch dann, wenn sie wegen einer Mischzuständigkeit auf jeden Fall zuständig wäre, denn bei einem späteren Auseinanderfallen der Zuständigkeit muß, um Streitigkeiten der vom OLG Düsseldorf MDR **1982** 689 entschiedenen Art zu vermeiden, feststehen, vor welcher Art Spruchkörper das Verfahren eröffnet worden ist.

**Regelmäßig** werden das eröffnende Gericht und das für die Hauptverhandlung **23** zuständige **identisch** sein (§ 199 Abs. 1), wenn auch möglicherweise in einer abweichenden Besetzung (Vgl. § 30 Abs. 2 gegenüber § 29 und § 76 Abs. 1 gegenüber § 76 Abs. 2 GVG). Sie **fallen auseinander**, wenn ein Gericht höherer Ordnung vor einem solchen niedrigerer Ordnung (§ 209 Abs. 1) oder eine in der Vorrangreihenfolge vorgehende Spezialstrafkammer vor einer ihr nachgehenden (§ 209 a) eröffnet. Eine Eröffnung vor einem Gericht höherer Ordnung oder einer vorrangigen Spezialstrafkammer ist nicht zulässig; hier ist nach § 209 Abs. 2 zu verfahren. Soll die Hauptverhandlung vor dem sog. erweiterten Schöffengericht stattfinden, so ist dies ebenfalls im Eröffnungsbeschluß anzugeben (§ 29 Abs. 2 GVG); die Entscheidung kann später nicht mehr nachgeholt werden (vgl. die Erl. zu § 29 Abs. 2 GVG).

## IV. Weitere Entscheidungen

**1. Haft und einstweilige Unterbringung (Absatz 4).** Die Entscheidung über die Un- **24** tersuchungshaft oder die einstweilige Unterbringung bei Erlaß des Eröffnungsbeschlusses ist obligatorisch, wenn ein Haftbefehl oder ein Unterbringungsbefehl besteht, gleichgültig, ob er vollzogen wird oder ob z. B. Haftverschonung nach § 116 gewährt ist[26]. Der Sinn der Vorschrift liegt darin, daß wegen der neuen Verfahrenslage und der möglichen Veränderungen im Tatvorwurf durch den Eröffnungsbeschluß in jedem Fall von Amts wegen geprüft werden soll, ob die Haftvoraussetzungen noch vorliegen. Dabei ist das Gericht an einen Aufhebungsantrag der Statsanwaltschaft nicht mehr gebunden (vgl. § 120 Abs. 3). Bei vollzogener Untersuchungshaft oder einstweiliger Unterbringung handelt es sich um eine Sonderform einer gesetzlich vorgeschriebenen Haftprüfung von Amts wegen. Deshalb gelten die §§ 117 Abs. 3, 4, 118 entsprechend; eine vorher eingelegte Haftbeschwerde wird durch die Entscheidung nach Absatz 4 gegenstandslos; dem Beschwerdegericht kann die Haftfrage nur durch eine gegen den Beschluß nach Absatz 4 stets zulässige Beschwerde (§ 210 Abs. 1 gilt insoweit nicht) unterbreitet werden[27].

Ist **keine Haft** oder einstweilige Unterbringung angeordnet, so braucht sich entge- **25** gen dem mißverständlichen Wortlaut das Gericht nicht in jedem Fall ausdrücklich mit der Haftfrage zu befassen und nicht etwa zu beschließen, daß Untersuchungshaft nicht angeordnet werde[28]. Eine ausdrückliche Entscheidung ist nur dann erforderlich, wenn das Gericht wegen einer durch die Eröffnungsentscheidung veränderten Lage die Haftvoraussetzungen für gegeben erachtet und deshalb einen Haftbefehl oder Unterbringungsbefehl erlassen will oder wenn es einen Antrag der Staatsanwaltschaft auf Erlaß des Haftbefehls ablehnt.

**2. Rechtliche Hinweise.** Bereits in den Eröffnungsbeschluß können rechtliche Hin- **26** weise im Sinne des § 265 aufgenommen werden (BHSt **23** 306); gleichgültig, ob die Anklage unverändert zugelassen wird oder ob das Gericht nach Absatz 2 verfährt. Eine

---

[26] A. A *Kleinknecht/Meyer* 10; KMR-*Paulus* 18; *Eb. Schmidt* Nachtr. I 19 (nur bei vollzogener Untersuchungshaft), aber der Wortlaut stellt nicht auf den „Vollzug" der Haft ab, sondern auf die Anordnung oder Fortdauer.

[27] *Kleinknecht/Meyer* 10; KMR-*Paulus* 18.

[28] *Kleinknecht/Meyer* 10; *Eb. Schmidt* 10.

Peter Rieß

Wiederholung dieser Hinweise in der Hauptverhandlung ist nicht erforderlich. Anlaß hierfür besteht namentlich dann, wenn schon bei der Eröffnung erkennbar ist, daß ein bestimmter noch nicht abschließend zu beurteilender Ausgang der Beweisaufnahme in der Hauptverhandlung rechtliche Konsequenzen haben könnte. Der Vorteil besteht für den Angeklagten darin, daß er hierauf frühzeitig seine Verteidigung einrichten kann, für das erkennende Gericht darin, daß sonst nach § 265 Abs. 3, 4 erforderlich werdende Aussetzungen oder Unterbrechungen entbehrlich werden. Allerdings sollten solche rechtlichen Hinweise nicht dazu dienen, bloße Unsicherheiten in der rechtlichen Beurteilung zu verdecken und insoweit die Entscheidung dem erkennenden Gericht vorzubehalten.

**27**     **3. Terminsbestimmung.** Nach § 213 wird der Termin durch den Vorsitzenden des erkennenden Gerichts bestimmt, was regelmäßig alsbald nach der Eröffnung geschehen sollte (§ 213, 9). Wird so verfahren, so kann und sollte beim Amtsgericht die Terminierung nach den §§ 213 ff mit dem Erlaß des Eröffnungsbeschlusses verbunden, im übrigen durch den Vorsitzenden unmittelbar nach der Entscheidung des Kollegiums über die Eröffnung vorgenommen, in einer einheitlichen Verfügung zusammengefaßt und Terminsladung und Eröffnungsbeschluß gemeinsam zugestellt werden. Besonders in umfangreichen Sachen kann, wenn für die Hauptverhandlung vorbereitende Maßnahmen und Terminabsprachen erforderlich sind (Vor § 213, 7 ff), der Eröffnungsbeschluß auch gesondert zugestellt und danach das Erforderliche veranlaßt werden. Es ist nicht sachgerecht, bei Entscheidungsreife die Eröffnungsentscheidung nur deshalb zurückzustellen, weil noch nicht terminiert werden kann. Der Angeschuldigte hat Anspruch darauf, so schnell wie möglich zu erfahren, ob und in welcher Form das Gericht die gegen ihn erhobene Anklage zuläßt.

**28**     **4. Verbindung und Trennung.** Mit dem Eröffnungsbeschluß oder mehreren Eröffnungsbeschlüssen in bis dahin getrennten Verfahren kann, wenn die gesetzlichen Voraussetzungen (§§ 2, 4, 237) vorliegen, die Trennung oder Verbindung von Verfahren beschlossen werden. Eine Verfahrenstrennung unmittelbar nach Eröffnung des Hauptverfahrens wird immer erforderlich, wenn beim Jugendgericht ein Verfahren verbunden gegen Jugendliche (Heranwachsende) und Erwachsene anhängig gemacht worden ist und das Gericht die besonderen Verbindungsvoraussetzungen des § 103 Abs. 1 JGG verneint (s. § 209 a, 24 ff).

**29**     **5. Vorläufige Einstellung.** Liegt ein nur die Hauptverhandlung betreffendes vorläufiges Hindernis im Sinne des § 205 vor und entschließt sich das Gericht, vor der vorläufigen Einstellung das Hauptverfahren zu eröffnen (§ 205, 5; 15), so kann mit dem Eröffnungsbeschluß der Beschluß über die vorläufige Einstellung verbunden werden.

## V. Förmlichkeiten beim Erlaß des Eröffnungsbeschlusses

**30**     **1. Schriftform.** Der Eröffnungsbeschluß bedarf der Schriftform[29]. Daß sich im Kollegialgericht die Richter gesprächsweise einig sind, das Hauptverfahren solle eröffnet werden, ersetzt sie nicht[30]. Die Verwendung von **Vordrucken**, auch wenn sie den Eröffnungsbeschluß mit einer Terminsbestimmung und einer Ladungsverfügung kombinieren, ist zulässig. Dabei muß aber eindeutig und klar der Wille des Gerichts erkennbar

---

[29] BGH bei *Holtz* MDR **1977** 639; NStZ **1981** 448; OLG Düsseldorf StrVert. **1983** 408; OLG Hamburg NJW **1962** 1360; OLG Hamm JR **1982** 390; KK-*Treier* § 203, 4; *Kleinknecht/Meyer* 8; KMR-*Paulus* 22.

[30] BGH bei *Holtz* MDR **1977** 639; NStZ **1981** 448; StrVert. **1983** 318.

werden, das Hauptverfahren nach Prüfung der Eröffnungsvoraussetzungen eröffnen zu wollen[31]. Sie müssen deshalb eindeutig abgefaßt[32] und vollständig ausgefüllt werden. Bei unvollständiger Ausfüllung ist der Eröffnungsbeschluß nur dann ordnungsmäßig erlassen, wenn der nur teilweise ausgefüllte Vordruck mit einer Unterschrift versehen wurde und sich die fehlenden Teile aus den ausgefüllten, auch einer anschließenden Terminsverfügung, unzweideutig ergänzen lassen[33]; bloße Paraphen des Richters können ausreichen, wenn sich aus ihnen der unmißverständlich dokumentierte Wille des Richters ergibt, den Eröffnungsbeschluß zu erlassen[34]. Bei der Vordruckverwendung ist nicht nur wegen der Bedeutung des Eröffnungsbeschlusses (so *Peters* JR **1978** 348), sondern auch zur Vermeidung von Auseinandersetzungen über die Wirksamkeit des Beschlusses und der Gefahr der Einstellung des Verfahrens Sorgfalt geboten.

Die **Unterschrift** der beteiligten Richter ist in der Regel erforderlich, weil nur so **31** zuverlässig dokumentiert werden kann, daß eine abschließende schriftliche Entscheidung, nicht nur ein Entwurf, vorliegt[35]. Da für den Eröffnungsbeschluß eine dem § 275 Abs. 2 Satz 1 entsprechende Vorschrift nicht besteht, genügt die Unterschrift des Vorsitzenden, wenn der Eröffnungsbeschluß nach Beratung erlassen worden ist und sich aus ihm ergibt, welche Richter an dieser mitgewirkt haben[36]. Die gilt jedoch nicht, wenn der Eröffnungsbeschluß im Umlaufverfahren (§ 199, 4) gefaßt wird[37]. Zur Frage der Folgen von Formmängeln und den Heilungsmöglichkeiten s. Rdn. 41, 44.

**2. Begründung.** Der Eröffnungsbeschluß als solcher bedarf **keiner Begründung**, **32** wenn die Anklage unverändert oder mit Änderungen nach Absatz 2 Nr. 2 oder 4 vor dem Gericht, das die Staatsanwaltschaft bezeichnet hat, zugelassen wird, soweit in der Entscheidung keine Anträge und Einwendungen des Angeklagten abgelehnt werden (s. § 201, 33). Auch bei einer veränderten rechtlichen Würdigung nach Absatz 2 Nr. 3 (Rdn. 15) ist gesetzlich keine weitere Begründung vorgeschrieben, kann aber nach Lage des Falles zweckmäßig sein, damit Staatsanwaltschaft und Angeklagter sich für die Hauptverhandlung auf die Rechtsauffassung einstellen können. Gemäß § 34 ist eine **Begründung nötig** für die Teilablehnung nach Absatz 2 Nr. 1 (§ 204, 12) und für die Eröffnung vor einem Gericht niedrigerer Ordnung (§ 209, 27). Stets zu begründen sind auch die ausdrückliche Haftentscheidung nach Absatz 4, wobei bei unveränderter Sachlage in kurzer Form auf frühere Haftentscheidungen Bezug genommen werden kann[38], die Ablehnung eines Antrags der Staatsanwaltschaft, Untersuchungshaft anzuordnen oder

---

[31] Vgl. zu den hierzu von den Revisionsgerichten anzustellenden komplizierten und bei sorgfältiger Fassung vermeidbaren Prüfungen und Erwägungen die Wirksamkeit im Einzelfall bejahend OLG Celle JR **1978** 347 mit krit. Anm. *Peters*; OLG Düsseldorf StrVert. **1983** 408 mit Anm. *Fuchs*; BayObLG MDR **1957** 374; verneinend BayObLGSt **1958** 239 = JR **1959** 68 mit Anm. *Sarstedt*; OLG Hamm JR **1982** 389 mit Anm. *Meyer-Goßner.*

[32] OLG Hamburg NJW **1962** 1360 hält (zur alten Form des Eröffnungsbeschlusses) ein lediglich als „Verfügung" bezeichnetes Formblatt mit dem Text „Eröffnungsbeschluß wie Anklage, eingeklammert" nicht für ausreichend, weil es die Deutung zuläßt, daß erst der Entwurf eines Eröffnungsbe-

schlusses hergestellt werden solle; dazu auch *Eb. Schmidt* Nachtr. I 21.

[33] *Meyer-Goßner* JR **1982** 391; vgl. auch OLG Celle JR **1978** 347 mit krit. Anm. *Peters.*

[34] OLG Düsseldorf StrVert. **1983** 408 mit Anm. *Fuchs.*

[35] Vgl. einschränkend BayObLG MDR **1957** 374; JR **1959** 68 mit Anm. *Sarstedt* (Fehlen der Unterschrift beim Einzelrichter dann unschädlich, wenn sich aus den Umständen mit Sicherheit ergibt, daß der Beschluß gefaßt worden ist).

[36] OLG Düsseldorf MDR **1984** 164; *Kohlhaas* GA **1955** 69; *Sarstedt* JR **1959** 69; vgl. § 33, 14.

[37] BGH JR **1957** 69; StrVert. **1983** 401; *Sarstedt* JR **1959** 69.

[38] KK-*Treier* 4; KMR-*Paulus* 26.

---

Peter Rieß

einen Haftbefehl in Vollzug zu setzen sowie eine mit dem Eröffnungsbeschluß verbundene vorläufige Einstellung nach § 205.

**33**    **3. Bekanntmachung.** Dem Angeklagten ist der Eröffnungsbeschluß, und zwar spätestens mit der Ladung zur Hauptverhandlung, zuzustellen (§ 215, vgl. i. E. die dortigen Erl.); Zustellung an den Verteidiger nach § 145 a genügt; im Jugendstrafverfahren soll auch an die gesetzlichen Vertreter und Erziehungsberechtigten zugestellt werden (§ 67 Abs. 2 JGG). Zur Mitteilung der Entscheidung an den Einziehungsbeteiligten vgl. § 435 und die dortigen Erl. Der Staatsanwaltschaft, dem Privatkläger und dem Nebenkläger kann der Eröffnungsbeschluß nach § 35 Abs. 2 Satz 2 ohne Zustellung bekanntgemacht werden; Zustellung ist jedoch erforderlich bei Teilablehnung und bei Eröffnung vor einem Gericht niedrigerer Ordnung.

## VI. Rücknahme und Änderung des Eröffnungsbeschlusses

**34**    **1. Allgemein.** Sobald der Eröffnungsbeschluß erlassen ist (vgl. dazu § 33, 12) kann er im allgemeinen, ebenso wie der Beschluß, der die Eröffnung des Hauptverfahrens ablehnt (§ 204, 17) weder zurückgenommen noch geändert werden[39], und zwar auch dann nicht, wenn sich nachträglich herausstellt, daß er an sachlich-rechtlichen Mängeln leidet, etwa wenn sich die Schuldunfähigkeit oder die Unschuld des Angeklagten schon vor der Hauptverhandlung eindeutig ergibt[40], oder wenn er verfahrensrechtliche Fehler aufweist. Sind diese allerdings so beschaffen, daß sie zu seiner Unwirksamkeit als Verfahrensvoraussetzung führen, so ist das Verfahren nach den §§ 206 a, 260 Abs. 3 einzustellen, wodurch der mangelhafte Eröffnungsbeschluß gegenstandslos wird. Soweit dies nicht der Fall ist, kommt nach der hier vertretenen Auffassung (§ 210, 6) auch eine Aufhebung aufgrund einer Beschwerde der Staatsanwaltschaft durch Abhilfe oder durch das Beschwerdegericht nicht in Betracht (Ausnahme s. § 210, 20). Zulässig ist die **Berichtigung offensichtlicher Unrichtigkeiten** wie Schreibversehen, Ausdrucksmängel oder sprachlicher Unklarheiten[41] nach den gleichen Grundsätzen, wie sie für die Berichtigung von Urteilen gelten[42].

**35**    **2. Versagung des rechtlichen Gehörs.** Der Eröffnungsbeschluß kann aufgehoben oder geändert werden, wenn dem Angeschuldigten im Eröffnungsverfahren das rechtliche Gehör versagt worden und deshalb § 33 a anzuwenden ist (§ 201, 34) oder wenn dem Angeklagten Wiedereinsetzung in den vorigen Stand gegen die Versäumung der Erklärungsfrist gewährt wird (§ 201, 20). Ob die Änderungs- und Rücknahmebefugnis mit dem Beginn der Hauptverhandlung endet (so *Meyer* JR **1983** 259), ist zweifelhaft.

**36**    **Keine Aufhebung** des Eröffnungsbeschlusses ist dagegen möglich, wenn das Gericht auf **unvollständiger Aktengrundlage** entschieden hat und bei vollständiger Aktenkenntnis die Eröffnung des Hauptverfahrens abgelehnt hätte; die Sache ist aufgrund einer Hauptverhandlung durch freisprechendes Urteil zu erledigen[43]. Das LG Nürn-

---

[39] RGSt **45** 262; OLG Bremen NJW **1958** 432 = JR **1958** 189 mit Anm. *Eb. Schmidt*; OLG München *Alsb.* E 2 80; *Beling* 364; *Gerland* 337; *v. Hippel* 502; KMR-*Paulus* 45; *v. Kries* 521; *Meyer* JR **1983** 259; *Rieß* 248; *Roxin* § 40 E; *Eb. Schmidt* 4; *Schmid* 173.

[40] OLG München *Alsb.* E 2 80; *Meyer-Goßner* NJW **1970** 416.

[41] OLG Bremen JR **1958** 189 mit Anm. *Eb. Schmidt*.

[42] OLG Bremen aaO; vgl. die Erl. zu § 268 Abschn. II; *Wiedemann* Die Korrektur strafprozessualer Entscheidungen außerhalb des Rechtsmittelverfahrens (1981).

[43] *Meyer* JR **1983** 259; *Rieß* 249 f.

berg-Fürth will in einem solchen Fall § 33 a analog anwenden[44]. Dem kann nicht zugestimmt werden, weil für den Fall, daß sich nachträglich, auch aufgrund bisher nicht bekannter Aktenteile, der hinreichende Tatverdacht verflüchtigt, keine Regelungslücke besteht, die durch analoge Anwendung des § 33 a geschlossen werden könnte (*Rieß* 249 f). Die Auffassung des LG Nürnberg-Fürth läuft im Ergebnis darauf hinaus, daß das Verfahren aus prozeßökonomischen Gründen durch Aufhebung des Eröffnungsbeschlusses und anschließende Ablehnung der Eröffnung immer dann erledigt werden könnte, wenn der hinreichende Tatverdacht im Laufe des weiteren Verfahrens entfällt. Das widerspricht eindeutig der Grundstruktur des Strafverfahrens und beraubt den Angeklagten des gegenüber der beschränkten Sperrwirkung des § 211 weitergehenden Schutzes der Urteilsrechtskraft.

## VII. Fehlen und Mängel des Eröffnungsbeschlusses

**1. Allgemeines.** Es kann vorkommen, daß versehentlich insgesamt oder in bezug **37** auf einzelne Taten oder Angeschuldigte kein Eröffnungsbeschluß ergangen ist oder daß er den förmlichen Mindestanforderungen, insbesondere dem Schriftlichkeitserfordernis nicht entspricht. Bei seinem Zustandekommen können verfahrensrechtliche Fehler unterlaufen sein. Schließlich kann die von ihm zugelassene Anklage Mängel aufweisen, die, weil die Anklage infolge der Zulassung Bestandteil des Eröffnungsbeschlusses wird, auch ihn fehlerhaft machen. In all diesen Fällen stellen sich mehrere Fragen; zunächst die, ob und ggf. welche Wirkungen der Fehler hat, ferner die, ob und bis wann der Fehler durch welche Maßnahmen geheilt werden kann, und schließlich die, mit welchen Mitteln im Rechtsmittelzug ein nicht geheilter oder unheilbarer Fehler geltend gemacht werden kann und wie weit er dort zu berücksichtigen ist. Wie bei der Anklage wird insofern terminologisch vielfach zwischen schwerwiegenden Mängeln, die den Eröffnungsbeschluß unwirksam machen, weniger schwerwiegenden, die ihn lediglich fehlerhaft oder anfechtbar machen, und leichten, die unbeachtlich sind, unterschieden[45]. Gegen die Fruchtbarkeit dieser Terminologie sprechen die bereits bei § 200, 52 erhobenen Bedenken. Ferner darf der Begriff des „unwirksamen" Eröffnungsbeschlusses nicht im Sinne der Problematik der „Nichtigkeit oder Unwirksamkeit" gerichtlicher Entscheidungen mißverstanden werden. Die Unwirksamkeit eines Eröffnungsbeschlusses in der hier gemeinten Bedeutung besagt nicht, daß er gänzlich und für jedermann unbeachtlich wäre, sondern nur, daß ihm seine Fähigkeit abgesprochen wird, als Prozeßvoraussetzung eine Grundlage für das weitere Verfahren abzugeben[46].

Die **entscheidende Fragestellung** bei der Beurteilung des Fehlens oder von Män- **38** geln des Eröffnungsbeschlusses ist dahin zu richten, ob er seine Funktion als Verfahrensvoraussetzung erfüllen kann. Das ist unzweifelhaft nicht der Fall, wenn er überhaupt nicht oder nicht in der gesetzlich vorgeschriebenen Form ergangen ist (fehlender Eröff-

[44] LG Nürnberg-Fürth NStZ **1983** 136 = JR **1983** 257 mit scharf ablehnender Anm. *Meyer*; ablehnend auch *Wendisch* § 33 a, 18; krit. *Roxin* § 40 E.

[45] So BGHSt **29** 355; BGH GA **1980** 108; *Gössel* § 12 C IV; KK-*Treier* 16; *G. Schäfer* § 43 VI 2 a; vgl. auch *Roxin* § 40 C II 1 d. KMR-*Paulus* 32 unterscheidet zwischen essentiellen Mängeln, die die Funktion des Eröffnungsbeschlusses in Frage stellen, und

sonstigen Mängeln; ähnl. im Anschluß an ihn *Schlüchter* 387.

[46] Ebenso *Meyer-Goßner* JR **1981** 380 gegen die diesen Unterschied vernachlässigende Entscheidung BGHSt **29** 351; ähnlich wohl KMR-*Paulus* 32 mit der Unterscheidung zwischen prozessual unbeachtlich und beachtlich; *Rüping* 104; *Schlüchter* 387 Fußn. 15 b.

Peter Rieß

nungsbeschluß). Mängel beim Erlaß machen ihn in diesem Sinne unwirksam, wenn sie zur Folge haben, daß er sich deshalb nicht als die verlangte richterliche Vorabentscheidung über den hinreichenden Tatverdacht darstellt[47]. Inhaltliche Mängel, die den Eröffnungsbeschluß als Prozeßvoraussetzung untauglich machen, werden in der Regel nicht vorkommen, weil lediglich die Anklage zugelassen wird; solche der Anklage und entsprechende des Eröffnungsbeschlusses bei veränderter Anklagezulassung nach Absatz 2 machen den Eröffnungsbeschluß dann unwirksam, wenn sie seine und der Anklage Umgrenzungsfunktion (§ 200, 57) in Frage stellen. Materielle Prüfungsmängel bei der Bejahung des hinreichenden Tatverdachts berühren die Wirksamkeit des Eröffnungsbeschlusses in keinem Fall. An sich zur Unwirksamkeit des Eröffnungsbeschlusses führende Mängel können ggf. je nach Art des Mangels und Verfahrenslage durch gerichtliche Maßnahmen geheilt werden.

**39**    Stellt der Eröffnungsbeschluß eine taugliche Prozeßvoraussetzung dar, so sind **sonstige Mängel** prozessual **unerheblich**; ein solcher Eröffnungsbeschluß ist weder „anfechtbar"[48], noch braucht er in fehlerfreier Form wiederholt zu werden, wie es BGHSt **29** 358 für den Fall eines unter Mitwirkung eines ausgeschlossenen Richters zustandegekommenen, von ihm nicht für unwirksam gehaltenen Eröffnungsbeschlusses ausgesprochen hat. Eine solche **neue Entscheidung** über die Eröffnung bei nicht unwirksamen, sondern bloß „fehlerhaften" Eröffnungsbeschlüssen ist **unzulässig**. Ist das Verfahren wirksam eröffnet worden, so kann nicht nochmals über die Eröffnung entschieden werden. Die Auffassung des BGH, ein unter Mitwirkung eines ausgeschlossenen Richters zustandegekommener Eröffnungsbeschluß sei zwar wirksam[49], die Entscheidung müsse aber in einwandfreier Besetzung wiederholt werden, würde zu unüberwindlichen Schwierigkeiten führen, wenn bei dieser neuen Entscheidung das (anders besetzte) Gericht den hinreichenden Tatverdacht verneinen und folglich die Ablehnung der Eröffnung beschließen würde. In der Konsequenz führt die Meinung, ein (wirksamer aber) bloß fehlerhafter Eröffnungsbeschluß könne fehlerfrei wiederholt werden — und das kann, wenn es nicht ein sinnloses Ritual sein soll, nur heißen, die Entscheidung *über* die Eröffnung könne wiederholt werden — zu einer mit dem geltenden Recht nicht zu vereinbarenden (Rdn. 34) Rücknahmebefugnis bei fehlerhaften Eröffnungsbeschlüssen.

**40**    Davon zu unterscheiden ist die Frage, ob ein (wirksamer, aber) fehlerhafter Eröffnungsbeschluß eine Verfahrenssituation bewirken kann, die für das Gericht eine **Rechtspflicht zur Beseitigung der Auswirkungen** des Fehlers entstehen läßt, etwa durch Gewährung zusätzlicher Verteidigungsmöglichkeiten, rechtliche Hinweise oder Zuständigkeitsveränderungen, und ob die Verletzung dieser Pflicht einen revisiblen Rechtsverstoß darstellt (vgl. *Schmidt* 183 ff). Diese Möglichkeit ist grundsätzlich zu bejahen.

### 2. Fehlender Eröffnungsbeschluß

**41**    **a) Fälle des Fehlens.** Ist ein Eröffnungsbeschluß überhaupt nicht erlassen worden, so fehlt es an der Voraussetzung und Grundlage für die Hauptverhandlung[50]. Dem fehlenden Eröffnungsbeschluß steht es gleich, wenn es an der Schriftlichkeit (Rdn. 30),

---

[47] Ähnlich *Schlüchter* 387, die auf die Infragestellung der prozessualen Funktion abstellt; vgl. auch *Nelles* 100 f.

[48] So aber *Meyer-Goßner* JR **1981** 380 und in der 23. Aufl., Rdn. 47.

[49] In BGHSt **29** 351 hatte der BGH an sich nur darüber zu entscheiden, ob ein solcher Eröffnungsbeschluß verjährungsunterbre-

chende Wirkung hat, so daß sich seine allgemein gehaltene Begründung über die Eignung eines solchen Eröffnungsbeschlusses als Prozeßvoraussetzung als obiter dictum darstellt; vgl. *Nelles* 102.

[50] BGHSt **10** 279; KK-*Treier* § 203, 2; KMR-*Paulus* 30; *Schmid* 181.

oder den erforderlichen Unterschriften (Rdn. 31) mangelt oder wenn bei dem Beschluß nicht die erforderliche Zahl von Richtern mitgewirkt hat[51], anders, wenn lediglich nicht alle Richter unterschrieben haben und ihre Mitwirkung feststeht[52]. Ein Verzicht auf den Eröffnungsbeschluß durch Angeklagten und Staatsanwaltschaft ist unerheblich[53]. Läßt sich nicht klären, ob ein wirksamer Eröffnungsbeschluß ergangen ist, so ist ebenfalls von seinem Fehlen auszugehen. Die Nachreichung eines rückdatierten, „möglicherweise schriftlich erlassenen" Eröfffungsbeschlusses, nachdem der Mangel unheilbar geworden ist, ändert hieran nichts (BGH bei *Holtz* MDR **1977** 639).

Ist ein Eröffnungsbeschluß **nicht ausdrücklich** ergangen, so kann ein solcher in **42** einer schriftlichen Entscheidung gesehen werden, aus der sich zweifelsfrei ergibt, daß das Gericht nach Prüfung der Voraussetzungen die Anklage zulassen wollte, namentlich in einem Verbindungsbeschluß[54], dies gilt jedoch nicht, wenn das Gericht bei der Verbindung irrtümlich von einem bereits vorliegenden Eröffnungsbeschluß ausgegangen ist oder aus anderen Gründen die Eröffnungsprüfung nicht vorgenommen hat[55]. Das OLG Stuttgart hat es auch für zulässig gehalten, eine verbundene und nicht eröffnete Sache, bei der nicht festgestellt werden konnte, daß in der Verbindung ein Eröffnungsbeschluß lag, im Einverständnis mit Staatsanwaltschaft und Angeklagtem ohne Eröffnungsbeschluß abzuurteilen, wenn in der anderen Sache ein solcher ergangen war[56]; solche Fälle lassen sich allerdings nach der neueren Rechtsprechung einfacher durch Nachholung des Eröffnungsbeschlusses in der Hauptverhandlung (Rdn. 45 f) lösen.

**b) Verlust des Eröffnungsbeschlusses.** Ist die schriftliche Urkunde über einen ord- **43** nungsgemäß erlassenen Eröffnungsbeschluß verlorengegangen, so hindert das den Fortgang des Verfahrens nicht, wenn der Erlaß und der sachliche Inhalt freibeweislich zweifelsfrei geklärt werden können[57]. Das Ergebnis der Rekonstruktion ist aktenkundig zu machen[58]. Ist eine zuverlässige Rekonstruktion nicht möglich, so ist der Verlust dem Fehlen eines Eröffnungsbeschlusses gleichzustellen. Wird deshalb das Verfahren eingestellt, so kann dieser Beschluß nicht wieder aufgehoben werden, weil sich nachträglich

[51] RGSt **1** 402; **43** 218; BGHSt **10** 279; BGH NJW **1954** 360; JR **1957** 69; GA **1980** 108; StVert. **1983** 2; *Kohlhaas* GA **1955** 69; KMR-*Paulus* 38; *Schmid* 181. Der Hinweis, daß es sich nur um einen „Entwurf" handle (so z. B. BGHSt **10** 279) trifft nur dann zu, wenn die an sich vorgesehene weitere Mitwirkung versehentlich unterlassen wurde; doch tritt die Unwirksamkeit auch ein, wenn das Gericht aufgrund irriger Rechtsanwendung nicht in der erforderlichen Richterzahl entscheidet.

[52] RGSt **1** 402; **43** 218; BGHSt **10** 279; vgl. Rdn. 31.

[53] RGSt **55** 159; BayObLG OLGSt § 203, 2; OLG Hamm JMBlNW **1977** 96; OLG Stuttgart OLGSt § 203, 3; KMR-*Paulus* 30; *Schmid* 187; zum (möglichen) Verzicht auf die Zustellung vgl. § 215, 7.

[54] BGH bei *Dallinger* MDR **1975** 197; KK-*Treier* 14; *Kleinknecht/Meyer* 8; KMR-*Paulus* 25.

[55] BGH bei *Dallinger* MDR **1975** 198; BayObLG OLGSt § 203, 1; vgl. auch BGH

vom 15. 5. 1984 – 5 StR 283/84 – NStZ **1984** Heft 11 (fälschlich auf § 225 a statt auf § 209 Abs. 2 gestützte Vorlage vor der Eröffnungsentscheidung und bloßer „Übernahmebeschluß" des LG).

[56] OLGSt § 203, 3 mit der Begründung, daß dieses Ergebnis auch hätte erreicht werden können, wenn die Staatsanwaltschaft die Anklage zurückgenommen und alsbald Nachtragsanklage nach § 266 erhoben hätte.

[57] RGSt **55** 159; **65** 251; **66** 111; OLG Düsseldorf VRS **61** 279; KMR-*Paulus* 5; *Eb. Schmidt* § 203, 6; ausführlich *Schmid* FS Lange 784; zum Anklageverlust § 200, 55; zur vergleichbaren Situation beim Bußgeldbescheid BGHSt **23** 280.

[58] Protokollierung in der Hauptverhandlung über das „Einverständnis aller Beteiligten" über Erlaß und Inhalt des Eröffnungsbeschlusses läßt RGSt **55** 159 genügen; *Kleinknecht/Meyer* § 203, 3 verlangen einen neuen rein deklaratorischen Beschluß; vgl. auch *Eb. Schmidt* § 203, 6.

Peter Rieß

das Vorhandensein des Eröffnungsbeschlusses herausstellt, etwa weil er in den Handakten der Staatsanwaltschaft aufgefunden wird[59].

**44**　　**c) Nachholung des Eröffnungsbeschlusses.** Wird das Fehlen eines wirksamen Eröffnungsbeschlusses im ersten Rechtszug *vor* Beginn der *ersten* Hauptverhandlung bemerkt, so kann und muß die Entscheidung über die Eröffnung nachgeholt, und, falls sie positiv ausgeht, der neue Eröffnungsbeschluß dem Angeklagten zugestellt werden; dies ist seit jeher anerkannt[60]. Das OLG Köln hält es auch für zulässig, einen Eröffnungsbeschluß vor der zum Urteil führenden Hauptverhandlung nachzuholen, wenn zuvor bereits mit Vertagungen endende Hauptverhandlungen stattgefunden hatten[61]. Der Auffassung, daß **außerhalb der Hauptverhandlung** die Eröffnungsentscheidung stets nachgeholt werden kann, ist zuzustimmen. § 206 a gebietet die Einstellung wegen eines Verfahrenshindernisses nur, wenn es unbehebbar ist. Die Nachholung der Eröffnungsentscheidung ist aber vor der zum Urteil führenden Hauptverhandlung stets möglich und die für das Gericht nach Aufdeckung des Fehlens nunmehr zunächst gebotene Prozeßhandlung. Dabei macht es keinen Unterschied, ob bereits ausgesetzte Hauptverhandlungen stattgefunden hatten, bei denen das Fehlen nicht bemerkt worden war; denn diese sind für das weitere Verfahren ohne Bedeutung.

**45**　　Ob ein Eröffnungsbeschluß auch noch **in der Hauptverhandlung** des ersten Rechtszugs nachgeholt werden kann, war in der früheren Rechtsprechung umstritten[62]. Auf Vorlage des BayObLG (MDR **1979** 695) hat der BGH es zunächst mindestens für die Hauptverhandlung vor dem Strafrichter bejaht (BGHSt **29** 224) und dies später in obiter dicta auf Hauptverhandlungen vor Kollegialgerichten erstreckt[63]. Im Schrifttum ist die Frage nach wie vor umstritten[64]. Die für die Praxis trotz der beachtlichen Einwände von *Meyer-Goßner* (JR **1981** 214) hilfreiche neuere Rechtsprechung erscheint akzeptabel, wenn sie nicht als Freibrief für eine Vernachlässigung des Eröffnungsbeschlusses mißverstanden, sondern nur zur Behebung von im Einzelfall unterlaufenen Versehen verwendet wird und wenn sich das eröffnende Gericht bei der nachträglichen Entscheidung bewußt bleibt, daß es nicht nur den Eröffnungsbeschluß nachzuholen, sondern eine Entscheidung *über* die Eröffnung zu treffen hat, die auch zur Nichtzulassung der Anklage führen kann.

**46**　　Für die Eröffnungsentscheidung nach Beginn der Hauptverhandlung ergeben sich bei Zulassung der Anklage folgende **Konsequenzen:** Wird das Fehlen eines wirksamen

---

[59] OLG Köln NJW **1981** 2208; zu den dortigen Ausführungen, daß eine neue Anklage erforderlich sei, vgl. unten Rdn. 66 ff.

[60] OLG Oldenburg NJW **1960** 352 (mit Hinweis, daß ggf. auch im beschleunigten Verfahren nach den §§ 212 ff vorgegangen werden könne); OLG Düsseldorf MDR **1970** 783.

[61] OLG Köln JR **1981** 213 mit Anm. *Meyer-Goßner*; ähnlich BGH bei *Dallinger* MDR **1975** 24 für den Fall daß der (den Eröffnungsbeschluß ersetzende) Verweisungsbeschluß nach § 270 in einer Hauptverhandlung ergangen ist, in der nicht zur Sache verhandelt wurde; dazu *Knauth* 113; a. A *Schlüchter* 387 Fußn. 15.

[62] **Verneinend** OLG Düsseldorf MDR **1970** 783; OLG Stuttgart NJW **1962** 1834; **beja-** hend OLG Hamburg NJW **1962** 1360; OLG Oldenburg NJW **1960** 353. Das RG hatte die Frage, ebenso wie früher der BGH, nicht entschieden; vgl. BGHSt **29** 226, 227.

[63] BGH NStZ **1981** 448, wo geprüft und verneint wird, ob der Eröffnungsbeschluß in der Hauptverhandlung vor der Strafkammer nachgeholt worden sei; ebenso in der unveröffentlichten Entscheidung vom 15. 9. 1981 – 1 StR 472/81 –.

[64] **Für** eine Nachholungsbefugnis KK-*Treier* § 203, 2; *KLeinknecht/Meyer* § 203, 3; KMR-*Paulus* 31; *Kühne* 325; *G. Schäfer* § 43 III 1; *v. Steuber* 889; wohl auch *Rüping* 104; **gegen** sie *Dencker* NStZ **1982** 154; *Knauth* 113; *Meyer-Goßner* JR **1981** 215 und in der 23. Aufl., 28; *Nelles* 96; *Roxin* § 40 C II 2 d; *Schlüchter* 387 Fußn. 15 b; *Eb. Schmidt* I 222.

Eröffnungsbeschlusses bemerkt, so ist die Hauptverhandlung zur Nachholung der Entscheidung über die Eröffnung vorübergehend zu unterbrechen. Die Entscheidung selbst ist außerhalb der Hauptverhandlung ohne Schöffen in der für die Eröffnungsentscheidung vorgeschriebenen Besetzung (§ 199, 4) zu treffen[65], und, falls sie die Anklage zuläßt, bei Fortsetzung der Hauptverhandlung bekanntzumachen; das kann durch Aufnahme des verkündeten Eröffnungsbeschlusses in das Hauptverhandlungsprotokoll geschehen (v. Steuber 890). Da ohne Zustellung eines wirksamen Eröffnungsbeschlusses keine Ladungsfrist in Lauf gesetzt wird, kann der Angeklagte Aussetzung der Hauptverhandlung verlangen (enger v. Steuber 890); hierüber ist er zu belehren (BGHSt 29 230). Stellt er keinen Aussetzungsantrag, so kann die Hauptverhandlung alsbald fortgeführt werden; dabei sind Hauptverhandlungteile, die vor dem Erlaß eines wirksamen Eröffnungsbeschlusses lagen, zu wiederholen, namentlich hat der Staatsanwalt, falls er den Anklagesatz bereits verlesen hatte, ihn nochmals zu verlesen, denn § 243 Abs. 3 verlangt die Verlesung der zugelassenen Anklage[66].

### 3. Fehler beim Zustandekommen des Eröffnungsbeschlusses

**a) Unzuständigkeit.** Die örtliche und die geschäftsplanmäßige Unzuständigkeit **47** des Gerichts für die Eröffnungsentscheidung macht den Eröffnungsbeschluß nicht unwirksam[67], beide können aber zu einer gegebenenfalls mit der Revision geltend zu machenden (bei der örtlichen Zuständigkeit nur nach Rüge gemäß § 16) Unzuständigkeit für die Hauptverhandlung führen. Hat sich das eröffnende Gericht zunächst für unzuständig erklärt, dann aber die Eröffnung des Hauptverfahrens beschlossen, so ist auch dieser Eröffnungsbeschluß wirksam, da in ihm die stillschweigende Aufhebung der Unzuständigkeitserklärung liegt, zu der das Gericht befugt ist, weil insoweit nur einfache Beschwerde zulässig ist (§ 210, 30)[68]. Unwirksam ist jedoch ein Eröffnungsbeschluß, der von einem örtlich unzuständigen Gericht erlassen worden ist, wenn dieses danach (unzulässigerweise) das Verfahren an das von ihm für zuständig gehaltene Gericht verwiesen hat und dieses die Hauptverhandlung durchgeführt[69]; es sei denn, daß die örtlich zuständige Staatsanwaltschaft damit einverstanden ist (vgl. Rdn. 60) und das neu mit der Sache befaßte Gericht die Eröffnung des Hauptverfahrens neu beschlossen hat (OLG Braunschweig GA **1962** 284).

**Sachliche Unzuständigkeit** und Unzuständigkeit wegen der Zuständigkeit eines besonderen Spruchkörpers kraft Gesetzes bei der Eröffnungsentscheidung machen den **48** Eröffnungsbeschluß nicht unwirksam[70]. Begründet das zugleich auch einen Zuständigkeitsfehler für das Hauptverfahren und wird dieser nicht nach der dafür maßgebenden Vorschrift (§§ 225 a, 269, 270, 328, § 47 a JGG) durch Zuständigkeitskorrektur behoben, so ist dies bei der sachlichen Zuständigkeit von Amts wegen (§ 6), bei der Zuständigkeit besonderer Spruchkörper kraft Gesetzes nur auf rechtzeitige Rüge, auch noch im

---

[65] v. Steuber 890; in BGHSt **29** 230 offengelassen.

[66] A. A OLG Hamburg NJW **1962** 1361; v. Steuber 890.

[67] Arndt 190; Kleinknecht/Meyer 11; KMR-Paulus 41.

[68] A. A LR-Meyer-Goßner[23] 32 unter unzutreffender Bezugnahme auf BGHSt **18** 1, dem ein anderer Sachverhalt zugrunde liegt (Einstellung des Verfahrens nach Eröffnung wegen Unzuständigkeit durch eine mit der

sofortigen Beschwerde anfechtbare Entscheidung).

[69] OLG Hamm NJW **1961** 233; KMR-Paulus 41; vgl. BGHSt **13** 188; **16** 392; BGH NStZ **1982** 294; vgl. auch § 16, 10 mit Fußn. 7.

[70] OLG Koblenz GA **1977** 374; KMR-Paulus 42; 43; a. A aber durch die neuere Rechtsprechung (BGHSt **18** 79; **26** 199) wohl überholt BayObLG NJW **1960** 2014 für das Verhältnis von Jugend- und Erwachsenengerichten; insgesamt Arndt 188.

Peter Rieß

Rechtsmittelverfahren zu beachten. Wird nach Eröffnung an das zuständige Gericht verwiesen, so bleibt der ursprüngliche Eröffnungsbeschluß, ggf. in Vbdg. mit dem Verweisungsbeschluß, für das weitere Verfahren wirksam[71]. Auch bei objektiv willkürlicher Eröffnung durch ein Gericht höherer Ordnung vor einem solchen niedrigerer Ordnung nach § 209 Abs. 1 ist der Eröffnungsbeschluß wirksam (§ 209, 29). Unwirksam wäre dagegen, was kaum vorkommen dürfte, ein Eröffnungsbeschluß, durch den ein Gericht niedrigerer Ordnung oder eine in der Vorrangreihenfolge nachgehende Strafkammer entgegen der Vorlagepflicht nach § 209 Abs. 2 das Verfahren vor dem Gericht höherer Ordnung oder der vorrangigen Strafkammer eröffnet (*Schmid* 181); er bindet das Gericht, vor dem scheinbar eröffnet worden ist, nicht und ist in eine Vorlage nach § 209 Abs. 2 umzudeuten. Bloße Fehler im Vorlageverfahren (§ 209, 38 ff), die das Gericht, dem vorgelegt worden ist, nicht beanstandet, berühren die Wirksamkeit des von diesem erlassenen Eröffnungsbeschlusses nicht.

**49**    b) Die **fehlende Bestimmung des** für die Hauptverhandlung **zuständigen Gerichts** (Rdn. 22), berührt die Wirksamkeit des Eröffnungsbeschlusses nicht, wenn, was dem Regelfall entspricht, die Hauptverhandlung vor dem Gericht stattfindet, das die Eröffnung beschlossen hat. Daß ohne eine ausdrückliche Zuständigkeitsbestimmung im Eröffnungsbeschluß ein Gericht auf einen Eröffnungsbeschluß durch ein Gericht höherer Ordnung hin die Hauptverhandlung durchführt, dürfte in der Praxis kaum vorkommen. Sollte es doch einmal der Fall sein, etwa weil der Vorsitzende des höheren Gerichts nach der Eröffnung die Sache kurzerhand an das Gericht niedrigerer Ordnung abgibt und dieses die Hauptverhandlung durchführt, so berührt dies zwar die Wirksamkeit des Eröffnungsbeschlusses nicht, doch liegt darin ein auch vom Revisionsgericht nach § 6 von Amts wegen zu beachtender Zuständigkeitsmangel. Gleiches dürfte für eine formlose, § 225 a Abs. 4 mißachtende Abgabe der Sache an eine Strafkammer zu gelten haben, die infolge einer gesetzlich begründeten Spezialzuständigkeit in der Reihenfolge gemäß § 209 a Nr. 2 Buchst. a, § 74 e GVG nachgeht.

**50**    c) **Besetzungsfehler** beim Erlaß des Eröffnungsbeschlusses machen diesen nicht unwirksam[72], auch wenn sie beim erkennenden Gericht eine Besetzungsrüge als begründet erscheinen lassen würden, anders, wenn nicht die erforderliche Zahl von Richtern mitgewirkt hat (Rdn. 41).

**51**    d) Ob die **Mitwirkung eines ausgeschlossenen oder mit Erfolg abgelehnten Richters** den Eröffnungsbeschluß unwirksam macht, ist umstritten. Die frühere Rechtsprechung hat es überwiegend bejaht[73], der BGH hat es nunmehr verneint (BGSt 29 351 = JR 1981 377 mit Anm. *Meyer-Goßner*). Das entspricht der gegenwärtig überwiegenden Meinung des Schrifttums[74]. Trotz der unbestreitbaren Praktikabilität der nunmehr herrschenden Meinung sprechen die besseren dogmatischen Argumente für die auch aus Gründen der Rechtsstaatlichkeit vorzuziehende Auffassung, daß ein Eröffnungsbeschluß, an dem ein ausgeschlossener oder mit Erfolg abgelehnter Richter mitgewirkt

---

[71] BGHSt **21** 247; OLG Koblenz GA **1977** 374.

[72] RG JW **1930** 2141 mit Anm. *Alsberg*, das allerdings auf das fehlende Beruhen und die Nichtgeltendmachung des Fehlers in der Hauptverhandlung abstellt; BGHSt **10** 278 = JZ **1958** 93 mit Anm. *Kern*; BGH NStZ **1981** 447 mit Anm. *Rieß*; offengelassen BGHSt **22** 169; KK-*Treier* 16; *Kleinknecht/ Meyer* 11; KMR-*Paulus* 40; vgl. *Nelles* 101.

[73] RGSt **55** 113; BGH bei *Herlan* MDR **1954** 656; GA **1980** 108; offengelassen in BGHSt **10** 280; a. A LG Kempten NJW **1975** 1937.

[74] *Kern* JZ **1958** 94; KK-*Treier* 16; *Kleinknecht/Meyer* 11; KMR-*Paulus* 40; *Meyer-Goßner* JR **1981** 380 und in der 23. Aufl., Rdn. 37; *Wendisch* § 22, 64; zweifelnd *Schlüchter* 387 Fußn. 15 b.

hat, in dem Sinne unwirksam ist, daß er keine taugliche Prozeßvoraussetzung für das weitere Verfahren darstellt[75]. Damit wird nicht behauptet, daß ein solcher Eröffnungsbeschluß im Sinne der Problematik der „nichtigen" Entscheidung (vgl. Einl. Kap. 16) gänzlich und für jedermann unbeachtlich sei, sondern es wird nur die Frage gestellt, ob der Mangel bewirkt, daß der Eröffnungsbeschluß seine Funktion als Prozeßvoraussetzung nicht mehr erfüllen kann (Rdn. 38). Es kommt deshalb entgegen der Auffassung des BGH (BGHSt 29 355) auch nicht entscheidend darauf an, ob der durch die Mitwirkung eines ausgeschlossenen Richters bewirkte Mangel offenkundig ist und für jedermann ersichtlich klar zutage tritt und ob die rechtlichen Voraussetzungen hierfür eindeutig und zweifelsfrei zu beantworten sind. Diese Voraussetzung spielt (möglicherweise) für die Frage der Nichtigkeit einer gerichtlichen Entscheidung eine wesentliche Rolle. Hier geht es aber nur darum, ob die von Amts wegen zu beachtenden Erfordernisse einer Prozeßvoraussetzung vorliegen, und insoweit ist die Frage, ob ein Richter ausgeschlossen oder mit Erfolg abgelehnt war, weder leichter noch schwieriger zu beantworten als die nach dem Vorliegen anderer Prozeßvoraussetzungen, wie etwa der rechtzeitigen Unterbrechung der Verjährung oder dem Vorliegen eines rechtzeitig gestellten Strafantrags.

Grund für die Ausschließung und Ablehnung ist die **Sicherung der** mit dem **52** Wesen des Richteramts verbundenen **Neutralität** des Richters (Vor § 22, 1). Die Handlungen eines ausgeschlossenen oder mit Erfolg abgelehnten Richters werden vom Gesetz regelmäßig nicht mehr als unparteiische richterliche Handlungen anerkannt. Die Mitwirkung eines ausgeschlossenen Richters führt generell dazu, daß alle von ihm vorgenommenen Prozeßhandlungen fehlerhaft sind[76], sie müssen regelmäßig wiederholt werden. Das Gesetz nimmt diesen Grundsatz so ernst, daß es dem abgelehnten Richter von der Anbringung des Ablehnungsgesuchs an grundsätzlich nur noch unaufschiebbare Handlungen gestattet (§ 29). Urteile, an denen ein solcher Richter mitgewirkt hat, sind ohne weitere Prüfung auf die Revision hin aufzuheben (§ 338 Nr. 2). Damit ist durchgehend sichergestellt, daß die Handlungen eines ausgeschlossenen Richters auf das Urteil keine Wirkungen entfalten. Für die Mitwirkung des ausgeschlossenen Richters am Eröffnungsbeschluß kann nichts anderes gelten. Da, sofern man ihn als taugliche Prozeßvoraussetzung anerkennt, entgegen der Auffassung des BGH (BGHSt 29 358), eine erneute Eröffnungsentscheidung nicht möglich ist (Rdn. 39), und auch die Revision auf einen bloß „fehlerhaften", aber nicht unwirksamen Eröffnungsbeschluß nicht gestützt werden kann[77], hätte die Verneinung der Unwirksamkeit die Folge, daß der Eröffnungsbeschluß des ausgeschlossenen oder mit Erfolg abgelehnten Richters als dessen einzige richterliche Handlung unkorrigierbar bliebe. Läge etwa bei einem Richter beim Amtsgericht bei der Eröffnungsentscheidung ein Ausschließungsgrund vor, so handelte es sich um einen Eröffnungsbeschluß, der von keinem in der konkreten Sache zur Ausübung des Richteramts befugten Richter getroffen wäre (*Nelles* 102). Ein solcher Beschluß wäre nicht mehr die vom Gesetz verlangte richterliche Vorabentscheidung über den hinreichenden Tatverdacht.

Bestand lediglich ein **Ablehnungsgrund**, ohne daß der Richter abgelehnt wurde, **53** so ist der Eröffnungsbeschluß wirksam. Wirksam ist der Eröffnungsbeschluß auch, wenn ein mitwirkender Richter zwar abgelehnt, das Ablehnungsverfahren zum Zeitpunkt des Erlasses aber noch nicht abgeschlossen war und das Ablehnungsgesuch später zurückgewiesen wurde (BGSt 4 209). Zwar ist die Eröffnung keine unaufschiebbare

---

[75] Ebenso *Nelles* 102; *Peters* § 58 III 1 c.
[76] § 22, 51 ff; *Henkel* 130 Fußn. 6 (generell Nichtigkeit, nur bei Urteil Anfechtbarkeit).

[77] BGH NStZ **1981** 447 mit Anm. *Rieß*; näher Rdn. 71.

Peter Rieß

Handlung im Sinne des § 29; der, wie sich durch die spätere Verwerfung des Ablehnungsgesuchs zeigt, unbegründete Verdacht der Unparteilichkeit allein vermag jedoch dem Eröffnungsbeschluß seinen Charakter als richterliche Vorabentscheidung über den Tatverdacht nicht zu nehmen.

**54**    e) **Sonstige Fehler** im Eröffnungsverfahren berühren die Wirksamkeit des Eröffnungsbeschlusses ebenfalls nicht, so wenn gegen § 201 verstoßen wird, doch ist ggf. nach § 33 a zu verfahren (§ 201, 34; 35). Auch das Fehlen einer erforderlichen (Rdn. 32) Begründung oder Zustellung beeinträchtigt nicht die Wirksamkeit des Eröffnungsbeschlusses.

### 4. Inhaltliche Mängel

**55**    a) **Eröffnungsbeschluß und Anklage.** Nach dem bis 1965 geltenden Rechtszustand war es Aufgabe des Eröffnungsbeschlusses, die Tat zu konkretisieren; er war fehlerhaft, wenn er diese Aufgabe nicht erfüllen konnte. Mängel der Anklage waren nur mittelbar und insoweit bedeutsam, als der Eröffnungsbeschluß sie übernahm. Seit der Neufassung, derzufolge der Eröffnungsbeschluß die Anklage ohne eigene Tatkonkretisierung zuläßt, können inhaltliche Mängel des Eröffnungsbeschlusses nur selten vorkommen. Sie sind denkbar, wenn das eröffnende Gericht bei der Anklagezulassung eine mangelhafte Anklage zu konkretisieren versucht (Rdn. 11) und hierbei seinerseits fehlerhaft verfährt. Da durch die Zulassung der Anklagesatz integrierender Bestandteil des Eröffnungsbeschlusses wird (Rdn. 10), ergreifen Mängel der Anklage, wenn sie nicht im Eröffnungsbeschluß behoben werden, auch diesen[78]. Die frühere Rechtsprechung zur Bedeutung inhaltlicher Mängel des Eröffnungsbeschlusses[79] behält deshalb mit der Maßgabe grundsätzlich ihre Bedeutung, daß ihre Ausführungen zu den Auswirkungen einer ungenauen Fassung des Eröffnungsbeschlusses nunmehr für eine ungenaue und im Eröffnungsbeschluß nicht präzisierte Anklage gelten; vgl. ergänzend § 200, 52 ff; 57 ff.

**56**    b) **Mängel bei der Umgrenzungsfunktion.** Der Eröffnungsbeschluß ist unwirksam, wenn die von ihm zugelassene Anklage ihre Umgrenzungsfunktion (§ 200, 2; 57) nicht erfüllen kann[80]. Das ist der Fall, wenn, auch unter Heranziehung des wesentlichen Ergebnisses der Ermittlungen, die dem Angeschuldigten zur Last gelegte Tat nicht so individualisiert wird, daß sie von anderen möglichen Taten hinreichend genau abgegrenzt ist (vgl. näher § 200, 11 ff).

**57**    c) **Ergänzung des Anklagesatzes.** Nach allg. M kann zur Ergänzung eines mangelhaften Anklagesatzes auf den sonstigen Inhalt der Anklageschrift, insbesondere das wesentliche Ergebnis der Ermittlungen, zurückgegriffen werden, wenn sich daraus mit genügender Deutlichkeit entnehmen läßt, wer angeklagt ist und welcher historische Geschehensablauf Gegenstand des Verfahrens bildet[81]. Bereits früher war allgemein anerkannt, daß zur Ergänzung eines unklaren und unvollständigen Eröffnungsbeschlusses auf den Anklagesatz und zu dessen Ergänzung auf den übrigen Inhalt der Anklage zu-

---

[78] BGH GA **1980** 109; *Kleinknecht/Meyer* 11; *Eb. Schmidt* Nachtr. I 21.

[79] Vgl. z. B. RGSt **21** 65; RG HRR **1936** Nr. 1400; BGHSt **5** 227; **10** 137 = JR **1957** 385 mit Anm. *Eb. Schmidt*; BGH JR **1954** 149 mit Anm. *Görcke*; NJW **1955** 641.

[80] RGSt **21** 65; BGHSt **5** 227; **10** 137 = JR **1957** 385 mit Anm. *Eb. Schmidt*; OLG Düsseldorf JMBlNW **1979** 259; *Kleinknecht/ Meyer* 10; KMR-*Paulus* § 200, 44; *Kohlhaas* GA **1955** 71; *Eb. Schmidt* Nachtr. I 21.

[81] BGH GA **1973** 111; **1980** 108 f; **1980** 468; NStZ **1984** 133; **1984** 229; OLG Düsseldorf JMBlNW **1979** 259; OLG Karlsruhe MDR **1982** 248; OLG Köln NJW **1966** 1035 = JR **1966** 429 mit zweifelnder Anm. *Kohlhaas*; *Arndt* 203; KK-*Treier* § 200, 23; *Kleinknecht/Meyer* 12; KMR-*Paulus* 34; *Puppe* 235; *G. Schäfer* § 43 IV 2 a; *Schlüchter* 413; *Schmid* 182.

rückgegriffen werden könne[82]. Daran hat die Neuregelung nichts geändert. Diese Auffassung wird teilweise kritisiert[83]. Der Kritik ist einzuräumen, daß es nicht dem Gesetz entspricht, nur als Notlösung in Betracht kommt (BGH JR **1954** 150) und tunlichst durch Sorgfalt bei der Fassung des Anklagesatzes und bei der Eröffnungsprüfung vermieden werden sollte, wenn zur Interpretation eines unklaren Anklagesatzes auf den sonstigen Anklageinhalt zurückgegriffen werden muß. Doch bildet eine solche Ungenauigkeit, wenn sie vorgekommen sein sollte und sich mit Hilfe des Anklageinhalts beheben läßt, keinen Grund, die Eröffnungsentscheidung als unwirksam zu betrachten, jedenfalls dann nicht, wenn man der Auffassung ist, daß selbst ein fehlender Eröffnungsbeschluß in der Hauptverhandlung nachgeholt werden kann (Rdn. 45). Daß der **sonstige Akteninhalt** oder nur dem Angeklagten bekannte Umstände die Ergänzung eines in seiner die Tat konkretisierenden Umgrenzungsfunktion unklaren Anklagesatzes ermöglichen, reicht dagegen nicht aus[84].

In **formeller Hinsicht** erfordert eine solche ergänzende Klarstellung aus dem übri-  **58** gen Inhalt der Anklageschrift einen ausdrücklichen Hinweis in der Hauptverhandlung durch das Gericht oder den Staatsanwalt (BGH NStZ **1984** 133), der als wesentliche Förmlichkeit zu protokollieren ist[85]. Jedenfalls bei erheblichen auf diese Weise behobenen Mängeln, die für den Angeklagten eine neue Lage schaffen, wird man ihm einen Anspruch auf Aussetzung der Hauptverhandlung zubilligen und eine dahingehende Belehrungspflicht des Gerichts annehmen müssen (vgl. BGHSt **29** 230). Es ist auch möglich, und kann solche Aussetzungsprobleme vermeiden helfen, daß der Hinweis bereits schriftlich vor der Hauptverhandlung gegeben wird. Da er sich in seiner Funktion als eine Ergänzung des Anklagesatzes der zugelassenen Anklage darstellt, bedarf er wie diese der Zustellung. Daß auf diese Weise nicht eine versehentlich nicht mit angeklagte prozessual selbständige Tat in das Verfahren mit einbezogen werden kann, versteht sich von selbst. Alle solche Ergänzungen müssen sich im Rahmen des vorhandenen Prozeßgegenstandes halten.

**d) Andere inhaltliche Mängel,** auch solche, die die Informationsfunktion der zuge-  **59** lassenen, die Tat ausreichend konkretisierenden Anklage berühren (vgl. § 200, 58), machen den Eröffnungsbeschluß nicht unwirksam, können aber zu erläuternden Hinweisen in der Hauptverhandlung Anlaß geben. Ohne jede Bedeutung für die Wirksamkeit des Eröffnungsbeschlusses ist es auch, ob der hinreichende Tatverdacht (§ 203, 6 ff) zu Recht oder zu Unrecht angenommen worden und die (prozessuale) Tat in Anklage und Eröffnungsbeschluß rechtlich zutreffend gewürdigt worden ist. Auch Wendungen in den Gründen eines (durch das Beschwerdegericht erlassenen) Eröffnungsbeschlusses, die auf eine (an sich unzulässige; BGHSt **5** 261) Würdigung des Beweisergebnisses hindeuten, haben keine Unwirksamkeit zur Folge[86].

**5. Andere Mängel**

**a) Fehlen der Prozeßvoraussetzungen für den Eröffnungsbeschluß.** Ein Eröff-  **60** nungsbeschluß ist unwirksam, wenn die für seinen Erlaß erforderlichen Prozeßvoraussetzungen, insbesondere eine wirksame Anklage, nicht vorliegen. Der Eröffnungsbeschluß darf keinen Sachverhalt erfassen, der nicht im Zeitpunkt seines Erlasses (noch)

---

[82] RGSt **3** 409; **24** 66; **44** 30; BGHSt **5** 227; **10** 138; BGH JR **1954** 150; NJW **1955** 641.

[83] LR-*Meyer-Goßner*[23] 40; vgl. auch *Eb. Schmidt* NJW **1963** 1480.

[84] *Puppe* 231; teilweise großzügiger die Rechtsprechung bei unvollständigen Angaben im Bußgeldbescheid, vgl. OLG Karls-

ruhe MDR **1982** 248; OLG Köln NStZ **1982** 123.

[85] BGH GA **1973** 112; **1980** 468; NStZ **1984** 133; *Kohlhaas* JR **1966** 430.

[86] BGH bei *Pfeiffer/Miebach* NStZ **1984** 15 Nr. 7.

Peter Rieß

angeklagt ist[87]. Das Verfahren ist deshalb (wegen Fehlens der Anklage und Unwirksamkeit des Eröffnungsbeschlusses) einzustellen, wenn die Anklage wegen einer von mehreren angeklagten Taten oder einen von mehreren Mitangeschuldigten zurückgenommen worden war oder wenn insoweit die Sache bereits im Eröffnungsverfahren nach den §§ 153 ff erledigt wurde (Rdn. 9). Unwirksam ist auch ein Eröffnungsbeschluß aufgrund einer Anklage, die von einer für das eröffnende Gericht nicht zuständigen Staatsanwaltschaft erhoben worden ist (vgl. BGH NStZ **1982** 294) Eine im **Bezirk eines anderen Gerichts** von der für dieses zuständigen Staatsanwaltschaft **erhobene Anklage** stellt nur dann eine taugliche Grundlage für die Eröffnung des Hauptverfahrens dar, wenn (1) die für das eröffnende Gericht zuständige Staatsanwaltschaft sie sich (was auch durch Einverständniserklärung geschehen kann) zu eigen macht und (2) der Übergang der Sache von dem einen auf das andere Gericht den hierfür maßgebenden Vorschriften entspricht (vgl. BGH aaO).

61 Erstreckte sich die **deutsche Gerichtsbarkeit** im Zeitpunkt der Eröffnungsentscheidung nicht auf den Angeklagten oder stand einer Eröffnung der **auslieferungsrechtliche Spezialitätsgrundsatz** entgegen (BGHSt 29 94), so ist der Eröffnungsbeschluß auch dann unwirksam, wenn bis zur Entscheidung des erkennenden Gerichts diese Hindernisse weggefallen sind. Die Wirksamkeit des Eröffnungsbeschlusses wird aber nicht dadurch berührt, daß ein erforderlicher **Strafantrag**, ein Strafverlangen oder eine Ermächtigung zur Strafverfolgung bei seinem Erlaß noch nicht vorlagen.

62 **b) Mehrere Eröffnungsbeschlüsse.** Hat **dasselbe Gericht** wegen derselben Tat mehrere Eröffnungsbeschlüsse erlassen, so ist der zweite Beschluß unwirksam, etwa wenn bereits der erste Eröffnungsbeschluß eine als fortgesetzte „Handlung zu würdigende Tat zum Gegenstand hat, der zweite aber nochmals einzelne Tatteile hiervon enthält, und zwar auch dann, wenn diese zeitlich außerhalb des vom ersten Eröffnungsbeschluß bezeichneten Zeitraums liegen[88]. Haben **verschiedene Gerichte** das Hauptverfahren wegen derselben Tat eröffnet, so gebührt demjenigen der Vorzug, das zuerst eröffnet hatte, sofern nicht einer der Ausnahmefälle vorliegt, durch die der Präventionsgrundsatz durchbrochen wird (vgl. § 12, 16). Ein Streit ist ggf. nach § 14 zu entscheiden.

63 **c) Einander widersprechenden Beschlüsse,** die wegen einer Tat die Eröffnung beschließen und gleichzeitig ablehnen, heben sich, wenn sie **gleichzeitig** ergangen sind, gegenseitig auf und sind beide unwirksam (RGSt **61** 353; *Eb. Schmidt* § 203, 7). Sonst ist der zuerst erlassene Beschluß maßgebend, weil der zweite Beschluß auf eine (unzulässige) Rücknahme der Eröffnung bzw. Nichteröffnung hinauslaufen würde. Dagegen ist ein Eröffnungsbeschluß wegen einer Tat auch dann wirksam, wenn das Gericht unzulässigerweise gleichzeitig einen Nichteröffnungsbeschluß unter bestimmten rechtlichen Gesichtspunkten erläßt (§ 206, 7).

**6. Folgen**

64 **a) Heilung des Mangels.** Stellt sich das Fehlen des Eröffnungsbeschlusses oder ein Mangel, der zu seiner Unwirksamkeit als Prozeßvoraussetzung führt, zu einem Zeitpunkt heraus, zu dem der Eröffnungsbeschluß noch nachgeholt oder der Mangel behoben werden kann, so muß aus prozeßökonomischen Gründen grundsätzlich von den vorhandenen Heilungsmöglichkeiten Gebrauch gemacht werden (KMR-*Paulus* 31). Die Eröffnungsentscheidung ist also beispielsweise nachzuholen (Rdn. 44 ff), ein in seiner Umgrenzungsfunktion mangelhafter Anklagesatz aus dem sonstigen Inhalt der An-

---

[87] RGSt **27** 236; RG HRR **1939** 545; **a. A** *Arndt* 223.
[88] OLG Celle NJW **1966** 1327; teilweise **a. A**

*Eb. Schmidt* § 203, 6; vgl. auch RGSt **70** 342; BGH bei *Pfeiffer/Miebach* NStZ **1984** 212 Nr. 27.

klageschrift zu ergänzen (Rdn. 57). Der Heilungsversuch darf (und sollte) jedoch unterbleiben, wenn sein Gelingen zweifelhaft ist oder wenn er die Verteidigungsmöglichkeiten des Angeklagten beeinträchtigen würde. Muß bei fehlendem Eröffnungsbeschluß, weil ein Aussetzungsantrag des Angeklagten zu erwarten ist, die Hauptverhandlung ohnehin ausgesetzt werden, so wird es in der Regel sachgerecht sein, über die Eröffnung erst nach Einstellung des Verfahrens zu entscheiden[89]. Auch bei einem völlig mangelhaften zugelassenen Anklagesatz, dessen Ergänzung in der Hauptverhandlung im Ergebnis auf eine umfangreiche Neufassung hinauslaufen würde[90], wird es oft sachgerechter sein, das Verfahren einzustellen.

**b) Einstellung.** Kommt eine Heilung des Mangels nicht in Betracht und macht er **65** den Eröffnungsbeschluß unwirksam, so ist das Verfahren in jeder Lage, auch noch im Rechtsmittelzug (§ 206 a, 14 ff) von Amts wegen nach den §§ 206a, 260 Abs. 3 wegen eines Verfahrenshindernisses einzustellen. Auch wenn der Mangel durch den Tatrichter noch heilbar wäre, muß das Rechtsmittelgericht, wenn er erst im Rechtsmittelverfahren aufgedeckt wird, das Verfahren einstellen und darf sich nicht auf die Aufhebung und Zurückverweisung zur Heilung des Mangels beschränken[91]. Allerdings besteht im Ergebnis, wie sogleich darzulegen sein wird (Rdn. 66 ff), kein sehr erheblicher Unterschied, weil in solchen Fällen die Einstellung auf das gerichtliche Verfahren nach dem Erlaß des Eröffnungsbeschlusses zu beschränken ist. Wenn mehrere selbständige prozessuale Taten Gegenstand des Verfahrens sind, ist das Verfahren nur soweit einzustellen, wie diese von dem Mangel des Eröffnungsbeschlusses betroffen sind (RGSt 68 108).

**c) Umfang der Einstellung.** Wieweit die Einstellung reicht, hängt von der Art des **66** aufgedeckten Mangels ab. Haftet der Fehler bereits der zugelassenen Anklage an oder ist eine solche überhaupt nicht vorhanden, so ist das ganze Verfahren, bei mehreren Taten allerdings nur, soweit sie von diesem Mangel betroffen sind, einzustellen; damit ist auch die Anklageerhebung durch die Staatsanwaltschaft beseitigt. Zur Fortsetzung des Verfahrens bedarf es einer neuen Anklage. Ist dagegen die Anklage wirksam erhoben und inhaltlich nicht zu beanstanden und fehlt nur der Eröffnungsbeschluß oder ist er mangelhaft, etwa weil nicht die ausreichende Zahl von Richtern mitgewirkt hat (Rdn. 41), weil er unter Mitwirkung eines ausgeschlossenen Richters zustandegekommen ist (Rdn. 51 f) oder weil er widersprüchlich ist (Rdn. 63), so kann die **Einstellung** des Verfahrens auf die Eröffnungsentscheidung und das ihr folgende Verfahren **beschränkt** werden. Geschieht das, so bleiben Anklageerhebung und Eröffnungsverfahren bis zur Eröffnungsentscheidung hiervon unberührt und wirksam (*v. Steuber* 890); die Staatsanwaltschaft braucht keine neue Anklage zu erheben, es bedarf keines neuen Verfahrens nach § 201, sondern es ist lediglich in ordnungsgemäßer Form über die Zulassung der früheren, ordnungsmäßigen Anklage zu entscheiden. Diese beschränkte Reichweite der Einstellung muß in der Einstellungsentscheidung ausdrücklich ausgesprochen werden; andernfalls wird auch die Prozeßhandlung der Anklageerhebung von der Einstellung erfaßt (OLG Köln NJW **1962** 1358).

Gegen diese Auffassung, die bisher im Schrifttum nicht weiter erörtert ist, wen- **67** det *Meyer-Goßner* (JR **1981** 216) u. a. ein, sie entbehre jeder gesetzlichen Grundlage.

---

[89] Jedenfalls gilt dies, wenn, wie hier (vgl. Rdn. 66), die Auffassung vertreten wird, daß in solchen Fällen das bis zur Eröffnungsentscheidung durchgeführte Verfahren von der Einstellung nicht berührt wird.

[90] Vgl. etwa den bei OLG Saarbrücken OLGSt § 200, 3 mitgeteilten Fall.

[91] BGH NStZ **1981** 448; a. A BGHSt **29** 228 (obiter dictum); BGH vom 15. 9. 1981 – 1 StR 472/81 –; wie hier *Meyer-Goßner* JR **1981** 215; *G. Schäfer* § 43 VI 1; *Schlüchter* 387 Fußn. 15 b.

Peter Rieß

Dem kann nicht zugestimmt werden. Die **gesetzliche Grundlage** ergibt sich aus der ratio der die Einstellung wegen eines Verfahrenshindernisses gebietenden §§ 206 a, 260 Abs. 3 und aus der Funktion der Prozeßvoraussetzungen. Dabei handelt es sich um Umstände, von denen entweder die Zulässigkeit eines gerichtlichen Verfahrens im ganzen oder von einem bestimmten Zeitpunkt an abhängt. Fehlen sie, so ist das weitere Verfahren ungesetzlich, sobald es den Punkt erreicht hat, von dem an sie vorliegen müssen. Dem trägt das Einstellungsgebot der §§ 206 a, 260 Abs. 3 dergestalt Rechnung, daß die Einstellung das Verfahren von dem Zeitpunkt an ungeschehen macht, von dem ab die erforderliche Prozeßvoraussetzung nicht mehr vorlag; es ist aber kein Grund dafür ersichtlich, daß die Einstellung auch Prozeßabschnitte erfassen muß, für die die fehlende Prozeßvoraussetzung überhaupt nicht verlangt wurde. Nun ist der Eröffnungsbeschluß Prozeßvoraussetzung allein für das Hauptverfahren, so daß in diesem Fall das Einstellungsgebot weder Veranlassung noch überhaupt eine Ermächtigung dafür bietet, Verfahrensabschnitte wie die Anklageerhebung oder das Eröffnungsverfahren bis zum Erlaß des Eröffnungsbeschlusses ungeschehen zu machen, für die der Eröffnungsbeschluß selbst nicht Voraussetzung ist, sondern die seinen Erlaß zum Ziel haben.

**68**    In der **Rechtsprechung** ist diese Frage bisher noch nicht entschieden. Soweit der BGH auf die Notwendigkeit einer neuen Anklageerhebung hingewiesen hat, betraf der Mangel meist auch die Anklage[92]. Soweit er zur Nachholung der Eröffnungsentscheidung eine bloße Zurückverweisung an den Tatrichter ohne Einstellung für zulässig hält (Fußn. 91), geht er offenbar davon aus, daß Anklageerhebung und Eröffnungsverfahren bis zum Eröffnungsbeschluß von dem Fehler nicht betroffen sind und bestehen bleiben können. Das RG hat in einem Fall (RGSt **55** 113) den Tatrichter lediglich angewiesen, über den Antrag der Staatsanwaltschaft auf Eröffnung des Hauptverfahrens erneut in einwandfreier Besetzung zu entscheiden. Dagegen haben in anderen Fällen der BGH[93] und das OLG Köln (NJW **1981** 2208), obwohl lediglich der Eröffnungsbeschluß nicht vorlag, beiläufig ausgesprochen, daß die Staatsanwaltschaft an der Erhebung einer neuen *Anklage* nicht gehindert sei. Das OLG Köln (NJW **1962** 1358) hat Zweifel geäußert, ob in solchen Fällen stets das Verfahren in vollem Umfang einzustellen sei, hierüber aber nicht abschließend entschieden. Die Praxis verfährt in solchen Fällen bisher, wie *v. Steuber* 890 Fußn. 18 mitteilt, überwiegend so, daß neu angeklagt wird.

## VIII. Anfechtbarkeit

**69**    **1. Beschwerde.** Den Umfang der Anfechtbarkeit des Eröffnungsbeschlusses selbst regelt § 210. Auf die Erl. zu dieser Vorschrift wird daher verwiesen.

**2. Revision**

**70**    **a) Unwirksamer Eröffnungsbeschluß.** Ist der Eröffnungsbeschluß als Prozeßvoraussetzung unwirksam oder fehlt er, so ist dies auch ohne hierauf gerichtete Rüge im Revisionsverfahren von Amts wegen zu beachten und führt zur Einstellung des Verfahrens (vgl. näher § 206 a, 14 ff). Die Unanfechtbarkeit des Eröffnungsbeschlusses in Vbdg. mit § 336 Satz 2 steht dem nicht entgegen, weil der durch die Revision zu korrigierende Rechtsverstoß nicht allein in der Fehlerhaftigkeit des Eröffnungsbeschlusses liegt, sondern darin, daß seine Unwirksamkeit als Prozeßvoraussetzung im bisherigen Verfahren nicht beachtet wurde[94].

---

[92] BGH GA **1973** 112; BGHSt **29** 97 (wo auf diesen Umstand ausdrücklich eingegangen wird).

[93] JR **1957** 69; LM § 207 StPO Nr. 5 mit Anm. *Martin.*

[94] *Rieß* NStZ **1981** 448; im Ergebnis insoweit übereinstimmend *Nelles* 100.

**b) Sonstige Mängel des Eröffnungsbeschlusses.** Wieweit sonstige Mängel des **71** Eröffnungsbeschlusses als solche mit der Revision geltend gemacht werden können, ist noch nicht restlos geklärt. Vielfach wird angenommen, daß eine solche „Fehlerhaftigkeit" des Eröffnungsbeschlusses als Verfahrensfehler gemäß § 344 Abs. 2 Satz 2 gerügt werden könne und zur Aufhebung des Urteils führe, wenn sein Beruhen hierauf nicht ausgeschlossen werde könne[95]. Neuerdings hat der BGH entschieden, daß wegen § 336 Satz 2 Mängel des Eröffnungsbeschlusses, die nicht zu seiner Unwirksamkeit führen, mit der Revision nicht geltend gemacht werden können[96]. Geht man mit der hier vertretenen Auffassung davon aus, daß gegen den Eröffnungsbeschluß in keinem Fall die einfache Beschwerde, auch nicht für die Staatsanwaltschaft, gegeben ist (§ 210, 6 f), so folgt in der Tat der Ausschluß der Revisibilität von Mängeln, die ihm nicht seine Eigenschaft als Prozeßvoraussetzung nehmen, aus § 336 Satz 2 in Vbdg. mit § 210. Wer gegen den Eröffnungsbeschluß in Ausnahmefällen die einfache Beschwerde für zulässig hält, muß auch seine Revisibilität in bezug auf die Fehler anerkennen, wegen derer er die einfache Beschwerde zuläßt, und prüfen, ob das Urteil hierauf beruhen kann.

**c) Unklare Verfahrenslage.** Ein als Prozeßvoraussetzung zwar wirksamer aber **72** mit Mängeln behafteter Eröffnungsbeschluß oder eine von ihm zugelassene mangelhafte Anklage kann für den Angeklagten eine unklare Verfahrenslage schaffen, aus der sich für das Gericht die Rechtspflicht zur Aufklärung über die richtige Sachlage durch Hinweise im Sinne von § 265 Abs. 4 in der Hauptverhandlung ergibt[97]. Dies kann z. B. der Fall sein, wenn die unverändert zugelassene Anklage ihre Informationsfunktion nicht hinreichend erfüllt (§ 200, 59), wenn im Zusammenhang mit dem Eröffnungsbeschluß ergehende Entscheidungen über Anträge und Einwendungen irreführend sind (§ 201, 38), wenn bei einer veränderten Anklagezulassung nach Absatz 2 mißverständliche und unklare Wendungen unterlaufen sind, die es dem Angeklagten erschweren, sich sachgerecht zu verteidigen, oder wenn bei einem in der Hauptverhandlung nachgeholten (Rdn. 45 f) oder ergänzten (Rdn. 57) Eröffnungsbeschluß der Angeklagte nicht auf sein Recht, eine Aussetzung der Hauptverhandlung zu beantragen[98] hingewiesen wird. Verletzt das erkennende Gericht diese Rechtspflichten zur Aufklärung und Belehrung, so liegt hierin ein revisibler Rechtsverstoß, der die Revision begründet, wenn das Urteil auf ihm beruhen kann.

**d) Ablehnung von Aussetzungsanträgen.** Der Angeklagte kann entsprechend § 217 **73** Abs. 2 Aussetzung der Hauptverhandlung beantragen, wenn der Eröffnungsbeschluß erst in der Hauptverhandlung ordnungsgemäß erlassen wird[99]. Wird die Nachholung eines fehlenden oder die Heilung eines mangelhaften Eröffnungsbeschlusses noch vor Beginn der Hauptverhandlung vorgenommen, bei der Zustellung der neuen Entscheidung aber die einwöchige Ladungsfrist nicht eingehalten, so kann Aussetzung beantragt werden, wenn der Angeklagte durch die unterbliebene Zustellung in seiner Verteidigung

---

[95] BGHSt 10 281 = JZ 1958 93 mit Anm. Kern (vorschriftswidrige Besetzung); offengelassen BGHSt 22 169; 29 358; aus der älteren Rechtsprechung z. B. RGSt 1 66; 10 56; 24 66; 31 100; 43 218 (teilweise auf Fälle bezogen, die nach heutiger Auffassung den Eröffnungsbeschluß als Prozeßvoraussetzung unwirksam machen); KK-Treier 17; Martin LM § 207 StPO Nr. 5; Meyer-Goßner JR 1981 381 und in der 23. Aufl., 47; wohl auch Nelles 101; vgl. Schmid 176 f.

[96] NStZ 1981 447 mit Anm. Rieß; dazu Nelles 97 ff; zustimmend z. B. Kleinknecht/Meyer 14; KK-Pikart § 336, 7; Roxin § 40 C II 1 d; G. Schäfer § 43 IV 2 b; sehr weitgehend in diese Richtung Begr. zum RegE StVÄG 1979 BTDrucks. 8 976, 59; zweifelnd Schlüchter 387 Fußn. 15 e.

[97] Vgl. die dortigen Erl. sowie § 219, 25 ff; ferner z. B. BGH StrVert. 1984 190; Schmid 178, 208.

[98] BGHSt 29 230; vgl. näher Rdn. 46, 58.

[99] BGHSt 29 230; enger v. Steuber 890.

Peter Rieß

beeinträchtigt ist. Gleiches gilt, wenn der Eröffnungsbeschluß erlassen, seine rechtzeitige Zustellung oder die der nachgereichten Anklageschrift (Absatz 3) aber unterblieben ist oder wenn der Eröffnungsbeschluß oder die zugelassene Anklage in der Hauptverhandlung aus dem übrigen Inhalt der Anklageschrift ergänzt wird (Rdn. 57)[100]. Auf die Ablehnung dieser Aussetzungsanträge kann die Revision gestützt werden (§ 338 Nr. 8), wenn das Urteil darauf beruhen kann. Das wird im allgemeinen verneint werden können, wenn der Eröffnungsbeschluß die Anklage unverändert zuläßt und lediglich dieser nicht ordnungsgemäß zugestellt worden ist (vgl. *Schlüchter* 428). Wird kein Aussetzungsantrag gestellt, obwohl der Anklagte sein Recht, Aussetzung zu verlangen, kennt (vgl. § 217, 10; 11), so kann die unterlassene Aussetzung mit der Revision nicht mehr mit Aussicht auf Erfolg gerügt werden (vgl. näher § 215, 8 ff).

## § 208

Vom Inkrafttreten der StPO an bis 1924 war in § 208 folgendes bestimmt:

> „(1) Betraf das Vorverfahren mehrere derselben Person zur Last gelegte strafbare Handlungen, und erscheint für die Strafzumessung die Feststellung des einen oder des anderen Straffalles unwesentlich, so kann das Gericht auf Antrag der Staatsanwaltschaft beschließen, daß in Ansehung eines solchen das Verfahren vorläufig einzustellen sei.
>
> (2) Die Aufhebung des Einstellungsbeschlusses kann binnen einer Frist von drei Monaten nach Rechtskraft des Urteils von der Staatsanwaltschaft beantragt werden, wenn nicht Verjährung eingetreten ist."

Diese Vorschrift wurde gleichzeitig mit der Einfügung des § 154 durch die EmmingerVO aufgehoben.

An ihre Stelle trat nunmehr der frühere § 206, in dem die Befugnis des Gerichts geregelt war, nach durchgeführter Voruntersuchung das Verfahren auch gegen den Antrag der Staatsanwaltschaft auf Außerverfolgungsetzung zu eröffnen. Mit der Abschaffung der gerichtlichen Voruntersuchung wurde die Vorschrift durch Art. 1 Nr. 65 1. StVRG aufgehoben.

## § 209

**(1) Hält das Gericht, bei dem die Anklage eingereicht ist, die Zuständigkeit eines Gerichts niedrigerer Ordnung in seinem Bezirk für begründet, so eröffnet es das Hauptverfahren vor diesem Gericht.**
**(2) Hält das Gericht, bei dem die Anklage eingereicht ist, die Zuständigkeit eines Gerichts höherer Ordnung, zu dessen Bezirk es gehört, für begründet, so legt es die Akten durch Vermittlung der Staatsanwaltschaft diesem zur Entscheidung vor.**

**Schrifttum zu den §§ 209 und 209 a.** *Bockelmann* Strafprozessuale Zuständigkeitsordnung und gesetzlicher Richter, GA **1957** 357; *Brause* Die Zuständigkeit der allgemeinen und besonderen Strafkammern nach dem Strafverfahrensänderungsgesetz, NJW **1979** 802; *Engelhardt* Staatsanwaltschaft und gesetzlicher Richter, DRiZ **1982** 418; *Grünwald* Die sachliche Zuständigkeit der Strafgerichte und die Garantie des gesetzlichen Richters, JuS **1968** 452; *Heintzmann* Negativer Kompetenzkonflikt und Geschäftsverteilung, DRiZ **1975** 320; *Meyer-Goßner* Die Prüfung der funktionellen Zuständigkeit im Strafverfahren, insbesondere beim Landgericht, JR **1977** 353; *Meyer-Goßner* Die Behandlung von Zuständigkeitsstreitigkeiten zwischen allgemeiner und Spezial-

---

[100] RGSt **24** 64; RG HRR **1936** 377; BGHSt **5** 225; KMR-*Paulus* 53.

strafkammer beim Landgericht, NStZ **1981** 161; *Müller* Gesetzlicher Richter und Geschäftsverteilungsplan, JZ **1976** 587; *Rieß* Die Bestimmung und Prüfung der sachlichen Zuständigkeit und verwandter Erscheinungen im Strafverfahren, GA **1976** 1; *Schroeder* Die Anklageerhebung beim LG und beim BGH wegen der „besonderen Bedeutung des Falles", MDR **1965** 177.

**Entstehungsgeschichte.** Die Vorschrift hatte ursprünglich folgenden Wortlaut:

(1) [1]Das Landgericht kann das Hauptverfahren vor den erkennenden Gerichten jeder Ordnung, nicht aber vor dem Reichsgericht eröffnen. [2]Erachtet das Landgericht die Zuständigkeit des Reichsgerichts für begründet, so legt es die Akten durch Vermittlung der Staatsanwaltschaft diesem Gerichte zur Entscheidung vor.

(2) Ebenso hat der Amtsrichter, wenn er findet, daß eine bei ihm eingereichte Sache die Zuständigkeit des Schöffengerichts übersteige, die Akten durch Vermittlung der Staatsanwaltschaft dem Landgericht zur Entscheidung vorzulegen.

Durch die Verordnung über die Beseitigung des Eröffnungsbeschlusses im Strafverfahren vom 13. 8. 1942 (RGBl. I 512) wurde § 209 aufgehoben; er ging im neuen § 203 auf (vgl. die Entstehungsgeschichte Vor § 198).Art. 3 I Nr. 92 des VereinhG stellte § 209 mit der Änderung wieder her, daß der frühere Absatz 1 Satz 2 nunmehr Absatz 2 wurde und der frühere Absatz 2 nun Absatz 3 war. Ein neuer Satz 2 in Absatz 1 gab der Strafkammer die Befugnis, das Hauptverfahren vor dem Schöffengericht zu eröffnen, wenn sie die „besondere Bedeutung" der Sache entgegen der Auffassung der Staatsanwaltschaft verneinte. Durch Art. 7 Nr. 7 des StPÄG 1964 entfiel dieser Satz wieder; an seine Stelle trat ein neuer Absatz 2, nach dem das mit der Sache befaßte Gericht das Hauptverfahren in den Fällen des § 24 Abs. 1 Nr. 2 und 3, § 25 Nr. 2 Buchst. c und Nr. 3, § 26 Abs. 1 Satz 1, § 74 Abs. 1 Satz 2 und § 74 b Satz 1 GVG auch vor einem anderen Gericht seines Bezirks eröffnen konnte, wenn es sich für unzuständig hielt. Der neugefaßte Absatz 3 bestimmte in Satz 1, daß das Gericht durch Vermittlung der Staatsanwaltschaft die Akten einem Gericht höherer Ordnung vorzulegen hatte, wenn es dies für zuständig hielt; Satz 2 erstreckte diese Befugnis auf die Fälle des Absatzes 2. Art. 2 Nr. 10 StaatsschStrafsG ersetzte in Absatz 1 das Wort „Bundesgerichtshof" durch „Oberlandesgericht"; durch das 1. StrRG und Art. 21 Nr. 60 EGStGB 1974 wurde die Verweisung auf die §§ 24, 25 GVG jeweils den dortigen Änderungen angepaßt. Durch Art. 1 Nr. 15 StVÄG 1979 erhielt § 209 seine heutige Fassung (zur Bedeutung der Änderung vgl. 23. Aufl., EB, Rdn. 1). Bezeichnung bis 1924: § 207.

*Übersicht*

Peter Rieß

## I. Bedeutung

**1**    Da die sachliche Zuständigkeit als Prozeßvoraussetzung in jeder Lage des Verfahrens und damit auch im Eröffnungsverfahren von Amts wegen zu prüfen ist (§ 6) und dabei wegen des Prinzips des gesetzlichen Richters auch scheinbar der Staatsanwaltschaft eine Wahlmöglichkeit einräumende Zuständigkeitsmerkmale, wie etwa die „besondere Bedeutung der Sache" als unbestimmte Rechtsbegriffe der gerichtlichen Prüfung unterliegen[1], müßte das mit der Anklage befaßte Gericht, wenn es seine Zuständigkeit verneint, ohne die in § 209 getroffene Regelung die Eröffnung des Hauptverfahrens ablehnen. Hieraus könnten sich zeitraubende Kompetenzkonflikte ergeben. Zweck der Vorschrift ist daher in erster Linie die Schaffung eines einfachen Systems zur Entscheidung sachlicher Kompetenzkonflikte ohne Verfahrensleerlauf (KMR-*Paulus* 2). Damit wird zugleich die richterliche Prüfungspflicht in Fällen „beweglicher Zuständigkeiten" aktualisiert und damit das Gewicht der verfassungsrechtlichen Bedenken gegen diese Zuständigkeitsmerkmale[2] verringert (*Peters* § 19 III 6). Die Vorschrift beruht auf dem, erst durch die Neufassung durch das StVÄG 1979 vom Gesetzgeber klar herausgearbeiteten Gedanken, daß die Zuständigkeit der Gerichte höherer Ordnung die Entscheidung von Kompetenzkonflikten mit Gerichten niedrigerer Ordnung in ihrem örtlichen Bezirk mit umfaßt. § 209 gibt diesen Gerichten höherer Ordnung deshalb in Absatz 1 (abweichend von § 199 Abs. 1) die Befugnis, das Hauptverfahren vor Gerichten niedrigerer Ordnung zu eröffnen und verpflichtet in Absatz 2 diese zur Vorlage an die von ihnen für zuständig gehaltenen Gerichte höherer Ordnung.

**2**    Die Vorschrift ist **Teil eines** namentlich durch das StVÄG 1979 fast lückenlos ausgebauten (*Rieß* NJW 1978 2266) **umfassenden Systems**, mit dessen Hilfe bei der sachlichen Zuständigkeit und der Zuständigkeit besonderer Spruchkörper kraft Gesetzes Zuständigkeitskorrekturen und -verschiebungen ermöglicht werden, wodurch die Rechtspflicht zur Beachtung der Zuständigkeit in jeder Lage des Verfahrens (§ 6) überhaupt erst praktikabel gemacht wird (*Rieß* 10). Zu diesem System gehört für das Eröffnungsverfahren die Gleichstellung besonderer Spruchkörper kraft Gesetzes (Spezialstrafkammern und Jugendgerichte) mit Spruchkörpern höherer Ordnung durch § 209 a[3], der Grundsatz, daß Gerichte höherer Ordnung nach Eröffnung des Hauptverfahrens nicht wegen der Zuständigkeit eines Gerichts niedrigerer Ordnung ihre Zustän-

---

[1] BVerfGE **9** 223; **18** 428; **22** 254; Einl. Kap. **13** VIII; Erl. zu den §§ 16, 24, 25 GVG; *Engelhardt* 419; *Kissel* § 24, 9; *Rieß* 8.
[2] Nachweise in der 23. Aufl., Rdn. 59; *Rieß* 8 Fußn. 45; *Roxin* § 7 A IV.

[3] Zur ungeklärten Rechtslage vor der Einführung des § 209 a vgl. die 23. Aufl., Rdn. 7 bis 15, 48 bis 52 sowie EB § 209 a Fußn. 2; *Meyer-Goßner* JR 1977 353; *Rieß* 15.

digkeit verneinen dürfen (§ 269, § 47 a JGG), die Befugnis zur Verweisung an ein Gericht höherer Ordnung nach Beginn der Hauptverhandlung (§ 270) sowie die Befugnis zur Vorlage und Übernahme an bzw. durch Gerichte höherer Ordnung und vorrangige Spruchkörper außerhalb der Hauptverhandlung nach Eröffnung des Hauptverfahrens (§ 225 a)[4].

## II. Anwendungsbereich

**1. Sachliche Zuständigkeit.** § 209 betrifft die sachliche Zuständigkeit vor den er- **3** kennenden Gerichten des ersten Rechtszugs. Gericht im Sinne dieser Vorschrift ist der für die Durchführung der Hauptverhandlung zuständige Spruchkörper, nicht das Gericht im organisatorischen Sinne (LG Lübeck SchlHA **1966** 46). Für das Strafbefehlsverfahren enthält § 408 Abs. 1 Satz 3, 4 eine dem § 209 entsprechende Regelung.

Hat im **Ermittlungsverfahren** das für die Eröffnung des Hauptverfahrens zustän- **4** dige Gericht oder dessen Vorsitzender eine Entscheidung zu treffen (§ 81 Abs. 3, § 142 Abs. 1, § 153 Abs. 1 Satz 1, § 153 a Abs. 1 Satz 1, § 153 b Abs. 1), so gilt, soweit es um die Zuständigkeit für diese Entscheidung geht, § 209 entsprechend, ohne daß damit eine Bindung für die spätere Eröffnungsentscheidung eintritt[5].

**2. Andere Zuständigkeiten**
**a) Örtliche Zuständigkeit.** § 209 betrifft nicht die örtliche Zuständigkeit (zur Ent- **5** scheidung bei örtlicher Unzuständigkeit vgl. § 204, 6 f), sondern setzt diese als begründet voraus (KMR-*Paulus* 8; *Eb. Schmidt* Nachtr. I 2; für örtliche Zuständigkeitskonzentrationen vgl. Rdn. 14 f). Sie ist daher zunächst zu prüfen und zu bejahen. Sind mehrere Taten Gegenstand des Eröffnungsverfahrens und wird hinsichtlich derer, die die örtliche Zuständigkeit allein zu begründen vermögen, die Eröffnung des Hauptverfahrens abgelehnt, so entfällt die weitere Eröffnungskompetenz, da der Gerichtsstand des Zusammenhangs voraussetzt, daß dieser Zusammenhang im Zeitpunkt der Eröffnungsentscheidung vorliegt[6].

**b) Zuständigkeit besonderer Spruchkörper kraft Gesetzes.** Die Eröffnungskompe- **6** tenz und Vorlagepflicht regelt § 209 a infolge der dort getroffenen Verweisung entsprechend § 209 (vgl. die Erläuterungen zu § 209 a)[7]. Nach § 209 a in Vbdg. mit § 209 ist daher zu verfahren: (1) Im Verhältnis der Schwurgerichtskammer zur Strafkammer nach § 74 a GVG, zur Wirtschaftsstrafkammer und zur allgemeinen Strafkammer sowie (2) im Verhältnis der Jugendgerichte zu Erwachsenengerichten *gleicher Ordnung,* auch soweit es sich um die Zuständigkeit in Jugendschutzsachen (§§ 26, 74 b GVG) handelt. Zum Vorrang der unmittelbaren Anwendung des § 209 s. Rdn. 12; für das Verhältnis der Jugendgerichte untereinander und zu Erwachsenengerichten höherer oder niedrigerer Ordnung s. Rdn. 44 und die Erl. zu § 209 a.

**c) Geschäftsplanmäßige Zuständigkeit.** Die §§ 209, 209 a finden auf Kompetenz- **7** konflikte zwischen verschiedenen gleichrangigen Spruchkörpern (Strafrichtern, Schöffengerichten, Strafkammern oder Strafsenaten) desselben Gerichts (im organisatori-

---

[4] Bis zum Inkrafttreten des § 225 a wurde seit BGHSt **18** 290 (anders noch BGHSt **6** 109) § 209 Abs. 3 (jetzt Abs. 2) außerhalb der Hauptverhandlung nach Eröffnung des Hauptverfahrens analog angewandt; vgl. 23. Aufl., Rdn. 30; *Rieß* 15.

[5] Grundsätzlich ebenso § 6 a, 7 f; KK-*Treier* 2; *Meyer-Goßner* NStZ **1981** 174.

[6] OLG München *Alsb.* E **1** 44; OLG Zweibrücken MDR **1979** 517; vgl. BGHSt **16** 391; a. A OLG München NJW **1969** 148; *Wendisch* § 13, 6.

[7] Damit ist der frühere Streit um die analoge Anwendung des § 209 auf diese Fälle (vgl. 23. Aufl., Rdn. 8) gegenstandslos.

Peter Rieß

schen Sinne) keine Anwendung, die auf Meinungsverschiedenheiten über die bloß geschäftsplanmäßige Zuständigkeit[8] beruhen (allg. M). Wegen der Gleichrangigkeit ist sowohl eine Eröffnung vor dem anderen Spruchkörper nach Absatz 1 als auch eine Vorlage mit den Wirkungen des Absatzes 2 ausgeschlossen; § 209 a gilt nur für die dort genannten Fälle einer *gesetzlich* begründeten Spezialzuständigkeit, bei denen zugleich das Gesetz für die Zwecke der Zuständigkeitskompetenz einen Vorrang fingiert hat. Um eine solche, weder unter § 209 noch unter § 209 a fallende rein geschäftsplanmäßige Zuständigkeit handelt es sich auch, wenn der Geschäftsverteilungsplan ohne gesetzliche Verpflichtung den einzelnen Spruchkörpern bestimmte Sachgebiete zuweist[9] oder zwischen mehreren Spezialspruchkörpern der gleichen Art eine weitere Differenzierung vornimmt[10]. Auch bei Meinungsverschiedenheiten zwischen mehreren Spezialstrafkammern gleicher Art bei einem Gericht ist nur die geschäftsplanmäßige Zuständigkeit betroffen.

8    Eine **formlose Abgabe** ist möglich, wenn der mit der Sache befaßte Spruchkörper (oder dessen Vorsitzender) der Auffassung ist, daß nach dem Geschäftsverteilungsplan ein anderer Spruchkörper gleicher Art desselben Gerichts zuständig ist[11]. Zu diesem Zweck kann der Vorsitzende des zuerst mit der Sache befaßten Spruchkörpers sie dem von ihm für zuständig gehaltenen mit der Bitte um Übernahme „vorlegen". Um eine Vorlage im Sinne des Absatzes 2 handelt es sich dabei nicht; deshalb braucht weder die Staatsanwaltschaft beteiligt zu werden, noch muß, wie im Falle des Absatz 2 (Rdn. 36) die Sache zur Entscheidung über die Eröffnung reif sein. Die Abgabe hat, wenn nicht der Geschäftsverteilungsplan etwas anderes bestimmt, keine bindende Wirkung (OLG Hamm NJW **1972** 1909). Die Sache wird bei dem anderen Spruchkörper erst anhängig, wenn dieser sie übernimmt, was auch durch konkludentes Handeln (Zustellung der Anklageschrift und ähnliches) geschehen kann.

9    Kommt **keine Vereinbarung** zwischen den beteiligten Spruchkörpern zustande, so ist zunächst der **Inhalt des Geschäftsverteilungsplanes** maßgebend. Dieser kann der Abgabe bindende Wirkung beilegen (*Heintzmann* 322; *Müller* 588) oder bei der Einrichtung rein geschäftsplanmäßiger Spezialspruchkörper entsprechend dem Rechtsgedanken des § 209 a diesen eine Kompetenzkompetenz zuweisen. Andernfalls entscheidet das **Präsidium** jedenfalls dann, wenn es sich um eine Frage der Auslegung oder Ergänzung des Geschäftsverteilungsplans handelt und dieser insoweit einen Entscheidungsvorbehalt enthält[12]; gleiches wird anzunehmen sein, wenn ein solcher Entscheidungs-

---

[8] Der unpräzise und sehr unterschiedlich gebrauchte Begriff der funktionellen Zuständigkeit (vgl. Vor § 1, 8 ff; *Rieß* 3) wird hier vermieden.

[9] Etwa Verkehrsstrafkammern, Strafkammern für BtMG-Strafsachen oder (unter den allgemeinen Strafkammern) besondere Strafkammern für Jugendschutzsachen. Beim Amtsgericht würde auch die Bildung besonderer Abteilungen oder Schöffengerichte für Wirtschaftsstrafsachen im Sinne des § 74 c GVG nur die geschäftsplanmäßige Zuständigkeit betreffen.

[10] So etwa, wenn der Geschäftsverteilungsplan unter mehreren Wirtschaftsstrafkammern die Geschäfte in Anlehnung an den Katalog des § 74 c Abs. 1 GVG aufteilen würde.

[11] BGHSt **18** 175; **25** 242; **26** 199 (die den Entscheidungen zugrundeliegenden Sachverhalte würden heute teilweise nach § 209 a zu beurteilen sein); KK-*Treier* 4; *Kleinknecht/Meyer* 4; KMR-*Paulus* 7.

[12] BGHSt **25** 242, 244; **26** 197, 200; BGH NJW **1975** 1425; *Kissel* § 16, 105; KK-*Treier* 4; *Kleinknecht/Meyer* Vor § 1, 17; KMR-*Paulus* 7; teilweise enger *Heintzmann* 321; *Müller* 588.

vorbehalt nicht ausdrücklich im Geschäftsverteilungsplan enthalten ist[13]. Zweifelhaft ist, ob das Präsidium auch entscheiden darf, wenn der Streit zwischen den beteiligten Spruchkörpern nicht die Auslegung oder Ergänzung des Geschäftsverteilungsplans betrifft, sondern die Auslegung gesetzlicher Merkmale, von denen die geschäftsplanmäßige Zuständigkeit abhängt[14]. Verneint man in solchen Fällen, die nach dem neuen § 209 a nur noch selten vorkommen dürften, die Zulässigkeit einer Entscheidung des Präsidiums, so muß in analoger Anwendung der §§ 14, 19 verfahren werden[15]. Vgl. ergänzend die Erläuterungen zu § 21 e GVG und zum Zuständigkeitsstreit zwischen der Wirtschaftsstrafkammer und der allgemeinen Strafkammer in der Berufungsinstanz § 209 a, 5.

**d) Rhein- und Moselschiffahrtsgerichte** (vgl. die Erläuterungen zu § 14 GVG; *Kissel* § 14, 7) haben jedenfalls gegenüber denjenigen Amtsgerichten, denen die Entscheidung in solchen Sachen gänzlich entzogen ist, eine eigene sachliche Zuständigkeit, deren Mißachtung in der Revisionsinstanz von Amts wegen zu beachten ist[16]. Dennoch scheidet im Verhältnis zu anderen Amtsgerichten eine Anwendung des § 209 aus, da es an einem Anknüpfungspunkt dafür fehlt, welches der beiden Gerichte als Gericht höherer Ordnung zu bezeichnen ist. Kompetenzkonflikte sind daher in analoger Anwendung der §§ 14, 19 zu lösen (BGHSt **18** 381).    **10**

### III. Gemeinsame Erläuterungen zu den Absätzen 1 und 2

**1. Rangordnung der Gerichte.** In der Reihenfolge Strafrichter, Schöffengericht, Strafkammer des Landgerichts und (erstinstanzlich tätiger) Strafsenat des Oberlandesgerichts ist jeder der genannten Spruchkörper ein Gericht höherer Ordnung gegenüber den jeweils zuerst aufgeführten und der jeweils zuerst aufgeführte ein Gericht niedrigerer Ordnung[17] gegenüber den nachfolgenden. Daß auch das Schöffengericht ein Gericht höherer Ordnung gegenüber dem Strafrichter darstellt[18], ergibt sich jetzt auch aus der in § 408 Abs. 1 Satz 3, 4 getroffenen Regelung (Begr. zum RegE StVÄG 1979, BTDrucks. **8** 976, S. 43, 61). Kein Gericht höherer Ordnung ist dagegen das sog. erweiterte Schöffengericht (§ 29 Abs. 2 GVG) gegenüber dem normalen Schöffengericht (RGSt **62** 265, 270) sowie, seit seiner Umwandlung durch das 1. StVRG, das Schwurgericht (als Schwurgerichtskammer gemäß § 74 Abs. 2 GVG) gegenüber den anderen Strafkammern[19], es geht ihnen jedoch nach § 209 a in Vbdg. mit § 74 e GVG im Range vor.    **11**

---

[13] Offengelassen von BGHSt **26** 200; keine Vorbehalte bei BGHSt **25** 244; OLG Düsseldorf MDR **1984** 73; *Kissel* aaO; *Kleinknecht/Meyer* § 21 e, 22 GVG; **a. A** *Müller* 588.

[14] Offengelassen in BGHSt **26** 200; verneinend die bei *Müller* 588 mitgeteilte Entscheidung des Dreierausschusses des BVerfG vom 4. 11. 1974. 2 BvR 225/74 –; OLG Düsseldorf MDR **1982** 690; *Müller* 588; *Kissel* aaO.; wohl auch *Kleinknecht/Meyer* § 22 e, 22 GVG.

[15] BGHSt **18** 381, 384; *Kleinknecht/Meyer* Vor § 1, 18; in der Konstruktion anders (Unzuständigkeitserklärung beider Spruchkörper und Beschwerde der Staatsanwalt-

schaft an das übergeordnete Gericht), im Ergebnis aber übereinstimmend OLG Düsseldorf MDR **1982** 690.

[16] OLG Düsseldorf VRS **59** 446; OLG Karlsruhe VRS **48** 285.

[17] Der sprachliche Unterschied zwischen den Bezeichnungen „niedrigerer" Ordnung in § 209 und der veralteten Form „niederer" Ordnung in § 210 Abs. 2, §§ 269, 304 Abs. 4 Satz 2 Nr. 3, § 354 Abs. 3 ist ohne sachliche Bedeutung.

[18] Heute allg. M; RGSt **62** 265, 270; BGHSt **19** 178; KK-*Treier* 5; *Kleinknecht/Meyer* Vor § 1, 12; KMR-*Paulus* Vor § 1, 44; *Rieß* 3 Fußn. 15.

Peter Rieß

**12**　　Auch soweit es sich um **Spezialzuständigkeiten** und um das Verältnis von **Jugend-gerichten** und Erwachsenengerichten handelt, bleibt, da § 209 Vorrang vor § 209 a hat, die in Rdn. 11 genannte Reihenfolge erhalten. Solche Spezialspruchkörper, nämlich das Schwurgericht, die Wirtschaftsstrafkammer, die sog. Staatsschutz-Strafkammer oder die Jugendkammer verfahren daher unmittelbar nach § 209 Abs. 1 (und nicht nach § 209 a), wenn sie nicht nur ihre Spezialzuständigkeit, sondern die des Landgerichts ins-gesamt verneinen[20]; sie sind unmittelbare Vorlegungsadressaten, wenn der Spruchkör-per niedrigerer Ordnung der Auffassung ist, daß die Zuständigkeit des Landgerichts *und* die Spezialzuständigkeit begründet ist. So ist die Jugendkammer nicht nur Gericht höherer Ordnung gegenüber dem Jugendschöffengericht und dem Jugendrichter, son-dern auch gegenüber dem allgemeinen Schöffengericht und dem Strafrichter, die Wirt-schaftsstrafkammer, Schwurgerichtskammer, Staatsschutz-Strafkammer aber auch die allgemeine Strafkammer sind Gerichte höherer Ordnung auch gegenüber dem Jugend-schöffengericht und dem Jugendrichter[21].

### 2. Gerichtsbezirke

**13**　　**a) Allgemeines.** Eine Eröffnungs- und Vorlagekompetenz nach § 209 ist nur gege-ben, soweit das Gericht niedrigerer Ordnung zum Bezirk des Gerichts höherer Ordnung gehört. Im Normalfall gehören zum Bezirk des (erstinstanzlich tätigen) Oberlandesge-richts die Bezirke aller Landgerichte des Landes (§ 120 Abs. 1 GVG), zum Bezirk des Landgerichts die Bezirke aller nachgeordneten Amtsgerichte und der Bezirk des Schöf-fengerichts entspricht dem des Amtsgerichts, bei dem es gebildet ist.

**14**　　**b) Örtliche Zuständigkeitskonzentrationen.** Sind aufgrund gesetzlicher Ermächti-gungen bestimmte Geschäfte einem Gericht für mehrere Gerichtsbezirke zugewiesen, so erweitert sich der Bereich des Gerichts, bei dem die Zuständigkeit konzentriert ist, entsprechend. Soweit Länder von der Ermächtigung des § 120 Abs. 5 Satz 2 GVG Ge-brauch gemacht haben, durch Staatsvertrag die erstinstanzlichen Aufgaben einem Oberlandesgericht für mehrere Länder zu übertragen, umfaßt der Bezirk dieses Ober-landesgerichts den des anderen Landes mit[22]. Der Bezirk der Staatsschutz-Strafkam-

---

[19] BGHSt **26** 191, 193 = NJW **1976** 201 mit Anm. *Sieg* = JR **1976** 136 mit Anm. *Brunner*; **27** 99, 101; zur früheren Rechtslage *Rieß* 5.

[20] **Beispiele:** Angeklagt sind ein vorsätzliches Tötungsdelikt und eine rechtlich selbstän-dige Unterschlagung. Wenn das Schwurge-richt den hinreichenden Tatverdacht hin-sichtlich des Tötungsdelikts verneint, so lehnt es insoweit die Eröffnung des Haupt-verfahrens ab und eröffnet das Verfahren wegen der Unterschlagung unmittelbar vor dem Schöffengericht (oder dem Strafrich-ter). Das Schwurgericht wertet die in der Anklage als versuchter Totschlag gewürdigte Tat lediglich als gefährliche Körperverlet-zung, für die nicht mehr als drei Jahre Frei-heitsstrafe zu erwarten ist und die keine be-sondere Bedeutung hat. Es eröffnet das Ver-fahren unmittelbar vor dem Schöffenge-richt. Irrtümlich ist gegen einen Heranwach-senden Anklage vor der allgemeinen Straf-kammer erhoben worden. Diese kann das

Verfahren unmittelbar vor dem Jugend-schöffengericht eröffnen, wenn die besonde-ren Zuständigkeitsvoraussetzungen nach § 41 Abs. 1 JGG erkennbar nicht in Frage kommen.

[21] Die Jugendgerichte sind nur besondere Abteilungen der allgemeinen Strafgerichte, keine Gerichte mit eigener sachlicher Zu-ständigkeit; BGHSt **18** 79, 82; **18** 173; **22** 48; **26** 191, 198; BayObLG JR **1975** 202 mit Anm. *Brunner*; OLG Koblenz GA **1977** 374; **a. A** die früher h. M; vgl. *Brunner* § 33, 2 ff; *Eisenberg* § 33, 10. Durch die in den § 209 a StPO, §§ 47 a, 103 JGG durch das StVÄG 1979 getroffene Regelung ist die Streitfrage für die hier zu erörtern Probleme ohne praktische Bedeutung.

[22] Zur Zeit bestehen solche Vereinbarungen zwischen Hamburg und Bremen sowie zwi-schen Rheinland-Pfalz und dem Saarland (vgl. *Kissel* § 120, 14); insoweit umfaßt der Bezirk des OLG Koblenz auch das Saarland

mer nach § 74 a GVG umfaßt kraft ausdrücklicher gesetzlicher Vorschrift den gesamten Oberlandesgerichtsbezirk (§ 74 a Abs. 4 GVG). Sind einer Wirtschaftsstrafkammer nach § 74 c Abs. 3 GVG Wirtschaftsstrafsachen für mehrere Landgerichtsbezirke übertragen worden, so umfaßt ihr Bezirk im gegenständlichen Umfang der Konzentration auch den der übrigen Landgerichtsbezirke[23]. Gleiches gilt, wovon auch der Gesetzgeber bei der Neufassung des § 209 ausgegangen ist (BTDrucks. 8 976, S. 43) auch ohne ausdrückliche gesetzliche Regelung für das nach § 74 d GVG für mehrere Landgerichte zuständige Schwurgericht sowie für das nach § 58 GVG eingerichtete Bezirksschöffengericht und das nach § 33 Abs. 4 JGG gebildete Bezirksjugend(schöffen)gericht[24]. Diese Gerichte können daher das Verfahren vor Gerichten niedrigerer Ordnung eröffnen, die im organisatorischen Aufbau zu anderen Gerichtsbezirken gehören, soweit ihr erweiterter Bezirk sie mit umfaßt; sie sind Vorlegungsadressaten auch für solche Gerichte. Ist nur eine **teilweise Konzentration** vorgenommen worden (was nur in den Fällen des § 58, § 74 c Abs. 3 GVG zulässig ist), so betrifft der Streit, ob eine Sache von der Konzentration erfaßt wird, die örtliche Zuständigkeit.

**Überschneiden sich die Gerichtsbezirke** bei Zuständigkeitskonzentrationen verschiedener Art (etwa im Falle eines Bezirksschöffengerichts nach § 58 GVG und eines Bezirksjugendrichters nach § 33 Abs. 4 JGG oder bei einer partiellen Konzentration von Strafrichtersachen nach § 58 GVG, die anders geschnitten ist als der Bezirk des Bezirksschöffengerichts), so gehören zu dem (erweiterten) Bezirk des Gerichts höherer Ordnung alle Gerichte niedrigerer Ordnung, zu deren (erweitertem) Bezirk örtlich die Sache gehört, ohne Rücksicht darauf, ob sich der Sitz des Gerichts niedrigerer Ordnung ebenfalls im Bezirk des Gerichts höherer Ordnung befindet[25]. Entscheidend ist, daß sich die Bezirke der beteilgten Gerichte ganz oder teilweise decken (§ 4, 25). **15**

**c) Auswärtige Strafkammer.** Der Bezirk einer nach § 78 GVG gebildeten Strafkammer umfaßt nur den (oder die) Amtsgerichtsbezirke, für den sie gebildet ist. Insoweit ist sie, nicht eine andere Strafkammer, Vorlegungsadressat; sie kann aber nach Absatz 1 auch nur in ihrem (verkleinerten) Bezirk das Hauptverfahren eröffnen und muß sich auf den Ausspruch der örtlichen Unzuständigkeit beschränken, wenn sie zu dem Ergebnis kommt, daß sowohl die örtliche Zuständigkeit in ihrem (verkleinerten) Bezirk als auch die sachliche Zuständigkeit des Landgerichts nicht gegeben ist. Sind nach § 58 GVG bestimmte Arten von Strafsachen auch für diejenigen Amtsgerichte, für die die auswärtige Strafkammer gebildet ist, bei einem außerhalb des Bezirks der auswärtigen Strafkammer liegenden Amtsgericht konzentriert, so kann die auswärtige Strafkammer allerdings das Hauptverfahren vor diesem Bezirksamtsgericht eröffnen, sofern es nur infolge der Konzentration zuständig ist und bei ihrem Fehlen die Sache örtlich in den Be- **16**

---

und der der OLG Hamburg auch Bremen. In Bayern ist das BayObLG zuständig (§ 9 EGGVG in Vbdg. mit Art. 22 Nr. 1 BayAGGVG).

[23] OLG Karlsruhe MDR **1976** 164; *Katholnigg* NJW **1980** 132; *Rieß* JR **1980** 306; im Ergebnis ebenso OLG Karlsruhe JR **1980** 305; vgl. BGSt **29** 47.

[24] *Kissel* § 23 c, 2; KK-*Treier* 12; *Kleinknecht/Meyer* 6; KMR-*Paulus* 8; vgl. BVerfGE **24** 155, 166; BTDrucks. **8** 976, S. 43.

[25] **Beispiel:** Das Bezirksschöffengericht um-

faßt die Amtsgerichtsbezirke B und C. Zum Bezirksjugendrichter 1 mit Sitz in A gehören die Amtsgerichtsbezirke A und B, zum Bezirksjugendrichter 2 mit Sitz in D die Amtsgerichtsbezirke C und D. Gehört die vom Schöffengericht vor dem Jugendrichter zu eröffnende Sache örtlich zum Bezirk B, so ist vor dem Bezirksjugendrichter 1 in A zu eröffnen, weil dessen Bezirk teilweise auch zum Bezirksschöffengericht gehört; ist die örtliche Zuständigkeit in C begründet, so muß vor dem Bezirksjugendrichter 2 mit Sitz in D eröffnet werden.

Peter Rieß

zirk der auswärtigen Strafkammer gehören würde. Denn der Bezirk des nach § 58 GVG zuständigen Amtsgerichts umfaßt die der übrigen Amtsgerichte mit und die auswärtige Strafkammer ist deshalb auch (partiell) für den (erweiterten) Bezirk des Bezirksamtsgerichts gebildet.

**17**     **3. Verbindung und Trennung.** Nach § 2 können Sachen, die zur sachlichen Zuständigkeit von Gerichten verschiedener Ordnung gehören, verbunden bei dem Gericht mit der höheren Zuständigkeit anhängig gemacht werden; über die Aufrechterhaltung oder Herstellung einer Verbindung hat das Gericht zu entscheiden (vgl. im Einzelnen die Erläuterungen zu §§ 2, 4). Für die Anwendung des § 209 ergibt sich hieraus folgendes: Klagt die Staatsanwaltschaft mehrere verbundene Sachen unterschiedlicher Zuständigkeit bei dem Gericht höherer Ordnung an und hält dieses die Verbindung aufrecht, so eröffnet es das Hauptverfahren insgesamt vor sich. Beschließt dieses Gericht, was auch aus Gründen der Zweckmäßigkeit geschehen kann (§ 2 Abs. 2), die Trennung, so hat es das in seine Zuständigkeit fallende Verfahren vor sich, das in die Zuständigkeit eines Gerichts niedrigerer Ordnung in seinem Bezirk (Rdn. 13 ff) fallende Verfahren nach Absatz 1 vor diesem zu eröffnen (OLG Karlsruhe GA **1978** 122; vgl. auch § 209 a, 23 f). Hat die Staatsanwaltschaft bei einem Gericht zwei zusammenhängende Sachen (§ 3) getrennt anhängig gemacht, hält dieses eine Verbindung für geboten *und* würde infolge der Verbindung die Zuständigkeit eines Gerichts höherer Ordnung gegeben sein (etwa, weil die dann zu erwartende Gesamtstrafe die Strafbanngrenze überschreiten würde), so legt dieses Gericht die Sache nach Absatz 2 dem Gericht höherer Ordnung zur Entscheidung über die Verbindung und über die Eröffnung vor.

## IV. Eröffnung vor einem Gericht niedrigerer Ordnung (Absatz 1)

**18**     **1. Reichweite des Absatzes 1.** Das jeweilige Gericht höherer Ordnung kann das Verfahren vor allen Gerichten niedrigerer Ordnung in seinem Bezirk (Rdn. 13 ff) eröffnen und dabei auch Gerichtsstufen überspringen[26]. Das Oberlandesgericht kann deshalb das Verfahren unmittelbar vor dem Landgericht, dem Schöffengericht und dem Strafrichter, die Strafkammer vor dem Schöffengericht und dem Strafrichter und der Richter beim Amtsgericht als Vorsitzender des Schöffengerichts vor dem Strafrichter eröffnen, unabhängig davon, ob beide personengleich sind oder nicht.

**19**     Das Gericht ist **zur Eröffnung** vor dem Gericht niedrigerer Ordnung **verpflichtet**, wenn (bei Vorliegen der sonstigen Eröffnungsvoraussetzungen) dessen Zuständigkeit gegeben ist. Es kann sich weder auf eine Unzuständigkeitserklärung oder Abgabe beschränken[27], noch, da es sonst der Verpflichtung des § 6 zuwiderhandeln und gegen den Grundsatz des gesetzlichen Richters verstoßen würde, das Hauptverfahren vor sich selbst eröffnen. Die aus verfahrensökonomischen Gründen in § 269 getroffene Sonderregelung gilt erst für das erkennende Gericht, nicht für die Eröffffungsentscheidung. Wegen dieser Vorschrift kann allerdings das Gericht **nach Eröffnung des Hauptverfahrens** die Sache nicht mehr an ein Gericht niedrigerer Ordnung abgeben, unabhängig davon, ob sich die ursprüngliche Zuständigkeitsannahme als von Anfang an fehlerhaft er-

---

[26] Dies wurde trotz des engeren Wortlauts auch schon unter der bis zum 1. 1. 1979 geltenden Fassung der Vorschrift allgemein angenommen; vgl. die Nachweise in der 23. Aufl., Rdn. 13.

[27] Allerdings kann der Vorsitzende des mit der Sache befaßten Gerichts bei der Vorprü-

fung der Anklage (§ 201, 5; § 200, 54) die Staatsanwaltschaft auf Bedenken hinweisen. Teilt diese seine Auffassung, so kann sie unter Rücknahme der Anklage vor einem Gericht niedrigerer Ordnung erneut anklagen.

weist oder infolge einer Veränderung der tatsächlichen Grundlagen oder der Rechtslage später unzutreffend wird (vgl. im Einzelnen die Erläuterungen zu §269).

**2. Einzelfälle.** Daß entgegen der in der Anklageerhebung zu dem Gericht höherer **20** Ordnung zutagetretenden Zuständigkeitsannahme der Staatsanwaltschaft dieses die Zuständigkeit eines Gerichts niedrigerer Ordnung für begründet hält, kann auf unterschiedlichen Gründen beruhen. Folgende typische Fälle sind hervorzuheben:

**a) Abweichende rechtliche Würdigung.** Wenn das Gericht die angeklagte Tat, sei **21** es auf unveränderter oder auf von ihm abweichend bewerteter oder aufgrund eigener Beweisaufnahme nach §202 ergänzter tatsächlicher Grundlage, rechtlich abweichend würdigt (§207 Abs. 2 Nr. 3) und die von ihm angenommenen Tatbestände in die Zuständigkeit eines Gerichts niedrigerer Ordnung fallen, so ist vor diesem Gericht zu eröffnen. Insoweit ist die sachlich-rechtliche Qualifikation der Straftat, die die Tat im prozessualen Sinne erschöpfen muß, maßgebend (*Dünnebier* NStZ **1981** 152). So eröffnet beispielsweise die Schwurgerichtskammer auf eine Anklage wegen eines versuchten vorsätzlichen Tötungsdelikts vor dem Schöffengericht (oder dem Strafrichter), wenn sie den hinreichenden Verdacht des Tötungsvorsatzes verneint und deshalb lediglich den einer (einfachen oder gefährlichen) Körperverletzung annimmt, das Oberlandesgericht vor dem Strafrichter, wenn es die bei ihm angeklagte Tat nicht als Unterstützung einer terroristischen Vereinigung (§129 a StGB, §120 Abs. 1 Nr. 6 GVG), sondern lediglich als Sachbeschädigung bewertet (BayObLG NStZ **1983** 123).

**b) Das Ausscheiden von Tatteilen oder einzelnen Gesetzesverletzungen nach** **22** **§154 a** mit Zustimmung der Staatsanwaltschaft im Eröffnungsverfahren gemäß §154 a Abs. 2, §207 Abs. 2 Nr. 2, 4 führt ebenfalls zu einer Eröffnung vor einem Gericht niedrigerer Ordnung, wenn lediglich die ausgeschiedene Gesetzesverletzung die Zuständigkeit des Gerichts höherer Ordnung begründen konnte[28]. Praktische Bedeutung hat diese Möglichkeit vor allem dann, wenn beim Oberlandesgericht Anklage wegen einer Katalogtat nach §129 a Abs. 1 StGB in Tateinheit mit §129 a StGB erhoben wird und wenn das Oberlandesgericht den Vorwurf der Beteiligung an einer terroristischen Vereinigung nach §154 a Abs. 2 ausscheidet, oder (in Verbindung mit §209 a) wenn die mit der Anklage befaßte Wirtschaftsstrafkammer die ihre Zuständigkeit begründende Katalogtat nach §74 c Abs. 1 Nr. 1 bis 5 GVG ausscheidet und für das verbleibende Vermögensdelikt die Voraussetzungen des §74 c Abs. 1 Nr. 6 GVG nicht vorliegen (vgl. ergänzend die Erl. §154 a).

**c) Abweichende Rechtsfolgenerwartung.** Soweit die sachliche Zuständigkeit von **23** der Rechtsfolgenerwartung abhängt (§24 Abs. 1 Nr. 2, §25 Nr. 3 GVG) hat das mit der Eröffnungsentscheidung befaßte Gericht aufgrund des Eröffnungsachverhalts selbständig eine Prognose über die zu erwartende Rechtsfolge anzustellen und vor dem Gericht niedrigerer Ordnung zu eröffnen, wenn dessen Strafgewalt ausreicht (und nicht seine eigene Zuständigkeit aufgrund anderer Umstände gegeben ist). So kann die Strafkammer vor dem Schöffengericht eröffnen, wenn sie — ohne daß ein Fall von besonderer Bedeutung (Rdn. 24) vorliegt — entgegen der Auffassung der anklagenden Staatsanwaltschaft weder eine Freiheitsstrafe von mehr als drei Jahren, noch die Unterbringung in einem psychiatrischen Krankenhaus noch die Anordnung der Sicherungsverwahrung erwartet; der Vorsitzende des Schöffengerichts eröffnet vor dem Strafrichter, wenn keine

---

[28] BGHSt **29** 341 = NStZ **1981** 151 mit Anm. *Dünnebier*; KK-*Schoreit* §154 a, 13; KK-*Treier* 8; *Kleinknecht/Meyer* §154 a, 17; KMR-*Müller* §154 a, 10; *Kurth* NJW **1978** 2384; a. A OLG Köln JMBlNW **1977** 258. Die von mir in der 23. Aufl., EB §154 a, 7 ff vertretene Gegenmeinung wird aufgegeben.

Peter Rieß

höhere Strafe als ein Jahr Freiheitsstrafe zu erwarten und die Sache von minderer Bedeutung ist.

**24**     **d) Besondere und mindere Bedeutung der Sache.** Die „normativen" Zuständigkeitsmerkmale der besonderen und minderen Bedeutung der Sache sind ebenfalls vom eröffnenden Gericht selbständig und (trotz des Wortlauts in § 24 Abs. 1 Nr. 3, § 25 Nr. 3, § 74 Abs. 1 Satz 2 GVG) ohne Bindung an die Auffassung der Staatsanwaltschaft zu prüfen[29]. Bei Strafsachen, die an sich in die Zuständigkeit der Staatsschutz-Strafkammer nach § 74 a GVG fallen und bei denen der Generalbundesanwalt die Verfolgung übernommen und Anklage zum Oberlandesgericht erhoben hat (§ 74 a Abs. 2, § 120 Abs. 2 Satz 1 GVG), eröffnet das Oberlandesgericht das Hauptverfahren vor der Strafkammer nach § 74 a GVG, wenn nach seiner Auffassung eine besondere Bedeutung nicht vorliegt (§ 120 Abs. 2 Satz 2 GVG, der untechnisch von einer „Verweisung bei der Eröffnung" spricht, aber nichts anderes besagt[30]). Hat die Staatsanwaltschaft wegen der besonderen Bedeutung des Falles Anklage beim Landgericht erhoben (§ 74 Abs. 1 Satz 2 GVG), so eröffnet dieses vor dem Schöffengericht, wenn es die besondere Bedeutung verneint, vor dem Strafrichter, wenn dessen Zuständigkeit ausreicht, namentlich die Sache lediglich von „minderer Bedeutung" ist.

**25**     Ist bei einem Vergehen keine höhere Strafe als ein Jahr Freiheitsstrafe zu erwarten, so ist entsprechend der vom BVerfG vorgenommenen verfassungskonformen Auslegung des § 25 Nr. 3 GVG (BVerfGE **22** 254) auch dann, wenn die Staatsanwaltschaft Anklage vor dem Schöffengericht (oder der Strafkammer) erhoben hat, vor dem Strafrichter zu eröffnen, wenn die Sache von minderer Bedeutung ist; die Zustimmung der Statsanwaltschaft ist hierzu nicht erforderlich (*Rieß* 13 Fußn. 72).

**26**     **e) Teilweise Ablehnung der Eröffnung.** Die Eröffnung vor einem Gericht niedrigerer Ordnung kommt namentlich in Betracht, wenn bei mehreren verbunden angeklagten, prozessual selbständigen Taten das eröffnende Gericht die Eröffnung hinsichtlich der schwersten Tat mangels hinreichenden Tatverdachts ablehnt (§ 207 Abs. 2 Nr. 1) und hinsichtlich der verbleibenden Taten nach den unter Rdn. 23 ff dargelegten Grundsätzen die Zuständigkeit eines Gerichts niedrigerer Ordnung ausreicht.

**27**     **3. Inhalt des Eröffnungsbeschlusses.** Im Eröffnungsbeschluß ist das Gericht niedrigerer Ordnung, vor dem das Verfahren eröffnet wird, örtlich und seiner Art nach genau zu bezeichnen. Einer Angabe des geschäftsplanmäßig zuständigen Spruchkörpers bedarf es nicht; sie wäre, wenn sie dennoch vorgenommen wird, nicht bindend. Wird das Verfahren vor dem Schöffengericht eröffnet, so kann auch ohne Antrag der Staatsanwaltschaft die Zuziehung eines zweiten Richters und damit das Tätigwerden des sog. erweiterten Schöffengerichts angeordnet werden (§ 29 Abs. 2 Satz 2 GVG). Auch wenn die Anklage im übrigen unverändert zugelassen wird[31], ist die Eröffnung vor einem Gericht niedrigerer Ordnung regelmäßig zu begründen, da diese Entscheidung nach § 210 Abs. 2 von der Staatsanwaltschaft angefochten werden kann (§ 34). Entbehrlich ist eine Begründung, wenn die Staatsanwaltschaft nach Erhebung der Anklage die Eröffnung vor dem Gericht niedrigerer Ordnung beantragt oder ihr zugestimmt hatte (§ 210, 11). Im übrigen gelten die für eine Eröffnungsentscheidung (vgl. die Erläuterungen zu § 207) gegebenen Vorschriften.

---

[29] BVerfGE **9** 223; **22** 254; BGSt **21** 247, 250; *Kleinknecht/Meyer* § 25, 6 GVG; KK-*Müller* § 24, 11 GVG; § 25, 5 GVG; *Rieß* 8; *Roxin* § 7 A IV.

[30] KK-*Salger* § 120, 4 GVG; *Kleinknecht/Meyer* § 120, 3 GVG.

[31] Zur Begründung bei veränderter Anklagezulassung s. § 207, 32.

**4. Wirkung der Eröffnung vor einem Gericht niedrigerer Ordnung.** Durch die **28** von dem Gericht höherer Ordnung beschlossene Eröffnung wird das als zuständig bezeichnete Gericht in gleicher Weise mit der Sache befaßt, wie wenn es selbst die Eröffnung vorgenommen hätte. Es wird zum erkennenden Gericht und mit dem Erlaß des Eröffnungsbeschlusses[32] für die weiteren Entscheidungen zuständig.

Auch eine objektiv **willkürliche** (offensichtlich unhaltbare) **Eröffnung** vor einem **29** Gericht niedrigerer Ordnung **ist** wirksam und für dieses Gericht zunächst **bindend.** Die zu § 270 vertretene Auffassung, wonach die Bindungswirkung des Verweisungsbeschlusses bei Willkür entfällt[33], läßt sich nicht auf die Situation übertragen, die bei der Anwendung des § 209 Abs. 1 gegeben ist. Die Frage der sachlichen Vertretbarkeit der in der Eröffnungsentscheidung liegenden Zuständigkeitsbestimmung läßt sich nicht ausreichend sicher getrennt von der der Bejahung des hinreichenden Tatverdachts beantworten. Ein Eröffnungsbeschluß ist aber auch bei grob fehlerhafter Bejahung des hinreichenden Tatverdachts als vorläufige und im weiteren Verfahren korrigierbare Tatbewertung (BGHSt 23 304, 306) weder unwirksam noch anfechtbar noch aufhebbar (§ 207, 59; *Rieß* NStZ 1983 248), vielmehr muß diese Fehlerhaftigkeit im Hauptverfahren und ggf. im Rechtsmittelverfahren korrigiert werden. Diese Korrekturmöglichkeiten bestehen auch bei einer willkürlichen Zuständigkeitsbestimmung. Für das Hauptverfahren steht hierfür die Verweisungsmöglichkeit nach § 270 zur Verfügung, die auch der Korrektur einer von Anfang an fehlerhaften Zuständigkeitsbestimmung dient (*Rieß* 15); für das Revisionsverfahren ist bei willkürlicher Zuständigkeitsbestimmung die Revision auch in den Fällen eröffnet, in denen sonst die Revisibilität ausgeschlossen ist (Rdn. 49).

Eine **Bindungswirkung** hat der Beschluß für das Gericht niedrigerer Ordnung **nur 30 teilweise,** soweit es um die Zuständigkeitsfrage geht. Eine Vorlage nach Absatz 2 scheidet schon deshalb aus, weil das Hauptverfahren bereits eröffnet ist und damit § 209 keine Anwendung mehr findet. Die **Verweisung in der Hauptverhandlung** nach § 270 bleibt uneingeschränkt zulässig (KMR-*Paulus* 16). Bei der Vorlage außerhalb der Hauptverhandlung nach § 225 a Abs. 1 ist zu unterscheiden: Sie ist unzulässig, soweit sie bei unveränderter Sachlage an das Gericht erfolgt, das den Eröffnungsbeschluß erlassen hat, denn insoweit hat mit der Eröffnungsentscheidung auch das zur Entscheidung über die **Übernahme nach § 225 a** zuständige Gericht bereits negativ entschieden (vgl. § 225 a, 33). Dagegen ist die Vorlage zulässig, wenn sich aufgrund neuer, im Zeitpunkt der Eröffnung noch nicht bekannter Umstände die Notwendigkeit einer Zuständigkeitsveränderung ergibt, etwa wenn nunmehr Tatsachen hervortreten, die die Strafgewalt des erkennenden Gerichts als nicht ausreichend erscheinen lassen (a. A — § 225 a stets unanwendbar — KMR-*Paulus* 16). Es wäre ein unnützer Formalismus, in solchen Fällen zu verlangen, erst mit der Hauptverhandlung zu beginnen und dann nach § 270 zu verweisen.

**5. Anfechtbarkeit.** Für den Angeklagten ist die Eröffnung vor einem Gericht nied- **31** rigerer Ordnung unanfechtbar, der Staatsanwaltschaft steht (§ 210 Abs. 2) sofortige Beschwerde zu (vgl. näher § 210, 8; 11).

---

[32] KK-*Treier* 13; *Kleinknecht/Meyer* 8; **a. A** (Eingang des Beschlusses) KMR-*Paulus* 16; LR-*Meyer-Goßner*[23] 28.

[33] BGHSt **29** 216, 219; OLG Düsseldorf JMBlNW **1979** 152; KK-*Engelhard* § 270, 26; *Kleinknecht/Meyer* § 270, 21; KMR-*Müller* § 270, 14; näher bei § 270.

Peter Rieß

## V. Vorlage an ein Gericht höherer Ordnung (Absatz 2)

### 1. Reichweite des Absatzes 2

**32**     a) **Allgemeines.** Hält das von der Staatsanwaltschaft in der Anklage bezeichnete (§ 200 Abs. 1 Satz 2) und deshalb mit der Sache befaßte Gericht ein solches höherer Ordnung, zu dessen Bezirk es gehört (Rdn. 13 ff) für zuständig, so darf es schon wegen § 6 das Verfahren weder vor sich selbst noch vor dem Gericht höherer Ordnung eröffnen. Absatz 2 schließt auch aus, daß es sich für unzuständig erklärt. Es hat vielmehr unter Vorlage der Akten die Entscheidung des Gerichts höherer Ordnung herbeizuführen. Die in der Vorschrift genannte Entscheidung ist die Eröffnungsentscheidung selbst[34], nicht etwa eine Zwischenentscheidung über den Zuständigkeitsstreit der beteiligten Gerichte, den § 209 gerade vermeiden will. Ist das Hauptverfahren bereits eröffnet, so ist, soweit eine zu beachtende Zuständigkeit eines Gerichts höherer Ordnung in Betracht kommt, je nach Sachlage nach § 270 oder nach § 225 a zu verfahren, dessen Einführung durch das StVÄG 1979 die früher vertretene analoge Anwendung des § 209 (vgl. die Nachweise in der 23. Aufl., Rdn. 30) entbehrlich macht.

**33**     b) **Gründe für die Vorlage.** Entscheidend ist die Auffassung des vorlegenden Gerichts darüber, ob nach seiner Beurteilung das Hauptverfahren vor einem Gericht höherer Ordnung stattfinden muß. Diese Auffassung kann auf unterschiedlichen Gründen beruhen; die Ausführungen unter Rdn. 20 ff gelten für diesen Fall entsprechend. Zu einer Vorlage kann auch eine von der Auffassung der Staatsanwaltschaft abweichende Beurteilung der besonderen bzw. minderen Bedeutung der Sache Veranlassung geben[35]. Deshalb hat der Strafrichter die Sache dem Vorsitzenden des Schöffengerichts, dieser der Strafkammer vorzulegen, wenn vom Tatbestand und der Straferwartung her seine Zuständigkeit an sich gegeben wäre, ihm die Sache aber nicht von minderer bzw. von besonderer Bedeutung zu sein scheint.

**34**     Verneint das **Gericht** niedrigerer Ordnung den **hinreichenden Tatverdacht** insgesamt, würde aber bei seiner Bejahung die Zuständigkeit eines Gerichtes höherer Ordnung gegeben sein, so muß es vorlegen und darf nicht etwa die Eröffnung des Hauptverfahrens ablehnen. Denn die Entscheidung über den hinreichenden Tatverdacht steht, wie sich aus § 199 Abs. 1 ergibt, dem Gericht zu, das im Falle seiner Bejahung für das Hauptverfahren zuständig wäre. Die Verneinung des hinreichenden Tatverdachts durch ein hierfür sachlich unzuständiges Gericht, mithin eine Sachentscheidung über die Eröffnungsvoraussetzungen, würde der Verpflichtung des mit der Anklage befaßten Gerichts zuwiderlaufen, seine Zuständigkeit in jeder Lage des Verfahrens zu prüfen (§ 6), und den Angeschuldigten im Eröffnungsverfahren seinem gesetzlichen Richter entziehen. Die Rechtslage entspricht, mit der durch die unterschiedliche Verfahrenslage gebotenen Differenzierung, derjenigen, die sich bei der Frage ergibt, von welchem Zeitpunkt ab in der Hauptverhandlung eine Verweisung nach § 270 Abs. 1 bei auftretendem Verdacht geboten ist (vgl. die Erläuterungen zu § 270; *Rieß* 17). Daß dort die Verweisung erst bei hinreichendem Tatverdacht erforderlich ist, beruht auf der Besonderheit, daß § 270 eine im Gesamtsystem irreguläre bindende Zuständigkeitsbestimmung durch ein Gericht niedrigerer Ordnung begründet (*Rieß* 16), was im Eröffnungsverfahren gerade nicht der Fall ist.

---

[34] BGHSt **6** 114; BTDrucks. **8** 976, S. 44; im Schrifttum allg. M; vgl. aber für das Verhältnis von Jugendschöffengericht und Jugendkammer § 40 Abs. 2 bis 4 JGG sowie unten Rdn. 44.

[35] Vgl. RegE StVÄG 1979, BTDrucks. **8** 976, S. 22, 44; a. A *Kissel* § 24, 10 a.E, wie hier aber § 25, 8 a.E.

**c) Verhältnis Strafrichter zum Schöffengericht.** Da auch das Schöffengericht ge- **35**
genüber dem Strafrichter ein Gericht höherer Ordnung ist, gilt Absatz 2 auch im Verhältnis vom Strafrichter zum Vorsitzenden des Schöffengerichts. Eine unmittelbare und
alsbaldige Eröffnung vor dem Schöffengericht ohne Beteiligung der Staatsanwaltschaft
ist dem Strafrichter stets verwehrt, und zwar auch dann, wenn er zugleich Vorsitzender
des zuständigen Schöffengerichts ist[36]. Sind der Strafrichter und der Vorsitzende des
Schöffengerichts nicht identisch, so ist stets mit einem formellen Vorlagebeschluß über
die Staatsanwaltschaft vorzulegen. Besteht Personenidentität, so wird es dem Zweck
des Absatzes 2 auch noch gerecht, wenn in einer Art „vereinfachtem Vorlageverfahren"
der Strafrichter der Staatsanwaltschaft lediglich ohne ausdrücklichen Vorlagebeschluß
Gelegenheit zur Äußerung gibt, dies dem Angeschuldigten mitteilt, und nach Eingang
der Äußerung oder fruchtlosem Fristablauf das Verfahren vor dem Schöffengericht
eröffnet. Zu den Konsequenzen einer ohne dieses Verfahren vorgenommenen Eröffnung vor dem Schöffengericht vgl. § 207, 48.

**d) Zeitpunkt.** Die Vorlage kommt erst in Betracht, wenn die Sache zur Entschei- **36**
dung über die Eröffnung reif ist; das vorlegende Gericht hat die formellen Voraussetzungen für die Eröffnung vorzubereiten. Dazu gehört insbesondere die Mitteilung der
Anklageschrift nach § 201 sowie ggf. die Bestellung eines Verteidigers[37]. Die Frist zur
Erklärung über die Anklage ist abzuwarten. Eine verfrühte Vorlage verpflichtet das Gericht höherer Ordnung nicht zur Entscheidung über die Eröffnung, vielmehr kann es
die Sache an das vorlegende Gericht zurückgeben[38]. Das höhere Gericht kann vor der
von ihm zu treffenden Eröffnungsentscheidung **einzelne Beweiserhebungen** nach § 202
anordnen; das vorlegende braucht solche nur selbst vorzunehmen, soweit sie für seine
Vorlageentscheidung unerläßlich sind und kann sie im übrigen dem Gericht höherer
Ordnung überlassen (KMR-*Paulus* 18 a. E.).

**2. Vorlageadressat.** Vorzulegen ist — stets durch Vermittlung der Staatsanwalt- **37**
schaft (Rdn. 40) — dem Gericht, welches das vorlegende Gericht für zuständig hält;
dabei können Gerichtsstufen übersprungen werden. So kann der Strafrichter unmittelbar dem Landgericht oder dem Oberlandesgericht vorlegen[39]. Auch die Zuständigkeiten besonderer Strafkammern kraft Gesetzes nach § 74 Abs. 2, §§ 74 a, 74 c GVG sind
zu beachten. Die Vorlage vom Strafrichter und vom Schöffengericht ist daher direkt an
das Schwurgericht, die Wirtschaftsstrafkammer oder die Staatsschutz-Strafkammer zu
richten, wenn deren Zuständigkeit angenommen wird. Bei Zuständigkeitskonzentrationen kommt dabei entsprechend dem unter Rdn. 14 f Ausgeführten auch eine Vorlage bei
einem Landgericht in Betracht, das für allgemeine Strafsachen dem vorlegenden Amtsgericht nicht vorgeordnet ist (Begr. zum RegE StVÄG 1979, BTDrucks. 8 976, S. 44).

**3. Vorlageverfahren**
**a) Inhalt der Vorlage.** Die Vorlage erfordert einen **Vorlegungsbeschluß.** In dessen **38**
Tenor ist der Spruchkörper, dem vorgelegt wird, örtlich und seiner Art nach zu be-

---

[36] KMR-*Paulus* 18; heute allg. M; die Frage
war früher umstritten; vgl. 23. Aufl., Rdn.
32.
[37] BGSt **6** 109, 113 = JZ **1955** 52 mit Anm.
*Peters*; KMR-*Paulus* 18; *Kleinknecht/Meyer*
3; a. A *Peters* JZ **1955** 54 (Zweckmäßigkeits-
frage).
[38] Nach BGHSt **6** 109, 115 kommt einem solchen Vorlagebeschluß „keine rechtliche

Bedeutung zu", während *Peters* aaO ihn für
wirksam, aber unzulässig hält.
[39] **Beispiel:** Die Staatsanwaltschaft klagt
wegen Sachbeschädigung vor dem Strafrichter an; dieser ist der Auffassung, daß der
hinreichende Verdacht des tateinheitlichen
Zusammentreffens mit der Unterstützung
einer terroristischen Vereinigung (§ 129 a
StGB) besteht und daher das OLG zuständig
ist (§ 120 Abs. 1 Nr. 6 GVG).

Peter Rieß

zeichnen. Da dieser Beschluß zugleich den Antrag der Staatsanwaltschaft ablehnt, das Hauptverfahren vor dem vorlegenden Gericht zu eröffnen, und weil das höhere Gericht darüber unterrichtet sein muß, warum das vorlegende Gericht seine Zuständigkeit annimmt, bedarf der Beschluß nach § 34 der **Begründung** (*Kleinknecht/Meyer* 8; KMR-*Paulus* 19). Sie muß erkennen lassen, warum sich das vorlegende Gericht für unzuständig und das Gericht, dem vorgelegt wird, für zuständig hält.

**39**      Eine **Anhörung** des Angeschuldigten und der Staatsanwaltschaft vor Erlaß des Vorlagebeschlusses ist **nicht erforderlich**, da er keine Entscheidung im Sinne des § 33 Abs. 2, 3 darstellt[40]. Mit ihm wird die Entscheidung über die Eröffnung nur auf das Gericht höherer Ordnung verlagert. Dagegen ist der Beschluß als Entscheidung im Sinne des § 35 Abs. 2 Satz 2 dem Angeschuldigten formlos mitzuteilen[41], und zwar durch das vorlegende Gericht (§ 36 Abs. 1, vgl. § 36, 6), denn der Angeschuldigte, dem die Anklageschrift vom vorlegenden Gericht mitgeteilt worden war (Rdn. 36), muß wissen, wo das Verfahren jetzt anhängig ist.

**40**      b) **Vermittlung der Staatsanwaltschaft.** Der Vorlagebeschluß mit den Akten ist stets, grundsätzlich auch, wenn vom Strafrichter dem Vorsitzenden des Schöffengerichts vorgelegt wird (vgl. aber Rdn. 35), der Staatsanwaltschaft zu übersenden, die die Zuleitung an das Gericht höherer Ordnung vorzunehmen hat. Eine unmittelbare Vorlage gibt das Gericht, dem vorgelegt worden ist, mit einem entsprechenden Hinweis zurück. Wird dem Oberlandesgericht vorgelegt, so läuft die Vorlage über die Staatsanwaltschaft beim Landgericht und die Generalstaatsanwaltschaft (vgl. auch Rdn. 45), wird vom Amtsgericht bei einer örtlichen Zuständigkeitskonzentration einem anderen Landgericht vorgelegt, als dem, zu dessen Bezirk es organisatorisch gehört (Rdn. 14), so läuft die Vorlage über die Staatsanwaltschaften beider Landgerichte. Der Staatsanwaltschaft wird auf diese Weise zugleich der Vorlegungsbeschluß im Sinne des § 35 bekanntgemacht.

**41**      Die Staatsanwaltschaft kann trotz des Vorlagebeschlusses die **Anklage** noch **zurücknehmen** (§ 156) und ggf. die Sache bei einem anderen Gericht neu anklagen, da das Hauptverfahren noch nicht eröffnet ist. Tut sie dies nicht, so ist sie zur **Weiterleitung** an das im Vorlagebeschluß bezeichnete Gericht **verpflichtet**; dabei kann sie zum Vorlagebeschluß Stellung nehmen. Eine **Ergänzung der Anklageschrift** wird erforderlich, wenn der Strafrichter vorlegt und die bei ihm erhobene Anklage kein wesentliches Ergebnis der Ermittlungen enthält (§ 200 Abs. 2 Satz 2). Dazu ist die Staatsanwaltschaft verpflichtet, auch wenn sie in ihrer Stellungnahme der Eröffnung vor einem Gericht höherer Ordnung widerspricht.

**42**      4. **Entscheidung auf die Vorlage.** Das Gericht, dem die Sache vorgelegt wird, entscheidet ebenso, wie wenn die Staatsanwaltschaft unmittelbar zu ihm Anklage erhoben hätte. Es ist insoweit an die Vorlage gebunden, als es die Entscheidung über die Eröffnung des Hauptverfahrens nicht verweigern darf; keine Bindung tritt jedoch in bezug auf die Zuständigkeitsauffassung des vorlegenden Gerichts ein. Das Gericht, dem die Sache vorgelegt worden ist, hat seine Zuständigkeit selbständig zu prüfen. Kommt es zu einer von der Vorlagebegründung abweichenden Auffassung, so ist je nach Sachlage vor einem Gericht niedrigerer Ordnung — auch dem vorlegenden (Begr. zum RegE StVÄG 1979, BTDrucks. 8 976, S. 44) — nach Absatz 1 zu eröffnen oder weiter vorzulegen. Steht nur noch die Zuständigkeit besonderer Strafkammern oder gleichrangiger Ju-

---

[40] § 33, 7; *Giesler* Der Ausschluß der Beschwerde (1981), 258; *Kleinknecht/Meyer* 8; KMR-*Paulus* 19.

[41] KK-*Treier* 14; *Kleinknecht/Meyer* 8; KMR-*Paulus* 19.

gend- und Erwachsenengerichte in Frage, so richtet sich das weitere Verfahren nach § 209 a.

Vor der Eröffnungsentscheidung können **vorbereitende Maßnahmen** auch über er- **43** gänzende Beweiserhebungen nach § 202 hinaus erforderlich werden. Hat bei einer Vorlage durch den Strafrichter die Staatsanwaltschaft die Anklage um ein wesentliches Ergebnis der Ermittlungen ergänzt, so ist diese ergänzte Anklage in entsprechender Anwendung des § 201 dem Angeschuldigten nochmals zuzustellen, denn diese Vorschrift gewährt ihm das Recht, sich zu der Anklageschrift in der Form zu äußern, die der Eröffnungsentscheidung des Gerichts zugrunde liegt. Ist vorgelegt worden, weil die Zuständigkeit des Landgerichts begründet erscheint oder der (von der Anklage noch nicht angenommene) Verdacht eines Verbrechens besteht und erwägt das Gericht, dem die Sache vorgelegt worden ist, dieser Auffassung zu folgen, so hat es dem unverteidigten Angeschuldigten, ggf. nach fruchtloser Aufforderung, einen Verteidiger zu wählen oder einen zu bestellenden zu bezeichnen (§ 201, 11), zunächst einen Verteidiger zu bestellen. Denn nunmehr würde die Verteidigung nach § 140 Abs. 1 Nr. 1, 2 notwendig und der Verteidiger ist nach § 141 Abs. 1 so rechtzeitig zu bestellen, daß er schon vor der Eröffnung des Hauptverfahrens tätig werden kann.

### 5. Besondere Fälle

**a) Jugendsachen.** Für das Verhältnis der Jugendgerichte untereinander in der **44** Rangordnung Jugendrichter, Jugendschöffengericht und Jugendkammer gelten infolge der Verweisung auf § 209 in den §§ 39 Abs. 1 Satz 3, 40 Abs. 1 Satz 2 JGG grundsätzlich die gleichen Regeln wie für das Verhältnis von Erwachsenengerichten. Allerdings weicht die sachliche Zuständigkeit der Jugendgerichte (§§ 39 bis 41 JGG) von der vergleichbarer Erwachsenengerichte teilweise nicht unerheblich ab, namentlich die Zuständigkeit der Jugendkammer ist zugunsten des Jugendschöffengerichts wesentlich enger als die der allgemeinen Strafkammer. Für die Zuständigkeit der Jugendkammr nach § 41 Abs. 1 Nr. 2 JGG wegen des **besonderen Umfangs der Sache** enthält das JGG ein von § 209 abweichendes besonderes Übernahmeverfahren. Anzuklagen ist, auch wenn die Sache von besonderem Umfang ist, stets vor dem Jugendschöffengericht. Dieses kann von Amts wegen durch einen besonderen Beschluß eine Entscheidung der Jugendkammer darüber herbeiführen, ob sie die Sache übernimmt. Verneint die Jugendkammer dies, so bleibt die Eröffnungsentscheidung dem Jugendschöffengericht überlassen, bejaht sie es, so ist ein besonderer, mit dem Eröffnungsbeschluß zu verbindender Übernahmebeschluß zu erlassen (§ 40 Abs. 2 bis 4 JGG). Wegen der Einzelheiten ist auf die Kommentare zum JGG zu verweisen.

**b) Vorlage in Staatsschutz-Strafsachen.** In Staatsschutz-Strafsachen richtet sich **45** die Vorlage vom Amtsgericht oder von der Strafkammer nach § 209 Abs. 2, wenn das vorlegende Gericht die Zuständigkeit des Oberlandesgerichts aufgrund von § 120 Abs. 1 GVG für gegeben hält. Die Vorlage läuft zusätzlich über den Generalbundesanwalt, der in diesen Fällen nach § 142 a GVG das Amt der Staatsanwaltschaft bei den Oberlandesgerichten ausüben kann. Trotz des scheinbar entgegenstehenden Wortlauts des § 142 a Abs. 2 GVG, der die Abgabe nur bis zur Erhebung der Anklage ermöglicht, muß der Generalbundesanwalt unter den Voraussetzungen des § 142 a Abs. 2, 3 GVG die Sache an die Landesstaatsanwaltschaft abgeben. Dieser obliegt alsdann die weitere Vorlage an das Oberlandesgericht und die Vertretung der Anklage vor diesem[42].

---

[42] KK-*Treier* 10; ausführliche Begründung in der 23. Aufl., EB 15; vgl. die Erläuterungen zu § 142 a GVG.

Peter Rieß

**46** Hält die Staatsschutz-Strafkammer die Zuständigkeit des Oberlandesgerichts nach § 120 Abs. 2 GVG wegen **besonderer Bedeutung nach** § 74 a Abs. 2 GVG für begründet, so scheidet eine unmittelbare Vorlage an das Oberlandesgericht nach Absatz 2 aus, weil der Übergang der sachlichen Zuständigkeit auf das Oberlandesgericht in diesen Fällen voraussetzt, daß der Generalbundesanwalt aufgrund eigener sachlicher Prüfung und Entscheidung konstitutiv die Sache übernimmt (*Rieß* 9). In solchen Fällen hat die Staatsschutz-Strafkammer entsprechend dem Grundgedanken des Absatzes 2 die Sache durch Vermittlung der Landesstaatsanwaltschaft durch einen den Erfordernissen eines Vorlagebeschlusses entsprechenden Beschluß dem Generalbundesanwalt zur Entscheidung darüber vorzulegen, ob er die Verfolgung übernimmt. An eine Verneinung der besonderen Bedeutung durch ihn ist die Staatsschutz-Strafkammer gebunden (KK-*Treier* 10; *Rieß* 9). Zur Revisibilität s. Rdn. 49.

**47** **6. Anfechtbarkeit.** Der Vorlagebeschluß ist weder für den Angeschuldigten noch für die Staatsanwaltschaft anfechtbar[43]. Er ist keine Entscheidung im Sinne der §§ 33, 304, sondern bereitet eine Entscheidung über die Eröffnung und die darin liegende Bestimmung des zuständigen Gerichts erst vor. Der Eröffnungsbeschluß selbst ist aber für den Angeklagten unanfechtbar, die Staatsanwaltschaft könnte allenfalls die Eröffnung vor einem Gericht niedrigerer Ordnung anfechten. Die Anfechtbarkeit der Eröffnungsentscheidung aufgrund der Vorlage richtet sich nach § 210 (vgl. § 210, 11).

## VI. Revision

**48** **1. Grundsatz.** Daß das erkennende Gericht sachlich nicht zuständig gewesen sei, kann im allgemeinen durch die Revision überprüft werden. Zwar kann die rechtsfehlerhafte Zuständigkeitsbestimmung durch den Eröffnungsbeschluß als solche wegen § 210 Abs. 1 in Vbdg. mit § 336 Satz 2 nicht mit der Revision geltend gemacht werden. Der revisible Gesetzesverstoß liegt aber nicht in der fehlerhaften Eröffnungsentscheidung, sondern darin, daß das Gericht seine auch nach der Eröffnung des Hauptverfahrens fortbestehende Amtspflicht zur Beachtung der sachlichen Zuständigkeit (§ 6) nicht (durch Verweisung nach § 270 oder durch Vorlage nach § 225 a) erfüllt hat (*Rieß* 21). Folglich reicht die Revisibilität auch nur so weit, wie die Pflicht zur Beachtung der sachlichen Unzuständigkeit nach der Eröffnung des Hauptverfahrens reicht.

**49** **2. Ausnahmen.** Aus diesen Gründen kann mit der Revision wegen § 269 nicht gerügt werden, daß die Sache vor einem Gericht niedrigerer Ordnung hätte eröffnet und verhandelt werden müssen. Ebensowenig kann mit ihr geltend gemacht werden, daß die Sache wegen fehlender minderer Bedeutung statt vor dem Strafrichter vor dem Schöffengericht oder wegen der besonderen Bedeutung statt vor dem Schöffengericht vor der Strafkammer hätte eröffnet und verhandelt werden müssen[44]; davon ist auch der Gesetzgeber bei der Neufassung des § 209 ausgegangen (BTDrucks. 8 976, S. 22, 59; *Rieß* NJW **1978** 2267). Jedoch bleibt die Revisibilität erhalten, wenn bei der Zuständigkeitsbestimmung bei Auslegung der normativen Zuständigkeitsmerkmale der minderen und besonderen Bedeutung der Sache objektiv willkürlich verfahren worden ist (BGH GA **1970** 240; GA **1981** 321), weil damit zugleich der uneingeschränkt revisible Art. 101

---

[43] BayObLG *Alsb.* E **2** 67; *Bohnert* 21; *Giesler* (wie Fußn. 40) 258 f; KK-*Treier* 16; *Kleinknecht/Meyer* 9; KMR-*Paulus* § 210, 26.
[44] BGH GA **1980** 220; GA **1981** 321 mit Anm. *Rieß;* KK-*Treier* 17; *Kleinknecht/Meyer*

§ 338, 14; KMR-*Paulus* Vor § 1, 74; *Rieß* 20; a. A *Kröger* Der gesetzliche Richter und die besondere Bedeutung des Falles, Diss., 1972, 158.

Abs. 1 Satz 2 GG (§ 16 GVG) verletzt ist. Gleiche Grundsätze gelten bei der Revisibilität von Verstößen gegen die bloß geschäftsplanmäßige Zuständigkeit (Rdn. 7 ff). Daß eine Staatsschutz-Strafsache nach §§ 74 a Abs. 2, 120 Abs. 2 GVG wegen besonderer Bedeutung vor dem Oberlandesgericht hätte verhandelt werden müssen, kann dagegen uneingeschränkt mit der Revision geltend gemacht werden, weil andernfalls dieses normative Merkmal wegen der Bindung der Staatsschutz-Strafkammer an die Auffassung des Generalbundesanwalts (Rdn. 46) ohne jede gerichtliche Kontrolle bleiben würde (*Rieß* 21).

## § 209 a

Im Sinne des § 4 Abs. 2, des § 209 sowie des § 210 Abs. 2 stehen
1. die besonderen Strafkammern nach § 74 Abs. 2, §§ 74 a, 74 c des Gerichtsverfassungsgesetzes für ihren Bezirk gegenüber den allgemeinen Strafkammern und untereinander in der in § 74 e des Gerichtsverfassungsgesetzes bezeichneten Rangfolge und
2. die Jugendgerichte für die Entscheidung, ob Sachen
   a) nach § 33 Abs. 1, § 103 Abs. 2 Satz 1 und § 107 des Jugendgerichtsgesetzes oder
   b) als Jugendschutzsachen (§ 26 Abs. 1 Satz 1, § 74 b Satz 1 des Gerichtsverfassungsgesetzes)
   vor die Jugendgerichte gehören, gegenüber den für allgemeine Strafsachen zuständigen Gerichten gleicher Ordnung
Gerichten höherer Ordnung gleich.

**Schrifttum** vgl. § 209.

**Entstehungsgeschichte.** Die Vorschrift ist eingefügt worden durch Art. 1 Nr. 16 StVÄG 1979; Art. 6 Abs. 6 und 7 dieses Gesetzes enthält hierzu Überleitungsvorschriften (vgl. näher 23. Aufl., EB 49 ff).

*Übersicht*

Peter Rieß

## I. Bedeutung

**1** Die Vorschrift regelt die Eröffnungskompetenz zwischen verschiedenen Spruchkörpern, denen kraft Gesetzes ein besonderer Geschäftsbereich zugewiesen ist und die untereinander nicht im Verhältnis höherer und niedrigerer Ordnung stehen, und wird für Zuständigkeitskonflikte nach der Eröffnung des Hauptverfahrens als Verweisungsobjekt in den §§ 225 a Abs. 1 Satz 1, 270 Abs. 1 Satz 1 nutzbar gemacht[1]. Sie gehört zu einem System aufeinander abgestimmter Änderungen in der Strafprozeßordnung, dem Gerichtsverfassungsgesetz und dem Jugendgerichtsgesetz. Grundlage ist die Bestimmung einer formalen Vorrangreihenfolge[2] zwischen allen Spezialspruchkörpern unter Einbeziehung der Jugendgerichtsbarkeit durch § 74 e GVG und die Neufassung des § 103 Abs. 2 JGG (*Katholnigg* NJW **1978** 2375). Durch § 6 a (vgl. die dortigen Erläuterungen) wird die Amtspflicht zur Beachtung der Zuständigkeit von Strafkammern mit gesetzlich zugewiesenem Geschäftsbereich auf die Zeit bis zur Eröffnung des Hauptverfahrens begrenzt; danach ist sie nur noch auf zeitlich befristeten Einwand des Angeklagten zu beachten. Dagegen ist die Zuständigkeit der Jugendgerichte in Jugendsachen wie die sachliche Zuständigkeit in jeder Lage des Verfahrens von Amts wegen zu beachten. Die lückenlose Vorrangreihenfolge wird für die Eröffnungs- und Verweisungskompetenz mittels einer Fiktion (*Rieß* NJW **1978** 2267) dergestalt genutzt, daß in unterschiedlichem Umfang vorrangige Spruchkörper gegenüber in der Reihenfolge nachgehenden wie Gerichte höherer Ordnung behandelt werden. Sitz dieser Fiktion ist § 209 a.

## II. Anwendungsbereich

**2** **1. Fallgruppen des § 209 a.** Die Fiktion oder „Gleichstellungsklausel" (*Kleinknecht/Meyer* 2) des § 209 a gilt für drei Fallgruppen, die in unterschiedlichem Umfang Bezugsobjekt für Verweisungen auf die Vorschrift sind. Nummer 1 betrifft das Verhältnis der besonderen Strafkammern nach § 74 Abs. 2 GVG (Schwurgericht), § 74 a GVG (Staatsschutz-Strafkammer) und § 74 c GVG (Wirtschaftsstrafkammer) untereinander und zur allgemeinen Strafkammer. Nummer 2 Buchstabe a betrifft das Verhältnis zwischen Jugendgerichten und gleichrangigen Erwachsenengerichten bei Meinungsverschiedenheiten über die Frage, vor welches Gericht Sachen nach den Vorschriften des Jugendgerichtsgesetzes gehören. Nummer 2 Buchstabe b regelt den Vorrang der Jugendgerichte für die Frage, ob Sachen als Jugendschutzsachen nach § 26 GVG (§ 74 b GVG) vor den Jugendgerichten zu verhandeln sind.

---

[1] Vgl. zum Anlaß für die Neuregelung und die bis dahin bestehenden Kontroversen 23. Aufl., EB Rdn. 2.

[2] Die Vorrangreihenfolge bedeutet, worauf *Katholnigg* NJW **1978** 2376 hinweist, lediglich eine technisch erforderliche Zuständigkeitsordnung aufgrund pragmatischer Überlegungen, keine materielle Rangordnung.

**2. Reichweite.** Die Fiktion des § 209 a gilt allgemein für die Entscheidung über **3** die Eröffnung nach § 209, für die Zulässigkeit der sofortigen Beschwerde der Staatsanwaltschaft nach § 210 Abs. 2 und für die Zuständigkeit zur Verbindung und Trennung nach § 4 Abs. 2. Für die unterschiedliche Reichweite nach der Eröffnung des Hauptverfahrens s. Rdn. 12, 20 und 32. Dagegen folgt aus § 209 a nicht, daß die dort als Gerichten höherer Ordnung gleichstehend bezeichneten Spruchkörper dies in jeder denkbaren Hinsicht sind, doch kommt in einigen Fällen eine zumindest entsprechende Anwendung der Vorschrift in Betracht.

Sind im **Ermittlungsverfahren** Entscheidungen dem Gericht übertragen, das für **4** die Eröffnung des Hauptverfahrens zuständig wäre, so gilt das zu § 209, 4 Ausgeführte entsprechend.

Sind **Beschwerdeentscheidungen** zu treffen, so ist für diese die Spezialstrafkam- **5** mer zuständig (§§ 74 a Abs. 3, 74 c Abs. 2 GVG, § 41 Abs. 2 Satz 2 JGG, für die Schwurgerichtskammer gilt auch ohne ausdrückliche gesetzliche Vorschrift das gleiche; *Meyer-Goßner* NStZ **1981** 173). Amtsgericht und Staatsanwaltschaft haben daher die von ihnen ggf. für zuständig gehaltene Spezialstrafkammer, die bei örtlichen Zuständigkeitskonzentrationen organisatorisch zu einem anderen Landgericht gehören kann, zu bezeichnen und dieser die Beschwerde zuzuleiten (*Meyer-Goßner* NStZ **1981** 173). Bei einem Kompetenzkonflikt gibt die vorrangige Spezialstrafkammer die Sache zur Entscheidung über die Beschwerde an die nachrangige Strafkammer (mit insoweit bindender Wirkung) ab; eine nachrangige legt der vorrangigen die Sache vor (*Meyer-Goßner* NStZ **1981** 174). Auch bei einem Zuständigkeitsstreit in der **Berufungsinstanz,** der nur bei der Wirtschaftsstrafkammer erstmals auftreten kann, gilt § 209 a (ebenso wie § 6 a und § 225 a Abs. 4) entsprechend[3].

Bei Zurückverweisungen in der **Revisionsinstanz** umfaßt § 335 auch die Fälle be- **6** sonderer Zuständigkeit kraft Gesetzes (§ 355, 4). Auf die Zurückverweisungsbefugnis nach § 354 Abs. 3 ist § 209 a analog anzuwenden, so daß beispielsweise eine vom Schwurgericht entschiedene Sache an die allgemeine Strafkammer zurückverwiesen werden kann, wenn nach der Entscheidung des Revisionsgerichts eine Verurteilung wegen einer Straftat nach § 74 Abs. 2 GVG ausscheidet. Da die Zuständigkeit besonderer Strafkammern auch im **Wiederaufnahmeverfahren** zu beachten ist[4], hat auch bei einem Zuständigkeitsstreit in diesem Verfahrensabschnitt die vorrangige Strafkammer die Kompetenzkompetenz zur Zuständigkeitsbestimmung (OLG München MDR **1980** 601).

**3. Verhältnis zu anderen Zuständigkeiten.** Wie § 209 setzt auch § 209 a die ört- **7** liche Zuständigkeit voraus. Bei ihrem Fehlen ist wie zu § 209, 5 und § 204, 7 näher dargelegt zu verfahren. Unanwendbar ist § 209 a auch bei Streit über die lediglich geschäftsplanmäßige Zuständigkeit; hier muß gegebenenfalls das Präsidium entscheiden (§ 209, 7 ff). Bei Meinungsverschiedenheiten sowohl über die sachliche als auch über die Spezialzuständigkeit hat die unmittelbare Anwendung des § 209 den Vorrang (§ 209, 12).

---

[3] Vgl. näher § 6 a, 26; § 225 a, 6; OLG Düsseldorf JR **1982** 514 mit Anm. *Rieß*; OLG Stuttgart Justiz **1982** 303; KK-*Treier* § 225 a, 4; *Kleinknecht/Meyer* § 74 c, 6 GVG; *Kissel* § 74 c, 10; *Meyer-Goßner* NStZ **1981**

172; **a. A** OLG München JR **1980** 77 mit Anm. *Rieß*; KMR-*Paulus* 3.

[4] OLG Karlsruhe JR **1980** 306 mit Anm. *Rieß*; OLG München MDR **1980** 609; vgl. auch BGHSt **29** 47 = NJW **1979** 131 mit Anm. *Katholnigg.*

         Peter Rieß

### III. Besondere Strafkammern (Nummer 1)

**8**    **1. Vorrangreihenfolge.** Nach § 74 e GVG kommt in der Reihenfolge Schwurgericht (§ 74 Abs. 2 GVG), Wirtschaftsstrafkammer (§ 74 c GVG), Staatsschutz-Strafkammer (§ 74 a GVG) und allgemeine Strafkammer der jeweils zuerst genannten Strafkammer gegenüber den nachfolgenden der Vorrang zu; in dieser Reihenfolge gilt sie nach Nummer 1 als ein Gericht höherer Ordnung. Sie hat damit die Eröffnungskompetenz nicht nur vor den Gerichten niedrigerer Ordnung, sondern auch vor den ihr in der Reihenfolge nachgehenden Strafkammern. Über die Vorrangreihenfolge unter Einbeziehung der Jugendkammer s. Rdn. 29; 37. Für Spezialzuständigkeiten, die nur durch den Geschäftsverteilungsplan begründet werden, gilt die Vorrangreihenfolge nicht. Strafkammern, denen allein auf diese Weise besondere Geschäfte zugewiesen worden sind (z. B. Verstöße gegen Umweltschutzbestimmungen oder Straftaten nach dem Betäubungsmittelgesetz) bleiben allgemeine Strafkammern. Sind mehrere Strafkammern gleicher Art eingerichtet, so besteht zwischen ihnen keine Vorrangreihenfolge, es handelt sich insoweit lediglich um die geschäftsplanmäßige oder bei teilweiser örtlicher Konzentration von Wirtschaftsstrafsachen (§ 74 c Abs. 3 GVG) im Verhältnis zur Restzuständigkeit bei der örtlichen Wirtschaftsstrafkammer um örtliche (§ 209, 14) Zuständigkeit.

**9**    Hat eine Strafkammer eine **Mischzuständigkeit** (der Staatsschutz-Strafkammer sind mangels Auslastung noch allgemeine Strafsachen zugewiesen), so ist sie vorrangige Strafkammer nur insoweit, als ihre besondere Zuständigkeit kraft Gesetzes in Frage steht. Zur Zuständigkeitsangabe im Eröffnungsbeschluß s. § 207, 22.

### 2. Eröffnung vor Strafkammern, die in der Vorrangreihenfolge nachgehen

**10**    a) **Allgemeines Prinzip.** Gemäß dem infolge der Gleichstellung anwendbaren § 209 Abs. 1 kann jede Spezialstrafkammer das Hauptverfahren vor einer ihr im Range nachgehenden Strafkammer eröffnen, wenn sie deren Zuständigkeit für begründet erachtet und wenn diese Strafkammer zu ihrem Bezirk gehört. Diese Gemeinschaftlichkeit der Bezirke liegt stets dann vor, wenn sich die Bezirke der betroffenen Strafkammern ganz oder teilweise decken (§ 4, 25). Bei Zuständigkeitskonzentrationen kann der Bezirk der Spezialstrafkammer mehrere Landgerichtsbezirke für allgemeine Strafsachen oder für nachrangige Spezialstrafsachen[5], aber auch nur den Teil des Bezirkes einer nachrangigen Strafkammer umfassen. In diesen Fällen hat die vorrangige Strafkammer auch die Befugnis, das Verfahren vor einer Strafkammer zu eröffnen, die organisatorisch zu einem anderen Landgericht gehört[6]. Bei sich überschneidenden Zuständigkeitskonzentrationen gilt das in § 209, 15 Ausgeführte entsprechend.

**11**    Die örtlich zuständige vorrangige Strafkammer, bei der die Anklage eingereicht ist, **muß von** ihrer **Eröffnungskompetenz Gebrauch machen**; sie darf sich nicht auf eine bloße Unzuständigkeitserklärung beschränken, denn der für diesen Fall anzuwendende § 209 Abs. 1 verpflichtet das Gericht höherer Ordnung zur Vermeidung weiterer Auseinandersetzungen dazu, die Eröffnungsentscheidung vorzunehmen[7]. Allerdings ist es bei einer erkennbar fehlerhaften Zuständigkeitsadressierung der Anklage durch die Staats-

---

[5] OLG Karlsruhe MDR **1976** 164 (durch die Gesetzesänderung nicht berührt).

[6] **Beispiel:** Wenn zum Oberlandesgerichtsbezirk die Landgerichtsbezirke A, B, C und D gehören, die Staatsschutz-Strafkammer für den gesamten Oberlandesgerichtsbezirk beim Landgericht A besteht und für die Landgerichtsbezirke C und D eine gemeinschaftliche Wirtschaftsstrafkammer mit Sitz beim Landgericht D eingerichtet ist, so hat diese in einer Sache, für die ein Gerichtsstand in C begründet ist, das Hauptverfahren gegebenenfalls vor der Staatsschutz-Strafkammer in A zu eröffnen.

[7] *Meyer-Goßner* NStZ **1981** 169; mißverständlich *Brause* 802, der von der Vorlage „zur Entscheidung der Übernahme" spricht.

anwaltschaft zulässig und geboten, daß der Vorsitzende der fälschlich angegangenen Spezialstrafkammer im Einverständnis mit der zuständigen Strafkammer die Akten kurzerhand an diese zur Entscheidung über die Eröffnung abgibt, sofern nicht die Staatsanwaltschaft ohnehin auf einen entsprechenden Hinweis bereit ist, ihre Anklageadressierung zu ändern.

**b) Bindung.** Mit dem Erlaß des Eröffnungsbeschlusses durch die vorrangige Straf- **12** kammer ist das Hauptverfahren vor einer nachrangigen Strafkammer der Art, wie der Eröffnungsbeschluß sie für zuständig hält, anhängig geworden. Damit endet die Pflicht, die Zuständigkeit der besonderen Strafkammer von Amts wegen zu beachten (§ 6 a Satz 1). Insoweit ist die nunmehr mit der Sache befaßte Strafkammer an den Eröffnungsbeschluß gebunden; eine Abgabe an eine andersartige Spezialstrafkammer oder an eine allgemeine Strafkammer ist von Amts wegen nicht mehr zulässig. Das gilt selbst dann, wenn der Beschluß durch keine vertretbare Rechtsauffassung gedeckt und damit (objektiv) willkürlich ist (§ 209, 29). Allerdings reicht diese Bindung nicht weiter als die auf § 209 a in Vbdg. mit § 209 Abs. 1 beruhende Befugnis, das Verfahren vor einer bestimmten Art von Strafkammern zu eröffnen. Hat sich deshalb die eröffnende Spezialstrafkammer über die rein geschäftsplanmäßige Abgrenzung der Sachen unter den allgemeinen Strafkammern oder unter nachrangigen Spezialstrafkammern geirrt, so kann die geschäftsplanmäßig unzuständige Strafkammer die Sache auch nach der Eröffnung an die zuständige Strafkammer gleicher Art abgeben (BGHSt **27** 102). Der dem Angeklagten nach § 6 a Satz 2, 3 bis zum Beginn seiner Vernehmung zur Sache zustehende Einwand, daß eine andere Strafkammer zuständig sei, wird durch die Eröffnungsentscheidung auch dann nicht abgeschnitten, wenn er ihn bereits im Eröffnungsverfahren (vergeblich) geltend gemacht hat (§ 201, 25).

**c) Einzelfälle.** Das **Schwurgericht** (§ 74 Abs. 2 GVG) kann das Hauptverfahren **13** vor allen anderen Spezialstrafkammern und vor der allgemeinen Strafkammer eröffnen. Daß bei einer Anklage vor dem Schwurgericht die Zuständigkeit der Wirtschaftsstrafkammer oder der Staatsschutz-Strafkammer begründet sein könnte, wird in der Praxis vorwiegend dann zu erwarten sein, wenn neben der die Schwurgerichtszuständigkeit begründenden Tat andere selbständige Taten Gegenstand des Verfahrens sind, aus denen sich diese Zuständigkeit ergibt[8]. Eine Eröffnung vor der allgemeinen Strafkammer wird immer dann in Betracht kommen, wenn das Schwurgericht die Tat rechtlich anders würdigt und aufgrund dieser Würdigung seine Zuständigkeit entfällt[9]. Doch wird hier häufig weiter zu prüfen sein, ob damit nicht zugleich die Zuständigkeit des Landgerichts insgesamt nicht mehr gegeben ist, so daß die unmittelbare Eröffnung vor dem Schöffengericht geboten ist.

Die **Wirtschaftsstrafkammer** nach § 74 c GVG kann das Hauptverfahren vor der **14** Staatsschutz-Strafkammer und der allgemeinen Strafkammer eröffnen. Dabei obliegt ihr auch die Beurteilung des normativen Zuständigkeitsmerkmals, daß „zur Beurteilung des Falles besondere Kenntnisse des Wirtschaftslebens eforderlich sind" (§ 74 c Abs. 1 Nr. 6 GVG). Bei einer Anklage wegen der in § 74 Abs. 1 Nr. 6 GVG genannten Straftaten eröffnet sie daher das Hauptverfahren vor der allgemeinen Strafkammer, wenn sie der

---

[8] Eine Eröffnung vor der Staatsschutz-Strafkammer bei tateinheitlicher Anklage ist vorstellbar, wenn ein Mord oder Totschlag in Tateinheit mit Verschleppung (§ 234 a StGB) angeklagt ist und das Schwurgericht den hinreichenden Verdacht eines Tötungsdeliktes verneint.

[9] **Beispiele:** Annahme von Fahrlässigkeit statt von bedingtem Vorsatz, von gefährlicher Körperverletzung statt von versuchtem Totschlag oder von Vollrausch (§ 323 a StGB).

Peter Rieß

Auffassung ist, daß solche besonderen Kenntnisse nicht erforderlich seien. Daß bei einer vor der Wirtschaftsstrafkammer angeklagten Sache die Zuständigkeit des Schwurgerichts begründet sein könnte, dürfte in der Praxis nicht vorkommen, gegebenenfalls wäre die Sache dem Schwurgericht zur Entscheidung über die Eröffnung vorzulegen. Zur Rechtslage bei einem Zuständigkeitskonflikt in der Berufungsinstanz s. Rdn. 5 a. E.

**15**    Die **Staatsschutz-Strafkammer** nach § 74a GVG kann das Hauptverfahren vor allen allgemeinen Strafkammern des Oberlandesgerichtsbezirks (§ 74a Abs. 4 GVG) eröffnen. Eine Eröffnungskompetenz vor der Wirtschaftsstrafkammer oder dem Schwurgericht hat sie nicht; kommen solche Fälle vor, was in der Praxis selten zu erwarten ist[10], so muß sie die Sache diesen Kammern vorlegen. Da auch für Staatsschutz-Strafsachen im Sinne von § 74a GVG gegen Jugendliche und Heranwachsende die Jugendgerichte zuständig sind[11], kommt eine Eröffnung durch die Staatsschutz-Strafkammer vor der Jugendkammer nicht in Betracht, vielmehr gilt nach Nummer 2 Buchst. a die Jugendkammer als Gericht höherer Ordnung. Allerdings kann die Staatsschutz-Strafkammer in bei ihr angeklagten Sachen, soweit Jugendliche und Heranwachsende betroffen sind, unmittelbar vor dem Jugendschöffengericht eröffnen[12].

**16**    Die **allgemeine Strafkammer** kann das Verfahren in keinem Fall vor einer anderen Strafkammer eröffnen. Hält sie die Zuständigkeit einer Spezialstrafkammer für begründet, so hat sie dieser die Sache vorzulegen.

**17**    **3. Vorlage an Strafkammern, die in der Vorrangreihenfolge vorgehen.** Für die Reihenfolge gilt das in Rdn. 8 Ausgeführte im umgekehrten Sinne. Das Verhältnis der in der Vorrangreihenfolge nachgehenden zu vorrangigen Strafkammern bestimmt sich für die Eröffnungszuständigkeit nach § 209 Abs. 2. Die Erläuterungen § 209, 32 ff gelten daher entsprechend. Die Spezialstrafkammer, der die Sache vorgelegt worden ist, hat, wenn sie die Auffassung der vorlegenden Strafkammer teilt, das Verfahren vor sich zu eröffnen; hält sie die vorlegende Strafkammer für zuständig, so eröffnet sie vor dieser. Wenn sie der Auffassung ist, daß eine auch ihr im Range vorgehende Strafkammer zuständig sei, so hat sie dieser die Sache weiter vorzulegen[13]. Schließlich kann sie auch nach § 209 Abs. 2 unmittelbar verfahren, wenn sie ein Gericht höherer Ordnung für zuständig hält[14].

---

[10] Eine Zuständigkeit der Wirtschaftsstrafkammer könnte sich ergeben, wenn Gegenstand der Anklage der Vorwurf der Zugehörigkeit zu einer auf die Begehung von Betrug und Untreue gerichteten kriminellen Vereinigung (§ 129 StGB) sowie damit zusammentreffend Betrug und Untreue darstellt und wenn die hierfür nach § 74a Abs. 1 Nr. 4 GVG zuständige Staatsschutz-Strafkammer der Meinung ist, daß zur Beurteilung des Gesamtkomplexes besondere Kenntnisse des Wirtschaftslebens erforderlich seien.

[11] Der frühere Vorrang der Staatsschutz-Strafkammer in der Jugendgerichtsbarkeit und die Abgabebefugnis an das Jugendschöffengericht in Staatsschutz-Strafsachen von minderer Bedeutung (§ 102 Satz 1, 3 JGG a.F.) sind durch das StVÄG 1979 entfallen.

[12] **Beispiel**: Verbundene Anklage gegen Jugendliche und Erwachsene vor der Staatsschutz-Strafkammer. Diese trennt das Verfahren gegen die Jugendlichen ab.

[13] **Beispiel** für diesen voraussichtlich seltenen Fall: Anklage vor der allgemeinen Strafkammer wegen gemeinschaftlichen fortgesetzten Betruges gegen mehrere Angeschuldigte. Diese ist der Auffassung, es handle sich tateinheitlich um die Beteiligung an einer auf Betrug gerichteten kriminellen Vereinigung und legt der Staatsschutz-Strafkammer vor. Diese kommt zu der Auffassung, daß zur Beurteilung des Falles besondere Kenntnisse des Wirtschaftslebens erforderlich seien und legt weiter der Wirtschaftsstrafkammer vor.

[14] **Beispiel**: Anklage wegen Sprengstoffverbrechens gegen mehrere Angeschuldigte zur allgemeinen Strafkammer. Diese legt wegen

**4. Verbindung und Trennung.** Über die Auswirkungen auf die Verbindung und **18** Trennung von Verfahren s. § 2, 28 ff und § 4, 25. Im Eröffnungsverfahren entscheidet die ranghöchste der mehreren in Betracht kommenden Strafkammern mit der Eröffnung über die Aufrechterhaltung der Verbindung (§ 209, 17). Die starre „Vorrangregelung" kann dazu führen, daß bei einer Verbindung die besondere Sachkunde einer Spezialstrafkammer auch dann nicht genutzt werden kann, wenn das Schwergewicht eindeutig bei der verdrängten Kammer liegt. So wäre etwa bei einer (wohl eher theoretischen) Verbindung eines einfach gelagerten Tötungsdelikts mit einer komplizierten Wirtschaftsstrafsache stets das Schwurgericht zuständig (kritisch hierzu § 2, 32; *Meyer-Goßner* JR 1977 355). In solchen Fällen wird, wenn der Anklagevorwurf mehrere Taten umfaßt, die Zweckmäßigkeit einer Verbindung besonders sorgfältig zu prüfen und gegebenenfalls durch die vorrangige Strafkammer bei der Eröffnung eine Verfahrenstrennung zu beschließen sein.

## IV. Jugendsachen (Nummer 2 Buchstabe a)

**1. Reichweite.** Die Vorschrift behandelt für § 4, § 209 und § 210 Abs. 2 Jugendge- **19** richte gegenüber den für allgemeine Strafsachen zuständigen Gerichten (Erwachsenengerichten) gleicher Ordnung (Rdn. 28) als Gerichte höherer Ordnung, soweit darüber zu entscheiden ist, ob ein Verfahren nach den Vorschriften des Jugendgerichtsgesetzes vor die Jugendgerichte gehört. Die Zuständigkeit der Jugendgerichte besteht, wenn sich das Verfahren gegen Jugendliche (§ 33 Abs. 1 JGG) oder gegen Heranwachsende (§ 107 in Vbdg. mit § 33 Abs. 1 JGG) richtet, regelmäßig auch dann, wenn Erwachsene mit angeklagt sind (§ 103 Abs. 1 Satz 1 JGG). Über die Zuständigkeit der Jugendgerichte sind Meinungsverschiedenheiten sowohl denkbar, wenn sich das Verfahren nur gegen Jugendliche und Heranwachsende zu richten scheint, etwa weil über den Tatzeitpunkt Ungewißheit besteht, als auch dann, wenn die Staatsanwaltschaft ein Verfahren gegen Jugendliche (Heranwachsende) und Erwachsene verbunden zur Anklage gebracht hat. In diesem Fall sind zwar nach § 103 Abs. 2 Satz 1 JGG grundsätzlich die Jugendgerichte zuständig, so daß Auffassungsunterschiede über die Zuständigkeit kaum vorkommen werden, doch obliegt den Jugendgerichten auch die Entscheidung darüber, ob die besonderen Verbindungsvoraussetzungen des § 103 Abs. 1 JGG vorliegen, wonach eine Verbindung nur zulässig ist, wenn es zur Erforschung der Wahrheit oder aus anderen wichtigen Gründen geboten ist.

Den Charakter als (fingierte) Gerichte höherer Ordnung behalten die Jugendge- **20** richte auch **nach der Eröffnung des Hauptverfahrens.** Nach § 47 a JGG, der § 269 entspricht, dürfen sie sich nicht für unzuständig erklären, wenn sich nach der Eröffnung des Hauptverfahrens die Zuständigkeit eines Erwachsenengerichts ergibt. Kommt ein Erwachsenengericht zu der Auffassung, es sei ein (gleichrangiges) Jugendgericht zuständig, so hat es außerhalb der Hauptverhandlung diesem die Sache zur Entscheidung über die Übernahme vorzulegen (§ 225 a Abs. 1 Satz 1 2. Halbsatz), nach Beginn der Hauptverhandlung mit bindender Wirkung zu verweisen (§ 270 Abs. 1 Satz 2 zweiter Halbsatz). Zur Revisibilität s. Rdn. 46.

**2. Anwendung des § 209**

**a) Verfahren gegen Jugendliche und Heranwachsende.** Richtet sich das Verfahren **21** nach Auffassung der Staatsanwaltschaft nur gegen Jugendliche und Heranwachsende,

---

Mordverdachts dem Schwurgericht vor; das Schwurgericht ist der Meinung, daß der Tatbestand der terroristischen Vereinigung erfüllt sein könnte und legt dem Oberlandesgericht (§ 120 Abs. 1 Nr. 6 GVG) vor.

Peter Rieß

so wird sie regelmäßig Anklage vor einem Jugendgericht erheben. Gelangt das Jugendgericht bei der Prüfung des hinreichenden Tatverdachtes zu der Auffassung, daß die Angeschuldigten zur Tatzeit bereits erwachsen gewesen seien, so hat es nach § 209 Abs. 1 in Vbdg. mit § 209 a das Hauptverfahren vor dem gleichrangigen Erwachsenengericht zu eröffnen. Wäre für das Verfahren gegen Erwachsene allerdings ein Gericht höherer Ordnung zuständig[15], so hat wegen des Vorrangs des § 209 vor § 209 a das Jugendgericht diesem die Sache nach § 209 Abs. 2 vorzulegen.

**22**    **b) Verfahren gegen Erwachsene.** Richtet sich das Verfahren nach Auffassung der Staatsanwaltschaft nur gegen Erwachsene, und klagt sie folglich vor dem Erwachsenengericht an, so hat dieses die Sache nach § 209 Abs. 2 in Vbdg. mit § 209 a dem gleichrangigen Jugendgericht vorzulegen, wenn es meint, daß mindestens ein Angeschuldigter zur Tatzeit noch Jugendlicher oder Heranwachsender war. Ist allerdings das mit der Eröffnungsentscheidung befaßte Erwachsenengericht gegenüber dem nach Sachlage zuständigen Jugendgericht ein solches höherer Ordnung, so hat es unmittelbar vor dem Jugendgericht niedrigerer Ordnung zu eröffnen[16].

**23**    **c) Verbundene Verfahren.** Klagt die Staatsanwaltschaft gemeinschaftlich Jugendliche (Heranwachsende) und Erwachsene an, so wird sie — abgesehen vom Ausnahmefall des Vorrangs einer Spezialstrafkammer (Rdn. 29) — regelmäßig Anklage vor dem Jugendgericht erheben, da in diesen Fällen stets das Jugendgericht zuständig ist (§ 103 Abs. 2 Satz 1 JGG). Hat sie in Verkennung der Rechtslage Anklage vor dem Erwachsenengericht erhoben, so muß dieses die Sache dem Jugendgericht vorlegen, wenn die Staatsanwaltschaft nicht auf einen entsprechenden Hinweis hin die Anklageadressierung ändert.

**24**    Mit der Eröffnung ist zugleich darüber zu entscheiden, ob die **besonderen Verbindungsvoraussetzungen des § 103 Abs. 1 JGG vorliegen**[17], wenn ein Verfahren gegen Jugendliche (Heranwachsende) und Erwachsene gemeinschaftlich von der Staatsanwaltschaft anhängig gemacht worden ist oder wenn das mit der Anklage gegen mehrere Jugendliche (Heranwachsende) angegangene Gericht der Auffassung ist, daß ein Teil der Täter zur Tatzeit bereits erwachsen war. Für diese mit dem Eröffnungsbeschluß inzidenter und ohne besonderen Verbindungsbeschluß (§ 4, 18) zu treffende Entscheidung, ob die durch das gemeinschaftliche Anhängigmachen seitens der Staatsanwaltschaft eingeleitete (vorläufige) gerichtliche Verbindung (§ 2, 38) für das Hauptverfahren aufrechterhalten bleibt, ist stets das (gleichrangige) Jugendgericht zuständig (§ 4 Abs. 2 Satz 1 in Vbdg. mit § 209 a). Hält es die Verbindungsvoraussetzungen für gegeben, so hat es das Verfahren vor sich zu eröffnen; liegen nach seiner Auffassung diese Voraussetzungen nicht vor, so hat es die Trennung des Verfahrens zu beschließen und das Verfahren vor sich zu eröffnen, soweit es die Jugendlichen (Heranwachsenden) betrifft.

**25**    Über die **Eröffnung des Restverfahrens** hat ebenfalls noch das Jugendgericht zu beschließen, falls für diesen Verfahrensteil ein Erwachsenengericht gleicher oder niedrigerer Ordnung zuständig wäre. Wenn die Eröffnungsvoraussetzungen vorliegen,

---

[15] Solche Situationen können namentlich bei Anklagen zum Jugendschöffengericht auftreten, da dessen Zuständigkeit umfassender ist als die des allgemeinen Schöffengerichts.

[16] **Beispiel**: Anklage vor der Strafkammer wegen fortgesetzten Diebstahls. Die Strafkammer eröffnet vor dem Jugendschöffengericht, wenn sie meint, daß die Tat vor Vollendung des 21. Lebensjahres begonnen

worden sei, und wenn die Sache keinen besonderen Umfang im Sinne des § 40 Abs. 2 JGG hat.

[17] BGHSt **30** 327, 329; OLG Düsseldorf DRiZ **1981** 192; OLG Karlsruhe GA **1982** 181; OLG Koblenz JR **1982** 479 mit Anm. *Brunner; Brunner* § 103, 8; *Eisenberg* § 103, 10; kritisch zur Verbindung *Fahl* NStZ **1983** 309.

ist das Hauptverfahren vor dem zuständigen Erwachsenengericht zu eröffnen[18]. Denn da das Jugendgericht im Sinne des § 209 Abs. 1 als Gericht höherer Ordnung anzusehen ist, ist es nach dieser Vorschrift zur Eröffnungsentscheidung verpflichtet (Rdn. 11). Der Wortlaut des § 103 Abs. 3 JGG steht dem bei teleologischer Auslegung nicht entgegen. Nach § 2 JGG gilt § 209 Abs. 1, der das Gericht höherer Ordnung zu einer Eröffnungs-entscheidung auch vor einem Gericht niedrigerer Ordnung verpflichtet, grundsätzlich auch für das Jugendgerichtsverfahren. § 103 Abs. 3 JGG hat daher nicht den Sinn, daß mit dem Erlaß des Trennungsbeschlusses jede, auch aus anderen Vorschriften herzulei-tende Zuständigkeit des bisher mit dem Verfahren befaßten Richters entfällt. Das die Trennung beschließende Jugendgericht hat daher die Sache erst an den nunmehr zustän-digen Richter abzugeben, wenn es die zugleich zu treffenden Entscheidungen erledigt hat, die noch in seine Zuständigkeit fallen. Hierzu gehört gegenüber Erwachsenenge-richten gleicher oder niedrigerer Ordnung die Entscheidung über die Eröffnung[19].

**Ohne vorherige Eröffnungsentscheidung** des Jugendgerichts ist dagegen die Ab- **26** gabe an das Erwachsenengericht dann erforderlich, wenn für das Verfahren gegen die Erwachsenen ein Gericht höherer Ordnung zuständig wäre. Angesichts der besonderen Zuständigkeitsregelungen in den §§ 39 Abs. 1 Satz 2 und 41 Abs. 1 Nr. 3 JGG dürfte die-ser Fall in der Praxis nur selten vorkommen[20].

**3. Anwendung des § 4.** Kommt eine Verbindung und Trennung von Verfahren **27** gegen Jugendliche (Heranwachsende) und Erwachsene nach der Eröffnung des Haupt-verfahrens in Betracht, und sind die beteiligten Gerichte gleicher Ordnung, so ist für die-sen Beschluß regelmäßig das Jugendgericht zuständig. Trennt das Jugendgericht nach der Eröffnung des Hauptverfahrens das Verfahren gegen die Erwachsenen ab, so kommt wegen § 47 a JGG eine Abgabe an das für allgemeine Strafsachen zuständige Ge-richt nicht mehr in Frage. Gegenüber § 103 Abs. 3 JGG stellt der neue § 47 a JGG die lex spezialis dar; die in § 103 Abs. 3 JGG vorgeschriebene Abgabe an den zuständigen Rich-ter entfällt deshalb, weil das Jugendgericht nach § 47 a JGG zuständig bleibt[21].

**4. Gerichte gleicher Ordnung** sind der Strafrichter und der Jugendrichter, das **28** Schöffengericht (auch als erweitertes Schöffengericht) und das Jugendschöffengericht sowie die Strafkammer (auch als Schwurgericht) und die Jugendkammer (BGHSt 26 191). Dem erstinstanzlichen Oberlandesgericht entspricht kein gleichrangiges Jugend-gericht; es ist gegenüber allen Jugendgerichten ein Gericht höherer Ordnung. Sind Be-zirksjugendgerichte und gemeinschaftliche Jugendschöffengerichte für mehrere Amts-gerichtsbezirke nach § 33 Abs. 4 JGG eingerichtet, so sind sie Gerichte gleicher Ord-nung gegenüber den Strafrichtern und den Schöffengerichten aller Amtsgerichte, die ihr erweiterter Bezirk umfaßt. Für einander überschneidende Gerichtsbezirke s. § 209, 15.

**5. Verhältnis der Jugendkammer zu Spezialstrafkammern.** Der Vorrang der Ju- **29** gendkammer gilt auch, wenn allein Jugendliche (Heranwachsende) angeklagt sind und

---

[18] OLG Koblenz JR **1982** 479 mit Anm. *Brunner*; LG Berlin NStZ **1982** 203; *Böhm* NStZ **1982** 416; *Brunner* § 103, 10; KK-*Treier* 9; vgl. auch BGHSt **30** 260 zur Unzulässigkeit einer Abgabe an die Erwach-senengerichte *nach* Eröffnung wegen § 47 a JGG.

[19] Ausführliche Begründung s. 23. Aufl., EB Rdn. 25.

[20] **Beispiel**: Die Staatsanwaltschaft hat An-

klage gegen mehrere von ihr für Heran-wachsende gehaltene Angeschuldigte vor dem Jugendschöffengericht erhoben. Dieses hält einen der Täter für erwachsen und trennt insoweit das Verfahren ab. Wegen einer Straferwartung von mehr als drei Jah-ren Freiheitsstrafe entfällt für ihn die Zustän-digkeit des allgemeinen Schöffengerichts.

[21] BGHSt **30** 260; BayObLG MDR **1980** 958; *Brunner* § 103, 14; *Eisenberg* § 47 a, 8.

Peter Rieß

die Tatvorwürfe die Zuständigkeit des Schwurgerichts, der Wirtschaftsstrafkammer oder der Staatsschutz-Strafkammer begründen würden. Das gleiche gilt, wenn Strafsachen gegen Jugendliche (Heranwachsende) und Erwachsene verbunden sind, die Zuständigkeit der Spezialkammer aber allein aus den Tatvorwürfen gegen die Jugendlichen (Heranwachsenden) hergeleitet werden kann, denn auch in diesen Fällen sind nach § 103 Abs. 2 Satz 1 JGG die Jugendgerichte zuständig. Die Zuständigkeit der Wirtschaftsstrafkammer und der Staatsschutz-Strafkammer, nicht aber die des Schwurgerichts[22], geht dagegen dann der der Jugendkammer vor, wenn bei verbundenen Verfahren gegen Jugendliche und Erwachsene die Strafsache gegen den Erwachsenen vor diese Spezialstrafkammer gehören würde (§ 103 Abs. 2 Satz 2 JGG). Für diesen Fall ordnet § 103 Abs. 2 Satz 3 2. Halbsatz JGG an, daß die Wirtschaftsstrafkammer oder die Staatsschutz-Strafkammer gegenüber der Jugendkammer als Gericht höherer Ordnung im Sinne des § 209 a gilt, so daß in diesem beschränkten Umfang die Nummer 1 der Nummer 2 Buchst. a vorgeht. Daraus ergibt sich im einzelnen: Hat die Staatsanwaltschaft in einer Wirtschaftsstrafsache oder Staatsschutz-Strafsache gegen Jugendliche und Erwachsene verbunden Anklage zur Wirtschafts- oder Staatsschutz-Strafkammer erhoben, so eröffnet diese das Verfahren vor der Jugendkammer, wenn sie die ihre Zuständigkeit begründenden Merkmale verneint (LG Berlin NStZ **1982** 203). Hat umgekehrt die Staatsanwaltschaft in einem solchen Fall Anklage vor der Jugendkammer erhoben (etwa weil sie das Zuständigkeitsmerkmal der Notwendigkeit besonderer Kenntnisse des Wirtschaftslebens — § 74 c Abs. 1 Nr. 6 GVG — verneint), so hat die Jugendkammer, wenn sie anderer Auffassung ist, die Sache der Wirtschafts- bzw. Staatsschutz-Strafkammer vorzulegen, die auch über die besonderen Verbindungsvoraussetzungen des § 103 Abs. 1 JGG mit zu entscheiden hat (*Brunner* § 103, 6).

## V. Jugendschutzsachen (Nummer 2 Buchstabe b)

**30**    1. **Bedeutung und Ziel der Einbeziehung.** Für Jugendschutzsachen (zum Begriff bei § 26 GVG) sind nach den §§ 26, 74 b GVG neben den für allgemeine Strafsachen zuständigen Gerichten auch die Jugendgerichte zuständig. Mit der Einbeziehung der Jugendschutzsachen in den § 209 a verfolgte der Gesetzgeber ausweislich der Begr. (BTDrucks. 8 976, S. 44) ein doppeltes Ziel: Einmal sollte eine gerichtliche Kontrolle der Zuständigkeitswahl zwischen Jugend- und Erwachsenengerichten gewährleistet und dadurch den verfassungsrechtlichen Bedenken gegen ein Wahlrecht der Staatsanwaltschaft begegnet werden; ferner sollte in einfacher Weise die Klärung von Zuständigkeitskonflikten im Eröffnungsverfahren ermöglicht werden[23].

**31**    Der Entscheidung der Jugendgerichte unterliegt sowohl die Frage, ob Sachen Jugendschutzsachen im Sinne des § 26 Abs. 2 Satz 1 GVG darstellen, als auch die, ob sie aufgrund der Zuständigkeitsrichtlinie des § 26 Abs. 2 GVG als Jugendschutzsachen vor den Jugendgerichten verhandelt werden sollen. Diese **Zuständigkeitsrichtlinie** ist ein **unbestimmter Rechtsbegriff,** der der gerichtlichen Prüfung im Eröffnungsverfahren unterliegt[24]. Der tragende Grund für die — ausnahmsweise — Zuweisung von allge-

---

[22] und zwar auch dann nicht, wenn an sich die Wirtschaftsstrafkammer oder die Staatsschutz-Strafkammer zuständig wäre, ihre Zuständigkeit aber nach § 74 e GVG durch die des Schwurgerichts verdrängt wird (*Katholnigg* NJW **1978** 2376).

[23] Zur umstrittenen Rechtslage vor der Neuregelung vgl. 23. Aufl., EB Rdn. 30 Fußn. 17.

[24] *Brunner* Nach § 125, 6; *Engelhardt* 420; KK-*Treier* 10; KK-*W. Müller* § 26, 6 GVG; *Kissel* § 26, 10; *Kleinknecht/Meyer* § 26, 4 GVG; *Rieß* NJW **1978** 2267 Fußn. 51; ausführliche Begründung s. 23. Aufl., EB Rdn. 31; vgl. auch die Erl. zu § 26 GVG.

meinen Strafsachen an die Jugendgerichte, der zur Konkretisierung des unbestimmten Rechtsbegriffes heranzuziehen ist, liegt darin, daß im Einzelfall die besonderen Fähigkeiten und Erfahrungen der Jugendgerichte, namentlich in der Beurteilung der Glaubwürdigkeit jugendlicher und kindlicher Zeugen oder im Einfühlen in die besondere Mentalität von Jugendlichen erforderlich sind (ähnlich Begr. BTDrucks. 8 976, S. 44). Der Inhalt des Begriffs Jugendschutzsache ergibt sich aus einer Kombination des mehr deskriptiven Merkmals des § 26 Abs. 1 Satz 1 GVG und des normativen Merkmals (§ 26 Abs. 2 GVG), daß es geboten ist, die besonderen Fähigkeiten der Jugendgerichte zur Wahrheitserforschung heranzuziehen. Dieses zweite Merkmal ist dann nicht erfüllt, wenn unter den Spruchkörpern für allgemeine Strafsachen durch die Geschäftsverteilung besondere Jugendschutzkammern und Jugendschutzabteilungen eingerichtet sind. Da in diesen Fällen die besonderen Fähigkeiten zur Beurteilung von Jugendschutzsachen durch Spezialisierung auch bei den für allgemeine Strafsachen zuständigen Gerichten vorhanden sind, ist der Einsatz der Jugendgerichte nicht geboten (s. die Erl. zu § 26 GVG).

**2. Reichweite.** In Jugendschutzsachen gilt die Gleichstellung von Jugendgerichten **32** mit Gerichten höherer Ordnung nur für die §§ 4, 209 und 210 Abs. 2. Nach der Eröffnung des Hauptverfahrens ist weder ein Unzuständigkeitseinwand des Angeklagten noch eine Verweisung oder Abgabe möglich, weil in die §§ 225 a und 270 die Bezugnahme auf § 209 a Nummer 2 Buchstabe b bewußt nicht mit aufgenommen worden ist[25].

**3. Anwendung des § 209.** Es unterliegt zunächst der (vorläufigen) Beurteilung der **33** Staatsanwaltschaft, ob ein Verfahren eine Jugendschutzsache darstellt und ob nach dem unbestimmten Rechtsbegriff des § 26 Abs. 2 GVG eine Verhandlung vor den Jugendgerichten geboten ist. Bejaht sie beides, so muß sie Anklage vor dem Jugendgericht erheben; ein Wahlrecht steht ihr nicht zu[26]. Verneint sie es, weil die besonderen Spezialkenntnisse der Jugendgerichtsbarkeit nicht erforderlich oder durch die Einrichtung besonderer Spruchkörper für Jugendschutzsachen auch bei den für allgemeine Strafsachen zuständigen Gerichten vorhanden sind, so ist Anklage vor dem für allgemeine Strafsachen zuständigen Gericht zu erheben.

Kommt das mit der Anklage angegangene **Jugendgericht** zu der Auffassung, daß **34** es sich nicht um eine Jugendschutzsache im Sinne des § 26 Abs. 1 Satz 1 GVG handelt oder daß bei einer Jugendschutzsache die besonderen Spezialkenntnisse der Jugendgerichtsbarkeit entweder nicht erforderlich oder bei einer besonders eingerichteten Jugendschutzkammer oder Jugendschutzabteilung in ausreichendem Maße vorhanden sind, so eröffnet es nach § 209 Abs. 1 das Hauptverfahren vor dem zuständigen Erwachsenengericht gleicher Ordnung in seinem Bezirk.

Kommt das mit der Anklage angegangene **Erwachsenengericht** zu der Auffas- **35** sung, daß es sich um eine Jugendschutzsache im Sinne von § 26 Abs. 1 Satz 1 GVG handelt, so hat es weiter zu prüfen, ob nach dem unbestimmten Rechtsbegriff des § 26 Abs. 2 GVG eine Verhandlung vor den Jugendgerichten geboten ist. Diese Prüfung hat es auch vorzunehmen, wenn die Staatsanwaltschaft die Sache bereits als Jugendschutzsache angesehen aber das Bedürfnis für eine Verhandlung vor den Jugendgerichten verneint hat. Je nach dem Ergebnis seiner Prüfung hat es entweder das Hauptverfahren vor sich zu eröffnen oder die Sache dem Jugendgericht gleicher Ordnung, zu dessen Bezirk

---

[25] Begr. BTDrucks. **8** 976 S. 48; *Brunner* Nach § 125, 6; KK-*Treier* § 225 a, 2; KMR-*Paulus* § 225 a, 10; *Rieß* NJW **1978** 2267.
[26] *Brunner* Nach § 125, 6; **a. A** KK-*W. Mül-* ler § 26, 1 GVG; *Kissel* § 26, 9; *Kleinknecht/ Meyer* § 26, 4 GVG, die von einem „vorläufigen, das Gericht nicht bindenden Wahlrecht der Staatsanwaltschaft" sprechen.

Peter Rieß

(§ 209, 13 ff) es gehört, nach § 209 Abs. 2 zur Entscheidung über die Eröffnung vorzulegen. Wegen des Vorrangs des § 209 vor § 209 a kann es dagegen das Hauptverfahren vor
einem Jugendgericht niedrigerer Ordnung unmittelbar eröffnen[27].

**36**  **4. Anwendung des § 4.** Kommt eine Verbindung einer bereits rechtshängigen Jugendschutzsache, die vor einem Jugendgericht anhängig ist, mit einer allgemeinen
Strafsache in Frage, so ist für diesen Beschluß das Jugendgericht zuständig.

**37**  **5. Verhältnis der Jugendkammer zu Spezialstrafkammern.** Gesetzlich nicht ausdrücklich geregelt ist, wer im Sinne des § 209 a als Gericht höherer Ordnung gilt, wenn
in einer vor dem Landgericht zu verhandelnden Jugendschutzsache die Zuständigkeit
einer besonderen Strafkammer nach § 74 Abs. 2 GVG, § 74 a GVG oder § 74 c GVG begründet ist. Unzweifelhaft gehen diese Spezialstrafkammern der Jugendschutzkammer
im Sinne einer lediglich geschäftsverteilungsmäßig eingerichteten allgemeinen Strafkammer für Jugendschutzsachen vor. Da aber eine dem § 103 Abs. 2 Satz 3 JGG entsprechende Vorrangklausel (Rdn. 29) für Jugendschutzsachen fehlt, könnte die nach § 74 b
GVG für Jugendschutzsachen zuständige Jugendkammer gegenüber den Spezialstrafkammern als Gericht höherer Ordnung angesehen werden. Doch ist diese nicht zwingende Auslegung nicht befriedigend. Die Gesetzesmaterialien ergeben keinen Hinweis
darauf, daß in diesem Fall der Vorrang der Jugendkammer gewollt war. Es ist anzunehmen, daß der Gesetzgeber diese praktisch wohl äußerst seltene Konfliktmöglichkeit
nicht in seine Überlegungen mit einbezogen hat, so daß eine Regelungslücke vorliegt. In
§ 103 Abs. 2 Satz 2, 3 JGG hat der Gesetzgeber zum Ausdruck gebracht, daß den Erwachsenen die besondere Sachkunde der Wirtschafts- und Staatsschutz-Strafkammer
gegenüber dem Vorrang der Jugendgerichte selbst dann erhalten bleiben soll, wenn dadurch die an sie ausschließliche Zuständigkeit der Jugendgerichte für Jugendliche verdrängt wird (Begr. BTDrucks. 8 976, S. 70). Ein sachlicher Grund dafür, die Vorrangreihenfolge in Jugendschutzsachen, in denen die Zuständigkeit der Jugendgerichte keine
ausschließliche ist, anders zu bestimmen, ist nicht erkennbar. Deshalb sind auch in Jugendschutzsachen die Wirtschaftsstrafkammer und die Staatsschutz-Strafkammer in
analoger Anwendung des § 103 Abs. 2 Satz 3 2. Halbsatz JGG gegenüber der Jugendkammer als Gerichte höherer Ordnung anzusehen[28].

## VI. Verfahren

**38**  Da die in § 209 a genannten Spruchkörper im Sinne des § 209 im vollen Umfange
wie Gerichte höherer oder niedrigerer Ordnung behandelt werden, entspricht das bei
der Eröffnung oder Vorlage zu beobachtende Verfahren dem in den Erl. zu § 209 näher
dargelegten. Anders als bei der die nur geschäftsverteilungsmäßige Zuständigkeit betreffenden Abgabe, die einen gerichtsinternen Vorgang darstellt (§ 209, 8), erfolgt in den
in § 209 a geregelten Fällen die Vorlage stets durch Vermittlung der Staatsanwaltschaft;
dem Angeschuldigten ist der Vorlagebeschluß mitzuteilen.

**39**  Dies gilt sinngemäß auch in Fällen der **Mischzuständigkeit,** wenn eine als allgemeine Strafkammer mit der Anklage befaßte Strafkammer erwägt, das Hauptverfahren

---

[27] **Beispiel:** Die Staatsanwaltschaft erhebt in
einer Jugendschutzsache unmittelbar Anklage zu der geschäftsplanmäßig eingerichteten Jugendschutzkammer. Diese kann,
wenn sie die Zuständigkeit des Landgerichts
verneint, das Hauptverfahren vor dem Ju-

gendschöffengericht eröffnen und wird
hierzu namentlich dann Grund haben, wenn
beim Amtsgericht keine speziellen Jugendschutzabteilungen eigerichtet sind.

[28] *Brunner* Nach § 125, 6; KK-*Treier* 11;
wohl auch *Kleinknecht/Meyer* 11.

vor sich in ihrer Eigenschaft als Spezialstrafkammer zu eröffnen. In diesen Fällen hat sie ihre Auffassung über die Zuständigkeitsfrage in einer inhaltlich dem Vorlagebeschluß entsprechenden Form der Staatsanwaltschaft und dem Angeschuldigten mitzuteilen, damit diese die Möglichkeit haben, sich zur Zuständigkeitsfrage zu äußern (vgl. § 209, 35 für das vergleichbare Verhältnis zwischen personengleichem Strafrichter und Schöffengerichtsvorsitzendem).

## VII. Anfechtung und späterer Unzuständigkeitseinwand

**1. Anfechtung.** Die Anfechtung von Eröffnungsentscheidungen, die unter Anwen- **40** dung des § 209 a getroffen worden sind, richtet sich nach § 210 mit der Maßgabe, daß der nach § 209 a vorrangige Spruchkörper insoweit wie ein Gericht höherer Ordnung behandelt wird. Auf die Erl. zu § 210 wird daher verwiesen; zur Anfechtung von Verbindungs- und Trennungsbeschlüssen nach § 4 in Vbdg. mit § 209 a s. § 2, 63; § 4, 21.

**2. Späterer Unzuständigkeitseinwand**
**a) Angeklagter.** Wieweit der Angeklagte nach Eröffnung des Hauptverfahrens **41** durch besondere Anträge die Verweisung an einen anderen Spruchkörper erreichen kann, beantwortet sich für die verschiedenen Fallgruppen des § 209 a unterschiedlich. Mit dem Einwand nach § 6 a Satz 2 kann er bis zum Beginn seiner Vernehmung zur Sache geltend machen, daß statt der allgemeinen Strafkammer eine Spezialstrafkammer nach § 74 Abs. 2 GVG, § 74 a GVG oder § 74 c GVG, statt einer eine andere Spezialstrafkammer oder statt einer solchen die allgemeine Strafkammer zuständig sei. Er ist nicht darauf beschränkt, geltend zu machen, daß eine Spezialstrafkammer zuständig sei, die in der Vorrangreihenfolge des § 74 e vorgeht[29]. Auch ist unerheblich, ob er bereits vor der Eröffnung eine entsprechende Einwendung erhoben hat (§ 201, 25; 41). Doch kann er sich nach der Eröffnung nicht mehr auf eine unzutreffende Beurteilung des normativen Zuständigkeitsmerkmals des Erfordernisses besonderer Kenntnisse des Wirtschaftslebens (§ 74 c Abs. 1 Nr. 6 GVG) berufen (Rdn. 45; a. A *Meyer-Goßner* NStZ **1981** 170). Soweit in Jugendsachen die Jugendgerichte zuständig sind, kann der Angeklagte darauf hinwirken, daß das für allgemeine Strafsachen zuständige Gericht seine weiterbestehende Amtspflicht zur Beachtung der Zuständigkeit gleichrangiger Jugendgerichte (Begr. BTDrucks. 8 976, S. 33) durch Vorlage nach § 225 a oder Verweisung nach § 270 erfüllt. Ist das Verfahren dagegen vor dem Jugendgericht eröffnet worden, so kann wegen § 47 a JGG nicht die Zuständigkeit des für allgemeine Strafsachen zuständigen Gerichts geltend gemacht werden[30]. In Jugendschutzsachen kann der Angeklagte nach Eröffnung des Hauptverfahrens in keinem Fall geltend machen, die Sache hätte nicht vor die Erwachsenengerichte bzw. die Jugendgerichte gehört (Rdn. 32).
**b) Staatsanwaltschaft.** Ist entgegen dem Antrag der Staatsanwaltschaft das Verfah- **42** ren vor einer in der Vorrangreihenfolge vorgehenden Strafkammer oder statt vor dem Erwachsenengericht vor dem Jugendgericht eröffnet worden, so kann sie ihre Auffassung im weiteren Verfahren nicht durchsetzen. Der Einwand nach § 6 a, der in diesem Fall Voraussetzung für eine Vorlage nach § 225 a oder eine Verweisung nach § 270 ist, steht nur dem Angeklagten zu, und eine Verweisung an das Erwachsenengericht scheitert an § 47 a JGG.

---

[29] *Rieß* NJW **1978** 2267 Anm. 58. Eine dem § 269 entsprechende Regelung ist bei § 6 a nicht getroffen worden. § 225 a Abs. 4 Satz 2 erweist, daß dies bewußt unterlassen worden ist.

[30] Außer im Falle einer rein willkürlichen Zuständigkeitsbestimmung (BGH GA **1970** 240).

Peter Rieß

## VIII. Revision

**43**    **1. Allgemeines.** Mit der Revision kann grundsätzlich nur geltend gemacht werden, daß eine nach der Eröffnung fortbestehende Pflicht, die Unzuständigkeit zu beachten, verletzt worden ist (§ 209, 48). Eine Ausnahme gilt nur bei willkürlicher Zuständigkeitsbestimmung (§ 209, 49); liegt eine solche vor, so ist auch die in der Eröffnungsentscheidung liegende Zuständigkeitsbestimmung revisibel.

**44**    **2. Besondere Strafkammern (Nummer 1).** Die Unzuständigkeit einer Spezialstrafkammer oder die Unzuständigkeit einer allgemeinen Strafkammer wegen der Zuständigkeit einer Spezialstrafkammer kann nur der Angeklagte nach § 338 Nr. 4 mit der Revision geltend machen, wenn er den Unzuständigkeitseinwand nach § 6 a Satz 2 rechtzeitig erhoben hat. In keinem Fall kann die Revision darauf gestützt werden, daß sich die Zuständigkeit einer Spezialstrafkammer erst nach dem Beginn der Vernehmung zur Sache herausgestellt habe. Mit dem Endzeitpunkt für den Einwand tritt eine Zuständigkeitsperpetuierung ein, die durch eine nachträgliche Änderung der Umstände nicht mehr berührt wird[31], und zwar auch dann nicht, wenn das die Zuständigkeit begründende Merkmal überhaupt erst nach diesem Zeitpunkt existent wird (BGHSt 30 187).

**45**    Mit der Behauptung einer falschen Anwendung des normativen Zuständigkeitsmerkmals des § 74 c Abs. 1 Nr. 6 GVG, daß zur Beurteilung des Falles **besondere Kenntnisse des Wirtschaftslebens erforderlich** seien, kann der Einwand nach § 6 a, Satz 2 und folglich auch die Revision nicht begründet werden[32]. Der Gesetzgeber ist ausweislich der Begründung davon ausgegangen, daß die normativen Zuständigkeitsmerkmale der „minderen" und „besonderen" Bedeutung nicht der Revision unterliegen (§ 209, 49). Maßgebend für diese vom Gesetzgeber akzeptierte Auffassung des Schrifttums war, daß solche normativen Zuständigkeitsmerkmale einen erheblichen Beurteilungsspielraum eröffnen und durch eine Veränderung der Umstände leicht einem Beurteilungswandel zugänglich sind (*Rieß* 11). Diese Gründe gelten in gleichem Umfang für das Merkmal des Erfordernisses besonderer Kenntnisse des Wirtschaftslebens. Daraus, daß die Begründung zum Regierungsentwurf des StVÄG 1979 nur das Bedeutungsmerkmal ausdrücklich erwähnt und hinsichtlich des Merkmals der besonderen Kenntnisse des Wirtschaftslebens keine Aussage gemacht hat, kann bei dieser gleichen Struktur der Merkmale nicht geschlossen werden, daß der Gesetzgeber insoweit von einer Revisibilität ausgegangen ist. Hiergegen spricht auch, daß gerade dieses Merkmal nach dem früheren Recht durch § 13 b Abs. 3[33] ausdrücklich der Revision entzogen war und daß der Gesetzgeber den sachlichen Inhalt des § 13 b weitgehend in die umfassende Neuregelung des Verhältnisses von Spezialstrafkammern übernehmen wollte (Begr. BTDrucks. 8 976, S. 33).

**46**    **3. Jugendsachen (Nummer 2 Buchst. a).** Die **Unzuständigkeit der Erwachsenengerichte** in Jugendsachen kann von allen Beteiligten uneingeschränkt und ohne vorherigen Unzuständigkeitseinwand mit der Revision nach § 338 Nr. 4 geltend gemacht werden (BGHSt 30 260; BGH StrVert. 1981 77), da § 6 a nicht gilt. Sie wird jedoch vom Revisionsgericht nur auf ordnungsmäßige Rüge und nicht (als Verfahrensvoraussetzung) von Amts wegen berücksichtigt[34]. Dagegen kann wegen § 47 a JGG nicht geltend ge-

---

[31] Begr. BTDrucks. **8** 976 S. 57; KK-*Pfeiffer* § 6 a 10; *Rieß* NJW **1978** 2266.

[32] KK-*Pfeiffer* § 6 a, 13; *Kleinknecht/Meyer* § 338, 14; KMR-*Paulus* Vor § 1, 52; 74; *Rieß* NJW **1978** 2268; im Ergebnis (irrevisibel)

auch *Meyer-Goßner* NStZ **1981** 170 mit abw. Begründung.

[33] § 13 b in der Fassung des Art. 2 GVG-ÄndG 1971; vgl. dazu *Dünnebier* in der 23. Aufl.

macht werden, daß anstelle der Jugendgerichte die Erwachsenengerichte zuständig gewesen seien.

**4. Jugendschutzsachen (Nummer 2 Buchst. b).** Auf die unrichtige Beurteilung der **47** Zuständigkeitsabgrenzung in Jugendschutzsachen kann die Revision nicht gestützt werden.

## § 210

(1) Der Beschluß, durch den das Hauptverfahren eröffnet worden ist, kann von dem Angeklagten nicht angefochten werden.

(2) Gegen den Beschluß, durch den die Eröffnung des Hauptverfahrens abgelehnt oder abweichend von dem Antrag der Staatsanwaltschaft die Verweisung an ein Gericht niederer Ordnung ausgesprochen worden ist, steht der Staatsanwaltschaft sofortige Beschwerde zu.

(3) [1]Gibt das Beschwerdegericht der Beschwerde statt, so kann es zugleich bestimmen, daß die Hauptverhandlung vor einer anderen Kammer des Gerichts, das den Beschluß nach Absatz 2 erlassen hat, oder vor einem zu demselben Land gehörenden benachbarten Gericht gleicher Ordnung stattzufinden hat. [2]In Verfahren, in denen ein Oberlandesgericht im ersten Rechtszug entschieden hat, kann der Bundesgerichtshof bestimmen, daß die Hauptverhandlung vor einem anderen Senat dieses Gerichts stattzufinden hat.

**Schrifttum.** *Giesler* Der Ausschluß der Beschwerde gegen richterliche Entscheidungen im Strafverfahren (1981), S. 254 bis 263; *Schwarze* Die Rechtsmittel der Staatsanwaltschaft wider den Beschluß auf den Antrag wegen Eröffnung des Hauptverfahrens, GerS **36** (1884) 294.

**Entstehungsgeschichte.** Die Absätze 1 und 2 sind seit 1877 unverändert; lediglich während der Beseitigung des Eröffnungsbeschlusses von 1942 bis 1950 trat an ihre Stelle § 204 mit folgendem Wortlaut:

(1) [1]Gegen den ablehnenden Beschluß kann der Staatsanwalt die sofortige Beschwerde erheben. [2]Über die Beschwerde entscheidet, wenn der Amtsrichter den Beschluß erlassen hat, die Strafkammer, sonst das Reichsgericht. [3]Gibt das Beschwerdegericht der Beschwerde statt, so kann es zugleich bestimmen, daß die Hauptverhandlung vor einem anderen Gericht gleicher Ordnung stattzufinden hat.

(2) Im übrigen kann die Entscheidung des Gerichts nicht angefochten werden.

Art. 90 I Nr. 93 VereinhG gab der Vorschrift ihre heutige Fassung; in Absatz 3 wurde Satz 2 erst durch Art. 2 Nr. 11 StaatsSchStrafsG angefügt.

*Übersicht*

---

[34] BGHSt **18** 79; **30** 260; KK-*Treier* 14; *Kleinknecht/Meyer* § 338, 14; KMR-*Paulus* Vor § 1, 32; 78; *Rieß* NStZ **1981** 304; **a. A**

OLG Oldenburg NJW **1981** 1384; KK-*Pikart* § 338, 69.

Peter Rieß

## 1. Bedeutung und Anwendungsbereich

**1**    **a) Bedeutung.** Die Vorschrift, deren sachlicher Inhalt in dem von 1942 bis 1950 geltenden § 204[1] klarer zum Ausdruck gebracht wurde, regelt die Anfechtbarkeit der Entscheidung über die Eröffnung des Hauptverfahrens, also der Ablehnung der Eröffnung nach § 204 und der Eröffnung nach § 207 einschließlich der Bestimmung des für die Hauptverhandlung zuständigen Gerichts. Nach ihrem Grundgedanken ist die positive Eröffnungsentscheidung unanfechtbar, weil sie nur eine vorläufige Tatbewertung (BGHSt **23** 306) darstellt, die in der Hauptverhandlung und mit den Rechtsmitteln gegen die abschließende Entscheidung ausreichend überprüfbar ist, während die negative Entscheidung nach § 204 deshalb einer Rechtsmittelkontrolle unterliegt, weil sie das Verfahren wegen der Rechtskraftwirkung gemäß § 211 endgültig abschließt[2]. Die Unanfechtbarkeit des Eröffnungsbeschlusses beruht auf ähnlichen Überlegungen wie die in § 305 getroffene Regelung (*Giesler* 255). Systematisch ist die Vorschrift jedoch eine Spezialregelung gegenüber dem die Beschwerde generell zulassenden § 304 Abs. 1, nicht dagegen gegenüber § 305 (KMR-*Paulus* 2), denn auch der positive Eröffnungsbeschluß ist keine Entscheidung des erkennenden Gerichts, sondern schafft erst die Möglichkeit, solche Entscheidungen zu erlassen. § 305 gilt aber für Entscheidungen, die nach oder gleichzeitig mit (BayObLG MDR **1955** 629) dem Eröffnungsbeschluß erlassen werden (s. näher die Erl. zu § 305).

**2**    **b) Anwendungsbereich.** Die **Vorschrift gilt** für Entscheidungen über die Eröffnung nach den §§ 203, 204 und 207 sowie kraft ausdrücklicher Verweisung für Übernahme- und Verweisungsbeschlüsse nach den §§ 225 a, 270 (§ 225 a Abs. 3 Satz 3, Abs. 4 Satz 2; § 270 Abs. 3 Satz 2). Das bedeutet, daß solche Beschlüsse vom Angeklagten überhaupt nicht und von der Staatsanwaltschaft nur in Hinblick auf die zweite in Absatz 2 genannte Alternative angefochten werden können (vgl. i. E. § 225 a, 61 und die Erl. zu § 270). Entsprechend anwendbar ist § 210, wenn der Erlaß eines Strafbefehls mangels hinreichenden Tatverdachts abgelehnt wird[3]. Eine der Vorschrift inhaltlich entsprechende Regelung enthält § 408 Abs. 1 Satz 2 für den Fall, daß der Vorsitzende des Schöffengerichts einen Strafbefehlsantrag an den Strafrichter abgibt. Zur Frage der Anwendbarkeit im beschleunigten Verfahren s. § 212 a, 17. Wird im Eröffnungsbeschluß eine Trennung oder Verbindung nach § 2 vorgenommen, so gilt § 210 auch für diese Entscheidung[4].

---

[1] Vgl. die Entstehungsgeschichte; ähnliche Fassung bereits in § 201 Abs. 1 Entw. 1909.

[2] Vgl. *Hahn* 173; ähnlich *Giesler* 260; *Nelles* NStZ **1982** 100; *Roxin* § 40 C III 1; *Schlüchter* 420.

[3] Vgl. die Erl. zu § 408; a. A *Naucke* JZ **1967** 374 (Beschwerde nur, soweit sachdienlich); ausdrückliche Verweisung auf § 210

in § 408 Abs. 2 Satz 2 nach dem Vorschlag von Art. 1 Nr. 30 StVÄGE 1984.

[4] *Bohnert* 26; vgl. näher § 2, 43 ff; 63; a. A BayObLG MDR **1955** 629 (Geltung des § 305 Satz 1); OLG Schleswig SchlHA **1954** 64; KMR-*Paulus* 9 (anfechtbar); vgl. OLG Karlsruhe GA **1978** 122.

Die **Vorschrift gilt nicht** für Entscheidungen des Gerichts, die nicht *über* die **3** Eröffnung getroffen werden, auch wenn sie im Eröffnungsverfahren ergehen. Sie ist daher nicht anwendbar, wenn sich das Gericht für unzuständig erklärt (Rdn. 29 ff) und betrifft auch nicht die ggf. nach § 207 Abs. 4 erforderliche Haftentscheidung, die mit der einfachen, ggf. auch mit der weiteren (§ 310) Beschwerde anfechtbar ist[5]. Auch Zwischenentscheidungen im Eröffnungsverfahren wie die gesonderte Entscheidung über Einwendungen gegen die Eröffnung und Beweisanträge oder Beweisanordnungen nach § 202 werden von § 210 nicht erfaßt, sind aber vielfach aus ähnlichen Gründen (*Giesler* 255) ausdrücklich für unanfechtbar erklärt (§§ 201 Abs. 2, 202 Satz 2). Soweit das nicht der Fall ist, ist gegen sie die Beschwerde nach den allgemeinen Vorschriften zulässig (vgl. § 201, 37; § 202, 17; § 205, 31 ff). Zur Unanfechtbarkeit der Vorlage nach § 209 Abs. 2 s. § 209, 47.

c) **Reichweite.** Seit der Schaffung der StPO bestehen bis heute noch nicht gänz- **4** lich ausgeräumte Meinungsverschiedenheiten[6] darüber, ob die Anfechtung von Eröffnungsentscheidungen in § 210 abschließend geregelt ist. Das hätte zur Folge, daß der Angeschuldigte die (positive oder negative) Eröffnungsentscheidung in keinem Fall mit der Beschwerde anfechten kann und die Staatsanwaltschaft dies nur (und zwar in Form der sofortigen Beschwerde) in den in Absatz 2 genannten Fällen[7]. Dagegen wird die Auffassung vertreten, daß in Ausnahmefällen über § 210 hinaus eine Anfechtung des Eröffnungsbeschlusses zulässig ist. Auch unter den Vertretern dieser Meinung besteht allerdings Übereinstimmung darüber, daß die Anfechtung sich nicht gegen die materielle Entscheidung über den hinreichenden Tatverdacht als Eröffnungsvoraussetzung richten kann, sondern auf Fälle der formellen Fehlerhaftigkeit beschränkt bleiben muß. Während heute auch Übereinstimmung darüber besteht, daß insoweit lediglich die einfache und nicht die sofortige Beschwerde in Betracht kommt[8], gehen die Auffassungen über die Gründe für die ausnahmsweise Anfechtbarkeit und die Anfechtungsberechtigten auseinander. Teilweise wird unter Berufung auf den Wortlaut des Absatzes 1 bei formalen Mängeln des Eröffnungsbeschlusses die einfache Beschwerde nur der Staatsanwaltschaft eingeräumt[9], teilweise mit dem Hinweis, daß § 210 diese Fälle überhaupt nicht erfasse (*Arndt* 193) auch dem Angeklagten[10].

In der **Rechtsprechung** ist nur vereinzelt eine Anfechtbarkeit des Eröffnungsbe- **5** schlusses bejaht worden[11]; die hierfür auch heute noch im Schrifttum in Anspruch ge-

[5] *Giesler* 257; KK-*Treier* 3; *Kleinknecht/ Meyer* 1; KMR-*Paulus* 9; *Peters* § 58 III 1 d; *Eb. Schmidt* 6.

[6] Nachweise über frühere Schrifttumsäußerungen bei LR[19] 3 a; *Arndt* 194; *Schwarze* 298.

[7] So z. B. *Giesler* 256; *Rieß* NStZ **1981** 447; *Eb. Schmidt* 3; ausführlich *Schwarze* 298 f fn.

[8] Für sofortige Beschwerde in diesen Fällen früher LR (bis zur 12. Aufl., 1907); *Oetker* JW **1929** 1044.

[9] KK-*Treier* 4; *Meyer-Goßner* in der 23. Aufl., 11; 12 und JR **1981** 380; *Schlüchter* 419 (bei Unwirksamkeit oder Fehlerhaftigkeit); *Kleinknecht/Meyer* 4 (bei Nichterschöpfung der Anklage oder Eröffnung ohne Anklage).

[10] *Arndt* 193 (bei Unzulänglichkeit oder Ordnungswidrigkeit); *Gössel* § 12 IV b 2; KMR-

*Paulus* 8; *Peters* § 58 III 1 d (wenn Anklage fehlt oder nicht ausgeschöpft ist).

[11] OLG Colmar LZ **1914** 795 und die drei Entscheidungen des OLG Dresden *Alsb.* E 2 78, 79 aus dem Jahre 1915 sowie (ohne nähere Begründung) LG Kempten NJW **1975** 1937. OLG Celle NJW **1966** 1327 hat die Frage offengelassen, weil das Rechtsmittel der Staatsanwaltschaft auch als eine in diesem Fall nach Absatz 2 zweite Alternative zulässige sofortige Beschwerde behandelt werden konnte. Seit der Einführung des § 33 a sind auch die früheren Entscheidungen (vgl. § 201, 34; 36) überholt, die bei Versagung des rechtlichen Gehörs im Eröffnungsverfahren dem Angeklagten die einfache Beschwerde gegen den Eröffnungsbeschluß gewähren wollten; OLG Hamburg NJW **1965** 2417.

Peter Rieß

nommenen Entscheidungen des Reichsgerichts sind nicht einschlägig[12]. Der Entscheidung des BGH NStZ **1981** 447 kann wohl entnommen werden, daß dieser eine Anfechtungsmöglichkeit des Eröffnungsbeschlusses mit der einfachen Beschwerde verneinen würde; denn er stützt die Nichtrevisibilität einer fehlerhaften Besetzung bei Erlaß des Eröffnungsbeschlusses unter Hinweis auf § 210 auf § 336 Satz 2. Diese Argumentation ist aber nur schlüssig, wenn eine einfache Beschwerde gegen den Eröffnungsbeschluß in keinem Fall zulässig ist[13].

**6**    Vorzuziehen ist, jedenfalls bei der heutigen Gesetzeslage, die Auffassung, daß § 210 eine **abschließende Regelung** der Anfechtungsfrage enthält, so daß außer in den Sonderfällen des § 210 Abs. 2 die Entscheidung über die Eröffnung **unanfechtbar** ist[14]. Daß diese Interpretation, wie *Arndt* (193) unter Berufung auf die Motive meint, dem Willen des historischen Gesetzgebers nicht entspreche, wird durch die bei *Schwarze* (296) dargestellte weitere Entstehungsgeschichte und die Erörterungen in der Justizkommission widerlegt. Ein praktisches Bedürfnis für eine Beschwerde besteht nicht; sie könnte eher zu Unzuträglichkeiten führen, namentlich, da in vielen Fällen die Nachholung eines fehlenden und die Heilung eines fehlerhaften Eröffnungsbeschlusses möglich ist (§ 207, 44 ff; 51 ff). Auch läßt sich die erforderliche Trennung zwischen beschwerdefähigen, bloß formellen Mängeln, unanfechtbaren materiellen Beurteilungsmängeln und der sofortigen Beschwerde zugänglichen Fehlern bei der Zuständigkeitsbestimmung nicht immer einfach vornehmen[15]. Ist der Eröffnungsbeschluß als Prozeßvoraussetzung unwirksam, worunter auch der nach der Neufassung des § 207 ohnehin selten vorkommende Fall zählt, daß wegen einer Tat oder gegen einen Angeklagten ohne Anklage eröffnet wird, so ermöglicht § 206 a, auf dessen Anwendung sowohl der Angeklagte als auch die Staatsanwaltschaft hinwirken können, seine Beseitigung. Besteht hierüber Streit, so sollte dieser nicht in einem Zwischenverfahren durch ein im übrigen oft mit der Sache nicht befaßtes Beschwerdegericht entschieden werden, sondern muß nötigenfalls der Beurteilung des Revisionsgerichts vorbehalten werden. Noch weniger bedarf es einer Beschwerdebefugnis der Staatsanwaltschaft, wenn der Eröffnungsbeschluß formelle Fehler aufweist, die seine Wirksamkeit als Prozeßvoraussetzung nicht beeinträchtigen. Sie erfordern keine neue Entscheidung über die Eröffnung des Hauptverfahrens (§ 207, 36) und machen als solche bei Ausschluß der einfachen Beschwerde auch das Urteil nicht anfechtbar (§ 207, 71). Den Interessen des Angeklagten an der Korrektur solcher Fehler wird ausreichend dadurch Rechnung getragen, daß sie die revisible Rechtpflicht begründen können, im weiteren Verfahren eine durch sie entstandene Beeinträchtigung der Verteidigungsmöglichkeiten auszugleichen (§ 207, 37; 64).

---

[12] RGSt **10** 56 befaßt sich lediglich mit der Frage der Revisibilität eines fehlerhaften Eröffnungsbeschlusses; RGSt **46** 67 betrifft die Prüfung der Voraussetzungen des § 211 (damals § 210) durch den erkennenden Richter und enthält (S. 70 f) einige beiläufige Bemerkungen, die eher auf die Unzulässigkeit einer Beschwerde hindeuten könnten: „Die Bedeutung der Vorschrift des § 209 (jetzt § 210) bezieht sich vielmehr darauf, daß der Eröffnungsbeschluß, wenn einmal erlassen, als solcher, d. h. durch ein besonders gegen ihn gerichtetes Rechtsmittel nicht mehr angefochten werden könne."

[13] *Rieß* NStZ **1981** 447; differenziert *Meyer-Goßner* JR **1981** 381 (Revisibilität nur für die Staatsanwaltschaft, nicht für den Angeklagten).

[14] So in aller Klarheit § 201 Abs. 1 Entw. 1909, wobei die Begr. (S. 141) deutlich macht, daß damit keine Abweichung vom geltenden Recht beabsichtigt war.

[15] Aufschlußreich insoweit OLG Dresden Alsb. E **2** 79, wo ein Eröffnungsbeschluß auf einfache Beschwerde der Staatsanwaltschaft aufgehoben wurde, weil der Anklage eine Namensverwechslung zugrunde lag.

Auch im Fall des **die Anklage nicht erschöpfenden Eröffnungsbeschlusses** ist eine **7** unmittelbare Beschwerdemöglichkeit der Staatsanwaltschaft[16] weder erforderlich noch sachgerecht, zumal die Auffassung, daß über eine mehrere Taten oder Angeschuldigte betreffende Anklage nur in einer einheitlichen Entscheidung befunden werden könne, zweifelhaft ist (§ 207, 8). Vielmehr wird in solchen Fällen die Staatsanwaltschaft auf eine weitere Eröffnungsentscheidung hinzuwirken haben[17]. Die daraufhin ergehende Entscheidung des Gerichts wird entweder einen Eröffnungsbeschluß oder eine Ablehnung der Eröffnung darstellen und im zweiten Fall nach Absatz 2 mit der sofortigen Beschwerde angefochten werden können. Daß das Gericht bei offensichtlicher Unvollständigkeit der Eröffnungsentscheidung keine solche ergänzende Entscheidung trifft, wird nicht vorkommen. Allerdings ist bei veränderter Anklagezulassung nach § 207 Abs. 2 denkbar, daß, etwa bei Unklarheiten über den Umfang der prozessualen Tat, unterschiedliche Meinungen zwischen Staatsanwaltschaft und Gericht darüber bestehen, ob bestimmte Teile des historischen Geschehens vom Eröffnungsbeschluß mit umfaßt werden. Für die Klärung solcher Meinungsverschiedenheiten stehen jedoch das Hauptverfahren und das anschließende Rechtsmittelverfahren zur Verfügung; ein gesonderter Beschwerderechtszug mit einer Beschwerdeentscheidung ohne Bindungswirkung (BGHSt **26** 192) kann hierzu nichts beitragen.

## 2. Anfechtung des Eröffnungsbeschlusses

**a) Angeklagter.** Nach der hier vertretenen Auffassung (zu abweichenden Meinun- **8** gen s. Rdn. 4) ist der Eröffnungsbeschluß in jedem Fall für den Angeklagten unanfechtbar. Das gleiche gilt für den gesetzlichen Vertreter (§ 298), den Erziehungsberechtigten im Jugendgerichtsverfahren (§ 67 Abs. 3 JGG) und den Einziehungs- oder Verfallsbeteiligten (§ 433 Abs. 1). Auch eine im Eröffnungsbeschluß liegende fehlerhafte Zuständigkeitsbestimmung kann der Angeklagte, anders als ggf. die Staatsanwaltschaft nach Absatz 2, nicht mit der Beschwerde beanstanden (OLG Hamm MDR **1982** 691). Die Unanfechtbarkeit nach Absatz 1 hindert den Angeklagten jedoch nicht, Mängel des Eröffnungsbeschlusses, die seine Eigenschaft als Prozeßvoraussetzung betreffen, mit dem Ziel einer Verfahrenseinstellung nach den §§ 206 a, 260 Abs. 3 im Hauptverfahren und im Rechtsmittelzug geltend zu machen oder die Unzuständigkeit nach den hierfür maßgebenden Vorschriften einzuwenden. Andere Mängel des Eröffnungsbeschlusses, vor allem eine unrichtige Beurteilung des hinreichenden Tatverdachts, kann er als solche auch mit der Revision nicht geltend machen (§ 336 Satz 2; vgl. § 207, 71).

Ob und wieweit der Angeklagte gegen den Eröffnungsbeschluß **Verfassungsbe- 9 schwerde** einlegen kann, ist noch nicht restlos geklärt[18]. Frühere Entscheidungen des BVerfG[19] haben das bei einer Verletzung des Anspruchs auf rechtliches Gehör bejaht; sie sind durch die Einfügung der §§ 33 a, 311 a durch das StPÄG 1964 überholt (vgl. § 201, 34). Unabhängig hiervon hat der BayVerfGH Verfassungsbeschwerden nach Art. 66 BayVerf. gegen den Eröffnungsbeschluß für zulässig gehalten[20]. Dem kann allenfalls für den Sonderfall zugestimmt werden, daß es sich um einen der Verfassungsbe-

---

[16] Für die in diesem Fall *Gössel* § 12 IV b 2; *Kleinknecht/Meyer* 4; KMR-*Paulus* 8 eintreten.

[17] OLG Dresden *Alsb.* E **2** 68 Nr. 58 a; *Eb. Schmidt* 4.

[18] Im wesentlichen verneinend *Grundmann* JZ **1964** 451; bejahend *Arndt* JZ **1964** 582; KMR-*Paulus* 11; wohl auch (erheblich eingeschränkt) *Peters* § 71 I 2 b bb; vgl. auch

*Leibholz/Rupprecht* BVerfGG (1968) § 90, 48 S. 345.

[19] BVerfGE **7** 109; **9** 261; **17** 197; die in diesem Zusammenhang gelegentlich zitierten Entscheidungen BVerfGE **4** 352; **9** 89; **11** 330 betreffen andere Sachverhalte.

[20] NJW **1962** 1435; **1963** 1003 (für den Verstoß gegen ne bis in idem).

Peter Rieß

schwerde zugänglichen Verfahrensverstoß handelt, der sich auf solche Teile der Eröffnungsentscheidung bezieht, die im weiteren Verfahren nicht mehr überprüft und korrigiert werden können. Im übrigen steht der Zulässigkeit der Verfassungsbeschwerde deren Subsidiarität (§ 93 Abs. 2 BVerfGG) entgegen, soweit nicht im konkreten Einzelfall ausnahmsweise die Sondervorschrift des § 93 Abs. 2 Satz 2 BVerfGG eingreift. Zum auszuschöpfenden Rechtsweg, der alle Möglichkeiten einschließt, im Verfahren der ordentlichen Gerichtsbarkeit die Beseitigung des verfassungswidrigen Hoheitsaktes zu erreichen (*Maunz/Dürig* Art. 93, 70), zählt auch die Möglichkeit, auf eine Einstellung des Verfahrens nach den §§ 206 a, 260 Abs. 3 hinzuwirken oder die Hauptverhandlung und die ordentlichen Rechtsmittel auszuschöpfen, wenn geltend gemacht werden soll, die der Eröffnungsentscheidung zugrundeliegende Strafnorm sei verfassungswidrig[21].

**10** **b) Staatsanwaltschaft.** Auch für die Staatsanwaltschaft ist der Eröffnungsbeschluß **unanfechtbar,** soweit das Hauptverfahren wegen der von ihr angeklagten (prozessualen) Taten vor dem von ihr bezeichneten Gericht oder nach Vorlage gemäß § 209 Abs. 2 vor einem Gericht höherer Ordnung (BayObLG *Alsb.* E 2 67) oder einem diesem nach § 209 a gleichgestellten Spruchkörper eröffnet wird. Dies gilt auch dann, wenn der Eröffnungsbeschluß die Tat rechtlich anders würdigt (§ 207 Abs. 2 Nr. 3) oder nach § 207 Abs. 2 Nr. 2, 4 verfährt, selbst wenn insoweit die nach § 154 a Abs. 2 erforderliche Zustimmung der Staatsanwaltschaft nicht vorlag. Hier bedarf es schon deshalb keiner Beschwerde, weil die Staatsanwaltschaft ihre abweichende Rechtsauffassung weiter vertreten und bei Ausscheiden von Tatteilen oder einzelnen Gesetzesverletzungen die Wiedereinbeziehung für das Hauptverfahren durch einen Antrag nach § 154 a Abs. 3 Satz 2 erzwingen kann. Die Unanfechtbarkeit gilt nach der hier vertretenen Auffassung auch für unwirksame und formell fehlerhafte Eröffnungsbeschlüsse (Rdn. 6).

**11** Der Staatsanwaltschaft steht die **sofortige Beschwerde** nach Absatz 2, zweite Alternative zu, wenn das Gericht entgegen ihrem Antrag (§ 200, 38 ff) das Hauptverfahren nach § 209 Abs. 1 vor einem Gericht niedrigerer Ordnung eröffnet. Dem stehen nach § 209 a gleich: Die Eröffnung vor einem Erwachsenengericht durch ein Jugendgericht gleicher Ordnung, auch bei Jugendschutzsachen, und die Eröffnung durch eine in der Vorrangreihenfolge nach § 74 e GVG vorgehenden Strafkammer vor einer später aufgeführten (§ 209 a, 8). Die Beschwerde ist auch zulässig, wenn die Entscheidung vom Oberlandesgericht im ersten Rechtszug getroffen wird (§ 304 Abs. 4 Satz 2 Nr. 3). Sie setzt voraus, daß die Eröffnung von dem zuletzt gestellten Antrag der Staatsanwaltschaft abweicht und ist deshalb unzulässig, wenn sich im Falle des § 209 Abs. 1 die Staatsanwaltschaft vorher mit der Eröffnung vor dem Gericht niedrigerer Ordnung einverstanden erklärt hatte[22]. Wird die Sache nach § 209 Abs. 2 einem Gericht höherer Ordnung vorgelegt und eröffnet dieses das Verfahren vor dem vorlegenden Gericht oder einem anderen ihm gegenüber niedrigeren, so ist die Beschwerde nur zulässig, wenn die Staatsanwaltschaft sich bei ihrer Stellungnahme im Vorlageverfahren (§ 209, 40; 41) der Auffassung des vorlegenden Gerichts ausdrücklich anschließt.

**12** Auf den **Grund für die Eröffnung** vor einem Gericht niedrigerer Ordnung (vgl. § 209, 20 ff) kommt es für die Zulässigkeit der Beschwerde nicht an (OLG Nürnberg MDR **1960** 68). Deshalb kann die Staatsanwaltschaft in diesen Fällen ihre Beschwerde auch auf eine andere Auffassung über die rechtliche Bewertung der angeklagten Tat stützen, falls hiervon die Zuständigkeitsverlagerung abhängt.

**13** **Keine Eröffnung vor einem Gericht niedrigerer Ordnung** stellt es dar, wenn bei Eröffnung vor dem Schöffengericht die von der Staatsanwaltschaft beantragte Hinzu-

---

[21] A. A insoweit *Grundmann* JZ **1964** 451.
[22] OLG München *Alsb.* E 2 66; KK-*Treier* 5; KMR-*Paulus* 20; *Eb. Schmidt* 9; a. A OLG Köln *Alsb.* E 2 65.

ziehung eines zweiten Richters (§ 29 Abs. 2 Satz 1 GVG) abgelehnt wird; die Beschwerde ist auch nicht zulässig, wenn bei der Eröffnung vor dem Schöffengericht durch ein Gericht höherer Ordnung mit ihr nur geltend gemacht wird, daß nicht die Zuziehung eines zweiten Richters nach § 29 Abs. 2 Satz 2 GVG beschlossen worden ist (KG JR **1976** 209). **Unzulässig** wäre eine erneute Beschwerde der Staatsanwaltschaft auch, wenn das Beschwerdegericht auf eine sofortige Beschwerde gegen die Nichteröffnung dieser zwar stattgibt, dabei aber das Hauptverfahren entgegen dem Antrag der Staatsanwaltschaft vor einem Gericht niedrigerer Ordnung eröffnet[23], weil sie sich als unzulässige[24] weitere Beschwerde darstellen würde. Einen neuen Beschwerdegegenstand, der dies ausnahmsweise zulässig machen würde, stellt die Zuständigkeitsbestimmung durch das Beschwerdegericht nicht dar (vgl. OLG Hamm MDR **1982** 691).

c) **Privatkläger, Nebenkläger.** Die Unanfechtbarkeit des Eröffnungsbeschlusses **14** gilt auch für Privat- und Nebenkläger. Für den Privatkläger spielt die Beschwerdemöglichkeit wegen Eröffnung vor einem Gericht niedrigerer Ordnung keine Rolle, da für Privatklagen stets der Strafrichter zuständig ist (§ 25 Nr. 1 GVG). Dagegen kann der Nebenkläger unabhängig von der Staatsanwaltschaft grundsätzlich von dieser Beschwerdemöglichkeit Gebrauch machen (§§ 401, 397 Abs. 1 in Vbdg. mit § 385). Für die Frage der Abweichung vom Antrag kommt es auf den der Staatsanwaltschaft an. Jedoch ist die Beschwerde des Nebenklägers unzulässig, wenn die Zuständigkeitsveränderung auf einer veränderten rechtlichen Beurteilung in bezug auf eine solche Straftat beruht, die nicht den Anschluß als Nebenkläger vermittelt (vgl. ergänzend die Erl. zu § 401 bei III 1)[25].

### 3. Anfechtung der Entscheidung über die Ablehnung der Eröffnung

a) **Angeschuldigter.** Die Entscheidung, durch die die Eröffnung des Hauptverfah- **15** rens nach § 204 abgelehnt wird, ist für den Angeschuldigten und ihm hinsichtlich der Rechtsmittelbefugnis gleichgestellte Personen (Rdn. 8) schon deshalb unanfechtbar, weil er durch sie nicht beschwert ist[26]; ob sich das auch durch Umkehrschluß aus der für die Staatsanwaltschaft in Absatz 2 getroffenen Regelung ergibt, kann deshalb dahinstehen. Dies gilt auch, wenn die Eröffnung abgelehnt wird, weil eine Verfahrensvoraussetzung fehlt, und der Angeschuldigte geltend machen will, daß die Eröffnung aus sachlichen Gründen abgelehnt werden müßte (vgl. § 206 a, 68 a. E.). Anfechtbar ist jedoch mit sofortiger Beschwerde (§ 464 Abs. 3, § 8 Abs. 3 StrEG) eine dem Angeschuldigten nachteilige Kostenentscheidung (vgl. § 467 Abs. 2, 3) oder Entscheidung über die Entschädigung für Strafverfolgungsmaßnahmen[27].

b) Die **Staatsanwaltschaft** kann den Nichteröffnungsbeschluß regelmäßig mit der **16** **sofortigen Beschwerde anfechten,** und zwar auch dann, wenn er als Teilablehnung der

---

[23] **Beispiel:** Der Vorsitzende des Schöffengerichts lehnt die Eröffnung des Hauptverfahrens ab, der hiergegen gerichteten sofortigen Beschwerde gibt das Landgericht statt, eröffnet aber das Verfahren vor dem Strafrichter.

[24] § 310; vgl. OLG Schleswig SchlHA **1960** 149.

[25] **Beispiel:** Anklage vor dem Landgericht wegen Vergewaltigung in Tateinheit mit Körperverletzung (§§ 177, 223, 52 StGB). Diese verneint den hinreichenden Verdacht der Vergewaltigung und eröffnet wegen

Körperverletzung vor dem Strafrichter. Keine Beschwerdebefugnis des Nebenklägers, weil sich seine Anschlußbefugnis hier nur aus § 223 StGB (§§ 395 Abs. 1 Satz 1 in Vbdg. mit § 374 Nr. 4) ergibt.

[26] BayObLGSt **1949/51** 476; *Giesler* 260; KMR-*Paulus* 16; kritisch zur fehlenden Beschwer *Peters* § 58 III 2.

[27] BayObLG St **1949/51** 476; OLG Hamm NJW **1954** 1736; *Giesler* 260; KMR-*Paulus* 16; *Eb. Schmidt* 8 (mit Nachweisen über den Streitstand vor der Neufassung des § 464).

Peter Rieß

Eröffnung nach § 207 Abs. 2 Nr. 1 mit einem Eröffnungsbeschluß kombiniert ist. Dann ist die Beschwerde nur soweit zulässig, wie der Nichteröffnungsbeschluß reicht. Zur Frage des Vorgehens bei unerledigten Taten s. Rdn. 7. Unerheblich ist der Grund der Ablehnung der Eröffnung. Sofortige Beschwerde ist daher auch zulässig, wenn sich das Gericht bei örtlicher Unzuständigkeit entgegen der hier vertretenen Auffassung (§ 204, 7) nicht auf eine Unzuständigkeitserklärung beschränkt, sondern die Eröffnung ablehnt[28]. Die Beschwerde kann (nach allgemeinen Grundsätzen) auf tatsächliche oder rechtliche Gründe gestützt werden, auch darauf, daß **neue** zur Zeit der Ablehnung der Eröffnung dem Gericht unbekannte **Tatsachen oder Beweismittel** im Sinne des § 211 vorliegen[29]; die neue Klageerhebung nach § 211 setzt die Rechtskraft des Nichteröffnungsbeschlusses voraus.

**17**    **Keine sofortige Beschwerde** ist gegeben, wenn das Gericht rechtsirrig bei einer veränderten Anklagezulassung nach § 207 Abs. 2 Nr. 2 bis 4 die Eröffnung des Hauptverfahrens teilweise ablehnt. Dieser Ablehnungsbeschluß ist unwirksam (§ 206, 7). Dies gilt auch, wenn das Gericht (fälschlich) die Eröffnung des Hauptverfahrens wegen einzelner Teile einer **fortgesetzten Handlung** ablehnt, weil es sie nicht für hinreichend wahrscheinlich erachtet[30]. Dagegen wird man die sofortige Beschwerde für zulässig ansehen müssen, wenn die Staatsanwaltschaft mehrere Einzeltaten als fortgesetzte Handlungen angeklagt hat, das Gericht aber im Eröffnungsbeschluß wegen Verneinung der Voraussetzungen des Fortsetzungszusammenhangs gemäß § 207 Abs. 2 Nr. 3 die Anklage wegen einzelner selbständiger Taten zuläßt und dabei wegen eines Teils der von ihm als selbständige Taten angesehenen Vorwürfe mangels hinreichenden Tatverdachts die Eröffnung des Hauptverfahrens ablehnt.

**18**    **c) Andere Beteiligte.** Im Privatklageverfahren kann der **Privatkläger** gegen die Ablehnung der Eröffnung sofortige Beschwerde einlegen (§ 383 Abs. 1 Satz 1). Im Offizialverfahren steht die sofortige Beschwerde grundsätzlich auch dem **Nebenkläger** zu[31]. Unzulässig ist jedoch bei teilweiser Ablehnung der Eröffnung eine sofortige Beschwerde des Nebenklägers, wenn die Tat, wegen derer die Eröffnung des Hauptverfahrens abgelehnt worden ist, keine Anschlußbefugnis vermittelt. Wer anschlußbefugt ist (§ 395) und rechtzeitig von der Ablehnungsentscheidung erfährt (vgl. § 399 Abs. 1, Nr. 115 Abs. 3 RiStBV) kann sich innerhalb der für die Staatsanwaltschaft laufenden Einlegungsfrist (§ 399 Abs. 2) auch zum Zwecke der Einlegung der sofortigen Beschwerde dem Verfahren als Nebenkläger anschließen (§ 401 Abs. 1 Satz 1). Im übrigen steht dem **Verletzten,** auch soweit er Anzeigeerstatter ist, kein Beschwerderecht zu[32].

**4. Sofortige Beschwerde**

**19**    **a) Zuständigkeit.** Über die sofortige Beschwerde entscheidet das nach den Vorschriften des GVG zuständige Gericht. Danach ist zuständig für die Beschwerde gegen Entscheidungen des Strafrichters und des Vorsitzenden des Schöffengerichts die große Strafkammer (§§ 73, 76 Abs. 1 GVG), in Wirtschaftsstrafsachen im Sinne des § 74 c GVG ggf. die Wirtschaftsstrafkammer (§ 74 c Abs. 2 GVG); gegen solche des Landge-

---

[28] **A. A** (einfache Beschwerde) *Schlüchter* 421; vgl. auch RGSt **32** 50; § 6, 26.

[29] Anders teilweise früher die Rechtsprechung, OLG Dresden (1886) *Alsb.* E **2** 62; KG GA **39** (1891) 360; wie hier schon damals OLG Colmar (1892) *Alsb.* E **2** 65.

[30] KMR-*Paulus* 15; *Eb. Schmidt* Nachtr. I 2; **a. A** *Holzäpfel* NJW **1963** 2063.

[31] OLG Dresden *Alsb.* E **2** 69 Nr. 58 c; Schrifttum allg. M.

[32] OLG Oldenburg NdsRpfl. **1954** 35; de lege ferenda ist *Stanienda* NJW **1960** 2231 für ein selbständiges Beschwerderecht des Verletzten eingetreten; vgl. auch *Peters* § 58 III 2.

richts das Oberlandesgericht (§ 121 Abs. 1 Nr. 2 GVG), in Staatsschutzstrafsachen im Sinne des § 74 a GVG das nach § 120 GVG zuständige Oberlandesgericht (§ 120 Abs. 4 GVG)[33], und gegen solche der Oberlandesgerichte im ersten Rechtszug der Bundesgerichtshof (§ 135 Abs. 2 GVG).

**b) Umfang der Beschwerdeentscheidung.** Das Beschwerdegericht entscheidet re- **20** gelmäßig in der Sache selbst (§ 309 Abs. 2, vgl. für die Ausnahmen die Erl. zu § 309). Es kann dabei einzelne Beweiserhebungen nach § 202 anordnen[34]. Steht der Durchführung der Hauptverhandlung, nicht aber der Eröffnungsentscheidung, ein vorläufiges Hindernis entgegen (§ 205, 5), so kann das Beschwerdegericht nach der Eröffnung die vorläufige Einstellung beschließen. Richtet sich die Beschwerde gegen die Eröffnung des Hauptverfahrens vor einem Gericht niedrigerer Ordnung, so prüft das Beschwerdegericht nicht nur die Zuständigkeit, sondern auch die Eröffnungsentscheidung vollen Umfangs nach. Es kann dabei, wenn es zu einer anderen rechtlichen Bewertung der Tat gelangt, den Eröffnungsbeschluß auch über die Zuständigkeitsbestimmung hinaus ändern[35] oder, wenn es den hinreichenden Tatverdacht verneint, die Nichteröffnung beschließen (vgl. § 301). Dagegen kann es bei einem kombinierten Eröffnungs- und Nichteröffnungsbeschluß nach § 207 Abs. 2 Nr. 1, gegen den sofortige Beschwerde wegen der Ablehnung der Eröffnung eingelegt wurde, den eröffnenden Teil des Beschlusses grundsätzlich nicht ändern, weil insoweit eine Beschwerde unzulässig wäre (vgl. aber Rdn. 22).

**c) Inhalt der Entscheidung.** Richtet sich die Beschwerde gegen die **Ablehnung der** **21** **Eröffnung** und ist sie begründet, so hebt das Beschwerdegericht den Nichteröffnungsbeschluß auf und eröffnet selbst das Verfahren gemäß § 207. Nur wenn die Eröffnung des Hauptverfahrens entgegen der hier vertretenen Auffassung (§ 204, 7) wegen Unzuständigkeit abgelehnt wurde, entscheidet das Beschwerdegericht bei begründeter Beschwerde, weil eine beschwerdefähige Eröffnungsentscheidung in der Sache fehlt, nicht über die Eröffnung selbst, sondern verweist die Sache zur Sachentscheidung zurück (KK-*Treier* 8; s. auch Rdn. 34 f).

Richtet sich die Beschwerde gegen die **Eröffnung vor einem Gericht niedrigerer** **22** **Ordnung** und erweist sie sich als begründet, so bestimmt das Beschwerdegericht selbst das für das Hauptverfahren zuständige Gericht im Sinne des § 207 Abs. 1 (vgl. aber Rdn. 23). Dabei kann es sich, unter Aufhebung der Zuständigkeitsbestimmung im Eröffnungsbeschluß, auf eine neue Zuständigkeitsbestimmung beschränken, wenn sich im übrigen an der rechtlichen Beurteilung im Eröffnungsbeschluß nichts ändert; dieser braucht dann nicht insgesamt aufgehoben und neu gefaßt zu werden. Ist aber die abweichende Zuständigkeitsbeurteilung durch das Beschwerdegericht darauf zurückzuführen, daß es von der rechtlichen Beurteilung des Eröffnungsbeschlusses abweicht, so hat es diesen insoweit aufzuheben und durch einen eigenen zu ersetzen. Eine Veränderung der Zuständigkeitsbestimmung durch das Beschwerdegericht gegenüber dem Eröffnungsbeschluß kann auch dann erforderlich werden, wenn das Beschwerdegericht bei einem kombinierten Eröffnungs- und Nichteröffnungsbeschluß nach § 207 Abs. 2 Nr. 1 aufgrund einer gegen die Nichteröffnung gerichteten Beschwerde selbst einen Eröff-

---

[33] In Bayern ist insoweit das BayObLG zuständig, BGHSt **28** 103; bei staatsvertraglichen Zuständigkeitskonzentrationen nach § 120 Abs. 5 Satz 2 GVG das Oberlandesgericht, bei dem die Sachen konzentriert sind, also derzeit Hamburg auch für Bremen und Koblenz für Saarbrücken.

[34] KMR-*Paulus* 17; ggf. ist auch über unerledigte Beweisanträge des Angeschuldigten nach § 201 zu entscheiden, *Alsberg/Nüse/Meyer* 346.

[35] OLG Celle MDR **1972** 887; OLG Köln NJW **1970** 260; KK-*Treier* 8; KMR-*Paulus* 22.

Peter Rieß

nungsbeschluß erläßt und sich deshalb die Zuständigkeit eines Gerichts höherer Ordnung ergibt, etwa, weil nunmehr die Strafgewalt des Gerichts niedrigerer Ordnung nicht mehr ausreicht oder eine besondere Bedeutung des Falles gegeben ist.

**23**    Voraussetzung für eine Eröffnungsentscheidung (Rdn. 21) oder die Änderung der Zuständigkeitsbestimmung des angefochtenen Eröffnungsbeschlusses (Rdn. 22) ist jedoch stets, daß das Gericht, vor dem nunmehr die Hauptverhandlung stattfinden soll, **kein Gericht höherer Ordnung** bzw. kein vorrangiger Spruchkörper im Sinne des § 209 a gegenüber dem Beschwerdegericht wäre. In einem solchen, ausnahmsweise möglichen Fall muß das Beschwerdegericht nach § 209 Abs. 2 verfahren[36].

**24**    **d) Anderes Gericht oder andere Kammer für die Hauptverhandlung (Absatz 3).** Die Vorschrift ist mit § 354 Abs. 2 verwandt. Durch sie soll sichergestellt werden, daß das erkennende Gericht unbefangen urteilt, ohne sich an seine im Beschwerderechtszug aufgehobene Eröffnungsentscheidung gebunden zu fühlen. Die Vorschrift ist daher im weiteren Sinne in den Formenkreis der die Ausschließung und Ablehnung regelnden Bestimmungen einzuordnen, ohne daß deshalb nach geltendem Recht aus der Eröffnungsentscheidung ein Ausschließungs- oder Ablehnungsgrund hergeleitet werden könnte (vgl. § 24, 30 ff) und ohne daß, auch bei Anwendung des Absatzes 3 die Mitwirkung eines Richters, der an der Eröffnungsentscheidung beteiligt war, ohne weiteres einen Befangenheitsgrund darstellt[37]. Anders als nach § 354 Abs. 2 ist die Zurückverweisung an einen anderen Spruchkörper zur Durchführung des Hauptverfahrens **nicht obligatorisch;** das Beschwerdegericht kann das Hauptverfahren vor demselben Spruchkörper eröffnen, der die Eröffnung abgelehnt hatte. Diese Wahlmöglichkeit verstößt nicht gegen Art. 101 Abs. 1 Satz 2 GG; Absatz 3 ist mit dem Grundgesetz vereinbar[38]; ist aber verfassungskonform dahin auszulegen, daß das Beschwerdegericht das Verfahren in der Regel bei dem an sich zuständigen Spruchkörper belassen muß und für die Anwendung des Absatzes 3 besondere Sachgründe vorliegen müssen[39]. Zur Frage der analogen Anwendung auf Beschwerdeentscheidungen nach § 206 a s. § 206 a, 72.

**25**    Die Hauptverhandlung kann einem **anderen Spruchkörper des gleichen Gerichts** oder einem anderen Gericht übertragen werden. Beim gleichen Gericht spricht die Vorschrift nur von der „Kammer", doch sind darunter auch die Abteilungen des Amtsgerichts zu verstehen[40]. Diese Möglichkeit ist in der Geschäftsverteilung zu berücksichti-

---

[36] **Beispiel:** In einem vor dem Schöffengericht angeklagten Verfahren wegen gemeinschaftlichen Landfriedensbruchs und einer selbständigen anderen Tat lehnt das Schöffengericht die Eröffnung des Hauptverfahrens wegen des Landfriedensbruchs ab und eröffnet im übrigen vor dem Strafrichter. Die mit der Beschwerde der Staatsanwaltschaft befaßte allgemeine Strafkammer bejaht den hinreichenden Verdacht des Landfriedensbruchs und ist der Auffassung, daß die Sache von besonderer Bedeutung ist. Sie hat das Verfahren vor der allgemeinen Strafkammer zu eröffnen. Kommt sie zu dem Ergebnis, daß der Landfriedensbruch in Tateinheit mit einer Straftat nach § 129 StGB begangen ist, so muß sie (§ 209 Abs. 2 in Vbdg. mit § 209 a) die Sache zur Entscheidung über die Beschwerde und zur

Eröffnung der Staatsschutz-Strafkammer nach § 74 a GVG vorlegen; hält sie gar § 129 a StGB für verwirklicht, so muß die Vorlage an den nach § 120 GVG zuständigen Strafsenat des Oberlandesgerichts erfolgen (§ 120 Abs. 1 Nr. 6 GVG).

[37] Vgl. BGHSt **21** 144; **24** 336; § 23, 32.

[38] BVerfGE **20** 336 ff zu § 354 Abs. 2 in der bis 1965 geltenden, dem Absatz 3 entsprechenden Fassung unter Erwähnung auch des § 210 Abs. 3 (S. 343 f); ausdrücklich zu § 210 Abs. 3 Beschl. vom 23. 11. 1979 – 2 BvR 326/77 – (Vorprüfungsausschuß).

[39] BVerfG (Vorprüfungsausschuß) vom 23. 11. 1979 – 2 BvR 326/77; ähnlich *Kleinknecht/Meyer* 10; KMR-*Paulus* 23.

[40] KK-*Treier* 9; *Kleinknecht/Meyer* 8; KMR-*Paulus* 24; *Roxin* § 40 C III 2.

gen; daran ist das Beschwerdegericht gebunden. Fehlt eine Geschäftsverteilungsrege-
lung, so kann in der Beschwerdeentscheidung ein konkreter Spruchkörper bestimmt
werden[41].

Die **Eröffnung vor einem anderen Gericht** ist dem Bundesgerichtshof in Sachen,   **26**
die erstinstanzlich vor dem Oberlandesgericht verhandelt werden, nicht möglich, wie
sich sowohl aus Satz 2 als auch aus dem Umstand ergibt, daß das neu mit der Sache befaßte Gericht in demselben Land liegen muß und in jedem Bundesland nur ein Oberlandesgericht im ersten Rechtszug zuständig ist (§ 120 Abs. 1 GVG). Nach allg. Meinung[42]
muß das Gericht, vor dem die Hauptverhandlung stattfinden soll, über die Beschränkung auf das Land hinaus zum Bezirk des Beschwerdegerichts gehören (vgl. zum
Begriff des Bezirks § 209, 13 ff). Damit können das KG sowie die OLG Braunschweig,
Bremen, Hamburg und Saarbrücken, da zu ihrem Bezirk jeweils nur ein Landgericht
gehört, von dieser Möglichkeit keinen Gebrauch machen. Das neue Gericht muß „be-
nachbart" sein, es muß in räumlicher Nähe des ursprünglich zuständigen Gerichts liegen; darauf, daß die Gerichtsbezirke aneinandergrenzen, soll es nicht ankommen[43].
Welcher Spruchkörper zuständig ist, bestimmt sich in diesem Fall nach dem allgemeinen Geschäftsverteilungsplan.

e) **Wirkungen der Beschwerdeentscheidung.** Wird die sofortige **Beschwerde** gegen   **27**
die Ablehnung der Eröffnung des Hauptverfahrens **verworfen,** so tritt die Sperrwirkung
des § 211 ein (vgl. die dortigen Erl.). Verwirft das Beschwerdegericht die sofortige Beschwerde gegen die Eröffnung vor einem Gericht niedrigerer Ordnung, so gelten die
Ausführungen bei § 209, 30 entsprechend.

Bei **erfolgreicher Beschwerde** ist das Gericht, vor dem das Beschwerdegericht das   **28**
Hauptverfahren eröffnet hat, ebenso mit der Sache befaßt, wie wenn die Anklage unmittelbar und ohne Beschwerdeverfahren zugelassen worden wäre, und zwar auch in den
Fällen des Absatzes 3 (*Meyer-Goßner* JR **1979** 385). Eine über die Eröffnung hinausgehende Bindungswirkung hat der Eröffnungsbeschluß des Beschwerdegerichts nicht[44].
Die ihm zugrundeliegende Rechtsauffassung bindet das erkennende Gericht ebensowenig (§ 264 Abs. 2) wie die ohnehin nur eine vorläufige Tatbewertung (BGHSt **23** 306)
darstellende tatsächliche Bewertung. Das erkennende Gericht bleibt auch verpflichtet
(§ 6) seine sachliche Zuständigkeit in jeder Lage des Verfahrens zu prüfen und ggf. nach
den §§ 225 a, 270 zu verfahren; dem Angeklagten bleiben die Unzuständigkeitseinwendungen nach den §§ 6 a Satz 2, 16 Satz 2 erhalten.

5. **Anfechtung von Unzuständigkeitserklärungen**
a) **Allgemeines, Fallgruppen.** Nach der in diesem Kommentar (§ 204, 6 f; § 16, 8)   **29**
vertretenen, umstrittenen Auffassung ist bei örtlicher Unzuständigkeit im Eröffnungsverfahren nicht die Eröffnung des Hauptverfahrens abzulehnen, vielmehr muß sich das
Gericht auf den Ausspruch seiner örtlichen Unzuständigkeit beschränken. Unzuständigkeitserklärungen können ferner vorkommen bei Streit über die geschäftsverteil-
lungsmäßige Zuständigkeit, sofern keine Entscheidung des Präsidiums in Betracht
kommt (§ 209, 9), oder in seltenen Ausnahmen fehlender Verweisungsmöglichkeit bei
sachlicher Unzuständigkeit (§ 209, 10). Ferner ist denkbar, daß ein Gericht niedrigerer
Ordnung oder ein in der Vorrangreihenfolge nach § 209 a nachrangiger Spruchkörper,

---

[41] BGH, Urteil vom 13. 11. 1970 – 1 StR
412/70 – *Kleinknecht/Meyer* 11; KMR-*Paulus* 23.
[42] OLG Hamm MDR **1982** 691; *Kleinknecht/
Meyer* 9; KMR-*Paulus* 24; vgl. die Erl. zu
§ 354 Abs. 2.

[43] *Kleinknecht/Meyer* 9; KMR-*Paulus* 24.
[44] BGHSt **26** 192; KMR-*Paulus* 17; teilweise
a. A (in Hinblick auf die Zuständigkeitsbestimmung) *Meyer-Goßner* NJW **1976** 977; JR
**1979** 385.

Peter Rieß

der sich für unzuständig hält, rechtsfehlerhaft nicht nach § 209 Abs. 2 verfährt, sondern sich auf den Ausspruch seiner Unzuständigkeit beschränkt[45].

**30**     In all diesen Fällen entscheidet das Gericht nicht *über* die Eröffnung des Hauptverfahrens, sondern es lehnt eine Entscheidung hierüber ab, weil es sich für unzuständig hält. Die Eröffnung des Hauptverfahrens wird weder beschlossen noch abgelehnt; Inhalt der ggf. mit einem Rechtsmittel zu überprüfenden Unzuständigkeitserklärung ist die Auffassung des Gerichts, wegen Unzuständigkeit keine Entscheidung über die Eröffnung treffen zu dürfen. Diese **Entscheidung unterfällt nicht** dem Regelungsgehalt des § 210, der lediglich die Anfechtbarkeit von Entscheidungen über die Eröffnung (abschließend, vgl. Rdn. 6) bestimmt. Die Anfechtbarkeit solcher Unzuständigkeitserklärungen richtet sich nach den allgemeinen Beschwerdevorschriften, insbesondere nach § 304 Abs. 1. Deshalb kommt als Rechtsmittel nicht die sofortige, sondern die **einfache Beschwerde** in Betracht[46]. § 210 kann auch nicht analog angewendet werden, da die Fälle der sofortigen Beschwerde abschließend geregelt und keiner Ausdehnung fähig sind (§ 311, 2); die sachlich wohl wünschenswerte Einführung der sofortigen Beschwerde für diese Fälle muß dem Gesetzgeber vorbehalten bleiben. Nicht nach diesem Grundsatz mit der einfachen Beschwerde anfechtbar sind (soweit sie vorkommen können) Unzuständigkeitserklärungen nach Eröffnung des Hauptverfahrens; hier ist das Verfahren wegen Fehlens einer Prozeßvoraussetzung nach § 206 a (Rechtsmittel: sofortige Beschwerde) oder nach § 260 Abs. 3 (Rechtsmittel: Berufung oder Revision) einzustellen.

**31**     **b) Anfechtung durch den Angeschuldigten.** Auch der Angeschuldigte kann die Unzuständigkeitserklärung mit der einfachen Beschwerde anfechten, weil er durch sie beschwert ist und sich ein Beschwerdeausschluß aus anderen Gründen dem Gesetz nicht entnehmen läßt[47]. Die Beschwer des Angeschuldigten ergibt sich daraus, daß die Unzuständigkeitserklärung ihrer Intention nach, anders als die Einstellung nach § 206 a und ähnlich der vorläufigen Einstellung nach § 205, das Verfahren nicht endgültig beenden will, sondern gerade den Weg zum für zuständig gehaltenen Gericht eröffnen soll. Durch das dadurch drohende Zwischenverfahren über die Zuständigkeit, etwa falls auch dieses Gericht sich für unzuständig erklärt und deshalb nach § 19 verfahren werden muß, ist aber der Angeschuldigte mindestens in seinem Anspruch auf Aburteilung in angemessener Frist (Art. 6 Abs. 1 Satz 1 MRK) betroffen; er hat ein zur Beschwer ausreichendes, rechtlich anerkanntes Interesse daran, die Zuständigkeitsfrage alsbald geklärt zu erhalten.

**32**     **c) Anfechtung durch die Staatsanwaltschaft.** Auch der Staatsanwaltschaft (ebenso dem Privatkläger und dem Nebenkläger) steht gegen die Unzuständigkeitserklärung grundsätzlich die einfache Beschwerde zu[48]. Sie ist ausgeschlossen, wenn sich das

---

[45] Nach RGSt **32** 51 ist dies auch dann der Fall, wenn die Entscheidung förmlich im Beschlußtenor als Ablehnung der Eröffnung in Erscheinung tritt.

[46] RGSt **32** 52 (für den Fall der sachlichen Unzuständigkeit); vgl. OLG Düsseldorf MDR **1982** 690 (für die geschäftsplanmäßige Zuständigkeit); *Eb. Schmidt* §§ 16 bis 18, 13; **a. A** für den Fall der örtlichen Unzuständigkeit, aber konsequent, da sie insoweit für eine negative Eröffnungsentscheidung eintreten, KK-*Treier* § 199, 4; KMR-*Paulus* 14;

jede Anfechtungsmöglichkeit bei örtlicher Unzuständigkeit verneint *Schwarze* 308.

[47] KMR[6] 2 b; *G. Schäfer* § 38 III (sofortige Beschwerde); **a. A** LR-*Meyer-Goßner*[23] 21; 29; 33; wohl auch *Gössel* § 12 B III b.

[48] RGSt **32** 50; OLG Koblenz JR **1982** 480; LG Köln JMBlNW **1962** 165; vgl. OLG Düsseldorf MDR **1982** 690; im Schrifttum für die Fälle der jeweils anerkannten bloßen Unzuständigkeitserklärung allg. M, vgl. z. B. § 16, 17; *Gössel* § 12 B III b; *Kleinknecht/ Meyer* 4; *Schlüchter* 421.

erstinstanzlich zuständige OLG im Eröffnungsverfahren für unzuständig erklärt (§ 304 Abs. 4 Satz 2; einer der Ausnahmefälle, insbesondere nach Nr. 2, 3 liegt nicht vor).

**d) Beschwerdeentscheidung.** Hat das Erstgericht seine **sachliche Unzuständigkeit** **33** oder seine Unzuständigkeit wegen einer Zuständigkeit besonderer Spruchkörper kraft Gesetzes in den Fällen des § 209 a ausgesprochen, statt nach § 209 Abs. 2 zu verfahren, so ist die Beschwerde stets begründet (RGSt **32** 52). Das Beschwerdegericht hebt deshalb den Beschluß auf und weist das Erstgericht an, nach § 209 Abs. 2 zu verfahren.

Hält das Beschwerdegericht im übrigen das Erstgericht für zuständig und deshalb **34** die **Beschwerde** für **begründet,** so hebt es die Entscheidung auf und verweist die Sache an das Erstgericht zur Entscheidung über die Eröffnung zurück. Dieses ist für die Eröffnungsentscheidung an die Zuständigkeitsbestimmung gebunden[49], die Gegenstand des Beschwerdeverfahrens war, im übrigen aber frei. Es kann also, wenn es lediglich seine örtliche Zuständigkeit verneint hatte, nunmehr noch nach § 209 Abs. 2 verfahren oder nach Eröffnung des Hauptverfahrens auf einen entsprechenden Einwand des Angeklagten das Verfahren wegen örtlicher Unzuständigkeit nach den §§ 206 a, 260 Abs. 3 einstellen[50].

Hält das Beschwerdegericht die **Beschwerde** für **unbegründet,** weil es die Auffas- **35** sung des Erstgerichts über seine Unzuständigkeit teilt, so beschränkt es sich auf die Verwerfung der Beschwerde. Eine Verweisung an das zuständige Gericht kommt jedenfalls bei örtlicher Unzuständigkeit nicht in Betracht, da das Beschwerdegericht keine Verweisungsmöglichkeit in Anspruch nehmen kann, die dem Erstrichter nicht zusteht[51]. Damit steht die Unzuständigkeit des angegangenen Gerichts fest; die Staatsanwaltschaft muß das Verfahren vor einem anderen zuständigen Gericht fortführen. Hält sich auch dieses für unzuständig und wird diese Entscheidung im Beschwerderechtszug bestätigt, so ist nach § 19 zu verfahren. Das Beschwerdegericht darf keine Entscheidung über die Eröffnung des Hauptverfahrens treffen, wenn es im Beschwerderechtszug lediglich mit einer Unzuständigkeitserklärung befaßt ist, da diese Frage nicht Gegenstand des Beschwerdeverfahrens ist und der Entscheidung des Erstgerichts nicht vorgegriffen werden darf[52].

## § 211

**Ist die Eröffnung des Hauptverfahrens durch einen nicht mehr anfechtbaren Beschluß abgelehnt, so kann die Klage nur auf Grund neuer Tatsachen oder Beweismittel wieder aufgenommen werden.**

**Schrifttum.** *Geppert* Rechtskraft und Beseitigung strafprozessualer Beschlüsse, GA **1972** 165; *Loos* Probleme der beschränkten Sperrwirkung strafprozessualer Beschlüsse, JZ **1978** 592; *Nagel* Über die Form der Wiederaufnahme der Klage im Falle des § 210 StPO, GA **36** (1884), 446; *Niese* Die Anklageerzwingung im Verhältnis zum Legalitäts- und Opportunitätsprinzip, SJZ **1950** 890.

---

[49] Vgl. BGHSt **25** 242; OLG Hamm NJW **1972** 1909.

[50] Vgl. BGHSt **26** 192; kritisch *Meyer-Goßner* NJW **1976** 977.

[51] Der vom BGH in BGHSt **26** 191 im Revisionsverfahren eingeschlagene Weg (kritisch *Meyer-Goßner* NJW **1976** 977; *Sieg* NJW

**1976** 301) ist ungeachtet seiner Problematik schon deshalb hier nicht gangbar, weil es für die Beschwerde an einer den §§ 328 Abs. 3, 355 entsprechenden Vorschrift fehlt.

[52] BayObLG *Alsb.* E **2** 158 (Nr. 123); vgl. OLG Hamm JMBlNW **1955** 116; OLG Koblenz JR **1982** 480.

**Entstehungsgeschichte.** Die Vorschrift ist seit Inkrafttreten der StPO unverändert. Während der Beseitigung des Eröffnungsverfahrens von 1942 bis 1950 (vgl. Entstehungsgeschichte Vor § 198) galt an ihrer Stelle sachlich übereinstimmend als § 207 folgende Vorschrift:

> „Hat das Gericht aus einem anderen Grunde als wegen Unzuständigkeit durch einen nicht mehr anfechtbaren Beschluß die Anordnung der Hauptverhandlung abgelehnt, so kann wegen der Tat nur auf Grund neuer Tatsachen oder Beweismittel Anklage erhoben werden."

Bezeichnung bis 1924: § 210.

Übersicht

**1** **1. Bedeutung und dogmatische Konstruktion.** Die Vorschrift, mit der § 174 Abs. 2 für den Fall des (sachlich) erfolglosen Klageerzwingungsverfahrens wörtlich übereinstimmt, dient dem Schutz des Angeschuldigten, indem sie an den (formell) rechtskräftigen Beschluß, der die Eröffnung des Hauptverfahrens ablehnt (§ 204) eine Sperrwirkung knüpft. Diese geht allerdings weniger weit als die des freisprechenden Urteils. Sie verhindert eine Korrektur von Subsumtionsirrtümern und der Beweiswürdigung, gestattet aber, als Konsequenz des mehr summarischen Charakters der Eröffnungsprüfung (*Loos* 600) bei einer nachträglichen Veränderung der tatsächlichen Grundlagen erneute Strafverfolgung. Der Sache nach handelt es sich um eine Wiederaufnahme zuungunsten des Angeschuldigten[1], bei der der enge Katalog des § 362 durch eine weite Generalklausel ersetzt ist; der Form nach finden die Verfahrensvorschriften des Wiederaufnahmerechts keine Anwendung[2]. Die Vorschrift fällt in den Schutzbereich des Art. 103 Abs. 3 GG und stellt eine zulässige Einschränkung des Verbots des ne bis in idem dar[3].

**2** **Dogmatische Unklarheiten** in der Konstruktion der Sperrwirkung des § 211 sind für seine praktische Anwendung **ohne Bedeutung.** Ob man den Nichteröffnungsbeschluß als einer „beschränkten Rechtskraft" fähig (BGSt 7 65; *Peters* § 51 III 2) oder seine Rechtskraft als auflösend bedingt[4] bezeichnet, ist lediglich eine terminologische

---

[1] BGHSt **18** 226; *Geppert* 174; KK-*Treier* 1; KMR-*Paulus* 2; *Meyer-Goßner* NJW **1975** 1180.

[2] BHSt **18** 226; seit RGSt **13** 295 st. Rspr.; zuerst OLG Dresden bei *Nagel* 448; im Schrifttum heute allg. M; die Frage war früher streitig, vgl. *Nagel* 446; LR¹⁵ § 210, 4.

[3] KK-*Treier* 1; KMR-*Paulus* 2; *Loos* 599. Die in diesem Zusammenhang vielfach zitierte Entscheidung BVerfGE **3** 248 befaßt sich unmittelbar nur mit der beschränkten

Rechtskraft des Strafbefehls, ist aber insoweit einschlägig, als das BVerfG dort zur Reichweite des Art. 103 Abs. 3 GG auf den bei Inkrafttreten des GG geltenden Stand des Prozeßrechts Bezug nimmt, zu dem die in § 211 getroffene Regelung traditionell gehört.

[4] *Beling* 366; *Henkel* 320; *Eb. Schmidt* I 326; *v. Hippel* 503 spricht von „relativer" Rechtskraft.

Frage (KMR-*Paulus* 2). Für den Anwendungsbereich des §211 macht es auch keinen Unterschied, ob man in ihm eine Spezialregelung im Zusammenhang einer umfassenden Rechtskraftfähigkeit verfahrensbeendender Beschlüsse sieht (*Geppert* 173) oder eine Ausnahmeregelung gegenüber allgemein fehlender Bestandskraft von Beschlüssen (*Peters* JR **1970** 392). Jedenfalls folgt aus §211 auch, daß der Ablehnungsbeschluß für das Gericht nicht aufhebbar ist (§204, 17).

### 2. Geltungsbereich der Sperrwirkung

**a) Allgemeine Reichweite.** Die Vorschrift ist **anwendbar,** soweit ein die Eröffnung **3** des Hauptverfahrens ablehnender Beschluß nach §204 vorliegt, der an sich mit der sofortigen Beschwerde nach §210 Abs. 2 anfechtbar ist, aber nicht mehr angefochten werden kann. Die Sperrwirkung deckt sich deshalb mit dem Umfang der Anfechtbarkeit nach §210 Abs. 2 (*Schlüchter* 421). Wird ein **Strafbefehlsantrag** mangels hinreichenden Tatverdachts abgelehnt, so ist §211 ebenfalls anzuwenden (BayObLG NStZ **1983** 418), nicht aber, wenn das Gericht eine Nachtragsanklage nach §266 nicht einbezieht (vgl. die Erl. zu §266; *Hilger* JR **1983** 441; *Meyer-Goßner* JR **1984** 53). Die **Sperrwirkung beginnt,** wenn der Ablehnungsbeschluß nicht angefochten wird, mit dem Ablauf der einwöchigen Beschwerdefrist für die Staatsanwaltschaft und ggf. den Nebenkläger (§210, 18), wenn sofortige Beschwerde eingelegt war, mit deren Rücknahme oder Verwerfung. Formelle oder materielle Fehlerhaftigkeit des Ablehnungsbeschlusses hindert die Sperrwirkung nicht, so wenn er von einem an sich unzuständigen Gericht erlassen wurde (RGSt **56** 351; *Eb. Schmidt* 4) oder wenn ein inhabiler Richter mitgewirkt hat. War wegen mehrerer prozessual selbständiger Taten Anklage erhoben und wegen einiger von ihnen die Eröffnung abgelehnt, so tritt insoweit Sperrwirkung ein, nicht aber bei einer (unzulässigen) Teilablehnung innerhalb einer selbständigen Tat (Rdn. 6).

**Jede Ablehnung** der Eröffnung des Hauptverfahrens nach §204 begründet die **4** Sperrwirkung des §211, auch wenn sie auf dem Fehlen von **Prozeßvoraussetzungen** beruht[5]. Dazu gehört, entgegen früheren Auffassungen[6], auch das Eingreifen einer Amnestie, weil die Straffreiheitserklärung heute allgemein als Prozeßhindernis angesehen wird[7]. Ob die Ablehnung der Eröffnung aus sachlichen Gründen oder wegen Fehlens von Verfahrensvoraussetzungen ausgesprochen worden ist, ist nur für die Frage bedeutsam, von welcher Art die neuen Tatsachen oder Beweismittel sein müssen, die die erneute Klage rechtfertigen (vgl. Rdn. 12 f).

**Unanwendbar** ist §211, wenn das Gericht nicht die Eröffnung des Hauptverfah- **5** rens abgelehnt, sondern sich nur für örtlich **unzuständig** erklärt hat (§204, 7). Das ergab sich deutlich aus der (als §207) von 1942 bis 1950 geltenden Fassung der Vorschrift, gilt aber jetzt in gleicher Weise. Ebenso unanwendbar ist die Vorschrift, wenn sich ein Gericht entgegen der in den §§209, 209 a vorgeschriebenen Verfahrensweise sachlich oder wegen einer gesetzlich vorgeschriebenen Spezialzuständigkeit für unzuständig erklären würde[8] oder wenn zwei gleichrangige Spruchkörper eines Gerichts sich wegen geschäftsplanmäßiger Zuständigkeitsfragen für unzuständig erklären (§209, 9). Unan-

---

[5] BGHSt **7** 66; OLG Düsseldorf NStZ **1982** 335; KK-*Treier* 2; *Kleinknecht/Meyer* 1; KMR-*Paulus* 7; *G. Schäfer* § 100 III 3; *Eb. Schmidt* 7; **a. A** in neuerer Zeit (ohne Begründung) nur *Kühne* 327; früher *Beling* 366; *Kohlrausch* 1.

[6] RGSt **54** 18; **67** 385; vgl. Einl. Kap. **12** VI.

[7] BGHSt **10** 115; ausführlich Einl. Kap. **12** VI sowie die Erläuterungen Vor § 12 GVG.

Die neueren Amnestiegesetze enthalten regelmäßig eine dem § 211 wörtlich entsprechende Spezialregelung; vgl. z. B. § 16 Abs. 3 StrFG 1954; § 7 Abs. 4 StrFG 1968 und § 7 Abs. 3 StrFG 1970; etwas abweichend § 5 Abs. 2 StrFG 1949.

[8] RGSt **32** 51; LG Köln JMBlNW **1962** 165; *Kleinknecht/Meyer* 1; KMR-*Paulus* 9; *Schlüchter* 421.

Peter Rieß

wendbar wäre im Ergebnis § 211 auch, wenn entgegen der hier vertretenen Auffassung ein Gericht sich bei örtlicher Unzuständigkeit nicht auf eine Unzuständigkeitserklärung beschränkt, sondern die Eröffnung ablehnt, weil dann die Anklageerhebung vor einem anderen von der Staatsanwaltschaft für zuständig gehaltenen Gericht die für diesen Ablehnungsfall ausreichende neue Tatsache darstellen würde.

**6**     Ist der **Ablehnungsbeschluß wirkungslos,** so ist § 211 ebenfalls unanwendbar. In Betracht kommen folgende Fälle: Gleichzeitiger, der Ablehnung widersprechender Eröffnungsbeschluß (§ 207, 63), Ablehnungsbeschluß ohne Anklage (RGSt 51 374) oder nach Rücknahme der Anklage sowie (fälschlicherweise) Teilablehnung der Eröffnung bei einer einheitlichen prozessualen Tat (§ 206, 7)[9]. In den beiden zuerst genannten Fällen ist eine erneute Anklage ohne die Beschränkungen des § 211 möglich; im letzten Fall steht ihr, da die unter unzutreffender Anwendung des § 204 genannten rechtlichen Gesichtspunkte oder Tatteile Gegenstand des zuerst eröffneten Verfahrens sind oder waren, das umfassendere Verfahrenshindernis der Rechtshängigkeit bzw. der Rechtskraft entgegen.

**7**     **b) Umfang der Sperrwirkung.** In **sachlicher Hinsicht** besteht die Wirkung des § 211 darin, daß eine erneute Verfolgung des Angeschuldigten bei unveränderter Sachlage wegen der prozessualen Tat, die Gegenstand des Ablehnungsbeschlusses war (BGH StrVert. **1983** 322), gleich aus welchem rechtlichen Gesichtspunkt und in welcher Verfahrensart unzulässig ist, wenn nicht neue erhebliche Tatsachen oder Beweismittel (Nova) vorliegen (Rdn. 9 ff). Die bloße rechtlich oder tatsächlich abweichende Würdigung des der Entscheidung zugrundeliegenden Sachverhalts genügt ebensowenig, wie der Umstand, daß die Rechtsauffassung des die Eröffnung ablehnenden Gerichts nachträglich als unrichtig erkannt wird (BGHSt **7** 66; **18** 225; BGH StrVert. **1983** 322). Die Sperrwirkung erfaßt auch ein nachfolgendes **Privatklageverfahren** (OLG Köln NJW **1952** 1152); umgekehrt steht die Ablehnung der Privatklage nach § 383 Abs. 1 Satz 1 der Erhebung der öffentlichen Klage regelmäßig entgegen. Ebenso verhindert die Sperrwirkung die Verfolgung der gleichen Tat unter dem Gesichtspunkt einer **Ordnungswidrigkeit**[10], und zwar auch dann, wenn das Gericht bei Erlaß des Ablehnungsbeschlusses irrig angenommen hatte, hierfür sei allein die Verwaltungsbehörde zuständig. Ein **Sicherungsverfahren** nach den §§ 413 ff kann jedoch trotz § 211 eingeleitet werden, wenn die Eröffnung des Hauptverfahrens allein wegen Schuld- oder Verhandlungsunfähigkeit des Angeschuldigten (nicht aus anderen Gründen) abgelehnt wurde[11].

**8**     In **persönlicher Hinsicht** erfaßt die Sperrwirkung nur den ursprünglich Angeschuldigten; sie steht der Verfolgung anderer Personen wegen derselben Tat nicht entgegen (vgl. RGSt 51 373).

### 3. Neue Tatsachen oder Beweismittel (Nova)

**9**     **a) Bedeutung und Begriff.** Die Sperrwirkung entfällt, wenn die tatsächliche Grundlage der Ablehnungsentscheidung erschüttert wird, weil dem Gericht neue Tatsachen oder Beweismittel unterbreitet werden können, die, ausgehend vom Rechtsstandpunkt der Ablehnungsentscheidung, eine Bejahung des hinreichenden Tatverdachts ermöglichen. Das Vorliegen erheblicher neuer Tatsachen oder Beweismittel im Zeitpunkt

---

[9] OLG Düsseldorf OLGSt § 210, 3; KK-*Treier* 3; *Eb. Schmidt* I 326. Solche Fälle sind nach der Neufassung des den Inhalt des Eröffnungsbeschlusses regelnden § 207 selten, kamen früher aber häufiger vor; vgl. z. B. RGSt **23** 392, 396; **46** 218, 220; **48,** 89, 91; **50** 370, 374; **62** 97; **62** 112; **62** 154.

[10] BayObLG NStZ **1983** 418; *Göhler* § 84, 15; KK-*Treier* 4; KMR-*Paulus* 11; vgl. § 207, 16.

[11] RGSt **72** 143, 145; KK-*Treier* 5; KMR-*Paulus* 12; *Eb. Schmidt* 10.

der neuen Eröffnungsentscheidung (vgl. aber Rdn. 21) ist **Prozeßvoraussetzung** für das gesamte neue Verfahren[12] und daher in diesem in jeder Lage von Amts wegen zu prüfen. Der Begriff der neuen Tatsachen oder Beweismittel ist grundsätzlich derselbe wie in § 359 Nr. 5 (vgl. die dortigen Erläuterungen); einige Unterschiede in seiner Reichweite ergeben sich aus den Besonderheiten des Eröffnungsverfahrens.

**b) Neuheit.** Die Tatsachen oder Beweismittel sind immer dann neu, wenn sie **10** nicht aus den Akten ersichtlich waren, die dem Gericht bei der Ablehnung der Eröffnung vorlagen, also auch dann, wenn das Gericht auf unvollständiger Aktengrundlage entschieden hat und sie aus den ihm vorenthaltenen Akten ersichtlich gewesen wären (*Rieß* NStZ **1983** 248). Es ändert nichts an der Neuheit, wenn die Nova vorher bereits anderen Stellen oder dem Angeschuldigten bekannt waren und es ist unerheblich, ob sie vom Gericht hätten in Erfahrung gebracht werden können oder nicht[13]. Zu ihnen gehören auch erst später entstandene Tatsachen. Es genügt, daß neue Beweismittel für bereits bekannte Tatsachen vorliegen oder bereits bekannte Beweismittel für neue Tatsachen Verwendung finden können (RGSt **60** 100).

**c) Erheblichkeit.** Die neuen Tatsachen oder Beweismittel müssen gegenüber den **11** den Ablehnungsbeschluß tragenden Gründen erheblich sein. Dies ist dann der Fall, wenn sie, zusammen mit den der früheren Entscheidung zugrundeliegenden Erkenntnissen eine positive Entscheidung über die Eröffnung wegen einer veränderten Tatsachengrundlage ermöglichen würden[14]. Wegen des Schutzzwecks der Vorschrift ist dabei insoweit von der dem Ablehnungsbeschluß zugrundeliegenden Rechtsauffassung auszugehen, als sie dem Angeschuldigten günstig ist, auch wenn sie für unrichtig gehalten wird[15]. Dies gilt jedoch nicht, wenn die im zweiten Verfahren für richtig gehaltene Rechtsauffassung dem Angeschuldigten günstiger ist; die Wiederaufnahme aufgrund der falschen Rechtsauffassung im ersten Beschluß kommt nicht in Betracht (*Hanack* JZ **1971** 220). Im übrigen ist es für die Erheblichkeit von Bedeutung, ob die Nichteröffnung auf sachlichen oder prozessualen Gründen beruhte.

**d) Einzelfälle.** Beruhte die Nichteröffnung auf **Rechtsgründen** des **materiellen 12 Rechts,** so kommt eine neue Verfolgung nur in Betracht, wenn neue Tatsachen auf die rechtliche Beurteilung von Einfluß sind, etwa wenn sie das im Ablehnungsbeschluß verneinte Tatbestandsmerkmal ergeben. War der Grund für die Nichteröffnung die Annahme **mangelnder Beweisbarkeit** der vorgeworfenen Tat, so sind alle Tatsachen oder Beweismittel erheblich, die diese ursprüngliche Prognose zu verändern geeignet sind, etwa neu hervorgetretene Indiztatsachen, Erschütterung von entlastenden Umständen, aber (selbstverständlich) auch ein Geständnis des Angeschuldigten. Auch ein neues Sachverständigengutachten bei sonst unveränderter Tatsachengrundlage kann ausreichen (RGSt **57** 158; RG JW **1938** 1165 mit Anm. *Lautz*). In der Rechtsprechung sind ferner anerkannt: Die nachträgliche Feststellung, daß eine die Schuldunfähigkeit begründende Geisteskrankheit nicht bestanden hat (RGSt **56** 91), die abweichende belastende Aussage eines früher bereits vernommenen Zeugen (RGSt **60** 99), der spätere Verzicht eines Zeugen auf sein Zeugnisverweigerungsrecht (RG Recht **1914** Nr. 2579).

---

[12] RGSt **56** 91; **57** 158; **60** 99; **62** 154; BGH NJW **1963** 1020 (insoweit in BGSt **18** 225 nicht abgedruckt); *Beling* 366 Fußn. 1; *Gössel* § 12 B IV b; KK-*Treier* 12; *Kleinknecht/ Meyer* 7; KMR-*Paulus* 27; *v. Kries* 513; *Eb. Schmidt* 9 a; a. A *Oetker* GA **66** (1919) 472.

[13] RGSt **56** 92; BGHSt **7** 66; KK-*Treier* 6; KMR-*Paulus* 15; *Peters* § 51 III 2.

[14] RGSt **58** 159; **60** 100; RG JW **1938** 1164; BGHSt **18** 225; KK-*Treier* 7; KMR-*Paulus* 14.

[15] BGHSt **18** 225, 227 = NJW **1963** 1019 (mit ausführlicherer Sachverhaltswiedergabe); im Schrifttum allg. M.

Peter Rieß

**13** Bei Nichteröffnung aus **prozessualen Gründen,** namentlich wegen der Annahme eines Verfahrenshindernisses, genügt es, wenn die Nova in tatsächlicher Hinsicht diese Annahme widerlegen oder wenn die fehlende Prozeßvoraussetzung nachträglich beigebracht wird. Ein neues Verfahren ist daher beispielsweise möglich, wenn der rechtzeitig gestellte, aber nicht zu den Akten gelangte Strafantrag später aufgefunden wird (BGHSt 7 64) oder ein neuer Strafantrag fristgerecht gestellt wird, wenn die Staatsanwaltschaft nachträglich in Fällen, wo dies möglich ist (§§ 183, 232, 248 a StGB) bei fehlendem Strafantrag das öffentliche Interesse an der Strafverfolgung bejaht (KMR-*Paulus* 16), wenn die Staatsanwaltschaft nunmehr eine mangelfreie Anklage einreicht (OLG Düsseldorf NStZ **1982** 336); wenn nachträglich eine rechtzeitige verjährungsunterbrechende Handlung bekannt wird oder neue Tatsachen oder Beweismittel einen späteren Tat(beendigungs)zeitpunkt ergeben, demzufolge die Verjährung noch nicht eingetreten ist, oder wenn die Voraussetzungen der diplomatischen Immunität oder der auslieferungsrechtlichen Spezialität später wegfallen.

**14** 4. Form der „Wiederaufnahme der Klage". Darüber, in welcher Form bei Vorliegen der in § 211 genannten Voraussetzungen die Klage „wiederaufgenommen" werden kann, sagt § 211 nichts. Es war daher anfänglich streitig, ob hierfür die Vorschriften über das Wiederaufnahmeverfahren (§§ 359 ff) analog anzuwenden seien oder eine neue Anklage zu erheben sei (Nachweise bei *Nagel* 446 ff). Heute ist die zuletzt genannte Auffassung in Rechtsprechung und Schrifttum ganz herrschend[16], die analoge Anwendung der Wiederaufnahmevorschriften wird nicht mehr vertreten. Demgegenüber will *Peters* (JR **1970** 393) es der Staatsanwaltschaft freistellen, eine neue Anklage zu erheben oder lediglich einen Antrag auf Aufhebung des Ablehnungsbeschlusses zu stellen. Dem kann nicht zugestimmt werden, weil für die Form der Wiederaufnahme der Klage nicht unterschiedliche Prozeßhandlungen der Staatsanwaltschaft zur Verfügung stehen können und weil der frühere Nichteröffnungsbeschluß in keinem Fall aufgehoben wird (vgl. Rdn. 19).

**5. Das neue Verfahren**

**15** a) **Ermittlungsverfahren.** Wenn sich hinreichende tatsächliche Anhaltspunkte (§ 152 Abs. 2) für das Vorliegen erheblicher Nova zeigen, hat die Staatsanwaltschaft die Ermittlungen wieder aufzunehmen und zu erforschen, ob sie die Wiederaufnahme der Klage rechtfertigen. Sie unterliegt insoweit dem Legalitätsprinzip[17]. Das Wort „kann" in § 211 bezieht sich nur auf den Beschuldigten und bedeutet, daß gegen ihn unter den dort genannten Voraussetzungen eingeschritten werden „darf". Wird die Anordnung von **Untersuchungshaft** oder anderen an den Tatverdacht anknüpfenden Zwangsmaßnahmen (z. B. § 100 a) erforderlich, so gehört zu den Voraussetzungen des Tatverdachts auch die Wahrscheinlichkeit der Nova, da es andernfalls an einer Prozeßvoraussetzung für dieses Verfahren fehlen würde (KMR-*Paulus* 23). Auch der genügende Anlaß zur Erhebung der öffentlichen Klage (§ 170 Abs. 1) umfaßt das Vorliegen der Nova.

**16** Die Staatsanwaltschaft erhebt die **öffentliche Klage,** wenn sie die Voraussetzungen für eine erneute Verfolgung des Beschuldigten (Vorliegen erheblicher Nova und allgemein hinreichender Tatverdacht) für gegeben hält und nicht nach den §§ 153 ff verfah-

---

[16] Seit RGSt **13** 295 st. Rspr. (ausnahmsweise und unter besonderen Umständen wird gelegentlich auf die förmliche Anklageschrift verzichtet, vgl. RG HRR **1936** Nr. 1693); *Dünnebier* JR **1959** 49; KK-*Treier* 9; *Kleinknecht/Meyer* 5; *Klein-*knecht FS Bruns 478; KMR-*Paulus* 24; *Eb. Schmidt* 8; unklar *Dalcke/Fuhrmann/Schäfer* 1.

[17] KK-*Treier* 9; *Kleinknecht* FS Bruns 478; *Kleinknecht/Meyer* 5; KMR-*Paulus* 22; *Niese* SJZ **1950** 894.

ren will. Regelmäßig geschieht dies in Form einer neuen **Anklage** (KG GA **64** [1917] 374; OLG Nürnberg OLGSt § 211, 1). In der Anklageschrift ist zusätzlich zu den in § 200 verlangten Anforderungen darzulegen, daß neue Tatsachen und Beweismittel die Sperrwirkung des § 211 überwinden (KMR-*Paulus* 24). Da mithin nicht das alte Verfahren fortgesetzt, sondern eine neue Anklage erhoben wird, kann sie auch an ein anderes **zuständiges Gericht** gerichtet werden[18], wozu namentlich die Nova Veranlassung geben können (*Eb. Schmidt* 9). Die öffentliche Klage kann auch durch **Strafbefehlsantrag**, im **beschleunigten Verfahren** oder als **Nachtragsanklage** (§ 266; *v. Kries* 573) erhoben werden, wenn sich auch in der Regel die Sache für eine solche vereinfachte Verfahrenseinleitung wegen der besonderen, durch § 211 notwendig werdenden Prüfungen wenig eignen wird.

Die **Einstellung** des Ermittlungsverfahrens **nach § 170 Abs. 2** ist auszusprechen, **17** wenn die vermuteten Nova keine genügende Bestätigung gefunden haben oder ungeeignet sind, oder wenn aus sonstigen Gründen der hinreichende Tatverdacht nicht besteht. Der Verletzte als Anzeigeerstatter ist mindestens dann erneut zu bescheiden (§ 171), wenn er das Vorliegen der Nova geltend gemacht hat. Dem Verletzten steht das **Klageerzwingungsverfahren** zu, wenn die Staatsanwaltschaft trotz von ihm geltend gemachter Nova die Einleitung eines neuen Verfahrens ablehnt oder es nach Vornahme von Ermittlungen einstellt[19], weil das Klageerzwingungsverfahren so weit gilt, wie das Legalitätsprinzip, dessen Einhaltung es sichern soll (*Niese* SJZ **1950** 894; vgl. ergänzend die Erläuterungen zu § 172).

**b) Eröffnungsverfahren.** Für das Eröffnungsverfahren gelten die allgemeinen Vor- **18** schriften. Die neue Anklage ist nach § 201 dem Angeschuldigten mitzuteilen (RG HRR **1936** Nr. 1693), das Gericht kann ergänzende Ermittlungen nach § 202 anordnen, auch über die Nova (KMR-*Paulus* 25), die §§ 207, 209, 209 a sind anzuwenden, über die Eröffnung des (neuen) Hauptverfahrens ist nach den §§ 203, 204 zu befinden, wobei für die Frage, ob die Nova erheblich sind (und nur für diese) die Rechtsauffassung des früheren Ablehnungsbeschlusses zugrunde zu legen ist (Rdn. 11). Für diese Eröffnungsentscheidung können sich folgende Konstellationen ergeben: (1) Das Gericht verneint das Vorliegen oder, insoweit entsprechend der Rechtsauffassung des früheren Beschlusses (BGHSt **18** 225) die Erheblichkeit der Nova. Es lehnt die Eröffnung des Hauptverfahrens mit der prozessualen Begründung ab, daß die Sperrwirkung des § 211 fortdauert. (2) Das Gericht bejaht das Vorliegen von Nova und ihre Eignung aufgrund der Rechtsauffassung des früheren Beschlusses, hält aber diese Nova aufgrund *seiner* abweichenden Rechtsauffassung für unerheblich. Hier ist ebenfalls aufgrund der nicht beseitigten Sperrwirkung des alten Beschlusses (mangelnde Eignung der Nova) aus prozessualen Gründen abzulehnen (*Hanack* JZ **1971** 220). (3) Das Gericht bejaht das Vorliegen und die grundsätzliche Eignung der Nova, verneint aber den hinreichenden Tatverdacht aus

---

[18] Heute allg. M; vgl. KK-*Treier* 9; *Kleinknecht/Meyer* 7; KMR-*Paulus* 24; *Eb. Schmidt* 9; die Frage war früher streitig; bejahend RG JW **1936** 3469; BayObLGSt **1926** 124; *Beling* 366 Fußn. 1; *v. Kries* 522; einschränkend RG Recht **1927** 954; verneinend *Gerland* 334; LR[16] 4.

[19] Im Schrifttum ganz h. M; vgl. *Dünnebier* JR **1959** 48; KK-*Treier* 9; *Kleinknecht* FS Bruns 479; *Kleinknecht/Meyer* 5; *Kohlhaas* NJW **1962** 950; KMR-*Paulus* 22; *Niese* SJZ

**1950** 894; *Eb. Schmidt* § 172, 31; ebenso weitgehend die neuere Rechtsprechung, vgl. KG JR **1957** 150; JR **1983** 345; OLG Braunschweig NJW **1961** 934; OLG Hamburg NJW **1963** 1121; OLG Nürnberg OLGSt § 211, 1; **a. A** die überwiegende frühere Rspr., vgl. OLG Bamberg NJW **1952** 239; OLG Celle JR **1959** 70; OLG Düsseldorf NJW **1961** 1594; OLG München HRR **1935** Nr. 1500; OLG Neustadt DRZ **1949** 45; OLG Stuttgart JW **1934** 116.

Peter Rieß

anderen Gründen. Hier ist die Eröffnung des Hauptverfahrens aus diesen anderen (sachlichen oder prozessualen) Gründen abzulehnen. (4) Das Gericht bejaht Vorliegen und Eignung der Nova und den hinreichenden Tatverdacht im übrigen. Es eröffnet das Hauptverfahren nach den §§ 203, 207, wobei es nunmehr hinsichtlich der rechtlichen Würdigung nicht mehr an die Rechtsauffassung des Ablehnungsbeschlusses gebunden ist[20].

**19**      Der alte **Ablehnungsbeschluß** wird **nicht aufgehoben** (auch nicht stillschweigend), wenn das Hauptverfahren aufgrund der neuen Anklage eröffnet wird. Vielmehr bleibt das alte Verfahren abgeschlossen, das neue ist selbständig[21]. Demgegenüber hat das RG 1909 (RGSt **43** 150, 153; ähnlich schon RGSt **22** 187) die Auffassung vertreten, daß das Nichteröffnungsbeschluß ausdrücklich oder stillschweigend aufzuheben sei und das neue Verfahren mit dem alten zu einem einheitlichen „verschmelze"; dem ist die frühere Rechtspraxis und das Schrifttum weitgehend gefolgt[22]. Dieser Auffassung kann jedoch nicht zugestimmt werden. In dogmatischer Hinsicht ist ihr, abgesehen von sonstigen Schwierigkeiten, entgegenzuhalten, daß sie den seit RGSt **13** 295 allgemein anerkannten Ausgangspunkt verläßt, die Wiederaufnahme der Klage erfolge nicht in den Formen des Wiederaufnahmeverfahrens, sondern erfordere eine neue Klageerhebung. Wird das alte Verfahren infolge einer „Verschmelzung" lediglich „fortgesetzt", so wäre für eine erneute Bestimmung des Prozeßgegenstandes durch Klageerhebung kein Raum. In der Sache bedeutet die Auffassung des RG die Teilrückkehr zu der von ihm bereits früher aufgegebenen analogen Anwendung des formellen Wiederaufnahmerechts (vgl. § 370 Abs. 2, § 373 Abs. 1). Sie würde zu dem unbilligen, von RGSt **43** 153 freilich ausdrücklich gebilligten Ergebnis führen, daß die dem Angeschuldigten günstige Kostenentscheidung des alten Ablehnungsbeschlusses (§ 467 Abs. 1) entfiele[23]. Gegen die Auffassung des RG spricht heute auch, daß andernfalls in § 14 Abs. 1 StREG eine überflüssige Regelung getroffen wäre.

**20**      Die hier vertretene Auffassung, daß das alte Verfahren abgeschlossen und das neue selbständig bleibt, hat namentlich für die **Nebenklage** Konsequenzen. Der Nebenkläger des Ursprungsverfahrens kann von sich aus die Wiederaufnahme der Klage nicht betreiben (OLG Dresden *Alsb.* E **2** 87; im Schrifttum allg. M); er ist darauf angewiesen, hierauf bei der Staatsanwaltschaft hinzuwirken und gegebenenfalls das Klageerzwingungsverfahren durchzuführen, sofern es ihm offensteht. In dem durch erneute Anklageerhebung eingeleiteten Verfahren wirkt der Anschluß nicht fort, vielmehr ist eine **neue Anschlußerklärung** erforderlich[24].

**21**      c) **Weiteres Verfahren.** Das weitere Verfahren richtet sich grundsätzlich nach den allgemeinen Vorschriften. Es muß jedoch die besondere Verfahrensvoraussetzung vorliegen, daß erhebliche neue Tatsachen oder Beweismittel die neue Anklage und ihre Zu-

---

[20] *Hanack* JZ **1971** 220; *Kleinknecht/Meyer* 4; KMR-*Paulus* 19.

[21] KK-*Treier* 11; *Kleinknecht/Meyer* 7; KMR-*Paulus* 21; wohl auch *Beling* 364, 366 Fußn. 1.

[22] Z. B. BayObLG *Alsb.* E **2** 83; *Dalcke/Fuhrmann/Schäfer* 1; *Dünnebier* JR **1959** 48; *Feisenberger* 3; *Gerland* 335; *Kohlrausch* 3; LR-*Kohlhaas*[22] 5; *Rosenfeld* 217; in neuerer Zeit noch *Gössel* § 12 B IV b.

[23] So allerdings, unter analoger Anwendung des § 14 Abs. 1 StREG auch bei der hier vertretenen Rechtsauffassung KK-*Treier* 11; *Kleinknecht/Meyer* 9; dagegen mit Recht KMR-*Paulus* 26.

[24] KK-*Treier* 11; *Kleinknecht/Meyer* 9; KMR-*Paulus* 28; zweifelnd *Amelunxen*, Nebenklage, 1980, S. 47; **a.** A RGSt **43** 153; *Nagel* 475; *Rosenfeld* 217 Fußn. 8; *Eb. Schmidt* 8.

lassung gerechtfertigt haben[25]. Dies hat sowohl der erkennende Richter als auch das Revisionsgericht von Amts wegen zu prüfen; wird es verneint, so ist das Verfahren nach § 206 a bzw. § 260 Abs. 3 einzustellen. Ist beim Eröffnungsbeschluß eine solche Prüfung der Nova überhaupt nicht angestellt worden, so kann das erkennende Gericht und das Revisionsgericht sie nachholen (RGSt 46 67, 71). Der **Verfahrensmangel** wird jedoch **geheilt,** wenn in der Hauptverhandlung ihrerseits neue Tatsachen oder Beweismittel zutagetreten, die, wären sie bereits bei Anklageerhebung bekannt gewesen, die Eröffnung gerechtfertigt hätten; maßgebend ist insoweit der Stand zur Zeit der Urteilsfällung[26].

Die **Nova** müssen in der Hauptverhandlung **nicht erwiesen** sein, um ihre Eigen-   **22** schaft als Prozeßvoraussetzungen zu erhalten. Entscheidend ist, auch für die Prüfung im weiteren Verfahren, ob sie für das eröffnende Gericht neu und von seinem Standpunkt aus geeignet waren, den hinreichenden Tatverdacht zu begründen. Dies folgt daraus, daß der Eröffnungsbeschluß auch insoweit nur eine vorläufige Tatbewertung auf aktenmäßiger Grundlage darstellt (BGHSt 23 306) und keine Überzeugung, sondern nur eine Wahrscheinlichkeit hinsichtlich der tatsächlichen Grundlagen verlangt. Hat das Eröffnungsgericht dieses Wahrscheinlichkeitsurteil ohne Rechtsverstoß getroffen, so liegt die besondere Prozeßvoraussetzung für das neue Verfahren vor; sie kann nicht nachträglich allein deshalb entfallen, weil sich das Wahrscheinlichkeitsurteil nach dem Ergebnis der Hauptverhandlung nicht bestätigt hat. Es kommt hinzu, daß, wenn man die Notwendigkeit bejaht, daß die Nova auch für das Urteil erheblich sein müssen, kaum jemals ein Freispruch des Angeklagten mit der vollen Rechtskraftwirkung des Urteils möglich wäre. Vielmehr müßte bei Unergiebigkeit oder Nichterweislichkeit der Nova regelmäßig das neue Verfahren eingestellt werden, was bei Hervortreten anderer Nova eine erneute Klageerhebung nach § 211 ermöglichen würde. Schließlich ergibt sich auch aus dem Wortlaut der Vorschrift nichts für eine weitergehende Wirkung. Er bestimmt nicht, daß eine Verurteilung des Angeklagten nur aufgrund der Nova zulässig wäre, sondern macht allein die erneute Klageerhebung (und als logische Folge hiervon deren Zulassung) von dieser Voraussetzung abhängig. **Schrifttum** und **Rechtsprechung** stehen in dieser bisher nur beiläufig behandelten Frage der hier vertretenen Auffassung nicht entgegen. Der BGH (NJW **1963** 1020) stellt ausdrücklich darauf ab, daß nach der Aktenlage zu prüfen sei, ob die Nova geeignet sind, „die Frage nach dem Vorliegen eines hinreichenden Tatverdachts (§ 203) anders zu beurteilen als bisher". Auch das RG hat in keinem Fall klar ausgesprochen, daß die Erweisbarkeit der Nova in der Hauptverhandlung Voraussetzung für die Überwindung der Sperrwirkung sei[27].

---

[25] BGH NJW **1963** 1020 (insoweit in BGHSt **18** 225 nicht abgedruckt); RGSt **46** 67, 71; **47** 335, 337; **56** 92; **57** 158; RG HRR **1935** Nr. 1639; *Beling* 366 Fußn. 1; *Gerland* 335; *Gössel* § 12 B IV b; KK-*Treier* 12; *Kleinknecht/Meyer* 7; KMR-*Paulus* 27; *Eb. Schmidt* 9 a; **a. A** RGSt **22** 187; *Oetker* GA **66** (1919) 472 f.

[26] RGSt **60** 99; RG HRR **1935** Nr. 1639; *Beling* 366 Fußn. 1; KMR-*Paulus* 27; *Eb. Schmidt* 9 a.

[27] In RGSt **46** 67 war bei Erlaß des neuen Eröffnungsbeschlusses überhaupt nicht geprüft worden, ob Nova vorlagen; RGSt **47** 335, 338 stellt darauf ab, daß der erkennende Richter „jene" Prüfung vorzunehmen habe, wenn ihm zweifelhaft sei, ob sie vom eröffnenden Gericht vorgenommen sei. RGSt **57** 158 sagt nur, daß in jeder Lage des Verfahrens zu prüfen sei, ob die Voraussetzungen des § 211 gegeben seien, bezeichnet diese aber nicht näher. Die Wendungen in RGSt **56** 92 und RG HRR **1935** Nr. 1639 sind in ihrer Bedeutung unklar, jedoch hat das RG in diesen Entscheidungen die Auffassung des Tatrichters gebilligt, daß keine Sperrwirkung bestehe.

Peter Rieß

Das Schrifttum stellt überwiegend, soweit es sich überhaupt mit dieser Frage befaßt, auf das Vorhandensein der Nova im Eröffnungszeitpunkt ab[28].

**23**     Die **Konsequenzen für den Abschluß des weiteren Verfahrens** sind nach dieser Auffassung folgende: (1) Erkennt das erkennende Gericht (oder das Revisionsgericht), daß erhebliche Nova im Zeitpunkt der Eröffnungsentscheidung nicht vorlagen und treten solche auch nicht im Laufe der Hauptverhandlung zutage (Rdn. 21 mit Fußn. 26), so ist das Verfahren nach § 206 a oder § 260 Abs. 3 einzustellen. Dies kann beispielsweise daran liegen, daß bei der Eröffnung die Sperrwirkung des § 211 übersehen worden ist, daß die Tatsachen oder Beweismittel fälschlicherweise als neu beurteilt wurden oder daß ihre Erheblichkeit (für die Eröffnungsentscheidung) falsch eingeschätzt worden ist. (2) Ist die Eröffnungsentscheidung auch in bezug auf die Beurteilung der Nova nicht zu beanstanden, sind diese aber in der Hauptverhandlung letztlich nicht beweisbar oder reichen sie, auch in Verbindung mit den sonstigen Umständen, nicht aus, um die erforderliche Überzeugung zu begründen, so ist der Angeklagte mit voller Rechtskraftwirkung durch Urteil freizusprechen. (3) Lagen bei der Eröffnungsentscheidung erhebliche Nova vor und gewinnt das erkennende Gericht die Überzeugung von der Schuld des Angeklagten, so ist dieser zu verurteilen, ohne Rücksicht darauf, ob diese Überzeugung sich gerade auf die ursprüngliche Nova, in der Hauptverhandlung neu hervorgetretene Nova oder eine andere Beweiswürdigung des ursprünglichen Sachverhalts gründet.

**24**     **6. Anfechtbarkeit und Revision.** Für die aufgrund der neuen Anklage ergehende Eröffnungsentscheidung gilt § 210. Der positive Eröffnungsbeschluß ist für die Staatsanwaltschaft und den Angeklagten unanfechtbar, auch wenn dieser einwenden will, daß erhebliche Nova nicht vorgelegen hätten. Der auf das Fehlen erheblicher Nova gestützte Ablehnungsbeschluß kann von der Staatsanwaltschaft und (nach erneutem Anschluß; Rdn. 20) dem Nebenkläger mit der sofortigen Beschwerde angefochten werden. Mit der **Revision** kann geltend gemacht werden, daß das eröffnende Gericht das Vorliegen der Voraussetzungen, unter denen die Sperrwirkung entfällt, unrichtig beurteilt habe. Da es sich insoweit um eine (besondere) Prozeßvoraussetzung für das weitere Verfahren handelt, bedarf es nicht der ausdrücklichen Geltendmachung dieses Mangels mit der Verfahrensrüge.

# § 212

**Im Verfahren vor dem Strafrichter und dem Schöffengericht kann die Staatsanwaltschaft schriftlich oder mündlich den Antrag auf Aburteilung im beschleunigten Verfahren stellen, wenn der Sachverhalt einfach und die sofortige Aburteilung möglich ist.**

**Schrifttum zu den §§ 212 bis 212 b.** *Dünnebier* Das beschleunigte Verfahren, GA **1959** 275; *Gallrein* Das schleunige Verfahren im Strafprozeß, Strafr. Abh. H. 347; *Feyer* Das Verfahren nach § 212 der Strafprozeßordnung, Diss. Freiburg 1926; *Hagemann* Das summarische Verfahren (Schnellverfahren) im Strafprozeß, DJZ **1932** 729; *Lehmann* Zur Aburteilung von Demonstranten im beschleunigten Verfahren, DRiZ **1970** 287; *Priestoph* Beschleunigte Verurteilung festgestellter Fußballrowdies am Beispiel Berlin, Die Polizei **1979** 296; *Salzmann* Die beschleunigte Ahndung von Verkehrsdelikten, Diss. Marburg, 1962; *Schauinsland* Das schleunige Verfahren im Straf-

---

[28] *Eb. Schmidt* 9 a definiert als Prozeßvoraussetzung, daß die Nova die Wiederaufnahme der Klage „möglich gemacht haben"; *Gerland* 335 behandelt den Fall, daß das Verfahren „unter Außerachtlassung des § 211 eröffnet" werde. Die Bemerkung von *KMR-Paulus* 26 über die „Mitursächlichkeit" der Nova für das Urteil ist in ihrer Bedeutung unklar, sollte damit gemeint sein, daß das Urteil auf ihnen beruhen müsse, so könnte dem nicht gefolgt werden.

prozeß, Diss. Göttingen 1912; *Schünemann* Das beschleunigte Verfahren im Zwiespalt von Gerechtigkeit und Politik, NJW **1968** 975; *Schultz* Das beschleunigte Verfahren in Verkehrsstrafsachen, DAR **1957** 93; *Schwarz* Zur rechtspolitischen Wertung des schleunigen Verfahrens, Diss. Bonn 1929; *Siegert* Kritische Bemerkungen zum Schnellverfahren, GerS **102** (1933) 30; *Werner* Gelten die Vorschriften der §§ 203 und 204 StPO auch für Anträge auf Aburteilung im beschleunigten Verfahren? DRZ **1947** 146; *Zimmermann* Das beschleunigte Verfahren im Strafprozeß, Diss. Köln 1962.

**Entstehungsgeschichte.** Die Entwicklung des beschleunigten Verfahrens ist nicht einfach durchschaubar, weil sein Anwendungsbereich nur aus der jeweils geltenden gerichtsverfassungsrechtlichen Zuständigkeitsverteilung zwischen Amtsgericht und Landgericht erkennbar wird und weil in der Zeit von 1924 bis 1945 bei zunächst unverändertem Gesetzestext im Verordnungswege der Anwendungsbereich erweitert und das Verfahren konkretisiert wurde[1]. Ursprünglich war das beschleunigte Verfahren nur in dieser Vorschrift geregelt, die bis 1924 folgenden Wortlaut hatte:

> „[1]Vor dem Schöffengerichte kann ohne schriftlich erhobene Anklage und ohne eine Entscheidung über die Eröffnung des Hauptverfahrens zur Hauptverhandlung geschritten werden, wenn der Beschuldigte entweder sich freiwillig stellt oder in Folge einer vorläufigen Festnahme dem Gerichte vorgeführt oder nur wegen Übertretung verfolgt wird. [2]Der wesentliche Inhalt der Anklage ist in den Fällen der freiwilligen Stellung oder der Vorführung in das Sitzungsprotokoll, andernfalls in die Ladung des Beschuldigten aufzunehmen.
> [1]Auch kann der Amtsrichter in dem Falle der Vorführung des Beschuldigten mit Zustimmung der Staatsanwaltschaft ohne Zuziehung von Schöffen zur Hauptverhandlung schreiten, wenn der Beschuldigte nur wegen Übertretung verfolgt wird und die ihm zur Last gelegte Tat eingesteht. [2]Gegen die im Laufe der Hauptverhandlung ergehenden Entscheidungen und Urteile des Amtsrichters finden dieselben Rechtsmittel statt, wie gegen die Entscheidungen und Urteile des Schöffengerichts.“

Zur Reichweite dieser Vorschrift ist darauf hinzuweisen, daß nach dem GVG in der ursprünglich geltenden Fassung eine originäre Zuständigkeit des Amtsgerichts nur für Übertretungen und für geringfügige Vergehen bestand.

Mit der allgemeinen Einführung des allein entscheidenden Amtsrichters durch die EmmingerVO entfiel Absatz 2. Absatz 1 blieb, bis auf die Einfügung der Worte „dem Amtsrichter oder“ vor „dem Schöffengerichte“ äußerlich unverändert. Jedoch erweiterte sich der Anwendungsbereich des beschleunigten Verfahrens dadurch ganz erheblich, daß die Amtsgerichte nunmehr für alle Vergehen und den überwiegenden Teil der Verbrechen zuständig waren (Einl. Kap. **3** II 3). Durch die 2. AusnVO (6. Teil Kap. 1 § 4) wurde die Ladungsfrist auf drei Tage mit Verkürzungsmöglichkeit auf 24 Stunden bestimmt und in Absatz 2 geregelt, daß bei mangelnder Eignung der Sache für dieses Verfahren eine Zurückverweisung an die Staatsanwaltschaft durch unanfechtbaren Beschluß möglich sei. § 22 des 3. Abschnitts der 1. VereinfVO bestimmte, daß auch ohne die Voraussetzungen des § 212 Vergehen im Schnellverfahren abgeurteilt werden können, „wenn der Sachverhalt einfach und die sofortige Aburteilung aus besonderen Gründen geboten ist“. Durch die §§ 28 bis 30 der ZustVO wurde unter Aufhebung des § 212[2] das beschleunigte Verfahren etwa entsprechend dem heutigen Inhalt der §§ 212 bis 212 b, aber ohne Begrenzung des Sanktionsrahmens, geregelt.

Das VereinhG gab dem beschleunigten Verfahren im Wesentlichen seine heutige Gestalt[3], insbesondere erstmals (in § 212 b Abs. 1) eine Begrenzung des Strafbannes (vgl.

---

[1] Ausführliche Darstellung der Entwicklung bei *v. Hippel* 507, 704, 713; *Lehmann* 288.

[2] Durch § 21 Abs. 2 Nr. 1 der DurchführungsVO v. 13. 3. 1940 (RGBl. I 489).

[3] Zum Anwendungsbereich zwischen 1945 und dem VereinhG *Werner* 146; *Zimmermann* 19 ff.

Peter Rieß

die Entstehungsgeschichte zu § 212 b), wobei die jetzt noch geltende Begrenzung erst durch Art. 9 Nr. 9 des 1. StrRG verwirklicht wurde. Die übrigen Änderungen im beschleunigten Verfahren seit 1950 haben nur redaktionelle bzw. die Anpassung an andere Änderungen bezweckende Bedeutung gehabt, so die Ersetzung des Wortes „Amtsrichter" durch „Strafrichter" durch Art. 1 Nr. 66 des 1. StVRG und der durch Art. 2 Nr. 3 des StPÄG 1964 eingefügte und durch Art. 1 Nr. 66 des 1. StVRG wieder aufgehobene Absatz 2, der die Beziehungen zwischen beschleunigtem Verfahren und staatsanwaltschaftlichem Schlußgehör regelte. Bezeichnung bis 1924: § 211.

*Übersicht*

### 1. Allgemeines zum beschleunigten Verfahren

**1**     **a) Übersicht.** Gesetzgeberischer Zweck des beschleunigten Verfahrens ist die Durchführung einer Hauptverhandlung in „kürzester Frist" (§ 212 a Abs. 1) nach Abschluß der Ermittlungen; das Mittel hierzu ist die Reduzierung der im Normalverfahren zwischen Ermittlungsabschluß und Hauptverhandlungsbeginn vorgeschriebenen Zwischenschritte. Die Entstehungsgeschichte hat dazu geführt, daß das beschleunigte Verfahren wenig übersichtlich geregelt und systematisch unrichtig eingeordnet ist, da es richtigerweise zu den besonderen Verfahrensarten des sechsten Buches gehört (*Eb. Schmidt* Vor § 212, 1). Zu den Voraussetzungen des beschleunigten Verfahrens gehören nicht nur die in § 212 genannten, sondern auch die Eignung der Sache (§ 212 b Abs. 1 Satz 1) und die Sanktionsbegrenzung des § 212 b Abs. 1 Satz 2. Charakterisiert wird das beschleunigte Verfahren durch den Verzicht auf prozessuale Förmlichkeiten bis zum Beginn der Hauptverhandlung. Danach unterscheidet es sich vom Normalverfahren nur noch dadurch, daß es bis zur Verkündung des erstinstanzlichen Urteils abgebrochen werden kann. Im Rechtsmittelzug unterscheidet es sich nicht vom Normalverfahren.

**2**     Im einzelnen weist das beschleunigte Verfahren gegenüber dem Normalverfahren folgende **Vereinfachungen** auf:

— Die schriftliche Anklageschrift ist nicht obligatorisch; fehlt sie, so wird die Anklage zu Beginn der Hauptverhandlung mündlich erhoben.

— Das formelle Zwischenverfahren mit einem gesonderten Eröffnungsbeschluß entfällt.

— Die Mindestfrist zur Vorbereitung der Hauptverhandlung wird dadurch erheblich verkürzt, daß bei freiwilliger Gestellung oder Vorführung des Beschuldigten die Hauptverhandlung sofort durchgeführt werden kann und im übrigen die Ladungsfrist nur 24 Stunden beträgt.

Der aus dieser erheblichen Reduzierung der schützenden Förmlichkeiten herrühren-

den Gefahr für Wahrheitsfindung und Verteidigungsmöglichkeiten begegnet das Gesetz durch **einschränkende Voraussetzungen:**
— Beschränkung auf das Verfahren vor dem Amtsgericht,
— Begrenzung der Sanktionsgewalt auf Freiheitsstrafe bis zu einem Jahr und die Maßregel der Entziehung der Fahrerlaubnis,
— Einfachheit des Sachverhalts,
— Möglichkeit der sofortigen Aburteilung und
— Möglichkeit der Abstandnahme vom beschleunigten Verfahren bei mangelnder Eignung bis zur Verkündung des erstinstanzlichen Urteils.

**b) Dogmatische Konstruktion.** Da der systematische Standort des beschleunigten **3** Verfahrens seiner gegenwärtigen Funktion nicht entspricht, läßt es sich nicht als Eröffnungsverfahren konstruieren, das Verdachtsprüfung und Urteil vereint und bei dem die Bejahung des hinreichenden Tatverdachts erst mit dem Urteil erkennbar wird (so aber *Wendisch* § 12, 13; § 16, 5). Es handelt sich vielmehr um eine durch den Verzicht auf bestimmte, im Normalverfahren vorgeschriebene Zwischenschritte gekennzeichnete selbständige besondere Verfahrensart, bei der die Anhängigkeit bei Gericht mit der Antragstellung und die Rechtshängigkeit mit dem Beginn der Vernehmung des Angeschuldigten zur Sache eintritt, wobei letztere dadurch auflösend bedingt ist, daß das Gericht nicht nach § 212 b Abs. 2 Satz 1 von der Aburteilung absieht.

**c) Bedeutung.** Die zahlenmäßige Bedeutung des beschleunigten Verfahrens in der **4** Gegenwart[4] ist verhältnismäßig gering und — anders als bei dem ihm im Verfahren gegen Jugendliche entsprechenden vereinfachten Jugendverfahren (§§ 76 ff JGG) — in einem ständigen Rückgang begriffen; es wird als vereinfachte Verfahrensart vom Strafbefehlsverfahren bei weitem übertroffen[5]. Der Grund hierfür dürfte darin liegen, daß durch die stärkere Täterorientierung der Sanktionsbemessung, die Umwandlung geringfügiger Verkehrsdelikte in Ordnungswidrigkeiten und den Wegfall der Übertretungen der Anteil der für diese Verfahrensart geeigneten Sachen zurückgegangen ist.

In der Praxis haben sich zwei **Varianten des beschleunigten Verfahrens** herausge- **5** bildet, die mit unterschiedlicher Intensität von den verschiedenen Vereinfachungsmöglichkeiten (Rdn. 3) Gebrauch machen. Bei der ersten Variante besteht die charakteristische Eigenschaft im Wegfall des Eröffnungsbeschlusses[6]. Der Verzicht hierauf wird dergestalt genutzt, daß die Staatsanwaltschaft mit einem den Anforderungen an eine Anklageschrift entsprechenden schriftlichen Antrag die Akten dem Gericht übersendet und der Beschuldigte unter Mitteilung dieses Antrags unter Einräumung einer ausreichend bemessenen Einlassungs- und Vorbereitungsfrist zur Hauptverhandlung geladen wird.

Teilweise wird das beschleunigte Verfahren als echtes **Schnellverfahren** derart ein- **6** gesetzt, daß unter weitgehender Ausnutzung der Möglichkeiten des § 212 a eine Aburteilung angestrebt wird, die der Tat möglichst auf dem Fuße folgt. Anwendungsbereiche

---

[4] Angaben über frühere Anwendungshäufigkeiten bei *Zimmermann* 180 ff; für die Zeit von 1945 bis 1950 bei *Werner* 146.
[5] 1981 wurden 39 871 Anträge auf Aburteilung im beschleunigten Verfahren und 54 725 Anträge auf Aburteilung im vereinfachten Jugendverfahren gestellt, dem standen 509 504 Anklagen und 436 400 Strafbefehlsanträge gegenüber. Der Anteil der Anträge nach § 212 an allen Erhebungen der öffentlichen Klage, der 1971 noch 5,0 % (43 771) betrug, ist bis 1981 auf 3,8 % zurückgegangen; dagegen stieg der Anteil der vereinfachten Jugendverfahren von 3,4 % (29 840) auf 5,3 %. Die Anwendungshäufigkeit ist in den einzelnen Bundesländern recht unterschiedlich; vgl. *Feltes* bei *Kerner* Diversion statt Strafe? (1983) 72 f.
[6] Vgl. etwa das bei *Lueken* DAR **1960** 250 geschilderte Verfahren.

Peter Rieß

dieser Variante sind etwa Verkehrsstraftaten[7], Strafverfahren gegen sog. Fußballrowdies (vgl. *Priestoph*), aber auch wegen Gewalttätigkeiten bei Demonstrationen[8] sowie Fälle der vorläufigen Festnahme im Zusammenhang mit der Vorführung nach § 128.

7      **d) Kritik.** Obwohl überwiegend anerkannt wird, daß das beschleunigte Verfahren bei sachgerechter Nutzung der in ihm liegenden Möglichkeiten zu einer sinnvollen Verkürzung der Verfahrensdauer beitragen kann[9] und für manche Erscheinungsformen der einfachen Massenkriminalität kaum zu entbehren ist (*Eb. Schmidt* Vor § 212, 3), wird vielfach auf Gefahren für die Wahrheitsfindung und die Verteidigungsmöglichkeiten des Beschuldigten hingewiesen[10]. Dabei unterliegt besonders die sofortige Hauptverhandlung bei extremer Verkürzung der Ladungsfrist oder bei Vorführung der Kritik (*Dünnebier* 273) und es wird befürchtet, daß namentlich bei der sofortigen Aburteilung nach öffentlichen Gewalttätigkeiten generalpräventive Erwägungen einen unzulässig hohen Stellenwert erhalten könnten[11].

8      Diese Kritik erscheint **teilweise berechtigt.** Bei den verhältnismäßig vagen Voraussetzungen der §§ 212 bis 212b ist die Gefahr eines Mißbrauches des beschleunigten Verfahrens als „präventiv-polizeiliche Drohgebärde" (*Rieß* FS Dünnebier 166) nicht von der Hand zu weisen. Dabei ist weniger der Verzicht auf den Eröffnungsbeschluß bedenklich, als die durch § 212a Abs. 3 eröffnete Möglichkeit der Aburteilung binnen kürzester Frist und damit unter Verkürzung des Rechtes, über ausreichend Gelegenheit zur Vorbereitung der Verteidigung zu verfügen (Art. 6 Abs. 3 Buchst. b MRK)[12]. Durch eine allzu rasch durchgeführte Hauptverhandlung kann auch die Wahrheitsfindung leiden, sei es, daß entlastende Umstände nicht aufgeklärt werden, sei es, daß das Urteil den Unrechts- und Schuldgehalt der Tat nicht erschöpft. Keineswegs ist das beschleunigte Verfahren ein geeignetes Mittel, um in unruhigen Zeiten wirksame Verbrechensbekämpfung zu demonstrieren. Auch wenn eine gezielte Aufklärung der Täterpersönlichkeit erforderlich ist, wird eine sofortige Durchführung der Hauptverhandlung nur selten in Betracht kommen (*Schlüchter* 799. 3). Diesen Bedenken trägt an sich Nr. 146 Abs. 1 Satz 2 RiStBV Rechnung. Danach soll nicht im beschleunigten Verfahren vorgegangen werden, wenn Anlaß besteht, die Person des Beschuldigten und sein Vorleben genau zu erforschen, oder wenn ihn die Anwendung dieses Verfahrens in seiner Verteidigung beeinträchtigen würde.

9      **e) Reform.** Bei einer Reform des Strafverfahrens wird ein gänzlicher Verzicht auf das beschleunigte Verfahren wohl nicht in Betracht kommen, weil es für einfache Fälle der kleineren Kriminalität durchaus zu der hier besonders notwendigen zügigen Erledigung beitragen kann[13]. Doch dürfte es sich empfehlen, die beiden Varianten (Rdn. 5, 6) deutlicher voneinander zu trennen, da der bloße Verzicht auf das formelle Zwischenverfahren weniger bedenklich erscheint als die Möglichkeit der Aburteilung

---

[7] Zum Anwendungsbereich und den Erfahrungen *Bohnenberger* DAR **1960** 197; *Hartmann* MDR **1964** 190; *Lueken* DAR **1960** 250; *Schulz* 94; *Zimmermann* 183. Mit der Umwandlung vieler für eine Aburteilung an Ort und Stelle besonders geeigneter kleinerer Verkehrsdelikte in Ordnungswidrigkeiten ist die Bedeutung dieses Vorgehens deutlich zurückgegangen.

[8] *Lehmann* 287; *Schünemann*.

[9] *Dünnebier* 275; *Henkel* 399; *Peters* § 63 I; *Roxin* § 59 A; *Schlüchter* 779.3; *Zimmermann* 190.

[10] *Dünnebier* 273; *Henkel* 399; *Peters* § 63 I; *Roxin* § 59 A.

[11] *Lehmann* 289; *Rieß* FS Dünnebier 166 f; *Schünemann* 976.

[12] *Dünnebier* 273; *Rüping* 195; *Schünemann* 976.

[13] Eher einer Abschaffung des beschleunigten Verfahrens zuneigend LR-*Meyer-Goßner*[23] Vor § 198, 15; *Lehmann* 289; für inhaltlich im wesentlichen unveränderte Beibehaltung *Zimmermann* 205.

binnen kürzester Frist. Insoweit wird zu erwägen sein, den Anwendungsbereich auf das Verfahren vor dem Strafrichter zu beschränken, die Verhängung von Freiheitsstrafe gänzlich auszuschließen und vielleicht auch dem Beschuldigten das Recht zu geben, die Einhaltung der einwöchigen Ladungs- und Vorbereitungsfrist zu verlangen. Bei einem solchen im Anwendungsbereich eingeschränkten und in den Voraussetzungen präzisierten beschleunigten Verfahren wird auch erwogen werden können, für die Hauptverhandlung selbst gewisse Lockerungen von Verfahrensvorschriften vorzusehen[14].

### 2. Allgemeiner Anwendungsbereich

**a) Amtsgerichtliches Verfahren.** Das beschleunigte Verfahren ist nur vor dem **10** Strafrichter und dem Schöffengericht zulässig, hier aber, sofern die besonderen Voraussetzungen (Rdn. 21 ff), und die Eignung zur Aburteilung in dieser Verfahrensart (§ 212 b, 6) gegeben sind und die Strafbanngrenze (§ 212 b, 2 ff) gewahrt wird, ohne weitere Einschränkungen, also auch bei Verbrechen. Auch die Einbeziehung einer **Ordnungswidrigkeit** nach § 64 OWiG ist im beschleunigten Verfahren möglich. Vor dem **erweiterten Schöffengericht** kommt das beschleunigte Verfahren dagegen nicht in Betracht, da die Anordnung, einen zweiten Richter hinzuzuziehen nach § 29 Abs. 2 GVG nur bei der — im beschleunigten Verfahren nicht stattfindenden — Eröffnung des Hauptverfahrens getroffen werden kann und eine Sache, deren Umfang die Zuziehung eines zweiten Richters erfordert, keinen einfachen Sachverhalt betreffen kann[15].

Während das **Privatklageverfahren** kein beschleunigtes Verfahren kennt[16], ist **11** eine Beteiligung als **Nebenkläger** auch im beschleunigten Verfahren möglich[17]. Dabei ist zweifelhaft, ob der Anschluß bereits mit dem Antrag der Staatsanwaltschaft auf Aburteilung im beschleunigten Verfahren wirksam wird, oder, worauf der Wortlaut der §§ 395 Abs. 1, 396 Abs. 1 Satz 2 hindeuten könnte, erst mit der regelmäßig erst in der Hauptverhandlung stattfindenden Erhebung der öffentlichen Klage (so wohl *Eb. Schmidt* § 395, 15). Weil der Nebenkläger andernfalls angesichts der Besonderheiten des beschleunigten Verfahrens seine Befugnisse kaum wahrnehmen könnte, sprechen wohl die überwiegenden Gründe dafür, der erstgenannten Auffassung den Vorzug zu geben.

Im Verfahren vor der **Strafkammer** und dem **Oberlandesgericht** im ersten **12** Rechtszug ist das beschleunigte Verfahren unzulässig[18]. Ein beim Amtsgericht als beschleunigtes Verfahren begonnenes Verfahren kann auch nicht durch Verweisung nach § 270[19] oder Übernahme nach § 225 a vor ein Gericht höherer Ordnung gebracht werden. Wenn sich dessen Zuständigkeit herausstellt, ist in solchen Fällen ebenso nach § 212 b Abs. 1 Satz 1, Abs. 2 zu verfahren, wie wenn der Amtsrichter bei Prüfung des Antrags auf Aburteilung im beschleunigten Verfahren zu der Auffassung kommt, ein Gericht höherer Ordnung sei zuständig (§ 212 a, 14).

**b) Jugendstrafverfahren.** Gegen Jugendliche ist das beschleunigte Verfahren unzu- **13** lässig (§ 79 Abs. 2 JGG), an seine Stelle tritt das vereinfachte Jugendverfahren nach §§ 76 ff JGG, jedoch nur, soweit gegen den Jugendlichen vor den Jugendgerichten ver-

---

[14] Vgl. DE-RechtsmittelG § 295 d; *Rieß* Strafprozeß und Reform (1979) 135; *Seetzen* ZRP **1975** 292; *Tröndle* Probleme der Strafprozeßreform (1975) 102.

[15] *Zimmermann* 69; **a. A** *Deisberg/Hohendorf* DRiZ **1984** 264 sowie (theoretisch) KMR-*Paulus* 2; anders für die damalige Rechtslage RG JW **1930** 930.

[16] Zu den Gründen *Zimmermann* 66.

[17] KMR-*Paulus* 3; *Zimmermann* 68.

[18] RGSt **67** 59, das dies für das Verfahren vor dem Landgericht ausdrücklich ausgesprochen hat, hatte eine durch die 4. AusnVO entstandene Zweifelsfrage zu entscheiden.

[19] RGSt **68** 334 = JW **1935** 205 mit Anm. *Fraeb*; *Eb. Schmidt* 4.

handelt wird[20]. Wird gegen einen Jugendlichen vor einem Erwachsenengericht verhandelt, so ist weder das beschleunigte Verfahren (§ 104 Abs. 1 Nr. 14 JGG) noch das vereinfachte Jugendverfahren zulässig; doch kann dieser Fall, wenn überhaupt, nur noch ganz ausnahmsweise vorkommen[21]. Dagegen kann gegen einen **Heranwachsenden** das beschleunigte Verfahren auch vor den Jugendgerichten und unabhängig davon angewendet werden, ob die Verurteilung nach Erwachsenen- oder Jugendstrafrecht erfolgt (vgl. § 109 JGG).

**14**    c) **NATO-Angehörige.** Nach Art. 27 des ZusatzAbk. ist das beschleunigte Verfahren gegen Mitglieder einer Truppe und des zivilen Gefolges eines NATO-Entsendestaates sowie deren Angehörige nicht zulässig.

### 3. Antrag der Staatsanwaltschaft

**15**    a) **Bedeutung.** Voraussetzung für das beschleunigte Verfahren ist ein besonderer Antrag der Staatsanwaltschaft, der neben die auch im beschleunigten Verfahren erforderliche Anklage (§ 212 a, 3) tritt. Äußerlich kann der Antrag mit der Anklageerhebung verbunden werden, wenn in die den Erfordernissen des § 200 entsprechende Anklage anstelle des Antrags auf Eröffnung des Hauptverfahrens der Antrag nach § 212 aufgenommen und dem Beschuldigten mit der Ladung zugestellt wird (*Dünnebier* 274). Üblicherweise wird aber auch dann, wenn der Antrag schriftlich gestellt und mit einer schriftlichen „Anklage" verbunden wird, diese dahin gefaßt, daß die Staatsanwaltschaft lediglich ankündigt, sie werde wegen der näher bezeichneten Tat in der Hauptverhandlung mündlich Anklage erheben[22]. Zur Frage, wieweit die Antragstellung die Anklageerhebung ersetzen kann, vgl. § 212 a, 3. Der Antrag ist besondere **Prozeßvoraussetzung** des beschleunigten Verfahrens (*Zimmermann* 83); stellt sich sein Fehlen nach Erlaß des erstinstanzlichen Urteils heraus, so ist das Verfahren (ohne Strafklageverbrauch) nach den §§ 206 a, 260 Abs. 3 einzustellen.

**16**    b) **Freiheit der Antragstellung.** Ob die Staatsanwaltschaft den Antrag auf Aburteilung im beschleunigten Verfahren stellen will, steht in ihrem **pflichtgemäßen Ermessen**[23]. Selbst wenn bei einfachem Sachverhalt die sofortige Aburteilung möglich und eine Überschreitung der Strafbanngrenze nicht zu erwarten ist, können doch Gründe vorliegen, das ordentliche Verfahren vorzuziehen. Weder das Gericht noch der Beschuldigte haben ein Antragsrecht, was eine Anregung nicht ausschließt, im beschleunigten Verfahren vorzugehen. Der Beschuldigte kann der Antragstellung auch nicht widersprechen und damit das ordentliche Verfahren erzwingen[24], dem Gericht ist dagegen angesichts der einen weiten Beurteilungsspielraum eröffnenden Eignungsklausel (§ 212 b Abs. 1 Satz 1) der Sache nach die Ablehnung des Antrags stets möglich. Die Staatsanwaltschaft wird den Antrag stellen, wenn hinreichender Tatverdacht und damit

---

[20] *Brunner* § 78, 1; *Eisenberg* § 76, 3.

[21] Bei Verfahrensverbindung gegen Jugendliche und Erwachsene ist beim Amtsgericht stets das Jugendgericht zuständig (§ 103 Abs. 2 Satz 1 JGG), der ausnahmsweise Vorrang der Erwachsenengerichte (§ 102 Satz 1, § 103 Abs. 2 Satz 2 JGG) betrifft nur die Strafkammer oder das Oberlandesgericht, wo das beschleunigte Verfahren nicht zulässig ist. Bei mehreren Taten in verschiedenen Altersstufen ist nach h. M (*Brunner* Vor § 102, 2; *Eisenberg* § 103, 28 ff) stets das Jugendgericht zuständig.

[22] *Burchardi/Klempahn/Wetterich* 530; *Lueken* DAR **1960** 251.

[23] KK-*Treier* 6; KMR-*Paulus* 2; *Eb. Schmidt* 5; nach Nr. 146 Abs. 1 Satz 1 RiStBV ist die Staatsanwaltschaft gehalten, in „allen geeigneten Fällen" den Antrag zu stellen.

[24] **A. A** nur *Deumeland* NStZ **1983** 41 mit der nicht begründeten und dem Gesetzeswortlaut offenbar widersprechenden Auffassung, daß das Einverständnis des Beschuldigten erforderlich sei.

genügender Anlaß zur Erhebung der öffentlichen Klage besteht (*Lüttger* GA **1957** 207; *Zimmermann* 79), wenn sie die besonderen Voraussetzungen des beschleunigten Verfahrens für gegeben hält und keine besonderen Gründe für die Aburteilung im Normalverfahren sprechen. Der Abschluß der Ermittlungen nach § 169 a ist vor der Antragstellung in den Akten zu vermerken.

**c) Form und Adressat.** Der Antrag kann schriftlich oder mündlich gestellt werden; letzteres kommt insbesondere in Betracht, wenn der Beschuldigte vorgeführt wird oder sich freiwillig zur Hauptverhandlung stellt. Bei mündlicher Antragstellung in der Hauptverhandlung ist der Antrag als wesentliche Förmlichkeit zu protokollieren. Eine nach dem Gesetzeswortlaut nicht ausgeschlossene, aber unzweckmäßige mündliche (oder fernmündliche) Antragstellung außerhalb der Hauptverhandlung ist aktenkundig zu machen. **Adressat** des Antrags ist stets das zuständige Gericht; der Beschuldigte muß Gelegenheit zur Äußerung erhalten (§ 33 Abs. 3). Das geschieht zweckmäßigerweise bei schriftlicher Antragstellung und Ladung des Beschuldigten dadurch, daß ihm mit dem Anklagevorwurf (§ 212 a Abs. 3 Satz 2) auch der Antrag der Staatsanwaltschaft mitgeteilt wird; bei mündlicher Antragstellung wird der Beschuldigte regelmäßig anwesend sein. **17**

**d) Zeitpunkt.** Der Antrag kann frühestens nach Abschluß der Ermittlungen (§ 169 a) gestellt werden, wenn genügender Anlaß zur Erhebung der öffentlichen Klage (§ 170 Abs. 1) besteht. Auch wenn bereits eine mit einem Antrag auf Eröffnung des Hauptverfahrens (§ 199 Abs. 2 Satz 1) verbundene Anklage erhoben worden ist, kann der Antrag nach § 212 noch gestellt werden[25], darin liegt zugleich die Rücknahme des Antrags auf Eröffnung des Hauptverfahrens, während die Anklage selbst wirksam erhoben bleibt. Hat die Staatsanwaltschaft Strafbefehlsantrag gestellt, ist aber der Strafbefehl noch nicht erlassen worden, so kann unter Rücknahme des Strafbefehlsantrags der Antrag nach § 212 gestellt werden. Auch wenn die Staatsanwaltschaft nach rechtzeitigem Einspruch gegen einen Strafbefehl die Klage zurückgenommen hat (§ 411 Abs. 3 Satz 1), kann sie den Antrag noch stellen (OLG Frankfurt DAR **1960** 265); sinnvoll erscheint dies Verfahren freilich nicht (*Bohnenberger* DAR **1960** 198). **18**

**Nach Eröffnung** des Hauptverfahrens (§ 207 Abs. 1) kann der Antrag nicht mehr gestellt werden[26]. Er würde, da er gerade auf Vermeidung des Eröffnungsbeschlusses zielt, ins Leere gehen. Entsteht in solchen Fällen ein Bedürfnis für die Durchführung der Hauptverhandlung in kürzester Frist, so kann der Angeklagte auf die Einhaltung der Ladungsfrist verzichten; ist er dazu nicht bereit, so hat sein Anspruch auf Wahrung der für das Normalverfahren vorgeschriebenen Förmlichkeiten Vorrang. **19**

**e) Rücknahme.** Der Antrag kann bis zum Beginn der Vernehmung des Beschuldigten zur Sache in der Hauptverhandlung zurückgenommen werden[27]. Danach ist die Rücknahme nicht mehr zulässig, weil dies der Zeitpunkt ist, der funktionell dem Eröffnungsbeschluß des Normalverfahrens entspricht und die Rechtswirkungen des § 156 auslöst. Die Befugnis des Gerichts zur Ablehnung der Aburteilung im beschleunigten Verfahren bleibt unberührt (§ 212 b, 13). Ist bereits eine schriftliche Anklage erhoben, so umfaßt die Rücknahme des Antrags nicht ohne weiteres und in jedem Fall (wenn auch wohl in **20**

---

[25] OLG Oldenburg NJW **1960** 352, und zwar auch für den Fall, daß sich erst in der Hauptverhandlung das Fehlen eines Eröffnungsbeschlusses herausstellt.

[26] KMR-*Paulus* 8; *Eb. Schmidt* 9; a. A KK-*Treier* 8; LR-*Kohlhaas*[22] 1.

[27] OLG Oldenburg NJW **1961** 1127; in BGHSt **15** 314 offengelassen; *Kleinknecht/*

*Meyer* § 212 a, 3; KK-*Treier* § 212 a, 6; KMR-*Paulus* 16; *Treier* NStZ **1983** 234; a. A OLG Celle NStZ **1983** 233 = JR **1984** 74 mit Anm. *Meyer-Goßner*; *Eb. Schmidt* Nachtr. I 9; *Wendisch* 12, 13 (bis zur Verkündung des Urteils); LR-*Kohlhaas*[22] 3 (nur bis Terminsanberaumung bzw. mündlicher Anklageerhebung).

Peter Rieß

der Regel) die Rücknahme der Anklage, vielmehr kann bei ihrer Aufrechterhaltung ein Eröffnungsantrag nach § 199 Abs. 2 Satz 1 nachgereicht und damit das Verfahren in das normale Zwischenverfahren übergeleitet werden.

### 4. Besondere Voraussetzungen

21      **a) Allgemeines.** Der Antrag auf Aburteilung im beschleunigten Verfahren ist nur zulässig, wenn der Sachverhalt einfach und die sofortige Aburteilung möglich ist. Nach § 212 b Abs. 1 Satz 1 ist die Aburteilung abzulehnen, wenn sich die Sache zur Verhandlung in dieser Verfahrensart nicht eignet (vgl. § 212 b, 6 ff). Die Eignung der Sache ist der umfassendere Begriff, der die Einfachheit des Sachverhalts und die Möglichkeit sofortiger Aburteilung mit umfaßt, aber auch andere Gesichtspunkte zu berücksichtigen gebietet[28]. Stellt sich erst nach Antragstellung heraus, daß der Sachverhalt nicht einfach ist oder der sofortigen Aburteilung Hindernisse im Wege stehen, so entfällt die Eignung (OLG Hamburg NStZ **1983** 41). Entscheidend für die Auslegung aller drei Merkmale ist, daß durch die mit der Anwendung des beschleunigten Verfahrens verbundene Reduktion von sonst vorgeschriebenen Zwischenschritten (Rdn. 2) weder die Wahrheitsfindung noch das Recht des Beschuldigten auf ausreichende Zeit zur Vorbereitung der Verteidigung beeinträchtigt werden dürfen.

22      **b) Einfachheit des Sachverhalts.** Einfach ist der Sachverhalt, wenn er in tatsächlicher Hinsicht leicht überschaubar und unschwer aufzuklären ist (*Lehmann* 287) und zwar auch hinsichtlich der Rechtsfolgenzumessungstatsachen. Der Beschuldigte muß nicht geständig sein (*Eb. Schmidt* 10), doch schließt die Notwendigkeit einer komplizierten Beweisaufnahme, namentlich einer solchen mit einander widersprechenden Bekundungen, die Notwendigkeit kommissarischer Vernehmungen vor der Hauptverhandlung oder ein verwickelteres Sachverständigengutachten die Einfachheit regelmäßig aus, während sie durch einfachere Sachverständigengutachten, etwa solche, die nach § 256 verlesbar sind, z. B. Atteste über Körperverletzungen oder Blutalkoholfeststellungen, nicht beeinträchtigt sein muß. Hat sich der Beschuldigte nicht zur Sache eingelassen, so hängt es von der Klarheit der Beweislage im übrigen ab, ob der Sachverhalt noch als einfach anzusehen ist (vgl. § 212 b, 8). Bereits gestellte Beweisanträge müssen die Einfachheit nicht in Frage stellen, wenn ihnen zur Hauptverhandlung stattgegeben werden kann (enger *Eb. Schmidt* Nachtr. I 11). Rein **rechtliche Schwierigkeiten** berühren die Einfachheit des Sachverhalts nicht, können aber ein Grund für die mangelnde Eignung des Verfahrens sein (*Zimmermann* 32).

23      Der Sachverhalt muß sich für alle Beteiligten, namentlich **auch für den Beschuldigten** als **einfach** darstellen. Verfahren, in denen die Verteidigung nach § 140 Abs. 2 notwendig wäre, scheiden deshalb in aller Regel für das beschleunigte Verfahren aus. Meist wird dies auch dann so sein, wenn notwendige Verteidigung nach § 140 Abs. 1 besteht, vor allem in den Fällen der Nr. 4 und 8. Dagegen muß die Einfachheit des Sachverhalts nicht beeinträchtigt sein, wenn lediglich die Voraussetzungen des § 140 Abs. 1 Nr. 2 oder 5 vorliegen.

24      **c) Möglichkeit sofortiger Aburteilung.** Sofortige Aburteilung bedeutet, daß eine Hauptverhandlung in merkbar kürzerer Frist möglich sein muß als bei Durchführung des normalen Zwischenverfahrens und Erlaß eines Eröffnungsbeschlusses, ohne daß dadurch die volle Überzeugung des Gerichts von der Täterschaft und die umfassende Prü-

---

[28] *Jerusalem* NJW **1966** 1279; KMR-*Paulus* § 212 b, 2; **a. A** wohl *Kühne* 327.

fung des Strafzumessungssachverhalts beeinträchtigt werden darf. Sie ist daher nicht gegeben, wenn für die Hauptverhandlung erforderliche Beweismittel erst zu einem Zeitpunkt zur Verfügung stehen, zu dem die Hauptverhandlung auch im Normalverfahren stattfinden könnte. Der Staatsanwalt muß sich daher bei Antragstellung von der Verfügbarkeit der Beweismittel überzeugen (*Eb. Schmidt* Nachtr. I 12). Sofortige Aburteilung ist aber auch dann nicht möglich, wenn aus Gründen der Überlastung des zuständigen Gerichts eine Hauptverhandlung erst zu einem Zeitpunkt anberaumt werden könnte, zu dem auch eine Terminierung bei Durchführung des normalen Zwischenverfahrens möglich wäre.

Wird ein **schriftlicher Antrag** auf Aburteilung im beschleunigten Verfahren in **25** einer den Anforderungen an eine Anklageschrift entsprechenden Form gestellt und der Beschuldigte mit ausreichender Ladungsfrist zur Hauptverhandlung geladen (Rdn. 5), so besteht die Möglichkeit der sofortigen Aburteilung auch dann, wenn zur Hauptverhandlung Beweispersonen geladen und andere Beweismittel erst herbeigeschafft werden müssen. Auch der Strafregisterauszug und die Auskunft aus dem Verkehrszentralregister können während dieser Vorbereitungszeit beschafft werden; ihr Fehlen hindert in diesem Fall die Antragstellung nicht.

Bei **mündlicher Antragstellung** unter Vorführung oder freiwilliger Gestellung des **26** Beschuldigten oder unter Ladung bei voller Ausnutzung der Abkürzungsmöglichkeiten im eigentlichen „Schnellverfahren" (Rdn. 6) besteht dagegen die Möglichkeit der sofortigen Aburteilung nur, wenn die für die Hauptverhandlung erforderlichen Beweismittel und sonstigen Unterlagen entweder zur Verfügung stehen oder in kurzer Frist herbeigeschafft werden können. In solchen Fällen wird, wenn Freiheitsstrafe in Betracht kommt, häufig die hierfür erforderliche eingehendere Erforschung der Täterpersönlichkeit scheitern, es sei denn, daß aufgrund besonderer organisatorischer Vorkehrungen (z. B. Einschaltung der Gerichtshilfe als „Haftentscheidungshilfe" schon bei der vorläufigen Festnahme) die erforderlichen Erkenntnisse rechtzeitig beschafft werden können.

# § 212a

(1) **Stellt die Staatsanwaltschaft den Antrag, so wird die Hauptverhandlung sofort durchgeführt oder mit kürzester Frist anberaumt, ohne daß es einer Entscheidung über die Eröffnung des Hauptverfahrens bedarf.**

(2) **¹Der Einreichung einer Anklageschrift bedarf es nicht. ²Wird eine Anklageschrift nicht eingereicht, so wird die Anklage bei Beginn der Hauptverhandlung mündlich erhoben und ihr wesentlicher Inhalt in das Sitzungsprotokoll aufgenommen.**

(3) **¹Der Ladung des Beschuldigten bedarf es nur, wenn er sich nicht freiwillig zur Hauptverhandlung stellt oder nicht dem Gericht vorgeführt wird. ²Mit der Ladung wird ihm mitgeteilt, was ihm zur Last gelegt wird. ³Die Ladungsfrist beträgt vierundzwanzig Stunden.**

**Schrifttum** vgl. § 212.

**Entstehungsgeschichte.** Die Vorschrift wurde als § 29 des Art. III ZustVO geschaffen (vgl. die Entstehungsgeschichte zu § 212) und — mit Ausnahme einer Umstellung der Worte in Absatz 1 — unverändert als § 212 a durch Art. 3 I Nr. 95 des VereinhG in die Strafprozeßordnung übernommen.

Peter Rieß

*Übersicht*

**1**    **1. Bedeutung und Aufbau.** Die Vorschrift enthält in etwas unübersichtlicher Form die für das beschleunigte Verfahren bestehenden Abweichungen vom normalen Strafverfahren. Absatz 1 erster Halbsatz steht in Zusammenhang mit Absatz 3 Satz 1 und 3 und bestimmt, mit welcher Frist die Hauptverhandlung durchzuführen ist, er durchbricht die für das Normalverfahren geltende Regelung des § 217. Absatz 1 zweiter Halbsatz ordnet an, daß kein Eröffnungsbeschluß ergeht. Absatz 2 regelt die Erhebung der Anklage; er verzichtet namentlich auf die obligatorische schriftliche Anklageerhebung. Wegen des Fehlens des Eröffnungsbeschlusses und der schriftlichen Anklage bestimmt Absatz 3 Satz 2, daß dem zur Hauptverhandlung zu ladenden Beschuldigten der Anklagevorwurf mitzuteilen ist; damit wird in diesen Fällen ein Minimum an Gewährung rechtlichen Gehörs vorgeschrieben.

**2**    **2. Rechtshängigkeit.** Die Bestimmung des Zeitpunkts der Rechtshängigkeit mit den sich daran knüpfenden Konsequenzen macht wegen des Fehlens eines Eröffnungsbeschlusses und wegen der unterschiedlichen zeitlichen Möglichkeiten der Anklageerhebung im beschleunigten Verfahren Schwierigkeiten und ist umstritten[1]. Es erscheint sachgerecht, anzunehmen, daß die Sache spätestens bei Gericht **anhängig** wird, sobald die Staatsanwaltschaft den Antrag auf Aburteilung im beschleunigten Verfahren stellt, was mit dem Zeitpunkt der Anklageerhebung übereinstimmen kann, aber nicht muß (§ 212, 15), und daß die **Rechtshängigkeit** (im engeren Sinne) auflösend bedingt durch eine Entscheidung nach § 212 b Abs. 1 mit dem Beginn der Vernehmung des Angeklagten zur Sache eintritt[2]. An diesen Zeitpunkt knüpfen sich, unbeschadet der Sonderregelung in § 212 Abs. 2, auch diejenigen Wirkungen, die im Normalverfahren mit dem Eröffnungsbeschluß verbunden sind. Deshalb kann die Staatsanwaltschaft von diesem Zeitpunkt an die Anklage und den Antrag auf Aburteilung im beschleunigten Verfahren[3] nicht mehr zurücknehmen und ist die örtliche Zuständigkeit nicht mehr zu prüfen (**a. A** *Wendisch* § 16, 5); der Beschuldigte kann von nun an als Angeklagter bezeichnet werden (§ 157).

---

[1] Nachweise bei *Zimmermann* 124 ff.
[2] OLG Oldenburg NJW **1961** 1127; *Kleinknecht/Meyer* 3; KK-*Treier* 6; KMR-*Paulus* 16; *Meyer-Goßner* JR **1984** 76; *Eb. Schmidt* 16; vgl. auch Nachtr. I § 212, 9; *Schulz* 95; *Zimmermann* 130 (für die mündliche Anklageerhebung); **a. A** OLG Celle NStZ **1983**

233 = JR **1984** 74; LR-*Kohlhaas*[22] 9; *Wendisch* § 12, 13 mit unterschiedlichen Zeitpunkten; BGHSt **12** 184; **15** 316 hat die generelle Frage des Eintritts der Rechtshängigkeit offengelassen.
[3] Insoweit **a. A** *Eb. Schmidt* Nachtr. I § 219, 9.

### 3. Anklageerhebung

**a) Allgemeines.** Auch im beschleunigten Verfahren bedarf es neben dem Antrag **3** auf Aburteilung im beschleunigten Verfahren stets einer Anklage der Staatsanwaltschaft, sie ist wie im Normalverfahren Prozeßvoraussetzung (*Eb. Schmidt* 11). Die Besonderheit des beschleunigten Verfahrens besteht allein darin, daß die Anklage auch mündlich erhoben werden kann. Um eine mündliche Anklage handelt es sich auch, wenn in dem schriftlichen Antrag auf Aburteilung im beschleunigten Verfahren eine formal den Anforderungen des § 200 Abs. 1 entsprechende Tatbeschreibung aufgenommen und mit der Ankündigung verbunden wird, sie mündlich erheben zu wollen. Nach der Rechtsprechung kann jedoch der schriftliche und dem Beschuldigten bekanntgegebene Antrag auf Aburteilung im beschleunigten Verfahren, der allen Formerfordernissen einer Anklage nach § 200 Abs. 1 entspricht, auch dann als schriftliche Anklage angesehen werden, wenn er lediglich die Ankündigung enthält, mündlich Anklage erheben zu wollen[4].

Der **Inhalt der Anklage** muß in allen Fällen den Anforderungen des § 200 Abs. 1 **4** Satz 1 entsprechen; auch bei mündlicher Anklageerhebung gelten keine geringeren Anforderungen. Deshalb empfiehlt sich auch in diesen Fällen die vorherige schriftliche Fixierung (Nr. 146 Abs. 2 RiStBV). Das wesentliche Ergebnis der Ermittlungen ist dagegen auch beim beschleunigten Verfahren vor dem Schöffengericht entbehrlich[5].

**b) Schriftliche Anklage.** Die schriftliche Anklage kann mit dem Antrag auf Abur- **5** teilung im beschleunigten Verfahren verbunden oder nachgereicht werden; sie kann ihm auch vorausgegangen sein, falls im Normalverfahren vor Erlaß des Eröffnungsbeschlusses noch der Antrag auf Aburteilung im beschleunigten Verfahren gestellt wird (§ 212, 18). Obwohl ihre Mitteilung an den Angeklagten nicht zwingend vorgeschrieben ist, wie sich aus der Zulässigkeit der mündlichen Anklageerhebung ergibt, ist dies jedenfalls dann geboten, wenn der Beschuldigte geladen wird (*Dünnebier* 274); darin liegt zugleich die Mitteilung des Tatvorwurfs im Sinne des Absatz 3 Satz 2. Wird der Beschuldigte nicht geladen, so sollte ihm die schriftliche Anklage spätestens zu Beginn der Hauptverhandlung, wenn möglich früher, ausgehändigt werden. In der Hauptverhandlung trägt der Staatsanwalt den Anklagesatz nach § 243 Abs. 3 Satz 1 vor, gegenüber dem Normalverfahren ergeben sich hier keine Abweichungen[6]. Dagegen bedarf es nicht der Verlesung eines bereits schriftlich gestellten Antrags auf Aburteilung im beschleunigten Verfahren, doch ist dies unschädlich und kann zur Unterrichtung des Angeschuldigten zweckmäßig sein.

**c) Mündliche Anklage.** Wird mündlich Anklage erhoben, so tritt an die Stelle der **6** Verlesung des Anklagesatzes nach § 243 Abs. 3 Satz 1 dieser Vorgang; sachliche Unterschiede in Hinblick auf den Anklagesatz (§ 200 Abs. 1 Satz 1) bestehen dabei nicht[7]. Der mündliche Vortrag ist auch erforderlich, wenn bereits der schriftliche und bei den Akten befindliche Antrag auf Aburteilung im beschleunigten Verfahren einen Anklagesatz enthält oder wenn, was Nr. 146 Abs. 2 RiStBV empfiehlt, der Staatsanwalt dem Ge-

---

[4] OLG Hamburg NJW **1966** 2179; VRS **39** 352; OLG Schleswig SchlHA **1957** 211; zustimmend *Kleinknecht/Meyer* § 212, 4; KMR-*Paulus* § 212, 15; zweifelnd LR-*Meyer-Goßner*[23] § 212, 7.

[5] KK-*Treier* 3; KMR-*Paulus* 7; *Eb. Schmidt* 12.

[6] Von OLG Hamburg NJW **1966** 2180 offengelassen.

[7] Nach *Eb. Schmidt* 13 (unklar Nachtr. I 6);

*Zimmermann* 158 soll abweichend von der in § 243 Abs. 2, 3 geregelten Reihenfolge die mündliche Anklageerhebung der Vernehmung zur Person vorangehen; jedoch wird, auch wenn man dieser Auffassung folgt, eine Identitätsfeststellung des erschienenen Beschuldigten vorher unerläßlich sein. Mehr muß aber unter Vernehmung zur Person ohnehin nicht verstanden werden (vgl. die Erläuterungen zu § 243 Abs. 2).

Peter Rieß

richt einen Abdruck der schriftlich niedergelegten Anklage überreicht, die als Anlage zu Protokoll genommen wird. In diesen Fällen sollte auch stets der Angeschuldigte einen Abdruck des Anklagesatzes erhalten (*Dünnebier* 274; KMR-*Paulus* 8).

**7** Im **Hauptverhandlungsprotokoll** ist der Vorgang der mündlichen Anklageerhebung zu protokollieren, wie sich schon aus § 273 Abs. 1 ergibt. Darüber hinaus schreibt Absatz 2 Satz 2 vor, daß der wesentliche Inhalt der Anklage in das Protokoll aufzunehmen ist. Dazu gehört stets der den Anforderungen des § 200 Abs. 1 Satz 1 entsprechende Anklagesatz. Die Protokollierung kann auch dergestalt geschehen, daß eine übergebene schriftliche Fassung der mündlich erhobenen Anklage als Anlage zum Protokoll genommen wird (Nr. 146 Abs. 2 RiStBV). Es dürfte auch nicht unzulässig sein, daß das Protokoll unter genauer Angabe der Blattzahl auf den bereits bei den Akten befindlichen schriftlichen Antrag der Staatsanwaltschaft verweist (vgl. OLG Schleswig SchlHA **1977** 211; wohl enger — stets Anlage zum Protokoll — *Kroschel/Meyer-Goßner* 329). Daß und mit welchem Inhalt mündlich Anklage erhoben worden ist, kann nach § 274 nur durch die Sitzungsniederschrift bewiesen werden (KMR-*Paulus* 9; *Eb. Schmidt* 15). Nur wenn die ausschließliche Beweiskraft des Protokolls wegen Verlustes[8], Unklarheit oder Unvollständigkeit entfällt, kann das Rechtsmittelgericht im Wege des Freibeweises Klarheit über die Tatsache und den Inhalt der mündlichen Anklageerhebung herbeiführen (KG DAR **1956** 335).

### 3. Wegfall des Eröffnungsbeschlusses

**8** **a) Kein formelles Zwischenverfahren.** Aus der Regelung in Absatz 1, daß es einer Entscheidung über die Eröffnung des Hauptverfahrens nicht bedürfe, ergibt sich, daß ein positiver Eröffnungsbeschluß nach § 207 nicht ergeht, was zugleich bedeutet, daß außerhalb der Hauptverhandlung eine Umgestaltung der Strafklage (§ 206, 4 f) nicht vorgenommen werden kann. Nach allgemeiner und zutreffender Auffassung ergibt sich aus dem Wegfall des formellen Zwischenverfahrens weiter, daß die §§ 201, 202 nicht anwendbar sind (*Zimmermann* 108, 116) und daß eine vorläufige Einstellung des beschleunigten Verfahrens nach § 205 nicht in Betracht kommt. Im übrigen besteht über die Tragweite dieser Bestimmung keine Einigkeit. Teilweise wird ihr die Aussage entnommen, daß dem Richter (abgesehen von der Prüfung der Prozeßvoraussetzungen) außerhalb der Hauptverhandlung keine Befugnis zur Prüfung des hinreichenden Tatverdachts zustehe[9], teilweise wird er hierzu für verpflichtet[10] oder mindestens für berechtigt[11] angesehen. Unter den Befürwortern eines materiellen Prüfungsrechts ist wiederum umstritten, ob bei negativem Prüfungsergebnis lediglich die Aburteilung im beschleunigten Verfahren nach § 212 b Abs. 1 Satz 1 abzulehnen ist[12] oder ob ein Ablehnungsbeschluß nach § 204 mit der Rechtskraftwirkung des § 211 ergehen kann[13].

**9** **b) Pflicht zur Prüfung des Tatverdachts.** Auf eine Prüfung des hinreichenden Tatverdachts vor Anberaumung der Hauptverhandlung kann auch im beschleunigten Verfahren nicht verzichtet werden. Der Wortlaut des Absatz 1 steht dieser Auffassung nicht

---

[8] Der spätere Verlust des den Anklageinhalt beurkundenden Teils der Niederschrift hindert die Fortsetzung des Verfahrens nicht; RGSt **66** 110.

[9] OLG Oldenburg GA **1961** 187; *Dünnebier* 275; LR-*Kohlhaas*[22] 1; *Eb. Schmidt* 5; *Schulz* 95.

[10] LG Berlin DAR **1957** 190; *Gössel* § 14 A II; *Lüttger* GA **1957** 207; *Werner* 147.

[11] KK-*Treier* 1; KMR-*Paulus* § 212, 7; LR-*Meyer-Goßner*[23] 1; *Zimmermann* 102.

[12] *Gössel* § 14 A II; *Kleinknecht/Meyer* § 212 b, 2; KK-*Treier* 1; KMR-*Paulus* 2; *Lüttger* GA **1957** 207; *Meyer-Goßner* JR **1984** 53; *Eb. Schmidt* 2.

[13] LG Berlin DAR **1957** 190; *Werner* 147; *Zimmermann* 103; vgl. für den ähnlich liegenden Fall der Nachtragsanklage auch *Hilger* JR **1983** 441.

entgegen; er geht nicht dahin, daß die §§ 199 bis 211 nicht anzuwenden seien, sondern bestimmt nur, daß eine Entscheidung über die Eröffnung des Hauptverfahrens nicht stattfindet, und schließt damit die materielle Prüfung des Tatverdachts nicht aus (*Zimmermann* 96)[14]. Sie entspricht der Grundstruktur des deutschen Strafverfahrens, daß eine Hauptverhandlung nur nach vorheriger richterlicher Verdachtsprüfung stattfinden soll. Die gegenteilige Auffassung führt dazu, daß gerade im Bereich der kleinen Kriminalität nicht hinreichend verdächtige Personen in eine Hauptverhandlung gezogen werden könnten, ein weder rechtsstaatlich noch prozeßökonomisch sinnvolles Ergebnis. Es würde auch mit der Behandlung des Antrags beim Fehlen von Prozeßvoraussetzungen (Rdn. 11), deren Vorliegen auch zum Begriff des hinreichenden Tatverdachts gehört (§ 203, 16) in einem unauflösbaren Widerspruch stehen. Es geht aber auch nicht an, mit der gegenwärtig wohl überwiegenden Meinung (vgl. Fußn. 11) den Richter nur für berechtigt, nicht aber für verpflichtet zu halten, den Tatverdacht zu prüfen; denn diesem Recht muß notwendigerweise gegenüber dem Beschuldigten die Pflicht entsprechen, ihn vor der Verstrickung in eine unberechtigte Hauptverhandlung zu bewahren und das Verfahren auf die schonendste und ökonomischste Weise zu beenden. Freilich ergeben sich aus den Besonderheiten des beschleunigten Verfahrens, insbesondere aus der Unanwendbarkeit der §§ 201, 202 in der Intensität der Verdachtsprüfung Abschwächungen, die den Einwand (so LR-*Meyer-Goßner*[23] 1) unberechtigt erscheinen lassen, die Bejahung der Prüfungspflicht würde praktisch zur Durchführung des Zwischenverfahrens nötigen (so auch *Zimmermann* 106).

Nur der **Akteninhalt** ist Entscheidungsgrundlage für die Tatverdachtsprüfung, da **10** der Beschuldigte zur Erklärung über die Anklageschrift nicht aufgefordert wird und ergänzende Beweisaufnahmen nach § 202 nicht stattfinden können. Werden die Akten mit einem schriftlichen Antrag auf Aburteilung im beschleunigten Verfahren zur Terminierung und Ladung des Beschuldigten dem Gericht zugeleitet, so ist aufgrund des Akteninhalts der Tatverdacht in ähnlicher Weise wie im Normalverfahren zu prüfen. Aber auch, wenn unter Vorführung oder freiwilliger Gestellung des Beschuldigten der Antrag vor dem verhandlungsbereiten Richter mündlich gestellt wird, sind spätestens zu diesem Zeitpunkt die vorhandenen Akten dem Gericht vorzulegen (§ 199 Abs. 2 Satz 2). Auch in diesem Fall ist daher dem Gericht vor Beginn der Hauptverhandlung eine mindestens summarische Prüfung des Tatverdachts und bei seiner Verneinung die Ablehnung des beschleunigten Verfahrens nach § 212 b Abs. 1 Satz 1 möglich.

c) **Prozeßvoraussetzungen.** Unabhängig von der umstrittenen Frage, ob der mate- **11** rielle hinreichende Tatverdacht geprüft werden darf, hat das Gericht, soweit dazu Anlaß besteht, auch im beschleunigten Verfahren in jeder Verfahrenslage und damit vom Eingang des Antrags der Staatsanwaltschaft an, festzustellen, ob die allgemeinen Prozeßvoraussetzungen vorliegen (allg. M).

d) **Zuständigkeit.** Auch die Zuständigkeit ist, jedenfalls bis zu dem im beschleunig- **12** ten Verfahren dem Eröffnungsbeschluß gleichstehenden Beginn der Vernehmung zur Sache (Rdn. 2) von Amts wegen zu prüfen; Zuständigkeitsmängel stehen der Durchführung des beschleunigten Verfahrens entgegen. Aus den Besonderheiten des beschleunigten Verfahrens ergeben sich gegenüber den für das Normalverfahren geltenden Regeln für die Lösung von Zuständigkeitskonflikten einige Abweichungen.

Bei der **örtlichen Zuständigkeit** endet die Pflicht zur Prüfung von Amts wegen **13** mit dem Beginn der Vernehmung des Angeklagten zur Sache (KMR-*Paulus* 4; a. A

---

[14] Die vielfach anzutreffende Formulierung, daß beim beschleunigten Verfahren das Zwischenverfahren „entfalle" (*Gössel* § 14; *Roxin* § 59 II 2; *Schlüchter* 779.2) ist unscharf und mißverständlich.

*Wendisch* § 12, 13); gleichzeitig endet das Rügerecht des Angeklagten (§ 16 Satz 3), das deshalb hier ohne selbständige Bedeutung ist. Eine Übertragung nach § 12 Abs. 2 kommt im beschleunigten Verfahren nicht in Betracht, da bei Streit über die örtliche Zuständigkeit die Möglichkeit der sofortigen Aburteilung nicht mehr gegeben und daher nach § 212 b Abs. 1 Satz 1 zu verfahren ist[15]. Hält sich das angegangene Gericht, solange seine Prüfungsbefugnis noch besteht, für örtlich unzuständig, so hat es sich nicht etwa, wie im Normalverfahren für unzuständig zu erklären (§ 204, 7)[16], sondern die Aburteilung im beschleunigten Verfahren abzulehnen (KK-*Treier* 1; KMR-*Paulus* 4).

**14**     Hält der Strafrichter oder der Vorsitzende des Schöffengerichts die **sachliche Zuständigkeit** der Strafkammer oder des Oberlandesgerichts für gegeben, so ist nicht etwa § 209 Abs. 2 anzuwenden, sondern das beschleunigte Verfahren mangels Eignung abzulehnen (allg. M).

**15**     Bei sachlichen **Zuständigkeitskonflikten innerhalb des Amtsgerichts**, also wenn der Strafrichter die Zuständigkeit des Schöffengerichts für gegeben hält oder umgekehrt, wird man jedenfalls seit der Neufassung des § 408 durch das StVÄG 1979 angesichts der erkennbar lückenhaften Regelung des beschleunigten Verfahrens eine rechtsanaloge Anwendung des § 209 Abs. 2 und des § 408 Abs. 1 Satz 2, 3 für zulässig halten müssen[17]. Danach kann der Vorsitzende des Schöffengerichts die Sache mit insoweit bindender Wirkung an den Strafrichter zur Entscheidung über den Antrag auf Aburteilung im beschleunigten Verfahren abgeben, der Strafrichter die Sache dem Vorsitzenden des Schöffengerichts vorlegen. Jedoch ist dieses Verfahren nur möglich, wenn dadurch nicht die Möglichkeit der sofortigen Aburteilung beeinträchtigt wird, in der Regel daher nur dann, wenn die Staatsanwaltschaft den Antrag nach § 212 frühzeitig stellt und der Beschuldigte mit ausreichender Vorbereitungszeit geladen werden soll (§ 212, 5). Bei Vorführung des Beschuldigten oder freiwilliger Gestellung wird das durch die Abgabe notwendig werdende Zwischenverfahren meist (Ausnahmen sind denkbar) die Möglichkeit der sofortigen Aburteilung und damit die Eignung ausschließen.

**16**     Die **geschäftsplanmäßige Zuständigkeit** ist auch im beschleunigten Verfahren zu beachten; der Beschuldigte darf seinem gesetzlichen Richter nicht entzogen werden. Dem wird beim beschleunigten Verfahren mit rechtzeitigem schriftlichen Antrag der Staatsanwaltschaft (§ 212, 5) durch formlose Abgabe innerhalb des Gerichts Rechnung getragen werden können. Erfolgt dagegen eine Vorführung vor den geschäftsplanmäßig unzuständigen Richter und ist der zuständige Richter nicht verhandlungsbereit, so muß die Aburteilung im beschleunigten Verfahren, wenn die Staatsanwaltschaft ihren Antrag nicht zurücknimmt, mangels Eignung abgelehnt werden, weil vor dem angerufenen Richter eine sofortige Aburteilung nicht möglich ist[18].

**17**     e) **Art der Entscheidung bei negativem Prüfungsergebnis.** Führt die dem Gericht obliegende Prüfung des hinreichenden Tatverdachts, der Prozeßvoraussetzungen und der Zuständigkeit zu einem negativen Ergebnis, so ist stets lediglich nach § 212 b Abs. 1 Satz 1 die Aburteilung im beschleunigten Verfahren mangels Eignung abzulehnen, nicht

---

[15] BGHSt **15** 314; KK-*Pfeiffer* § 12, 2; KMR-*Paulus* 4; *Eb. Schmidt* Nachtr. I § 212, 13.

[16] So LR-*Meyer-Goßner*[23] 2; *Eb. Schmidt* 2.

[17] So schon früher Roestel NJW **1966** 1952; *Zimmermann* 73 ff; **a. A** KK-*Treier* 1; KMR-*Paulus* 3.

[18] Diese Schwierigkeiten können dadurch vermieden werden, daß im Geschäftsverteilungsplan dem für Vorführungen nach § 128 zuständigen Richter auch die Zuständigkeit zur Aburteilung nach § 212 übertragen wird, wie es vielfach geschieht.

etwa analog § 204 die Nichteröffnung des Hauptverfahrens zu beschließen[19]. Die Rechtskraftwirkung des § 211 ist mit dieser Ablehnung nicht verbunden; lediglich ein erneuter Antrag auf Aburteilung im beschleunigten Verfahren ist ausgeschlossen (§ 212 b, 18). Die Gegenmeinung übersieht, daß die beschwerdefähige Ablehnungsentscheidung analog § 204 einen mit dem Zweck des beschleunigten Verfahrens unvereinbaren Zwischenstreit ermöglichen würde (Möglichkeit der sofortigen Beschwerde) und daß, selbst wenn keine Beschwerde eingelegt wird, angesichts der beschränkten Kognitionsmöglichkeiten des Gerichts bei dem sehr reduzierten „Zwischenverfahren" des beschleunigten Verfahrens die Rechtskraftwirkungen des § 211 zu weit gehen würden.

### 5. Anberaumung der Hauptverhandlung

**a) Sofort oder in kürzester Frist.** Die Formulierung des Absatzes 1, daß die **18** Hauptverhandlung sofort durchzuführen oder in kürzester Frist anzuberaumen sei, hat die Variante des beschleunigten Verfahrens im Auge, in der die Verhandlung der Tat im Sinne eines Schnellverfahrens auf dem Fuße folgt (§ 212, 6) und die wegen der Beschränkung der Verteidigungsmöglichkeiten berechtigter Kritik unterliegt und zurückhaltend gehandhabt werden sollte. Die sofortige Durchführung der Hauptverhandlung setzt das freiwillige Erscheinen des Beschuldigten oder seine Vorführung voraus; die Hauptverhandlung in kürzester Frist verweist auf die volle Abkürzung der Ladungsfrist nach Absatz 3 Satz 3. Dem Sinn des beschleunigten Verfahrens entspricht es aber auch noch, wenn diese nur entstehungsgeschichtlich erklärbare[20], die Schnelligkeit der Aburteilung in den Vordergrund stellende Formulierung restriktiv dahingehend ausgelegt wird, daß die Hauptverhandlung in möglichst kurzer, aber die Verteidigungsmöglichkeiten (Art. 6 Abs. 3 Buchst b MRK) wahrender und die Wahrheitsfindung gewährleistender Frist anzuberaumen ist.

**b) Hauptverhandlung ohne Ladung.** Voraussetzung sind freiwillige Gestellung **19** des Beschuldigten oder seine Vorführung (Absatz 3 Satz 2). Die Staatsanwaltschaft kann, wenn das Gericht verhandlungsbereit ist, den Antrag auf Aburteilung im beschleunigten Verfahren unmittelbar vor dem Beginn der Hauptverhandlung stellen. Einen Anspruch auf Einhaltung einer Frist zur Vorbereitung seiner Verteidigung hat der Beschuldigte nicht, was insbesondere bei der Vorführung nicht unbedenklich erscheint (*Dünnebier* 273; *Schulz* 94). Die Bedenken lassen sich dadurch verringern, daß dem Beschuldigten auch in diesen Fällen nicht erst zu Beginn der Hauptverhandlung der Antrag der Staatsanwaltschaft mit einem konkretisierenden Anklagevorwurf bekannt gemacht wird oder daß von diesem Verfahren Abstand genommen wird, wenn der Beschuldigte erkennen läßt, daß er seine Verteidigung noch vorbereiten will[21]. Macht der Beschuldigte von seinem Recht Gebrauch, vor seiner Aussage einen Verteidiger zu befragen (§ 136 Abs. 1 Satz 2) und äußert er sich deshalb nicht, so ist die Sache für das beschleunigte Verfahren schon deshalb ungeeignet, weil im Normalverfahren eine Äußerung des Beschuldigten und damit eine bessere Aufklärung möglich erscheint.

**Freiwillige Gestellung** zur Hauptverhandlung liegt immer dann vor, wenn das Erscheinen des Beschuldigten vor Gericht auf seinem freien Willen beruht, ohne daß ihm **20** gegenüber eine Pflicht zum Erscheinen geltend gemacht worden ist. Dem Beschuldigten muß klar sein, daß es allein von seinem Willen abhängt, vor Gericht zu stehen, und daß

---

[19] *Gössel* § 14 A II; KK-*Treier* 1; KMR-*Paulus* 2; *Lüttger* 207; *Eb. Schmidt* 2; teilweise a. A LR-*Kohlhaas* [22] 212 b, 5; *Schulz* 95; a. A LG Berlin DAR 1957 190; *Werner* 147; *Zimmermann* 93, 103 ff; sowie (zur Nachtragsanklage gemäß § 266) *Hilger* JR 1983 441.

[20] Der Wortlaut geht auf die ZustVO von 1940 zurück.

[21] Vgl. die bei *Hartmann* MDR 1964 191 geschilderte Verfahrensweise, die diesen Bedenken nicht ausgesetzt ist.

Peter Rieß

er keinen Sanktionen unterliegt, wenn er nicht erscheint. Eine gerichtliche oder staatsanwaltschaftliche Aufforderung, zum Termin zu erscheinen, die diese Rechtslage deutlich macht, beseitigt die Freiwilligkeit auch dann nicht, wenn sie sich äußerlich als „Ladung" darstellt. Freiwillig erscheint auch derjenige, der zwar äußerlich „vorgeführt" wird, weil er sich in behördlichem Gewahrsam befindet, der aber seine Vorführung vor Gericht aus eigenem Antrieb veranlaßt hat (RGSt **66** 111). Ist ein Angeklagter zu einer Hauptverhandlung geladen und erschienen und ist er damit einverstanden, daß eine weitere Tat im beschleunigten Verfahren mit verhandelt wird, so hat er sich in dieser zweiten Sache freiwillig gestellt (KG DAR **1956** 334). Ob für den freiwillig Erschienenen nach Aufruf der Sache die Pflicht des § 231 Abs. 1 entsteht, sich nicht zu entfernen (so *Zimmermann* 149), ist zweifelhaft.

**21**      Eine **Vorführung** liegt vor, wenn der Beschuldigte ohne Rücksicht auf seinen Willen aus einer behördlichen Verwahrung vor das Gericht gebracht wird. Anders als nach der früheren Fassung des § 212 muß es sich nicht um eine Vorführung nach § 128 aufgrund einer vorläufigen Festnahme nach § 127 handeln; auch eine solche aus Untersuchungshaft, Strafhaft oder einer anderen Verwahrung reicht aus[22]. In der Praxis spielt allerdings die Vorführung nach § 128 die Hauptrolle, weil sie, wenn das Urteil noch am Tage der Vorführung gefällt wird, dazu führen kann, daß der Erlaß eines Haftbefehls entbehrlich wird[23].

**22**      Absatz 3 Satz 1 setzt die Befugnis zur behördlichen Verwahrung und Vorführung voraus und stellt **keinen Rechtsgrund für eine Vorführung** dar. Eine Festnahme, deren Voraussetzungen nicht mehr vorliegen, darf nicht deshalb aufrechterhalten werden, um eine Aburteilung im beschleunigten Verfahren herbeizuführen[24]. Deshalb muß das Gericht in den Fällen der §§ 127, 128 prüfen, ob die vorläufige Festnahme im Zeitpunkt des Beginns der Hauptverhandlung noch gerechtfertigt ist[25]. Ist dies nicht der Fall, so fehlt es jedenfalls an der die Ladung entbehrlich machenden Voraussetzung der „Vorführung". Die sofortige Hauptverhandlung im beschleunigten Verfahren ist dann nur noch zulässig, wenn der Beschuldigte (nach Belehrung) freiwillig zur Hauptverhandlung bleibt oder (nach mündlicher Ladung) auf die Einhaltung der Ladungsfrist verzichtet (§ 217 Abs. 3).

**23**      **c) Ladung des Beschuldigten.** Sie ist immer erforderlich, wenn kein Fall der Vorführung oder freiwilligen Gestellung vorliegt[26]. Für die Ladung gelten die §§ 214, 216 bis 218 mit der einzigen Abweichung, daß die Ladungsfrist kürzer ist. Zu laden, mindestens unter Einhaltung der verkürzten Ladungsfrist, ist daher auch der Verteidiger. Auch auf die Einhaltung der verkürzten Ladungsfrist kann verzichtet werden. Ihre Nichteinhaltung eröffnet dem Beschuldigten das Recht auf Aussetzung der Verhandlung, wobei die Aussetzungsfrist nicht länger bemessen zu werden braucht als die Ladungsfrist und deshalb ein Aussetzungsantrag nicht notwendig die Eignung zur Aburteilung im beschleunigten Verfahren beseitigen muß (§ 212 b, 9).

---

[22] *Dünnebier* 272 Fußn. 3; *Kleinknecht/Meyer* 2; KMR-*Paulus* 15; *Zimmermann* 143.

[23] Vgl. § 118 a, 7. Nicht unberechtigte Bedenken wegen mangelnder Gewährleistung der Verteidigungsmöglichkeiten bei *Dünnebier* 273; *Zimmermann* 143.

[24] Ein Festhalten zur Identitätsfeststellung nach § 163 b Abs. 1 Satz 2 kann deshalb niemals die Vorführung im Sinne des Absatz 3 Satz 1 rechtfertigen. Denn die Anklage im beschleunigten Verfahren setzt voraus, daß

die Identität feststeht, steht sie aber fest, so ist die Festhaltung zu beenden (§ 163 c Abs. 1 Satz 1).

[25] *Zimmermann* 144 (mit Nachw. des ält. Schrifttums); wohl auch KK-*Treier* 4.

[26] Um einen Fall der freiwilligen Gestellung handelt es sich auch, wenn statt einer Ladung eine formlose Aufforderung an den Beschuldigten ergeht, zur Hauptverhandlung zu erscheinen.

Die **Ladungsfrist** von 24 Stunden ist gewahrt, wenn zwischen der Stunde der Zu- **24** stellung und der des Hauptverhandlungsbeginns 24 Zeitstunden liegen[27]. In Hinblick auf Art. 6 Abs. 3 Buchst b MRK, der als innerstaatlich geltendes Recht auch bei der Anwendung des Absatz 3 Satz 3 zu beachten ist, wird, wenn nicht besondere Umstände vorliegen, diese Frist regelmäßig nicht mehr als ausreichend anzusehen sein. Eine Ladungsfrist von mindestens drei Tagen erscheint als das Minimum dessen, was mit dem Anspruch auf „ausreichend Zeit und Gelegenheit zur Vorbereitung seiner Verteidigung" noch zu vereinbaren ist[28]. Ersatzzustellung der Ladung ist zulässig (OLG Hamburg NJW **1966** 2180).

Die **Mitteilung des Tatvorwurfs** (Absatz 3 Satz 2), ist, weil im beschleunigten Ver- **25** fahren § 201 nicht gilt, mit der Ladung vorgeschrieben. Am besten geschieht dies dadurch, daß die Staatsanwaltschaft mit dem Antrag auf Aburteilung im beschleunigten Verfahren eine Anklageschrift einreicht oder daß dem Antrag eine Tatbeschreibung in Form eines Anklagesatzes beigegeben wird und daß dieses mit der Ladung dem Beschuldigten mitgeteilt wird (*Dünnebier* 274). Auf jeden Fall muß der Beschuldigte aus der Mitteilung entsprechend den Anforderungen des § 200 Abs. 1 Satz 1 die ihm zur Last gelegte Tat, Zeit und Ort der Begehung, die gesetzlichen Merkmale der Straftat und die anzuwendenden Strafvorschriften entnehmen können (*Eb. Schmidt* 10; *Zimmermann* 152). Die Angabe der Beweismittel ist zwar nicht vorgeschrieben, aber stets empfehlenswert. Entbehrlich ist die Mitteilung dann, wenn der Beschuldigte bereits vorher über den Gegenstand des Verfahrens unterrichtet worden ist, etwa weil die Staatsanwaltschaft nach Zustellung der Anklage im Normalverfahren den Antrag auf Aburteilung im beschleunigten Verfahren gestellt hat (§ 212, 18) oder wenn einer früheren Ladung zu einem wieder aufgehobenen Hauptverhandlungstermin die Mitteilung bereits beigefügt war. Die Vorschrift hat die Bedeutung, daß spätestens mit der Ladung der Tatvorwurf mitgeteilt werden muß.

Beim **Ausbleiben** des ordnungsgemäß geladenen **Beschuldigten** kann gemäß § 230 **26** Abs. 2 die Vorführung angeordnet werden, auch die Durchführung der Hauptverhandlung ohne den Angeklagten nach § 232 Abs. 1 ist zulässig, wenn die übrigen Voraussetzungen dieser Vorschrift vorliegen. Doch wird regelmäßig bei einer sehr kurzen Ladungsfrist die Voraussetzung, daß der Beschuldigte unentschuldigt nicht erscheint (vgl. § 232, 14) für das Gericht nicht ausreichend sicher festzustellen sein, insbesondere bei Ersatzzustellung durch Niederlegung auf der Postanstalt. Kann der Beschuldigte weder vorgeführt noch ohne ihn verhandelt werden, so ist es eine Frage des Einzelfalls, ob ein neuer Hauptverhandlungstermin im beschleunigten Verfahren bestimmt werden darf oder nach § 212 b Abs. 1 Satz 1 zu verfahren ist (vgl. § 212 b, 9). Ein Haftbefehl nach § 230 Abs. 2 darf allenfalls so lange ergehen, wie eine alsbaldige Aburteilung möglich bleibt. Da dies bei Ausbleiben des Beschuldigten, wenn eine Vorführungsanordnung nicht ausreicht, regelmäßig nicht sicher vorauszusehen sein wird, kommt ein solcher Haftbefehl im beschleunigten Verfahren praktisch nicht in Betracht (OLG Hamburg NStZ **1983** 40; vgl. § 230, 35).

**6. Durchführung der Hauptverhandlung.** Die Durchführung der Hauptverhand- **27** lung richtet sich im wesentlichen nach den allgemeinen Vorschriften. War keine schrift-

---

[27] § 42, 6; KK-*Treier* 5; KMR-*Paulus* 18; *Eb. Schmidt* 8. Dies folgt daraus, daß der Wortlaut von der sonstigen Terminologie der StPO abweicht, die nach Tagen und Wochen rechnet.

[28] *Dünnebier* 273. Dessen Unterscheidung zwischen dem unverteidigten Beschuldigten (drei Tage) und dem verteidigten (eine Woche) leuchtet freilich nicht ein; gerade beim bisher unverteidigten Beschuldigten kann die Ladung das Bedürfnis nach der Hinzuziehung eines Verteidigers auslösen.

Peter Rieß

liche Anklage erhoben, so tritt an die Stelle der Verlesung des Anklagesatzes (§ 243 Abs. 3 Satz 1) die (inhaltlich übereinstimmende) mündliche Anklageerhebung (Rdn. 6). Stellt sich während der Hauptverhandlung heraus, daß sich die Sache nicht zur Aburteilung im beschleunigten Verfahren eignet oder daß eine in diesem Verfahren nicht zulässige Rechtsfolge zu verhängen ist, so ist die Aburteilung abzulehnen (§ 212 b, 6 ff).

**28**    Die Vorschriften über die **Verteidigung** gelten auch im beschleunigten Verfahren. Sofern nicht ohnehin die Notwendigkeit der Verteidigung die Sache als ungeeignet für das beschleunigte Verfahren erscheinen läßt (§ 212, 23), ist dem Beschuldigten in den Fällen des § 140 ein Verteidiger zu bestellen[29], und zwar spätestens mit der Ladung (vgl. die Erläuterungen zu § 141). Hat der Beschuldigte einen Verteidiger, so muß diesem auch bei freiwilliger Gestellung oder Vorführung Gelegenheit zur Teilnahme an der Hauptverhandlung gegeben werden (*Zimmermann* 144). Der Verteidiger hat von Stellung des Antrags auf Aburteilung im beschleunigten Verfahren an unbeschränktes Akteneinsichtsrecht nach § 147[30]; ihm muß auch bei sofortiger Hauptverhandlung eine tatsächlich ausreichende Gelegenheit zur Akteneinsicht eingeräumt werden.

**29**    **7. Rechtsmittel.** Gegen das im beschleunigten Verfahren ergehende Urteil stehen die normalen Rechtsmittel zur Verfügung. Über die Anfechtbarkeit von Entscheidungen, die das Vorgehen im beschleunigten Verfahren betreffen, s. § 212 b, 19 ff.

## § 212 b

(1) [1]Der Strafrichter oder das Schöffengericht lehnt die Aburteilung im beschleunigten Verfahren ab, wenn sich die Sache zur Verhandlung in diesem Verfahren nicht eignet. [2]Eine höhere Strafe als Freiheitsstrafe von einem Jahr oder eine Maßregel der Besserung und Sicherung darf in diesem Verfahren nicht verhängt werden. [3]Die Entziehung der Fahrerlaubnis ist zulässig.

(2) [1]Die Aburteilung im beschleunigten Verfahren kann auch in der Hauptverhandlung bis zur Verkündung des Urteils abgelehnt werden. [2]Der Beschluß ist nicht anfechtbar.

(3) Wird die Aburteilung im beschleunigten Verfahren abgelehnt, so bedarf es der Einreichung einer neuen Anklageschrift.

**Schrifttum** vgl. § 212.

**Entstehungsgeschichte.** Die Vorschrift hatte einen Vorläufer in § 30 der ZustVO, allerdings ohne Begrenzung der Strafgewalt im beschleunigten Verfahren (vgl. Entstehungsgeschichte zu § 212) und wurde durch Art. 3 I Nr. 95 des VereinhG als § 212 b übernommen. Die Absätze 2 und 3 sind seither unverändert. In Absatz 1 bestimmte zunächst Satz 1 zusätzlich zum gegenwärtigen Inhalt, daß die Aburteilung im beschleunigten Verfahren abzulehnen sei, wenn eine höhere Strafe als ein Jahr Gefängnis zu erwarten war; Satz 2 ordnete an, daß Zuchthaus oder eine Maßregel der Sicherung und Besserung nicht verhängt werden dürfe. Art. 3 Nr. 2 des 1. StraßenVSichG fügte Satz 3 an; die Sätze 1 und 2 erhielten inhaltlich ihre heutige Fassung durch Art. 9 Nr. 9 des 1. StrRG. Art. 21 Nr. 61 des EGStGB 1974 ersetzte die Worte „Maßregel der Sicherung und Besserung" durch die Worte „Maßregel der Besserung und Sicherung" und Art. 1 Nr. 67 des 1. StVRG das Wort „Amtsrichter" durch „Strafrichter".

---

[29] RGSt **66** 112; RG JW **1930** 929, KK-*Treier* 7.

[30] Das folgt daraus, daß der Abschlußvermerk nach § 169 a vor der Antragstellung erforderlich ist; bis zur Einführung dieses Schlußvermerks durch das StPÄG 1964 war es in § 147 Abs. 1 Satz 2 ausdrücklich geregelt.

**1. Bedeutung.** Der tragende Grundgedanke der Gesamtregelung, die in mehrfa- **1** cher Hinsicht vom Normalverfahren abweicht, besteht darin, daß der Versuch, ein ver- einfachtes, auf wesentliche Förmlichkeiten verzichtendes Verfahren durchzuführen, immer dann abzubrechen ist, wenn sich erweist, daß mit ihm das Ziel des Strafverfah- rens nicht mehr zu erreichen ist, in justizförmiger Weise eine der Wahrheit möglichst na- hekommende, gerechte Entscheidung herbeizuführen. Absatz 1 Satz 1 bezeichnet als ge- nerelle Voraussetzung der Durchführung des beschleunigten Verfahrens die „Eignung der Sache", aus Absatz 2 Satz 1 ergibt sich, daß diese Voraussetzung bis zum Ende der erstinstanzlichen Hauptverhandlung vorliegen muß. In Absatz 1 Satz 2 und 3 enthält die Vorschrift außerdem eine Begrenzung des Sanktionsrahmens für das beschleunigte Ver- fahren. Über die Folgen mangelnder Eignung bestimmen Absatz 1 Satz 1 und Absatz 2 Satz 1, daß das Gericht die Aburteilung im beschleunigten Verfahren „abzulehnen" hat, aus Absatz 2 Satz 2 ergibt sich die Unanfechtbarkeit dieser Ablehnung; Absatz 3 be- stimmt, daß mit ihr abweichend von § 211 kein Strafklageverbrauch eintritt.

**2. Begrenzung des Sanktionsrahmens (Absatz 1 Satz 2, 3)**
**a) Strafen.** Zulässig ist im beschleunigten Verfahren die Verhängung von Geld- **2** strafen bis zur Obergrenze des gesetzlichen Strafrahmens (§§ 40, 54 Abs. 2 Satz 2 StGB) sowie von Freiheitsstrafe bis zu einem Jahr. Eine ein Jahr überschreitende Freiheitsstrafe darf auch dann nicht ausgesprochen werden, wenn es sich um eine Gesamtstrafe handelt, bei der die im beschleunigten Verfahren verhängte Einzelstrafe unter einem Jahr liegt (OLG Hamm JMBlNW **1979** 59; OLG Celle NStZ **1983** 233). Die Nebenstrafe des Fahrverbots kann im beschleunigten Verfahren ausgesprochen werden (*Kleinknecht/ Meyer* 3); Verwarnung mit Strafvorbehalt (§ 59 StGB) und das Absehen von Strafe (§ 60 StGB) werden durch Absatz 1 Satz 2 nicht ausgeschlossen, doch wird, wenn diese straf- rechtlichen Reaktionen in Betracht kommen, oft der Sachverhalt nicht einfach sein und sich deshalb das beschleunigte Verfahren nicht eignen.

**b) Maßregeln der Besserung und Sicherung.** Zulässig ist allein die Entziehung der **3** Fahrerlaubnis (§ 69 StGB) und zwar, anders als im Strafbefehlsverfahren (§ 407 Abs. 2 Nr. 2) ohne Obergrenze. Wegen der weitreichenden Folgen für den Beschuldigten sollte allerdings bei einer Entziehung der Fahrerlaubnis auf Lebenszeit (§ 69 a Abs. 1 Satz 2 StGB) die Eignung des beschleunigten Verfahrens besonders sorgfältig geprüft werden. Unzulässig ist neben den freiheitsentziehenden Maßregeln der Besserung und Sicherung auch die Anordnung des Berufsverbots und der Führungsaufsicht (§ 68 StGB); zum Eintritt der Führungsaufsicht kraft Gesetzes kann es aufgrund einer Verurteilung im be- schleunigten Verfahren nicht kommen.

**c) Nebenfolgen.** Einziehung und Verfall (§§ 73, 73 a StGB) dürfen auch im be- **4** schleunigten Verfahren angeordnet werden, ebenso die Aberkennung der Amtsfähigkeit

Peter Rieß

nach § 45 StGB. Auch der automatische Verlust der Amtsfähigkeit nach § 45 Abs. 1 StGB kann aufgrund einer Verurteilung im beschleunigten Verfahren eintreten, wenn wegen eines Verbrechens der Strafbann des beschleunigten Verfahrens voll ausgenutzt wird; ob sich solche Fälle für das beschleunigte Verfahren eignen, ist zu bezweifeln.

**5**    **d) Überschreitung des Sanktionsrahmens.** Wird durch den erstinstanzlichen Rechtsfolgenausspruch der Sanktionsrahmen überschritten, so entsteht hierdurch ein im Rechtsmittelverfahren von Amts wegen zu berücksichtigendes Verfahrenshindernis (vgl. Rdn. 22)[1].

### 3. Eignungsprüfung

**6**    **a) Bedeutung des Eignungsbegriffs.** Die Bestimmung des Absatz 1 Satz 1, daß die Aburteilung im beschleunigten Verfahren abzulehnen sei, wenn sich die Sache „zur Verhandlung in diesem Verfahren nicht eignet", bringt die zentrale Einschränkung des beschleunigten Verfahrens zum Ausdruck, daß durch die in dieser Verfahrensart möglichen Vereinfachungen gegenüber dem normalen Verfahren die Gewährleistung einer wirksamen Verteidigung ebensowenig beeinträchtigt werden darf wie die Garantie einer der Wahrheit und Gerechtigkeit möglichst nahekommenden Entscheidung. Eine Sache eignet sich für das beschleunigte Verfahren immer dann nicht (mehr), sobald zu befürchten ist, daß die Anwendung der Vereinfachungsmöglichkeiten das Recht des Beschuldigten auf Verteidigung beeinträchtigen oder die Erfüllung der Pflicht des Gerichts zur umfassenden Aufklärung aller die Tat und die Rechtsfolgenzumessung betreffenden Umstände in Frage stellen kann. Die Eignung entfällt auch, wenn der alsbaldigen Durchführung der Hauptverhandlung sonstige Hindernisse entgegenstehen, weil es nicht gerechtfertigt wäre, auf prozessuale Förmlichkeiten zu verzichten, ohne daß sich damit das Ziel einer Verfahrensverkürzung erreichen läßt. Damit erweist sich die „Eignung" als der umfassende Begriff, der als gesetzliche Konkretisierung die Einfachheit des Sachverhalts und die Möglichkeit der sofortigen Aburteilung (§ 212) ebenso mit umfaßt wie die Einhaltung der Sanktionsgrenze, aber auch jeden anderen, dem beschleunigten Verfahren entgegenstehenden Umstand zu berücksichtigen gebietet (vgl. Rdn. 12)[2].

**7**    Weil jede Nichteignung die Erreichung des Verfahrenszwecks gefährdet, ist die Eignungsprüfung eine bis zum Erlaß des Urteils andauernde **Pflicht des Gerichts.** Wird erst während des Verfahrens die mangelnde Eignung erkennbar, so muß das Gericht dieses Verfahren abbrechen. Das kann und muß gegebenenfalls auch noch nach Eintritt der Rechtshängigkeit (§ 212 a, 2) geschehen (Absatz 2 Satz 1). Eine Ermessenseinräumung enthält die Vorschrift nicht[3], vielmehr handelt es sich bei der Eignung um einen **unbestimmten Rechtsbegriff,** der allerdings, soweit er nicht die besonderen Prozeßvoraussetzungen des beschleunigten Verfahrens (Antrag der Staatsanwaltschaft, Einhaltung des Sanktionsrahmens) betrifft, im Rechtsmittelverfahren als solcher nicht überprüft werden kann (Rdn. 20).

**8**    **b) Einzelfragen zur Eignung.** Wenn nach Auffassung des Gerichts die Sache nicht einfach ist (§ 212, 22), keine Möglichkeit der sofortigen Aburteilung besteht (§ 212, 24 ff) oder der Sanktionsrahmen überschritten werden muß, ist die Sache zur Aburteilung im beschleunigten Verfahren ungeeignet. Auch wenn diese Voraussetzungen an-

---

[1] OLG Hamm JR **1978** 120 mit Anm. *Meyer-Goßner;* JMBlNW **1979** 59; OLG Celle NStZ **1983** 233 mit Anm. *Treier* = JR **1984** 74 mit Anm. *Meyer-Goßner;* **a. A** KK-*Treier* 6; KMR-*Paulus* § 212 a, 25.

[2] Ähnlich *Jerusalem* NJW **1966** 1270; *Lüttger* GA **1957** 207; *Zimmermann* 57.

[3] A. A KMR-*Paulus* § 212, 7 (anders und richtig „irrevisibler Beurteilungsspielraum" jedoch § 212 b, 2); *Schulz* 95; *Zimmermann* 170.

fänglich vorgelegen haben, aber während des weiteren Verfahrens, namentlich durch die Beweisaufnahme in der Hauptverhandlung, zweifelhaft werden, entfällt die Eignung. Dies kann beispielsweise dann der Fall sein, wenn die Beweisaufnahme Umstände zu Tage fördert, die zu einer wesentlichen Komplikation des Sachverhalts führen (etwa die Möglichkeit, daß Rechtfertigungs- oder Schuldausschließungsgründe vorliegen oder daß die angeklagte Tat Bestandteil einer fortgesetzten Handlung ist) oder eine im beschleunigten Verfahren unzulässige Rechtsfolge wahrscheinlich machen.

Die Notwendigkeit einer **Unterbrechung oder Aussetzung der Hauptverhandlung** **9** beseitigt die Eignung nicht in jedem Fall[4], sondern nur dann, wenn die Hindernisse, die dem Abschluß der Hauptverhandlung entgegenstehen, durch die Eigenart des beschleunigten Verfahrens verursacht sind (*Zimmermann* 41). Wenn in der Hauptverhandlung nur eine Einzelfrage nicht geklärt werden kann, dies aber in einer demnächst fortzusetzenden oder neu anzuberaumenden Hauptverhandlung möglich erscheint, so beseitigt dies die Möglichkeit der sofortigen Aburteilung nicht, wenn die neue Hauptverhandlung früher möglich wäre, als wenn nunmehr das Normalverfahren durchgeführt werden müßte. Das gleiche gilt, wenn dem Beschuldigten, der von seinem Recht nach §137 Gebrauch machen will, Gelegenheit zu geben ist, einen Verteidiger zu wählen (*Zimmermann* 41). Dabei kommt es auch nicht darauf an[5], ob hierfür eine Unterbrechung der Hauptverhandlung genügt oder eine Aussetzung erforderlich wird. Wird die Hauptverhandlung lediglich ausgesetzt oder unterbrochen, ohne daß das Gericht zugleich die Aburteilung im beschleunigten Verfahren ablehnt, so bleibt der Antrag der Staatsanwaltschaft auf Aburteilung im beschleunigten Verfahren, auch wenn er nur mündlich gestellt war, wirksam; er braucht nicht wiederholt zu werden. Dagegen ist eine nur mündlich in der ersten Hauptverhandlung erhobene Anklage nach Aussetzung der Hauptverhandlung (nicht nach bloßer Unterbrechung) in der neuen Hauptverhandlung erneut zu erheben (OLG Hamburg NJW **1966** 1279; **1966** 2179).

Nach der hier vertretenen Auffassung (§212a, 17) führt auch das **Fehlen des hin-** **10** **reichenden Tatverdachts**, das Vorliegen eines **Prozeßhindernisses** oder die **Unzuständigkeit** im beschleunigten Verfahren lediglich zum Wegfall der Eignung und damit zu einem Beschluß nach §212b Abs. 1 Satz 1 (umstritten, zum Meinungsstand vgl. §212a Fußn. 19).

Bei **Freispruchsreife** oder **Einstellungsreife** (§260 Abs. 3) in der Hauptverhand- **11** lung entfällt die Eignung der Sache zur Aburteilung im beschleunigten Verfahren nicht. Kann der Angeklagte mit den in der Hauptverhandlung verwendeten Beweismitteln nicht überführt werden oder stellt sich das Vorliegen eines (allgemeinen) Verfahrenshindernisses heraus, so ist, wenn eine weitere Aufklärung des Sachverhalts nicht möglich erscheint, durch freisprechendes oder einstellendes Urteil zu entscheiden. Beweisschwierigkeiten, die nicht durch eine kurzfristige Unterbrechung oder Aussetzung der Hauptverhandlung (vgl. Rdn. 9) beseitigt werden können, rechtfertigen nur dann eine Entscheidung nach Absatz 2, wenn im Normalverfahren die Amtsaufklärungspflicht (§244 Abs. 2) dazu nötigen würde, weitere Ermittlungen anzustellen oder zu veranlassen. Das beschleunigte Verfahren darf nicht allein deshalb abgebrochen werden, um der Staatsanwaltschaft die Möglichkeit einer Verfahrenseinstellung nach §170 Abs. 2 zu geben. Auch wenn Gericht und Staatsanwaltschaft die Voraussetzungen der §§ **153, 153 a,**

---

[4] OLG Hamburg NJW **1966** 1278; **1966** 2179; einschränkend NStZ **1983** 40; a. A *Jerusalem* NJW **1966** 1278; wohl KK-*Treier*

§212, 9; KMR-*Paulus* §212, 12 (für den Fall der Aussetzung); *Schulz* 95.
[5] A.A KMR-*Paulus* §212, 12; LR-*Meyer-Goßner*[23] 8.

Peter Rieß

154 für gegeben erachten, ist nach diesen Vorschriften zu verfahren und nicht etwa die Aburteilung im beschleunigten Verfahren abzulehnen.

**12**   Welche **weiteren Fälle der Nichteignung** zur Ablehnung des beschleunigten Verfahrens führen können, läßt sich angesichts der Vielfalt der Lebensverhältnisse und der unterschiedlichen Varianten seiner Durchführung (§ 212, 5, 6) nicht generalisierend beschreiben[6]. Sie werden um so seltener sein, je mehr das beschleunigte Verfahren im Einzelfall dem Normalverfahren angenähert ist, und um so häufiger, in je größerem Umfang die Reduzierung der für das Normalverfahren vorgeschriebenen Förmlichkeiten vorangetrieben wird. Jede erhebliche Gefährdung der Wahrheitsfindung und des Anspruchs auf „fair trial" beseitigt die Eignung, so etwa in sog. politischen Verfahren, in denen mit dem beschleunigten Verfahren eine übertriebene Berücksichtigung generalpräventiver Strafzwecke verbunden sein könnte (*Lehmann* 289; *Schünemann* 976).

### 4. Ablehnungsbeschluß

**13**   **a) Zeitpunkt.** Der Beschluß, mit dem die Aburteilung im beschleunigten Verfahren abgelehnt wird, ist zulässig und geboten, *sobald* sich die mangelnde Eignung der Sache herausstellt[7]. Der Richter beim Amtsgericht als Strafrichter oder als Vorsitzender des Schöffengerichts hat die Eignung zu prüfen, sobald er erstmals mit der Sache befaßt wird und kann den Antrag bereits ablehnen, wenn sich die Nichteignung aus dem Antrag der Staatsanwaltschaft und den beigefügten Akten ergibt. Die Ablehnung kann aber auch auf dem Verteidigungsvorbringen des Beschuldigten, der Beweisaufnahme in der Hauptverhandlung oder der Beratung beruhen. Nach Beginn der Hauptverhandlung vor dem Schöffengericht müssen die Schöffen an dem Beschluß mitwirken (*Kleinknecht/Meyer* 2). Für die Wirkungen des Ablehnungsbeschlusses ist der Zeitpunkt, in dem er ergeht, ohne Bedeutung.

**14**   Die **Ablehnungsmöglichkeit endet,** wenn mit der Urteilsverkündung begonnen worden ist (Absatz 2 Satz 1). Maßgebend ist das erste Urteil in der Sache. Die Ablehnungsmöglichkeit lebt nicht wieder auf, wenn das Urteil im Rechtsmittelverfahren aufgehoben und die Sache an das Amtsgericht zurückverwiesen wird (OLG Oldenburg JR **1983** 302 mit Anm. *Wagner*). Ein Ablehnungsbeschluß nach diesem Endzeitpunkt ist unwirksam; einer anderweitig erhobenen Anklage steht das Verfahrenshindernis der Rechtshängigkeit im beschleunigten Verfahren entgegen (OLG Oldenburg aaO).

**15**   **b) Inhalt.** Der Beschluß lautet dahin, daß die Aburteilung im beschleunigten Verfahren abgelehnt wird. Ein Beschluß, durch den einem Antrag der Staatsanwaltschaft, „die Sache in das ordentliche Verfahren überzuleiten" durch Aussetzung der Hauptverhandlung entsprochen wird, ist zwar als solcher unzulässig, kann aber in einen Ablehnungsbeschluß umgedeutet werden[8], weil er die Absicht des Gerichts erkennen läßt, das beschleunigte Verfahren nicht weiter fortzusetzen. Da der Beschluß einen Antrag der Staatsanwaltschaft ablehnt, ist er zu begründen (§ 34); die Begründung muß die tragenden Gründe dafür erkennen lassen, warum sich die Sache nicht zur Aburteilung im beschleunigten Verfahren eignet (*Zimmermann* 172). Der Ablehnungsbeschluß ist in jedem Fall dem Beschuldigten bekannt zu geben; förmliche Zustellung ist nicht erforderlich (§ 35 Abs. 2 Satz 2; a. A *Zimmermann* 171).

---

[6] Zu schematisch und undifferenziert *Deumeland* NStZ **1983** 41, der z. B. bei Verstößen gegen ausländerrechtliche Vorschriften das beschleunigte Verfahren generell für unanwendbar hält.

[7] Ablehnungen des beschleunigten Verfahrens nach § 212 b Abs. 1 Satz 1, Abs. 2 Satz 1 sind verhältnismäßig selten, ihre Häufigkeit schwankte im letzten Jahrzehnt zwischen 1,7 % und 2,6 % aller beschleunigter Verfahren.

[8] OLG Hamburg vom 30. 1. 1963 – 1 Ss 175/62 –, mitgeteilt bei OLG Hamburg NJW **1966** 1280.

Eine **Kosten- und Auslagenentscheidung** enthält der Beschluß nicht, da er keine **16** die Untersuchung einstellende Entscheidung darstellt[9]. Erhebt die Staatsanwaltschaft nach dem Ablehnungsbeschluß im Normalverfahren die öffentliche Klage, so umfaßt die abschließende Kostenentscheidung die Kosten des gescheiterten beschleunigten Verfahrens. Stellt die Staatsanwaltschaft das Verfahren ein, so ist eine Entscheidung über die notwendigen Auslagen des Beschuldigten nach § 467 a möglich. § 467 a gilt unmittelbar, wenn die Anklage bereits erhoben war; wird die Aburteilung im beschleunigten Verfahren vor Anklageerhebung abgelehnt, so ist die Vorschrift analog anzuwenden[10].

c) **Wirkung der Ablehnung.** Die Ablehnung versetzt, unabhängig von dem Zeit- **17** punkt, in dem sie ausgesprochen wird, das Verfahren in das Stadium des staatsanwaltschaftlichen Ermittlungsverfahrens zurück; eine bereits erhobene Anklage ist zu behandeln, als ob sie zurückgenommen wäre; eine bereits eingetretene Rechtshängigkeit (§ 212 a, 2) entfällt. Der Beschluß verbraucht nicht die Strafklage, ihm kommt keine materielle Sperrwirkung zu; vielmehr erhält die Staatsanwaltschaft ihre volle Entschließungsfreiheit zurück (BGHSt **15** 316). Sie kann das Verfahren nunmehr nach § 170 Abs. 2 oder nach den §§ 153 ff[11] einstellen oder die öffentliche Klage im Normalverfahren erheben. Auch einen Strafbefehlsantrag wird man entgegen dem Wortlaut des Absatz 3 für zulässig halten müssen[12]. Diese Bestimmung hat nur die Bedeutung, die Wiederholung des beschleunigten Verfahrens auszuschließen; weder nach der Entstehungsgeschichte noch nach der systematischen Stellung kann ihr der Sinn beigelegt werden, das Vorgehen in einer anderen besonderen Verfahrensart verbieten zu wollen. Ob sich die Sache nach einem Ablehnungsbeschluß für das Strafbefehlsverfahren eignet, ist eine Frage des Einzelfalls. Sie dürfte regelmäßig zu verneinen sein, wenn die Ablehnung auf der mangelnden Einfachheit des Sachverhalts beruht, kann aber beispielsweise bejaht werden, wenn lediglich die Möglichkeit der sofortigen Aburteilung nicht gegeben war.

Ein **erneuter Antrag** auf Aburteilung im beschleunigten Verfahren kann wegen **18** der in Absatz 3 getroffenen Regelung nach heute allgemeiner Meinung[13] nicht mehr gestellt werden, wenn die Aburteilung im beschleunigten Verfahren, gleichviel aus welchem Grunde, abgelehnt worden war. Die Staatsanwaltschaft kann dieser Sperrwirkung des Ablehnungsbeschlusses dadurch zuvorkommen, daß sie den Antrag auf Aburteilung im beschleunigten Verfahren zurücknimmt, so lange sie dazu noch befugt ist (§ 212, 20), denn die bloße Rücknahme des Antrags hindert seine Wiederholung nicht.

**5. Anfechtbarkeit**

a) **Keine Beschwerde.** Gegen die Durchführung des beschleunigten Verfahrens **19** steht weder der Staatsanwaltschaft, da deren Antrag erforderlich ist, noch dem Beschul-

---

[9] *Kleinknecht/Meyer* 4; KK-*Treier* 3; KMR-*Paulus* 7.

[10] LG Aachen JMBlNW **1970** 47; AG Wetzlar AnwBl. **1983** 464; *Geisler* NJW **1972** 754; *Kleinknecht/Meyer* 4; KK-*Treier* 3; **a. A** AG Geilenkirchen NJW **1970** 2308; KMR-*Paulus* 7.

[11] Bedenken gegen eine zustimmungsfreie Einstellung nach § 153 Abs. 1 Satz 4 für den Fall eines Ablehnungsbeschlusses wegen fehlender Zuständigkeit bei *Roestel* NJW **1966** 1953; de lege ferenda kritisch zum Er-

fordernis einer neuen Anklage bei Ablehnung des beschleunigten Verfahrens nach Rechtshängigkeit LR-*Kohlhaas*[22] 4; dagegen mit Recht *Zimmermann* 208.

[12] *G. Schäfer* § 44, 3; **a. A** *Gössel* § 14 C.

[13] OLG Hamburg vom 30. 1. 1963 – 1 Ss 175/62 –, mitgeteilt bei OLG Hamburg NJW **1964** 2124; *Gössel* § 14 C; *Henkel* 400; KK-*Treier* 4; KMR-*Paulus* 9; *G. Schäfer* § 44, 3; **a. A** mit beachtlichen Gründen *Zimmermann* 175.

Peter Rieß

digten eine Beschwerde zu[14]. Auch die Ablehnung des beschleunigten Verfahrens nach Absatz 1 Satz 1 oder Absatz 2 Satz 1 ist, wie in Absatz 2 Satz 2 ausdrücklich bestimmt ist, unanfechtbar. Diese Bestimmung bezieht sich nicht nur auf die Ablehnung in der Hauptverhandlung, sondern auf jede Ablehnung mangels Eignung[15]. Da im beschleunigten Verfahren auch bei fehlendem hinreichenden Tatverdacht, Unzuständigkeit oder Vorliegen eines Verfahrenshindernisses die Durchführung des Verfahrens mangels Eignung abgelehnt wird (§ 212 a, 17), ist auch bei einer Ablehnung aus diesen Gründen keine Beschwerde möglich[16].

**20**     **b) Berufung und Revision.** Ob sich die Sache für die Durchführung im beschleunigten Verfahren geeignet hat, kann weder in der Berufungs- noch in der Revisionsinstanz (vgl. § 336 Satz 2) überprüft werden[17]. Das Rechtsmittelgericht kann aber (auf entsprechende Verfahrensrüge) berücksichtigen, wenn die Ungeeignetheit zu prozessualen Verstößen in der Hauptverhandlung geführt hat, etwa zu einer Verletzung der Aufklärungspflicht, zu unzulässiger Ablehnung von Beweisanträgen oder zu Beschlüssen, die die Verteidigung im Sinne von § 338 Nr. 8 unzulässig beeinträchtigen (*Eb. Schmidt* § 212 a, 18).

**21**     **c) Verfahrenshindernisse** sind nach allgemeinen Grundsätzen auch ohne ausdrückliche Rüge auf ein zulässiges Rechtsmittel hin von der Rechtsmittelinstanz von Amts wegen zu berücksichtigen; sie führen zur Einstellung des Verfahrens. Das Rechtsmittelgericht muß daher auch von Amts wegen prüfen, ob die besonderen Verfahrensvoraussetzungen des beschleunigten Verfahrens, namentlich der Antrag der Staatsanwaltschaft (§ 212, 15 ff), vorliegen. Verneint es dies, so ist unter Aufhebung des Urteils das Verfahren einzustellen (RGSt **67** 60). Ebenso ist zu verfahren, wenn das beschleunigte Verfahren generell unzulässig war, so wenn es im Verfahren vor der Strafkammer oder gegen einen Jugendlichen oder gegen einen dem NATO-Truppenstatut unterliegenden Beschuldigten (§ 212, 14) angewandt worden ist oder wenn ein zweites beschleunigtes Verfahren nach einem Ablehnungsbeschluß durchgeführt wird (KMR-*Paulus* 11). In diesen Fällen ist stets eine Einstellung (nicht nur die Zurückweisung zur Aburteilung im ordentlichen Verfahren) geboten, weil es an der Prozeßvoraussetzung des Eröffnungsbeschlusses fehlt[18].

---

[14] Allg. M; ausführlich *Giesler* Der Ausschluß der Beschwerde gegen richterliche Entscheidungen im Strafverfahren (1981) 264; *Gössel* § 14 B I; *Kleinknecht/Meyer* § 212 a, 4; KK-*Treier* § 212 a, 8; KMR-*Paulus* § 212 a, 22.

[15] Allg. M; a. A nur LG Berlin DAR **1957** 191 (einfache Beschwerde bei Ablehnung vor Beginn der Hauptverhandlung).

[16] Konsequenterweise muß die sofortige Beschwerde in dem Umfang für zulässig gehalten werden, in dem bei fehlendem Tatverdacht, Unzuständigkeit oder Prozeßhindernis die Ablehnung des beschleunigten Verfahrens nicht aus § 212 b Abs. 1 Satz 1, sondern aus den allgemeinen Vorschriften hergeleitet wird, so daher (in verschiedenem Umfang) LR-*Kohlhaas*[22] 5; *Schulz* 95; *Wer-*

ner 147; *Zimmermann* 178; für die örtliche Unzuständigkeit auch LR-*Meyer-Goßner*[23] § 212 a, 27.

[17] *Gössel* § 14 B II; KMR-*Paulus* § 212 a, 24; *Eb. Schmidt* 18; a. A wohl KK-*Treier* § 212 a, 8.

[18] Zweifelhaft ist, ob dann die anfängliche Unzulässigkeit des beschleunigten Verfahrens geheilt werden kann, wenn das im beschleunigten Verfahren erlassene Urteil in der Rechtsmittelinstanz aufgehoben und die Sache unrichtigerweise zur Aburteilung im ordentlichen Verfahren zurückverwiesen wird, so die problematische Entscheidung RGSt **68** 332 = JW **1935** 205 mit Anm. *Fraeb*; kritisch auch *Schmid* 187 Fußn. 108; *Eb. Schmidt* § 212, 4; *Zimmermann* 64.

**d) Überschreitung der Sanktionsgrenze.** Ein besonderes Verfahrenshindernis für **22** das beschleunigte Verfahren entsteht auch, wenn das Gericht in einem im beschleunigten Verfahren ergangenen Urteil seine Sanktionsgewalt (Absatz 1 Satz 2, 3) überschreitet[19]. Das ist keine Überschreitung der sachlichen Zuständigkeit des Amtsgerichts[20], sondern ein selbständiges Verfahrenshindernis, dessen Vorhandensein in der Rechtsmittelinstanz zur Einstellung des Verfahrens nach den §§ 206 a, 260 Abs. 3 zwingt[21]. Übersieht das Berufungsgericht dies, so ist es in der Revisionsinstanz von Amts wegen ohne besondere Rüge nachzuholen[22], und zwar durch Einstellung des Verfahrens, nicht etwa durch Zurückweisung an das Amtsgericht[23]. Das durch die Überschreitung der Sanktionsgewalt entstandene Verfahrenshindernis wird auch nicht dadurch gegenstandslos, daß das Berufungsgericht den Sanktionsausspruch so weit herabsetzt, daß er auch im beschleunigten Verfahren hätte verhängt werden können[24], denn da das Berufungsgericht das Verfahrenshindernis der Überschreitung der Sanktionsgewalt von Amts wegen hätte beachten müssen, ist sein Sachurteil fehlerhaft.

---

[19] OLG Celle NStZ **1983** 233; OLG Hamm JR **1978** 120 mit Anm. *Meyer-Goßner*; JMBlNW **1979** 59; *Meyer-Goßner* JR **1984** 76; a. A KMR-*Paulus* § 212 a, 25; *Treier* NStZ **1983** 234; *Wagner* JR **1983** 304 (sachlich-rechtlicher Mangel).

[20] So *Meyer-Goßner* in der 23. Aufl., Rdn. 5 und JR **1978** 122; klarstellend jedoch JR **1984** 78 (nicht im technischen Sinne).

[21] Mit der von OLG Hamm JR **1978** 121; KK-*Treier* 6; KMR-*Paulus* § 212 a, 25 erörterten Anwendung des § 328 Abs. 2 Satz 1 oder Abs. 3 hat das nichts zu tun.

[22] OLG Celle NStZ **1983** 233; OLG Hamm JR **1978** 121; JMBlNW **1979** 59; a. A (nur auf Verfahrensrüge) KK-*Treier* 6; KMR-*Paulus* § 212 a, 25; *Treier* NStZ **1983** 234; (nur auf Sachrüge) *Wagner* JR **1983** 304.

[23] *Meyer-Goßner* JR **1978** 122; JR **1984** 77; vgl. *Treier* NStZ **1983** 234; a. A OLG Celle NStZ **1983** 233; OLG Hamm JR **1978** 121; KK-*Treier* 6; *Kleinknecht/Meyer* 5; KMR-*Paulus* § 212 a, 25.

[24] OLG Hamm JR **1978** 123; *Meyer-Goßner* JR **1984** 76; a. A KK-*Treier* 6 und *Treier* NStZ **1983** 234.

Peter Rieß

# FÜNFTER ABSCHNITT

## Vorbereitung der Hauptverhandlung

**Schrifttum.** *Benz* Möglichkeit und Grenzen einer Beschleunigung des Strafverfahrens, NJW **1982** 731; *Gössel* Überlegungen zur Beschleunigung des Strafverfahrens, GA **1979** 241; *Hahn* Staatsanwaltschaftliche Ermittlungstätigkeit während des Hauptverfahrens, GA **1978** 331; *Hülle* Die technische Vorbereitung der Hauptverhandlung in Strafsachen durch den Vorsitzenden, DRiZ **1956** 148; *Kloepfer* Verfahrensdauer und Verfassungsrecht, JZ **1979** 209; *Meyer-Goßner* Die Zulässigkeit richterlicher Beweiserhebungen im Strafprozeß nach Zulassung der Anklage, NJW **1970** 415; *Middendorf* Legale und illegale Methoden der Prozeßvereitelung, Kriminalstrategie und Kriminaltaktik **1973** 363 ff; *Nagler* Das Zwischenverfahren, GerS 111 (1938) 343; *Sack* Beschleunigung von Strafverfahren durch Aufteilung und Beschränkung des Prozeßstoffes, NJW **1976** 604; *Schwenk* Das Recht des Beschuldigten auf alsbaldige Hauptverhandlung, ZStW 79 (1967) 721; *Stein/Schumann/Winter* Organisatorische Probleme des Strafprozesses, Der Prozeß der Kriminalisierung **1973** 112 ff; *Vogler* Die Spruchpraxis der Europäischen Kommission und des Europäischen Gerichtshofs für Menschenrechte und ihre Bedeutung für das deutsche Straf- und Verfahrensrecht, ZStW 82 (1970) 743 ff; *Warda* Dogmatische Grundlagen des richterlichen Ermessens im Strafrecht (1962).

### Übersicht

**1. Inhalt des Abschnitts.** Der Ausdruck „Vorbereitung der Hauptverhandlung" **1** umfaßt nach den Motiven (176) den Inbegriff der Handlungen des Gerichts, des Staatsanwalts und des Angeklagten, die in den Zeitraum zwischen dem Erlaß des Eröffnungsbeschlusses und dem Beginn der Hauptverhandlung fallen. Der Abschnitt enthält aber keine abschließende Regelung. So handeln auch die §§ 205, 230 Abs. 2, § 231 a, §§ 232 Abs. 1 und 233 von der Vorbereitung der Hauptverhandlung.

**2. Rechtshängigkeit und Erledigung der Sache.** Durch den Eröffnungsbeschluß **2** (§ 203) ist die Sache so bei Gericht anhängig geworden, daß diesem von nun ab die Entscheidung über das weitere Schicksal des Verfahrens zusteht[1]. Die Staatsanwaltschaft kann, von Ausnahmen abgesehen (vgl. etwa § 411 Abs. 3, § 71 OWiG), nicht mehr allein über das Verfahren verfügen. Der Angeklagte hat grundsätzlich ein Recht darauf, daß der in der zugelassenen Anklage aufrecht erhaltene Verdacht in öffentlicher Hauptverhandlung geklärt wird[2].

Zur **Erledigung des Verfahrens** bedarf es in der Regel eines auf Grund der Haupt- **3** verhandlung ergehenden Urteils, das aber nicht notwendig (vgl. die Verweisungsmög-

---

[1] Einl. Kap. **12**; vgl. § **12**; 16 ff; § 206a, 42
[2] Zur äußerst umstrittenen Zulässigkeit einer Einstellung wegen nachträglicher Änderung der Beweislage LG Nürnberg/Fürth NJW **1983** 584 = JR **1983** 257 mit abl. Anm. *Meyer; Rieß* NStZ **1983** 247; vgl. § 207, 36.

lichkeiten nach §§ 225 a, 270, 328) von dem Spruchkörper erlassen werden muß, vor dem das Verfahren zunächst eröffnet worden ist. Unter gewissen Umständen kann das Verfahren auch außerhalb der Hauptverhandlung durch einen Beschluß eingestellt werden (vgl. etwa § 153 Abs. 2; § 153 a Abs. 2; § 153 b Abs. 2. Vgl. § 199, 5).

**4**    Der **Tod des Angeklagten** beendet das Verfahren. Eine Sachentscheidung des Gerichts gegen ihn ist nicht mehr möglich. Ob es einer die formale Erledigung feststellenden Entscheidung des Gerichts bedarf, ist strittig[3]. Der Fortgang des Verfahrens gegen Mitangeklagte wird durch den Tod nicht gehindert.

**5**    Die **dauernde Verhandlungsunfähigkeit** des Angeklagten führt, da eine Prozeßvoraussetzung fehlt, außerhalb der Hauptverhandlung zur Einstellung nach § 206 a, sonst zur Einstellung nach § 260 Abs. 3. Zur Verhandlungsfähigkeit vgl. Einl. Kap. 12 IX und § 205, 12 ff. Bei drohender Gefahr einer irreparablen gesundheitlichen Schädigung oder des Todes des Angeklagten steht dem Strafverfolgungsanspruch des Staates unter Umständen die Schutzpflicht aus Art. 1, Art. 2 Abs. 2 GG entgegen[4].

**6**    Bei **vorübergehender Verhandlungsunfähigkeit** oder bei Vorliegen eines sonstigen zeitlich begrenzten Verfahrenshindernisses stellt das Gericht das Verfahren vorläufig ein (§ 205) oder setzt die Hauptverhandlung aus (Einl. Kap. 12, IX); sofern es nicht ausnahmsweise ohne ihn verhandeln darf (§ 231 Abs. 2; § 231 a).

**7**    **3. Grundsätzliches zur Vorbereitung der Hauptverhandlung.** Die sorgfältige und überlegte Vorbereitung der Hauptverhandlung ist eine der wichtigsten Voraussetzungen dafür, daß sie später konzentriert und ohne vermeidbare Belastungen für alle Beteiligten zügig durchgeführt werden kann und daß von der Wahrheitsfindung ablenkende Störungen und Unterbrechungen möglichst vermieden werden (*Eb. Schmidt* Vor § 213, 7; § 213, 5; 9). Der Vorsitzende, gegebenenfalls auch der von ihm bestellte Berichterstatter (RGSt 40 155), müssen die Akten gründlich kennen. Sie müssen nicht nur den dort gesammelten Prozeßstoff so aufarbeiten, daß er für eine zügige Verhandlungsführung im vollen Umfang verwertbar ist. Sie müssen sich auch ein möglichst reales Bild vom voraussichtlichen Verlauf und der Dauer der Hauptverhandlung machen, um rechtzeitig erkennen zu können, welche Maßnahmen alsbald getroffen werden müssen, um vorhersehbare Schwierigkeiten für die Hauptverhandlung aus dem Wege zu räumen. Dazu gehört nicht nur, daß geprüft wird, ob zur umfassenden Sachaufklärung weitere Beweismittel zuzuziehen oder Beweise zu sichern sind, sondern auch das Überdenken der mit der Durchführung eines größeren Verfahrens verbundenen technischen Fragen der Verfahrensabwicklung. Eine vorausschauende Verhandlungsplanung, welche mögliche Schwierigkeiten in Rechnung stellt und ihre Lösung überdenkt, erleichtert es später, die Hauptverhandlung zügig durchzuführen und Verfahrensfehler zu vermeiden. Vor allem das Aufstellen eines dem vermutlichen Verfahrensablauf Rechnung tragenden Ladungsplans nach § 214 Abs. 2 kann den reibungslosen Verfahrensgang wesentlich fördern.

**8**    Die Maßnahmen, die zur Vorbereitung der Hauptverhandlung rechtlich zulässig sind, werden in den Vorschriften dieses Abschnitts **nicht erschöpfend** umschrieben. Sie ergeben sich auch aus anderen Verfahrensvorschriften. Die Voraussetzungen für die Verwendbarkeit der Beweismittel sind möglichst schon vor der Hauptverhandlung zu klären. Liegen z. B. verlesbare Urkunden in Abschriften vor, so muß geprüft werden, ob die Beiziehung des Originals oder einer beglaubigten Abschrift notwendig ist (§ 249), oder es muß durch Rückfragen geklärt werden, ob die Versagung der Aussagegenehmi-

---

[3] Vgl. Einl. Kap. 12 IX; § 206 a, 53 mit Nachweisen.    [4] BVerfGE 51 343; § 205, 17.

gung nach § 54 vom Gericht hinzunehmen ist, ob ein Zeuge wirklich unerreichbar ist (§ 244, § 251), eventuell auch, ob er wenigstens für eine kommissarische Vernehmung zur Verfügung steht. Auch andere Maßnahmen sind zulässig. Schriftliche oder mündliche Fragen an Verfahrensbeteiligte, Aufforderungen (etwa bestimmte Unterlagen zur Verhandlung mitzubringen) kommen ebenso in Frage wie zusätzliche Ermittlungen. Zu prüfen ist ferner, ob und gegebenenfalls welche Maßnahmen zum Schutz geladener Zeugen und zur Sicherung der Hauptverhandlung vor Störungen getroffen werden müssen. Maßnahmen der Sitzungspolizei sind rechtzeitig anzuordnen, ihr Vollzug und sonstige eventuell erforderliche Vorkehrungen sind mit der Justizverwaltung und der Polizei abzusprechen[5].

Eine **Grenze für alle Maßnahmen** ergibt sich jedoch daraus, daß in diesem Ver- **9** fahrensabschnitt grundsätzlich nichts geschehen darf, was dem Wesen nach in die Hauptverhandlung gehört (RG HRR **1939** Nr. 667). In der Regel müssen alle erkennenden Richter das, was Grundlage ihres Urteils werden soll, ausschließlich in der Hauptverhandlung, und zwar tunlichst unmittelbar aus dem Mund des Angeklagten, der Zeugen und Sachverständigen, gemeinsam so wahrnehmen, daß es auch der Angeklagte, der Verteidiger, der Staatsanwalt und der Schriftführer zugleich wahrnehmen können. Nur wenn so verfahren wird, besteht volle Gewähr dafür, daß die Richter unbefangen urteilen und daß die Unbefangenheit ihres Urteils keinem Zweifel begegnet.

**4. Eigene Ermittlungen des Vorsitzenden.** Mit Zulassung der Anklage hat das Ge- **10** richt das Hauptverfahren eröffnet mit der Folge, daß die Entscheidung über Schuld oder Unschuld des Angeklagten nunmehr grundsätzlich in der Hauptverhandlung unter Beachtung der dafür geltenden Prinzipien (Unmittelbarkeit, Mündlichkeit usw.) und unter Wahrung der dafür vorgeschriebenen Formen zu treffen ist. Im vorangehenden Verfahrensabschnitt ist es Aufgabe des Vorsitzenden, die Hauptverhandlung vorzubereiten, nicht aber, einer der Hauptverhandlung vorbehaltenen Meinungsbildung des Gerichts über Schuld und Unschuld des Angeklagten durch Beweiserhebungen vorzugreifen. Nur für bestimmte, **im Gesetz festgelegte Ausnahmefälle** ist eine an besondere Formen gebundene Vorwegnahme eines eigentlich in die Hauptverhandlung gehörenden Verfahrensteils vorgesehen, wie etwa die Vernehmung des an der Hauptverhandlung nicht teilnehmenden Angeklagten zur Sache (§§ 231 a, 233 Abs. 2) oder die Einvernahme einer verhinderten Beweisperson (§§ 223, 224) oder die Einnahme des Augenscheins (§ 225). Ergänzende Erhebungen kann der Vorsitzende ferner nach § 225 a Abs. 2, § 270 Abs. 4 anordnen.

Im übrigen ist eine **eigene Beweiserhebung** durch das erkennende Gericht oder **11** den Vorsitzenden in diesem Verfahrensabschnitt nicht vorgesehen, was auch schon daraus erhellt, daß eine dem § 202 entsprechende Vorschrift hier fehlt. Alle dem Strengbeweisrecht unterliegenden Beweismittel, also alle Beweismittel, die die Schuldfrage und die daran anknüpfenden Rechtsfolgen betreffen, müssen in der Hauptverhandlung dem Gericht zur Kenntnis gebracht werden. Es ist, sofern nicht die genannten Sonderregelungen eingreifen, schlechthin unzulässig, vor dem erkennenden Gericht eine aus der Hauptverhandlung herausgebrochene, ihr vorangehende Verhandlung abzuhalten, die nicht unter den für die Hauptverhandlung gültigen Vorschriften steht[6].

Nur in ganz besonders gelagerten **Ausnahmefällen** läßt die **Rechtsprechung** die **12** Vernehmung von Beweispersonen oder die Anhörung des Angeklagten zur Sache durch

---

[5] OLG Schleswig bei *Ernesti/Jürgensen* SchlHA **1979** 203; KK-*Treier* 4; vgl. ferner bei § 176 GVG.

[6] RG HRR **1939** Nr. 667; *Meyer-Goßner* NJW **1970** 415.

Walter Gollwitzer

den Vorsitzenden oder durch Mitglieder des erkennenden Gerichts zu. Voraussetzung ist dabei aber immer, daß diese ungewöhnlichen Maßnahmen durch außergewöhnliche Umstände gerechtfertigt werden (RGSt 65 322) und daß sie auf das unbedingt notwendige Maß beschränkt bleiben, das unerläßlich ist, um dem Vorsitzenden den Überblick und die Kenntnis zu beschaffen, deren er bedarf, um die Hauptverhandlung so zu gestalten, daß in ihr alles dargeboten wird, was zur Erforschung der Wahrheit beitragen kann. Haben Vorgänge nach Eröffnung des Hauptverfahrens einen großen Stoff in Verwirrung gebracht, unklar und unübersichtlich gemacht, auch Lücken aufgedeckt, so vermag der Vorsitzende den Aufgaben, die ihm für die Vorbereitung der Hauptverhandlung gestellt sind, nur gerecht zu werden, indem er von sich aus nach einem festen Plan vorgeht, um den Stoff unter Verwendung der gesetzlich gebotenen Mittel verhandlungsreif zu gestalten (*Peters* JR **1979** 40). Hierzu kann schriftlicher oder mündlicher Verkehr mit Angeklagten, Verteidiger, Zeugen oder Sachverständigen unentbehrlich sein[7].

**13**     Der Vorsitzende kann sogar in außergewöhnlichen Fällen im Abschnitt zwischen der Eröffnung des Hauptverfahrens und dem Beginn der Hauptverhandlung, um diese vorzubereiten, den **Ort der Tat besichtigen** (§ 225, 9) und Untersuchungen anstellen; auch steht dem nichts im Weg, daß er zu diesem Geschäft den Berichterstatter, den Sachbearbeiter der Staatsanwaltschaft und einen Sachverständigen zuzieht, während der Angeklagte und der Verteidiger nicht teilnehmen[8].

**14**     Erweist sich, was nur in besonders gelagerten Ausnahmefällen vertretbar erscheint, eine **Anhörung des Angeklagten** zur Sache als unerläßlich, so darf sie nur unter Wahrung aller Rechte des Angeklagten, insbesondere auch seines Rechtes auf Zuziehung eines Verteidigers, durchgeführt werden (OLG Hamm MDR **1974** 419).

**15**     Der Vorsitzende muß sich stets bewußt sein, daß eigene Ermittlungen leicht den **Anschein der Befangenheit** erwecken. Schon deshalb hat er sie auf das unbedingt Notwendige zu beschränken und im übrigen etwa erforderliche Maßnahmen der Staatsanwaltschaft zu überlassen[9]. Er darf diese grundsätzlich auch um die Vermittlung polizeilicher Erhebungen ersuchen[10].

**16**     Für die Klärung von Verfahrensfragen und **Prozeßvoraussetzungen**, die nicht dem Strengbeweisrecht unterliegen (§§ 244; 251) gelten diese Einschränkungen nicht. Es ist zweckmäßig und mitunter zur Entlastung der Hauptverhandlung unerläßlich, die erforderlichen Feststellungen bereits vor der Hauptverhandlung zu treffen. Der Vorsitzende ist nicht gehindert, hier eigene Erhebungen anzuordnen oder auch selbst vorzunehmen, etwa um festzustellen, ob die Verhinderung eines Zeugen tatsächlich gegeben ist oder ob ein Angeklagter verhandlungsfähig ist.

**17**     **5. Ermittlungen der Staatsanwaltschaft.** Eigene Ermittlungstätigkeit der Staatsanwaltschaft ist in diesem Verfahrensabschnitt nicht unzulässig, da die Ermittlungspflicht der Staatsanwaltschaft nicht mit der Anklageerhebung endet. Sie muß selbstverständlich darauf bedacht sein, den gerichtlichen Verfahrensgang nicht zu stören[11]. Sie soll dabei tunlichst im Einvernehmen mit dem Vorsitzenden des Gerichts handeln. In Eilfällen, etwa zum Zwecke der Beweissicherung, muß sie jedoch als befugt angesehen werden, selbständig tätig zu werden. Das kann auch aus anderen Gründen angezeigt sein. In Strafverfahren, an denen die Öffentlichkeit starken Anteil nimmt, melden sich, wie die Erfahrung zeigt, nicht selten nach der Eröffnung des Hauptverfahrens bei der Staatsan-

---

[7] RGSt **65** 322 unter Ablehnung von RGSt 60 336; BGH MDR **1966** 427; OLG Hamm MDR **1974** 419.

[8] RG HRR **1937** Nr. 489; *Gellert* DStR 1938 20; *Meyer-Goßner* NJW **1970** 415.

[9] Vgl. KG JR **1966** 231 mit Anm. *Kleinknecht; Dallinger* zu BGH MDR **1966** 427.

[10] LG Münster JR **1979** 40 mit zust. Anm. *Peters;* vgl. 221, 6; bei § 244 und bei § 150 GVG.

[11] *Hahn* GA **1978** 331.

waltschaft weitere Zeugen. Ob sie belastende oder entlastende Bekundungen von Wert machen können, ist meist erst auf Grund weiterer Ermittlungen zu entscheiden. Es ist nicht einzusehen, weshalb solche Ermittlungen nur vom Gericht oder seinem Vorsitzenden und nicht auch von der Staatsanwaltschaft durchgeführt werden können und sollen. Dadurch kann die Hauptverhandlung von Beweiserhebungen entlastet werden, die im Ergebnis nichts zur Wahrheitsfindung beitragen.

Mit der Rechtshängigkeit ist die **Prozeßherrschaft** auf das erkennende **Gericht 18** übergegangen. Die Staatsanwaltschaft muß deshalb — von Eilfällen abgesehen — alle richterlichen Untersuchungshandlungen beim Vorsitzenden des erkennenden Gerichts beantragen[12], das darüber nach eigenem Ermessen zu befinden hat.

**6. Verteilung der Geschäfte zwischen Gericht und Vorsitzendem.** Die Maßnah- **19** men, die im Abschnitt zwischen der Eröffnung des Hauptverfahrens und dem Beginn der Hauptverhandlung zu treffen sind, stehen teils dem Vorsitzenden des erkennenden Gerichts, teils diesem selbst zu. Es bedarf nach den §§ 223, 225 stets eines Gerichtsbeschlusses, um eine Beweisaufnahme herbeizuführen, deren Ergebnis in der Hauptverhandlung verwertet werden soll, oder um eine Hauptverhandlung ohne den Angeklagten zuzulassen (§§ 231 a, 233). Ein Gerichtsbeschluß ist auch erforderlich, wenn das Verfahren vorläufig oder endgültig eingestellt (§§ 205, 206 a, 153 ff) oder der Verfahrensstoff beschränkt (§ 154 a) werden soll. Gleiches gilt für die Abgabe an ein anderes Gericht (§ 225 a) oder wenn sich das Gericht auf Grund des Einwands des Angeklagten für sachlich oder örtlich unzuständig erklären will (§§ 6 a, 16). Wegen der Aufteilung der Zuständigkeit bei Haftentscheidungen vgl. §§ 125, 126, bei Beschlagnahme von Sachen § 98, Bestellung des Verteidigers vgl. § 141 und die Erl. dazu. Der Vorsitzende kann andererseits Beweiserhebungen über Tatsachen, von denen die Zulässigkeit oder Durchführbarkeit des Verfahrens abhängt, also insbesondere über die Verhandlungsfähigkeit des Angeklagten, ohne Gerichtsbeschluß anordnen[13]. Reicht das im Wege des Freibeweises zu würdigende Ergebnis dieser Ermittlungen nicht aus, um alle Zweifel hinsichtlich des Vorliegens der Verfahrensvoraussetzungen zu beseitigen, so führt der Vorsitzende die Entscheidung des Gerichts herbei. Im übrigen ist die Tätigkeit des Vorsitzenden im Gesetz nur insoweit geregelt, als sie die Ladung der Verfahrensbeteiligten (§ 214), vor allem des Angeklagten und der Zeugen und Sachverständigen, die Anordnung der erforderlichen Mitteilungen und Zustellungen (§§ 222, 222 a, 224) und die Herbeischaffung der Beweismittel (§ 221) betrifft. Hieraus folgt jedoch nicht, daß er seine diesem Zweck gewidmeten Anordnungen ausschließlich nach dem Inhalt der ihm vorgelegten Akten und nach dem Vorbringen zu richten hätte, mit dem der Angeklagte sein Verlangen gemäß § 219 begründet. In der Regel wird er sich allerdings darauf beschränken und — abgesehen von Maßnahmen, die durch außergewöhnliche Umstände geboten sind (Rdn. 12), — jede weitere in den Verhandlungsstoff eindringende Nachforschung unterlassen[14].

**7. Beschleunigung des Verfahrens.** Es ist nicht nur ein wichtiges kriminalpoli- **20** tisches Anliegen, daß die Strafe der Tat auf dem Fuße folgen soll, sondern auch ein Gebot der Rechtsstaatlichkeit (BGHSt **24** 240)[15]. Es gehört zur Justizgewährungspflicht des Staates und zu den Grundvoraussetzungen eines an der Achtung der Menschenwürde

[12] OLG Stuttgart MDR **1983** 955; LG Coburg MDR **1953** 120 mit zust. Anm. *Kleinknecht*; *Eb. Schmidt* 9.
[13] KMR-*Paulus* 14; *Beling* 370.
[14] Vgl. *Niethammer* JZ **1951** 652.

[15] *Hanack* JZ **1971** 709; zur verfassungsrechtlichen Begründung des Beschleunigungsgebots *Kloepfer* JZ **1979** 209; ferner BVerfG NStZ **1984** 128.

Walter Gollwitzer

(Art. 1 Abs. 1 GG) orientierten, auf die Wahrheitsfindung ausgerichteten Strafverfahrens, daß es zügig zu Ende geführt wird. Vor allem die Hauptverhandlung, auf Grund deren Ergebnis (§ 261) das Gericht über Schuld und Unschuld des Angeklagten zu befinden hat, muß ohne jede vermeidbare Verzögerung durchgeführt werden. Art. 6 Abs. 1 Satz 1 MRK sichert dem Beschuldigten ausdrücklich das Recht auf eine Verhandlung in angemessener Frist zu; nach Bekanntgabe des Schuldvorwurfs[16] soll seine Sache in angemessener Frist verhandelt werden[17], damit er nicht während eines zu langen Zeitraums unter der Last einer Beschuldigung bleibt[18]. Eine von den Justizbehörden zu verantwortende erhebliche Verfahrensverzögerung kann den Beschuldigten in seinem Recht auf ein faires, rechtsstaatliches Verfahren (Art. 2 Abs. 1, Art. 20 Abs. 3 GG) verletzen[19]. Das mit der Sache befaßte Gericht muß deshalb ebenso wie die übrigen Justizorgane auch in diesem Verfahrensabschnitt alles tun, um die Hauptverhandlung möglichst bald durchführen zu können. Dies gilt in verstärktem Maße, wenn sich der Angeklagte in Untersuchungshaft befindet[20].

**21**  Dazu gehört nicht nur, daß mögliche Verzögerungen im technischen Ablauf der Verfahrensvorbereitungen und der Hauptverhandlung bei der **Verfahrensplanung** vorhergesehen werden und ihnen durch entsprechende Maßnahmen möglichst vorgebeugt wird. Dazu gehört auch, daß dort, wo das Verfahrensrecht verschiedene Gestaltungsmöglichkeiten eröffnet, grundsätzlich diejenige zu wählen ist, die dem Fortgang des Verfahrens am förderlichsten ist. Eine Grenze besteht nur dort, wo die Verpflichtung zur umfassenden Sachaufklärung Schaden erleiden würde.

**22**  Die **Verletzung des Beschleunigungsgebotes,** das leicht in Widerstreit mit den anderen Erfordernissen des rechtsstaatlichen Strafverfahrens (Wahrung von Formen und Fristen, umfassende Sachaufklärung; rechtliches Gehör) gerät, macht das weitere Strafverfahren als solches nicht unzulässig. Bei Verletzung dieses Gebotes sind die Folgen für den Angeklagten in Ausschöpfung aller Möglichkeiten des Straf- und Strafverfahrensrechts zu beheben[21]. Der Zeitablauf und die ungerechtfertigte Belastung des Beschuldigten durch die überlange Verfahrensdauer können die Einstellung des Verfahrens nach §§ 153, 153 a oder Beschränkung der Strafverfolgung nach §§ 154, 154 a angezeigt erscheinen lassen, die Untersuchungshaft unzulässig machen (OLG Stuttgart NJW **1974** 284), dienstaufsichtliche Maßnahmen und Schadensersatzansprüche (*Hanack* JZ **1971** 715) begründen oder bei der Strafzumessung mit zu berücksichtigen sein (BGHSt **24** 239)[22]. Ein Verfahrenshindernis wird dadurch nach der vorherrschenden Meinung nicht geschaffen (BGHSt **24** 239)[23]. Ob (allenfalls) in extremen Fällen bei der

---

[16] BGH NStZ **1982** 291 unter Hinweis auf EuGHMR EuGRZ **1980** 667; *Vogler* ZStW **89** (1977) 780.

[17] Ebenso Art. VII Abs. 9 Buchst. a Nato-Truppenstatut (right of speedy trial); dazu *Schenk* JZ **1976** 583; ferner Art. 14 Abs. 3 Buchst. c IPBR (Urteil muß ohne unangemessene Verzögerung ergehen).

[18] EuGH JR **1968** 463; OLG Stuttgart NJW **1974** 284; *Rüping* Kap. 6 III 1b.

[19] BVerfG (Vorprüfungsausschuß) NStZ **1984** 128.

[20] Vgl. Art 5 Abs. 3 Satz 1 MRK; OLG Hamm JMBlNW **1977** 131; § 213, 13.

[21] BVerfG NStZ **1984** 128; EuGHMR EuGRZ **1983** 381; vgl. BGH bei *Pfeiffer/Miebach* NStZ **1982** 291; **1983** 135; **1984** 18; 212.

[22] BGHSt **27** 274; BGH GA **1977** 275; NStZ **1982** 291; **1983** 167; BGH bei *Pfeiffer/Miebach* **1984** 18; bei *Holtz* MDR **1984** 89; *Mösl* NStZ **1983** 162.

[23] BGHSt **27** 274 = JZ **1978** 246 mit abl. Anm. *Peters*; BGH GA **1977** 275; NStZ **1982** 291; OLG Hamm NJW **1975** 703; OLG Karlsruhe NJW **1972** 1907; *Hanack* JZ **1971** 705; *Heubel* 117 a. A OLG Koblenz NJW **1972** 404; LG Krefeld JZ **1971** 732; LG Frankfurt JZ **1971** 234; *Hillenkamp* JR **1975** 133; vgl. im übrigen Einl. Kap. 12 VIII; § 206 a, 50 mit weiteren Nachweisen.

---

Unmöglichkeit einer anderweitigen Beendigung des Verfahrens aus dem Rechtsstaats-gebot ein Verfahrenshindernis abzuleiten ist, erscheint fraglich[24].

## § 213

**Der Termin zur Hauptverhandlung wird von dem Vorsitzenden des Gerichts anberaumt.**

**Entstehungsgeschichte.** Die Vorschrift wurde durch Art. 2 Abs. 1 der zweiten VereinfVO aufgehoben. Sie wurde ersetzt durch § 202 Abs. 1 und § 203 Abs. 5 in der damals maßgebenden Fassung. Art. 3 Nr. 96 VereinhG stellte den früheren Rechtszustand wieder her. Bezeichnung bis 1924: § 212.

*Übersicht*

**1. Hauptverhandlungstermin**

**a)** Der **Termin zur Hauptverhandlung** ist der Ort und die Zeit, zu der die Sache **1** vor dem Gericht verhandelt werden soll. Beides wird vom Vorsitzenden von Amts wegen bestimmt.

**b) Verhandlungsort** ist in der Regel ein von der Justizverwaltung allgemein oder **2** für den Einzelfall dazu bestimmter Raum im Gerichtsgebäude, der durch seine Ausstattung einen angemessenen Rahmen für die Rechtspflege bieten soll. Im Amtszimmer des Richters soll im allgemeinen keine Hauptverhandlung abgehalten werden[1]. Der Vorsitzende kann jedoch, wenn sachliche Gründe dafür sprechen, anordnen, daß die Hauptverhandlung an einem anderen Ort stattfindet[1a], etwa am Tatort, am Aufenthaltsort eines reiseunfähigen Angeklagten oder Zeugen[2], oder in einer Justizvollzugsanstalt (OLG Hamm NJW **1974** 1780) oder sonst einem Gebäude, das die im Einzelfall notwendigen Sicherheitsvorkehrungen erlaubt. Der Vorsitzende kann bestimmen, daß nur ein Teil der Hauptverhandlung im Gerichtsgebäude, der andere aber an einem anderen Ort

---

[24] Das Bundesverfassungsgericht hat dies noch nicht verbindlich entschieden, bei BVerfG NStZ **1984** 128 handelt es sich um ein obiter dictum des Vorprüfungsausschusses; vgl. § 206 a, 56.

[1] Wegen der Schwierigkeit, dort dem § 169 GVG zu genügen, vgl. OLG Hamburg VRS **24** 437; OLG Köln VRS **62** 195; NStZ **1984** 282.

[1a] RGSt **11** 352; **22** 396; **39** 348.

[2] RG GA **71** (1931) 171; erforderlich ist jedoch die Zustimmung des betreffenden Angeklagten oder Zeugen, da diese ebensowenig wie andere über die Räume verfügungsberechtigten Personen dulden müssen, daß eine öffentliche Hauptverhandlung in ihren Wohnräumen abgehalten wird.

Walter Gollwitzer

abzuhalten ist[3]. Teile der Hauptverhandlung können dabei auch an einem Ort außerhalb des Bezirks des erkennenden Gerichts abgehalten werden. Ob die gesamte Hauptverhandlung außerhalb des Gerichtsbezirks durchgeführt werden darf, ist strittig, wird aber jetzt überwiegend bejaht (BGHSt **22** 250)[4]. Bei einer Verhandlung außerhalb des Gerichtsbezirks ist § 166 GVG zu beachten (s. die Erläuterungen dazu).

**3**     Ist vorgesehen, daß die Hauptverhandlung ganz oder zum Teil **außerhalb des Gerichtsgebäudes** stattfinden soll, ist durch geeignete Maßnahmen dafür zu sorgen, daß die Öffentlichkeit in einer für jedermann verständlichen Form und ohne daß zusätzliche Erkundigungen notwendig werden, sichere Kenntnis von Ort und Zeit der Hauptverhandlung erlangen und sich Zutritt zu ihr verschaffen kann[5].

**4**     Kann die Hauptverhandlung weder am **Sitze des Gerichts** noch innerhalb seines Bezirks durchgeführt werden und erscheint dem Gericht nach pflichtgemäßer Abwägung aller hereinspielenden Umstände die Durchführung an einem anderen Ort nicht angebracht, so ist nach § 15 zu verfahren.

**5**     c) **Tag und Stunde** des Termins sind so zu legen, daß ein reibungsloser Ablauf der Hauptverhandlung gewährleistet ist. Die örtlichen und konfessionellen Verhältnisse, besonders die ortsüblichen Feiertage, auch wenn sie gesetzlich nicht anerkannt sind, sind dabei mit in Betracht zu ziehen. Ein Termin an einem nichtstaatlichen Feiertag, an dem dem Angeklagten aus religiösen Gründen jede Einlassung verboten ist, kann sogar eine Versagung des rechtlichen Gehörs bedeuten (BGHSt **13** 123)[6]. Das Rechtsstaatsprinzip schließt dagegen nicht aus, daß zwei Hauptverhandlungen gegen denselben Angeklagten parallel laufen[6a]. Wohnen Beteiligte außerhalb des Sitzungsorts, so ist bei der Festsetzung der Terminstunde nach Möglichkeit den Verkehrsverhältnissen Recht zu tragen.

**6**     Der Vorsitzende darf den Termin bei genügendem Anlaß auch **außerhalb der Dienststunden**, z. B. zur Nachtzeit (BGHSt **12** 232), anberaumen, er muß aber dann besonders darauf achten, daß dadurch die freie Willensbestimmung der Verfahrensbeteiligten nicht beeinträchtigt wird (Übermüdung!). In aller Regel dürfte es sachgerecht sein, nur einen Teil der Hauptverhandlung nachts durchzuführen und dann am anderen Tag am Gerichtsort zu Ende zu verhandeln (*Hanack* JZ **1971** 170).

**7**     Die **Festsetzung der Terminstunde** hat die Bedeutung, daß sich der Angeklagte und die anderen zum Terminsbeginn geladenen Verfahrensbeteiligten von der bestimmten Zeit an bereit halten müssen. Da der Terminsplan des Gerichts — vor allem wenn mehrere Sachen am gleichen Tag verhandelt werden — nicht immer pünktlich eingehalten werden kann, haben sie auch eine Verspätung des Terminsbeginns von vorneherein in Rechnung zu ziehen (vgl. BayObLG GA **1984** 126). Sie dürfen sich deshalb nicht nach kurzer Wartezeit wieder entfernen, sondern müssen sich — sofern die Gründe der Verzögerung nicht ohnehin offenkundig sind — bei der Geschäftsstelle oder dem Gerichtswachtmeister erkundigen. Bei einem Ortstermin außerhalb des Gerichtsgebäudes brauchen sie nur eine angemessen begrenzte Zeit auf das Gericht zu warten (OLG Düsseldorf VRS **64** 276; vgl. § 228, 10), sofern nicht aus den Umständen (Verkehrsstau usw.) ersichtlich oder durch eine Rückfrage feststellbar ist, daß das Gericht in absehbarer Zeit erscheinen wird. Andererseits ist dieses, vor allem der Vorsitzende, gehalten, für eine alsbaldige Verständigung der erschienenen Verfahrensbeteiligten zu sorgen, wenn erkennbar wird, daß sich der Verfahrensbeginn verzögert. Unter Um-

---

[3] OLG Königsberg JW **1930** 1109.
[4] KK-*Treier* 3; KMR-*Paulus* 8; zweifelnd *Roxin* § 42 D.
[5] BGH NStZ **1981** 311; BayObLGSt **1980** 2 = VRS **58** 426; OLG Düsseldorf NJW **1983** 2514; OLG Hamm NJW **1974** 1780; VRS **64** 451; *Thym* NStZ **1981** 293; wegen der Einzelheiten vgl. die Erläuterungen zu § 169 GVG.
[6] *Hanack* JZ **1971** 169; vgl. Einl. Kap. **13** XI.
[6a] BGH NStZ **1984** 274.

ständen ist eine neue Stunde für den Verhandlungsbeginn förmlich festzusetzen oder aber die Sache überhaupt zu vertagen. Wie zu verfahren ist, richtet sich nach den Umständen des Einzelfalls, insbesondere auch danach, auf welche Verfahrensdauer die Verfahrensbeteiligten sich nach Art der Sache einstellen mußten. Die Verzögerung des Terminsbeginns gibt grundsätzlich kein Recht, die Verlegung des Termins oder die Aussetzung zu verlangen[7]. Im Einzelfall kann eine erhebliche Verspätung über das vorhersehbare Maß hinaus zur Folge haben, daß der verspäteten Durchführung der Hauptverhandlung Hinderungsgründe von Gewicht (vgl. §228, 10) entgegenstehen. Es kann zweckmäßig sein, wenn der Vorsitzende — etwa in Unterbrechung einer noch nicht abgeschlossenen anderen Sache — dies mit den Verfahrensbeteiligten alsbald klärt. Vor der festgesetzten Zeit darf der Termin nicht beginnen, es sei denn, alle Verfahrensbeteiligten sind schon vorher anwesend und mit dem früheren Beginn einverstanden[8].

### 2. Anberaumung durch den Vorsitzenden

**a) Vorsitzender** ist der Richter, der im Zeitpunkt der Terminsbestimmung den **8** Vorsitz in dem erkennenden Spruchkörper führt, vor dem das Verfahren eröffnet ist. Beim Schöffengericht ist es der Strafrichter. Der Vorsitzende handelt insoweit kraft eigenen Rechts, aber für das erkennende Gericht[9].

**b) Unverzügliche Terminsbestimmung.** Der Vorsitzende hat den Termin **sogleich 9** nach Eröffnung des Hauptverfahrens anzuberaumen, falls nicht besondere Gründe entgegenstehen. Solche Gründe sind beispielsweise: eine neue Anklageschrift ist einzureichen (§207 Abs. 3); gegen den Eröffnungsbeschluß ist Beschwerde zulässig (§210 Abs. 2); kommissarische Vernehmungen nach §§223 oder 233 sind notwendig. Die Überlastung des Gerichts berechtigt ihn dagegen nicht, von der Terminsanberaumung auf unbestimmte Zeit abzusehen (vgl. OLG Hamm DRiZ **1974** 28 zu §216 ZPO).

**c)** Der Vorsitzende bestimmt Ort und Zeit des Termins in eigener richterlicher **10** Verantwortung **nach pflichtgemäßem Ermessen**[10]. Ihm obliegt es, jede anfallende Sache so auf die zur Verfügung stehenden Sitzungstage (§§45, 77 GVG) zu verteilen, wie es ihm für ihre ordnungsgemäße Erledigung bei Berücksichtigung der Gesamtarbeitsplanung des Gerichts als zweckdienlich erscheint (vgl. BGHSt **15** 392)[11]. Hierbei kann er die unterschiedliche Eilbedürftigkeit berücksichtigen. Er muß sich eine möglichst konkrete Vorstellung über die Erfordernisse des jeweiligen Verfahrens, vor allem über die zur Vorbereitung der Hauptverhandlung notwendige Zeit und über die voraussichtliche Dauer der Hauptverhandlung machen. Dabei soll er nach Möglichkeit auch auf erkennbare Belange der Verfahrensbeteiligten Rücksicht nehmen, etwa auf mitgeteilte Verhinderungen von Zeugen oder Sachverständigen, aber auch des Verteidigers oder auf einen angegriffenen Gesundheitszustand des Angeklagten[12]. Ob die Geschäftsbelastung des Gerichts es erfordert, eine außerordentliche Sitzung einzuschieben und für wann eine solche vorzusehen ist, muß der Vorsitzende ebenfalls nach pflichtgemäßem Ermessen auf Grund der Umstände, so wie sie sich ihm im Zeitpunkt der Terminsbestimmung darstellen, entscheiden[13].

Der **Ermessensspielraum** des Vorsitzenden bei Abwägung aller hereinspielenden, **11** einander mitunter widersprechenden Gesichtspunkte (Gesamtbelastung des Gerichts, Bedeutung des Verfahrens, Verhinderung von Verfahrensbeteiligten u. a.)[14] ist weit. Es

[7] RG GA **28** (1880) 252; vgl. § 228, 10.
[8] *Eb. Schmidt* 2; KMR-*Paulus* 7.
[9] KMR-*Paulus* Vor § 213, 8.
[10] OLG Stuttgart VRS **59** 360.
[11] OLG Stuttgart VRS **59** 360.
[12] OLG Celle NdsRpfl. **1983** 125; vgl. § 205,

16; § 231 a, 3.
[13] BGHSt **12** 161; **16** 65; vgl. OLG Stuttgart NStZ **1984** 231 mit Anm. *Katholnigg* (auf einen anderen Wochentag verlegte Sitzung ist keine außerordentliche).
[14] BGH bei *Holtz* MDR **1980** 815.

ist ihm auch nicht verwehrt, Verfahrensbeteiligte formlos zu für die Terminsfestsetzung bedeutsamen Umständen zu hören, etwa um Verhinderungen vorweg zu klären. Verpflichtet ist er dazu nicht. Die Terminsfestsetzung ist insbesondere keine Entscheidung, vor der **rechtliches Gehör** gewährt werden muß[15]. Ob Schöffen verhindert sind, kann unberücksichtigt bleiben, da im Verhinderungsfalle Hilfsschöffen als gesetzliche Richter berufen sind (BGH bei *Holtz* MDR **1980** 815).

**12**     **Zeitlich** muß der Termin soweit hinausgesetzt werden, daß sich alle Verfahrensbeteiligten ausreichend auf die Hauptverhandlung vorbereiten können und ausreichende Zeit für die Beibringung der Beweismittel (Ladung von Zeugen im Ausland, Überstellung in Haft befindlicher Zeugen aus dem Ausland nach § 69 IRG, Einholung der Aussagegenehmigung nach § 54 usw.) besteht. Eine zu kurze Vorbereitungszeit kann zur Vertagung führen. Bei besonders gelagerten Fällen könnte sogar trotz Wahrung der Frist des § 217 das rechtliche Gehör beeinträchtigt sein. Andererseits hat der Angeklagte Anspruch darauf, daß seine Sache „innerhalb angemessener Frist" vor Gericht verhandelt wird (Art. 6 Abs. 1 MRK).

**13**     **Haftsachen** sind wegen der Notwendigkeit, die Dauer der Untersuchungshaft kurz zu halten (dazu BVerfGE **36** 264 und die Rechtsprechung zu § 121; ferner Art. 5 Abs. 3 MRK), nach Möglichkeit vorrangig anzusetzen. Im Rahmen der Gerichtsausstattung sind alle personellen und sachlichen Mittel auszuschöpfen, um sicherzustellen, daß Haftsachen in angemessener Frist erledigt werden können[16].

**14**     Die **Terminstunden** sollen, insbesondere wenn mehrere Termine am gleichen Tag anberaumt sind, so festgelegt werden, daß den Beteiligten längere Wartezeiten erspart bleiben (vgl. § 214 Abs. 2). Bei auswärtigen Beteiligten sind möglichst auch die Ankunftszeiten der öffentlichen Verkehrsmittel zu berücksichtigen.

**15**     **3. Terminsverlegung.** Die Befugnis des Vorsitzenden, den Termin anzuberaumen, umfaßt auch die Befugnis, den Termin **auf Antrag** oder **von Amts wegen** zu verlegen oder einen Antrag auf Terminsverlegung abzulehnen. Die Verlegung eines Termins von Amts wegen kann z. B. angebracht sein, wenn sich die Erledigung der vorhergehenden Sache erkennbar erheblich verzögert. Über die Terminsverlegung entscheidet der Vorsitzende ebenfalls nach pflichtgemäßem Ermessen unter Abwägung aller hereinspielenden Gesichtspunkte, insbesondere der Belange der Beteiligten, des Gebots der Verfahrensbeschleunigung und der Terminplanung des Gerichts. Zur Frage, wieweit die berufliche Verhinderung des Wahlverteidigers die Terminsverlegung rechtfertigt, vgl. § 228, 18 ff und bei § 265; zur Verhinderung des Pflichtverteidigers bei § 145. Der Angeklagte kann die Verlegung des Termins sowohl wegen persönlicher Verhinderungen als auch unter dem Gesichtspunkt beantragen, daß wegen außergewöhnlicher Umstände die Ladungsfrist (§ 217 Abs. 1) zur Vorbereitung seiner Verteidigung nicht ausreicht (§ 217, 1).

**16**     **4. Rechtsbehelfe**
          **a) Beschwerde.** Die Verfügung des Vorsitzenden, durch die ein Termin anberaumt, verlegt oder die Terminsverlegung abgelehnt wird, ist mit der Beschwerde (§ 304) nur begrenzt anfechtbar[17]. Sofern nicht im Einzelfall § 305 die Beschwerde aus-

---

[15] *Kleinknecht/Meyer* 1.
[16] OLG Karlsruhe Justiz **1975** 193; vgl. auch BVerfGE **20** 45.
[17] Strittig. Ob man die Beschwerde für generell zulässig, ihren Prüfungsgegenstand aber begrenzt ansieht (so OLG Düsseldorf JZ **1983** 34; OLG Hamm MDR **1975** 245; OLG

Karlsruhe Justiz **1975** 193; KK-*Treier* 6; *Kleinknecht/Meyer* 6; *Peters* § 50 II 4 a; *Schlüchter* 424) oder ob man sie mit OLG Karlsruhe Justiz **1979** 108; KMR-*Paulus* 14 nur in Ausnahmefällen für zulässig hält, führt meist zum gleichen Ergebnis. *Eb. Schmidt* 2 verneint ein Beschwerderecht,

schließt[18], kann sie nur darauf gestützt werden, daß die Entscheidung des Vorsitzenden das Recht verletzt; dazu gehört auch, daß das Ermessen rechtsfehlerhaft ausgeübt wurde (OLG Hamm MDR **1975** 245). Die Zweckmäßigkeit der Terminsbestimmung einschließlich der Möglichkeit einer anderen Terminsplanung und Terminierung ist der Nachprüfung des Beschwerdegerichts entzogen[19]. Dies folgt aus der Dispositionsfreiheit des Vorsitzenden bei der Vorbereitung der Hauptverhandlung sowie daraus, daß eine Festsetzung des Termins, die sich im Rahmen des weiten Ermessensspielraums des Vorsitzenden hält, keine Rechtsposition der Verfahrensbeteiligten beeinträchtigt[20]. Erst eine in der Überschreitung dieser Grenzen liegende Rechtsverletzung kann eine Beschwer enthalten. So, wenn dadurch das Beschleunigungsgebot verletzt wird oder wenn die Bestimmung oder Aufhebung des Termins der Sache nach einer anderen, der Beschwerde zugänglichen Entscheidung gleichkommt, etwa weil sie eine Aussetzung des Verfahrens bedeutet, über die nicht der Vorsitzende sondern das Gericht zu entscheiden hat[21].

Das **Beschwerdegericht** kann nicht an Stelle des Vorsitzenden selbst einen Termin für die Hauptverhandlung bestimmen. Es kann lediglich eine Verfügung, die es für rechtswidrig hält, aufheben. **17**

**b) Andere Rechtsbehelfe.** Die Beschwerde hilft auch dort, wo sie zulässig ist, dem Antragsteller in der Regel kaum weiter. Bei Ablehnung einer beantragten Terminsverlegung hat er deshalb meist nur die Möglichkeit, **Gegenvorstellungen** beim Vorsitzenden zu erheben und, wenn diese erfolglos bleiben, in der Hauptverhandlung unter Darlegung der Gründe die Aussetzung zu beantragen und damit einen Beschluß des Gerichts nach § 228 Abs. 1, § 265 Abs. 4 herbeizuführen[22]. Eine Anrufung des Gerichts vor der Hauptverhandlung in entsprechender Anwendung des § 238 Abs. 2 ist nicht möglich[23]. **18**

**c)** Die **Revision** kann nicht allein darauf gestützt werden, daß der Vorsitzende außerhalb der Hauptverhandlung einen Terminverlegungsantrag abgelehnt hat[24]. Erst die Ablehnung eines deswegen in der Hauptverhandlung gestellten Aussetzungsantrags ist mit der Revision angreifbar (§ 338 Nr. 8). Wird allerdings die rechtzeitig vorgetragene Bitte um Terminsverlegung so spät abgelehnt, daß weder der Angeklagte noch sein Verteidiger den Termin wahrnehmen können, so kann darin eine Verletzung des Anwesenheitsrechts des Angeklagten liegen[25]. Gleiches gilt, wenn der Vorsitzende die Verle- **19**

---

ebenso OLG Celle NStZ **1984** 282 (L); OLG Düsseldorf JMBlNW **1966** 153. OLG Stuttgart NJW **1976** 1647; Justiz **1980** 361 lassen die Beschwerde nicht zu, weil die für die Terminsverlegung vorgebrachten Gründe in der Hauptverhandlung nach § 228 Abs. 1, § 265 Abs. 4 geltend gemacht werden können; vgl. Fußn. 18.

[18] Die Anwendbarkeit von § 305 ist strittig. Sie wird bejaht von OLG Celle NdsRpfl. **1984** 72 (unter Aufgabe der früheren Rechtsprechung); OLG Karlsruhe StrVert. **1982** 560 mit abl. Anm. *Moos*; OLG Stuttgart Justiz **1973** 357; vgl. auch Fußn. 17; verneinend OLG Hamm MDR **1975** 245; *Gössel* § 17 A III a (Kein innerer Zusammenhang mit Urteil.) Die Anwendbarkeit des § 305 dürfte von Anlaß und Gegenstand der Ver-

fügung im Einzelfall abhängen, denn Anlaß der Vertagung oder ihrer Ablehnung können Maßnahmen zur Förderung des Verfahrens oder aber außerverfahrensmäßige Interessen des Antragstellers sein.

[19] OLG Stuttgart VRS **59** 360.

[20] *Kleinknecht/Meyer* 6, 7; vgl. OLG Frankfurt NJW **1974** 1715.

[21] OLG Frankfurt OLGSt 1; KK-*Treier* 7; KMR-*Paulus* 15.

[22] OLG Stuttgart NJW **1976** 510; Justiz **1980** 361.

[23] OLG Frankfurt OLGSt 1; jetzt auch KMR-*Paulus* Vor § 213, 22.

[24] OLG Koblenz VRS **45** 284.

[25] OLG Hamm JR **1971** 472 mit Anm. *Kohlhaas*.

gung zugesagt, sich daran aber nicht gehalten hat[26]. Die Zweckmäßigkeit der Verteilung der Termine auf die festgelegten Sitzungstage kann vom Revisionsgericht nicht nachgeprüft werden (vgl. BGH NJW **1961** 1077), auch wenn die Besetzung des Gerichts an den einzelnen in Frage kommenden Terminen verschieden ist. Etwas anderes würde dann gelten, wenn der Vorsitzende die ihm eingeräumte Ermessensfreiheit bewußt zu dem Zweck mißbrauchen würde, den Angeklagten einem bestimmten Richter zu entziehen (BGHSt **15** 392).

**20**     d) Der Vorsitzende entscheidet über die Termine in richterlicher Unabhängigkeit. Gegen seine Entscheidung oder gegen die Verzögerung der Terminsbestimmung ist die **Dienstaufsichtsbeschwerde** nur in den Grenzen des § 26 Abs. 2 DRiG möglich[27]. Der Dienstvorgesetzte kann deshalb niemals an Stelle des Vorsitzenden selbst Termin bestimmen oder zur Bestimmung eines Termins anweisen[28]. Zu den Einwendungen gegen die behördeninterne Zuweisung eines bestimmten Sitzungssaals vgl. OLG Hamburg JR **1979** 349 mit Anm. *Holch*; ferner die Erl. zu § 23 EGGVG.

## § 214

(1) [1]Die zur Hauptverhandlung erforderlichen Ladungen ordnet der Vorsitzende an. [2]Die Geschäftsstelle sorgt dafür, daß die Ladungen bewirkt werden.

(2) Ist anzunehmen, daß sich die Hauptverhandlung auf längere Zeit erstreckt, so kann der Vorsitzende die Ladung sämtlicher oder einzelner Zeugen und Sachverständigen zu einem späteren Zeitpunkt als dem Beginn der Hauptverhandlung anordnen.

(3) Der Staatsanwaltschaft steht das Recht der unmittelbaren Ladung weiterer Personen zu.

(4) [1]Die Staatsanwaltschaft bewirkt die Herbeischaffung der als Beweismittel dienenden Gegenstände. [2]Diese kann auch vom Gericht bewirkt werden.

**Entstehungsgeschichte.** Nach der ursprünglichen Fassung, die die Bezeichnung § 213 trug, hatte die Staatsanwaltschaft die Ladungen zu bewirken. Durch Art. 9 § 1 der 2. VereinfVO erhielt das Gericht diese Befugnis zusätzlich. Die Neufassung durch Art. 1 Nr. 71 des 1. StVRG überträgt zur Vereinfachung und Beschleunigung des Verfahrens die Ladung zur Hauptverhandlung grundsätzlich der Geschäftsstelle des Gerichts. Übergangsweise konnten die Landesjustizverwaltungen anordnen, daß bis zum 31. 12. 1976 die Ladungen noch von der Staatsanwaltschaft bewirkt wurden (Art. 10 Nr. 1 des 1. StVRG). Der jetzige Absatz 4, der die Herbeischaffung der Beweisgegenstände regelt, hat das früher allgemein geltende Regelungsprinzip beibehalten. Absatz 2, der die Ladung der Beweispersonen zu unterschiedlichen Zeitpunkten vorsieht, beruht auf § 30 der Verordnung vom 4. 1. 1924.

---

[26] OLG Koblenz VRS **61** 364: Verstoß gegen das Prinzip der fairen Verfahrensgestaltung.

[27] BGH DRiZ **1969** 125; *Steckert* DRiZ **1967** 193.

[28] KK-*Treier* 8; KMR-*Paulus* 13.

### 1. Ladung zur Hauptverhandlung

**a) Begriff, Inhalt und Form der Ladung.** Die Ladung zur Hauptverhandlung ist **1** die Aufforderung einer bestimmten Person, zu der nach Ort (Stadt, Straße, Gebäude und Zimmernummer) und Zeit (Datum, Uhrzeit) genau bezeichneten Verhandlung zu erscheinen. Das Gericht und die Sache, die verhandelt wird, müssen ersichtlich sein, ferner die Eigenschaft, in der die geladene Person an der Verhandlung teilnehmen soll. Wer zu laden ist und ob der Ladung sonstige Belehrungen oder Hinweise beizufügen sind, beurteilt sich nicht nach §214 sondern nach den Sondervorschriften für die einzelnen Verfahrensbeteiligten (z. B. §§48, 77, 216, 218, 232, 323, 398 Abs. 2, §444 Abs. 2; §50 Abs. 2 JGG). Eine Ladung ist nur in den vom Gesetz vorgesehenen Fällen zulässig. Die öffentlich-rechtliche Pflicht, vor Gericht zu erscheinen, besteht nur für die vom Gesetzgeber festgelegten Zwecke, nicht aber für eine dort nicht vorgesehene Verfahrensrolle[1]. Die **Mitteilung** des Hauptverhandlungstermins (vgl. etwa §§149, 435; §50 Abs. 3, §67 Abs. 2 JGG; §76 OWiG; §407 AO) unterscheidet sich von der Ladung dadurch, daß sie keine Aufforderung enthält, vor Gericht zu erscheinen. Die jeweils erforderlichen Mitteilungen vom Hauptverhandlungstermin ordnet der Vorsitzende zweckmäßigerweise gleichzeitig mit der Ladung an.

Wenn Sondervorschriften nichts anderes vorschreiben, ist die Ladung an **keine be- 2 stimmte Form** gebunden. Sie kann auch mündlich oder fernmündlich ergehen, in der Regel wird aber Schriftform angezeigt sein. Das Wort Ladung braucht nicht verwendet zu werden. Für die geladene Person muß aus der Mitteilung jedoch unmißverständlich zu entnehmen sein, daß, wann und wo sie vor Gericht erscheinen muß. Die Ladung ist grundsätzlich in deutscher Sprache abzufassen (§184 GVG). Bei Ausländern, die die deutsche Sprache nicht zureichend beherrschen, ist eine Übersetzung beizufügen (Nr. 181 RiStBV); dies ist keine Wirksamkeitsvoraussetzung der Ladung (OLG Hamm JMBlNW **1981** 166). Ob eine Ladung noch „ordnungsgemäß" im Sinne der jeweiligen Regelung ist und wie sich eine unzulängliche Ladung auf den Verfahrensgang auswirkt, beurteilt sich nach den jeweiligen Sondervorschriften.

**b) Ladungsadressat** ist grundsätzlich die zu ladende Person. Werden Kinder oder **3** Minderjährige als Zeugen geladen, so ist — da eine gesetzliche Regelung insoweit fehlt — zweifelhaft, ob die Ladung stets an den gesetzlichen Vertreter oder an den Minderjährigen persönlich zu richten ist, wenn dieser verfahrensfähig ist, also im Stande ist, die Bedeutung der Zeugenaussage zu erkennen (vgl. §52 Abs. 2) und der Ladung aus eigenem Entschluß Folge zu leisten[2]. Diese Voraussetzungen sind jedoch im Zeitpunkt der Ladung meist nicht feststellbar, so daß es sich schon aus praktischen Gründen empfiehlt, in Zweifelsfällen den Minderjährigen zu Händen des gesetzlichen Vertreters zu laden (wegen der Rechtsfolgen vgl. bei §51). Um das Erscheinen sicherzustellen, kann es ratsam sein, gleichzeitig beide Wege einzuschlagen. Der gesetzliche Vertreter muß selbst ebenfalls beigezogen werden, wenn der minderjährige Zeuge seine Einwilligung

---

[1] Strittig; *Koffka* ZStW **81** (1969) 960; *Rogall* NJW **1978** 2536; a. A. *Montenbruck* ZStW **89** (1977) 878.

[2] *Kleinknecht/Meyer* § 48, 4; KMR-*Paulus* § 48, 8; *Stein/Jonas* § 377; vgl. bei § 48.

Walter Gollwitzer

zur Aussage benötigt (§ 52 Abs. 2) und deren Erteilung nicht feststeht[3]. Für die Ladung „prozeßunfähiger" Erwachsener als Zeugen gilt gleiches.

**4**    c) **Sondervorschriften** können die Ladung zur Hauptverhandlung für bestimmte Personengruppen ausschließen oder an bestimmte Voraussetzungen oder an die Einhaltung eines bestimmten Ladungswegs binden. Beispiele: Bundespräsident (§ 49), Mitglieder der Bundes- und der Landesregierungen und der Gesetzgebungsorgane (§ 50), Diplomaten und andere exterritoriale Personen (§§ 18 bis 20 GVG)[4]. Die Ladung der Angehörigen der Bundeswehr ist durch besondere Verwaltungsvorschriften geregelt, für die Mitglieder der in der Bundesrepublik stationierten ausländischen Streitkräfte und ihre Angehörigen sehen Nato-Truppenstatut und das Zusatzabkommen dazu einen besonderen Ladungsweg vor[5]. Bei **Ladungen im Ausland** sind die dafür jeweils vorgeschriebenen Formen und Ladungswege zu beachten sowie etwaige sonstige Besonderheiten, die sich aus den internationalen Vereinbarungen ergeben. Bei Zeugen, die nach Art. 7 ff EuRHÜ geladen werden, ist ein Hinweis auf das freie Geleit nach Art. 12 EuRHÜ zweckdienlich und mitunter unerläßlich[6].

### 2. Anordnung der Ladung

**5**    a) **Verfügung des Vorsitzenden.** Der Vorsitzende des erkennenden Gerichts — bei Verhinderung sein Vertreter — ordnet, wie Absatz 1 Satz 1 jetzt klarstellt, die Ladungen der Personen (Angeklagter, Verteidiger, gesetzlicher Vertreter, Zeugen, Sachverständige, Nebenkläger, sonstige Verfahrensbeteiligte) an, die kraft Gesetzes zur Hauptverhandlung geladen werden müssen (vgl. etwa §§ 216, 218, 398 Abs. 2, § 444 Abs. 2; § 50 Abs. 2 JGG). Er entscheidet nach pflichtgemäßem Ermessen, welche Beweispersonen für die Hauptverhandlung benötigt werden. Er ist nicht daran gebunden, ob sie von der Staatsanwaltschaft in der Anklageschrift als Beweismittel bezeichnet wurden (§ 200 Abs. 1) oder ob der Angeklagte die Ladung beantragt hat (§ 219). Er kann von der Ladung vorgeschlagener Zeugen absehen, wenn er sie für entbehrlich hält, und er kann vor allem nicht benannte Beweispersonen laden lassen.

**6**    Die Anordnung der Ladung ist Aufgabe des **Vorsitzenden,** nicht des Gerichts. Dies schließt bei Kollegialgerichten nicht aus, daß der Vorsitzende diese für den Prozeßverlauf mitunter entscheidenden Fragen vor Erlaß seiner Verfügung mit den anderen Mitgliedern des Kollegiums bespricht. Welche Beweismittel benötigt werden, entscheidet in der Hauptverhandlung letztlich das Gericht. Die dem Vorsitzenden zur Vorbereitung des Verfahrens übertragene Entscheidung nach § 214 ist nur vorläufiger Art, sie präjudiziert das erkennende Gericht in der Hauptverhandlung nicht. Aus diesem Verhältnis folgt, daß der Grundsatz von der eigenen Entscheidungsbefugnis des Vorsitzenden dort eine Ausnahme erfährt, wo das Gericht die Hauptverhandlung ausgesetzt oder unterbrochen hat, weil es die Anhörung einer bestimmten Beweisperson für erforderlich hielt. In diesen Fällen ist der Vorsitzende bei der Vorbereitung der erneuerten Hauptverhandlung verpflichtet, die vom Gericht bezeichneten Beweispersonen laden zu lassen.

**7**    Trotz des veränderten Wortlauts des § 214 dürfte es weiterhin zulässig sein, zur neuen Hauptverhandlung durch einen **Beschluß des Gerichts** zu laden, der in Gegenwart der zu ladenden Personen in der alten Hauptverhandlung verkündet wird[7].

---

[3] *Kleinknecht/Meyer* 2.
[4] Dazu RiStBV Nrn. 196 ff.
[5] *Schwenk* NJW **1963** 1425; *Marenbach* NJW **1974** 1071.
[6] BGH GA **1981** 264; **1982** 374; vgl. bei § 251. Zur Ladung von Zeugen im Ausland vgl. *Schnigula* DRiZ **1984** 180.
[7] RGSt **35** 233; OLG Hamm NJW **1957** 1330; vgl. bei § 48.

**b)** Eine besondere **Form der Ladungsanordnung** schreibt Absatz 1 nicht vor. In **8** der Regel wird der Vorsitzende zugleich mit der Terminsbestimmung nach § 213 in den Akten schriftlich verfügen, welche Personen zu welchem Zeitpunkt (s. Rdn. 10) zu laden sind. Dabei kann, sofern dies nicht zu Unklarheiten führt, auf die in der Anklageschrift aufgeführten Beweispersonen Bezug genommen werden. Die Verfügung muß für die ausführende Geschäftsstelle die zu ladenden Personen eindeutig bezeichnen. In der Verfügung wird zweckmäßigerweise auch angegeben, wenn die Ladung einer bestimmten Person mit besonderen Hinweisen oder Belehrungen (z. B. nach §§ 216, 232 Abs. 1) zu verbinden ist oder wenn die Ladung in einer vom Gesetz nicht vorgeschriebenen besonderen Form durchgeführt werden soll oder wenn die Androhung von Zwangsmitteln zu unterbleiben hat[8]. Verfügt der Vorsitzende — was besonders in Eilfällen vorkommen kann — die Ladung mündlich, so ist dies wegen der besonderen Bedeutung der Anordnung (Rdn. 11) aktenkundig zu machen. Rechtlich unerheblich ist, ob alle Ladungsanordnungen in einer **einzigen Verfügung** zusammengefaßt werden oder ob mehrere zeitlich aufeinanderfolgende Verfügungen ergehen. Der besseren Übersichtlichkeit wegen und auch zur Verringerung des Aktenumlaufs empfiehlt es sich jedoch, alle Ladungsanordnungen möglichst in einer Verfügung zusammenzufassen. Auch wenn man vom Sonderfall des § 219 absieht, sind nachträgliche Anordnungen nicht immer vermeidbar. Mitunter ist es notwendig, die bereits angeordnete Ladung einer Person hinsichtlich der angeordneten Modalitäten zu ändern oder sie auch ganz aufzuheben. Bei nachträglicher Ladung oder Abladung einer Beweisperson darf die Benachrichtigungspflicht nach § 222 Abs. 1 nicht übersehen werden.

**Ohne Anordnung des Vorsitzenden** löst eine allein von der Geschäftsstelle bewirkte Ladung nicht die Rechtsfolgen aus, die die Strafprozeßordnung an die Ladung knüpft (etwa §§ 51, 77, 217, 230 Abs. 2, §§ 232, 329, 412). Der Anspruch des Zeugen oder Sachverständigen auf Entschädigung besteht aber auch bei einer solchen Ladung[9].

**3. Ladung zu verschiedenen Zeitpunkten.** Absatz 2 ermöglicht dem Vorsitzenden, die **10** ihm obliegende Leitung der Verhandlung wirksam vorzubereiten. Die verständnisvolle Handhabung dieser Vorschrift fördert nicht nur den äußeren Ablauf der Verhandlung sondern auch die Wahrheitsfindung; denn ein **Zeuge**, der lange auf die Vernehmung warten muß, kann dadurch leicht ermüdet oder verärgert werden. Der Aufenthalt im Warteraum kann ihn auch Einflüssen aussetzen, die das Gericht nur schwer nachprüfen kann. Ob der Vorsitzende bei einem **Sachverständigen** von der Möglichkeit des Absatz 2 Gebrauch machen darf, wird davon abhängen, in welchem Umfang seine Anwesenheit während der sonstigen Beweisaufnahme ihm tatsächliche Grundlagen für sein Gutachten vermitteln kann. Bei psychiatrischen und psychologischen Sachverständigen wird es oft zweckmäßig, wenn nicht gar erforderlich sein, daß sie bereits der Vernehmung derjenigen Personen beiwohnen, über die sie sich gutachtlich äußern sollen. Mehrere Zeugen und Sachverständige können zu verschiedenen Zeiten geladen werden. Zulässig ist auch die Anordnung, daß die mehreren Zeugen oder Sachverständigen auf verschiedene Tage zu laden sind[10]. In geeigneten Fällen ist auch eine Ladung auf Abruf (Nr. 116 Abs. 4 RiStBV) möglich.

**4.** Die **Ausführung** der vom Vorsitzenden angeordneten Ladung obliegt der Ge- **11** schäftsstelle des Gerichts. Sie hat dafür zu sorgen, daß die Ladungen in der gesetzlich vorgeschriebenen oder im Einzelfall vom Vorsitzenden angeordneten Form mit allen er-

---

[8] Vgl. RiStBV Nr. 197; *Kleinknecht/Meyer* 4.    [10] RG GA **73** (1929) 290; OLG Hamburg
[9] *Kleinknecht/Meyer* 12.         GA **1983** 419; *Kleinknecht/Meyer* 7.

Walter Gollwitzer

forderlichen Hinweisen (Rdn. 8) bewirkt werden. Dabei hat sie in eigener Verantwortung alles zu veranlassen, was für die ordnungsgemäße Durchführung der Ladung einschließlich der Kontrolle der Ausführung — wichtig bei Einschaltung besonderer Ladungskanzleien — erforderlich ist. Dazu gehört, daß die Ladungen so zeitig hinausgehen, daß etwaige Ladungsfristen mit Sicherheit gewahrt werden und die zu ladende Person sich auf den Termin einrichten kann. Zur Förderung der reibungslosen Abwicklung der Hauptverhandlung kann es zweckmäßig sein, der Ladung Informationen über Verkehrsverbindungen, Parkmöglichkeiten usw. beizufügen, um vor allem von auswärts anreisenden Personen die Erfüllung ihrer Erscheinenspflicht zu erleichtern[11]. Ist eine Ladung nicht ausführbar oder werden Umstände ersichtlich, welche das Erscheinen der geladenen Person in der Hauptverhandlung als zweifelhaft erscheinen lassen (Verhaftung in anderer Sache, Krankenhausaufenthalt, Niederlegung der Ladung bei der Post usw.), so ist der Vorsitzende unverzüglich von der Geschäftsstelle zu benachrichtigen, nicht etwa erst unmittelbar vor dem Termin der Hauptverhandlung. Die Pflicht, die geladenen Beweispersonen dem Angeklagten und der Staatsanwaltschaft namhaft zu machen, ist in § 222 besonders geregelt. Für eine selbständige Bewirkung der Ladung durch die Geschäftsstelle ist dort kein Raum, wo für die Ladung ein Brief des Vorsitzenden erforderlich ist, wie etwa bei Ladung einer Person mit diplomatischem Sonderstatus[12].

**12**        **5. Vorführung.** Bei einem im Zeitpunkt der Hauptverhandlung voraussichtlich **nicht auf freiem Fuß** befindlichen Angeklagten (§ 35, 25) oder Zeugen kann der Vorsitzende zugleich mit der Ladung seine Vorführung anordnen. Dies ist vor allem dann zweckmäßig, wenn der Verhandlungstermin nicht zu weit hinaus angesetzt ist und der Verhaftete an den Verhandlungsort verschubt werden muß. Die Anordnung der Vorführung ist keine Wirksamkeitsvoraussetzung der Ladung (OLG Düsseldorf NJW **1981** 2768). Bei einer in Strafhaft befindlichen Person kann der Vorsitzende in geeigneten Fällen statt der Anordnung der Vorführung nach § 36 Abs. 2 StVollzG auch die verwahrende Anstalt ersuchen, dem Häftling das Erscheinen zum Termin nach § 36 Abs. 1 StVollzG zu ermöglichen. Da die Beurlaubung oder Ausführung nach dieser Vorschrift aber nur mit Einwilligung des Inhaftierten zulässig ist, müssen der Ladung in solchen Fällen die gleichen Hinweise auf die Folgen des Fernbleibens beigefügt werden, wie bei einer auf freiem Fuß befindlichen Person. Dies schließt nicht aus, daß der Vorsitzende die Vorführung anordnen kann, wenn die Vollzugsanstalt ihm von der Weigerung des Gefangenen oder sonstigen Hinderungsgründen für die Anwendung des § 36 Abs. 1 StVollzG Kenntnis gibt. Zur Durchführung der Vorführungsanordnung veranlaßt die Geschäftsstelle des Gerichts[13] ihre Weiterleitung an den Leiter der Vollzugsanstalt und an die für die Vorführung zuständige Stelle (Vorführdienst, Polizei). Die vorübergehende Überstellung eines **im Ausland inhaftierten Zeugen** ist nach § 69 IRG in Verbindung mit den entsprechenden internationalen Abkommen möglich. Sie ist von dem mit der Sache befaßten Gericht zu veranlassen. Die Vorbereitung der Überstellung obliegt der Staatsanwaltschaft bei dem Oberlandesgericht[14].

**13**        **6. Unmittelbare Ladung durch die Staatsanwaltschaft.** Unabhängig von der Ladung der Beweispersonen durch das Gericht hat die Staatsanwaltschaft das Recht, weitere Personen selbst zur Hauptverhandlung zu laden (Absatz 3). Dies gilt sowohl für Be-

---

[11] *Wulf* DRiZ **1981** 377.
[12] Nr. 197 RiStBV; *Kleinknecht/Meyer* 4; vgl. §§ 18 ff GVG.
[13] *Kleinknecht/Meyer* 5; KMR-*Paulus* 16.

[14] § 69 Abs. 2, § 63 Abs. 2 IRG bzw. § 69 Abs. 3, § 62 Abs. 2 Satz 1 IRG; eine Überstellung ist in Art. 11 EuRHÜ vorgesehen.

weispersonen, die sie in der Anklageschrift benannt hat, deren Ladung der Vorsitzende jedoch ablehnte, als auch für Zeugen und Sachverständige, deren Beiziehung sie nachträglich für erforderlich hält. Die Staatsanwaltschaft muß, wenn sie die Mitteilung der vom Gericht geladenen Beweispersonen (§ 222) erhält, prüfen, ob zusätzlich zu den vom Gericht geladenen Personen zur Sachaufklärung noch die Zuziehung weiterer Personen zweckmäßig ist. Da die von ihr geladenen Zeugen in der Hauptverhandlung gemäß § 245 Abs. 2 vernommen werden müssen, kann die Staatsanwaltschaft durch eine überlegte Ausübung ihres Ladungsrechts den Umfang der Beweisaufnahme und damit den entscheidenden Teil der Hauptverhandlung eigenverantwortlich mitgestalten.

**Ausgeführt** werden die von der Staatsanwaltschaft angeordneten Ladungen von **14** ihrer eigenen Geschäftsstelle, nicht von der des Gerichts. Ob die Staatsanwaltschaft von sich aus auch die Vorführung eines nicht auf freien Fuß befindlichen Zeugen anordnen kann[15], erscheint fraglich. § 161 a ist insoweit nicht anwendbar.

### 7. Beibringen der Beweisgegenstände

**a) Die Staatsanwaltschaft** hat nach Absatz 4 grundsätzlich die **Gegenstände, die 15 als Beweismittel dienen** (dazu § 94, 3 ff), zur Hauptverhandlung herbei zu schaffen. Dies gilt insbesondere für die Gegenstände, die die Staatsanwaltschaft in der Anklageschrift als Beweismittel benannt hat oder die das Gericht oder der Vorsitzende angefordert haben, wie etwa einen neuen Auszug aus dem Zentralregister.

Sind die Beweismittel **Bestandteil der Akten,** weil sie sich in den Akten befinden, **16** ihnen beigebunden sind oder weil sie trotz ihrer anderweitigen Aufbewahrung rechtlich zu den Akten gehören[16], so gehen sie mit Vorlage der Akten (§ 199 Abs. 2 Satz 2) in die Verfügungsgewalt des Gerichts über. Die Staatsanwaltschaft hat damit ihrer Herbeischaffungspflicht genügt; das Gericht muß dann selbst durch entsprechende Anordnungen dafür sorgen, daß die betreffenden Beweismittel ihm am Ort der Hauptverhandlung zur Verfügung stehen.

Bei anderen im **Gewahrsam des Gerichts** befindlichen Beweismitteln, etwa den in **17** einer anderen Sache beschlagnahmten Gegenständen (vgl. § 98 Abs. 3), wird zweckmäßigerweise mit dem Vorsitzenden abgesprochen, daß er durch eine eigene Anordnung nach § 214 Abs. 4 Satz 2, § 221 dafür sorgt, daß sie dem Gericht zur Hauptverhandlung vorliegen.

Welche **Anordnungen die Staatsanwaltschaft** zu treffen hat, um zu bewirken, daß **18** die Beweisgegenstände dem Gericht zu Beginn der Hauptverhandlung (§ 243 Abs. 1) vorliegen, richtet sich nach den Umständen des Einzelfalls. Gegenstände, welche ihrer Beschaffenheit nach nicht in den Gerichtssaal gebracht werden können, sind an geeigneter Stelle für das Gericht bereit zu halten. Befinden sich die Beweismittel noch im Gewahrsam der Staatsanwaltschaft oder bei einer ihren Weisungen unterstellten Stelle, so genügt eine entsprechende Weisung. Andere Behörden sind im Wege der Amtshilfe rechtzeitig um Übersendung der Beweismittel zu ersuchen. Im **Ausland** befindliche Gegenstände können im Wege der internationalen Rechtshilfe nach Maßgabe der bestehenden Vereinbarungen beigebracht werden, so etwa nach Art. 3 ff EuRHÜ, Beweismittel aus dem Bereich der Stationierungsstreitkräfte nach Art. VII Abs. 6 Nato-Truppenstatut.

---

[15] So aber KMR-*Paulus* 26; *Kleinknecht/ Meyer* 8 (entspr. Anwendung von § 36 Abs. 2 Satz 2 StVollzG).

[16] Vgl. die Erl. zu § 147 und § 199, 23.

Walter Gollwitzer

**19**     Haben **Privatpersonen** die Gegenstände in Besitz, so sind sie in geeigneter Form darum zu ersuchen, die Gegenstände zur Hauptverhandlung zur Verfügung zu stellen. Für die rechtzeitige Abholung ist Sorge zu tragen, sofern sich die Privatpersonen nicht bereit erklären, die Gegenstände (z. B. Urkunden) zur Hauptverhandlung mitzubringen. Bei Weigerung ist die Beschlagnahme (§ 94 ff) zu veranlassen.

**20**     Die Staatsanwaltschaft erläßt die erforderlichen Anordnungen im **eigenen Namen,** selbst wenn sie insoweit eine richterliche Anordnung (§ 221) ausführt[17].

**21**     b) Das **Gericht** kann nach Absatz 4 Satz 2 ebenfalls die Herbeischaffung von Beweisgegenständen anordnen. Diese Doppelzuständigkeit für die Herbeischaffung erleichtert die Vorbereitung der Hauptverhandlung. Die Bereitstellung der für die Sachaufklärung für erforderlich gehaltenen Beweismittel soll nicht durch eine starre Kompetenzverteilung zwischen Gericht und Staatsanwaltschaft beengt werden. Sie dient — vernünftig gehandhabt — der Prozeßbeschleunigung und der Prozeßwirtschaftlichkeit. Bei Gegenständen, die ohnehin vom Gericht verwahrt werden oder deren Beibringung das Gericht plötzlich für erforderlich hält, wäre es beispielsweise ein mit unnötigem Zeitverlust und vermeidbarem Verwaltungsaufwand verbundener Umweg, wenn das Gericht erst auf eine Anordnung der Staatsanwaltschaft hinwirken müßte. Umgekehrt gilt gleiches.

**22**     Absatz 4 Satz 2 versteht **Gericht als Funktionseinheit** im Gegensatz zur Staatsanwaltschaft. Er regelt nicht, wer für das Gericht handelt. Diese Vorschrift darf nicht dahin ausgelegt werden, daß, weil nur Absatz 1 ausdrücklich den Vorsitzenden erwähnt, nicht dieser, sondern das Gericht als Spruchkörper die Anordnung nach Absatz 4 Satz 2 zu treffen habe. Wie § 221 und die Begründung des Regierungsentwurfs[18] zeigen, ändert sich nichts daran, daß regelmäßig der Vorsitzende für das Gericht diese Anordnung erläßt[19]. Im übrigen wird auf die Erläuterungen zu § 221 verwiesen.

### 8. Rechtsbehelfe

**23**     a) **Beschwerde.** Die Anordnung des Vorsitzenden, eine Beweisperson zu laden oder entgegen einem Vorschlag nicht zu laden, ist nicht mit Beschwerde (§ 304) anfechtbar. Dies folgt aus § 305 Satz 1 sowie aus der mangelnden prozessualen Beschwer bei einer Ablehnung, da § 214 Abs. 3, § 220 Abs. 1 dem Angeklagten und den ihm gleichgestellten Personen sowie der Staatsanwaltschaft bei Ablehnung das Recht einräumen, die Beweispersonen selbst zu laden. Im übrigen können sie durch Ausübung ihres Beweisantragsrechts in der Hauptverhandlung auf die Zuziehung weiterer Beweispersonen hinwirken[20]. Auch Zeugen und Sachverständige haben kein Beschwerderecht gegen ihre Ladung, die eine kraft Gesetzes bestehende Verpflichtung konkretisiert[21]. Sie können Hinderungsgründe im Wege der § 51 Abs. 2, § 72 geltend machen.

**24**     Anfechtbar mit Beschwerde nach § 304 — und nicht mit Antrag nach §§ 23 ff EGGVG — ist dagegen die Verfügung des Vorsitzenden, mit der er über die Gewährung eines **Reisekostenvorschusses** an einen auswärts wohnenden, mittellosen Angeklagten entscheidet[22]. Bei den entsprechenden Anträgen eines Zeugen oder Sachverständigen nach § 14 ZuSEntschG ist die Beschwerde nach Maßgabe des § 16 ZuSEntschG gegeben.

---

[17] RGSt **18** 76 für Ladungen.
[18] BTDrucks. 7 551 S 79.
[19] KK-*Treier* 12.
[20] KK-*Treier* 13; *Kleinknecht/Meyer* 13; KMR-*Paulus* 28.

[21] OLG Hamm MDR **1978** 690; OLG Köln NJW **1981** 2480; ferner Fußn. 20.
[22] OLG Bremen NJW **1965** 1617; OLG Düsseldorf MDR **1983** 689; OLG Stuttgart NJW **1978** 1120.

**b)** Die **Revision** kann auf eine unterlassene oder fehlerhafte Ladung allein nicht **25** gestützt werden. Gerügt werden kann nur ihre Auswirkung, sofern der Ladungsfehler die weitere Verfahrensgestaltung beeinflußt hat, vor allem, wenn durch die Abwesenheit der zu ladenden Person oder Stelle zwingendes Verfahrensrecht oder die Aufklärungspflicht verletzt worden ist, wie etwa bei Nichtladung der Jugendgerichtshilfe[23].

## § 215

[1]**Der Beschluß über die Eröffnung des Hauptverfahrens ist dem Angeklagten spätestens mit der Ladung zuzustellen.** [2]**Entsprechendes gilt in den Fällen des § 207 Abs. 3 für die nachgereichte Anklageschrift.**

**Entstehungsgeschichte.** Art. 2 der 2. VereinfVO beseitigte mit dem Eröffnungsbeschluß auch den dadurch gegenstandslos gewordenen § 215. Art. 3 Nr. 98 VereinhG stellte den früheren Zustand wieder her. Satz 2 wurde durch Art. 7 Nr. 8 StPÄG 1964 angefügt. Art. 1 Nr. 69 des 1. StVRG hat dann in Satz 2 die gegenstandslos gewordene Erwähnung des § 208 Abs. 2 gestrichen. Bezeichnung bis 1924: § 214.

**1. Allgemeines.** Die Zustellung des Eröffnungsbeschlusses und gegebenenfalls **1** einer nachgereichten Anklageschrift (die eigentliche Anklage ist bereits nach § 201 Abs. 1 zugestellt) wird durch § 215 nur hinsichtlich des Endzeitpunktes („spätestens mit der Ladung") geregelt. Wie die Zustellung auszuführen ist, bestimmt sich genauso nach den allgemeinen Vorschriften wie die Zustellung bzw. formlose Mitteilung des Eröffnungsbeschlusses und der nachgereichten Anklageschrift an die anderen Verfahrensbeteiligten.

**2. Zustellung** im Sinn des § 215 ist stets die förmliche Zustellung (§ 35 Abs. 2 **2** Satz 1, §§ 36 ff, 145 a), auch wenn sie nicht gleichzeitig mit der Ladung vorgenommen wird. Sie ist vom Vorsitzenden anzuordnen und von der Geschäftsstelle auszuführen. Die bloße Ladungsanordnung ersetzt die Anordnung der Zustellung des Eröffnungsbeschlusses nicht[1]. Es kommt aber nicht auf den Wortlaut der Anordnung an, sondern darauf, daß für die Geschäftsstelle erkenntlich ist, daß auch der Eröffnungsbeschluß zugestellt werden soll.

**3. Zeitpunkt der Zustellung.** Die Zustellung des Eröffnungsbeschlusses und der **3** nachgereichten Anklageschrift ist schon vor der Ladung zulässig. Die vorherige Zustellung ist insbesondere dann angezeigt, wenn die Terminsbestimmung nicht alsbald möglich ist.

Es wird für zulässig erachtet, dem Angeklagten den Eröffnungsbeschluß erst zu- **4** sammen mit einer **nachgereichten Anklage** (§ 207 Abs. 3) zuzustellen[2]. Es kann jedoch angezeigt sein, mit der Zustellung des Eröffnungsbeschlusses nicht bis zur Nachreichung der Anklageschrift zu warten. Sind mit dem Eröffnungsbeschluß Entscheidungen verbunden, die angefochten werden können (§ 210 Abs. 2), gebietet es die Prozeßökonomie, den Eröffnungsbeschluß möglichst schnell hinauszugeben, um rasch Klarheit über den

---

[23] BGH MDR **1977** 1029; weitere Nachweise bei § 244 und Vor § 226, 47.

[1] KMR-*Paulus* 3; **a. A.** KK-*Treier* 1.
[2] *Eb. Schmidt* Nachtr. I 2.

Walter Gollwitzer

weiteren Gang des Verfahrens zu schaffen. Zwar ist nicht der Angeklagte, sondern allein die Staatsanwaltschaft oder der Nebenkläger beschwerdeberechtigt. Etwa bei einem zum Teil eröffnenden, zum Teil die Eröffnung ablehnenden Beschluß ist jedoch die Kenntnis des ganzen Beschlusses Voraussetzung für die sachgerechte Anhörung des Angeklagten im Beschwerdeverfahren.

**5**      **4. Nachgereichte Anklageschrift.** Die nachgereichte Anklageschrift, für die § 201 nicht gilt, kann ebenfalls schon vor der Ladung zugestellt werden. Entspricht die nachgereichte Anklageschrift **nicht dem Eröffnungsbeschluß** und kann dies nicht formlos dadurch bereinigt werden, daß die Staatsanwaltschaft auf Hinweis des Vorsitzenden die Divergenz beseitigt, dann hat das Gericht, wenn es die Ansicht des Vorsitzenden teilt, die Zustellung der Anklage durch Beschluß abzulehnen, der in entsprechender Anwendung des § 210 Abs. 2 mit sofortiger Beschwerde angefochten werden kann. Der ablehnende Beschluß und die ihm zugrunde liegende (abgelehnte) Anklage sind dem Angeklagten mitzuteilen. Etwas anderes gilt, wenn der Eröffnungsbeschluß mit oder (gesetzwidrig) ohne Zustimmung der Staatsanwaltschaft die Verfolgung auf einzelne abtrennbare Teile einer Tat beschränkt hatte (§ 207 Abs. 2 Nr. 2) und diese von der Staatsanwaltschaft erneut in die Anklageschrift aufgenommen worden sind. Da das Gericht diese Teile auf Antrag der Staatsanwaltschaft wieder einbeziehen muß (§ 154 a Abs. 3 Satz 2), darf es in diesem Fall die Zustellung der nachträglichen Anklageschrift nicht verweigern. Es muß diese zustellen und den Eröffnungsbeschluß nach Anhörung des Angeklagten u. U. ergänzen.

**5. Folgen eines Verstoßes gegen § 215**

**6**      **a) Wirksamkeit des Eröffnungsbeschlusses, Verzicht.** Der **Eröffnungsbeschluß** ist — auch wenn er sich jetzt auf die Zulassung der Anklage beschränkt — weiterhin die Grundlage der Hauptverhandlung und der zu treffenden Entscheidung. Sein wirksamer Erlaß[3], nicht aber seine ordnungsgemäße Zustellung an den Angeklagten, ist eine Verfahrensvoraussetzung[4].

**7**      Der Angeklagte kann auf die Zustellung **wirksam verzichten**[5]. Ein solcher Verzicht, der die Kenntnis des Verfahrensfehlers voraussetzt, braucht nicht ausdrücklich erklärt zu werden. Es hängt von den Umständen des Einzelfalls ab, ob er schon darin gesehen werden kann, daß der im Eröffnungsbeschluß zugelassene Anklagesatz in der Hauptverhandlung verlesen wird, ohne daß der Angeklagte die mangelnde Zustellung rügt und die Aussetzung beantragt[6]. Die unterlassene Zustellung kann durch Bekanntgabe des Eröffnungsbeschlusses in der Hauptverhandlung geheilt werden[7].

**8**      **b) Die Aussetzung** nach § 228 Abs. 1, § 265 Abs. 4 kann der Angeklagte beantragen, wenn er durch die unterbliebene Zustellung in seiner Verteidigung beeinträchtigt worden ist[8]. Wenn wegen der unterlassenen Zustellung noch eine Anfechtungsfrist läuft (§ 210 Abs. 2) und der anfechtungsberechtigte Verfahrensbeteiligte darauf nicht verzich-

---

[3] Einl. Kap. **12.** I und § 207, 5.

[4] BGH bei *Dallinger* MDR **1975** 197; OLG Karlsruhe MDR **1970** 438; **a. A.** *Oetker* JW **1929** 1044.

[5] *Schmid* Verwirkung 183; h. M; zum (nicht anzuerkennenden) Verzicht auf den Eröffnungsbeschluß selbst vgl. § 207, 41.

[6] So aber die vorherrschende Ansicht RG JW **1929** 1044 mit Anm. *Oetker*; OLG Karlsruhe MDR **1970** 438; *Eb. Schmidt* Nachtr. I 4; KK-*Treier* 2; KMR-*Paulus* 4.

[7] OLG Karlsruhe MDR **1970** 438; vgl. § 207, 44 f.

[8] KMR-*Paulus* 6.

tet, ist ebenfalls auszusetzen. Einen unbedingten Aussetzungsanspruch, wie ihn etwa § 217 Abs. 2 gewährt, hat der Angeklagte nicht[9].

**c)** Mit der **Revision** kann nach § 338 Nr. 8 gerügt werden, wenn das Gericht **9** einen Aussetzungsantrag zu Unrecht abgelehnt hat. Im übrigen kann die Revision in der Regel nicht mit Erfolg auf die unterbliebene Zustellung des Eröffnungsbeschlusses gestützt werden. Nach vorherrschender Ansicht beruht das Urteil schon dann nicht auf der unterlassenen Zustellung, wenn der Angeklagte diesen Fehler nicht in der Hauptverhandlung gerügt und die Aussetzung beantragt hat[10]. Dies gilt jedoch nicht ausnahmslos. Bei Vorliegen besonderer Umstände kann der Verfahrensfehler trotz unterbliebenen Aussetzungsantrags fortwirken und die Revision nach §§ 336, 337 begründen. Es kommt auch hier auf den Einzelfall an. So beruht das Urteil regelmäßig nicht auf dem Verfahrensfehler, wenn der Eröffnungsbeschluß dem Angeklagten nur formlos mitgeteilt wurde oder wenn der Eröffnungsbeschluß die dem Angeklagten zugestellte Anklage ohne Änderungen zugelassen hat oder wenn dem Angeklagten die erhobenen Beschuldigungen durch eine ihm zugestellte, nachgereichte Anklage bekannt waren[11].

Wird die **nachgereichte Anklageschrift** nicht zugestellt, gelten grundsätzlich die **10** gleichen Gesichtspunkte. Ein Beruhen der Entscheidung auf dem Verfahrensfehler wird trotz der Bedeutung der Anklageschrift (§ 243 Abs. 3) dann ausgeschlossen werden können, wenn der Inhalt der zugelassenen Anklage vom Angeklagten bereits zweifelsfrei dem Eröffnungsbeschluß und der ursprünglichen Anklageschrift entnommen werden konnte.

## § 216

(1) ¹Die Ladung eines auf freiem Fuß befindlichen Angeklagten geschieht schriftlich unter der Warnung, daß im Falle seines unentschuldigten Ausbleibens seine Verhaftung oder Vorführung erfolgen werde. ²Die Warnung kann in den Fällen des § 232 unterbleiben.

(2) ¹Der nicht auf freiem Fuß befindliche Angeklagte wird durch Bekanntmachung des Termins zur Hauptverhandlung gemäß § 35 geladen. ²Dabei ist der Angeklagte zu befragen, ob und welche Anträge er zu seiner Verteidigung für die Hauptverhandlung zu stellen habe.

Bezeichnung bis 1924: § 215

⁹ BGH LM Nr. 1; *Schmid* Verwirkung 184; **a. A.** RG JW **1921** 1324; auch *Eb. Schmidt* Nachtr. I § 203, 11 scheint ein Recht auf Aussetzung anzunehmen.
¹⁰ RGSt **55** 159; RG GA **46** (1898/99) 216; RG JW **1921** 1324; **1929** 1044; BGHSt **15**

40; BGH LM Nr. 1; *Schmid* Verwirkung 184.
¹¹ RG GA **46** (1898/99) 216; BGH LM Nr. 1; *Eb. Schmidt* Nachtr. I 4; KMR-*Paulus* 7.

Walter Gollwitzer

**1**     **1. Allgemeines.** § 216 regelt die **Ladung** des Angeklagten **zur Hauptverhandlung;** soll der Angeschuldigte im Zwischenverfahren zu einer Gegenüberstellung mit einem Zeugen geladen werden, so gilt nicht § 216, sondern § 133[1].

**2**     Schon dem Wortlaut nach betrifft § 216 nur die **Ladung zum Neubeginn** einer Hauptverhandlung. Er gilt auch, wenn die Hauptverhandlung nach einer Aussetzung neu begonnen wird. Einer neuen, förmlichen Ladung nach § 216 bedarf es dagegen nach der vorherrschenden Meinung nicht, wenn die Hauptverhandlung nach einer Unterbrechung fortgesetzt wird[2]. Es genügt, wenn der Termin, an dem die Verhandlung fortgesetzt werden soll, in der Hauptverhandlung bekannt gegeben wird und zwar auch dann, wenn sich der Angeklagte eigenmächtig entfernt hat (§ 230 Abs. 2)[2a]. Eine förmliche Ladung mit Warnung zu einem Fortsetzungstermin kann des Nachweises wegen angezeigt sein, wenn der Angeklagte am vorausgegangenen Verhandlungsteil nicht teilgenommen hat und das Gericht nunmehr die für erforderlich gehaltene Anwesenheit notfalls zwangsweise sicherstellen will.

**3**     **Sondervorschriften** über die Benachrichtigung des abwesenden Angeklagten enthalten die §§ 287, 288, für die Ladung des Privatbeklagten § 387 Abs. 3, für die Ladung einer juristischen Person oder einer Personenvereinigung § 444 Abs. 2 Satz 1, für die Ladung eines Mitglieds der Stationierungsstreitkräfte Art. 37 ZusatzAbK. Die Benachrichtigung der anderen Verfahrensbeteiligten vom Termin der Hauptverhandlung ist an anderer Stelle geregelt.

### 2. Ladung des in Freiheit befindlichen Angeklagten (Absatz 1)

**4**     **a) Schriftform.** Der auf freiem Fuß befindliche Angeklagte muß schriftlich und — soweit nicht ein Ausnahmefall vorliegt — unter Beifügung der Warnung geladen werden. Die Schriftform soll dem Angeklagten ermöglichen, sich durch ein in seinem Besitz befindliches Schriftstück jederzeit über Ort und Zeit der Hauptverhandlung zu vergewissern. Sie ist nur gewahrt, wenn das Schriftstück, das diese Angaben enthält, dem Angeklagten ausgehändigt und belassen wird. Eine schriftliche Terminsbenachrichtigung, die der Angeklagte unterschrieben zurückreichen muß, genügt diesem Erfordernis nicht[3]. Soweit eine Warnung notwendig ist, muß sie im Schriftstück enthalten sein[4].

**5**     **b) Zustellung.** Die Verfügung, die die Ladung enthält, ist dem Angeklagten zum Nachweis der Ladungsfrist (§ 217) förmlich zuzustellen (§ 35 Abs. 2 Satz 1). Braucht diese Frist nicht beachtet zu werden (§ 217, 4; 5), genügt die formlose Übermittlung des die Ladung enthaltenden Schriftstücks (§ 35 Abs. 2 Satz 2)[5]. Für den behördlicherseits zu erbringenden Nachweis der ordnungsgemäßen schriftlichen Ladung[6] empfiehlt sich jedoch auch in diesen Fällen die förmliche Zustellung.

**6**     Die **förmliche Zustellung** der Ladung richtet sich nach § 37. Sie kann auch an einen Zustellungsbevollmächtigten des Angeklagten bewirkt werden[7]. Für die Zustel-

---

[1] OLG Schleswig SchlHA **1958** 290.
[2] BGH JZ **1957** 673; OLG Karlsruhe Justiz **1984** 214; KK-*Treier* 9; *Kleinknecht/Meyer* 1; KMR-*Paulus* 3 hält bei längeren Unterbrechungen eine neue Ladung für erforderlich; OLG Karlsruhe NJW **1981** 934 fordert dies, wenn der Fortsetzungstermin nicht in Anwesenheit des Angeklagten verkündet wurde, so auch BGH NStZ **1984** 41 mit krit. Anm. *Hilger.*

[2a] OLG Karlsruhe Justiz **1984** 214 (zum Teil in Abkehr von OLG Karlsruhe Justiz **1981** 934).
[3] BayObLGSt **1962** 99 = NJW **1962** 1928.
[4] *Kleinknecht/Meyer* 1.
[5] BayObLG NJW **1962** 1928 und OLG Karlsruhe MDR **1974** 774 lassen dies offen.
[6] OLG Karlsruhe MDR **1974** 774.
[7] RGSt **43** 321; **66** 79.

lungsvollmacht des Verteidigers gilt § 145 a Abs. 3. Eine Ersatzzustellung ist zulässig. Hat aber der durch eine Ersatzzustellung ordnungsgemäß geladene Angeklagte von dem Termin erst so spät erfahren, daß er seine Verteidigung nicht mehr vorbereiten konnte, so kann er nach § 228 die Aussetzung beantragen[8]. Für die Zustellung der Ladung im Ausland sind die jeweiligen vertraglichen Vereinbarungen maßgebend, etwa Art. 7 Abs. 3 EuRHÜ.

**c)** Die **Warnung,** für die ebenfalls die Schriftform gilt (Rdn. 4), soll dem Ange- **7** klagten die möglichen Folgen eines unentschuldigten Fernbleibens vor Augen halten. Sie ist Voraussetzung für die Anwendung von Zwangsmitteln gem. § 230 Abs. 2 (§ 230, 23). Sie ist entbehrlich, wenn das Gericht ohne den Angeklagten verhandeln kann und will. Im Falle des § 232 treten an die Stelle der Warnung die dort in Absatz 1 Satz 1 vorgesehenen Hinweise. Bei der Ladung zur Hauptverhandlung nach Einspruch gegen den Strafbefehl und bei der Ladung zur Verhandlung über die Berufung ersetzt der Hinweis auf die Folgen des Ausbleibens (§§ 329, 412) die Warnung (vgl. § 323 Abs. 1 Satz 2)[9]. Bei Ladung im Ausland hat die Androhung der Zwangsmittel zu unterbleiben[10]. Im Privatklageverfahren enthält die Warnung nur die Androhung der Vorführung (§ 387 Abs. 3).

**3. Ladung des behördlich verwahrten Angeklagten (Absatz 2)**
**a) Bekanntgabe nach § 35.** Einem nicht auf freien Fuß befindlichen Angeklagten **8** (zur Tragweite dieses Begriffs vgl. § 35, 25) ist der Termin der Hauptverhandlung nach § 35 bekanntzugeben.

**b) Zustellung.** Sofern nicht ausnahmsweise § 35 Abs. 1 Platz greift, ist die förm- **9** liche Zustellung des die Festsetzung des Termins enthaltenen Schriftstücks durch Übergabe und — wenn beantragt — durch Vorlesen (s. § 35 Abs. 3) notwendig. Es genügt nicht, wenn der Termin dem Angeklagten, der bei der Verkündung nicht anwesend war, durch den Urkundsbeamten zur Niederschrift der Geschäftsstelle bekanntgemacht wird. Es muß eine neue Ladung zugestellt werden[11]. Die Zustellung kann durch einen zum Zustellungsbeamten (Gerichtswachtmeister nach § 37; §§ 211, 212 ZPO) bestellten Bediensteten der Vollzugsanstalt unmittelbar an den Gefangenen bewirkt werden.
Absatz 2 schließt die **Ersatzzustellung** an eine außerhalb des Gefängnisses befind- **10** liche Person aus[12]. Die Ersatzzustellung an den Gefängnisvorstand oder seinen Vertreter als Hauswirt des Angeklagten ist dagegen wirksam (§ 37, 46)[13]. Die Ladung über den Verteidiger nach § 145 a Abs. 3 ist auch im Falle des Absatzes 2 zulässig[14].

**c)** Die **Befragung** des Angeklagten nach Absatz 2 soll dem durch die Haft in sei- **11** ner Verteidigung möglicherweise behinderten Angeklagten Gelegenheit geben, rechtzeitig vor der Hauptverhandlung Anträge zu seiner Verteidigung zu stellen. Sie ist bei oder unverzüglich nach Zustellung der Ladung vorzunehmen. Sie muß trotz des Wortlauts („dabei") nicht gleichzeitig mit der Zustellung geschehen. Bei der Ersatzzustellung an den Gefängnisvorstand als Hauswirt wäre dies auch gar nicht möglich. Doch ist dafür zu sorgen, daß der Angeklagte alsbald befragt wird und daß er, wenn er eine Erklärung abgeben will, unverzüglich dazu Gelegenheit erhält. Die Befragung und die

[8] OLG Celle NJW **1961** 1319; KK-*Treier* 4; **a. A.** *Koeniger* 176 Aussetzung nach § 217 Abs. 2.
[9] BayObLGSt **1962** 7.
[10] Vgl. RiVASt Nr. 151 Abs. 4.

[11] RG HRR **1938** Nr. 1215.
[12] BGH NJW **1951** 931; BayObLG JW **1929** 1488; OLG Saarbrücken VRS **43** 39.
[13] KK-*Treier* 6; **a. A.** *Koeniger* 177.
[14] KK-*Treier* 6; *Kleinknecht/Meyer* 4.

Walter Gollwitzer

Entgegennahme von Anträgen muß nicht notwendig durch den Zustellungsbeamten geschehen. Sie kann auch einem anderen, dazu besonders bestellten Anstaltsbediensteten übertragen werden. Soweit die Anträge keiner besonderen Form bedürfen, ist es unschädlich, wenn dieser nicht die Befugnisse eines Urkundsbeamten der Geschäftsstelle hat. Können Anträge nur bei einem solchen Beamten wirksam gestellt werden, kann der Angeklagte verlangen, daß der Urkundsbeamte der Geschäftsstelle sie zu Protokoll nimmt[15]. Die Befragung und die hierauf abgegebene Erklärung des Angeklagten sind zu beurkunden[16].

**12**     Die Befragung wird nicht dadurch **entbehrlich,** daß sich der Angeklagte bereits zur Anklage erklärt und Anträge gestellt hat (vgl. § 201) oder daß er einen Verteidiger mit der Wahrnehmung seiner Rechte beauftragt hat. Eine bloß schriftliche Befragung genügt nicht[17]. Einer Befragung bedarf es dagegen nach dem Zweck der Regelung nicht, wenn der Angeklagte durch Zustellung der Ladung an seinen nach § 145 a Abs. 3 besonders bevollmächtigten Verteidiger geladen wird[18]. In der Erteilung der Ladungsvollmacht liegt ein Verzicht auf eigene Ladung einschließlich Befragung.

**13**     d) Einer **Warnung** nach § 216 Abs. 1 Satz 1 bedarf es nicht, wenn der in Haft befindliche Angeklagte von Amts wegen zum Termin vorgeführt wird. Sie ist auch entbehrlich, wenn er vom Erscheinen entbunden ist. Wird der nach Absatz 2 geladene Angeklagte aus der Haft entlassen, so muß die Warnung nachgeholt werden. Sie kann ihm bei der Freilassung durch Übergabe eines entsprechenden Schriftstücks oder nachher durch Zustellung zur Kenntnis gebracht werden. Auch eine neue Ladung nach Absatz 1 ist zulässig.

### 4. Mängel der Ladung

**14**     a) **Wirksamkeit.** Eine Ladung, die den Erfordernissen des § 216 nicht genügt, entfaltet keine Rechtswirkung, soweit sich der Ladungsfehler zu Lasten des Angeklagten ausgewirkt haben kann. Sie jedoch auch wegen eines nicht zur Auswirkung gekommenen Fehlers als unwirksam anzusehen[19], ist vom Gesetzeszweck her nicht geboten[20]. Es genügt, wenn die Rechtsfolgen zu Lasten des Angeklagten ausgeschlossen werden, die an den fehlerhaften Ladungsinhalt anknüpfen (Säumnisfolgen). Erscheint der zu einer falschen Zeit oder an einen falschen Ort geladene Angeklagte nicht zum Termin, so darf, auch wenn sonst die Voraussetzungen gegeben wären, nicht ohne den Angeklagten verhandelt oder sein Rechtsbehelf wegen des unentschuldigten Ausbleibens verworfen werden. Dies gilt selbst dann, wenn nur der Sitzungssaal falsch bezeichnet ist und der Angeklagte den richtigen Saal jederzeit hätte erfragen können[21].

**15**     Ob die Ladung ordnungsgemäß ist, insbesondere, ob nach Absatz 1 oder Absatz 2 zu laden war, bestimmt sich nach den **Verhältnissen zur Zeit der Ladung.** Ändern sich diese später — etwa weil der nach Absatz 1 geladene Angeklagte nachträglich in Haft genommen wird, — dann läßt dies die Wirksamkeit der Ladung unberührt. Dies gilt auch bei der Entlassung eines nach Absatz 2 Geladenen aus der Haft (Rdn. 13). Wenn die Nachholung der Warnung unterbleibt, ist die Ladung wirksam. Der unentschuldigt ausbleibende Angeklagte darf aber nicht nach § 230 Abs. 2 verhaftet oder vorgeführt

---

[15] KMR-*Paulus* 17; KK-*Treier* 7 verneint einen solchen Anspruch allgemein.

[16] RGSt **48** 386; BayObLG JW **1929** 1488.

[17] *Eb. Schmidt* 8, 9; KMR-*Paulus* 16.

[18] KK-*Treier* 8; *Kleinknecht* 8.

[19] BayObLG JW **1929** 1488; OLG Stuttgart OLGSt 1.

[20] BGHSt **24** 149; KG GA **1975** 148; KK-*Treier* 10.

[21] BayObLGSt **1969** 104 = VRS **38** 299.

werden, denn die Maßnahmen nach §230 Abs. 2 setzen die vorherige Androhung voraus.

**b) Erscheint der Angeklagte** trotz unterbliebener oder mangelhafter Ladung zum **16** Termin, dann kann gegen ihn verhandelt werden, wenn er nicht nach §217 Abs. 2 die Aussetzung beantragt (die Ladungsfrist kann bei unrichtiger Terminsangabe noch laufen, vgl. §217, 3). Unterläßt der Angeklagte diesen Antrag, kann er die Revision später nicht auf den Mangel stützen (§217, 16). Greift §217 Abs. 2 nicht Platz, kann der Angeklagte wegen der fehlerhaften Ladung nur die Aussetzung nach §228 beantragen, sofern der Ladungsfehler ihn in der Vorbereitung seiner Verteidigung behindert hat. Unterläßt er dies, scheitert die allein auf den Ladungsfehler gestützte Revision in der Regel daran, daß das Urteil auf diesem Fehler nicht beruht.

**Schrifttum und Rechtsprechung** kommen meist zum gleichen Ergebnis[22]. Hat der **17** Angeklagte den Fehler in der Hauptverhandlung nicht gerügt und keine Aussetzung beantragt, so wird auch seiner darauf gestützten Revision der Erfolg versagt. Dabei bleibt mitunter offen, ob ein Rügeverlust durch Präklusion oder durch stillschweigenden Verzicht angenommen wird oder ob nur verneint werden soll, daß das Urteil auf dem Ladungsfehler beruht. Bei reinen Formfehlern, die die Verteidigung nicht beeinträchtigen können, ist letzteres die Regel[23]. Das gleiche gilt, wenn die Befragung nach Absatz 2 unterblieben ist. Der Angeklagte ist dadurch nicht gehindert, in der Hauptverhandlung alle zu seiner Verteidigung notwendigen Anträge zu stellen. Hat der Angeklagte auf Grund einer fehlerhaften Ladung (zum Schöffengericht statt zur Strafkammer) irrtümlich angenommen, eine zweite Tatsacheninstanz zu haben, und deshalb sein Verteidigungsvorbringen zurückgehalten, dann kann er darauf die Revision nicht stützen[24].

**5. Verzicht.** Der Angeklagte kann auf die Zustellung der Ladung — ebenso wie **18** auf Einhaltung der Ladungsfrist (§217 Abs. 3) — wirksam verzichten[25].

## §217

(1) **Zwischen der Zustellung der Ladung (§216) und dem Tag der Hauptverhandlung muß eine Frist von mindestens einer Woche liegen.**
(2) **Ist die Frist nicht eingehalten worden, so kann der Angeklagte bis zum Beginn seiner Vernehmung zur Sache die Aussetzung der Verhandlung verlangen.**
(3) **Der Angeklagte kann auf die Einhaltung der Frist verzichten.**

**Entstehungsgeschichte.** Während die Ladungsfrist unverändert blieb, hat der Zeitpunkt, bis zu dem der Angeklagte die Aussetzung der Hauptverhandlung verlangen kann, mehrfach gewechselt. Zunächst — und dann wieder seit dem Vereinheitlichungsgesetz von 1950 — stellte die Strafprozeßordnung auf den Beginn der Verlesung des Eröffnungsbeschlusses ab. Die auf Art. 2 Abs. 2 der VO vom 13. 8. 1942 beruhende Fassung des Absatzes 2 bestimmte ebenso wie die jetzt auf Grund des Art. 7 Nr. 9 StPÄG 1964 geltende Fassung den Beginn der Vernehmung des Angeklagten zur Sache als den maßgebenden Zeitpunkt. Absatz 3 ist durch Art. 3 Nr. 99 VereinhG eingefügt worden. Bezeichnung bis 1924: §216.

---

[22] RGRspr. **1** 229; **5** 629; RGSt **48** 386; RG JW **1921** 1323; KG GA **76** (1932) 169; ferner die Zusammenstellungen bei *Schmid* Verwirkung 203 ff, 219 ff; KK-*Treier* 11.

[23] RGRspr. **5** 629; KMR-*Paulus* 21.
[24] BGHSt **16** 389; KK-*Treier* 11.
[25] RGRspr. **5** 629; RG JW **1921** 1323; OLG Hamburg HESt **3** 28.

Walter Gollwitzer

*Übersicht*

**1**  **1. Zweck der Ladungsfrist.** Die **Mindestfrist von einer Woche** soll dem Angeklagten genügend Zeit für die Vorbereitung seiner Verteidigung gewähren[1]. Sie soll ihm ermöglichen, sich dafür zweckdienliche Unterlagen zu beschaffen, Erkundigungen einzuziehen (§ 246 Abs. 2), Anträge zu stellen (etwa §§ 219, 222 b) und sein Ladungsrecht nach § 220 auszuüben. Die Abstimmung außerprozessualer Verpflichtungen mit dem Hauptverhandlungstermin dürfte dagegen nicht Zweck der dafür ohnehin zu kurzen Wochenfrist sein[2]. Reicht die Frist im einzelnen Fall zur Vorbereitung der Verteidigung nicht aus, so kann der Angeklagte unter Glaubhaftmachung dieses Umstandes beantragen, daß die Hauptverhandlung verlegt werde (Mot. 177). Über den Antrag entscheidet der Vorsitzende, der dabei berücksichtigen muß, daß das Recht auf Gehör (Art. 103 Abs. 1 GG und Art. 6 Abs. 3 Buchst. b MRK) eine dem Umfang der Sache angemessene Vorbereitungszeit fordert[3], die länger sein kann als die Frist des § 217 Abs. 1. Den Anspruch hierauf kann der Angeklagte unter Darlegung seiner Gründe mit dem Antrag auf Terminsverlegung und in der Hauptverhandlung mit dem Aussetzungsantrag geltend machen. Die Frist des § 217 ist auch in der Berufungsinstanz und dann zu beachten, wenn das Revisionsgericht eine Sache zur neuen Verhandlung und Entscheidung zurückverwiesen hat[4]; für das Verfahren vor dem Revisionsgericht gilt sie nicht[5]. Nach Ansicht des Kammergerichts[6] ist die Ladungsfrist erneut einzuhalten, wenn sich die Verfahrenslage des Angeklagten vor der Hauptverhandlung so grundlegend ändert, daß er dadurch der erneuten Vorbereitung auf den Termin bedarf. Die Ladungsfrist ist eine Frist zugunsten des Angeklagten. Die anderen Prozeßbeteiligten haben keinen Anspruch darauf, daß sie eingehalten wird[7].

**2**  **Sondervorschrift.** Im beschleunigten Verfahren beträgt die Ladungsfrist nach § 212 a Abs. 3 Satz 3 vierundzwanzig Stunden (vgl. auch § 212 a, 24).

**3**  **2. Berechnung der Ladungsfrist.** Der Tag, an dem die Ladung zugestellt worden ist, und der Tag, der für die Hauptverhandlung bestimmt ist, sind nicht mit einzurechnen[8]. § 43 Abs. 2 gilt für die Ladungsfrist nicht[9]. Die Ladungsfrist läuft auch, wenn der Angeklagte eine fehlerhafte Ladung erhalten hat[10]. Wird er auf einen falschen Tag geladen, so ist er, wenn er die Kenntnis vom richtigen Termin erlangt, so zu stellen, wie wenn er sie durch eine förmliche Änderungsmitteilung erhalten hätte (Rdn. 4).

**4**  **3. Änderung des Termins.** Wird die Hauptverhandlung **vorverlegt,** so muß die Frist, auch wenn sie von der alten Ladung bis zur neu bestimmten Zeit der Hauptver-

---

[1] RG JW **1930** 931; BGHSt **24** 146.

[2] So aber BayObLGSt **1978** 98 = MDR **1979** 158; dagegen KMR-*Paulus* 6.

[3] EuKomMR NJW **1977** 351; *Dahs* Rechtl. Gehör 86; *Rüping* ZStW **91** (1979) 355; KMR-*Paulus* 6; ebenso Art. 14 Abs. 3 Buchst. b IPBR.

[4] RGSt **42** 409; KK-*Treier* 3; KMR-*Paulus* 3.

[5] Vgl. die Erl. zu § 350.

[6] VRS **42** 213; ähnlich OLG Hamm VRS **50** 307.

[7] KK-*Treier* 1; KMR-*Paulus* 9.

[8] BayObLG DRiZ **1930** Nr. 154.

[9] *Eb. Schmidt* Nachtr. 3; KK-*Treier* 5; KMR-*Paulus* 7.

[10] KMR-*Paulus* § 216, 21.

handlung gewahrt wäre, bei der neuen Ladung um deswillen eingehalten werden, weil der Angeklagte wegen der früher gesetzten längeren Frist mit der Vorbereitung seiner Verteidigung zugewartet haben kann[11]. Findet der Termin am gleichen Tag nur einige Stunden früher statt, berührt dies die Ladungsfrist nicht[12]. Wird die Hauptverhandlung auf einen **späteren Zeitpunkt** verlegt, muß die Ladungsfrist nicht nochmals eingehalten werden[13].

Die Ladungsfrist ist nur bei der Ladung **zum ersten Hauptverhandlungstermin** zu **5** wahren. Für spätere Termine in der gleichen Instanz gilt sie in der Regel nicht. Dies ist weitgehend unstreitig[14], so wenn der Angeklagte zur Fortsetzung der unterbrochenen Hauptverhandlung nach § 229 nochmals geladen oder nach § 230 Abs. 2 vorgeführt wird. Strittig ist, ob nach einer Aussetzung erneut die Ladungsfrist einzuhalten ist, weil die Vorbereitungsarbeit immer neu anfällt[15]. Hatte der Angeklagte keine Kenntnis vom ersten Termin, muß die Ladungsfrist beim späteren Termin gewahrt werden[16].

**4. Aussetzungsantrag.** Ist die Frist nach Absatz 1 nicht eingehalten, kann der An- **6** geklagte die Aussetzung der Verhandlung beantragen. Das Gericht (§ 228 Abs. 1 Satz 1) muß diesem Antrag entsprechen. Der Vorsitzende soll den Angeklagten auf dieses Recht hinweisen (§ 228 Abs. 3). Ein Aussetzungsantrag liegt auch vor, wenn der Angeklagte wegen der Nichteinhaltung der Ladungsfrist die Verlegung des Termins verlangt oder sonst zum Ausdruck bringt, daß er mit der Durchführung der Hauptverhandlung an dem festgelegten Termin nicht einverstanden ist[17].

Der Antrag kann nur bis zur **Vernehmung des Angeklagten zur Sache** (§ 243 **7** Abs. 4 Satz 2) gestellt werden, wobei für jeden Angeklagten seine eigene Vernehmung zur Sache maßgebend ist. Wird der Antrag erst später gestellt, zwingt er das Gericht nicht mehr zur Aussetzung nach Absatz 2. Das Gericht hat jedoch zu prüfen, ob nach allgemeinen Grundsätzen ein begründeter Anlaß besteht, das Verfahren auszusetzen. Dies kann geboten sein, wenn der Angeklagte glaubhaft darlegt, daß ihm nicht genügend Zeit zur Vorbereitung seiner Verteidigung geblieben ist (§ 265 Abs. 4), etwa weil für seine Verteidigung wichtige Umstände neu hervorgetreten sind[18].

Der Angeklagte kann den Aussetzungsantrag schon **vor Beginn der Hauptver- 8 handlung** stellen. Er ist nicht verpflichtet, nur zum Zwecke der Antragstellung zum Hauptverhandlungstermin zu erscheinen[19]. Der Aussetzungsantrag ist formal zugleich auch ein Antrag auf Terminsverlegung.

**5. Verzicht des Angeklagten.** Der nachträglich eingefügte Absatz 3 stellt klar, daß **9** der Angeklagte rechtswirksam auf die Einhaltung der Ladungsfrist verzichten kann. Es

---

[11] RGSt **25** 74; **65** 113; RG DRiZ **1928** Nr. 829; RG HRR **1940** Nr. 132.

[12] KK-*Treier* 4; **a. A.** RG JW **1928** 2250 mit abl. Anm. *Mamroth*.

[13] RGSt **15** 113; BayObLGSt **32** 40 = JW **1932** 2892; KK-*Treier* 4; *Kleinknecht/Meyer* 1.

[14] RGRspr. **3** 113; **9** 177; RGSt **15** 113; **42** 409; RG DJZ **1914** 441; RG JW **1930** 931; **1934** 844; BayObLG JW **1932** 2892; BGHSt **24** 143 = LM Nr. 2 mit Anm. *Willms*; BGH NJW **1982** 248; JZ **1957** 673 mit Anm. *Eb. Schmidt*; OLG Schleswig bei *Ernesti/Jürgensen* SchlHA **1977** 182.

[15] Verneinend OLG Hamm JMBlNW **1982** 19; KK-*Treier* 8; *Kleinknecht/Meyer* 1; KMR-Paulus 6; **a. A.** BayObLGSt **1978** 98 = VRS **55** 435; *Stern* JW **1930** 931; *Hafner* JW **1934** 844.

[16] BGHSt **24** 143 = LM Nr. 2 mit Anm. *Willms*.

[17] BayObLGSt **1978** 98 = VRS **55** 435.

[18] KK-*Treier* 4; KMR-*Paulus* 3.

[19] BGHSt **24** 151; *Cramer* JR **1972** 162; *Koffka* JR **1967** 192; KK-*Treier* 7; **a. A.** OLG Köln NJW **1955** 1243.

ist statthaft und kann gegenüber einem verhafteten Angeklagten in dessen wohlverstandenem Interesse angebracht sein, ihn zu befragen, ob er verzichten wolle[20]. Der Verzicht ist unwiderruflich; doch muß dem im Widerruf enthaltenen Antrag auf Aufschub der Hauptverhandlung stattgegeben werden, wenn sachliche Gründe hierfür vorliegen.

**10**    Auf Grund der **Rechtsprechung des Reichsgerichts** (vor Einfügen des Absatzes 3) wurde angenommen, der Angeklagte verzichte stillschweigend auf die Einhaltung der Ladungsfrist, wenn er in der Hauptverhandlung keinen Antrag auf Aussetzung der Verhandlung stelle[21]; das gelte selbst dann, wenn der Vorsitzende entgegen dem § 228 Abs. 3 den Angeklagten nicht auf die Befugnis hingewiesen habe, daß er Aussetzung der Verhandlung verlangen könne. Nach BGHSt **24** 143[22] bestimmt dagegen nicht der Gedanke des Verzichts, sondern der der **Verwirkung** im weiten Sinn die Auslegung des Absatzes 2. Dies trägt dem Umstand Rechnung, daß ein echter Verzicht voraussetzt, daß der Angeklagte die Stellung des Aussetzungsantrags wissentlich und willentlich unterläßt, während nach der Rechtsprechung bei Absatz 2 nur maßgebend ist, daß er bis zum Beginn seiner Vernehmung zur Sache den Aussetzungsantrag nicht gestellt hat[23].

**11**    Absatz 3 fordert dagegen einen echten, vom Angeklagten bewußt gewollten **Verzicht** auf die Einhaltung der Ladungsfrist. Dieser ist auch durch konkludente Handlung möglich; in dem bloßen Unterlassen der Antragstellung liegt aber nicht notwendig schon ein stillschweigender Verzicht. Ein solcher kann nur angenommen werden, wenn feststeht, daß der Angeklagte sein Recht kennt, er also weiß, daß die Frist nicht gewahrt ist und daß er berechtigt ist, die Aussetzung zu beantragen[24]. Nur unter dieser Voraussetzung ist ein Verzicht durch schlüssige Handlung möglich, so etwa, wenn der Angeklagte nach einem Hinweis des Vorsitzenden nach § 228 Abs. 3 keinen Aussetzungsantrag stellt oder wenn aus seiner sonstigen Antragstellung oder anderen Verfahrensumständen erkennbar wird, daß er die beschleunigte Fortführung des Verfahrens will[25].

**12**    Der **Verteidiger,** dessen eigene Rechte in § 218 geregelt werden, kann namens des Angeklagten nur dann auf die Wahrung der Ladungsfrist wirksam verzichten, wenn er zu dieser Erklärung besonders ermächtigt ist[26]. Ein eigenes Recht zum Verzicht hat er nicht; ob er durch seinen Widerspruch einen wirksamen Verzicht des Angeklagten verhindern kann, erscheint fraglich[27].

### 6. Folgen der Nichteinhaltung der Ladungsfrist

**13**    a) **Pflicht zum Erscheinen.** Die Rechtsprechung vertritt vorwiegend die Ansicht, die Nichteinhaltung der Ladungsfrist gebe dem Angeklagten nur das Recht, die Aussetzung gem. Absatz 2 zu verlangen, sie entbinde ihn aber nicht von der **Verpflichtung,**

---

[20] BGHSt **29** 225.

[21] RGRspr. **1** 262; **1** 299; **1** 376; **1** 743; RG LZ **1918** 285; **1922** 416; ähnlich BGH bei *Dallinger* MDR **1952** 532; nach *Bohnert* 156 war aber auch damals schon der Gedanke maßgebend, daß § 217 Abs. 2 die Folgen der Fristverletzung abschließend regelt.

[22] = LM Nr. 2 mit Anm. *Willms;* dagegen *Peters* § 59 I 1 b aa; *Bohnert* NStZ **1983** 344 (Verwirkung nur bei treuwidrigem Verhalten); *Bohnert* 157: „Wer Zwischenrechtsbehelfe nicht wahrnimmt, verwirkt sie nicht, sondern verliert sie."

[23] *Bohnert* 156 und NStZ **1983** 344 unterscheidet zwischen dem willensgetragenen echten Verzicht und dem nur an die unterlassene Antragstellung anknüpfenden Verlust des Rechts auf Aussetzung. Auch KMR-*Paulus* 14 unterscheidet zwischen dem Verzicht nach Absatz 3, der Kenntnis des Antragsrechts erfordert und der Rügepräklusion des Absatzes 2.

[24] OLG Hamburg JR **1967** 193 mit Anm. *Koffka; Eb. Schmidt* 9; *Koeniger* 178; *Peters* § 59 I 1 b aa).

[25] KK-*Treier* 4; *Kleinknecht/Meyer* 4; KMR-*Paulus* 14.

[26] RG JW **1930** 3325; OLG Hamm NJW **1954** 1856.

[27] Vgl. *Rieß* NJW **1977** 883.

**zum Termin zu erscheinen;** bleibe er fern, so könne seine Vorführung oder Verhaftung gem. § 230 Abs. 2 angeordnet, gegen ihn unter den Voraussetzungen des § 232 verhandelt und sein Einspruch (§ 412) oder seine Berufung (§ 329) sofort verworfen werden[28], sofern er nicht unter Würdigung aller Umstände — wozu auch die Nichteinhaltung der Ladungsfrist gehört — genügend entschuldigt sei. Eine Mindermeinung[29] sieht dagegen die Einhaltung der Frist als Voraussetzung für eine ordnungsgemäße Ladung an, mit der Folge, daß die obengenannten Rechtsfolgen nicht zulässig sind, wenn die Frist nicht gewahrt ist.

Selbst wenn man mit der vorherrschenden Meinung[30] die Einhaltung der Ladungsfrist nicht als Bestandteil einer ordnungsgemäßen Ladung ansieht, müssen bei Nichteinhaltung der Ladungsfrist **Zwangsmaßnahmen nach § 230 Abs. 2** in der Regel unterbleiben, wenn sie zum Ziele haben, den Angeklagten zum Erscheinen zu einer Hauptverhandlung zu zwingen, deren Durchführung er mit dem Antrag nach Absatz 2 verhindern kann[31].    **14**

b) Die **Beschwerde** gegen den Beschluß, der die Aussetzung ablehnt, scheitert an § 305 Satz 1 (vgl. § 228, 29).    **15**

c) Mit der **Revision** kann die Nichteinhaltung der Ladungsfrist allein nicht gerügt werden. § 217 sieht als alleinigen Rechtsbehelf gegen die Verletzung der Ladungsfrist den Antrag nach Absatz 2 vor[32]. Für die abschließende Regelung der Anfechtung spricht die zeitliche Begrenzung des Antragsrechts, mit der der Gesetzgeber erreichen wollte, daß von einem bestimmten Zeitpunkt an die Durchführung der Hauptverhandlung wegen der Verletzung der Ladungsfrist nicht mehr in Frage gestellt werden kann, wenn der unter Verletzung dieser Frist Geladene sich in der Hauptverhandlung nicht gegen deren Durchführung gewandt hat[33], und zwar auch dann, wenn die Belehrung nach § 228 Abs. 3 unterblieben ist und der Angeklagte sein Recht nicht gekannt hat.    **16**

Die Gegenmeinung, nach der der Verstoß gegen § 217 Absatz 1 wie jeder andere Verfahrensfehler die Revision eröffnet[34], sofern nicht ein in Kenntnis des Rechts auf Aussetzung erklärter Verzicht vorliegt, würde die Frist des § 217 Abs. 2 weitgehend wertlos machen, denn daß das Urteil auf dem Verfahrensfehler beruhen kann, läßt sich nicht immer ausschließen.    **17**

Die **Ablehnung des Aussetzungsantrags**, etwa weil die Frist des Absatzes 1 gewahrt ist oder ein Verzicht auf ihre Einhaltung angenommen wird, ist mit der Revision    **18**

---

[28] RG DJZ **1931** 501; BayObLG DRiZ **1930** Nr. 154; JR **1967** 190; KG VRS **17** 139; OLG Bremen DAR **1959** 302; OLG Köln NJW **1955** 1243; *Ordemann* MDR **1960** 190; KK-*Treier* 9; *Kleinknecht/Meyer* 3; KMR-*Paulus* 16.

[29] OLG Dresden GA **71** (1927) 59; *Koeniger* 178; *Eb. Schmidt* Nachtr. 1, 2.

[30] BGHSt **24** 150; abl. *Cramer* JR **1972** 164; a. A. *Schlüchter* 427.2, Fußn. 24.

[31] *Roxin* § 42 A; *Schlüchter* 427.2, Fußn. 24; a. A. KMR-*Paulus* 16; nach KK-*Treier* 9 sind Maßnahmen nach § 230 Abs. 2 nicht unzulässig, sollen aber unterbleiben.

[32] BGHSt **24** 145 = LM Nr. 2 mit Anm. *Willms*.

[33] Vorherrschende Meinung BayObLG JR **1967** 190; OLG Bremen DAR **1959** 302; OLG Celle NJW **1975** 1258; KG VRS **17** 139; OLG Köln NJW **1955** 1243; RG LZ **1918** 285; *Gössel* § 17 B I; *Roxin* § 42 A; KK-*Treier* 10; *Kleinknecht/Meyer* 6; im Ergebnis auch *Schlüchter* 427.2 (Unterbrechung des normativen Zusammenhangs zwischen Rechtsfehler und Urteil durch den Zwischenrechtsbehelf); ähnlich *Bohnert* 156 und NStZ **1983** 344; KMR-*Paulus* 19 will die Revision dann zulassen, wenn der Angeklagte durch die Fristverkürzung in seiner Verteidigung behindert worden ist.

[34] OLG Hamburg JR **1967** 193 mit zust. Anm. *Koffka*; OLG Hamm NJW **1954** 1856; *Peters* § 59 I 1 a; *Eb. Schmidt* Nachtr. I 13.

nachprüfbar (§ 338 Nr. 8). Ist die Aussetzung zu Unrecht abgelehnt worden, läßt sich das Beruhen des Urteils auf diesem die Verteidigungsmöglichkeiten einschränkenden Verstoß meist nicht ausschließen (BayObLG NStZ **1982** 172 L).

## § 218

[1]Neben dem Angeklagten ist der bestellte Verteidiger stets, der gewählte Verteidiger dann zu laden, wenn die Wahl dem Gericht angezeigt worden ist. [2]§ 217 gilt entsprechend.

**Entstehungsgeschichte.** Die Vorschrift bestand bis 1924 nur aus dem Satz 1. Das Gesetz vom 26. 12. 1926 fügte den Satz 2 an. Die Verordnung über die Vereinfachung von Zustellungen vom 17. 6. 1973 brachte einen Absatz 2, der die Zustellung an einen Verteidiger regelte, der mehrere Angeklagte vertrat. Dieser Absatz ist durch Art. 1 Nr. 9 des 1. StVRErgG wieder entfallen. Bezeichnung bis 1924: § 217.

*Übersicht*

**1** **1. Ladung des bestellten Verteidigers.** Dieser ist zu laden, solange seine Bestellung nicht zurückgenommen worden ist, auch wenn der Grund für seine Bestellung entfallen sein sollte[1].

**2. Ladung des gewählten Verteidigers**

**2** **a)** Der **gewählte Verteidiger** (§ 138) ist nur zu laden, wenn seine Wahl dem Gericht rechtzeitig vor der Hauptverhandlung angezeigt worden ist. **Gewählt** ist der Verteidiger, wenn er die ihm übertragene Verteidigung angenommen hat[2]. Benennt der Angeklagte den Verteidiger, kann der Vorsitzende in der Regel dessen Ladung anordnen, ohne die Annahme prüfen zu müssen. Die Ladungsanordnung unterbleibt jedoch, wenn bekannt ist, daß der Verteidiger das ihm angetragene Mandat nicht übernimmt oder wenn ersichtlich ist, daß der Benannte als Verteidiger nicht tätig werden darf (§ 138 Abs. 2, §§ 138 a, 146). In solchen Fällen ist die Bestellung zurückzuweisen, damit der An-

---

[1] RGSt **19** 373; **21** 266.

[2] RG GA 60 (1913) 71; vgl. auch BVerfGE 43 94.

geklagte Gelegenheit zur Bestellung eines anderen Verteidigers erhält. Zur Bestellung mehrerer Verteidiger entgegen § 137 Abs. 1 Satz 2 vgl. Rdn. 10. Die Ladung des gewählten Verteidigers wird nicht dadurch hinfällig, daß ein **bestellter Verteidiger** geladen ist[3]. Wird nach der Ladung eines gewählten Verteidigers angezeigt, daß der Angeklagte einen weiteren oder einen **anderen Verteidiger** gewählt habe, so ist, soweit möglich, auch dieser noch zu laden (RGSt **64** 244). Dies gilt auch für den Verteidiger, den der gesetzliche Vertreter nach § 137 Abs. 2 gewählt hat, und zwar selbst dann, wenn der Angeklagte die Wahl eines anderen Verteidigers angezeigt hat (RGSt **36** 316). Im übrigen vgl. Rdn. 9 ff.

Nach § 218 sind auch die **Vertreter** der Personen zu laden, die in der Hauptver-    **3** handlung die Befugnisse des Angeklagten haben (Einziehungsbeteiligte, § 434; Verfallsbeteiligte § 442; juristische Personen und Personengesellschaften § 444)[4]. Zur Ladung des Vertreters des Nebenklägers vgl. § 397.

**b)** Die **Ladung** ist **von Amts wegen** zu veranlassen. Eines besonderen Antrags des    **4** Angeklagten oder des Verteidigers bedarf es nicht.

**c) Anzeige.** Der Angeklagte hat die Wahl seines Verteidigers so **rechtzeitig** anzu-    **5** zeigen, daß der Verteidiger unter Wahrung der Ladungsfrist zur Hauptverhandlung geladen werden kann. Unterläßt er die rechtzeitige Anzeige oder erstattet er sie unrichtig, unvollständig oder unklar, so daß die Ladung des Verteidigers nicht oder nur nach Rückfragen möglich ist, so wird der Fortgang des Verfahrens dadurch nicht aufgehalten. § 218 soll die sachgemäße Verteidigung erleichtern, er soll aber dem Angeklagten nicht ermöglichen, durch eine verspätete Mitteilung eine Terminsverlegung zu erzwingen (BGH NJW **1963** 114). Das Gericht muß von sich aus alles Zumutbare tun, um die Ladung durchführen zu können. Die Ladung darf nicht deshalb unterbleiben, weil in der Anzeige die Anschrift des Verteidigers fehlt, wenn diese unschwer dem Telefonbuch oder dem Anwaltsverzeichnis entnommen werden kann (OLG Köln NStZ **1981** 491).

An eine bestimmte **Form** ist die Anzeige von der Wahl eines Verteidigers nicht ge-    **6** bunden. Sie muß aber eindeutig erkennen lassen, daß ein Verteidiger vom Angeklagten oder einer sonst dazu befugten Person gewählt worden ist. In der Regel wird deshalb eine ausdrückliche schriftliche Mitteilung erforderlich sein, jedoch kann in Ausnahmefällen auch in einer schlüssigen Handlung eine solche Anzeige erblickt werden, etwa darin, daß der Verteidiger in Gegenwart des Angeklagten vor Gericht für ihn tätig geworden ist, ohne daß dieser widersprochen hat (RGSt **25** 152), oder daß er ein Schriftstück, das ersichtlich vom Angeklagten stammt, dem Gericht vorgelegt hat (OLG Düsseldorf VRS **6** 386). Tritt im Beisein des Angeklagten in der Hauptverhandlung ein anderer Verteidiger auf als derjenige, dessen Wahl der Angeklagte zuvor angezeigt hat, so kann hieraus für eine künftige Ladung gefolgert werden, daß jener an die Stelle des zuerst benannten Verteidigers getreten sei (RG GA **41** [1893] 262). In Zweifelsfällen wird sich für das Gericht eine Rückfrage empfehlen.

Die Anzeige muß vom **Angeklagten,** seinem gesetzlichen Vertreter oder von    **7** einer von diesen bevollmächtigten Person ausgehen[5]. Die Vollmacht des Vertreters ist dem Gericht nachzuweisen. Teilt der Verteidiger selbst seine Beauftragung mit, so muß er zu deren Nachweis eine Vollmacht vorlegen[6], es sei denn, seine Bevollmächtigung ergibt sich für das Gericht zweifelsfrei aus den sonstigen Umständen[7]. Legt ein Verteidi-

---

[3] RGSt **53** 264; RG Recht **1920** Nr. 239 a.

[4] KK-*Treier* 1; *Kleinknecht/Meyer* 1.

[5] RGSt **2** 375; RG HRR **1927** Nr. 991.

[6] RGRspr. **3** 516; **9** 4; RGSt **2** 375; **25** 152; **41** 72; RG Recht **1927** Nr. 1103.

[7] *Eb. Schmidt* 2.

ger anläßlich der Akteneinsicht eine schriftliche Vollmacht ohne weitere Mitteilung an das Gericht in die Akten, so wird das Gericht darin eine Anzeige nach § 218 Satz 1 zu sehen haben, sofern es die Vollmacht zu Gesicht bekommt[8]. Es besteht aber keine Verpflichtung, vorsorglich die Akten daraufhin durchzusehen.

**8**     **Adressat** der Anzeige ist das Gericht, also der Spruchkörper, der die Sache verhandelt. Eine Ausnahme gilt nur, wenn im Zeitpunkt der Anzeige noch nicht ersichtlich ist, ob und gegebenenfalls welches Gericht mit der Sache befaßt werden wird. Dann genügt die Anzeige bei der Stelle, bei der das Verfahren anhängig ist (Staatsanwaltschaft — BGH VRS **41** 133; Verwaltungsbehörde bei Bußgeldverfahren — OLG Koblenz VRS **41** 208), und zwar auch dann noch, wenn diese Stelle die Sache bereits abgegeben hat. Voraussetzung ist allerdings, daß dem Angeklagten oder seinem Bevollmächtigten bei Absenden der Anzeige das zuständige Gericht noch unbekannt ist (OLG Celle VRS **47** 299)[9]. Erst bei einer nach Kenntnis vom zuständigen Gericht abgesandten Anzeige fällt es dem Angeklagten allein zur Last, wenn eine nicht an das Gericht adressierte Anzeige dort nicht mehr rechtzeitig eingeht[10]. Im übrigen ist eine falsch adressierte Anzeige für das Gericht genauso zu beachten wie eine richtig adressierte.

**9**     **d) Mehrere Verteidiger.** Sind dem Gericht mehrere Verteidiger benannt worden, so ist grundsätzlich jeder von ihnen zu laden[11], sofern sich nicht aus der Anzeige etwas anderes ergibt. Maßgebend ist immer der Inhalt der Anzeige. Ist in ihr ausdrücklich nur ein Verteidiger benannt, so ist nur dieser zu laden, auch wenn die angeschlossene Vollmacht auf mehrere Verteidiger lautet und — wenn sich die Vollmacht auf mehrere Sachen bezieht — auch nur in der Sache, zu der die Anzeige eingereicht ist[12]. Läßt die Anzeige allerdings nicht eindeutig erkennen, wer als Verteidiger benannt werden soll, so können der Inhalt der Vollmacht oder sonstige, der Anzeige beigefügte Schriftstücke zur Ermittlung des Gewollten ergänzend herangezogen werden.

**10**     Bei der Benennung mehrerer, zur Berufsausübung verbundener Anwälte (**Sozietät**) als Verteidiger ist in der Regel anzunehmen, daß nur einer von ihnen mit der Verteidigung beauftragt werden soll, auch wenn eine auf alle lautende Vollmacht vorgelegt wird (BVerfGE **43** 94; vgl. Rdn. 2). Dann genügt es, wenn die Ladung an einen von ihnen gerichtet wird, und zwar im Zweifel an denjenigen, der die Anzeige unterschrieben hat[13]. Es dürfte aber auch genügen, wenn die Ladung an die Sozietät gerichtet wird[14]. Fraglich ist, ob dies auch gilt, wenn die Sozietät aus mehr als drei Anwälten be-

---

[8] *Eb. Schmidt* 2; **a. A.** RG Recht **1910** Nr. 622.

[9] OLG Celle VRS **58** 372; OLG Frankfurt VRS **48** 376; OLG Hamm VRS **38** 203; OLG Koblenz VRS **51** 133. Dagegen stellen OLG Hamm VRS **41** 133; OLG Karlsruhe Justiz **1974** 134 zusätzlich darauf ab, ob der Verteidiger vom Gericht noch rechtzeitig hätte geladen werden können, wenn die Verwaltungsbehörde die Anzeige unverzüglich weitergeleitet hätte. Darauf kann es jedoch in diesem Zusammenhang nicht ankommen. Solange der Angeklagte das zuständige Gericht noch nicht kennt, muß er ohne Nachteil die Verteidigerbestellung der Verwaltungsbehörde anzeigen können. Hat er dagegen diese Kenntnis, dann geht es zu

seinen Lasten, wenn er sich an die falsche Stelle wendet, und zwar auch dann, wenn dort die Anzeige nicht oder nur mit Verspätung weitergeleitet werden sollte. Für die Rechtzeitigkeit der Anzeige ist dann allein der Eingang beim zuständigen Gericht maßgebend.

[10] BayObLGSt **1978** 63 = NJW **1978** 1968.

[11] RGSt **64** 244; RG GA **68** (1920) 355; OLG Karlsruhe NJW **1968** 855; BGH bei *Pfeiffer/Miebach* NStZ **1983** 209.

[12] RG GA **47** (1900) 156; **48** (1901) 118.

[13] RGSt **48** 377; **66** 76; BGH bei *Dallinger* MDR **1956** 11; OLG Hamm MDR **1980** 513.

[14] *Kleinknecht/Meyer* 3; KMR-*Paulus* 5, *Kogel* MDR **1976** 373.

stehen sollte. Sofern nicht ohnehin ersichtlich ist, daß nur einer der Anwälte die Verteidigung übernehmen soll, kann es sich empfehlen, statt der Ladung oder in Verbindung mit ihr auf das Verbot des § 137 Abs. 1 Satz 2 hinzuweisen und auf eine Klarstellung hinzuwirken, welcher der Anwälte nun als Verteidiger gewählt worden ist. Etwaige Schwierigkeiten, die sich aus der Unklarheit der Anzeige ergeben, gehen auch hier zu Lasten des Angeklagten, der vor allem nicht geltend machen kann, daß ein bestimmter Anwalt aus der Sozietät hätte geladen werden müssen. Im übrigen macht die bloße Möglichkeit eines Verstoßes nach § 137 Abs. 1 Satz 2 die Anzeige der Verteidigerbestellung als solche für das Gericht nicht unbeachtlich. Dabei ist unerheblich, ob eine Vollmacht, die einer Sozietät von mehr als drei Anwälten erteilt ist, als unwirksam angesehen wird[15], denn die Anzeige darf vom Gericht auch dann nicht übergangen werden, wenn der Nachweis einer wirksamen Verteidigerbestellung fehlt. Aber selbst wenn die Unwirksamkeit der Verteidigerbestellung feststünde, wäre das Gericht gehalten, kraft seiner Pflicht zur Verfahrensförderung die Sozietät auf den Termin und die Unwirksamkeit der Verteidigerbestellung hinzuweisen.

Zeigt ein Verteidiger an, daß er **Untervollmacht** von einem Verteidiger habe, des- **11** sen Wahl dem Gericht nicht mitgeteilt worden ist, so hat weder der eine noch der andere Anspruch auf Ladung[16]. Es empfiehlt sich, daß das Gericht dies dem Unterbevollmächtigten alsbald mitteilt oder sonst auf eine Klärung hinwirkt.

**e) Keine Benachrichtigungspflicht des Angeklagten.** Der Angeklagte, der dem Ge- **12** richt die Bestellung eines Verteidigers rechtzeitig angezeigt hat, darf sich darauf verlassen, daß das Gericht diesen zur Hauptverhandlung laden wird (BayObLG DAR **1960** 237). Er ist nicht verpflichtet, den Verteidiger vom Termin zu verständigen.

**3. Ausführung der Ladung.** Der Verteidiger muß zum Beginn der Hauptverhand- **13** lung geladen werden. Wird er von vornherein auf zwei nicht aufeinanderfolgende Tage geladen, so bedarf es in der Regel keiner besonderen Ladung mehr, wenn am ersten Tag in seiner Gegenwart beschlossen und verkündet wird, daß die Verhandlung auch am nächsten Tag fortgesetzt werden soll (RG GA **73** [1929] 290). Bestellt sich der Verteidiger erst im Laufe der Hauptverhandlung, so ist er, wenn er bisher nicht teilgenommen hatte, zum nächsten Fortsetzungstermin zu laden (OLG Karlsruhe GA **1979** 347). Die Ladung ist dem Verteidiger grundsätzlich **zuzustellen;** anderenfalls ist der Nachweis der Wahrung der Ladungsfrist gefährdet. Der Vermerk der Geschäftsstelle, die Ladung sei zur Post gegeben worden, genügt nicht, um die Einhaltung dieser Frist zu beweisen (OLG Zweibrücken NStZ **1981** 355).

**4. Wegfall der Ladungspflicht.** Die zwingend vorgeschriebene **förmliche Ladung 14** des Verteidigers wird nicht dadurch entbehrlich, daß dem Verteidiger der Termin formlos bekanntgegeben wird (OLG Hamm MDR **1971** 320) oder daß dem Akteninhalt zu entnehmen ist, daß der Verteidiger oder sein Büro Kenntnis vom Termin haben[17]. Die gegenteilige Ansicht, daß sich die Ladung erübrigt, wenn die sichere Kenntnis des Verteidigers vom Termin aktenmäßig feststeht[18], findet im Wortlaut des § 218 keine Stüt-

---

[15] BayObLG NJW **1976** 156; KMR-*Paulus* 5; vgl. die Erl. zu § 137.

[16] RG GA **67** (1919) 447; KMR-*Paulus* 9.

[17] RG JW **1931** 1601; OLG Hamm NJW **1955** 233; OLG Celle VRS **47** 299; OLG Köln MDR **1973** 70; KK-*Treier* 6; KMR-*Paulus* 7.

[18] KG VRS **28** 438; OLG Hamm NJW **1955** 233; **1969** 705; OLG Karlsruhe NJW **1968** 855; GA **1979** 347; OLG Hamburg VRS **40** 38; OLG Schleswig SchlHA **1970** 198; OLG Celle NJW **1974** 1258; VRS **58** 372; *Kleinknecht/Meyer* 2.

ze. Gesetzlich vorgeschriebene Formvorschriften können nicht durch formlose Mitteilungen wirksam ersetzt werden. Ob in diesen Fällen die Revision auf den Verstoß gegen § 218 gestützt werden könnte, ist eine andere Frage (Rdn. 32). Keinesfalls reicht es aus, daß der Verteidiger den Termin aus den ihm zur Einsicht überlassenen Akten ersehen konnte[19]. Der Verteidiger muß bei Akteneinsicht auch nicht prüfen, ob die ihm mitgeteilte Ladung inhaltlich mit der Urschrift der Terminsbestimmung übereinstimmt[20].

**15**   **5. Ladungsfrist.** Bei der Ladung des Verteidigers muß die entsprechend (vgl. Satz 2) geltende Ladungsfrist des § 217 Abs. 1 grundsätzlich eingehalten werden (vgl. *Hegler* GerS 94 -1927- 246). Sie ist aber unbeachtlich, wenn die Wahl eines Verteidigers dem Gericht erst so spät mitgeteilt wird oder ein Pflichtverteidiger gesetzmäßig (also nicht etwa nur aus Versehen, vgl. RGSt 20 38) so spät bestellt wird, daß ihre Wahrung bis zu dem bereits bestimmten Termin der Hauptverhandlung nicht mehr möglich ist (BGH NJW **1963** 1114)[21]. Dasselbe gilt, wenn die Anzeige unrichtig oder so unvollständig ist, daß das Gericht nicht ohne Rückfrage erkennen kann, wer als Verteidiger gewählt worden ist. Die Ladung des Verteidigers ist aber, sobald sie möglich ist, mit tunlichster Beschleunigung nachzuholen, auch wenn die Ladungsfrist wegen der verspäteten Anzeige nicht mehr eingehalten werden kann[22]. Die Pflicht zur förmlichen Ladung des Verteidigers entfällt nur, wenn sie wegen der Kürze der bis zum Termin verbleibenden Zeit überhaupt nicht mehr auszuführen ist. In diesen Fällen ist eine formlose telefonische Benachrichtigung des Verteidigers angebracht[23]. Der Angeklagte hat keinen Anspruch auf Aussetzung, wenn der von ihm verspätet benannte Verteidiger nicht zum Termin erscheint. Das Gericht ist nicht verpflichtet, einen Verteidiger, dessen Wahl erst bei Beginn der Hauptverhandlung mitgeteilt worden ist, fernmündlich herbeizurufen[24].

**16**   Die Ladungsfrist ist auch zu wahren, wenn der Verteidiger, dessen Wahl dem Gericht rechtzeitig angezeigt worden ist, durch den Angeklagten oder durch Akteneinsicht von dem **Termin** schon vorher **Kenntnis** hatte[25].

**6. Verzicht**

**17**   a) Der **Verteidiger** kann auf seine förmliche Ladung und auf die Einhaltung der Ladungsfrist ausdrücklich oder stillschweigend verzichten (*Schmid* Verwirkung, 223). Ein solcher Verzicht kann darin liegen, daß er dem Gericht bei Anzeige seiner Bestellung mitteilt, er habe vom Termin Kenntnis, sofern offensichtlich ist, daß er eine besondere Ladung nicht mehr erwartet[26]. Gleiches gilt bei einem Vertagungsantrag.

**18**   b) Der **Angeklagte** kann vor der Hauptverhandlung auf die Ladung seines Verteidigers nicht wirksam verzichten, da die förmliche Ladung und die Einhaltung der Ladungsfrist bei einem rechtzeitig dem Gericht namhaft gemachten Verteidiger die ausreichende Vorbereitung der Verteidigung gewährleisten soll und der Angeklagte auch bei einem gewählten Verteidiger nicht über dessen eigene Verfahrensrechte verfügen kann[27].

[19] OLG Karlsruhe NJW **1968** 855; OLG Schleswig bei *Ernesti/Jürgensen*; SchlHA **1970** 198; **1973** 180; **1978** 187; *Kleinknecht/ Meyer* 2.
[20] BayObLGSt **1958** 6 = GA **1958** 372.
[21] BHG bei *Pfeiffer/Miebach* NStZ **1983** 209; *Nötzel* DJZ **1927** 292; KK-*Treier* 5; KMR-*Paulus* 10.
[22] OLG Hamm MDR **1971** 320; OLG Karls-

ruhe GA **1979** 347.
[23] *Eb. Schmidt* Nachtr. I, 4; KK-*Treier* 5; KMR-*Paulus* 10.
[24] OLG Hamburg HESt **1** 165.
[25] OLG Celle VRS **47** 299; vgl. Fußn. 18.
[26] OLG Hamm JMBlNW **1953** 260; NJW **1955** 233.
[27] BGHSt **18** 396 mit Anm. *Hanack* JZ **1971** 220.

Ein **nachträglicher Verzicht** des Angeklagten auf die Ladung eines nicht erschiene- **19** nen (gewählten) Verteidigers ist zulässig[28]. Soweit es sich nicht um eine notwendige Verteidigung handelt, kann er frei bestimmen, ob er sich verteidigen lassen will (*Schmid* Verwirkung, 224, 226). Der Beweggrund für den eindeutig erklärten Verzicht ist unerheblich. Es kommt nicht darauf an, ob der Angeklagte weiß, warum sein Verteidiger der Hauptverhandlung ferngeblieben ist (OLG Köln MDR **1973** 70). Ein stillschweigender Verzicht kann aber nur angenommen werden, wenn dem Angeklagten bekannt ist, daß sein Verteidiger nicht ordnungsgemäß geladen worden ist und daß er deswegen die Aussetzung beantragen kann[29] und daß das Gericht ohne Verteidiger gegen ihn verhandeln wird. Darin allein, daß der Angeklagte sich rügelos zur Sache einläßt, liegt noch kein Verzicht[30]. Ein solcher kann aber vorliegen, wenn der Angeklagte trotz der Belehrung über sein Recht, Aussetzung zu verlangen, in die Verhandlung einwilligt, oder wenn er das Gericht bittet, weiter zu verhandeln, obwohl sein Verteidiger bei der Fortsetzung der unterbrochenen Hauptverhandlung ausgeblieben ist (OLG Koblenz MDR **1968** 944), oder wenn der Angeklagte erklärt, sein Verteidiger werde nicht erscheinen, weil er ihn nicht bezahlen könne[31].

Auf die **Einhaltung der Ladungsfrist** kann der Angeklagte, wenn sein Verteidiger **20** erschienen ist, nicht wirksam verzichten. Es ist Sache des Verteidigers, zu beurteilen, ob er der Frist zur sachgerechten Verteidigung bedarf (BGHSt **18** 396).

### 7. Aussetzung

**a) Antragsberechtigte.** Ist der Verteidiger entgegen §218 nicht oder nicht unter **21** Einhaltung der Frist geladen worden, ist er aber **zur Hauptverhandlung erschienen,** dann hat er — und nicht der Angeklagte, wie früher die herrschende Meinung annahm — zu entscheiden, ob er nach §217 Abs. 2 die Aussetzung beantragen oder ob er darauf verzichten will (BGHSt **18** 396)[32]: denn nur der Verteidiger selbst kann beurteilen, ob er zur sachgerechten Verteidigung noch einer weiteren Vorbereitung bedarf (ebenso OLG Celle MDR **1966** 256 für Anwalt des Nebenklägers). Ist der Verteidiger von Anfang an anwesend, muß er den Aussetzungsantrag bis zum Beginn der Vernehmung des von ihm vertretenen Angeklagten zur Sache stellen (§217 Abs. 2). Muß wegen des unentschuldigten Ausbleibens des Angeklagten ein Prozeßurteil ergehen, kann der Verteidiger, dem gegenüber die Ladungsfrist nicht eingehalten wurde, keine Aussetzung verlangen, denn einer sachlichen Vorbereitung bedarf es bei der Verfahrenslage nicht (KG VRS **63** 116).

---

[28] OLG Schleswig SchlHA **1953** 269; OLG Koblenz MDR **1968** 944; VRS **41** 208.

[29] OLG Hamm NJW **1955** 233; **1969** 705; JZ **1956** 258; OLG Oldenburg VRS **40** 203; OLG Koblenz VRS **41** 208; OLG Köln MDR **1973** 70; OLG Karlsruhe Justiz **1974** 134; zur Belehrungspflicht vgl. Rdn. 24, 29.

[30] RGSt **19** 436; **27** 425; **43** 162; RG GA **69** (1925) 87; JW **1926** 2736; HRR **1939** Nr. 63; BayObLGSt **1958** 6 = GA **1958** 372; OLG Karlsruhe NJW **1968** 855; Justiz **1974** 134; 151; GA **1979** 347; OLG Hamm JZ **1956** 258; NJW **1969** 705; OLG Oldenburg VRS **40** 203; OLG Koblenz VRS **41** 208; OLG Schleswig SchlHA **1969** 151.

[31] OLG Schleswig bei *Ernesti/Jürgensen* SchlHA **1974** 182.

[32] KK-*Treier* 8; *Kleinknecht* 5; KMR-*Paulus* 14; **a. A.** die frühere Rechtsprechung, z. B. RGSt **27** 425; vgl. auch RGSt **43** 161; RG JW **1902** 578; OLG Hamm NJW **1954** 1856; JZ **1956** 258. *Hanack* JZ **1971** 220 geht davon aus, daß die Ladungsfrist auch dem Schutz des Angeklagten dient, so daß auch dieser, und nicht nur der zur Hauptverhandlung erschienene Verteidiger, die Aussetzung verlangen kann, wenn die Ladungsfrist nicht gewahrt ist.

Walter Gollwitzer

**22**     Für einen **nach Verhandlungsbeginn** erscheinenden Verteidiger gilt die Begrenzung des Antragsrechts in § 217 Abs. 2 nicht. Er kann den Aussetzungsantrag bis zur Urteilsverkündung stellen, muß dies aber, wie aus dem Sinn des § 217 Abs. 2 folgt, unverzüglich nach seinem Erscheinen tun[33]. Es wäre mit der entsprechenden Anwendung des
§ 217 Abs. 2 unvereinbar, wollte man annehmen, daß der Verteidiger den Aussetzungsantrag auch erst nach längerer Teilnahme an der Hauptverhandlung stellen könne, weil
§ 217 Abs. 2 nicht gelte.

**23**     Ist der zu Unrecht nicht geladene Verteidiger nicht erschienen, so ist der **Angeklagte** berechtigt, seinerseits den Aussetzungsantrag zu stellen[34]. Durch die Folgen des
Ladungsfehlers ist auch sein Recht auf Verteidigung unmittelbar beeinträchtigt. Auf die
Streitfrage, ob bei Anwesenheit des Verteidigers nur dieser oder auch der Angeklagte
die Aussetzung wegen der Nichteinhaltung der Ladungsfrist beantragen kann, kommt
es insoweit nicht an. Nach BayObLGSt **1980** 35 = VRS **59** 207 ist die Verhandlung
ohne Verteidiger nicht statthaft, wenn sich aus den Akten ergibt, daß dieser trotz Anzeige seiner Bestellung nicht geladen worden ist.

**24**     b) Die **Belehrung des Angeklagten** über sein Recht, wegen des Ausbleibens seines
nicht ordnungsgemäß geladenen Verteidigers die Aussetzung beantragen zu können, ist
zwar nicht Gegenstand der Sollvorschrift des § 228 Abs. 3, die unmittelbar nur die
Nichteinhaltung der Ladungsfrist beim Angeklagten betrifft. Daß eine Belehrung angebracht ist, folgt aber schon daraus, daß der Verfahrensfehler andernfalls die Revision begründen kann, weil ohne Belehrung ein wirksamer Verzicht des Angeklagten auf die Anwesenheit seines Verteidigers nicht anzunehmen ist (Rdn. 19). Die Ausschlußwirkung
des § 217 Abs. 2 entzieht nur die unzulässige Verkürzung der Ladungsfrist der Revision
(Rdn. 30 ff). Sie greift nur Platz, wenn der geladene Verteidiger wegen der Nichteinhaltung der Ladungsfrist ferngeblieben ist. Unter Umständen kann die Fürsorgepflicht des
Gerichts eine Belehrung des Angeklagten über die Sollvorschrift des § 228 Abs. 3 hinaus
erfordern (OLG Celle NJW **1974** 1258).

**25**     c) Schon **vor der Hauptverhandlung** kann der mit Nichteinhaltung der Ladungsfrist begründete Aussetzungsantrag bei Gericht schriftlich gestellt werden (§ 217, 8). In
der vor Verhandlungsbeginn an den Vorsitzenden gerichteten mündlichen Bitte, den
Termin zu vertagen, liegt jedoch noch kein ordnungsgemäßer Aussetzungsantrag[35].

**26**     Braucht die Ladungsfrist **nicht eingehalten** zu werden, weil dem Gericht die
Wahl des Verteidigers nicht oder nur verspätet mitgeteilt wurde oder weil der Verteidiger — ohne daß das Gericht es zu vertreten hat — erst kurz vor dem Termin bestellt wurde, dann hat der Verteidiger nicht den unbedingten Aussetzungsanspruch nach § 218
Satz 2, § 217 Abs. 2. Je nach Lage des Falls kann jedoch die Aussetzung oder Unterbrechung nach den §§ 228, 229, 265 Abs. 4 in Frage kommen (vgl. Erl. zu §§ 228, 265). Im
Falle einer notwendigen Verteidigung ist § 145 Abs. 2 und 3 entsprechend anwendbar
(BGH NJW **1963** 1114).

**27**     8. **Beschwerde.** Der Beschluß, der die Aussetzung ablehnt, kann nicht mit Beschwerde angefochten werden (§ 305). Wegen der Anfechtbarkeit der Aussetzung der
Hauptverhandlung vgl. die Erläuterungen zu § 228.

---

[33] OLG Celle MDR **1966** 256; OLG Hamm
JZ **1956** 258; KK-*Treier* 8; KMR-*Paulus* 19.
[34] OLG Celle NJW **1974** 1258; *Schlüchter*
Rdn. 429; KK-*Treier* 9; *Kleinknecht/Meyer* 5;
KMR-*Paulus* 14.

[35] BGH NJW **1978** 1278; OLG Celle NJW
**1974** 1258; VRS **58** 372.

**9. Revision**

**a) Nichteinhaltung der Ladungsfrist.** Auf die nicht fristgerechte Ladung des Ver- **28** teidigers kann die Revision für sich allein ebensowenig gestützt werden wie auf die nicht fristgerechte Ladung des Angeklagten. Entsprechend dem Grundgedanken des §217, wonach die Nichteinhaltung der Ladungsfrist nur die Möglichkeit eröffnet, unverzüglich die Aussetzung zu verlangen oder von der Rüge endgültig Abstand zu nehmen (BGHSt 18 396), ist auch hier davon auszugehen, daß dieser Verfahrensverstoß vom Verteidiger nur in der Hauptverhandlung durch einen alsbald gestellten Aussetzungsantrag geltend gemacht werden kann. Unterläßt er das, kann er die Revision nicht darauf stützen[36]. Gleiches gilt, wenn nur bei einem von mehreren Verteidigern eines Angeklagten die Ladungsfrist nicht gewahrt ist.

Ist der geladene Verteidiger ausgeblieben, so muß, wenn die Ladungsfrist nicht **29** gewahrt ist, der **Angeklagte entscheiden,** ob er deswegen die Aussetzung beantragen oder auf den Verteidiger verzichten will. Stellt er keinen Aussetzungsantrag, kann die Revision nur darauf gestützt werden, daß das Gericht entsprechend §228 Abs. 3 kraft seiner Fürsorgepflicht gehalten war, ihn über seine Rechte besonders zu belehren[37].

**b) Unterlassen der Ladung.** Unterbleibt die Ladung eines rechtzeitig benannten **30** Verteidigers überhaupt, so kann dies die Revision (§337) begründen, wenn dieser Verfahrensfehler nicht durch Verzicht nachträglich geheilt ist[38]. Ob das Gericht die Nichtladung verschuldet hat, ist unerheblich (OLG Köln MDR **1980** 688). Dies gilt auch, wenn nur einer von mehreren Verteidigern nicht geladen worden ist, sofern der anwesende Verteidiger die Aufgabe des Nichterschienenen mit übernimmt[39].

Ist der Angeklagte vom **Erscheinen** in der Hauptverhandlung entbunden, so be- **31** gründet die Nichtladung seines Verteidigers die Revision (OLG Köln NJW **1960** 736).

Das Urteil muß allerdings auf dem Verfahrensverstoß **beruhen**[40]. Da die Abwe- **32** senheit des Verteidigers stets die Verteidigung beeinträchtigen kann, läßt sich dies in der Regel nicht ausschließen, es sei denn, es steht fest, daß der Verteidiger auch bei ordnungsgemäßer Ladung nicht erschienen wäre. Letzteres wird, sofern nicht die Umstände des Einzelfalles etwas anderes ergeben, dann angenommen werden können, wenn auf Grund der Akten oder sonstiger Umstände ersichtlich ist, daß der Verteidiger sichere Kenntnis vom Termin hatte[41], etwa, wenn ihm der Termin nur nicht in der vorgeschriebenen Form (Rdn. 14) mitgeteilt worden ist.

[36] Dabei ist es hier wie bei §217 letztlich gleich, ob man dieses Ergebnis der abschließenden Regelung mit der Rechtsfigur eines präsumtiven Verzichts (KMR-*Paulus* 14; *Bohnert* NStZ **1983** 344) mit Verwirkung (BGHSt **24** 143; *Schmid* Verwirkung 226) oder mit der Unterbrechung des normativen Zusammenhangs zwischen Rechtsfehler und Urteil durch die Korrekturmöglichkeit (*Schlüchter* 429) erklärt.

[37] OLG Celle NJW **1974** 1258. Eine solche Belehrungspflicht wird für den Regelfall angenommen, *Plötz* Fürsorgepflicht 265; *Schlüchter* 429; ferner KK-*Treier* 9; *Kleinknecht/Meyer* 5; KMR-*Paulus* 15.

[38] BayObLGSt **1976** 42; **1980** 35 = NJW **1976** 1547; VRS **59** 207; OLG Düsseldorf

OLGSt N.F. Nr. 1; OLG Hamm VRS **53** 451; OLG Karlsruhe GA **1979** 347; OLG Oldenburg VRS 40 39; 40 203.

[39] RG GA **68** (1920) 355; OLG Karlsruhe NJW **1968** 855.

[40] RGSt 1 405; **2** 233; RGRspr. **3** 472; RG LZ **1916** 697; JW **1917** 50; **1930** 2563; **1931** 1601; Recht **1920** Nr. 808; BayObLGSt **1976** 42; OLG Düsseldorf VRS **64** 276; OLG Hamburg MDR **1971** 71; OLG Hamm NJW **1969** 705; VRS **53** 451; KG VRS **28** 438; OLG Karlsruhe Justiz **1979** 347; OLG Köln DAR **1962** 268; OLG Zweibrücken NStZ **1981** 355.

[41] OLG Hamm JMBlNW **1974** 22; *Schlüchter* 429, Fußn. 43 hält diese Annahme für bedenklich.

Walter Gollwitzer

**33**    Ist der nicht geladene Verteidiger trotzdem **anwesend,** so beruht die in seiner Gegenwart durchgeführte Verhandlung nicht auf dem Unterlassen der förmlichen Ladung. Die gleichzeitig vorliegende Nichteinhaltung der Ladungsfrist muß der Verteidiger mit dem Aussetzungsantrag geltend machen. Unterläßt er dies, kann er den Verfahrensfehler auch nicht unter diesem Gesichtspunkt mit der Revision angreifen.

**34**    c) **Sonstiges.** § 218 kann auch dadurch verletzt sein, daß zu einer früheren Zeit, als in der Ladung angegeben, verhandelt worden ist[42].

**35**    Hat der in **Untersuchungshaft** befindliche Angeklagte einen Verteidiger gewählt und ihm Tag und Stunde der Hauptverhandlung mitgeteilt, dem Gericht aber die Wahl des Verteidigers nicht angezeigt, so kann — auch wenn § 218 dadurch nicht verletzt ist — die Verhandlung zu einer früheren Stunde die Revision begründen, wenn der Angeklagte auf die zeitliche Änderung nicht hingewiesen worden ist.

**36**    Wird ein **Aussetzungsantrag** vom Gericht zu Unrecht abgelehnt, kann die darin liegende Beschränkung der Verteidigung mit der Revision nach § 338 Nr. 8 beanstandet werden. Gleiches gilt, wenn ein bei Gericht eingegangener, begründeter Aussetzungsantrag nicht vor der Hauptverhandlung beschieden wurde, ohne Rücksicht darauf, ob er dem Richter bekannt war[43].

**37**    **10. Sondervorschriften:** Nach § 50 Abs. 2 JGG soll der Vorsitzende auch die Ladung des Erziehungsberechtigten und des gesetzlichen Vertreters eines jugendlichen Angeklagten anordnen.

**38**    Der **Ehegatte** oder der **gesetzliche Vertreter** des Angeklagten muß vom Ort und von der Zeit der Hauptverhandlung nur benachrichtigt werden, wenn er dem Gericht seine Absicht, als Beistand in der Hauptverhandlung aufzutreten, kundgegeben hat (RG JW **1931** 1366 Nr. 31). Doch darf die Hauptverhandlung gegen einen Minderjährigen in Rücksicht auf die in den §§ 137 Abs. 2 und 149 Abs. 1 bestimmten Rechte des gesetzlichen Vertreters vor der in der Ladung des Angeklagten bezeichneten Stunde auch dann nicht abgehalten werden, wenn der gesetzliche Vertreter seine Absicht, von diesen Rechten Gebrauch zu machen, dem Gericht noch nicht angezeigt hat (RGSt **38** 106).

# § 219

(1) [1]Verlangt der Angeklagte die Ladung von Zeugen oder Sachverständigen oder die Herbeischaffung anderer Beweismittel zur Hauptverhandlung, so hat er unter Angabe der Tatsachen, über die der Beweis erhoben werden soll, seine Anträge bei dem Vorsitzenden des Gerichts zu stellen. [2]Die hierauf ergehende Verfügung ist ihm bekanntzumachen.

(2) Beweisanträge des Angeklagten sind, soweit ihnen stattgegeben ist, der Staatsanwaltschaft mitzuteilen.

**Bezeichnung** bis 1924: § 218

*Übersicht*

---

[42] RGSt **41** 73; RG GA **39** (1891) 340; Recht **1911** Nr. 3954; **1920** Nr. 808.

[43] BayObLG bei *Rüth*; DAR **1974** 186; OLG Koblenz VRS **53** 357.

**1. Bedeutung.** § 219 gehört neben §§ 201, 220, 244 zu den wichtigsten Vorschrif- **1** ten des Beweisrechts. In Verbindung mit § 245 eröffnet er dem Angeklagten frühzeitig die Möglichkeit, die Gestaltung der Beweisaufnahme zu beeinflussen[1]. Er und sein Verteidiger können dadurch schon vor der Hauptverhandlung auf die Beiziehung der von ihnen für erforderlich gehaltenen Beweismittel hinwirken; sie erhalten gleichzeitig Klarheit darüber, ob sie Beweispersonen nach § 220 selbst laden müssen. Die Möglichkeit, frühzeitig Beweismittel benennen zu können, fördert außerdem die zügige Durchführung der Hauptverhandlung und beugt Aussetzungen vor.

**2. Beweisantrag**

**a)** Der **Begriff des Beweisantrages** ist den §§ 201, 219, 244 und 245 gemeinsam. **2** Auch für das Verfahren nach § 219 kommen nur Anträge in Betracht, durch die vom Angeklagten oder für ihn verlangt wird, daß Beweis über eine bestimmt bezeichnete Tatsache durch den Gebrauch eines bestimmt bezeichneten Beweismittels erhoben werde[2]. Der Unterschied der Beweisanträge liegt im Zweck, den sie verfolgen, in den Grenzen, die ihrem Inhalt gezogen sind, in der Verfahrenslage, in der sie vorgebracht werden, und darin, daß die Entscheidung über sie im Fall des § 219 dem Vorsitzenden, in den Fällen der §§ 201 und 244 aber dem Gericht zugewiesen ist. Die in § 201 vorgesehenen Beweisanträge dienen nämlich allein dem Schutz des Angeschuldigten davor, daß die Hauptverhandlung gegen ihn angeordnet werde; für sie folgt aus § 203, daß die Erheblichkeit der unter Beweis gestellten Tatsachen eng begrenzt ist (vgl. § 202, 2). Die Beweisanträge nach den §§ 219 und 244 richten sich gleichermaßen ohne sachliche Begrenzung auf die Beweisaufnahme über Tat und Schuld in der Hauptverhandlung; für ihre Ablehnung sind dieselben Grundsätze maßgebend. Ein Unterschied zwischen ihnen besteht darin, daß der Angeklagte im Fall des § 219 schon in dem der Vorbereitung der Hauptverhandlung gewidmeten Verfahren, im Fall des § 244 dagegen erst in der Hauptverhandlung mit dem Verlangen nach Beweiserhebung hervortritt; daraus ergibt sich die Verschiedenheit der Zuständigkeit zur Entscheidung.

**b)** **Antragsberechtigt** sind neben dem Angeklagten auch die Personen, die in der **3** Hauptverhandlung Angeklagtenbefugnisse haben, wie etwa der Einziehungsbeteiligte nach § 433 Abs. 1. Voraussetzung ist allerdings, daß sie mit dem Antrag eigene Verfahrensinteressen verfolgen. Für den Angeklagten kann dessen Verteidiger, für einen Nebenbeteiligten dessen Anwalt den Antrag stellen. Der Verteidiger ist dazu auch — unab-

---

[1] *Alsberg/Nüse/Meyer* 353; *Oske* MDR **1971** 797; zu den Vor- und Nachteilen des Antrags aus der Sicht des Angeklagten *Dahs* Hdb. 382; 390.

[2] BGHSt **6** 128; *Alsberg/Nüse/Meyer* 353; vgl. § 244 94 ff.

hängig vom Willen des Angeklagten — kraft eigenen Rechts befugt[3]. Die anderen Verfahrensbeteiligten, vor allem der Nebenkläger — haben diese Befugnis nicht. Sie sind deswegen aber nicht gehindert, beim Vorsitzenden die Beiziehung bestimmter Beweismittel anzuregen. § 219 gilt auch, wenn der **vom Erscheinen** in der Hauptverhandlung **entbundene Angeklagte** nach seiner kommissarischen Vernehmung (§ 233) schriftlich einen Beweisantrag stellt (BayObLG NJW **1956** 1042).

**4**      **3. Form und Inhalt des Antrags.** Eine bestimmte **Form** ist nicht vorgeschrieben; da der Antrag aktenkundig zu machen ist, muß er — zumindest auf Verlangen des Vorsitzenden — schriftlich eingereicht oder zur Niederschrift der Geschäftsstelle erklärt werden[4]. Ebenso wie beim Beweisantrag in der Hauptverhandlung sind Beweismittel und Tatsachen, über die Beweis erhoben werden soll, bestimmt zu bezeichnen. Im übrigen reicht es aus, daß sich das Verlangen des Angeklagten, die benannten Beweismittel zur Hauptverhandlung beizuziehen, aus dem Sinn seiner Ausführungen ergibt. Der Antrag muß die Beweiserhebung in der Hauptverhandlung bezwecken, nicht eine nach § 223 zu beurteilende richterliche Vernehmung außerhalb der Hauptverhandlung oder die Einvernahme eines Zeugen durch die Polizei (BGH nach KK-*Treier* 2). Ein solcher Antrag ist, bezogen auf die Hauptverhandlung, nur ein Beweisermittlungsantrag. Der Antrag auf Einnahme eines Augenscheins fällt nicht unter § 219; über ihn hat nach § 225 das Gericht zu entscheiden[5].

**5**      Entspricht das Begehren **nicht den Erfordernissen eines Beweisantrags,** läßt es insbesondere nicht erkennen, über welche Tatsachen Beweis erhoben werden soll, oder ist zweifelhaft, was der Antragsteller will, so hat der Vorsitzende in Erfüllung seiner Aufklärungs- und Fürsorgepflicht auf eine Klärung oder Vervollständigung hinzuwirken. Er kann dem Angeklagten Gelegenheit zu einer ergänzenden Äußerung geben[6], er kann aber auch den Antrag ablehnen und dabei die Fehler oder Mängel des Antrages näher bezeichnen. Dem Angeklagten ist es dann überlassen, einen neuen Antrag zu stellen, der die gerügten Fehler und Mängel vermeidet. Der Vorsitzende darf aber nicht von sich aus einen ernsthaft gestellten Antrag in einen Beweisermittlungsantrag umdeuten[7].

**6**      **4. Zuständigkeit des Vorsitzenden.** Wenn § 219 ausspricht, daß der Angeklagte seine Anträge beim Vorsitzenden des Gerichts zu stellen habe, bestimmt er dessen Zuständigkeit zur Entscheidung über die Anträge[8]. Die Vorbereitung der Hauptverhandlung obliegt dem Vorsitzenden; seine Kenntnis des Akteninhalts setzt ihn instande, über die Anträge sachgemäß zu befinden. Abgesehen vom Strafrichter und den im ersten Rechtszuge entscheidenden Senaten der Oberlandesgerichte ist vor der Hauptverhandlung auch kein Gericht vorhanden, das der Zusammensetzung des Gerichts in der

---

[3] Wie auch sonst bei Beweisanträgen vgl. § 244, 96. Ebenso *Alsberg/Nüse/Meyer* 352; *Spendel* JZ **1959** 741.

[4] *Alsberg/Nüse/Meyer* 353; KK-*Treier* 2; nach KMR-*Paulus* 4 ist schriftliche und mündliche Antragstellung zulässig.

[5] OLG Celle NJW **1957** 1812; KK-*Treier* 3. Der Vorsitzende kann aber anordnen, daß ein Gegenstand für den Augenschein in der Hauptverhandlung beigebracht wird, *Alsberg/Nüse/Meyer* 356.

[6] KK-*Treier* 2; KMR-*Paulus* 4. Nach *Alsberg/Nüse/Meyer* 356 verdient der Hinweis im Rahmen einer ablehnenden Verfügung den Vorzug, da der Antrag dann nicht in der Schwebe bleibt und in mangelfreier Form wiederholt werden kann. Hierauf sollte der Angeklagte allerdings hingewiesen werden.

[7] BGH bei *Pfeiffer* NStZ **1982** 189.

[8] RGSt **75** 166; OLG Köln MDR **1953** 376.

Hauptverhandlung entspricht. Das Gericht in der Zusammensetzung der Hauptverhandlung könnte durch das außerhalb der Hauptverhandlung anders zusammengesetzte Gericht nicht gebunden werden. Die Zuständigkeit des Vorsitzenden zur Entscheidung über Beweisanträge, die vor der Hauptverhandlung gestellt werden, entspricht dem notwendigerweise **vorläufigen Charakter** seiner Entscheidung (*Eb. Schmidt* 3). Es ist deshalb unzulässig, daß der Vorsitzende einen förmlichen Beschluß des Gerichts in der Besetzung außerhalb der Hauptverhandlung herbeiführt; er könnte nur Verwirrung und Unklarheit bei den Betroffenen hervorrufen[9]. Intern steht es ihm frei, die als Mitglieder des erkennenden Gerichts vorgesehenen Richter zu hören, bevor er eine Verfügung erläßt[10].

**5.** Eine **Anhörung der Staatsanwaltschaft** vor der Entscheidung über den Antrag **7** nach § 219 ist möglich und unter Umständen auch zweckmäßig. Zwingend vorgeschrieben ist sie aber nicht[11]. Dies zeigen Absatz 2 und die Neuregelung des Ladungsrechts in § 214. § 35 Abs. 2 ist auf die prozeßleitende Verfügung des Vorsitzenden, mit der er die Hauptverhandlung vorbereitet, nicht anwendbar[12].

**6. Entscheidung des Vorsitzenden**
**a) Pflicht zur Entscheidung vor der Hauptverhandlung.** Der Vositzende muß **8** noch vor der Hauptverhandlung dem Antrag entweder stattgeben oder ihn ablehnen. Er ist nicht befugt, von einer Verfügung abzusehen oder die Entscheidung dem erkennenden Gericht in der Hauptverhandlung vorzubehalten[13]. Der Antrag darf auch dann nicht ohne Bescheid bleiben, wenn der Vorsitzende ihn nur als Beweisermittlungsantrag (Rdn. 4) wertet[14], es sei denn, aus dem Schreiben des Antragstellers ergibt sich eindeutig, daß dieser keinen Bescheid erwartet. Wegen seines eigenen Ladungsrechts nach § 220 muß der Angeklagte schon vor der Hauptverhandlung wissen, ob das Gericht das von ihm geforderte Beweismittel beizieht.

Eine **Ausnahme** greift nur dann Platz, wenn der Antrag so spät bei Gericht eingeht, daß es nicht möglich ist, noch vor der Hauptverhandlung über ihn zu entscheiden **9** und alle dadurch notwendig werdenden Ladungen und Benachrichtigungen durchzuführen. In diesem Falle muß der Vorsitzende den Antrag in der Hauptverhandlung zur Sprache bringen (vgl. Rdn. 26).

**b) Vorläufigkeit der Entscheidung.** Die Entscheidung nach § 219 ist immer nur **10** eine vorläufige. Sie bindet das erkennende Gericht nicht, das auf Grund der Hauptverhandlung im Rahmen der Aufklärungspflicht von Amts wegen und im übrigen auf Grund eines neuen Beweisantrags erneut darüber zu befinden hat, ob die unter Beweis gestellte Tatsache erheblich und das angegebene Beweismittel brauchbar ist[15]. In der Verfügung nach § 219 darf der Vorsitzende deshalb — anders als nach § 244 Abs. 3 — einen Antrag nicht mit der Begründung ablehnen, die behauptete Tatsache könne als wahr unterstellt werden (dazu Rdn. 13).

---

[9] OLG Köln MDR **1953** 376; *Alsberg/Nüse/ Meyer* 354; KK-*Treier* 3; KMR-*Paulus* 7.

[10] OLG Köln DRiZ **1931** Nr. 452; *Oske* MDR **1971** 797; h.M.

[11] *Eb. Schmidt* 4; KK-*Treier* 4; *Kleinknecht/ Meyer* 1; KMR-*Paulus* 8.

[12] *Traub* NJW **1957** 1096; *Oske* MDR **1971** 797.

[13] RGSt **61** 376; **72** 231; **75** 166; BGHSt 1 286; *Alsberg/Nüse/Meyer* 355.

[14] Vgl. § 244, 115; nach *Alsberg/Nüse/Meyer* 353; *Eb. Schmidt* 2 unterfallen Beweisermittlungsanträge und sonstige Beweisanregungen nicht dem § 219.

[15] RGSt **75** 166; OLG Koblenz OLGSt 1.

Walter Gollwitzer

**11**     c) **Maßgebende Sachkriterien.** Die Entscheidung des Vorsitzenden über die Zuziehung des beantragten Beweismittels hat sich an denselben Grundsätzen zu orientieren, die für die Behandlung der Beweisanträge in der Hauptverhandlung nach § 244 gelten[16].

**12**     Aus der Vorläufigkeit der lediglich die Hauptverhandlung vorbereitenden Verfügung ergeben sich jedoch gewisse **Abweichungen.** Der Vorsitzende darf keine Entscheidung treffen oder in Aussicht stellen, die dem erkennenden Gericht vorbehalten ist. Das Verbot, das Ergebnis der Beweisaufnahme vorwegzunehmen, erlangt hier erhöhtes Gewicht. Es verbietet, den Wert des benannten Beweismittels allein deshalb in Frage zu stellen, weil die unter Beweis gestellte Tatsache dem aus den Akten ersichtlichen vorläufigen Ermittlungsergebnis widerspricht[17].

**13**     Vor allem aber darf der Vorsitzende den Antrag nicht mit der Begründung ablehnen, die behauptete Tatsache könne **als wahr unterstellt** werden. Der Vorsitzende kann in seiner Verfügung die Beweiswürdigung des erkennenden Gerichts nicht vorwegnehmen. Er ist auch nicht in der Lage, mit der erforderlichen Zuverlässigkeit vorherzusehen, was die Beweisaufnahme ergeben wird, und er ist nicht befugt, die Wahrunterstellung durch das erkennende Gericht zuzusichern[18]. Hat der Vorsitzende trotzdem einen Beweisantrag des Angeklagten gemäß § 219 mit der Begründung abgelehnt, die behauptete Tatsache könne als wahr angenommen werden, so muß der Angeklagte sich auf diese Zusicherung verlassen können; der Vorsitzende hat deshalb, falls der Antrag des Angeklagten durch das Ergebnis der Hauptverhandlung nicht offensichtlich überholt ist, die Pflicht, den Inhalt des von ihm erteilten Bescheides in der Hauptverhandlung bekanntzugeben, und zwar auch dann, wenn dem Angeklagten ein Verteidiger zur Seite steht; kommt der Vorsitzende dieser Pflicht nicht nach, so kann das Urteil auf dem der Hinweispflicht zuwiderlaufenden Verhalten des Vorsitzenden beruhen[19]. Ob allerdings aus den Urteilsgründen ersichtlich sein muß, daß der Vorsitzende dieser Pflicht genügt hat[20], erscheint fraglich.

**14**     Auch ein **hilfsweise** gestellter Beweisantrag, in dem die Beiziehung eines Beweismittels nur für den Fall gefordert wird, daß das Gericht nicht von einem bestimmten Sachverhalt oder einer bestimmten Beweislage ausgeht, ist vor der Hauptverhandlung zu bescheiden. Sofern der Vorsitzende nicht die Beiziehung des genannten Beweismittels verfügt, ist der **Antrag abzulehen;** dies gilt auch, wenn nach der Aktenlage nicht zu beurteilen ist, ob die Voraussetzungen, von denen der Hilfsantrag die Beiziehung des Beweismittels abhängig macht, vom erkennenden Gericht für gegeben erachtet werden. In diesem Fall muß es zulässig sein, die Ablehnung damit zu begründen und dem Antragsteller anheimzugeben, den Antrag gegebenenfalls in der Hauptverhandlung erneut zu stellen. Wird der Hilfsantrag vor der Hauptverhandlung nicht beschieden, ist er, ebenso wie andere unerledigte Anträge, in ihr vom Vorsitzenden zur Sprache zu bringen[21].

**15**     Hat der Angeklagte die Einholung des **Gutachtens eines Sachverständigen** beantragt, so nimmt der Vorsitzende im Hinblick auf die Eigenart der bezeichneten Beweis-

---

[16] OLG Köln MDR **1953** 376; *Alsberg/Nüse/ Meyer* 357; *KK-Treier* 6; *KMR-Paulus* 9; *Schlüchter* 432. Nach *Peters* § 38 IV ist der Vorsitzende wegen der Möglichkeit der Nachholung an die Ablehnungsschranken des § 244 nicht gebunden.

[17] RGSt **63** 332; KMR-*Paulus* 11.

[18] RGSt **75** 167; BGHSt **1** 51; h.M; vgl. *Alsberg/Nüse/Meyer* 357; ferner Fußn. 19; **a. A.** OLG Hamburg HESt **1** 166.

[19] RGSt **73** 193; **75** 167; RG JW **1936** 665; **1938** 2736; HRR **1937** Nr. 287; **1939** Nrn. 64, 816; BGHSt **1** 51; *Schneider-Neuenburg* DStR **1940** 144; *Eb. Schmidt* 12; *Oske* MDR **1971** 797; vgl. ferner die in Fußn. 13 angeführten Entscheidungen.

[20] OLG Köln JMBlNW **1963** 11.

[21] OLG Celle VRS **17** 281; *Alsberg/Nüse/ Meyer* 353.

mittel gegenüber diesem Antrag eine freiere Stellung ein als gegenüber dem Antrag auf Vernehmung eines Zeugen. Ihm obliegt es, am Maßstab des § 244 Abs. 4 zu beurteilen, ob die Sachkunde des Gerichts voraussichtlich ausreichen wird[22]. Letztlich hat hierüber erst das erkennende Gericht zu entscheiden; der Vorsitzende kann aber trotzdem zur Vorbereitung der Hauptverhandlung vorsorglich einen Sachverständigen zum Termin laden oder ihn mit der Fertigung eines schriftlichen Gutachtens beauftragen. Seine Entscheidung ist aber immer nur eine vorläufige, die das erkennende Gericht nicht präjudiziert. Dies gilt besonders auch dann, wenn er den Antrag ablehnt.

**d) Begründung der Entscheidung.** Gibt der Vorsitzende dem Antrag statt, **16** braucht er seine Verfügung nicht zu begründen. Er ordnet die Ladung der benannten Beweispersonen (§ 214 Abs. 1) und die Herbeischaffung der Beweisgegenstände an.

Die **Ablehnung** muß jedoch, wie es § 34 und die Fürsorgepflicht erfordern[23], be- **17** gründet werden, wobei die Begründung erkennen lassen muß, daß die Entscheidung des Vorsitzenden eine vorläufige ist (BGHSt 1 51; h. M). Da der Vorsitzende über einen Beweisantrag nicht nach freiem Ermessen befinden darf, sondern ihn grundsätzlich so zu behandeln hat, wie ihn das erkennende Gericht behandeln müßte, wenn er in der Hauptverhandlung gestellt worden wäre, spricht manches dafür, daß auch die Begründung einer ablehnenden Verfügung im übrigen den Erfordernissen zu entsprechen hat, denen die Ablehnung eines Beweisantrages durch das erkennende Gericht genügen muß[24]. Wegen der vorläufigen Natur der Entscheidung reicht jedoch auch eine knappere Begründung, wenn sie keinen Zweifel darüber aufkommen läßt, daß und warum der Antrag abgelehnt wird[25]. Der Antragsteller weiß dann, daß sein schriftlich gestellter Antrag zunächst erledigt ist. Er kann sich schlüssig machen, ob er nach § 220 verfahren oder den Antrag in der Hauptverhandlung wiederholen will[26].

### 7. Bekanntmachung der Entscheidung

**a) Bekanntmachung an den Angeklagten.** Absatz 1 Satz 2, der die Bekanntgabe **18** an den Angeklagten vorschreibt, ist eine zwingende Verfahrensnorm (OLG Köln JMBlNW **1962** 201). Die Verfügung des Vorsitzenden muß dem Angeklagten sowohl dann mitgeteilt werden, wenn dem Antrag stattgegeben wurde, als auch dann, wenn der Antrag abgelehnt wurde. Für die Art der Bekanntgabe sind die §§ 35 und 37 maßgebend. Es genügt formlose Mitteilung nach § 35 Abs. 2 Satz 2[27].

Die Mitteilung an **Mitangeklagte,** die nicht Antragsteller sind, ist nicht ausdrück- **19** lich vorgeschrieben. Sie kann angebracht sein, wenn die Verfügung, insbesondere eine ablehnende Verfügung, auch für ihre Verteidigung von Bedeutung ist[28]. Wird dem Antrag stattgegeben, müssen die geladenen Beweispersonen ohnehin nach § 222 Abs. 1 auch den Mitangeklagten namhaft gemacht werden[29]. Für die ernannten Sachverständigen folgt die Namhaftmachung außerdem auch aus § 74 Abs. 2.

---

[22] *Alsberg/Nüse/Meyer* 356; frühere Entscheidungen sprechen vom pflichtgemäßen Ermessen, so RGSt **47** 108; **49** 437; **51** 42; **52** 61; **57** 158; **61** 114; 273; **64** 160.

[23] *Eb. Schmidt* 7; KMR-*Paulus* 9.

[24] KK-*Treier* 5; *Schlüchter* 432.

[25] *Alsberg/Nüse/Meyer* 358; *Kleinknecht/Meyer* 4.

[26] Vgl. BGHSt **1** 51; *Alsberg/Nüse/Meyer* 359; *Kleinknecht/Meyer* 4; nach KK-*Treier* 7;

KMR-*Paulus* 9 muß die Begründung hierauf hinweisen; *Schmid* Verwirkung 208: „Hinweis nobile officium."

[27] *Alsberg/Nüse/Meyer* 359; KK-*Treier* 7; KMR-*Paulus* 12; *Oske* MDR **1971** 797.

[28] *Oske* MDR **1971** 797; KMR-*Paulus* 12; a. A. *Alsberg/Nüse/Meyer* 358; *Kleinknecht/Meyer* 4 (überflüssig).

[29] Vgl. § 222, 10.

Walter Gollwitzer

**20**    **b) Mitteilung an die Staatsanwaltschaft** (Absatz 2). Nur die Beweisanträge, denen der Vorsitzende stattgibt, sind der Staatsanwaltschaft mitzuteilen. Diese Mitteilung muß den in § 222 Abs. 1 vorgeschriebenen Mindestinhalt (Name, Adresse) haben, damit sie gleichzeitig auch den Anforderungen dieser Vorschrift genügt. Darüber hinaus ist aber auch der Inhalt des Beweisantrags der Staatsanwaltschaft zur Kenntnis zu bringen; es genügt also — anders als bei den vom Gericht aus eigenem Entschluß geladenen Zeugen und Sachverständigen — nicht, daß nur die geladene Person namhaft gemacht wird.

**21**    **Zweck der Vorschrift** ist, der Staatsanwaltschaft Gelegenheit zur Prüfung zu geben, ob ein Anlaß zu weiteren Erhebungen und zur Beiziehung weiterer Beweismittel besteht. Soweit vom Vorsitzenden die Beiziehung von Beweisgegenständen angeordnet worden ist, ist die Mitteilung auch deshalb notwendig, weil der Staatsanwaltschaft deren Herbeischaffung zur Hauptverhandlung obliegt; sofern dies nicht durch das Gericht bewirkt wird (§ 214 Abs. 4).

**22**    Der **Nebenkläger** ist in gleicher Weise zu benachrichtigen wie die Staatsanwaltschaft[30].

### 8. Auswirkung der Entscheidung

**23**    **a) Keine Bindung des Vorsitzenden.** Dieser ist an seine Entscheidung nicht gebunden. Er kann einem abgelehnten Antrag nachträglich doch noch entsprechen und er kann auch umgekehrt eine bereits angeordnete Beiziehung des beantragten Beweismittels wieder aufheben. Er muß den Antragsteller jedoch hierauf noch vor der Hauptverhandlung hinweisen, damit dieser sich auf die veränderte Verfahrenslage bei der Vorbereitung seiner Verteidigung einrichten kann[31].

**24**    **b) Erneuerung des Antrags.** Abgelehnte Anträge nach § 219 können in der Hauptverhandlung erneut gestellt werden. Dies ist Sache des Antragstellers. Der Vorsitzende oder das Gericht müssen grundsätzlich von sich aus auf den durch Bescheid erledigten Antrag nicht mehr zurückkommen[32], es sei denn, daß die Aufklärungspflicht auf Grund der Beweislage der Hauptverhandlung dazu drängt, oder daß dies notwendig ist, um eine fehlerhafte oder irreführende Sachbehandlung zu korrigieren.

**25**    **c) Hinweispflicht bei fehlerhafter oder irreführender Sachbehandlung.** Einen wegen verspäteten Eingangs **unerledigten Beweisantrag** muß der Vorsitzende in der Hauptverhandlung zur Sprache bringen. Hält der Angeklagte ihn aufrecht, dann ist dieser nunmehr auch in der Hauptverhandlung gestellte Beweisantrag vom Gericht zu bescheiden[33]. Gleiches gilt, wenn die Bescheidung eines rechtzeitig gestellten Antrags vor der Hauptverhandlung versehentlich unterblieben ist[34], oder die vom Vorsitzenden verfügte Ladung nicht ausgeführt oder die ablehnende Verfügung dem Angeklagten versehentlich nicht mitgeteilt wurde[35]. Ist der Angeklagte vom Erscheinen in der Hauptverhandlung entbunden (§ 233), muß der Vorsitzende dafür sorgen, daß der Hinweis bei

---

[30] *Eb. Schmidt* 5; vgl. die Erl. zu § 397 Abs. 1.

[31] *Alsberg/Nüse/Meyer* 359.

[32] RG GA **65** (1918) 366; *Alsberg/Nüse/Meyer* 359; *Plötz* Fürsorgepflicht 243 hält zur Vermeidung von Fehlvorstellungen des Angeklagten den Hinweis auf die Möglichkeit erneuter Antragstellung im Regelfall für erforderlich.

[33] BayObLGSt **1955** 267 = NJW **1956** 1042.

[34] BayObLGSt **1964** 26 = GA **1964** 334.

[35] *Alsberg/Nüse/Meyer* 361; *Dahs/Dahs* 190; *KMR-Paulus* 16; vgl. OLG Braunschweig HRR **1928** Nr. 1676.

seiner kommissarischen Einvernahme erteilt wird, anderenfalls muß er den Beweisantrag zur gerichtlichen Entscheidung bringen[36].

Erteilt der Vorsitzende fälschlich den Bescheid, daß die Entscheidung über dem **26** Beweisantrag **dem Gericht vorbehalten** werde, so erwächst aus dieser Zusicherung für ihn die Pflicht, den Antrag in der Hauptverhandlung dem erkennenden Gericht zu unterbreiten. Das Gericht muß sich mit dem Antrag befassen[37]. Dies gilt auch, wenn nicht der Angeklagte sondern sein Verteidiger den Antrag eingereicht hat[38]. Eine förmliche Bescheidung des Antrags in der Hauptverhandlung ist aber nur notwendig, wenn der Angeklagte oder der Verteidiger den Antrag aufrechterhalten. Sie deswegen zu befragen oder ihnen anheimzugeben, den Antrag in der Hauptverhandlung neu zu stellen, ist eine aus der vorausgegangenen Zusicherung erwachsene Rechtspflicht[39], selbst wenn die Zusicherung einen Antrag auf Einnahme eines Augenscheins (dazu Rdn. § 225, 4) betraf.

Hat der Vorsitzende den früheren Antrag mit einer **unzulässigen Begründung,** **27** etwa der Zusage der Wahrunterstellung (vgl. Rdn. 13), abgelehnt, so ist er verpflichtet, zur Behebung des Fehlers und eines daraus möglicherweise beim Angeklagten entstandenen Irrtums auf die Rechtslage, vor allem aber darauf hinzuweisen, daß der frühere Antrag nicht fortwirkt. Die erneute Antragstellung in der Hauptverhandlung ist anheimzugeben[40].

d) Ein **Verzicht** auf den Beweisantrag, dessen Bescheidung der Hauptverhand- **28** lung vorbehalten wurde, liegt nicht schon dann vor, wenn der Angeklagte oder sein Verteidiger den Antrag in der Hauptverhandlung nicht von sich aus neu stellen[41]. Es kann ihnen nicht zum Nachteil gereichen, wenn sie auf Grund der Zusicherung des Vorsitzenden davon ausgehen, daß das Gericht von sich aus den vor der Hauptverhandlung gestellten Antrag aufgreifen wird.

Von der Besonderheit des einzelnen Falles hängt es ab, ob eine Ausnahme von **29** diesem Grundsatz dann Platz greift, wenn der Beweisantrag von einem Verteidiger gestellt ist, ob also sein untätiges Verhalten angesichts der Nichterfüllung der erteilten Zusage als Verzicht auf den Antrag aufzufassen ist[42]. Zu dieser Ansicht hat sich die Rechtsprechung erst allmählich durchgerungen. Sie nahm ursprünglich an, daß auf Beweisanträge, die der Vorsitzende vor der Hauptverhandlung fehlerhaft oder überhaupt nicht beschieden hatte, die Revisionsgrundsätze nicht anwendbar seien. Als sie später anerkannte, daß solche Fehler des Vorsitzenden fortwirken und die Revision begründen können, machte sie einen deutlichen Unterschied, je nachdem, ob der Antrag vom rechtsunkundigen Angeklagten oder seinem Verteidiger gestellt war[43], weil man von

---

[36] BayObLGSt **1955** 267 = NJW **1956** 1042; *Alsberg/Nüse/Meyer* 361; *Oske* MDR **1971** 798.

[37] BGHSt 1 286 = JZ **1951** 725 mit Anm. *Oehler.*

[38] RG JW **1931** 1602; **1938** 2736; HRR **1939** Nr. 64; *Alsberg/Nüse/Meyer* 363.

[39] OLG Köln JMBlNW **1963** 11 (Fürsorgepflicht); vgl. RGSt **61** 376; RG JW **1931** 1602; **1932** 1660; HRR **1927** Nr. 2165; KG Recht **1927** Nr. 511; KG JR **1950** 567; OLG Köln NJW **1954** 46; OLG Hamburg JR **1956** 28 mit Anm. *Nüse*; OLG Celle NdsRpfl. **1959** 89; BayObLGSt **1964** 26 = GA **1964**

334; *Oehler* JZ **1951** 725; *Kleinknecht/Meyer* 5.

[40] *Alsberg/Nüse/Meyer* 363.

[41] RGSt **61** 376; **75** 166; RG Recht **1928** Nr. 222; JW **1930** 3774; **1931** 1602; OLG Köln NJW **1954** 46; BayObLG GA **1964** 334; *Oske* MDR **1971** 799; KK-*Treier* 10; KMR-*Paulus* 17; zur Verzichtsproblematik ferner *Bohnert* NStZ **1983** 344.

[42] RGSt **75** 167; RG JW **1932** 1660; BGHSt 1 286 = JZ **1951** 725 mit Anm. *Oehler.*

[43] Vgl. die Übersichten bei *Oehler* JZ **1951** 725; *Traub* NJW **1957** 1095.

Walter Gollwitzer

einem Verteidiger im allgemeinen erwarten könne, daß er einen Beweisantrag, den der Vorsitzende nicht beschieden oder entgegen seiner Zusage in der Hauptverhandlung nicht zur Sprache gebracht habe, in der Hauptverhandlung erneut stelle. Dieser Auffassung ist mit guten Gründen entgegen gehalten worden, daß am Anfang die verletzte Rechtspflicht des Vorsitzenden steht, der entgegen § 219 den Beweisantrag nicht beschieden und die Entscheidung darüber dem erkennenden Gericht vorbehalten hat. Übersieht er, den Antrag in der Hauptverhandlung zur Sprache zu bringen, so muß dieses Versehen zu Lasten des Gerichts gehen und kann auch durch ein hinzutretendes Versäumnis des Angeklagten oder seines Verteidigers nicht ausgeglichen werden[44].

**30**      Nur wenn zweifelsfrei aus den **Umständen ersichtlich** wird, daß Angeklagter oder Verteidiger den unerledigten Antrag nach § 219 nicht weiterverfolgt sehen wollen, ist die Annahme eines stillschweigenden Verzichts auf den Antrag gerechtfertigt. Solche Umstände können darin zu sehen sein, daß der Verteidiger einen anderen Beweisantrag mit ähnlicher Zielrichtung gestellt hat[45] oder daß der Vorsitzende die Unerheblichkeit des Beweismittels mit dem Verteidiger erörtert und dieser dann keinen Beweisantrag gestellt hat[46]. Aber selbst wenn solche besonderen Umstände vorzuliegen scheinen, ist es ratsam, durch eine entsprechende Frage in der Hauptverhandlung ausdrücklich zu klären, ob sich ein vor der Hauptverhandlung gestellter und nicht beschiedener Beweisantrag erledigt hat.

### 9. Rechtsbehelfe

**31**      a) Das **Recht, die Beweispersonen selbst zu laden,** gewährt § 220 Abs. 1 Satz 1 dem Angeklagten gerade auch für den Fall der Ablehnung des Antrags nach § 219.

**32**      b) Durch Antragstellung in der Hauptverhandlung kann der Angeklagte eine **Entscheidung des Gerichts** nach § 244 Abs. 6 über den vom Vorsitzenden abgelehnten Beweisantrag herbeiführen. Die Verfügung des Vorsitzenden steht wegen ihres vorläufigen Charakters dem nicht entgegen. Dagegen hat der Angeklagte nicht die Möglichkeit, schon vor der Hauptverhandlung das Gericht nach § 238 Abs. 2 gegen die Verfügung des Vorsitzenden anzurufen[47]. Die Entscheidung des erkennenden Gerichts über den in der Hauptverhandlung gestellten Beweisantrag ist vom Revisionsgericht voll nachprüfbar.

**33**      c) Beschwerde (§ 304) ist gegen die Verfügung des Vorsitzenden nicht zulässig. Ebensowenig wie die Ablehnung des Beweisantrags in der Hauptverhandlung mit Beschwerde anfechtbar ist (§ 305), kann die vorläufige Ablehnung der Beschwerde zugänglich sein[48]. Es besteht auch kein besonderes Bedürfnis dafür, da dem Angeklagten anderweitige Abhilfe möglich ist. § 220 Abs. 1 Satz 1 sieht ausdrücklich für diesen Fall die Möglichkeit vor, Beweispersonen selbst zu laden und damit über § 245 Abs. 2 ihre Einvernahme zu erzwingen. Außerdem kann der Beweisantrag in der Hauptverhandlung erneut gestellt werden (Rdn. 24).

---

[44] Vgl. oben Fußn. 41; *Koeniger* 181. Nach *Schlüchter* 432 liegt der die Revision begründende Verstoß nicht in der Verletzung des § 219, sondern in der Unterlassung der dadurch notwendig gewordenen Belehrung in der Hauptverhandlung, die beim rechtsunkundigen Angeklagten, nicht aber beim Verteidiger, notwendig ist.

[45] BGHSt **1** 286; *Oske* MDR **1971** 799; vgl. oben Fußn. 41.

[46] RG JW **1931** 1602.

[47] *Alsberg/Nüse/Meyer* 364; KMR-*Paulus* 19.

[48] *Alsberg/Nüse/Meyer* 364; KK-*Treier* 11; *Kleinknecht/Meyer* 6; KMR-*Paulus* 19; *Schlüchter* 432.

Dem Vorsitzenden ist es unbenommen, eine unzulässige Beschwerde als **Gegen-** **34** **vorstellung** zu behandeln oder sie zumindest zum Anlaß zu nehmen, nachträglich von Amts wegen die benannten Beweispersonen nach § 214 zu laden oder andere Beweismittel nach § 221 beizuziehen (*Oske* MDR **1971** 797), wenn ihm dies sachlich angebracht erscheint.

d) Die **Revision** kann grundsätzlich nicht allein auf die Ablehnung eines Antrags **35** nach § 219 gestützt werden[49], weil diese wegen der Möglichkeiten des Antragstellers nach §§ 220, 245 Abs. 2 bzw. § 244 (Rdn. 1; 24; 31; 32) die Beweisaufnahme in der Hauptverhandlung nicht präjudiziert. Nur wenn der Vorsitzende ihn nicht beschieden oder fehlerhaft eine bestimmte Sachbehandlung in der Hauptverhandlung in Aussicht gestellt hat, die nicht eingehalten wurde, kann daraus eine Revisionsrüge hergeleitet werden[50]. Voraussetzung ist, daß der Fehler nicht durch einen Hinweis in der Hauptverhandlung geheilt oder durch Verzicht des Antragstellers (Rdn. 28 bis 30) gegenstandslos geworden ist. Dies gilt vor allem, wenn der Vorsitzende dem Angeklagten mitgeteilt hat, über seinen Antrag werde in der Hauptverhandlung entschieden werden, oder wenn er den Antrag mit der hier unzulässigen Begründung abgelehnt hat, die unter Beweis gestellte Tatsache könne als wahr behandelt werden.

Zur **Begründung** einer solchen auf die Verletzung des § 219 in Verbindung mit **36** der Sachbehandlung in der Hauptverhandlung gestützten Verfahrensrüge müssen nach § 344 Abs. 2 alle den revisiblen Verfahrensverstoß kennzeichnenden Tatsachen in der Revisionsbegründungsschrift angeführt werden. Hierzu gehören der Inhalt des Beweisantrags, die Ablehnung durch den Vorsitzenden nebst Begründung oder aber die Nichtbescheidung, und die einschlägigen Vorkommnisse in der Hauptverhandlung einschließlich der Angabe, ob der Antrag in der Hauptverhandlung wiederholt wurde[51].

Hat das **Gericht** fälschlich statt des Vorsitzenden den Beweisantrag abgelehnt, so **37** vermag dieser Fehler für sich allein die Revision nicht zu begründen[52]; der vorläufige Charakter dieser Entscheidung wird zudem meist aus ihrer Begründung zu ersehen sein (vgl. Rdn. 6, 17).

Wird die vom Vorsitzenden nach § 219 verfügte **Ladung** einer Beweisperson ver- **38** sehentlich **nicht ausgeführt** und erscheint diese deshalb nicht zum Termin, dann kann es die Revision begründen, wenn der Vorsitzende den Beweisantrag in der Hauptverhandlung übergeht[53].

Die **Aufklärungspflicht** kann, unabhängig davon, ob ein vor der Hauptverhand- **39** lung gestellter Beweisantrag zu Recht oder Unrecht abgelehnt worden ist, je nach Sachlage zur Beiziehung des Beweismittels drängen. Ihre Verletzung begründet dann, sofern ordnungsgemäß gerügt, die Revision[54].

---

[49] RGSt **75** 166; *Dahs/Dahs* 190; KK-*Treier* 12; KMR-*Paulus* 20; *Kleinknecht/Meyer* 6.

[50] KK-*Treier* 12; *Kleinknecht/Meyer* 6; KMR-*Paulus* 21; *Schlüchter* 432.

[51] Wegen der Einzelheiten vgl. BayObLGSt **1964** 26 = GA **1964** 334; OLG Bremen VRS **36** 181 (Angabe, ob dem Angeklagten in der Hauptverhandlung ein Verteidiger zur Seite stand).

[52] A. A. OLG Köln MDR **1953** 376; dagegen *Alsberg/Nüse/Meyer* 354.

[53] OLG Braunschweig HRR **1928** Nr. 1676; *Dahs/Dahs* 190; *Oske* MDR **1971** 798.

[54] OLG Koblenz OLGSt 2; OLG Köln NJW **1954** 46; *Dahs/Dahs* 190.

Walter Gollwitzer

## § 220

(1) [1]Lehnt der Vorsitzende den Antrag auf Ladung einer Person ab, so kann der Angeklagte sie unmittelbar laden lassen. [2]Hierzu ist er auch ohne vorgängigen Antrag befugt.

(2) Eine unmittelbar geladene Person ist nur dann zum Erscheinen verpflichtet, wenn ihr bei der Ladung die gesetzliche Entschädigung für Reisekosten und Versäumnis bar dargeboten oder deren Hinterlegung bei der Geschäftsstelle nachgewiesen wird.

(3) Ergibt sich in der Hauptverhandlung, daß die Vernehmung einer unmittelbar geladenen Person zur Aufklärung der Sache dienlich war, so hat das Gericht auf Antrag anzuordnen, daß ihr die gesetzliche Entschädigung aus der Staatskasse zu gewähren ist.

**Entstehungsgeschichte.** § 220 war durch Art. 9 Nr. 3 der 2. VereinfVO aufgehoben worden. Art. 3 Nr. 101 VereinhG stellte den früheren Rechtszustand wieder her. Bezeichnung bis 1924: § 219.

*Übersicht*

## I. Bedeutung und Geltungsraum

**1**    1. **Zweck der unmittelbaren Ladung der Beweispersonen.** Für eine wirksame Führung der Verteidigung ist das Recht, **Zeugen** und **Sachverständige** selbst zu laden, von nicht zu unterschätzender Bedeutung. Da das Gericht die Einvernahme eines vom Angeklagten geladenen und erschienenen Zeugen oder Sachverständigen nur unter weit engeren Voraussetzungen ablehnen kann (§ 245 Abs. 2) als auf Grund eines Beweisantrags nach § 244 und der Angeklagte außerdem durch sein Fragerecht in der Hauptverhandlung (§ 240) das Wissen des Zeugen unabhängig vom Gericht für seine Verteidigung voll nutzen kann, ist es dem Angeklagten möglich, den Umfang der Beweisaufnahme in der Hauptverhandlung mitzubestimmen. Diese günstigere Verfahrensposition wird durch die eigene Ladung auch dann begründet, wenn der Angeklagte dem Geladenen keine Entschädigung angeboten hat, dieser aber trotzdem zur Hauptverhandlung kommt. Wenn von § 220 in der Praxis nur selten Gebrauch gemacht wird, so liegt dies neben den technischen Schwierigkeiten, die seiner Verwirklichung entgegenstehen[1], vor allem daran, daß die sinnvolle Handhabung dieses Rechts voraussetzt, daß sich eine ins Detail gehende Kenntnis des tatsächlichen Geschehensverlaufs mit genauer Aktenkenntnis vereint, um noch nicht ausgeschöpfte Beweismöglichkeiten erfassen und für die Verteidigung des Angeklagten nutzen zu können. Förderlich ist auch, wenn dem Geladenen das Beweisthema mitgeteilt wird (vgl. Rdn. 7).

Die Ladung von **Sachverständigen** ist nur innerhalb beschränkter Grenzen von **2** Wert, sofern nämlich der Sachverständige in der Lage ist, sein Gutachten unmittelbar auf Grund der Hauptverhandlung zu erstatten. Erfordert ein fundiertes Gutachten umfangreiche Vorarbeiten, ist der zu einem bestimmten Termin meist sehr kurzfristig geladene Sachverständige dazu mangels Zeit und ausreichender Unterrichtung gar nicht in der Lage. Die Ladung verpflichtet ihn auch dann, wenn sie den Gegenstand des Gutachtens bezeichnet, nicht zu Vorarbeiten[2]. Wegen der Ladung zu einem Augenschein außerhalb der Hauptverhandlung vgl. § 168 d Abs. 2.

2. Für **andere Beweismittel** als Zeugen und Sachverständige gilt § 220 nicht. **3** Lehnt der Vorsitzende ihre Herbeischaffung nach § 219 ab, steht dem Angeklagten kein anderer gesetzlich geregelter Weg der unmittelbaren Herbeischaffung offen. Er kann sich jedes geeigneten und zulässigen Mittels bedienen, durch das erreichbar ist, daß das gewünschte Beweismittel in der Hauptverhandlung präsent (dazu § 245) ist. Er kann das Beweismittel selbst mitbringen, er kann aber auch den Verfügungsberechtigten veranlassen, dafür zu sorgen, daß der Beweisgegenstand dem Gericht zum Termin vorgelegt wird. Entscheidend ist letztlich immer nur, ob der Gegenstand tatsächlich präsent ist.

Fehlt dem Angeklagten die unmittelbare Einwirkungsmöglichkeit auf den Gegen- **4** stand, muß er einen entsprechenden **Beweisantrag** in der Hauptverhandlung stellen.

3. **Gestellte Zeugen.** Daß der Angeklagte (wie jeder Prozeßbeteiligte) Zeugen **5** und Sachverständige, statt sie laden zu lassen, **zur Sitzung mitbringen** kann, ist als selbstverständlich nicht ausdrücklich geregelt[3]. Der Anspruch des Angeklagten auf Vernehmung geht, wenn er gemäß § 220 unmittelbar geladen hat, weiter, als wenn er sich mit der Gestellung begnügt hat (§ 245, 47).

4. **Vereinbarkeit mit anderem Recht.** Mit Art. 6 Abs. 3 MRK ist § 220 Abs. 2 ver- **6** einbar (*Schorn* DRiZ **1963** 340). Es verletzt auch nicht den Gleichheitsgrundsatz (Art. 3 GG), daß nach Absatz 3 nur eine nachträgliche Entschädigung möglich ist (BGH bei *Holtz* MDR **1976** 814).

## II. Unmittelbare Ladung

1. **Verhältnis zu § 219.** Das Selbstladerecht des Angeklagten hängt nicht davon **7** ab, daß die **Ladung nach § 219** vorher beim Vorsitzenden ohne Erfolg beantragt worden war. In der Regel empfiehlt es sich zwar, zunächst diesen sicheren und einfacheren Weg einzuschlagen. Notwendig ist dies jedoch nicht (Absatz 1 Satz 2). Das in Aussicht genommene Beweisthema braucht dem Geladenen nicht mitgeteilt zu werden (vgl. aber Rdn. 1 a. E.); die nach § 222 Abs. 2 erforderliche Ladungsmitteilung erstreckt sich darauf

---

[1] *Dahs* Hdb. 384 ff; vgl. Rdn. 8; 13; zur Reformbedürftigkeit der antiquierten Regelung des Absatzes 2 *Jessnitzer* NJW **1974** 1311; *Müller/Fleck* ZRP **1969** 174, LR[23], Rdn. 42.

[2] *Müller* Der Sachverständige im gerichtlichen Verfahren 63; vgl. *Dahs* Hdb. 386 ff.
[3] Mot. S. 179; Prot. S. 337; vgl. § 222 Abs. 2.

Walter Gollwitzer

ebenfalls nicht[4]. Die Ladung ist auch zu einem späteren Zeitpunkt als dem Beginn der Hauptverhandlung möglich. In diesem Fall trägt der Ladende allerdings das Risiko, daß die Hauptverhandlung zu dem in der Ladung angegebenen Zeitpunkt noch andauert. Dies sollte daher zweckmäßigerweise mit der Terminplanung des Vorsitzenden abgestimmt werden (vgl. § 222, 16).

**8**　　2. Die **Ausführung** der unmittelbaren Ladung ist in § 38 geregelt. Dort ist auch der **Begriff** erläutert. Zur Ladung gehört der Hinweis auf die Folgen des Ausbleibens. Gleichzeitig mit der Ladung muß die durch Absatz 2 vorgeschriebene Entschädigung in bar angeboten oder ihre Hinterlegung zugunsten des Geladenen nachgewiesen werden (Rdn. 13, 15). Anderenfalls wird keine Pflicht zum Erscheinen begründet und der Hinweis auf die Folgen des Ausbleibens muß unterbleiben[5]. Der Gerichtsvollzieher hat dem ihm erteilten Antrag auch dann nachzukommen, wenn eine Entschädigung nicht angeboten wird. Die Ladung ist unabhängig davon auszuführen, ob sie eine Erscheinungspflicht begründet.

### 3. Erscheinenspflicht

**9**　　a) **Keine weitergehenden Pflichten als bei amtlicher Ladung.** Vom Angeklagten unmittelbar geladene Zeugen oder Sachverständige sind, abgesehen von der Erfüllung der Voraussetzungen des Absatzes 2, zum Erscheinen in der Hauptverhandlung nur verpflichtet, wenn sie auch auf Ladung der Staatsanwaltschaft oder des Gerichts erscheinen müßten. Zeugen, die nicht in der Hauptverhandlung zu erscheinen brauchen (vgl. §§ 49, 50), oder Sachverständige, die zur Erstattung eines Gutachtens nicht verpflichtet (§ 75) oder weigerungsberechtigt (§ 76) sind, können auch vom Angeklagten nicht durch eine Ladung zum Erscheinen gezwungen werden[6].

**10**　　b) Der **Mißbrauch des Ladungsrechts** für verfahrensfremde Zwecke[7] begründet für den geladenen Zeugen nach Ansicht des Kammergerichts[8] keine Erscheinungspflicht. Eine Ladung nur zu dem Zweck, eine politische Kampagne gegen den Zeugen fortzusetzen, sei keine ordnungsgemäße Ladung im Sinne des § 51.

**11**　　**Eigene Meinung.** So sehr ein Schutz des Zeugen gerade in diesen Fällen angebracht ist, so wenig hilft diese Lösung allgemein weiter. Dogmatisch erscheint es zweifelhaft, ob der Mißbrauch die Ladung unwirksam macht (dazu *Wagner* JuS **1972** 315). Von Ausnahmefällen abgesehen, bringt diese Lösung auch praktisch nicht viel, weil der ohne Angabe von Gründen geladene Zeuge im vorhinein nicht sicher feststellen kann, daß die Ladung nur sachfremde Zwecke verfolgt und deshalb unzulässig ist. Grundsätzlich wird deshalb jeder Zeuge gehalten sein, einer formal ordnungsmäßigen Ladung nachzukommen, um die Ungehorsamsfolgen zu vermeiden. Die Neufassung des § 245 wirkt jetzt einem Mißbrauch entgegen, da das Gericht die geladene Beweisperson nur auf Grund eines Beweisantrags und nach Prüfung der Ablehnungsgründe des § 245 Abs. 2 zu vernehmen braucht[9]. Im übrigen ist es Sache des Gerichts, den Zeugen in der Hauptverhandlung zu schützen, wenn sonst ein Mißbrauch zu Tage tritt. Bei den im

---

[4] *Kleinknecht/Meyer* 1.
[5] *Dahs* Hdb. 386, auch zur Zweckmäßigkeit einer Ladung ohne Androhung.
[6] *Eb. Schmidt* 1.
[7] Dazu Vor § 226, 49 und § 244, 206.
[8] JR **1971** 338 mit zust. Anm. *Peters*; *KMR-*

*Paulus* 4; *Kleinknecht/Meyer* 3; *Roxin* § 18 B 1; *Schlüchter* 431 Fußn. 50; vgl. die Erl. zu § 51.
[9] KK-*Treier* 7 hält den Streit durch die Neufassung des § 245 für erledigt.

nachhinein zu treffenden verfahrensrechtlichen Entscheidungen hat das Gericht zu berücksichtigen, daß eine Ladung mißbräuchlich war.

c) **Unentschuldigtes Ausbleiben** eines zum Erscheinen verpflichteten Zeugen oder **12** Sachverständigen zieht die in §§ 51, 72 bestimmten Folgen nach sich. Zur Verhängung dieser Folgen bedarf es keines Antrags des Angeklagten, von dem die Ladung ausgegangen ist. Wohl aber muß der Angeklagte die ordnungsgemäße Ladung und das Anbieten einer dem Absatz 2 entsprechenden Entschädigung urkundlich nachweisen. Die Verhängung von Ordnungsmitteln hängt nicht davon ab, ob das Gericht dem Beweisantrag nach § 245 hätte entsprechen müssen[10]. Auch ein unmittelbar geladener Zeuge kann durch das Gericht, ohne daß es der Zustimmung des Angeklagten bedarf, vom Erscheinen entbunden oder hinsichtlich des Ausbleibens für entschuldigt erachtet werden (vgl. die Erläuterungen bei § 51).

**4. Entschädigung durch den Angeklagten**

a) Die **Sicherung der Entschädigung** des Zeugen oder Sachverständigen ist Vor- **13** aussetzung für die Pflicht zum Erscheinen. Wenn die gesetzliche Entschädigung nicht bar angeboten wird oder ihre Hinterlegung bei der Geschäftsstelle nachgewiesen ist, begründet die unmittelbare Ladung keine Verpflichtung für den Geladenen. Nicht erforderlich ist, daß der Geladene die Entschädigung angenommen hat. Niemand kann sich willkürlich seiner Erscheinungspflicht dadurch entziehen, daß er die Entschädigung zurückweist.

Der vorläufige oder endgültige **Verzicht** auf Entschädigung entbindet nicht von **14** der Pflicht zum Erscheinen. Die Verzichtserklärung ist, falls das Ausbleiben des Geladenen rechtliche Folgen nach sich ziehen soll (Rdn. 12), dem Gericht in beglaubigter Form nachzuweisen.

**Darbieten der Entschädigung.** Sie hat durch den mit der Zustellung der Ladung **15** beauftragten Beamten zu geschehen (Mot. 178); ihm muß der Angeklagte den Geldbetrag übergeben. Hat eine Hinterlegung bei der Geschäftsstelle stattgefunden, so ist die über sie ausgestellte Bescheinigung durch den zustellenden Beamten dem Geladenen bei der Zustellung auszuhändigen[11].

**Geschäftsstelle** ist in Absatz 2 nicht im technischen Sinn zu verstehen, sondern als **16** Gegensatz zum Richter. Die Hinterlegung bei der Gerichtskasse oder bei einer Zahlstelle erfüllt die Voraussetzungen des Absatz 2[12].

Die **Pflicht** des Gerichts, einen geladenen und erschienenen **Zeugen** bei Vorliegen **17** der Voraussetzungen des § 245 Abs. 2 **zu vernehmen**, besteht unabhängig davon, ob die Entschädigung in bar angeboten oder ihre Hinterlegung nachgewiesen ist.

b) **Höhe der Entschädigung.** Nur die gesetzliche Entschädigung für die Reiseko- **18** sten und Versäumnis muß angeboten werden, nicht aber eine weitergehende Entschädigung, auch wenn das für die gesetzliche Entschädigung der amtlich geladenen Zeugen und Sachverständigen geltende Recht eine solche vorsieht.

Zu den **Reisekosten** rechnen sowohl Fahrtkosten und Wegegeld (§ 9 Zu- **19** SEntschG) als auch der durch die Reise bedingte sonstige Aufwand (§ 10 ZuSEntschG). Die Entschädigung für Versäumnis soll den Schaden, insbes. den Verdienstausfall, den der Zeuge oder Sachverständige durch den Zeitverlust erleidet, abgelten (für den Zeugen vgl. §§ 2, 4 ZuSEntschG).

---

[10] KK-*Treier* 10; KMR-*Paulus* 4; **a. A.** *Meyer*     [11] Mot. S. 178.
MDR **1979** 814.     [12] KMR-*Paulus* 6; *Kleinknecht/Meyer* 2.

**20**    Die Berechnung der dem **Sachverständigen** anzubietenden Entschädigung ist zweifelhaft. Der Wortlaut des Absatz 2 stellt auf die frühere Fassung der §§ 71 und 84 ab (*Jessnitzer* NJW **1974** 1311). Seit diese nur auf das Gesetz über die Entschädigung von Zeugen und Sachverständigen verweisen und dieses die Entschädigung des Sachverständigen nach der Leistung bemißt (§ 3 ZuSEntschG), also nicht mehr zwischen der Entschädigung für Versäumnis und Vergütung unterscheidet, ist zweifelhaft geworden, welcher Betrag dem Sachverständigen anzubieten ist. Die an sich zutreffende Auslegung, wonach dem Sachverständigen nur die Entschädigung für die Versäumnis, nicht aber eine Vergütung für seine Mühewaltung angeboten werden muß[13], hilft nicht mehr weiter. Da die Leistung des Sachverständigen nach der für sie erforderlichen Zeit bemessen wird, dürfte es mit dem Sinn des Absatz 2 noch am besten vereinbar sein, wenn dem Sachverständigen eine Entschädigung angeboten wird, die die voraussichtliche Zeitversäumnis, die er durch die Teilnahme an der Hauptverhandlung erleidet, mit dem nach § 3 ZuSEntschG anzuwendenden Stundensatz abgilt[14], zumal dieser grundsätzlich leistungsorientierte Stundensatz in der Regel auch dem Betrag entspricht, den der Sachverständige anderweitig verdient hätte (vgl. *Jessnitzer* NJW **1974** 1311). Für den Angeklagten, der das Risiko trägt, daß der Sachverständige eine zu geringe Entschädigung zurückweist und der Ladung nicht folgt, dürfte es jedenfalls nicht ratsam sein, einen geringeren Betrag anzubieten.

**21**    Eine weitere Schwierigkeit für die Anwendung der Bestimmung erwächst daraus, daß die Höhe der gesetzlichen Entschädigung nach § 3 ZuSEntschG **im voraus nicht genau feststellbar** ist. Sie hängt sowohl von dem zu schätzenden Zeitaufwand des Geladenen ab, sowie davon, welcher Betrag innerhalb der im Gesetz festgelegten Rahmensätze für angemessen gehalten wird. Genau läßt sich die gesetzliche Entschädigung jeweils nur im nachhinein für den konkreten Fall ermitteln. Die Darbietung oder Hinterlegung eines zu geringen Betrages verpflichtet den Geladenen nicht zum Erscheinen. Dies kann jedoch nur mit der Einschränkung gelten, daß der angebotene Betrag nicht wesentlich hinter der nach den Umständen des Falles voraussichtlich anfallenden Entschädigung zurückbleiben darf. Wird dem Zeugen oder Sachverständigen ein Betrag angeboten, der nach vernünftigem Ermessen seine Reisekosten und seine voraussichtliche Zeitversäumnis in etwa ausgleichen wird, so wird er — eventuell unter ausdrücklichem Vorbehalt einer Nachforderung gegenüber dem Angeklagten — der Ladung Folge zu leisten haben, wenn er sich nicht den Folgen eines unentschuldigten Ausbleibens aussetzen will[15]. Leistungen, die der Sachverständige vor seiner Ladung bereits erbracht hat (etwa ein im Auftrag des Angeklagten ausgearbeitetes schriftliches Gutachten), brauchen bei der anzubietenden Entschädigung nicht berücksichtigt zu werden[16]. Hat der Zeuge oder Sachverständige den angebotenen Betrag angenommen, ohne ihn als zu gering zurückzuweisen, so ist er auf jeden Fall zum Erscheinen verpflichtet.

**22**    Es ist **Sache des Angeklagten**, sich darüber zu unterrichten, welchen Betrag er darzubieten oder zu hinterlegen hat. Eine Berechnung der Zeugengebühren durch den Beamten der Geschäftsstelle oder eine Prüfung, ob der hinterlegte Betrag den gesetzlichen Vorschriften entspricht, findet nicht statt. Zahlt der Angeklagte dem Zeugen oder Sachverständigen zuviel, kann er nicht verlagen, daß ihm der Staat bei Erstattung seiner

---

[13] So etwa *Eb. Schmidt* 2; *Kleinknecht/Meyer* 2; *Dahs* Hdb. 386.

[14] Wie hier *Jessnitzer* NJW **1974** 1311; KK-*Treier* 9; KMR-*Paulus* 7. Zum Streitstand, ob die Entschädigung die Leistung des Sachverständigen abdecken muß, vgl. auch *Jessnitzer*[7] 155.

[15] KK-*Treier* 9.

[16] Vgl. OLG München MDR **1981** 1037; Rdn. 35.

notwendigen Auslagen den Mehrbetrag ersetzt[17]. Vor allem bei Sachverständigen kann es zweckmäßig sein, wenn sich der Angeklagte oder sein Verteidiger mit ihnen vorweg über die Entschädigung einigt und dies wegen des urkundlichen Nachweises (Rdn. 12) schriftlich festlegt.

c) **Mehrmalige Ladung.** Lädt der Angeklagte den Zeugen oder Sachverständigen **23** mehrmals, etwa weil die Hauptverhandlung, zu der der Zeuge oder Sachverständige erschienen war, ausgesetzt worden ist, so muß er erneut Entschädigung anbieten oder hinterlegen, soweit der früher angebotene Betrag nicht ausreicht, um auch die Reisekosten und die Zeitversäumnis zu entschädigen, die aus der neuen Ladung voraussichtlich erwachsen werden.

## III. Entschädigung aus der Staatskasse

**1. Rechtsverhältnis zwischen Zeugen und Staatskasse.** Absatz 3, der erst von der **24** Reichstagskommission aufgenommen wurde, berührt nicht das Rechtsverhältnis zwischen dem Angeklagten und der Staatskasse, sondern gibt nur dem Zeugen usw., der nach § 1 ZuSEntschG keinen Anspruch auf Entschädigung gegen den Staat hat, unter gewissen Voraussetzungen einen Anspruch an diesen. Der Grund für die Einräumung eines solchen Anspruchs wurde in der Erwägung gefunden, daß auf diese Weise der Unterschied zwischen dem armen und dem reichen Angeklagten einigermaßen ausgeglichen werde, indem mancher Zeuge oder Sachverständige, der für die Sache Erhebliches wisse, im Hinblick auf jenen Anspruch sich werde bereit finden lassen, ohne Kostenvorschuß vor Gericht zu erscheinen (Prot. 327). Der Sinn der Bestimmung ist also der, daß die Entschädigung des erschienenen Zeugen oder Sachverstädigen bei Sachdienlichkeit der Aussage aus der Staatskasse einstweilen ausgelegt werden soll.

Für das **Rechtsverhältnis** zwischen dem **Angeklagten** und der **Staatskasse** sind im **25** wesentlichen nur die §§ 465, 467 maßgebend. Werden dem Angeklagten in dem Urteil die Kosten auferlegt, so hat er auch den ausgelegten Betrag zu erstatten, während dieser im Fall der Freisprechung des Angeklagten der Staatskasse zur Last bleibt, gleich den übrigen Verfahrenskosten (RGSt **16** 212). Wird der Angeklagte freigesprochen und fällt die Entscheidung nach Absatz 3, was allerdings nicht notwendig der Fall zu sein braucht, mit der endgültigen Kostenentscheidung wie in RGSt **16** 212 zusammen, kann die Entschädigung „der Staatskasse auferlegt werden"[18]. Einen Anspruch auf Auslagenvorschuß kann der Angeklagte aus Absatz 3 nicht herleiten[19].

**2. Entschädigung aus der Staatskasse bei Stellung.** Mit Rücksicht auf den zuvor **26** bezeichneten Grund der Bestimmung müssen die Personen, die der Angeklagte ohne Ladung zur Verhandlung gestellt hat, gleich den unmittelbar geladenen behandelt werden, vorausgesetzt, daß sie nur zum Zweck ihrer Vernehmung nach dem Gerichtsort oder zur Gerichtsstelle gekommen sind[20]. Das Vorhandensein jener Voraussetzung muß zur Begründung des Anspruchs glaubhaft gemacht werden. LG Limburg NJW **1957** 722 will die vom Angeklagten gestellten Zeugen und Sachverständigen, deren Vernehmung das Gericht beschließt, wie die vom Gericht geladenen Zeugen und Sachver-

---

[17] KG *Alsb.* E 2 Nr. 78; *Eb. Schmidt* 3; KK-*Treier* 9; KMR-*Paulus* 5.

[18] *Eb. Schmidt* 5; KK-*Treier* 12; KMR-*Paulus* 10.

[19] BGH bei *Holtz.* MDR **1976** 814.

[20] OLG Celle NJW **1927** 1658; *Eb. Schmidt* 8; KK-*Treier* 13; KMR-*Paulus* 9; *Kleinknecht/Meyer* 5; a. A. *Stenglein* 8.

Walter Gollwitzer

ständigen behandeln und auf jeden Fall entschädigen, § 220 Abs. 3 also auf sie nicht anwenden. Dem steht entgegen: In aller Regel wird sich ein Gericht eher entschließen, einen gestellten Zeugen zu vernehmen, als die Ladung eines nicht anwesenden Zeugen anzuordnen und zu diesem Zweck die Hauptverhandlung zu unterbrechen, sei es auch nur, um dem Angeklagten das Bewußtsein zu nehmen, daß „seine" Zeugen nicht vernommen worden seien. Die Vernehmung eines gestellten Zeugen oder Sachverständigen beansprucht nicht selten geringere Zeit als die Ablehnung eines Antrages auf Vernehmung unter Beachtung der strengen Grundsätze des § 244 Abs. 3, 4. Es besteht kein Grund, diese Praxis zu mißbilligen. Da gestellte Zeugen oder Sachverständige oft auch dann vernommen werden, wenn ein Antrag auf Ladung abgelehnt werden könnte, besteht kein Grund, sie wegen ihres Anspruchs auf Entschädigung aus der Staatskasse den vom Gericht geladenen Zeugen und Sachverständigen gleichzustellen.

**27**      Ist die vom Angeklagten beantragte (§ 219) Vernehmung einer Person zwar nicht abgelehnt, jedoch wegen großer Entfernung (§ 223 Abs. 2) durch einen **beauftragten** oder **ersuchten Richter** bewirkt worden, und hat der Angeklagte trotz dieser Vernehmung den Vernommenen zur Hauptverhandlung unmittelbar laden lassen, so steht diesem — sofern er erscheint — der in § 220 bestimmte Anspruch jedenfalls dann zu, wenn infolge eines Wechsels des Aufenthaltsorts des Geladenen die Annahme einer großen Entfernung nicht mehr zutrifft oder wenn vom Gericht anerkannt wird, daß die mündliche Vernehmung die Aufklärung der Sache in höherem Grad gefördert habe, als dies durch die Verlesung des aufgenommenen Protokolls (§ 251) geschehen sein würde.

**28**      **3. Dienlichkeit der Aussage zur Sachaufklärung.** Der Anspruch an die Staatskasse ist dadurch bedingt, daß der Zeuge oder Sachverständige etwas ausgesagt hat, was „zur Aufklärung der Sache dienlich" war. Ob diese Voraussetzung, mit der einem Mißbrauch des Ladungsrechts vorgebeugt werden soll[21], zutrifft, hat das Gericht in tatrichterlicher Würdigung des bisherigen Gesamtergebnisses der Verhandlung zu entscheiden.

**29**      Zur **Begründung des Anspruchs** genügt es nicht, daß dem Beweisantrag nach § 245 Abs. 2 stattgegeben und etwas zur Sache Gehöriges bekundet wurde. Präsente Beweismittel können nur in den engen Grenzen des § 245 Abs. 2 wegen Unerheblichkeit abgelehnt werden. Sachdienlich ist nur die Beweiserhebung, die das Verfahren fördert, die also das zu fällende Urteil oder den weiteren Verfahrensgang beeinflußt hat, etwa dadurch, daß sie das Gericht zu weiteren Maßnahmen der Sachaufklärung veranlaßte[22]. Eine Aussage, die in den Entscheidungsgründen verwendet wird, war in der Regel sachdienlich[23]. Ob dazu notwendig gehört, daß die Aussage glaubwürdig ist, mag zweifelhaft sein[24]. Auf den Inhalt der Bekundungen kommt es im übrigen nicht an. Es ist unerheblich, ob die Aussage den Angeklagten belastete oder entlastete, oder ob sie für die Entscheidung der Schuldfrage oder nur für die Strafzumessung von Bedeutung war. Der Anspruch des Zeugen oder Sachverständigen ist auch nicht davon abhängig, ob der Angeklagte verurteilt oder freigesprochen wird (Prot. 338, 340). Die „Dienlichkeit" einer Aussage kann von dem Gericht auch deshalb verneint werden, weil die Ladung der betreffenden Person mit Rücksicht auf die bereits vorhandenen Beweismittel überflüssig war; dieser Ansicht steht nicht entgegen, daß die RTK (Prot. 945) es abgelehnt hat, das Wort „dienlich" durch „erforderlich" zu ersetzen, denn die Bekundungen der un-

---

[21] BGH bei *Holtz* MDR **1976** 814.
[22] OLG Stuttgart MDR **1981** 1038.
[23] OLG Schleswig SchlHA **1957** 276; KMR-*Paulus* 12: „Indiz."

[24] Bejahend LR[23] Rdn. 29; verneinend KK-*Treier* 14 mit dem Hinweis, daß der Beschluß nach Absatz 3 der Würdigung des Endurteils nicht vorgreifen darf.

mittelbar geladenen Zeugen oder Sachverständigen müssen zur weiteren Aufklärung der Sache dienlich gewesen sein. Damit ist ersichtlich ein von den Vorstellungen des Angeklagten und der Verteidigung unabhängiger, objektiver Maßstab gemeint.

Wohnt ein **Zeuge im Ausland** und kann er nicht vor das erkennende Gericht gela- **30** den werden, erklärt aber das Gericht dem Angeklagten, es müsse ihm überlassen bleiben, den Zeugen herbeizuschaffen, übernimmt damit das Gericht das Risiko der Sachdienlichkeit. Die Herbeischaffung des Zeugen durch den Angeklagten ist in einem solchen Fall nur ein Ersatz für die vom Gericht gewollte, aber nicht durchführbare Ladung[25].

### 4. Ausschluß der Entschädigung

a) Nach der **vorherrschenden Meinung** besteht ein Anspruch auf Entschädigung **31** nach Absatz 3 nur insoweit, als der Sachverständige oder Zeuge nicht bereits vom Angeklagten entschädigt ist; denn andernfalls ist der Entschädigungsanspruch im Zeitpunkt der Einvernahme bereits erfüllt und erloschen[26].

Ein Anspruch auf Entschädigung aus der Staatskasse wird ferner verneint, wenn **32** die Entschädigung vom Angeklagten zugunsten der Zeugen oder Sachverständigen **hinterlegt** worden ist[27]. Diese aus der Entstehungsgeschichte, nicht aus dem Wortlaut des Absatz 3 abgeleitete Auslegung wird damit begründet, daß dieser die Entschädigung der sachdienlichen Zeugen oder Sachverständigen durch Einräumung eines Anspruchs gegen den Staat sichern wollte, daß dazu aber kein Anlaßt bestehe, solange und soweit der Angeklagte selbst die Entschädigung durch Vorauszahlung oder Hinterlegung gewährleistet habe; insbesondere bestehe der Sinn dieser im Verhältnis zwischen Angeklagten und Staat nur vorläufigen Entscheidung nicht darin, daß der Zeuge dem Angeklagten eine bereits empfangene Entschädigung zurückerstatte, um statt dessen die Staatskasse in Anspruch zu nehmen. Nach der Gegenmeinung steht die bloße Hinterlegung der Feststellung der Entschädigungspflicht des Staates nicht entgegen[28]. Sobald diese festgestellt ist, darf der hinterlegte Betrag nicht mehr in Anspruch genommen werden[29]; er ist dem Hinterleger zurückzuzahlen.

b) **Eigene Ansicht.** Die vorstehende Auslegung befriedigt nicht. Sie läßt unberück- **33** sichtigt, daß es auch die endgültige Rechtsstellung des Angeklagten berührt, ob eine Entscheidung des Gerichts nach Absatz 3 ergeht, da sie durch die endgültige Kostenentscheidung nach den §§ 465, 467 nicht in jedem Fall gegenstandslos wird. Eine von der Staatskasse zu tragende Entschädigung gehört zu den Verfahrenskosten[30], während eine vom Angeklagten gewährte Entschädigung nur unter dem Gesichtspunkt des Ersatzes der notwendigen Auslagen vom Staat zu erstatten ist[31]. Dieser Unterschied erlangt praktische Bedeutung, wenn der Staat nach der Kostenentscheidung zwar die Verfahrenskosten, nicht aber die notwendigen Auslagen zu tragen hat (§ 467 Abs. 3, 4). Aber auch wenn die Staatskasse verpflichtet ist, die notwendigen Auslagen zu tragen, ist die Entscheidung für den Angeklagten von Bedeutung, weil er anderenfalls die Sachdien-

---

[25] KMR-*Paulus* 13.

[26] OLG Breslau ZStW **43** (1922) 256; OLG Hamburg JW **1920** 917; *Eb. Schmidt* 6; KK-*Treier* 15; KMR-*Paulus* 14; **a. A.** *Schmidt* MDR **1967** 917; *Werthauer* JW **1920** 917.

[27] OLG Bremen GA **1955** 60; *Eb. Schmidt* 6; KMR-*Paulus* 14.

[28] *Schmidt* MDR **1967** 966; KK-*Treier* 15.

[29] OLG Stuttgart *Alsb.* E **2** Nr. 77; *Eb. Schmidt* 6 (Kostenentscheidung des Urteils); vgl. Rdn. 26; 42.

[30] RGSt **16** 212; *Schmidt* MDR **1967** 966; vgl. bei § 464.

[31] BayObLG *Alsb.* E **2** Nr. 78; OLG Dresden *Alsb.* E **2** Nr. 74 a; vgl. auch BGH bei *Holtz* MDR **1976** 814.

       Walter Gollwitzer

lichkeit der Vernehmung bei der Kostenfestsetzung (§ 464 b) geltend machen muß, um zu erreichen, daß die ihm dadurch entstandenen Unkosten bei der Erstattung der notwendigen Auslagen berücksichtigt werden.

**34**      Die jeden tieferen Grundes entbehrenden Ungleichheiten, zu denen die vorherrschende Meinung führt[32], lassen sich verringern, wenn man in Einklang mit dem Wortlaut der Vorschrift es in jedem Fall für zulässig hält, eine Entscheidung des Gerichts nach Absatz 3 herbeizuführen und wenn man zumindest dann, wenn der Entschädigungsanspruch noch nicht erloschen ist, einen Anspruch gegen den Staat zuerkennt. Unabhängig davon, welcher Auffassung man folgt, wird einem Zeugen oder Sachverständigen, dem die Entschädigung in bar angeboten wurde, der sie aber **nicht angenommen hat,** ein Anspruch auf Entschädigung aus der Staatskasse nach Absatz 3 nicht verweigert werden können. Es besteht kein Grund, ihn anders zu stellen, als wenn er der Ladung ohne ein solches Anerbieten gefolgt wäre.

**35**      c) Ist der Zeuge oder Sachverständige **nicht vollständig entschädigt worden,** etwa weil der von ihm empfangene oder zu seinen Gunsten hinterlegte Betrag zu einer vollen gesetzlichen Entschädigung nicht ausreicht (was beim Sachverständigen leicht eintreten kann, s. Rdn. 20, 21), so hat er Anspruch, zumindest wegen des Restes aus der Staatskasse entschädigt zu werden. Ein Sachverständiger kann nach Absatz 3 nur für den nach der Ladung angefallenen Aufwand entschädigt werden, nicht aber für Leistungen, die er vorher aus anderem Rechtsgrund, etwa Ausarbeitung eines schriftlichen Gutachtens im Auftrag des Angeklagten, erbracht hat[33].

### 5. Antrag

**36**      a) **Antragsberechtigte.** Die Entscheidung nach Absatz 3 ergeht nur auf Antrag: Ohne Antrag keine Entschädigung aus der Staatskasse. Den Antrag kann sowohl der Vernommene wie auch der Angeklagte oder der Staatsanwalt stellen.

**37**      b) **Zeitpunkt der Antragstellung.** Der Antrag kann **in der Hauptverhandlung** gestellt, er kann aber auch noch **nach der Hauptverhandlung** bei Gericht eingereicht werden. Die früher vertretene Auffassung, wonach der Antrag nur in der Hauptverhandlung anzubringen ist, damit das erkennende Gericht im Zusammenhang mit der Urteilsfällung über ihn befinden kann[34], wird in der neueren Rechtsprechung und im Schrifttum zu Recht abgelehnt[35]. Ob eine Vernehmung sachdienlich ist, kann zwar am besten das erkennende Gericht beurteilen, eine Entscheidung dieser Frage ist jedoch auch nachträglich möglich, zumal sie möglicherweise schon aus den Urteilsgründen, im übrigen aber auf Grund dienstlicher Äußerungen der beteiligten Richter, zu beantworten ist. Wird der Antrag nicht gestellt, muß die gleiche Frage übrigens unter Umständen vom Kostenbeamten beurteilt werden, wenn er nach § 464 über die Erstattung der notwendigen Auslagen zu befinden hat.

**38**      Obwohl das Gesetz über die Entschädigung von Zeugen und Sachverständigen an sich nur für Entschädigung der vom Gericht oder der Staatsanwaltschaft herangezo-

[32] Vgl. *Schmidt* MDR **1967** 966.
[33] OLG München MDR **1981** 1037; KK-*Treier* 11.
[34] BayObLGSt **18** 30; DRiZ **1929** Nr. 310; OLG Celle GA **63** (1916/17) 150; OLG Dresden *Alsb.* E 2 Nrn. 74 a und b; vgl. ferner KG LZ **1916** 901.
[35] OLG Köln MDR **1958** 622; OLG Schles-

wig SchlHA **1957** 276; LG Mainz NJW **1956** 1848; LG Aachen NJW **1960** 735 mit Anm. *Pentz;* früher schon BayObLGSt **10** 274; OLG Celle JW **1927** 1658 mit Anm. *Jonas;* OLG Düsseldorf GA **70** (1926) 249; *Eb. Schmidt* Nachtr. I 7; KK-*Treier* 11; *Kleinknecht/Meyer* 4; KMR-*Paulus* 11.

genen Zeugen oder Sachverständigen gilt (§ 1 Abs. 1 ZuSEntschG), wird die Auffassung vertreten, daß der Antrag nicht mehr gestellt werden kann, wenn der Anspruch auf Entschädigung nach § 15 ZuSEntschG **erloschen** ist[36]. Dem ist beizutreten; denn der Anspruch auf gesetzliche Entschädigung wird nach Absatz 3 nur in dem Umfange gewährt, wie er den von Amts wegen geladenen Personen zusteht. Ist die für die Zeugenentschädigung geltende Dreimonatsfrist nach § 15 Abs. 2 ZuSEntschG abgelaufen, ist ein Antrag nach Absatz 3 bezüglich dieser Zeugen nicht mehr zulässig.

## IV. Sonstige Fragen

### 1. Rechtsbehelfe

**a) Beschwerde.** Die Entscheidung des Gerichts über den Antrag nach Absatz 3 ist **39** mit Beschwerde anfechtbar. **Beschwerdeberechtigt** ist bei einer ablehnenden Entscheidung vor allem der Zeuge oder Sachverständige; aber auch Angeklagter und Staatsanwalt können, soweit sie die Entscheidung beschwert, Beschwerde einlegen. Ein der Urteilsfällung vorausgegangener Beschluß kann vom Angeklagten nach Auffassung des Oberlandesgerichts Bremen[37] wegen § 305 nicht angefochten werden. Dies würde jedoch nur zutreffen, wenn der Beschluß für das Verhältnis zwischen Angeklagtem und Staatskasse tatsächlich ohne endgültige Bedeutung wäre. Dies ist aber nicht immer der Fall (Rdn. 33). Wird die Entscheidung nach Absatz 3 in die Kostenentscheidung des Urteils mit einbezogen (Rdn. 25), so gilt für ihre Anfechtung § 464 Abs. 3 entsprechend.

Hat das Gericht die **Entschädigung nach Absatz 3 angeordnet**, ist es Sache des **40** Vernommenen, seinen Anspruch gegen die Staatskasse zu betreiben; der Angeklagte ist nicht befugt, durch Prozeßbeschwerde darauf hinzuwirken, daß der Beschluß des Gerichts ausgeführt wird und der Vernommene die Entschädigung aus der Staatskasse auch tatsächlich erhält (KG JW **1929** 1503).

**b) Antragstellung in der Hauptverhandlung.** Das Ladungsrecht nach § 220 dient **41** der Vorbereitung der Beweisaufnahme in der Hauptverhandlung. Bleibt eine unmittelbar geladene Beweisperson entschuldigt oder unentschuldigt aus, dann muß der Angeklagte — ungeachtet der Möglichkeit eines Bestrafungsantrags nach § 51 — die in ihr Wissen gestellten Tatsachen zum Gegenstand eines Beweisantrags nach § 244 machen, um zu verhindern, daß das Gericht sie übergeht. Anderenfalls braucht das Gericht den Ausgebliebenen weder selbst laden zu lassen noch muß es das Ergebnis eines neuen Ladungsversuches abwarten. Letzterer ist nur bei einer noch länger andauernden Hauptverhandlung sinnvoll. Ist die Beweisperson erschienen, muß er einen Beweisantrag nach § 245 Abs. 2 stellen. Auf § 220 allein kann die Revision nicht gestützt werden.

**2. Befriedigung aus dem hinterlegten Betrag.** Ob der Vernommene trotz einer **42** Entscheidung nach Absatz 3 seinen Entschädigungsanspruch noch aus dem vom Angeklagten zu seinen Gunsten hinterlegten Betrag befriedigen kann, hängt von den Bestimmungen ab, die bei der Hinterlegung getroffen wurden. Das Oberlandesgericht Stuttgart[38] hält eine Befriedigung aus dem hinterlegten Betrag für unzulässig, da der Vernommene sich an den Staat zu halten habe. Dies muß jedoch nicht immer zutreffen, denn die Rechtsbeziehungen zwischen dem Angeklagten und den Geladenen (eventuell

---

[36] OLG Köln MDR **1958** 622; OLG Schleswig SchlHA **1957** 276; KK-*Treier* 11; *Kleinknecht/Meyer* 4; KMR-*Paulus* 11.

[37] GA **1955** 60; zustimmend wohl KK-*Treier* 16; KMR-*Paulus* 15.

[38] *Alsb.* E 2 Nr. 77; vgl. Fußn. 29.

Walter Gollwitzer

vertragliche Entschädigungsvereinbarung) und auch die Bedingungen der Hinterlegung können verschieden sein. Ist die Staatskasse nach den bei der Hinterlegung getroffenen Bestimmungen uneingeschränkt berechtigt, dem Vernommenen den hinterlegten Betrag voll auszuzahlen[39], und hat sie dies getan, dann kann der Angeklagte, dem Verfahrenskosten und Auslagen nicht zur Last fallen, diesen Betrag innerhalb der Grenzen der gesetzlichen Entschädigung zumindest als notwendige Aufwendungen vom Staat ersetzt verlangen.

**43**    **3. Rückforderung der Entschädigung.** Ist der Zeuge oder Sachverständige, der bei der Ladung den angebotenen Betrag angenommen hat, der Hauptverhandlung entschuldigt oder unentschuldigt ferngeblieben, kann der Angeklagte die geleistete Entschädigung unter dem Gesichtspunkt der ungerechtfertigten Bereicherung zurückverlangen. Ob daneben vertragliche Ansprüche bestehen, hängt vom Einzelfall ab. Die Ladung nach § 220 löst nur die öffentlich-rechtliche Pflicht aus, vor Gericht zu erscheinen. Durch die bloße Annahme der dafür angebotenen Entschädigung wird in der Regel noch kein bürgerlich-rechtlicher Vertrag zustandekommen. Es können aber auch vertragliche Ansprüche bestehen, so, wenn mit dem Sachverständigen Vereinbarungen über seine Gutachtentätigkeit getroffen oder mit einem auswärtigen Zeugen Einzelheiten über seine Reise vereinbart worden sind.

## § 221

**Der Vorsitzende des Gerichts kann auch von Amts wegen die Herbeischaffung weiterer als Beweismittel dienender Gegenstände anordnen.**

**Entstehungsgeschichte.** Die jetzige, auf Beweisgegenstände beschränkte Fassung beruht auf Art. 1 Nr. 71 des 1. StVRG. Die frühere Fassung, die auch die Beweispersonen mit einschloß, ist durch den Übergang der Ladungen auf das Gericht (§ 214) insoweit gegenstandslos geworden. Bezeichnung bis 1924: § 220.

**1**    **1. Zweck und Gegenstand der Vorschrift.** § 221 ergänzt § 214 Abs. 4, der die Herbeischaffung der als Beweismittel dienenden Gegenstände in Satz 1 primär der Staatsanwaltschaft überträgt, der aber in Satz 2 auch dem Gericht diese Befugnis einräumt (§ 214, 15 ff). § 221 stellt klar, daß der Vorsitzende diese Befugnis für das Gericht ausübt und daß er hierbei von Amts wegen tätig werden kann. Er muß also keinen Antrag eines Prozeßbeteiligten abwarten.

**2**    § 221 gilt zunächst für die Fälle, in denen es der Vorsitzende aus Gründen der Prozeßwirtschaftlichkeit übernimmt, **an Stelle der Staatsanwaltschaft** einen von dieser benannten Beweisgegenstand herbeizuschaffen (§ 214, 21). Seine eigentliche Bedeutung

---

[39] Vgl. KG *Alsb.* E **2** Nr. 78.

liegt aber in den Fällen, in denen zusätzlich von der Staatsanwaltschaft nicht als Beweismittel bezeichnete Gegenstände zur Hauptverhandlung beigebracht werden sollen. Vor allem zur Vorbereitung des Urkundenbeweises kann der Vorsitzende die Beiziehung weiterer Urkunden anordnen; liegen dem Gericht nur Kopien vor, kann er darauf hinwirken, daß sie öffentlich beglaubigt oder aber an ihrer Stelle die Originale vorgelegt werden[1].

**2. Anordnung des Vorsitzenden.** Dieser hat nach **pflichtgemäßem Ermessen** auf **3** Grund der Aktenlage zu entscheiden, ob zur Förderung des Verfahrens eine solche Anordnung angezeigt ist. Will er statt der Staatsanwaltschaft ein bereits benanntes Beweismittel beiziehen, ist regelmäßig eine vorherige Abstimmung mit dieser ratsam, um doppelte Anordnungen zu vermeiden. Bei zusätzlichen Beweisgegenständen ist für den Erlaß einer solchen Anordnung dagegen allein maßgebend, ob der betreffende Gegenstand zur Erforschung der Wahrheit durch das Gericht in der Hauptverhandlung beitragen kann. Der Vorsitzende muß bei dieser Entscheidung auch berücksichtigen, wie das Gericht die Beweiserheblichkeit des herbeizuschaffenden Gegenstands beurteilt. Für die vorherige Abstimmung zwischen Vorsitzenden und Gericht gelten die Ausführungen bei § 214 Rdn. 6. Vor Erlaß der Anordnung ist zu prüfen, ob sie sich nicht dadurch erübrigt, daß einem Zeugen oder Sachverständigen aufgegeben werden kann, den Gegenstand zu seiner Einvernahme mitzubringen, oder ob andererseits zur sofortigen Sicherstellung des Beweismittels die Beschlagnahme (§§ 94, 98) notwendig ist.

Der Vorsitzende hat diese Befugnis auch noch während der **Hauptverhandlung.** **4** Sie ist ein Teil seiner Sachleitungsbefugnis nach § 238[2].

Die **Zurücknahme** der Anordnung durch den Vorsitzenden ist grundsätzlich zu- **5** lässig, sofern nicht die Aufklärungspflicht oder die prozessuale Lage, insbesondere nach Beginn der Hauptverhandlung § 245, entgegenstehen.

**3. Die Ausführung der Anordnung.** Der Vorsitzende kann die Ausführung seiner **6** Anordnung **nach seinem Ermessen** ohne Einschaltung der Staatsanwaltschaft der Geschäftsstelle des Gerichts (§ 214 Abs. 4 Satz 2) übertragen. Er kann jedoch auch die Staatsanwaltschaft, die die Herbeischaffung der Beweisgegenstände zu bewirken hat (§ 214 Abs. 4 Satz 1), um die Beibringung ersuchen. Das 1. StVRG hat die früher anerkannte Rechtslage unberührt gelassen, wonach die Staatsanwaltschaft ein solches Ersuchen nur ablehnen darf, wenn sie die Anordnung für unzulässig, nicht aber, wenn sie sie nur für unzweckmäßig hält[3]. Wird die Herausgabe des Gegenstandes verweigert, ist es Sache des Gerichts, Ordnungsmittel nach § 95 Abs. 2 zu verhängen oder den Gegenstand zu beschlagnahmen (§§ 94, 98). Behörden können die Herausgabe nur unter den Voraussetzungen des § 96 ablehnen; dies gilt auch für Gegenstände, die sich im Gewahrsam der Staatsanwaltschaft befinden[4].

**4. Antrag auf Aussetzung.** Das Gesetz schreibt — anders als bei den von § 222 **7** erfaßten Beweispersonen — nicht vor, daß die Anordnung des Vorsitzenden dem Angeklagten oder der Staatsanwaltschaft mitzuteilen ist. § 246 Abs. 2, 3 gilt für sie ebenfalls nicht. Ob die Fürsorgepflicht eine Benachrichtigung gebietet[5], hängt von den Um-

---

[1] *Wömper* MDR **1980** 889; vgl. § 249.
[2] KK-*Treier* 1; *Kleinknecht/Meyer* 1; KMR-*Paulus* 1.
[3] OLG Hamm DJZ **1911** 1432; OLG Frankfurt NJW **1982** 1408; OLG Stuttgart Justiz

**1982** 406; **a. A.** KG JR **1966** 231 mit krit. Anm. *Kleinknecht*; vgl. ferner Vor § 213.
[4] OLG Frankfurt NJW **1982** 1408.
[5] KK-*Treier* 3; KMR-*Paulus* 3 hält §§ 222, 246 Abs. 2 für anwendbar; vgl. § 222, 2.

Walter Gollwitzer

ständen des Einzelfalls ab; zweckmäßig ist eine solche Benachrichtigung jedoch (§ 222, 2). Andernfalls kommt eine Aussetzung wegen des neu beigebrachten Beweisgegenstandes nach § 265 Abs. 4 in Betracht, wenn die veränderte Sachlage dies zur genügenden Vorbereitung der Anklage oder Verteidigung erfordern sollte.

### 5. Rechtsbehelfe

**8**    **a)** Die **Beschwerde** gegen die Anordnung des Vorsitzenden ist nur in den engen Grenzen des § 305 möglich. Die Staatsanwaltschaft kann mit der Beschwerde die Verletzung der Rechte Dritter oder ihrer Verfolgungsinteressen im Hinblick auf eine andere Person geltend machen (OLG Frankfurt NJW **1982** 1408). Bei einer Weigerung der Staatsanwaltschaft, der Anordnung nachzukommen, hat der Vorsitzende die Aufsichtsbeschwerde (OLG Stuttgart Justiz **1982** 408).

**9**    **b)** Mit der **Revision** können die Maßnahmen des Vorsitzenden zur Vorbereitung der Hauptverhandlung für sich allein grundsätzlich nicht angegriffen werden (OLG Koblenz OLGSt NF Nr. 1). Maßgebend ist allein, ob die Beweismittel, auf die sich die Anordnung bezog, in der Hauptverhandlung verfahrenswidrig verwendet wurden oder ob dies zu Unrecht (§ 244 Abs. 2, § 245 Abs. 1) unterblieb. Unbehelflich ist auch die Rüge, der Vorsitzende habe eine solche Anordnung zu Unrecht unterlassen, denn den Verfahrensbeteiligten steht es frei, durch eine eigene Ladung der Beweispersonen oder durch eigenes Beibringen eines Beweisgegenstandes oder aber durch einen entsprechenden Beweisantrag darauf hinzuwirken, daß das betreffende Beweismittel in der Hauptverhandlung verwendet werden kann.

## § 222

(1) ¹Das Gericht hat die geladenen Zeugen und Sachverständigen der Staatsanwaltschaft und dem Angeklagten rechtzeitig namhaft zu machen und ihren Wohn- oder Aufenthaltsort anzugeben. ²Macht die Staatsanwaltschaft von ihrem Recht nach § 214 Abs. 3 Gebrauch, so hat sie die geladenen Zeugen und Sachverständigen dem Gericht und dem Angeklagten rechtzeitig namhaft zu machen und deren Wohn- oder Aufenthaltsort anzugeben.

(2) Der Angeklagte hat die von ihm unmittelbar geladenen oder zur Hauptverhandlung zu stellenden Zeugen und Sachverständigen rechtzeitig dem Gericht und der Staatsanwaltschaft namhaft zu machen und ihren Wohn- oder Aufenthaltsort anzugeben.

**Entstehungsgeschichte.** Art. 1 Nr. 47 des 1. StVRG, das die Ladungen grundsätzlich dem Gericht überträgt, hat Absatz 1 neu gefaßt. Während bisher nur die Ladung von nicht in der Anklageschrift benannten Beweispersonen dem Angeklagten mitzuteilen war, müssen nunmehr alle geladenen Beweispersonen dem Angeklagten namhaft gemacht werden. Die gleiche Verpflichtung besteht wechselseitig zwischen Gericht und Staatsanwaltschaft. Ursprünglich waren nur Angeklagter und Staatsanwaltschaft verpflichtet, sich gegenseitig die nachträglich bzw. die unmittelbar geladenen Personen zu benennen. Art. 9 § 1 Nr. 5 der 2. VereinfVO beseitigte das Recht des Angeklagten zur unmittelbaren Ladung. Er schied deshalb als Verpflichteter aus. Wegen der Einführung des § 214 Abs. 1 Satz 2 wurde das Gericht neu als Verpflichteter aufgenommen. Art. 3 Nr. 96 VereinhG hat den früheren Rechtszustand wiederhergestellt, wegen der Beibehaltung des § 214 Abs. 1 Satz 2 aber das Gericht als Verpflichteten beibehalten. Bezeichnung bis 1924 : § 221.

**1. Zweck der Vorschrift.** Für die Vorbereitung der Hauptverhandlung ist es **1** förderlich, wenn Gericht, Staatsanwaltschaft und Angeklagter rechtzeitig erfahren, welche Beweispersonen zur Hauptverhandlung geladen worden sind oder zu ihr ohne Ladung gestellt werden. Im Interesse der Prozeßwirtschaftlichkeit wird dadurch dem Vorsitzenden und auch den anderen Beteiligten die Planung der Hauptverhandlung, insbesondere eine zutreffendere Einschätzung ihrer Dauer, erleichtert (OLG Stuttgart Justiz **1971** 312). Vor allem aber sollen die Verfahrensbeteiligten nicht durch unbekannte Beweispersonen in der Hauptverhandlung überrascht und zu Aussetzungsanträgen nach § 246 Abs. 2 oder wegen der veränderten Sachlage (§ 265 Abs. 3) veranlaßt werden (OLG Hamm MDR **1971** 1029). Nur wenn sie rechtzeitig vor der Hauptverhandlung erfahren, welche Zeugen und Sachverständigen auftreten werden, können sie Erkundigungen über die Beweispersonen einziehen (BGHSt **23** 244) und beurteilen, ob es notwendig ist, weitere Personen zu laden oder sonstige Beweismittel beizubringen. Vor allem dem Angeklagten soll dadurch die Entscheidung erleichtert werden, ob er von seinem eigenen Ladungsrecht nach § 220 Gebrauch machen will.

**2. Anwendbarkeit bei sächlichen Beweismitteln.** Auf andere Beweismitttel als die **2** in § 222 ausdrücklich genannten Beweispersonen ist § 222 nicht unmittelbar anwendbar. Ob er entsprechend angewendet werden muß, ist zweifelhaft[1]. Nach seinem Grundgedanken wird es sich jedoch empfehlen, auch die Herbeischaffung anderer Beweismittel (Sachen, verlesbare Urkunden usw.) mitzuteilen. Nur so kann der Gefahr vorgebeugt werden, daß in der Hauptverhandlung die Verwendung des unbekannten Beweismittels einen Aussetzungsantrag nach § 246 Abs. 2, 3 oder § 265 Abs. 3, 4 auslöst.

Auf die Herbeischaffung **verlesbarer Gutachten** wendet BayObLGSt **1954** 156 **3** den § 222 entsprechend an, da hier Erkundigungen genauso veranlaßt sind, wie wenn der Sachverständige in der Hauptverhandlung anwesend gewesen wäre.

**3. Mitteilungspflicht des Gerichts.** Das Gericht hat alle Zeugen und Sachverständi- **4** gen, die der Vorsitzende laden läßt, also auch die bereits in der Anklageschrift bezeichneten Personen, der Staatsanwaltschaft und dem Angeklagten namhaft zu machen. Dies ist vor allem bei einer nachträglichen Ladung weiterer Personen zu bedenken. **Gericht** ist hier als Behörde, nicht als einzelner Spruchkörper zu verstehen. Der Vorsit-

---

[1] Bejahend KMR-*Paulus* § 221, 3; Nr. 118 Abs. 3 RiStBV spricht nur davon, daß die als Beweismittel dienenden Gegenstände mitgeteilt werden sollen.

Walter Gollwitzer

zende kann für das Gericht tätig werden. Die Mitteilung ist aber kein dem zuständigen Richter vorbehaltenes Amtsgeschäft. Ihre Erledigung kann durch innerdienstliche Anordnung generell anderen Bediensteten, in der Regel der Geschäftsstelle, übertragen werden[2]. Anders als bei der Ladung bedarf es dann zu ihrer Ausführung keiner besonderen Anordnung des Vorsitzenden im Einzelfall. Eine solche kann aber unter Umständen trotzdem zweckmäßig sein, um die ordnungsgemäße und rechtzeitige Erfüllung dieser Pflicht sicherzustellen, insbesondere in Eilfällen oder bei nachträglicher Ladung einer weiteren Beweisperson.

**5**      **4. Mitteilungspflicht der Staatsanwaltschaft und des Angeklagten.** Staatsanwaltschaft und Angeklagten trifft eine Mitteilungspflicht dann, wenn sie von ihrem Recht zur eigenen Ladung (§ 214 Abs. 3, § 220 Abs. 1) selbst Gebrauch machen. Sie müssen davon das Gericht und sich wechselseitig unterrichten. Die Mitteilungspflicht des Angeklagten erstreckt sich ferner auf die Zeugen und Sachverständigen, die er ohne förmliche Ladung zur Hauptverhandlung zu stellen beabsichtigt; denn auch für diese gilt § 246 Abs. 2. Soweit andere Verfahrensbeteiligte Zeugen und Sachverständige unmittelbar laden oder stellen dürfen, trifft auch sie die Mitteilungspflicht.

**5. Empfänger der Mitteilungen**

**6**      a) Adressaten der **Mitteilungen nach Absatz 1** sind bei Mitteilungen des Gerichts Staatsanwaltschaft und Angeklagter und die ihnen befugnismäßig gleichgestellten Personen wie Nebenkläger und Nebenbeteiligte; bei Mitteilungen der Staatsanwaltschaft Gericht und Angeklagter (Nebenbeteiligte). Die Mitteilung des Angeklagten kann auch durch die Mitteilung an einen zur Entgegennahme ermächtigten Verteidiger erfüllt werden[3], die Mitteilung an Nebenkläger und Nebenbeteiligte auch an einen beauftragten Rechtsanwalt.

**7**      Eine besondere Mitteilung an den **Verteidiger** wird durch § 222 nicht vorgeschrieben. Sie ist aber in der Regel angezeigt, um eine Aussetzung der Hauptverhandlung zu vermeiden.

**8**      Bei **mehreren Angeklagten** muß die Mitteilung nach Absatz 1 grundsätzlich jedem von ihnen gemacht werden. Eine Ausnahme gilt nur dann, wenn ein Zeuge oder Sachverständiger zu einem Vorgang gehört werden soll, bei dem der Mitangeklagte weder beteiligt war[4] noch sonst in seinen Verteidigungsinteressen berührt wird. Da dies oft nicht sicher ex ante beurteilt werden kann, ist im Zweifel die Mitteilung an alle Mitangeklagte zu senden[5].

**9**      b) Die **Mitteilungen des Angeklagten** nach Absatz 2 sind an Gericht und Staatsanwaltschaft zu richten. Teilt er die Namen nur dem Gericht mit, so ist dieses im Interesse der Förderung des Verfahrens gehalten, die Mitteilung auch der Staatsanwaltschaft zur Kenntnis zu bringen. Umgekehrt gilt gleiches.

**10**      Eine **Benachrichtigung der Mitangeklagten** schreibt Absatz 2 nicht vor. Da jedoch auch diese unter Umständen die Aussetzung beantragen können, wenn die Aussage sie berührt, kann auch die Unterrichtung der Mitangeklagten zweckmäßig sein. Sie kann auch vom Gericht veranlaßt werden.

---

[2] KK-*Treier* 2; *Kleinknecht/Meyer* 1; KMR-*Paulus* 6.
[3] KK-*Treier* 3; KMR-*Paulus* 7; *Eb. Schmidt* 2.
[4] KK-*Treier* 4; KMR-*Paulus* 7.

[5] Vor § 226, 33; *Gollwitzer* FS *Sarstedt* 30, 33; dort wird nur der Regelfall angesprochen, nicht der Fall, daß ausnahmsweise ersichtlich ist, daß der Mitangeklagte nicht betroffen sein kann.

#### 6. Form und Inhalt der Mitteilung

**a)** Eine **besondere Form** ist für die Mitteilung nicht vorgeschrieben, in aller Regel **11** hat sie schriftlich zu geschehen. Hierdurch wird sogleich für das spätere Verfahren festgehalten, daß sie die erforderlichen Angaben (Rdn. 12) enthält. Im übrigen kann die Benachrichtigung durch Übersendung einer Aufstellung der geladenen Beweispersonen vorgenommen werden, es kann aber auch der Hinweis genügen, daß die in der Anklage aufgeführten Zeugen und Sachverständigen geladen wurden[6]. In Eilfällen ist auch eine mündliche oder fernmündliche Mitteilung möglich. Ihr Inhalt wird dann jedoch zweckmäßigerweise sofort aktenkundig gemacht.

**b)** Der **Inhalt** der Benachrichtigung ergibt sich aus ihrem Zweck, die Empfänger **12** zuverlässig und unmißverständlich davon in Kenntnis zu setzen, welche Beweispersonen zur Hauptverhandlung geladen worden sind. Die Beweispersonen sind dabei mit ihrem Namen (in der Regel Vor- und Familiennamen) und ihrem Wohn- oder Aufenthaltsort (volle Adresse) so eindeutig zu bezeichnen, daß sie identifizierbar und Erkundigungen über sie möglich sind. Die Angabe eines Pseudonyms (Künstlername usw.) kann diesen Anforderungen genügen, wenn die Person, die gemeint ist, unter diesem Namen allgemein oder zumindest allen Beteiligten bekannt ist. Ein Deckname dagegen, der die wahren Personalien seines Trägers verhüllen soll, genügt diesen Anforderungen nicht (BGHSt 23 244). Die Einzelheiten sind bei § 68 erläutert, so auch, ob bei Vorliegen der Voraussetzungen des § 68 Satz 2 die Anschrift des Zeugen in der Mitteilung verschwiegen werden darf.

Der **Gegenstand der Vernehmung,** das Beweisthema, zu dem sich der Zeuge oder **13** Sachverständige äußern soll, braucht nicht bekanntgegeben zu werden (RGSt 67 182). In der Regel ist die Angabe aber zweckmäßig, um eine Aussetzung der Hauptverhandlung zu vermeiden (§ 246, 4; 7).

**7. Rechtzeitigkeit.** Ob ein Zeuge oder Sachverständiger rechtzeitig namhaft ge- **14** macht ist, beurteilt sich nach dem Zweck der Vorschrift, insbesondere nach § 246 Abs. 2, der die Aussetzung vorsieht, wenn ein Beweismittel so spät benannt wird, daß es an der zur Einziehung von Erkundigungen notwendigen Zeit fehlt. Welche Zeit vor der Hauptverhandlung für die Erkundigungen zur Verfügung stehen muß, hängt von den Umständen des Einzelfalls ab. Die gleichzeitige Absendung von Ladung und Mitteilung trägt dem Erfordernis der rechtzeitigen Benachrichtigung am besten Rechnung[7]; auch prozeßwirtschaftlich ist es meist die zweckmäßigste Verfahrenweise.

**8. Verzicht.** Angeklagter und Staatsanwaltschaft können auf die Einhaltung des **15** § 222 verzichten. Dies kann auch stillschweigend, durch ein konkludentes Verhalten geschehen, setzt aber regelmäßig voraus, daß der Verzichtende den Verfahrensverstoß und das ihm daraus erwachsende Recht kennt. Wenn ein nicht rechtskundiger Angeklagter, der über die Möglichkeit eines Aussetzungsantrags vom Gericht nicht belehrt wurde, diesen nicht stellt, so liegt darin kein stillschweigender Verzicht[8].

**9. Der Zeitpunkt der voraussichtlichen Einvernahme** kann auch bei den nicht **16** vom Gericht geladenen Zeugen bei länger dauernden Verhandlungen zur Verringerung der Wartezeit **vom Vorsitzenden** entsprechend seinem Verhandlungsplan **im voraus festgelegt** werden. Sofern der Ladende den Zeitpunkt der Ladung nicht bereits vorher mit dem Vorsitzenden abgesprochen hat, kann der Vorsitzende entsprechend dem Grundgedanken des § 214 Abs. 2 von sich aus den geladenen Zeugen mitteilen lassen,

[6] *Rieß* NJW **1975** 86; Nr. 118 Abs. 1 RiSt-BV.

[7] *Kleinknecht/Meyer* 1.

[8] Vgl. OLG Dresden HRR **1938** Nr. 935; *Schmid* Verwirkung 232; a. A. KK-*Treier* 10.

Walter Gollwitzer

daß sie, unbeschadet der Ladung, erst zu einem bestimmten Zeitpunkt vor Gericht erscheinen müssen. Der Ladende ist von einer solchen Anordnung zweckmäßigerweise zu verständigen. Sind Sachverständige unmittelbar geladen worden, gilt grundsätzlich nichts anderes. Der Vorsitzende muß sich hier, bevor er eine solche Anordnung trifft, aber vergewissern, daß der Ladende nicht die Anwesenheit des Sachverständigen während der ganzen Hauptverhandlung erstrebt.

**17**    **10. Aussetzung der Hauptverhandlung.** Wird der geladene oder gestellte Zeuge oder Sachverständige nicht oder nicht mehr rechtzeitig vor der Hauptverhandlung den anderen Prozeßbeteiligten namhaft gemacht, so können diese die Aussetzung beantragen. Dies gilt sowohl für den Angeklagten, wenn ihm ein von Gericht oder Staatsanwaltschaft geladener Zeuge nicht ordnungsgemäß benannt wurde, als auch für die Staatsanwaltschaft, wenn Gericht oder Angeklagter die Mitteilung unterlassen haben. Der Aussetzungsantrag, der zum Ziele haben muß, Erkundigungen über die Beweisperson zu ermöglichen, kann bis zum Schlusse der Beweisaufnahme gestellt werden (§ 246 Abs. 2, 3).

**18**    Der **Aussetzungsantrag** muß nicht sofort bei Beginn der Einvernahme des Zeugen oder Sachverständigen gestellt werden. Es wird vielfach zweckmäßig sein, erst dessen Einvernahme abzuwarten. Die Notwendigkeit von Erkundigungen kann dann besser beurteilt werden. Ob sich hinter einer bloßen Beanstandung der unterlassenen Mitteilung ein Aussetzungsantrag verbirgt, muß das Gericht gegebenenfalls durch eine Frage klären (KK-*Treier* 11).

**19**    Eine **Belehrung** über das Recht, wegen der Nichteinhaltung des § 222 die Aussetzung zu beantragen, ist im Gesetz nicht ausdrücklich vorgeschrieben. Gegenüber der Staatsanwaltschaft und bei Anwesenheit eines rechtskundigen Verteidigers in der Hauptverhandlung ist sie nicht notwendig. Lediglich bei einem Angeklagten, der ohne Verteidiger zur Hauptverhandlung erschienen ist, erscheint die Belehrung über das ihm möglicherweise unbekannte Recht und über die Folgen der Unterlassung eines solchen Antrags (Rdn. 22) in der Regel angezeigt[9]. Dies gilt vor allem dann, wenn man annimmt, daß in diesen Fällen bei Unterlassen des Hinweises der Verstoß gegen § 222 mit der Revision geltend gemacht werden kann. Ob das Gebot des „fairen Verfahrens" auf jeden Fall einen Hinweis an den ohne Verteidiger erschienenen Angeklagten fordert, erscheint fraglich. Eine Rechtspflicht zur Belehrung besteht aber immer dann, wenn Besonderheiten des Verfahrensverlaufs dies zum Schutze des Angeklagten vor Überrumpelung erfordern (OLG Köln OLGSt 5).

**20**    Die **Aussetzung von Amts wegen** kann angebracht sein, wenn § 222 nicht eingehalten werden kann und der Angeklagte im Termin **nicht anwesend** und auch nicht vertreten ist. Dies kann notwendig sein, damit der Angeklagte sich genügend verteidigen kann[10]. Ist dem Angeklagten die Verwendung des Beweismittels überhaupt nicht bekannt, erfordert dies auch das Gebot zur Gewährung des rechtlichen Gehörs.

**21**    Die **Entscheidung** des erkennenden Gerichts über den Aussetzungsantrag ist zu begründen (§ 34) und in der Hauptverhandlung zu verkünden (§ 35). Die Entscheidung kann, muß aber nicht immer unmittelbar nach der Antragstellung ergehen. So kann es zweckmäßig sein, erst die Beweisperson zu hören, bevor das Gericht über den Aussetzungsantrag entscheidet; denn es hängt auch vom sachlichen Gewicht der Aussage ab, ob die Aussetzung geboten ist. Vor allem kann das Gericht einem Aussetzungsantrag da-

---

[9] A. A. KK-*Treier* 10; differenzierend *Plötz* Die gerichtliche Fürsorgepflicht im Strafverfahren 269 f.      [10] OLG München HRR **1940** Nr. 848.

durch den Boden entziehen, daß es — sofern die Aufklärungspflicht dies zuläßt — auf die Verwertung des Beweismittels überhaupt verzichtet (BayObLGSt 1954 157).

### 11. Revision

**a) Revision des Angeklagten.** War der Angeklagte oder sein Verteidiger in der **22** Hauptverhandlung **anwesend,** kann nach der herrschenden Meinung die Revision nicht auf die Verletzung des § 222 gestützt werden, wenn der Aussetzungsantrag nach § 246 Abs. 2, 3 nicht gestellt worden ist (BGHSt 1 284)[11]. Dieses Ergebnis läßt sich damit begründen, daß die Strafprozeßordnung in § 246 Abs. 2, 3 die Rechtsfolgen der Verletzung des § 222 abschließend geregelt hat, so daß eine Geltendmachung dieses Verfahrensverstoßes durch ein späteres Rechtsmittel nicht mehr möglich ist[12]. Es läßt sich nicht schon aus der Erwägung herleiten, das Urteil beruhe nur auf der Verhandlung und nicht auf der unterbliebenen Benachrichtigung. Die Namhaftmachung dient der Vorbereitung der Hauptverhandlung; unterbleibt sie, so läßt sich nicht allgemein ausschließen, daß der Verfahrensgang ohne diesen Fehler anders verlaufen wäre, der Angeklagte insbesondere seine Verteidigungsmöglichkeit besser genutzt hätte (*Schmid* Verwirkung, 231). Ob das Beruhen ausgeschlossen werden kann, hängt immer vom Einzelfall ab (Rdn. 24), ebenso wie die Frage, ob der Verfahrensfehler durch einen stillschweigenden Verzicht geheilt ist. Letzterer kann allerdings nur angenommen werden, wenn der Angeklagte sein Recht auf Aussetzung kannte, etwa weil er vom Vorsitzenden darauf hingewiesen wurde.

Ist in **Abwesenheit** des Angeklagten und seines Verteidigers verhandelt worden, **23** dann stand dem Angeklagten der Rechtsbehelf des Aussetzungsantrags nach § 246 Abs. 2, 3 nicht zur Verfügung. Die Revision ist dann nicht ausgeschlossen. Mit ihr kann nach § 337 geltend gemacht werden, daß Zeugen oder Sachverständige vernommen worden sind, deren Ladung dem Angeklagten entgegen § 222 nicht mitgeteilt worden war[13].

Ob das Urteil auf dem Verfahrensverstoß beruht, ist unter Heranziehung aller **24** Umstände des Einzelfalls zu prüfen. Ein Beruhen wird dann verneint werden können, wenn die Aussage des Zeugen für die Urteilsfindung völlig unerheblich war oder wenn ersichtlich ist, daß der Angeklagte den Zeugen, der ihm nicht benannt wurde, so gut kannte, daß er zu seiner Verteidigung keiner Erkundigungen über die Person dieses Zeugen mehr bedurfte. Gleiches gilt, wenn der Sachverständige bereits früher im Verfahren als Gutachter tätig war[14].

**b)** Für die **Revision der Staatsanwaltschaft** wegen einer Verletzung des § 222 **25** Abs. 2 gelten grundsätzlich die gleichen Erwägungen. Nach der wohl herrschenden Meinung ist die Revision ausgeschlossen, wenn der Sitzungsvertreter in der Hauptverhandlung keinen Aussetzungsantrag nach § 246 Abs. 2, 3 stellt. Darauf, daß die Mitteilungspflicht gegenüber dem Angeklagten nicht eingehalten wurde, kann eine zu Ungunsten des Angeklagten eingelegte Revision der Staatsanwaltschaft nicht gestützt werden (§ 339).

---

[11] RG JW 1891 292; BGH StrVert. 1982 457; OLG Düsseldorf JMBlNW 1951 20; OLG Frankfurt NJW 1948 395; OLG Hamm MDR 1971 1029; OLG Koblenz VRS 44 433; OLG Köln JMBlNW 1962 201.

[12] KK-*Treier* 11; *Kleinknecht/Meyer* 5; KMR-*Paulus* 14, der jedoch die Revision für zuläs-

sig hält, wenn der Angeklagte tatsächlich in seiner Verteidigung beschränkt wurde.
[13] OLG Hamburg JW 1928 2292; OLG Koblenz VRS 46 447.
[14] BGH StrVert. 1982 457; OLG Köln JMBlNW 1962 202.

Walter Gollwitzer

**26**   c) Die Entscheidung des Gerichts über den **Aussetzungsantrag** ist der Revision zugänglich (§§ 337, 338 Nr. 8). Bei entsprechender Rüge (§ 344 Abs. 2) prüft das Revisionsgericht, ob ein Verstoß gegen § 222 vorlag und ob deswegen die Aussetzung geboten gewesen wäre. Dazu gehört auch, ob der unbestimmte Rechtsbegriff der „rechtzeitigen Namhaftmachung" vom Gericht zutreffend ausgelegt worden ist und das Gericht die Ermessensentscheidung nach § 246 Abs. 4 unbeeinflußt von Rechtsfehlern und frei von Willkür getroffen hat[15]. Vgl. im übrigen die Erläuterungen zu § 246.

**27**   12. **Abladen eines Zeugen oder Sachverständigen.** Wird ein vom Gericht oder von der Staatsanwaltschaft geladener Zeuge oder Sachverständiger wieder abgeladen, nachdem seine Ladung bereits mitgeteilt worden war, so ist es — auch wenn § 222 dies nicht fordert — in der Regel anbracht, die anderen Verfahrensbeteiligten davon zu unterrichten. Vor allem der Angeklagte kann seine Verteidigung darauf aufgebaut haben, daß der betreffende Zeuge oder Sachverständige in der Hauptverhandlung aussagen wird. Durch die Mitteilung der Abladung erhält er die Möglichkeit, den Zeugen selbst zu laden oder sich sonst in seiner Verteidigung umzustellen. Erfährt er die Ablehnung erst in der Hauptverhandlung, kann dies zu einer Aussetzung der Hauptverhandlung (eventuell in Verbindung mit einem entsprechenden Beweisantrag) führen und das Verfahren verzögern.

## § 222 a

(1) ¹Findet die Hauptverhandlung im ersten Rechtszug vor dem Landgericht oder dem Oberlandesgericht statt, so ist spätestens zu Beginn der Hauptverhandlung die Besetzung des Gerichts unter Hervorhebung des Vorsitzenden und hinzugezogener Ergänzungsrichter und Ergänzungsschöffen mitzuteilen. ²Die Besetzung kann auf Anordnung des Vorsitzenden schon vor der Hauptverhandlung mitgeteilt werden; für den Angeklagten ist die Mitteilung an seinen Verteidiger zu richten. ³Ändert sich die mitgeteilte Besetzung, so ist dies spätestens zu Beginn der Hauptverhandlung mitzuteilen.

(2) Ist die Mitteilung der Besetzung oder einer Besetzungsänderung später als eine Woche vor Beginn der Hauptverhandlung zugegangen, so kann das Gericht auf Antrag des Angeklagten, des Verteidigers oder der Staatsanwaltschaft die Hauptverhandlung zur Prüfung der Besetzung unterbrechen, wenn dies spätestens bis zum Beginn der Vernehmung des ersten Angeklagten zur Sache verlangt wird.

(3) In die für die Besetzung maßgebenden Unterlagen kann für den Angeklagten nur sein Verteidiger oder ein Rechtsanwalt, für den Nebenkläger nur ein Rechtsanwalt Einsicht nehmen.

**Schrifttum zu den §§ 222 a, 222 b.** *Boergen* Bindung an die Entscheidung über die Besetzungsrüge und Aussetzung, MDR **1980** 619; *Brauns* Die Besetzungsrüge und ihre Präklusion im Strafprozeß, Diss. Köln, 1983; *Hamm* Die Besetzungsrüge nach dem Strafverfahrensänderungsgesetz, NJW **1979** 135; *Ranft* Die Präklusion der Besetzungsrüge gemäß der Strafprozeßnovelle 1979 und das Recht auf den gesetzlichen Richter, NJW **1981** 1473; *Riedel* Zur geplanten Einführung der vorgezogenen Besetzungsrüge im Strafverfahren, JZ **1978** 374; *Rieß* Die Besetzungsrügepräklusion (§§ 222 a, 222 b StPO) auf dem Prüfstand der Rechtsprechung, JR **1981** 89; *Wagner* Vorverlegung der Besetzungsrüge nach § 222 a StPO und die Folgen, JR **1980** 50.

---

[15] BayObLGSt **1954** 156; OLG Hamm JMBlNW **1968** 236; MDR **1975** 422.

**Entstehungsgeschichte.** Durch Art. 1 Nr. 17 StVÄG 1979 wurden die §§ 222 a, 222 b neu eingefügt. Sie stehen in Verbindung mit dem durch Art. 1 Nr. 30 StVÄG 1979 neugefaßten § 338 Nr. 1 und sehen bei den erstinstanzlichen Verfahren der Landgerichte und Oberlandesgerichte eine vorgezogene Prüfung der ordnungsgemäßen Zusammensetzung des Gerichts mit Präklusionswirkung vor. Der Bundestag folgte im wesentlichen dem Konzept des Regierungsentwurfs, vereinfachte diesen aber erheblich (Rechtsausschußbericht BTDrucks. 8 1844, S. 31; ferner *Riedel* JZ **1978** 374; zur Vorgeschichte *Bohnert* 45 ff; *Brauns* 36 ff).

*Übersicht*

## I. Zweck und Geltungsbereich

**1.** Der prozeßökonomische **Zweck** des § 222 a erhellt sich aus seinem Zusammenhang mit den §§ 222 b, 338 Nr. 1, die die nachträgliche Erhebung der Besetzungsrüge in der Revision einschränken. Die Regelung soll dazu beitragen, den „unnützen Aufwand" und die „erhebliche Verfahrensverzögerung" zu vermeiden[1], die entstehen, wenn das Revisionsgericht wegen eines in aller Regel nur auf Irrtum beruhenden Besetzungsfehlers ein Urteil aufheben und das Verfahren an die Vorinstanz zurückverweisen muß[2]. Als Ausgleich für den Wegfall der unbeschränkten Möglichkeit zur Beanstandung einer fehlerhaften Besetzung wird den Verfahrensbeteiligten durch die Mitteilung der Zusammensetzung des Gerichts von Amts wegen deren alsbaldige Überprüfung erleichtert. Sie werden gleichzeitig dazu angehalten (verfahrensrechtliche Obliegenheit); denn bei ordnungsgemäßer Mitteilung kann eine fehlerhafte Zusammensetzung des Gerichts nur bis zu Beginn der Vernehmung des ersten Angeklagten zur Sache beanstandet

---

[1] Ausschußbericht BTDrucks. **8** 1844, S. 31; vgl. *Rieß* DRiZ **1977** 296; zur Entwicklung der Besetzungsrüge *Bohnert* 45 ff.

[2] Notwendigkeit und Sachgerechtheit der Änderung sind umstritten; dazu *Benz* ZRP **1977** 250; *Ehrig* StrVert. **1981** 7; *Katholnigg* NJW **1978** 2377; *Krekeler* AnwBl. **1979** 216; *Kießling* DRiZ **1977** 326; *Meyer* JR **1978**

361; *Müller* JR **1978** 361; *Ranft* NJW **1981** 1473; *Riedel* JZ **1978** 374; *Rieß* DRiZ **1977** 289; JR **1977** 302; *Rudolphi* JuS **1978** 867; *Schroeder* NJW **1979** 1529; *Wagner* 50; ferner *Grünwald* Gutachten für den 50. DJT; *Peters* § 75 II 6; *Peters* Gutachten für den 52. DJT S. 63; *Peters* JR **1980** 266.

Walter Gollwitzer

werden. Die Verfassungsgarantie des gesetzlichen Richters (Art. 101 Abs. 1 Satz 2 GG) wird nicht verletzt; der auch bisher schon durch den Ablauf der Rechtsmittelfrist bestimmte Endtermin für die Beanstandung einer gesetzwidrig besetzten Richterbank wird dadurch an den Anfang der Hauptverhandlung vorverlegt und damit unabhängig von deren Ergebnis[3]. Dieser Regelungszweck verändert die Struktur der Hauptverhandlung. Es erscheint mir daher zu eng, den Zweck der Regelung mit ihrem Anlaß gleichzusetzen und sie ausschließlich unter dem Gesichtspunkt der Revisionsverhinderung auszulegen.

**2**  2. Der **Anwendungsbereich** der §§ 222 a, 222 b wurde vom Gesetzgeber wegen des mit den Mitteilungen und der Aussetzungsmöglichkeit verbundenen Verwaltungsaufwands auf die Verfahren beschränkt, die in **erster Instanz vor dem Landgericht** oder dem **Oberlandesgericht** verhandelt werden. Sie gelten nicht für Verfahren vor dem **Amtsgericht** (Strafrichter, Schöffengericht). Der Gesetzgeber hielt hier die Einschränkung der Besetzungsrüge für entbehrlich, da die Urteile dieser Gerichte in aller Regel mit der Berufung angefochten werden, bei der — ohne Rücksicht auf die ordnungsgemäße Besetzung der ersten Instanz — eine neue Tatsachenverhandlung stattfindet[4]. Für die **Berufungsverfahren** vor den Landgerichten greift diese Erwägung nicht Platz. Der Gesetzgeber hat aber trotzdem ein Bedürfnis für die Einbeziehung dieser Verfahren in die Neuregelung verneint, weil es sich hier um kleinere Verfahren handle, bei denen das Bedürfnis, die Urteilsaufhebung wegen eines Besetzungsfehlers zu vermeiden, weniger dringlich sei, und vor allem, weil der Angeklagte in diesen Verfahren nicht immer einen Verteidiger habe, ohne den bei der Kompliziertheit der Besetzungsfragen eine faire Chance des Angeklagten bei der Überprüfung der Besetzung nicht gewährleistet sei[5]. Bei diesen Verfahren bleibt es also bei der bisherigen Regelung, daß die Namen der Richter den Verfahrensbeteiligten auf Verlangen (§ 24 Abs. 3 Satz 2), nicht aber von Amts wegen bekannt gegeben werden müssen (vgl. auch bei § 243).

## II. Die Besetzungsmitteilung

**3**  1. **Benennung der Richter.** Die Namen **aller Richter** (Berufsrichter, Schöffen) einschließlich der zugezogenen Ergänzungsrichter und Ergänzungsschöffen (Absatz 1 Satz 1) sind mitzuteilen. Dabei ist die Eigenschaft, in der sie mitwirken (Berufsrichter, Schöffe, Ergänzungsrichter usw.), kenntlich zu machen; beim Berufsrichter genügt hierfür die Amtsbezeichnung. Besonders hervorzuheben ist — wegen der besonderen Regeln für seine Bestellung (§ 21 f GVG) — der Richter, der den **Vorsitz** führt. Weiterer Angaben, wie etwa von Beruf oder Anschrift der Schöffen, bedarf es nicht. Gibt es beim Gericht mehrere Richter gleichen Namens, empfiehlt sich die Beifügung eines die Ver-

---

[3] Nach BVerfG (Vorprüfungsausschuß) MDR **1984** 731 sind die Vorverlegung der Besetzungsrüge und die damit verbundene Rügepräklusion verfassungsrechtlich nicht zu beanstanden. Ebenso *Boergen* 619; *Schlüchter* 729.3; ferner KK-*Treier* 2; *Kleinknecht/Meyer* 1; KMR-*Paulus* 3; verfassungsrechtliche Bedenken äußern vor allem *Ranft* NJW **1981** 1473; ferner *Hamm* NJW **1979** 137. *Kießling* DRiZ **1977** 330; *Kratzsch* JA **1982** 617; *Sarstedt/Hamm* 195.

Nach *Brauns* 255 ff liegt die Verfassungswidrigkeit nicht in der Rügepräklusion als solcher, sondern in den Modalitäten der Regelung (keine Mitteilungs- und Belehrungspflichten gegenüber dem allein auf den Verteidiger angewiesenen Angeklagten); träfe dies zu, wäre mit Beachtung dieser Pflichten in verfassungskonformer Auslegung abzuhelfen.

[4] Begr. BTDrucks. 8 976 S. 45.
[5] Begr. BTDrucks. 8 976 S. 45.

wechslung ausschließenden Zusatzes. Nicht notwendig ist die Anführung des Grundes, aus dem die Richter jeweils zur Mitwirkung berufen sind. Dieser ergibt sich aus den Unterlagen[6].

### 2. Zeit und Form der Mitteilung

**a)** Die Mitteilung hat spätestens **zu Beginn der Hauptverhandlung** zu ergehen, **4** also nach Aufruf der Sache (vgl. bei § 243); zweckmäßigerweise wird sie erst nach der Präsenzfeststellung vorgenommen, da dann feststeht, ob alle Mitteilungsadressaten anwesend sind[7]. Die Mitteilung muß vor der Vernehmung des Angeklagten zur Person durchgeführt sein. Dies schließt allerdings nicht aus, daß die Mitteilung **später** nochmals **wiederholt** werden kann und muß, wenn ein Mitteilungsempfänger, dessen Abwesenheit die Hauptverhandlung nicht hindert, befugt oder unbefugt erst verspätet erscheint. Voraussetzung ist allerdings, daß er noch die Aussetzung beantragen kann. Mit der Vernehmung des ersten Angeklagten zur Sache darf noch nicht begonnen worden sein. Nach diesem Zeitpunkt kann eine unterlassene Besetzungsmitteilung nicht mehr mit der Folge der Rügepräklusion nachgeholt werden. Selbst eine Wiederholung des bereits durchgeführten Teils der Hauptverhandlung könnte dies nicht bewirken. Sie erübrigt sich auch sonst, da insoweit kein den Verfahrensgang als solchen betreffender Verfahrensfehler geheilt werden muß[8].

Die **Bekanntgabe** der Namen der Richter in der Hauptverhandlung obliegt dem **5** Vorsitzenden; sie ist mündlich vorzunehmen und als wesentliche Förmlichkeit des Verfahrens (§ 273) in der Sitzungsniederschrift festzuhalten[9]. Der Anschlag der Namen an der Tafel vor dem Sitzungssaal genügt nicht[10]. Eine Mitteilung in der Hauptverhandlung erübrigt sich nur dann, wenn die Mitteilung bereits vorher allen Verfahrensbeteiligten zugegangen ist, auf die Wahrung der Wochenfrist des Absatzes 2 kommt es insoweit nicht an. Hat aber auch nur ein Adressat sie nicht erhalten, muß sie zu Beginn der Hauptverhandlung diesem gegenüber nochmals ergehen.

**b) Vor der Hauptverhandlung** kann der Vorsitzende die Mitteilung hinausgeben, **6** wenn er dies nach pflichtgemäßem Ermessen für angezeigt hält. Die vorherige Mitteilung, die so rechtzeitig zugeht, daß eine Verfahrensunterbrechung nach Absatz 2 nicht erforderlich ist, entspricht an sich dem Regelungszweck am besten und sollte angestrebt werden, auch wenn der Gesetzgeber um der Flexibilität der Verfahrensgestaltung willen bewußt darauf verzichtet hat, sie zwingend vorzuschreiben. Absatz 1 Satz 2 stellt die vorherige Besetzungsmitteilung und den Zeitpunkt, zu dem sie vorzunehmen ist, in das **pflichtgemäße Ermessen** des Vorsitzenden. Er hat unter Berücksichtigung des Regelungszweckes zu entscheiden, ob er die vorherige Mitteilung anordnen oder aber davon absehen will, etwa weil eine Änderung der voraussichtlichen Besetzung wahrscheinlich

---

[6] *Kleinknecht/Meyer* 8; ebenso KK-*Treier* 5; KMR-*Paulus* 21 (zur Verfahrensbeschleunigung zweckmäßig, auch die Gründe mitzuteilen).

[7] BGH bei *Holtz* MDR **1980** 631; im Ergebnis (Fehler, aber unschädlich) auch *Schlüchter* 435.

[8] KMR-*Paulus* 11; nach *Kleinknecht/Meyer* 7 ist eine Wiederholung der Hauptverhandlung zur Nachholung einer versäumten Besetzungsmitteilung mit Präklusionswirkung zulässig. Zum Meinungsstand und zur Not-

wendigkeit einer differenzierenden Betrachtung der einzelnen Fallgruppen (einerseits allgemein unterbliebene Mitteilung, andererseits Wiederholung der Mitteilung gegenüber einem nach Beginn erscheinenden Verfahrensbeteiligten) *Brauns* 116 ff.

[9] Begr. BTDrucks. **8** 976 S. 46; KK-*Treier* 7; KMR-*Paulus* 20; zweifelnd *G. Schäfer* § 54 II 1.

[10] BGH NJW **1980** 951; KK-*Treier* 7; *Hamm* 136; KMR-*Paulus* 18.

ist (vgl. *Hamm* NJW **1979** 135), beispielsweise weil noch offen ist, ob ein erkrankter Berufsrichter bis zur Hauptverhandlung wieder gesund ist oder weil die Zusammensetzung der Richterbank von der Dauer eines anderen Verfahrens abhängt. In solchen Fällen kann es der Verfahrensklarheit förderlicher sein, mit der vorherigen Mitteilung noch zuzuwarten oder aber ganz auf sie zu verzichten statt die Verfahrensbeteiligten durch mehrfache Änderungsmitteilungen zu verwirren und zu im Ergebnis dann überflüssigen Prüfungen zu veranlassen. Verlangt allerdings ein Verfahrensbeteiligter schon vor der Hauptverhandlung nach § 24 Abs. 3 Satz 2, § 31 die Namhaftmachung der mitwirkenden Gerichtspersonen, dann muß der Vorsitzende diesem Verlangen in einer auch dem § 222 a genügenden Form entsprechen.

**7**    Die schriftliche Mitteilung kann mit der **Ladung** zur Hauptverhandlung **verbunden** werden. Dies ist jedoch nur dann zweckmäßig, wenn zwischen der Ladung und dem Termin der Hauptverhandlung keine zu große Zeitspanne liegt. Andernfalls ist die Wahrscheinlichkeit späterer Änderungen zu groß. Eine schriftliche Mitteilung ist aber auch ratsam, wenn die Wochenfrist des Absatzes 2 nicht mehr gewahrt werden kann. Da die Verfahrensbeteiligten vom Zugang der Mitteilung an Zeit haben, die dem Recht entsprechende Zusammensetzung der Richterbank zu prüfen, fällt die Dauer einer vorherigen Kenntnis für die Bemessung der Unterbrechungsfrist nach Absatz 2 ins Gewicht (Rdn. 25).

**8**    Die Mitteilung vor der Hauptverhandlung bedarf der **Schriftform** (vgl. § 35 Abs. 2). Die bloße mündliche Bekanntgabe durch den Vorsitzenden oder die Geschäftsstelle, etwa im Rahmen eines Ferngesprächs, dürfte nicht genügen. Die vorgezogene Mitteilung ersetzt eine wesentliche Förmlichkeit der Hauptverhandlung (Rdn. 5), ihr Inhalt hat wegen des Unterbrechungsantrags (Absatz 2), der Präklusionswirkung des § 222 b Abs. 1 Satz 1 und wegen § 338 Nr. 1 erhebliche verfahrensrechtliche Bedeutung. Ihr Zweck, als Grundlage für die vorherige Nachprüfung der Besetzung der Richterbank zu dienen, wird ferner dadurch erleichtert, daß jeder dazu berechtigte Verfahrensbeteiligte eine Schrift in den Händen hat, aus der die genauen Namen jederzeit festgestellt werden können (vgl. die ähnlichen Überlegungen bei der Ladung — § 216, 4).

**9**    Die vorherige Mitteilung ist auf **Anordnung des Vorsitzenden** (Absatz 1 Satz 2) von der Geschäftsstelle durchzuführen[11]. Die Anordnung des Vorsitzenden wird zweckmäßigerweise aktenkundig gemacht, zwingend notwendig ist dies jedoch nicht. Die Mitteilung ist wegen der Frist des § 222 a Abs. 2 zuzustellen. Auch eingeschriebener Brief mit Rückschein kann für den Nachweis ausreichen[12].

**10**    c) Eine **Belehrung** über die Bedeutung der Mitteilung, über das Recht auf Einsicht in die Besetzungsunterlagen und über die für den Einwand der vorschriftswidrigen Besetzung maßgebenden Fristen und Formen ist nicht vorgeschrieben. Der Gesetzgeber hat abweichend vom Regierungsentwurf bewußt davon abgesehen, mit der erstmaligen Besetzungsmitteilung eine solche Belehrung zu verbinden, da er sie für entbehrlich hielt und dem Angeklagten ohnehin ein rechtskundiger Verteidiger zur Seite steht, der auch die Mitteilung empfängt[13].

---

[11] § 222 a Abs. 4 Satz 1 des Regierungsentwurfs – BTDrucks. **8** 976, S. 9.

[12] KK-*Treier* 7; *Kleinknecht/Meyer* 17; KMR-*Paulus* 19; *Brauns* 108.

[13] Rechtsausschuß BTDrucks. **8** 1844 S. 32; KK-*Treier* 5; KMR-*Paulus* 23 hält eine Belehrung u. U. kraft der Fürsorgepflicht und aus Gründen der Prozeßfairneß für geboten. Nach *Brauns* ist es verfassungsrechtlich (Art. 101 Abs. 1 Satz 2, Art 103 Abs. 1) und aus Gründen des fair trial bedenklich, daß keine Belehrung des Angeklagten und der Verfahrensbeteiligten vorgesehen ist, vgl. Rdn. 28.

### 3. Änderungsmitteilung

**a) Für jede Hauptverhandlung** ist die Besetzung mitzuteilen, also auch bei Verta- **11** gung oder für den Neubeginn der Hauptverhandlung nach einer Aussetzung oder Zurückverweisung. Dies gilt selbst dann, wenn sich im konkreten Fall die Zusammensetzung des Gerichts nicht geändert haben sollte. Letzteres trifft nur in Ausnahmefällen zu, da in der Regel zumindest die Schöffen wechseln werden. Bei einer unveränderten Zusammensetzung des Gerichts kann sich allerdings die erneute Mitteilung auf den Hinweis beschränken, daß sich die bereits bekanntgegebene Besetzung des Gerichts nicht ändern werde[14]. Im **Sonderfall** des § 222 b Abs. 2 Satz 3 entfällt eine Besetzungsmitteilung bezüglich der neuen Hauptverhandlung (vgl. § 222 b, 35).

**b)** Eine Änderungsmitteilung wird notwendig, wenn nach der förmlichen Beset- **12** zungsmitteilung ein **Wechsel in der Zusammensetzung des Gerichts** eintritt. In der Änderungsmitteilung ist **nur auf die eingetretene Veränderung** hinzuweisen. Der Grund für die Änderung braucht nicht bekanntgegeben zu werden[15]. Bei größeren oder wiederholten Veränderungen kann es allerdings zweckmäßig sein, zur Klarstellung die nunmehrige Zusammensetzung des Gerichts nochmals vollständig mitzuteilen. Die ursprüngliche Mitteilung und die Änderungsmitteilung müssen insgesamt jedenfalls eindeutig und ohne Zweifeln Raum zu lassen, die Besetzung des Gerichts in der Hauptverhandlung erkennbar machen; nur dann erfüllen sie ihren Zweck als verläßliche Unterlage für die Prüfung der Ordnungsmäßigkeit der Besetzung.

Auf **Anordnung des Vorsitzenden** (Rdn. 9) kann die Änderungsmitteilung eben- **13** falls bereits vor der Hauptverhandlung schriftlich hinausgehen. Ist dies unterblieben, so ist es notwendig, aber auch ausreichend, wenn die Änderung spätestens zu Beginn der Hauptverhandlung (Absatz 1 Satz 1) bekanntgegeben wird. Welcher Weg der zweckmäßigere ist, entscheidet der Vorsitzende nach pflichtgemäßem Ermessen. Eine frühzeitige Mitteilung ist jedoch zur Vermeidung von späteren Verfahrensverzögerungen anzustreben.

**4.** Die **Adressaten der Mitteilung** werden in Absatz 1 **nicht abschließend** aufge- **14** zählt. Nach dem Zweck der Regelung ist die Mitteilung an alle zu richten, die einen andernfalls mit der Revision durchsetzbaren Anspruch darauf haben, daß die gegen sie ergehende Entscheidung von dem durch Art. 101 Abs. 1 Satz 2 GG garantierten gesetzlichen Richter erlassen wird[16].

Für den **Angeklagten** als Mitteilungsadressaten legt Absatz 1 fest, daß die für ihn **15** bestimmte Mitteilung **nicht an ihn persönlich,** sondern an seinen **Verteidiger** zu richten ist. Einer zusätzlichen Mitteilung an den Verteidiger bedarf es daneben nicht, desgleichen ist eine Unterrichtung des Angeklagten über die Mitteilung an den Verteidiger nicht vorgesehen; § 145 a Abs. 4 ist nicht anwendbar. Hat der Angeklagte mehrere Verteidiger, so hat jeder Anspruch auf die Mitteilung. Ein Verteidigerwechsel erfordert dagegen keine Wiederholung der Mitteilung[17]. Mitteilungsadressaten sind ferner die **Staatsanwaltschaft** sowie die Personen, die ihr oder dem Angeklagten in ihren Befugnissen verfahrensrechtlich gleichgestellt sind, wie etwa der Nebenkläger (§ 397 Abs. 1,

---

[14] Begr. BTDrucks. **8** 976 S. 46.
[15] Rechtsausschuß BTDrucks. **8** 1844 S. 32; vgl. Rdn. 3.
[16] *Ranft* NJW **1981** 1473; KK-*Treier* 8; *Kleinknecht/Meyer* 13; KMR-*Paulus* 16;

*Brauns* 100 stellt darauf ab, wer das Recht auf gesetzlichen Richter mit der Revision geltend machen kann.
[17] KK-*Treier* 8; *Kleinknecht/Meyer* 13; KMR-*Paulus* 14.

Walter Gollwitzer

§ 385 Abs. 1) oder der Einziehungs- oder Verfallsbeteiligte (§ 433 Abs. 1 Satz 1), der, soweit das Verfahren ihn betrifft, ebenfalls die fehlerhafte Besetzung der Richterbank rügen kann. Hat der Einziehungsbeteiligte einen Vertreter (§ 434), so wird die Mitteilung entsprechend dem Sinn des Absatzes 1 Satz 2 an letzteren zu richten sein. Gleiches gilt, wenn eine juristische Person oder eine Personenvereinigung nach § 444 am Verfahren beteiligt ist. Zeugen, Sachverständige und andere Personen, gegen die sich das Strafverfahren nicht richtet, scheiden als Mitteilungsadressaten aus, ebenso wohl auch der Antragsteller im Adhäsionsverfahren (*Brauns* 100; vgl. bei § 406 a).

**16**    **5. Prüfung der Besetzung.** Die Mitteilung ermöglicht dem Empfänger, alsbald zu prüfen, ob die Zusammensetzung des Gerichts dem Gesetz entspricht. Eine Rechtspflicht zur Prüfung wird dadurch nicht begründet, die Verfahrensbeteiligten können dies den zuständigen Gerichtsorganen überlassen. Der nur befristet mögliche Einwand, das Gericht sei nicht ordnungsgemäß besetzt (§ 222 b Abs. 1), verlangt für seine sachgerechte Erhebung in der Regel zwar solche Prüfung, ist aber rechtlich nicht davon abhängig. Es genügt, wenn der Beanstandende die nach § 222 b Abs. 1 Satz 2 erforderlichen Tatsachen angeben kann. Im übrigen geht es zu Lasten des Verfahrensbeteiligten, wenn er die ihm eingeräumte Prüfungsmöglichkeit nicht wahrnimmt.

**17**    **6. Einsicht in die Besetzungsunterlagen (Absatz 3).** Sofern nicht im Einzelfall bereits eine mündliche Auskunft der zuständigen Stelle der Justizverwaltung genügt, ist zur Kontrolle der Rechtmäßigkeit der Besetzung des Gerichts in der Regel die Einsicht in die dafür maßgebenden Unterlagen des Gerichts unerläßlich. Diese Unterlagen, vor allem der Geschäftsverteilungsplan, die Unterlagen über die Bestimmung des Vorsitzenden, die interne Geschäftsverteilung des Spruchkörpers, die Schöffenlisten, die Unterlagen über Verhinderungen und Vertreterbestellung u. a.[18] sind zur Einsicht offen zu legen. Die Unterlagen sind nicht Bestandteil der Prozeßakten. Über die Art und Weise, wie dem Rechtsanspruch auf Einsichtnahme zu entsprechen ist, vor allem, ob Ablichtungen gefertigt werden dürfen, hat gegebenenfalls der Präsident des Gerichts zu entscheiden (OLG Düsseldorf MDR **1979** 1043)[19]. Absatz 3 beschränkt das Recht auf Einsicht. Sie steht neben dem Staatsanwalt nur dem Verteidiger oder einem Rechtsanwalt offen. Persönlich können weder der Angeklagte noch der Nebenkläger noch ein Einziehungsbeteiligter Einsicht in diese Unterlagen fordern. Diese Einschränkung hielt der Gesetzgeber deshalb für angezeigt, weil die Beurteilung, ob die mitgeteilte Besetzung dem Gesetze entspricht, Rechtskenntnisse erfordert, die wegen der Kompliziertheit der Regelungen einem Laien in der Regel fehlen werden. Gleiches gilt für die Feststellung der Tatsachen, mit denen der Einwand der fehlerhaften Besetzung nach § 222 b Abs. 1 Satz 2 in gleicher Form wie eine Revision begründet werden muß. Der Verteidiger kann mit Zustimmung seines Mandanten auch einen anderen Rechtsanwalt mit der Einsicht beauftragen[20].

**18**    Sind die **Unterlagen unvollständig** oder unklar, so können die zur Einsicht Berechtigten von den dafür zuständigen Organen der Gerichtsverwaltung alle erforderlichen **Auskünfte** (etwa über eine nicht aktenkundige Verhinderung) verlangen. Um zu

---

[18] Ebenso KK-*Treier* 14; *Kleinknecht/Meyer* 21; *Brauns* 144 nimmt unter Hinweis auf OLG Hamm NJW **1980** 1009 an, daß die Verfahrensbeteiligten einen Einsichtsverschaffungsanspruch gegenüber dem Vorsitzenden haben, dessen Verletzung nicht nach § 23 EGGVG, sondern in der Hauptverhandlung und gegebenenfalls mit der Revision geltend zu machen ist; vgl. § 222 b, 46.

[19] Dazu *Ranft* NJW **1981** 1474; *G. Schäfer* § 54 II 2; KMR-*Paulus* 14.

[20] *Kleinknecht/Meyer* 23.

vermeiden, daß sich hierdurch das Verfahren über Gebühr verzögert, wird dafür zu sorgen sein, daß die entsprechenden Unterlagen übersichtlich und stets vollständig sind und daß alle die Besetzung betreffenden Entscheidungen schriftlich festgehalten werden, auch wo dies das Gesetz an sich nicht vorschreibt. Im übrigen kann die Überprüfung der Besetzung den jeweils zuständigen Stellen Anlaß geben, eine hierzu ergangene Entscheidung aktenkundig zu machen oder auch förmlich nachzuholen; so ist etwa die formelle Feststellung der Verhinderung des Vorsitzenden noch während der Besetzungsprüfung zulässig[21].

## III. Unterbrechung der Hauptverhandlung (Absatz 2)

### 1. Antrag

**a) Antragsberechtigte.** Den **Antrag,** die Hauptverhandlung zur Prüfung der ordnungsgemäßen Besetzung zu unterbrechen, können der Staatsanwalt, der Verteidiger und — unabhängig davon — auch der Angeklagte persönlich stellen. Der Nebenkläger hat als Mitteilungsberechtigter ebenfalls das Recht, die Unterbrechung zu beantragen[22], desgleichen die dem Angeklagten in den Verfahrensbefugnissen gleichstehenden Personen (Rdn. 15). Der Antrag kann in der Hauptverhandlung mündlich, er kann aber vorher auch schon schriftlich gestellt werden. **19**

**b) Voraussetzung des Unterbrechungsantrags** ist, daß die Besetzung dem Antragsteller später als eine Woche vor Beginn der Hauptverhandlung mitgeteilt worden ist oder erst in der Hauptverhandlung bekanntgegeben wird. Maßgebend für die Frist, die für jeden Mitteilungsberechtigten gesondert läuft, ist der Zugang der Mitteilung. Bei Besetzungsänderungen läuft die Frist erst vom Zugang der letzten Änderungsmitteilung an. Ist die **Wochenfrist eingehalten,** so besteht grundsätzlich kein Anspruch auf Unterbrechung. Der Gesetzgeber ging davon aus, daß die Wochenfrist für eine sorgfältige Prüfung der Besetzung ausreicht. Sollte dies aus dem Gericht zurechenbaren Umständen ausnahmsweise nicht der Fall sein, etwa weil die einschlägigen Unterlagen dem Verteidiger oder Rechtsanwalt in der Zeit bis zum Beginn der Hauptverhandlung nicht, nicht vollständig oder nicht für eine zur Prüfung ausreichende Zeitspanne zugänglich waren, so muß dieser trotz Fristwahrung für berechtigt angesehen werden, den Unterbrechungsantrag zu stellen. Ob die Voraussetzungen für diese Ausnahme vorliegen, muß das Gericht notfalls durch Einholung dienstlicher Äußerungen klären[22a]. **20**

**c) Endtermin.** Nur bis zu **Beginn** der **Vernehmung des ersten Angeklagten zur Sache** kann der Antrag auf Unterbrechung der Hauptverhandlung gestellt werden. Dieser Endtermin gilt für alle Antragsberechtigten, für den Staatsanwalt ebenso wie für einen Mitangeklagten, der erst später vernommen werden soll. Letzterer darf mit dem Antrag nicht zuwarten, bis er selbst an die Reihe kommt. Vernehmung zur Sache ist die Vernehmung nach § 243 Abs. 4 Satz 2. Die Belehrung des Angeklagten über sein Recht, die Einlassung zu verweigern (§ 243 Abs. 4 Satz 1), gehört noch nicht zur Vernehmung zur Sache (vgl. § 6 a, 15). Absatz 2 legt nur den Endtermin für den Unterbrechungsantrag fest. Der Antrag kann auch schon vor der Hauptverhandlung schriftlich gestellt werden. Wird der Termin des Beginns der Hauptverhandlung nicht verlegt (problematisch, wenn **21**

---

[21] BGHSt **30** 268 = LM StPO 1975 Nr. 1 mit Anm. *Pelchen;* NStZ **1982** 295 mit Anm. *Rieß; Hilger* NStZ **1983** 338.

[22] Begr. BTDrucks. **8** 976 S. 47; KMR-*Paulus* 28; *Kleinknecht/Meyer* 18.

[22a] **A. A.** *Bohnert* 59: Gesetzgeber hat keine Ausnahme von der Wochenfrist vorgesehen.

dies eine Besetzungsänderung bewirkt, vgl. *Hamm* NJW **1959** 135), so muß der Antragsteller trotzdem zum anberaumten Termin erscheinen. *Schroeder* (NJW **1979** 1529) sieht in der Teminverlegung zur Besetzungsprüfung eine vorgezogene Unterbrechung, so daß die spätere Hauptverhandlung mit der für den ursprünglichen Verhandlungsbeginn vorgesehenen Besetzung des Gerichts durchzuführen ist.

### 2. Entscheidung über den Unterbrechungsantrag

**22**   a) **Gerichtsbeschluß.** Das erkennende Gericht — nicht der Vorsitzende nach § 228 Abs. 1 Satz 2 — entscheidet über den Antrag durch Beschluß, der in der Hauptverhandlung zu verkünden ist (§ 35 Abs. 1). Die Schöffen wirken an der Entscheidung mit, da das Gericht diese Entscheidung in der für die Hauptverhandlung vorgeschriebenen Besetzung trifft[23]. Etwas anderes gilt nur, wenn schon vor der Hauptverhandlung deren Beginn im Hinblick auf einen bereits vorher gestellten Unterbrechungsantrag hinausgeschoben wird (Rdn. 21)[24].

**23**   b) Als **unzulässig** lehnt das Gericht den Antrag ab, wenn die **Zulässigkeitsvoraussetzungen** fehlen, etwa weil die Wochenfrist des § 222 a Abs. 2 gewahrt ist oder weil der Antrag erst nach der Vernehmung des ersten Angeklagten zur Sache gestellt wurde. Eine solche Formalentscheidung wird sich durch einen entsprechenden Hinweis des Vorsitzenden oft vermeiden lassen. Der Unterbrechungsantrag wird nicht dadurch unzulässig, daß bereits ein anderer Verfahrensbeteiligter durch einen Besetzungseinwand die Besetzungsprüfung ausgelöst hat[25]. Wegen der Formalisierung des Einwands kann der Prüfungsgegenstand unterschiedlich sein.

**24**   c) Sind die gesetzlichen Voraussetzungen für den Antrag gegeben, so liegt es im **Ermessen** des Gerichts („kann"), ob es dem Unterbrechungsantrag entsprechen will. Es entscheidet hierüber nach Anhörung der Verfahrensbeteiligten (§ 33) spätestens bis zum Beginn der Vernehmung des ersten Angeklagten zur Sache[26]. Bei der Anhörung wird zweckmäßigerweise gleich mitgeklärt, ob auch die anderen Verfahrensbeteiligten einen Unterbrechungsantrag beabsichtigen. Der Gesetzgeber hat bewußt keine Pflicht zur Unterbrechung festgelegt, weil er dem Gericht die Möglichkeit erhalten wollte, Aussetzungsanträge abzulehnen, wenn diese nur das Verfahren verzögern, obwohl an der vorschriftsmäßigen Besetzung des Gerichts keine Zweifel bestehen[27]. Auch sonstige prozeßökonomische Erwägungen oder Rücksichten auf wichtige Belange der anderen Prozeßbeteiligten können die Ablehnung der Unterbrechung angezeigt erscheinen las-

---

[23] KK-*Treier*  12;  *Kleinknecht/Meyer*  25; KMR-*Paulus* 36.

[24] Strittig ist, ob hierüber, wie sonst bei Vertagungsanträgen, der Vorsitzende nach § 213 entscheidet (*Rieß* NJW **1978** 2269; *Kleinknecht/Meyer* 20) oder das Gericht in Beschlußbesetzung, weil der Antrag, mit der Hauptverhandlung wegen der Besetzungsprüfung später zu beginnen, als ein vorgezogener Antrag auf Unterbrechung der Hauptverhandlung zu betrachten ist (KMR-*Paulus* 36; *Schroeder* NJW **1979** 1529). *Brauns* 153 nimmt an, daß zur Vermeidung einer Besetzungsänderung der Vorsitzende den Beginn der Hauptverhandlung nicht verlegen darf,

sondern daß mit dieser zu beginnen und dann die Verhandlung zu unterbrechen ist.

[25] *Brauns* 153; **a. A.** *Kleinknecht/Meyer* 222 b, 4; KMR-*Paulus* 32.

[26] KMR-*Paulus* 37.

[27] Begr. BTDrucks. **8** 976 S. 47; KK-*Treier* 12; *Kleinknecht/Meyer* 26; KMR-*Paulus* 37, 38. *Brauns* 155 hält es von der Zielsetzung der Regelung her für bedenklich, daß dadurch dem Ermessen des Gerichts überlassen wird, ob die Besetzungsrüge erhalten bleibt. Von der Möglichkeit, nicht zu unterbrechen, machen die Gerichte Gebrauch, vgl. BGHSt 30 255; BGH GA **1982** 324.

sen. Die Ablehnung braucht nicht näher begründet zu werden. Eine ausdrückliche Entscheidung über den Antrag erscheint aus Gründen der Verfahrensklarheit auch bei einer Ablehnung aus Ermessensgründen angezeigt (a. A. *Hamm* NJW **1979** 135). Dem Antragsteller bleibt als Ausgleich für die Ablehnung die Möglichkeit erhalten, eine fehlerhafte Besetzung mit der Revision zu rügen (§ 338 Nr. 1 Buchst. c).

**d) Dauer der Unterbrechung.** Unterbricht das Gericht die Hauptverhandlung an- **25** tragsgemäß, dann bemißt es die Dauer der Unterbrechung nach dem Zeitbedarf einer ordnungsgemäßen Überprüfung. Dabei darf es davon ausgehen, daß der Antragsteller die Zeit der Unterbrechung ausschließlich hierfür und nicht zu anderen Zwecken benützen wird; denn die Unterbrechung wird nur „zur Prüfung der Besetzung" gewährt. Die Dauer der Unterbrechung muß nach Ansicht von BGHSt **29** 283[28] im Regelfall eine Woche betragen, sofern nicht auf Grund besonderer Umstände ein kürzerer Zeitbedarf sicher abschätzbar ist oder der Antragsteller sich mit einer kürzeren Frist einverstanden erklärt. Diese Orientierung an der Maximalfrist beugt zwar Verfahrensrügen vor, führt aber mitunter zu vermeidbaren Verzögerungen. Sie findet keine Stütze im Sinn und Wortlaut des Gesetzes. Wie die Begründung des Regierungsentwurfes hervorhebt, soll die Frist so bemessen werden, daß dem Antragsteller wegen der Präklusionswirkung eine faire Überprüfungsmöglichkeit eingeräumt werde; eine allgemeingültige Frist lasse sich dafür nicht bestimmen[29]. Das Gericht muß also die Erfordernisse des konkreten Falls berücksichtigen. Stehen die Besetzungsunterlagen vollständig und übersichtlich zur Verfügung und sind keine umfangreichen Untersuchungen erforderlich, weil es sich um die Regelbesetzung handelt oder weil nur eine einzelne Veränderung noch zur Prüfung ansteht, so kann eine kurze Unterbrechung, die eine Fortsetzung der Hauptverhandlung noch am gleichen Tage oder am darauffolgenden Tage erlaubt, genügen. Wenn dagegen die Unterlagen nicht sofort greifbar, unübersichtlich oder unvollständig sind, so daß Rückfragen erforderlich werden, oder wenn komplizierte Verhinderungsfälle vorliegen, kann für die Prüfung auch ein längerer Zeitraum erforderlich sein. Eine zu kurz bemessene Unterbrechung ist einer Ablehnung der Unterbrechung gleichzuachten[30]. Da dann die Revision erhalten bleibt, dürfte es zweckmäßig sein, wenn sich das Gericht vor seiner Entscheidung über die Vollständigkeit und Verfügbarkeit der Besetzungsunterlagen unterrichtet und darauf hinwirkt, daß sie dem nach Absatz 3 zur Einsicht Berechtigten ohne bürokratische Hemmnisse alsbald zugänglich gemacht werden.

**e)** Die **nachträgliche Verlängerung** der Unterbrechungsdauer durch das Gericht **26** erscheint zulässig[31] und meist auch angezeigt, wenn der Antragsteller geltend macht, daß und warum aus nicht von ihm zu vertretenden Gründen eine ausreichende Prüfung innerhalb der bewilligten Zeit nicht möglich war. Der Beschluß, der die Unterbrechung verlängert, kann nach Ablauf der ursprünglichen Dauer beim Wiedereintritt in die Hauptverhandlung verkündet werden; es erscheint aber auch zulässig, wenn er zur

---

[28] BGHSt **29** 283 = NStZ **1981** 32 mit krit. Anm. *Katholnigg* = StrVert. **1981** 6 mit Anm. *Ehrig;* zustimmend *Brauns* 157; nach *Ranft* NJW **1981** 1473 ist die Wochenfrist immer einzuhalten, ähnlich *Hamm* NJW **1979** 135; für die Wochenfrist auch *Bohnert* 59.

[29] BTDrucks. **8** 976 S. 47; ebenso *Rieß* JR **1981** 91; *Schäfer* § 54 II 2; *Schlüchter* 435;

KK-*Treier* 12; *Kleinknecht/Meyer* 27; KMR-*Paulus* 39.

[30] BGHSt **29** 283; = NStZ **1981** 32 mit Anm. *Katholnigg* = StrVert. **1981** 6 mit Anm. *Ehrig; Rieß* JR **1981** 91; NJW **1978** 2269.

[31] KK-*Treier* 12; *Kleinknecht/Meyer* 28; KMR-*Paulus* 41; *Katholnigg* NStZ **1981** 32; *Rieß* JR **1981** 93.

Walter Gollwitzer

Vereinfachung und Beschleunigung des Verfahrens schon vorher den Verfahrensbeteiligten außerhalb der Hauptverhandlung bekannt gemacht (§ 35 Abs. 2) wird.

### 3. Sonstige verfahrensrechtliche Fragen

**27**     a) Unterbrechungsantrag und der die Unterbrechung bewilligende oder ablehnende Beschluß sind **wesentliche Förmlichkeiten** des Verfahrens, die in der Sitzungsniederschrift beurkundet werden müssen.

**28**     b) Absatz 2 enthält eine **abschließende Sonderregelung** für die Unterbrechung des Verfahrens zur Besetzungsprüfung, die es ausschließt, das Verfahren zu diesem Zweck auf Grund anderer Vorschriften zu unterbrechen. Auch wenn die Wochenfrist ausnahmsweise zur Prüfung nicht ausreicht (vgl. Rdn. 20), richtet sich die Unterbrechung im übrigen nach Absatz 2 (Ermessensentscheidung). Nach Vernehmung des ersten Angeklagten zur Sache kann zur Besetzungsprüfung weder durch den Vorsitzenden nach § 228 Abs. 1 Satz 2 unterbrochen werden, noch ist § 265 Abs. 4 anwendbar. Die **Fristbegrenzung** des § 229 gilt auch für die Unterbrechung nach Absatz 2. Eine besondere Belehrung der Verfahrensbeteiligten über das Recht, die Unterbrechung zur Besetzungsprüfung zu beantragen, ähnlich § 228 Abs. 3, ist nicht vorgesehen. Sie ist in der Regel auch entbehrlich. Allenfalls in besonders gelagerten Ausnahmefällen kann die Fürsorgepflicht bei einem nicht anwaltschaftlich vertretenen Verfahrensbeteiligten einen solchen Hinweis erfordern[32].

**29**     c) Die **Rechtsbehelfe**, die bei Verstößen gegen § 222a gegeben sind, werden bei § 222b (Rdn. 40 ff) miterörtert.

## § 222b

(1) [1]Ist die Besetzung des Gerichts nach § 222a mitgeteilt worden, so kann der Einwand, daß das Gericht vorschriftswidrig besetzt sei, nur bis zum Beginn der Vernehmung des ersten Angeklagten zur Sache in der Hauptverhandlung geltend gemacht werden. [2]Die Tatsachen, aus denen sich die vorschriftswidrige Besetzung ergeben soll, sind dabei anzugeben. [3]Alle Beanstandungen sind gleichzeitig vorzubringen. [4]Außerhalb der Hauptverhandlung ist der Einwand schriftlich geltend zu machen; § 345 Abs. 2 und für den Nebenkläger § 390 Abs. 2 gelten entsprechend.

(2) [1]Über den Einwand entscheidet das Gericht in der für Entscheidungen außerhalb der Hauptverhandlung vorgeschriebenen Besetzung. [2]Hält es den Einwand für begründet, so stellt es fest, daß es nicht vorschriftsmäßig besetzt ist. [3]Führt ein Einwand zu einer Änderung der Besetzung, so ist auf die neue Besetzung § 222a nicht anzuwenden.

**Schrifttum** vgl. § 222a.

**Entstehungsgeschichte.** Die Vorschrift ist zusammen mit § 222a unter gleichzeitiger Änderung von § 338 Nr. 1 durch Art. 1 Nr. 17 StVÄG 1979 in das Gesetz eingefügt worden. Der Grund dieser Ergänzung ist bei § 222a geschildert.

---

[32] KMR-*Paulus* 26; *Schroeder* NJW **1979** 1529 nehmen dies für Ausnahmefälle an; vgl. Rdn. 10 und Fußn. 13.

*Übersicht*

## I. Zweck und Anwendungsbereich

**1. Zweck.** Die Neuregelung soll den verfahrensrechtlichen Leerlauf verhindern, **1** der entsteht, wenn ein nachträglich mit Revision gerügter Besetzungsfehler zur Wiederholung des mitunter umfangreichen erstinstanzlichen Verfahrens zwingt (§ 222 a, 1). Die Prüfung der ordnungsgemäßen Zusammensetzung des Gerichts ist bereits zu Beginn des Verfahrens durchführbar und den Verfahrensbeteiligten, die insoweit Zweifel haben, in diesem Zeitpunkt auch zuzumuten. Die bisherige Übung, erst nach der Hauptverhandlung Besetzungsfehlern nachzuspüren, um ein mißliebiges Urteil zu Fall zu bringen, soll für die größeren Verfahren vor den Land- und Oberlandesgerichten unterbunden werden. Deshalb verbindet § 222 b mit der Einführung eines förmlichen Beanstandungsverfahrens (Absatz 1) zugleich die Beschränkung dieses Einwands auf den vor der Vernehmung des ersten Angeklagten zur Sache liegenden Verfahrensabschnitt. § 338 Nr. 1 schließt in konsequenter Fortführung dieser Beschränkung die Rüge eines nicht rechtzeitig beanstandeten Besetzungsfehlers mit der Revision aus, sofern vorher ordnungsgemäß verfahren wurde. Die Pflicht aller beteiligten Staatsorgane, von Amts wegen dafür zu sorgen, daß die Besetzung des Gerichts dem Gesetz entspricht, wird durch die §§ 222 a, 222 b nicht aufgehoben. Ihr Anwendungsbereich wird aber modifiziert; vor allem wird sie dadurch ergänzt, daß es nunmehr auch eine Obliegenheit (Last) der Verfahrensbeteiligten ist, dies schon zu Verfahrensbeginn zu prüfen und Besetzungsfehler rechtzeitig zu beanstanden, wenn sie die Rüge nicht endgültig verlieren wollen. Ob das Gericht auch nach **Eintritt** der Rügepräklusion für die Verfahrensbeteiligten weiterhin von Amts wegen verpflichtet ist, die Richtigkeit seiner Zusammensetzung zu überprüfen und verneinendenfalls die Hauptverhandlung auszusetzen, ist strittig (vgl. Rdn. 38).

**2**    **2. Anwendungsbereich.** Ebenso wie der zugehörige § 222 a gilt § 222 b nur für das **Verfahren erster Instanz** vor den **Landgerichten** und **Oberlandesgerichten** (vgl. § 222 a, 2). Bei den anderen Gerichten und in der Rechtsmittelinstanz findet kein Zwischenverfahren zur Besetzungsprüfung statt. Das erkennende Gericht muß ihm bekannt werdende Mängel der Besetzung von Amts wegen bis zum Abschluß des Verfahrens beachten.

## II. Der Einwand der fehlerhaften Besetzung (Absatz 1)

**3**    **1. Beanstandungsberechtigte. Befugt** zur Erhebung des Einwands ist jeder der in § 222 a genannten Verfahrensbeteiligten, also Staatsanwalt, Verteidiger oder — trotz des fehlenden Rechts auf eigene Einsicht in die Besetzungsunterlagen — auch der Angeklagte persönlich; ferner der Nebenkläger (Absatz 1 Satz 4) und die dem Angeklagten verfahrensrechtlich gleichstehenden Personen (§ 222 a, 15), im Grund also jeder, der als Verfahrensbeteiligter den verfassungsrechtlich garantierten Anspruch auf den gesetzlichen Richter geltend machen kann (vgl. § 222 a, 15).

**4**    Auch bei **unterbliebener** oder **fehlerhafter** Mitteilung nach § 222 a kann der Einwand erhoben werden. Daß die Besetzung des Gerichts (richtig) mitgeteilt worden ist (Absatz 1 Satz 1), hat nur Bedeutung für die Beschränkung der Revisionsrüge nach § 338 Nr. 1. Die Befugnis, schon in der Hauptverhandlung auf die Beseitigung eines den Bestand des weiteren Verfahrens in Frage stellenden Besetzungsfehlers hinzuwirken, kann durch eine falsche Sachbehandlung nicht verkürzt werden. Der Endzeitpunkt, bis zu dem über Besetzungsbeanstandungen in der Hauptverhandlung in einem förmlichen Zwischenverfahren entschieden wird (Rdn. 25), gilt aber nach dem Zweck der Regelung auch bei falschen Mitteilungen (Rdn. 6).

**2. Endzeitpunkt für den Einwand**

**5**    **a) Nur bis zur Vernehmung des ersten Angeklagten zur Sache** kann der Einwand erhoben werden; gemeint ist damit ebenso wie in § 222 a Abs. 2 oder § 25 Abs. 1 der Beginn der Vernehmung des ersten Angeklagten nach § 243 Abs. 4 Satz 2 (§ 222 a, 21; § 243, 77 ff). Der Ausschluß des Einwands tritt für alle Verfahrensbeteiligten einheitlich mit der Vernehmung des ersten Angeklagten zur Sache ein und nicht, wie etwa bei § 6 a oder § 16, erst mit der Vernehmung des jeweiligen Angeklagten.

**6**    Der **Ausschluß des Einwands** ist unabhängig davon, ob die Besetzung des Gerichts **vollständig und richtig mitgeteilt** wurde. Der Wortlaut des § 222 b könnte an sich dahin ausgelegt werden, daß dieser Endtermin nur bei einer ordnungsgemäßen Mitteilung eingreift. Der Sinn der Beschränkung des Einwands auf das Anfangsstadium der Hauptverhandlung spricht jedoch dafür, daß mit dem weiteren Fortgang der Hauptverhandlung jedes förmliche Beanstandungsverfahren ausnahmslos entfallen soll. Bei fehlender oder ungenügender Mitteilung besteht um so weniger Grund, die Hauptverhandlung für das Zwischenverfahren auch später noch zu unterbrechen, als dem Betroffenen die Revisionsrüge erhalten bleibt (§ 338 Nr. 1 Buchst. a), die unterlassene Beanstandung also ohnehin keine Präklusionswirkung hat. Der Betroffene erleidet keine Verkürzung seiner Rechte, wenn er im Interesse der Verfahrensbeschleunigung das Zwischenverfahren nach Überschreiten des dafür vorgesehenen Verfahrensabschnittes nicht mehr herbeiführen kann. Seine Befugnis, vorher die förmliche Beanstandung zu erheben (Rdn. 4), bleibt ebenso unberührt wie die allen Beteiligten offene Möglichkeit, das Gericht auf Bedenken gegen die Besetzung formlos aufmerksam zu machen. Zu den Grenzen, die dem erkennenden Gericht für die Behebung von Besetzungsmängeln von Amts wegen gesetzt sind, vgl. Rdn. 37; 38.

Eine **fristgerechte Mitteilung** ist für den Ausschluß des Einwands ebenfalls nicht **7** erforderlich. Er hängt nicht davon ab, daß die Mitteilung eine Woche vor Beginn der Hauptverhandlung (§ 222 a Abs. 2) zugegangen ist. Der Verlust des Beanstandungsrechts tritt auch ein, wenn die Besetzungsmitteilung später schriftlich oder in der Hauptverhandlung mündlich ergangen ist. Ob in diesen Fällen von der Befugnis, die Aussetzung nach § 222 a zu beantragen, Gebrauch gemacht wurde, ist unerheblich. Bei einer nach der Frist des § 222 a Abs. 2 durchgeführten Besetzungsmitteilung wird zwar meist der Aussetzungsantrag der Erhebung des Einwands vorausgehen, da das Konzentrationsgebot des Absatzes 1 Satz 3 eine umfassende Prüfung vor Erhebung des Einwands voraussetzt, rechtlich notwendig ist dies jedoch nicht. Hat das Gericht antragsgemäß ausgesetzt, so ist, wenn der Aussetzungsantrag erst umittelbar vor der Vernehmung des Angeklagten zur Sache gestellt wurde, wegen der Ausschlußfrist darauf zu achten, daß der Einwand unmittelbar nach Wiedereintritt in die Hauptverhandlung gestellt werden muß, damit er nicht verloren geht.

**b) Abwesende Verfahrensbeteiligte** werden ebenfalls mit Vernehmung des ersten **8** Angeklagten zur Sache mit dem Einwand ausgeschlossen. Ist kein Angeklagter anwesend, so tritt der Ausschluß mit Beginn der Verlesung der Äußerung des Angeklagten ein, die die Vernehmung zur Sache ersetzt (vgl. bei §§ 231 a, 232, 233). Unerheblich ist insoweit, ob der betreffende Angeklagte befugt oder unbefugt der Hauptverhandlung fernbleibt; ist ihm die Besetzung des Gerichts ordnungsgemäß mitgeteilt worden, so ist es seine Sache, eine eventuelle Beanstandung rechtzeitig zu erheben. Wollte man Absatz 1 Satz 1 anders auslegen, wäre der Zweck der Regelung in diesen Fällen in Frage gestellt. Der Ausschluß tritt selbst dann mit der ersten Vernehmung eines Angeklagten zur Sache ein, wenn das Gericht in einer Punktesache den Erheber des Einwands von der Teilnahme an der Hauptverhandlung von deren Beginn an nach § 231 c beurlaubt hat, weil es den ihn betreffenden Teil der Anklage erst später verhandeln will. Der abwesende Angeklagte trägt das Risiko der Fristwahrung[1]. Er muß dafür sorgen, daß der Einwand dem erkennenden Gericht rechtzeitig zur Kenntnis kommt, sei es, daß er ihn schriftlich vorbringt (zur Form vgl. Rdn. 12) oder daß er zu diesem Zweck kurzfristig trotz der Beurlaubung an der Hauptverhandlung teilnimmt (vgl. § 231 c, 17).

**c)** Bei einer **Verbindung mehrerer Verfahren** (§ 237), die erst während der Haupt- **9** verhandlung beschlossen wird (§ 237, 5), ist dagegen für jedes der verbundenen Verfahren getrennt zu beurteilen, ob der Einwand noch möglich ist. Ein noch möglicher Einwand kann nicht dadurch verloren gehen, daß das Verfahren mit einem anderen verbunden wird, in dem der erste Angeklagte bereits zur Sache vernommen worden ist.

**d)** Beim **Zusammentreffen** des **Einwands** mit dem **Aussetzungsantrag** eines ande- **10** ren Verfahrensbeteiligten sollte das Gericht zweckmäßigerweise erst dem Aussetzungsantrag entsprechen, damit es dann gegebenenfalls alle Beanstandungen der Besetzung gemeinsam prüfen und bescheiden kann. Dies erscheint auch deshalb erforderlich, weil ein Verfahrensbeteiligter sich zum Einwand in der Regel erst sachgerecht äußern kann, wenn er die eigene Besetzungsprüfung abgeschlossen hat[2].

---

[1] Vgl. die Erl. zu § 6 a.
[2] Zur Streitfrage, ob der Aussetzungsantrag noch zulässig ist, wenn bereits ein anderer den Besetzungseinwand erhoben hat, vgl. § 222 a, 23.

Walter Gollwitzer

### 3. Form des Einwands

**11**    **a) In der Hauptverhandlung** ist der Einwand **mündlich** zu erheben. Dies gilt für Staatsanwalt und Verteidiger ebenso wie für den Angeklagten, den Nebenkläger und die sonst dazu befugten Personen (Rdn. 3). Der Einwand ist eine **wesentliche Förmlichkeit** des Verfahrens, die in der Sitzungsniederschrift festzuhalten ist. Dabei ist nicht nur anzugeben, daß der Einwand erhoben wurde, sondern auch, auf welchen Richter er sich bezieht und auf Grund welcher Tatsachen (Rdn. 17) dessen Mitwirkungsbefugnis bestritten wird. Der Einwand kann auch dadurch erhoben werden, daß sich ein dazu berechtigter Verfahrensbeteiligter bei seiner Anhörung (Rdn. 26) dem Einwand eines anderen anschließt. Findet die Anhörung außerhalb der Hauptverhandlung statt, ist dabei die Form des Absatzes 1 Satz 4 zu wahren. Die bloße mündliche Erklärung in einem Anhörungstermin des Zwischenverfahrens dürfte nach dem bei Formvorschriften besonders ins Gewicht fallenden Wortlaut des Gesetzes nicht genügen.

**12**    **b) Außerhalb der Hauptverhandlung** kann der Einwand **schriftlich** in der Form der § 345 Abs. 2, § 390 Abs. 2 erhoben werden (Absatz 1 Satz 4). Insoweit gelten die bei diesen Vorschriften erörterten Grundsätze[3].

**13**    Der **Angeklagte** und die ihm insoweit gleichgestellten Personen können — ebenso wie bei der Revisionsbegründung nach § 345 Abs. 2 — den Einwand nur durch eine von einem **Verteidiger** oder von einem Rechtsanwalt unterzeichnete Schrift (vgl. bei § 345) oder aber zu **Protokoll der Geschäftsstelle** des Gerichts geltend machen. Zuständig ist die Geschäftsstelle des Gerichts, vor dem die Hauptverhandlung stattfindet (Absatz 1 Satz 4 in Verbindung mit § 345 Abs. 2). Bei dem nicht auf freiem Fuß befindlichen Angeklagten wird man § 299 für entsprechend anwendbar halten müssen[4]. Dies folgt, selbst wenn man den Einwand nicht als eine Erklärung ansieht, die sich auf ein Rechtsmittel bezieht (§ 299 Abs. 1), aus der vom Gesetzgeber bewußt durchgeführten Unterstellung dieses Rechtsbehelfs unter die für die Revisionsbegründung geltenden Formvorschriften. Nach dem Zweck der Regelung sollten an die vorgezogene Besetzungsrüge auch insoweit keine strengeren Formerfordernisse gestellt werden als an die Revisionsbegründung. Der **Urkundsbeamte** muß bei der Aufnahme des Protokolls auf einen entsprechenden sachgerechten, den gesetzlichen Erfordernissen genügenden Tatsachenvortrag (Rdn. 17) hinwirken (vgl. bei § 345). Er kann zur Erleichterung dieser Aufgabe wohl auch die Besetzungsunterlagen des Gerichts zu Rate ziehen. Dagegen dürfte er nicht verpflichtet sein, auf die nicht näher begründete Behauptung des erschienenen Angeklagten, das Gericht sei unrichtig besetzt, diese Unterlagen beizuziehen und von sich aus dahin zu überprüfen, ob sich ein Besetzungsfehler findet. Denn damit würde § 222 a Abs. 3 umgangen.

**14**    Der **Nebenkläger** kann nach Absatz 1 Satz 4 in Verbindung mit § 390 Abs. 2 den Einwand außerhalb der Hauptverhandlung nur durch einen Rechtsanwalt erheben.

**15**    Eine **Wiedereinsetzung** in den vorigen Stand entsprechend den bei § 345 Abs. 2 entwickelten Grundsätzen ist nach dem Sinn der Regelung (Ausschlußfrist) ausgeschlossen, weil der Einwand nicht mehr erhoben werden kann, wenn mit der Vernehmung des ersten Angeklagten zur Sache begonnen worden ist[5]. Eine andere Frage ist, ob sich das Gericht bei einer ersichtlich unzulänglichen Protokollierung des Einwands damit begnügen darf, diesen als unzulässig zu verwerfen, oder ob es in der Hauptver-

---

[3] Vgl. die dortigen Erläuterungen.      NJW **1979** 1529; *Brauns* 173; **a. A.** *Hamm*
[4] Ebenso *Brauns* 168.      NJW **1979** 137; *Riedel* JZ **1978** 378.
[5] KK-*Treier* 4; KMR-*Paulus* 10; *Schroeder*

handlung dem Angeklagten Gelegenheit geben muß, seine Rüge substantiiert rechtzeitig zu wiederholen, bevor es den ersten Angeklagten zur Sache vernimmt.

Die Möglichkeit, den Einwand außerhalb der Hauptverhandlung zu erheben, **16** endet nicht mit **Beginn der Hauptverhandlung.** Zwar liegt der verfahrensökonomische Zweck dieser Regelung darin, daß die Besetzung des Gerichts schon vor der Hauptverhandlung zur Prüfung gestellt werden kann. Wortlaut und Sinn der Vorschrift sprechen dafür, daß auch nach ihrem Beginn, etwa während einer Unterbrechung oder von einem nicht zur Anwesenheit verpflichteten Verfahrensbeteiligten, der Einwand schriftlich oder zu Protokoll der Geschäftsstelle zulässig ist. Vor allem, wenn die Hauptverhandlung nach §222 a Abs. 2 unterbrochen worden ist, kann es für den Fortgang des Verfahrens erforderlich sein, den Einwand noch während der Dauer der Unterbrechung zu erheben, damit das Gericht, das über den Einwand im Zwischenverfahren in anderer Besetzung zu entscheiden hat, dieses Zwischenverfahren noch während der Dauer der Unterbrechung einleiten oder vorbereiten kann. Es können dann die Besetzungsunterlagen beigebracht und eventuell erforderliche Auskünfte erholt werden, so daß der zur Fortsetzung der Hauptverhandlung bestimmte Termin gleichzeitig zur Anhörung der Beteiligten im Zwischenverfahren benutzt und die Hauptverhandlung bei einer Verwerfung des Einwands ohne nochmalige Verzögerung fortgesetzt werden kann.

**4. Begründung des Einwands.** Dafür genügt nach Absatz 1 Satz 2 nicht die unsub- **17** stantiierte Behauptung der vorschriftswidrigen Besetzung. Ebenso wie bei der Verfahrensrüge der Revision (§344 Abs. 2) müssen alle Tatsachen angeführt werden, aus denen sich die Fehlerhaftigkeit der Zusammensetzung des Gerichts ergibt. Der Name des nicht mitwirkungsbefugten Richters und unter Umständen auch der Name desjenigen, der an seiner Stelle dazu berufen war[6], müssen ebenso angegeben werden, wie die Tatsachen, aus denen sich dies ergibt, wie etwa fehlende Feststellung der Verhinderung oder der Inhalt des Geschäftsverteilungsplans. Welche Tatsachen im einzelnen anzugeben sind, richtet sich nach dem Inhalt der jeweiligen Regeln, deren Verletzung behauptet wird. Wegen der Einzelheiten wird auf die Erläuterungen zu §338 Nr. 1, zu §344 und auf die für die jeweiligen Besetzungsfragen maßgebenden Vorschriften des Gerichtsverfassungsgesetzes (vor allem §21 e ff GVG) verwiesen.

**5. Konzentration der Beanstandungen**
**a) Zweck des Konzentrationsgebots** (Absatz 1 Satz 3) ist die Straffung des Verfah- **18** rens. Die Verpflichtung, alle Beanstandungen gleichzeitig vorzubringen, soll, ähnlich wie die gleichartige Regelung in §25 Abs. 1 Satz 2, verhindern, daß das Gericht durch das Nachschieben neuer Beanstandungen gezwungen werden kann, mehrmals über Besetzungseinwände des gleichen Verfahrensbeteiligten zu entscheiden. Wer den Einwand einer vorschriftswidrigen Besetzung des Gerichts erhebt, muß hinsichtlich aller Richter, einschließlich der Ergänzungsrichter und Ergänzungsschöffen, alle Beanstandungsgründe, die er hat, gleichzeitig darlegen. Dies gilt auch für solche Einwände, die nur hilfsweise in Betracht kommen, wenn eine in erster Linie erhobene Beanstandung nicht durchgreifen sollte. Wer den Einwand in zulässiger Form erhoben hat, kann weder weitere Gründe nachschieben noch die erhobene Beanstandung auf die Mitwirkung eines anderen Richters ausdehnen, auch wenn ein solcher Einwand an sich noch

---

[6] KMR-*Paulus* 11 fordert dies; **a. A.** *Brauns* 169; vgl. Rdn. 45; 50.

möglich wäre, weil die Vernehmung des ersten Angeklagten zur Sache noch nicht begonnen hat[7]. Unerheblich ist, ob der zusätzliche Grund für die fehlerhafte Besetzung des Gerichts dem Betreffenden bei Erhebung des Einwands bereits bekannt war oder ihm erst nachträglich zur Kenntnis gelangte[8]. Anders als bei § 25 Abs. 1 wird man bei der Besetzungsrüge darauf abstellen müssen, daß es zu Lasten des Beanstandenden geht, wenn er seiner Obliegenheit zur Prüfung der ordnungsgemäßen Besetzung des Gerichts vor Erhebung des Einwands nur ungenügend nachgekommen ist. Auf Mängel, die erst nach diesem Zeitpunkt eingetreten sind, bezieht sich die Präklusionswirkung nicht (Rdn. 39). Gleiches wird bei Besetzungsfehlern angenommen, die auch bei sorgfältiger Prüfung bis zu diesem Zeitpunkt nicht erkennbar waren[9].

**19**    Auch hinsichtlich der **Ergänzungsrichter** und **Ergänzungsschöffen** muß ein etwaiger Einwand gleich erhoben werden und nicht etwa erst im Zeitpunkt ihres Eintritts. Dies folgt aus dem Zweck der Regelung sowie daraus, daß § 222 a Abs. 1 Satz 1 Ergänzungsrichter und Ergänzungsschöffen in die Mitteilungspflicht uneingeschränkt einbezogen hat.

**20**    b) **Ausschlußwirkung.** Das Konzentrationsgebot gilt nur für die Beanstandungen des **jeweiligen Verfahrensbeteiligten.** Es hindert die anderen Verfahrensbeteiligten nicht, unter Ausnützung der ihnen eingeräumten Zeitspanne für die Prüfung ihren Einwand erst später zu erheben und auf andere Beanstandungen zu stützen. Nachdem der Angeklagte neben dem Verteidiger ein selbständiges Beanstandungsrecht hat (Rdn. 3), wird man auch ihm zubilligen müssen, daß er ungehindert vom Inhalt des bereits erhobenen Einwandes seines Verteidigers seinerseits nachträglich andere Beanstandungen erheben kann, solange mit der Vernehmung des ersten Angeklagten zur Sache noch nicht begonnen worden ist. Umgekehrt gilt gleiches.

**21**    Das Konzentrationsgebot hat zur Folge, daß jeder dazu berechtigte Verfahrensbeteiligte den **Einwand** der fehlerhaften Besetzung **nur einmal** erheben kann. Hiervon wird nur dann eine Ausnahme zu machen sein, wenn der erste Einwand als unzulässig zurückgewiesen worden ist, etwa, weil er nicht der Form des Absatzes 1 Satz 2 genügte. In diesen Fällen schließt das Konzentrationsgebot nach seinem Sinn nicht die erneute Erhebung von Beanstandungen innerhalb der Ausschlußfrist aus[10]. Die förmliche Zurückweisung als unzulässig wird sich aber meist dadurch vermeiden lassen, daß der Vorsitzende in der Hauptverhandlung auf die formalen Mängel hinweist und dadurch die Möglichkeit eröffnet, den Einwand in zulässiger Form zu erheben.

### III. Entscheidung des Gerichts (Absatz 2)

**22**    1. **Beschlußbesetzung.** Die Entscheidung über den Einwand der fehlerhaften Besetzung ist zur Vereinfachung und Verfahrensbeschleunigung entsprechend dem Regierungsentwurf dem gleichen Gericht übertragen worden, das die Hauptverhandlung durchführt und dessen Zusammensetzung beanstandet wird.

**23**    Es entscheidet allerdings in der für Entscheidungen **außerhalb der Hauptverhandlung** geltenden Besetzung, beim Landgericht also nach § 76 Abs. 1 GVG ohne Schöffen

[7] KK-*Treier* 7; *Kleinknecht/Meyer* 6; KMR-*Paulus* 13.
[8] A. A. *Hamm* NJW **1979** 137; *Brauns* 169, die ein Nachschieben später bekannt gewordener Umstände als vereinbar mit dem Konzentrationsgebot halten.
[9] BVerfG (Vorprüfungsausschuß) MDR **1984**

731. Nach *Ranft* NJW **1981** 1476 ist ein Mangel nicht erkennbar, wenn er weder aus den Besetzungsunterlagen zu ersehen noch offensichtlich ist; *Brauns* 172 stellt auf die objektive Erkennbarkeit des Besetzungsfehlers ab.
[10] KK-*Treier* 15.

und beim Oberlandesgericht nach § 122 Abs. 1 GVG mit drei und nicht nach § 122 Abs. 2 GVG mit fünf Berufsrichtern. Die Berufsrichter des Spruchkörpers, vor dem die Hauptverhandlung stattfindet, sind somit zwar meist, aber nicht notwendigerweise zur Entscheidung über den Einwand berufen. Maßgebend ist die Geschäftsverteilung, die vor allem dann auseinandergehen kann, wenn auswärtigen Strafkammern (§ 78 Abs. 1 GVG) und auswärtigen Strafsenaten (§ 116 Abs. 2 GVG) nur die Hauptverhandlung zugewiesen ist. Anders als nach § 27 Abs. 1 ist ein Berufsrichter nicht dadurch von der Entscheidung ausgeschlossen, daß sich der Einwand gegen seine eigene Mitwirkung an der Hauptverhandlung richtet. Der Gesetzgeber hat im Interesse der Verfahrensbeschleunigung die Selbstprüfung bewußt in Kauf genommen. Der Beschleunigungseffekt kann allerdings nur dann voll wirksam werden, wenn der Spruchkörper, der über den Einwand in einem Zwischenverfahren außerhalb der Hauptverhandlung entscheiden muß, geschäftsordnungsmäßig so gebildet wird, daß er sich aus den Berufsrichtern des erkennenden Gerichts zusammensetzt. Andernfalls ist selbst bei einer offensichtlich fehlgehenden Beanstandung eine längere Unterbrechung der Hauptverhandlung kaum zu vermeiden.

Der **Ausschluß der Schöffen** entspricht dem Verfahren bei der Richterablehnung **24** (§ 27 Abs. 2). Der Gesetzgeber will damit dem Umstand Rechnung tragen, daß Entscheidungen über Besetzungsfragen sich wenig für die Mitwirkung von Laien eignen; ferner soll dadurch erreicht werden, daß das Gericht über den Einwand stets in der gleichen Besetzung entscheidet ohne Rücksicht darauf, ob er in der Hauptverhandlung oder schon vorher erhoben worden ist[11]. Andernfalls wären wegen der Mitwirkung verschiedener Richter unterschiedliche Entscheidungen nicht auszuschließen, da die gleiche Beanstandung von verschiedenen Verfahrensbeteiligten teils vor, teils in der Hauptverhandlung erhoben werden kann.

### 2. Zwischenverfahren

**a)** Der **Gegenstand** des **Zwischenverfahrens** zur Vorbereitung der Entscheidung **25** über den Einwand ist, wie seine Bindung an den revisionsähnlich ausgestalteten Einwand zeigt, eng begrenzt. Sein Ziel ist nur die Prüfung der sachlichen Richtigkeit und rechtlichen Erheblichkeit der zur Begründung des Einwands formgerecht angeführten Tatsachen. Nur hierauf erstrecken sich die Ermittlungen des Gerichts. Sonstige Tatsachen, die aus den Besetzungsunterlagen ersichtlich sind oder die von den anderen Verfahrensbeteiligten bei ihrer Anhörung vorgetragen wurden, darf das Gericht nur insoweit berücksichtigen, als sie für eine sich in den oben genannten Grenzen haltende Entscheidung von (eventuell indizieller) Bedeutung sind. Sie dürfen nicht dazu verwendet werden, den Einwand auf eine völlig neue Tatsachengrundlage zu stellen. Im übrigen gelten für das im Gesetz nicht näher geregelte Verfahren die allgemeinen Grundsätze. Wo sie nicht eingreifen, ist das Gericht in seiner Verfahrensgestaltung frei. Es gilt **Freibeweis,** in dessen Rahmen die Besetzungsunterlagen auch in tatsächlicher Hinsicht überprüft und dienstliche Erklärungen eingeholt werden können. Ob die den Einwand tragenden Tatsachen zutreffen, entscheidet das Gericht in freier Beweiswürdigung.

**b)** Die **Anhörung der Verfahrensbeteiligten** richtet sich nach § 33[12]. Da es sich **26** um ein Verfahren außerhalb der Hauptverhandlung handelt, sind die Staatsanwaltschaft und die anderen Verfahrensbeteiligten, deren Recht auf den gesetzlichen Richter eben-

---

[11] Begr. BTDrucks. 8 976 S. 47.

[12] KK-*Treier* 12; *Kleinknecht/Meyer* 8; KMR-*Paulus* 17.

Walter Gollwitzer

falls betroffen ist, nach Maßgabe von § 33 Abs. 2, 3 anzuhören. Dies kann schriftlich oder mündlich geschehen.

**27**     Wird der Einwand in der Hauptverhandlung erhoben, so ist es — zumal wenn die gleichen Berufsrichter über den Einwand entscheiden — unbedenklich, wenn **noch im Rahmen der Hauptverhandlung** die anwesenden Beteiligten zu dem Einwand gehört werden, obwohl dies kein Teil der Hauptverhandlung, sondern ein Teil eines besonderen Zwischenverfahrens ist, bei dem keine Pflicht zur mündlichen Verhandlung besteht. Die mündliche Erörterung mit allen Beteiligten ist aber, weil Zeit und Aufwand sparend, meist zweckmäßig. Der Vorsitzende kann auch den in der Hauptverhandlung anwesenden Verfahrensbeteiligten anheimgeben, sich binnen einer von ihm bestimmten Frist zu dem Einwand und den Tatsachen, mit denen er begründet wird (vgl. Absatz 1 Satz 2, 3), schriftlich zu äußern. Die Anhörung durch einen **beauftragten Richter** des zur Entscheidung über den Einwand berufenen Spruchkörpers dürfte zulässig sein, wie ja überhaupt das Verfahren weitgehend einer freien Gestaltung offen ist, sofern nur die Erfordernisse des ausreichenden rechtlichen Gehörs der Beteiligten gewahrt bleiben. Nur bei einer flexiblen Verfahrensgestaltung lassen sich die Schwierigkeiten vermeiden, die sich ergeben, wenn dem Spruchkörper, der über den Einwand entscheidet, andere Richter angehören als die an der Hauptverhandlung beteiligten Berufsrichter.

**28**     Die **Äußerung zum Einwand** steht im Belieben der anderen Verfahrensbeteiligten; die Staatsanwaltschaft sollte grundsätzlich durch ihre Stellungnahme an der Erarbeitung einer sachgerechten Entscheidung mitwirken. Wird der Einwand eines anderen Verfahrensbeteiligten für berechtigt erklärt, so liegt in der Regel darin noch nicht die Erklärung, daß der Einwand nunmehr auch im eigenen Namen geltend gemacht wird. Auslegungszweifel sind wegen der Formvorschriften (Rdn. 11) und wegen der Folgen (Konzentrationsgebot, Rdn. 18) durch Rückfrage zu klären.

### 3. Entscheidung über den Einwand

**29**     a) Die Entscheidung über den Einwand ergeht durch **Beschluß,** der als solcher nicht Teil der Hauptverhandlung ist. Er kann — auch im Rahmen der Hauptverhandlung — nach § 35 Abs. 1 Satz 1 in Anwesenheit der betroffenen Personen verkündet werden, er kann diesen aber auch nach § 35 Abs. 2 Satz 2 formlos mitgeteilt werden, da keine Frist durch die Entscheidung in Lauf gesetzt wird. Die mündliche Bekanntgabe der Entscheidung wird zweckmäßigerweise bei Beginn des zur Fortsetzung der Hauptverhandlung bestimmten Termins vorgenommen, sie kann aber auch in einem besonderen Termin stattfinden, etwa, wenn der über den Einwand entscheidende Spruchkörper mit den Verfahrensbeteiligten mündlich den Einwand erörtert hatte. Bei einer Bekanntgabe zu Beginn der Hauptverhandlung brauchen nicht alle Mitglieder des Spruchkörpers anwesend sein, der über den Einwand entschieden hat. Es genügt die Eröffnung durch den Vorsitzenden des erkennenden Gerichts. Eine **schriftliche Mitteilung** des Beschlusses an die Betroffenen kommt vor allem dann in Frage, wenn über den Einwand noch vor der Hauptverhandlung entschieden wird oder wenn wegen der festgestellten Regelwidrigkeit der Besetzung das Verfahren ausgesetzt und die Hauptverhandlung auf einen späteren Zeitpunkt vertagt werden muß.

**30**     b) **Gegenstand der Entscheidung** ist entsprechend der beschränkten Prüfungsbefugnis (Rdn. 25) nur die Zulässigkeit und Begründetheit des jeweiligen Einwands, nicht etwa die Ordnungsmäßigkeit der Besetzung des Spruchkörpers insgesamt. Die Entscheidung hindert die anderen Verfahrensbeteiligten nicht, die Mitwirkung eines anderen Richters oder des gleichen Richters auf Grund anderer Tatsachen zu beanstanden. Lediglich hinsichtlich der gleichen Tatsachen dürfte der Beschluß auch den möglichen

Einwand anderer Verfahrensbeteiligter mitverbrauchen, da das Gericht nicht gehalten sein kann, das Zwischenverfahren wegen des gleichen Einwands mehrfach zu wiederholen[13]. Es kann den Einwand unter Hinweis auf den früheren Beschluß sogleich ablehnen.

c) Ein bestimmter **Zeitpunkt für die Entscheidung** wird vom Gesetz nicht vorge- **31** schrieben. Wie die Begründung des Regierungsentwurfs zeigt, hielt man dies nicht für notwendig, denn es verstehe sich von selbst, daß ein Gericht, dessen ordnungsgemäße Besetzung in Frage gestellt sei, sich rechtzeitig vor weiterer Förderung der Sache hierüber Klarheit verschaffe und seine Auffassung bekanntgebe[14]. Es liegt in der Tat nahe, daß das Gericht sich bemüht, über einen vor der Hauptverhandlung erhobenen Einwand so rechtzeitig zu entscheiden, daß der Beginn der Hauptverhandlung nicht in Frage gestellt wird, ferner, daß es die Hauptverhandlung alsbald unterbricht, wenn der Einwand in dieser erhoben wird. Man wird es allerdings auch als zulässig ansehen müssen, wenn das Gericht — um nicht mehrmals wegen einer Beanstandung seiner Besetzung unterbrechen müssen — zunächst die Verhandlung noch bis zur Vernehmung des ersten Angeklagten zur Sache — dem Endzeitpunkt für derartige Einwände — fortsetzt analog § 29 Abs. 2[15].

d) Der **Inhalt des Beschlusses,** der nach § 34 zu begründen ist, folgt, soweit er **32** nicht durch Absatz 2 Satz 2 festgelegt ist, aus seinem Zweck. Ein den Frist- und Formerfordernissen des Absatzes 1 nicht genügender Einwand ist als unzulässig, ein sachlich unberechtigter Einwand ist als unbegründet zu verwerfen. Hält das Gericht dagegen den Einwand für begründet, so muß es sich nach Absatz 2 Satz 2 im Tenor auf die Feststellung beschränken, daß es nicht vorschriftsmäßig besetzt ist. Weshalb die Besetzung fehlerhaft ist, ist in den Gründen darzulegen. Eine bindende Feststellung darüber, wer statt des fehlerhaft mitwirkenden Richters zur Entscheidung berufen ist, kann das Gericht nicht treffen[16]. Diese Entscheidung obliegt in der Regel anderen Gerichtsorganen, außerdem ist im Zeitpunkt der Entscheidung, die die Fehlerhaftigkeit der bisherigen Besetzung feststellt, meist noch nicht vorhersehbar, wann und in welcher Besetzung die erneute Hauptverhandlung stattfinden kann. Scheidet der Richter, gegen den sich der Einwand richtet, während des Zwischenverfahrens aus anderen Gründen aus (Krankheit, erfolgreiche Ablehnung), so erledigt sich das Zwischenverfahren. Da es zu keiner Sachentscheidung über den Einwand kommt, gilt Absatz 2 Satz 3 für das weitere Verfahren nicht.

## IV. Verfahren nach der Entscheidung

### 1. Auswirkungen der Entscheidung

a) **Fortsetzung des Verfahrens.** Wird der Einwand als unzulässig oder als unbe- **33** gründet verworfen, dann wird die zur Entscheidung über den Einwand meist unterbrochene Hauptverhandlung zu dem vom Vorsitzenden des erkennenden Gerichts zweckmäßigerweise bereits bei der Unterbrechung bestimmten Termin fortgesetzt. Die Dauer der Unterbrechung darf die Frist des § 229 jedoch nicht überschritten haben.

---

[13] Wegen der ähnlichen Fragen bei §§ 6 a, 16 vgl. die dortigen Erläuterungen.

[14] BTDrucks. **8** 976 S. 47.

[15] KK-*Treier* 14; *Kleinknecht/Meyer* 9; KMR-*Paulus* 18.

[16] KK-*Treier* 16; *Kleinknecht/Meyer* 12; KMR-*Paulus* 21.

Walter Gollwitzer

**34**    **b) Neue Hauptverhandlung.** Wenn im Zwischenverfahren festgestellt wird, daß das Gericht nicht vorschriftsmäßig besetzt ist, ist die Hauptverhandlung beendet, ohne daß es noch eines zusätzlichen Beschlusses des erkennenden Gerichts in der für die Hauptverhandlung vorgesehenen, als regelwidrig erkannten Besetzung bedarf[17]. Die Hauptverhandlung ist in anderer Besetzung neu zu beginnen; denn nach § 226 muß die ganze Hauptverhandlung in Anwesenheit der zur Urteilsfindung berufenen Personen durchgeführt werden. Kann das Gericht in seiner neuen Besetzung sogleich zusammentreten, so ist der Neubeginn der Hauptverhandlung im Anschluß an die Bekanntgabe des Beschlusses ohne erneute Ladung möglich. Andernfalls muß die Hauptverhandlung auf einen späteren Termin vertagt werden.

**35**    Für das neubegonnene Verfahren schließt Absatz 2 Satz 3 eine **erneute Besetzungsmitteilung** nach § 222a ausdrücklich aus, selbst wenn die neue Hauptverhandlung nach erneuter Ladung erst Monate später stattfinden sollte. Nach dem Willen des Gesetzgebers besteht keine Obliegenheit der Verfahrensbeteiligten zur rechtzeitigen Besetzungsprüfung mehr, deshalb entfällt auch die Unterbrechung nach § 222a Abs. 2 und die Verpflichtung, zur Erhaltung der Revision Besetzungsfehler rechtzeitig zu beanstanden. Da keine Präklusion eintritt, können Fehler der Besetzung uneingeschränkt mit der Revision nach § 338 Nr. 1 gerügt werden.

**36**    Die Prozeßbeteiligten sind in der **neuen Hauptverhandlung** zwar nach § 24 Abs. 3 Satz 2 befugt, die Namen der Richter zu erfragen, und sie sind auch nicht gehindert, formlos Bedenken gegen die Besetzung geltend zu machen. Das Gericht — und zwar in der für die Durchführung der Hauptverhandlung maßgebenden und nicht in der von Absatz 2 Satz 1 vorgeschriebenen Besetzung — muß dann wie auch sonst in den nicht der Präklusionsregelung unterstellten Verfahren von Amts wegen prüfen, ob es vorschriftsmäßig besetzt ist. Dies geschieht jedoch nicht im Zwischenverfahren nach § 222b und schließt die Rüge eines Besetzungsfehlers mit der Revision nicht aus.

**37**    **2. Bindung an die Entscheidung.** Das erkennende Gericht der Hauptverhandlung ist an die Feststellung, es sei unvorschriftsmäßig besetzt, gebunden[18]. Auch wenn es anderer Rechtsauffassung sein sollte, muß es aus diesem Beschluß die notwendigen Folgerungen für die anhängige Hauptverhandlung ziehen (Rdn. 34). Eine Bindung besteht auch für die Justizorgane, die bei einer dem Einwand stattgebenden Entscheidung über die **Neubesetzung** befinden müssen. Sie müssen der Entscheidung Rechnung tragen, soweit darin eine vorschriftswidrige Besetzung festgestellt worden ist[19]. Voraussetzung

---

[17] Da es sich um zwei verschiedene Spruchkörper handelt, könnte der Wortlaut des Absatzes 2 dahin verstanden werden, daß im Zwischenverfahren nur die Regelwidrigkeit der Besetzung festgestellt wird, während die Hauptverhandlung durch einen zusätzlichen Beschluß des erkennenden Gerichts auszusetzen ist (so *Rieß* JR 1981 95). Ein solcher Beschluß ist zwar unschädlich, ihn zu fordern, wäre jedoch eine das Verfahren nur verzögernde, leerlaufende Formalität, sofern man nicht annimmt, daß sich das erkennende Gericht über die Entscheidung, es sei unrichtig besetzt, hinwegsetzen darf; vgl. Rdn. 37.

[18] Strittig; eine Bindung des erkennenden Ge-

richts verneinen KK-*Pikart* § 338, 14; *Kleinknecht/Meyer* § 338, 10; *Brauns* 191. Wieso dann der Gesetzgeber die Entscheidung einem besonderen Spruchkörper vorbehalten hat, wenn das erkennende Gericht in der für die Hauptverhandlung maßgebenden Besetzung die gleiche Frage anders entscheiden dürfte, ist nicht einzusehen (vgl. auch Rdn. 24).

[19] Die Ansicht, das Gericht müsse in einer als fehlerhaft festgestellten Besetzung verhandeln, wenn die für die Besetzung zuständigen Organe der Gerichtsverwaltung anderer Auffassung seien (*Brauns* 191), ist mit der richterlichen Unabhängigkeit (Art 97 Abs. 1 GG) unvereinbar.

ist allerdings, daß die für die Entscheidung maßgebenden Tatsachen bis zum Neubeginn der Hauptverhandlung unverändert geblieben sind. Haben sich diese verändert, besteht keine Bindung mehr. Meist werden nach den für die Besetzung des Gerichts bei der neuen Hauptverhandlung geltenden Regeln ohnehin zum Teil andere Richter, vor allem andere Schöffen, zur Mitwirkung berufen sein.

Wird der **Einwand als unbegründet verworfen**, ist strittig, ob das erkennende Ge- **38** richt für das weitere Verfahren daran gebunden ist, oder ob es, wie in den nicht den §§ 222 a, 222 b unterfallenden Verfahren, berechtigt und verpflichtet bleibt, trotz des Eintritts der Präklusionswirkung nachträglich erkannte Mängel seiner Besetzung von Amts wegen zu berücksichtigen[20]. Nimmt man letzteres an, hätte dies zur Folge, daß sowohl die Verfahrensbeteiligten, deren Einwand verworfen wurde, als auch die mit der Rüge durch den Verfahrensfortgang präkludierten Verfahrensbeteiligten befugt blieben, während der ganzen Hauptverhandlung eine solche Prüfung anzuregen[21]. Das Gesetz sieht zwar keine ausdrückliche Bindungswirkung vor[22] und die unterlassene Beanstandung eines Besetzungsfehlers müßte auch nicht notwendig zur Folge haben, daß ein fehlerhaft besetztes Gericht dadurch zum gesetzmäßigen Richter wird. Für den Wegfall der Nachprüfbarkeit durch das erkennende Gericht und damit für dessen Bindung spricht jedoch die vom Gesetzgeber letztendlich gewählte Konstruktion[23]. Die Besetzungsprüfung ist auf einen bestimmten Verfahrensabschnitt begrenzt, formalisiert und

---

[20] So KG MDR **1980** 688; *Bohnert* 64; *Kleinknecht/Meyer* 14; *Rieß* JR **1981** 93; *Schlüchter* 435; *Brauns* 176 ff. Eine Bindung nehmen dagegen an *Boergen* MDR **1980** 619; *Wagner* JR **1980** 53; *Roxin* § 41 C; KMR-*Paulus* 2 bejaht ein Fortbestehen der Prüfungspflicht von Amts wegen u. a. dann, wenn kein Einwand erhoben oder ein Einwand als unzulässig zurückgewiesen wurde.

[21] *Brauns* 194 nimmt deshalb konsequenterweise an, daß die Verfahrensbeteiligten weder durch die Verwerfung ihres Einwands noch durch die Präklusionswirkung gehindert sind, auf die Fehlerhaftigkeit der Besetzung hinzuweisen und – sofern ihnen das vom Vorsitzenden als nicht zur Sache gehörig untersagt werden sollte – hiergegen das Gericht nach § 238 Abs. 2 anzurufen; auf dem Umweg über die Revisionsrüge nach § 338 Nr. 8 kommt er dann mittelbar zur Nachprüfung der Besetzung durch das Revisionsgericht. *Bohnert* 65 hält die Anregung der Besetzungsprüfung für weiterhin zulässig, jedoch ohne daß dadurch die Präklusionswirkung aufgehoben werden kann.

[22] Der Wortlaut schließt sie aber auch nicht eindeutig aus. Dies gilt sowohl für § 338 Nr. 1 Buchst. d als auch für den Vergleich mit den ausdrücklichen Regelungen in § 6 a und § 16. Der Gesetzgeber dürfte nicht gesehen haben, daß die von ihm gewählte Konstruktion die Frage der Bindungswirkung

impliziert. *Bohnert* 65 wendet gegen die Bindungswirkung ein, daß dann das Gericht weiterverhandeln müßte, obwohl es mit einer Aufhebung rechnen muß, da der Eintritt der Präklusion ausgeschlossen sei; dies trifft jedoch nur auf einen ordnungsgemäß gerügten Fehler zu; bei allen anderen bleibt die Beanstandung mit Revision präkludiert.

[23] Der Einwand, die Bindung würde gegen Art. 101 Abs. 1 Satz 2 GG verstoßen, übersieht, daß der Grundsatz des gesetzlichen Richters nicht erfordert, daß alle Entscheidungen dem gleichen Richter zugewiesen sind. Die Zuweisung der Entscheidung über die richtige Besetzung der Richterbank an den für Entscheidungen außerhalb der Hauptverhandlung zuständigen Spruchkörper enthält die ausdrückliche Festlegung des gesetzlichen Richters für diese Frage. Daß dieser nur bei Erhebung des Besetzungseinwands tätig wird, ändert daran nichts. Diese Regelung stellt nicht den gesetzlichen Richter, sondern nur seine Anrufung zur Disposition der Verfahrensbeteiligten. Nicht die Aufteilung der Entscheidungskompetenz, sondern die nach der Gegenmeinung bestehende gleichzeitige Entscheidungsbefugnis zweier unterschiedlich besetzter Spruchkörper für die gleiche Frage ist unter dem Gesichtspunkt der Bestimmtheit des gesetzlichen Richters bedenklich.

Walter Gollwitzer

in ihrer präklusionshindernden Wirkung auf den Rügenden und die formgerecht gerügten Tatsachen beschränkt. Sie ist einem besonderen Verfahren und einem besonderen Spruchkörper zugewiesen, der nicht einmal hinsichtlich der Berufsrichter mit dem erkennenden Gericht personengleich sein muß (Rdn. 23). Dieser — und nicht das erkennende Gericht — wird damit zum gesetzlichen Richter bei einer Beanstandung der Besetzung. Es wäre wenig sinnvoll, daneben eine uneingeschränkte Pflicht des erkennenden Gerichts zur Berücksichtigung der Besetzungsfehler von Amts wegen beizubehalten. Dies hätte beispielsweise zur Folge, daß dieses die Hauptverhandlung abbrechen müßte, wenn anläßlich der Verwerfung des Besetzungseinwands ein nicht oder nicht ordnungsgemäß durch Vortrag der erforderlichen Tatsachen gerügter Besetzungsfehler erkennbar wird. Vor allem aber erscheint mir vom Ergebnis her unannehmbar, daß bei fortbestehender Prüfungspflicht wegen der hereinspielenden Wertungsfragen die Gesetzmäßigkeit der Besetzung in der gleichen Instanz unterschiedlich beurteilt werden könnte. Die an sich denkbare Lösung, auch alle späteren Entscheidungen über die Besetzung dem besonderen Spruchkörper vorzubehalten[24], beruht letztlich ebenfalls auf der Annahme einer Verlagerung der Entscheidungskompetenz und damit einer Bindung des erkennenden Gerichts durch die Entscheidung des besonderen Spruchkörpers. Gegen die Zulassung eines späteren, von Amts wegen einzuleitenden Zwischenverfahrens spricht jedoch, daß es im Gesetz nicht vorgesehen ist und die Stringenz der Regelung, die die Besetzungsprüfung bewußt nur zu Beginn der Hauptverhandlung vorgesehen hat, in Frage stellen würde[25].

**39**    Besetzungsmängel, die erst **nach Vernehmung des ersten Angeklagten zur Sache** entstehen, etwa durch fehlerhaften Eintritt eines Ersatzrichters oder durch Verkündung einer Entscheidung durch einen Referendar, werden nicht von der Sonderregelung erfaßt. Sie muß das erkennende Gericht noch während der Hauptverhandlung berücksichtigen und beheben. Gleiches gilt bei Mängeln, die in der Person eines kraft Gesetzes zuständigen Richters (schlafender Schöffe) auftreten.

## V. Rechtsbehelfe

### 1. Beschwerde

**40**    a) **Besetzungsmitteilung.** Die Beschwerde ist weder gegen eine die Mitteilung verfügende noch gegen eine die Mitteilung vor der Hauptverhandlung ablehnende Anordnung des Vorsitzenden oder gegen einen hierüber herbeigeführten Beschluß des Gerichts nach § 238 Abs. 2 zulässig[26]. Desgleichen ist der Beschluß, der die Unterbrechung

---

[24] *Rieß* JR **1981** 95; a. A. *Brauns* 196; vgl. Fußn. 18.

[25] Die praktikable Lösung des Sonderfalls durch KG MDR **1980** 688 darf nicht darüber hinwegtäuschen, daß eine trotz Verwerfung des Besetzungseinwands fortbestehende Amtspflicht, die ordnungsgemäße Zusammensetzung des Gerichts weiterhin zu prüfen, wegen des vom Gesetzgeber gewollten Ausschlusses der Revision („kann nur") unter dem Gesichtspunkt des willkürlichen Entzugs des gesetzlichen Richters mehr Anfechtungsprobleme aufwirft als löst.

[26] Im Ergebnis auch *Brauns* 198, der bei einer verfahrensrechtlich nicht gebotenen Mitteilung jede prozessuale Beschwer verneint und bei falscher, unvollständiger oder ganz unterbliebener Mitteilung Überholung der Beschwerde durch den Verfahrensfortgang annimmt.

nach § 222 a Abs. 2 anordnet oder einen dahin zielenden Antrag ablehnt, durch § 305 Satz 1 der Beschwerde entzogen[27].

**b)** Gleiches gilt für den **Beschluß nach § 222 b Abs. 2,** mit dem das Gericht den **41** **Einwand** der fehlerhaften Besetzung **zurückweist**[28]. Der im Zwischenverfahren über den Einwand entscheidende Spruchkörper ist ein Organ des erkennenden Gerichts im Sinne von § 305, auch wenn er in anderer personeller Zusammensetzung entscheidet als das Gericht in der Hauptverhandlung.

Bei einer dem **Einwand stattgebenden Entscheidung** dürfte die Beschwerde eben- **42** falls entfallen. An sich könnte dies fraglich sein. Ein ausdrücklicher Ausschluß der Beschwerde wie etwa in § 28 Abs. 1 fehlt. Da die stattgebende Entscheidung das Recht der anderen Verfahrensbeteiligten auf den gesetzlichen Richter berührt, scheitert deren Beschwerde auch nicht bereits an der mangelnden Beschwer. Es kommt also darauf an, ob man die Entscheidung als allein der Vorbereitung der Urteilsfällung dienend und damit der ratio des § 305 unterfallend ansieht[29] oder ob man dies verneint, weil der Beschluß zunächst rein faktisch den Fortgang des Verfahrens hindert, vor allem, wenn das Gericht in der geänderten Besetzung erst später zusammentreten kann. Er dient aber zugleich der Vorbereitung der Hauptverhandlung in der neuen Besetzung, die nach § 222 b Abs. 2 Satz 3, § 338 Nr. 1 uneingeschränkt der Nachprüfung durch das Revisionsgericht unterfällt. Nur eine die Zusammensetzung des neuen Spruchkörpers nicht (mehr) beeinflussende stattgebende Entscheidung kann die Revision nach §§ 336, 337 nicht begründen, weil das Urteil nicht darauf beruht, etwa wenn bei der erneuten Hauptverhandlung ohnehin andere als die mit Erfolg beanstandeten Schöffen zur Mitwirkung berufen sind. In solchen Fällen würde aber auch eine Beschwerde als vom Verfahrensgang überholt entfallen[30]. Es erscheint sachgerecht, § 305 Satz 1 auch auf solche Beschlüsse anzuwenden, die den Weg zum Neubeginn der Hauptverhandlung weisen.

### 2. Revision

**a)** Die **vorschriftswidrige Besetzung** des Gerichts kann in den Verfahren, auf die **43** §§ 222 a, 222 b anwendbar sind, nach § 338 Nr. 1 nur gerügt werden, wenn zusätzlich eine oder auch mehrere der dort aufgeführten Voraussetzungen gegeben sind; nämlich:

**§ 338 Nr. 1 Buchst. a.** Die Besetzung ist dem Revisionsführer nicht, nicht richtig **44** oder nicht vollständig oder verspätet (erst nach Beginn der Hauptverhandlung, vgl. § 222 a, 4) **mitgeteilt** worden. Werden ihm die Besetzungsunterlagen nicht, nicht vollständig oder in einer für die Nachprüfung unzureichenden Form zugänglich gemacht, etwa weil dort für die Nachprüfung wichtige Vorgänge nicht enthalten sind, so liegt darin ebenfalls eine Verletzung der Vorschriften über die Mitteilung[31]. Die Revisions-

---

[27] KK-*Treier* § 222 a, 15; *Kleinknecht/Meyer* § 222 a, 29; KMR-*Paulus* 46; *Roxin* § 41 l. *Brauns* 200 nimmt an, daß eine Beschwerde des Gegners des Antragstellers gegen die Unterbrechung mit dem Regelungszweck unvereinbar wäre und sich überdies durch Überholung alsbald erledigen würde. Gegen die Anwendbarkeit des § 305 Satz 1 *Bohnert* 64 (kein Raum, da Beschluß vom Revisionsgericht nicht geprüft wird).

[28] KK-*Treier* 15; *Kleinknecht/Meyer* 15; *Brauns* 190, 197. *Bohnert* 63 legt dar, daß der

ablehnende Beschluß keine prozessuale Beschwer enthält, da er die Besetzungsprüfung nicht präjudiziert.

[29] So KK-*Treier* 17; *Kleinknecht/Meyer* 16, KMR-*Paulus* 25; ferner Brauns 197; **a. A.** KG MDR **1980** 688; dazu *Rieß* JR **1981** 93; *Bohnert* 61 lehnt die Heranziehung von § 305 ab; er sieht die praktikabelste Lösung in der analogen Anwendung von § 28 Abs. 1.

[30] *Rieß* JR **1981** 93.

[31] *Rieß* NJW **1978** 2269; *Schlüchter* 729.2; *Brauns* 146.

Walter Gollwitzer

rüge ist aber immer nur hinsichtlich des Richters gegeben, bei dem der Verstoß gegen die Mitteilungspflichten vorliegt.

**45**    § 338 Nr. 1 Buchst. b. Ein rechtzeitiger und formgerecht erhobener **Einwand nach § 222 b Abs.** 1 ist **übergangen**[32] oder als unbegründet oder zu Unrecht als unzulässig **zurückgewiesen** worden. Ein unzulässiger Einwand schließt die Präklusionswirkung nicht aus. Die Revision kann sich im Rahmen des Buchst. b auch immer nur auf die Tatsachen stützen, die bereits mit dem Einwand geltend gemacht worden sind, nicht dagegen auf andere Tatsachen, auch wenn sie den gleichen Richter betreffen[33].

**46**    § 338 Nr. 1 Buchst. c. Die Hauptverhandlung ist nicht zur Prüfung der Besetzung **unterbrochen** worden[34]. Ein zulässiger, rechtzeitig (also bis zum Beginn der Vernehmung des ersten Angeklagten zur Sache) gestellter Antrag auf Unterbrechung zur Prüfung der Besetzung nach § 222 a Abs. 2 muß abgelehnt oder nicht fristgerecht beschieden worden sein. Ist die Wochenfrist des § 222 a Abs. 2 dagegen gewahrt, so schließt ein trotzdem gestellter Unterbrechungsantrag die Präklusion der Besetzungsrüge grundsätzlich nicht aus, es sei denn, daß geltend gemacht werden kann, daß in der vor der Hauptverhandlung zur Verfügung stehenden Zeitspanne eine Prüfung der Besetzungsunterlagen aus vom Gericht zu vertretenden Umständen nicht durchführbar war (vgl. § 222 a, 20). Einer Ablehnung der Unterbrechung steht es gleich, wenn die Unterbrechungsfrist so kurz bemessen war, daß sie im konkreten Einzelfall eine ordnungsgemäße Prüfung der Besetzungsunterlagen nicht ermöglicht hat[35]. Hierzu rechnet auch, wenn nicht alle Besetzungsunterlagen dem Revisionsführer innerhalb dieser Frist zugänglich waren (§ 222 a, 25). Man wird in diesem Fall allerdings fordern müssen, daß er beim Gericht unter Hinweis auf diesen Umstand um Verlängerung der Unterbrechungsfrist nachgesucht hat. Sind die Besetzungsunterlagen unvollständig, kann unabhängig davon aber auch die Rüge nach § 338 Nr. 1 Buchst. a zulässig sein[36]. Bei einem Verzicht auf den bereits gestellten Unterbrechungsantrag ist der Verzichtende so zu behandeln, wie wenn er den Antrag nicht gestellt hätte; die Präklusion wird dann durch Buchst. c nicht ausgeschlossen[37].

**47**    § 338 Nr. 1 Buchst. d. Das Gericht hat ungeachtet der **Feststellung seiner fehlerhaften Besetzung** weiterverhandelt und das Urteil erlassen. Auch für diesen praktisch wohl kaum vorkommenden Fall[38] mußte der Gesetzgeber bei dem von ihm gewählten System die Präklusionswirkung ausdrücklich ausschließen, da § 338 Nr. 1 Buchst. b nicht den Fall erfaßt, in dem der Einwand Erfolg hat. Unabhängig vom Streit um die Bindungswirkung (Rdn. 37) wäre ein Ausschluß der Revision hier unvertretbar. Ist die Revision nach dieser Vorschrift zulässig, dürfte sich auch hier, ebenso wie im Falle des § 338 Nr. 1 Buchst. b, die Nachprüfbarkeit durch das Revisionsgericht auf die Richter und die Tatsachen beschränken, die Gegenstand des Besetzungseinwands und der Entscheidung nach § 222 b Abs. 2 waren[39].

---

[32] *Brauns* 162: Bescheid auf Antrag ermöglicht in der Hauptverhandlung weiteren Sachvortrag.

[33] *G. Schäfer* § 54 II 4 a.

[34] *Brauns* 158, 162 weist darauf hin, daß der Wortlaut teils zu weit und teils zu eng ist.

[35] BGHSt **29** 283; *Rieß* NJW **1978** 2269; vgl. § 222 a, 25.

[36] KK-*Pikart* § 338, 11; *Kleinknecht/Meyer* § 338, 10; *Rieß* NJW **1978** 2269.

[37] KMR-*Paulus* § 222 a, 33; ein solcher Verzicht ist möglich, wenn auch wenig wahrscheinlich. Bedenken gegen Wirksamkeit äußert *Braun* 159.

[38] KMR-*Paulus* 32; vgl. auch *Rieß* JR **1981** 94; *Brauns* 207.

[39] Nach *Bohnert* 63 wird die Richterbank ohne Rücksicht auf die Vorentscheidung überprüft.

**Im übrigen** sind Besetzungsfehler der **absoluten Revisionsrüge** nach § 338 Nr. 1 **48** entzogen, wenn sie nicht bereits in der Hauptverhandlung mit dem Einwand fristgerecht geltend gemacht worden sind. Gerügt werden können dagegen im vollen Umfang Verstöße gegen die vorschriftsmäßige Besetzung des Gerichts, wenn diese **erst nach der Vernehmung des ersten Angeklagten** zur Sache eingetreten sind (vgl. Rdn. 39). Gleiches wird auch bei Verstößen angenommen, die bis zu diesem Zeitpunkt für die Verfahrensbeteiligten objektiv nicht erkennbar waren und die deshalb auch bei sorgfältiger Nachprüfung der Besetzung nicht zum Gegenstand eines Einwands gemacht werden konnten (vgl. Rdn. 18).

Nach § 222 b Abs. 2 Satz 3 ist die Besetzung des Gerichts unabhängig von einer **49** vorgängigen Rüge **in vollem Umfang** mit der Revision **nachprüfbar,** wenn das Gericht nach einem erfolgreichen Besetzungseinwand die Sache erneut verhandelt[40].

Die **ordnungsgemäße Begründung** der Revisionsrüge erfordert nach § 344 Abs. 2, **50** daß der Revisionsführer in der Begründungsschrift alle Tatsachen konkret — und nicht nur im Wege einer pauschalen allgemeinen Behauptung — anführt, aus denen sich die Fehlerhaftigkeit der Besetzung des Gerichts und die Zulässigkeit ihrer Beanstandung mit der Revision unter den oben angeführten Gesichtspunkten ergibt[41]. Welche Tatsachen jeweils anzuführen sind, richtet sich nach der Art des jeweiligen Besetzungsfehlers sowie danach, welche der oben genannten Voraussetzungen die Rügepräklusion entfallen läßt. Einzelheiten der Darlegungspflicht sind bei § 344 Abs. 2 und für die Besetzungsrügen bei den jeweiligen Vorschriften des GVG mit erläutert. Um darzutun, daß keine Rügepräklusion eingetreten ist, müssen zusätzlich die tatsächlichen Grundlagen der oben aufgeführten Voraussetzungen angegeben werden. Je nach Art der erhobenen Rüge gehören dazu beispielsweise der Umstand, daß die Besetzungsmitteilung unterblieben ist, oder die Tatsachen, aus denen sich ihre Fehlerhaftigkeit ergibt, wozu auch die Angabe des Inhalts der Mitteilung erforderlich ist. Durch Tatsachen ist zu belegen, daß die Unterbrechung der Hauptverhandlung beantragt wurde, daß die Voraussetzungen für eine Unterbrechung gegeben waren und daß sie nicht oder — auf Grund der geschilderten Umstände — nicht ausreichend lange unterbrochen wurde; dabei sind alle für die Berechnung der jeweiligen Fristen erforderlichen Daten konkret aufzuführen. Wird gerügt, daß ein Besetzungseinwand zu Unrecht verworfen wurde, ist der erhobene Einwand am besten wörtlich wiederzugeben[42]. Ob neben dem Tenor auch der Inhalt einer den Einwand verwerfenden Entscheidung anzugeben ist, wie der BGH angenommen hat, ist strittig[43]; solange diese Rechtsprechung aber besteht, wird ihr zur Vermeidung von Rechtsnachteilen Rechnung zu tragen sein.

**b)** War die Besetzung des Gerichts **nicht vorschriftswidrig,** so kann die Revision **51** nicht auf **Verstöße gegen die §§ 222 a und 222 b** gestützt werden, da diese sich nur bei einer fehlerhaften Besetzung auf das Ergebnis des Verfahrens auswirken können. Daß eine beantragte Unterbrechung nach § 222 a Abs. 2 nicht bewilligt wurde, kann schon deshalb nicht für sich allein gerügt werden, weil die Ablehnung keine Gesetzesverlet-

---

[40] *Hamm* NJW **1979** 137; *Rieß* NJW **1978** 2269; *Schlüchter* 729.2.

[41] BGH JR **1981** 122; *Rieß* JR **1981** 91; ob die Voraussetzungen des § 338 Nr. 1 Buchst. a bis d vorliegen, wird nicht von Amts wegen, sondern nur bei entsprechendem Tatsachenvortrag geprüft; vgl. *Hilger* NStZ **1983** 337 ff.

[42] Dazu Rdn. 17; *Brauns* 169; 202.

[43] BGH JR **1981** 122; *Brauns* 204; dagegen *Rieß* JR **1981** 91; LR-*Meyer*[23] EB § 338, 18.

zung bedeutet[44] und nur insoweit für das Revisionsverfahren von Bedeutung ist, als dadurch die Rügepräklusion nicht eintritt.

**52**    c) Wieweit mit der Revision geltend gemacht werden kann, das Gericht habe **im Zwischenverfahren** über den Einwand in einer falschen Besetzung entschieden, richtet sich nicht nach §§ 338 Nr. 1, sondern nach §§ 336, 337. Hier stellt sich dann die auch sonst streitige Frage, ob das Urteil darauf beruhen kann, daß das Gericht im Zwischenverfahren falsch besetzt war oder ob es insoweit nur darauf ankommt, ob eine in der Sache falsche Entscheidung das weitere Verfahren beeinflußt hat (vgl. BGHSt 18 200 zu § 338 Nr. 3 und die dortigen Erl.). **Sonstige Verfahrensfehler** des Zwischenverfahrens begründen für sich allein die Revision nicht, da das Urteil im Hauptverfahren darauf nicht beruht.

## § 223

(1) **Wenn dem Erscheinen eines Zeugen oder Sachverständigen in der Hauptverhandlung für eine längere oder ungewisse Zeit Krankheit oder Gebrechlichkeit oder andere nicht zu beseitigende Hindernisse entgegenstehen, so kann das Gericht seine Vernehmung durch einen beauftragten oder ersuchten Richter anordnen.**

(2) **Dasselbe gilt, wenn einem Zeugen oder Sachverständigen das Erscheinen wegen großer Entfernung nicht zugemutet werden kann.**

(3) **Die Vernehmung von Zeugen hat eidlich zu erfolgen, soweit nicht Ausnahmen vorgeschrieben oder zugelassen sind.**

**Schrifttum.** *Foth* Wie sind die Beobachtungen des beauftragten Richters zur Glaubwürdigkeit des kommissarisch vernommenen Zeugen in die Hauptverhandlung einzuführen? MDR **1983** 716; *Linke* Aktuelle Fragen der Rechtshilfe in Strafsachen, NStZ **1982** 416; *Schnigula* Probleme der internationalen Rechtshilfe in Strafsachen bei ausgehenden deutschen Ersuchen im Bereich der sonstigen Rechtshilfe, DRiZ **1984** 178; *Thien* Zeugenvernehmung im Ausland: Zur Problematik der Verwertbarkeit im deutschen Prozeß, Diss., Köln 1979; *Tiedemann* Privatdienstliche Ermittlungen im Ausland — strafprozessuales Verwertungsverbot? FS Bockelmann 819; *Unger* Vernehmung per Bildschirmtelefon, NJW **1984** 415; *v. Weber* Internationale Rechtshilfe zur Beweisaufnahme im Ausland, FS Mayer 571; *Welp* Anwesenheitsrechte und Benachrichtigungspflichten, JZ **1980** 134; weiteres Schrifttum bei § 168 c.

**Entstehungsgeschichte.** Das Gesetz über die Einschränkung der Eide im Strafverfahren v. 24. 11. 1933 gestaltete den Absatz 2 neu und verwies die Vorschrift über die Vereidigung, die bis dahin in Absatz 1 Satz 2 ihren Platz hatte, in den neuen Absatz 3. Dieser wurde durch Art. 4 Nr. 4 der VO v. 29. 5. 1943 (RGBl. I 341) mit Rücksicht auf die Änderung des § 59 gestrichen. Art. 3 Nr. 102 VereinhG kehrt, abgesehen von einer anderen Fassung des Absatz 2, zum Rechtszustand des Gesetzes v. 24. 11. 1933 zurück. Bezeichnung bis 1924: § 222.

*Übersicht*

---

[44] *Rieß* NJW **1978** 2269 Fußn. 89; *Bohnert* 63.

## I. Zweck und Geltungsraum der Vorschrift

**1. Zweck.** Der Grundsatz der Mündlichkeit und Unmittelbarkeit der Beweisaufnahme (§ 250) erfährt durch § 251 gewisse Ausnahmen. Im Interesse der Verfahrensbeschleunigung oder der umfassenden Sachaufklärung wird dort unter bestimmten Voraussetzungen die Verlesung von Aussagen zugelassen, die Beweispersonen außerhalb der Hauptverhandlung abgegeben haben (vgl. § 251, 1). Mit dieser Vorschrift hängt § 223 zusammen. Er gestattet dem Gericht, bei der Vorbereitung der Hauptverhandlung die Beweismittel in einer in der Hauptverhandlung verwertbaren Weise zu sichern, wenn zu befürchten ist, daß Beweispersonen aus den in den Absätzen 1 und 2 angeführten Gründen voraussichtlich in der Hauptverhandlung nicht vernommen werden können. **1**

Die Anordnung nach § 223 ist eine **vorsorgliche, vorläufige Maßnahme,** die dem erkennenden Gericht den Rückgriff auf eine verfahrensrechtlich verwertbare Niederschrift ermöglichen soll, wenn sich dies wegen Fortdauer des Hinderungsgrundes in der Hauptverhandlung als notwendig erweisen sollte. Ob ein Grund vorliegt, der die Verlesung der Niederschrift rechtfertigt, entscheidet erst das erkennende Gericht auf Grund der Verfahrenslage der Hauptverhandlung nach § 251 in Einzelabwägung aller kollidierenden Verfahrensbelange (BGHSt **32** 72; vgl. bei § 251). Erst diese ist auch maßgebend dafür, ob die Einvernahme einer Beweisperson in der Hauptverhandlung zur Erforschung der Wahrheit unerläßlich ist. Die Möglichkeit einer anderen Beurteilung in der Hauptverhandlung schließt die Zulässigkeit der Anordnung einer kommissarischen Einvernahme nicht aus[1]. Für sie genügt die Prognose, daß nach dem gegenwärtigen Sachstand zu befürchten ist, der Zeuge oder Sachverständige stehe für die Hauptverhandlung nicht zur Verfügung. **2**

**Entbehrlich** ist die Vernehmung nach § 223, wenn der Zeuge oder Sachverständige schon im Vorverfahren von einem Richter so vernommen worden ist, daß die **3**

---

[1] Nach Nr. 121 Abs. 1 RiStBV soll in solchen Fällen die kommissarische Einvernahme unterbleiben; wieweit eine sichere Prognose vorher möglich ist, hängt vom Einzelfall ab.

Niederschrift seiner Aussage nach § 251 Abs. 1 Nrn. 2, 3 verlesen werden kann. Insoweit besteht auch eine Verbindung mit §§ 162, 168 ff, § 202, da das Gericht vor Anordnung der kommissarischen Vernehmung regelmäßig zu prüfen hat, ob nicht bereits eine in der Hauptverhandlung verwertbare Niederschrift vorliegt, die auch inhaltlich den unter dem Gesichtspunkt der Sachaufklärung an sie zu stellenden Anforderungen genügt.

**4**　　Selbst wenn eine Niederschrift nach Form und Inhalt allen Anforderungen entspricht, kann eine **nochmalige Vernehmung** nach §§ 223, 224 dadurch notwendig werden, daß es der abermaligen Befragung des Zeugen oder Sachverständigen wegen des Vorbringens einer neuen Tatsache oder wegen der Besorgnis eines bei der früheren Vernehmung unterlaufenen Mißverständnisses bedarf. Eine sonst den Erfordernissen der §§ 223, 224 entsprechende Vernehmung im Vorverfahren wird nach § 223 insbesondere auch dann zu wiederholen sein, wenn der Zeuge bei seiner Vernehmung im Vorverfahren nicht vereidigt worden ist und kein Grund ersichtlich ist, aus dem das Gericht von der Vereidigung absehen durfte oder mußte. Die Wiederholung einer auf den § 223 gestützten Vernehmung ist nicht erforderlich, wenn die Sache gemäß § 270 Abs. 1 an ein Gericht höherer Ordnung verwiesen wird.

## 2. Anwendungsbereich

**5**　　**a)** Nur **Zeugen** und **Sachverständige**, nicht aber ein **Angeklagter** oder Mitangeklagter dürfen auf Grund der §§ 223, 224 kommissarisch vernommen werden[2].

**6**　　**b) Zeitlich** wird die Vernehmung nach § 223 in der Regel alsbald **nach Eröffnung** des Hauptverfahrens angeordnet. Sie kann aber auch in jedem späteren Stand des Verfahrens, insbesondere noch in der Hauptverhandlung, beschlossen werden[3].

**7**　　Die Anordnung der Vernehmung nach § 223 ist schon **im Eröffnungsverfahren** zulässig[4].

## II. Die sachlichen Voraussetzungen

### 1. Krankheit, Gebrechlichkeit und andere Hindernisse nach Absatz 1

**8**　　**a)** Der Gesetzgeber, der **keine erschöpfende Aufzählung** der Hinderungsgründe für möglich hielt, begnügte sich damit, Krankheit und Gebrechlichkeit als die häufigsten Gründe zu nennen und im übrigen „die Anwendung dieser Ausnahmevorschrift dem verständigen Ermessen des Richters zu überlassen, von welchem vorausgesetzt werden muß, daß er sich überall des Wertes der mündlichen und unmittelbaren Vernehmung, im Gegensatz zur Verlesung einer zu Protokoll genommenen Aussage, bewußt sein werde" (Mot. 179). Es geben stets die Umstände des einzelnen Falls den Ausschlag. Es ist deshalb kein Rechtsfehler, wenn das Gericht in Fällen, in denen es für die Beurteilung der Glaubwürdigkeit eines Zeugen entscheidend auf den unmittelbaren Eindruck seiner Person, auf die Gegenüberstellung mit dem Angeklagten oder anderen Zeugen ankommt, von der Möglichkeit, nach § 223 zu verfahren, zurückhaltender Gebrauch macht als in Fällen, in denen es darauf voraussichtlich weniger ankommt.

**9**　　**b) Einzelne Hinderungsgründe. Krankheit und Gebrechlichkeit** können physische oder psychische Ursachen haben. Auch hochgradige Nervosität oder eine fortgerückte

---

[2] RGSt **16** 232; BGH bei *Holtz* MDR **1976** 989; *Eb. Schmidt* 4; KMR-*Paulus* 2.
[3] KK-*Treier* 2; KMR-*Paulus* 2.

[4] RGSt **66** 213; BGH VRS **36** 356; BGH bei *Dallinger* MDR **1969** 724; OLG Schleswig SchlHA **1958** 290, vgl. § 202, 2.

Schwangerschaft (RGRspr. 10 451) rechnen dazu. Nicht notwendig ist, daß der Zustand des Zeugen oder Sachverständigen sein Erscheinen vor Gericht schlechterdings unmöglich macht; es genügt, wenn das Erscheinen eine bei der Vernehmung durch den ersuchten Richter voraussichtlich vermeidbare erhebliche Verschlimmerung eines ernstlichen Leidens bringen würde[5]. Entscheidend ist immer, ob der Gesundheitszustand die Einvernahme durch das erkennende Gericht erlaubt. Dies kann unter Umständen auch zu verneinen sein, wenn der Zeuge bei der Haupverhandlung anwesend ist (BGHSt 9 297).

Als **andere Hindernisse** im Sinne des Absatzes 1 kommen alle sonstigen Umstände in 10 Betracht, die einer Einvernahme des Zeugen in der Hauptverhandlung voraussichtlich entgegenstehen werden, wie etwa unter den Verhältnissen der ersten Nachkriegszeit die Verhaftung des Zeugen durch die Militärregierung (OGHSt 1 95) oder eine unmittelbar bevorstehende längere Auslandsreise (RGSt 66 213). Bei hartnäckiger Weigerung eines im Ausland lebenden Zeugen[6] muß das Gericht alle der Bedeutung der Aussage und der Schwere der Anklage angemessenen Mittel versucht haben, den Zeugen zum Erscheinen in der Hauptverhandlung zu bewegen[7]. Im übrigen ist der **Aufenthalt im Ausland** in der Regel kein nicht zu beseitigendes Hindernis[8]. Ob ein im Ausland wohnender Zeuge kommissarisch vernommen werden darf, richtet sich deshalb nach den Grundsätzen des Absatzes 2. Etwas anderes gilt nur, wenn der Zeuge aus anderen Gründen nicht kommen kann, etwa weil er keine Reisegenehmigung erhält[9].

**Keine Hindernisse** sind in der Regel (es kommt aber immer auf die Abwägung im 11 Einzelfall an) die Anspruchnahme durch den Beruf (OLG Dresden DRiZ 1929 Nr. 1163), Ordensregeln oder Lebensgewohnheiten (RG JW 1914 430), Wehrdienst (RG Recht 1910 Nr. 815), Urlaub (OLG Dresden HRR 1928 Nr. 396) oder die Verhinderung des Sachverständigen an einem bestimmten Tag (vgl. BGH NJW 1952 1345) oder der ausländische Wohnsitz eines Zeugen, der sich zur Zeit der Hauptverhandlung in Urlaub in der Bundesrepublik aufhält (BGH StrVert 1981 164).

**Rechtliche Hindernisse,** die die Vernehmung eines Zeugen in der Hauptverhand- 12 lung ausschließen, wie etwa §§ 49, 50, fallen ebenfalls unter Absatz 1[10]. Die Weigerung der Eltern, ihr Kind in der Hauptverhandlung vernehmen zu lassen, weil sie Erziehungs- und Entwicklungsschäden befürchten, kann ein solches Hindernis sein, sofern — was im Wege des Freibeweises geklärt werden muß — eine solche Gefahr tatsächlich besteht[11]. Ein Hindernis im Sinne des Absatzes 1 liegt auch vor, wenn ein Zeuge deshalb nicht in der Hauptverhandlung vernommen werden kann, weil die dafür zuständige Behörde befugt sich weigert, seinen Namen oder Aufenthalt bekannt zu geben oder ihm eine nach dem öffentlichen Dienstrecht erforderliche Aussagegenehmigung zu erteilen[12]. Wird in solchen Fällen der Zeuge für eine kommissarische Vernehmung zur Verfügung gestellt, so sollte sie — selbst wenn dies nur unter Beachtung bestimmter Auflagen möglich ist — im Interesse der bestmöglichen Sachaufklärung und zur Vermeidung

---

[5] RG JW **1933** 852; BGHSt **9** 300; *Kohlhaas* NJW **1954** 537.

[6] BGHSt **7** 15; **13** 300; GA **1955** 123.

[7] BGHSt **22** 118; BGH NJW **1953** 1522; MDR **1969** 234; OLG Koblenz GA **1974** 121; vgl. bei § 251 und zur Unerreichbarkeit bei § 244 Abs. 3.

[8] OLG Schleswig SchlHA **1956** 331; OLG Hamm VRS **24** 391.

[9] BGH ROW **1961** 251; OLG Hamm DAR **1959** 192.

[10] *Kleinknecht/Meyer* 8; KMR-*Paulus* 15.

[11] OLG Karlsruhe NJW **1974** 1959 mit Anm. *Eschke* NJW **1975** 354; KK-*Treier* 7; KMR-*Paulus* 13.

[12] BGHSt **29** 390; **32** 115 = NStZ **1984** 36 mit Anm. *Frenzel*; wegen weiterer Nachweise und der Einzelheiten vgl. die Erl. zu §§ 54 und 251; zur Problematik Herdegen NStZ **1984** 97 ff; *Grünwald* StrVert. **1984**, 56 ff; *Schmid* DRiZ **1983**, 474; *Bruns* MDR **1984**, 77 ff.

Walter Gollwitzer

späterer Verfahrensverzögerung — angeordnet werden. Dies gilt auch, wenn noch offen ist, ob die auf diesem Weg gewonnene Niederschrift über die Einvernahme in der Hauptverhandlung als Beweismittel verwertbar sein wird, etwa, weil die maßgebliche Entscheidung der zuständigen obersten Dienstbehörde noch aussteht oder der kommissarischen Vernehmung nur unter Auflagen zugestimmt wurde, die, wie die Beschränkung des Anwesenheitsrechts des Verteidigers (vgl. § 224, 5), ihre Verwertbarkeit in Frage stellen. Da erst die Verfahrenslage der Hauptverhandlung einschließlich des Prozeßverhaltens der Verfahrensbeteiligten (vgl. § 251 Abs. 1 Nr. 4, Einverständnis, nachträglicher Verzicht) hierfür maßgebend ist (Rdn. 42), erscheint es in der Regel vertretbar, in solchen Fällen im Vorfeld der Hauptverhandlung die kommissarische Vernehmung vorsorglich anzuordnen, wenn die Möglichkeit einer Verwertbarkeit besteht. Die Anordnung der kommissarischen Vernehmung scheidet dagegen aus, wenn ein uneingeschränkt wirkendes Beweiserhebungs- oder Beweisverwertungsverbot eingreift[13].

**13**     Die **persönliche Gefährdung** eines Zeugen durch sein Erscheinen in der Hauptverhandlung ist meist kein die kommissarische Vernehmung rechtfertigendes Hindernis. Das Gericht muß versuchen, die Gefahr in anderer Weise (Verlegung des Termins, zeitweiliges Verhandeln an einem anderen Ort, Ausschluß der Öffentlichkeit usw.) zu bannen[14]. Nur wenn dies nicht möglich ist, kann sie, ebenso wie andere vorrangige öffentliche und private Interessen in besonderen Ausnahmefällen die Vernehmung in der Hauptverhandlung ausschließen und deshalb die kommissarische Vernehmung rechtfertigen[15]. Ob ein in der Hauptverhandlung anwesender Zeuge aus der DDR, den das Gericht wegen der Möglichkeit, daß er sich durch seine Aussage gefährdet, nicht vernommen hat, deswegen als verhindert im Sinne des Absatzes 1 anzusehen ist, mit der Folge, daß seine frühere Aussage vor dem Untersuchungsrichter verlesen werden durfte (BGHSt 17 349), erscheint zweifelhaft (vgl. § 244, 204).

**14**     **c) Zeitliches Erfordernis.** Das Hindernis muß dem Erscheinen des Zeugen oder Sachverständigen in der Hauptverhandlung für eine längere oder ungewisse Zeit entgegenstehen. Trifft diese Voraussetzung nicht zu, so muß die Hauptverhandlung mangels eines ausreichenden Grundes zur Abweichung vom Grundsatz der Unmittelbarkeit aufgeschoben werden, damit die Vernehmung vor Gericht in einer nach Beseitigung des Hindernisses abzuhaltenden Verhandlung erfolge. Demnach ist für die Anwendung des § 223 kein Raum, wenn die Genesung eines erkrankten oder die Abkömmlichkeit eines unabkömmlichen Zeugen nahe bevorsteht[16], selbst wenn dann die Frist des § 229 nicht gewahrt werden kann[17]. Ob die Voraussetzungen des Absatzes 1 auch dann gegeben sind, wenn zwar die Beseitigung des Hindernisses demnächst zu erwarten ist, das Gericht aber wegen seiner Geschäftsbelastung die Hauptverhandlung für längere Zeit aufschieben müßte, wenn sie nicht noch während des Bestehens des Hindernisses abgehalten wird (so RGSt 62 318), erscheint fraglich. Allenfalls bei besonders gelagerten Ausnahmefällen wird dies angenommen werden können[18]; das Interesse an der besseren Sachaufklärung durch Anwesenheit des Zeugen in der Hauptverhandlung muß dann aber eindeutig geringer zu bewerten sein als die Belange der Verfahrensbeschleunigung.

**15**     Welche Zeit bis zu der Beseitigung des Hindernisses als **länger** zu gelten hat, beurteilt sich nach den gesamten Umständen, insbesondere auch nach der Bedeutung

---

[13] Vgl. Einl. Kap. **14**; KMR-*Paulus* 6.
[14] BGHSt **22** 311 = LM Nr. 4 mit Anm. *Kohlhaas*; krit. *Hanack* JZ **1972** 237; vgl. BGHSt **3** 344; **16** 113; ferner die Erl. zu § 251 und § 172 GVG.
[15] BGHSt **29** 113; vgl. die Erl. zu § 251.
[16] RGRspr. **5** 737; BGH bei *Herlan* MDR **1955** 529.
[17] BGH nach KK-*Treier* 9.
[18] KMR-*Paulus* 8.

und dem Beschleunigungsbedürfnis des jeweiligen Verfahrens. Soweit es um die Auslegung des Rechtsbegriffes der „längeren oder ungewissen Zeit" geht, handelt es sich nicht um eine Frage des reinen tatrichterlichen Ermessens[19]. Ist die Erkrankung ihrer Art nach nur von kurzer Dauer, so bedarf es der näheren Begründung, warum trotzdem eine Verhinderung für längere oder ungewisse Zeit angenommen wurde[20].

**2. Unzumutbarkeit wegen großer Entfernung.** Nach den Motiven (179) lag der **16** Regelung des Absatzes 2 die Absicht zugrunde, eine zu große Härte gegen die Zeugen und gegen die zur Kostenerstattung verpflichteten Angeklagten zu vermeiden; die dem Zeugen zugemutete Mühe und der hierdurch erwachsende Kostenaufwand sollten nicht in einem Mißverhältnis zum Gegenstand der Untersuchung stehen; das Verfahren nach § 223 Abs. 2 sollte, wenn eine geringfügige Verfehlung abzuurteilen war, offenstehen, während die Ladung vor das erkennende Gericht bei im übrigen gleichen Verhältnissen des Zeugen oder Sachverständigen als unumgänglich angesehen werden mußte, falls es die Bedeutung der Sache erforderte.

Die auch heute im Grundsatz noch zutreffende **Rechtsprechung des Reichsge-** **17** **richts** zog aus diesem Rechtsgedanken die Folgerung, daß es für die Anwendung des § 223 Abs. 2 immer auf die besonderen Verhältnisse des zu vernehmenden Zeugen oder Sachverständigen, darunter auch seine Berufspflichten, auf den Grad der Wichtigkeit seiner Vernehmung, auf das Wesen und die Bedeutung der Strafsache, auf die voraussichtliche Dauer der Hauptverhandlung und auf die jeweilige Beschaffenheit der Verkehrsmittel ankommt[21]. Es müssen im Einzelfall also immer die persönlichen Verhältnisse des Zeugen oder Sachverständigen und die Nachteile, die er durch die Teilnahme an der Hauptverhandlung erleiden würde, gegen die Belange der Strafverfolgung, insbesondere auch die Erfordernisse der Sachaufklärung, abgewogen werden[22].

**Beispielsweise** kann bei einem als Sachverständigen viel herangezogenen Spezial- **18** arzt die kommissarische Vernehmung statthaft sein, wenn das Verfahren oder der Gegenstand der Aussage keine so große Bedeutung hat, daß ihm die Reise und der damit verbundene Zeitverlust von einem Tag zugemutet werden könnte (BGH GA **1964** 275). Maßgebend sind aber immer die jeweiligen Umstände des einzelnen Falles, so daß keine Entscheidung verallgemeinert werden darf. Bei günstigen Verkehrsverhältnissen fällt die geographische Entfernung als solche allenfalls noch wegen der Reisekosten ins Gewicht. So kann bei einer schwerwiegenden Anklage (Aussageerpressung) auch dem in Kanada lebenden einzigen Tatzeugen die Reise zumutbar sein (BGHSt **9** 230). Die Überwindung mittlerer Strecken ist bei einigermaßen günstigen Verkehrsverbindungen fast immer zumutbar[23].

**Das zeitliche Erfordernis** des Absatzes 1 gilt auch für Absatz 2. Das Erscheinen in **19** der Hauptverhandlung muß „für eine längere oder ungewisse Zeit" unzumutbar sein. Die Anordnung der Vernehmung eines Zeugen oder Sachverständigen durch einen beauftragten oder ersuchten Richter ist nicht gerechtfertigt, wenn damit gerechnet werden kann, daß sich die Verhältnisse, die das Erscheinen des zu Vernehmenden in der

---

[19] So aber RGRspr. **10** 451; OLG Kiel JW **1930** 1109; KK-*Treier* 9; KMR-*Paulus* 8.

[20] BGH bei *Herlan* MDR **1955** 529; KMR-*Paulus* 8.

[21] OLG Köln GA **1953** 186; ferner zur alten Fassung des Absatzes 2: RGRspr. **4** 120; **10** 675; RGSt **18** 261; **44** 9; RG JW **1893** 417;

**1916** 500; Recht **1920** 3519; HRR **1934** Nr. 99.

[22] BGHSt **9** 230; BGH GA **1964** 275; BGH VRS **41** 203; KK-*Treier* 10; KMR-*Paulus* 4; *Peters* § 59 II 2.

[23] OLG Neustadt VRS **9** 469; OLG Hamm JMBlNW **1963** 214.

Walter Gollwitzer

Hauptverhandlung erschweren, in Bälde ändern werden, so daß keine unbillige Zumutung mehr in der Ladung zur Hauptverhandlung liegt[24].

### III. Verfahren

**1. Gerichtliche Anordnung**

20　　a) Eine Vernehmung nach § 223 kann nicht durch Verfügung des Vorsitzenden, sondern nur durch **Beschluß des Gerichts** angeordnet werden. Der Beschluß kann von Amts wegen oder auf Antrag ergehen. Der Vorsitzende führt ihn von Amts wegen herbei, wenn er erkennt, daß eine zu ladende Beweisperson bei der Hauptverhandlung voraussichtlich nicht zur Verfügung steht. Antragsberechtigt sind der Staatsanwalt, der Angeklagte und die sonstigen Verfahrenbeteiligten, aber auch ein zur Hauptverhandlung geladener Zeuge oder Sachverständiger[25]. Das Gericht lehnt den Antrag ab, wenn die Voraussetzungen des § 223 nicht gegeben sind oder wenn nach seinem Ermessen die Vernehmung in der Hauptverhandlung zur Erforschung der Wahrheit erforderlich ist.

21　　Hat der beauftragte oder ersuchte Richter bei Erledigung seines Auftrags einen Zeugen vernommen, dessen Vernehmung nicht durch Gerichtsbeschluß angeordnet war, so kann das Gericht diese Vernehmung **nachträglich** ausdrücklich oder durch eine schlüssige Handlung, insbesondere dadurch genehmigen, daß es die Verlesung der Niederschrift über die Vernehmung des Zeugen anordnet (RGSt **58** 100).

22　　b) Im **Tenor** des Beschlusses, der die kommissarische Vernehmung anordnet, ist die zu vernehmende Beweisperson eindeutig zu bezeichnen und das Beweisthema, zu dem sie gehört werden soll, wenigstens in groben Umrissen festzulegen. Zweckmäßig, aber nicht zwingend notwendig, ist es, wenn dort bereits die ladungsfähige Anschrift der Beweisperson angeführt wird. Es genügt, wenn diese Einzelheiten der Begründung bzw. den sonstigen Unterlagen, die dem Ersuchen um Vernehmung beigefügt werden, unschwer zu entnehmen sind. Wird die kommissarische Vernehmung durch ein Mitglied des Gerichts durchgeführt, das die Akten kennt, brauchen im allgemeinen diese Einzelheiten nicht besonders angeführt werden, während sie bei einem ersuchten Richter für den schnellen Vernehmungserfolg unerläßlich sein können.

23　　c) Eine **Begründung** des die kommissarische Vernehmung **anordnenden Beschlusses** wird durch § 34 nicht vorgeschrieben. In der Regel ist jedoch eine kurze Begründung am Platze, die im Hinblick auf § 251 Abs. 4 darlegt, welche der in § 223 aufgeführten Voraussetzungen das Gericht für gegeben erachtet. Dies ist vor allem angebracht, wenn das Vorliegen eines Hinderungsgrundes nur durch Darlegung der näheren Umstände des Einzelfalles aufgezeigt werden kann[26] oder wenn die Umstände dargetan werden sollen, die nach Absatz 2 die Unzumutbarkeit des Erscheinens in der Hauptverhandlung begründen[27].

24　　Der einen Antrag nach § 223 **ablehnende Beschluß** ist nach § 34 zu begründen[28].

25　　d) Der die Vernehmung anordnende Beschluß kann durch **Hinweise an den vernehmenden Richter** in der Zuleitungsverfügung ergänzt werden, um diesem die Um-

---

[24] RGRspr. **2** 602; OLG Kiel JW **1930** 1109; vgl. Rdn. 14.

[25] *Eb. Schmidt* 14; KMR-*Paulus* 18.

[26] BGH bei *Herlan* MDR **1955** 529.

[27] RGSt **18** 264; RG JW **1914** 431; DStrZ **1915** 463; LZ **1919** 386; OLG Kiel JW **1930** 1109; KK-*Treier* 13; KMR-*Paulus* 19.

[28] KK-*Treier* 14; KMR-*Paulus* 19.

stände darzulegen, auf die er bei der Vernehmung sein besonderes Augenmerk zu richten hat. Vor allem, wenn ein ersuchter Richter mit einem umfangreichen und verwickelten Sachverhalt befaßt wird, kann dies zur Sicherung einer erschöpfenden Einvernahme der Beweisperson angezeigt sein. Es ist auch zulässig, einen Fragenkatalog aufzustellen, aus dem sich die Punkte ergeben, die das erkennende Gericht für besonders klärungsbedürftig erachtet[29]. Desgleichen sind die schriftlichen Fragen, auf deren Beantwortung der Angeklagte und sein Verteidiger Wert legen, dem Ersuchen beizufügen[30].

e) Zur **Bekanntgabe des Beschlusses** genügt die Verkündung in der Hauptver- **26** handlung (§ 35 Abs. 1). Ergeht er, wie es die Regel ist, bereits vor der Hauptverhandlung, ist er den Verfahrenbeteiligten nach § 35 Abs. 2 Satz 2 mitzuteilen[31]. Dies ordnet der Vorsitzende an.

Der Beschluß ist keine Entscheidung, die von der Staatsanwaltschaft nach § 36 **27** Abs. 2 zu **vollstrecken** ist. Die zum Vollzug des Beschlusses erforderlichen Zuleitungsschreiben an das in- oder ausländische Gericht erläßt der Vorsitzende[32]. Die in § 224 vorgeschriebene Benachrichtigung vom Termin ist jedoch dem ersuchten Richter, der den Termin bestimmt, überlassen. Nur wenn der beauftragte Richter den Termin sogleich bestimmen kann, ist es möglich, zur Verfahrensvereinfachung die Benachrichtigung nach § 224 mit der Zustellung des Beschlusses nach § 223 zu verbinden. Bei der Vernehmung mehrerer Personen durch verschiedene Richter dient es der Verfahrensbeschleunigung, wenn die Ersuchen unter Beifügung der erforderlichen Aktenauszüge (Ablichtungen) gleichzeitig hinausgehen (Nr. 121 Abs. 2 RiStBV).

**2. Vernehmung durch einen beauftragten Richter.** Erläßt eine Kammer oder ein **28** Senat den Beschluß, so mag es in der Regel zweckmäßig sein, daß das Gericht den als Berichterstatter tätigen Richter mit der Vernehmung beauftragt. Auch der Vorsitzende kann beauftragt werden, wenn diese Anordnung auch wenig üblich ist. Zulässig ist es auch, die drei richterlichen Mitglieder der Kammer mit der Vernehmung zu beauftragen[33]. Der beauftragte Richter braucht nicht notwendig bei der späteren Hauptverhandlung mitzuwirken (BGHSt 2 1), er ist davon aber auch nicht ausgeschlossen[34]. Führt eine Strafkammer allerdings die kommissarische Einvernahme in voller Besetzung einschließlich der Schöffen durch, dann liegt nach Ansicht des BGH[35] in Wirklichkeit ein Teil der Hauptverhandlung vor, bei dem Staatsanwalt, Angeklagter und Verteidiger grundsätzlich anwesend sein müssen.

**3. Vernehmung durch einen ersuchten Richter**
a) Wird ein nicht dem erkennenden Gericht angehörender Richter um die Durch- **29** führung der Vernehmung ersucht, so ist dieses Ersuchen vom Vorsitzenden des Gerichts

---

[29] KMR-*Paulus* 21.
[30] BGH bei *Holtz* MDR **1978** 460; **1983**, 796; das Recht, Fragen an Belastungszeugen zu stellen, ist in Art. 14 Abs. 3 Buchst. e, IPBR und in Art. 6 Abs. 3 Buchst. d MRK ausdrücklich vorgesehen.
[31] KK-*Treier* 15; KMR-*Paulus* 20.
[32] BayObLGSt **3** 103 = *Alsb.* E **2** Nr. 80.
[33] BGHSt **31** 236; BGH NJW **1956** 600; bei *Holtz* MDR **1983** 796; KK-*Treier* 28; *Kleinknecht/Meyer* 4; KMR-*Paulus* 24; a. A. *Peters* § 59 II 2.

[34] Vgl. *Foth* MDR **1983** 716.
[35] BGHSt **31** 236 = JR **1983** 475 mit Anm. *Meyer* (zweifelhaft); BGH MDR **1983** 948 läßt dies dahingestellt. Die Grenze zwischen kommissarischer Vernehmung und Hauptverhandlung sollte auch dann nicht verwischt werden, wenn man in der Bestellung der ganzen Strafkammer einschließlich der Schöffen zum ersuchten Richter einen unzulässigen Formenmißbrauch sieht.

Walter Gollwitzer

nach § 157 GVG an das **Amtsgericht** zu richten, in dessen Bezirk die Vernehmung durchgeführt werden soll. Zunächst kommt das Amtsgericht des Orts in Betracht, in dessen Bezirk der zu vernehmende Zeuge wohnt oder sich aufhält.

30    **b) Unterrichtung.** Damit der ersuchte Richter, der die Sache sonst nicht kennt, zu einer sachgerechten Vernehmung imstande ist, empfiehlt es sich, ihn über die Zusammenhänge durch Beifügung der Akten, durch Übersendung von Abschriften der Anklageschrift, des Eröffnungsbeschlusses und der bisher vorliegenden Vernehmungsniederschriften des Angeklagten und des zu vernehmenden Zeugen oder sonst in geeigneter Weise zu unterrichten[36].

31    **c) Bindung des ersuchten Richters.** Dieser darf das Ersuchen um Vernehmung eines Zeugen auch dann nicht ablehnen, wenn er der Ansicht ist, der ersuchende Richter müßte bei richtiger Ausübung seines Ermessens die Handlung selbst vornehmen oder die Voraussetzungen des § 223 seien nicht gegeben (OLG Hamburg MDR **1973** 953)[37]. Er kann allenfalls Änderung oder Aufhebung des Beschlusses anregen. Nur die Ausführung eines rechtlich schlechthin unzulässigen Ersuchens könnte verweigert werden[38]. Vom Revisionsgericht dagegen kann die Anordnung des ersuchenden Richters darauf nachgeprüft werden, ob sie auf einem Rechtsfehler beruht[39].

### 4. Verfahren bei der Vernehmung

32    **a)** Für die Vernehmung eines Zeugen oder Sachverständigen gelten die **allgemeinen Bestimmungen.** Der ersuchte oder beauftragte Richter muß sie ebenso beachten wie das erkennende Gericht. Dies gilt insbesondere auch für die Beweisverbote (§§ 52 ff), Belehrungspflichten (§§ 52 Abs. 3, 63) für die Beeidigungsverbote (Rdn. 36) und auch für § 68 (BGHSt **32** 128). Unanwendbar ist dagegen der Grundsatz der Öffentlichkeit[40].

33    Bei der **Vernehmung** darf sich der Richter nicht darauf beschränken, dem Zeugen frühere Aussagen vorzulesen und ihre Richtigkeit bestätigen zu lassen. Er muß den Zeugen vielmehr nach der zwingenden Vorschrift des § 69 zunächst zu einer eigenen zusammenhängenden Darstellung veranlassen; ergibt sich dabei, daß die neue Aussage mit der früheren übereinstimmt, so ist es, soweit die Übereinstimmung reicht, zulässig, sich in der Niederschrift auf die letztere zu beziehen, um so das Verfahren zu vereinfachen und die Beurkundung gleichlautender Aussagen zu vermeiden[41]. Über die Zulässigkeit von Fragen hat der ersuchte oder beauftragte Richter zu entscheiden, in Zweifelsfällen kann er die Entscheidung des erkennenden Gerichts herbeiführen[42].

34    **Beobachtungen** über das Verhalten des Zeugen bei der Aussage, etwa daß der Zeuge seine Bekundungen zusammenhängend und fließend oder nur stockend und auf eindringlichen Vorhalt gemacht habe, darf der vernehmende Richter in der Niederschrift beurkunden. Sie sind verlesbar, wenn sie einen Teil der Niederschrift bilden und durch die Unterschrift gedeckt werden[43]. Strittig ist, ob auch die auf Grund dieser

---

[36] Vgl. Rdn. 25; ferner Nr. 121 Abs. 3 RiStBV.

[37] Vgl. die Erl. zu § 158 GVG, ferner *Seetzen* NJW **1972** 1190.

[38] KMR-*Treier* 19; KMR-*Paulus* 25; wegen der Einzelheiten vgl. die Erl. zu § 158 GVG.

[39] OLG Celle GA **1956** 299; a. A. OLG Köln GA **1953** 186.

[40] OLG Koblenz VRS **61** 270; vgl. bei § 169 GVG.

[41] RGSt **74** 35; BGH NJW **1953** 35; GA **1964** 275.

[42] BGH bei *Holtz* MDR **1983** 796; OLG Frankfurt NJW **1947/48** 395; vgl. § 242, 7.

[43] RGSt **37** 212; RG HRR **1936** Nr. 316; BGHSt **2** 1; BGH bei *Holtz* MDR **1977** 108; BGH NStZ **1983** 182.

Beobachtungen gewonnenen persönlichen Eindrücke und Wertungen in die Niederschrift aufgenommen und verwertet werden dürfen[44]. Dafür spricht, daß der Richter diese Eindrücke auch als Zeuge bekunden könnte; eine Vorwegnahme der allein dem erkennenden Gericht vorbehaltenen endgültigen Beweiswürdigung liegt darin nicht.

**b)** Die **Vernehmungsniederschrift,** die über die kommissarische Einvernahme **35** eines Zeugen oder Sachverständigen zu fertigen ist (vgl. § 224 Abs. 1 Satz 3), muß den Anforderungen des § 168 a entsprechen[45]. Das Protokoll muß sich auch über die Beeidigung aussprechen (Rdn. 36). Es ist grundsätzlich von der Beweisperson zu genehmigen und zu unterschreiben (§ 168 a Abs. 3 Satz 3). Dies erschwert die Protokollberichtigung[46].

**c) Vereidigung.** Absatz 3 stellt ausdrücklich klar, daß der Zeuge oder Sachverstän- **36** dige bei der kommissarischen Vernehmung zu vereidigen ist, sofern nicht die §§ 59 bis 67, 73 Ausnahmen zwingend vorschreiben oder zulassen. Über die Vereidigung **entscheidet** grundsätzlich nach § 66 b der ersuchte oder beauftragte Richter, sofern nicht das ersuchende Gericht ausdrücklich die uneidliche Einvernahme verlangt (§ 66 b Abs. 3) oder der vernehmende Richter unter den Voraussetzungen des § 66 b Abs. 2 die Entscheidung dem erkennenden Gericht vorbehält. Wegen der Einzelheiten wird auf die Erläuterungen zu § 66 b verwiesen. Die Vereidigung ist im Protokoll über die Vernehmung zu vermerken (§§ 66 a, 168 a Abs. 1). Die Unterschrift des Zeugen oder Sachverständigen nach § 168 a Abs. 3 Satz 3 muß auch den Vereidigungsvermerk mit abdecken[47].

### 5. Vernehmung im Ausland

**a)** Sie kann, sofern der ausländische Staat dies zuläßt, nach § 15 Abs. 3 KonsG **37** durch einen besonders ermächtigten (§ 19 Abs. 2 KonsG) deutschen **Konsularbeamten** vorgenommen werden (RGRspr. 4 697; BGH NStZ **1984** 128), der die für die Vernehmung geltenden verfahrensrechtlichen Vorschriften der Strafprozeßordnung sinngemäß anzuwenden hat, aber keine Zwangsmittel anordnen darf (vgl. *Schnigula* DRiZ **1984** 181 und bei § 251).

**b)** Wird um die Vernehmung ein **ausländisches Gericht** oder eine sonstige auslän- **38** dische Stelle ersucht, so richten sich Zuständigkeit und Verfahren bei der Vernehmung grundsätzlich nach ausländischem Verfahrensrecht[48].

Das um die Vernehmung ersuchende deutsche Gericht hat jedoch im Rahmen sei- **39** ner Möglichkeiten darauf hinzuwirken, daß die Vorschriften des deutschen Verfahrensrechts beobachtet werden, soweit es nach dem ausländischen Recht zulässig und nach

---

[44] So RG HRR **1936** Nr. 316; KK-*Treier* 22; nach KMR-*Paulus* 29 darf der vernehmende Richter zwar die dabei beobachteten Tatsachen, nicht aber eigene Wertungen im Protokoll vermerken; ähnlich *Peters* § 59 II 2, wonach die Gewinnung eines eigenen Eindrucks nicht Gegenstand der kommissarischen Vernehmung ist.

[45] Früher wurde der zwischenzeitlich aufgehobene § 188 für anwendbar gehalten, so BGHSt **9** 301; RGSt **55** 4.

[46] OLG Dresden *Alsb.* E **2** Nr. 82; *Eb. Schmidt* 23.

[47] OLG Dresden *Alsb.* E **2** Nr. 82; vgl. bei § 168 a.

[48] RGSt **11** 391; **40** 189; **46** 53; BGHSt **1** 219; **2** 303; **7** 16; BGH VRS **20** 122; **31** 122; **31** 268; **41** 203; MDR bei *Holtz* **1979** 637; **1984** 444; OLG Düsseldorf JMBlNW **1966** 165; OLG Hamm DAR **1959** 192; Art. 3 EuRHÜ geht ebenfalls von der Anwendbarkeit des Rechts des ersuchten Staates aus. Wegen weiterer Einzelheiten und wegen der Verwertbarkeit der Niederschriften über die ausländische Vernehmung vgl. bei § 251; ferner *Vogler* ZStW **96** (1984) 544.

den Umständen erreichbar ist; keinesfalls darf das deutsche Gericht selbst den Anlaß dazu bieten, daß diese Vorschriften entgegen dem ausländischen Recht nicht eingehalten werden[49]. Im übrigen genügt für die Art der Vernehmung und der Vereidigung die Wahrung der im örtlichen ausländischen Recht vorgeschriebenen Form. Dies gilt auch, wenn ein deutscher Generalkonsul sich bei Erfüllung des Ersuchens um Ermittlungen im Ausland, das der Vorsitzende des deutschen Gerichts ihm zugesandt hat, der Hilfe eines ausländischen Beauftragten bedient oder eine ausländische Behörde dafür in Anspruch nimmt[50].

**40**      **c) Teilnahme der Richter des erkennenden Gerichts.** Ihre Anwesenheit bei einer kommissarischen Vernehmung durch ein ausländisches Gericht oder eine ausländische Behörde ist nur zulässig, wenn das ausländische Recht und die grundsätzlich vorher im Rechtshilfeweg um Zustimmung zu ersuchenden zuständigen ausländischen Behörden dies gestatten[51]. Wird ihnen die Anwesenheit gestattet, dürfen sie — nach Maßgabe des jeweiligen ausländischen Rechts — dabei auf sachgerechte Fragen und auf die Aufnahme aller wesentlichen Umstände in die über die Vernehmung zu fertigende Niederschrift hinwirken[52]. Der persönliche Eindruck, den sie bei der Vernehmung vom Zeugen gewonnen haben, ist nach der sich auf § 261 berufenden vorherrschenden Ansicht in der Hauptverhandlung nicht verwertbar[53]. Dieses Ergebnis befriedigt nicht (vgl. Rdn. 42).

**41**      **6. Ladung zur Hauptverhandlung.** Staatsanwalt und Angeklagter sind nicht gehindert, einen vom Gericht kommissarisch vernommenen Zeugen trotzdem zur Hauptverhandlung zu laden (§ 214 Abs. 3, § 220). Leistet der Zeuge dieser Ladung keine Folge, und entschuldigt er sich mit den Gründen, die das Gericht dazu bestimmt haben, ihn kommissarisch zu vernehmen, wird er in aller Regel damit rechnen dürfen, daß das Gericht sein Ausbleiben als genügend entschuldigt ansehen wird (§ 51 Abs. 2).

**42**      **7. Verwertung in der Hauptverhandlung.** Die Anordnung der kommissarischen Vernehmung vor der Hauptverhandlung beruht auf der Prognoseentscheidung, daß der Zeuge oder Sachverständige für die Hauptverhandlung voraussichtlich nicht zur Verfü-

---

[49] RG HRR **1938** Nr. 647; BayObLGSt **1949/51** 115 = HESt **3** 29. Nach Art. 4 EuRHÜ ist dem ersuchenden Staat Ort und Zeit der Vernehmung mitzuteilen, sofern er dies ausdrücklich verlangt hat; die Anwesenheit beteiligter Behörden und Personen ist bei Zustimmung des ersuchten Staates zulässig. Um die Beeidigung von Beweispersonen muß nach Art. 3 Abs. 2 EuRHÜ ausdrücklich nachgesucht werden; dem Ersuchen ist zu entsprechen, sofern das Recht des ersuchten Staates nicht entgegensteht. Die Einhaltung des ausländischen Rechts ist auch von deutschen Gerichten nachzuprüfen; RGSt **46** 53; BGHSt **2** 304; **7** 15; BGH GA **1964** 176; VRS **20** 122; OLG Bremen NJW **1962** 2314; a. A. RGSt 40 189; vgl. bei § 251.

[50] RG HRR **1938** Nr. 191; BGH bei *Holtz* MDR **1981** 632.

[51] In der Regel ist auf diplomatischem Weg unter Einschaltung der Landesjustizverwaltung um die Genehmigung nachzusuchen (vgl. Art. 4 EuRHÜ). Die Entscheidung über deren Einholung ist – ebenso wie die Genehmigungspflicht für die Auslandsdienstreise – mit der richterlichen Unabhängigkeit vereinbar; BGHZ **71** 9; BGH MDR **1983** 931; BVerfG DRiZ **1979** 219. Vgl. ferner *Schnigula* DRiZ **1984** 182.

[52] Zu den verschiedenen Möglichkeiten vgl. *Weber* FS Mayer 523; *Linke* NStZ **1982** 418.

[53] Wenn man den Sinn der kommissarischen Vernehmung und der Teilnahme von Richtern des erkennenden Gerichts bei der ausländischen Vernehmung nicht auch darin sieht, daß diese einen persönlichen Eindruck gewinnen, besteht kein Anlaß, daß alle Berufsrichter daran teilnehmen, obwohl dies der Wahrheitsfindung förderlich sein kann (vgl. *Corves/Bartsch* ZStW 96 (1984) 519). Auch hier sollte man Gerichtskundigkeit annehmen; vgl. *Foth* MDR **1983** 716; Rdn. 42.

gung stehen wird und daß seine Anwesenheit für die Sachaufklärung nicht unerläßlich ist. Ob die so gewonnene Niederschrift über die Bekundungen der Beweisperson nach §251 deren Einvernahme in der Hauptverhandlung ersetzen kann und darf, läßt sich immer erst auf Grund der Verfahrenslage der Hauptverhandlung beurteilen[54]. Neben den Veränderungen der tatsächlichen Verhältnisse können dabei auch andere Bewertungen zu einem anderen Ergebnis führen. Die Niederschrift über die kommissarische Vernehmung ersetzt in der Hauptverhandlung die unmittelbare Einvernahme nur, wenn die Voraussetzungen des §251 Abs. 1, gegebenenfalls auch die des §251 Abs. 2 dann gegeben sind[55]. Verlesbar sind auch die in der Niederschrift vermerkten Beobachtungen des vernehmenden Richters (zur Streitfrage vgl. Rdn. 34). Der Richter, der die Einvernahme durchgeführt hat, kann darüber unter Umständen auch als Zeuge vernommen werden; bei einem beauftragten Richter hat dies aber zur Folge, daß er als Mitglied des erkennenden Gerichts ausscheiden muß. Nach der vorherrschenden Meinung[56] können nur auf diesem Weg im Protokoll nicht festgehaltene Beobachtungen in die Hauptverhandlung eingeführt und für die Urteilsfindung verwertbar gemacht werden; sie werden auch nicht als gerichtskundig angesehen. Hier spielt die Streitfrage mit herein, ob die Gerichtskundigkeit bei allen Richtern des erkennenden Gerichts gegeben sein muß[57]. Ungeachtet aller dogmatischen Bedenken sollte die Gerichtskundigkeit der Tatsachen bejaht werden, die ein dem erkennenden Gericht angehörender beauftragter Richter bei der ihm aufgetragenen kommissarischen Einvernahme in dienstlicher Eigenschaft gemacht hat[58]. Es ist wenig sinnvoll, einerseits mit der Rechtsfigur des beauftragten Richters einem Mitglied des erkennenden Gerichts zu ermöglichen, außerhalb der Hauptverhandlung die Beweise zu erheben, andererseits aber zu fordern, daß er später bei der Bewertung dieses Beweises den dabei gewonnenen persönlichen Eindruck völlig vergißt, obwohl dadurch — und nicht nur wegen der besseren Sachkunde des Vernehmenden — die Einvernahme durch den beauftragten Richter zur besseren Erkenntnisquelle wird. Können diese Erkenntnisse dagegen in der gleichen Weise wie andere gerichtskundige Tatsachen (vgl. bei §261) zum Gegenstand der mündlchen Verhandlung gemacht werden, bleiben sie für die Wahrheitsfindung ohne prozessuale Umwege verwertbar. Die Transparenz der Hauptverhandlung bleibt gewahrt, denn durch die Erörterung der Beobachtungen wird vermieden, daß diese apokryph die Beweiswürdigung beeinflussen.

## IV. Rechtsbehelfe

**1. Beschwerde.** Der Beschluß, mit dem das Gericht die kommissarische Verneh- **43** mung anordnet oder einen dahin gehenden Antrag ablehnt, ist nach §305 nicht mit der Beschwerde anfechtbar[59]. Auch die Beweisperson, die dies für sich selbst beantragt hat, hat kein Beschwerderecht; sie hat kein Recht auf kommissarische Vernehmung und ist deshalb durch den ablehnenden Beschluß in ihren Rechten nicht verletzt[60]. KMR-*Paulus*

---

[54] Vgl. Rdn. 2 und die Erl. zu §§ 251, 261.
[55] Vgl. bei § 251.
[56] BGH bei *Holtz* MDR **1977** 108; BGH NStZ **1983** 182; KMR-*Paulus* 29, 37. Nach *Kleinknecht/Meyer* § 224, 7 sind die Grundsätze über die Verwertung des eigenen Wissens des Richters anwendbar.
[57] Strittig, vgl. bei § 244 und bei § 261.
[58] So *Foth* MDR **1983** 716; a. A. BGH

StrVert. **1983** 92 (nicht Sinn der Vernehmung durch beauftragten Richter, daß dieser seinen persönlichen Eindruck an die anderen Richter vermittelt).
[59] OLG Darmstadt *Alsb.* E 2 Nr. 85; *Eb. Schmidt* 14; KK-*Treier* 26.
[60] OLG Rostock *Alsb.* E 2 Nr. 85; LG Düsseldorf NStZ **1983** 44; KMR-*Paulus* 44.

Walter Gollwitzer

44 hält die Beschwerde gegen den ablehnenden Beschluß trotz § 305 für zulässig, um den Beteiligten die Möglichkeit zu geben, einen drohenden endgültigen Beweisverlust, der bis zu Beginn der Hauptverhandlung eingetreten sein kann, zu verhindern.

**44**     **2. Revision.** Der **Verstoß gegen** § 223 ist für sich allein nicht mit der Revision nachprüfbar. Wird die Niederschrift gem. § 251 in der Hauptverhandlung verlesen und im Urteil verwertet, dann kommt es nicht darauf an, ob die Voraussetzungen für eine kommissarische Vernehmung nach § 223 gegeben waren, sondern darauf, ob die Verlesung zu Recht angeordnet wurde, worüber in der Hauptverhandlung nach § 251 neu zu entscheiden ist. Die richtige oder falsche Entscheidung nach § 251 bzw. das Einverständnis aller Beteiligten mit der Verlesung nach § 251 Abs. 1 Nr. 4 überholt somit einen etwaigen früheren Verfahrensfehler[61]. Zu den Verstößen gegen § 224 vgl. dort Rdn. 31 ff.

**45**     Unter dem Gesichtspunkt der **Verletzung der Aufklärungspflicht** (§ 244 Abs. 2) kann dagegen gerügt werden, daß die mögliche kommissarische Einvernahme eines Zeugen unterblieben ist oder daß das Gericht nicht alle der Sache nach gebotenen Möglichkeiten ausgeschöpft hat, um die Anwesenheit eines wichtigen Zeugen in der Hauptverhandlung zu erreichen[62].

**46**     Sofern eine **Nachprüfung des Beschlusses** nach § 223 durch das Revisionsgericht überhaupt noch in Betracht kommt (seit der Neufassung ist die Hauptverhandlung maßgebend) kann es nur nachprüfen, ob die vom Tatrichter für gegeben erachteten Umstände rechtlich richtig gewürdigt sind, ob die Pflicht zur erschöpfenden Sachprüfung erfüllt und ob die Beurteilung der Voraussetzungen des § 223 frei von Rechtsirrtümern ausgeübt worden ist[63].

# § 224

(1) [1]Von den zum Zweck dieser Vernehmung anberaumten Terminen sind die Staatsanwaltschaft, der Angeklagte und der Verteidiger vorher zu benachrichtigen; ihrer Anwesenheit bei der Vernehmung bedarf es nicht. [2]Die Benachrichtigung unterbleibt, wenn sie den Untersuchungserfolg gefährden würde. [3]Das aufgenommene Protokoll ist der Staatsanwaltschaft und dem Verteidiger vorzulegen.

(2) Hat ein nicht in Freiheit befindlicher Angeklagter einen Verteidiger, so steht ihm ein Anspruch auf Anwesenheit nur bei solchen Terminen zu, die an der Gerichtsstelle des Ortes abgehalten werden, wo er in Haft ist.

**Schrifttum** vgl. die Angaben bei § 223.

**Entstehungsgeschichte.** Art. 1 Nr. 73 des 1. StVRG hat § 224 neu gefaßt. Neben einigen redaktionellen Änderungen wurden die Voraussetzungen erweitert, unter denen die Benachrichtigung unterbleiben kann („Gefährdung des Untersuchungszwecks" statt „Gefahr in Verzug"). Das Recht des inhaftierten Angeklagten auf Anwesenheit bei einer auswärtigen Vernehmung entfällt in Übereinstimmung mit der Neufassung des § 168 c Abs. 4 künftig nur, wenn der Angeklagte einen Verteidiger hat. Bezeichnung bis 1924: § 223.

---

[61] *Schmid* Verwirkung 233; KMR-*Paulus* 45; wegen der Einzelheiten vgl. bei § 251.
[62] Vgl. bei § 244.
[63] RGSt **44** 9; **46** 115; **52** 87; RG HRR **1935**

Nrn. 553; 1571; BGH bei *Herlan* MDR **1955** 529; bei *Dallinger* MDR **1974** 369; OLG Neustadt VRS **9** 105; *Eb. Schmidt* 13; KMR-*Paulus* 46.

*Übersicht*

## 1. Geltungsbereich

**a) Vernehmungen im Inland.** § 224 gilt grundsätzlich für alle nach § 223 angeord- **1** neten Vernehmungen von Beweispersonen, nicht dagegen bei der Vernehmung eines Mitangeklagten[1]. Gewisse Einschränkungen können sich aus Sonderrecht ergeben.

**b)** Personen, die unter das **Nato-Truppenstatut** fallen, haben das Recht, den Bela- **2** stungszeugen gegenübergestellt zu werden (Art. VII Abs. 9 Buchst. c). Dies muß nicht notwendig in der Hauptverhandlung geschehen (BGHSt **26** 18). Erhält der Angeklagte keine Gelegenheit zur Teilnahme an der Vernehmung, so ist auch bei Beachtung des § 224 strittig, ob die kommissarische Vernehmung eines Zeugen dessen Einvernahme in der Hauptverhandlung ersetzen kann[2], sofern nicht der Angeklagte von sich aus auf die Gegenüberstellung verzichtet. Insbesondere in den Fällen des Absatzes 2 empfiehlt es sich daher, auch einem durch einen Verteidiger vertretenen inhaftierten Angeklagten die Teilnahme an auswärtigen Vernehmungen zu ermöglichen.

**c) Vernehmungen im Ausland.** § 224 gilt grundsätzlich auch bei konsularischen **3** Vernehmungen[3] sowie bei Vernehmungen durch ausländische Stellen, soweit das maßgebende ausländische Recht seine Anwendung zuläßt. Dazu sowie zur Pflicht des deutschen Gerichts, alles zu tun, daß den Erfordernissen des § 224 genügt werde, vgl. die Erl. zu § 251 und § 223, 39. Ist nach dem Recht des ersuchten ausländischen Staates die Anwesenheit der in Absatz 1 bezeichneten Personen unzulässig, so begründet die Nichtbeachtung des § 224 nicht die Revision[4]. Dies gilt nicht, wenn der Angeklagte durch das Verhalten des deutschen Gerichts in seinen Verteidigungsmöglichkeiten beschränkt wurde, etwa, wenn er die Möglichkeit verloren hat, bei der vernehmenden ausländischen Stelle schriftliche Fragen an den Zeugen einzureichen[5].

---

[1] BGH bei *Holtz* MDR **1976** 989; für analoge Anwendung auf Mitangeklagte *Krause* NJW **1975** 2283.

[2] Verneinend BGH bei *Dallinger* MDR **1973** 729; *Marenbach* NJW **1974** 1071; KMR-*Paulus* 3. BGHSt **26** 18 läßt dies unter Hinweis auf eine bejahende, unveröffentlichte Entscheidung des BGH offen. Nach KK-*Treier* 2 verleiht das Truppenstatut insoweit keine über die StPO hinausgehenden Rechte.

[3] *Kleinknecht/Meyer* 5; KMR-*Paulus* 3.

[4] OLG Hamm JMBlNW **1962** 223; KMR-*Paulus* 3; *Kleinknecht/Meyer* 7.

[5] BayObLGSt **1950/51** 113; vgl. BGH bei *Holtz* MDR **1984** 444; ferner Rdn. 26; § 223, 25.

**4**　　**2. Zweck der Vorschrift.** § 224 ergänzt § 223. Die Vernehmung von Beweispersonen nach § 223 soll — unter den Voraussetzungen des § 251 — die Vernehmung vor dem erkennenden Gericht ersetzen. Die ihr beiwohnenden Prozeßbeteiligten müssen deshalb in der Lage sein, die Verfahrensrechte, die sie bei einer Beweisaufnahme in der Hauptverhandlung haben, auch bei einer vorsorglich vorweggenommenen Vernehmung auszuüben. Dazu gehört vor allem das Fragerecht nach § 240 Abs. 2. *Peters* (§ 59 II 2) hält sogar die Vorschriften über das Kreuzverhör für anwendbar. Auch der Ausschluß des Angeklagten nach § 247 wird für zulässig gehalten. Damit die Prozeßbeteiligten ihre Rechte wahrnehmen können, müssen sie rechtzeitig vorher benachrichtigt werden.

**5**　　**3. Anwesenheitsrecht.** Das Recht zur Teilnahme an der Vernehmung wird auch ohne nochmalige ausdrückliche Regelung (vgl. § 168 c Abs. 2) als bestehend vorausgesetzt, wie u. a. seine Einschränkung durch Absatz 2 zeigt. Der Angeklagte kann aber kein weitergehendes Anwesenheitsrecht haben als bei einer Zeugeneinvernahme in der Hauptverhandlung. Soweit er dort von der Teilnahme an einer Zeugeneinvernahme ausgeschlossen werden darf, muß dies auch bei der kommissarischen Vernehmung möglich sein. Der Angeklagte kann daher bei ordnungswidrigem Benehmen nach § 177 GVG entfernt werden, und er kann vor allem bei Vorliegen der Voraussetzungen des § 247 von der Anwesenheit bei der Einvernahme einer Beweisperson ausgeschlossen werden. Mitunter wird dies auch mit der analogen Anwendung des § 168 c Abs. 3 begründet[6]. Strittig ist, ob das Anwesenheitsrecht von Angeklagtem und Verteidiger auch entfällt, wenn die Benachrichtigung bei einer Gefährdung des Untersuchungserfolgs nach Absatz 1 Satz 2 unterbleiben darf. Die bislang vorherrschende Meinung hat dies angenommen[7], zumal es beim heutigen Stand der Kommunikationsmittel wenig sinnvoll ist, dem nicht nach §§ 247, 168 c auszuschließenden Verteidiger zwar ein uneingeschränktes Anwesenheitsrecht einzuräumen, trotzdem aber von der Benachrichtigung abzusehen. Der Große Senat des BGH hat sich nunmehr der von einem Teil des Schrifttums vertretenen Ansicht angeschlossen, wonach Absatz 1 Satz 1 entsprechend seinem Wortlaut nur die Benachrichtigung betrifft, im übrigen aber das bei allen richterlichen Untersuchungshandlungen bestehende Anwesenheitsrecht des Verteidigers unberührt läßt[8].

---

[6] BGH GA **1967** 371; vgl. die Erl. zu § 247; ferner BGH NStZ **1982** 42; *Grünwald* FS Dünnebier 360; KMR-*Paulus* 6; mitunter werden auch beide Vorschriften, die sich in ihren Voraussetzungen nur zum Teil decken, analog herangezogen, vgl. etwa BayObLGSt **1977** 130 = JR **1978** 174 mit Anm. *Peters*.

[7] BGHSt **29** 109; Vorlagebeschluß BGH NStZ **1984** 32 mit Anm. *Günther*, dazu *Bruns* StrVert. **1983** 382; ferner BGH NJW **1980** 2088; **1981** 770; bei *Holtz* MDR **1983** 796; OLG Frankfurt NStZ **1983** 231 mit abl. Anm. *Franzheim*; *Geißer* GA **1983** 398; KK-*Treier* 4; *Kleinknecht/Meyer* 3; KMR-*Paulus* 6. BVerfGE **57** 250 (= NStZ **1981** 357 = StrVert. **1981** 591 mit Anm. *Kotz*; dazu *Grünwald* FS Dünnebier 347) hatte gegen diese Auslegung keine verfassungsrechtlichen Bedenken.

[8] BGHSt **32** 115 = NStZ **1984** 36 mit

Anm. *Frenzel* = JZ **1984** 431 mit Anm. *Fezer* = StrVert. **1984** 56 mit Anm. *Grünwald*; dazu *Herdegen* NStZ **1984** 97, 200; *Miebach* ZRP **1984** 81; *Bruns* MDR **1984** 77; ähnlich schon BGHSt **31** 149 = NStZ **1983** 229 mit Anm. *Franzheim*; dazu *Engels* NJW **1983** 1531; ferner BGH NStZ **1984** 178; AG Heidelberg StrVert. **1982** 162; *Grünwald* FS Dünnebier 361; *Welp* JZ **1980** 134 gegen BGHSt **29** 1 (zu § 168 c); zur Streitfrage ferner *Bruns* StrVert. **1983** 382; *Bruns*, Neue Wege zur Lösung des strafprozessualen V-Mann-Problems (1982); *Lüderssen* FS Klug 527; *Gribbohm* NStZ **1981** 305; *Fröhlich* NStZ **1981** 220; *Preuß* StrVert. **1981** 312; *Weider* StrVert. **1981** 151; **1983** 227; *Rebmann* NStZ **1982** 315; *Schmid* DRiZ **1983** 474; *Schoreit* MDR **1983** 617; vgl. ferner bei § 168 c.

Dies soll auch gelten, wenn die richterliche Einvernahme eines Zeugen nur mit dieser Einschränkung möglich ist, etwa weil die zuständige Behörde befugt nur mit dieser Einschränkung eine Aussagegenehmigung (vgl. bei § 54) erteilt. Entfällt die Benachrichtigung nur wegen der Eilbedürftigkeit der Durchführung der Vernehmung (Rdn. 20), so war bisher schon unstreitig, daß dies das Teilnahmerecht eines trotzdem erschienenen Angeklagten oder Verteidigers nicht berührt.

Eine **Anwesenheitspflicht** korrespondiert mit dem Teilnahmerecht nicht (Absatz 1 **6** Satz 1 letzter Halbsatz). Es steht im freien Belieben des Benachrichtigten, ob er der Vernehmung beiwohnen will (BGHSt 1 284). Andererseits kann die Vernehmung auch bei Nichterscheinen der benachrichtigten Personen durchgeführt werden (BGH MDR **1972** 753). Dabei ist unerheblich, auf welchen Gründen das Fernbleiben beruht (RGSt **59** 301). Die Beteiligten haben, wie § 168 c Abs. 5 Satz 3 zeigt, kein Recht, die Verlegung des Termins mit der Begründung zu beantragen, daß sie zu diesem Zeitpunkt an der Wahrnehmung des Termins verhindert seien[9]. Das Gericht ist nicht verpflichtet, dem Angeklagten durch Vorstrecken der erforderlichen Geldmittel die Teilnahme an einem auswärtigen Termin zu ermöglichen oder ihm dafür — eventuell am Ort des ersuchten Gerichts — einen Pflichtverteidiger zu bestellen[10]. Aufklärungs- oder Fürsorgepflicht erfordern solche Maßnahmen nur in besonders gelagerten Ausnahmefällen[11].

### 4. Benachrichtigung

**a)** Die Benachrichtigung von Ort und Zeit der Vernehmung obliegt regelmäßig **7** dem **beauftragten oder ersuchten Richter,** der Ort und Zeit der Vernehmung bestimmt. Steht beides jedoch schon bei Anordnung der Vernehmung nach § 223 fest, kann sie, was im Interesse der Verfahrensbeschleunigung zweckmäßig ist, auch schon vom Gericht zugleich mit dem **Beschluß nach § 223** angeordnet werden. Insbesondere kann die Benachrichtigung auch dadurch bewirkt werden, daß der Beschluß, der alle wesentlichen Angaben über Ort und Zeit des Termins enthält, in der Hauptverhandlung in Gegenwart der zu benachrichtigenden Personen verkündet wird[12].

**b)** In der Regel erfolgt die Benachrichtigung **schriftlich.** Nach § 35 Abs. 2 Satz 2 **8** genügt eine **formlose Mitteilung**[13]. Die Rechtsprechung des Reichsgerichts, die aus der Zeit vor Einfügung des § 35 Abs. 2 Satz 2 stammt (vgl. die Erläuterungen zu § 35), forderte in der Regel Zustellung (vgl. RG JW **1893** 416). Sie ließ jedoch — insbesondere bei kurzfristiger Anberaumung der Vernehmung — jede Form der Mitteilung, etwa eine Drahtnachricht (RG Recht **1914** 1769) oder eine telefonische Verständigung, zu. Die Benachrichtigung muß zugegangen, nicht nur abgesandt sein[14]. Da dies im Zweifel amtlicherseits nachzuweisen ist (die Vermutung des § 175 Abs. 1 Satz 3 ZPO gilt nicht), empfiehlt sich die Zustellung der Benachrichtigung, sofern der Nachweis des Zugangs nicht in einer anderen Form (Empfangsbestätigung) gesichert ist[15]. Über Zeit, Inhalt und Gesprächspartner einer fernmündlichen Benachrichtigung ist zweckmäßigerweise ein Aktenvermerk zu fertigen. Weiß der Angeklagte, daß seine Benachrichtigung bevorsteht,

---

[9] BGH NJW **1952** 1426 = LM Nr. 5 mit Anm. *Neumann; Welp* JZ **1980** 134; KMR-*Paulus* 5.

[10] KK-*Treier* 3; KMR-*Paulus* 5; vgl. *v. Ungern-Sternberg* ZStW **87** (1975) 925.

[11] KMR-*Paulus* 5.

[12] BGH VRS **26** 211; KK-*Treier* 5; KMR-*Paulus* 9; vgl. § 223, 27.

[13] BayObLGSt **1953** 62 = NJW **1953** 1316; OLG Bremen OLGSt § 224, 1.

[14] BayObLGSt **1953** 62 = NJW **1953** 1316; OLG Kiel HESt **1** 168; OLG Frankfurt NJW **1952** 1068; OLG Bremen OLGSt § 224, 1.

[15] KK-*Treier* 5; KMR-*Paulus* 9.

so muß er u. U. seinen Wohnungswechsel anzeigen; versäumt er dies, so ist der Richter nicht verpflichtet, die Vernehmung auf einen späteren Tag zu verlegen[16].

**9**     Der **notwendige Inhalt** der Benachrichtigung ergibt sich aus ihrem Zweck. Neben der zu vernehmenden Beweisperson müssen Ort und Zeit der Vernehmung eindeutig bezeichnet werden.

**10**    Eine **Belehrung** über die Bedeutung der Vernehmung vor der Hauptverhandlung ist in die Benachrichtigung nicht aufzunehmen (RGSt 4 264), desgleichen bedarf es keiner Belehrung darüber, daß der Angeklagte berechtigt, aber nicht verpflichtet ist, der Vernehmung beizuwohnen[17].

**11**    Die Benachrichtigung ist nur dann **ordnungsgemäß,** wenn sie so rechtzeitig erfolgt, daß den Beteiligten eine angemessene Frist verbleibt, die es ihnen ermöglicht, ihre Anwesenheit oder Vertretung bei der Vernehmung, insbesondere auch eine etwa notwendige Reise, vorzubereiten[18].

### 5. Zu benachrichtigende Personen

**12**    a) Bei **mehreren Angeklagten** ist grundsätzlich jeder einzelne zu benachrichtigen, auch wenn nur einer von ihnen die Vernehmung veranlaßt hat[19]. Die Benachrichtigung kann nur bei dem Mitangeklagten unterbleiben, bei dem ausgeschlossen werden kann, daß ihn die Vernehmung in irgend einer Form betrifft; da dies meist nicht mit Sicherheit vorhersehbar ist, werden zweckmäßigerweise alle verständigt[20]. Zu benachrichtigen ist auch ein in Haft befindlicher Angeklagter, der kein Recht hat, selbst am Termin teilzunehmen[21]. Die Mitteilung an den Angeklagten kann auch nach § 145 a an den Verteidiger gesandt werden.

**13**    b) Die **Staatsanwaltschaft** ist zu benachrichtigen, da die Ladungen zur Vernehmung nach § 223 vom Gericht selbst bewirkt werden.

**14**    c) Der **Verteidiger** muß neben dem Angeklagten besonders benachrichtigt werden[22]. Das gilt auch für den bestellten Verteidiger. Dabei ist im Falle der notwendigen Verteidigung darauf zu achten, daß dem Angeklagten im Zeitpunkt der kommissarischen Vernehmung auch tatsächlich ein Verteidiger zur Seite steht (RGSt 47 303).

**15**    d) **Privatkläger und Nebenkläger** sind in § 224 Abs. 1 nicht unter denjenigen Personen genannt, die benachrichtigt werden müssen. Die Pflicht zu ihrer Benachrichtigung folgt aus den § 385 Abs. 1 Satz 1, § 397, würde sich aber auch daraus ergeben, daß die kommissarische Vernehmung der Hauptverhandlung vorgreift, so daß keinem Verfahrensbeteiligten Rechte beschnitten werden dürfen, die er in der Hauptverhandlung zur Wahrung seiner Verfahrensinteressen hätte[23].

**16**    e) Soweit **Behörden** berechtigt sind, durch einen Vertreter mit eigenen Rechten an der Hauptverhandlung teilzunehmen (vgl. Vor § 226, 48, wie etwa im Steuerstrafverfahren die Steuerbehörden § 407 AO), sind diese aus dem gleichen Grund zu benachrichtigen.

---

16 RG HRR **1933** Nr. 451.
17 BGH VRS **26** 211.
18 RGSt. **59** 301; RG JW **1925** 2611; BayObLGSt **1949/51** 115 = HESt **3** 29; KK-*Treier* 4; KMR-*Paulus* 9.
19 RGSt **1** 210; KK-*Treier* 7; KMR-*Paulus* 10.

20 *Gollwitzer* FS Sarstedt 24.
21 BGH bei *Holtz* MDR **1976** 814; vgl. Rdn. 25.
22 RGRspr. **2** 562; **8** 731.
23 *Eb. Schmidt* 1; *Gollwitzer* FS Schäfer 77.

**f) Einziehungsbeteiligte** und sonstige **Nebenbeteiligte** haben die Befugnisse des **17** Angeklagten (§ 433 Abs. 1 Satz 1). Sie sind deshalb ebenfalls zu benachrichtigen, sofern nicht auszuschließen ist, daß die Vernehmung einen ihre Prozeßinteressen (z. B. Einziehung) berührenden Teil des Verfahrens betrifft.

**g)** In **Jugendsachen** sind auch die Erziehungsberechtigten und der gesetzliche Vertreter zu benachrichtigen (§ 67 Abs. 1 und 2 JGG). **18**

**6. Wegfall der Benachrichtigungspflicht.** Keine Benachrichtigung darf stattfinden, **19** wenn dadurch der **Untersuchungserfolg** gefährdet würde (Absatz 1 Satz 2). Die Voraussetzungen für diese Ausnahmevorschrift sind die gleichen wie bei § 168 c Abs. 5 Satz 2. Es muß also zu befürchten sein, daß der Zeuge in Gegenwart des Angeklagten nicht die Wahrheit sagen werde (§ 168 c Abs. 3 Satz 2, § 247 analog) oder unter dem Druck des Angeklagten die Aussage verweigern werde oder der Angeklagte oder sein Verteidiger die durch die Benachrichtigung erlangte Kenntnis zum Zwecke der Verdunkelung ausnützen würde[24]. Es müssen allerdings konkrete Anhaltspunkte für eine solche Gefahr vorliegen. Wegen der Einzelheiten wird auf die Erläuterungen zu § 168 c und die dort angeführten Nachweise verwiesen.

Eine Gefährdung des Untersuchungserfolgs liegt auch vor, wenn **Gefahr in 20 Verzug** besteht (so die frühere Fassung des Absatzes 1 Satz 1). Es muß zu befürchten sein, daß das Beweismittel verloren geht (BGHSt 29 1), wenn die Vernehmung erst nach ordnungsgemäßer Benachrichtigung durchgeführt würde, etwa, wenn ein Zeuge lebensgefährlich erkrankt ist oder auf unabsehbare Zeit für die Justiz nicht erreichbar sein wird[25]. Letzteres ist allerdings bei der Rückkehr eines Zeugen an seinen Wohnsitz in Österreich noch nicht der Fall (OLG Hamm VRS 24 391). Die mit der ordnungsgemäßen Benachrichtigung verbundene Verzögerung des Verfahrens ist in der Regel für sich allein keine Gefährdung des Untersuchungszwecks[26]. Vor allem rechtfertigt der nahe bevorstehende Termin der Hauptverhandlung nicht, die Vernehmung so kurzfristig durchzuführen, daß eine rechtzeitige Benachrichtigung der Beteiligten unmöglich wird; erforderlichenfalls muß die Hauptverhandlung verlegt werden[27]. Nur in ganz besonders gelagerten **Ausnahmefällen** kann die bei ordnungsgemäßer Abwicklung der kommissarischen Einvernahme notwendig werdende Verlegung des Hauptverhandlungstermins den Untersuchungserfolg gefährden (RGSt 43 337).

Die Einschränkung der Benachrichtigungspflicht reicht **nicht weiter** als nach dem **21** Sinn der Regelung notwendig ist. Liegt die Gefährdung des Untersuchungserfolgs allein in der Zeitnot, so wird beispielsweise nicht von vornherein jede Verständigung von dem kurzfristig anberaumten Termin unterbleiben dürfen. Aus dem Zweck der Vorschrift ist vielmehr zu folgern, daß alle üblichen und nach der Bedeutung der Sache auch zumutbaren Möglichkeiten einer kurzfristigen Benachrichtigung zumindest versucht werden (Telegramm, Telefon usw.).

Die Gründe, aus denen die Benachrichtigung unterbleibt oder nicht mehr recht- **22** zeitig durchgeführt wird, sind zweckmäßigerweise **aktenkundig** zu machen, um später

---

[24] BGHSt **29** 1; BGHSt **32** 115, 128; BayObLGSt **1977** 130 = JR **1978** 174 mit abl. Anm. *Peters*; KK-*Treier* 9; KMR-*Paulus* 13. Ob dies auch beim Verteidiger zulässig ist, ist strittig, verneinend *Welp* JZ **1980** 134; vgl. dazu bei § 168 c und Rdn. 5; weitere Nachweise Fußn. 7, 8.

[25] RGSt **43** 336; OLG Hamm JMBlNW **1962** 223.

[26] BayObLGSt **1949/51** 113 = HESt **3** 29; RGSt **1** 219; RGRspr. **1** 655; RG Recht **1903** Nr. 2614.

[27] *Meyer-Goßner* JR **1977** 258; *Peters* § 59 II 2; KMR-*Paulus* 14; *Eb. Schmidt* 8.

Walter Gollwitzer

Einwendungen gegen die Verlesung der Aussage besser begegnen zu können und um die Hauptverhandlung zu entlasten, in der diese Gründe im Wege des Freibeweises festgestellt werden müssen (BGHSt 29 1); denn ob das Unterlassen der Benachrichtigung gerechtfertigt war, beurteilt sich nach der Verfahrenslage bei Anordnung der kommissarischen Vernehmung und nicht aus der späteren, möglicherweise veränderten Sicht der Hauptverhandlung.

**23**    **7. Verzicht auf Benachrichtigung.** Die Beteiligten können auf ihr Recht von der kommissarischen Vernehmung eines Zeugen oder Sachverständigen verzichten[28], weil dieses ihr — verzichtbares — Recht auf Anwesenheit sichern soll. Der Verzicht kann vor der Vernehmung des Zeugen oder Sachverständigen ausgesprochen werden — in der Praxis gibt die Staatsanwaltschaft nicht selten eine solche Erklärung ab, wenn sie die kommissarische Vernehmung eines Zeugen oder Sachverständigen beantragt oder anregt —; er kann aber auch nachträglich erklärt werden, wenn Beteiligte zu Unrecht nicht benachrichtigt wurden.

**24**    **8. Einschränkung des Anwesenheitsrechts des inhaftierten Angeklagten.** Auch der nicht auf freiem Fuß befindliche Angeklagte (§ 35, 24 ff) hat grundsätzlich ein Recht auf Teilnahme bei den Vernehmungen. Er ist deshalb von Ort und Zeit der Vernehmung zu benachrichtigen (Rdn. 12). Sofern er nicht darauf verzichtet, hat das Gericht seine Anwesenheit durch rechtzeitige Anordnung der Vorführung sicherzustellen. Dies gilt jetzt grundsätzlich auch, wenn die Vernehmung nicht an der Gerichtsstelle des Verwahrungsortes durchgeführt wird. Absatz 2 läßt für diesen Fall nur noch dann eine Ausnahme zu, wenn der Angeklagte einen Verteidiger hat, was allerdings im Hinblick auf § 140 sehr oft der Fall sein dürfte. Die Ausnahme des Absatzes 2 greift auch Platz, wenn eine Vernehmung zwar am Verwahrungsort, aber nicht an der Gerichtsstelle (Gerichtsgebäude) stattfindet (BGHSt 1 271). Die Auswirkung des Rechts auf Gegenüberstellung nach Art. VII Abs. 9 Buchst. c Nato-Truppenstatut auf Absatz 2 ist oben (Rdn. 2) erörtert. Das Anwesenheitsrecht ist entsprechend Absatz 2 auch eingeschränkt, wenn ein Angeklagter an einem Termin im Ausland nicht teilnehmen kann, weil ihm die Auflagen eines außer Vollzug gesetzten Haftbefehls nicht gestatten, die Bundesrepublik zu verlassen[29].

**25**    Die **zwangsweise Vorführung** eines nicht auf freiem Fuß befindlichen Angeklagten zum Vernehmungstermin scheidet in der Regel aus, denn der Angeklagte hat nur ein verzichtbares Anwesenheitsrecht, nicht aber eine Anwesenheitspflicht. Hierauf wird die mit der Vorführung beauftragte Stelle zweckmäßigerweise zugleich mit der Vorführungsanordnung hingewiesen. Ausnahmsweise kann die Vorführung gegen den Willen des Angeklagten zulässig sein, wenn das erkennende Gericht im Interesse der Sachaufklärung die Gegenüberstellung angeordnet hat.

**26**    **9. Schriftliche Fragen.** Können der Angeklagte und sein Verteidiger das Recht, den Zeugen im Zusammenhang mit seiner Einvernahme selbst zu befragen, nicht wahrnehmen, weil sie an der kommissarischen Einvernahme — aus welchen Gründen auch immer — nicht teilnehmen, so haben sie das Recht, dem mit der Einvernahme des Zeu-

---

[28] KK-*Treier* 8; KMR-*Paulus* 12; dazu Nr. 121 Abs. 4 RiStBV.

[29] v. *Ungern-Sternberg* ZStW **87** (1975) 925; KMR-*Paulus* 7.

gen betrauten Richter ihre Fragen schriftlich mitzuteilen[30]. Dieser hat unzulässige Fragen im Sinne des § 241 Abs. 2 zurückzuweisen, im übrigen muß er dem Zeugen die schriftlich vorliegenden Fragen stellen. Die Fragen können auch schon beim erkennenden Gericht nach Anordnung der kommissarischen Vernehmung eingereicht werden. Dieses kann jedoch nicht darauf bestehen, daß die Erforderlichkeit der Fragen vorher in der Hauptverhandlung erörtert wird, da hierdurch der Zeuge vorzeitig vom Inhalt der Fragen Kenntnis erlangen und sich darauf einstellen könnte. Die Lage der Verteidigung würde dadurch gegenüber einer unmittelbaren Befragung in der Hauptverhandlung unnötig verschlechtert werden[31].

**10. Vorlegung der Niederschrift.** Die Niederschrift (wegen Inhalt und Form vgl. **27** § 223, 35) ist dem Staatsanwalt und dem Verteidiger vorzulegen, ohne Rücksicht darauf, ob sie beim Termin anwesend waren (BGHSt 25 357)[32] oder von ihm Kenntnis hatten.

Die Vorlage ist **von Vorsitzenden** des erkennenden Gerichts zu verfügen[33]. Es ge- **28** nügt, wenn mitgeteilt wird, daß die Niederschrift zur Einsicht bei Gericht bereit liegt (BGHSt **25** 357). Statt dessen können jedoch auch der Staatsanwaltschaft die Akten oder die Niederschrift allein zur Einsichtnahme zugeleitet werden, dem Verteidiger kann auch eine Abschrift oder Ablichtung der Niederschrift zugesandt werden. Einen Anspruch darauf hat er jedoch nicht[34]. Das allgemeine Recht des Verteidigers, die Akten einzusehen (§ 147), wird durch den Anspruch auf Vorlage der Niederschrift nicht berührt.

Der **Angeklagte** hat kein Recht auf Vorlage der Vernehmungsniederschrift; dies **29** gilt auch für einen angeklagten Rechtsanwalt, der sich selbst verteidigt[35].

Auf die Vorlegung der Niederschrift kann **verzichtet** werden. Widerspricht weder **30** der Verteidiger noch der Angeklagte der Verlesung der Niederschrift in der Hauptverhandlung, obwohl die Vorlegung unterblieben war, so kann hierin ein stillschweigender Verzicht liegen[36]. Auch eine Verwirkung des Anspruchs auf Grund des späteren Prozeßverhaltens kann in Betracht kommen (BGHSt **25** 357).

**11. Folgen der Verletzung der Benachrichtigungspflicht.** Die Verlesung und Ver- **31** wertung der Niederschrift über die kommissarische Vernehmung in der Hauptverhandlung hängt seit der Änderung des § 251 im Jahre 1943 nicht mehr ausdrücklich davon ab, daß die Benachrichtigungspflicht des § 224 beachtet wurde[37]. Dessen Verletzung be-

---

[30] Das Recht, Fragen an Belastungszeugen zu stellen oder stellen zu lassen, gewährleisten auch Art. 6 Abs. 3 Buchst. d MRK, Art. 14 Abs. 3 Buchst. e IPBR; es galt aber schon vorher; vgl. etwa BayObLGSt **1950/51** 113.

[31] BGH StrVert. **1983** 355; *Schoreit* MDR **1983** 619.

[32] = LM Nr. 5 mit Anm. *Willms*. Die Entscheidung erging auf Vorlagebeschluß des OLG Koblenz NJW **1974** 1104. Die 21. Auflage hatte in Übereinstimmung mit einem großen Teil des Schrifttums die sich auf die Entstehungsgeschichte stützende Auffassung vertreten, daß die Vorlage nur bei dem Staatsanwalt oder Verteidiger not-

wendig sei, der an der Vernehmung nicht teilgenommen habe. Die gegenteilige Einschränkung (nur an die Teilnehmer) war von *Kleinknecht* 313 und ihm folgend von BGH bei *Dallinger* MDR **1972** 753 vertreten worden.

[33] *Kleinknecht/Meyer* 4; KMR-*Paulus* 15.

[34] *Eb. Schmidt* 8; KMR-*Paulus* 16.

[35] RGSt **4** 351; vgl. BGH NJW **1954** 1415; KK-*Treier* 10; KMR-*Paulus* 15.

[36] RGRspr. **2** 156; RG LZ **1917** 280; BGHSt **25** 357.

[37] RGSt **50** 364; **58** 100; RG HRR **1938** Nr. 191; BGHSt **1** 219; 272; 286; **9** 24; BGH NJW **1952** 1426; OLG Köln VRS **60** 441.

gründet nur dann noch die Revision, wenn und soweit dadurch die Verlesbarkeit nach § 251 entfällt. Grundsätzlich ist die Niederschrift über die kommissarische Vernehmung aber nur dann verlesbar, wenn bei ihrem Zustandekommen die Rechte der Verfahrensbeteiligten gewahrt wurden, diese also, sofern nicht die von § 224 vorgesehenen Ausnahmen Platz greifen, Gelegenheit hatten, an der Vernehmung mitzuwirken.

**32**      Verlesbar und verwertbar ist eine solche Niederschrift ferner, wenn die Berechtigten auf Anwesenheit und Teilnahme an der kommissarischen Vernehmung **verzichtet** (Rdn. 23) haben oder wenn — ohne besondere Erklärung des Verzichts seitens des Betroffenen — alle Beteiligten der Verlesung und damit der Verwertung gem. § 251 Abs. 1 Nr. 4 **zustimmen** und damit zum Ausdruck bringen, daß sie gegen die Verwertung des Beweismittels wegen der Art seines Zustandekommens keine Bedenken haben. Ebenso wie der Verzicht setzt aber auch die Zustimmung — die an sich auch durch konkludente Handlung erklärt werden kann[38] — voraus, daß die von dem Verstoß betroffenen Verfahrensbeteiligten den Verstoß und ihre Rechte kennen, was bei einem rechtsunkundigen, nicht durch einen Verteidiger vertretenen Angeklagten in der Regel nur dann anzunehmen ist, wenn das Gericht auf den Verstoß und die aus ihm erwachsenden Rechte hingewiesen hat[39].

**33**      Ob die Rüge der Verletzung des § 224 Abs. 1 durch widerspruchslose Hinnahme der Verlesung **verwirkt** wird, hängt von den Umständen des Einzelfalles ab. Eine häufiger vertretene Meinung nimmt eine Verwirkung der Revisionsrüge dagegen schon an, wenn der Angeklagte oder sein Verteidiger in der Hauptverhandlung der Verlesung der Niederschrift nicht widersprochen haben[40]. Zur Verwirkung einer Verfahrensrüge gehört mehr als das bloße Unterlassen eines Widerspruchs (vgl. die Erläuterungen bei § 337). Bei einem rechtsunkundigen Angeklagten wird in der Regel das bloße Unterlassen des Widerspruchs noch nicht zur Verwirkung der Rüge führen[41]. Gleiches gilt auch, wenn ein entgegen Absatz 2 nicht vorgeführter inhaftierter Angeklagter es unterlassen hat, in der Hauptverhandlung die Wiederholung der Vernehmung zu beantragen[42].

**34**      Der Verfahrensfehler kann durch Wiederholung der kommissarischen Vernehmung unter Benachrichtigung und Ermöglichung der Teilnahme aller dazu Berechtigten **geheilt** werden[43]. Unterbleibt dies, so darf, wenn weder Verzicht noch Einwilligung in die Verlesung nach § 251 Abs. 1 Nr. 4 die Verwertbarkeit herstellen, die Niederschrift über die kommissarische Einvernahme **nicht in der Hauptverhandlung verlesen** werden. Auch der Richter, der die Niederschrift aufgenommen hat, darf über deren Inhalt nicht vernommen werden[44]. Eine trotzdem vorgenommenen Verwertung im Urteil begründet in der Regel die Revision (§ 337). Denn daß der von dem Verstoß Betroffene bei ordnungsgemäßer Benachrichtigung am Vernehmungstermin selbst oder durch einen dazu ermächtigten Vertreter teilgenommen und somit durch Ausübung seines Fragerechts den Inhalt der Aussage beeinflußt hätte, läßt sich kaum ausschließen. Der Verfahrens-

---

[38] OLG Frankfurt HESt **2** 218.
[39] BGH NJW **1984** 65; OLG Stuttgart JR **1977** 343 mit Anm. *Gollwitzer*; *Dahs/Dahs* 191; *Eb. Schmidt* 9; *Schlüchter* 432; weitere Nachweise bei § 251.
[40] So BGHSt **9** 24; BGH NJW **1952** 12; VRS **27** 109; OLG Köln VRS **60** 441; OLG Schleswig bei *Ernesti/Jürgensen* SchlHA **1972** 159; KK-*Treier* 12; im Ergebnis auch *Kleinknecht/Meyer* 7; KMR-*Paulus* 18 stellt

allein darauf ab, ob ein Verzicht vorlag; ähnlich *Schlüchter* 443.
[41] Zu den Voraussetzungen der Verwirkung vgl. die Erl. zu § 337.
[42] A. A. RG LZ **1916** 885.
[43] KMR-*Paulus* 18; *Schlüchter* 433.
[44] BGHSt **26** 335 = NJW **1977** 2024 mit Anm. *Krause* = JR **1977** 258 mit Anm. *Meyer-Goßner*; BGHSt **29** 1.

verstoß, der in der Verwendung eines Beweismittels liegt, das hinsichtlich seines Zustandekommens den gesetzlichen Anforderungen zur Sicherung seines Beweiswertes nicht genügt, kann das Urteil beeinflußt haben[45]. Dies gilt auch, wenn ein in Haft befindlicher Angeklagter, der nach Absatz 2 keinen Anspruch auf persönliche Teilnahme hat, vom Termin nicht benachrichtigt wurde[46].

Hat der Tatrichter die **Gefährdung des Untersuchungserfolgs** (Rdn. 19) unter **35** Würdigung aller Umstände bejaht, so ist das Revisionsgericht auf die Prüfung beschränkt, ob ihm dabei Rechtsfehler unterlaufen oder die seinem Ermessen gesetzten Schranken überschritten sind[47].

Unabhängig vom Verhalten der Prozeßbeteiligten kann bei Vorliegen besonderer **36** Umstände auch die **Aufklärungspflicht** dem Gericht gebieten, die Vernehmung einer Beweisperson, bei der die Parteiöffentlichkeit wegen der unterbliebenen Benachrichtigung nicht gesichert war, zur besseren Aufklärung der Sache oder zur besseren Beurteilung der Glaubwürdigkeit zu wiederholen. Die Aufklärungspflicht ist auch verletzt, wenn es das erkennende Gericht unterlassen hat, die schriftlichen Fragen, die der Verteidiger des Angeklagten gestellt wissen wollte, dem mit der Vernehmung beauftragten Richter zuzuleiten[48].

Unter dem Gesichtspunkt einer Verletzung des **Anspruchs** auf **ein faires Verfah-** **37** **ren** kann nach Ansicht des BGH gerügt werden, daß eine Niederschrift über eine Einvernahme verwertet wurde, bei der der Angeklagte oder sein Verteidiger zu Unrecht ausgeschlossen war[49]. Ob diese Rüge zusätzlich oder statt der Rüge eines Verstoßes gegen §§ 224, 251 erhoben wird, soll von der Begründung der Revision (§ 344 Abs. 2) abhängen.

# § 225

Ist zur Vorbereitung der Hauptverhandlung noch ein richterlicher Augenschein einzunehmen, so sind die Vorschriften des § 224 anzuwenden.

**Bezeichnung** bis 1924: § 224.

*Übersicht*

**1. Zweck der Vorschrift.** Ebenso wie § 223 zur Förderung des Verfahrens die **1** kommissarische Einvernahme von Beweispersonen vor der Hauptverhandlung unter gewissen Voraussetzungen zuläßt, gestattet § 225 zum gleichen Zweck die Anordnung eines Augenscheins[1] vor der Hauptverhandlung. Neben der Sicherung des Beweises, die

---

[45] BGHSt **9** 24; BGH VRS **27** 109; BayObLGSt **1949/51** 115 = HESt **3** 29; *Schmid* Verwirkung 234.

[46] BGH bei *Holtz* MDR **1976** 814; KK-*Treier* 11.

[47] BGHSt **29** 1.

[48] BGH bei *Holtz* MDR **1983** 796.

[49] BGHSt **31** 149; vgl. aber Meyer JR **1984** 173; ferner Einl. Kap. 6 IV; vor § 226, 10, 15; und bei § 251.

[1] Zum Begriff des Augenscheins vgl. § 86.

notwendig werden kann, wenn eine Veränderung des Augenscheinobjekts bis zur Hauptverhandlung zu befürchten ist, können auch Zweckmäßigkeitsgründe die Einnahme eines richterlichen Augenscheins vor der Hauptverhandlung angezeigt erscheinen lassen. Die Anordnung kann auch noch in der Hauptverhandlung ergehen.

**2**      Der Augenschein muß nicht notwendig dem **erkennenden Gericht** in der Hauptverhandlung vorbehalten bleiben. Mitunter genügt es, wenn ein ersuchter oder beauftragter Richter ihn vornimmt. Das Gericht kann sich dann in der Hauptverhandlung an Hand des von ihm aufgenommenen Protokolls darüber eine Meinung bilden, ob die getroffenen Feststellungen genügen oder ob es zur Sachaufklärung notwendig ist, den Augenschein in der Hauptverhandlung zu wiederholen. Dem erkennenden Gericht wird dadurch erspart, in der Hauptverhandlung zeitraubende und zur Sachaufklärung im Endergebnis nur wenig beitragende Augenscheinsaufnahmen durchzuführen. Versteht man ihn als prozeßökonomisches Vorfilter zur Entlastung und Straffung der Hauptverhandlung, dann ist der Augenschein durch einen beauftragten oder ersuchten Richter auch heute noch von Bedeutung.

**3**      Der **Gesetzgeber** hatte § 225 seinerzeit wohl auch deshalb eingeführt, weil er den Augenschein durch das erkennende Gericht nur ausnahmsweise für ausführbar hielt[2]. Dies trifft bei den heutigen Verkehrsverhältnissen nur noch in Ausnahmefällen zu. Ein Gericht, das die Verpflichtung zur wahrheitsgemäßen Aufklärung des Sachverhalts (§ 244 Abs. 2) ernst nimmt, wird bei der Prüfung der Frage, ob es den Augenschein im Rahmen der Hauptverhandlung selbst einnehmen oder den beauftragten oder ersuchten Richter damit betrauen soll, diese Entwicklung und den Umstand berücksichtigen müssen, daß selbst das beste Protokoll, insbesondere auch bei den Laienbeisitzern, die unmittelbare sinnliche Wahrnehmung nur unvollkommen ersetzen kann. Der Augenschein durch das erkennende Gericht ist deshalb vorzuziehen. Seine Ergebnisse sind für die Urteilsfindung unmittelbar verwertbar (§ 261), denn er ist Bestandteil der Hauptverhandlung, die dadurch fortgesetzt wird[3]. § 225 ist auf ihn nicht anwendbar.

### 2. Anordnung des Gerichts

**4**      a) Ein **Beschluß des Gerichts** in der für die Entscheidungen außerhalb der Hauptverhandlung vorgesehenen Besetzung — und nicht etwa der Vorsitzende nach § 219 oder § 238 Abs. 1 — ordnet den richterlichen Augenschein durch einen ersuchten oder beauftragten Richter an[4]. Der Beschluß kann vor oder in der Hauptverhandlung ergehen und mit der Vornahme des Augenscheins ein Mitglied des erkennenden Gerichts beauftragen oder einen Richter oder eine dafür zuständige ausländische Stelle darum ersuchen (RGSt **20** 149). Im übrigen gilt das bei § 223 Ausgeführte auch hier.

**5**      b) Das Gericht entscheidet nach **pflichtgemäßem Ermessen,** ob es einen Augenschein zur Vorbereitung der Hauptverhandlung anordnen will. Anders als bei § 223 ist die Anordnung nicht davon abhängig, daß der Augenschein nicht oder nur mit großen

---

[2] Die Motive (180) führten aus: Das Gesetz erachte „es keineswegs für unzulässig, daß das erkennende Gericht sich, in Begleitung der Staatsanwaltschaft und des Angeklagten, selbst an Ort und Stelle begebe, um unmittelbar den Augenschein einzunehmen, und, wo eine solche Maßregel ausführbar ist, wird sie sogar, der Unmittelbarkeit der Anschauung wegen, vor der Augenscheinseinnahme durch einen beauftragten Richter den Vorzug verdienen. Sie wird indes nur dann, wenn der zu besichtigende Ort oder Gegenstand sich in der Nähe des Orts des Gerichts befindet, und folglich nur selten ausführbar sein."

[3] BGHSt **3** 191.

[4] OLG Celle NJW **1957** 1812; KMR-*Paulus* 11.

Schwierigkeiten in der Hauptverhandlung durchführbar wäre. Wie bereits bei Rdn. 1 ausgeführt, kann sich das Gericht unbeschadet seiner Aufklärungspflicht von Zweckmäßigkeitsgründen leiten lassen[5], sofern nicht Gründe der Beweissicherung die unverzügliche Durchführung gebieten. Die Voraussetzungen des § 223 müssen dagegen insoweit vorliegen, als mit dem Augenschein eine kommissarische Zeugeneinvernahme verbunden werden soll.

**3.** Die **Durchführung des Augenscheins** vor dem ersuchten oder beauftragten **6** Richter nimmt ebenso wie die Beweisaufnahme auf Grund einer Anordnung nach § 223 der Sache nach einen Teil der Beweiserhebung aus der Hauptverhandlung heraus. Damit die Rechte des Verfahrensbeteiligten dadurch nicht verkürzt werden, bestimmt § 225 ausdrücklich, daß § 224 anzuwenden ist. Die dort in Absatz 1 vorgesehenen Benachrichtigungspflichten einschließlich der Pflicht zur Vorlage des Protokolls greifen hier ebenfalls Platz.

Das **Recht auf Anwesenheit** beim Augenschein folgt aus § 168 d und wird nur bei **7** einem in Haft befindlichen Angeklagten durch § 224 Abs. 2 eingeschränkt. Der Angeklagte kann nach Maßgabe von § 168 d Abs. 2 verlangen, daß das Gericht einen von ihm vorgeschlagenen **Sachverständigen** zum Augenscheinstermin lädt, und er ist berechtigt, ihn im Weigerungsfall selbst zu laden. Wegen der Einzelheiten wird auf die Erläuterungen zu diesen Vorschriften verwiesen.

Das über den Augenschein aufzunehmende **Protokoll** muß den Anforderungen **8** der §§ 86 und 168 a genügen. Es ist den Verfahrensbeteiligten gemäß § 224 Abs. 1 Satz 3 vorzulegen[6].

**4. Auftragsloser Augenschein durch ein Mitglied des erkennenden Gerichts.** Hat **9** ein Mitglied des erkennenden Gerichts vor der Hauptverhandlung ohne Auftrag und ohne Beachtung der im § 225 vorgeschriebenen Form für sich allein eine Ortsbesichtigung vorgenommen, so kann die Revision auf diese Tatsache nur gestützt werden, wenn das Urteil auf dem formlosen Augenschein beruht, wenn also ein mitwirkender Richter sein bei dem Augenschein gewonnenes privates Wissen bei der Urteilsfindung in unzulässiger Weise verwertet hat. Das geschieht noch nicht dadurch, daß die private Ortsbesichtigung den Richter befähigt, in der Hauptverhandlung sachgerechte Fragen zu stellen und Vorhalte zu machen[7]. Doch darf die bei der Ortsbesichtigung gewonnene Erkenntnis ebenso wie anderes privates Wissen nicht unmittelbar zur Grundlage des Urteils dienen[8].

**5. Verwertung des Ergebnisses in der Hauptverhandlung.** Die über den kommissa- **10** rischen Augenschein aufgenommene Niederschrift ist durch Verlesen in die Hauptverhandlung einzuführen (§ 249 Abs. 1 Satz 2). Unterlaufen bei der Einnahme des Augenscheins durch den beauftragten oder ersuchten Richter Fehler, werden insbesondere die Benachrichtigungspflichten des § 224 versäumt, so gilt für die Frage der Heilung solcher Mängel durch Verzicht oder nachträgliches Einverständnis das Gleiche wie bei

---

[5] *Eb. Schmidt* 2; KMR-*Paulus* 11; vgl. *Alsberg/Nüse/Meyer* 224.

[6] KK-*Treier* 4; *Kleinknecht/Meyer* 1; KMR-*Paulus* 12.

[7] RGSt **26** 272; *Kleinknecht/Meyer* 4; KMR-*Paulus* 8.

[8] RG DRiZ **1927** Nr. 835; BGH bei *Dallinger* MDR **1966** 383; OLG Celle GA **1954** 316; OLG Hamburg NJW **1952** 1271; vgl. auch BGHSt **2** 3; **3** 187; ferner die Erl. zu § 261.

§ 224. Ist der Mangel nicht geheilt, steht er der Verwertung der Niederschrift entgegen. Wird wegen solcher Mängel der Antrag gestellt, daß das erkennende Gericht die Einnahme des Augenscheins in der Hauptverhandlung wiederhole, wird ein solcher Antrag regelmäßig nicht gemäß § 244 Abs. 5 ablehnbar sein.

**11**    Die vor der Hauptverhandlung ordnungsgemäß durchgeführte Einnahme des Augenscheins wird allerdings meist erlauben, einen darauf gerichteten Antrag gemäß § 244 Abs. 5 abzulehnen[9], sofern nicht die Aufklärungspflicht die Wiederholung gebietet.

**12**    **6. Außerhalb des Gerichtsbezirks** bedarf die Einnahme des Augenscheins durch den beauftragten Richter der Zustimmung des örtlich zuständigen Amtsrichters gemäß § 166 GVG, es sei denn, es liegt Gefahr im Verzug vor[10].

### 7. Rechtsbehelfe

**13**    a) Der **Beschwerde** gegen den Beschluß, der die Einnahme eines kommissarischen Augenscheins nach § 225 anordnet, steht § 305 entgegen: Gleiches gilt in der Regel auch für den ablehnenden Beschluß; eine Ausnahme ist allenfalls bei drohendem Beweismittelverlust zu machen (vgl. § 223 Rdn. 43).

**14**    b) Mit der **Revision** kann unter dem Gesichtspunkt der Verletzung der Aufklärungspflicht die Ablehnung eines kommissarischen Augenscheins nur gerügt werden, wenn dieser in der Hauptverhandlung nicht mehr nachholbar ist. Umgekehrt kann in besonders gelagerten Fällen die Aufklärungspflicht auch dadurch verletzt worden sein, daß sich das Gericht mit dem Ergebnis des kommissarischen Augenscheins begnügt hat, obwohl die Umstände zu einer Wiederholung drängten. Die Verletzung der Benachrichtigungspflicht und des Anwesenheitsrechts beim Augenschein kann im gleichen Umfang gerügt werden wie bei § 224 (vgl. dort Rdn. 31 ff).

## § 225 a

(1) [1]Hält ein Gericht vor Beginn einer Hauptverhandlung die sachliche Zuständigkeit eines Gerichts höherer Ordnung für begründet, so legt es die Akten durch Vermittlung der Staatsanwaltschaft diesem vor; § 209 a Nr. 2 Buchstabe a gilt entsprechend. [2]Das Gericht, dem die Sache vorgelegt worden ist, entscheidet durch Beschluß darüber, ob es die Sache übernimmt.

(2) [1]Werden die Akten von einem Strafrichter oder einem Schöffengericht einem Gericht höherer Ordnung vorgelegt, so kann der Angeklagte innerhalb einer bei der Vorlage zu bestimmenden Frist die Vornahme einzelner Beweiserhebungen beantragen. [2]Über den Antrag entscheidet der Vorsitzende des Gerichts, dem die Sache vorgelegt worden ist.

(3) [1]In dem Übernahmebeschluß sind der Angeklagte und das Gericht, vor dem die Hauptverhandlung stattfinden soll, zu bezeichnen. [2]§ 207 Abs. 2 Nr. 2 bis 4, Abs. 3, 4 gilt entsprechend. [3]Die Anfechtbarkeit des Beschlusses bestimmt sich nach § 210.

(4) [1]Nach den Absätzen 1 bis 3 ist auch zu verfahren, wenn das Gericht vor Beginn der Hauptverhandlung einen Einwand des Angeklagten nach § 6 a für begründet hält und eine besondere Strafkammer zuständig wäre, der nach § 74 e des Gerichtsverfassungsgesetzes der Vorrang zukommt. [2]Kommt dem Gericht, das die Zuständigkeit einer ande-

---

[9] *Eb. Schmidt* 2.                       [10] Vgl. die Erl. zu § 166 GVG.

ren Strafkammer für begründet hält, vor dieser nach § 74 e des Gerichtsverfassungsgesetzes der Vorrang zu, so verweist es die Sache an diese mit bindender Wirkung; die Anfechtbarkeit des Verweisungsbeschlusses bestimmt sich nach § 210.

**Entstehungsgeschichte.** § 225 a ist durch Art. 1 Nr. 18 StVÄG 1979 eingefügt worden. Die aus dem Regierungsentwurf (BTDrucks. 8 976) unverändert übernommene Vorschrift bildet einen Teil der mit diesem Gesetz erstrebten Neuregelung der Zuständigkeitskonflikte, vor allem der Abgabe bei fehlender sachlicher Zuständigkeit, bei Zuständigkeit der Jugendgerichte oder bei Zuständigkeit eines Spezialspruchkörpers (vgl. §§ 6 a, 209, 209 a, 270 Abs. 1; § 74 ff GVG; §§ 39, 40, 41, 47 a, 102, 103 Abs. 2, 109 JGG).

**Übergangsregelungen** enthält Art. 8 Abs. 6, 7 StVÄG 1979 für die Verfahren, bei denen das Hauptverfahren vor dem 1. 1. 1979 bereits eröffnet war und für das Rechtsmittelverfahren.

*Übersicht*

# I. Zweck und Anwendungsbereich

**1. Zweck.** § 225 a stellt klar, daß nach Eröffnung des Hauptverfahrens die Ab- **1** gabe des Verfahrens an das zuständige Gericht höherer Ordnung nicht nur in der Hauptverhandlung nach § 270, sondern auch außerhalb dieser möglich ist. Das Gesetz übernimmt damit die neuere Rechtsprechung des Bundesgerichtshofs[1], der aus Gründen

---

[1] BGHSt **18** 290; **25** 309.

Walter Gollwitzer

der Verfahrensökonomie eine solche Abgabe praeter legem und entgegen der früher herrschenden Meinung[2] zugelassen hatte.

**2**     Die Regelung gilt für die Abgabe an die **Gerichte höherer sachlicher Zuständigkeit,** die Abgabe an **Jugendgerichte** und an die **besonderen Strafkammern** nach § 74 Abs. 2, §§ 74 a, 74 c GVG. Sie soll in Verbindung mit anderen Vorschriften (insbes. §§ 6 a, 209, 209 a, 270; § 74 GVG; §§ 47 a, 103 Abs. 2 Satz 3 JGG) eine schnelle Bereinigung der Zuständigkeitszweifel ermöglichen[3]. Den Grundsatz, daß nach Eröffnung des Hauptverfahrens die Sache nicht mehr an ein Gericht niederer Ordnung abgegeben werden darf (§ 269), behält § 225 a Abs. 1 bei. Er gestattet nur die Vorlage bei Gerichten höherer Ordnung und bei den kraft der Fiktion des § 209 a Nr. 2 Buchst. a diesen gleichgestellten gleichrangigen Jugendgerichten, nicht aber die Verweisung an ein Gericht niedrigerer Ordnung. Eine Ausnahme macht insoweit lediglich Absatz 4, der bei entsprechendem Einwand auch die Verweisung an eine nach § 74 e GVG nachrangige Strafkammer zuläßt.

**3**     Gleichzeitig regelt § 225 a **Verfahren** und **Wirkung** der Abgabe. Insoweit hatte die in richterlicher Rechtsfortbildung entstandene Rechtslage bisher einigen Zweifeln Raum gelassen[4]. Inhaltlich lehnt sich die Regelung eng an den gleichzeitig geänderten § 270 Abs. 1 an, sie entspricht ihm jedoch wegen der anderen Verfahrenslage nicht in allen Punkten.

### 2. Anwendungsbereich

**4**     a) **Abgabe nach Eröffnung.** § 225 a schließt die Lücke zwischen der vor Eröffnung der Hauptverhandlung bestehenden Möglichkeit der Abgabe nach §§ 209, 209 a und der Abgabe nach Beginn der Hauptverhandlung nach § 270. Das **Gericht kann** nach § 225 a verfahren, wenn sich nach der Eröffnung des Hauptverfahrens außerhalb der Hauptverhandlung die nach § 6 in jeder Lage des Verfahrens von Amts wegen zu beachtende sachliche Zuständigkeit eines Gerichts höherer Ordnung oder eines Jugendgerichts ergibt oder wenn nach § 6 a Satz 3 der Einwand des Angeklagten durchgreift, daß für das Verfahren eine besondere Strafkammer (§ 74 Abs. 2, §§ 74 a, 74 c GVG) zuständig oder deren Zuständigkeit zu Unrecht angenommen worden ist.

**5**     b) Mit **Beginn der Hauptverhandlung,** also mit dem Aufruf der Sache (§ 243 Abs. 1 Satz 1), wird § 225 a **unanwendbar.** Das Verfahren kann dann nur nach § 270 an ein Gericht höherer Ordnung, ein Jugendgericht oder an eine Spezialstrafkammer (§ 74 e GVG) verwiesen werden. Nach **Abschluß der Hauptverhandlung** wird die Abgabe nach § 225 a wieder zulässig, wenn das Verfahren in ihr nicht für die Instanz erledigt wird, sondern auf Grund einer Aussetzung anhängig bleibt. Absatz 1 Satz 1 bringt dies dadurch zum Ausdruck, daß er die Abgabe vor Beginn *einer* Hauptverhandlung zuläßt[5]. Eine Abgabe ist selbst dann noch möglich, wenn das Verfahren nach Aufhebung des Urteils vom Rechtsmittelgericht in die Instanz zurückverwiesen worden ist.

**6**     c) Im **Berufungsverfahren** ist § 225 a nach jetzt wohl vorherrschender Ansicht[6] im Verhältnis zwischen den Berufungskammern entsprechend anwendbar, auch wenn er in

---

[2] BGHSt **6** 109; RGSt **52** 306; **62** 271; zum Problem vgl. *Rieß* GA **1976** 15.

[3] *Katholnigg* NJW **1978** 2375; *Rieß* NJW **1978** 2266.

[4] Begr. BTDrucks. **8** 976 S. 48.

[5] Begr. BTDrucks. **8** 976 S. 48.

[6] OLG Stuttgart MDR **1982** 252; OLG Düsseldorf JR **1982** 514 mit Anm. *Rieß*; *Meyer-Goßner* NStZ **1981** 172; KK-*Treier* 4; **a. A.** OLG München JR **1980** 77 mit abl. Anm. *Rieß*; sowie KMR-*Paulus* § 209 a, 3; vgl. § 6 a, 26.

§ 323 Abs. 1 Satz 1 — wohl aus Versehen — nicht eingefügt wurde. Für die analoge Anwendung spricht, daß damit Zuständigkeitszweifel (zwischen Straf- und Wirtschaftskammer) auf einfachem Weg behoben werden können. Hat das Erstgericht seine Zuständigkeit zu Unrecht angenommen, muß das Berufungsgericht unter Aufhebung des Ersturteils die Sache an das zuständige Gericht verweisen (§ 328 Abs. 3).

**d)** § 225 a ist weder bei Fehlen der **örtlichen Zuständigkeit** anwendbar noch bei **ge-** 7 **schäftsplanmäßiger Zuständigkeit** eines gleichartigen Spruchkörpers. Wegen des Verfahrens nach Erhebung des Einwands der örtlichen Unzuständigkeit vgl. § 16, 10; wegen der Abgabe an den nach dem Geschäftsplan zuständigen Spruchkörper vgl. die Erläuterungen bei §§ 209, 7 ff und 270.

## II. Abgabe an ein Gericht höherer Ordnung (Absatz 1)

**1. Voraussetzung** für die Abgabe ist, daß sich die sachliche **Zuständigkeit eines** 8 **Gerichts höherer Ordnung** (zur Rangfolge vgl. § 2, 11 ff; § 209, 11) ergibt. Unerheblich ist insoweit, ob bei Erlaß des Eröffnungsbeschlusses die fehlende sachliche Zuständigkeit übersehen wurde oder ob sie erst nachträglich durch neu zutage getretene Umstände oder auf Grund einer geänderten Rechtsauffassung erkannt worden ist.

Die Vorlage beim Gericht höherer Ordnung nach Absatz 1 setzt **keinen Antrag** 9 voraus. Weder muß die Staatsanwaltschaft ihren in der Anklage enthaltenen Antrag auf Eröffnung vor einem bestimmten Gericht ändern, noch muß der Angeklagte — anders als in den Fällen des Absatzes 4 — den Einwand der Unzuständigkeit erheben. Die fehlende sachliche Zuständigkeit ist in jeder Lage des Verfahrens von Amts wegen zu prüfen (§ 6). Dies unter Hinweis auf aufgetretene Zweifel anzuregen, steht allen Verfahrensbeteiligten, vor allem der Staatsanwaltschaft, frei.

Die Aburteilung ist dem Gericht höherer Ordnung vorbehalten, wenn der **hinrei-** 10 **chende Verdacht** besteht, daß die angeklagte Tat — und zwar der historische Vorgang im Sinn des § 264 — den Tatbestand einer in seine Zuständigkeit fallenden Straftat erfüllt, sofern die Verurteilung wegen dieser Tat mit der von § 203 vorausgesetzten Wahrscheinlichkeit (vgl. § 203, 6 ff) zu erwarten ist. Die Kognitionsbefugnis des mit der Sache befaßten Gerichts entfällt erst bei Überschreiten dieser Verdachtsschwelle. Wegen der Einzelheiten wird auf die Erläuterungen zu § 270 verwiesen.

Bei **Zuständigkeit des Jugendgerichts** ist von den für die allgemeinen Strafsachen 11 zuständigen Gerichten in gleicher Weise zu verfahren. Dies zeigt die Verweisung auf § 209 a Nr. 2 Buchst. a, der die Jugendgerichte hinsichtlich der Entscheidung, ob Sachen nach § 33 Abs. 1, § 103 Abs. 2 Satz 1 und § 107 JGG vor die Jugendgerichte gehören, den Gerichten höherer Ordnung gleichstellt (vgl. § 209 a, 3; 19 ff). Eine Vorlage zur Entscheidung über die Übernahme ist in diesen Fällen also nicht nur bei den Jugendgerichten möglich, die schon ihrer gerichtsverfassungsmäßigen Einordnung nach Gerichte höherer Ordnung sind, sondern auch bei Jugendgerichten gleicher Ordnung, also etwa vom Schöffengericht an das Jugendschöffengericht. Wegen der Einzelheiten wird auf die Erläuterungen zu § 209 a Nr. 2 Buchst. a verwiesen. Für die Jugendgerichte besteht im umgekehrten Falle nach der Eröffnung grundsätzlich keine Abgabemöglichkeit mehr (§ 47 a JGG)[7]. Werden Verfahren gegen Jugendliche und Erwachsene verbunden, sind grundsätzlich die Jugendgerichte zuständig, es sei denn, die Erwachsenensache ge-

---

[7] Vgl. § 209 a, 19 ff; KK-*Treier* 5.

hört zur Zuständigkeit der Wirtschafts- oder Staatsschutzstrafkammer (§ 103 JGG; wegen der Einzelheiten vgl. bei § 209, 6; 11; 44; § 209 a, 19 ff.).

**12**      Soweit § 209 a Nr. 2 Buchst. b auch eine Abgabe bei **Jugendschutzsachen** ermöglicht, ist er bei § 225 a nicht anwendbar. Angesichts der gleichwertigen Zuständigkeit von Jugendgerichten und Erwachsenengerichten in diesen Sachen besteht nach der Eröffnung des Hauptverfahrens kein Grund, eine Zuständigkeitsveränderung zuzulassen[8].

**13**      2. **Vorlagebeschluß.** Die **Vorlage** bei dem zuständigen Gericht höherer Ordnung bzw. bei dem zuständigen Jugendgericht beschließt das **Gericht,** vor dem das Verfahren eröffnet ist, in der für Entscheidungen außerhalb der Hauptverhandlung geltenden Besetzung. Es handelt sich trotz Fehlens einer unmittelbar verfahrensändernden Wirkung (vgl. Rdn. 19, 30) um eine auch sonst (vgl. §§ 209 a, 270) dem Gericht vorbehaltenen Entscheidung, mit der es seine Unzuständigkeit bejaht und zum Ausdruck bringt, daß es an der Ansicht des Eröffnungsbeschlusses, es sei zur Durchführung der Hauptverhandlung zuständig (§ 270 Abs. 1), nicht mehr festhalten will. Die Verfügung, mit der der Vorlagebeschluß ausgeführt wird, mit der die Benachrichtigung der Verfahrensbeteiligten angeordnet und die Akten über die Staatsanwaltschaft dem um die Übernahme ersuchten Gericht vorgelegt werden, kann dagegen der Vorsitzende allein unterschreiben.

**14**      An **Form** und **Inhalt** des Vorlagebeschlusses stellt § 225 a keine besonderen Anforderungen, da er keine die Zuständigkeit verändernde Bedeutung hat (vgl. Rdn. 16, 30). Der Beschluß ist zu begründen; dies folgt zwar nicht aus § 34, wohl aber daraus, daß das vorlegende Gericht aufzeigen muß, daß und warum es nunmehr seine Zuständigkeit verneint und die des anderen Gerichts für gegeben hält[9].

**15**      Der Beschluß ist den Verfahrensbeteiligten formlos **mitzuteilen,** da hierdurch keine Frist in Lauf gesetzt wird (§ 35 Abs. 2). Lediglich wenn dem Angeklagten zugleich eine Frist für Beweisanträge nach Absatz 2 Satz 1 gesetzt wird, ist die Zustellung notwendig. Für die Mitteilung an die Staatsanwaltschaft genügt es, daß diese die Entscheidung zur Kenntnis erhält, wenn ihr die Akten zur Weiterleitung an das um Übernahme ersuchte Gericht zugeleitet werden.

**16**      Die **Anhörung** der Verfahrensbeteiligten schon vor Erlaß des Vorlagebeschlusses ist nicht notwendig. Sie kann angezeigt sein, damit das Gericht deren Sachvortrag bei seiner Entscheidung mit berücksichtigen kann. Der Vorlagebeschluß ist jedoch noch nicht die Entscheidung über die Übernahme selbst, sondern nur ein darauf gerichteter Antrag des zunächst mit der Sache befaßten Gerichts. Den Erfordernissen des rechtlichen Gehörs genügt es, wenn die Verfahrensbeteiligten vor der Entscheidung über die Übernahme nach Absatz 1 Satz 2 Gelegenheit zur Äußerung erhalten. Es ist zweckmäßig, wenn bereits der Vorsitzende des um Übernahme nachsuchenden Gerichts im Rahmen seiner Leitungsbefugnisse hierfür eine Frist setzt, die angemessen sein muß, um eine der Verfahrenslage entsprechende Äußerung zu ermöglichen.

**17**      3. Die **Vorlage** der Akten **über die Staatsanwaltschaft** schreibt Absatz 1 Satz 1 ausdrücklich vor. Damit sichert der Gesetzgeber die Einschaltung der Staatsanwaltschaft in das sich zwischen den Gerichten abspielende Verfahren und gibt ihr Gelegenheit, gegenüber dem Gericht, das über die Übernahme entscheidet, zur Zuständigkeitsfrage Stellung zu nehmen. Ist für das Gericht, das das Verfahren übernehmen soll, eine andere Staatsanwaltschaft zuständig, so sendet die für das abgebende Gericht und damit

---

[8] Begr. BTDrucks. **8** 976 S. 68; KK-*Treier*     [9] KK-*Treier* 7; *Kleinknecht/Meyer* 4.
2; *Kleinknecht/Meyer* 21.

für das Verfahren zunächst noch zuständige Staatsanwaltschaft die Akten an diese und nicht unmittelbar an das um Übernahme ersuchte Gericht. Die Stellungnahme gegenüber dem ersuchten Gericht ist dann Sache dieser Staatsanwaltschaft[10]. Zur Vorlage in Staatsschutzsachen vgl. § 209, 45.

Die Staatsanwaltschaft muß die Akten dem um Übernahme ersuchten Gericht **18** **vorlegen,** auch wenn sie die Rechtsauffassung des vorlegenden Gerichts nicht teilt und ein anderes Gericht für zuständig hält. Sie ist allerdings nicht gehindert, ihre abweichende Auffassung aktenkundig zu machen und entsprechende Anträge zu stellen. Eine ausdrückliche Antragstellung ist nicht zwingend vorgeschrieben, sie kann aber zur Eröffnung des Beschwerdeweges unter Umständen angezeigt sein (vgl. Rdn. 61).

### 4. Entscheidung über die Übernahme (Absatz 3)

**a) Zuständigkeit.** Die Entscheidung über die Übernahme obliegt dem **Gericht hö- 19 herer Ordnung,** dem die Sache vorgelegt wird. Dabei haben kraft Fiktion des § 209 a Nr. 2 Buchst. a auch die gleichrangigen Jugendgerichte die Prüfungskompetenz der Gerichte höherer Ordnung.

Die Entscheidung über die Übernahme ergeht durch **Beschluß** des Gerichts in **20** der für die Entscheidungen außerhalb der Hauptverhandlung vorgesehenen Besetzung. Vor seinem Erlaß sind die Verfahrensbeteiligten zu hören (§ 33 Abs. 2, 3); vgl. Rdn. 16.

**b) Übernahmebeschluß.** Wird das **Verfahren übernommen,** so muß dieser Be- **21** schluß gemäß Absatz 3 Satz 1 den Angeklagten und das Gericht, vor dem die Hauptverhandlung nunmehr stattfinden soll, bezeichnen; denn nur insoweit wird der in seiner Wirkung fortbestehende Eröffnungsbeschluß nach § 207 Abs. 1 abgewandelt. Gleichzeitig wird damit klargestellt, daß es keines neuen Eröffnungsbeschlusses und keiner neuen Entscheidung über die Eröffnung vor dem nunmehr zuständigen Gericht bedarf. Das Hauptverfahren ist vielmehr bereits mit der Zulassung der ursprünglichen Anklage eröffnet und der angeklagte Lebenssachverhalt der richterlichen Kognition unterstellt worden. Daran ändert die Übernahme nichts[11].

Das übernehmende Gericht darf den **hinreichenden Tatverdacht** hinsichtlich der **22** zugelassenen Anklage nicht mehr verneinen[12]; nur hinsichtlich der zusätzlichen Umstände, die seine Zuständigkeit begründen sollen, muß es prüfen, ob sich der hinreichende Verdacht auch hierauf erstreckt[13]. In der **rechtlichen Würdigung** des angeklagten Lebenssachverhalts (Tat i. S. des § 264) ist das übernehmende Gericht dagegen frei. Es kann den Eröffnungsbeschluß im Übernahmebeschluß in entsprechender Anwendung des § 207 Abs. 2 Nr. 3 ändern oder auch die Verfolgung nach § 207 Abs. 2 Nrn. 2 und 4 beschränken oder wieder erweitern.

Die **Begründung** des Übernahmebeschlusses muß deutlich ergeben, wieweit hin- **23** sichtlich des Verfahrensgegenstands durch die Übernahme Änderungen eintreten. Soweit nunmehr Tatsachen für die Beurteilung der angeklagten Tat (§ 264) in den Vordergrund treten, die der Anklagesatz nicht herausstellt, muß der Übernahmebeschluß diese ebenso hervorheben wie eine vom Eröffnungsbeschluß abweichende rechtliche Würdigung. „Beide Beschlüsse müssen zusammen in zweifelsfreier Form erkennen lassen, welches Gericht welchen Tatvorwurf mit welcher (vorläufigen) rechtlichen Würdigung abzuurteilen hat"[14].

---

[10] KK-*Treier* 9.
[11] *Kleinknecht/Meyer* 13.
[12] Begr. BTDrucks. **8** 976 S. 48; KK-*Treier* 10.
[13] BGHSt **29** 348.
[14] Begr. BTDrucks. **8** 976 S. 49.

Walter Gollwitzer

**24**     Im übrigen muß die Begründung des Übernahmebeschlusses insoweit den **gleichen Anforderungen** genügen wie ein Eröffnungsbeschluß in den Fällen des § 207 Abs. 2 Nrn. 2 bis 4 (vgl. dazu § 207, 15 ff). Im Falle des § 207 Abs. 2 Nr. 2 kann das übernehmende Gericht die Staatsanwaltschaft auch auffordern, eine **neue Anklageschrift** einzureichen, denn § 207 Abs. 3 ist ebenfalls entsprechend anwendbar.

**25**     **c) Ablehnender Beschluß.** Lehnt das Gericht die Übernahme ab, muß es in der Begründung des ablehnenden Beschlusses dartun, aus welchen tatsächlichen oder rechtlichen Erwägungen es seine vom vorlegenden Gericht angenommene Zuständigkeit verneint. Das Gericht muß die Übernahme auch ablehnen, wenn es ein drittes Gericht für zuständig hält; keinesfalls darf es die Sache von sich aus dorthin weiterleiten[15].

**26**     **d) Bekanntgabe.** Der Übernahmebeschluß ist dem Angeklagten **zuzustellen,** weil er ein anderes Gericht für zuständig erklärt und in der Regel den Eröffnungsbeschluß auch materiell-rechtlich ändert (vgl. bei § 270). § 215 erscheint insoweit analog anwendbar. Die Zustellung kann auch zu Händen des Verteidigers nach § 145 a Abs. 1 geschehen. Der Staatsanwaltschaft ist er mitzuteilen (§ 35 Abs. 2); einer Zustellung bedarf es insoweit nur, wenn die Staatsanwaltschaft wegen einer ihrem Antrag widersprechenden Übernahme ein Beschwerderecht (Rdn. 61) hat. Gleiches gilt für einen Nebenkläger (§ 397 Abs. 1; § 385).

**27**     Wenn die Staatsanwaltschaft zugleich mit der Übernahme aufgefordert wurde, eine **neue Anklageschrift** nachzureichen, ist diese nach Eingang dem Angeklagten ebenfalls zuzustellen.

**28**     Der die Übernahme **ablehnende Beschluß** ist den Verfahrensbeteiligten formlos mitzuteilen (§ 35 Abs. 2 Satz 2); hat jedoch die Staatsanwaltschaft die Übernahme beantragt, so ist er ihr zuzustellen (§ 35 Abs. 2 Satz 1), da sie dann die sofortige Beschwerde hat (Rdn. 64).

**29**     **e) Haftentscheidung.** Zugleich mit der Übernahme muß das übernehmende Gericht nach dem entsprechend anwendbaren § 207 Abs. 4 über die **Anordnung** oder **Fortdauer** der **Untersuchungshaft** oder der vorläufigen Unterbringung von Amts wegen neu entscheiden und diese Entscheidung ebenso wie bei § 207 Abs. 4 im gleichen Umfang wie sonstige Entscheidungen über die Haftprüfung begründen.

### 5. Wirkung des Übernahmebeschlusses

**30**     **a) Übergang des Verfahrens.** Mit Erlaß des Übernahmebeschlusses — und nicht etwa erst mit der nach Ablauf einer etwaigen Anfechtungsfrist (vgl. Rdn. 60 ff) eintretenden Bestandskraft dieses Beschlusses — geht das Verfahren im ganzen Umfang auf das übernehmende Gericht über. Grundsätzlich werden alle Entscheidungen im Strafverfahren bereits mit Erlaß wirksam (vgl. § 307, 1); daß der Übernahmebeschluß keine Ausnahme macht, zeigt der Übergang der Zuständigkeit für die Haftentscheidung nach Absatz 3 Satz 2, § 207 Abs. 4.

**31**     Mit der Übernahme wird das Hauptverfahren **bei dem übernehmenden Gericht** im vollen Umfang **anhängig**[16]. Es wird für Vorbereitung und Durchführung der Hauptverhandlung sowie für alle im Verfahren anfallenden Nebenentscheidungen, wie etwa die Entscheidungen über Haft und Beschlagnahme, statt des abgebenden Gerichts zuständig. Es handelt sich dabei um die Weiterführung des gleichen Hauptverfahrens

---

[15] KK-*Treier* 14; *Kleinknecht/Meyer* 14; KMR-*Paulus* 25.

[16] KK-*Treier* 17; *Kleinknecht/Meyer* 16; KMR-*Paulus* 27.

(vgl. bei §270); der ursprüngliche Eröffnungsbeschluß bestimmt, wenn auch in der Abwandlung, die er durch den Übernahmebeschluß erfahren hat, weiterhin den Gegenstand des Verfahrens (vgl. Rdn. 22). Dagegen legt er meist die rechtliche Würdigung, unter der die angeklagte Tat untersucht werden soll, neu fest. Will das übernehmende Gericht später davon abweichen, bedarf es eines Hinweises nach §265 selbst dann, wenn es zur ursprünglichen Auffassung des Eröffnungsbeschlusses zurückkehren will (vgl. bei §265).

**b)** Eine **Bindung** für das weitere Verfahren tritt durch die **Übernahmeentschei- 32 dung** nur insoweit ein, als §225a Abs. 1, §269 eine Verweisung an ein nachrangiges Gericht ausschließen (vgl. bei §270). Eine Weiterverweisung gemäß §225a oder §270 an ein Gericht höherer Ordnung oder an ein diesem gleichgestelltes vorrangiges Gericht ist jedoch möglich, ebenso bei entsprechendem Einwand eine nicht dem Rechtsgedanken des §269 unterfallende, bindende Verweisung an eine nachrangige Spezialstrafkammer (Absatz 4 Satz 2; §74e GVG)[17]. Im übrigen ist die Rechtslage nicht anders zu beurteilen als beim Verweisungsbeschluß nach §270. Bei den Jugendgerichten steht §47a JGG der späteren Rückverweisung selbst bei Trennung der Verfahren entgegen[18]; wegen der Ausnahmen vgl. §209a, 29.

Ein Beschluß, der die **Übernahme ablehnt**, schließt zwar aus, daß das Verfahren 33 bei unverändertem Sachstand nochmals dem gleichen Gericht zur Entscheidung über die Übernahme nach §225a vorgelegt wird, denn insoweit hat das dafür zuständige Gericht bereits negativ entschieden. Im übrigen aber verleiht das Gesetz, anders als bei Absatz 4 Satz 2, dem ablehnenden Beschluß keine bindende Wirkung für das weitere Verfahren. Die Entscheidung über die Übernahme nach §225a Abs. 1 Satz 2 ist ebenso wie die Bestimmung des zuständigen Gerichts bei der Eröffnung eine auf einer noch nicht gesicherten Tatsachengrundlage getroffene vorläufige Entscheidung, die späteren Zuständigkeitskorrekturen zugänglich bleibt. Sie hindert das Gericht nicht, das Verfahren auf Grund der in der Hauptverhandlung gewonnenen neuen Erkenntnisse nach §270 erneut an das Gericht zu verweisen, das die Übernahme nach Absatz 1 Satz 2 abgelehnt hat. Noch weniger schließt sie eine entsprechende Verweisung durch das Rechtsmittelgericht (§328 Abs. 3, §355) aus. Der Abgabe an ein anderes Gericht — etwa auf Grund des Absatzes 4 nach Erhebung eines begründeten Einwands nach §6a — steht die ablehnende Entscheidung nach Absatz 1 Satz 2 ohnehin nicht entgegen.

### 6. Einzelne Beweiserhebungen (Absatz 2)

**a)** Das **Recht des Angeklagten,** wegen der Veränderung der Verfahrenslage auf 34 die Erhebung einzelner Beweise noch vor der Hauptverhandlung hinzuwirken, bringt Absatz 2 dadurch zum Tragen, daß er in Anlehnung an §270 Abs. 4 hierfür die Bestimmung einer Frist vorschreibt. Diese ergänzende Sachverhaltserforschung dient der Vorbereitung der Hauptverhandlung, vor allem der Klärung, ob weitere Beweismittel vorhanden sind, die zur Hauptverhandlung beigezogen werden müssen. Das Beweisbenennungsrecht soll den Angeklagten in die Lage versetzen, die Ausgangsposition seiner Verteidigung in der Hauptverhandlung zu verbessern und der neuen Verfahrenslage anzupassen. Insoweit beruht die Regelung auf ähnlichen Überlegungen wie etwa §265 Abs. 3, 4. Ein Teil des Schrifttums sieht den Zweck der Regelung auch darin, daß der An-

---

[17] Begr. BTDrucks. **8** 976 S. 57; KK-*Treier* 18.

[18] BGHSt **30** 260; BayObLGSt **1980** 46 = NJW **1980** 2090; vgl. §209a, 20; 41.

Walter Gollwitzer

geklagte dem Gericht Beweismittel für die Tatsachen bezeichnet, die für die Entscheidung über die Übernahme von Bedeutung sind[19].

**35**    Die Regelung ist in Anlehnung an § 270 Abs. 4 auf die Anklagen zum **Strafrichter** und zum **Schöffengericht** beschränkt, also auf die Sachen von ursprünglich geringerer Bedeutung. Bei diesen erscheint es nicht durchweg gesichert, daß der angeklagte Sachverhalt auch unter den für die Verweisung an das höhere Gericht maßgebenden Gesichtspunkten bereits voll und umfassend aufgeklärt ist. Der nunmehr auftretende Verdacht einer bisher in der Anklage nicht angesprochenen schwereren Straftat, der in der Regel die Abgabe veranlassen wird, kann dem Angeklagten erstmalig Anlaß zu Beweisanträgen bieten, die er wegen des in der Anklage erhobenen Vorwurfes für entbehrlich halten durfte und die er deshalb nach § 201 Abs. 1 vor der Eröffnung nicht gestellt hat[20]. Ob Absatz 2 auch gilt, wenn der Strafrichter an den Jugendrichter oder das Schöffengericht an das Jugendschöffengericht abgeben will, könnte trotz der Gleichstellung der Jugendgerichte mit Gerichten höherer Ordnung (§ 209 a Nr. 2 Buchst. a) zweifelhaft sein, ist aber vom Regelungszweck her zu bejahen[21]. Die Behandlung als Jugendsache und die nunmehr in Frage kommende Anwendung des Jugendstrafrechts sind neue Gesichtspunkte, die ebenfalls Anlaß zu vorgezogenen Beweiserhebungen geben können, etwa, ob ein Heranwachsender einem Jugendlichen gleichzuachten ist. Im übrigen ist es dem Angeklagten unbenommen, auch ohne Fristsetzung unter Hinweis auf die veränderte Sachlage die Erhebung einzelner Beweise vor der Hauptverhandlung anzuregen[22].

**36**    Der **Antrag des Angeklagten** auf vorzeitige Erhebung einzelner Beweise ist an den Vorsitzenden des um Übernahme ersuchten Gerichts zu richten. Wird er beim vorlegenden Gericht eingereicht, etwa weil das Aktenzeichen des ersuchten Gerichts noch nicht bekannt ist, ist er an dieses weiterzuleiten[23]. Der Antrag muß nicht notwendig bereits den **Anforderungen** eines **Beweisantrages** im Sinne des § 244 voll entsprechen, auch wenn es ratsam ist, daß in ihm Beweisthema und Beweismittel genau bezeichnet werden. Anregungen zur weiteren Aufklärung des Sachverhalts durch Verwendung bestimmter Beweismittel sind ebenfalls möglich und für die Entscheidung über die Beweiserhebung beachtlich[24]. Zweckmäßig, aber nicht erforderlich ist ferner, daß zur Begründung des Antrags zusätzlich zur Beweiserheblichkeit auch dargetan wird, warum eine Beweiserhebung vor der Hauptverhandlung geboten erscheint.

**37**    b) Die **Bestimmung der Frist** für den Antrag auf Erhebung einzelner Beweise ist bereits dem vorlegenden Gericht aufgetragen worden, obwohl in diesem Zeitpunkt die Übernahme noch offen ist. Im Interesse der Verfahrensbeschleunigung sollte dies nicht erst dem Vorsitzenden des übernehmenden Gerichts überlassen bleiben[25].

**38**    Die Frist ist **bei der Vorlage** (Absatz 2 Satz 1) zu bestimmen, also nicht notwendig dem die Vorlage anordnenden Beschluß selbst. Letzteres ist jedoch zweckmäßig, da dann nur ein einziger Beschluß dem Angeklagten zuzustellen ist. Andernfalls muß

---

[19] KK-*Treier* 21; KMR-*Paulus* 18; *Kleinknecht/Meyer* 9. Anders *Alsberg/Nüse/Meyer* 366.

[20] *Alsberg/Nüse/Meyer* 365; KMR-*Paulus* 18.

[21] KK-*Treier* 20; *Kleinknecht*[35] 23; KMR-*Paulus* 18; a. A. *Alsberg/Nüse/Meyer* 366.

[22] *Kleinknecht/Meyer* 9.

[23] *Alsberg/Nüse/Meyer* 368; *Kleinknecht/Meyer* 11.

[24] **A. A.** *Alsberg/Nüse/Meyer* 367; es handelt sich hier jedoch nicht um eine Beweiserhebung ins Blaue hinein, sondern um Nachermittlungen zur besseren Vorbereitung der Hauptverhandlung. Wird das Gericht auf hierfür relevante Umstände oder Beweismittel hingewiesen, kann es vom Zweck her nicht entscheidend sein, ob dies in Form eines Beweis- oder nur eines Beweisermittlungsantrags geschieht, sondern nur, ob die Vorbereitung der Hauptverhandlung dadurch gefördert werden kann.

[25] Begr. BTDrucks. **8** 976 S. 48.

die Anordnung, die die Fristbestimmung enthält, gesondert förmlich zugestellt werden[26]. Ein besonderer Hinweis, daß die Beweisanträge an den Vorsitzenden des um Übernahme ersuchten Gerichts zu richten sind, ist bei Fristsetzung nicht vorgeschrieben[27]; im Einzelfall kann er zweckmäßig sein.

Die Erklärungsfrist muß **angemessen** sein. Der Angeklagte muß entsprechend **39** dem Umfang und der gestiegenen Bedeutung der Sache sowie unter Berücksichtigung seiner Verhältnisse (Haft, auswärtiger Wohnsitz usw.) ausreichend Zeit haben, anhand der Ausführungen des Vorlagebeschlusses, insbesondere der dort aufgegriffenen neuen Gesichtspunkte, zu prüfen und zu entscheiden, wieweit eine Beweiserhebung vor der Hauptverhandlung seiner Verteidigung förderlich ist[28]. Die Benennung der zu erhebenden Beweise kann im übrigen im Zusammenhang mit der Äußerung geschehen, mit der zur Übernahme des Verfahrens Stellung genommen wird (vgl. Rdn. 16).

Die Frist des Absatzes 2 Satz 1 ist eine **richterliche Frist,** die auf Antrag des Ange- **40** klagten verlängert werden kann. Ihre Überschreitung entbindet den Vorsitzenden nicht von der Verpflichtung, die dort geforderten Beweise zu erheben, wenn dies für das weitere Verfahren förderlich ist.

Ob das Gericht mit der Entscheidung über die Übernahme des Verfahrens bis **41** zum Ablauf einer etwaigen **Frist für die Beweisbenennung** zuzuwarten hat und ob der Vorsitzende mit der Beweiserhebung erst nach Erlaß der Übernahmeentscheidung beginnen darf[29], hängt von der Streitfrage ab, ob Zweck der Beweiserhebung die Entscheidung über die Übernahme oder aber die Förderung der Vorbereitung der Hauptverhandlung vor dem übernehmenden Gericht ist (Rdn. 34). Nur im ersteren Fall muß die Frist unbedingt abgewartet werden. Folgt man dagegen der zweiten Auffassung, so sollte zwar in der Regel die Entscheidung über die Übernahme nicht vor Fristablauf ergehen, da der Vortrag des Angeklagten insoweit auch für die Beurteilung der Übernahme wesentliche Gesichtspunkte enthalten kann. Scheitert die Übernahme dagegen schon aus Rechtsgründen, dient es der Verfahrensbeschleunigung, wenn die Übernahme schon vor Ablauf der Frist abgelehnt wird. Schließt allerdings die Frist für die Beantragung einzelner Beweiserhebungen zugleich eine für die Äußerung zur Übernahme nach § 33 Abs. 3 allgemein gesetzte richterliche Frist mit ein (Rdn. 16), dann muß deren Ablauf abgewartet werden, bevor über die Übernahme entschieden wird.

c) **Anhörung der Staatsanwaltschaft.** Diese ist zu den Anträgen auf Vornahme ein- **42** zelner Beweiserhebungen zu hören (§ 33 Abs. 2)[30].

d) **Entscheidung.** Der **Vorsitzende** des Gerichts, dem die Sache zur Entscheidung **43** über die Übernahme vorliegt, befindet über die beantragte Beweiserhebung nach **pflichtgemäßem Ermessen,** das sich daran zu orientieren hat, ob die beantragte vorherige Beweiserhebung zur Vorbereitung der Hauptverhandlung sachdienlich ist, etwa, indem sie Klarheit darüber verschafft, welche weiteren Beweismittel für die Hauptverhandlung verfügbar sind, wenn diese unter den für die Übernahme des Verfahrens maßgebenden Gesichtspunkten durchgeführt werden soll. Die Beweiserhebung nach Absatz 2 ist ihrer Zielsetzung nach keine umfassende, sie soll insbesondere nicht die Beweisaufnahme der durch die Eröffnung notwendig gewordenen Hauptverhandlung vorweg-

---

[26] *Alsberg/Nüse/Meyer* 367; KK-*Treier* 21.
[27] So aber *Kleinknecht* 11; KMR-*Paulus* 19; dagegen *Alsberg/Nüse/Meyer* 368.
[28] *Alsberg/Nüse/Meyer* 367; vgl. die Erl. zu § 270.

[29] *Alsberg/Nüse/Meyer* 369.
[30] *Alsberg/Nüse/Meyer* 369 hält § 33 Abs. 2 für nicht anwendbar, die Anhörung der Staatsanwaltschaft aber für zweckmäßig; zum strittigen Begriff Entscheidung vgl. § 33.

Walter Gollwitzer

nehmen, sondern sie nur vorbereiten. Es kommt also wie bei § 270 nicht nur auf die Beweiserheblichkeit der einzelnen Behauptung an, sondern vor allem darauf, ob die Beweiserhebung der Hauptverhandlung vorbehalten werden kann oder ob es für deren Durchführung förderlich ist, sie schon vorher durchzuführen, etwa um den Beweis zu sichern oder um die Möglichkeiten weiterer Sachaufklärung zu erforschen und so einer etwaigen Aussetzung der Hauptverhandlung vorzubeugen (vgl. bei § 270).

**44**     Die beantragte Beweiserhebung kann — auch wenn man hierin nicht ihren eigentlichen Zweck sieht — für die **Vorbereitung der Entscheidung über die Übernahme** mitverwendet werden. Da sich die Beweisanträge meist auf die neu hervorgetretenen Gesichtspunkte beziehen werden, die auch für die Entscheidung über die Übernahme ins Gewicht fallen, läßt sich beides nicht immer trennen. Das um Übernahme ersuchte Gericht hat ohnehin die Voraussetzungen für die Übernahme (vgl. Rdn. 22) in dem dafür erforderlichen Umfang von Amts wegen aufzuklären. Auch wenn es erst mit Erlaß des Übernahmebeschlusses für das Verfahren als solches zuständig wird (Rdn. 30), muß es für die zur Prüfung der Übernahme erforderlichen Erhebungen schon vorher als befugt gelten. Eine Beweiserhebung vor der Übernahme ist allerdings auf das unbedingt Notwendige zu beschränken, damit die für den Fortgang des Verfahrens wichtige Entscheidung über die Übernahme nicht unnötig verzögert wird.

**45**     Der Antrag auf vorherige Beweiserhebung muß **ausdrücklich beschieden** werden, und zwar so rechtzeitig vor der Hauptverhandlung, daß der Angeklagte sein weiteres Prozeßverhalten darauf einrichten, also die Ladung von Beweispersonen nach § 219 beantragen oder von seinem unmittelbaren Ladungsrecht nach § 220 Gebrauch machen kann. Dem Vorsitzenden ist es allerdings unbenommen, zugleich mit der Ablehnung der Beweiserhebung nach Absatz 2 die benannten Beweispersonen zur Hauptverhandlung zu laden oder die dort bezeichneten Beweisgegenstände herbeischaffen zu lassen (§§ 214, 221); ein Antrag nach § 219 liegt wegen der anderen Zielsetzung (Beweiserhebung vor der Hauptverhandlung) in der Regel im Antrag nach Absatz 2 nicht, er kann jedoch — eventuell auch hilfsweise — damit verbunden werden[31]. Zu prüfen ist jedoch immer, ob der Beweisantrag zur Sicherung des Beweises in der Hauptverhandlung nicht nach §§ 223, 225 zu behandeln ist (dazu Rdn. 48).

**46**     Einer **Begründung** bedarf die Entscheidung über den Antrag nur, soweit der Vorsitzende die beantragte Beweiserhebung ablehnt (§ 34). Dann müssen die dafür maßgeblichen rechtlichen oder tatsächlichen Gründe aufgezeigt werden. Die Ablehnung kann nach § 244 Abs. 3 darauf gestützt werden, das Beweismittel sei ungeeignet oder unerreichbar oder die Beweiserhebung ohne Bedeutung. Sie kann vor allem aber damit gerechtfertigt werden, daß die Beweiserhebung vor der Hauptverhandlung unter den gegebenen Umständen zu deren Vorbereitung nicht erforderlich ist und daß es dem Angeklagten unbenommen bleibt, in der Hauptverhandlung entsprechende Beweisanträge zu stellen oder nach § 220 zu verfahren. Soweit der Vorsitzende von sich aus die Ladung der benannten Beweispersonen zur Hauptverhandlung oder die Beibringung der Beweisgegenstände anordnet (§§ 214, 221), kann in der Ablehnung auch darauf hingewiesen werden. Im übrigen aber ist hier — ähnlich wie bei der Ablehnung eines Antrags nach § 219 — alles zu vermeiden, was bei dem Angeklagten den Eindruck erwecken könnte, daß der Vorsitzende eine bestimmte Sachbehandlung in der Hauptverhandlung zusichere. Eine Wahrunterstellung des Beweisthemas darf der Vorsitzende deshalb

---

[31] *Alsberg/Nüse/Meyer* 369; KK-*Treier* 22; *Kleinknecht/Meyer* 12 nehmen dagegen an, daß Anträge, die nicht die Übernahme des Verfahrens, sondern die Hauptverhandlung betreffen, nach § 219 zu behandeln sind. KMR-*Paulus* 20 nimmt dies für nicht fristgerecht eingereichte Anträge an.

ebensowenig zusagen wie bei der Entscheidung nach § 201 oder § 219; auch sonst hat jede Vorwegnahme der Beweiswürdigung zu unterbleiben[32]. Im übrigen aber können für die Ablehnung mangels Beweiserheblichkeit die Ablehnungsgründe des § 244 entsprechend angewendet werden.

e) Die **Durchführung der Beweiserhebung** ist dem Ermessen des Vorsitzenden **47** überlassen. Er kann die Beibringung von Beweisgegenständen anordnen und er kann auch Beweispersonen selbst vernehmen. In der Regel wird er allerdings im Wege der Rechtshilfe (§§ 156 ff GVG) das zuständige Amtsgericht darum ersuchen oder aber die Staatsanwaltschaft um die Durchführung der von ihm noch für erforderlich gehaltenen Erhebungen bitten; diese ist hierzu trotz der Eröffnung des Hauptverfahrens noch befugt[33].

f) Im **Sonderfall der Beweissicherung** nach § 223 gilt dagegen etwas anderes. Sind **48** dessen Voraussetzungen gegeben, so ordnet das Gericht und nicht der Vorsitzende nach § 225a Abs. 2 Satz 2 die kommissarische Vernehmung des verhinderten Zeugen oder Sachverständigen an[34]. Der Vorrang des § 223 gilt auch dann, wenn ein Antrag des Angeklagten nach § 225 a Abs. 2 die Beweissicherung auslöst. Gleiches gilt für die Anordnung des richterlichen Augenscheins nach § 225.

g) **Sonstige Erledigung.** Lehnt das Gericht die Übernahme ab, wird der nur für **49** den Fall der Übernahme gestellte **Antrag** auf Erhebung einzelner Beweise **gegenstandslos,** ein besonderer ablehnender Bescheid erübrigt sich[35]. Das mit der Sache weiterhin befaßte Gericht ist allerdings gehalten, das Vorbringen im Rahmen seiner Aufklärungspflicht bei der Vorbereitung der Hauptverhandlung zu beachten. Im übrigen ist es Sache des Angeklagten und seines Verteidigers, nach dem Scheitern der Übernahme auf diese Beweise zurückzukommen und entsprechende Anträge zu stellen, wenn sie die Beweise trotz der Ablehnung der Übernahme noch für wichtig halten.

## III. Abgabe bei Einwand der Zuständigkeit einer besonderen Strafkammer (Absatz 4)

1. **Einwand des Angeklagten.** Nach Eröffnung des Hauptverfahrens darf das Gericht nur noch auf Einwand des Angeklagten beachten (§ 6 a), daß es wegen der Zuständigkeit einer besonderen Strafkammer für das Verfahren an sich nicht zuständig ist. **50** Wird dieser Einwand außerhalb der Hauptverhandlung erhoben, so muß das Gericht, wenn es ihn für begründet hält (vgl. § 6 a, 10; § 209 a, 41), das Verfahren nach § 225 a Abs. 4 abgeben. Das Verfahren ist unterschiedlich, je nachdem, ob der um Übernahme ersuchten besonderen Strafkammer der Vorrang vor dem abgebenden Gericht zukommt oder ob sie ihm im Range nachsteht (§ 74 e GVG).

2. **Vorlage beim vorrangigen Gericht.** Die Vorlage der Akten **zur Prüfung der** **51** **Übernahme** nach Absatz 1 ist zu beschließen, wenn die besondere Strafkammer ohnehin das höherrangige Gericht ist oder wenn ihr, wie bei einer Abgabe zwischen Strafkammern nach § 74 e GVG, der Vorrang zukommt. In beiden Fällen richtet sich das Verfahren nach den Absätzen 1 bis 3. Daß in Absatz 4 Satz 1 auf Absatz 2 verwiesen wird, dürfte sachgerecht sein, da der Angeklagte dadurch Gelegenheit erhält, auf die Beizie-

---

[32] *Alsberg/Nüse/Meyer* 369; vgl. § 219, 13.    [34] *Alsberg/Nüse/Meyer* 368; KMR-*Paulus* 20.

[33] Vgl. die Erl. zu §§ 161, 202 und vor 213.    [35] *Alsberg/Nüse/Meyer* 369.

hung der für seine Verteidigung unter den neuen Gesichtspunkten geeigneten Beweismittel hinzuwirken[36]. Im übrigen gelten keine Besonderheiten. Das abgebende Gericht legt die Akten durch Vermittlung der Staatsanwaltschaft der um Übernahme ersuchten besonderen Strafkammer vor, die durch Beschluß darüber entscheidet, ob sie das Verfahren übernimmt. Wegen der Einzelheiten gelten die Erläuterungen zu den Absätzen 1 bis 3.

### 3. Verweisung an das nachrangige Gericht

**52**     **a)** Die **bindende Verweisung** an eine nachrangige Strafkammer ist dagegen vom abgebenden Gericht nach Absatz 4 Satz 2 zu beschließen, wenn es den Einwand nach § 6a insoweit für begründet erachtet. Die Befugnis zur bindenden Verweisung erklärt sich daraus, daß der nach § 74e vorrangigen Strafkammer nach § 209a die Kompetenz zur Eröffnung zukommt[37].

**53**     Die **Anhörung** der Staatsanwaltschaft und — soweit erforderlich — der anderen Verfahrensbeteiligten vor Erlaß des Verweisungsbeschlusses nach Absatz 2 Satz 2 richtet sich nach § 33 Abs. 2, 3. Der Angeklagte, dessen Einwand durchgreift, braucht deshalb in der Regel nicht nochmals dazu gehört werden.

**54**     Der **Verweisungsbeschluß** muß, auch wenn das Gesetz insoweit keine besonderen Vorschriften aufstellt, ebenso wie der Übernahmebeschluß nach Absatz 3 in seinem Tenor den Angeklagten und das Gericht bezeichnen, vor dem die Hauptverhandlung stattfinden soll. Soweit die verwiesene Tat (§ 264) rechtlich anders gewürdigt wird, ist auch dies entsprechend deutlich zu machen, wobei die Tatsachen hervorzuheben sind, die abweichend vom ursprünglichen Anklagesatz nunmehr auf Grund der anderen rechtlichen Würdigung entscheidungserheblich werden. Im übrigen muß die Begründung stets aufzeigen, woraus sich die Zuständigkeit der nachrangigen Strafkammer ergibt.

**55**     **b)** Der Verweisungsbeschluß ist der Staatsanwaltschaft **zuzustellen,** sofern diese ein Anfechtungsrecht hat (Rdn. 61 ff). Dem Angeklagten ist er trotz fehlender Anfechtungsmöglichkeit zuzustellen (Rdn. 26; vgl. bei § 270). Der nachrangigen Strafkammer, an die das Verfahren mit bindender Wirkung verwiesen ist, wird der Beschluß in der Regel zugleich mit der Übersendung der Akten zur Kenntnis gebracht. Die Einschaltung der Staatsanwaltschaft bei der Übermittlung der Akten schreibt Absatz 4 Satz 2 nicht vor, da er, anders als bei Absatz 4 Satz 1, nicht auf Absatz 1 Satz 1 verweist. Sie ist jedoch nicht verboten und — sofern nicht ein Grund zur besonderen Eile (z. B. anstehende Haftentscheidung) vorliegt — auch zweckmäßig.

### IV. Sonstige verfahrensrechtliche Fragen

**56**     **1. Keine Aufspaltung der Tat.** Die Übernahme des Verfahrens durch ein höheres Gericht nach Absatz 1 oder durch eine besondere Strafkammer nach Absatz 4 Satz 1 sowie die bindende Verweisung an eine nachrangige Strafkammer nach Absatz 4 Satz 2 sind immer **nur hinsichtlich der ganzen Tat** im Sinne des § 264 möglich[38]. Teile ein- und derselben Tat können nicht abgegeben werden, auch wenn sie materiell-rechtlich ver-

---

[36] KK-*Treier* 20; KMR-*Paulus* 18; **a. A.** *Alsberg/Nüse/Meyer* 366: Redaktionsversehen, wie Vergleich mit § 270 zeigt.

[37] Begr. BTDrucks. **8** 976 S. 49.

[38] Vgl. die Erl. zu § 264 und § 270.

schiedene, rechtlich selbständige Straftatbestände betreffen. Soweit das Verfahren vom abgebenden Gericht nach § 154 Abs. 2 wegen einer anderen Tat eingestellt worden ist, wird diese von der Abgabe nicht erfaßt; anders ist es bei einer Einstellung hinsichtlich abtrennbarer Teile der gleichen Tat nach § 154 a. Ein Verfahren, in dem mehrere Taten im Sinne des § 264 verbunden sind, kann dagegen auch nur wegen einer Tat zur Übernahme vorgelegt oder im Falle des Absatzes 4 Satz 2 bindend verwiesen werden. Insoweit gilt das gleiche wie bei § 270. Notwendig ist allerdings die Trennung des Verfahrens vor Übernahme oder Verweisung. Bei der Vorlage zur Übernahme sollte zwar grundsätzlich bereits das vorlegende Gericht die Verfahren trennen, jedoch wird man auch das übernehmende Gericht für befugt ansehen müssen, bei Vorlage des ganzen Verfahrens zur Übernahme dieses zu trennen und nur eine Tat (§ 264) zu übernehmen, im übrigen aber die Übernahme abzulehnen, wenn es die gleichzeitige Aburteilung der verbundenen Taten nicht für erforderlich hält. Ob das um Übernahme ersuchte Gericht seinerseits die Verfolgung nach § 154 a Abs. 2 beschränken und dann wegen der verbleibenden Straftaten die Übernahme ablehnen kann, ist strittig. Während im Schrifttum die Ansicht vorherrscht, daß eine solche Entscheidung erst nach Übernahme möglich und eine Zurückverweisung dann durch § 269 ausgeschlossen ist, hält BGHSt 29 34 eine solche Verfahrensweise unter Hinweis auf die prozeßökonomische Zweckmäßigkeit für zulässig[39]. Vor einer bindenden Verweisung an das nachrangige Gericht ist das verweisende Gericht dagegen befugt, die Gesetzesverletzungen, die seine Zuständigkeit begründet haben, nach § 154 a Abs. 2 auszuscheiden und dann die Sache an ein nachrangiges Gericht zu verweisen.

**2. Zuständigkeit für Nebenentscheidungen.** Für diese bleibt das vorlegende Gericht auch dann noch zuständig, wenn die Akten bereits dem um Übernahme ersuchten Gericht vorliegen. Dies gilt auch für die Haftkontrolle und für die mit dem Vollzug der Untersuchungshaft verbundenen Anordnungen. Es wird sich deshalb empfehlen, daß das Gericht bei der Vorlage dafür vorsorgt, daß es voraussichtlich anfallende Entscheidungen ohne Verzögerung treffen kann (Zurückbehaltung von Doppelstücken der Akten, Hinweis bei Vorlage usw.). Erst mit **Erlaß des Übernahmebeschlusses** (Rdn. 30) tritt das übernehmende Gericht auch hinsichtlich der Nebenentscheidungen an die Stelle des abgebenden. Soweit eine Änderung früherer Entscheidungen in Frage kommt, hat es von diesem Zeitpunkt an die gleichen Befugnisse wie das Gericht, vor dem ursprünglich eröffnet wurde. Bei einer Trennung eines verschiedene Taten im Sinne des § 264 umfassenden Verfahrens (Rdn. 56) ist, sofern sich dies nicht aus dem Haftbefehl ergibt, klarzustellen, für welches der getrennten Verfahren die Untersuchungshaft besteht. **57**

Bei der **bindenden Verweisung** nach Absatz 4 Satz 2 dürfte das Verfahren auf das neue Gericht noch nicht mit Erlaß des Beschlusses sondern erst mit dessen Eingang beim neu zuständigen Gericht übergehen[40]. **58**

**3. Bescheidung unbegründeter Anträge.** Unbegründete Anträge auf Vorlage nach Absatz 1 sowie den Einwand der Zuständigkeit einer besonderen Strafkammer nach Absatz 4 braucht das Gericht vor der Hauptverhandlung nicht formal zu bescheiden. § 225 a eröffnet dem Gericht die Möglichkeit einer Abgabe schon vor Beginn der Hauptverhandlung, er zwingt das Gericht aber nicht dazu, seine Zuständigkeit in einer Art Zwischenverfahren nochmals förmlich festzustellen. Da die Zuständigkeit eines Ge- **59**

---

[39] Ebenso KK-*Treier* 11; **a. A.** *Kleinknecht/ Meyer* 15; KMR-*Paulus* 11; vgl. die Erl. zu § 154 a.

[40] Vgl. die Erl. zu § 270.

richts höherer Ordnung oder eines Jugendgerichts ohnehin während des ganzen Verfahrens ohne Bindung an frühere Entscheidungen von Amts wegen zu beachten ist und auch der vor der Hauptverhandlung erhobene Einwand nach § 6 a in dieser fortwirkt[41], erleiden die Antragsteller keinen Nachteil, wenn das Gericht die Unbegründetheit des Antrags vor der Hauptverhandlung nicht besonders feststellt.

## V. Rechtsbehelfe

### 1. Beschwerde

**60**    a) Die **Entscheidungen über die Übernahme** nach Absatz 1 Satz 2 und die **Verweisung** an eine nachrangige Strafkammer im Sonderfall des Absatzes 4 Satz 2 sind nur nach Maßgabe des § 210 anfechtbar (Absatz 3 Satz 3 Absatz 4 Satz 2 letzter Halbsatz). Es handelt sich hier, ähnlich wie bei § 210 und bei § 270 Abs. 3 Satz 2 um eine **Sonderregelung;** die den Eröffnungsbeschluß ergänzenden Entscheidungen werden hinsichtlich der Anfechtung den für diesen geltenden Regeln unterstellt. Dies schließt die Anwendung der allgemeinen Vorschriften über die Zulässigkeit der Beschwerde in §§ 304, 305 aus[42].

**61**    b) Die **Staatsanwaltschaft** hat in Anwendung des § 210 Abs. 2 das Recht zur sofortigen Beschwerde nur, wenn **ihrem Antrag** nicht entsprochen wurde. Sie muß also im Verfahren nach § 225 a einen neuen Antrag zur Zuständigkeit entweder beim abgebenden oder bei dem um Übernahme ersuchten Gericht gestellt haben, obwohl es für das Verfahren keines solchen Antrags bedarf. Der mit der Anklageerhebung verbundene Antrag, das Hauptverfahren vor dem dort genannten Gericht zu eröffnen (§ 200 Abs. 1), genügt dagegen nicht. Er ist durch die Eröffnung des Hauptverfahrens erledigt[43]. Aus der entsprechenden Anwendung des § 210 Abs. 2 folgt, daß die Staatsanwaltschaft weder die **rechtliche Würdigung** des Übernahmebeschlusses angreifen noch sich gegen die **Übernahme durch ein Gericht höherer Ordnung** wenden kann[44].

**62**    Gegen den Beschluß, der die **Übernahme** anordnet, hat die Staatsanwaltschaft nur dann die sofortige Beschwerde, wenn entgegen ihrem Antrag ein niedrigeres oder nachrangiges Gericht die Sache verhandeln soll. Das Beschwerderecht besteht also nur, wenn sie im Zusammenhang mit der Vorlage die Übernahme durch ein Gericht beantragt hatte, das dem übernehmenden Gericht der Ordnung oder dem Rang nach vorgeht. Dabei stellt § 209 a klar, daß die dort festgelegte Vorrangregelung auch für § 210 Abs. 2 gilt.

**63**    Bei einer **bindenden Verweisung** nach Absatz 4 Satz 2 hat die Staatsanwaltschaft nach § 210 Abs. 2 die sofortige Beschwerde, wenn sie der Verweisung entgegengetreten ist oder wenn sie die Verweisung an ein anderes Gericht (mit höherem Rang) oder die Vorlage bei einem vorrangigen Gericht zur Übernahme beantragt hatte[45].

**64**    Wird die **Übernahme abgelehnt,** hat die Staatsanwaltschaft dagegen die sofortige Beschwerde, wenn sie sich für die Zuständigkeit des um Übernahme ersuchten Gerichts ausgesprochen hatte[46]. Gegen die Ablehnung der Verweisung an ein nachrangiges Ge-

---

[41] Vgl. die Erl. zu § 6 a.
[42] KK-*Treier* 29; *Kleinknecht/Meyer* 29; KMR-*Paulus* 30; *Bohnert* 37 ff.
[43] KK-*Treier* 29.
[44] Vgl. die Erl. bei § 210: *Bohnert* 39 ff hält § 210 nur für sinngemäß (eingeschränkt) anwendbar, eine neue Antragstellung sei eine entbehrliche Förmlichkeit. § 269 passe auf die Rangfolge des § 74 e GVG nicht; die Differenzierung nach höher und nieder müsse entfallen.
[45] *Kleinknecht/Meyer* 29; vgl. § 6 a.
[46] KK-*Treier* 30; **a. A.** *Kleinknecht/Meyer* 29.

richt steht dagegen der Staatsanwaltschaft die sofortige Beschwerde selbst dann nicht zu, wenn sie den Einwand nach § 6 a für berechtigt erklärt hatte.

Soweit ein **Nebenkläger** am Verfahren beteiligt ist, hat er das Anfechtungsrecht **65** im gleichen Umfang wie die Staatsanwaltschaft (§§ 397, 390).

c) Der **Angeklagte** kann den Beschluß, der die **Übernahme anordnet,** ebensowe- **66** nig anfechten, wie die Entscheidung über die Eröffnung des Hauptverfahrens[47]. Soweit mit der Übernahme seinem Einwand nach § 6 a, § 225 a Abs. 4 entsprochen wird, ist er ohnehin nicht beschwert. Der Beschluß, der die Übernahme **ablehnt,** ist entsprechend dem Grundgedanken des § 210 ebenfalls jeder Anfechtung durch den Angeklagten entzogen[48].

Trägt das Gericht einem **Einwand** des Beklagten **nach § 6 a** keine Rechnung, weil **67** es die mit dem Einwand geltend gemachte Zuständigkeit einer besonderen Strafkammer verneint, und unterläßt es deshalb die Vorlage nach Absatz 4 Satz 1 oder die bindende Verweisung nach Absatz 4 Satz 2, so hat der Angeklagte hiergegen keine Beschwerde. Dabei ist es unerheblich, ob der Einwand ausdrücklich abgelehnt wurde oder ob das Gericht ihn stillschweigend übergangen hat (vgl. Rdn. 59).

d) Die Entscheidung, mit der das Gericht die **Akten** zur Übernahme nach Ab- **68** satz 1 (Rdn. 13 ff) oder Absatz 4 Satz 1 **vorlegt,** unterliegt nicht der Beschwerde. Dies folgt aus der Sonderregelung der Anfechtbarkeit (Rdn. 60) ebenso wie aus der Rechtsnatur der Vorlage (Rdn. 14, 30), die als solche noch keine Rechtsänderung bewirkt. Andernfalls würde auch § 305 einer Beschwerde entgegenstehen[49].

e) Die Anfechtbarkeit der **Nebenentscheidungen,** die das Gericht bei Gelegenheit **69** der Übernahme erläßt, richtet sich dagegen nach den allgemeinen Vorschriften. Insbesondere die Haftentscheidung, die das übernehmende Gericht nach § 225 a Abs. 3 Satz 2, § 207 Abs. 4 trifft, ist nach Maßgabe der §§ 304, 310 mit Beschwerde anfechtbar[50] (§ 207, 7).

**2. Anrufung des Gerichts bei Entscheidungen des Vorsitzenden.** Das Gericht kann **70** nach § 238 Abs. 2 gegen die Verfügung des Vorsitzenden, mit der dieser nach Absatz 2 Satz 2 die **Erhebung einzelner Beweise** anordnet oder ablehnt, nicht angerufen werden. Insoweit schließt § 305 auch jede Beschwerde gegen die Anordnung oder Unterlassung einer solchen vorbereitenden Maßnahme aus.

**3. Revision.** Mit der Revision kann nicht gerügt werden, daß der **Übernahme-** **71** **beschluß** zu Unrecht ergangen ist (§ 336 Satz 2). Ob die Staatsanwaltschaft eine entgegen ihrem Antrag ergangene Verweisung nach Absatz 4 mit der Revision angreifen kann, ist strittig[51]. Geltend gemacht werden kann, daß das Gericht ein Urteil erlassen hat, obwohl hierfür ein höherrangiges Gericht oder ein Jugendgericht[52] sachlich zuständig gewesen wäre oder eine Spezialstrafkammer, sofern in letzterem Falle ein entsprechender Einwand nach § 6 a rechtzeitig erhoben worden war und nicht oder erst im Urteil beschieden worden ist. Wegen der Einzelheiten wird auf die Erläuterungen zu § 6 a und zu § 338 Nr. 4 verwiesen[53].

---

47 Vgl. die Erl. zu § 210 und zu § 270.
48 KK-*Treier* 29, 30; *Kleinknecht/Meyer* 29; KMR-*Paulus* 30.
49 KK-*Treier* 27; *Kleinknecht/Meyer* 29; *Bohnert* 38, der § 305 Satz 1 für nicht einschlägig ansieht, hält den Vorlegungsbeschluß aufgrund der Gesamtkonstruktion des Gesetzes für unanfechtbar.

50 Vgl. § 207, 25; § 210, 3.
51 *Kleinknecht/Meyer* 30; a. A. KK-*Treier* 27.
52 BGHSt 30 210; BGH bei *Holtz* MDR 1981 269.
53 Vgl. ferner die Erl. zu § 209 a und zu § 336.

Walter Gollwitzer

# SECHSTER ABSCHNITT

## Hauptverhandlung

**Schrifttum.** *Amelung* Die Einwilligung in die Beeinträchtigung eines Grundrechtsgutes (1981); *Amelung* Zulässigkeit und Freiwilligkeit der Einwilligung bei strafprozessualen Grundrechtsbeeinträchtigungen, Freiheit und Verantwortung im Verfassungsstaat (1984) 1; *Amelunxen* Der Nebenkläger im Strafverfahren (1980); *Baumann* Die Situation des deutschen Strafprozesses, FS Klug Bd 2, 459; *Bohnert* Ordnungsvorschriften im Strafverfahren, NStZ **1982** 5; *Bohnert* Die Behandlung des Verzichts im Strafprozeß, NStZ **1983** 344; *Bruns* Der Verdächtige als schweigeberechtigte Auskunftsperson und als selbständiger Prozeßbeteiligter neben dem Beschuldigten, FS Schmidt-Leichner 1; *Deckers* „Mißbrauch" von Anwaltsrechten zur Prozeßsabotage, AnwBl **1981** 316; *Dürkop* Der Angeklagte (1977); *Fezer* Die Funktion der mündlichen Verhandlung im Zivilprozeß und im Strafprozeß (1970); *Geerds* Maximen des Strafprozesses, SchlHA **1962** 81; *Geppert* Der Grundsatz der Unmittelbarkeit im deutschen Strafverfahren (1978); *Gollwitzer* Die Befugnisse des Mitangeklagten in der Hauptverhandlung, FS Sarstedt 15; *Granderath* Schutz des Tatopfers im Strafverfahren, MDR **1983** 797; *Grünwald* Die Verfahrensrolle des Mitbeschuldigten, FS Klug Bd 2, 493; *Hassemer* Die Funktionstüchtigkeit der Strafrechtspflege, ein neuer Rechtsbegriff, StrVert. **1982** 275; *Hassemer* Rücksichten auf das Verbrechensopfer, FS Klug Bd II 217; *Heldmann* Ausländer und Strafjustiz, StrVert. **1981** 251; *Heubel* Der „fair trial" — ein Grundsatz des Strafverfahrens (1981); *Hübner* Allgemeine Verfahrensgrundsätze, Fürsorgepflicht oder fair trial (1983); *Jung* Die Stellung des Verletzten im Strafverfahren, ZStW **93** (1981) 1146; *Koeniger* Die Hauptverhandlung in Strafsachen (1966); *Kohlhaas* Persönlichkeitsschutz im Strafverfahren, ZRP **1972** 52; *Krauß* Der Schutz der Intimsphäre im Strafprozeß, FS Gallas 365; *Krauß* Das Prinzip der materiellen Wahrheit im Strafprozeß, FS Schaffstein 411; *Krauß* Subjekt im Strafverfahren, Das Tatopfer als Subjekt (1981) 44; *Kube* Zur Form der Hauptverhandlung, Kriminalistik **1970** 248; *Kühne* Strafverfahren als Kommunikationsproblem (1978); *Kruck* Die Situation des Tatopfers im Strafverfahren unter psychologischem Aspekt, Das Tatopfer als Subjekt (1981); *Lorenz* Grundrechte und Verfahrensordnungen, NJW **1978** 865; *Martin* Der Mißbrauch rechtsstaatlicher Einrichtungen im Strafverfahren, Zeitschrift für Rechtsvergleichung **1976** 109; *Marx* Aufgaben der Staatsanwaltschaft in der strafrechtlichen Hauptverhandlung, GA **1978** 365; *Mattil* Treu und Glauben im Strafprozeß, GA **77** (1933) 1; *Müller* Zum Problem der Verzichtbarkeit von Verfahrensnormen im Strafprozeß (1984); *Müller-Dietz* Die Stellung der Beschuldigten im Strafprozeß, ZStW **93** (1981) 1177; *Niemöller/Schuppert* Die Rechtsprechung des Bundesverfassungsgerichts zum Strafverfahrensrecht, AöR **107** (1982) 387; *Peters* Der Strafprozeß in der Fortentwicklung (1970); *Peters* Der neue Strafprozeß (1975); *Peters* Justizgewährungspflicht und Abblocken von Verteidigungsvorbringen, FS Dünnebier 53; *Pieck* Der Anspruch auf ein rechtsstaatliches Gerichtsverfahren (1966); *Reiß* Die Hauptverhandlung in Strafverfahren, Rechtspflegerjahrbuch Bd 48 (1982) 311; *Rieß* Die Rechtsstellung des Verletzten im Strafverfahren, Gutachten zum 55. DJT (1984); *Rogall* Der Beschuldigte als Beweismittel gegen sich selbst (1977); *Römer* Kooperatives Verhalten der Rechtspflegeorgane im Strafverfahren, FS Schmidt-Leichner 133; *Rudolphi* Strafprozeß im Umbruch, ZRP **1976** 165; *Rüping* Der Schutz der Menschenrechte im Strafverfahren, ZStW **93** (1981) 351; *Rüping/Dornseifer* Dysfunktionales Verhalten im Prozeß, JZ **1977** 417; *Sarstedt* Der Vorsitzende des Kollegialgerichts, Juristenjahrbuch **85** (1967/68) 104; *Scheuerle* Vierzehn Tugenden für Vorsitzende Richter (1983); *Schild* Der Strafrichter in der Hauptverhandlung (1983); *Schild* Der Richter in der Hauptverhandlung, ZStW **94** (1982) 37; *Schmid* Heilung gerichtlicher Verfahrensfehler durch den Instanzrichter, JZ **1969** 757; *Schmid* Zur Korrektur von Vereidigungsfehlern im Strafprozeß, FS Maurach 535; *Schmid* Über den Aktenverlust im Strafprozeß, FS Lange 781; *Schmid* Bedingte Prozeßhandlungen im Strafprozeß, GA **1982** 95; *Schmid* Über den Zugang strafprozessualer Willenserklärungen, FS Dünnebier 101; *Schmidhäuser* Zur Frage nach dem Ziel des Strafprozesses, FS Eb. Schmidt 511; *Schmidt-Hieber* Vereinbarungen im Strafverfahren, NJW **1982** 1017; *Schorn* Der Strafrichter (1960); *Schorn* Schutz der Menschenwürde im Strafverfahren

Walter Gollwitzer

(1963), *Schorn* Der Strafverteidiger (1966); *Schroeder* Grenzen der Rationalisierung des Strafverfahrens, NJW **1983** 137; *Tettinger* Fairneß und Waffengleichheit (1984); *Vogler* Die Spruchpraxis der Europäischen Kommission und des Europäischen Gerichtshofs für Menschenrechte und ihre Bedeutung für das deutsche Straf- und Verfahrensrecht, ZStW **82** (1970) 743; *Warda* Dogmatische Grundlagen des richterlichen Ermessens im Strafrecht (1962); *Weber* Der Mißbrauch prozessualer Rechte im Strafverfahren, GA **1975** 289; *Weiß* Mißbrauch von Anwaltsrechten zur Prozeßsabotage, AnwBl **1981** 321. **Weitere Hinweise:** Das Schrifttum zum rechtlichen Gehör findet sich bei Einl. Kap. **13** XI; zum Grundsatz des fairen Verfahrens und zur Fürsorgepflicht bei Einl. Kap. **6** V, VI; zur Waffengleichheit bei Einl. Kap. **6** IV; zur Unschuldsvermutung bei Einl. Kap. **6** IV. Einen Überblick über das umfangreiche Schrifttum zur Reform der Hauptverhandlung geben die Fußnoten zur Rdn. **57**, ferner Einl. Kap. **13** B.

**Entstehungsgeschichte.** Die Regelung der Hauptverhandlung im 6. Abschnitt des 2. Buches hat zwar in den Einzelheiten wiederholt tiefgreifende Änderungen erfahren. Unverändert blieb jedoch die Grundkonzeption der Hauptverhandlung als Kernstück eines einheitlichen, auf unmittelbare Beweiserhebung ausgerichteten mündlichen Verfahrens. Der Wegfall des 7. Abschnitts, dessen §§ 276 bis 307 a. F. die Besonderheiten der Hauptverhandlung vor dem durch 12 Geschworene entscheidenden Schwurgericht geregelt hatten, änderte daran 1924 ebensowenig etwas wie die zeitbedingten Unterschiede der Zuständigkeiten und der Gerichtsverfassung (vgl. Einl. Kap. **3**). Die oft mehrfache Umgestaltung der einzelnen Vorschriften ist bei deren Entstehungsgeschichte aufgeführt. Von den Änderungen, die vor allem das äußere Bild der Hauptverhandlung verwandelten, soll hier nur der Wegfall des Eröffnungsbeschlusses in den Jahren 1942 bis 1950 (LR²³ Einl. Kap. **3** 40; 52) und die Ersetzung seines Vortrags in der Hauptverhandlung durch die Verlesung der zugelassenen Anklage 1964 (LR²³ Einl. Kap. **3** 70) erwähnt werden, ferner die Abschaffung des Voreids 1933 (LR²³ Einl. Kap. **3** 27) und die in der Einleitung (Kap. **3**) näher geschilderte, wechselnde Besetzung und Zuständigkeit der gerichtlichen Spruchkörper. Von großer Bedeutung war die zunehmende Kodifizierung des Rechts der Beweisaufnahme. Die von der Rechtsprechung herausgearbeiteten Gründe für die Ablehnung eines Beweisantrags wurden zunächst durch die Notverordnung vom 14. 6. 1932 und dann durch das Gesetz vom 28. 6. 1935 (LR²³ Einl. Kap. **3** 20; 27) für die Verfahren mit nur einer Tatsacheninstanz in das Gesetz (damals § 245) übernommen. Gleichzeitig wurde die Aufklärungspflicht in § 244 Abs. 2 verankert. Nach einer kriegsbedingten Auflockerung der Beweiserhebungspflicht (LR²³ Einl. Kap. **3** 38) setzte das VereinhG 1950 die Kodifizierung des Beweisrechts fort durch die Aufzählung der Ablehnungsgründe in § 244 Abs. 3 und durch die Übernahme der Rechtsprechung zur Ablehnung des Sachverständigenbeweises in § 244 Abs. 4. Gleichzeitig erweiterte es das Fragerecht des § 240. Das Recht des Staatsanwalts und Verteidigers zur Abgabe von Erklärungen wurde 1964 durch den damals neu eingefügten § 257 a im Gesetz festgelegt und 1974 in modifizierter Form in die Neufassung des § 257 übernommen.

Die Reform- und Entlastungsgesetze von 1974 (LR²³ Einl. Kap. **5** 22 ff; 103 ff), die u. a. das Schwurgericht als einen besonders zusammengesetzten Spruchkörper abschafften, brachten vor allem die Verlängerungen der Fristen für die Unterbrechung der Hauptverhandlung und die Absetzung der Urteile bei Großverfahren und erweiterte Möglichkeiten für eine Durchführung der Hauptverhandlung ohne Angeklagten (§ 231 a).

Das StVÄG 1979 führte zu weiteren Änderungen, die vor allem die Verhütung von Mißbräuchen und die Vermeidung von Verfahrensleerlauf zum Ziele hatten. Neben den Regelungen über die Abgabe des bereits eröffneten Verfahrens an einen anderen Spruchkörper ist hier vor allem das Verfahren zur vorgezogenen Besetzungsprüfung

(§§ 222 a; 222 b), die Möglichkeit der Beurlaubung eines Mitangeklagten (§ 231 c), die Einschränkung der Pflicht zur Vernehmung präsenter Beweismittel (§ 245) und die Auflockerung des Zwangs zur Verlesung der als Beweismittel verwendeten Schriften (§ 249 Abs. 2) zu nennen.

*Übersicht*

# I. Bedeutung der Hauptverhandlung

**1. Begriff.** Unter **Hauptverhandlung** ist die umfassende mündliche Verhandlung **1** des Gegenstands der Anklage vor dem erkennenden Gericht zu verstehen, die dazu dient, die Sache durch Urteil zu erledigen oder, wenn sich die Unzuständigkeit des angerufenen Gerichts ergibt, durch Beschluß von diesem weg an das zuständige Gericht zu bringen. Die daran teilnehmenden Personen, ihre Verfahrensbefugnisse und der äußere Gang der Hauptverhandlung sind im Sechsten Abschnitt für das Verfahren der ersten Instanz geregelt. Einschlägige Vorschriften finden sich aber auch in den anderen Teilen der StPO sowie im GVG, das die für die Hauptverhandlung wichtigen Vorschriften über die Zusammensetzung des Gerichts, über die Öffentlichkeit der Hauptverhandlung, die Gerichtssprache und über die sitzungspolizeilichen Befugnisse enthält.

**Ort und Zeit** der Hauptverhandlung bestimmt der Vorsitzende nach § 213; wäh- **2** rend der Hauptverhandlung kann aber auch das Gericht diese Bestimmung treffen, etwa, wenn es im Rahmen der Hauptverhandlung einen Augenschein an einem bestimmten Ort vornehmen will. Die Hauptverhandlung wird regelmäßig am Gerichtssitz abgehalten, sie kann aber an einem anderen Ort oder nacheinander an verschiedenen Orten stattfinden (§ 213, 2; 3). Ob sie außerhalb des Gerichtsbezirks durchgeführt werden darf, ist strittig (§ 213, 2).

**2. Kernstück des Strafverfahrens.** Die Hauptverhandlung ist das Kernstück des **3** Strafverfahrens. Die ihr vorausgehenden Verfahrensabschnitte sollen nur vorbereiten, daß das Gericht in der Hauptverhandlung in dem dafür vorgeschriebenen, an bestimmte

Formen gebundenen (justizförmigen) Verfahren die sichere Kenntnis der Tatsachen erlangt, auf die allein ein gerechtes Urteil gegründet werden kann. Maßgebend für das Urteil ist nur das Ergebnis der Hauptverhandlung (§ 261), nicht aber eine außerhalb der Hauptverhandlung gewonnene Erkenntnis. Die Gesamtheit der Hauptverhandlung ist auch dann die einheitliche Erkenntnisquelle für das Urteil, wenn gleichzeitig gegen mehrere Angeklagte, Nebenbeteiligte oder Betroffene nach zum Teil unterschiedlichen Verfahrensregeln verhandelt worden ist.

**4**     **3. Förmlichkeit der Hauptverhandlung.** Die **Förmlichkeit** der Hauptverhandlung bindet den grundsätzlich freien, individuellen Vorgang der richterlichen Wahrheitsfindung in einen geregelten Verfahrensgang ein. Sie unterwirft alle Personen, die an diesem Verfahren beteiligt sind und auf die Bildung der richterlichen Überzeugung einwirken wollen, festen Regeln. Diese schaffen nicht nur einen festen Rahmen für den Ablauf der Verhandlung, sie sollen außerdem vom Gesetzgeber als fehlerträchtig angesehene Verfahrensweisen ausscheiden. Vor allem sichert die Förmlichkeit die Ordnung und die Überschaubarkeit der Verfahrensvorgänge, ohne die die sachgerechte Verteidigung und die richtige Urteilsfindung gleichermaßen gefährdet wären. Ziel aller Verfahrensregelungen ist, durch ein ausgewogenes Nebeneinander von zwingenden Förmlichkeiten des Verfahrensgangs und Freiheit der Verfahrensbeteiligten bei der Vornahme der einzelnen Verfahrensmaßnahmen die bestmöglichen Voraussetzungen dafür zu schaffen, daß das Gericht in freier Würdigung des Verfahrensergebnisses ein zutreffendes Bild vom tatsächlichen Geschehen gewinnen und ein gerechtes Urteil fällen kann.

**5**     Dem **urkundlichen Nachweis** der wichtigsten Vorgänge in der Hauptverhandlung dient das Sitzungsprotokoll (§§ 271 ff), das vom Vorsitzenden und dem Urkundsbeamten zu erstellen ist und in dem auch die verkündeten Entscheidungen festzuhalten sind. Voraussetzungen und Grenzen für die Berichtigung des Protokolls sind bei § 271 erörtert.

**6**     **Entscheidungen** sind in der Hauptverhandlung durch Verkündung bekanntzumachen (§ 35). Die vorherige schriftliche Abfassung und Verlesung der Entscheidung ist nur für den Urteilstenor vorgeschrieben (§ 268 Abs. 2), nicht aber für die in der Hauptverhandlung zu verkündenden Beschlüsse (RGSt **44** 54). Diese sind jedoch in der Sitzungsniederschrift (§ 273 Abs. 1) festzuhalten, die Betroffenen können eine Abschrift der Entscheidung verlangen (§ 35 Abs. 1 Satz 2).

**7**     **4.** Die **Akten,** die Sammlung der bisher im Lauf des Prozesses entstandenen Urkunden[1], müssen dem Gericht bei der Durchführung der Hauptverhandlung nicht unbedingt vorliegen (OLG Hamm VRS **40** 204). Es entspricht zwar einer sachgemäßen Verfahrensweise, die Hauptverhandlung an Hand der Akten zu führen[2]. Eine Verfahrensvoraussetzung ist dies aber nicht. Die für die Hauptverhandlung notwendigen Schriftstücke (Anklage, Eröffnungsbeschluß usw.) müssen dem Gericht in Abschrift zur Verfügung stehen, in der Urschrift brauchen sie nicht vorzuliegen. Die Durchführung der Hauptverhandlung ohne die Akten kann die Aufklärungspflicht verletzen, wenn sie zur Folge hat, daß Beweismittel nicht oder nicht erschöpfend verwendet werden kön-

---

[1] OLG Hamm *Alsb.* E **2** Nr. 96; zum Aktenbegriff vgl. § 147; § 199, 7 ff; ferner zu den Handakten des Staatsanwalts *Kleinknecht* FS Dreher 721; § 199, 21 ff.

[2] Einl. Kap. **13** VII 3; OLG Düsseldorf MDR **1980** 339 hält das Gericht für verpflichtet, für die Beibringung der Akten zu sorgen oder den Termin aufzuheben. Zu den Fragen des Aktenverlustes *Schmid* FS Lange 781, *Rösmann* NStZ **1983** 447; *Waldowski* NStZ **1984** 448; ferner bei § 316 und zur Frage der sogen. Spurenakten § 199, 16 ff.

nen; in Verbindung mit einer Beeinträchtigung des Rechts auf Akteneinsicht kann dadurch auch die Verteidigung in einem wesentlichen Punkt beeinträchtigt worden sein. Wegen des Rechts auf Akteneinsicht und der Rechtsbehelfe zu ihrer Durchsetzung vgl. die Erläuterungen zu § 147.

**5. Öffentlichkeit, Presseberichterstattung.** Die Bedeutung der grundsätzlich öf- **8** fentlich durchgeführten Hauptverhandlung für das Rechtsbewußtsein der Bevölkerung sowie die Schutzpflichten des Gerichts, die zum Ausschluß der Öffentlichkeit zwingen können, sind bei den §§ 169 ff GVG und in der Einleitung (Kap. 13 XII) dargestellt. Dort wird auch zu den vielschichtigen Problemen Stellung genommen, die sich aus der modernen Art der Berichterstattung in den verschiedenartigen Medien sowie aus den Auswirkungen der (erweiterten) Öffentlichkeit auf die grundrechtlich geschützten Persönlichkeitsrechte von Angeklagten oder Zeugen ergeben können.

## II. Verfahrensgrundsätze

**1. Leitlinien für die Hauptverhandlung.** Die **Leitvorstellungen** für die Hauptver- **9** handlung finden sich in den Verfahrensgrundsätzen (Prozeßmaximen), die in der Einleitung dargestellt werden[3]. Diese haben das Bild des deutschen Strafprozesses in den letzten hundert Jahren geprägt. Ihre Tragweite und die aus ihnen hergeleiteten Folgerungen hat der Gesetzgeber weitgehend in den Einzelregelungen des Sechsten Abschnitts verbindlich festgelegt. Wegen ihrer Leitbildfunktion sind diese Maximen aber auch bei der Auslegung der einzelnen Bestimmungen heranzuziehen, wenn es gilt, deren Sinn und Tragweite zu bestimmen und gegenüber dem Zweck anderer Verfahrensregeln abzuwägen und abzugrenzen. Diese Grundsätze decken sich weitgehend mit der aus der Verfassung hergeleiteten Forderung nach einem justizförmigen, rechtsstaatlichen (im Sinne des Art. 6 Abs. 1 MRK „fairen") Verfahren, das den Erfordernissen eines effektiven Schutzes der Rechtsordnung und der Bürger ebenso Rechnung trägt wie den Notwendigkeiten, die sich daraus ergeben, daß in die Grundrechte der in das Verfahren gezogenen Bürger nur eingegriffen werden darf, wenn und soweit dies zum Schutze höherwertiger Gemeinschaftsgüter unerläßlich ist. Die hierdurch notwendigen Abwägungen zu treffen, ist vorrangige Aufgabe des Gesetzgebers, aber auch der Richter kann im Einzelfall dazu verpflichtet sein.

Die **Gesamtschau aller hereinspielenden Prozeßgrundsätze** muß die **Grundlage** **10** **für die Auslegung** des Verfahrensrechts bilden. Würde ein einzelner Grundsatz für sich allein verabsolutiert, bestünde die Gefahr einer wirklichkeitsfernen Verfahrensgestaltung, die sich in Prinzipienreitereien erschöpft und das Ziel der Strafrechtspflege, ein sachlich und rechtlich richtiges Urteil zu finden, nur noch auf Umwegen oder überhaupt nicht mehr erreicht. Erst im Zusammenspiel aller Prozeßgrundsätze entfaltet sich ihr Sinn als tragende und tragfähige Konstruktion eines prozeßwirtschaftlichen, zugleich aber rechtsstaatlichen (fairen) Verfahrens, das sich bemüht, den von Verfassung wegen an die Strafrechtspflege zu stellenden gegenläufigen Zielsetzungen in ausgewogener Weise Rechnung zu tragen (vgl. *Geerds* SchlHA **1962** 181; JZ **1984** 48). Eine Gesamtschau der Maximen ist auch deshalb notwendig, weil sich die aus ihnen für den einzelnen Fall abzuleitenden Folgerungen vielfach decken. Die konkrete Antwort auf eine bestimmte Verfahrensfrage kann mitunter mühelos aus verschiedenen, unterschiedlichen

---

[3] Im einzelnen dazu Einl. Kap. **6** und **13**; zur
Bedeutung ferner *Geerds* SchlHA **1962** 181.

Walter Gollwitzer

Zielen dienenden Prozeßmaximen hergeleitet werden. So soll beispielsweise das Recht auf Gehör primär die Verfahrensinteressen der einzelnen Verfahrensbeteiligten schützen; deren Anhörung zu neuen Tatsachen ist aber andererseits auch unerläßlich für eine umfassende Sachaufklärung. Beide Ziele sind Bestandteil des Rechtsstaatsprinzips, das die Sachaufklärung im Rahmen eines justizförmigen fairen Verfahrens verlangt. Unter letzterem Gesichtspunkt können sich in besonders gelagerten Einzelfällen Mitwirkungs- oder Hinweispflichten ergeben, die wiederum über das hinausgehen, was das Recht auf Gehör fordert[4].

**11**     **2. Pflicht zur umfassenden Sachaufklärung.** Alle für die Hauptverhandlung maßgebenden Vorschriften ruhen auf der Pflicht des Gerichts, unabhängig von dem, was Staatsanwalt, Angeklagter und Verteidiger verlangen oder anregen, seine ganze Kraft einzusetzen und alle tauglichen und zulässigen Mittel anzuwenden, damit der zu beurteilende Lebensvorgang soweit als möglich aufgeklärt werde[5]. Die das Verfahren beherrschende **Pflicht, die Wahrheit zu ergründen,** umschreibt den Sinn und die Tragweite nicht nur derjenigen Vorschriften, die sich auf die Beweisaufnahme beziehen, sondern aller Bestimmungen des Sechsten Abschnitts. Auch eine nach der Verfahrensordnung an sich zulässige Maßnahme des Gerichts kann demnach unzureichend in dem Sinne sein, daß die Pflicht, die Wahrheit zu ergründen, noch weitere Maßnahmen geboten hätte.

**12**     Im Dienste der Pflicht, die Wahrheit zu ergründen, stehen die **Verfahrensgrundsätze** der **Unmittelbarkeit** und der **Mündlichkeit,** die keinen anderen Verfahrensabschnitt so stark beherrschen wie die Hauptverhandlung[6]. Der Grundsatz der Unmittelbarkeit und Mündlichkeit liegt insbesondere den §§ 226, 229, 250, 252 und 261 zugrunde. Die Beteiligten können auf die Beachtung dieses Grundsatzes nicht rechtswirksam verzichten[7]. Die §§ 249, 251, 253 und 254 sehen Ausnahmen von ihm vor.

**13**     Der genannte Grundsatz bezieht sich aber nur auf die **Feststellung von Tat, Schuld und Strafe.** Hinsichtlich aller anderen in der Hauptverhandlung erforderlichen Feststellungen, insbesondere derjenigen, die getroffen werden, um die Zulässigkeit des Verfahrens im ganzen zu ergründen oder einzelne verfahrenserhebliche Tatsachen oder Gewohnheitsrecht oder ausländisches Recht zu ermitteln, bestehen keine besonderen Vorschriften über das Verfahren. Das Gericht ist bei Aufklärung dieser Sachverhalte nicht an das strenge Beweisrecht gebunden (Freibeweis)[8]. Hat allerdings ein Beweismittel Bedeutung sowohl für die Feststellung der Schuld- oder Straffrage als auch für eine andere Frage, so müssen die strengeren Vorschriften angewandt werden.

**14**     **3. Rechtliches Gehör.** Der Anspruch der an einem gerichtlichen Verfahren Beteiligten, insbesondere des Angeklagten im Strafverfahren, auf rechtliches (d. h. gerichtliches) Gehör hat durch Art. 103 Abs. 1 GG (ebenso Art. 91 Abs. 1 der bayer. Verfassung) verfassungsrechtlichen Rang erhalten. Seine Beachtung und Verwirklichung im Zusammenklingen mit den Grundsätzen der Unmittelbarkeit und Mündlichkeit steht ebenfalls im Dienste der dem Gericht gestellten Aufgabe, auf allen rechtlich zulässigen Wegen die Wahrheit zu ergründen. Inhalt und Bedeutung dieses Verfassungsgrundsatzes sind in der Einleitung näher erläutert[9].

---

[4] Vgl. etwa BVerfG NJW **1983** 2762; BGHSt **32** 44 mit abl. Anm. *Meyer* JR **1984** 173.

[5] Dazu Einl. Kap. **13** IV; ferner die Erl. zu § 244 Abs. 2.

[6] Einl. Kap. **13**.

[7] RGSt **40** 54; vgl. Einl. Kap. **13** VII und bei § 250.

[8] Zum Freibeweis vgl. § 244, 3 ff; ferner § 251 Abs. 3.

[9] Einl. Kap. **13**.

**4. Rechtsstaatliches (faires) Verfahren.** Das im Grundgesetz und in den Landes- **15** verfassungen verankerte Rechtsstaatsprinzip fordert in Verbindung mit der Gewährleistung des allgemeinen Freiheitsrechts und der Achtung der Menschenwürde (Art. 1, Art. 2 Abs. 1 GG) ein **justizförmiges**, d. h. ein an bestimmte Regeln des Verfahrensgangs gebundenes Verfahren, dessen Durchführung sich an den Grundsätzen der Gerechtigkeit und Billigkeit zu orientieren hat (BGHSt 24 131), das also „fair" im Sinne des Art. 6 Abs. 1 MRK ist[10].

Dazu gehört eine Verfahrensgestaltung, die jede nicht durch vorrangige Prozeß- **16** interessen gebotene Einengung der sachlichen Verhandlungsführung vermeidet, die den Einzelnen nicht zum bloßen Objekt des Verfahrens herabwürdigt, sondern ihm einen Mindestbestand an aktiven Befugnissen garantiert und die den Verfahrensbeteiligten gleiche Chancen bietet, die Entscheidung des Gerichts durch Argumente und Beweismittel zu beeinflussen. Insoweit muß „**Waffengleichheit**" für Anklage und Verteidigung bestehen[11].

**Besondere Pflichten** für die Verfahrensgestaltung können dem Gericht, vor allem **17** dem die Verhandlung leitenden Vorsitzenden im Einzelfall bei Vorliegen besonderer Umstände erwachsen. Droht ein ungewöhnlicher Verfahrensgang die Prozeßrechte eines Verfahrensbeteiligten zu verkürzen oder ihn in seiner Prozeßführung zu verwirren, so muß das Gericht dem entgegenwirken. Vor allem muß es verhüten, daß der Angeklagte durch einen unvorhergesehenen Verfahrensverlauf, durch das Abweichen von einer in Aussicht gestellten Sachbehandlung überrumpelt wird und aus Unkenntnis eine ihm vom Gesetz eingeräumte Verteidigungsmöglichkeit endgültig verliert.

Aus den gleichen Gründen schreibt die Strafprozeßordnung zum Schutze des An- **18** geklagten, aber auch zum Schutze anderer Verfahrensbeteiligten, in bestimmten Fällen **besondere Hinweis- und Belehrungspflichten** allgemein vor[12]. Wo sie schweigt, schließt das nicht aus, daß in besonders gelagerten Einzelfällen trotzdem solche Hinweise notwendig sind, damit der Angeklagte das durch das Rechtsstaatsprinzip, die Prozeßgrundsätze und durch Art. 6 Abs. 1 MRK gebotene „faire Verfahren" (fair trial) erhält und die Möglichkeiten für eine sachgerechte Verteidigung nicht ungenützt läßt. Welche Maßnahmen dafür erforderlich sind, beurteilt sich nach dem Schutzzweck dieser Prozeßmaximen und den Umständen des Einzelfalles. Die Maßnahmen sind, soweit sie sich als die Anwendung strafprozessualer Grundsätze auf besondere Umstände verstehen lassen, **Rechtspflicht** des Gerichts und nicht etwa nur ein nobile officium[13].

Die **Bedeutung** dieser Maßnahmen darf nicht unterschätzt werden. Sie dienen der **19** sachgerechten Verfahrensgestaltung und wirken sich gegenüber dem Angeklagten als notwendiges Regulativ der Inquisitationsmaxime aus. Die Unparteilichkeit der Verhandlungsführung und ihre Ausrichtung auf Wahrheitsfindung und Gerechtigkeit wird hierdurch besonders augenfällig. Daß diese Zielsetzung in der Verhandlungsführung deutlich wird, ist sehr wichtig und für die innere Bereitschaft des Angeklagten, ein gegen

---

[10] BVerfGE 26 71; 38 111; 46 210; 57 275; 65 174; NJW 1983 2762; 1984 2403; weitere Nachweise Einl. Kap. 6 ff, dort sind auch die Einzelheiten erläutert. Zur Auslegung und Bedeutung des Begriffs „fair trial" vgl. *Heubel* (Zusammenfassung 143 ff), der darlegt, daß es sich um keine eigenständige Prozeßmaxime handelt, die über das ohnehin geltende Prozeßrecht hinausreicht, sofern letzteres seinem Geiste nach angewendet wird.

[11] BVerfGE 9 95, vgl. Fußn. 10; ferner Einl. Kap. 6 kritisch zum Begriff der Waffengleichheit *Rieß* FS Schäfer 174; vgl. auch *Egon Müller* NJW 1976 1963.

[12] *Schorn* JR 1967 203; *Plötz* Fürsorgepflicht 155 ff; *Rüping* Kap. 6 III 3e („Teilaspekt der Verfahrensgerechtigkeit").

[13] Einl. Kap. 6 VI; *Plötz* Fürsorgepflicht 67 ff.

ihn ergangenes Urteil als gerecht anzunehmen, meist entscheidend. Nur ein Urteil, das in einem als gerecht empfundenen Verfahren ergeht, überzeugt.

**20** Unter der Bezeichnung **Fürsorgepflicht** faßt ein Teil des Schrifttums und der Rechtsprechung[14] die verschiedenen Maßnahmen zum Schutze des Angeklagten, vor allem Hinweis-, Klarstellungs- und Belehrungspflichten, zusammen. Zum Teil lassen sich diese Pflichten, die auch gegenüber anderen Verfahrensbeteiligten bestehen, nicht nur aus den oben erwähnten Anforderungen eines rechtsstaatlichen, justizförmigen und fairen Verfahrens herleiten, sondern auch aus anderen Grundsätzen des Verfahrens, wie etwa aus den Anforderungen der Aufklärungspflicht und des rechtlichen Gehörs. Sie wurzeln letztlich in der Verpflichtung aller Staatsgewalt, die Würde des Menschen zu achten (Art. 1 Abs. 1 GG) und ihn nicht zum bloßen Objekt der staatlichen Machtausübung zu degradieren[15]. Das von der Strafprozeßordnung vorgesehene Mitwirkungsrecht des Angeklagten kann sich aber nur dann auf den Verlauf der Hauptverhandlung voll auswirken, wenn er die ihn betreffenden Vorgänge in ihrer prozessualen Bedeutung (insbesondere in ihren Auswirkungen auf spätere Verfahrensabschnitte) wenigstens in den Grundzügen versteht. Nur wenn dies gewährleistet ist, kann das Gericht ohne Gefahr für die Wahrheitsfindung den variablen Teil des Verfahrensgangs entsprechend dem Verhalten des Angeklagten einrichten.

**21** Ob und welche **Maßnahmen des Gerichts** durch die Fürsorgepflicht geboten sind, richtet sich immer nach den besonderen Verhältnissen des Einzelfalls und ist deshalb im Zusammenhang mit den einzelnen Verfahrensregelungen (insbesondere bei §§ 228 Abs. 3, 265 Abs. 4) zu erörtern, zumal dies nicht unabhängig von der übrigen Verfahrenslage entschieden werden kann. Beispielsweise wird ein Verhalten des Angeklagten, das zu einem endgültigen Verlust einer prozessualen Gestaltungsmöglichkeit führt, viel eher eine Belehrung erfordern als ein Verhalten, dessen Folgen nötigenfalls noch in einem späteren Verfahrensabschnitt wieder rückgängig zu machen sind. Letztlich muß aber immer auf Grund der oben aufgezeigten Grundgedanken entschieden werden, ob und welche Maßnahmen des Gerichts (in der Regel handelt es sich um Hinweise, Belehrungen oder klarstellende Fragen) notwendig sind, um die sachgerechte Führung der Verteidigung zu ermöglichen und um insbesondere zu verhüten, daß der Angeklagte durch Unkenntnis seiner Verfahrensrechte und durch Überrumpelung einen verfahrensrechtlichen Nachteil erleidet. Dabei kann es auch von Bedeutung sein, ob dem Angeklagten ein rechtskundiger Verteidiger zur Seite steht, dem es das Gericht meist ohne Belehrung überlassen kann zu entscheiden, was für die Verteidigung am dienlichsten ist.

### III. Die Stellung der am Verfahren Beteiligten

**22** **1. Rechtsgrundlagen.** Die an der Hauptverhandlung teilnehmenden Personen, ihre unterschiedlichen Aufgaben und wechselseitigen Befugnisse und Obliegenheiten sind in der Strafprozeßordnung — auch außerhalb des Sechsten Abschnitts — und im Gerichtsverfassungsgesetz festgelegt. Für bestimmte Verfahren finden sich Sonderregelungen in den einschlägigen Spezialgesetzen[16], wie etwa im JGG, in § 407 AO, § 13 Abs. 2 WiStG, §§ 76, 83 Abs. 1 OWiG, § 43 AWG, § 34 MOG.

---

[14] Einl. Kap. 6 ff mit weiteren Nachweisen, auch zur Streitfrage, ob die Fürsorgepflicht als besonderes Rechtsinstitut anzuerkennen ist.

[15] Zur Ableitung der Fürsorgepflicht aus Verfassungsgrundsätzen und Prozeßprinzipien

vgl. Einl. Kap. 6 VI; *Plötz* Fürsorgepflicht 81 ff.

[16] Zum Teilnahmerecht der Vertreter der betroffenen Behörden an der Hauptverhandlung vgl. Rdn 48.

Einige Grundsätze sind mit **Verfassungsrang** verbürgt, wie etwa das Recht auf Ge- **23** hör[17] und das Recht auf den gesetzlichen Richter[18] oder das Verbot der Doppelbestrafung[19]. Aus der Pflicht aller Staatsgewalt zur Achtung der Menschenwürde (Art. 1 GG), der Freiheitsgewährleistung des Art. 2 GG und dem Rechtsstaatsprinzip hat vor allem die Verfassungsrechtsprechung[20] richtunggebende Grundsätze .entwickelt, die, wie die Unschuldsvermutung[21] oder die Pflicht zur fairen Verfahrensgestaltung[22], die Stellung und Befugnisse der verschiedenen Verfahrensbeteiligten in der Hauptverhandlung maßgeblich mitbestimmen. Zusammen mit der ebenfalls aus dem Rechtsstaatsprinzip abgeleiteten Forderung nach einer funktionstüchtigen Strafrechtspflege[23] sind diese Grundgedanken für die Auslegung der Verfahrensnormen richtungweisend.

Ein mit diesen Grundsätzen weitgehend übereinstimmender Mindeststandard an **24** Verfahrensbefugnissen ist **Gegenstand internationaler Vereinbarungen** geworden, die, wie die Europäische Menschenrechtskonvention oder der Internationale Pakt über staatsbürgerliche und politische Rechte, als (einfaches) Bundesrecht auch für das Strafverfahren gelten[24].

Die Forderung, daß kein in das Verfahren gezogener Bürger zum **bloßen Objekt 25 des Verfahrens** gemacht werden darf, daß ihm vielmehr nach dem Maß seiner Betroffenheit abgestufte Befugnisse zur eigenen Wahrung seiner Verfahrensinteressen zuzubilligen sind, wird ebenfalls aus den oben genannten Verfassungsgrundsätzen hergeleitet[25]. Unter diesem Blickwinkel ist es eine Definitionsfrage ohne entscheidende sachliche Bedeutung, ob man unter **Verfahrensbeteiligte** nur die Personen versteht, die hinsichtlich des sie auch im Ergebnis betreffenden Verfahrens Mitwirkungsbefugnisse haben, die also die eigentlichen Prozeßsubjekte sind, oder ob im weiteren Sinn auch die Personen dazu zählen, die, wie etwa die Zeugen, eigene Verfahrensbefugnisse nur insoweit haben, als es sich um ihre Zuziehung und den daraus für sie persönlich erwachsenden Verfahrenspflichten handelt[26]. Das Gesetz verwendet ohnehin keinen einheitlichen Begriff der Verfahrensbeteiligten, so daß bei jeder Einzelvorschrift aus ihrem Sinn zu erschließen ist, welcher Personenkreis angesprochen wird[27]. Gleiches gilt für die ebenfalls strittige Frage, ob das Gericht oder seine Mitglieder zu den Verfahrensbeteiligten

---

[17] Einl. Kap. 13 XI.
[18] Einl. Kap. 13 XIII.
[19] Einl. Kap. 12 V.
[20] Vgl. etwa BVerfGE **34** 302; **38** 111; Einl. Kap. **1**.
[21] Zur Unschuldsvermutung vgl. Einl. Kap. **1**; sie gilt nicht etwa nur wegen Art. 6 Abs. 2 MRK, sondern folgt auch aus dem Schutz der Menschenwürde sowie daraus, daß der Eingriff in die Grundrechte, den das staatliche Strafen bedeutet, nur zulässig ist, wenn die gesetzlichen Voraussetzungen dafür nachgewiesen sind; vgl. etwa BVerfGE **19** 347; *Nipperdey/Scheuner/Sax* Grundrechte Bd. III 2 970; 987; *Schorn* Menschenwürde 23; *Marxen* GA **1980** 365; *Stürner* JZ **1980** 3.
[22] Einl. Kap. **6**.
[23] BVerfGE **32** 381; **33** 367; **34** 249; **46** 160 *Niemöller/Schuppert* AöR **107** (1982) 394;

*Vogel* NJW **1977** 2250; kritisch *Hassemer* StrVert. **1982** 275.
[24] Zur MRK vgl. Einl. Kap. **1**; ob sie Verfassungsrang hat, ist strittig. Zum Internationalen Pakt über staatsbürgerliche und politische Rechte vgl. *Rüping* Kap. 1 IV 5.
[25] BVerfGE **34** 302; **38** 111; **57** 275; **65** 174; BVerfG NJW **1984** 2403; *Rüping/Martin* ZStW **91** (1979) 351; *Niemöller/Schuppert* AöR **107** (1982) 421; *Gössel* ZStW **94** (1982) 48 ff.
[26] Ähnlich *Gössel* § 19 A; zu den strittigen Fragen der Grenzziehung vgl. Einl. Kap. **9**; KMR-*Paulus* § 33, 6, 7; Vor § 48, 25 ff; *Kleinknecht/Meyer* Einl. 73; ferner BVerfG **38** 119.
[27] Vgl. *Gössel* § 19 A 2; ferner die Erläuterungen zu den §§ 33, 33a; 168 a; 238, 262, 273; 335; 431, 442; 444; 464 a, 464 b.

rechnen oder ob das deswegen zu verneinen ist, weil die Richter eine grundsätzlich andere Stellung zu der vor ihnen durchgeführten Verhandlung einnehmen als die zur Wahrung eigener Verfahrensinteressen daran beteiligten Personen[28].

### 2. Verhältnis der Verfahrensbeteiligten zueinander

**26**  **a) Unabhängigkeit und wechselseitige Bindung.** Die Hauptverhandlung ist ein sich fortentwickelnder **(dynamischer) Vorgang** mit dem Ziel, festzustellen, wie sich der zu untersuchende Lebenssachverhalt in Wirklichkeit zugetragen hat und ob und welche Sanktionen gegen den Angeklagten zu verhängen sind. Die an der Hauptverhandlung teilnehmenden Personen sind entsprechend der unterschiedlichen Funktion diesem Ziel in unterschiedlichem Maße verpflichtet. Während das Gericht, vor allem der Vorsitzende, aktiv das Verfahren im Interesse einer möglichst erschöpfenden Sachaufklärung nach Kräften fördern muß, trifft den Angeklagten, der ohne sein Zutun in den Mittelpunkt der Verhandlung gestellt ist, keine aktive Förderungspflicht. Er kann die ihm zustehenden Verfahrensbefugnisse zur aktiven Einwirkung auf den Gang der Verhandlung benutzen, er kann sich aber auch völlig passiv verhalten[29]. Die Ausrichtung der Hauptverhandlung auf die Aufklärung des zu untersuchenden Sachverhalts ist aber auch für den Angeklagten insoweit verbindlich, als seine Verfahrensbefugnisse — ebenso wie die der anderen Verfahrensbeteiligten — trotz eines weit gespannten Spielraums für die Verteidigung letztlich im Hinblick auf dieses Ziel ausgeübt werden müssen. Verfahrensbefugnisse stehen allen Verfahrensbeteiligten nur zur Wahrung ihrer auf dieses Ziel bezogenen Verfahrensinteressen zu, nicht aber für andere, verfahrensfremde Zwecke.

**27**  Die **Unabhängigkeit,** mit denen die **einzelnen Verfahrensbeteiligten** ihre Verfahrensbefugnisse eigenverantwortlich verfolgen, wird durch die Verfahrensregeln in ein **System gegenseitiger Einwirkungen und Kontrollen** eingebettet, das für die Interaktionsstruktur der Hauptverhandlung[30] kennzeichnend ist. Die schließt ein Mindestmaß an Kooperation ein. Diese darf allerdings niemals so weit gehen, daß dadurch die ordnungsgemäße Erfüllung der Aufgaben der beteiligten staatlichen Organe und die Wahrnehmung der eigenen legitimen Verfahrensinteressen der anderen Verfahrensbeteiligten beeinträchtigt wird[31].

**28**  **Absprachen** über Einzelheiten der Verfahrensgestaltung sind nur mit dieser Maßgabe und nur innerhalb der Grenzen des fast durchwegs zwingenden Verfahrensrechts möglich. Sie können die vielen Einzelheiten der technischen Verfahrensabwicklung betreffen, aber auch die Verwendung von Beweismitteln, so etwa, ob auf einen mitgebrachten Zeugen verzichtet wird. Eine solche vorgezogene Einigung über das beabsichtigte Prozeßverhalten hat vor allem dort Bedeutung, wo das Gesetz Einzelheiten der Verfahrensgestaltung im Rahmen der Beweisaufnahme durch Bindung an Zustimmung oder Verzicht der Disposition der einzelnen Prozeßsubjekte (mit) überläßt. Eine unüberschreitbare Grenze finden solche Absprachen an zwingenden Vorschriften des Verfahrensrechts sowie an der Pflicht zur Sachaufklärung[32]. Sofern nicht die darauf beru-

---

[28] So etwa *Bohnert* NStZ **1983** 348; a. A *Eb. Schmidt* I 66 ff; *Kleinknecht/Meyer* Einl. 56.

[29] Vgl. *Schreiner* NJW **1977** 2303 gegen *Laier* NJW **1977** 1139; ferner zur Rollenambivalenz des Angeklagten als Prozeßsubjekt, Auskunftsperson und Objekt der Untersuchung etwa *Müller-Dietz* ZStW **93** (1981) 1216; *Schreiber* ZStW **88** (1976) 132.

[30] *Schlüchter* 1 ff.

[31] *Römer* FS Schmidt-Leichner 133; *Dahs* Hdb. 13 ff.

[32] *Schmidt-Hieber* NJW **1982** 1017; dazu *Dencker* NStZ **1983** 402; *Dahs* Hdb 136; vgl. StrVert. **1982** 545; ferner zur Praxis in den USA *Dielmann* GA **1981** 558.

henden Verfahrenshandlungen unwiderruflich und bindend geworden sind, stehen Absprachen über beabsichtigtes Prozeßverhalten ihrer Natur nach unter der clausula rebus sic stantibus; vor allem bei einer nicht vorhersehbaren Änderung der Prozeßlage sind die Beteiligten dadurch nicht gehindert, die nach der neuen Lage erforderlichen Anträge zu stellen. Solche Absprachen haben nicht den verpflichtenden Charakter von Verträgen des öffentlichen oder bürgerlichen Rechts. Verfahrenshandlungen werden nicht allein deswegen unzulässig, weil sie entgegen einer Absprache dann doch vorgenommen wurden. Aus dem Gebot der fairen Verfahrensgestaltung kann dann allerdings die Verpflichtung des Gerichts erwachsen, dafür zu sorgen, daß derjenige, der sich absprachegemäß verhalten hat, dadurch keinen Nachteil erleidet.

b) **Waffengleichheit.** Der Gleichheitssatz des Art. 3 Abs. 1 GG gilt grundsätzlich **29** auch für die Handhabung des Verfahrensrechts. Vor allem in der Hauptverhandlung müssen die Befugnisse zur Mitgestaltung des Verfahrensgangs so ausgewogen verteilt sein, daß kein Prozeßsubjekt die prozeßbeendende Entscheidung nur aus seiner Sicht einseitig bestimmen kann. Differenzierungen der Befugnisse sind zulässig und unumgänglich, soweit sie sich aus der unterschiedlichen Verfahrensrolle ergeben[33]. Die **Waffengleichheit** zwischen **Staatsanwalt** einerseits und **Angeklagten** und **Verteidiger** andererseits bedeutet keine die Unterschiede ihrer Aufgaben und Pflichten mißachtende Gleichstellung in allen prozessualen Befugnissen der Hauptverhandlung. Der Strafprozeß ist kein Parteiprozeß[34]. Nur in einzelnen Stücken, so nach den §§ 240 Abs. 2, 246 Abs. 2, 3, 255 und 258, sind Staatsanwalt und Angeklagter formal gleichberechtigt. Dagegen tragen andere Vorschriften, so die §§ 231, 236 und 247, dem Unterschied ihrer Stellung in der Hauptverhandlung Rechnung. Die Waffengleichheit im Sinne gegeneinander ausgewogener Verfahrensbefugnisse ist dort notwendig, wo die (partiell) kontradiktorische Komponente der Hauptverhandlung zum Tragen kommt, wo es darum geht, auf die Urteilsfindung des Gerichts durch Anträge, insbesondere Beweisanträge, Fragen an Zeugen und Sachverständige und auch durch eigene Ausführungen usw. einzuwirken. Es gehört zu den Erfordernissen eines rechtsstaatlichen „fairen" Verfahrens nach Art. 6 Abs. 1 MRK, daß grundsätzlich in diesen prozessualen Befugnissen Gleichheit zwischen Staatsanwaltschaft und Angeklagten besteht[35]. Diese Befugnisse müssen in gleicher Weise von der Staatsanwaltschaft unter den gleichen Voraussetzungen und im gleichen Umfang geltend gemacht werden können wie von der Verteidigung. Die äußeren Umstände des Verfahrens, wie etwa die Anordnung der Sitze von Staatsanwalt und Verteidiger im Gerichtssaal, berührt die richtig verstandene Forderung nach Waffengleichheit nicht (OLG Koblenz VRS **46** 450).

c) **Mehrere Verfahrensbeteiligte in gleicher Prozeßrolle.** Die Bestimmungen der **30** StPO sprechen zwar in der Regel von den einzelnen Verfahrensbeteiligten nur in der Einzahl, sie gehen aber davon aus, daß mehrere Personen in der gleichen Verfahrensrolle an der Hauptverhandlung teilnehmen können, vor allem, daß in einer Hauptverhandlung gegen mehrere Angeklagte verhandelt werden kann. Die Auswirkungen die-

---

[33] Zur Unabweislichkeit rollenspezifischer Differenzierungen vgl. *Rieß* FS Schäfer 174; *Rogall* Der Beschuldigte als Beweismittel, 111 ff; *Roxin* § 11 V 1a; *Rüping* Kap. 6 III 36.
[34] Zur Waffengleichheit Einl. Kap. **6** IV; vgl. *Bötticher* Gleichbehandlung und Waffengleichheit (1979) 9 ff; *Rüping* ZStW **91** (1979) 359.

[35] Einl. Kap. 9 6 IV; BVerfGE **38** 111; **57**, 275; BGHSt **15** 159; **24** 171; BGH JZ **1984** 248; EuKomMR NJW **1963** 2247; StrVert. **1981** 379; *Vogler* ZStW **82** (1970) 764; *Müller* NJW **1976** 1063; *Kohlmann* FS Peters 311.

Walter Gollwitzer

ses Nebeneinanders auf die Verfahrensgestaltung ist nur in wenigen Fällen (z. B. §§ 231 c, 240 Abs. 2 Satz 2; §§ 247, 257) ausdrücklich geregelt; im übrigen muß aus dem Zweck der jeweils einschlägigen Verfahrensvorschriften erschlossen werden, welche Modifikationen des Verfahrens sich daraus ergeben. Bei Äußerungsbefugnissen kann es genügen, daß mehrere in gleicher Rolle Beteiligte nacheinander zu Wort kommen, wobei die Reihenfolge vom Vorsitzenden nach Zweckmäßigkeitsgesichtspunkten bestimmt werden kann; es kann aber — wie beim letzten Wort (§ 258 Abs. 2) — auch notwendig sein, einem Angeklagten, der bereits das letzte Wort hatte, nochmals Gelegenheit zu geben, zu sachlich neuen Ausführungen eines Mitangeklagten, die ihn betreffen, Stellung zu nehmen[36].

**31**     Mehrere in gleicher Eigenschaft Beteiligte sind bei Ausübung ihrer Befugnisse **voneinander unabhängig.** Sie können widersprechende Erklärungen abgeben und unterschiedliche Anträge stellen. Die Eigenständigkeit der Erklärungen und Anträge besteht allerdings dort nicht, wo mehrere Personen als Vertreter ein und derselben Behörde deren Verfahrensbefugnisse ausüben oder ein Verteidiger eine Erklärung nicht kraft eigenen Rechts als Beistand, sondern als Vertreter des Angeklagten abgibt.

**32**     Eine **Aufteilung** der Ausübung der Verfahrensbefugnisse ist zulässig, wenn diese zu einer Verfahrensfunktion gehören, die nicht ihrer Natur nach an eine bestimmte Person als solche gebunden ist. Mehrere Staatsanwälte oder mehrere Verteidiger eines Angeklagten können sich in ihre Aufgaben teilen. Die Einzelheiten sind bei § 227 besprochen[37]. Personengebundene Verfahrensbefugnisse, wie sie beispielsweise beim Angeklagten oder Einziehungsbeteiligten bestehen, müssen — sofern nicht eine Vertretung (vgl. §§ 234, 434) zulässig ist — von dem jeweiligen Verfahrensbeteiligten selbst ausgeübt werden; ein anwesender Angeklagter kann sich dabei jedoch seines Verteidigers (als Vertreter in der Erklärung) bedienen. Soweit es um seine eigenen Verfahrensbefugnisse geht, bleibt der Wille des Angeklagten entscheidend. Der Verteidiger ist hieran gebunden. Frei ist er dagegen, wenn er eigene Verteidigerbefugnisse ausübt; insoweit sind unterschiedliche Erklärungen möglich und verfahrensrechtlich beachtlich. Wegen der Einzelheiten wird vor allem auf die Erläuterungen Vor § 137 und bei § 234 verwiesen.

**33**     Abgesehen von der Staatsanwaltschaft, die auch zu Gunsten des Angeklagten tätig werden muß[38], können die anderen Prozeßsubjekte ihre Verfahrensbefugnisse immer **nur zur Wahrnehmung eigener Verfahrensinteressen** ausüben. Wo ein Betroffensein in den eigenen Verfahrensinteressen auszuschließen ist, haben sie trotz der Einheit der Hauptverhandlung keine Einwirkungsmöglichkeit auf den betreffenden Verfahrensvorgang[39]. Zu berücksichtigen ist dabei allerdings, daß der Inbegriff der gesamten Hauptverhandlung zur einheitlichen Entscheidungsgrundlage wird und umgekehrt daher jeder auch diesen Inbegriff für die eigene Interessenvertretung nutzen kann. Das Betroffensein in den eigenen Interessen ist deshalb weit auszulegen, um im Interesse einer auch für unvorhergesehene Argumente offenen Verhandlungsführung keinem Verfahrensbeteiligten die Möglichkeit zu verbauen, einen Bezug zwischen der eigenen Sache und einem ihn dem ersten Anschein nach nicht berührenden Verfahrensvorgang herzustellen. Wer aber einen solchen Sachbezug nicht aufzeigen kann, hat auch keine Befugnis, auf den ihn nicht berührenden Verfahrensvorgang einzuwirken[40].

---

[36] *Gollwitzer* FS Sarstedt 17.
[37] Zum Verhältnis zwischen Staatsanwalt und Nebenkläger vgl. bei § 397; ferner *Gollwitzer* FS Schäfer 66, 72.

[38] Einschränkend *Marx* GA **1978** 365; vgl. Einl. Kap. **8** III 2 und Vor § 141 GVG.
[39] Vgl. § 231 c 19; *Gollwitzer* FS Sarstedt 17 ff; FS Schäfer 67.
[40] *Gollwitzer* FS Sarstedt 22.

### 3. Die Teilnehmer der Hauptverhandlung

**a) Richter.** Beim Gericht, dessen Zusammensetzung sich nach den Vorschriften **34** des Gerichtsverfassungsgesetzes bestimmt, haben Berufs- und Laienrichter[41] in der Hauptverhandlung als Beisitzer grundsätzlich die gleichen Befugnisse. Der **Vorsitzende** nimmt eine Doppelstellung ein: Soweit er die Verhandlung leitet und die sonst ihm übertragenen Rechte ausübt (z. B. § 228 Abs. 1 Satz 2, § 231), die Sitzungspolizei wahrnimmt (§ 176 GVG) und die Vorgänge in der Verhandlung beurkundet (§ 271), wird er kraft eigenen Rechts tätig, im übrigen ist er Vertreter des Gerichts[42]. Einzelheiten des Verhältnisses zwischen Vorsitzendem und den übrigen Richtern sind bei § 238 erörtert, ebenso die Möglichkeit, gegen Anordnungen des Vorsitzenden das Gericht anzurufen.

Der **Urkundsbeamte** der Geschäftsstelle hat als eigenverantwortliche Urkundsper- **35** son gemeinsam mit dem Vorsitzenden dafür zu sorgen, daß die Vorgänge in der Hauptverhandlung dem Gesetz entsprechend in der Sitzungsniederschrift festgehalten werden (vgl. dazu die Erläuterungen zu §§ 226, 271 ff und bei § 153 GVG).

**b) Als Anklagevertreter** können mehrere Staatsanwälte gemeinsam oder nachein- **36** ander an der Hauptverhandlung teilnehmen. Wegen des Erfordernisses der ständigen Anwesenheit, der Möglichkeit, die Befugnisse aufzuteilen oder mit der Wahrnehmung der Anklagevertretung Referendare oder örtliche Sitzungsvertreter zu betrauen, vgl. die Erläuterungen zu den §§ 226, 227, 258. Die Erklärungen mehrerer Staatsanwälte sind einheitlich der von ihnen vertretenen Anklagebehörde zuzurechnen. Weichen Erklärungen und Anträge trotzdem voneinander ab, so ist dies nicht anders zu bewerten, wie wenn eine natürliche Person sich im Verfahren unterschiedlich erklärt; bindet die frühere Erklärung die Staatsanwaltschaft unwiderruflich, gilt sie, andernfalls ist die spätere Erklärung als eine Abänderung oder Rücknahme der früheren zu werten. Ist unklar, was wirklich gewollt ist, muß der Vorsitzende dies in der Hauptverhandlung durch Rückfrage klarstellen.

**c)** Der **Nebenkläger** ist durch Anträge und Erklärungen der Staatsanwaltschaft **37** nicht gebunden. Er ist in der Wahrnehmung seiner Prozeßbefugnisse selbständig und kann insbesondere auch von der Staatsanwaltschaft abweichende Anträge stellen. Seine Befugnis, auf den Verfahrensgang einzuwirken, ist aber auf die Wahrnehmung der von ihm verfolgten Verfahrensinteressen beschränkt. Betrifft die Hauptverhandlung Vorgänge, die diese Interessen nicht berühren, hat der Nebenkläger insoweit auch keine Einwirkungsbefugnis[43]. Wegen der Einzelheiten vgl. die Erläuterungen zu § 397 und zu den einzelnen Bestimmungen der Hauptverhandlung.

**d)** Der **Angeklagte** ist nicht lediglich das **Objekt** des gegen ihn betriebenen Straf- **38** verfahrens. Er hat das Recht, sich zu verteidigen oder verteidigen zu lassen und auf den Gang des Verfahrens durch eigene Stellungnahme, Fragen und Anträge einzuwirken. Seine verfassungsrechtlich gesicherte (Art. 1 Abs. 2, Art. 103 Abs. 1 GG) Stellung als **Prozeßsubjekt**[44] hat der Gesetzgeber im nachfolgenden Abschnitt für die Hauptver-

---

[41] Dazu etwa *Jescheck* FS Schultz 229; *Schild* ZStW **94** (1982) 37; *Volk* FS Dünnebier 373, 382; ferner Einl. Kap. **15**.

[42] RGSt **3** 46; **19** 355; **44** 65; RG LZ **1915** 899; Recht **1920** Nr. 2731.

[43] BGHSt **28** 272; *Gollwitzer* FS Schäfer 65,

67; vgl. ferner bei § 397; BGH bei *Pfeiffer/ Miebach* NStZ **1984** 209.

[44] Zur Stellung des Angeklagten als Prozeßsubjekt vgl. Einl. Kap. **9** II, III; ferner Vor § 226, 25; *Niemöller/Schuppert* AöR **107** (1982) 421; *Müller-Dietz* ZStW **93** (1981) 421; *Dürkop* Der Angeklagte (1977).

handlung näher geregelt. Eine Pflicht, den Fortgang des Verfahrens aktiv zu fördern, folgt daraus nicht (Rdn. 26).

**39**      Für das Verhältnis der Befugnisse **mehrerer Mitangeklagter** zueinander ist entscheidend, daß die Hauptverhandlung gegen alle eine Einheit bildet. Ihr gesamter Inbegriff ist bei jedem Mitangeklagten für die Urteilsfindung verwertbar. Dies ist zu berücksichtigen, wenn geprüft wird, ob ein Verfahrensvorgang einen Mitangeklagten betrifft. Aus der Einheit der Hauptverhandlung erwachsen dem Angeklagten keine Einwirkungsbefugnisse auf die Teile der Hauptverhandlung, die ausschließlich Mitangeklagte betreffen und bei denen ausgeschlossen werden kann, daß durch sie seine eigenen Verfahrensinteressen in irgendeiner Weise berührt werden. Nur insoweit ist auch Raum für die Beurlaubung nach § 231 c.

**40**      Im einzelnen ist nach der **Art der Befugnisse** zu unterscheiden: Die Informationsrechte des Angeklagten einschließlich des Rechts auf Anwesenheit erstrecken sich grundsätzlich auf alle Teile der Hauptverhandlung. Da jeder Angeklagte seine Verteidigung eigenverantwortlich führen kann, darf ihm das Gericht nicht die Möglichkeit verkürzen, alle Vorgänge der Hauptverhandlung hierfür zu nutzen; er muß in der Lage sein, einen nicht ohne weiteres erkennbaren Zusammenhang zwischen einem ihn nicht unmittelbar betreffenden Verfahrensvorgang und der eigenen Strafsache aufzuzeigen. Deshalb dürfen seine Erklärungs- und Fragerechte in solchen Fällen nicht ex ante beschränkt werden, sondern erst dann, wenn für das Gericht ersichtlich wird, daß die Erklärung nicht die eigene Sache betrifft. Die Befugnis, die Verfahrensgestaltung durch Anträge und Prozeßhandlungen (Verzicht, Einwilligung u. a.) mitzubestimmen, hat immer nur der Mitangeklagte, der aufzuzeigen vermag, daß er damit ein eigenes (legitimes) Verfahrensinteresse verfolgt[45].

**41**      e) **Beteiligte mit Angeklagtenbefugnissen.** Die Verfalls- und Einziehungsbeteiligten haben — begrenzt auf den Umfang ihrer Beteiligung — in der Hauptverhandlung ebenfalls die Befugnisse des Angeklagten. Angeklagtenbefugnisse haben ferner die Vertreter einer juristischen Person oder Personenvereinigung nach § 444. Die Einzelheiten sind bei §§ 433, 444 erläutert.

**42**      f) Der **Verteidiger** ist Prozeßsubjekt mit eigenen, nicht vom Angeklagten hergeleiteten Verfahrensbefugnissen[46]. Gleiches gilt für den **Beistand** und den **gesetzlichen Vertreter** eines Angeklagten, denen § 149, anders als die §§ 67, 69 JGG, jedoch nur geringe Mitwirkungsmöglichkeiten eröffnet. Wegen der Einzelheiten vgl. vor allem Einl. Kap. 9; ferner die Erläuterungen zu den §§ 137 bis 149 und 227.

**43**      g) **Zeugen und Sachverständige,** deren Rechtsstellung bei den §§ 48 ff erörtert wird, sind keine Prozeßsubjekte in dem Sinn, daß sie Verfahrensbefugnisse hinsichtlich des Ziels der Hauptverhandlung beanspruchen könnten. Ihre aktive Teilhabe am Prozeßgeschehen und ihre Befugnisse beschränken sich auf die Fragen, die ihre eigene Zuziehung als Auskunftsperson betreffen[47]. Die Verfahrensbefugnisse des Anwalts, den ein Zeuge als Beistand in die Hauptverhandlung mitbringen darf, sind auf die Befugnisse des von ihm unterstützten Zeugen beschränkt[48].

**44**      **Tatverdächtige** nehmen, wenn sie als Zeugen zur Hauptverhandlung zugezogen werden, keine über die §§ 55, 60 Nr. 2 hinausreichende Sonderstellung ein. Sie erlangen

---

[45] *Gollwitzer* FS Sarstedt 15 ff; **a. A** *Alsberg* DStrZ **1914** 242.

[46] **A. A** *Eb. Schmidt* I 71: „Prozeßsubjektsgehilfe".

[47] Einl. Kap. **9** II, III; Vor § 226, 38.

[48] BVerfGE **38** 105; *Hammerstein* NStZ **1981** 125; *Thomas* NStZ **1982** 489; *Wagner* DRiZ **1983** 21. Vgl. Vor § 48.

nach herrschender Rechtsprechung nicht die Stellung einer aus der Zeugenrolle herausgenommenen Auskunftsperson sui generis[49]. Ist der Tatverdächtige Mitangeklagter der gleichen Hauptverhandlung, so kann er nach herrschender Meinung nicht Zeuge sein; strittig ist, ob entgegen der **formell** auf die prozessuale Gemeinsamkeit im Zeitpunkt der Aussage abstellenden Rechtsprechung die Zeugeneigenschaft auch entfällt, wenn der Mitbeschuldigte in einem getrennten Verfahren verfolgt wird (**formell/materiell**-rechtliche Betrachtungsweise), eventuell schon dann, wenn die Auskunftsperson nach der **materiellen** Rechtslage als Mitbeschuldigter zu betrachten ist. Wegen der Einzelheiten und der Probleme der sog. Rollenvertauschung vgl. Vor § 48[50].

h) Der **Verletzte,** also derjenige, der durch die abzuurteilende Tat beeinträchtigt **45** worden ist, hat in dieser Eigenschaft kein Teilnahmerecht[51]. Er kann in der Hauptverhandlung als Zeuge (§ 61 Nr. 2) anwesend sein; er kann sich dem Verfahren als Nebenkläger (§ 395) oder zur Geltendmachung vermögensrechtlicher Ansprüche im Adhäsionsverfahren (§§ 403 ff) angeschlossen haben; in diesen Fällen kann er an der Hauptverhandlung mit eigenen, auf die Wahrnehmung der jeweiligen Verfahrensinteressen beschränkten Befugnissen teilnehmen (vgl. die Erläuterungen zu §§ 397, 404). Ganz gleich, in welcher Funktion der Verletzte an der Hauptverhandlung teilnimmt, bedarf er der besonderen Rücksichtnahme, damit der Schaden, den er durch die Straftat erlitten hat, nicht durch das Verfahren zu ihrer Ahndung noch vertieft wird. Dem Gericht obliegt hier eine besondere Schutz- und Fürsorgepflicht[52].

i) Die **Gerichtshilfe** (bei § 160) hat in der Hauptverhandlung keine eigenen Ver- **46** fahrensbefugnisse, ihr Vertreter hat weder Frage- noch Antragsbefugnisse[53]; ihr Ermittlungsbericht kann auch nicht nach § 256 verlesen werden[54]. Wegen der Einzelheiten vgl. bei § 160.

Dem Vertreter der **Jugendgerichtshilfe** (§§ 38, 50 Abs. 3 JGG) ist dagegen in Ver- **47** fahren gegen Jugendliche und Heranwachsende (§ 109 Abs. 1 JGG) auch vor Erwachsenengerichten auf Verlangen das Wort zu erteilen (§ 50 Abs. 3 Satz 2 JGG)[55]. Das Recht, Fragen oder Beweisanträge zu stellen, hat er aber ebenfalls nicht. Werden die Vorschriften über seine Beiziehung nicht beachtet, kann das die Revision begründen, da meist nicht auszuschließen ist, daß das Urteil zumindest im Rechtsfolgenausspruch darauf beruhen kann[56]. Unter Umständen kann darin auch eine Verletzung der Aufklärungspflicht liegen[57].

---

[49] *Bringewat* JZ **1981** 289; Grünwald FS Klug Bd II 493; *Prittwitz* NStZ **1981** 463; ferner die Erläuterungen Vor § 48.

[50] Vgl. auch Einl. Kap. 14 VII; § 237, 16; 18.

[51] Zur Stellung des Verletzten vgl. *Geerds* JZ **1984** 786; *Granderath* MDR **1983** 797; NStZ **1984** 399; *Eb. Schmidt* I Nr. 72; Einl. Kap. **9**; *Jung* JR **1984** 309; *Jung* ZStW **93** (1981) 1146; *Schöch* NStZ **1984** 385; *Werner* NStZ **1984** 401. *Wolf* DRiZ **1981** 463; sowie umfassend *Rieß* Die Rechtstellung des Verletzten im Strafverfahren (1984): mit weit. Nachw.

[52] *Jung* ZStW **93** (1981) 1153; 1173.

[53] *Hörster* JZ **1982** 92 (kein Prozeßsubjekt); vgl. *Bottke* MSchrKrim **1981** 62; *Bruns* Straf-

zumessungsrecht 263; *Rahn* NJW **1976** 838; *Roxin* § 10 III; *Rüping* Kap. 2 IX; *Sonntag* NJW **1976** 1436; *Stöckel* FS Bruns 299.

[54] *Rüping* Kap. 2 IX; *G. Schäfer* § 76 II 5; *Kleinknecht/Meyer* § 160, 26; für die Jugendgerichtshilfe *Brunner* JGG § 38, 13; *Eisenberg* JGG § 50, 32.

[55] Zur Stellung der Jugendgerichtshilfe vgl. *Brunner* § 50, 11; *Eisenberg* JGG § 38, § 50, *Schaffstein* FS Dünnebier 661, 673; ferner BGH MDR **1984** 682.

[56] BGH StrVert. **1982** 27 mit Anm. *Gatzweiler* StrVert. **1982** 336.

[57] BGH MDR **1977** 1029; weitere Nachweise vgl. bei § 244.

Walter Gollwitzer

**48**    k) Die **Vertreter beteiligter Behörden** haben nach Maßgabe der jeweiligen spezialgesetzlichen Regelung im Verfahren wegen bestimmter Straftaten oder Ordnungswidrigkeiten das Recht zur Teilnahme an der Hauptverhandlung. In Steuerstrafsachen ist dem Vertreter des Finanzamts nach § 407 AO Gelegenheit zur Äußerung zu geben, ihm ist auf Verlangen das Wort zu erteilen; er ist auch berechtigt, Fragen an Angeklagte, Zeugen und Sachverständige zu stellen (§ 407 Abs. 2 AO). Ein eigenes Beweisantragsrecht hat er nicht. Daß dem Vertreter der Verwaltungsbehörde das Wort zu erteilen ist, sehen auch § 83 Abs. 1, § 76 Abs. 1 OWiG, § 13 Abs. 2 WiStGB, § 34 Abs. 2 MOG, § 43 Abs. 2 AWG vor[58].

## IV. Mißbrauch prozessualer Befugnisse, Heilung von Verfahrensmängeln

**49**    1. **Ein Mißbrauch prozessualer Rechte** liegt vor, wenn ein Verfahrensbeteiligter ein Recht, das ihm die Strafprozeßordnung zur Wahrung seiner verfahrensrechtlichen Belange einräumt, dazu benutzt, um ausschließlich **verfahrensfremde** oder **verfahrenswidrige Zwecke** zu verfolgen (institutioneller Mißbrauch *Weber* GA **1975** 289, „dysfunktionales Verhalten" *Rüping/Dornseifer* JZ **1977** 417). Die Strafprozeßordnung enthält keine allgemeine Mißbrauchsklausel[59], sondern begnügt sich damit, in einigen besonders in Gewicht fallenden Fällen die Folgen des Mißbrauchs ausdrücklich zu regeln, so in §§ 26a, 138a, 231a, 241; dazu gehört ferner in § 244 Abs. 3 oder in § 245 die Möglichkeit, einen in Verschleppungsabsicht gestellten Beweisantrag abzulehnen. Der institutionelle Mißbrauch ist aber auch sonst im Strafverfahren grundsätzlich unzulässig, sofern eindeutig feststellbar ist, daß eine verfahrensrechtliche Gestaltungsmöglichkeit (objektiv und aus der Sicht des Antragstellers) ausschließlich zu prozeßfremden Zielen benutzt werden soll[60]. An den Nachweis einer solchen mißbräuchlichen Zielsetzung muß allerdings ein strenger Maßstab angelegt werden, um auszuschließen, daß legitime Verfahrensinteressen beeinträchtigt werden können. Nur wo dies ausnahmsweise eindeutig verneint werden kann, darf das Gericht auch in anderen als den gesetzlich geregelten Fällen offensichtlich mißbräuchliche Anträge als unzulässig zurückweisen und die mißbräuchliche Ausnützung von Prozeßbefugnissen durch geeignete Maßnahmen unterbinden. Es ist hierzu auch verpflichtet, wenn dies erforderlich ist, um andere Prozeßbeteiligte, insbesondere Zeugen, vor schwerwiegenden Nachteilen zu schützen oder um den durch Mißbrauch in Frage gestellten ordnungsgemäßen Fortgang des justizförmigen, an der Wahrheitsfindung orientierten Verfahrens zu gewährleisten. Die hier vertretene Auffassung führt zwar wegen der strengen Anforderungen an die Erweisbarkeit des Mißbrauchs meist zum gleichen Ergebnis wie die Ansicht, die eine Mißbrauchskontrolle auf die gesetzlich geregelten Tatbestände beschränkt[61], sie ermöglicht aber in nicht geregelten Extremfällen das notwendige Einschreiten.

**50**    Hält das Gericht einen Mißbrauch für nachgewiesen, darf es die betreffende Prozeßhandlung nicht stillschweigend übergehen, sondern muß sie unter Darlegung seiner Gründe **ausdrücklich** noch in der Hauptverhandlung **als mißbräuchlich zurück-**

---

[58]  Vgl. *Göhler* § 76, 15 ff.

[59]  *Wagner* JuS **1972** 315; *Rudolphi* ZRP **1976** 165; *Vogel* NJW **1978** 1223; ob eine generelle Mißbrauchsklausel im Gesetz wünschenswert wäre, ist strittig; vgl. ferner *Rebmann* DRiZ **1979** 369; *Meyer* JR **1980** 219. KMR-*Sax* Einl. X 82 nimmt Unzulässigkeit einer Verfahrenshandlung wegen Mißbrauchs nur in den

Fällen an, in denen dies der Gesetzgeber ausdrücklich vorgesehen hat.

[60]  *Weber* GA **1975** 289; *Kleinknecht/Meyer* Einl. 108; *Rüping/Dornseifer* JZ **1977** 420; *Rüping* Kap. 1 V 4a; vgl. auch *Schlüchter* 145; 161; 552.2.

[61]  *Wagner* JuS **1972** 315; *Meyer* JR **1980** 219; KMR-*Sax* Einl. X 82.

**weisen**[62]. Dies erfordert die Verfahrensklarheit und ist auch deshalb notwendig, um dem Betroffenen die Möglichkeit zu eröffnen, noch in der Hauptverhandlung die Ansicht des Gerichts zu widerlegen oder andere Anträge zu stellen. Ein festgestellter Mißbrauch führt nicht zum Verlust anderer Verfahrensbefugnisse; so darf das Gericht nicht unter Hinweis darauf die Entgegennahme weiterer Anträge generell ablehnen (BGH JR 1980 21 mit Anm. *Meyer*).

Ein **Mißbrauch liegt nicht** schon **vor,** wenn zur Rechtsverfolgung unzweckmäßige **51** oder neben der Sache liegende Anträge gestellt oder sonstige objektiv zur Rechtswahrung nicht dienliche Handlungen vorgenommen werden. Er kann nur dann angenommen werden, wenn zweifelsfrei ersichtlich ist, daß ausschließlich Zwecke verfolgt werden, welche mit dem Ziele des Strafverfahrens unvereinbar sind. An den Nachweis einer solchen Zielsetzung sind strenge Anforderungen zu stellen. Der bloße Verdacht eines solchen Motivs, der nicht durch Tatsachen sicher erhärtet ist, reicht ebensowenig aus wie etwa der Umstand, daß zusätzlich zu einem legitimen Zweck der Prozeßführung auch verfahrensfremde Überlegungen für ein bestimmtes Verhalten mit entscheidend waren.

Die **Rechtsprechung** hat wiederholt Beweisanträge für unzulässig angesehen, **52** wenn mit ihnen sonstige verfahrensfremde Ziele verfolgt werden sollen[63]. Gleiches gilt für einen Mißbrauch des Fragerechts nach § 240[64]. Der Grundgedanke, daß die Befugnisse des Strafverfahrens nicht zu prozeßfremden Zwecken mißbraucht werden dürfen (BGHSt 2 287), hat auch sonst dazu geführt, daß Verfahrenshandlungen, bei denen diese Zielrichtung offensichtlich war, als unzulässig zurückgewiesen wurden, so etwa Rechtsbehelfe, die nicht die Wahrnehmung von Rechten, sondern nur die Beleidigung des Gerichts bezweckten[65]. Gleiches gilt bei Mißbrauch des Ladungsrechts nach § 220[66].

**2. Verwirkung.** Zu der mit der mißbräuchlichen Prozeßführung eng zusammen- **53** hängenden Frage der Verwirkung prozessualer Rechte vgl. Einleitung (Kap. 10 III) und die Erläuterungen zu § 337. Statt mit der Rechtsfigur der Verwirkung hat vor allem die Rechtsprechung des Reichsgerichts mit dem Gesichtspunkt des Verzichts gearbeitet, wenn sie die Verfahrensrüge wegen einer Verfahrensgestaltung ausschließen wollte, die der Angeklagte durch Beanstandung in der Hauptverhandlung hätte verhindern können; hierbei wurde allein auf das objektive Prozeßverhalten, nicht wie beim „echten Verzicht" auf das Vorliegen eines Verzichtswillens abgestellt (vgl. dazu *Bohnert* NStZ 1983 34).

**3. Heilung von Verfahrensmängeln.** Die Heilung von Verfahrensmängeln ist bis **54** zum Abschluß der Urteilsverkündung zulässig und meist auch möglich[67]. Unerheblich ist dabei, ob ein Verfahrensvorgang bereits im Zeitpunkt seiner Vornahme fehlerhaft war oder ob er dies erst nachträglich wurde, weil der Fortgang des Verfahrens seine Grundlagen beseitigte, etwa weil er zu einer Änderung in der Beurteilung der maßgeben-

---

[62] Vgl. § 244, 218; *Rüping* Kap. 1 V 4a.

[63] BGHSt **29** 151; weitere Nachweise § 244, 206 f.

[64] BGH bei *Dallinger* MDR **1973** 371; vgl. § 241, 6 ff.

[65] OLG Koblenz MDR **1973** 157; vgl. die Erläuterungen Vor § 296.

[66] KG JR **1971** 338 mit zust. Anm. *Peters*; vgl.

§ 220, 10; zum Mißbrauch von Anwaltsrechten zur Prozeßsabotage *Weiß* AnwBl. **1981** 321; *Deckers* AnwBl. **1981** 310.

[67] *Oetker* GA **50** (1903) 229; *Schmid* JZ **1969** 757; *Schmid* FS Maurach 535; *Roxin* § 42 VI; KMR-*Sax* Einl. X 38 ff; *Kleinknecht/Meyer* Einl. 156; zur Heilung von Fehlern bei der Urteilsverkündung vgl. bei § 268.

Walter Gollwitzer

den Tatsachen führte[68]. Ob im konkreten Fall ein Verfahrensfehler geheilt werden kann und welche Maßnahmen des Gerichts dazu erforderlich sind, hängt vom Verfahrensstand und der Art des Fehlers ab[69]. In Frage kommen vor allem die Rücknahme einer fehlerhaften Entscheidung, Nachholung einer zu Unrecht unterlassenen Verfahrenshandlung oder fehlerfreie Wiederholung eines fehlerhaften Verfahrensvorgangs, wie etwa Wiederholung des fehlerhaft in Abwesenheit des Angeklagten durchgeführten Teils der Hauptverhandlung (BGHSt **30** 74)[70]. Auch ein angemessener Hinweis des Vorsitzenden, verbunden mit der Zusicherung, daß sich der Fehler nicht auf die Urteilsfindung auswirken werde, kann mitunter zur Heilung ausreichen (RGSt **47** 217)[71].

**55**     Der **Schutz und Ordnungszweck der verletzten Vorschrift** muß nachträglich so verwirklicht werden, daß durch den Verfahrensfehler kein nennenswerter Nachteil mehr zurückbleibt (BayObLGSt **1965** 2). „Wohlerworbene Rechte" der Verfahrensbeteiligten stehen der Heilung nicht entgegen, auch wenn die Behebung des Fehlers für einen Verfahrensbeteiligten zu einem ungünstigeren Ergebnis führt. Die Verfahrensbeteiligten, die ihr Verhalten auf die durch den Fehler geschaffene Verfahrenslage eingerichtet haben, müssen aber über den Fehler und über die zu seiner Heilung notwendigen Maßnahmen ausreichend belehrt werden. Ihre Zustimmung ist zur Behebung des Fehlers grundsätzlich nicht erforderlich (*Schmid* JZ **1969** 757 ff). Sie müssen aber hinreichende Gelegenheit haben, sich zu dem Vorgang zu äußern und ihr Prozeßverhalten auf die neue Verfahrenslage einzustellen.

**56**     Durch **Verzicht** der am Verfahren Beteiligten kann der Fehler dagegen nur geheilt werden, soweit kein zwingendes öffentliches Recht verletzt ist[72] und die Verfahrensgestaltung zur Disposition der Verfahrensbeteiligten steht. Erforderlich ist hier ein echter, vom Willen des jeweiligen Verfahrensbeteiligten getragener Verzicht, der grundsätzlich voraussetzt, daß der Verzichtende weiß, daß und welche Rechtsposition er aufgibt (vgl. auch Rdn. 53).

## V. Reform der Hauptverhandlung

**57**     Die Reform der Hauptverhandlung ist seit Jahren Gegenstand eingehender Erörterungen, auf die hier nicht näher eingegangen werden kann[73]. Neben Einzelvorschlä-

---

[68] Zur Notwendigkeit des Einklangs von prozessualen Entscheidungen und Urteil vgl. *Schmid* FS Maurach 535.

[69] RGSt **32** 379; **33** 75; **35** 354; **38** 217; **41** 18; RG GA **58** (1911) 198; Recht **1910** Nr. 3873; **1912** Nr. 2125.

[70] LM § 230 StPO 1975 Nr. 2 mit Anm. *Mösl*; RGSt **35** 353. Nach OLG Hamm JMBlNW **1976** 225 genügt die Wiederholung der wesentlichen Teile, die der Klärung der Schuld- und Rechtsfolgenfrage dienen. Wegen weiterer Nachweise vgl. insbes. § 226, 21; § 230, 18; § 231 c, 21; § 247, 35; ferner Fußn. 71.

[71] Zur Behebung der Folgen einer fehlerhaften Vereidigung *Schmid* FS Maurach 535; vgl. bei § 59 und bei § 261.

[72] RGSt **64** 308; zur Problematik der auf das objektive Prozeßverhalten abstellenden

Rechtsprechung zum Verzicht vgl. *Bohnert* NStZ **1983** 344.

[73] *Baumann* FS Klug Bd. II 459; vgl. etwa *Bode* DRiZ **1982** 455; *Dahs* Reform der Hauptverhandlung, FS Schorn; *Herrmann* Die Reform der deutschen Hauptverhandlung nach dem Vorbild des anglo-amerikanischen Strafverfahrens (1971); *Lüttger* (Hrsg.) Probleme der Strafprozeßreform 1975; *Rieß* ZRP **1977** 58; *Rieß* FS Schäfer 155; *Rieß* Strafverfahrensforum **1982** 195; *Roxin* Probleme der Strafprozeßreform (1975) 72; *Roxin* FS Schmidt-Leichner 145; *Rudolphi* ZRP **1976** 165; *Schünemann* GA **1978** 161; *Schreiber* ZStW **88** (1976) 117; *Schreiber* (Hrsg.) Strafprozeß und Reform (1979); vgl. auch Fußn. 76 und die Gesamtübersicht bei *Rieß* ZStW **95** (1983) 529.

gen, die vornehmlich die Effizienz der Strafrechtspflege, Vereinfachung und Beschleunigung des Verfahrens, aber auch die Verbesserung der Stellung des Angeklagten oder des Verteidigers zum Gegenstand haben, oder die Sonderprobleme betreffen, wie etwa die Bewältigung der Großverfahren[74], werden auch generelle Strukturprobleme aufgeworfen. Hierzu rechnen vor allem Fragen der Öffentlichkeit der Hauptverhandlung[75], ihre Aufteilung zur getrennten Verhandlung der Tat als solcher und der sanktionsrelevanten Tatsachen (Tatinterlokut) oder der Schuld- und Rechtsfolgenfrage (Schuldinterlokut)[76], ferner die Veränderung der Stellung des Vorsitzenden durch Einführung des Wechselverhörs[77]. Auch Zweckmäßigkeit und Ausgestaltung der Zwischenrechtsbehelfe und die Frage ihrer Präklusionswirkung wird — vor allem in Verbindung mit den Problemen des §238 Abs. 2 — erörtert[78].

# §226

**Die Hauptverhandlung erfolgt in ununterbrochener Gegenwart der zur Urteilsfindung berufenen Personen sowie der Staatsanwaltschaft und eines Urkundsbeamten der Geschäftsstelle.**

**Entstehungsgeschichte.** Gegenüber der ursprünglichen Fassung ist lediglich „Gerichtsschreiber" durch „Urkundsbeamter der Geschäftsstelle" ersetzt worden (Art. 2 des Gesetzes vom 9. 7. 1927 — RGBl. I 175). Die zweite VereinfVO sah vorübergehend vor, daß im Verfahren vor dem Amtsrichter der Staatsanwalt auf Teilnahme an der Hauptverhandlung verzichten konnte (Art. 5) und ein Schriftführer nur noch mitwirken sollte, wenn es der Vorsitzende für erforderlich hielt (Art. 6). Bezeichnung bis 1924: §225.

*Übersicht*

[74] *Bruns/Römer/Waldowski* Verhandlungen des 50. DJT; *Herrmann* ZStW **85** (1973) 256; *Grauhan* GA **1976** 225; *G. Schmidt* JR **1974** 320.
[75] Vgl. die Hinweise Vor § 169 GVG.
[76] *Achenbach* JR **1974** 401; *Achenbach* MSchrKrim **1977**, 242; *Baumann* FS Klug Bd. II, 471; *Blau/Fischinger* ZStW **81** (1969) 31; 49; *Blau/Tröndle/Öhler* ZStW **82** (1970) 1705; *Dahs sen.* ZRP **1968** 22; NJW **1970** 1705; *Dahs jun.* GA **1971** 353; *Dahs jun.* AnwBl. **1971** 240; *Dästner* DRiZ **1977** 9; *Dölling* Die Zweiteilung der Hauptverhandlung (1978); *Hanack* JZ **1971** 528; *Haddenbrock* NJW **1981** 1302; *Heckner* Die Zweiteilung der Hauptverhandlung nach Schuld- und Reaktionsfrage, Diss. 1973; *Heinitz* Festgabe v. Lüptow 835; *Horn* ZStW **85** (1973) 7; *Kleinknecht* FS Heinitz 651; *Knittel* FS Schwinge 215; *Römer* GA **1969** 333; *Schöch* FS Bruns 457; *Schöch/Schreiber* ZRP **1978** 63; *Schunck* Die Zweiteilung der Hauptverhandlung, Diss. 1982; *Sessar* ZStW **92** (1980) 698; *Walter* GA **1980** 81; ferner die Nachweise Fußn. 73; ferner Einl. Kap. **13**.
[77] *Gössel* JA **1975** 731; *Roxin* Probleme der Strafprozeßreform 52; *Roxin* FS Schmidt-Leichner 145; *Schünemann* GA **1978** 161; *Sessar* ZStW **92** (1980) 698; *Weißmann* Die Stellung des Vorsitzenden in der Hauptverhandlung (1982).
[78] *Alsberg* LZ **1914** 1169; *Alsberg* ZStW **50** (1930) 73; *Bohnert* 191; *Fuhrmann* GA **1963** 65; *Goldschmidt* JW **1929** 2687.

**1**    **1. Gegenwart der zur Urteilsfindung berufenen Richter.** Nach dem Grundsatz der Mündlichkeit dürfen bei der Urteilsfindung nur die Richter mitwirken, in deren Gegenwart die Sache verhandelt worden ist. Sie müssen das Urteil aus dem Inbegriff der Hauptverhandlung (§ 261) gewinnen und dürfen bei keinem wenn auch noch so kleinen Teil der Hauptverhandlung fehlen, insbesondere nicht bei der Urteilsverkündung. Muß für einen während der Hauptverhandlung erkrankten Richter ein Stellvertreter zugezogen werden, so muß die ganze Verhandlung wiederholt werden (RGSt **62** 198), sofern der eintretende Richter nicht als Ergänzungsrichter (§ 192 GVG) von Anfang an an der Hauptverhandlung teilgenommen hat. Ebenso muß, wenn sich ergibt, daß ein mitwirkender Schöffe nicht vereidigt worden war, die Hauptverhandlung nach ordnungsgemäßer Nachholung der Vereidigung vollständig erneuert werden[1].

**2**    Ein Richter, der während einer ins Gewicht fallenden Zeitspanne nicht in der Lage ist, der Hauptverhandlung zu folgen und der deshalb wesentliche Teile der Hauptverhandlung **nicht wahrnehmen kann** (etwa weil er schläft), steht einem abwesenden Richter gleich (BGH bei *Dallinger* MDR **1971** 364). Wegen der Einzelheiten vgl. die Erläuterungen zu § 261 und zu § 338 Nr. 1 und die dort angegebene Rechtsprechung.

**3**    **2. Gegenwart des Staatsanwalts.** Die Staatsanwaltschaft muß während der ganzen Dauer der Hauptverhandlung vertreten sein. Anders als im Bußgeldverfahren darf ohne ihre Gegenwart in keiner Weise verhandelt werden (OLG Schleswig SchlHA **1970** 198), auch die Urteilsverkündung macht keine Ausnahme (RGSt **9** 275). Keiner der Prozeßbeteiligten kann darauf wirksam verzichten. Ist das Urteil in Abwesenheit der Staatsanwaltschaft verkündet worden, so ist strittig, ob der Verstoß durch Wiederholung der Verkündung innerhalb der aus den §§ 229 und 268 zu entnehmenden Frist geheilt werden kann (vgl. bei § 268). Es können mehrere Beamte der Staatsanwaltschaft nebeneinander oder nacheinander mitwirken (§ 227).

**4**    **Vor den Landgerichten** und vor allen höheren Gerichten darf die Staatsanwaltschaft nach § 142 GVG nur durch einen zum Richteramt befähigten Beamten vertreten werden. Die Vertretung durch einen Referendar ist nur zulässig, soweit § 142 Abs. 3 GVG dies gestattet, also nur im Einzelfall und unter Aufsicht des Staatsanwalts. Zulässig ist danach, daß sich der in der Verhandlung anwesende Staatsanwalt der Hilfe eines Referendars bedient und ihn Anträge stellen oder den Schlußvortrag halten läßt[2]. Die Justizverwaltung kann einen Staatsanwalt für mehrere Gerichte bestellen (RGSt **58** 105), einen angestellten Richter nach Maßgabe des § 37 DRiG mit Wahrnehmung staatsanwaltlicher Aufgaben betrauen (RG JW **1922** 1394) und einem sonst nicht zuständigen Staatsanwalt den Auftrag zur Vertretung der Anklage in einer einzelnen Sache erteilen (RGSt **44** 76). Vertritt ein Staatsanwalt, der bei der Staatsanwaltschaft eines anderen Gerichts ständig angestellt ist, ohne Auftrag des gemeinsamen Vorgesetzten der beteiligten Staatsanwaltschaften die Anklage, so ist die Staatsanwaltschaft zwar durch einen unzuständigen Beamten in der Hauptverhandlung vertreten, doch übt ein solcher Verstoß gegen die Regelung der Zuständigkeit keinen Einfluß auf das Urteil aus (RGSt **73** 86).

**5**    **Vor den Amtsgerichten** können **Amtsanwälte** das Amt des Staatsanwalts ausüben (§ 142 Abs. 1 Nr. 3, Abs. 2 GVG). Mit der Wahrnehmung ihrer Aufgaben können auch Rechtsreferendare (§ 142 Abs. 3 GVG) und nach Maßgabe des Landesrechts auch Beamte des gehobenen Dienstes als örtliche Sitzungsvertreter betraut werden; letzteres

---

[1] Zur konstitutiven Bedeutung der Beeidigung vgl. RGSt **64** 308; OLG Köln JMBl NW **1976** 118; ferner die Erl. zu § 45 DRiG.

[2] RGSt **48** 237; wegen weiterer Nachweise vgl. bei § 142 GVG; ferner *Aachen* JA **1982** 21.

verstößt nicht gegen das Rechtsstaatsprinzip (BVerfGE **56** 128). Die Einzelheiten sind bei § 142 GVG erläutert; zum Vorbereitungsdienst und zur Gleichstellung der Teilnehmer der einstufigen Juristenausbildung mit den Referendaren vgl. § 5 b DRiG.

Aus der angeblichen **Unaufmerksamkeit des Staatsanwalts** während der Hauptver- **6** handlung kann regelmäßig kein Grund zur Anfechtung des Urteils wegen Verletzung des § 226 hergeleitet werden[3]. Etwas anderes würde nur dann gelten, wenn die Unaufmerksamkeit ein solches Ausmaß angenommen hätte, daß die Staatsanwaltschaft während eines wesentlichen Teils der Hauptverhandlung nicht mehr als vertreten gelten könnte.

In der Hauptverhandlung wirkt der Staatsanwalt als **unparteiisches Organ** der **7** Rechtspflege mit. Er darf in der gleichen Sache nicht als **Richter** tätig gewesen sein[4], noch kann er gleichzeitig als **Zeuge** oder **Sachverständiger** auftreten. Wird ein Staatsanwalt als Zeuge vernommen, so kann er die Staatsanwaltschaft während dieser Zeit nicht mehr vertreten, auch nachher ist er in derselben Hauptverhandlung grundsätzlich dazu nicht mehr befugt[5]. Er darf staatsanwaltschaftliche Aufgaben nur noch insoweit wahrnehmen, als sie sich von der Erörterung und Bewertung seiner Zeugenaussage trennen lassen (BGHSt **21** 85)[6]. Dies ist z. B. der Fall, wenn seine Aussage in keiner Hinsicht für die Schuld- oder Straffrage eines anderen Mitangeklagten von Bedeutung ist, oder wenn er sich nur über einen technischen, mit seiner Tätigkeit als Sachbearbeiter der Staatsanwaltschaft notwendig verbundenen Vorgang (vgl. BGH bei *Dallinger* MDR **1957** 16) geäußert hat, der nur den Verfahrensgang betraf und nicht dem Strengbeweis unterliegt. Gibt der Staatsanwalt insoweit eine Erklärung für die von ihm vertretene Behörde ab, wird er dadurch ohnehin nicht zum Zeugen. Wegen der Einzelheiten wird auf die Erläuterungen bei § 22 und Vor § 48 verwiesen.

Ob ein Staatsanwalt von der Ausübung seines Amtes in bestimmten Fällen **8** **ausgeschlossen** ist, sowie, ob er von einem Prozeßbeteiligten **abgelehnt** werden kann, ist Vor § 22, 8 ff erörtert.

**3. Gegenwart eines Urkundsbeamten.** Sie ist während der ganzen Hauptverhand- **9** lung notwendig, da er in eigener Verantwortung den Gang der Verhandlung und die wesentlichen Vorgänge in der Sitzungsniederschrift beurkunden muß (OLG Hamm JMBlNW **1982** 155; vgl. §§ 271 ff); doch können die Urkundsbeamten während der Hauptverhandlung wechseln, denn die persönliche ununterbrochene Gegenwart ist nur für die Richter vorgeschrieben[7]. In umfangreichen Verfahren ist es also zulässig und zweckmäßig, von vornherein mehrere Urkundsbeamte einzuteilen, die sich während der Verhandlung ablösen (RG JW **1930** 3404), dann unterschreibt jeder von ihnen den Teil der Niederschrift, den er angefertigt hat (OLG Braunschweig NdsRpfl. **1947** 89). Auch bei der Urteilsverkündung muß ein Urkundsbeamter anwesend sein[8]. Ordnet der Vorsitzende die vollständige Niederschreibung einer Aussage oder Äußerung gemäß § 273 Abs. 3 an, so kann diese im Beratungszimmer niedergeschrieben werden, sie muß aber in

---

[3] OLG Kiel JW **1929** 2775; OLG Oldenburg MDR **1963** 443; *Seibert* NJW **1963** 1590; KK- *Treier* 5.

[4] OLG Stuttgart MDR **1974** 622; vgl. *Kuhlmann* DRiZ **1976** 11 und § 22, 35.

[5] RGSt **29** 236; BGHSt **14** 265; **21** 89; BGH bei *Pfeiffer/Miebach* NStZ **1983** 135; **1984** 14; StrVert. **1983** 497 mit Anm. *Müllerhaff*; BayObLGSt **1953** 27; vgl. *Arloth* NJW **1983**

207; *Joos* NJW **1981** 100; ferner Vor § 22, 11 ff mit weit. Nachw.

[6] Abl. *Hanack* JR **1967** 229; JZ **1971** 91; **1972** 81; vgl. *Dose* NJW **1978** 349, 351.

[7] *Hahn*, Mot. 180; RG LZ **1914** 1207; BGHSt **21** 85.

[8] OlG Schleswig bei *Ernesti/Jürgensen* SchlHA **1973** 189; vgl. bei § 268.

der Hauptverhandlung verlesen und genehmigt werden (OLG Königsberg DRiZ **1932** Nr. 451).

**10**      Wer **Urkundsbeamter** sein kann, richtet sich nach § 153 GVG in Verbindung mit den einschlägigen Vorschriften des Bundes und der Länder. Der Urkundsbeamte braucht **kein Beamter** im Sinne des Beamtenrechts zu sein. Auch Angestellte, die auf Grund des § 153 Satz 2 GVG zu (stellvertretenden) Urkundsbeamten bestellt sind, können diese Aufgabe wahrnehmen; ihre Beeidigung ist nirgends vorgeschrieben[9]. Umgekehrt macht die Vereidigung nach § 168 einen Beamten, der als Schriftführer zu einer außerhalb des Gerichtssitzes durchgeführten Hauptverhandlung zugezogen wurde, nicht zum Urkundsbeamten der Geschäftsstelle. § 168 ist auf die Hauptverhandlung nicht entsprechend anwendbar (BGH NStZ **1981** 31). Es muß aber nicht notwendig der Urkundsbeamte des erkennenden Gerichts tätig werden; Protokollführer kann auch der Urkundsbeamte der Geschäftsstelle eines ordentlichen Gerichts am Verhandlungsort sein (BGH bei *Pfeiffer/Miebach* NStZ **1983** 213). Auch ein Rechtsreferendar kann damit beauftragt werden (BGH NStZ **1984** 327; OLG Hamburg MDR **1984** 337); wer zur Erteilung des Auftrags zuständig ist, richtet sich nach Landesrecht (BGH aaO; in Niedersachen nur der Behördenleiter).

**4. Andere Verfahrensbeteiligte**

**11**      **a) Anderweitige Regelung.** Für **andere Verfahrensbeteiligte** als die in § 226 erwähnten fordert diese Vorschrift nicht die ununterbrochene Gegenwart. Ob und wie lange sie in der Hauptverhandlung anwesend sein müssen, richtet sich nach den für sie geltenden Sondervorschriften. Nach diesen bestimmt sich auch, wieweit ein Recht auf Anwesenheit besteht.

**12**      **b) Gegenwart des Verteidigers.** Nur in den Fällen der notwendigen Verteidigung muß ein Verteidiger ununterbrochen anwesend sein[10]. Ergibt sich die Notwendigkeit der Verteidigung erst während der Hauptverhandlung — mag sie vorher nicht bestanden haben oder nur nicht erkannt worden sein — und wird nunmehr ein Verteidiger bestellt, so muß die Hauptverhandlung in Anwesenheit des Verteidigers in ihren wesentlichen Teilen (vgl. dazu BGHSt **15** 263) wiederholt werden (BGHSt **9** 243). Die Einzelheiten sind bei § 140, die Auswirkungen eines Verstoßes bei § 338 Nr. 8 erläutert.

**13**      **c) Nebenkläger, Vertreter** beteiligter **Behörden** (Vor § 226, 48) oder **Nebenbeteiligte** brauchen in der Hauptverhandlung nicht ununterbrochen zugegen sein. Wegen der Einzelheiten vgl. die Erläuterungen zu §§ 397, 433.

**14**      **d)** Die Anwesenheitspflicht eines **Dolmetschers** bestimmt sich nach § 185 GVG.

**15**      **e)** Der **Sachverständige** gehört — obwohl Gehilfe des Richters — nicht zu den zur Urteilsfindung berufenen Personen i. S. des § 226. Seine ununterbrochene Anwesenheit ist deshalb nicht durch § 226 zwingend vorgeschrieben[11]. Wieweit seine Anwesenheit für die Erstattung seines Gutachtens notwendig ist, muß grundsätzlich er selbst beurteilen (BGH bei *Pfeiffer* NStZ **1981** 297).

**16**      Der **Vorsitzende** kann im Rahmen der Sachleitung anordnen, daß der Sachverständige bei bestimmten Teilen der Hauptverhandlung anwesend sein soll. Eine solche

---

[9] OLG Celle NdsRpfl. **1969** 22; vgl. BGH StrVert. **1982** 155; OLG Bremen StrVert. **1984** 109 mit Anm. *Katholnigg*.

[10] BGHSt **15** 307; RG JW **1930** 3858; vgl. bei § 140.

[11] RG JW **1933** 2774; BGH MDR **1953** 723; BGH bei *Spiegel* DAR **1984** 205; OLG Schleswig SchlHA **1974** 181.

Anordnung sollte aber erst nach Rücksprache mit dem Sachverständigen ergehen. Die Anwesenheit des Sachverständigen bei der gesamten Hauptverhandlung ist soweit entbehrlich, wie die Vorgänge in der Hauptverhandlung für die Gutachtertätigkeit unerheblich sind (etwa bei Gutachten über das Ergebnis chemischer oder physikalischer Untersuchungen). Etwas anderes gilt, wo die Kenntnis von Vorgängen in der Hauptverhandlung für die Erstattung des Gutachtens notwendig oder doch zweckdienlich ist (vgl. das Fragerecht nach § 80 Abs. 2), wie dies meist bei der psychologischen oder psychiatrischen Beurteilung eines Angeklagten oder Zeugen der Fall sein dürfte (*Dünhaupt* NdsRpfl. **1969** 131).

Hat der Sachverständige einem für die Erstattung seines Gutachtens bedeutsa- **17** men Teil der Hauptverhandlung **nicht beigewohnt,** so braucht dieser Teil in der Regel nicht wiederholt zu werden. Es genügt, wenn der Sachverständige vom Ergebnis der Beweisaufnahme unterrichtet wird. Wenn die Unterrichtung auch nicht notwendigerweise in Gegenwart des Verteidigers oder des Angeklagten geschehen muß (BGHSt **2** 25; *Koeniger* 392), so ist es doch zur Vermeidung von Mißdeutungen in der Regel angezeigt, dies durch den Vorsitzenden in der Hauptverhandlung in Gegenwart aller Beteiligter vorzunehmen.

In besonders gelagerten Ausnahmefällen kann die **Aufklärungspflicht** eine Wieder- **18** holung eines Teils der Hauptverhandlung (etwa die Einvernahme eines Zeugen) in Gegenwart des Sachverständigen gebieten.

**5. Gleichzeitige Gegenwart.** Das Erfordernis ständiger Anwesenheit aller notwen- **19** dig Mitwirkenden findet bei einer Beweisaufnahme, insbesondere bei Einnahme des Augenscheins am Tatort, seine Grenze in dem, was möglich ist (RG HRR **1937** Nr. 489). Lassen die Raumverhältnisse oder andere zwingende Gründe es nicht zu, eine Beweisaufnahme allen bei der Verhandlung Mitwirkenden und Beteiligten gleichzeitig vorzuführen, so steht dem nichts entgegen, daß die zunächst nur vor einem Teil der Mitwirkenden oder Beteiligten vorgenommene Beweiserhebung hernach vor dem anderen Teil wiederholt und ihr Ergebnis auf diese Weise allen Mitwirkenden und Beteiligten gleichermaßen zugänglich gemacht wird. Das trifft vornehmlich auf die Vornahme eines Augenscheins zu, bei dem der Angeklagte den Vorgang da schildert, wo er sich zugetragen hat (RG Recht **1911** Nr. 1247), oder bei einer Probefahrt mit einem Kraftwagen, die nur eine beschränkte Teilnehmerzahl zuläßt (OLG Köln VRS **6** 461). Die Urteilsberatung einer Strafkammer am Tatort ist nicht zulässig, wenn sie ermöglicht, daß die Gerichtsmitglieder die Örtlichkeit neu betrachten, was einem Augenschein in Abwesenheit der anderen Verfahrensbeteiligten gleichkäme[12]. Dagegen verstößt die Urteilsverkündung durch den Einzelrichter am Unfallort, bei der alle Beteiligten anwesend sind, nicht gegen § 226 (OLG Hamm VRS **19** 54); vgl. auch § 261.

**6. Rechtsfolgen.** Ordnungsgemäß unter Angabe aller nach § 344 erforderlichen **20** Tatsachen[13] gerügte **Verstöße** gegen § 226 begründen in der Regel die Revision. Sofern die Abwesenheit sich auf wesentliche Teile der Hauptverhandlung erstreckte, sind die absoluten Revisionsgründe des § 338 Nr. 1 (Richter) bzw. des § 338 Nr. 5 (Staatsanwalt, Urkundsbeamter) gegeben. Die Einzelheiten, insbesondere auch, welche Teile der Hauptverhandlung einschließlich der Urteilsverkündung wesentlich sind, werden bei § 338 erläutert. Vertritt ein Staatsanwalt, der als Zeuge vernommen wurde, die Staats-

---

[12] RGSt **66** 28; OLG Hamm NJW **1959** 1192;    [13] Vgl. etwa BGH StrVert. **1982** 155 (Urkunds-
OLG Hamburg GA **1961** 177; vgl. § 230, 8.        beamter).

anwaltschaft unzulässigerweise weiter, so ist nach der Rechtsprechung nicht der absolute Revisionsgrund des § 338 Nr. 5 gegeben; der Verfahrensverstoß führt nach § 337 zur Aufhebung, wenn das Urteil darauf beruht. Wegen der Einzelheiten vgl. die Erläuterungen zu §§ 337, 338 Nr. 5 und BGH NStZ **1983** 135.

21      Die Revisionsrügen nach § 338 Nrn. 1, 5 greifen auch durch, wenn alle Beteiligten dem Verstoß **zugestimmt** haben (OLG Hamm JMBlNW **1982** 155). Daß ein **Verzicht** auf Wiederholung eines unter Verstoß gegen § 226 durchgeführten Teils der Hauptverhandlung es unter dem Gesichtspunkt der Arglist ausschließt, daß der Verzichtende dann doch die Revision mit diesem Verstoß begründet (so OLG Bremen GA **1953** 87), kann allenfalls in besonders gelagerten Ausnahmefällen bei einem von Anfang an arglistigen Verhalten angenommen werden[14].


# § 227

**Es können mehrere Beamte der Staatsanwaltschaft und mehrere Verteidiger in der Hauptverhandlung mitwirken und ihre Verrichtungen unter sich teilen.**


**Bezeichnung** bis 1926: § 226.

1      1. **Mitwirkung mehrerer Beamter der Staatsanwaltschaft.** Mehrere Beamte der Staatsanwaltschaft können in der Hauptverhandlung sowohl so mitwirken, daß sie während der ganzen Verhandlung oder während eines Teils gleichzeitig **nebeneinander** auftreten (BGH bei *Dallinger* MDR **1966** 200), als auch so, daß sie sich im Laufe der Hauptverhandlung ablösen und **nacheinander** oder **abwechselnd** tätig werden[1]. Ein Wechsel in der Vertretung der Staatsanwaltschaft kann u. a. deshalb notwendig werden, weil der in der Hauptverhandlung zunächst auftretende Staatsanwalt als Zeuge vernommen wird; denn er darf in diesem Fall das Amt des öffentlichen Klägers weder während der Vernehmung ausüben noch regelmäßig nach ihr wieder übernehmen (§ 226, 7).

2      Eine **Aussetzung** oder **Unterbrechung** der Hauptverhandlung bei Wechsel des Staatsanwalts ähnlich der Regelung bei einem neu bestellten Verteidiger in § 145 Abs. 3 sieht die Strafprozeßordnung nicht ausdrücklich vor. Auch der Staatsanwalt kann die ihm im Dienste der Gerechtigkeit gestellten Aufgaben in der Hauptverhandlung sachgerecht nur wahrnehmen, wenn er hinreichend unterrichtet ist. Dazu muß ihm das Gericht die erforderliche Zeit gewähren. Allerdings wird wegen des Beschleunigungsgebots regelmäßig nur die Unterbrechung der Hauptverhandlung in Betracht kommen, nicht ihre Aussetzung. Wenn der Wechsel des Staatsanwalts dazu führt, daß der neu eintretende Staatsanwalt wegen Unkenntnis der bisherigen Verfahrensvorgänge nicht in der Lage ist, seine Aufgabe zu erfüllen, und das Gericht ihm nicht durch Unterbrechung der Hauptverhandlung die erforderliche Zeit zur Vorbereitung einräumt, so kann der Aussetzungsantrag nach § 265 Abs. 4 gerechtfertigt sein.

3      Durch **Verlassen der Sitzung** darf der Staatsanwalt die Unterbrechung der Hauptverhandlung nicht erzwingen[2]. Tut er dies aber trotzdem, müßte das Gericht die Haupt-

---

14  *Schmid* Verwirkung 324 ff; ferner die Erläuterungen zu § 337.

1  RGSt **16** 180; BGHSt **13** 337; ferner

BGHSt 21 85 = LM Nr. 1 mit Anm. *Kohlhaas,* dazu *Hanack* JZ **1972** 81; JR **1967** 228.

2  *Kleinknecht/Meyer* 2.

verhandlung dennoch unterbrechen, da die Voraussetzung für ihre Durchführung nach § 226 nicht mehr gegeben ist.

**2.** Die **Mitwirkung mehrerer Verteidiger** für **denselben** Angeklagten läßt § 227 **4** ausdrücklich zu. Es ist grundsätzlich der freien Entscheidung des Angeklagten überlassen, ob er einen oder mehrere Verteidiger bestellen will. Die Zahl der gewählten Verteidiger darf jedoch drei nicht überschreiten (§ 137 Abs. 1 Satz 2). Daß von mehreren Angeklagten jeder einen besonderen Verteidiger haben muß, folgt jetzt aus § 146. Die Einzelheiten sind bei §§ 137 und 146 erläutert.

Mehrere Verteidiger eines Angeklagten müssen **nicht gleichzeitig anwesend** sein **5** (BGH bei *Dallinger* MDR **1966** 200; vgl. Rdn. 10). Der Verteidiger kann während der Hauptverhandlung auch wechseln, ebenso wie der Staatsanwalt. Beim Wechsel in der Verteidigung muß, auch wenn es sich um eine notwendige Verteidigung handelt, die Hauptverhandlung nicht in ihren wesentlichen Teilen wiederholt werden (BGHSt **13** 341).

Die **notwendige Verteidigung** kann jedoch nur führen, wer den Prozeßstoff **6** sicher beherrscht (BGHSt **13** 341). Dem Antrag des neu eintretenden Verteidigers, die Verhandlung auszusetzen, damit er sich informieren könne, wird das Gericht in der Regel nicht ablehnen können[3], es sei denn, daß der Verteidiger in der Lage ist, sich in der begrenzten Zeitspanne einer Unterbrechung (§ 229) genügend vorzubereiten. Dazu gehört nicht nur die Erarbeitung des Prozeßstoffes sondern auch die Unterrichtung über den bisherigen Verlauf der Hauptverhandlung und ihre Ergebnisse (*Koeniger* 204). Die Einzelheiten sind bei § 145 Abs. 3 erläutert. Die Aussetzungspflicht nach § 265 Abs. 4 (vgl. die dortigen Ausführungen) besteht daneben fort.

Bei **nicht notwendiger Verteidigung** sind dagegen eher Fälle denkbar, in denen **7** die Sach- und Rechtslage so einfach ist, daß eine längere Unterbrechung oder Aussetzung zur ordnungsgemäßen Vorbereitung entbehrlich ist. Dies muß im Einzelfall nach den bei § 228 Abs. 2, § 265 Abs. 4 dargelegten Grundsätzen geprüft werden, die weitgehend mit den bei § 145 Abs. 3 entwickelten Gedanken übereinstimmen.

Der Wegfall eines von **mehreren Verteidigern** hindert in der Regel den Fortgang **8** der Hauptverhandlung nicht. In schwierigen Fällen kann dadurch die Aussetzung erforderlich werden; vor allem, wenn wegen der verabredeten Arbeitsteilung der verbliebene Verteidiger die Aufgabe des ausscheidenden nicht ohne weiteres mit übernehmen kann (§ 265).

**3. Teilung der Verrichtungen**

**a)** Die **Staatsanwaltschaft** steht dem Gericht auch dann, wenn sie durch mehrere **9** Beamte gleichzeitig vertreten wird, stets als eine Einheit gegenüber. Deshalb wäre es wenn nicht unstatthaft, so doch unangebracht, wenn jeder mitwirkende Staatsanwalt ohne Rücksicht auf die Mitwirkung des anderen zur ganzen Sache oder bei jedem Anlaß sprechen wollte. Widersprüchliche Erklärungen mehrerer Staatsanwälte sind so zu behandeln wie widersprüchliche Erklärungen einer einzelnen Person. Solange die frühere Erklärung nicht bindend geworden ist, kann sie durch die spätere Erklärung eines anderen Staatsanwalts zurückgenommen werden[4].

**b)** Das Verhältnis mehrerer **Verteidiger** zum Gericht und zueinander ist dagegen **10** anders zu beurteilen. Auch wenn es sich nur um eine Tat desselben Angeklagten handelt,

---

[3] RGSt **71** 352; BGH NJW **1965** 2164 mit    [4] Vgl. Vor § 226, 36; KMR-*Müller* 2.
Anm. *Schmidt-Leichner*.

Walter Gollwitzer

nimmt jeder Verteidiger seine Aufgabe selbständig und ohne rechtliche Bindung durch Erklärungen seines Mitverteidigers wahr. Deshalb muß der Vorsitzende jedem Verteidiger Erklärungen nach § 257, einen alles umfassenden Schlußvortrag und das Wort auf die Erwiderung des Staatsanwalts gestatten (§ 258). Das gilt allgemein, erst recht aber dann, wenn der eine Verteidiger vom Angeklagten selbst, der andere von seinem gesetzlichen Vertreter gewählt ist, ebenso dann, wenn neben dem gewählten Verteidiger im Fall des § 138 Abs. 2 noch ein bestellter Verteidiger auftritt. Nur wenn dem Gericht bekanntgegeben wird, daß sich die Verteidiger auf eine gewisse Aufgabenteilung geeinigt haben, darf sich das Gericht damit begnügen, jeweils nur dem Verteidiger das Wort zu erteilen, der entsprechend dieser Rollenverteilung die Aufgabe der Verteidigung wahrnimmt. Aus der internen Arbeitsteilung folgt jedoch nicht, daß bei einer notwendigen Verteidigung stets der Verteidiger anwesend sein muß, der nach ihr diese Aufgabe für den betreffenden Verfahrensteil übernommen hat. Es genügt, wenn ein Verteidiger anwesend ist[5].

**11**    Für den Fall, daß mehrere Verteidiger eines Angeklagten **widersprüchliche Erklärungen** abgeben, enthält das Verfahrensrecht keine allgemeinen Bestimmungen. Sie lassen sich auch kaum geben, weil es jeweils auf die Art der Erklärung ankommt. Stimmt z. B. ein Verteidiger gemäß § 251 Abs. 1 Nr. 4 der Verlesung einer Vernehmungsniederschrift zu, während ein anderer widerspricht, wird der Widerspruch durchgreifen[6]. Von solchen Fällen abgesehen, läßt sich allgemein nur sagen, daß der Vorsitzende wegen der Aufklärungspflicht des Gerichts durch Befragung der Beteiligten auf die Aufklärung eines Widerspruchs hinwirken muß (so auch *Eb. Schmidt* 4). Ist dies nicht möglich, so soll nach KMR-*Paulus* 3 die zuerst abgegebene Erklärung gelten. Ein solcher allgemeiner Satz dürfte sich jedoch nicht aufstellen lassen.

## § 228

(1) [1]Über die Aussetzung einer Hauptverhandlung oder deren Unterbrechung nach § 229 Abs. 2 entscheidet das Gericht. [2]Kürzere Unterbrechungen ordnet der Vorsitzende an.

(2) Eine Verhinderung des Verteidigers gibt, unbeschadet der Vorschrift des § 145, dem Angeklagten kein Recht, die Aussetzung der Verhandlung zu verlangen.

(3) Ist die Frist des § 217 Abs. 1 nicht eingehalten worden, so soll der Vorsitzende den Angeklagten mit der Befugnis, Aussetzung der Verhandlung zu verlangen, bekanntmachen.

**Entstehungsgeschichte.** Art. 1 Nr. 74 des 1. StVRG hat Absatz 1 Satz 1 neu gefaßt. Der Wortlaut stellt nicht mehr auf Anträge ab. Im übrigen wurde der Satz 1 dahin ergänzt, daß über die Unterbrechung nach dem gleichzeitig neu eingefügten § 229 Abs. 2 das Gericht und nicht der Vorsitzende entscheidet. Bezeichnung bis 1924: § 227.

---

[5] BGH bei *Holtz* MDR **1981** 457; vgl. ferner bei § 338 Nr. 5.        [6] KK-*Treier* 3; *Kleinknecht/Meyer* 3.

**1. Begriff der Aussetzung und der Unterbrechung.** In § 228 ist — ebenso wie in **1** § 138 c Abs. 4, § 145 Abs. 2, § 217 Abs. 2, § 246, § 265 Abs. 3, 4 — unter **Aussetzung** das Abbrechen der Verhandlung mit der Folge zu verstehen, daß demnächst eine neue selbständige Verhandlung stattzufinden habe. Dagegen bedeutet **Unterbrechen** das Einlegen eines verhandlungsfreien zeitlichen Zwischenraums zwischen mehrere Teile einer in sich zusammenhängenden Verhandlung[1]. Doch kommt es bei der Frage, ob eine abgebrochene Verhandlung fortgesetzt werden darf oder erneuert werden muß, nach § 229 letztlich nur auf die **tatsächliche Dauer** der Unterbrechung und nicht darauf an, ob bei dem Abbrechen der Ausdruck Unterbrechung, Aussetzung oder Vertagung gebraucht und was hierbei beabsichtigt worden ist[2]. Eine Wiederholung des schon Verhandelten kann also nötig werden, obwohl eine bloße Unterbrechung beabsichtigt war; sie kann sich erübrigen, wenn es gelingt, die ausgesetzte Verhandlung so fortzusetzen, daß den Erfordernissen des § 229 genügt wird (vgl. Rdn. 6).

**2.** Die **Befugnisse des Gerichts und des Vorsitzenden** grenzt § 228 Abs. 1 voneinan **2** der ab. Er gilt ohne Rücksicht darauf, ob die Aussetzung oder Unterbrechung durch einen Antrag veranlaßt oder von Amts wegen angeordnet wird. Dies stellt Satz 1 jetzt ausdrücklich klar.

Das **Gericht** entscheidet über die Aussetzung, also den endgültigen Abbruch der **3** Hauptverhandlung in dem Sinn, daß später noch einmal zu einem meist noch offenen Zeitpunkt von neuem begonnen werden soll, sowie über die zehn Tage übersteigende Unterbrechung nach § 229 Abs. 2. Das Gericht entscheidet hierüber in der Hauptverhandlung unter Beteiligung des Schöffen. Wird eine Entscheidung außerhalb der Hauptverhandlung notwendig, trifft sie das Gericht in der Beschlußbesetzung ohne Schöffen.

Der **Vorsitzende** ordnet alle kürzeren Unterbrechungen bis zu zehn Tagen an **4** (Absatz 1 Satz 2). Ob und wann in die fortlaufende Verhandlung kleinere verhandlungsfreie Zeiträume einzulegen sind, entscheidet er nach pflichtgemäßem Ermessen. Bei einer längeren Verhandlung, die sich über den ganzen Tag oder aber über mehrere Tage erstreckt, sind solche Pausen zur Ruhe und Erholung für alle Verfahrensbeteiligten unerläßlich. Ihre völlige Verweigerung kann ermessensmißbräuchlich sein und außerdem die Gefahr von Verfahrensrügen unter zusätzlichen Gesichtspunkten (schlafender Schöffe, übermüdeter Angeklagter usw.) begründen.

---

[1] H. M; so schon *Beling* 376; *v. Hippel* 522; *Eb. Schmidt* 4.

[2] RGSt **58** 358; OLG Koblenz VRS **52** 478; BGH NJW **1982** 248; KK-*Treier* 1; *Kleinknecht/Meyer* 1; KMR-*Müller* 1.

**5**    Der Vorsitzende darf die Verhandlung aber auch unterbrechen, wenn er dies für sachdienlich zur **Förderung des Verfahrens** hält, etwa um das Beibringen weiterer Beweismaterials, eine kommissarische Vernehmung oder eine vorher nicht durchführbare Einsicht in Unterlagen zu ermöglichen oder um einer Beweisperson eine Überlegungspause einzuräumen oder einem erregten oder sich prozeßordnungswidrig verhaltenden Verfahrensbeteiligten Gelegenheit zur Beruhigung und Sammlung zu geben[3]. Wegen der Unterbrechung nach § 222 a Abs. 2 oder § 266 Abs. 3 vgl. die dortigen Erläuterungen.

**6**    Den **Termin für die Fortsetzung der Hauptverhandlung** — eventuell auch an einem anderen Ort — wird der Vorsitzende in der Regel mit der Unterbrechung bestimmen und noch in der Hauptverhandlung durch Verkündung bekanntmachen[4]. Die Verkündung ist für alle Beteiligten maßgebend. Ob der Vorsitzende bei der Verkündung den Ausdruck Fortsetzung oder einen anderen Ausdruck, etwa Vertagung oder Aussetzung, gewählt hat, ist ohne Belang. Es kommt nur darauf an, daß die zeitlichen Erfordernisse des § 229 erfüllt sind[5]. Hat das Gericht bei Anordnung der Unterbrechung nach § 229 Abs. 2 den Termin zur Fortsetzung der Hauptverhandlung bereits in den Beschluß nach Absatz 1 Satz 1 aufgenommen, so genügt dessen **Verkündung** oder Mitteilung (§ 35 Abs. 2)[6].

**7**    Ergibt sich **außerhalb der Hauptverhandlung** die Notwendigkeit, den Beschluß oder die Anordnung des Vorsitzenden zu ändern, etwa um den Beginn der Fortsetzungsverhandlung weiter hinauszuschieben, so bestimmt sich die Zuständigkeit für diese Anordnung ebenfalls nach obigen Grundsätzen[7]. Maßgebend ist dabei die Gesamtdauer der Unterbrechung und nicht etwa nur die Dauer der neuen Verlängerung.

**8**    **3. Gründe für die Aussetzung.** Das Gebot der Verfahrensbeschleunigung erfordert, daß das Gericht die einmal begonnene Hauptverhandlung zügig und unter Vermeidung jeder unnötigen Verzögerung zu Ende führt. Sofern die Aussetzung nicht durch eine besondere Verfahrensregel (z. B. § 145 Abs. 3; § 217 Abs. 2; § 265 Abs. 3, 4) zwingend vorgeschrieben ist, sondern im Ermessen des Gerichts steht (z. B. § 145 Abs. 2; § 246 Abs. 4), darf es diese Ermessensentscheidung nicht ohne triftigen prozessualen Grund treffen[8]. Eine Aussetzung, die nicht zur Förderung des Verfahrens, insbesondere auch zur Wahrheitsfindung zweckdienlich ist, ist deshalb regelmäßig zu vermeiden[9]. Auch ist stets zu prüfen, ob für den Verfahrenszweck eine Unterbrechung ausreicht.

**9**    Das Gesetz regelt die Gründe, aus denen auf Antrag oder von Amts wegen das Verfahren auszusetzen ist oder ausgesetzt werden kann, in § 228 und den anderen Bestimmungen **nicht abschließend.** Auch bei anderen prozessualen Lagen können sich vor allem aus dem Gebot der Sachaufklärung (etwa, weil weitere Beweismittel heranzuziehen sind) oder aus der Fürsorgepflicht und den Erfordernissen eines justizförmigen („fairen") Verfahrens weitere Aussetzungsgründe ergeben. An diesen Grundsätzen hat

---

[3] KMR-*Müller* § 229, 7.

[4] BGHSt **10** 304 = JZ **1957** 637 mit zust. Anm. *Eb. Schmidt.* Nach § 137 Abs. 1 RiStBV ist darauf hinzuweisen, daß weitere Ladungen nicht ergehen.

[5] RGSt **58** 358; **60** 163; RG LZ **1914** 591; **1914** 1659; GA **73** (1929) 290; BGH NJW **1982** 248; OLG Hamburg NJW **1953** 235; vgl. Fußn. 2.

[6] Zur Fortsetzungsverhandlung ist – anders als nach der Aussetzung – eine neue Ladung nicht notwendig (§ 216, 2); KMR-*Müller* 3; die förmliche Zustellung ist zweckmäßig, aber nicht unerläßlich; a. A BGH NStZ **1984** 41 mit abl. Anm. *Hilger.*

[7] KMR-*Müller* 4.

[8] OLG Frankfurt MDR **1983** 75; OLG Karlsruhe Justiz **1974** 97; *Kleinknecht* JR **1966** 231.

[9] *Peters* JR **1974** 248.

sich jede Ermessensentscheidung des Gerichts zu orientieren[10]. Die Aussetzung kann zum Beispiel notwendig werden, wenn ein Verteidiger sich nicht genügend vorbereiten konnte, weil ihm die dafür notwendige Akteneinsicht nicht oder zu spät gewährt wurde[11], oder weil eine Person, deren Anwesenheit notwendig ist, innerhalb der Unterbrechungsfrist nicht mehr teilnehmen kann[12].

Die **Verzögerung des Verhandlungsbeginns** über die festgesetzte Stunde hinaus **10** gibt dem Angeklagten in der Regel kein Recht auf Aussetzung, denn eine solche Verzögerung muß, wenn sie sich in vernünftigen Grenzen hält, vom Angeklagten und Verteidiger von vornherein bei der zeitlichen Terminsplanung in Rechnung gestellt werden. In Ausnahmefällen kann jedoch eine durch den verspäteten Beginn verursachte Kollision mit einer unaufschiebbaren anderweitigen Verpflichtung des Verteidigers zur Terminsverlegung verpflichten[13]. Verspätet sich das Gericht bei einem Augenscheinstermin, so braucht der davon nicht benachrichtigte Verteidiger am verabredeten Ort auch nicht länger zu warten, als üblicherweise das Gericht wegen einer Verspätung des Verteidigers bei Verhandlungsbeginn warten muß[14]. Die Folgen eines Verhandlungsbeginns vor der in der Ladung des Verteidigers angegebenen Zeit sind bereits bei §218 besprochen (§218, 34; 35).

Eine **Verhinderung** des Angeklagten am Erscheinen zum Hauptverhandlungstermin, **11** die dieser nicht zu vertreten hat, kann das Gericht auch dann zur Aussetzung zwingen, wenn es an sich ohne den Angeklagten verhandeln dürfte; denn der Wegfall der Pflicht zur Anwesenheit berührt das Recht auf Anwesenheit nicht[15].

Aus der Pflicht zur Verfahrensbeschleunigung folgt, daß eine Aussetzung nur **12** dann beschlossen werden darf, wenn eine **Fortsetzung** des Verfahrens innerhalb der Fristen des §229 **nicht möglich** ist. Bevor sich das Gericht zur Aussetzung entschließt, muß es stets prüfen, ob der Verfahrenszweck nicht bereits mit einer Unterbrechung des Verfahrens erreicht werden kann.

Umfaßt ein Strafverfahren **mehrere** selbständige **Taten** im Sinne des §264, dann **13** kann es angezeigt sein, eine Tat, wegen der die Aussetzung notwendig wird, **abzutrennen** und das Verfahren nur insoweit auszusetzen, im übrigen aber das Verfahren zu Ende zu führen[16]. Auch hierüber entscheidet das Gericht nach pflichtgemäßem Ermessen, wobei es vor allem die Erfordernisse der Verfahrensbeschleunigung, der Prozeßwirtschaftlichkeit und der Aufklärungspflicht gegenseitig abzuwägen hat.

### 4. Aussetzungsanträge und ihre Bescheidung

a) **Anträge,** mit denen ein Beteiligter die Aussetzung der Verhandlung begehrt, **14** sind nicht nur die ausdrücklich so bezeichneten Anträge. Das Vorbringen von rechtsunkundigen, nicht durch einen Verteidiger unterstützten Personen kann auch ohne ein sol-

---

[10] OLG Düsseldorf VRS **63** 458; KG StrVert. **1982** 10; OLG Koblenz VRS **49** 355; OLG Schleswig bei *Ernesti/Lorenzen* SchlHA **1983** 111.

[11] KG StrVert. **1982** 10; OLG Karlsruhe Justiz **1980** 417.

[12] Ob bei Entfernung eines notwendigen Verteidigers das Verfahren auszusetzen oder nur zu unterbrechen ist, hängt von den jeweiligen Umständen ab; vgl. OLG Koblenz MDR **1982** 72; OLG Stuttgart JR **1979** 170 mit Anm. *Pelchen.*

[13] BayObLG VRS **66** 205; vgl. andererseits RGSt 1 235; 11 173; RG JW **1932** 1151; ferner 213, 7.

[14] OLG Düsseldorf VRS **64** 276; OLG Hamm VRS **55** 438. Zur Wartepflicht des Gerichts vgl. Fußn. 22 und §243, 25.

[15] OLG Hamm NJW **1972** 1063; VRS **39** 69.

[16] BGH bei *Dallinger* MDR **1975** 23; KK-*Treier* 6.

Walter Gollwitzer

ches ausdrückliches Begehren dem Sinn nach einen Aussetzungsantrag enthalten; so etwa die Darlegung der plötzlichen Verhinderung des Verteidigers[17]. Ist dies zweifelhaft, muß das Gericht kraft seiner Fürsorgepflicht klarstellen, was gewollt ist. Der Antrag auf Aussetzung kann auch schon vor der Hauptverhandlung gestellt werden. Wird er nicht vorher ausdrücklich beschieden, muß das Gericht in der Hauptverhandlung klären, ob er aufrechterhalten wird[18].

**15** b) Der Antrag auf Aussetzung muß vor der Urteilsverkündung **ausdrücklich beschieden** werden (RGSt 23 136). Die Prozeßbeteiligten müssen Gelegenheit haben, weitere Ausführungen zu machen und andere Anträge zu stellen[19]. Ein nur hilfsweise gestellter Aussetzungsantrag kann dagegen in den Urteilsgründen abgelehnt werden[20]. Einer vorherigen Entscheidung über den Aussetzungsantrag bedarf es dann nicht, wenn die Berufung des unentschuldigt ausgebliebenen Angeklagten nach § 329 Abs. 1 verworfen werden muß. Da kein Raum für eine Sachentscheidung ist, kann der Aussetzungsantrag in den Urteilsgründen mit abgelehnt werden[21].

**16** Unterläßt das Gericht die ausdrückliche Bescheidung, so kann die **stillschweigende Ablehnung** der Aussetzung mit der Revision unter dem Gesichtspunkt der unzulässigen Beschränkung der Verteidigung genauso gerügt werden wie ein förmlicher Beschluß[22].

**17** c) Der Beschluß, der einen Antrag auf Aussetzung ablehnt, muß **begründet** werden (§ 34). Die Gründe müssen — ev. im Zusammenhang mit den für den Antrag vorgebrachten Umständen — erkennen lassen, daß das Gericht die vorgetragenen oder von Amts wegen zu beachtenden Tatsachen rechtlich richtig gewürdigt und ein ihm eingeräumtes Ermessen rechtsfehlerfrei ausgeübt hat (vgl. RGSt 57 145). Nur bei reinen Ermessensentscheidungen wird eine Begründung für entbehrlich gehalten[23].

**18** 5. **Verhinderung des Verteidigers.** Absatz 2 betrifft nur die Verhinderung des Verteidigers im Falle einer nicht notwendigen Verteidigung. Für die Verhinderung bei einer **notwendigen Verteidigung** gilt die Sondervorschrift des § 145[24].

**19** Wenn die **Verteidigung nicht notwendig** ist, muß der rechtzeitig (vgl. § 217 Abs. 1) geladene Angeklagte selbst dafür sorgen, daß ihm, sofern er dies wünscht, in der Hauptverhandlung ein Verteidiger zur Seite steht. Findet er keinen Verteidiger, der dazu bereit oder zeitlich in der Lage ist, so geht das grundsätzlich zu Lasten des Angeklagten[25]. Er hat dann kein Recht, die Aussetzung des Verfahrens zu verlangen. Absatz 2, der einer Verzögerung des Verfahrens durch den Angeklagten vorbeugen will, gibt dem Angeklagten zwar kein Recht auf Aussetzung wegen Verhinderung seines Verteidigers, er verbietet sie aber andererseits auch nicht, wenn das Gericht im Einzelfall trotzdem die Aussetzung für angezeigt erachtet[26].

---

[17] OLG Hamburg GA **1965** 60; vgl. die Erl. zu § 265.
[18] OLG Bremen GA **1964** 211; *Eb. Schmidt* Nachtr. I 1.
[19] RGSt **23** 136; RG HRR **1938** Nr. 193; OLG Bremen GA **1964** 212; OLG Schleswig SchlHA **1956** 298.
[20] OLG Schleswig SchlHA **1956** 298; KK-*Treier* 7; KMR-*Müller* 7.
[21] OLG Saarbrücken NJW **1975** 1615; OLG Stuttgart GA **1962** 92; KK-*Treier* 7 (auch durch „schlüssiges Verhalten").

[22] RGSt **57** 262; OLG Hamburg GA **1965** 60; OLG Saarbrücken NJW **1975** 1615.
[23] RG JW **1914** 892; OLG Celle NJW **1961** 1319; *Eb. Schmidt* 5; *KK-Treier* 8; vgl. aber OLG Hamm NJW **1954** 934 und § 34, 7.
[24] OLG Düsseldorf HESt 3 72; vgl. bei § 145.
[25] BGH NJW **1973** 1985; OLG Düsseldorf GA **1979** 226; OLG Stuttgart NJW **1967** 945; *Koch* JR **1961** 420.
[26] OLG Hamm VRS **41** 45; OLG Koblenz VRS **45** 284.

**Ausnahmsweise** kann die Aussetzung oder Unterbrechung der Hauptverhandlung **20** wegen einer Verhinderung des Verteidigers angezeigt sein, sofern sein Ausbleiben auf Gründen beruht, die nicht dem Regelungszweck des Absatzes 2 unterfallen. Neue Umstände im Sinne des § 265 Abs. 3, der insoweit das Gebot zur fairen Verfahrensgestaltung und die Fürsorgepflicht konkretisiert, können dies erfordern[27]. So kann sich die **Pflicht zur Aussetzung** für das Gericht daraus ergeben, daß der Angeklagte durch eine für ihn nicht vorhersehbare Veränderung des zeitlichen Ablaufs der Verhandlung oder durch einen sonstigen Umstand in einer von ihm nicht mehr abwendbaren Weise in seinem Recht beschränkt wird, sich des Beistands eines Verteidigers zu bedienen (§ 137), etwa, wenn der gewählte Verteidiger durch Erkrankung, Tod oder sonstige Umstände so kurzfristig vor der Hauptverhandlung ausfällt, daß die Bestellung eines anderen aus Zeitmangel nicht möglich ist[28]. In diesen Fällen, die nicht die Fälle sind, auf die § 228 Abs. 2 abstellt, kann § 265 Abs. 4 dem Gericht gebieten, den ohne Verteidiger verbliebenen Angeklagten auf die Möglichkeit hinzuweisen, die Unterbrechung oder Aussetzung der Verhandlung zu beantragen[29], oder er kann dazu zwingen, auch ohne einen solchen Antrag von Amts wegen das Verfahren zu unterbrechen oder auszusetzen. § 265 Abs. 4 ist insoweit unmittelbar, zumindest aber nach seinem Rechtsgedanken entsprechend anwendbar[30].

Ob dem Angeklagten ein Recht auf Aussetzung (oder Unterbrechung) erwächst, **21** hängt jedoch immer von der Gesamtwürdigung aller **Umstände des Einzelfalls** ab, wobei die Rechtsprechung vor allem darauf abstellt, ob das Gericht durch sein Verhalten, etwa durch kurzfristige Terminierung oder verzögerten Terminbeginn oder verspätete Entscheidung über den Vertagungsantrag mit zur Zwangslage des seines Verteidigers verlustig gegangenen Angeklagten beigetragen hat, sowie darauf, ob dem Angeklagten im Hinblick auf Bedeutung und Schwierigkeit der Sache zugemutet werden kann, sich plötzlich selbst zu verteidigen[31].

**Verzögert** sich das Erscheinen des Verteidigers, so hat das Gericht kraft der aus **22** dem Rechtsstaatsprinzip folgenden Pflicht zu einer fairen und fürsorglichen Verfahrensgestaltung darauf Rücksicht zu nehmen. Es muß, wenn nach den Umständen mit einer unverschuldeten Unpünktlichkeit zu rechnen ist (anderer Termin, Verkehrsstau usw.), mit dem Beginn der Hauptverhandlung eine der jeweiligen Sachlage entsprechende, angemessene Zeit zuwarten[32]. § 228 steht dem nicht entgegen, da er nur die

[27] BGH bei *Holtz* MDR **1976** 988; zum Verhältnis zwischen § 228 Abs. 2 und 265 Abs. 4 vgl. *Heubel* "fair trial" 107; *Heubel* NJW **1981** 2679; *Plötz* Fürsorgepflicht 249 ff.

[28] BayObLG StrVert. **1983** 270 mit Anm. *Weider*; OLG Düsseldorf MDR **1983** 341; VRS **63** 458; GA **1979** 226; OLG Schleswig bei *Ernesti/Lorenzen* SchlHA **1983** 111.

[29] BayObLGSt **1962** 226; dazu *Plötz* Fürsorgepflicht 264 ff.

[30] BGH NJW **1965** 2164 mit zust. Anm. *Schmidt-Leichner*; unter Hinweis auf RGSt **71** 353; **77** 153; OLG Düsseldorf GA **1979** 226; OLG Hamm GA **1977** 310.

[31] OLG Celle NJW **1961** 1319; **1965** 2264; NdsRpfl. **1964** 234; OLG Düsseldorf GA **1958** 55; **1979** 226; VRS **63** 458; OLG Hamburg MDR **1964** 524; OLG Hamm NJW **1954** 934; **1969** 943; **1973** 2311; VRS **41** 45; **46** 290;

**59** 449; OLG Koblenz VRS **45** 284; **52** 428; OLG Köln VRS **23** 295; **42** 284; *Koch* JR **1961** 420; *Plötz* Fürsorgepflicht 250 ff.

[32] BayObLGSt **1959** 150 = NJW **1959** 2224; VRS **60** 304; bei *Rüth* DAR **1984** 244; OLG Köln VRS **42** 284 (Faustregel: 15 Minuten; bei Vorliegen besonderer Umstände, wie fernmündliche Benachrichtigung von der Verspätung auch länger). Vgl. ferner BayObLG AnwBl. **1978** 154; OLG Düsseldorf VRS **64** 276; OLG Frankfurt NJW **1978** 285; OLG Hamburg MDR **1981** 165; OLG Hamm GA **1974** 346; VRS **47** 303; **55** 368; **66** 32; JMBlNW **1980** 72; OLG Karlsruhe Justiz **1979** 307; OLG Koblenz VRS **45** 455; OLG Köln StrVert. **1984** 147 (bei Gegenüberstellungen); OLG Schleswig bei *Ernesti/Jürgensen* SchlHA **1976** 172; *Kaiser* NJW **1977** 1955; vgl. auch BVerwG BayVBl. **1979** 443.

Aussetzung betrifft (BayObLGSt **1959** 250 = NJW **1959** 2224). Eine fernmündliche Erkundigung in der Kanzlei des Verteidigers kann meist rasch Klarheit darüber schaffen, ob ein Zuwarten angezeigt ist. Bittet der Verteidiger fernmündlich, mit dem Beginn wegen seiner Verspätung zuzuwarten, so wird darin meist ein Antrag auf kurzfristige Vertagung zu sehen sein, den das Gericht nicht ohne weiteres ablehnen darf[33].

**23**     **6. Verhinderung des Nebenklägers.** Er hat kein Recht, die Aussetzung der Hauptverhandlung zu verlangen, weil er selbst oder sein Bevollmächtigter verhindert ist (RG SeuffB **71** 629).

**24**     **7. Nichteinhaltung der Ladungsfrist.** Die Bestimmung des Absatz 3 hängt damit zusammen, daß § 217 Abs. 2 dem Angeklagten bis zum Beginn seiner Vernehmung zur Sache das Recht gewährt, die Aussetzung der Verhandlung zu verlangen, wenn die im § 217 Abs. 1 bestimmte Frist ihm gegenüber nicht eingehalten worden ist. Aus der Fassung des § 228 Abs. 3 als Sollvorschrift kann jedoch gefolgert werden, daß die Belehrung nicht für alle Fälle zwingend notwendig ist. Es hängt von den Umständen des jeweiligen Falles ab, ob der Vorsitzende davon absehen darf, etwa, weil davon auszugehen ist, daß der mit einem Verteidiger erschienene Angeklagte dieses Recht ohnehin kennt. Im Zweifel erfordern aber Fürsorgepflicht und Pflicht zur fairen Verfahrensgestaltung die ausdrückliche Belehrung[34].

**25**     **Verzichtet** der Angeklagte von sich aus von vornherein auf die Einhaltung der Frist des § 217 Abs. 1, dann bedarf es in der Regel keiner Belehrung nach Absatz 3 mehr.

**26**     **8. Folgen der Aussetzung.** Wie bereits dargelegt, muß eine ausgesetzte Hauptverhandlung neu begonnen werden. Erneuerung bedeutet eine völlig neue Verhandlung, die — mit der durch den § 67 begründeten Einschränkung hinsichtlich der Vereidigung der Zeugen — ganz so stattzufinden hat, wie wenn eine Verhandlung vor dem erkennenden Gericht noch nicht vorausgegangen wäre[35]. Sie kann vor anderen als den in der früheren Verhandlung tätigen Richtern abgehalten werden und ist im Umfang der Beweisaufnahme von der früheren Verhandlung unabhängig und an Beweisbeschlüsse, die in dieser erlassen worden waren, nicht gebunden[36]. Beweisanträge müssen in der neuen Hauptverhandlung neu gestellt werden, andernfalls braucht das Gericht — sofern die Aufklärungspflicht nicht entgegensteht — in der Regel nicht darauf zurückzukommen[37]. In Sonderfällen kann die Pflicht zur fairen Verhandlungsführung jedoch erfordern, einen ohne Verteidiger erschienenen Angeklagten hierauf hinzuweisen oder ihn zu befragen, ob er frühere Anträge erneut stellen will[38]. Auf die fälschliche Ablehnung eines Beweisantrags in der abgebrochenen Hauptverhandlung kann die Revision gegen das auf Grund einer späteren Verhandlung ergangene Urteil nicht gestützt werden (OLG Saarbrücken VRS **46** 48). Gleiches gilt für andere Verfahrensfehler in der früheren Verhandlung (OLG Koblenz VRS **62** 287); es sei denn, sie wirken — wie die Ver-

---

[33] OLG Hamburg MDR **1981** 165; *Kleinknecht/Meyer* 7; es kommt aber immer auf den Einzelfall an.

[34] Vgl. § 217, 6; 11; § 218, 28; 29 und Rdn. 20. *Schlüchter* 430 nimmt an, daß der Angeklagte im Normalfall seine Befugnis kennt; sie hält aber stets eine Belehrung für erforderlich, wenn der ohne Verteidiger gebliebene Angeklagte nicht weiß, daß diesem gegenüber die Ladungsfrist nicht gewahrt wurde.

[35] RG JW **1932** 3099.

[36] RGSt **2** 109; **31** 137.

[37] RGRspr. **7** 356; **10** 599; RGSt **2** 109; *Alsberg/Nüse/Meyer* 390; vgl. § 244, 100.

[38] BayObLG bei *Rüth* DAR **1964** 242 (Belehrung, daß die Antragstellung zu wiederholen ist); OLG Bremen OLGSt § 244, 5.

werfung eines Ablehnungsgesuches — in der neuen Hauptverhandlung weiter (BGHSt 31 15). Zur Verfahrenslage nach Unterbrechung vgl. § 229, 13.

### 9. Rechtsbehelfe

**a) Bei Unterbrechung.** Die Anordnung einer Unterbrechung durch den Vorsitzen- **27** den gehört in der Regel nicht zu den Maßnahmen, gegen die eine **Entscheidung des Gerichts** (§ 238 Abs. 2) mit Erfolg nachgesucht werden kann. Sofern der Vorsitzende sich im Rahmen des § 228 Abs. 1 Satz 2 hält und seine Anordnung sich nur auf die äußere Verfahrensgestaltung auswirkt, versagt dieser Rechtsbehelf. Die Anordnung ist nicht mit Beschwerde und in der Regel auch nicht im Rahmen der Revision nachprüfbar (vgl. die Erläuterungen zu § 238).

Für die **Ablehnung der Unterbrechung** durch den Vorsitzenden gilt an sich das **28** gleiche; anders aber, wenn die Ablehnung des Antrags zugleich den sachlichen Gang des Verfahrens betrifft, z. B. weil geltend gemacht wird, seine Fortsetzung verletze zwingendes Verfahrensrecht (etwa Verbot der weiteren Verhandlung bei Übermüdung des Angeklagten gemäß § 136 a Abs. 1 oder ein Recht des Angeklagten auf Unterbrechung; vgl. § 266 Abs. 3). Die Entscheidung des Gerichts nach § 238 Abs. 2 kann vom Revisionsgericht nachgeprüft werden. Wenn die Unterbrechung geboten war und nur unter Verletzung von zwingendem Verfahrensrecht weiterverhandelt wurde, kann die Verletzung dieses zwingenden Verfahrensrechts (etwa, weil sich eine Person entfernt hat, deren Anwesenheit zwingend vorgeschrieben ist) ohnehin unmittelbar mit der Revision gerügt werden. Hat irrtümlich der Vorsitzende anstelle des nach Absatz 1 Satz 1 zuständigen Gerichts die Unterbrechung angeordnet, so wird in der Regel auszuschließen sein, daß das Urteil auf diesem Verfahrensfehler beruht. Nur bei Vorliegen besonderer Umstände erscheint eine Behinderung der Verteidigung dadurch möglich[39].

**b) Bei Aussetzung.** Mit **Beschwerde** ist der Beschluß, der die Aussetzung ablehnt, **29** nicht anfechtbar (§ 305), sondern nur zusammen mit dem Urteil im Wege der Revision gemäß §§ 337, 338 Nr. 8[40].

Gegen den Beschluß, der die **Aussetzung anordnet,** wird dagegen die Beschwerde **30** zugelassen, wenn er nicht nur der Vorbereitung der neuen Hauptverhandlung dient und eine selbständige, nicht in Bezug zur eigentlichen Urteilsfindung stehende prozessuale Beschwer enthält. Dies gilt vor allem, wenn er das Verfahren hemmt und das Urteil überflüssig verzögert[41], so wenn er nur durch organisatorische Erwägungen bestimmt ist[42]. Ob diese Voraussetzungen gegeben sind, oder ob § 305 der Beschwerde entgegensteht, muß jeweils für den Einzelfall entschieden werden. Setzt z. B. das Gericht das Verfahren aus, weil es die Hinzuziehung weiterer Beweismittel im Rahmen seiner Aufklärungspflicht für geboten hält, dann dient dies der Förderung des Verfahrens i. S. des § 305 und schließt die Beschwerde auch schon deshalb aus, weil das Beschwerdegericht insoweit in das richterliche Ermessen des erkennenden Gerichts nicht eingreifen kann[43].

---

[39] KK-*Treier* 15 unter Hinweis auf eine unveröffentlichte Entscheidung des BGH.

[40] OLG Düsseldorf HESt **3** 72; KG StrVert. **1982** 10; OLG Köln NJW **1956** 803.

[41] BayObLGSt **1953** 86; OLG Hamm NJW **1978** 283; OLG Karlsruhe GA **1974** 285; OLG Köln JMBlNW **1956** 116; OLG Neustadt HESt **3** 61; OLG Stuttgart Justiz **1973** 357.

[42] OLG Frankfurt MDR **1983** 253 (Fehlen eines geeigneten Sitzungssaals).

[43] OLG Braunschweig NJW **1955** 565; OLG Celle NJW **1953** 1933; KG JR **1959** 350; **1966** 230 mit Anm. *Kleinknecht*; OLG Stuttgart Justiz **1973** 357; KK-*Treier* 14; *Kleinknecht/Meyer* 10; KMR-*Müller* 14; a. A OLG Frankfurt NJW **1954** 1012.

**31**    Das Oberlandesgericht Frankfurt (GA **1973** 51) kommt praktisch zum gleichen Ergebnis, wenn es zwar die Beschwerde grundsätzlich für statthaft hält, die Nachprüfbarkeit aber darauf beschränkt, ob ein **vernünftiger Grund** für die Aussetzung vorlag, wenn die nicht nachprüfbare Notwendigkeit weiterer Erhebungen unterstellt wird[44].

**32**    Aussetzungsbeschlüsse, die mit einem **Vorlagebeschluß** verbunden sind (z. B. Vorlage beim Bundesverfassungsgericht nach Art. 100 GG u. a.), sind der Beschwerde entzogen[45]. Die Anfechtbarkeit der Aussetzungsbeschlüsse nach § 262 Abs. 2 ist dort erläutert.

**33**    Mit der **Revision** kann der Beschluß, der die Aussetzung ablehnt, nachgeprüft werden (§§ 337, 338 Nr. 8). Dies gilt auch, wenn ein Aussetzungsantrag übergangen oder stillschweigend — durch Fortsetzung der Verhandlung — abgelehnt wurde[46]. Das Beruhen des Urteils auf einem solchen Verstoß wird in der Regel nicht verneint werden können, weil nicht auszuschließen ist, daß der Angeklagte oder Verteidiger bei einer ausdrücklichen Ablehnung weitere, das Verfahren beeinflussende Erklärungen hätte abgeben können[47]. Um darzutun, daß die Ablehnung der Aussetzung rechtsfehlerhaft oder ermessensmißbräuchlich war, muß die Revisionsbegründung den Inhalt des Vertagungsantrags und des ablehnenden Beschlusses sowie die sonstigen konkreten Tatsachen, aus denen sich der Rechtsfehler ergibt, anführen (OLG Koblenz VRS **49** 278).

**34**    c) Einen **Verstoß gegen die Absätze 2 oder 3** kann die Revision höchstens in Verbindung mit der Verletzung anderer Rechtsvorschriften (vgl. Rdn. 20 ff) geltend machen. Für sich allein verhilft die Rüge einer Verletzung dieser Vorschriften der Revision kaum zum Erfolg. Absatz 2 ist eine Ausnahmevorschrift, die die Konzentration des Verfahrens fördern soll, ohne daß daraus andere Verfahrensbeteiligte Rechte herleiten können[48]. Absatz 3 wurde bisher als nicht revisionsfähige Ordnungsvorschrift angesehen[49].

## § 229

(1) Eine Hauptverhandlung darf bis zu zehn Tagen unterbrochen werden.

(2) [1]Hat die Hauptverhandlung bereits an mindestens zehn Tagen stattgefunden, so darf sie unbeschadet der Vorschrift des Absatzes 1 einmal auch bis zu dreißig Tagen unterbrochen werden. [2]Ist die Hauptverhandlung sodann an mindestens zehn Tagen fortgesetzt worden, so darf sie ein zweites Mal nach Satz 1 unterbrochen werden.

(3) [1]Wird die Hauptverhandlung nicht spätestens am Tage nach Ablauf der in Absatz 1 oder 2 bezeichneten Frist fortgesetzt, so ist mit ihr von neuem zu beginnen. [2]Ist der Tag nach Ablauf der Frist ein Sonntag, ein allgemeiner Feiertag oder ein Sonnabend, so kann die Hauptverhandlung am nächsten Werktag fortgesetzt werden.

---

[44] Vgl. auch OLG Frankfurt MDR **1983** 253.
[45] KMR-*Müller* 14; *Kleinknecht/Meyer* 10; vgl. die Erl. zu § 262.
[46] OLG Hamburg MDR **1967** 608; *Kleinknecht/Meyer* 11; KMR-*Müller* 14.
[47] OLG Schleswig SchlHA **1956** 298; vgl. Rdn. 15.
[48] BGH bei *Dallinger* MDR **1952** 532; (Ordnungsvorschrift); *Kleinknecht/Meyer* 11; nach

KMR-*Müller* 15 kann die Revision bei Überschreiten der Grenzen des § 228 Abs. 2 auch darauf gestützt werden.
[49] RGSt **15** 113; BGHSt **24** 143; BGH bei *Dallinger* MDR **1952** 532; BGH nach KK-*Treier* 15; *Kleinknecht/Meyer* 11; KMR-*Müller* 15; zur Problematik der Ordnungsvorschriften vgl. bei § 337.

**Entstehungsgeschichte.** § 229 hat seine jetzige Fassung durch Art. 1 Nr. 74 des 1. StVRG erhalten. Die bis dahin aus einem einzigen Absatz bestehende Vorschrift sah ursprünglich vor, daß eine unterbrochene Hauptverhandlung spätestens am vierten Tage nach der Unterbrechung fortzusetzen war. Art. 6 § 1 der Verordnung vom 14. 6. 1932 erweiterte die Zwischenfrist auf zehn Tage, Art. 9 § 5 der 2. VereinfVO auf insgesamt 30 Tage, wobei Unterbrechungen von weniger als drei Tagen nicht mitgerechnet wurden. Art. 3 Nr. 103 VereinhG kehrte dann zur Zwischenfrist von zehn Tagen zurück, die auch nach der jetzigen Fassung noch grundsätzlich maßgeblich ist[1]. Nur bei länger dauernden Verfahren läßt der neue Absatz 2 jetzt auch die Unterbrechung bis zu 30 Tagen zu. Der neue Absatz 3 bringt eine ergänzende Regelung für die Fälle, in denen die Zwischenfrist an einem Sonn- oder Feiertag endet. Bezeichnung bis 1924: § 228.

**Geplante Änderungen.** Art. 1 Nr. 14 StVÄGE 1984 sieht mehrere Änderungen der Vorschrift vor. In Absatz 2 soll als Satz 3 angefügt werden:

„Zusätzlich zu den Unterbrechungen nach Absatz 1 und Absatz 2 Satz 1 und 2 kann eine Hauptverhandlung nach Ablauf von zwölf Monaten seit ihrem Beginn jeweils einmal innerhalb eines Zeitraumes von zwölf Monaten bis zu dreißig Tagen unterbrochen werden, wenn sie davor an mindestens zehn Tagen stattgefunden hat."

Nach Absatz 2 soll folgender neuer Absatz 3 eingefügt werden:

„(3) Kann ein Angeklagter zu einer Hauptverhandlung, die bereits an mindestens zehn Tagen stattgefunden hat, wegen Krankheit nicht erscheinen, so ist der Lauf der in Absatz 1 und 2 genannten Fristen während der Dauer der Verhinderung, längstens jedoch für sechs Wochen gehemmt; diese Fristen enden frühestens zehn Tage nach Ablauf der Hemmung. Beginn und Ende der Hemmung stellt das Gericht durch unanfechtbaren Beschluß fest."

Im bisherigen Absatz 3 (zukünftig Absatz 4) sollen in Satz 1 die Worte „Absatz 1 oder Absatz 2" durch die Worte „den vorstehenden Absätzen" ersetzt werden.

S. ggf. die Erläuterungen im Nachtrag zur 24. Auflage.

*Übersicht*

**1. Grundsätzliches.** Der Grundsatz der Mündlichkeit macht es nicht nur erforder- **1** lich, daß die Hauptverhandlung vor den Richtern stattfindet, die berufen sind, das Urteil zu sprechen, sondern auch, daß sie ein zusammenhängendes Ganzes bildet, so daß die Richter — einschließlich der Laienrichter — unter dem lebendigen Eindruck des vor ihnen Verhandelten zur Entscheidung schreiten (Grundsatz der Konzentration der Hauptverhandlung). Eine längere Unterbrechung der Hauptverhandlung schwächt die-

---

[1] Zu den wechselnden Fristen *Peters* FS v. Weber 383 Fußn. 21.

sen Eindruck ab, beeinträchtigt die Zuverlässigkeit der Erinnerung und kann die Richter „leicht dazu veranlassen, daß sie bei der Fällung des Urteils das Ergebnis aus den Akten schöpfen, also ein Verfahren einschlagen, das mit dem Grundsatz der mündlichen Verhandlung im Widerspruch steht"[2]. Aufgabe des Gesetzes ist es, den ernsten Gefahren für die Aufklärung des Sachverhaltes, die sich daraus ergeben können, daß die Richter den Verhandlungsstoff geistig nicht mehr beherrschen, tunlichst vorzubeugen[3].

**2**      2. **Großverfahren,** die Wochen und Monate in Anspruch nehmen, belasten Gericht, Angeklagten und die übrigen Verfahrensbeteiligten in einem bis an die Grenzen des Vertretbaren reichenden Ausmaß. Trotz der ihnen innewohnenden Gefahren für die Wahrheitsfindung sind sie mitunter unvermeidbar. Ordnung und Übersicht in solchen Verhandlungen können nur gewahrt werden, wenn das Gericht sie hin und wieder unterbricht, um ihr bisheriges Ergebnis in der freien Zeit durchzuarbeiten und — nicht endgültig, aber vorläufig — festzulegen, um die Verläßlichkeit des Erinnerungsbildes nicht zu überfordern[4]. Auch zur Verringerung der mit der Prozeßdauer ansteigenden physischen und psychischen Belastungen durch eine monatelange Hauptverhandlung sind für alle Beteiligten längere Prozeßpausen als zehn Tage notwendig[5].

**3**      Eine **einmalige,** mehrwöchentliche **Unterbrechung** ist der Wahrheitsfindung weniger abträglich als eine Reihe kürzerer Unterbrechungen, zwischen denen sich die Verhandlung hinschleppt[6]. Bei über Monate hinaus andauernder Hauptverhandlung widerspricht es außerdem allen Grundsätzen der Prozeßökonomie, eine Verhandlung nur deshalb abbrechen zu müssen, weil ein Beteiligter, auf dessen Anwesenheit nicht verzichtet werden kann, über die Zehntagefrist des Absatz 1 hinaus erkrankt ist[7]. Absatz 2 gestattet deshalb bei Großverfahren eine länger dauernde Unterbrechung. Der Gesetzgeber, der im übrigen die bisherige Regelung beibehielt, suchte damit einen Kompromiß zwischen den Forderungen der Konzentrationsmaxime und den Belastungen der Praxis durch die Großverfahren zu finden[8]. Die Gefahren dieser Lösung für die Wahrheitsfindung[9] lassen sich bei einer durch Konzentrationsmaxime und Beschleunigungsgebot gleichermaßen gebotenen restriktiven Anwendung der neuen Vorschriften und durch eine im übrigen konzentrierte und planmäßige Verhandlungsgestaltung in beherrschbaren Grenzen halten. Berücksichtigt man den erweiterten Spielraum, den das Gericht durch Absatz 2 für die Anpassung seiner Verfahrensplanung an wechselnde Umstände erhält, so erscheint die durch Absatz 2 gewonnene größere Flexibilität der Verhandlungsgestaltung gegenüber der bisherigen Rechtslage eher von Vorteil.

**4**      Die **Gefahr,** daß sich die Eindrücke der mündlichen Verhandlung verwischen und die Richter ihr Urteil nicht mehr in Abwägung ihrer unmittelbaren Eindrücke vom gesamten Verhandlungsstoff finden, nimmt mit der Dauer der Verhandlung zu. Es ist Pflicht des Gerichts, ihr dadurch entgegenzuwirken, daß die Hauptverhandlung sorgfältig vorbereitet und daß straff verhandelt wird, ferner daß Einzelfragen in Zwischenberatungen vorweg geklärt und intern dokumentiert werden und daß von der durch § 229 geschaffenen Möglichkeit längerer Unterbrechungen nur in Ausnahmefällen Gebrauch gemacht wird.

---

[2] Mot. 128; RGSt **60** 13; **69** 23; *Eb. Schmidt* § 228, 1.

[3] *v. Hippel* MSchrKrimPsych. **1935** 246; zur Kritik an der heutigen Regelung vgl. *Peters* Der neue Strafprozeß 162 ff; *Peters* § 60 II.

[4] Zur Notwendigkeit, den Verhandlungsstoff zu fixieren *Grünwald* Gutachten 50. DJT C 60.

[5] *Grünwald* Gutachten 50. DJT C 67.

[6] *Schmidt* JR **1974** 324.

[7] *Hermann* ZStW **85** (1973) 284.

[8] *Rieß* NJW **1975** 86.

[9] *Rottland* ZRP **1971** 56; *Schmidt-Leichner* NJW **1975** 418.

**3. Höchstdauer der Unterbrechung**

**a) Unterbrechung** bedeutet hier, wie auch in § 228 Abs. 1 das Einschieben eines **5** verhandlungsfreien Zwischenraums zwischen mehreren Teilen einer einheitlichen Hauptverhandlung (§ 228, 1). Die zeitlichen Grenzen für die Fortsetzung einer unterbrochenen Hauptverhandlung ergeben sich aus den Absätzen 1 und 2.

**b) Keine absolute Grenze.** Ebensowenig wie die Strafprozeßordnung der Gesamt- **6** dauer einer Hauptverhandlung eine zeitliche Obergrenze setzt, ergibt sich aus § 229 eine Begrenzung der Gesamtdauer der dazwischengeschobenen verhandlungsfreien Tage. Das Gericht ist durch § 229 theoretisch nicht gehindert, mit unbegrenzt vielen Unterbrechungen zu verhandeln. Die verhandlungsfreien Zeiträume zwischen den einzelnen Teilen der Hauptverhandlung dürfen jedoch jeder für sich die in § 229 festgelegten Höchstfristen nicht überschreiten[10]. Für die Berechnung der Fristen — einschließlich der Frage, ob eine Frist nach Absatz 2 in Anspruch genommen wurde — ist immer nur die Gesamtzeit maßgebend, die tatsächlich bis zur Fortsetzung der Hauptverhandlung verstrichen ist.

**c) Jede Hauptverhandlung** kann, ganz gleich, wie lange sie vorher gedauert hat, **7** jeweils bis zu zehn Tage unterbrochen werden (Absatz 1). Spätestens nach zehn verhandlungsfreien Tagen ist die Hauptverhandlung fortzusetzen (Rdn. 13). Wiederholte Unterbrechungen sind, wie oben dargelegt, zulässig.

**d) Länger dauernde Hauptverhandlungen,** bei denen mindestens an zehn Tagen **8** verhandelt worden ist, dürfen außerdem einmal bis zu 30 Tage unterbrochen werden (Absatz 2 Satz 1). Eine nochmalige Unterbrechung bis zu 30 Tagen ist zulässig, wenn nach der ersten Unterbrechung mindestens an zehn Tagen weiterverhandelt worden ist (Absatz 2 Satz 2). Hierbei zählen nur die Verhandlungstage; die Tage, an denen die Hauptverhandlung nach Absatz 1 unterbrochen war, werden nicht mitgerechnet.

**e) Mehr als zwei längere Unterbrechungen** zwischen elf und dreißig Tagen läßt **9** Absatz 2 nicht zu[11], auch wenn die Hauptverhandlung noch so lange dauert und die beiden Unterbrechungen die Frist von zweimal 30 Tagen auch nicht annähernd ausgeschöpft haben[12]. Eine kürzer bemessene Unterbrechungsfrist kann jedoch während ihres Laufes auf die vollen 30 Tage verlängert werden[13].

**f) Fristende an Feiertagen.** Die Fristen des § 229 sind keine Fristen im Sinne des **10** § 42; der § 43 Abs. 2 ist auf sie nicht unmittelbar anzuwenden[14]. Deshalb sieht jetzt Absatz 3 Satz 2 ausdrücklich vor, daß es genügt, wenn die Hauptverhandlung am nächsten Werktag fortgesetzt wird, wenn der Tag nach Ablauf der Frist ein Sonnabend, Sonntag oder ein allgemeiner Feiertag ist. Das bei § 43 Abs. 2 Ausgeführte gilt im übrigen auch hier.

**4.** Die **Anordnung** der **Unterbrechung** und die Bekanntmachung des Termins **11** (Tag, Stunde und Ort), an dem die Hauptverhandlung fortgesetzt werden soll, sind bei § 228 erläutert.

Wird eine unterbrochene Hauptverhandlung innerhalb der Frist des § 229 im **12** neuen Geschäftsjahr fortgesetzt, so sind die bisher in der Hauptverhandlung mitwirkenden **Berufs- und Laienrichter** (die letztgenannten nach der ausdrücklichen Bestimmung

---

[10] RGSt 60 163; 63 263.
[11] *Rieß* NJW 1975 86.
[12] KMR-*Müller* 3.
[13] *Kleinknecht/Meyer* 3.
[14] RGSt 57 267.

Walter Gollwitzer

des § 50 GVG) zur Fortführung der Verhandlung berufen (BGHSt **8** 250; **19** 382). Eine Ferienstrafkammer kann auch nach Ablauf der Gerichtsferien weiter tätig werden (BGH JR **1956** 228).

**13**     5. **Fortsetzung der Hauptverhandlung** bedeutet Weiterführung der gleichen Hauptverhandlung durch das Gericht in gleicher Zusammensetzung in Gegenwart aller Verfahrensbeteiligten, deren Anwesenheit vorgeschrieben ist. Ob bei Ausbleiben eines Verfahrensbeteiligten die Hauptverhandlung ohne ihn fortgeführt werden kann, beurteilt sich nach den auch sonst für die Hauptverhandlung geltenden Vorschriften. Bleibt beispielsweise der Angeklagte dem Fortsetzungstermin eigenmächtig fern, kann die Fortsetzungsverhandlung ohne ihn unter den Voraussetzungen des § 231 Abs. 2 weitergeführt werden (vgl. BGH NStZ **1984** 466). Da das Verfahren eine Einheit bildet, brauchen die vor der Unterbrechung liegenden Verfahrensteile nicht wiederholt zu werden (§ 228, 1). Das Gericht ist aber nicht gehindert, einzelne Verhandlungsteile zu wiederholen, wenn es dies aus einem besonderen Grund, etwa zur Gedächtnisauffrischung der Richter, für sachdienlich hält.

**14**     Zur **Fortsetzung nach Fristablauf** geeignet ist nur eine das Verfahren weiterführende Verhandlung. Die bloße Erörterung, ob und wann die sachliche Verhandlung fortgesetzt werden könne, genügt hierfür nicht[15]. Nur ein Vorgang, der die Verhandlung vor dem erkennenden Gericht in Richtung auf das Urteil hin fördert, ist eine die Erneuerung ausschließende Fortsetzung der Hauptverhandlung, wie etwa die Vernehmung eines Angeklagten, Zeugen oder Sachverständigen, die Verlesung einer Urkunde im Rahmen des Urkundenbeweises oder die Vornahme eines Augenscheins. Auch eine Verhandlung, die der Klärung von Verfahrensvoraussetzungen oder einer Verfahrensfrage dient, wie etwa der Ablehnung eines Richters, kann diese Voraussetzungen erfüllen.

**15**     Die Verhandlung darf allerdings nicht nur zum Scheine fortgesetzt werden. Sie darf sich nicht lediglich mit der Aufnahme der **Formalien** oder damit begnügen, die Notwendigkeit der weiteren Verschiebung der Hauptverhandlung festzustellen, sondern muß selbst zum Fortschritt des Verfahrens beitragen, etwa wenn entscheidungsrelevante Tatsachen im Wege des Freibeweises in der Hauptverhandlung festgestellt und das Ergebnis mit den Verfahrensbeteiligten erörtert werden.

**16**     Bei einem Verfahren gegen **mehrere Angeklagte** genügt es, wenn in der fortgesetzten Hauptverhandlung die gegen einen von ihnen erhobenen Vorwürfe erörtert werden[16], selbst wenn ein Angeklagter nach § 231 c beurlaubt ist (§ 231 c, 18).

**17**     6. **Erneuerung der Hauptverhandlung.** Kann die Hauptverhandlung innerhalb der Fristen der Absätze 1 und 2 nicht fortgesetzt werden, so ist sie, wie jetzt Absatz 3 Satz 1 ausdrücklich feststellt, von neuem zu beginnen. Unerheblich ist dabei, ob sich die Unmöglichkeit einer fristgerechten Weiterführung von Anfang an ergeben und das Gericht deshalb die Verhandlung ausgesetzt hat oder ob sie erst im Laufe einer vom Vorsitzenden angeordneten oder vom Gericht beschlossenen Unterbrechung ersichtlich geworden ist.

**18**     Die **erneuerte Hauptverhandlung** ist, wie bei § 228 Rdn. 26 erörtert, im Gegensatz zur nur unterbrochenen Hauptverhandlung eine völlig neue Verhandlung.

---

[15] RGSt **62** 263; BGH NJW **1952** 1149; KK-     [16] BGH bei *Dallinger* MDR **1975** 23.
Treier 6.

Die Beteiligten müssen zu ihr von **neuem geladen** werden, und zwar der Ange- **19**
klagte auch dann, wenn er in der ersten Verhandlung nicht anwesend war. Doch braucht
die Frist des § 217 Abs. 1 bei der neuen Ladung nicht abermals eingehalten zu werden[17].
Der Angeklagte und der Verteidiger müssen zum neuen Termin stets schriftlich geladen
werden (§ 216), die anderen Verfahrensbeteiligten (Zeugen, Sachverständige) können
vom Vorsitzenden unter Hinweis auf die Folgen ihres Ausbleibens auch mündlich geladen werden. Die mündliche Ladung ist in das Protokoll aufzunehmen[18].

**7. Verstöße gegen den § 229.** Wird die Vorschrift des § 229 über die zeitlichen **20**
Grenzen der Unterbrechungen der Verhandlung verletzt, so liegt zwar kein absoluter
Revisionsgrund vor, doch kann die Frage, ob das Urteil auf dem Verstoß beruhe, dann
nur in seltenen, besonders gelagerten Fällen verneint werden[19], so wenn mit Bestimmtheit ausgeschlossen werden kann, daß durch die Fristüberschreitung weder der Eindruck von der Hauptverhandlung abgeschwächt noch die Zuverlässigkeit der Erinnerung beeinträchtigt wurde (BGHSt **23** 224)[20]. Das mag etwa dann zutreffen, wenn sich
die Hauptverhandlung über eine ungewöhnlich große Sache schon lange Zeit hingezo-
gen hat und sich ein beträchtlicher Teil des zu beurteilenden Tatbestands aus schriftlichen Unterlagen ergibt, die Gegenstand der Hauptverhandlung gewesen sind und von
den mitwirkenden Richtern jederzeit auch außerhalb der Verhandlung eingesehen werden können, damit sie ihr Gedächtnis auffrischen (RG JW **1935** 3634).

**8. Sonderregelungen**
**a) Aussetzung der Urteilsverkündung.** Auf sie findet nicht § 229, sondern § 268 **21**
Anwendung. Doch greift jene Vorschrift wieder ein, wenn nach der Anberaumung der
Urteilsverkündung erneut in die Hauptverhandlung eingetreten wird, etwa weil ein
Hinweis gemäß § 265 oder eine nachträgliche Beweiserhebung erforderlich wird[21]. Die
**Frist für die Verkündung** des Urteils regelt § 268 Abs. 3 Satz 2. Sie stimmt jetzt mit der
des § 229 Abs. 1, Abs. 3 Satz 2 überein. Das Problem der Konkurrenz verschiedener Fri-
sten ist damit gegenstandslos geworden[22]. Die 30-Tage-Frist des Absatzes 2 kann, wie
§ 268 Abs. 3 zeigt, für die Urteilsverkündung nicht in Anspruch genommen werden
(*Rieß* NJW **1975** 86).

**b) Besondere Unterbrechungsregelungen** finden sich in § 138 c Abs. 4; § 231 a **22**
Abs. 3 und § 34 Abs. 3 Nr. 6 EGGVG[23].

---

[17] Vgl. § 217, 5; strittig.
[18] *Eb. Schmidt* 7; *KK-Treier* 10; *Kleinknecht/*
*Meyer* 4; *KMR-Müller* 9; Nr. 137 Abs. 2
RiStBV.
[19] RGSt **37** 365; **53** 334; **57** 266; **62** 264; **69** 23;
BGH NJW **1952** 1149; OLG Hamm VRS **47**
46.
[20] = LM Nr. 3 mit Anm. *Willms* = JR **1970**
309 mit Anm. *Eb. Schmidt*; KMR-*Müller* 10.

[21] RGSt **37** 365; **53** 332; RG Recht **1912**
Nr. 1862; RG LZ **1916** 1479; BGH StrVert.
**1982** 5 mit Anm. *Peters*; NStZ **1984** 41 mit
Anm. *Hilger*; vgl. die Erl. zu § 268.
[22] Vgl. zur früheren Rechtslage BGHSt **9** 302.
[23] *Kleinknecht/Meyer* 1; KMR-*Müller* 5; vgl.
die Erl. zu § 138 c; § 231 a, 25.

# § 230

(1) **Gegen einen ausgebliebenen Angeklagten findet eine Hauptverhandlung nicht statt.**

(2) **Ist das Ausbleiben des Angeklagten nicht genügend entschuldigt, so ist die Vorführung anzuordnen oder ein Haftbefehl zu erlassen.**

**Bezeichnung** bis 1924: § 229.

## *Übersicht*

## I. Anwesenheit des Angeklagten

**1**     **1. Zweck.** Die persönliche Anwesenheit des Angeklagten in der Hauptverhandlung ist, soweit nicht Ausnahmeregeln Platz greifen, **Recht und Pflicht** des Angeklagten (BGHSt 26 84). Die Vorschriften der Strafprozeßordnung über die Anwesenheit des Angeklagten sind auf dem durch Erfahrung begründeten Rechtsgedanken aufgebaut, daß der Angeklagte nicht ungehört verurteilt werden darf, daß das Gericht seiner Pflicht zur Erforschung der Wahrheit und zu einer gerechten Zumessung der Rechtsfolgen vollständig nur genügt, wenn es den Angeklagten vor sich sieht und ihn mit seiner Verteidigung hört (Mot. 182). Damit verwirklicht sie im Bereich des Strafverfahrensrechts den durch Art. 103 GG in verfassungsrechtlichen Rang erhobenen Grundsatz des rechtlichen Gehörs und dient zugleich dem das Verfahren beherrschenden Grundsatz der Wahrheitsermittlung[1]. Aus diesem Zweck folgt, daß anwesend nur ein Angeklagter ist, der das Geschehen der Hauptverhandlung von seinem Platz aus in allen Einzelheiten sicher wahrnehmen und von dort aus auf den Gang der Verhandlung durch Fragen, Anträge und Erklärungen einwirken kann (vgl. Rdn. 8).

---

[1] RGSt **29** 48; **32** 98; **60** 180; **69** 255; BGHSt    **1974** 539; *Rieß* JZ **1975** 267; vgl. Einl. **3** 187; BGH NJW **1976** 501; *Lampe* MDR    Kap. **12**.

Es ist schlechthin **zwingend,** wenn Absatz 1 die Hauptverhandlung gegen einen **2** ausgebliebenen Angeklagten untersagt. Das Gericht kann den Angeklagten **nicht** von der Anwesenheitspflicht **entbinden,** und es darf selbst dann nicht gegen den abwesenden Angeklagten verhandeln, wenn es voraussieht, daß es ihn nicht verurteilen, sondern freisprechen wird. Der Angeklagte kann auf die Einhaltung des Absatzes 1 nicht **verzichten**[2].

**2. Ausnahmen** vom Verbot, in Abwesenheit des Angeklagten zu verhandeln, sind **3** nur dort und nur insoweit zulässig, als sie das Gesetz ausdrücklich zuläßt. Solche Ausnahmevorschriften finden sich in § 231 Abs. 2, in §§ 231 a, 231 b, 231 c, 232, 233, 247, § 329 Abs. 2, § 350 Abs. 2, § 387 Abs. 1, § 411 Abs. 2.

Eine echte Hauptverhandlung gegen Abwesende, nämlich gegen Angeklagte, die **4** für die **deutsche Gerichtsbarkeit** nicht erreichbar sind, weil sie sich verborgen halten oder sich im Ausland befinden, sieht die Strafprozeßordnung jetzt nicht mehr vor. Die §§ 276 ff gestatten jetzt nur noch die Durchführung eines Beweissicherungsverfahrens und — als Mittel des Gestellungszwangs — in bestimmten Grenzen die Vermögensbeschlagnahme[3].

Das **Recht des Angeklagten** auf Teilnahme an der Hauptverhandlung besteht **5** grundsätzlich auch dann, wenn die Pflicht dazu ausnahmsweise entfallen ist[4]. Auch wenn die rechtlichen Voraussetzungen für ein Verhandeln ohne ihn gegeben sind, darf das Gericht ihn nicht von der Teilnahme abhalten[5]. Es darf nicht ohne ihn verhandeln, wenn er durch eine genügende Entschuldigung zu erkennen gegeben hat, daß er die Teilnahme ernsthaft beabsichtigt hat, aber ohne sein Verschulden daran gehindert ist[6]. Das Recht, sich vertreten zu lassen, läßt das Recht auf persönliche Teilnahme ebenfalls unberührt[7]. Dieses Recht verliert ein teilnahmebereiter Angeklagter jedoch bei schuldhaftem prozeßwidrigen Verhalten (§ 231 Abs. 2, § 231 b) sowie in den Fällen des § 247, wo es gegenüber höherrangigen Verfahrensinteressen zurücktreten muß[8]. Soweit keine Anwesenheitspflicht besteht, kann der Angeklagte auf sein Anwesenheitsrecht verzichten. Dies kann auch durch eine konkludente Handlung geschehen[9].

**3.** Eine **Verfahrensvoraussetzung,** deren Vorliegen jedes Rechtsmittelgericht von **6** Amts wegen zu prüfen hätte, ist die ständige Anwesenheit des Angeklagten in der Hauptverhandlung nicht. Der Bundesgerichtshof[10] hat die gegenteilige Auffassung, die u. a. von mehreren Oberlandesgerichten vertreten wurde[11], abgelehnt, da überindividuelle Interessen durch die Abwesenheit des Angeklagten nicht berührt würden. Ob die Vorschriften über die Anwesenheit des Angeklagten in der Hauptverhandlung verletzt worden sind, hat das Revisionsgericht deshalb nicht von Amts wegen, sondern nur auf Grund einer den Vorschriften des § 344 Abs. 2 entsprechenden Verfahrensrüge zu prüfen.

---

[2] RGSt **42** 198; **58** 149; BGHSt **22** 20; **25** 318; **39** 74 = LM StPO 1975 Nr. 3 mit Anm. *Mösl;* BGH NJW **1973** 522; **1976** 1108.

[3] Vgl. Einl. Kap. **12** IX 3; *Rieß* Beiheft ZStW 90 (1978) 177; ferner Vor § 276.

[4] BGHSt **26** 234; **28** 35; BGH bei *Holtz* MDR **1980** 631; OLG Hamm VRS **50** 132; **56** 42; OLG Karlsruhe Justiz **1981** 23.

[5] BGH bei *Pfeiffer* NStZ **1981** 297.

[6] BGHSt **28** 44; OLG Hamm VRS **50** 132; OLG Karlsruhe Justiz **1981** 23.

[7] BayObLGSt **1975** 77 = MDR **1975** 1956.

[8] Vgl. die dortigen Erl.

[9] OLG Düsseldorf JMBlNW **1982** 179.

[10] BGHSt **26** 84; ebenso BayObLG VRS **46** 356; OLG Hamm NJW **1973** 2308; vgl. Einl. Kap. **12** IX.

[11] OLG Düsseldorf GA **1957** 417; MDR **1958** 623; OLG Hamburg NJW **1969** 762; *Eb. Schmidt* JR **1969** 310; OLG Karlsruhe Justiz **1969** 127; OLG Köln GA **1971** 27.

**7**     **4. Dauernde Anwesenheit.** Soweit nicht Ausnahmevorschriften gestatten, zeitweilig in Abwesenheit des Angeklagten zu verhandeln (vgl. insbes. § 231 Abs. 2, §§ 231 b, 231 c, 247, 329, 411, § 51 JGG, § 73 OWiG), ist die ununterbrochene Anwesenheit des Angeklagten während der ganzen Dauer der Hauptverhandlung notwendig. Dies gilt für alle Teile der Hauptverhandlung, von der Präsenzfeststellung bis zum Ende der Schlußvorträge, und zwar ganz gleich, ob über die eigene Tat des Angeklagten oder über die eines Mitangeklagten verhandelt wird.

Für die **Urteilsverkündung** ist die Anwesenheit des Angeklagten ebenfalls vorgeschrieben. Der Angeklagte muß sowohl bei der Verkündung der Urteilsformel zugegen sein als auch bei der Eröffnung der Urteilsgründe (vgl. § 268 Abs. 2), da beides noch zur Hauptverhandlung gehört[12]. Etwas anderes gilt nur, wenn ohne ihn verhandelt (vgl. etwa § 232, 233, 329 oder 411) oder die Hauptverhandlung ohne ihn zu Ende geführt werden darf (§ 231 Abs. 2).

**8**     **§ 230 Abs. 1 ist verletzt,** wenn die Richter bei der Beratung am Tatort den Augenschein wiederholen[13] oder während der Hauptverhandlung ohne den Angeklagten einen Augenschein einnehmen, selbst wenn dieser nur für eine Hilfstatsache von Bedeutung ist, oder eine „informatorische" Tatortbesichtigung vornehmen[14]. Fahren die Gerichtsmitglieder und die Verfahrensbeteiligten in mehreren Wagen zum Zwecke des Augenscheins eine bestimmte Wegestrecke oder führt der Angeklagte am Unfallort bei einem Augenschein seine Fahrweise vor und begibt er sich dabei außer Hörweite der übrigen Verfahrensbeteiligten, so wird dadurch sein Recht und seine Pflicht, anwesend zu sein, nicht verletzt, sofern während dieser Zeit ausschließlich das vom Angeklagten vorgeführte Unfallgeschehen beobachtet wird[15]. Vernimmt das Gericht allerdings währenddessen einen Zeugen, dann liegt ein die Revision begründender Verstoß gegen § 230 vor[16]. Das Recht des Angeklagten auf Anwesenheit ist ferner verletzt, wenn bei einem Verhandlungsteil, der befugt in Abwesenheit des Angeklagten durchgeführt wird, Verfahrenshandlungen vorgenommen werden, die von der jeweiligen Ausnahmevorschrift nicht mit umfaßt sind[17].

**9**     **5. Keine bloß körperliche Anwesenheit.** Anwesend ist der Angeklagte nicht schon, wenn er körperlich im Sitzungssaal anwesend ist, sondern nur, wenn er auch **verhandlungsfähig** ist. Er darf nicht durch Krankheit oder Übermüdung gehindert sein, seine Belange zu vertreten, seine Rechte zu wahren und sich in verständlicher und verständiger Weise zu verteidigen[18]. Ist der Angeklagte krank, muß das Gericht Ort, Zeit und Dauer der Hauptverhandlung so einrichten, daß er ihr folgen kann, etwa durch Beschränkung der täglichen Verhandlungsdauer auf eine dem Kräftezustand des Angeklagten angemessene Zeit oder Verhandlung in Anwesenheit des Arztes[19]. Auch ein Verhandeln außerhalb des Gerichtssaals, etwa in der Wohnung oder im Krankenzimmer des Angeklagten, kann unter bestimmten Voraussetzungen in Betracht kommen[20]. Es verstößt

---

[12] RGSt **31** 399; **42** 246; RG Recht **1922** 696; BGHSt **15** 263; OLG Düsseldorf GA **1957** 417.

[13] RGSt **66** 28; OLG Hamburg GA **1961** 177; OLG Hamm NJW **1959** 1192; vgl. § 226, 19.

[14] BGHSt **3** 187; BGH StrVert. **1981** 510.

[15] *Kleinknecht* NJW **1963** 1322; KK-*Treier* 4 unter Hinweis auf BGH.

[16] **A. A** OLG Braunschweig NJW **1963** 1322; dazu *Eb. Schmidt* Nachtr. I 3.

[17] Vgl. die Erl. zu § 247.

[18] RGSt **57** 373; OGHSt **2** 377; BGHSt **23** 331; vgl. BGH MDR **1953** 598; Einl. Kap **12** sowie § 205, 12 ff mit weit. Nachw. ferner BGH NStZ **1984** 520 (keine Verhandlung, wenn Verhandlungsfähigkeit zweifelhaft).

[19] *Seetzen* DRiZ **1974** 259; KK-*Treier* 3; § 205, 16.

[20] Vgl. § 205, 16; § 213, 2.

gegen §230 Abs. 1, wenn das Gericht mit der Urteilsverkündung fortfährt, obwohl der Angeklagte ohnmächtig zusammengebrochen ist[21]. Hat der Angeklagte die Beeinträchtigung seiner Verhandlungsfähigkeit selbst herbeigeführt, hat das Gericht zu entscheiden, ob es zulässig und angezeigt ist, nach §230 Abs. 2; §231 a ohne ihn zu verhandeln. Ein Angeklagter, der zwar im Sitzungssaal zugegen ist, sich aber nicht zu erkennen gibt, ist ebenfalls nicht anwesend im Sinne des §230[22].

6. Ein in **Haft befindlicher Angeklagter** muß zur Hauptverhandlung vorgeführt **10** werden, sofern er nicht dafür nach §36 Abs. 1 StVollzG Urlaub erhält. Dies zu klären und gegebenenfalls die Vorführung anzuordnen, ist Aufgabe des Vorsitzenden (vgl. §214, 12). Soweit nach §230 Abs. 1 die Hauptverhandlung nur in Anwesenheit des Angeklagten durchgeführt werden darf, kann dieser nicht wirksam auf die Anwesenheit verzichten[23]. Eine Vorführung gegen den Willen des inhaftierten Angeklagten scheidet nur dort aus, wo der Angeklagte zur Anwesenheit in der Hauptverhandlung nicht verpflichtet ist und auch auf sein Anwesenheitsrecht ausdrücklich verzichtet hat. Wird die Verkündung des Urteils ausgesetzt, muß der in Haft befindliche Angeklagte auch zur Verkündung des Urteils vor Gericht gebracht werden[24]. Verliert der Angeklagte durch eine verspätete Vorführung die Möglichkeit, einem Teil der Verhandlung beizuwohnen, so kann der begangene Verstoß nicht dadurch geheilt werden, daß der Angeklagte die Verspätung der Vorführung nachträglich gutheißt, sondern nur dadurch, daß der fehlerhafte Teil der Hauptverhandlung in Anwesenheit des Angeklagten wiederholt wird[25].

7. **Personenverwechslung.** Erscheint in der Hauptverhandlung nicht der Angeklag- **11** te, der in der Anklageschrift und im Eröffnungsbeschluß gemeint ist und mit dem deshalb die Hauptverhandlung durchgeführt werden muß, sondern eine andere Person, ohne daß das Gericht diesen Umstand bemerkt, und wird das Verfahren bis zum Urteil durchgeführt[26], so könnte das Urteil zwar wegen Verletzung des §338 Nr. 5 in Verbindung mit §230 Abs. 1 angefochten werden, weil die Abwesenheit des Angeklagten auf der Hand liegt und der Angeklagte durch den dadurch bewirkten Anschein einer Verurteilung beschwert ist. Unerläßlich ist dies jedoch nicht, da das Urteil in einem solchen Falle weder gegen den wahren noch gegen den „falschen" Angeklagten Wirkungen haben kann[27]. Nimmt andererseits der richtige Angeklagte unter falschem Namen an der Hauptverhandlung teil, so ist weder §230 Abs. 1 verletzt, noch wird die Gültigkeit des Urteils dadurch berührt[28].

8. **Hauptverhandlung gegen mehrere Angeklagte**
a) **Abgetrennte Verhandlung gegen erschienene Angeklagte.** Beim Ausbleiben eines **12** von mehreren Angeklagten in der gegen alle anberaumten Hauptverhandlung ist es im allgemeinen in das Ermessen des Gerichts gestellt, ob es nach Trennung der Verfahren gegen die erschienenen Angeklagten verhandeln oder die Verhandlung auch gegen sie

---

[21] RG JW **1938** 1644; *Poppe* NJW **1954** 1915; *Eb. Schmidt* 6; vgl. §231, 17.
[22] KK-*Treier* 3.
[23] BGHSt **25** 318; OLG Hamburg GA **1967** 177; weitere Nachweise Rdn. 2 Fußn. 2.
[24] RGSt **31** 398; RG Recht **1922** Nr 696.
[25] Zur Heilung des Verfahrensfehlers vgl. Rdn. 18.

[26] Vgl. LG Lüneburg MDR **1949** 768 mit abl. Anm. *Grobler.*
[27] *Eb. Schmidt* I 252; §230, 7; *Peters* §55 I; *Roxin* §51 II 2; KK-*Treier* 7; KMR-*Müller* 5; strittig, vgl. Einl. Kap. **12.**
[28] *Peters* §55 I.

Walter Gollwitzer

aussetzen will. Die Umstände des einzelnen Falls (RGSt 38 272) geben den Ausschlag dafür, ob unter Berücksichtigung aller hereinspielenden Gesichtspunkte wie Aufklärungspflicht, Prozeßwirtschaftlichkeit, Verfahrensbeschleunigung u. a. der Aussetzung des gesamten Verfahrens oder der Abtrennung und Durchführung der Hauptverhandlung gegen die erschienenen Angeklagten der Vorzug zu geben ist[29].

13      Bei **Großverfahren,** in denen über einen umfangreichen Stoff und mehrere Angeklagte geurteilt werden muß, kommt hinzu, daß sich die Anwesenheitspflicht jedes einzelnen Mitangeklagten auch auf die Teile der Hauptverhandlung erstreckt, die ihn sachlich nicht betreffen. Um die damit verbundenen Belastungen für Angeklagte und Verteidiger zu verringern, hat die Praxis schon frühzeitig nach Auswegen gesucht[30].

14      Nach § 231 c kann das Gericht dem Angeklagten und in den Fällen der notwendigen Verteidigung auch dem Verteidiger durch Beschluß gestatten, den Teilen der Hauptverhandlung fernzubleiben, von denen sie nicht betroffen sind. Die Einzelheiten sind bei § 231 c erläutert.

15      b) Die **förmliche Trennung** der Verfahren ist an sich weiterhin möglich, auch wenn beabsichtigt ist, das Verfahren, dessen Abtrennung notwendig wird, innerhalb der Frist des § 229 ebenfalls fortzusetzen und dann später eventuell wieder mit den unmittelbar weitergeführten Verfahren zu verbinden (§ 237). Grenzen für diese Verfahrensgestaltung ergeben sich daraus, daß sie nicht benutzt werden darf, um das Anwesenheitsgebot des § 230 Abs. 1 zu umgehen[31], und daß sie auch nicht dazu verwendet werden darf, die Sondervorschrift des § 231 c auszuschalten, der — anders als § 237 — die Beurlaubung von Angeklagtem und Verteidiger an deren ausdrückliche Antragstellung bindet. Da die vorübergehende Trennung die Gefahr in sich birgt, daß Erkenntnisse aus der abgetrennten Verhandlung auch das Urteil gegen einen insoweit nicht am Verfahren beteiligten Mitangeklagten beeinflussen, hat der Bundesgerichtshof wiederholt vor dieser Verfahrensgestaltung gewarnt[32].

16      Unter der Voraussetzung, daß sich die Verfahrensvorgänge nicht sachlich berühren, kann es auch zulässig sein, die Verhandlung gegen zwei Angeklagte zunächst **getrennt zu beginnen** und bis zu einem bestimmten Punkte durchzuführen und dann beide Verfahren miteinander zu verbinden (BGH NJW 1953 836). Erkenntnisse aus den getrennt durchgeführten Verhandlungsteilen dürfen aber nicht bei der Urteilsfindung gegen den nicht beteiligten späteren Mitangeklagten verwertet werden (§ 261; vgl. BGH NJW 1984 2174).

17      c) Die bloße **Duldung des freiwilligen Ausbleibens** des Angeklagten durch das Gericht ist mit § 230 Abs. 1 unvereinbar, da das Gericht nur dann, wenn die gesetzlich vorgesehenen Ausnahmen vorliegen, ohne den Angeklagten verhandeln darf und der im Ausbleiben liegende Verzicht des Angeklagten auf Teilnahme unbeachtlich ist (Rdn. 2). Soweit früher einige Entscheidungen[33] ein bloßes Dulden des Ausbleibens des Ange-

---

[29] Vgl. § 2, 18 ff; § 237, 7.

[30] Vgl. Verhandlungen des 50. DJT; *Rieß* Beiheft ZStW **90** (1978) 205; § 231 c, 1 bis 3; ferner Rdn. 15 ff und LR[23] § 230, 15 ff.

[31] Werden bei einer nur vorübergehenden Trennung Vorgänge behandelt, die auch den abwesenden Mitangeklagten betreffen, so hat BGHSt **24** 259 = LM Nr. 4 mit Anm. *Kohlhaas* eine Umgehung des § 230 angenommen und der absoluten Rüge nach § 338 Nr. 5 stattgegeben; ferner BGHSt **30** 74; BGH bei

*Pfeiffer/Miebach* NStZ **1983** 209; **1983** 355; vgl. BGH JZ **1984** 98; StrVert. **1982** 252; BGH MDR **1984** 160 läßt im konkreten Fall die vorübergehende Trennung zu.

[32] BGHSt **30** 74; vgl. Fußn. 31, 36. Zur Verwertbarkeit der Ergebnisse der Hauptverhandlung bei Mitangeklagten und zu den Grenzen des wechselseitigen Berührtseins *Gollwitzer* FS Sarstedt 17 ff.

[33] RGSt **69** 18; OLG Neustadt HESt **2** 94; 332; OLG Darmstadt JR **1949** 515.

klagten für vereinbar mit § 230 ansahen, ist ihnen mit Recht widersprochen worden[34]. Seit der Einfügung des § 231 c ist für eine solche Konstruktion erst recht kein Raum. Gleiches gilt für den mit der Verfahrensklarheit unvereinbaren Versuch, eine solche Praktik unter dem Gesichtspunkt einer „stillschweigenden" Trennung und Wiederverbindung der Verfahren zu rechtfertigen[35].

**9. Heilung.** Ein Verstoß gegen die Anwesenheitspflicht kann nicht nachträglich **18** dadurch geheilt werden, daß der Angeklagte darauf verzichtet; denn hierzu ist er nicht befugt (Rdn. 2). Ein Verzicht — eventuell verbunden mit einer Unterrichtung über die wesentlichen Ergebnisse des in Abwesenheit des Angeklagten durchgeführten Verhandlungsteiles — reicht nur dort zur Heilung aus, wo der Angeklagte zur Anwesenheit berechtigt, aber nicht verpflichtet ist. Grundsätzlich ist zur Heilung eines Verfahrensverstoßes nach § 230 Abs. 1 die Wiederholung des fehlerhaften Teils der Hauptverhandlung erforderlich[36].

## II. Zwangsweise Sicherstellung der Anwesenheit

### 1. Voraussetzungen

**a) Erforderlichkeit, Verhältnismäßigkeit.** Die Zwangsbefugnisse des Absatzes 2 **19** sollen dem Gericht beim Ausbleiben des Angeklagten ermöglichen, seine Anwesenheit bei der Hauptverhandlung herbeizuführen, während die Befugnisse aus § 231 Abs. 1 Satz 2 dem Vorsitzenden gestatten, die weitere Anwesenheit während der ganzen Hauptverhandlung sicherzustellen. Wie jede Anwendung staatlichen Zwangs sind auch die Maßnahmen nach § 230 Abs. 2 nur zulässig, wenn sie nach den Umständen des konkreten Einzelfalls erforderlich sind, der mit ihnen verfolgte Zweck nicht bereits mit weniger einschneidenden Mitteln sicher erreichbar ist und wenn der Grundsatz der Verhältnismäßigkeit gewahrt bleibt (Rdn. 29). Ferner müssen alle formellen Voraussetzungen dieser Vorschrift erfüllt sein:

**b)** Die **Ladung** des auf freiem Fuß befindlichen Angeklagten muß nach § 216 **20** Abs. 1 Satz 1 schriftlich unter der Warnung geschehen sein, daß im Fall seines unentschuldigten Ausbleibens seine Verhaftung oder Vorführung erfolgen werde. Liegt keine ordnungsgemäße Ladung vor, sind Zwangsmaßnahmen nach Absatz 2 unzulässig[37].

**c) Ausgeblieben** ist der Angeklagte, wenn er zum Erscheinen verpflichtet war **21** (OLG Hamburg OLGSt 1) und bei Beginn der Verhandlung im Sitzungssaal nicht anwesend ist, seine Anwesenheit nicht zu erkennen gibt oder wenn er in einem verhandlungsunfähigen Zustand erscheint[38].

Dem Ausbleiben bei Beginn der Verhandlung steht gleich, wenn der Angeklagte **22** zu einem **Fortsetzungstermin** ausbleibt, sofern dieser in seiner Gegenwart verkündet

---

[34] *Niethammer* DRiZ **1949** 248; *Niethammer* FS Rosenfeld 125; *Schmid* Verwirkung 101.

[35] *Kleinknecht/Meyer* 231, 1; vgl. LR[23] § 230, 15.

[36] BGHSt **30** 73 = LM StPO 1975 Nr. 3 mit Anm. *Mösl* = JR **1982** 33 mit Anm. *Maiwald*; BGH NJW **1976** 1108; BGH bei *Pfeiffer* NStZ **1981** 95; vgl. Vor § 226, 54.

[37] OLG Celle NdsRpfl. **1963** 238; KK-*Treier* 9; ferner § 216, 14; 217, 14.

[38] Ob der erschienene Angeklagte auch dann ausgeblieben im Sinne des Absatzes 2 ist, wenn er die Verhandlungsunfähigkeit nicht selbst schuldhaft herbeigeführt hat (so KK-*Treier* 8; anders OLG Köln NJW **1981** 239; vgl. auch BGHSt **23** 331), ist letztlich nicht entscheidend, da Maßnahmen immer nur möglich sind, wenn die Verhandlungsunfähigkeit in vorwerfbarer Weise herbeigeführt wurde.

oder ihm sonst bekanntgemacht worden war[39]. Entfernt er sich eigenmächtig aus der Hauptverhandlung und sind Maßnahmen nach § 231 Abs. 1 nicht mehr möglich, so kann das Gericht zur Fortsetzung der Hauptverhandlung Maßnahmen nach Absatz 2 anordnen.

**23**      **d) Eine genügende Entschuldigung** fehlt nicht schon, weil der Angeklagte es versäumt hat, sein Ausbleiben mit einem ausreichenden Grund zu entschuldigen. Es kommt nicht darauf an, ob er sich entschuldigt hat, sondern ob sein Ausbleiben nach den konkreten Umständen entschuldigt ist[40]. Um dies zu prüfen, muß das Gericht alle erkennbaren Umstände in Erwägung ziehen und — sofern konkrete Anhaltspunkte für einen Entschuldigungsgrund dazu Anlaß geben — dies durch eigene Ermittlungen (Erkundigung auch beim Angeklagten) aufzuklären versuchen. Zwangsmaßnahmen nach § 230 Abs. 2 scheiden auch aus, wenn ein Entschuldigungsgrund durch einen Zeugen oder einen unbeteiligten Dritten, der dazu keiner Vollmacht des Angeklagten bedarf, beigebracht oder sonstwie zur Kenntnis des Gerichts gekommen ist. Zur Entschuldigung des Angeklagten dient jeder Umstand, der ihn — wie beispielsweise Krankheit oder Gefangenschaft — am Erscheinen vor Gericht gegen seinen Willen hindert[41] oder der bei Abwägen aller Umstände ergibt, daß dem Angeklagten aus seinem Fernbleiben billigerweise kein Vorwurf gemacht werden kann[42]. Ob eine genügende Entschuldigung vorliegt, muß das Gericht stets in Würdigung aller Umstände des **Einzelfalls** einschließlich der Bedeutung der zu verhandelnden Strafsache entscheiden. Wegen der einzelnen Entschuldigungsgründe und der sonstigen Einzelheiten wird auf die Erläuterungen zu §§ 329 und 412 und die dort wiedergegebene Rechtsprechung verwiesen.

**24**      **Glaubhaft** zu machen braucht der Angeklagte den Entschuldigungsgrund nicht. Das Gericht muß auch Tatsachen berücksichtigen, von denen es durch Dritte ohne Auftrag des Angeklagten erfahren hat. Er kann es aber tun. Dies ist zu empfehlen, weil das Gericht von Amts wegen im **Freibeweisverfahren**[43] zu prüfen hat, ob der ihm bekanntgewordene Grund auch wirklich zutrifft. Der Grundsatz in dubio pro reo gilt insoweit nicht[44]. Ob aus der Verhinderung einer amtsärztlichen Untersuchung durch den Angeklagten geschlossen werden kann, daß das privatärztliche Attest zur genügenden Entschuldigung nicht ausreicht, ist eine Tatfrage, die nur nach den Umständen des einzelnen Falles beurteilt werden kann[45].

**25**      **2.** Gegen **Mitglieder der Bundestags** oder eines **Landtags** der Länder sowie gegen Mitglieder des bayerischen Senats kann während der Sitzungsperiode eine Vorführung oder ein Haftbefehl nach Absatz 2 nur mit Genehmigung der gesetzgebenden Körperschaft erlassen werden (vgl. die Erl. zu § 152 a).

### 3. Die einzelnen Zwangsmittel

**26**      **a) Zweck** der nach Absatz 2 zulässigen Zwangsmittel gegen den Angeklagten ist nicht, ihn für sein Fernbleiben und den darin liegenden Ungehorsam zu bestrafen. Die

---

[39] Zur Streitfrage, ob der Angeklagte schriftlich geladen werden muß, wenn der Fortsetzungstermin nicht in seiner Gegenwart verkündet wurde, vgl. § 216, 2; § 228, 6.

[40] BGHSt **17** 396; wegen weiterer Nachweise vgl. vor allem die Erl. zu § 329 und 412.

[41] RGSt **22** 249; **31** 398; **42** 246; vgl. ferner OLG Stuttgart Justiz **1978** 116 und die Erl. zu §§ 329, 412.

[42] KK-*Treier* 10; KMR-*Müller* 8.

[43] H. M; vgl. etwa KK-*Treier* 10; KMR-*Müller* 9; *Eb. Schmidt* 19.

[44] *Lechleitner* NJW **1965** 1090; KMR-*Müller* 9.

[45] Vgl. etwa OLG Hamm NJW **1965** 1090 mit abl. Anm. *Lechleitner; Eb. Schmidt* Nachtr. I 8; KMR-*Müller* 9; ferner die bei §§ 329 und 412 nachgewiesene Rechtsprechung.

Zwangsmittel sind keine Strafe. Sie sollen präventiv verhindern, daß die Durchführung der Hauptverhandlung von dem Angeklagten durch sein Ausbleiben weiterhin vereitelt werden kann. Sie dürfen deshalb nicht angewendet werden, wenn der mit ihnen verfolgte Zweck auch anderweitig mit Sicherheit erreicht wird oder wenn er auch durch ihre Anwendung nicht erreicht werden kann, etwa weil die Durchführung der Hauptverhandlung aus anderen Gründen auf absehbare Zeit nicht möglich ist.

**b) Auswahl.** Absatz 2 nennt den Vorführungsbefehl als die weniger einschnei- **27** dende Maßregel an erster Stelle. Im gebührt der Vorrang. Auch im Rahmen des §230 Abs. 2 darf nur so weit in die persönliche Freiheit des Angeklagten eingegriffen werden, als dies zur Erreichung des Zweckes dieser Vorschrift — Sicherung der Durchführung des Verfahrens — erforderlich ist. Der Grundsatz der Verhältnismäßigkeit ist zu beachten[46]. Ein Haftbefehl ist nur zulässig, wenn der Vorführungsbefehl nicht ausreichend erscheint, um das persönliche Erscheinen des Angeklagten zur Hauptverhandlung sicherzustellen[47].

Stellt sich nach Erlaß des Haftbefehls heraus, daß ein Vorführungsbefehl aus- **28** reicht, so ist der Haftbefehl in einen Vorführungsbefehl **umzuwandeln** (OLG Köln JMBlNW **1959** 114). Er ist aufzuheben, wenn er nicht mehr notwendig ist, um die ordnungsgemäße Erledigung des Verfahrens zu sichern, etwa weil bei vernünftiger Beurteilung der Umstände damit zu rechnen ist, daß der Angeklagte von selbst zum neuen Termin erscheint.

Die **rechtliche Möglichkeit,** das Verfahren ohne den Angeklagten zu erledigen, **29** schließt es nicht grundsätzlich aus, die Anwesenheit des Angeklagten nach Absatz 2 zu erzwingen[48]. Jedoch erfordert hier der Grundsatz der Verhältnismäßigkeit eine an den Umständen des Einzelfalls orientierte Abwägung des Interesses an der Anwesenheit des Angeklagten im Termin (Sachaufklärung!) mit dem Gewicht des in der Zwangsmaßnahme liegenden Eingriffs. Kann der Einspruch oder die Berufung des Angeklagten bei Nichterscheinen sofort verworfen werden (§ 412, § 329), darf kein Haftbefehl ergehen[49].

Ist mit einem **Freispruch** des ausgebliebenen Angeklagten zu rechnen, so schließt der **30** Grundsatz der Verhältnismäßigkeit nicht schlechthin aus, das Erscheinen des Angeklagten zu erzwingen (so aber *Franz* NJW **1963** 2264). Der Zweck des § 230 Abs. 2, die Weiterführung und den Abschluß des Strafverfahrens — und nicht etwa die Bestrafung — zu sichern, kann selbst in einem solchen Fall eine Vorführung rechtfertigen[50]. Jedoch sind hier an die Notwendigkeit eines Eingriffs in die Freiheit der Person besonders strenge Anforderungen zu stellen. Das Gericht muß vor allem prüfen, ob es die Hauptverhandlung nicht ohne den Angeklagten durchführen kann (§§ 232, 233).

Im **Privatklageverfahren** findet nach § 387 Abs. 3 nur die Vorführung statt. Ein **31** Haftbefehl darf nicht ergehen.

**c)** Der **Vorführungsbefehl** ist schriftlich auszufertigen. Für seinen Inhalt gilt § 134 **32** Abs. 2 entsprechend. Er ist, auch wenn er in der Hauptverhandlung verkündet wird, dem Angeklagten grundsätzlich zuzustellen (§ 35 Abs. 2). Wird die Vorführung sofort zum gleichen Termin durchgeführt, kann er beim Vollzug eröffnet werden. Das Gericht

---

[46] BVerfGE **32** 93; OLG Hamburg OLGSt 1; *Becker* SchlHA **1977** 164; *Grabitz* AöR **98** (1973) 568, 614; *Schlüchter* 270.

[47] OLG Düsseldorf MDR **1980** 512; OLG Köln JMBlNW **1959** 114; KK-*Treier* 11;

*Kleinknecht/Meyer* 8; KMR-*Müller* 11.

[48] RGSt **69** 20.

[49] BVerfGE **32** 94.

[50] *Eb. Schmidt* Nachtr. I 12.

Walter Gollwitzer

kann aber auch bei einer Vertagung anordnen, daß er erst beim Vollzug dem Angeklagten zu eröffnen ist, sofern andernfalls sein Zweck gefährdet wäre[51]. Neben dem Vorführungsbefehl bedarf es keiner besonderen neuen Ladung[52], sofern Zeit und Ort der neuen Verhandlung dem Vorführungsbefehl zu entnehmen sind. Wird der Angeklagte zum neuen Termin gesondert geladen, bedarf es neben dem Vorführungsbefehl keiner Warnung nach § 216 (vgl. auch *Rasehorn* DRiZ **1956** 269).

**33**    **Vollstreckt** wird der Vorführungsbefehl von der Staatsanwaltschaft (§ 36 Abs. 2 Satz 1) mit Hilfe der Polizei (§ 152 GVG). Der Vorsitzende kann aber auch selbst die Vollstreckung bei der Polizei veranlassen (§ 36, 27). Der Zeitpunkt der Vollstreckung ist so zu wählen, daß der Angeklagte pünktlich zum neuen Verhandlungstermin vorgeführt werden kann. Er darf, da es sich um einen einschneidenden Eingriff in seine Freiheitsrechte handelt, zur Vorführung aber auch nicht früher in Gewahrsam genommen werden, als es zur Erreichung dieses Zwecks notwendig ist[53]. Der nach den Verkehrsverhältnissen letztmögliche Zeitpunkt braucht jedoch dann nicht gewählt zu werden, wenn triftige Gründe die Festnahme zu einem früheren Zeitpunkt erfordern, etwa, wenn bestimmte Tatsachen dafür sprechen, daß der Angeklagte sich der Vorführung unmittelbar vor der Verhandlung entziehen würde (BayVerfGH **3** II 63). Sofern keine diesbezügliche Anordnung vorliegt, haben die mit dem Vollzug beauftragten Polizeibeamten den Zeitpunkt der Festnahme zum Zwecke der Vorführung nach pflichtgemäßem Ermessen selbst auszuwählen. Deshalb kann bei der Anordnung der Hinweis angebracht sein, daß eine verfrühte Vollstreckung unzulässig ist. § 135 Satz 2 ist entsprechend anwendbar[54].

**34**    Mit Beginn der Hauptverhandlung ist der Vorführungsbefehl vollstreckt und **verliert** jede **Wirkung**[55]. Die Befugnis, den Angeklagten festzuhalten, bestimmt sich von diesem Zeitpunkt an nach § 231 Abs. 1[56]. Entfernt sich der Angeklagte eigenmächtig, kann ein neuer Vorführungsbefehl erlassen werden, der alte Vorführungsbefehl ist verbraucht.

**35**    d) Der **Haftbefehl** dient der Sicherstellung der Hauptverhandlung bei unentschuldigtem Ausbleiben des Angeklagten. Er setzt weder dringenden Tatverdacht noch einen Haftgrund nach §§ 112, 113 voraus[57] und darf nur ergehen, wenn ein Vorführungsbefehl nicht ausreicht, um das Erscheinen des Angeklagten zum neuen Termin zu sichern. Es muß die begründete Sorge bestehen, daß der Angeklagte sich bei Zustellung des Vorführungsbefehls zum neuen Termin der Vorführung entziehen werde, um nicht bei Gericht erscheinen zu müssen[58], oder es müssen sonstige Umstände vorliegen, die erkennen lassen, daß ein Vorführungsbefehl die Anwesenheit des Angeklagten bei der ganzen Hauptverhandlung nicht gewährleisten würde (z. B. wiederholte Vorführung bei mehrtägiger Verhandlung). Dies können auch Gründe sein, die an sich einen Haftbefehl wegen Fluchtverdachts nach § 112 Abs. 2 Nr. 2 rechtfertigen würden. Im beschleunigten Verfahren darf kein Haftbefehl nach § 230 Abs. 2 ergehen[59].

---

[51] KK-*Treier* 12; *Schorn* Strafrichter 228.

[52] RG JW **1898** 322; KMR-*Müller* 11; *Eb. Schmidt* 14.

[53] KK-*Treier* 11; *Kleinknecht/Meyer* 8; KMR-*Müller* 12. Vgl. auch § 135, 1; 5.

[54] *Eb. Schmidt* 4.

[55] OLG Düsseldorf JMBlNW **1983** 41; *Lemke* NJW **1980** 1494.

[56] *Enzian* NJW **1957** 450; *Kleinknecht/Meyer*

8; *Schlüchter* 271.1; a. A *Rasehorn* DRiZ **1956** 269.

[57] OLG Düsseldorf JMBlNW **1983** 41; OLG Karlsruhe MDR **1980** 868; Justiz **1982** 438; OLG Oldenburg NJW **1972** 1585 mit Anm. *Güldenpfennig* 2008.

[58] OLG Düsseldorf JMBlNW **1983** 41; MDR **1980** 512; OLG Köln JMBlNW **1959** 114.

[59] OLG Hamburg NStZ **1983** 40 mit zust. Anm. *Deumeland*; vgl. § 212a, 26.

Zur **Verkürzung der Haftdauer** kann im Haftbefehl angeordnet werden, daß die- **36** ser erst eine bestimmte Zeit vor Beginn der Hauptverhandlung vollstreckt werden darf[60]. Dies trägt dem Grundsatz der Verhältnismäßigkeit Rechnung, da die Haftdauer an sich zeitlich nicht begrenzt ist[61].

Die **einstweilige Unterbringung** nach § 126 a ist unter den Zwangsmaßregeln des **37** Absatz 2 nicht angeführt. Sie darf deshalb zur Erreichung des Zwecks des § 230 gegen einen geisteskranken Angeklagten oder Beschuldigten nicht angeordnet werden; dem Gericht stehen nur die in Absatz 2 angeführten Maßnahmen zur Wahl[62]. Dabei ist darauf zu achten, daß die Haftfähigkeit des Angeklagten einer besonderen Prüfung bedarf. Ein Haftbefehl kann in einem Verfahren wegen Fahnenflucht auch erlassen werden, wenn sich der Angeklagte in Berlin aufhält[63].

**Vollstreckt** wird der Haftbefehl nach § 36 Abs. 2 von der Staatsanwaltschaft, die **38** sich dabei in der Regel der Hilfe der Polizei bedienen wird (vgl. Rdn. 33). Der Haftbefehl ist dem Angeklagten bei der Verhaftung zu eröffnen.

Die **Vorschriften des Haftrechts** in den §§ 114 ff sind auf den Haftbefehl nach **39** § 230 Abs. 2 entsprechend anzuwenden, insbesondere ist der Verhaftete unverzüglich dem Richter vorzuführen. Ob § 121 anwendbar ist, ist strittig[64]. Wegen der Einzelheiten wird auf die Erläuterungen zu den jeweiligen Vorschriften des Haftrechts verwiesen.

Der **Vollzug des Haftbefehls** kann gegen Sicherheitsleistung nach §§ 116, 116 a **40** ausgesetzt werden (KG GA **1972** 127). Die Sicherheit verfällt, wenn der Angeklagte der Ladung nicht Folge leistet[65]. *Krause* (DRiZ **1971** 196) hält es für zulässig, bei entfernt wohnenden Angeklagten den Haftbefehl mit der **Auflage** zu versehen, daß er außer Vollzug gesetzt werden könne, wenn der Angeklagte den Antrag nach § 233 stellt und dann kommissarisch vernommen ist.

Die **Geltungsdauer** des Haftbefehls endet mit Abschluß der Hauptverhandlung, **41** zu deren Durchführung er erlassen ist. Dann wird er von selbst gegenstandlos[66]. *Eb. Schmidt* (20) hält seine besondere Aufhebung für erforderlich, sofern er nicht von vornherein auf die Verhandlungsdauer beschränkt war. Dies dürfte zur Vermeidung von Irrtümern zweckmäßig sein, ist aber nicht nötig, da diese Beschränkung jedem Haftbefehl nach § 230 Abs. 2 innewohnt. Wenn die Haft als Untersuchungshaft darüber hinaus andauern soll, muß es das Gericht nach § 268 b, §§ 112 ff ausdrücklich anordnen.

Wird das **Verfahren ausgesetzt,** muß das Gericht erneut entscheiden, ob und **42** welche Maßnahmen zur Sicherung der erneuten Hauptverhandlung zu treffen sind; gegebenenfalls muß es Haftbefehl nach § 112 erlassen.

### 4. Anordnung durch das Gericht
**a) Zuständigkeit.** Die nach § 230 Abs. 2 zu treffenden Entscheidungen hat nicht **43** der Vorsitzende, sondern das Gericht anzuordnen, und zwar in der Regel das erken-

---

[60] KK-*Treier* 13; *Kleinknecht/Meyer* 9; KMR-*Müller* 13.

[61] OLG Oldenburg NJW **1972** 1585; vgl. Rdn 19.

[62] OLG Hamm NJW **1958** 2125; *Kleinknecht/Meyer* 11; *Eb. Schmidt* Nachtr. I 7.

[63] OLG Karlsruhe NJW **1969** 1546.

[64] Verneinend OLG Karlsruhe Justiz **1982** 438; OLG Oldenburg NJW **1972** 1585 mit

abl. Anm. *Güldenpfennig* NJW **1972** 2008; KMR-*Müller* 13; vgl. die Erl. zu §§ 121, 122.

[65] KK-*Treier* 14; *Kleinknecht/Meyer* 10; KMR-*Müller* 14.

[66] OLG Düsseldorf JMBlNW **1983** 41; OLG Karlsruhe Justiz **1980** 360; OLG Saarbrücken NJW **1975** 791; KK-*Treier* 15; *Kleinknecht/Meyer* 10; KMR-*Müller* 13 fordert, daß dies aus dem Haftbefehl ersichtlich sein muß.

nende Gericht in der Hauptverhandlung durch Beschluß. Die Schöffen wirken dann mit. Zur hier bestehenden Streitfrage vgl. § 126, 15 bis 18.

**44**     **b) Alsbaldige Anordnung.** Sind die angegebenen Voraussetzungen erfüllt, so können die in Absatz 2 vorgesehenen Maßregeln **alsbald** verhängt werden. Wird gegen einen Mitangeklagten verhandelt, so braucht mit ihrer Anordnung nicht bis zur Beendigung der Hauptverhandlung gewartet zu werden. Hält es das Gericht für angezeigt, erst nach der Hauptverhandlung zu entscheiden, etwa weil noch überprüft werden muß, ob eine genügende Entschuldigung vorliegt, so kann das erkennende Gericht durch Beschluß die Anordnung der Maßnahmen einer späteren Entscheidung des Gerichts vorbehalten[67]. Dieses entscheidet dann in der für die Entscheidungen außerhalb der Hauptverhandlung vorgeschriebenen Besetzung (also ohne Schöffen). Macht das erkennende Gericht von dieser Möglichkeit keinen Gebrauch, dann kann es nach Ansicht des Oberlandesgerichts Hamm (GA **1958** 314) später keine Maßregel nach § 230 Abs. 2 anordnen, sondern nur — unter den Voraussetzungen der §§ 112, 113 — Haftbefehl erlassen (**a. A** *Rasehorn* DRiZ **1956** 269).

**45**     **c) Ausfertigung.** Ein vom erkennenden Gericht in der Hauptverhandlung erlassener Haft- oder Vorführungsbefehl kann nach der Hauptverhandlung ausgefertigt werden. Er braucht nur von den Berufsrichtern unterschrieben zu werden. Eine Unterschrift der Laienrichter ist nicht nötig[68].

**46**     **d)** Die Anordnung ist von Amts wegen **aufzuheben,** wenn sich nachträglich ergibt, daß das Ausbleiben des Angeklagten genügend entschuldigt war[69]. Die Aufhebung kann das erkennende Gericht auch außerhalb der Hauptverhandlung beschließen.

**47**     **5. Nachträgliches Erscheinen des Angeklagten.** Die Anordnung von Zwangsmitteln nach Absatz 2 und die Vertagung der Hauptverhandlung gegen den Angeklagten hindern das Gericht nicht, doch noch die Hauptverhandlung durchzuführen, wenn es dies bei Berücksichtigung der Sachlage und seiner sonstigen Geschäftsbelastung für angezeigt hält. Der Beschluß, der die Vertagung anordnet, ist dann zweckmäßigerweise zur Klarstellung förmlich aufzuheben, desgleichen die angeordneten Zwangsmittel, auch wenn dies nicht unbedingt erforderlich ist, da sie mit Wegfall des Termins, dessen Durchführung sie gewährleisten sollten, von selbst gegenstandslos werden. Hat das Gericht nach Trennung der Verfahren bereits gegen andere Angeklagte in der gleichen Sache verhandelt, so ist — anders als nach § 232 — nach einer Wiederverbindung die ganze Hauptverhandlung, soweit sie den zunächst ausgebliebenen Angeklagten betrifft, zu wiederholen[70]. Zum Fall des § 232 vgl. dort Rdn. 33.

**48**     **6. Anrechnung auf Strafe.** Die nach § 230 Abs. 2 erlittene Haft ist eine nach § 51 StGB auf die Strafe anzurechnende Freiheitsentziehung[71]; bei der Freiheitsbeschrän-

---

[67] Strittig, wie hier OLG Hamm GA **1958** 314; *Kleinknecht/Meyer* 11; *Schorn* Strafrichter 228; **a. A** KK-*Treier* 17; KMR-*Müller* 6; *Eb. Schmidt* Nachtr. I 12 (keine Stütze im Gesetz).

[68] OLG Bremen MDR **1960** 245; KMR-*Müller* 6.

[69] *Kleinknecht/Meyer* 7; KMR-*Müller* 6; *Eb. Schmidt* 20.

[70] BGHSt **30** 73; vgl. Rdn. 18.

[71] Vgl. AG Nienburg NdsRpfl. **1962** 263 (zur früheren Rechtslage); KK-*Treier* 16; KMR-*Müller* 15; *Löffler* MDR **1978** 726 (eingehend zur Frage, ob § 51 Abs. 1 Satz 2 StGB entgegensteht).

kung, die mit dem Vollzug des Vorführungsbefehls verbunden ist, wird dies dagegen verneint[72].

## III. Rechtsbehelfe

**1. Beschwerde.** Der Beschluß, der eine Zwangsmaßnahme nach Absatz 2 anord- **49** net, ist mit Beschwerde (§ 304) anfechtbar; § 305 Satz 1 steht nicht entgegen (§ 305 Satz 2). Das Beschwerdegericht prüft nach, ob die gesetzlichen Voraussetzungen für die Anordnung vorlagen und ob im Zeitpunkt der Beschwerdeentscheidung die angeordnete Maßnahme zur Sicherung der Anwesenheit des Angeklagten in der neuen Hauptverhandlung den Umständen nach erforderlich ist. Das Beschwerdegericht kann den Haftbefehl in einen Vorführungsbefehl umwandeln[73]. Es ist aber wegen der grundlegenden Unterschiede und der Zuständigkeitsregelung des § 125 nicht befugt, einen auf § 230 Abs. 2 gestützten Haftbefehl als Haftbefehl nach § 112 ff aufrechtzuerhalten[74].

Gegen die Entscheidung des Beschwerdegerichts ist beim Haftbefehl — nicht je- **50** doch beim Vorführungsbefehl[75] — die **weitere Beschwerde** zulässig[76].

**2. Revision.** Ist der Angeklagte in der Hauptverhandlung nicht anwesend, so **51** greift der absolute Revisionsgrund des § 338 Nr. 5 durch[77], soweit nicht Ausnahmevorschriften die Abwesenheitsverhandlung gestatten (vgl. Rdn. 7). § 230 ist zwar verletzt, wenn der Angeklagte auch nur einem unwesentlichen Teil der Hauptverhandlung fernbleibt[78]; nach der herrschenden Meinung liegt der absolute Revisionsgrund des § 338 Nr. 5 aber nur vor, wenn **wesentliche Teile der Hauptverhandlung** ohne den Angeklagten durchgeführt wurden. Hierzu rechnen beispielsweise alle Vorgänge der Beweisaufnahme[79], einschließlich der Vereidigung eines Zeugen oder die Aussagen von Mitangeklagten[80], nicht dagegen die Festsetzung eines Ordnungsmittels gegen einen ausgebliebenen Zeugen[81]. Auch die Urteilsverkündung ist ein wesentlicher Teil, während bei der Eröffnung der Urteilsgründe dies verneint wird[82]. Wegen der weiteren Beispiele und der Einzelheiten wird auf die Erläuterungen zu § 338 Nr. 5 verwiesen.

Werden auf Grund einer als **vorübergehend gedachten Trennung** der Verfahren **52** bei mehreren Mitangeklagten in dem einen Verfahren Vorgänge behandelt, die auch den Angeklagten des abgetrennten Verfahrens betreffen, dann nimmt der Bundesgerichtshof eine Umgehung des durch § 338 Nr. 5 besonders abgesicherten Anwesenheitsgebots an und läßt trotz der formalen Trennung die absolute Revisionsrüge nach dieser

---

[72] OLG Celle MDR **1966** 1022; OLG Köln MDR **1952** 278; *Kleinknecht/Meyer* 10; weitere Nachweise bei § 310.

[73] OLG Köln JMBlNW **1959** 114.

[74] OLG Karlsruhe MDR **1980** 868; vgl. auch OLG Celle NdsRpfl. **1963** 238 (es kommt aber nicht darauf an, ob sich der Angeklagte zum Haftgrund äußern konnte); ferner KK-*Treier* 18; *Kleinknecht/Meyer* 15; KMR-*Müller* 18.

[75] OLG Celle NJW **1966** 2180; OLG Köln MDR **1952** 378; vgl. bei § 310.

[76] OLG Celle NJW **1957** 393; OLG Karlsruhe NJW **1969** 1546; vgl. bei § 310.

[77] RGSt **29** 295; **40** 230; **54** 211; **58** 150; **62** 259; BGHSt **3** 191; **16** 180; **21** 257; **22** 20; **24** 257; **30** 74; BGH NJW **1973** 522; BGH MDR **1984** 160. *Eb. Schmidt* 5.

[78] BGHSt **3** 191; **9** 243; **21** 332; NJW **1973** 522.

[79] BGH NStZ **1981** 449; vgl. Rdn. 7, 8; ferner § 226, 19 und bei § 338 Nr. 5.

[80] RGSt **55** 168; vgl. auch § 247, 20.

[81] BGH bei *Dallinger* MDR **1975** 23; ferner etwa RGSt **58** 180 (Aufruf der Zeugen); BGHSt **15** 263; BGH NJW **1953** 1801.

[82] BGHSt **15** 263; **16** 178; ferner Rdn. 7 und die Erl. zu § 268.

Vorschrift durchgreifen[83] und nicht etwa nur die Rüge nach §§ 261, 337, die der Revision nur zum Erfolg verhilft, wenn das Urteil darauf beruht[84].

**53**   Die Abwesenheit eines Mitangeklagten kann der andere Angeklagte nicht unter dem Gesichtspunkt eines Verstoßes nach §§ 230, 338 Nr. 5 rügen[85], sondern allenfalls unter dem Gesichtspunkt der Verletzung der Aufklärungspflicht, sofern er darzutun vermag, aus welchen Umständen in seiner Sache die Anwesenheit des Mitangeklagten dafür erforderlich gewesen wäre[86].

**54**   Die Verletzung der Anwesenheitspflicht muß — da es sich um keine Verfahrensvoraussetzung handelt (Rdn. 6) — vom Revisionsführer **formgerecht gerügt** werden (§ 344 Abs. 2). Dazu ist erforderlich, daß genau angegeben wird, welche Teile der Hauptverhandlung ohne den Angeklagten stattfanden, bei einer zeitweisen Abwesenheit gehört dazu die Angabe, was in Abwesenheit des Angeklagten verhandelt wurde[87].

# § 231

(1) [1]Der erschienene Angeklagte darf sich aus der Verhandlung nicht entfernen. [2]Der Vorsitzende kann die geeigneten Maßregeln treffen, um die Entfernung zu verhindern; auch kann er den Angeklagten während einer Unterbrechung der Verhandlung in Gewahrsam halten lassen.

(2) Entfernt der Angeklagte sich dennoch oder bleibt er bei der Fortsetzung einer unterbrochenen Hauptverhandlung aus, so kann diese in seiner Abwesenheit zu Ende geführt werden, wenn er über die Anklage schon vernommen war und das Gericht seine fernere Anwesenheit nicht für erforderlich erachtet.

**Schrifttum.** *Denz* Zulässigkeit und Umfang des Verfahrens gegen Abwesende (1969); *Niethammer* Die Hauptverhandlung ohne den Angeklagten, FS Rosenfeld 119; *Rieß* Die Durchführung der Hauptverhandlung ohne Angeklagten, JZ **1974** 265; *Rieß* Die Hauptverhandlung in Abwesenheit des Angeklagten in der Bundesrepublik Deutschland, Deutsche strafrechtliche Landesreferate zum X. Kongreß für Rechtsvergleichung, Beiheft ZStW **90** (1978) 175; *Röhmel* Die Hauptverhandlung ohne den Angeklagten JA **1976** 587; weitere Hinweise bei § 231 a und § 232.

**Bezeichnung** bis 1924: § 230.

---

[83] BGHSt **24** 259; **30** 74; **32** 100; **32** 270; StrVert. **1982** 252; **1984** 186; BGH bei *Pfeiffer/Miebach* NStZ **1983** 209; **1983** 355.

[84] Nach RGSt **69** 360; **70** 67; RG JW **1935** 1098; 2980 war nur § 261 verletzt, wenn im Urteil etwas verwertet wurde, was nicht Teil der Hauptverhandlung gegen den jeweiligen Angeklagten war; so auch BGH NJW **1984** 2174. Wegen weiterer Nachweise vgl. die Erl. zu § 338 Nr. 5. BGHSt **32** 270 relativiert § 338 Nr. 5, wenn es seine Anwendbarkeit nur insoweit bejaht, als die Verhandlungen des abgetrennten Teils die Verteidigungsinteressen berührt haben können, was auf eine Beruhensprüfung hinausläuft.

[85] RGSt **67** 418; **69** 18; *Kleinknecht/Meyer* 16; KMR-*Müller* 20.

[86] *Kleinknecht/Meyer* 20; vgl. bei § 244, 345.

[87] BGHSt **26** 91; BGH GA **1963** 19; BGH bei *Holtz* MDR **1981** 457.

*Übersicht*

## I. Verbot, sich aus der Hauptverhandlung zu entfernen

**1. Zweck der Regelung.** Das gegen den Angeklagen gerichtete Verbot, sich aus **1** der Hauptverhandlung zu entfernen, soll in Ergänzung des § 230 die Anwesenheit des erschienenen Angeklagten während der ganzen Hauptverhandlung sicherstellen. Solange die Hauptverhandlung formal auch gegen ihn geführt wird, muß der Angeklagte an ihr teilnehmen. Da die Hauptverhandlung gegen alle Angeklagten eine Einheit bildet, ihr Inbegriff (§ 261) der Entscheidung gegen alle zugrunde gelegt werden kann, besteht die Anwesenheitspflicht auch, wenn ausschließlich die Tat eines Mitangeklagten verhandelt wird, an der der Angeklagte nicht beteiligt war und die ihn auch sonst nicht betrifft[1].

Ein **Verzicht** des Angeklagten auf Anwesenheit bei einem Teil der gegen ihn ge- **2** führten Hauptverhandlung ist wirkungslos[2]. Soweit nicht Ausnahmen (Rdn. 5) Platz greifen, handelt es sich bei der Anwesenheitspflicht um **zwingendes Recht.** Das Verbot, sich zu entfernen, entfällt auch nicht, wenn alle Verfahrensbeteiligten der Entfernung zustimmen (BGH NJW **1973** 522). Eine **Beurlaubung** des Angeklagten von ihn nicht berührenden Teilen der Hauptverhandlung ist nur nach Maßgabe des § 231 c möglich.

Wird gegen mehrere Angeklagte verhandelt, kann das Gericht durch **Abtrennen** **3** des Verfahrens und durch spätere **Wiederverbindung** (§ 237) erreichen, daß ein Angeklagter nicht der Hauptverhandlung beiwohnen muß, solange ausschließlich ihn nicht betreffende Vorgänge verhandelt werden[3]. Die Möglichkeit der Abtrennung und Wiederverbindung darf nicht die **Umgehung** der Anwesenheitspflicht bezwecken (BGHSt **24** 257). Die Einzelheiten, vor allem auch die Gefahren und Grenzen einer derartigen Verfahrensgestaltung, sind bei den §§ 230 und 237 erörtert[4]. Bei einer Unterbrechung des abgetrennten Verfahrens sind die Fristen des § 229 zu beachten.

Das Erfordernis der Beurlaubung nach § 231 c oder der Abtrennung und Wieder- **4** verbindung kann nicht dadurch **umgangen** werden, daß das Gericht von vornherein erklärt, falls ein Angeklagter nach seiner Vernehmung fernbleibt, werde es gegen ihn nach § 231 Abs. 2 weiterverhandeln. Eine solche Erklärung ist unzulässig[5] und beseitigt

---

[1] RG Recht **1922** Nr. 692; *Gollwitzer* FS Sarstedt 17, 23.
[2] BGHSt **22** 20; **25** 318; § 230, 2.
[3] BGHSt **24** 257; § 230, 12 bis 16; § 237, 18.
[4] § 230, 12 bis 17, 52; § 237, 16.
[5] RGSt **58** 153; bedenklich RGSt **69** 20.

im übrigen in der Regel die von § 231 Abs. 2 vorausgesetzte Eigenmacht und damit diese Voraussetzung für ein Verhandeln in Abwesenheit des Angeklagten (Rdn. 14 ff).

**5**  **2. Ausnahmen von der Anwesenheitspflicht.** Diese entfällt nicht etwa schon dann, wenn das Gericht auch ohne den Angeklagten verhandeln darf, wie etwa in den Fällen des § 231 Abs. 2, §§ 231 a, 231 b, 232. Nur dort, wo es vom Gesetz dem Angeklagten freigestellt ist, ob er an der Hauptverhandlung teilnehmen will, und wo die Anwesenheit des erschienenen Angeklagten auch nicht notwendig ist, um die Hauptverhandlung zu Ende zu führen, wie etwa bei der Verhandlung der Berufung nach § 329, kann der erschienene Angeklagte als berechtigt angesehen werden, sich auch während der Hauptverhandlung zu entfernen. Dies ist etwa der Fall, wenn nach vorangegangenem Strafbefehl der Angeklagte neben seinem Verteidiger erschienen ist. Sofern das Gericht nicht die persönliche Anwesenheit der Angeklagten nach § 236 anordnet, besteht kein Grund, den Angeklagten zur weiteren Anwesenheit bei einer Hauptverhandlung zu zwingen, der fernzubleiben das Gesetz ihm ausdrücklich freistellt. Zu unterscheiden sind davon die Fälle, in denen der Angeklagte an sich zur Anwesenheit verpflichtet ist, das Gericht aber bei einer Verletzung dieser Pflicht auch ohne ihn verhandeln darf, wie etwa bei § 231 Abs. 2. Hier ist das Gericht berechtigt und verpflichtet, die Anwesenheit des Angeklagten durch Maßnahmen nach Absatz 1 sicherzustellen.

### 3. Verhinderung der Entfernung
**6**  **a) Anordnung des Vorsitzenden.** Absatz 1 Satz 2 ermächtigt den Vorsitzenden, die Maßregeln zu treffen, die er nach pflichtgemäßem Ermessen für erforderlich hält, um den Angeklagten zur Anwesenheit in der Hauptverhandlung zu zwingen. Er handelt dabei in Ausübung seiner **sitzungspolizeilichen Befugnisse** (§ 176 GVG). Sie können — sofern sie sich nicht im Einzelfall auch auf die Sachleitung auswirken — nicht nach § 238 Abs. 2 vom Gericht auf ihre Zweckmäßigkeit nachgeprüft werden[6].

**7**  **b) Die einzelnen Maßnahmen.** Mit Ausnahme der Befugnis, den Angeklagten während einer Unterbrechung in Gewahrsam zu halten, sind die Maßnahmen im Gesetz nicht näher festgelegt; es müssen alle Maßnahmen für zulässig gelten, die zur Erreichung dieses Zwecks geeignet sind, sofern sie die Grenzen nicht überschreiten, die für alle derartigen Eingriffe bestehen: Sie müssen aus konkretem Anlaß geboten sein[7], die Menschenwürde (Art. 1 Abs. 1 GG) wahren und dürfen nicht außer Verhältnis zur Bedeutung der Sache stehen. Von mehreren möglichen Mitteln ist dasjenige zu wählen, das die geringstmögliche Beeinträchtigung des Angeklagten mit sich bringt. Als solche Maßnahmen kommen vor allem in Betracht: Verweisung in die umfriedete Anklagebank, ständige Bewachung durch Justizwachtmeister oder Polizeibeamte, Fesselung[8]. § 119 Abs. 5 ist insoweit entsprechend anzuwenden[9].

**8**  Das „**In-Gewahrsam-halten-Lassen**" ist für jede Unterbrechung zulässig, also auch für eine Unterbrechung, die sich über die Nachtstunden erstreckt, oder bei einer wiederholten Unterbrechung. Die Maßregel kann auch bei einer mehrtägigen Unterbrechung angeordnet werden, doch ist in einem solchen Fall regelmäßig Grund gegeben zu prüfen, ob nicht die Voraussetzungen für einen Haftbefehl nach §§ 112 ff gegeben sind.

---

[6] BGH NJW **1957** 271; KK-*Treier* 2; *Kleinknecht/Meyer* 2; KMR-*Müller* 2; § 238, 21 ff.
[7] OLG Oldenburg NdsRpfl. **1976** 18.
[8] BGH NJW **1957** 271; OLG Oldenburg

NdsRpfl. **1976** 18; vgl. Nr. 125 Abs. 2 RiStBV.
[9] KK-*Treier* 2; *Kleinknecht/Meyer* 2; KMR-*Paulus* 2.

Auf § 231 Abs. 1 kann ein Haftbefehl nicht gestützt werden. Er wäre ein schwererer Eingriff als das danach zulässige „In-Gewahrsam-Halten" (BVerfGE **21** 188).

**c) Vollzug.** Die Maßregel wird dadurch vollzogen, daß der Angeklagte während **9** der Unterbrechung im Sitzungssaal oder einem anderen Zimmer bewacht oder eingeschlossen wird. Er kann auch in einem Gefängnis untergebracht werden. Der Vollzug der vom Vorsitzenden angeordneten Maßregel[10] obliegt den **Gerichtswachtmeistern** oder anderen damit beauftragten Justizbediensteten[11] oder der Polizei, sofern diese mit der Aufrechterhaltung von Sicherheit und Ordnung im Gerichtssaal betraut ist oder im Rahmen der Amtshilfe (Art. 35 GG) herangezogen wird[12].

## II. Verhandlung ohne Angeklagten (Absatz 2)

**1. Zweck** des Absatzes 2 ist es, dem Angeklagten die Möglichkeit abzuschneiden, **10** die schon „begonnene und vielleicht dem Abschluß nahe Hauptverhandlung dadurch unwirksam und gleichsam ungeschehen zu machen, daß er sich entfernt oder bei ihrer Wiederöffnung ausbleibt"[13]. Die Verfahrenssabotage durch den Angeklagten soll erfolglos bleiben, selbst wenn das Fortgehen oder Ausbleiben des Angeklagten nicht durch Maßnahmen nach Absatz 1 verhindert werden kann. Es müssen aber alle Voraussetzungen des Absatzes 2 gegeben sein. Fehlt eine von ihnen, ist vor allem der Angeklagte noch nicht vollständig zur Sache vernommen, kann die Hauptverhandlung ohne ihn nicht nach § 231 Abs. 2 zu Ende gebracht werden; es ist dann zu prüfen, ob nach § 231 a verfahren werden kann.

**2. Voraussetzungen**
**a) Gelegenheit zur Äußerung.** Der Angeklagte muß zur Anklage vernommen worden **11** den sein; er muß uneingeschränkte Gelegenheit erhalten haben, sich über den Gegenstand der Anklage in ihrem ganzen Umfang auszusprechen; nicht notwendig ist dagegen, daß er sich auch tatsächlich zur Beschuldigung erklärt hat[14]. Dem Gebot des rechtlichen Gehörs ist damit genügt. Die Vernehmung des Angeklagten nach § 243 Abs. 4 zur Person und zur Sache muß abgeschlossen sein. Der Angeklagte muß Gelegenheit gehabt haben, sich zu allen Umständen, die ihn und die Tat betreffen, zu äußern. Dazu gehört nicht die Erörterung seiner Vorstrafen. Diese dürfen auch in Abwesenheit des Angeklagten festgestellt werden[15].

**b) Fernbleiben.** Der Angeklagte muß sich aus der Hauptverhandlung eigenmäch- **12** tig entfernt haben, oder er muß nach einer Unterbrechung der Hauptverhandlung beim Fortsetzungstermin vorsätzlich unter Verletzung der Anwesenheitspflicht (§ 230) aus-

---

[10] Die Vollstreckung kann der Vorsitzende ohne Einschaltung der Staatsanwaltschaft selbst in die Wege leiten, vgl. § 36, 26 ff.

[11] Vgl. Nr. 125 Abs. 1 RiStBV; auch Beamte der Justizvollzugsanstalten können damit beauftragt sein; vgl. *Kleinknecht/Meyer* 3. Maßgebend sind die jeweils bestehenden Regelungen (Rechtsvorschriften der Länder, innerdienstliche Anordnungen).

[12] Welchen Personen diese Aufgabe obliegt, richtet sich nach den jeweils einschlägigen Rechtsvorschriften und den Verwaltungsanordnungen.

[13] Motive 182.

[14] BGH bei *Dallinger* MDR **1972** 18; RGRspr. **8** 113; vgl. auch BGH bei *Holtz* MDR **1984** 628 zur Behauptung, Vernehmung sei noch nicht abgeschlossen gewesen.

[15] BGHSt **27** 216 = LM StPO 1975 Nr. 2 mit Anm. *Schmidt* unter Aufgabe von BGHSt **25** 4 = LM Nr. 2 mit Anm. *Kohlhaas*; KK-*Treier* 7; *Kleinknecht/Meyer* 5; KMR-*Müller* 15; *Roxin* § 43 F II 3 a.

Walter Gollwitzer

gebliebensein. Unterbrechung bedeutet hier das gleiche wie in § 229. Wird dagegen die Hauptverhandlung von neuem begonnen, darf beim Ausbleiben des Angeklagten die Verhandlung nach § 230 nicht ohne ihn durchgeführt werden.

**13**　　Kehrt der Angeklagte später wieder ·in die Hauptverhandlung **zurück,** so berührt das die Zulässigkeit des während seiner Abwesenheit durchgeführten Teils der Hauptverhandlung nicht. Der Vorsitzende ist — anders als nach §§ 231 a, 231 b, § 247 — nicht verpflichtet, ihn über das zwischenzeitliche Verhandlungsergebnis zu unterrichten[16]. *Rieß* (JZ **1975** 271) leitet demgegenüber eine Unterrichtungspflicht des Angeklagten daraus ab, daß kein Grund ersichtlich sei, den Angeklagten im Falle des § 231 Abs. 2 anders zu behandeln als bei §§ 231 a, 231 b. Auch wenn man eine solche generelle Pflicht verneint, kann im Einzelfall eine Unterrichtung des Angeklagten über das in seiner Abwesenheit Verhandelte geboten sein, sofern dies zur besseren Sachaufklärung oder in Erfüllung einer prozessualen Fürsorgepflicht für einen nichtverteidigten Angeklagten angezeigt ist[17]. Mit der Rückkehr des Angeklagten verliert sein eigenmächtiges Fernbleiben jede Wirkung für das weitere Verfahren. Bleibt er später erneut aus, so muß das Gericht unabhängig von dem früheren Vorfall prüfen, ob nunmehr wiederum die Voraussetzungen für eine Fortführung der Hauptverhandlung in Abwesenheit des Angeklagten gegeben sind[18]. Der Ansicht von *Pawlik* (NJW **1964** 779), das Gericht dürfte in solchen Fällen weiterverhandeln, auch wenn der Angeklagte nur bei Teilen der Hauptverhandlung anwesend sei, kann nicht gefolgt werden (vgl. *Eb. Schmidt* Nachtr. I 8).

**14**　　**c) Ein eigenmächtiges Fernbleiben** liegt nur vor, wenn der Angeklagte durch Mißachtung seiner Anwesenheitspflicht dem Gang der Rechtspflege vorsätzlich entgegentreten, insbesondere die ordnungsgemäße Durchführung der Hauptverhandlung verhindern will[19]. Dies folgt aus dem Zweck der Vorschrift und aus dem Zusammenhang mit Absatz 1. Da es sich um eine Ausnahmevorschrift handelt, welche einen wichtigen Verfahrensgrundsatz einschränkt, ist sie eng auszulegen[20].

**15**　　Die Voraussetzungen für die Eigenmacht müssen zur Überzeugung des Gerichts **nachgewiesen** sein. Zweifelt es an ihrem Vorliegen, darf es nicht nach Absatz 2 verfahren[21]. Der Angeklagte ist nicht verpflichtet, das Fehlen der Eigenmacht darzutun oder gar glaubhaft zu machen. Es kommt auch nicht darauf an, ob das Gericht Grund zu der Annahme hatte, der Angeklagte sei eigenmächtig ferngeblieben, sondern nur darauf, ob nach den objektiven Gegebenheiten diese Eigenmächtigkeit tatsächlich vorlag und nachweisbar ist[22]. Mit Recht wird deshalb verlangt, daß das Gericht „dies so sorgfältig zu prüfen habe, daß eine nachträgliche Entschuldigung ausgeschlossen erscheint"[23].

**16**　　An der **Eigenmacht fehlt** es, wenn der Angeklagte durch nicht in seiner Macht stehende Umstände gehindert wird, den Termin wahrzunehmen, etwa durch einen Unfall,

---

[16] RGSt **52** 69; BGHSt **3** 189.
[17] KK-*Treier* 12; *Kleinknecht/Meyer* 11; KMR-*Müller* 16.
[18] BGHSt **19** 144.
[19] BGHSt **3** 189; **10** 305; **16** 178; **25** 319 = LM Nr. 9 mit Anm *Börtzler;* NJW **1980** 950; bei *Holtz* MDR **1979** 281; bei *Pfeiffer/Miebach* NStZ **1983** 209; so auch schon RGSt **22** 247; **29** 294; **31** 398; **40** 230; **42** 246; **58** 152; **69** 18 und die in den Erläuterungen angeführten Entscheidungen.
[20] RGSt **42** 197; BGHSt **3** 190; **19** 144; *Hanack* JZ **1972** 82.

[21] BGH NJW **1980** 950; StrVert. **1981** 393; BGH bei *Holtz* MDR **1979** 281; OLG Koblenz NJW **1975** 322; vgl. § 230, 23; 24.
[22] BGHSt **10** 304; **16** 180; BGH NJW **1980** 950; StrVert. **1981** 393; **1982** 356; BGH GA **1969** 281; bei *Pfeiffer/Miebach* NStZ **1983** 209; 355; OLG Frankfurt OLGSt § 230 S. 1; OLG Hamm MDR **1973** 428; *Eb. Schmidt* JZ **1957** 673; **a.** A OLG Hamburg NJW **1953** 235.
[23] OLG Hamburg NJW **1953** 235.

eine Verkehrsstörung, einen Streik und dergleichen[24], oder wenn er sich aus entschuldbaren Gründen verspätet. Auch ein Irrtum über den Zeitpunkt des zur Fortsetzung der Hauptverhandlung bestimmten Termins schließt Eigenmacht aus[25]. Die Gründe, welche ein absichtliches Fernbleiben des Angeklagten **genügend entschuldigen** und damit nicht als eigenmächtig erscheinen lassen, sind mannigfaltig. Die Grundsätze, die die Rechtsprechung auch sonst zu dieser Frage entwickelt hat, gelten auch hier. Insoweit können die Erläuterungen zu §230 Abs. 2, §329 Abs. 1 und §412 Abs. 1 auch hier herangezogen werden. Es muß sich immer um schwerwiegende Gründe handeln, welche die öffentlich-rechtliche Pflicht zur Anwesenheit in der Hauptverhandlung zurücktreten lassen.

Bei einer **ernsthaften** Erkrankung des Angeklagten scheidet Eigenmacht aus, **17** wobei aber kleinere Unpäßlichkeiten, die auch sonst jedermann ohne Unterbrechung seiner üblichen Tätigkeiten erträgt, nicht entschuldigen[26]. Es kommt aber immer auf die Umstände es einzelnen Falles an. Wird der Angeklagte bei Verkündung des Urteils ohnmächtig, so gestattet §231 Abs. 2 nicht, die Verkündung fortzusetzen[27]. Als eigenmächtiges Fernbleiben wird auch gewertet, wenn der Angeklagte vorsätzlich und schuldhaft seine Verhandlungsunfähigkeit, die keine dauernde sein muß[28], herbeiführt, so wenn er sich, um das Verfahren zu verhindern, gewollt in eine krankhafte seelische Erregung und damit in den Zustand einer zeitweiligen Verhandlungsunfähigkeit versetzt hat (BGHSt 2 304).

Ob ein **ernsthafter Selbstmordversuch,** der den Angeklagten verhandlungsunfähig **18** macht, einem eigenmächtigen Entfernen gleichzusetzen ist, ist umstritten. Der Bundesgerichtshof hat dies bejaht (BGHSt **16** 178)[29], im Schrifttum wird dies überwiegend mit guten Gründen verneint[30]. Daß ein Angeklagter mit einem ernstgemeinten Selbstmordversuch nur die Verzögerung des gegen ihn anhängigen Verfahrens bezweckt, dürfte nur in seltenen Ausnahmefällen feststellbar sein[31].

Die **Weigerung,** die **Hauptverhandlung am Krankenbett** fortzuführen, stellt keine **19** die Abwesenheitsverhandlung rechtfertigende Eigenmacht des erkrankten und deshalb am Erscheinen im Gerichtssaal gehinderten Angeklagten dar[32]. Eine Rechtspflicht, die öffentliche Hauptverhandlung in der eigenen Wohnung oder im Krankenhaus zu dulden, besteht nicht (vgl. Vor §226, 26). Die Verweigerung der Zustimmung zu einem solchen — möglicherweis zweckmäßigen — Verfahren ist keine Eigenmacht, durch die dem Gang der Rechtspflege pflichtwidrig entgegengetreten wird.

**Private Abhaltungen** lassen nur in Ausnahmefällen die öffentlich-rechtliche **20** Pflicht des Angeklagten zum Erscheinen in der Hauptverhandlung zurücktreten[33], etwa wenn der Angeklagte wegen der plötzlichen schweren Erkrankung eines Familienangehörigen bei vernünftiger Beurteilung seiner Lage unabkömmlich ist (*Eb. Schmidt* 18)

---

[24] H. M; *Eb. Schmidt* 18; KK-*Treier* 4; *Kleinknecht/Meyer* 1; KMR-*Müller* 7; vgl. etwa OLG Oldenburg StrVert. **1981** 331.

[25] BGH bei *Pfeiffer/Miebach* NStZ **1983** 209.

[26] OLG Stuttgart NJW **1967** 944; *Seetzen* DRiZ **1974** 259.

[27] RG JW **1938** 1644.

[28] BGH NJW **1981** 1052; BGH bei *Schmidt* MDR **1981** 975; vgl. §231 a, 5; 6.

[29] BGH NJW **1977** 1928; ebenso RG DR **1944** 836; KK-*Treier* 5; *Koeniger* 223; BGHSt **19** 144 läßt dies offen.

[30] *Franzheim* GA **1961** 108; *Hanack* JZ **1972** 81; KMR-*Müller* 10; *Rieß* Beiheft ZStW **90** 194; *Roxin* §43 F II 3 a; *Eb. Schmidt* Nachtr. I 8; *Schneidewin* JR **1962** 309.

[31] OLG Koblenz NJW **1975** 322; *Rieß* JZ **1975** 269; *Schlüchter* 445.

[32] *Schreiner* NJW **1977** 2303; **a. A** *Laier* NJW **1977** 1139; *Kleinknecht/Meyer* 10; vgl. Vor §226, 26.

[33] BVerfG bei *Schmidt* MDR **1981** 976; KK-*Treier* 4; *Kleinknecht/Meyer* §230, 7; KMR-*Müller* §230, 8; vgl. bei §329.

und ihm das Erscheinen zum Termin nicht zugemutet werden kann. Auch der drohende Verlust des Arbeitsplatzes kann das Ausbleiben bei der Fortsetzungsverhandlung rechtfertigen[34]. Wieweit sonstige **berufliche Gründe** Eigenmacht bei geringfügigen Strafsachen beseitigen können (OLG Frankfurt NJW **1974** 2065), mag zweifelhaft sein. Entscheidend sind aber immer die Umstände des Einzelfalls.

**21**      **Unbequemlichkeiten,** die aus der Anwesenheitspflicht erwachsen können, muß der Angeklagte hinnehmen. Er darf beispielsweise einem Augenschein nicht deshalb fernbleiben, weil es regnet. Eigenmacht liegt in einem solchen Verhalten aber nur, wenn der Angeklagte auf seine Anwesenheitspflicht hingewiesen und zur Teilnahme aufgefordert worden ist[35].

**22**      Ein eigenmächtiges Fernbleiben scheidet ferner aus, wenn der Angeklagte mit **Einverständnis des Gerichts** nicht zur Hauptverhandlung erscheint oder sich entfernt[36] oder wenn er auf Grund des Verhaltens des Gerichts ein solches Einverständnis vermuten oder unterstellen kann. Das Oberlandesgericht Düsseldorf (GA **1957** 417) hat ein eigenmächtiges Fernbleiben auch dann verneint, wenn der zur Urteilsverkündung nicht erschienene Angeklagte bei der Unterbrechung der Hauptverhandlung nicht darauf hingewiesen wurde, daß er zur Urteilsverkündung erscheinen müsse.

**23**      Bei einem in **Haft** befindlichen Angeklagten scheidet ein eigenmächtiges Fernbleiben in der Regel schon deshalb aus, weil das Gericht die Pflicht und die Macht hat, für seine Anwesenheit in der Hauptverhandlung zu sorgen (BGHSt **25** 319)[37]. Selbst wenn das Gericht nicht weiß, daß der Angeklagte in anderer Sache in Haft genommen wurde und der Angeklagte seinerseits auf den Termin nicht hingewiesen hat, wird ein eigenmächtiges Fernbleiben verneint[38].

**24**      Die Verpflichtung, für die Anwesenheit des nicht in Freiheit befindlichen Angeklagten zu sorgen, besteht grundsätzlich auch, wenn der Angeklagte sich unberechtigt **weigert,** an der Verhandlung oder an bestimmten Verhandlungsabschnitten, wie etwa einem Augenschein, teilzunehmen; zum Beispiel, weil er dazu gefesselt werden müßte[39]. Es steht nicht im Belieben des Gerichts, ob es wegen der Möglichkeit, nach § 231 Abs. 2 zu verfahren, von vornherein darauf verzichten will, die vom Gesetz geforderte Anwesenheit des Angeklagten zu erzwingen (so aber *Küper* NJW **1974** 2218). Erst wenn das Gericht alle nach der Bedeutung der Sache zumutbaren Mittel versucht hat und die Anwendung weiterer Zwangsmittel nach dem auch hier geltenden Grundsatz der Verhältnismäßigkeit ausscheidet, rechtfertigt die in der Weigerung des Angeklagten liegende Eigenmacht, die Verhandlung ohne ihn weiterzuführen[40]. Sofern in der Weigerung und dem damit verbundenen Widerstand gegen eine Erzwingung der Anwesenheit ein **Ungehorsam** im Sinne des § 177 GVG liegt, kann das Gericht unter den Voraussetzungen des § 231 b ohne den Angeklagten verhandeln[41]. Dies kann gegenüber der Anwendung des

[34] BGH NJW **1980** 950.

[35] OLG Hamm OLGSt 3: Angeklagter blieb bei Augenschein wegen Regenschauer im Auto sitzen.

[36] BGH NJW **1973** 522; vgl. auch OLG Stuttgart NJW **1970** 343; vgl. § 230, 17.

[37] = LM Nr. 9 mit Anm. *Börtzler* = NJW **1974** 2218 mit Anm. *Küper* = JR **1975** 76 mit Anm. *Gollwitzer;* BGH NJW **1977** 1928; ferner RGSt **31** 398; **42** 246; **58** 150; BGHSt **3** 187; BGH VRS **36** 212; GA **1969** 281; **1970** 281.

[38] BGH GA **1969** 281.

[39] BGHSt **25** 319; vgl. oben Fußn. 37; OLG Hamburg GA **1961** 177; a. A *Küper* NJW **1974** 2218; **1978** 251.

[40] BGHSt **25** 317; BGH NJW **1977** 1928; *Schlüchter* 445.

[41] BGH NJW **1977** 1928 = LM StPO 1975 Nr. 1; KK-*Treier* 6; KMR-*Müller* 9; *Schlüchter* 445.

§ 231 Abs. 2 der einfachere und für den Angeklagten weniger belastende Weg sein, vor allem dann, wenn sich die Weigerung nur auf einen bestimmten Verfahrensabschnitt bezieht.

**d) Anwesenheit entbehrlich.** Absatz 2 setzt schließlich voraus, daß das Gericht — **25** nicht der Vorsitzende — die fernere Anwesenheit des Angeklagten nicht für erforderlich erachtet. Es muß also überzeugt sein, daß die Erforschung der Wahrheit durch die Abwesenheit des Angeklagten nicht leidet. Dies kann immer nur unter Berücksichtigung der Prozeßlage nach dem Ausbleiben des Angeklagten — und nicht etwa schon im voraus — beurteilt werden[42]. Vor allem bei einer wesentlichen Änderung der Sach- oder Rechtslage kann es die Aufklärungspflicht fordern, die Hauptverhandlung nicht ohne den Angeklagten zu Ende zu führen.

**3.** Das Gericht kann seine Ansicht, daß es ohne den Angeklagten weiterverhan- **26** deln könne und wolle, durch einen **besonderen Beschluß** bekanntgeben. Dies ist im Interesse der Verfahrensklarheit zumindest zweckmäßig, nach der vorherrschenden Meinung aber nicht notwendig. Es genügt auch, wenn es diese Ansicht durch Fortsetzung der Hauptverhandlung schlüssig zum Ausdruck bringt[43].

**4.** Sind die **Voraussetzungen des Absatzes 2 nicht gegeben,** so ist — je nach der **27** Lage des Falles — die Verhandlung zu unterbrechen oder auszusetzen. Das Gericht kann außerdem Zwangsmaßnahmen nach § 230 Abs. 2 anordnen, wenn der Angeklagte sein Fernbleiben nicht genügend entschuldigt hat; gegebenenfalls ist nach § 231 a zu verfahren.

**5. Unanwendbarkeit des Absatzes 2 im übrigen.** Die Hauptverhandlung kann **28** nicht auf Grund des § 231 Abs. 2 ohne den Angeklagten zu Ende geführt werden, wenn ein **Hinweis nach § 265 Abs. 1 oder 2** erforderlich oder die Aussetzung nach § 265 Abs. 4 angezeigt ist[44]; es sei denn, ein Verteidiger des Angeklagten ist anwesend. Dann kann ihm gegenüber nach § 265 Absatz 5 der Hinweis nach § 265 Abs. 1 oder 2 abgegeben werden, ohne daß es insoweit darauf ankommt, ob er zur Vertretung des Angeklagten ermächtigt ist.

Die Abwesenheit des Angeklagten hindert andererseits nicht, in der Hauptver- **29** handlung mit Zustimmung der übrigen Verfahrensbeteiligten auch **Niederschriften** nach § 251 Abs. 1 Nr. 4 zu **verlesen,** obwohl das Einverständnis des Angeklagten fehlt[45]. Mit dem eigenmächtigen Fernbleiben verwirkt der Angeklagte die ihm sonst zustehenden Möglichkeiten der Einwirkung auf das Verfahren, also auch die Möglichkeit, der Verlesung einer Niederschrift zuzustimmen oder zu widersprechen. Dies gilt auch für die sonstigen Mitwirkungs- und Erklärungsrechte einschließlich des höchstpersönlichen Rechts auf das letzte Wort[46], und zwar unabhängig davon, ob für den Angeklagten ein Verteidiger anwesend ist (von BGHSt **3** 210 offengelassen). Das Recht auf Anwesenheit verliert der Angeklagte jedoch nicht endgültig. Will der in Haft befindliche Angeklagte an

[42] RGSt **58** 153; *Kleinknecht/Meyer* 8; KMR-*Müller* 13.

[43] RGSt **9** 341; BGH bei *Dallinger* MDR **1975** 198; bei *Pfeiffer/Miebach* NStZ **1981** 95; **1981** 297; KK-*Treier* 11; *Kleinknecht/Meyer* 8; KMR-*Müller* 14; **a. A** *Fuhrmann* GA **1963** 80; vgl. *Rieß* JZ **1975** 271.

[44] RGSt **32** 96; **35** 66; RG JW **1930** 2059; BGH bei *Dallinger* MDR **1969** 360.

[45] BGHSt **3** 210; *Niese* JZ **1953** 597.

[46] *Eb. Schmidt* 11; KK-*Treier* 9; *Kleinknecht/ Meyer* 8; KMR-*Müller* 15.

der ohne ihn wegen schuldhaft herbeigeführter Verhandlungsunfähigkeit fortgesetzten Hauptverhandlung wieder teilnehmen, so muß das Gericht ihn dazu vorführen lassen, sofern nicht andere Gründe seinen Ausschluß rechtfertigen[47].

**30**  **6. Verteidigung.** Für den abwesenden Angeklagten kann ein Verteidiger auftreten. Will er den Angeklagten auch vertreten, bedarf er dazu einer Vollmacht nach § 234.

**31**  **7. Das Urteil und seine Bekanntmachung.** In der Begründung des Urteils müssen die Tatsachen angegeben werden, aus denen sich die Anwendung des § 231 Abs. 2 ergibt[48]. Ein Urteil, das nach § 231 Abs. 2 in Abwesenheit des Angeklagten verkündet wurde, ist ihm mit den Gründen nach § 35 Abs. 2 zuzustellen. Die Rechtsmittelbelehrung nach § 35 a ist schriftlich zu erteilen. § 145 a Abs. 1 gilt entsprechend[49]. Die Streitfrage, ob § 232 Abs. 4 auf die Zustellung des im Verfahren nach § 231 Abs. 2 ergehenden Urteils anwendbar ist, ist hier ebenso zu verneinen wie bei § 233[50].

## III. Rechtsbehelfe

**32**  **1. Wiedereinsetzung in den vorigen Stand** kann der Angeklagte seit der Neufassung des § 235 durch das Vereinheitlichungsgesetz nicht mehr verlangen, wenn sich ergibt, daß er entgegen der Annahme des Gerichts der weiteren Verhandlung nicht eigenmächtig ferngeblieben ist. Wird dieser Umstand bekannt, bevor die Verhandlung beendet ist, dann müssen die in Abwesenheit des Angeklagten verhandelten Teile in seiner Gegenwart wiederholt werden. Andernfalls ist ein Revisionsgrund (§ 338 Nr. 5) gegeben[51].

**2. Sonstige Rechtsbehelfe**

**33**  **a) Maßregeln des Vorsitzenden nach § 231 Abs. 1 Satz 2** gehören zur äußeren Verhandlungsleitung (Rdn. 6.). Sie können in der Regel weder nach § 238 Abs. 2 beanstandet werden, noch begründen sie für sich allein die Revision[52]. Der Beschwerde sind sie zugänglich (§ 304, 305 Satz 2), doch wird bis zur Entscheidung des Beschwerdegerichts vielfach die Beschwer entfallen und die angeordnete Maßnahme durch den Verfahrensgang überholt sein[53]. Bei Beschlüssen, die im Verfahren vor den Oberlandesgerichten ergehen, steht § 304 Abs. 4 Satz 2 der Beschwerde entgegen[54].

**34**  **b) Verstöße gegen Absatz 2.** Die Entscheidung, ohne den Angeklagten weiterzuverhandeln, ist mit **Beschwerde** nicht angreifbar (§ 305), für eine analoge Anwendung des § 231 a Abs. 3 Satz 3 ist kein Raum[55].

**35**  Mit der **Revision** kann gerügt werden, daß die Voraussetzungen des Absatz 2 nicht gegeben waren und daß deshalb das Weiterverhandeln ohne den Angeklagten gegen § 338 Nr. 5 verstieß. Bei der Prüfung, ob die Voraussetzungen des Absatzes 2 zu Recht bejaht wurden, ist das Gericht nicht an die Feststellungen des Tatrichters über die Eigenmacht des Angeklagten gebunden. Es muß selbständig nachprüfen, ob eine solche

---

[47] BGH bei *Holtz* MDR **1980** 631; bei *Pfeiffer* NStZ **1981** 297.

[48] *Koeniger* 224; KK-*Treier* 33.

[49] KK-*Treier* 33; *Kleinknecht/Meyer* 8; KMR-*Müller* 17.

[50] Vgl. § 233, 38; oben Fußn. 48.

[51] BGHSt 10 304; BGH NJW **1980** 950; BGH bei *Holtz* MDR **1979** 989; vgl. § 230, 51 ff.

[52] BGH NJW **1957** 271; KMR-*Müller* 20.

[53] *Kleinknecht/Meyer* 12.

[54] BGH bei *Pfeiffer* NStZ **1981** 95; vgl. bei § 304.

[55] Vgl. KK-*Treier* 16.

vorlag[56]. Unerheblich ist dabei, ob der Tatrichter nach den ihm bekannten Umständen eine solche annehmen durfte; denn Revisionsgrund ist nicht die mangelnde Prüfung dieser Frage durch den Tatrichter, sondern allein, ob die Eigenmächtigkeit tatsächlich vorlag oder nachgewiesen ist[57]. Ist eine weitere Klärung nicht möglich, geht das Revisionsgericht von der Überzeugung des Tatrichters aus[58]. Dagegen kann das Revisionsgericht die Ansicht der Vorinstanz, die weitere Anwesenheit des Angeklagten sei nicht erforderlich, nur dahin nachprüfen, ob diese Ermessensentscheidung erkennbar durch einen Rechtsfehler beeinflußt ist (vgl. § 231 b, 23). Hat der Angeklagte ausweislich der Sitzungsniederschrift zur Sache ausgesagt, kann er in der Regel nicht mit Erfolg rügen, er sei noch nicht abschließend vernommen gewesen (BGH bei *Holtz* MDR **1984** 628).

Zur **Begründung der Revisionsrüge** ist darzulegen, welcher konkrete Teil der **36** Hauptverhandlung ohne den Angeklagten stattfand; ferner sind die Tatsachen aufzuführen, aus denen sich ergibt, daß die Voraussetzungen des Absatzes 2 nicht vorlagen. Dies gilt auch für die Frage des eigenmächtigen Fernbleibens. Daß die Eigenmacht des Angeklagten nachgewiesen sein muß (Rdn. 15), entbindet ihn nicht von der Pflicht, zur Begründung der Revisionsrüge nach § 344 Abs. 2 die Tatsachen anzuführen, aus denen sich ergibt, daß keine Eigenmacht vorlag[59]. Die unsubstantiierte Behauptung eines Irrtums über den Termin genügt nicht[60].

Ob die Revisionsrüge allein dadurch **verwirkt** werden kann, daß der Angeklagte **37** mit Billigung des Gerichts kurzfristig der Verhandlung fernbleibt, erscheint fraglich[61].

# § 231 a

(1) [1]Hat sich der Angeklagte vorsätzlich und schuldhaft in einen seine Verhandlungsfähigkeit ausschließenden Zustand versetzt und verhindert er dadurch wissentlich die ordnungsmäßige Durchführung oder Fortsetzung der Hauptverhandlung in seiner Gegenwart, so wird die Hauptverhandlung, wenn er noch nicht über die Anklage vernommen war, in seiner Abwesenheit durchgeführt oder fortgesetzt, soweit das Gericht seine Anwesenheit nicht für unerläßlich hält. [2]Nach Satz 1 ist nur zu verfahren, wenn der Angeklagte nach Eröffnung des Hauptverfahrens Gelegenheit gehabt hat, sich vor dem Gericht oder einem beauftragten Richter zur Anklage zu äußern.

(2) Sobald der Angeklagte wieder verhandlungsfähig ist, hat ihn der Vorsitzende, solange mit der Verkündung des Urteils noch nicht begonnen worden ist, von dem wesentlichen Inhalt dessen zu unterrichten, was in seiner Abwesenheit verhandelt worden ist.

(3) [1]Die Verhandlung in Abwesenheit des Angeklagten nach Absatz 1 beschließt das Gericht nach Anhörung eines Arztes als Sachverständigen. [2]Der Beschluß kann bereits

[56] BGH StrVert. **1981** 393; **1982** 356; bei *Holtz* MDR **1979** 281; bei *Pfeiffer/Miebach* NStZ **1983** 355; OLG Stuttgart NJW **1967** 946.

[57] BGHSt **10** 304; **16** 178; BGH StrVert. **1981** 393; bei *Holtz* MDR **1979** 281; **1979** 989; **1984** 628; *Kleinknecht/Meyer* 13; KMR-*Müller* 18; vgl. Rdn. 15; ferner bei § 329; a. A OLG Hamburg NJW **1953** 235.

[58] BGH bei *Holtz* MDR **1979** 281; *Kleinknecht/Meyer* 13.

[59] BGH StrVert. **1981** 393; vgl. BGH StrVert. **1984** 326.

[60] BGH bei *Holtz* MDR **1984** 628.

[61] Vgl. OLG Darmstadt JR **1959** 515; *Jescheck* JZ **1952** 402; KMR-*Müller* 19; *Schmid* Verwirkung 324.

Walter Gollwitzer

vor Beginn der Hauptverhandlung gefaßt werden. [3]Gegen den Beschluß ist sofortige Beschwerde zulässig; sie hat aufschiebende Wirkung. [4]Eine bereits begonnene Hauptverhandlung ist bis zur Entscheidung über die sofortige Beschwerde zu unterbrechen; die Unterbrechung darf, auch wenn die Voraussetzungen des § 229 Abs. 2 nicht vorliegen, bis zu dreißig Tagen dauern.

(4) Dem Angeklagten, der keinen Verteidiger hat, ist ein Verteidiger zu bestellen, sobald eine Verhandlung ohne den Angeklagten nach Absatz 1 in Betracht kommt.

**Entstehungsgeschichte.** § 231 a ist durch Art. 1 Nr. 10 des 1. StVRErgG eingefügt worden.

**Schrifttum.** *Warda* Hauptverhandlung mit dem verhandlungsunfähigen, aber verhandlungswilligen Angeklagten, FS Bruns 415; weitere Hinweise bei § 231 und § 232.

*Übersicht*

**1**    **1. Zweck und Anwendungsbereich.** § 231 a ergänzt § 231 Abs. 2. Entzieht sich der Angeklagte eigenmächtig der weiteren Teilnahme an der Hauptverhandlung, was auch durch vorsätzliches Herbeiführen eines die Verhandlungsfähigkeit ausschließenden Zustands geschehen kann (§ 231, 17), so darf nach § 231 Abs. 2 das Gericht die Verhandlung ohne ihn nur zu Ende führen, wenn er bereits über die Anklage vernommen war. Andernfalls muß es die nach § 230 Abs. 1 erforderliche Anwesenheit des Angeklagten sicherstellen, notfalls durch Zwangsmittel. Beide Möglichkeiten zur Weiterbetreibung des Verfahrens versagen jedoch, wenn sich der Angeklagte bereits vor seiner Vernehmung zur Anklage in einen Zustand versetzt, der seine Verhandlungsfähigkeit nicht nur vorübergehend ausschließt. Da dem Angeklagten nicht gestattet werden kann, sein Anwesenheitsrecht dazu zu mißbrauchen, daß er durch eigenes vorwerfbares Verhalten dem geordneten Gang der Rechtspflege entgegentritt, um den Verfahrensabschluß bewußt langfristig zu verzögern oder gar zu verhindern[1], läßt § 231 a im Interesse einer

---

[1] BTRAussch. BTDrucks. 7 2989 S. 5; *Rieß* JZ **1975** 269.

wirksamen und schnellen Strafverfolgung auch insoweit die Abwesenheitsverhandlung zu. Dies entspricht dem Rechtsstaatsprinzip, das die Aufrechterhaltung einer funktionstüchtigen Strafrechtspflege erfordert. §231a ist verfassungsgemäß. Er beeinträchtigt den Angeklagten weder in seinem Recht auf Gehör (Art. 103 Abs. 1 GG) noch in seinem Recht auf ein faires Verfahren[2].

§231a ist, wie die Einschränkung in Absatz 1 Satz 1 zeigt, nur anwendbar, wenn **2** die Verhandlungunfähigkeit eintritt, **bevor** der Angeklagte **vollständig zur Anklage vernommen** wurde. Andernfalls ist für Zulässigkeit und Verfahren der Abwesenheitsverhandlung bei selbstverschuldeter Verhandlungsunfähigkeit weiterhin allein §231 Abs. 2 maßgebend, auch wenn alle sonstigen Voraussetzungen des §231a Abs. 1 gegeben sind[3]. Diese Abgrenzung ist wegen der verschiedenen Anforderungen an die Zulässigkeit der Abwesenheitsverhandlung, vor allem aber auch wegen der besonderen Verfahrensvorschriften in §231a Abs. 2 bis 4 von praktischer Bedeutung.

### 2. Die Voraussetzungen des Absatzes 1 Satz 1

**a) Verhandlungsunfähigkeit des Angeklagten.** Der Angeklagte muß nach der **3** Überzeugung des Gerichts, die sich auf ein ärztliches Gutachten zu stützen hat (Absatz 3 Satz 1), verhandlungsunfähig sein. Dies trifft auch bei einem Angeklagten zu, der zwar gelegentlich für kurze Zeit in der Lage wäre, an der Verhandlung teilzunehmen, dessen Zustand aber so ist, daß er die ordnungsgemäße Durchführung der Hauptverhandlung insgesamt nicht erlaubt[4]. Entscheidend sind die konkreten Umstände des jeweiligen Verfahrens, dessen gesamte Hauptverhandlung „in vernünftiger Frist" entsprechend dem Zweck des §231a zu Ende gebracht werden muß[5]. Ein angegriffener Gesundheitszustand begründet noch keine Verhandlungsunfähigkeit im Sinne des §231a, wenn während der Dauer der Hauptverhandlung durch ärztliche Kontrolle und durch Beschränkung der täglichen Verhandlungszeit dem Verschlechterungsrisiko vorgebeugt werden kann, sofern die Einschränkungen noch eine sinnvolle, hinreichend konzentrierte und in angemessener Zeit abschließbare Verhandlung erlauben[6]. Ist dies jedoch nicht möglich, kann es für die Zulässigkeit der Abwesenheitsverhandlung nach §231a keinen Unterschied machen, ob der Angeklagte, der die ordnungsgemäße Verhandlung in seiner Gegenwart bewußt vereitelt hat, wegen seines selbst schuldhaft herbeigeführten Zustands überhaupt nicht oder nur in einem für die Verfahrenserledigung unzureichenden Maße teilnehmen kann. Zum Recht des Angeklagten, trotzdem an der Hauptverhandlung zeitweilig teilzunehmen, vgl. Rdn. 37.

**b) Vor Abschluß der Vernehmung zur Anklage** muß die Verhandlungsunfähigkeit **4** eingetreten sein. Maßgebend ist bei jedem Angeklagten seine eigene Vernehmung. Sie

---

[2] BVerfGE **41** 249; **51** 324, 343; EuKomMR EuGRZ **1978** 323; *Baumann* ZRP **1975** 43; *Rieß* Beiheft ZStW **90** (1978) 195; *Rüping* Kap. 6 III 2 d cc; vgl. auch *Martin* FS Dreher 664; a. A *Grünwald* JZ **1976** 767 (Verstoß gegen Art. 103 Abs. 1 GG).

[3] BGH NJW **1981** 1052; BGH bei *Pfeiffer* NStZ **1981** 95; OLG Hamm JMBlNW **1982** 83.

[4] Zum Begriff der Verhandlungsunfähigkeit Einl. Kap. **12**; §205, 12 ff mit Nachweisen.

[5] BGHSt **26** 228 = LM StPO 1975 Nr. 1 mit Anm. *Meyer*; BGH NJW **1981** 1052;

BVerfGE **41** 246; vgl. auch BVerfGE **51** 343; OLG Hamm NJW **1977** 1739; OLG Karlsruhe GA **1978** 155; Justiz **1980** 60. Nach *Grünwald* JZ **1976** 767; *Roxin* §42 F II 3 b ist die Anwendung des einschränkend auszulegenden §231a bei nur beschränkter Verhandlungsfähigkeit nicht gerechtfertigt. Vgl. auch *Rieß* JZ **1975** 269; *Rieß* Beiheft ZStW **90** (1978) 198; *Rudolphi* JA **1979** 7; ferner *Rüping* ZStW **91** (1979) 355; *Warda* FS Bruns 415.

[6] OLG Karlsruhe GA **1978** 155; vgl. *Rudolphi* ZRP **1976** 172; §205, 16.

Walter Gollwitzer

ist erst vollständig abgeschlossen, wenn der Angeklagte zu allen ihn betreffenden Punkten der zugelassenen Anklage gehört worden ist[7]. Im übrigen ist es unerheblich, ob die Verhandlungsunfähigkeit nach Beginn der Hauptverhandlung oder aber schon vorher herbeigeführt worden ist. § 231 a wird erst unanwendbar, wenn ein Verfahrensabschnitt erreicht ist, der es erlaubt, die Hauptverhandlung gegen den betreffenden Angeklagten nach § 231 Abs. 2 zu Ende zu führen (Rdn. 1, 2).

**5**　　**c) Verhinderung der ordnungsgemäßen Verhandlung.** Die Verhandlungsunfähigkeit muß zur Folge haben, daß die Hauptverhandlung in dem dafür vorgesehenen Zeitraum nicht ordnungsgemäß, also in einer vernünftigen, der Bedeutung der Sache und den Erfordernissen einer sachgerechten Verfahrensgestaltung Rechnung tragenden Zeitspanne nach § 230 Abs. 1 in Gegenwart des Angeklagten durchgeführt werden kann. Das Hinausschieben der Hauptverhandlung muß dem Beschleunigungsgebot widersprechen[8], sei es, weil die Wiederherstellung der Verhandlungsfähigkeit ohnehin nicht in absehbarer Zeit zu erwarten ist oder damit gerechnet werden muß, daß sich der Angeklagte erneut in einen verhandlungsunfähigen Zustand versetzt[9], sei es, weil bei Berücksichtigung der bis zur voraussichtlichen Wiederherstellung der Verhandlungsfähigkeit verstreichenden Zeit und der Geschäftsbelastung des Gerichts die neue Hauptverhandlung erst erheblich später durchführbar wäre als die Verhandlung nach § 231 a Absatz 3 oder daß die bereits begonnene Hauptverhandlung nach Ausschöpfen der Unterbrechungsfristen des § 229 abgebrochen werden müßte[10].

**6**　　Verhindert wird die Hauptverhandlung nur dann nicht, wenn die Verhandlungsunfähigkeit erkennbar von so kurzer Dauer ist, daß sich der Fortgang des Verfahrens nur **kurzfristig verzögert.** Erscheint der Angeklagte angetrunken zur Hauptverhandlung, so ist durch geeignete Maßnahmen für seine Ausnüchterung zu sorgen, ein Abwesenheitsverfahren nach § 231 a wird durch diese vorübergehende Verhandlungsunfähigkeit nicht gerechtfertigt[11].

**7**　　**d) Schuldhaftes Verhalten des Angeklagten.** Dieser muß durch ein ihm zurechenbares Verhalten (Tun oder Unterlassen) den seine Verhandlungsfähigkeit ausschließenden Zustand **vorsätzlich** und **schuldhaft** herbeigeführt haben. Die Begriffe sind im Sinne des Strafrechts auszulegen. Der Angeklagte muß in Kenntnis dieser Folgen seine Verhandlungsfähigkeit beseitigt haben. Bedingter Vorsatz genügt hinsichtlich des Eintritts der Verhandlungsunfähigkeit als solcher[12], nicht aber Fahrlässigkeit. Ein schuldhaftes Verhalten im Sinne einer individuellen Vorwerfbarkeit ist nicht gegeben, wenn der Angeklagte im Zeitpunkt der Herbeiführung der Verhandlungunfähigkeit schuldunfähig im Sinne des § 20 StGB war.

**8**　　Durch das (bedingt) vorsätzliche und schuldhafte Herbeiführen der Verhandlungsunfähigkeit muß der Angeklagte ferner **wissentlich** verhindert haben, daß das Gericht in seiner Gegenwart verhandeln (Rdn. 5) kann. Er muß sich dieser Folge seines Verhaltens im Ergebnis, nicht hinsichtlich der Einzelheiten des Kausalverlaufs bewußt gewesen sein, als er den die Verhandlungsfähigkeit ausschließenden Zustand herbeigeführt hat[13]. Nicht erforderlich ist, daß diese Folge das alleinige oder auch nur Hauptmotiv für sein Tun war. Absicht wird nicht verlangt. Es genügt, wenn der Angeklagte seine Verhand-

---

[7] *Rieß* JZ **1975** 269; die Anhörung zu den Vorstrafen gehört hierzu nicht, vgl. § 231, 11.

[8] BGHSt **26** 232; BVerfGE **41** 246; *Rieß* JZ **1975** 269; *Schlüchter* 444; vgl. Fußn. 5.

[9] *Kleinknecht/Meyer* 6.

[10] KMR-*Müller* 9.

[11] KK-*Treier* 7.

[12] BGHSt **26** 239; KK-*Treier* 5; *Kleinknecht/ Meyer* 3; KMR-*Müller* 7; *Schlüchter* 444; a. A *Roxin* § 42 F II 3 b; *Sturm* JZ **1975** 6.

[13] OLG Hamm NJW **1977** 1739.

lungsunfähigkeit vorausgesehen hat[14]. Wenn man wissentlich im Sinne des Sprachgebrauchs des Strafgesetzbuchs versteht, ist insoweit der bedingte Vorsatz ausgeschlossen (so *Rieß* JZ **1975** 269).

Die **Mittel,** mit denen der Angeklagte die Verhandlungsunfähigkeit herbeigeführt **9** hat, sind nur von sekundärer Bedeutung. Grundsätzlich kann jedes Mittel, das diese Folge hat, in Frage kommen; die physische oder psychische Selbstbeschädigung einschließlich der bewußten Hineinsteigerung in einen anormalen Erregungszustand ebenso wie die Einnahme von Medikamenten oder von Rauschgiften oder ein Hungerstreik[15]. Entscheidend ist immer, daß das fragliche Verhalten objektiv für die Verhandlungsunfähigkeit ursächlich war und daß es im oben dargelegten Sinn dem Angeklagten subjektiv angelastet werden kann.

Ein **ernsthafter Selbstmordversuch** scheidet hier ebenso wie bei § 231 Abs. 2 in der **10** Regel aus. Nur in ganz besonders gelagerten Fällen wird angenommen werden können, daß der Angeklagte damit ausschließlich Verfahrenssabotage betreiben wollte und die Möglichkeit seines Ablebens lediglich als Folge seines Tuns in Kauf genommen hat[16].

**e) Unerläßlichkeit der Anwesenheit des Angeklagten.** Auch wenn die sonstigen **11** Voraussetzungen gegeben sind, darf das Gericht nicht in Abwesenheit des Angeklagten verhandeln, wenn es seine Anwesenheit in der Hauptverhandlung für unerläßlich hält. Das Gericht hat dies — auch wenn § 231 a eine Muß- und keine Sollvorschrift ist — unter Berücksichtigung seiner Aufklärungspflicht in tatrichterlicher Würdigung aller Umstände zu entscheiden. Unerläßlich kann die Anwesenheit des Angeklagten in der Hauptverhandlung beispielsweise sein, wenn in einem die gesamte Entscheidung tragenden Punkt Widersprüche mit den Angaben anderer Zeugen oder Angeklagten nur durch eine persönliche Gegenüberstellung aufgeklärt werden können. Daß die Abwesenheit des Angeklagten die Sachaufklärung bis zu einem gewissen Grad erschwert, macht dagegen seine Anwesenheit noch nicht unerläßlich. Gleiches gilt für die Beeinträchtigung, die der Angeklagte in seinen Verteidigungsmöglichkeiten, insbesondere in seinem Recht auf Gehör erleidet. Diese sind, da von ihm selbst verschuldet, hinzunehmen. Die Unerläßlichkeit der Anwesenheit des Angeklagten, die inhaltlich der „Erforderlichkeit" bei § 231 Abs. 2 entsprechen dürfte, wird deshalb nur in seltenen Ausnahmefällen zu bejahen sein[17]. Die Unerläßlichkeit der Anwesenheit des Angeklagten braucht nicht für den gesamten Gegenstand des Verfahrens einheitlich beurteilt zu werden („soweit"); dem Erfordernis ist mitunter durch zeitweilige Zuziehung des Angeklagten (Anwesenheit bei einer Gegenüberstellung) Genüge getan. Liegen dem Angeklagten mehrere Taten zur Last, kommt auch eine Trennung des Verfahrens in Betracht[18].

**3. Äußerung des Angeklagten zur Anklage** (Absatz 1 Satz 2). Wenn die Vorausset- **12** zungen des Absatz 1 Satz 1 erfüllt sind, setzt die Abwesenheitsverhandlung weiter

---

[14] BGHSt **26** 228; *Kleinknecht/Meyer* 4; KMR-*Müller* 7. Der Bericht des BTRAussch. BTDrucks. **7** 2989 S. 6 führt aus, die Verhinderung der Hauptverhandlung müsse nicht Ziel des Angeklagten sein, es genüge, wenn er wisse, daß sein Verhalten diese Folge habe. KK-*Treier* 8 (direkter Vorsatz).

[15] BVerfGE **51** 344.

[16] *Kleinknecht/Meyer* 4; KMR-*Müller* 7; *Rieß*

JZ **1975** 269; *Schlüchter* 444; *Rüping* Kap. 6 III 2 d cc; a. A KK-*Treier* 9; vgl. § 231, 18.

[17] KK-*Treier* 11; KMR-*Müller* 10; *Rieß* JZ **1975** 270.

[18] KK-*Treier* 11; *Kleinknecht/Meyer* 9; KMR-*Müller* 11; *Rieß* JZ **1975** 269 Fußn. 70; *Warda* FS Bruns 454 Fußn. 89 versteht „soweit" als eine Einschränkung, die die Trennung erfordert.

voraus, daß der Angeklagte Gelegenheit hatte, sich nach Eröffnung des Hauptverfahrens vor dem Gericht oder vor einem beauftragten Richter zur Anklage zu äußern. Diese Vorschrift soll dem Angeklagten ein Mindestmaß an Gehör auch dann noch sichern, wenn er die ihm von der Prozeßordnung eingeräumte Möglichkeit, dem Gericht in der Hauptverhandlung seinen Standpunkt vorzutragen, absichtlich vereitelt, er verfassungsrechtlich deshalb keinen Anspruch auf zusätzliche Anhörung mehr hätte[19].

**13**  Die Voraussetzungen des Absatz 1 Satz 2 werden nur in seltenen Ausnahmefällen bei **Eintritt der Verhandlungsunfähigkeit** bereits von selbst erfüllt sein. Nachdem § 231 a nur anwendbar ist, wenn der Angeklagte in der Hauptverhandlung noch nicht nach § 243 Abs. 4 zur Sache vernommen worden ist und zwischen Eröffnungsbeschluß und Hauptverhandlung der Angeklagte normalerweise auch nicht von den Richtern des erkennenden Gerichts zur Anklage gehört wird, muß das Gericht in aller Regel die Anhörung erst veranlassen, wenn es auf Grund konkreter Anhaltspunkte befürchtet, daß der Angeklagte seine Verhandlungsunfähigkeit herbeiführen will oder wenn ein solcher Zustand schon eingetreten ist. Die Anhörung nach Absatz 1 Satz 2 kann und soll zweckmäßigerweise dem Beschluß des Gerichts nach Absatz 3 Satz 1 vorausgehen[20].

**14**  Der Angeklagte muß trotz seines Zustands **vernehmungsfähig** sein. Dies ist weniger als hauptverhandlungsfähig. Er muß lediglich in der Lage sein, sich zu der gegen ihn erhobenen Anklage zu erklären[21], was zweckmäßigerweise durch den als Sachverständigen zuzuziehenden Arzt (Absatz 3 Satz 1) mit geklärt wird. Da die gesundheitliche Belastung durch die Vernehmung geringer ist als die Belastung durch die Hauptverhandlung, ihr Zeitpunkt außerdem dem Gesundheitszustand des Angeklagten angepaßt werden kann, und auch eine Aufteilung auf mehrere Tage möglich ist[22], erscheint diese Differenzierung der Verhandlungsfähigkeit möglich und praktikabel[23].

**15**  Solange allerdings die **Vernehmung** des Angeklagten daran **scheitert,** daß er sich in einem bewußtlosen oder willenlosen Zustand befindet, kann auch das Verfahren nach § 231 a nicht in die Wege geleitet werden. Unschädlich ist dagegen, wenn seine Vernehmungsfähigkeit nach der Anhörung entfällt. *Rieß* (JZ **1975** 270) hält die Verhandlung nach § 231 a auch dann noch für zulässig, wenn der Angeklagte irreparabel verhandlungsunfähig geworden ist, solange er nur von außen in der Lage ist, dem Gang der Verhandlung zu folgen.

**16**  Vor dem **erkennenden Gericht** oder einem **beauftragten Richter** muß, wie § 231 a ausdrücklich vorschreibt, die Stellungnahme zur Anklage abgegeben werden. Bei einer Anhörung außerhalb der Hauptverhandlung ist das erkennende Gericht in der Beschlußbesetzung hierzu berufen[24], es entscheidet in dieser Besetzung auch darüber, ob es eines seiner Mitglieder mit der Anhörung beauftragen will. Ergibt sich die Notwendigkeit der Anhörung erst in der bereits begonnenen Hauptverhandlung, so entscheidet darüber das erkennende Gericht in der für die Hauptverhandlung maßgebenden Besetzung, also einschließlich der Schöffen[25]. Die Anhörung durch einen ersuchten Richter genügt, anders als etwa bei § 233, nicht. Noch weniger genügt es, wenn der Angeklagte sich nach der Eröffnung des Verfahrens schriftlich zur Anklage geäußert hat.

**17**  Die Anhörung, um deren Durchführung in der Regel ein Berufsrichter des erkennenden Gerichts ersucht wird, soll die **Einvernahme** des Angeklagten **in der Hauptver-**

---

[19] *Baumann* ZRP **1975** 43.
[20] *Kleinknecht/Meyer* 7.
[21] KK- *Treier* 13; *Kleinknecht/Meyer* 7; KMR- *Müller* 13; § 205, 15.
[22] BTRAussch. BTDrucks. 7 2989 S. 6; KMR- *Müller* 13.

[23] *Rieß* NJW **1975** 93; JZ **1975** 270.
[24] KK- *Treier* 12; *Kleinknecht/Meyer* 7; KMR- *Müller* 14.
[25] KK- *Treier* 12 (auch während der Unterbrechung).

handlung ersetzen. Der Angeklagte ist deshalb nach § 243 Abs. 4 zu belehren. Dem Angeklagten ist Gelegenheit zu geben, zu allen Punkten der Anklage umfassend Stellung zu nehmen. Über die Anhörung ist eine Niederschrift zu fertigen, für die § 168 a gilt. Staatsanwalt und Verteidiger des Angeklagten haben nach § 168 c das Recht, bei der Vernehmung anwesend zu sein[26].

Dem Angeklagten muß lediglich **Gelegenheit zur Äußerung** gegeben werden. Ist **18** dies geschehen, hängt die Zulässigkeit der Abwesenheitsverhandlung nach § 231 a nicht davon ab, ob er die Gelegenheit zu einer sachlichen Stellungnahme zur Anklage genutzt hat oder ob er von seinem Schweigerecht Gebrauch macht. Die Anhörung kann beendet werden, wenn erkennbar wird, daß der Angeklagte nicht bereit ist, sich sachlich zu äußern[27].

**4. Bestellung eines Verteidigers (Absatz 4).** Um den verhandlungsunfähigen Ange- **19** klagten durch die Abwesenheitsverhandlung in der Wahrnehmung seiner Verfahrensrechte möglichst wenig zu beeinträchtigen, schreibt Absatz 4 vor, daß ihm, auch wenn die Voraussetzungen des § 140 Abs. 1, 2 nicht vorliegen, wegen der besonderen Verfahrenslage ein Verteidiger zu bestellen ist, sofern er noch keinen Pflicht- oder Wahlverteidiger hat. Dies hat von Amts wegen durch den Vorsitzenden des Gerichts (§ 141 Abs. 4) zu geschehen, sobald erkennbar wird, daß ein Verhandeln ohne den Angeklagten nach Absatz 1 in Betracht kommt, also regelmäßig schon vor dem Beschluß, der die Abwesenheitsverhandlung nach Absatz 3 Satz 1 anordnet. Die Verteidigerbestellung wird sogar schon im Vorverfahren analog § 141 Abs. 3 Satz 1 für zulässig erachtet[28], wobei allerdings die analoge Heranziehung des § 141 Abs. 3 Satz 3 ausscheidet, da der Antrag des Staatsanwalts nicht die richterliche Prognose ersetzen kann[29] und die Anwendbarkeit des § 141 Abs. 3 Satz 2 zweifelhaft ist[30].

Der Verteidiger nach Absatz 4 hat die Stellung eines für die **gesamte Instanz** be- **20** stellten Pflichtverteidigers. Die Verteidigerbestellung ist zwar bei der Wahl eines anderen Verteidigers nach § 143 zurückzunehmen. Sie entfällt aber nicht schon deshalb, weil der Angeklagte nach Wiederherstellung seiner Verhandlungsfähigkeit an der Verhandlung selbst wieder teilnimmt[31].

**5. Gerichtsbeschluß.** Sind die Voraussetzungen des Absatz 1 gegeben, ordnet das **21** Gericht die Abwesenheitsverhandlung durch förmlichen Beschluß an. Absatz 1 schreibt die Abwesenheitsverhandlung bei Vorliegen seiner Voraussetzungen **zwingend** vor, das Gericht hat also hier — anders als etwa bei § 231 Abs. 2, § 231 b — keine Ermessensfreiheit[32].

Ob die Voraussetzungen des Absatz 1 Satz 1 gegeben sind und ob der Angeklagte **22** in einer dem Absatz 1 Satz 2 genügenden Weise zur Anklage gehört worden ist, prüft das Gericht im Wege des **Freibeweises**[33]. Es hat hierbei, vor allem hinsichtlich der Frage, ob die Anwesenheit des Angeklagten unerläßlich ist (Rdn. 11) einen gewissen Beurtei-

---

[26] KK-*Treier* 16; *Kleinknecht/Meyer* 7; KMR-*Müller* 15; *Rieß* JZ **1975** 270.
[27] *Kleinknecht/Meyer* 7.
[28] KK-*Treier* 17; *Kleinknecht/Meyer* 10; **a. A** KMR-*Müller* 18, der davon ausgeht, daß eine Verteidigerbestellung auf Grund des Absatzes 4 wegen der besonderen Verfahrenslage immer erst nach der Eröffnung des Hauptverfahrens in Betracht kommt, weil vorher

auch die Anhörung nach § 231 a Abs. 1 S. 2 nicht möglich ist.
[29] KK-*Treier* 17; *Kleinknecht/Meyer* 10.
[30] *Kleinknecht/Meyer* 10 verneint dies.
[31] KMR-*Müller* 18.
[32] KK-*Treier* 20; *Rieß* JZ **1975** 270; *Warda* FS Bruns 427; *Bohnert* 160.
[33] KK-*Treier* 20; KMR-*Müller* 21; vgl. bei § 244, 3 und bei § 251.

Walter Gollwitzer

lungsspielraum [34]. Die Hauptverhandlung ohne den Angeklagten darf erst angeordnet werden, wenn das Gericht einen **Arzt als Sachverständigen** zur Verhandlungsfähigkeit des Angeklagten gehört hat. Dies kann, muß aber nicht notwendig ein Amtsarzt sein[35].

Die Anhörung der Verfahrensbeteiligten vor Erlaß des Beschlusses bestimmt sich nach § 33. Der Angeklagte kann bereits anläßlich seiner Einvernahme nach Absatz 1 Satz 2 auch hierzu gehört werden. Dies kann aber auch später schriftlich geschehen[36].

**23**  Der Beschluß kann nach Absatz 3 Satz 2 schon vor **Beginn der Hauptverhandlung,** nicht aber vor der Eröffnung des Hauptverfahrens (vgl. Absatz 1 Satz 2) ergehen. Er soll, um Verfahrensverzögerungen durch das Beschwerdeverfahren zu vermeiden, möglichst frühzeitig erlassen werden. Er ist zu begünden (§ 34) und den Verfahrensbeteiligten nach Maßgabe des § 35 mit Rechtsmittelbelehrung (§ 35 a) bekanntzumachen.

**24**  **6. Aufschub oder Unterbrechung der Hauptverhandlung.** Wegen der aufschiebenden Wirkung der sofortigen Beschwerde gegen den Beschluß (Absatz 3 Satz 3) hindert die Einlegung der Beschwerde den Beginn der Hauptverhandlung bzw. die Fortführung einer bereits begonnenen Hauptverhandlung. Eine noch nicht begonnene Hauptverhandlung ist auf einen späteren Termin zu vertagen, der so weit hinauszuschieben ist, daß bis dahin die Beschwerdeentscheidung vorliegt. Eine bereits begonnene Hauptverhandlung muß nach Eingang der sofortigen Beschwerde unterbrochen werden. Unterbleibt dies, etwa weil das Gericht noch keine Kenntnis vom Eingang der Beschwerde hat, müssen die danach verhandelten Verfahrensteile später wiederholt werden, weil die Befugnis zur Fortsetzung der Verhandlung in Abwesenheit des Angeklagten wegen der Unterbrechungspflicht des Absatzes 3 Satz 4 entfallen ist[37]. Die Unterbrechung ist nach § 228 Abs. 1 Satz 1 vom Gericht — nicht etwa vom Vorsitzenden — zu beschließen[38].

**25**  **Bis zu 30 Tagen** darf die Unterbrechung nach Absatz 3 Satz 4 dauern. Diese Sonderregelung gilt unabhängig davon, ob die Voraussetzungen des § 229 Abs. 2 erfüllt sind[39]. § 229 Abs. 3 ist anwendbar. Die Frist rechnet vom Tag der Beschwerdeeinlegung bis zum Tag der Fortsetzung der Hauptverhandlung. Kann diese nicht spätestens nach 30 Tagen fortgesetzt werden, ist sie neu zu beginnen, auch wenn das Beschwerdegericht noch innerhalb der Frist entschieden hat[40]. Eine bereits vor der Beschwerdeeinlegung laufende andere Unterbrechungsfrist zählt andererseits bei der Berechnung dieser besonderen Frist nicht mit[41].

**26**  **7. Die Ablehnung einer Verhandlung ohne den Angeklagten** nach § 231 a bedarf keines besonderen Beschlusses. Das Gericht bzw. der Vorsitzende haben dann aber die nach der jeweiligen Verfahrenslage wegen der Verhandlungsunfähigkeit gebotenen Entscheidungen zu treffen; einen anberaumten Verhandlungstermin wieder abzusetzen oder eine bereits begonnene Hauptverhandlung auszusetzen, ev. auch das Verfahren nach § 205 vorläufig einzustellen[42] oder die Hauptverhandlung mit oder ohne Angeklagten auf Grund anderer Vorschriften (vgl. § 230, 3) durchzuführen. Soweit diese

---

[34] KMR-*Müller* 19.
[35] *Kleinknecht/Meyer* 13.
[36] *Kleinknecht/Meyer* 13.
[37] Insoweit ist es unerheblich, ob der Beschluß die Befugnis des Gerichts zur Abwesenheitsverhandlung begründet oder nur festellt.
[38] KMR-*Müller* 26.
[39] *Bohnert* 164 hält die obligate Unterbre-

chung bei mittleren und kleineren Verfahren für wenig praktikabel und deshalb eine Derogation durch die Rechtsprechung für möglich.
[40] *Kleinknecht/Meyer* 18; KMR-*Müller* 27.
[41] *Kleinknecht/Meyer* 17; KMR-*Müller* 27.
[42] Vgl. OLG Celle NdsRpfl. **1983** 125; ferner § 205, 6.

Entscheidungen zu begründen sind, ist gegebenenfalls darzulegen, weshalb das Gericht §231 a nicht anwendet.

**8. Hauptverhandlung ohne den Angeklagten.** §231 a stellt für die Abwesenheits- **27** verhandlung keine besonderen Regeln auf. Aus dem Zweck der in Absatz 1 Satz 2 vorgeschriebenen Anhörung ist jedoch zu folgern, daß der Inhalt der Äußerung des Angeklagten zur Anklage statt der Vernehmung des Angeklagten zur Sache (§243 Abs. 4 Satz 2) zu verlesen ist, auch wenn eine ausdrückliche Regelung wie in §232 Abs. 3, §233 Abs. 3 fehlt[43]. Soweit der Angeklagte dabei Beweisanträge stellt, hat sie das Gericht im Rahmen seiner Aufklärungspflicht zu beachten, sie brauchen aber — ebenso wie bei §232 (§232, 27) — nicht förmlich abgelehnt zu werden. Es ist dem Verteidiger überlassen, ob er sie sich in der Hauptverhandlung zu eigen machen will[44].

Etwaige **Hinweise nach §265 Abs. 1 und 2** entfallen nicht; sie müssen aber dem **28** Angeklagten nicht persönlich gegeben werden. Nach §265 Abs. 5 genügt der Hinweis an den Verteidiger, der kraft eigenen Rechts und im Rahmen des §234 auch als Vertreter des Angeklagten sich erklären kann und dem auch Gelegenheit zu Schlußausführungen nach §258 zu geben ist. Soweit für eine bestimmte Verfahrensgestaltung die Zustimmung des Angeklagten neben der des Verteidigers vorgesehen ist, entfällt sie. Der Angeklagte hat diese Befugnisse verwirkt, wenn die Hauptverhandlung durch sein Verschulden ohne ihn durchgeführt werden muß[45]. Zum Recht des Angeklagten auf zeitweilige Teilnahme vgl. Rdn. 37 ff.

**9. Hauptverhandlung bei Wiederherstellung der Verhandlungsfähigkeit**

**a) Ende der Verhandlungsunfähigkeit.** Das Gericht darf in Abwesenheit des Ange- **29** klagten **nur so lange verhandeln,** als dieser verhandlungsunfähig ist. Ist die Verhandlungsfähigkeit in dem für die ordentliche, zügige Durchführung der Hauptverhandlung notwendigen Umfang wiederhergestellt, muß die Verhandlung nach §230 Abs. 1 in seiner Anwesenheit fortgesetzt werden. Eine Aufhebung des nur für das zukünftige Verfahren überholten Beschlusses nach §231 a Abs. 3 Satz 1 ist jedoch ebensowenig erforderlich[46] wie eine förmliche Feststellung, daß die Verhandlung nun bei Anwesenheit des Angeklagten fortgeführt wird. Die in seiner Abwesenheit verhandelten Verfahrensteile brauchen nicht wiederholt zu werden. Ist bei einer länger dauernden Verhandlung damit zu rechnen, daß der Angeklagte noch während ihrer Dauer hauptverhandlungsfähig wird, hat das Gericht bei einem **in Haft befindlichen Angeklagten** durch geeignete Maßnahmen (z. B. durch Einschalten der Vollzugsanstalt) sicherzustellen, daß es von der Wiederherstellung der vollen Verhandlungsfähigkeit unterrichtet wird[47].

Bei einem **in Freiheit** befindlichen Angeklagten wird es in der Regel genügen, **30** daß er zur Teilnahme an der Hauptverhandlung jederzeit erscheinen kann. Da ein Verteidiger seine Rechte wahrnimmt, ist insoweit ein vorsorglicher Hinweis des Gerichts nicht zwingend erforderlich. Er kann aber im Einzelfall zweckmäßig sein. Das Gericht ist auch bei einem in Freiheit befindlichen Angeklagten nicht gehindert, von Amts wegen seine Verhandlungsfähigkeit überprüfen zu lassen und seine Anwesenheit in der Hauptverhandlung nach §230 Abs. 2 zu erzwingen, wenn es von der Wiederherstellung seiner Verhandlungsfähigkeit sichere Kenntnis erlangt hat. Ob und in welchem Ausmaß

[43] KK-*Treier* 21; *Kleinknecht/Meyer* 7; KMR-*Müller* 29; *Rieß* JZ **1975** 270.

[44] KK-*Treier* 21; **a. A** KMR-*Müller* 29, der annimmt, die Beweisanträge müßten ebenso wie bei §233 so behandelt werden, wie wenn sie in der Hauptverhandlung gestellt worden wären.

[45] KMR-*Müller* 29.

[46] KK-*Treier* 24.

[47] KK-*Treier* 24; *Kleinknecht/Meyer* 12.

das Gericht gehalten ist, sich durch Kontrollen über die Fortdauer der Verhandlungsunfähigkeit zu vergewissern, beurteilt sich beim Schweigen des Gesetzes nach den Umständen des Einzelfalls (u. a. Art der Verhandlungsunfähigkeit, Verhalten des Angeklagten, Dauer der Hauptverhandlung). Die Anforderungen an etwaige Kontrollpflichten des Gerichts dürfen bei einem in Freiheit befindlichen Angeklagten nicht überspannt werden. Dieser hat die Möglichkeit, sich jederzeit durch seinen Verteidiger über den Stand des Verfahrens zu unterrichten, es obliegt in erster Linie ihm selbst, sich bei Wiederherstellung seiner Verhandlungsfähigkeit durch Teilnahme an der Hauptverhandlung das umfassende rechtliche Gehör zu verschaffen[48]. Entzieht sich der Angeklagt nach Wiederherstellung seiner Verhandlungsfähigkeit eigenmächtig der Teilnahme an der Hauptverhandlung, kann diese nach § 231 Abs. 2 ohne ihn zu Ende geführt werden, da die Anhörung nach Absatz 1 Satz 2 entsprechend dem Sinn der Regelung der Vernehmung zur Anklage im Sinne des § 231 Abs. 2 gleichsteht.

31    Über **Anträge** des Verteidigers, die Hauptverhandlung in Gegenwart des Angeklagten fortzuführen, entscheidet das Gericht durch Beschluß, der, soweit er nicht einer Aussetzung des Verfahrens gleichkommt, nicht mit Beschwerde anfechtbar ist (§ 305). Die sofortige Beschwerde nach Absatz 3 Satz 3 ist auch dann nicht gegeben, wenn das Gericht die Voraussetzungen für die Abwesenheitsverhandlung weiterhin bejaht.

32    **b) Unterrichtung des Angeklagten (Absatz 2).** Nimmt der Angeklagte wieder an der Verhandlung teil, hat ihm der Vorsitzende den **wesentlichen Inhalt** des in seiner Abwesenheit Verhandelten mitzuteilen (Absatz 2). Der Vorsitzende, der den Angeklagten von Amts wegen unterrichten muß, kann dafür die ihm geeignet erscheinende Form wählen. Er entscheidet unter Berücksichtigung des Sinns der Vorschrift nach pflichtgemäßem Ermessen darüber, was im einzelnen wesentlich ist; die spätere Urteilsbegründung darf jedoch die Akzente dann nicht anders setzen.

33    **Wesentlich** sind vor allem die **Beweisergebnisse,** der für die Entscheidung oder für das weitere Verfahren erhebliche Inhalt der Beweisaufnahme. Dazu gehören der Inhalt der Bekundungen der Zeugen und Sachverständigen und der verlesenen Urkunden ebenso wie die Einlassung der Mitangeklagten. Zum mitzuteilenden wesentlichen Inhalt der Abwesenheitsverhandlung gehören ferner die wesentlichen **Verfahrensvorgänge,** soweit sie die Verhandlung zur Sache betreffen oder beeinflussen können, insbesondere die gestellten Beweisanträge und ihre Bescheidung durch das Gericht, die Beeidigung von Zeugen usw. Die von der Rechtsprechung bei der gleichartigen Vorschrift des § 247 aufgezeigten Gesichtspunkte (247, 38 bis 44) gelten auch hier.

34    Die Unterrichtung ist **unverzüglich** („sobald") nach dem Wiedererscheinen des Angeklagten in der Hauptverhandlung vorzunehmen. Das Gericht braucht zwar zu diesem Zweck einen gerade in Gang befindlichen Verfahrensvorgang (Zeugenaussage, Plädoyer usw.) nicht sofort abzubrechen, es muß aber, sobald es der Verfahrensgang erlaubt, ohne jede Verzögerung dem Angeklagten die für sein weiteres Prozeßverhalten möglicherweise wichtigen Informationen über den Inhalt des in seiner Abwesenheit Verhandelten geben.

---

[48] Nach *Kleinknecht/Meyer* 12; 19 entfällt die Befugnis zur Abwesenheitsverhandlung erst mit Kenntnis des Gerichts von der wiederhergestellten Verhandlungsfähigkeit; KK-*Treier* 24 hält den Zeitpunkt für maßgebend, an dem das Gericht dies erfahren hat oder hätte erfahren müssen; KMR-*Müller* 34 stellt auf die Kenntnis ab, fordert aber deswegen auch bei dem auf freiem Fuß befindlichen Angeklagten regelmäßige Kontrollen. *Bohnert* 165 wendet sich nachdrücklich gegen die Annahme einer Rechtspflicht des Gerichts zu Kontrollen.

Erst dann, wenn mit der **Verkündung des Urteils** bereits begonnen worden ist, **35** also mit der Verlesung der Urteilsformel (§ 268 Abs. 2), entfällt die Unterichtungspflicht. Das Gericht kann Formel und Gründe des Urteils bekanntgeben und die eventuell sonst noch nötigen Beschlüsse und Belehrungen erteilen, ohne daß es den Angeklagten noch nach Absatz 2 informieren müßte. Bricht es aber die Verkündung des Urteils aus irgendwelchen Gründen ab, um nochmals in die Verhandlung einzutreten, dann lebt auch die Unterrichtungspflicht wieder auf.

In der **Sitzungsniederschrift** ist die Unterrichtung des Angeklagten zu beurkun- **36** den. Wesentliche Förmlichkeit im Sinne des § 273 ist aber nur die Tatsache der Unterrichtung, nicht ihr Gegenstand und Wortlaut. Ob die Unterrichtung ausreichend war (Rdn. 32 ff), ist gegebenenfalls im Wege des Freibeweises zu klären (vgl. § 247, 45).

**10. Zeitweilige Anwesenheit des Angeklagten.** Auch wenn das Gericht nach **37** § 231 a ohne den Angeklagten verhandeln darf, weil seine uneingeschränkte Verhandlungsfähigkeit (Rdn. 3) noch nicht wieder hergestellt ist, bleibt es dem Angeklagten unbenommen, zeitweilig der Verhandlung beizuwohnen[49]. Wieweit dies mit seinem Gesundheitszustand vereinbar ist, hat grundsätzlich der Angeklagte selbst zu entscheiden[50]. Der Beschluß nach Absatz 3 Satz 1 gestattet dem Gericht, ohne den Angeklagten zu verhandeln, er verleiht aber nicht das Recht, ihn von der Verhandlung fernzuhalten. Ein Ausschluß des Angeklagten nach den §§ 231 b, 247 ist dagegen möglich. Solange die volle Verhandlungsfähigkeit nicht wiederhergestellt ist, bleibt das Verfahren jedoch trotz der gelegentlichen Anwesenheit des Angeklagten ein solches nach § 231 a. Im Schrifttum werden gegen die Möglichkeit einer Abwesenheitsverhandlung in Anwesenheit des Angeklagten dogmatische und praktische Bedenken erhoben[51]. Die Konsequenz, daß andernfalls der nicht ausreichend verhandlungsfähige Angeklagte entweder gegen seinen Willen der Hauptverhandlung überhaupt ferngehalten oder seine Anwesenheit zumindest ignoriert werden müßte oder aber, daß diese entgegen der Konzentrationsmaxime und dem Beschleunigungsgebot in kleinen, dem Gesundheitszustand des Angeklagten entsprechenden Teilabschnitten auf Wochen und Monate verteilt werden müßte, scheint den Belangen der Strafrechtspflege und der fairen Verfahrensgestaltung abträglicher als die Ansicht des BGH.

Während seiner Anwesenheit, die in der Sitzungsniederschrift festzuhalten ist, **38** kann der Angeklagte sich zur Sache äußern, und er muß auch als befugt angesehen werden, **verfahrensgestaltende Erklärungen** abzugeben[52], da die Fähigkeit zu solchen Erklärungen auch bei fortdauernder Verhandlungsunfähigkeit bestehen kann (vgl. § 205, 14; 15).

Die **Unterrichtung** des Angeklagten über den wesentlichen Inhalt des in seiner **39** Abwesenheit Verhandelten ist in Absatz 2 zwar erst bei Wiederherstellung der Verhandlungsfähigkeit vorgesehen (Rdn. 32 ff). Es entspricht jedoch dem Sinn des Absatzes 2, auch einen Angeklagten, der an der Verhandlung nur gelegentlich teilnimmt, bei der nicht nur ganz kurzfristig gedachten Anwesenheit Kenntnis vom wesentlichen Inhalt dessen zu geben, was vorher ohne ihn verhandelt worden ist[53].

---

[49] BGHSt 26 228 = LM StPO 1975 Nr. 1 mit Anm. *Meyer* = JZ **1976** 763 mit Anm. *Grünwald*; *Warda* FS Bruns 415.

[50] BGHSt **26** 228; BGH NJW **1981** 1052; vgl. Fußn. 4; BVerfGE **41** 246.

[51] *Warda* FS Bruns 415; *Roxin* § 42 F II 3 b;

*Rüping* Kap. 6 III 2 d (keine ausweitende Interpretation).

[52] KMR-*Müller* 31; **a. A** *Warda* FS Bruns 415, der solche Prozeßhandlungen für unwirksam ansieht.

[53] KMR-*Müller* 31; **a. A** KK-*Treier* 25.

Walter Gollwitzer

**11. Sofortige Beschwerde**

**40**   a) Der Beschluß, der die **Verhandlung anordnet,** ist mit sofortiger Beschwerde (§ 311) anfechtbar, um im Interesse der Rechtssicherheit die Zulässigkeit der Abwesenheitsverhandlung alsbald rechtskräftig zu klären[54]. § 305 ist nicht anwendbar. Die sofortige Beschwerde ist auch gegeben, wenn das Oberlandesgericht den Beschluß im ersten Rechtszug erlassen hat (§ 304 Abs. 4 Satz 2 Nr. 3). Sie kann schriftlich oder zu Protokoll der Geschäftsstelle eingelegt werden (§ 306 Abs. 1), es ist aber auch möglich, sie in der Hauptverhandlung zu Protokoll zu erklären[55]. Dies kann zweckmäßig sein, da die Einlegung der Beschwerde zur Verfahrensunterbrechung führt (Rdn. 24).

**41**   **Beschwerdeberechtigt** sind neben der Staatsanwaltschaft der durch den Beschluß beschwerte Angeklagte, sein Verteidiger und eventuell auch sein gesetzlicher Vertreter, nicht aber andere Mitangeklagte[56].

**42**   b) Die Beschwerde hat **aufschiebende Wirkung.** § 307 gilt nicht. Wird sie eingelegt, darf das Gericht bis zu ihrer Entscheidung die Hauptverhandlung weder beginnen noch fortsetzen. Zweck dieser an sich ungewöhnlichen Regelung ist es, die Berechtigung zur Abwesenheitsverhandlung noch vor deren Durchführung durch eine zweite Instanz in tatsächlicher und rechtlicher Hinsicht nachprüfen und endgültig entscheiden zu lassen. Hatte die Hauptverhandlung bereits begonnen, ist sie vom Gericht bis zur Entscheidung über die Beschwerde zu unterbrechen.

**43**   c) Das **Beschwerdegericht** überprüft in seiner Entscheidung die rechtlichen und tatsächlichen Voraussetzungen des Beschlusses[57]. Dies gilt auch, soweit in Absatz 1 unbestimmte Rechtsbegriffe verwendet werden. Soweit allerdings Absatz 1 Satz 1 es der tatrichterlichen Beurteilung überläßt, ob die Anwesenheit des Angeklagten in der Hauptverhandlung unerläßlich ist, dürfte die darin liegende Wertung der Beweislage und der Erfordernisse der Aufklärungspflicht nur begrenzt vom Beschwerdegericht nachprüfbar sein. Soweit keine Rechtsfehler und auch kein Ermessensmißbrauch ersichtlich sind, darf das Beschwerdegericht insoweit in die tatrichterliche Würdigung nicht eingreifen[58].

**44**   Die Entscheidung des **Beschwerdegerichts** kann wegen der besonderen Art des Beschlusses trotz § 309 Abs. 2 diesen nur bestätigen oder aufheben. Das Beschwerdegericht muß grundsätzlich die zur Klärung der Voraussetzungen des Absatz 1 Satz 1 erforderlichen Erhebungen selbst vornehmen (§ 308 Abs. 2). Es ist berechtigt, ein fehlendes ärztliches Gutachten (Rdn. 22) einzuholen oder eine etwa unterbliebene oder unzureichende Anhörung des Angeklagten nach Absatz 1 Satz 2 durch einen beauftragten Richter des erkennenden Gerichts (nicht des Beschwerdegerichts!) zu veranlassen, um Verfahrensverzögerungen durch eine formale Zurückverweisung wegen dieses behebbaren Mangels zu vermeiden. Wird der Anklagte vor der Beschwerdeentscheidung wieder verhandlungsfähig, wird die Beschwerde dadurch nur dann überholt, wenn noch nicht in Abwesenheit des Angeklagten verhandelt wurde[59].

---

[54] *Bohnert* 161; *Rieß* JZ **1975** 270.
[55] *Kleinknecht/Meyer* 16; der Vorsitzende muß allerdings zur Protokollierung bereit sein, vgl. bei § 153 GVG.
[56] KK-*Treier* 26.
[57] KK-*Treier* 26; KMR-*Müller* 28; vgl. *Bohnert* 162.
[58] KK-*Treier* 26; KMR-*Müller* 28.

[59] *Kleinknecht/Meyer* 19 hält die Beschwerde für gegenstandslos; *Bohnert* 164 für unbegründet. Ein Bedürfnis für eine Sachentscheidung des Beschwerdegerichts besteht aber nur, wenn vor der Beschwerdeeinlegung in Abwesenheit des Angeklagten bereits verhandelt wurde.

Wieweit das **erkennende Gericht** durch die Aufhebung seines die Abwesenheits- **45** verhandlung anordnenden Beschlusses gebunden ist, hängt von der Tragweite der aufhebenden Entscheidung ab. Hat das Beschwerdegericht selbst abschließend geprüft, ob die Voraussetzungen des Absatz 1 Satz 1 gegeben sind (Rdn. 44), kann das erkennende Gericht nur bei einer wesentlichen Veränderung der tatsächlichen Verhältnisse die Abwesenheitsverhandlung erneut anordnen.

**12. Beschwerde in sonstigen Fällen.** Die ausdrückliche oder stillschweigende Ent- **46** scheidung, **nicht nach § 231 a zu verfahren** (Rdn. 26), unterliegt nicht der sofortigen Beschwerde des Absatzes 3 Satz 3. In der Regel ist sie Teil einer anderen Verfahrensentscheidung, bei der sie als Inzidentfrage mit geprüft wurde, wie Vertagung des noch nicht begonnenen Termins oder Unterbrechung der Hauptverhandlung, aber auch der Entscheidung, die Hauptverhandlung auf Grund einer anderen Vorschrift mit oder ohne den Angeklagten durchzuführen. Wieweit diese einzelnen Entscheidungen mit der Beschwerde angefochten werden können, richtet sich nach den jeweils dafür geltenden Grundsätzen[60]. Dies gilt auch für die strittige Frage, ob § 305 Satz 1 der Beschwerde entgegensteht[61]. In den erstinstanziellen Verfahren der Oberlandesgerichte schließt § 304 Abs. 4 Satz 2 die Beschwerde aus, da die Rückausnahme in Nr. 3 nur für die sofortige Beschwerde nach Absatz 3 Satz 3 gilt.

**13. Revision**
a) Der **Beschluß nach Absatz 3 Satz 1,** mit dem sich das Gericht für die Abwesen- **47** heitsverhandlung entschieden hat, ist nur mit der sofortigen Beschwerde anfechtbar (Absatz 3 Satz 3). Diese Sonderregelung schließt nach § 336 Satz 2 aus, die Revision darauf zu stützen, daß das Gericht die Voraussetzungen für die Abwesenheitsverhandlung (Absatz 1) zu Unrecht angenommen habe[62], und wohl auch, daß der Beschluß formell fehlerhaft zustande gekommen sei.

b) **Im übrigen** kann mit der Revision geltend gemacht werden, das Gericht habe **48** später die Voraussetzungen der Abwesenheitsverhandlung zu Unrecht als **fortdauernd** angesehen (vgl. Rdn. 29, 30) und damit entgegen § 230 den wieder verhandlungsfähig gewordenen Angeklagten zur Hauptverhandlung nicht zugezogen[63]. Gerügt werden kann auch, wenn das Gericht nach Einlegung der sofortigen Beschwerde weiterverhandelt hat, ohne die Hauptverhandlung zu unterbrechen (Rdn. 24). Zur Begründung dieser Rüge müssen alle Tatsachen angeführt werden, aus denen sich ergibt, daß das Gericht nicht ohne den Angeklagten verhandeln durfte, ferner, welche (wesentlichen) Teile der Hauptverhandlung ohne ihn stattfanden[64].

---

[60] KMR-*Müller* 24; vgl. § 213, 16 ff; § 228, 27 ff.
[61] Strittig ist, ob die Entscheidung, das Verfahren nicht nach § 231 a fortzusetzen, wegen ihrer eigenständigen Bedeutung der Beschwerde zugänglich ist – so *Rieß* JZ **1975** 271; KK-*Treier* 27 – oder ob sie als urteilsvorbereitende Entscheidung der Beschwerde wegen § 305 Satz 1 nicht unterliegt, so *Bohnert* 161.
[62] BTRAussch BTDrucks. **7** 2989 S. 6; *Rieß* JZ

**1975** 270 Fußn. 87; ebenso KK-*Treier* 28; *Kleinknecht/Meyer* 29; KMR-*Müller* 35; *Dünnebier* FS Dreher 669; *Bohnert* 161; a. A *Gössel* § 19 A II b 4.
[63] *Rieß* JZ **1975** 271; KK-*Treier* 28; *Kleinknecht/Meyer* 14; KMR-*Müller* 36, die sich jedoch in den Voraussetzungen unterscheiden, unter denen diese Rüge Platz greift.
[64] Wegen der Einzelheiten vgl. bei § 338 Nr. 5 und bei § 344.

Walter Gollwitzer

**49**    Gerügt werden kann ferner nach § 337, wenn das Gericht die höchstzulässige Unterbrechungsfrist (Rdn. 25) überschritten oder wenn es seine **Unterrichtungspflicht** (Rdn. 32 ff) nicht oder unvollständig erfüllt hat.

# § 231 b

(1) [1]Wird der Angeklagte wegen ordnungswidrigen Benehmens aus dem Sitzungszimmer entfernt oder zur Haft abgeführt (§ 177 des Gerichtsverfassungsgesetzes), so kann in seiner Abwesenheit verhandelt werden, wenn das Gericht seine fernere Anwesenheit nicht für unerläßlich hält und solange zu befürchten ist, daß die Anwesenheit des Angeklagten den Ablauf der Hauptverhandlung in schwerwiegender Weise beeinträchtigen würde. [2]Dem Angeklagten ist in jedem Fall Gelegenheit zu geben, sich zur Anklage zu äußern.

(2) Sobald der Angeklagte wieder vorgelassen ist, ist nach § 231 a Abs. 2 zu verfahren.

**Entstehungsgeschichte.** Art. 1 Nr. 10 StVRErgG hat die bisher in § 247 Abs. 2 enthaltene Regelung dem ebenfalls neu eingefügten § 231 a angepaßt und als § 231 b übernommen.

*Übersicht*

**1**    **1. Zweck der Vorschrift** ist es, die Durchführung der Hauptverhandlung auch dann zu ermöglichen, wenn der Angeklagte nach § 177 GVG aus dem Sitzungszimmer entfernt werden muß, weil er die zur Aufrechterhaltung der Ordnung getroffenen Anordnungen mißachtet. Dem Angeklagten kann nicht gestattet werden, durch dauerndes Stören den ordnungsgemäßen Ablauf der Hauptverhandlung zu verhindern. Er verwirkt sein Anwesenheitsrecht, wenn er es zu ihrer Störung mißbraucht. § 231 b ist eine eng auszulegende Ausnahmevorschrift, die (präventiv) weiteren Störungen der Hauptverhandlung durch den Angeklagten vorbeugen soll. Sie ist keine verfahrensrechtliche Sanktion für die bereits stattgefundenen Störungen, die Anlaß für die Anordnung nach § 177 GVG waren[1].

**2**    **2. Anwendungsbereich.** § 231 b ist bei allen Strafverfahren, auch bei solchen, die Maßregeln der Besserung und Sicherung zum Gegenstand haben[2], anwendbar. Die Verhandlung ohne den Angeklagten kann sich, sofern die Voraussetzungen des § 231 b ge-

---

[1] *Rieß* JZ **1975** 271; *Vogel* NJW **1978** 1225;    [2] RG HRR **1939** Nr. 669.
KK-*Treier* 1; *Kleinknecht/Meyer* 1.

geben sind, auf alle Teile der Hauptverhandlung einschließlich der Urteilsverkündung erstrecken[3].

Beim früheren § 247 Abs. 2 war wegen der Bezugnahme auf den nur für die Be- **3** weisaufnahme geltenden § 247 Abs. 1 und wegen des Normzwecks des § 231 Abs. 2 zweifelhaft, ob auch dann ohne den Angeklagten weiterverhandelt werden konnte, wenn dieser in der Hauptverhandlung **noch nicht zur Sache vernommen** worden war. § 231 b läßt die Verhandlung ohne den Angeklagten, wie Absatz 1 Satz 2 zeigt, schon ab Beginn der Sitzung zu.

### 3. Voraussetzungen der Verhandlung ohne Angeklagten

a) Ein **Beschluß nach § 177 GVG** muß ergangen sein, durch den der Angeklagte **4** wegen ordnungswidrigen Benehmens aus dem Sitzungszimmer entfernt oder zur Haft abgeführt worden ist. Insoweit wird auf die Erläuterungen zu § 177 GVG verwiesen.

b) Die **Anwesenheit** des Angeklagten darf für die Weiterführung der Hauptver- **5** handlung **nicht unerläßlich** sein. Dies ist hier, ebenso wie bei § 231 a, nur anzunehmen, wenn und soweit ausnahmsweise die Aufklärungspflicht die Anwesenheit des Angeklagten bei einem bestimmten Verfahrensabschnitt, etwa bei der Einvernahme eines bestimmten Zeugen, zwingend fordert[4]. Die bloße Erschwerung der Sachaufklärung, die darin liegt, daß das Gericht den Angeklagten nicht immer sofort zu einem Beweismittel hören kann, macht nach dem Zweck dieser Vorschrift die Anwesenheit des Angeklagten ebensowenig unerläßlich wie die vom Angeklagten selbst verschuldete Beeinträchtigung seiner Verteidigungsmöglichkeit. Auch daß ein angeklagter Rechtsanwalt sich selbst verteidigt, macht seine Anwesenheit nicht unerläßlich[5].

c) Die **Befürchtung einer schwerwiegenden Beeinträchtigung** des weiteren Ablaufs **6** der Hauptverhandlung durch den Angeklagten muß im Zeitpunkt der Entscheidung (maßgebend: Beurteilung ex ante)[6] bestehen. Das ordnungswidrige Benehmen, das zur Entfernung des Angeklagten nach § 177 GVG führte, darf also nicht nur als eine einmalige Entgleisung zu werten sein. Das gesamte Verhalten des Angeklagten muß vielmehr ernsthaft befürchten lassen, daß er auch künftig durch ordnungswidriges Benehmen die ordnungsgemäße Durchführung der Hauptverhandlung oder bestimmter Teile davon schwerwiegend stören werde.

Es müssen voraussichtlich weitere Beeinträchtigungen der Hauptverhandlung von **7** **erheblichem Gewicht** zu erwarten sein. Die Gefahr kleinerer Entgleisungen oder den Verfahrensablauf nur unwesentlich beeinträchtigender Störungen rechtfertigt eine Abwesenheitsverhandlung noch nicht. Der dem Rechtsstaatsprinzip immanente **Grundsatz der Verhältnismäßigkeit** gilt auch für Eingriffe in das Anwesenheitsrecht des Angeklagten.

Das ungebührliche Verhalten des Angeklagten muß **objektiv** den Fortgang der **8** Hauptverhandlung in Frage stellen. Nicht erforderlich ist, daß der Angeklagte dies mit seinem Verhalten bewußt herbeiführen will[7].

---

[3] *Baumann* ZRP **1975** 43; *Hermann* JuS **1976** 419; *Röhmel* JA **1976** 663; KK-*Treier* 2; *Kleinknecht/Meyer* 3; vgl. RG DJZ **1922** 697.

[4] Vgl. § 231, 25; § 231 a, 11.

[5] BVerfGE **53** 215. Dies gilt auch bei einem Angeklagten, der Rechtslehrer an einer Hochschule ist; KK-*Treier* 1; *Kleinknecht/Meyer* 1.

[6] Zur Maßgeblichkeit der Prognoseentscheidung für die Verwertbarkeit der ohne Angeklagten durchgeführten Verhandlungsabschnitte vgl. bei § 247, 36.

[7] KK-*Treier* 5; KMR-*Müller* 2; *Rieß* JZ **1975** 271 Fußn. 103.

Walter Gollwitzer

**9**     Da die Abwesenheitsverhandlung nur **so lange** zulässig ist, als die **Gefahr einer schwerwiegenden Beeinträchtigung** fortbesteht, muß das Gericht bei einer länger dauernden Verhandlung stets erneut prüfen, ob diese Gefahr nach der Verfahrenslage und nach den sonstigen Umständen weiterhin gegeben ist. In der Regel wird es angebracht sein, nach einiger Zeit versuchsweise den Angeklagten an der Hauptverhandlung wieder teilnehmen zu lassen; hierdurch kann am besten festgestellt werden, ob die Gefahr künftiger Störungen beseitigt ist. Wann und wie oft das Gericht den Versuch einer Rückkehr zur normalen Verhandlung machen muß, hängt von den jeweiligen Umständen ab. Nur in völlig aussichtslosen Fällen wird es auf einen Versuch verzichten dürfen[8]. Von der Dauer der Ordnungshaft nach § 177 GVG ist die Dauer des Ausschlusses nicht abhängig.

**10**     Selbst wenn das Gericht die Dauer der Abwesenheitsverhandlung von vornherein auf einen bestimmten Verfahrensteil oder eine bestimmte Zeit begrenzt hat, muß es den Angeklagten bereits **vor diesem Zeitraum** wieder vorlassen, wenn die Gefahr weiterer Störungen der Hauptverhandlung den Umständen nach gebannt erscheint; etwa, wenn der Angeklagte ernsthaft versichert, daß er sich künftig wohlverhalten werde.

**11**     Der **Ausschluß** kann bis zum **Ende der Hauptverhandlung** einschließlich der Urteilsverkündung andauern, wenn dies zur Gewährleistung der ordnungsgemäßen Durchführung der Hauptverhandlung notwendig ist (Rdn. 2).

**12**     Die in Absatz 2 vorgeschriebene **Unterrichtung** entfällt in diesen Ausnahmefällen dann ebenso wie das letzte Wort (BGH NJW **1957** 1326)[9]. Wegen der besonderen Bedeutung dieses Verfahrensteils für die Gewährung des rechtlichen Gehörs und für ein rechtsstaatliches („faires") Verfahren überhaupt ist die Unerläßlichkeit einer derartigen Maßnahme aber besonders sorgfältig zu prüfen. Von dem Versuch, dem Angeklagten das letzte Wort zu erteilen, darf nur abgesehen werden, wenn dies von vornherein aussichtslos erscheint (BGHSt **9** 77)[10].

**13**     **4. Entscheidung des Gerichts.** Das Gericht, nicht der Vorsitzende, entscheidet nach pflichtgemäßem Ermessen darüber, ob bei der konkreten Verfahrenslage die Voraussetzungen des § 231 b für eine Fortsetzung der Hauptverhandlung nach Entfernung des Angeklagten gegeben sind. Vor der Entscheidung sind die Verfahrensbeteiligten und — sofern möglich — der Angeklagte nach § 33 zu hören[11]. Dies kann zweckmäßigerweise bereits bei der Anhörung zu der beabsichtigten Maßnahme nach § 177 GVG geschehen.

**14**     Die Entscheidung des Gerichts, daß weiterverhandelt wird, ergeht auch hier zweckmäßigerweise durch einen **förmlichen Beschluß,** der noch in Gegenwart des Angeklagten zu verkünden ist.

**15**     Dieser Beschluß kann mit dem **Beschluß nach § 177 GVG** (wegen dessen Voraussetzungen und Begründung vgl. die dortigen Erläuterungen) verbunden werden, er kann aber auch getrennt ergehen. Der Beschluß muß erkennen lassen, daß das Gericht weiterverhandeln will, gegebenenfalls auch, auf welche Verfahrensabschnitte oder Zeit die Verhandlung ohne den Angeklagten zunächst beschränkt bleiben soll. Eine solche Beschränkung ist vor allem bei länger dauernden Verfahren angebracht, da das Gericht in angemessenen Zeitabständen prüfen muß, ob die von § 231 b vorausgesetzte Gefahr weiterer Störungen noch fortbesteht.

---

[8] BGHSt **9** 77; *Röhmel* JA **1976** 664.
[9] Zum ehem. § 247 Abs. 2: RGSt **35** 433; **54** 110; RG JW **1932** 964; HRR **1939** Nr. 669.

[10] KK-*Treier* 6; KMR-*Müller* 4; *Roxin* § 42 B III.
[11] KMR-*Müller* 5; vgl. § 247, 28 und bei § 177 GVG.

Da § 231 b — anders als § 231 a Absatz 3 und § 233 — einen förmlichen Beschluß **16** nicht ausdrücklich vorschreibt und die Fortsetzung der Hauptverhandlung ohne den Angeklagten unmittelbar an einen die Entfernung anordnenden Beschluß nach § 177 GVG anknüpft und keine zusätzliche Verfahrensanordnung erfordert, findet sich die Ansicht, trotz der dem Gericht obliegenden Prüfung der Unerläßlichkeit der Anwesenheit des Angeklagten sei, ähnlich wie bei § 231 Abs. 2, ein förmlicher Beschluß entbehrlich, es genüge, wenn das Gericht seine Entscheidung durch Weiterverhandeln kundgebe[12]. Gründe der Verfahrensklarheit sprechen jedoch dafür, die Entscheidung des Gerichts durch einen förmlichen Beschluß bekanntzugeben. Dies erscheint insbesondere dann angezeigt, wenn die Abwesenheitsverhandlung von vornherein nur für einen bestimmten Verfahrensabschnitt oder nur für eine bestimmte Zeit — etwa die Dauer der Ordnungshaft — gelten soll.

**5. Die Gelegenheit, sich zur Anklage zu äußern,** die der Angeklagte nach Ab- **17** satz 1 Satz 2 haben muß, kann ihm das Gericht in jeder geeigneten Form geben. War seine Vernehmung zur Sache (§ 243 Abs. 4) bereits vor seiner Entfernung abgeschlossen, so bedarf es keiner besonderen Anhörung mehr. Gleiches gilt, wenn der Angeklagte erklärt hat, daß er nicht zur Sache aussagen wolle. Wurde er jedoch schon vorher aus der Hauptverhandlung entfernt, was auch schon vor Verlesung des Anklagesatzes möglich ist, dann muß ihm das Gericht die Gelegenheit geben, sich zur zugelassenen Anklage zu äußern. Dies kann — je nach Verfahrensstand — im Anschluß an den seine Entfernung anordnenden Beschluß nach § 177 GVG geschehen, dies kann aber auch zu einem späteren Zeitpunkt vorgenommen werden. Wenn das Gericht vor allem wegen der Mitangeklagten vom ordnungsmäßigen Ablauf der Verhandlung nicht zu sehr abweichen will, dann liegt es nahe, dem Angeklagten die Gelegenheit zur Äußerung dann zu geben, wenn er bei normalem Verlauf ohnehin zur Sache zu vernehmen gewesen wäre. Bei einem **in Haft** befindlichen oder in Ordnungshaft genommenen Angeklagten ist die Anordnung seiner späteren Wiedervorführung zu dem vom Gericht gewünschten Zeitpunkt ohne große Schwierigkeiten durchführbar. Bei einem **in Freiheit** befindlichen Angeklagten, der nach § 177 GVG lediglich aus dem Sitzungssaal gewiesen wurde, muß das Gericht — zweckmäßigerweise bereits vor der Entfernung aus dem Sitzungssaal — die Zeit bestimmen, zu der sich der Angeklagte zum Zwecke seiner Anhörung wieder einzufinden habe. Unterläßt er dies, so ist seine zwangsweise Vorführung zur Anhörung in der Regel entbehrlich, denn schon durch die Einräumung der Möglichkeit einer Äußerung ist das von Absatz 1 Satz 2 geforderte Mindestmaß von rechtlichem Gehör gewährt.

Wird ein Hinweis auf die **Veränderung eines rechtlichen Gesichtspunkts** nach **18** § 265 erforderlich, muß dem Angeklagten die Möglichkeit eingeräumt werden, sich auch dazu zu äußern. Hatte er bereits die Möglichkeit, sich zur zugelassenen Anklage zu äußern, wird seine erneute Anhörung notwendig. Ein Hinweis an den Verteidiger genügt nicht (vgl. § 265 Abs. 5; anders wäre die Rechtslage nach dem vorgesehenen neuen § 234 a).

Die Anhörung ist nach dem Willen des Gesetzgebers[13] **vor dem erkennenden Ge-** **19**

---

[12] So KK-*Treier* 7 (nur in Ausnahmefällen Beschluß). *Kleinknecht/Meyer* 3; KMR-*Müller* 5 fordern wegen der Pflicht des Gerichts, die Unerläßlichkeit der Anwesenheit zu prüfen, einen förmlichen Beschluß; ebenso *Schlüchter* 446; *Röhmel* JA **1976** 663; BGH NJW **1976** 1108 läßt dies offen, betont aber das Bedürfnis nach einer formstrengen Handhabung (zu § 247 Abs. 1, vgl. dort Rdn. 28).

[13] Bericht des BTRAussch. BTDrucks. 7 2989 S. 7.

Walter Gollwitzer

**richt** in der Hauptverhandlung durchzuführen. Daß diese Anhörung unter Umständen nur erneute Störungen auslöst, wurde wegen der hohen Bedeutung des rechtlichen Gehörs in Kauf genommen. Die Anhörung durch einen ersuchten oder beauftragten Richter genügt demgemäß nicht[14]. Nach *Kleinknecht/Meyer* 2 ist es demgegenüber zulässig, einen Angeklagten, der entfernt wurde, bevor er sich in der Hauptverhandlung nach § 243 Abs. 4 zur Sache äußern konnte, durch einen ersuchten oder beauftragten Richter zu vernehmen, da der Wortlaut des Gesetzes eine bestimmte Form der Anhörung nicht vorschreibt[15].

20    Man wird davon ausgehen müssen, daß das Gericht grundsätzlich versuchen muß, dem Angeklagten **in der Hauptverhandlung** selbst Gehör zu geben, und daß es deshalb in Kauf nehmen muß, daß der Angeklagte dies nur zu erneuten Störungen benutzt. Ist der Versuch ergebnislos verlaufen, weil der Angeklagte die Einlassung verweigerte oder erneut störte, so ist die Verpflichtung aus Absatz 1 Satz 2 erfüllt. Das Gericht braucht dann nichts mehr tun, um ihm Gehör zu geben. Es ist zwar nicht gehindert, dem Angeklagten nach dem Scheitern der gebotenen Anhörung in der Hauptverhandlung im Interesse der besseren Sachaufklärung oder der fairen Verfahrensgestaltung nochmals auf andere Weise Gehör zu geben, etwa dadurch, daß es ihn durch einen beauftragten oder ersuchten Richter hören läßt oder ihm eine schriftliche Stellungnahme anheimgibt. Verpflichtet ist es dazu aber nicht.

21    **6. Unterrichtung des wieder vorgelassenen Angeklagten.** Absatz 2 schreibt vor, daß der Angeklagte, „sobald" er wieder an der Hauptverhandlung teilnehmen darf, gemäß § 231 a Abs. 2 zu unterrichten ist. Ihm ist der wesentliche Inhalt dessen mitzuteilen, was in seiner Abwesenheit verhandelt worden ist. Die Einzelheiten sind bei § 231 a, 32 bis 35 erläutert. Die Tatsache der Unterrichtung, nicht ihr Inhalt, ist als wesentliche Förmlichkeit in der Sitzungsniederschrift festzuhalten[16].

**7. Rechtsbehelfe**

22    **a) Beschwerde.** Der Beschluß nach § 177 GVG ist nicht mit Beschwerde anfechtbar. Gibt das Gericht seine Absicht, das Verfahren ohne den Angeklagten fortzusetzen, durch einen besonderen Beschluß bekannt, so steht dessen Anfechtung mit Beschwerde der § 305 entgegen[17].

23    **b) Die Revision** kann nach § 338 Nr. 5 rügen, daß das Gericht die Voraussetzungen für die Abwesenheitsverhandlung nach § 231 b rechtsirrtümlich bejaht oder daß es ohne Angeklagten weiterverhandelt habe, obwohl diese Voraussetzungen inzwischen entfallen waren. Soweit zu diesen Voraussetzungen eine Würdigung der Prozeßlage gehört, die nur der Tatrichter auf Grund der Hauptverhandlung treffen kann, wie etwa die Frage, ob die Anwesenheit des Angeklagten nach der Sach- und Beweislage unerläßlich war, kann das Revisionsgericht allerdings nur nachprüfen, ob die Entscheidung des Tatrichters rechtsfehlerhaft oder ermessensmißbräuchlich war[18]. Gerügt werden kann auch, daß kein ordnungsgemäßer Beschluß nach § 177 GVG vorlag und deshalb die Voraussetzung für eine Abwesenheitsverhandlung nach § 231 b fehlte oder daß ohne den An-

---

[14] KK-*Treier* 8; KMR-*Müller* 6; *Rieß* JZ **1975** 271.
[15] Nach *Röhmel* JA **1976** 664 läßt der Wortlaut beide Auslegungen zu; allenfalls wenn die Anhörung in der Hauptverhandlung unmöglich ist, kann es angebracht sein, dem Angeklagten das Anhörungsrecht in abgeschwächter Form zu gewähren.
[16] BGHSt 1 350; KMR-*Müller* 7.
[17] KK-*Treier* 10; *Kleinknecht/Meyer* 4; KMR-*Müller* 8; *Röhmel* JA **1976** 666.
[18] KK-*Treier* 11; *Kleinknecht/Meyer* 4; KMR-*Müller* 9.

geklagten weiterverhandelt wurde, obwohl die Voraussetzungen dafür für das Gericht erkennbar nicht mehr vorlagen, etwa weil der Ausschluß nur für einen bestimmten Verfahrensabschnitt angeordnet war. Zweifelhaft ist dagegen, ob man den Beschluß, daß in Abwesenheit des Angeklagten weiterverhandelt wird (Rdn. 16), als (konstitutive) Zulässigkeitsvoraussetzung für die Abwesenheitsverhandlung ansehen muß, mit der Folge, daß schon bei seinem Fehlen die absolute Revisionsrüge des §338 Nr. 5 Platz greift[19]. Hält man ihn nur für eine deklaratorische Kundgabe der Rechtslage, oder aber für überhaupt entbehrlich, dann kann auch insoweit nur beanstandet werden, daß die Voraussetzungen des §231 b nicht vorlagen[20].

Mit der Revision kann ferner nach §337 geltend gemacht werden, daß das Gericht seiner Verpflichtung zur Anhörung des Angeklagten nach Absatz 1 Satz 2 oder nach §33 (Rdn. 17, 13) nicht oder nur unvollständig genügt oder daß es seine Unterrichtungspflicht nach Absatz 2 nicht oder nicht in einer dem Gesetz entsprechenden Weise erfüllt habe. Ob das Urteil auf einer unterlassenen oder verspäteten Unterrichtung beruht, hängt von den Umständen des Einzelfalls ab. Bei einer nur verspäteten Unterrichtung wird man dies, sofern der Angeklagte nicht besondere Umstände vortragen kann, meist ausschließen können[21]. **24**

## § 231 c

[1]Findet die Hauptverhandlung gegen mehrere Angeklagte statt, so kann durch Gerichtsbeschluß einzelnen Angeklagten, im Falle der notwendigen Verteidigung auch ihren Verteidigern, auf Antrag gestattet werden, sich während einzelner Teile der Verhandlung zu entfernen, wenn sie von diesen Verhandlungsteilen nicht betroffen sind. [2]In dem Beschluß sind die Verhandlungsteile zu bezeichnen, für die die Erlaubnis gilt. [3]Die Erlaubnis kann jederzeit widerrufen werden.

**Entstehungsgeschichte.** Art. 1 Nr. 19 StVÄG 1979 hat § 231 c eingefügt, um die Anwesenheitspflicht aufzulockern.

*Übersicht*

---

[19] *Röhmel* JA **1976** 666.
[20] KMR-*Müller* 10 nimmt bei Fehlen eines Beschlusses an, daß das Revisionsgericht von einer Verletzung des § 231 b ausgehen müsse, da es nicht von sich aus unterstellen könne, die Anwesenheit des Angeklagten sei nach Ansicht des Tatrichters nicht unerläßlich gewesen. Hierfür spricht aber, daß das Tatgericht tatsächlich ohne den Angeklagten verhandelt hat.
[21] KMR-*Müller* 12.

Walter Gollwitzer

**1**    **1. Zweck** der Neuregelung ist die Verfahrensvereinfachung. Sie soll durch eine behutsame Lockerung der strengen Anwesenheitspflicht den Interessen der Angeklagten und ihrer Verteidiger ebenso Rechnung tragen wie eine zügigere Abwicklung umfangreicher Hauptverhandlungen erleichtern[1]. Bei umfangreichen Hauptverhandlungen gegen mehrere Angeklagte belastet die uneingeschränkte — für die ganze Hauptverhandlung geltende — Anwesenheitspflicht (§ 230) und die damit verbundene Beeinträchtigung der persönlichen Bewegungs- und Dispositionsfreiheit die Angeklagten erheblich. Gleiches gilt für den Verteidiger, der in den Fällen der notwendigen Verteidigung (§ 140) ununterbrochen anwesend sein muß und der wegen des Verbotes der Mehrfachverteidigung (§ 146) seine Aufgabe auch nicht vorübergehend dem Verteidiger eines anderen Mitangeklagten übertragen kann[2]. Dies hat mitunter bei Großverfahren die zügige Erledigung erschwert, wenn das Gericht bei seiner Verfahrensgestaltung auf unabwendbare Verhinderungen eines Angeklagten oder des Verteidigers Rücksicht nehmen und deshalb das gesamte Verfahren unterbrechen mußte. Diese Schwierigkeiten sollen dadurch verringert werden, daß das Gericht einen Angeklagten und seinen Verteidiger wenigstens insoweit von der Anwesenheitspflicht entbinden kann, als über Umstände verhandelt wird, die ihn auch nicht mittelbar betreffen. Die Begründung des Regierungsentwurfes weist in diesem Zusammenhang darauf hin, daß die Beurlaubung des Angeklagten und seines Verteidigers von sie nicht betreffenden Abschnitten der Hauptverhandlung nach der herrschenden Meinung bisher nur durch eine förmliche Abtrennung, Unterbrechung und spätere Wiederverbindung des Verfahrens möglich war, wobei die Frist des § 229 der Dauer der Abtrennung Grenzen setzte, obwohl es von der Sache her vertretbar sein kann, auch auf längere Zeit auf die Anwesenheit eines Angeklagten zu verzichten[3].

**2**    **2. Verhältnis zu anderen Vorschriften.** Die Möglichkeit, einen Angeklagten von der Teilnahme an einem ihn nicht betreffenden Teil der Hauptverhandlung zu entbinden, tritt zusätzlich neben die weitergehende Befugnis, in den Fällen des § 231 Abs. 2, §§ 231 a, 231 b, 232 und 233 ohne den Angeklagten auch ihn betreffende Teile der Hauptverhandlung durchzuführen. Sind die jeweiligen Voraussetzungen gegeben, etwa weil der Angeklagte einem ihn nicht betreffenden Teil der Hauptverhandlung vor der Entscheidung über seinen Entbindungsantrag eigenmächtig fernbleibt, dann hat das Gericht die Wahl, nach welcher Vorschrift es verfahren will. Aus praktischen Gründen verdienen jedoch die Bestimmungen, die es gestatten, auch den Angeklagten betreffende Vorgänge in seiner Abwesenheit zu verhandeln, den Vorzug vor § 231 c[4].

**3**    Die Befugnis, in geeigneten Fällen das Verfahren gegen einen von mehreren Angeklagten **abzutrennen,** bleibt an sich ebenfalls unberührt[5]. Jedoch dürfte § 231 c den Ermessensspielraum des Gerichts insoweit einschränken, daß es, sofern nicht besondere Umstände vorliegen, nach dieser Spezialvorschrift verfahren muß und nicht unter Umgehung des Antragserfordernisses abtrennen und wiederverbinden darf, nur um dem Angeklagten und seinem Verteidiger die Teilnahme an sie nicht betreffenden Verfahrens-

---

[1] Begr. BTDrucks. **8** 976 S. 23.
[2] Vgl. bei § 146.
[3] BTDrucks. **8** 976 S. 19.
[4] Zu den Warnungen des BGH vor einer solchen Verfahrensgestaltung, die die Gefahr

von Revisionsgründen birgt, vgl. etwa BGH bei *Holtz* MDR **1979** 807; StrVert. **1982** 457; § 230, 15.
[5] Vgl. BGHSt. **30** 74; **32** 100; **32** 270.

teilen zu ersparen[6]. Soweit Angeklagter und Verteidiger damit einverstanden sind, ist der Umweg über eine von vornherein nur als vorübergehend gedachte Trennung nicht nötig und wegen der Fristen des §229 gefährlich; gegen ihren Willen aber würde sie einen Formenmißbrauch bedeuten, sofern dieser Weg nicht durch besondere Verfahrenserfordernisse im Einzelfall gerechtfertigt werden kann.

### 3. Die Voraussetzungen für die Freistellung

a) Die Freistellung des Angeklagten oder seines Verteidigers ist grundsätzlich **bei** **4** **allen Teilen der Verhandlung** möglich. Auch die einleitenden Vorgänge nach §243 Abs. 1 bis 3, vor allem die Vernehmung eines Angeklagten zur Person[7] und die Schlußvorträge[8] sind nach dem Zweck der Vorschrift nicht notwendig ausgenommen, wohl aber die Urteilsverkündung[9]. Die eigentlichen Grenzen für die Anwendbarkeit des §231 c ergeben sich vielmehr aus den **engen** sachlichen Voraussetzungen, die eine Beurlaubung des Angeklagten und seines Verteidigers nur dort zulassen, wo durch die Verhandlung in seiner Abwesenheit seine eigenen Verfahrensinteressen nicht berührt werden. Eine erweiternde Auslegung ist nicht möglich.

b) **Nichtbetroffensein von dem Verhandlungsteil.** Es muß notwendigerweise ein **5** Verfahren mit **mehreren Angeklagten** vorliegen, bei dem sich die Hauptverhandlung so **aufteilen** läßt, daß bestimmte Verhandlungsteile ausschließlich einzelne Mitangeklagte betreffen. Die Urteilsfindung gegen den von der Teilnahme zu entbindenden Angeklagten darf also durch das aus dem Inbegriff dieser Verhandlungsteile gewonnene Ergebnis nicht beeinflußt werden. Es muß sich um Verfahrensteile handeln, über die nach der bisherigen Rechtsprechung auch unter Abtrennung des Verfahrens gegen den betreffenden Angeklagten hätte weiterverhandelt werden können[10]. Nicht betroffen von einem Verhandlungsteil ist ein Angeklagter, wenn die Tat eines Mitangeklagten verhandelt wird, an der er in keiner Weise beteiligt war oder hinsichtlich der ihm kein strafrechtlich irgendwie relevanter Vorwurf gemacht wird. Es kann sich dabei um selbständige Taten im prozessualen Sinn, um einzelne Teilakte einer fortgesetzten Tat, aber auch um Tatteile handeln, die aus der Verfolgung nach §154 a ausgeschieden worden sind[11]. Eine Beurlaubung ist auch bei solchen Verhandlungsteilen möglich, die sich innerhalb eines einheitlichen Vorwurfs ausschließlich mit persönlichen Umständen eines Mitangeklagten befassen, wie etwa die Verhandlung über seine Schuldfähigkeit und die Anhörung von Sachverständigen zu dieser Frage[12] oder die Erörterung der persönlichen Verhält-

---

[6] KMR-*Müller* 24; BGH NStZ **1983** 34 läßt dies offen; deutet aber Abtrennung in Beurlaubung um. KK-*Treier* 2 sieht in §231 c keine die Abtrennung und Wiederverbindung ausschließende Spezialvorschrift, er hält eine vorübergehende Abtrennung auch gegen den Willen eines Angeklagten für zulässig, etwa um diesen von Einwirkungen auf einen ihn nicht betreffenden Verfahrensteil zu unterbinden. BGH NJW **1984** 1245 hält Trennung trotz §231 c weiterhin für zulässig, wenn das von Amts wegen zu berücksichtigende Interesse an der zügigen Förderung des Verfahrens die getrennte Verhandlung angezeigt erscheinen läßt.

[7] BGHSt **31** 324; a. A *Kleinknecht/Meyer* 8;

KMR-*Müller* 5, nach denen die einleitenden Vorgänge der Hauptverhandlung nach §244 Abs. 1 bis 3 nicht zu den Teilen der eigentlichen Verhandlung rechnen, bei denen eine Beurlaubung möglich ist.

[8] *Kleinknecht/Meyer* 8; vgl. aber BGH NStZ **1983** 34, dort war nicht auszuschließen, daß der Angeklagte von den Schlußvorträgen der anderen Verteidiger und vom letzten Wort der Mitangeklagten betroffen wurde.

[9] *Kleinknecht/Meyer* 8; KMR-*Müller* 5.

[10] Begr. BTDrucks. **8** 976 S. 50; *Gollwitzer* FS Sarstedt 21 ff.

[11] *Kleinknecht/Meyer* 6.

[12] KMR-*Müller* 8.

Walter Gollwitzer

nisse[13] oder sonstiger Umstände, die nur für die Bemessung der Rechtsfolgen bei diesem Angeklagten von Bedeutung sind[14]. Ob die Voraussetzungen vorliegen, hängt aber immer vom Einzelfall ab (BGHSt **32** 100). Vor allem bei den sogenannten Punktesachen, bei denen verschiedene selbständige Anklagepunkte gegen die einzelnen Mitangeklagten verhandelt werden, sind sie häufiger gegeben als bei einem verwickelten Tatgeschehen mit einem gemeinsamen Grundsachverhalt. Maßgebend ist stets, daß ausgeschlossen werden kann, daß die während der Abwesenheit des Angeklagten behandelten Umstände auch nur mittelbar die gegen ihn erhobenen Vorwürfe berühren und das Urteil gegen ihn beeinflussen, wie dies anzunehmen ist, wenn es sich um ein einheitliches Geschehen handelt (BGH bei *Holtz* MDR **1979** 807). Gleiches gilt für die Vernehmung eines Angeklagten über sein Verhältnis zu den Mitangeklagten (BGH StrVert. **1982** 457).

**6**    **c) Antrag.** Die Erlaubnis, bestimmten Teilen der Hauptverhandlung fernzubleiben, kann dem Angeklagten oder dem notwendigen Verteidiger nur auf Antrag gewährt werden, da die Vorschrift in erster Linie deren Interessen dient[15] und das Gericht auch nicht sicher vorhersehen kann, ob sie einen den jeweiligen Angeklagten nicht unmittelbar betreffenden Verhandlungsteil auch zur eigenen Verteidigung nutzen wollen und können[16]. Ist die Verteidigung nicht notwendig, braucht der Verteidiger, der fernbleiben will, keinen Antrag zu stellen, denn seine Abwesenheit hält das Verfahren ohnehin nicht auf. Das Gericht kann jedoch auch einem nicht notwendigen Verteidiger das Fernbleiben nach § 231 c ausdrücklich gestatten[17].

**7**    Das Antragsrecht des Angeklagten und des Verteidigers stehen **unabhängig** nebeneinander; der Angeklagte ist bei seiner Antragstellung nicht davon abhängig, daß auch sein Verteidiger den Antrag stellt und umgekehrt[18]. Der Verteidiger muß allerdings für befugt erachtet werden, namens des Angeklagten auch für diesen den Antrag zu stellen, dies gilt jedoch nur, wenn der Angeklagte dem nicht widerspricht; denn darüber, ob er auch den ihn nicht betreffenden Teilen der Hauptverhandlung beiwohnen will, hat letztlich nur er selbst zu befinden. Umgekehrt hindert ein Widerspruch des Angeklagten das Gericht nicht, einen notwendigen Verteidiger entsprechend seinem Antrag zu beurlauben. Bei mehreren Verteidigern hat jeder getrennt für sich das Antragsrecht. Der Antrag kann sich im übrigen auf verschiedene, nicht zusammenhängende Verhandlungsteile beziehen, die Beurlaubung kann in derselben Hauptverhandlung für denselben Angeklagten wiederholt beantragt werden.

**8**    Die **genaue Bezeichnung** der **Verhandlungsteile,** für die die Erlaubnis zur Entfernung begehrt wird, im Antrag ist zweckmäßig, aber nicht unerläßlich. Der Antrag kann auch dahin gehen, daß das Gericht die Erlaubnis im weitest möglichen Umfang erteilt[19]. Da das Gericht die Befreiung nicht über den Antrag hinaus erteilen darf, muß und kann

---

[13] BGHSt **31** 324; zur Streitfrage vgl. oben Fußn. 7.
[14] *Kleinknecht/Meyer* 7.
[15] Begr. BTDrucks. **8** 976 S. 50.
[16] Vgl. *Gollwitzer* FS Sarstedt 21 f.
[17] *Rieß* NJW **1978** 2270 Fußn. 97; KMR-*Müller* 3.
[18] KK-*Treier* 6; *Kleinknecht/Meyer* 11; KMR-*Müller* 4.
[19] Ähnlich *Kleinknecht/Meyer* 13. Nach KK-*Treier* 8 entbehrt der Antrag der erforderlichen Konkretisierung, wenn „um Befreiung von allen Verhandlungsteilen nachgesucht wird, die den Angeklagten nicht betreffen". KMR-*Müller* 11 fordert die Bezeichnung des Beurlaubungszeitraums im Antrag. Der Antragsteller, dessen Teilnahmerecht ohnehin nicht eingeschränkt wird, kann jedoch dem Gericht überlassen, in welchem Umfang es seinem Begehren entsprechen will; dies fördert eine flexible Verhandlungsführung.

es Unklarheiten des Antrags durch entsprechende Fragen an den Antragsteller beseitigen, bevor es einen bewilligenden Beschluß erläßt.

Der Antrag ist **in der Hauptverhandlung** mündlich zu stellen. Nach dem Zweck **9** der Vorschrift dürfte es aber auch zulässig sein, wenn der Antrag schon vor deren Beginn **schriftlich** bei Gericht eingereicht wird[20]. Bei Großverfahren kann dies die Terminplanung des Vorsitzenden, aber auch des Angeklagten und des Verteidigers erleichtern. Vertagungsanträge, die sonst schon bei einer zeitweiligen Verhinderung gestellt werden müßten, können sich dadurch mitunter erübrigen.

### 4. Entscheidung des Gerichts

**a)** Das Gericht, und zwar das **erkennende Gericht der Hauptverhandlung** ein- **10** schließlich der Schöffen, entscheidet nach Anhörung der Verfahrensbeteiligten (§ 33 Abs. 1) über den Antrag durch **Beschluß.** Eine prozeßleitende Anordnung des Vorsitzenden hielt der Gesetzgeber nicht für ausreichend, um zu gewährleisten, „daß die Anordnung von allen Prozeßbeteiligten in ihrer Bedeutung erfaßt wird und deshalb während der Dauer der Abwesenheit sorgfältig darauf geachtet wird, daß keine den befreiten Angeklagten betreffenden Umstände erörtert werden"[21]. Eine Entscheidung über den Antrag vor Beginn der Hauptverhandlung ist deshalb nicht zulässig[22]. An dem gleichen Grund scheitert die Annahme einer stillschweigenden Beurlaubung[23].

**b)** Die Entscheidung über den Antrag stellt Satz 1 in das **Ermessen** des **Gerichts 11** („kann ... gestattet werden"). Vor Ausübung dieses Ermessens muß das Gericht allerdings prüfen, ob die rechtlichen Voraussetzungen, von denen nach § 231 c die Beurlaubung abhängt (Rdn. 4 ff), gegeben sind. Es muß vor allem auf Grund seiner Aktenkenntnis und dem bisherigen Ergebnis der Hauptverhandlung **im voraus beurteilen,** ob bei den Verhandlungsteilen, auf die sich der Befreiungsantrag bezieht, damit zu rechnen ist, daß Umstände zur Sprache kommen, die das Urteil — und sei es nur im Rechtsfolgenausspruch — auch in Richtung gegen den Antragsteller beeinflussen können. Nur wenn es dies verneint, darf es dem Antrag entsprechen. Hält es die Voraussetzungen für gegeben, steht es in seinem freien **Ermessen,** ob es dem Antrag entsprechen will. Bei dieser Ermessensentscheidung soll das Gericht „die Bedeutung der für den Wunsch auf Abwesenheit sprechenden Gründe gegen die Gefahr abwägen", daß „während dieser Verhandlungsteile doch Umstände zur Sprache kommen können, die, wenn auch nur mittelbar, den beurlaubten Angeklagten betreffen". Bei der Ermessensentscheidung können aber auch Gründe der Prozeßwirtschaftlichkeit und die Erfordernisse einer gestrafften und jeder Verzögerung vorbeugenden Verhandlungsführung mit zu berücksichtigen sein[24].

**c)** Der **Tenor des bewilligenden Beschlusses** muß die Verhandlungsteile, für die **12** die Erlaubnis gilt, genau bezeichnen (Satz 2). Diesem Erfordernis der Verfahrensklarheit kann der Beschluß dadurch Rechnung tragen, daß er die betreffenden Verhandlungsteile nach ihrem Gegenstand eindeutig und verwechslungsfrei benennt, etwa Einvernahme bestimmter Zeugen oder Sachverständiger, Vornahme eines bestimmten Augenscheins oder Beweisaufnahme über einen bestimmten Tatsachenkomplex oder, bei Punktesachen, Verhandlung über einen bestimmten Vorwurf der Anklage. Statt der

---

[20] KK- *Treier* 7; *Kleinknecht/Meyer* 12.
[21] Begr. BTDrucks. **8** 976 S. 50.
[22] KK- *Treier* 9; *Kleinknecht/Meyer* 10; KMR-*Müller* 15.

[23] *Kleinknecht/Meyer* 15; KMR-*Müller* 15.
[24] *Kleinknecht/Meyer* 17.

Walter Gollwitzer

Bezeichnung der einzelnen Verhandlungsvorgänge ist es aber auch zulässig, die Erlaubnis zeitlich zu begrenzen, etwa für einen bestimmten Tag, an dem nur den Antragsteller nicht betreffende Vorgänge behandelt werden[25]. Welche Angaben zur zweifelsfreien Kennzeichnung notwendig sind, richtet sich stets nach den Umständen des einzelnen Verfahrens. Soweit bereits die zugelassene Anklage die einzelnen Vorwürfe klar trennt, erscheint es auch zulässig, wenn im Beschluß zur näheren Kennzeichnung des betreffenden Vorwurfs auf die Anklage Bezug genommen wird[26]. Um das Verfahren flexibel zu halten und wegen der Schwierigkeiten des Widerrufs (Rdn. 15) kann es zweckmäßig sein, wenn das Gericht die Freistellung zunächst auf einen festen Zeitraum und einen übersehbaren Verfahrensabschnitt begrenzt und einen darüberhinausgehenden Antrag ablehnt oder die Entscheidung darüber zurückstellt. Im letzteren Fall muß es dann aber von sich aus auf einen noch nicht völlig erledigten Antrag zurückkommen.

**13**     d) Einer **Begründung** bedarf der stattgebende Beschluß nicht. Die ablehnende Entscheidung sollte dagegen erkennbar machen, ob das Gericht den Antrag ablehnt, weil es der Ansicht ist, daß der betreffende Verhandlungsteil zumindest mittelbar auch den Angeklagten betreffen kann oder ob es in Ausübung seines Ermessens eine Beurlaubung nicht für angebracht hält[27].

**14**     5. **Widerruf.** Die Erlaubnis ist frei widerruflich (Satz 3). Das Gericht soll die Möglichkeit haben, die Befreiung bereits vor Ablauf ihrer Dauer nach seinem Ermessen zu widerrufen, wenn sich ergibt, daß der Verhandlungsstoff auch die Urteilsfindung gegen den Angeklagten beeinflussen kann.

**15**     Der **Beschluß** des erkennenden Gerichts, der die Erlaubnis widerruft, ergeht grundsätzlich nach Anhörung der Verfahrensbeteiligten (§ 33). Auch der beurlaubte Angeklagte und Verteidiger müssen in irgendeiner Form vorher dazu gehört werden, können sie doch im Hinblick auf die ihnen bewilligte Befreiung anderweitige Verpflichtungen übernommen haben, die das Gericht bei seiner Entscheidung über den Widerruf mit in Betracht ziehen muß[28]. Der Widerrufsbeschluß ist um der Verfahrensklarheit willen in der Hauptverhandlung den anwesenden Verfahrensbeteiligten zu verkünden, auch wenn weder der befreite Angeklagte noch sein befreiter Verteidiger anwesend sein sollten. Der Beschluß muß dann aber zusätzlich dem abwesenden Angeklagten und Verteidiger mitgeteilt werden; er ist wegen seiner verfahrensrechtlichen Bedeutung zweckmäßigerweise dem Angeklagten zuzustellen[29]. Zugleich ist dabei auch der Termin bekanntzugeben, an dem die Hauptverhandlung in Anwesenheit des Angeklagten und des notwendigen Verteidigers fortgesetzt werden soll. Eine förmliche Ladung (§ 216) ist nicht erforderlich[30], jedoch kann ein Hinweis auf die Pflicht zum Erscheinen und die Folgen des Ausbleibens beim Angeklagten zweckmäßig sein. Da ein solches Verfahren wenig praktikabel ist, kann das Gericht zur Verfahrensvereinfachung den abwesenden Angeklagten oder Verteidiger auch formlos wegen des beabsichtigten Wider-

---

[25] Begr. BTDrucks. **8** 976 S. 50.
[26] KK-*Treier* 10.
[27] KK-*Treier* 11; KMR-*Müller* 15; vgl. aber *Kleinknecht/Meyer* 15 (keine Begründung, da Ermessensentscheidung als solche kenntlich).
[28] KK-*Treier* 12.
[29] Nach KMR-*Müller* 20 ist Zustellung nicht unbedingt notwendig; der für die Anwendung

von Zwangsmitteln nach § 230 Abs. 2 oder für die Abwesenheitsverhandlung nach § 231 Abs. 2 notwendige Nachweis, daß das Ausbleiben des Angeklagten auf Eigenmacht beruht, ist aber andernfalls kaum möglich.
[30] *Rieß* NJW **1978** 2270 Fußn. 101; KK-*Treier* 12; *Kleinknecht/Meyer* 23; KMR-*Müller* 20.

rufs zur Hauptverhandlung herbeiholen und dann in ihrer Gegenwart den Widerrufsbeschluß verkünden[31].

Mit **Wirksamkeit des Widerrufsbeschlusses** endet — sofern der Beschluß nicht **16**
dafür einen späteren Termin festsetzt — das Recht des beurlaubten Angeklagten oder
Verteidigers, der Hauptverhandlung fernzubleiben. Desgleichen ist das Gericht nicht
mehr befugt, die Hauptverhandlung ohne den Angeklagten oder einen notwendigen
Verteidiger fortzusetzen, es sei denn, daß dies andere Sondervorschriften gestatten.
Unter Umständen muß deshalb das Verfahren bis zum Wiedererscheinen des Angeklagten oder des notwendigen Verteidigers unterbrochen werden.

#### 6. Verfahrensrechtliche Fragen

a) Das **Recht auf Teilnahme** an der Hauptverhandlung wird nicht dadurch beein- **17**
trächtigt, daß mit der Freistellung die Pflicht zur Anwesenheit entfällt. Der Angeklagte
kann daher auch während der Dauer der Beurlaubung an der Hauptverhandlung teilnehmen und — sofern er sie in dem ihn nicht betreffenden Verhandlungsteil hat (vgl.
Rdn. 19) — Verfahrensrechte ausüben[32]. Gleiches gilt für den notwendigen Verteidiger.
Eine solche Anwesenheit verpflichtet das Gericht nicht notwendig zum Widerruf der Befreiung. Deren Fortbestand kann trotz zeitweiliger Anwesenheit zweckmäßig sein, um
dem Beurlaubten die zeitweilige Entfernung zur Wahrnehmung anderer Angelegenheiten zu ermöglichen. Wenn allerdings Angeklagter oder Verteidiger erklären, daß sie
künftig wieder voll an der Hauptverhandlung teilnehmen wollen, dient der **Widerruf**
des Beurlaubungsbeschlusses der Verfahrensklarheit. Erst nach Widerruf darf das
durch den Beurlaubungsbeschluß selbst gebundene Gericht in Richtung gegen den beurlaubten Angeklagten weiterverhandeln. Die Anwesenheit des Angeklagten und des notwendigen Verteidigers während der Dauer der Beurlaubung berechtigt dazu nicht.

b) Die Freistellung von der Anwesenheitspflicht ist **keine Unterbrechung** der **18**
Hauptverhandlung im Sinne des § 229[33]. Sie ist nicht an die dort festgelegten zeitlichen
Grenzen gebunden und kann auch hinsichtlich des beurlaubten Angeklagten in die dort
festgelegten Höchstfristen nicht mit eingerechnet werden.

c) **Mitwirkungsbefugnisse.** Soweit Prozeßhandlungen die **Zustimmung des Ange- 19
klagten** oder seines Verteidigers voraussetzen (z. B. § 61 Nr. 5, § 245 Abs. 1 Satz 2, § 249
Abs. 2, § 251 Abs. 1 Nr. 4), bedarf es nicht der Zustimmung des abwesenden Angeklagten. Ein Mitangeklagter hat solche Befugnisse ohnehin nicht, wenn er nicht aufzuzeigen
vermag, daß er damit eigene Verteidigungsinteressen wahrnimmt[34]. Da in Abwesenheit
des Angeklagten nach § 231 c ohnehin nur solche Beweishandlungen vorgenommen werden dürfen, die ihn nicht betreffen, verzichtete der Gesetzgeber auf die Klarstellung,
daß seine Zustimmung entbehrlich sei[35]. Gleiches gilt bei Abwesenheit des Verteidigers.

d) **Sitzungsniederschrift.** Der Antrag auf Befreiung von der Anwesenheitspflicht, **20**
der Beschluß des Gerichts, in dem über diesen Antrag entschieden wird, und der Wider-

---

[31] Dies ist nur bei Kooperationsbereitschaft
von Angeklagtem und Verteidiger möglich
(vgl. KK-*Treier* 12); aber wenn diese fehlt,
wird ein vorzeitiger Widerruf der Befreiung
ohnehin das Verfahren kaum fördern können.

[32] *Rieß* NJW **1978** 2270; KK-*Treier* 14; *Klein-
knecht/Meyer* 3; KMR-*Müller* 18.

[33] BGH bei *Holtz* MDR **1979** 807; KK-*Treier*
15; *Kleinknecht/Meyer* 21; KMR-*Müller* 15.

[34] KK-*Treier* 14; *Kleinknecht/Meyer* 3; KMR-
*Müller* 17; *Gollwitzer* FS Sarstedt 25 ff; *Rieß*
NJW **1978** 2270. Vgl. Vor § 226, 33.

[35] BTDrucks. **8** 976 S. 50.

rufsbeschluß sind — sofern sie nicht außerhalb der Hauptverhandlung ergehen — **wesentliche Förmlichkeiten,** die im Protokoll zu beurkunden sind (§ 273) und die nur durch dieses bewiesen werden können[36]. Gleiches gilt für die Anwesenheit des Angeklagten und des notwendigen Verteidigers. Der Zeitpunkt ihrer Entfernung und ihres Wiedererscheinens muß aus dem Protokoll eindeutig ersichtlich sein.

**21**    **e) Heilung.** Ergibt die während der Beurlaubung gegen die Mitangeklagten weitergeführte Hauptverhandlung unvermutet Umstände, welche geeignet sind, das Urteil auch in Richtung gegen den abwesenden Angeklagten zu beeinflussen, so muß das Gericht dafür sorgen, daß diese fraglichen Prozeßteile **in Gegenwart des Angeklagten** und bei einer notwendigen Verteidigung auch des Verteidigers **wiederholt** werden, soweit sie auch ihn betreffen[37]. Die Einvernahme eines Zeugen, dessen Aussage unvermutet auch den Angeklagten be- oder entlastet, muß also insoweit nochmals durchgeführt werden. Dies kann dadurch geschehen, daß das Gericht die Befreiung von der Anwesenheitspflicht widerruft und erforderlichenfalls die Hauptverhandlung bis zum Erscheinen des Beurlaubten unterbricht; es kann aber auch dadurch geschehen, daß das Gericht dafür sorgt, daß nach Beendigung der bewilligten Freistellung die betreffenden Verhandlungsteile wiederholt werden. Dafür benötigte Beweispersonen dürfen also unter Umständen nicht endgültig entlassen (§ 248) werden. Welcher Weg den Vorzug verdient, richtet sich nach der Verfahrenslage im Einzelfall. Eine Wiederholung ist zur Heilung allerdings dann entbehrlich, wenn der Angeklagte und sein Verteidiger trotz ihrer Freistellung bei der Verwendung des auch sie betreffenden Beweismittels zugegen waren und Gelegenheit hatten, dazu Stellung zu nehmen und Fragen und Anträge zu stellen[38]. Im übrigen wird die auf einer Prognoseentscheidung (vgl. Rdn. 4, 11) beruhende Freistellung nicht dadurch nachträglich unwirksam, daß während ihrer Dauer dann doch etwas angesprochen wird, was auch für den beurlaubten Angeklagten entscheidungsrelevant ist. Wird ein solcher Bezug vorher erkannt, darf das Gericht nicht beurlauben, tritt er aber erst während der bereits angeordneten Beurlaubung zu Tage, wird diese nicht nachträglich unwirksam, doch darf das Gericht eine solche Tatsache für die Urteilsfindung erst verwenden, wenn der fragliche Teil der Beweisaufnahme in Gegenwart des Angeklagten und seines Verteidigers wiederholt worden ist.

**22**    **f)** Eine **Unterrichtung** des abwesenden Angeklagten und seines Verteidigers über das in ihrer Abwesenheit Verhandelte ist nicht vorgesehen, da dieses ihre Verteidigungsinteressen nicht berührt. Es steht im Belieben des Vorsitzenden, ob er ihnen trotzdem einen Überblick geben will[39].

### 7. Rechtsbehelfe

**23**    **a)** Die **Beschwerde** gegen den Beschluß, der eine Beurlaubung ablehnt oder eine bewilligte Freistellung von der Anwesenheitspflicht widerruft, scheitert an § 305[40]. Gleiches gilt für die Anfechtung der bewilligenden Entscheidung. Bei letzterer würde überdies sowohl beim erfolgreichen Antragsteller als auch bei den in ihren Verfahrensrechten nicht betroffenen anderen Mitangeklagten jede Beschwer fehlen.

**24**    **b)** Die **Revision** kann darauf gestützt werden, daß in Abwesenheit des Angeklagten oder des notwendigen Verteidigers Umstände verhandelt wurden, die den Angeklag-

---

[36] KK-*Treier* 13; *Kleinknecht/Meyer* 25; KMR-*Müller* 22.
[37] KK-*Treier* 14; *Kleinknecht/Meyer* 24; KMR-*Müller* 21.
[38] KMR-*Müller* 21.
[39] KMR-*Müller* 22.
[40] KK-*Treier* 16; *Kleinknecht/Meyer* 17; KMR-*Müller* 16.

ten zumindest mittelbar betrafen. Es liegt dann der absolute Revisionsgrund des §338 Nr. 5 vor[41]; denn der Beschluß nach §231 c deckt nicht die Einführung einer den abwesenden Angeklagten betreffenden Tatsache in die Hauptverhandlung. Anders als bei der förmlichen Trennung und Wiederverbindung bedarf es zur Begründung der Rüge nach §338 Nr. 5 nicht der Rechtsfrage der Umgehung des §230 Abs. 1[42]. Dieser ist unmittelbar verletzt, wenn eine den freigestellten Angeklagten betreffende Tatsache in dessen Abwesenheit verhandelt wird. Die Abwesenheit des notwendigen Verteidigers kann gleichfalls mit §338 Nr. 5 gerügt werden. Auch §261 dürfte verletzt sein, denn das Urteil beruht dann nicht auf dem Inbegriff der in Richtung gegen den Angeklagten geführten Verhandlung. Oftmals wird in solchen Fällen auch das rechtliche Gehör (Art. 103 Abs. 1 GG) nicht gewährt worden sein. Dagegen kann die Revision weder vom betroffenen Angeklagten noch von einem Mitangeklagten allein damit begründet werden, daß ein ablehnender oder stattgebender Beschluß nach §231 c für sich allein rechtsfehlerhaft oder ermessensmißbräuchlich gewesen sei.

## §232

(1) [1]Die Hauptverhandlung kann ohne den Angeklagten durchgeführt werden, wenn er ordnungsgemäß geladen und in der Ladung darauf hingewiesen worden ist, daß in seiner Abwesenheit verhandelt werden kann, und wenn nur Geldstrafe bis zu einhundertachtzig Tagessätzen, Verwarnung mit Strafvorbehalt, Fahrverbot, Verfall, Einziehung, Vernichtung oder Unbrauchbarmachung, allein oder nebeneinander, zu erwarten ist. [2]Eine höhere Strafe oder eine Maßregel der Besserung und Sicherung darf in diesem Verfahren nicht verhängt werden. [3]Die Entziehung der Fahrerlaubnis ist zulässig, wenn der Angeklagte in der Ladung auf diese Möglichkeit hingewiesen worden ist.

(2) Auf Grund einer Ladung durch öffentliche Bekanntmachung findet die Hauptverhandlung ohne den Angeklagten nicht statt.

(3) Die Niederschrift über eine richterliche Vernehmung des Angeklagten wird in der Hauptverhandlung verlesen.

(4) Das in Abwesenheit des Angeklagten ergehende Urteil muß ihm mit den Urteilsgründen durch Übergabe zugestellt werden.

**Schrifttum.** *Dünnebier* Das Kontumazialverfahren ist abgeschafft, FS Heinitz 669; *Küper* Kontumazialverfahren, Anordnung des persönlichen Erscheinens und Abwesenheitsverhandlung, NJW **1969** 493; *Küper* Zum strafprozessualen „Versäumnisurteil" in sog. Bagatellsachen (§232 StPO), GA **1971** 289; *Küper* Befreiungsantrag und strafprozessuales Versäumnisurteil, NJW **1974** 1927; *Oppe* Das Abwesenheitsverfahren in der Strafprozeßreform, ZRP **1972** 56

**Entstehungsgeschichte** der §§232 und 233. Beide Vorschriften knüpfen an die jeweiligen Rechtsfolgen des materiellen Strafrechts an. Sie sind mit diesen wiederholt ge-

---

[41] BGH NStZ **1983** 34 StrVert. **1984** 102; KK-*Treier* 17; *Kleinknecht/Meyer* 27; KMR-*Müller* 23; vgl. auch BGH StrVert. **1982** 457.

[42] Vgl. BGHSt **24** 259; **32** 100; BGH bei *Holtz* MDR **1979** 807; 989; ferner §230, 52.

ändert worden[1]. Die jetzige Fassung haben sie durch Art. 21 Nrn. 62, 63 EGStGB 1974 erhalten. Bezeichnung bis 1924: § 231 bzw. § 232.

**Geplante Änderungen.** Der BRat hat unter Nr. 7 seiner Stellungnahme zum StVÄGE 1984 vorgeschlagen, in Absatz 4 folgende Worte anzufügen:
„wenn es nicht nach § 145 a Abs. 1 dem Verteidiger zugestellt wird."
Die Änderung steht in Zusammenhang mit dem Änderungsvorschlag in Art. 1 Nr. 10 des StVÄGE 1984, § 145 a Abs. 2 aufzuheben. S. ggf. die Erläuterungen im Nachtrag zur 24. Auflage.

*Übersicht*

---

[1] Der § 232 (bis 1924: § 231) ermächtigte ursprünglich das Gericht, beim Ausbleiben des Angeklagten zu verhandeln, wenn die Tat nur mit Geldstrafe, Haft oder Einziehung, allein oder in Verbindung miteinander, bedroht war; er forderte einen Hinweis in der Ladung. Nach § 233 (früher § 232) konnte der Angeklagte auf seinen Antrag wegen großer Entfernung seines Aufenthaltsorts von der Pflicht zum Erscheinen in der Hauptverhandlung entbunden werden, wenn nach dem Ermessen des Gerichts voraussichtlich keine andere Strafe als Freiheitsstrafe bis zu sechs Wochen oder Geldstrafe oder Einziehung, allein oder in Verbindung miteinander, zu erwarten stand; in diesem Fall mußte der Angeklagte, wenn seine richterliche Vernehmung nicht schon im Vorverfahren erfolgt war, durch eine beauftragten oder ersuchten Richter vernommen werden. Das Verfahren gegen Abwesende, also gegen Beschuldigte, die für die richterliche Gewalt unerreichbar waren, weil ihr Aufenthalt nicht ermittelt werden konnte oder weil sie sich im Ausland aufhielten, ihre Gestellung vor das zuständige Gericht aber nicht ausführbar oder nicht angemessen erschien, war besonders geregelt (§ 277 a. F., vorher § 319). Seit 1924 wurden beide Vorschriften wiederholt geändert, um sie den Änderungen im Sanktionssystem des materiellen Strafrechts anzupassen, zum Teil auch, um veränderten Vorstellungen über die Hauptverhandlung in Abwesenheit des Angeklagten Rechnung zu tragen. So sind von 1942 bis zum Vereinheitlichungsgesetz beide Vorschriften durch eine einheitliche Regelung ersetzt worden. Die umfangreiche Geschichte der Änderungen ist in der 23. Auflage dargestellt (Fußn. 1 zu § 232).

## I. Zweck und Anwendungsbereich

**1. Zweck.** § 232 hat den Zweck, die zügige Erledigung der Strafsachen von gerin- **1** ger Bedeutung nicht daran scheitern zu lassen, daß der Angeklagte der Hauptverhandlung eigenmächtig fernbleibt[2]. Das Gericht soll in diesen Fällen nicht genötigt sein, zu vertagen und die Anwesenheit des Angeklagten zu erzwingen. Das Verfahren ist als Ungehorsamsverfahren ausgestaltet; ein Recht, der Hauptverhandlung fernzubleiben, hat der Angeklagte nicht. Der Hinweis, daß die Verhandlung ohne ihn durchgeführt werden kann, stellt die Teilnahme zwar praktisch, aber nicht rechtlich in seine Disposition (vgl. Rdn. 17).

**2. Anwendungsbereich**
**a) Erreichbarkeit für Gericht.** Das Ungehorsamsverfahren setzt, wie schon das **2** Erfordernis einer ordnungsgemäßen Ladung und das Verbot des Absatzes 2 zeigen, voraus, daß zur Zeit der Ladung der Aufenthalt des Angeklagten bekannt ist und daß er sich im Machtbereich der richterlichen Gewalt der Bundesrepublik Deutschland aufhält oder doch für sie erreichbar ist. Hält sich ein ordnungsgemäß geladener Angeklagter im Zeitpunkt der Hauptverhandlung im Ausland auf, so ist strittig, ob nach § 232 gegen ihn verhandelt werden darf oder ob dem § 285 entgegensteht. Nach dem Zweck des § 285 und nach Wortlaut und Sinn des § 232 erscheint letztere Vorschrift entgegen der früher herrschenden Meinung auch in diesem Fall anwendbar, und zwar unabhängig davon, ob die Ladung im Inland oder im Ausland bewirkt wurde[3].

**b)** § 232 gilt — soweit § 329 Raum läßt — auch im **Berufungsverfahren,** nicht je- **3** doch im Revisionsverfahren (vgl. § 350 Abs. 2).

**c)** Im **Verfahren gegen Jugendliche** vor dem Jugendgericht ist das Ungehorsams- **4** verfahren nach § 232 zwar mit Zustimmung des Staatsanwalts bei Vorliegen besonderer Gründe rechtlich zulässig (§ 50 Abs. 1 JGG); es wird in der Regel ausscheiden, weil der Jugendrichter seine erzieherische Aufgabe nur erfüllen kann, wenn der Jugendliche selbst vor Gericht erscheint. An Stelle der in Absatz 1 Satz 1 aufgeführten Geldstrafe müssen bei den Jugendlichen Zuchtmittel oder Erziehungsmaßregeln (außer der Fürsorgeerziehung) zu erwarten sein. Wird gegen einen Jugendlichen vor dem Erwachsenengericht verhandelt, ist die Anwendung des § 50 Abs. 1 JGG dem richterlichen Ermessen überlassen (§ 104 Abs. 2 JGG). Grundsätzlich wird aber auch hier eine Verhandlung ohne den Jugendlichen nur in Frage kommen, wenn besondere Gründe vorliegen und das Persönlichkeitsbild des Jugendlichen hinreichend geklärt ist. Gleiches gilt bei Heranwachsenden, die an sich dem § 232 uneingeschränkt unterfallen (§ 109 JGG)[4].

## II. Voraussetzungen des Verfahrens nach § 232

**1. Ordnungsgemäße Ladung.** Der Angeklagte muß zur Hauptverhandlung im **5** Sinne der §§ 216, 217 ordnungsgemäß geladen worden sein. Eine im Ausland ordnungs-

---

[2] BGHSt **3** 189; *Küper* GA **1971** 295.
[3] KK-*Engelhardt* § 285, 3; *Kleinknecht/Meyer* § 285, 2; vgl. bei § 285; *Oppe* ZRP **1972** 57; **a. A** die früher vorherrschende Meinung; BGH NJW **1957** 472; *Eb. Schmidt* 2; KMR-*Müller* 3; § 276, 2; ferner *Kaiser* NJW **1964** 1553; *Koeniger* 227; *Neu* NJW **1964** 2334;

*Oppe* NJW **1966** 239. Seit Wegfall der Abwesenheitsverhandlung (§ 277 ff a. F – dazu *Rieß* JZ **1975** 265) ist jedoch der innere Grund entfallen, den Anwendungsbereich des § 232 wegen dieser Sonderregelung einengend auszulegen.
[4] *Brunner* § 50, 2; 4; *Eisenberg* § 50, 17; 18.

Walter Gollwitzer

gemäß bewirkte Ladung erfüllt diese Voraussetzung auch dann, wenn in ihr die Androhung von Zwangsmitteln unterbleiben mußte[5]. Eine Ladung durch **öffentliche Bekanntmachung** genügt jedoch nicht. Absatz 2 schließt die Verhandlung ohne den Angeklagten auf Grund einer solchen Ladung ausdrücklich aus (vgl. dazu Rdn. 6). Die Nichteinhaltung der **Ladungsfrist** gefährdet die Ordnungsmäßigkeit der Ladung nicht (BGHSt 24, 150)[6].

**6**    2. Der **Hinweis,** daß ohne den Angeklagten verhandelt werden kann, muß klar und unmißverständlich[7] in der Ladung enthalten oder ihr beigefügt sein. Der Hinweis auf diese Folge des Ausbleibens ist auch bei einer Ladung im Ausland zulässig und notwendig für die Anwendbarkeit des § 232[8]. **Zweck des Hinweises** ist es, dem Angeklagten vor Augen zu führen, daß er bei unentschuldigtem Fernbleiben die Möglichkeit einbüßt, in der Hauptverhandlung sich persönlich zu der gegen ihn erhobenen Anschuldigung zu äußern. Dem Gebot des rechtlichen Gehörs ist damit genügt, daß dem Angeklagten durch Ladung und Hinweis ermöglicht wird, seine Rechte wahrzunehmen. Bei einer Ladung durch öffentliche Bekanntmachung (§ 40) wäre dies nicht gewährleistet. Bei ihr schließt Absatz 2 deshalb die Verhandlung ohne den Angeklagten aus. *Küper* (GA **1971** 298) rechnet den Hinweis zu den schützenden Formen, von deren Einhaltung auch der Angeklagte das Gericht nicht entbinden kann. Ist der Hinweis nach Absatz 1 Satz 1 unterblieben, darf das Gericht nicht ohne den Angeklagten verhandeln. Die vorherrschende Meinung sieht im Hinweis wegen seiner Schutzfunktion und weil er die Erklärung des Gerichts enthält, gegebenenfalls ohne den Angeklagten verhandeln zu wollen (BGHSt **25** 165), eine **unverzichtbare Zulässigkeitsvoraussetzung** für die Verhandlung nach § 232[9]. Diese ist auch dann ausgeschlossen, wenn für den Angeklagten ein nach § 234 zur Vertretung ermächtigter Verteidiger erscheint[10].

**7**    Im **Berufungsverfahren** ersetzt der Hinweis nach § 329 nicht den Hinweis nach Absatz 1 Satz 1. Beide Hinweise können nach § 323 Abs. 1 Satz 2 nebeneinander erforderlich sein (vgl. die Erläuterungen zu § 323). Ein **Hinweis auf § 234** ist neben dem Hinweis nach Absatz 1 Satz 1 nicht vorgeschrieben; er kann aber zweckmäßig sein[11].

**8**    Kommt eine **Entziehung der Fahrerlaubnis** in Betracht, fordert Absatz 1 Satz 3 einen zusätzlichen Hinweis auf diese Möglichkeit. Ist er unterblieben, darf die Fahrerlaubnis nicht auf Grund einer ohne den Angeklagten durchgeführten Verhandlung entzogen werden.

**9**    3. **Zu erwartende Rechtsfolgen.** Für die abzuurteilende Tat darf **keine höhere Strafe** als Geldstrafe bis zu 180 Tagessätzen, Verwarnung mit Strafvorbehalt, Fahrverbot, Verfall, Einziehung, Vernichtung oder Unbrauchbarmachung — allein oder nebeneinander — und keine andere Maßregel der Sicherung und Besserung als die Entzie-

---

[5] OLG Frankfurt NJW **1972** 1875; KK-*Engelhardt* § 285, 3; *Oppe* NJW **1966** 2238.

[6] KK-*Treier* 3; *Kleinknecht/Meyer* § 217, 5; KMR-*Müller* 3. Die Rechtslage ist hier die gleiche wie bei § 329 Abs. 1, § 412 Abs. 1 und § 74 Abs. 2 OWiG.

[7] OLG Hamburg GA **74** (1930) 81.

[8] KK-*Engelhardt* § 285, 3.

[9] KK-*Treier* 4; *Kleinknecht/Meyer* 5; KMR-*Müller* 4.

[10] BGHSt **25** 165 = LM Nr. 3 mit Anm. *Hel-*denberg = NJW **1973** 1006; 1334 mit Anm. *Küper* = JR **1974** 28 mit Anm. *Gollwitzer;* ferner BayObLGSt **1960** 274; BayObLG NJW **1970** 1055; *Eb. Schmidt* 5; *Küper* GA **1971** 289 (Hinweis hat Schutz und Warnfunktion, er ist keine Art gerichtliche Befreiungserklärung). Die Bedeutung des Hinweises für die Auslegung des § 329 ist dort erläutert.

[11] *Kleinknecht/Meyer* 5; KMR-*Müller* 4.

hung der Fahrerlaubnis zu erwarten sein. Es kommt nur darauf an, mit welcher Strafe oder Maßregel nach den Umständen des Einzelfalls **zu rechnen ist,** nicht, welche abstrakt im Gesetz angedroht wird[12]. Im Berufungsverfahren kann — sofern das Verbot der Verschlechterung (§ 331) eingreift — die zu erwartende Strafe in der Regel mit der vom Erstgericht ausgeworfenen Strafe gleichgesetzt werden[13].

Bei der **Geldstrafe** darf die **Gesamtstrafe** die Obergrenze von 180 Tagessätzen **10** nicht überschreiten. Das Ungehorsamsverfahren nach § 232 wird nicht dadurch ausgeschlossen, daß die Geldstrafe nur an Stelle einer allein angedrohten Freiheitsstrafe nach § 47 StGB zu erwarten ist[14]. Ob in diesen Fällen eine Freiheitsstrafe unter 6 Monaten unerläßlich ist, wird das Gericht allerdings oft nur auf Grund des persönlichen Eindrucks vom Angeklagten beurteilen können, so daß insoweit die Aufklärungspflicht einer Verhandlung ohne Angeklagten entgegenstehen dürfte. Auch die von Absatz 1 vorausgesetzte Erwartung im Sinne eines mit einer gewissen Wahrscheinlichkeit vorhersehbaren Ergebnisses wird nicht bestehen.

Auf **Verfall, Einziehung, Vernichtung** oder **Unbrauchbarmachung** darf erkannt **11** werden. Der wirtschaftliche Wert dieser gegen den Angeklagten verhängten Nebenfolge spielt dabei keine Rolle. Auch die Anordnung des Verfalls des Wertersatzes oder der Einziehung des Wertersatzes ist nach Absatz 1 Satz 1 zulässig, da es sich hierbei um eine besondere Form des Verfalls oder der Einziehung handelt, die in der Aufzählung nicht besonders erwähnt werden brauchte.

Während das **Fahrverbot** ohne einen besonderen Hinweis ausgesprochen werden **12** kann, macht Absatz 1 Satz 3 die Entziehung der Fahrerlaubnis davon abhängig, daß auf diese Möglichkeit besonders hingewiesen worden ist.

**Andere Nebenfolgen** als die in Absatz 1 Satz 1 ausdrücklich erwähnten dürfen im **13** Ungehorsamsverfahren nicht verhängt werden. Die bei einer Ausnahmevorschrift gebotene einengende Auslegung spricht dagegen, im Abwesenheitsverfahren die Bekanntmachung des Urteils anzuordnen oder zuzulassen[15]. *Eb. Schmidt* (18) hält die Anordnung der Urteilsbekanntmachung im Verfahren nach § 232 insoweit für unzulässig, als sie Strafe ist, während sie — weil nicht durch Satz 2 ausgeschlossen — angeordnet werden darf, wenn sie eine Genugtuung für den Verletzten bedeutet, wie etwa bei den §§ 165, 200 StGB. Die Aufzählung erfaßt jedoch alle Rechtsfolgen, ohne Rücksicht darauf, ob sie Strafcharakter haben. Wegen der Zuchtmittel und Erziehungsmaßnahmen bei Jugendlichen vgl. Rdn. 4.

### 4. Eigenmächtiges Fernbleiben

**a) Eigenmacht.** Das Ungehorsamsverfahren setzt ferner voraus, daß der Ange- **14** klagte eigenmächtig der Hauptverhandlung fernbleibt. Es ist unzulässig, wenn der Angeklagte durch einen von seinem Willen unabhängigen Umstand am Erscheinen gehindert wird. Ob ein solches eigenmächtiges Fernbleiben vorliegt, beurteilt sich nach den gleichen Gesichtspunkten wie bei § 231 (dort Rdn. 16). Es kommt, ebenso wie bei § 230 Abs. 2 auch hier nicht darauf an, ob sich der Angeklagte entschuldigt hat, sondern nur, ob sein Fernbleiben genügend entschuldigt ist[16]. Die Erläuterungen zur Eigenmacht bei § 230, 23; § 231, 14 und die dort angegebenen Entscheidungen gelten auch hier; zur Pflicht des Gerichts, unter Umständen eine angemessene Zeit mit dem Beginn der Hauptverhandlung zuzuwarten, vgl. § 228, 22; § 243, 25.

---

[12] OLG Köln JMBlNW **1959** 72; KK-*Treier* 6;    [14] KMR-*Müller* 2.
KMR-*Müller* 2.      [15] KK-*Treier* 8.
[13] OLG Stuttgart NJW **1962** 2033.    [16] OLG Frankfurt NJW **1952** 1107.

Walter Gollwitzer

**15**    An einem eigenmächtigen Fernbleiben fehlt es insbesondere, wenn der Angeklagte in einer **anderen Sache in Haft** genommen wird; dies gilt auch, wenn er selbst auf
die Vorführung verzichtet, denn der Verzicht wäre insoweit unbeachtlich (*Eb. Schmidt*
3). Ein eigenmächtiges Ausbleiben könnte deshalb bei einem in anderer Sache in Haft
gehaltenen Angeklagten allenfalls für die Ausnahmefälle angenommen werden, in denen
die Verpflichtung des Gerichts, für die Anwesenheit zu sorgen, nicht zum Tragen
kommt, weil sie nur unter Anwendung unverhältnismäßiger und damit unzulässiger
Zwangsmittel durchgesetzt werden könnte (§ 231, 23). Ob sie schon entfällt, wenn der
Angeklagte absichtlich seine Haft verschweigt und so bewirkt, daß seine Vorführung unterbleibt, ist strittig[17]. Der Bundesgerichtshof (GA **1969** 281) verneint hier die Eigenmacht, da vom Angeklagten nicht verlangt werden kann, daß er den Fortgang des gegen
ihn gerichteten Verfahrens mitbetreibt.

**16**    Nach § 232 darf nicht verfahren werden, wenn ein vor dem Termin eingegangener **Vertagungsantrag** des Angeklagten nicht beschieden worden ist[18].

**17**    b) **Verzicht auf Anwesenheit.** Weder der Angeklagte noch sein Verteidiger können im Falle des § 232 wirksam auf die Teilnahme des Angeklagten an der Hauptverhandlung verzichten[19]. Unbeschadet der Möglichkeit, daß das Gericht in einem solchen
Fall nach § 232 ohne den Angeklagten verhandelt, ist es immer befugt, das Erscheinen
des Angeklagten nach § 230 Abs. 2 zu erzwingen. Erklärt der Angeklagte einen solchen
Verzicht, so wird darin in der Regel ein Antrag auf Entbindung vom Erscheinen gemäß
§ 233 zu sehen sein[20]. Entspricht das Gericht diesem Antrag, so richtet sich das Abwesenheitsverfahren nach § 233, nicht nach § 232; während eine Ablehnung das Gericht
nicht hindert, nach § 232 zu verfahren. In der unbegründeten Weigerung, an der Hauptverhandlung teilzunehmen, liegt eine die Abwesenheitsverhandlung rechtfertigende
Eigenmacht[21].

**18**    c) **Das eigenmächtige Entfernen** des Angeklagten aus der Hauptverhandlung ist
dem eigenmächtigen Ausbleiben gleichzuachten[22]. Sind alle Voraussetzungen des § 232
gegeben und will das Gericht ohne den Angeklagten verhandeln, dann muß es für befugt
gelten, die Verhandlung nach § 232 fortzusetzen. Dies gilt auch dann, wenn die Voraussetzungen des § 231 Abs. 2 nicht gegeben sein sollten, etwa weil der Angeklagte sich
noch nicht zur Sache geäußert hatte. Beide Möglichkeiten stehen nebeneinander. § 231
Abs. 2 ist nicht etwa eine abschließende Regelung[23].

### III. Hauptverhandlung ohne Angeklagten

**19**    1. **Vorbereitung der Hauptverhandlung.** Zunächst ist es **Sache des Staatsanwalts**,
im vorbereitenden Verfahren die Vorarbeit zu leisten, die der Anwendung des § 232 den
Weg frei macht. Der Staatsanwalt kann zu diesem Zweck eine richterliche Vernehmung
des Angeklagten herbeiführen und bei Anklageerhebung anregen, den Angeklagten mit

---

[17] *Eb. Schmidt* 2; KMR-*Müller* 6 nehmen dies
an; vgl. § 231, 23; 24.
[18] RG GA **46** (1898/99) 436; OLG Köln NJW
**1952** 637.
[19] OLG Frankfurt NJW **1952** 637; *Eb. Schmidt*
2; a. A KMR-*Müller* 7 (Zustimmung eines
entschuldigt fernbleibenden Angeklagten soll
Abwesenheitsverhandlung    ermöglichen);

*Kleinknecht/Meyer* 2 (steht eigenmächtigem
Fernbleiben gleich).
[20] KK-*Treier* 9: Tatfrage, die vom Gericht aufzuklären ist; KMR-*Müller* 8.
[21] *Kleinknecht/Meyer* 2.
[22] KK-*Treier* 9; KMR-*Müller* 8.
[23] Vgl. BayObLGSt **1972** 17 = MDR **1972**
709 zur ähnlichen Rechtslage bei § 74 OWiG.

den nach Absatz 1 erforderlichen Hinweisen zu laden, wenn er mit einer Hauptverhandlung ohne den Angeklagten rechnet.

Mit der **Anberaumung** der Hauptverhandlung muß der **Vorsitzende** im Rahmen **20** der Aufgaben, die ihm zur Vorbereitung der Hauptverhandlung obliegen, prüfen, ob der Sachverhalt genügend aufgeklärt werden kann, ohne daß der Angeklagte an der Hauptverhandlung teilnimmt, und ob — im Fall des Schuldspruchs — auf die Tat des Angeklagten mit einer Rechtsfolge zu erwidern sein wird, die in den Grenzen des § 232 bleibt. Vom Ergebnis dieser vorläufigen Prüfung und von der darauf gestützten Entschließung des Vorsitzenden hängt es ab, ob in die Ladung des Angeklagten zur Hauptverhandlung die im § 216 Abs. 1 Satz 1 bestimmte Warnung oder der im § 232 Abs. 1 Satz 1 erforderte Hinweis oder — was zulässig ist — Warnung und Hinweis aufzunehmen sind. Kommt die Entziehung der Fahrerlaubnis in Betracht, muß zusätzlich der Hinweis nach Absatz 1 Satz 3 aufgenommen werden. Der Vorsitzende kann ferner in geeigneten Fällen die Vernehmung des Angeklagten durch einen **beauftragten oder ersuchten Richter** anordnen, damit alles zur Erforschung der Wahrheit Notwendige getan wurde[24].

**2. Entscheidung des Gerichts.** Vom Beginn der Hauptverhandlung an geht die **21** Verantwortung dafür, daß der § 232 richtig angewandt werde und daß der Erforschung der Wahrheit kein Abbruch geschehe, auf das **Gericht** über. Soweit die Anwendung dieser Vorschrift an Art und Höhe der zu erwartenden Rechtsfolgen gebunden ist, kommt es nunmehr auf die Erwartung des Gerichts und nicht mehr allein die des Vorsitzenden an. Hierüber und über die anderen Voraussetzungen des § 232 muß sich ein Kollegialgericht intern verständigen.

Ein **förmlicher Gerichtsbeschluß** ist nicht erforderlich, wenn das Gericht nach **22** § 232 verhandeln will[25]. Es kann ohne weitere Förmlichkeiten zur Hauptverhandlung schreiten, wobei es ihm unbenommen ist, den Anwesenden, vor allem einem erschienenen Verteidiger des Angeklagten dies formlos mitzuteilen. Eines förmlichen Beschlusses des Gerichts bedarf es dagegen, wenn dieses die Hauptverhandlung nach § 228 Abs. 1 aussetzt, weil es nicht in Abwesenheit des Angeklagten verhandeln will.

**3. Durchführung der Hauptverhandlung**
**a) Allgemeines.** Die Hauptverhandlung gegen den ferngebliebenen Angeklagten **23** folgt den allgemeinen Regeln, an Stelle der Vernehmung des Angeklagten zur Sache ist jedoch dessen Verteidigungsvorbringen, soweit es für das Gericht ersichtlich ist, in die Hauptverhandlung einzuführen (Rdn. 24 ff). Soweit bestimmte Formen der Verfahrensgestaltung von der Zustimmung des Angeklagten abhängen (z. B. § 61 Nr. 5, § 245 Abs. 1 S. 2, § 249 Abs. 2, § 251 Abs. 1 Nr. 4), entfällt diese Voraussetzung. Es genügt das Einverständnis der anwesenden Verfahrensbeteiligten. Die Befugnisse eines anwesenden Verteidigers werden dadurch nicht eingeschränkt. Dieser kann auch bei einer Befragung nach § 265 a Satz 1 Erklärungen für den Angeklagten abgeben[26], wenn er nach § 234 zur Vertretung ermächtigt ist. Im übrigen muß sich das Gericht stets des tiefgreifenden Unterschieds zwischen dem Ungehorsamsverfahren des § 232 und dem Versäumnisverfahren bewußt bleiben, das im bürgerlichen Rechtsstreit gegen den nicht erschienenen Beklagten stattfindet. Das Ausbleiben des Angeklagten in dem Verfahren, auf das der

---

[24] *Krause* DRiZ **1971** 196 schlägt dies allgemein vor, damit das Gericht sinnvoll auf das Ausbleiben des Angeklagten reagieren kann.

[25] KK-*Treier* 1; *Kleinknecht/Meyer* 7; KMR-*Müller* 10; vgl. aber Rdn. 28, 30.
[26] *Kleinknecht/Meyer* 7; vgl. bei § 265 a.

Walter Gollwitzer

§ 232 anzuwenden ist, darf nicht als Zugeständnis gewertet, der Angeklagte darf nur verurteilt werden, wenn der Nachweis für seine Täterschaft und Schuld im Sinne des § 261 durch das Gesamtergebnis der Verhandlung erbracht ist.

**24**    b) Die **Einlassung des Angeklagten** muß, soweit sie für das Gericht erkenntlich ist, vom Gericht in der Hauptverhandlung zur Sprache gebracht und bei seiner Entscheidung mit in Erwägung gezogen werden.

**25**    **Niederschriften** über eine **richterliche Vernehmung** muß das Gericht an Stelle der in § 243 Abs. 4 vorgeschriebenen Vernehmung des Angeklagten zur Sache verlesen, nicht aber staatsanwaltschaftliche oder polizeiliche Vernehmungsprotokolle[27]. Die Zulässigkeit des Verfahrens nach § 232 hängt jedoch nicht davon ab, daß eine solche Niederschrift vorliegt[28]. Die Niederschrift muß in dem Verfahren entstanden sein, in dem jetzt ohne den Angeklagten verhandelt werden soll; sie muß seine **Angaben als Beschuldigter** zum Inhalt haben. Die Niederschrift über eine Vernehmung des Angeklagten als Zeuge ist nicht verlesbar[29]. Zu verlesen sind dagegen Niederschriften über Vernehmungen im Ausland, wenn sie von einem deutschen Konsul durchgeführt wurden oder einer ausländischen Stelle, deren Protokolle einer richterlichen Einvernahme gleichstehen (vgl. dazu § 223 und bei § 251).

**26**    Erhebt der Angeklagte in der Niederschrift den Einwand der **örtlichen Unzuständigkeit,** ist er ohne Rücksicht auf den Zeitpunkt der Verlesung zu beachten[30], denn der Angeklagte kann den Zeitpunkt nicht bestimmen, zu dem das Gericht seinen Antrag in der Hauptverhandlung zur Sprache bringt. Ein anwesender Verteidiger kann den Antrag dagegen nur bis zu dem in § 16 festgelegten Verfahrensabschnitt vorbringen.

**27**    Ein in der Niederschrift enthaltender **Beweisantrag** gilt (anders als bei § 233 Abs. 2) nicht als in der Hauptverhandlung gestellt. Er braucht daher nicht nach § 244 Abs. 3 beschieden zu werden. Wieweit das Gericht ihm Rechnung tragen muß, bestimmt sich nach seiner Aufklärungspflicht[31].

**28**    Ist für den Angeklagten ein **vertretungsberechtigter Verteidiger** in der Hauptverhandlung anwesend, so hat das Gericht die Aufforderung nach § 243 Abs. 4 Satz 1 an ihn zu richten. Trägt der Verteidiger die Sachdarstellung des Angeklagten vor, so kann — sofern nicht die Aufklärungspflicht entgegensteht — nach Ansicht des Bayerischen Obersten Landesgerichts[32] auf die Verlesung der früheren Einlassung des Angeklagten verzichtet werden, da Absatz 3 nicht für den Fall gilt, daß ein Vertreter erschienen ist, der berechtigt ist, für den Angeklagten Erklärungen abzugeben[33]. Eine Verlesung der Niederschrift über eine richterliche Vernehmung ist aber trotzdem immer zulässig und angezeigt. Sie ist in den Fällen des § 254 sogar unerläßlich, wenn ihr Inhalt bei der Beweiswürdigung zu Lasten des Angeklagten verwendet werden soll. Unabhängig davon muß eine vorhandene **Niederschrift** über eine **richterliche Vernehmung** des Angeklagten immer verlesen werden, wenn der erschienene Verteidiger keine Sachdarstellung für den Angeklagten vorträgt oder seine Vertretungsberechtigung nicht nachgewiesen hat.

---

[27] *Eb. Schmidt* 16; KK-*Treier* 12; *Kleinknecht/Meyer* 8; KMR-*Müller* 1.

[28] BayObLGSt **1974** 35 = VRS **47** 115; OLG Köln JMBlNW **1959** 72; OLG Schleswig SchlHA **1956** 298.

[29] *Eb. Schmidt* 16.

[30] RGSt **40** 356 (zum jetzigen § 233); KK-*Treier* 13; *Kleinknecht/Meyer* 8; vgl. § 16, 11.

[31] OLG Hamm JMBlNW **1962** 203; KK-*Treier* 13; *Kleinknecht/Meyer* 8; KMR-*Müller* 13.

[32] BayObLGSt **1974** 35 = VRS **47** 115.

[33] Zur Streitfrage, wieweit der Verteidiger als Vertreter des Angeklagten sich zur Sache erklären kann, vgl. § 234, 16.

**Andere Erklärungen des Angeklagten.** Aus Absatz 3 wird im Umkehrschluß ent- **29** nommen, daß andere Niederschriften, die die Einlassung des Angeklagten enthalten, nicht verlesen werden dürfen[34]. Dies betrifft nur die Verwendung als Beweismittel (im weiten Sinn). Eine absolute Ausschlußwirkung kann jedoch dem Absatz 3 nicht beigelegt werden. Er will dem Angeklagten ein Mindestmaß an rechtlichem Gehör gewähren, nicht aber das rechtliche Gehör beschränken, wenn die Niederschrift über eine richterliche Vernehmung des Angeklagten fehlt. Wenn zum Beweis über ein Geständnis des Angeklagten nach §254 Abs. 1 nur eine richterliche Vernehmungsniederschrift verlesen werden darf, schließt das nicht aus, daß sich das Gericht — so wie es seine Aufklärungspflicht fordert — an Hand aller vorhandenen Unterlagen darüber orientiert, wie sich der Angeklagte zur Anklage eingelassen hat, vor allem aber, was er zu seiner Verteidigung vorbringt. Zu diesem Zweck — nicht etwa zu Beweiszwecken — kann bei Fehlen einer Niederschrift über eine richterliche Vernehmung auch auf andere Vernehmungsniederschriften zurückgegriffen werden und es können als Ersatz für die Vernehmung des Angeklagten nach §243 Abs. 4 Satz 2 auch schriftliche Erklärungen des Angeklagten, in denen er sich zur Tat geäußert hat, in der Hauptverhandlung zur Sprache gebracht werden[35]. Dies kann auch durch Feststellung des wesentlichen Inhalts der Verteidigung des Angeklagten geschehen.

**c) Abbruch der Hauptverhandlung.** Auch wenn die Voraussetzungen des §232 **30** vorliegen, kann das Gericht jederzeit von der Verhandlung ohne den Angeklagten absehen und nach §236 verfahren. Das muß geschehen, wenn die Erforschung der Wahrheit oder auch nur Strafzumessungsfragen eine Erörterung der Sache mit dem Angeklagten gebieten[36].

Ergibt die Hauptverhandlung, daß der in Absatz 1 Satz 2 festgelegte **Rahmen** für **31** eine **schuldangemessene Strafe** nicht ausreicht, daß eine dort nicht vorgesehene Nebenfolge auszusprechen ist oder daß eine Entziehung der Fahrerlaubnis in Frage kommt, obwohl der Hinweis nach Absatz 1 Satz 3 unterblieben ist, dann muß die Hauptverhandlung abgebrochen werden.

Dasselbe gilt, wenn ein **Hinweis nach §265** Abs. 1 oder 2 notwendig wird, es sei **32** denn, daß der Hinweis bereits in der Ladung ausgesprochen worden ist[37] oder einem vertretungsberechtigten Verteidiger (§234) gegeben werden kann. §265 Abs. 5 ist bei §232 nicht anwendbar. In die Ladung zur neuen Hauptverhandlung können die unterbliebenen Hinweise aufgenommen werden, so daß, wenn der Angeklagte erneut ausbleibt, das Ungehorsamsverfahren wiederum durchgeführt werden kann[38]. Es kann aber auch das persönliche Erscheinen nach §236 angeordnet werden.

**4. Nachträgliches Erscheinen.** Erscheint der Angeklagte nachträglich während der **33** Verhandlung, so muß der Vorsitzende — ganz gleich, wieweit die Verhandlung schon fortgeschritten ist — ihn über seine persönlichen Verhältnisse und zur Sache vernehmen. Er muß ihm mitteilen, was die bisherige Verhandlung ergeben hat[39]. Die Hauptverhandlung braucht jedoch nicht wiederholt zu werden. Der Angeklagte kann aber sofort Wiedereinsetzung gem. §235 beantragen. Wird diesem Antrag stattgegeben, worüber

---

[34] *Eb. Schmidt* 16; h. M; vgl. Rdn. 25.
[35] KK-*Treier* 12; *Kleinknecht/Meyer* 8; KMR-*Müller* 12.
[36] *Eb. Schmidt* 13; KMR-*Müller* 10.
[37] RGSt **35** 66; RG JW **1930** 2059; *Kleinfeller*

GerS **45** (1891) 361; h. M; so KK-*Treier* 16; *Kleinknecht/Meyer* 7; KMR-*Müller* 10.
[38] KMR-*Müller* 10.
[39] KK-*Treier* 15; *Kleinknecht/Meyer* 10; KMR-*Müller* 14.

Walter Gollwitzer

das Gericht zweckmäßigerweise unverzüglich entscheidet, dann ist die Hauptverhandlung zu wiederholen[40].

**34**    **5. Urteil.** Wird der Angeklagte verurteilt, so darf das Gericht nur eine in Absatz 1 Satz 1 bezeichnete Strafe oder Nebenfolge aussprechen. Im Urteil ist darzulegen, daß und weshalb die Voraussetzungen für das Verfahren nach § 232 vorgelegen haben. Auf Entschuldigungsgründe, die der Angeklagte vorgebracht hat oder die sonst erkennbar geworden sind, ist dabei einzugehen[41]. Soweit die Durchführung des Ungehorsamsverfahrens auf Ermessensentscheidungen beruht, brauchen diese jedoch nicht näher begründet zu werden. Ist der Angeklagte **nachträglich erschienen,** und ist das Urteil in seiner Anwesenheit ergangen, gelten die Einschränkungen des Absatz 1 Satz 2 nicht.

**35**    **6. Zustellung des Urteils (Absatz 4).** Ergeht das Urteil in Abwesenheit des Angeklagten, muß eine beglaubigte Ausfertigung oder Abschrift, die Urteilsspruch und Urteilsgründe umfaßt, ihm **durch Übergabe** zugestellt werden. Damit wird jedoch nur die Person bestimmt, an die zugestellt werden muß (Zustellungsadressat), nicht jedoch die Person dessen, der die Zustellung für den Zustellungsadressaten in Empfang nehmen darf. Absatz 4 schließt also nur die Zustellung an einen Zustellungsbevollmächtigten aus, auch an den Verteidiger (§ 145 a Abs. 2), nicht aber die Ersatzzustellung nach § 181 ZPO. Übergabe bedeutet nicht unbedingt Übergabe an den Angeklagten persönlich. Es genügt, wenn das zuzustellende Schriftstück dadurch in den unmittelbaren Herrschaftsbereich des Angeklagten gelangt, daß es einer der in § 181 ZPO bezeichneten Personen übergeben wird. Die Zustellung durch Niederlegung oder die öffentliche Zustellung genügt dagegen den Erfordernissen des Absatzes 2 nicht (BGHSt **11** 155)[42]. Die Zustellung durch eine deutsche diplomatische oder konsularische Vertretung im Ausland ist möglich[43].

**36**    Die Zustellung des Urteils an einen nach § 116 a Abs. 3 benannten **Zustellungsbevollmächtigten** wird durch Absatz 4 nicht ausgeschlossen, da ein nach dieser Sondervorschrift benannter Zustellungsbevollmächtigter hinsichtlich aller Zustellungen an die Stelle des Angeklagten tritt[44].

**37**    Absatz 4 enthält eine **Ausnahmevorschrift** (BGHSt **11** 158) für die Zustellung der im Verfahren nach § 232 ergangenen Urteile. Sie greift auch Platz, wenn ein Verteidiger den Angeklagten bei der Urteilsverkündung vertreten hat. Auf andere Urteile, die in Abwesenheit des Angeklagten ergangen sind, ist er nicht entsprechend anzuwenden; auch nicht im Verfahren nach § 74 OWiG[45] oder auf ein Urteil nach § 329[46].

---

[40] *Eb. Schmidt* 15; KK-*Treier* 15; *Kleinknecht/Meyer* 10; KMR-*Müller* 15.

[41] RGSt **66** 150; KK-*Treier* 17; KMR-*Müller* 16; vgl. auch bei § 329.

[42] OLG Hamburg MDR **1971** 774; OLG Hamm JZ **1956** 727; OLG Köln MDR **1956** 247; OLG Oldenburg JZ **1956** 290; OLG Stuttgart Justiz **1975** 10; *Oppe* NJW **1961** 1800; *Peters* JZ **1956** 726; a. A OLG Bremen NJW **1953** 643; OLG Düsseldorf NJW **1956** 641; OLG Koblenz JZ **1956** 725; OLG Stuttgart JZ **1953** 415; *Janetzke* NJW **1956** 641.

[43] BGHSt **26** 140.

[44] RGSt **77** 213; KK-*Treier* 18; *Kleinknecht/*

*Meyer* 12; KMR-*Müller* 18; a. A *Sarstedt/Hamm* 62 unter Hinweis auf das Fehlen einer dem § 145 a Abs. 3 entsprechenden Vorschrift.

[45] BayObLGSt **1971** 49 = NJW **1971** 1578; OLG Celle NJW **1973** 1709; OLG Düsseldorf NJW **1971** 1576 mit Anm. *Oppe;* OLG Köln NJW **1973** 2043; *Göhler* § 74, 42; *Rebmann/Roth/Hermann* § 74, 15.

[46] BayObLGSt **1957** 79 = NJW **1957** 1119; OLG Celle **1960** 930; OLG Köln NJW **1980** 2720; *Meyer* JR **1978** 393; vgl. im übrigen bei § 329.

**7. Rechtsbehelfsbelehrung.** Die mit dem Urteil zuzustellende Rechtsmittelbeleh- **38** rung (§ 35 a) muß dahin gehen, daß neben Berufung/Revision auch die Wiedereinsetzung gemäß § 235 möglich ist (§ 35 a; § 235 Satz 2).

## IV. Rechtsbehelfe

**1. Die Beschwerde** gegen die Verhandlung in Abwesenheit des Angeklagten ist **39** durch § 305 ausgeschlossen. Gleiches gilt in der Regel auch für den auf tatrichterlichem Ermessen beruhenden Beschluß, mit dem die Durchführung der Hauptverhandlung in Abwesenheit des Angeklagten abgelehnt wird; wegen der Ausnahmen vgl. bei § 228, 29 ff.

**2. Die Berufung** gegen ein Urteil nach § 232 ist unter den gleichen Voraussetzun- **40** gen wie bei den anderen Urteilen gegeben.

**3.** Mit der **Revision** kann geltend gemacht werden, daß die Voraussetzungen des **41** § 232 nicht vorlagen und daß deshalb der absolute Revisionsgrund des § 338 Nr. 5 durchgreift. Dabei sind die Tatsachen vollständig anzugeben (§ 344 Abs. 2), aus denen sich der Verfahrensverstoß ergibt, etwa, daß eine ordnungsgemäße Ladung oder der Hinweis auf die Möglichkeit einer Abwesenheitsverhandlung fehlte oder daß der Angeklagte nicht eigenmächtig der Hauptverhandlung ferngeblieben ist[47]. Gerügt werden kann auch, daß das Gericht auf eine andere als nach § 232 Abs. 1 zulässige Rechtsfolge erkannt hat.

Nach der wohl vorherrschenden Meinung[48] kann die Revision nur auf solche **42** Umstände gestützt werden, die das Gericht gekannt hat oder die es im Zeitpunkt der Entscheidung hätte kennen müssen, wobei — zumindest bei der Eigenmacht — sich die Prüfung des Revisionsgerichts nur darauf beschränken soll, ob der Tatrichter diese Umstände rechtlich richtig gewürdigt hat. Dem Gericht unbekannt gebliebene Gründe können danach nur mit der Wiedereinsetzung geltend gemacht werden. Dagegen spricht, daß im Rahmen der Verfahrensrüge auch sonst die zu ihrer Begründung vorgetragenen Tatsachen im Rahmen des § 352 nachgeprüft werden[49]. Es besteht auch bei § 232 kein Anlaß, die Überprüfung des Revisionsgerichts darauf zu verengen, ob das Recht auf die vom Tatrichter festgestellten Tatsachen richtig angewendet wurde, zumal die Fehlerquelle häufig in den Tatsachen liegt, die das Gericht nicht erkannt und gewürdigt hat[50].

Mit der Revision kann ferner gerügt werden, daß das Gericht es unterlassen hat, **43** die **Einlassung des Angeklagten** durch Verlesung der Niederschrift über seine richterliche Vernehmung in die Hauptverhandlung einzuführen (§§ 337, 232 Abs. 3). Sofern

---

[47] Die Voraussetzungen des § 232 werden nicht von Amts wegen (keine Verfahrensvoraussetzung) sondern nur auf ordnungsgemäß begründete Rüge vom Revisionsgericht nachgeprüft, vgl. etwa OLG Köln JMBlNW **1959** 72 (Fehlen des Hinweises nach § 232 Abs. 1 Satz 1).

[48] OLG Düsseldorf NJW **1962** 2022; KK-*Treier* 23; KMR-*Müller* 21; wegen der gleichen Streitfrage vgl. auch bei § 329.

[49] Vgl. BGHSt 10 304; *Busch* JZ **1963** 457; *Koeniger* 628; ferner bei § 329 zur gleichen Streitfrage; **a.** A RGSt 61 175; 62 421.

[50] Ladungsfehler sind für das Gericht oft nicht erkennbar, desgleichen das Fehlen eines zwar in der Akte verfügten, in Wirklichkeit aber nicht erteilten Hinweises. Ob alle Fehler mit der Wiedereinsetzung ausgeglichen werden können, ist zweifelhaft, zumal die Einzelfragen strittig sind.

Walter Gollwitzer

die Einlassung des Angeklagten für die weitere Sachaufklärung von Bedeutung war, kann auch die **Aufklärungsrüge** (§ 244 Abs. 2) darauf gestützt werden. Diese kann im übrigen auch durchgreifen, wenn ein vom Angeklagten in einer polizeilichen oder staatsanwaltschaftlichen Vernehmung vorgetragener verfahrenserheblicher Umstand unberücksichtigt blieb.

**44**    Ist die **Fahrerlaubnis** entzogen worden, obwohl der Hinweis darauf nach Absatz 1 Satz 3 unterblieben ist, so führt dies bei entsprechender Revisionsrüge nur zur Aufhebung hinsichtlich der Fahrerlaubnis[51].

**45**    Wird gegenüber einen von mehreren **Mitangeklagten** § 232 fehlerhaft angewendet, so können die übrigen auf diesen Mangel allein die Revision nicht stützen[52]. Anders kann der Sachverhalt dann liegen, wenn außerdem geltend gemacht wird, daß die gegenüber den Mitangeklagten getroffenen Feststellungen durch den Mangel beeinflußt sind[53].

**46**    4. Die **Wiedereinsetzung** in den vorigen Stand kann der Angeklagte nach § 235 gegen das Urteil begehren. Die Einzelheiten sind bei § 235 erläutert. Um die Wiedereinsetzung kann der Angeklagte unabhängig von der Einlegung der Berufung oder Revision nachsuchen. Die Rechtsbehelfe sind **nebeneinander** möglich (wegen der Einzelheiten vgl. §§ 315, 342). Die Einlegung von Berufung oder Revision ohne Verbindung mit einem Wiedereinsetzungsgesuch gilt aber als Verzicht auf letzteres (§ 315 Abs. 3, § 342 Abs. 3).

## § 233

(1) [1]Der Angeklagte kann auf seinen Antrag von der Verpflichtung zum Erscheinen in der Hauptverhandlung entbunden werden, wenn nur Freiheitsstrafe bis zu sechs Monaten, Geldstrafe bis zu einhundertachtzig Tagessätzen, Verwarnung mit Strafvorbehalt, Fahrverbot, Verfall, Einziehung, Vernichtung oder Unbrauchbarmachung, allein oder nebeneinander, zu erwarten ist. [2]Eine höhere Strafe oder eine Maßregel der Besserung und Sicherung darf in seiner Abwesenheit nicht verhängt werden. [3]Die Entziehung der Fahrerlaubnis ist zulässig.

(2) [1]Wird der Angeklagte von der Verpflichtung zum Erscheinen in der Hauptverhandlung entbunden, so muß er durch einen beauftragten oder ersuchten Richter über die Anklage vernommen werden. [2]Dabei wird er über die bei Verhandlung in seiner Abwesenheit zulässigen Rechtsfolgen belehrt sowie befragt, ob er seinen Antrag auf Befreiung vom Erscheinen in der Hauptverhandlung aufrechterhalte.

(3) [1]Von dem zum Zweck der Vernehmung anberaumten Termin sind die Staatsanwaltschaft und der Verteidiger zu benachrichtigen; ihrer Anwesenheit bei der Vernehmung bedarf es nicht. [2]Das Protokoll über die Vernehmung ist in der Hauptverhandlung zu verlesen.

**Entstehungsgeschichte.** Die jetzige Fassung beruht auf Art. 21 Nr. 63 EGStGB 1974. Die Vorbemerkung zu § 232 behandelt auch die Entstehungsgeschichte dieser Vorschrift, die bis 1924 die Bezeichnung § 232 trug.

**Schrifttum** vgl. bei § 231 und § 232.

---

[51] OLG Hamm JZ **1958** 574.           [53] RGSt **62** 259.
[52] RGSt **38** 272.

*Übersicht*

## I. Voraussetzungen des Verfahrens

### 1. Anwendungsbereich

**a) Begrenzte Straferwartung.** Nach §233 kann verfahren werden, wenn keine hö- **1** here Freiheitsstrafe als sechs Monate oder keine anderen Strafen und Nebenfolgen als die in Absatz 1 Satz 1 genannten zu erwarten sind. Es kommt nur auf die zu erwartende Strafe an, nicht auf die angedrohte. Die Vorschrift ist also auch bei Verbrechen anwendbar, wenn ausnahmsweise eine innerhalb der Grenzen des Absatzes 1 liegende Strafe in Betracht kommt.

**b)** §233 gilt **auch im Berufungsverfahren.** Der Beschluß, durch den das Amtsge- **2** richt den Angeklagten vom Erscheinen entbunden hat, wirkt aber nicht für die Berufungsinstanz. Es bedarf für diese eines neuen Antrags und einer Entscheidung des Berufungsgerichts[1]. Solange kein Antrag gestellt und kein Beschluß des Berufungsgerichts ergangen ist, muß der Angeklagte vor dem Berufungsgericht erscheinen, wenn er verhindern will, daß dieses nach §329 verfährt. Ob bei einer Berufung des Staatsanwalts die Strafgrenzen des Absatzes 1 gelten, ist strittig[2].

**c)** Bei **Jugendlichen** müssen nach §50 Abs. 1 JGG zusätzliche Erfordernisse vorlie- **3** gen (vgl. §232, 4).

**d)** Auch gegen Personen, die sich im **Ausland** aufhalten, kann nach §233 verfah- **4** ren werden. Die Sonderregelungen der §§276 ff greifen nicht ein, wenn ein im Ausland wohnender Angeklagter antragsgemäß von der Verpflichtung zum Erscheinen in der Hauptverhandlung entbunden wurde[3]. Andererseits braucht das Gericht, das die An-

---

[1] RGSt **62** 259; **64** 239; **66** 364; RG JW **1931** 1604; BayObLGSt **1956** 20; OLG Schleswig NJW **1966** 67; *Eb. Schmidt* Nachtr. I 1; *Koeniger* 224, 625 f.

[2] Verneinend BGHSt **17** 391; zur Streitfrage vgl. bei §329.

[3] KMR-*Müller* 2; dies galt schon vor Wegfall des Abwesenheitsverfahrens; *Oppe* NJW **1966** 2239; *Neu* NJW **1964** 2334; auch *Kaiser* NJW **1964** 1553.

Walter Gollwitzer

wesenheit des Angeklagten für erforderlich hält, dem Antrag auch dann nicht zu entsprechen, wenn er sich weigert, zur Hauptverhandlung zu kommen. Auch Art. 6 Abs. 1 Satz 1 MRK zwingt das Gericht in einem solchen Fall nicht dazu, entgegen seiner Überzeugung die Hauptverhandlung in Abwesenheit des Angeklagten durchzuführen[4].

**5**      **2. Antrag des Angeklagten.** Der Angeklagte kann den Antrag auf Entbindung vom Erscheinen alsbald nach dem Empfang der Ladung stellen. Die schriftliche Bitte des Angeklagten, das Gericht möge in seiner Abwesenheit verhandeln, ist als Antrag in diesem Sinne aufzufassen[5]. Ob der Antrag, die Anordnung des persönlichen Erscheinens nach § 236 wieder aufzuheben, einen Antrag auf Entbindung gemäß § 233 Abs. 1 enthält, ist Auslegungsfrage[6].

**6**      Einen **Zeitpunkt für die Antragstellung** schreibt das Gesetz nicht vor. Das Gericht muß auch einen erst in der Hauptverhandlung eingehenden Antrag sachlich prüfen[7], darf also zutreffendenfalls die Vorführung oder Verhaftung (§ 230 Abs. 2) nicht anordnen; im Falle des § 232 kann das Gericht von dem Ungehorsamsverfahren absehen und zunächst die nach Absatz 2 erforderliche Vernehmung des Angeklagten verfügen, wenn diesem keine ungerechtfertigte Säumnis bei der Antragstellung vorzuwerfen ist. Finden in der Sache mehrere Hauptverhandlungen statt, kann der in der ersten erschienene Angeklagte von dem Erscheinen in der zweiten entbunden werden.

**7**      Die Antragstellung ist ein dem Angeklagten persönlich zustehendes Recht. Der **Verteidiger** kann den Antrag nur stellen, wenn er dazu vom Angeklagten **ermächtigt** ist[8]. Eine ausdrückliche, für diesen Antrag erteilte Spezialermächtigung ist nicht notwendig[9], es genügt auch die über die Verteidigungsvollmacht hinausgehende allgemeine Vertretungsvollmacht nach § 234. Der Schutz des Angeklagten fordert keine Spezialvollmacht, denn letztlich kann er nach Absatz 2 immer selbst entscheiden, ob er mit einer Hauptverhandlung in seiner Abwesenheit und der darin liegenden Minderung seiner Verteidigungsmöglichkeiten einverstanden ist[10]. In der Erklärung, daß der Verteidiger den Angeklagten auch in seiner Abwesenheit vertreten darf, dürfte auf jeden Fall eine ausreichende Ermächtigung zur Antragstellung liegen[11].

**8**      Auch der in gleicher oder in anderer Sache **in Haft befindliche Angeklagte** kann den Antrag auf Entbindung stellen. Hierin kann auch bei Berücksichtigung seiner Zwangslage weder eine Behinderung seiner Verteidigung noch eine unzulässige Beeinflussung seiner Entscheidung gesehen werden[12]. Wird ein inhaftierter Angeklagter über sein Antragsrecht nach § 233 belehrt, empfiehlt es sich allerdings, alles zu vermeiden, was als eine Beeinflussung seiner freien Entscheidung ausgelegt werden könnte.

---

[4] OLG Hamburg MDR **1968** 344.
[5] BayObLG JW **1932** 2892.
[6] Verneinend für den dort entschiedenen Fall BayObLGSt **1972** 47 = VRS **43** 195.
[7] BGHSt **12** 369; OLG Schleswig SchlHA **1964** 70; OLG Hamm NJW **1969** 1129; OLG Köln NJW **1969** 705; OLG Karlsruhe Justiz **1969** 127; BayObLG NJW **1970** 1055; BayObLGSt **1972** 47 = VRS **43** 195.
[8] Zur Problematik des Antrages aus der Sicht des Verteidigers vgl. *Dahs* Hdb. 391.
[9] A. A. früher RGSt **54** 210; **64** 239; OLG Dresden JW **1930** 1885; OLG Bremen MDR **1956** 313; OLG Düsseldorf NJW **1960** 1921;

OLG Frankfurt NJW **1952** 1107; DAR **1963** 24; OLG Schleswig SchlHA **1964** 70; *Eb. Schmidt* Nachtr. I 2. BGHSt **12** 367 läßt dies offen.
[10] OLG Hamm JMBlNW **1975** 70; OLG Köln NJW **1957** 153; **1969** 705; *Hanack* JZ **1972** 82; *Schorn* Strafrichter 178; *Spendel* JZ **1959** 737; ferner KK-*Treier* 2; *Kleinknecht/Meyer* 2; KMR-*Müller* 5; vgl. auch Fußn. 11 und zur Gegenmeinung Fußn. 9.
[11] OLG Hamm VRS **49** 207; OLG Köln NJW **1960** 705; OLG Schleswig SchlHA **1970** 198.
[12] *Eb. Schmidt* 3; KMR-*Müller* 6; a. A LR[21] 2.

Unzulässig ist es, gegen den Angeklagten in Zusammenhang mit dieser Erklärung jede Art von Zwang auszuüben[13].

**3. Verzicht.** Der Angeklagte kann den Antrag noch vor seiner Bescheidung wider- **9** rufen und er kann nachträglich auf die ihm gewährte Befreiung von der Erscheinungspflicht wieder verzichten. Nach Eingang der Verzichtserklärung bei Gericht kann die Hauptverhandlung nicht mehr ohne den Angeklagten nach § 233 begonnen werden. Der Freistellungsbeschluß ist aufzuheben[14]. Die Verpflichtung des Angeklagten, zur Hauptverhandlung zu erscheinen, lebt wieder auf und kann vom Gericht nach § 230 Abs. 2 erzwungen werden[15]. Bei Vorliegen der sonstigen Voraussetzungen (Hinweise usw.) kann auch nach §§ 232, 329, 411 Abs. 2, § 412 ohne den Angeklagten verhandelt werden. Da er den Termin kennt, ist sein Ausbleiben als Eigenmacht zu werten. Eine bereits begonnene Hauptverhandlung kann unter den gleichen Voraussetzungen nach § 231 Abs. 2 zu Ende geführt werden, wobei die Verlesung der Niederschrift die Vernehmung zur Sache ersetzt[16]. Der Verteidiger kann den Verzicht des Angeklagten nur aussprechen, wenn er ermächtigt ist, ihn auch insoweit zu vertreten[17].

**4. Entscheidung des Gerichts.** Das Gericht, nicht der Vorsitzende, entscheidet **10** über den Antrag nach **pflichtgemäßem Ermessen**. Nach der ursprünglichen Fassung dieser Vorschrift konnte dem Antrage nur entsprochen werden, wenn das Erscheinen des Angeklagten wegen weiter Entfernung besonders erschwert war. Jetzt können auch andere Gründe berücksichtigt werden, wie Gebrechlichkeit, Unabkömmlichkeit, übermäßige Opfer an Zeit und Geld. Da die Anwesenheit des Angeklagten dem Gericht stets deutlicher zum Bewußtsein bringt, daß es um Menschen geht[18], sollte nur aus triftigen Gründen Befreiung gewährt werden. Neben den Belangen des Angeklagten sind die Bedeutung der Sache und die Schwierigkeit der Sach- und Rechtslage, vor allem aber die Erfordernisse der Sachaufklärung in Betracht zu ziehen. Die Freistellung wird nach dem Wortlaut des § 233 für die ganze Verhandlung gewährt. Nach dem Zweck des § 233 (Rücksichtnahme auf andere Belange des Angeklagten) erscheint es jedoch zulässig, sie nur für einen zeitlich oder örtlich begrenzten Teil der Hauptverhandlung zu bewilligen, so, wenn die Verhandlung teils an der Gerichtsstelle, teils an einem anderen Ort stattfindet[19]. Andererseits soll die Entbindung des erschienenen Angeklagten von der

---

[13] Zur Unzulässigkeit einer nur zu diesem Zweck angeordneten Vorführung vgl. *Amelung* in Freiheit und Verantwortung im Verfassungsstaat, 17; ferner Rdn. 25.

[14] Die Befugnis zur Verhandlung nach § 233 hängt vom Einverständnis des Angeklagten ab. Sie entfällt mit dessen Widerruf. Es ist strittig, ob die dadurch veranlaßte Aufhebung des freistellenden Beschlusses deklaratorisch (*Kleinknecht/Meyer* 1; LR[23] 9) oder konstitutiv (KMR-*Müller* 14) wirkt. Für letzteres spricht die Verfahrensklarheit. Vor allem, wenn die Hauptverhandlung bereits begonnen hat, muß der Zeitpunkt verfahrensbezogen festgestellt werden, bis zu dem das Gericht nach § 233 verfahren durfte. Das Anwesenheitsrecht des Angeklagten wird dadurch ohnehin nicht berührt, wohl aber seine Möglichkeit,

durch einen zur Unzeit und ohne Wissen des Gerichts eingegangenen Verzicht das Verfahren zu stören.

[15] OLG Köln NJW **1952** 637.

[16] Verzicht und Aufhebungsbeschluß beseitigen die Wirksamkeit des befugt nach § 233 in Abwesenheit des Angeklagten verhandelten Verfahrensabschnitts nicht, sie leiten erst ex nunc in das Normalverfahren über, sofern man nicht der Ansicht ist, daß mit Beginn der Hauptverhandlung nach § 233 deren Zulässigkeitsvoraussetzungen vom Angeklagten nicht mehr zum Wegfall gebracht werden können.

[17] OLG Frankfurt DAR **1963** 24.

[18] *Peters* § 59 II 1 mahnt deshalb zur Vorsicht.

[19] OLG Königsberg JW **1930** 1109.

Teilnahme an einzelnen sachlichen Abschnitten der Hauptverhandlung nicht auf § 233 gestützt werden können[20]. Hält das Gericht die persönliche Anwesenheit des Angeklagten nachträglich für notwendig oder sachdienlich, kann es die Freistellung jederzeit aufheben und das persönliche Erscheinen (§ 236) anordnen.

**11**    Die Entbindung erfordert einen **förmlichen Beschluß**, konkludentes Handeln des Gerichts genügt nicht[21]. Auch die Ablehnung des Antrags verlangt im Interesse der Verfahrensklarheit einen vor Erlaß des Urteils ergehenden Beschluß[22]. Gleiches gilt für die Aufhebung der Befreiung. Die Beschlüsse können innerhalb oder außerhalb der Hauptverhandlung in der jeweils dafür maßgebenden Besetzung ergehen. Als Ermessensentscheidungen bedürfen sie keiner Begründung[23].

**12**    **5. Bekanntmachung des Beschlusses.** Ein **außerhalb der Hauptverhandlung** ergehender Beschluß ist den Verfahrensbeteiligten mitzuteilen. Er soll dem Angeklagten so zeitig zugehen, daß er Zeit hat, sich auf die Hauptverhandlung einzustellen[24]. Früher wurde die Zustellung an den Angeklagten persönlich gefordert[25]. Nach § 145 a Abs. 1 muß jedoch auch die Zustellung an den Verteidiger für zulässig erachtet werden, zumal die unmittelbare Unterrichtung des Angeklagten über die Bescheidung seines Antrags durch § 145 a Abs. 4 gesichert ist[26].

**13**    Auch wenn **keine Frist** in Lauf gesetzt wird (vgl. § 35 Abs. 2 Satz 2), erscheint die **Zustellung an den Angeklagten** als die sicherste Form der Mitteilung sowohl beim stattgebenden wie beim ablehnenden Beschluß angezeigt, da er von dieser für den weiteren Verfahrensverlauf bedeutsamen Entscheidung sicher unterrichtet sein muß[27]. Daß und wann der Beschluß zugegangen ist, bedarf auch deshalb eines sicheren Nachweises, weil dies für spätere Entscheidungen (Aussetzungsantrag, Frage der genügenden Entschuldigung des Fernbleibens usw.) bedeutsam werden kann.

**14**    Die **Verkündung** des Beschlusses **in der Hauptverhandlung** genügt, wenn der Angeklagte bei der Verkündung anwesend ist (§ 35) oder wenn der dazu bevollmächtigte Verteidiger den Antrag in Abwesenheit des Angeklagten erst in der Hauptverhandlung gestellt hat. In diesem Fall ist der Verteidiger berechtigt, die Entscheidung des Gerichts über seinen Antrag entgegenzunehmen. Der Schutz des Angeklagten erfordert dann auch bei einer ablehnenden Entscheidung nicht die Zustellung, denn der Angeklagte

---

[20] RG JW **1933** 965; OLG Schleswig bei *Ernesti/Jürgensen* SchlHA **1978** 188.

[21] OLG Karlsruhe Justiz **1969** 127; KK-*Treier* 10; *Kleinknecht/Meyer* 3 (Wirksamkeitsvoraussetzung für die Ausnahme von § 230 Abs. 1); KMR-*Müller* 10.

[22] OLG Schleswig bei *Ernesti/Lorenzen* SchlHA **1980** 174; *Küper* JR **1971** 325.

[23] KMR-*Müller* 10; vgl. aber § 34, 7.

[24] RGSt **29** 69; KK-*Treier* 8; *Kleinknecht/Meyer* 5; *Koeniger* 225.

[25] RGSt **44** 47; **62** 259; OLG Schleswig SchlHA **1964** 70; *Eb. Schmidt* 7; vergl. aber Nachtr. I § 145 a, 2.

[26] KK-*Treier* 9; *Kleinknecht/Meyer* 5; KMR-

*Müller* 11; *Eb. Schmidt* Nachtr. I 2 zu § 145 a; a. A *Koeniger* 225; BayObLG NJW **1970** 1055 beruft sich auf die bisherige Rechtsprechung, wonach die Entscheidung dem Angeklagten selbst zuzustellen ist, erörtert aber nicht, ob die notwendige Zustellung an den Angeklagten durch Zustellung an den Verteidiger nach § 145 a Abs. 1 bewirkt werden kann.

[27] Vgl. BayObLG NJW **1970** 1055; *Küper* NJW **1974** 1927; wie hier KK-*Treier* 8; *Kleinknecht/Meyer* 5. Nach KMR-*Müller* 11 genügt beim stattgebenden Beschluß die formlose Mitteilung.

muß in diesem Fall ohnehin damit rechnen, daß das Gericht gegen ihn verhandelt (BGHSt **25** 281)[28].

### 6. Rechtsbehelfe gegen den Beschluß
**a) Beschwerde.** Gegen die Bewilligung wie gegen die Ablehnung des Antrags fin- **15** det, weil sie mit der Urteilsfindung zusammenhängt (§305), **keine Beschwerde** statt[29]. Das Gericht, das die von ihm gewährte Befreiung jederzeit selbst widerrufen und jederzeit das persönliche Erscheinen anordnen kann (§236), kann nicht durch das Beschwerdegericht angewiesen werden, auf die von ihm zur Sachaufklärung für erforderlich gehaltene Anwesenheit des Angeklagten zu verzichten. Die Beschwerde ist dagegen ausnahmsweise insoweit zulässig, als das Gericht ohne eigene Ermessensentscheidung den Antrag wegen Verneinung einer rechtlichen Vorfrage als unzulässig ablehnt, sofern sie nicht deswegen überholt ist, weil gleichzeitig damit die Berufung nach §329 verworfen wird[30].

**b) Gegenvorstellungen** gegen den Beschluß sind dagegen möglich. Sie bieten sich, **16** insbesondere von Seiten der Staatsanwaltschaft dann an, wenn Umstände (bessere Sachaufklärung, höhere Straferwartung) bekannt werden, die es zweifelhaft erscheinen lassen, ob die Hauptverhandlung ohne den Angeklagten durchgeführt werden kann[31].

## II. Vorbereitung der Hauptverhandlung

### 1. Vernehmung des Angeklagten (Absatz 2 und 3)
**a) Zweck.** Die Vernehmung nimmt einen Teil der Hauptverhandlung vorweg. Sie **17** muß deshalb dem Angeklagten in weitestmöglichem Umfang die Verteidigungsmöglichkeiten gewähren, die er sonst bei Teilnahme an der Hauptverhandlung hätte. Er muß sich deshalb zum ganzen Prozeßstoff äußern können.

Die **Vernehmung nach Befreiung** ist zwingend (Absatz 2 Satz 1). Früher brauchte **18** der im Vorverfahren schon richterlich vernommene Angeklagte nicht notwendig noch einmal vernommen zu werden; es genügte unter Umständen, in der Hauptverhandlung das Protokoll über die richterliche Vernehmung im Vorverfahren zu verlesen. Das ist jetzt unzulässig[32]. Dem Gebot des rechtlichen Gehörs ist damit in höherem Maße als früher entsprochen.

---

[28] Auf Vorlage des OLG Karlsruhe (für die ablehnende Entscheidung); dazu *Küper* NJW **1974** 1927; ferner JR **1971** 325. Früher forderte die Rechtsprechung auch bei Antragstellung in der Hauptverhandlung die Zustellung an den Angeklagten, so RGSt **62** 25; OLG Schleswig SchlHA **1964** 70; OLG Hamm NJW **1969** 1129; BayObLG NJW **1970** 1055. Die Verkündung in der Hauptverhandlung in Gegenwart des Verteidigers wurde nur dann als ausreichend angesehen, wenn der Antrag mangels Vollmacht des Verteidigers unwirksam war oder auf Rechtsmißbrauch beruhte (BGHSt **12** 367; BayObLGSt **1972** 47 = VRS **43** 195). Wie hier KK-*Treier*10; KMR-*Müller*12.

[29] Jetzt herrschende Meinung, *Eb. Schmidt* 8; KK-*Treier* 12; *Kleinknecht/Meyer* 6; KMR-*Müller* 13; *Roxin* §42 F II 2; BayObLGSt **1952** 116 = JZ **1952** 691; OLG Celle NJW **1957** 1163; OLG Hamburg MDR **1968** 344; OLG Hamm NJW **1969** 1129; OLG Köln NJW **1957** 153; früher ebenso OLG Breslau HRR **1931** Nr. 1618; OLG Dresden JW **1932** 3655; KG JW **1928** 3011; OLG Karlsruhe JW **1934** 2501; a. A BayObLGSt **13** 493; OLG Karlsruhe JW **1927** 533.

[30] OLG Köln NJW **1957** 153; KMR-*Müller*13.

[31] *Kleinknecht/Meyer*6.

[32] OLG Schleswig bei *Ernesti/Jürgensen* SchlHA **1971** 216; *Kleinknecht/Meyer* 13; KMR-*Müller*17.

Walter Gollwitzer

**19**    b) Mit der Vernehmung **über die Anklage** ist die Vernehmung über die Anschuldigung gemeint, wie sie im Eröffnungsbeschluß zugelassen ist (§ 243 Abs. 3, 4), einschließlich des wesentlichen Ergebnisses der Ermittlungen. Der Angeklagte muß über die in der Anklageschrift gegen ihn vorgebrachten Tatsachen und Beweismittel gehört werden (§ 257). Deshalb bedarf es, wenn in der Hauptverhandlung neue Tatsachen und Beweismittel berücksichtigt werden sollen, seiner nochmaligen Vernehmung[33]. Dasselbe gilt, wenn der Angeklagte nach § 265 auf eine Veränderung des rechtlichen Gesichtspunkts hingewiesen werden muß[34]. Eine nochmalige Vernehmung des Angeklagten ist ferner notwendig, wenn er seine früheren Angaben ergänzen oder berichtigen will[35].

**20**    Da die Verlesung des Protokolls in der Hauptverhandlung die mündliche Anhörung des Angeklagten ersetzt, muß sich die Vernehmung des Angeklagten auch auf seine **persönlichen Verhältnisse** (§ 243 Abs. 2 Satz 2) erstrecken. Der Angeklagte muß ferner Gelegenheit haben, sich zu den in Betracht kommenden Rechtsfolgen (Rdn. 23) und zu etwaigen Auflagen und Weisungen nach § 265 a zu äußern[36].

**21**    Wird dem Angeklagten auf seinen Antrag auch in der **Berufungsinstanz** Befreiung gewährt, muß er erneut vernommen werden[37].

**22**    c) **Belehrungen und Hinweise.** Die Vernehmung des Angeklagten steht seiner Vernehmung in der Hauptverhandlung gleich. Deshalb ist er vor der Vernehmung zur Anklage in entsprechender Anwendung des § 243 Abs. 4 Satz 1 darauf hinzuweisen, daß es ihm freistehe, sich zur Anklage zu äußern oder nicht auszusagen[38]. Dieser Hinweis ist in das Protokoll aufzunehmen.

**23**    Die **Belehrung** des Angeklagten über die **Rechtsfolgen,** auf die nach Absatz 1 in seiner Abwesenheit erkannt werden darf, schreibt Absatz 2 zwingend vor, desgleichen die **Befragung,** ob er seinen Befreiungsantrag aufrecht hält. Hierdurch soll der Angeklagte Gelegenheit erhalten, zu den rechtsfolgenrelevanten Umständen Stellung zu nehmen[39]. Er soll vor den Folgen einer unbedachten, übereilten Antragstellung und vor Überraschungen bezüglich des Ergebnisses der Hauptverhandlung geschützt werden[40]. Belehrung und Befragung und das Ergebnis der Befragung sind im Protokoll festzuhalten.

**24**    d) Die anwesenden Verfahrensbeteiligten haben ebenso wie in der Hauptverhandlung das **Fragerecht** nach § 240 Abs. 2.

**25**    2. Die Vernehmung obliegt dem **ersuchten oder beauftragten Richter.** Auch ein deutscher Konsul im Ausland (§ 15 Abs. 4 Konsulargesetz) oder ein ausländischer Richter kann darum ersucht werden[41]. Erscheint der Angeklagte vor dem ersuchten oder be-

---

[33] RGSt **21** 100; OLG Hamm VRS **19** 374; OLG München HRR **1940** Nr. 484; OLG Schleswig bei *Ernesti/Lorenzen* SchlHA **1981** 89; KK-*Treier* 13; *Kleinknecht/Meyer* 9; *Kleinknecht* JZ **1964** 329; *Schmid* Verwirkung 231.

[34] Dazu Rdn. 34.

[35] RG HRR **1933** Nr. 85; BayObLGSt **1956** 20; *Kleinknecht/Meyer* 14.

[36] KK-*Treier* 13; *Kleinknecht/Meyer* 12.

[37] Vgl. die Nachweise Fußn. 1; KMR-*Müller* 17; BayObLGSt **1956** 20 läßt dies offen, sofern der Angeklagte sich nicht ergänzend äu-

ßern will; a. A RG JW **1931** 1604; KMR-*Paulus* § 324, 14.

[38] *Eb. Schmidt* Nachtr. I 4.

[39] *Kleinknecht/Meyer* 12; KMR-*Müller* 21, überzeugende Belehrung erst nach Anhörung zur Sache möglich.

[40] OLG Oldenburg NdsRpfl. **1955** 140.

[41] KM-*Müller* 17; zur Frage, wieweit eine Vernehmung durch eine andere ausländische Stelle einer richterlichen Vernehmung gleichzuachten ist, vgl. § 223, 37 ff. und bei § 251.

auftragten Richter nicht, so stehen diesem die Zwangsmittel des § 230 Abs. 2 zu[42]. Der ersuchte Richter kann selbst im Verfahren nach Einspruch gegen einen Strafbefehl den unentschuldigt ausbleibenden Angeklagten vorführen lassen. Der Grundsatz der Verhältnismäßigkeit zwingt nicht dazu, in diesem Fall den Beschluß nach § 233 Abs. 1 aufzuheben und dann nach §§ 411, 412 zu verfahren[43]. Das Vernehmungsersuchen wird nicht dadurch unzulässig, daß der Angeklagte erklärt, er werde in der Hauptverhandlung erscheinen und sich selbst verteidigen[44]. Etwas anderes gilt bei Verzicht auf die Befreiung. Es ist zulässig, wenn das Gericht um die Vernehmung des Angeklagten für den Fall ersucht, daß er die Befreiung von der Pflicht zum Erscheinen in der Hauptverhandlung beantragt. In diesem Fall, in dem der Antrag noch nicht vorliegt, darf der ersuchte Richter allerdings keine Zwangsmittel nach § 230 anwenden[45].

Ob das erkennende Gericht mit **bindender Wirkung** den ersuchten Richter anwei- **26** sen kann, die Vorführung des Angeklagten bei Nichterscheinen anzuordnen, ist fraglich[46].

**3. Benachrichtigungen.** Von dem Termin zur Vernehmung des Angeklagten sind **27** nach Absatz 3 Satz 1 Staatsanwaltschaft und Verteidiger zu benachrichtigen. Dies gilt aber auch für die Mitangeklagten[47], die anderen Verfahrensbeteiligten (z. B. Nebenkläger) und sonstige zur Anwesenheit in der Hauptverhandlung berechtigte Personen, wie etwa den Vertreter der Finanzbehörde in Steuerstrafsachen[48]. Sie können auf die Benachrichtigung ebenso verzichten wie im Falle des § 224. Die Staatsanwaltschaft soll dies in geeigneten Fällen tun[49]. Unterbleibt die Benachrichtigung, so ist das Protokoll über die Vernehmung in der Hauptverhandlung nicht verlesbar, wenn der nicht verständigte Prozeßbeteiligte der Verlesung widerspricht[50].

Eine **Verpflichtung zur Teilnahme** an der Vernehmung wird durch die Mitteilung **28** nicht begründet (Absatz 3 Satz 1); auch nicht für den notwendigen Verteidiger[51].

**4. Ladung des Angeklagten zur Hauptverhandlung.** Auch ein vom Erscheinen ent- **29** bundener Angeklagter muß zu dem Hauptverhandlungstermin geladen werden[52], da sein Recht zum Erscheinen bestehen bleibt; er kann sich auch veranlaßt finden, einen Vertreter (§ 234) zu bestellen[53]. Die Ladung des bestellten Verteidigers genügt nicht[54]. Die Warnung gemäß § 216 fällt weg[55]; zur Vermeidung eines Mißverständnisses empfiehlt es sich, den Angeklagten in der Ladung darauf hinzuweisen, daß er nicht zu er-

---

[42] BGHSt **25** 42; OLG Bremen GA **1962** 344; OLG Frankfurt MDR **1974** 511; OLG Hamburg GA **1968** 375; NJW **1972** 1050; KG GA **59** (1912) 473; 74 (1930) 213; 306.

[43] OLG Hamburg GA **1962** 375.

[44] OLG Hamburg GA **1968** 344; *Kleinknecht/Meyer* 16.

[45] BGHSt **25** 42; OLG Frankfurt MDR **1974** 511; OLG Hamburg NJW **1972** 1050; OLG Hamm NdsRpfl. **1984** 47; KG GA **74** (1930) 213; 306; KK-*Treier* 15; KMR-*Müller* 18.

[46] Dazu *Frössler* NJW **1972** 517; vgl. bei § 158 GVG.

[47] RGSt **57** 272; KK-*Treier* 16; *Kleinknecht/Meyer* 17; KMR-*Müller* 18 (nicht zwingend,

da ein Anwesenheitsrecht des Mitangeklagten in § 233 nicht vorgesehen ist).

[48] § 407 Abs. 1 AO schreibt die Benachrichtigung der Finanzbehörde vom Vernehmungstermin vor; vgl. ferner Vor § 226, 48.

[49] RiStBV Nr. 120 Abs. 2.

[50] KK-*Treier* 16.

[51] *Eb. Schmidt* 15; KMR-*Müller* 18.

[52] H. M; KK-*Treier* 17; *Kleinknecht/Meyer* 8; KMR-*Müller* 24; OLG Schleswig bei *Ernesti/Jürgensen* SchlHA **1977** 182.

[53] RGRspr. 4 230.

[54] RGSt **21** 100.

[55] LG Frankfurt NJW **1954** 167; h. M vgl. Fußn. 52.

Walter Gollwitzer

scheinen brauche. Verzichtet der Angeklagte ausdrücklich auf die Ladung, so kann sie unterbleiben.

## III. Verfahren in der Hauptverhandlung

### 1. Verlesung des Protokolls

**30** **a) Zeit und Umfang.** Die Verlesung des Protokolls über die Vernehmung nach Absatz 2 soll die mündliche Anhörung des Angeklagten vollständig ersetzen. Das Protokoll ist deshalb zu dem in § 243 Abs. 3 bestimmten Zeitpunkt zu verlesen[56]. Eines besonderen Gerichtsbeschlusses, der die Verlesung anordnet, bedarf es nicht[57]. Enthält das Protokoll den Einwand des Angeklagten, daß das erkennende Gericht örtlich unzuständig sei, so ist es Pflicht des Vorsitzenden, von dieser Erklärung dem Gericht rechtzeitig (§ 16 S. 3) bei Beginn der Verlesung Kenntnis zu geben. Unterläßt er dies, berührt dieser vom Angeklagten nicht zu vertretende Umstand die Rechtzeitigkeit des erhobenen Einwands nicht[58]. Einer Verlesung der Niederschrift bedarf es nicht, wenn der Angeklagte trotz seiner Freistellung erscheint und in der Hauptverhandlung zur Sache vernommen wird oder sich auf sein Schweigerecht beruft. Die Notwendigkeit der Verlesung nach § 233 Abs. 3 Satz 2 entfällt aber nicht schon deshalb, weil ein vertretungsberechtigter Verteidiger (§ 234) die Sachdarstellung des abwesenden Angeklagten vorträgt[59].

**31** **Erklärungen,** auf die der Angeklagte bei der Vernehmung **Bezug genommen hat,** wie schriftliche Äußerungen und Niederschriften über frühere Vernehmungen, sind mit zu verlesen, wenn auf sie in einer Weise Bezug genommen ist, daß sie zu Teilen des Protokolls geworden sind. Ob auch die Verlesung der Niederschrift über eine **frühere richterliche Vernehmung** an diese Voraussetzung zu knüpfen ist, kann zweifelhaft sein, weil § 254 die Verlesung solcher Niederschriften unter den dort genannten Voraussetzungen gestattet. Die Vorschrift geht jedoch von der Anwesenheit des Angeklagten aus und setzt deshalb voraus, daß der Angeklagte dazu Stellung nehmen kann. Man wird deshalb die Verlesung früherer, gerichtlicher Protokolle für zulässig halten dürfen, wenn sie der beauftragte oder ersuchte Richter ebenfalls gemäß § 254 verlesen hat und die von ihm aufgenommene Niederschrift erkennen läßt, wie der Angeklagte darauf reagiert, insbesondere welche Erklärungen er abgegeben hat. Fehlt es an dieser Voraussetzung, bestehen Bedenken gegen die Verlesbarkeit. Das Gericht müßte vielmehr die nochmalige kommissarische Vernehmung des Angeklagten anordnen, um Widersprüche zwischen verschiedenen Aussagen aufzuklären, oder nach § 236 verfahren, um selbst den Angeklagten dazu zu hören[60].

**32** **b)** Die vom Angeklagten bei seiner Vernehmung nach Absatz 2 gestellten **Beweisanträge** werden dem Gericht mit Verlesung des Protokolls zur Kenntnis gebracht. Sie sind so zu behandeln, wie wenn sie in der Hauptverhandlung selbst gestellt wären[61]. Das gilt auch dann, wenn sich der Angeklagte gemäß § 234 durch einen Verteidiger vertreten läßt und dieser es unterläßt, die Anträge zu wiederholen[62]. Der vertretungsberechtigte

---

[56] *Kleinknecht/Meyer* 15.
[57] KMR-*Müller* 25.
[58] RGSt **40** 356; *Kleinknecht/Meyer* 13; vgl. § 232, 26; § 16, 11.
[59] BayObLGSt **1974** 37; KMR-*Müller* 26; a. A KK-*Treier* 18; *Kleinknecht/Meyer* 13; vgl. dazu § 234, 16.

[60] *Eb. Schmidt* 18; a. A RG JW **1928** 2817.
[61] RGSt 10 135; 249; 40 356; BayObLGSt **1955** 267 = NJW **1956** 1042; h. M weitere Nachweise *Alsberg/Nüse/Meyer* 390 Fn. 76.
[62] RG JW **1916** 1026 mit Anm. *Alsberg; Kleinknecht/Meyer* § 244, 34; *Alsberg/Nüse/Meyer* 391.

Verteidiger ist aber befugt, den Antrag zurückzunehmen[63]. Die Entscheidung des erkennenden Gerichts über einen solchen Antrag ergeht in der Hauptverhandlung. Sie braucht dem Angeklagten nicht bekannt gemacht zu werden[64].

**Schriftliche Anträge** des vom Erscheinen entbundenen und nicht erschienenen Angeklagten sind nicht als solche im Sinne des § 244 Abs. 3 bis 5 anzusehen. Sie sind nach § 219 zu behandeln[65]. Sind sie nicht vor der Hauptverhandlung beschieden worden, muß sie der Vorsitzende in der Hauptverhandlung zur Sprache bringen, damit das Gericht darüber entscheiden kann[66]. Den Beweisanträgen ist vor allem stattzugeben, wenn es die Aufklärungspflicht erfordert (§ 219, 10 ff; 39). **33**

**2. Sonstige Verfahrensfragen.** Der in § 265 vorgeschriebene **Hinweis** des Angeklagten auf die etwaige Veränderung des rechtlichen Gesichtspunkts darf auch bei der Abwesenheitsverhandlung nach § 233 nicht unterbleiben. Der Angeklagte muß persönlich auf die Veränderung hingewiesen werden, es genügt nicht, wenn dies einem zur Vertretung bevollmächtigten Verteidiger (§ 234) gegenüber geschieht[67]. Der Hinweis wird meist mit einer nochmaligen Vernehmung des Angeklagten zu verbinden sein (Rdn. 19), sofern er nicht schon vorsorglich im Rahmen der Vernehmung nach Absatz 2 erteilt wurde. Es kann aber nach den Umständen des Einzelfalls auch genügen, wenn dem Angeklagten zugleich mit der Ladung zum neuen Termin die Veränderung mitgeteilt wird, wobei der Hinweis zweckmäßig sein kann, daß er seine nochmalige Vernehmung beantragen oder zum Termin erscheinen müsse, wenn er sich hierzu noch äußern wolle[68]. Fragen nach § 265 a können an den vertretungsberechtigten Verteidiger gerichtet werden[69]. Kommen Maßnahmen nach § 265 a Satz 2 in Betracht, wird allerdings in der Regel die persönliche Anhörung des Angeklagten, wenn nicht sogar dessen persönliche Anwesenheit in der Hauptverhandlung notwendig sein[70]. **34**

Soweit die Gestaltung der Hauptverhandlung von der **Zustimmung des Angeklagten** abhängt, ist zu unterscheiden: Die Zustimmung zur Einbeziehung einer weiteren Straftat in das Verfahren nach § 266 Abs. 1 muß dieser persönlich erteilen, da sich weder sein Befreiungsantrag noch seine Anhörung auf die nachträglich angeklagte Tat erstrecken[71]. Maßnahmen, durch die sich die Beweislage verändert, bedürfen seiner Zustimmung, so der Verzicht auf die Erhebung einzelner Beweise nach § 245 Abs. 1 und **35**

---

[63] Alsberg/Nüse/Meyer 391; offengelassen in RGSt 10 138.

[64] RGSt 19 249.

[65] RG JW **1916** 1026 mit abl. Anm. Alsberg; JW **1917** 51; BayObLGSt **1955** 267 = NJW **1956** 1042; Eb. Schmidt 14; KK-Treier 19; Kleinknecht/Meyer § 244, 34; KMR-Müller 20; Alsberg/Nüse/Meyer 391 mit weiteren Nachweisen zu dieser zumindest früher strittigen Frage.

[66] Alsberg/Nüse/Meyer 391; vgl. § 219, 25; RG JW **1930** 2564 betraf den Sonderfall, daß der Vorsitzende die Bescheidung in der Hauptverhandlung zugesagt hatte.

[67] RGSt **12** 45; BayObLGSt **1955** 186; Eb. Schmidt 10; KK-Treier 13; Kleinknecht/Meyer 9; KMR-Paulus § 234, 6; Schorn JR **1966** 9;

[] Kleinknecht JZ **1964** 329; a. A OLG Karlsruhe DAR **1960** 144. Zum Meinungsstand Weber Der Verteidiger als Vertreter in der Hauptverhandlung 117 ff (kein Hinweis an Verteidiger als Vertreter).

[68] Nach KK-Treier 13 genügt dies nur in einfachen Fällen; § 265 erfordert aber nur, daß der Angeklagte Gelegenheit zur Äußerung erhält; die Notwendigkeit eines persönlichen Hinweises folgt daraus, daß Befreiungsantrag und richterliche Anhörung sich auf den konkret erhobenen Schuldvorwurf beziehen.

[69] KMR-Müller 26.

[70] Nach Kleinknecht/Meyer 9 ist der Angeklagte persönlich nach § 265 a Satz 2 zu befragen.

[71] Kleinknecht/Meyer 9; KMR-Müller 27.

wohl auch das Einverständnis nach § 251 Abs. 1 Nr. 4[72]. Umgekehrt können auch keine neuen Beweismittel, zu denen der Angeklagte nicht gehört wurde (Rdn. 19), verwendet werden. In diesen Fällen kann jedoch ein vertretungsberechtigter Verteidiger für den Angeklagten die entsprechenden Prozeßerklärungen abgeben[73]. Entbehrlich ist die Zustimmung des Angeklagten dagegen bei Maßnahmen, die nur die Art und Weise der Verwendung der Beweismittel betreffen, wie den Ersatz der Verlesung von Urkunden durch das Verfahren nach § 249 Abs. 2[74].

**36**     3. In die **Sitzungsniederschrift** über die Hauptverhandlung ist die Verlesung des Protokolls der kommissarischen Vernehmung des Angeklagten aufzunehmen. Sie tritt an die Stelle der Vernehmung des Angeklagten zur Sache und gehört ebenso wie diese zu den wesentlichen Förmlichkeiten der Hauptverhandlung[75]. Das gleiche wird angenommen, wenn der Verteidiger als Vertreter des Angeklagten dessen Einlassung vorträgt[76].

**37**     4. **Urteil.** Soweit das Verfahren nach § 233 von der Erfüllung bestimmter verfahrensrechtlicher Voraussetzungen abhängt, ist es zweckmäßig, im Urteil darzulegen, daß und weshalb das Gericht diese Voraussetzungen für gegeben hielt. Im Urteil dürfen keine höhere Freiheitsstrafe als sechs Monate und keine anderen als die nach § 233 Abs. 1 zulässigen Nebenfolgen ausgesprochen werden.

**38**     5. **Zustellung des Urteils.** Für die Zustellung des Urteils an den Angeklagten gilt § 232 Abs. 4 nicht. Das Urteil kann auch dem Verteidiger nach § 145 a Abs. 1 zugestellt werden[77].

## IV. Rechtsbehelfe

**39**     1. **Revision.** Wendet das Gericht § 233 an, obwohl dessen Voraussetzungen nicht gegeben sind (z. B. kein wirksamer Befreiungsantrag), so kann die unzulässige Verhandlung in Abwesenheit des Angeklagten nach § 338 Nr. 5 gerügt werden[78]. Werden Vorschriften verletzt, die das rechtliche Gehör des Angeklagten sichern sollen (Vernehmung des Angeklagten, Belehrung nach Absatz 2, Verlesung des Vernehmungsprotokolls in der Verhandlung usw.), so begründet das die Revision nach § 337, wenn das Urteil darauf beruht, was in der Regel nicht ausgeschlossen werden kann[79].

---

[72] BayObLG JZ **1964** 328 mit Anm. *Kleinknecht* (zu § 245); *Kleinknecht/Meyer* 9; KMR-*Müller* 27. Bei § 61 Nr. 5 ist dies strittig, bejahend KMR-*Müller* 27; verneinend *Kleinknecht/Meyer* 9; KMR-*Paulus* § 61, 18 vgl. bei § 61.

[73] Vgl. § 234, 12.

[74] *Kleinknecht/Meyer* 9; KMR-*Paulus* § 249, 23.

[75] Vgl. bei § 273 und § 234, 18.

[76] So OLG Hamm JMBlNW **1964** 214; OLG Schleswig SchlHA **1969** 151; vgl. § 234, 18.

[77] BGHSt **11** 157; BayObLGSt **1967** 103; NJW **1957** 1119; OLG Celle NJW **1960** 930; OLG Frankfurt NJW **1982** 1297; OLG Köln NJW **1973** 2043; KK-*Treier* 20; *Klein-*

*knecht/Meyer* 18; KMR-*Müller* 29; *Koeniger* 226; *Peters* JZ **1956** 726; **a.** A OLG Bremen NJW **1955** 642; OLG Koblenz JZ **1956** 725; *Janetzke* NJW **1956** 642; vgl. *Kohlhaas* NJW **1967** 538 (zumindest nobile officium des Gerichts).

[78] RGSt **62** 259; KK-*Treier* 23; *Kleinknecht/Meyer* 19; KMR-*Müller* 30.

[79] OLG Oldenburg NdsRpfl **1955** 140; OLG Schleswig NJW **1966** 67; KK-*Treier* 22; KMR-*Müller* 30; BGHSt **26** 84 läßt offen, ob Verstöße gegen § 233 Abs. 2, 3 den Anwesenheitsgrundsatz betreffen, weil die Abwesenheitsverhandlung nur bei Erfüllung aller Erfordernisse des § 233 zulässig ist.

Die **Überschreitung** der durch Absatz 1 Satz 2 **begrenzten Rechtsfolgen** führt zu **40** keinem (behebbaren) Verfahrenshindernis[80]. Sie ist nicht von Amts wegen, sondern nur auf entsprechende Verfahrensrüge zu beachten. Da ein solches Urteil die Grenzen des Abwesenheitsverfahrens überschreitet, greift die absolute Verfahrensrüge des §338 Nr. 5 durch[81].

Ein **Mitangeklagter** kann in der Regel die Revision nicht darauf stützen, daß **41** §233 bei einem von der Hauptverhandlung entbundenen anderen Angeklagten fehlerhaft angewendet worden ist, es sei denn, daß ausnahmsweise dadurch auch das Urteil gegen ihn sachlich beeinflußt worden ist[82]. Sofern die letztgenannte Voraussetzung zutrifft, kann er dies auch unter dem Gesichtspunkt der Verletzung der Aufklärungspflicht rügen, wobei er die Tatsachen dartun muß, die ergeben, daß hierdurch auch die Sachaufklärung hinsichtlich des gegen ihn betriebenen Verfahrens gelitten hat.

**2. Wiedereinsetzung.** §235 ist nicht unmittelbar anwendbar. Gegen die entspre- **42** chende Anwendung bestehen auch dann Bedenken, wenn der Angeklagte sich trotz des Antrags auf Entbindung von der Verpflichtung zum Erscheinen in der Hauptverhandlung vorbehält, trotzdem zu erscheinen und zum Termin nicht geladen wird. In diesem Falle ist die Revision das gegebene Rechtsmittel. Ob §235 analog anwendbar ist, wenn entgegen dem Antrag des vom Erscheinen entbundenen Angeklagten sein Verteidiger zur Abwesenheitsverhandlung nicht geladen wurde, ist strittig[83].

# §234

**Soweit die Hauptverhandlung ohne Anwesenheit des Angeklagten stattfinden kann, ist er befugt, sich durch einen mit schriftlicher Vollmacht versehenen Verteidiger vertreten zu lassen.**

**Bezeichnung** bis 1924: §233.

**Schrifttum.** *Baumann* Informationsloser Verteidiger als Vertreter des Angeklagten nach §411 Abs. 2 StPO, NJW **1962** 2337; *Bucher* Wiederbelebung der Stellvertretung in der Erklärung, JZ **1954** 22; *Gössel* Die Stellung des Strafverteidigers im rechtsstaatlichen Strafverfahren, ZStW **94** (1982) 4; *Schorn* Verteidigung und Vertretung im Strafverfahren, JR **1966** 7; *Spendel* Zur Vollmacht und Rechtsstellung des Strafverteidigers, JZ **1959** 737; *Weber* Der Verteidiger als Vertreter in der Hauptverhandlung, Diss. Augsburg 1982; *Weiß* Die „Verteidigervollmacht" — ein tückischer Sprachgebrauch, NJW **1983** 89; *Welp* Die Rechtsstellung des Strafverteidigers, ZStW **90** (1978) 804. Wegen weiterer Nachweise vgl. Vor §137.

---

[80] So aber OLG Köln GA **1971** 27; dagegen KK-*Treier* 22; *Kleinknecht/Meyer* 19; vgl. Meyer-Goßner JR **1978** 121 (zu §212 ff).
[81] KMR-*Müller* 30.

[82] RGSt **62** 259.
[83] Bejahend LG Frankfurt NJW **1954** 167; *Eb. Schmidt* 21; LR[23] 42; vgl. bei §235, 3.

Walter Gollwitzer

*Übersicht*

## I. Zweck und Anwendungsbereich

**1**     **1. Verteidigung und Vertretung.** Rechtsprechung und Rechtslehre scheiden deutlich zwischen Verteidigung und Vertretung. Die vorherrschende Meinung[1] sieht im Verteidiger keinen Vertreter des Angeklagten, sondern einen Beistand besonderer Art, der die zur Erfüllung seiner Aufgabe erforderlichen Befugnisse kraft eigenen Rechts und, soweit keine Sonderregelungen bestehen, auch unabhängig vom Willen des Angeklagten ausüben kann. In Vertretung des Angeklagten handelt der Verteidiger jedoch nur dann, wenn er — zusätzlich zu seinen eigenen Befugnissen als Verteidiger — Verfahrensbefugnisse des Angeklagten für diesen wahrnimmt, wenn er also an dessen Stelle als Prozeßsubjekt im Verfahren Erklärungen abgibt oder entgegennimmt[2]. Da diese Vertretung nicht von der Verteidigerbestellung mit umfaßt ist, benötigt der Verteidiger dazu zusätzlich eine besondere Ermächtigung durch den Angeklagten, die beschränkt für eine einzelne Prozeßhandlung oder auch generell erteilt werden kann. Grundsätzlich bedarf es dafür keiner besonderen Form; die Ermächtigung zur Vertretung kann auch stillschweigend oder durch konkludentes Verhalten erteilt werden[3]. Im Interesse eines sicheren Nachweises und aus Gründen der Prozeßklarheit verlangt jedoch die StPO verschiedentlich, daß die Vertretungsvollmacht in schriftlicher Form vorliegen muß, so auch in § 234 für die Verhandlung ohne Angeklagten. Die Einzelheiten sind vor § 137 (1 ff) erläutert.

**2**     Der Angeklagte darf sich nach § 137 in jeder Lage des Verfahrens des **Beistandes eines Verteidigers** bedienen[4], erst recht, wenn er an der Hauptverhandlung nicht teil-

---

[1] BGHSt **9** 356; Rechtsprechung und Schrifttum sind Vor § 137 nachgewiesen; dort finden sich auch die Nachweise zur Gegenmeinung, die – wie etwa *Spendel* JZ **1959** 737 – den Verteidiger als Vertreter des Angeklagten betrachtet. Zum Meinungsstreit vgl. auch *Weber* 30 ff.

[2] Soweit der Angeklagte das gegen ihn geführte Verfahren passiv zu erdulden hat, scheidet eine Vertretung aus, sie kommt nur in Betracht, wo der Angeklagte Befugnisse als

Prozeßsubjekt hat und durch seine Äußerungen auf Verfahrensgang und Urteilsfindung Einfluß nehmen kann. Zu den verschiedenen Komponenten der Angeklagtenstellung vgl. etwa *Müller-Dietz* ZStW **93** (1981) 1216; *Peters* § 28 III; *Roxin* § 18; *Schlüchter* 86; *Weber* 46.

[3] KMR-*Müller* 2; *Weber* 26; *Weiß* NJW **1983** 89; weitere Nachweise vgl. Vor § 137.

[4] Art. 6 Abs. 3 Buchst. c MRK; Art. 14 Abs. 3 Buchst. d IPBR; vgl. bei § 137.

nimmt, und zwar unabhängig davon, ob er eigenmächtig oder im Falle des § 233 mit Genehmigung des Gerichts der Verhandlung fernbleibt. Das Bedürfnis, sich des Beistands eines Verteidigers zu bedienen, ist hier, wie § 231 a Abs. 4 anerkennt, eher größer als im Normalfall. Es versteht sich von selbst, daß ein in der Hauptverhandlung für den nicht anwesenden Angeklagten auftretender Verteidiger, der **keine Vertretungsvollmacht** im Sinne des § 234 hat, nur diejenigen Befugnisse hat, die sich aus seiner Stellung als Verteidiger ergeben[5]. Er kann deshalb „für" den Angeklagten keine Erklärungen abgeben, zu denen er nicht kraft seiner Stellung als Verteidiger befugt ist. Er darf insbesondere im Namen des Angeklagten keine Zugeständnisse machen. An ihn können auch keine Erklärungen mit Wirkung für oder gegen den Angeklagten, etwa ein Hinweis gemäß § 265, gerichtet werden, sofern nicht Sondervorschriften dies erlauben, wie § 265 Abs. 5 (oder der neu vorgesehene § 234 a).

### 2. Anwendungsbereich

**a) Hauptverhandlung ohne Anwesenheit des Angeklagten.** § 234 vermeidet den **3** Ausdruck „Abwesenheit", weil als „abwesend" nur der Beschuldigte bezeichnet wird, der die Voraussetzungen des § 276 erfüllt. Ist der Angeklagte in der Hauptverhandlung nicht anwesend und verhandelt das Gericht in den Fällen, in denen das möglich ist, ohne ihn, darf für ihn ein Verteidiger auftreten (vgl. Rdn. 2), den er mit seiner Vertretung beauftragen kann und in einigen Sonderfällen auch muß, wenn er Rechtsnachteile vermeiden will. § 234 gilt für die Fälle, in denen das Gericht die Hauptverhandlung ganz — oder auch teilweise — ohne den Angeklagten durchführen darf und auch tatsächlich durchführt. Er ist bei §§ 231 Abs. 2, 231 a, 231 b, 232 und 233 anwendbar, nicht jedoch bei § 247[6]. Ob der § 236 die dem Angeklagten gewährte Befugnis, sich vertreten zu lassen, einschränkt, ist strittig, die vorherrschende Meinung verneint dies[7]. Das Recht des Angeklagten, in der Hauptverhandlung persönlich anwesend zu sein, wird durch § 234 nicht berührt[8].

**Sondervorschriften.** Von der Vertretung des Angeklagten vor dem Berufungsge- **4** richt handelt der § 329 Abs. 1, von der vor dem Revisionsgericht der § 350 Abs. 2. Für das Privatklageverfahren regelt der § 387 Abs. 1 die Vertretung des Angeklagten, ebenso der § 411 Abs. 2 für die Hauptverhandlung nach rechtzeitigem Einspruch gegen einen Strafbefehl. In den Sondervorschriften ist auch festgelegt, ob die Anwesenheit eines zur Vertretung bevollmächtigten Verteidigers notwendig ist, damit überhaupt zur Sache verhandelt wird. Eine gleichartige Regelung findet sich in § 73 Abs. 1, § 74 Abs. 1 OWiG. Die Vertretung des Einziehungsbeteiligten regelt § 434 Abs. 1; die Vertretung einer juristischen Person oder Personenvereinigung § 444 Abs. 2.

**b) Außerhalb der Hauptverhandlung** und außerhalb von Vernehmungen kann **5** sich der Angeklagte — mindestens für den Fall der Vertretung in der Erklärung — regelmäßig bei Erklärungen gegenüber dem Gericht vertreten lassen, mag es sich dabei um Erklärungen tatsächlicher Art handeln, die sich auf den Gegenstand des Verfahrens beziehen, oder um Anträge oder die Einlegung von Rechtsmitteln oder Rechtsbehelfen (vgl. die Sonderregelung in §§ 297, 302 Abs. 2). In der Regel bestehen keine Formvorschriften für die Erteilung einer solchen Vertretungsvollmacht. Es genügt, daß die Vertre-

---

[5] BayObLGSt **1980** 69 = MDR **1981** 161; KK-*Treier* 1; *Kleinknecht/Meyer* 2; KMR-*Müller* 3.

[6] RGSt **18** 141; *Strate* NJW **1979** 910; *Fezer* JR **1980** 84.

[7] Dazu § 236, 3.

[8] BayObLGSt **1975** 77 = MDR **1975** 956.

Walter Gollwitzer

tungsvollmacht im Zeitpunkt der Abgabe der Erklärung bestanden hat; der Nachweis kann auch nachträglich erbracht werden[9].

**6**     **c)** Ist der **Angeklagte in der Hauptverhandlung anwesend,** werden das Bestehen und der Umfang einer etwaigen Vertretungsvollmacht des für ihn auftretenden Verteidigers kaum einmal zweifelhaft bleiben. Eine vom Verteidiger für und im Namen des Angeklagten abgegebene Erklärung wird regelmäßig als solche des Angeklagten gelten können, wenn sich der Verteidiger in Gegenwart des Angeklagten äußert und dieser keine andere Meinung zu erkennen gibt[10]. Besteht daran auch nur der geringste Zweifel, muß sich der Vorsitzende durch Fragen an den Angeklagten vergewissern, ob er einverstanden ist und ob er den gestellten Antrag oder die abgegebene Äußerung zum Sachverhalt als eigene gewertet wissen will. Dazu besteht vor allem dann Anlaß, wenn der Verteidiger für den Angeklagten eine diesen belastende Tatsache einräumt[11]. Stellt der Angeklagte die Tatsache in Abrede oder erklärt er sich hierzu nicht, vor allem, weil er zur Sache überhaupt schweigt, so kann ein solcher Vortrag des Verteidigers zwar argumentativ miterwogen, er kann aber nicht — wie eine eigene Einlassung des Angeklagten — als Beweismittel (im weiteren Sinn) bei der Beweiswürdigung zu dessen Nachteil verwertet werden[12]. Dies ist nur möglich, wenn zweifelsfrei feststeht, daß der Angeklagte den vom Verteidiger vorgetragenen Sachverhalt vollinhaltlich als seine eigene Erklärung verstanden wissen will[13], der Verteidiger also nur als Übermittler der Einlassung des Angeklagten tätig wurde[14].

## II. Die Vertretungsvollmacht und ihre Tragweite

### 1. Schriftliche Vollmacht

**7**     **a)** Eine schriftliche **Vertretungsvollmacht** ist die Voraussetzung dafür, daß der Verteidiger in Abwesenheit des Angeklagten als dessen Vertreter an der Hauptverhandlung teilnehmen kann. Die **gewöhnliche Verteidigungsvollmacht** reicht dazu nicht aus[15], die Vollmacht nach § 234 muß unmißverständlich zum Ausdruck bringen, daß der Verteidiger auch ermächtigt ist, ihn zu vertreten, also an seiner Stelle Erklärungen abzugeben und entgegenzunehmen. Die Formel „zu verteidigen und zu vertreten" wird als genügend angesehen, obwohl ein rechtsunkundiger Angeklagter sie in ihrer Tragweite nicht ohne weiteres erkennen wird[16]. Es ist jedoch Sache des Verteidigers, ihn

---

[9] RGSt **66** 209.
[10] RGSt **1** 198; **18** 141; **44** 285; BGHSt **12** 370; BayObLGSt **1980** 111 = VRS **60** 120; *Weber* 28 (Vertretung im Willen liegt gar nicht vor, da Verteidiger nur das vorträgt, was der Angeklagte selbst sagen will).
[11] BayObLGSt **1980** 111 = VRS **60** 120; BayObLG MDR **1981** 516; OLG Hamm JR **1980** 82 mit krit. Anm. *Fezer.*
[12] OLG Hamm JMBlNW **1953** 216; vgl. RGSt **44** 285; KG HRR **1928** Nr. 1167; vgl. oben Fußn. 11.
[13] *Schorn* JR **1966** 9; vgl. Rdn. 16.
[14] OLG Hamm JR **1980** 82 nimmt an, daß eine solche Erklärung durch das Sitzungsprotokoll hätte dokumentiert werden müssen; ähnlich OLG Köln VRS **59** 349. Die Erklä-

rung des Verteidigers in Anwesenheit des Angeklagten ist jedoch keine wesentliche Förmlichkeit i. S. des § 273; dies wäre allenfalls die Erklärung des Angeklagten, wenn er damit sein im Protokoll vermerktes Schweigen durchbrochen hätte.
[15] BayObLG NJW **1956** 839; vgl. bei § 137.
[16] BGHSt **9** 356 = LM Nr. 1 mit Anm. *Krumme;* BayObLG NJW **1956** 839; OLG Köln NJW **1957** 153; OLG Oldenburg NdsRpfl. **1954** 17; OLG Zweibrücken StrVert. **1981** 539; KK-*Treier* 4; *Kleinknecht/Meyer* 2. KMR-*Müller* 4 fordert, daß durch Fragen des Gerichts aufgeklärt wird, ob eine allgemein gehaltene Vertretungsvollmacht diese Bedeutung haben soll. Ähnlich *Spendel* JZ **1959** 741.

hierüber vor Erteilung der Vollmacht aufzuklären; dem Erfordernis des §234 ist mit der schriftlichen Bevollmächtigung zur Vertretung genügt. Eine Spezialvollmacht, welche den Verteidiger zur Vertretung „bei Abwesenheit" des Angeklagten ermächtigt, erfordert der Schutzzweck des §234 nicht[17]. Andererseits wird auch die Ermächtigung „in Abwesenheit des Angeklagten zu verhandeln" als genügend angesehen[18].

Die Vollmacht nach §234 kann der Angeklagte auch bei seiner kommissarischen **8** Einvernahme nach §233 **zu Protokoll** erklären[19]; desgleichen genügt ein Schreiben des Angeklagten an das Gericht, sofern aus ihm nur deutlich genug hervorgeht, daß der Verteidiger ihn auch vertreten soll[20]. Die Vollmacht kann auch von einem Vertreter des Angeklagten unterschrieben sein, der seinerseits zum Nachweis seiner Bevollmächtigung keiner besonderen schriftlichen Vollmacht bedarf[21]. Die **Untervollmacht,** mit der ein schriftlich zur Vertretung ermächtigter Verteidiger einem Substituten Verteidigung und Vertretung überträgt, braucht ebenfalls nicht in Schriftform vorzuliegen[22].

**b) Beschränkbarkeit der Vertretungsbefugnis.** Der Angeklagte kann die Vertre- **9** tungsbefugnis des Verteidigers beschränken. Er kann vor allem die Vertretung im Willen für einzelne Prozeßhandlungen ausschließen oder gegenständlich — etwa auf eine von mehreren angeklagten Taten — begrenzen[23]. Die Beschränkung muß sich aber, um nach außen wirksam zu sein, eindeutig aus der schriftlichen Vollmacht ersehen lassen. Ist sie so unklar abgefaßt, daß nicht sicher erkennbar ist, welche Erklärungen der Verteidiger in Vertretung des Angeklagten abgeben darf, dann liegt unter Umständen überhaupt keine wirksame Vertretungsvollmacht im Sinne des §234 vor. Soweit die Durchführung der Hauptverhandlung davon abhängt, daß für den Angeklagten ein vertretungsberechtigter Verteidiger erschienen ist, kann eine zu weitgehende Beschränkung diese Voraussetzung in Frage stellen.

**c) Erfordernis gerichtlicher Genehmigung der Verteidigung.** Wer nach §138 **10** Abs. 2 nur mit Genehmigung des Gerichts als Verteidiger auftreten kann, bedarf dieser Genehmigung auch im Fall des §234. Entsendet der Angeklagte jemand, auf den der §138 Abs. 2 zutrifft, als Vertreter in der Hauptverhandlung, so tut er dies auf die Gefahr hin, daß der Entsandte nicht zugelassen wird und daß er — der Angeklagte — demzufolge unvertreten bleibt. Doch kann das Gericht aus der Nichtzulassung des Verteidigers auch den Anlaß zur Aussetzung der Hauptverhandlung entnehmen.

**2. Sinn und Wirkung der Vertretung**
**a) Der Begriff der Vertretung** wird in §234 nicht näher festgelegt[24]. Der über- **11** nommene Rechtsbegriff bringt nach dem Sinn des §234 und ähnlicher Bestimmungen zum Ausdruck, daß der Verteidiger durch die Vertreterbestellung in der Hauptverhandlung zusätzlich zu seinen eigenen Befugnissen als Beistand auch die Befugnisse des nicht anwesenden Angeklagten erlangt. Er tritt hinsichtlich der Prozeßführung an dessen Stelle und kann als Vertreter im Willen dabei mit bindender Wirkung für den Angeklagten verfahrenserhebliche Erklärungen abgeben und entgegennehmen[25]. Die Befugnis des Vertreters aus eigener Entschließung an Stelle des Angeklagten für diesen bindende Erklärungen abzugeben, wird durch einige Sondervorschriften, wie etwa §§297, §302

---

[17] BGHSt **9** 356; KK-*Treier* 4.
[18] OLG Hamm NJW **1953** 1793; vgl. bei §329 und §411.
[19] KK-*Treier* 5; KMR-*Müller* 4.
[20] *Eb. Schmidt* 3.
[21] BayObLG NJW **1963** 872.

[22] OLG Karlsruhe NStZ **1983** 43; OLG Köln VRS **60** 441; OLG Hamm NJW **1963** 1793; vgl. ferner bei §411.
[23] KK-*Treier* 8; *Kleinknecht/Meyer* 3.
[24] RGSt **66** 210; *Weber* 98.
[25] KK-*Treier* 6; *Kleinknecht/Meyer* 3.

Walter Gollwitzer

Abs. 2 modifiziert, sie kann ferner nicht Platz greifen, wo Zweck und Struktur des Strafverfahrens jede Vertretung ausschließen[26], etwa, weil es nicht um Durchführung des Verfahrens geht, für das die Vertretungsvollmacht erteilt wurde, sondern um die Einbeziehung einer weiteren Tat (vgl. Rdn. 12).

**12**      b) **Verfahrensbefugnisse,** die der Angeklagte **als Prozeßsubjekt** hat, darf der vertretungsberechtigte Verteidiger an Stelle des abwesenden Angeklagten für diesen ausüben[27], unabhängig davon, ob ihm als Verteidiger selbst gleichartige Befugnisse zustehen. Bei parallelen Befugnissen ist dies deshalb von Bedeutung, weil der Verteidiger als Vertreter auch bereits abgegebene Prozeßerklärungen des Angeklagten widerrufen kann. Der vertretungsberechtigte Verteidiger tritt auch passiv an die Stelle des Angeklagten, der sich das Verhalten seines Verteidigers in der Hauptverhandlung auch insoweit zurechnen lassen muß, als er geschwiegen und verfahrensrechtlich mögliche Erklärungen, Fragen oder Beanstandungen unterlassen hat[28]. Im Einzelnen: Der Vertreter darf alle dem Angeklagten offenen Anträge stellen, etwa die Erhebung bestimmter Beweise, Aussetzung oder Unterbrechung der Verhandlung verlangen und alle dem Angeklagten zustehenden Einwände (etwa nach §§ 6 a, 16, 222 b) erheben oder zurücknehmen[29]. Er kann auf die Geltendmachung von Verteidigungsmitteln, wie das Recht auf Einhaltung der Ladungsfrist[30], oder auf präsente Beweismittel nach § 245 Abs. 1, verzichten[31]. Er kann die Beweisaufnahme durch Erklärungen nach § 61 Nr. 5, § 249 Abs. 1 oder § 251 Abs. 1 Nr. 4 beeinflussen[32] und er ist auch befugt, für den Angeklagten dessen Entbindung von der Teilnahme an der Hauptverhandlung zu beantragen[33]. Auch bei den Erklärungen nach § 153 Abs. 2, § 153 a Abs. 2, § 153 b Abs. 2, § 265 a oder § 303 Satz 1 ist eine Vertretung möglich[34]. Selbst Erklärungen nach § 257 und das letzte Wort (§ 258 Abs. 3) wird dem vertretungsberechtigten Verteidiger an Stelle des abwesenden Angeklagten zugestanden[35]; desgleichen die Ablehnung eines Richters nach § 24 Abs. 3[36]. Die Zustimmung zur Einbeziehung einer weiteren Straftat im Wege der Nachtragsanklage kann der Vertreter dagegen nicht wirksam an Stelle des abwesenden Angeklagten erteilen[37]; diese Erklärung, die den Gegenstand des Verfahrens erweitert, ist dem Angeklagten selbst vorbehalten, in der Regel wird die Vertretungsvollmacht die neue Tat auch gar nicht umfassen.

**13**      c) **Hinweise, Belehrungen und Mitteilungen** können mit Wirkung für den Angeklagten in der Hauptverhandlung dem Vertreter erteilt werden. Dies gilt für die Mitteilung der Besetzung des Gerichts zu Beginn der Hauptverhandlung nach § 222 a ebenso wie für sonstige Hinweise. Bei Verkündung von Entscheidungen genügt es ebenfalls,

---

[26] RGSt **66** 210 weist darauf hin.

[27] Weitgehend unstreitig, vgl. KK-*Treier* 6; *Kleinknecht/Meyer* 3; KMR-*Müller* 5; *Eb. Schmidt* 4; *Weber* 70.

[28] Vgl. etwa OLG Köln VRS **60** 441; OLG Schleswig bei *Ernesti/Jürgensen* SchlHA **1972** 441.

[29] *Kleinknecht/Meyer* 3; *Peters* § 32 IV 1; *Weber* 111. Vgl. § 244, 136.

[30] OLG Hamm NJW **1954** 1856; vgl. § 217, 9.

[31] *Kleinknecht/Meyer* 3; vgl. *Weber* 111; § 245, 35.

[32] KK-*Treier* 6; *Kleinknecht/Meyer* 3; KMR-*Müller* 5.

[33] RGSt **54** 210; § 233, 7.

[34] KK-*Treier* 6; *Kleinknecht/Meyer* 3; KMR-*Müller* 5.

[35] *Weber* 111; 165 ff; daß die Erklärungsrechte höchst persönlich sind, schließt bei Abwesenheit des Angeklagten die Vertretung nicht aus; vgl. bei § 257 und bei § 258.

[36] *Weber* 70; a. A *Rabe* NJW **1976** 173.

[37] KMR-*Müller* 7; KMR-*Paulus* § 266, 11; *Eb. Schmidt* Nachtr. II 15; vgl. bei § 266; a. A *Beling* 152; *Weber* 163 (aber kein Weiterverhandeln ohne Angeklagten bei Einbeziehung).

daß der Vertreter in der Hauptverhandlung anwesend ist. Zum Sonderfall des §232 Abs. 4 vgl. §232, 37.

Ein Hinweis auf die **Veränderung des rechtlichen Gesichtspunkts** nach §265 **14** wirkt gegen den Angeklagten[38]. Hat der Angeklagte den Verteidiger ermächtigt, ihn in jeder Beziehung zu vertreten, so muß dies auch für die Entgegennahme eines an den Angeklagten gerichteten Hinweises gelten. Der Vertreter hat allerdings die Möglichkeit zu erklären, daß er im Hinblick auf die Änderung nicht ausreichend unterrichtet sei. Er kann deswegen die Unterbrechung oder Aussetzung der Verhandlung verlangen. Tut er dies nicht, so ist der Hinweis auch gegenüber dem Angeklagten wirksam.

Eine **Ausnahme** gilt für das Verfahren nach §233. Hier genügt es nicht, daß der **15** Vertreter auf die Veränderung des rechtlichen Gesichtspunktes hingewiesen wird, denn der Hinweis verändert den Inhalt der Anklage im Sinne des §233 Abs. 2, zu der der Angeklagte gehört werden muß. Ob er darauf verzichten will, kann er nur selbst entscheiden; insoweit kann er nicht vertreten werden[39]. Im Verfahren nach §231 Abs. 2 und §231 a genügt nach der Sondervorschrift des §265 Abs. 4 der Hinweis an den Verteidiger; auf die Vertretungsbefugnis kommt es insoweit nicht mehr an (künftig §234 a).

**d)** Bei **Erklärungen zur Sache** ist strittig, ob sie für den abwesenden Angeklagten **16** vom Verteidiger in dessen Vertretung abgegeben werden dürfen. Die wohl vorherrschende Meinung[40] bejaht dies für den Vertretungsfall unter Hinweis auf die Motive. Nach diesen sollen die Erklärungen des Vertreters als Erklärungen des Angeklagten behandelt werden „und zwar auch insoweit, als sie Zugeständnisse enthalten"[41]. Nach der Gegenmeinung ist jede Vertretung des Angeklagten bei der Einlassung zur Sache ausgeschlossen, da dieser zwar in seiner Eigenschaft als Prozeßsubjekt, nicht aber in seiner Eigenschaft als Auskunftsperson vertreten werden könne[42]. Eine Vertretung bei der Sachdarstellung sei auch mit der Stellung als Verteidiger unvereinbar[43]. Nach dieser Auffassung ist es auch bei Vorliegen der Vollmacht nach §234 nicht möglich, den vertretungsberechtigten Verteidiger an Stelle des Angeklagten zur Sache zu hören (§243 Abs. 4). Für diese Ansicht spricht zwar, daß es nur hinsichtlich der Kundgabe einer solchen Wissenserklärung, nicht aber hinsichtlich ihres Inhalts eine Vertretung im Willen geben kann. Äußert sich der Verteidiger für den Angeklagten zum Sachverhalt, kann er dem Gericht nur das mitteilen, was er vom Angeklagten über den Sachhergang

---

[38] BayObLGSt **1970** 228 = VRS **40** 271; BayObLG bei Rüth DAR **1983** 253; OLG Düsseldorf VRS **40** 275; OLG Karlsruhe DAR **1960** 144; KK-*Treier* 7; *Kleinknecht/Meyer* §265, 12; KMR-*Müller* 6; KMR-*Paulus* §265, 40; *Eb. Schmidt* 4; *Peters* §32 IV 1; a. A *Schorn* JR **1966** 9; *Weber* 123 ff; 154, der aus dem Zweck des Hinweises – Gelegenheit zu neuem Sachvortrag – folgert, daß er immer nur dem Angeklagten selbst gegeben werden darf.

[39] RGSt **12** 47; BayObLGSt **1955** 186 = JZ **1956** 68; KK-*Treier* 7; *Kleinknecht/Meyer* §233, 9; KMR-*Müller* 6; KMR-*Paulus* §265, 40; *Kleinknecht* JZ **1964** 329; *Schorn* JR **1966** 9; vgl. §233, 34; a. A ohne nähere Begründung OLG Karlsruhe DAR **1960** 144; zu den einzelnen Argumenten vgl. *Weber* 119, 131.

[40] BayObLGSt **1970** 228; **1974** 35; **1982** 156 = VRS **40** 271; **64** 134; OLG Hamm JMBlNW **1964** 214 (unter Aufgabe von JMBlNW **1953** 276); OLG Köln VRS **60** 441; OLG Schleswig bei *Ernesti/Jürgensen* SchlHA **1972** 159; wohl auch BGHSt **12** 357; KK-*Treier* 6; *Kleinknecht/Meyer* 3; KMR-*Müller* 5; *Eb. Schmidt* 4; *Roxin* §19 A II 3; vgl. bei §411.

[41] Mot. 183; dazu *Weber* 74, 131 ff (Zugeständnis darf nicht mit Geständnis gleichgesetzt werden).

[42] OLG Hamm JMBlNW **1953** 276; *Beling* 310; *Weber* 75 ff, vor allem 110 ff mit weiteren Nachweisen; *Fezer* JR **1980** 83 (zu OLG Hamm JR **1980** 82) läßt letztlich offen, wieweit die Vertretungsmacht beim abwesenden Angeklagten geht.

[43] *Weber* 59 ff 68.

Walter Gollwitzer

erfahren hat. Als Erkenntnisquelle hat eine solche Mitteilung mitunter (aber nicht immer) wegen der ihr anhaftenden Unsicherheiten begrenzten Wert. Es besteht aber kein Anlaß, den Vertreter vom Vortrag der Sachverhaltsdarstellung des Angeklagten überhaupt auszuschließen[44]. Diese ist — anders als eine Zeugenaussage — nicht nur Beweismittel, sondern zugleich auch Verteidigungsmittel. Der Angeklagte darf als Prozeßsubjekt[45] kraft seines Rechts auf Gehör dem Gericht auch durch seinen Vertreter seine Einlassung zur Kenntnis bringen. Eine derart übermittelte Einlassung gehört zum Inbegriff der Hauptverhandlung (§ 261) und muß vom Gericht bei der Urteilsfindung in Erwägung gezogen werden, auch wenn sie — wie auch im Normalfall — nicht im Rahmen der eigentlichen Beweisaufnahme durch ein Beweismittel im engeren Sinn (der Verteidiger ist insoweit Vertreter des Angeklagten bei der Übermittlung und nicht Zeuge vom Hörensagen) in das Verfahren eingeführt wird[46]. Das Gericht muß bei einer vom Vertreter vorgetragenen Einlassung des Angeklagten genau so wie bei einer solchen Erklärung aus seinem eigenen Munde prüfen, ob und wieweit es ihr auf Grund des Ergebnisses der Hauptverhandlung folgen kann, ob es sie als widerlegt behandeln oder als unwiderlegbar zugunsten des Angeklagten unterstellen muß oder ob es sie zum Anlaß für eine weitere Sachaufklärung zu nehmen ist. Hat es Zweifel, ob der Verteidiger die Sachdarstellung des Angeklagten richtig wiedergibt, muß es gegebenenfalls dessen persönliches Erscheinen oder dessen kommissarische Einvernahme anordnen. Dies gilt auch, wenn nicht aufklärbare Widersprüche zu einer aus den Akten ersichtlichen Einlassung bestehen.

**17**      **e) Keine Äußerungspflicht.** Zur Vertretung des Angeklagten gehört nicht notwendig, daß der Verteidiger Erklärungen abgibt. Der Angeklagte ist auch dann vertreten, wenn der Verteidiger anwesend ist, **ohne sich zu äußern**[47].

**18**      **3. Sonstige Verfahrensfragen.** Nimmt der Verteidiger als Vertreter des Angeklagten an der Hauptverhandlung teil, so ist er an Stelle des abwesenden Angeklagten nach § 243 Abs. 4 zu befragen, ob er für den Angeklagten dessen Erklärung zur Sache vortragen oder keine Erklärungen abgeben möchte[48]. Trägt er die Einlassung des Angeklagten vor, so ist diese Tatsache, nicht aber der Inhalt des Vorgetragenen, als wesentliche Förmlichkeit des Verfahrens in der Sitzungsniederschrift festzuhalten[49]. Wieweit daneben oder an Stelle der Erklärung des Verteidigers eine Niederschrift über die Vernehmung des Angeklagten zu verlesen ist, richtet sich nach den für das jeweilige Abwesenheitsverfahren geltenden besonderen Vorschriften, vgl. § 232, 25; § 233, 30; ferner § 74 Abs. 1 OWiG.

---

[44] § 74 Abs. 1 OWiG geht von der Zulässigkeit eines solchen Sachvertrags aus. Gleiches gilt für den Inhalt einer Schutzschrift, in der der Verteidiger die Sachdarstellung des Angeklagten mitteilt.

[45] Die Einlassung des Angeklagten ist Auskunft und Mittel der Prozeßführung zugleich; beides ist nicht sinnvoll zu isolieren, da die Übergänge fließend sind; die Befugnisse als Prozeßsubjekt können mitunter nur in Verbindung mit einem Sachvortrag ausgeübt werden.

[46] BayObLGSt 1974 36; 1982 156 = VRS 64 134; OLG Hamm JMBlNW 1964 214. Vgl.

bei § 261; ferner BayObLGSt 1980 111 = VRS 60 120.

[47] OLG Düsseldorf MDR 1958 623; OLG Köln NJW 1962 1735; OLG Schleswig SchlHA 1968 323; LG Verden NJW 1974 2195; *Bauhaus* NJW 1962 2357; *Ostler* JR 1967 136; *Schorn* JR 1966 10; vgl. ferner bei § 329 und § 411; a. A *Blei* NJW 1962 2024.

[48] BayObLGSt 1982 156 = VRS 64 134.

[49] OLG Hamm JMBlNW 1964 214; OLG Köln VRS 59 349; vgl. auch OLG Hamm JR 1980 82 mit Anm. *Fezer*; OLG Köln VRS 60 441; *Kleinknecht/Meyer* 3.

## III. Revision

Die unrichtige Anwendung des § 234 kann mit der Revision gerügt werden, insbe- **19** sondere, daß zu Unrecht eine schriftliche Vertretungsvollmacht als vorliegend oder als fehlend angesehen wurde. Ist ein zur Vertretung berechtigter Verteidiger zur Hauptverhandlung gegen einen von der Pflicht zum Erscheinen entbundenen Angeklagten nicht geladen worden, so kann die Revision auf den Verstoß gegen § 218 und gegen § 234 gestützt werden[50]. Unter dem Gesichtspunkt der Verletzung der Aufklärungspflicht (§ 244 Abs. 2) kann gerügt werden, wenn sich das Gericht mit den Angaben des vertretungsberechtigten Verteidigers begnügt, obwohl die Umstände dazu drängten, weitere Beweismittel zu verwenden oder den Angeklagten persönlich dazu zu hören.

# § 234 a

**Geplante Änderungen.** Nach Art. 1 Nr. 15 StVÄGE 1984 soll folgende Vorschrift als § 234 a eingefügt werden:

„Findet die Hauptverhandlung ohne Anwesenheit des Angeklagten statt, so genügt es, wenn die nach § 265 Abs. 1 und 2 erforderlichen Hinweise dem Verteidiger gegeben werden; der Verzicht des Angeklagten nach § 61 Nr. 5 sowie sein Einverständnis nach § 245 Abs. 1 Satz 2 und nach § 251 Abs. 1 Nr. 4 sind nicht erforderlich, wenn ein Verteidiger an der Hauptverhandlung teilnimmt."

S. ggf. die Erläuterungen im Nachtrag zur 24. Auflage.

# § 235

[1]**Hat die Hauptverhandlung gemäß § 232 ohne den Angeklagten stattgefunden, so kann er gegen das Urteil binnen einer Woche nach seiner Zustellung die Wiedereinsetzung in den vorigen Stand unter den gleichen Voraussetzungen wie gegen die Versäumung einer Frist nachsuchen; hat er von der Ladung zur Hauptverhandlung keine Kenntnis erlangt, so kann er stets die Wiedereinsetzung in den vorigen Stand beanspruchen. [2]Hierüber ist der Angeklagte bei der Zustellung des Urteils zu belehren.**

**Schrifttum.** *Dittmar* Wiedereinsetzung in den vorigen Stand bei Terminversäumnis des nicht wirksam geladenen Angeklagten, NJW **1982** 209.

**Entstehungsgeschichte.** § 235 trug bis zur Bekanntmachung vom 22. 3. 1924 die Bezeichnung § 234. Er gewährte bei jeder Hauptverhandlung, die in Abwesenheit des Angeklagten stattgefunden hatte, die Wiedereinsetzung unter den gleichen Voraussetzungen wie bei der Versäumung einer Frist und schloß nur die Fälle aus, in denen der Angeklagte antragsgemäß von der Verpflichtung zum Erscheinen entbunden war oder von der Befugnis Gebrauch gemacht hatte, sich vertreten zu lassen. Seine jetzige Fassung erhielt er im wesentlichen durch Art. 9 § 4 Abs. 2 der Zweiten VereinfVO. Art. 3 Nr. 106 VereinhG 1950 übernahm sie mit der Einschränkung, daß die Wiedereinsetzung nur noch im Fall des § 232 vorgesehen ist.

---

[50] OLG Köln NJW **1960** 736.

Walter Gollwitzer

*Übersicht*

**1**     **1. Geltungsraum der Vorschrift.** § 235 ist nur anzuwenden, wenn das Gericht gemäß § 232 die Hauptverhandlung ohne den Angeklagten durchgeführt hat, also nicht in den Fällen des § 231 Abs. 2, des § 231 a, § 231 b und des § 233[1]. Das ist sinnvoll. Schon die Motive hatten ausgesprochen: „Wo eine Versäumung der Hauptverhandlung nicht in Frage ist, weil der erkennende Richter die Verteidigung des Angeklagten durch Anhörung eines Vertreter vernommen hat, da kann selbstverständlich von einer Wiedereinsetzung in den vorigen Stand nicht die Rede sein"[2]. Bei § 231 Abs. 2, §§ 231 a, 231 b und bei § 233 kommt der Angeklagte mit seiner Verteidigung in der Hauptverhandlung selbst zu Gehör, da er im Verfahren nach § 231 Abs. 2 in der Hauptverhandlung zur Anklage vernommen sein muß und da im Verfahren nach § 233 die Niederschrift über seine Vernehmung durch einen beauftragten oder ersuchten Richter in der Hauptverhandlung verlesen wird (§ 233, 30). Nach den §§ 231 a und 231 b darf das Gericht ebenfalls nur verfahren, wenn der Angeklagte Gelegenheit hatte, sich zur Sache zu äußern (§ 231 a, 12; § 231 b, 17). Im übrigen wäre in den beiden letztgenannten Fällen schon deshalb kein Raum für die Wiedereinsetzung, weil hier der Angeklagte seine Abwesenheit von der Hauptverhandlung selbst verschuldet hat.

**2**     Hat an Stelle des Angeklagten ein nach § 234 **bevollmächtigter Vertreter** an der Hauptverhandlung teilgenommen, ist die Wiedereinsetzung ebenfalls ausgeschlossen, auch wenn die jetzige Fassung des § 235 dies nicht mehr ausdrücklich bestimmt[3].

**3**     Ob der Angeklagte in sinngemäßer Anwendung des § 235 um Wiedereinsetzung nachsuchen kann, wenn er wegen einer **Verhinderung** des von ihm entsandten **Vertreters** in der Hauptverhandlung unvertreten geblieben ist, ist strittig[4]. Für eine analoge Anwendung spricht die gleiche Interessenlage und die einfachere Möglichkeit zur Behebung eines die Revision begründenden Verfahrensfehlers.

**4**     Für das **Berufungsverfahren** enthält § 329 Abs. 3 eine Sondervorschrift, die auch im Verfahren bei Strafbefehlen (§ 412 Satz 1) gilt. Im Bußgeldverfahren ist dagegen § 235 entsprechend anwendbar, wenn ohne den Betroffenen verhandelt wurde (§ 74 Abs. 4 OWiG). Bei Versäumung der Verhandlung vor dem Revisionsgericht ist § 235 nach § 350 grundsätzlich nicht anwendbar. Ob im Hinblick auf das Gebot zur Gewährung des rechtlichen Gehörs eine entsprechende Anwendung dann in Frage kommt, wenn der Termin der Revisionsverhandlung versehentlich entgegen § 350 Abs. 1 weder

---

[1] BGHSt **10** 304 (zu § 231 Abs. 2); KK-*Treier* 1; *Kleinknecht/Meyer* 1; KMR-*Müller* 1.

[2] Mot. 183.

[3] BayObLGSt **1965** 5; KK-*Treier* 3; *Kleinknecht/Meyer* 1; KMR-*Müller* 4; *Eb. Schmidt* 4.

[4] Bejahend LG Frankfurt NJW **1954** 167; *Eb. Schmidt* 4; verneinend KK-*Treier* 2. Vgl. § 233, 42.

dem Angeklagten noch dem Verteidiger mitgeteilt worden ist, ist strittig[5]. Vgl. dazu die Erläuterungen zu § 350.

**2. Die Voraussetzungen der Wiedereinsetzung** stimmen im allgemeinen mit denen **5** überein, die § 44 für die Wiedereinsetzung gegen die Versäumung einer Frist aufstellt. Die Verhinderung darf also nicht vom Angeklagten **verschuldet** sein. Insoweit gelten die Erläuterungen zu § 44.

Hatte der Angeklagte **keine Kenntnis von der Ladung** zur Hauptverhandlung, so **6** kann er nach Satz 1, letzter Halbsatz „stets" die Wiedereinsetzung verlangen. Es kommt dann nicht darauf an, ob er die Unkenntnis von der Ladung verschuldet hat. Die Wiedereinsetzung darf nicht etwa deswegen versagt werden, weil der Angeklagte, der mit der Ladung rechnen mußte, nichts unternommen hat, um sicherzustellen, daß sie ihn erreicht, wenn sie im Wege der Ersatzzustellung einer anderen Person ausgehändigt worden ist[6].

Bewirkt der Angeklagte allerdings absichtlich, daß ihn die Ladung nicht erreicht **7** — etwa dadurch, daß er ihre Nachsendung ausdrücklich verbietet oder daß er deswegen eine falsche Urlaubsanschrift angibt —, dann kann dieses arglistige Verhalten zu einer **Verwirkung** des Rechts auf Wiedereinsetzung führen[7]. Kenntnis von der Ladung hat der Angeklagte zwar erst, wenn er ihren Inhalt, vor allem Ort und Zeit des Termins kennt[8], weiß er aber, daß eine Ladung vorliegt und unterläßt er es bewußt, von ihr Kenntnis zu nehmen, so kann er dadurch seinen Wiedereinsetzungsanspruch verwirken.

**3. Frist für das Gesuch um Wiedereinsetzung.** Die Wiedereinsetzung muß inner- **8** halb einer Woche nach Zustellung des Formel und Gründe umfassenden Urteils (vgl. § 314 Abs. 2; § 341 Abs. 2) beantragt werden. Die Zustellung muß den besonderen Erfordernissen des § 232 Abs. 4 genügen.

**4. Belehrung.** Nach Satz 2 muß der Angeklagte bei Zustellung des Urteils über **9** die Möglichkeit der Wiedereinsetzung und ihre Voraussetzungen belehrt werden. Es handelt sich, ebenso wie bei § 35 a, um eine zwingende Vorschrift. Unterbleibt die Belehrung, so kann der Angeklagte, ähnlich wie wenn die durch § 35 a vorgeschriebene Rechtsmittelbelehrung unterblieben ist, in entsprechender Anwendung des § 44 Wiedereinsetzung verlangen, wenn er die Frist des Satz 1 versäumt hat[9]. Die Belehrung dürfte keine Wirksamkeitsvoraussetzung für die Urteilszustellung sein, so daß die Fristen nach § 314 Abs. 2 und § 341 Abs. 2 und — nach dem Wortlaut des Satz 1 — auch die dort festgelegte Wochenfrist zu laufen beginnen; es ist kein innerer Grund ersichtlich, die Belehrung nach Satz 2 anders zu behandeln als die nach § 35 a.

**5. Antrag.** Der Angeklagte muß den Antrag auf Wiedereinsetzung bei dem Ge- **10** richt, das ohne ihn verhandelt und geurteilt hat, anbringen und hierbei die Versäumnisgründe angeben und glaubhaft machen. § 45 Abs. 2 Satz 1 gilt entsprechend. Der Angeklagte kann den Antrag auch durch seinen Verteidiger stellen lassen. Die Staatsanwalt-

---

[5] Verneinend RG Recht **1922** Nrn. 354, 913; RG HRR **1931** Nr. 1401; OLG Schleswig MDR **1950** 303; OLG Köln JMBlNW **1957** 154; a. A OLG Celle HESt 3 79; *Eb. Schmidt* 3; zum Streitstand vgl. die Nachweise bei § 350.

[6] KMR-*Müller* 6.
[7] *Eb. Schmidt* 6; KK-*Treier* 4; KMR-*Müller* 6.
[8] KK-*Treier* 4.
[9] KK-*Treier* 8; *Kleinknecht/Meyer* 3; KMR-*Müller* 7; a. A *Eb. Schmidt* 8 (Frist läuft ohne Belehrung überhaupt nicht).

Walter Gollwitzer

schaft kann dagegen nicht für den Angeklagten die Wiedereinsetzung beantragen, denn dieser Rechtsbehelf ist kein Rechtsmittel im Sinn des § 296. **Von Amts wegen** darf die Wiedereinsetzung gegen das Urteil nicht gewährt werden. § 45 Abs. 2 Satz 3 ist nicht entsprechend anwendbar, da § 235 nach Wortlaut (nachgesucht) und Interessenlage (Angeklagter kann Urteil hinnehmen wollen) einen Antrag des Angeklagten voraussetzt[10].

**11**  **6. Entscheidung des Gerichts.** Das Gericht, das das Urteil erlassen hat, entscheidet über den Antrag. Im übrigen sind § 45 Abs. 1 und § 46 anzuwenden. Bei der Würdigung der **Wiedereinsetzungsgründe**[11] darf das Gericht im Hinblick auf die Bedeutung des rechtlichen Gehörs keine allzu strengen Anforderungen stellen[12].

**12**  Der **Beschluß,** der dem Angeklagten die **Wiedereinsetzung** gewährt, läßt das frühere Urteil gegenstandslos werden. Eine förmliche Aufhebung des Urteils ist nicht nötig[13].

**13**  In der **neuen Hauptverhandlung,** die der Vorsitzende alsbald anzuberaumen hat, muß ein neues Urteil ergehen; es darf nicht auf das frühere, nunmehr gegenstandslose Urteil verwiesen werden.

**14**  **7. Mehrfache Wiedereinsetzung.** Die Wiedereinsetzung gegen die Versäumung einer Hauptverhandlung wird dadurch nicht ausgeschlossen, daß der Angeklagte in derselben Sache schon einmal eine Hauptverhandlung versäumt und die Wiedereinsetzung erlangt hatte[14].

**15**  **8. Rechtsmittel.** Der Beschluß, der die Wiedereinsetzung gewährt, ist unanfechtbar, der Beschluß, der sie ablehnt, kann nach § 46 Abs. 3 mit **sofortiger Beschwerde** angegriffen werden[15].

**16**  **9.** Das **Verhältnis zwischen dem Wiedereinsetzungsantrag und den Rechtsmitteln** gegen das Urteil ist in den §§ 315 und 342 geordnet. Hat der Angeklagte auf Grund eines Ladungsfehlers den Termin versäumt, kann er mit der Revision rügen, daß die Voraussetzungen des § 232 nicht vorlagen[16]; dies ist der einzige Weg, wenn er sich gegen Erwägungen wendet, mit denen das Gericht eine ordnungsgemäße Ladung bejaht hat. Ergibt sich dagegen der Ladungsfehler aus Tatsachen, die das Gericht weder erkannt noch gewürdigt hat, besteht nach allerdings bestrittener Ansicht kein Anlaß, dem Angeklagten den prozeßwirtschaftlicheren Weg der Wiedereinsetzung zu versperren und ihn auf die Revision zu verweisen[17].

---

[10] KK-*Treier* 6; **a. A** OLG Düsseldorf NJW 1980 1704; auch BVerfGE **42** 257 nimmt dies an (allerdings nicht in den tragenden Gründen).

[11] Vgl. etwa BGHSt **10** 304; LG Lübeck SchlHA **1958** 51; LG Köln MDR **1982** 73 mit abl. Anm. *Schnellenkamp*; ferner die Erläuterungen zu den §§ 44 und 45.

[12] BVerfGE **25** 166; **26** 319; **31** 390; **34** 156; **37** 47; 102; **38** 39.

[13] H. M; so RGSt **53** 289; **54** 287; **61** 181; **65** 238; BGHSt **11** 154; OLG Schleswig SchlHA **1956** 301; *Eb. Schmidt* 10; KK-*Treier* 10; *Kleinknecht/Meyer* 5; KMR-*Müller* 8.

[14] *Eb. Schmidt* 12.

[15] *Eb. Schmidt* 11.

[16] Vgl. § 232, 41 ff; *Dittmar* NJW **1982** 209.

[17] Der Streitstand ist bei § 44, 34 erläutert; vgl. auch bei § 329 und § 412.

# §236

**Das Gericht ist stets befugt, das persönliche Erscheinen des Angeklagten anzuordnen und durch einen Vorführungsbefehl oder Haftbefehl zu erzwingen.**

**Bezeichnung** bis 1924: §235.

*Übersicht*

**1. Zweck der Vorschrift.** §236 stellt klar, daß das Gericht auch dann, wenn es die **1** Hauptverhandlung ohne den Angeklagten durchführen könnte, jederzeit berechtigt ist, das persönliche Erscheinen des Angeklagten anzuordnen, sofern es die Anwesenheit des Angeklagten in der Hauptverhandlung für die Erforschung der Wahrheit für sachdienlich hält. Die Verwirklichung der Aufklärungspflicht soll dadurch erleichtert werden.

Der Anordnung steht nicht entgegen, daß der Angeklagte **nicht gezwungen** wer- **2** den darf, sich vor Gericht zur Sache zu äußern[1], seine Anwesenheit muß aber nach den Umständen des Falles zur Sachaufklärung förderlich sein (Gegenüberstellung, Identifikation usw.)[2]. Das persönliche Erscheinen darf nicht angeordnet werden, wenn damit ausschließlich der Zweck verfolgt wird, einen Angeklagten zur Sache zu vernehmen, der erklärt hat, daß er im Termin von seinem Recht zu schweigen Gebrauch machen wird[3].

Die Anordnung nach §236 beseitigt aber nicht die Befugnis des Gerichts, bei Aus- **3** bleiben des Angeklagten die Sache in dessen **Abwesenheit zu verhandeln,** sofern die gesetzlichen Voraussetzungen dafür vorliegen und die Aufklärungspflicht dem nicht widerspricht. Die Möglichkeit, sich vertreten zu lassen, wird durch die Anordnung nach §236 ebenfalls nicht ausgeschlossen. Dies ist jedoch nur beim Verfahren nach vorausgegangenem Strafbefehl unstreitig, nicht aber in den anderen Fällen[4]. Wegen der Einzelheiten wird auf die Erläuterung bei den einschlägigen Vorschriften, insbesondere bei §329 und §411 verwiesen. Im Bußgeldverfahren kann das persönliche Erscheinen des Betroffenen nach §73 Abs. 2 OWiG angeordnet werden. Mit der Anordnung entfällt die Befugnis des Betroffenen, sich durch einen schriftlich bevollmächtigten Verteidiger vertreten zu lassen (§74 Abs. 2 OWiG).

---

[1] BayObLGSt **1972** 51 = VRS **43** 193; KK-*Treier* 1; *Kleinknecht/Meyer* 1.

[2] BGHSt **30** 172 (auf Vorlage gegen OLG Stuttgart VRS **58** 436); BayObLGSt **1977** 156 = JZ **1977** 764.

[3] BayObLGSt **1983** 48.

[4] Zu §411: BayObLG MDR **1970** 608; OLG

Bremen NJW **1962** 1735; OLG Celle NJW **1970** 906; OLG Hamburg NJW **1968** 1687; OLG Stuttgart NJW **1962** 2023; *Küper* NJW **1969** 493; **1970** 1430; 1562; a. A zu §329 BayObLGSt **1972** 47; BayObLG NJW **1970** 1055; OLG Schleswig SchlHA **1964** 70.

Walter Gollwitzer

**2. Geltungsraum**

**4**　　**a)** Die Anordnung setzt nicht voraus, daß sich der Angeklagte im Geltungsbereich der Gerichtsbarkeit der Bundesrepublik aufhält. Auch gegen einen **im Ausland befindlichen Angeklagten** ist die Anordnung zulässig[5].

**5**　　**b)** § 236 gilt **im ersten Rechtszug** ausnahmslos und in jeder Lage des Verfahrens[6]; auch wenn das Gericht selbst den Angeklagten von der Pflicht zum Erscheinen in der Hauptverhandlung entbunden und damit zunächst zum Ausdruck gebracht hatte, es halte seine Anwesenheit für die Sachaufklärung nicht für notwendig[7]. § 411 Abs. 2, der dem Angeklagten das Recht gewährt, sich im Verfahren nach Einspruch gegen einen Strafbefehl durch einen Verteidiger vertreten zu lassen, steht der Anordnung nicht entgegen. Die Anordnung ist allerdings nur zulässig, wenn es überhaupt zu einer Hauptverhandlung kommt, in der zur Sache verhandelt wird. Für sie ist kein Raum, wenn der Einspruch gegen den Strafbefehl nach § 412 Satz 1 sofort zu verwerfen ist (vgl. die Erläuterungen zu § 411).

**6**　　**c) Berufung, Revision.** Für das **Berufungsverfahren** sind die §§ 329, 330 maßgebend. Auch hier kann die Anordnung nicht dazu dienen, die durch § 329 gebotene sofortige Verwerfung der Berufung des Angeklagten zu verhindern.

**7**　　Für das Verfahren vor dem **Revisionsgericht** ist strittig, ob § 350 die Anwendbarkeit des § 236 ausschließt. Man wird jedoch die Anordnung durch das Revisionsgericht in den Fällen für zulässig halten müssen, in denen das Revisionsgericht selbst über Verfahrensvorgänge oder über Prozeßvoraussetzungen (im Fall des OLG Koblenz: Strafantrag der Verlobten) Beweis zu erheben und deshalb den Sachverhalt von Amts wegen zu erforschen hat[8].

**8**　　**d)** Im **Privatklageverfahren** ist die Anordnung nach § 387 Abs. 3 zulässig.

**3. Die Entscheidung des Gerichts**

**9**　　**a) Ermessen des Gerichts.** Die Anordnung trifft das Gericht, nicht der Vorsitzende. Ob es von der Befugnis nach § 236 Gebrauch machen soll, liegt dabei in seinem durch die Aufklärungspflicht bestimmten, pflichtgemäßem Ermessen[9]. Bei dessen Ausübung sind die Bedeutung der Sache und der vom persönlichen Erscheinen des Angeklagten zu erwartende Beitrag zur Sachaufklärung und zur Überzeugungsbildung des Gerichts abzuwägen gegenüber dem Aufwand, der dem Angeklagten bei Berücksichtigung seiner berechtigten Belange zugemutet werden kann[10]. Der Grundsatz der Verhältnismäßigkeit und das Übermaßverbot sind dabei zu beachten[11]. Die nach diesen Grundsätzen zu beurteilende Zumutbarkeit des Erscheinens spielt als Ermessensschranke vor allem bei

---

[5] OLG Schleswig SchlHA **1964** 70; *Eb. Schmidt* Nachtr. I 2. Zur Ladung im Ausland vgl. Art. 7 EuRHÜ.

[6] OLG Köln NJW **1952** 637.

[7] Vgl. § 233, 10.

[8] OLG Koblenz NJW **1858** 2027. KK-*Treier* 2; *Kleinknecht/Meyer* 1; **a. A** *Rieß* Beiheft ZStW **90** (1978) 205. Nach *Eb. Schmidt* kann das Revisionsgericht den Angeklagten nur unverbindlich zum Erscheinen auffordern (vgl. aber Nachtr. I 1: § 350 Abs. 2 biete keine sichere Stütze für die Anordnung nach § 236); vgl. die Erl. zu § 350.

[9] RG JW **1932** 404; BGHSt **30** 172.

[10] BayObLGSt **1973** 112 = VRS **45** 382; OLG Frankfurt DAR **1971** 219.

[11] BGHSt **30** 172 (auf Vorlage gegen OLG Stuttgart VRS **58** 436); OLG Düsseldorf VRS **65** 446; beide Grundsätze haben als Teile des Rechtstaatsprinzips Verfassungsrang, vgl. etwa BVerfGE **23** 133.

Ordnungswidrigkeiten eine Rolle[12], sie gilt aber auch bei Bagatellstraftaten, etwa bei einem weit entfernt wohnenden oder reisebehinderten Angeklagten.

Stehen der Anordnung des persönlichen Erscheinens in der Hauptverhandlung **10** **triftige Gründe** entgegen, so muß das Gericht, wenn es andererseits die Anhörung eines befugt der Hauptverhandlung fernbleibenden Angeklagten zur Sachaufklärung für erforderlich hält, dessen **Einvernahme** durch einen **ersuchten Richter** veranlassen[13], sofern dieser den Angeklagten weniger belastende Weg ausreicht (vgl. Rdn. 2). Bei einer zeitlich bedingten Unzumutbarkeit kommt auch eine Verlegung des Termins in Frage.

Die **anderen Verfahrensbeteiligten** können eine Anordnung des Gerichts nach **11** § 236 allenfalls anregen. Ein förmliches Antragsrecht haben sie nicht.

**b)** Das Gericht ist durch seine Entscheidung **nicht gebunden.** Es kann, wenn der **12** Angeklagte trotz Anordnung nicht selbst erscheint, auf Zwangsmaßnahmen verzichten und zur Sache verhandeln, wenn es nach seinem Ermessen die Anwesenheit des Angeklagten als nicht mehr zur Wahrheitsfindung erforderlich ansieht[14]. Dies gilt selbst noch nach einem fruchtlosen Erzwingungsversuch[15].

Das Gericht kann seinen Beschluß von sich aus oder auf **Gegenvorstellung** hin **13** auch **förmlich** wieder **aufheben,** etwa, wenn der Angeklagte triftige Gründe geltend macht, die seinem Erscheinen entgegenstehen oder wenn es im weiteren Verlauf des Verfahrens sein persönliches Erscheinen für entbehrlich hält. Es muß die Anordnung aufheben, wenn erkennbar wird, daß der damit verfolgte Aufklärungszweck nicht erreichbar ist[16].

**c)** Der **Beschluß,** der das persönliche Erscheinen anordnet, ist dem Angeklagten **14** **zuzustellen;** in der Regel zugleich mit der Ladung (§ 216) zum Termin[17]. Die Ladung muß die Zwangsmittel androhen (Warnung i. S. des § 216). War der Angeklagte durch einen Beschluß des Gerichts vorher von der Pflicht zum Erscheinen entbunden worden, empfiehlt sich außerdem der Hinweis, daß diese Freistellung damit hinfällig ist.

**4. Zwangsmittel.** Die Vorführung oder Verhaftung dürfen nur angeordnet wer- **15** den, wenn sie vorher dem Angeklagten angedroht worden sind[18]. Ist dies in der Ladung nach § 216 zu Recht oder Unrecht unterblieben, muß es vor Anordnung eines Zwangsmittels nachgeholt werden. Als Ungehorsamsfolge setzt ihre Anordnung ebenso wie bei § 230 Abs. 2 voraus, daß das Ausbleiben des Angeklagten nicht genügend entschuldigt ist. Die Ausführungen zu § 230 Abs. 2 gelten insoweit entsprechend. Vorführungs- und Haftbefehl sind nach § 35 Abs. 2, § 36 Abs. 2 bekanntzugeben und zu vollstrecken[19].

**5. Beschwerde.** Der Beschluß, der das persönliche Erscheinen anordnet, unter- **16** liegt **nicht der Beschwerde**[20]. Die Anordnung des erkennenden Gerichts geht der Ur-

---

[12] Vgl. etwa BayObLGSt **1975** 52; **1975** 77; **1977** 156; **1982** 160; **1983** 48 = VRS **50** 51; **65** 210; MDR **1975** 956; JZ **1977** 764; OLG Hamm VRS **54** 448; OLG Schleswig bei *Ernesti/Jürgensen* SchlHA **1977** 196; vgl. insbes. die Erläuterungen zu § 73 OWiG in den einschlägigen Kommentaren.

[13] BayObLGSt **1972** 168; **1973** 112; **1975** 77 = VRS **44** 114; **45** 382; **50** 51; vgl. auch OLG Hamm VRS **54** 448; OLG Stuttgart VRS **58** 436; ferner BGHSt **28** 44.

[14] OLG Hamburg NJW **1968** 1687.

[15] OLG Celle NJW **1970** 906; KK-*Treier* 5; *Kleinknecht/Meyer* 2.

[16] BayObLGSt **1983** 48 = VRS **65** 210.

[17] *Eb. Schmidt* Nachtr. I 3.

[18] KK-*Treier* 6; *Kleinknecht/Meyer* 2; *Eb. Schmidt* 3.

[19] Wegen der Einzelheiten vgl. § 36, 20; 22 bis 25; § 230.

[20] BayObLGSt **1952** 16 = JZ **1952** 691; KK-*Treier* 7; *Kleinknecht/Meyer* 3; KMR-*Müller* 4.

teilsfindung voraus (§ 305). Das übergeordnete Gericht könnte insoweit auch nicht die Wahrheitsforschung durch das erkennende Gericht beschneiden. Vorführungs- und Haftbefehl sind mit Beschwerde anfechtbar[21].

**17**     **6.** Mit der **Revision** kann unter dem Gesichtspunkt der Verletzung der Aufklärungspflicht gerügt werden, daß das Gericht in Verkennung der seinem Ermessen gesetzten Grenzen die Anordnung des persönlichen Erscheinens oder der kommissarischen Einvernahme des Angeklagten unterlassen hat. Die Revisionsrüge muß zur Begründung dieser Verfahrensrüge[22] die Tatsachen anführen, aus denen sich die Notwendigkeit einer weiteren Sachaufklärung auf diesem Wege und der Ermessensfehler ergeben.

## § 237

**Das Gericht kann im Falle eines Zusammenhangs zwischen mehreren bei ihm anhängigen Strafsachen ihre Verbindung zum Zwecke gleichzeitiger Verhandlung anordnen, auch wenn dieser Zusammenhang nicht der in § 3 bezeichnete ist.**

**Schrifttum** vgl. bei § 2.
**Bezeichnung** bis 1924: § 236.

*Übersicht*

### 1. Voraussetzungen der Verbindung

**1**     **a) Gleiches Gericht.** Die zu verbindenden Strafsachen müssen alle bei dem Gericht anhängig sein, das die Verbindung anordnen will. Gericht ist hier nicht im Sinne von Spruchkörper (einzelne Kammer usw.) zu verstehen, sondern im Sinne der administrativen Einheit aller bei einem Amtsgericht, Landgericht usw. gebildeten gleichartigen Spruchkörper[1]. Verfahren, die bei Spruchkörpern unterschiedlicher Rangordnung (Strafrichter/Schöffengericht oder kleine/große Strafkammer) anhängig sind, können nur bei dem Spruchkörper verbunden werden, dessen Zuständigkeit die des anderen mit umfaßt, also nur bei der großen Strafkammer[2] oder beim Schöffengericht.

---

[21] Wegen der Einzelheiten, auch wegen des Ausschlusses der weiteren Beschwerde beim Vorführungsbefehl vgl. § 230, 26 ff.

[22] Vgl. OLG Düsseldorf VRS **65** 446. § 244, 345.

[1] BGHSt **26** 273 = LM StPO **1975** Nr. 1 mit Anm. *Pelchen;* KK-*Treier* 2; *Kleinknecht/ Meyer* 2; KMR-*Paulus* 6; *Eb. Schmidt* 2.

[2] BGHSt **26** 274; KK-*Treier* 4; *Kleinknecht/ Meyer* 2.

Strafsachen gegen **Jugendliche** und Erwachsene können nach den allgemeinen Re- **2** geln, also auch nach § 237, vor den dafür zuständigen Jugendgerichten verbunden werden[3], sofern dies zur Erforschung der Wahrheit oder aus anderen wichtigen Gründen geboten ist (§ 103 Abs. 1 JGG). Es kommt auch eine Verbindung vor einer nach § 103 Abs. 2 JGG vorrangigen Strafkammer in Betracht. Gleiches gilt nach § 112 JGG bei Heranwachsenden.

**b) Zusammenhang.** Die zu verbindenden Strafsachen (verschiedene Taten im **3** Sinne des § 264) müssen irgendwie zusammenhängen. Da die Verbindung nach § 237 — anders als die nach den §§ 2, 4 und 13 Abs. 2 — die sachliche Zuständigkeit nicht verändert, kann der Zusammenhang **weiter** sein als derjenige, den § 3 beschreibt. Ein für die Verbindung nach § 237 ausreichender Zusammenhang liegt schon dann vor, wenn die Einheit der Menschen, die als Täter oder Verletzte an dem zu beurteilenden geschichtlichen Zusammenhang beteiligt sind, oder die Einheit der Beweismittel (gleicher Sachverständiger) oder der zu klärenden tatsächlichen Ereignisse oder der zu entscheidenden Rechtsfragen, vor allem ein gleichartiger Vorwurf oder ähnliche Gründe, die gleichzeitige Verhandlung zweckmäßig erscheinen lassen[4]. Die Verbindung ist auch zulässig, wenn bei mehreren Sachen fraglich ist, ob sie dieselbe Tat betreffen[5].

Nicht notwendig ist, daß sich die Sachen **im gleichen Rechtszug** befinden. Die **4** Strafkammer kann eine Sache, die im ersten Rechtszug bei ihr anhängig oder nach Rückverweisung wieder anhängig ist, mit einer Sache verbinden, über die sie als Berufungsgericht zu urteilen hat[6]. Nicht notwendig ist auch, daß es sich um die **gleiche Verfahrensart** handelt. So kann ein persönliches Strafverfahren mit einem Sicherungsverfahren nach §§ 413 ff verbunden werden[7] oder mit einem objektiven Verfahren über die Einziehung eines Gegenstands oder des Wertersatzes nach § 440[8]. Auch ein bei Gericht anhängiges Bußgeldverfahren kann mit einem Strafverfahren verbunden werden[9].

**2. Zweck und Zeit der Verbindung.** Die Verbindung nach § 237 soll die gleichzei- **5** tige Verhandlung aus Zweckmäßigkeitsgründen („zur prozeßtechnischen Erleichterung" BGHSt 19 182; 26 271) gestatten. Sie kann für alle beim gleichen Gericht anhängigen Verfahren angeordnet werden, und zwar sowohl vor als auch noch während der

---

[3] BGHSt **29** 67 = JR **1980** 262 mit Anm. *Brunner*; BGH bei *Holtz* MDR **1982** 972; OLG Karlsruhe MDR **1981** 693; so auch schon vor der Änderung des § 209 BGHSt **18** 79; **22** 51; vgl. § 2,29 ff; § 209 a, 27.

[4] BGHSt **19** 182 = LM § 4 Nr. 5; § 237 Nr. 4; dazu *Hanack* JZ **1971** 90; **1972** 82; *Eb. Schmidt* JZ **1964** 468; BGH NJW **1953** 836; *Eb. Schmidt* 4; KK-*Treier* 6; *Kleinknecht/ Meyer* 1; KMR-*Paulus* 8; *Roxin* § 20 B 3 mit Beispielen.

[5] Liegt dieselbe Tat im Sinne des § 264 vor, bedarf es keiner Verbindung. Welches Gericht zuständig ist, regelt sich nach den Grundsätzen, die für die Beseitigung einer doppelten Rechtshängigkeit gelten (dazu Einl. Kap. **12** IV; § 12, 1 ff). Diese kann jedoch auch durch einen Verbindungsbeschluß behoben werden.

Besonders in den Fällen, in denen die Tatidentität zweifelhaft ist – etwa wenn erst in der Hauptverhandlung zu klären ist, ob eine Handlung zu einer fortgesetzten Tat gehört – dient dies der Prozeßökonomie. Vgl. BGH NJW **1953** 273; **1968** 2387; BayObLGSt **1961** 135 = NJW **1961** 1685; RG DR **1941** 777 mit abl. Anm. *Boldt*; KMR-*Paulus* 9 hält Verbindung bei Tatidentität für unzulässig.

[6] BGHSt **19** 182; **20** 219; **29** 67; dazu *Hanack* JZ **1971** 90; *Eb. Schmidt* JZ **1964** 468; *Gössel* § 21 B III c; ebenso RGSt **20** 161; **48** 119; **57** 271; RG DJ **1941** 349; BGH MDR **1955** 755.

[7] RG DJ **1941** 936; KMR-*Paulus* 4.

[8] Vgl. BayObLGSt **1954** 14 = NJW **1954** 810; KMR-*Paulus* 4.

[9] *Kleinknecht/Meyer* 7; KMR-*Paulus* 4.

Hauptverhandlung[10]. Auch eine durch Erhebung der Anklage bei Gericht anhängig gewordene Sache, in der das Hauptverfahren noch nicht eröffnet worden ist, kann nach Ansicht des Bundesgerichtshofs entgegen der früher im Schrifttum herrschenden Auffassung mit einer anderen anhängigen Sache verbunden werden[11].

**6**      **3. Entscheidung des Gerichts.** Über die Verbindung entscheidet das Gericht nach Anhörung der Verfahrensbeteiligten[12] durch **Beschluß**. Der Spruchkörper, der die Hauptverhandlung in der verbundenen Sache durchführen will, ordnet die Verbindung an, zweckmäßigerweise nach Rücksprache mit dem anderen Spruchkörper, der mit der einzubeziehenden Sache befaßt ist[13]. Der Verbindungsbeschluß ist aber auch wirksam, wenn dies unterblieben ist. Soweit die Geschäftsverteilungspläne der Gerichte intern für die Verbindung bestimmte Regeln aufstellen, sind diese zu beachten, da andernfalls der durch die Verbindung betroffene Angeklagte unter Umständen rügen kann, er sei seinem gesetzlichen Richter entzogen worden.

**7**      Das Gericht entscheidet über die Verbindung von Amts wegen oder auf Antrag nach eigenem **freien Ermessen**[14]. Es muß sich dabei aber von sachgerechten Erwägungen, vor allem von den Erfordernissen der besseren Sachaufklärung[15] und der Prozeßwirtschaftlichkeit leiten lassen. Es darf nicht willkürlich verfahren[16]. Daß ein Zeuge durch die Verbindung zum Mitangeklagten wird, schließt die Verbindung nicht aus[17]. Ob eine Verbindung für das Verfahren förderlich ist, läßt sich bei der Ambivalenz der Gesichtspunkte immer nur nach den Besonderheiten des jeweiligen Falles beurteilen[18]. Ein Recht auf Verbindung haben weder Angeklagter noch Staatsanwaltschaft[19].

**8**      Die Anordnung der Verbindung setzt einen **ausdrücklichen Beschluß** voraus, der den Verfahrensbeteiligten aller verbundenen Verfahren die Veränderung der Verfahrenslage, die auch ihre Rechte ändert (Rdn. 12), deutlich macht. Die verschiedentlich für zulässig gehaltene „stillschweigende" Verbindung ist abzulehnen[20]. Die Verbindung kann nicht unter **Einschränkungen** angeordnet werden. Die gemeinsame Hauptverhandlung, die sie herbeiführen soll, ist ein unteilbares Ganzes. Es ist unzulässig, die Verbindung „mit der Maßgabe" anzuordnen, daß „die Vernehmung eines jeden Angeklagten abgesondert erfolgen" solle[21].

**9**      Für die **Bekanntgabe des Verbindungsbeschlusses** gilt § 35. Da der Beschluß keine Fristen in Lauf setzt, bedarf es keiner Zustellung nach § 35 Abs. 2.

**10**      Der **Beschluß,** der die Verbindung **ablehnt,** bedarf als reine Ermessensentscheidung keiner näheren Begründung. Ein Recht auf Verbindung haben die Verfahrensbeteiligten nicht.

---

[10] RG Recht **1915** Nr. 2627; **1917** Nr. 742; RGSt **69** 18; 70 65; BGH NJW **1953** 836; *Kleefisch* JW **1935** 1098; vgl. auch RGSt **20** 161.

[11] BGHSt **20** 219; KK-*Treier* 4; *Kleinknecht/ Meyer* 2; KMR-*Paulus* 3; **a. A** *Eb. Schmidt* 2, Nachtr. I 1: „Nicht zweckmäßig"; *Hanack* JZ **1972** 82: „Zulässig, aber nicht ohne weiteres zweckmäßig".

[12] BGH nach KK-*Treier* 7; KMR-*Paulus* 11.

[13] KK-*Treier* 7; KMR-*Paulus* 11.

[14] BGH NJW **1953** 836; RGSt **57** 44.

[15] OLG Koblenz VRS **49** 115.

[16] OLG Stuttgart NJW **1960** 2353; *Eb. Schmidt* JZ **1970** 342; KMR-*Paulus* 12.

[17] BGHSt **18** 342; *Eb. Schmidt* JZ **1970** 342; *Hanack* JZ **1971** 90. Vgl. Rdn. 18.

[18] *Grünwald* 50. DJT Gutachten 26.

[19] OLG Koblenz OLGSt 3; KK-*Treier* 9; *Kleinknecht/Meyer* 1; KMR-*Müller* 12. Vgl. auch BGH NStZ **1984** 275.

[20] **A. A** KMR-*Paulus* 11, zulässig, wenn auch aus Gründen der Prozeßklarheit ausdrückliche Entscheidung ergehen sollte. Vgl. BGH NJW **1953** 836; *Niethammer* DRZ **1949** 284; dem Grundsatz nach auch RGSt **52** 140; 70 67; ferner BayObLG VRS **54** 287 (Hinweis in Ladung und Anberaumung des Termins zur gleichen Zeit ist noch keine prozeßwirksame Verbindung).

[21] RG GA **51** (1904) 405; KMR-*Paulus* 12.

**4. Wirkung der Verbindung**

a) Die Verbindung nach §237 ist lockerer als die nach den §§2ff. Anders als **11** dort bleibt die **Selbständigkeit der einzelnen Strafsachen** bestehen, so daß jede grundsätzlich ihren eigenen Gesetzen folgt[22]. §5 ist insoweit auch nicht entsprechend anwendbar. Die gemeinsame Verhandlung hat aber doch auch wichtige verfahrensrechtliche Auswirkungen:

b) **Verfahrensgestaltung.** Die Angeklagten aller verbundenen Verfahren werden **12** zu **Mitangeklagten**[23]. Sie sind, sofern nicht eine Anordnung nach §247 ergeht oder eine Beurlaubung nach §231 c erfolgt, in Gegenwart aller Mitangeklagten zu vernehmen und sie haben das Recht, bei der kommissarischen Vernehmung eines Mitangeklagten anwesend zu sein[24]. Ihre Verfahrensbefugnisse erstrecken sich auf das ganze verbundene Verfahren. Sie können die Ergebnisse der einheitlichen Hauptverhandlung grundsätzlich zu ihrer eigenen Verteidigung nutzen (vgl. Vor §226, 33), sich zur Einlassung der Mitangeklagten äußern und auch dazu Fragen stellen (RGSt 55 168). Als Zeuge gegen einen Mitangeklagten können sie nicht auftreten[25]. Ihre Zulassung als Nebenkläger gegen einen anderen Mitangeklagten bleibt möglich, sofern dies nicht die Teilnahme an der gleichen Tat betrifft[26]. Die Auswirkungen der Verbindung auf die Verteidigung nach §146 sind dort erörtert[27].

In jeder verbundenen Sache muß der **Anklagesatz verlesen** werden (§243 Abs. 3) **13** bzw. der an seine Stelle tretende Beschluß nach §270 Abs. 2[28]. Ist ein in der Berufungsinstanz anhängiges Verfahren mitverbunden, ist für dieses statt des Anklagesatzes das Urteil des ersten Rechtszugs nach §324 Abs. 1 zu verlesen[29]. Rechte, die ein Angeklagter nur bis zu einem bestimmten Verfahrensabschnitt ausüben kann, wie etwa der Einwand der fehlerhaften Besetzung der Richterbank, gehen nicht dadurch verloren, daß die Sache mit einem Verfahren verbunden wird, in dem dieser Verfahrensabschnitt bereits überschritten ist (vgl. §222 b, 9).

Hat die Strafkammer eine Sache des **ersten Rechtszugs** mit einer **Berufungssache 14** verbunden, so dürfen die in den §§324, 325 vorgesehenen erleichterten Formen der Beweisaufnahme nur gegen den Angeklagten und nur hinsichtlich der Tat gebraucht werden, die bereits Gegenstand der amtsgerichtlichen Entscheidung war, während bei den Angeklagten und hinsichtlich der Taten, die die Strafkammer im ersten Rechtszug behandelt, die für diesen geltenden Verfahrensvorschriften uneingeschränkt anwendbar sind[30].

---

[22] BGHSt **19** 181; KG JR **1969** 349; RGSt **57** 271; KK-*Treier* 10; *Kleinknecht/Meyer* 1; KMR-*Paulus* 2; Eb. Schmidt 11, 12; *Mezger* JW **1927** 2041.

[23] Zu den Auswirkungen vgl. *Gollwitzer* FS Sarstedt 17.

[24] RGSt **57** 271; RG GA **51** (1904) 409; JW **1927** 2042; KMR-*Paulus* 14; *Oetker* Rechtsgang **3** 259; *Mezger* JW **1927** 2042; *Eb. Schmidt* 16.

[25] RGSt **6** 280; RGRspr. **10** 343; GA **39** (1891) 316; Recht **1906** Nr. 3182; BGHSt **18** 342; *Hanack* JZ **1971** 90; *Eb. Schmidt* JZ **1970** 342; weitere Nachweise vgl. Vor §48.

[26] RGSt **22** 241; BGH NJW **1978** 330; *Gollwitzer* FS Schäfer 68; vgl. bei §395.

[27] Vgl. BayObLGSt **1976** 93 = MDR **1977** 820.

[28] Vgl. RGSt **61** 404; §243, 61.

[29] KK-*Treier* 10; KMR-*Paulus* 16; *Eb. Schmidt* Nachtr. I 13.

[30] BGHSt **19** 182; RGSt. **57** 271; *Eb. Schmidt* 13; KK-*Treier* 10; *Kleinknecht/Meyer* 2; KMR-*Paulus* 16. RGSt **20** 161 besagt nur, daß die erleichterten Formen der Beweisaufnahme nicht gegen den Angeklagten zu Beweiszwecken dienen dürfen, gegen den im ersten Rechtszug verhandelt wird.

**15**    **c) Einheitliche Entscheidung.** Über die verbundenen Sachen wird auf Grund des Inbegriffs der gesamten Hauptverhandlung (§ 261) in einem Urteil mit einheitlichem Urteilsspruch entschieden. Es wird gegebenenfalls auf eine einheitliche Gesamtstrafe erkannt. In Jugendsachen ist § 30 JGG anwendbar[31]. Die durch die Verbindung herbeigeführte Verfahrenseinheit endet nicht automatisch mit dem Erlaß des Urteils (strittig[32]); sofern sie nicht formal aufgehoben wird, gilt sie auch für die Berufungs- und Revisionsinstanz[33]. Die Fortwirkung einer Verfahrensverbindung zeigt sich auch darin, daß durch die Trennung ein kraft Gesetzes ausgeschlossener Richter nicht wieder mitwirkungsbefugt wird[34].

**16**    **5. Trennung der verbundenen Sachen.** Zusammenhängende Sachen, die gemäß § 237 miteinander verbunden sind, können jederzeit wieder getrennt werden. Auch dazu bedarf es eines förmlichen Beschlusses. Der Ansicht des Kammergerichts (JR **1969** 349), wonach die Verbindung nach Erlaß des einheitlichen Urteils von selbst wieder entfällt, kann nicht gefolgt werden (Rdn. 15). Im Interesse der Verfahrensklarheit ist auch hier ein förmlicher Beschluß zu fordern; die Klammerwirkung des einheitlichen Urteils — z. B. bei Verurteilung zu einer Gesamtstrafe — ist mitunter überhaupt nicht mehr zu beseitigen, solange das Urteil Bestand hat[35]. Auch eine **vorübergehende Trennung** ist zulässig[36]. Sie hat ihre Grenzen dort, wo zwingende Vorschriften der Strafprozeßordnung entgegenstehen, sie darf vor allem nicht dazu dienen, das Anwesenheitsgebot des § 230 zu umgehen[37], vor allem, um einen Mitangeklagten von der Wahrnehmung seiner Verfahrensrechte zeitweilig gegen seinen Willen auszuschalten oder ihn in eine Zeugenrolle zu drängen[38]. Zum Verhältnis zwischen der vorübergehenden Abtrennung und der Beurlaubung nach § 231 c vgl. dort Rdn. 3.

**17**    Über die Trennung entscheidet das Gericht ebenfalls nach **pflichtgemäßem Ermessen,** für das die Erfordernisse der Wahrheitsforschung ebenso richtungsweisend zu sein haben wie Überlegungen der Prozeßwirtschaftlichkeit und das Gebot zur Verfahrensbeschleunigung. So kann die Trennung angezeigt sein, wenn von mehreren selbständigen Strafsachen nur die eine entscheidungsreif ist, während die andere ausgesetzt werden muß[39].

**18**    Der Trennung steht nicht grundsätzlich entgegen, daß Mitangeklagte dadurch **zu Zeugen werden** können. Das Zeugnis muß aber einen selbständigen Anklagepunkt betreffen, an dem der ehemalige Mitangeklagte nach der zugelassenen Anklage nicht selbst beteiligt war[40]. Sie ist ermessensmißbräuchlich, wenn sie lediglich zu dem Zweck angeordnet wird, vorübergehend einen Mitangeklagten formell zum Zeugen hinsichtlich seines eigenen Tatbeitrags zu machen[41].

---

[31] BGHSt **29** 67 = JR **1980** 262 mit Anm. *Brunner.*
[32] KK- *Treier* 12; a. A KG JR **1969** 349.
[33] Wegen der Bedeutung für den Rechtsmittelzug vgl. Rdn. 29.
[34] BGH GA **1979** 311; vgl. § 22, 47.
[35] BGH bei *Dallinger* MDR **1975** 23; KK- *Treier* 12.
[36] Vgl. etwa BGHSt **32** 100; BGH MDR **1984** 16; ferner § 230, 15 mit weit. Nachw.
[37] BGHSt **24** 259; 3074; **32** 270; BGH StrVert. **1982** 252; BGH bei *Pfeiffer/Miebach* NStZ **1983** 355; weitere Nachweise vgl. § 230, 15.

[38] Zu den strittigen Fragen vgl. Rdn. 18 und zu den grundlegenden Problemen des Rollenwechsels Vor § 48.
[39] BGH bei *Dallinger* MDR **1975** 23.
[40] BGH MDR **1964** 522 = LM § 4 Nr. 6; BGH JZ **1984** 587; BGH bei *Dallinger* MDR **1971** 897; KK- *Treier* 13.
[41] BGH GA **1968** 305, dazu *Gerland* JR **1969** 149; *Hanack* JZ **1971** 90; BGH MDR **1977** 639; *Grünwald* FS Klug II 498; *Montenbruck* ZStW **89** (1977) 878; *Müller-Dietz* ZStW **93** (1981) 1227; vgl. Vor § 48; 230, 15; ferner *Kleinknecht/Meyer* 4; a. A KMR-*Paulus* 20.

**6. Rechtsmittel**

**a) Beschwerde.** Der Beschluß des **erkennenden Gerichts,** der die Verbindung **19** nach § 237 anordnet oder der die verbundenen Sachen wieder trennt, steht im inneren Zusammenhang mit der Urteilsfällung. Er ist nach § 305 Satz 1 nicht mit **Beschwerde** anfechtbar. Das gleiche gilt, wenn das erkennende Gericht die Trennung oder Verbindung ablehnt[42].

Eine **Ausnahme** greift dann Platz, wenn die Wirkung des Beschlusses über die **20** bloße Verbindung oder Trennung hinausreicht, weil er den Fortgang des verbundenen Verfahrens oder eines der abgetrennten Verfahren auf längere oder unbestimmte Zeit hemmt; denn insoweit dient er nicht mehr lediglich der Vorbereitung und Förderung der Urteilsfällung. Eine solche Hemmwirkung liegt nicht schon vor, wenn die Verbindung oder Trennung aus verfahrenstechnischen Gründen eine Vertagung der Hauptverhandlung zur Folge hat, wohl aber dann, wenn durch den Beschluß eine Sache abgetrennt und das abgetrennte Verfahren auf unbestimmte Zeit bis zur Erledigung eines anderen Verfahrens ausgesetzt wird[43].

**Beschwerdeberechtigt** ist in diesem Fall aber nur derjenige Angeklagte, gegen den **21** sich der Beschluß hemmend auswirkt, nicht die anderen, bei denen das Verfahren seinen Fortgang nimmt.

Hat über die Verbindung nicht das erkennende Gericht entschieden, sondern zu **22** Recht oder Unrecht ein **anderes Gericht,** so ist dessen Entscheidung mit Beschwerde anfechtbar[44].

**b) Revision.** Die Unzulässigkeit einer Verbindung oder Trennung kann auch mit **23** der **Revision** gerügt werden. Das Revisionsgericht kann jedoch nur prüfen, ob die gesetzlichen Voraussetzungen des § 237 eingehalten worden sind, die Verbindung oder Trennung also nicht rechtsfehlerhaft war und ob ein formgerechter Beschluß des zuständigen Gerichts vorliegt. Die für die Verbindung oder Trennung maßgebende Ermessensentscheidung des Tatrichters entzieht sich — sofern nicht ein § 237 verletzender Ermessensmißbrauch vorliegt — seiner Nachprüfung[45]. Die Revision hat nur dann Erfolg, wenn das Urteil auf dem Ermessensmißbrauch beruht[46].

Ist die Verbindung oder Trennung ohne die erforderliche **Anhörung** der Verfah- **24** rensbeteiligten beschlossen worden, so kann dies in der Regel der Revision dann nicht zum Erfolg verhelfen, wenn sich die nicht gehörten Verfahrensbeteiligten im weiteren Verfahren nicht dagegen gewandt haben[47].

Der Verbindungsbeschluß **beschränkt** auch nicht etwa deshalb die **Verteidigung 25** in unzulässiger Weise (§ 338 Nr. 8), weil dadurch ein Zeuge zum Mitangeklagten

---

[42] BayObLGSt **1952** 117; KG JW **1932** 962; OLG Koblenz MDR **1982** 429; KK-*Treier* 16; KMR-*Paulus* 21.

[43] BayObLGSt **1953** 87; OLG Frankfurt StrVert. **1983** 92; *Eb. Schmidt* 10; KK-*Treier* 16; KMR-*Paulus* 21; *Gössel* § 21 B III e; *Schlüchter* 21 Fußn. 34; nach *Bohnert* 30 f ist nicht die Verbindung oder Trennung als solche, sondern allenfalls die dadurch verursachte Aussetzung der Beschwerde zugänglich.

[44] KMR-*Paulus* 21; vgl. KG JR **1969** 349; ferner OLG Schleswig SchlHA **1954** 64. Dort hatte es das Landgericht abgelehnt, eine zu

ihm neu angeklagte Sache mit einem bereits anhängigen Verfahren zu verbinden und die neue Sache vor dem Schöffengericht eröffnet. Das Oberlandesgericht ließ die Beschwerde zu, weil das Landgericht nicht das erkennende Gericht (zweifelhaft) gewesen sei.

[45] BGHSt **18** 238; BGH NJW **1953** 836; *Eb. Schmidt* 17; KK-*Treier* 17; *Kleinknecht/Meyer* 6; KMR-*Paulus* 23; vgl. auch *Bohnert* 28.

[46] BGH bei *Dallinger* MDR **1971** 897; KMR-*Paulus* 23.

[47] OLG Koblenz OLGSt 3; vgl. KMR-*Paulus* 28 (Verletzung in anderen Verfahrensrechten muß geltend gemacht werden).

Walter Gollwitzer

wird[48]. Etwas anderes kann bei einer rechtsmißbräuchlichen Verbindung gelten, wenn dadurch Verfahrensbefugnisse eines Angeklagten beeinträchtigt werden[49].

**26**    Ob eine **„stillschweigende Abtrennung"** und Wiederverbindung ohne förmlichen Gerichtsbeschluß allenfalls § 237, nicht aber die §§ 230, 231 verletzt, so daß der absolute Revisionsgrund des § 338 Nr. 5 nicht Platz greift[50], erscheint fraglich. Dies wird dagegen unter dem Blickwinkel der Umgehung des § 230 angenommen, wenn Erkenntnisse, die das Gericht aus der Hauptverhandlung während einer vorübergehenden Abtrennung gewonnen hat, für die Urteilsfindung gegen den nicht an ihr beteiligten Angeklagten verwendet werden[51]. Zum darin liegenden Verstoß gegen § 261 vgl. Rdn. 27.

**27**    Mit der Revision kann ferner beanstandet werden, wenn als Folge der Verbindung oder Trennung **andere Normen des Verfahrensrechts** verletzt worden sind. Die Gefahr eines Verstoßes gegen § 261 besteht insbesondere dann, wenn während einer bereits teilweise durchgeführten Hauptverhandlung ein weiteres Verfahren durch Verbindung einbezogen wird. Es können dann sehr leicht Erkenntnisse aus dem vor der Verbindung liegenden Verfahrensteil bei der Entscheidung gegen den neu hinzutretenden Angeklagten verwertet werden. Dies ist selbst dann unzulässig, wenn dieser von den wesentlichsten Ergebnissen des vor der Verbindung liegenden Teils der Hauptverhandlung unterrichtet worden ist[52].

**28**    In besonderen Ausnahmefällen kann die Nichtverbindung zweier Verfahren gegen die **Aufklärungspflicht** verstoßen, wenn sich dem Tatrichter diese Maßnahme zur besseren Ermittlung der Wahrheit hätte aufdrängen müssen; dies kann, muß aber nicht, bei mehreren Verfahren gegen den gleichen Angeklagten der Fall sein[53]. Die Aufklärungspflicht ist aber nicht notwendig schon dann verletzt, wenn durch die Verbindung der einzige Tatzeuge zum Mitangeklagten wird, denn die formale Stellung im Prozeß ist für den Wahrheitsgehalt einer Aussage letztlich nicht ausschlaggebend. In besonderen Einzelfällen mag dies möglich sein[54].

**29**    Die **Zuständigkeit des Revisionsgerichts** ist strittig, wenn vor der großen Strafkammer des Landgerichts ein dort anhängiges Strafverfahren mit einem Berufungsverfahren verbunden worden ist. Nach Ansicht des BGH ist einheitlich seine Zuständigkeit gegeben[55], unabhängig davon, ob die Revision sowohl die im ersten Rechtszug verhandelte Sache als auch die Berufungssache betrifft[56], oder ob sie ausschließlich die Berufungssache zum Gegenstand hat[57]. Nach anderer Ansicht[58] hat im letzteren Fall das Oberlandesgericht zu entscheiden. Geht man davon aus, daß grundsätzlich der Rechtsmittelzug an den Rang des Gerichts anknüpft, das tatsächlich entschieden hat, kommt man zur Zuständigkeit des BGH.

---

[48] BGHSt **18** 238; zust. *Eb. Schmidt* JZ 1970 342; vgl. *Hanack* JZ **1971** 90; BGH bei *Holtz* MDR **1982** 972; BGH JR **1984** 587.

[49] BGH JR **1969** 148 mit Anm. *Gerlach*; vgl. Rdn. 16, 18; *Gössel* § 21 B III e.

[50] RGSt **70** 342.

[51] BGHSt **32**, 270; BGH NJW **1953** 836; vgl. dazu § 230, 51 ff.

[52] RGSt **67** 417; RG JW **1935** 2980; BGH NJW **1984** 2174; KMR-*Paulus* 26.

[53] BGH nach KMR-*Paulus* 27; OLG Koblenz VRS **49** 115.

[54] KMR-*Paulus* 27 leitet dies aus der unterschiedlichen Auskunftspflicht ab; dazu vgl. BGH MDR **1982** 104.

[55] BGH MDR **1955** 755; NJW **1955** 1890 (L) = LM § 135 GVG Nr. 3.

[56] Hier erfordern Prozeßökonomie und Urteilseinheit die einheitliche Entscheidung durch das höherrangige Revisionsgericht, vgl. LR[23] 15. KMR-*Paulus* 17; *Kleinknecht/ Meyer* 2; *Gössel* § 21 B III d. Ebenso RGSt **48** 93; **59** 363; RG DR **1941** 777; a. A *Boldt* DR **1941** 777; *Bruns* ZAkDR **1941** 248; *Eb. Schmidt* 13, Nachtr. I 13; grundsätzlich wohl auch KG JR **1969** 349.

[57] So auch KK-*Treier* 11.

[58] KG JR **1969** 349; *Kleinknecht/Meyer* 2; KMR-*Paulus* 17.

c) Bei **Verbindung von Straf- und Bußgeldverfahren** richtet sich die Anfechtung **30** nach § 83 OWiG.

## § 238

(1) **Die Leitung der Verhandlung, die Vernehmung des Angeklagten und die Aufnahme des Beweises erfolgt durch den Vorsitzenden.**

(2) **Wird eine auf die Sachleitung bezügliche Anordnung des Vorsitzenden von einer bei der Verhandlung beteiligten Person als unzulässig beanstandet, so entscheidet das Gericht.**

**Schrifttum.** *Alsberg* Leitung und Sachleitung im Zivil- und Strafprozeß, LZ **1914** 1169; *Fuhrmann* Verwirkung des Rügerechts bei nichtbeanstandeten Verfahrensverletzungen des Vorsitzenden, NJW **1963** 1230; *Fuhrmann* Das Beanstandungsrecht des § 238 II StPO, GA **1963** 65; *Niethammer* Die Stellung des Vorsitzenden und die Vernehmung des Angeklagten in der Hauptverhandlung, JZ **1951** 132; *Sarstedt* Der Vorsitzende des Kollegialgerichts, Juristen-Jahrbuch, Bd. **8** 104 ff (1967/68); *W. Schmid* Zur Anrufung des Gerichts gegen den Vorsitzenden (§ 238 StPO), FS Mayer 543; *Seibert* Beanstandung von Fragen des Vorsitzenden durch den Verteidiger, JR **1952** 471; *Seibert* Der Beisitzer, JZ **1959** 349; *Scheuerle* Vierzehn Tugenden für Vorsitzende Richter (1983); *Tröndle* Über den Umgang des Richters mit anderen Verfahrensbeteiligten, DRiZ **1970** 213 ff; *Weißmann* Die Stellung des Vorsitzenden in der Hauptverhandlung (1982). Vgl. ferner das Vor § 226 aufgeführte Schrifttum.

**Entstehungsgeschichte.** § 238 trug bis 1924 die Bezeichnung § 237. Sein Absatz 2 wurde erst während der Beratungen des Gesetzes von der Reichstagskommission eingefügt (vgl. dazu *Fuhrmann* GA **1963** 70 f). Nach dem Beschluß der ersten Lesung enthielt er das Wort unzulässig nicht (Prot. 347). Die Regierungsvertreter verlangten, die Worte „als gesetzlich unzulässig" einzuschalten. Dieses Verlangen wurde zunächst abgelehnt (Prot. 948), später aber erfüllt (Sitzung 1729), doch wurde das Wort „gesetzlich" als überflüssig wieder gestrichen. Durch die Beschränkung des Anrufungsrechts auf die Fälle der „Unzulässigkeit" sollte verhütet werden, daß die Vorschrift mißbraucht werde, „um ohne genügenden Grund nach Belieben Gerichtsbeschlüsse herbeizuführen und dadurch die Sachleitung des Vorsitzenden und den Fortgang der Verhandlung zu stören und aufzuhalten" (*Hahn* Mat. **2** 1555). Vorschläge zur Reform der Vorschrift setzten schon bald ein[1].

**Geplante Änderung.** Der BRat hat unter Nr. 8 seiner Stellungnahme zum StVÄGE 1984 vorgeschlagen, in Absatz 1 folgende Sätze 2 und 3 anzufügen:
> „Er kann für die weitere Begründung eines Antrags nach Abmahnung das Wort entziehen, wenn die Begründung in keinem sachlichen Zusammenhang zum Verfahren steht oder zu einer durch die Sache nicht gebotenen Verzögerung der Hauptverhandlung führt. § 258 bleibt unberührt."

S. ggf. die Erläuterungen im Nachtrag zur 24. Auflage.

---

[1] Dazu *Alsberg* LZ **1914** 1169; *Alsberg* ZStW **50** (1930) 73; *Goldschmidt* JW **1929** 2687; vgl. ferner *Fuhrmann* GA **1963** 65; *Bohnert* 191.

*Übersicht*

# I. Aufgaben des Vorsitzenden (Absatz 1)

**1**    **1. Aufgabenverteilung zwischen Vorsitzendem und Gericht.** § 238 Abs. 1 überträgt die Leitung der Verhandlung grundsätzlich dem Vorsitzenden. Dies ist schon aus technischen Gründen unerläßlich, denn eine straffe und zügige Durchführung der Hauptverhandlung wäre nicht gewährleistet, wenn das Gericht als Kollegialorgan über jede einzelne der vielen Lenkungsmaßnahmen, die die Durchführung der Hauptverhandlung erfordert, erst Beschluß fassen müßte[2]. Die Strafprozeßordnung behält daher nur einige wichtige Anordnungen der Entscheidung des Gerichts vor (vgl. §§ 4, 6 a Satz 1, § 27 Abs. 1, §§ 51, 228 Abs. 1 Satz 1, § 230 Abs. 2, § 231 Abs. 2, § 231 a Abs. 3, §§ 231 b, 231 c, 233, 236, 237, 242, 244 Abs. 6, §§ 247, 251 Abs. 4, § 265 Abs. 4, §§ 266, 270). In den anderen Fällen obliegt es dem Vorsitzenden, die zum Fortgang der Verhandlung notwendigen Maßnahmen zu treffen.

**2**    **Vorläufigkeit der Entscheidung des Vorsitzenden.** Soweit der Vorsitzende über etwas entscheidet, was das Gericht bei der Urteilsfindung selbst zu prüfen hat, ist seine Entscheidung immer nur eine vorläufige[3]. Das Gericht wird dadurch weder bei seiner endgültigen Entscheidung gebunden, noch ist es gehindert, schon während der Hauptverhandlung über § 238 Abs. 2 die Entscheidung an sich zu ziehen. Desungeachtet ordnet der Vorsitzende Maßnahmen kraft eigenen Rechts an[4]. Dabei macht es keinen Un-

---

[2] Der Vorsitzende des Kollegialgerichts wird verschiedentlich als primus inter pares bezeichnet. Seine besondere Stellung – gleichgeordnetes Mitglied bei der Urteilsfällung und bei allen anderen Entscheidungen des Gerichts einerseits, Führung der Verhandlung mit eigenen Rechten andererseits – ist Ausdruck der Doppelfunktion des Gerichts, das nicht nur entscheiden, sondern auch dafür sorgen muß, daß der Prozeßstoff erschöpfend in der Hauptverhandlung zur Sprache gebracht wird. Zur Stellung des Vorsitzenden nach § 238 vgl. insbesondere *Bohnert* 167 ff; *Fuhrmann* GA **1963** 65; *Gössel* § 21 A I b; KMR-*Paulus* 2; *Schmid* FS Mayer 543; ferner Vor § 226, 34.

[3] Nach *Bohnert* 168 ist die funktionelle Zuständigkeit des Vorsitzenden nur insoweit vorläufig, als die Urteilsfindung betroffen wird, nicht aber hinsichtlich der sonstigen Entscheidungen.

[4] BGH MDR **1953** 21; *Fuhrmann* GA **1963** 66; *Sarstedt* 104; *Schmid* FS Mayer 543.

terschied, ob man annimmt, daß er auf Grund einer ihm gesetzlich übertragenen besonderen Befugnis handelt oder daß er dabei das Gericht vertritt[5]. Auch im letzteren Fall bedürften seine Anordnungen zu ihrer Wirksamkeit nicht der stillschweigenden oder ausdrücklichen Billigung durch die anderen Mitglieder des Gerichts[6]. Das Gericht hat nach Absatz 2 nur insoweit ein Kontrollrecht, als die Maßnahmen des Vorsitzenden den Teil des Verfahrens berühren, der die Grundlagen für die Urteilsfällung bzw. für andere prozeßtragende Entscheidungen des Gerichts liefern soll. Die Kontrolle beschränkt sich auf die Rechtmäßigkeit, nicht aber auf die Zweckmäßigkeit der Maßnahmen des Vorsitzenden (vgl. Rdn. 31 f). Das gleiche gilt bei Fragen anderer Prozeßbeteiligter (§ 242). Diese Regelung findet ihre innere Rechtfertigung darin, daß letztlich das ganze Gericht — und nicht nur der Vorsitzende — dafür verantwortlich ist, daß sein Urteilsspruch in einem rechtlich nicht zu beanstandenden Verfahren gefunden wird.

### 2. Die einzelnen Aufgaben des Vorsitzenden

**a) Leitung der Verhandlung** ist umfassend zu verstehen. Hierunter fallen alle **3** Maßnahmen (vgl. Rdn. 17 f), die der Vorsitzende für die Durchführung der Verhandlung trifft[7]. Der Vorsitzende eröffnet, unterbricht und schließt die Verhandlung (§ 243 Abs. 1, § 228 Abs. 1 Satz 2, § 258); sind Entscheidungen des Gerichts erforderlich, obliegt es in erster Linie ihm, sie herbeizuführen. Bei der Leitung der Verhandlung hat er die vom Gesetz vorgeschriebene Reihenfolge der Verhandlungsvorgänge einzuhalten (§§ 243, 244 Abs. 1, §§ 257, 258), im übrigen kann er nach freiem Ermessen bestimmen, wie er die Verhandlung entwickeln und welche Reihenfolge er den Verhandlungsvorgängen geben will[8]. Er erteilt das Wort und er ist befugt, die Sprechenden zu unterbrechen, um unzulässige Äußerungen, Weitschweifigkeiten und nutzlose Wiederholungen abzumahnen. Er soll die Beteiligten — insbesondere den Angeklagten — nach Möglichkeit ausreden lassen[9] und seine Befugnis, ihre Ausführungen einzuschränken, nur mit Zurückhaltung ausüben. Bei Mißbrauch kann er einstweilen das Wort entziehen[10]. Dies gilt auch gegenüber dem Staatsanwalt, dem das Gesetz insoweit keine Sonderstellung einräumt[11]. Auf die Dauer darf er das Wort allerdings nicht verweigern, da er nicht das Recht der Beteiligten, Beweisanträge zu stellen, behindern und insbesondere auch nicht die Verteidigungsmöglichkeiten des Angeklagten verkürzen darf. Ist ein Verfahrensbeteiligter infolge Erregung zu einem sachgerechten Verhalten außerstande, kann der Vorsitzende die Sitzung unterbrechen, um ihm Gelegenheit zu geben, sich zu beruhigen, damit er später seine Rechte in sachlicher Form wahrnehmen kann.

**Anträge** braucht der Vorsitzende nicht zu jeder Zeit entgegenzunehmen. Wird **4** versucht, sie in einem ungeeigneten Zeitpunkt, etwa während der Einvernahme des Angeklagten oder eines Zeugen vorzubringen, so kann er den Antragsteller auf einen späte-

---

[5] Zur Streitfrage *Bohnert* 168, der die Übernahme des Vertreterbegriffs ablehnt.

[6] RGSt 44 293; *Schmid* FS Mayer 544.

[7] Unerheblich ist insoweit, ob Verhandlungsleitung der Oberbegriff zur Sachleitung ist oder ob er das Gleiche bedeutet; vgl. Rdn. 21; ferner etwa *Bohnert* 169; *Schmid* FS Mayer 248.

[8] Vgl. BGH MDR **1957** 53 (Worterteilung an den Anschlußkläger gem. § 404); zur Aufteilung der Verhandlung in mehrere Sachkomplexe § 243, 4 ff.

[9] KK-*Treier* 3; *Kleinknecht/Meyer* 3; KMR-*Paulus* 2; *Roesen* NJW **1958** 977; *Hülle* DRiZ **1963** 89; *Schmidt* DRiZ **1960** 427; *Tröndle* DRiZ **1970** 216; **a. A** OGHSt 3 141; vgl. Rdn. 6.

[10] BGHSt 3 368; BGH MDR **1964** 72; vgl. RGRspr. 4 151; 8 271; RGSt 30 216; 41 260; 64 58; RG Recht **1909** Nr. 183; **1911** Nr. 3885; RG HRR **1939** Nr. 210; *Meves* GA 39 (1891) 297; *Kern* JW **1925** 900; vgl. § 241, 22.

[11] KK-*Treier* 3; *Kleinknecht/Meyer* 12; *Kern* JW **1925** 900; **a. A** RGRspr. 3 99.

ren Zeitpunkt verweisen. Dies gilt auch für den Antrag, bestimmte Ereignisse ins Protokoll aufzunehmen[12]. Die Fürsorgepflicht kann allerdings gebieten, daß der Vorsitzende zu einem späteren Zeitpunkt von sich aus auf den Antrag zurückkommt. Dies hängt jedoch von den Umständen des Einzelfalls ab, insbesondere auch davon, ob der Antragsteller rechtskundig ist.

**5**      Es ist Aufgabe des Vorsitzenden, die Verhandlung **gründlich** und doch **zügig** abzuwickeln. Er soll dabei Zurückhaltung und Takt üben und alles vermeiden, was ihn als voreingenommen oder einseitig befangen erscheinen lassen könnte[13]. Seine Aktenkenntnis darf insbesondere seine Aufgeschlossenheit gegenüber dem Prozeßgeschehen nicht beeinträchtigen[14]. Durch sein eigenes Vorbild, aber auch durch die Rüge von Ungehörigkeiten anderer Verhandlungsteilnehmer, hat er dafür zu sorgen, daß in der Hauptverhandlung ein ruhiger, höflicher und sachlicher Ton herrscht und daß alle unnötig scharfen oder der Form nach bewußt verletzenden Äußerungen unterbleiben. Allgemein moralisierende, belehrende oder polemisierende Äußerungen gehören nicht in die Hauptverhandlung, am wenigsten aber stehen sie dem Richter an[15].

**6**      In der Verhandlung muß der Vorsitzende alle Verfahrensbeteiligten in genügender Weise **zu Wort kommen** lassen. Er hat dafür zu sorgen, daß in jeder Hinsicht das Verfahren in einer der Billigkeit entsprechenden Weise („fair trial" gemäß Art. 6 Abs. 1 MRK) durchgeführt wird und daß alles zur Sachaufklärung Erforderliche geschieht. Mißverständnisse der Prozeßbeteiligten hat er zu klären, auf klare Antragstellung hat er hinzuwirken, Zeugen und Sachverständige hat er vor unnötigen Belastungen durch das Verfahren zu bewahren, vor allem einen durch die Straftat Verletzten hat er gegen unsachliche Angriffe zu schützen[16].

**7**      Im **Umgang mit dem Angeklagten** darf nie vergessen werden, daß dessen Schuld erst vom Gericht festgestellt werden muß[17] und daß er — auch wenn schuldig geworden — dadurch den Anspruch auf Achtung seiner Menschenwürde nicht verloren hat. Es sollte deshalb grundsätzlich die im bürgerlichen Leben übliche Anrede „Herr" bzw. „Frau" und nicht etwa die Bezeichnung „Angeklagter" verwendet werden[18].

**8**      Gegenüber dem rechtsunkundigen Angeklagten obliegt dem Vorsitzenden die Verpflichtung, ihn über seine Befugnisse zu belehren und darauf hinzuwirken, daß sie sachgemäß gebraucht werden[19]. Gegenüber dem rechtskundigen Vertreter der Staatsanwaltschaft obliegt dem Vorsitzenden keine solche Fürsorgepflicht[20].

**9**      Bei der Anfertigung **schriftlicher Aufzeichnungen** in der Verhandlung kann der Vorsitzende nach Ansicht des Bundesgerichtshofs[21] dem Angeklagten Beschränkungen auferlegen, wenn die Gefahr besteht, daß er dadurch gehindert ist, der Hauptverhand-

---

[12] RGSt **42** 157; vgl. bei § 273; ferner § 244, 100 ff; § 246, 2.

[13] KK-*Treier* 3; *Kleinknecht/Meyer* 3.

[14] *Kleinknecht/Meyer* 1; *Niethammer* JZ **1951** 132; *Brauernmann* DRiZ **1962** 125; *Breithaupt* DRiZ **62** 47; *Roesen* NJW **1958** 971; *Seibert* NJW **1962** 1140; *Eb. Schmidt* Die Sache der Justiz, 21; *Schorn* Strafrichter, 223 f; *Schorn* Menschenwürde, 124.

[15] *Schorn* Strafrichter, 224: „Richter ist nicht der Tugendwächter der Nation"; *Schorn* Menschenwürde, 124; *Eb. Schmidt* ZRP **1969** 255; *Tröndle* DRiZ **1970** 214; vgl. auch KMR-*Paulus* 26 (Atmosphäre unparteilicher Wahrheitsfindung).

[16] Vgl. § 68 a; Vor § 226, 45; *Rieß* Verh. des 55. DJT, Bd. I Teil C, 170.

[17] Zur Unschuldsvermutung – Art. 6 Abs. 1 MRK; Art. 14 Abs. 2 IPBR – vgl. Einl. Kap. **1**.

[18] KK-*Treier* 3; *Eb. Schmidt* ZRP **1969** 256; *Schorn* Menschenwürde, 122; *Jeschek* JZ **1970** 202; vgl. § 243, 84.

[19] RGSt **57** 147; **65** 246; vgl. Einl. Kap. **6**; Vor § 226, 20 ff.

[20] OLG Dresden DRiZ **1929** Nr. 95.

[21] BGHSt **1** 323; abl. *Eb. Schmidt* JZ **1952** 43; dazu KK-*Treier* 4; KMR-*Paulus* 25.

lung zu folgen. Eine solche Anordnung ist jedoch nicht unbedenklich, da letztlich nicht der Vorsitzende, sondern der Angeklagte selbst zu entscheiden hat, was für seine Verteidigung am zweckmäßigsten ist. Glaubt der Vorsitzende, daß dem Angeklagten wegen seiner Aufzeichnungen wichtige Teile der Hauptverhandlung entgehen, so wird er ihn auf das Unzweckmäßige seines Verhaltens hinweisen. Beschränkungen der Aufzeichnungen dürften nur in Ausnahmefällen — und nur für begrenzte Zeit — zulässig sein. Ganz untersagen wird der Vorsitzende dem Angeklagten die eigenen Aufzeichnungen nicht dürfen, insbesondere auch nicht etwa deswegen, weil der Angeklagte damit den Inhalt von Zeugenaussagen festhalten will.

Zur Verhandlungsleitung im weiteren Sinn gehört auch, daß die Prozeßbeteiligten, **10** vor allem aber der Angeklagte und sein Verteidiger, einen **Platz im Sitzungssaal** angewiesen erhalten, der sie weder an der Wahrnehmung aller Verfahrensvorgänge noch in der Ausübung ihrer sonstigen Verfahrensbefugnisse behindert[22]. Es ist ferner Aufgabe des Vorsitzenden, zu entscheiden, ob für gerichtsinterne Zwecke **Tonbandaufnahmen** von den Verfahrensvorgängen gemacht werden dürfen[23].

b) Die **Vernehmung des Angeklagten** und die **Aufnahme der Beweise** obliegt nach **11** Absatz 1 dem Vorsitzenden. Das Gericht ist allerdings in gleicher Weise wie der Vorsitzende dafür verantwortlich, daß alles geschieht, was zur Erforschung der Wahrheit notwendig ist (§ 244 Abs. 2); die wichtigeren Entscheidungen über die Beweisaufnahme, vor allem die Ablehnung von Beweisanträgen, sind ihm und nicht dem Vorsitzenden übertragen (§ 244 Abs. 3 bis 6, § 245 Abs. 2, §§ 247, 251 Abs. 4). Der Vorsitzende ist aber bei der Erhebung der Beweise führend tätig, er ordnet die Beweiserhebung an[24] und führt sie durch. Es darf die zur umfassenden Sachaufklärung angezeigten Vorhalte machen und dabei auch zum Ausdruck bringen, wie er den Inhalt einer vorgehaltenen Urkunde auffaßt (BGH bei *Holtz* MDR **1984** 797). Ihm obliegt es auch, zu genehmigen, wenn sich vernommene Zeugen von der Gerichtsstelle entfernen wollen (§ 248). Wegen der Einzelheiten vgl. §§ 243 bis 258, wegen der Urteilsverkündung vgl. bei § 268.

c) Dem Vorsitzenden ist ferner die **Sitzungspolizei** übertragen. Ihm — und nicht **12** etwa dem Sitzungsstaatsanwalt oder dem Inhaber des Hausrechts[25] — obliegt es, die Ruhe und Ordnung in der Sitzung aufrechtzuerhalten und allen Störungen vorzubeugen, welche die ordnungsgemäße Durchführung der Hauptverhandlung gefährden könnten, und sie gegebenenfalls abzuwehren (§ 176 GVG). Er kann die angeordneten Maßnahmen selbst vollstrecken (§ 36, 26 ff). Welche Maßnahmen zu treffen sind, hat er nach pflichtgemäßem Ermessen unter Berücksichtigung der für jedes hoheitliche Einschreiten geltenden Grundsätze der Notwendigkeit und Verhältnismäßigkeit selbst zu entscheiden, soweit nicht einzelne Maßnahmen dem Gericht vorbehalten sind (vgl. §§ 177, 178 GVG). Die Anordnungen nach § 231 Abs. 1 Satz 2, die den Angeklagten hindern sollen, sich aus der Hauptverhandlung zu entfernen, gehören ebenfalls hierher. Der Vorsitzende kann insbesondere aus triftigen Gründen entgegen der Sollvorschrift des § 119 Abs. 5 Satz 2 anordnen, daß der Angeklagte während der Hauptverhandlung

---

[22] OLG Köln NJW **1961** 1127; NJW **1980** 302; *Molketin* AnwBl. **1982** 469; vgl. Rdn. 23; ferner Vor § 226, 29.

[23] Zu den Voraussetzungen vgl. BGHSt **10** 202; OLG Hamburg MDR **1978** 248; *Marxen* NJW **1977** 2189; KMR-*Paulus* Vor § 226, 64 bis 68; ferner Vor § 226 und bei § 169 GVG.

[24] Vgl. etwa BGH NStZ **1982** 432; *Alsberg/ Nüse/Meyer* 752; die Einzelheiten und die Nachweise finden sich bei § 244; § 245.

[25] KK-*Treier* 5; *Schlüchter* 451,1; zur Abgrenzung der Befugnisse des Vorsitzenden von den Befugnissen des Inhabers des Hausrechts vgl. bei § 176 GVG.

Walter Gollwitzer

gefesselt bleibt[26] oder von Polizeibeamten bewacht wird. Er kann auch Maßnahmen gegen Zuhörer anordnen, von denen eine Störung zu befürchten ist[27]. Das Mitschreiben kann er einem Zuhörer nur dann verbieten, wenn konkrete Tatsachen den Verdacht begründen, daß damit bezweckt wird, noch nicht vernommene Zeugen von einer Aussage zu unterrichten[28].

**13**      Nach **pflichtgemäßem Ermessen** entscheidet der Vorsitzende, ob er gegen eine Störung überhaupt einschreiten will oder ob er es für zweckmäßiger hält, nichts dagegen zu unternehmen, etwa weil ein Einschreiten den Fortgang der Hauptverhandlung noch weit stärker beeinträchtigen würde als die Störung oder weil diese der Wahrheitsfindung im konkreten Fall dienlich war[29]. Der Vorsitzende darf es allerdings nicht dazu kommen lassen, daß durch die Zulassung turbulenter Szenen in der Hauptverhandlung der Rechtsgang gefährdet[30] wird, insbesondere, daß die Sachaufklärung beeinträchtigt oder die Verteidigung des Angeklagten behindert[31] oder ein Zeuge gefährdet wird.

**14**      **3. Rücknahme.** Der Vorsitzende kann seine Anordnung auch wieder zurücknehmen, sofern nicht besondere Umstände (etwa die Voraussetzungen des § 245) entgegenstehen[32].

**15**      **4. Die Übertragung der Aufgaben des Vorsitzenden** auf andere Gerichtsmitglieder ist nicht zulässig. Der Vorsitzende kann nicht die ihm obliegende Leitung der Verhandlung oder die Vernehmung der Zeugen einem beisitzenden Richter übertragen[33]. Dagegen ist es zulässig, wenn der Vorsitzende eine Urkunde, deren Verlesung er angeordnet hat, nicht selbst vorliest, sondern dies einem beisitzenden Richter — auch einem Schöffen oder Ergänzungsrichter — überläßt oder den Urkundsbeamten damit beauftragt[34]. Es ist auch zulässig, wenn sich die Mitglieder des Gerichts bei der Verlesung längerer Schriftstücke gegenseitig ablösen.

## II. Entscheidung durch das Gericht

### 1. Anrufung des Gerichts

**16**      a) Bei den **auf die Sachleitung bezüglichen Anordnungen** des Vorsitzenden sieht der erst im Gesetzgebungsverfahren eingefügte Absatz 2 (vgl. Entstehungsgeschichte) als Zwischenrechtsbehelf die Anrufung des Gerichts vor[35].

**17**      **Anordnung** ist dabei im weitesten Sinn zu verstehen[36]. Hierunter fallen nicht nur die ausdrücklichen Anordnungen, die ein bestimmtes Verhalten gebieten oder verbieten, sondern alle Maßnahmen, mit denen der Vorsitzende auf den Ablauf des Verfahrens

---

[26] BGH MDR **1957** 243; vgl. OLG Hamm NJW **1972** 1246; Rdn. 24.

[27] BGH bei *Pfeiffer/Miebach* NStZ **1984** 18; OLG Schleswig bei *Ernesti/Lorenzen* **1982** 113; vgl. die Erl. zu § 176 GVG.

[28] BGH bei *Dallinger* MDR **1955** 396; bei *Holtz* MDR **1982** 812; vgl. § 243, 31; ferner bei § 176 GVG.

[29] RG DRiZ **1927** Nr. 829; BGH NJW **1962** 260; *Schwind* JR **1973** 133; KMR-*Paulus* 27.

[30] RG Rspr. **5** 653; 668.

[31] BGH NJW **1967** 260.

[32] *Kleinknecht/Meyer* 13; KMR-*Paulus* 29.

[33] RGSt **9** 310; KK-*Treier* 1; *Kleinknecht/ Meyer* 11; KMR-*Paulus* 2.

[34] RGSt **27** 173; KK-*Treier* 1; *Kleinknecht/ Meyer* 11; KMR-*Paulus* 2.

[35] Die Entstehungsgeschichte (vgl. dort) ist als Auslegungshilfe ungeeignet; vgl. *Bohnert* 166. *Eb. Schmidt* 29 spricht von den für Juristen dunklen Mysterien des § 238.

[36] *Alsberg* LZ **1914** 1175; ZStW **50** (1930) 79; *Fuhrmann* GA **1963** 68; *Schmid* FS Mayer 551; *Eb. Schmidt* 7 und Nachtr. I 5; ferner KK-*Treier* 7; KMR-*Paulus* 13 bis 23.

und das Verhalten der Verfahrensbeteiligten einwirkt, also auch Fragen (vgl. § 242), Vorhalte, Ermahnungen, Belehrungen und dergleichen[37].

Die **bloße Untätigkeit** des Vorsitzenden ist keine Maßnahme in diesem Sinn. Ein **18** Verfahrensbeteiligter, der ein Tätigwerden des Vorsitzenden für notwendig hält, kann jedoch durch eine entsprechende Anregung jederzeit erreichen, daß dieser eine Entscheidung darüber trifft, ob er im gewünschten Sinn tätig werden oder ob er dies ablehnen will. Betrifft die angeregte Maßnahme die Sachleitung, kann gegen die Entschließung des Vorsitzenden das Gericht angerufen werden. Das bewußte Unterlassen einer beantragten Entscheidung steht insoweit einer positiven Maßnahme gleich[38].

**b) Sachleitung** ist dabei nicht als Gegensatz zur Verhandlungsleitung im Sinne **19** des Absatzes 1 zu verstehen, sondern als ein Teilbereich von ihr. Zu ihr rechnen alle Maßnahmen, die die Urteilsfindung fördern sollen, die also unmittelbar oder mittelbar der Vorbereitung des Urteils dienen[39].

Die **Abgrenzung** der die Sachleitung betreffenden Maßnahmen von den sonstigen **20** Maßnahmen der Verhandlungsleitung ist strittig. Die früher übliche Gegenüberstellung der Begriffspaare „formell" — „materiell" oder „äußere Ordnung der Verhandlung"[40] — „Sachgestaltung" ermöglicht keine im Sinne des § 238 Abs. 2 befriedigende Abgrenzung, da auch im Interesse der äußeren Ordnung getroffene Maßnahmen im konkreten Einzelfall sich sachgestaltend auswirken können.

Heute findet man meist eine **funktionelle Betrachtung,** wobei strittig ist, ob die **21** begriffliche Unterscheidung zwischen Verhandlungsleitung und Sachleitung überhaupt sinnvoll ist[41] oder ob beide Begriffe bei § 238 Abs. 2 dasselbe besagen[42]. Dieser Streit hat keine großen praktischen Auswirkungen, da beide Meinungen darin übereinstimmen, daß es für die Anrufung des Gerichts nicht auf den Zweck der jeweiligen Maßnahme des Vorsitzenden, sondern auf deren Wirkung im Einzelfall ankommt. Der von § 238 Abs. 2 geforderte Bezug kann auch durch eine mitunter gar nicht gewollte Nebenwirkung der Anordnung des Vorsitzenden hergestellt werden. Nach dem Sinn des Absatzes 2[43], auf den jede Auslegung zurückgreifen muß, liegt eine „auf die Sachleitung bezügliche Anordnung" nicht nur vor, wenn die Maßnahme darauf abzielt, zum Fortgang des Verfahrens sachlich beizutragen, sondern auch dann, wenn sie einen anderen

---

[37] KK-*Treier* 8; KMR-*Paulus* 18.

[38] *Alsberg* LZ **1914** 1175 stellt allgemein das absichtliche Unterlassen den positiven Maßnahmen gleich, die Frage ist jedoch ohne größere Bedeutung, da in der Regel vor einer entsprechenden Anregung an den Vorsitzenden nicht erkennbar ist, daß er absichtlich eine bestimmte Maßnahme nicht treffen will (*Fuhrmann* GA **1963** 86). Das Unterlassen einer Maßnahme dürfte auch nur in den besonders geregelten Fällen unzulässig sein.

[39] *Eb. Schmidt* 7: „Anordnungen, die bei einem Prozeßbeteiligten die Motivation zu einem für den Fortgang der Verhandlung erheblichen prozessualen Verhalten hervorrufen sollen".

[40] Vgl. etwa RGSt **42** 157; RG DRiZ **1927** Nr. 829; BGH NJW **1957** 271; OLG Hamm NJW **1972** 1246; *Kleinknecht/Meyer* 4, 5; gegen diese Abgrenzung schon *Eb. Schmidt* 4.

[41] KMR-*Paulus* 10; *Roxin* § 42 D I 2 (der alle nach rechtlichen Kategorien überprüfbaren Maßnahmen zur Sachleitung zählt); vgl. *Bohnert* 169, 171.

[42] *Fuhrmann* GA **1963** 69; *Gössel* § 21 A II 1; KK-*Treier* 6; *Schmid* FS Mayer 548.

[43] Da die Sachleitung die Grundlagen für die Entscheidung des Gerichts erarbeiten soll, liegt die letzte Entscheidung und Verantwortung für die Rechtmäßigkeit aller Anordnungen beim Gericht.

Walter Gollwitzer

Zweck verfolgt, sich aber — gewollt oder ungewollt — sachgestaltend auswirkt[44]. Letzteres wird schlechthin bei jedem Eingriff in Verfahrensrechte eines Prozeßbeteiligten oder bei Gefährdung der Sachaufklärung oder bei einem Verstoß gegen sonstige Prozeßgrundsätze (z. B. Öffentlichkeit) anzunehmen sein.

**22**    Kommt es aber **auf die Wirkung** und nicht auf den **Zweck** der Maßnahme an, dann kann im Ergebnis jede Maßnahme des Vorsitzenden mit der Behauptung, sie beeinträchtige den Antragsteller rechtswidrig in einer für die Urteilsfindung relevanten Weise[45], der Rechtskontrolle des Gerichts unterstellt werden. Die Abgrenzung zwischen den Maßnahmen der Sachleitung und den den äußeren Prozeßverlauf regelnden Maßnahmen hat deshalb für § 238 Abs. 2 keine entscheidende Bedeutung. Sie setzt lediglich Akzente, da die erstgenannten Maßnahmen in aller Regel, die letzten nur in besonders gelagerten Ausnahmefällen die Erarbeitung des Prozeßstoffes oder Verfahrensrechte der Beteiligten in einer gesetzlich unzulässigen Weise beeinträchtigen können[46].

**23**    Deshalb ist entgegen der früher herrschenden Meinung[47] bei Maßnahmen der **Sitzungspolizei** eine Anrufung des Gerichts möglich, wenn behauptet wird, daß eine solche Maßnahme ausnahmsweise über die mit ihr bezweckte Abwehr einer Störung hinaus unzulässig in Verfahrensrechte eines Beteiligten eingreift[48], etwa, wenn die Verweisung des Angeklagten auf einen bestimmten Platz zur Folge hat, daß dieser dem Gang der Verhandlung nicht mehr folgen kann. Ist dies dagegen nicht der Fall, etwa bei der Anordnung des Vorsitzenden, daß ein Polizeibeamter im Sitzungssaal anwesend sein müsse, dann ist die Anrufung des Gerichts unzulässig[49].

**24**    **2. Beispiele für die Anwendbarkeit des § 238 Abs. 2 in Grenzbereichen**[50]. Die Anordnungen des Vorsitzenden hinsichtlich des äußeren Ablaufs der Verhandlung, etwa eine Unterbrechung nach § 228 Abs. 1 Satz 2 oder die Bestimmung der Zeit für die Fortsetzung der Verhandlung nach § 229, berühren in der Regel den sachlichen Verfahrensgang nicht; ausnahmsweise können sie eine solche über die äußere Verhandlungsleitung hinausreichende Wirkung haben, die die Anrufung des Gerichts nach Absatz 2 gestattet, etwa, wenn der Vorsitzende die Unterbrechung der Hauptverhandlung ablehnt, obwohl ein Verfahrensbeteiligter wegen Übermüdung oder Erkrankung nicht in der Lage ist, ihr zu folgen[51], oder wenn die Verhandlung an einem Tag fortgesetzt wird, an dem der Angeklagte aus religiösen Gründen gehindert ist, sich zu verteidigen[52]. Die Verweisung des Angeklagten auf einen bestimmten Platz, seine Fesselung, die Aufforderung, während seiner Vernehmung zu stehen oder die Ablehnung, ein Fenster öffnen oder schließen zu lassen, sind Maßnahmen, die sich zwar in der Regel in der äußeren Gestal-

---

[44] *Schmid* FS Mayer 552: „Nicht Finalität, sondern Kausalität ist hier maßgebend"; ähnlich *Fuhrmann* GA **1963** 69; *Gössel* § 21 A II a 1; KK-*Treier* 6; *Roxin* § 42 D I 2 b; *Rüping* Kap. 6 II 2; *Schlüchter* 452.1; KMR-*Paulus* 12 (Anrufung des Gerichts gegen alle Arten von Anordnungen bei Rechtskreisverletzung und Unzulässigkeit); *Bohnert* 172 stellt auf Beruhensmöglichkeit ab.

[45] Die Unzulässigkeit der Maßnahme des Vorsitzenden muß ebenso wie die Beeinträchtigung der eigenen Rechtsstellung behauptet werden, sie muß aber nicht tatsächlich vorliegen; *Gössel* § 21 A II a 1; KK-*Treier* 6: rechtliche Zulässigkeit der Anordnung ist Frage

der Begründetheit; vgl. auch KMR-*Paulus* 9; 34.

[46] Vgl. BayObLGSt **1949/51** 75.

[47] *Alsberg* ZStW **50** (1930) 74; *Goldschmidt* JW **1929** 2684.

[48] BGHSt **17** 201; im Ergebnis zustimmend *Hanack* JZ **1972** 82; *Schmid* FS Mayer 558; *Fuhrmann* GA **1963** 68; vgl. auch BGH MDR **1957** 243; *Krekeler* NJW **1979** 189.

[49] Vgl. OLG Hamm NJW **1972** 1247.

[50] Dazu zahlreiche Beispiele aus der Rechtsprechung bei *Schmid* FS Mayer 533 ff.

[51] BayObLGSt **1949/51** 75; BGH nach KK-*Treier* 8; *Roxin* § 42 D I 2 b.

[52] BGHSt **11** 123.

tung des Verhandlungsablaufs erschöpfen, die aber in Ausnahmefällen sehr wohl auch den sachlichen Ablauf des Verfahrens berühren, insbesondere die Verteidigung beschränken können, etwa, wenn ein schwerhöriger Angeklagter auf dem ihm angewiesenen Platz der Verhandlung nicht mehr folgen oder sich von dort aus nicht mit seinem Verteidiger besprechen kann[53] oder wenn die Fesselung ihn an einer sachgerechten Verteidigung hindert[54].

Die **Erteilung des Wortes** an einen Verfahrensbeteiligten gehört zur Sachleitung[55]. Die Art und Weise einer durch Gesetz (z. B. § 228 Abs. 3) oder durch die Fürsorgepflicht gebotenen **Belehrung** eines Prozeßbeteiligten berührt an sich den sachlichen Gang des Verfahrens nicht. Ist sie aber inhaltlich falsch oder erfolgt sie in einer Form, welche eine unzulässige Beeinflussung des Belehrten bedeutet, so kann hiergegen von jedem Verfahrensbeteiligten, nicht nur von dem von der Belehrung betroffenen und unter Umständen eingeschüchterten Angeklagten oder Zeugen das Gericht angerufen werden. Dasselbe gilt, wenn die **Unterrichtung des Angeklagten** über das Verhandlungsergebnis (§§ 231 a, 231 b, 247) unrichtig, unvollständig oder mit sachfremden Zusätzen versehen ist[56]. **25**

Genehmigt der Vorsitzende, daß sich ein **Zeuge** oder **Sachverständiger entfernt** **26** (§ 248), so kann gegen diese an sich der äußeren Verhandlungsleitung zuzurechnende Maßnahme[57] das Gericht angerufen werden[58], wenn dadurch Verfahrensinteressen eines Verfahrensbeteiligten beeinträchtigt werden. Der Umstand, daß der Zeuge oder Sachverständige auf Grund eines Beweisantrags nochmals vernommen werden kann, schließt die Anrufung des Gerichts als den prozeßökonomisch einfacheren Weg nicht aus. Ob gegen die Bestellung des bisherigen **Wahlverteidigers** zum Pflichtverteidiger oder die Ablehnung der Zuordnung eines weiteren Pflichtverteidigers durch den Vorsitzenden das Gericht angerufen werden kann, ist strittig[59].

Die **Urteilsverkündung** ist Aufgabe des Vorsitzenden. Lehnt er ihre Unterbrechung wegen eines erst nach ihrem Beginn gestellten Beweisantrags ab (vgl. § 244, 81; § 246, 2 und bei § 268), so kann gegen diese Entscheidung das Gericht nicht angerufen werden[60]. **27**

**3. Beanstandungsberechtigt** im Sinne des Absatz 2 sind **alle Verhandlungsbeteiligten,** also der Angeklagte, sein Verteidiger oder Beistand, sein gesetzlicher Vertreter oder Erziehungsberechtigter, der Staatsanwalt, Privatkläger oder Nebenkläger, der Einziehungsbeteiligte sowie jeder andere Teilnehmer, der von der Maßnahme betroffen ist[61], der also ein prozeßrechtlich anerkanntes Interesse daran hat, daß eine für unzulässig gehaltene Anordnung des Vorsitzenden entfällt. Auch die Zeugen und Sachverständigen können das Gericht anrufen, dies gilt aber nur hinsichtlich der Fragen, die an sie selbst gerichtet sind. Hinsichtlich der Vorgänge, die sie nicht selbst betreffen, sind sie nicht beteiligt und haben deshalb auch kein Anrufungsrecht. **28**

---

53 BGH nach KK-*Treier* 8; vgl. Rdn. 10; sofern die Verhandlung nicht gestört wird, kann dem Angeklagten nicht verboten werden, in Anwesenheit des Gerichts mit seinem Verteidiger zu sprechen; a. A RG HRR **1927** Nr. 95.

54 BGH NJW **1957** 271; *Schmid* FS Mayer 554; vgl. Rdn. 12.

55 BGH VRS **48** 18.

56 KMR-*Paulus* 8, 20; *Schmid* FS Mayer 550.

57 RG JW **1931** 1098; vgl. § 248, 9.

58 KMR-*Paulus* § 248, 8; vgl. § 248, 9.

59 Vgl. etwa OLG Hamm JMBlNW **1974** 89; NJW **1973** 818; OLG Schleswig SchlHA **1978** 174; OLG Zweibrücken OLGSt § 141, 17.

60 BGH bei *Dallinger* MDR **1975** 24; KK-*Treier* 9.

61 *Eb. Schmidt* 25; KK-*Treier* 11; *Kleinknecht/Meyer* 9; KMR-*Paulus* 35 (jeder in seinem Rechtskreis Betroffene); *Gössel* § 21 A II b 3.

**29**      Zu den Verhandlungsbeteiligten gehören auch die **mitwirkenden Richter** einschließlich der Schöffen. Ihr Recht, gegen eine Entscheidung des Vorsitzenden formell das Kollegium anzurufen, wird sich allerdings oft dadurch erübrigen, daß sie zunächst formlos den Vorsitzenden auf ihre Bedenken hinweisen, damit er einen Fehler von sich aus beheben kann[62]. Auch der Vorsitzende selbst kann die Entscheidung des Gerichts herbeiführen[63].

**30**      Die Beanstandung ist an **keine bestimmte Form** gebunden; es muß nur zum Ausdruck kommen, daß der Beanstandende die Maßnahme des Vorsitzenden für unzulässig hält und daß er dadurch in seinen Verfahrensinteressen betroffen ist[64]. In der Beantragung einer der Anordnung des Vorsitzenden entgegengesetzten Maßnahme kann eine Beanstandung liegen[65]. Was gewollt ist, muß der Vorsitzende im Zweifel durch Fragen klären. Eine allgemeine Pflicht, den von einer Maßnahme Betroffenen auf das Recht nach Absatz 2 hinzuweisen, besteht nicht. Sie kann sich aber aus der Lage des Einzelfalls ergeben, insbesondere aus der Fürsorgepflicht für einen rechtsunkundigen Angeklagten[66].

**31**      **4. Beanstandung als unzulässig.** Nach Absatz 2 kann nur geltend gemacht werden, daß die beanstandete Maßnahme rechtlich unzulässig, nicht daß sie unzweckmäßig oder unangebracht ist[67]. Unzulässig ist eine Maßnahme des Vorsitzenden aber nicht nur, wenn sie gegen ein Gesetz verstößt, sondern auch dann, wenn sie auf einem Rechtsirrtum oder einem Fehlgebrauch des Ermessens beruht (vgl. dazu die Erläuterung zu § 337). Ob eine Frage i. S. des § 241 „ungeeignet“ ist oder „nicht zur Sache gehört“, betrifft ebenfalls ihre rechtliche Zulässigkeit und ist deshalb einer Beanstandung zugänglich[68]. Die Reihenfolge, in der der Vorsitzende die Zeugen vernimmt oder Urkunden verliest, kann in der Regel nicht beanstandet werden[69].

**32**      Die **Abgrenzung,** ob eine Maßnahme nur unzweckmäßig oder aber ob sie schon ermessensmißbräuchlich ist, ist mitunter schwierig. Sie kann nur unter Berücksichtigung aller Umstände des Einzelfalls getroffen werden. Ob eine an sich dem Ermessen des Vorsitzenden überlassene Maßnahme, die eindeutig nicht sachdienlich ist, den Weg für eine Beanstandung nach Absatz 2 eröffnet, erscheint fraglich, sofern nicht die Umstände des Einzelfalls den Ermessensmißbrauch deutlich erkennen lassen. Bei Anordnung einer Beweiserhebung durch den Vorsitzenden ist es strittig, ob das Gericht auch mit der Begründung angerufen werden kann, die Beweiserhebung sei weder notwendig noch sachdienlich[70].

**33**      **5. Entscheidung des Gerichts.** Das Gericht entscheidet nach Anhörung der Verfahrensbeteiligten über die Zulässigkeit der Maßnahme durch Beschluß. Wird nur die

---

62   *Fuhrmann* GA **1963** 67; *Seibert* JZ **1959** 349; KK-*Treier* 11; *Roxin* § 42 D I 2 a (Beisitzer); zur Problematik vgl. *Bohnert* 178; *Bohnert* NStZ **1983** 348 (wohl ablehnend).

63   *Kleinknecht/Meyer* 9; KMR-*Paulus* 35; *Schlüchter* 452.2; vgl. § 242, 2 ff.

64   Es kommt auf die schlüssige Behauptung an; vgl. Rdn. 22.

65   Vgl. OLG Hamburg NJW **1953** 434.

66   KK-*Treier* 21; KMR-*Paulus* 32, (vor allem bei Sachleitungsanordnungen, deren Zulässigkeit zweifelhaft ist, kann ein Hinweis an einen rechtsunkundigen Angeklagten durch die Fürsorgepflicht geboten sein); *Schlüchter* 452.2 fordert generell wegen des Verstehensdefizits eine Belehrung des rechtsunkundigen und nicht verteidigten Angeklagten.

67   RGSt **44** 66; *Seibert* JR **1952** 47; KK-*Treier* 12; *Kleinknecht/Meyer* 8; KMR-*Paulus* 34; ferner *Gössel* § 21 A II c 1; *Roxin* § 42 D I 2 a; *Rüping* Kap. 6 II 2.

68   Vgl. § 241, 6 ff.

69   RGRspr. **8** 286; KK-*Treier* 12 (hängt vom Einzelfall ab).

70   So *Alsberg/Nüse/Meyer* 753 mit weiteren Nachweisen; vgl. dazu § 244, 34.

Zweckmäßigkeit der Anordnung in Frage gestellt oder wird eine Anordnung der äußeren Verhandlungsleitung beanstandet, ohne daß eine Einwirkung auf die Sachleitung schlüssig behauptet wird, verwirft das Gericht den Antrag als unzulässig[71]. In den anderen Fällen lehnt es den Antrag als unbegründet ab, insbesondere auch, wenn es die Anordnung für rechtlich zulässig hält. Die Ablehnung ist zu begründen (§34), sofern sich die Gründe nicht eindeutig aus dem Tenor des Beschlusses ergeben[72]. Hält das Gericht die Beanstandung für berechtigt, dann trifft es selbst an Stelle des Vorsitzenden die erforderliche Maßnahme. Es läßt beispielsweise die vom Vorsitzenden beanstandete Frage zu oder ordnet an, daß die Verlesung einer Urkunde unterbleibt, die der Vorsitzende verlesen wollte[73]. Ist die rechtzeitige Entscheidung versehentlich unterblieben, kann das Gericht eine Maßnahme des Vorsitzenden auch nachträglich noch durch einen in der Hauptverhandlung zu verkündenden Beschluß genehmigen[74].

**34** Absatz 2 setzt einen **förmlichen Beschluß** voraus, der unmittelbar auf die Beanstandung hin ergehen soll und der in der Hauptverhandlung vor Erlaß des Urteils zu verkünden ist[75]. Es ist so rechtzeitig zu entscheiden, daß den Prozeßbeteiligten Gelegenheit bleibt, ihr Prozeßverhalten danach einzurichten. Ist die beanstandete Maßnahme noch nicht durchgeführt, so darf sie keinesfalls vor der Entscheidung des Gerichts vollzogen werden (*Schmid* FS Mayer 561). Schlüssiges Verhalten des Gerichts, das keinen Raum mehr für Beanstandungen läßt, ist kein Beschluß im Sinne des Absatz 2[76].

**35** Der Vorsitzende ist **an den Beschluß gebunden.** Er darf nicht von ihm abweichen, sondern muß nötigenfalls eine erneute Entscheidung des Gerichts herbeiführen. Ob dies entbehrlich ist, wenn sich die für den Beschluß bestimmenden Umstände geändert haben, ist strittig[77], der Verfahrensklarheit wegen sollte jedoch ausdrücklich in der Hauptverhandlung zur Sprache gebracht werden, daß nach Ansicht des Gerichts die tatsächlichen Voraussetzungen für einen die Verfahrensgestaltung bestimmenden Beschluß entfallen sind. Im übrigen ist dem Vorsitzenden die Herbeiführung einer Gerichtsentscheidung auch sonst nicht verwehrt, wenn er an der Zulässigkeit einer beabsichtigten Maßnahme zweifelt.

**36** Das Gericht darf auch ohne Antrag seine **Stellungnahme zu Rechtsfragen,** von denen der Umfang der Beweisaufnahme abhängt, durch förmlichen Beschluß den Verfahrensbeteiligten bekanntgeben, wobei dieser Beschluß selbstverständlich unter dem Vorbehalt einer anderen Beurteilung bei der Urteilsfällung steht[78]. Die Verfahrensbeteiligten sind dann aber noch in der Hauptverhandlung von der veränderten Auffassung zu unterrichten, damit sie dazu Stellung nehmen und gegebenenfalls Anträge nachholen können, die sie möglicherweise im Vertrauen auf die ihnen mitgeteilte Auffassung des Gerichts unterlassen haben.

**37** **6. Beanstandung von Anordnungen des Einzelrichters.** Entscheidet der Strafrichter (Jugendrichter) als Einzelrichter, ist also Gericht und Vorsitzender identisch, besteht

---

[71] *Schmid* FS Mayer 558; KK-*Treier* 13; KMR-*Paulus* 42.

[72] KK-*Treier* 13.

[73] KK-*Treier* 13; KMR-*Paulus* 42; *Eb. Schmidt* 26 bis 28.

[74] BGH bei *Dallinger* MDR **1955** 397; KMR-*Paulus* 41; eine Nachholung in den Urteilsgründen oder ein Beschluß nach Verkündung des Urteils ist unbehelflich.

[75] OLG Hamburg NJW **1953** 434.

[76] OLG Neustadt GA **1961** 186; *Gössel*

§21 A I a; KMR-*Paulus* 40 halten es auch für ausreichend, wenn der Beschluß stillschweigend (konkludent) ergeht; zur Erhaltung der Revision bedarf es nach der hier vertretenen Ansicht dieser Konstruktion nicht.

[77] OLG Oldenburg NdsRpfl. **1953** 172; vgl. auch RGSt **32** 339. Nach KMR-*Paulus* 43; *Schmid* FS Mayer 561 bindet der Beschluß den Vorsitzenden nur rebus sic stantibus.

[78] RGSt **68** 180.

an sich kein zwingender innerer Grund, gegen seine Maßnahmen die (höhere) Autorität des Gerichts anzurufen[79]. Der Zwischenrechtsbehelf des Absatz 2 ist aber deshalb nicht ausgeschlossen. Er ist zulässig und kann auch zweckmäßig sein, da er den Richter veranlaßt, die beanstandete Maßnahme zumindest auf ihre rechtliche Zulässigkeit hin nochmals zu überprüfen. Er muß zudem seine Auffassung näher begründen, wenn er die Beanstandung ablehnt. Die förmliche Beanstandung sichert ferner die unter Umständen sonst nicht notwendige Aufnahme der Maßnahme ins Protokoll. Dies erleichtert — ebenso wie die notwendige Begründung der Entscheidung — dem Revisionsgericht die Nachprüfung. Gleichzeitig wird dadurch gesichert, daß die Entscheidung des Einzelrichters auch unter dem Gesichtspunkt des § 338 Nr. 8 gerügt werden kann[80]. Die Revisionsrüge nach § 337 entfällt — entgegen der vorherrschenden Ansicht — durch das Unterlassen des Zwischenrechtsbehelfs nach Absatz 2 in der Regel ohnehin nicht[81].

### III. Rechtsbehelfe

**38**      **1. Beschwerde.** Die Anordnungen des Vorsitzenden und Beschlüsse des Gerichts nach Absatz 2 sind durch § 305 Satz 1 der Beschwerde grundsätzlich entzogen[82]. Die Beschwerde ist also nur zulässig, wenn und soweit der Beschluß eine mit der Anfechtung des Urteils nicht angreifbare, zusätzliche prozessuale Beschwer enthält sowie für die von ihm betroffenen Dritten im Sinne des § 305 Satz 2[83]. Zur Einschränkung der Beschwerde bei sitzungspolizeilichen Maßnahmen vgl. bei §§ 176 ff GVG, vor allem bei § 181 GVG[84].

**2. Revision**

**39**      a) **Maßnahmen** des Vorsitzenden, deren Wirkung sich in der Gestaltung des **äußeren Verfahrensgangs** erschöpfen, können, auch wenn sie rechtlich fehlerhaft waren, die Revision nicht begründen, da sie das Urteil selbst nicht beeinflußt haben können, dieses also nicht darauf beruht.

**40**      b) Dagegen kann die Revision auf **Maßnahmen** gestützt werden, die — sei es nach ihrem Zweck oder nur wegen der besonderen Gegebenheiten des Einzelfalls — auf den **sachlichen Verfahrensgang** und damit auf die Grundlagen der Urteilsfindung gestaltend eingewirkt haben. Es kommt hier — ebenso wie beim Zwischenrechtsbehelf des Absatzes 2 — nur auf die Wirkung der Maßnahmen an. Es ist unerheblich, ob die Maßnahmen nach ihrer Zielsetzung der Sachleitung, der äußeren Verhandlungsleitung oder der Sitzungspolizei[85] dienen sollten. Jede fehlerhafte Maßnahme, die den Verfahrensgang

---

[79] BayObLGSt **1962** 267 = JR **1963** 105; OLG Köln MDR **1955** 311; NJW **1957** 1337; *Koeniger* 33.

[80] KK-*Treier* 14; *Kleinknecht/Meyer* 7; KMR-*Paulus* 30; ferner *Dahs* Hdb. 437; *Gössel* § 21 A II a 2; *Roxin* § 42 D II 1; *Schlüchter* 452.2; zur Gegenmeinung vgl. oben Fußn. 79.

[81] Zu den Streitfragen vgl. Rdn. 44 ff.

[82] OLG Hamburg MDR **1977** 248; OLG Hamm NJW **1973** 818; JMBlNW **1974** 89; OLG Schleswig SchlHA **1978** 174; OLG Zweibrücken VRS **50** 437; KK-*Treier* 15; *Kleinknecht/Meyer* 7; KMR-*Paulus* 45; Boh-

nert 182; ferner *Gössel* § 21 A II d 1; *Roxin* § 42 D II 1; soweit die angeführten Entscheidungen Verteidigerbestellungen betreffen, ist nicht die grundsätzliche Anwendbarkeit des § 305 Satz 1 sondern die Anwendbarkeit im konkreten Einzelfall streitig; vgl. dazu bei § 141.

[83] *Gössel* § 21 II d 1; KMR-*Paulus* 45; zur Beschwerde bei Grundrechtseingriffen vgl. *Amelung* 19.

[84] Ferner etwa OLG Schleswig bei *Ernesti/Lorenzen* SchlHA **1982** 113.

[85] BGHSt **17** 40.

---

beeinflußt hat und die sich deshalb auf die Urteilsfindung ausgewirkt haben kann, ist grundsätzlich nach §§ 336, 337 der Revision zugänglich.

**c)** Ist ein **Beschluß des Gerichts** über die Zulässigkeit einer Maßnahme des Vorsitzenden auf Grund des Zwischenrechtsbehelfs nach Absatz 2 **ergangen,** so kann die Revision nicht nur auf die §§ 336, 337, sondern auch auf § 338 Nr. 8 gestützt werden, sofern durch den fehlerhaften Beschluß die Verteidigung des Angeklagten beeinträchtigt wird. Dabei ist unerheblich, welcher Verfahrensbeteiligte den Beschluß des Gerichts herbeigeführt hat. **41**

Hat das Gericht **versäumt,** über eine Beanstandung **zu entscheiden** oder — wenn dies zunächst unterblieben ist — die bereits durchgeführte Maßregel wenigstens nachträglich zu genehmigen[86], so kann dieses Unterlassen mit der Revision gerügt werden. Ob allerdings das Urteil auf dem Verstoß auch dann beruht, wenn die Anordnung des Vorsitzenden zulässig war, die Beanstandung also bei richtiger Sachbehandlung erfolglos geblieben wäre, hängt davon ab, ob wegen der unterbliebenen Entscheidung des Gerichts die Verfahrensbeteiligten in der Wahrnehmung ihrer Rechte behindert worden sind, was auch durch die Unklarheit über die Verfahrenslage geschehen sein kann[87]. **42**

**d) Anrufung des Gerichts als Rügevoraussetzung.** Strittig ist, ob die fehlerhafte Maßnahme des Vorsitzenden mit der Revision nach § 337 beanstandet werden kann, wenn der Revisionsführer versäumt hat, **vorher** eine **Entscheidung des Gerichts** nach § 238 Abs. 2 herbeizuführen[88]. **43**

Die meist am Ergebnis orientierte **Spruchpraxis der Revisionsgerichte** hat mit unterschiedlichen Begründungen zwar grundsätzlich die Revisionsrüge von der vorherigen Beanstandung abhängig gemacht, sie hat aber im Einzelfall Ausnahmen dann zugelassen, wenn es notwendig war, eine eindeutige Gesetzesverletzung zu korrigieren. Die hierbei gegebenen Begründungen eignen sich nicht immer für eine Verallgemeinerung. **44**

Ein **Ausschluß der Revision** bei Nichterschöpfen der anderen Rechtsbehelfe ist in der Strafprozeßordnung weder allgemein noch für den Sonderfall des § 238 Abs. 2 ausdrücklich vorgesehen[89]. Eine im **Schrifttum** verbreitete Ansicht verneint daher mit gutem Grund, daß eine Maßnahme des Vorsitzenden mit der Revision nach § 337 nur anfechtbar ist, wenn eine Entscheidung des Gerichts über diese Maßnahme nach § 238 Abs. 2 herbeigeführt wurde[90]. **45**

Die im Anschluß an das **Reichsgericht** (in Anlehnung an die Motive) vertretene Ansicht, die Revision scheitere daran, daß das Urteil nicht auf dem Verfahrensverstoß des Vorsitzenden, sondern auf der unterlassenen Anrufung des Gerichts **beruhe**[91], **46**

---

[86] BGH bei *Dallinger* MDR **1955** 397; KMR-*Paulus* 41; vgl. Rdn. 33.

[87] Vgl. dazu *Schmid* FS Mayer 562 f unter Hinweis auf RGSt **57** 263; RG HRR **1938** Nr. 792 mit weiteren Nachweisen; **a. A** insoweit BGH bei *Dallinger* MDR **1957** 397; OLG Hamburg **1953** 434.

[88] Daß die Rüge nicht auf § 338 Nr. 8 gestützt werden kann, schließt die Rüge nach § 337 nicht aus, vgl. etwa *Bohnert* 173 mit weiteren Nachweisen.

[89] Zur Problematik vgl. *Bohnert* 172 und allgemein zu den Zwischenrechtsbehelfen 191 ff; ferner *Schmid* Verwirkung, 29 ff; FS Mayer 543.

[90] *Gössel* § 21 A II d 3; KMR-*Paulus* 52; *Niese* JZ **1953** 221; *Roxin* § 42 D II 2; *Rüping* Kap. 6 II 2; *Eb. Schmidt* 29; *Schmid* Verwirkung 29.

[91] BGHSt **1** 325; **3** 369; **4** 366; BGH NJW **1952** 1426; BGH bei *Dallinger* MDR **1958** 14; RGSt **68** 396; **71** 23; RGRspr. **4** 153; RG GA **46** 337; RG JW **1930** 760; **1931** 950; **1933** 520; RG HRR **1938** Nr. 794; BayObLGSt **1949/51** 75; OLG Braunschweig NdsRpfl. **1957** 249; OLG Neustadt GA **1961** 186; OLG Hamm NdsRpfl. **1969** 22; OLG Koblenz VRS **48** 18; OLG Schleswig bei *Ernesti/Jürgensen* SchlHA **1971** 182; **a. A** OLG Braunschweig NJW **1957** 513.

Walter.Gollwitzer

widerspricht den sonst für das Beruhen aufgestellten Grundsätzen; denn die Möglichkeit der Fortwirkung der fehlerhaften Maßnahme auf das Urteil läßt sich damit nicht ausschließen[92]. Es kann auch nicht mit der erforderlichen Sicherheit gesagt werden, daß das Gericht bei einer Anrufung nach Absatz 2 die fehlerhafte Maßnahme beseitigt hätte; dagegen spricht schon, daß die beisitzenden Richter diese Maßnahme ebenfalls unbeanstandet gelassen haben, obwohl sie berechtigt und auch verpflichtet waren, auch ihrerseits dafür zu sorgen, daß das Verfahren frei von Rechtsfehlern durchgeführt wird[93]. Das Beruhen auf dem Verfahrensfehler kann in der Regel nicht einmal dann ausgeschlossen werden, wenn der Verfahrensfehler darin liegt, daß der Vorsitzende seine Anordnung nicht in der gesetzlich vorgeschriebenen Form begründet hat[94].

In der **späteren Rechtsprechung** wird oft nur noch der Grundsatz herausgestellt, daß eine Maßnahme des Vorsitzenden nicht mit der Revision beanstandet werden kann, wenn versäumt wurde, hiergegen das Gericht anzurufen[95]. An Stelle des Arguments mit dem fehlenden Beruhen werden der Gedanke des stillschweigenden Verzichts[96], der Rügepräklusion durch Nichtgebrauch des Zwischenrechtsbehelfs[97] oder der Verwirkung dafür angeführt. Der Ausschluß der Revision wird bei Annahme von Verzicht oder Verwirkung folgerichtig dann verneint, wenn der nicht rechtskundige Angeklagte ohne Verteidiger war und sein Recht nicht kannte[98].

**47**   **Eigene Ansicht.** Der Zwischenrechtsbehelf des § 238 Abs. 2 ist keine abschließende Regelung der Anfechtung der Maßnahmen des Vorsitzenden. Ihm kann auch nicht eine im Gesetz nicht vorgesehene Präklusionsfunktion beigemessen werden[99], dazu hätte es einer ausdrücklichen Regelung bedurft. Daß sie auf Richtergewohnheitsrecht beruhe, wird — soweit ersichtlich — nirgends angenommen, dagegen sprechen auch die vielen Ausnahmen und die unterschiedliche Ableitung der aus einem falschen Beruhensbegriff entstandenen Rechtsprechung. Mit der im Schrifttum vertretenen Ansicht[100] kann die Revision demnach grundsätzlich auch rügen, daß eine Maßnahme des Vorsitzenden das Gesetz verletzt habe (§§ 336, 337), wenn das Gericht wegen des Verstoßes von keinem der dazu Berechtigten angerufen worden ist. Ob die Verfahrensrüge durch einen Verzicht des Revisionsführers auf Beanstandung dieser Maßnahme untergegangen ist oder ob sie vom Revisionsführer verwirkt ist, kann jeweils nur auf Grund der besonderen Lage des Einzelfalls entschieden werden und nicht durch einen verallgemeinernden Hinweis auf die Nichtanrufung des Gerichts nach Absatz 2.

**48**   Zur **Verwirkung** der Revisionsrüge gehört mehr als die bloße Nichtanrufung des Gerichts. Sie kann nur dann eintreten, wenn der Betroffene arglistig nichts unternimmt, um den Verfahrensverstoß des Vorsitzenden zu beanstanden, etwa weil er Revisionsrü-

---

[92] Ist dies ausnahmsweise möglich, stellt sich das Problem gar nicht.

[93] *Bohnert* 173; KMR-*Paulus* 50; offen bleibt, ob nicht die Revision darauf gestützt werden könnte, daß die beisitzenden Richter ihre Pflicht verletzt haben, unzulässige Maßnahmen zu beanstanden (vgl. *Schmid* Verwirkung, 289 f).

[94] KMR-*Paulus* 50; a. A OLG Hamm NdsRpfl. **1969** 22.

[95] Vgl. etwa BGH VRS **48** 19; BGH NStZ **1981** 382; NStZ **1982** 432; OLG Hamburg MDR **1979** 74 mit Anm. *Strate*.

[96] So etwa BayObLG MDR **1983** 511; vgl. KK-*Treier* 17 (Betroffener gibt durch Nicht-

anrufung zu erkennen, daß er sich nicht beschwert fühlt).

[97] Vgl. *Bohnert* 176 ff; *Schlüchter* 452. 2: Normative Zerschlagung des normativen Zusammenhangs.

[98] Vgl. BGHSt 1 323; 3 202; 4 366; OLG Köln NJW **1954** 1820; OLG Hamm JMBlNW **1955** 179; GA **1962** 87; OLG Koblenz VRS **48** 18; *Fuhrmann* NJW **1963** 1230 f; KK-*Treier* 17; *Schlüchter* 452.2 läßt in diesen Fällen die Unterlassung der von ihr als notwendig erachteten Belehrung als Revisionsgrund zu.

[99] KMR-*Paulus* 52: Gesetzgeber hat keine prozessuale Beanstandungslast normiert.

[100] Vgl. oben Fußn. 91.

gen sammeln will, oder wenn er sich sonst treuwidrig damit zu seinem Prozeßverhalten in Gegensatz setzt[101].

Ein **Verzicht** auf jede Beanstandung einer Maßnahme des Vorsitzenden (das ist **49** mehr als der Verzicht, das Gericht nach Absatz 2 anzurufen) ist möglich. Er kann auch stillschweigend erklärt werden, setzt aber voraus, daß der Verzichtende den Verstoß zumindest laienhaft parallel richtig wertet und in Kenntnis der Möglichkeit, beim Gericht Abhilfe zu erlangen, wissentlich-willentlich nichts unternimmt[102].

**e) Sonderfälle.** Unabhängig von den obigen Überlegungen hängt die Revisionsrüge auch nach Ansicht der Rechtsprechung nicht von der Anrufung des Gerichts ab, **50** wenn der Verfahrensfehler des Vorsitzenden vom Gericht bei der Urteilsfindung wiederholt wird; wenn also die Anordnung des Vorsitzenden ohnehin nur eine vorläufige ist und das Gericht spätestens bei der Urteilsberatung sich entscheiden muß, ob es ihr auf Grund der Sach- und Rechtslage im Zeitpunkt der Urteilsfällung beitreten kann oder aber, ob es die Verhandlung wieder aufnehmen muß, um eine gegenteilige Anordnung zu treffen oder um die Verfahrensbeteiligten zumindest auf die andere rechtliche Bewertung eines bereits unabänderlich gewordenen Verfahrensvorgangs hinzuweisen. Dies gilt an sich auch für die Entscheidung über die Beeidigung oder Nichtbeeidigung eines Zeugen, bei der die Rechtsprechung Unterschiede macht[103]. Übernimmt das Gericht die Maßnahme des Vorsitzenden, so liegt der die Revision begründende Verfahrensverstoß (auch) im Urteil selbst.

Die Rechtsprechung hat ferner die Revisionsrüge nach §337 auch dann ohne **51** vorherige Anrufung des Gerichts zugelassen, wenn der Vorsitzende eine zur Sachleitung von **Amts wegen gebotene, unverzichtbare prozessuale** Maßnahme rechtswidrig **unterlassen** hat[104], etwa, wenn er dem Angeklagten das letzte Wort nicht erteilt[105] oder über die Beeidigung überhaupt nicht entschieden[106] oder einen Antrag nach §246 nicht mehr entgegengenommen hat[107]. Die Auffassung, daß die Erhaltung der Revisionsrüge zumindest dann nicht von der vorherigen Anrufung des Gerichts abhängt, wenn eine prozeßleitende Anordnung des Vorsitzenden überhaupt nicht ergangen ist, fügt sich unschwer in die bei Rdn. 47 vertretene Auffassung ein. In vielen dieser Fälle greift die Revisionsrüge auch deshalb durch, weil das Gericht ohnehin bei der Urteilsfindung zur Zulässigkeit der Maßnahme des Vorsitzenden Stellung zu nehmen hatte[108].

[101] *Eb. Schmidt* 29, 30; *Jeschek* JZ **1952** 400; *Niese* JZ **1953** 221; *Schmid* Verwirkung 253 ff; a. A *Fuhrmann* NJW **1963** 1230.

[102] *Schmid* Verwirkung 296.

[103] Zu der in Teilfragen strittigen Rechtsprechung; vgl. BGHSt 7 281; 20 98; 22 266; BGH bei *Dallinger* MDR **1958** 14; BGH NStZ **1981** 71; *Hassemer* StrVert. **1984** 45; bei *Holtz* MDR **1984** 628. Die Einzelheiten sind bei den 5; 60 bis 62 s, 4 erläutert; dort finden sich auch die Nachweise der umfangreichen Rechtsprechung.

[104] BGHSt 3 370; 17 32; 21 283; BGH JR **1965** 348; RGSt 9 69; 61 317; RG JW **1916** 1347; OLG Oldenburg NdsRpfl. **1957** 75; OLG Hamm NJW **1972** 1531; *Fuhrmann* NJW **1963** 1235; KK-*Treier* 18; *Kleinknecht/Meyer* 15; a. A OLG Neustadt GA **1961** 186.

[105] Vgl. bei §258; ferner Fußn. 104. BGHSt 3

368 hat die Untersagung der Verlesung des Schlußworts der Nichterteilung gleichgeachtet.

[106] BGHSt 1 273; BGH NStZ **1981** 71; bei *Holtz* MDR **1984** 628; OLG Braunschweig NdsRpfl. **1957** 249; OLG Hamm NJW **1972** 1531; OLG Köln NJW **1954** 1820.

[107] BGH NStZ **1981** 311.

[108] Hinsichtlich der Einhaltung aller zwingenden Normen des Verfahrensrechts wird dies anzunehmen sein, da deren Beachtung Sache des Gerichts ist und die Verfahrensbeteiligten ohnehin nicht darüber verfügen können. Verfolgt man diesen Gedanken konsequent, blieben für den Revisionsausschluß kaum mehr als die Fälle übrig, in denen sich eine Maßnahme des Vorsitzenden ungewollt und eventuell auch von diesem unbemerkt sachleitend auswirkte.

# § 239

(1) [1]Die Vernehmung der von der Staatsanwaltschaft und dem Angeklagten benannten Zeugen und Sachverständigen ist der Staatsanwaltschaft und dem Verteidiger auf deren übereinstimmenden Antrag von dem Vorsitzenden zu überlassen. [2]Bei den von der Staatsanwaltschaft benannten Zeugen und Sachverständigen hat diese, bei den vom Angeklagten benannten der Verteidiger in erster Reihe das Recht zur Vernehmung.

(2) Der Vorsitzende hat auch nach dieser Vernehmung die ihm zur weiteren Aufklärung der Sache erforderlich scheinenden Fragen an die Zeugen und Sachverständigen zu richten.

**Entstehungsgeschichte.** Die Vorschrift wurde durch Art. 9 § 4 der zweiten VereinfVO beseitigt, durch Art. 31 Nr. 107 VereinhG 1950 aber wieder eingeführt. Bezeichnung bis 1924: § 238.

*Übersicht*

**1** **1. Allgemeines.** Die Vorschrift läßt in beschränktem Umfang das Kreuzverhör zu. Die Unparteilichkeit des Vorsitzenden soll dadurch gestärkt werden. In der deutschen Gerichtspraxis wird von ihr — anders als im angelsächsischen Verfahren — kaum einmal Gebrauch gemacht[1]. Der Grund liegt darin, daß in der Hauptverhandlung der Schwerpunkt der Aufklärung des Sachverhalts beim Gericht, vor allem beim Vorsitzenden, liegt[2], die Verfahrensbeteiligten in der Regel damit einverstanden und auch nicht auf das Kreuzverhör vorbereitet sind.

**2. Anwendungsbereich.**

**2** **a)** Das Kreuzverhör ist nur bei der Vernehmung derjenigen Zeugen und Sachverständigen statthaft, die von der **Staatsanwaltschaft** oder vom **Angeklagten benannt** sind. **Benennung** ist hier im weiten Sinn zu verstehen. Benannt sind nicht nur die Beweispersonen, deren Einvernahme in der Form eines ausdrücklichen Beweisantrags begehrt wurde, sondern alle, deren Einvernahme von Seiten der Staatsanwaltschaft oder des Angeklagten angeregt wurde, also alle, die das Gericht entsprechend einer Anregung der Staatsanwaltschaft (in der Anklage nach § 200 Abs. 1 oder später) oder auf Antrag des Angeklagten (§ 219) geladen hat, ferner die von der Staatsanwaltschaft oder vom Angeklagten selbst geladenen oder zur Hauptverhandlung mitgebrachten Personen.

---

[1] In der Reformdiskussion wird die Aktualisierung des Kreuzverhörs (Wechselverhörs) zum Teil befürwortet; vgl. etwa *Dahs* Hdb. 488; *Dahs sen.* FS Schorn 33 ff; *Dahs sen.* ZRP **1968** 17; *Herrmann* (aaO Fußn. 73 Vor § 226)

404; *Roxin* Probleme der Strafprozeßreform (1975) 58; *Roxin* FS Schmidt-Leichner 145; *Sessar* ZStW **92** (1980) 698.
[2] Vgl. *Sessar* ZStW **92** (1980) 698.

**b) Ausgeschlossen** ist das Kreuzverhör nur bei den Beweispersonen, deren Ver- **3** nehmung nicht auf eine Anregung der Staatsanwaltschaft oder des Angeklagten zurückgeht, also bei den Zeugen oder Sachverständigen, die das Gericht ohne vorhergehende Benennung von sich aus geladen hat[3]. Bei diesen ist die Vernehmung immer Sache des Vorsitzenden. Bei Jugendlichen unter 16 Jahren verbietet §241 a das Kreuzverhör (§241 a, 4).

Auf die vom **Privatkläger,** dem **Nebenkläger** oder dem **Einziehungsbeteiligten** be- **4** nannten Zeugen und Sachverständigen findet die Vorschrift nach ihrem Wortlaut keine Anwendung. Sie auf diese Fälle auszudehnen, besteht kein Anlaß[4], zumal mit der größeren Zahl der das Kreuzverhör führenden Personen das Verfahren unpraktikabel würde (vgl. Rdn. 10).

**c)** Bei der **kommissarischen Vernehmung** von Zeugen und Sachverständigen ist **5** das Kreuzverhör zulässig, da hier ein Teil der Beweisaufnahme, der eigentlich der Hauptverhandlung vorbehalten ist, vorweggenommen wird[5].

### 3. Voraussetzungen

**a) Mitwirkung eines Verteidigers.** Das Kreuzverhör ist nur zulässig, wenn in der **6** Verhandlung ein Verteidiger mitwirkt. Der Angeklagte ist zur Durchführung des Verhörs nicht befugt, auch nicht, wenn er selbst Rechtsanwalt ist[6]. Sind von mehreren Angeklagten nicht alle im Beistande eines Verteidigers erschienen, so ist das Kreuzverhör nur bei einem Verhandlungsgegenstand statthaft, bei dem die nicht im Beistande eines Verteidigers erschienenen Angeklagten nicht sachlich betroffen sind.

**b) Antrag.** Das Kreuzverhör setzt einen übereinstimmenden Antrag der Staatsan- **7** waltschaft und des Verteidigers voraus. Ist er gestellt, muß der Vorsitzende ihm stattgeben. Auf den Willen des Angeklagten kommt es nicht an[7]. Wirken für verschiedene Angeklagte mehrere Verteidiger in der Verhandlung mit, ist die Übereinstimmung aller erforderlich, es sei denn, daß die Angeklagten, deren Verteidiger nicht zustimmen, vom Vernehmungsgegenstand nicht betroffen werden[8]. Bei einem solchen Zeugen kann der Verteidiger des nicht betroffenen Mitangeklagten auch nicht das Kreuzverhör beantragen[9]. Das Kreuzverhör kann auch nur für die Vernehmung eines einzelnen Zeugen oder Sachverständigen beantragt werden[10].

**c) Zeitpunkt der Antragstellung.** Der Antrag muß **vor Beginn der Vernehmung** **8** gestellt werden. Staatsanwaltschaft und Verteidiger können dem Vorsitzenden das einmal von ihm begonnene Verhör nicht entziehen[11]. Einem verspäteten Antrag kann der Vorsitzende entsprechen, er ist aber dazu nicht verpflichtet. Er kann auch dem Antrag stattgeben, das Kreuzverhör nur wegen eines Teils der Zeugen und Sachverständigen zuzulassen.

**4. Durchführung und Beendigung des Kreuzverhörs.** Der Benennende beginnt mit **9** dem Verhör. Ist er fertig, setzt der Vertreter der Gegenseite die Vernehmung fort. Die Verteidiger mehrerer betroffener Angeklagter kommen nacheinander an die Reihe. Ein

---

³ KK-*Treier* 5; KMR-*Paulus* 3.
⁴ KK-*Treier* 5; *Amelunxen* Nebenkläger 54; *Gollwitzer* FS Schäfer 83.
⁵ KK-*Treier* 6; *Peters* §59 II 2; **a. A** KMR-*Paulus* 3.
⁶ BVerfGE **53** 205; KMR-*Paulus* 5; vgl. Vor §137.

⁷ KK-*Treier* 4; KMR-*Paulus* 4.
⁸ KMR-*Paulus* 4.
⁹ *Gollwitzer* FS Sarstedt 26.
¹⁰ KK-*Treier* 4; *Schorn* Strafrichter 260.
¹¹ KK-*Treier* 4.

Walter Gollwitzer

zusammenhängender Bericht des Zeugen (§ 69 Abs. 1) muß auch beim Kreuzverhör gefordert werden[12]. Die Zulassung des Kreuzverhörs ändert nichts daran, daß der Zeuge unabhängig von der Art seiner Vernehmung zu einer umfassenden Aussage berechtigt und verpflichtet ist[13]. Es ist Sache des Erstvernehmenden, dem Zeugen zunächst den zusammenhängenden Bericht abzuverlangen. Dem Vorsitzenden steht nicht das Recht zu, das Kreuzverhör nach seinem Ermessen zu schließen und das Verhör selbst zu übernehmen. Wegen der Möglichkeit des Einschreitens im Falle des Mißbrauchs vgl. § 241 Abs. 1. Das Recht und die Pflicht des Vorsitzenden zu ergänzenden Fragen nach der Vernehmung folgt aus Absatz 2.

**10**     Die **anderen Beteiligten** haben das Fragerecht nach § 240 Abs. 2; sie sind aber nicht berechtigt, selbst das Kreuzverhör zu führen. Dies gilt für den Verteidiger eines nicht betroffenen Mitangeklagten[14] ebenso wie für Nebenbeteiligte und Nebenkläger, selbst wenn sie in der Hauptverhandlung anwaltschaftlich vertreten sind[15].

**11**     **5. Rechtsbehelfe.** Der im Kreuzverhör stehende **Zeuge oder Sachverständige** kann von sich aus die Entscheidung des Vorsitzenden anrufen, wenn er eine vom Vernehmenden an ihn gerichtete Frage für unzulässig hält. Gegen die Entscheidung des Vorsitzenden kann er gemäß § 238 Abs. 2 das Gericht anrufen[16]. Er hat ferner bei Verletzung eigener Rechte die Beschwerde nach § 305 Satz 2. Vgl. § 241, 28.

# § 240

(1) **Der Vorsitzende hat den beisitzenden Richtern auf Verlangen zu gestatten, Fragen an den Angeklagten, die Zeugen und die Sachverständigen zu stellen.**

(2) [1]**Dasselbe hat der Vorsitzende der Staatsanwaltschaft, dem Angeklagten und dem Verteidiger sowie den Schöffen zu gestatten.** [2]**Die unmittelbare Befragung eines Angeklagten durch einen Mitangeklagten ist unzulässig.**

**Entstehungsgeschichte.** Art. 3 Nr. 108 VereinhG fügte in Absatz 1 „den Angeklagten" und in Absatz 2 den Satz 2 hinzu. Nach der ursprünglichen Fassung hatte nur der Vorsitzende das Recht, den Angeklagten zu vernehmen und zu befragen. Die übrigen Verfahrensbeteiligten waren dazu nicht befugt, der Vorsitzende konnte ihnen aber nach freiem Ermessen gestatten, selbst Fragen an den Angeklagten zu richten[1]. Der Gesetzgeber wollte damit den Angeklagten vor einem Kesseltreiben durch die übrigen Verfahrensbeteiligten schützen, außerdem glaubte er die Wahrheitsfindung dadurch am besten gesichert, daß er den übrigen Verfahrensbeteiligten die Möglichkeit entzog, die Einlassung des Angeklagten durch Fragen zu beeinflussen[2]. Art. IV Nr. 5 PräsVerfG hat in Absatz 2 die Erwähnung der Geschworenen gestrichen. Bezeichnung bis 1924: § 239.

---

[12] Nach KMR-*Paulus* 5 entfällt der Bericht; KK-*Treier* 7 hält ihn für zweckmäßig, wenn auch nicht zwingend erforderlich.

[13] Vgl. *Peters* § 42 IV 1; *Gössel* § 25 C II b 1.

[14] *Gollwitzer* FS Sarstedt 26.

[15] *Amelunxen* Nebenkläger 54; *Gollwitzer* FS Schäfer 84.

[16] *Eb. Schmidt* 4; KK-*Treier* 8; KMR-*Paulus* 7.

[1] Vgl. RGSt **68** 110 mit weiteren Nachweisen.

[2] *Niethammer* JZ **1951** 132; *Eb. Schmidt* 1; *Schorn* Strafrichter 196.

**1. Zweck.** Das Fragerecht aller Verhandlungsteilnehmer (im weitesten Sinn) ist **1** eine wichtige Verfahrensbefugnis, die ihnen ermöglichen soll, von sich aus aktiv auf die vollständige Erörterung des Verfahrensgegenstandes und auf die bestmögliche Ausschöpfung der persönlichen Beweismittel hinzuwirken. Für die Richter ist es eine unerläßliche Voraussetzung für die eigene Meinungsbildung, für den Angeklagten und seinen Verteidiger ein ebenso notwendiges Mittel zu einer sachgerechten Führung der Verteidigung. Wird es in einer taktvollen Form ausgeübt und nur in den zum Schutze des Befragten unbedingt erforderlichen Fällen beschränkt, so trägt es entscheidend dazu bei, daß die Hauptverhandlung auch äußerlich das Bild eines „fairen" Verfahrens (vgl. Art. 6 Abs. 1 MRK) bietet, in dem alle Umstände angesprochen werden können, die einem Beteiligten wichtig erscheinen, auch wenn sie mitunter neben der Sache liegen. Das Recht, Fragen an Belastungszeugen zu stellen oder stellen zu lassen, gehört nach Art. 6 Abs. 3 Buchst. d MRK zu den von der MRK geforderten Mindestrechten des Angeklagten[3].

**2. Geltungsbereich.** § 240 gilt nicht bei **Zeugen unter 16 Jahren.** Bei diesen über- **2** trägt die vorgehende Sondervorschrift des § 241 a allein dem Vorsitzenden das Fragerecht. Eine unmittelbare Befragung durch andere Verfahrensbeteiligte darf nur in Ausnahmefällen zugelassen werden.

Bei der **kommissarischen Vernehmung** eines sonstigen Zeugen, Sachverständigen **3** haben die anwesenden Verfahrensbeteiligten das Fragerecht[4]. Ist ihnen — gleich aus welchen Gründen — die Teilnahme nicht möglich, können sie verlangen, daß der vernehmende Richter die von ihnen schriftlich eingereichten Fragen stellt[5].

Der **Verkehr** des **Verteidigers** mit dem Angeklagten während der Hauptverhand- **4** lung wird im übrigen durch § 240 nicht berührt.

**3. Unmittelbare Befragung.** Das Recht, Angeklagten, Zeugen und Sachverständi- **5** gen selbst zu fragen, bedeutet, daß die Verfahrensbeteiligten den Vorsitzenden nur wegen der formellen Erteilung des Wortes[6], nicht aber wegen des Inhalts der von ihnen beabsichtigten Fragen einschalten müssen. Der Vorsitzende muß ihnen die Befragung gestatten; er kann grundsätzlich nicht verlangen, daß ihm vorher mitgeteilt wird, welche Fragen gestellt werden[7]. Hat er aber Zweifel, ob eine gestellte Frage zulässig ist, so kann er, bevor er sie nach § 241 Abs. 2 zurückweist, von dem Fragenden verlangen, daß er sie ergänzt oder näher erläutert[8]. Er darf aber die Zulassung der Frage nicht davon abhän-

---

[3] Das Fragerecht wird auch durch Art. 14 Abs. 3 Buchst. e IPBR gewährleistet.
[4] BGHSt **9** 27; vgl. § 224.
[5] Vgl. § 224.
[6] *Seibert* JZ **1959** 349; wegen Zeit und Reihenfolge der Ausübung des Fragerechts vgl. Rdn. 11 ff.

[7] RGSt **18** 365; **38** 57; KK-*Treier* 5; *Kleinknecht/Meyer* 4; KMR-*Paulus* 15.
[8] BGHSt **16** 69; KK-*Treier* 5; KMR-*Paulus* 15.

gig machen, daß der Fragende Briefe oder sonstige Beweismittel, auf die sich die Frage bezieht, dem Gericht vorlegt[9]. Hat allerdings ein Frageberechtigter seine Befugnis bereits in einer Weise mißbraucht, die ihre Entziehung (vgl. § 241) rechtfertigen würde, dann kann der Vorsitzende zur Verhütung weiteren Mißbrauchs verlangen, daß ihm die weiteren Fragen vorher mündlich oder schriftlich mitgeteilt werden[10].

**6**      **Einschaltung des Vorsitzenden.** Die zur unmittelbaren Befragung berechtigten Verfahrensbeteiligten sind nicht gehindert, den Vorsitzenden zu ersuchen, für sie eine bestimmte Frage zu stellen. Der Vorsitzende ist dazu aber nicht verpflichtet[11]. Er kann ein solches Ansuchen ablehnen, muß dann aber den Antragsteller auf sein eigenes Fragerecht hinweisen[12].

**7**      **4. Die frageberechtigten Prozeßbeteiligten** werden in § 240 in zwei Absätzen behandelt, während die Personen, die befragt werden dürfen, in Absatz 1 aufgezählt werden. Diese Aufteilung findet ihren Grund in § 241 Abs. 2, der dem Vorsitzenden nur bei den dort genannten Prozeßbeteiligten gestattet, bei einem Mißbrauch des Fragerechts die Frage nicht zuzulassen.

**8**      **Frageberechtigt** sind **nach Absatz 1** die beisitzenden **Berufsrichter**; dazu gehören auch die Ergänzungsrichter, die gemäß § 192 GVG zugezogen worden sind[13].

**9**      **Nach Absatz 2** sind frageberechtigt die **Schöffen**, ferner der **Staatsanwalt**, der **Verteidiger** und der **Angeklagte**. Das gleiche Recht haben nach § 67 Abs. 1, § 69 Abs. 3, § 109 JGG der gesetzliche Vertreter, der Erziehungsberechtigte und der Beistand eines jugendlichen oder heranwachsenden Angeklagten, der Privatkläger (§ 385), der Nebenkläger (§ 397), der Einziehungsbeteiligte (§ 433 Abs. 1) und der Vertreter einer juristischen Person oder einer Personenvereinigung (§ 444 Abs. 2) und deren Prozeßbevollmächtigte. Das Fragerecht des Sachverständigen ist in § 80 Abs. 2 geregelt; das des Vertreters der Finanzbehörde in § 407 Abs. 1 AO[14].

**10**      **Sonstige Prozeßbeteiligte,** denen das Gesetz kein ausdrückliches Fragerecht einräumt, haben die Möglichkeit zu unmittelbaren Fragen, soweit es ihnen der Vorsitzende ausdrücklich gestattet[15]. Der Vorsitzende kann demnach auch einem Zeugen gestatten, einen anderen Zeugen unmittelbar zu fragen oder ihm Vorhalte zu machen[16], wenn er dies nach seinem pflichtgemäßen Ermessen – insbesondere im Interesse der Wahrheitsfindung — für zweckdienlich hält[17].

**11**      **5. Zeit für die Ausübung des Fragerechts.** Die Berechtigten können ihr Fragerecht erst ausüben, wenn der Vorsitzende die Vernehmung des Angeklagten, Zeugen oder Sachverständigen beendet hat[18]. Es liegt im Ermessen des Vorsitzenden, auch vor-

---

[9] BGHSt **16** 67; KMR-*Paulus* 15.
[10] RGSt **18** 365 (aufgegeben RGSt **38** 58); BGH NStZ **1982** 158; BGH bei *Pfeiffer/Miebach* NStZ **1983** 209; KK-*Treier* 5; *Kleinknecht/Meyer* § 241,1; KMR-*Paulus* 15; § 241,18; *Wagner* JuS **1972** 315; a. A *Miebach* DRiZ **1977** 140; ter *Veen* StrVert **1983** 168. Zum Streitstand hinsichtlich der Entziehung des Fragerechts vgl. § 241,22.
[11] RGSt **29** 147; RG JW **1922** 1035; KG JW **1932** 678; *Seibert* JZ **1959** 349; *Kleinknecht/Meyer* 4; KMR-*Paulus* 1.
[12] RGSt **65** 246; *Alsberg* JW **1930** 950; KMR-*Paulus* 1.

[13] RGSt **67** 276; OLG Celle NdsRpfl. **1973** 110.
[14] Im normalen Bußgeldverfahren hat der Vertreter der Verwaltungsbehörde kein Fragerecht, *Kleinknecht/Meyer* 7; KMR-*Paulus* 11; vgl. *Göhler* § 76, 18.
[15] RGSt **48** 247; vgl. BGH GA **1968** 308; OLG Celle NdsRpfl. **1969** 190 zu § 441 AO a. F; OLG Celle MDR **1969** 780; OLG Stuttgart Justiz **1973** 399.
[16] RG GA **50** (1903) 274; KK-*Treier* 4.
[17] *Eb. Schmidt* 7; KMR-*Paulus* 14.
[18] *Eb. Schmidt* 2.

her schon eine Zwischenfrage zuzulassen. Wollen mehrere Berechtigte vom Fragerecht Gebrauch machen, bestimmt der Vorsitzende, in welcher **Reihenfolge** sie zu fragen haben (vgl. §238 Abs.1). Er ist an keine bestimmte Reihenfolge gebunden[19]. Es liegt in seinem Ermessen, ob er dabei die Übung einhalten will, zunächst den Berufs- und Laienrichtern und dann zuerst dem Prozeßbeteiligten die Befragung zu gestatten, der den Zeugen benannt hat[20].

Das Fragerecht dauert **während der ganzen Beweisaufnahme** an, solange die Zeu- **12** gen noch nicht entlassen sind und sich nicht entfernt haben[21]. Es besteht gegenüber den noch anwesenden Zeugen und Sachverständigen fort, wenn das Gericht nach Schluß der Beweisaufnahme wieder in sie eintritt. Solange mit der Verkündung des Urteils noch nicht begonnen wurde, können die nach §240 Frageberechtigten beantragen, an noch anwesende Zeugen, Sachverständige oder Angeklagte ergänzende Fragen zu richten und zu diesem Zweck in die Beweisaufnahme wieder einzutreten[22]. Erst wenn die Zeugen oder Sachverständigen entlassen sind und sich entfernt haben, endet das Fragerecht. Es bedarf dann eines förmlichen Beweisantrags mit einem neuen Beweisthema, wenn ein Beteiligter noch weitere Fragen an eine nicht mehr anwesende Beweisperson zu stellen wünscht. Das Verlangen, eine bereits vernommene und entlassene Person zu befragen, kann einen Beweisantrag enthalten[23].

Das Fragerecht darf **nicht zur Unzeit** ausgeübt werden. Der Fragende muß auf **13** den Gang des Verfahrens die gebotene Rücksicht nehmen. Er darf insbesondere auch nicht den Vorsitzenden oder einen anderen Verfahrensbeteiligten unterbrechen, um seine Frage anzubringen[24].

**6. Form der Ausübung des Fragerechts.** Der Fragende muß einzelne, genau umris- **14** sene und auf einen bestimmten Sachumstand beschränkte Fragen stellen. Er ist nicht berechtigt, zusammenhängende Erklärungen über einen ganzen Tatsachenkomplex zu verlangen, denn die Befragung darf nicht zur Vernehmung werden[25]. Fragen in der Form eines kurzen Vorhalts sind hingegen zulässig[26]; desgleichen kurze Ausführungen zum besseren Verständnis der Frage[27]. Der Vorsitzende hat unzulässige Fragen gemäß §241 Abs.2 zurückzuweisen. Solange aber der Fragende sein Recht prozeßordnungsgemäß ausübt, darf er ihn dabei nicht willkürlich unterbrechen[28].

**7. Fragen an den Angeklagten.** Seit dem Vereinheitlichungsgesetz (s. Entstehungs- **15** geschichte) gelten für das Recht, an den Angeklagten Fragen zu stellen, dieselben Grundsätze wie für die Befragung von Zeugen und Sachverständigen, mit der einzigen Ausnahme, daß kein Angeklagter befugt ist, einen Mitangeklagten unmittelbar zu befragen (Absatz 2 Satz 2). Wünscht ein Angeklagter an einen Mitangeklagten eine Frage zu richten, so muß er sich an den Vorsitzenden wenden; der Vorsitzende hat dann die Frage, sofern sie zulässig ist, dem Mitangeklagten zu stellen. Die vorherrschende Meinung legt §240 Abs.2 Satz 2 dahin aus, daß die unmittelbare Befragung eines Angeklagten

---

[19] BGH NJW **1969** 437; KK-*Treier* 8; *Kleinknecht/Meyer* 3; KMR-*Paulus* 18.

[20] *Preisler* NJW **1949** 417; *Sauer* NJW **1947/48** 683; *Schorn* Strafrichter 197.

[21] BGHSt **15** 161; KMR-*Paulus* 16.

[22] Vgl. RGSt **59** 99.

[23] BGHSt **15** 161; BGH GA **1958** 305; *Alsberg/Nüse/Meyer* 94; 106 mit weiteren Nachweisen; KMR-*Paulus* 16; *Eb. Schmidt* 10.

[24] BGHSt **16** 67; zust. *Eb. Schmidt* JR **1961** 130.

[25] *Eb. Schmidt* 9; KMR-*Paulus* 19.

[26] KK-*Treier* 5; *Kleinknecht/Meyer* 4; KMR-*Paulus* 19.

[27] *Dahs* Hdb. 431; *Schorn* Strafrichter 199.

[28] *Eb. Schmidt* JR **1961** 430; *Dahs* Hdb. 431; *Kleinknecht/Meyer* 3; KMR-*Paulus* 20.

Walter Gollwitzer

durch einen Mitangeklagten schlechthin „unzulässig" ist[29]. Trotzdem wird man, wenn der Vorsitzende nach seinem Ermessen einem Angeklagten gestattet, an seinen Mitangeklagten unmittelbar eine Frage zu richten, darin keine fehlerhafte Anordnung sehen können, auf die vielleicht gar die Revision gestützt werden könnte. Denn auch als die Befragung des Angeklagten noch das alleinige Vorrecht des Vorsitzenden war, stand es ihm frei, nach seinem Ermessen anderen Beteiligten zu erlauben, Fragen an den Angeklagten zu richten[30]. Es genügt, Absatz 2 dahin auszulegen, daß kein Angeklagter das Recht hat, einen Mitangeklagten unmittelbar zu fragen. Dies gilt auch für einen angeklagten Rechtsanwalt, der sich selbst verteidigt[31] oder der zugleich Nebenkläger ist[32]. Der Verteidiger eines Mitangeklagten ist durch Absatz 2 Satz 2 nicht gehindert, einen anderen Angeklagten zu befragen[33].

**16**     **8. Fragen an den Staatsanwalt** zu stellen, ist nur der Vorsitzende im Rahmen seiner Befugnis zur Verhandlungsleitung berechtigt. Die anderen Verfahrensbeteiligten, insbesondere der Angeklagte, haben dieses Recht nicht[34].

**17**     **9. Rechtsbehelfe.** Hat der Vorsitzende eine unmittelbare **Frage nicht zugelassen,** weil er den Fragenden nicht für frageberechtigt oder die gestellte Frage nicht für zulässig hielt, kann der Betroffene das Gericht nach § 238 Abs. 2, § 242 anrufen. **Beschwerde** und **Revision** sind bei § 241, 28 bis 35 erläutert.

# § 241

(1) Dem, welcher im Falle des § 239 Abs. 1 die Befugnis der Vernehmung mißbraucht, kann sie von dem Vorsitzenden entzogen werden.

(2) In den Fällen des § 239 Abs. 1 und des § 240 Abs. 2 kann der Vorsitzende ungeeignete oder nicht zur Sache gehörende Fragen zurückweisen.

**Schrifttum.** *Alsberg* Das Vernehmungs- und Fragerecht der Parteien im Strafprozeß, GA **63** (1916/17) 99; *Miebach* Entziehung des Fragerechts im Strafprozeß, DRiZ **1977** 140; *Seibert* Beanstandung von Fragen des Vorsitzenden durch den Verteidiger, JR **1952** 471; *ter Veen* Die Beschneidung des Fragerechts und die Beschränkung der Verteidigung als absoluter Revisionsgrund, StrVert. **1983** 167.

**Entstehungsgeschichte.** Art. 9 § 4 der Zweiten VereinfVO strich wegen der Aufhebung des § 239 den Abs. 1 und in Abs. 2 die Verweisung auf § 239 Abs. 1. Art. 3 Nr. 109 VereinhG stellte die ursprüngliche Fassung wieder her. Bezeichnung bis 1924: § 240.

**Geplante Änderungen.** Der BRat hat unter Nr. 8 seiner Stellungnahme zum StVÄGE 1984 vorgeschlagen, der Vorschrift folgenden Absatz 3 anzufügen:

---

[29] *Eb. Schmidt* 7; KK-*Treier* 7; KMR-*Paulus* 10; vgl. dazu *Dahs* Hdb. 435.
[30] RGSt **48** 250.
[31] BVerfGE **53** 215; *Kleinknecht/Meyer* 6; KMR-*Paulus* 10.

[32] *Kleinknecht/Meyer* 6; vgl. bei § 397.
[33] *Kleinknecht/Meyer* 2; KMR-*Paulus* 10.
[34] *Eb. Schmidt* 5; Teil I 101; KMR-*Paulus* 5.

„(3) Erfüllen die Fragen die in § 238 Abs. 1 Satz 2 genannten Voraussetzungen, kann er das Fragerecht für die Vernehmung eines Zeugen oder Sachverständigen nach Abmahnung teilweise oder ganz entziehen."

Vgl. die Hinweise bei § 238 und ggf. die Erläuterungen im Nachtrag zur 24. Auflage.

*Übersicht*

## I. Zweck der Vorschrift

**Zweck** des § 241 ist es, den Angeklagten und die Zeugen und Sachverständigen **1** vor unzulässigen Fragen und — im Falle des § 239 — vor einer mißbräuchlichen Ausübung dieser Vernehmungsart zu schützen. Auch dort, wo die Prozeßordnung den Verfahrensbeteiligten eigene Rechte zur Gestaltung des Verfahrens einräumt, ist letztlich das Gericht oder der zunächst an dessen Stelle tätig werdende Vorsitzende dafür verantwortlich, daß die Gesetzmäßigkeit des Verfahrens gewahrt wird, die Rechte der Verfahrensbeteiligten unbeeinträchtigt bleiben und die Wahrheitsfindung keinen Schaden erleidet.

## II. Mißbrauch des Kreuzverhörs (Absatz 1)

**1.** Ein **Mißbrauch** des Kreuzverhörs liegt insbesondere vor, wenn der Verneh- **2** mende durch die Art, wie er das Kreuzverhör führt, die Wahrheitsfindung gefährdet, schutzwürdige Belange des Vernommenen verletzt oder gefährdet oder wenn er das Kreuzverhör zu sachfremden Zwecken benutzen will[1]. So kann ein Mißbrauch darin liegen, daß der Vernehmende, nachdem der Vorsitzende wiederholt ungeeignete oder nicht zur Sache gehörende Fragen zurückgewiesen hat, erneut solche Fragen stellt. Das gilt vor allem bei Fragen, die den Zeugen verwirren oder zur Unwahrheit verleiten sollen oder die den auch auf Zeugenvernehmungen übertragbaren § 136 a verletzen (§ 136 a, 3), weil sie geeignet sind, den Befragten zu täuschen, oder die eine Drohung gegen ihn enthalten. Eine einzelne unzulässige Frage stellt noch keinen Mißbrauch dar[2]. Ein Mißbrauch kann auch in einer ungebührlichen und durch die Sache nicht gebo-

---

[1] *Wagner* JuS **1972** 316; KMR-*Paulus* 5.
[2] *Eb. Schmidt* 3.

tenen Ausdehnung der Vernehmung liegen, namentlich, wenn Abmahnungen des Vorsitzenden fruchtlos geblieben sind, ferner darin, daß der Vernehmende sich einer gröblich verletzenden Ausdrucksweise bedient[3].

**3**     **2. Entziehung der Befugnis zum Kreuzverhör.** Hierzu ist der Vorsitzende bei Mißbrauch der Befugnis berechtigt und, wenn wesentliche Belange eines Verfahrensbeteiligten oder die Menschenwürde (Art. 1 Abs. 1 GG) beeinträchtigt werden, zum Schutze des Vernommenen auch verpflichtet[4]. Die Entziehung ist eine auf die Sachleitung bezügliche Anordnung im Sinne des § 238 Abs. 2. Gegen sie kann die Entscheidung des Gerichts angerufen werden.

**4**     **3. Wirkung der Entziehung.** Die Befugnis zum Kreuzverhör kann nur dem Prozeßbeteiligten entzogen werden, der sie mißbraucht hat. Die Vernehmungsbefugnis der übrigen Prozeßbeteiligten wird dadurch nicht berührt. Wird beispielsweise einem von mehreren Verteidigern des Angeklagten die Befugnis entzogen, so ist der andere nicht gehindert, das Kreuzverhör fortzusetzen. Im übrigen setzt der Vorsitzende an Stelle des Betroffenen das weitere Verhör fort (vgl. § 239 Abs. 2). Der Betroffene behält das Recht, dem Zeugen unmittelbar einzelne Fragen vorzulegen[5].

## III. Zurückweisung von Fragen

**5**     **1. Geltungsraum des Absatzes 2.** § 241 Abs. 2 gilt nur für § 240 Abs. 2, nicht dagegen für § 240 Abs. 1. Der Vorsitzende hat deshalb kein Recht, Fragen eines beisitzenden Berufsrichters zurückzuweisen. Er kann jedoch nach § 242 einen Gerichtsbeschluß über die Zulässigkeit einer von seinem Beisitzer gestellten Frage herbeiführen[6]. Für die Anwendung des Absatz 2 kommt es nicht darauf an, ob eine Frage **unmittelbar** gestellt oder ob ihre Stellung beim Vorsitzenden angeregt wird[7].

**2. Der Zurückweisung unterfallende Fragen**
**6**     **a) Allgemeines.** Der Vorsitzende darf nur ungeeignete oder nicht zur Sache gehörige Fragen zurückweisen. Beide Fallgruppen lassen sich begrifflich nicht klar scheiden. Sie fallen beide unter den Oberbegriff der Unzulässigkeit[8]. Als **ungeeignet** sind Fragen anzusehen, die die Ermittlung der Wahrheit über den Gegenstand der Anklage nicht oder nicht in einer rechtlich erlaubten Weise fördern können. Die Frage muß also entweder überhaupt ungeeignet sein, zum Ziele des Verfahrens etwas beizutragen, oder sie muß verfahrensrechtlich unzulässig sein.

**7**     Fragen gehören **nicht zur Sache,** wenn sie in keiner Beziehung zum Gegenstand der Untersuchung stehen oder erkennbar verfahrensfremden Zwecken dienen sollen[9]. Die **bloße Unerheblichkeit** einer Tatsache, nach der gefragt wird, berechtigt nicht zur

---

[3] *Eb. Schmidt* 3.
[4] *Kleinknecht/Meyer* 2; *Dähn* JR **1979** 138; *Granderath* MDR **1983** 797; vgl. bei § 68 a.
[5] RGSt **38** 58 (a. A RGSt **18** 365); KMR-*Paulus* 6; *Eb. Schmidt* 4; *Wagner* JuS **1972** 316.
[6] *Eb. Schmidt* 6; KK-*Treier* 2; *Kleinknecht/Meyer* 2; KMR-*Paulus* 2; a. A RGSt **10** 379; **42** 159.

[7] RG LZ **1915** 697.
[8] *Eb. Schmidt* 7; KMR-*Paulus* 8; *Schlüchter* 457; die Merkmale beider Gruppen überschneiden sich.
[9] BGHSt **2** 287; **13** 255; BGH NStZ **1984** 133; KMR-*Paulus* 14 bis 16.

Zurückweisung[10]. Anders als bei der Ablehnung eines Beweisantrags nach § 244 Abs. 3 findet bei Prüfung der Zulässigkeit der Frage an die präsente Auskunftsperson in der Regel keine vorweggenommene Würdigung der Entscheidungserheblichkeit der zu erwartenden Antwort statt. Ähnlich wie bei § 245 steht hier der Gedanke der völligen Ausschöpfung der Beweismittel im Vordergrund. Das Gericht hat die Antwort zu hören und sich erst dann seine Meinung über deren Erheblichkeit zu bilden[11]; es darf deshalb eine Frage auch nicht mit dem Hinweis abgelehnt werden, der Gegenstand der Frage werde als wahr unterstellt[12].

Im gesamten ist bei **Zurückweisung** von Fragen auf Grund des § 241 **Zurückhal- 8 tung** auch im Hinblick darauf geboten, daß es unmöglich ist, die nicht zur Sache gehörenden Fragen scharf zu begrenzen[13]. Andererseits liegt freilich viel daran, daß der Vorsitzende die Beweisaufnahme tatkräftig auf das beschränkt, was die Sachgestaltung fördert, und daß er keine Frage aufkommen läßt, die in Mißbrauch des Fragerechts nur darauf abzielt, Aufsehen zu erregen, für irgendeine Einrichtung zu werben, einem anderen eine Unannehmlichkeit zu bereiten, ihn insbesondere bloßzustellen oder sonst einen Erfolg außerhalb des Strafverfahrens herbeizuführen, also irgendwelche verfahrensfremde Zwecke zu verfolgen[14]. Dies gewinnt besondere Bedeutung, wenn die Ehre des Zeugen durch die Frage angetastet wird. Der Schutz der Ehre und des Intimbereiches der Zeugen vor jeder unnötigen, weil für die Wahrheitsfindung nicht unbedingt erforderlichen Bloßstellung ist eine wichtige Aufgabe des Vorsitzenden und des Gerichts. Treffen für und gegen eine Zulassung sprechende Gesichtspunkte zusammen, so ist unter Berücksichtigung aller Umstände des Einzelfalls **abzuwägen**, welchen von ihnen der Vorrang gebührt[15].

**b) Unzulässige Fragen im Einzelnen.** Ob eine Frage unzulässig ist, läßt sich in der 9 Regel nur **aus der Eigenart des einzelnen Falles** beurteilen[16]. Die Rechtsprechung hat neben den völlig sachfremden Fragen auch an sich zur Sache gehörende Fragen als unzulässig angesehen, wenn sie die folgenden Voraussetzungen erfüllen:

Der Fragende begehrt, ohne daß dies durch die dazwischenliegende Bekundung 10 eines anderen Zeugen oder Sachverständigen oder die Erhebung eines sonstigen Beweises erforderlich wird, die **Wiederholung** einer Auskunft, die der Befragte schon klar, erschöpfend und widerspruchsfrei erteilt hat[17]; anders, wenn die Frage klären soll, ob sich eine Aussage allgemeinen Inhalts auch auf ein bestimmtes Einzelvorkommen bezieht[18] oder wenn durch das Erfragen zusätzlicher Einzelheiten die Glaubwürdigkeit der Aussage geprüft werden soll[19].

Der Fragende faßt die Frage in eine **Form**, die darauf abzielt, dem Befragten 11 eine bestimmte Antwort in den Mund zu legen, oder ihn zu einer mehrdeutigen Antwort

---

[10] RGRspr. **2** 122; **5** 143, 167; **8** 45, 323; RGSt **8** 161; **21** 236; RG DJZ **1908** 1107; **1920** 316; RG Recht **1914** Nr. 2355; **1918** Nr. 651; RG JW **1929** 259; **1931** 2822; BGHSt **2** 288; **13** 252; BGH NStZ **1981** 71; **1982** 158; **1984** 133; OLG Schleswig SchlHA **1948** 113; *Eb. Schmidt* Nachtr. I 7; KK-*Treier* 3; *Kleinknecht/Meyer* 3; KMR-*Paulus* 11.

[11] BGH NStZ **1984** 133; BayObLGSt **1964** 16 = JR **1964** 389 mit zust. Anm. *Peters*; KK-*Treier* 3; KMR-*Paulus* 12.

[12] KMR-*Paulus* 11; *Alsberg/Nüse/Meyer* 675 mit weiteren Nachweisen.

[13] RGSt **65** 304; **66** 14; KK-*Treier* 3; KMR-*Paulus* 18.

[14] RGSt **66** 14; BGHSt **2** 287; **13** 252; KG JR **1971** 338 mit zust. Anm. *Peters*; *Dahs/Dahs* 245.

[15] Vgl. Rdn. 14 und die Erl. zu § 68 a.

[16] RG JW **1931** 1606. Vgl. Eisenberg JZ **1984** 913.

[17] RGSt **18** 367; **44** 41; KMR-*Paulus* 10.

[18] BGHSt **2** 289; BayOblGSt **1964** = JR **1964** 389 mit Anm. *Peters*.

[19] BGH NStZ **1981** 71; vgl. BGH bei *Holtz* MDR **1979** 989.

Walter Gollwitzer

zu verleiten, um ihn festzulegen oder einen Einwand gegen seine Aussage zu gewinnen. Solche **Suggestivfragen** sind grundsätzlich ebenso unzulässig, wie Fragen, die darauf abstellen, den Befragten zu verwirren[20]. Fragen, die die Zuverlässigkeit und Glaubwürdigkeit der Aussage testen sollen, werden dadurch aber nicht ausgeschlossen[21].

**12**      **Hypothetische Fragen** können ausnahmsweise zulässig sein, wenn das materielle Strafrecht bei dem Gegenstand des Verfahrens bildenden Sachverhalt auch die Beurteilung des hypothetischen Verlaufs der Dinge fordert, wie etwa bei bestimmten Fragen der Kausalität oder bei Putativnotwehr[22].

**13**      Der Fragende mutet dem Befragten eine Auskunft zu, die **nicht im Rahmen seiner Aufgabe** im Prozeß liegt; etwa, wenn er von einem Zeugen ein Werturteil oder von einem Sachverständigen eine Begutachtung verlangt, die außerhalb seines Sachgebietes liegt[23]. Gleiches gilt für die Befragung eines Übersetzers nach dem Inhalt eines Gesprächs, das nicht er, sondern ein anderer Übersetzer übertragen hat[24]. Eine Ausnahme gilt nur bei allgemein geläufigen Wertformeln. Unzulässig ist auch, einen Zeugen über Werturteile zu befragen, etwa, ob er dem Angeklagten eine Unredlichkeit zutraue[25]. Unzulässig ist ferner, wenn einem Sachverständigen angesonnen wird, daß er letzte tatsächliche oder rechtliche Schlußfolgerungen zieht, die allein dem Gericht obliegen[26].

**14**      Unzulässig sind Fragen, die sich auf Vorgänge beziehen, über die **aus Rechtsgründen kein Beweis erhoben** werden darf. Das gilt zum Beispiel von Aussagen eines zur Verweigerung des Zeugnisses berechtigten Zeugen, die er bei einer polizeilichen Vernehmung gemacht hat, wenn er in der Hauptverhandlung nach Belehrung über sein Recht das Zeugnis verweigert[27]. Das Verbot, Fragen nach dem Inhalt einer solchen polizeilichen Aussage zu stellen, gilt so lange, bis Klarheit darüber besteht, daß der weigerungsberechtigte Zeuge von seinem Recht in der Hauptverhandlung keinen Gebrauch machen werde[28]. Unzulässig sind Fragen nach dem Wohnort eines Zeugen, wenn dieser nach § 68 Satz 2 geheimgehalten werden darf[29], oder Fragen an einen Richter, die das Beratungsgeheimnis betreffen[30], oder an einen Beamten, die eine dienstliche Angelegenheit berühren, für die ihm keine Aussagegenehmigung nach § 54 StPO erteilt ist[31]. Weitere Einschränkungen des Fragerechts durch Sondervorschriften sind bei diesen erläutert. Dies gilt vor allem für die Einschränkungen, die sich aus § 68 a und § 136 a ergeben.

**15**      c) **Abgrenzung.** Der Vorsitzende darf freilich eine Frage, die sich ernstlich um Aufklärung bemüht, ob ein Zeuge Glauben verdiene oder ein Sachverständiger die für das Gutachten erforderliche Erfahrung gesammelt habe, keinesfalls in Anwendung des § 241 unterdrücken[32]. Vor allem der Auftrag des Sachverständigen darf nicht zu eng

---

[20] *Eb. Schmidt* 8; *Dahs* Hdb. 434; KK-*Treier* 4; KMR-*Paulus* 10; *Schorn* Strafrichter 39; 260.

[21] *Dahs* Hdb. 433; *Kleinknecht/Meyer* 4; KMR-*Paulus* 10; *Roesen* NJW **1958** 977; vgl. bei § 68.

[22] *Kleinknecht/Meyer* 3; KMR-*Paulus* 11.

[23] RG GA 40 (1892) 169; DJZ **1914** 827; DRiZ **1929** Nr. 901; BGH LM Nr. 1; KK-*Treier* 6; KMR-*Paulus* 12; vgl. auch Fußn. 24.

[24] BGH GA **1983** 361 (unter Hinweis, daß kein Antrag gestellt worden war, den Gutachtensauftrag des Übersetzers auf dieses Gespräch auszudehnen).

[25] RG JW **1929** 1474; zur Abgrenzung und zu den Einzelheiten vgl. Vor § 48.

[26] RGSt 51 217; RG GA 46 (1898/99) 113; **56** (1909) 324; JW **1916** 1371; vgl. Vor § 72 und § 244, 1; 95; 186.

[27] BGHSt 2 99.

[28] OGHSt 1 303; RGSt 15 100; **27** 29; BGHSt **2** 110.

[29] Vgl. bei § 68.

[30] *Schorn* Strafrichter 47; vgl. bei §§ 43, 45 DRiG.

[31] KK-*Treier* 4; vgl. bei § 54.

[32] RG GA 46 (1892) 231; BGHSt **2** 284; **13** 252; BGH bei *Dallinger* MDR **1975** 726.

gefaßt werden[33]. Aus der Gefahr für den Befragten, daß er in eine Strafverfolgung verwickelt werde oder ein Geschäftsgeheimnis preisgebe, darf kein Grund für die Zurückweisung einer Frage als ungeeignet hergeleitet werden[34]. Allerdings wird Anlaß bestehen, im ersten Falle den Zeugen über sein Auskunftsverweigerungsrecht nach § 55 zu belehren und in dem anderen Falle den Ausschluß der Öffentlichkeit gemäß § 172 GVG zu beschließen oder den Zeugen wenigstens zu belehren, daß er die Ausschließung der Öffentlichkeit beantragen könne. Schließlich ist der Vorsitzende stets verpflichtet, darauf hinzuwirken, daß eine Frage, die um ihrer unbestimmten oder unpassenden Form willen als ungeeignet erscheinen kann, in eine geeignete Form gebracht wird[35].

**3. Zurückweisung einer Frage durch den Vorsitzenden.** Die Entscheidung des Vor- **16** sitzenden, mit der er eine Frage zurückweist, ist eine von Amts wegen ergehende, prozeßleitende Verfügung, für die § 34 an sich keine Begründung fordert. Trotzdem ist regelmäßig die Bekanntgabe der konkreten Gründe für die Zurückweisung angebracht. Dies folgt daraus, daß die Prozeßbeteiligten, vor allem der von der Zurückweisung Betroffene, ihr weiteres Verhalten auf diese Gründe einstellen müssen[36]. Nur wenn dies in ausreichender Weise geschieht (Rdn. 26), können sie beurteilen, ob es sinnvoll ist, gegen die Entscheidung des Vorsitzenden das Gericht anzurufen (Rdn. 24) oder eine beanstandete Frage in einer anderen Form zu wiederholen, oder einen Beweisantrag zu stellen (vgl. Rdn. 35). Die Zurückstellung einer Frage durch den Vorsitzenden ist noch keine Zurückweisung[37].

Bevor der Vorsitzende eine Frage zurückweist, kann es zweckmäßig sein, wenn **17** er den Fragenden auf die **Bedenken gegen die Zulässigkeit** hinweist und ihm anheimgibt, die Frage fallen zu lassen oder abzuändern. In diesem Zusammenhang kann er auch nähere Erklärungen über den Zweck der Frage fordern[38]. Ein solcher Hinweis vor der ausdrücklichen Zurückweisung der Frage entspricht der ausgleichenden Rolle, die der Vorsitzende bei der Verhandlungsleitung einnehmen soll[39]. Ob der Vorsitzende einen solchen Hinweis geben will, steht allerdings in seinem pflichtgemäßen Ermessen. Er kann insbesondere dann von ihm absehen, wenn er sich davon keinen Erfolg verspricht. Verzichtet der Fragesteller auf die Frage, bedarf es keiner Entscheidung[40].

Statt die Frage zurückzuweisen, ist es dem Vorsitzenden auch in den Fällen des **18** § 241 Abs. 2 unbenommen, gleich eine **Entscheidung des Gerichts** nach § 242 herbeizuführen[41].

Die **vorherige Mitteilung** der Frage kann vom Vorsitzenden nur in Ausnahmefäl- **19** len verlangt werden, wenn dies unerläßlich ist, um die Fortsetzung eines bereits manifest gewordenen, durch andere Mittel nicht abstellbaren Mißbrauchs des Fragerechts zu unterbinden[42].

Die Zurückweisung erübrigt sich nicht dadurch, daß der Befragte die unzulässige **20** Frage vorschnell **beantwortet** hat.

**4. Wirkung der Zurückweisung.** Die Zurückweisung betrifft nur die einzelne **21** Frage; sie entzieht dem Berechtigten das Fragerecht als solches nicht[43]. Die zurückge-

---

[33] Vgl. BGH StrVert. **1984** 60 (L). Zur Abgrenzung der Aufgabe des Sachverständigen vgl. Vor § 72.

[34] RGRspr. **6** 36; RG DJZ **1911** 1093; vgl. bei § 68 a.

[35] RG DRiZ **1929** Nr. 901; JW **1931** 1098.

[36] BGH bei *Dallinger* MDR **1975** 726; KK-*Treier* 5; *Kleinknecht/Meyer* 6; KMR-*Paulus* 20; *Schlüchter* 457; *Eb. Schmidt* 15.

[37] KMR-*Paulus* 19.

[38] KK-*Treier* 5; vgl. § 240, 5.

[39] KMR-*Paulus* 18.

[40] *Kleinknecht/Meyer* 6.

[41] *Eb. Schmidt* § 242,1; vgl. § 242, 3.

[42] Strittig, vgl. § 240,5 mit den Nachweisen Fußn. 10; ferner Fußn. 45.

[43] RGSt **38** 58.

Walter Gollwitzer

wiesene Frage darf auch später nicht mehr gestellt, sie braucht auch nicht beantwortet zu werden. Ist sie schon vor der Zurückweisung vorschnell beantwortet worden, ist die Antwort kein Bestandteil der Aussage; sie darf im Verfahren nicht verwertet werden und erfüllt, wenn sie falsch beantwortet wurde, auch nicht den Tatbestand der §§ 153, 154 StGB[44].

**22**     **5. Entziehung des Fragerechts.** Das Fragerecht ist als Ganzes nicht entziehbar. Wird es aber von einem Verfahrensbeteiligten trotz Abmahnung wiederholt erheblich mißbraucht, so kann es beschränkt (vgl. Rdn. 19) oder für bestimmte, genau zu begrenzende Verfahrensabschnitte entzogen werden[45], auch wenn Absatz 2 seinem Wortlaut nach nur die Zurückweisung unzulässiger Einzelfragen vorsieht. Wird ersichtlich, daß der Fragende weiterhin keine sachdienlichen Fragen mehr hat und sein formales Fragerecht nur zu prozeßwidrigen Zwecken ausüben will, gehört es zur sachgerechten Prozeßleitung, diesen Mißbrauch — nicht zuletzt zum Schutze der betroffenen Auskunftsperson — zu unterbinden. Zur Begründung dieser Entscheidung sind die Tatsachen, die den Mißbrauch und die Gefahr seiner Fortsetzung belegen, anzuführen, soweit sie sich nicht bereits aus der Sitzungsniederschrift ergeben[46]. Die Entziehung darf jedoch niemals weitergehen, als es zur Verhütung eines ernstlich zu befürchtenden künftigen Mißbrauchs, unerläßlich ist. Sie kommt nicht in Frage, wenn andere Mittel, wie etwa die Zurückweisung einzelner Fragen oder die Anordnung, dem Vorsitzenden die beabsichtigten Fragen vorher mitzuteilen (Rdn. 19), ausreichen, um jeden künftigen Mißbrauch zu unterbinden. Ungeachtet der Entziehung muß dem betroffenen Verfahrensbeteiligten ermöglicht werden, das Gericht zu ersuchen, bestimmte Fragen zu stellen. Sind diese sachdienlich, hat das Gericht dem Ersuchen zu entsprechen.

**23**     **6. Aufnahme in die Sitzungsniederschrift.** Die Zurückweisung einer Frage durch den Vorsitzenden und die Beanstandung dieser Anordnung durch den Betroffenen gemäß § 238 Abs. 2 sind Vorgänge, die in die Sitzungsniederschrift (§ 273) aufgenommen werden müssen. Das folgt schon daraus, daß in der Beanstandung ein Antrag auf Entscheidung des Gerichts liegt. Dieser Antrag ist aber ohne die vorangegangene Zurückweisung der Frage kaum verständlich. Beide Vorgänge sind deshalb in der Sitzungsniederschrift festzuhalten. Gleiches gilt für die Entziehung des Fragerechts (Rdn. 22). Die dafür maßgebenden Tatsachen und Erwägungen müssen dem Protokoll zu entnehmen sein[47]. Ob das auch von der bloßen Zurückweisung einer Frage zu gelten hat, wenn diese Maßnahme nicht beanstandet wird, kann zweifelhaft sein. Wenn der Vorsitzende eine Frage nicht zurückweist, obwohl er es nach § 241 Abs. 2 könnte, und auch sonst kein Beteiligter die Entscheidung des Gerichts anregt, braucht der Vorgang nicht in die Niederschrift aufgenommen zu werden.

---

[44] BGH bei *Dallinger* MDR **1953** 401; KG JR **1978** 77; KMR-*Paulus* 22; h. M vgl. *Schönke/ Schröder*Vor §§ 153 ff, 15.

[45] BGH bei *Dallinger* MDR **1973** 371; BGH NStZ **1982** 158; OLG Karlsruhe NJW **1978** 436; *Kleinknecht/Meyer* 1; *Granderath* MDR **1983** 799; *Schlüchter* 456; *Wagner* JuS **1972** 315; vgl. ferner KK-*Treier* 5; *Roxin* § 42 D III 1 a; KMR-*Paulus* 3 (Unterbindung künftiger Fragen an eine bestimmte Auskunftsperson nur ausnahmsweise, wenn nach Erschöpfung des Beweisthemas keine zulässigen Fragen mehr zu erwarten sind). **A. A** unter Berufung auf den unterschiedlichen Wortlaut und Zweck der beiden Absätze des § 241 RGSt **38** 58; *Miebach* DRiZ **1977** 140; *ter Veen* StrVert. **1983** 168.

[46] Etwa OLG Karlsruhe NJW **1978** 436; *Kleinknecht/Meyer* 1; KMR-*Paulus* 20.

[47] OLG Karlsruhe NJW **1978** 436; KMR-*Paulus* 20.

## IV. Rechtsbehelfe

**1. Entscheidung des Gerichts.** Gegen die prozeßleitende Verfügung, mit der der **24** Vorsitzende die Befugnis zum Kreuzverhör entzieht, eine Frage zurückweist oder das Fragerecht beschränkt, kann die Entscheidung des Gerichts nach § 238 Abs. 2 herbeigeführt werden[48]; dieses hat nach § 242 in allen Fällen die Zweifel über die Zulässigkeit einer Frage zu entscheiden. Auch der betroffene Zeuge kann das Gericht anrufen, wenn er eine ihm gestellte Frage für unzulässig hält[49].

Der Vorsitzende muß den Prozeßbeteiligten und insbesondere dem von der Zu- **25** rückweisung Betroffenen in geeigneter Weise **Gelegenheit zur Anrufung des Gerichts** geben. Dies sollte in der Regel dadurch geschehen, daß er die Gründe für die Zurückweisung bekannt gibt und es ihm dann überläßt, ob er das Gericht anrufen oder die Frage anders formulieren will. Die Begründung, mit der das Gericht angerufen wird, kann dem Vorsitzenden Anlaß geben, seine **Anordnung** zu ändern und die Frage zuzulassen. Dann erübrigt sich eine Entscheidung des Gerichts, es sei denn, daß nunmehr ein anderer Beteiligter Zweifel an der Zulässigkeit der Frage äußert.

Die **Entscheidung des Gerichts** ergeht durch Beschluß, der das Kreuzverhör oder **26** die Frage zuläßt, den Antrag nach § 238 Abs. 2 zurückweist (§ 238, 33) oder, wenn das Gericht ohne vorgängige Verfügung des Vorsitzenden wegen Zweifel nach § 242 angerufen wurde, unmittelbar die Frage zurückweist. Der ablehnende Beschluß ist zu begründen (§ 34), dabei sind die maßgebenden tatsächlichen und rechtlichen Erwägungen anzuführen. Die Grundsätze, die für die Begründung der Ablehnung von Beweisanträgen entwickelt worden sind, gelten entsprechend[50]. Eine Wiederholung des Gesetzeswortlauts reicht nicht aus, ebensowenig formelhafte Wendungen[51].

Über die Zulassung der Fragen muß **vor Abschluß der Beweisaufnahme** entschie- **27** den werden, um dem betroffenen Verfahrensbeteiligten die Möglichkeit zu geben, gegebenenfalls durch andere Fragen eine Klärung zu erreichen[52].

**2. Beschwerde.** Zeugen und Sachverständige können die Zulassung einer unzuläs- **28** sigen Frage, durch die sie in ihren Rechten berührt werden, mit der Beschwerde anfechten (§ 305 Satz 2). Die Entscheidung des Beschwerdegerichts über die Zulässigkeit der Frage bindet das erkennende Gericht[53], nicht aber das Revisionsgericht[54]. Im übrigen schließt § 305 Satz 1 die Beschwerde aus.

**3. Revision**
**a) Vorliegen eines Gerichtsbeschlusses.** Bestätigt das Gericht den Entzug des Ver- **29** nehmungsrechts nach § 241 Abs. 1 oder die Beschränkung des Fragerechts durch den Vorsitzenden oder läßt es durch einen Beschluß nach § 238 Abs. 2 oder § 242 eine Frage zu Unrecht zu oder nicht zu, so kann dies mit der Revision nach §§ 336, 337 beanstandet

---

[48] RGSt **18** 367; **38** 58.

[49] *Wulf* DRiZ **1981** 381; vgl. § 238, 28.

[50] BGH bei *Dallinger* MDR **1973** 371; **1975** 726; bei *Spiegel* DAR **1978** 154; KK-*Treier* 7; KMR-*Paulus* 20; vgl. Fußn. 51.

[51] BGHSt **2** 286; **13** 352; BayObLGSt **1964** 16 = JR **1964** 389; werden die konkreten Gründe angegeben, aus denen sich die Unzulässigkeit ergibt, ist es – entgegen BGH bei *Dallinger* MDR **1975** 726; *Kleinknecht/Meyer*

6 – nicht unbedingt erforderlich, daß die unzulässige Frage ausdrücklich einer der beiden sich überschneidenden Kategorien „ungeeignet"/„nicht zur Sache gehörig" zugeordnet wird; vgl. *Schlüchter* 457 Fußn. 137.

[52] OLG Frankfurt NJW **1947/48** 395; *Eb. Schmidt* § 242, 5; vgl. § 238, 34.

[53] BGHSt **21** 335; KK-*Treier* 8; KMR-*Paulus* 24.

[54] *Hanack* JZ **1972** 82.

     Walter Gollwitzer

werden, vom Angeklagten außerdem auch unter dem Gesichtspunkt des § 338 Nr. 8[55]. Dies gilt selbst dann, wenn das Beschwerdegericht die Frage auf eine Beschwerde hin für unzulässig erklärt hat[56]. Durch die Zurückweisung der Frage eines Angeklagten kann auch ein Mitangeklagter beschwert sein[57].

**30**     Mit der Revision kann auch gerügt werden, wenn das Gericht versehentlich **unterläßt**, die Beanstandung einer **Frage zu bescheiden** (§ 238) oder wenn der Beschluß des Gerichts **nicht oder unzureichend begründet** worden ist oder zu einem Zeitpunkt erging, der es dem Revisionsführer nicht mehr gestattete, sein weiteres Prozeßverhalten auf die Ansicht des Gerichts einzustellen[58].

**31**     Ob das Urteil auf dem Fehler **beruht** bzw. im Fall des § 338 Nr. 8 die Verteidigung in einem **wesentlichen Punkte beschränkt** worden ist, muß nach Lage des jeweiligen Falls beurteilt werden. Der BGH hat einen Einfluß der fehlerhaften Handhabung des § 241 auf die tatrichterliche Würdigung ausgeschlossen, wenn ersichtlich war, daß der Zurückgewiesene keine sachlichen Fragen mehr hatte und somit zur weiteren Sachaufklärung nichts mehr beitragen konnte[59]. Eine fehlende oder unzureichende Begründung ist unschädlich, wenn der Grund für alle Verfahrensbeteiligten offensichtlich war[60].

**32**     **b)** Ist **kein Gerichtsbeschluß** über die Zulässigkeit der Frage oder die Entziehung der Befugnis nach § 239 Abs. 1 oder des Fragerechts herbeigeführt worden, so schließt das entgegen der herrschenden Meinung nicht aus, die Revision auf die Beanstandung zu stützen, es sei denn, daß ein Verzicht vorliegt oder die Revisionsrüge verwirkt ist[61].

**33**     **c) Sonstige Rügen.** Die Revision kann nicht damit begründet werden, daß die Vernehmung des Angeklagten oder eines Zeugen **unzulänglich** oder unvollständig gewesen sei, denn Staatsanwalt und Verteidiger hatten das Recht, selbst Fragen zu stellen. Unterlassen sie dies, so können sie in aller Regel nicht mit Erfolg rügen, das Gericht habe seine Aufklärungspflicht verletzt, weil es diese Frage nicht gestellt habe[62]. Eine Ausnahme greift dann Platz, wenn die Urteilsgründe ergeben, daß sich dem Gericht eine weitere Benutzung des Beweismittels hätte aufdrängen müssen[63]. Wird eine Frage zu Unrecht nicht zugelassen, so kann dies unter Umständen die Aufklärungspflicht verletzen[64], etwa, wenn dadurch erkennbare Widersprüche einer Aussage ungeklärt blieben. Der Revisionsführer muß allerdings die Tatsachen dartun, aus denen sich ergibt, daß die Sachaufklärung die Frage erforderte (vgl. § 244, 345).

---

[55] RG JW **1934** 950; BGHSt 2 286; 21 334; 360; BGH bei *Dallinger* MDR **1973** 371; BGH NStZ **1981** 71; **1982** 158; **1982** 170.

[56] *Hanack* JZ **1972** 82; offengelassen BGHSt 21 359.

[57] BGH bei *Holtz* MDR **1982** 448 (stillschweigender Anschluß unter Hinweis auf die ähnliche Rechtsprechung bei Beweisanträgen); vgl. § 244, 97 ff.

[58] BGHSt 2 286; BGH bei *Dallinger* MDR **1975** 726; BayObLGSt **1964** 16 = JR **1964** 389; vgl. Rdn. 27.

[59] BGH NStZ **1982** 158.

[60] BGH nach KK-*Treier* 7; *Kleinknecht/Meyer* 7; KMR-*Paulus* 27.

[61] KMR-*Paulus* 25; zur Streitfrage, ob die Anrufung des Gerichts zur Erhaltung der Verfahrensrüge notwendig ist, vgl. § 238, 43 ff; a. A die wohl vorherrschende Meinung, die nur beim rechtsunkundigen Angeklagten die Revision zulassen will; OLG Hamm GA **1962** 87; OLG Celle NdsRpfl. **1969** 190.

[62] OGHSt 3 59; BGHSt 4 125; 17 352; VRS 36 23; BGH bei *Pfeiffer* NStZ **1981** 95; OLG Hamm NJW **1970** 69; OLG Koblenz DAR **1973** 106; KMR-*Paulus* 29; dies gilt auch, wenn die Ausübung des Fragerechts nur in Form schriftlicher Fragen möglich war, BGH bei *Holtz* MDR **1980** 986. Vgl. § 244, 342.

[63] BGHSt 4 126; 17 352; BGH bei *Holtz* MDR **1980** 986; OLG Köln VRS 63 460; OLG Saarbrücken VRS 48 431.

[64] Vgl. Fußn. 59; ferner § 244, 52.

Hat der Vorsitzende einem nicht in § 240 angeführten Verfahrensbeteiligten ge- **34** stattet, den Angeklagten oder eine Beweisperson **selbst zu befragen**, so kann die Revision dies nur angreifen, wenn dies rechtlich unzulässig oder unter den Umständen des konkreten Falls ermessensmißbräuchlich war[65]. Dies muß der Revisionsführer unter Angabe der einzelnen Fragen und aller für die Beurteilung maßgebenden Tatsachen dartun.

Der Prozeßbeteiligte, dessen Frage zurückgewiesen worden ist, kann unter Um- **35** ständen deren Inhalt zum Gegenstand eines **Beweisantrags** machen, über den das Gericht nach § 244 Abs. 3 zu entscheiden hat. Die Beanstandung der Zurückweisung der Frage mit der Revision hängt aber nicht davon ab, daß er diese Möglichkeit vorher ausgeschöpft hat[66].

# § 241 a

(1) Die Vernehmung von Zeugen unter sechzehn Jahren wird allein von dem Vorsitzenden durchgeführt.
(2) [1]Die in § 240 Abs. 1 und Abs. 2 Satz 1 bezeichneten Personen können verlangen, daß der Vorsitzende den Zeugen weitere Fragen stellt. [2]Der Vorsitzende kann diesen Personen eine unmittelbare Befragung der Zeugen gestatten, wenn nach pflichtgemäßem Ermessen ein Nachteil für das Wohl der Zeugen nicht zu befürchten ist.
(3) § 241 Abs. 2 gilt entsprechend.

**Schrifttum.** *Becker* Schutz kindlicher und jugendlicher Zeugen vor psychischer Schädigung durch das Strafverfahren, Zentralblatt für Jugendrecht und Jugendwohlfahrt **1975** 515; *Dähn* Vorschläge für einen verstärkten Schutz kindlicher Zeugen im Strafverfahren, ZRP **1973** 211; *Knögel* Jugendliche und Kinder als Zeugen in Sittlichkeitsprozessen, NJW **1959** 1663; *Störzer* Sittlichkeitsprozeß und junge Opfer, Sexualität und soziale Kontrolle (1978), 101.

**Entstehungsgeschichte.** Art. 1 Nr. 11 des 1. StVRErgG hat § 241 a eingefügt, um Kinder und Jugendliche als Zeugen besser als bisher vor den Belastungen der Hauptverhandlung schützen zu können, wenn auf die Vernehmung nicht verzichtet werden kann (vgl. RiStBV Nr. 222 Abs. 2).

*Übersicht*

**1. Zweck der Sonderregelung** für die Zeugen unter 16 Jahren ist es, durch die **1** grundsätzliche Konzentration ihrer Vernehmung beim Vorsitzenden die psychischen Belastungen dieser Zeugen durch die Hauptverhandlung so gering als möglich zu hal-

---

[65] OLG Celle NdsRpfl. **1969** 190; KMR-*Paulus* 28.

[66] **A. A** OGHSt **3** 29, wo das Fragerecht zu Unrecht als Vorstufe des Beweisantragsrechts betrachtet wurde.

Walter Gollwitzer

ten. Zu ihrem Schutz, aber auch zur besseren Erforschung der Wahrheit soll ihnen nur der Vorsitzende als Gesprächspartner und Bezugsperson gegenüberstehen. Dies soll die psychische Spannungssituation vermeiden, die bei Jugendlichen besonders leicht dadurch eintreten kann, daß sie sich im ungewohnten Rahmen einer Gerichtsverhandlung laufend auf verschiedene, einander widersprechende Empfänger ihrer Äußerungen einzustellen haben. Die Vernehmung durch den Vorsitzenden soll die Jugendlichen vor der Form nach aggressiven Fragen der anderen Verfahrensbeteiligten schützen und Gewähr für eine behutsame, ihrem jeweiligen Entwicklungsstand gerecht werdende Durchführung der Vernehmung bieten[1].

**2**       Das alleinige Vernehmungsrecht des Vorsitzenden trägt im übrigen dazu bei, den bei der Vernehmung jugendlicher Zeugen besonders mißlichen **Streit um die Zulässigkeit** jeder einzelnen Frage an den Zeugen zu vermeiden. Dieser kann hier besonders leicht entstehen, da der Vorsitzende in Erfüllung seiner Schutz- und Aufklärungspflichten nicht nur gegen inhaltlich unzulässige Fragen einschreiten müßte, sondern auch gegen solche Fragen, die dem Entwicklungsstand des Jugendlichen der Form nach nicht entsprechen.

**3**       **2. Alleinige Vernehmung durch den Vorsitzenden.** Kinder und Jugendliche, die das 16. Lebensjahr noch nicht vollendet haben, werden grundsätzlich allein durch den Vorsitzenden vernommen (Absatz 1). Vernehmung ist hier die gesamte Anhörung des Zeugen in der Hauptverhandlung einschließlich aller an den Zeugen zu richtenden Fragen, gleich wann und in welchem Zusammenhang sie gestellt werden. Auch die äußere Form, in der die Vernehmung durchzuführen ist[2], bestimmt der Vorsitzende nach pflichtgemäßem Ermessen.

**4**       Die Bedeutung dieser Sondervorschrift gegenüber der allgemeinen Regel des § 238 Abs. 1 liegt im Wort **„allein"**. Hierdurch wird das Kreuzverhör nach § 239 ebenso ausgeschlossen wie das durch § 240 den Verfahrensbeteiligten eingeräumte Recht, Zeugen unmittelbar zu befragen. Die in § 240 genannten Personen, die Mitglieder der Richterbank ebenso wie Staatsanwalt, Verteidiger und Angeklagter, verlieren zwar nicht ihr Recht auf Befragung dieser Zeugen. Sie können es aber nur mittelbar dadurch ausüben, daß sie vom Vorsitzenden verlangen, er solle die von ihnen gewünschten Fragen stellen[3]. Der Vorsitzende muß diesem Ersuchen nachkommen (Absatz 2 Satz 1), sofern er nicht die Fragen wegen ihres Inhalts als ungeeignet oder nicht zur Sache gehörig zurückweist (§ 241 Abs. 2) oder die Entscheidung des Gerichts über die Zulässigkeit der Frage nach § 242 herbeiführt. Daß der Vorsitzende im übrigen bezüglich des Inhalts der weiterzugebenden Frage keinen Ermessensspielraum hat, schließt selbstverständlich nicht aus, daß er den Fragesteller darauf hinweist, wenn er die Frage mit einem abgeänderten Inhalt für zweckmäßiger hält. Besteht der Fragesteller auf der Verwendung seines Wortlauts, kann der Vorsitzende in entsprechender Anwendung des § 241 Abs. 2 die Frage als ungeeignet auch zurückweisen, weil die Verwendung des Wortlauts mit dem Schutzzweck des § 241 a unvereinbar ist[4].

**5**       Die Verpflichtung des Vorsitzenden, die Frage weiterzugeben, bezieht sich nur auf den sachlichen Inhalt, nicht aber auf die **Form der Frage**. Unter Berücksichtigung des Schutzzwecks des § 241 a und der Erfordernisse einer umfassenden Sachaufklä-

---

[1] Begr. zu § 241 a BTDrucks. 7 2526, S. 25; kritisch dazu *Peters* Der neue Strafprozeß 143; *Undeutsch* FS Lange 720; *Störzer* 116.

[2] Dazu *Arntzen* DRiZ **1976** 20; vgl. Beispiele bei *Störzer* 123.

[3] KK-*Treier* 4; *Kleinknecht/Meyer* 3; KMR-*Paulus* 4; *Störzer* 119.

[4] KK-*Treier* 4; *Kleinknecht/Meyer* 3; KMR-*Paulus* 8.

rung entscheidet der Vorsitzende nach pflichtgemäßem Ermessen, wie er die Frage fassen will. So kann er insbesondere die Frage der Sprechweise und der Vorstellungskraft eines Kindes anpassen oder einen komplexen Vorgang in einzelne Teilfragen aufspalten.

**3. Die unmittelbare Befragung durch andere Personen** als den Vorsitzenden kann **6** dieser ausnahmsweise gestatten, wenn dadurch kein Nachteil für das Wohl des Jugendlichen zu befürchten ist (Absatz 2 Satz 2). Ob diese Voraussetzung gegeben ist und ob er bejahendenfalls von dieser Befugnis Gebrauch machen will, entscheidet der Vorsitzende nach pflichtgemäßem Ermessen. Maßgebend sind immer die Umstände des Einzelfalls. Der Gegenstand der Zeugenaussage und die zu erwartenden Fragen sind dabei ebenso zu berücksichtigen wie die Person des Zeugen und des Fragestellers[5]. Der Vorsitzende ist rechtlich nicht gehindert, hier Unterschiede zwischen den Verfahrensbeteiligten zu machen, wenn dies mit dem Schutzzweck des §241a vereinbar ist. So kann er etwa unmittelbare Fragen durch ein Mitglied des Gerichts zulassen, nicht aber durch andere Verfahrensbeteiligte, oder er kann einem Verfahrensbeteiligten, der sich im Umgang mit Jugendlichen als besonders geschickt erweist, die unmittelbare Befragung gestatten, die er den anderen Verfahrensbeteiligten verweigert. Bei Zulassung einer solchen Differenzierung der Verfahrensgestaltung sollte aber niemals übersehen werden, daß auch sachlich zu rechtfertigende Unterschiede die äußere Optik eines am Gebote der Chancengleichheit orientierten „fairen" Verfahrens nachteilig beeinflussen können und deshalb besser unterbleiben.

Ein **Anspruch** darauf, daß der Vorsitzende den in §240 genannten Verfahrensbe- **7** teiligten die unmittelbare Befragung gestattet, besteht auch dann nicht, wenn eine Gefährdung des Wohls des jugendlichen Zeugen nicht zu erwarten ist.

Den Vorsitzenden trifft eine **erhöhte Schutzpflicht** gegenüber dem jugendlichen **8** Zeugen, wenn er dessen unmittelbare Befragung zugelassen hat. Aus dem Sinn des §241a folgt, daß er sofort einschreiten und das unmittelbare Fragerecht wieder an sich ziehen muß, wenn sich nachträglich zeigt, daß das Wohl des Zeugen oder die Sachaufklärung gefährdet sein könnte[6].

**Anderen Frageberechtigten,** die nicht in §240 genannt sind (§240, 8; 9), kann **9** der Vorsitzende ebenfalls unter den gleichen Voraussetzungen unmittelbare Fragen gestatten; die Verweisung des Absatzes 2 Satz 1 auf §240 dürfte nicht die Bedeutung einer abschließenden Festlegung der Personen haben, denen der Vorsitzende unmittelbare Fragen gestatten darf. Deshalb dürfte es nicht entscheidend darauf ankommen, ob diese Personen durch eine Spezialvorschrift ausdrücklich hinsichtlich ihrer prozessualen Rechte einer der in §240 genannten Personen gleichgestellt werden oder ob ihnen nur das Fragerecht eingeräumt wird[7].

Die Befugnis aus §80 Abs. 2, einem **Sachverständigen** unmittelbar Fragen zu ge- **10** statten, wird durch §241a nicht unmittelbar berührt[8].

**4. Zurückweisung von Fragen.** Absatz 3 stellt klar, daß der Vorsitzende auch im **11** Rahmen der Sondervorschrift des §241a berechtigt ist, ungeeignete oder nicht zur

---

[5] Vgl. KMR-*Paulus* 3; nach KK-*Treier* 6 darf im allgemeinen nicht auf die Person des Fragestellers abgestellt werden; der Zweck des §241a wird jedoch besser erreicht, wenn man eine Differenzierung nach Eignung und Verhältnis zum Zeugen zuläßt.

[6] KK-*Treier* 6.

[7] A. A KK-*Treier* 7: keine Ausdehnung auf dort nicht genannte Fragesteller.

[8] Begr. BTDrucks. 7 2526, S. 25 (keine Vernehmung); KK-*Treier* 3; *Kleinknecht/Meyer* 4; KMR-*Paulus* 3; *Schlüchter* 455 Fußn. 124.

Walter Gollwitzer

Sache gehörende Fragen im gleichen Umfang wie nach § 241 Abs. 2 zurückzuweisen, und zwar ganz gleich, ob sie mittelbar über ihn oder unmittelbar gestellt werden. Dies gilt bei allen in § 240 Abs. 2 Satz 1 genannten Verfahrensbeteiligten, nicht aber bei den Berufsrichtern, bei denen er nur die Entscheidung des Gerichts nach § 242 herbeiführen kann[9].

**12**    **5. Anrufung des Gerichts.** Gegen die Entscheidungen des Vorsitzenden kann das Gericht nach § 238 Abs. 2 angerufen werden, da sie die Sachleitung betreffen. Bei Zweifeln an der Zulässigkeit einer Frage ist auch die Anrufung des Gerichts nach § 242 möglich. Unerheblich ist dabei, ob die Verfahrensbeteiligten die Frage unmittelbar an den Zeugen stellen durften oder ob sie nur vom Vorsitzenden nach Absatz 2 Satz 1 verlangen konnten, daß er die Frage stellen werde. Die Anrufung des Gerichts ist auch möglich, wenn beanstandet wird, daß der Vorsitzende eine Frage nur unvollständig oder inhaltlich unrichtig an den Zeugen weitergegeben hat, insbesondere, wenn er eine Anregung, seine Frage zu ergänzen, ablehnt.

**13**    Bei der Entscheidung, mit der der Vorsitzende die **unmittelbare Befragung** des Jugendlichen zuläßt oder ablehnt, ist die Anrufung des Gerichts nach § 238 Abs. 2 nicht ausgeschlossen. Das Gericht kann aber immer nur nachprüfen, ob die Entscheidung des Vorsitzenden rechtsmißbräuchlich oder sonst unzulässig war, etwa, weil er bei der Zulassung der unmittelbaren Befragung den Rechtsbegriff des Nachteils für das Wohl des Zeugen verkannt hat, es kann aber nicht in den Ermessensspielraum des Vorsitzenden eingreifen[10].

**6. Rechtsbehelfe**

**14**    **a) Beschwerde** gegen Anordnungen nach § 241 a können nur die in § 305 Satz 2 genannten Personen einlegen, im übrigen schließt § 305 Satz 1 die Beschwerde aus.

**15**    **b)** Mit der **Revision** kann nur die rechtsfehlerhafte Anwendung des § 241 a gerügt werden, in der Regel aber nicht die Ermessensentscheidung des Vorsitzenden, ob er unmittelbare Fragen zulassen will. Wegen der Einzelheiten wird auf die Erläuterungen zu § 238, 39 ff; § 241, 29 ff verwiesen.

## § 242

**Zweifel über die Zulässigkeit einer Frage entscheidet in allen Fällen das Gericht.**

**Bezeichnung** bis 1924: § 241.

*Übersicht*

---

[9] KMR-*Paulus* 8.

[10] KK-*Treier* 9; KMR-*Paulus* 10; **a. A** *Kleinknecht/Meyer* 5.

**1. Anwendungsbereich.** § 242 gilt für alle Fragen, die den Verhandlungsbeteiligten **1** in der Hauptverhandlung gestellt werden. Er findet selbst auf Fragen Anwendung, die der Vorsitzende an den Angeklagten, an Zeugen und Sachverständige richtet[1]. Aus der Entstehungsgeschichte der Vorschrift, die ursprünglich als Absatz 3 einen Bestandteil des § 204 bildete, der nur die Vernehmung von Zeugen und Sachverständigen zum Gegenstand hatte, wurde früher hergeleitet, daß sie sich trotz der allgemeinen Fassung nur auf Fragen an Zeugen und Sachverständige beziehe[2]. Diese Einschränkung wird nicht mehr vertreten, nachdem durch die neue Fassung des § 240 das alleinige Recht des Vorsitzenden zur Befragung des Angeklagten beseitigt ist. § 242 gilt auch für Fragen an den Angeklagten. Er bestätigt § 238 Abs. 2 und ergänzt ihn für die Fälle, in denen es zu keiner Entscheidung des Vorsitzenden kommt[3]. Die Befugnis des Vorsitzenden, über die Zulässigkeit einer Frage nach § 238 Abs. 1, § 241 Abs. 2, § 241 a Abs. 3 zunächst selbst zu entscheiden, wird durch § 242 nicht eingeschränkt[4].

**2. Anrufung des Gerichts.** Außer dem Vorsitzenden und dem Befragten sind auch **2** die mitwirkenden Richter und die Beteiligten, also der Staatsanwalt, der Angeklagte und der Verteidiger, **berechtigt, Zweifel aufzuzeigen** oder eine Frage zu beanstanden. Der Vorsitzende, dem es nicht zusteht, die Frage eines beisitzenden Richters als ungeeignet oder nicht zur Sache gehörig zurückzuweisen, hat, wenn er an der Zulässigkeit einer solchen Frage zweifelt, das Recht und die Pflicht, die Entscheidung des Gerichts herbeizuführen (§ 241, 5).

Im übrigen kann der Vorsitzende, was ihm freisteht, **gleich die Entscheidung** des **3** Gerichts herbeiführen, statt die Frage zunächst von sich aus zurückzuweisen. Dann muß er dem Fragenden vor der Entscheidung Gelegenheit geben, sich dazu in ähnlicher Weise zu äußern, wie er es tun könnte, wenn er gegen die Zurückweisung der Frage durch den Vorsitzenden die Entscheidung des Gerichts angerufen hätte. Sonst besteht die Gefahr, daß das Gericht bei der Beschlußfassung Umstände, von denen die Zulässigkeit einer Frage abhängen kann, übersieht. Dies würde den Fragenden benachteiligen. Der Beschluß wäre fehlerhaft und könnte die Revision begründen[5]. Auch die anderen Verfahrensbeteiligten sind vor Erlaß der Zwischenentscheidung zu hören[6].

Ehe der Vorsitzende von sich aus eine Frage zurückweist oder eine Entscheidung **4** des Gerichts herbeiführt, kann er sich in geeigneten Fällen bemühen, den Fragenden unter Darlegung seiner Gründe zur **Zurücknahme der Frage** oder zur **Änderung** des Inhalts oder zu einer anderen Fassung der Frage zu bewegen, wenn mit einer solchen Änderung seine Bedenken gegen die Zulässigkeit zerstreut werden. Bemühungen dieser Art können unter Umständen sonst mögliche Spannungen zwischen den Beteiligten verhüten oder mildern und damit der Wahrheitsfindung dienlicher sein als rasche Entscheidungen[7].

**3. Entscheidung des Gerichts**
**a) Nur die Zulässigkeit einer Frage** (vgl. dazu bei § 241), nicht ihre **Zweckmäßig-** **5** **keit** kann nachgeprüft werden. Die Frage eines **Nichtfrageberechtigten** ist immer unzu-

---

[1] Bericht der Reichsjustizkommission *Hahn* Mat. 2 1558; RGSt 10 379; a. A RGSt 42 159.

[2] RGRspr. 5 784; dagegen RGSt 47 139; vgl. *Bohnert* 183.

[3] KK-*Treier* 1; KMR-*Paulus* 1; vgl. auch *Bohnert* 184.

[4] KMR-*Paulus* I 1; *Bohnert* 185 nimmt an, daß der Vorsitzende wegen seiner funktionellen Primärzuständigkeit zunächst selbst entscheiden muß.

[5] RGSt 51 215; KK-*Treier* 1.

[6] Vgl. § 33, 8; KMR-*Paulus* II 2.

[7] *Eb. Schmidt* 5; KMR-*Paulus* II 1.

Walter Gollwitzer

lässig[8]. Meinungsverschiedenheiten über die Zweckmäßigkeit liegen vor, wenn es um die **Reihenfolge** einzelner Fragen, ihren Wortlaut oder den Tonfall geht, in dem sie gestellt werden[9]. Doch ist es nicht ausgeschlossen, daß Umstände dieser Art zur Begründung eines Ablehnungsgesuchs vorgetragen werden[10].

**6**     **b) Form der Entscheidung.** Das Gericht entscheidet über die Zulässigkeit der Frage durch Beschluß, der begründet werden muß (§ 34). Es genügt dabei nicht, daß der Gesetzeswortlaut wiederholt wird. Der Beschluß muß vielmehr erkennen lassen, weshalb im einzelnen die Frage als ungeeignet oder nicht zur Sache gehörend zurückgewiesen wird[11]. Auch der allein entscheidende Strafrichter (§ 25 GVG) muß einen Beschluß erlassen, wenn die Zulässigkeit einer Frage bezweifelt wird[12].

**7**     **4.** Der **beauftragte** oder **ersuchte Richter** kann es dem erkennenden Gericht überlassen, über die Zulässigkeit einer Frage zu entscheiden[13].

**8**     **5. Rechtsmittel.** Die Ausführungen bei § 241 (Rdn. 29 ff) gelten auch hier; strittig ist auch hier, ob die Revision daran scheitern kann, daß versäumt wurde, eine Entscheidung des Gerichts herbeizuführen (vgl. § 238, 43 ff).

# § 243

(1) [1]Die Hauptverhandlung beginnt mit dem Aufruf der Sache. [2]Der Vorsitzende stellt fest, ob der Angeklagte und der Verteidiger anwesend und die Beweismittel herbeigeschafft, insbesondere die geladenen Zeugen und Sachverständigen erschienen sind.

(2) [1]Die Zeugen verlassen den Sitzungssaal. [2]Der Vorsitzende vernimmt den Angeklagten über seine persönlichen Verhältnisse.

(3) [1]Darauf verliest der Staatsanwalt den Anklagesatz. [2]Dabei legt er in den Fällen des § 207 Abs. 3 die neue Anklageschrift zugrunde. [3]In den Fällen des § 207 Abs. 2 Nr. 3 trägt der Staatsanwalt den Anklagesatz mit der dem Eröffnungsbeschluß zugrunde liegenden rechtlichen Würdigung vor; außerdem kann er seine abweichende Rechtsauffassung äußern. [4]In den Fällen des § 207 Abs. 2 Nr. 4 berücksichtigt er die Änderungen, die das Gericht bei der Zulassung der Anklage zur Hauptverhandlung beschlossen hat.

(4) [1]Sodann wird der Angeklagte darauf hingewiesen, daß es ihm freistehe, sich zu der Anklage zu äußern oder nicht zur Sache auszusagen. [2]Ist der Angeklagte zur Äußerung bereit, so wird er nach Maßgabe des § 136 Abs. 2 zur Sache vernommen. [3]Vorstrafen des Angeklagten sollen nur insoweit festgestellt werden, als sie für die Entscheidung von Bedeutung sind. [4]Wann sie festgestellt werden, bestimmt der Vorsitzende.

**Schrifttum.** *Bauer* Die Würde des Gerichts, JZ **1970** 247; *Beck* Müssen Angeklagte und Zeugen vor Gericht stehen, Ärzteblatt **1969** 1359 ff; *Bringewat* „Der Verdächtige" als schweigeberechtigte

---

[8] *Eb. Schmidt* 1.
[9] KMR-*Paulus* I 2.
[10] Vgl. *Seibert* JR **1952** 470.
[11] Vgl. § 241,26; KK-*Treier* 4 (soweit Frage als unzulässig zurückgewiesen oder Zulassung anfechtbar); *Kleinknecht/Meyer* 3; KMR-*Paulus* II 2.

[12] KK-*Treier* 2; *Kleinknecht/Meyer* 1; KMR-*Paulus* II 2.
[13] OLG Frankfurt NJW **1947/48** 395; KMR-*Paulus* II 2.

Auskunftsperson? JZ **1981** 289; *Bruns* Der Verdächtige als schweigeberechtigte Auskunftsperson, FS Schmidt-Leichner 1; *Castringius* Schweigen und Leugnen des Beschuldigten im Strafprozeß, Diss. München 1965; *Dencker* Belehrung des Angeklagten über sein Schweigerecht und Vernehmung zur Person, MDR **1975** 359; *Döhring* Persönlichkeitserforschung im Rahmen der Beschuldigtenvernehmung, Kriminalistik **1967** 5; *Doller* Der schweigende Angeklagte und das Revisionsgericht, MDR **1974** 979; *Dürkop* Der Angeklagte (1977); *Engelhard* Die Vernehmung des Angeklagten, ZStW **58** (1911) 335; *Eser* Der Schutz vor Selbstbezichtigung im deutschen Strafprozeßrecht, Deutsche strafrechtliche Landesreferate zum IX. internationalen Kongreß für Rechtsvergleichung (1974), Beiheft zu ZStW **86**, 136; *Fincke* Verwertbarkeit von Aussagen des nichtbelehrten Beschuldigten, NJW **1969** 1014; *Fuchs* Beweisverbote bei Vernehmung des Mitbeschuldigten, NJW **1959** 14; *Fuhrmann* Das Schweigen des Angeklagten in der Hauptverhandlung, JR **1965** 417; *Günther* Strafrichterliche Beweiswürdigung und schweigender Angeklagter, JR **1978** 89; *Günther* Die Schweigebefugnis des Tatverdächtigen im Straf- und Bußgeldverfahren aus verfassungsrechtlicher Sicht, GA **1978** 193; *Günter* Die Einführung und Verwertung früherer Angaben des in der Hauptverhandlung schweigenden Angeklagten, DRiZ **1971** 379; *Hardwig* Das Persönlichkeitsrecht des Beschuldigten im Strafprozeß, ZStW **66** (1954) 236; *Hartwig* Polizeiliche Vernehmung gerichtlich nicht verwendbar, Kriminalistik **1969** 87; *Helgerth* Der „Verdächtige" als schweigeberechtigte Auskunftsperson und selbständiger Prozeßbeteiligter neben dem Beschuldigten und dem Zeugen, Diss. Erlangen-Nürnberg 1976; *Helmer, Jürgen* Die Vernehmung des Angeklagten über seine persönlichen Verhältnisse, Diss. Kiel **1968**; *v. Hentig* Zur Psychologie der Geständnisbereitschaft, FS Rittler 373 ff; *Humborg* Die Vorstrafenerörterung in der Hauptverhandlung, Diss. Münster 1964; *Humborg* Der Ausschluß der Öffentlichkeit bei der Vorstrafenerörterung, NJW **1966** 1015; *Kunert* Wieweit schützt die StPO die Grundrechte des Beschuldigten, MDR **1967** 539; *Lenckner* Mitbeschuldigter und Zeuge, FS Peters 333; *Montenbruck* „Entlassung aus der Zeugenrolle" — Versuch einer Fortentwicklung der materiellen Zeugentheorie, ZStW **89** (1977) 878; *Niederreuther* Die Wahrheitspflicht der Prozeßbeteiligten, GS **109** (1937) 64; *Pfenniger* Die Wahrheitspflicht des Beschuldigten im Strafprozeß; FS Rittler 355; *Peters* Die Persönlichkeitserforschung im Strafverfahren, Gedächtnisschrift Schröder 426; *Puppe* Die List im Verhör der Beschuldigten, GA **1978** 289; *Reiff* Geständniszwang und Strafbedürfnis (1925); *Rejewski* Unterbliebener Hinweis auf die Aussagefreiheit des Beschuldigten als Revisionsgrund? NJW **1967** 1999; *Rieß* Der Beschuldigte als Subjekt des Strafverfahrens in Entwicklung und Reform der StPO, FS Reichsjustizamt 373; *Rieß* Die Vernehmung des Beschuldigten im Strafprozeß, JA **1980** 293; *Rogall* Der Beschuldigte als Beweismittel gegen sich selbst (1977); *Rüping* Zur Mitwirkungspflicht des Beschuldigten und Angeklagten, JR **1974** 135; *Eb. Schmidt* Formen im Gerichtssaal, ZRP **1969** 254; *Eb. Schmidt* Der Strafprozeß, Aktuelles und Zeitloses, NJW **1969** 1137; *Eb. Schmidt* Sinn und Tragweite des Hinweises auf die Aussagefreiheit des Beschuldigten, NJW **1968** 1209; *Schmidt-Leichner* Ist und bleibt Schweigen des Beschuldigten zweischneidig? NJW **1966** 189; *Schreieder* Die Stellung des Beschuldigten, Züricher Beiträge zur Rechtswissenschaft NF 299 (1968); *Schünemann* Die Belehrungspflichten der §§ 243 Abs. 4, 136 n. F. StPO und der BGH, MDR **1969** 101; *Seebode* Schweigen des Beschuldigten zur Person, MDR **1970** 185; *Seebode* Über die Freiheit, die eigene Strafverfolgung zu unterstützen, JA **1980** 493; *Späth* Die Zuverlässigkeit der im ersten Zugriff erzielten Aussage, Kriminalistik **1969** 466; *Stree* Das Schweigen des Beschuldigten im Strafverfahren, JZ **1966** 593; *Stümpfler* Das Schweigen im Straf-und Bußgeldverfahren, DAR **1973** 1; *Tröndle* Über den Umgang des Richters mit anderen Verfahrensbeteiligten, DRiZ **1970** 213 ff; *Walder* Die Vernehmung des Beschuldigten (1965); *Walder* Das Verhör mit dem Angeschuldigten, FS Pfenniger 181 ff; *Wessels* Schweigen und Leugnen im Strafverfahren, JuS **1966** 169; vgl. ferner die Vor §§ 136, 213, 226 angeführten Hinweise. Dort ist auch das Schrifttum zur Reform der Hauptverhandlung angegeben.

**Entstehungsgeschichte.** Art. 4 der Verordnung zur Beseitigung des Eröffnungsbeschlusses ersetzte 1942 die Verlesung des Eröffnungsbeschlusses durch den Vortrag der Anklage. Art. 3 I Nrn. 110, 111 VereinhG kehrte zur alten Fassung zurück. Art. 7 Nr. 10 StPÄG 1964 faßte § 243 neu, wobei an die Stelle der Verlesung des Eröffnungsbeschlusses durch den Vorsitzenden die Verlesung des Anklagesatzes durch den Staatsanwalt getreten ist. Die Neufassung brachte ferner in Absatz 4 eine Regelung über die Feststellung der Vorstrafen und schrieb — anstelle der früheren Verweisung auf § 136 — ausdrücklich vor, den Angeklagten auf sein Schweigerecht hinzuweisen. Bezeichnung bis 1924: § 242.

*Übersicht*

## I. Aufbau der Hauptverhandlung

**1**   **1. Normaler Verfahrensgang.** Die zu einer normalen Hauptverhandlung gehörenden Vorgänge und ihre Reihenfolge werden durch die §§ 222 a, 222 b, 243, 244 Abs. 1, 257, 258, 260 und 268 geregelt. Der Gesetzgeber legt hierdurch die Struktur des Verfahrens fest, die auch dort, wo von der Reihenfolge der Vorgänge aus Zweckmäßigkeitsgründen im Einzelnen abgewichen werden darf, in den Grundzügen zu wahren ist[1]. Ganz weggelassen werden darf kein Verhandlungsabschnitt[2].

**2**   **Zwingendes Recht**, und damit jeder Veränderung aus Zweckmäßigkeitsgründen entzogen, sind die Vorschriften, soweit der Gesetzgeber in ihnen dem Grundsatz des rechtlichen Gehörs (Art. 103 Abs. 1 GG) nähere Gestalt verleiht[3]. Soweit die Ordnung des Verfahrensgangs sichert, daß der Angeklagte sich im richtigen Zeitpunkt ausrei-

---

[1] BGHSt **3** 384; **13** 358; **19** 96; vgl. Fußn. 7;    [2] BGHSt **8** 283; KK-*Treier* 1.
*Eb. Schmidt* Nachtr. I 2; *Kleinknecht/Meyer* 1;    [3] *Eb. Schmidt* 1; vgl. Einl. Kap. **13**.
KMR-*Paulus* Vor § 226,55.

chend verteidigen kann, darf von dieser Ordnung nur mit **Zustimmung** des Angeklagten abgewichen werden[4]. Unter Umständen ist dazu auch die Zustimmung anderer Verfahrensbeteiligter erforderlich; denn die Befugnis des Vorsitzenden, die Einzelheiten des Verfahrensgangs nach Gesichtspunkten der Zweckmäßigkeit zu regeln, endet dort, wo Verfahrensrechte der Prozeßbeteiligten beeinträchtigt werden können. In der widerspruchslosen Hinnahme der Abweichung kann aber nur bei Vorliegen besonderer Umstände (Hinweis des Vorsitzenden, Antragstellung nach § 231 c u. a.) eine stillschweigende Zustimmung gesehen werden[5]. Die Zustimmung zur Abweichung von der im Gesetz vorgesehenen Reihenfolge ist (für die Zukunft) widerruflich[6].

**2. Abweichende Reihenfolge.** Soweit der Aufbau der Hauptverhandlung im Ganzen und damit ihre **innere Ordnung** gewahrt bleibt[7], darf der Vorsitzende im übrigen aus triftigen Gründen (insbesondere Erleichterung der Wahrheitsfindung durch Konzentration des Prozeßstoffs; besseres Verständnis der Zusammenhänge; Rücksicht auf Verhinderungen der Verhandlungteilnehmer, Freistellung nach § 231 c)[8] von der Reihenfolge der einzelnen Verfahrensvorgänge abweichen. Die **äußere Ordnung** des Verfahrensgangs durch § 243 soll die für die Wahrheitsfindung und die sinnvolle Ausübung von Verfahrensrechten gleichermaßen notwendige Übersichtlichkeit des Verfahrens gewährleisten. Sie ist insoweit nicht zwingend, als dieses Ziel im Einzelfall durch eine andere Reihenfolge der Vorgänge besser erreichbar ist. Dies gilt sowohl, wenn die besondere Fallgestaltung einer einzelnen Sache ein Abweichen für die Zwecke des Verfahrens förderlich erscheinen läßt[9], als auch dann, wenn eine Mehrzahl von prozessualen Taten Gegenstand des Verfahrens bildet. **3**

**a)** In den sogen. **Punktesachen** kann es sachdienlich und im Interesse aller Verfahrensbeteiligten geboten sein, die einzelnen Tatkomplexe getrennt zu behandeln. Die Hauptverhandlung darf in mehrere Abschnitte zerlegt werden, deren jeder zunächst mit der Vernehmung des Angeklagten zum Gegenstand dieses Abschnittes beginnt, worauf sich die Beweisaufnahme zu diesem Abschnitt anschließt[10]. Einer Zustimmung des Angeklagten bedarf es hierzu nicht, wenn der in § 243 vorgeschriebene Verfahrensgang innerhalb der einzelnen Punkte eingehalten wird[11] und seine Verteidigungsmöglichkeiten, vor allem sein Recht auf Vorwegverteidigung (Rdn. 6), keine Beeinträchtigung erleiden[12]. **4**

Bei der getrennten Behandlung der einzelnen Tatkomplexe muß die **Sitzungsniederschrift** erkennen lassen, auf welchen Abschnitt sich die Vernehmung des Ange- **5**

---

[4] BGHSt **13** 360; **19** 93; dazu *Hanack* JZ **1972** 82, der in der Zustimmung des Angeklagten zur Umstellung einen vorläufigen Verzicht auf eine umfassende Äußerung sieht und deshalb in entsprechender Anwendung des § 243 Abs. 4 Satz 1 einen ausdrücklichen Hinweis des Angeklagten auf sein Recht für angezeigt hält, ebenso KMR-*Paulus* Vor § 226,55. Vgl. ferner KK-*Treier* 3; BGHSt **10** 324; BGH NJW **1957** 1527; BGH bei *Dallinger* MDR **1955** 397.

[5] KMR-*Paulus* Vor § 226,55; **a. A** BGHSt **19** 97.

[6] BGH NStZ **1981** 111.

[7] RGRspr. **6** 714; **8** 651; RGSt **24** 60; **53** 178; **60** 182; **64** 134; RG GA **36** (1888) 407; **37** (1889) 201; LZ **1916** 1130; **1917** 539; **1919** 971; **1920** 487, 834; JW **1923** 387; DRiZ **1927** Nr. 837; OGHSt **3** 148; BGHSt **3** 384; **13** 360; **19** 93.

[8] Vgl. KMR-*Paulus* Vor § 226, 55.

[9] BGHSt **19** 94.

[10] BGHSt **10** 342; **19** 96; RGSt **44** 313; RG JW **1894** 604; GA **31** (1883) 210; **59** (1912) 453; KK-*Treier* 4; *Kleinknecht/Meyer* 30; KMR-*Paulus* Vor § 226, 56.

[11] BGHSt **19** 96; *Hanack* JZ **1972** 82; KK-*Treier* 4; KMR-*Müller* Vor § 226, 56.

[12] Vgl. Fußn. 16.

Walter Gollwitzer

klagten und die sonstigen Verfahrensvorgänge jeweils beziehen[13]. Es wird auch für zulässig gehalten, die Verlesung des Anklagesatzes aufzuspalten und erst vor jedem Abschnitt den einschlägigen Teil des **Anklagesatzes** zu verlesen[14]. Es ist aber in der Regel angezeigt, den Anklagesatz — oder bei Verbindung mehrerer Sachen die Anklagesätze — vorweg im Zusammenhang zu verlesen, um für alle Prozeßbeteiligten zunächst den Gesamtumfang der erhobenen Anklage aufzuzeigen und dann erst die einzelnen Abschnitte mit der Wiederholung des sie betreffenden Teils der Anklage einzuleiten. Auch die Aufteilung der Plädoyers ist möglich[15].

**6**      Dem Angeklagten ist **vor Eintritt in die Beweisaufnahme** Gelegenheit zu geben, sich vorab **allgemein** zu den erhobenen Vorwürfen zu äußern, um die Gesamtlinie seiner Verteidigung aufzuzeigen[16]. Dazu gehört auch die Darstellung seines Verhältnisses zu Mitangeklagten[17]. Ausführungen zu den Einzelheiten können in die einzelnen Abschnitte verwiesen werden[18]. Mit Zustimmung des Angeklagten ist es zulässig, seine Vernehmung zur Sache völlig auf die einzelnen Abschnitte aufzuteilen. Unerläßlich ist aber immer, daß der Anklagesatz zuerst verlesen wird und daß dann der Angeklagte zu dem Tatkomplex des jeweiligen Abschnitts vernommen wird, bevor die Beweisaufnahme beginnt[19].

**7**      **b) Weitere Beispiele:** Eine **Gegenüberstellung** (§ 58 Abs. 2) von Angeklagten und Zeugen, die das Gericht vor Vernehmung des Angeklagten zur Person vornimmt, um festzustellen, ob die vom Verfahren noch nicht beeinflußten Zeugen den Angeklagten wiedererkennen, kann zulässig sein, sofern sich der Vorgang auf die Identifizierung des Angeklagten beschränkt und keine zusätzlichen Erklärungen der Zeugen notwendig werden[20]. Mit Zustimmung des Angeklagten können auch einzelne Beweismittel schon während seiner Vernehmung verwendet werden, z. B. Urkunden verlesen werden, wenn dies zum besseren Verständnis der Einlassung des Angeklagten dient[21].

**8**      Wird **Nachtragsanklage** erhoben, muß der Angeklagte zum Sachverhalt der Nachtragsanklage alsbald vernommen werden[22].

**9**      **c) Informelles Schuldinterlokut.** Das geltende Recht kennt die für die Prozeßreform geforderte förmliche Zweiteilung der Hauptverhandlung (förmliches Schuldinterlokut) nicht[23]. Es hindert das Gericht aber auch nicht, das einheitliche Verfahren in (un-

---

[13] BGHSt **10** 342; OLG Koblenz OLGSt Nr. 1; KK-*Treier* 7 (Abweichung ist wesentlicher Verfahrensvorgang); KMR-*Paulus* Vor § 226, 56.

[14] Das Reichsgericht hat es für zulässig erachtet, die Verlesung des Eröffnungsbeschlusses auf die einzelnen Abschnitte aufzuteilen (RGSt **44** 313; RG JW **1894** 604; GA **37** [1889] 201; **59** [1912] 453); für die Verlesung des Anklagesatzes gilt nichts anderes (*Eb. Schmidt* Nachtr. I 5), sofern die Aufteilung nicht das Verständnis des gesamten Vorwurfs erschwert. Ebenso *Kleinknecht/Meyer* 30; KMR-*Paulus* 56; a. A KK-*Treier* 4 (vollständige Verlesung vorweg zur Unterrichtung der Richter unerläßlich).

[15] *Kleinknecht/Meyer* 30.

[16] BGHSt **19** 93; BGH bei *Dallinger* MDR **1955** 397; KK-*Treier* 4; *Kleinknecht/Meyer* 30; KMR-*Paulus* 56.

[17] BGH StrVert. **1982** 457.

[18] BGH bei *Dallinger* MDR **1955** 397.

[19] BGHSt **10** 324; BGH bei *Dallinger* MDR **1955** 397; BGH NJW **1957**; 1527; BayObLGSt **1953** 130 = MDR **1953** 755; RG HRR **1930** Nr. 1694; *Eb. Schmidt* 5, Nachtr. I 5.

[20] *Eb. Schmidt* 6; zur Methode und Problematik der Gegenüberstellung vgl. bei § 58; ferner KMR-*Paulus* Vor § 226, 61 (ohne weiteres zulässig wenn sie der freibeweislichen Identifizierung des Angeklagten dient). Vgl. *Odenthal*, Die Gegenüberstellung im Strafverfahren, Diss. Köln, **1984,** 82 ff.

[21] BGHSt **13** 360; **19** 93.

[22] BGHSt **9** 245; *Eb. Schmidt* Nachtr. I 34; a. A OLG Frankfurt HESt **2** 109.

[23] Vgl. die Nachweise zu den Reformvorschlägen Vor § 226, 57.

selbständige) Abschnitte aufzuteilen, von denen der erste sich nur damit befaßt, ob der Angeklagte die ihm zur Last gelegte Tat begangen hat und ob ihm Rechtfertigungs- oder Schuldausschließungsgründe zur Seite stehen. Die Frage, ob der Angeklagte schuldunfähig im Sinne des § 20 StGB ist, kann dabei wegen ihrer eventuell den Angeklagten besonders diskriminierenden Wirkung in einen zweiten Abschnitt verwiesen werden. Hält das Gericht nach Abschluß dieser Verfahrensabschnitte mit Plädoyers und eventuell auch Beratung die Voraussetzungen für einen Freispruch nicht für gegeben — was den Verfahrensbeteiligten informell zur Kenntnis zu bringen ist — dann schließt sich daran die Erörterung der nur für die Reaktionsfrage bedeutsamen Tatsachen, zu denen auch die Vorstrafen gehören, sowie die Beweiserhebung darüber an.

Dieses Verfahren, dessen Einhaltung schon für das geltende Recht vorgeschlagen **10** wird[24], hat sich trotz seines theoretisch bestechenden Grundgedankens bisher in der Praxis wegen der damit verbundenen Schwierigkeiten nicht durchgesetzt, obwohl es sich nach den vorliegenden Berichten unter experimentellen Bedingungen als grundsätzlich praktikabel erwiesen hat (vgl. die Darstellungen hierüber in den Vor § 226 Fußn. 76 angegebenen Publikationen von *Dölling* und *Schunck*). Unzulässig ist es ebensowenig wie andere, die Teilung weniger stark betonende Varianten, in denen lediglich die eingehende Befragung des Angeklagten und die Beweisaufnahme über die nur für die Reaktionsfrage bedeutsamen Einzelheiten an das Ende der Beweisaufnahme verlegt werden.

**d) Verfahrensrechtlich unerläßlich** ist bei jeder möglichen Verfahrensgestaltung **11** nur, daß die **Einheitlichkeit des Gesamtverfahrens** nicht durch die Aufteilung in die verschiedenen Verfahrenskomplexe in Frage gestellt werden darf. Die Aufteilung darf den Angeklagten nicht hindern, seine Verteidigung vorweg zusammenhängend zu führen (Rdn. 6) und die Aufmerksamkeit des Gerichts auf die von ihm für wichtig gehaltenen Gesichtspunkte und Zusammenhänge zu lenken. Gleiches gilt für den letzten Verfahrensabschnitt, an dessen Ende die Berechtigung nicht eingeschränkt werden darf, sich in den Plädoyers und beim letzten Wort (§ 258) mit dem Gesamtergebnis des Verfahrens zu befassen, auch wenn die Details am Ende der einzelnen Abschnitte in Zwischenplädoyers bereits erörtert worden sind. Wieweit Wiederholungen unterbunden werden können, ist in solchen Fällen noch schwerer zu entscheiden, als sonst im Rahmen des § 258.

**3. Erläuterungen des Vorsitzenden**, mit denen er zu Beginn den Verhandlungs- **12** plan erörtert und die Reihenfolge und die Gesichtspunkte darlegt, nach denen er die Verhandlung einteilen will (vor allem Aufteilung bei Punktesachen und informellem Schuldinterlokut) und wie er die Beweisaufnahme zu gliedern gedenkt, sind unbedenklich[25]. Bei umfangreichen Sachen ist die Erörterung des „Fahrplans" mit den Verfahrensbeteiligten zweckmäßig. Soweit Abweichungen vorgesehen sind, die der Zustimmung der Verfahrensbeteiligten bedürfen (Rdn. 2), ist dies sogar unerläßlich.

Eine **Erörterung der sachlichen Umstände** der zur Verhandlung stehenden Tat **13** darf der Vorsitzende damit nicht verbinden. Unzulässig wäre es auch, wenn er in einer Art Sachdarstellung die „von keiner Seite bestrittenen Tatsachen" bekannt geben würde, dies würde dem Ergebnis der Hauptverhandlung vorgreifen[26] und den Grundsatz

---

[24] Vgl. *Kleinknecht* FS Heinitz 651; dazu *Peters* § 60 IV; KMR-*Paulus* Vor § 226, 72.

[25] RGSt **32** 320; **53** 177; KK-*Treier* 8; KMR-*Paulus* 60.

[26] *Eb. Schmidt* 8; KMR-*Paulus* 60.

    Walter Gollwitzer

der Unmittelbarkeit und Mündlichkeit des Verfahrens verletzen. Dem Strengbeweis unterliegende Tatsachen dürfen nicht auf diese Weise in die Hauptverhandlung eingeführt werden. Zu Informationszwecken kann der Vorsitzende allenfalls auf Sachverhalte hinweisen, die den Hintergrund der angeklagten Tat erhellen, sofern sie weder für die Schuld- noch die Rechtsfolgenfrage unmittelbare Bedeutung haben. Der Hinweis auf Hintergrundtatsachen, die das Gericht als offenkundig behandeln will, wird als zulässig angesehen[27].

**14**     Für zulässig erachtet wurde, wenn der Vorsitzende in Fällen, in denen es zum Verständnis der Vorgänge auf eine genaue Kenntnis von bestimmten Örtlichkeiten ankommt, bereits vor Beginn der Vernehmung des Angeklagten zur Person eine **Ortsbeschreibung** gibt[28]. Soweit in solchen Fällen nicht ohnehin die Einnahme eines Augenscheins notwendig ist, wird es jedoch in der Regel ausreichen, wenn eine solche Beschreibung erst nach Verlesen des Anklagesatzes gegeben wird. Überhaupt ist ein solches Verfahren nur in Ausnahmefällen ratsam.

**15**     Ein Verstoß gegen § 261 wird auch angenommen, wenn der Vorsitzende den Schöffen **Abschriften der Anklageschrift**, die das wesentliche Ergebnis der Ermittlungen enthalten, zum Gebrauch während der Hauptverhandlung überläßt. Ein solches Verfahren wäre geeignet, die Unbefangenheit der Richter zu beeinträchtigen. Nach der vorherrschenden Meinung kann dies die Revision begründen[29].

## II. Beginn der Hauptverhandlung

**16**     **1. Aufruf der Sache (Absatz 1 Satz 1).** Die Hauptverhandlung beginnt durch den Aufruf der Sache[30]. Darunter ist die auf den Willen des Vorsitzenden zurückgehende Kundmachung im Sitzungssaal zu verstehen, daß die Sache nunmehr verhandelt werde. Der Vorsitzende muß dies nicht selbst bekanntgeben, er kann sich anderer Personen dazu bedienen; die Anordnung, die Sache aufzurufen, muß aber er selbst getroffen haben. Ruft der Gerichtswachtmeister oder der Protokollführer die Sache ohne eine solche Anordnung des Vorsitzenden auf, dann beginnt die Hauptverhandlung dadurch noch nicht[31]. Ein Aufruf der Sache außerhalb des Sitzungssaals (Gang, Zeugenwartezimmer, Anwaltszimmer) ist regelmäßig sachdienlich[32]; er ist notwendig, wenn nur auf diese Weise alle Verfahrensbeteiligten in die Lage versetzt werden können, den Termin wahrzunehmen, etwa weil sie sich nicht vorher im Sitzungssaal versammeln können oder weil es ortsüblich ist, außerhalb des Sitzungssaals zu warten[33]. Der Aufruf muß für alle Wartenden deutlich hörbar und verständlich sein.

**17**     Der Aufruf der Sache ist eine **selbständige Formalität**, die allen Beteiligten anzeigen soll, daß nunmehr die Hauptverhandlung beginnt. Unterbleibt sie versehentlich, so

---

27 BGH nach KK-*Treier* 8 (Judenverfolgung der Nationalsozialisten); vgl. KMR-*Paulus* 20.

28 RGSt 24 62; **53** 177; OLG Köln NJW **1959** 1551; KMR-*Paulus* Vor § 226,60.

29 RGSt **32** 318; **53** 178; **69** 120; RG LZ **1920** 834; JW **1922** 1039; BGHSt **13** 73; BGH GA **1959** 148; **1960** 314; vgl. *Schäfer* JR **1932** 196; die Einzelheiten dieser strittigen Frage werden bei § 261 behandelt.

30 Die Neufassung durch Art. 7 Nr. 10 StPÄG 1964 hat dies klargestellt.

31 KK-*Treier* 9; *Kleinknecht/Meyer* 2; KMR-*Paulus* 3; *Eb. Schmidt* Nachtr. I 15; zur früheren Fassung: BayObLGSt **1949/51** 478; OLG Düsseldorf NJW **1961** 133; OLG Frankfurt JMBl Hessen **1959** 477.

32 RGRspr. **3** 236; GA **57** (1910) 208; OLG Dresden SächsOLG **16** 1; **22** 387.

33 BVerfGE **43** 369 (Pflicht des Gerichts, die Verfahrensbeteiligten effektiv in die Lage zu versetzen, den Termin wahrzunehmen).

muß als Beginn der Hauptverhandlung derjenige Akt des Gerichts oder Vorsitzenden gelten, der als erster den Beteiligten erkennbar macht, daß das Gericht die Sache verhandelt[34]. Eine **wesentliche Förmlichkeit** des Verfahrens, bei der alle Verfahrensbeteiligten, deren Anwesenheit bei der Hauptverhandlung unerläßlich ist, bereits im Sitzungssaal zugegen sein müssen, ist der Aufruf der Sache jedoch noch nicht[35], da er erst die Beteiligten zum Erscheinen veranlassen und die Feststellung ihrer Anwesenheit einleiten soll.

Der Beginn der Hauptverhandlung ist von **Bedeutung** für die Festlegung des Zeit- **18** punkts, von dem an die Anwesenheitspflicht (§226, §230 ff) beginnt und das Nichterscheinen der für diesen Zeitpunkt geladenen Personen (vgl. aber §214 Abs. 2) Rechtsfolgen auslösen kann[36]. Mit Beginn der Hauptverhandlung gilt der Öffentlichkeitsgrundsatz[37]. Alle Vorgänge zählen zu dem für die Urteilsfällung verwertbaren Inbegriff (§261), die Abgabe an ein anderes Gericht und die Einstellung richtet sich nach anderen Vorschriften (§260 Abs. 3; §270). Auch sonstige Vorschriften, wie §222 a Abs. 1 oder §303 oder das Gebührenrecht[38], stellen auf den Beginn ab.

**2. Präsenzfeststellung (Absatz 1 Satz 2).** Im Anschluß an den Aufruf der Sache hat **19** der Vorsitzende festzustellen, ob der (nicht vom Erscheinen entbundene) Angeklagte und sein Verteidiger sowie die sonstigen Verfahrensbeteiligten, wie Dolmetscher, Nebenkläger, Nebenbeteiligte gesetzliche Vertreter usw. (vgl. §272 Nr. 4), anwesend sind, auch wenn sie in Absatz 1 nicht besonders genannt werden[39]. Festzustellen ist ferner, ob die für den Beginn der Hauptverhandlung geladenen Zeugen und Sachverständigen erschienen[40] und die sächlichen Beweismittel herbeigeschafft (§§214, 221) sind. Hierdurch soll geklärt werden, ob Personen, deren Anwesenheit erforderlich ist, ausgeblieben sind, ob beim Ausbleiben einer von ihnen die Hauptverhandlung durchgeführt werden kann und ob Maßnahmen gegen den Ausgebliebenen veranlaßt sind, ferner, ob alle angeführten sachlichen Beweismittel auch tatsächlich vorliegen.

Die **positive Feststellung**, daß bestimmte Beweismittel herbeigeschafft sind, bedeutet, **20** daß der Vorsitzende die von ihm bezeichneten vorhandenen Gegenstände als herbeigeschaffte Beweismittel (§245 Abs. 1) ansieht. Die Feststellung enthält für alle Beteiligten die Zusicherung, daß diese Beweismittel benutzt werden, ohne daß sie sich noch ausdrücklich darauf berufen müssen. Die weiteren Einzelheiten sind bei §245 erläutert.

**Fehlen Beweismittel**, die herbeizuschaffen gewesen wären, sind insbesondere Zeu- **21** gen oder Sachverständige ausgeblieben, deren Ladung den Verfahrensbeteiligten nach §222 mitgeteilt worden ist, so muß der Vorsitzende darauf hinweisen[41]. Dies folgt aus dem Zweck der Präsenzfeststellung (Rdn. 19). Bekanntzugeben ist auch, daß und aus welchen Gründen Beweispersonen ihr Fernbleiben entschuldigt haben.

---

[34] BayObLGSt **1949/51** 478; KK-*Treier* 10; KMR-*Paulus* 3.

[35] RGSt **58** 180; KK-*Treier* 10; KMR-*Paulus* 3; *Koeniger* 232; **a. A** *Eb. Schmidt* 15; KK-*Engelhardt* §273,4.

[36] Vgl. etwa §§329, 401 Abs. 3, §412; §74 Abs. 2 OWiG; ferner §51 Abs. 1, §77 Abs. 1 und §145 Abs. 1. Nach OLG Schleswig bei *Ernesti/Jürgensen* SchlHA **1979** 207 genügt Anwesenheit innerhalb angemessener Frist nach Aufruf.

[37] Vgl. etwa BGHSt **28** 341; ferner bei §338 Nr. 6 und §169 GVG.

[38] Vgl. §83 Abs. 1 BRAGebO.

[39] KK-*Treier* 12; *Kleinknecht/Meyer* 3; KMR-*Paulus* 5.

[40] Die Feststellung der Anwesenheit der Zeugen erfordert in der Regel den Aufruf der einzelnen Namen, BGHSt **24** 282.

[41] KK-*Treier* 14.

Walter Gollwitzer

**22**    Ob die Präsenzfeststellung eine **wesentliche Förmlichkeit** des Verfahrens im Sinne des § 273 ist, läßt BGHSt 24 280 offen. Auch wenn man dies verneint[42], sollte ein Vermerk darüber in die Sitzungsniederschrift aufgenommen werden. In Betracht kommt etwa folgende Fassung: „Es wurde festgestellt, daß folgende Zeugen und Sachverständige geladen und erschienen sind...und daß folgende Beweismittel herbeigeschafft sind...".

**23**    Trotz der Bedeutung, die die Feststellung der Beweismittel für § 245 und für die unter Umständen sofort notwendige Entscheidung über die Durchführung der Hauptverhandlung hat, erscheint es fraglich, ob sie ein **wesentlicher Teil der Hauptverhandlung** im Sinne des § 338 Nr. 5 ist, so daß jede Abwesenheit einer der dort benannten Personen die Revision begründet[43].

**24**    Der Vorsitzende kann die Präsenzfeststellung benutzen, die Zeugen und Sachverständigen gemäß §§ 57, 72 zu **belehren** und zu **ermahnen**[44].

**25**    **3. Wartepflicht des Gerichts.** Bleiben Personen aus, deren Anwesenheit für die Durchführung der Hauptverhandlung notwendig ist, so muß das Gericht je nach den Umständen des Einzelfalls eine bestimmte Zeit warten, bevor es das Ausbleiben zum Gegenstand einer endgültigen Entscheidung über das Verfahren (Vertagung, Verwerfung des Einspruchs nach § 412) macht. Dies folgt aus der Verpflichtung, das Verfahren „fair" zu gestalten und das rechtliche Gehör in angemessener Weise zu gewähren[45]; es gilt im besonderen Maße, wenn ihm die Gründe einer kurzfristigen Verspätung mitgeteilt werden[46].

**26**    **4. Die Namen der Richter,** die an der Hauptverhandlung mitwirken, müssen zwar im Protokoll vermerkt werden (§ 272 Nr. 2). Soweit dies nicht durch § 222 a Abs. 1 geboten ist, brauchen sie jedoch zu Beginn der Hauptverhandlung nicht förmlich bekanntgegeben zu werden. Die bei der Hauptverhandlung mitwirkenden Gerichtspersonen sind auf Verlangen nach § 24 Abs. 3 Satz 2, § 31 namhaft zu machen. Die Einzelheiten sind dort erläutert[47].

**5. Entfernung der Zeugen aus dem Sitzungssaal (Absatz 2 Satz 1)**

**27**    a) **Zweck.** Absatz 2 Satz 1 entspricht dem früheren Absatz 4. Um die Unbefangenheit der Zeugen nicht durch die Vorgänge in der Hauptverhandlung zu beeinflussen, haben diese nach der Präsenzfeststellung den Sitzungssaal zu verlassen. Sie dürfen bis zu ihrer Vernehmung der Hauptverhandlung nicht beiwohnen (vgl. auch § 58 Abs. 1). Es handelt sich um eine **Ordnungsvorschrift**, die, wenn nicht beachtet, die Vernehmung

---

[42] *Dallinger* MDR **1966** 966 verneint im Gegensatz zu der dort mitgeteilten Entscheidung des BGH, daß die Feststellung der präsenten Beweismittel eine wesentliche Förmlichkeit ist (Ordnungsvorschrift); ebenso *Eb. Schmidt* Nachtr. I 4; KK-*Treier* 13; *Kleinknecht/Meyer* 3; anders KMR-*Paulus* 5: wesentliche Förmlichkeit ist nicht das erkannte oder erkennbare Erscheinen des Zeugen, sondern die ausdrückliche oder schlüssige Feststellung der Anwesenheit durch den Vorsitzenden.

[43] RGSt **58** 180 hat das verneint; vgl. bei § 338 Nr. 5.

[44] Vgl. dazu *Tröndle* DRiZ **1970** 215; *Kleinknecht/Meyer* 4; die Einzelheiten sind bei § 57 erläutert.

[45] Vgl. Vor § 226, 15 ff; *Plötz* 96, 250 ff.

[46] KK-*Treier* 16; KMR-*Paulus* 5. Zur Wartepflicht bei Ausbleiben des Verteidigers vgl. § 228, 22; ferner beim Angeklagten § 232, 14 und bei §§ 329 und 412 und die dort angeführte umfangreiche Rechtsprechung.

[47] Vgl. etwa *Salger* DRiZ **1971** 51; *Traumann* DRiZ **1971** 241; ferner § 24, 43 ff.

des Zeugen nicht hindert[48]. Der Antrag auf Vernehmung eines Zeugen darf nicht deshalb abgelehnt werden, weil der Zeuge bei Verlesung des Eröffnungsbeschlusses oder bei der Vernehmung des Angeklagten oder eines anderen Zeugen anwesend gewesen ist[49]. Dasselbe gilt für Zeugen, die schon vernommen worden sind, aber noch über eine andere Tatsache gehört werden sollen[50], und für Zeugen, die vom Recht der Zeugnisverweigerung Gebrauch gemacht haben, aber nachträglich auf dieses Recht verzichten[51].

**b) Ausnahmen.** Die Pflicht, der Hauptverhandlung bis zur eigenen Vernehmung **28** fernzubleiben, gilt nicht, wenn der Zeuge zugleich noch eine andere Funktion im Prozeß hat, deren Wahrnehmung die ununterbrochene Teilnahme an der Hauptverhandlung erfordert, sofern deren Bedeutung überwiegt. Der **Nebenkläger** darf, auch wenn er als Zeuge in Betracht kommt, der Hauptverhandlung von Anfang an beiwohnen[52]. Gleiches gilt für den Sitzungsstaatsanwalt[53]. Für den **Pflicht- und Wahlverteidiger** wird dies von der vorherrschenden Meinung verneint; es erscheint aber fraglich, ob die Funktion, als Organ der Rechtspflege die Belange des Angeklagten wahrzunehmen, nicht doch der Ordnungsvorschrift der §§ 58, 243 Abs. 2 Satz 1 vorgeht[54]. Auch dem **Einziehungsbeteiligten** wird, soweit er Zeuge sein kann, die Anwesenheit zu gestatten sein, da er die Befugnisse des Angeklagten und damit ein Recht auf Anwesenheit an der Hauptverhandlung hat. Etwas anderes wird allerdings für die Teile der Hauptverhandlung gelten, die seine Belange überhaupt nicht berühren. Hier steht er einem gewöhnlichen Zeugen gleich. Der als Beistand eines Zeugen erschienene Rechtsanwalt hat dagegen kein Anwesenheitsrecht, solange der von ihm unterstützte Zeuge den Sitzungssaal verlassen muß[55].

Der **gesetzliche Vertreter** des jugendlichen oder wegen Trunksucht oder Ver- **29** schwendung entmündigten Angeklagten oder ein Erziehungsberechtigter darf nach der herrschenden Meinung bis zur Vernehmung als Zeuge an der Verhandlung nicht teilnehmen[56], desgleichen der **Beistand**[57]. Für den **Sachverständigen** gilt § 243 Abs. 2 Satz 1 nicht. Wieweit dessen Anwesenheit notwendig ist, entscheidet der Vorsitzende[58]. Beim **sachverständigen Zeugen** gelten an sich die Bestimmungen für Zeugen (§ 58). Es steht

---

[48] *Eb. Schmidt* Nachtr. I 17; KK-*Treier* 17; für die frühere Fassung RGRspr. 3 685; RGSt 1 366, 409; 2 54; 54 298; RG LZ **1917** 127; BayObLGSt **1951** 49; vgl. § 58. Entgegen der früher herrschenden Meinung enthält die Bezeichnung als Ordnungsvorschrift nicht unbedingt auch eine Aussage über die Revisibilität; vgl. § 337.

[49] RGSt 1 366; KG VRS **38** 56; KK-*Treier* 17; vgl. bei § 58.

[50] RG GA **34** (1886) 386; BGH bei *Dallinger* MDR **1955** 396; vgl. bei § 58.

[51] RGSt 2 53; vgl. bei § 58.

[52] BGH bei *Dallinger* MDR **1952** 532; BGH VRS **48** 18; RGSt 2 388; **25** 177; **59** 354; RG JW **1891** 55; **1931** 2505; **1932** 964; OLG Hamm JMBlNW **1955** 179; GA **1962** 87; vgl. bei § 397; ferner *Amelunxen* Nebenkläger 53; *Gollwitzer* FS Schäfer 78.

[53] *Kleinknecht/Meyer* 4; *Dose* NJW **1978** 350; vgl. Vor § 48 und § 226,7.

[54] *Kleinknecht/Meyer* 4; die wohl vorherrschende Meinung nimmt demgegenüber mit RGSt **55** 219; **59** 353 an, daß auch der Wahlverteidiger verpflichtet ist, den Sitzungssaal zu verlassen, daß der Vorsitzende aber davon absehen kann (*Eb. Schmidt* 36 und Nachtr. I 17; KK-*Treier* 18; KMR-*Paulus* 8).

[55] *Kleinknecht/Meyer* 4; KMR-*Paulus* 8; *Wulf* DRiZ **1981** 375; vgl. aber *Hammerstein* NStZ **1981** 127; ferner Vor § 48 und Vor § 226,43.

[56] RGSt **59** 353; KG DRiZ **1929** Nr. 1150; *Eb. Schmidt* 36; *Kleinknecht/Meyer* 4; KMR-*Paulus* 8.

[57] *Kleinknecht/Meyer* 4.

[58] BGH nach KK-*Treier* 19; *Kleinknecht/Meyer* 4; KMR-*Paulus* 9.

Walter Gollwitzer

aber im pflichtgemäßen Ermessen des Vorsitzenden, ob er die Anwesenheit gestatten will[59].

**30**     Der Vorsitzende darf von Absatz 2 Satz 1 im Einzelfall **abweichen**[60]. Gestattet er einem Zeugen entgegen Absatz 2 Satz 1, § 58 die Anwesenheit in der Hauptverhandlung, so kann darauf bei Würdigung des Normzwecks und der Auswirkung eines Verstoßes auf die Rechtsstellung des Angeklagten in der Regel die Revision nicht gestützt werden.

**31**     c) Der **Vorsitzende** hat die Zeugen in angemessener Weise zum Abtreten aufzufordern, wobei er zweckmäßigerweise auch darauf hinweist, wo sie bis zu ihrem Aufruf warten können (Zeugenzimmer). Er kann das Abtreten der Zeugen durch **Maßnahmen der Sitzungspolizei** (§ 176 GVG) notfalls erzwingen. Es ist auch dem Ermessen des Vorsitzenden überlassen, ob er etwas dagegen unternehmen will, daß die Zeugen die abzugebende Aussage untereinander oder mit Dritten besprechen oder daß sie sich von einem Zuhörer über das Ergebnis der Hauptverhandlung unterrichten lassen. Er kann einem Zuhörer das Mitschreiben verbieten, wenn begründete Anhaltspunkte dafür bestehen, daß er einen Zeugen informieren will[61]. Er kann einen Zuhörer aus dem Sitzungssaal verweisen, wenn ein Prozeßbeteiligter erklärt, er werde ihn als Zeugen benennen[62]. Verpflichtet ist er dazu nicht[63].

**32**     d) **Vernommene Zeugen** können der Beweisaufnahme beiwohnen. Der Vorsitzende kann sie jedoch nach pflichtgemäßem Ermessen[64] davon ausschließen, wenn zu befürchten ist, ein noch nicht vernommener Zeuge werde in ihrer Gegenwart nicht oder nicht wahrheitsgemäß aussagen. Der Grundgedanke des § 247 gilt hier entsprechend[65].

### III. Vernehmung des Angeklagten über seine persönlichen Verhältnisse (Absatz 2 Satz 2)

**33**     1. **Wesentlicher Teil der Hauptverhandlung.** Die Vernehmung des Angeklagten über seine persönlichen Verhältnisse muß der Verlesung der Anklage vorausgehen (Rdn. 2). Sie ist ein wesentlicher Teil der Hauptverhandlung. Bei notwendiger Verteidigung erfordert sie die Anwesenheit des Verteidigers[66]. Die aus ihr gewonnenen Erkenntnisse gehören zum Inbegriff der Hauptverhandlung (§ 261), sind also für die Urteilsfindung verwertbar.

**34**     2. **Zweck und Gegenstand.** Die Vernehmung des Angeklagten über seine persönlichen Verhältnisse dient, das ist unstreitig, zunächst der Überprüfung seiner **Identität**. Das Gericht muß feststellen, ob der erschienene Angeklagte mit der in der Anklage und im Eröffnungsbeschluß bezeichneten Person identisch ist. Zu diesem Zweck kann es vom Angeklagten verlangen, daß er diejenigen Angaben über seine Personalien macht, die er auch sonst gegenüber einer zuständigen Behörde oder einem zuständigen Amts-

---

[59] *Kleinknecht/Meyer* 4; RGRspr. **3** 496; RGSt 22 434; RG GA **47** (1900) 156; LZ **1915** 899; **1917** 127; enger KMR-*Paulus* 9 (nur, wenn er voraussichtlich als Sachverständiger gehört wird).

[60] RGSt 54 297; KK-*Treier* 18.

[61] BGH bei *Dallinger* MDR **1955** 396; bei *Holtz* MDR **1982** 812; *Koeniger* 213; vgl. § 238, 12.

[62] BGHSt **3** 388; BGH bei *Holtz* MDR **1983** 92.

[63] KK-*Treier* 20; *Dose* NJW **1978** 350 (pflichtgemäßes Ermessen).

[64] Vgl. RGSt 48 211.

[65] BGH bei *Dallinger* MDR **1955** 396; KK-*Treier* 20; *Koeniger* 310.

[66] RGSt **53** 170; RG HRR **1939** Nr. 1217; BGHSt **9** 244; BGH StrVert. **1983** 323.

träger abgeben müßte, also die Angabe seiner Vor-, Familien- oder Geburtsnamen[67], des Tages und des Ortes seiner Geburt, seines Familienstands, seines Wohnorts und seiner Staatsangehörigkeit (vgl. § 111 OWiG), nicht aber des für die Identitätsfeststellung meist entbehrlichen Berufs[68]. Auch **zusätzliche Fragen** über persönliche Verhältnisse, die der Feststellung der Identität dienen, fallen hierunter[69].

In der **Person des Angeklagten** begründete **Verfahrenshindernisse** sind bereits in **35** diesem Verfahrensabschnitt zu erforschen, also etwa die Frage seiner Verhandlungsfähigkeit oder das Vorliegen einer gegen ihn gerichteten Anklage. Zu prüfen ist ferner, ob er in der Lage ist, sich selbst gegen die zugelassene Anklage zu verteidigen (vgl. § 141 Abs. 2)[69].

Die **Verweigerung** der oben (Rdn. 34) bezeichneten Angaben wird durch das Aus- **36** sageverweigerungsrecht des Angeklagten nach der vorherrschenden Meinung nicht gedeckt. Sind diese Angaben allerdings ausnahmsweise auch für die Prüfung der Schuldfrage relevant, etwa als Indiz für die Täterschaft des Angeklagten, dann erfaßt das Schweigerecht des Angeklagten auch sie, soweit sie dann zugleich Angaben zur Sache sind[70].

Die Vernehmung über die persönlichen Verhältnisse ist nach den ursprünglichen **37** Vorstellungen des Gesetzgebers[71] **mehr als die bloße Identitätsfeststellung.** Sie rückt schon am Eingang des Verfahrens den Angeklagten als Menschen in seiner schicksalsgebundenen Individualität in den Mittelpunkt des Verfahrens, so wie es seiner Stellung als Prozeßsubjekt und dem Gebot zur Wahrung der Menschenwürde (Art. 1 Abs. 1 GG) entspricht. Hierdurch soll vermieden werden, daß sich im Drang der Termine die Verhandlung ausschließlich auf die Feststellung der Straftat als solcher verengt, so daß sich der Angeklagte nicht als Mensch, sondern nur noch als Fall behandelt fühlt[72]. Die Erörterung des Lebensgangs des Angeklagten vor der Behandlung seiner Tat ist mitunter auch geeignet, psychologische Hemmnisse beim Angeklagten abzubauen und sein Vertrauen zum Gericht zu fördern[73].

Die **persönlichen Verhältnisse** im Sinne des Absatzes 2 Satz 2 umfassen an sich **38** nach Sprachgebrauch, Entstehungsgeschichte[74] und nach bisherigem Rechtsverständnis alle Umstände, die ein umfassendes Bild von der Person des Angeklagten vermitteln, wie seinen Werdegang, seine berufliche Tätigkeit, seine Familienverhältnisse und auch seine wirtschaftliche Lage[75].

---

[67] Vgl. OLG Hamm VRS **60** 199: Bekanntwerden der Änderung des Familiennamens in Hauptverhandlung erfordert keine Abgabe.

[68] Vgl. BayObLGSt **1979** 16; 193; BayObLGSt **1980** 79 = NJW **1981** 1385; ferner § 136, 11.

[69] KK-*Treier* 21; *Kleinknecht/Meyer* 6; KMR-*Paulus* 14 (Feststellung der prozessualen Identität); *Roxin* § 25 III 1 b.

[70] BGHSt **25** 13; BayObLGSt **1980** 78 = NJW **1981** 1385; BayObLG MDR **1984** 236; OLG Düsseldorf NJW **1970** 1888; OLG Hamburg VRS **51** 44; OLG Stuttgart NJW **1975** 703; *Bruns* FS Schmidt-Leichner 15; *Müller-Dietz* ZStW **93** (1981) 1125; wegen der Einzelheiten, auch zur Ahndbarkeit nach § 111 OWiG vgl. § 136, 12 f, ferner bei Rdn. 41.

[71] Insoweit liegt in § 243 Abs. 2 auch eine Tendenz, die den Überlegungen gegenläufig ist, aus denen die Teilung der Hauptverhandlung durch ein Schuld- oder Tatinterlokur gefordert wird, damit zunächst ohne Ansehen der Person geprüft werden kann, ob die angeklagte Tat als solche erwiesen ist. Welche Gesichtspunkte den Vorzug verdienen, hat der Gesetzgeber zu entscheiden.

[72] *Dencker* MDR **1975** 365.

[73] *Tröndle* DRiZ **1970** 216; vgl. aber auch *Dahs* Hdb. 441; 399.

[74] *Hahn* Mat **1** 140; *Rieß* JA **1980** 299; vgl. Fußn. 72.

[75] BGH bei *Dallinger* MDR **1975** 318; BayObLGSt **1971** 44 = MDR **1971** 775; KK-*Treier* 22; *Eb. Schmidt* Nachtr. I 18; *Gössel* § 23 A I; BGHSt **25** 328 läßt dies offen.

Walter Gollwitzer

**39**    Diese Umstände sind allerdings nach heutiger Auffassung für die Bestimmung und Bemessung der wegen der Tat zu verhängenden Rechtsfolgen, vor allem aber für die Bemessung der Strafe, von Bedeutung (§§ 46 ff StGB). Der wohl überwiegende **Teil des Schrifttums** fordert deshalb, daß die über die bloße Identitätsfeststellung hinausgehende Erörterung der persönlichen Verhältnisse des Angeklagten erst im Rahmen seiner Anhörung zur Sache erfolgen dürfe[76].

**40**    Dem ist insoweit zuzustimmen, als bei der Bedeutung, die Absatz 4 erlangt hat, die Einvernahme des Angeklagten über die für die Urteilsfindung **relevanten Einzelheiten** seines Lebenslaufs, vor allem über seine persönlichen und seine wirtschaftlichen Verhältnisse erst nach der Belehrung über sein Schweigerecht und der dadurch gesicherten Verwertbarkeit (Rdn. 43) und damit erst bei seiner Einvernahme zur Sache durchzuführen ist[77].

**41**    Einzelheiten, die zwar zu den persönlichen Verhältnissen rechnen, die aber **zugleich** auch zu der **Erörterung der Sache** gehören, weil sie für die Schuldfrage unmittelbar relevant sind, etwa weil sie (bei einer Beurteilung ex ante) indizielle Bedeutung erlangen können, müssen bei der Erörterung der persönlichen Verhältnisse grundsätzlich ausgespart werden. Wegen ihrer unmittelbaren Sachbezogenheit hat hier die gleichfalls gegebene Zuordnung zu dem späteren Verfahrensabschnitt (Absatz 4) den Vorrang.

**42**    Gleiches gilt für die Einzelheiten, die für die **Zumessung der Strafe** oder für die Festsetzung sonstiger Rechtsfolgen bedeutsam sein können[78]. Die Erörterung der Vorstrafen hat der Gesetzgeber in Absatz 4 Satz 2, 3 ausdrücklich geregelt (vgl. Rdn. 91 ff).

**43**    Das Recht des Angeklagten, sich nicht selbst belasten zu müssen und deshalb die **Aussage zu verweigern**, erstreckt sich auf alle Angaben, die für die Urteilsfindung in der Sache bedeutsam sein können (vgl. Rdn. 36). Macht er bei seiner Einvernahme zur Person solche Angaben, so dürfen diese bei der Urteilsfindung nicht gegen ihn verwertet werden, wenn er nach der Belehrung nach Absatz 4 Satz 1 erklärt, er wolle sich nicht zur Sache äußern[79]. Etwas anderes gilt nur dann, wenn eindeutig klargestellt ist, daß der Angeklagte insoweit von seinem Schweigerecht keinen Gebrauch machen will[80].

**44**    **3. Ermessen des Gerichts.** Absatz 2 Satz 2 hindert das Gericht nicht, die nähere Erörterung des Lebenslaufes und der Verhältnisse des Angeklagten auch bei seiner Einvernahme zur Sache zurückzustellen und die Verhandlung nach den Grundsätzen des informellen Schuldinterlokuts (Rdn. 9) zu gestalten. Das Gericht muß aber — ganz gleich, wann dies geschieht — dafür sorgen, daß die Persönlichkeit des Angeklagten in einem der Bedeutung der Straftat und der Aufklärungspflicht angemessenen Umfang in der Hauptverhandlung erörtert wird.

**45**    Das **Ausmaß**, in dem die persönlichen Verhältnisse des Angeklagten in der Hauptverhandlung zur Sprache kommen müssen, sowie auf welche Gesichtspunkte dabei be-

---

[76] *Kleinknecht/Meyer* 7; *Blau* ZStW **81** (1969) 35; *Dencker* MDR **1975** 365; *Fezer* JuS **1978** 107; *Kleinknecht* FS Heinitz 658; *Peters* § 60 III b; *Rieß* JA **1980** 293; *Roxin* § 25 III 1 b; *Seelmann* JuS **1976** 160. KK-*Treier* 22 sieht darin die allein für die Praxis brauchbare Lösung. Vgl. § 136, 10.

[77] Ähnlich KMR-*Paulus* 13 (konkret-funktionale Abgrenzung mit Blick auf Vernehmungszweck im Einzelfall); vgl. ferner *Dahs* Hdb. 441; *Schlüchter* 462 (weite Auslegung

des Absatzes 2 Satz 2 verträgt sich nicht mit Belehrungspflicht).

[78] Vgl. KMR-*Paulus* 18; darauf, ob sie bestimmend (§ 267 Abs. 3 Satz 1) sind, kann in diesem Verfahrensabschnitt nicht abgestellt werden (anders LR[23], 42).

[79] BayObLGSt **1983** 153 = MDR **1984** 236; OLG Hamburg VRS **51** 44; OLG Stuttgart NJW **1975** 703.

[80] KMR-*Paulus* 18.

sonderes Gewicht zu legen ist, hängt von Art und Schwere der Straftaten ab. Danach richtet sich auch, ob und in welchem Umfang das Gericht bei einer den **Verhältnismäßigkeitsgrundsatz** beachtenden Interessenabwägung Vorgänge aus dem Intimbereich des Angeklagten zur Sprache bringen darf und wieweit es auf eine Erörterung von den Angeklagten bloßstellenden Umständen verzichten muß. Der Eingriff in den grundrechtlich geschützten privaten Lebensbereich des Angeklagten ist nur zulässig, soweit dabei der Grundsatz der Verhältnismäßigkeit beachtet wird. Umfang und Schwere dieses Eingriffs müssen daher abgewogen werden gegenüber dem Gewicht des gegen den Angeklagten erhobenen Vorwurfs und gegenüber der Bedeutung der zu erörternden Vorgänge für die Aufklärung der Tat und für die zutreffende Beurteilung der Person des Angeklagten. Alle unnötig bloßstellenden Fragen sind zu vermeiden. Fragen nach der **Religionszugehörigkeit** sind nur zulässig, soweit dies für die Beurteilung eines Tatbestandsmerkmals von Bedeutung ist (Art. 140 GG, Art. 136 Abs. 3 WV). Gleiches gilt für sonstige Fragen, die als diskriminierend gedeutet werden könnten, wie etwa Fragen nach Abstammung oder Rasse (vgl. Art. 3 Abs. 3 GG)[81].

Es ist zulässig und kann zur Vermeidung einer unter Umständen unnötigen Bloß- **46** stellung des Angeklagten im Einzelfall auch angebracht sein, wenn **belastende Einzelheiten zurückgestellt werden**, bis auf Grund der Hauptverhandlung beurteilt werden kann, ob es überhaupt notwendig ist, auf sie einzugehen.

**4. Sonstiges.** Verweigert der Angeklagte die zur Feststellung seiner Identität erfor- **47** derlichen Angaben, können sie im Wege des Freibeweises an Hand der Akten festgestellt werden[82]. Für die Sachentscheidung erhebliche Umstände unterliegen dem Strengbeweis[83]. Sind sie zweifelhaft, kann darüber bei der Vernehmung des Angeklagten zur Person **kein Beweis** erhoben werden. Der Vorsitzende muß auch jeden Anschein vermeiden, als ob die Erwähnung nachteiliger Umstände schon deren Feststellung bedeute. Dies hat er wegen der Laienbeisitzer notfalls klarzustellen[84].

Hat das Revisionsgericht das Urteil im Strafausspruch aufgehoben, so muß der **48** Angeklagte in der **neuen tatrichterlichen Verhandlung** erneut zu seinen persönlichen Verhältnissen gehört werden[85]. Diese werden in der Regel zugleich auch unter dem Gesichtspunkt der Anhörung zur Sache Bedeutung erlangen; sie sind insoweit erst bei der Anhörung des Angeklagten zur Sache zu erörtern[86].

Zu den Rechtsfolgen einer **Verurteilung unter falschem Namen** vgl. Einl. Kap. **49** 12; § 230, 11.

## IV. Verlesung des Anklagesatzes (Absatz 3 Satz 1)

**1. Bedeutung.** Die Verlesung des Anklagesatzes durch den Staatsanwalt in der **50** vom Gericht zugelassenen Form ist ein unerläßliches Verfahrenserfordernis. Sie tritt an die Stelle der früheren Verlesung des Eröffnungsbeschlusses durch den Vorsitzenden oder ein Mitglied des Gerichts. Der Verhandlungs- und Urteilsgegenstand wird damit allen Verfahrensbeteiligten, insbesondere auch denjenigen Richtern, die die Akten nicht kennen, sowie der Öffentlichkeit, kundgetan[87]. Dem Angeklagten wird nochmals vor

[81] KMR-*Paulus* 17; vgl. RiStBV Nr. 13 Abs. 5.
[82] *Kleinknecht/Meyer* 7; KMR-*Paulus* 17.
[83] KMR-*Paulus* 18.
[84] *Eb. Schmidt* Nachtr. 18.
[85] OLG Hamburg HESt 1 168; *Eb. Schmidt* 19.
[86] BayObLGSt 1971 44 = MDR 1971 775.
[87] KK-*Treier* 25; KMR-*Paulus* 43; vgl. BGHSt 8 283; OGHSt 3 71 (für Eröffnungsbeschluß).

Walter Gollwitzer

Augen geführt, was ihm rechtlich und tatsächlich zur Last gelegt wird und wogegen er sich zu verteidigen hat[88]. Dieser Zweck kann nur erreicht werden, wenn der Anklagesatz vor der Vernehmung des Angeklagten zur Sache und vor der Beweisaufnahme verlesen wird. Ein Abweichen von dieser Reihenfolge ist deshalb ausgeschlossen.

**51**      Zu verlesen ist der **Anklagesatz** (§ 200 Abs. 1 Satz 1), nicht aber der sonstige Inhalt der Anklageschrift, vor allem nicht das wesentliche Ergebnis der Ermittlungen, die Angaben über die Untersuchungshaft des Angeklagten oder die Sicherstellung des Führerscheins und dergleichen[89]. Weggelassen werden können auch die bereits nach Absatz 2 Satz 2 festgestellten Angaben zur Person des Angeklagten[90]. Die Verlesung des Eröffnungsbeschlusses ist nicht notwendig, sie ist aber auch nicht verboten[91]. Zu den Sonderfällen vgl. Rdn. 59 ff.

**52**      **2. Geänderte Anklage.** Für den Fall, daß das Gericht — dessen Eröffnungsbeschluß nach wie vor für den Gegenstand des Verfahrens maßgebend ist — die Anklage nur mit Änderungen zugelassen hat, bestimmt Absatz 3:

**53**      Hat die Staatsanwaltschaft gemäß § 207 Abs. 3 eine **neue Anklageschrift** eingereicht, so ist der Anklagesatz aus dieser zu verlesen (Abs. 3 Satz 2). Hat das Gericht die Anklage mit einer **abweichenden rechtlichen Würdigung** zugelassen (§ 207 Abs. 2 Nr. 3), so trägt — da eine wörtliche Verlesung ausscheidet — der Staatsanwalt den Anklagesatz unter Zugrundelegung der Rechtsansicht des Gerichts mündlich vor. Hierbei muß er sich bemühen, den Vortrag so klar zu fassen, daß hinsichtlich des erhobenen Vorwurfs keine Zweifel entstehen können. Dies kann unter Umständen dann schwierig sein, wenn sich mit der rechtlichen Würdigung auch die im Anklagesatz anzuführenden Tatsachen ändern, da nunmehr auf andere Tatbestandsmerkmale abzustellen ist. Um Unklarheiten zu vermeiden, kann es sich daher empfehlen, daß der Staatsanwalt bei komplizierteren Fällen auch hier den von ihm vorzutragenden Anklagesatz schriftlich niederlegt und verliest.

**54**      Der Staatsanwalt ist berechtigt, anschließend seine **abweichende Rechtsansicht** vorzutragen. Hierzu ist es weder notwendig noch zweckmäßig (Gefahr der Verwirrung der Prozeßbeteiligten!) lange Rechtsausführungen zu machen. Es genügt, wenn er seine andere Rechtsansicht im Ergebnis darlegt, denn sein Vortrag hat nur den Zweck, die tatsächliche und rechtliche Spannweite des Verfahrens zu umreißen[92]. Im Zusammenhang mit seinem Vortrag sollte er die erforderlichen Hinweise nach § 265 anregen.

**55**      Hat das Gericht einzelne Gesetzesverletzungen nach § 154a ausgeschieden oder wieder einbezogen (§ 207 Abs. 2 Nr. 4), so hat der Staatsanwalt bei der Verlesung des Anklagesatzes diese Änderungen zu berücksichtigen (Absatz 3 Satz 4). Er hat also entweder im Anklagesatz den ausgeschiedenen rechtlichen Gesichtspunkt und die sich allein darauf beziehenden Tatsachen fortzulassen oder er hat den Anklagesatz in rechtlicher und unter Umständen — wenn ein Tatbestandsmerkmal fehlt — auch in tatsächlicher Hinsicht zu ergänzen[93].

---

[88] BGH MDR **1982** 338; vgl. *Rüping* ZStW **91** (1979) 338: Unterrichtung nach Art. 6 Abs. 3 Buchst. a MRK; Art. 14 Abs. 3 Buchst. a IPBR.

[89] KK-*Treier* 24; *Kleinknecht/Meyer* 8; KMR-*Paulus* 45.

[90] *Kleinknecht/Meyer* 8; KMR-*Paulus* 45.

[91] BGH nach KK-*Treier* 35; *Kleinknecht/Meyer* 8; KMR-*Paulus* 44.

[92] KK-*Treier* 28; *Kleinknecht/Meyer* 10.

[93] KK-*Treier* 29; *Kleinknecht/Meyer* 11.

**3. Zusätzliche Erläuterung des Eröffnungsbeschlusses.** Ergeben sich beim Vortrag **56** oder Vorlesen des Anklagesatzes Unklarheiten, so ist der Staatsanwalt befugt, zur Klarstellung weitere Erklärungen abzugeben. Dies folgt aus der ihm durch § 243 Abs. 3 übertragenen Aufgabe, die Anklage, so wie sie dem Verfahren zugrunde liegt, allen Verfahrensbeteiligten verständlich herauszustellen und dazu auch seine eigene Rechtsauffassung vorzutragen. Es ist daher unerheblich, daß der früher zur Begründung dieser Befugnis mit herangezogene § 257 a entfallen ist[94].

Auch der **Vorsitzende** ist nach Verlesen eines unklaren Anklagesatzes berechtigt **57** und unter Umständen auch verpflichtet, die zur Klarstellung erforderlichen Erklärungen abzugeben[95]. Er darf den Gegenstand des Verfahrens dabei aber nicht verändern, insbesondere nicht einschränken[96]. Der Verfahrensgegenstand wird weiterhin durch den Eröffnungsbeschluß bestimmt. Es ist Sache des Gerichts und damit in erster Linie des Vorsitzenden, dafür zu sorgen, daß bei allen Prozeßbeteiligten Klarheit darüber besteht, in welchem tatsächlichen Umfang und bezüglich welcher rechtlichen Vorwürfe vor Gericht verhandelt wird[97].

**Mängel des Anklagesatzes,** die zugleich Mängel des Eröffnungsbeschlusses sind, **58** können dadurch behoben werden, daß die Unvollständigkeiten und Ungenauigkeiten in der Hauptverhandlung klargestellt werden[98]. Etwas anderes gilt nur, wenn die Mängel so schwerwiegend sind, daß sie den Eröffnungsbeschluß nichtig machen[99]. Die Ausführungen, durch die behebbare Mängel in der Hauptverhandlung geheilt werden, sind in der Sitzungsniederschrift zu beurkunden[100]. Eine solche Ergänzung berührt die Wirksamkeit der Eröffnung nicht, sie kann jedoch den Antrag rechtfertigen, die Hauptverhandlung auszusetzen oder zu unterbrechen, um die Verteidigung unter den neu mitgeteilten Gesichtspunkten vorbereiten zu können[101]. Liegen unbehebbare Mängel vor oder werden Unklarheiten, die die Identität der Tat offenlassen, nicht behoben, so ist das Verfahren wegen des Fehlens einer Verfahrensvoraussetzung einzustellen[102]. Wenn ein wirksamer Eröffnungsbeschluß vollständig fehlt[103], kann er noch nachträglich erlassen werden[104]. Auch die Bekanntgabe des nicht zugestellten Eröffnungsbeschlusses in der Hauptverhandlung ist möglich. Die Hauptverhandlung kann jedoch in solchen Fällen nur fortgesetzt werden, wenn der Angeklagte und sein Verteidiger auf die Einhaltung der Ladungsfrist nach §§ 217, 218 verzichten[105]. Ein Verzicht der Verfahrensbeteiligten auf Erlaß des Eröffnungsbeschlusses ist dagegen nicht möglich[106].

---

[94] KK-*Treier* 33; *Kleinknecht/Meyer* 9 (Befugnis aus § 257 Abs. 2 ableitbar); KMR-*Paulus* 47.

[95] BGH GA **1973** 111; KK-*Treier* 33; KMR-*Paulus* 47.

[96] BGH GA **1963** 189.

[97] Nach KMR-*Paulus* 47 ist nach Erörterung der Mängel eine nochmalige Verlesung in der verbesserten Fassung zulässig.

[98] BGH GA **1973** 111; BGH NStZ **1984** 133; BGH bei *Holtz* MDR **1980** 107. Vgl. § 207, 64, 72.

[99] Vgl. etwa BGH GA **1980** 468 (Anklage und Eröffnungsbeschluß unwirksam); BGH NStZ **1981** 447 mit Anm. *Rieß*; wegen der Mängel, die den Eröffnungsbeschluß unwirksam machen, vgl. § 207, 37 ff.

[100] BGH GA **1973** 111; **1980** 468; NStZ **1984** 133.

[101] BGH bei *Holtz* MDR **1978** 111; *v. Steuber* MDR **1978** 889; vgl. bei § 265 Abs. 4.

[102] BGH JR **1957** 384; GA **1980** 468; vgl. § 207, 65 ff.

[103] OLG Düsseldorf JMBlNW **1971** 58; OLG Stuttgart NJW **1962** 1834.

[104] BGHSt **29** 225 (auf Vorlage BayObLG VRS **56** 351 gegen OLG Düsseldorf MDR **1970** 783); OLG Köln MDR **1980** 688; weitere Nachweise vgl. § 207, 44 ff.

[105] OLG Karlsruhe MDR **1970** 438; vgl. § 207, 46; ferner §§ 217, 9; 218, 17.

[106] OLG Hamm JMBlNW **1977** 175; OLG Stuttgart Justiz **1978** 475; vgl. § 207, 41.

Walter Gollwitzer

**59**    **4. Sonderfälle.** Nach Einspruch gegen einen Strafbefehl liest der Staatsanwalt — und nicht der Richter — den Anklagesatz aus dem Strafbefehlsantrag vor[107]. Bei vorausgegangenem Bußgeldverfahren ist der Bußgeldbescheid ohne die Rechtsfolgen zu verlesen[107a], also die dort ausgesprochene Beschuldigung ohne die festgesetzten Rechtsfolgen. Im Sicherungsverfahren ist der zugelassene Antrag (§ 414), im objektiven Verfahren die Antragsschrift ohne das wesentliche Ermittlungsergebnis (§ 440) zu verlesen. Wegen der Anklageerhebung im beschleunigten Verfahren vgl. § 212 a, 5 f.

**60**    Hat das Gericht die Sache auf Grund eines **Verweisungsbeschlusses** nach § 270 zu behandeln, so tritt der Verweisungsbeschluß an die Stelle des Eröffnungsbeschlusses. Der Staatsanwalt hat dann den im Verweisungsbeschluß formulierten Anklagesatz zu verlesen[108]. Das gleiche gilt für das Verweisungsurteil nach § 328 Abs. 2 oder § 355. Fehlt in der verweisenden Entscheidung der Anklagesatz, weil er gegenüber der zugelassenen Anklageschrift unverändert geblieben ist[109], so ist der Anklagesatz aus der Anklageschrift zu verlesen. Der Verweisungsbeschluß muß jedoch ebenfalls verlesen werden, wenn er eine von der Anklage abweichende rechtliche Würdigung enthält[110]. Bei einem nach § 225 a abgegebenen Verfahren ist der Übernahmebeschluß und — soweit er noch fortgilt — auch der zugelassene Anklagesatz zu verlesen[111].

**61**    Bei **verbundenen Sachen** sind alle Anklagesätze zu verlesen[112], ist eine Sache im ersten Rechtszug mit einer Berufungssache verbunden, so tritt in der Berufungssache die Verlesung des Urteils erster Instanz und die Berichterstattung durch den Richter an die Stelle der Verlesung des Anklagesatzes durch den Staatsanwalt[113].

**62**    Wird die **Hauptverhandlung** der 1. Instanz **erneuert** — nach Aussetzung (§ 228), Zurückverweisung durch ein Rechtsmittelgericht (§§ 328 Abs. 2, 354 Abs. 2 und 3) oder im Wiederaufnahmeverfahren (§ 373 Abs. 1) —, trägt der Staatsanwalt den Anklagesatz neu vor, wobei die Einschränkung des Anklagesatzes durch eine eingetretene Teilrechtskraft oder Beschränkungen oder Erweiterungen des Verfahrensgegenstandes nach §§ 154 a Abs. 2 und 3, 328 Abs. 2 gemäß den in Abs. 3 Satz 4 aufgestellten Grundsätzen zu berücksichtigen sind. Ist die Sache nur im Strafausspruch an die erste Instanz zurückverwiesen worden, so ist statt des Anklagesatzes das zurückverweisende Urteil zu verlesen[114]. Nach *Kleinknecht/Meyer* 14 genügt ein die Verfahrenslage klarstellender Hinweis durch Staatsanwalt oder Vorsitzenden. In vielen Fällen ist allerdings unabhängig davon die zusätzliche Verlesung des vorhergegangenen Urteils oder des Wiederaufnahmebeschlusses aus Zweckmäßigkeitsgründen angezeigt, um die Verfahrensbeteiligten von der Verfahrenslage zu unterrichten.

**63**    **5. Protokoll.** Die Verlesung des Anklagesatzes bzw. sein Vortrag mit den sich aus dem Eröffnungsbeschluß ergebenden rechtlichen Änderungen sind **wesentliche Förmlichkeiten** des Verfahrens (§ 273), die durch die Sitzungsniederschrift bewiesen

---

[107] BayObLGSt **1961** 143; KK-*Treier* 24; *Kleinknecht/Meyer* 12; KMR-*Paulus* 45; *Gegenfurtner* DRiZ **1965** 335; **a. A** OLG Koblenz VRS **38** 56 (Strafbefehl); BayObLG VRS **65** 280 läßt dies offen wegen BGHSt **23** 280 (dort aber allenfalls ein obiter dictum).

[107a] BGHSt **23** 280; OLG Frankfurt NJW **1970** 160; OLG Köln NJW **1970** 962 (wenn kein Staatsanwalt teilnimmt, vom Vorsitzenden).

[108] KK-*Treier* 30; *Kleinknecht/Meyer* 13; KMR-*Paulus* 51.

[109] BGHSt **7** 27; vgl. § 225 a, 54 und bei § 270.

[110] BGH bei *Dallinger* MDR **1972** 387; KK-*Treier* 30; KMR-*Paulus* 51.

[111] KK-*Treier* 30; *Kleinknecht/Meyer* 13; vgl. § 225 a, 21 ff.

[112] RGSt **61** 405; vgl. § 237, 13 ff.

[113] KK-*Treier* 32; KMR-*Paulus* 49.

[114] KK-*Treier* 31; KMR-*Paulus* 50 (Verlesung des Urteils nicht vorgeschrieben, aber zweckmäßig).

werden[115]. Diese muß erkennen lassen, wenn der Staatsanwalt den Anklagesatz in der veränderten Form vorgetragen hat. Da eine dem §212a Abs. 2 Satz 2 entsprechende Vorschrift bei Absatz 3 fehlt, ist es nicht zwingend notwendig, den wesentlichen Inhalt des vorgetragenen Anklagesatzes in die Niederschrift aufzunehmen. Es kann auch in den Fällen des Absatzes 3 Satz 3 und 4 genügen, daß er aus Anklage und Eröffnungsbeschluß zu entnehmen ist. Ist dies aber nicht eindeutig möglich, oder wird sonst der Gegenstand der zugelassenen Anklage durch Änderungen und Ergänzungen in der Hauptverhandlung modifiziert oder konkretisiert, so muß der vorgetragene Inhalt aus der Sitzungsniederschrift selbst hervorgehen[116]. Bei Unklarheiten empfiehlt es sich, im Protokoll festzuhalten, was — gegebenenfalls welcher Wortlaut — verlesen bzw. vorgetragen worden ist, gegebenenfalls auch, welche Teile von der Verlesung ausgenommen wurden[117]. Dies kann auch dadurch geschehen, daß eine schriftliche Ausarbeitung des Staatsanwalts, die den von ihm verlesenen Wortlaut enthält, als Anlage zum Protokoll genommen wird.

**6. Erklärung des Verteidigers.** Nach der Verlesung des Anklagesatzes kann das **64** Gericht dem Verteidiger trotz Wegfall des §257a in geeigneten Fällen Gelegenheit geben, sich seinerseits zur Anklage zu äußern, um die Verteidigungsstrategie aufzuzeigen, was insbesondere bei Aufteilung einer größeren Hauptverhandlung in mehrere Abschnitte (Rdn. 4) angebracht sein kann. Ein Plädoyer darf er allerdings dabei nicht halten. Ob die Abgabe einer solchen Erklärung — eventuell in Verbindung mit Beweisanträgen — zweckmäßig ist, muß der Verteidiger je nach den Umständen des Einzelfalls entscheiden[118].

## V. Hinweis des Angeklagten auf sein Recht, sich zur Anklage zu äußern oder zu schweigen (Absatz 4 Satz 1)

**1. Allgemeines.** Der Angeklagte kann auf das primär seiner Verteidigung die- **65** nende Recht, seine Sache selbst dem Gericht darzustellen, verzichten. Es gehört zur Grundstruktur eines rechtsstaatlichen, auf Achtung der Menschenwürde und des Persönlichkeitsrechts ausgerichteten („fairen") Strafverfahrens, daß der Angeklagte nicht verpflichtet ist, sich selbst zu belasten[119]. Es steht ihm frei, ob er sich vor Gericht äußern oder ob er zur Anklage schweigen will. Diese aus der Stellung als Verfahrenssubjekt folgende Freiheit sichert der Hinweis nach Absatz 4 Satz 1 lediglich ab. Er soll im Interesse eines fairen Verfahrens der Möglichkeit vorbeugen, daß der Angeklagte nicht weiß, daß er über sein Prozeßverhalten frei entscheiden kann[120]. Er soll ferner die psychologischen Hemmungen verringern, die den Angeklagten hindern können, von seinem Recht Gebrauch zu machen[121].

Der Hinweis gehört nicht zur **Vernehmung zur Sache**, geht ihr vielmehr voraus, **66** wie der Wortlaut des Absatz 4 deutlich ergibt. Er wird nicht dadurch überflüssig, daß

---

[115] BGH GA **1973** 111; NStZ **1984** 521; BGH bei *Dallinger* MDR **1974** 368.
[116] BGH GA **1973** 111; **1980** 468; *Kohlhaas* JR **1966** 429.
[117] *Kleinknecht/Meyer* 9; KMR-*Paulus* 45.
[118] *Dahs* Hdb. 411; 425.
[119] BVerfGE **56** 43; ausdrücklich auch Art. 14 Abs. 3 Buchst. g IPBR. Dazu und zu den ver-

fassungsrechtlichen Grundlagen dieses Satzes *Rogall* 116, 124; ferner *Günther* GA **1978** 193; *Meyer* JR **1966** 310; *Puppe* GA **1978** 289; *Rüping* JR **1974** 135. Vgl. Einl. Kap. 9 III; Kap. **14** V mit weiteren Nachweisen.
[120] BGHSt **25** 325; vgl. § **136**, 21.
[121] *Hanack* JR **1975** 342; KMR-*Paulus* 20; *Schlüchter* 464.

Walter Gollwitzer

der Angeklagte bereits nach §§ 115 Abs. 3, 128 Abs. 1 Satz 2, 136 Abs. 1, 163 a Abs. 3 oder 4 oder in einer vorangegangenen Hauptverhandlung in der gleichen Sache über sein Einlassungsverweigerungsrecht belehrt worden ist. Er ist in der Berufungsverhandlung erneut zu erteilen[122].

**67**    2. Die **Wortfassung des Hinweises** steht dem Vorsitzenden frei. Er muß aber für den Angeklagten unmißverständlich zum Ausdruck bringen, daß er frei wählen könne, ob er sich zur Sache äußern oder schweigen wolle[123]. Eine Belehrung, welche diesen Sinn des Hinweises verfälschen oder verwischen würde, wäre fehlerhaft; ebenso die Verbindung des Hinweises mit einer rechtlich unrichtigen Belehrung über die Folgen, die das Schweigen haben kann. Der Vorsitzende kann dabei zwar auch auf die Zweischneidigkeit des Schweigens hinweisen, vor allem, wenn nach den Umständen entlastende Gesichtspunkte vorliegen können, die das Gericht ohne entsprechende Angaben des Angeklagten nur schwer erkennen kann[124]. Dies muß aber in einer Form geschehen, die klarstellt, daß das Gericht ihn nicht bei der Ausübung seines Wahlrechts bevormunden will.

**68**    Der Hinweis kann sämtlichen Angeklagten gleichzeitig erteilt werden; der Vorsitzende muß dann aber jeden einzelnen Angeklagten bei Beginn seiner Vernehmung zur Sache fragen, wie er sich entschieden habe. Soweit **Einziehungsbeteiligte** nach § 433 Abs. 1 oder die Vertreter juristischer Personen oder Personenvereinigungen nach § 444 Abs. 2 die Befugnisse des Angeklagten haben, sind auch sie zu belehren, ebenso die Beteiligten im Verfahren nach § 440 und § 441, nicht jedoch der gesetzliche Vertreter. Der Vorsitzende muß die Belehrung selbst erteilen, er darf dies nicht anderen Personen (Staatsanwalt, Sachverständigen usw.) übertragen[125].

**69**    Der Hinweis nach Absatz 4 Satz 1 ist eine **wesentliche Förmlichkeit**[126]; seine Erteilung, nicht aber sein Wortlaut ist in der Sitzungsniederschrift zu vermerken.

### 3. Verhalten des Angeklagten nach dem Hinweis

**70**    a) **Erklärt** sich der Angeklagte **bereit**, sich zur Sache zu äußern, so ist seine nach der Belehrung in der Hauptverhandlung gemachte Aussage für die Entscheidung verwertbar, ohne daß es darauf ankommt, ob eine frühere Äußerung hätte verwertet werden dürfen[127].

---

[122] BGHSt **25** 325; OLG Stuttgart NJW **1975** 704; *Dencker* MDR **1975** 361; *Hegmann* NJW **1975** 915; *Kleinknecht/Meyer* 17; KMR-*Paulus* 22.

[123] BGH NJW **1966** 1718; OLG Hamm JMBlNW **1966** 95; OLG Schleswig SchlHA **1969** 151.

[124] Dazu *Dahs* Hdb. 401, 443; *Kleinknecht* JZ **1965** 155; *Rieß* JA **1980** 296; *Schmidt-Leichner* NJW **1966** 189; *Seibert* MJW **1965** 1706; vgl. BayObLG bei *Rüth* DAR **1969** 237; ferner § 136, 24. Ob der Vorsitzende kraft seiner Fürsorgepflicht zu einer solchen Belehrung verpflichtet ist, ist strittig, verneinend KK-*Treier* 38; bejahend KMR-*Paulus* 20; vgl. *Plötz* 205 (Gericht kein Beratungsorgan).

[125] KMR-*Paulus* 22; § 136, 22.
[126] *Sarstedt/Hamm* 232.
[127] BGHSt **22** 135 = JZ **1968** 750 mit Anm. *Grünwald*. Entgegen dem BGH fordert eine im Schrifttum weit verbreitete Meinung, daß der Angeklagte, dessen frühere Einvernahme unverwertbar ist, hierüber zusätzlich belehrt werden muß, damit er sich nicht nur deshalb zur Aussage entschließt, weil er glaubt, sein Schweigen habe ohnehin keinen Sinn, vgl. *Fezer* JuS **1978** 107; *Gössel* § 23 B I b 3; *Grünwald* aaO; KMR-*Paulus* 27; *Roxin* § 24 D III e; *Schünemann* MDR **1969** 102. Vgl. § 136, 56.

**b) Weigert** sich der Angeklagte, auszusagen, so hindert das nicht, eine frühere **71** Einlassung in einer verfahrensrechtlich dafür vorgesehenen Form in die Hauptverhandlung einzuführen und bei der Entscheidung zu verwerten (etwa nach § 254 oder durch Einvernahme von Zeugen)[128]. Der Grundgedanke des § 252 ist hier nicht anwendbar. Dies gilt auch, wenn der Angeklagte bei einer unterbrochenen Hauptverhandlung zunächst ausgesagt hat und erst später schweigt[129]. Entschließt sich der Angeklagte erst während der Hauptverhandlung, sich nicht weiter zur Sache einzulassen, so sind seine abgegebenen Erklärungen weiter verwertbar[130]. Eine Ausnahme gilt nur für Aussagen, die unter Verletzung des § 136 a zustande gekommen sind (§ 136 a Abs. 3 Satz 2).

Eine **Gegenüberstellung** (§ 58 Abs. 2), sonstige Identifizierungsmaßnahmen (vgl. **72** § 81 b), Untersuchungen (§ 81 a) sowie Einnahme und Verwertung des Augenscheins seiner Person hat auch ein Angeklagter zu dulden, der die Einlassung verweigert[131].

Welche Bedeutung einer durch Verlesung der Sitzungsniederschrift oder durch **73** Zeugenaussagen in die Hauptverhandlung eingeführten Erklärung beizumessen ist, ist Sache der **Beweiswürdigung**[132]. Bei dieser darf das Gericht im übrigen das Schweigen des Angeklagten nicht zu seinem **Nachteil werten**. Die Einzelheiten sind bei § 261 und bei § 136, 26 ff erläutert.

**c)** Der Angeklagte ist an seine Erklärung **nicht gebunden**. Er kann sie während **74** der ganzen Hauptverhandlung ändern. Durch die Weigerung, sich zur Sache einzulassen, verliert er auch nicht die Rechte aus §§ 257, 258.

**d) Ein Recht auf Lüge,** also zur bewußt unrichtigen Sachdarstellung oder zur fal- **75** schen Bezichtigung anderer Personen, kann aus dem Schweigerecht nicht abgeleitet werden[133]. Die Strafprozeßordnung knüpft zwar an die Lüge keine besonderen Sanktionen; denn der Angeklagte soll nicht aus Furcht vor Nachteilen gezwungen werden, gegen sich selbst auszusagen. Sie schließt aber auch nicht aus, daß der Angeklagte wegen wahrheitswidriger Behauptungen anderweitig zivil- oder strafrechtlich belangt werden kann[134]. Geschieht dies, kann er sich nicht darauf berufen, daß er in Ausübung eines ihm zustehenden Verteidigungsrechts gehandelt habe.

**4. Ist der Hinweis versehentlich unterblieben** oder in einer unzulänglichen Form **76** gegeben worden, so muß das Gericht, sobald es den Fehler erkennt, die Belehrung nach-

[128] BGHSt **21** 285 = LM § 261 Nr. 52 mit Anm. *Martin*; BGH JZ **1966** 619; bei *Dallinger* MDR **1968** 202; **1971** 18; BayObLGSt **1967** 32 = JR **1967** 148; OLG Celle VRS **31** 205; OLG Hamm JMBlNW **1968** 154; OLG Celle VRS **39** 111; OLG Koblenz VRS **45** 365; OLG Hamm NJW **1974** 1880; *Arndt* NJW **1966** 870; *Günther* DRiZ **1971** 379; KK-*Treier* 42; *Stree* JZ **1966** 597; *Peters* § 39 III 5 b; a. A *Schmidt-Leichner* NJW **1966** 191.

[129] BGH bei *Dallinger* MDR **1968** 202.

[130] KMR-*Paulus* 30.

[131] KG NJW **1979** 1668; wegen der weiteren Nachweise vgl. § 58, §§ 81 a, 81 b und bei § 261 ferner § 136, 26.

[132] OLG Celle VRS **31** 205.

[133] Es ist heute weitgehend unstreitig, daß die allgemeine sittliche Pflicht zur Wahrheit

keine Entsprechung in einer gleichartigen strafprozessualen Pflicht findet; ob man darin eine lex imperfecta oder eine Indifferenz des Prozeßrechts sieht, ist ohne größere praktische Bedeutung; vgl. *Roxin* § 25 III 3. Ein Recht zur Lüge wird nur vereinzelt (*Kallmann* GA 54 [1907] 230; *Kohlhaas* NJW **1965** 2282) angenommen. Zum Streitstand vgl. *Puppe* GA **1978** 289; *Rieß* JA **1980** 296; KMR-*Paulus* 40; ferner etwa Binding DJZ **1909** 163; *Bruns* 601; *Engelhard* ZStW **58** (1939) 354; *Middendorf* SchlHA **1973** 2; *Peters* § 28 IV 2; *Ostendorf* NJW **1978** 1345; *Rogall* 52; *Rüping* JR **1974** 135; *Sachs* SJZ **1949** 103; *Eb. Schmidt* § 136, 10 ff; *Wessels* JuS **1966** 173 sowie bei § 136, 41 ff.

[134] BGHSt **18** 204; **31** 16; § 136, 41.

Walter Gollwitzer

holen. Erklärt sich der Angeklagte danach zur Aussage bereit, und verweist er dabei auf seine vorherige Aussage, so ist diese für die Urteilsfindung verwertbar[135]. Ob andernfalls der nicht auf diese Weise geheilte Verstoß in jedem Fall ein Verwertungsverbot für die Aussage begründet oder ob er nur nach Maßgabe seines Schutzzweckes der Revision zum Erfolg verhelfen kann, ist strittig[136]; vgl. dazu Rdn. 108; § 136, 54; ferner die Erläuterungen zu Einl. Kap. 14. Ist allerdings § 136 a verletzt, dann gilt das Verwertungsverbot des § 136 a Abs. 3 Satz 2.

## VI. Vernehmung des Angeklagten zur Sache (Absatz 4 Satz 2)

**77**    **1. Sinn der Regelung.** Der Angeklagte soll vor der Beweisaufnahme die Gelegenheit haben, seine Verteidigung zu führen, die ihn entlastenden Umstände darzutun und die ihn belastenden Umstände zu widerlegen, damit das Gericht bei der Beweisaufnahme sein Augenmerk auch auf die vom Angeklagten geltend gemachten Gesichtspunkte richten kann. Die durch § 243 Abs. 4 Satz 2 gewährleistete Möglichkeit, sich vorweg zu verteidigen, kann nicht dadurch ersetzt werden, daß der Angeklagte nach der Beweisaufnahme Gelegenheit zu weiteren Erklärungen erhält[137]. Die umfassende — nach Möglichkeit zusammenhängende — Stellungnahme des Angeklagten zur Sache hat deshalb der Beweisaufnahme vorauszugehen. Von dieser grundsätzlich zwingenden Reihenfolge darf im Einzelfall nur bei Vorliegen eines die Ausnahme rechtfertigenden Umstandes und nur mit Zustimmung des Angeklagten abgewichen werden (Rdn. 2). Es ist zulässig, in die Vernehmung des Angeklagten eine vereinzelte Beweisaufnahme einzuschalten, wenn dies zum besseren Verständnis der Einlassung des Angeklagten förderlich ist, etwa die Verlesung einer Urkunde oder die Inaugenscheinnahme einer Zeichnung usw.; die vorgezogene Beweisaufnahme ist jedoch stets auf das unerläßliche Mindestmaß zu beschränken, um den vorgeschriebenen Verfahrensgang nicht in sein Gegenteil zu verkehren. Die Ausnahme darf auch nicht dazu führen, daß das Recht des Angeklagten auf eine umfassende Stellungnahme verkürzt wird[138].

**78**    Wird ein Angeklagter zur Sache vernommen und belastet er dabei einen noch nicht zur Sache gehörten **Mitangeklagten**, so verstößt das nicht gegen diese Grundsätze, denn er ist kein Zeuge, seine Einvernahme keine Beweisaufnahme, auch wenn seine Äußerung bei der Urteilsfindung verwertet werden kann[139].

**79**    **2. Regelmäßiger Vorgang der Vernehmung.** Für die Vernehmung des Angeklagten zur Sache ist der § 136 Abs. 2 maßgebend. Der Vorsitzende muß also den Angeklag-

---

[135] KMR-*Paulus* 27; *Schlüchter* 464; zur Notwendigkeit eines zusätzlichen Hinweises auf die Unverwertbarkeit der früheren Aussage vgl. Rdn. 70, Fußn. 127.

[136] Ein Verwertungsverbot verneinen: BGHSt 22 179 (für § 136); BGHSt 25 325; BGH MDR 1966 600; OLG Hamm JMBlNW 1966 95; OLG Hamburg NJW 1966 1278; MDR 1967 516; OLG Oldenburg NJW 1969 806; OLG Zweibrücken VRS 31 280; *Meyer* JR 1966 310; *Jerusalem* NJW 1966 1279; *Rejewski* NJW 1967 1999; ferner KK-*Treier* 55; *Kleinknecht/Meyer* 32; KMR-*Paulus* 25 (differenzierend); ein Verwertungsverbot

bejahen insbes.: *Eb. Schmidt* NJW 1968 1209 ff; *Dencker* MDR 1975 361; *Grünwald* JZ 1968 752; *Hanack* JZ 1971 169; JR 1975 342; *Henkel* 174; *Rudolphi* MDR 1970 98; *Schlüchter* 464; *Schünemann* MDR 1969 101; Vgl. ferner *Bohnert* NStZ 1982 9 (gegen Abstellen auf Schutzzweck). Vgl. zum Streitstand § 136, 53 ff.

[137] BGHSt 13 360; BGH NJW 1957 1227; vgl. BayObLGSt 1953 130 = MDR 1953 735; *Rieß* JA 1980 299.

[138] Vgl. Rdn. 6.

[139] BGHSt 3 384; BGH NStZ 1981 111; *Kleinknecht/Meyer* 21.

ten und, wenn mehrere angeklagt sind, jeden einzelnen von ihnen befragen, was er auf die Anklage erwidern wolle, und ihm ausreichende Gelegenheit geben, sich zur Beseitigung der gegen ihn vorliegenden Verdachtsgründe und zur Geltendmachung der zu seinen Gunsten sprechenden Tatsachen zu äußern[140]. Die für die Vernehmung von Zeugen maßgebende Vorschrift des §69 ist nicht unmittelbar anwendbar[141].

Der Vorsitzende darf die Vernehmung nach seinem **Ermessen** gestalten. Er hat **80** dabei außer der Verpflichtung, dem Angeklagten ausreichende Gelegenheit zur Verteidigung zu geben, nur den allgemeinen Grundsatz zu beachten, alles zu tun, um die Wahrheit zu ergründen[142]. In der Regel wird er dieses Ziel am besten dadurch erreichen, daß er den Angeklagten zunächst frei und im Zusammenhang erzählen läßt. Es ist ihm jedoch erlaubt, eine solche Darstellung durch Fragen zu unterbrechen oder Vorhalte zu machen, um alle wesentlichen Gesichtspunkte zur Erörterung zu stellen oder um nicht zur Sache gehörende Ausführungen abzukürzen. Dadurch darf aber eine zusammenhängende Darstellung nicht unmöglich gemacht werden[143]. Keinesfalls darf der Vorsitzende die Akten abfragen oder sich an einen vorbereiteten Fragenkatalog klammern[144].

3. **Gegenstand der Vernehmung** des Angeklagten zur Sache ist der gesamte ge- **81** schichtliche Vorgang, der ihm in der zugelassenen Anklage zur Last gelegt wird[145], also die **äußere und innere Seite der Tat** mit all ihren für den äußeren Hergang und für das Verschulden des Angeklagten wesentlichen Zusammenhängen und Hintergründen.

Zur Vernehmung zur Sache gehören nach heutiger Auffassung auch diejenigen **82** Umstände, die für die **Bemessung der Rechtsfolgen**, vor allem der Strafe, bedeutsam sind. Damit erlangen die persönlichen und wirtschaftlichen Verhältnisse des Angeklagten über Absatz 2 Satz 2 hinaus auch hier unmittelbare Bedeutung. Dem Leitbild, das dem §243 heute zugrunde liegt, wird es noch am ehesten gerecht, wenn bei der Vernehmung des Angeklagten zu den persönlichen Verhältnissen die für die Bemessung der Rechtsfolgen maßgebenden Details erst bei der Vernehmung nach Absatz 4 Satz 2 zur Sprache kommen[146], wobei auch hier die Erörterung bis nach der Beweiserhebung über die Straftat zurückgestellt werden kann.

Der **gesamte Lebensgang** des Angeklagten kann auch erst bei der Vernehmung **83** nach Absatz 4 Satz 2 erörtert werden[147].

4. **Äußere Form der Vernehmung.** Der Vorsitzende hat dafür zu sorgen, daß die **84** Vernehmung des Angeklagten in einem ruhigen und sachlichen Ton durchgeführt wird. Hierzu und zur Anrede des Angeklagten siehe §238, 7 ff. Je nach der Sachlage und dem Verhalten des Angeklagten wird der Vorsitzende bei der Vernehmung des Angeklagten vorwiegend entweder Festigkeit und Entschlossenheit zu zeigen haben, um unangebrachte Weitschweifigkeiten zu verhindern oder anmaßendes Verhalten zurückzuweisen, oder die Gabe, in Fällen von Befangenheit oder Unbeholfenheit Hemmungen zu beheben.

---

[140] RGSt 44 284; KMR-*Paulus* 34.
[141] KMR-*Paulus* 34 hält §69 Abs. 1 für analog anwendbar; ebenso *Roxin* §25 III 1 d; a. A *Kleinknecht/Meyer* 22; OLG Schleswig bei *Ernesti/Jürgensen* SchlHA **1973** 186; vgl. bei §136, 40.
[142] RGSt **68** 110; OGHSt **3** 147.
[143] OLG Schleswig bei *Ernesti/Jürgensen*

SchlHA **1973** 182; KMR-*Paulus* 35; *Rieß* JA **1980** 299; *Wegemer* NStZ **1981** 247.
[144] *Eb. Schmidt* 31; KMR-*Paulus* 38.
[145] BayObLGSt **1971** 44 = MDR **1971** 775.
[146] KK-*Treier* 42; *Kleinknecht/Meyer* 21; KMR-*Paulus* 18; vgl. Rdn. 39 ff.
[147] BGHSt **25** 325 läßt dies offen.

Walter Gollwitzer

**85**     Bestreitet der Angeklagte die ihm zur Last gelegte Tat, so ist es mit dem Gebot verständiger Leitung der Verhandlung unvereinbar, daß der Vorsitzende dieses Verhalten des Angeklagten **abfällig bespricht**[148]. Verweigert der Angeklagte die Einlassung, so kann der Vorsitzende zunächst davon absehen, ihm die einzelnen Verdachtsgründe vorzuhalten; es genügt, ihn gemäß § 257 bei der Erhebung der einzelnen Beweise zu befragen. Die **allgemeine Aufforderung** des Vorsitzenden an eine Mehrzahl von Angeklagten, es mögen die vortreten, die eine strafbare Handlung zugeben wollen, erfüllt die Erfordernisse der Vernehmung nicht[149].

**86**     Im Rahmen der Vernehmung kann der Vorsitzende dem Angeklagten ein **Beweisstück vorlegen** und eine als Beweismittel dienende Schrift verlesen oder verlesen lassen. Die Beweiserhebung ist im Protokoll festzuhalten. Einmischung anderer Verfahrensbeteiligter in seine Vernehmung des Angeklagten, insbesondere eine vorzeitige Ausübung des Fragerechts (§ 240), kann der Vorsitzende zurückweisen; wieweit er das Hinterfragen von Einzelheiten den Verfahrensbeteiligten nach Abschluß seiner Vernehmung überlassen will, entscheidet er nach pflichtgemäßem Ermessen. Zur Anrufung des Gerichts bei unzulässigen Fragen des Vorsitzenden vgl. Rdn. 102.

**87**     **Vorhalte** aus früheren eigenen Einlassungen des Angeklagten sind zulässig und zur Sachaufklärung, insbesondere bei widersprüchlichen Äußerungen, unerläßlich. Nicht sachgerecht ist es dagegen in der Regel, wenn dem Angeklagten aus den Akten die Angaben von Mitangeklagten oder Zeugen vorgehalten werden, die erst nach ihm vom Gericht gehört werden sollen. Hier ist erst abzuwarten, was diese vor Gericht selbst aussagen werden. Unzulässig sind Vorhalte aus Niederschriften von **Zeugenaussagen**, wenn die Zeugen berechtigt sind, das Zeugnis zu verweigern, sofern nicht sicher feststeht, daß sie in der Hauptverhandlung von diesem Recht keinen Gebrauch machen werden[150].

**88**     Der sprachfähige Angeklagte muß seine **Erklärung mündlich** abgeben, es ist grundsätzlich nicht statthaft, daß er eine Verteidigungsschrift vorlegt und verliest[151] oder auf den Inhalt eines früheren Urteils verweist, aus dem seine Stellungnahme zur Anklage entnommen werden könne. Doch muß es dem Angeklagten, der an einem Sprachfehler leidet, gestattet sein, daß er seine mündliche Aussage durch die Verlesung einer schriftlichen Erklärung ergänzt[152]. Notizen als Gedächtnisstütze für seine mündlichen Ausführungen zu verwenden, kann dem Angeklagten dagegen in der Regel nicht verboten werden. Das gleiche gilt grundsätzlich auch für die Anfertigung solcher Notizen in der Hauptverhandlung[153].

**89**     Ob der Angeklagte bei seiner Vernehmung **stehen oder sitzen** soll, muß der Vorsitzende entsprechend den Umständen des Einzelfalls nach pflichtgemäßem Ermessen bestimmen. Der körperliche Zustand des Angeklagten ist dabei ebenso zu berücksichtigen wie die voraussichtliche Dauer der Vernehmung und die sonstigen Verhältnisse im Gerichtssaal (Akustik usw.). Bei einer lange dauernden Einvernahme wird es der Wahrheitsfindung förderlich sein, wenn der Angeklagte sich im Sitzen äußert[154].

**90**     Zur Frage, wieweit die **Öffentlichkeit** zum Schutz des Privatbereichs des Angeklagten ausgeschlossen werden kann, vgl. die Erläuterungen zu §§ 171 a ff GVG.

---

[148] *v. Bomhardt* Recht **1905** 237.
[149] RG JW **1923** 387.
[150] RGSt **15** 100; **27** 29; **35** 5; 164; **39** 434; RG Recht **1912** Nr. 2125; JW **1902** 580; **1914** 424.
[151] RGRspr. **4** 563; Recht **1903** Nr. 2524; BGHSt **3** 368; BayVerfGH **24** 178 = MDR **1972** 209.

[152] RG GA **60** (1913) 86; KK-*Treier* 44; KMR-*Paulus* 37.
[153] BGHSt **1** 323; vgl. § 238,9.
[154] *In der Beeck* JW **1969** 685; *Jescheck* JZ **1970** 203; *Eb. Schmidt* ZRP **1969** 257; vgl. § 238,10.

**5. Die Erörterung der Vorstrafen (Absatz 4 Satz 3 und 4)** gehört seit 1964 endgül- **91** tig nicht zur Vernehmung über die Person. Der Grund hierfür ist einmal, zu vermeiden, daß durch frühzeitige Bekanntgabe der Vorstrafen von vornherein eine Voreingenommenheit gegen den Angeklagten entstehen kann, ferner, daß die Erwähnung der Vorstrafen überhaupt vermieden werden soll, solange nicht mit einiger Wahrscheinlichkeit damit zu rechnen ist, daß sie für die Entscheidung Bedeutung erlangen[155]. Nur unter dieser Voraussetzung dürfen Vorstrafen, das sind alle wegen Straftaten oder Ordnungswidrigkeiten früher verhängte Strafen, Geldbußen oder sonstige Rechtsfolgen, erörtert werden, ganz gleich, in welchem Register (Straf-, Erziehungs-, Verkehrszentral- oder Gewerbezentralregister) sie erfaßt sind.

**Von Bedeutung** können Vorstrafen im Einzelfall bereits für den Schuldspruch **92** sein, wenn ein kriminologisch relevanter Zusammenhang zwischen ihnen und einer angeklagten neuen Tat besteht[156]. In solchen Fällen werden sie zweckmäßigerweise bei der Erörterung der Delikte, bei denen sie aufschlußreich sein können, mit dem Angeklagten durchgesprochen. Im übrigen sind die Vorstrafen für die Rechtsfolgenentscheidung von Bedeutung. Sie wirken unter den Voraussetzungen des §48 StGB straferhöhend und sie können auch im übrigen strafschärfend herangezogen werden, wobei aber immer im Einzelfall geprüft werden muß, ob den Vorstrafen insoweit eine Bedeutung beikommt.

Die (strafmildernde) Feststellung, daß der Angeklagte nur **geringfügig** und **nicht** **93** **einschlägig vorbestraft** sei, läßt sich ohne Erörterung der Vorstrafen nicht treffen, auch die, daß er nicht bestraft sei, setzt jedenfalls eine entsprechende Frage an den Angeklagten und dessen Antwort darauf voraus. Eine Erörterung der Vorstrafen wird deshalb in der Regel nur dann dem Angeklagten völlig erspart werden können, wenn es zu einem Freispruch kommt oder wenn es bei der Art der abzuurteilenden Straftat unerheblich ist, ob der Angeklagte wegen eines völlig anderen Delikts vorbestraft ist[157]. Der Angeklagte ist nicht verpflichtet, seine Vorstrafen anzugeben[158]. Er ist auch insoweit berechtigt zu schweigen.

Den **Zeitpunkt**, zu dem die Vorstrafen festgestellt werden, bestimmt der Vorsitzende **94** im Rahmen der Sachleitung nach **pflichtmäßigem Ermessen**, für das der Schutzzweck der Regelung richtungsweisend sein muß. Er soll so spät wie möglich liegen[159]. Bei diskriminierenden Vorstrafen, die nur für den Rechtsfolgenausspruch von Bedeutung sind, kann es zweckmäßig sein, wenn das Gericht ihre Erörterung solange zurückstellt, bis die Beweisaufnahme geklärt hat, daß ein Freispruch nicht in Frage kommt. Der **frühest zulässige Zeitpunkt** ist die Vernehmung des Angeklagten zur Sache[160]. Der Vorsitzende hat kein Mittel, die Beteiligten daran zu hindern, diesbezüglich **Beweisanträge** schon frühzeitig zu stellen. Wenn auch die Bescheidung solcher Anträge zunächst zurückgestellt werden darf[161], so kann doch schon der Vortrag eines Beweisantrages, der eine bestimmte Bestrafung behauptet, die Voreingenommenheit oder überflüssige Bloßstellung bewirken, die das Gesetz dem Angeklagten ersparen will. Es bedarf deshalb eines verständnisvollen Zusammenwirkens aller Beteiligten, auch der Anwälte etwaiger

---

[155] *Kleinknecht* JZ **1966** 159; *Gössel* §23 A I b 2.
[156] *Eb. Schmidt* Nachtr. I 31; *KK-Treier* 49; *Kleinknecht/Meyer* 21; KMR-*Paulus* 55.
[157] Vgl. *Kleinknecht/Meyer* 27: Feststellung der Vorstrafe wegen Diebstahls in einer reinen Verkehrssache; ähnlich KMR-*Paulus* 55.
[158] *Hartung* JR **1952** 44.
[159] Vgl. BGHSt **27** 216; BGH VRS **34** 219; *Eb.*

*Schmidt* Nachtr. I 33; *KK-Treier* 49; *Kleinknecht/Meyer* 28; KMR-*Paulus* 56; *Schlüchter* 468.
[160] BGH VRS **34** 219; bei *Dallinger* MDR **1968** 202; OLG Stuttgart NJW **1973** 1941; *Gössel* §23 A I b 2; *Eb. Schmidt* NJW **1969** 1145; *Römer* GA **1969** 335 ff.
[161] *Kleinknecht/Meyer* 29.

Walter Gollwitzer

Nebenkläger, um den Gesetzeszweck nach Möglichkeit zu erreichen. Vor allem der Staatsanwalt soll solche Beweisanträge erst stellen, wenn der Verfahrensstand dies unerläßlich macht[162].

**95**    Eine **Beweisaufnahme** über die Vorstrafen ist nicht notwendig, wenn sie vom Angeklagten glaubhaft eingeräumt werden oder wenn es sich um Verstöße handelt, die für die zu treffende Entscheidung des Gerichts nur geringes Gewicht haben. In welchem Umfang auf die Einzelheiten der früheren Verfehlungen einzugehen ist, richtet sich nach deren Bedeutung für die zu treffende Entscheidung. Die Erörterung der Vorstrafen mit dem Angeklagten ist insoweit auch keine wesentliche Förmlichkeit des Verfahrens, die im Protokoll festgehalten werden müßte[163]. Anders ist es, wenn über die Vorstrafen Beweis erhoben wird. Die Feststellung der Vorstrafen an Hand des Strafregisterauszugs ist ein Stück Beweisaufnahme, das schon während der Vernehmung des Angeklagten zur Sache durchgeführt werden darf, sofern dies im Zusammenhang mit der Erörterung der Vorstrafen geschieht.

**96**    **Getilgte oder tilgungsreife Vorstrafen** dürfen grundsätzlich nicht erörtert werden (§ 51 Abs. 1, § 66 BZRG i.d.F. d. Neubek. v. 21. 9. 1984 — BGBl I 1229), sofern nicht die Ausnahmen des § 52 BZRG eingreifen[164]. Sind die Vorstrafen im Strafregister bereits gelöscht, ist das Gericht an diesen begünstigenden Verwaltungsakt gebunden, auch wenn dies zu Unrecht geschehen sein sollte[165]. Dagegen ist es nicht gehindert, selbst festzustellen, daß eine im Strafregister zu Unrecht vermerkte Vorstrafe in Wirklichkeit bereits hätte getilgt werden müssen[166] oder daß sie in Wirklichkeit überhaupt nicht vorlag; denn die Eintragung im Register hat keine konstitutive Wirkung[167].

**97**    Mit der **Unschuldsvermutung** des Art. 6 Abs. 2 MRK ist die Erörterung der Vorstrafen vereinbar. Ob Art. 6 Abs. 1 Satz 2 den Ausschluß der Öffentlichkeit bei der Erörterung der Vorstrafen rechtfertigt, erscheint fraglich[168].

## VII. Sonstige Verfahrensfragen

**98**    **1. Verhandlung ohne den Angeklagten.** Findet die Hauptverhandlung nach §§ 231 a bis 233 ohne Anwesenheit des Angeklagten statt, so tritt die dort vorgeschriebene Verlesung der Niederschrift über die richterliche Vernehmung des Angeklagten an die Stelle der Vernehmung in der Hauptverhandlung[169]. Ist für den Angeklagten ein vertretungsberechtigter Verteidiger erschienen, so kann dieser die Sachdarstellung des abwesenden Angeklagten vortragen[170].

---

[162] *Kleinknecht/Meyer* 29; KMR-*Paulus* 58.
[163] OLG Schleswig bei *Ernesti/Jürgensen* SchlHA **1974** 183; KMR-*Paulus* 57. Die Verlesung eines Registerauszuges zu Beweiszwecken kann dagegen nur durch die Sitzungsniederschrift nachgewiesen werden, vgl. OLG Düsseldorf VRS **64** 128.
[164] Vgl. BGHSt **27** 108; ferner KK-*Treier* 48; *Kleinknecht/Meyer* 27; KMR-*Paulus* 54. Die frühere Rechtsprechung (RGSt **74** 177; BGHSt **6** 243), die dies für zulässig hielt, ist durch die Gesetzgebung überholt; sie wurde auch früher im Schrifttum abgelehnt, vgl. *Creifelds* GA **1957** 257; *Dünnebier* JZ **1958** 713; *Hartung* JR **1952** 44; NJW **1955** 393;

*Seibert* JR **1952** 471; *Eb. Schmidt* 18 Nachtr. I 32.
[165] BGHSt **20** 205; KMR-*Paulus* 54.
[166] *Peters* Fortentwicklung 30; KMR-*Paulus* 54.
[167] *Vogler* ZStW **82** (1970) 774; KMR-*Paulus* 52.
[168] *Vogler* ZStW **82** (1970) 772; *Humborg* NJW **1966** 1015 fordert dies bei beschränkt auskunftspflichtigen Vorstrafen im Regelfall. Vgl. bei § 172 GVG.
[169] Vgl. § 231 a, 27; § 232, 25; § 233, 30, ferner § 73 Abs. 1 OWiG.
[170] KK-*Treier* 45; KMR-*Paulus* 41; ob sich die Vertretungsmacht nach § 234 auf die Übermittlung der tatsächlichen Einlassung des Angeklagten erstreckt, ist strittig; vgl. dazu § 234, 16.

**2. Rechte, die nur bis zum Beginn der Vernehmung des Angeklagten zur Sache ge- 99 geben sind.** Bis zu diesem Zeitpunkt kann nach § 25 Abs. 1, ohne die besonderen Voraussetzungen des § 25 Abs. 2, ein Richter wegen Besorgnis der Befangenheit abgelehnt werden, bis zu ihm können der Angeklagte und der Verteidiger wegen nicht rechtzeitiger Ladung Aussetzung der Hauptverhandlung verlangen (§§ 217, 218); ferner kann bis zu ihm der Einwand der örtlichen Unzuständigkeit nach § 16 erhoben, die Unzuständigkeit einer Strafkammer nach § 6 a oder die Besetzung des Gerichts nach § 222 b gerügt werden. Ergibt sich im Laufe der Verhandlung die Notwendigkeit, den Angeklagten nur zur Sache zu vernehmen — etwa bei einer Nachtragsanklage — so leben die Rechte, die nur bis zu diesem Zeitpunkt bestehen, wieder auf[171].

**3. Verkehr des Angeklagten mit dem Verteidiger.** Der Vorsitzende muß eine Be- **100** sprechung des Angeklagten mit dem Verteidiger solange zulassen, wie der Fortgang der Verhandlung hierdurch nicht gestört wird. Der Verteidiger kann selbst Fragen an den Angeklagten richten (§ 240 Abs. 2); er kann auch die Zulässigkeit der Fragen des Vorsitzenden an den Angeklagten in Zweifel ziehen und eine Entscheidung des Gerichts darüber herbeiführen. Im übrigen kann der Vorsitzende jede Einmischung des Verteidigers ebenso wie die eines anderen Verfahrensbeteiligten in die Vernehmung des Angeklagten zurückweisen[172]. Solange der anwesende Angeklagte selbst aussagt, hat der Verteidiger kein Recht, dies zu übernehmen. Andernfalls ist er nicht gehindert, an Stelle des Angeklagten dessen Einlassung dem Gericht zur Kenntnis zu bringen; das Gericht muß allerdings dann klären, ob der anwesende Angeklagte den Tatsachenvortrag seines Verteidigers als eigene Einlassung verstanden wisse will[173]. Nach der Aussage des Angeklagten kann sich der Verteidiger dazu nach § 257 Abs. 2 äußern.

**4. Sitzungsniederschrift.** Die in § 243 bezeichneten Verfahrensvorgänge sind in **101** der Sitzungsniederschrift festzuhalten, soweit sie den Gang der Hauptverhandlung kennzeichnen und zu deren wesentlichen Förmlichkeiten gehören (§ 273; vgl. Rdn. 5, 17, 22, 33, 63, 69, 95). Wegen der Beweiskraft des Protokolls ist dies insbesondere auch für die Rüge von Verstößen gegen § 243 im Revisionsverfahren von Bedeutung. So können beispielsweise nur durch das Protokoll bewiesen werden: die Aufteilung des Verfahrens auf verschiedene Abschnitte, die Zustimmung hierzu und die Reihenfolge der einzelnen Verfahrensvorgänge, die Entfernung der Zeugen, die Vernehmung des Angeklagten über seine persönlichen Verhältnisse[174], die Verlesung des Anklagesatzes und seiner Ergänzungen (Rdn. 63), der Hinweis nach Absatz 4 Satz 1 (Rdn. 69), die Vernehmung des Angeklagten zur Sache, wobei nur die Tatsache der Vernehmung als solche, nicht aber der Inhalt der Erklärungen eine wesentliche Förmlichkeit ist[175]. Ob die Präsenzfeststellung (Absatz 1 Satz 2) nur durch das Protokoll bewiesen werden kann, ist strittig (Rdn. 22). Die Erörterung der Vorstrafen ist keine wesentliche Förmlichkeit (Rdn. 95).

---

[171] Vgl. BGHSt **18** 46 zu § 25 a. F; ferner bei § 266.

[172] RGSt **32** 276; RG Recht **1913** Nr. 299; *Kleinknecht/Meyer* 23; KMR-*Paulus* 34.

[173] *Kleinknecht/Meyer* 20; KMR-*Paulus* 39; dazu § 234,5.

[174] RGSt **58** 59; BGH bei *Dallinger* MDR **1973** 557; BayObLGSt **1953** 131 = MDR **1953**

755; KG JW **1931** 235; OLG Koblenz OLGSt n. F Nr. 1.

[175] BGHSt **21** 151; BGH bei *Dallinger* MDR **1973** 557; BGH StrVert. **1981** 56 mit Anm. *Schlothauer*; vgl. ferner OLG Saarbrücken JBl. Saar **1961** 14 (zusammenhängende Vernehmung).

Walter Gollwitzer

### VIII. Rechtsbehelfe

**102**　1. **Anrufung des Gerichts.** Über die rechtliche Zulässigkeit (nicht die Zweckmäßigkeit) von Maßnahmen des Vorsitzenden, die sich auf die Sachleitung auswirken, insbesondere die Zulässigkeit seiner Fragen, kann nach Maßgabe von § 238 Abs. 2, § 242 die Entscheidung des Gerichts herbeigeführt werden. Wegen der Einzelheiten vgl. die dortigen Erläuterungen.

**103**　2. Der **Beschwerde** sind die Maßnahmen des Vorsitzenden auf Grund des § 243 und die diesbezüglichen Beschlüsse des Gerichts durch § 305 Satz 1 in der Regel entzogen.

### 3. Revision

**104**　a) Auf **Verstöße gegen Absatz 1** kann die Revision in der Regel nicht gestützt werden, es sei denn, daß durch den unterlassenen oder ungenügenden Aufruf der Sache ein Verfahrensbeteiligter gehindert wurde, seine Befugnisse in der Hauptverhandlung wahrzunehmen (vgl. Rdn. 16). Auch eine unrichtige Präsenzfeststellung kann nur dann die Revision begründen, wenn dadurch ein Verfahrensbeteiligter in der Wahrnehmung einer Verfahrensbefugnis behindert worden ist, was unter Angabe der erforderlichen Tatsachen dargelegt werden müßte.

**105**　b) Gestattet der Vorsitzende entgegen **Absatz 2 Satz 1** einem Zeugen die Anwesenheit im Sitzungssaal, so begründet dies in der Regel nicht die Revision[176].

**106**　c) Unterbleibt die **Vernehmung des Angeklagten zur Person** oder ist sie unvollständig, so begründet dies in der Regel nicht die Revision, soweit es nur um die Angaben zur Feststellung seiner Identität geht, und diese nicht ausnahmsweise auch für die sachliche Entscheidung von Bedeutung sind[177]. Weitergehende Angaben über die persönlichen Verhältnisse sind mitunter für den Schuld- und in der Regel für den Rechtsfolgenausspruch entscheidungserheblich, insoweit gelten die Ausführungen über die Anhörung zur Sache (Rdn. 108 f). Im übrigen kann die Revision meist nicht mit Erfolg geltend machen, die Befragung des Angeklagten sei **nicht erschöpfend** gewesen. Der Umfang der Befragung steht im pflichtgemäßen Ermessen des Vorsitzenden und der übrigen frageberechtigten Prozeßbeteiligten[178]. Unschädlich ist, wenn Umstände, die nur zu den persönlichen Verhältnissen gehören, erst später, etwa bei der Vernehmung des Angeklagten zur Sache, erörtert werden. Umgekehrt kann mit der Revision gerügt werden, wenn der Angeklagte nach seiner Belehrung die Einlassung zur Sache verweigert, das Urteil aber trotzdem Angaben zur Sache verwertet, die dieser bereits bei seiner Einvernahme zur Person gemacht hatte[179].

**107**　d) Die Revision (§ 337) kann darauf gestützt werden, daß die **Verlesung des Anklagesatzes** oder des an seine Stelle tretenden Strafbefehlsantrags unterblieben ist[180]. In der Regel wird nicht ausgeschlossen werden können, daß das Urteil auf diesem Fehler

---

[176] KK-*Treier* 52 (Ordnungsvorschrift); vgl. Rdn. 30.
[177] KK-*Treier* 53; KMR-*Paulus* 60; auch KG JW **1931** 235; dagegen *Eb. Schmidt* 19 (beides zur früheren Abgrenzung). Zur Notwendigkeit bei Schweigen des Angeklagten die persönlichen Verhältnisse anderweitig aufzuklären BGH StrVert. **1984** 190.
[178] OLG Schleswig SchlHA **1970** 178.

[179] KK-*Treier* 53; KMR-*Paulus* 60; vgl. die Rechtsprechung bei Fußn. 70; 76; ferner Rdn. 36 ff.
[180] BGH NJW **1982** 1057; NStZ **1984** 521; ebenso wie früher auf das Nichtverlesen des Eröffnungsbeschlusses, BGHSt **8** 283; KK-*Treier* 54; *Kleinknecht/Meyer* 31; KMR-*Paulus* 61.

beruhen kann; es sei denn, die Sach- und Rechtslage ist so einfach, daß es bei Berücksichtigung des Zwecks des Verlesungsgebots ausgeschlossen ist, daß der Gang des Verfahrens oder das Urteil von diesem Mangel beeinflußt sein können[181]. Dies kann vor allem dann angenommen werden, wenn die Prozeßbeteiligten, insbesondere auch die beisitzenden Richter, in anderer Form als durch den Vortrag der Anklage — etwa durch Verlesung des Revisionsurteils — über den Untersuchungsgegenstand zweifelsfrei unterrichtet worden sind[182]. Gleiches gilt, wenn der Anklagesatz erst **verspätet** verlesen wird[183], etwa nach Vernehmung des Angeklagten zur Sache oder nach der Beweisaufnahme. Wird nach Zurückverweisung durch das Revisionsgericht zusammen mit dem Revisionsurteil auch das aufgehobene tatrichterliche Urteil zur Information verlesen, so kann die Revision nicht darauf gestützt werden, daß dadurch die Unbefangenheit der Schöffen beeinträchtigt worden ist[184].

e) Das **Unterlassen des Hinweises nach Absatz 4 Satz 1** kann der Angeklagte, der **108** dadurch zu einer Aussage veranlaßt wurde, obwohl er in Kenntnis seiner Verteidigungsmöglichkeiten nicht ausgesagt hätte, mit der Revision rügen (§ 337), nicht aber die in ihren Verfahrensbefugnissen dadurch nicht betroffenen anderen Verfahrensbeteiligten[185]. Die frühere Rechtsprechung, die darin nur einen Verstoß gegen eine nicht revisible Ordnungsvorschrift sah, ist durch BGHSt 25 325[186] aufgegeben[187]. Nach Ansicht des BGH soll die Revision nur durchgreifen, wenn nach Lage des jeweiligen Falles der Hinweis erforderlich war, um den Angeklagten über seine Verteidigungsmöglichkeiten zu unterrichten und wenn der Angeklagte sich bei einem entsprechenden Hinweis nicht zur Sache geäußert hätte. Folgt man der Ansicht, dann muß die Revision zur **Begründung der Rüge** (§ 344), das Gericht habe den Angeklagten durch Unterlassung der Belehrung nach Absatz 4 in seinen Rechten verletzt, darlegen, daß die Belehrung zu Unrecht unterblieben ist, daß der Angeklagte deshalb an seine Aussagepflicht glaubte und dadurch veranlaßt wurde, zur Sache auszusagen, eventuell, warum er dies glaubte, obwohl ihm ein Verteidiger zur Seite stand, oder obwohl er früher belehrt worden war[188], oder, obwohl er aus einer Belehrung oder dem Prozeßverhalten eines Mitangeklagten ersehen konnte, daß er zur Aussage nicht verpflichtet war[189].

---

[181] RG JW **1938** 3293; BGH NJW **1982** 1057; NStZ **1982** 431; **1984** 521; OLG Koblenz VRS **38** 56; KK-*Treier* 54; *Kleinknecht/Meyer* 31; KMR-*Paulus* 61; vgl. auch bei § 337.

[182] OGHSt **3** 71; BGH MDR **1970** 777.

[183] RGSt **23** 310.

[184] BGH GA **1976** 368; KK-*Treier* 54; die Lage ist insoweit anders zu beurteilen als bei Bekanntgabe der wesentlichen Ergebnisse der Ermittlungen, vgl. Rdn. 15.

[185] Diese werden nach dem Schutzzweck nicht betroffen. Der Hinweis sichert die Befugnis zu schweigen, also ein persönliches Verteidigungsrecht des betroffenen Angeklagten, auf dessen Ausübung weder Mitangeklagte oder sonstige Verfahrensbeteiligte einen Einfluß haben; sie können in der Regel auch nicht beurteilen, ob der unterbliebene Hinweis für die Einlassung des Angeklagten ursächlich war.

[186] = LM Nr. 11 mit Anm. *Kohlhaas* = JR **1975** 339 mit Anm. *Hanack*; dazu *Bohnert*

NStZ **1982** 5; *Dencker* MDR **1975** 359; *Gössel* NJW **1981** 2219; § 23 B I; *Hegmann* NJW **1975** 915; *Roxin* § 24 D III 2 e; *Rogall* MDR **1977** 978; *Seelmann* JuS **1976** 157.

[187] Die Entscheidung erging auf Vorlage des OLG Stuttgart (MDR **1973** 951); das Schrifttum hatte schon früher gegen die Annahme einer nicht revisiblen Ordnungsvorschrift erhebliche Bedenken geäußert, vgl. etwa *Grünwald* JZ **1966** 495; **1968** 752; *Hanack* JZ **1971** 169; *Eb. Schmidt* NJW **1968** 1209; *Schünemann* MDR **1969** 101; vgl. ferner bei § 136, 58 ff.

[188] Vgl. BGH bei *Pfeiffer/Miebach* NStZ **1983** 210.

[189] Nach KK-*Treier* 53 trägt die erweiterte Darlegungspflicht dem Umstand Rechnung, daß nach der Lebenserfahrung ein Angeklagter im allgemeinen das Wahlrecht kennt; auch *Kleinknecht/Meyer* 32 bejaht die erweiterte Darlegungspflicht.

Walter Gollwitzer

**109**    Diese Anforderungen dürften, wie *Hanack*[190] darlegt, **zu weit** gehen. Die Belehrungspflicht wurde als Maßnahme der „Vorsorglichkeit und Fürsorge" eingeführt, weil der Gesetzgeber mit Unkenntnis oder nicht ausreichender Kenntnis des Schweigerechts beim Angeklagten rechnete und weil er außerdem die psychologischen Hemmungen des Angeklagten, von seinem Recht Gebrauch zu machen, verringern wollte[191]. Es bedeutet wiederum eine nicht gebotene revisionsrechtliche Sonderbehandlung der „Ordnungsvorschrift", wenn die Prüfung, ob Normzweck und Auswirkung auf die Rechtsstellung des Angeklagten den Verfahrensverstoß zum Revisionsgrund machen, anders als sonst bei § 337 den konkreten Nachweis erfordern würde, daß der Angeklagte auch tatsächlich in seinen Verfahrensrechten beeinträchtigt worden ist, das Urteil also auf dem Verstoß beruht[192]. Bejaht man dagegen die ausnahmslose Hinweispflicht und prüft dann im Rahmen des § 337, ob das Urteil auf dem Verstoß gegen § 243 Abs. 4 Satz 1 beruht, so kommen dieselben Überlegungen zum Tragen, die der Bundesgerichtshof angeführt hat, allerdings mit dem entscheidenden Unterschied, daß die Revision Erfolg hat, wenn das Beruhen nicht ausgeschlossen werden kann.

**110**    Das **Beruhen** ist zu **verneinen**, wenn der Angeklagte auch ohne Hinweis geschwiegen hat oder wenn sich zweifelsfrei ergibt, daß der Angeklagte auch ohne Belehrung wußte, daß er die freie Wahl hatte, auszusagen oder zu schweigen[193].

**111**    Wer allerdings darüber hinaus aus dem unterlassenen Hinweis ein allgemeines **Verwertungsverbot** herleitet[194], für den ist die Revision schon dann begründet, wenn das Urteil die Einlassung des Angeklagten verwertet hat. Das Urteil könnte nach dieser Ansicht nur dann nicht auf dem (nicht geheilten) Verfahrensverstoß beruhen, wenn das Gericht die ohne Belehrung gemachte Aussage für unverwertbar erklärt und bei der Urteilsfindung auch nicht verwertet, soweit sie ihn belastet[195]. Das könnte dann aber die Staatsanwaltschaft mit der Revision beanstanden.

**112**    f) Die Revision kann in der Regel nicht darauf gestützt werden, daß die **Befragung des Angeklagten nach Absatz 4 Satz 2** nicht erschöpfend gewesen sei, sofern der Angeklagte sich unbehindert äußern konnte und auch der Verteidiger und die anderen Verfahrensbeteiligten Gelegenheit hatten, durch Fragen selbst die erforderliche Ergänzung herbeizuführen[196]. Ähnlich wie bei den Zeugen läßt sich in solchen Fällen auch die Rüge der Verletzung der Aufklärungspflicht nur bei Vorliegen ganz besonderer Umstände begründen. Mit der Revision kann auch nicht geltend gemacht werden, daß bei der äußeren Gestaltung der Einvernahme unzweckmäßig verfahren worden ist. Dagegen kann es die Revision begründen, wenn der Angeklagte in seinem Recht, sich zur Sache zu äußern, zu Unrecht beschränkt wurde[197]. Geschah dies durch einen Beschluß des Gerichts nach § 238 Abs. 2, § 242, dann ist auch die Rüge nach § 338 Nr. 8 gegeben.

---

[190] JR **1975** 340; ebenso *Dencker* MDR **1975** 362; *Fezer* JuS **1978** 107; *Gössel* § 23B I b; *Roxin* § 24 D III 2 e; KMR-*Paulus* 64. Vgl. ferner § 136, 60 f.

[191] Vgl. Rdn. 65; *Hegmann* NJW **1975** 915.

[192] Zu den grundsätzlichen Fragen des Beruhens vgl. bei § 337; ferner § 136, 61; 62.

[193] BGH NJW **1966** 1719; BGH bei *Pfeiffer/Miebach* NStZ **1983** 210; OLG Hamburg JR **1967** 307 mit Anm. *Meyer*; *Gössel* § 23 B I b; *Grünwald* JZ **1983** 716; *Sarstedt/Hamm* 232.

[194] Also nicht nur – wie *Schlüchter* 464 – den retrospektiven Rechtsfehler als prospektives

Beweisverwertungsverbot bezeichnet, sondern die Belehrung unabhängig von ihrer Erforderlichkeit als konstitutiv für die Verwertbarkeit der Einlassung des Angeklagten betrachtet. Vgl. § 136, 54 f.

[195] Vgl. *Eb. Schmidt* NJW **1969** 1145; vgl. § 136, 54; 62.

[196] BayObLGSt **1971** 44 = MDR **1971** 775; OLG Schleswig SchlHA **1970** 198; KK-*Treier* 56; *Kleinknecht/Meyer* 32; KMR-*Paulus* 65.

[197] Vgl. OLG Schleswig bei *Ernesti/Jürgensen* SchlHA **1973** 186.

§ 243 Abs. 4 Satz 2 ist eine Schutzvorschrift für den jeweiligen Angeklagten. Ein **113**
**Mitangeklagter** kann daraus, daß sie gegenüber einem anderen verletzt wurde, keine
Rechte herleiten[198].

Bei der **Feststellung der Vorstrafen** nach **Absatz 4 Satz 3 und 4** hat der Vorsit- **114**
zende einen weiten Ermessensspielraum. Auch bei der Berücksichtigung ihres Schutzzwecks ist nur in Ausnahmefällen ein die **Revision** begründender Verstoß gegen sie
denkbar. Die herrschende Meinung sah bisher in der Regelung Ordnungsvorschriften,
auf deren Verletzung die Revision nicht gestützt werden konnte[199], auch wenn ein Gerichtsbeschluß nach § 238 Abs. 2 vorgelegen haben sollte[200].

Die nach den §§ 51, 52 BZRG (i.d.F. d. Neubek. v. 21.9. 1984 — BGBl I 1229) **115**
unzulässige Verwertung von Vorstrafen begründet dagegen die Revision, sofern und soweit das Urteil darauf beruhen kann[201].

---

[198] BGH bei *Dallinger* MDR **1973** 182; KMR-
*Paulus* 65.
[199] BayObLG MDR **1972** 626; *Eb. Schmidt*
NJW **1969** 1145; KK-*Treier* 57 (für Satz 3).

[200] *Kleinknecht/Meyer* 33; KMR-*Paulus* 66.
[201] BGHSt **25** 100; **27** 108; *Kleinknecht/Meyer*
33 (Verstoß gegen das sachliche Recht).

Walter Gollwitzer

# § 244

(1) Nach der Vernehmung des Angeklagten folgt die Beweisaufnahme.

(2) Das Gericht hat zur Erforschung der Wahrheit die Beweisaufnahme vom Amts wegen auf alle Tatsachen und Beweismittel zu erstrecken, die für die Entscheidung von Bedeutung sind.

(3) [1]Ein Beweisantrag ist abzulehnen, wenn die Erhebung des Beweises unzulässig ist. [2]Im übrigen darf ein Beweisantrag nur abgelehnt werden, wenn ein Beweiserhebung wegen Offenkundigkeit überflüssig ist, wenn die Tatsache, die bewiesen werden soll, für die Entscheidung ohne Bedeutung oder schon erwiesen ist, wenn das Beweismittel völlig ungeeignet oder wenn es unerreichbar ist, wenn der Antrag zum Zweck der Prozeßverschleppung gestellt ist oder wenn eine erhebliche Behauptung, die zur Entlastung des Angeklagten bewiesen werden soll, so behandelt werden kann, als wäre die behauptete Tatsache wahr.

(4) [1]Ein Beweisantrag auf Vernehmung eines Sachverständigen kann, soweit nichts anderes bestimmt ist, auch abgelehnt werden, wenn das Gericht selbst die erforderliche Sachkunde besitzt. [2]Die Anhörung eines weiteren Sachverständigen kann auch dann abgelehnt werden, wenn durch das frühere Gutachten das Gegenteil der behaupteten Tatsache bereits erwiesen ist; dies gilt nicht, wenn die Sachkunde des früheren Gutachters zweifelhaft ist, wenn sein Gutachten von unzutreffenden tatsächlichen Voraussetzungen ausgeht, wenn das Gutachten Widersprüche enthält oder wenn der neue Sachverständige über Forschungsmittel verfügt, die denen eines früheren Gutachters überlegen erscheinen.

(5) Ein Beweisantrag auf Einnahme eines Augenscheins kann abgelehnt werden, wenn der Augenschein nach dem pflichtgemäßen Ermessen des Gerichts zur Erforschung der Wahrheit nicht erforderlich ist.

(6) Die Ablehnung eines Beweisantrags bedarf eines Gerichtsbeschlusses.

**Schrifttum (Auswahl).** *Aleksic* Persönliche Beweismittel im Strafverfahren (1969); *Alsberg* Der Beweisermittlungsantrag, GA **67** (1919) 261; *Alsberg* Das Verbot der Beweisantizipation, JW **1922** 258; *Alsberg* Die Wahrunterstellung im Strafprozeß, JW **1929** 977; *Alsberg* Gerichtskundigkeit, JW **1918** 792; *Arntzen* Psychologie der Zeugenaussage[2] (1983); *Arzt* Der strafrechtliche Schutz der Intimsphäre (1970); *Arzt* Zum Verhältnis von Strengbeweis und freier Beweiswürdigung, FS Peters 223; *Beling* Die Beweisverbote als Grenzen der Wahrheitsforschung im Strafprozeß (1903—Neudruck); *Bendix* Die freie Beweiswürdigung des Strafrichters, GA **63** (1917) 31; *Bergmann* Die Beweisanregung im Strafprozeß, Diss. Münster 1970; *Bergmann* Die Beweisanregung im Strafverfahren, MDR **1976** 888; *Bohne* Zur Psychologie der richterlichen Überzeugungsbildung (1948); *Born* Wahrunterstellung zwischen Aufklärungspflicht und Beweisablehnung wegen Unerheblichkeit (1984); *Bosch* Grundsatzfragen des Beweisrechts (1963); *Bovensiepen* Der Freibeweis im Strafprozeß, Diss. Bonn 1978; *Brutzer* Offenkundigkeit. Wesen und Begriff im Strafprozeß; Diss. Göttingen 1973; *Dietzen* Dreierlei Beweis im Strafverfahren (1926); *Döhring* Die Erforschung des Sachverhalts im Prozeß — Beweiserhebung und Beweiswürdigung (1964); *Graf zu Dohna* DJZ **1911** 305; *Graf zu Dohna* Das Problem der vorweggenommenen Beweisaufnahme, FS Kohlrausch 319 (1944); *Engels* Beweisantizipationsverbot und Beweiserhebungsumfang im Strafprozeß, GA **1981** 21; *Engels* Die Aufklärungspflicht nach § 244 Abs. 2 StPO, Diss. Bonn 1979; *Fröhner* Kritik der Aussage (1954); *Glaser* Beiträge zur Lehre vom Beweis im Strafprozeß (1883); *Grünwald* Die Wahrunterstellung im Strafverfahren, FS Honig, 53 (1970); *Gutmann* Die Aufklärungspflicht des Gerichts und der Beweiserhebungsanspruch der Parteien im Strafprozeß, JuS **1962** 369; *Häner* Verfahren beim Ausbleiben des gerichtlich geladenen Zeugen, JR **1984** 496; *Hamm* Wert und Möglichkeit der Früherkennung richterlicher Beweiswürdigung durch den Strafverteidiger, FS II Peters 169; *Hanack* Zur Austauschbarkeit von Beweismitteln im Strafprozeß, JZ **1970** 562; *Hartung* Zur Frage der Revisibilität der Beweisführung, SJZ **1948** 579; *Hellwig* Wahrheit und Wahrscheinlichkeit, GerS **88** (1922) 417; *Herdegen* Bemerkungen zum Beweisantragsrecht, NStZ **1984** 97; 200; 337; *Hetzer* Wahrheitsfindung im Strafprozeß (1982); *Käßer* Wahrheitserforschung im Strafprozeß (1974); *Köhler* Inquisitionsprinzip und autonome Beweisführung (§ 245 StPO), (1979); *Krauß* Das Prinzip der materiellen Wahrheit im Strafprozeß, FS Schaffstein 411; *Krause* Dreierlei Beweis im Strafverfahren, Jura **1982** 225; *Krönig* Die Kunst der Beweiserhebung, DRiZ **1960** 178; *Kunert* Strafprozessuale Beweisprinzipien im Wechselspiel, GA **1979** 401; *Lange* Von dem Zufall, die eigene Unschuld nachweisen zu können, FS II Peters 80; *Lüderssen* Zur Unerreichbarkeit des V-Mannes, FS Klug Bd. 2, 527; *Lüderssen* Die strafrechtsgestaltende Kraft des Beweisrechts, ZStW **85** (1973) 22; *Maul* Die gerichtliche Aufklärungspflicht im Lichte der Rechtsprechung des Bundesgerichtshofs, FS II Peters 60; *Meixner* Der Indizienbeweis[2] (1964); *Mayer-Alberti* Der Beweismittlungsantrag (1929); *Mösl* Sachverständigengutachten und freie Beweiswürdigung im Strafprozeß, DRiZ **1970** 110; *Neumann* Grenzen der Zeugnispflicht im Strafprozeß (1930); *Nierwetberg* Der Beweisantrag im Strafverfahren, Jura **1984** 630; *Niethammer* Der Kampf um die Wahrheit im Strafverfahren, FS Sauer 26; *Nüse* Zur Ablehnung von Beweisanträgen wegen Offenkundigkeit, GA **1955** 72; *Otto* Grenzen und Tragweite der Beweisverbote im Strafverfahren GA **1970** 289; *Peters* Der Strafprozeß in der Fortentwicklung, zugleich ein Nachtrag zum Lehrbuch Strafprozeß (1970); *Prittwitz* Der Mitbeschuldigte im Strafprozeß (1984); *Quedenfeld* Beweisantrag und Verteidigung in den Abschnitten des Strafverfahrens bis zum erstinstanzlichen Urteil, FS Peters II 215; *Raacke* Wahrunterstellung und Erheblichkeit, NJW **1973** 494; *Radbruch* Wahrunterstellung im Strafprozeß, FS Reichsgericht; *Richter* Ablehnung von Beweisanträgen auf Anhörung weiterer Sachverständiger im Strafverfahren, NJW **1958** 1125; *Robert* Der Augenschein im Strafprozeß (1974); *Roggemann* Das Tonband im Verfahrensrecht, Göttinger rechtswissenschaftliche Studien Bd. 44 (1962); *Sarstedt* Der Beweisantrag im Strafprozeß, DAR **1964** 307; *Sarstedt* Beweisregeln im Strafprozeß, FS Hirsch 171 (1968); *Sauer* Grundlagen des Prozeßrechts[2] (1929); *Sauer* Allgemeine Prozeßrechtslehre, (1951); *Sauer*, Grenzen des richterlichen Beweises, JR **1949**, 500; *W. Schmidt*, Dienstliche Äußerungen als Mittel der Freibeweisführung im Strafprozeß, SchlHA **1981** 2; *W. Schmid* Über Eid und eidesstattliche Versicherung im strafprozessualen Freibeweisrecht, SchlHA **1981** 41; *W. Schmid* Über Glaubhaftmachen im Strafprozeß, SchlHA **1981** 73; *Schmidt-Hieber* Richtermacht und Parteiherrschaft über offenkundige Tatsachen, Diss. Freiburg 1974; *Eb. Schmidt* Die Verwendbarkeit von Tonbandaufnahmen im Strafprozeß, Gedächtnisschrift für Walter Jellinek 625 (1955); *Schneider* Beweis und Beweiswürdigung[2] (1971); *Schroeder* Die Beweisaufnahme im Strafprozeß unter dem Druck der Auseinandersetzung zwischen Ost und West, ROW **1969** 193; *Schröder* Die Ablehnung von Beweisanträgen auf Grund von Wahrunterstellung und Unerheblichkeit, NJW **1972** 2105; *Schudt* Die Aufklärung des Sachverhalts im Strafverfahren, DRiZ **1980** 427; *Schulz* Die prozessuale Behandlung der Beweisermittlungsantrages, GA **1981** 301; *Schulz* Zur Entscheidungskompetenz über Beweisermittlungsanträge, AnwBl. **1983** 492; *Schulz* Die Austauschbarkeit von Beweismitteln oder die Folge apokrypher Beweismittel, StrVert. **1983** 341; *Schwagerl* Das Alibi (1964); *Schwenn* Was wird aus dem Beweisantrag, StrVert. **1981** 631; *Seebode* Hörensagen ist halb gelogen, JZ **1980** 506; *Seibert* Beweisanträge, NJW **1960** 19; *Seibert* Beweisanträge (Zeugen und Sachverständige) im Strafverfahren, NJW **1962** 135; *Simader* Die Ablehnung von Beweisanträgen in der Hauptverhandlung (1933); *Solbach/Vedder* Der Anspruch auf Beweiserhebung in der Hauptverhandlung in Strafsachen, JA **1980** 99; 161; *Spendel* Wahrheitfindung im Strafprozeß, JuS **1964** 465; *v. Stackelberg* Zur Wahrunterstellung in der strafrechtlichen Revision, FS Sarstedt 373; *Steen* Beweisführung durch Luftbilder, NJW **1981** 2557; *Stein* Das private Wissen des Richters (1893; Neudruck 1969); *Stützel* Der Beweisantrag im Strafverfahren (1932); *Tenckhoff* Die Wahrunterstellung im Strafprozeß (1980); *Többens* Der Freibeweis und die Prozeßvoraussetzungen im Strafprozeß, Diss. Freiburg 1979; *Többens* Der Freibeweis und die Prozeßvoraussetzungen im Strafprozeß, NStZ **1982** 184; *Ulsenheimer* Einschränkungen des Beweisrechts in Gegenwart und Zukunft, AnwBl. **1983** 373; *Van der Ven* Beweisrecht als Frage nach Wahrheit und nach Gerechtigkeit, FS Peters 463; *Weigelt* Der Beweisantrag in Verkehrsstrafsachen, DAR **1964** 317; *Wenner* Die Aufklärungspflicht gem. § 244 Abs. 2 StPO (1982); *Werthoff* Über die Grundlagen des Strafprozesses bei besonderer Berücksichtigung des Beweisrechts (1955); *Wessel* Die Aufklärungsrüge im Strafprozeß JuS **1969** 1; *Wessel* Zur Verfassungsgarantie der richterlichen Wahrheitsfindung, FS Dreher 137; *Willms* Zur Problematik der Wahrunterstellung, FS Schäfer 275; *Willms* Wesen und Grenzen des Freibeweises, FS Heusinger, 393; *Ziegler* Zweckmäßigkeitstendenzen in der höchstrichterlichen Auslegung des Beweisrechts im Strafverfahren (1969); *Zierl* Gegen Einschränkung des Beweisantragsrechts, DRiZ **1983** 410.

Das Schrifttum zum Zeugenbeweis ist bei den §§ 48 ff.; zum Sachverständigenbeweis vor § 72, zur körperlichen Untersuchung und zur Glaubwürdigkeitsuntersuchung bei §§ 81 ff aufgeführt. Das Schrifttum zur Frage der Beweisverbote findet sich in der Einleitung bei Kap. 14.

**Entstehungsgeschichte.** In der ursprünglichen Fassung enthielt der heutige § 244 (bis 1924: § 243) nur den jetzt noch bestehenden Absatz 1, ferner als Absatz 2 den jetzigen Absatz 6 und als Absatz 3 die Vorschrift, daß das Gericht auf Antrag oder von Amts wegen die Ladung von Zeugen und Sachverständigen sowie die Herbeischaffung anderer Beweismittel anordnen könne. Das Reichsgericht entwickelte auf dieser Grundlage in Verbindung mit § 155 Abs. 2, in dem es einen das ganze Strafverfahren beherrschenden Grundgedanken fand, eine Reihe von Grundsätzen für die Beweisaufnahme im allgemeinen und für das Verfahren gegenüber den Beweisanträgen der Beteiligten im besonderen. Um die Anwendung dieser Grundsätze einzuschränken, stellte Art. 3 § 1 des Kap. 1 des ersten Teils der VO vom 14. 6. 1932 den Umfang der Beweisaufnahme in das freie Ermessen des Gerichts. Art. 1 Nr. 3 des Gesetzes vom 28. 6. 1935 behielt diese Einschränkung bei, brachte im übrigen aber erstmals eine abschließende Aufzählung der Gründe, aus denen ein Beweisantrag abgelehnt werden konnte. Diese Vorschriften wurden in § 245 eingestellt, der bis dahin — wie jetzt wieder — das Verfahren beim Gebrauch herbeigeschaffter Beweismittel geregelt hatte. Dorthin wurde auch der bisherige Absatz 2 übernommen, während Absatz 3 als überflüssig entfiel. Dafür erhielt § 244 als Absatz 2 erstmals das die Aufklärungspflicht des Gerichts ausdrücklich aussprechende Gebot in der Fassung, daß das Gericht von Amts wegen alles zu tun habe, was zur Erforschung der Wahrheit notwendig sei. Die strengen Grundsätze, die das Reichsgericht in jahrzehntelanger Rechtsprechung erarbeitet hatte und die durch die Gesetzänderungen der Jahre 1932 und 1935 schon durchbrochen worden waren, wurden durch § 24 VereinfVO vom 1. 9. 1939 vollständig verlassen. Art. 3 Nr. 112 VereinhG knüpfte 1950 an den früheren Rechtszustand an, nahm jedoch die von der Rechtsprechung entwickelten Grundsätze als für alle Gerichte verpflichtend als Absätze 2 bis 5 in das Gesetz auf. Dabei ist das Verfahren über die Behandlung von Beweisanträgen auf Vernehmung eines Sachverständigen in Absatz 4 zum erstenmal ausdrücklich geregelt worden. Die Rechtsentwicklung und die jeweiligen Fassungen der §§ 244, 245 sind u. a. dargestellt bei *Engels* 165; *Hagemann* 144; *Rieß* FS Reichsjustizamt 423; vgl. auch Einl. Kap. 3.

## *Übersicht*

## I. Die Beweisaufnahme

**1**    **1. Gegenstand der Beweisaufnahme.** Beweis wird über **tatsächliche Vorgänge,** Ereignisse und Zustände aufgenommen, also über Tatsachen, die der Vergangenheit oder der Gegenwart angehören. Dazu gehören auch die erfahrungsgemäß zwischen den tatsächlichen Vorgängen bestehenden Zusammenhänge, nicht aber reine Wertungen[1]. Absatz 1 legt fest, daß die durch Verwendung aller zulässigen Beweismittel mögliche Aufklärung der für die Urteilsfindung erforderlichen Tatsachen in einem besonderen Abschnitt der Hauptverhandlung geschieht, der der Vernehmung des Angeklagten zur

---

[1] BGHSt **6** 359; zur Beweisbedürftigkeit von wissenschaftlichen Erkenntnissen und Erfahrungssätzen vgl. bei § 261; ferner Rdn. 228.

Sache nachfolgt (formelle Beweisaufnahme). Erst auf Grund der Einlassung des Angeklagten kann das Gericht beurteilen, welche Tatsachen einer besonderen Beweiserhebung bedürfen. Wenn Absatz 1 die Vernehmung des Angeklagten zur Sache nicht zur formellen Beweisaufnahme rechnet[2], so bedeutet dies nicht, daß seine Angaben als materielles Beweismittel für die richterliche Entscheidung unvertwertbar sind (vgl. Rdn. 10).

Das **anzuwendende Recht** kann grundsätzlich nicht Gegenstand der Beweisauf **2** nahme im Sinne des Absatzes 1 sein[3]. Die Berufsrichter müssen sich bei Vorbereitung der Hauptverhandlung die erforderlichen Rechtskenntnisse selbst bei ferne liegenden Spezialvorschriften in jeder dafür geeigneten Weise (Literatur, Behördenauskünfte, Gesetzesmaterialien usw.) verschaffen. Gleiches gilt für die Auslegung einzelner Rechtsbegriffe (wie etwa ,,Verteidigung der Rechtsordnung" in §§ 47, 56 Abs. 3 StGB; vgl. OLG Celle JR **1980** 256 mit Anm. *Naucke*) und die Tatsachen, von denen die Gültigkeit einer Rechtnorm abhängt (Ausfertigung, Tag und Art der Verkündung usw.). Im gleicher Weise muß sich das Gericht auch über den Inhalt des **Europarechts** oder **ausländischen Rechts** oder über das Bestehen von **Gewohnheitsrecht** selbst unterrichten. Dem Gericht ist es jedoch nicht verwehrt, noch in der Hauptverhandlung unter Mitwirkung der Verfahrensbeteiligten in einem freien Verfahren, das nicht an die Regeln des Strengbeweisrechts (Rdn. 3; 95) gebunden ist, festzustellen, ob und mit welchem Inhalt Gewohnheitsrecht besteht und welche Tragweite ein etwa einschlägiger ausländischer Rechtssatz hat[4]. Vor allem in den seltenen Fällen, in denen es noch auf örtliches Gewohnheitsrecht ankommen kann, muß mitunter auf Auskunftspersonen zurückgegriffen werden.

**2. Freibeweis.** Die den Grundsätzen der Mündlichkeit, Unmittelbarkeit und Öf **3** fentlichkeit und den besonderen Regeln der §§ 244 bis 256 unterfallende förmliche Beweisaufnahme (**Strengbeweis**) ist nur bei den Tatsachen unerläßlich, deren Feststellung ausschließlich der Hauptverhandlung vorbehalten ist, weil sie die Grundlage für das Urteil über Täterschaft und Schuld des Angeklagten und alle daran anknüpfenden Rechtsfolgen – einschließlich aller Nebenfolgen und der Entschädigung des Verletzten nach § 403 ff[5] – bilden. Tatsachen, die die Zulässigkeit oder den Fortgang des Verfahrens oder die Vornahme einer Prozeßhandlung betreffen, können außerhalb der Haupt-

---

[2] Wichtig wegen der Reihenfolge des Verfahrensgangs; vgl. BGHSt **3** 384; Rdn. 10; § 243, 1 ff.

[3] RG Rechtspr. **9** 231; RGSt **39** 213; **42** 56; **44** 118; RG Recht **1911** Nr. 2261; RG LZ **1916** 1044; BGHSt **25** 207 = JZ **1974** 340 mit Anm. *Schroeder*; **28** 325 = JR **1979** 381 mit Anm. *Meyer-Goßner*; BGH NJW **1966** 1364; **1968** 1293; BayOLG VRS **16** 137; OLG Celle JZ **1954** 199; JR **1980** 256 mit Anm. *Naucke*; OLG Hamm VRS **11** 59; KG VRS **17** 358; OLG Stuttgart JR **1977** 205 mit Anm. *Gollwitzer*; KK-*Pelchen* Vor § 72, 1; *Kleinknecht/ Meyer* 4; KMR-*Paulus* Vor § 72, 26; § 244, 352; *Alsberg/Nüse/Meyer* 136 je mit weit. Nachw. auch zu in Einzelheiten abweichenden Meinungen. Vgl. ferner Rdn. 95 und Vor § 72.

[4] Es ist strittig, ob die Feststellung des ausländischen Rechts und des Gewohnheitsrechts

dem Freibeweisrecht zuzurechnen ist mit der Möglichkeit, Sachverständigengutachten einzuholen (etwa OLG Schleswig SchlHA **1952** 31; KK-*Pelchen* Vor § 72, 1; *Alsberg/ Nüse/Meyer* 139) oder eine besondere Art richterlicher Ermittlungen, bei denen die Vorschriften über den Sachverständigenbeweis nur entsprechend heranziehbar sind (etwa *Koehler* JR **1951** 555; *Geisler* ZZP **91** 184; *Bovensiepen* 6). Dies und die verschiedenen anderen Meinungsvarianten wirken sich praktisch kaum aus, soweit anerkannt wird, daß die erforderlichen Maßnahmen zur Feststellung des ausländischen Rechts oder des Gewohnheitsrechts nicht notwendig an die Formen des Strengbeweisrechts gebunden sind.

[5] Vgl. die Erl. zu §§ 404, 406; ferner *Alsberg/ Nüse/Meyer* 118.

verhandlung im freien Beweisverfahren festgestellt werden. Sie unterliegen auch in der Hauptverhandlung nicht dem Strengbeweisrecht. Nach der Rechtsprechung[6] dürfen solche Tatsachen unter Ausschöpfung aller (zulässigen) Erkenntnisquellen ermittelt und in jeder geeigneten Form in die Hauptverhandlung eingeführt werden. Das umfangreiche Schrifttum hält den Freibeweis, dessen dogmatische Grundlage strittig ist[7], überwiegend für zulässig[8]. Beim Urkundenbeweis hat ihn der Gesetzgeber in § 251 Abs. 3 ausdrücklich anerkannt. Dies gilt aber auch bei Verwendung anderer Beweismittel, denn die Anwendung des Strengbeweisrechts kann nicht von der Art des Beweismittels oder dem Zeitpunkt der Beweiserhebung, sondern nur von deren Zweck abhängen.

**4**      Das freie Beweisverfahren greift nach allerdings bestrittener Meinung[9] Platz, wenn geklärt werden soll, ob die **Verfahrensvoraussetzungen** gegeben sind oder Verfahrenshindernisse bestehen, ferner, wenn die tatsächlichen Voraussetzungen für **einzelne Verfahrensentscheidungen** festzustellen sind. Im Freibeweis ist beispielsweise zu klären, ob die Einwände gegen die Besetzung des Gerichts zutreffen (§ 222 b, 25), ob das Ausbleiben des Angeklagten in der Hauptverhandlung genügend entschuldigt ist (§ 230, 24 und bei § 329), ob der Angeklagte schuldhaft seine Verhandlungsunfähigkeit im Sinne des § 231 a herbeigeführt hat (§ 231 a, 22), ob die Voraussetzungen für den Ausschluß des Verteidigers nach § 138 d vorliegen (BGHSt **28** 118; bei § 138 d) ob Beweisverbote bestehen (BGHSt **16** 164, str. vgl. § 136 a, 68), ob ein Zeuge unentschuldigt ausgeblieben ist (§ 51), ob der Zeuge die Bedeutung des Eides im Sinne des § 60 Nr. 1 erfassen kann (RGSt **56** 103) oder, ob er der Beteiligung an der den Gegenstand des Verfahrens bildenden Tat im Sinne des § 60 Nr. 2 verdächtig oder deswegen verurteilt ist (RGSt **51** 70; **57** 187), ob Hindernisse für eine Vernehmung des Zeugen in der Hauptverhandlung nach § 251 Abs. 1 bestehen (RGSt **38** 323; BGH NStZ **1984** 134; BayObLGSt **1959** 315 = NJW **1960** 687), ob ein Beweisantrag in Verschleppungsabsicht gestellt ist (BGHSt **21** 188; Rdn. 209), ob für ein Gutachten genügend Anknüpfungstatsachen vorhanden sind (BGH NJW **1983** 404) oder, ob ein Grund für den Ausschluß der Öffentlichkeit vorliegt (RGSt **66** 113).

**5**      Soweit die Entscheidung über die **Kosten**- und **Auslagen** des Verfahrens nicht nur vom Inhalt des Schuld- und Rechtsfolgenausspruchs, sondern von zusätzlich festzustellenden Tatsachen abhängt, können diese im Wege des Freibeweises festgestellt werden. Gleiches gilt bei der Entscheidung über die Entschädigung des Angeklagten nach dem StrEG[10]. Weitere Fälle für die Zulässigkeit des Freibeweises sowie die damit zusammenhängenden Einzelheiten sind bei den in Frage kommenden Bestimmungen sowie bei § 251 Abs. 3 erläutert.

---

[6] BGHSt **5** 225; **14** 137; 189; **16** 164; **21** 81; 149; **22** 90; **28** 116; 386; **30** 218; BayObLGSt **1959** 315; **1966** 58 = NJW **1960** 687; **1966** 1981; OLG Celle JZ **1954** 199; OLG Düsseldorf VRS **57** 289; OLG Hamburg NJW **1955** 758; JZ **1963** 480; OLG Hamm NJW **1965** 410; wegen weit. Nachw., insbes. zur umfangreichen Rechtsprechung des Reichsgerichts vgl. *Alsberg/Nüse/Meyer* 110; ferner Einl. Kap **12**.

[7] Vgl. die Darstellung bei *Alsberg/Nüse/Meyer* 110.

[8] *Beling* 321; Festgabe für Binding **2** 148; *Ditzen* 5; 45; 51; 98; *Arzt* FS Peters 223; *Willms* FS Heusinger 393; *Alsberg/Nüse/Meyer* 110;

*Eb. Schmidt* Vor § 244, 4; 17; Nachtr. I Vor § 244, 3; KK-*Herdegen* 4; *Kleinknecht/Meyer* 6; KMR-*Paulus* 351 je mit weit. Nachw. Kritik an der Zulassung des Freibeweises üben u. a. *Bovensiepen* 75; 152; *Hanack* JZ **1971** 171; **1972** 114; *Schlüchter* 474; *Többens* NStZ **1982** 184 je mit weit. Nachw.

[9] BGHSt **21** 81; Einl. Kap. **11** IV; KMR-*Paulus* 356; *Alsberg/Nüse/Meyer* 119 je mit weit. Nachw.; **a. A** *Bovensiepen* 156; *Peters* § 41 II 4 d bb; *Roxin* § 21 C; *Többens* NStZ **1982** 184; *Volk* Prozeßvoraussetzungen, 249.

[10] *Alsberg/Nüse/Meyer* 133 mit weit. Nachw.; **a. A** die früher h. M; *Willms* FS Heusinger 401; LR[23] 1.

Der Freibeweis muß dem **Strengbeweis weichen,** soweit es sich um die Feststel- **6** lung von Tatsachen handelt, die sowohl für die Entscheidung einer Verfahrensfrage als auch für die sachliche Entscheidung unmittelbar bedeutsam sind. Bei diesen **doppel-relevanten Tatsachen** sind die im Strengbeweis getroffenen Feststellungen auch den verfahrensrechtlichen Entscheidungen zugrunde zu legen[11]. Ist zunächst – was auch bei erkennbarer Doppelrelevanz zulässig ist – nur die verfahrensrechtliche Frage im Wege des Freibeweises geklärt worden und wird hernach die gleiche Frage für die Sachentscheidung bedeutsam, so ist sie durch Strengbeweis zu erhärten. Einem abweichenden Ergebnis muß die verfahrensrechtliche Entscheidung angepaßt werden[12].

Freibeweis bedeutet **nicht Beweis nach Gutdünken.** Die freiere Stellung, die dem **7** Richter eingeräumt ist, betrifft vor allem die Heranziehung der einzelnen Beweismittel. Sie ermöglicht den durch §250 nicht eingeschränkte Rückgriff auf den Akteninhalt, auf schriftliche, fernmündliche und mündliche Auskünfte, auf dienstliche Äußerungen[13] usw. Es besteht kein Zwang, wohl aber die Möglichkeit, Zeugen zu beeiden[14]. Beweisanträge, die nach der herrschenden Meinung nur die Bedeutung von Beweisanregungen haben, kann das Gericht auch ablehnen, wenn dies nach den §244 Abs. 3 bis 5 nicht zulässig wäre[15]. Ob die Ablehnung eines Gerichtsbeschlusses bedarf und zu begründen ist, ist strittig. Aber selbst wenn man §244 Abs. 6 im Freibeweisverfahren für unanwendbar hält, fordert der Grundsatz des fairen Verfahrens, daß den Verfahrensbeteiligten noch in der Hauptverhandlung mitgeteilt wird, aus welchen Gründen ihrem Antrag nicht entsprochen wurde[16]. Die Befugnis des Gerichts, den Umfang der Beweiserhebung und die hierbei verwendeten Beweismittel nach pflichtgemäßem Ermessen zu bestimmen, wird begrenzt durch die **Aufklärungspflicht,** sowie durch die zur Wahrung der Interessen Dritter erlassenen Verbote, wie etwa durch Auskunftsverweigerungsrechte, oder durch §136a. Die allgemeinen Verfahrensgrundsätze, die aus der Verpflichtung zu einem rechtsstaatlichen und „fairen" Prozeß erwachsen, gelten auch hier, so das Fragerecht nach §240. Desgleichen gilt der Grundsatz der freien Beweiswürdigung und die Verpflichtung zur Gewährung des **rechtlichen Gehörs** (Art. 103 Abs. 1). Auch im Wege des Freibeweises dürfen keine Tatsachen verwertet werden, zu denen sich zu äußern die Verfahrensbeteiligten keine Gelegenheit hatten[17].

### 3. Arten der Beweisaufnahme

**a)** Das Gericht darf grundsätzlich **alle zulässigen Erkenntnisquellen** für seine Ur- **8** teilsbildung heranziehen. Auf welchem Weg, durch welche Beweisart sie für die Haupt-

---

[11] BGHSt **19** 318; **22** 309; BGH bei *Dallinger* MDR **1955** 143; bei *Holtz* MDR **1982** 282; BGH StrVert. **1983** 101; *Willms* FS Heusinger 407; *Hanack* JZ **1972** 114; KK-*Herdegen* 9; *Kleinknecht/Meyer* 8; *Alsberg/Nüse/Meyer* 131. KMR-*Paulus* 359 nimmt an, daß keine Bindung an ein im Strengbeweisverfahren gewonnenes Ergebnis besteht, wenn nur noch über die Verfahrensfrage zu entscheiden ist.

[12] *Willms* FS Heusinger 407; *Alsberg/Nüse/Meyer* 132. Die Frage, wie weit das Revisionsgericht bei doppelrelevanten Tatsachen gebunden ist (vgl. BGHSt **22** 90; KMR-*Paulus* 360), kann hier unerörtert bleiben.

[13] Dazu näher *Schmid* SchlHA **1981** 2.

[14] Dazu *Schmid* SchlHA **1981** 3 ff; bei schriftli-

chen Äußerungen kann auch eine Versicherung an Eides Statt gefordert werden, KK-*Herdegen* 11; *Alsberg/Nüse/Meyer* 146.

[15] BGHSt **16** 166; BGH bei *Spiegel* DAR **1977** 172; BVerfGHE **7** 279; *Willms* FS Heusinger 397; KMR-*Paulus* 365; *Alsberg/Nüse/Meyer* 147 mit Nachw. der Rechtsprechung des RG.

[16] KK-*Herdegen* 364; vgl. ferner Rdn. 144; 172; nach *Willms* FS Heusinger 398; *Alsberg/Nüse/Meyer* 148 und der dort zitierten Rechtsprechung des Reichsgerichts bedarf die Ablehnung keines begründeten Beschlusses; der Vorsitzende muß aber stets die Ablehnung begründen.

[17] *Willms* FS Heusinger 400; *Alsberg/Nüse/Meyer* 150 mit weit. Nachw.

verhandlung erschlossen werden können, richtet sich aber ausschließlich nach den für die verschiedenen Arten von Beweismitteln aufgestellten Regeln. Diese legen die **für den Strengbeweis** verwendbaren Beweismittel **abschließend** fest[18].

**9**     b) **Beweisaufnahme im weiten Sinn** ist jede Tätigkeit des Gerichts in der Hauptverhandlung, mit der es sich über das Vorliegen eines bestimmten Lebenssachverhalts Gewißheit zu verschaffen sucht. In diesem allgemeinen Sinn dienen alle Vorgänge in der Hauptverhandlung dem Gericht als Erkenntnisquelle (vgl. die Erläuterungen zu § 261). Zur eigentlichen Beweisaufnahme in verfahrenstechnischen Sinn rechnet aber nur der Teil der Hauptverhandlung, in dem die persönlichen und sachlichen Beweismittel in die Verhandlung eingeführt und erörtert werden.

**10**     Die **Vernehmung des Angeklagten** gehört deshalb nach der äußeren Ordnung (Absatz 1, § 243 Abs. 4) nicht zur Beweisaufnahme; der Angeklagte gilt in der Hauptverhandlung nicht als Beweismittel (RGSt **48** 249). Sachlich bildet jedoch auch die Vernehmung des Angeklagten einen Teil der Beweisaufnahme in dem weiten Sinn, daß auch aus ihr die Tatsachengrundlage des Urteils gewonnen werden kann[19]. Dies gilt bei jeder Aussage des Angeklagten, vornehmlich aber dann, wenn er ein Geständnis ablegt oder wenn ein Mitangeklagter den anderen bezichtigt[19a]. Die Äußerung eines Angeklagten über den Tatbeitrag eines Mitangeklagten darf deshalb zwar, weil zum Inbegriff der Hauptverhandlung gehörend, zur Urteilsgrundlage dienen; sie gehört aber nicht zur eigentlichen Beweisaufnahme und kann daher schon vom Gericht entgegengenommen werden, ehe sich der Mitangeklagte zur Sache geäußert hat (BGHSt **3** 384). Erklärungen, die ein Verteidiger außerhalb des Vertretungsfalles abgibt, sind ebenfalls keine Beweismittel im engeren Sinn[20].

**11**     Das **äußere Erscheinungsbild** des Angeklagten, den sich offen darbietenden Eindruck seiner körperlichen und geistigen Beschaffenheit und sein Verhalten in der Hauptverhandlung kann das Gericht würdigen, ohne daß es dazu der Anordnung eines Augenscheins bedarf[21]. Auch darin zeigt sich die große Bedeutung, die seiner Anwesenheit in der Hauptverhandlung für die Urteilsfindung zukommt.

**12**     c) Die **Beweisaufnahme im engeren Sinn** besteht hauptsächlich in der Vernehmung von **Zeugen und Sachverständigen.** Die Vorschriften des Ersten Buchs, Abschn. 6 und 7 sind für diese Art von Beweisaufnahme insoweit maßgebend, als sie auf die Hauptverhandlung passen. Es ist nicht zulässig, Erklärungen einer Beweisperson zur

---

[18] BGH NJW **1961** 1486; vgl. *Eb. Schmidt* Nachtr. I Vor § 244, 2; wonach die Gerichte ihre Wahrnehmung nicht auf andere als die von der StPO zugelassen und bezüglich ihrer Verwendung geregelten Beweismittel stützen dürfen, da die Erforschung der Wahrheit nur auf justizförmigem Weg erfolgen dürfe, ferner *Henkel* JZ **1957** 152; *Kohlhaas* NJW **1957** 83; *Prittwitz* 180; *Siegert* GA **1957** 269; *Seebode* JZ **1980** 511; *Spendel* JuS **1964** 468; *Schlüchter* 475; KK-*Herdegen* 5; KMR-*Paulus* § 48, 18; *Alsberg/Nüse/Meyer* 167; a. A BGH NJW **1960** 2156; *Dallinger* MDR **1956** 146; RGSt **36** 55.

[19] BGHSt **2** 269; **28** 198; *Fezer* JuS **1977** 234. Die unterschiedliche Beurteilung der Be-

weismitteleigenschaft des Angeklagten; (dazu Nachweise bei *Alsberg/Meyer/Nüse* 167) hat in der Praxis nur geringe Bedeutung; vgl. aber Fußn. 19 a.

[19a] Vgl. Rdn. 192; **a.A** *Prittwitz* (Zusammenfassung 229), der der Einlassung des Angeklagten im Verhältnis zum Mitangeklagten jede Eignung als Beweismittel abspricht und ihre Verwertbarkeit in der eigenen Sache allein aus dem Recht auf Gehör ableitet.

[20] OLG Köln VRS **59** 349; vgl. § 234, 16 und die Erl. zu § 261.

[21] BGH bei *Dallinger* MDR **1974** 368; KG NJW **1979** 1668; vgl. Rdn. 325; 328 und die Erl. zu § 261.

Schuld- oder Rechtsfolgenfrage durch eine **informatorische Befragung** formlos in die Hauptverhandlung einzuführen[22].

Zur Beweisaufnahme gehört ferner die in den §§ 249 bis 256 geordnete **Verlesung** 13 **von Niederschriften** über frühere Vernehmungen und von anderen Schriften.

Der **Augenschein** an den in der Hauptverhandlung vorliegenden Beweisstücken, 14 der gleichfalls einen Teil der Beweisaufnahme bildet, ist gegenständlich nicht begrenzt (RGSt **45** 236). Alles, was der eigenen sinnlichen Wahrnehmung des Gerichts unmittelbar oder durch Vermittlung von Personen oder Geräten zugänglich ist, die Richter also selbst sehen, hören, fühlen, riechen oder schmecken können, kann Gegenstand des Augenscheinsbeweises sein. Um ihn zu ermöglichen, kann auch die Herbeischaffung eines noch nicht zur Stelle befindlichen Beweisstücks angeordnet werden. Zu solchen Beweisstücken gehören auch Modelle, Landkarten und Lichtbilder. Das Gericht kann sie benutzen, ohne daß derjenige, der sie angefertigt hat, als Zeuge vernommen werden muß, wenn nur nach freier Beweiswürdigung feststeht, daß das Bild den zu untersuchenden Vorgang oder Zustand wiedergibt[23]. Das gleiche gilt für Filme, Fernsehaufzeichnungen, Schallplatten, Tonbänder; sowie überhaupt für alle Arten technischer Aufzeichnungen. Bedient sich allerdings der Richter einer Aufzeichnung, etwa eines Lichtbildes oder einer Skizze, als **Hilfsmittel bei der Vernehmung** eines Zeugen, so ist nicht dieses Hilfsmittel, sondern das Zeugnis Beweismittel. Die Einzelheiten werden bei den §§ 86, 245, 249, 250 und 253 erörtert; vgl. auch Rdn. 338.

**4. Vornahme von Handlungen oder Versuchen.** Für die Behandlung von Anträ- 15 gen auf Vornahme von Handlungen, auf Rekonstruktion der Tat oder sonstigen Versuchen fehlen ausdrückliche Vorschriften. Welche Bestimmungen im einzelnen Falle eingreifen, richtet sich nach der Art des beantragten Beweiserhebungsvorgangs[24]; u.a. danach, ob nur eine bestimmte Gestaltung der Beweisaufnahme erstrebt wird, oder ob der Antrag gleichzeitig die Verwendung eines neuen Beweismittels anregt.

Der **Versuch** kann Gegenstand eines Augenscheinsbeweises sein, er kann aber 16 auch zu einem Zeugen- oder Sachverständigenbeweis gehören[24a]. Nimmt ein ärztlicher Sachverständiger beim Angeklagten bestimmte Tests vor, so gelten die Vorschriften über den Sachverständigenbeweis. Das Ergebnis des Tests ist dann meist eine Befundtatsache, über die der Sachverständige in der Hauptverhandlung berichtet (OLG Oldenburg VRS **46** 198; vgl. Rdn. 316 und bei § 250).

Die **Gegenüberstellung** eines Zeugen mit einem anderen Zeugen oder mit dem 17 Angeklagten ist Teil der Zeugeneinvernahme (§ 58 Abs. 2). Es greifen die Vorschriften über den Beweis durch Zeugen und über das Fragerecht der Beteiligten ein. Sind die beiden einander gegenüberzustellenden Personen in der Verhandlung zugegen, kann jeder Verfahrensbeteiligte die Gegenüberstellung durch Ausübung des Fragerechts selbst bewirken. Ist einer von ihnen nicht zugegen, muß ein entsprechender Antrag gestellt werden. Ein Anspruch auf Durchführung der Zeugeneinvernahme in der Form der Gegen-

---

[22] RGSt **42** 219; **66** 114; BGH MDR **1974** 269; OLG Oldenburg MDR **1977** 775; vgl. Vor § 48, 1; § 59, 5; *Alsberg/Nüse/Meyer* 127; 172, auch zur Abgrenzung von der nach Freibeweisrecht zulässigen Aufklärung, ob eine Person überhaupt als Zeuge in Betracht kommt.

[23] RGSt **36** 55; **65** 307; BGH GA **1968** 305; VRS **23** 91; **27** 120; StrVert. **1981** 395; BayObLGSt **1965** 79 = JR **1966** 389 mit Anm.

*Koffka;* OLG Hamm VRS **51** 47; OLG Koblenz VRS **44** 433; OLG Stuttgart DAR **1977** 328; vgl. Rdn. 328; 333; ferner bei §§ 249 ff; 245, 23.

[24] KK-*Herdegen* 17 ff; KMR-*Paulus* § 72, 59; *Alsberg/Nüse/Meyer* 169; 235; vgl. bei § 86.

[24a] BGH NJW **1961** 1486; OLG Braunschweig GA **1965** 376; OLG Celle GA **1965** 377; OLG Düsseldorf VRS **60** 122; OLG Hamm NJW **1968** 1205; VRS **7** 374; **41** 136.

Walter Gollwitzer

überstellung besteht nicht. Ein darauf gerichteter Antrag ist meist kein den Absätzen 3 bis 6 unterfallender Beweisantrag, sondern ein die Modalitäten der Beweisaufnahme betreffender Antrag, über den der Vorsitzende im Rahmen seiner Sachleitungsbefugnis (§ 238 Abs. 1) zu befinden hat[25]. Mit dem Antrag auf Gegenüberstellung kann allerdings ein Beweisantrag verbunden sein, wenn damit zugleich die Einvernahme eines neuen Zeugen oder eines bereits vernommenen Zeugen zu einem neuen Beweisthema, wie die Tatsache der Personenidentität, begehrt wird[26].

**18**      Die bloße nach den Grundsätzen des Zeugenbeweises zu beurteilende Befragung eines Zeugen, die sich einem Versuch nähert oder ihn gar schon erreicht, ist durch gleitende Übergänge mit Vorgängen verbunden, die schon als **Untersuchung** zu beurteilen sind und die, soweit Zeugen solchen Untersuchungen unterworfen werden sollen, an ihre Einwilligung (BGHSt **23** 1) oder an die engen Voraussetzungen des § 81 c StPO gebunden sind. Ein Zeuge, der bei und in seiner Aussage die Entfernung zwischen zwei Punkten schätzt, wird die Antwort auf Fragen nicht verweigern dürfen, die seine Fähigkeit im Schätzen von Entfernungen prüfen sollen, indem er etwa dazu aufgefordert wird, die Entfernung zwischen zwei Punkten innerhalb oder außerhalb des Gerichtssaals anzugeben. Ähnlich wird es bei Zeugen, die sich einer verfeinerten Beobachtungsoder Unterscheidungsgabe auf bestimmten Gebieten berühmen, ohne weiteres für zulässig zu erachten sein, diese Gabe durch Fragen oder auch durch die Herbeischaffung bestimmter Gegenstände zu überprüfen, an denen sich diese Gabe beweisen soll[27]. Soll dagegen ein Zeuge durch einen Psychiater oder Psychologen allgemein auf seine Zeugentauglichkeit geprüft werden, so kann – soweit eine Untersuchung des Zeugen notwendig ist – einem solchen Begehren nur im Einvernehmen mit dem Zeugen stattgegeben werden, dessen Zeugentauglichkeit geprüft werden soll (BGHSt **14** 21)[28]. Auch der Angeklagte ist, soweit nicht die §§ 80 bis 81 b eingreifen, an der Mitwirkung bei einem Versuch nicht verpflichtet (RG JW **1927** 2044).

**19**      **Anträgen auf Vornahme von Versuchen,** auf **Rekonstruktion des Tatgeschehens** muß nur entsprochen werden, wenn die Aufklärungspflicht dazu drängt[29]. Dies gilt auch, wenn ein solcher Antrag selbständig und nicht im Rahmen eines stattfindenden Zeugen- oder Sachverständigenbeweises gestellt wird. Sie sind – je nach dem vertretenen Standpunkt (vgl. Rdn. 121; 131; 141) vom Vorsitzenden bzw. durch Gerichtsbeschluß – abzulehnen, wenn sich die Handlung nicht unter **vergleichbaren Bedingungen** wiederholen läßt, ein für die Beweisfrage aussagekräftiger Vergleich der Ergebnisse also nicht

---

[25] BGH NJW **1960** 2156; MDR **1974** 725; KK-*Herdegen* 17; KMR-*Paulus* 393; *Kleinknecht/Meyer* 27; vgl. § 58, 11 ff mit weit. Nachw., auch zum Beweiswert der Gegenüberstellung. Nach *Alsberg/Nüse/Meyer* 91 ist die Simultangegenüberstellung zur Erprobung des Erinnerungsvermögens eines Zeugen Experiment.

[26] KK-*Herdegen* 17; vgl. Rdn. 133 und *Odenthal* Die Gegenüberstellung im Strafverfahren, 87 ff zu den unterschiedlichen Anträgen, die im Antrag auf Gegenüberstellung enthalten sein können.

[27] Beispiele aus der Rechtsprechung bei *Alsberg/Nüse/Meyer* 98.

[28] Soweit BGHSt **7** 82 weiterging, hat BGHSt **14** 21 nicht daran festgehalten; vgl. *Bockelmann* GA **1955** 331; *Eb. Schmidt* NJW **1962** 665; ferner Rdn. 284.

[29] Dies gilt, wenn man in solchen Anträgen Beweisermittlungsanträge sieht – so OLG Hamm NJW **1957** 921; VRS **49** 434; JMBlNW **1979** 277; RGSt 40 50; oder Aufklärungsanträge – so KMR-*Paulus* 391; 393 – oder die Art der Beweiserhebung betreffende Beweisanregungen – so *Alsberg/Nüse/Meyer* 97 – oder auf Vornahme eines Augenscheins gerichtete Beweisanträge – so BGH NJW **1961** 1486; KK-*Herdegen* 19. OLG Düsseldorf VRS **60** 122 läßt dies offen.

zu erwarten ist[30]. Sie können ferner abgelehnt werden, wenn von der Durchführung des Versuchs eine Gesundheitsschädigung der Versuchsperson zu befürchten ist (OLG Oldenburg VRS **46** 205: Alkoholbelastungstest bei krankem Angeklagten)[31] oder wenn keiner Versuchsperson zugemutet werden kann, sich auf einen solchen Versuch einzulassen, etwa, wenn Vorgänge nachgeahmt werden sollen, die einer in einem Personenkraftwagen verübten Notzucht unmittelbar vorausgingen (BGH NJW **1961** 1486)[32].

Soweit die Durchführung eines Versuchs von der **Mitwirkung dritter Personen,** **20** insbesondere von Zeugen, abhängt, besteht eine Pflicht zur Mitwirkung nur in begrenztem Umfange. Die Zeugenpflicht schließt zwar die Duldung der Gegenüberstellung sowie sonstiger, die körperliche Integrität nicht wesentlich berührende Maßnahmen mit ein, nicht aber das aktive Mitwirken an umfangreicheren Versuchen. Wegen der Einzelheiten vgl. die Erläuterungen Vor § 48, 7 und wegen der Duldung von Untersuchungen bei § 81 c. Sofern die für die Vornahme eines Versuchs benötigten Personen die Mitwirkung befugt verweigern, rechtfertigt dies die Ablehnung.

### 5. Beschränkung der Beweisaufnahme bei Schätzungen
**a)** Das **materielle Strafrecht** erlaubt dem Richter im Interesse der Verfahrenser- **21** leichterung bei der Festsetzung bestimmter, zu beziffernder Rechtsfolgen deren tatsächliche Bemessungsgrundlage zu schätzen (so § 40 Abs. 3 StGB: Grundlagen für die Bemessung des Tagessatzes; § 73 b StGB: Grundlagen für die Berechnung des Verfalls; § 74 c StGB: Wert des Gegenstandes und der Belastung bei der Ersatzeinziehung; § 8 Abs. 2 WiStG 54: Höhe des Mehrerlöses).

**Die Zulässigkeit von Schätzungen** soll die Hauptverhandlung von Beweiserhebun- **22** gen entlasten, die vom eigentlichen Ziel des Strafverfahrens – der Entscheidung über die Schuld des Angeklagten und die Festsetzung angemessener Rechtsfolgen – ablenken, weil sie Detailfragen im Rechtsfolgenbereich in den Vordergrund der Beweisaufnahme stellen würden. Die Schätzung kommt also nicht nur als ultima ratio nach erfolgloser Ausschöpfung aller verfügbaren Beweismittel in Betracht, sondern schon dann, wenn die Beweiserhebung über alle für eine genaue Berechnung der Rechtsfolgen benötigten Tatsachen eine Beweisaufnahme erfordern würde, die nach Umfang, Aufwand oder wegen der damit verbundenen Eingriffe in andere rechtlich geschützte Bereiche außer Verhältnis zur Bedeutung der Sache und der Höhe der zu verhängenden Rechtsfolge steht oder die wegen weiterer Ermittlungen den Abschluß des Verfahrens über Gebühr verzögern würde[33]. Die Zulässigkeit von Schätzungen beseitigt die grundsätzliche Anwendbarkeit des § 244 nicht; sie befreit die Ermittlung der Schätzungsgrundlagen auch nicht von den Anforderungen des Strengbeweisrechts[34].

---

[30] BGH VRS **35** 264; OLG Düsseldorf VRS **60** 122; insoweit könnte auch ein Beweisantrag wegen mangelnder Eignung des Beweismittels abgelehnt werden, vgl. etwa OLG Koblenz VRS **46** 198; ferner Rdn. 288.

[31] BGH VRS **28** 190; BGH DAR **1969** 151; **1970** 123; **1972** 119 bei *Martin;* NStZ bei *Pfeiffer* **1982** 189.

[32] RGSt **14** 189; **42** 440; RG JW **1931** 2820 mit Anm. *Alsberg.*

[33] BayObLG bei *Rüth* DAR **1978** 206; VRS **60** 103; OLG Bremen OLGSt 1 zu § 40 Abs. 3 StGB; OLG Celle JR **1983** 203 mit Anm. *Stree; Alsberg/Nüse/Meyer* 849; *Grebing* ZStW **88** (1976) 1049; JZ **1976** 745; JR **1978** 142; KK-*Herdegen* 41; *Kleinknecht/Meyer* 15; KMR-*Paulus* 229; enger wohl BGH NJW **1976** 634; OLG Hamm JR **1978** 165; eine Mindermeinung (z. B. *Maurach/Gössel/Zipf* Strafrecht AT § 59 III F 3) will die Schätzung nur zulassen, wenn andere Beweismittel fehlen.

[34] KK-*Herdegen* 41; *Kleinknecht/Meyer* 15; KMR-*Paulus* 230.

**23**    **b)** Die **Aufklärungspflicht** besteht auch dort, wo das Gericht schätzen darf. Die Anwendbarkeit des § 244 Abs. 2 wird dadurch lediglich modifiziert. Gegenstand der Aufklärungspflicht sind immer nur diejenigen Tatsachen, die für die Sachentscheidung des Gerichts wesentlich sind. Darf das Gericht bei Rechtsfolgen schätzen, dann verändert sich dadurch auch Gegenstand und Umfang der Aufklärungspflicht. Sie erfordert dann nicht mehr, daß das Gericht alle für die genaue Berechnung der Rechtsfolgen notwendigen Einzelheiten klärt; es kann sich mit der Ermittlung von Anhaltspunkten begnügen, die ihm nach Vernunft und Lebenserfahrung eine hinreichend sichere Schätzung erlauben. Die konkreten Ausgangstatsachen der Schätzung müssen aber, sofern sich das Gericht insoweit nicht auf eine glaubhafte Einlassung des Angeklagten stützen kann[35], durch Beweismittel in der Hauptverhandlung erhärtet und im Urteil dargelegt werden[36].

**24**    Ob sich das Gericht überhaupt mit einer Schätzung begnügen will und auf welche Ausgangstatsachen es seine Schätzung gründen will, entscheidet es nach **pflichtgemäßem Ermessen**. Dabei hat es sich an den Umständen des Einzelfalles zu orientieren, insbesondere auch daran, ob die weitere Aufklärung der als Anhaltspunkte für die Schätzung erforderlichen Tatsachen in der Hauptverhandlung jederzeit möglich ist, weil die dafür erforderlichen Beweismittel präsent oder ohne größere Verzögerung des Verfahrens verwendbar sind (vgl. Rdn. 22; 32).

**25**    Genügt das Gericht vor der Schätzung diesen Anforderungen, so ist die Aufklärungspflicht nicht verletzt, auch wenn eine Aufklärung weiterer Einzelheiten und damit eine **Verbreiterung der Schätzungsgrundlage** an sich möglich gewesen wäre.

**26**    Umgekehrt verstößt es gegen die Aufklärungspflicht ebenso wie gegen das Willkürverbot, wenn das Gericht die Schätzung ohne ein **Mindestmaß an** zureichenden **Anhaltspunkten** auf bloße Vermutungen stützt[37]. Welches Mindestmaß an Anhaltspunkten für die Schätzung unerläßlich ist, hängt von der Art des zu beurteilenden Lebensvorgangs ab, vor allem auch von seiner eine Verallgemeinerung erleichternden Üblichkeit, sowie vom Ausmaß der durch die Schätzung festzusetzenden Rechtsfolgen, ferner von der Einlassung des Angeklagten, der, ebenso wie die anderen Verfahrensbeteiligten, zu den Schätzungsgrundlagen gehört werden muß[38].

**27**    **c) Bei Beweisanträgen nach Absatz 3 und 4** ist das Gericht nur dort, wo es schätzen darf, freier gestellt. Es kann Beweisanträge, die darauf abzielen, die genaue Berechnung der Höhe der Rechtsfolge zu ermöglichen, ablehnen, wenn dadurch das Verfahren mit der Feststellung von Einzelheiten übermäßig belastet würde und es die unter Beweis gestellten Tatsachen nicht als Ausgangsgrundlage für seine Schätzung benötigt. Die Pflicht des Gerichts, Beweisanträgen stattzugeben, sofern nicht die Ablehnungsgründe der Absätze 3 und 4 Platz greifen, besteht nur bei solchen Tatsachen nicht, auf deren Feststellung das Gericht verzichten darf, weil es ihm freisteht, ob es sie als Grundlage der Entscheidung verwenden will.

**28**    Die unter Beweis gestellte Tatsache ist für die konkrete Schätzung **unerheblich,** wenn das Gericht ohne Verletzung seiner Aufklärungspflicht (Rdn. 23) der Ansicht ist, es benötige sie nicht als Grundlage seiner Schätzung. Dies gilt selbst dann, wenn sie an sich geeignet wäre, die Schätzungsgrundlagen zu verbreitern. Die Grenze wird im Ein-

---

[35] Soweit das Gericht der Einlassung des Angeklagten folgen kann, bedarf es keiner Schätzung (*Alsberg/Nüse/Meyer* 848), für sie ist erst Raum, wo die Einlassung ungenügend oder unglaubhaft ist (KMR-*Paulus* 229).

[36] BayObLG VRS **60** 103; OLG Celle JR **1983**

203 mit Anm. *Stree;* OLG Hamm JR **1978** 165; dazu *Grebing* JR **1978** 142; OLG Koblenz NJW **1976** 1275.

[37] Vgl. Fußn. 33; 36.

[38] *Alsberg/Nüse/Meyer* 850; KMR-*Paulus* 232; *Meyer* DAR **1976** 149.

zelfall nicht leicht zu finden sein. Das materielle Recht gewährt dem Tatrichter durch die Zulassung von Schätzungen auch hinsichtlich der Ausgangstatsachen bewußt einen weiten Ermessensspielraum, der die Ablehnung diesbezüglicher Beweisanträge rechtfertigt. Die Ausführungen im Urteil zur Begründung der Schätzung dürfen dann aber nicht die Tatsachen in Abrede stellen, die vergeblich unter Beweis gestellt worden sind.

Betrifft der Beweisantrag dagegen eine Tatsache, die als **Ausgangsgrundlage** für **29** die Schätzung unverzichtbar ist, oder auf die das Gericht seine Schätzung stützen will, so muß das Gericht ihm entsprechen, sofern nicht einer der Ablehnungsgründe der Absätze 3 bis 5 vorliegt. Der Antrag kann nicht etwa mit der Begründung abgelehnt werden, daß es vom Gegenteil der unter Beweis gestellten Tatsache überzeugt ist (vgl. dazu *Rüth* DAR **1975** 3 für das Berufungsgericht). Insoweit gelten die allgemeinen Regeln über die Behandlung von Beweisanträgen; denn der Angeklagte und auch der Staatsanwalt müssen die Möglichkeit haben, durch Beweisanträge auf eine Korrektur irriger Vorstellungen über die relevanten Schätzungsgrundlagen hinzuwirken[39].

**Im Schrifttum** wurde früher die Ansicht vertreten, ebenso wie bei § 287 ZPO sei **30** das Gericht berechtigt, dort, wo es schätzen dürfte, Beweisanträge nach freiem Ermessen abzulehnen; die Vorschriften über die Ablehnung von Beweisanträgen fänden insoweit keine Anwendung[40]. Diese Ansicht ist, soweit ersichtlich, aufgegeben. Sie hat im Gesetzeswortlaut keine Stütze, weil der Gesetzgeber darauf verzichtet hat, hier ähnlich wie im Privatklageverfahren oder im Bußgeldverfahren dem Gericht diesen Ermessensspielraum ausdrücklich zu schaffen und führt im Grunde nicht zu wesentlich anderen Ergebnissen als die herrschende Meinung.

Die Ablehnung des Beweisantrags erfordert einen **Beschluß des Gerichts** (§ 244 **31** Abs. 6), der zu begründen ist und der aufzeigen muß, warum das Gericht die beantragte Beweiserhebung über die tatsächliche Schätzungsgrundlage für nicht erforderlich hält. Dabei werden in der Regel die Tatsachen anzugeben sein, in denen das Gericht eine ausreichende Grundlage für die beabsichtigte Schätzung zu finden glaubt[41].

**d) Präsente Beweismittel** (§ 245) sind für die Ermittlung von Anhaltspunkten für **32** die Schätzung immer auszuschöpfen. Sie dürfen nicht mit dem Hinweis abgelehnt werden, daß das Gericht für seine Schätzung keine weiteren Anhaltspunkte benötige. Im übrigen findet auf die Beweismittel, deren Präsenz die die Verfahrensbeteiligten bewirkt haben, § 245 Abs. 2 Anwendung[42].

**6. Notwendigkeit der Beweisaufnahme.** Aus dem § 244 Abs. 1 ist nicht zu folgern, **33** daß das Gericht sich niemals mit einem **Geständnis** des Angeklagten begnügen dürfe und daß dessen Vernehmung unter allen Umständen eine weitere Beweisaufnahme nachfolgen müsse; nach dem im § 261 enthaltenen Grundsatz der freien Beweiswürdigung ist es vielmehr zulässig, eine Verurteilung des Angeklagten ausschließlich auf sein Geständnis zu stützen[43]. Ob das Geständnis ausreicht, um den Schuldspruch und die Strafbemessung zu tragen, hängt von der Eigenart der einzelnen Sache ab. Jedenfalls muß das Gericht in Erfüllung seiner Aufklärungspflicht die Glaubwürdigkeit des Geständnisses kritisch prüfen. Es darf die Kenntnis der belastenden Tatsachen nur aus der Hauptverhand-

---

[39] *Alsberg/Nüse/Meyer* 850; *Kleinknecht/Meyer* 15.

[40] Vgl. 23. Aufl. Rdn. 27; die Anwendbarkeit des § 287 ZPO im Anhangsverfahren nach § 403 ff wird dort erläutert.

[41] *Kleinknecht/Meyer* 15; KMR-*Paulus* 230; *Alsberg/Nüse/Meyer* 850.

[42] *Kleinknecht/Meyer* 15; KMR-*Paulus* 229; § 245, 46 ff.

[43] RG Recht **1919** Nr. 845; BGHSt **2** 269; vgl. Rdn. 7 und zum Begriff des Geständnisses bei § 254.

lung, nicht aber aus dem Akteninhalt schöpfen (RGSt 1 81). Im übrigen ermöglicht das Geständnis meist eine wesentliche Einschränkung der Beweisaufnahme. Die vorhergehenden Ausführungen setzen jedoch ein in der Hauptverhandlung abgelegtes Geständnis voraus. Ein Geständnis, das der Angeklagte **außerhalb der Hauptverhandlung** gemacht, aber in ihr nicht wiederholt oder bestätigt hat, ist nur eine den Angeklagten belastende Tatsache, die ihrerseits – insbesondere nach § 254 – Gegenstand der Beweisaufnahme sein kann[44].

**34**    7. **Anordnung der Beweisaufnahme.** Die Entscheidung (Anordnung des Vorsitzenden, Beschluß des Gerichts, vgl. Rdn. 141, 142), die die Erhebung eines Beweises von Amts wegen oder auf Antrag anordnet, braucht in der Regel nicht begründet zu werden[45], selbst wenn ein Prozeßbeteiligter der Beweiserhebung widersprochen hat. Ausnahmsweise ist eine Begründung erforderlich, wenn die Zulässigkeit der Form, in der Beweis erhoben werden soll, auf Widerspruch stößt oder einem Zweifel unterliegt. Strittig ist dagegen, ob eine Begründung notwendig ist, wenn das Gericht über sonstige Einwände gegen die Anordnung des Vorsitzenden entscheidet[46].

**35**    Die **Art und Weise,** in der die Zeugeneinvernahme durchzuführen ist, ist bei § 69 erläutert. Zur Durchführung des Sachverständigenbeweises vgl. §§ 78 ff; zum Augenschein §§ 86 ff und zum Urkundenbeweis §§ 249 ff.

**36**    8. **Reihenfolge der Beweisaufnahme.** Die Strafprozeßordnung sieht grundsätzlich vor, daß die Beweisaufnahme erst nach **Einvernahme des Angeklagten zur Sache** durchgeführt wird (§ 243 Abs. 3, § 244 Abs. 1), damit das Gericht die Sachdarstellung des Angeklagten bei der Beweisaufnahme berücksichtigen und die Beweismittel auch insoweit ausschöpfen kann. Vor Abschluß der Einvernahme des Angeklagten zur Sache ist eine Beweisaufnahme gegen den Widerspruch des Angeklagten grundsätzlich nicht zulässig (BGHSt 19 63). Mit Einwilligung des Angeklagten ist eine abweichende Verfahrensgestaltung jedoch möglich, sofern der Aufbau der Hauptverhandlung im ganzen gewahrt bleibt. Wegen der Einzelheiten, vor allem wegen der Zulässigkeit einer gesonderten Verhandlung verschiedener Tatkomplexe, vgl. die Ausführungen bei § 243, 3 ff.

**37**    Innerhalb der Beweisaufnahme steht es dem Gericht weitgehend frei, in welcher **Reihenfolge** es die einzelnen Beweismittel in die Hauptverhandlung einführen will. Aus Gründen der Prozeßökonomie (Vermeidung überflüssiger Beweiserhebungen) ebenso wie auch zur Schonung des Angeklagten vor überflüssiger Erörterung seiner persönlichen Angelegenheiten werden – soweit persönlich und sachlich trennbar – in der Regel zunächst die Beweise zur Schuldfrage erhoben und erst anschließend die Beweise, die allein für die Beurteilung der vom Gericht festzusetzenden Rechtsfolgen von Bedeutung sind und bei denen § 172 Nr. 2 GVG den Ausschluß der Öffentlichkeit zum Schutze der Privatsphäre des Angeklagten gestattet. Zwingend vorgeschrieben ist diese Verfahrensgestaltung jedoch nicht. Das Gericht kann auch anders verfahren. Zu den Fragen des informellen Schuldinterlokuts vgl. § 243, 9.

---

[44] RGSt **61** 72; **69** 88; OGHSt **1** 110; BGHSt **14** 310; **21** 285; ferner bei § 254.
[45] RGRspr. **2** 595; **3** 295; KK-*Herdegen* 63; KMR-*Paulus* 2; *Alsberg/Nüse/Meyer* 754.
[46] BGHSt **15** 253; RGRspr. **3** 295; RG GA **59** (1912) 454; *Alsberg/Nüse/Meyer* 754 vernei-

nen eine Begründungspflicht nach § 34, während sie für den Beschluß nach § 238 Abs. 2 bejaht wird von RGRspr. **4** 324; *Eb. Schmidt* § 34, 5 a; *Kleinknecht/Meyer* 15; KK-*Herdegen* 63; vgl. § 34, 4; 5.

## II. Die Pflicht zur Erforschung der Wahrheit (Absatz 2)

**1. Übergeordneter Verfahrensgrundsatz.** Das Gebot zur Erforschung der Wahr- **38** heit, zur Aufklärung aller entscheidungserheblichen Tatsachen von Amts wegen (Untersuchungsgrundsatz), ist das **beherrschende Prinzip des Strafverfahrens**[47]. Es gilt nicht nur für die Beweisaufnahme, sondern für alles, was der Richter im Strafverfahren zu tun hat. Das brachte die frühere Fassung der Vorschrift: „Das Gericht hat von Amts wegen alles zu tun, was zur Erforschung der Wahrheit erforderlich ist", deutlicher zum Ausdruck, als es die seit dem Vereinheitlichungsgesetz geltende, die sich dem Wortlaut nach auf die Verpflichtungen des Gerichts bei der Beweisaufnahme bezieht[48]. Ungeachtet dieser Fassungsänderung ist die Pflicht des Gerichts, alles zu tun, was zur Erforschung der Wahrheit erforderlich ist, ein **das ganze Verfahren** und nicht nur die Beweisaufnahme beherrschendes Gebot[49]. Ihm muß der Richter auch dann – und gerade dann – gehorchen, wenn äußere Schwierigkeiten seine Befolgung erschweren. Er muß über diese Herr werden, gleichgültig, ob sie durch die Unzulänglichkeit der Vorermittlungen, durch die Beschränktheit oder Lügenhaftigkeit der Zeugen, durch ungenügende Sachkunde der Gutachter, durch die Eilbedürftigkeit der Sache, die Bedrängnis durch ein Übermaß anderer Geschäfte oder sonstige Umstände hervorgerufen sind.

**2. Gegenstand der Aufklärungspflicht.** Die Aufklärungspflicht deckt sich in ihrer **39** **Spannweite** mit der Pflicht des Gerichts zur erschöpfenden Untersuchung der angeklagten Tat (§264). Sie ist verletzt, wenn das Gericht, das einen Teil der angeklagten Tat nach §154a Abs. 2 ausgeschieden hat, den Angeklagten freispricht, ohne den ausgeschiedenen Teil wieder einzubeziehen[50]. Sie umfaßt andererseits nicht Vorgänge, die einen zu Recht ausgeschiedenen Sachverhalt oder rechtlichen Gesichtspunkt betreffen. Soweit das Gericht an anderweitig festgestellte Tatsachen gebunden ist, besteht auch keine Aufklärungspflicht; sie reicht nicht über die Entscheidungskompetenz des Gerichts hinaus.

Die Aufklärungspflicht erstreckt sich auf alle Tatsachen, die für die Anwendung **40** des **sachlichen Rechts,** für die Entscheidung über die Schuld und über Art und Maß der Rechtsfolgen, erheblich sind. Das Gericht muß alle nicht von vornherein aussichtslosen Schritte unternehmen, um eine möglichst zuverlässige Beweisgrundlage für die Anwendung des sachlichen Rechts zu erhalten (BGHSt **29** 109)[51]. Solange das Gericht nicht alle Mittel der Aufklärung erschöpft hat, darf es nicht nach dem Grundsatz im Zweifel für den Angeklagten entscheiden (BGHSt **13** 328)[52] oder eine Wahlfeststellung treffen (vgl. bei §261).

Die Aufklärungspflicht umfaßt alle für die Beurteilung der **Person des Angeklag-** **41** **ten** bedeutsamen Umstände (OLG Hamm NJW **1956** 1934). Sie ist verletzt, wenn das Gericht zu Lasten des Angeklagten eine **Vorstrafe** verwertet, die er nicht erlitten hat (RG HRR **1939** Nr. 546; **1942** Nr. 338), oder wenn es unterläßt, einen Strafregisteraus-

---

[47] BVerfGE **57** 275; „Zentrales Anliegen des Strafprozesses" und „Bestandteil des materiell verstandenen Rechtsstaatsprinzip"; ferner BGHSt **1** 96; **10** 118; **23** 187; vgl. Einl. Kap. **13** IV.

[48] Zur Entwicklung *Rieß* FS Reichsjustizamt 432; *Engels* GA **1981** 21.

[49] *Gössel* FS Bockelmann 432; *Maul* FS II Peters 48.

[50] BGHSt **22** 105; BGH MDR **1980** 947; OLG Hamburg GA **1968** 281; OLG Hamm NJW **1967** 1433; vgl. auch §154 a, 35.

[51] Zur Tragweite dieser Verpflichtung vgl. Rdn. 45; 46.

[52] BGH bei *Spiegel* DAR **1978** 159; OLG Hamm VRS **41** 37; *Maul* FS II Peters 51; ferner bei §261.

Walter Gollwitzer

zug oder einen Auszug aus dem Verkehrszentralregister beizuziehen[53] oder Zweifel an der Richtigkeit oder Tilgungsreife einer dort vermerkten Vorstrafe zu klären (BGHSt 20 205) oder sonstige für die Strafzumessung bedeutsame Umstände festzustellen (z. B. OLG Zweibrücken VRS 35 439); ferner, wenn es das Gericht in Verfahren gegen Jugendliche oder Heranwachsende unterläßt, Ermittlungen gemäß § 43 JGG vorzunehmen[54] oder die Jugendgerichtshilfe zum Termin zu laden und anzuhören[55]. Im Einzelfall kann die Aufklärungspflicht auch fordern, einen trotz Ladung ferngebliebenen Vertreter der Jugendgerichtshilfe zuzuziehen[56].

**42**    **Verfahrensrechtlich erhebliche Tatsachen** muß das Gericht ebenfalls in einem der jeweiligen Verfahrenslage angemessenen Umfang aufklären[57], bevor es über eine Verfahrensfrage entscheidet. Es muß erforschen, ob alle Verfahrensvoraussetzungen gegeben sind, etwa, ob ein erforderlicher Strafantrag rechtzeitig gestellt ist[58], ferner, ob die tatsächlichen Voraussetzungen der jeweils zu treffenden Verfahrensentscheidung vorliegen, etwa, ob ein Zeuge verhindert oder unerreichbar ist, oder ob die Aussagegenehmigung zu Recht verweigert oder beschränkt worden ist. Die einzelnen Fälle werden im Zusammenhang mit den jeweiligen Verfahrensregeln erörtert.

**43**    An den **Beweisverboten** findet auch die Aufklärungspflicht ihre Schranke. Soweit die Erforschung eines bestimmten Sachverhalts oder die Verwendung oder Verwertung eines bestimmten Beweismittels durch das Gericht unzulässig sind, scheiden sie auch für die Sachaufklärung aus[59]. Ob die Voraussetzungen eines Beweisverbotes tatsächlich vorliegen, muß das Gericht aber von sich aus aufklären; es muß beispielsweise prüfen, ob die dafür zuständige Behörde einem Zeugen die Aussagegenehmigung mit Grund verweigert hat[60], oder ob eine Tonaufnahme verbotswidrig hergestellt wurde und die Betroffenen der Verwendung widersprechen[61]. Es kann die Aufklärungspflicht verletzen, wenn ein Zeuge, der von seinem **Aussageverweigerungsrecht** Gebrauch macht, nicht darüber belehrt wird, daß seine frühere Aussage vor einem Richter trotzdem verwendet werden kann, denn möglicherweise hätte der Zeuge bei Kenntnis dieses Umstandes doch ausgesagt[62].

**44**    Bei **Tatsachen, die keines Beweises bedürfen,** entfällt grundsätzlich die Pflicht zur weiteren Sachverhaltserforschung. Dies gilt in der Regel bei offenkundigen Tatsachen[63]. Bei Tatsachen, die das Gericht als wahr unterstellen (§ 244 Abs. 3 Satz 2) oder

---

[53] OLG Hamm NJW **1953** 1883; **1956** 1934; OLG Zweibrücken VRS **35** 439; *Huschka* NJW **1954** 788; *Händel* NJW **1954** 1516; vgl. aber auch *Wälde* NJW **1957** 433. Nach OLG Oldenburg RdK **1953** 187; OLG Zweibrücken VRS **32** 219 kann es genügen, wenn das Gericht sich mit der glaubwürdigen Einlassung eines Angeklagten begnügt, sofern keinerlei Umstände ersichtlich sind, die zu weiteren Ermittlungen Veranlassung geben.

[54] BGH GA **1956** 346; LM § 43 JGG Nr. 1; vgl. auch OLG Hamm JMBlNW **1955** 190.

[55] BGHSt **27** 250 = JR **1978** 176 mit Anm. *Brunner;* BGH VRS **57** 126; BGH bei *Dallinger* MDR **1956** 146; MDR **1977** 811; bei *Herlan* GA **1961** 358; BayObLG bei *Rüth* **1971** 207; OLG Karlsruhe MDR **1975** 422; Justiz **1976** 213 (L); OLG Koblenz MDR **1973** 873.

[56] BGHSt **27** 250 = JR **1978** 175 mit Anm. *Brunner*; vgl. Rdn. 55; andererseits aber auch BGH StrVert. **1985** 153.

[57] Im Wege des Freibeweises vgl. Rdn. 4.

[58] Vgl. etwa OLG Frankfurt NJW **1983** 1208; ferner Einl. Kap. **12** X und zur Beweisart Rdn. 4.

[59] BGH bei *Pfeiffer/Miebach* NStZ **1983** 355; KK-*Herdegen* 22; KMR-*Paulus* 226; 487 ff; ferner Einl. Kap. **14**.

[60] Zur umfangreichen Rechtsprechung vgl. bei § 54, 12 ff; 22 ff.

[61] Vgl. Rdn. 201; 333 und Einl. Kap. **14** IV.

[62] BGHSt **21** 14; OLG Hamm MDR **1973** 427; vgl. § 52, 48. Zur Berufung eines Zeugen auf § 55 vgl. BGH bei *Holtz* MDR **1981** 632.

[63] KMR-*Paulus* 224; *Schlüchter* 471, 1; vgl. Rdn. 227.

deren Gegenteil es als bereits erwiesen (§ 244 Abs. 4 Satz 2) ansehen darf, erfährt die grundsätzlich vorrangige Aufklärungspflicht nur hinsichtlich ihres Umfangs gewisse Einschränkungen (vgl. Rdn. 238; 308). Zur Aufklärungspflicht bei Schätzungen vgl. Rdn. 23.

**3. Aufklärungspflicht und richterliche Überzeugung.** Der früher vertretene Grund- **45** satz, daß der Tatrichter, der bereits auf Grund der erhobenen Beweise eine feste Überzeugung vom Vorliegen oder Nichtvorliegen einer Beweistatsache gewonnen hat, ohne Verletzung seiner Aufklärungspflicht von jeder weiteren Beweiserhebung absehen darf[64], beruhte auf der Ansicht, daß die Aufklärungspflicht nur soweit reiche, als dies zur Gewinnung einer richterlichen Überzeugung notwendig sei. Später setzte sich die Auffassung durch, daß für die Bildung der richterlichen Überzeugung, für die freie Beweiswürdigung (§ 261), erst dann Raum ist, wenn das Gericht alle erkennbaren und erreichbaren Erkenntnisquellen ausgeschöpft hat. Die Berufung auf eine bereits gewonnenen Überzeugung rechtfertigt es nicht, Beweismittel zu übergehen, von denen eine weitere Sachaufklärung zu erwarten ist, deren Ergebnis die (vorläufige) Überzeugung von einem bestimmten Sachverhalt wieder in Frage stellen kann. Wo die Grenzen der Aufklärungspflicht liegen, mag vor allem in Randbereichen strittig sein (vgl. Rdn. 46). Weitgehend unstreitig ist heute, daß die **Freiheit der Beweiswürdigung** erst dann einsetzt, wenn die **Aufklärungspflicht erfüllt** ist[65]. Die Aufklärungspflicht ist verletzt, wenn das Gericht zu einer bestimmten Überzeugung unter Berücksichtigung der Beweislage noch nicht hätte gelangen dürfen, weil es bei verständiger Würdigung aller Umstände des zu entscheidenden Falles damit rechnen mußte, daß ihm bekannte oder erkennbare, nicht verwertete weitere Beweismittel diese Überzeugung wieder erschüttern konnten. Insbesondere muß es, wenn das für erwiesen erachtete Ergebnis unwahrscheinlich ist oder anderen Feststellungen widerspricht, alle zur Klärung des Sachverhalts in Frage kommenden erreichbaren Beweismittel ausschöpfen (BGH VRS **36** 189), etwa, wenn der klinische Befund dem Ergebnis der Blutalkoholuntersuchung widerspricht (OLG Hamm NJW **1969** 570; vgl. Rdn. 67).

**4. Beurteilungsmaßstab.** Ob und welche Maßnahmen zur Aufklärung des der **46** Kognition des Gerichts unterstellten Sachverhalts angezeigt sind, hat das Gericht auf Grund der **allgemeinen Lebenserfahrung** und der **im konkreten Verfahren ersichtlichen Umständen** zu entscheiden[66]. Der Inhalt der vorliegenden Akten, der Verlauf und die Ergebnisse der Hauptverhandlung und die im Zusammenhang damit – nicht notwendig durch die Beweisaufnahme – bekannt werdenden Umstände, insbesondere auch die Äußerungen der Verfahrensbeteiligten, müssen von ihm laufend überdacht werden, ob ein Anlaß besteht, den Sachverhalt durch zusätzliche bisher nicht genutzte Beweismittel umfassender oder sicherer zu erforschen. Sind Umstände bekannt oder erkennbar, die weitere Nachforschungen nach Beweismitteln oder den Gebrauch eines noch nicht ausgeschöpften Beweismittel nahelegen, die in Interesse einer umfassenden Sachverhaltser-

---

[64] Etwa RGSt **1** 61; 138; **6** 135; **13** 158; OGHSt **2** 102; auch BGH NJW **1953** 283; zur Entwicklung der Rechtsprechung *Alsberg/Nüse/Meyer* 23; *Engels* GA **1981** 25; *Wessels* JuS **1969** 1. Vgl. ferner Rdn. 59; 68 ff.
[65] Zur prinzipiellen Trennung von Beweiserhebung und Beweiswürdigung *Engels* GA **1981**

32; *Herdegen* NStZ **1984** 97; *Niemöller* StrVert. **1984** 431; vgl. Fußn. 67 bis 72.
[66] KK-*Herdegen* 23; *Kleinknecht/Meyer* 12; KMR-*Paulus* 221; *Alsberg/Nüse/Meyer* 20; *Herdegen* NStZ **1984** 98; *Maul* FS II Peters 50; ferner Fußn. 67 und Rdn. 47.

forschung zu dessen Heranziehung „drängen"[67]; dann erfordert die Aufklärungspflicht, daß dies geschieht. Maßgebend sind die **objektiven Gegebenheiten** und nicht die subjektive Erkenntnis des Gerichts[68]. Wenn die Beweisaufnahme bisher kein sicheres Ergebnis erbracht hat, muß das Gericht alle erkennbaren Beweismittel beiziehen und von sich aus nach weiteren Beweismitteln forschen. Aber auch, wenn das Gericht auf Grund der erhobenen Beweise bereits eine feste Überzeugung vom Sachhergang gewonnen hat, kann die Sachaufklärung die Verwendung zusätzlicher Beweismittel gebieten. In der neueren Rechtsprechung des Bundesgerichtshofs findet sich der Satz, daß **kein erkennbares Beweismittel unbenutzt** bleiben darf, wenn auch nur die entfernte Möglichkeit einer verfahrenserheblichen Änderung der durch die bisherige Beweisaufnahme begründeten Vorstellung von dem zu beurteilenden Sachverhalt besteht[69]. Dieser Satz bedarf der Differenzierung. Er trifft zu, wenn die Überzeugung des Gerichts auf Grund von Beweismitteln mit unsicherem Beweiswert (mehrdeutige Indizien, Zeugen vom Hörensagen usw.) gewonnen wurde. Stützt sie sich dagegen auf die Übereinstimmung verläßlicher Beweismittel, muß nicht ohne konkreten Anlaß jeder noch so entfernten Möglichkeit einer weiteren Sachaufklärung nachgegangen werden[70]. Ob die bisher gewonnene Meinung von dem zu beurteilenden Lebensvorgang bei Verwendung eines weiteren Beweismittels in Frage gestellt werden kann, weil dieses möglicherweise geeignet ist, das bisherige Beweisergebnis in Zweifel zu ziehen, ist vom **Standpunkt eines lebenserfahrenen Richters** zu beurteilen, der mit Sorgfalt und Gewissenhaftigkeit, Mut und Verantwortungsbewußtsein seines Amtes waltet. Eine solche auf Lebenserfahrung und selbstkritischer Beurteilung des bisherigen Beweisergebnisses gestützte Würdigung der möglichen, wenn nicht sogar wahrscheinlichen Auswirkungen des ungenutzten Beweismittels auf die Überzeugungsbildung wird trotz der darin liegenden Beweisantizipation von der vorherrschenden Meinung[71] für zulässig gehalten. Die Aufklärungspflicht zwingt das Gericht zwar, jedem Beweismittel nachzugehen, bei dem nach der konkreten Sachlage die Möglichkeit besteht, daß es zu einer Änderung des Beweisergebnisses führen kann. Sie geht aber nicht so weit, daß auch Beweismittel zugezogen werden müssen, bei denen diese Möglichkeit zwar gedanklich abstrakt nicht völlig auszuschließen ist, bei denen aber weder nach der Lebenserfahrung noch auf Grund tatsächlicher Anhaltspunkte anzunehmen ist, daß sie das bisher gewonnene Beweisergebnis in Frage stellen könnten[72].

[67] RGSt **74** 152; BGHSt **1** 96; **3** 175; **10** 118; **23** 187; **30** 140; BGH LM Nr. 1 zu § 244; BGH NJW **1978** 113; BGH VRS **34** 220; BGH bei *Dallinger* MDR **1951** 257; bei *Holtz* MDR **1981** 455; ständige Rechtspr. der Oberlandesgerichte, etwa KG VRS **25** 65; OLG Koblenz VRS **45** 48; 189; OLG Oldenburg VRS **46** 198.

[68] KK-*Herdegen* 23, der die Entwicklung der Rechtsprechung zu objektiven Kriterien hin darstellt.

[69] BGHSt **23** 188; **30** 143; bei *Holtz*, MDR **1981** 455; *Kleinknecht/Meyer* 12; KMR-*Paulus* 223; *Alsberg/Nüse/Meyer* 20.

[70] Nach *Herdegen* NStZ **1984** 98 vermag die bloß gedanklich abstrakte Möglichkeit einer Änderung des Beweisergebnisses, die sich auf keine konkreten tatsächlichen Anhaltspunkte stützen kann, keine weitere Sachaufklärung

auszulösen; vgl. auch KK-*Herdegen* 23, 24; *Maul* FS II Peters 48; 54; *Schlüchter* 544 (keine Ermittlung ins Blaue hinein).

[71] RGSt **74** 152; RG HRR **1933** 1061; BGHSt **13** 326; BGH NJW **1951** 283; **1966** 1524; BayObLG MDR **1979** 603; OLG Karlsruhe VRS **51** 61; OLG Stuttgart VRS **62** 459 (Absehen von weiterer Beweisaufnahme nur ausnahmsweise zulässig); **a. A** zum Teil das Schrifttum, etwa *Engels* GA **1981** 21; vgl. Fußn. 69; 70.

[72] BGHSt **30** 141; KK-*Herdegen* 24 hält im Rahmen der Aufklärungspflicht die Prognose für zulässig, ob der im Freibeweisverfahren zu erforschende mögliche Beweiswert des ungenützten Beweismittels das bisherige Beweisergebnis erschüttern oder über ein non liquet hinausführen kann; ähnlich *Alsberg/Nüse/Meyer* 30; *Herdegen* NStZ **1984** 98.

Die **Prozeßlage der jeweiligen Hauptverhandlung** ist allein maßgebend dafür, **47** welche Anforderungen die Aufklärungspflicht dem Gericht stellt. Sie ist nicht schon deshalb verletzt, weil Beweismittel, die in einer früheren Hauptverhandlung herangezogen waren, nicht mehr verwendet werden (BGH bei *Dallinger* MDR **1974** 547). Es beurteilt sich allein nach der neuen Prozeßlage, ob die Umstände dazu drängen, frühere Beweismittel erneut zu benutzen.

**5. Unabhängigkeit von Anträgen.** Die umfassende Sachverhaltserforschung ob- **48** liegt dem Gericht als eigene Pflicht, auf deren Erfüllung die Verfahrensbeteiligten zwar durch Anregungen hinwirken können, die aber im übrigen ihrer Disposition entzogen ist[73]. Sie können sie weder durch Anträge, durch einen einseitigen oder vereinbarten Verzicht auf Beweismittel noch durch Geständnis zum Wegfall bringen[74]. Das Gericht muß einem Entlastungsbeweis auch gegen den Willen des Angeklagten nachgehen (RG HRR **1940** Nr. 840); so, wenn der nur durch Vernehmung eines ärztlichen Sachverständigen zu klärende Verdacht besteht, daß der Angeklagte im Zeitpunkt der Tat schuldunfähig oder erheblich vermindert schuldfähig war, der Angeklagte aber bittet, keinen Sachverständigen zuzuziehen, weil er befürchtet, aus dem Ergebnis der Begutachtung könnten ihm berufliche Schwierigkeiten erwachsen. Desgleichen muß das Gericht belastende Umstände auch dann zu klären versuchen, wenn die Staatsanwaltschaft insoweit auf weitere Beweismittel verzichtet hat[75]. Daß der Angeklagte einen ihm möglichen Beweisantrag nicht stellt, läßt die Aufklärungspflicht des Gerichts grundsätzlich unberührt; allenfalls kann darin ein Indiz dafür gesehen werden, daß kein Umstand ersichtlich war, der das Gericht zu einer Sachaufklärung im Einzelfall gedrängt hätte[76].

**6. Leitlinie für die Verfahrensgestaltung.** Die Pflicht, sich um die bestmögliche **49** Sachaufklärung zu bemühen, ist als Leitgedanke für die gesamte Verfahrensgestaltung bestimmend (Rdn. 38). Aus ihr können im Einzelfall auch dort **besondere Verpflichtungen** des Vorsitzenden und des Gerichts erwachsen, wo die Verfahrensordnung auf Regelungen verzichtet hat, oder wo sie mehrere Gestaltungsmöglichkeiten zur Wahl stellt.

**Ermessensentscheidungen** des Gerichts müssen der Aufklärungspflicht Rechnung **50** tragen. Auch wenn das eingeräumte Ermessen als „frei" bezeichnet wird, muß es so ausgeübt werden, daß dadurch die Sachaufklärung gefördert und nicht beeinträchtigt wird. So findet beispielsweise beim Beweis durch Augenschein die Ermessensfreiheit, die Absatz 5 dem Gericht zusteht, ihre Grenzen in der Aufklärungspflicht[77]. Insbesondere darf das Gericht den Antrag, daß ein Augenschein zum Beweis für die Unwahrheit der Aussage eines Zeugen vorgenommen werde, nur ablehnen, wenn die Aufklärungspflicht nicht dazu zwingt, dem Antrag zu entsprechen[78]. Auch die Ermessensentscheidung über die Beeidigung nach § 61 muß sich an der Aufklärungspflicht orientieren[79]. Sie kann maßgebend sein für die Reihenfolge, in der die einzelnen Angeklagten zur Sache gehört oder die Zeugen vernommen oder sonstige Beweismittel in die Hauptverhandlung eingeführt werden und sie kann auch erfordern, daß das Gericht alle ihm möglichen Maßnahmen trifft, um zu verhindern, daß Beweispersonen fremden Einflüssen

[73] OLG Stuttgart Justiz **1982** 406; *Alsberg/ Nüse/Meyer* 21; *Maul* FS II Peters 48.

[74] BGH StrVert. **1984** 164; *Weber* GA **1975** 293; *Tenckhoff* 125; vgl. Vor § 226 Rdn. 11 und § 245, 43.

[75] RGSt **47** 424; BGH VRS **4** 30; StrVert. **1981** 164; *Schmidt-Hieber* NJW **1982** 1020.

[76] OLG Koblenz VRS **42** 278; **53** 186; *Dahs/*

*Dahs* 376; *Alsberg/Nüse/Meyer* 25 mit weit. Nachw.; vgl. Rdn. 340.

[77] RG JW **1938** 174; HRR **1939** Nr. 1393; BGH NStZ **1984** 565; *Maul* FS II Peters 55; Rdn. 327.

[78] RG JW **1936** 3008; HRR **1937** Nr. 69; **1938** Nr. 1152; vgl. Rdn. 330.

[79] *Rieß* NJW **1975** 85; vgl. bei § 61, 39.

ausgesetzt bleiben, die ihre Aussage beeinflussen und im Beweiswert beeinträchtigen können[80]. Auch bei der im Ermessen des Gerichts stehenden Verbindung oder Trennung von Verfahren ist die Aufklärungspflicht zu beachten (*Maul* FS II Peters 60; § 237, 7).

**51**      Die Aufklärungspflicht erfordert die **erschöpfende Auswertung** der zugezogenen Beweismittel. Zugezogene Urkunden müssen umfassend ausgewertet, zugezogene Beweispersonen müssen so vernommen werden, daß sie ihr ganzes verfahrenserhebliches Wissen offenbaren[81].

**52**      Zum **Beispiel** kann die Aufklärungspflicht verletzt sein, wenn das Gericht es hinnimmt, daß ein Zeuge zu Unrecht unter Berufung auf § 55 oder sonst grundlos die Auskunft verweigert[81a]; ferner, wenn an einen Zeugen, der sich im allgemeinen zu einem Vorkommnis geäußert hat, eine **Frage** gerichtet wird, durch die geklärt werden soll, ob sich eine Aussage auch auf ein bestimmtes Einzelvorkommnis bezieht, und das Gericht diese Frage mit der Begründung zurückweist, sie sei schon beantwortet (BGHSt 2 284). Die Nichtzulassung einer bestimmten Frage kann die Aufklärungspflicht verletzen[82]. In der Regel kann allerdings mit der Revision unter diesem Gesichtspunkt nicht mit Erfolg gerügt werden, das Gericht habe versäumt, eine bestimmte Frage an eine bestimmte Beweisperson zu stellen[83].

### 7. Verhältnis zu anderen Verfahrensvorschriften

**53**      a) Die Folgerungen, die sich aus der Aufklärungspflicht für die Verfahrensgestaltung ergeben, decken sich vielfach mit dem Inhalt anderer Verfahrensnormen sowie mit den aus anderen Verfahrensgrundsätzen abgeleiteten Regeln. Als herrschendes Grundprinzip der Verfahrensgestaltung wird die Aufklärungspflicht auch durch **speziellere Normen nicht verdrängt,** sondern besteht daneben fort, wobei die sich aus ihr ergebenden Anforderungen im konkreten Fall über die andere Verfahrensnorm hinausreichen können.

**54**      Vor allem der **Grundsatz des rechtlichen Gehörs** (Einl. Kap. 13 XI) dient neben der Wahrung der Verfahrensinteressen der Prozeßbeteiligten auch der besseren Aufklärung des Sachverhalts, wenn er den Prozeßbeteiligten gestattet, zum Vorliegen entscheidungsrelevanter Tatsachen aus ihrer Sicht Stellung zu nehmen. So ist auch die Aufklärungspflicht verletzt, wenn das Gericht nicht von Amts wegen dafür sorgt, daß dem schwerhörigen Angeklagten vollständige **Kenntnis** vom Inhalt der mündlichen Verhandlung **verschafft** wird (RG HRR 1940 Nr. 204), wenn es den Angeklagten im Urteil mit der Feststellung einer Tatsache überrascht, auf die er weder durch den Inhalt der Anklageschrift noch durch den Gang der Hauptverhandlung so vorbereitet worden ist, daß er Anlaß gehabt hätte, sich ausreichend hierzu zu äußern (BGHSt 13 320)[84]. Die Aufklärungspflicht kann im Einzelfall die persönliche Anhörung des Angeklagten auch gebieten, wenn dies zur Wahrung seines Rechts auf Gehör nicht notwendig wäre[85]. Der besseren Sachaufklärung dienen auch die Vorschriften, die, wie § 265, Hinweise über Veränderung der Sach- und Rechtslage fordern, oder die die Aussetzung zur weiteren Vorbereitung der Verteidigung, wie etwa in §§ 228, 246, vorsehen[86].

---

[80] BGHSt **29** 193; bei *Holtz* MDR **1981** 456.
[81] Vgl. die Erl. zu § 69 und Rdn. 342.
[81a] BGH StrVert. **1983** 495.
[82] Zur Befragung vgl. § 68 a; § 69, 8; ferner § 241, 15; 33.
[83] BGHSt **4** 126; **17** 351; BGH VRS **36** 24;

*Maul* FS II Peters 52; weit. Nachw. Rdn. 342; vgl. ferner § 241, 33; § 245, 94.
[84] RGSt **76** 85; BGH bei *Holtz* MDR **1980** 107; KMR-*Paulus* 274.
[85] Für diese genügt es, daß Gelegenheit zur Äußerung besteht, vgl. Einl. Kap. **13** IX.
[86] Vgl. § 228, 8; § 246, 19.

Die Pflicht des **Angeklagten, an der Hauptverhandlung teilzunehmen,** ist eben- **55** falls ein Mittel der Sachaufklärung. Dies kommt vor allem dort zum Tragen, wo das Gericht an sich befugt ist, in Abwesenheit des Angeklagten zu verhandeln[87]. Auch wenn sonst alle Voraussetzungen des § 233 gegeben sind, muß beispielsweise das Gericht die gewährte Befreiung von der Verpflichtung zum Erscheinen in der Hauptverhandlung zurücknehmen, falls sich herausstellt, daß die **persönliche Anwesenheit** des Angeklagten zur Aufklärung des Sachverhalts notwendig oder förderlich ist (§ 233, 31). Hält das Gericht in Fällen, in denen sich der Angeklagte vertreten lassen kann, die Anordnung des persönlichen Erscheinens aus triftigen Gründen nicht für angezeigt (§ 236, 9), so kann die Aufklärungspflicht gebieten, den Angeklagten durch einen ersuchten Richter vernehmen zu lassen (BayObLGSt **1972** 168 = GA **1973** 243; § 236, 10). Das Berufungsgericht darf in Abwesenheit des Angeklagten nicht über die Strafmaßberufung der Staatsanwaltschaft entscheiden, wenn der persönliche Eindruck vom Angeklagten für die gerechte Bemessung der Strafe erforderlich ist[88]. Verweigert der anwesende Angeklagte die Einlassung, muß sich das Gericht anderweitig um die Aufklärung seiner persönlichen Verhältnisse bemühen[89]. Die Aufklärungspflicht kann auch erfordern, daß das Gericht für die **Anwesenheit anderer Personen** in der Hauptverhandlung sorgt, so etwa eines Sachverständigen (§ 226, 16) oder eines Vertreters der Gerichts- oder Jugendgerichtshilfe (Rdn. 41).

Der **Grundsatz der Unmittelbarkeit** der Beweisaufnahme (§ 250) ist von seiner **56** Zielsetzung her ebenfalls eng mit der Aufklärungspflicht verwandt[90]. Wegen der Einzelheiten vgl. bei § 250 und Rdn. 7.

b) Mit dem Gebot, das **Verfahren beschleunigt** und mit **prozeßwirtschaftlich vertretbarem Aufwand** abzuwickeln (Einl. Kap. 12 VIII; Vor § 213, 20), kann die Aufklärungspflicht in Widerstreit geraten. Hier sind das Gewicht der Strafsache und Bedeutung und Beweiswert der weiteren Sachverhaltserforschung gegenüber den Nachteilen der Verfahrensverzögerungen im konkreten Fall abzuwägen, wobei allerdings bei Anschuldigungen von Gewicht einer für den Schuldspruch relevanten weiteren Sachaufklärung der Vorrang zukommt. Dies spielt vor allem bei weit entfernt wohnenden oder sich im Ausland aufhaltenden Zeugen eine Rolle (vgl. Rdn. 259 ff; ferner bei § 251). Es kann erforderlich sein, ein Verfahren auszusetzen, bis ein Zeuge wieder zur Verfügung steht (BayObLG VRS **63** 211)[91]. Das Gebot der beschleunigten prozeßökonomischen Verfahrenserledigung steht andererseits jeder weiteren Sachverhaltserforschung entgegen, wenn es darauf für die Entscheidung des Gerichts nicht mehr ankommt, etwa, weil erkennbar wird, daß eine Prozeßvoraussetzung fehlt[92].

Die Pflicht zur Aufklärung des Sachverhalts geht **nur soweit, wie notwendig** ist, **58** um zu einer **sicheren**, auf Verurteilung, Freisprechung oder Einstellung lautenden **Entscheidung** zu gelangen. Führt die Beweisaufnahme zu dem Ergebnis, daß der Angeklagte mangels ausreichenden Schuldbeweises freizusprechen ist, und sind keine weite-

---

[87] Vgl. insbes. § 231, 25; § 231 a, 11; § 231 b, 20; § 232, 30; § 233, 10.
[88] BGHSt **17** 398; BGH StrVert. **1984** 190; OLG Hamburg StrVert. **1982** 558; weit. Nachw. bei § 329.
[89] BGHSt **27** 252 = JR **1978** 175 mit Anm. *Brunner;* BGH StrVert. **1982** 336 mit Anm. *Gatzweiler;* bei *Dallinger* MDR **1956** 146; bei *Herlan* GA **1961** 358; bei *Holtz* MDR **1984** 797; BayObLG bei *Rüth* DAR **1971** 207;

OLG Karlsruhe MDR **1975** 422; OLG Koblenz MDR **1973** 873.
[90] *Geppert* 185; 249; vgl. Einl. Kap. **13** VIII; nach KMR-*Paulus* 192 ff ist der Unmittelbarkeitsgrundsatz lediglich eine Folge von § 244 Abs. 2, § 261.
[91] Weit. Nachw. Rdn. 263; 265; vgl. auch § 205, 22; *Meyer-Goßner* JR **1984** 436.
[92] Vgl. Einl. Kap. **11** IV; § 206 a, 60.

ren Beweise ersichtlich, die zu Überführung des Angeklagten führen könnten, so gebietet § 244 Abs. 2 dem Gericht im allgemeinen nicht, von Amts wegen weitere Beweise zu erheben, die vielleicht zur Freisprechung wegen erwiesener Unschuld führen könnten. Eine solche Verpflichtung besteht auch nicht unter dem Gesichtspunkt der Auslagenentscheidung nach § 464 Abs. 2[93].

**59**    c) Das **Verhältnis zwischen der Aufklärungspflicht und § 244 Abs. 3, 4** ist strittig. Die im Schrifttum unter Hinweis auf die Rechtsentwicklung vertretene Ansicht, daß die sich aus der Aufklärungspflicht ergebenden Forderungen mit der Regelung des Beweisantragsrecht der Absätze 3 und 4 inhaltsgleich seien[94], wird von der vorherrschenden Meinung nicht geteilt[95]. Diese geht, ebenso wie die Rechtsprechung zu § 384 Abs. 3 und zu § 77 OWiG, davon aus, daß die Aufklärungspflicht nicht erfordert, alle Beweise zu erheben, bei denen kein Ablehnungsgrund nach Absatz 3 oder 4 Platz greift. Eine Vorwegwürdigung der Tragweite und des Beweiswerts eines noch nicht ausgeschöpften Beweismittels ist bei Prüfung der Erfordernisse der Aufklärungspflicht innerhalb gewisser Grenzen zulässig[96]. Meist wird zwar die Aufklärungspflicht nicht zu einer Beweiserhebung zwingen, wenn ein darauf gerichteter Antrag nach § 244 Abs. 3 oder 4 abgelehnt werden könnte. Ausnahmsweise kann die Aufklärungspflicht eine weitergehende Sachverhaltserforschung gebieten[97].

**60**    d) Die Pflicht, die Wahrheit zu ergründen, ergänzt **Inhalt und Tragweite anderer Verfahrensvorschriften.** Mit der Erkenntnis, daß eine bestimmte Prozeßhandlung verfahrensrechtlich zulässig ist, darf sich das Gericht nicht zufrieden geben, wenn die Pflicht zur Erforschung der Wahrheit gebietet, außer dieser noch andere Handlungen vorzunehmen. So ist zwar das Gericht, wenn der Vorsitzende vor der Hauptverhandlung den Beweisantrag des Angeklagten auf Ladung eines Zeugen mit der Begründung abgelehnt hat, die in das Wissen des Zeugen gestellte Tatsache könne als wahr unterstellt werden, an diese Zusicherung nicht gebunden. Die Pflicht zur Erforschung der Wahrheit gebietet ihm aber, den Angeklagten in der Hauptverhandlung davon zu unterrichten, wenn das Gericht eine abweichende Feststellung treffen will (BGHSt 1 51)[98]; sie kann ferner gebieten, vor der Hauptverhandlung gestellte Beweisanträge oder sonst formlos bezeichnete Beweismittel zu beachten[99], auf Widersprüche zu früheren Angaben hinzuweisen (BGH NJW **1962** 1832) oder Beweismittel auch dann zuzuziehen, wenn ein dahingehender Beweisantrag nach Absatz 3 oder 4 abgelehnt werden könnte (Rdn. 59; 93). Es kann zulässig sein, einen Zeugen vom Hörensagen zu vernehmen, aus § 244 Abs. 2 kann sich aber ergeben, daß der unmittelbare Zeuge, auch wenn er schwie-

---

[93] Etwa BGHSt **16** 379; wegen der Einzelheiten vgl. Einl. Kap. **11** und die Erläuterungen zu §§ 260 und 464.

[94] *Beling* JW **1925** 2782; **1928** 2988; *Wessels* JuS **1969** 4; *Bergmann* MDR **1976** 891; *Engels* GA **1981** 21; *Gössel* § 29 B II; *Ulsenheimer* AnwBl. **1983** 373.

[95] Einl. Kap. **13** IV; *Alsberg/Nüse/Meyer* 29 mit weit. Nachw.; KK-*Herdegen* 47; *Kleinknecht/Meyer* 12; *Herdegen* NStZ **1984** 97; *Maul* FS II Peters 53; *Quedenfeld* FS II Peters 53; auch KMR-*Paulus* 235; 236, der jedoch verneint, daß das Gebot, Beweisanträgen stattzugeben, weiter reicht als die Aufklärungspflicht.

[96] Vgl. KK-*Herdegen* 24; *Alsberg/Nüse/Meyer* 30; Rdn. 46.

[97] BGHSt **10** 116; **21** 124; BGH GA **1954** 374 mit Anm. *Grützner;* BGH MDR **1970** 250; NJW **1978** 113; OLG Celle MDR **1962** 236; **1964** 944; OLG Oldenburg VRS **46** 198; *Alsberg/Nüse/Meyer* 32; *Kleinknecht/Meyer* 2; KMR-*Paulus* 234; zum Teil **a. A** KK-*Herdegen* 24.

[98] Vgl. § 219, 13; 26.

[99] OLG Köln NJW **1954** 46; VRS **6** 49; JMBlNW **1963** 11; OLG Hamm VRS **23** 453; OLG Celle MDR **1962** 1832; OLG Saarbrücken VRS **29** 292; vgl. auch OLG Hamburg NJW **1955** 1938; § 219, 39; § 232, 27.

rig zu erreichen ist, vernommen werden muß[100]. Es kann zulässig sein, den Inhalt eines verlesbaren Schriftstücks in anderer Weise als durch Verlesung festzustellen, aus der Pflicht zur vollständigen und wahrheitsgemäßen Aufklärung des Sachverhalts kann sich jedoch die Notwendigkeit ergeben, es wörtlich zu verlesen (BGHSt 1 94)[101]. Gemäß §251 kann es erlaubt sein, die Vernehmung eines Zeugen, Sachverständigen oder Mitbeschuldigten durch die Verlesung der Niederschrift über seine frühere Vernehmung zu ersetzen, die Pflicht zur Erforschung der Wahrheit kann aber dem Gericht gebieten, ihn trotzdem in der Hauptverhandlung zu vernehmen, wenn das möglich ist, oder wenigstens die Verhörsperson zu vernehmen (BGHSt 9 230)[102].

### 8. Anwendungsfälle (Beispiele)

a) In **vielgestaltigen Formen** tritt die Aufklärungspflicht in Erscheinung. Soll beur- **61** teilt werden, ob und auf welchem Wege ein Gericht die weitere Aufklärung hätte versuchen müssen, kann dies immer nur in Gesamtwürdigung aller Umstände und **Besonderheiten des konkreten Falls** geschehen. Dabei ist – vor allem bei Großverfahren und Serienstraftaten – auch mit zu berücksichtigen, ob ein hinsichtlich eines Einzelumstands möglicher Aufklärungsgewinn im Hinblick auf das zu erwartende Verfahrensergebnis überhaupt noch ins Gewicht fallen kann; ferner, ob er den unter Umständen von einer unabsehbaren Verfahrensverzögerung zu erwartenden allgemeinen Aufklärungsverlust aufwiegt (vgl. Rdn. 57, 58). Maßgebend sind immer die Besonderheiten des Einzelfalls. Bezugsfälle aus der Rechtsprechung geben insoweit lediglich Anhaltspunkte.

b) Eine **Verletzung** der Pflicht zur vollständigen und wahrheitsgemäßen Aufklä- **62** rung des Sachverhalts ist hauptsächlich **in zweifacher Beziehung** denkbar: Der erste Fall ist dann gegeben, wenn das Gericht zu dem Ergebnis gelangt, daß der von ihm zu beurteilende **Lebensvorgang** mit Hilfe der von ihm verwendeten Beweismittel ganz oder zum Teil **ungeklärt** geblieben ist. Mit diesem Ergebnis darf es sich nicht begnügen, wenn die mögliche Benutzung weiterer ihm bekannter Beweismittel bessere Klärung verspricht (Erfolglosigkeit der bisherigen Beweisaufnahme; Rdn. 63 ff). Davon zu unterscheiden ist der andere Fall, daß das Gericht zwar über alles, was für die Schuld- und Straffrage von Bedeutung ist, eine bestimmte Überzeugung erlangt, dabei aber weitere, ihm bekannte **Beweismittel ungenutzt** gelassen hat, obwohl nach den konkreten Umständen mit der Möglichkeit zu rechnen war, daß ihre Benutzung die gewonnene Überzeugung geändert oder erschüttert hätte (Überzeugungsbildung ohne hinreichende Ausschöpfung verfügbarer Beweismittel; Rdn. 46; 68 ff).

c) **Erfolglosigkeit der Beweisaufnahme.** Ergibt die Beweisaufnahme den Beweis **63** weder für die Schuld noch für die Unschuld des Angeklagten und tut sie auch nicht dar, daß kein begründeter Verdacht gegen den Angeklagten vorliegt, so muß das Gericht, bevor es im Zweifel zugunsten des Angeklagten entscheidet, von Amts wegen anordnen, daß sonst noch ersichtliche **Beweismittel**, die eine **Aufklärung erwarten lassen**, herbeigeschafft und gebraucht werden[103]. Das gilt zugunsten wie zuungunsten des Angeklagten von den Tatsachen, die für die Schuldfrage von Bedeutung sind, ebenso wie von den Umständen, die nur für die Strafzumessung ins Gewicht fallen können[104], vor allem,

---

[100] Vgl. OGHSt **1** 133; BGHSt **1** 376; **6** 209; **17** 382; BGH GA **1968** 370; OLG Hamm NJW **1970** 821; ferner bei §250.
[101] RGSt **76** 295; vgl. bei §249.
[102] BGH GA **1955** 178; vgl. bei §251.
[103] Ständige Rechtspr. so schon RGRspr. **10** 420; RGSt **13** 160; **41** 269; **59** 249; RG JW **1914** 893; LZ **1915** 556; Recht **1918** Nr. 1641; BGHSt **13** 328; weit. Nachw. Rdn. 40 und bei §261.
[104] RGSt **47** 424; BGH MDR **1980** 108 bei *Holtz*; OLG Koblenz OLGSt 67; vgl. bei §261; zum Alibi-Beweis OLG Karlsruhe Justiz **1983** 125; OLG Köln NJW **1954** 1053.

Walter Gollwitzer

wenn eine vom Angeklagten vorgebrachte Schutzbehauptung zwar nicht widerlegt ist, aber noch widerlegbar erscheint (BGHSt **13** 326). Das muß vornehmlich beim Ausbleiben des Angeklagten beachtet werden (KG JW **1930** 3255). Insbesondere hat das Gericht, sofern die Unzulänglichkeit der durchgeführten Beweisaufnahme offenbar wird, etwa, wenn Widersprüche bestehen, darauf hinzuwirken, daß weitere Aufklärungsmöglichkeiten erforscht und Beweismittel benutzt werden, auch wenn deren Vorhandensein oder Tauglichkeit erst durch die Verhandlung bekannt geworden ist.

**64**       Bei der Bemühung um Erlangung weiterer Beweismittel ist es geboten, den **Angeklagten** und die **anwesenden Zeugen zu befragen.** Macht der Angeklagte eine Schutzbehauptung geltend, über die Beweis mit den zur Stelle gebrachten Beweismitteln nicht erhoben werden kann, so ist das Gericht verpflichtet, ihn zu einer Erklärung darüber aufzufordern, welche dem Gericht nicht bekannten Beweismittel er hierfür angeben könne. Den Angaben gegenüber setzt dann die Prüfung durch das Gericht ein, ob die Schutzbehauptung ernst gemeint und ob das bezeichnete Beweismittel tauglich ist, sowie, ob sonstige Aufklärungsmöglichkeiten bestehen.

**65**       Setzen einwandfreie Feststellungen zur **inneren Tatseite** eine möglichst vollständige Klärung des äußeren Sachverhalts voraus, so darf das Gericht dessen Aufklärung, wenn sie möglich ist, nicht mit der Begründung unterlassen, daß die Freisprechung jedenfalls aus subjektiven Gründen geboten sei. Die Nichtbenutzung bekannter, der Aufklärung des äußeren Sachverhalts dienlicher Beweismittel verletzt in diesem Falle den § 244 Abs. 2[105].

**66**       Die Aufklärungspflicht kann verletzt sein, wenn das Gericht eine **Ausnahme** von einem nach den Erkenntnissen der Wissenschaft bestehenden **Erfahrungssatz** annimmt, ohne zu erörtern, ob die Ausnahme im Einzelfall möglich ist (RG HRR **1938** Nr. 1520) oder, wenn es ohne nähere Nachprüfung davon ausgeht, eine durchgeführte Kontrolle oder ein ihm vorliegendes Untersuchungsergebnis sei möglicherweise fehlerhaft.

**67**       Dies gilt etwa für die durch keine Tatsachen im Einzelfall belegte Annahme, bei der **Feststellung des Blutalkoholgehalts** könnten Fehler unterlaufen[106] oder die Blutproben vertauscht sein[107].

**68**       d) Ob die vom Gericht auf Grund der verwendeten Beweismittel **gewonnene Überzeugung ausreicht** oder zu ihrer Absicherung oder Überprüfung **weitere Beweismittel zuzuziehen** sind (vgl. Rdn. 45; 46), kann nicht einer abstrakten Formel entnommen, sondern nur „empirisch"[108] auf Grund von Verfahrensverlauf und Beweislage des Einzelfalls beurteilt werden. Das Gericht muß sich um eine möglichst zuverlässige Beweisgrundlage bemühen. Je weniger gesichert ein Beweisergebnis erscheint, je größer die Unsicherheitsfaktoren sind, je mehr Widersprüche bei der Beweiserhebung zu Tage getreten sind und je mehr Zweifel hinsichtlich des Beweiswerts einzelner Beweismittel zu überwinden waren, desto größer ist der Anlaß für das Gericht, trotz der erlangten Überzeugung nach weiteren Beweismöglichkeiten zu forschen und sie bei Eignung zu nutzen. Während etwa bei einem glaubwürdigen Geständnis des Angeklagten das Gericht keine oder zusätzlich nur einige von mehreren Beweismitteln verwenden muß (Rdn. 33), kann es bei einem komplizierten Indizienbeweis unerläßlich sein, alle nur denkbaren Beweismittel zu erforschen und die Beweisaufnahme darauf zu erstrecken.

---

[105] RGSt **47** 419; OGHSt **1** 186; vgl. bei § 267.
[106] BGH VRS **6** 48; OLG Braunschweig VRS **11** 222; OLG Hamm VRS **11** 306; **25** 348.
[107] BGH VRS **25** 426; OLG Bremen DAR **1956** 253; OLG Koblenz VRS **25** 426; **37** 201.
[108] KMR-*Paulus* 125 (zur Beweisantizipation); 223.

Mit **welchen Beweismitteln** sich das Gericht begnügen darf, richtet sich nach den **69** Anforderungen der Aufklärungspflicht im Einzelfall[109]. Nach ihr bestimmt sich, ob es notwendig ist, das **tatnächste Beweismittel** beizubringen, ob es erforderlich ist, alle vorhandenen Zeugen zu einem Beweisthema zu hören[109a]; ob das Verfahren etwa ausgesetzt werden muß, um den einzigen Tatzeugen doch noch zu erreichen[110] und ob und unter welchen Voraussetzungen sich das Gericht mit der Einvernahme eines **Zeugen von Hörensagen** begnügen darf[111]; ferner, welche Anstrengungen und Vorkehrungen das Gericht ergreifen muß, wenn Angaben unbekannt bleibender Gewährsmänner im Verfahren verwertet werden sollen[112]. Sie ist maßgebend dafür, ob im Ausland befindliche Zeugen dort kommissarisch vernommen werden können oder ob es unumgänglich ist, sie in der Hauptverhandlung zu vernehmen (Rdn. 268), ferner, welche Anstrengungen das Gericht unternehmen muß, um solche Zeugen ausfindig zu machen und um ihre Einvernahme zu ermöglichen[113]. Nach der Aufklärungspflicht richtet sich, ob das Gericht den pornographischen Charakter eines Filmes allein auf Grund von Zeugenaussagen beurteilen darf oder ob es den Film in Augenschein nehmen muß (OLG Stuttgart Justiz **1982** 406); ob ein zulässig gewonnenes Tonband in der Hauptverhandlung abzuspielen ist oder ob die Verlesung von Niederschriften über dessen Inhalt genügt (BGH JZ **1977** 444).

Nach der Aufklärungspflicht richtet sich, ob das Gericht nach **Urkunden** for- **70** schen muß, die nicht Bestandteil der Verfahrensakten sind, ob es etwa handschriftliche Aufzeichnungen eines sich als Zeugen an den Vorfall nicht mehr erinnernden Polizeibeamten, die die Grundlage seiner Anzeige bildeten, zur Prüfung auf Übertragungsfehler beiziehen muß (OLG Hamm JMBlNW **1980** 70); ob Anlaß besteht, nachzuprüfen, ob die vorliegenden Akten vollständig und eventuell fehlende Aktenteile für die weitere Sachverhaltserforschung erheblich sind[114], ob Anlaß besteht, polizeiliche Spurenakten, die nicht mit den staatsanwaltschaftlichen Ermittlungsakten dem Gericht vorgelegt wurden, beizuziehen[115].

**9. Zuziehung Sachverständiger; allgemein.** Soweit die **eigene Sachkunde des Rich-** **71** **ters** nicht ausreicht, um einen Lebensvorgang sicher zu beurteilen, gebietet die Aufklärungspflicht, Sachverständige zu Rate zu ziehen. Ob die eigene Sachkunde der Richter ausreicht, müssen diese zunächst selbst entscheiden[116]. Die Ausführungen in den Urteilsgründen müssen aber aufzeigen, daß das Gericht zu Recht eine besondere Sachkunde in der betreffenden Frage für sich in Anspruch genommen hat[117], denn die Frage, ob und in welchem Umfang Sachverständige zu hören sind, ist vom Revisionsgericht nachprüfbar. Die Rechtsprechung hat eine Reihe von Grundsätzen entwickelt, die so-

---

[109] OLG Koblenz VRS **59** 63.

[109a] Vgl. BayObLG bei *Rüth* DAR **1982** 253; Rdn. 46 und Fußn. 65 bis 72.

[110] BGH StrVert. **1982** 58; 357; BayObLGSt **1982** = VRS **63** 211; OLG Koblenz MDR **1978** 691.

[111] BGHSt **1** 375; **2** 79; **6** 209; **9** 292; **17** 382; **18** 107; **22** 268; **23** 213; BGH VRS **16** 205; bei *Pfeiffer/Miebach* NStZ **1983** 210; 355; auch BVerfGE **57** 277 (mittelbarer Beweis verfassungsrechtlich nicht verboten); ferner etwa Einl. Kap. **13** VIII; *Alsberg/Nüse/Meyer* 461; *KK-Herdegen* 28; *Kleinknecht/Meyer* 12;

KMR-*Paulus* 197; und bei § 250 mit weit. Nachw. auch zur Gegenmeinung.

[112] Die umfangreiche Literatur und Rechtsprechung zu diesem Sonderfall des Zeugen vom Hörensagen findet sich bei § 250.

[113] Vgl. Rdn. 263 ff.

[114] Vgl. Vor § 226, 7 und bei § 147.

[115] BGHSt **30** 131 = StrVert. **1981** 504 mit Anm. *Dünnebier*; dazu *Meyer-Goßner* NStZ **1982** 353; BVerfGE **63** 45/68 = NStZ **1983** 273 mit Anm. *Peters* = StrVert. **1983** 181 mit Anm. *Amelung*; ausführlich § 199, 16 ff.

[116] KK-*Herdegen* 30.

[117] Vgl. bei § 261 und bei § 267.

wohl für die von Amts wegen zu treffende Entscheidung auf Grund der Aufklärungspflicht als auch für die Behandlung der Anträge nach Absatz 4 maßgebend sind. Dieser Absatz, der erst 1950 in das Gesetz aufgenommen wurde (vgl. Entstehungsgeschichte) gibt auch Anhaltspunkte dafür, unter welchen Voraussetzungen das Gericht zur Erfüllung seiner Aufklärungspflicht von Amts wegen einen Sachverständigen oder einen zweiten Sachverständigen zuziehen muß.

**72**　　Ob das Gericht sich durch § 244 Abs. 2 **von Amts wegen** für verpflichtet halten muß, einen Sachverständigen zu hören, hängt davon ab, ob es vermöge seines eigenen Wissens oder auch infolge Unterrichtung durch ein in der Sache schon erstattetes Gutachten die sichere Sachkunde besitzt, deren es bedarf, um die vorliegende tatsächliche Frage durch richtige Anwendung der eingreifenden Erfahrungssätze zuverlässig zu beantworten. Das Gericht verletzt die ihm obliegende Aufklärungspflicht, wenn es, ohne einen Sachverständigen zu hören, eine Frage entscheidet, die es aus **eigener Sachkunde** nicht entscheiden kann[118]. Es muß deshalb bei Fragen, die ein über die allgemeine Lebenserfahrung hinausreichendes **Spezialwissen** fordern, selbstkritisch prüfen, ob die Sachkunde, die zumindest einer der Richter den Mitgliedern des Spruchkörpers vermitteln kann, genügt, die anstehenden Fragen ohne Hilfe eines Sachverständigen sicher zu beurteilen[119]. Das durch ständige Befassung mit einer Spezialmaterie, aus dem Schrifttum oder durch Befragen Sachkundiger oder sonstwie erlangte theoretische Fachwissen kann bei gesicherten, einfach strukturierten und anwendbaren Erkenntnissen (OLG Hamm MDR **1978** 593) ausreichen[120]. Es reicht dagegen nicht, wenn wissenschaftlich umstrittene oder in komplexen Zusammenhängen eingebettete oder schwer erfaßbare Sachverhalte beurteilt werden müssen. Dies gilt insbesondere bei Fragen, bei denen die Sachkunde nur durch eine längere Ausbildung und Praxis erworben (OLG Hamm NJW **1970** 904) oder richtig angewendet werden kann, oder wenn der Sachverhalt vom Normalfall abweicht (OLG Stuttgart NJW **1981** 2525) oder wenn es um Tatsachen geht, die nur vermöge besonderer Sachkunde wahrgenommen oder verstanden werden können (BGH bei Spiegel DAR **1977** 175). Bestehen an der ausreichenden eigenen Sachkunde des Gericht nur die geringsten Zweifel, dann muß es einen Sachverständigen zuziehen[121].

**73**　　Es verstößt gegen die Aufklärungspflicht, wenn das Gericht das Gutachten eines Sachverständigen ohne weiteres als **richtig hinnimmt**. Es muß prüfen, ob der Sachverständige die für den konkreten Fall notwendige Sachkunde besitzt und ob gegen seine Zuverlässigkeit Bedenken bestehen[122].

**74**　　Ob sich das Gericht mit **einem Sachverständigen** begnügen darf, hängt von den Umständen des jeweiligen Falles ab[123]. Ein Verstoß gegen die Aufklärungspflicht kann vorliegen, wenn ein Gutachten auf Grund unzureichender Tatsachengrundlage erstattet

---

[118] *Marmann* GA **1953** 136; *Mösl* DRiZ **1970** 112.

[119] Nicht jedes Mitglied des Gerichts muß das erforderliche Spezialwissen haben, es genügt, wenn es von einem den anderen Mitgliedern des Spruchkörpers vermittelt werden kann; vgl. *Alsberg/Nüse/Meyer* 714; KK-*Herdegen* 30. Strittig vgl. Rdn. 233; 301.

[120] BGHSt **12** 18; BGH NJW **1959** 2315; MDR **1978** 42 bei *Dallinger* MDR **1975** 24; bei *Spiegel* DAR **1982** 205; OLG Hamm NStZ **1983**

266 mit Anm. *Müller-Luckmann*; KG VRS **67** 258; KK-*Herdegen* 30; KMR-*Paulus* Vor § 72, 22; *Alsberg/Nüse/Meyer* 697; *Arbab-Zadeh* NJW **1970** 1214; *Blau* GA **1959** 297; *Tröndle* JZ **1969** 374.

[121] BGHSt **23** 12; BGH bei *Pfeiffer* NStZ **1982** 189; vgl. StrVert. **1984** 232.

[122] BGHSt **7** 239; **8** 118; **10** 118; **20** 166; BayObLGSt **1972** 96.

[123] OLG Koblenz VRS **36** 17; OLG Oldenburg VRS **46** 200; vgl. Rdn. 306 ff.

wurde[124], etwa, wenn das Gericht sein Urteil einseitig auf das Gutachten eines Sachverständigen stützt, obwohl ein zweiter vom Gericht zugezogener Sachverständiger erklärt hatte, auf der bisherigen Grundlage noch kein Gutachten abgeben zu können, und obwohl er den Weg gewiesen hatte, diese Grundlage zu vervollständigen (RGSt 71 336); ebenso darin, daß das Gericht keinen weiteren Sachverständigen zuzieht, obwohl der von ihm vernommene Sachverständige seine Ansicht über den Geisteszustand des Angeklagten wiederholt gewechselt und hiermit gezeigt hat, daß sein Gutachten unsicher ist[125] oder wenn das Gutachten zu lange zurückliegt (OLG Karlsruhe Justiz **1981** 404). Die Anhörung eines weiteren Gutachters kann aber auch wegen der Schwierigkeit des zu beurteilenden Sachverhalts geboten sein, um eine weitere und sicherere Beweisgrundlage zu erhalten[126].

Weist ein Gutachten für das Gericht erkennbar **Mängel** auf, so muß es in der **75** Regel einen weiteren Sachverständigen hinzuziehen[127]. Gleiches gilt, wenn sich das Gericht einem vorliegenden Gutachten im Ergebnis nicht anschließt, für seine Ansicht aber nur allgemeine Erwägungen anführen kann (BGH bei *Dallinger* MDR **1975** 726) oder wenn es seine vom Gutachten abweichende Beurteilung auf Umstände stützt, die dem Sachverständigen unbekannt waren und zu denen er deshalb nicht Stellung nehmen konnte (BGH StrVert. **1984** 231).

**10. Schuldfähigkeit.** Es hängt vom Einzelfall ab, ob das Gericht zur Beurteilung **76** der **Voraussetzungen der §§ 20, 21 StGB**, insbesondere zu deren Ausschluß, einen Sachverständigen zuziehen muß. Dies ist in der Regel notwendig, wenn Anzeichen vorliegen, die geeignet sind, Zweifel hinsichtlich der vollen Schuldfähigkeit zu erwecken, etwa ein Widerspruch zwischen Tat und Täterpersönlichkeit oder völlig unübliches Verhalten[128]. Fehlen alle Anzeichen für eine Beeinträchtigung der Schuldfähigkeit, so bedarf es für deren Bejahung keines Sachverständigen[129]. Ergibt sich dagegen aus einem bei den Akten befindlichen Strafregisterauszug, daß der Angeklagte in einem früheren Verfahren für vermindert schuldfähig erachtet wurde, kann die Aufklärungspflicht dem Gericht gebieten, der Frage nachzugehen (OLG Schleswig bei *Ernesti/Jürgensen* SchlHA **1972** 160). Gleiches gilt, wenn der Angeklagte in nervenärztlicher Behandlung stand oder steht[130].

Um die Schuldfähigkeit eines **Epileptikers** zu beurteilen, bedarf das Gericht re- **77** gelmäßig des Gutachtens eines Sachverständigen[131], desgleichen, wenn der Angeklagte **geistig zurückgeblieben** oder schwachsinnig ist[132]. Ist der Angeklagte **hirngeschädigt**, so

---

[124] Vgl. Rdn. 310 ff; vor allem auch hinsichtlich unzulänglicher Vergleichsgrundlage bei Schriftgutachten.

[125] RG HRR **1940** Nr. 203; BGHSt **23** 12; OLG Celle NJW **1974** 616.

[126] BGHSt **23** 176; OLG Hamburg VRS **56** 459; *Alsberg/Nüse/Meyer* 737; vgl. auch BGH NStZ **1984** 278.

[127] BGH bei *Dallinger* MDR **1952** 274; *Kohlhaas* JZ **1949** 874; *v. Winterfeld* NJW **1951** 781.

[128] RG HRR **1939** Nr. 1448; BGH StrVert. **1982** 54; BGH bei *Spiegel* DAR **1978** 158; OLG Schleswig SchlHA **1975** 190; OLG Köln MDR **1975** 858; vgl. Rdn. 305; *Alsberg/Nüse/Meyer* 706 mit weit. Nachw.

[129] RG HRR **1940** Nr. 1369; BGH VRS **39** 101; BGH bei *Holtz* MDR **1977** 707; StrVert. **1982** 54; OLG Hamm NJW **1968** 149; VRS **67** 258; OLG Köln JR **1952** 333; *Mösl* DRiZ **1970** 111; *Sarstedt* FS Schmidt-Leichner 173; *Alsberg/Nüse/Meyer* 705; vgl. Rdn. 300 ff.

[130] BGH NJW **1964** 2213; VRS **8** 276; **34** 274; StrVertr. **1982** 54.

[131] RG JW **1932** 3358; RG HRR **1941** Nr. 750; BGH StrVert. **1982** 55; OLG Hamm NJW **1970** 907.

[132] RG JW **1938** 1019; OLG Koblenz MDR **1980** 1043; BGH NJW **1967** 299; VRS **30** 340; KK-*Herdegen* 33.

muß zur Beurteilung seiner Schuldfähigkeit in aller Regel ein Arzt mit Spezialkenntnissen auf dem Gebiet der Hirnverletzungen als Sachverständiger gehört werden[133]. Der **altersbedingte psychische Abbau,** der sich nicht notwendig im äußeren Erscheinungsbild oder in Intelligenzausfällen zeigt, kann die Anhörung eines Sachverständigen zur Schuldfähigkeit fordern, vor allem, wenn die Tatausführung auffällige Eigenheiten zeigt oder die Tat mit der bisherigen Lebensführung unvereinbar erscheint[134]. Gleiches kann, je nach den Umständen, bei wiederholten Sittlichkeitsdelikten (OLG Köln NJW **1966** 1183) oder bei einer erstmals nach dem Klimakterium auftretenden Kriminalität[135] gelten, ferner, wenn die Schuldfähigkeit durch Affektzustände beeinträchtigt sein kann[136] oder wenn der Angeklagten seelische Abartigkeiten zeigt oder wenn in seiner bisherigen Lebensführung oder bei der seiner Angehörigen besondere Auffälligkeiten, etwa mehrere Selbstmordversuche, aufgetreten sind[137].

**78**     Ob bei einem **Drogenabhängigen**[138] oder **Trunksüchtigen**[139] die Schuldfähigkeit aufgehoben oder vermindert ist, wird je nach Lage des Falles nur nach Anhörung eines Sachverständigen entschieden werden können. Vor allem, wenn psychische, physische oder soziale Auffälligkeiten gegenüber der früheren Lebensführung vor oder bei der Tat ersichtlich werden oder sonst eine Veränderung der Persönlichkeit nahe liegt, bedarf es einer sachkundigen Begutachtung. Gleiches gilt, wenn die Tat im Zustand der Trunkenheit oder sonst in einem Rauschzustand begangen wurde. Zur Beurteilung der Alkoholwirkung im übrigen vgl. Rdn. 91.

**79**     Sieht sich ein Sachverständiger in der Lage, die Schuldfähigkeit des Angeklagten zu beurteilen, ohne daß dieser zur **Beobachtung** in ein **Krankenhaus** eingewiesen wird, so braucht sich dem Gericht regelmäßig nicht aufzudrängen, daß es eine solche Einweisung gleichwohl anordnen müßte[140]. Kommt aber die Einweisung in Betracht — etwa weil Anzeichen einer psychischen Erkrankung vorliegen — so kann das Gericht verpflichtet sein, über die Mindestanforderungen des § 246 a hinauszugehen, um für diese wichtige Entscheidung eine ausreichende Grundlage zu haben. Eine eingehende Untersuchung (BGH NJW **1968** 2299) oder die Zuziehung eines weiteren Gutachters (BGHSt **18** 374) kann dann geboten sein[141].

**80**     Ein **weiterer Sachverständiger** ist zuzuziehen, wenn das Gutachten des vom Gericht gehörten Sachverständigen erkennbare Mängel enthält[142], eine andere Tat betrifft oder seine Ausarbeitung zeitlich zu lange zurückliegt (OLG Karlsruhe Justiz **1981** 404)

[133] BGH NJW **1952** 633; **1969** 1578; VRS **37** 437; JR **1969** 426; StrVert. **1981** 602; **1984** 142; BGH bei *Dallinger* MDR **1952** 274; bei *Martin* DAR **1971** 122; bei *Holtz* MDR **1981** 982; bei *Pfeiffer* NStZ **1982** 189; bei *Pfeiffer/Miebach* NStZ **1983** 210; **1983** 356.

[134] RG HRR **1939** Nr. 56; BGH VRS **34** 274; NJW **1964** 2213; BGH NStZ **1983** 34.

[135] BGH bei *Dallinger* MDR **1953** 401; OLG Bremen NJW **1959** 833; anders bei einer mehrfach vorbestraften Frau OLG Hamm NJW **1971** 1954.

[136] BGH NJW **1959** 2315 mit Anm. *Bresser;* OLG Schleswig bei *Ernesti/Jürgensen* SchlHA **1975** 190; OLG Zweibrücken VRS **61** 434.

[137] BGH MDR **1977** 105; bei *Holtz* MDR **1979** 105; *Alsberg/Nüse/Meyer* 707; vgl. ferner BGH StrVert. **1984** 507 (Triebanomalien).

[138] BGH bei *Holtz* MDR **1977** 106; 982, **1978**

109; **1980** 104; StrVert. **1984** 61 mit abl. Anm. *Glatzel;* OLG Düsseldorf StrVert. **1984** 236; OLG Köln MDR **1976** 1801; MDR **1981** 698; NStZ **1981** 438; *Schmidt* MDR **1978** 7.

[139] BGH VRS **28** 190; **61** 261; GA **1977** 275; BGH bei *Holtz* MDR **1977** 107; OLG Düsseldorf VRS **63** 345; OLG Koblenz VRS **43** 423; **45** 175; **47** 340; **52** 82; **67** 115; *Gerchow/Heifer/Schewe/Schwerd/Zink* Blutalkohol **1985** 77.

[140] OLG Koblenz VRS **48** 182; vgl. bei § 81.

[141] Vgl. BGH MDR **1954** 310 und die Erl. zu § 246 a, 10.

[142] RGSt **71** 336; RG JW **1936** 1976; **1937** 3024; DStR **1938** 54; HRR **1938** Nr. 210; **1939** Nr. 56; 360; 603; **1942** Nr. 509; DR **1941** 847. Zur Notwendigkeit einen Facharzt zuzuziehen *Sarstedt* NJW **1968** 177; *Dennemark* NJW **1970** 1960. Vgl. Rdn. 310 ff.

oder wenn außergewöhnliche Umstände zu beurteilen sind. So kann eine ganz außergewöhnliche Triebanomalie das Gericht ausnahmsweise nötigen, weitere Sachverständige mit Spezialkenntnissen auf dem Gebiet der Sexualforschung und der krankhaften Verirrung des Trieblebens zuzuziehen, auch wenn ein dahingehender Antrag nach Absatz 4 abgelehnt werden könnte (BGHSt 10 116; 23 176). Wenn auch der Richter gegenüber dem psychiatrischen oder psychologischen Sachverständigen selbständig und auch in schwierigen Fragen zu eigenem Urteil verpflichtet ist, zu dem ihm der Sachverständige das erforderliche Fachwissen vermitteln soll[143], kann es die Aufklärungspflicht verletzen, wenn das Gericht, das durch die Zuziehung eines Sachverständigen gezeigt hat, daß es seiner Hilfe bedarf, dem Sachverständigen in der Beurteilung der Schuldfähigkeit des Angeklagten nicht folgen will, trotzdem aber keinen anderen Sachverständigen zuzieht[144]. Das muß vor allem gelten, wenn die strafbare Handlung mehrere Jahre zurückliegt, so daß der persönliche Eindruck, den das Gericht in der Hauptverhandlung vom Angeklagten gewinnt, nur wenig zur Aufklärung beitragen kann (BGH bei *Holtz* MDR **1977** 637).

Sieht sich das Gericht vor die Frage gestellt, ob krankhafte Zustände die Schuld- **81** fähigkeit des Angeklagten beeinflußt haben, so wird das Gericht in der Regel einen **Psychiater** zuziehen müssen, denn die sichere Beurteilung dieser Frage setzt Fachkenntnisse voraus, die ein **Psychologe** nicht immer besitzt. Im übrigen hängt es von den Umständen des Einzelfalls ab, ob die Aufklärungspflicht dem Gericht gebietet, einen psychiatrischen oder einen psychologischen Sachverständigen heranzuziehen oder sich von beiden unterrichten zu lassen[145]. Es verletzt jedoch die Aufklärungspflicht, wenn es einen Psychiater als Sachverständigen hört, der in seinem Gutachten von einer von ihm als unrichtig abgelehnten psychologischen Lehrmeinung berichtet, und es gerade dieser vom Sachverständigen abgelehnten Lehrmeinung folgen will, ohne einen psychologischen Sachverständigen zu hören (BGH NJW **1959** 2315 mit Anm. *Bresser*).

### 11. Glaubwürdigkeit

**a)** Die Beurteilung der Glaubwürdigkeit eines Zeugen ist grundsätzlich **Sache des** **82** **Tatrichters**, dem diese ureigenste richterliche Aufgabe, die Menschenkenntnis und Lebenserfahrung erfordert, von niemandem abgenommen werden kann. Bei einem **erwachsenen Zeugen** bedarf er dazu — soweit nicht besondere Umstände in der Person des Zeugen vorliegen — nicht der Hilfe eines Sachverständigen[146]. Dies gilt auch, wenn der

---

[143] BGHSt 8 113; *Bockelmann* GA **1955** 325.

[144] BGH bei *Holtz* MDR **1977** 637; anders, wenn die Abweichung nicht den Kern des Gutachtens betrifft (vgl. BGHSt 21 62).

[145] Im Schrifttum ist dies strittig, dazu etwa *Bauer/Thoss* NJW **1983** 305; *Becker-Toussaint* Psychoanalyse und Justiz **1984** 41; *Bresser* NJW **1958** 248; **1959** 2315; *Diesing* Kriminologie und Strafverfahren (1976) 123; *Geller* NJW **1966** 1851; *Glatzel* StrVert. **1982** 40; *Goldschmidt* Psychoanalyse und Justiz **1984** 25; *Hetzer* Wahrheitsfindung im Strafprozeß (1982); *Maisch/Schorsch* StrVert. **1983** 32; *Lange* NJW **1980** 2729; *Rauch* NStZ **1984** 497; *Redelsberger* NJW **1965** 1990; *Undeutsch* FS Lange 703; *Venzlaff* NStZ **1983** 199; *Venzlaff* Justiz und Recht **1983** 277; *Witter* MSchrKrim. **1983** 253; *Wolff* NStZ **1983** 537.

Nach BGH NJW **1959** 2315; *Schorn* GA **1965** 306 hat das Gericht nach pflichtgemäßem Ermessen zu entscheiden, wen es hören will. Vgl. *Alsberg/Nüse/Meyer* 729; BGHSt 23 8 = LM Nr. 45 zu § 244 Abs. 3 mit Anm. *Willms*; BGH StrVert. **1984** 495; OLG Hamm JMBlNW **1964** 117; OLG Karlsruhe Justiz **1974** 117.

[146] BGHSt 3 52; 8 130; 23 12; BGH NJW **1961** 1636; NStZ **1981** 400; **1982** 42; 432; StrVert. **1981** 113; **1982** 205 mit Anm. *Schlothauer;* OLG Hamm NJW **1969** 2297; **1970** 907; OLG Koblenz VRS **46** 31; **50** 296; OLG Saarbrücken VRS **49** 376; OLG Schleswig bei *Ernesti/Jürgensen* SchlHA **1975** 190; *Alsberg/Nüse/Meyer* 600 mit Nachw. des Schrifttums.

---

Zeuge beim Unfall eine leichte **Gehirnerschütterung** hatte, sein Erinnerungsvermögen dadurch aber nicht getrübt ist (OLG Saarbrücken VRS **46** 46); anders bei Verdacht einer retograden Amnesie oder sonstigen Anzeigen für ein eingeschränktes Erinnerungsvermögen[147]. Wenn eine im **Klimakterium** stehende Zeugin über geschlechtliche Erlebnisse aussagt, bedarf das Gericht regelmäßig nicht des Fachwissens eines Sachverständigen. Nur wenn besondere Umstände zu erhöter Vorsicht bei der Bewertung der Aussagetüchtigkeit einer solchen Zeugin mahnen, kann ausnahmsweise etwas anderes gelten (BGHSt **8** 130)[148]. Wo die Beurteilung der Glaubwürdigkeit wegen der **Besonderheiten der Lage** oder der **Person des Zeugen** besonders schwierig ist, kann es im Einzelfall angezeigt sein, einen Sachverständigen zu Rate zu ziehen, etwa bei **geistig behinderten**[149], wahrnehmungsgestörten oder sonst in ihrer Zeugentauglichkeit möglicherweise beeinträchtigten Personen, wie etwa Hysteriker[150]. Auch eine besonders schwierige Beweislage mit einem nicht anderweitig lösbaren **Widerspruch der Zeugenaussagen** kann Anlaß dazu geben[151]. Ob bei einem drogenabhängigen Zeugen ein Sachverständiger zur Beurteilung der Erinnerungsfähigkeit beizuziehen ist, ist nach Lage des Falles zu beurteilen.

**83**　　Die Aufklärungspflicht gebietet dem Gericht nicht, **Ermittlungen über die Glaubwürdigkeit** eines Zeugen anzustellen, wenn der Angeklagte behauptet, der Zeuge habe in dem gegen ihn anhängigen Strafverfahren einen Meineid geleistet, und erklärt, daß er deshalb gegen ihn Anzeige wegen Meineids erstattet habe. Das gilt insbesondere dann, wenn in der Anzeige keine anderen Beweistatsachen und Beweismittel genannt sind als in den in der Hauptverhandlung gestellten Beweisanträgen. Das Gericht verletzt seine Pflicht zur Erforschung der Wahrheit in einem solchen Fall nicht dadurch, daß es den Antrag des Angeklagten auf Aussetzung der Hauptverhandlung bis zur Entscheidung über seine Anzeige ablehnt.

**84**　　b) Bei **Kindern** und **jugendlichen Zeugen** ist das Gericht in der Regel nicht verpflichtet, den Werdegang lückenlos zu ermitteln, um ihre Glaubwürdigkeit zu beurteilen. Nur wenn besondere Begebenheiten oder Ereignisse behauptet werden oder sonst hervortreten, die für die Frage der Glaubwürdigkeit von Bedeutung sein können, kann es zu ihrer Aufklärung verpflichtet sein (BGHSt **13** 300).

**85**　　Die **Zuziehung eines Sachverständigen** bei der Beurteilung der Glaubwürdigkeit von Kindern oder jugendlichen Zeugen ist im Normalfall entbehrlich[152]. Sie ist notwendig, wenn besondere Umstände, wie ungewöhnliches Erscheinungsbild oder Verhalten, unaufgeklärte Widersprüche, geistige Schäden, übergroße Jugend, Reifedefizite,

---

[147] BGH VRS **15** 432; OLG Köln VRS **6** 49; NJW **1967** 313; OLGSt 33.

[148] BGH bei *Holtz* MDR **1979** 274; *Alsberg/Nüse/Meyer* 700; vgl. aber BGH bei *Dallinger* MDR **1953** 401; OLG Bremen NJW **1959** 833; KMR-*Paulus* 256.

[149] BGH StrVert. **1981** 113 (Schwachsinn); OLG Hamm NJW **1970** 907 (Epileptiker).

[150] RG HRR **1938** Nr. 1380.

[151] BGHSt **8** 130; BGH bei *Spiegel* DAR **1977** 176; **1978** 155; StrVert. **1982** 205 mit Anm. *Schlothauer*; BGH bei *Pfeiffer/Miebach* NStZ **1983** 356; **1984** 16.

[152] RGSt **76** 349; RG HRR **1939** Nr. 210; 603; **1940** Nr. 207; **1942** Nr. 511; 514; BGH bei *Dallinger* MDR **1952** 274; BGH NJW **1961** 1636; bei *Spiegel* DAR **1980** 209; bei *Pfeiffer* NStZ **1982** 190; OLG Hamm NJW **1969** 2297; OLG Köln NJW **1966** 1183; OLG Oldenburg HESt **3** 36; OLG Schleswig bei *Ernesti/Jürgensen* SchlHA **1969** 152; *Alsberg/Nüse/Meyer* 701; *Bockelmann* GA **1955** 327; *Krauß* ZStW **85** (1973) 327.

lange zurückliegende Vorgänge, Beeinflussung durch Dritte oder die besondere Art des Aussagegegenstandes dazu drängen[153].

Handelt es sich darum, die Aussage eines Kindes über **geschlechtliche Vorgänge** **86** zu ergründen, so liegt besonders viel daran, daß der Aufklärungspflicht voll genügt, daß aber andererseits das Beweismittel des Gutachtens eines Sachverständigen nicht grundlos in Fällen gebraucht werde, in denen das Gericht über ausreichende eigene Sachkunde verfügt[154]. Entscheidend ist aber immer die Eigenart und besondere Gestaltung des Einzelfalls (BGH NJW **1961** 1636). Mit dieser Maßgabe gilt folgendes: Liegen besondere Umstände weder in einer Eigenart des Kindes, das Zeugnis zu erstatten hat, noch sonst in dem zu erforschen Erlebnis, so kann sich das Gericht, vornehmlich eine Jugendkammer oder Jugendschutzkammern (§74b GVG) in der Regel die erforderliche eigene Sachkunde zutrauen, vor allem dann, wenn das Zeugnis des Kindes durch die Einlassung des Angeklagten oder die Bekundungen glaubwürdiger erwachsener Zeugen unterstützt wird[155]. Ein Sachverständiger ist dagegen zu hören, wenn besondere Umstände gegeben sind, etwa, weil das Kind in irgend einer Richtung so eigenartig beschaffen ist, daß das Gericht unter den für die Vernehmung von Kindern trotz §241a oft wenig günstigen Bedingungen der Hauptverhandlung[156] mit der bei ihm vorauszusetzenden eigenen Sachkunde nicht auskommt, oder, weil ein Kind über ein Ereignis auszusagen hat, das lange Zeit zurückliegt und das es in noch sehr unreifem Alter wahrgenommen haben soll, oder, weil reifungsbedingte Phantasien und Übertreibungen oder Gespräche mit Altersgenossen oder ungeschickte Befragung durch Erwachsene das Zeugnis beeinflußt haben können oder behauptet wird, daß das Kind aus krankhafter Sucht zu lügen die Wahrheit nicht sagen könne; ferner, wenn ein Jugendlicher als einziger Tatzeuge einen unbescholtenen, die Tat in Abrede stellenden Angeklagten belastet[157]. Insbesondere erfordert der Erfahrungssatz, daß Mädchen in den Entwicklungsjahren dazu neigen, geschlechtliche Erlebnisse in Gesprächen mit Gleichaltrigen zu übertreiben, und daß sich hierdurch in ihnen selbst — mögen sie auch sonst wahrheitsliebend, zuverlässig und anständig sein — ein falsches Erinnerungsbild festsetzt, die Zuziehung eines fachwissenschaftlich geschulten Sachverständigen (BGHSt **2** 163)[158]. Bei kindlichen Zeugen ist bei der Frage, ob ein Sachverständiger zur Beurteilung der Glaubwürdigkeit zugezogen werden soll, insbesondere zu berücksichtigen, daß der Sachverständige sich mit dem Kinde in einer Weise beschäftigen und sich auf

---

[153] BGHSt **3** 52; **8** 130; **13** 297; **23** 12; BGH NStZ **1981** 400; OLG Koblenz GA **1974** 223; *Alsberg/Nüse/Meyer* 701; *Göppinger* NJW **1961** 241; *Heinitz* FS Engisch 694; *Roesen* NJW **1964** 442; *Undeutsch* NJW **1966** 378; KMR-*Paulus* 259 bis 261.

[154] RGSt **71** 338; **76** 349; RG JW **1937** 1360; **1938** 3161; **1939** 752; HRR **1939** Nr. 603; **1940** Nr. 207; 1370; **1942** Nr. 511; BGHSt **2** 163; **3** 27; 52; **7** 82; BGH NJW **1961** 1636; BGH NStZ **1981** 400; bei *Dallinger* MDR **1952** 274; OLG Köln NJW **1966** 1183; OLG Schleswig bei *Ernesti/Jürgensen* SchlHA **1969** 152.

[155] BGHSt **7** 82; OLG Köln NJW **1966** 1183; *Alsberg/Nüse/Meyer* 703; *Tröndle* JZ **1969** 375; KK-*Herdegen* 36; KMR-*Paulus* 258; *Kleinknecht/Meyer* 74.

[156] Vgl. §241a, 1; ferner zur Aussage von Kleinkindern etwa den Bericht des Bonner Instituts für Gerichtspsychologie DRiZ **1971** 177.

[157] RGSt **71** 338; **76** 349; RG HRR **1942** Nr. 511; BGHSt **2** 163; **3** 27; BGH NJW **1961** 1631; **1966** 1183; MDR bei *Dallinger* MDR **1956** 271; *Bockelmann* GA **1955** 327.

[158] RGSt **76** 349; **77** 198; RG JW **1935** 3467; **1937** 1360; DR **1943** 188; HRR **1939** Nr. 1208; 1391; BGHSt **3** 27; BGH NJW **1953** 1559; **1961** 1636; MDR bei *Dallinger* MDR **1952** 274; **1956** 271; vgl. auch BGH bei *Dallinger* MDR **1951** 659; OLG Köln OLGSt §244 Abs. 4, 7; *Alsberg/Nüse/Meyer* 703; *Bockelmann* GA **1955** 327; *Marmann* GA **1953** 140.

Walter Gollwitzer

dieser Grundlage ein begründetes Urteil bilden kann, wie es dem Gericht unter den besonderen Bedingungen einer Hauptverhandlung oft nicht möglich ist (BGHSt 7 82)[159].

**87**　　Es darf aber nie außer Acht gelassen werden, daß die Aufgabe des Sachverständigen nicht darin besteht, dem **Gericht** die **Entscheidung** über die Glaubwürdigkeit des Kindes **abzunehmen,** sondern nur darin, das Gericht bei dieser Entscheidung zu unterstützen. Hat das Gericht nach den zuvor dargelegten Grundsätzen (Rdn. 80) zwei Sachverständige über die Glaubwürdigkeit des Kindes vernommen, so hängt es von den Umständen des Einzelfalls ab, ob die Aufklärungspflicht verletzt ist, wenn es keinen dritten Sachverständigen zuzieht, obwohl die Gutachten der beiden vernommenen Sachverständigen voneinander abweichen[160]; die Aufklärungspflicht kann allerdings fordern, daß die Sachverständigen Gelegenheit erhalten, zur abweichenden Auffassung des anderen Gutachtens Stellung zu nehmen, damit das Gericht alle Argumente berücksichtigen kann.

**88**　　Ob das Gericht zur Begutachtung der Glaubwürdigkeit einen **Psychiater** oder einen **Psychologen** zuziehen soll, hängt von der zu begutachtenden Person, mitunter auch vom Kenntnisstand des jeweiligen Gutachters ab. Besteht Verdacht, daß die Glaubwürdigkeit des Zeugen durch eine Geisteskrankheit beeinträchtigt sein kann, so wird grundsätzlich ein Psychiater zuzuziehen sein[161], ebenso, wenn es sonst um die Auswirkungen krankhafter Störungen geht. Die Beurteilung der Glaubwürdigkeit geistig gesunder Personen ist dagegen vornehmlich Sache der Psychologen[162].

**89**　　c) Die **Anwesenheit** des Sachverständigen, der die Glaubwürdigkeit eines Zeugen beurteilen soll, bei der **sonstigen Beweisaufnahme** kann mitunter angezeigt sein, da er deren Ergebnisse bei seinem Gutachten berücksichtigen und dessen Grundlage durch Fragen an die anderen Zeugen verbreitern kann[163]. Ob und in welchem Umfang die Aufklärungspflicht dies fordert, beurteilt sich stets nach den Umständen des Einzelfalls. Dabei kann auch ins Gewicht fallen, daß der Sachverständige mitunter gezwungen sein kann, sein Gutachten allein auf Grund der Hauptverhandlung und sonst verwertbarer Erkenntnisquellen abzugeben, wenn der Zeuge, dessen Glaubwürdigkeit er beurteilen soll, die für die psychologische oder psychiatrische Untersuchung erforderliche Einwilligung[164] verweigert[165].

---

[159] = LM Nr. 15 mit krit. Anm. *Jagusch*. Die Entscheidung geht zu weit, wenn sie praktisch die Zuziehung eines Sachverständigen zur Regel werde läßt und sie ist zumindest irreführend, wenn sie fälschlich von „Vernehmung" des Kindes durch den dazu nicht befugten Sachverständigen spricht. Zur Kritik an der Entscheidung vgl. *Eb. Schmidt* Nachtr. I 24; *Eb. Schmidt* FS Schneider 263; *Alsberg/Nüse/Meyer* 702; auch *Kohlhaas* NJW **1951** 903; **1953** 293; *Knögel* NJW **1951** 590; **1953** 693; DRiZ **1953** 142; *Schneider* DRiZ **1954** 8; *Weber* NJW **1955** 663; ferner *Bockelmann* GA **1955** 328; *v. Helbig* NJW **1957** 1665; *Göppinger* NJW **1961** 241; *Roesen* NJW **1964** 442; *Redelberger* NJW **1965** 1990; *Undeutsch* NJW **1966** 378; *Heinitz* FS Engisch 694 (ins-

besondere auch zu den Streitfragen der Exploration außerhalb der Hauptverhandlung).
[160] RG HRR **1939** Nr. 603 verneint dies. Vgl. Rdn. 309 ff.
[161] BGHSt **23** 12.
[162] BGHSt **23** 14; BGH bei *Spiegel* DAR **1978** 157; **1980** 209; *Alsberg/Nüse/Meyer* 704 mit weit. Nachweis.; vgl. auch Rdn. 81. BGHSt **14** 23; BGH NStZ **1982** 42; KK-*Herdegen* 34 stellen Psychiater und Psychologen nebeneinander.
[163] BGHSt **19** 367; BGH JR **1970** 67 mit Anm. *Peters*; KMR-*Paulus* 254.
[164] BGHSt **14** 23; vgl. § 81 c.
[165] BGH NStZ **1982** 432; vgl. auch BGHSt **23** 1; BGH bei *Holtz* MDR **1979** 988.

**12. Sonstige Sachverständigenfragen**

a) Zur **Bestimmung des Reifegrades** bei **Jugendlichen** und **Heranwachsenden** (§§ 3, **90**
105 Abs. 1 Nr. 1 JGG) erfordert die Aufklärungspflicht die Zuziehung eines Sachverständigen in der Regel nur, wenn Anhaltspunkte dafür bestehen, daß der Jugendliche
entgegen der normalen Entwicklung seiner Altergruppe noch nicht strafmündig ist[166]
oder wenn Entwicklungsgrad und Reifezustand eines Heranwachsenden nicht hinreichend sicher beurteilt werden können[167]. Im Normalfall ohne Besonderheiten darf der
Tatrichter diese Fragen auch ohne Sachverständige entscheiden.

b) Die **Bestimmung des Blutalkohols** zur Tatzeit durch einfache Rückrech- **91**
nung[168] und die Beurteilung der **Auswirkungen** auf den Angeklagten[169], insbesondere
auf seine Fahrtüchtigkeit, ist in einfach gelagerten Fällen zumindest außerhalb des
Grenzbereichs[170] auch dem Tatrichter auf Grund seines Erfahrungswissens möglich.
Bei besonders gelagerten Fällen, etwa, wenn in Grenzbereichen kompliziertere Berech-
nungen wegen Nach-oder Sturztrunks notwendig werden[171] oder wenn eine zusätzliche Medikamentenwirkung mit zu berücksichtigen ist, bedarf es in der Regel eines
Sachverständigen[172]. Gleiches gilt, wenn beurteilt werden soll, ob die Schuldfähigkeit
durch den Alkoholgenuß ausgeschlossen oder vermindert ist[173].

c) Wieweit zur Beurteilung **technischer**[174], **medizinischer** oder **sonstiger Fragen** **92**
der Wissenschaft oder des täglichen Lebens[175] das Gericht kraft seiner Aufklärungspflicht Sachverständige zuziehen muß, kann immer nur nach den Umständen des Einzelfalls beurteilt werden[176].

## III. Beweisanträge

**1. Beweisrecht der Beteiligten und Aufklärungspflicht des Gerichts.** Das Recht **93**
der Verfahrensbeteiligten, vor allem des Angeklagten und seines Verteidigers, Gegenstand und Umfang der Beweisaufnahme durch Beweisanträge mitzubestimmen, ist un-

---

[166] *Brunner* § 3, 8; *Dallinger/Lackner* § 3, 28;
*Alsberg/Nüse/Meyer* 708; *Bresser* ZStW **74**
(1962) 579; *Hellmer* NJW **1964** 179; *Kauf-*
*mann/Pirsch* JZ **1959** 358; *Lempp* NJW **1959**
798; *Schaffstein* ZStW **77** (1965) 191. Zur
Zuziehung der Jugendgerichtshilfe vgl. Rdn.
41.

[167] BGH GA **1955** 118; bei *Holtz* MDR **1979**
108; *Alsberg/Nüse/Meyer* 709; KMR-*Paulus*
253; für Zuziehung eines Sachverständigen in
schwereren Fällen *Blau* ZStW **78** (1966) 153;
*Schaffstein* MSchrKrim. **1976** 101; *Schmid*
DAR **1981** 142. Vgl. ferner BGH NStZ **1984**
467 mit Anm. *Brunner*; NStZ **1985** 84 mit
Anm. *Eisenberg*.

[168] BGH VRS **21** 54; **65** 128; OLG Hamm VRS
**36** 290; 434; OLG Karlsruhe GA **1971** 214;
OLG Koblenz VRS **45** 175; **49** 374; **55** 130;
OLG Stuttgart NJW **1981** 255; *Alsberg/*
*Nüse/Meyer* 710 mit weit. Nachw.; a. A *Martin*
Blutalkohol **1970** 95; *Mayr* DAR **1974** 64.

[169] OLG Hamburg VRS **54** 438; OLG Karlsruhe GA **1971** 214; KMR-*Paulus* 468.

[170] BGH VRS **6** 148; OLG Düsseldorf VRS **63**
343; OLG Hamm DAR **1973** 23; OLG
Schleswig bei *Ernesti/Jürgensen* SchlHA **1972**
156; *Alsberg/Nüse/Meyer* 711; ferner OLG
Koblenz VRS 45 423 (genossene Menge nicht
genau feststellbar).

[171] BGH VRS **34** 211; OLG Hamm VRS **17**
157; **41** 273; OLG Koblenz VRS **49** 374; **55**
130; OLG Stuttgart NJW **1981** 2525.

[172] OLG Hamm DAR **1973** 23.

[173] Vgl. Rdn. 78; 284; ferner Gutachten von
*Gerchow/Heifer/Schewe/Schwerd/Zink* Blutalkohol **1985** 71.

[174] Dazu *Alsberg/Nüse/Meyer* 711.

[175] Vgl. Vor § 71.

[176] Weitere Beispiele bei Rdn. 72; 311.

abdingbarer Bestandteil eines rechtsstaatlichen fairen Verfahrens[177]. Die StPO setzt es, wie die §§ 219, 222, 244 und 245 zeigen, als selbstverständlich voraus. Das Gebot, mit allen zulässigen und brauchbaren Beweismitteln die Wahrheit zu ergründen, richtet sich an das Gericht. Es muß dieses Gebot unabhängig vom Behaupten oder Verlangen der Beteiligten befolgen. Diesen ist die Verfügung über die zu ermittelnden Tatsachen grundsätzlich versagt. Sie können auch durch übereinstimmendes Anerkenntnis einer Tatsache die ermittelnde Arbeit des Gerichts nicht überflüssig machen. Auch Vorschriften, die das Beweisrecht der Beteiligten begrenzen, berühren nicht unmittelbar die Aufklärungspflicht des Gerichts. Die Beteiligten können zwar durch Ausübung ihres Beweiserhebungsrechts diese Pflicht erweitern, indem sie auf bisher nicht erkennbare, für die Beweiswürdigung potentiell erhebliche Tatsachen oder Zusammenhänge oder auf weitere Beweismittel konkret hinweisen, sie können sie aber nicht dadurch einengen, daß sie von ihrem Antragsrecht keinen Gebrauch machen[178].

**94**      **2. Begriff des Beweisantrags.** Beweisantrag im Sinne des § 244 ist das von einem am Verfahren Beteiligten oder für einen solchen vorgebrachte ernsthafte Verlangen, daß Beweis über eine bestimmt bezeichnete Tatsache durch den Gebrauch eines bestimmt bezeichneten Beweismittels erhoben werde (BGHSt 1 31; 137; 6 128)[179]. Auch das Bestehen und der Inhalt von Erfahrungssätzen und wissenschaftlichen Erkenntnissen und die auf solchen Sätzen und einer Summe von Tatsachen beruhenden Wahrscheinlichkeitsprognosen können Gegenstand eines Beweisantrags (Sachverständigenbeweis) sein[179a]. Zur Abgrenzung des Beweisantrags von ähnlichen Anträgen, vor allem von Beweisermittlungsanträgen und Beweisanregungen vgl. Rdn. 115; sowie von dem bloßen Hinweis auf die Beweismöglichkeit ohne Stellung eines Antrag (Beweiserbieten) vgl. Rdn. 123.

**95**      Der Antrag muß die **Schuld- oder Rechtsfolgenfrage** im Sinn des § 263 betreffen, bei der Feststellung der nur prozessual erheblichen Tatsachen gilt das Strengbeweisrecht der Absätze 3 bis 6 nicht (Rdn. 3). **Keine Beweisanträge** sind in der Regel die Anträge auf Vornahme eines Experiments, auf Gegenüberstellung des Angeklagten mit einem abwesenden Mitangeklagten (Rdn. 15 ff), das Verlangen, daß an einen anwesenden Angeklagten oder Zeugen eine Frage zur Ergänzung seiner Aussage gerichtet, oder daß ein vernommener Zeuge vereidigt werde[180]. Kein Beweisantrag ist auch das Verlangen,

---

[177] Vgl. Einl. Kap. **6**; Vor § 226, 15; KMR-*Paulus* 368; ferner Art. 6 Abs. 3 Buchst. d MRK; wegen des Verhältnisses zum Recht auf Gehör, vgl. Einl. Kap. **13** XI; BVerfGE 1 429 und BayVerfGH BayVBl. **1974** 433.

[178] Ob Aufklärungspflicht und Beweisantragsrecht im gleichen Umfang die Beweiserhebung erfordern, ist strittig, vgl. Rdn. 48; 59.

[179] RGSt 49 360; 57 262; 59 422; 64 432; RG JW **1924** 1251; **1927** 793; **1931** 1608; HRR **1942** Nr. 133; OGHSt 2 352; BGH LM Nr. 2 zu § 244 Abs. 3; JR **1951** 509; BGH NJW **1960** 2156; bei *Holtz* MDR **1976** 815; NStZ **1981** 361; StrVert. **1982** 55; **1984** 451; BGH bei *Pfeiffer/Miebach* NStZ **1983** 210; OLG Kiel SchlHA **1947** 28; KG VRS **25** 275; OLG Koblenz VRS **47** 446; OLG Saarbrücken VRS **49** 45; OLG Schleswig bei *Ernesti/Jür-* gensen SchlHA **1977** 182; *Alsberg/Nüse/Meyer* 34; *Bergmann* MDR **1976** 888; *Engels* GA **1981** 21; *Gutmann* JuS **1962** 374; *Hanack* JZ **1970** 561; *Peters* § 38 III; *Sarstedt* DAR **1964** 307; *Schlüchter* 545; *Wessels* JuS **1969** 3; KK-*Herdegen* 48; *Kleinknecht/Meyer* 18; KMR-*Paulus* 371. Vgl. Rdn. 104 ff.

[179a] OLG Celle JR **1985** 32 mit zust. Anm. *J. Meyer*; OLG Köln VRS **60** 378; **a. A** *Alsberg/Nüse/Meyer* 430 (Beweiserhebung unzulässig, wenn dem Tatrichter selbst die Prognoseentscheidung möglich). Vgl. OLG Bremen OLGSt § 244 Abs. 2, 89 (kein Zeugenbeweis).

[180] Der Antrag, einen Zeugen zu vereidigen, betrifft zwar ein Beweismittel, ist aber kein Beweisantrag; zum Streit um die Rechtsnatur dieses Antrags vgl. *Alsberg/Nüse/Meyer* 104; ferner § 59, 13; 15 ff.

Verfahrensbeteiligte über **Vorgänge der gleichen Hauptverhandlung** — etwa den Inhalt einer Zeugenaussage — zu hören; denn was bereits zum Inbegriff der Hauptverhandlung geworden ist, unterliegt der alleinigen unmittelbaren Würdigung der Richter. Die Ergebnisse der Beweisaufnahme durch das erkennende Gericht können nicht ihrerseits in der gleichen Hauptverhandlung zum Beweisgegenstand werden[180a]; soweit Zweifel bestehen, ist die ursprüngliche Beweisaufnahme zu wiederholen (Rdn. 132 ff). Ferner fällt das auf Ermittlung des **anzuwendenden Rechts** gerichtete Verlangen, daß der Wille des Gesetzgebers durch Vernehmung eines Regierungsbeamten oder eines Kommissionsmitglieds erforscht werde, nicht unter den Begriff des Beweisantrags (RG LZ **1916** 682)[181]. Eine Beweiserhebung über Bestand, Inhalt oder Auslegung des anzuwendenden Rechts oder der Beurteilung vergleichbarer Straftaten durch andere Gerichte ist unzulässig[182]. Der Sachverständigenbeweis wird aber nicht dadurch ausgeschlossen, daß bei komplizierten Sachverhalten die tatsächliche Würdigung an Rechtsanwendungsgrundsätzen anknüpfen muß, wie etwa bei Bewertungsfragen im Steuerrecht[182a]. Ob ausländisches Recht oder Gewohnheitsrecht besteht, kann im Wege des Freibeweises geklärt werden (Rdn. 2).

**3. Antragsberechtigte.** Antragsberechtigt sind der Staatsanwalt, der Nebenklä- **96** ger[183], der Privatkläger, der Angeklagte, ohne Rücksicht auf seine Geschäftsfähigkeit[184], und sein Verteidiger. Dieser ist neben dem Angeklagten selbständig berechtigt, Beweisanträge zu stellen; er kann mit einem solchen Antrag auch gegen den offenen Widerspruch des Angeklagten hervortreten, der Antrag muß nicht mit der Einlassung des Angeklagten übereinstimmen[185]. Beweisantragsberechtigt sind ferner Nebenbeteiligte, die Angeklagtenbefugnisse haben, soweit ihre Beteiligung am Verfahren reicht[186], Erziehungsberechtigte und gesetzliche Vertreter eines jugendlichen Angeklagten nach § 67 Abs. 1 JGG und Beistände im Jugendstrafverfahren nach § 69 Abs. 3 JGG. Das Beweisantragsrecht besteht aber immer nur zur **Wahrnehmung der eigenen Verfahrensinteressen,** die jedoch weit auszulegen sind, da sie alles umfassen, was potentiell die Entscheidung gegen den Antragsteller beeinflussen kann[187]. **Kein Beweisantragsrecht** haben Beistände nach § 149, die Vertreter des Finanzamtes im Steuerstrafverfahren, und sonstige Vertreter der in der Hauptverhandlung zu hörenden Behörden (Vor § 226, 48), ferner die anderen Verfahrensbeteiligten, Richter, Zeugen, Sachverständige[188]. Werden Beweisanträge von dazu nicht befugten Personen gestellt, sind sie als unzulässig zurückzuweisen; und zwar im Interesse der Verfahrensklarheit auch dann, wenn das Gericht im Rahmen seiner Aufklärungspflicht die ihm dabei aufgezeigte Beweismöglichkeit nutzen will.

**Zusammenwirken mehrerer Antragsberechtigter.** Grundsätzlich kann jeder An- **97** tragsberechtigte sein Beweisantragsrecht selbständig und ohne Bindung an die Anträge der anderen ausüben. Ob einem Antrag stattzugeben ist, kann wegen der unterschiedli-

---

[180a] BGHSt **17** 352; **21** 151; OLG Karlsruhe Justiz **1984** 214; OLG Köln OLGSt NF Nr. 1.

[181] Wegen der Einzelheiten vgl. Rdn. 2; weitere Nachweise dort Fußn. 3.

[182] *Alsberg/Nüse/Meyer* 138; 428; vgl. BGHSt **25** 207 = JZ **1974** 340 mit Anm. *Schroeder;* BGHSt **28** 325 = JR **1979** 381 mit Anm. *Meyer-Goßner.*

[182a] BGH StrVert. **1984** 451.

[183] Vgl. die Erl. zu § 397, ferner *Gollwitzer* FS Schäfer 65 ff.

[184] Vgl. Einl. Kap. **12** IX.

[185] BGHSt **21** 124; BGH NJW **1953** 1314; **1961** 281; bei *Holtz* MDR **1977** 461; *Alsberg/Nüse/Meyer* 377; ferner Vor § 137.

[186] Vgl. die Erl. zu § 436; ferner etwa *Alsberg/Nüse/Meyer* 376; *Gollwitzer* FS Sarstedt 18.

[187] Vor § 226, 33. *Gollwitzer* FS Sarstedt 22; 27.

[188] *Alsberg/Nüse/Meyer* 379; vgl. bei § 80.

Walter Gollwitzer

chen Verfahrenslage und unterschiedlicher Verfahrensinteressen unterschiedlich zu beurteilen sein, je nachdem, welcher Verfahrensbeteiligte den Antrag stellt[189]. Die grundsätzliche Selbständigkeit der Anträge schließt jedoch eine **gemeinsame** (besser: übereinstimmende) **Antragsstellung,** auch von Prozeßgegnern[190], nicht aus. Dies kann ausdrücklich geschehen (etwa bereits gemeinsame Unterschrift unter einem schriftlich eingereichten Antrag) oder auch allein durch eine entsprechende Erklärung in der Hauptverhandlung, so, wenn ein Verfahrensbeteiligter ausdrücklich den Antrag auch im Namen der anderen Verfahrensbeteiligten stellt[191] und diese ihr Einverständnis damit ausdrücklich oder konkludent zum Ausdruck bringen. Oft geschieht dies in der Form, daß sich ein Verfahrensbeteiligter dem Beweisantrag, den ein anderer für sich gestellt hat, „anschließt". Eine solche Erklärung hat die Bedeutung einer eigenen Antragstellung[192]. Sie übernimmt den Antrag aber so, wie er gestellt wurde, also mit allen Einschränkungen und Bedingungen. Eine „Anschlußerklärung" ist auch durch konkludentes Verhalten möglich: es muß diese Absicht aber deutlich erkennbar zum Ausdruck kommen[193].

**98**      **Zweifel,** ob ein Prozeßbeteiligter sich dem Antrag eines anderen anschließen will, hat das Gericht durch entsprechende **Fragen** zu klären[194]. Die bloße **„Verbundenheit der Interessen"** an der Beweiserhebung, die darin liegen kann, daß damit konkordantes Vorbringen bestätigen werden soll, hat entgegen einer in Rechtsprechung und Schrifttum weit verbreiteten Meinung[195] nicht zur Folge, daß ein Beweisantrag eines Verfahrensbeteiligten auch ohne ausdrückliche oder eindeutige konkludente Anschlußerklärung als Antrag aller Beteiligter gilt, bei denen diese „Interessenverbundenheit" besteht[196]. Welche Anträge ein Prozeßbeteiligter stellen will, ist Sache seiner eigenen Prozeßführung. Eine Vergemeinschaftung von Anträgen auf Grund eines vom Gericht lediglich vermuteten gleichen Verfahrensinteresses an der Antragstellung ist damit nicht vereinbar. Es ist auch nicht nötig, um den durch die Ablehnung eines fremden Antrags beschwerten Verfahrensbeteiligten die Revision zu erhalten[197]. Das Gericht, das vor allem bei einer Ablehnung Klarheit haben muß, wer Antragsteller ist, hat in der Hauptverhandlung **eindeutige Anträge herbeizuführen.** Dann erübrigen sich Spekulationen darüber, ob ein Antrag, dem sich die anderen nicht ausdrücklich anschlossen, trotzdem gemeinsame Verfahrensinteressen fördert. Dies ist mitunter keinesfalls so einfach zu

---

[189] Die nur zugunsten des Angeklagten zulässige Wahrunterstellung kann bei einem Mitangeklagten möglich, beim andern aber unzulässig sein, Rdn. 242; 243; vgl. Rdn. 217.

[190] RG JW **1926** 1224 mit Anm. *Beling;* JW **1932** 2729; RG Recht **1903** Nr. 1526; BGH NJW **1952** 273; nur bei widerstreitenden Verfahrensinteressen wurde die gemeinsame Antragstellung abgelehnt RGSt **17** 375; RG JW **1906** 792; a. A RG Recht **1924** Nr. 2540.

[191] *Alsberg/Nüse/Meyer* 384; *Beling* JW **1926** 1224; *Gollwitzer* FS Sarstedt 28.

[192] *Alsberg/Nüse/Meyer* 384.

[193] RGSt **58** 141; **64** 32; RG JW **1922** 587 mit abl. Anm. *Alsberg;* JW **1926** 1221 mit Anm. *Beling;* JW **1932** 3098 mit Anm. *Jonas;* *Alsberg/Nüse/Meyer* 385; KMR-*Paulus* 375. Eine ausdrückliche Erklärung forderten RGSt **17** 375; RG Recht **1920** Nr. 1433; *Beling* JW

**1926** 1221; ZStW **38** (1916) 316; *Meves* GA **40** (1892) 416.

[194] *Alsberg/Nüse/Meyer* 385; *Oetker* JW **1926** 2759; *Gollwitzer* FS Sarstedt 29.

[195] RGSt **1** 170; **67** 183; RG JW **1922** 587; **1926** 2759; **1931** 1608; **1932** 2729; RG GA **61** (1914) 339; LZ **1924** 41; BGH NJW **1952** 273; VRS **28** 380; NStZ **1984** 450; bei *Pfeiffer,* NStZ **1981** 96; *Alsberg* DStrZ **1914** 242; *Eb. Schmidt* 22; KK-*Herdegen* 56. KMR-*Paulus* 375 nimmt bei Gemeinschaftlichkeit des Verteidigungsvorbringen einen stillschweigenden Anschluß an.

[196] Wie hier RG JW **1922** 587; *Alsberg/Nüse/Meyer* 385; *Beling* JW **1926** 1221; *Gollwitzer* FS Sarstedt 28.

[197] Vgl. Rdn. 350; *Alsberg/Nüse/Meyer* 386; *Kleinknecht/Meyer* 31, 84 § 337, 94.

beurteilen[198]. Auch die Rechtsfigur eines „Antragsbeteiligten" (eines Nichtantragstellers mit den Rechten eines Antragstellers) ist entbehrlich. Die gemeinsame (bzw. übereinstimmende) Antragstellung ist auch „Prozeßgegnern" nicht verwehrt, so können Staatsanwalt und Angeklagter die gleiche Tatsache mit dem gleichen Beweismittel unter Beweis stellen, auch in der Form des „Anschlusses"[199]. Die Grenze ergibt sich daraus, daß Beweisanträge nur zur Förderung der eigenen Verfahrensinteressen, nicht aber ausschließlich im Fremdinteresse gestellt werden können[200].

**99** Gemeinsame Beweisanträge sind so zu behandeln, wie wenn sie **jeder Antragsteller für sich allein** gestellt hätte. Ein solcher Antrag kann nicht abgelehnt werden, wenn nur bei einem der Antragsteller die Ablehnungsgründe der Absätze 3 bis 5 nicht gegeben sind[201]. Nimmt ein Antragsteller den Antrag **zurück,** muß das Gericht trotzdem über ihn entscheiden, wenn nicht alle anderen — eventuell auf Befragung — ausdrücklich oder durch eindeutiges konkludentes Handeln auf die Beweiserhebung verzichten[202]. Dies gilt auch, wenn sich ein Verfahrensbeteiligter dem Beweisantrag eines anderen angeschlossen hat. Im übrigen gibt ihm die Anschlußerklärung nur die Rechte aus dem ursprünglichen Antrag. Ist dieser nur bedingt gestellt, so gilt die Bedingung auch für den Anschließenden. Ein hilfsweise gestellter Beweisantrag bleibt ein **Hilfsantrag,** der Anschließende hat keinen Anspruch auf Bescheid, wenn der Hilfsantrag hinfällig wird, weil das Gericht dem Hauptantrag entsprochen hat[203]. Will der Anschließende das vermeiden, muß er erklären, daß er den Antrag als Hauptantrag stellen will.

### 4. Zeit, Ort und Form des Antrags

**100** **a) Zeit und Ort.** Grundsätzlich ist nur ein Beweisantrag zu berücksichtigen, der in **der Hauptverhandlung** vorgetragen worden ist: Den Anträgen in der Hauptverhandlung stehen die Anträge gleich, die der Angeklagte bei seiner Vernehmung nach § 233 Abs. 2 gestellt hat[204]. Im übrigen braucht das Gericht über Beweisanträge, die vor der **Verhandlung** gemäß § 201 Abs. 1 oder § 219 Abs. 1 Satz 1 eingereicht, aber in der Verhandlung nicht wiederholt worden sind, keinen Beschluß zu fassen[205]. Dasselbe gilt für Anträge, die in einer ausgesetzten Verhandlung gestellt worden waren, wenn sie in der neuen Verhandlung nicht wiederholt werden[206]. Auch nach einer Verweisung an ein anderes Gericht (§ 270) oder nach Aufhebung und Zurückweisung durch ein Rechtsmittelgericht müssen alle Beweisanträge neu gestellt werden[207]. Doch erfährt dieser Grundsatz **Einschränkungen.** Hat der Vorsitzende dem Angeklagten auf einen vor der Verhandlung angebrachten Beweisantrag den Bescheid erteilt, die Entscheidung über den

---

[198] Vgl. KK-*Herdegen* 56 zur „Konkordanz des Aufklärungsbemühens".

[199] RG JW **1926** 1224 mit Anm. *Beling;* JW **1932** 2729; BGH NJW **1952** 273; *Alsberg/Nüse/Meyer* 384; *Kleinknecht/Meyer* 31.

[200] Bei der Staatsanwaltschaft, die auch zugunsten des Angeklagten und aller anderen Verfahrensbeteiligten tätig werden darf, greift diese Grenze nicht; sie hat vor allem Bedeutung bei Verfahrensbeteiligten, die nur für einen Teil des Verfahrensgegenstandes Antragsbefugnisse haben. RGSt **17** 375; RG JW **1906** 792 halten die gemeinsame Antragstellung bei Verfolgung entgegengesetzter Interessen für ausgeschlossen: ebenso *Alsberg/Nüse/Meyer* 384; *Kleinknecht/Meyer* 31; KK-*Herdegen* 56.

[201] So wenn die Wahrunterstellung nicht bei allen Antragstellern zu deren Gunsten wirken würde. Vgl. Rdn. 242; 243.

[202] *Alsberg/Nüse/Meyer* 384, 405; KK-*Herdegen* 56.

[203] RGSt **17** 375; *Alsberg/Nüse/Meyer* 384.

[204] Vgl. § 233, 32; *Alsberg/Nüse/Meyer* 390.

[205] RGSt **41** 13; **59** 301; **73** 193; RGRspr. **1** 251; 376; OLG Koblenz VRS **45** 393; OLG Saarbrücken VRS **29** 293; vgl. § 201, 30; weitere Nachweise vgl. § 219, 24 und *Alsberg/Nüse/Meyer* 347; 359; 388.

[206] RGSt **2** 109; RGRspr. **7** 356; **10** 599; BayObLG bei *Rüth* DAR **1964** 242; *Alsberg/Nüse/Meyer* 389; *Kleinknecht/Meyer* 34; vgl. § 228, 26.

[207] *Alsberg/Nüse/Meyer* 390; *Kleinknecht/Meyer* 34.

Antrag werde in der Verhandlung erfolgen oder die Tatsache, für die der Angeklagte Beweis angeboten habe, könne als wahr angenommen werden, so ist er verpflichtet, dafür zu sorgen, daß diese Zusicherung eingehalten wird, daß sich also das erkennende Gericht mit dem Antrag befaßt. Sofern nicht etwa der Wille des Angeklagten, vom Antrag abzugehen, zweifelsfrei erhellt, kann eine Verletzung dieser Pflicht die Revision begründen[208].

**101**      Ähnlich ist die Rechtslage, wenn das Gericht auf Antrag des Angeklagten einen Zeugen zur Hauptverhandlung lädt, der **Zeuge** aber **ausbleibt.** Das Gericht, das durch die Ladung zu erkennen gegeben hat, daß es die in das Wissen des Zeugen gestellte Tatsache für erheblich hält, muß einem in Rechtsangelegenheiten unerfahrenen oder sonst hilfsbedürftigen Angeklagten, der ohne Beistand eines Verteidigers in der Hauptverhandlung erscheint, Gelegenheit zu geben, den Antrag in der Hauptverhandlung zu wiederholen, wenn er nicht auf den Zeugen ausdrücklich verzichten will. Das gebieten Aufklärungspflicht und Fürsorgepflicht. Ohne eine solche durch die Sachlage gebotene Aufklärung könnte der Angeklagte in dem Irrtum befangen bleiben, er habe durch den Antrag vor der Hauptverhandlung alles Erforderliche getan, um seine Rechte zu wahren[209]. Soweit der Angeklagte im Beistand eines Verteidigers erscheint, rechtfertigt der Verzicht des Verteidigers auf weitere Beweisaufnahme nicht ohne weiteres den Schluß, auch der Angeklagte verzichte darauf; dies gilt erst recht, wenn der Angeklagte in der Hauptverhandlung die Einlassung zur Sache verweigert hat[210]. Übrigens kann eine Ausnahme vom eingangs erwähnten Grundsatz auch Platz greifen, wenn das Verhalten des Vorsitzenden in einem Verteidiger den irrigen Glauben hervorruft, daß ein von ihm vor der Verhandlung eingereichter Antrag eine Sachlage geschaffen habe, die eine Wiederholung des Antrags nicht erforderlich mache[211]. Auch der rechtskundige Verteidiger braucht angesichts der Erklärung des Vorsitzenden, die zu beweisende Tatsache könne als wahr unterstellt werden, mit einer abweichenden Auffassung des erkennenden Gerichts nicht ohne weiteres zu rechnen[212].

**102**      Bis zum **Beginn der Urteilsverkündung** können Beweisanträge gestellt werden. Ein schriftlicher Antrag, den der Verteidiger dem Gericht **nach Schluß der Beweisaufnahme** ins Beratungszimmer zusendet, braucht nicht mehr berücksichtigt zu werden, doch darf dem Verteidiger das Wort nicht vorenthalten werden, wenn er nach Rückkehr des Gerichts in den Verhandlungsraum vor Beginn der Verkündung des Urteils zu erkennen gibt, daß er die Wiedereröffnung der Verhandlung beantragen will, um einen neuen Beweisantrag zu stellen[213]. Erst wenn mit der **Verkündung** des Urteils **begonnen** worden ist, kann der Angeklagte nicht mehr beanspruchen, daß ihm das Wort zur Stellung eines Beweisantrags erteilt werde; wird ihm aber in Unterbrechung der Urteilsverkündung Gehör hierzu gewährt und findet das Gericht sich zum Wiedereintritt in die mündliche Verhandlung bereit, so muß der Antrag ordnungsgemäß beschieden werden[214].

**103**      **b) Form.** Der Grundsatz der Mündlichkeit erfordert **mündlichen Vortrag** des Beweisantrags[215]. Indes hat sich die Übung bewährt, daß schriftlich gefaßte Beweisanträge

---

[208] H. M; etwa BGHSt **1** 51; BayObLGSt **1955** 267; weitere Nachweise *Alsberg/Nüse/Meyer* 289; 360; 862; vgl. § 201, 40; § 219, 35 ff.

[209] OLG Hamburg JR **1956** 28 mit Anm. *Nüse.*

[210] KG GA **72** (1928) 358.

[211] A. A RG JW **1932** 1660.

[212] RG DRiZ **1928** Nr. 740.

[213] RGSt **68** 89; BGHSt **15** 391; **21** 124; h. M; weitere Nachweise bei § 246, 2 und bei § 268.

[214] RGSt **57** 142; BGHSt **25** 335; BGH VRS **36** 368; BGH bei *Dallinger* MDR **1975** 24; weitere Nachweise bei § 238, 27.; § 246, 2 und bei § 268.

[215] *Alsberg/Nüse/Meyer* 380; KK-*Herdegen* 52; Einl. Kap. **13** VII.

von den Verteidigern übergeben und vom Gericht als Anlagen zur Niederschrift entgegengenommen werden. Bei verständiger Zusammenarbeit ist damit zu rechnen, daß die Verteidiger dem Wunsch des Gerichts nach Überreichung des Antrags in schriftlicher Form stattgeben; geschieht dies nicht, so erwächst für den Antragsteller hieraus kein Rechtsnachteil, da mündliche Antragstellung genügt und die schriftliche Antragstellung zwar auch im Interesse der Verteidigung zweckmäßig ist (genaue Protokollierung), aber vom Gericht nicht erzwungen werden kann[216]. Überreicht der Antragsteller eine Schrift mit der Erklärung, daß diese einen Beweisantrag enthalte, so muß der Inhalt der vom Vorsitzenden entgegengenommenen Schrift in der Hauptverhandlung vorgetragen, mit den Beteiligten erörtert und über ihn entschieden werden[217]. Des mündlichen Vortrags durch den Antragsteller bedarf es jedoch nicht, wenn das Gericht den mündlichen Vortrag nicht verlangt[218]. Der Vorsitzende kann, wozu er allerdings nicht verpflichtet ist, den Inhalt des Antrags auch selbst bekannt geben[219]. Der § 273 Abs. 1 ist für die Angabe des Beweisantrags in der Sitzungsniederschrift maßgebend (Rdn. 174). Der Verteidiger hat jedoch keinen Anspruch darauf, seinen Antrag in das Protokoll diktieren zu können[220].

### 5. Unterlage und Inhalt des Antrags

**104**
a) Es bedarf der **Bezeichnung einer bestimmten Tatsache,** nicht aber der bestimmten Behauptung einer Tatsache in dem Sinn, daß der Antragsteller diese so geltend machen müsse, als ob er eine sichere Kenntnis von ihr habe. Das Erfordernis, daß aus dem Antrag die Überzeugung des Antragstellers von der Wahrheit der behaupteten Tatsache und seine zuversichtliche Erwartung eines günstigen Ergebnisses hervorgehen müsse, würde vornehmlich die Verteidigung des Angeklagten in unerträglichem Maß beschränken; dieser ist oft veranlaßt, zu seinem Schutz eine Tatsache durch ihre bestimmte Behauptung unter Beweis zu stellen, die er nur vermutet oder für möglich hält, selbst wenn er nur eine geringe Hoffnung auf Erfolg hegt[221]. Er braucht grundsätzlich

[216] RG Recht **1924** Nr. 487; BayObLG bei *Rüth* DAR **1979** 240; OLG Hamm JMBlNW **1970** 251; *Alsberg/Nüse/Meyer* 381; *Dahs/Dahs* 248; Sarstedt DAR **1964** 310; ferner KK-*Herdegen* 52; *Kleinknecht/Meyer* 32; KMR-*Paulus* 380.

[217] RGSt **59** 122; RG LZ **1914** 963; JW **1931** 2575; KG JW **1931** 235

[218] BGH NJW **1953** 35; KG JR **1954** 430 mit Anm. *Sarstedt;* KK-*Herdegen* 252; KMR-*Paulus* 380; *Gössel* § 29 C II c 1 sehen den schriftlich eingereichten Beweisantrag als wirksam gestellt auch ohne Bekanntgabe seines Inhalts an; dagegen *Alsberg/Nüse/Meyer* 382; *Kleinknecht/Meyer* 32; *G. Schäfer* § 79 I 2 c. Man wird grundsätzlich die Bekanntgabe des wesentlichen Inhalts eines schriftlich übergebenen Beweisantrages fordern müssen. Hierfür zu sorgen ist das Gericht verpflichtet, so daß auch ein schriftlich übergebener Antrag nicht übergangen werden darf. Daß er durch den Antragsteller selbst bekannt gegeben wird, ist keine Wirksamkeitsvoraussetzung.

[219] *Alsberg/Nüse/Meyer* 383; *Kleinknecht/Meyer* 32; KMR-*Paulus* 380; vgl. Fußn. 218.

[220] BayObLG bei *Rüth* DAR **1979** 240; OLG Hamm JMBlNW **1970** 251; *Alsberg/Nüse/Meyer* 381, 400; *Dahs/Dahs* 248; KMR-*Paulus* 377.

[221] RGSt **64** 432; RG JW **1924** 1251; **1933** 450; HRR **1935** Nr. 554; BGHSt **21** 125; BGH NJW **1983** 126; NStZ **1981** 309; **1982** 70; VRS **15** 431; StrVert. **1984** 450; BGH bei *Dallinger* MDR **1951** 405; vgl. auch BGH bei *Holtz* MDR **1980** 987; KG JR **1968** 228 mit Anm. *Koffka;* KK-*Herdegen* 49; *Kleinknecht/Meyer* 20; KMR-*Paulus* 385; ferner *Alsberg/Nüse/Meyer* 43 mit weit. Nachw. Wenn BGH bei *Spiegel* DAR **1982** 205 einen Beweisermittlungsantrag annimmt, weil der Antragsteller trotz einer bestimmten Behauptung in Wahrheit nur eine Vermutung aufzeige, dürfte – soweit dies ohne Kenntnis des Sachverhalts beurteilt werden kann – die Grenze einer zulässigen Auslegung überschritten sein.

Walter Gollwitzer

auch nicht offenzulegen, aus welcher Quelle seine Behauptung stammt und weshalb er glaubt, daß das benannte Beweismittel die behauptete Tatsache bestätigen werde[221a].

**105** Keinesfalls dürfen die **Anforderungen** an die Bezeichnung einer bestimmten Tatsache **überspannt** werden; das Maß von Genauigkeit und Vollständigkeit, das vom Beweisführer nach der Sachlage bei billiger Würdigung erfordert werden kann, genügt[222]. Dabei ist zu berücksichtigen, daß sich hinter **scheinbaren Werturteilen** oder Schlußfolgerungen ein Tatsachenkern verbergen kann, der einem Beweis zugänglich ist[223]. Erkennbarmachung ersetzt die ausdrückliche Angabe[224], wobei auch einfache **Rechtsbegriffe** wie Kauf, Miete, Leihe zur Kennzeichnung der unter Beweis gestellten Tatsache verwendet werden dürfen[225]. So kann bei einfacher Beweislage die Behauptung, der Angeklagte sei zur Tat angestiftet worden, ausreichend sein[226]. Der Antrag, den Angeklagten auf seinen Geisteszustand zu untersuchen, ist nur dann als Beweisantrag anzusehen, wenn ihm nach dem Inbegriff der Erklärung des Antragstellers in der Hauptverhandlung die Behauptung bestimmter Tatsachen zugrunde liegt[227]. Der Antrag auf „Ortsbesichtigung" ist kein ordnungsgemäßer Antrag auf Durchführung eines Augenscheins[228], sofern nicht das Beweisthema aus den Umständen der Hauptverhandlung eindeutig ersichtlich ist. Gleiches gilt beim Antrag, den Augenzeugen eines Verkehrsunfalls zu vernehmen[229]. Der Antrag zur „Klärung von Widersprüchen einer Zeugenaussage" Beweis zu erheben, ist nur dann **hinreichend bestimmt,** wenn für die Verfahrensbeteiligten aus dem Sachzusammenhang heraus erkennbar ist, welche konkreten Tatsachen damit unter Beweis gestellt werden sollen[230]. Eine schlagwortartige Verkürzung der unter Beweis gestellten Tatsachen ist zulässig[231] und vor allem bei Umschreibung der Tatsachen gebräuchlich, auf die sich eine Beurteilung der **Anlagen** und **sittlichen Eigenschaften** eines Menschen stützen muß. So ist ein Beweisangebot des Inhalts für ausreichend zu erachten, daß jemand, bei dem dies erheblich ist, — etwa ein Zeuge — „dumm" oder „geistig beschränkt" oder „nicht normal"[232], „unglaubwürdig" oder „verlogen" sei[233], daß er zur maßgebenden Zeit „sinnlos betrunken" gewesen sei[234] oder daß er einen guten oder schlechten Leumund habe[235].

---

[221a] Etwa RGSt **1** 51; BGH StrVert. **1981** 167; **1984** 450; Alsberg/Nüse/Meyer 42. Vgl. aber auch Rdn. 114.

[222] Oetker JW **1930** 1105; Alsberg/Nüse/Meyer 41 mit weit. Nachw.; vgl. Rdn. 94.

[223] BGH StrVert. **1984** 451; bei Pfeiffer NStZ **1981** 96 (wenn der Lebenserfahrung entnommene Folgerungen und Werturteile zur Kennzeichnung tatsächlicher Beobachtungen dienen); KK-Herdegen 49 (wenn nach Sachlage für das Beweisthema eine Wahrnehmungs-(Tatsachen-)basis zu erwarten ist).

[224] RGSt **13** 316; **38** 127; BGH StrVert. **1981** 330; OLG Hamm NJW **1963** 602; Alsberg/Nüse/Meyer 41; KK-Herdegen 49; Kleinknecht/Meyer 20; KMR-Paulus 386.

[225] Alsberg/Nüse/Meyer 42; Eb. Schmidt Vor § 244, 26 a; h. M; vgl. auch Fußn. 226.

[226] RG JW **1931** 3560 mit Anm. Bohne; BGHSt **1** 137.

[227] BGH JR **1951** 509; BGH bei Holtz MDR **1976** 815 („mehrere, sich auf den Kopf auswirkende Krankheiten"); Alsberg/Nüse/Meyer 42; vgl. ferner BGH bei Pfeiffer/Miebach NStZ **1983** 210.

[228] OLG Koblenz VRS **49** 273.

[229] BayObLG StrVert. **1982** 414 = VRS **62** 458.

[230] OLG Koblenz VRS **49** 40; Alsberg/Nüse/Meyer 42; KMR-Paulus 386.

[231] Alsberg JW **1930** 934; Alsberg/Nüse/Meyer 41; KK-Herdegen 49; Kleinknecht/Meyer 20.

[232] RG DRiZ **1929** Nr. 901; JW **1930** 934.

[233] RGSt **37** 371; **39** 127; RG GA **73** (1929) 110; DRiZ **1928** Nr. 741; **1931** Nr. 216; JW **1932** 2728; 3095; HRR **1936** Nr. 1029; **1941** Nr. 410; teilw. a. A RG JW **1931** 951; **1932** 2727.

[234] BGH bei Holtz MDR **1979** 807; BayObLG DRiZ **1929** Nr. 422; KK-Herdegen 49.

[235] RG HRR **1927** Nr. 97; JW **1927** 2043; BGHSt **1** 51.

Ein Beweisantrag und nicht etwa nur ein Beweisermittlungsantrag liegt vor, wenn **106** der Angeklagte beantragt, daß mit einem bestimmt bezeichneten Beweismittel Beweis über die **Glaubwürdigkeit** eines Zeugen erhoben werde, sofern er hierbei eine Tatsache, die er für möglich hält, als Zeichen für die Unglaubwürdigkeit angibt[236]. Ferner darf das Gericht den Antrag des Angeklagten, Menschen, die seit Jahren mit ihm umgehen, als Zeugen darüber zu hören, daß sie ihn als einen Mann kennengelernt haben, dem die Straftat nicht zuzutrauen sei, nicht mit der Begründung ablehnen, es fehle an der erforderlichen Angabe von Tatsachen[237]. Wieweit die Anträge auf erneute Einvernahme eines Zeugen Beweisanträge sein können, ist bei Rdn. 132 erörtert.

**b) Die Bezeichnung des Beweismittels** muß so bestimmt sein, daß erkennbar wird, **107** welches individuelle, von anderen unterscheidbare Beweismittel zur Hauptverhandlung zugezogen werden soll[238]. Die Angabe ist ebenfalls auslegungsfähig. Verlangt der Antragsteller die Auskunft einer nach Sitz und Namen bekannten Firma, so kann dies dahin auszulegen sein, daß damit das Zeugnis eines Angehörigen dieser Firma angeboten wird[239].

**Zeugen** müssen nicht unbedingt durch Angabe von **Namen und Anschriften** be- **108** zeichnet werden. Es genügt, wenn der Antragsteller die Tatsachen vorträgt, auf Grund derer die Zeugen identifiziert und ermittelt werden können[240]. Hinreichend bestimmt ist ein solcher Beweisantrag aber nur, wenn der Personenkreis, aus dem der Zeuge ermittelt werden soll, deutlich abgegrenzt ist, und einen gewissen Umfang nicht übersteigt[241]. Bei der „Nachbarschaft" ist dies nicht der Fall[242]. Wird derjenige, auf dessen Zeugnis sich der Antragsteller beruft, irrtümlich als Mitangeklagter bezeichnet, so ist das unschädlich[243]. Als ein vollkommener Beweisantrag ist sowohl der Antrag, daß ein bestimmter Mensch, dessen Aufenthalt noch zu ermitteln ist, über eine bestimmte Tatsache vernommen werde[244], als auch der Antrag anzusehen, daß ein bestimmter Ort nach einem bestimmten Überführungsstück durchsucht werde[245]. Die Erklärung des Verteidigers, er verzichte nicht auf die Vernehmung eines geladenen Zeugen, stellt einen Beweisantrag dar, wenn hiermit eine bestimmte Beweisbehauptung aufgestellt oder aufrechterhalten wird[246].

Handelt es sich darum, daß bestimmte **Schriftstücke** aus Akten oder Briefsamm- **109** lungen als Beweismittel herangezogen werden, so hängt es von der Lage des einzelnen Falls, insbesondere von der Greifbarkeit der zu verwendenden Urkunde ab, ob der An-

---

[236] RG HRR **1939** Nr. 668.

[237] RG HRR **1937** Nr. 540.

[238] RG GA **38** (1891) 60; BGH MDR **1960** 329; NStZ **1981** 309; *Alsberg/Nüse/Meyer* 47; *KK-Herdegen* 51; *Kleinknecht/Meyer* 21; KMR-*Paulus* 384; *Eb. Schmidt* 26 b.

[239] OLG Koblenz DAR **1974** 132.

[240] RG JW **1922** 299; **1932** 418; **1932** 2725; BGH MDR **1960** 329; NStZ **1981** 309; BGH bei *Dallinger* MDR **1971** 574; bei *Holtz* MDR **1977** 984; bei *Spiegel* DAR **1980** 205; BayObLG bei *Rüth* DAR **1980** 269; **1984** 244; KG JR **1954** 231 mit Anm. *Sarstedt*; OLG Saarbrücken VRS **49** 45; OLG Schleswig bei *Ernesti/Jürgensen* SchlHA **1976** 170. *Alsberg/Nüse/Meyer* 48 mit weit. Nachw.

[241] *Alsberg/Nüse/Meyer* 49, der darauf hinweist, daß die Rechtsprechung früher den Begriff des Beweisantrags in dieser Hinsicht sehr weit auslegen mußte, da sie zur Ermittlung des Beweismittels nicht auf die Aufklärungsrüge zurückgreifen konnte.

[242] OLG Saarbrücken VRS **49** 45; KK-*Herdegen* 51; KMR-*Paulus* 388. Vgl. ferner BGH bei *Pfeiffer/Miebach* NStZ **1983** 210 (Arbeitskollegen). Es genügt nach RG JW **1922** 299 (Personal der Polizeiwache); BGH VRS **25** 426 (mit Untersuchung der Blutprobe befaßtes Institutspersonal); BayObLG bei *Rüth* DAR **1980** 269 (Sachbearbeiter für Führerscheinsachen).

[243] RGSt **52** 138.

[244] RG LZ **1919** 909.

[245] RG JW **1927** 793 mit Anm. *Mannheim; Alsberg/Nüse/Meyer* 53.

[246] RG DStR **1939** 176.

trag den Erfordernissen eines Beweisantrags genügt oder sich als Beweisermittlungsantrag darstellt[247]. Die Urkunde und ihr Besitzer oder ihr Verwahrungsort müssen so genau bezeichnet werden, daß dem Gericht die Beiziehung möglich ist[248]. Bei Akten müssen die Teile bezeichnet werden, die im Wege des Urkundenbeweises verwendet werden sollen[249]. Ob die genaue Bezeichnung des Schriftstücks bei Akten kleineren Umfangs entbehrlich ist, ist strittig[250]. Soll der ganze Inhalt einer Urkundensammlung als Beweismittel dienen (etwa, daß in den Büchern keine Zahlung vermerkt ist), so genügt die Bezeichnung der Urkundengesamtheit[251]. Ob bei fremdsprachigen Urkunden Übersetzung beantragt werden muß, erscheint fraglich[252].

**110**    Die Nichtbenennung eines **bestimmten Sachverständigen** macht einen sonst klaren Beweisantrag nicht zum Beweisermittlungsantrag, da die Auswahl des Sachverständigen dem Gericht obliegt[253]. Im übrigen wird wegen der mangelhaften Beweisanträge auf Rdn. 113 ff, wegen der Beweisermittlungsanträge auf Rdn. 115 ff, wegen der Scheinbeweisanträge auf Rdn. 206 ff verwiesen.

**111**    **6. Auslegung.** Es kommt nicht auf den Wortlaut, sondern auf den **Sinn und Zweck** eines Beweisantrages an[254], so wie er auf Grund der Hauptverhandlung, vor allem aus den sonstigen Ausführungen des Antragstellers, für Gericht und Verfahrensbeteiligte erkennbar ist[255]. Dies gilt auch bei Anträgen des Staatsanwalts (Rdn. 114). Bei der Auslegung ist auch der Akteninhalt zu berücksichtigen[256], wobei der Vorsitzende die ihm daraus bekannten, für das Verständnis des Antrags bedeutsamen Umstände zur Sprache bringen muß[257]. Maßgebend ist der Zweck, den der Antragsteller nach der Verfahrenslage mit seinem Antrag verfolgt; der danach erkennbare Sinn der Beweisbehauptung darf deshalb bei der Auslegung keine damit unvereinbare Verschiebung oder Einengung erfahren[258]. Zwar liegt kein Beweisantrag vor, wenn das Gericht nur auf die Möglichkeit einer Beweisaufnahme aufmerksam gemacht und ihm anheimgegeben wird, ob es auf Grund des § 244 Abs. 2 von Amts wegen Beweis erheben wolle[259]. Wo aber die von einem Beteiligten oder für einen solchen abgegebene Erklärung die Deutung zuläßt, daß über eine bloße Beweisanregung hinausgegriffen werden soll, wo zu erkennen ist, daß der Erklärende zum Beweis für die bezeichnete Tatsache die

---

[247] RGRspr. **8** 581; RG LZ **1916** 30; **1920** 443; HRR 1926 Nr. 345.

[248] *Alsberg/Nüse/Meyer* 53.

[249] BGHSt **6** 138; BGH JR **1954** 352; NStZ **1982** 296; *Alsberg/Nüse/Meyer* 53 mit weit. Nachw.; zu den strittigen Fragen der Spurenakten vgl. BGHSt **30** 131 und § 199, 16 ff.

[250] So RG JW **1927** 2468; dagegen KK-*Herdegen* 51.

[251] *Alsberg/Nüse/Meyer* 53.

[252] So aber BGH bei *Pfeiffer* NStZ **1982** 189.

[253] OLG Celle MDR **1969** 950; NdsRpfl. **1982** 66; OLG Hamm MDR **1976** 338; *Sarstedt* DAR **1964** 309; *Solbach/Vedder* JA **1980** 160; *Alsberg/Nüse/Meyer* 52; KK-*Herdegen* 51; *Kleinknecht/Meyer* 21; KMR-*Paulus* 389; vgl. Rdn. 297 und bei § 73.

[254] RGSt **38** 127; RG JW **1931** 2032; **1932** 3102; **1933** 452; BGHSt **1** 138; **22** 122; BGH NJW 1959 396; **1968** 1293; BGH StrVert. **1981** 603; **1982** 55; BGH bei *Holtz* MDR

**1976** 815; BayObLG StrVert. **1982** 414; OLG Celle GA **1962** 216; OLG Hamm VRS 40 205; KG VRS **17** 358.

[255] OLG Celle NdsRpfl. **1982** 66; *Alsberg/Nüse/Meyer* 38.

[256] RG JW **1931** 2821; JW **1932** 3102; OGH NJW **1950** 434; BGH NJW **1951** 368; JR **1951** 509; BGH bei *Pfeiffer/Miebach* NStZ **1983** 210; OLG Hamburg JR **1982** 36 mit Anm. *Gollwitzer;* OLG Schleswig DAR **1961** 310; *Alsberg/Nüse/Meyer* 38; 751 mit weit. Nachw.; KMR-*Paulus* 371; a. A KK-*Herdegen* 50 (Mündlichkeitsprinzip).

[257] *Alsberg/Nüse/Meyer* 751.

[258] BGH StrVert. **1981** 603; BGH bei *Holtz* MDR **1978** 112; dies ist vor allem bei der Unterstellung als wahr und bei der Ablehnung als unerheblich von Bedeutung, vgl. Rdn. 224; 249.

[259] Zur Abgrenzung vgl. Rdn. 117; 123 ff.

Verwendung des bezeichneten Beweismittels fordert, da muß sie als Beweisantrag behandelt werden; eine Steigerung des Erbietens bis zum ausdrücklichen Verlangen ist nicht zu fordern[260].

Ist der Sinn des Antrags, sein Ziel oder seine Tragweite nicht eindeutig aus den **112** gesamten Umständen erkennbar, so sind die Zweifel — vor jedem Auslegungsversuch — durch **Befragung des Antragstellers** zu klären[261]. Ist dies nicht möglich, etwa weil der Antragsteller nicht anwesend ist, muß der Antrag in der für ihn günstigsten Weise ausgelegt werden[261a].

**7. Mangelhafte Beweisanträge.** Genügt der Inhalt eines Beweisantrags den vorste- **113** henden Erfordernissen nicht, so begründet die Mangelhaftigkeit nicht ohne weiteres seine Ablehnung. Die Aufklärungspflicht erfordert vom Vorsitzenden, bei Unklarheit, Unvollständigkeit oder Mehrdeutigkeit eines Antrags vornehmlich durch Befragen des Antragstellers darauf hinzuwirken, daß der Antrag vervollständigt und sein Sinn klargestellt wird[262].

So kann in Fällen, in denen der Antragsteller Beweis darüber zu erheben bean- **114** tragt, „wann" sich ein Vorfall ereignet hat, oder in denen ein das Beweismittel und das Beweisthema enthaltende Satz mit „ob" oder „ob nicht" eingeleitet wird, zweifelhaft sein, ob sich der Antragsteller nur **ungeschickt ausgedrückt** hat und in Wahrheit doch eine bestimmte Tatsache behaupten will oder ob er sich dazu nicht in der Lage sieht. Die Aufgabe des Vorsitzenden[263], den wahren Sinn des Antrags festzustellen, ist bei Anträgen des Angeklagten und des Verteidigers[264] von besonderer Bedeutung, greift aber auch bei solchen des Staatsanwalts Platz[265]. Sie besteht auch, wenn der Antrag seinem Inhalt nach zunächst nur die Merkmale eines Beweisermittlungsantrags aufweist[266] und kann nur gegenüber Anträgen entfallen, die gänzlich inhaltslos erscheinen, sich in unbestimmte oder unbeweisbare Behauptungen erschöpfen oder wenn dies aus sonstigen Gründen völlig zwecklos erscheint[267]. Wenn ein Zweifel daran auftaucht, ob die unter Beweis gestellte Tatsache **ernstlich gemeint** und **beweisbar** ist, dann ist der Antragsteller nach dem Sinn und den Unterlagen seines Antrags zu befragen. Auf Grund seiner

---

[260] RG LZ **1915** 556; JW **1932** 3626; RMG 7 38; *Beling* ZStW **38** (1916) 622; *Oetker* JW **1930** 1105; a. A RGRspr. **6** 390; RMG **8** 63. Vgl. auch Fußn. 271.

[261] BGHSt **1** 137; **19** 24; BGH NJW **1959** 396; GA **1960** 315; VRS **7** 54; BayOblGSt **1949/50** 49; BayObLG VRS **59** 266; OLG Celle GA **1962** 216; NdsRpfl **1982** 66; OLG Köln VRS **64** 279; OLG Saarbrücken VRS **38** 59; *Alsberg/Nüse/Meyer* 396; 750; KK-*Herdegen* 50; *Kleinknecht/Meyer* 35; *Bergmann* MDR **1976** 889; KMR-*Paulus* 371; *Kuchinke* JuS **1967** 299; *Plötz* 185; *Eb. Schmidt*, Vor § 244, 26; vgl. Rdn. 114 und unten Fußn. 262.

[261a] BGH nach *Alsberg/Nüse/Meyer* 751; dort weitere Nachweise; vgl. etwa OLG Hamm VRS **21** 368; KK-*Herdegen* 64.

[262] Vgl. die bei Fußn. 261 angeführten Nachweise; ferner RGRspr. **7** 534; **8** 581, 693; RGSt **13** 316; **14** 406; **27** 95; **38** 127; **51** 42; RG GA **38** (1891) 211; 329; **55** (1908) 334; JW **1914** 432; 434; **1922** 813; **1930** 931; **1931**

1039; 2032; **1932** 452; 1750; 3101; LZ **1915** 846; **1917** 680; OGH NJW **1950** 434.

[263] *Alsberg/Nüse/Meyer* 398; *Kleinknecht/Meyer* 35 begründen dies mit der Aufklärungs- und Fürsorgepflicht.

[264] Vgl. BGHSt **22** 122; die Fragepflicht zur Klarstellung des Gewollten besteht auch gegenüber Rechtskundigen uneingeschränkt; für die Pflicht bei der sachgerechten Antragstellung Hilfe zu leisten, gilt dies nicht im gleichen Maße; vgl. *Alsberg/Nüse/Meyer* 398; *Plötz* 185; 204 (Gericht kein Hilfsverteidiger).

[265] RG GA **61** (1914) 339; **67** (1919) 40; BGH bei *Holtz* MDR **1976** 815; *Alsberg/Nüse/Meyer* 398 mit weit. Nachw.; ferner *Kleinknecht/Meyer* 35; a. A OLG Dresden JW **1930** 1105 mit abl. Anm. *Weber und Oetker; Schwenn* StrVert. **1981** 634.

[266] RG JW **1931** 1568.

[267] RGSt **38** 127; **51** 42; RG LZ **1919** 909; *Alsberg/Nüse/Meyer* 396; *Bergmann* MDR **1976** 889; *Kleinknecht/Meyer* 35.

Walter Gollwitzer

Angaben ist zu prüfen, ob die gewünschte Erhebung etwas zur Aufklärung beitragen kann[268] oder ob der Antrag nach den Absätzen 3 bis 5 abzulehnen ist.

### 8. Beweisermittlungsanträge

**115**   **a) Begriff.** Es handelt sich — unabhängig von der Bezeichnung als Bitte, Antrag oder Verlangen — um **echte Anträge,** die die Nachforschungen des Gerichts in eine bestimmte Richtung lenken sollen. Dem Antragsteller, dem es — soweit ersichtlich — an den erforderlichen Unterlagen für die Bezeichnung einer bestimmten Tatsache oder eines bestimmten Beweismittels gebricht, soll der Weg für die Stellung eines Beweisantrags bereitet werden[269]; zumindest aber soll die Aufklärungspflicht des Gerichts mit einer bestimmten Zielrichtung aktualisiert werden[270]. Dies entspricht der Instruktionsmaxime, die den Strafprozeß beherrscht und die es auch den Verfahrensbeteiligten ermöglicht, auf Nachforschungen hinzuwirken, wenn sie sich hiervon weitere Beweismöglichkeiten versprechen[271].

**116**   Zwei Möglichkeiten kommen in Betracht. Entweder erhellt aus dem Begehren des Antragstellers, daß er nicht in der Lage ist, mit der **Bezeichnung einer bestimmten Tatsache,** von der er Kenntnis hat oder die er vermutet oder für möglich hält, hervorzutreten, daß er vielmehr nur darauf ausgeht, die nachforschende Tätigkeit des Gerichts in eine bestimmte Richtung zu lenken, weil er erwartet, das Ergebnis der Nachforschung werde ihm Gelegenheit gewähren, eine Tatsache, die noch außerhalb des Kreises seiner Vorstellung liegt, zu behaupten[272], oder das Vorbringen des Antragstellers läßt sein Unvermögen zur Bezeichnung eines **bestimmten Beweismittels** und sein Bestreben erkennen, eine Ermittlung darüber hervorzurufen, ob ein zur Zeit noch unbekanntes Beweismittel vorhanden sei, wo es sich befinde, ob sein Zustand die Verwendung ohne weiteres erlaube oder ob es möglich sei, es verwendbar zu gestalten.

**117**   Die Frage, ob Anträge nur auf Ermittlung von Beweismittel gerichtet sind, hängt im übrigen von der **Eigenart der einzelnen Beweismittel** ab; während der Antrag auf Anhörung eines **Sachverständigen** den Erfordernissen eines Beweisantrags auch dann genügt, wenn der Antragsteller einen zur Erstattung des Gutachtens geeigneten Menschen nicht vorzuschlagen vermag (Rdn. 110), kann die Unbestimmtheit in der Bezeichnung eines Beweismittels einen Antrag vornehmlich da als bloßen Beweisermittlungsantrag erscheinen lassen, wo es sich um die Herbeischaffung von Urkunden aus Geschäfts-

---

[268] RG GA **71** (1927) 131; BGH bei *Pfeiffer/Miebach* NStZ **1984** 210; im Regelfall können vom Antragsteller keine Angaben über die Quelle seiner Kenntnis von der unter Beweis gestellten Tatsache gefordert werden; vgl. *Alsberg/Nüse/Meyer* 40; Rdn. 104.

[269] RGSt **64** 432; BGHSt **30** 142; BGH GA **1981** 228; *Alsberg/Nüse/Meyer* 75; *Bergmann* MDR **1976** 888; KK-*Herdegen* 57 (wenn Beweistatsache oder Beweismittel erst gesucht werden); *Kleinknecht/Meyer* 25; *Eb. Schmidt* Vor § 244, 25; *Schulz* GA **1981** 301; *Schulz* AnwBl. **1983** 492; *Seifert* NJW **1960** 20; *Schwenn* StrVert. **1981** 631.

[270] *Schulz* GA **1981** 304 sieht den Zweck des Beweisermittlungsantrags allein in der Aktualisierung der Aufklärungspflicht und nicht in

der Vorbereitung eines Beweisantrags. Vgl. *Quedenfeld* FS II Peters 228.

[271] Ein Verbot des „Ausforschungsbeweises" wäre mit der Instruktionsmaxime des Strafprozesses unvereinbar. Dieser Begriff, der Verfahren mit Parteimaxime entstammt, sollte zur Verhütung von Fehldeutungen nicht verwendet werden; vgl. *Alsberg/Nüse/Meyer* 67, 425; anders KMR-*Paulus* 384; BGH bei *Spiegel* DAR **1976** 95; **1980** 205; OLG Schleswig bei *Ernesti/Jürgensen* SchlHA **1977** 81.

[272] RGSt **64** 432; RG JW **1932** 1748; **1933** 450; HRR **1942** Nr. 133; BGH bei *Dallinger* MDR **1971** 186 (Anregung Chromosomen-Kombination zu klären); *Alsberg/Nüse/Meyer* 77.

büchern, Briefsammlungen oder Akten handelt[273]. Die Grenze zwischen Beweisantrag und Beweisermittlungsantrag ist beim **Beweis mit Urkunden** besonders flüssig; maßgebend sind jeweils die Umstände des einzelnen Falls. Ist die Urkunde in einem Aktenband oder Kassenbuch geringeren Umfangs enthalten, also leicht auffindbar, so kann dem Antrag auf Heranziehung der Akten oder des Buchs die Anerkennung als Beweisantrag nicht versagt werden[274]. Die Bitte nachzuprüfen, ob die Voraussetzungen für eine Unterbringung in einer Heilanstalt wegen **verminderter Schuldfähigkeit** vorliegen, ist regelmäßig nur ein Beweisermittlungsantrag[275], desgleichen der Antrag, eine **größere Zahl von Personen** zu vernehmen, ohne daß angegeben werden kann, welche dieser Personen von der zu beweisenden Tatsache Kenntnis hat[276] oder die Einholung einer Auskunft des Wetteramts über den Stand der Sonne[277].

Beweisermittlungsanträge können, ebenso wie Beweisanträge **bedingt,** vor allem **118 hilfsweise,** gestellt werden[278].

**b) Sachdienlichkeit.** Das Gericht muß die Beweisermittlungsanträge sorgfältig darauf prüfen, ob seine Wahrheitsermittlungspflicht es erfordert, den aufgezeigten Beweismöglichkeiten nachzugehen oder ob sie bei Berücksichtigung des bisherigen Verfahrensergebnisses einschließlich des Vorbringens der Verfahrensbeteiligten und des Akteninhalts eine weitere sachdienliche Aufklärung nicht erwarten lassen[279]. An die **Ablehnungsgründe der Absätze 3 und 4** ist es dabei nicht gebunden[280], unzulässige Beweismöglichkeiten scheiden jedoch auch hier aus[281]. Im übrigen hat das Gericht — nicht zuletzt auch wegen der größeren Unbestimmtheit des Beweisermittlungsantrags — diesem gegenüber eine freiere Stellung als bei Beweisanträgen. Es muß nach **pflichtgemäßem Ermessen** beurteilen, ob die begehrten Nachforschungen eine weiterführende Sachaufklärung erwarten lassen[282] oder ob sie nach der Sachlage unnötig oder wegen der tatsächlichen Schwierigkeiten als aussichtslos erscheinen. Je konkreter der Beweisermittlungsantrag die aufzuklärende Tatsache und einen gangbaren Weg zu ihrer Erforschung aufzeigt, je „beweisantragsähnlicher" also der Beweisermittlungsantrag ist, desto mehr reduziert sich die Ermessensfreiheit des Gerichts[282a]. Wenn die **Aufklärungpflicht** es erfordert, muß das Gericht dem Beweisermittlungsantrag entsprechen. Eine bloß abstrakte, gedankliche Erwägung, die sich nicht auf konkrete Tatsachen stüt-

---

[273] Vgl. Rdn. 109 und die Nachweise Fußn. 248 bis 251; *Alsberg/Nüse/Meyer* 84 mit weit. Nachw.

[274] Vgl. Rdn. 109 Fußn. 250.

[275] BGHSt **8** 76; BGH JR **1951** 509; GA **1981** 228.

[276] BGH bei *Pfeiffer/Miebach* NStZ **1983** 210; RGSt **24** 422; OLG Hamm DAR **1961** 234; OLG Saarbrücken VRS **49** 45; vgl. Fußn. 242; ferner *Alsberg/Nüse/Meyer* 82 mit weit. Nachw.

[277] OLG Koblenz VRS **65** 142.

[278] RG JW **1932** 2732; *Alsberg/Nüse/Meyer* 77; KMR-*Paulus* 395.

[279] BGHSt **6** 128; **30** 142; BGH NJW **1951** 368; **1968** 1293; VRS **41** 206; NStZ **1981** 309; KG JR **1978** 473; OLG Saarbrücken VRS **49** 46; *Bergmann* MDR **1976** 891; KK-*Herdegen* 60; *Schlüchter* 545; *Alsberg/Nüse/Meyer* 87 mit weit. Nachw.

[280] BGH VRS **41** 206; *Eb. Schmidt* Vor § 244, 23; *Alsberg/Nüse/Meyer* 88 mit weit. Nachw.; dies schließt aber nicht aus, diese Ablehnungsgründe bei der Ablehnung weiterer Ermittlungen sinngemäß heranzuziehen.

[281] *Alsberg/Nüse/Meyer* 88.

[282] *Alsberg/Nüse/Meyer* 87; KK-*Herdegen* 61; *Kleinknecht/Meyer* 27; KMR-*Paulus* 406; ferner RGSt **24** 423; **40** 50; **49** 361; **64** 432; RG GA **43** (1895) 114; *Recht* **1911** Nr. 2692; LZ **1917** 143; **1922** 30; JW **1927** 1160; HRR **1942** Nr. 133; BGH LM Nr. 10 zu § 244 Abs. 3 mit Anm. *Arndt; Oetker* JW **1923** 387; **1930** 1107; *Gerland* JW **1931** 215; *Schlosky* JW **1930** 2509; und die Fußn. 279 angeführten Entscheidungen.

[282a] KK-*Herdegen* 60.

Walter Gollwitzer

zen kann, wird andererseits meist ungeeignet sein, das Gericht zu einer weiteren Sachaufklärung zu veranlassen, vor allem, wenn es bereits aufgrund der bisherigen Beweisaufnahme eine sichere Überzeugung gewinnen konnte (BGHSt 30 142; vgl. Rdn. 46).

**120**    Ob die Voraussetzungen für die angeregte Beweiserhebung gegeben sind, kann das Gericht im Wege des **Freibeweises** erforschen, so etwa, wenn es nachprüfen läßt, ob jemand aus einem größeren Personenkreis als Zeuge in Frage kommt. Ist dagegen das Beweismittel bekannt und erreichbar, kann es dieses gleich im Strengbeweisverfahren in die Hauptverhandlung einführen, etwa, indem es den in Frage kommenden Zeugen gleich dort vernimmt.

**121**    c) **Bescheidung des Antrags.** Das Gericht darf den Beweisermittlungsantrag, dem es nicht Rechnung tragen will, nicht einfach übergehen[283]. Da es sich um keinen echten Beweisantrag handelt, bedarf es für seine Ablehnung nach der vorherrschenden Meinung[284] **keines Gerichtsbeschlusses** nach § 244 Abs. 6. Um den Antragsteller in der Hauptverhandlung nicht im unklaren zu lassen, gebietet jedoch die Fürsorgepflicht, daß der **Vorsitzende** dem Antragsteller eröffnet, ob das Gericht der Anregung stattgeben werde oder warum es davon absehen wolle[285]. Gibt der Antragsteller sich mit dem ablehnenden Bescheid des Vorsitzenden nicht zufrieden, so hat das Gericht nach § 238 Abs. 2 zu entscheiden[286]; lehnt auch dieses ab, so kann es seine Stellungnahme — anders als gegenüber einem Beweisantrag — damit begründen, daß es die angeregten Erhebungen für aussichtslos erachte. Das Gericht kann aber auch ein Beweisermittlungsersuchen, dem es nicht entsprechen will, sofort durch Beschluß ablehnen. Dies ist notwendig, wenn es als Beweisantrag gestellt wurde[287]. Der ablehnende Beschluß muß dann sowohl dartun, daß das Gericht den Antrag nicht als Beweisantrag, sondern als Beweisermittlungsantrag ansieht, und er muß aufzeigen, warum es keinen Anlaß zu den beantragten Nachforschungen sieht. Gibt sich der Antragsteller mit dem Bescheid zufrieden, so kann er in aller Regel später nicht mit Erfolg geltend machen, das Gericht habe seine Aufklärungs- oder Fürsorgepflicht verletzt oder seinen Beweisantrag zu Unrecht als Beweisermittlungsantrag behandelt[288]. Eine Mindermeinung im Schrifttum ist der Ansicht, daß die Ablehnung eines Beweisermittlungsantrags immer einen Beschluß des Gerichts erfordere[289].

---

[283] *Alsberg/Nüse/Meyer* 87, 89 mit Nachweisen auch zur früher vertretenen Gegenmeinung.

[284] BGHSt **6** 128; BGH JR **1951** 509; BGH bei *Dallinger* MDR **1955** 269; bei *Holtz* MDR **1980** 987; NStZ **1982** 987; KG DAR **1956** 224; OLG Koblenz VRS **47** 185; OLG Köln VRS **17** 140; OLG Schlewig bei *Ernesti/Jürgensen* SchlHA **1969** 152; *Dahs/Dahs* 252; KK-*Herdegen* 61; *Kleinknecht/Meyer* 27; KMR-*Paulus* 406; *Koeniger* 266; *Peters* § 38 III; *Roxin* § 43 B II; *Schlüchter* 545; *Wessel* JuS **1969** 3; *Sarstedt/Hamm* 277; ferner *Alsberg/Nüse/Meyer* 89 mit weit. Nachw. zur nicht einheitlichen Rechtsprechung des RG; zur Gegenmeinung vgl. Fußn. 289.

[285] RG JW **1914** 432; *Bergmann* MDR **1976** 892; *Dahs/Dahs* 252; KK-*Herdegen* 61; *Kleinknecht/Meyer* 27; KMR-*Paulus* 406; *Peters* § 38 IV 3.

[286] *Dahs/Dahs* 252; KK-*Herdegen* 61; KMR-

*Paulus* 406; *Schulz* AnwBl. **1983** 492; a. A *Kleinknecht/Meyer* 27; *Alsberg/Nüse/Meyer* 90 mit dem Hinweis, daß sonst der Beschluß nach Absatz 6 auf dem Umweg über § 238 Abs. 2 herbeigeführt werden könnte. Nach *Schulz* AnwBl. **1983** 492 ist statt des Umkehrschlusses entweder die analoge Anwendung des § 244 Abs. 6 oder bei Annahme der Zuständigkeit des Vorsitzenden nach § 238 Abs. 1 die Anrufung des Gerichts nach § 238 Abs. 2 angezeigt. Vgl. auch *Dencker* NStZ **1982** 462.

[287] RGSt **14** 406; OLG Bremen StrVert. **1985** 8(L); *Alsberg/Nüse/Meyer* 754; KK-*Herdegen* 63.

[288] OLG Hamm VRS **40** 205; BGH GA **1981** 228 läßt dies offen.

[289] *Beling* ZStW **38** (1916) 621; *Gössel* § 29 C II a 2; *G. Schäfer* § 79 II 2; *Schulz* GA **1981** 301.

Wird dem **Beweisermittlungsantrag entsprochen** und werden die dort beantragten 122 Ermittlungen durchgeführt, bedarf es dazu keiner besonderen Entscheidung des Gerichts oder des Vorsitzenden über den Antrag. Solche Entscheidungen können aber mittelbar dadurch veranlaßt sein (Aussetzung, Unterbrechung usw.).

### 9. Sonstige Beweisanregungen und Beweiserbieten

a) Unter **Beweiserbieten** wird verschiedentlich der Hinweis verstanden, daß eine 123 bestimmte Tatsache durch ein bestimmtes Beweismittel erwiesen werden könne[290]. Solche Beweiserbieten unterscheiden sich von den Beweisanträgen dadurch, daß die Erholung eines bestimmten Beweises mit einem bestimmten Beweismittel nicht gefordert, sondern nur dem Gericht „anheimgegeben" oder „nahegelegt" wird. Sie können auch in der Form gegeben werden, daß Beweisgegenstand und Beweismittel genau bezeichnet werden, der Antrag auf Beweiserhebung aber nicht gestellt, sondern dem Ermessen des Gerichts überlassen wird. Dies ist zwar ungewöhnlich, kommt aber gelegentlich vor, so, wenn der Verfahrensbeteiligte annimmt, das Gericht werde die Tatsache auch ohne Beweis glauben[291] oder wenn er auf das Vorhandensein weitere Beweismittel für den Fall hinweisen will, daß das Gericht seiner Auffassung nicht folgt.

Bevor das Gericht einen solchen Hinweis als Beweisanregung behandelt, wird es 124 regelmäßig durch **Befragen** klarstellen müssen, ob nicht in Wirklichkeit ein ungeschickt formulierter Beweisantrag oder Eventualbeweisantrag gestellt werden sollte (Rdn. 160 ff), wofür eine gewisse Wahrscheinlichkeit spricht[292].

Das Gericht ist bei der **Entscheidung** über solche Beweisanregungen genauso wie 125 beim Beweisermittlungsantrag nicht an strengen Regeln der Absätze 2 bis 5 gebunden. Es braucht ihnen nur zu entsprechen, wenn die Aufklärungspflicht dazu drängt, die aufgezeigte Beweismöglichkeit zu benützen[293]. Bei einem konkreten Hinweis auf Beweismittel für entscheidungserhebliche Tatsachen wird das Gericht diese meist nicht ungenutzt lassen dürfen[294].

Wird dem Beweiserbieten nicht entsprochen, bedarf es **keines förmlichen Be-** 126 **scheids,** sofern klargestellt ist, daß wirklich nur ein Hinweis gewollt ist und nicht etwa doch ein Antrag gestellt werden sollte (Rdn. 124)[295]. Es kann aber zweckmäßig sein, wenn der Vorsitzende darauf hinweist, daß und warum er ihm nicht entsprechen will. Die Beteiligten haben dann die Möglichkeit, einen förmlichen Beweisantrag zu stellen.

b) **Sonstige Beweisanregungen.** Unter der wenig spezifischen Bezeichnung Beweis- 127 anregung werden meist alle Arten von Anträgen und Anregungen zusammengefaßt, die die Beweisaufnahme betreffen, die aber keine Beweisanträge sind[296], weil sie nicht die

---

[290] *Alsberg/Nüse/Meyer* 66; 69; KK-*Herdegen* 62; *Kleinknecht/Meyer* 24.

[291] *Eb. Schmidt* Vor § 244, 27; *Alsberg/Nüse/ Meyer* 71.

[292] *Alsberg/Nüse/Meyer* 70; 71; KK-*Herdegen* 62.

[293] BGH VRS **41** 206; KK-*Herdegen* 62 (Beweisantragsnähe fällt auch hier ins Gewicht); *Willms* FS Schäfer 278; vgl. etwa BGH bei *Pfeiffer/Miebach* NStZ **1983** 210.

[294] Vgl. KK-*Herdegen* 72.

[295] RGSt **49** 361; **54** 239; KK-*Herdegen* 62; *Alsberg/Nüse/Meyer* 74 mit Nachw.; KMR-*Paulus* 382 nimmt an, daß unter Umständen eine

Hinweispflicht aus der Fürsorgepflicht erwachsen kann; *Bergmann* MDR **1976** 889 leitet dies aus dem „fair-trial"-Gedanken ab.

[296] *Alsberg/Nüse/Meyer* 65 verwendet Beweisanregung als Oberbegriff für Beweiserbieten, Beweisermittlungsanträge und die Beweisanregungen im engeren Sinn. Die Bezeichnungen sind aber nicht einheitlich, es ist deshalb stets zu prüfen, was die jeweilige Entscheidung oder der jeweilige Verfasser in der Sache darunter verstanden hat. Nach KK-*Herdegen* 62 kennzeichnet die Beweisanregung, daß kein echter Antrag gestellt wird.

Verwendung eines bestimmten Beweismittels zum Nachweis einer bestimmten Beweistatsache verlangen, sondern nur die Aufklärungspflicht aktualisieren. Grenzt man mit der jetzt wohl vorherrschenden Meinung die Sondergruppe der Beweisermittlungsanträge aus (Rdn. 115)[297], so bleiben die nicht mit einem Antrag verbundenen Beweiserbieten aller Art (Rdn. 123) und vor allem die Anträge[298], die im Interesse der besseren Sachaufklärung die **Sicherstellung von Beweismitteln,** wie etwa die Beschlagnahme eines Gegenstands oder eine Hausdurchsuchung anregen[298a]; ferner die Anträge, die bestimmte **Modalitäten der Beweisaufnahme** fordern, wie etwa eine Wiederholung der Beweisaufnahme (dazu Rdn. 132) oder eine Gegenüberstellung[299], oder die sonst die Art und Weise betreffen, in der ein Zeuge zu vernehmen oder sonst ein Beweismittel zu verwenden ist[300], soweit nicht, wie bei der **Beeidigung,** Sonderregelungen bestehen.

128    Anträge, mit dem Angeklagten oder Zeugen — gegebenenfalls unter Zuziehung eines Sachverständigen — **Versuche** anzustellen, rechnen ebenfalls hierher[301]. Sie wurden verschiedentlich unter die Beweisermittlungsanträge eingeordnet, weil der Versuch nicht zu denjenigen Beweismitteln gehöre, auf deren Benutzung die Prozeßbeteiligten unter den Voraussetzungen der Absätze 3 und 4 einen Anspruch haben[302]. Richtiger wird man **Aufklärungsanträge**[303] dieser Art als Hilfsanträge (nicht zu verwechseln mit hilfsweise gestellten Beweisanträgen, die gelten sollen, falls das Gericht nicht einem der in erster Linie gestellten Hauptanträge folgt, vgl. Rdn. 160 ff) ansehen dürfen. Ihr Anliegen zielt regelmäßig nicht darauf ab, ein neues, im Zeitpunkt der Antragstellung vielleicht gar erst ausfindig zu machendes Beweismittel zu benutzen, sondern ein vorhandenes Beweismittel, etwa einen bereits vernommenen Zeugen, zusätzlich in besonderer Weise zu verwenden, um die Aussage auf ihre Verläßlichkeit zu überprüfen oder ihre Änderung oder Ergänzung zu erreichen.

129    Soweit nicht § 58 Abs. 2, §§ 81 a, 81 c eingreifen, enthält das Verfahrensrecht **keine ausdrücklichen Vorschriften.** Anträge dieser Art unterstehen deshalb nur dem allgemeinen Gebot des § 244 Abs. 2, ohne daß die Absätze 3 und 4 eingreifen[304]. Dabei können allerdings je nach der Art der beantragten Anordnung oder Maßnahme auch noch andere Erwägungen die Entscheidung des Gerichts mitbestimmen, etwa die Frage, ob der Zeuge zu einer Mitwirkung überhaupt verpflichtet ist, wenn der Antrag eine solche Mitwirkung zum Inhalt oder Voraussetzung hat.

---

[297] Gelegentlich wird aber auch diese Bezeichnung noch als Obergruppe verwendet (vgl. *Schulz* GA **1981** 301) oder es werden auch die Anträge auf Vornahme von Versuchen zu den Beweisermittlungsanträgen gezählt, vgl. RGSt **40** 50; OLG Hamm VRS **49** 434; weit. Nachw. bei *Alsberg/Nüse/Meyer* 97 Fußn. 38.

[298] *Alsberg/Nüse/Meyer* 68; 92 bezeichnet sie als Beweisanregungen im engeren Sinn; ebenso *Kleinknecht/Meyer* 26; eine einheitliche Bezeichnung dürfte sich noch nicht durchgesetzt haben.

[298a] In solchen Anträgen können aber auch echte Beweisanträge liegen, wenn damit die Verwendung eines bestimmten Beweismittels zum Nachweis einer bestimmten Tatsache begehrt wird; vgl. *Alsberg/Nüse/Meyer* 39.

[299] Vgl. *Alsberg/Nüse/Meyer* 93; *KMR-Paulus* 393; ferner Rdn. 17 und § 58, 11 ff.

[300] *Alsberg/Nüse/Meyer* 68; 97.

[301] *Alsberg/Nüse/Meyer* 97; *Bergmann* MDR **1976** 890; *Kleinknecht/Meyer* 26. KK-*Herdegen* 17 bis 19; 48 rechnet diese Anträge zur Ausgestaltung der Beweisaufnahme, nicht zu den von ihm enger (im Sinn von Beweiserbieten) verstandenen Begriff der Beweisanregung. In der Sache (Entscheidung über diese Anträge nach Maßgabe der Aufklärungspflicht) besteht kein Unterschied.

[302] Vgl. Fußn. 297.

[303] *KMR-Paulus* 391 verwendet diesen Begriff.

[304] *Alsberg/Nüse/Meyer* 98; *Kleinknecht/Meyer* 26; *KMR-Paulus* 391; 393; *Sarstedt/Hamm* 255; ferner KK-*Herdegen* 18; 19, wonach das Gericht nach § 244 Abs. 2 bzw. beim Augenschein nach § 244 Abs. 5 über derartige Anträge entscheidet; vgl. Rdn. 12.

Solche die Modalitäten der Beweisaufnahme betreffenden Anträge können aber **130** auch **zusätzlicher Bestandteil** eines auf die Beiziehung neuer Beweismittel gerichteten **Beweis- oder Beweisermittlungsantrags** sein. Sie sind dann im Rahmen dieses Antrags mitzubehandeln und nach den für diesen geltenden Grundsätzen mitzubescheiden, wobei die Ablehnung der beantragten Beweiserhebung auch den zusätzlichen Antrag zu den Modalitäten ihrer Durchführung miterledigt. Sachlich bestimmt aber auch bei einer solchen Verknüpfung allein die Aufklärungspflicht, wieweit bei der Beweisaufnahme diesen Anträgen zu ihrer Ausgestaltung Rechnung zu tragen ist[305].

Solche die Art und Weise der Beweisaufnahme betreffenden Anträge sind **in der 131 Hauptverhandlung zu bescheiden**[306], sofern sie nicht — was möglich ist — nur hilfsweise gestellt worden sind. Strittig ist, ob es es im Falle ihrer Ablehnung eines Gerichtsbeschlusses bedarf[307] oder ob es genügt, wenn der Vorsitzende bekannt gibt, warum das Gericht die beantragten Modalitäten der Beweiserhebung für nicht erforderlich — unter Umständen auch für unzulässig — hält[308]. Folgt man der letztgenannten Auffassung, wird man auch hier die Anrufung des Gerichts nach § 238 Abs. 2 gegen die sachleitende Anordnung des Vorsitzenden (mit der Behauptung eines Verstoßes gegen die Aufklärungspflicht) für zulässig halten müssen (vgl. Rdn. 121). Es ist daher oft einfacher, wenn zur Vermeidung aller Zweifelsfragen das Gericht gleich selbst entscheidet. Eines förmlichen Bescheides bedarf es nicht, wenn der Antragsteller im einzelnen Falle davon absieht, einen förmlichen Antrag zu stellen, sondern sich mit einer bloßen Anregung begnügt und dabei zu erkennen gibt, daß er keine ausdrückliche und förmliche Entscheidung des Gerichts wünscht.

**10. Antrag auf Wiederholung der Beweisaufnahme.** Ist der Beweis, dessen Erhe- **132** bung verlangt wird, schon erhoben, so können die Beteiligten eine Wiederholung der Beweisaufnahme auch dann nicht beanspruchen, wenn eine Meinungsverschiedenheit über das Ergebnis zwischen ihnen obwaltet; vielmehr entscheidet das Gericht über die Notwendigkeit einer Wiederholung nach seinem nur durch die Pflicht zur Wahrheitserforschung begrenzten Ermessen. Der Anspruch auf Erhebung eines Beweises wird also grundsätzlich dadurch, daß er erhoben wird, verbraucht[309]. Wird die Auskunft einer Behörde nach § 256 verlesen, besteht kein Anspruch mehr auf Einvernahme eines ihrer Angehörigen zu der gleichen Frage[310]. Der Beweiserhebungsanspruch besteht dagegen, wenn ein früherer Mitangeklagter nunmehr als Zeuge vernommen werden soll[311].

[305] KK-*Herdegen* 17 bis 19; 48; vgl. auch Rdn. 12.

[306] Es handelt sich um echte Anträge (Erwirkungshandlungen), die in der Hauptverhandlung zu bescheiden sind; a. A *Bergmann* MDR **1976** 892 (in Urteilsgründen genügt); OLG Hamm VRS **11** 138; JMBlNW **1978** 277 (kein Bescheid erforderlich).

[307] RGSt **51** 20; **58** 79; **63** 302; BGH bei *Dallinger* MDR **1958** 741; OLG Hamm OLGSt § 244 Abs. 2, 79; OLG Saarbrücken OLGSt 28; § 244 Abs. 2, 81; *Sarstedt* JR **1954** 193; *Ulsenheimer* AnwBl. **1983** 376.

[308] BGH NJW **1960** 2156; OLG Braunschweig GA **1956** 376; OLG Hamm VRS **11** 138; **49** 434; JMBlNW **1978** 277; OLG Köln NJW **1955** 275; *Kleinknecht/Meyer* 27; KMR-*Paulus* 391; 406; *Alsberg/Nüse/Meyer* 101 mit

weit. Nachw. auch zur Gegenmeinung; vgl. Fußn. 306, 307.

[309] BGHSt **14** 21; **15** 163; BGH NJW **1960** 2156; NStZ **1983** 375; VRS **34** 220; GA **1958** 305; **1961** 315; BGH bei *Dallinger* MDR **1952** 18; **1974** 725; **1975** 24; bei *Holtz* MDR **1976** 626; OLG Hamm JMBlNW **1978** 277; KG JR **1954** 192 mit Anm. *Sarstedt;* OLG Köln NJW **1955** 275; *Bergmann* MDR **1976** 890; *Meyer* NJW **1958** 616; *Eb. Schmidt* Nachtr. I Vor § 244, 8; ferner KK-*Herdegen* 53; *Kleinknecht/Meyer* 26; KMR-*Paulus* 392; 469 und *Alsberg/Nüse/Meyer* 754; 772 mit weit. Nachw.

[310] BGH bei *Pfeiffer* NStZ **1981** 95.

[311] BGH NStZ **1981** 487; **1983** 468; OLG Hamm NJW **1968** 954. Zur Zulässigkeit vgl. Rdn. 10; 192.

**133**    Wird der **Antrag** gestellt, einen schon vernommenen und bereits entlassenen Zeugen oder Sachverständigen **erneut zu vernehmen,** ist zu unterscheiden: Soll der Zeuge oder Sachverständige zu einer Beweistatsache gehört werden, über die er noch nicht vernommen worden ist, liegt ein Beweisantrag vor, über den das Gericht nach den Grundsätzen der Absätze 3 und 4 zu befinden hat[312]. Soll er jedoch zu demselben Beweisthema gehört werden, zu dem er schon vernommen worden ist, etwa, weil der Antragsteller die bisherigen Bekundungen anders verstanden wissen will als das Gericht, so liegt kein neuer Beweisantrag vor, über den nur nach § 244 Abs. 3 und 4 entschieden werden könnte. Das Gericht hat über ihn nach pflichtgemäßem Ermessen unter Berücksichtigung seiner Aufklärungspflicht zu befinden[313]. Maßgebend ist hierfür, ob hinreichende Gründe für die Annahme bestehen, die wiederholte Beweisaufnahme werde ein vollständigeres ·oder anderes Ergebnis erbringen, so, weil die bisherige Vernehmung nicht erschöpfend war[314] oder der Zeuge selbst erklärt hat, er wolle seine Aussage berichtigen[315] oder weil beim Augenschein übersehen wurde, das Augenmerk auf einen bestimmten, später als erheblich erkannten Umstand zu richten.

**134**    Die gleichen Grundsätze gelten, falls in Frage kommt, ob ein Zeuge, dessen Aussage vor einem **beauftragten** oder **ersuchten Richter** aus der hierüber aufgenommenen Niederschrift verlesen worden ist, zur Vernehmung vor das erkennende Gericht geladen werden soll. Auch hier bestimmt die Aufklärungspflicht, ob die erneute Einvernahme — nach Möglichkeit in der Hauptverhandlung — notwendig ist, etwa, weil aufgetretene Widersprüche zu klären sind[316].

**135**    Das Gericht ist andererseits auch ohne Antrag eines Verfahrensbeteiligten nicht gehindert, eine Beweisaufnahme zu wiederholen, wenn die **Aufklärungspflicht** dazu drängt oder wenn dies zur **Heilung** eines Verfahrensfehlers erforderlich ist[317].

**136**    **11. Verzicht auf den Beweisantrag, Rücknahme.** Der Antragsteller kann seinen Beweisantrag zurücknehmen oder, wenn das Gericht ihm bereits stattgegeben hat, auf die noch nicht durchgeführte Beweiserhebung verzichten. Hierdurch entfällt die durch den Antrag ausgelöste Verpflichtung des Gerichts, den Beweis zu erheben oder den Antrag nach Absatz 6 abzulehnen[318]. Haben **mehrere Verfahrensbeteiligte** den Antrag gestellt, müssen alle auf ihn verzichten[319]. Dies gilt auch im Verhältnis zwischen Angeklagtem und Verteidiger. Im Rahmen seiner Aufklärungspflicht muß das Gericht auch einem zurückgenommenen Beweisantrag Beachtung schenken. Wegen der Besonderheiten des Verzichts auf präsente Beweismittel vgl. § 245, 32 ff.

**137**    Verzicht und Zurücknahme müssen **eindeutig** und in der Regel auch **ausdrücklich** erklärt werden. Die Kundgabe des Verzichtswillens durch schlüssiges Verhalten ist möglich; das Verhalten muß jedoch eindeutig diesen Willen erkennen lassen[320]. Dies kann wohl unter besonderen Umständen bei einem Verteidiger[321], kaum aber bei einem

---

[312] BGH GA **1958** 305; weit. Nachw. vgl. Fußn. 309.

[313] RGSt **47** 321; BGHSt **14** 21; **15** 161; ferner Fußn. 310; *Alsberg/Nüse/Meyer* 96 mit weit. Nachw.; vgl. Rdn. 141.

[314] BGH NJW **1960** 2156; KG JR **1954** 192 mit Anm. *Sarstedt.*

[315] *Alsberg/Nüse/Meyer* 97 mit weit. Nachw.

[316] RGSt **40** 190; **51** 20; **57** 322; **58** 80; BayObLG DRiZ **1927** Nr. 1097; BayObLGSt **1959** 315 = NJW **1960** 687; OLG Hamburg GA **1971** 183; OLG Hamm VRS **24** 219; OLG Koblenz VRS **53** 124; KMR-*Paulus*

392; *Alsberg/Nüse/Meyer* 97 mit weit. Nachw.; vgl. bei § 251 und bei § 325.

[317] Vgl. Vor § 226, 54 ff; § 337, 261 ff.

[318] *Alsberg/Nüse/Meyer* 402; *Kleinknecht/Meyer* 37.

[319] *Alsberg/Nüse/Meyer* 405; *Kleinknecht/Meyer* 37; *Gollwitzer* FS Sarstedt 29; ferner KK-*Herdegen* 56 und Rdn. 99.

[320] BGH bei *Dallinger* MDR **1971** 18.

[321] Etwa nach Verwendung eines gleichwertigen Beweismittels, vgl. BGH bei *Dallinger* MDR **1957** 268; *Alsberg/Nüse/Meyer* 404; *Kleinknecht/Meyer* 37; KMR-*Paulus* 403.

nicht rechtskundigen Angeklagten angenommen werden[322]. Die Erklärung „keine weiteren Anträge mehr zu stellen" oder „auf weitere Beweisaufnahme zu verzichten"[323] enthält keinen eindeutigen Verzicht auf die Ausführung der früher gestellten Anträge[324]. Auch bloßes Schweigen oder die Nichtbeantwortung der Frage, ob noch Beweise erhoben werden sollen, können für sich allein nicht als Verzicht gedeutet werden[325]. Hat das Gericht dem Antragsteller auf einen vor Schluß der Beweisaufnahme gestellten Beweisantrag eröffnet, es behalte sich die Beschlußfassung vor, so kann daraus allein, daß der Antrag im Schlußvortrag **nicht wiederholt** wird, kein Verzicht gefolgert werden[326].

Der Verzicht oder die Zurücknahme des Antrags kann auch auf einen Teil der **138** Beweismittel oder der Beweistatsachen **beschränkt** werden[327]. Ein **vorläufiger Verzicht** entbindet, sofern er später nicht endgültig erklärt wird, das Gericht nicht von der Entscheidung über den Antrag, er ermöglicht nur dessen Zurückstellung[328].

Zurücknahme und Verzicht sind **unwiderruflich.** Der Verzichtende oder ein anderer **139** Verfahrensbeteiligter sind aber nicht gehindert, später den gleichen Antrag erneut zu stellen[329].

**12. Prüfung des Beweisantrags.** Liegt ein Beweisantrag vor, so hat das Gericht nach **140** Anhörung der Verfahrensbeteiligten (§ 34)[330], soweit irgend möglich, zuerst zu prüfen, ob die Erhebung des Beweises zulässig ist, dann, ob die unter Beweis gestellte Tatsache die Sachentscheidung beeinflussen könnte, dann — bei Bejahung der Erheblichkeit —, ob die Tatsache des Beweises bedürfe, und erst zuletzt, ob das bezeichnete Beweismittel verwendbar und geeignet ist, die für erheblich und beweisbedürftig erachtete Tatsache zu beweisen. Doch ist die Einhaltung der grundsätzlich gebotenen **Reihenfolge** — Zulässigkeit der Beweiserhebung, Erheblichkeit der Tatsache, Beweisbedürftigkeit der Tatsache, Tauglichkeit des Beweismittels — nicht immer durchführbar. Maßgeblich ist die Beweislage im Zeitpunkt der Beschlußfassung[331]. Die allmähliche Entwicklung der Sacherkenntnis in der Hauptverhandlung entzieht sich zuverlässiger Berechnung. Nicht selten offenbart sich im Laufe der Verhandlung, daß eine Tatsache, der so nachgeforscht worden ist, als ob die Entscheidung von ihr abhinge, belanglos ist und daß umgekehrt eine nur als nebensächlich berührte Tatsache ausschlaggebend ins Gewicht fällt. Ebenso kann die Anschauung darüber, was wahr oder unwahr ist, im Laufe der Hauptverhandlung manchmal überraschend wechseln. Deshalb kann sich das Gericht veranlaßt sehen, in Abweichung von jener Reihenfolge die Beweisbedürftigkeit einer Tatsache zu verneinen, solange ihre Erheblichkeit zweifelhaft ist[332], oder die Ablehnung eines Beweisantrags auf die Unbrauchbarkeit des Beweismittels zu stützen, ohne sich über die Erheblichkeit oder die Beweisbedürftigkeit schlüssig zu machen. Ob mit der dem Antragsteller gegenüber abgegebenen Erklärung, daß das Gericht von der Erhebung eines Beweises absehe, weil es die Tatsache als wahr annehme, ohne weiteres die

---

[322] OLG Celle MDR **1962** 236; § 337, 278.

[323] OLG Köln NJW **1954** 46; *Kleinknecht/Meyer* 37; *Dahs/Dahs* 296; *Gössel* § 29 C IV a.

[324] BGH bei *Dallinger* MDR **1971** 18; *Kleinknecht/Meyer* 37; *KMR-Paulus* 403; vgl. aber BGH bei *Pfeiffer/Miebach* NStZ **1983** 212.

[325] *Alsberg/Nüse/Meyer* 403; *Dahs/Dahs* 296.

[326] RG JW **1929** 114; *Alsberg/Nüse/Meyer* 403; *KMR-Paulus* 403.

[327] RGSt **75** 168; BGH bei *Dallinger* MDR **1957** 278; *Alsberg/Nüse/Meyer* 405; *Kleinknecht/Meyer* 37.

[328] *Alsberg/Nüse/Meyer* 405.

[329] RGSt **27** 152; RG JW **1937** 1237; OLG Oldenburg NdsRpfl. **1979** 110; *Alsberg/Nüse/Meyer* 406; *Kleinknecht/Meyer* 37.

[330] *KMR-Paulus* 405.

[331] *Alsberg/Nüse/Meyer* 755; *KMR-Paulus* 413.

[332] RGSt **65** 330.

Walter Gollwitzer

Erheblichkeit der Tatsache anerkannt wird, ist strittig (vgl. Rdn. 254). Das Gericht muß jedoch immer, wenn es nachträglich die Ablehnung eines Beweisantrags aus anderen Gründen, als in der Hauptverhandlung mitgeteilt, für gerechtfertigt hält, darauf Bedacht nehmen, daß dadurch **kein irriger Eindruck** bei den Verfahrensbeteiligten entsteht, der zum Unterlassen einer Rechtsverfolgung verleitet, zu der bei ausreichender Unterrichtung Grund bestanden hätte.

**141**     **13. Erfordernis eines Gerichtsbeschlusses.** Nach § 238 Abs. 1 obliegt es dem Vorsitzenden, die Beweise aufzunehmen, die in der Hauptverhandlung zur Verfügung stehen. Dem **Vorsitzenden** steht es ferner zu, einem Beweisantrag stattzugeben, wenn der beantragte Beweis alsbald erhoben werden kann oder wenn seine Erhebung nur eine im Sinne des § 228 Abs. 1 Satz 2 kürzere Unterbrechung erfordert[333]. Die Verfügung des Vorsitzenden, mit der er die Beweiserhebung anordnet, bedarf keiner Begründung[334]. Schließlich bleibt der Vorsitzende auch dann im Rahmen der ihm anvertrauten Leitung der Verhandlung, wenn er einen Antrag zurückweist, der nur die bloße Wiederholung eines durch verkündeten Gerichtsbeschluß abgelehnten Beweisantrags bedeutet[335].

**142**     Dagegen bedarf es eines mit Gründen versehenen **Gerichtsbeschlusses** nach § 228 Abs. 1 Satz 1, wenn die Aufnahme eines in der Hauptverhandlung nicht bereiten Beweises eine Aussetzung der Verhandlung notwendig macht[336]; nach § 238 Abs. 2, wenn ein Beteiligter eine auf die Beweisaufnahme bezügliche Maßnahme des Vorsitzenden als unzulässig beanstandet und nach § 244 Abs. 6, wenn ein **Beweisantrag abgelehnt** wird, denn „der eine solche Ablehnung aussprechende Beschluß ist in gewissen Sinn schon ein Bestandteil des Endurteils" (Mot. 184). Das gilt auch dann, wenn ein schon abgelehnter Beweisantrag wiederholt und hierbei ein für die Entscheidung über den Antrag bedeutsamer neuer Grund vorgebracht wird (Rdn. 133) oder wenn zunächst die Beweiserhebung angeordnet war und das Gericht erst später — etwa weil der Zeuge nicht geladen werden konnte — von einer dem Beweisantrag entsprechenden Beweiserhebung absieht[337], sofern nicht alle Beteiligten — eventuell auch konkludent — auf den Beweisantrag verzichten (Rdn. 98).

**143**     Das Gericht entscheidet mit **einfacher Mehrheit**[338]. Wird ein **Mitglied des erkennenden Gerichts** als Zeuge benannt, ist es von der Beschlußfassung über den Antrag nicht ausgeschlossen. Es darf und muß über den Antrag mitentscheiden[339]. Die Beteiligten können nicht wirksam darauf verzichten, daß das Gericht nach § 244 Abs. 6 entscheidet und sich mit der Entscheidung des Vorsitzenden begnügen[340].

---

[333] RGRspr. **2** 156; RGSt **2** 194; **5** 430; **18** 23; RG LZ **1914** 1863; **1918** 1330; *Alsberg/Nüse/Meyer* 753.

[334] Vgl. Rdn. 34.

[335] RGSt **31** 62; Rdn. 133.

[336] Strittig ist, ob eine Beanstandung nur wegen der Unzulässigkeit der Beweiserhebung möglich ist oder auch, weil die Notwendigkeit und Sachdienlichkeit der Beweiserhebung verneint wird, wie *Kleinknecht/Meyer* 40; KK-*Herdegen* 63; *Alsberg/Nüse/Meyer* 753 annehmen, vgl. die dortigen Nachweise zum Streitstand, ferner § 238, 32.

[337] BGH NStZ **1984** 2396 mit Anm. *Schlüchter*;

StrVert. **1983** 318; *Häuer* JR **1984** 496; vgl. Rdn. 165.

[338] *Alsberg/Nüse/Meyer* 755; wegen der Streitfragen bei Annahme der Offenkundigkeit und der eigenen Sachkunde vgl. Rdn. 233.

[339] RG GA **59** (1912) 126; BGHSt **7** 330 = JR **1955** 391 mit Anm. *Niese*; = JZ **1956** 31 mit Anm. *Kleinknecht*; BGHSt **11** 206; KK-*Herdegen* 64.

[340] RGSt **75** 168; BGH NStZ **1983** 422; BGH bei *Dallinger* MDR **1957** 268; vgl. auch BGH StrVert. **1983** 441; *Alsberg/Nüse/Meyer* 754, 767 mit weit. Nachw.

**14. Bekanntgabe der Ablehnung, Begründung**

**a)** Das Gericht muß den Beschluß, durch den ein Beweisantrag abgelehnt wird **144** (Absatz 6), **begründen** und ihn, jedenfalls vor dem in § 258 Abs. 1 bezeichneten Schluß der Beweisaufnahme, durch **Verkündung** bekanntmachen (§§ 34, 35 Abs. 1). Strittig ist, ob die Entscheidung alsbald nach Antragstellung ergehen muß[341] oder ob das Gericht damit zuwarten darf, weil dies aus prozeßökonomischen Gründen oder wegen der verbesserten Entscheidungsgrundlage in einem späteren Verfahrensstadium zweckmäßiger erscheint[342]. Auf jedem Fall muß die Ablehnung so rechtzeitig verkündet werden, daß der Antragsteller, insbesondere der Angeklagte, sein weiteres Prozeßverhalten darauf einrichten, die Ablehnungsgründe des Gerichts gegebenenfalls widerlegen oder neue Anträge noch in der Hauptverhandlung stellen kann[343]. Die Notwendigkeit der Bekanntgabe noch in der Hauptverhandlung entfällt nur bei Verzicht des Antragstellers[344]. Dies gilt auch, wo das Gericht in der Ablehnung von Beweisanträgen freier als im Absatz 3 gestellt ist, also in den Fällen, in denen die Anhörung eines Sachverständigen oder die Vornahme eines Augenscheins begehrt wird[345]. Wird ein Beweisantrag nur teilweise abgelehnt, gilt nichts anderes.

**b)** Der ablehnende Bescheid muß so **begründet** werden, daß der Antragsteller **145** über die zur Ablehnung führenden tatsächlichen oder rechtlichen Erwägungen des Gerichts aufgeklärt und in die Lage versetzt wird, die weitere Verfolgung seiner Rechte danach einzurichten, und daß dem Revisionsgericht die Nachprüfung ermöglicht wird[346]. Dabei ist vom wirklichen Sinn des Antrags ohne jede Einengung und Verschiebung des Beweisthemas auszugehen (Rdn. 111).

Eine lediglich den **Gesetzeswortlaut wiederholende** Begründung genügt diesen An- **146** forderungen nicht[347]. Sie kann ausnahmsweise dann unschädlich sein, wenn allen Verfahrensbeteiligten auf Grund der Vorgänge in der Hauptverhandlung die Erwägungen des Gerichts eindeutig erkennbar waren[348]. Zumindest beruht in diesen Fällen das

---

[341] KK-*Herdegen* 68; LR[23] 117; Bedenken gegen eine ungebührliche Hinauszögerung der Entscheidung auch *Dahs* Hdb. 556; *Hanack* JZ **1970** 561 (Erschwerung der Verteidigung).

[342] So *Alsberg/Nüse/Meyer* 764; *Sarstedt* DAR **1964** 310; *G. Schäfer* § 78 I 5 c; vgl. Rdn. 237.

[343] BGHSt **19** 24; vgl. *Alsberg/Nüse/Meyer* 756, 765 mit weit. Nachw.

[344] RGRspr. **8** 44; 581; RGSt **13** 317; **51** 42; **58** 80; **61** 376; RG Recht **1917** Nr. 959; JW **1927** 2043; **1929** 1046; BGH bei *Dallinger* MDR **1951** 275; OLG Schleswig SchlHA **1973** 186; *Alsberg/Nüse/Meyer* 768 (Verschiebung der Bekanntgabe auf die Urteilsverkündung); KMR-*Paulus* 410; zu den hilfsweise gestellten Beweisanträgen vgl. Rdn. 160 ff.

[345] RGSt **51** 42; RG JW **1928** 2988; **1929** 1043; **1931** 216; 1606.

[346] RGSt **1** 189; RG JW **1922** 587; **1929** 2738; **1931** 2823; **1934** 2476; HRR **1938** Nr. 1381; **1939** Nr. 216; BGHSt **1** 32; **2** 286; **19** 26; BGH NJW **1953** 36; VRS **17** 424; **34** 220; **35** 132; GA **1957** 85; **1958** 79; BayObLGSt

**1949/51** 83; NJW **1950** 316; BayObLG DAR **1956** 165; OLG Frankfurt NJW **1952** 638; OLG Hamm VRS **7** 131; KG VRS **29** 204; **48** 432; OLG Köln VRS **49** 184; OLG Oldenburg NdsRpfl **1951** 191; OLG Schleswig bei *Ernesti/Jürgensen* SchlHA **1973** 186; *Eb. Schmidt* 27; KK-*Herdegen* 64; *Kleinknecht/Meyer* 41; KMR-*Paulus* 407; ferner *Alsberg/Nüse/Meyer* 756 mit weit. Nachw.

[347] BGHSt **2** 286; **13** 257; BGH VRS **16** 424; bei *Pfeiffer* NStZ **1981** 96; OLG Düsseldorf MDR **1980** 868; OLG Stuttgart Justiz **1968** 133; *Eb. Schmidt* 27; *Gössel* § 29 C IV c; *Kleinknecht/Meyer* 41; KMR-*Paulus* 407.

[348] BGHSt **1** 32; OLG Düsseldorf MDR **1980** 868; OLG Schleswig SchlHA **1976** 170; *Kleinknecht/Meyer* 41; eine Begründung halten in solchen Fällen überhaupt für entbehrlich BGH NStZ **1981** 309; **1982** 170; StrVert. **1981** 4; OLG Frankfurt NJW **1952** 638; OLG Hamburg VRS **56** 457; OLG Koblenz VRS **45** 367; KMR-*Paulus* 407; zur Streitfrage vgl. *Alsberg/Nüse/Meyer* 756 mit weit. Nachw.

Walter Gollwitzer

Urteil nicht auf der unzulänglichen Begründung. Lehnt das Gericht einen Beweisantrag wegen Unerheblichkeit der behaupteten Tatsache ab, so genügen oberflächliche und unverständliche Bemerkungen, etwa des Inhalts, daß der Antrag „unerheblich" oder „unbehelflich" oder „unbegründet" sei, keinesfalls. Vielmehr muß der auf diesen Ablehnungsgrund gestützte Beschluß erkennen lassen, ob der Annahme der Unerheblichkeit tatsächliche oder rechtliche Erwägungen zu Grunde liegen; im ersten Fall muß er ferner die Tatsachen bezeichnen und insgesamt so gefaßt sein, daß das Revisionsgericht nachprüfen kann, ob die Ablehnung nicht von Rechtsirrtum beeinflußt ist[349]. Ein Beschluß, der den Antrag, einen Zeugen über die Unglaubwürdigkeit eines Belastungszeugen zu hören, ohne nähere Begründung als unerheblich ablehnt, verletzt das Gesetz. Sieht das Gericht einen benannten Zeugen als unglaubwürdig und darum als völlig ungeeignetes Beweismittel an und lehnt es deshalb die Vernehmung ab, so sind die maßgebenden Verhältnisse, insbesondere die Beziehungen des Zeugen zum Angeklagten oder zum Gegenstand der Untersuchung darzulegen[350]. Wird der Antrag auf Einholung des Gutachtens eines Sachverständigen abgelehnt, so muß aus den Gründen des Beschlusses hervorgehen, weshalb das Gericht die Zuziehung eines Sachverständigen nicht für erforderlich erachtet, beruft sich das Gericht auf eigene Spezialkenntnisse, so muß es seine Sachkunde im ablehnenden Beschluß nicht im Einzelnen begründen[351]. Wird Beweis für eine erhebliche Tatsache, die noch nicht bewiesen ist und auch nicht als wahr angenommen werden kann und soll, mit einem tauglichen Beweismittel angeboten, so ist die Ablehnung mit der Angabe, daß die „Sache genügend geklärt sei", mit der Pflicht des Gerichts zur Erhebung der beantragten Beweise und in der Regel auch mit der Aufklärungspflicht unvereinbar[352].

**147**    Der Ablehnungsbeschluß darf auf **mehrere Ablehnungsgründe** gestützt werden, sofern diese sich nicht widersprechen[353]. Dies gilt auch für einen nur hilfsweise angeführten, zusätzlichen Ablehnungsgrund, so bei Ablehnung wegen Unerheblichkeit und hilfsweise, weil die behauptete Tatsache als wahr unterstellt werden könne[354]. Besteht ein solcher Widerspruch nicht, genügt es, wenn einer der als sicher gegeben erachteten Gründe die Ablehnung trägt[355]. Ist unklar, welchen von mehreren Ablehnungsgründen das Gericht für gegeben hält, kann in der Regel schon deshalb ein Verstoß gegen § 244 Abs. 3 nicht ausgeschlossen werden[356].

**148**    Sind **mehrere Beweisanträge** gestellt, so muß das Gericht für jeden einzelnen von ihnen, eventuell auch sogar für jedes von mehreren für die gleiche Tatsache benannte Beweismittel, darlegen, weshalb es die Beweiserhebung ablehnt. Eine pauschale Ablehnung, die nicht eindeutig erkennen läßt, welchen Ablehnungsgrund das Gericht bei jedem der Anträge für gegeben hielt, genügt nicht[357].

---

[349] BGHSt 2 286; vgl. die Rechtspr. Rdn. 224.
[350] Vgl. Rdn. 293; 294.
[351] Strittig, vgl. Rdn. 302.
[352] RGSt 1 417; weit. Nachw. Rdn. 46 ff; 179.
[353] BGH bei *Seibert* NJW **1962** 136; OLG Hamm JR **1965** 269; BayObLG bei *Rüth* DAR **1975** 206; OLG Schleswig bei *Ernesti/ Jürgensen* SchlHA **1980** 175; *Alsberg/Nüse/ Meyer* 758; *Dahs/Dahs* 257; vgl. ferner BGH bei *Spiegel* DAR **1983** 204; *Gollwitzer* JR **1980** 36.
[354] Hilfsweise ist diese Kombination der kumulativ unvereinbaren Gründe (vgl. Fußn. 353)

möglich, BGH nach *Alsberg/Nüse/Meyer* 758 Fußn. 42; OLG Karlsruhe OLGSt § 244 Abs. 3, 3.
[355] BGH NJW **1953** 1314; *Alsberg/Nüse/Meyer* 758.
[356] OLG Köln VRS **59** 349.
[357] BGHSt **21** 124; **22** 126; BGH NJW **1964** 2118; BGH bei *Dallinger* MDR **1970** 560; OLG Schleswig bei *Ernesti/Jürgensen* SchlHA **1981** 93; *Kleinknecht/Meyer* 42; KMR-*Paulus* 434; *Alsberg/Nüse/Meyer* 757 mit weit. Nachw.

**Bezugnahmen** auf die Ausführungen in anderen Entscheidungen sind in den **149** Gründen des Ablehnungsbeschlusses grundsätzlich zu unterlassen[358]. Dies gilt vor allem für Entscheidungen, die außerhalb der Hauptverhandlung ergangen sind; denn die Gründe für die Ablehnung müssen den Verfahrensbeteiligten in der Hauptverhandlung sofort und ohne zusätzliche Nachforschungen erkennbar sein, damit sie ihr Prozeßverhalten sogleich darauf einstellen können. Eine Bezugnahme ist allenfalls unschädlich, wenn auf die Gründe verwiesen wird, mit dem ein gleichlautender Beweisantrag eines anderen Verfahrensbeteiligten bereits vorher in der Hauptverhandlung abgewiesen worden ist[359].

**c) Ausführungen in den Urteilsgründen** sind nicht geeignet, den Verstoß zu hei- **150** len, der darin liegt, daß das Gericht versäumt hat, den ablehnenden Beschluß und die Ablehnungsgründe vor Schluß der Beweisaufnahme bekanntzugeben; denn der Antragsteller muß Gelegenheit erhalten, sich bei der weiteren Verfolgung seiner Rechte nach der Ablehnung und ihren Gründen zu richten[360]. Die prozessuale Lage muß noch in der Hauptverhandlung für alle Beteiligten klargestellt werden. Das Revisionsgericht kann allerdings die Urteilsgründe bei Prüfung der Frage verwerten, welche Erwägungen das Gericht zur Ablehnung bestimmt haben und insbesondere, ob die tatsächliche und rechtliche Beurteilung, die dem Beschluß zu Grunde liegt, mit den tragenden Gründen des Urteils übereinstimmt. Diese müssen im Einklang mit der Würdigung stehen, die das Gericht dem unter Beweis gestellten Vorbringen im ablehnenden Beschluß zuteil werden ließ[361]. Lehnt das Gericht insbesondere einen Beweisantrag mit der Begründung ab, daß die Beweisbehauptung als wahr behandelt werden könne, so brauchen sich nach vorherrschender Ansicht die Urteilsgründe zwar mit dieser Tatsache nicht notwendig ausdrücklich auseinandersetzen. Die Urteilsfeststellungen und die Beweiswürdigung dürfen ihr aber nicht widersprechen[362]. Ob das Urteil auf dem Verstoß beruht, wenn die Urteilsgründe ergeben, daß das Gericht die Tatsache, für die Beweis angeboten, aber nicht erhoben worden ist, als wahr angenommen hat, hängt von den Umständen des einzelnen Falls ab; ausgeschlossen ist das Beruhen nicht, sofern die Möglichkeit besteht, daß die Eröffnung dieser Stellungnahme des Gerichts dem Antragsteller Anlaß zu einem weiteren, für seine Rechtsverfolgung noch vorteilhafteren Vorbringen gegeben hätte[363].

Dem Gericht ist es freilich nicht verwehrt, auf einen in dér Verhandlung durch **151** begründeten Beschluß abgelehnten Beweisantrag auch in den Urteilsgründen einzugehen. Es kann dort aber **keine** anderen **Ablehnungsgründe nachschieben.** Ergibt die Bera-

---

[358] RGRspr. **1** 492; *Alsberg/Nüse/Meyer* 757.

[359] *Alsberg/Nüse/Meyer* 757; 772.

[360] RGSt **1** 170; RGRspr. **7** 271; **8** 168; Recht **1913** Nr. 442; **1915** Nr. 999; LZ **1917** 65; JW **1916** 1026; **1917** 1540; **1926** 1222; **1929** 1046; **1931** 2823; **1934** 2476; HRR **1938** Nr. 1381; **1939** Nr. 216; BGHSt **19** 26; **29** 152; BGH NJW **1951** 368; NStZ **1982** 432; VRS **35** 132; **36** 213; GA **1957** 85; StrVert. **1981** 110; **1982** 58; 253; bei *Dallinger* MDR **1951** 175; bei *Pfeiffer* NStZ **1981** 96; bei *Pfeiffer/Miebach* NStZ **1984** 16; 17; BayObLGSt **1952** 174 = NJW **1952** 1387; BayObLG DAR **1956** 165; OLG Celle NdsRpfl. **1982** 66; OLG Düsseldorf MDR **1980** 868; VRS **45** 311; **56** 357; KG

VRS **48** 432; OLG Köln VRS **17** 140; **49** 183; **64** 279; OLG Oldenburg NdsRpfl. **1951** 191; OLG Schleswig bei *Ernesti/Jürgensen* SchlHA **1977** 182; OLG Zweibrücken VRS **61** 434; KK-*Herdegen* 66; *Kleinknecht/Meyer* 41; KMR-*Paulus* 408; ferner *Alsberg/Nüse/Meyer* 758 mit weit. Nachw., auch zu einigen abweichenden Entscheidungen des RG.

[361] RG HRR **1938** Nr. 790; BayObLGSt **1952** 174 = NJW **1952** 1387; OLG Köln VRS **17** 140.

[362] BGH LM § 244 Abs. 3 Nr. 3; vgl. Rdn. 256.

[363] RG Recht **1926** Nr. 226; OLG Dresden JW **1929** 1540.

tung, daß dem Beweisantrag nicht aus den Erwägungen des ablehnenden Beschlusses, wohl aber aus anderen Gründen nicht entsprochen werden brauchte, so muß das Gericht nochmals in die Verhandlung eintreten und den Antragsteller darüber unterrichten[364]. Enthält das Urteil Ausführungen zur Ablehnung des Beweisantrags, so kann der Antragsteller seinen Revisionsangriff sowohl auf rechtliche Mängel des in der Verhandlung verkündeten Beschlusses wie auf Fehler in den Urteilsgründen stützen; denn bei Fehlerhaftigkeit des Beschlusses braucht er die im Urteil nachgeschobenen Gründe nicht gegen sich gelten zu lassen. Im anderen Falle richtet er seinen Angriff unmittelbar gegen rechtlich fehlerhafte Ausführungen des Urteils, da diese die Entscheidung maßgebend beeinflußt haben können[365]. Sie können auch dann zur Aufhebung des Urteils führen, wenn der ablehnende Beschluß als solcher rechtlich nicht zu beanstanden ist.

**152**    **d) Abschrift des Beschlusses.** Werden Beschlüsse, durch die eine beantragte Beweiserhebung abgelehnt wird, in der Verhandlung verkündet, muß dem Betroffenen auf Verlangen nach § 35 Abs. 1 Satz 2 eine Abschrift erteilt werden. Ob dies bei rechtzeitig gestelltem Antrag noch während der Hauptverhandlung geschehen müsse[366] oder ob dem Antrag erst nach Fertigstellung des Sitzungsprotokolls entsprochen werden brauche[367], ist streitig. Siehe dazu § 35, 11.

**153**    **15. Rücknahme des Beschlusses.** Die Entscheidung des Gerichts über einen Beweisantrag erledigt diesen nicht endgültig mit der Wirkung, daß das Gericht für die Instanz daran gebunden wäre[368]. Es kann die Entscheidung durch die eine Beweisaufnahme angeordnet ist, wieder aufheben und den Beweisantrag nachträglich ablehnen[369], wenn es die Verfahrenslage in tatsächlicher oder rechtlicher Hinsicht anders beurteilt. Das muß in einem mit Gründen versehenen Beschluß so geschehen, daß die Ablehnung als Wille des Gerichts erkennbar wird[370]. Die nachträgliche Ablehnung einer antragsgemäß beschlossenen Beweiserhebung ist zumindest im gleichen Maße zu begründen wie eine die Ablehnung gleich aussprechende Entscheidung. Nachdem das Gericht selbst den Beweis zunächst für erforderlich gehalten hatte, bedarf er mitunter besonders eingehender Ausführungen[371], die auch ersichtlich machen sollen, daß das Gericht dadurch seine Aufklärungspflicht nicht verletzt. Wieweit das Gericht an die Zusage, eine Tatsache als wahr anzunehmen, auch dann **gebunden** bleibt, wenn der Antragsteller den auf den Beweis der Tatsache abzielenden Beweisantrag zurücknimmt, wird bei Rdn. 247 erörtert. Ein ablehnender neuer Beschluß ist nur entbehrlich, wenn von

---

[364] BGHSt **19** 24; BGH NJW **1951** 368; VRS **35** 132; BayObLGSt **1952** 174 = NJW **1952** 1387; DAR **1956** 165; OLG Hamm DAR **1962** 59; OLG Oldenburg NdsRpfl. **1951** 191; OLG Düsseldorf VRS **4** 277; KG VRS **48** 432; OLG Schleswig bei *Ernesti/Jürgensen* SchlHA **1977** 182; *Eb. Schmidt* Nachtr. I 9.

[365] BayObLG NJW **1952** 1387; vgl. auch BGHSt **1** 278.

[366] So *Eb. Schmidt* § 35, 11; vgl. *Alsberg/Nüse/Meyer* 767: Kein Rechtsanspruch aus § 35 Abs. 1 Satz 2, wohl aber ein Gebot der Fürsorgepflicht, wenn Begründung nicht so kurz und einprägsam, daß die genaue Kenntnis des Wortlautes für die Verhandlungsführung entbehrlich ist; ferner *G. Schäfer* § 79 I 4 e.

[367] RGSt **44** 53.

[368] BayObLGSt **1952** 174 = NJW **1952** 1387; *Eb. Schmidt* Nachtr. I 9; KK-*Herdegen* 67; *Kleinknecht/Meyer* 45; KMR-*Paulus* 411; ferner *Alsberg/Nüse/Meyer* 772 mit weit. Nachw.

[369] RGRspr. **8** 150; RGSt **31** 137; BGHSt **13** 300; KMR-*Paulus* 411.

[370] RGSt **57** 165; RG JW **1915** 720; **1927** 2706; **1931** 1610; BGH StrVert. **1983** 318.

[371] BGHSt **13** 300; OLG Koblenz VRS **49** 192; *Alsberg/Nüse/Meyer* 773 (grundlegende Änderung der Sachlage oder der rechtlichen Beurteilung).

den Verfahrensbeteiligten auf die beschlossene Beweiserhebung verzichtet wird (Rdn. 136).

Die **Entscheidung,** mit der eine bereits angeordnete Beweiserhebung **nachträglich** **154** **abgelehnt** wird, ergeht nach Anhörung der Verfahrenbeteiligten[372]. Sie ist noch vor dem Urteil in der Hauptverhandlung zu verkünden. Für die Verfahrensbeteiligten entsteht dadurch mitunter eine neue Sachlage (§ 265 Abs. 4), die die Aussetzung oder Unterbrechung der Hauptverhandlung erfordern[373], zumindest aber neue Beweisanträge auslösen kann. Zum Verfahren bei Hilfsbeweisanträgen vgl. Rdn. 165.

**16. Änderung der Ablehnungsgründe.** Die Verfahrenslage im Zeitpunkt der Ur- **155** teilsfällung ist dafür maßgebend, ob und aus welchen Gründen ein Beweisantrag abgelehnt werden darf. Ergibt sie, daß eine Beweiserhebung nur aus anderen Gründen, als ursprünglich angenommen, entfallen kann, muß das Gericht den Verfahrensbeteiligten die nunmehr maßgebenden Gründe noch in der Hauptverhandlung eröffnen; gegebenenfalls muß es dazu nach der Urteilsberatung nochmals in die mündliche Verhandlung eintreten[374]. Dies folgt aus dem Zweck des Absatzes 6, der den Verfahrensbeteiligten die Möglichkeit sichern soll, noch in der Hauptverhandlung zu den Ablehnungsgründen Stellung zu nehmen und ihre Verfahrensführung danach einzurichten.

**17. Nachträgliche Anordnung der Beweiserhebung.** Das Gericht — nicht der an **156** einen Ablehnungsbeschluß gebundene Vorsitzende — ist andererseits verpflichtet, die verlangte Beweisaufnahme nachträglich anzuordnen, sobald die weitere Verhandlung oder die Urteilsberatung ergibt, daß der angenommene Ablehnungsgrund nicht zutrifft[375] oder die Aufklärungspflicht es erfordert. Die Entscheidung des Gerichts kann auch intern ergehen und vom Vorsitzenden in der Hauptverhandlung den Verfahrensbeteiligten formlos eröffnet werden. Eine förmliche Aufhebung des früheren, ablehnenden Beschlusses ist nicht notwendig[376], desgleichen bedarf es in der Regel keiner besonderen Begründung.

**18. Austausch von Beweismitteln.** Ob und unter welchen Voraussetzungen das Ge- **157** richt ein im Beweisantrag benanntes Beweismittel durch ein anderes ersetzen darf, ist strittig[377]. Das Gericht ist grundsätzlich bei Aufklärung der im Beweisantrag benannten Tatsache nicht auf das vom Antragsteller benannte Beweismittel angewiesen; es kann dafür auch andere Beweismittel heranziehen. Dem Beweiserhebungsanspruch des Antragstellers ist damit aber nur Genüge getan, wenn er — wie beim Sachverständigenbeweis — keinen Anspruch auf die Vernehmung der benannten Person begründet, weil

---

[372] RGSt **57** 165; BGH StrVert. **1983** 318; Alsberg/Nüse/Meyer 774.

[373] Kleinknecht/Meyer 45; Alsberg/Nüse/Meyer 775.

[374] BGHSt **19** 26; BayObLG bei Rüth DAR **1972** 205; OLG Schleswig bei Ernesti/Jürgensen SchlHA **1977** 192; KK-Herdegen 67; Kleinknecht/Meyer 45; Dahs/Dahs 257; Alsberg/Nüse/Meyer 772.

[375] RG JW **1915** 720; Kleinknecht/Meyer 45; KMR-Paulus 411; ferner Alsberg/Nüse/Meyer 774.

[376] Alsberg/Nüse/Meyer 774.

[377] Vgl. Alsberg/Nüse/Meyer 420; Dahs/Dahs 258; Fezer JuS **1979** 188; Hanack JZ **1970** 561; **1971** 55; **1972** 114; KK-Herdegen 70; Kleinknecht/Meyer 47; KMR-Paulus 421; Mayer JZ **1971** 55; Peters JR **1970** 105; Fortentwicklung 29; Roxin § 43 C II 1 cc; G. Schäfer § 79 I 5 l; Schulz StrVert. **1983** 341; Schlüchter 545 Fußn. 509d.

die Auswahl allein dem Gericht zusteht[378]. Wo es, wie beim Augenschein, dem pflichtgemäßen Ermessen des Gerichts überlassen ist, ob es dem Antrag entsprechen will, ist das Gericht nicht gehindert, an Stelle des unmittelbaren Augenscheins sich durch Verwendung anderer Beweismittel über die Beschaffenheit der Örtlichkeit oder des Gegenstandes zuverlässig zu unterrichten und unter Hinweis darauf den Augenschein abzulehnen[379]. So kann es das Vorspielen eines Tonbandes durch die Verlesung der wörtlichen Niederschrift über seinen Inhalt ersetzen[380]. Betrifft der Augenschein eine offenkundige Tatsache, so kann es ihn auch ablehnen, weil diese anderweitig festgestellt werden kann, wie etwa der Straßenverlauf aus einer Karte[381].

**158**    Ein **Zeuge,** der über ein einmaliges, subjektives Erlebnis, eine **eigene Wahrnehmung,** berichten soll, ist grundsätzlich nicht ersetzbar[382], auch nicht durch einen anderen Zeugen, der gleichzeitig mit ihm dieselbe Wahrnehmung gemacht haben soll. Wird durch letzteren allein die Beweistatsache erwiesen, kann das Gericht schon mit Hinweis darauf den Beweisantrag auf Vernehmung des anderen Zeugen abweisen, sofern er aufrechterhalten werden sollte[383]. Abgesehen von diesem Sonderfall würde es eine unzulässige Vorwegwürdigung des Beweisergebnisses bedeuten, wenn das Gericht aus der Unergiebigkeit des von ihm gewählten Beweismittels schließen würde, daß auch der vom Antragsteller benannte Zeuge zu keinem anderen oder besseren Ergebnis geführt hätte. Beim Zeugenbeweis über sujektive Wahrnehmungen ist deshalb ein Austausch der Beweismittel nicht zulässig[384]. Das Gericht ist zwar auch hier nicht gehindert, zunächst von sich aus ein besseres Beweismittel heranzuziehen, etwa den Zeugen, der die Tatsache selbst wahrgenommen hat, statt des benannten Zeugen vom Hörensagen; aber auch in diesem Fall hängt es von den jeweiligen Umständen ab, ob die Vernehmung des benannten Zeugen nicht zusätzlich — und sei es auch nur zur Prüfung der Glaubwürdigkeit — erforderlich bleibt, weil das Beweisthema durch den unmittelbaren Zeugen nicht ausreichend sicher bestätigt wurde[385].

**159**    Im übrigen ist strittig, wieweit das Gericht befugt ist, ein ihm benanntes Beweismittel durch ein **besser geeignetes** oder **zumindest gleich gutes** zu ersetzen[386]. Wenn der Inhalt einer Urkunde durch deren Verlesung festgestellt werden kann, erübrigt sich

[378] *Alsberg/Nüse/Meyer* 420; KK-*Herdegen* 70; *Kleinknecht/Meyer* 47; KMR-*Paulus* 432; **a. A** *Schulz* StrVert. **1983** 342 (keine Befugnis zum Austausch; aber die durch den eigenen Sachverständigen gewonnene Sachkunde rechtfertigt Ablehnung des benannten).

[379] RGSt **47** 100; BGHSt **22** 347; BGH StrVert. **1981** 395 (Fotos statt Ortsbesichtigung); *Alsberg/Nüse/Meyer* 420; KK-*Herdegen* 70 (mittelbarer Augenschein statt unmittelbarem genügt, wenn Aufklärungspflicht nicht dagegen spricht); *Kleinknecht/Meyer* 47; **a. A** *Schulz* StrVert. **1983** 341 (keine Befugnis zum Ersatz; sondern Ablehnung, wenn Gericht sein Beweismittel benützt hat).

[380] Vgl. BGHSt **27** 137 = JR **1978** 117 mit Anm. *Gollwitzer; Fezer* JuS **1979** 186.

[381] Damit löst sich weitgehend der Streit um den Fall in BGHSt **22** 347 = JR **1970** 104 mit Anm. *Peters* = LM § 244 Abs. 3 Nr. 27 mit Anm. *Kohlhaas;* dazu *Hanack* JZ **1970** 564;

**1972** 115; KK-*Herdegen* 70; *Roxin* § 43 C II 1 d cc.

[382] RGSt **47** 160; h. M. vgl. Fußn. 377. Es gibt kein gleichgut geeignetes Beweismittel; vgl. *Alsberg/Nüse/Meyer* 421.

[383] *Alsberg/Nüse/Meyer* 420; vgl. Rdn. 235.

[384] Etwas anderes gilt nach BGHSt **22** 347 nur, wenn der Zeuge über objektiv feststehende, allgemein wahrnehmbare Gegebenheiten der Außenwelt aussagen soll, deren Wahrnehmung nicht an seine Person geknüpft ist; vgl. *Alsberg/Nüse/Meyer* 421; KMR-*Paulus* 422.

[385] *Alsberg/Nüse/Meyer* 421 hält diesen Austausch für zulässig.

[386] Vgl. BGHSt **22** 349; BGH NJW **1983** 126; (Recht, Beweismittel zu bestimmen, ist nicht Selbstzweck, sondern Mittel zur Gewährleistung des Beweiserhebungsanspruchs); dazu *Sieg* MDR **1983** 505; *Alsberg/Nüse/Meyer* 421; *Kleinknecht/Meyer* 47; KMR-*Paulus* 421.

meist die Einvernahme einer Person über den Inhalt, nicht aber umgekehrt[387]. Bei einem kommissarisch vernommenen Zeugen wird es dagegen nicht als Austausch des Beweismittels angesehen, wenn das Gericht diesen statt der beantragten Verlesung der Niederschrift über die frühere Vernehmung selbst vernimmt[388]; die Verlesung der Niederschrift über die frühere Vernehmung kann daneben aber zusätzlich erforderlich sein. Die Verlesung eines Vermerks der Geschäftsstelle über eine telefonische Auskunft des Bundeszentralregisters hat der BGH[389] als ausreichenden Ersatz für die beantragte Einholung des Strafregisterauszugs angesehen. Bei der Vielfalt der denkbaren Fallgestaltungen erscheint eine überzeugende einheitliche Lösung nicht möglich. Ein allerdings nicht immer praktikabler Weg ist, wenn das Gericht bei Vorhandensein eines besseren oder gleichguten Beweismittels zunächst dieses, so wie es die Aufklärungspflicht fordert, von sich aus verwendet und die Entscheidung über den Beweisantrag bis dahin zurückstellt. Danach kann es besser beurteilen, ob die beantragte Beweiserhebung zusätzlich erforderlich ist oder ob sie — sofern der Antrag aufrechterhalten wird — abgelehnt werden kann.

### 19. Hilfsbeweisantrag (Eventualbeweisantrag)

**a) Begriff.** Ein Beweisantrag kann — meist im Zusammenhang mit einem Sachantrag — in der Form gestellt werden, daß über ihn nur im Falle des Eintritts einer noch ungewissen Verfahrensfolge (bestimmte Bekundungen einen Zeugen, bestimmte Überzeugung des Gerichts, etwa, daß eine Tatsache für erwiesen angesehen wird) entschieden werden soll. In der Praxis am häufigsten ist der sogenannte Hilfsbeweisantrag, der zugleich unter Verzicht auf vorherige Bekanntgabe der Entscheidung die Beweiserhebung von dem Ergebnis der Urteilsberatung abhängig macht. Wenn ihm trotz Eintritts der Bedingung nicht entsprochen wird, braucht dies erst mit der Urteilsbegründung bekannt gemacht zu werden[390]. Ein solcher Verzicht auf Mitteilung der Ablehnungsgründe vor der Urteilsverkündung steht dem Antragsteller frei. Er kann ihn in jedem Stand der Verhandlung und in jeder ihm geeignet erscheinenden Form erklären. Auch eine vor Schluß der Beweisaufnahme abgegebene Erklärung, die erkennen läßt, daß der Antragsteller den Bescheid erst im Urteil erwartet, macht einen vorgängigen Beschluß entbehrlich[391].

**160**

Oft werden Beweisanträge, die nach dem Willen des Antragstellers nicht besonders beschieden werden sollen, in den **Schlußvorträgen** nach §258 gestellt. Die Rechtsprechung geht dabei in der Regel davon aus, daß Beweisanträge, die erst nach Schluß der Beweisaufnahme im Hinblick auf eine bestimmte Sachentscheidung, vor allem im unmittelbaren Zusammenhang mit dem Antrag auf Freisprechung gestellt werden, als Hilfsanträge anzusehen sind, wenn der Antragsteller nicht ausdrücklich etwas

**161**

---

[387] *Alsberg/Nüse/Meyer* 421; vgl. BGH NJW **1983** 126 (Austausch der Zeugen, die über den Inhalt einer Urkunde aussagen sollten).

[388] *Alsberg/Nüse/Meyer* 421; vgl. Rdn. 259; 268.

[389] BGH NStZ **1982** 432.

[390] Trotz der Nachteile, die der Antragsteller damit in Kauf nimmt, daß er die Ansicht des Gerichts nicht mehr in der Hauptverhandlung erfährt (vgl. *Dahs* Hdb. 557; *Hamm* FS II Peters 169; *Sarstedt/Hamm* 279; *Sarstedt* DAR **1964** 307), werden Hilfsbeweisanträge häufig gestellt, weil damit die Gefahren eines auch

für den Antragsteller ungewissen Ausgangs der Beweiserhebung vermieden und dem Gericht außerdem Nebenlösungen bei seiner Entscheidung verbaut werden (*Dahs/Dahs* 253; *Schulz* GA **1981** 308).

[391] RGSt **62** 76; RG DRiZ **1972** Nr. 426; **1928** Nr. 414; KK-*Herdegen* 54; *Alsberg/Nüse/Meyer* 61 mit weit. Nachw. auch zur Gegenmeinung; **a. A** RG JW **1927** 1643 mit abl. Anm. *Alsberg;* **1929** 261 mit abl. Anm. *Weber;* **1930** 931 mit abl. Anm. *Alsberg.*

Walter Gollwitzer

anderes verlangt, was auch durch den Antrag auf Wiedereintritt in die Beweisaufnahme geschehen kann[392]. Es hat sich die Übung entwickelt, daß Staatsanwälte und Verteidiger den Verzichtswillen in Ausdrücke wie „hilfsweise", „bedingt", „für den Fall der Nichtfreisprechung", „als Eventualantrag" kleiden[393]. Doch geben weder die gebräuchten Worte noch die Stellung des Antrags im Schlußvortrag[394] den Ausschlag. Maßgebend für die Auslegung ist vielmehr, ob der Beweisantrag im Zusammenhang mit dem Hauptantrag dahin zu verstehen ist, daß der Antragsteller hiermit alles, was er zur Verfolgung seiner Rechte ausführen will, vorgetragen hat, daß er also ein weiteres Gehör, gleichviel, welche Stellung das Gericht zum Beweisantrag einnehmen werde, nicht mehr verlangt[395] und deshalb auf eine Bekanntgabe der Entscheidung über seinen Beweisantrag in der Hauptverhandlung verzichtet[396]. Ist nach den Umständen nicht eindeutig erkennbar, was der Antragsteller mit seinem Antrag bezweckt, so ist er zu fragen[397]. Sind die Zweifel auf diesem Weg nicht zu klären ist der Antrag vor der Urteilsverkündung zu bescheiden[398].

**162**      Der hilfsweise gestellte Beweisantrag muß zu einem **Hauptantrag,** der auch von einem anderen Verfahrensbeteiligten gestellt sein kann, zumindest aber zu einem vom Antragsteller als entscheidungserheblich angesehenen Umstand in einer das Eventualverhältnis begründenden Beziehung stehen[399]. Es genügt z. B., daß der Angeklagte oder sein Verteidiger erklärt, er gehe von der Annahme aus, daß das Gericht eine bestimmte Einlassung des Angeklagten als zutreffend oder glaubhaft, mindestens als nicht widerlegt ansehe, daß er sonst jedoch für die Richtigkeit der Angabe Beweis antrete. Auch in einem solchen Falle muß sich das Gericht regelmäßig mit der Tatsache, für die Beweis angeboten ist, in den Urteilsgründen auseinandersetzen, wenn es, sei es auch nur für die Strafzumessung, von anderen Tatsachen ausgehen will.

**163**      Im übrigen ist es gleichgültig, ob der Beweisantrag innerhalb des Schlußvortrags **vor oder nach dem Hauptantrag** gestellt wird und ob das Hilfsverhältnis der Anträge vertauscht ist[400]. Unerheblich ist auch, welchen Inhalt der Hauptantrag hat[401].

---

[392] RG JW **1932** 2161; BGH bei *Dallinger* MDR **1951** 275; OLG Hamm GA **1972** 59; VRS **38** 293; OLG Karlsruhe MDR **1966** 948; OLG Kiel SchlHA **1947** 28; OLG Stuttgart Justiz **1972** 160; *Alsberg/Nüse/Meyer* 61; *Gössel* § 29 C II d 2; *Kleinknecht/Meyer* 22; KMR-*Paulus* 398.

[393] RGSt **55** 109; **62** 76; *Alsberg/Nüse/Meyer* 61.

[394] BayObLG bei *Rüth* DAR **1973** 210; OLG Köln VRS **64** 279; OLG Stuttgart Justiz **1972** 159.

[395] RGSt **65** 351; RG GA **73** (1929) 171; JW **1927** 1643.

[396] RGRspr. **3** 157; RGSt **1** 394; **3** 222; **29** 438; **55** 109; **57** 262; **62** 76; **65** 351; RG Recht **1913** Nr. 442; 443; **1918** Nr. 827; LZ **1914** 593; JW **1920** 653; **1927** 1491; **1930** 2793; BayObLG JW **1925** 2332; KG GA **72** 44; OLG Dresden JW **1933** 486. Maßgebend ist der Wille zum Verzicht auf gesonderte Entscheidung vor dem Urteil, KK-*Herdegen* 54. Ob dieser schon dadurch deutlich wird, daß der Antragsteller im Schlußvortrag überhaupt kei-

nen Hauptantrag stellt, sondern nur erklärt, er beantrage noch die Vernehmung eines Zeugen über irgendeine Behauptung, sonst habe er nichts mehr vorzubringen (so die 21. Auflage; **a. A** RG GA **68** [1920] 351; OLG Dresden JW **1930** 2594), erscheint fraglich. Es kommt aber immer auf die Umstände des Einzelfalls an.

[397] *Alsberg/Nüse/Meyer* 62; *Schmid* GA **1982** 106.

[398] *Alsberg/Nüse/Meyer* 62; *Sarstedt* JR **1954** 192.

[399] OLG Celle MDR **1966** 605 (Entziehung der Fahrerlaubnis); *Alsberg/Nüse/Meyer* 62 mit weit. Nachw., auch zur Rechtsprechung des Reichsgerichts, die den Hilfsbeweisantrag nur neben dem Antrag auf Freisprechung zuließ.

[400] RGSt **65** 351; JW **1931** 951; *Alsberg/Nüse/Meyer* 63 mit weit. Nachw., auch zu einigen abweichenden Entscheidungen.

[401] Vgl. Fußn. 400 und Rdn. 111.

Es muß allerdings **unterschieden** werden, ob ein Eventualantrag vorliegt, dessen **164** etwaige Ablehnung nach dem Willen des Antragstellers dem Urteil vorbehalten werden soll, oder ein **bedingter Beweisantrag,** der zwar nur für den Fall einer bestimmten, vom Antragsteller in der Regel verneinten Prozeßlage gestellt wird (also auch „hilfsweise"), bei dem der Antragsteller aber gerade nicht darauf verzichten will, daß die Ablehnung in der Hauptverhandlung bekannt gegeben wird. Da das Gewollte mitunter nicht aus dem Wortlaut des Antrags ersichtlich ist, muß der Vorsitzende dies gegebenenfalls durch **Befragung des Antragstellers** klären (Rdn. 112; 113). Ist der Hilfsbeweisantrag mangelhaft formuliert, etwa zu unbestimmt gefaßt, oder sind die Beweismittel ungenügend gekennzeichnet, so muß der Vorsitzende dem Antragsteller noch in der Hauptverhandlung die Gelegenheit zur Ergänzung geben. Der Hilfsbeweisantrag darf sonst im Urteil nicht wegen der Unbestimmtheit abgewiesen werden[402].

Der Hilfsantrag wird nicht dadurch **zu einem Hauptantrag,** daß das Gericht die **165** darin geforderte **Beweiserhebung vergebens versucht** hatte; da er sich durch die versuchte Beweiserhebung auch nicht erledigt hat, ist er im Urteil zu bescheiden[403]. Nur wenn er nachträglich als Hauptantrag gestellt wird, muß der ablehnende Beschluß bereits in der Hauptverhandlung verkündet werden. Hatte das Gericht allerdings ausdrücklich seinen Willen zur Erhebung des beantragten Beweises bekundet, kann es im Interesse der Verfahrensklarheit angezeigt sein, die Verfahrensbeteiligten in der Hauptverhandlung darauf hinzuweisen, daß und warum diese unterbleibt.

**b) Bescheidung.** Das Gericht muß über den hilfsweise gestellten Beweisantrag **im 166 Urteil** der Sache nach entscheiden, wenn die Bedingung, an die er anknüpfte, etwa kein Freispruch, eingetreten ist. Es bedarf dazu keines besonderen Entscheidungssatzes oder eines besonderen Abschnitts in den Urteilsgründen; es genügt, wenn sich aus den Urteilsgründen ergibt, daß das Gericht den Antrag nicht übersehen hat und aus welchen Erwägungen es ihm keine Folge gab[404]. Es kann sogar genügen, wenn sich dies der Gesamtheit der Urteilsgründe zweifelsfrei entnehmen läßt[405].

Der hilfsweise gestellte Beweisantrag ist in den Urteilsgründen **nach den gleichen 167 Grundsätzen** zu bescheiden, die für einen normalen Beweisantrag gelten[406]; ausgenommen ist nur der hier nicht zulässige Ablehnungsgrund der **Verschleppungsabsicht.** Die Ablehnung aus diesem Grund darf nicht der Urteilsbegründung vorbehalten werden. Sie erfordert auch bei einem Hilfsantrag einen in der Hauptverhandlung zu verkündenden Beschluß, damit der Antragsteller Gelegenheit hat, diese Annahme zu widerlegen oder neue Anträge zu stellen[407]. Im übrigen darf auch der Hilfsbeweisantrag weder deshalb abgelehnt werden, weil die unter Beweis gestellte Tatsache im Widerspruch zur eigenen Einlassung des Angeklagten steht[408] oder weil das Gegenteil der unter Beweis gestellten Tatsache bereits erwiesen sei[409], auch eine Ablehnung in Vorwegnahme des Ergebnisses der Beweisaufnahme ist nicht statthaft[410]. Betrifft der Beweisantrag nur eine Hilfstatsache, die keine zwingende Schlußfolgerung zuläßt, sondern Schlüsse in beiden Richtungen ermöglicht, dann muß das Urteil erkennen lassen, daß das Gericht

---

[402] Vgl. BGH StrVert. **1981** 330; OLG Schleswig bei *Ernesti/Jürgensen* SchlHA **1976** 170.
[403] BGH NStZ **1984** 372 mit Anm. *Schlüchter.*
[404] *Alsberg/Nüse/Meyer* 770.
[405] OLG Hamm GA **1972** 59; OLG Schleswig bei *Ernesti/Lorenzen* SchlHA **1981** 93.
[406] *Alsberg/Nüse/Meyer* 770; h. M.

[407] BGHSt **22** 125; KG NJW **1954** 770; OLG Köln VRS **61** 272; OLG Oldenburg NdsRpfl. **1979** 110; wegen weiterer Nachweise und der Einzelheiten vgl. Rdn. 218.
[408] BGH bei *Holtz* MDR **1977** 461.
[409] BGH bei *Pfeiffer* NStZ **1982** 189.
[410] OLG Koblenz VRS **52** 125.

Walter Gollwitzer

dies erkannt hat und ob und aus welchen Gründen diese Tatsache als in jeder Hinsicht unerheblich angesehen wurde[411].

**168**     Der Notwendigkeit, sich mit dem hilfsweise gestellten Beweisantrag in den Urteilsgründen auseinanderzusetzen, ist das Gericht nur enthoben, wenn es dem **Hauptantrag voll entspricht,** nicht aber, wenn es ihm nur mit Einschränkungen folgt. Beantragt etwa der Staatsanwalt, den Angeklagten in Übereinstimmung mit der Annahme des Eröffnungsbeschlusses wegen eines vollendeten Verbrechens zu verurteilen und beantragt er hilfsweise die Erhebung weiterer Beweise, muß das Gericht nicht nur im Falle der Freisprechung, sondern auch im Falle der Verurteilung wegen versuchten Verbrechens zu dem Beweisantrage in den Urteilsgründen Stellung nehmen[412]. Wird ein Hilfsantrag in der Urteilsbegründung übergangen, so kann dies mit der Revision gerügt werden[413]. Das Urteil **beruht** allerdings nicht auf dem Verstoß, wenn die Urteilsgründe von den unter Beweis gestellten Tatsachen ausgehen[414].

**169**     Das Gericht ist nicht verpflichtet, die Ablehnung des Hilfsantrags den Urteilsgründen vorzubehalten. Es kann sie jederzeit durch einen **in der Hauptverhandlung** verkündeten **Beschluß** bekanntgeben[415].

**170**     Der Antragsteller kann andererseits den Hilfsantrag dahin **ändern,** daß er schon in der Hauptverhandlung beschieden werden soll. Einem solchen Verlangen muß das Gericht entsprechen[416].

**171**     **20. Besondere Verfahrensarten.** Im Privatklageverfahren und im Verfahren nach dem OWiG bestimmt das Gericht den Umfang der Beweisaufnahme selbst (§ 384 Abs. 3; 77 OWiG) nach seinem pflichtgemäßen Ermessen. Es ist durch seine Aufklärungspflicht gebunden, alle zur Erforschung der Wahrheit notwendigen Beweise zu erheben, es ist aber im übrigen nicht gehalten, Beweisanträge nur unter den engen Voraussetzungen des § 244 Abs. 3, 4, § 245 Abs. 2 abzulehnen[417], sondern kann — wenn auch mit Vorsicht, um die Aufklärungspflicht nicht zu verletzen — in den dadurch gegebenen engen Grenzen auch **andere Ablehnungsgründe** heranziehen[418]. Eine Vorwegwürdigung des Beweisergebnisses, vor allem die Ablehnung eines Zeugenbeweises, weil bereits das Gegenteil erwiesen sei, ist daher nur ausnahmsweise zulässig, wenn dies mit der Aufklärungspflicht vereinbar ist und nach der Verfahrenslage kein vernünftiger Zweifel daran besteht, daß die weitere Beweiserhebung das bisherige Beweisergebnis nicht in Frage stellen könnte[419].

---

[411] BGH NStZ **1981** 309.

[412] *Alsberg/Nüse/Meyer* 770.

[413] RGSt **38** 127; RG DJZ **1912** 164; JW **1927** 2043; BGH NStZ **1982** 477; OLG Koblenz VRS **62** 280; **65** 441; OLG Schleswig bei *Ernesti/Jürgensen* **1973** 186.

[414] OLG Koblenz VRS **46** 32.

[415] BGH bei *Dallinger* MDR **1974** 548; OLG Karlsruhe MDR **1966** 948; KK-*Herdegen* 54; *Kleinknecht/Meyer* 44; KMR-*Paulus* 399; *Dahs* Hdb. 557 hält das für nicht unbedenklich; dagegen *Alsberg/Nüse/Meyer* 770 Fußn. 124.

[416] BGH bei *Dallinger* MDR **1951** 275; OLG Celle MDR **1966** 605. *Alsberg/Nüse/Meyer* 769; *Gössel* § 29 C II d 2; *Hamm* FS II Peters 169.

[417] BGHSt **12** 334; BayObLGSt **1970** 58; **1971** 138; **1975** 6; **1976** 510; **1978** 172 = MDR **1970** 701; **1976** 510; **1979** 603; OLG Hamm VRS **41** 306; **43** 53; **45** 311; **52** 205; **56** 357; OLG Karlsruhe Justiz **1972** 41; **1974** 432; VRS **51** 61; **56** 377; OLG Köln VRS **47** 373; OLG Saarbrücken VRS **38** 446; **46** 138; OLG Stuttgart Justiz **1970** 115; *Alsberg/Nüse/Meyer* 840 mit weit. Nachw.; *Göhler* § 77, 12; vgl. ferner bei § 384; a. A *Engels* GA **1981** 33.

[418] Etwa OLG Karlsruhe GA **1975** 219; VRS **58** 50; OLG Neustadt GA **1963** 287.

[419] Etwa BayObLGSt **1970** 41 = NJW **1970** 1202; **1978** 174; OLG Celle NdsRpfl. **1981** 125; OLG Hamm MDR **1984** 1047; VRS **41** 56; **45** 311; **55** 208; KG VRS **39** 434; **65** 212; OLG Karlsruhe Justiz **1974** 448; **1975** 110;

Beweisanträge sind nach § 244 Abs. 6, § 34 durch einen mit Gründen verstehenen **172**
**Beschluß** abzulehnen[420]. Die Verfahrensbeteiligten müssen wissen, aus welchen Gründen das Gericht die beantragte Beweiserhebung für entbehrlich hält, damit sie ihr weiteres Prozeßverhalten danach einrichten können. Die Ansicht, das Gericht müsse allenfalls in den Urteilsgründen, nicht aber bei der Ablehnung der Beweiserhebung in der Hauptverhandlung aufzeigen, weshalb es sich von der beantragten Beweiserhebung keine Erschütterung seiner bereits gewonnenen Überzeugung erwarte (so etwa KG VRS **65** 212; OLG Hamm NStZ **1984** 212), mag unschädlich sein, wenn in Abwesenheit des Angeklagten und seines Verteidigers verhandelt wird; andernfalls muß bereits in der Hauptverhandlung bekanntgegeben werden, weshalb das Gericht dem Beweisantrag nicht entsprechen will. Dazu gehört der Hinweis, weshalb es die Sache für genügend aufgeklärt hält.

**21. Die Ausführung des Beweisbeschlusses** des Gerichts ist Sache des Vorsitzen- **173**
den. Ihm obliegt die Durchführung der Beweisaufnahme (§ 238 Abs. 1) und er hat auch die zu ihrer Vorbereitung erforderlichen Maßnahmen in die Wege zu leiten (§ 221)[421].
Soll das Gutachten einer Fachbehörde eingeholt oder ein Richter um die Vernehmung eines Zeugen oder Sachverständigen oder um die Vornahme eines Augenscheins ersucht werden, erläßt der Vorsitzende das Ersuchungsschreiben[422]. Sind im Zuge der Ausführung polizeiliche Erhebungen anzustellen, so kann der Vorsitzende die vermittelnde Tätigkeit des Staatsanwalts in Anspruch nehmen. Sollen Zeugen oder Sachverständige noch zur Verhandlung geladen oder als Beweismittel dienende Gegenstände noch zur Verhandlung herbeigeschafft werden, gilt § 214 Abs. 1, 4.

**22. Sitzungsniederschrift. Anträge** der Verfahrensbeteiligten, die die Beweiserhe- **174**
bung betreffen, sind im Sitzungsprotokoll festzuhalten (§ 273 Abs. 1). Dies gilt für alle Beweisanträge, auch wenn sie nur hilfsweise gestellt wurden[423], aber auch für Beweisermittlungsanträge[424], und für Anträge, die die Art und Weise betreffen, in der ein Beweismittel verwendet werden soll[425], einschließlich des Antrags auf Gegenüberstellung und auf Vornahme von Versuchen[426]. **Hinweise auf Beweismöglichkeiten,** die nicht mit einem Antrag auf Benutzung der aufgezeigten Beweismittel verbunden sind (Beweiser-

1979 338; **1981** 247; OLG Koblenz VRS **51** 443; **52** 282; OLG Köln VRS **41** 46; **47** 373; OLG Saarbrücken VRS **46** 138; OLG Schleswig **1975** 147; OLG Stuttgart Justiz 1970 115; **1982** 263; VRS **49** 390; **62** 459; *Alsberg/Nüse/Meyer* 842; *Göhler* § 77, 14; *Rebmann/Roth/Hermann* § 77, 5; je mit weit. Nachw.

[420] So die vorherrschende Rechtsprechung, etwa BayObLGSt **1970** 41 = NJW **1970** 1202; VRS **59** 211; auch BayObLGSt **1949/51** 347 (zur früheren Rechtslage); OLG Celle NdsRpfl **1981** 125; OLG Düsseldorf NJW **1970** 625; MDR **1971** 418; OLG Hamm VRS **41** 306; **45** 311; **65** 387; KG VRS **39** 434; OLG Köln VRS **39** 70; **46** 56; **64** 279; OLG Koblenz VRS **47** 375; **51** 443; **52** 206; **64** 215; **64** 278; OLG Saarbrücken VRS **38** 446; OLG Schleswig bei *Ernesti/Lorenzen* SchlHA **1981**

97; OLG Stuttgart Justiz **1972** 160; VRS **49** 390; KMR-*Paulus* 405; *Alsberg/Nüse/Meyer* 845 mit weit. Nachw. zum Streitstand; **a. A** *Göhler* § 77, 19; FS *Schäfer* 51; *Rebmann/Roth/Herrmann* 4.
[421] *Alsberg/Nüse/Meyer* 752; vgl. § 221, 3 ff.
[422] OLG Celle GA **59** (1912) 366; vgl. § 223, 27.
[423] BGH bei *Dallinger* MDR **1968** 552; **1975** 468; KG VRS **43** 199; *Kleinknecht/Meyer* 36; KMR-*Paulus* 402; *Alsberg/Nüse/Meyer* 400 mit weit. Nachw.
[424] OLG Saarbrücken JBl Saar **1959** 184; *Alsberg/Nüse/Meyer* 89; 91; *Bergmann* MDR **1976** 892; *Dahs/Dahs* 393; KMR-*Paulus* 402; *Schulz* GA **1981** 320.
[425] RGSt **57** 322; *Alsberg/Nüse/Meyer* 101; *Bergmann* MDR **1976** 982; *Kleinknecht/Meyer* 27; KMR-*Paulus* 402; 382.
[426] Vgl. Rdn. 15 ff; 128 ff und Fußn. 425.

Walter Gollwitzer

bieten vgl. Rdn. 123 ff) fallen nicht unter die Protokollierungspflicht nach § 273 Abs. 1. Ob sie nach § 273 Abs. 3 in die Sitzungsniederschrift aufzunehmen sind, ist strittig[427]. Auch wenn man verneint, daß solche Hinweise, deren Inhalt und Intensitätsgrad sehr unterschiedlich sein können, regelmäßig unter die Protokollierungspflicht fallen, kann die Aufnahme eines Vermerks in der Niederschrift über den Inhalt des Hinweises zweckmäßig sein, da die Beurteilung der Aufklärungsrüge davon abhängen kann, ob, in welcher Form und für welches Beweisthema dem Gericht ein weiteres Beweismittel aufgezeigt wurde. Gleiches gilt für die an sich ebenfalls nicht protokollierungspflichtigen Hinweise und **Fragen,** mit denen das Gericht den Sinn eines unklaren Antrags festzustellen und auf die Ergänzung unvollständiger Beweisanträge hinzuwirken versucht[428]. Das Schweigen des Protokolls beweist aber entgegen einer gelegentlich vertretenen Ansicht nicht, daß solche Fragen unterlassen und solche Hinweise nicht erteilt wurden[429]. Bei Beweisanträgen sind **alle Antragsteller** — auch die sich später anschließenden — der Inhalt jedes Antrags und die dafür benannten Beweismittel, nicht aber die dafür gegebene Begründung anzuführen[430]. Ist der Antrag dem Gericht schriftlich übergeben worden, kann das Schriftstück auch als Anlage zum Protokoll genommen und darauf verwiesen werden[431].

**175**    **Inhalt** (Tenor und Gründe mit vollem Wortlaut) und **Verkündung** der **Beschlüsse,** mit denen das Gericht eine Beweiserhebung ablehnt, sind ebenfalls nach § 273 Abs. 1 in die Sitzungsniederschrift aufzunehmen[432]; die Gründe, nicht der Tenor, können auch in einer Anlage zum Protokoll enthalten sein, sofern dieses darauf verweist[433], desgleichen sonstige Entscheidungen des Gerichts über gestellte Anträge. Wird ein die Beweiserhebung betreffender Antrag durch den Vorsitzenden abgelehnt[434], so ist auch diese Entscheidung in der Sitzungsniederschrift zu vermerken[435].

**176**    Die **Rücknahme** eines Beweisantrags, der **Verzicht** auf Beweiserhebung ist ins Protokoll aufzunehmen[436].

**177**    **Schweigt** das Protokoll, so gilt ein Antrag als nicht gestellt, ein Beschluß als nicht verkündet. Nur wenn ersichtlich ist, daß das Protokoll insoweit unvollständig ist, verliert es die negative Beweiskraft (vgl. bei § 274). Stellung und Inhalt des Antrags können dann durch die Urteilsgründe und durch Erklärungen des Vorsitzenden und des Protokollführers oder sonst im Wege des Freibeweises festgestellt werden[437].

### IV. Ablehnung eines Beweisantrags allgemein

**178**    **1. Die Bedeutung der Ablehnungsgründe des Absatzes 3.** Die Gründe, aus denen ein Beweisantrag abgelehnt werden muß oder darf, nahm erst das Gesetz vom 28. 6.

---

[427] Verneinend *Alsberg/Nüse/Meyer* 73; *Kleinknecht/Meyer* 27; a. A KMR-*Paulus* 382.

[428] *Alsberg/Nüse/Meyer* 399; der allerdings rät, im Hinblick auf die Rechtsprechung (vgl. Fußn. 429) im Protokoll zu vermerken, daß auf Mängel hingewiesen oder nach dem Sinn des Antrags gefragt wurde.

[429] So etwa RG JW **1917** 235; **1922** 1033; **1932** 3097; BGH GA **1960** 315.

[430] RGSt 1 32; **31** 62; **59** 429; **61** 410; BGH GA **1960** 315; OLG Frankfurt NJW **1953** 198; *Alsberg/Nüse/Meyer* 400; *Kleinknecht/Meyer* 36.

[431] *Alsberg/Nüse/Meyer* 401; *Koeniger* 266.

[432] RGSt 1 34; **44** 53; OGHSt 1 282; OLG Kiel SchlHA **1946** 270; OLG Schleswig bei *Ernesti/Jürgensen* SchlHA **1973** 186; KK-*Herdegen* 64; KMR-*Paulus* 412; *Alsberg/Nüse/Meyer* 766 mit weit. Nachw.

[433] RGSt **25** 248; **38** 123; OLG Celle NdsRpfl. **1953** 231; OLG Hamm VRS **38** 293; *Alsberg/Nüse/Meyer* 766; KK-*Herdegen* 64.

[434] Zu den Streitfragen, wann dies statt eines Beschlusses zulässig ist, vgl. Rdn. 121; 142.

[435] Vgl. bei § 273, 25.

[436] Vgl. Rdn. 137 und bei § 273, 13.

[437] RG JW **1930** 1505; vgl. bei § 274, 25; 27.

1935 als § 245 Abs. 2 in die Strafprozeßordnung auf, allerdings in der einschränkenden Fassung, als ob sie uneingeschränkt nur in Verhandlungen bei den Gerichten beachtet werden müßten, bei denen nach dem Gesetz allgemein die Berufung ausgeschlossen ist. Diese Gründe waren von der Rechtsprechung unter Führung des Reichsgerichts herausgebildet worden aus dem Gebot, alles zur tatsächlichen Aufklärung Notwendige zu tun. Weil die Ergebnisse der vorhergehenden Rechtsprechung nicht durch andere Grundsätze ersetzt, sondern nur ins Gesetz aufgenommen wurden[438], hat diese Rechtsprechung für die Auslegung und Handhabung des Absatzes 3 ihren Wert behalten. Die dort angegebenen Gründe: Unzulässigkeit der Beweiserhebung; Unerheblichkeit der behaupteten Tatsache; Mangel ihrer Beweisdürftigkeit; Unbrauchbarkeit des Beweismittels legen — bei Sachverständigen erweitert durch den Absatz 4 — **abschließend** fest, wann bei einem nicht präsenten Beweismittel die Beweiserhebung abgelehnt werden darf.

Aus **anderen Gründen** darf ein zulässiger Beweisantrag nicht abgelehnt werden. **179** Die unzureichenden Ablehnungsgründe, insbesondere die Verstöße gegen den Grundsatz, daß die Beweiswürdigung nicht vorweggenommen werden darf, sind nachstehend erörtert (Rdn. 181 ff).

**2. Sonderfälle.** Die grundsätzlich abschließende Regelung der Ablehnungsgründe **180** in § 244 schließt nicht aus, daß in besonders gelagerten Fällen auch Ablehnungsgründe zum Tragen kommen, welche diesen verfahrensrechtlichen Besonderheiten Rechnung tragen. Dies gilt vor allem dort, wo der Gesetzgeber das Gericht freier gestellt hat (§ 384 Abs. 2; § 77 OWiG — vgl. Rdn. 171 ff) oder, wenn das Gericht seinem Urteil **Schätzungen** zugrunde legen darf (Rdn. 21 ff).

**3. Unzureichende Ablehnungsgründe**

**a) Abweichen vom Sinn des Antrags.** Bei der Entscheidung über einen Beweisan- **181** trag muß das Gericht genau von demselben Sinn des Antrags ausgehen, den der Antragsteller erkennbar mit ihm verbunden wissen will. Die Ablehnung eines Beweisantrages ist daher, gleichgültig mit welcher Begründung sie geschieht, immer dann fehlerhaft, wenn das Gericht die unter Beweis gestellte Tatsache in eine andere **umdeutet** oder den Antrag nicht nach seinem vollen Sinn ohne jede Verschiebung oder Einengung der Beweistatsachen erschöpfend erledigt[439]. Daß die Mangelhaftigkeit eines Beweisantrags dessen Ablehnung nicht ohne weiteres rechtfertigt, ist schon dargelegt[440].

**b) Vorwegnahme der Beweiswürdigung.** Es ist grundsätzlich unstatthaft, über den **182** **Wert eines Beweismittels** zu urteilen, bevor es gebraucht ist. Grundsätzlich (zu den Ausnahmen vgl. Rdn. 46; 171; 183; 308) dürfen weder die Beweisbarkeit der behaupteten Tatsache noch der Wert des benannten Beweismittels im voraus verneint werden. Das zu erwartende Beweisergebnis darf nach Inhalt und Zuverlässigkeitswert des Beweismittels keine Beurteilung ex ante erfahren[441]. So geht es nicht an, die Ablehnung des Antrags auf Vernehmung eines Zeugen damit zu begründen, daß das Gericht der Aussage des Zeugen, wenn er die vom Beweisführer behauptete Tatsache bestätigen sollte, keinen Glauben gewähren könnte[442], oder damit, daß ein Beweis der be-

---

[438] *Lehmann* JW **1935** 2328; vgl. *Alsberg/Nüse/ Meyer* 1 ff; ferner die Entstehungsgeschichte.
[439] *Alsberg/Nüse/Meyer* 751; 757; vgl. Rdn. 111.
[440] Rdn. 113; 114.
[441] *Alsberg/Nüse/Meyer* 413; *Engels* GA **1981** 21; KK-*Herdegen* 72; *Kleinknecht/Meyer* 46.

[442] RG GA **70** (1926) 333; JW **1930** 933; RG HRR **1936** Nr. 82; BGH NJW **1952** 191; vgl. aber auch Rdn. 291; 292.

haupteten Tatsache den Umständen nach nicht zu erwarten sei[443], daß die Behauptung unglaubhaft[444] oder die Beweistatsache unwahrscheinlich[445] sei.

**183**      Der **Grundsatz,** daß die **Beweiswürdigung nicht vorweg genommen** werden darf (Verbot der Beweisantizipation)[446] folgt zwingend aus der unabänderlichen und unbeschränkbaren Pflicht des Gerichts, die Wahrheit zu ergründen[447], ist also unabhängig von der wechselnden Fassung der gesetzlichen Vorschriften über das Beweisrecht. Er ist in der allgemeinen Lebenserfahrung begründet, daß sich das Ergebnis einer Beweisaufnahme nicht sicher vorraussagen läßt und daß eine bereits als gesichert erscheinende Überzeugung dadurch wider Erwarten umgestoßen werden kann[448]. Die Strafrechtspflege müßte schweren Schaden leiden, wenn es dem Gericht erlaubt wäre, das Zeugnis eines ungehörten Zeugen zu verwerfen. Bei der Festlegung der Ablehnungsgründe in § 244 Abs. 3, 4 hat der Gesetzgeber dem Rechnung getragen; so, wenn er dort nur die Erwiesenheit einer Tatsache, nicht aber ihres Gegenteils als Ablehnungsgrund beim Zeugenbeweis zuließ oder wenn er die Ablehnungsgründe so formulierte, daß sie nur in engen Grenzen eine gewisse Vorwegbeurteilung erfordern[449]. Läßt man die Besonderheiten des Beweises durch Sachverständige (Rdn. 308) und durch Augenschein (Rdn. 329) außer Betracht, so läßt § 244 Abs. 3 Satz 2 vor allem bei der Beurteilung der Geeignetheit eines Beweismittels und auch bei dem Ablehnungsgrund der Verschleppungsabsicht eine begrenzte Vorauswürdigung zu. Wegen der Einzelheiten vgl. bei den einzelnen Ablehnungsgründen, etwa Rdn. 211; 262; 278.

**184**      Während die Überzeugung des Gerichts von der Wahrheit der behaupteten Tatsache jede weitere Beweisaufnahme entbehrlich macht, darf das Gericht die auf Grund der bisherigen Beweisaufnahme gewonnene Überzeugung nicht dazu benützen, die beantragte Beweiserhebung deshalb abzulehnen, weil bereits das **Gegenteil** von dem **feststehe,** was der Antragsteller beweisen wolle[450]. Es darf insbesondere ein Beweisantrag, der die Widerlegung einer Zeugenaussage bezweckt, nicht mit der Begründung abgelehnt werden, daß die Beweisbehauptung ungeeignet sei, die Entscheidung zu beeinflussen[451].

---

[443] RG LZ **1924** 41; vgl. RGSt **1** 51; RG GA **42** (1894) 399: „nicht ersichtlich, woher Zeuge die behauptete Kenntnis habe".

[444] RG Recht **1918** Nr. 1641; vgl. OLG Saarbrücken Jbl Saar **1962** 96: Zeuge glaubwürdiger als der für seine Unglaubwürdigkeit benannte Zeuge.

[445] RGSt **46** 384; BGH bei *Dallinger* MDR **1974** 16; OLG Köln OLGSt § 244 Abs. 3, 37.

[446] Seit RGSt **1** 189 h. M.

[447] *Alsberg/Nüse/Meyer* 412; KMR-*Paulus* 125; vgl. Fußn. 449.

[448] BGHSt **23** 188; KMR-*Paulus* 125; *Niethammer* FS Sauer 33; vgl. ferner *Engels* GA **1981** 351.

[449] *Alsberg/Nüse/Meyer* 413; formal wird das Verbot der Beweisantizipation auch damit begründet, daß die Ablehnungsgründe in § 244 Abs. 3, 4 erschöpfend aufgezählt seien; vgl. etwa OLG Hamm VRS **42** 208; *Kleinknecht/Meyer* 46. Zur (begrenzten) Zulässig-

keit der Beweisantizipation vgl. etwa *Herdegen* NStZ **1984** 98.

[450] RGRspr. **7** 296; RGSt **1** 189; **5** 312; **14** 278; **21** 227; **39** 364; **44** 298; **47** 105; RG GA **57** (1910) 212; 229; LZ **1914** 1396; 1722; Recht **1917** Nr. 1197; **1918** Nr. 1641; **1926** Nr. 226; JW **1923** 994; **1930** 931; 3417; HR **1936** Nr. 82; OGHSt **3** 144; BGH VRS **39** 95; bei *Dallinger* MDR **1974** 16; bei *Spiegel* DAR **1981** 199; BayObLGSt **1971** 138 = MDR **1972** 168; BayObLG bei *Rüth* DAR **1964** 242; OLG Celle NJW **1947/48** 394; OLG Düsseldorf VRS **4** 277; OLG Hamm NJW **1968** 1205; VRS **7** 373; **44** 445; KG DAR **1959** 48; VRS **29** 204; **48** 432; OLG Karlsruhe Justiz **1972** 41; **1974** 432; OLG Kiel SchlHA **1946** 451; OLG Koblenz VRS **48** 120; vgl. ferner *Alsberg/Nüse/Meyer* 414 mit weit. Nachw.

[451] RG HRR **1937** Nr. 1360; **1939** Nr. 1565; *Alsberg/Nüse/Meyer* 415; Rdn. 279 ff.

Regelmäßig darf ein Beweisantrag auch nicht mit der Begründung abgelehnt wer- **185** den, daß die unter Beweis gestellte Tatsache „erdichtet"[452] oder „unsinnig"[453] sei oder daß der Antragsteller es unterlassen habe, den Zeugen über seine Kenntnis zu befragen[454] oder daß der Beweisantrag des Angeklagten mit einem früheren Geständnis oder mit einer Erklärung des Verteidigers oder daß der Antrag des Verteidigers mit einem Vorbringen des Angeklagten in Widerspruch stehe[455]; oder „höchst unökonomisch" sei[456]. Um die Ablehnung eines Beweisantrags, der gegenüber dem Vorwurf der üblen Nachrede nach § 186 StGB auf den Beweis der Wahrheit der behaupteten Tatsache abzielt, aus der Erwägung zu rechtfertigen, daß der Wahrheitsbeweis durch die Erhebung des Beweises nicht erbracht werden können, müssen besondere Voraussetzungen erfüllt sein[457].

## V. Unzulässigkeit der Beweiserhebung (Absatz 3 Satz 1)

**1.** Ablehnung der Anträge **wegen Unzulässigkeit der Beweiserhebung** und **wegen** **186** **Unzulässigkeit des Beweisantrags.** Es ist begrifflich ein Unterschied, ob ein Beweisantrag abzulehnen ist, weil er als Antrag unzulässig ist oder weil er eine unzulässige Beweiserhebung erstrebt[458]. Da sich ein einheitlicher Sprachgebrauch bisher nicht gebildet hat, werden mitunter auch die auf eine unzulässige Beweiserhebung gerichteten Anträge als „unzulässige Beweisanträge" bezeichnet[459]. **Unzulässig** sind **Beweisanträge,** die ein nicht oder nicht für den betreffenden Verfahrenskomplex beweisantragsberechtigter Verfahrensbeteiligter stellt[460] oder die einen Umstand betreffen, der keiner Beweisaufnahme zugänglich ist (vgl. Rdn. 95) oder deren Sinn völlig unverständlich und auch durch Fragen nicht aufklärbar ist[461], ferner Anträge, die die Beweiserhebung gar nicht zum Zwecke der Sachaufklärung begehren, sondern damit ausschließlich prozeßfremde Zwecke verfolgen (strittig; vgl. Rdn. 206). Auf eine **unzulässige Beweiserhebung** sind dagegen solche Beweisanträge gerichtet, die die Verwendung einer im konkreten Fall von der Rechtsordnung nicht zugelassenen Beweismöglichkeit anstreben (Rdn. 192).

**2. Ablehnungspflicht.** Nach Absatz 3 Satz 1 **muß** das Gericht die geforderte unzu- **187** lässige Beweiserhebung ablehnen. Es hat nur dort einen Ermessensspielraum, wo der Gesetzgeber — wie bei der Verschleppungsabsicht oder in § 245 Abs. 2 — ihm dies aus

---

[452] RG GA **70** (1926) 333; *Alsberg/Nüse/Meyer* 414; vgl. auch BGH bei *Pfeiffer/Miebach* NStZ **1984** 210: „Behauptungen aus der Luft gegriffen".

[453] OLG Hamm VRS **42** 208; KMR-*Paulus* 417. *Alsberg/Nüse/Meyer* 415 weist zu Recht darauf hin, daß in solchen Fällen die Frage der Verschleppungsabsicht zu prüfen ist.

[454] RGRspr. **3** 768.

[455] RG DStR **1917** 168; GA **59** (1911) 121; JW **1925** 2782; BGH bei *Holtz* MDR **1977** 461; BayObLG NJW **1950** 316; *Dahs/Dahs* 253; vgl. ferner *Alsberg/Nüse/Meyer* 375.

[456] Vgl. BVerfG NJW **1979** 413 (betr. Zivilprozeß); KMR-*Paulus* 420.

[457] RGSt **62** 94; RG HRR **1939** Nr. 1449; vgl. bei § 261.

[458] *Alsberg/Nüse/Meyer* 425; *Kleinknecht/Meyer* 48 treffen diese Unterscheidung; vgl. KMR-*Paulus* 425.

[459] *Alsberg/Nüse/Meyer* 425; vgl. etwa *Eb. Schmidt* 32; *Rüping/Dornseifer* JZ **1977** 419.

[460] *Alsberg/Nüse/Meyer* 425; vgl. Rdn. 96; Vor § 226, 33; ferner *Amelunxen* Nebenkläger 54 für Beweisanträge, die nicht den Nebenklagekomplex betreffen.

[461] Vgl. *Alsberg/Nüse/Meyer* 425; unvollständige Anträge, die in Wirklichkeit Beweisermittlungsanträge sind (Rdn. 115), gehören nicht hierher.

Walter Gollwitzer

Praktikabilitätsgründen für bestimmte Ablehnungsgründe eingeräumt hat[461a]. Gibt das Gericht — abgesehen von diesen Sonderfällen — einem auf eine unzulässige Beweiserhebung gerichteten Antrag statt, so weist das Verfahren einen Fehler auf, der zur Aufhebung des Urteils führen muß, wenn es auf der Verwertung des unzulässigerweise erhobenen Beweises beruhen kann. Dagegen ist es unschädlich, wenn das Gericht einen Beweis, dessen Erhebung es nach Absatz 3 Satz 2 ablehnen durfte, trotzdem erhebt. Daraus ergibt sich, daß jeder Beweisantrag zunächst daraufhin zu prüfen ist, ob er die Erhebung eines unzulässigen Beweises zum Ziele hat. Erst wenn das verneint wird, ist für eine Prüfung nach § 244 Abs. 3 Satz 2 Raum.

**188**      **3. Grundsätzliches zur Unzulässigkeit der Beweiserhebung.** Das Strafverfahren dient der Aufgabe des Staates, die wichtigsten Gemeinschafts- und Individualwerte zu schützen. Die große Bedeutung dieser Aufgabe darf nicht vergessen lassen, daß es daneben noch andere, gleich wichtige Staatsaufgaben gibt und daß das Strafverfahren seinen Schutzzweck verfehlen würde, wenn es, um eine Wertverletzung aufzudecken und zu sühnen, andere Gemeinschafts- oder Individualwerte unbegrenzt verletzen oder zerstören dürfte. Das Wertsystem der Verfassung, das zu schützen Aufgabe des Strafverfahrens ist, setzt ihm gleichzeitig auch die Schranken. Dies gilt im besonderen Maße für das beherrschende Grundprinzip des Strafprozesses, für das Recht und die Pflicht, die Wahrheit von Amts wegen zu erforschen. Diesem Prinzip sind zwar die meisten Regeln über die Beweisaufnahme untergeordnet, es ist aber trotz seiner großen Bedeutung kein absoluter Wert, der es rechtfertigen würde, „die Wahrheit um jeden Preis zu erforschen"[462]. Die Rücksichtnahme auf andere Werte kann deshalb die Beweisaufnahme unzulässig machen[463], wobei die Unzulässigkeit bestimmte Beweismittel, bestimmte Beweisthemen oder bestimmte Beweismethoden betreffen kann. Umgekehrt kann aber auch die Sicherung der Wahrheitsfindung zu Beweisverboten führen (vgl. § 250 Satz 2). Es kann untersagt sein, einen bestimmten Vorgang auf seine Richtigkeit zu überprüfen, sich bestimmter Beweismittel zu bedienen oder bestimmte Methoden bei der Beweiserhebung anzuwenden. Diese Verbote sind im übrigen nach Schutzzweck, Inhalt, Umfang und Tragweite verschieden.

**189**      **4. Beweisverbote allgemein.** Die Einteilung der Beweisverbote (hier im weiten Sinn gemeint als alle Art von Regeln, welche eine bestimmte Art von Beweiserhebung unzulässig machen) ist im Schrifttum nicht einheitlich. Insbesondere hat sich noch keine einheitliche Bezeichnung durchgesetzt, so daß jeweils zu prüfen ist, was der einzelne Verfasser unter der von ihm gewählten Bezeichnung versteht. Die verschiedenen Eintei-

---

[461a] Diese Fragen sind äußerst strittig. *Alsberg/Nüse/Meyer* 425 geht den umgekehrten Weg, wenn er – um die Einheit des Begriffs der Unzulässigkeit in den §§ 244, 245 zu wahren – die Scheinbeweisanträge (einschließlich die in Verschleppungsabsicht gestellten) aus dem Begriff der Unzulässigkeit herausnimmt, weil es bei der Unzulässigkeit nicht auf die Absicht des Antragstellers, sondern immer nur auf die objektive Vereinbarkeit der Beweiserhebung mit dem Gesetz ankomme. Zu diesen Fragen vgl. Rdn. 190; 206 und § 245, 30 ff.

[462] BVerfG NStZ **1984** 82; BGHSt 14 365; **19** 332; **27** 357; **31** 309.

[463] Trotz des hohen Rangs, den eine funktionstüchtige Strafrechtspflege und die Aufklärung der Straftaten im Rechtsstaat einnimmt, folgt gerade aus dem Rechtsstaatsprinzip, insbesondere aus dem ihm zugehörenden Grundsatz der Verhältnismäßigkeit, daß die Belange der Strafrechtspflege und das staatliche Interesse an einer lückenlosen Aufklärung von Straftaten mitunter hinter höherrangigen Privat- oder Gemeinschaftsinteressen zurückstehen müssen, vgl. etwa BVerfGE **22** 132; **36** 187; **38** 121.

lungsmöglichkeiten sind in der Einleitung (Kap. 14) erörtert[464]. Ganz gleich, welche Einteilung man wählt, es wird immer bei jedem einzelnen Verbot nach seinem Zweck und seiner gesetzlichen Ausgestaltung zu ermitteln sein, welcher **Inhalt** und welche **Tragweite**[465] ihm beikommt. Diese Auslegungsfragen sind bei den einzelnen Vorschriften behandelt, während die sehr umstrittene Frage, ob mit der Revision nur solche Verstöße gerügt werden können, die den eigenen Rechtskreis des Revisionsführers berühren (sog. Rechtskreistheorie), eine Frage des Revisionsrechts ist (vgl. bei § 337, 95).

Alle Beweisverbote[466] bedürfen einer **Grundlage im Gesetz,** denn eine Beweiserhe- **190** bung ist nur unzulässig, wenn sie durch Rechtsnormen untersagt ist[467]. Nicht notwendig ist, daß dies ausdrücklich geschieht; es genügt, wenn sich ein solches Verbot durch Auslegung der betreffenden Norm in Verbindung mit den anderen hereinspielenden Rechtssätzen ergibt. Dies ist von besonderer Bedeutung im **Bereich des Verfassungsrechts;** denn eine Beweiserhebung, welche Grundrechte verletzt, ist unzulässig. Die Grenzen, die die Grundrechte der Beweiserhebung im Einzelfall setzen, sind unter Berücksichtigung des Verbots, ein Grundrecht in seinem Wesensgehalt anzutasten (Art. 19 Abs. 2 GG), durch Auslegung zu ermitteln; auch dort, wo ausdrückliche oder immanente Schranken des Grundrechts (vgl. etwa die Schrankentrias des Art. 2 Abs. 1 GG) bestehen, ist im Lichte der jeweiligen Verfassungsbestimmung unter Berücksichtigung ihrer Bedeutung im Wertsystem des Grundgesetzes abzuwägen, ob die Beeinträchtigung des durch das Grundgesetz geschützten Rechtsguts nicht außer Verhältnis steht zu der Bedeutung der Beweiserhebung[468]. Diese Abgrenzung ist grundsätzlich Sache des Gesetzgebers[469], der bei der Abwägung andererseits beachten muß, daß das Rechtsstaatsprinzip zur Aufrechterhaltung einer funktionstüchtigen Rechtspflege die Aufklärung schwerer Straftaten verlangt[470]. In Ausnahmefällen, insbesondere, wenn die allgemeinen einfachgesetzlichen Regeln auf den Sonderfall nicht passen, kann auch dem Richter die Grenzziehung obliegen. Außerhalb dieser verfassungsrechtlichen Vorgaben kann der Gesetzgeber für bestimmte Fallgruppen die Beweiserhebung zum Schutze wichtiger öffentlicher oder privater Belange einschränken. Er kann andererseits aber auch, soweit nicht schutzwürdige Interessen Dritter entgegenstehen, die strikte Unzulässigkeit der Beweiserhebung dadurch auflockern, daß er aus verfahrensrechtlichen Er-

---

[464] Dort finden sich auch die Nachweise zum umfangreichen Schrifttum.

[465] Hierzu gehört insbesondere, ob die verbotswidrige Erlangung des Beweises ein Verwertungsverbot auslöst, sowie, ob ein Verwertungsverbot „Fernwirkung" hat, also nicht nur die Verwertung des unzulässig gewonnenen Beweisergebnisses selbst ausschließt, sondern auch die Verwertung anderer Beweismittel, deren Gewinnung durch den unzulässigen Vorgang ermöglicht oder erleichtert worden ist. Die Fragen sind im einzelnen sehr strittig; vgl. Einl. Kap. 14.

[466] Von den Beweisverboten, die einen bestimmten Beweis untersagen, sind die Beweisregelungen zu unterscheiden, die umgekehrt die Einbringung eines bestimmten Beweises ermöglichen oder sichern sollen und zu diesem Zweck das Beweisverfahren an bestimmte Regeln binden, um es zu ordnen oder um den

staatlichen Organen die für die Beweisführung notwendigen Eingriffsbefugnisse zu geben. Da diese Regelungen ihrer Zielsetzung nach auf Beweisgewinnung und nicht auf Beweisausschluß gerichtet sind, führt ihre Verletzung grundsätzlich zu keinem Verwertungsverbot. Dazu Einl. Kap. 14.

[467] Dies ist in der Regel keine Frage des Gesetzesvorbehalts bei Grundrechtseingriffen (vgl. *Rogall* ZStW **91** [1979] 5), sondern folgt daraus, daß die StPO die Beweiserhebung – einschließlich des damit verbundenen Eingriffs – grundsätzlich zuläßt und die Beweisverbote diese Regelung ihrerseits wieder einschränken.

[468] Vgl. etwa BGHSt **29** 23; Rdn. 201 ff.

[469] *Gössel* NJW **1981** 649; *Rupp* Gutachten für den 56. DJT, I 3 A, 167 ff.

[470] BVerfGE **33** 367; vgl. Einl. Kap. 14.

wägungen für bestimmte Gruppen unzulässiger Anträge nur einen fakultativen Ablehnungsgrund vorsieht, wie etwa bei der Verschleppungsabsicht (vgl. auch § 245, 30). Wo er aber keine solche Grenzverschiebung vorgenommen hat, geht bei einer Überschneidung der Ablehnungsgründe die zwingende Ablehnung wegen Unzulässigkeit der fakultativen Ablehnung vor.

**191**    Die Beweisverbote gehören dem **öffentlichen Recht** an. Aus der Verletzung **bürgerlichrechtlicher Normen,** die ausschließlich im Verhältnis zwischen Privatpersonen gelten, lassen sich grundsätzlich keine Beweisverbote herleiten[471]. Eine (scheinbare) Ausnahme besteht nur dort, wo die staatlichen Organe kraft öffentlichen Rechts gehalten sind, gewisse auch im bürgerlichen Recht wurzelnden absoluten Rechte, wie etwa das allgemeine Persönlichkeitsrecht, bei Ausübung der öffentlichen Gewalt auch dort zu beachten, wo der Inhalt über den verfassungsmäßig verbürgten Bereich hinausgeht.

### 5. Einzelfälle der Unzulässigkeit

**192**    a) Die Unzulässigkeit der Beweiserhebung kann sich daraus ergeben, daß ein **Beweismittel verwendet** werden soll, das im Gesetz nicht vorgesehen ist. So kann sich die Unzulässigkeit, eine Person als förmliches Beweismittel (Zeuge) heranzuziehen, aus ihrer **Rolle im Verfahren** ergeben. Ein Angeklagter kann nicht gleichzeitig Zeuge sein. Wird aber das Verfahren gegen ihn aus sachlich gerechtfertigten Gründen abgetrennt oder ist es abgeschlossen, dann ist nach der herrschenden Rechtsprechung[472] seine Vernehmung als Zeuge zulässig, da nach dieser nur die förmliche Stellung im gleichen Verfahren maßgebend ist[473].

**193**    b) **Verbote im Interesse der Wahrheitsfindung.** Unzulässig ist eine Beweiserhebung, wenn sie durch eine Verfahrensvorschrift im Interesse der Wahrheitsfindung ausdrücklich verboten ist, wie etwa im Fall des § 250 Satz 2. Die Einzelheiten sind dort erläutert[474].

**194**    c) **Bindung an fremde Feststellungen.** Die Unzulässigkeit der Beweiserhebung und Verwertung ergibt sich aus dem Beweisthema, wenn der Beweisantrag darauf abzielt, daß über eine Tatsache Beweis erhoben werde, die der eigenen Feststellung des Gerichts entzogen ist. Das ist der Fall, wenn entgegen dem Beweisthemaverbot des § 190 StGB Beweis über die Wahrheit oder Unwahrheit der behaupteten ehrenrührigen Tatsache erhoben werden soll[475]. Das gleiche gilt, wenn sich das Beweisthema auf eine Tatsache bezieht, die in einem der Nachprüfung entzogenen Urteilsteil für das Gericht bindend festgestellt ist, sei es, daß das Urteil nur beschränkt angefochten worden ist oder daß das Urteil samt den zugrunde liegenden Feststellungen insoweit vom Revisionsgericht bestätigt und nur wegen eines anderen Teils, etwa nur wegen des Strafausspruchs,

[471] *Kleinknecht* NJW **1966** 1544.
[472] Vgl. etwa BGHSt **10** 11; **10** 186; **17** 134; **18** 238; **24** 257; **27** 139; BGH JR **1969** 148; StrVert. **1984** 362 mit Anm. *Prittwitz*; StrVert. **1985** 89 mit Anm. *Meyer-Goßner*; strittig, vgl. Fußn. 473.
[473] Die umstrittenen Fragen des sogen. Rollentausches sind Vor § 48, 17 ff erörtert; vgl. ferner Einl. Kap. **14.**
[474] Ferner *Alsberg/Nüse/Meyer* 459 ff; mit weit. Nachw.

[475] Ein Beweisverbot nehmen ebenfalls an *Alsberg/Nüse/Meyer* 436 (mit weit. Nachw.); *Gutmann* JuS **1962** 371; KMR-*Paulus* 487; *Otto* GA **1970** 293; *Peters* § 37 X; *Eb. Schmidt* 35; auch *Spendel* NJW **1966** 1104; andererseits sehen BayObLGSt **1960** 229 = NJW **1961** 85; *Dähn* JZ **1973** 51; *Dencker* Verwertungsverbote 34 und wohl die meisten Kommentare zu § 190 StGB in dieser Vorschrift eine Beweisregel. Vgl. zum Streitstand Einl. Kap. **14.**

zurückerwiesen wurde[476]. Unzulässig ist die Beweiserhebung ferner, soweit sie die Aufklärung von Vorfragen bezweckt, die das Gericht nicht selbst entscheiden darf, weil es an die Entscheidung eines anderen Gerichts oder an einen Verwaltungsakt gebunden ist[477].

**d) Vorrangige öffentliche oder private Interessen.** Unzulässig ist ferner eine Be- **195** weiserhebung, wenn sie wegen wichtiger öffentlicher Interessen ausgeschlossen ist. So ist die Vernehmung eines Beamten oder einer ihm insoweit gleichgestellten Person unzulässig, wenn er über Umstände aussagen soll, auf die sich seine Pflicht zur Amtsverschwiegenheit bezieht, sofern die vorgesetzte Behörde die nach § 54 erforderliche Genehmigung verweigert hat[478]. Ob die Sperrerklärung nach § 96 zu einem Beweisverbot oder nur zur Unerreichbarkeit des gesperrten Beweismittels führt, ist strittig[479]. Strittig ist auch, ob §§ 43, 45 Abs. 3 DRiG es ausschließen, daß über Vorgänge bei der richterlichen Beratung und Abstimmung Beweis erhoben werden darf[480].

Ob **besondere Verschwiegenheitspflichten,** wie etwa das Schweigegebot nach **196** § 174 Abs. 3 GVG[481] oder sonstige Geheimhaltungsvorschriften, wie etwa das Steuergeheimnis (§ 30 AO), Sozialgeheimnis (§ 35 SGB I), Wahlgeheimnis (Art. 38 GG)[482] oder Statistikgeheimnis (§ 11 BStatG)[483] ein Beweisverbot begründen, ist durch Auslegung der jeweiligen Vorschriften unter Berücksichtigung ihres Schutzzwecks zu ermitteln, sofern das nicht, wie in § 30 Abs. 4, 5, § 393 AO[484], §§ 67 bis 78 SGB X[485] ausdrücklich geregelt ist. Die allgemeine Pflicht der Behörden zur Wahrung der ihnen anvertrauten Privatgeheimnisse schließt nur die unbefugte Offenbarung aus (§ 30 VwVfG und die entsprechenden Ländervorschriften), begründet also kein Beweisverbot[486]. Gleiches gilt für das bei Auskünften aus Dateien geltende Datengeheimnis (§ 5 BDSG und die entsprechenden Ländervorschriften)[487]. Auch wenn kein generelles Beweisverbot besteht, kann jedoch in Ausnahmefällen der Grundrechtsschutz des Persönlichkeitsbereichs der Beweiserhebung oder Verwertung entgegenstehen. Die Grenze ist, soweit nicht der un-

[476] RGSt 7 176; 20 412; 43 361; 49 71; BGHSt 14 38; 30 340; OLG Hamm NJW **1968** 313; *Gietl* NJW **1959** 928; *Kleinknecht/Meyer* 49; *KMR-Paulus* 487; *Schlüchter* 637.2; ferner *Alsberg/Nüse/Meyer* 434 mit weit. Nachw.; a. A RG HRR **1938** Nr. 1383, das zu Unrecht Unerheblichkeit annimmt. Vgl. Einl. Kap. **14**; ferner bei § 327 und bei § 353.

[477] Zur Bindungswirkung vgl. die Erläuterungen zu § 262; ferner *Alsberg/Nüse/Meyer* 435 ff; *Spendel* NJW **1966** 1104.

[478] BGHSt **30** 37; wegen der Einzelheiten vgl. die Erläuterungen zu § 54, ferner *Alsberg/Nüse/Meyer* 454 ff.

[479] Vgl. bei §§ 94, 96; ferner *Alsberg/Nüse/Meyer* 459; 623.

[480] Vgl. die Erl. zu den § 43, 45 DRiG; ferner *Alsberg/Nüse/Meyer* 439.

[481] *KMR-Paulus* 487; *Peters* 46. DJT Gutachten 112; nehmen Beweisverbot an, anders *Alsberg/Nüse/Meyer* 442 mit weit. Nachw.; vgl. bei § 174 GVG.

[482] *Alsberg/Nüse/Meyer* 451; *Peters* 46 DJT Gutachten 111.

[483] *Alsberg/Nüse/Meyer* 475.

[484] *Pfaff* DRiZ **1971** 341; JR **1972** 105; *Schomberg* NJW **1979** 526; *Alsberg/Nüse/Meyer* 475; 510 je mit weit. Nachw.; ferner (zur früheren Fassung) *Erdsiek* NJW **1963** 2311; *Kopacek* NJW **1964** 854. Die Einzelheiten sind in den Kommentaren zur Abgabenordnung erläutert; vgl. etwa *Koch* AO 1977 § 30, 21 ff; *Kühn/Kutter/Hofmann* § 30, 3 ff.

[485] LG Stade MDR **1981** 960; *Alsberg/Nüse/Meyer* 474; *Mallmann/Walz* NJW **1981** 1020; *Schatzschneider* MDR **1982** 6; *Schnapp* NJW **1980** 2169; *Walter* NJW **1978** 868.

[486] *Alsberg/Nüse/Meyer* 474; ferner die Kommentare zum VwVfG des Bundes und der Länder, wonach die Mitteilung auf Grund einer Rechtsnorm befugt im Sinne des § 30 VwVfG ist, etwa *Meyer/Borgs* VwVfG § 30, 12; *Eichler* VwVfG § 30, 2.

[487] *Alsberg/Nüse/Meyer* 474; ferner die Kommentare zu den Datenschutzgesetzen des Bundes und der Länder, etwa *Simitis/Dammann/Mallmann/Reh* § 5, 9.

antastbare Kernbereich betroffen ist, nach den Umständen des konkreten Einzelfalls durch Güterabwägung zu bestimmten[488]. Dabei wird zu berücksichtigen sein, daß der Gesetzgeber in der Regel den Ausschluß der Öffentlichkeit nach § 172 GVG in Verbindung mit dem Schweigegebot nach § 174 Abs. 3 GVG als ausreichend angesehen hat[489]. Soweit Verwaltungsgesetze im Interesse bestimmter Verwaltungszwecke Verwertungsverbote für die durch bestimmte Verwaltungsmaßnahmen (Auskünfte, Kontrollen usw.) erlangten Kenntnisse aufstellen, richtet sich Umfang und Geltungsbereich der Beweisverbote nach der jeweiligen spezialgesetzlichen Regelung (vgl. Rdn. 203).

**197**    **Besonders geschützte Privatinteressen** können der Beweiserhebung über bestimmte Beweisthemen oder der Heranziehung bestimmter Personen, Urkunden oder Sachen als Beweismittel entgegenstehen, wie etwa das Verbot des § 252. Ob ein Zeuge, der von einem Aussageverweigerungsrecht nach den §§ 52 bis 55 Gebrauch macht, dadurch zu einem unzulässigen oder nur zu einem ungeeigneten Beweismittel wird, ist strittig[490].

**198**    Soweit die §§ 51, 52 BZRG i.d.F. d. Neubek. v. 21. 9. 1984 — BGBl I 1229 im Interesse der Resozialisierung die Verwertung tilgungsreifer **Vorstrafen** ausschließen, wird die Zulässigkeit der Beweiserhebung durch den Schutzzweck dieser Vorschriften begrenzt[491]. Sofern nicht die vorgesehenen Ausnahmen[492] Platz greifen, dürfen getilgte oder nach dem BZRG im Zeitpunkt der letzten tatrichterlichen Verhandlung tilgungsreife Vorstrafen[493] in keiner Form in die Hauptverhandlung eingeführt oder bei der Entscheidung zum Nachteil des Betroffenen verwertet werden[494], auch nicht als Indiz für die abzuurteilende Tat[495]. Die Einführung in die Hauptverhandlung, auch die Beweiserhebung, ist insoweit nur zulässig, als der Betroffene dies selbst wünscht[496]. Das Verbot gilt auch bei tilgungsreifen Vorstrafen aus dem Erziehungsregister[497], ferner bei Eintragungen im Verkehrszentralregister oder Gewerbezentralregister[498].

[488] Vgl. Rdn. 201; ferner Einl. Kap. 14.

[489] Vgl. bei 172, 174 GVG; ferner Einl. Kap. 14.

[490] Wegen der strittigen Einzelheiten (vgl. *Alsberg/Nüse/Meyer* 486; 489; 497) wird auf die Erläuterungen zu den jeweiligen Vorschriften verwiesen.

[491] Die Regelung ist nicht verfassungswidrig; BVerfGE **36** 174 = JZ **1974** 221 mit Anm. *Willms* = NJW **1974** 179, 491 mit Anm. *Klinghardt*; a. A *Willms* FS Dreher 144.

[492] Vgl. § 51 Abs. 2, § 52 BZRG (vor allem bei Gutachten über Geisteszustand, ferner bei Entziehung der Fahrerlaubnis); zu den Ausnahmen vgl. im übrigen *Alsberg/Nüse/Meyer* 447 ff; KMR-*Paulus* 581. BGHSt **25** 24 = JR **1973** 164; BGH bei *Dallinger* MDR **1973** 192; GA **1975** 236 dürften durch die Gesetzesänderung überholt sein. Zu den unberührt bleibenden Rechtsfolgen der getilgten Verurteilung gehört auch das Beweisverbot des § 190 StGB (strittig; vgl. *Alsberg/Nüse/Meyer* 446 mit Nachw.).

[493] Dazu gehören auch Verurteilungen im Ausland (§ 58 BZRG i. d. F. d. Neubek. v. 21. 9. 1984 – BGBl I 1229); BayObLGSt **1978** 39 = VRS **55** 180.

[494] BGHSt **25** 102; **24** 378; **27** 108; BGH StrVert. **1981** 67; BayObLGSt **1972** 3 = VRS **43** 17; BayObLG bei *Rüth* DAR **1981** 247; OLG Celle NJW **1973** 1012; OLG Düsseldorf VRS **54** 50; OLG Karlsruhe VRS **55** 284; KMR-*Paulus* 583 ff; *Alsberg/Nüse/Meyer* 444 mit weit. Nachw., insbes. auch zum Schrifttum.

[495] BGHSt **27** 108; BayObLG bei *Rüth* DAR **1981** 247; OLG Celle NJW **1973** 1012; *Brauser* NJW **1973** 1007; *Creifelds* GA **1974** 140; *Dreher* JZ **1972** 621; *Haffke* GA **1975** 77; KMR-*Paulus* 586; *Stadie* DRiZ **1972** 349; *Götz* § 49, 16 c; *Alsberg/Nüse/Meyer* 445 mit weit. Nachw.; a. A *Peters* JR **1973** 165.

[496] BGHSt **27** 108; KMR-*Paulus* 588; *Kleinknecht/Meyer* Einl 57. Ein Verzicht auf das Verwertungsverbot ist dagegen nicht möglich, *Alsberg/Nüse/Meyer* 447; *Götz* BRZG § 49, 17.

[497] BayObLG NJW **1972** 583; *Alsberg/Nüse/Meyer* 443; 449; KMR-*Paulus* 583 mit weit. Nachw.

[498] *Alsberg/Nüse/Meyer* 449; KMR-*Paulus* 583 mit weit. Nachw.

e) Wieweit die **Verletzung von Verfahrensvorschriften** über die Gewinnung oder **199** Sicherstellung von Beweismitteln, insbesondere auch die damit verbundenen Hinweispflichten, die Beweiserhebung unzulässig machen, ist bei den jeweiligen Verfahrensvorschriften erörtert[499].

f) **Verbotene Beweismethoden** ergeben sich vor allem aus §136a. Sie gelten nicht **200** nur für den Angeklagten, sondern auch für den Zeugen (§69 Abs. 3) und den Sachverständigen (§72 in Verb. mit §69 Abs. 3). Verboten sind danach namentlich alle körperlichen Eingriffe und die Verabreichung von Mitteln zur Beeinträchtigung der Willensfreiheit, wie die Injektion hemmungslösender Drogen, die sogen. Wahrheitsspritzen, die Narkoanalyse und die Anwendung des sogenannten Lügendetektors. Wegen der Einzelheiten wird auf §136a und das dort angeführte Schrifttum verwiesen[500].

### 6. Die Grundrechte als Zulässigkeitsschranke

a) Die Unzulässigkeit der Beweisaufnahme kann sich, wie schon erwähnt, daraus **201** ergeben, daß sie die **Grundrechte verletzt** (Rdn. 190). Besondere Bedeutung hat hier der **Grundrechtsschutz des privaten Lebensbereichs.** Das in Art. 2 Abs. 1 GG verbürgte Recht auf freie Entfaltung der Persönlichkeit in Verbindung mit dem Gebot des Art. 1 Abs. 1 GG, die Würde des Menschen zu achten und zu schützen, gewähren nach der Rechtsprechung des Bundesverfassungsgerichts[501] jedem einen **unantastbaren Bereich privater Lebensgestaltung.** Der Kernbereich der Privatsphäre ist jeder Einwirkung der öffentlichen Gewalt entzogen. Auch überwiegende öffentliche Interessen vermögen einen Eingriff des Staates nicht zu rechtfertigen[502]. Eine Güterabwägung findet insoweit nicht statt. Die eng zu ziehenden Grenzen dieses Kernbereiches liegen dort, wo die Grundrechte selbst in ihrem **Wesensgehalt** (Art. 19 Abs. 2 GG) durch den staatlichen Eingriff angetastet werden und nicht nur einzelne ihrer Ausstrahlungen. Über den Kernbereich hinaus schützen die genannten Grundrechte auch **Rechtspositionen des einzelnen,** die für ihre Verwirklichung wesentlich sind, wie etwa das Recht am eigenen gesprochenen Wort oder am eigenen Bild oder an eigenen vertraulichen Notizen[503]. Das unbefugte Offenbaren, noch mehr aber das unbefugte Ausspähen und die unbefugte Dokumentation mit Hilfe technischer Aufnahmen, aber auch eine unbefugte umfassende Dokumentation[504], können diesen grundrechtlich geschützten Lebensbereich verletzen. In der Regel besteht hier aber nicht der absolute Grundrechtsschutz des Kernbereichs.

---

[499] Vgl. ferner Einl. Kap. **14**; *Alsberg/Nüse/ Meyer* 450 ff.

[500] Vgl. ferner *Alsberg/Nüse/Meyer* 481.

[501] BVerfGE **34** 245 = JZ 1973 504 mit Anm. *Arzt;* **35** 220; BGHSt **31** 296; BayObLGSt **1978** 154 = JR **1980** 432 mit Anm. *Hanack; Rogall* ZStW **91** (1979) 22; ferner *Alsberg/ Nüse/Meyer* 513.

[502] Nach *Kraus* FS Gallas 365 gibt es kein besonderes Rechtsgut des Privaten und auch kein materielles Rechtsprinzip, das die Intimsphäre als solche schützt, sondern nur die aus dem Rechtsstaatsprinzip und einzelnen Grundrechten abgeleiteten formalen Gesetzmäßigkeiten, die jede Entfaltung der Staatsgewalt gegen den Bürger begrenzen. *Schwan* VerwA **1975** 149 verneint die Existenz eines staatlicher Ausforschung ver-

schlossenen Lebensbereiches; nicht Art. 19 Abs. 2, sondern Rechtsstaatsprinzip und Verhältnismäßigkeitsgrundsatz ziehen die Grenzen. Vgl. *Gössel* NJW **1981** 635; *Rupprecht* DVBl. **1974** 579; *Schünemann* ZStW **90** (1978) 19; NJW **1978** 406; aber auch Fußn. 503; 504; 507.

[503] BVerfGE **34** 245; BGHSt **19** 325; OLG Celle NdsRpfl. **1964** 279; vgl. Fußn. 507.

[504] BVerfG **65** 1; wieweit das sog. Recht auf informationelle Selbstbestimmung die Verwertung unbefugt gesammelter oder erlangter Daten zu Beweiszwecken verhindert, ist noch offen; soweit ein Verstoß gegen Art. 2 Abs. 1, Art. 1 Abs. 1 GG vorliegt, dürfte jedoch die Verwendung ebenso unzulässig sein, wie bei anderen Verletzungen des geschützten Persönlichkeitsrechts.

Die Gemeinschaftsbindung des Bürgers verpflichtet ihn, in diesen Bereichen staatliche Maßnahmen hinzunehmen, wenn sie unter strikter Wahrung des Verhältnismäßigkeitsgrundsatzes geboten sind, um überwiegende Allgemeininteressen durchzusetzen. Zu diesen Allgemeininteressen, die im Einzelfall vorgehen können, rechnen auch das Erfordernisse einer wirksamen Strafverfolgung schwerer Straftaten und das Interesse an einer möglichst vollständigen Wahrheitsermittlung im Strafprozeß[505]. Die Einzelheiten sind in der Einleitung[506] erläutert; die Eingriffe in das in Art. 10 GG besonders geschützte Post-, Brief-und Fernmeldegeheimnis bei den §§ 99 bis 101[507]; hinsichtlich der Tonaufnahmen und Schriftstücke vgl. auch § 86[508].

202　　In Betracht kommen ferner das Recht auf **Gewissenfreiheit** (Art. 4 GG), das eine Wertung der Gewissensentscheidung dem Beweis, insbesondere dem Sachverständigenbeweis, entzieht[509] und eine Beweiserhebung zur Klärung der nach Art. 140 GG, Art. 136 Abs. 3 WeimVerf. in der Regel unzulässigen Frage nach der Religionszugehörigkeit verbietet. Unzulässig ist ferner eine Beweiserhebung, durch die in die durch Art. 5 GG institutionalisierte **Pressefreiheit** eingegriffen[510] wird. Auch aus der **Eigentumsgarantie** des Art. 14 GG kann sich in besonders gelagerten Ausnahmefällen — wenn nämlich der Eingriff in das Eigentum in keinem Verhältnis mehr zu dem Wert des hierdurch erlangten Beweismittel steht — die Unzulässigkeit einer Beweiserhebung ergeben[511].

203　　Aus dem ebenfalls durch Art. 2 Abs. 1, Art. 1 Abs. 1 GG und dem **Rechtsstaatsprinzip** verbürgten Grundsatz, daß sich niemand selbst belasten muß (vgl. § 243, 43), hat das Bundesverfassungsgericht ein Beweisverbot für die Verwendung solcher Angaben hergeleitet, die der Angeklagte in einem anderen Verfahren zu machen verpflichtet war[512]. Ein im Rechtsstaatsprinzip begründetes Beweisverbot kann ferner in Betracht kommen, wenn das Gericht ein mittelbares Beweismittel verwenden müßte, weil ihm eine inländische Behörde rechtswidrig und willkürlich die Heranziehung des unmittelbaren Beweismittels verweigert hat[513].

204　　Die Beweiserhebung kann ferner Art. 2 Abs. 2 GG entgegenstehen, wenn sie mit einer **ernsthaften Lebensgefahr** oder der Gefahr einer schwerwiegenden Gesundheitsgefährdung der Beweisperson verbunden wäre[514] oder wenn diese ernsthaft befürchten

---

[505] BVerfGE **32** 381; **34** 248; BGH NJW **1980** 1700; vgl. Einl. Kap. **14**.

[506] Einl. Kap. **14**; ferner *Alsberg/Nüse/Meyer* 512 ff; LR 23. Aufl. Rdn. 170 ff.

[507] Vgl. auch Rdn. 333; KMR-*Paulus* 571; ferner *Alsberg/Nüse/Meyer* 514 ff mit Nachweisen zu den Einzelfragen der Verwendbarkeit höchstpersönlicher Aufzeichnungen und befugt oder unbefugt gewonnener technischer Aufzeichnungen aus der Individualsphäre.

[508] Vgl. ferner *Alsberg/Nüse/Meyer* 519 ff; KMR-*Paulus* 578.

[509] Vgl. *Peters* 46. DJT, Gutachten 148.

[510] Nach BVerfGE **7** 208; **10** 121; **12** 130; **15** 78; 225; **20** 162 ff erfordert jede strafprozessuale Maßnahme, die in den durch Art. 5 GG geschützten Bereich der Pressefreiheit eingreift, eine Abwägung zwischen den Belangen der freien Presse und denen der Strafver-

folgung; vgl. *Peters* 46. DJT Gutachten 142; ferner die Ausführungen bei § 97.

[511] *Alsberg/Nüse/Meyer* 527; vgl. auch *Spendel* NJW **1966** 1106.

[512] BVerfGE **56** 37 (Angaben des Gemeinschuldners im Konkursverfahren); dazu insbes. *K. Schäfer* FS Dünnebier 11; *Alsberg/Nüse/Meyer* 511; *Streck* StrVert. **1981** 362; *Stürner* NJW **1981** 1757; vgl. ferner OLG Celle JZ **1982** 341 = JR **1982** 475 mit Anm. *Rengier* (Verwertbarkeit der Schadensmeldung bei Haftpflichtversicherung); dazu *Geppert* DAR **1981** 301.

[513] BVerfGE **57** 290; BGHSt **29** 111; vgl. *Alsberg/Nüse/Meyer* 528 mit weit. Nachw.

[514] BVerfGE **57** 284; BGHSt **29** 115; **30** 37; BGH MDR **1983** 987; **1985** 159; vgl. Rdn. 272; § 223, 13; § 245, 20; ferner Vor § 48, 8; § 51, 14 und bei § 251.

müßte, im Falle einer Aussage in ihrem **Recht auf körperliche Unversehrtheit und Freiheit** beeinträchtigt zu werden[515].

**b)** Soweit nach den vorstehenden Grundsätzen der Eingriff in die Privatsphäre **205** des einzelnen verfassungsrechtlich unzulässig ist, dürfen auch im Strafprozeß **Beweismittel nicht verwendet** werden, wenn die Verwendung in der Hauptverhandlung einen neuen Eingriff in die Grundrechte bedeuten würde[516], wobei es unerheblich ist, ob es sich um Grundrechte des Angeklagten, eines Zeugen oder eines unbeteiligten Dritten handelt. Bei der Güterabwägung zur Prüfung der Verhältnismäßigkeit des Eingriffs kann es dagegen eine Rolle spielen, ob in die Privatsphäre des Angeklagten oder eines Dritten eingegriffen wird.

**6. Mißbrauch für verfahrensfremde Zwecke, Scheinbeweisanträge.** Ebenso wie ein **206** nur zur Verfahrensverschleppung dienender Beweisantrag zurückgewiesen werden kann (Rdn. 209), kann auch ein Beweisantrag abgelehnt werden, mit dem der Antragsteller ersichtlich verfahrensfremde Zwecke verfolgt, der also gar nicht ernstlich die Aufklärung eines entscheidungsrelevanten Sachverhalts begehrt[517]. Auch hier müssen die Umstände einen sicheren Anhalt dafür geben, daß der objektiv für die Wahrheitsfindung unerhebliche Antrag auch subjektiv nicht der Sachaufklärung dienen soll, sondern daß es dem Antragsteller damit ausschließlich darauf ankommt, verfahrensfremde Zwecke zu fördern, etwa, Aufsehen zu erregen, für eine Einrichtung, einen Betrieb oder einen Verband zu werben, jemand in der Öffentlichkeit bloßzustellen, zu kränken oder zu schädigen[518]. Dies gilt insbesondere auch für Anträge, die auf eine Fortsetzung der Straftat vor Gericht hinauslaufen[519]. Die Pflicht des Gerichts, solche Versuche abzuwehren, hat vornehmlich in Zeiten einer inneren Spannung eine erhebliche Bedeutung. Abzulehnen wegen des Mangels der Ernstlichkeit sind auch Beweisanträge, deren Inhalt absurd oder auf die Feststellung einer keinem Beweis zugänglichen Tatsache gerichtet ist und die bei vernünftiger Beurteilung zur Wahrheitsfindung nichts beitragen können[520]. Ob man solche Beweisanträge mit der vorherrschenden Meinung als unzulässig ansieht[521], oder ob man sie dem § 244 Abs. 3 Satz 2 zurechnet, weil dort die Verschleppungsabsicht als Oberbegriff für alle Scheinanträge zu verstehen sei[522] oder ob man ihnen wegen des Mangels der Ernstlichkeit eines verfahrensfördernden Beweisbegehrens überhaupt die Eigenschaft eines Beweisantrags abspricht[523], ist an sich nicht

---

[515] BGHSt **17** 347; *Hanack* JZ **1972** 115; vgl. *Alsberg/Nüse/Meyer* 631, auch zur Streitfrage, ob der Zeuge in einem solchen Fall unerreichbar oder als Beweismittel ungeeignet oder seine Verwendung unzulässig ist. Die Streitfrage erklärt sich auch aus der verschiedenen Betrachtungsweise. Eine Beweiserhebung, die zu einer Beeinträchtigung des Zeugen in seinen Grundrechten führen würde, ist unzulässig, dies schließt nicht aus, daß ein solcher Zeuge unerreichbar ist, wenn es darum geht, ob die Verwendung von Ersatzbeweismitteln an seine Stelle treten darf. Vgl. Rdn. 272.

[516] BVerfG **34** 248 = JZ **1963** 504 mit Anm. *Arzt; Alsberg/Nüse/Meyer* 213; vgl. Einl. Kap. **14.**

[517] *Ditzen* 18; *Alsberg/Nüse/Meyer* 635.

[518] RGSt **14** 193; **65** 306; **66** 14; BGHSt **17** 345; KG JR **1971** 338 mit zust. Anm. *Peters; Köhler* NJW **1979** 350; ferner *Alsberg/Nüse/Meyer* 637; *KK-Herdegen* 74; *Kleinknecht/Meyer* 67; KMR-*Paulus* 427.

[519] BGHSt **17** 28.

[520] BGHSt **17** 28; *Gössel* § 29 C III b 2; *Rüping* Kap. 7 III 3 a.

[521] BGHSt **17** 28; **17** 343; KK-*Herdegen* 74; KMR-*Paulus* 425; ferner *Dahs/Dahs* 265; *Gössel* § 29 C III b 3; *Rüping* Kap. 7 III 3 a; vgl. Rdn. 186.

[522] So RGSt **65** 306; *Alsberg/Nüse/Meyer* 636 ff; *Kleinknecht/Meyer* 67.

[523] OLG Köln OLGSt NF Nr. 1; *Eb. Schmidt* 31: nicht ernstlicher Beweisantrag ist unbeachtlich, nicht unzulässig.

Walter Gollwitzer

von ausschlaggebender Bedeutung[524]. Solche Anträge sind ausdrücklich in der Hauptverhandlung abzulehnen[525], und zwar selbst dann, wenn sie nur als Hilfsanträge gestellt worden sind[526].

**207**    Ein verfahrensfremder Zweck liegt auch vor, wenn durch die Benennung eines **Richters** oder **Staatsanwalt als Zeugen** versucht werden soll, diesen in der Verhandlung auszuschalten[527]. In einem solchen Fall genügt es, wenn die als Zeugen benannten Richter erklären, daß sie kein eigenes Wissen von der Beweistatsache haben. Wird der Beweisantrag trotz dieser Erklärung aufrecht erhalten, dann kann ihn das Gericht unter Mitwirkung der benannten Richter als unzulässig ablehnen[528]. Soll die Benennung der Richter der Verschleppungsabsicht dienen, so kann der Beweisantrag auch deswegen abgelehnt werden[529]. In der Regel wird sich jedoch der Mißbrauch leichter feststellen lassen als die zusätzlichen Feststellungen erfordende Verschleppungsabsicht (vgl. ferner § 245, 15).

### VI. Die Ablehnungsgründe des Absatzes 3 Satz 2

**208**    **1. Allgemeines.** Die aus der Gerichtspraxis heraus entstandenen Ablehnungsgründe des Absatzes 3 Satz 2[530] gestatten dem Gericht die Ablehnung der Beweisanträge, sie zwingen es aber nicht dazu. Es darf trotz des Vorliegens eines Ablehnungsgrundes einem Beweisantrag entsprechen, wenn es sich davon eine Förderung des Verfahrens oder eine reibungslose Abwicklung der Hauptverhandlung verspricht. Das Ermessen des Gerichts findet allerdings auch insoweit seine Schranken in der Verpflichtung zu einer prozeßwirtschaftlichen, jede unnötige Verzögerung vermeidenden Durchführung der Hauptverhandlung[531]. Dies gilt vor allem, wenn ein Beweisantrag ausschließlich in der Verschleppungsabsicht gestellt ist, das Verfahren also in Wirklichkeit durch die beantragte Beweiserhebung gar nicht gefördert werden soll[532]. Im übrigen lassen sich die Ablehnungsgründe unter den übergeordneten Gesichtspunkten der mangelnden Beweisbedürftigkeit (offenkundig, gerichtskundig, bereits erwiesen; Unterstellung

---

[524] *Alsberg/Nüse/Meyer* 636; sofern man die Pflicht bejaht, den Antrag in der Hauptverhandlung nach § 34 bzw. § 244 Abs. 6 zu bescheiden, vgl. Fußn. 525.

[525] RGSt **20** 206; **74** 153; *Alsberg/Nüse/Meyer* 636 mit weit. Nachw. Die Ansicht, daß ein Scheinbeweisantrag ohne formelle Ablehnung übergangen werden darf (so. *Eb. Schmidt* 31), verkennt, daß zwar kein Beweisantrag, wohl aber ein nach § 34 zu bescheidender Antrag vorliegt; außerdem muß sich der Antragsteller noch in der Hauptverhandlung auf die Ablehnung einstellen und Gegengründe vortragen können.

[526] Es gelten die gleichen Überlegungen wie bei der Verschleppungsabsicht, vgl. Rdn. 218.

[527] RGSt **42** 4; RG GA **59** (1912) 126; BGHSt **7** 330 = JR **1955** 391 mit Anm. *Nüse* = JZ **1956** 206 mit Anm. *Kleinknecht;* BGHSt **11** 206; BGH bei *Holtz* MDR **1977** 107; OLG Köln OLGSt NF Nr. 1; *Dahs/Dahs* 254; *Gössel* § 25 A II a 2; *Schmid* SchlHA **1981** 4; *Weber* GA

**1975** 300; ferner KK-*Herdegen* 74; KMR-*Paulus* § 22, 20; und *Alsberg/Nüse/Meyer* 638 mit weit. Nachw.; vgl. Vor § 48; 25 ff und Rdn. 95; ferner § 245, 13.

[528] BGHSt **7** 330 läßt offen, ob Verschleppungsabsicht vorliegt; nach der von *Alsberg/Nüse/Meyer* 636 vertretenen Auffassung (vgl. Fußn. 522) liegt immer Verschleppungsabsicht vor; die vorherrschende Auffassung (Fußn. 521) gestattet die Differenzierung.

[529] Vgl. Rdn. 211.

[530] Vgl. Entstehungsgeschichte; ferner Rdn. 206.

[531] Zur Pflicht zur Verfahrensbeschleunigung vgl. Vor § 213, 20 ff; Einl. Kap. **12** VIII.

[532] Hier hat das Gericht, sofern die Verschleppungsabsicht eindeutig feststellbar ist und die übrigen Voraussetzungen gegeben sind, allenfalls einen geringen Ermessensspielraum; *Eb. Schmidt* 40 nimmt Pflicht zur Ablehnung an.

als wahr), der Bedeutungslosigkeit der Beweistatsache und der Unbrauchbarkeit des ungeeigneten oder unerreichbaren Beweismittels zusammenfassen.

### 2. Verschleppungsabsicht.

**a) Allgemeines.** Es ist menschlich begreiflich, daß ein Angeklagter, der mit seiner **209** Verurteilung rechnet, in der Absicht, die Urteilsfällung hinzuhalten, eine Beweishandlung durch einen äußerlich einwandfrei erscheinenden Antrag verlangt, obwohl er sich der Unmöglichkeit durchaus bewußt ist, eine für ihn günstige Wendung herbeizuführen. Ein solches allein zum Zweck der Verschleppung vorgebrachtes Verlangen darf zurückgewiesen werden[533]. Das ist jetzt im §244 Abs. 3 Satz 2 ausdrücklich anerkannt.

Der Ablehnungsgrund gilt für **Anträge aller Verfahrensbeteiligten,** auch für An- **210** träge des Staatsanwalts, des Privat- oder Nebenklägers[534]. Wird er bei einen Antrag des Staatsanwalts angewendet, liegt darin meist zugleich der Vorwurf einer Verletzung der Dienstpflicht.

**b) Voraussetzungen. Überzeugung des Gerichts von der Aussichtslosigkeit der be- 211 antragten Beweiserhebung.** Der Ablehnungsgrund der Verschleppungsabsicht liegt allein im Mißbrauch des Beweisantragsrechts zu einem dem Prozeßziel gegenläufigen Zweck[535]. Er darf nur angewendet werden, wenn das Gericht überzeugt ist, daß der Antragsteller **subjektiv** von der beantragten Beweiserhebung kein für ihn günstiges Ergebnis erwartet. Zusätzlich muß das Gericht aber auf Grund der gesamten Verfahrenslage prüfen, ob dies auch **objektiv** zutrifft. Es darf den Beweisantrag — ungeachtet des damit verfolgten verfahrensfremden Zweckes — wegen Verschleppungsabsicht nur ablehnen, wenn es selbst zweifelsfrei überzeugt ist, daß die Beweiserhebung nichts Sachdienliches erbringen kann[536]. Andernfalls liegt kein Scheinbeweisantrag vor[537], außerdem gebietet dann meist die Aufklärungspflicht, den Beweis ohne Rücksicht auf die vom Antragsteller verfolgten Absichten zu erheben[538]. Insoweit ist dem Gericht eine Vorauswürdigung des Beweisergebnisses erlaubt[539]. Verschleppungsabsicht kann auch da anzunehmen sein, wo ersichtlich wird, daß der Antrag, ein Mitglied des Gerichts oder den Vertreter der Anklage als Zeugen zu vernehmen, nur die Ausschaltung des als Zeugen benannten Richters oder Beamten aus seiner Tätigkeit im Verfahren bezweckt[540].

---

[533] So schon RGRspr. **7** 550; RGSt **12** 335; **13** 151; RG LZ **1916** 873; Recht **1922** Nr. 358; JW **1923** 689; HRR **1934** Nr. 1426; BayObLG JW **1929** 2751; *Beling* 381; *Oetker* JW **1926** 2760. Zur verfassungsrechtlichen Zulässigkeit vgl. BVerfG NStZ **1985** 35.

[534] Vgl. OLG Oldenburg NdsRpfl. **1979** 110.

[535] Vgl. Rdn. 213; es handelt sich um den praktisch häufigsten und darum im Gesetz besonders geregelten Hauptfall der sog. Scheinbeweisanträge, vgl. Rdn. 206, auch zur strittigen Einordnung in diese Gruppe von Anträgen.

[536] BGHSt **21** 118; **29** 149; BGH GA **1968** 19; JR **1983** 36 mit Anm. *Meyer;* BGH NStZ **1982** 291; **1984** 230; BayObLG bei *Rüth* DAR **1978** 210; OLG Koblenz VRS **49** 192; OLG Köln VRS **61** 272; OLG Schleswig bei *Ernesti/Jürgensen* SchlHA **1970** 198; *Eb. Schmidt* Nachtr. I 38; KK-*Herdegen* 97; *Kleinknecht/*

*Meyer* 68; KMR-*Paulus* 432; ferner *Haubrich* NJW **1981** 2507; *Schlüchter* 552.1; und *Alsberg/Nüse/Meyer* 641 mit weit. Nachw.

[537] Zur verfahrensfeindlichen subjektiven Zielsetzung muß bei derartigen Anträgen hinzukommen, daß sie auch objektiv nach der Verfahrenslage nicht nötig sind, vgl. Rdn. 206.

[538] Etwa KK-*Herdegen* 97; *Alsberg/Nüse/Meyer* 641 mit weit. Nachw.

[539] BGHSt **21** 121; OLG Hamburg JR **1980** 32 mit Anm. *Gollwitzer; Eb. Schmidt* Nachtr. I 19; KK-*Herdegen* 97; *Kleinknecht/Meyer* 68; KMR-*Paulus* 430; ferner *Dahs/Dahs* 265; *Roxin* §43 C II 1 d; *Schlüchter* 552.1; *Alsberg/Nüse/Meyer* 642 mit weit. Nachw., auch zur Gegenmeinung.

[540] RG GA **59** (1912) 126; BGH NJW **1953** 1239 läßt dies offen; *Kleinknecht/Meyer* 67; vgl. im übrigen Rdn. 207 mit weit. Nachw.

Walter Gollwitzer

**212**    **Tatsächliche Verzögerung.** Die verlangte Beweiserhebung muß tatsächlich **geeignet** sein, eine **wesentliche Verzögerung** herbeizuführen[541]. Die Durchführung der beantragten Beweisaufnahme muß, eventuell auch wegen des Umfangs der Beweisthemen oder der Zahl der Beweismittel, verhindern, daß die Hauptverhandlung in einer der Bedeutung der Sache angemessenen Zeit zu Ende gebracht werden könnte, wobei die Notwendigkeit kurzfristiger Unterbrechungen diesen Zeitrahmen grundsätzlich nicht überschreitet. Eine wesentliche Verzögerung ist vor allem — wenn auch nicht nur — dann zu befürchten, wenn die Hauptverhandlung bei Erhebung des beantragten Beweises unterbrochen werden müßte und nicht innerhalb der Frist des § 229 fortgesetzt werden könnte[542]. Sie trifft regelmäßig nicht zu, wenn der Zeuge oder Sachverständige voraussichtlich alsbald in der Hauptverhandlung vernommen werden kann, etwa, weil es möglich ist, ihn umgehend herbeizuholen (Telefonanruf, Polizei usw.) oder wenn es bei einer länger dauernden Hauptverhandlung möglich ist, das beantragte Beweismittel für einen späteren Verhandlungstag beizuziehen[543]. Das Erfordernis einer wesentlichen Verzögerung wird grundsätzlich nicht dadurch hinfällig, daß § 245 es ausnahmsweise zuläßt, auch ein präsentes Beweismittel wegen Verschleppungsabsicht abzulehnen; denn § 245 will vor allem verhindern, daß durch die Benennung eines präsenten Beweismittels der Abschluß des Verfahrens unmöglich gemacht wird, wie dies bei Benennung eines Richters als Zeugen der Fall sein kann[544], ferner, daß durch ein Massenaufgebot von Zeugen der Abschluß des Verfahrens weit über die dafür vorgesehene Zeit hinausgezögert und unter Umständen wegen anderweitiger Termine der Verfahrensbeteiligten unmöglich gemacht werden kann[545].

**213**    Die **Absicht der Verschleppung** muß zur sicheren Überzeugung des Gerichts auf Grund einer **Gesamtwürdigung** des Verhaltens des Antragstellers[546] — und nicht etwa nur auf Grund des Antrags allein — feststehen[547]. In Abwägung der für und dagegen sprechenden Tatsachen muß das Gericht überzeugt sein, daß der Antragsteller eine Verschleppung des Verfahrens beabsichtigt. Es muß für das Gericht feststehen, daß der Antragsteller **ausschließlich** die Verzögerung des Prozesses auf unbestimmte Zeit bezweckt, daß er also selbst keinerlei günstige Auswirkung des Beweisergebnisses auf den Prozeßverlauf erwartet[548]. Aus einem Einzelumstand allein kann dies in der Regel nicht

---

[541] RGSt **20** 206; BGH NJW **1958** 1789; MDR **1984** 681; NStZ **1982** 291; OLG Köln NStZ **1983** 90 mit Anm. *Dünnebier;* OLG Schleswig bei *Ernesti/Lorenzen* SchlHA **1981** 93; *Alsberg/Nüse/Meyer* 639; *Kleinknecht/Meyer* 67; *Sarstedt* DAR **1964** 313. Von einer Verzögerung auf unabsehbare Zeit sprechen BGHSt **21** 121; **29** 151; auch BGHSt **22** 126; BGH VRS **38** 58; OLG Hamburg JR **1980** 32; OLG Hamm VRS **44** 445; OLG Karlsruhe Justiz **1976** 441; KMR-*Paulus* 429; während nach KK-*Herdegen* 95 jede Verzögerung genügt.

[542] OLG Karlsruhe Justiz **1976** 440; *Dahs/Dahs* 265; ferner *Alsberg/Nüse/Meyer* 640, der zu Recht darauf hinweist, daß die Möglichkeit einer Unterbrechung für 30 Tage (§ 229 Abs. 2) der Ablehnung nicht entgegensteht.

[543] Vgl. OLG Köln NStZ **1983** 90 mit Anm. *Dünnebier* (Fortsetzung der Verhandlung am nächsten Tag ermöglicht Ladung des ortsansässigen Zeugen).

[544] Vgl. Rdn. 207.

[545] Vgl. § 245, 30; 76.

[546] Prozeßverhalten und – sofern bekannt – auch außerprozessuales Verhalten, so *Alsberg/Nüse/Meyer* 644; a. A *Weber* GA **1975** 293.

[547] RGSt **65** 304; BGHSt **22** 124; OLG Düsseldorf NJW **1949** 917; KG JR **1947** 123; OLG Hamm JMBlNW **1957** 131; OLG Kiel SchlHA **1946** 289; OLG Köln JR **1954** 68; KK-*Herdegen* 97; 68; *Kleinknecht/Meyer* 68; KMR-*Paulus* 434; *Gollwitzer* JR **1980** 35; *Alsberg/Nüse/Meyer* 644 mit weit. Nachw.

[548] BGHSt **1** 33; **21** 121; **29** 151; BGH NJW **1953** 1314; **1982** 2201; GA **1968** 19; NStZ **1982** 291; **1984** 230; VRS **38** 58; StrVert. **1984** 144; BayObLGSt **1976** 6 = VRS **50** 438;

sicher erschlossen werden. Insbesondere darf das Gericht die Verschleppungsabsicht weder **allein** aus der verspäteten Antragstellung schließen, selbst wenn das Verteidigungsmittel nur aus grober Nachlässigkeit nicht früher vorgebracht wurde[549], noch lediglich aus der Ergebnislosigkeit einer zuvor über dieselbe Behauptung auf Antrag desselben Antragstellers durchgeführten Beweiserhebung[549a] herleiten. Es darf sie auch nicht nur darauf stützen, daß das Gegenteil der unter Beweis gestellten Tatsache schon bewiesen[550] oder der Angeklagte schon überführt sei[551] oder daß sich bislang keine Anhaltspunkte für die jetzt verlangte Beweiserhebung ergeben hätten[552]. Ebensowenig kann die Verschleppungsabsicht schon daraus gefolgert werden, daß der Antragsteller von der Wahrheit der von ihm behaupteten Tatsachen und einem günstigen Ergebnis der beantragten Beweiserhebung nicht überzeugt sei[553] oder daß die Beweisbehauptung des Verteidigers nicht in jedem Punkt mit den Angaben des Angeklagten sachlich übereinstimmen[554] oder daß der Antragsteller auf den erneut benannten Zeugen früher bereits verzichtet hatte[555]. Gegen die Verschleppungsabsicht kann beispielsweise auch sprechen, daß der Angeklagte denselben Beweisantrag schon vor der Hauptverhandlung oder in einer früheren Verhandlung gestellt hatte[556].

**Beweisanzeichen für die Verschleppungsabsicht,** also dafür, daß der Antragsteller **214** weiß, daß von seinem Antrag keine für ihn günstige Verfahrenswirkung zu erwarten ist und daß er den Antrag nur zur Verzögerung des Verfahrens stellt, können dagegen nach Lage des Einzelfalls darin liegen, daß der Angeklagte ohne ersichtlichen Grund sein Verteidigungsvorbringen ändert und nach Scheitern eines früheren Entlastungsbeweises im Widerspruch dazu völlig andere Tatsachen durch nicht oder nur schwer erreichbare Beweismittel unter Beweis stellt[557]. Gleiches gilt, wenn er, ohne einen Grund dafür angeben zu können, die Ladung eines Zeugen verlangt, obwohl er sich mit der Verlesung der Niederschriften über dessen Einvernahme mehrfach einverstanden erklärt oder auf

BayObLG bei *Rüth* DAR **1978** 210; **1981** 249; OLG Hamburg JR **1980** 34 mit Anm. *Gollwitzer;* OLG Hamm VRS **42** 117; **44** 445; OLG Karlsruhe Justiz **1976** 440; OLG Koblenz VRS **49** 116; **49** 192; OLG Schleswig bei *Ernesti/Jürgensen* SchlHA **1970** 198; bei *Ernesti/Lorenzen* SchlHA **1981** 93; ferner die oben Fußn. 547 angeführten Nachweise.

[549] RGSt **12** 335; BGHSt **21** 123; BGH NJW **1964** 2118; VRS **38** 58; BGH bei *Spiegel* DAR **1979** 188; **1980** 207; **1982** 205; OLG Hamburg JR **1980** 34 mit Anm. *Gollwitzer;* KG NJW **1954** 770; OLG Schleswig bei *Ernesti/Jürgensen* SchlHA **1970** 198; KK-*Herdegen* 97; *Kleinknecht/Meyer* 68; KMR-*Paulus* 430; ferner *Alsberg/Nüse/Meyer* 645 mit weit. Nachw.; vgl. auch § 246, 2 und die Kritik von *Foth* DRiZ **1978** 76.

[549a] RG HRR **1937** Nr. 1483; OLG Kiel SchlHA **1946** 289; *Alsberg/Nüse/Meyer* 644.

[550] OlG Hamm VRS **44** 445; OLG Köln NJW **1967** 2416; RG JW **1930** 1313; *Alsberg/*

*Nüse/Meyer* 643; KMR-*Paulus* 430; vgl. auch OLG Kiel SchlHA **1946** 289.

[551] *Alsberg/Nüse/Meyer* 643.

[552] BGH NStZ **1982** 291.

[553] RG JW **1911** 248; OLG Hamm VRS **44** 445; *Alsberg/Nüse/Meyer* 646.

[554] RGSt **17** 315; RG JW **1925** 2782; BGHSt **21** 118; BayObLGSt **1949/51** 82.

[555] BGH bei *Spiegel* DAR **1980** 207; *Alsberg/ Nüse/Meyer* 645.

[556] RG JW **1893** 292; **1930** 1505; BGH NJW **1958** 1789; OLG Hamm VRS **42** 117; *Alsberg/Nüse/Meyer* 646 mit weit. Nachw.; KMR-*Paulus* 430. Vgl. ferner BGH StrVert. **1984** 144 (maschinenschriftlich vorbereitete Anträge kein Beweis für Verschleppungsabsicht).

[557] Vgl. BGH NJW **1953** 1314; OLG Hamm JMBlNW **1957** 131; OLG Karlsruhe Justiz **1976** 440; *Alsberg/Nüse/Meyer* 664; *Kleinknecht/Meyer* 68.

Walter Gollwitzer

den Zeugen verzichtet hatte[558] oder wenn er ohne glaubwürdigen Grund trotz einer erdrückenden Beweislage und einem früheren Geständnis unter Angabe wechselnder Anschriften die bereits vergeblich versuchte Ladung eines Entlastungszeugen im Ausland erneut begehrt[559]. Maßgebend ist aber immer die **Gesamtwürdigung** aller Umstände des Einzelfalls; wobei alle in Betracht kommenden Indizien im Wege des Freibeweises festzustellen sind[560]. Wegen der Schwierigkeit, die Beweggründe des Antragstellers zweifelsfrei nachzuweisen[561], aber auch, um nicht einen Versuch abzublocken, eine bereits gesicherte Beweislage doch noch umzustoßen oder bei der Verhandlungsführung einen neuen Akzent zu setzen[562], erscheint es meist angebracht, den Antragsteller nach dem Zweck seines Beweisantrages und nach den ihm zu Grunde liegenden Information zu **befragen**[563]. Vermag er keine Gründe darzutun, die aus seiner Sicht den Antrag als zur Förderung seiner legitimen Verfahrensinteressen geeignet erscheinen lassen, so kann auch dies als Indiz für die Verschleppungsabsicht gewertet werden.

**215**    **c) Bei Beweisanträgen des Verteidigers** kommt es nur darauf an, ob **er** in der Absicht der Verschleppung gehandelt hat[564]. Dies gilt auch dann, wenn der Antrag „namens des Angeklagten" gestellt wurde[565]. Die Einstellung des Angeklagten ist insoweit unerheblich. Nur wenn offensichtlich ist, daß der Verteidiger selbst jede Verantwortung für den Antrag ablehnt[566] oder daß er bei der Antragstellung als bloßes Werkzeug des Angeklagten tätig wird, kann die Verschleppungsabsicht aus Einstellung und Willen des Angeklagten hergeleitet werden[567]. Der bestimmende Einfluß des Angeklagten kann sich beispielsweise daraus ergeben, daß der Verteidiger bei seiner Verteidigung und Antragstellung kritiklos dem jeweiligen Vorbringen des Angeklagten folgt, obwohl dieses ohne verständige Begründung mehrfach gewechselt hat, wobei die einzelnen Behauptungen sich gegenseitig ausschließen[568]. In der Regel kann jedoch bei einem Verteidiger ohne triftige Anhaltspunkte nicht angenommen werden, daß er, ohne die Eignung von Beweismittel und Beweisbehauptung in eigener Verantwortung zu prüfen, den Antrag nur als Werkzeug des Angeklagten stellt[569]. Dagegen erscheint es bei den strengen

---

[558] BGHSt **1** 33; BGH JR **1983** 36 mit Anm. *Meyer; Alsberg/Nüse/Meyer* 645.

[559] OLG Hamburg JR **1980** 32 mit Anm. *Gollwitzer*.

[560] Vgl. Rdn. 3.

[561] Vgl. BGHSt **21** 118; *Alsberg/Nüse/Meyer* 643; KK-*Herdegen* 97; KMR-*Paulus* 428; ferner *Foth* DRiZ **1978** 76; der Anwendungsbereich dieses Ablehnungsgrundes ist dadurch notwendig auf die eindeutig nachweisbaren Fälle begrenzt.

[562] Es genügt, wenn diese Absicht eines von mehreren Motiven der Antragstellung ist, um die Ablehnung wegen Verschleppungsabsicht auszuschließen. Vgl. oben Fußn. 548 und *Gollwitzer* JR **1980** 35.

[563] Vgl. BGH bei *Pfeiffer/Miebach* NStZ **1984** 210.

[564] RG JW **1931** 2818; HRR **1938** Nr. 1381; BGHSt **21** 118; BGH NJW **1953** 1314; **1964** 2118; **1969** 281; BayObLG bei *Rüth* DAR **1978** 210; OLG Düsseldorf NJW **1949** 917; OLG Hamburg JR **1980** 32; OLG Hamm

VRS **42** 117; **44** 445; KG NJW **1954** 770; OLG Karlsruhe Justiz **1976** 440; OLG Kiel SchlHA **1946** 289; **1948** 224; OLG Koblenz VRS **49** 116; **49** 193; OLG Köln JR **1954** 68; VRS **24** 217; OLG Schleswig bei *Ernesti/Jürgensen* SchlHA **1969** 152; bei *Ernesti/Lorenzen* SchlHA **1981** 93; KK-*Herdegen* 96; *Kleinknecht/Meyer* 69; KMR-*Paulus* 431; *Alsberg/Nüse/Meyer* 647 mit weit. Nachw.

[565] BGH NJW **1969** 281; ob dies als Beweisanzeichen verwertbar ist – so *Alsberg/Nüse/Meyer* 649 – hängt vom Einzelfall ab.

[566] BGHSt **1** 32; BGH GA **1968** 19; OLG Karlsruhe Justiz **1976** 440.

[567] OLG Köln VRS **24** 217; ferner BGH JR **1985** 36 mit Anm. *Meyer* und bei Fußn. 568; KK-*Herdegen* 96; *Kleinknecht/Meyer* 69; KMR-*Paulus* 431; *Alsberg/Nüse/Meyer* 649.

[568] BGH NJW **1953** 1314; **1969** 281; KMR-*Paulus* 431.

[569] OLG Schleswig bei *Ernesti/Jürgensen* SchlHA **1969** 152; *Alsberg/Nüse/Meyer* 649 mit weit. Nachw.

Anforderungen an den Nachweis der Verschleppungsabsicht nicht nötig, bei ihm noch zusätzlich zu vermuten, daß er nicht beabsichtigt, den Prozeß zu verschleppen[570]. Auch hier kann in der Regel die Absicht der Prozeßverschleppung nur indiziell aus dem Verhalten, aus Prozeßführung und wechselnden Vorbringen, aus Zahl, Inhalt und Widersprüchlichkeit der gestellten Anträge u. a. erschlossen werden[571]. Gegenüber einem auf Heranziehung von Akten gerichteten Beweisantrag des Verteidigers kann die Annahme der Verschleppungsabsicht nicht allein damit begründet werden, daß der Verteidiger erklärt hat, er kenne den Inhalt der Akten nicht[572]. Gegenüber dem Antrag des Verteidigers auf Vernehmung eines Sachverständigen über die Schuldfähigkeit des Angeklagten, kann die Annahme der Verschleppungsabsicht nicht daraus hergeleitet werden, daß der Verteidiger zu Beginn der Hauptverhandlung erklärt hat, er wolle sich nicht darauf berufen, wenn sich im Laufe der Hauptverhandlung Anhaltspunkte für das Vorliegen der Voraussetzungen des § 20 StGB ergeben würden[573].

d) Der **Beschluß**, mit dem das Gericht einen Beweisantrag wegen Verschleppungs- **216** absicht ablehnt, ist zu begründen. Er muß alle für die Ablehnung wegen Verschleppungsabsicht maßgebenden Umstände aufzeigen. Dazu gehört, daß das Verfahren durch die beantragte Beweiserhebung wesentlich verzögert würde, ferner daß das Gericht sich von dieser kein Ergebnis erwartet, das die Entscheidung beeinflussen könnte und daß es der sicheren Überzeugung ist, daß auch der Antragsteller selbst sich gegenwärtig[574] davon keine Förderung des Verfahrens verspricht. Die wesentlichen Tatsachen, aus denen das Gericht die Verschleppungsabsicht folgert, sind anzugeben[575]. Dies ist notwendig, um den Verfahrensbeteiligten, insbesondere dem Antragsteller Gelegenheit zu geben, die Ansicht des Gerichts zu entkräften und die weitere Prozeßführung, vor allem die Verteidigung, danach einzurichten[576]. Dem Revisionsgericht wird außerdem hierdurch erleichtert, die Stichhaltigkeit der Ablehnung in eigener Würdigung in rechtlicher und — das ist strittig — auch in tatsächlicher Hinsicht nachzuprüfen[577]. Die ohnehin hohen Anforderungen an die Begründung sollten aber nicht überspannt werden. Es sollte genügen, wenn das Gericht die wesentlichen Umstände knapp darlegt, auf Grund derer es in Gesamtwürdigung aller Indizien die Überzeugung von

---

[570] *Alsberg/Nüse/Meyer* 648; *Hanack* JZ **1972** 116; *Kleinknecht/Meyer* 69; *Schmid* GA **1980** 285; **a**. A die Rechtsprechung verschiedener Obergerichte OLG Düsseldorf JW **1949** 917; KG NJW **1954** 770; OLG Köln JR **1954** 68; VRS **24** 217; ferner *Dahs* Hdb. 559; *Dahs/ Dahs* 266; KMR-*Paulus* 431; *Sarstedt* DAR **1964** 315.

[571] Vgl. OLG Hamburg JR **1980** 32 mit Anm. *Gollwitzer; Alsberg/Nüse/Meyer* 647.

[572] RG HRR **1941** Nr. 526.

[573] OLG Düsseldorf NJW **1949** 917.

[574] Maßgebend ist Verfahrenslage und Absicht des Antragstellers im Zeitpunkt der Entscheidung über den Antrag, *Kleinknecht/Meyer* 68; KMR-*Paulus* 413; vgl. BGH JR **1983** 36.

[575] BGHSt **21** 123; **29** 151; OLG Hamm VRS **44** 445; OLG Karlsruhe Justiz **1976** 440.

[576] BGHSt **1** 32; vgl. Fußn. 577.

[577] Für eine Nachprüfung der tatsächlichen Grundlagen: BGHSt **21** 123; (auch BGHSt **1**

32: Rückgriff auf Protokoll); GA **1968** 19; OLG Hamburg JR **1980** 32 mit Anm. *Gollwitzer*; OLG Hamm VRS **42** 117; OLG Köln VRS **61** 272; KMR-*Paulus* 434; **a**. A Prüfung der rechtlichen Schlüssigkeit der Ablehnung unter Bindung an die tatsächlichen Feststellungen des Beschlusses, soweit der Tatrichter einen Beurteilungsspielraum hat, etwa BGH NJW **1969** 902; MDR **1984** 681 (BGHSt **1** 32 spricht diesen Grundgedanken zwar ebenfalls aus, hält sich aber nicht daran); ferner OLG Kiel SchlHA **1946** 289; OLG Düsseldorf NJW **1949** 917; OLG Köln JR **1954** 68; KG VRS **29** 204; ferner RGRspr. **10** 148; RGSt **20** 206; RG Recht **1910** 625; 626; GA **69** (1925) 182; JW **1912** 945; **1930** 1505; **1932** 2732; DRiZ **1931** Nr. 216; HRR **1934** Nr. 1426; BayObLG JW **1929** 2751; DRiZ **1931** Nr. 610; *Alsberg/Nüse/Meyer* 902 mit weit. Nachw. zum Streitstand, ferner allgemein 158 ff.

der Verschleppungsabsicht gewonnen hat, wobei es bei der Mehrdeutigkeit der meisten Indizien erkennbar sein muß, daß es sich auch dieses Umstands bewußt war[578]. Mängel des Ablehnungsbeschlusses können nicht durch Nachschieben von Gründen im Urteil geheilt werden[579].

**217**      Ob Verschleppungsabsicht vorliegt, muß für jeden einzelnen Beweisantrag und für **jede Beweisfrage gesondert** geprüft und dargelegt werden[580]. Wird ein Antrag von mehreren gemeinsam gestellt, ist bei jedem der Antragsteller gesondert darzutun, warum bei ihm Verschleppungsabsicht vorliegt. Die Prüfung betrifft immer nur die jeweilige Verfahrenslage. Auch bei ein und demselben Anstragsteller geht es nicht an, die Verschleppungsabsicht einheitlich für das ganze Verfahren zu untersuchen und bejahen[581].

**218**      e) Ein **Hilfsbeweisantrag** darf nicht erst in den Urteilsgründen wegen Verschleppungsabsicht abgelehnt werden. Dies muß bereits durch einen in der Hauptverhandlung verkündeten Beschluß geschehen. Es kann im allgemeinen nicht angenommen werden, daß der Antragsteller auch für diesen Fall auf die Bekanntgabe der Begründung und die Möglickeit, sie zu entkräften, verzichten wollte[582]. Vor allem der Angeklagte kann, auch wenn bei ihm allgemein die Absicht der Prozeßverschleppung vorhanden sein sollte, doch hinsichtlich der von ihm beantragten Beweiserhebung für wahrscheinlich oder für möglich halten, daß er damit das Verfahren günstig beeinflussen könne. Um zu verhüten, daß durch den „unterstellten Schein der Verschleppung die ernstgemeinte Verteidigung zu schaden komme"[583], bedarf er der Gelegenheit, noch in der Hauptverhandlung die vom Gericht angenommene Verschleppungabsicht dadurch zu widerlegen, daß er die Erheblichkeit der beantragten Beweiserhebung näher dartut. Gleiches gilt für die anderen Antragsteller. Allen muß es möglich sein, noch in der Hauptverhandlung einen anderen Antrag zu stellen, den das Gericht unter Umständen nicht übergehen kann[584].

### 3. Unerheblichkeit der behaupteten Tatsache

**219**      a) **Erheblichkeit der Beweistatsachen.** Über eine nicht entscheidungserhebliche Tatsache braucht das Gericht keinen Beweis zu erheben (zur eingeschränkteren Ablehnung bei präsenten Beweismitteln vgl. § 245, 71 ff). Es muß also zunächst die **Erheblichkeit** der vom Antragsteller vorgebrachten Tatsache prüfen. Man unterscheidet unmittelbar und mittelbar beweiserhebliche Tatsachen. Eine Tatsache ist **unmittelbar** erheblich, wenn sie geeignet ist, allein oder in Verbindung mit anderen Tatsachen den gesetzlichen Tatbestand zu erfüllen oder seiner Erfüllung den Boden zu entziehen oder die

---

[578] BGH MDR **1984** 681; vgl. *Gollwitzer* JR **1980** 35; KK-*Herdegen* 97. Höhere Anforderungen stellen *Alsberg/Nüse/Meyer* 903; *Meyer* JR **1983** 36; die Streitfrage hängt auch davon ab, in welchem Umfang man die Nachprüfung durch das Revisionsgericht zuläßt; vgl. Fußn. 577.

[579] BGHSt **29** 151; BGH NStZ **1982** 41; vgl. Rdn. 150.

[580] BGHSt **21** 124; **22** 126; BGH NJW **1964** 2118; KK-*Herdegen* 97; *Kleinknecht/Meyer* 68; KMR-*Paulus* 434; *Alsberg/Nüse/Meyer* 639.

[581] BGHSt **22** 124 = JR **1968** 388 mit Anm. *Faller.*

[582] OLG Hamm JMBlNW **1957** 131; *Alsberg/ Nüse/Meyer* 771; *Sarstedt* DAR **1964** 313.

[583] RGRspr. 7 551.

[584] BGHSt **22** 124 = JR **1968** 386 mit Anm. *Faller;* BGH bei *Pfeiffer/Miebach* NStZ **1984** 210; BayObLGSt **1976** 6 = VRS **50** 438; KG JR **1954** 770 mit Anm. *Sarstedt;* VRS **44** 113; OLG Koblenz VRS **49** 116; OLG Köln VRS **61** 272; OLG Oldenburg NdsRpfl. **1979** 110; VRS **65** 41; OLG Schleswig bei *Ernesti/Jürgensen* SchlHA **1978** 188; bei *Ernesti/Lorenzen* SchlHA **1981** 93; KK-*Herdegen* 98; *Kleinknecht/Meyer* 44; KMR-*Paulus* 399; *Alsberg/Nüse/Meyer* 771 mit weit. Nachw.

Strafbarkeit auszuschließen oder zu vermindern oder zu erhöhen oder einen Beitrag für die Zumessung der Strafe zu liefern oder wenn sie sonst als direkte Anknüpfungstatsache für die Entscheidung über eine Rechtsfolge in Frage kommt[585]. **Mittelbar** entscheidungserheblich sind dagegen die Beweistatsachen, die für sich allein oder in Verbindung mit anderen Tatsachen nach der Lebenserfahrung oder den Denkgesetzen positiv oder negativ einen zwingenden oder möglichen Schluß auf das Vorliegen einer unmittelbar entscheidungserheblichen Tatsache zulassen (Indiztatsachen)[586]. In diese Gruppe fallen ferner die Hilfstatsachen, die zur Bewertung eines Beweismittels dienen, etwa der Glaubwürdigkeit eines Zeugnisses oder der Echtheit einer Urkunde[587] und auch Erfahrungssätze, die eine Hilfe für die Beurteilung einer anderen unmittelbar oder mittelbar erheblichen Tatsache gewähren[588]. **Unerheblich** ist eine Tatsache dann, wenn sie keine Beziehung zum Prozeßgegenstand hat oder trotz einer solchen Beziehung auch bei Gelingen des Beweises auf die zu treffende Entscheidung ohne Einfluß ist[589]. Die Bedeutungslosigkeit der Beweistatsache muß zur Überzeugung des Gerichts feststehen. Solange die **potentielle Beweiserheblichkeit** einer Tatsache (vgl. Rdn. 241) nicht ausgeschlossen werden kann, darf ein auf ihren Nachweis abzielender Beweisantrag nicht als unerheblich abgelehnt werden.

Eine Tatsache kann aus **rechtlichen Gründen** bedeutungslos sein, weil sie weder **220** die dem Angeklagten zur Last gelegten Tatbestandsmerkmale oder sonstige, rechtlich erhebliche Umstände berührt oder weil Rechtsgründe eine Beweiserhebung über ihr Vorliegen entbehrlich machen[590], wie etwa eine Beweiserhebung zu Strafzumessungstatsachen bei einem freizusprechenden Angeklagten.

Bestritten ist, ob innerhalb der Gesamtheit der an sich entscheidungserheblichen **221** Tatsache eine bestimmte **Rangordnung** besteht und eine Reihenfolge einzuhalten ist, so daß selbst dann, wenn das Urteil im Ergebnis bereits feststeht, die Beweiserhebung über eine vorrangige Tatsache nicht als rechtlich unerheblich abgewiesen werden dürfte, weil es nur auf eine bereits erwiesene nachrangige gestützt werden könnte. Einigkeit besteht darin, daß die Prozeßvoraussetzungen einen Vorrang genießen. Wird festgestellt, daß eine Prozeßvoraussetzung fehlt, so ist das Verfahren einzustellen, gleichgültig, wie weit die Sachaufklärung gediehen ist. Alle Tatsachen, die sich auf den Sachverhalt als solchen

---

[585] Vgl. *Alsberg/Nüse/Meyer* 577: Tatsachen, die den gesetzlichen Tatbestand erfüllen oder an die die Beurteilung der Rechtswidrigkeit oder der Schuld unmittelbar anknüpft; ferner die Tatsachen, auf die es beim Rechtsfolgenausspruch ankommt.

[586] Zu den einzelnen Gruppen der erheblichen Beweistatsachen vgl. *Alsberg/Nüse/Meyer* 579; *Gössel* § 24 B II a; *KK-Herdegen* 5; 82; *KMR-Paulus* 112 ff; *Roxin* § 24 C 2; 3; *Schlüchter* 471.1; *G. Schäfer* § 59 I.

[587] BGH NJW **1961** 2069; vgl. *Alsberg/Nüse/Meyer* 579 mit weit. Nachw., ferner oben Fußn. 586.

[588] *Alsberg/Nüse/Meyer* 579; auch Bestehen und Inhalt eines Erfahrungssatzes kann beweisbedürftig sein.

[589] RGSt **64** 432; **65** 322; RG JW **1931** 3560; **1939** 95; OGHSt **3** 141; BGHSt **2** 286; BGH NJW **1953** 35; **1961** 209; NStZ **1982** 126;

BGH bei *Holtz* MDR **1976** 815; bei *Spiegel* DAR **1980** 209; **1983** 204; BayObLGSt **1949/51** 73; BayObLG bei *Rüth* DAR **1981** 249; OLG Köln JR **1954** 68; NJW **1967** 2416; VRS **57** 191; *Peters* § 38 IV 1 c; *Eb. Schmidt* 46; *Schröder* NJW **1972** 2105; ferner *Kleinknecht/Meyer* 54; *KMR-Paulus* 112; 114; und *Alsberg/Nüse/Meyer* 580 mit weit. Nachw.

[590] Die Abgrenzung der rechtlich unerheblichen Tatsachen zu den tatsächlich unerheblichen ist strittig. *Alsberg/Nüse/Meyer* 580; *Kleinknecht/Meyer* 55 nehmen rechtliche Unerheblichkeit nur an, wenn die an sich erhebliche Tatsache aus Rechtsgründen ihre Bedeutung verliert. Weiter dagegen KK-*Herdegen* 82 (wenn Tatsache außerhalb der für die rechtliche Würdigung relevanten Fakten liegt); KMR-*Paulus* 114 (kein Zusammenhang zwischen Tatsache und Gegenstand der Urteilsfindung).

Walter Gollwitzer

beziehen, sind dann im Sinne des § 244 Abs. 3 Satz 2 für die Entscheidung ohne Bedeutung[591]. Zweifelhaft ist aber, ob Tatsachen, die sich auf die äußere oder innere Tatseite der den Gegenstand der Untersuchung bildenden Handlung beziehen, als bedeutungslos für die Entscheidung behandelt werden können, wenn feststeht, daß jedenfalls ein Rechtfertigungs- oder Schuldausschließungsgrund durchgreift. *Eb. Schmidt* vertritt die Auffassung, daß das Gericht zunächst die auf die tatbestandsmäßig rechtswidrige Handlung, dann erst die auf die Schuld bezüglichen Tatsachen feststellt, daß also jene so lange beweiserheblich bleiben, als zu ihnen noch Feststellungen im positiven oder negativen Sinne in Frage kommen[592]. Die Rechtsprechung ist diesen Gedanken nicht gefolgt. Sie hält es, weil die Strafprozeßordnung kein Feststellungsinteresse des Angeklagten anerkennt, grundsätzlich nicht für ausgeschlossen, daß der äußere Tatbestand dahingestellt bleiben könne, wenn jedenfalls die im Gesetz vorausgesetzte schuldhafte Willensrichtung des Angeklagten nicht nachweisbar oder ein Rechtfertigungs- oder Schuldausschließungsgrund gegeben ist[593]. Dem ist mit der Einschränkung zuzustimmen, daß es nach der Art des zu untersuchenden Sachverhalts unter Umständen unerläßlich sein kann zuerst den Tathergang aufzuklären[594]. Desgleichen ist in der Regel der äußere Sachverhalt so weitgehend wie möglich zu klären, ehe ein zuverlässiges Urteil zur inneren Tatseite möglich wird[595].

**222**　　　Aus **tatsächlichen Gründen** bedeutungslos ist eine Tatsache, wenn sie in keinem Zusammenhang mit der Urteilsfindung steht oder wenn trotz eines solchen Zusammenhangs selbst ihre Bestätigung keinen Einfluß auf die richterliche Überzeugung vom entscheidungserheblichen Sachverhalt auszuüben vermöchte[596]. Die gilt nach der vorherrschenden Meinung auch für **Indiztatsachen,** die an sich geeignet wären, einen Schluß auf eine entscheidungserhebliche Haupttatsache zu ziehen, bei denen aber das Gericht der Überzeugung ist, daß sie — selbst wenn erwiesen — im konkreten Fall diesen Schluß nicht rechtfertigen würden. Soweit die richterliche Überzeugung für die Unerheblichkeit maßgeblich ist, greift der Grundsatz der freien Beweiswürdigung (§ 261) ein. Das Gericht darf sich zwar mit feststehenden Erfahrungssätzen oder allgemeinverbindlichen Bewertungsregeln nicht in Widerspruch setzen: innerhalb der hierdurch jeder freien Beweiswürdigung gezogenen Grenzen hat es jedoch auf Grund des Ergebnisses der Beweisaufnahme über die unmittelbar erheblichen Tatsachen sowie darüber zu entscheiden, ob aus einer Tatsache, die nur mittelbar erheblich sein kann, die Folgerung zu ziehen sei, auf die der Beweisführer abzielt[597]. Die Bedeutungslosigkeit darf

---

[591] *Alsberg/Nüse/Meyer* 581; *Eb. Schmidt* 48; ferner KMR-*Paulus* 118; vgl. bei § 260.

[592] *Eb. Schmidt* 48 unter Hinweis auf *Mannheim* JW **1928** 2752; *Gerland* 382.

[593] RGSt 7 77; **12** 336; **29** 259; **43** 399; **47** 419; **69** 12; RG JW **1927** 2711; **1931** 2823; 3560; BGHSt **16** 379; BGH JR **1980** 113 mit Anm. *Hirsch; Kleinknecht/Meyer* 55; KMR-*Paulus* 116; ferner *Alsberg/Nüse/Meyer* 584 mit weit. Nachw.

[594] So vor Anwendung des § 193 StGB; vgl. BGHSt **4** 198; **7** 391; **11** 273; **16** 379; *Alsberg/Nüse/Meyer* 584; ferner BGHSt **27** 290 (zu § 192 StGB).

[595] Vgl. OGHSt **1** 188; BGHSt **16** 379; BGH GA **1974** 61; StrVert. **1981** 222; BGH bei

*Dallinger* MDR **1956** 272; *Alsberg/Nüse/Meyer* 585; vgl. bei § 267 und, bezüglich der Verwendung präsenter Beweismittel, § 245, 86.

[596] BGH NJW **1953** 35; GA **1964** 77; NStZ **1981** 309; **1982** 126; 170; **1983** 277; StrVert. **1981** 271; BGH bei *Holtz* MDR **1976** 815; bei *Pfeiffer/Miebach* NStZ **1983** 210; OLG Karlsruhe Justiz **1984** 214; OLG Köln VRS **57** 191; **64** 200; vgl. Fußn. 589.

[597] BGH GA **1964** 77; NStZ **1981** 309; **1984** 42; bei *Holtz* MDR **1983** 450; ferner die Entscheidungen Fußn. 596; KK-*Herdegen 83;* *Kleinknecht/Meyer* 56; weitere Nachweise bei *Alsberg/Nüse/Meyer* 588 ff; auch zum Zusammenhang mit der Wahrunterstellung.

aber nicht lediglich aus dem **bisherigen Beweisergebnis** hergeleitet werden[598]. Sie muß unter Berücksichtigung des bisherigen Beweisergebnisses in voller Würdigung der Tragweite der unter Beweis gestellten Tatsache beurteilt werden. Dabei darf die Wahrheit der Beweistatsache ebensowenig in Frage gestellt werden wie der Wert des angebotenen Beweismittels[599]. Ein Antrag darf vor allem nicht deshalb als bedeutungslos zurückgewiesen werden, weil das Gericht das **Gegenteil** der unter Beweis gestellten Tatsache bereits **für erwiesen** erachtet[600].

Bei **Beweisanträgen zu Hilfstatsachen,** die den Wert eines Beweismittels erhärten **223** oder in Frage stellen sollen, hat das Gericht ebenfalls in freier Beweiswürdigung zu prüfen, ob die unter Beweis gestellte Tatsache aus der Sicht der konkreten Verfahrenslage geeignet ist, die Entscheidung in irgend einer Hinsicht zu beeinflussen. Ist dies der Fall oder betreffen diese Anträge die Qualität eines Beweismittels, durch das eine entscheidungserhebliche Tatsache bewiesen wird, so können sie in der Regel kaum als unerheblich abgelehnt werden[601], es sei denn, daß sie überflüssig sind, weil ihr Beweisziel, etwa Bestätigung oder Verneinung der Glaubwürdigkeit, bereits auf Grund der Verfahrenslage zur Überzeugung des Gerichts feststeht[602].

**b) Beschluß.** Lehnt das Gericht die Erhebung eines Beweises wegen Unerheblich- **224** keit ab, genügen zur Begründung weder die Wiederholung des Gesetzeswortlauts[603] noch allgemeine Wendungen wie unbehelflich oder unbedeutend[604]. Die Begründung muß konkret auf den Fall bezogen aufzeigen, ob dies aus rechtlichen oder tatsächlichen Erwägungen angenommen wird[605]. Im letzteren Falle sind die Tatsachen anzugeben, aus denen sich ergibt, warum die unter Beweis gestellte Tatsache, selbst wenn sie erwiesen wäre, die Entscheidung des Gerichts nicht beeinflussen könnte[606]. Dabei ist das Beweisthema in seinem vollen Umfang ohne Umdeutung, Einengung und Verkürzung zu würdigen[607]. Warum das Gericht aus der Beweistatsache keine entscheidungserhebli-

[598] BGH GA **1956** 384; MDR **1970** 778; BGH StrVert. **1981** 271; **1982** 58; BGH bei *Pfeiffer/ Miebach* NStZ **1983** 210; OLG Celle GA **1962** 216; OLG Hamm JMBlNW **1982** 224; OLG Oldenburg NdsRpfl. **1979** 110; weitere Nachweise bei *Alsberg/Nüse/Meyer* 589, wo dieser Satz als mißverständlich bezeichnet wird, da er nur ausschließen solle, daß das Gericht die Würdigung der unter Beweis gestellten Tatsache unterläßt, weil es bereits vom Gegenteil überzeugt sei.

[599] *Alsberg/Nüse/Meyer* 589.

[600] BGH bei *Martin* DAR **1971** 122.

[601] Vgl. etwa BGH NStZ **1981** 309; **1983** 277; **1984** 42; BGH bei *Holtz* MDR **1981** 101; bei *Pfeiffer* NStZ **1981** 96; BayObLG StrVert. **1982** 214; OLG Stuttgart Justiz **1968** 12.

[602] Für eine Wahrunterstellung ist mitunter in solchen Fällen kein Raum.

[603] BGHSt **2** 286; bei *Pfeiffer/Miebach* NStZ **1985** 14; bei *Spiegel* DAR **1981** 199; *Dahs/ Dahs* 257; vgl. Rdn. 146; ferner Fußn. 606.

[604] RG JW **1923** 688; **1927** 2466; *Alsberg/Nüse/ Meyer* 760.

[605] BGH NStZ **1981** 401; BGH bei *Pfeiffer/Mie-bach* NStZ **1983** 210 läßt es aber genügen,

wenn der Vorsitzende den Beschluß in der Hauptverhandlung erläutert und die ergänzende Begründung im Sitzungsprotokoll festgehalten wird.

[606] RGSt **4** 138; RG JW **1931** 2823; **1937** 1836; **1939** 95; OGHSt **3** 141; OGH NJW **1949** 796; BGHSt **2** 286; BGH NJW **1953** 36; **1980** 1533; BGH GA **1957** 85; VRS **39** 103; NStZ **1981** 111; 309; 401; **1982** 213; **1984** 42; StrVert. **1982** 55; BGH bei *Dallinger* MDR **1970** 560; bei *Holtz* MDR **1981** 101; bei *Pfeif fer/Miebach* NStZ **1983** 210; BayObLGSt **1949/51** 83; DAR **1956** 165; OLG Hamm VRS **7** 131; OLG Köln VRS **57** 191; OLG Oldenburg NdsRpfl. **1951** 191; OLG Schleswig bei *Ernesti/Jürgensen* SchlHA **1974** 182 KK-*Herdegen* 84; *Kleinknecht/Meyer* 43; *Alsberg/Nüse/Meyer* 761 mit weit. Nachw.

[607] RG JW **1931** 2823; OGHSt **3** 141; OGH NJW **1949** 796; BGHSt **2** 286; BGH NJW **1953** 26; GA **1957** 85; VRS **39** 103; NStZ **1981** 111; 309; 401; **1984** 42; StrVert. **1982** 55; BGH bei *Dallinger* MDR **1970** 560; bei *Holtz* MDR **1981** 101; bei *Pfeiffer/Miebach* NStZ **1983** 210.

Walter Gollwitzer

chen Schlußfolgerungen zieht, ist mit **konkreten Erwägungen** zu begründen[608]. Das Fehlen einer ausreichenden Begründung ist nur dann unschädlich, wenn die Bedeutungslosigkeit der Tatsache auf der Hand liegt und allen Verfahrensbeteiligten offensichtlich ist[609], so daß diese in ihrer Verfahrensführung dadurch nicht beeinträchtigt werden. Denn die Begründung soll ihnen Gelegenheit geben, sich auf die neue Verfahrenslage einzustellen und noch in der Hauptverhandlung das Gericht von der Erheblichkeit der Beweistatsache zu überzeugen oder aber neue Anträge zu stellen[610]. Bei **mehreren Beweisthemen** muß die Bedeutungslosigkeit für jedes Thema einzeln dargetan werden[611].

**225** Im **Urteil** dürfen keine anderen Ablehnungsgründe **nachgeschoben** werden[612]. Das Urteil darf sich auch nicht mit dem Beschluß in Widerspruch setzen und etwa einer als unerheblich bezeichneten Tatsache Bedeutung beimessen[613]. Wird dies notwendig, weil eine andere Verfahrenslage eine andere Beurteilung der Beweislage erfordert, muß das Gericht die Verfahrensbeteiligten auf die geänderte Beurteilung hinweisen und ihnen Gelegenheit zu neuer Antragstellung geben[614].

**226** Die Begründung des Beschlusses ist maßgebend für das **Revisionsgericht,** das auf Grund der dort enthaltenen Ausführungen beurteilen muß, ob der ablehnende Beschluß die Unerheblichkeit frei von Rechtsfehlern und Verstößen gegen die Denkgesetze angenommen hat[615] und ob diese Feststellungen und Erwägungen mit dem Urteil übereinstimmen[616]. Ob die Bedeutungslosigkeit im übrigen in rein tatsächlicher Hinsicht richtig beurteilt wurde, kann das Revisionsgericht nicht nachprüfen, da es sich um eine dem Tatrichter vorbehaltene Beweiswürdigung handelt[617].

### 4. Offenkundigkeit

**227** a) **Allgemein.** Offenkundige Tatsachen bedürfen keines Beweises. Sind Tatsachen allgemein sicher bekannt, ist die Beweisaufnahme hierüber zwar nicht unzulässig, sie ist aber überflüssig[618], und zwar auch dann, wenn nicht die unter Beweis gestellte Tatsa-

---

[608] BGH NStZ **1983** 277; 468; BGH StrVert. **1981** 167; **1982** 253; BGH bei *Pfeiffer/Miebach* NStZ **1983** 356; KK-*Herdegen* 84; *Alsberg/ Nüse/Meyer* 594; 757; vgl. Rdn. 222.

[609] BGH NStZ **1981** 309; 401; BGH bei *Holtz* MDR **1981** 101; bei *Pfeiffer/Miebach* NStZ **1983** 210; bei *Spiegel* DAR **1981** 199; **1983** 204. Soweit diese Entscheidungen dahin verstanden werden können, daß dann jede Begründung entbehrlich sei, kann ihnen nicht gefolgt werden; die Pflicht zu einer knappen Begründung besteht auch hier, unterbleibt sie, ist dies jedoch unschädlich, da das Urteil nicht auf der Unkenntnis des Ablehnungsgrundes beruhen kann. Wie hier *Alsberg/ Nüse/Meyer* 757; 761.

[610] H. M; etwa BGHSt **2** 286; BGH NStZ **1981** 309; StrVert. **1982** 253; BGH bei *Pfeiffer/ Miebach* NStZ **1983** 210; *Alsberg/Nüse/Meyer* 756.

[611] BGH bei *Dallinger* MDR **1970** 560.

[612] BGHSt **29** 152; BGH NJW **1951** 368;

BayObLG DAR **1956** 165; OLG Karlsruhe Justiz **1984** 214.

[613] RGSt **61** 359; RG JW **1930** 926; *Alsberg/ Nüse/Meyer* 593; zur Widerspruchsfreiheit zwischen Antragsablehnung und Urteilsgründen vgl. Rdn. 225.

[614] *Seibert* NJW **1960** 19.

[615] Etwa durch die Annahme, daß eine Beweistatsache nur dann erheblich sei, wenn sich aus ihr eine zwingende (und nicht nur mögliche) Schlußfolgerung ergibt; vgl. OLG Köln VRS **57** 191; **59** 351; *Alsberg/Nüse/Meyer* 593; 899.

[616] *Alsberg/Nüse/Meyer* 899.

[617] RGSt **29** 368; **39** 364; **63** 330; RG JW **1927** 2466; BGH GA **1964** 77; bei *Spiegel* DAR **1978** 161; OLG Hamm VRS **7** 131; OLG Köln VRS **57** 191; *Alsberg/Nüse/Meyer* 899; *Herdegen* NStZ **1984** 98.

[618] *Alsberg/Nüse/Meyer* 531; KK-*Herdegen* 78; *Kleinknecht/Meyer* 50; *Sarstedt/Hamm* 374. So ausdrücklich § 291 ZPO.

che, sondern ihr **Gegenteil offenkundig** ist[619]. Woher der Richter das Wissen um offenkundige Tatsachen erworben hat, ist dabei unerheblich; es ist unschädlich, wenn dies außerhalb der Hauptverhandlung geschehen ist[620]; denn die Kenntnis offenkundiger Tatsachen ist nicht an eine bestimmte Wissensquelle gebunden und unabhängig von der Wahrnehmungsfähigkeit einer Einzelperson. Offenkundig können sowohl Tatsachen als auch Erfahrungssätze sein[621]. Offenkundigkeit verwendet man heute meist als Oberbegriff für Allgemeinkundigkeit und Gerichtskundigkeit[622].

**b) Allgemeinkundig** sind Tatsachen und Erfahrungssätze, von denen verständige **228** Menschen regelmäßig Kenntnis haben oder über die sie sich aus zuverlässigen Quellen ohne besondere Fachkunde so sicher unterrichten können, daß sie von ihrer Wahrheit überzeugt sein dürfen[622a]. Dazu gehören auch allgemeine, wissenschaftlich begründete Erfahrungssätze[623]. Die Allgemeinkundigkeit entfällt nicht schon dadurch, daß sie zeitlich, örtlich oder dem Personenkreis nach beschränkt ist[624], sie wird auch nicht etwa dadurch ausgeschlossen, daß den Richtern die betreffende Tatsache bis zur Hauptverhandlung vollkommen unbekannt geblieben ist[625], sofern sie nur in der Lage sind, sich das erfoderliche Wissen bis zur Entscheidung über den Beweisantrag aus allgemein zugänglichen Quellen sicher zu verschaffen.

Als allgemeinkundige Tatsachen kommen vor allem die **Gegebenheiten der 229 Außenwelt** in Betracht, wie das Vorhandensein von Bauwerken, Größe und Verlauf von Straßen oder Flüssen, die Entfernung zwischen geographischen Örtlichkeiten, aber auch geschichtliche und politische Ereignisse, ferner die aus Karten, Kalender, Fahrplä-

---

[619] RG HRR **1936** Nr. 1476; BGHSt **6** 292; BayObLGSt **1966** 4 = JR **1966** 227; OLG Celle NJW **1967** 588; OLG Düsseldorf MDR **1980** 868; OLG Hamburg NJW **1968** 2304; OLG Hamm VRS **32** 278; LG Hamburg MDR **1968** 344; *Kleinknecht/Meyer* 50; *Hanack* JZ **1970** 562; KMR-*Paulus* 440; *Nüse* GA **1955** 73; *Krause* 43; *Sarstedt/Hamm* 375; *Alsberg/Nüse/Meyer* 531 mit weit. Nachw. auch zur Gegenmeinung, die es für unzulässig hält, die Beweiswürdigung insoweit vorwegzunehmen, so etwa *Born* 113; *Engels* GA **1981** 29; *Grünwald* 50. DJT Gutachten C 74.

[620] So schon *Stein* 148 f; der Grundsatz, daß die Hauptverhandlung alleinige Erkenntnisquelle ist (§ 261), gilt insoweit nicht; vgl. *Alsberg/Nüse/Meyer* 532; *Geppert* 154.

[621] BGHSt **26** 59; BayObLGSt **1966** 4 = JR **1966** 227; OLG Hamburg NJW **1968** 2303; *Alsberg/Nüse/Meyer* 534 (§ 244 Abs. 3 Satz 2 spricht von Entbehrlichkeit der Beweiserhebung allgemein); a. A *Sarstedt/Hamm* 371 Fußn. 757. Bei der Entscheidung über Beweisanträge im Strafverfahren bedarf es der im Zivilprozeß wegen der Behauptungslast notwendigen Unterscheidung zwischen offenkundigen Tatsachen und offenkundigen Erfahrungssätzen nicht.

[622] BGHSt **26** 59; BGH VRS **58** 374; *Alsberg/*

*Nüse/Meyer* 534; auch mit Nachweisen zu anderen Einteilungen, die Offenkundigkeit und Gerichtskundigkeit nebeneinanderstellen, oder die die Gerichtkundigkeit als Oberbegriff verwenden.

[622a] BVerfGE **10** 183; BGHSt **6** 293; **26** 59; KG NJW **1972** 1909; *Dahs/Dahs* 65; *Geppert* 154; *Gössel* § 29 C III a 2; KK-*Herdegen* 78; *Kleinknecht/Meyer* 51; KMR-*Paulus* 210; *Roxin* § 24 C II 1; *Rüping* Kap. 7 III 6 a; *Alsberg/Nüse/Meyer* 534 mit weit. Nachw., auch zu anderen Definitionen („Gemeingut aller Gebildeten" oder RGSt **16** 331: „Tatsachen bei denen kein vernünftiger Grund bestehe, sie in Zweifel zu ziehen, weil ihre Kenntnis Gemeingut weiter Kreise sei").

[623] Die allgemeine Meinung von ihrer Wahrheit genügt als Grundlage für die Meinungsbildung des Gerichts; auch wenn sie nicht zwingend notwendig zutreffen muß. Vgl. auch die Kommentare zu § 291 ZPO.

[624] RG GA **38** (1891) 342; BGHSt **6** 292; BGH VRS **58** 347; BGH bei *Spiegel* DAR **1981** 199; *Hanack* JZ **1970** 561; *Koch* DAR **1961** 275; *Nüse* GA **1955** 72; ferner KK-*Herdegen* 78; *Kleinknecht/Meyer* 51; KMR-*Paulus* 211; *Sarstedt/Hamm* 371; *Alsberg/Nüse/Meyer* 536 mit weit. Nachw.

[625] *Alsberg/Nüse/Meyer* 543.

nen, Kurszetteln usw. zu entnehmenden Daten[626] sowie die aus allgemein zugänglichen Quellen, Nachschlagewerken, Büchern, aber auch aus Zeitungen oder sonstigen Nachrichtenmitteln sicher feststellbaren Fakten[627]. Vielfach handelt es sich um Tatsachen allgemeinerer Art, die als solche zwar allgemein bekannt sind, bei denen aber nicht notwendig alle Einzelheiten an der Offenkundigkeit teilhaben. Bei Büchern, Zeitschriften und anderen Medien ist jedoch meist nur deren Existenz und die Tatsache, daß sie über ein Ereignis berichtet haben, allgemeinkundig, nicht aber das Ereignis in seinen Einzelheiten selbst[628]. Bei **geschichtlichen Ereignissen** ist zu unterscheiden zwischen solchen, die allgemein als erwiesen gelten und die von jedermann ohne größere Sachkunde aus den einschlägigen Fachbüchern zweifelsfrei festgestellt werden können, wie etwa die Geburts- oder Todesdaten berühmter Frauen und Männer oder Zeit, Ort und Verlauf bestimmter Ereignisse[629], und der großen Zahl historischer Geschehnisse, bei denen dies nicht möglich ist, weil über sie gesicherte Kenntnisse fehlen oder weil es um Detailfragen geht, die allenfalls von besonders Sachkundigen vermittelt werden können[630].

**230**      **c) Gerichtskundig** sind Tatsachen, die ein Richter im Zusammenhang mit seiner amtlichen Tätigkeit ohne Benutzung privater Informationsquellen[631] zuverlässig in Erfahrung gebracht hat[632]. Der Richter muß in amtlicher Eigenschaft, wenn auch nicht notwendig auf Grund einer eigenen Amtshandlung, unter Wahrung der dafür vorgeschriebenen Form volle Aufklärung erlangt haben[633]. Formlose Auskünfte, die das Gericht im Rahmen des anhängigen Verfahrens bei Außenstehenden einholt, machen die mitgeteilten Tatsachen nicht gerichtskundig[634]. Gleiches gilt für den Inhalt der Akten[635]. Zu verneinen ist die Gerichtskundigkeit, wenn die mitwirkenden Richter sich aus nicht amtlich erschlossenen Quellen eine Ansicht über einen äußeren Hergang oder Zustand oder über die Gesinnung und das Wirken eines der öffentlichen Aufmerksamkeit ausgesetzten Menschen gebildet haben[636] oder bei der auf privater Verkehrsteilnahme beruhende Ortsvertrautheit der Richter[637]. Vorgänge, die sich in einem anderen Verfahrensabschnitt oder anderen Verfahren ereignet haben, können gerichtskundig sein[638]. Dies

---

[626] OLG Hamm VRS **14** 454; *Alsberg/Nüse/Meyer* 538 ff; KMR-*Paulus* 210.

[627] Vgl. OLG Düsseldorf MDR **1980** 868.

[628] KG NJW **1972** 1090; *Alsberg/Nüse/Meyer* 538; KMR-*Paulus* 210; *Sarstedt/Hamm* 371; vgl. Rdn. 232.

[629] Vgl. etwa RGSt **53** 65; **56** 259; **58** 308; **62** 69; OGHSt **2** 17; 301; BGHSt **1** 397; **2** 241; **3** 127; BayObLGSt **1949/51** 179.

[630] Zur Problematik der Allgemeinkundigkeit geschichtlicher Ereignisse vgl. *Alsberg/Nüse/Meyer* 540; *Sarstedt/Hamm* 372.

[631] KMR-*Paulus* 215.

[632] BVerfGE **10** 183; BGHSt **6** 292; BGH bei *Spiegel* DAR **1977** 179; BayObL bei *Rüth* DAR **1969** 236; BayObLG VRS **66** 33; KG JR **1956** 387; OLG Köln VRS **44** 211; **65** 450; KK-*Herdegen* 80; *Kleinknecht/Meyer* 32; KMR-*Paulus* 212 ff; *Alsberg/Nüse/Meyer* 545 mit weit. Nachw.

[633] OLG Köln VRS **44** 211; *Alsberg/Nüse/Meyer*

546; *Peters* § 38 IV 1 b hält dies für zu weitgehend; nach ihm ist gerichtskundig nur das, was den Richtern des Spruchkörpers allgemein bekannt ist oder von ihnen an Hand zuverlässiger Quellen als objektiv gesicherte Tatsache festgestellt werden kann.

[634] OLG Karlsruhe MDR **1976** 247 (telefonische Auskunft einer Behörde); *Alsberg/Nüse/Meyer* 546; KMR-*Paulus* 215.

[635] BGH nach *Alsberg/Nüse/Meyer* 547; dort weit. Nachw., ferner KMR-*Paulus* 215; *Eb. Schmidt* Nr. 383; *Schmid* ZStW **85** (1973) 894.

[636] RGSt **65** 128.

[637] OLG Köln VRS **44** 211; *Alsberg/Nüse/Meyer* 546.

[638] BGHSt **6** 293; BayObLG VRS **66** 33; KG JR **1984** 393 mit Anm. *Peters*; OLG Köln VRS **65** 450; *Alsberg/Nüse/Meyer* 546 mit weit. Nachw.; ferner etwa KK-*Herdegen* 80. Strittig, vgl. Fußn. 639; § 223, 42.

gilt sowohl für Verfahren in gleicher oder anderer Sache, an denen die Mitglieder des erkennenden Gerichts selbst beteiligt waren, als auch für sonstige in amtlicher Eigenschaft erlangte Kenntnisse über von anderen Richtern geführte Verfahren[639]. Voraussetzung für die Gerichtskundigkeit ist aber immer, daß der Richter die betreffenden Tatsachen noch sicher in Erinnerung hat. Die Ergebnisse der Beweisaufnahme einer früheren Hauptverhandlung in der gleichen Sache können nicht als gerichtskundig in eine spätere Hauptverhandlung eingeführt werden[640]. Nach einer Aussetzung sind in der erneuerten Hauptverhandlung die Beweise unmittelbar von dem nunmehr erkennenden Gericht zu erheben. Meist würde die Gerichtskundigkeit auch daran scheitern, daß es sich nicht um eine einzelne, leicht im Gedächtnis zu behaltende Tatsache handelt, wie etwa die Anwesenheit einer bestimmten Person oder die Verkündung einer bestimmten Entscheidung, sondern um komplexere Vorgänge, wie etwa den Inhalt einer von einer Person damals abgegebenen Erklärung. Was das Gericht in der Hauptverhandlung selbst wahrnimmt, kann in der gleichen Hauptverhandlung nicht zum Gegenstand einer eigenen Beweisaufnahme gemacht werden (Rdn. 95). Bei einem darauf abzielenden Antrag ist kein Raum für eine Ablehnung als gerichtskundig nach § 244 Abs. 3 Satz 2[641]. Unter Umständen kann die Aufklärungspflicht gebieten, daß das Gericht die Verläßlichkeit des Erinnerungsbildes eines seiner Mitglieder durch weitere Beweismittel überprüft.

**d) Tatsachen,** die ganz oder zum Teil Tatbestandsmerkmale der **aufzuklärenden** **231** **Straftat selbst** ausmachen, die also unmittelbar beweiserheblich sind, können nicht als allgemeinkundig oder gerichtskundig behandelt werden. Über sie muß vielmehr nach den strengen Regeln des Strafverfahrensrechts in der Hauptverhandlung Beweis erbracht werden[642]. Nur mittelbar beweiserhebliche Hilfs- und Indiztatsachen bedürfen dagegen keines besonderen Beweises, wenn sie offenkundig sind[643]. Dies gilt vor allem für solche Tatsachen, „die im Hintergrund des Geschehens stehen und gleichsam den Boden für die Ausübung einer größeren Zahl gleichgearteter Verbrechen abgeben" oder die „von allgemein kennzeichnender (symptomatischer) Bedeutung und einer im wesentlichen unveränderten Weise immer wieder mit bestimmten strafrechtlich zu beurteilenden Vorgängen verknüpft sind[644]. Dieser Unterschied erklärt sich daraus, daß die Offenkundigkeit, also die Übernahme einer gesichert erscheinenden Meinung von der Wahrheit einer Tatsache (vgl. Rdn. 228), nicht notwendig wahr sein muß; sie kann das Gericht nicht von der ureigenen Aufgabe entbinden, das Vorliegen der Tatbestandsmerkmale einer Straftat selbst justizförmig zu verifizieren.

---

[639] Strittig, verneinend etwa KMR-*Paulus* 214; *Peters* § 38 IV 1 b; *Sarstedt/Hamm* 379; bejahend *Alsberg/Nüse/Meyer* 546 mit weit. Nachw. zum Streitstand. Vgl. § 223, 42.

[640] BGH nach *Alsberg/Nüse/Meyer* 550 Fußn. 153; dort weitere Nachweise; BayObLG bei *Rüth* DAR **1969** 236; ferner *Dahs/Dahs* 66; KK-*Herdegen* 80; *Kleinknecht/Meyer* 52; KMR-*Paulus* 214; vgl. Rdn. 231 und bei § 261.

[641] Vgl. BGH nach *Alsberg/Nüse/Meyer* 551 Fußn. 158 (die in der Hauptverhandlung selbst gewonnene Überzeugung des Gerichts, ein Zeuge sei nicht schwerhörig, ist nicht gerichtskundig; evtl. Ablehnung wegen eigener Sachkunde).

[642] RGSt **16** 332; **67** 418; RG JW **1922** 1394 mit Anm. *Alsberg;* BGHSt **6** 295; OLG Saarbrücken OLGSt § 244 Abs. 2, 3; OLG Stuttgart MDR **1982** 406; OLG Zweibrücken VRS **61** 434; *Geppert* 157; KK-*Herdegen* 80; *Kleinknecht/Meyer* 32; KMR-*Paulus* 209; Nüse GA **1955** 72; *Schmid* ZStW **85** (1977) 903; ferner *Alsberg/Nüse/Meyer* 541; 549 mit weit. Nachw.

[643] OLG Karlsruhe MDR **1976** 247 verneint dies zu Unrecht; vgl. dazu *Alsberg/Nüse/Meyer* 550 Fußn. 147.

[644] BGHSt **6** 295; KG JR 1956 387; vgl. LG Hamburg MDR **1968** 344; KK-*Herdegen* 80; *Kleinknecht/Meyer* 52; KMR-*Paulus* 209; *Eb. Schmidt* 43; *Alsberg/Nüse/Meyer* 550 mit weit. Nachw.

**232**    Erfüllt der **Inhalt eines Buches** oder einer Zeitschrift einen Straftatbestand, dann kann von der Verlesung der strafrechtlich relevanten Teile der Schrift nicht mit der Begründung abgesehen werden, die Schrift sei offenkundig, weil sie auf Grund der genauen Bezeichnung des Titels im Buchhandel oder in den Büchereien jederzeit erhältlich und deshalb auch jedermann in der Lage sei, den Inhalt der Schrift festzustellen[645]. Im übrigen kann der Inhalt einer Schrift als solcher — nicht aber ihr Wahrheitsgehalt — offenkundig sein[646].

**233**    e) Ob die Offenkundigkeit einer Tatsache im **Kollegialgericht einstimmig** anerkannt werden muß oder ob Stimmenmehrheit genügt, ist umstritten. Bei der Offenkundigkeit im Sinne der Allgemeinkundigkeit kann die Frage kaum auftauchen, wenn man als allgemeinkundig nicht nur diejenigen Tatsachen anerkennt, die jedermann aus dem Kopf weiß, sondern — wie es notwendig ist — auch diejenigen Tatsachen, über die sich verständige Menschen ohne besondere Fachkunde aus zuverlässigen Quellen (Nachschlagewerken, Karten, Kursbüchern u. ä.) jederzeit unterrichten können[647]. Bei gerichtskundigen Tatsachen kann jedoch das Wissen unter den verschiedenen Mitgliedern eines Kollegialgerichts, vor allem zwischen Berufsrichtern und Laien, verschieden verteilt sein. Bei § 261 ist dargelegt, daß Stimmenmehrheit genügen muß und keine Einstimmigkeit gefordert werden kann[648].

**234**    f) Auch offenkundige Tatsachen müssen **in der Hauptverhandlung erörtert** werden. Dies folgt aus dem Recht auf Gehör[649]. Die Verfahrensbeteiligten müssen Gelegenheit haben, zu den Tatsachen und auch zur Annahme der Offenkundigkeit, vor allem der Gerichtskundigkeit[650], Stellung zu nehmen und Zweifel an der Offenkundigkeit oder der Richtigkeit der offenkundigen Tatsachen aufzuzeigen, eventuell auch Gegenbeweise zu beantragen[651].

### 5. Erwiesenheit

**235**    a) Eine Beweiserhebung erübrigt sich, wenn das Ergebnis der Verhandlung im Sinn des § 261 die Überzeugung des Gerichts davon begründet, daß die Tatsache, für

---

[645] OLG Stuttgart MDR **1982** 153; vgl. Rdn. 231.

[646] KG NJW **1972** 1909; vgl. Rdn. 229.

[647] BGHSt **6** 292; vgl. Rdn 229.

[648] Ebenso BGH bei *Alsberg/Nüse/Meyer* 566 Fußn. 287; *Alsberg/Nüse/Meyer* 563 ff; *Dahs/ Dahs* 65; *Kleinknecht/Meyer* 53; *Sarstedt* DAR **1964** 311; *Sarstedt/Hamm* 376 ff. Die **Kenntnis aller Richter** (einschließlich Schöffen) halten dagegen für erforderlich RG JW **1925** 2136; **1929** 1051; **1930** 715; **1932** 2729; BGHSt **6** 297; BGH NJW **1955** 152; VRS **5** 385; 543; OLG Hamburg JR **1955** 308; OLG Hamm NJW **1956** 1729; KG JR **1956** 387; OLG Köln JR **1950** 567; *Eb. Schmidt* I 383; *Dahs* Hdb. 549; *Geppert* 155; *Gössel* § 29 C II a 2; KK-*Herdegen* 81; KMR-*Paulus* 208; *Roxin* § 24 C II 2; *Rüping* Kap 7 III 6 a.

[649] BVerfGE **10** 183; **12** 113; **48** 209; BGHSt **6** 296; BGH NJW **1963** 589; StrVert. **1981** 223 mit Anm. *Schwenn/Strate; BGH* bei *Spiegel* DAR **1977** 175; BayObLG VRS **66** 33; OLG Düsseldorf MDR **1980** 868; OLG Hamburg NJW **1952** 1271; OLG Koblenz VRS **63** 134; KK-*Herdegen* 81; KMR-*Paulus* 207; *Alsberg/Nüse/Meyer* 569 mit Nachw. Nachw.

[650] Strittig, wie hier BayObLG VRS **66** 33; OLG Hamm VRS **41** 50; BVerwG NJW **1961** 1374; BSG NJW **1973** 392; KK-*Herdegen* 81; *Nüse* GA **1955** 74; *Rüping* Bonner Komm. GG Art. 103, 41; *Alsberg/Nüse/Meyer* 572 mit weit. Nachw., auch zur Gegenmeinung; etwa RGSt **14** 376; **28** 172.

[651] Vgl. OLG Hamburg NJW **1968** 2303; *Alsberg/Nüse/Meyer* 567 ff; *Roxin* § 24 C II 4; *G. Schäfer* § 77 II 3 c.

die Beweis angeboten wird, wahr ist[652]. Dabei kommt es nicht darauf an, ob die Tatsache entscheidungserheblich ist; eine Pflicht, bei einer unerheblichen Beweistatsache den Antrag als bedeutungslos abzulehnen, besteht nicht[653]. Der Ablehnungsgrund ist sowohl dann anwendbar, wenn die Tatsache zur Belastung, als auch dann, wenn sie zur Entlastung des Angeklagten vorgebracht wird[654]. Daß das Gericht das Gegenteil der Beweisbehauptung für erwiesen hält, rechtfertigt die Ablehnung nicht (Rdn. 183; 184; vgl. aber auch Rdn. 308; 329).

**b)** Das Gericht darf auch aus einer zugunsten des Angeklagten vorgebrachten **236** Tatsache, die es für erwiesen hält, **Schlüsse zu dessen Nachteil** ziehen[655].

### 6. Wahrunterstellung

**a) Bedeutung.** Das Gericht darf eine beantragte Beweiserhebung ablehnen, wenn **237** es dem Antragsteller zusagt, daß es die unter Beweis gestellte Tatsache bei der Urteilsfindung so berücksichtigen wolle, wie wenn sie erwiesen sei, die Beweiserhebung also den mit ihr erstrebten Erfolg gehabt hätte[656]. Die Zusage dieser Unterstellung enthebt das Gericht der Verpflichtung, Beweise für eine Tatsache zu erheben, die es für nicht widerlegbar hält und von der es — soweit sie unmittelbar beweiserheblich ist — auf grund der sonstigen Beweislage (non liquet) nach dem Grundsatz im Zweifel für den Angeklagten[657] ohnehin bei der Beweiswürdigung ausgehen müßte. Dies trägt zur Entlastung der Hauptverhandlung vor überflüssigen Beweiserhebungen bei[658], kann aber — bei einer zu großzügigen und voreiligen Zusage der Unterstellung — gefährlich wer-

---

[652] KK-*Herdegen* 85; *Kleinknecht/Meyer* 57; KMR-*Paulus* 441; *Alsberg/Nüse/Meyer* 595; der Beweisantrag wird aber als solcher nicht deshalb gegenstandslos, weil er auf eine vom Gericht bereits als erwiesen erachtete Tatsache gerichtet ist.

[653] BGH nach *Alsberg/Nüse/Meyer* 596 Fußn. 9; *Dahs/Dahs* 262; *Kleinknecht/Meyer* 57.

[654] RGSt **61** 359; *Alsberg* JW **1929** 978; *Alsberg/Nüse/Meyer* 599; KK-*Herdegen* 85; *Kleinknecht/Meyer* 57; *Eb. Schmidt* 52.

[655] *Alsberg/Nüse/Meyer* 599; vgl. Rdn. 237.

[656] Schon vor Einführung des Absatzes 3 hat die Rechtsprechung unter grundsätzlicher Billigung des Schrifttums die Wahrunterstellung als Ablehnungsgrund zugelassen. Vgl. RGSt **35** 390; **39** 231; **46** 279; **48** 45; **64** 432; **65** 330; RG GA **59** (1912) 316; Recht **1914** Nr. 2807, 3067; LZ **1915** 1112; JW **1914** 892; **1923** 689; **1929** 2738; **1930** 3773; *Conrad* DJZ **1911** 1324; *Schlosky* JW **1930** 2507; zur Entstehung dieses Ablehnungsgrundes vgl. *Alsberg/Nüse/Meyer* 590 ff; 651.

[657] Wegen des in den Einzelheiten unterschiedlich gesehenen Zusammenhangs mit der Wahrunterstellung vgl. etwa *Grünwald* FS

Honig 64; *Schröder* NJW **1972** 2108; *Tenckhoff* 118; ferner *Alsberg/Nüse/Meyer* 662; 676; *Born* 41 ff; KK-*Herdegen* 99; KMR-*Paulus* 433. Der Grundsatz in dubio pro reo ist zwar Ausgangspunkt und auch Grenze für jede Wahrunterstellung; ihre Zusage bewirkt aber eine verfahrensrechtliche Bindung. Als Ablehnungsgrund hat sie Bedeutung für die prospektive Eingrenzung der Beweisaufnahme auch dort, wo sie im Ergebnis nicht über die Anwendung des Grundsatzes im Zweifel für den Angeklagten hinausreicht.

[658] Nach der wohl vorherrschenden Meinung im Schrifttum ist der Ablehnungsgrund der Wahrunterstellung durch Grundsätze der Prozeßökonomie gerechtfertigt, etwa *Alsberg* JW **1929** 978; *Alsberg/Nüse/Meyer* 652; KK-*Herdegen* 99; *Herdegen* NStZ **1984** 340; *Schlüchter* 553.2; 553.4; *Seibert* NJW **1960** 20; *Schröder* NJW **1972** 2109; *Tenckhoff* 23; 119 ff; 169; *Willms* FS Schäfer 275 ff; die allerdings zum Teil auch auf die Gefahren eines ausufernden Gebrauchs dieses Ablehnungsgrundes hinweisen. Zur Häufigkeit dieses Ablehnungsgrundes vgl. *Rieß* NJW **1981** 1358.

Walter Gollwitzer

den[659]. Die Unterstellung ist nur bei entlastenden Tatsachen zulässig[660]. Bei ihnen erleidet der Angeklagte keinen Nachteil in seiner verfahrensrechtlichen Lage[661]. Er erhält durch die Zusage einen Anspruch darauf, daß das Gericht die unter Beweis gestellte Tatsache bei der Beweiswürdigung so behandelt, wie wenn sie erwiesen wäre[662]. Insoweit kommt aus seiner Sicht die Wahrunterstellung einer erfolgreichen Beweisaufnahme im Ergebnis weitgehend gleich[663]. Die unter Beweis gestellte Tatsache bleibt aber als solche unbewiesen, sie darf also — anders als eine erwiesene Tatsache (Rd. 236) — nicht zu Lasten eines Angeklagten die Entscheidung beeinflussen[664]. Wegen des inneren Zusammenhangs mit der gesamten Beweiswürdigung sollte die Wahrunterstellung immer erst zugesagt werden, wenn das Ergebnis der Beweisaufnahme in dem fraglichen Tatsachenkomplex für das Gericht überblickbar ist[665].

**238**    **b) Aufklärungspflicht.** Das Gericht darf von der Wahrunterstellung nur Gebrauch machen, wenn dies **ohne Verletzung** seiner **Pflicht, die Wahrheit zu erforschen,** möglich ist. Es muß in Würdigung der Beweislage davon ausgehen können, daß eine weitere Beweisaufnahme in dem nach den konkreten Umständen gebotenen Umfang (vgl. Rdn. 46) nicht mehr zu einem Ergebnis führen wird, welches die wahr unterstellte Behauptung zu widerlegen geeignet ist. Die Wahrunterstellung hat zu unterbleiben, wenn nach der Verfahrenslage konkrete Anhaltspunkte es als möglich erscheinen lassen, daß die zugunsten des Angeklagten wirkende Beweisbehauptung widerlegt werden

---

[659] Die Einwände, die gegen gewisse, damit verbundene Mißbräuche und Unklarheiten erhoben wurden (*Graf zu Dohna* JW **1929** 1445; *Radbruch* FS Reichsgericht 202), können bei sorgfältiger Beachtung der Aufklärungspflicht und der sonstigen von der Rechtsprechung entwickelten Grundsätze meist vermieden werden. So ist die auf Unwiderlegbarkeit gestützte Annahme als wahr dann, wenn die behauptete Tatsache einen Dritten bloßstellt oder ihm sonst Nachteil bringt, und da, wo angebliche öffentliche Mißstände Aufklärung erheischen, nur angebracht, wenn es schlechterdings unmöglich ist, eine zuverlässige Feststellung zu treffen (*Radbruch* aaO 203; *Alsberg/Nüse/Meyer* 673). Bedenken gegen die Wahrunterstellung finden sich u. a. bei *Grünwald* FS Honig, 53 ff. *Eb. Schmidt* 58; *Dahs/Dahs* 267; zur Problematik aus der Sicht des Verteidigers vgl. *Dahs* Hdb. 553 ff.

[660] Vgl. Rdn. 242; ferner Fußn. 678.

[661] Die Möglichkeit, die Unschuld zu beweisen, kann dadurch allerdings beschnitten werden; vgl. *Alsberg/Nüse/Meyer* 663; ferner *Hamm* FS II Peters 175 (Alarmsignal für Verteidiger); ähnlich *Sarstedt/Hamm* 286.

[662] Vgl. BGHSt **1** 339; BGH NJW **1961** 2069; die allerdings irreführend davon sprechen, daß die unterstellte Tatsache damit „feststehe"; ebenso OLG Hamm JMBlNW **1964** 203; dagegen *Grünwald* FS Honig 64;

*Tenckhoff* 116; *Willms* FS Schäfer 275; weitergehend KMR-*Paulus* 442 (keine Beweis-, sondern Entscheidungsregel). Der Streit ist weitgehend terminologischer Art, worauf *Alsberg/Nüse/Meyer* 675; *Tenckhoff* 63 hinweisen. Dies gilt auch, für die Varianten, die die Fiktion der Unterstellung ausdrücken (vgl. OLG Hamm JR **1965** 269; GA **1974** 374; OLG Koblenz OLGSt § 244 Abs. 3, 36; OLG Stuttgart OLGSt § 244 Abs. 3, 28). Sie dürfen nur nicht, wie bei BGH NJW **1976** 1950 (mit abl. Anm. *Tenckhoff;* zust. *D. Meyer* NJW **1976** 2355) zur Ansicht verleiten, die als wahr unterstellte Tatsache könne wie eine erwiesene auch für Schlüsse zum Nachteil des Angeklagten verwendet werden.

[663] Dies ist vor allem bei Indiztatsachen von Bedeutung; vgl. Rdn. 239. Die Bindung durch die Zusage reicht hier weiter als der Grundsatz in dubio pro reo; vgl. *Alsberg/Nüse/Meyer* 664; KK-*Herdegen* 99; a. A *Tenckhoff* 120.

[664] Vgl. Rdn. 242; 243.

[665] Vgl. RGSt **65** 330; OLG Köln JMBlNW **1962** 39; *Born* 56; 79 ff; 126 ff; 198; KMR-*Paulus* 443. *Alsberg/Nüse/Meyer* 657 hält dies für untauglich, da es letztlich immer erst auf die Urteilsberatung ankomme, die nicht abgewartet werden könne. Als Richtschnur für die notwendig immer vorläufige Entscheidung hat die Warnung vor einer voreiligen Wahrunterstellung trotzdem Bedeutung. Vgl. auch Rdn. 144.

kann[666]. Insbesondere darf auch das im Beweisantrag bezeichnete Beweismittel hierzu keine Handhabe bieten[667]. Auch bei Tatsachen, die allein für die Entlastung des Angeklagten wesentlich sind, genügt unter Umständen die Wahrunterstellung nicht. Dies gilt vor allem bei pauschal unter Beweis gestellten Lebensvorgängen. Die Beweislage kann das Gericht verpflichten, auch insoweit die näheren Einzelheiten, die für die Strafbemessung von Gewicht sein können, durch Anordnung der beantragten Beweiserhebung aufzuklären[668]. Desgleichen darf ein Beweisantrag nicht durch Wahrunterstellung abgelehnt werden, wenn die Möglichkeit besteht, daß bei Durchführung der Beweisaufnahme eine sonst notwendige Wahlfeststellung vermieden werden kann[669], oder wenn es möglich erscheint, Unklarheiten und Lücken im bisher festgestellten Sachverhalt zu beheben[670]. Die Sachaufklärung geht grundsätzlich der Wahrunterstellung vor[671].

**c) Gegenstand der Wahrunterstellung.** Die vorherrschende Meinung läßt die **239** Wahrunterstellung bei **allen** entscheidungserheblichen Tatsachen[671a] zu, sowohl bei den **unmittelbar entscheidungserheblichen Tatsachen** als auch bei **Indiztatsachen,** die nur Schlüsse auf das Vorliegen unmittelbar erheblicher Tatsachen gestatten, sowie bei den **Hilfstatsachen,** die die Rückschlüsse auf den Wert eines Beweismittels ermöglichen sollen[672].

*Grünwald*[673] dagegen hält die Wahrunterstellung wegen der Unteilbarkeit der **240** Beweiswürdigung nur bei den **für den Schuldspruch** unmittelbar **entscheidungserheblichen Tatsachen** für zulässig. Nach dem Grundsatz im Zweifel für den Angeklagten habe das Gericht ohnehin von ihnen auszugehen. Bei den Indizien dagegen scheide die Wahrunterstellung aus, weil ihr Beweiswert für sich allein keine quantitative Größe sei und nur auf Grund unmittelbarer Anschauung und in Gesamtwürdigung mit allen anderen Indizien beurteilt werden könne. Vor allem sei es unzulässig, wenn das Gericht eine

[666] Vgl. BGHSt 13 326; OLG Saarbrücken VRS 19 375; *Alsberg/Nüse/Meyer* 671; *Dahs/Dahs* 247; *Grünwald* FS Honig 55; *Hamm* FS II Peters 175; *Herdegen* NStZ 1984 341; *Tenckhoff* 36; *Stackelberg* FS Sarstedt 377.

[667] RGSt 51 424; RG JW 1936 3474; BGHSt 13 326; BGH NJW 1961 2069; KK-*Herdegen* 443; *Born* 84 f. Die theoretisch immer bestehende Möglichkeit einer belastenden Aussage eines für eine entlastende Tatsache benannten Zeugen fällt nur ins Gewicht, wenn auch konkrete Umstände dafür sprechen.

[668] RG JW 1936 3474; BGHSt 1 137 (Aufklärung der Einzelheiten der pauschal unterstellten Anstiftung); vgl. *Alsberg/Nüse/Meyer* 671 mit weit. Nachw., ferner Fußn. 667.

[669] OLG Hamm VRS 10 364; *Alsberg/Nüse/Meyer* 671.

[670] Vgl. etwa BGH StrVert. 1982 254; BGH bei *Holtz* MDR 1981 456.

[671] BGHSt 1 137; BGH NJW 1959 369; 1961 2069; BGH bei *Spiegel* DAR 1981 209; 1983 204; BayObLG bei *Rüth* DAR 1981 249; OLG Köln JMBlNW 1969 175; OLG Saarbrücken VRS 38 61; OLG Schleswig bei *Ernesti/Lorenzen* SchlHA 1980 174; KK-*Herdegen* 104; *Kleinknecht/Meyer* 70; KMR-*Paulus* 443; *G. Schäfer* § 79 I 5 h; *Alsberg/Nüse/Meyer* 670 mit weit. Nachw.

[671a] BGH bei *Holtz* MDR 1984 789 läßt offen, ob die Wahrunterstellung auch Tatsachen einschließen darf, die an sich der Beweisaufnahme unzugänglich sind, die aber im unlösbaren Zusammenhang mit einer beweisbaren Tatsache stehen.

[672] BGHSt 28 311; BGH NJW 1959 396; 1961 2069; NStZ 1982 213; 1983 376; VRS 21 113; *Kleinknecht/Meyer* 17; KMR-*Paulus* 446; *Herdegen* NStZ 1984 342; *Rüping* Kap 7 III 6 c; *Schlüchter* 553.3; *Schröder* NJW 1972 2109; *Tenckhoff* 118; 146; *Willms* FS Schäfer 276.

[673] FS Honig 53; ebenso *Engels* GA 1981 30; dagegen *Alsberg/Nüse/Meyer* 664; *Tenckhoff* 118; 148; *Willms* FS Schäfer 277. Nach *Born* (Zusammenfassung 254 ff) ist die Wahrunterstellung nur bei unmittelbar erheblichen und bei solchen mittelbar erheblichen Tatsachen zulässig, bei denen das Gericht die vom Angeklagten gewünschte Schlußfolgerung zieht; bei Ablehnung einer solchen Schlußfolgerung wird die Indiztatsache bedeutungslos für die Entscheidung.

Indiztatsache als wahr unterstelle, den Schluß auf die indizierte Tatsache aber nicht ziehe. Bei Strafzumessungstatsachen schließt *Grünwald* die Wahrunterstellung auch dann aus, wenn zu erwarten ist, daß die Beweiserhebung zu einer Konkretisierung der behaupteten Tatsachen führt.

**241** Die Wahrunterstellung kommt grundsätzlich nur in Betracht, wenn eine **entscheidungserhebliche Tatsache** behauptet wird. Beweisanträge, welche völlig unerhebliche Tatsachen unter Beweis stellen, sind deswegen abzulehnen und nicht etwa durch Wahrunterstellung zu erledigen[674]. Dies ist unproblematisch, wenn die Bedeutungslosigkeit der Beweistatsache bereits im Zeitpunkt der Entscheidung über den Beweisantrag erkennbar ist. Kann das Gericht aber nicht sicher vorhersehen, welche Bedeutung es einer an sich zur Sache gehörenden Indiztatsache bei der Urteilsberatung endgültig beimessen wird, darf der ihren Nachweis bezweckende Beweisantrag nicht als unerheblich abgelehnt werden (Rdn. 219). Für diese Fälle ist strittig, ob auch die Wahrunterstellung zu unterbleiben hat oder ob sie trotzdem möglich ist, weil es sich bei ihr um ein später gegebenenfalls zu korrigierendes Provisorium handelt oder aber, weil es bei ihr ohnehin nur darauf ankommt, daß die Beweistatsache an sich geeignet ist, die Entscheidung zu beeinflussen und nicht darauf, ob im Ergebnis später tatsächlich diese Wirkung eintritt[675]. Die Unterstellung als wahr schließt nicht die endgültige Anerkennung der Erheblichkeit in sich; das Gericht kann diese endgültig immer erst nach Abschluß der Hauptverhandlung beurteilen[676]. Für die Zulässigkeit der Wahrunterstellung genügt nach Ansicht des BGH die **potentielle Beweiserheblichkeit.** Diese liegt vor, wenn zur Zeit der Beschlußfassung die Entscheidungserheblichkeit der behaupteten Tatsache nicht auszuschließen ist[677].

**242** Der Umstand, daß bei Unwiderlegbarkeit die Annahme als wahr **nur bei einer entlastenden Tatsache** gestattet ist, bedeutet zum einen, daß Tatsachen, die auch zuun-

---

[674] H. M, etwa BGHSt **1** 53; **30** 383; BGH GA **1972** 272; BGH bei *Holtz* MDR **1979** 281; MDR **1982** 508; OLG Celle GA **1962** 216; NJW **1982** 1407; OLG Hamm MDR **1964** 435; OLG Karlsruhe Justiz **1977** 357; OLG Saarbrücken VRS **38** 59; OLG Schleswig bei *Ernesti/Lorenzen* SchlHA **1980** 175; vgl. dazu *Alsberg/Nüse/Meyer* 656 (beide Ablehnungsgründe schließen einander aus, das Gericht würde bei Wahrunterstellung einer unerheblichen Tatsache die Pflicht zur Begründung der Bedeutungslosigkeit unterlaufen); *Willms* FS Schäfer 279 (komplementäres Verhältnis beider Ablehnungsgründe); ferner KK-*Herdegen* 100; *Kleinknecht/Meyer* 70; KMR-*Paulus* 446; *Schlüchter* 553.4; *Seibert* NJW **1960** 19; **1962** 135; a. A. OLG Köln JMBlNW **1962** 39. Zur Entwicklung des Verhältnisses zwischen Wahrunterstellung und Unerheblichkeit vgl. RGSt **61** 359; **64** 432; *Alsberg/Nüse/Meyer* 591 ff; *Born* 196 ff.

[675] Vgl. RGSt **39** 231 (Eignung, Entscheidung zu beeinflussen, genügt); zu den strittigen Lösungsversuchen vgl. etwa *Alsberg/Nüse/Meyer* 590 ff; 656 ff mit weit. Nachw; *Born* 143 ff.

[676] Auch bei den anderen Ablehnungsgründen entsteht durch die Ablehnung keine endgültige Bindung des Gerichts, das am Ergebnis der Urteilsberatung prüfen muß, ob sie noch zutreffen (Rdn. 155). Zur Problematik, die sich daraus für die Wahrunterstellung ergeben kann, vgl. etwa *Alsberg/Nüse/Meyer* 656; *Born* 188 ff (gegen Provisorium); *Herdegen* NStZ **1984** 342; KK-*Herdegen* 100; *Raacke* NJW **1973** 494; *Willms* FS Schäfer 277; Rdn. 254.

[677] RGSt **65** 330; BGH NJW **1961** 1069; BGH GA **1972** 272; BGH bei *Holtz* MDR **1979** 282; bei *Spiegel* DAR **1979** 190; **1980** 209; OLG Karlsruhe Justiz **1977** 357; *Alsberg/Nüse/Meyer* 657; *Herdegen* NStZ **1984** 342; KK-*Herdegen* 100; *Kleinknecht/Meyer* 70; KMR-*Paulus* 446; *Raacke* NJW **1973** 495; *Schlüchter* 553, 4; *Willms* FS Schäfer 279. Gegen die Erweiterung auf die potentielle Beweiserheblichkeit *Schröder* NJW **1972** 2108; *Born* 198 ff. *Tenckhoff* 132 hält diese Kategorie für entbehrlich, da jeder Umstand erheblich sei, der die Überzeugungsbildung beeinflussen könne.

gunsten des Angeklagten zu würdigen sind, nicht als wahr unterstellt werden dürfen[678]. Es bedeutet aber auch, daß es — anders als bei erwiesenen Tatsachen — dem Gericht nicht erlaubt ist, eine zur Entlastung des Angeklagten vorgebrachte Tatsache ungeachtet des Mangels eines Beweises für ihre Wahrheit als wahr zu behandeln, um sie dann zur Belastung des Angeklagten zu verwerten[679]. Dies gilt auch im Verhältnis zu einem Mitangeklagten. Aus einer zu Gunsten eines Angeklagten als wahr unterstellten Tatsache dürfen auch gegenüber einem Mitangeklagten keine nachteiligen Folgerungen abgeleitet werden[680]. Es erscheint zulässig, mehrere Angeklagte bei der Wahrunterstellung verschieden zu behandeln[681]. Der Schuld- und Strafausspruch darf aber bei jedem Angeklagten ausnahmslos nur auf solche Tatsachen gestützt werden, die zur vollen Überzeugung des Gerichts feststehen[682]. Der Grundsatz, daß im Zweifel zu Gunsten des Angeklagten zu entscheiden ist, erleidet auch hier keine Ausnahme.

**d) Beweisanträge.** Nur **Beweisanträge,** die zu **Gunsten eines Angeklagten** wirken **243** sollen und wirken, können durch Wahrunterstellung abgelehnt werden[683]. Dies gilt auch für Anträge des Staatsanwalts, sofern sie ausschließlich zu Gunsten des Angeklagten gestellt worden sind[684]. Die Zielrichtung des Antrags ist gegebenenfalls durch Fragen an den Antragsteller zu klären. Anträge, die den Angeklagten belasten sollen, sind auch der Wahrunterstellung entzogen, wenn sie sich nach Ansicht des Gerichts ausschließlich zu seinen Gunsten auswirken[685]. Umgekehrt ist kein Raum für die Wahrunterstellung von Tatsachen, die zwar zu Gunsten des Angeklagten vorgetragen werden, die aber nach Ansicht des Gerichts belastend wirken würden (Rdn. 242).

---

[678] OLG Saarbrücken VRS **19** 375; *Alsberg/ Nüse/Meyer* 654; *Dahs/Dahs* 267; *D. Meyer* NJW **1976** 2356 läßt es genügen, daß aus der Tatsache, die Schlüsse in verschiedener Richtung zuläßt, kein dem Angeklagten nachteiliger gezogen wird.

[679] RG JW **1923** 689; BGHSt **1** 139; OLG Schleswig SchlH **1957** 161; OLG Stuttgart OLGSt § 244 Abs. 3, 27; *Eb. Schmidt* 64; KK-*Herdegen* 103; *Kleinkecht/Meyer* 70; KMR-*Paulus* 442; a. A BGH NJW **1976** 1950 mit abl. Anm. *Tenckhoff;* zust. *D. Meyer* NJW **1976** 2355. Nach *Alsberg/Nüse/Meyer* 655 Fußn. 24 hat der BGH dazu in einer späteren Entscheidung ausgeführt, daß eine Abweichung von der ständigen Rechtsprechung nicht beabsichtigt gewesen sei; dazu *v. Stakkelberg* FS Sarstedt 376, der die Entscheidung dahin deutet, daß die behauptete Beweistatsache zugleich als glaubwürdiges Geständnis zu werten war; ferner KMR-*Paulus* 449.

[680] RG JW **1931** 2030; BGH StrVert. **1983** 140 mit Anm. *Strate; Dahs/Dahs* 267; *Alsberg/ Nüse/Meyer* 655 mit weit. Nachw.

[681] Vgl. *Alsberg/Nüse/Meyer* 655; nach *Eb. Schmidt* 59 ist die Wahrunterstellung nicht zulässig, wenn sie die Beweisbehauptung eines Mitangeklagten durchkreuzt. Sofern nicht die Aufklärungspflicht entgegensteht, ist es nicht grundsätzlich ausgeschlossen, hinsichtlich der Angeklagten bei der Wahrunterstellung zu differieren, (ähnlich wie auch bei der Anwendung des Grundsatzes in dubio pro reo).

[682] OGHSt **1** 208; beispielsweise RG HRR **1937** Nr. 837. Hat das Gericht in der Verhandlung gegen den des Diebstahls beschuldigten Angeklagten dessen Antrag, einen Zeugen darüber zu hören, daß er zur Zeit des Diebstahls nicht am Tatort gewesen sei, mit der Begründung abgelehnt, daß es diese Tatsache als wahr gelten lasse, so kann es die Möglichkeit des Diebstahls auch nicht mehr zu einer Wahlfeststellung zwischen Diebstahl und Hehlerei verwerten; vgl. auch BGHSt **12** 386.

[683] Anträge des Nebenklägers scheiden somit praktisch aus; OLG Köln JMBlNW **1969** 175; *Alsberg/Nüse/Meyer* 654; *Amelunxen* Nebenkläger 55.

[684] *Alsberg* JW **1929** 978; *Eb. Schmidt* 59 (es muß sich um eindeutig zu Gunsten des Angeklagten vorgebrachte Anträge handeln); vgl. BGH StrVert. **1981** 271 (keine Wahrunterstellung, wenn Antrag der Staatsanwaltschaft Täterschaft des Angeklagten klären soll).

[685] *Alsberg/Nüse/Meyer* 654 mit weit. Nachw.

**244** **Beweisermittlungsanträge** scheiden in der Regel wegen ihrer Unbestimmtheit für eine Wahrunterstellung aus[686]. Soll jedoch nur nach Beweismitteln für eine bestimmt behauptete Beweistatsache geforscht werden, so ist das Gericht nicht gehindert, die Wahrunterstellung dieser Tatsache selbst zuzusagen[686a]. Das Gericht wird dadurch genauso gebunden, wie durch einen Beschluß, mit dem es einen Beweisantrag unter Zusage der Wahrunterstellung ablehnt.

**245** **Eventualanträge** dürfen — ohne daß dies vorher in der Hauptverhandlung anzukündigen wäre — in den Urteilsgründen durch Wahrunterstellung erledigt werden; insoweit gelten keine Besonderheiten[687]. Da die Ablehnung erst in Verbindung mit der endgültigen Beweiswürdigung erfolgt, erleichtert dies die Beurteilung, ob die behauptete Tatsache als wahr zu unterstellen oder als bedeutungslos zu behandeln ist[688]. Für ein Nebeneinander beider Ablehnungsgründe ist kein Raum. Auch die Frage der potentiellen Beweiserheblichkeit (Rdn. 241) stellt sich nicht.

**246** **e) Ablehnender Beschluß.** Der Beschluß, durch den ein Beweisantrag in der Hauptverhandlung unter Zusage der Wahrunterstellung abgelehnt wird, erfordert keine darüber hinausgehende Begründung[689]. Zur Klarstellung kann es bei ungeschickt formulierten Anträgen zweckmäßig sein, die unterstellte Tatsache mit den Worten des Gerichts genau festzulegen. Dies ist in der Regel notwendig, wenn nur ein Teil des Antrags durch die Wahrunterstellung erledigt werden soll[690].

**247** **f) Auswirkung für das weitere Verfahren.** Hat das Gericht einen Beweisantrag mit der Begründung abgelehnt, daß es die behauptete Tatsache als wahr behandeln wolle, so ist es an diese Erklärung insofern gebunden, als es von ihr nur abweichen darf, wenn es seine geänderte Auffassung zuvor den Beteiligten eröffnet und ihnen Gelegenheit gewährt hat, hierzu Stellung zu nehmen. Abgesehen von dieser Hinweispflicht bleibt es bei der Gestaltung des weiteren Verfahrens frei[691]. Es kann und muß unter Umständen auch einem Beweisantrag stattgeben, der das Ziel hat, das Gegenteil oder die Unrichtigkeit der als wahr unterstellten Tatsache nachzuweisen[692]. Hat er Erfolg, muß das Gericht meist trotzdem ausdrücklich darauf hinweisen, daß es nunmehr an der Wahrunterstellung nicht mehr festhält. Dies kann auch dadurch geschehen, daß es dem durch die Wahrunterstellung dann nicht mehr erledigten Beweisantrag entspricht. Mitunter kann es zweckmäßig und durch die Aufklärungspflicht geboten sein, dies schon vorher zu tun und die Erhebung beider Beweise gleichzeitig anzuordnen. Die Pflicht, durch Fragen und Hinweise für eine Klarstellung der Verfahrenslage in der Hauptver-

[686] *Alsberg/Nüse/Meyer* 678; vgl. RG JW **1931** 2032 mit Anm. *Alsberg*.

[686a] BGHSt **32** 46 = JR **1984** 173 mit Anm. *Meyer*; BGH bei *Pfeiffer/Miebach* NStZ **1985** 14; KG JR **1978** 473.

[687] Vgl. etwa BGH bei *Pfeiffer/Miebach* NStZ **1983** 357; OLG Celle JR **1985** 32 mit Anm. *Meyer*; OLG Hamm NJW **1962** 66; *Tenckhoff* 31. Die Wahrunterstellung verträgt sich auch hier nicht mit der Annahme der Bedeutungslosigkeit, OLG Schleswig bei *Ernesti/Lorenzen* SchlHA **1980** 175.

[688] Vgl. ferner *Willms* FS Schäfer 279, wonach jede Indiztatsache als bedeutungslos zu bezeichnen ist, deren Erheblichkeit bei der Schlußberatung verneint wurde; ähnlich *Born*

184; 238 ff; nach *Alsberg/Nüse/Meyer* 660 geht das zu weit; vgl. Fußn. 722; 723.

[689] RGSt **35** 389; **39** 321; **46** 278; OLG Karlsruhe MDR **1966** 948; *Alsberg/Nüse/Meyer* 763 mit weit. Nachw.; a. A. OLG Hamm NJW **1962** 66.

[690] RG DRiZ **1927** Nr. 733; *Alsberg/Nüse/Meyer* 763. Einer Klarstellung bedarf es auch, wenn im Beweisantrag die Tatsachenbehauptung mit einem Werturteil verbunden ist, vgl. *Alsberg/Nüse/Meyer* 669.

[691] *Alsberg/Nüse/Meyer* 687 (keine Besonderheit gegenüber anderen Ablehnungsgründen).

[692] *Alsberg* JW **1929** 981; *Alsberg/Nüse/Meyer* 688.

handlung zu sorgen, besteht auch, wenn das weitere Vorbringen des Beweisführers Anzeichen dafür bietet, daß er die unter Beweis gestellte Behauptung nicht aufrechterhalten wolle, oder wenn der Antragsteller den Beweisantrag auf die Erklärung hin in der
Meinung, den erstrebten Erfolg erzielt zu haben, zurückgenommen hat. Auch die Verknüpfung der Zusage, die Tatsache als wahr zu behandeln, mit einem anderen, an sich
durchgreifenden Ablehnungsgrund, hebt diese Bindung des Gerichts nicht ohne weiteres auf[693]. Die Hinweispflicht ergibt sich daraus, daß der Beweisantrag nach Wegfall
des Ablehnungsgrundes wieder Bedeutung erlangt und deshalb durch Befragen des Antragstellers geklärt werden muß, ob er aufrechterhalten wird[694]. Zum Sonderfall, daß
die zunächst als wahr unterstellte Tatsache später als unerheblich angesehen wird, vgl.
Rdn. 254.

Sichert der **Vorsitzende** unzulässigerweise vor oder in der Hauptverhandlung zu, **248**
daß eine bestimmte Tatsache als wahr unterstellt werde, dann muß das Gericht, wenn
es davon abweichen will, dies den Verfahrensbeteiligten in der Hauptverhandlung zur
Kenntnis bringen[695].

**g) Bindung bei der Entscheidung.** Der Beweiswürdigung ist die als wahr unter- **249**
stellte Beweistatsache **uneingeschränkt** und **ohne jede Verschiebung, Verengung** oder
sonstige **Veränderung** in einer ihrem Sinn voll Rechnung tragenden Auslegung zugrunde
zu legen[696]. Der mit dem Beweisantrag erstrebte Zweck ist dabei aus dem Gesamtvor-
bringen des Antragstellers und den von ihm erkennbar verfolgten Verfahrensinteressen
sowie dem Verfahrensstand zu erschließen[697]. Dem wird das Gericht nicht gerecht,
wenn es bei der Beweiswürdigung von einer im Beweisantrag nicht erwähnten Möglichkeit ausgeht, die das wörtlich genommene Beweisthema bedeutungslos macht[698]. Die
unterstellte Tatsache darf in den Urteilsgründen nicht als bloß „möglich" behandelt[699]
oder nur partiell zum Gegenstand der Urteilsfeststellungen und der Beweiswürdigung
gemacht werden[700]. Die Urteilsfeststellungen müssen sich voll mit der als wahr unterstellten Tatsache decken; sie dürfen nicht dahinter zurückbleiben und ihr selbstverständlich auch nicht widersprechen[701].

[693] OLG Hamm JR **1965** 296; zur Angabe mehrerer Ablehnungsgründe vgl. Rdn. 147.

[694] *Hanack* JZ **1972** 116.

[695] BGHSt **21** 38; *Alsberg/Nüse/Meyer* 688; *Dahs/
Dahs* 268; § **219**; 13; 27.

[696] BGH NJW **1959** 396; **1961** 2069; **1968**
1293; NStZ **1981** 33; **1982** 213; **1983** 376; GA
**1984** 21; StrVert. **1981** 603; **1982** 155 mit
Anm. *Jungfer;* **1982** 356; BGH bei *Holtz*
MDR **1978** 112; **1980** 986; BGH bei *Pfeiffer*
NStZ **1982** 189; bei *Pfeiffer/Miebach* NStZ
**1983** 211; **1983** 357; **1984** 211; BayObLG
StrVert. **1981** 511; OLG Celle GA **1962** 216;
OLG Hamburg JR **1982** 36 mit Anm. *Goll-
witzer;* OLG Hamm GA **1974** 374; VRS **38**
293; JMBlNW **1964** 203; KG JR **1978** 473;
OLG Karlsruhe VRS **56** 467; OLG Koblenz
OLGSt 29; 35; OLG Köln VRS **59** 330; OLG
Stuttgart JR **1968** 15 mit Anm. *Koffka;* ferner
etwa *Herdegen* NStZ **1984** 343; KK-*Herde-
gen* 105; *Kleinknecht/Meyer* 70; *Alsberg/
Nüse/Meyer* 677 mit weit. Nachw., auch zur
Rechtsprechung des RG.

[697] BGH NJW **1959** 396; GA **1984** 21; StrVert.
**1981** 603; BGH bei *Holtz* MDR **1978** 112; bei
*Pfeiffer/Miebach* **1983** 211; **1983** 357; **1984**
211; OLG Hamburg JR **1982** 36 mit Anm.
*Gollwitzer;* OLG Hamm JMBlNW **1964** 203;
OLG Köln JMBlNW **1962** 39; OLG Saarbrücken VRS **42** 37; vgl. Fußn. 689.

[698] BGH NJW **1959** 396; **1968** 1293; BGH
NStZ **1981** 33; **1982** 213; StrVert. **1982** 356;
BGH bei *Holtz* MDR **1978** 112; **1980** 986; bei
*Pfeiffer/Miebach* NStZ **1983** 357; **1984** 211;
bei *Spiegel* DAR **1983** 204; OLG Hamm
NStZ **1983** 522; *Herdegen* NStZ **1984** 343;
KK-*Herdegen* 105.

[699] OLG Stuttgart Justiz **1973** 180; KMR-*Paulus* 447.

[700] BGHSt **1** 139; OLG Hamm GA **1974** 375;
vgl. auch BGH StrVert. **1984** 363.

[701] BGHSt **28** 310; BGH NJW **1961** 2069; bei
*Spiegel* DAR **1983** 204; OLG Hamburg JR
**1982** 36 mit Anm. *Gollwitzer;* OLG Karlsruhe VRS **56** 467; OLG Koblenz OLGSt 33;
*Herdegen* NStZ **1984** 343; ferner *Born* 171 ff.

**250**        Bei einem **unklaren Beweisantrag** muß das Gericht vor der Wahrunterstellung den Sinn des Antrags durch **Befragen des Antragstellers** klarstellen[702]. Unterbleibt dies, kann der Fehler nicht durch eine einengende Auslegung im Urteil behoben werden. Gleiches gilt, wenn das Vorbringen widersprüchlich ist[703] oder wenn die behauptete Tatsache dem Wortlaut nach hinter dem mit dem Antrag verfolgten Zweck zurückbleibt und die Schlußfolgerung nicht rechtfertigt, die der Antragsteller daraus herleiten will[704]. Nicht genügend konkretisierte, unklare oder widersprüchliche Beweistatsachen dürfen nicht als wahr unterstellt werden[705]. Ergibt sich die Notwendigkeit einer Klarstellung bei der Beratung, muß das Gericht nochmals in die Verhandlung eintreten[706].

**251**        Die Wahrunterstellung bezieht sich auf die Beweistatsache. Wird deren Unterstellung als wahr zugesagt, ist das **Beweismittel** irrelevant und jeder Würdigung durch das Gericht, vor allem auch jeder Abwertung, entzogen[707]. Sofern nicht nur eine bestimmte Äußerung als solche, sondern eine objektive Tatsache bewiesen werden soll, ist es fehlerhaft, der Wahrunterstellung dadurch entsprechen zu wollen, daß unterstellt wird, daß zwar der benannte Zeuge die Beweistatsache bestätigt hätte, daß er aber keinen Glauben verdiene[708]. Wenn das Gericht den Wert des Beweismittels in Frage stellen will, muß es den Beweis erheben, nur dann kann es die Qualität des Beweismittels beurteilen.

**252**        Die vorherrschende Meinung geht davon aus, daß die als wahr behandelten Beweisbehauptungen ebenso der **freien Beweiswürdigung** unterliegen wie die voll bewiesenen Tatsachen[709]. Lassen sich aus der als wahr unterstellten Tatsache verschiedene Schlüsse ziehen, so ist das Gericht grundsätzlich nicht verpflichtet, aus der Tatsache zu folgern, was der Antragsteller gern gefolgert wissen möchte[710]. Vor allem die meisten Indiztatsachen sind regelmäßig nicht von der Art, daß sie nur einen bestimmten Schluß zu Gunsten und einen bestimmten Schluß zu Ungunsten des Angeklagten zuließen[711].

---

[702] BGH NJW **1959** 396; **1968** 1293; BGH NStZ **1983** 2; BGH bei *Pfeiffer/Miebach* NStZ **1983** 211; OLG Saarbrücken VRS **42** 37; *Alsberg/Nüse/Meyer* 678 mit weit. Nachw.

[703] OLG Saarbrücken VRS **19** 375.

[704] BGH StrVert. **1981** 603; BGH bei *Pfeiffer/Miebach* NStZ **1983** 211; vgl. Fußn. 691.

[705] BGHSt **1** 137; BGH NJW **1959** 396; StrVert. **1981** 603; OLG Köln JMBlNW **1962** 39; OLG Saarbrücken VRS **19** 375; **42** 39; OLG Stuttgart OLGSt 27; *Seibert* NJW **1960** 20; *Alsberg/Nüse/Meyer* 678 mit weit. Nachw.

[706] BGH bei *Pfeiffer* NStZ **1982** 189.

[707] *Alsberg/Nüse/Meyer* 676; KK-*Herdegen* 101 (Unterstellung auf der Grundlage des vollen Beweiswerts und der vollen Glaubwürdigkeit); vgl. ferner BGH MDR **1978** 112 (unzulässig, die als wahr unterstellten Erklärungen als nicht ernst gemeint zu würdigen).

[708] RGSt **49** 45; **51** 3; BGH NStZ **1983** 376; *Herdegen* NStZ **1984** 343; KMR-*Paulus* 447; weit. Nachw. Fußn. 717; zum umgekehrten Fall vgl. Rdn. 253; Fußn. 716.

[709] BGH NJW **1959** 396; **1976** 1950 mit Anm.

*Tenckhoff*; VRS **21** 115; **29** 26; NStZ **1982** 213; BGH bei *Holtz* **1980** 201; bei *Spiegel* DAR **1980** 202; bei *Seibert* NJW **1962** 137; OLG Celle GA **1962** 216; OLG Hamm GA **1974** 374; OLG Koblenz VRS **36** 17; **53** 440; **55** 49; OLGSt 32; OLG Köln JMBlNW **1962** 39; KK-*Herdegen* 101; *Kleinknecht/Meyer* 71; KMR-*Paulus* 449; ferner etwa *Schlüchter* 553.4; *Dahs* Hdb. 555; *Dahs/Dahs* 267; G. *Schäfer* § 79 I 5 h; *Schlüchter* 553.4; *Tenckhoff* 152; ferner *Alsberg/Nüse/Meyer* mit weit. Nachw., vor allem auch zur Rechtsprechung des RG; a. A *Grünwald* FS Honig 53.

[710] RGSt **61** 360; OGHSt **1** 208; BGH NJW **1959** 396; **1976** 1950 (vgl. Fußn. 679); NStZ **1983** 318; BGH bei *Martin* DAR **1957** 68; bei *Spiegel* DAR **1983** 204; OLG Hamm GA **1974** 375; OLG Koblenz VRS **55** 47; *Herdegen* NStZ **1984** 342; KK-*Herdegen* 101; *Kleinknecht/Meyer* 71; KMR-*Paulus* 449; *Schlüchter* 553.4; *Tenckhoff* 151; *Alsberg/Nüse/Meyer* 684; mit weit. Nachw.

[711] A. A *Grünwald* FS Honig 62.

Ist allerdings nur ein Schluß möglich, dann muß er, wie auch sonst bei festgestellten Indiztatsachen, gezogen werden[712].

Die **freie Beweiswürdigung** wird allerdings insoweit **eingeschränkt,** als das Gericht **253** sich nicht auf Grund rein hypothetischer Überlegungen über den Sinngehalt eines Beweisantrags hinwegsetzen darf, wenn dieser einen bestimmten Schluß geradezu aufzwingt oder nur die Begleitumstände der unterbliebenen Beweiserhebung eine abweichende Würdigung rechtfertigen können. Denn dadurch, daß das Gericht mit der Wahrunterstellung auf die Beweiserhebung verzichtete, hat es sich nicht nur der Möglichkeit begeben, den Wert des benannten Beweismittels in Frage zu stellen[713], auch bei einer anderen Würdigung des konkreten Beweisergebnisses unterliegt es durch die Wahrunterstellung stärkeren Bindungen als nach einer Beweiserhebung[714]. Eine nach der Lebenserfahrung **in aller Regel zutreffende Schlußfolgerung** muß das Gericht übernehmen, sofern nicht festgestellte Tatsachen ohne Verstoß gegen Denkgesetze oder gesicherten wissenschaftliche Erkenntnisse eine andere Würdigung rechtfertigen (Herdegen NStZ **1984** 342). Das Gericht darf den als wahr unterstellten Gesamtsachverhalt nicht von sich aus relativieren und eindeutig Behauptetes als mehrdeutig denkbar behandeln[715]. Die behauptete Tatsache muß bei der Unterstellung in ihrem **wirklichen Sinn** und **vollen Inhalt** ohne jede Einengung, Verschiebung oder sonstige Änderung erfaßt werden (Rdn. 249). Unzulässig ist es daher, die zur Darlegung der Unglaubwürdigkeit eines Zeugen behaupteten Tatsachen als wahr zu unterstellen, den Zeugen aber trotzdem für glaubwürdig zu erklären[716]. Wird z. B. durch das Zeugnis urteilsfähiger Personen unter Beweis gestellt, daß es sich bei der Tat des Angeklagten um die einmalige Entgleisung eines an sich ehrenhaften Mannes handelt, und unterstellt das Gericht diese Tatsache als wahr, so widerspricht es dieser Zusicherung, wenn es gleichwohl die Tat bei der Strafzumessung dahin beurteilt, daß sie Ausfluß einer bedenklichen Charakterschwäche sei. Eine behauptete Tatsache darf nicht in der Weise als wahr behandelt werden, daß das Gericht annimmt, der Zeuge werde das bekunden, was der Beweisführer behauptet, daß es sich aber die Entscheidung darüber vorbehält, ob die behauptete Tatsache für wahr zu erachten sei oder nicht[717]. Wird unterstellt, der Betroffene könne

---

[712] *Herdegen* NStZ **1984** 342; vgl. *Alsberg/Nüse/Meyer* 685: Daß das Gericht eine Schlußfolgerung ziehen muß, die sich nach Lage des Falles aufdrängt, ist Problem der Beweiswürdigung, nicht der Wahrunterstellung; ferner 665 zu den zwingenden Indiztatsachen (Alibi).

[713] KK-*Herdegen* 101; Vgl. Rdn. 251.

[714] BGH NJW **1961** 2069; KK-*Herdegen* 101. *Herdegen* NStZ **1984** 342 (Gericht darf Wertungsgesichtspunkte nicht ignorieren, die es bei Erwiesensein nicht außer acht ließe). Daß der Angeklagte durch die Wahrunterstellung nicht besser stehen darf als bei der Beweiserhebung über seine Beweisbehauptung (*Alsberg/Nüse/Meyer* 685) gilt nur mit der Einschränkung, daß die volle Tragweite der Behauptung nicht geschmälert werden darf.

[715] *Alsberg/Nüse/Meyer* 686; vgl. Rdn. 249.

[716] BGH bei *Holtz* **1980** 631; OLG Celle JR **1964** 353; OLG Köln JMBlNW **1962** 39

KMR-*Paulus* 447; **a. A** OLG Hamm StrVert. **1982** 522 (wonach diese Schlußfolgerung nicht generell ausgeschlossen wird). Vgl. *Alsberg/Nüse/Meyer* 683, der die Unzulässigkeit eines solchen Schlusses aus den für die Beweiswürdigung allgemein geltenden Grundsätzen herleitet; ferner *Born* 180 ff, die aber allgemein die Wahrunterstellung unter Schlußfolgenablehnung verwirft.

[717] RGSt **49** 45; **51** 3; RG LZ **1915** 1670; **1917** 65; **1919** 908; DRiZ **1927** Nr. 733; JW **1917** 51; **1929** 2738; **1930** 3773; **1931** 1815; **1936** 3473; BGH StrVert. **1984** 61 (L); bei *Martin* DAR **1957** 68; bei *Holtz* MDR **1982** 449; BayObLG StrVert. **1981** 511; OLG Braunschweig NJW **1947/48** 232; OLG Kiel SchlHA **1948** 83; OLG Koblenz VRS **52** 152; OLG Köln JMBlNW **1962** 39; ferner *Born* 174; *Dahs/Dahs* 267; *Gössel* I § 29 C III c 8; KK-*Herdegen* 105; *Alsberg/Nüse/Meyer* 677 mit weit. Nachw.; vgl. Fußn. 708; 716.

nicht durch Lichtbilder identifiziert werden, dann dürfen diese Bilder auch nicht für die Erwägung verwendet werden, daß ein Vergleich von Kopfform und Haarschnitt mit der persönlichen Erscheinung des Betroffenen für dessen Täterschaft spreche[718]. Sind Begleitumstände oder sonstige Einzelheiten dafür maßgebend, welche Schlüsse aus einer Indiztatsache gezogen werden können, dann darf der mit dem Beweisantrag erstrebte Schluß nicht deshalb verweigert werden, weil solche von der Beweisbehauptung nicht direkt erfaßten, anderweitig nicht erwiesenen Umstände auch einen anderen Schluß zulassen[719]. Will dies das Gericht, so muß es entweder gemäß seiner Aufklärungspflicht den Beweis erheben oder den Antragsteller darauf hinweisen, daß seine Beweisbehauptung und die beabsichtigte Unterstellung diesen Schluß nicht ausschließt und ihm anheimgehen, sich zu erklären, ob er mit der engeren Unterstellung einverstanden ist oder ob er einen weitergehenden Antrag stellen will[720].

**254**     **h) Nachträglich erkannte Bedeutungslosigkeit.** Bedeutungslose Tatsachen dürfen nicht als wahr unterstellt werden (Rdn. 241). An sich kann es die Entscheidung nicht berühren, wenn eine als wahr unterstellte Indiztatsache bei der Beweiswürdigung zwar in die Erwägungen des Gerichts mit einbezogen wird, aber dann ohne Einfluß auf die Entscheidung bleibt, für diese also im Endergebnis unerheblich ist. Es ist strittig, ob hierin ein Wechsel des Ablehnungsgrundes (Rdn. 155) liegt oder ob dies eine noch vom Ablehnungsgrund der Wahrunterstellung umfaßte Folge ist, weil sich die in der Wahrunterstellung liegende Zusicherung nur auf deren Einhaltung im Zeitpunkt der Urteilsfindung bezieht. Sie muß bei der Beweiswürdigung so in Betracht gezogen werden, wie wenn sie erwiesen wäre, darüber hinaus braucht ihr keine entscheidungserhebliche Bedeutung zuerkannt werden[721]. Die Verteidigung des Angeklagten kann jedoch durch die Annahme beeinflußt worden sein, das Gericht messe der als wahr unterstellten Tatsache Bedeutung bei und werde sie zugunsten des Angeklagten werten.

**255**     Es ist in Rechtsprechung und Schrifttum **strittig,** ob — und gegebenenfalls auch in welchen Fällen — ein solcher **Wandel in der Beurteilung** der unter Beweis gestellten Tatsache vom Gericht den Verfahrensbeteiligten vor der Urteilsverkündung **bekanntzugeben** ist[722]. In der Rechtsprechung, auch in der früheren des Bundesgerichtshofs, wird dies verneint, weil die Verfahrensbeteiligten bei der Wahrunterstellung ohnehin damit rechnen müßten; das Gericht müsse sich in den Urteilsgründen außerdem nicht immer mit einer als wahr unterstellten Tatsache auseinandersetzen, es sei auch nicht einzuse-

---

[718] OLG Koblenz VRS **61** 127.

[719] BGH NStZ **1982** 213; bei *Spiegel* DAR **1983** 204; *Alsberg/Nüse/Meyer* 686; ferner 681 ff (Beispiele für gegen den Sinn des Beweisantrags verstoßende Einschränkungen und für die unzulässige Berücksichtigung im Beweisantrag nicht erwähnter Möglichkeiten); dazu *Born* 153 ff (dem Angeklagten günstige Schlußfolgerung darf nicht unter Berufung auf unerwiesene Begleitumstände verweigert werden).

[720] Vgl. OLG Hamburg JR **1982** 36 mit Anm. *Gollwitzer;* weitere Beispiele für die unzulässige Heranziehung im Beweisantrag nicht erwähnter Möglichkeiten finden sich bei *Alsberg/Nüse/Meyer* 681 ff; ferner Rdn. 250.

[721] RGSt **65** 330; BGHSt **30** 383; BGH NJW **1961** 2069; GA **1972** 273; BGH bei *Holtz* MDR **1979** 282; KK-*Herdegen* 100; KMR-*Paulus* 451; *Raacke* NJW **1973** 495; eingehend *Alsberg/Nüse/Meyer* 656 mit weit. Nachw.; vgl. Rdn. 252.

[722] *Alsberg/Nüse/Meyer* 658 sieht darin keinen Austausch des Ablehnungsgrundes – auf den immer in der Hauptverhandlung hinzuweisen ist – sondern einen mit der Wahrunterstellung potentiell beweiserheblicher Tatsachen begrifflich verbundenen Vorbehalt („mehr als die Möglichkeit der Erheblichkeit sagt Gericht nicht zu"); ähnlich *Herdegen* NStZ **1984** 342; KK-*Herdegen* 100; KMR-*Paulus* 451; *Willms* FS Schäfer 278. A. A *Born* 196; 200; 242.

hen, weshalb für die als wahr unterstellte Tatsache etwas anderes gelten solle als für die erwiesene[723]. Für einen Hinweis spricht jedoch, daß sich das Gericht in der Regel nicht dazu äußert, wie es ein bestimmtes Beweismittel bewerten wolle, während es mit der Wahrunterstellung ein Ergebnis der **Urteilsberatung vorwegnimmt** und den Verfahrensbeteiligten bekanntgibt. Aus dieser Erklärung kann dem Gericht — wie übrigens auch sonst, wenn es seine Ansicht über ein bestimmtes Beweisergebnis den Verfahrensbeteiligten zur Kenntnis bringt — im Einzelfall die Pflicht[724] erwachsen, die Verfahrensbeteiligten noch in der Hauptverhandlung zu unterrichten, falls sich seine Beurteilung ändert. Nur wenn nach der Lage des Einzelfalls ein solcher Hinweis nicht als notwendig erscheint, um irrige Vorstellungen zu beseitigen und um dem Angeklagten Gelegenheit zu geben, alle Möglichkeiten zu seiner Verteidigung auszuschöpfen wird es vertretbar sein, wenn das Gericht den Beurteilungswandel nicht bekanntgibt[725]. BGHSt 30 385 fordert den Hinweis dann, wenn es naheliegt, daß der Angeklagte wegen der Wahrunterstellung davon abgesehen hat, andere Beweisanträge zu stellen[726]. Ob der Angeklagte erhebliche Tatsachen unter Beweis stellen könnte, wird aber für das Gericht oftmals ohne Befragung nicht erkennbar sein; die umgekehrte Abgrenzung ist praktikabler. Soweit das Unterlassen jedes Hinweises damit gerechtfertigt wird, es sei stets Sache des Angeklagten, wegen des vorläufigen Charakters der Wahrunterstellung **vorsorglich** alle weiteren geeigneten **Beweisanträge zu stellen**[727], ist diese Forderung mit den Grundsätzen eines rationellen und fairen Verfahrens schlecht vereinbar. Sie belastet Verteidigung und Hauptverhandlung unnötig mit Hilfsanträgen[728].

---

[723] BGHSt **1** 53; BGH NJW **1961** 2069; GA **1972** 273; BGH bei *Holtz* MDR **1979** 281; bei *Pfeiffer* NStZ **1981** 96; 296; bei *Spiegel* DAR **1979** 190; **1980** 209; OLG Braunschweig NJW **1947/48** 232; OLG Karlsruhe Justiz **1977** 357; KK-*Herdegen* 67; 100; *Kleinknecht/Meyer* 70; *Raacke* NJW **1973** 494; *Willms* FS Schäfer 276; 278; ferner *Alsberg/Nüse/Meyer* 659 auch zur Gegenmeinung. Einen Hinweis in der Hauptverhandlung fordern *Eb. Schmidt* 62; *Dahs/Dahs* 361; *Dahs* Hdb. 555; *Gössel* I § 29 C III c 8; *Hamm* FS II Peters 175; *Hanack* JZ **1972** 116; *Heubel* 109; KMR-*Paulus* 451; *Roxin* § 43 II 1 a dd; *Sarstedt/Hamm* 286; *Schröder* NJW **1972** 2107; *Seibert* NJW **1962** 20; *Schlüchter* 553.4; *v. Stackelberg* FS Sarstedt 376; *Tenckhoff* 133; weitergehend *Alsberg* JW **1929** 981 (Aufhebungsbeschluß); vgl. ferner Fußn. 724, 725.

[724] Wenn man bei den zur Zeit der Beschlußfassung zu Recht als potentiell beweiserheblich behandelten Tatsachen eine Hinweispflicht nicht schon aus dem Wechsel des Ablehnungsgrundes herleitet, kann sie sich daraus ergeben, daß im Interesse der Sachaufklärung und um die Verteidigungsmöglichkeiten des Angeklagten nicht zu verkürzen, die veränderte Beurteilung in der Hauptverhandlung ausdrücklich zur Sprache zu bringen ist. Vgl.

etwa BGHSt **1** 54; **21** 38 (Aufklärungspflicht); OLG Hamm MDR **1964** 435; JR **1965** 269. BGHSt **32** 44 (= JR **1984** 171 mit abl. Anm. *Meyer* JR **1984** 173) glaubt, daß nicht die Aufklärungspflicht, sondern der zur fairen Verfahrensgestaltung gehörende Rechtsgedanke des Vertrauensschutzes den Hinweis erfordert.

[725] Vgl. etwa BGH GA **1972** 273, wo die Verteidigung wußte, daß sie vorsorglich neue Beweisanträge zu stellen hatte; aber auch die Annahme einer Hinweispflicht in BGHSt **1** 54; **21** 38; **32** 47.

[726] Gegen die darin liegende „Vorwegbekanntmachung der Beweiswürdigung" *Alsberg/Nüse/Meyer* 659 Fußn. 58; vgl. *Herdegen* NStZ **1984** 342 (Fehler im Bereich der Aufklärungspflicht, nicht bei der Wahrunterstellung); vgl. Fußn. 724.

[727] So BGH GA **1972** 273.

[728] So *Schröder* NJW **1972** 2105; *Born* 199; *Tenckhoff* 134; ferner KMR-*Paulus* 451; a. A *Alsberg/Nüse/Meyer* 659. Wenn in der Praxis Hilfsbeweisanträge zur Absicherung der Wahrunterstellung kaum gestellt werden, zeigt dies wohl nur, daß die meisten Antragsteller mit der Möglichkeit einer nachträglichen Behandlung als bedeutungslos nicht rechnen.

Walter Gollwitzer

**256** i) In den **Urteilsgründen** muß nach vorherrschender Ansicht nicht in jedem Fall ausdrücklich hervorgehoben werden, daß das Gericht seiner Pflicht, die als wahr unterstellten Tatsachen bei der Urteilsberatung zu würdigen, auch tatsächlich nachgekommen ist[729]. Aus dem Schweigen der Urteilsgründe kann daher nicht notwendig geschlossen werden, daß das Gericht dieser Verpflichtung nicht entsprochen hat. Die Feststellungen des Urteils dürfen allerdings der Wahrunterstellung nicht widersprechen[730]. Hängt die sachlich-rechtliche Entscheidung von der unterstellten Tatsache ab, dann muß diese — wie auch sonst entscheidungserhebliche Tatsachen — im Urteil ausdrücklich angeführt werden[731], damit die getroffenen Feststellungen die Rechtsanwendung lückenlos tragen und die Beweisgrundlagen dargetan werden[732]. Unerläßlich sind Ausführungen, wenn die getroffenen Feststellungen zu einer Auseinandersetzung mit einer als wahr unterstellten Tatsache drängen[733], vor allem, wenn nicht ohne weiteres ersichtlich ist, wie Beweiswürdigung und Wahrunterstellung in Einklang gebracht werden können[734]. Unterbleibt eine solche Würdigung, dann wird das Urteil als lückenhaft und damit als auch sachlich-rechtlich fehlerhaft angesehen[735]. Ausdrückliche Ausführungen in den Urteilsgründen zur Bedeutungslosigkeit der als wahr unterstellten Tatsache wird man auch fordern müssen, wenn man der Meinung folgt, daß sich ein Hinweis in der Hauptverhandlung erübrigt (vgl. Rdn. 255)[736]. Erledigt das Gericht einen **Hilfsbeweisantrag** durch Wahrunterstellung, müssen die Urteilsgründe erkennen lassen, was das Gericht als wahr unterstellt (Rdn. 245).

**257** k) **Sonderfälle.** Die Wahrunterstellung unbewiesener Tatsachen ist vor allem dort auf Bedenken gestoßen, wo sie Tatsachen betrifft, die zwar den Angeklagten entlasten können, die zugleich aber schwere **Anschuldigungen gegenüber Dritte,** am Verfahren oft gar nicht beteiligte Personen enthalten, vor allem den Vorwurf eines kriminellen oder sonst ehrenrührigen Verhaltens[737], oder die Behauptung öffentlicher Mißstände[738]. Hier besteht mitunter ein Interesse der von der Behauptung Betroffenen daran, daß das Gericht diese Tatsachen nicht einfach als wahr unterstellt, da hierdurch vor allem in der Öffentlichkeit der Eindruck entstehen kann, das Gericht mache sich diese

[729] BGHSt **28** 310; BGH NJW **1961** 2069; LM Nr. 5; VRS **21** 115; BGH StrVert. **1981** 601; **1983** 441; BGH bei *Spiegel* DAR **1980** 208; **1981** 202; **1982** 206; OLG Braunschweig NJW **1947/48** 232; OLG Koblenz OLGSt 29; KK-*Herdegen* 102; *Kleinknecht/Meyer* 71; KMR-*Paulus* 448; *Alsberg/Nüse/Meyer* 686 mit weit. Nachw. auch zur Gegenmeinung. Eine Auseinandersetzung mit der Wahrunterstellung in allen Fällen fordern z. B. *Eb. Schmidt* 62; *Willms* FS Schäfer 281.

[730] Vgl. Rdn. 249; KMR-*Paulus* 448.

[731] BGHSt **28** 311; *Alsberg/Nüse/Meyer* 687; vgl. bei § 267.

[732] Vgl. BGH StrVert. **1984** 142; *Alsberg/Nüse/Meyer* 687.

[733] BGHSt **28** 310; BGH NJW **1961** 1069; BayObLG StrVert. **1983** 498; *Kleinknecht/Meyer* 71; *Niemöller* StrVert. **1984** 439.

[734] RG HRR 1937 Nr. 687; **1939** Nr. 816; BGHSt **28** 311; BGH StrVert. **1983** 441; **1982** 142; OLG Braunschweig NJW **1947/48** 232

mit Anm. *Goetze;* OLG Bremen NJW **1961** 1417; OLG Hamm NJW **1952** 66; JR **1965** 269; OLG Kiel SchlHA **1946** 101; *Dahs/Dahs* 267; KK-*Herdegen* 102; *Alsberg/Nüse/Meyer* 687 mit weit. Nachw.

[735] BGHSt **28** 310; OLG Celle JR **1985** 32 mit Anm. *J. Meyer;* KK-*Herdegen* 102; vgl. Fußn. 733, 734 und *Alsberg/Nüse/Meyer* 687 mit weit. Nachw. Vgl. Rdn. 351.

[736] *Herdegen* NStZ **1984** 343; *Roxin* § 43 II 1 a dd; *Tenckhoff* 135; Andernfalls bliebe dem Antragsteller überhaupt unbekannt, daß und warum die als wahr und damit potentiell entscheidungserheblich unterstellte Tatsache bedeutungslos angesehen wurde.

[737] Vgl. etwa RGSt **46** 278; LG Berlin III JW **1930** 3449, dazu *Hachenburg* DJZ **1930** 1377; *Beringer* JW **1930** 3380; *Alsberg/Nüse/Meyer* 673.

[738] Dazu *Radbruch* FS Reichsgericht 203; vgl. Fußn. 659.

Behauptung zu eigen oder halte sie zumindest für wahrscheinlich[739]. In solchen Fällen kann im Interesse der Betroffenen die Erhebung des Beweises angezeigt sein, sofern dies mit vertretbarem Aufwand möglich und für sich allein zu ihrer Entlastung geeignet ist[740]. Maßgebend sind aber immer die Umstände des Einzelfalls. Danach ist auch zu beurteilen, ob das benannte Beweismittel allein ausreicht, um den Sachverhalt zu klären oder ob dies eine umfangreiche Beweiserhebung erfordern würde, die weit über den Gegenstand des Verfahrens hinausreicht. Dies gilt vor allem bei der Behauptung öffentlicher Mißstände, deren Aufklärung den Rahmen des Strafverfahrens sprengen würde[741]. In solchen Fällen kann die Wahrunterstellung aus Gründen der Prozeßwirtschaftlichkeit unvermeidbar sein. Sie sollte dann aber in einer solchen Form (Begründung des Beschlusses, eventuell auch des Urteils) erfolgen, daß auch für die Öffentlichkeit klar ersichtlich ist, daß das Gericht sich nicht mit der nur zu Gunsten des Angeklagten als wahr unterstellten Behauptung identifiziert, sondern diese für unbewiesen hält[742].

In **Strafverfahren wegen übler Nachrede** (§ 186 StGB) — nicht wegen Beleidi- **258** gung[743] — scheidet eine Unterstellung der behaupteten ehrenmindernden Tatsachen als wahr aus, da dieser Tatbestand bereits erfüllt ist, wenn die behauptete Tatsache nicht erweislich wahr ist[744]. Eine Wahrunterstellung kommt hier allenfalls insoweit in Betracht, als unter Beweis gestellt wird, daß der Angeklagte selbst an die Wahrheit der von ihm verbreiteten Tatsache glaubte oder wenn das Gericht die Wahrheit der ehrenrührigen Tatsachen bereits für voll erwiesen hält[745], der Beweisantrag also nur noch eine zusätzliche Indiztatsache betrifft.

### 7. Unerreichbarkeit des Beweismittels

**a) Allgemeines.** Die Beweise müssen grundsätzlich in der Hauptverhandlung **259** selbst erhoben werden (§ 261). Beweismittel, bei denen dies nicht möglich ist, scheiden als Erkenntnisquelle aus. Beweisanträge, die trotzdem solche Beweismittel benennen, dürfen deshalb wegen der Unerreichbarkeit des Beweismittels abgelehnt werden. Voraussetzung ist, daß mit genügender Sicherheit feststeht, daß das benannte Beweismittel für eine unmittelbare Verwendung in der Hauptverhandlung nicht zur Verfügung steht und daß es in diese auch nicht mittelbar durch ein Surrogat[746] eingeführt werden kann. Die Hauptverhandlung muß dabei nicht notwendig im Gerichtssaal stattfinden. Ein Beweismittel ist auch erreichbar, wenn es nur in einer Hauptverhandlung verwendet werden kann, die ganz oder teilweise an einem anderen Ort (Krankenhaus, Wohnung, Tatort usw.) durchgeführt wird[747]. Die Unerreichbarkeit als Ablehnungsgrund des § 244

---

[739] Vor allem darf die Wahrunterstellung ebenso wie der Wahrheitsbeweis nicht zur Schädigung des Opfers mißbraucht werden, vgl. Rdn. 257.

[740] Wie etwa die Vernehmung der betroffenen Person selbst; vgl. *Alsberg/Nüse/Meyer* 673. Es kommt aber immer auf die Umstände des Einzelfalls und die Art der Behauptung an. Eine halbe Beweisaufnahme, die ehrenrührige Tatsachen offen läßt, ist für den Betroffenen oft schlimmer, als die Wahrunterstellung; vgl. *Beringer* JW **1930** 3380 (Unterstellung im Einverständnis des Beleidigten).

[741] *Alsberg/Nüse/Meyer* 674.

[742] *Alsberg/Nüse/Meyer* 673 mit weit. Nachw.

[743] RGSt **35** 232; bei der Beleidigung durch Tatsachenbehauptungen ist deren Nachweis erforderlich, bei Nichterweislichkeit gilt der Grundsatz im Zweifel für den Angeklagten, so daß insoweit auch eine Wahrunterstellung möglich ist; vgl. die Erläuterungsbücher zum StGB und *Alsberg/Nüse/Meyer* 674 mit weit. Nachw.

[744] RG JW **1930** 2541 mit Anm. *Engelhardt;* Einl. Kap. **13** V; *Alsberg/Nüse/Meyer* 674 mit weit. Nachw.

[745] *Lissner* ZStW **51** (1936) 742; *Alsberg/Nüse/Meyer* 674 mit weit. Nachw.

[746] In Betracht kommt vor allem die Niederschrift über eine kommissarische Vernehmung, vgl. *Herdegen* NStZ **1984** 337; 340; Rdn. 268.

[747] Vgl. § 213, 2.

Walter Gollwitzer

Abs. 3 Satz 2 bezieht sich grundsätzlich auf die Verwendbarkeit des im Beweisantrag bezeichneten Beweismittels in der Hauptverhandlung[748].

**260**    **b) Begriff der Unerreichbarkeit.** Ein Beweismittel ist unerreichbar, wenn es für die Hauptverhandlung nicht verfügbar ist, alle seiner Bedeutung und seinem Wert entsprechenden Bemühungen, es beizubringen, erfolglos geblieben sind und wenn nach der Sachlage auch keine begründete Aussicht besteht, es in absehbarer Zeit herbeizuschaffen[749]. Die bloße Möglichkeit, daß es irgendwann einmal zur Verfügung stehen könnte, schließt die Unerreichbarkeit nicht aus[750]. Unerreichbar als Beweismittel kann ein Zeuge auch dann sein, wenn er für Anfragen des Gerichts zwar erreichbar ist, aber trotzdem sein Erscheinen vor Gericht als Zeuge nicht durchgesetzt werden kann. Als **absolut unerreichbar** werden Beweismittel bezeichnet, deren Verwendung in der Hauptverhandlung schlechthin unmöglich ist, weil sie nicht oder nicht mehr vorhanden sind (Beweisperson ist gestorben; Beweisgegenstand ist zerstört)[751]. Unerreichbar sind ferner Beweismittel, bei denen nicht bekannt und trotz der nach den Umständen gebotenen Nachforschungen auch nicht feststellbar ist, ob sie noch vorhanden sind oder an welchem Ort sie sich befinden. Daß die Beiziehung nur mit Schwierigkeiten verbunden ist, deren Überwindbarkeit fraglich erscheint, rechtfertigt nicht, schon von Anfang an Unerreichbarkeit anzunehmen[752]. Auch **Rechtsgründe** können ein Beweismittel unerreichbar machen, so etwa, wenn sie verhindern, daß das Gericht das Erscheinen eines freiwillig dazu nicht bereiten Zeugen erzwingen kann[753]. Schließen allerdings die Rechtsgründe die Verwendung des Beweismittels überhaupt aus, so daß es das Gericht selbst bei Zugriffsmöglichkeit nicht verwenden dürfte, dann ist ein darauf abzielender Beweisantrag nicht wegen der rechtlichen Unerreichbarkeit des Beweismittels, sondern wegen der Unzulässigkeit der Beweiserhebung abzulehnen[754].

**261**    Der **Anwendungsbereich** des Ablehnungsgrundes der Unerreichbarkeit liegt in der Praxis hauptsächlich beim **Zeugenbeweis**[755]. Unerreichbar können aber auch **Beweisge-**

---

[748] Gleiches gilt bei § 223 und bei § 251.

[749] BGHSt **22**, 120; **29** 390; **32** 73; BGH NJW **1953** 1522; **1979** 1788; NStZ **1982** 78; 212; GA **1954** 374; **1965** 209; **1980** 422; StrVert. **1981** 603; BGH bei *Dallinger* MDR **1971** 547; bei *Holtz* MDR **1980** 987; bei *Spiegel* DAR **1977** 174; **1979** 188; BayObLGSt **1978** 170 = VRS **57** 28; OLG Celle GA **1961** 216; **1977** 180; OLG Hamm NJW **1964** 2073; DAR **1973** 192; OLG Schleswig SchlHA **1979** 144; bei *Ernesti/Jürgensen* SchlHA **1975** 190; bei *Ernesti/Lorenzen* SchlHA **1980** 174; StrVert. **1982** 11; KK-*Herdegen* 91; *Kleinknecht/Meyer* 83; *Schlüchter* 551.1; *Alsberg/Nüse/Meyer* 621 mit weit. Nachw.; vgl. Rdn. 265.

[750] RGSt **38** 257; RG JW **1927** 1491.

[751] *Alsberg/Nüse/Meyer* 620 mit weit. Nachw. Die nicht mehr existierenden Beweismittel haben vor allem Bedeutung bei § 251. Ob sie überhaupt Beweismittel im Sinne des Beweisantragsrechts des § 244 sind, erscheint fraglich, ist aber letztlich im Ergebnis (Ablehnung) ohne Belang. Dies hängt davon ab, wieweit man die eventuell an ihre Stelle tre-

tenden Beweissurrogate (Niederschrift über die Aussage eines verstorbenen Zeugen; Lichtbild der zerstörten Sache) als selbständige Beweismittel behandelt.

[752] RG HRR **1942** Nr. 133; KMR-*Paulus* 455; *Alsberg/Nüse/Meyer* 620 mit weit. Nachw.

[753] *Alsberg/Nüse/Meyer* 620; *Arzt* FS Peters 224; *Kleinknecht/Meyer* 66; KMR-*Paulus* 459; *Herdegen* NStZ **1984** 337. Ob die Unerreichbarkeit auch bei rechtlichen Hindernissen angenommen werden kann, ist strittig; BGHSt **23** 1 läßt dies offen.

[754] Die Grenze zwischen der rechtlichen Unerreichbarkeit eines Beweismittels und der auf Rechtsgründen beruhenden Unzulässigkeit der Beweiserhebung wird unterschiedlich gezogen; vgl. Rdn. 187; 197; 270; 290. Wie hier etwa *Alsberg/Nüse/Meyer* 620; *Kleinknecht/Meyer* 68; *Schlüchter* 551.4; **a. A** BGH bei *Holtz* MDR **1980** 987; wohl auch KK-*Herdegen* 93; *Tiedemann* MDR **1963** 456; vgl. Fußn. 806 a.

[755] Vgl. *Alsberg/Nüse/Meyer* 621; KK-*Herdegen* 91.

genstände sein, etwa, wenn eine bestimmte Urkunde nicht auffindbar oder ein Ort, an dem sich der Beweisgegenstand befindet, weder für das Gericht noch für einen von ihm mit dem Augenschein beauftragten Person zugänglich ist[756]. Beim **Sachverständigenbeweis** scheidet die Unerreichbarkeit als Ablehnungsgrund weitgehend aus, weil der Sachverständige austauschbar ist. Nur in sehr seltenen Fällen wäre er denkbar, etwa, wenn es für ein wissenschaftliches Spezialgebiet nur wenige ausländische Sachverständige gibt, deren Beiziehung dem Gericht in absehbarer Zeit nicht möglich ist[757].

**c) Unbekannter Aufenthalt.** Eine Zeuge ist unerreichbar, wenn seine Heranzie- **262** hung daran scheitert, daß das Gericht seine genaue Identität oder seinen Aufenthalt nicht kennt und auch nicht ermitteln kann[758]. Welche **Bemühungen** erforderlich sind, bevor ein Beweisantrag wegen der Unerreichbarkeit des Beweismittels abgelehnt werden darf, entscheidet das Gericht in Abwägung aller Umstände des Einzelfalls[759]. Es hat dabei seine Aufklärungspflicht einschließlich der bisherigen Bemühungen um die Sachaufklärung[760] ebenso zu berücksichtigen wie die Bedeutung der Sache[760a] und den Beweiswert der zu erwartenden Aussage (einschließlich der Herabminderung ihres Wertes durch eine kommissarische Einvernahme)[761] und das Interesse an einer schnellen und reibungslosen Abwicklung des Verfahrens[762]. Liegt ein schwerwiegender Vorwurf in Mitte des Verfahrens und kann die Aussage des Zeugen ausschlaggebende Bedeutung erlangen, dann muß auch ein größere Verzögerung des Verfahrens in Kauf genommen werden[763].

**Beispiele:** Ein **namentlich bekannter Zeuge** ist nur dann unerreichbar, wenn alle **263** geeigneten Nachforschungen zur Ermittlung seines Aufenthalts ohne Erfolg versucht worden sind[764]; wobei auch die früheren Versuche mitberücksichtigt werden dürfen[765]. Zur Annahme der Unerreichbarkeit genügt weder der Rückgang der Ladung mit dem Vermerk „unbekannt wohin verzogen"[766], noch der Umstand, daß der Zeuge nicht im

[756] *Alsberg/Nüse/Meyer* 634.
[757] *Alsberg/Nüse/Meyer* 634.
[758] RGSt **38** 257; **52** 43; **53** 197; RG Recht **1905** Nr. 2517; **1911** Nr. 1693; JW **1914** 433; **1927** 1610; es ist zu prüfen, ob in solchen Fällen überhaupt ein Beweisantrag vorliegt oder ob dies zu verneinen ist, weil es an der bestimmten Bezeichnung des Beweismittels (Rdn. 107) fehlt; vgl. *Alsberg/Nüse/Meyer* 619.
[759] BGHSt **22** 120; BGH NJW **1953** 1522; NStZ **1982** 127; 212; bei *Dallinger* MDR **1975** 368; bei *Spiegel* DAR **1978** 156; KG NJW **1954** 770; OLG Karlsruhe VRS **51** 61; KK-*Herdegen* 91; *Kleinknecht/Meyer* 62; KMR-*Paulus* 452; *Alsberg/Nüse/Meyer* 622 mit weit. Nachw.
[760] OLG Hamburg VRS **56** 461; *Alsberg/Nüse/ Meyer* 623.
[760a] Vgl. Rdn. 265, insbes. Fußn. 778 a.
[761] BGHSt **22** 120; OLG Schleswig SchlHA **1979** 144.
[762] BGHSt **22** 120; BGH NStZ **1982** 127; bei *Dallinger* MDR **1975** 368; OLG Schleswig

SchlHA **1979** 144; StrVert. **1982** 11; *Alsberg/Nüse/Meyer* 623; KK-*Herdegen* 91; *Kleinknecht/Meyer* 62.
[763] OLG Schleswig SchlHA **1979** 144; *Alsberg/ Nüse/Meyer* 622.
[764] OLG Frankfurt StrVert. **1984** 147; vgl. oben Fußn. 759.
[765] Ob sich das Gericht damit begnügen darf, daß die Nachforschungen einer anderen Behörde keinen Erfolg hatten, hängt von den jeweiligen Umständen, nicht zuletzt auch von Zeit und Ausmaß dieser Ermittlungen ab; verneinend RG JW **1932** 1224 mit Anm. *Scanzoni;* vgl. RG Recht **1905** Nr. 2517 (keine Fortsetzung bisher ergebnisloser Versuche).
[766] RGSt **12** 104; BGH GA **1968** 19; BGH bei *Herlan* MDR **1954** 341; OLG Dresden DRiZ **1930** Nr. 564; OLG Frankfurt StrVert. **1984** 147; OLG Hamburg DRiZ **1928** Nr. 438; OLG Koblenz GA **1974** 120; *Herdegen* NStZ **1984** 338. *Kohlhaas* NJW **1954** 537; *Weigelt* DAR **1964** 315; *Alsberg/Nüse/Meyer* 623.

Adreßbuch steht[767], nicht ohne weiteres gefunden wurde[768], sich zur Zeit verborgen hält[769] oder zur See fährt[770], noch die Feststellung, daß die von einer anderen Behörde erlassenen Aufforderung zur Anzeige des Aufenthalts des im Inland umherziehenden Zeugen einige Wochen oder Monate lang keinen Erfolg gehabt hat[771]. Das Unvermögen des Antragstellers zu bestimmten Angaben über Namen, Beruf oder Aufenthalt des Zeugen enthebt das Gericht nicht der Verpflichtung, die erforderlichen Nachforschungen (Melde-, Ausländerbehörden, Arbeitgeber, Verwandte, Bekannte usw.) zu veranlassen[772]. Diese müssen aber nicht so lange fortgesetzt werden, bis mit absoluter Sicherheit feststeht, daß das Beweismittel nicht „beizubringen ist"[773]. Es genügt, daß ein Erfolg nicht mehr wahrscheinlich ist. Unerreichbar kann auch ein Beweismittel sein, bei dem bekannt ist, wo es sich befindet; denn maßgebend ist seine Verwertbarkeit als Beweismittel für das Verfahren. Unerreichbar ist ein Zeuge, der schwer erkrankt und auf absehbare Zeit nicht vernehmbar ist, der nicht reisefähig ist, oder der im Ausland jede Aussage ablehnt (Rdn. 266), oder der aus Rechtsgründen vom Gericht nicht herangezogen werden darf (Rdn. 260). Auch hier kommt es auf die Umstände des Einzelfalls an. Es wurde deshalb in der Rechtsprechung beanstandet, daß die Unerreichbarkeit ohne weiteres schon deswegen bejaht wurde, weil der Zeuge im Felde stand[774] oder sich in Gefangenschaft befand[775].

**264**     **Von Ermittlungen überhaupt absehen** darf das Gericht nur, wenn sie mangels eines zugänglichen Anhalts, etwa, weil der Zeuge sich ohne nähere Mitteilung über den künftigen Aufenthalt ins Ausland begeben hat, aussichtslos erscheinen[776]. Ebenso dürfen Zeugen für den Verlauf eines Verkehrsunfalls, von denen nicht feststeht, wer sie sind, und wo sie sich z. Z. des Unfalls aufgehalten haben und die erst durch eine Zeitungsanzeige ermittelt werden sollen, als unerreichbar angesehen werden[777].

**265**     **d) Eine vorübergehende Unerreichbarkeit** gestattet es nicht, einen Beweisantrag wegen Unerreichbarkeit des Beweismittels abzulehnen. Es kommt nicht darauf an, ob es am vorgesehenen Terminstag verfügbar ist[778], sondern darauf, ob ein Gebrauch des Beweismittels in absehbarer Zeit möglich ist. In solchen Fällen ist in der Regel das Verfahren auszusetzen, bis das Beweismittel verwendet werden kann. Der für ein Hinausschieben der Hauptverhandlung vertretbare **Zeitraum** läßt sich nicht allgemein bestimmen. Maßgebend sind die im Einzelfall für und wider ein Zuwarten sprechenden Um-

---

[767] RG HRR **1935** Nr. 1360.
[768] BGH JR **1969** 266 mit Anm. *Peters;* BGH NStZ **1982** 78; BGH bei *Holtz* MDR **1977** 984.
[769] RG JW **1933** 966; BGH bei *Dallinger* MDR **1975** 726.
[770] OLG Schleswig bei *Ernesti/Jürgensen* SchlHA **1975** 190; *Alsberg/Nüse /Meyer* 628; KMR-*Paulus* 455.
[771] RG JW **1932** 1224 mit Anm. *Scanzoni.*
[772] RG Rspr 4 63; Recht **1904** Nr. 2359; **1912** Nr. 532; LZ **1921** 660.
[773] *Alsberg/Nüse/Meyer* 623; vgl. auch OLG Schleswig bei *Ernesti/Jürgensen* SchlHA **1976** 726.
[774] RGSt **51** 21; **75** 14; BGH StrVert. **1981** 602 *Alsberg/Nüse/Meyer* 627.
[775] OLG Kiel SchlHA **1947** 232; vgl. RG JW

**1915** 719; es kommt aber immer auf den Einzelfall an; *Alsberg/Nüse/Meyer* 627.
[776] RGSt **52** 42; RG JW **1931** 949 mit Anm. *Alsberg;* BGH GA **1968** 19; ROW **1961** 252; BGH bei *Herlan* MDR **1954** 531; *Alsberg/Nüse/Meyer* 621; KK-*Herdegen* 91.
[777] OLG Hamm DAR **1956** 280; BGH StrVert. **1981** 602; *Dahs/Dahs* 264; *Herdegen* NStZ **1984** 338 (nur wenn Aufklärungspflicht dies fordert); weitergehend KMR-*Paulus* 456 (Nachforschungen mittels Anzeige, sofern nicht aussichtslos); ähnlich RG Recht **1905** Nr. 2517 (öffentliches Aufgebot).
[778] Die Nachforschungen, ob ein Zeuge erreichbar ist, dürfen sich nicht nur auf den Terminstag beschränken, vgl. BGH NStZ **1983** 180.

stände, vor allem Gegenstand und Gewicht des Strafverfahrens und die Bedeutung, die dem Beweismittel nach der Beweislage zukommt. Der von ihm zu erwartende Aufklärungsgewinn und der Wert, den die Verteidigung ihm beimißt, sind abzuwägen gegen das Interesse an einer beschleunigten und reibungslosen Abwicklung des Verfahrens und sonstigen Gesichtspunkten der Prozeßwirtschaftlichkeit sowie den Gefahren für die Sachaufklärung, die eine Verschiebung der Hauptverhandlung im konkreten Fall mit sich bringen könnte[778a]. Ein Zeuge, der erkrankt und dessen Gesundung in nicht allzu ferner Zeit zu erwarten ist[779] oder der nur für befristete Zeit in Urlaub ist, ist nicht unerreichbar im Sinne des § 244 Abs. 3 Satz 2 (vgl. Rdn. 263). Gleiches gilt, wenn sonst Gründe vorliegen, die nach der Lebenserfahrung erwarten lassen, daß das Beweismittel in absehbarer Zeit wieder zur Verfügung stehen wird, so, wenn ein Zeuge seine Wohnung beibehalten hat[779a] oder wenn Familienbande[780] oder sonstige Umstände, wie Geschäftsbeziehungen, erwarten lassen, daß es in nicht allzu ferner Zeit möglich sein wird, mit ihm in Verbindung zu treten. Maßgebend ist aber immer die Lage des Einzelfalls. Danach und nach den allgemein für die Unerreichbarkeit maßgebenden Gesichtspunkten (Rdn. 260) bestimmt sich auch die Zeit, die bis zur vermutlichen Erreichbarkeit des Beweismittels mit dem Verfahren zuzuwarten ist.

e) **Aufenthalt im Ausland.** Ein Zeuge ist nicht allein deswegen unerreichbar, weil **266** er sich im Ausland aufhält und damit der deutschen Gerichtsbarkeit nicht unterliegt. Das Gericht darf sich nicht mit der Vermutung begnügen, der Zeuge werde doch nicht kommen. Es muß, sofern nicht eine kommissarische Vernehmung ausreicht (Rdn. 268), versuchen, ihn zum Erscheinen zur Hauptverhandlung zu bewegen[781]. Vor allem kann es ihn **im Wege der Rechtshilfe laden** lassen[782]. Dies kann auch möglich sein, wenn mit dem betreffenden Staat kein Rechtshilfeabkommen besteht[782a]. Bei den Vertragsstaaten des Europäischen Übereinkommens über die Rechtshilfe in Strafsachen ist grundsätzlich dabei auf den Strafverfolgungsschutz nach Art. 12 EuRHÜ hinzuweisen[783], da dadurch möglicherweise Hemmnisse ausgeräumt werden, die den Zeugen vom Kommen abhalten können[784]. Beim Ausbleiben eines ohne Hinweis geladenen Zeugen wird

[778a] BGHSt **22** 120; **32** 73; BGH NStZ **1981** 271; **1984** 375; vgl. Fußn. 749. *Herdegen* NStZ **1984** 338 leitet die Pflicht zur Abwägung der Gesichtspunkte aus dem Aufklärungsgebot her; er ist der Auffassung, daß bei der prospektiven Würdigung der gesamten Sach- und Beweislage die Schwere des Anklagevorwurfs nicht zu berücksichtigen ist.

[779] Vgl. Rdn. 263; ferner BGH NStZ **1983** 276; OLG Köln VRS **65** 40; OLG Schleswig bei *Ernesti/Lorenzen* SchlHA **1980** 174 (vorübergehende Erkrankung); BayObLG VRS **63** 211 (vorübergehende Vernehmungsunfähigkeit); KG StrVert. **1983** 95 (absehbare Rückkehr aus dem Ausland); BGH NStZ **1983** 87 (ausländische Polizei will aus polizeitaktischen Gründen vorübergehend nicht an Zeugen herantreten); andererseits aber BGH NStZ **1982** 127 (kein Warten auf spätere Auslieferung).

[779a] BGH StrVert. **1984** 5; bei *Pfeiffer/Miebach* NStZ **1984** 211; OLG Celle NJW **1961** 1490; *Herdegen* NStZ **1984** 339.

[780] RG JW **1933** 966; *Alsberg/Nüse/Meyer* 627.

[781] RG JW **1928** 2251 mit Anm. *Alsberg*; BGH StrVert. **1984** 103; *Alsberg/Nüse/Meyer* 628.

[782] Vgl. § 214, 4; RG HRR **1934** Nr. 1426; **1937** Nr. 361; **1940** Nr. 58; 1367; BGH NJW **1953** 1522; **1979** 1728; GA **1955** 126; **1965** 209; StrVert. **1981** 5 mit Anm. *Schlothauer;* BayObLG bei *Rüth* DAR **1982** 253; OLG Koblenz GA **1974** 120; KK-*Herdegen* 92; *Kleinknecht/Meyer* 63; KMR-*Paulus* 460; ferner *Herdegen* NStZ **1984** 339.

[782a] BGH NStZ **1983** 276; *Alsberg/Nüse/Meyer* 629; *Herdegen* NStZ **1984** 339.

[783] BGHSt **32** 73; BGH NJW **1979** 1788; **1982** 2738; **1983** 528; MDR **1982** 338; NStZ **1981** 146; BGH StrVert. **1981** 5 mit Anm. *Schlothauer;* **1982** 51; 207; **1984** 408; KK-*Herdegen* 92; *Kleinknecht/Meyer* 63; *Alsberg/Nüse/Meyer* 630; ferner *Schnigula* DRiZ **1984** 180; *Walter* NJW **1977** 983.

[784] Vgl. etwa BGH StrVert. **1981** 5 mit Anm. *Schlothauer;* **1982** 207; MDR **1982** 338.

Walter Gollwitzer

dieser in der Regel nicht als unerreichbar angesehen werden können, sofern nicht erkennbar ist, daß er ohnehin nicht gekommen wäre. Von der Möglichkeit, beim ersuchten Staat nach Art. 10 Abs. 1 EuRHÜ darauf hinzuwirken, daß dieser den Zeugen zum Erscheinen auffordert und seine Antwort auf diese Aufforderung mitteilt, ist in der Regel Gebrauch zu machen[784a]. Sogar Häftlinge des anderen Staates können nach Art. 11 EuRHÜ zur Hauptverhandlung überstellt werden[785]. Bei Straftaten, die nach den jeweiligen internationalen Übereinkommen von der Gewährung der Rechtshilfe grundsätzlich ausgenommen sind, wie etwa bestimmte politische oder Steuerdelikte, kann — sofern auch die Staatenpraxis die Ladung im Wege der Rechtshilfe ablehnt — in der Regel vom Versuch einer Ladung abgesehen werden[786]. Gleiches gilt, wenn der Zeuge bereits eindeutig und unmißverständlich zum Ausdruck gebracht hat oder wenn sonst den Umständen zu entnehmen ist, daß er der Ladung in keinem Fall Folge leisten werde[787], ferner, wenn dies von Bedingungen abhängig gemacht wird, die für das Gericht nicht annehmbar sind[788]. Der erfolglose **Versuch der Ladung** ist zwar ein wichtiger Hinweis dafür, daß das Gericht alles getan hat, er ist aber keine notwendige Voraussetzung für die Feststellung der Unerreichbarkeit eines im Ausland befindlichen Zeugen[789]. Entscheidend ist immer, daß das Gericht alle nach der Sachlage nicht von vornherein aussichtslosen Schritte unternommen hat, um den Zeugen zu einer Aussage und nach Möglichkeit zum Erscheinen in der Hauptverhandlung zu bewegen und daß weitere Schritte auch in absehbarer Zeit nicht erfolgversprechend erscheinen[790]. Die Aufklärungspflicht gebietet, alle zweckmäßigen und im Einzelfall angezeigten (Rdn. 260) Schritte auszuschöpfen[790a].

**267**     Für Zeugen, die sich **in der DDR** aufhalten, gelten die gleichen Grundsätze. Auch wenn kein Rechtshilfeabkommen besteht, ist eine Ladung von Zeugen oder deren kommissarische Einvernahme durch die Justizbehörden der DDR möglich[791]. Sofern

---

[784a] BGH NJW **1982** 2738; NStZ **1983** 528; **1984** 375; *Herdegen* NStZ **1984** 329.

[785] BGH NJW **1983** 527; NStZ **1981** 146; bei *Holtz* MDR **1981** 456; KK-*Herdegen* 92; *Schnigula* DRiZ **1984** 181; *Alsberg/Nüse/Meyer* 619. *Herdegen* NStZ **1984** 339 weist auf den durch Vorbehalte nach Art. 23 Abs. 1 EuRHÜ begrenzten Anwendungsbereich dieser Regelung hin.

[786] Vgl. Art. 2 Buchst. a EuRHÜ; die meisten Rechtshilfeverträge enthalten solche Klauseln; da der ersuchte Staat sich aber nicht darauf berufen muß, kommt es darauf an, ob er in solchen Fällen Ladungen in der Regel zuläßt; vgl. auch BGH GA **1983** 327. Nach RG HRR **1940** Nr. 1367; BGH (nach *Alsberg/Nüse/Meyer* 629 Fußn. 80) braucht in solchen Fällen die Ladung nicht versucht zu werden.

[787] BGHSt **22** 121; **32** 74; NJW **1979** 1788; GA **1971** 85; NStZ **1982** 212; OLG Hamburg JR **1980** 32 mit Anm. *Gollwitzer*; *Alsberg/Nüse/Meyer* 628; *Herdegen* NStZ **1984** 339; KK-*Herdegen* 92; vgl. aber auch BGH StrVert. **1984** 408.

[788] Vgl. BGH bei *Holtz* MRD **1976** 634 (Bedingung, Zeuge in Haft zu halten, obwohl die rechtlichen Voraussetzungen fehlen); RG HRR **1937** Nr. 361 (Angeklagter hat keinen Anspruch, daß dem Zeugen freies Geleit nach § 295 zugesichert wird); vgl. *Alsberg/Nüse/Meyer* 630.

[789] RGSt **46** 383; RG JW **1933** 966; BGH GA **1965** 209; BGH NStZ **1981** 146; **1982** 171; StrVert. **1984** 60; BGH bei *Pfeiffer/Miebach* NStZ **1984** 16. Nach BGHSt **32** 68 bestimmt sich nach der Aufklärungspflicht, ob bei Fehlen eines Hinweises § 251 Abs. 1 Nr. 2 anwendbar ist, wobei die Anforderungen weniger streng sind, wenn kein Beweisantrag gestellt wurde.

[790] KK-*Herdegen* 92; *Kleinknecht/Meyer* 23; KMR-*Paulus* 460; ferner die angeführte Rechtsprechung, insbes. Fußn. 782.

[790a] Vgl. etwa BGHSt **22** 120; BGH NStZ **1982** 472; KK-*Herdegen* 27.

[791] BGH JR **1962** 142 mit Anm. *Eb. Schmidt*; NJW **1978** 113; OLG Hamm NJW **1964** 2073; OLG Karlsruhe VRS **51** 61; *Alsberg/Nüse/Meyer* 630.

---

nicht nach der Natur der Sache die Gewährung von Rechtshilfe im Einzelfall ausgeschlossen erscheint[792], muß das Gericht den Versuch unternehmen, den Zeugen herbeizuschaffen[793]. Verweigern die Behörden der DDR die Rechtshilfe oder bleibt das Ersuchen unbeantwortet[794], kann der Zeuge als unerreichbar angesehen werden. Gleiches gilt, wenn die zuständige Justizbehörde schon die Weiterleitung des Ersuchens an die Behörden der DDR abgelehnt hat[795].

**f) Kommissarische Einvernahme.** Kann ein Zeuge, dessen Einvernahme in der **268** Hauptverhandlung nicht möglich ist, kommissarisch einvernommen werden, so erfordert grundsätzlich die Aufklärungspflicht, daß versucht wird, sein Wissen auf diesem Weg für die Hauptverhandlung zu erschließen[796]. Das Gericht muß — sofern nicht andere Ablehnungsgründe Platz greifen — einem auf Einvernahme dieses Zeugen gerichteten Beweisantrag in der Regel entsprechen. Es darf ihn nur dann wegen der Unerreichbarkeit des Beweismittels ablehnen, wenn es auf Grund der besonderen Beweislage zu der Überzeugung gelangt, daß eine bloße kommissarische Vernehmung völlig ungeeignet ist, zur Sachaufklärung beizutragen und die Beweiswürdigung zu beeinflussen[797], etwa, weil es die Beurteilung des Wahrheitsgehalts der Aussage ohne Gegenüberstellung mit dem Angeklagten oder anderen Zeugen oder ohne unmittelbaren Eindruck von der Persönlichkeit des Zeugen allein auf Grund der Niederschrift über die kommissarische Einvernahme für ausgeschlossen hält[798]. Daß die Einvernahme vor dem erkennenden Gericht selbst generell das bessere Beweismittel ist, rechtfertigt die Ablehnung der kommissarischen Vernehmung für sich allein nicht[799], desgleichen in der Regel auch nicht schon die Einschränkung der Möglichkeit, dem Zeugen geeignete Vorhalte zu machen[800] oder Fragen zu stellen. Fragen sind im Regelfall auch bei einer kommissa-

---

[792] Etwa in politischen Strafsachen, vgl. *Alsberg/Nüse/Meyer* 630; ferner OLG Hamm NJW **1964** 2073; zur Gefährdung des Zeugen oder anderer Personen als Hinderungsgrund vgl. Rdn. 271.

[793] Es genügt nicht, daß Zeuge mitteilt, er werde nicht kommen; vgl. OGHSt **1** 133; OLG Braunschweig NJW **1953** 637; OLG Celle GA **1957** 180.

[794] BGH bei *Holtz* MDR **1978** 806; BGH NJW **1978** 113 nimmt an, daß Gericht sich mit Weigerung auf Grund eines Ersuchens der Staatsanwaltschaft nicht ohne weiteres abfinden darf; dies wird jedoch nur in Ausnahmefällen gelten; vgl. ferner BGH nach *Alsberg/Nüse/Meyer* 631 Fußn. 94 (seit mehreren Monaten unbeantwortet).

[795] BGH bei *Pfeiffer* NStZ **1981** 96; *Alsberg/Nüse/Meyer* 631.

[796] Vgl. § 223, 1; BGH GA **1983** 327; ferner BGH StrVert. **1981** 601; *Alsberg/Nüse/Meyer* 632.

[797] BGHSt **13** N302 = LM Nr. 16 mit Anm. *Geier;* dazu *Hanack* JZ **1972** 115; BGHSt **22** 122; BGH NJW **1978** 113; **1979** 1788; GA **1965** 209; **1971** 85; bei *Holtz* MDR **1978** 459; **1979** 807; bei *Spiegel* DAR **1976** 95; **177** 174; 1978 156; BayObLGSt **1978** 170 = VRS **57** 28; OLG Hamburg JR **1980** 32 mit Anm. *Gollwitzer;* OLG Hamm NJW **1964** 2073; JMBlNW **1983** 223; OLG Karlsruhe VRS **51** 61; LG Düsseldorf NStZ **1982** 299; ferner *Alsberg/Nüse/Meyer* 633 mit weit. Nachw. und Fußn. 804.

[798] BGHSt **22** 122; BGH GA **1955** 125; **1975** 237; NJW **1983** 527; StrVert. **1980** 5 mit Anm. *Schlothauer* **1981** 601; bei *Pfeiffer/Miebach* NStZ **1983** 356; bei *Holtz* MDR **1978** 459; OLG Schleswig SchlHA **1979** 144; KK-*Herdegen* 91; *Kleinknecht/Meyer* 65; KMR-*Paulus* 460; *G. Schäfer* § 79 I 5 f; *Schlüchter* 551.4; vgl. ferner *Alsberg/Nüse/Meyer* 633 mit weit. Nachw.

[799] Die Niederschrift hat vielfach sehr wohl Beweiswert; zur Frage, wieweit die gewonnenen Eindrücke verwertbar sind, vgl. § 223, 42.

[800] RGSt **46** 386 (gebilligt von *Alsberg/Nüse/Meyer* 633) nimmt dies an. Dies darf aber nicht verallgemeinert werden, da es immer auf den Einzelfall, den Gegenstand der Aussage, die Persönlichkeit des Zeugen, seine Verhältnisse zum Angeklagten, seine Verstrickung in das Tatgeschehen und vieles mehr ankommt.

Walter Gollwitzer

rischen Einvernahme in einem gewissen Umfang dadurch möglich, daß dem ersuchten Richter ein entsprechender Fragekatalog übermittelt wird[801]. Umgekehrt ist das Gericht aber auch nicht verpflichtet, eine kommissarische Vernehmung in jedem Fall durchzuführen[802], obwohl es auf Grund der Beweislage, vor allem auch unter Berücksichtigung einer früheren Einlassung des Zeugen, zur Überzeugung gelangt ist, daß die kommissarische Einvernahme unter den konkreten Umständen kein so genügend sicheres Ergebnis erbringen könnte[803], daß es geeignet wäre, die Entscheidung zu beeinflussen[804]. Das Gericht darf dann allerdings auch nicht die Niederschriften über sonstige Einvernahmen des Zeugen als Beweisgrundlage verwenden[804a].

**269**    Aus **anderen Gründen** darf die kommissarische Einvernahme nicht wegen Unerreichbarkeit des Zeugen abgelehnt werden, so nicht etwa deshalb, weil sie bis zum Eintritt der Verjährung der Strafverfolgung nicht durchführbar wäre[805] oder weil der Richter sich weigert, die Übersetzung des Rechtshilfeersuchens in einer ihm unbekannten Sprache zu unterschreiben, obwohl dies für die Gewährung der Rechtshilfe durch den fremden Staat erforderlich ist[805a].

**270**    **g) Aus Rechtsgründen unerreichbar** ist ein Zeuge, bei dem auch nach Erschöpfung aller Zwangsmaßnahmen nicht durchsetzbar ist, daß er vor Gericht aussagt[806] oder bei dem sonst die Rechtsordnung dem Gericht keine Möglichkeit gewährt, eine an sich zulässige Einvernahme herbeizuführen. Die Abgrenzung zu den Fällen unzulässiger Beweiserhebung (Rdn. 186; 197; 260) ist strittig. Ein Zeuge, der sich auf ein Zeugnis- oder Auskunftsverweigerungsrecht berufen kann, sich aber noch nicht erklärt hat, ist nicht unerreichbar. Ob er dann, wenn endgültig feststeht, daß er befugt die Aussage verweigert, zum ungeeigneten Beweismittel wird oder ob auch hier Unzulässigkeit der Beweiserhebung als vorrangiger Ablehnungsgrund in Betracht käme, ist ebenfalls strittig (vgl. Rdn. 290). Er ist aber kein unerreichbares Beweismittel, denn seine Verwendbarkeit scheitert nicht daran, daß das Gericht ihn wegen der Grenzen seiner Rechtsmacht nicht einvernehmen kann, sondern daß es ihn nicht einvernehmen darf[806a].

**271**    Unerreichbar als Zeugen können auch **Personen** sein, deren Namen und Aufenthalt von anderen Behörden **befugt geheimgehalten** wird, wie etwa unter gewissen Vor-

---

[801] Vgl. § 223, 25; § 240, 3.

[802] Hierzu neigen *Arzt* FS Peters 228; *Hanack* JZ **1972** 115; dagegen *Alsberg/Nüse/Meyer* 633.

[803] Insoweit ist eine Vorwegnahme der Beweiswürdigung erlaubt, vgl. BGH GA **1971** 85; *Alsberg/Nüse/Meyer* 634; *Gössel I* § 28 C III c 5; **a**. A *Engels* GA **1981** 27; *Engels* 41; 116.

[804] Ob in solchen Fällen der Beweisantrag wegen Unerreichbarkeit oder wegen mangelnder Eignung des Beweismittels abzulehnen ist, ist strittig; vgl. die Nachweise bei *Alsberg/Nüse/Meyer* 633. Völlige Ungeeignetheit nehmen u. a. an RGSt **46** 386; *Gössel* I § 29 e III c 5; KMR-*Paulus* 130; 460; *Schlüchter* 551.4. Primär ist das Beweismittel in seiner unmittelbaren Form unerreichbar, nur seine Ersatzform (Niederschrift über die kommissarische Einvernahme) ist im konkreten Fall ungeeignet. Es findet eine Überlagerung statt (so auch *Herdegen* NStZ **1984** 340; KK-*Her-*

degen 91), bei der vom Ergebnis her unerheblich ist, wie dies in der Formulierung des Ablehnungsbeschlusses zum Ausdruck gebracht wird, sofern dieser nur darlegt, daß und warum der Zeuge für eine Einvernahme in der Hauptverhandlung nicht erreichbar und seine kommissarische Einvernahme im konkreten Fall für das Gericht ohne Beweiswert ist. Vgl. auch BGH bei *Pfeiffer/Miebach* NStZ **1985** 14.

[804a] *Herdegen* NStZ **1984** 340 (zum Nachteil des Angeklagten).

[805] BayObLGSt **1978** 170 = VRs **57** 28.

[805a] BayObLG bei *Rüth* DAR **1984** 245; **a**. A BGHSt **32** 342 (beide zu Rechtshilfeersuchen, deren polnische Fassung vom Richter unterschrieben werden muß).

[806] RG JW **1933** 966 mit Anm. *Hall;* OLG Hamburg HESt **1** 56; *Alsberg/Nüse/Meyer* 628 mit weit. Nachw.

[806a] So aber BGH bei *Holtz* MDR **1980** 987;

aussetzungen die Namen von Vertrauensleuten oder Informanten der Polizei oder Angehörigen der Nachrichtendienste usw.[807]. Das Gericht darf sich allerdings in der Regel nicht damit begnügen, daß eine nachgeordnete Dienststelle die Bekanntgabe verweigert. Sofern die Berechtigung der Weigerung nicht offensichtlich ist, muß sich das Gericht darum bemühen, den Zeugen doch noch zu erreichen[808]. Erst wenn die zuständige oberste Dienstbehörde verbindlich erklärt hat, daß und warum die Auskunft verweigert wird, ist der Zeuge für das Gericht unerreichbar[809]. Ein darauf gerichteter Beweisantrag darf abgelehnt werden.

Strittig ist, ob ein Zeuge als unerreichbar anzusehen ist, weil er nur außerhalb **272** der Bundesrepublik unter Umständen vernommen werden kann, die für ihn oder andere Personen die naheliegende **Gefahr** begründen, in willkürlicher, nicht rechtsstaatlicher Weise **verfolgt zu werden**[810]. Verweigern die Eltern eines als Zeugen geladenen Kindes wegen drohender **Erziehungs- und Entwicklungsschäden** begründet die Einvernahme in der Hauptverhandlung, so ist das Kind nicht schon deswegen auch ein unerreichbares Beweismittel für die Begutachtung seiner Glaubwürdigkeit durch einen Sachverständigen[811].

**h) Unerreichbarkeit anderer Beweismittel.** Der Grundsatz, daß das Gericht alle **273** nach der Sachlage gebotenen Anstrengungen zur Beibringung des Beweismittels versuchen muß, bevor es den Beweisantrag wegen Unerreichbarkeit des Beweismittels ablehnen darf (Rdn. 262), gilt auch für den **Urkundenbeweis,** so etwa, wenn es sich darum handelt, eine verschwundene Urkunde wieder herbeizubringen[812]. Urkunden, die nicht der Beschlagnahme unterliegen (§97), sind unerreichbar, wenn der Gewahrsamsinhaber sie nicht freiwillig herausgibt[813], desgleichen Urkunden, bei denen die oberste Dienstbehörde eine Sperrerklärung nach §96 abgegeben hat. Verweigern nachgeordnete Behörden die Herausgabe von Schriftstücken, so werden diese dadurch noch nicht

---

auch BGH StrVert. **1984** 408. KMR-*Paulus* 459 nimmt auch bei Beweiserhebungsverboten Unerreichbarkeit an; dagegen *Alsberg/ Nüse/Meyer* 620; vgl. Fußn. 754 und §52, 38, sowie die bei Rdn. 290 angeführten Entscheidungen, die diese Fälle unter dem Blickwinkel der Ungeeignetheit des Beweismittels subsumieren.

[807] BVerfGE **57** 282 = StrVert. **1981** 591 mit Anm. *Kotz;* OLG Hamm MDR **1976** 1040; *Alsberg/Nüse/Meyer* 624; *Bruns* StrVert. **1983** 382; *Geppert* 285; *Gribbohm* NJW **1981** 305; *Heinisch* MDR **1980** 898; *Herdegen* NStZ **1984** 97; *Preuß* StrVert. **1981** 312; *Rebmann* NStZ 1982 317; *Tiedemann* JuS **1965** 14; *Weider* StrVert. **1981** 151; vgl. auch *Herdegen* NStZ **1984** 337 (Parallelisierung der tatsächlichen Unerreichbarkeit und der Unerreichbarkeit auf Grund behördlichen Verhaltens). Wieweit die vom Staat geschaffene rechtliche Unerreichbarkeit mit der faktischen Unerreichbarkeit gleichgesetzt werden darf, ist strittig. Die bei §§250, 251 zu erörternde Frage hat bei §244 Abs. 3 kaum praktische Bedeutung.

[808] Vgl. etwa BGHSt **29** 392 = JR **1981** 477 mit Anm. *Meyer* = StrVert. **1981** 51 mit Anm. *Weider;* BGHSt **30** 34 = JR **1981** 345 mit Anm. *Franzheim;* BGHSt **32** 123; BGH StrVert. **1981** 110 mit Anm. *Plähn* 216; **1981** 111; 596; OLG Hamburg NJW **1982** 295; StrVert. **1984** 11; OLG Koblenz NStZ **1981** 451; wegen der Einzelheiten vgl. bei §54 und §96, ferner §223, 12 und bei §250.

[809] Zur Bindung des Gerichts an diese Erklärung vgl. §§54, 17 und bei §96.

[810] So etwa *Alsberg/Nüse/Meyer* 631; *Kleinknecht/Meyer* 64; BGHSt **17** 347 nimmt Unzulässigkeit an; dazu *Hanack* JZ **1972** 114; *Arndt* NJW **1963** 433; *Schroeder* ROW **1969** 199; vgl. ferner BGH LM Nr. 9; JR **1962** 149 mit Anm. *Eb. Schmidt;* OLG Braunschweig NJW **1953** 637; KK-*Herdegen* 93; vgl. Fußn. 792; 793; ferner Rdn. 204; §223, 13.

[811] OLG Saarbrücken NJW **1974** 1959; vgl. §223, 12.

[812] RGSt **38** 257; *Alsberg/Nüse/Meyer* 634.

[813] *Alsberg/Nüse/Meyer* 634; vgl. bei §97.

Walter Gollwitzer

zu einem unerreichbaren Beweismittel. Es ist vielmehr die Entscheidung der obersten Dienstbehörde einzuholen, ob sie eine solche Sperrerklärung abgeben will. Wegen der Einzelheiten, vor allem auch zur Frage, ob sich das Gericht mit einer unzulänglich begründeten Sperrerklärung begnügen darf, vgl. bei § 96. Zu den Sonderbestimmungen, die die Beweisverwendung von behördlichen Urkunden unzulässig machen, vgl. Rdn. 196. Die Auskunft einer ausländischen Behörde ist nicht deshalb unerreichbar, weil diese nicht unmittelbar, sondern nur auf dem diplomatischen Weg darum ersucht werden kann[813a]. Daß ein **Augenschein** nur mit großen Schwierigkeiten durchführbar ist, macht ihn noch nicht zu einem unerreichbaren Beweismittel[814]; wohl aber, wenn die Vornahme eines Augenscheins von Sachen oder Personen rechtlich nicht durchsetzbar ist[815].

**274**   Ein Fall der Unerreichbarkeit, der die Ablehnung des Verlangens nach Einholung eines **Gutachtens** begründet, ist insbesondere gegeben, wenn dieses eine Untersuchung voraussetzt, der erforderliche Eingriff an dem zu untersuchenden Menschen aber nicht vorgenommen werden kann[816].

**275**   i) **Beschluß.** Der Beschluß, durch den ein Beweisantrag wegen Unerreichbarkeit der Beweismittel abgelehnt wurde, muß die Tatsachen angeben, aus denen das Gericht die Unerreichbarkeit hergeleitet hat[817]. Hat das Gericht Nachforschungen nach dem Beweismittel angestellt, müssen sie geschildert und ihr Ergebnis mitgeteilt werden; hält es solche Nachforschungen von vornherein für aussichtslos, sind die Gründe dafür darzutun[818]. Hält das Gericht die kommissarische Vernehmung eines Zeugen für nutzlos und überflüssig, weil nur die — nicht mögliche — Einvernahme durch das erkennende Gericht der Wahrheitsforschung dienen kann und lehnt es deshalb den Beweisantrag wegen Unerreichbarkeit des Beweismittels ab (vgl. Rdn. 268), dann muß der Beschluß auch dartun, auf Grund welcher Umstände das Gericht zu dieser Überzeugung gekommen ist[819].

### 8. Ungeeignetheit

**276**   a) **Allgemeines.** Absatz 3 läßt die Ablehnung eines Beweismittels als völlig ungeeignet zu. Dem Gericht soll nicht zugemutet werden, einen Beweis zu erheben, dessen völlige Nutzlosigkeit für die Sachaufklärung von vornherein zweifelsfrei ersichtlich ist[820], so daß dies objektiv auf eine bloße Prozeßverschleppung hinauslaufen würde[821].

**277**   **Aus der Natur der Beweismittel** ergibt sich die Ungeeignetheit nur in seltenen Fällen, wie etwa bei Revisionsurteilen für die Feststellung von Tatsachen[822] oder bei einem tauben Zeugen, der für etwas benannt wird, was er gehört oder bei einem blinden Zeu-

---

[813a] BayObLG bei *Rüth* DAR **1982** 253.

[814] OGH JR **1950** 567; *Alsberg/Nüse/Meyer* 634.

[815] Vgl. § 83 c; ferner Sachen und Personen, die den Schutz der Exterritorialität genießen.

[816] RGSt **64** 162.

[817] BGH JR **1984** 129 mit Anm. *Meyer;* OLG Schleswig SchlHA **1976** 170; *Alsberg/Nüse/ Meyer* 762.

[818] *Alsberg/Nüse/Meyer* 762.

[819] BGH GA **1971** 85; KK-*Herdegen* 91; *Alsberg/Nüse/Meyer* 762. Nach *Herdegen* NStZ **1984** 340 ist sorgfältig zu begründen, wenn der kommissarischen Vernehmung vorweg jeder Beweiswert abgesprochen wird; zur

Begründungspflicht ferner BGH JR **1984** 129 mit Anm. *Meyer;* ferner Fußn. 797, 798.

[820] BGHSt **14** 342; BGH NJW **1952** 191; bei *Dallinger* MDR **1973** 372; bei *Spiegel* DAR **1978** 155; **1979** 189; BayObLG GA **1965** 183; MDR **1981** 338; OLG Düsseldorf VRS **57** 289; OLG Köln VRS **24** 217; OLG Schleswig SchlHA **1979** 144; vgl. *Alsberg/Nüse/Meyer* 601 mit weit. Nachw.

[821] BGHSt **14** 342; BGH MDR **1981** 338; bei *Dallinger* MDR **1973** 272; BayObLG MDR **1981** 338; OLG Celle NdsRpfl **1982** 67.

[822] BGHSt **7** 8.

gen, der bekunden soll, was er gesehen hat[823]. Im allgemeinen ist auf Grund der Umstände des Einzelfalls zu entscheiden, ob es nach der Lebenserfahrung völlig ausgeschlossen ist, daß die unter Beweis gestellte Tatsache durch das benannte Beweismittel nachgewiesen werden kann. Bei dieser Prüfung kann das Gericht auf den Akteninhalt zurückgreifen[824]. Es gilt **Freibeweis**[825].

Das Verbot der **Vorwegnahme der Beweiswürdigung** erleidet durch die Würdi- **278** gung eines Beweismittels als ungeeignet zwar eine gewisse Ausnahme. Bei der großen Bedeutung dieses in die Wahrheitsforschungspflicht eingeschlossenen Verbots sind diese Ausnahmen jedoch so eng als möglich zu ziehen. Das Gericht hat insoweit keinen Ermessensspielraum[826]. Es darf den Antrag auf Vernehmung eines Zeugen nur ablehnen, wenn bei Anlegung eines strengen Maßstabs außer Zweifel steht, daß nach sicherer Lebenserfahrung die unter Beweis gestellte Tatsache mit dem Beweismittel nicht nachgewiesen werden kann[827]. Bei einem Zeugen muß absolut feststehen, daß eine für die Sache verwertbare Aussage von diesem Zeugen keinesfalls zu erwarten ist, daß seine Vernehmung also völlig nutzlos wäre[828].

Das Gericht muß Beweismittel und Beweistatsachen grundsätzlich allein aus sich **279** selbst heraus beurteilen, **unabhängig vom Ergebnis** der **bisher durchgeführten Beweisaufnahme.** Es geht nicht an, aus deren Ergebnis einen Schluß auf die Wertlosigkeit des verlangten Zeugnisses zu ziehen[829]. Wollte man einen solchen Schluß zulassen, so würde der legitime Versuch eines Beteiligten, die aus den gebrauchten Beweismitteln erwachsenen Vorstellungen von den zu untersuchenden Ereignissen oder Zuständen durch einen Gegenbeweis zu verdrängen, verhindert. Die dem Gericht obliegende vollkommene Aufklärung des Sachverhalts würde vereitelt[830].

Der Ablehnungsgrund der **völligen Ungeeignetheit** umfaßt die Fälle, mit denen **280** präsente Beweismittel nach **§ 245 Abs. 2** abgelehnt werden dürfen, er reicht aber über diese nach dem Regelungszweck sehr eng auszulegende Vorschrift hinaus. Die Rechtsprechung zu § 245 Abs. 2 kann daher bei § 244 Abs. 3 Satz 2 herangezogen werden; umgekehrt ist dies dagegen nicht in allen Fällen möglich. Die Gründe, die eine Ablehnung des Beweisantrags wegen völliger Ungeeignetheit des Beweismittels rechtfertigen, können in zwei Gruppen zusammengefaßt werden. Die eine Gruppe sind die Beweismittel,

---

[823] *Eb. Schmidt* 53; *Gössel* I § 29 · C III c 5; *Schlüchter* 550; ferner *Alsberg/Nüse/Meyer* 603 mit weit. Nachw.

[824] *Alsberg/Nüse/Meyer* 145; 603.

[825] BGH MDR **1981** 338; bei *Pfeiffer/Miebach* NStZ **1985** 14; BayObLG bei *Rüth* DAR **1982** 253; OLG Düsseldorf VRS **57** 291; KMR-*Paulus* 357; *Alsberg/Nüse/Meyer* 603; 122 mit weit. Nachw.; ferner allgemein zum Freibeweis Rdn. 3 ff.

[826] BGH VRS **47** 19.

[827] BGHSt **14** 342; BGH GA **1956** 384; LM Nr. 11; MDR **1970** 778; VRS **47** 20; NStZ **1981** 32; StrVert. **1981** 394; **1982** 101; bei *Holtz* MDR **1977** 108; **1978** 291; 988; bei *Pfeiffer* NStZ **1981** 96; bei *Pfeiffer/Miebach* **1983** 356; bei *Spiegel* DAR **1976** 95; **1977** 174; **1978** 155; **1979** 189; **1980** 207; **1981** 198; BayObLG MDR **1983** 338; BayObLG bei *Rüth* DAR **1982** 253; OLG Celle NdsRpfl **1982** 67; OLG

Frankfurt DAR **1977** 305; MDR **1984** 74; OLG Hamm JMBlNW **1964** 215; **1982** 225; VRS **7** 131; OLG Köln VRS **59** 351; **63** 126; KK-*Herdegen* 86; *Kleinknecht/Meyer* 58; KMR-*Paulus* 125; *Alsberg/Nüse/Meyer* 602 mit weit. Nachw.

[828] BGHSt **14** 339; KG VRS **43** 199; vgl. Fußn. 827; 843. *Engels* GA **1981** 28 kritisiert, daß sich die Rechtsprechung oftmals mit der höchstwahrscheinlichen Untauglichkeit begnügt.

[829] BGH LM Nr. 71; GA **1956** 384; NStZ **1981** 32; **1984** 564; StrVert. **1981** 394; VRS **47** 20; BGH bei *Holtz* MDR **1976** 108; **1978** 281; 988; BayObLG MDR **1981** 338; OLG Hamm JMBlNW **1964** 215; OLG Köln VRS **24** 217; *Weigelt* DAR **1964** 314.

[830] RGSt **63** 332; RG HRR **1934** Nr. 1426; OGHSt **3** 144.

bei denen **objektiv unmöglich** ist, daß der Beweis für die behauptete Tatsache mit ihnen erbracht werden kann; insoweit deckt er sich mit dem Ablehnungsgrund des § 245 Abs. 2. Die andere Gruppe stellt dagegen auf den mangelnden Beweiswert des **konkret benannten** einzelnen **Beweismittels** ab. In dem einen Fall kann der Zeuge nichts Sachdienliches bekunden, im anderen muß zur Gewißheit des Gerichts feststehen, daß er dies nicht will. Die letztgenannte Fallgruppe findet in § 245 Abs. 2 keine Entsprechung[831].

**281**    b) Das **Unvermögen des Zeugen zum wahren Zeugnis** kann sich — je nach dem Gegenstand, über den er aussagen soll — aus dem physischen oder psychischen Unvermögen zur Wahrnehmung des unter Beweis gestellten Vorgangs ergeben, etwa aus dauernden körperlichen oder geistigen Gebrechen[832], die die Wahrnehmung oder aber eine Aussage über die Beweistatsache unmöglich machen[833]. Sie kann sich aus einer vorübergehenden geistigen Störung oder aus Trunkenheit zur Zeit der Wahrnehmung ergeben[834]. Die Umstände, aus denen dies folgt, müssen aufgezeigt werden[835]. Dem Zeugen kann ferner eine richtige Auffassung des zu schildernden Vorgangs unmöglich gewesen sein, weil dieser, wie das bei einem wenige Jahre alten Kind zutreffen mag, seine geistigen Fähigkeiten überstieg[836], aber auch, weil feststeht, daß der Zeuge von seinem Standort aus den Vorgang nicht wahrnehmen konnte[837]. Gleiches gilt, wenn die Wahrnehmung eine besondere Sachkunde erforderte, über die er nicht verfügte[838]. So kann ein Zeuge ungeeignet für einen Beweis sein, dessen Schwerpunkt in der Beurteilung einer ein technisches Fachwissen erfordernden Schlußfolgerung liegt. Dagegen kann ein Lehrer für die Beurteilung der Glaubwürdigkeit eines Kindes ein geeigneter Zeuge sein[839]. Der pornographische Inhalt eines Films ist trotz der Wertungsfrage dem Zeugenbeweis zugänglich[840]. Geisteskrankheit macht nicht unter allen Umständen ungeeignet zum Zeugnis[841]. Gleiches gilt für geistige Behinderung[842].

**282**    An die zuvor angeführten Gründe des objektiven Unvermögens reihen sich die mit äußerster Sorgfalt unter Berücksichtigung aller nur möglichen Besonderheiten der einzelnen Sache zu prüfenden Fälle an, in denen die allgemeine Lebenserfahrung es ausgeschlossen erscheinen läßt, daß die Beweisaufnahme **etwas Sachdienliches erbringt;** vor allem, daß ein weit zurückliegendes, für den Zeugen belangloses Ereignis in dessen **Gedächtnis** geblieben sei[843], so, wenn ein Lastwagenfahrer nach 5 Monaten bekunden soll, er sei auf einer Bundesstraße vom Angeklagten nicht überholt worden[844]. Allerdings kann ein Beamter des Funkstreifendienstes, der wiederholt Anzeigen entgegenzunehmen hat, nicht mit der Begründung als ungeeignetes Beweismittel bezeichnet wer-

---

[831] Vgl. § 245, 72; 73; ferner *Alsberg/Nüse/Meyer* 828.

[832] RGSt **31** 404; RG Recht **1915** Nr. 1256; **1920** Nr. 526.

[833] *Alsberg/Nüse/Meyer* 603.

[834] RG GA **54** (1907) 303; OLG Düsseldorf VRS **57** 290; OLG Hamm DAR **1961** 203; JMBlNW **1982** 224; *Alsberg/Nüse/Meyer* 603; KMR-*Paulus* 133; *Kleinknecht/Meyer* 59.

[835] OLG Hamm JMBlNW **1982** 224 (Verlust der Erinnerungsfähigkeit hängt vom Grad der Alkoholisierung ab).

[836] RG GA **39** (1891) 219; RG Recht **1910** Nr. 2768; JW **1914** 434; *Seibert* NJW **1960** 19; *Alsberg/Nüse/Meyer* 604 mit weit. Nachw.

[837] OLG Düsseldorf VRS **57** 289; vgl. BGH StrVert. **1981** 113; *Alsberg/Nüse/Meyer* 605; KMR-*Paulus* 134.

[838] RG GA **49** (1903) 264; BGH VRS **21** 431; *Alsberg/Nüse/Meyer* 605; *Eb. Schmidt* 53; *Kleinknecht/Meyer* 59; KMR-*Paulus* 135.

[839] BGH GA **1967** 343; *Alsberg/Nüse/Meyer* 605; KMR-*Paulus* 135.

[840] OLG Stuttgart Justiz **1982** 400.

[841] RGSt **58** 396; RG JW **1932** 3268.

[842] *Hetzer/Pfeiffer* NJW **1964** 441.

[843] RGSt **54** 181; **56** 134; **58** 380; RG GA **71** (1927) 130; JW **1932** 3097; BGH bei *Dallinger* MDR **1973** 372; bei *Spiegel* DAR **1983** 203.

[844] BayObLGSt **1964** 135 = VRS **28** 214.

den, daß er sich nach acht Monaten nicht mehr an den Wortlaut der Angaben eines Anzeigenerstatters erinnern könne[845]. Dies gilt erst recht bei einem Beamten, der seine Aussage auf schriftliche Unterlagen stützen kann[845a]. Bei bewußt wahrgenommenen Ereignisses macht der Zeitablauf allein den Zeugen noch nicht zu einem ungeeigneten Beweismittel[846]. Völlig ungeeignet kann ein Zeuge sein, der zum Beweis für **innere Tatsachen** benannt wird, obwohl keine äußerlich wahrnehmbaren Tatsachen angeführt werden können, die einen Schluß auf jene inneren Tatsachen ermöglichen[847]. Das Gericht muß allerdings vor der Ablehnung klarstellen, daß der Antragsteller keine für innere Tatsachen indiziellen äußeren Tatsachen in das Wissen des Zeugen stellen will.

Das **Gutachten** eines Sachverständigen oder eine bestimmte Beweismethode können ebenfalls ungeeignete Beweismittel sein, so etwa der Sachverständigenbeweis für eine von jedermann ohne besondere Sachkunde festzustellende Tatsache, die durch Zeugen oder einen Augenschein beweisbar ist[848], oder wenn eine Begutachtung aus der Sicht einer Fachrichtung gefordert wird, die für die Beweisbehauptung nicht einschlägig ist[849], oder die für eine wissenschaftliche Beweisführung ausscheidet[850]. Was durch Sachverständige beweisbar ist, hängt vom jeweiligen Erkenntnisstand der Wissenschaft ab. So ist ein Gutachten über die Auswirkungen der Reizwetterlage nicht völlig ungeeignet[851]. **283**

Ein **Sachverständiger** ist trotz hervorragender Sachkunde ein ungeeignetes Beweismittel, wenn es nicht möglich ist, ihm die **sicheren tatsächlichen Unterlagen** zu verschaffen, deren er für sein Gutachten bedarf[852]. Vorweg ist allerdings zu klären, ob die Anknüpfungstatsachen, die der Sachverständige für sein Gutachten braucht, nicht ermittelbar sind[853]. Ein völlig ungeeignetes Beweismittel ist ein Sachverständigengutachten auch, wenn es sich auf Tatsachen stützen soll, die das Gericht bereits als Beweisgrund- **284**

---

845 BGH StrVert. **1981** 167; OLG Hamm DAR **1957** 132; **1961** 203; *Weigelt* DAR **1964** 314.

845a BGH StrVert. **1982** 339.

846 OLG Frankfurt JR **1984** 40 mit Anm. *Peters.*

847 KG VRS **43** 193; OLG Schleswig bei *Ernesti/Jürgensen* SchlHA **1975** 190; *Alsberg/Nüse/Meyer* 604; KMR-*Paulus* 134; vgl. aber BGH bei *Pfeiffer/Miebach* NStZ **1984** 210 (Bekundung äußerer Umstände, die auf innere Tatsachen schließen lassen).

848 KG VRS **48** 132; OLG Düsseldorf VRS **60** 122; OLG Koblenz VRS **38** 37 (Zeugenbeweis wäre möglich gewesen); es kommt aber immer auf Einzelfall an; ferner *Alsberg/Nüse/Meyer* 606.

849 *Alsberg/Nüse/Meyer* 606. Grundsätzlich ist das Gericht aber an den vorgeschlagenen Sachverständigen nicht gebunden; es kann auch einen Sachverständigen aus einer anderen Fachrichtung wählen, BGH bei *Holtz* MDR **1984** 981.

850 Vgl. BGH NJW **1978** 1207 (Parapsychologie); vgl. *Alsberg/Nüse/Meyer* 606; *Krause* FS Peters 327; *Wimmer* NJW **1976** 1133; ferner bei §261.

851 AG Ingolstadt DAR **1953** 133 (Gutachten

einer physikalisch-bioklimatischen Forschungsstelle über Reizwetterlage); weitere Beispiele BGH NStZ **1984** 521 (Anthropologisches Gutachten für Identitätsnachweis bei Vermummung); ferner OLG Hamm GA **1968** 282; OLG Köln NJW **1967** 2416; zust. *Koffka* JR **1968** 228 (erbbiologisches bzw. serologisches Vaterschaftsgutachten); OLG Köln JR **1954** 69; OLG Hamm VRS **7** 130 (Auskunft über Lichtverhältnisse und Wetter zur Tatzeit).

852 Vgl. BGHSt. **14** 342 (Leiche zu stark verwest), zust. *Hanack* JZ **1972** 116; ferner etwa BGH NStZ **1981** 32; StrVert. **1982** 102; BGH bei *Holtz* MDR **1977** 108; **1978** 627; bei *Spiegel* DAR **1979** 189; BayObLGSt **1966** 4 = JR **1966** 227; BayObLG VRS **59** 266; bei *Rüth* DAR **1984** 244; OLG Celle NdsRpfl. **1982** 66; OLG Hamm NJW **1968** 1205; OLG Koblenz VRS **45** 367; **50** 185; OLG Köln VRS **63** 126; OLG Zweibrücken VRS **61** 435; KK-*Herdegen* 89; *Kleinknecht/Meyer* 59; KMR-*Paulus* 138; ferner *Alsberg/Nüse/Meyer* 606 mit weit. Nachw.

853 BGH NJW **1983** 404; BGH StrVert. **1984** 60; bei *Pfeiffer/Miebach* NStZ **1983** 211.

---

Walter Gollwitzer

lage ausgeschlossen hat[854] oder die wegen der besonderen Umstände[855] oder der verflossenen Zeit[856] nicht rekonstruiert werden können. Daß ein Zeuge die Aussage verweigert, rechtfertigt nicht die Ablehnung des Sachverständigenbeweises über die Glaubwürdigkeit früherer Aussagen[857]. Gleiches gilt bei Gutachten über die frühere geistige Beschaffenheit eines Menschen[858]. Ein Sachverständigengutachten über die Alkoholverträglichkeit des Angeklagten ist in der Regel kein geeignetes Mittel, um nachträglich dessen auf Grund des Blutalkoholgehalts eindeutig festgestellte Fahruntüchtigkeit in Frage zu stellen; auch nicht in Verbindung mit einer nachträglichen Belastungs- oder Fahrprobe[859].

**285**   Die Frage nach der **Eignung bestimmter Untersuchungsmethoden** ist nach der Lebenserfahrung und dem Stande der wissenschaftlichen Erkenntnis zu beantworten[860].

**286**   Ein Sachverständiger ist nicht schon deswegen ein völlig ungeeignetes Beweismittel, weil ihm möglicherweise die **Unbefangenheit** fehlt[861] oder weil sein Gutachten nicht die tatsächliche Richtigkeit eines bestimmten Sachhergangs, sondern nur dessen theoretische **Möglichkeit** oder dessen **Wahrscheinlichkeit** bestätigen kann[862]; es ist Sache der späteren Beweiswürdigung, welche Schlüsse das Gericht daraus zieht.

**287**   **Urkunden** können völlig ungeeignete Beweismittel sein, wenn sich die Tatsache, die bewiesen werden soll, nicht aus ihnen ergeben kann[863] oder wenn es auf den ursprünglichen Inhalt ankommt und feststeht, daß dieser nachträglich verfälscht wurde[864], oder wenn nicht aufklärbar ist, ob die Abschrift dem Original entspricht[865]. Es kommt aber immer auf die gesamte Beweislage an, in Verbindung mit anderen Beweismitteln können auch solche Urkunden als Beweismittel geeignet sein[866].

**288**   Ein **Augenschein** ist völlig ungeeignet, wenn sich sein Gegenstand nach der Tat so verändert hat, daß er keine hinreichenden Anhaltspunkte über seine frühere Beschaffenheit mehr bietet[867] oder wenn die Gesamtzustände nicht mehr rekonstruierbar sind

---

[854] BGH bei *Holtz* MDR **1982** 283; vgl. OLG Koblenz VRS **45** 369.

[855] Vgl. BGH bei *Holtz* MDR **1976** 108 (Fehlen des sexuellen Impulses bei Vergewaltigung); *Alsberg/Nüse/Meyer* 607.

[856] Vgl. BayObLGSt **1966** 6 = JR **1966** 227 (Zuverlässigkeit eines vor Monaten benutzten Radargeräts); OLG Düsseldorf VRS **60** 122 (Blutprobe); es kommt aber auf die Umstände an, ob Sachverständigenbeweis noch ein geeignetes Erkenntnismittel ist (vgl. BGH bei *Holtz* MDR **1978** 988).

[857] BGHSt **14** 21; **23** 1 = JR **1970** 67 mit Anm. *Peters;* BGH NStZ **1982** 432; bei *Holtz* MDR **1979** 988; StrVert. **1981** 216; weit. Nachw. bei *Alsberg/Nüse/Meyer* 608 und bei § 81 c.

[858] BGH bei *Holtz* MDR **1979** 988.

[859] BGHSt **10** 265; BGH VRS **25** 264; **28** 190; **36** 189; BGH bei *Holtz* MDR **1977** 108; bei *Martin* DAR **1969** 151; **1970** 123; **1972** 120; OLG Hamm VRS **34** 287; NJW **1968** 1468; OLG Oldenburg VRS **46** 198; *Marmann* GA **1953** 148; *Weigelt* DAR **1964** 317; *Wiethold/Gruber* NJW **1955** 371; ferner *Alsberg/Nüse/Meyer* 607 mit weit. Nachw.

[860] Vgl. etwa BayObLGSt **1952** 236; OLG Hamm VRS **39** 218 (Eignung von Geschwindigkeitsmeßsystem).

[861] *Alsberg/Nüse/Meyer* 606.

[862] BGH NJW **1983** 404; NStZ **1984** 564; StrVert. **1984** 231; 232; VRS **47** 19; BGH bei *Holtz* MDR **1978** 627; 988; **1979** 989; bei *Pfeiffer/Miebach* NStZ **1984** 210; **1985** 14; bei *Spiegel* DAR **1983** 203; BayObLG MDR **1981** 338; OLG Celle NdsRpfl. **1982** 67; OLG Köln VRS **63** 126; *Alsberg/Nüse/Meyer* 606; KK-*Herdegen* 89; KMR-*Paulus* 136.

[863] Vgl. *Alsberg/Nüse/Meyer* 609: Vorlage der Abschrift eines Briefes besagt in der Regel nichts über Absendung oder Zugang; anders, wenn entsprechende Bearbeitungsvermerke vorhanden sind.

[864] *Beling* JW **1927** 2782; *Alsberg/Nüse/Meyer* 609 mit weit. Nachw.

[865] RG GA **39** (1891) 234; *Alsberg/Nüse/Meyer* 608; *Wömper* MDR **1980** 980.

[866] RG Recht **1928** Nr. 992.

[867] RGSt **47** 106; *Alsberg/Nüse/Meyer* 609; *Weigelt* DAR **1964** 314; vgl. Rdn. 329.

(Lichtverhältnisse am Unfallort)[868] oder wenn er überhaupt keinen Aufschluß über die Beweistatsache geben kann[869].

**c) Mangelnder Beweiswert.** In Ausnahmefällen kann der **mangelnde Wille** zu **289** einer brauchbaren sachlichen Aussage einen Zeugen zu einem völlig ungeeigneten Beweismittel machen, etwa, wenn das Gericht auf Grund festgestellter Tatsachen zur Überzeugung gelangt, ein Zeuge werde wegen seiner feindseligen Einstellung zu Gericht und Staat weiterhin jede Einlassung verweigern[870].

Als ungeeignet wird von einem Teil der Rechtsprechung und des Schrifttums **290** auch ein Zeuge angesehen, der im Bewußtsein seines **Rechts zur Verweigerung des Zeugnisses** dem erkennenden Gericht gegenüber erklärt hat, er werde von diesem Recht Gebrauch machen, falls er zur Hauptverhandlung geladen werde[871]. Die Ablehnung der Vernehmung eines solchen Zeugen kann auch dann ausreichend begründet sein, wenn er die Aussage berechtigterweise verweigert hatte, als er durch einen beauftragten oder ersuchten Richter vernommen werden sollte, und wenn kein Anhalt dafür besteht, daß er nunmehr aussagen werde[872]. Dies gilt aber nur, wenn die Sachlage sich seit der Zeugnisverweigerung nicht verändert hat. Ergeben sich Anzeichen dafür, daß der Zeuge sich anders entscheiden könnte, so muß dem Beweisantrag stattgegeben werden, etwa, wenn ersichtlich ist, daß sich der Zeuge über die rechtliche Tragweite der Zeugnisverweigerung irrt[873]. Insbesondere darf das Berufungsgericht, wenn der Zeuge das Zeugnis im ersten Rechtszug verweigert hat, den Antrag, ihn als Zeugen zu vernehmen, nicht ohne weiteres mit der Begründung ablehnen, daß er ein ungeeignetes Beweismittel sei, weil ihm der Wille zum Zeugnis fehle[874]. Desgleichen ist ein Zeuge nicht schon deshalb ein völlig ungeeignetes Beweismittel, weil er nach § 55 berechtigt ist, die Auskunft zu verweigern[875].

Ob ein Zeuge schon deshalb ungeeignet ist, weil seine **persönliche Unglaubwür-** **291** **digkeit** so sehr zu Tage liegt, daß mit einer wahrheitsgemäßen Aussage nicht gerechnet werden kann, erscheint zweifelhaft[876]. Da das Gericht grundsätzlich den Wert eines Beweismittels nur auf Grund seines eigenen Eindrucks in der Hauptverhandlung beurteilen darf, kann der Ablehnungsgrund der Unbrauchbarkeit des angebotenen Beweismittels nur in seltenen **Ausnahmefällen** auf die voraussichtliche Unglaubwürdigkeit des be-

---

[868] BGH bei *Martin* DAR **1962** 74; *Weigelt* DAR **1964** 314; ferner OLG Hamm JMBlNW **1978** 277 (Ortsbesichtigung in Verbindung mit Versuch); es kommt aber immer auf den Einzelfall an; vgl. OLG Frankfurt DAR **1977** 305.

[869] Vgl. *Alsberg/Nüse/Meyer* 609: Besichtigung eines Hauses besagt nichts, welches Zimmer zur Tatzeit beleuchtet war; ferner OLG Frankfurt VRS **64** 287 (Lichtbild zum Nachweis des Tathergangs einer Geschwindigkeitsüberschreitung nicht geeignet).

[870] BGH bei *Schmidt* MDR **1983** 4 = NStZ **1982** 41 (L).

[871] RG HRR **1937** 615; BGHSt **21** 12 = NJW **1966** 742 mit Anm. *Seydel*; dazu *Hanack* JZ **1972** 115; BGH NStZ **1982** 126; RG HRR **1937** Nr. 615; BayObLGSt **1967** 49 = GA **1967** 372. Die ältere Rechtsprechung des Reichsgerichts sah den Zeugen bei einer sol-

chen Erklärung als unzulässiges Beweismittel an, z. B. RGSt **38** 257; **40** 346; **41** 32; ferner BGHSt **14** 23; *Eb. Schmidt* 34; vgl. Rdn. 187; 197. Gelegentlich wird ein solcher Zeuge auch als unerreichbar angesehen; vgl. Rdn. 270 und § 52, 40; § 53, 58. Bei richtiger Sachbehandlung im übrigen ist die Zuordnung nicht entscheidend. BayObLGSt **1967** 49 = MDR **1967** 606 läßt die Frage als letztlich unbedeutend offen; vgl. *Alsberg/Nüse/Meyer* 452; 620.

[872] RG HRR **1939** Nr. 1566.

[873] BGHSt **21** 12; BayObLGSt **1967** 49 = MDR **1967** 606.

[874] RG JW **1932** 3100.

[875] RG JW **1931** 3560; BGH bei *Holtz* MDR **1978** 281; **1981** 196; *Alsberg/Nüse/Meyer* 614; vgl. bei § 55.

[876] *Hanack* JZ **1972** 116 zu BGHSt **14** 342; vgl. BGH bei *Holtz* MDR **1982** 104.

nannten Zeugen, auf seine Unzuverlässigkeit[877] oder sonstige den Beweiswert aufhebende Umstände gestützt werden[878]. Grundsätzlich erfordert die Aufklärungspflicht, den benannten Zeugen auch dann zu hören, wenn Umstände vorliegen, aus denen es **Zweifel an der Glaubwürdigkeit** des Zeugen herleiten kann[879]; beispielsweise: eine durch Vorbestrafungen, insbesondere wegen Eidesverletzung erwiesene Unwahrhaftigkeit des Zeugen[880].

**292**    Nur bei **Hinzutreten besonderer Umstände**, beispielsweise, wenn der Zeuge bereits wegen der früheren Bestätigung der Beweistatsache wegen Meineids verurteilt worden ist[881], kann seine Eignung als Beweismittel schon **im voraus** verneint werden. Persönliche Beziehungen des Zeugen zum Angeklagten, wie Verlöbnis, Ehe, Verwandtschaft, Schwägerschaft[882], sonstige Beziehungen[883], wirtschaftliche Abhängigkeit[884], Freundschaft oder Feindschaft[885], aber selbst eine versuchte Anstiftung zur Falschaussage[886] rechtfertigen den Schluß auf die völlige Ungeeignetheit nicht. Gleiches gilt bei einer Verstrickung des Zeugen in den Gegenstand der Untersuchung[887], wie etwa Anzeichen dafür, daß der Zeuge die Tat selbst begangen oder sich irgendwie an ihr beteiligt[888] oder den Angeklagten begünstigt hat[889] oder daß er einer Straftat schuldig geworden ist, die mit der dem Angeklagten zur Last gelegten Tat in einem inneren Zusammenhang steht oder dieser tatsächlich oder rechtlich gleicht[890]. Es rechtfertigt keiner der angeführten Umstände für sich allein schon die Ablehnung des Beweisantrags aus dem hier erörterten Grund. Dem Richter, der sein Amt gewissenhaft und geschickt ausübt, dient das Zeugnis, auch wenn ein solcher Umstand vorliegt, doch dazu, daß er etwas zur Erkenntnis der Wahrheit aus ihm gewinnt. Der sichere Schluß auf die völlige Wertlosigkeit des angebotenen Zeugnisses erfordert, daß entweder mehrere Um-

---

[877] Vgl. etwa OLG Schleswig SchlHA **1979** 144.

[878] Vgl. Rdn. 281 ff; die verschiedenen Gründe können kombiniert auftreten, maßgebend ist die Gesamtschau.

[879] RGSt 31 140; 74 149; 75 14; 77 200; RG GA 54 (1907) 303; 60 (1913) 420; Recht **1925** Nr. 116; DRiZ **1928** Nr. 419; HRR **1939** Nrn. 359; 1209; OLG Hamburg NJW **1953** 917; OLG Köln VRS 24 217.

[880] RGSt 46 383; RG JW **1927** 2467 mit Anm. *Mannheim;* **1928** 2255; *Dahs/Dahs* 263; *Alsberg/Nüse/Meyer* 614.

[881] KG JR **1983** 479; vgl. *Alsberg/Nüse/Meyer* 614 (mehrfache Verurteilung wegen Eidesdelikte).

[882] RGSt 56 140; 63 331; RG JW **1925** 371 mit Anm. *Oetker;* JW **1937** 761; RG Recht **1903** Nr. 911; BGH NJW **1952** 191; BGH bei *Spiegel* DAR **1977** 174; OLG Hamm JMBlNW **1950** 62; OLG Köln VRS 24 217; OLG Stuttgart JR **1975** 383 mit Anm. *Göhler; Alsberg/Nüse/Meyer* 611 mit weit. Nachw.

[883] RG Recht 1918 Nr. 828 (Zuhälter); RGSt 46 385 (Bekanntschaft aus Strafanstalt).

[884] RG JW **1932** 405 mit Anm. *Oetker; Alsberg/Nüse/Meyer* 615.

[885] *Alsberg/Nüse/Meyer* 615; KK-*Herdegen* 88.

[886] RG HRR **1934** Nr. 1426; *Alsberg/Nüse/Meyer* 611; KK-*Herdegen* 88; KMR-*Paulus* 127. RG Recht **1917** Nr. 1197 billigte, daß ein Zeuge, den der Antragsteller zu einer falschen Aussage verleiten wollte, abgelehnt wurde; allgemein kann dies jedoch nicht angenommen werden.

[887] RGSt 31 139; RG JW **1933** 451 mit Anm. *Alsberg;* **1932** 404 mit Anm. *Oetker;* GA 54 (1907) 303; RG HRR **1932** Nr. 79; BGH bei *Spiegel* DAR **1981** 198; OLG Hamburg NJW **1953** 917; OLG Hamm NJW **1968** 954; KMR-*Paulus* 127; ferner *Alsberg/Nüse/Meyer* 612 mit weit. Nachw. zu der nicht immer gleichstrengen Rechtsprechung.

[888] RGSt 31 139; RG LZ **1917** 235; **1919** 1144; wegen weit. Nachw. vgl. Fußn. 883.

[889] BGH NJW **1952** 191; BGH bei *Holtz* MDR **1978** 281; RGSt 51 69 (Hehler); vgl. RG Recht **1920** Nr. 527 (Vortäter des Hehlers); KMR-*Paulus* 121; 126.

[890] RGSt 31 139; RG DJZ **1903** 574; HRR **1939** Nr. 359; 1209.

stände der erörterten Art sich häufen, wobei aber das auf §60 beruhende Verbot der Vereidigung im Verhältnis zu seiner Voraussetzung nicht als eine Häufung angesehen werden kann, ohne daß noch ein weiterer, der einzelnen Sache eigentümlicher Umstand, der aus dem Lebensalter des Zeugen oder seiner seelischen oder wirtschaftlichen Abhängigkeit vom Angeklagten entnommen werden mag, unterstützend hinzutritt[891]. Der Beweiswert der zu erwartenden Aussage darf nicht nur zweifelhaft erscheinen; es muß schon im vornehinein eindeutig erkennbar sein, daß das Beweismittel keinen Einfluß auf die Überzeugungsbildung haben kann, seine Verwendung also zwecklos ist. Es liegt auf der Hand, daß dies nur in seltenen Ausnahmefällen mit der nötigen Sicherheit vorher feststellbar ist[892].

**293** Das Gericht verletzt Absatz 3 und zugleich die **Aufklärungspflicht**, wenn es die Vernehmung des Zeugen allein um deswillen ablehnt, weil einer oder mehrere Gründe vorliegen, die den Beweiswert des benannten Zeugen zweifelhaft erscheinen lassen. Kommt in Frage, ob die Unglaubwürdigkeit des Zeugen aus einer früheren außergerichtlichen Angabe zu folgern sei, so muß das Gericht den Gegenbeweis zulassen, daß der Zeuge diese Angabe überhaupt nicht oder in einem anderen Sinn gemacht habe[893].

**294** d) Die **Begründung** des Beschlusses, der die Beweiserhebung ablehnt, muß alle tatsächlichen Umstände dartun, aus denen das Gericht auf die völlige Wertlosigkeit des angebotenen Beweismittels schließt[894]. Stützt sich die Annahme der Ungeeignetheit auf die Beziehungen zwischen Angeklagten und Zeugen, so sind diese konkret in den hierfür wesentlichen Bereichen darzustellen[895]. Überhaupt müssen die Tatsachen, aus denen das Gericht auf die völlige Wertlosigkeit des Beweismittels schließt, sowie die dafür maßgebenden Überlegungen so konkret mitgeteilt werden, daß der Antragsteller noch in der Hauptverhandlung Gegenvorstellungen erheben und später das Revisionsgericht nachprüfen kann, ob die Annahme der mangelnden Eignung frei von Rechtsfehlern ist[896].

## VII. Beweisanträge auf Vernehmung eines Sachverständigen (Absatz 4)

**295** **1. Allgemeines.** Bis zum Vereinheitlichungsgesetz, das den Absatz 4 einfügte, bildete für die Rechtsprechung die allgemeine Lebenserfahrung und die für jedes Gericht verbindliche Pflicht zur vollständigen und wahrheitsgemäßen Aufklärung der Sache die rechtliche Grundlage für die Entscheidung über Anträge auf Vernehmung eines Sachverständigen, wie sie noch jetzt für die Entscheidung der Frage maßgebend ist, ob das Gericht von Amts wegen einen Sachverständigen zuziehen soll. Was Absatz 4 ausdrücklich über die Gründe sagt, aus denen der Antrag auf Vernehmung eines Sachverständigen oder der Antrag auf Zuziehung eines weiteren Sachverständigen abgelehnt werden kann, sowie über die Fälle, in denen die Anhörung eines weiteren Sachverständigen geboten ist, entspricht im wesentlichen den Ergebnissen der früheren Rechtsprechung.

---

[891] Vgl. die kaum zur Verallgemeinerung geeigneten Beispiele aus der Rechtsprechung bei *Alsberg/Nüse/Meyer* 610 ff; ferner KG JR **1983** 479.

[892] KK-*Herdegen* 88; *Kleinknecht/Meyer* 61; KMR-*Paulus* 126; *Alsberg/Nüse/Meyer* 611.

[893] RGSt **51** 124.

[894] BGH VRS **19** 20; JR **1954** 310; BayObLG MDR **1981** 338; OLG Hamm JMBlNW **1982** 224; OLG Köln VRS **24** 217; OLG Schleswig SchlHA **1979** 144; *Alsberg/Nüse/Meyer* 760; KK-*Herdegen* 90.

[895] *Alsberg/Nüse/Meyer* 761.

[896] KK-*Herdegen* 90.

Walter Gollwitzer

Diese behält deshalb für die Auslegung des Absatzes 4 ihren Wert. Zwischen der Prüfung, ob die Anhörung eines Sachverständigen von Amts wegen geboten sei, und der durch den Antrag auf Vernehmung eines Sachverständigen veranlaßten Prüfung, besteht kein durchgreifender rechtlicher Unterschied. Er wird meist nur darin liegen, daß dem Gericht mit dem Antrag auf Vernehmung eines Sachverständigen ein Tatsachenstoff unterbreitet wird, der ihm sonst möglicherweise unbekannt bliebe. Bei dem engen und untrennbaren Zusammenhange zwischen den Anforderungen der Aufklärungspflicht und den für das Verfahren gegenüber Beweisanträgen maßgebenden Grundsätzen haben die Ausführungen zu Absatz 2 auch hier Bedeutung.

**296**    2. Die **Abgrenzung** zwischen Sachverständigengutachten und **Zeugenaussage** ist mitunter schwierig, vor allem, wenn ein **sachkundiges Zeugnis** begehrt wird. Für die Einvernahme eines sachverständigen Zeugen gelten die zusätzlichen Ablehnungsgründe des Absatzes 4 nicht (vgl. etwa BGH StrVert. 1982 102). Die Einzelheiten sind bei § 85 erörtert.

**297**    Die Unterscheidung zwischen **Beweisantrag** und **Beweisermittlungsantrag** ist zu beachten (Rdn. 115 ff). Der vom Verteidiger in der Hauptverhandlung gestellte Antrag, den Angeklagten auf seinen Geisteszustand zu untersuchen, ist nur dann als Beweisantrag aufzufassen, wenn ihm nach den Erklärungen des Verteidigers eine bestimmte Tatsachenbehauptung zugrunde liegt. Trifft das nicht zu, so handelt es sich nur um eine Anregung an das Gericht, Zweifel an der Schuldfähigkeit des Angeklagten von Amts wegen gemäß § 244 Abs. 2 zu klären[897]. Die Grenzen sind flüssig. Es kann auch ein Beweisantrag vorliegen, der unter Umständen auf so dürftigen Tatsachenstoff gestützt ist, daß das Gericht die eigene Sachkunde bejahen und mit dieser Begründung den Antrag ablehnen darf. Ein Beweisantrag entfällt nicht schon deshalb, weil kein bestimmter Sachverständiger namentlich bezeichnet wird. Die Auswahl des Sachverständigen kann dem Gericht überlassen werden[898].

**298**    3. Die **allgemeinen Ablehnungsgründe des Absatzes 3,** die es dem Gericht gestatten, einen Beweisantrag abzulehnen, gelten auch für den Antrag auf Zuziehung eines Sachverständigen, sofern das Gesetz nicht in besonderen Fällen (Rdn. 323) die Beiziehung zwingend vorgeschrieben hat. Das Gericht kann den Beweisantrag ablehnen, wenn die Beweiserhebung **unzulässig** ist, etwa, weil er das Verlangen enthält, der Sachverständige solle unzulässige Beweismethoden anwenden. Es kann den Beweisantrag ferner ablehnen, wenn einer der **Ablehnungsgründe des § 244 Abs. 3 Satz 2** durchgreift.

**299**    4. **Zusätzliche Ablehnungsgründe des Absatzes 4.** Dieser Absatz enthält, wie schon das Wort „auch" zeigt, zusätzliche Ablehnungsgründe, die nur für den Sachverständigenbeweis gelten. Ist keiner der Ablehnungsgründe gegeben, so muß das Gericht den beantragten Sachverständigenbeweis erheben. Es darf ihn ebensowenig wie einen sonstigen Beweisantrag aus anderen als dem in den Absätzen 3 und 4 vorgesehenen Gründen ablehnen. Die Ausführungen über unzulässige Ablehnungsgründe (Rdn. 186 ff) gelten auch hier.

---

[897] BGH JR 1951 509; bei *Holtz* MDR 1980 987; vgl. Rdn. 76 ff; 105.    [898] OLG Hamm MDR 1976 338; Rdn. 110.

### 5. Eigene Sachkunde des Gerichts (Absatz 4 Satz 1)

**a)** Aus der Aufgabe des Sachverständigen, der dem Gericht durch seine Sach- **300** kunde die richtige Auswertung der festgestellten Tatsachen ermöglichen soll, ergibt sich, daß das Gericht den **Antrag** auf Zuziehung eines Sachverständigen **ablehnen** darf, wenn es selbst die erforderliche Sachkunde hat. Eine befriedigende Erfüllung der Aufgaben der Strafrechtspflege ist nur gesichert, wenn der Richter sein Amt im Vertrauen auf das eigene selbständige Urteil und mit dem Mut zur Verantwortung ausübt. Weisen Lebenserfahrung, Menschenkenntnis und Mitgefühl des Richters für sich allein den rechten Weg zur Erforschung der Wahrheit, so ist eine Einwirkung auf die gerichtliche Entscheidung durch die Meinungsäußerung eines Sachverständigen nicht nur überflüssig, sondern verfehlt. Andererseits obliegt es dem Gericht, in strenger Gewissenhaftigkeit darauf zu achten, daß er seine Feststellungen auf eine zuverlässige Unterlage aufbaue und nicht durch eine Überschätzung seiner Fähigkeit und Kenntnisse fehlgreife. Nur wenn es selbst die unbedingte Gewißheit hat, daß die eigene Sachkunde unter den gegebenen Verhältnisses ausreicht, alle für die Beurteilung wesentlichen Gesichtspunkte in ihrer vollen Tragweite zu erkennen und zutreffend zu würdigen, darf es bei Fragen, die ein außerjuristisches Spezialwissen voraussetzen, von der Zuziehung eines Sachverständigen absehen[899]. Ob dies schon gilt, wenn nur ein Richter zweifelt, ob die besondere Fachkunde seiner Kollegen ausreicht, ist strittig[900]. Dem Antrag, einen Sachverständigen zu hören, braucht es nur dann keine Folge zu geben, wenn es annehmen darf, daß es — spätestens zum Zeitpunkt der Entscheidung — das dafür erforderliche sichere eigene Fachwissen besitzt[901]. Unerheblich ist, ob dieses Wissen dienstlich oder außerdienstlich erworben wurde[902]. Dies ist auch noch während der laufenden Verhandlung möglich, so etwa durch formlose Heranziehung des einschlägigen Fachschrifttums[903]. Ist dagegen für die Vermittlung das Fachwissens ein Sachverständiger erforderlich, so ist dies dem Strengbeweisverfahren der Hauptverhandlung vorbehalten[904].

**b)** Die Entscheidung darüber, ob die **eigene Sachkunde des Gerichts** die Zuzie- **301** hung eines Sachverständigen entbehrlich macht, erfordert bei Kollegialgerichten **keine**

---

[899] BGHSt **23** 12; BGH NStZ **1984** 178; bei *Spiegel* DAR **1978** 158; bei *Pfeiffer/Miebach* NStZ **1984** 211; *Alsberg/Nüse/Meyer* 698; *Mösl* DRiZ **1970** 111; KK-*Herdegen* 31; KMR-*Paulus* 467; vgl. Rdn. 72; 304.

[900] *Eb. Schmidt* Nachtr. I 24; *Jessnitzer* 115 bejahen dies; vgl. dazu Rdn. 301.

[901] *Alsberg/Nüse/Meyer* 696; der zu Recht darauf hinweist, daß es nur darauf ankommt, ob das Gericht die erforderliche Sachkunde tatsächlich hat; ob es sie sich nach der Lebenserfahrung zutrauen durfte, wie verschiedentlich in der Rechtsprechung angenommen wird, betrifft nur die Anforderung, die an den Nachweis der Sachkunde gestellt wird; vgl. etwa BayObLG DAR **1956** 324; OLG Celle DAR **1957** 161; OLG Düsseldorf VRS **65** 375; OLG Hamm NJW **1978** 1210; KG VRS **5** 366; **8** 302; OLG Köln MDR **1953** 377; OLG Oldenburg DAR **1958** 244.

[902] RG LZ **1915** 631; BGH bei *Pfeiffer* NStZ **1982** 189; *Alsberg/Nüse/Meyer* 698; KK-*Herdegen* 30; *Kleinknecht/Meyer* 73; KMR-*Paulus* 467.

[903] *Alsberg/Nüse/Meyer* 698; KK-*Herdegen* 30, die jedoch auch auf die Grenzen hinweisen, die dem Erwerb der Sachkunde aus der Literatur gesetzt sind. Das angelesene Wissen reicht in der Regel nicht aus, wenn seine Anwendung Erfahrung voraussetzt und die Auswertung nur auf Grund sicherer und umfassender Fachkenntnisse möglich ist (BGH MDR **1978** 42; OLG Hamm NJW **1978** 1210; vgl. auch BGH NJW **1959** 2315).

[904] **A. A** OLG Hamm NJW **1978** 1210, das noch während der Beratung die informelle Befragung eines Sachverständigen für zulässig hielt; dagegen *Alsberg/Nüse/Meyer* 699; *Kleinknecht/Meyer* 73; *Roxin* § 43 C II 2 a; *Schlüchter* 554.2.

Walter Gollwitzer

**Einstimmigkeit.** Die Frage ist strittig[905]. Der Bundesgerichtshof[906] ist der Ansicht, daß nicht alle Richter im gleichen Maße sachkundig zu sein bräuchten. Das Gericht könne vielmehr, wenn die Beurteilung des Sachverhalts besondere Sachkunde erfordere, einen Beweisantrag auf Vernehmung eines Sachverständigen auch dann ablehnen, wenn nur einer oder einige der zum Spruchkörper gehörenden Richter die erforderliche Sachkunde hätten. Der nicht sachkundige Teil des Gerichts könne die erforderliche Sachkenntnis dadurch erlangen, daß er von dem sachverständigen Teil des Gerichts unterrichtet werde. Das brauche nicht notwendig in öffentlicher Verhandlung und in Gegenwart aller Verfahrensbeteiligten zu geschehen[907]. Erfahrung und Wissen sind unter den Mitgliedern eines Kollegialgerichts verschieden verteilt. Einzelne Arten des Wissens und der Erfahrung, etwa juristisches, technisches, naturwissenschaftliches Wissen, lassen sich oft nur schwer unterscheiden, weil die Übergänge fließend sind und sich häufig rechtliche Erkenntnisse mit solchen anderer Art mischen. Wollte man es als unzulässig ansehen, daß die größere Erfahrung oder das umfangreichere Wissen eines von mehreren Mitgliedern eines Gerichts auf die Überzeugungsbildung des ganzen Gerichts in der Weise wirken, daß es dem einen Mitglied in der Beratung gelingt, die übrigen von der Richtigkeit seiner Erfahrung oder der Güte und Zuverlässigkeit seines Wissens oder seiner Erkenntnisse zu überzeugen, müßte man die geheime Beratung überhaupt beseitigen. Es müßte konsequenterweise dann auch gefordert werden, daß für die Zuziehung eines Sachverständigen von Amts wegen schon das Votum eines einzelnen Richters und nicht ein Beschluß der Mehrheit ausschlaggebend ist.

**302**　　**c) Nachweis der eigenen Sachkunde.** In der **Hauptverhandlung** braucht das Gericht die in Anspruch genommene eigene Sachkunde und ihre Quellen nicht zur Erörterung stellen. Wenn es sein Spezialwissen für die Urteilsfindung nutzt, liegt darin keine Beweiserhebung, zu der es die Verfahrensbeteiligten im einzelnen hören müßte[908]. Es genügt, wenn diese aus der Abweisung des Antrags ersehen, daß das Gericht die unter Beweis gestellten Nachfragen aus eigener Sachkunde entscheiden will. Auch der **Ablehnungsbeschluß** braucht nicht im einzelnen darzulegen, weshalb das Gericht das eigene Spezialwissen im ausreichenden Maße besitzt[909]; dies kann in der Regel den Urteilsgründen vorbehalten bleiben.

---

[905] RG Recht **1925** Nr. 812; BGHSt **12** 18 = JZ **1959** 130 mit zust. Anm. *Eb. Schmidt;* BGH NStZ **1983** 325; bei *Spiegel* DAR **1983** 206; OLG Hamburg NJW **1964** 559; OLG Köln JR **1958** 350 mit zust. Anm. *Sarstedt;* OLG Stuttgart DAR **1976** 23; *Kleinknecht/Meyer* 73; *Kohlhaas* NJW **1962** 1329; *Mösl* DRiZ **1970** 112; *Roxin* § 43 C II 2 a; *G. Schäfer* § 79 I 5 i bb; *Eb. Schmidt* Nachtr. I 24; JZ **1961** 585; *Schlüchter* 554.1; *Schorn* GA **1965** 305. Daß **alle Mitglieder** des Gerichts die Sachkunde besitzen müssen, fordern dagegen *Gössel* § 29 C III c 9; *Hanack* JZ **1972** 116; *Peters* § 38 IV 1 i; KMR-*Paulus* 466; *Rüping* Kap 7 III 8. Nach KK-*Herdegen* 30 genügt es, daß ein sachkundiges Mitglied des Gerichts allen anderen die für die Entscheidung notwendige eigene Sachkunde verschafft; ähnlich BGH NStZ **1983** 325.

[906] BGHSt **12** 18; vgl. BGHSt **2** 165; wonach die Sachkunde nicht bei allen Mitgliedern des Gerichts im gleichen Maße vorhanden sein muß.

[907] A. A OLG Köln JR **1958** 350 mit Anm. *Sarstedt.*

[908] *Alsberg/Nüse/Meyer* 716; *Hanack* JZ **1972** 116; **a. A.** OLG Köln JR **1958** 350 mit Anm. *Sarstedt; Gössel* § 29 III b 9; KMR-*Paulus* 467; 468.

[909] BGHSt **12** 20; BGH bei *Spiegel* DAR **1978** 157; OLG Zweibrücken VRS **61** 434; *Döring* JZ **1968** 643; *Hanack* JZ **1972** 116; *Jessnitzer* StrVert. **1982** 177; *Mösl* DRiZ **1970** 112; *Rudolph* Justiz **1969** 26; *Schorn* GA **1965** 305; **a. A** KMR-*Paulus* 465; wohl auch *G. Schäfer* § 79 I 5 i aa.

Die **Urteilsgründe** müssen — sofern die betreffenden Fachfragen das Allgemein- **303** wissen des Gerichts überschreiten — ausweisen, daß das Gericht zu Recht diese Sachkunde für sich in Anspruch nahm[910]. Das ist keine Besonderheit. Auch wenn ein Sachverständiger vernommen wird, dürfen sich die Urteilsgründe in der Regel nicht darauf beschränken, das Ergebnis der Begutachtung mitzuteilen und zu vermerken, daß sich das Gericht dem angeschlossen habe. Die Urteilsgründe müssen vielmehr die vom Gericht für zutreffend erachteten Darlegungen des Sachverständigen in ihren Grundzügen wiedergeben, damit das Revisionsgericht erforderlichenfalls nachprüfen kann, ob sie von den richtigen rechtlichen Vorstellungen ausgehen[911]. In ähnlicher Weise müssen, wenn das Gericht wegen eigner Sachkunde von der Vernehmung eines Sachverständigen absieht, die Urteilsgründe diejenigen Ausführungen enthalten, aus denen das Revisionsgericht entnehmen kann, daß sich der Tatrichter zu Recht die erforderliche Sachkunde zugetraut hat. Notwendigkeit und Umfang solcher Darlegungen richten sich nach der Schwierigkeit der Beweisfrage und nach Art und Ausmaß der auf dem fremden Wissensgebiet beanspruchten Sachkunde[912].

Bei einem Wissensgebiet, das eine besondere, langjährige Ausbildung voraussetzt, **304** sind die **Anforderungen an die Darlegungspflicht** besonders hoch, während bei Fragen, die zum Allgemeinwissen des Richters gehören und die keine über die allgemeine Lebenserfahrung hinausgehende Spezialkenntnisse erfordern, besondere Darlegungen zur Sachkunde sich erübrigen können[913]. Solche sind aber stets notwendig, wenn das Gericht vorher durch sein eigenes Verhalten zum Ausdruck gebracht hat, daß es an der eigenen Sachkunde zweifelte, etwa durch Bestellung eines Gutachters[914]. Die Quelle der eigenen Sachkunde braucht das Gericht in der Regel nicht anzugeben, sofern dies nicht notwendig ist, um die eigene Sachkunde darzutun[915].

**d) Einzelfälle.** Weil es demnach ganz auf die Umstände des einzelnen Falles an- **305** kommt, kann das **Zutrauen zur eigenen Sachkunde** selbst dann begründet sein, wenn die Schuldfähigkeit des Angeklagten (§§ 20, 21 StGB) zu ermitteln ist[916]. Doch setzt hier jedes Anzeichen dafür, daß die Tat im Widerspruch mit der Persönlichkeit des Täters steht oder daß die Persönlichkeit des Täters oder sein Verhalten erheblich von normalen Verhaltensweisen abweicht, dem Ermessen des Gerichts Schranken; denn ein hierüber auftauchender Zweifel ruft Fragen hervor, zu deren zuverlässiger Beantwortung oft

---

[910] BGHSt **12** 18 = JZ **1959** 130 mit Anm. *Eb. Schmidt;* BGH NJW **1953** 1559; VRS **35** 133; StrVert. **1981** 394; **1982** 55; **1982** 101; BGH bei *Dallinger* MDR **1970** 732; bei *Holtz* MDR **1977** 459; bei *Spiegel* DAR **1982** 206; **1983** 205; BayObLG bei *Rüth* DAR **1981** 249; KG VRS **8** 298; **11** 217; **14** 37; OLG Bremen DAR **1963** 170; OLG Celle NJW **1957** 73; DAR **1968** 23; OLG Düsseldorf VRS **65** 375; OLG Frankfurt GA **1970** 286; OLG Hamburg VRS **22** 473; OLG Hamm JMBlNW **1965** 58; NJW **1970** 907; VRS **42** 215; **45** 287; **51** 31; OLG Koblenz VRS **48** 35; **49** 374; OLG Köln JR **1958** 350 mit Anm. *Sarstedt;* DAR **1957** 53; MDR **1981** 598; OLG Oldenburg DAR **1958** 244; OLG Saarbrücken VRS **44** 304; **49** 376; OLG Schleswig bei *Ernesti/Jürgensen* SchlHA **1970** 198; OLG Stuttgart NJW **1981** 2525; OLG Zweibrücken VRS **61** 434.

[911] BGHSt **7** 238; *Alsberg/Nüse/Meyer* 715; *Niemöller* StrVert. **1984** 437; vgl. bei § 267.

[912] BGHSt **12** 18; ferner etwa BGH NStZ **1983** 325; **1984** 178; bei *Pfeiffer/Miebach* NStZ **1984** 210; 211; KG VRS **67** 258; vgl. Fußn. 910 und Rdn. 308.

[913] BGH bei *Alsberg/Nüse/Meyer* 715 Fußn. 204; OLG Düsseldorf VRS **60** 123; OLG Koblenz VRS **46** 31; **48** 35; OLG Köln OLGSt § 21 StGB, 33; OLG Saarbrücken VRS **44** 304; **49** 376.

[914] BGH nach *Kleinknecht/Meyer* 73; *Alsberg/ Nüse/Meyer* 716.

[915] *Alsberg/Nüse/Meyer* 716 (wenn Berufen auf Sachkunde sonst nicht verständlich).

[916] BGH VRS **39** 101; bei *Holtz* MDR **1977** 107; *Alsberg/Nüse/Meyer* 705; KK-*Herdegen* 32; vgl. Rdn. 76 ff.

nicht einmal die allgemeine ärztliche Ausbildung und Betätigung ausreicht, sondern nur die eindringende Arbeit innerhalb des besonderen Fachs befähigt[917]. Insbesondere darf das Gericht den Antrag, einen Sachverständigen über den Geisteszustand des Angeklagten zur Zeit der Tat zu vernehmen, nicht mit dem Hinweis auf die eigene Sachkunde ablehnen, obwohl der Angeklagte in der Verhandlung nicht erschienen ist und das Gericht ihn nicht kennt[918]. Ob bei krankhafter Störung der Geistestätigkeit die Schuldfähigkeit zwar für eine von mehreren Straftaten vermindert, für die andere aber ausgeschlossen gewesen sei, kann das Gericht aus eigener Sachkunde nicht entscheiden[919]. Dem Antrag auf Zuziehung eines Arztes mit speziellen Fachkenntnissen ist bei Hirnverletzten regelmäßig zu entsprechen (Rdn. 77). Auch den Einfluß von Drüsenerkrankungen auf die Psyche eines Menschen kann selbst der erfahrene Strafrichter nicht ohne Sachverständigen beurteilen[920], desgleichen, wenn es sich um die Auswirkung von Nervenleiden[921] oder hochgradigen Affektzuständen[922] oder um schwer abschätzbare Auswirkungen abnormer Charakterzüge[922a] handelt. Weitere Fälle sind bei den Rdn. 77 ff erörtert. Wegen der Frage, ob der Richter sich die Beurteilung der **Glaubwürdigkeit** kindlicher und jugendlicher Zeugen selbst zutrauen darf oder dem Antrage auf Vernehmung eines Sachverständigen stattgeben muß, wird auf die Ausführungen zu Absatz 2 (Rdn. 82) verwiesen.

### 6. Anhörung eines weiteren Sachverständigen (Absatz 4 Satz 2)

306    a) Bei der Ablehnung des Antrags auf Anhörung eines weiteren Sachverständigen ist das **Gericht freier gestellt** als bei dem Antrag auf Zuziehung des ersten Sachverständigen. Die durch die Anhörung eines Sachverständigen erworbene Sachkunde gibt ihm grundsätzlich die Befugnis, den Antrag abzulehnen, einen weiteren Sachverständigen der gleichen Fachrichtung zur gleichen Beweisfrage[923] zu vernehmen[924].

307    Der Antrag, einen weiteren Sachverständigen zuzuziehen, wird mitunter dahin formuliert, ein „**Obergutachten**" einzuholen. Die Strafprozeßordnung kennt den Ausdruck Obergutachten nicht, Schrifttum und Rechtsprechung verwenden diesen Begriff nicht einheitlich, zum Teil wird damit ein zweiter Gutachter gemeint, zum Teil aber auch der Gutachter, der zu widerstreitenden Gutachten Stellung nehmen soll[925] oder ein Gutachter mit besonderer Qualifikation[926]. Es kann damit auch nur eine Anregung

---

[917] RG JW **1932** 3356; RG HRR **1941** Nr. 750; BGH NJW **1964** 2213; VRS **34** 273; OLG Frankfurt GA **1970** 286; vgl. Rdn. 77 ff.

[918] RG JW **1931** 1493 mit Anm. *Alsberg; Alsberg/Nüse/Meyer* 794.

[919] RG HRR **1939** Nr. 1448.

[920] OLG Bremen DRiZ **1950** 500; *Alsberg/Nüse/Meyer* 707.

[921] BGH NJW **1964** 2213; BGH VRS **8** 272; **34** 274; StrVert. **1982** 54; *Alsberg/Nüse/Meyer* 707; KK-*Herdegen* 32; *Kleinknecht/Meyer* 74.

[922] BGH NJW **1959** 2315; Rdn. 77.

[922a] OLG Celle JR **1985** 32 mit Anm. *J. Meyer.*

[923] Soll ein Gutachter einer anderen Fachrichtung zur gleichen Beweisfrage gehört werden, liegt kein Antrag auf Vernehmung eines weiteren Sachverständigen vor; *Alsberg/*

*Nüse/Meyer* 720; vgl. RG JW **1931** 949 mit Anm. *Beling.* Vgl. ferner Rdn. 81.

[924] BGH NJW **1951** 120; MDR **1984** 682; BGH bei *Dallinger* MDR **1972** 95; **1975** 24; bei *Pfeiffer* NStZ **1982** 189; bei *Pfeiffer/Miebach* NStZ **1984** 211; bei *Spiegel* DAR **1978** 157; **1982** 205; OLG Hamburg VRS **56** 457; *Alsberg/Nüse/Meyer* 722 f mit weit. Nachw.

[925] Vgl. *Alsberg/Nüse/Meyer* 720 mit weit. Nachw.; *Friedrichs* DRiZ **1971** 312; *Rudolph* Justiz **1969** 52; *Tröndle* JZ **1969** 376. Die auch wegen der darin liegenden Bewertung der Gutachter mißliche Bezeichnung sollte nicht verwendet werden. Vgl. auch *Müller* Der Sachverständige im gerichtlichen Verfahren (1978), 84.

[926] *Walter/Küper* NJW **1968** 184.

zur weiteren Sachaufklärung verbunden sein[927]. Zweifel hinsichtlich des Gewollten sind deshalb durch Befragen des Antragstellers zu klären.

**308**

Die Befugnis zur Ablehnung besteht auch dann, wenn behauptet wird, der neu benannte Sachverständige komme zu einem **anderen Ergebnis**[928] und sie gilt sogar, wenn das Gericht auf Grund des früheren Gutachtens das **Gegenteil** der **behaupteten Tatsache** für erwiesen hält. Dies gilt auch für schwierige, nur kraft fachwissenschaftlicher Kenntnis zu beantwortenden Fragen[929], setzt aber voraus, daß das Gericht — und sei es auch nur durch das bisherige Gutachten — ein hinreichend gesichertes eigenes Fachwissen bezüglich der Beweisfrage erlangt hat. Bei der Beurteilung des Wertes des eigenen Wissens muß das Gericht einen strengen Maßstab anlegen[930]. Reicht die **Sachkunde,** die sich das Gericht erst durch Anhörung eines Sachverständigen verschafft hat, zur sicheren Beurteilung des Sachverhalts nicht aus, dann hat das Gericht nicht die Befugnis, den Antrag auf Vernehmung eines weiteren Sachverständigen mit der Begründung abzulehnen, daß das Gegenteil der behaupteten Tatsache durch das frühere Gutachten, nicht aber auf Grund anderer Beweismittel[931], bereits erwiesen sei. Dieser ohnehin nur beim Antrag auf Anhören eines weiteren Sachverständigen zulässige Ablehnungsgrund[932] setzt voraus, daß das Gutachten in jeder Hinsicht in seinem **Beweiswert nicht geschmälert** ist, vor allem, daß es seinem Inhalt nach geeignet ist, dem Richter ein für die Beurteilung der Beweisfrage ausreichendes Wissen zu vermitteln[933]. Begegnet die Richtigkeit des Gutachtens Zweifeln, etwa, weil es von falschen tatsächlichen Voraussetzungen ausgeht oder weil seine Schlußfolgerungen widersprüchlich sind oder aber auch, weil die Sachkunde des früheren Gutachters zweifelhaft ist oder weil der neue Gutachter überlegene Forschungsmittel hat, dann darf das Gericht ein neues Gutachten nicht schon deshalb ablehnen, weil das alte bereits das Gegenteil erwiesen habe. Dies stellt der 2. Halbsatz von Absatz 4 Satz 2 ausdrücklich klar. Die neben den Zweifeln an der Sachkunde aufgeführten Gründe, die zur Beiziehung eines weiteren Sachverständigen führen können, haben aber **keine selbständige Bedeutung** in dem Sinn, daß sie das Gericht auch dann zur Anhörung eines weiteren Sachverständigen zwingen, wenn sie ausnahmsweise keine Zweifel an der Sachkunde des früheren Gutachters und an der Richtigkeit und Verläßlichkeit seines Gutachtens begründen[934]. Das Gericht, das die

---

[927] *Seibert* NJW **1962** 137; in der Regel ist aber der Antrag, einen weiteren Sachverständigen zur gleichen Beweisfrage zu hören, ein echter Beweisantrag, *Alsberg/Nüse/Meyer* 720.

[928] BGH VRS **67** 264; bei *Spiegel* DAR **1977** 175; *Alsberg/Nüse/Meyer* 721; KMR-*Paulus* 469.

[929] RGSt **49** 437; **64** 113; RG JW **1929** 260; OLG Hamburg VRS **56** 457. Das Beweisantizipationsverbot gilt insoweit nicht; vgl. *Engels* GA **1981** 33.

[930] BGHSt **23** 12; BayObLGSt **1972** 97; *Mösl* DRiZ **1970** 119. Nach *Alsberg/Nüse/Meyer* 728 ist für die Ablehnung eines zweiten Sachverständigen nicht notwendig zu fordern, daß das Gericht durch das erste Gutachten sachkundig wurde; bei Spezialgebieten, wo dies nicht möglich sei, müßte sonst immer ein weiterer Sachverständiger auf Antrag beigezogen werden. Kann das Gericht aber die Gedankengänge des Sachverständi-

gen nicht nachvollziehen, dann kann es – selbst wenn es dem Erstgutachten folgt – wohl kaum mit der für die Ablehnung einer weiteren Begutachtung erforderlichen Sicherheit das Gegenteil der Beweistatsache für erwiesen halten, noch weniger kann es ohne ein weiteres Gutachten vom Ergebnis des Erstgutachtens abweichen.

[931] BGH VRS **35** 207; BayObLG bei *Rüth* DAR **69** 236; *Kleinknecht/Meyer* 75; G. *Schäfer* § 78 I 5 i a.

[932] Darin liegt eine durch den zweiten Teil des Satzes 2 wieder eingeschränkte Ausnahme von dem grundsätzlichen Verbot der Vorwegnahme der Beweiswürdigung, Rdn. 183; vgl. *Alsberg/Nüse/Meyer* 721; *Schlüchter* 554.2; zum Ablehnungsgrund der eigenen Sachkunde vgl. Rdn. 300.

[933] *Alsberg/Nüse/Meyer* 724.

[934] Vgl. *Sarstedt* NJW **1968** 177.

---

Walter Gollwitzer

Selbständigkeit seines Urteils auch gegenüber einem Sachverständigen zu wahren hat, ist nicht notwendigerweise verpflichtet, einen weiteren Gutachter zu hören, wenn es dem ersten Gutachten nicht folgen will[935]. Es darf die durch das Gutachten gewonnene Sachkunde auch benützen, um damit eine **abweichende eigene Meinung** zu stützen. An die dafür zu fordernde Sachkunde und ihre Darlegung in den Urteilsgründen wird dann jedoch ein strenger Maßstab anzulegen sein[936]. Die Begründung darf sich nicht mit allgemeinen Erwägungen begnügen, sondern muß den wissenschaftlichen Anforderungen des betreffenden Fachgebietes entsprechen[937].

**309**    Ist die **Begutachtung besonders schwierig,** weil die Beweisfrage außergewöhnliche Fachkenntnisse oder komplizierte Untersuchungen erfordert, so kann der Beweisantrag auf Zuziehung eines weiteren Sachverständigen in der Regel nicht abgelehnt werden. Zum Ausschluß etwaiger Fehlerquellen und zur vollen Aufklärung komplexer Sachfragen kann dann die Anhörung eines weiteren Gutachters geboten sein, um eine zuverlässige Grundlage für die Beweiswürdigung zu gewinnen[938]. Dies gilt vor allem bei Untersuchungen und Diagnosen, die erfahrungsgemäß mit einem **besonderen Fehlerrisiko** behaftet sind, auch wenn keine Zweifel an der Sachkunde des ersten Gutachters und seinen Forschungsmitteln bestehen. In solchen Ausnahmefällen erscheint es auch so gut wie ausgeschlossen, daß das Gericht durch das erste Gutachten sichere Sachkunde in einem solchen Maße erlangt haben kann, daß es den Antrag einer weiteren Begutachtung wegen Erwiesenheit des Gegenteils ablehnen darf[939]. Im übrigen nötigt die Tatsache allein, daß zwei Gutachter sich widersprechen, das Gericht nicht schon zur Zuziehung eines dritten Sachverständigen. Auf Grund der gewonnenen Sachkunde kann es sich einem der Gutachten anschließen[939a].

**310**    **b) Zweifel an der Sachkunde** des früheren Gutachters lassen notwendigerweise auch die von ihm abgeleitete Sachkunde des Gerichts zweifelhaft werden. Eine gesicherte Überzeugung, die es rechtfertigen könnte, das Gegenteil der Beweistatsache bereits aufgrund des Gutachtens für erwiesen zu behandeln, besteht also nicht. Weigert sich der Sachverständige „aus Wettbewerbsgründen" die seinem Gutachten zugrundeliegenden Methoden und Testverfahren offen zu legen, so daß das Gericht seine Ergeb-

---

[935] BGHSt **21** 62; BGH VRS **67** 264; vgl. auch BGHSt **8** 117; ferner BGH bei *Pfeiffer/Miebach* NStZ **1984** 210; *Alsberg/Nüse/Meyer* 724; *Marmann* GA **1953** 144. Einige Entscheidungen fordern die Einholung eines weiteren Gutachtens; vgl. die Nachweise bei *Alsberg/Nüse/Meyer* 721 Fußn. 29; auch *KK-Herdegen* 38 nimmt dies im Regelfall an, da die Voraussetzungen für ein Abweichen kraft eigenen Wissens kaum durch ein im Ergebnis nicht überzeugendes Gutachten gewonnen werden können.

[936] BGH VRS **7** 191; **21** 290; **31** 107; GA **1977** 275; DRiZ **1973** 61; StrVert. **1984** 241; BGH bei *Dallinger* MDR **1975** 726; bei *Holtz* MDR **1978** 459; **1980** 10 bei *Martin* DAR **1972** 120; bei *Pfeiffer* NStZ **1981** 296; KG VRS **23** 33; OLG Köln NJW **1967** 1521; JMBlNW **1978** 69; OLG Stuttgart Justiz **1971** 312; *Alsberg/Nüse/Meyer* 725; *KK-Herdegen* 38; *Kleinknecht/Meyer* 75; *KMR-Paulus* 470.

[937] BGH GA **1977** 275; DRiZ **1973** 61; VRS **27** 350; BGH bei *Dallinger* MDR **1975** 726; bei *Spiegel* DAR **1978** 157; *Alsberg/Nüse/Meyer* 725; KMR-*Paulus* 471.

[938] BGHSt **10** 118; **23** 187; BGH NStZ **1984** 278; BayObLGSt **1955** 262 = NJW **1956** 1001; OLG Celle NJW **1974** 616; OLG Hamburg NJW **1968** 2303; OLG Koblenz VRS **66** 369; OLG Oldenburg VRS **46** 198; vgl. Rd. 80. *Alsberg/Nüse/Meyer* 737; *Kleinknecht/Meyer* 77; KMR-*Paulus* 471; der Streit, ob der Ablehnung eines solchen Beweisantrags nur § 244 Abs. 2 oder auch § 244 Abs. 4 Satz 2 entgegensteht, dürfte hier kaum praktische Auswirkungen haben.

[939] BGH GA **1977** 275; *Alsberg/Nüse/Meyer* 726; KMR-*Paulus* 471; vgl. Rdn. 313; Vor § 72.

[939a] RG HRR **1939** 603; BGH bei *Spiegel* DAR **1978** 157; **1982** 205; *Alsberg/Nüse/Meyer* 723 mit weit. Nachw.

nisse und Überlegungen nicht nachvollziehen kann, so mag das zwar für sich allein noch keine Zweifel an der Sachkunde begründen. Die **mangelnde Überprüfbarkeit** des Gutachtens gibt aber regelmäßig Anlaß, einen weiteren Gutachter zuzuziehen[940]. Zweifelt das Gericht selbst an der Sachkunde des ersten Gutachters, sind die Gründe letztlich gleichgültig, denn es kann die Ablehnung nicht mit einem Gutachten begründen, von dessen Richtigkeit es selbst nicht völlig überzeugt ist. Im übrigen aber ist vom Standpunkt eines vernünftigen, unvoreingenommenen Beobachters aus zu beurteilen, ob unter den gegebenen Umständen hinreichender Anlaß für Zweifel bestand.

Die **Gründe für den Zweifel** können in den von Satz 2 aufgeführten Umständen **311** oder in augenfälligen **Mängeln des Gutachtens** wurzeln oder aus in der **Person des Sachverständigen** zu Tage getretenen Auffälligkeiten hergeleitet werden[941]. Die Zweifel können sich aber auch darauf gründen, daß nicht gesichert erscheint, daß er nach beruflichem Werdegang, Tätigkeit und Fachrichtung die für das konkrete Gutachten erforderliche **spezielle Fachkunde** besitzt[942]. Dies kann die Fälle einschließen, in denen sich das Arbeitsgebiet des Gutachters als zu stark oder zu gering spezialisiert erweist[943], oder der Sachverständige einseitig eine in seinem Fachgebiet **umstrittene wissenschaftliche Richtung** vertritt[944]. Wenn sich zum Beispiel der vor Gericht vernommene Sachverständige, obwohl in der Wissenschaft verschiedene Heilweisen vertreten werden, als Anhänger einer bestimmten Heilbehandlung bekennt, ist in der Rechtsprechung anerkannt, daß in einem solchen Falle die Anhörung der Vertreter verschiedener Heilweisen als Sachverständige geboten sein kann[945]. Dies bedeutet aber nicht, daß in wissenschaftlichen Streitfragen immer mehrere Sachverständige aus verschiedenen Schulen gehört werden müssen[946]. Ob ein einzelnes Gutachten ausreicht, hängt von den jeweiligen Umständen, nicht zuletzt auch vom Inhalt des Gutachtens ab. Daß ein Sachverständiger bestimmte Untersuchungsmethoden angewandt oder nicht angewandt hat, rechtfertigt in der Regel noch keine Zweifel an seiner Sachkunde[947].

Hat ein Sachverständiger im Laufe des Verfahrens seine **Meinung geändert,** so **312** brauchen sich daraus allein keine Zweifel an seiner Zuverlässigkeit und Sachkunde zu ergeben, sofern er die Gründe dafür auf Befragen einsichtig machen kann[948]. Ein Anlaß zu Zweifeln besteht aber, wenn der Sachverständige in seinem ersten Gutachten das Er-

---

[940] BGH bei *Dallinger* MDR **1976** 17; KK-*Herdegen* 39; KMR-*Paulus* 473.

[941] Vgl. etwa BGH NJW **1951** 412; RG JW **1932** 3358 mit Anm. *Bohne* (Ignoranz); KK-*Herdegen* 108; *Eb. Schmidt* 70.

[942] Vgl. *Alsberg/Nüse/Meyer* 729 mit zahlreichen Nachweisen zu Einzelfragen; ferner Rdn. 319 ff.

[943] Zur Ambivalenz bei der Bewertung der Spezialisierung vgl. *Eb. Schmidt* 70; 71. Die Landgerichtsärzte in Bayern sind in der Regel für die Begutachtung des Geisteszustands einer Person qualifiziert, BGHSt **8** 76; **23** 311 = JR **1971** 116 mit Anm. *Peters,* der Bedenken äußert, bei Nerven- und Geisteskrankheiten Amtsärzte als fachkundig anzusehen. BGH VRS **34** 344 bejaht dies für Gefängnisärzte; ähnlich für Gerichtsmediziner bzw. beamtete Ärzte OLG Koblenz VRS **36** 17; OLG Hamm NJW **1971** 1954; vgl. ferner *Alsberg/Nüse/*

*Meyer* 729; *Kamlt* NJW **1971** 1868; KMR-*Paulus* 474; *Reusch* DRiZ **1955** 291.

[944] RG HRR **1938** Nr. 936; BGH bei *Dallinger* MDR **1976** 17; vgl. auch OLG Hamm NJW **1953** 1077; *Alsberg/Nüse/Meyer* 108; *Eb. Schmidt* 70.

[945] RG DRiZ **1931** Nr. 215; JW **1932** 3358; vgl. Fußn. 944; ferner *Dahs/Dahs* 271; *Eb. Schmidt* Nachtr. I § 78, 6.

[946] BGHSt **23** 187; *Alsberg/Nüse/Meyer* 731; KK-*Herdegen* 39; 107.

[947] BGH GA **1961** 241; NJW **1970** 1242; bei *Pfeiffer* NStZ **1982** 189; bei *Spiegel* DAR **1981** 200; *Alsberg/Nüse/Meyer* 731; *Kleinknecht/Meyer* 76; zur Frage überlegener Forschungsmittel vgl. Rdn. 318 ff.

[948] RG HRR **1940** Nr. 203; BGHSt **8** 116; BGH bei *Pfeiffer* NStZ **1982** 189; *Alsberg/Nüse/Meyer* 731; *Kleinknecht/Meyer* 76; *Schorn* GA **1965** 302; *Schlüchter* 554.2.

gebnis als sicher bezeichnet hatte, obwohl ihm damals, für ihn erkennbar, nur unvollständige und unzulängliche Unterlagen zur Verfügung standen, die kein sicheres sachverständiges Urteil erlauben[949], oder wenn er frühere Gutachten mit einem gegenteiligen Ergebnis völlig unerörtert läßt[950]. Hat das Gericht zu prüfen, ob nicht krankhafte Zustände die Schuldfähigkeit des Täters beeinträchtigt haben, kann nach dem gegenwärtigen Stand der wissenschaftlichen Auseinandersetzung nicht allgemein gesagt werden, daß das Gericht notwendigerweise einen Psychiater oder einen Psychologen als Sachverständigen zuziehen oder, daß es beide hören müsse (Rdn. 88).

**313**    Anlaß zur **Zuziehung eines weiteren Sachverständigen** oder gar mehrerer Sachverständiger kann — auch unter dem Gesichtspunkt der Aufklärungspflicht — vor allem auch dann bestehen, wenn der Urheber einer Schrift aus Vergleichsschriften ermittelt werden soll, denn gerade bei **Schriftgutachten** können sich leicht Fehlerquellen einschleichen[951], so daß bei der Bewertung von Schriftgutachten besondere Vorsicht geboten ist[952]. Steht nur wenig Schriftmaterial zur Verfügung, gebietet in der Regel die Aufklärungspflicht die Zuziehung eines zweiten Sachverständigen[953]. Gleiches gilt in der Regel, wenn das Schriftgutachten nur an Hand von Fotokopien und nicht der Originale erstellt wurde[954].

**314**    **Widersprüche** des Gutachtens schließen, solange sie nicht vom Sachverständigen in einer alle Zweifel an seiner Sachkunde beseitigenden Weise behoben sind, es aus, daß das Gericht seine Ablehnung eines weiteren Sachverständigen auf den Beweiswert dieses Gutachtens stützt. Bleibt das Gutachten in seinen Schlußfolgerungen unklar oder widerspruchsvoll, wird das Gericht in der Regel schon auf Grund seiner Aufklärungspflicht einen weiteren Sachverständigen zuziehen müssen (Rdn. 74, 80). Es kann dann auch einen Beweisantrag, der das ebenfalls bezweckt, nicht ablehnen.

**315**    c) Ist der Sachverständige von **unzutreffenden tatsächlichen Voraussetzungen** ausgegangen, so kann das Gericht den Antrag auf Anhörung eines weiteren Sachverständigen zwar nicht mit der Begründung ablehnen, daß es auf Grund des bereits erstatteten Gutachtens das Gegenteil der behaupteten Tatsache für erwiesen ansehe (Absatz 4 Satz 1). Das bedeutet aber nicht, daß es einen neuen Sachverständigen zuziehen müßte. Es kann genügen, wenn der alte Sachverständige nach einem entsprechenden Hinweis des Gerichts (Rdn. 317) sein Gutachten auf die vom Gericht für erwiesen erachteten Tat-

---

[949] OLG Braunschweig NdsRpfl. **1953** 149; *Alsberg/Nüse/Meyer* 732.

[950] BGH bei *Holtz* MDR **1978** 109; *Alsberg/Nüse/Meyer* 732; KK-*Herdegen* 39.

[951] BGHSt **10** 116; OLG Braunschweig NJW **1953** 1035; OLG Celle NJW **1974** 610 mit Anm. *Pfanne* NJW **1974** 1439; StrVert. **1981** 608 mit Anm. *Barton;* OLG Köln OLGSt § 244 Abs. 2, 85; NJW **1982** 249; LG Duisburg JR **1953** 311 mit Anm. *Scheffler; Alsberg/Nüse/Meyer* 738; *Dahs/Dahs* 271; *Deitigsmann* JZ **1953** 495; NJW **1957** 1867; *Kleinknecht/Meyer* 77; *Lange* FS II Peters 80; *Langenbruch* JR **1950** 213; *Marmann* GA **1953** 136; *Michel* StrVert. **1983** 251; *Scheffler*

DRiZ **1953** 141; *Specht* GA **1955** 133. Vgl. Erläuterung und Schrifttumsverzeichnis zu § 93.

[952] Zur strittigen Frage, ob das Schriftgutachten ohne Kenntnis der Ermittlungsergebnisse und etwaiger Vorgutachten zu erstatten ist, vgl. etwa OLG Celle NJW **1974** 610 einerseits, *Pfanne* NJW **1974** 1439 andererseits, ferner OLG Celle StrVert. **1981** 608 mit Anm. *Barton* und bei § 93.

[953] OLG Celle NJW **1974** 610; OLG Köln NJW **1982** 249; vgl. Fußn. 951.

[954] OLG Celle StrVert. **1981** 608 mit Anm. *Barton;* OLG Köln NJW **1982** 249; *Schlüchter* 554.2; weit. Nachw. § 93.

sachen umstellt[955]. Die Anhörung eines weiteren Sachverständigen ist allerdings dann unerläßlich, wenn die unzutreffenden tatsächlichen Grundlagen des Gutachtens zugleich auch Zweifel an der Sachkunde oder der Zuverlässigkeit des Gutachters[956] auslösen. Im übrigen ist zu **unterscheiden:**

**Unrichtige Befundtatsachen,** das sind Tatsachen, die der Sachverständige nur vermöge seiner Sachkunde wahrzunehmen, erschöpfend verstehen oder richtig beurteilen kann, können, wenn sie durch das Gutachten des Sachverständigen in die Hauptverhandlung eingeführt werden, je nach Art und Ursache des Fehlers und den Möglichkeiten einer Korrektur einen zweiten Gutachter erfordern[957], es kann aber auch eine Ergänzung des Gutachtens genügen. **316**

**Zusatztatsachen,** das sind Tatsachen, zu deren Wahrnehmung und Verständnis es keiner besonderen Sachkunde bedarf, erfordern besonderen Beweis in der Hauptverhandlung[958]. Bei ihnen muß das Gutachten ohnehin von den Tatsachen ausgehen, die das Gericht für erwiesen erachtet. Stützt der Sachverständige sein Gutachten auf andere Tatsachen, dann zwingt dies noch nicht zur Anhörung eines weiteren Sachverständigen; es wird vielmehr regelmäßig genügen, daß das Gericht dem Sachverständigen eröffnet, welche Tatsachen es für erwiesen hält oder welche tatsächlichen Möglichkeiten nach seiner Auffassung gegeben sein können[959], und ihn dann auffordert, die Erfahrungssätze darzulegen, die in jedem dieser Fälle eingreifen. **317**

d) Die **überlegenen Forschungsmittel** eines weiteren Sachverständigen können, wenn sie ein zuverlässigeres Gutachten erwarten lassen[960], das Gericht verpflichten, einen Beweisantrag auf Zuziehung dieses Gutachters zu entsprechen. Ein solcher Antrag darf aber abgelehnt werden, wenn die Anwendung der Forschungsmittel gerade für den zu begutachtenden Sachverhalt keine weitere Aufklärung verspricht[961]. **318**

Unter **Forschungsmittel** im Sinne des § 244 Abs. 4 Satz 2 sind Hilfsmittel und Verfahren zu verstehen, deren sich der Sachverständige für seine wissenschaftlichen Untersuchungen bedient[962], nicht aber sein Ansehen in der wissenschaftlichen Welt, sein Verdienst um die Begründung einer bestimmten Lehre, seine persönlichen Kenntnisse oder Erfahrungen. Wer älter ist und länger im Beruf steht, verfügt nicht allein deswegen **319**

---

[955] *Alsberg/Nüse/Meyer* 732; KK-*Herdegen* 109; KMR-*Paulus* 475; *Sarstedt* NJW **1968** 177; DAR **1964** 313; *G. Schäfer* § 79 I 5 i aa.

[956] RG HRR **1937** Nr. 1625; *Alsberg/Nüse/ Meyer* 732.

[957] Vgl. KK-*Herdegen* 109, der dies wohl im weitergehenden Umfang annimmt.

[958] Vgl. bei § 250; ferner zu den Begriffen § 79.

[959] Die Bekanntgabe der für das Gutachten maßgebenden Anknüpfungstatsachen ist ohnehin Sache des Gerichts, vgl. bei § 79.

[960] Es müssen ernst zu nehmende Anhaltspunkte für ihre Überlegenheit vorhanden sein, vgl. *Alsberg/Nüse/Meyer* 734.

[961] Ob die Überlegenheit der Forschungsmittel für die Beweisfrage überhaupt relevant ist,

weil davon eine umfassendere oder sicherere Aufklärung einer entscheidungserheblichen Frage erwartet werden kann, hängt vom Einzelfall ab; vgl. KMR-*Paulus* 476 „themenbezogen"; BGH nach *Alsberg/Nüse/Meyer* 735; KK-*Herdegen* 110.

[962] BGHSt **23** 186; BGH GA **1961** 241; **1962** 371; VRS **32** 266; BGH bei *Dallinger* MDR **1956** 398; bei *Spiegel* DAR **1978** 157; BayObLGSt **1972** 96; OLG Koblenz VRS **45** 367; OLG Schleswig bei *Ernesti/Jürgensen* SchlHA **1977** 182; *Alsberg/Nüse/Meyer* 735; KK-*Herdegen* 110; *Dahs/Dahs* 272; *Kleinknecht/Meyer* 76; KMR-*Paulus* 477; *G. Schäfer* § 79 I 5 i; *Seibert* NJW **1962** 137.

über überlegene Forschungsmittel[963]. Desgleichen ist gegenüber den Erkenntnismitteln eines Gerichtspsychiaters die Beobachtung in einem psychiatrischen Krankenhaus für sich allein noch kein überlegenes Forschungsmittel[964]. Zu den **Hilfsmitteln** rechnen nicht nur die apparative Ausstattung bestimmter Stellen[965] oder besondere technische Geräte oder eine bestimmte Untersuchungsmethode, sondern auch die Tests, die psychologische Sachverständige anzuwenden pflegen. Aus der Tatsache, daß ein solcher Sachverständiger einen bestimmten Test nicht angewandt hat, kann jedoch nicht gefolgert werden, der Gutachter habe über dieses Hilfsmittel nicht verfügt[966]. Ein Aufsatz, den ein Sachverständiger zu einem einschlägigen Thema geschrieben hat, ist noch kein überlegenes Forschungsmittel[967], ebensowenig der Umstand, daß der Sachverständige die Sprache des Angeklagten versteht[968].

**320**    Soweit ein Antrag die Verwertung **neuer Forschungsergebnisse** auf wissenschaftlichem Gebiet verlangt, hat das Gericht zu prüfen, ob diese als hinlänglich gesichert angesehen werden können. **Nur wissenschaftlich anerkannte Verfahren,** die zuverlässige Ergebnisse erwarten lassen, kommen in Betracht[969]. Mit einem Antrag, der auf die Verwertung solcher Ergebnisse abzielt, hat sich das Gericht in einer für die Beteiligten verständlichen Weise auseinanderzusetzen, die nach den Verfahrensvorschriften möglichen Mittel zur Beschaffung der Unterlagen sind auszuschöpfen[970], bevor die Verwertbarkeit verneint wird.

**321**    e) Der **Beschluß,** der den Beweisantrag auf Zuziehung eines weiteren Sachverständigen ablehnt, ist zu begründen. Die Wiederholung des bloßen Gesetzeswortlauts reicht dazu zumindest dann nicht aus, wenn der Antrag konkrete Umstände für die Notwendigkeit einer weiteren Begutachtung anführt, etwa einen der in Satz 2 genannten Fäl-

---

[963] BGHSt **23** 186; weit. Nachw. Fußn. 962; a. A *Eb. Schmidt* Nachtr. I 72 und FS Schneider 269, der der Überlegenheit des wissenschaftlich bewährten und deshalb eine Autorität bedeutenden Sachverständigen wegen seiner Kenntnisse und seines Erfahrungswissens den Vorrang vor Hilfsmitteln und technischen Verfahren einräumt; ähnlich *Weihrauch* NJW **1970** 1244. Die Überzeugungskraft eines Gutachtens kann zwar von der wissenschaftlichen Autorität des Gutachters abhängen (vgl. BayObLGSt **1957** 134), wird aber dargetan, daß ein anderer Gutachter tatsächlich über überlegene Forschungsmittel und Hilfsmittel verfügt, dann darf sich das Gericht in der Regel nicht damit abfinden, daß ein in überzeugender Form erstattetes Gutachten vorliegt, sondern es darf erst nach Einholung eines die Hilfsmittel und technischen Möglichkeiten ausschöpfenden weiteren Gutachtens entscheiden, welcher Meinung im Falle einer Divergenz der Vorrang gebührt. In der Regel werden allerdings „überlegene Forschungsmittel" kaum aufgezeigt (vgl. *Sarstedt* NJW **1968** 177; OLG Schleswig bei *Ernesti/Jürgensen* SchlHA

**1975** 190). Ob ein kenntnisreicherer Sachverständiger mit größerer Erfahrung zuzuziehen ist, richtet sich nach der Aufklärungspflicht; vgl. *Alsberg/Nüse/Meyer* 734 m. weit. Nachw.
[964] BGHSt **8** 76 = LM § 81 Nr. 3 mit Anm. *Arndt;* BGHSt **23** 187; **23** 311; BGH bei *Spiegel* DAR **1978** 157; OLG Koblenz VRS **48** 182; *Alsberg/Nüse/Meyer* 736; *Dahs/Dahs* 272; KK-*Herdegen* 110; *Kleinknecht/Meyer* 76; KMR-*Paulus* 477; vgl. aber auch *Rudolph* Justiz **1969** 52.
[965] Vgl. *Alsberg/Nüse/Meyer* 736; ferner *Dahs/Dahs* 272: Bundes- und Landeskriminalämter für kriminaltechnische Gutachten.
[966] BGH GA **1961** 241; *Alsberg/Nüse/Meyer* 736; *Kleinknecht/Meyer* 76; KMR-*Paulus* 477; vgl. Rdn. 311.
[967] OLG Koblenz VRS **45** 354; *Alsberg/Nüse/Meyer* 734.
[968] BGH nach *Alsberg/Nüse/Meyer* 735.
[969] OLG Düsseldorf NJW **1970** 184; *Alsberg/Nüse/Meyer* 735.
[970] RGSt **64** 160; RG JW **1930** 2230; DRiZ **1931** Nr. 455; OLG Düsseldorf NJW **1970** 184.

le[971]. Werden im Antrag Tatsachen behauptet, die die Sachkunde des Gutachters zweifelhaft erscheinen lassen, dann muß sich das Gericht damit sachlich auseinandersetzen[972]. Ist behauptet worden, der neue Sachverständige verfüge über neue wissenschaftliche Erkenntnisse oder überlegene Forschungsmittel, dann muß der Beschluß dartun, daß das Gericht dies geprüft und aus welchen Gründen es dies verneint hat[973].

Bei der Entscheidung über den Antrag auf Vernehmung eines weiteren Sachverständigen greift — soweit es um Überprüfung des Gutachtens geht — der Grundsatz durch, daß es unstatthaft ist, das **Beweisergebnis vorwegzunehmen.** Wird der Antrag gestellt, um darzutun, daß der erste Gutachter unzutreffende Tatsachen für die in seinem Gutachten gezogenen Folgerungen verwertet habe, oder soll durch Anwendung überlegener Forschungsmittel einen Irrtum in der Folgerung aufgedeckt werden, ist es in der Regel unstatthaft, die Ablehnung des Antrages allein auf Ergebnis oder Inhalt des angegriffenen Gutachtens zu stützen[974]. **322**

**7. Notwendigkeit der Zuziehung eines Sachverständigen kraft Gesetzes.** In einigen Fällen schreibt das Gesetz die Zuziehung eines Sachverständigen zwingend vor, so bei Einweisung des Beschuldigten in ein öffentliches psychiatrisches Krankenhaus zur Beobachtung zum Zwecke der Vorbereitung eines Gutachtens über den Geisteszustand (§ 81), bei wahrscheinlicher Unterbringung des Angeklagten in einem psychiatrischen Krankenhaus oder einer Entziehungsanstalt oder bei Anordnung der Sicherheitsverwahrung (§ 80 a, 246 a), bei Vergiftungsverdacht (§ 91) und bei Münzverbrechen oder Münzvergehen (§ 92). Ein weiterer Fall, in dem die Entscheidungsfreiheit des Gerichts nicht nur durch den Grundsatz zur vollständigen und wahrheitsgemäßen Aufklärung der Sache eingeschränkt ist, ergibt sich aus § 245. Der zur Hauptverhandlung vorgeladene und erschienene Sachverständige muß — im Falle des § 245 Abs. 2 nur bei entsprechendem Antrag — vernommen werden, sofern nicht einer der Ablehnungsgründe des § 245 Platz greift. **323**

## VIII. Augenschein (Absatz 5)

**1. Allgemeines.** Die Vorschrift, daß ein Beweisantrag auf Einnahme des Augenscheins abgelehnt werden kann, wenn der Augenschein nach dem pflichtgemäßen Ermessen des Gerichts zur **Erforschung der Wahrheit** nicht erforderlich ist, spricht aus, was die Rechtsprechung schon immer angenommen hat[975]. Im Rahmen seiner Aufklä- **324**

---

[971] KK-*Herdegen* 111; auch *Alsberg/Nüse/Meyer* 764, der andererseits eine über den Wortlaut hinausreichende Begründung dann für entbehrlich hält, wenn der Antragsteller ohne Darlegung der Gründe nur allgemein die Zuziehung eines weiteren Sachverständigen fordert (str.; vgl. *Alsberg/Nüse/Meyer* 763 mit weit. Nachw.). Nach BGH bei *Meyer* NJW **1958** 617 genügt in solchen Fällen der Hinweis, daß sich der Sachverständige bereits umfassend geäußert habe.

[972] OLG Celle NJW **1974** 616; *Alsberg/Nüse/Meyer* 764; KMR-*Paulus* 473.

[973] BGH NJW **1951** 412; OLG Düsseldorf NJW **1970** 1984; *Alsberg/Nüse/Meyer* 764;

Ausführungen im Urteil (vgl. Rdn. 303) genügen hier nicht.

[974] RG JW **1931** 1600; **1932** 3095; 3358; DRiZ **1931** Nr. 215.

[975] Zur Rechtsprechung bis 1935 (§ 245 Abs. 1 Satz 2 gestattete in der ab 1935 geltenden Fassung die Ablehnung nach freiem Ermessen) vgl. etwa RGSt **14** 278; **21** 225; **31** 138; **47** 103; RG Recht **1902** Nr. 2626; **1911** Nr. 1082; **1920** Nr. 1773; LZ **1914** 933; **1918** 57; JW **1911** 248; **1923** 390; **1925** 796; **1928** 68; **1931** 1492; DRiZ **1926** Nr. 975; *Alsberg/Nüse/Meyer* 740 mit weit. Nachw., auch zur abweichenden Auffassung im damaligen Schrifttum.

rungspflicht hat das Gericht gegenüber dem Antrag auf Vornahme eines Augenscheins — anders als gegenüber dem Verlangen nach Vernehmung eines Zeugen — grundsätzlich die Freiheit, sein pflichtmäßiges Ermessen walten zu lassen[976].

**325**　Wird die Vornahme eines Augenscheins nicht zum Beweis einer bestimmten Tatsache, sondern nur begehrt, damit die örtlichen Verhältnisse überhaupt berücksichtigt werden mögen, so folgt die freiere Stellung des Gerichts schon daraus, daß der Antrag als bloßer **Beweisermittlungsantrag** gekennzeichnet ist[977]. Zur Frage, wieweit die Vornahme von **Versuchen** unter die Vorschriften über den Augenscheinsbeweis fällt, siehe Rdn. 15 ff. Keine Augenscheinseinnahme im Sinne des Absatzes 5, sondern Teil der Vernehmung ist das **Betrachten der äußeren Erscheinung** und — soweit sie sich offen darbietet — der körperlichen Beschaffenheit eines Angeklagten[978] oder eines Zeugen[979].

**326**　**2. Präsente Beweisgegenstände.** Verlangt ein Beteiligter, um eine bestimmte Tatsache zu beweisen, daß eine Sache besichtigt werde, die zur Hauptverhandlung bereits herbeigeschafft ist, dann bestimmt sich die Pflicht des Gerichts, den Augenschein auf dieses präsente Beweismittel zu erstrecken, ausschließlich nach § 245 (vgl. insbes. § 245, 22 ff; 52 ff), das Gericht kann diesen Antrag nicht nach pflichtgemäßem Ermessen nach Absatz 5 ablehnen[980]. Der beantragte Augenschein kann bei präsenten Gegenständen auch nicht durch andere Beweismittel ersetzt werden[981].

**3. Nicht präsente Augenscheinsobjekte**

**327**　**a)** Das Gericht nimmt eine **freiere Stellung** ein, wenn ein Gegenstand erst herbeigeschafft oder der Augenschein außerhalb der Gerichtsstelle, vor allem am Tatort, vorgenommen werden soll. Es darf den **Antrag ablehnen,** wenn es ihn **nach pflichtgemäßem Ermessen** für die Erforschung der Wahrheit für entbehrlich hält. Die **Aufklärungspflicht** ist also ausdrücklich zur Richtschnur der Ermessensentscheidung bestimmt (Rdn. 50). Nach den Erfordernissen der Sachaufklärung richtet sich somit auch, ob das erkennende Gericht den Tatort in Augenschein nehmen muß. Der Augenschein ist zwar zulässig, er ist auch in vielen Fällen vorzüglich geeignet, die richtige Auffassung des den

---

[976] BGH VRS **20** 202; **31** 268; NStZ **1981** 310; BayObLG bei *Rüth* DAR **1971** 206; OLG Braunschweig VRS **4** 604; OLG Bremen DAR **1963** 170; OLG Hamm VRS **22** 56; **34** 61; **41** 136; KG JR **1954** 272 mit Anm. *Sarstedt;* OLG Köln NJW **1966** 606; *Alsberg/Nüse/Meyer* 740; KK-*Herdegen* 112; *Kleinknecht/Meyer* 78; vgl. ferner Rdn. 50.

[977] RGSt **31** 138; RG JW **1931** 1942 mit Anm. *Alsberg;* JW **1932** 58; KG JR **1954** 272 mit Anm. *Alsberg/Nüse/Meyer* 40; 78; *Dahs* Hdb 573; KK-*Herdegen* 112; KMR-*Paulus* 480; vgl. Rdn. 115 ff. Ob der Antrag, eine bestimmte Sache zu beschlagnahmen und zum Zwecke der Besichtigung herbeizuschaffen, ein Beweisantrag oder ein Beweisermittlungsantrag ist, ist strittig (vgl. *Alsberg/Nüse/Meyer* 87). Es hängt dies wohl davon ab, ob im Einzelfall Beweisthema und Beweisgegenstand be-

stimmt bezeichnet werden können; vgl. Rdn. 117.

[978] BGH bei *Dallinger* MDR **1974** 368; OLG Koblenz VRS **48** 105. Ob ein Augenschein vorliegt, wenn der Angeklagte die Einlassung verweigert, ist strittig, OLG Bremen MDR **1970** 165 nimmt dies an. Vgl. Rdn. 11.

[979] BGH GA **1965** 108; OLG Schleswig bei *Ernesti/Jürgensen* SchlHA **1972** 160; auch hier ist strittig, ob dann ein Augenschein vorliegt, wenn der Zeuge die Aussage befugt verweigert, so etwa OLG Hamm MDR **1974** 1036; *Rogall* MDR **1975** 813. Vgl. § 52, 38.

[980] RGSt **21** 226; **65** 307; OLG Hamm VRS **4** 602; *Alsberg/Nüse/Meyer* 739; KMR-*Paulus* 480; a. A RGSt **14** 279.

[981] *Eb. Schmidt* § 245, 10; ferner die Entscheidungen Fußn. 976; *Alsberg/Nüse/Meyer* 788 mit weit. Nachw. Vgl. § 245, 70; 77; 78.

Gegenstand der Klage bildenden Ereignisses zu fördern[982]. Er ist aber in seiner durch den Mangel gesetzlicher Regelung bedingten Formlosigkeit mit manchen Nachteilen behaftet und überdies mit Weiterungen verbunden, die den Geschäftsgang empfindlich stören können. Deshalb bleibt dem Gericht die Freiheit gewahrt, den gerichtlichen Augenschein des Tatorts, sofern die Aufklärung keinen Schaden leidet, durch andere Beweismittel zu ersetzen.

Als solche **zum Ersatz brauchbare Beweismittel** kommen statt einer Ortsbesichti- **328** gung u. a. in Betracht die von einer Behörde für allgemeine Zwecke hergestellten Landkarten, Flugkarten, Ortspläne, Filme, Videoaufnahmen und Lichtbilder[983], Radaraufnahmen[984] und Modelle[985]. Bei den für den Sonderzweck der Untersuchung gefertigten Tatortskizzen (Unfallskizzen) ist wegen § 250 streitig, wieweit sie hierfür als Augenscheinsobjekt verwendbar sind[986]. Als Ersatz für den Augenschein durch das erkennende Gericht geeignet sind auch Aussagen von Zeugen, die den zu erhebenden Zustand im amtlichen Auftrag oder ohne einen solchen wahrgenommen haben[987], ferner die Niederschriften über einen vom beauftragten oder ersuchten Richter vorgenommenen Augenschein[988]. Die Vermittlung der Ergebnisse des Augenscheins durch einen Zeugen als Sachverständigen wird sogar die Regel bilden, wenn der Augenschein am menschlichen Körper vorgenommen oder eine körperliche Untersuchung durchgeführt werden soll (vgl. § 58 a f; § 86). Zum Austausch objektiver Beweismittel allgemein, vgl. Rdn. 157 ff.

Die Gründe, aus denen das Gericht einen Beweisantrag nach **§ 244 Abs. 3 ablehn- 329 nen** darf, rechtfertigen grundsätzlich auch die Ablehnung eines Antrags auf Einnahme eines Augenscheins[989]. Der Antrag kann deshalb abgelehnt werden, wenn der Beweisgegenstand unerreichbar ist[990] oder wenn er ungeeignet ist, die im Antrag behauptete Beweistatsache zu beweisen[991]; ferner, wenn die vom Antragsteller gegebene Ortsbeschreibung als zutreffend angenommen werden kann[992] oder das Gericht auf Grund eines allgemeinen Erfahrungssatzes die Beweistatsache oder ihr Gegenteil für allgemein-

---

[982] Vgl. BGH MDR **1961** 249; OLG Bremen DAR **1963** 170.

[983] Bei den Lichtbildern wird grundsätzlich die Selbständigkeit als Augenscheinsobjekt bejaht; vgl. BGH VRS **23** 91; **27** 120; GA **1968** 305; NStZ **1981** 310; OLG Hamm DAR **1957** 51; VRS **44** 114; NJW **1978** 2406; BayObLGSt **1965** 79 = JR **1966** 389 mit Anm. *Koffka;* OLG Koblenz VRS **44** 433; OLG Schleswig NJW **1980** 352 und VRS **64** 287; *Eb. Schmidt* Nachtr. I § 249, 1; sie können aber auch als Vernehmungshilfemittel verwendet werden, vgl. OLG Frankfurt VRS **64** 287; zu den Filmen: BGH bei *Holtz* MDR **1976** 634. Weit. Nachw. § 59, 10, bei § 86 und bei *Alsberg/Nüse/Meyer* 225; 230.

[984] OLG Hamm VRS **44** 117.

[985] RG HRR **1932** Nr. 213; BGH NStZ **1981** 310; vgl. bei § 86 und *Alsberg/Nüse/Meyer* 743.

[986] Zu den Unfallskizzen vgl. § 86. Bei den amtlichen Skizzen über den Tatort ist streitig, ob diese selbst Augenscheinsobjekt – und damit ein selbständiges Beweismittel – oder nur das

wegen § 250 nicht selbständig verwertbare Protokoll eines nichtrichterlichen Augenscheins sind. Vgl. die Nachweise bei § 86, ferner bei § 250 und *Alsberg/Nüse/Meyer* 225; 459 m. weit. Nachw.

[987] OLG Hamm VRS **34** 61; dazu *Hanack* JZ **1970** 261; *Alsberg/Nüse/Meyer* 225, 742. vgl. *Dahs* Hdb. 574. Nach OLG Stuttgart MDR **1982** 153 gilt dies selbst bei der Beurteilung des pornographischen Charakters eines Films.

[988] Vgl. §§ 225, 168 d; ferner bei § 86 und § 249.

[989] Liegen sie vor, ist die Beweisaufnahme zur Sachaufklärung nicht erforderlich, vgl. *Alsberg/Nüse/Meyer* 741; *Gössel* § 29 C III a 10; vgl. OLG Hamm VRS **7** 131.

[990] Vgl. Rdn. 261.

[991] RGSt **47** 106; BGH bei *Martin* DAR **1962** 74; OLG Schleswig bei *Ernesti/Lorenzen* SchlHA **1984** 104; vgl. Rdn. 288; OLG Düsseldorf VRS **60** 122.

[992] OLG Dresden JW **1930** 2595.

Walter Gollwitzer

kundig ansieht[993]. Darüber hinaus darf es aber auch den Antrag mit der Begründung ablehnen, daß es einen gerichtlichen Augenschein auf Grund der sicheren Überzeugung, die es durch die bisherige Beweisaufnahme gewonnen habe, zur Erforschung der Wahrheit nicht für erforderlich erachte[994] oder, daß es ihn durch eine andere, nunmehr angeordnete Beweiserhebung ersetzen wolle (Rdn. 327), oder daß es sich von den Augenschein keinen Erfolg verspreche[995]. Das Verbot, die Beweiswürdigung vorwegzunehmen, gilt insoweit nicht[996]. Die Aufklärungspflicht zwingt aber auch nicht allein deswegen zur Durchführung des Augenscheins, weil der unmittelbare Eindruck, den das Gericht dadurch gewinnt, generell das bessere Beweismittel ist[997].

**330**    **b) Erforderlich** ist der Augenschein hingegen, wenn nur auf diesem Wege ein Gegenstand, an den ein Sachverständigengutachten anknüpft, in die Hauptverhandlung eingeführt werden kann[997a]. Er ist ferner geboten, wenn nach der Beweislage von ihm eine weiterführende Sachaufklärung erwartet werden darf, etwa, um widersprüchliche Beweisergebnisse abzuklären, aber auch, um eine sichere Beurteilung der Verläßlichkeit einer Zeugenaussage oder eines sonst angezweifelten Beweisergebnisses zu ermöglichen[998]. Die Aufklärungspflicht schließt insoweit aus, den Augenschein unter Hinweis auf das bisherige Beweisergebnis abzulehnen. Falls ein Beteiligter die Vornahme eines Augenscheins zum Beweis der Unwahrheit der Aussage eines Zeugen über irgendwelche örtlichen Verhältnisse beantragt, darf der Ablehnungsgrund nicht allein aus dem bekämpften Zeugnis entnommen werden[999]. Das Gericht muß in einem solchen Fall entweder in einem anderen schon gebrauchten Beweismittel einen sicheren Anhalt für die **Zuverlässigkeit** des angefochtenen **Zeugnisses** haben[1000] oder mangels eines solchen Anhalts eine Anordnung zur Nachprüfung des Zeugnisses treffen[1001]. Daher darf das Gericht einen Antrag auf Einnahme des Augenscheins nicht unter Berufung auf die Glaub-

[993] BGH DAR **1956** 76 (Erfahrungssatz über Sichtverhältnisse); *Alsberg/Nüse/Meyer* 741.

[994] RG JW **1895** 122; **1925** 796; **1931** 1492; BGHSt 8 180; VRS 20 202; 31 268; BayObLG bei *Rüth* DAR **1981** 249; OLG Hamm VRS **6** 463; OLG Koblenz VRS **45** 393; **52** 283; OLG Köln NJW **1966** 606; OLG Stuttgart VRS **3** 358; *Hanack* JZ **1970** 563; *Weigelt* DAR **1964** 319.

[995] RG LZ **1915** 63; *Alsberg/Nüse/Meyer* 743.

[996] *Alsberg/Nüse/Meyer* 743; *Engels* GA **1981** 33; *KK-Herdegen* 72; *Kleinknecht/Meyer* 78; *KMR-Paulus* 481; *G. Schäfer* § 79 I 5 k. Vgl. die bei Fußn. 994 angeführten Entscheidungen; ferner OLG Hamm OLGSt 3; OLG Schleswig bei *Ernesti/Jürgensen* SchlHA **1979** 204.

[997] *Alsberg/Nüse/Meyer* 744 ff; *KK-Herdegen* 112; vgl. ferner Fußn. 994.

[997a] OLG Hamm StrVert. **1984** 457 (Schriftprobe bei Schriftgutachten als Anknüpfungstatsache).

[998] BGH NJW **1961** 280; NStZ **1981** 310; **1984** 565; bei *Holtz* MDR **1984** 982; OLG Schleswig bei *Ernesti/Jürgensen* SchlHA **1979** 204; vgl. *Alsberg/Nüse/Meyer* 744.

[999] BGHSt **8** 177; BGH bei *Spiegel* DAR **1979** 189; BayObLG bei *Rüth* DAR **1971** 206; OLG Bremen DAR **1963** 170; OLG Hamm VRS **21** 62; **44** 114; **51** 113; JMBlNW **1980** 70; OLGSt 3; OLG Koblenz VRS **48** 120; **49** 40; **52** 283; **53** 440; OLG Köln NJW **1966** 606; VRS **65** 450; OLG Schleswig bei *Ernesti/Jürgensen* SchlHA **1970** 198; **1979** 204; früher schon RG JW **1930** 714 mit Anm. *Alsberg*; **1930** 933 mit Anm. *Alsberg*; **1930** 3417; **1931** 1040 mit Anm. *Mannheim*; **1931** 1608 mit Anm. *Alsberg*; **1932** 954; **1932** 2040; **1932** 3626; **1934** 3064; ferner *KK-Herdegen* 113; *Kleinknecht/Meyer* 78; *KMR-Paulus* 482; *Dahs/Dahs* 273; *Dahs* Hdb. 574; *Hanack* JZ **1970** 563; *Roxin* § 43 C II 3; *Sarstedt* DAR **1964** 314; JR **1954** 273; *G. Schäfer* § 79 I 5 k; *Schlüchter* 555; *Weigelt* DAR **1964** 318; außerdem *Alsberg/Nüse/Meyer* 745 mit weit. Nachw., auch zu einer früher gelegentlich vertretenen Gegenmeinung.

[1000] RGSt **47** 107.

[1001] RG JW **1930** 3417.

würdigkeit eines Zeugen ablehnen, wenn es sich dabei um den einzigen Tatzeugen handelt und durch den Augenschein bewiesen werden soll, daß der Vorfall sich nicht so abgespielt haben kann, wie der Zeuge bekundet hat[1002].

Haben dagegen **mehrere Zeugen unabhängig voneinander** übereinstimmend das **331** Gegenteil der durch Einnahme des Augenscheins zu beweisenden Tatsache bekundet, kann die Ablehnung des Antrags mit der Aufklärungspflicht vereinbar sein[1003]. Maßgebend sind aber immer die Umstände des jeweiligen Falles. Die Ablehnung wird aber in der Regel gegen das pflichtgemäße Ermessen des Gerichts zur Erforschung der Wahrheit verstoßen, wenn diese Zeugen nicht unabhängig voneinander, sondern als Glieder eines wesentlich gleichen Erlebnis- oder Interessenkreises ausgesagt haben[1004].

Etwas anderes kann jedoch gelten, wenn die Tatzeugen in erster Linie ein **glei-** **332** **cher Pflichtenkreis** und nicht ein gleicher Erlebnis- und Interessenkreis verbindet, wie dies bei dienstlich einschreitenden Polizeibeamten der Fall ist[1005]. Es hängt aber von den gegebenenfalls durch Fragen aufzuklärenden Umständen ab, ob den Zeugen eine voneinander unabhängige Bestätigung der Beweistatsache aus unmittelbarer eigener Wahrnehmung mit einer Sicherheit möglich ist, die eine weitere Sachaufklärung erübrigt.

**4. Vorführung von Tonträgern.** In der Rechtsprechung hat sich die Auffassung **333** durchgesetzt, daß nicht nur die äußere Beschaffenheit sondern auch der Inhalt eines Tonträgers durch Abspielen nach den Grundsätzen des Beweises durch Augenscheinseinnahme festzustellen ist[1006]. Für **Bildträger** (Bänder, Platten, Filme usw.) gilt gleiches, ohne daß es auf die Art des zur Speicherung verwendeten technischen Verfahrens entscheidend ankäme. Voraussetzung ist allerdings immer, daß die Verwertung des Ton- oder Bildträgers als Beweismittel im konkreten Einzelfall rechtlich zulässig ist (vgl. Rdn. 201).

Der Beweis durch Augenschein hat aber meist nur dort, wo es um den strafbaren **334** Inhalt des Tonbandes als solches geht, **selbständige Bedeutung.** Seine Beziehung zum Gegenstand des Verfahrens muß vielmehr in aller Regel durch andere Beweismittel hergestellt werden, etwa durch Angaben des Angeklagten oder Bekundungen von Zeugen oder Sachverständigen. Der Ausschluß jeder nachträglichen Veränderung — und damit sein Beweiswert — ist im Wege der Freibeweises zu klären[1007], desgleichen die Umstände des Zustandekommens. Auch sie sind für die Abschätzung des Beweiswertes von Bedeutung und nach ihnen beurteilt sich auch, ob dem Augenscheinsbeweis ein Be-

---

[1002] BGHSt 8 177 = LM Nr. 1 mit Anm. *Busch*; BGH NStZ **1984** 565; OLG Bremen DAR **1963** 170; OLG Hamm VRS 44 116; OLG Köln NJW **1966** 606; VRS 65 450; OLG Schleswig SchlHA **1970** 198.

[1003] BGHSt 8 181; BGH VRS 20 204; BayObLG bei *Rüth* DAR **1980** 270; OLG Koblenz VRS 45 48; 49 40; OLG Stuttgart VRS 3 356; KK-*Herdegen* 113; *Kleinknecht/Meyer* 78; KMR-*Paulus* 481; ferner *Alsberg/Nüse/Meyer* 745 mit weit. Nachw.

[1004] RG JW **1932** 3626; BGH NJW **1961** 280; OLG Hamm VRS 44 116; OLG Koblenz VRS 49 40; OLG Schleswig bei *Ernesti/Jürgensen* SchlHA **1979** 204; *Alsberg/Nüse/Meyer* 746; KK-*Herdegen* 113; *Kleinknecht/Meyer* 78; KMR-*Paulus* 482.

[1005] BGH VRS 22 204; OLG Celle MDR **1965** 227; OLG Schleswig bei *Ernesti/Jürgensen* SchlHA **1979** 205; *Alsberg/Nüse/Meyer* 747; *Kleinknecht/Meyer* 78; KMR-*Paulus* 482; a. A OLG Koblenz VRS 48 120; vgl. auch die Bedenken bei *Eb. Schmidt* Nachtr. I 28.

[1006] BGHSt 14 341; 27 136 = JR **1978** 117 mit Anm. *Gollwitzer*; OLG Celle NJW **1965** 1677; OLG Frankfurt NJW **1967** 1047; KG NJW **1980** 952; auch das Schrifttum ist heute überwiegend dieser Meinung; wegen der weiteren Nachweise vgl. § 86; ferner *Alsberg/Nüse/Meyer* 231. Zu den früheren Streitfragen vgl. 23. Aufl. Rdn. 279, Fußn. 117.

[1007] BGHSt 14 311; *Alsberg/Nüse/Meyer* 232; *Fezer* JuS **1979** 188.

Walter Gollwitzer

weisverbot entgegensteht[1008]. So aufschlußreich die Einnahme des Augenscheins sein kann, so sehr die Aufklärungspflicht dem Gericht im einzelnen Falle gebieten kann, den Augenschein (auch in der Form des Anhörens von Schallaufnahmen) einzunehmen, so wird doch oft diesem Beweismittel neben dem unmittelbaren Zeugenbeweis nur eine Hilfsbedeutung zukommen[1009].

335    Die Verlesung der **schriftlichen Übertragung** des Inhalts eines Tonbands darf — sofern die Aufklärungspflicht nicht entgegensteht — das Abspielen des Bandes in der Hauptverhandlung ersetzen[1010]. Den Beweiswert einer solchen Niederschrift muß das Gericht jedoch nicht nur hinsichtlich des Zustandekommens der Tonaufnahme, sondern auch hinsichtlich der Richtigkeit der Übertragung kritisch prüfen.

336    Die Einnahme eines Augenscheins liegt nicht vor, wenn das Gericht bei der Beratung eine **Tonbandaufnahme seiner eigenen Hauptverhandlung** als Gedächtnisstütze heranzieht[1011].

337    **5. Sitzungsniederschrift.** Grundsätzlich ist als wesentliche Förmlichkeit nach § 273 nur die zum Gang der Hauptverhandlung gehörende Vornahme des Augenscheins als solche zu protokollieren, nicht aber auch dessen Ergebnis[1012]. Nur wo § 273 Abs. 3 es erfordert, sind besondere Vorkommnisse während des Augenscheins oder dessen Ergebnis in der Sitzungsniederschrift festzuhalten[1013].

338    **Zum Nachweis** der Vornahme eines Augenscheins (§ 274) muß das Protokoll nicht unbedingt das Wort „Augenschein" verwenden. Es kann auch ein anderer Vermerk genügen, der erkennen läßt, daß das Gericht den fraglichen Gegenstand in Augenschein genommen hat[1014]. Es muß aber hinreichend deutlich sein, daß der Gegenstand Augenscheinsobjekt war und nicht nur Hilfsmittel bei der Vernehmung. Fehlt der Vermerk im Protokoll, ist nach § 274 davon auszugehen, daß kein Augenschein durchgeführt wurde[1015]. Die Urteilsgründe sind nicht geeignet, den fehlenden Vermerk über die Vornahme des Augenscheins zu ersetzen[1016].

## IX. Revision

### 1. Verletzung der Aufklärungspflicht

339    **a) Allgemeines.** Die Rüge, daß das Gericht die Aufklärungspflicht verletzt habe, also die Behauptung, der Tatrichter habe seine gesetzliche Verpflichtung zur Erforschung der Wahrheit rechtsirrig oder aus Mangel an Sorgfalt verkannt oder ihr wissentlich zuwidergehandelt, obwohl die dem Gericht bekannten Umstände zum Gebrauch weiterer Beweismittel drängten, war Jahrzehnte hindurch unbekannt. Sie gewann zu-

---

[1008] Zur Unzulässigkeit der Verwendung unbefugt aufgenommener Tonbänder vgl. Einl. Kap. 14 und § 86; zu der strittigen Frage, ob das Tonband von einer früheren Zeugenvernehmung an Stelle oder neben der Einvernahme des Zeugen in die Hauptverhandlung durch den Augenscheinsbeweis eingeführt werden darf, vgl. auch § 69, 10 und bei § 254.

[1009] *Alsberg/Nüse/Meyer* 232; *Kleinknecht* NJW **1966** 1541.

[1010] BGHSt **27** 135 = JR **1978** 177 mit Anm. *Gollwitzer; Alsberg/Nüse/Meyer* 225.

[1011] BGHSt **19** 193; vgl. bei § 261.

[1012] RGSt **26** 278; **39** 257; RG Recht **1908** Nr.

3367; **1911** Nr. 3883; OLG Bremen JR **1982** 252 mit Anm. *Foth;* OLG Hamm NJW **1953** 839; GA **1973** 281; OLG Köln NJW **1955** 843; VRS **24** 61; OLG Neustadt VRS **28** 377; OLG Saarbrücken VRS **48** 211.

[1013] OLG Hamm GA **1973** 281.

[1014] OLG Celle NdsRpfl. **1972** 122 (Tachoscheibe sei mit Zeugen erörtert worden).

[1015] OLG Bremen NJW **1981** 2827; OLG Düsseldorf VRS **39** 277; OLG Hamm NJW **1953** 839; **1978** 2406; VRS **4** 602; **8** 370; **44** 117; **51** 45; StrVert. **1984** 457; OLG Köln VRS **24** 61; OLG Saarbrücken VRS **48** 211.

[1016] OLG Hamm JMBlNW **1979** 276.

gunsten des Angeklagten erst an Bedeutung, als der nationalsozialistische Gesetzgeber die von der Rechtsprechung des Reichsgerichts entwickelten Grundsätze über die Notwendigkeit der Erhebung beantragter Beweise dadurch auszuhöhlen begann, daß er die Gerichte weitgehend ermächtigte, nach ihrem Ermessen von der Erhebung von Beweisen abzusehen[1017]. Als der Gesetzgeber nach 1945 zu den strengen Grundsätzen zurückkehrte, die von der Rechtsprechung zur Verpflichtung über die Erhebung beantragter Beweise entwickelt worden waren, wurde die sogenannte Aufklärungsrüge immer häufiger mit dem Ziele erhoben, die Beweiswürdigung des Tatrichters anzugreifen, die sonst aus Rechtsgründen nicht angreifbar ist.

Nicht selten sollen auch etwaige **Versäumnisse der Verfahrensbeteiligten** unter **340** dem Blickwinkel einer Verletzung der Aufklärungspflicht durch das Gericht das Urteil zu Fall bringen. Die Pflicht des Gerichts, den entscheidungserheblichen Sachverhalt aufzuklären, besteht unabhängig vom Prozeßverhalten der Verfahrensbeteiligten und den von ihnen gestellten Anträgen[1018]. Diese verwirken durch eine **unterlassene Antragstellung** auch nicht das Recht, mit der Revision die Verletzung der Aufklärungspflicht zu rügen. Antragstellung vor oder in der Hauptverhandlung sowie das sonstige Prozeßverhalten sind aber oft für den Erfolg der Rüge von wesentlicher Bedeutung, denn die Aufklärungspflicht setzt voraus, daß dem Gericht Notwendigkeit und Möglichkeit einer weiteren Sachaufklärung aus den Akten, dem Vortrag oder den Anträgen der Verfahrensbeteiligten oder aus sonstigen Verfahrensvorgängen ersichtlich sind. Unterläßt es die Heranziehung eines Beweismittels, dessen Vorhandensein oder Bedeutung nicht erkennbar war, kann daraus nachträglich auch kein Verstoß gegen die Aufklärungspflicht konstruiert werden[1019]. Insoweit hat die Warnung, daß die Aufklärungsrüge nicht dazu da ist, unterlassene Beweisanträge nachzuholen, ihre Berechtigung, denn wenn die Verfahrensbeteiligten, insbesondere auch der Angeklagte und sein Verteidiger, keinen Anlaß zur Stellung entsprechender Beweisanträge sahen, kann in der Regel auch nicht angenommen werden, daß die Umstände das Gericht zu einer Beweiserhebung von Amts wegen gedrängt hätten[1020]. Bei einer Überraschungsentscheidung kann allerdings auch unter dem Blickwinkel der verletzten Aufklärungspflicht gerügt werden, daß den überraschten Verfahrensbeteiligten die Möglichkeit zu einem der neuen Lage angepaßten Sachvortrag und zur Stellung der entsprechenden Anträge unter Benennung neuer, bisher unbekannter Beweismittel beschnitten wurde.

---

[1017] Vgl. den Überblick über die Entwicklung bei *Sarstedt/Hamm* 243 ff; ferner *Alsberg/ Nüse/Meyer* 23 ff.

[1018] Vgl. Rdn. 48 ff; so auch BGHSt **16** 391; BGH bei *Pfeiffer/Miebach* NStZ **1984** 210; KG VRS **21** 64; *Alsberg/Nüse/Meyer* 26; *Gössel* § 29 B I c 2; *Jagusch* NJW **1971** 2201; KK-*Herdegen* 43; *Kleinknecht/Meyer* 80; *Sarstedt/Hamm* 252; *Wessel* JuS **1969** 4 f; wegen teilweise abweichender Auffassungen vgl. Fußn. 1019.

[1019] Vgl. BGH bei *Herlan* MDR **1955** 529; etwa *Wessels* JuS **1969** 4: erkennbare Beweismittel von erkennbarer Erheblichkeit, ferner Rdn. 48.

[1020] Vgl. etwa *Dahs* Hdb. 834; *Dahs/Dahs* 167; 376; *Sarstedt/Hamm* 253. Diese Erwägung trifft nicht zu, wenn sich das Erfordernis

weiterer Sachaufklärung aus Umständen ergibt, die von Vorbringen der Verfahrensbeteiligten unabhängig sind (vgl. BGHS **16** 391). Sie hat Gewicht als Indiz bei Prüfung der Begründetheit, nicht der Zulässigkeit der Aufklärungsrüge, die durch eine unterlassene Antragstellung auch dann nicht verwirkt wird, wenn der Rügende mit dem Verfahrensausgang rechnen mußte. Letzteren Gesichtspunkt führen einige Entscheidungen als Kriterium an, wobei allerdings nicht immer ersichtlich ist, wieweit dies nur als Argument für die Unbegründetheit gedacht war; vgl. etwa OLG Koblenz OLGSt § 244 Abs. 2, 71; VRS **42** 278; **45** 394; **52** 82; **52** 199; OLG Köln OLGSt § 244 Abs. 2, 64; GA **1970** 248; MDR **1977** 71; VRS **59** 422; KMR-*Paulus* 593.

Walter Gollwitzer

**341**     b) Der **Zweck der Aufklärungsrüge**[1021] besteht nicht darin, die dem Tatrichter vorbehaltene und vom Revisionsgericht nur in sehr engen Grenzen nachprüfbare **Beweiswürdigung** auf dem Umwege über die Aufklärungsrüge zur Nachprüfung des Revisionsgerichts zu stellen. Sie ermöglicht aber insoweit eine Beanstandung der tatsächlichen Grundlagen des Urteils, als damit nicht nur Lücken der tatsächlichen Feststellungen beanstandet[1022], sondern auch die für ihr Zustandekommen maßgebliche Beweisgrundlage insoweit zur Überprüfung gestellt werden können, als erkennbar vorhandene, wesentliche Beweismittel bei der Bildung der richterlichen Überzeugung übergangen wurden, obwohl ihre Heranziehung unter den gegebenen Umständen geboten gewesen wäre[1023]. Die Gesichtspunkte, unter denen eine Verletzung der Aufklärungspflicht gerügt werden kann, sind deshalb so vielgestaltig wie die Tragweite dieser das ganze Prozeßgeschehen überlagernden Pflicht; insoweit ist auf die Rdn. 38 ff zu verweisen. Wegen **einzelner Beispiele** zu den Erfordernissen der Aufklärungspflicht und der umfangreichen Rechtsprechung der Revisionsgerichte, aus der sich auch ergibt, welche Tatsachen jeweils zur Begründung der Revisionsrüge anzuführen sind, wird auf die Ausführungen Rdn. 38 bis 92 verwiesen, wegen der Ablehnung von Beweisermittlungsanträgen oder sonstigen Beweisanregungen auf Rdn. 123 ff; wegen einer ungerechtfertigten Wahrunterstellung auf Rdn. 238, wegen der Pflicht, Sachverständige zu Rate zu ziehen auf Rdn. 71 ff, 305 ff, wegen der Einnahme eines Augenscheins auf Rdn. 327 ff. Weitere Beispiele sind im Zusammenhang mit einzelnen Verfahrensvorschriften erörtert, wenn deren Anwendung im Einzelfall durch das Gebot der umfassenden Sachaufklärung modifiziert wird. Bei der Heranziehung der Rechtsprechung darf aber nie übersehen werden, daß die Frage, ob Umstände das Gericht zu einer weiteren Sachaufklärung gedrängt haben, immer nur anhand des konkreten Einzelfalls zu beurteilen ist.

**342**     c) Die **ungenügenden Ausschöpfung** der **Beweiserhebung in der Hauptverhandlung** kann im allgemeinen mit der Aufklärungsrüge nicht mit Erfolg beanstandet werden. Es kann nicht gerügt werden, daß das Gericht versäumt habe, an einen Zeugen, einen Sachverständigen oder einen Angeklagten **eine bestimmte Frage** zu richten oder einen bestimmten Vorhalt zu machen[1024]. Denn abgesehen davon, daß das Revisionsgericht nach dem geltenden Verfahrensrecht regelmäßig überhaupt nicht zuverlässig nachprüfen kann, ob die Frage an den Angeklagten oder den Zeugen gestellt worden ist, würde der zur Begründung der Aufklärungsrüge erforderliche Nachweis in aller Regel nicht zu erbringen sein, weshalb sich dem Gericht die Notwendigkeit aufgedrängt haben soll, an den Angeklagten oder einen Zeugen eine betimmte Frage zu stellen, obwohl der Angeklagte bei seiner Einlassung zur Sache keinen Anlaß sah, sich dazu zu äußern, und er und sein Verteidiger es nicht für erforderlich hielten, in Ausübung ihres Fragerechts von sich aus einem Zeugen jene Frage vorzulegen[1025]. Etwas anderes kann gelten, wenn

---

[1021] Dazu *Wessels* JuS **1969** 1.

[1022] Diese sind bereits auf die Sachrüge hin zu beachten.

[1023] Vgl. *Dahs/Dahs* 370, wo darauf hingewiesen wird, daß bei dieser Rüge dem Revisionsgericht der ganze Akteninhalt offen ist; dazu Rdn. 46 ff.

[1024] RGSt **6** 135; **13** 158; **41** 272; OGHSt **3** 59; BGHSt **4** 125; **17** 351; VRS **15** 269; **15** 446; **17** 347; **21** 357; **24** 370; **27** 139; **30** 101; **30** 351; **34** 346; **36** 24; BGH bei *Martin* DAR **1975** 120; bei *Spiegel* DAR **1977** 179; **1980** 210; **1981** 149; bei *Pfeiffer* NStZ **1981** 95; **1981** 297; bei *Pfeiffer/Miebach* NStZ **1983** 210; **1985** 13; OLG Hamm NJW **1970** 69; KG VRS **20** 363; **24** 131; OLG Koblenz VRS **47** 272; DAR **1973** 106; OLG Köln VRS **63** 460; OLG Saarbrücken VRS **35** 42; **48** 431; OLG Stuttgart VRS **50** 266; vgl. § 241, 33; § 344, 91.

[1025] BGHSt **4** 125; **17** 352; vgl. Fußn. 1024.

ohne Rekonstruktion der Beweisaufnahme, etwa schon aus den Urteilsgründen, nachweisbar ist, daß sich aufdrängende Fragen ungeklärt bleiben[1026].

Es verstößt in der Regel nicht gegen die Aufklärungspflicht, wenn das Gericht ablehnt, einen bereits vernommenen Zeugen zu den **gleichen Beweistatsachen nochmals zu hören**[1027]. Etwas anderes kann aber gelten, wenn sich bei einem kommissarisch vernommenen Zeugen auf Grund des Ergebnisses der Hauptverhandlung eine nochmalige Befragung unter Vorhalt anderer Aussagen hätte aufdrängen müssen[1028] oder wenn ersichtlich ist, daß das Gericht es unterlassen hat, einem Zeugen, dessen Aussage von seinen früheren Angaben stark abweicht, diese früheren Angaben zur Klärung des Widerspruchs vorzuhalten[1029] oder wenn das Gericht ausführt, ein mehrfach vernommener Zeuge habe immer gleichlautend ausgesagt, obwohl seine in den Akten festgehaltenen Aussagen erheblich voneinander abweichen[1030]. **343**

Auf **Widersprüche** zwischen **Sitzungsniederschrift** und **Urteilsfeststellungen** allein kann die Aufklärungsrüge nicht gestützt werden[1031], ferner nicht darauf, daß das Urteil das Ergebnis der Beweisaufnahme nicht wiedergibt[1032]. Ausnahmsweise kann die Aufklärungsrüge jedoch begründet sein, wenn sich aus dem Urteil selbst ergibt, daß das Gericht ein Beweismittel nur ungenügend genützt hat, so, wenn die vom Gericht als glaubhaft bewerteten Bekundungen eines Zeugen in der Hauptverhandlung nach den Darlegungen des Urteils von denjenigen stark abweichen, die er nach dem Inhalt der Akten im Ermittlungsverfahren gemacht hat und erkennbar ist, daß nicht versucht wurde, ihm die früheren Bekundungen auch nur vorzuhalten und dadurch den Widerspruch zu klären[1033]. **344**

d) Die **Begründung der Aufklärungsrüge** genügt nur dann den Erfordernissen des §344 Abs. 2, wenn ohne Bezugnahmen[1034] dargetan wird, welche für das Gericht erkennbaren konkreten Umstände dazu gedrängt haben, zur Klärung einer bestimmten entscheidungserheblichen Tatsache[1035] weitere, genau zu bezeichnende Beweismittel[1036] zu benützen, die geeignet gewesen wären, das Urteil in einem für den Revisions- **345**

---

[1026] BGHSt **17** 353; BGH StrVert. **1984** 231; bei *Spiegel* DAR **1978** 161; KMR-*Paulus* 272; 593; *Kleinknecht/Meyer* 82; *Maul* FS II Peters 52; dies ist mitunter auch im Rahmen der Sachrüge (unvollständige Urteilsfeststellungen) beachtlich.

[1027] BGH GA **1958** 305; **1961** 315; BGH bei *Dallinger* MDR **1952** 18; **1974** 725; **1975** 24; bei *Holtz* MDR **1978** 626; vgl. Rdn. 132; ferner *Alsberg/Nüse/Meyer* 96 mit weit. Nachw.

[1028] OLG Schleswig bei *Ernesti/Jürgensen* SchlHA **1969** 152.

[1029] BGH NJW **1962** 1832; BGH bei *Holtz* MDR **1980** 631 (daß der nicht protokollpflichtige Vorhalt unterblieb, muß aber erwiesen sein); vgl. Rdn. 342.

[1030] BGH bei *Dallinger* MDR **1972** 572; §344, 91.

[1031] BGH bei *Dallinger* MDR **1966** 384; **1974** 369; KG JR **1968** 195; *Kleinknecht/Meyer* 82; KMR-*Paulus* 593; abweichend *Hanack* §337, 81 ff.

[1032] BGH bei *Martin* DAR **1971** 123; KMR-*Paulus* 593.

[1033] Vgl. Rdn. 342 und Fußn. 1026.

[1034] Vgl. OLG Hamburg VRS **45** 44; näher §344, 82 f; vgl. auch §344, 92.

[1035] Die Tatsache, die vom Gericht aufzuklären gewesen wäre, muß konkret bezeichnet werden; vgl. etwa BGHSt **30** 138; OLG Düsseldorf VRS **51** 380; OLG Hamburg VRS **45** 44; OLG Koblenz VRS **45** 174; **45** 222; **46** 542; **49** 372; **50** 368; OLG Köln MDR **1977** 71; vgl. auch §344, 92.

[1036] BGHSt **2** 168; BGH VRS **11** 440; **27** 193; **30** 101; BGH bei *Dallinger* MDR **1970** 900; bei *Herlan* MDR **1955** 19; OLG Braunschweig NdsRpfl **1951** 192; OLG Bremen DAR **1961** 20; OLG Hamburg VRS **29** 127; OLG Hamm VRS **51** 30; KG VRS **30** 385; OLG Koblenz DAR **1974** 245; VRS **44** 280; **45** 174; **45** 222; **46** 452; **47** 272; **48** 202; **50** 368; **51** 39; **51** 455; §344, 93.

Walter Gollwitzer

führer günstigen Sinn zu beeinflussen[1037]. Es müssen **Tatsachen vorgetragen** werden. Vermutungen genügen nicht[1038]. Zur genauen Bezeichnung der Beweismittel gehört, daß sie eindeutig identifizierbar sind. Name und genaue Anschrift sind bei Zeugen dazu nicht immer erforderlich[1039]. Aktenteile und Schriftstücke müssen nach Wortlaut oder Inhalt und Aufbewahrungsort so genau beschrieben werden, daß sie für das Gericht auffindbar sind[1040]. Gleiches gilt bei sonstigen Beweisgegenständen; vor allem bei Film- oder Tonaufzeichnungen ist der Inhalt zu schildern[1041]. Darzulegen sind ferner die Umstände (bestimmte Aktenteile, vor oder in der Hauptverhandlung gestellte, eventuell auch zurückgenommene Anträge usw.), aus denen das Gericht die weitere Aufklärungsmöglichkeit ersehen konnte, sowie der konkret zu schildernde Sachverhalt, der zu einer weiteren Aufklärung drängte[1042]. Ausnahmsweise können genauere Angaben zu den weiteren Beweismitteln entbehrlich sein, wenn sie sich eindeutig aus den dargelegten Umständen ergeben[1043]. Daß die geforderte Aufklärung sich zugunsten des Rügenden ausgewirkt hätte, muß nur dargelegt werden, wenn sich dies nach dem übrigen Vortrag nicht von selbst versteht[1044]. Wird die Verletzung der Aufklärungspflicht darin gesehen, daß die sich aus ihr ergebenden Forderungen bei Handlungen oder Entscheidungen des Gerichts nicht oder nicht genügend berücksichtigt wurden, müssen diese und die Tatsachen, aus denen sich das ihnen anhaftende Aufklärungsdefizit ergibt, sowie die zu seiner Vermeidung gebotenen Maßnahmen dargelegt werden[1045].

**346**      e) Das **Revisionsgericht** muß bei zulässig erhobener Rüge auf Grund des Urteils und anhand der Akten[1046] prüfen, ob die behaupteten Umstände tatsächlich vorlagen, ob sie für den Tatrichter erkennbar waren[1047] und ob sie zur weiteren Aufklärung entscheidungserheblicher Tatsachen durch die angegebenen Beweismittel drängten. Liegen Umstände vor, die erfahrungsgemäß eine weitere Sachaufklärung in einer bestimmten Richtung nahelegen würden, so muß das Tatgericht, wenn es trotzdem eine weitere Sachaufklärung für entbehrlich hält, sich in den Urteilsgründen zweckmäßigerweise damit auseinandersetzen[1048].

**347**      Bei der Prüfung von Aufklärungsrügen muß das Revisionsgericht zwischen zwei Grundsätzen einen **vernünftigen Ausgleich** herstellen: Einmal ist es berechtigt und verpflichtet, darüber zu wachen, daß die mit der Erhebung von Beweisen betrauten Gerichte die Aufklärungspflicht nie vernachlässigen, insbesondere auch da nicht, wo das

---

[1037] H. M; vgl. etwa *Dahs/Dahs* 371 ff; *Gribbohm* NStZ **1983** 101; KK-*Herdegen* 43; *Kleinknecht/Meyer* 81; KMR-*Paulus* 596 ff; *Sarstedt/Hamm* 257 ff; ferner die Rechtspr. Fußn. 1034 bis 1040. Die Anforderungen an die Begründung sind verfassungsrechtlich nicht zu beanstanden BVerfGE **63** 70.

[1038] BGH bei *Holtz* MDR **1981** 456; § 344, 93.

[1039] OLG Koblenz VRS **51** 38 fordert dies, sofern sich dies nicht aus den Akten ergibt. Die Verletzung der Aufklärungspflicht kann jedoch auch darin liegen, daß die nach den Umständen mögliche Ermittlung von Namen und Anschrift eines bestimmten Zeugen unterblieben ist.

[1040] BGH StrVert. **1984** 64; vgl. *Dahs/Dahs* 375.

[1041] BGH bei *Pfeiffer/Miebach* NStZ **1984** 213; OLG Köln MDR **1977** 71; KK-*Pikart* § 344, 38; KMR-*Paulus* 598.

[1042] BGH VRS **15** 338; **32** 205; OLG Hamm VRS **57** 35; OLG Koblenz VRS **50** 368; OLG Saarbrücken VRS **49** 45; *Dahs/Dahs* 376; *Dahs* Hdb. 834; *Kleinknecht/Meyer* 81; KMR-*Paulus* 399; *Sarstedt/Hamm* 263; § 344, 94.

[1043] BGH GA **1961** 316; KG VRS **14** 38.

[1044] *Dahs/Dahs* 377; *Kleinknecht/Meyer* 81; § 344, 94.

[1045] BGH StrVert. **1985** 91; KK-*Herdegen* 43. Zur Rüge, die Aufklärungspflicht sei durch Ablehnung eines Beweisantrags verletzt worden, vgl. Rdn. 354.

[1046] BGH bei *Dallinger* MDR **1972** 574; **1974** 16; OLG Hamm VRS **48** 280; JMBlNW **1972** 261; OLG Koblenz VRS **45** 173; vgl. Rdn. 46.

[1047] BGH bei *Herlan* MDR **1955** 529; vgl. Rdn. 46.

[1048] BGH bei *Dallinger* MDR **1952** 274.

Gesetz vom freien oder pflichtgemäßen Ermessen der Gerichte spricht. Zum anderen muß sich das Revisionsgericht davor hüten, den im § 261 aufgestellten Grundsatz freier Beweiswürdigung anzutasten. Demnach ist zu erfordern, daß ein sicheres Anzeichen einen Fehler erkennen läßt, den das Gericht des ersten Rechtszugs begangen hat, indem es entweder sich seiner gesetzlichen Befugnis und Verpflichtung zur Erforschung der Wahrheit nicht bewußt geworden ist oder ihr, obwohl die Umstände den Gebrauch weiterer Beweismittel geboten, nicht nachgekommen ist.

### 2. Gesetzwidrige Ablehnung von Beweisanträgen
#### a) Begründung der Rüge.
Will die Revision geltend machen, daß das Gericht **348** einen Beweisantrag zu Unrecht abgelehnt habe, muß die Revisionsbegründung in einer aus sich selbst heraus verständlichen Schilderung, „die den Mangel enthaltenen Tatsachen" (§ 344 Abs. 2 Satz 2) vollständig dartun. Dazu gehört in der Regel, daß der Beschwerdeführer den Inhalt seines Antrags (Beweistatsache und Beweismittel) und des gerichtlichen Ablehnungsbeschlusses im Wortlaut oder sinngemäß mitteilt und die Tatsachen, nicht die Rechtsgründe, darlegt, aus denen sich die Fehlerhaftigkeit des Beschlusses ergeben soll[1049]. Bei einer Ablehnung als unerheblich gehören dazu grundsätzlich auch die Tatsachen, aus denen die Erheblichkeit der Beweisbehauptung folgt[1050]. Die **Angabe des Beweisthemas** ist allenfalls dann entbehrlich, wenn der Ablehnungsgrund des Gerichts mit ihm nichts zu tun hat, sondern allein in der Besonderheit des Beweismittels liegt, so, wenn ein Beweisantrag wegen Unerreichbarkeit des Zeugen abgelehnt wird[1051] oder wegen Ungeeignetheit, sofern die mangelnde Erreichbarkeit oder Eignung nicht mit dem Beweisthema zusammenhängt[1052], etwa, weil dessen Bedeutung besondere Bemühungen um seine Beibringung erfordert (vgl. Rdn. 262, 265). Das Weglassen des Beweisthemas kann ausnahmsweise unschädlich sein, wenn bereits die mitgeteilten Tatsachen die Fehlerhaftigkeit der Ablehnung zweifelsfrei aufzeigen[1053]. Die Rüge, die Wahrunterstellung sei nicht eingehalten worden, muß die Zusage der Wahrunterstellung und die als wahr zu unterstellende Behauptung anführen; ob auch darzulegen ist, wieso die Wahrunterstellung nicht eingehalten wurde, ist — für den Fall, daß gleichzeitig die Sachrüge erhoben wird — strittig[1054]. Da die Revisionsgerichte schon wegen der Einzelfallbezogenheit der Ausnahmen an Vollständigkeit der Revisionsbe-

---

[1049] BGHSt **3** 213; BGH NJW **1969** 281; **1973** 564; VRS **35** 428; StrVert. **1984** 455; bei *Dallinger* MDR **1970** 900; bei *Herlan* MDR **1955** 19; bei *Spiegel* DAR **1977** 179; bei *Pfeiffer/Miebach* NStZ **1983** 359; BayObLGSt **1949/51** 347; **1954** 20; **1964** 26; KG VRS **11** 277; OLG Hamburg NJW **1965** 1239; JR **1963** 473; VRS **59** 145; OLG Hamm VRS **42** 53; OLG Koblenz VRS **43** 286; **45** 48; **46** 449; **47** 446; **48** 201; **48** 465; **52** 273; **52** 447; **55** 47; **55** 355; OLG Köln JMBlNW **1969** 175; OLG Oldenburg VRS **46** 198; OLG Saarbrücken VRS **38** 59; **49** 45; OLG Schleswig DAR **1962** 214; SchlHA **1959** 156; OLG Stuttgart NJW **1968** 1732; **1969** 1776; *Alsberg/Nüse/Meyer* 878 mit weit. Nachw.; ferner *Gribbohm* NStZ **1983** 101; *Dahs/Dahs* 361 ff; KK-*Herdegen* 114; *Kleinknecht/Meyer* 85; KMR-*Paulus* 604; *Krause* StrVert. **1984** 487; *Sarstedt/Hamm* 285 ff.

[1050] BayObLGSt **1949/51** 57; DRiZ **1927** Nr. 973; **1928** Nr. 947; *Alsberg/Nüse/Meyer* 878.

[1051] BGH LM § 244 Abs. 3 Nr. 9; MDR **1953** 692; StrVert **1982** 208; **1984** 455; *Krause* StrVert. **1984** 487; *Sarstedt/Hamm* 288.

[1052] OLG Celle NdsRpfl. **1982** 66; KG VRS **11** 277; OLG Schleswig SchlHA **1959** 156.

[1053] Vgl. OLH Hamburg JR **1963** 473: Ablehnung des Beweisantrags des Verteidigers wegen Verschleppungsabsicht des Angeklagten.

[1054] OLG Koblenz VRS **55** 47; LR²³ § 344, 103; KK-*Herdegen* 114 (auf Urteilsstellen, die die Inkongruenz dokumentieren, sollte hingewiesen werden); OLG Saarbrücken VRS **38** 60 hält bei erhobener Sachrüge die Darlegung der Urteilsgründe für entbehrlich; ebenso *Krause* StrVert. **1984** 488.

gründung unterschiedlicher Anforderungen stellen, ist es ratsam, die entsprechenden Tatsachen immer anzuführen. Im übrigen ist jede Bezugnahme auf andere Schriftstücke oder das Protokoll nicht zulässig, denn die Revisionsbegründung muß aus sich heraus verständlich sein[1055].

**349**    **b) Beweisanträge anderer Verfahrensbeteiligter.** Die rechtsirrige Ablehnung eines Beweisantrages der **Staatsanwaltschaft** kann auch für den Angeklagten einen Revisionsgrund abgeben, sofern er dadurch beschwert ist, weil die Ablehnung des Antrages auch seine eigenen Verfahrensinteressen beinträchtigt[1056], so etwa, wenn die Staatsanwaltschaft den Antrag nicht ausschließlich zur Belastung des Angeklagten, sondern zur objektiven Aufklärung eines Sachverhalts gestellt hatte[1057]. Etwas anderes gilt, wenn der Antrag ausschließlich auf den Nachweis einer den Angeklagten belastenden Tatsache gerichtet ist[1058]. Weil eine unter Beweis gestellte Tatsache wegen der Unwiderlegbarkeit immer nur zugunsten, dagegen nie zuungunsten des Angeklagten als wahr angenommen werden darf, wird darin eine nur **zugunsten des Angeklagten** gegebene Rechtsnorm gesehen, deren Verletzung der Staatsanwalt nach § 339 nicht geltend machen kann, um eine Aufhebung des Urteils zum Nachteil des Angeklagten herbeizuführen[1059]. Hat allerdings das Gericht zu Unrecht einen Beweisantrag des **Nebenklägers** mit der Unterstellung als wahr abgelehnt, ohne dem in den Urteilsgründen voll zu entsprechen, dann kann auch der Nebenkläger diesen Verfahrensverstoß, der seine Verfahrensrechte beeinträchtigt, rügen[1060]. Desgleichen kann die Staatsanwaltschaft die Revision darauf stützen, daß der Sinngehalt der Wahrunterstellung nicht erschöpft wurde, selbst wenn der Tatrichter fälschlich eine Behauptung als wahr unterstellt hatte, die nicht zur Entlastung sondern zur Belastung des Angeklagten bewiesen werden sollte[1061]. Die Ablehnung eines Beweisantrags der Staatsanwaltschaft kann auch der Nebenkläger rügen[1062], nicht aber die Ablehnung eines vom Angeklagten zu seiner Entlastung gestellten Antrags[1063].

**350**    **Mitangeklagte** können auch dann, wenn sie sich dem Antrag eines Angeklagten nicht angeschlossen haben, durch die fehlerhafte Ablehnung in ihren eigenen Verfahrensinteressen beschwert sein, da sie auch ohne Antragstellung davon ausgehen können, daß eine erfolgreiche Beweiserhebung auch zu ihren Gunsten wirkt[1064]. Es hängt aber

[1055] BGHSt **3** 213; BGH bei *Dallinger* MDR **1970** 900; weitere Nachweise, auch zu den Ausnahmen bei Bezugnahme auf die Urteilsgründe vgl. § 344, 82 ff.

[1056] *Alsberg/Nüse/Meyer* 871; *Kleinknecht/Meyer* 84; **a. A** *Meves* GA **40** (1982) 435 (nur Antragsteller).

[1057] RGJW **1985** 572; RG Recht **1909** Nr. 2881; **1924** Nr. 82; *Alsberg/Nüse/Meyer* 873.

[1058] Vgl. BGH bei *Holtz* MDR **1979** 807; Revision des Angeklagten kann nicht auf die Ablehnung des seine Belastung bezweckenden Beweisantrags des Nebenklägers gestützt werden.

[1059] RG HRR **1939** Nr. 817; BGH NStZ **1984** 564; OLG Stuttgart JR **1968** 151 mit Anm. *Koffka*; *Alsberg/Nüse/Meyer* 871; *Dahs/Dahs* 268.

[1060] OLG Stuttgart JR **1968** 151 mit Anm. *Koffka*.

[1061] BGH NStZ **1984** 564; bei *Holtz* MDR **1981** 189; vgl. bei § 339.

[1062] BayObLG DJZ **1931** 174; *Alsberg/Nüse/Meyer* 872; *Amelunxen* Nebenkläger 85; *Sarstedt/Hamm* 33; vorausgesetzt wird aber immer eine Beschwer in den eigenen Verfahrensinteressen, vgl. *Dahs/Dahs* 17; Rdn. 96 und Vor § 226, 33.

[1063] *Amelunxen* Nebenkläger 85 nimmt dies an, weil sich jede Beweiserhebung möglicherweise auch zu Lasten des Angeklagten auswirken könne; dagegen *Alsberg/Nüse/Meyer* 873.

[1064] BGH NStZ **1984** 372 mit Anm. *Schlüchter*; BGH bei *Pfeiffer* NStZ **1981** 96; *Alsberg/Nüse/Meyer* 386; 871 ff mit weit. Nachw.; strittig vgl. Rdn. 98; BGH NJW **1952** 273 nimmt stillschweigenden Anschluß an.

immer von der Zielrichtung des Antrags und der Prozeßlage des Einzelfalls ab, ob andere Verfahrensbeteiligte, möglicherweise sogar Prozeßgegner, durch die Ablehnung eines fremden Antrags beschwert sind[1065]. Brauchte das Gericht über einen Hilfsantrag nicht zu befinden, weil es dem Hauptantrag folgte, so können die anderen Verfahrensbeteiligten hieraus keine Revisionsrüge herleiten[1066], es sei denn, daß die im Hilfsbeweisantrag unter Beweis gestellte Tatsache ohne Rücksicht auf die Antragstellung hätte aufgeklärt werden müssen[1067].

c) Die **Rechtsfehler**, die die **Revision begründen** können sind **bei den einzelnen** **351** **Ablehnungsgründen** und bei der Erörterung der Behandlung der Beweisanträge im allgemeinen dargestellt[1068]. Ob dem Tatrichter bei der Ablehnung eines Beweisantrages ein Rechtsfehler unterlaufen ist, hängt von der **Begründung** ab, mit der er **in der Hauptverhandlung** den Beweisantrag abgelehnt hat. Eine fehlerhafte Begründung des Ablehnungsbeschlusses kann regelmäßig durch die Urteilsgründe nicht geheilt werden (Rdn. 150). Erst recht ist es dem Revisionsgericht verwehrt, eine falsch begründete Ablehnung durch Nachschieben anderer Tatsachen zu halten[1069]. Auch wenn die **Urteilsgründe** auf die Ablehnung eines Beweisantrages in der Hauptverhandlung nicht eingehen, können sie aber dafür verwertbar sein, ob das Urteil auf einen Rechtsfehler, der dem Gericht bei der Ablehnung eines Beweisantrags unterlaufen ist, beruhen kann oder nicht[1070]. Wird ein Beweisantrag vom Gericht unter Verletzung des §244 abgelehnt und kann nicht ausgeschlossen werden, daß das Urteil auf dem Fehler beruht, so begründet dieser Verstoß gegen §244 nach §337 — bei Angeklagten und Verteidiger zugleich auch nach §338 Nr. 8 — die Revision[1071]. Daß das Urteil auf einer unzureichenden oder fehlerhaften Begründung der Ablehnung beruht, ist in der Regel nicht auszuschließen. Dies gilt auch, wenn der Beweisantrag mit einer anderen Begründung hätte abgelehnt werden können; denn der Fehler kann auch dann die Verfahrensführung beeinflußt und die Verfahrensbeteiligten gehindert haben, andere Anträge zu stellen[1072]. Die fehlerhafte Behandlung eines Beweisantrages kann ferner im Rahmen der **Sachrüge** beachtlich sein, wenn sie zur Folge hat, daß dadurch die Urteilsgründe widersprüchlich oder lückenhaft werden, etwa, weil eine nach der Sachlage gebotene Erörterung einer als wahr unterstellten Tatsache im Rahmen der Beweiswürdigung unterblieb[1073].

d) Bei **Eventualbeweisanträgen**, über die nicht in der Hauptverhandlung durch **352** Beschluß, sondern erst in den Urteilsgründen entschieden wird, kommt es für die Frage, ob die Ablehnung rechtsirrig ist, nur auf die Urteilsgründe an (Rdn. 166). Im übrigen

---

[1065] Vgl. Rdn. 349; ferner *Alsberg/Nüse/Meyer* 871.

[1066] RGSt **17** 375 (Hilfsbeweisantrag der Staatsanwaltschaft).

[1067] Zur Begründung dieser Aufklärungsrüge vgl. Rdn. 345.

[1068] Vgl. die Zusammenstellung bei *Alsberg/Nüse/Meyer* 871.

[1069] BGH NStZ **1982** 41; OLG Hamm MDR **1964** 435; KG VRS **48** 432; vgl. Rdn. 151 mit weit. Nachw.

[1070] Vgl. Rdn. 151; OLG Düsseldorf MDR **1980** 368; *Alsberg/Nüse/Meyer* 759; 894; auch zu der Frage, daß Ausführungen im Urteil den Bestand einer fehlerfrei begründeten Ablehnung gefährden können (vgl. BGHSt

**19** 26; BayObLGSt **1952** 174 = NJW **1952** 1387).

[1071] Nach *Alsberg/Nüse/Meyer* 867; *Dahs/Dahs* 172; *Kleinknecht/Meyer* 83 bringt die Rüge eines Verstoßes gegen §338 Nr. 8 jedoch keine Vorteile; vgl. *Hilger* NStZ **1983** 343.

[1072] Vgl. BGHSt **19** 26; **29** 152; bei *Dallinger* MDR **1971** 18; **1975** 725; OLG Hamm JR **1965** 269; OLG Frankfurt StrVert. **1981** 172; KK-*Herdegen* 66; ferner *Alsberg/Nüse/Meyer* 906 mit weit. Nachw., auch zu den Ausnahmen; vgl. dazu etwa Rdn. 224.

[1073] Vgl. etwa BGH NJW **1978** 114; OLG Köln MDR **1980** 161; OLG Celle JR **1985** 32 mit Anm. *J. Meyer*; KMR-*Paulus* 594.

Walter Gollwitzer

muß der Tatsachenvortrag zur Begründung der Rüge ebenso aus sich heraus verständlich sein und den Bestimmtheitsanforderungen entsprechen wie bei einem unbedingt gestellten Antrag[1074]. Nur wenn gleichzeitig die Sachrüge erhoben worden ist, kann eine Bezugnahme auf die im Urteil enthaltenen Ablehnungsgründe, eventuell sogar auf den dort wiedergegebenen Antrag den Vortrag dieser Tatsachen in der Revisionsbegründung ersetzen[1075].

**353**     Bei der Prüfung, ob das Urteil auf einem Fehler bei der Ablehnung eines solchen Antrags beruht, brauchen ebenfalls **nur die Urteilsgründe** herangezogen werden[1076]. Ergeben diese, daß ein anderer Ablehnungsgrund durchgreift, ist eine fehlerhafte Begründung der Ablehnung unschädlich. Da die Ablehnungsgründe nicht in der Hauptverhandlung bekanntgegeben werden, scheidet auch die Möglichkeit aus, daß eine fehlerhafte Ablehnung die Verfahrensgestaltung beeinflußt haben könnte[1077].

**354**     e) Das **Unterlassen** der beantragten **Beweiserhebung** kann, selbst wenn die Rüge der Verletzung des Absatzes 3 an § 344 Abs. 2 scheitert, auch unter dem Gesichtspunkt der Verletzung der **Aufklärungspflicht** zu prüfen sein, sofern von der Revision alle dafür erforderlichen Tatsachen vorgetragen worden sind[1078]. Beide Rügen sind grundsätzlich selbständig; dies gilt auch für die Beurteilung, welche Tatsachen aufgeführt werden müssen, um den jeweiligen Verfahrensverstoß nach § 344 Abs. 2 darzutun. Vielfach — aber nicht immer — gehören dazu auch die Angaben, daß und aus welchen Gründen das Gericht den Beweisantrag abgelehnt hat[1079]. Anzuführen sind ferner die Tatsachen, aus denen sich ergibt, daß das Gericht zur weiteren Sachaufklärung verpflichtet gewesen wäre[1080]. Die Nachprüfung des Revisionsgerichts reicht aber auch hier nicht über die mit dem Tatsachenvortrag untermauerten Beanstandungen hinaus. Eine generelle Überprüfung, ob den Anforderungen der Aufklärungspflicht voll genügt ist, wird dadurch nicht ausgelöst[1081].

---

[1074] Vgl. Rdn. 348; ferner *Alsberg/Nüse/Meyer* 911; *Kleinknecht/Meyer* 85.

[1075] BGH StrVert. **1982** 55; 208; BGH bei *Dallinger* MDR **1956** 272; BayObLGSt **1954** 20 ≠ NJW **1955** 563; OLG Hamburg NJW **1968** 2304; OLG Hamm NJW **1978** 1210; OLG Koblenz VRS **42** 425; **52** 447; **55** 47; OLG Schleswig bei *Ernesti/Jürgensen* SchlHA **1970** 199; *Krause* StrVert. **1984** 488.

[1076] OGH NJW **1949** 796; BGH bei *Seibert* NJW **1962** 135; OLG Hamm NJW **1968** 1205; VRS **32** 278; JR **1962** 269; KG VRS **15** 56; OLG Schleswig bei *Ernesti/Lorenzen* SchlHA **1981** 93.

[1077] Vgl. *Alsberg/Nüse/Meyer* 911 mit weit. Nachw.

[1078] BGH GA **1954** 374; NJW **1957** 598; bei *Holtz* MDR **1978** 806; bei *Spiegel* DAR **1978** 161; OLG Köln VRS **46** 203; OLG Koblenz VRS **45** 48; OLG Oldenburg VRS **46** 200; OLG Stuttgart VRS **61** 379; vgl. auch BGH bei *Pfeiffer/Miebach* NStZ **1983** 359; **1984** 18;

KK-*Herdegen* 115; KMR-*Paulus* 595. Ob im Bereich der meisten Ablehnungsgründe des § 244 Abs. 3 noch Raum für eine Aufklärungsrüge ist, bezweifelt BGHSt **10** 119, ebenso LR-*Meyer*[23] § 344, 96.

[1079] BGH NStZ **1984** 329 fordert die Mitteilung aller Tatsachen einschließlich des Inhalts des Beschlusses, durch den ein Beweisantrag wegen Unerreichbarkeit des Zeugen abgelehnt wurde, um zu verhindern, daß an die Zulässigkeit der Aufklärungsrüge wegen desselben Beschwerdepunktes geringere Anforderungen gestellt würden als an die Rüge der fehlerhaften Ablehnung eines Beweisantrags; dagegen *Krause* StrVert. **1984** 486.

[1080] An die Aufklärungsrüge werden hinsichtlich des Tatsachenvortrags andere, nicht notwendig geringere Anforderungen gestellt; vgl. *Alsberg/Nüse/Meyer* 868 (Begründung im allgemeinen schwieriger).

[1081] RGSt **74** 153; BGH NJW **1951** 283; KK-*Herdegen* 15.

Nach Ansicht von BGHSt **32** 441[1082] kann die Ablehnung eines Beweisantrags **355** auch das Gebot des „fairen Verfahrens" verletzen, wenn dabei eine zugesicherte Wahrunterstellung nicht eingehalten wird. Für die Begründung dieser Rüge hat der BGH nicht die Angabe aller Tatsachen gefordert, die sonst für die Rüge der Nichteinhaltung der Wahrunterstellung notwendig sind.

3. Die Rüge, ein **Beweisantrag** sei **nicht beschieden** worden, muß unter Mitteilung **356** des Inhalts des Antrags dartun, daß ein ordnungsgemäßer Beweisantrag gestellt worden ist, über den in der Hauptverhandlung zu entscheiden gewesen wäre[1083]. Auch hier ist im Einzelfall zu prüfen, ob das Urteil auf dem Verfahrensverstoß beruht[1084]. Dies kann mitunter selbst dann nicht ausgeschlossen werden, wenn der Beweisantrag nach Sachlage mit einer rechtsfehlerfreien Begründung hätte abgelehnt werden können. Entscheidend ist, ob der Antragsteller durch die unterbliebene Mitteilung der Ablehnungsgründe in seiner Prozeßführung behindert worden ist, insbesondere, ob er bei Kenntnis der Ablehnungsgründe andere Anträge gestellt hätte[1085]. Unter demselben Gesichtspunkt greift auch die Rüge durch, das Gericht habe zu Unrecht entgegen Absatz 6 den Beweisantrag erst im Urteil beschieden[1086]. Wird ein Hilfsbeweisantrag auch im Urteil nicht beschieden, kann das Urteil darauf beruhen, wenn es von einer anderen als der unter Beweis gestellten Tatsache ausgeht[1087].

4. Mit der Revision kann auch gerügt werden, wenn ein **Beweisbeschluß** des Ge- **357** richts **nicht ausgeführt** worden ist.

5. **Prüfung durch das Revisionsgericht.** Das Revisionsgericht prüft grundsätzlich **358** nur im Rahmen des Tatsachenvortrags nach, ob die Behauptungen des Revisionsführers zutreffen (§344, 76). Wegen der Streitfrage, wieweit es dabei an die tatrichterliche Würdigung gebunden ist, wird auf die Ausführungen bei §337, 33 ff, 87 ff verwiesen.

# § 245

(1) [1]Die Beweisaufnahme ist auf alle vom Gericht vorgeladenen und auch erschienenen Zeugen und Sachverständigen sowie auf die sonstigen nach § 214 Abs. 4 vom Gericht oder der Staatsanwaltschaft herbeigeschafften Beweismittel zu erstrecken, es sei denn,

---

[1082] = JR **1984** 143 mit abl. Anm. *Meyer;* BGHSt **21** 38 wird insoweit aufgegeben, als dort die Nichteinhaltung der Zusage unter dem Gesichtspunkt der Aufklärungspflicht gewürdigt wurde; nach Ansicht des BGH greift in diesen Fällen der Rechtsgedanke des Vertrauensschutzes Platz; ähnlich BGH bei *Pfeiffer/Miebach* NStZ **1985** 14. Gegen die Auflockerung der Begründungspflicht für den konkreten Verfahrensverstoß durch Zulassung einer generellen Rüge des Verstoßes gegen das Gebot eines fairen Verfahrens auch *Herdegen* NStZ **1984** 343. Vgl. Vor § 226, 16 ff.

[1083] OLG Stuttgart NJW **1968** 1733; *Kleinknecht/Meyer* 85; *Krause* StrVert. **1984** 488. A. A OLG Hamburg JR **1963** 473; *Sarstedt/Hamm* 289.

[1084] BGH VRS **34** 354; NStZ **1983** 422.

[1085] BGH bei *Dallinger* MDR **1971** 18; OLG Frankfurt StrVert. **1981** 172; OLG Schleswig bei *Ernesti/Jürgensen* SchlHA **1969** 152; *Alsberg/Nüse/Meyer* 774. Zur Rücknahme eines Beweisbeschlusses vgl. Rdn. 136 f.

[1086] KK-*Herdegen* 114.

[1087] OLG Koblenz VRS **62** 280.

Walter Gollwitzer

daß die Beweiserhebung unzulässig ist. [2]Von der Erhebung einzelner Beweise kann abgesehen werden, wenn die Staatsanwaltschaft, der Verteidiger und der Angeklagte damit einverstanden sind.

(2) [1]Zu einer Erstreckung der Beweisaufnahme auf die vom Angeklagten oder der Staatsanwaltschaft vorgeladenen und auch erschienenen Zeugen und Sachverständigen sowie auf die sonstigen herbeigeschafften Beweismittel ist das Gericht nur verpflichtet, wenn ein Beweisantrag gestellt wird. [2]Der Antrag ist abzulehnen, wenn die Beweiserhebung unzulässig ist. [3]Im übrigen darf er nur abgelehnt werden, wenn die Tatsache, die bewiesen werden soll, schon erwiesen oder offenkundig ist, wenn zwischen ihr und dem Gegenstand der Urteilsfindung kein Zusammenhang besteht, wenn das Beweismittel völlig ungeeignet ist oder wenn der Antrag zum Zwecke der Prozeßverschleppung gestellt ist.

**Schrifttum.** *Dallinger* Präsente Beweismittel (§ 245), MDR **1965** 965; *Häner* Verfahren beim Ausbleiben des gerichtlich geladenen Zeugen, JR **1984** 496; *Hagemann* Entstehung, Entwicklung und Bedeutung der Vorschrift über die präsenten Beweismittel im Strafprozeßrecht, Diss. Würzburg 1980; *Köhler* Inquisitionsprinzip und autonome Beweisführung (§ 245 StPO), (1979); *Köhler* Das präsente Beweismittel nach dem Strafverfahrensänderungsgesetz 1979, NJW **1979** 348; *Marx* Die Verwertung präsenter Beweismittel nach neuem Recht, NJW **1981** 1425; *Rieß* Die Stellung des Verteidigers beim Verzicht auf die Verwendung präsenter Beweismittel, NJW **1977** 881; *Rostek* Soziologische Gutachter als „präsente Beweismittel" im Sinne von § 245 StPO, MDR **1976** 897; Wegen der allgemeineren Abhandlungen zum Beweisrecht vgl. das Schrifttum bei § 244.

**Entstehungsgeschichte.** Der Entwurf enthielt nur die Bestimmung: „Den Umfang der Beweisaufnahme bestimmt das Gericht, ohne hierbei durch Anträge, Verzichte oder frühere Beschlüsse gebunden zu sein." Die RTK fand darin eine ungerechtfertigte Beschränkung der Anklage und der Verteidigung bei der Durchführung des Beweises, vor allem auch im Hinblick auf die dem Angeklagten in § 220 gewährte Befugnis zur Ladung von Zeugen und Sachverständigen (Bericht der RTK *Hahn* **2** 1559). Deshalb verpflichtete sie das Gericht zur Verwendung der präsenten Beweismittel. Das Recht des Gerichts, den Umfang der Beweisaufnahme zu bestimmen, wurde nur in Absatz 2 für einige besondere Fälle vorgesehen.

Die Verordnung vom 4. 1. 1924 und das Gesetz vom 22. 12. 1925 erweiterten den Absatz 2 dahin, daß in Verhandlungen vor dem Amtsrichter, den Schöffengerichten und den Landgerichten, die eine Übertretung betreffen oder auf erhobene Privatklage erfolgen, das Gericht den Umfang der Beweisaufnahme bestimmen sollte, ohne dabei an Anträge, Verzichte oder frühere Beschlüsse gebunden zu sein. Durch Art. 3 § 1 des Kap. I des ersten Teils der Verordnung vom 14. 6. 1932 und Art. 1 Nr. 3 des Gesetzes vom 28. 6. 1935 wurde die Vorschrift ganz beseitigt; statt dessen wurden Bestimmungen über das Verfahren gegenüber Beweisanträgen aufgenommen. Art. 3 Nr. 112 VereinhG stellte den früheren Rechtszustand ohne den Absatz 2 wieder her. Eine diesem entsprechende, auf das Privatklageverfahren beschränkte Vorschrift findet sich jetzt in § 384 Abs. 3.

Art. 1 Nr. 20 StVÄG 1979 hat § 245 neu gefaßt. Dem Inhalt nach wurde der bisherige Satz 1 in **Absatz 1 Satz 1** für die vom Gericht geladenen Zeugen und Sachverständigen und für die nach § 214 Abs. 4 vom Gericht oder der Staatsanwaltschaft herbeigeschafften Beweismittel übernommen. Bei Absatz 1 Satz 1 ist die Prozeßverschleppung als Ablehnungsgrund entfallen. Der bisherige Satz 2, der die erst während der Hauptverhandlung präsent werdenden Beweismittel den von Anfang an präsenten gleichstellte, wurde als wegen § 246 entbehrlich gestrichen (vgl. Begr. BTDrucks. **8** 976, S. 52). **Absatz 1 Satz 2** entspricht dem bisherigen Satz 3; er wurde aber insoweit erweitert, als nunmehr ausdrücklich auch das Einverständnis des Verteidigers bei einem Absehen von der Beweiserhebung verlangt wird.

Neu ist der **Absatz 2**, der bei den von Staatsanwaltschaft und Angeklagtem vorgeladenen Beweispersonen und bei den sonst (also nicht im Wege des § 214 Abs. 4) herbeigeschafften Beweismitteln die Pflicht zur Beweiserhebung von einem Beweisantrag abhängig macht und der außerdem einen Katalog der zulässigen Ablehnungsgründe, unter denen sich auch die Prozeßverschleppung wiederfindet, aufstellt.

Vgl. auch die Entstehungsgeschichte von § 244. Bezeichnung bis 1924: § 244.

*Übersicht*

# I. Zweck und Anwendungsbereich

**1. Grundsätzliches.** Im Interesse der **umfassenden Wahrheitserforschung** erweitert **1** § 245 bei präsenten Beweismitteln den Umfang der Beweisaufnahme. Die Ablehnungsgründe des § 244 gelten insoweit nicht. § 245 beruht auf dem Gedanken, daß der Gebrauch des herbeigeschafften Beweismittels im Gegensatz zur Anschauung des Gerichts, auch wenn diese auf einer sorgfältigen Würdigung ruht, doch unerwarteterweise etwas ergeben kann, das erheblich ist oder noch mehr zugunsten des Angeklagten wirkt, als das, was zuvor für wahr oder unwiderlegbar erachtet worden ist[1]. Vor allem schließt § 245 die Verweigerung der Vernehmung wegen Unerheblichkeit der behaupteten Tatsache oder wegen Mangels ihrer Beweisbedürftigkeit aus, weil das ganze, in seinem Umfang und seinen Einzelheiten nicht vorauszusehende Wissen des Zeugen erkundet und verwertet werden soll[2]. Er gilt ausnahmslos für alle Beweismittel[3]. Vor allem beim Sachverständigenbeweis ermöglicht er den Verfahrensbeteiligten, durch die Ladung eines weiteren Sachverständigen dessen Anhörung zu erzwingen, auch wenn das Gericht einen entsprechenden Beweisantrag nach § 244 Abs. 3, 4 ablehnen könnte. § 245 findet seine Ergänzung in § 241 Abs. 2, der dem Vorsitzenden nur das Recht gibt, **ungeeignete oder nicht zur Sache gehörende Fragen** zurückzuweisen. Die Beteiligten sollen in der Lage sein, die in der Hauptverhandlung zur Verfügung stehenden Beweismittel vollständig zu benutzen. Sie sollen dabei geringeren Beschränkungen unterworfen sein als dort, wo ihr Verlangen auf die Zuziehung eines nicht präsenten Beweismittels geht. Die Beweisaufnahme darf erst geschlossen werden, wenn die präsenten Beweismittel ausgeschöpft sind. Dies gilt auch dann, wenn schon vorher feststeht, daß der Angeklagte freizusprechen ist[4]. § 245 trägt wesentlich zu einer den Verteidigungsbelangen Rechnung tragenden („fairen") **Verfahrensgestaltung** bei, wenn er dem Angeklagten in Verbindung mit § 220 gestattet, den Umfang der Beweisaufnahme eigenverantwortlich mitzubestimmen. Dies verhindert außerdem, daß beim Angeklagten und bei der Öffentlichkeit der Eindruck entsteht, das Gericht sei voreingenommen und wolle die Wahrheit nicht erforschen[5].

2　　Die **Neufassung von 1979** hat das **Ziel**, „unter Vermeidung jeder unvertretbaren Beeinträchtigung des Beweiserhebungsanspruchs der Prozeßbeteiligten" eine „sachgerechte Konzentration des Beweisstoffes" zu ermöglichen[6]. Sie bezweckt **keine Änderung der Grundkonzeption**, wonach die Verfahrensbeteiligten auf zweifachem Weg eine Beweiserhebung durch das Gericht herbeiführen können. Sie können einerseits durch einen Beweisantrag nach § 244 das Gericht veranlassen, nach Prüfung der Beweiserheblichkeit die Beweismittel selbst herbeizuschaffen und zu verwenden, sie können andererseits eine Beweisaufnahme ohne vorangegangene Erheblichkeitsprüfung nach § 244 Abs. 3 bis 5 dadurch erreichen, daß sie mit Hilfe ihres unmittelbaren Ladungsrechts (§ 214 Abs. 3, § 220) selbst für die Präsenz der von ihnen gewünschten Beweismittel in der Hauptverhandlung sorgen. Die in der alten Fassung uneingeschränkte Pflicht des Gerichts zur Verwendung präsenter Beweismittel ermöglichte prozessualen Mißbrauch und einen Verfahrensleerlauf durch offenkundig überflüssige Beweisaufnahmen[7]. Diese Gefahren will die Neufassung eindämmen, ohne aber das für Wahrheitsfindung und Verteidigung gleichermaßen wichtige Recht der Verfahrensbeteiligten zu be-

---

[1] RGRspr. **1** 571; RGSt **1** 225; **45** 141; **65** 304; RG JW **1917** 51; **1927** 1490; OLG Celle NJW **1962** 2315; *Alsberg/Nüse/Meyer* 777; *Grünwald* Gutachten, 50. DJT (1974) Bd I. S. C 74; *Schroeder* ROW **1969** 193.

[2] Vgl. etwa BGH NJW **1952** 191; **1952** 836; OLG Hamburg NJW **1965** 1238.

[3] RGSt **65** 304; OLG Hamm VRS **11** 59.

[4] RGRspr. **10** 649; **10** 718; *Dallinger* MDR **1966** 965; *Hillenkamp* JR **1975** 140; KMR-*Paulus* § 244, 118; *Peters* § 38 V; dazu *Alsberg/Nüse/Meyer* 799 mit weit. Nachw. zum Streitstand; vgl. Einl. Kap. **11** XI und bei § 260; ferner zum Verfahren bei Einstellung Rdn. 86.

[5] *Grünwald* Gutachten, 50. DJT (1974) Bd. I S. C 74: „Für das Vertrauen in die Justiz kein zu hoher Preis."

[6] RAussch. BTDrucks. **8** 1844 S. 32.

[7] BTDrucks. **8** 976 S. 23, 50; *Rieß* NJW **1978** 2270; dazu kritisch *Köhler* NJW **1979** 348; zu der umstrittenen Regelung vgl. ferner *Alsberg/Nüse/Meyer* 777; *Hagemann* 80 ff; *Hanack* FS Schultz 323; KK-*Herdegen* 2; 13; *Krekeler* AnwBl. **1979** 216; *Marx* NJW **1981** 1415; *Egon Müller* NJW **1981** 1805; *Peters* § 38 V; *Rudolphi* JuS **1978** 866; *Sarstedt/Hamm* 290. Wieweit ein Mißbrauch tatsächlich eingerissen war, ist strittig; vgl. oben Fußn. 4.

seitigen, durch von ihnen beigebrachte Beweismittel den Umfang der Beweisaufnahme eigenverantwortlich mitzubestimmen.

2. Um diese unterschiedlichen Zielsetzungen miteinander vereinen zu können, **3** trifft der neue § 245 in seinen beiden Absätzen eine **unterschiedliche Regelung**, je nachdem, ob die Beweismittel auf Grund des ordnungsgemäßen Verfahrensganges (Ladung durch das Gericht nach § 214 Abs. 1, Herbeischaffung nach § 214 Abs. 4) in der Hauptverhandlung präsent sind, oder ob dies von den Verfahrensbeteiligten in Ausübung ihres unmittelbaren Ladungsrechts oder ihres Rechts zur Beibringung sächlicher Beweismittel bewirkt worden ist.

Bei den vom **Gericht geladenen** Personen und den nach § 214 Abs. 4 herbeige- **4** schafften sächlichen Beweismitteln behält Absatz 1 die bisherige Regelung bei. Das Gericht ist unabhängig von einem diesbezüglichen Antrag verpflichtet, diese Beweismittel zu verwenden, da die Verfahrensbeteiligten im Vertrauen auf die amtliche Anordnung auf eigene Initiativen verzichtet haben können.

Dagegen ist bei den **vom Angeklagten** oder dem **Staatsanwalt geladenen** Beweis- **5** personen ebenso wie bei den beigebrachten sächlichen Beweismitteln zusätzlich ein Beweisantrag notwendig, um das Gericht zu verpflichten, die Beweisaufnahme auf diese präsenten Beweismittel zu erstrecken. Eine förmliche Antragstellung mit Angabe des Beweisthemas ist den Beweisführern auch zuzumuten, denn sie müssen ohnehin eine Vorstellung haben, was sie mit ihrem Beweismittel dartun wollen. Ein rechtlich anerkanntes Interesse, ein Beweismittel mit Überraschungswirkung in die Hauptverhandlung einzuführen, besteht nicht, wie die §§ 222, 246 Abs. 2, 3 zeigen[8]. Die Antragstellung mit Angabe des Beweisthemas ermöglicht eine sachgerechte Konzentration des Verfahrens durch Ablehnung einer mißbräuchlichen oder überflüssigen Beweiserhebung. An Hand des mitgeteilten Themas kann das Gericht prüfen, ob einer der Gründe des Absatzes 2 Satz 3 vorliegt, die ihm gestatten, auch präsente Beweismittel unbenützt zu lassen, ohne daß dadurch sachlich berechtigte Beweiserhebungsinteressen der Antragsteller verkürzt werden oder eine dem § 244 Abs. 3 bis 5 entsprechende Prüfung der Beweiserheblichkeit bei § 245 Abs. 2 eingeführt wird (vgl. Rdn. 58). Die Bindung der Beweiserhebungspflicht an die Antragstellung hindert das Gericht nicht daran, präsente Beweismittel im Sinne des Absatzes 2 auch ohne Antragstellung zu verwenden[9].

3. **Verhältnis zu anderen Vorschriften.** § 245 ergänzt § 244, dessen Absatz 1 davon **6** ausgeht, daß das Gericht entsprechend § 245 Abs. 1 von sich aus die Beweisaufnahme auf die von ihm geladenen Beweispersonen und die sonstigen von Amts wegen zur Hauptverhandlung beigebrachten Beweismittel erstreckt. Er ändert ihn aber insoweit, als er bei den anderweitig präsent gewordenen Beweismitteln die Ablehnung ihrer Verwendung enger begrenzt als in § 244 Abs. 2 bis 5. Beweismittel, die auf Grund anderweitiger Vorschriften (vor allem §§ 250 ff) nicht verwendet werden dürfen, werden nicht dadurch zulässig, daß sie präsent im Sinne des § 245 sind (vgl. Rdn. 28 ff). § 245 berührt diese Regelungen nicht. Auch das Recht des Vorsitzenden, die **Reihenfolge der Vernehmungen zu bestimmen** (§ 238 Abs. 1), wird durch § 245 grundsätzlich nicht eingeschränkt. Es darf aber nicht rechtsmißbräuchlich ausgeübt werden, etwa, um eine Beweiserhebungspflicht nach § 245 zu unterlaufen. Auf die Belange der erschienenen Beweispersonen ist in vertretbarem Umfang Rücksicht zu nehmen.

---

[8] BTDrucks. **8** 976 S. 52.

[9] *Rieß* NJW **1978** 2270; KK-*Herdegen* 13; *Kleinknecht/Meyer* 18; KMR-*Paulus* 4.

Walter Gollwitzer

**7**    Die **Aufklärungspflicht** des Gerichts (§ 244 Abs. 2) wird durch Absatz 2 nicht eingeschränkt. Wenn es der Sachaufklärung dient, muß das Gericht von Amts wegen jedes erreichbare Beweismittel ausschöpfen, auch wenn die Verfahrensbeteiligten im Falle des Absatzes 1 darauf verzichtet haben oder ein Beweisantrag im Falle des Absatzes 2 nicht gestellt wird oder die Anwesenheit der Beweisperson nicht in der von §§ 220, 245 geforderten Form bewirkt wurde, wie bei den mitgebrachten Zeugen (Rdn. 47). Gerade bei letzteren kann es die Aufklärungspflicht dem Gericht nahelegen, unter Umständen auch gebieten, von sich aus die Prozeßbeteiligten zu befragen, was diese Zeugen bekunden können.

**8**    **4. Anwendungsbereich.** § 245 gilt auch in der Berufungsinstanz für die in der Berufungsverhandlung präsenten Zeugen. Unerheblich ist, wer Berufung eingelegt hat, ob die Zeugen zur Hauptverhandlung der ersten Instanz geladen worden waren und ob sie dort das Zeugnis verweigert haben[10].

**9**    **Unanwendbar** ist § 245 in den Verfahren, in denen der Umfang der Beweiserhebung in das Ermessen des Gerichts gestellt ist, wie im Privatklageverfahren (§ 384 Abs. 3), im Bußgeldverfahren (§ 77 OWiG) oder im vereinfachten Jugendverfahren (§ 78 Abs. 3 JGG)[11]. Hier bestimmt sich allein nach der Aufklärungspflicht, wieweit präsente Beweismittel zu nutzen sind.

**10**    Auf **Dolmetscher** findet § 245 keine Anwendung[12].

## II. Beweiserhebung nach Absatz 1

### 1. Voraussetzungen bei Zeugen und Sachverständigen

**11**    **a) Ladung durch das Gericht (Vorsitzender).** Nur vom Gericht **nach § 214 Abs. 1 geladene Zeugen** und Sachverständige sind, sofern sie erschienen sind, präsente Beweismittel, die das Gericht nach Absatz 1 vernehmen muß, ohne daß es dazu des Antrags eines Verfahrensbeteiligten bedarf. Die Pflicht des Gerichts zur Vernehmung der anderweitig geladenen Beweispersonen bestimmt sich nach Absatz 2. Eine besondere Form ist für die gerichtliche Ladung nicht vorgeschrieben; es genügt, wenn die Beweispersonen auf Grund richterlicher Anordnung zur Hauptverhandlung erschienen sind, ganz gleich, ob ihnen dies schriftlich, mündlich, fernmündlich oder durch Boten mitgeteilt wurde[13] und ob für den Fall des Ausbleibens Ordnungsmittel angedroht worden sind. Auch die Bekanntgabe des Termins zur Fortsetzung der Hauptverhandlung genügt[14]. Die Ladung kann auch noch während der Hauptverhandlung angeordnet werden[15], sei es auf Grund eines Beweisbeschlusses des Gerichts, sei es durch ein vom Gericht veranlaßtes formloses Herbeiholen.

**12**    **Ungeladen anwesende Personen** fallen nicht unter Absatz 1, ganz gleich, ob sie ursprünglich vom Gericht geladen worden waren und dann wieder abgeladen worden sind[16] oder ob sie in derselben Sache außerhalb der Hauptverhandlung kommissarisch

---

[10] RGRspr. 10 337.

[11] KK-*Herdegen* 18; *Kleinknecht/Meyer* 1; 31; KMR-*Paulus* 5.

[12] RGRspr. 8 97; *Alsberg/Nüse/Meyer* 782; *Eb. Schmidt* 4.

[13] BGH NJW 1952 836; KK-*Herdegen* 4; *Alsberg/Nüse/Meyer* 782 mit weit. Nachw. Eine Ladung zu einer kommissarischen Vernehmung ist keine Ladung zur Hauptverhandlung; vgl. *Alsberg/Nüse/Meyer* 782.

[14] RGSt 35 232; *Alsberg/Nüse/Meyer* 783.

[15] Die frühere Fassung (§ 245 Satz 2) stellte dies ausdrücklich klar, bei der Neufassung wurde dies als selbstverständlich und wegen § 246 entbehrlich gestrichen; vgl. *Rieß* NJW 1978 2270; KK-*Herdegen* 3.

[16] RGSt 1 34; *Eb. Schmidt* 6; *Alsberg/Nüse/Meyer* 783.

vernommen werden sollen[17] oder ob sie nur zufällig anwesend sind. Ist versehentlich eine falsche Person geladen worden, gilt für sie Absatz 1 ebenfalls nicht[18].

**b) Anwesenheit.** Die Worte „und auch erschienen" in § 245 Abs. 1 Satz 1 sind erst **13** durch das Vereinheitlichungsgesetz eingefügt worden. Die Rechtsprechung hatte jedoch schon vorher die Vorschrift dahin ausgelegt, daß die geladenen Zeugen auch erschienen sein müssen, daß sie sich also in der Verhandlung, wenn auch verspätet, doch so einfinden, daß sie noch vernommen werden können[19]. Demnach steht beim Ausbleiben eines geladenen Zeugen den Prozeßbeteiligten der Anspruch auf Aussetzung der Verhandlung nicht ohne weiteres zu; das Gericht hat dann unter Berücksichtigung seiner Aufklärungspflicht zu prüfen, ob es das Erscheinen der Beweisperson durch Ordnungsmittel erzwingt. Anträge auf Zuziehung sind nach den Grundsätzen des § 244 zu bescheiden[20].

Die Anwendung des § 245 entfällt, wenn die geladenen und erschienenen Zeugen **14** im Zeitpunkt der beabsichtigten Vernehmung nicht mehr anwesend sind; etwa, weil sie entlassen (§ 248) sind oder sich während der Verhandlung eigenmächtig **entfernt haben**[21] oder wegen ungebührlichen Benehmens in eine Haftstrafe genommen und alsbald zur Haft abgeführt werden mußten[22]. Eine erkennbar nur kurze Zeit dauernde, vorübergehende Entfernung (Besuch der Toilette usw.) hebt die Anwesenheit im Sinne des § 245 nicht auf.

**Personen,** die in **anderer Eigenschaft anwesend** sind, etwa als Richter, Staatsan- **15** walt oder Urkundsbeamte, sind keine herbeigeschafften Beweismittel, da sie nicht als Beweispersonen sondern in amtlicher Funktion an der Hauptverhandlung teilnehmen[23]. Erst wenn sie aus dieser Funktion ausgeschieden sind, etwa, weil das Gericht ihre Vernehmung als Zeugen beschlossen hatte, können sie bei Vorliegen der sonstigen Voraussetzungen dem § 245 unterfallen[23a]. Nach Ansicht des Oberlandesgerichts Stuttgart[24] ist eine Beweisperson nur in der Eigenschaft präsentes Beweismittel, in der sie geladen ist. Wer als Zeuge geladen ist, ist nicht zugleich auch als Sachverständiger präsent. Dem ist uneingeschränkt zuzustimmen, soweit es um die Pflicht des Gerichts geht, das Wissen der präsenten Beweisperson von sich aus zu erforschen. Wenn aber ein Zeuge eine Sachverständigenfrage beantworten soll und kann (dazu Rdn. 21), erscheint es fraglich, ob das Gericht dies allein deshalb unterbinden dürfte, weil die Beweisperson nur als Zeuge und nicht auch als Sachverständiger geladen worden ist (vgl. Rdn. 58). § 245 gilt nicht für Mitangeklagte[25]. Wer als Mitangeklagter zur Berufungsverhandlung geladen worden war, steht nach Rücknahme seiner Berufung einem geladenen und erschienenen Zeugen gleich[26].

---

[17] *Alsberg/Nüse/Meyer* 783.
[18] RG GA **54** (1907) 418; *Alsberg/Nüse/Meyer* 784.
[19] RGRspr. **1** 551; RGSt **1** 175; 196; **35** 398; **40** 140; **42** 3; **55** 11; **56** 432; *Dallinger* MDR **1966** 966; *Alsberg/Nüse/Meyer* 784.
[20] *Alsberg/Nüse/Meyer* 783; *Häuer* JR **1984** 497; KK-*Herdegen* 4; KMR-*Paulus* 8.
[21] RGJW **1924** 100; HRR **1932** Nr. 494; RG Recht **1910** Nr. 1190; OLG Düsseldorf MDR **1981** 161; *Alsberg/Nüse/Meyer* 786 mit weit. Nachw.; KK-*Herdegen* 4; *Kleinknecht/ Meyer* 3; KMR-*Paulus* 8.
[22] BGH bei *Dallinger* MDR **1954** 17; OLG

Düsseldorf MDR **1981** 181; *Alsberg/Nüse/ Meyer* 786; KK-*Herdegen* 4; KMR-*Paulus* 8.
[23] RGSt **42** 1; RG GA **54** (1907) 292; *Eb. Schmidt* 5; *Peters* JR **1971** 340; *Gössel* § 25 A II a 2; *Alsberg/Nüse/Meyer* 818 mit weit. Nachw.; vgl. ferner § 226, 7.
[23a] OLG Celle NStZ **1984** 136.
[24] OLGSt 7; KMR-*Paulus* 9.
[25] RGRspr. **5** 787; *Eb. Schmidt* 4; *Alsberg/Nüse/ Meyer* 782 mit weit. Nachw.
[26] OLG Celle NJW **1962** 2315; *Alsberg/Nüse/ Meyer* 782. KMR-*Paulus* 9 hält das für zweifelhaft.

**16**     **c) Erkennbarkeit und Verwendbarkeit.** Die vorgeladenen und erschienenen Zeugen und Sachverständigen müssen in dem **Zeitpunkt,** der für die Vernehmung vorgesehen ist (Rdn. 13 ff), als verfügbare Beweismittel erkennbar und verwendbar sein. Diese Voraussetzungen für die uneingeschränkte Beweiserhebungspflicht nach § 245 Abs. 1 muß also nicht notwendig bereits zu Beginn der Hauptverhandlung vorliegen.

**17**     An der **Erkennbarkeit**[27] fehlt es, wenn der Zeuge sich trotz Aufrufs nicht meldet[28]. Erforderlich ist allerdings ein deutlicher Aufruf mit Namen. Die allgemein gehaltene Frage des Vorsitzenden, ob alle geladenen Zeugen anwesend seien, genügt nicht, um die Erkennbarkeit auszuschließen[29]. Ein nachträglich erscheinender Zeuge wird für das Gericht meist erst erkennbar, wenn er sich meldet; hat aber die Präsenzfeststellung (§ 243 Abs. 1 Satz 2) ergeben, daß ein geladener Zeuge ausgeblieben ist oder hat das Gericht eine Beweisperson von sich aus auf einen späteren Zeitpunkt geladen, dann muß es später in dem durch die Verhältnisse gebotenen Umfang nachforschen, ob sie zwischenzeitlich erschienen ist[30].

**18**     Die **Verwendbarkeit** eines Zeugen kann durch Umstände in der Person des Zeugen oder Sachverständigen ausgeschlossen sein. Ob ein Zeuge vernommen werden kann, der in trunkenem Zustand erscheint oder an dem Anzeichen einer Geisteskrankheit bemerkbar sind, hängt von der vom Gericht nach den Umständen des einzelnen Falls zu beurteilenden sofortigen Verwendbarkeit als Beweismittel ab[31].

### 2. Einzelfragen der Verwendbarkeit von Beweispersonen

**19**     **a) Zeugen.** Die Einvernahme des Zeugen muß **zulässig sein.** Ein Zeuge, der nicht vernommen werden darf, weil insoweit ein Beweisverbot besteht, ist kein zulässiges Beweismittel (Rdn. 28), so etwa, wenn er befugt die Aussage verweigert[32]. Wird aber ein Zeuge in der irrigen Annahme, er dürfe das Zeugnis verweigern, nicht vernommen oder wird er über sein Zeugnisverweigerungsrecht falsch belehrt und verweigert er deshalb die Aussage zu Unrecht, so verletzt die falsche Belehrung zugleich auch die aus § 245 folgende Pflicht zur Beweiserhebung[33]. Ob daraus auch folgt, daß das Gericht einen als Zeugen geladenen Arzt, der nicht von der Verschwiegenheitspflicht entbunden wird, nicht entlassen darf, ohne ihn vorher gefragt zu haben, ob er nicht doch aussagen wolle, erscheint zweifelhaft[34]. Nicht verwendbar ist auch ein Zeuge, der zwar zur Aussage verpflichtet wäre, dessen Aussage aber nicht erzwungen werden kann, weil die verhängten Ordnungsmittel versagen[35] oder nicht angebracht sind[36].

---

[27] Es kommt darauf an, ob die Anwesenheit für das Gericht objektiv erkennbar war, nicht, ob es sie tatsächlich erkannt hat; vgl. *Alsberg/Nüse/Meyer* 785 mit weit. Nachw. BGHSt **24** 282 läßt offen, ob bei nachträglich erscheinenden Zeugen zu fordern ist, daß das Gericht davon Kenntnis erlangt hat; KK-*Herdegen* 4 nimmt dies an.

[28] RGSt **40** 140; vgl. auch RGSt **17** 441; *Alsberg/Nüse/Meyer* 785; *Dallinger* MDR **1966** 966; KK-*Herdegen* 4.

[29] BGHSt **24** 280 = LM § 274 Nr. 14 mit Anm. *Kohlhaas*; vgl. § 243, 19 bis 22.

[30] *Alsberg/Nüse/Meyer* 785.

[31] RGSt **35** 398; vgl. Rdn. 14, 19 ff.

[32] Insoweit ist die Beweiserhebung durch den letzten Halbsatz von Absatz 1 Satz 1 ausdrücklich ausgeschlossen; vgl. Rdn. 29, so daß nicht erörtert werden muß, ob die Unverwendbarkeit Unzulässigkeit mit einschließen würde. Zur strittigen Frage, ob der Zeuge als Beweismittel ungeeignet oder die Beweiserhebung unzulässig ist, vgl. § 244, 197; 290.

[33] BGH bei *Dallinger* MDR **1974** 16; bei *Pfeiffer/Miebach* NStZ **1984** 15; OLG Celle NJW **1962** 2315; OLG Hamm VRS **45** 123.

[34] BGHSt **15** 200 nimmt dies an; vgl. dazu *Hanack* JZ **1971** 127; *Kohlhaas* DAR **1971** 63; OLG Frankfurt StrVert. **1982** 414.

[35] BGH nach *Alsberg/Nüse/Meyer* 786.

[36] *Alsberg/Nüse/Meyer* 787 mit weit. Nachw.; ferner bei § 51.

Nicht verwendbar sind auch Zeugen, von denen wegen ihres **körperlichen oder** 20
**geistigen Zustands** oder Alters eine ordnungsgemäße Aussage in der Hauptverhandlung
nicht zu erreichen ist[37] oder bei denen die Einvernahme in der Hauptverhandlung die
**Gefahr einer Gesundheitsschädigung** oder eine Lebensgefahr herbeiführen kann[38].

**b) Sachverständige.** Die Vernehmung einer als Sachverständigen bezeichneten 21
Person darf nur verweigert werden, wenn es offensichtlich ist, daß es ihr an der erforderlichen Sachkunde völlig fehlt[39], etwa weil die Zuziehung Fragen eines anderen Fachgebietes betraf. Der Sachverständige ist auch dann kein bereitstehendes Beweismittel,
wenn er sein Gutachten nicht sogleich in der anstehenden Hauptverhandlung, sondern
erst nach Vornahme von Untersuchungen oder nach weiterer Vorbereitung erstatten
könnte[40]. Ein Sachverständiger, der antragsgemäß vernommen worden ist, muß gehört
werden, wenn ein Prozeßbeteiligter seine Vernehmung über einen anderen Gegenstand
verlangt, sofern die **neue Frage in das Gebiet seiner Sachkunde** fällt[41]. Die Vernehmung
eines Sachverständigen, der nur aushilfsweise wegen der Verhinderung eines zuvor geladenen Sachverständigen geladen worden ist, kann unterbleiben, wenn der ursprünglich
geladene Sachverständige erscheint[42].

### 3. Herbeigeschaffte sächliche Beweismittel
**a)** Zu den sächlichen **Beweismitteln** gehören zunächst alle Arten von **Schriftstük-** 22
**ken** und **Protokolle** über vorgenommene Beweiserhebungen. **Ganze Akten** als solche
sind nicht Beweismittel; sondern nur die einzelnen Schriftstücke, die sich darin befinden[43]. Das muß auch dann gelten, wenn die „Akten" schon in der Anklageschrift als
Beweismittel bezeichnet worden sind[44]. Dasselbe gilt von Sammlungen von Belegen,
Briefen, Tonbändern usw.; ferner von Urkundengesamtheiten wie Handelsbüchern[45],
Steuerunterlagen[46] usw., bei denen erst durch die genaue Bezeichnung (Individualisierung) bestimmter Stellen präsente Beweismittel entstehen[47].

**Gegenstände,** die das Gericht in der Sitzung in Augenschein nehmen kann, z. B. die 23
gemäß § 94 in Verwahrung genommenen oder beschlagnahmten Beweisstücke[48], ferner
Lichtbilder, Zeichnungen, Skizzen und Karten und Fotokopien rechnen hierzu. Wegen
der einzelnen als Beweismittel in Frage kommenden Gegenstände vgl. die Aufzählung
und die Nachweise bei § 86. Filmstreifen, Schallplatten, Tonbänder, Mikrofiches

---

[37] RGSt **35** 398; OLG Düsseldorf MDR **1981**
161; *Kleinknecht/Meyer* 3; KMR-*Paulus* 9;
*Alsberg/Nüse/Meyer* 787.
[38] BGH bei *Holtz* MDR **1976** 634 (Opfer einer
Vergewaltigung); *Alsberg/Nüse/Meyer* 787;
bei Vorliegen einer die Einvernahme verbie-
tenden Schutzpflicht des Gerichts (Art. 1, 2
GG) wäre die Beweisaufnahme unzulässig
(vgl. Rdn. 29; BGHSt **30** 37; ferner § 244,
204).
[39] *Alsberg/Nüse/Meyer* 787; *Rostek* MDR **1976**
899.
[40] RG Recht **1910** Nr. 1882; BGHSt **6** 289; *Als-
berg/Nüse/Meyer* 787; *Kleinknecht/Meyer* 3;
*Eb. Schmidt* Nachtr. I 2; *Weigelt* DAR **1964**
316.
[41] RGSt **67** 180; KK-*Herdegen* 4; vgl. BGH
StrVert. **1983** 232; und Fußn. 40.
[42] RG Recht **1924** 490 forderte, daß die Ver-

fahrensbeteiligten der Entlassung des zweiten
Sachverständigen nicht widersprechen; dagegen *Alsberg/Nüse/Meyer* 783, dem beizutreten ist. Wollen die Verfahrensbeteiligten den
nur versorglich geladenen Sachverständigen
hören, müssen sie das nach § 245 Abs. 2 beantragen.
[43] Vgl. BGHSt **18** 347; *Alsberg/Nüse/Meyer* 793.
[44] *Eb. Schmidt* 15; KMR-*Paulus* 11.
[45] RGSt **21** 108; KK-*Herdegen* 6; KMR-*Paulus*
11.
[46] BGH bei *Dallinger* MDR **1975** 369.
[47] *Alsberg/Nüse/Meyer* 793; KK-*Herdegen* 6;
KMR-*Paulus* 11; *G. Schäfer* § 79 III 3a; vgl.
KG NJW **1980** 952 (Vielzahl von Tonbändern).
[48] RG JW **1911** 248; *Alsberg/Nüse/Meyer* 788;
KMR-*Paulus* 12.

und ähnliche Gegenstände, deren Inhalt nur mit **Hilfe technischer Vorrichtungen** wahrnehmbar ist, sind nur dann als Beweismittel in der Hauptverhandlung präsent, wenn sie dort auch vorgeführt oder sonst für alle Beteiligten sichtbar oder hörbar gemacht werden können. Es müssen also auch die dafür notwendigen Geräte und Einrichtungen, unter Umständen auch eine dafür taugliche Person, zur Verfügung stehen[49]. **Unfall- und Tatortskizzen** können, wie jeder andere Gegenstand auch, als Augenscheinsobjekt herbeigeschaffte Beweismittel sein[50]. Unerheblich ist dabei, ob es sich um amtliche oder privat angefertigte Skizzen handelt.

**24**    **b)** Nur die **vom Gericht oder der Staatsanwaltschaft herbeigeschafften Beweismittel** unterfallen seit der Neufassung des Absatzes 1 der Beweiserhebungspflicht. Der Umfang dieser Regelung wird durch die Bezugnahme des Gesetzes auf § 214 Abs. 4 nicht sonderlich erhellt[51]. Geht man von dem Sinn der Regelung aus, dann gilt Absatz 1 grundsätzlich für alle sächlichen Beweismittel, die auf Grund einer Anordnung des Gerichts oder der Staatsanwaltschaft zur Hauptverhandlung beigebracht sind, oder die sich ohnehin bei den von der Staatsanwaltschaft dem Gericht zugeleiteten Akten befinden, auch wenn es dazu keiner besonderen Anordnung nach § 214 Abs. 4 bedurfte[52]. Zweifelhaft kann dann nur sein, ob Beweisgegenstände, die die Staatsanwaltschaft erst nach Beginn der Hauptverhandlung dem Gericht vorlegt, dem Absatz 2 unterfallen[53]. Da die Staatsanwaltschaft mit der nachträglichen Vorlage solcher Beweisgegenstände ohnehin ihre Verwendung zu Beweiszwecken beantragen wird, dürfte diese Streitfrage kaum große praktische Bedeutung erlangen.

**25**    **c) Feststellung der Präsenz des Beweisgegenstandes.** Ein Beweismittel ist nicht schon herbeigeschafft, wenn es während der Verhandlung sofort greifbar vorhanden ist; vielmehr hängt die Pflicht des Gerichts zur Erstreckung der Beweisaufnahme auf ein sächliches Beweismittel grundsätzlich davon ab, daß seine **Beweismittelqualität vor Gericht „konstatiert"** wird[54], daß also das Vorhandensein des konkreten Beweismittels angesprochen und der Wille es zu benutzen erklärt wird[55]. Dies kann dadurch geschehen, daß das Gericht die Präsenz des Beweismittels nach § 243 Abs. 1 Satz 2 feststellt[56] oder daß ein Prozeßbeteiligter den Gebrauch, also die Verlesung des Schriftstücks oder die

---

[49] RGSt **65** 307; *Alsberg/Nüse/Meyer* 788. Nicht entwickelte Filme sind entgegen *Alsberg* JW **1932** 58 keine herbeigeschafften Beweismittel.

[50] Wieweit solche Skizzen für den Augenscheinsbeweis oder für den Urkundenbeweis in Frage kommen, ist bei §§ 86, 250 erläutert. Vgl. insbes. die Nachweise der Rechtsprechung bei § 86, ferner § 244, 328.

[51] Dazu ausführlich *Alsberg/Nüse/Meyer* 789 ff.

[52] So *Alsberg/Nüse/Meyer* 790; *Kleinknecht/Meyer* 4.

[53] Dies verneinen *Alsberg/Nüse/Meyer* 790; *Hagemann* 80; *Kleinknecht/Meyer* 4; a. A wohl KK-*Herdegen* 4, der Absatz 1 auf alle von der Staatsanwaltschaft vorgelegten Beweisgegenstände bezieht; ähnlich *Schlüchter* 556, was an sich trotz des Wortlauts und der Entstehungsgeschichte sinnvoll erscheint.

[54] *Eb. Schmidt* 11.

[55] KK-*Herdegen* 5.

[56] KK-*Herdegen* 5; *Kleinknecht/Meyer* 5; früher war strittig, ob die Bezeichnung in der Anklage dafür ausreiche. So RGRspr. **6** 685; *v. Kries* 522; a. A RGSt **5** 268; RGRspr. **7** 20; RG GA **39** (1891) 220; **42** (1894) 247; JW **1899** 474. Jetzt wird darauf abzustellen sein, was das Gericht als präsent ansieht; auf die Anklageschrift kommt es wohl nur noch an, wenn das Gericht in der Hauptverhandlung die Präsenz der dort verzeichneten Beweismittel durch Bezugnahme feststellt. Nach *Alsberg/Nüse/Meyer* 792 löst zwar nur ein Antrag eines Verfahrensbeteiligten die Beweiserhebungspflicht bezüglich der nicht vom Gericht selbst herbeigeschafften Beweismittel aus, in der Feststellung der vorhandenen Beweismittel liege aber zugleich die Zusage der Verwendung nach § 245 Abs. 1.

Besichtigung des Bildes, in der Verhandlung verlangt und daß das Vorhandensein und die Gebrauchsfähigkeit festgestellt werden[57]. Die vom erkennenden Gericht selbst beigebrachten Beweismittel, vor allen Niederschriften über die von ihm angeordneten kommissarischen Vernehmungen oder Einnahmen eines Augenscheins, sind als präsente Beweismittel nach Absatz 1 immer zu verwenden (zur Abgrenzung vgl. Rdn. 26), unabhängig davon, ob ein Verfahrensbeteiligter ihren Gebrauch verlangt hat[58]. Ein solches die Präsenz des Beweismittels konkretisierendes Verlangen dürfte nicht als Beweisantrag im Sinne der §§ 219, 244, 245 Abs. 2 zu verstehen sein[59].

Ein **Protokoll über die Vernehmung eines Zeugen oder Sachverständigen** durch **26** den beauftragten oder ersuchten Richter oder ein Augenscheinsprotokoll, das in der Hauptverhandlung nach §§ 249, 251 als Beweismittel verwendet werden soll, erlangt die Eigenschaft eines herbeigeschafften Beweismittels dadurch, daß das erkennende Gericht — gleichgültig, ob in der Hauptverhandlung oder außerhalb der Hauptverhandlung oder in einer früheren Hauptverhandlung — die **Vernehmung oder den Augenschein beschlossen** hat[60]. Strittig ist, ob dies auch sonst für alle vom **erkennenden Gericht** beschlossenen kommissarischen Beweiserhebungen gilt[61], etwa für eine zur Vorbereitung der Hauptverhandlung angeordnete Zeugeneinvernahme[62], oder für eine Vernehmung, die ein anderes erkennendes Gericht vor der Abgabe des Verfahrens beschlossen hatte[63]. Strittig ist auch, ob bei einer Niederschrift über eine im Ermittlungsverfahren durchgeführte richterliche Einvernahme die Verwertung als präsentes Beweismittel davon abhängt, daß sich einer der Verfahrensbeteiligten darauf beruft[64].

**Beschlagnahmte Gegenstände** werden erst dadurch zu herbeigeschafften Gegen- **27** ständen, daß ein Verfahrensbeteiligter sich auf sie beruft[65]. Bei Überführungsstücken genügt es in der Regel, wenn sie bei der Vernehmung von Zeugen oder Sachverständigen in Augenschein genommen werden.

---

[57] RGSt **41** 13; BGHSt **18** 347; KK-*Herdegen* 5; *Kleinknecht/Meyer* 5; KMR-*Paulus* 10; *Gössel* § 29 A 2; *Alsberg/Nüse/Meyer* 790, wonach bei den Beweismitteln, die ohne Zutun des Gerichts präsent sind, grundsätzlich erst ein Antrag die Beweiserhebungspflicht nach § 245 Abs. 1 auslöst. Vgl. ferner RGRspr. **7** 364; **56** 103; RG GA **39** (1891) 220; **58** (1911) 459; JW **1899** 474; **1932** 3103, 3105; BayObLGSt **1952** 109 = NJW **1952** 1106.

[58] RGSt **24** 76; **56** 103; RG JW **1927** 793; OGHSt **2** 290; OLG Saarbrücken OLGSt 3; *Alsberg/Nüse/Meyer* 790; KK-*Herdegen* 5; *Kleinknecht/Meyer* 5; KMR-*Paulus* 14.

[59] *Alsberg* JW **1927** 1490; *Gössel* § 29 B III a 2; *Meves* GA **40** (1892) 300; **a. A** (Beweisantrag) *Alsberg/Nüse/Meyer* 35, 792 mit weit. Nachw. Für eine so weite Auslegung des Begriffs Beweisantrag dürfte kein Bedürfnis bestehen, da – anders als der Beweisantrag nach § 245 Abs. 2 – das Verlangen nach Nutzung eines präsenten Beweismittels nach § 245 Abs. 1 auch sonst nicht wie ein Beweisantrag behandelt wird.

[60] RGSt **24** 76; **56** 103; RG JW **1908** 764; **1927** 793; RGRspr. **5** 39; **9** 176; GA **42** (1894) 247; BGH bei *Dallinger* MDR **1954** 151; OGH NJW **1950** 236; OLG Oldenburg NdsRpfl. **1949** 203; OLG Saarbrücken OLGSt 3; *Eb. Schmidt* 16; KK-*Herdegen* 5; KMR-*Paulus* 14; *Alsberg/Nüse/Meyer* 791; *G. Schäfer* § 79 III 3a.

[61] KMR-*Paulus* 14; wohl auch KK-*Herdegen*; ferner *Beling* 378; *Hagemann* 87; *Koeniger* 273; *Oetker* JW **1932** 3108; *Sarstedt/Hamm* 293.

[62] Verneinend RGSt **56** 105; *Eb. Schmidt* 16; *Alsberg/Nüse/Meyer* 791.

[63] Verneinend RGSt **7** 127; RG JW **1927** 793 mit Anm. *Mannheim*; *Alsberg/Nüse/Meyer* 791; die Anordnung durch das früher zuständige erkennende Gericht dürfte jedoch auch nach Abgabe einer solchen des neuen erkennenden Gerichts gleichkommen.

[64] BGHSt **1** 220 hält dies für entbehrlich; **a. A** RGSt **26** 289; RGRspr. **7** 20; **8** 694; *Alsberg/Nüse/Meyer* 791.

[65] BGH nach KMR-*Paulus* 12; KK-*Herdegen* 5; *Alsberg/Nüse/Meyer* 792.

### 4. Unzulässigkeit der Beweiserhebung

**28**  **a) Allgemeine Gründe.** Die Verpflichtung zur Beweiserhebung besteht, gleichgültig ob es sich um Zeugen, Sachverständige oder andere Beweismittel handelt, nur unter der an sich selbstverständlichen Voraussetzung, daß die beabsichtigte Beweiserhebung zulässig ist. Das ist seit der Fassung, die § 245 durch das Vereinheitlichungsgesetz erhalten hatte, ausdrücklich klargestellt, galt aber schon immer. Das Gericht, das einen auf eine unzulässige Beweiserhebung gerichteten Antrag ablehnen muß (§ 244, 187), darf unzulässige Beweiserhebungen auch im Rahmen des § 245 nicht zulassen.

**29**  Die Gründe, aus denen sich die Unzulässigkeit der Beweiserhebung ergibt, sind grundsätzlich die gleichen wie bei § 244. Bei den von Amts wegen beigezogenen Beweismitteln des Absatzes 1 ist es keinesfalls ausgeschlossen, daß ihre Benutzung im Zeitpunkt der beabsichtigten Verwendung unzulässig ist. Abgesehen von einer anderen Beurteilung dieser Frage können sich auch die maßgeblichen Verhältnisse geändert haben. So kann ein Zeuge in der Hauptverhandlung von seinem Zeugnisverweigerungsrecht Gebrauch machen[66], ein Sachverständiger kann wegen einer erfolgreichen Ablehnung als Beweisperson ausscheiden; die Voraussetzungen für die Verwendung einer bei den Akten befindlichen Schrift als Beweismittel (§§ 250 ff) können fehlen[67], oder das Beweismittel betrifft einen Sachverhalt, über den das Gericht keinen Beweis mehr zu erheben hat (etwa bei Rechtsmittelbeschränkung)[68]. Gleiches gilt für eine Beweiserhebung über Umstände, die nicht Gegenstand einer Beweisaufnahme sein können, wie etwa die Feststellung, wie andere Gerichte in ähnlich gelagerten Fällen entschieden haben[69]. Unzulässig kann auch die Vernehmung eines geladenen und erschienenen Zeugen sein, wenn er durch die Aussage in die Gefahr gerät, nach Rückkehr in seine Heimat in willkürlicher, nicht rechtsstaatlicher Weise verfolgt zu werden[70].

**30**  **b) Enge oder weite Auslegung wegen Absatz 2 Satz 3.** Die Gründe, bei deren Vorliegen das Gericht eine Beweiserhebung nach Absatz 2 ablehnen darf, aber nicht muß, gelten nach Wortlaut und Stellung im Gesetz nicht für die nach Absatz 1 beigebrachten Beweismittel. Der Gesetzgeber hielt vor allem den Ablehnungsgrund der Verschleppungsabsicht bei den von Amts wegen beigezogenen Beweismitteln für entbehrlich[71]. Er hat aber in Absatz 2 die Grenze zwischen der als unzulässig zwingend abzulehnenden Beweiserhebung und der unbehelflichen Beweiserhebung, die das Gericht nach pflichtgemäßen Ermessen ablehnen darf, verschoben, indem er auch die aus verfahrensfremden Zwecken beantragte Beweiserhebung aus Gründen der Praktikabilität den fakultativen Ablehnungsgründen zuschrieb (ähnlich der Verschleppungsabsicht bei § 244 Abs. 3). Von einem Teil des Schrifttums[72] wird deshalb angenommen, daß der Begriff der Unzulässigkeit der Beweiserhebung in beiden Absätzen nur einheitlich ausgelegt werden dürfe und daß er somit in Absatz 1 jetzt auch in dem engen Sinn zu verstehen sei, der von Absatz 2 vorgezeichnet wird. Dies hat zur Folge, daß der Gesetzeswortlaut die nach Absatz 1 beigebrachten Beweismittel nicht mehr vor einer Verwendung zu

---

[66] Vgl. die Fälle bei *Alsberg/Nüse/Meyer* 796; Rdn. 19.
[67] Vgl. Rdn. 6
[68] *Alsberg/Nüse/Meyer* 789.
[69] BGHSt **25** 207 = LM Nr. 8 mit Anm. *Pelchen* = JR **1974** 340 mit Anm. *Schroeder*.
[70] BGHSt **17** 355; dazu *Hanack* JZ **1972** 115; abl. *Arndt* NJW **1963** 434; *Schroeder* ROW

**1969** 198; zweifelnd *Alsberg/Nüse/Meyer* 826, der auf BGHSt **30** 37 verweist.
[71] BTDrucks. **8** 976 S. 52; dazu *Alsberg/Nüse/Meyer* 800 ff; *Köhler* NJW **1979** 348.
[72] *Alsberg/Nüse/Meyer* 800; *Kleinknecht/Meyer* 7; *Marx* NJW **1981** 1421; *Köhler* NJW **1979** 351.

prozeßfremden Zwecken schützt. Die Gegenmeinung[73] hält weiterhin die weite Auslegung des Begriffs der Unzulässigkeit für angebracht, so wie er vor allem in der Rechtsprechung zur Verhütung von Mißbräuchen bei der alten Fassung des §245 entwickelt worden war[74]. Danach konnten u. a. Beweisaufnahmen als unzulässig abgelehnt werden, wenn damit ausschließlich sachfremde Zwecke verfolgt wurden oder wenn jeder sachliche Bezug zum Verfahrensgegenstand fehlte; wenn also Umstände vorlagen, die jetzt — ebenso wie die Verschleppungsabsicht — nur noch in Absatz 2 als fakultative Ablehnungsgründe in Betracht kommen; die Beweiserhebung also nicht schlechthin unzulässig machen.

**Im Ergebnis** kann nur eine Auslegung befriedigen, die es auch bei Absatz 1 gestattet, eine zu sachfremden Zwecken begehrte Beweiserhebung mit präsenten Beweismitteln abzulehnen. Ein anderes Ergebnis ist weder vom Gesetz — und auch nicht vom Gesetzgeber — gewollt, noch wäre es mit dem auch für die Auslegung richtungsweisenden Verständnis der Verfahrensregeln als Teil einer sinnvollen Verfahrensordnung vereinbar. Auch die Neufassung des §245 zwingt das Gericht nicht dazu, die von ihm selbst beigezogenen Beweismittel in die Hauptverhandlung in einer Weise einzuführen, die sachlich unbehelflich ist. Verlangt ein Verfahrensbeteiligter dies, nicht, weil er sich davon eine Förderung des Verfahrens erhofft, sondern weil er damit erkennbar verfahrensfremde oder verfahrensfeindliche Ziele verfolgt, weil er das Verfahren verschleppen, die Ehrverletzung eines Dritten fortsetzen, für irgend etwas werben oder einfach nur das Gericht lächerlich machen will, so darf dies weiterhin abgelehnt werden. Es ist letztlich nicht entscheidend, ob man dies damit begründet, daß der **weite Begriff der Unzulässigkeit** bei Absatz 1 fortgilt[75] (die Ausklammerung der in den Absatz 2 Satz 3 übernommenen Ablehnungsgründe war ja nicht Ausdruck einer geänderten Bewertung, sondern sollte nur die Grenzen der Beweiserhebungspflicht verdeutlichen und praktikabler machen) oder ob man eine andere Konstruktion wählt, etwa, indem man den **Rechtsmißbrauch**, gelöst von der enger verstandenen Unzulässigkeit, als Ablehnungsgrund heranzieht[76]. Die Grenzen müssen allerdings bei jeder Lösung enger gezogen werden als bei der früheren Rechtsprechung[77]; denn die bloße Unerheblichkeit des Beweises überschreitet für sich allein noch nicht die Schwelle zum Mißbrauch[78]. Eine systemgerechte Lösung wäre, die Ablehnungsgründe des Absatzes 2 als Orientierungshilfe für die Inhaltsbestimmung des Mißbrauchs oder aber — ohne diese Krücke — **im Wege der Analogie**[79] auch bei Absatz 1 anzuwenden. Die gleiche Interessenlage und die gleiche Zielrichtung der beiden Absätze würden dies nahelegen. Für die Tragweite des Rechts der Verfahrensbeteiligten auf Ausschöpfung aller präsenten Beweismittel kann es nicht entscheidend darauf ankommen, wer die Präsenz bewirkt hat und ob der Verfahrensbeteiligte die Verwendung mit einem Beweisantrag nach Absatz 2 oder einem Hinweis auf

**31**

---

[73] KG NJW **1980** 953; KK-*Herdegen* 8; KMR-*Paulus* 14 wollen bei Absatz 1 den Begriff der Unzulässigkeit weiterhin weit auslegen.

[74] RGSt 1 243; **45** 141; **65** 305; RGRspr. **9** 322; BHGSt **2** 287; BGHSt **17** 28 = LM Nr. 3 mit Anm. *Jagusch;* dazu *Hanack* JZ **1972** 116; *Wagner* JuS **1972** 317; *Weber* GA **1975** 300; vgl. ferner BGHSt **17** 343; **25** 207 = JR **1974** 340 mit abl. Anm. *Schroeder; Schroeder* ROW **1969** 193.

[75] KK-*Herdegen* 8; vgl. Fußn. 73.

[76] *Alsberg/Nüse/Meyer* 801; *Kleinknecht/Meyer*

7, die die Ablehnung wegen Mißbrauchs nicht als Fall der Ablehnung wegen Unzulässigkeit der Beweiserhebung ansehen; KMR-*Paulus* 18 setzt Mißbrauch und Unzulässigkeit gleich; *Marx* NJW **1981** 1417 lehnt den Mißbrauchsbegriff als zu unspezifisch ab.

[77] *Alsberg/Nüse/Meyer* 799; *Marx* NJW **1981** 1420; vgl. Fußn. 74.

[78] *Alsberg/Nüse/Meyer* 799, 801; *Marx* NJW **1981** 1420.

[79] *Köhler* NJW **1979** 351 hält Rückgriff auf Verschleppungsabsicht für naheliegend.

Walter Gollwitzer

die Präsenz nach Absatz 1 auslösen will. Für die Analogie läßt sich anführen, daß der Gesetzgeber nicht gesehen hat, daß bei Absatz 1 die gleiche Mißbrauchsmöglichkeit besteht, der er in Absatz 2 vorbeugen wollte[80]. Hätte er dies erkannt, hätte er in beiden Fällen eine gleichartige Regelung getroffen. Anzunehmen, daß er die sinnlose Verlesung eines nach Absatz 1 präsenten Adreßbuchs oder die Einvernahme von Zeugen zum Tathergang trotz nachträglicher Rechtsmittelbeschränkung auf den Rechtsfolgenausspruch gebilligt oder auch nur in Kauf genommen hätte, wäre absurd[81].

### 5. Verzicht (Absatz 1 Satz 2)

**32**      **a) Das Einverständnis aller Verfahrensbeteiligten** ist notwendig, wenn von der Verwendung eines nach Absatz 1 herbeigeschafften Beweismittels abgesehen werden soll. Die herbeigeschafften Beweismittel gelten als **allen Prozeßbeteiligten gemeinschaftlich**, dergestalt, daß auf die Benutzung jedes einzelnen Beweismittels der Gegner das gleiche Recht hat wie der Beweisführer[82]. Deshalb muß das Beweismittel verwendet werden, wenn auch nur einer von ihnen sich dem Verzicht nicht anschließt. Eine Ausnahme greift nur insoweit Platz, als die Zustimmung desjenigen entbehrlich ist, der in seinen eigenen Verfahrensinteressen von der Beweiserhebung in keiner Weise berührt sein kann[83]. Dies gilt vor allem für die Nebenbeteiligten (Einziehungs-, Verfallsbeteiligte usw.), die nur bei solchen Beweismitteln ein Mitwirkungsrecht haben, die den Gegenstand ihrer Verfahrensbeteiligung in irgend einer Form und sei es auch nur mittelbar, betreffen können[84]. Gleiches gilt für den Nebenkläger[85], dessen Verzicht nur insoweit erforderlich ist, als seine mit der Nebenklage verfolgten Verfahrensinteressen berührt sind[86], sowie für die anderen Verfahrensbeteiligten, wie den Vertreter einer juristischen Person oder Personenvereinigung nach § 444[87] oder den nach § 69 JGG bestellten Beistand[88].

**33**      Bei **Mitangeklagten** ist das Einverständnis aller erforderlich. Wenn ein Beweismittel aber eine Tatsache betrifft, die nur die Verteidigung einzelner Mitangeklagter berührt, dann bedarf es nicht des Einverständnisses eines Angeklagten, der kein eigenes Verfahrensinteresse an der Verwendung des Beweismittels aufzuzeigen vermag[89]; es genügt, wenn die sachlich von der Beweiserhebung Betroffenen verzichten. Ob dies der Fall ist, ob der Mitangeklagte die Erhebung des Beweises im eigenen Verteidigungsinteresse erstrebt, ist gegebenenfalls durch Befragen zu klären[90]. Es kommt nur auf das weit

[80] Vgl. Rdn. 64; ferner KK-*Herdegen* 6; *Alsberg/Nüse/Meyer* 801; *Köhler* NJW **1979** 351.

[81] KG NJW **1980** 953 hat dies im Ergebnis zu Recht abgelehnt; *Alsberg/Nüse/Meyer* 801 beanstandet wohl auch nur die auf BGHSt **17** 28 sich berufende Begründung (keine Ausdehnung der Unzulässigkeit auf die völlige Sachfremdheit).

[82] RGSt **40** 141; RGRspr. **6** 160; **10** 217 *Alsberg/Nüse/Meyer* 803.

[83] *Kleinknecht/Meyer* 9; *Gollwitzer* FS Schäfer 68.

[84] KK-*Herdegen* 9; *Kleinknecht/Meyer* 9; KMR-*Paulus* 20.

[85] BGHSt **28** 274; BayObLGSt **1951** 601; *Alsberg/Nüse/Meyer* 803; *Amelunxen* 56; *Gollwitzer* FS Schäfer 80; *Rüth* JR **1982** 267; ferner KK-*Herdegen* 9; *Kleinknecht/Meyer* 9; KMR-*Paulus* 19.

[86] Die Zustimmung des Rechtsbeistands eines anwesenden Nebenklägers ist nicht erforderlich; *Kleinknecht/Meyer* 9; *Alsberg/Nüse/Meyer* 804; vgl. bei § 397.

[87] KK-*Herdegen* 9; *Alsberg/Nüse/Meyer* 804 (Prozeßbevollmächtigte dieser Nebenbeteiligten müssen selbst nicht zustimmen, sie können die Erklärung aber für ihre Mandanten abgeben); vgl. § 434.

[88] Nicht aber gesetzliche Vertreter und Erziehungsberechtigte, KK-*Herdegen* 9; *Kleinknecht/Meyer* 9; KMR-*Paulus* 19; *Alsberg/Nüse/Meyer* 804.

[89] So schon RGRspr. **2** 70; **10** 217; RGSt **10** 300.

[90] *Alsberg/Nüse/Meyer* 805; *Gollwitzer* FS Sarstedt 22.

zu verstehende sachliche Betroffensein an, auf die Möglichkeit, daß das Beweisergebnis auch für die eigene Verteidigung Bedeutung haben könnte[91]. Fehlt ein solcher sachlicher Bezug, ist es im übrigen unerheblich, ob die Beweisaufnahme eine Tat betrifft, an der der betreffende Mitangeklagte nicht beteiligt war, oder nur eine Einzelfrage im Rahmen einer gemeinsam begangenen Tat oder einen Umstand, der nur bei einem Mitangeklagten für die Rechtsfolgenentscheidung bedeutsam ist[92].

Der **Verteidiger** muß sich dem Verzicht ebenfalls anschließen[93]. Er ist dabei **34** durch die Entscheidung des von ihm verteidigten Angeklagten nicht gebunden. Umgekehrt gilt Gleiches. Regelmäßig kann allerdings ein vom Verteidiger in Gegenwart des Angeklagten und ohne dessen Widerspruch erklärter Verzicht so angesehen werden, als ob er auch vom Angeklagten kundgegeben sei[94]; dies trifft insbesondere zu, wenn der Angeklagte einen Gerichtsbeschluß, aus dem hervorgeht, daß das Gericht sein Schweigen als Verzicht ausgelegt hat, widerspruchslos hinnimmt[95]. Ob eine Ausnahme von der Regel Platz greift, wenn der Angeklagte die Einlassung zur Sache verweigert hat, hängt von den Umständen des einzelnen Falles ab. Umgekehrt ist das Einverständnis des Verteidigers aus seinem Schweigen gegenüber der ausdrücklichen Verzichtserklärung des Angeklagten zu folgern[96].

Ist der **Angeklagte** der Hauptverhandlung befugt **ferngeblieben** (insbes. §233), ist **35** trotzdem zum Verzicht auf ein präsentes Beweismittel sein Einverständnis erforderlich[97]. Hat sich der Angeklagte dagegen eigenmächtig aus der Hauptverhandlung entfernt (§231 Abs. 2) oder hat er sonst sein Anwesenheitsrecht schuldhaft verwirkt (§§231a, 231b, §329 Abs. 2), hängt der Verzicht nicht von der Zustimmung des abwesenden Angeklagten ab[98]. Gleiches gilt bei Beurlaubung nach §231c[99], bei der ohnehin nichts verhandelt werden darf, was den abwesenden Mitangeklagten sachlich betrifft. Ist an Stelle des Angeklagten ein zu seiner Vertretung ermächtigter Verteidiger (§234) anwesend, kann dieser den Verzicht für den Angeklagten erklären[100].

---

[91] *Gollwitzer* FS Sarstedt 17; ähnliche Abgrenzungsfragen bestehen bei §231c.

[92] *Alsberg/Nüse/Meyer* 804; *Kleinknecht/Meyer* 9; KMR-*Paulus* 21; enger KK-*Herdegen* 9, der auf die Einheitlichkeit der Tat abstellt; **a. A** *Alsberg* DStrZ **1914** 242 (Mitangeklagter muß immer einwilligen).

[93] Der Gesetzgeber hat den Streit, ob der Verteidiger auch gegen den Willen des Angeklagten an der Verwendung eines präsenten Beweismittels bestehen kann (vgl. dazu *Rieß* NJW **1977** 881), zugunsten eines eigenen, vom Verhalten des Angeklagten unabhängigen Rechts des Verteidigers entschieden (Begr. BTDrucks. **8** 976, S. 52). Zur Zweckmäßigkeit des Verzichts vgl. *Dahs* Hdb. 584.

[94] RGSt **1** 198; RGRspr. **6** 295; BGH GA **1976** 115 (zu §61 Nr. 5); *Dahs* Hdb. 586; KK-*Herdegen* 9; *Kleinknecht/Meyer* 11; KMR-*Paulus* 25; *Alsberg/Nüse/Meyer* 806 mit weit. Nachw.; ferner die Rechtsprechung zu §251

(etwa BayObLGSt **1978** 20 = NJW **1978** 1817).

[95] RG JW **1926** 2760 mit abl. Anm. *Oetker*; es kommt auch hier auf den Einzelfall an; *Alsberg/Nüse/Meyer* 808.

[96] RGSt **16** 376; *Alsberg/Nüse/Meyer* 806; KK-*Herdegen* 9; *Kleinknecht/Meyer* 11; *Rieß* NJW **1977** 883.

[97] BayObLGSt **1963** 171 = JZ **1964** 328 mit Anm. *Kleinknecht*; KK-*Herdegen* 9; *Kleinknecht/Meyer* 11; KMR-*Paulus* 20; *Alsberg/Nüse/Meyer* 804 mit weit. Nachw. Bei der Abwesenheitsverhandlung nach §232 bejahen *Alsberg/Nüse/Meyer* 805; KMR-*Paulus* 20 das Erfordernis des Verzichts des abwesenden Angeklagten vgl. §232, 23.

[98] *Alsberg/Nüse/Meyer* 805; KK-*Herdegen* 9; *Kleinknecht/Meyer* 10; KMR-*Paulus* 20; vgl. §231, 29.

[99] *Alsberg/Nüse/Meyer* 805; KMR-*Paulus* 20; *Rieß* NJW **1978** 2270; vgl. §231c, 19.

[100] Vgl. die Nachweise Fußn. 97; ferner §234.

Walter Gollwitzer

**36**   **b) Form.** Der **Verzicht** muß, wenn er nicht **ausdrücklich** erklärt wird, aus dem Verhalten der Prozeßbeteiligten **zweifelsfrei** hervorgehen[101]. Darin allein, daß die Prozeßbeteiligten keinen Antrag stellen oder keine Verwahrung gegen die Unterlassung der Beweiserhebung einlegen, kann in der Regel kein Verzicht gefunden werden, vor allem, wenn das Gericht versäumt hat, sich durch eine an die Prozeßbeteiligten gerichtete Frage davon zu überzeugen, ob sie mit dem Nichtgebrauch herbeigeschaffter Beweismittel einverstanden sind[102]. Als Verzicht ist es dagegen auszulegen, wenn ein Angeklagter einen präsenten Zeugen zur Zeugnisverweigerung veranlaßt[103]. In Zweifelsfällen ist dies durch eine ausdrückliche Frage klarzustellen.

**37**   Der Verzicht kann für eine **Mehrzahl von Beweismitteln** gleichzeitig erklärt werden; insbesondere ist die Erklärung der Prozeßbeteiligten, daß sie mit der Abstandnahme von weiterer Beweiserhebung einverstanden seien, auch ohne Bezeichnung der einzelnen Beweismittel wirksam[104].

**38**   Der Verzicht kann sich auch auf einen **Teil des Beweismittels**, z. B. Verlesung des Restes einer Urkunde, eines Protokolls, erstrecken[105]. Insbesondere steht dem nichts im Weg, daß das schriftliche Gutachten eines Sachverständigen zufolge eines Verzichts der Prozeßbeteiligten nicht in seinem ganzen Umfang, sondern nur insoweit vorgetragen wird, als es das Ergebnis und die eigentliche Begründung enthält[106]. Verzichten die Verfahrensbeteiligten im unterschiedlichen Ausmaß, ist die am weitesten eingeschränkte Verzichtserklärung maßgebend[107].

**39**   Auf die **fernere Vernehmung eines Zeugen** kann nur verzichtet werden, wenn er über ein bestimmtes Ergebnis erschöpfend ausgesagt hat und der Verzicht nur bedeutet, daß er zu einem anderen, bei der Vernehmung nicht berührten Vorgang nicht gehört werden soll. Hat der Zeuge nach seiner Vernehmung zur Person[108] mit der Aussage zu einem bestimmten Tatkomplex begonnen, so kann seine unvollständige Aussage zur Sache für diesen Sachverhalt nicht durch einen allgemeinen Verzicht beendet werden[109]. Dem Zeugen kann nicht angesonnen werden, daß er das unvollständige Zeugnis mit dem Eid, nichts verschwiegen zu haben, bekräftigt. Die Vernehmung muß — auch damit durch die in die Hauptverhandlung eingeführte unabgeschlossene Vernehmung kein falsches Bild entsteht — zu Ende geführt werden; das unbeendete Zeugnis kann auch nicht als unbeeidigtes bestehen bleiben[110]. Einer **informatorischen Vernehmung**, durch die das Gericht sich erst davon überzeugen will, ob der Zeuge in der Lage ist, etwas Erhebliches auszusagen, sind also enge Grenzen gezogen[111]; sobald überhaupt auf die Sache eingegangen ist, muß die Vernehmung unter Wahrung der gesetzlichen

---

[101] RGSt **64** 341; BGH GA **1976** 115 (zu § 61 Nr. 5); *Alsberg/Nüse/Meyer* 807 mit weit. Nachw.

[102] RGSt **4** 398; RG JW **1922** 1585; *Alsberg/ Nüse/Meyer* 807 mit weit. Nachw.

[103] OLG Hamm VRS **45** 123; *Kleinknecht/ Meyer* 11.

[104] RGRspr. **1** 230; **10** 91; KK-*Herdegen* 10; *Kleinknecht/Meyer* 12; KMR-*Paulus* 25; *Alsberg/Nüse/Meyer* 809 mit weit. Nachw.

[105] RG GA **48** (1901) 308; KK-*Herdegen* 10; *Kleinknecht/Meyer* 12; KMR-*Paulus* 25; *Alsberg/Nüse/Meyer* 809.

[106] KG JW **1927** 2476; vgl. Fußn. 103.

[107] *Alsberg/Nüse/Meyer* 809; *Kleinknecht/Meyer* 12.

[108] *Alsberg/Nüse/Meyer* 810; *Schmid* Verwirkung 105; hat Zeuge nur Angaben zu seiner Person gemacht, ist ein Abbruch der Vernehmung auf Grund allseitigen Verzichts noch möglich.

[109] *Alsberg/Nüse/Meyer* 810; KK-*Herdegen* 10; *Kleinknecht/Meyer* 12; KMR-*Paulus* 25.

[110] RGSt **67** 252; *Alsberg/Nüse/Meyer* 810; *Beling* JW **1924** 973; **a. A** RGSt **37** 194; *Schmid* Verwirkung 106 (Abbruch möglich, aber keine Beeidigung).

[111] *Alsberg/Nüse/Meyer* 810: Verneint Zeuge bei informatorischer Befragung, daß er überhaupt etwas über die Sache wisse, ist Verzicht noch möglich.

Vorschriften **ungeachtet eines Verzichts** der Prozeßbeteiligten zum Abschluß gebracht werden. Es geht nicht an, daß eine solche „informatorische" Vernehmung des unbeeidigten Zeugen zur Sache durchgeführt wird, damit das Gericht und die Prozeßbeteiligten einen Eindruck von der Glaubwürdigkeit des Zeugen erlangen, und daß dann der Abschluß der Vernehmung und die Beeidigung im allseitigen Einvernehmen unterbleiben[112].

Der Verzicht muß **endgültig** und **vorbehaltlos** ausgesprochen werden, wenn er **40** die Verpflichtung zur Beweiserhebung zum Erlöschen bringen soll. Er kann nicht an Bedingungen wie Freispruch oder Verurteilung unter einem bestimmten Gesichtspunkt oder Verneinung der Glaubwürdigkeit eines anderen Zeugen geknüpft werden[113]. Daraus ist jedoch nicht zu folgern, daß ein Verzicht nicht unter einem Vorbehalt ausgesprochen oder nur „vorläufig" erklärt werden könne[114]. Welche Wirkung ein solcher Verzicht hat, hängt vom Inhalt des Vorbehalts ab. So kann, wenn der Verteidiger den Verzicht auf die Vernehmung eines Zeugen nur unter Vorbehalt ausgesprochen hat und einen weiteren Antrag im Verlauf der fortgesetzten Verhandlung nicht vorbringt, hieraus unter Umständen geschlossen werden, daß er den Vorbehalt fallengelassen hat[115]. Ein solcher vorläufiger Verzicht ermöglicht dem Gericht, die Verwendung des präsenten Beweismittels zurückzustellen, die Beweiserhebungspflicht entfällt aber erst, wenn feststeht, daß darauf endgültig verzichtet wird. Ein solcher endgültiger Verzicht kann aber je nach den Umständen auch darin liegen, daß keiner auf das Beweismittel zurückkommt[116].

**c) Wirkung.** Die Verzichtserklärung ist **unwiderruflich**, falls sie nicht auf unzulässige **41** Weise (vgl. § 136 a) herbeigeführt worden ist[117]. Hieraus folgt zwar nicht, daß die Prozeßbeteiligten sich des Beweismittels, auf das sie verzichtet haben, überhaupt nicht mehr bedienen können. Doch ist, falls ein Prozeßbeteiligter den Gebrauch des Beweismittels nach dem Verzicht verlangt, ein Beweisantrag erforderlich, auf den nicht §245, sondern § 244 Anwendung findet[118]. Ob ein Widerruf des Verzichts in einen Beweisantrag umzudeuten ist, hängt von den Umständen ab; im Zweifel ist der Widerrufende zu befragen, was er will.

Der Verzicht wirkt nur für die **jeweilige Instanz**[119], und auch dort erfaßt er, da **42** unter den Verhältnissen der jeweiligen Hauptverhandlung erklärt, nicht die Beweismittel, die nach Aussetzung in der erneuerten Hauptverhandlung wiederum präsent sind. Ist ein Zeuge trotz des Verzichtes zur Berufungsverhandlung erneut geladen worden und erschienen, so ist er dort wiederum ein präsentes Beweismittel.

[112] RGSt **66** 114; vgl. Fußn. 109, 110.

[113] RGSt **64** 340; *Alsberg/Nüse/Meyer* 810; KK-*Herdegen* 10; *Kleinknecht/Meyer* 13; KMR-*Paulus* 26.

[114] RG Recht **1906** Nr. 390; RG JW **1936** 1918; *Eb. Schmidt* 19; *Alsberg/Nüse/Meyer* 810; *Kleinknecht/Meyer* 13.

[115] RGSt **64** 340; *Alsberg/Nüse/Meyer* 811.

[116] *Alsberg/Nüse/Meyer* 811.

[117] OLG Oldenburg NdsRpfl. **1979** 110; RG Recht **1914** Nr. 1938; *Alsberg/Nüse/Meyer*

810; KK-*Herdegen* 10; *Kleinknecht/Meyer* 14; KMR-*Paulus* 26; zur Unwiderruflichkeit von Prozeßerklärungen vgl. Einl. Kap. **10** IV.

[118] RGSt **27** 152; BGH bei *Pfeiffer/Miebach* NStZ **1984** 211; OLG Hamm GA **1971** 189; OLG Oldenburg NdsRpfl. **1979** 110; *Dahs* Hdb. 585; KK-*Herdegen* 10; *Kleinknecht/Meyer* 14; KMR-*Paulus* 26; ferner *Alsberg/Nüse/Meyer* 812 mit weit. Nachw.

[119] *Alsberg/Nüse/Meyer* 812; KK-*Herdegen* 10; *Kleinknecht/Meyer* 14.

**43**　　d) **Aufklärungspflicht.** Bei allseitigem Verzicht auf ein Beweismittel hat das Gericht stets noch zu prüfen, ob Anlaß zu seinem Gebrauch von Amts wegen vorliegt[120], indes bedarf es keiner ausdrücklichen Feststellung dieser Prüfung[121].

**44**　　6. **Ablehnender Beschluß.** Lehnt es das Gericht ab, die Beweiserhebung auf herbeigeschaffte Beweismittel im Sinne des § 245 Absatz 1 zu erstrecken, muß dies entsprechend § 34 durch begründeten Beschluß geschehen, wenn das Gericht damit dem ausdrücklichen Antrag auf Verwendung dieses Beweismittels entgegentritt[122]. Verlangt kein Verfahrensbeteiligter die Benützung[123], so ist strittig, ob es auch dann eines förmlichen Gerichtsbeschlusses bedarf, wie noch in der 23. Auflage angenommen wurde[124]. Es dürfte genügen, wenn der Vorsitzende in der Hauptverhandlung bekanntgibt, daß und warum von der Einvernahme einer vom Gericht geladenen, anwesenden Beweisperson oder von der Verlesung der Niederschrift über eine vom Gericht angeordnete kommissarische Vernehmung abgesehen wird. Die Verfahrensbeteiligten können hiergegen das Gericht anrufen (§ 238 Abs. 2)[125]. Die Ablehnung durch einen förmlichen Gerichtsbeschluß ist aber vorzuziehen, weil auf diese Weise für die Verfahrensbeteiligten und auch das Revisionsgericht dargelegt wird, aus welchen Gründen das Beweismittel nicht benutzt wurde. Dies erleichtert die Prüfung, ob die Verwendung rechtsirrig unterblieben ist[126]. Ausgenommen ist der Fall des allseitigen Verzichts; in diesem Falle wird durch die Beurkundung der in der Hauptverhandlung abgegebenen Verzichtserklärungen in der Sitzungsniederschrift die erforderliche Beurteilungsgrundlage geschaffen. Ist bei einem eingeschränkten Verzicht dessen Umfang zweifelhaft, ist ein klarstellender Beschluß des Gerichts zweckmäßig, wenn auch nicht notwendig[127].

**45**　　7. **Sitzungsniederschrift.** Neben der Feststellung der Präsenz der Beweismittel zu Beginn der Hauptverhandlung (vgl. § 243, 22) wird auch das Verlangen eines Verfahrensbeteiligten, ein nach § 245 Abs. 1 beigebrachtes Beweismittel zu nützen (Rdn. 25), als wesentliche Förmlichkeit des Verfahrens angesehen, die in der Sitzungsniederschrift festzuhalten ist[128]. Gleiches gilt für den Verzicht der Verfahrensbeteiligten auf Verwendung eines solchen Beweismittels[129] und den Beschluß des Gerichts, in dem dieses

---

[120] RGSt **47** 424; RG JW **1936** 1918; BGH bei *Holtz* MDR **1981** 455; KG VRS **7** 132; OLG Hamm JMBlNW **1950** 62; KK-*Herdegen* 10; *Kleinknecht/Meyer* 14; KMR-*Paulus* 19; ferner *Alsberg/Nüse/Meyer* 812 mit weit. Nachw.; vgl. Rdn. 7.

[121] RGSt **47** 425; RG GA **40** (1892) 152; **48** (1901) 308; *Alsberg/Nüse/Meyer* 813 mit weit. Nachw.

[122] *Alsberg/Nüse/Meyer* 802; KK-*Herdegen* 16.

[123] Wenn ein solches Verlangen erforderlich ist, um ein Beweismittel überhaupt präsent zu machen (Rdn. 25), erübrigt sich jede Entscheidung.

[124] *Alsberg/Nüse/Meyer* 802 verneint dies; dort auch Nachweise zur Gegenmeinung. Durch die Neufassung hat der Streit an Bedeutung verloren, da nach Absatz 2 jetzt immer ein Gerichtsbeschluß ergeht.

[125] *Alsberg/Nüse/Meyer* 802; KMR-*Paulus* 45.

[126] Nach *Alsberg/Nüse/Meyer* 802 sollte – ungeachtet des Fehlens einer gesetzlichen Verpflichtung – auch die Erklärung des Vorsitzenden, daß und warum ein präsentes Beweismittel nicht verwendet wird, ins Protokoll aufgenommen werden; vgl. auch *Kleinknecht/Meyer* 7 (Vermerk im Protokoll zweckmäßig, wenn Beweismittel als unzulässig nicht verwendet wird).

[127] RG GA **48** (1901) 308; *Alsberg/Nüse/Meyer* 809.

[128] BGHSt **18** 347; *Alsberg/Nüse/Meyer* 792.

[129] BGH NJW **1976** 977; BayObLGSt **1952** 601; **1963** 171 = NJW **1963** 2238; *Alsberg/Nüse/Meyer* 807 mit weit. Nachw.

---

ablehnt, die Beweiserhebung auf ein bestimmtes Beweismittel zu erstrecken. Wegen der Ablehnung durch den Vorsitzenden vgl. Rdn. 44.

### III. Die nach Absatz 2 beigebrachten Beweismittel

#### 1. Beweispersonen

**a) Ladung.** Zeugen und Sachverständige, die auf Ladung der Staatsanwaltschaft **46** (§ 214 Abs. 3), des Nebenklägers (§ 397 Abs. 1, § 386 Abs. 2), des Angeklagten oder eines sonst dazu befugten Verfahrensbeteiligten (vgl. etwa §§ 433 Abs. 1, 442 Abs. 1, § 444) erschienen sind (§ 220), muß das Gericht nur vernehmen, wenn ein entsprechender Beweisantrag gestellt und nicht abgelehnt worden ist (Rdn. 5 ff).

Nur die **ordnungsgemäß**[130] **geladenen Beweispersonen** unterfallen als präsente Be- **47** weismittel dem § 245 Abs. 2. Eine Ausdehnung des Anwendungsbereiches dieser Vorschrift auf die ohne Ladung zur Hauptverhandlung mitgebrachten („**sistierten**") Zeugen und Sachverständigen wurde ausdrücklich abgelehnt, da sonst die gegenüber § 244 Abs. 3, 4 wesentlich engere Begrenzung der zulässigen Ablehnungsgründe neue Mißbrauchsmöglichkeiten eröffnen könnte[131]. Die Vernehmung der mitgebrachten Zeugen oder Sachverständigen kann nur über einen Beweisantrag nach § 244 erzwungen werden. Die bei der alten Fassung bestehende Streitfrage dürfte damit im Sinne der herrschenden Meinung erledigt sein[132], auch wenn die Staatsanwaltschaft kraft ihrer Befugnis zur formlosen Ladung faktisch im Vorteil ist[133].

Die Ladung muß dem Gericht **nachgewiesen** werden, sofern sie nicht aktenkun- **48** dig ist[134]. Verlangt ein Prozeßbeteiligter die Vernehmung einer in der Hauptverhandlung anwesenden Person mit der Behauptung, sie als Sachverständigen oder Zeugen geladen zu haben, so muß der Vorsitzende prüfen, ob dies zutrifft. Ohne eine solche Prüfung ist die Verweigerung der Vernehmung unbegründet[135]. Unerheblich ist dagegen, ob eine Entschädigung nach § 220 Abs. 2 hinterlegt[136] oder der Verpflichtung, die geladene Person rechtzeitig namhaft zu machen (§ 222), genügt ist[137].

**b)** Die geladene Beweisperson muß auch **erschienen** sein. Dabei ist es — trotz **49** Streichung des früheren § 245 Satz 2 — weiterhin unschädlich, wenn die geladene Beweisperson zu Beginn der Hauptverhandlung noch nicht anwesend sein sollte. Wie § 246 zeigt, genügt es, wenn die Präsenz zu einem späteren Zeitpunkt der Hauptverhandlung gegeben ist[138].

---

[130] Abgesehen von der Staatsanwaltschaft, die formlos laden kann, müssen die anderen Verfahrensbeteiligten die Beweispersonen förmlich nach § 38 (durch Gerichtsvollzieher) laden; vgl. etwa RGSt 40 140; BGH NJW 1952 836; NStZ 1981 401; *Alsberg/Nüse/Meyer* 815; KK-*Herdegen* 11; *Kleinknecht/Meyer* 16; KMR-*Paulus* 28.

[131] Begr. BTDrucks. 8 976 S. 9; vgl. BGH bei *Holtz* MDR 1981 982; vgl. dazu *Alsberg/Nüse/Meyer* 816 Fußn. 14.

[132] RGSt 1 198; 297; 383; 17 440; 23 400; 40 138; 54 258; 68 403; BGH NJW 1952 836; NStZ 1981 401; BayObLGSt 1949/51 1; OLG Düsseldorf VRS 1 210; OLG Hamm VRS 11 59; KK-*Herdegen* 11; *Kleinknecht/*

*Meyer* 16; KMR-*Paulus* 29; *Köhler* NJW 1979 349; ferner *Alsberg/Nüse/Meyer* 815 mit weit. Nachw., auch zur Gegenmeinung, etwa *Meyer* NJW 1962 540; *Reinicke* NJW 1952 1034 und neuerdings *Hagemann* 89.

[133] *Alsberg/Nüse/Meyer* 816.

[134] RGSt 17 440; 23 400; 40 138; RG GA 43 (1895) 51; *Eb. Schmidt* 5; KK-*Herdegen* 11; *Kleinknecht/Meyer* 16; *Alsberg/Nüse/Meyer* 817 mit weit. Nachw.

[135] RG GA 43 (1895) 51.

[136] RGSt 54 258; *Dahs* Hdb. 386; *Alsberg/Nüse/Meyer* 818.

[137] *Alsberg/Nüse/Meyer* 817.

[138] *Alsberg/Nüse/Meyer* 784; Rdn. 50.

**50**      Die Präsenz — dazu gehört nicht nur die Anwesenheit, sondern auch die Verwendbarkeit (Rdn. 18 ff) — muß bis zum Ende der Beweisaufnahme[139] eintreten. Maßgebend ist an sich der **Zeitpunkt der Entscheidung** über den Beweisantrag. In der Regel wird zwar ein Beweisantrag nach § 245 erst gestellt werden, wenn die geladene Person präsent ist; es muß jedoch im Interesse einer wirtschaftlichen Verfahrensgestaltung auch für zulässig erachtet werden, wenn der Antrag mit dem Hinweis auf die durchgeführte Ladung und das zu erwartende Erscheinen der Beweisperson schon früher gestellt oder angekündigt wird, damit das Gericht sich schlüssig werden kann, ob es die Vernehmung aus den in Absatz 2 Satz 2, 3 aufgeführten Gründen ablehnen oder die voraussichtliche Einvernahme bei der weiteren Verhandlungsplanung berücksichtigen will. Wird der Beweisantrag abgelehnt, weil das Beweismittel nicht präsent ist, so kann er bei Eintritt der Präsenz erneut gestellt werden (vgl. Rdn. 49).

**51**      Die Schwierigkeiten, die früher daraus entstanden, daß die bloße Anwesenheit der Beweisperson nicht genügt, sondern ihre **Präsenz** für das Gericht **erkennbar** sein muß (Rdn. 17), erledigen sich weitgehend dadurch, daß das Gericht in den Fällen des Absatzes 2 jetzt nur noch auf einen entsprechenden Beweisantrag hin zum Tätigwerden verpflichtet ist.

**52**      **2. Präsente sächliche Beweismittel**[139a], die nicht nach § 214 Abs. 4 herbeigeschafft sind und deshalb nicht unter Absatz 1 fallen, muß das Gericht ebenfalls nur noch auf Grund eines entsprechenden Beweisantrages verwenden. Dieser muß die Beweismittel genau bezeichnen (Rdn. 25), so daß sich im Anwendungsbereich des Absatzes 2 die Frage, wann die Beweismittelqualität vor Gericht „konstatiert" ist (Rdn. 25), nicht stellt.

**53**      Die **Herbeischaffung** der gegenständlichen Beweismittel ist an keine Form gebunden; sie setzt nicht voraus, daß vor der Verhandlung das Beweismittel zu den Akten eingereicht oder eine auf den Gebrauch des Beweismittels gerichtete Anzeige an das Gericht erstattet worden ist[140]. Es genügt, wenn sie zur Hauptverhandlung mitgebracht werden und dort dem Gericht überreicht oder in sonst geeigneter Weise ihre sofortige Verwendung als Beweismittel (vor allem als Augenscheinsobjekt) ermöglicht wird[141]. Sofern der beweiskräftige Inhalt nur mit besonderen Vorkehrungen wahrnehmbar ist, wie bei Filmen, Tonbändern, Mikrofiches usw. ist auch hier zur Präsenz erforderlich, daß diese, eventuell auch die dafür benötigten Personen, umgehend verfügbar sind (vgl. Rdn. 23). Die Beweismittel müssen bis zum Schluß der Beweisaufnahme herbeigeschafft sein[142].

**54**      **Urkunden**, die von einem Zeugen überreicht werden, sind damit noch nicht herbeigeschaffte Beweismittel, sofern nicht ein Verfahrensbeteiligter ihre Verwertung verlangt. Übergibt aber der Angeklagte dem Gericht Urkunden, so liegt darin regelmäßig das schlüssig geäußerte Begehren, daß von diesen Schriftstücken als Beweismittel Gebrauch gemacht werde[143].

---

[139] *Alsberg/Nüse/Meyer* 818.

[139a] „Sonstige Beweismittel im Sinne von § 245 Abs. 2 Satz 1 sind nur Beweisgegenstände, nicht aber mitgebrachte Zeugen oder Sachverständige", BGH bei *Holtz* MDR **1981** 982.

[140] RGSt **41** 13; BGH bei *Dallinger* MDR **1953** 723; **1975** 369; KK-*Herdegen* 12; *Kleinknecht/Meyer* 17; *Alsberg/Nüse/Meyer* 819; auch zur früher abweichenden Rechtsprechung des RG (etwa RGSt **1** 384).

[141] Vgl. die Nachweise Fußn. 140; ferner Rdn. 23.

[142] RGSt **56** 42; *Alsberg/Nüse/Meyer* 820, wo abgelehnt wird, den für Beweisanträge geltenden späteren Zeitpunkt (Beginn der Urteilsverkündung) auf die Präsenz der Beweismittel nach § 245 zu übertragen.

[143] BGH bei *Dallinger* MDR **1975** 369.

**3.** Der **Beweisantrag**, von dem die Verwendung der dem Absatz 2 unterfallenden **55** präsenten Beweismittel jetzt abhängt, muß den Anforderungen eines Beweisantrages nach § 244 entsprechen[144]; er muß also das bestimmte Verlangen ausdrücken, daß über eine bestimmte Tatsache Beweis durch Verwendung eines bestimmt bezeichneten Beweismittels erhoben wird[145]. Wegen der Einzelheiten kann auf die Erläuterungen zu § 244 (Rdn. 94 ff) verwiesen werden.

Der **Unterschied** zu einem Beweisantrag nach § 244 besteht lediglich darin, daß **56** der Beweisantrag nach § 245 Abs. 2 die Verwendung eines präsenten Beweismittels begehrt. Die Präsenz des Beweismittels braucht dabei aber nicht notwendig vom Antragsteller bewirkt zu sein. Ist das Beweismittel als solches präsent, darf **jeder Verfahrensbeteiligte** zur Wahrnehmung der eigenen Prozeßinteressen seine Verwendung beantragen[146]. Der Angeklagte kann deshalb die Einvernahme eines anwesenden Zeugen beantragen, den ein Mitangeklagter oder die Staatsanwaltschaft hat laden lassen.

Ein **Hinweis auf die Präsenz** des Beweismittels im Beweisantrag ist zwar **57** zweckmäßig, aber nicht unbedingt erforderlich, um den Antrag dem § 245 Abs. 2 zu unterstellen[147]. Erkennt das Gericht — etwa weil die Ladung der anwesenden Beweisperson nach § 222 Abs. 1 Satz 2, Abs. 2 aktenkundig ist —, daß der Antrag sich auf ein präsentes Beweismittel bezieht, dann muß es den Antrag immer als Beweisantrag nach § 245 Abs. 2 behandeln. In Zweifelsfällen ist der Antragsteller zu befragen, ob das Beweismittel präsent ist, so, wenn der Antrag sich auf eine im Besitz des Angeklagten befindliche Urkunde bezieht oder wenn auf die Anwesenheit der Beweisperson im Sitzungssaal hingewiesen wird, ohne daß für das Gericht ersichtlich ist, ob sie nur formlos mitgebracht wurde oder ob sie ordnungsgemäß geladen worden ist. Im letzteren Fall ist die anwesende Beweisperson auch dann ein präsentes Beweismittel, wenn ihre Ladung entgegen § 222 nicht oder nicht rechtzeitig mitgeteilt wurde.

Der Beweisantrag nach Absatz 2 Satz 1 ist, wenn die Präsenz der Beweismittel **58** rechtzeitig herbeigeführt werden kann, auch dann noch möglich, wenn das Gericht einem **gleichlautenden Beweisantrag nach § 244** nicht entsprochen hat. Es handelt sich insoweit nicht um die Wiederholung des bereits vom Gericht abgelehnten früheren Beweisantrags, sondern um ein neues Beweisbegehren, über das nach den Grundsätzen des Absatzes 2 Satz 2, 3 zu befinden ist[148]. Das Beweisrecht stellt bewußt den Prozeßbeteiligten zwei verschiedene Wege zur Herbeiführung einer von ihnen gewünschten Beweisaufnahme zur Verfügung, die, wie § 246 zeigt, auch nacheinander eingeschlagen werden dürfen. Auch die Neufassung des § 245 ändert nichts an dem guten Sinn dieser Vorschrift, daß die Verfahrensbeteiligten durch die von ihnen bewirkte Präsenz der Beweismittel das Gericht zu Beweisaufnahmen zwingen können, die es nach § 244 ablehnen dürfte. Abgesehen von diesem Unterschied unterfällt der Beweisantrag nach § 245 Abs. 2 den gleichen Regeln wie der Beweisantrag nach § 244 Abs. 3 bis 6. Die Präsenz besteht aber nur hinsichtlich der Eigenschaft, in der die Beweisperson geladen wurde; wer als Zeuge geladen worden ist, ist nicht auch als Sachverständiger präsent. Der Antrag, ihn in dieser Eigenschaft zu hören, unterfällt § 244 Abs. 4, nicht § 245 Abs. 2 (vgl. Rdn. 15). Ist ein Beweisantrag nach § 245 Abs. 2 abgelehnt worden, weil das Beweismittel nicht präsent ist, kann er bei späterem Eintritt der Präsenz erneut gestellt werden.

---

[144] Begr. BTDrucks. **8** 976 S. 53; dazu krit. KK-*Herdegen* 13.
[145] *Alsberg/Nüse/Meyer* 822; *Kleinknecht/Meyer* 20; KMR-*Paulus* 31, 33.
[146] *Alsberg/Nüse/Meyer* 46; *Kleinknecht/Meyer* 19; KMR-*Paulus* 32; vgl. *Gollwitzer* FS Sarstedt 27 (keine Befugnis zu Anträgen in fremder Sache).
[147] *Alsberg/Nüse/Meyer* 822.
[148] *Alsberg/Nüse/Meyer* 821.

**59**    Für die **Form** des Beweisantrages gilt das gleiche wie für den Beweisantrag nach § 244. Er ist in der Hauptverhandlung **mündlich** zu stellen; wird er schriftlich dem Gericht übergeben, muß er verlesen werden[149].

**60**    Der Beweisantrag nach § 245 Abs. 2 kann auch als **Hilfsantrag** gestellt werden[150], etwa für den Fall, daß das Gericht einen bestimmten Sachverhalt nicht schon für erwiesen hält.

**61**    Die **Rücknahme** des Antrags ist ebenso möglich wie bei einem anderen Antrag. Ein zurückgenommener Antrag kann neu gestellt werden[151]. Wegen der Einzelheiten vgl. § 244, 136 ff.

**62**    4. Die **Entscheidung über den Beweisantrag.** Das **Gericht** entscheidet über den Beweisantrag durch einen zu begründenden **Beschluß**, wenn es ihn als unzulässig oder aus einem der in Satz 3 abschließend aufgezählten Gründe ablehnt. Der Beschluß ist in der Hauptverhandlung vor Abschluß der Beweisaufnahme zu verkünden, damit die Verfahrensbeteiligten ihr weiteres Verhalten darauf einrichten können[152]. Im übrigen gelten für den Inhalt des Beschlusses und die Art seiner Bekanntgabe die gleichen Grundsätze wie für den Beschluß nach § 244 Abs. 6[153]. Es bedarf, ebenso wie bei § 244, keiner formellen Entscheidung des Gerichts, wenn der Vorsitzende im Interesse der Verfahrensbeschleunigung gleich den beantragten Beweis erhebt[154].

**63**    5. **Unzulässigkeit der Beweiserhebung.** Wie bei § 244 Abs. 3 Satz 1 und § 245 Abs. 1 Satz 1 schreibt § 245 Abs. 2 Satz 2 auch für die ihm unterfallenden präsenten Beweismittel vor, daß unzulässige Beweise nicht erhoben werden dürfen.

**64**    Die einzelnen **Gründe der Unzulässigkeit** sind bei § 244 erläutert. Die Neufassung des § 245 Abs. 2 zieht nur insoweit die Grenzen anders, als sie jetzt eine an sich unzulässige, weil prozeßfremden Zwecken dienende Beweiserhebung in Satz 3 besonders anspricht und insoweit einer Sonderregelung unterwirft, bei der es dem Ermessen des Gerichts überlassen bleibt, ob es die Beweiserhebung ablehnen oder — weil dies prozeßwirtschaftlich einfacher und dem Vertrauen des Antragstellers in seine Unvoreingenommenheit förderlicher ist — die präsenten Beweise erheben will[155]; dies gilt vor allem für die Ablehnungsgründe der Prozeßverschleppung und des fehlenden Zusammenhangs mit dem Gegenstand der Urteilsfindung, von denen der erstere mitunter nur schwer dargetan werden kann (vgl. Rdn. 76) und von denen der zweite von den Fällen der bedeutungslosen oder ungeeigneten Beweismittel nur schwer abgrenzbar ist[156].

---

[149] *Alsberg/Nüse/Meyer* 823; KMR-*Paulus* 32; wegen der Einzelheiten vgl. § 244, 103.

[150] *Alsberg/Nüse/Meyer* 821; *Kleinknecht/Meyer* 20; KMR-*Paulus* 31; vgl. § 244, 160 ff.

[151] Nach *Alsberg/Nüse/Meyer* 824; *Kleinknecht/ Meyer* 20 darf ein zurückgenommener Beweisantrag nicht wiederholt werden. Man wird dies jedoch – anders als nach der Zurückweisung eines Antrags als unbegründet – bei § 245 für ebenso zulässig anzusehen haben wie bei § 244.

[152] *Alsberg/Nüse/Meyer* 830; *Kleinknecht/Meyer* 28; *Rieß* NJW **1978** 2270; vgl. § 244, 144.

[153] Ob die Begründungspflicht unmittelbar aus § 244 Abs. 6 hergeleitet wird – so KK-*Herdegen* 16 – oder, weil § 245 auf diese Vorschrift nicht verweist, aus § 33 – so *Alsberg/Nüse/ Meyer* 830 – macht im Ergebnis keinen Unterschied. Wegen den Anforderungen an die Begründung vgl. § 244, 145 ff.

[154] *Alsberg/Nüse/Meyer* 230; *Kleinknecht/Meyer* 28.

[155] *Alsberg/Nüse/Meyer* 825.

[156] Zur einheitlichen Auslegung des Begriffs der Unzulässigkeit vgl. Rdn. 30 f.; ferner § 244, 186 ff.

**6. Die Ablehnungsgründe des Absatzes 2 Satz 3**

**a) Allgemein.** Die Ablehnungsgründe des Absatzes 2 Satz 2 sind wesentlich enger **65** als die entsprechenden Ablehnungsgründe des § 244 Abs. 3 bis 5. Sie gelten für alle präsenten Beweismittel gleichermaßen; dem Gericht wird also — anders als bei § 244 Abs. 4, 5 — für die Ablehnung der Einvernahme eines Sachverständigen oder der Inaugenscheinnahme eines herbeigeschafften Gegenstandes — **kein Ermessensspielraum** eingeräumt[157]. Das Gericht muß den **präsenten Sachverständigen** hören, es hat nicht das Auswahlrecht nach § 73[158]. Der Gesetzgeber hat in dem Bestreben, das prozessual berechtigte Beweiserhebungsinteresse der Verfahrensbeteiligten und damit auch das Verteidigungsinteresse des Angeklagten nicht zu beeinträchtigen, dem Gericht in der Neufassung nur dort eine Ablehnungsbefugnis zugestanden, wo ein sachliches Interesse unter keinem denkbaren Gesichtspunkt bestehen kann. Aus § 244 wurden nur die Ablehnungsgründe übernommen, bei denen „auch eine entfernte Beweisantizipation bzw. auch die nur ganz ferne liegende Möglichkeit, daß das Beweiserbieten zu einer dem Antragsteller günstigeren Folgerung führen könnte, ausgeschlossen werden kann"[159].

Die Ablehnungsgründe des Satzes 3 geben dem Gericht die Macht, auch beim **66** Vorliegen präsenter Beweismittel eine sachgerechte Begrenzung der Beweisaufnahme durchzusetzen. Sie zwingen es aber nicht dazu, von ihr Gebrauch zu machen. Die Ablehnung eines Beweisantrags aus den aufgeführten Gründen steht im **pflichtgemäßen Ermessen** („darf ... ablehnen") des Gerichts, für das auch Gründe einer reibungslosen und rationellen Verfahrensgestaltung eine Rolle spielen. Wenn keine besonderen Anhaltspunkte den Verdacht eines Mißbrauchs erhärten, kann die Verwendung des präsenten Beweismittels einfacher und verfahrensökonomischer sein als eine Ablehnung, deren Berechtigung im Revisionsverfahren nachprüfbar ist[160].

Die **Aufzählung** der Ablehnungsgründe in Absatz 2 Satz 3 ist **abschließend 67** („nur"); sie kann nicht auf andere Fälle einer unzweckmäßigen Beweisaufnahme ausgedehnt werden[161].

**b) Erwiesene oder offenkundige Tatsachen.** Erachtet das Gericht die unter Beweis **68** gestellte Tatsache als **bereits erwiesen** oder als **offenkundig**, so bedarf es keiner in die gleiche Richtung zielender Beweisaufnahme mehr, die das Verfahren nur verzögern würde, ohne am Ergebnis etwas ändern zu können. Unter diesen Umständen hat auch der Antragsteller kein anerkennenswertes Verfahrensinteresse an der Beweiserhebung. Das Gericht kann deshalb den Beweisantrag ablehnen. Es muß dann allerdings in den Entscheidungsgründen auch die unter Beweis gestellte Tatsache als erwiesen behandeln. Wegen der Einzelheiten wird auf die Erläuterungen dieser Ablehnungsgründe bei § 244 Abs. 3 verwiesen[162].

Eine Ablehnung, weil **das Gegenteil** der unter Beweis gestellten Tatsache **offen- 69 kundig** oder **bereits erwiesen** sei, ist nicht zulässig. Bei Zeugen scheidet die Ablehnung wegen **Erwiesenheit** des Gegenteils ohnehin aus[163]. Abweichend von § 244 Abs. 4 Satz 2 (vgl. § 244, 308) darf aber auch ein präsenter Sachverständiger nicht aus diesem Grund abgelehnt werden[164]. Die **Offenkundigkeit** des Gegenteils (§ 244, 227) ist bei präsenten Beweismitteln kein Ablehnungsgrund, wie der gegenüber § 244 Abs. 3 Satz 2 geänderte

[157] *Alsberg/Nüse/Meyer* 828; KK-*Herdegen* 14; *Kleinknecht/Meyer* 22.
[158] RGSt **54** 257; BayObLG bei *Rüth* DAR **1965** 285; *Alsberg/Nüse/Meyer* 825 mit weit. Nachw.
[159] Begr. BTDrucks. **8** 976 S. 51; *Alsberg/Nüse/Meyer* 824.
[160] Begr. BTDrucks. **8** 976 S. 52.
[161] *Alsberg/Nüse/Meyer* 824.
[162] Vgl § 244, 227 ff; 235 ff.
[163] Vgl § 244, 184; 235.
[164] *Alsberg/Nüse/Meyer* 826; KK-*Herdegen* 15; *Kleinknecht/Meyer* 24; KMR-*Paulus* 40.

Walter Gollwitzer

Wortlaut des § 245 Abs. 2 Satz 3 zeigt. Die unter Umständen nur ferne liegende Möglichkeit, die Überzeugung des Gerichts zu erschüttern, soll den Verfahrensbeteiligten nicht genommen werden. Vor allem soll dem Beweisführer nicht der Versuch abgeschnitten werden, durch seine Beweismittel die Offenkundigkeit einer von ihm für unrichtig gehaltenen Feststellung in Frage zu stellen, etwa durch das Gutachten des eigenen Sachverständigen eine herrschende, vom Gericht als offenkundig angesehene wissenschaftliche oder technische Lehrmeinung zu widerlegen[165].

**70**    Auch der **Augenschein** eines präsenten Beweismittels darf nicht mit der Begründung verweigert werden, das Gegenteil der Beweistatsache sei erwiesen oder offenkundig[166].

**71**    c) Der **fehlende Sachzusammenhang** zwischen der unter Beweis gestellten Tatsache und dem Gegenstand der Urteilsfindung (§ 264) rechtfertigt auch die Ablehnung eines präsenten Beweismittels. Fehlt dem Beweisthema jede objektive Sachbezogenheit zu dem vom Gericht zu erforschenden Sachverhalt (vgl. Rdn. 86; § 244, 39), dann ist jeder Beweis hierüber überflüssig und nutzlos. Die Rechtsprechung[167] hat diese Fallgruppe, bei der die Beweiserhebung bedeutungslos im Sinne des § 244 Abs. 3 Satz 2 ist, auch bisher schon aus der uneingeschränkten Verpflichtung zur Verwendung präsenter Beweismittel herauszunehmen versucht, indem sie eine Beweisaufnahme für unzulässig erklärt, welche völlig heterogene Umstände betrifft, die in gar keiner Beziehung zu der vorliegenden Untersuchung stehen[168].

**72**    Mit dem Ablehnungsgrund der **fehlenden objektiven Sachbezogenheit** übernimmt der wesentlich engere § 245 Abs. 2 Satz 3 nur einen Teil der Fälle der **Bedeutungslosigkeit** eines Beweises im Sinne des § 244 Abs. 3 Satz 2. Soweit dort die Bedeutungslosigkeit nicht aus dem objektiv fehlenden Zusammenhang zwischen der unter Beweis gestellten Tatsache und dem Gegenstand der Urteilsfindung hergeleitet wird, sondern daraus, daß die Beweistatsache trotz dieses Zusammenhangs aus rechtlichen oder tatsächlichen Gründen nicht geeignet ist, die Urteilsfindung zu beeinflussen[169], wurde dieser Ablehnungsgrund nicht übernommen. Wie die Begründung des Regierungsentwurfs darlegt, verlangt diese zweite, mehr auf die subjektive Überzeugung des Gerichts abstellende Fallgruppe mitunter eine gewisse Vorwegwürdigung des Beweisergebnisses. Besteht objektiv ein irgendwie gearteter sachlicher Zusammenhang zwischen dem Beweisthema und dem abzuurteilenden Ereignis, dann soll dem Antragsteller nach den Grundsätzen eines rechtsstaatlichen fairen Verfahrens die Möglichkeit unbenommen bleiben, durch ein präsentes Beweismittel die Überzeugung des Gerichts von der Bedeutungslosigkeit des Beweisthemas zu erschüttern[170].

**73**    Die **Rechtsprechung zur Bedeutungslosigkeit** eines Beweismittels im Sinne des § 244 Abs. 3 ist deshalb nur insoweit heranziehbar, als die Bedeutungslosigkeit des Beweisthemas ausschließlich aus dem Fehlen jedes Zusammenhangs mit dem Verfahrensgegenstand hergeleitet wird[171]. Um nicht die Möglichkeit eines unerwarteten Ergebnis-

---

[165] Begr. BTDrucks. **8** 976 S. 53.

[166] *Alsberg/Nüse/Meyer* 826.

[167] Die Begründung (BTDrucks. **8** 976 S. 53) weist insoweit auf RGSt **1** 241; **66** 14; BGHSt **17** 28; 339 hin. *Köhler* NJW **1979** 351 hält es für bedenklich, die Zusammenhanglosigkeit im Sinne der Entscheidungen des Bundesgerichtshofs zu verstehen („Einfallstor des antizipierten Instruktionsermessens"); für restriktive Auslegung zur Vermeidung jeder

Vorwegnahme der Beweiswürdigung auch *Rudolphi* JuS **1978** 866; vgl. § 244, 281; Fußn. 168.

[168] *Alsberg/Nüse/Meyer* 826; KK-*Herdegen* 15; *Kleinknecht/Meyer* 25; *Marx* NJW **1981** 1420; *Schlüchter* 556. Vgl. auch Fußn. 167.

[169] Vgl. § 244, 280 ff.

[170] BTDrucks. **8** 976 S. 53.

[171] *Alsberg/Nüse/Meyer* 827 nimmt an, daß völlige Sachfremdheit bei Tatsachen, die nur aus

ses abzuschneiden, ist dieser Ablehnungsgrund restriktiv auszulegen[172]. Ob die unter Beweis gestellte Behauptung in keiner Beziehung zu einem im Rahmen der Schuld- und Rechtsfolgenfrage zu prüfenden Umstand steht, muß ex ante aus der Sicht einer noch für alle Möglichkeiten offenen Untersuchung beurteilt werden, wobei die Relevanz für eine im Prozeß vorgebrachte Behauptung ausreicht. Dies darf nicht verengt aus der Sicht eines sich bereits abzeichnenden Verfahrensergebnisses[173] beurteilt werden. Absatz 2 will ja gerade die Chance eröffnen, durch ein selbst beigebrachtes Beweismittel einer sich bereits verfestigenden Meinung entgegenzuwirken.

**d)** Die **völlige Ungeeignetheit** eines Beweismittels ist auch nach § 245 Abs. 2 **74** Satz 3 ein Ablehnungsgrund. Wie die Begründung des Regierungsentwurfs hervorhebt, läßt sich durch kein anzuerkennendes Beweiserhebungsinteresse rechtfertigen, daß sich das Gericht ein Beweismittel aufdrängen lassen muß, von dem von vorneherein feststeht, daß es keine verwertbaren Ergebnisse erbringen kann[174]. Die völlige Ungeeignetheit eines Beweismittels ist unter Anlegung strenger Maßstäbe nach allgemeinen Kriterien ausschließlich aus den Eigenschaften des Beweismittels selbst zu beurteilen, wobei jeder Rückgriff auf bisherige Beweisergebnisse zu unterbleiben hat[175].

Der Ablehnungsgrund der völligen Ungeeignetheit ist **aus § 244 Abs. 3 Satz 2** über- **75** nommen. Die von Rechtsprechung und Schrifttum dazu herausgearbeiteten Grundsätze gelten auch hier, soweit sie auf die objektive völlige Ungeeignetheit des Beweismittels und nicht auf seine relative Untauglichkeit abstellen. Wem jede Sachkunde auf dem in Frage kommenden Fachgebiet fehlt, braucht ebensowenig als Sachverständiger vernommen zu werden, wie ein Sachverständiger, der mangels genügender, ihm auch nicht in der Hauptverhandlung selbst zu vermittelnder Anknüpfungstatsachen kein Gutachten erstatten kann[176]. Bloße Zweifel an der Sachkunde berechtigen dagegen nicht zu seiner Ablehnung. Desgleichen sind Zweifel am Wissen, am Erinnerungsvermögen oder an der Glaubwürdigkeit eines präsenten Zeugen selbst dann kein Ablehnungsgrund, wenn dies nach § 244 Abs. 3 Satz 2 möglich wäre. Bei einem präsenten Zeugen ist die Berechtigung solcher Zweifel durch seine Anhörung zu klären[177].

**e)** Die **Verschleppungsabsicht** ist weiterhin ein Grund, der auch die Ablehnung **76** eines präsenten Beweismittels tragen kann. Da die Beweiserhebung sofort möglich ist, dürften ihre Voraussetzungen in der Regel in einer den strengen Anforderungen der Rechtsprechung genügenden Form nur ausnahmsweise nachweisbar sein, etwa bei einem Massenaufgebot von präsenten Zeugen oder der Vorlage einer Vielzahl von Urkunden[178] sowie beim Versuch, mit der Beweisaufnahme verfahrensfremde Zwecke zu verfolgen[179]. Wegen der Einzelheiten kann auf die Erläuterungen bei § 244, 211 ff verwiesen werden.

---

Rechtsgründen unerheblich sind, ausscheidet; während umgekehrt KMR-*Paulus* 41 glaubt, fehlender Sachzusammenhang könne nur bei rechtlicher, nicht bei tatsächlicher Irrelevanz der unter Beweis gestellten Tatsache angenommen werden.
[172] Vgl. Fußn. 167, 168.
[173] Vgl. *Köhler* NJW **1979** 351.

[174] BTDrucks. **8** 976 S. 53; kritisch dazu *Köhler* NJW **1979** 351; *Marx* NJW **1981** 1416.
[175] *Alsberg/Nüse/Meyer* 828; *Kleinknecht/Meyer* 26; vgl. § 244, 277 ff.
[176] *Alsberg/Nüse/Meyer* 828; *Kleinknecht/Meyer* 26; § 244, 284.
[177] *Alsberg/Nüse/Meyer* 828.
[178] *Alsberg/Nüse/Meyer* 828; *Sarstedt/Hamm* 291.
[179] *Alsberg/Nüse/Meyer* 828; vgl § 244, 206 ff; 211 ff.

Walter Gollwitzer

**77**    **f) Andere Ablehnungsgründe** läßt der nach dem Regelungszweck (Rdn. 1) eng auszulegende Absatz 2 Satz 3 nicht zu. Zweck der Prüfung des Beweisantrags nach Absatz 2 ist nicht, wie bei § 244 Abs. 2 bis 5, die auch größere Verfahrensverzögerungen rechtfertigende Beweiserheblichkeit festzustellen. Unter Ausschluß jeder Ermessensentscheidung und auch der entferntesten Beweisantizipation soll dem Gericht nur die Möglichkeit eröffnet werden, eine objektiv ungeeignete Beweiserhebung zu unterbinden[180].

**78**    Absatz 2 hat deshalb nur einen **Teil der Ablehnungsgründe des § 244 Abs. 2 bis 5** übernommen. Es scheidet nicht nur der bei präsenten Beweismitteln ohnehin nicht denkbare Ablehnungsgrund der Unerreichbarkeit des Beweismittels aus, auch die meisten anderen Ablehnungsgründe sind auf § 245 nicht übertragbar. So ist es bei Bestehen eines Sachzusammenhangs zwischen Beweisthema und Verfahrensgegenstand nicht möglich, den Beweisantrag als bedeutungslos abzulehnen (vgl. Rdn. 71). Desgleichen hat der Gesetzgeber die Wahrunterstellung nicht zugelassen, da bei einem präsenten Beweismittel die Sachaufklärung fordert, daß der Beweis über die behauptete verfahrenserhebliche Tatsache erhoben und nicht zugunsten des Angeklagten als wahr unterstellt wird[181]. Ein Sachverständigengutachten kann nicht etwa deshalb abgelehnt werden, weil das Gegenteil bereits erwiesen ist (Rdn. 69) oder weil das Gericht selbst die erforderliche Sachkunde besitzt (§ 244 Abs. 4 Satz 1) und ein Augenschein einer beigebrachten Sache nicht deswegen, weil ihn das Gericht nach pflichtgemäßem Ermessen für entbehrlich hält.

**79**    **7. Verzicht.** Auf eine nach Absatz 2 beantragte Beweiserhebung kann der Antragsteller nachträglich wieder verzichten. Anders als bei den nach Absatz 1 beigebrachten Beweismitteln müssen die anderen Verfahrensbeteiligten dem Verzicht nicht zustimmen. Nur soweit sie selbst Antragsteller sind, ist ihre Einwilligung in den Verzicht notwendig. Die anderen Verfahrensbeteiligten können die Verwendung des präsenten Beweismittels nur dadurch erzwingen, daß sie ihrerseits einen entsprechenden Beweisantrag stellen[182]. Im übrigen bleibt die Verpflichtung des Gerichts unberührt, das Beweismittel trotzdem zu verwenden, wenn dies im Interesse einer umfassenden Sachaufklärung erforderlich ist.

**80**    **8. Sitzungsniederschrift. Wesentliche Förmlichkeiten** im Sinn des § 273, die nur durch das Sitzungsprotokoll bewiesen werden können, sind der Beweisantrag nach Absatz 2 und der darüber befindende Gerichtsbeschluß, ferner der Umstand, daß eine Beweisperson vernommen oder ein sächliches Beweismittel in der vom Prozeßrecht vorgeschriebenen Form verwendet wurde, sowie der Verzicht auf Beweiserhebung nach Absatz 2. Die Präsenz eines Beweismittels als solches ist keine wesentliche Förmlichkeit, die nur durch das Protokoll bewiesen werden könnte, insbesondere besagt die Feststellung zur Präsenz zu Beginn der Hauptverhandlung noch nichts darüber, daß eine Beweisperson auch später noch anwesend war oder daß sie nicht erst später erschienen ist[183].

---

[180] BTDrucks. **8** 976 S. 51.

[181] BTDrucks. **8** 976 S. 53; *Alsberg/Nüse/Meyer* 825; so schon früher die überwiegende Rechtsprechung, etwa RGSt **65** 304; OLG Celle NJW **1962** 2315.

[182] *Alsberg/Nüse/Meyer* 831; *Kleinknecht/Meyer* 29. Vgl. Rdn. 56.

[183] Vgl. RGSt **40** 140; BGHSt **18** 347; **24** 280 (unter Aufgabe einer früheren gegenteiligen Entscheidung = LM § 274 Nr. 14 mit Anm. *Kohlhaas*); *Alsberg/Nüse/Meyer* 784; 914; *Dallinger* MDR **1966** 966; ferner Rdn. 14; 50.

## IV. Sonstige Verfahrensfragen

1. Die **Durchführung der Beweiserhebung** obliegt auch bei präsenten Beweismit- **81** teln dem Vorsitzenden ($ 238 Abs. 1), der allerdings an Entscheidungen des Gerichts gebunden ist. Er braucht jedoch eine solche Entscheidung nicht von sich aus herbeizuführen, wenn er ein präsentes Beweismittel verwenden will. In den Fällen des Absatzes 2 ist hierfür auch ein Antrag entbehrlich. Im Interesse einer zügigen Verhandlungsführung kann er auch ohne Antrag präsente Beweismittel uneingeschränkt verwenden, sofern die Beweiserhebung nicht unzulässig ist[184]. Wo kein Mißbrauch ersichtlich ist, wird dies vielfach der verfahrensökonomisch einfachere Weg sein, wobei es dem Vorsitzenden unbenommen ist, sich vor Anordnung der Einvernahme einer präsenten Beweisperson bei dem Verfahrensbeteiligten, der sie geladen hat, formlos zu erkundigen, was die betreffende Person bekunden soll. Der Vorsitzende hat die Beweispersonen allgemein zu dem ihm bezeichneten Lebensvorgang zu hören und dabei auf eine möglichst erschöpfende Schilderung des relevanten Sachverhalts hinzuwirken. Die Frage nach weiteren Einzelheiten kann er dem Beweisführer und den anderen Verfahrensbeteiligten überlassen[185].

Der Verpflichtung aus $ 245 Abs. 1 ist genügt, wenn das Gericht den präsenten **82** Zeugen oder Sachverständigen **hört**. Daß dessen Wissen voll ausgeschöpft wird, ist in Ausübung des Fragerechts von den Verfahrensbeteiligten selbst sicherzustellen[186]. Dies gilt auch bei den Beweismitteln, deren Verwendung das Gericht nach $ 245 Abs. 2 beschlossen hat. Hier bestimmen Beweisantrag und Beweisbeschluß des Gerichts den Umfang der Vernehmung[187]. Ein Zeuge braucht nicht als Sachverständiger[188], ein Sachverständiger nicht als Zeuge vernommen zu werden[189].

2. Die **Fürsorgepflicht** gegenüber einem nicht mit einem Verteidiger erschienenen **83** Angeklagten kann unter Umständen erfordern, diesen darauf hinzuweisen, daß er einen förmlichen Beweisantrag stellen muß, wenn er die Entscheidung des Gerichts über die vom Vorsitzenden nicht ohnehin beabsichtigte Verwendung eines präsenten Beweismittels herbeiführen will[190]. Unter Umständen kann es angebracht sein, vor einer Entscheidung über die förmliche Ablehnung eines Antrags auf eine sachgerechtere Fassung hinzuwirken[191], schon damit nicht der Eindruck entsteht, das Gericht habe ihm nicht aus sachlichen Gründen, sondern nur aus Formalismus nicht entsprochen. Dies dient meist auch der Verfahrensvereinfachung, da andernfalls der Antrag in geänderter Form neu zur Entscheidung gestellt werden kann. Ist ein geladener Zeuge ausgeblieben, braucht das Gericht die Verfahrensbeteiligten in der Regel nicht darauf hinzuweisen, daß sie einen Beweisantrag nach $ 244 stellen müssen, um die vom Gericht für entbehrlich angesehene Vernehmung zu erreichen. Ein solcher Hinweis kann allenfalls bei einem hilfsbedürftigen Angeklagten ohne Verteidiger angezeigt sein[191a].

---

[184] Vgl. Rdn. 62; *Rieß* NJW **1978** 2270.
[185] *Alsberg* JW **1927** 1490; *Alsberg/Nüse/Meyer* 831; *Kleinknecht/Meyer* 29.
[186] *Alsberg/Nüse/Meyer* 795; OLG Hamm VRS **11** 59 fordert dagegen, daß das Gericht das ganze Wissen des Zeugen in vollem Umfang erkundet.
[187] *Alsberg/Nüse/Meyer* 831.
[188] OLG Stuttgart Justiz **1971** 312.
[189] Nach Ansicht des Reichsgerichts ist dieser

Vorschrift bereits genügt, wenn die herbeigeschaffte Beweisperson vom Gericht gehört worden ist; das soll selbst dann gelten, wenn eine als Zeuge geladene Person als Sachverständiger vernommen wurde (RGSt **26** 388) oder umgekehrt (RGSt **27** 399).
[190] *Rudolphi* JuS **1978** 866.
[191] Begr. BTDrucks. **8** 976 S. 52.
[191a] *Häner* JR **1984** 497.

**84**    **3. Verhältnis zum Selbstladungsrecht.** Beweiserhebungspflicht nach § 245 Abs. 2 und Selbstladungsrecht nach § 214 Abs. 3 und § 220 decken sich nicht mehr. Der Gesetzgeber, der dem Regierungsentwurf folgte, hat bewußt in Kauf genommen, daß künftig nicht alle der nach diesen Vorschriften geladenen und erschienenen Beweispersonen in der Hauptverhandlung vernommen werden. Dem Vorschlag, in § 222 das Gericht zu ermächtigen, eine unmittelbar geladene Beweisperson von der Pflicht zum Erscheinen zu entbinden, wenn mit ihrer Einvernahme in der Hauptverhandlung nicht zu rechnen ist[192], hat er nicht entsprochen, weil „damit dem Mißbrauch des Ladungsrechts nicht wirksam begegnet und auch nicht sicher im voraus beurteilt werden könne, ob die Voraussetzungen des Absatzes 2 Satz 3 gegeben seien"[193]. Bei der Gestaltung der Beweisaufnahme ist das Gericht aber gehalten, auf die Belange der erschienenen Zeugen und Sachverständigen Rücksicht zu nehmen und — sofern dies mit einer geordneten Verfahrensabwicklung vereinbar ist — alsbald zu entscheiden, ob die von anderen Verfahrensbeteiligten, vor allem vom Angeklagten, geladenen Zeugen und Sachverständigen vernommen werden. Der Ermessensspielraum, den der Vorsitzende bei der Gestaltung der Beweisaufnahme (§ 238 Abs. 1) hat, wäre überschritten, wenn er dazu benützt würde, die Aufrechterhaltung der Präsenz der nach § 220 geladenen Beweispersonen faktisch unmöglich zu machen[194].

**85**    **4. Verfahrenstrennung.** Sind mehrere Strafsachen verbunden, können alle Verfahrensbeteiligten in der einheitlichen Hauptverhandlung alle beigebrachten Beweismittel zur Förderung ihrer eigenen Verfahrensinteressen nutzen (Rdn. 56). Durch eine Abtrennung der Verfahren verlieren sie diese Möglichkeit bei den Beweismitteln des abzutrennenden Verfahrens. Es ist vorher in der Hauptverhandlung zu klären, welche Beweismittel in jedem der getrennten Verfahren benötigt werden, ferner, ob und wo sie dann noch präsent sind, damit die Verfahrensbeteiligten notfalls ihr Ladungsrecht ausüben können[195]. Die durch die Abtrennung ausgeschiedenen Beweise können sonst nur mit einem Beweisantrag nach § 244 beigezogen werden. Es kann deshalb zweckmäßig sein, präsente Beweismittel, vor allem anwesende Zeugen und Sachverständige, die für beide Verfahren benannt werden, noch vor der Trennung zu verwenden.

**86**    **5. Umfang der Beweisaufnahme bei Einstellung des Verfahrens.** Die durch § 245 begründete Pflicht zur Beweiserhebung besteht ohne jede Einschränkung nur so lange, wie das Gericht über die Verurteilung oder die Freisprechung des Angeklagten zu befinden hat (vgl. Rdn. 1). Ergibt sich, daß das Verfahren eingestellt werden muß, weil es an einer Verfahrensvoraussetzung fehlt oder der Durchführung ein Verfahrenshindernis entgegensteht, so ist zu unterscheiden: Schließt das Verfahrenshindernis unabhängig vom Ergebnis der weiteren Sachaufklärung jede Sachentscheidung aus, etwa weil das Gericht unzuständig oder die Sache bereits rechtskräftig entschieden ist, so ist auch kein Raum mehr für die Verwendung der präsenten Beweismittel[196]. Diese ist nur insoweit noch zulässig, als es um Fragen geht, die die Aufklärung des Verfahrenshindernisses selbst betreffen[197]. Dagegen wird man nach dem Gesetzeszweck für zulässig und damit auch für geboten ansehen müssen, daß das Gericht unter den sonstigen Vorausset-

---

[192] BTDrucks. 8 232; 354.
[193] RAussch. BTDrucks. 8 1844 S. 36.
[194] Vgl. *Sarstedt/Hamm* 292 (Notwendigkeit neu zu laden).
[195] *Alsberg/Nüse/Meyer* 796; vgl. auch RGSt **25** 111.

[196] *Alsberg/Nüse/Meyer* 798 mit Nachweisen zum Streitstand.
[197] Vgl. BGH nach *Alsberg/Nüse/Meyer* 798; Fußn. 126.

zungen des § 245 die Beweisaufnahme auf die präsenten Beweismittel erstreckt, um zu klären, ob statt der Einstellung wegen Verjährung usw. ein Freispruch geboten ist[198].

## V. Rechtsbehelfe

**1.** Die **Entscheidung des Gerichts** nach § 238 Abs. 2 können die Prozeßbeteiligten **87** gegen Anordnungen oder Unterlassungen des Vorsitzenden herbeiführen, so wenn dieser es entgegen Absatz 1 unterläßt, ein präsentes Beweismittel zu verwenden (Rdn. 44) oder wenn sie die vom Vorsitzenden beabsichtigte Verwendung für unzulässig halten. Gegen die in der Regel nicht ermessensmißbräuchliche Entscheidung des Vorsitzenden, von der Ablehnungsmöglichkeit nach Absatz 2 Satz 3 keinen Gebrauch zu machen, kann dagegen das Gericht nicht angerufen werden. Zur Erhaltung der Revisionsrüge gegen eine rechtswidrige Anordnung des Vorsitzenden ist nach der hier vertretenen Auffassung die vorherige Anrufung des Gerichts nicht erforderlich (vgl. § 238, 44 ff)[199].

**2.** Die **Beschwerde** gegen den Beschluß nach § 238 Abs. 2, gegen den Beschluß, **88** der die Verwendung eines nach Absatz 1 präsenten Beweismittels oder einen Beweisantrag nach Absatz 2 ablehnt, sowie gegen Maßnahmen des Vorsitzenden bei der Beweiserhebung wird durch § 305 Satz 1 ausgeschlossen. Sie ist gegen Maßnahmen bei der Beweiserhebung nur im Rahmen des § 305 Satz 2 zulässig.

**3.** Die **Revision** kann darauf gestützt werden, daß ein gemäß **Absatz 1** präsentes **89** Beweismittel zu Unrecht nicht verwendet wurde. Zur **Begründung** dieser Rüge sind die Tatsachen anzuführen, aus denen sich ergibt, daß das Beweismittel präsent war. Dazu gehört unter Umständen auch, daß die Benutzung des Beweismittels verlangt worden ist. Anzuführen ist ferner, daß trotz Anwesenheit das Beweismittel nicht verwendet wurde[200]. Die Angabe eines Beweisthemas ist in der Regel[201] bei der Rüge eines Verstoßes nach Absatz 1 entbehrlich[202].

Eine Verletzung des **Absatzes 2** kann nur mit Erfolg gerügt werden, wenn unter **90** Anführung der von § 344 Abs. 2 geforderten Tatsachen dargetan wird, daß ein ordnungsgemäßer Antrag auf Verwendung eines präsenten Beweismittels zu Unrecht abgelehnt oder übergangen wurde. Insoweit gelten die gleichen Anforderungen wie bei § 244[203], jedoch muß zusätzlich dargetan werden, daß die Beweismittel präsent waren, daß also Beweispersonen ordnungsgemäß geladen und erschienen waren oder ein Beweisgegenstand in der Hauptverhandlung zur Beweisaufnahme verwendbar war, aber nicht verwendet wurde[204]. Der Inhalt des Beweisantrags ist in der Revisionsbegründung aufzuführen; ferner ist anzugeben, ob und mit welcher Begründung der Antrag ab-

---

[198] Strittig; wie hier *Alsberg/Nüse/Meyer* 799 mit Nachweisen zum Streitstand; *Dallinger* MDR **1966** 965; *Hillenkamp* JR **1975** 140; KMR-*Paulus* § 244, 118; vgl. Einl. Kap. **11** XI und bei § 260.

[199] *Alsberg/Nüse/Meyer* 913.

[200] BGH bei *Holtz* MDR **1976** 46; OLG Hamburg NJW **1965** 1238; KK-*Herdegen* 17; KMR-*Paulus* 46; ferner *Alsberg/Nüse/Meyer* 913 mit weit. Nachw.

[201] Wird gerügt, die Beweiserhebung sei zu Unrecht als unzulässig abgelehnt worden, bedarf

es in der Regel der Angabe des Beweisgegenstandes und des Inhalts der ablehnenden Entscheidung.

[202] RGSt **65** 307; BGH GA **1966** 213; OLG Celle NJW **1962** 2315; OLG Hamburg NJW **1965** 1238; OLG Hamm VRS **11** 59; *Alsberg/Nüse/Meyer* 913; KK-*Herdegen* 17; KMR-*Paulus* 46.

[203] *Alsberg/Nüse/Meyer* 916; 875; vgl. § 244, 348 ff.

[204] *Alsberg/Nüse/Meyer* 916.

gelehnt wurde. Nicht notwendig ist, daß die Revision angibt, was mit dem präsenten Beweismittel bewiesen werden sollte[205].

**91**    Mit der Revision kann auch geltend gemacht werden, daß die Verwendung eines präsenten Beweismittels **unzulässig** war, dagegen kann nicht gerügt werden, daß das Gericht Beweise erhoben hat, deren Ablehnung nach § 245 Abs. 2 Satz 3 in seinem Ermessen stand.

**92**    Das **Beruhen** des Urteils auf einem Verstoß gegen § 245 Abs. 1 oder Abs. 2 kann in der Regel nicht ausgeschlossen werden. Vor allem darf das Revisionsgericht nicht das Beruhen wegen der mangelnden Beweiserheblichkeit des nicht verwendeten Beweismittels verneinen, da auch dem Tatrichter die Erheblichkeitsprüfung versagt ist und das ganze Wissen der Beweisperson erschlossen werden soll[206]. Ein Beruhen des Urteils auf dem Verstoß entfällt nur dann, wenn nach den Umständen des Einzelfalls mit Sicherheit auszuschließen ist, daß die Verwendung des Beweismittels das Urteil beeinflußt haben kann; etwa, weil der Zeuge ohnehin befugt das Zeugnis verweigert hätte[207] oder, weil er nach dem Beweisantrag nach Absatz 2 nur zu einer eng begrenzten Tatsache und nicht etwa umfassend hätte gehört werden sollen[208] oder weil das unbenutzt gebliebene sächliche Beweismittel nach Beschaffenheit und Inhalt die Entscheidung nicht beeinflußt haben kann, etwa, wenn das Urteil ergibt, daß sich das Gericht auch ohne Heranziehung der Unfallskizze ein zutreffendes Bild vom Unfallort gemacht hat[209]. Ob ein glaubwürdiges Geständnis des Angeklagten das Beruhen ausschließt, erscheint zweifelhaft[210].

**93**    Auch unter dem Gesichtspunkt des § 245 kann die Revision nicht darauf gestützt werden, daß das Gericht an einen Zeugen oder Sachverständigen bestimmte **Fragen nicht gerichtet** oder sonst ein Beweismittel nicht voll ausgeschöpft habe[211].

**94**    Die Rüge, das Gericht habe durch die Nichtverwendung eines Beweismittels seine **Aufklärungspflicht verletzt**, ist unabhängig davon möglich, ob das Gericht gegen § 245 verstoßen hat. Sie kann auch durchgreifen, wenn nach § 245 keine Pflicht bestand, einen gestellten Zeugen oder Sachverständigen zu vernehmen[212], oder wenn eine Urkunde, die sich bei den Akten befand, auch ohne Verlangen eines Verfahrensbeteiligten nicht verlesen wurde. Das Nichtausschöpfen eines verwendeten Beweismittels kann bei Vorliegen besonderer Umstände unter diesem Gesichtspunkt die Revision begründen, wenn ein darin liegender Verfahrensverstoß ohne Rekonstruktion der Hauptverhandlung festgestellt werden kann[213].

---

[205] BGH GA **1966** 213; ferner die übrigen bei Fußn. 200 angeführten Entscheidungen; *Alsberg/Nüse/Meyer* 914.

[206] RGSt 1 225; 45 143; 65 307; BGH bei *Dallinger* MDR **1974** 16; **1975** 369; BayObLG OLGSt 5; OLG Celle NJW **1962** 2315; OLG Stuttgart OLGSt 3; *Alsberg/Nüse/Meyer* 915; KK-*Herdegen* 17; KMR-*Paulus* 46.

[207] BGH bei *Holtz* MDR **1978** 459; *Kleinknecht/Meyer* 30; vgl. Fußn. 206.

[208] *Alsberg/Nüse/Meyer* 915.

[209] BGH bei *Dallinger* MDR **1975** 369; OLG

Hamburg DAR **1956** 227; OLG Schleswig RdK **1954** 123.

[210] So aber BGH bei *Dallinger* MDR **1966** 200; *Alsberg/Nüse/Meyer* 915; *Koeniger* 273; KMR-*Paulus* 46; a. A OLG Celle NJW **1962** 2315.

[211] BGHSt 4 125; BGH bei *Pfeiffer* NStZ **1981** 297; *Alsberg/Nüse/Meyer* 913; KMR-*Paulus* 48; vgl. § 244, 341 ff.

[212] BGH NStZ **1981** 401.

[213] OLG Saarbrücken VRS **48** 430; KMR-*Paulus* 48. Vgl. § 244, 342.

# § 246

(1) Eine Beweiserhebung darf nicht deshalb abgelehnt werden, weil das Beweismittel oder die zu beweisende Tatsache zu spät vorgebracht worden sei.

(2) Ist jedoch ein zu vernehmender Zeuge oder Sachverständiger dem Gegner des Antragstellers so spät namhaft gemacht oder eine zu beweisende Tatsache so spät vorgebracht worden, daß es dem Gegner an der zur Einziehung von Erkundigungen erforderlichen Zeit gefehlt hat, so kann er bis zum Schluß der Beweisaufnahme die Aussetzung der Hauptverhandlung zum Zweck der Erkundigung beantragen.

(3) Dieselbe Befugnis haben die Staatsanwaltschaft und der Angeklagte bei den auf Anordnung des Vorsitzenden oder des Gerichts geladenen Zeugen oder Sachverständigen.

(4) Über die Anträge entscheidet das Gericht nach freiem Ermessen.

Bezeichnung bis 1924: § 245.

## Übersicht

## I. Kein Beweisausschluß wegen verspätetem Vorbringen

**1. Grundsätzliches.** Absatz 1 stellt klar, daß die Pflicht des Gerichts, alles zur Erforschung der Wahrheit Notwendige zu tun, einen Ausschluß verspätet bezeichneter Beweismittel nicht zuläßt. Das Gebot der Verfahrensbeschleunigung tritt hier hinter die Erfordernisse einer erschöpfenden Sachaufklärung zurück. Jeder im Laufe des Verfahrens gestellte Beweisantrag muß sachlich geprüft werden. Er darf nicht allein deshalb zurückgewiesen werden, weil er verspätet gestellt worden ist. Zum Ablehnungsgrund der Verschleppungsabsicht vgl. § 244, 209 ff. **1**

**2. Antragstellung bis zum Urteil.** Jeder Antragsberechtigte kann einen Beweisantrag auch noch nach Schluß der Beweisaufnahme (§ 258 Abs. 1) und sogar noch **während** oder **nach der Beratung** des Gerichts bis zum Beginn der Verkündung des Urteils vorbringen, gleichviel, ob das Urteil am Schluß der Verhandlung oder gemäß § 268 später verkündet wird[1]. Das Gericht braucht zwar einen Beweisantrag, der ihm schriftlich in **2**

---

[1] RGSt **3** 416; **59** 420; **66** 88; RG DJZ **1908** 973; GA **44** (1896) 37; **55** (1908) 317; **59** (1912) 421; JW **1901** 499; **1912** 947; **1924** 974; BGH NJW **1967** 2019; vgl. die Erläuterungen zu § 268; KK-*Herdegen* 1; *Kleinknecht/Meyer* 1; KMR-*Paulus* 1.

das Beratungszimmer geschickt wird, nicht als solchen zu berücksichtigen; es darf aber dem Verteidiger, wenn es in den Sitzungsraum zurückkehrt, die Möglichkeit nicht abschneiden, den Beweisantrag vor der Verkündung des Urteils zu stellen[2]. Wird er gestellt, ist die Verhandlung wieder aufzunehmen. Einen Beweisantrag, der erst **während der Urteilsverkündung** gestellt wird, braucht das Gericht nicht mehr zu berücksichtigen. Der Vorsitzende braucht die Verkündung nicht abzubrechen. In der Entgegennahme des Antrags liegt noch kein Wiedereintritt in die Verhandlung. Ein erst während der Verkündung gestellter Beweisantrag muß auch nicht nach § 244 Abs. 6 beschieden werden. Setzt der Vorsitzende die Verkündung fort, ist die Anrufung des Gerichts hiergegen nicht möglich[3]. Dem Vorsitzenden steht es aber frei, die Verkündung zu unterbrechen und die Verhandlung wieder zu eröffnen. Der Beweisantrag ist dann nach §§ 244, 245 zu bescheiden[4].

## II. Aussetzung der Hauptverhandlung

**3**    **1. Zweck der Aussetzung** der Hauptverhandlung nach den Absätzen 2 bis 4 ist, Staatsanwaltschaft und Angeklagten davor zu schützen, daß sie bei der Beweisaufnahme durch Vernehmung eines vorher nicht namhaft gemachten Zeugen oder durch Einbeziehung einer neuen Tatsache in die Beweisaufnahme überrumpelt werden. Sie sollen Gelegenheit haben, sich mit den neuen Beweisen kritisch auseinanderzusetzen und über Wert oder Unwert der Beweismittel Erkundigungen einzuziehen und gegebenenfalls Gegenbeweise anzubieten. Die Aussetzung erleichtert nicht nur die Verteidigung und die Vertretung der Anklage. Sie dient zugleich der Wahrheitsfindung, wenn sie Anklage und Verteidigung Raum gibt, zusätzlich zur Aufklärungspflicht des Gerichts auch aus eigener Initiative zur umfassenden Sachaufklärung beizutragen.

**4**    § 246 knüpft den Aussetzungsantrag formal an die **nicht rechtzeitige Benennung** der Beweisperson oder der Beweistatsache vor der Hauptverhandlung. Er ergänzt § 222, soweit er die verfahrensrechtliche Folge der Verletzung dieser Vorschrift aufzeigt. Er geht aber über § 222 hinaus, da letzterer keine Pflicht begründet, die zu beweisende Tatsache vor der Hauptverhandlung dem Gegner mitzuteilen. Diese Diskrepanz erklärt sich aus der Entstehungsgeschichte. Im Entwurf waren ursprünglich die Worte „oder eine zu beweisende Tatsache zu spät vorgebracht" nicht enthalten. Die Reichstagskommission hielt insoweit eine Ergänzung des § 246 für notwendig[5].

**5**    Die Aussetzung nach § 246 überlagert sich ungeachtet ihres anderen Anknüpfungspunktes in der Praxis weitgehend mit der **Aussetzung nach § 265 Abs. 4,** der — auf sachliche statt auf formale Kriterien abstellend — das Gericht zur Aussetzung verpflichtet, wenn eine veränderte Sachlage dies zur besseren Vorbereitung der Verteidigung oder der Anklage fordert.

### 2. Die sachlichen Voraussetzungen des Aussetzungsantrags

**6**    **a)** Ist ein **Zeuge oder Sachverständiger,** der in der Hauptverhandlung vernommen werden soll, dem Gegner des Antragstellers **nicht rechtzeitig** vor der Hauptverhandlung **namhaft** gemacht worden (§ 222), kann der durch das Beweismittel überraschte Verfahrensbeteiligte nach Absatz 2, 3 die Aussetzung beantragen. An der ordnungsgemäßen Namhaftmachung fehlt es auch, wenn die Namen von Zeugen oder Sachverständigen

---

[2] RGSt **68** 89; BGHSt **21** 123; BGH NJW 1964 21; **1967** 2019; NStZ **1981** 311; StrVert. **1982** 58.

[3] *Kleinknecht/Meyer* 1; vgl. § 238, 27.

[4] RGSt **57** 142; BHG bei *Dallinger* MDR **1975** 24; KK-*Herdegen* 1; *Kleinknecht/Meyer* 1; KMR-*Paulus* 1; § 244, 102 und bei § 268.

[5] *Hahn* Mat. **1** 357; **2** 1337.

geheimgehalten oder durch Decknamen ersetzt werden[6]. Wurde lediglich die Anschrift nach §68 befugt nicht mitgeteilt, so rechtfertigt dies die Aussetzung nicht[7]. Bei einer Namensänderung braucht der neue Name nach Ansicht des BGH nicht mitgeteilt zu werden[7a].

**b) Eine zu beweisende Tatsache** ist **zu spät vorgebracht**, wenn ihre Verfahrenser- **7** heblichkeit erst nachträglich ersichtlich wird, Staatsanwaltschaft oder Verteidigung also nicht damit rechnen mußten, daß diese Tatsache in der Hauptverhandlung Bedeutung erlangen könne. Tatsachen, deren Erheblichkeit bereits aus der Anklageschrift erkennt- lich ist, sind ebensowenig neue Tatsachen im Sinne dieser Vorschrift, wie etwa Tatsa- chen, die bereits in einer früheren Hauptverhandlung Gegenstand der Beweisaufnahme waren. Gleiches gilt für Tatsachen, deren Erheblichkeit bei Akteneinsicht erkannt wer- den konnte[8]. Wird allerdings dem Verteidiger die Akteneinsicht verweigert, kann auch eine aus den Akten ersichtliche Beweistatsache den Aussetzungsantrag des Verteidigers rechtfertigen[9]. Unerheblich ist, ob eine neue Beweistatsache durch ein **neues Beweismit- tel** in das Verfahren eingeführt werden soll oder durch ein bereits gebrauchtes Beweis- mittel.

„**Zu spät**" hat hier die gleiche Bedeutung wie „nicht rechtzeitig" in §222. Zur Er- **8** läuterung dieses unbestimmten Rechtsbegriffes kann daher auf §222, 14 verwiesen wer- den.

**c) Zum Zweck der Erkundigung** muß der Aussetzungsantrag gestellt werden. Die **9** Erkundigung kann sich dabei auf die Person des Zeugen oder Sachverständigen bezie- hen, etwa auf seine Glaubwürdigkeit oder sein Fachwissen, oder sie kann die zu bewei- sende Tatsache betreffen, etwa, ob andere Beweismittel auffindbar sind, die sie bestäti- gen oder widerlegen oder aber in einen anderen Zusammenhang stellen.

**3.** Als „**Gegner**" des Beweisantragstellers ist zur Stellung des Aussetzungsantrags **10** jeder berechtigt, der Verfahrensinteressen mit einer gegenläufigen Zielsetzung verfolgt. Wie §222 und auch Absatz 3 zeigen, ist hier auf den Gegensatz Staatsanwaltschaft/An- geklagter abgestellt, also auf die im Regelfall widerstreitenden Zielsetzungen von Ver- tretung der Anklage und der Verteidigung[10]. „Gegner" des Angeklagten und der mit Angeklagtenbefugnisse an der Hauptverhandlung teilnehmenden Nebenbeteiligten sind also Staatsanwalt und Nebenkläger[11] und umgekehrt. Personen die mit gleicher Zielrichtung am Verfahren teilnehmen, wie etwa mehrere Mitangeklagte im Verhältnis zueinander, werden, soweit nicht ihre Verfahrensinteressen im konkreten Fall gegenläu- fig sind, auch bei einer weiten Auslegung des §246 Abs. 2 nicht als Gegner anzusehen

---

[6] BGHSt **23** 244; **32** 128; KMR-*Paulus* 6.
[7] Zur Auslegung des §68 vgl. §68, 11 ff. Folgt man der Ansicht, daß die Bekanntgabe der Anschrift des Zeugen auch dem Angeklagten verweigert werden darf (so etwa *Wulf* DRiZ **1981** 381), so entfällt auch die Aussetzung deswegen.
[7a] BGHSt **29** 113; **32** 128; BVerfGE **57** 286; OLG Frankfurt NJW **1982** 1408; zu den strit- tigen Fragen vgl. ferner das umfangreiche Schrifttum zur sogen. V-Mann-Problema- tik.

[8] KK-*Herdegen* 1.
[9] OLG Hamm VRS **49** 113.
[10] Die StPO verwendet den Begriff des „Geg- ners" in ähnlichem Sinn verschiedentlich bei den Rechtsmitteln, vgl. §§ 303, 308, 311 a, 335, 347, ferner § 368, 390, 473.
[11] BGHSt **28** 274; vgl. bei § 397. Konnte sich der Nebenkläger allerdings nur wegen seines späten Anschlusses nicht mehr rechtzeitig er- kundigen, hat er kein Recht auf Aussetzung, vgl. *Gollwitzer* FS Schäfer 83.

Walter Gollwitzer

sein[12]. Solche Personen können die Aussetzung aber nach § 265 Abs. 4 beantragen (vgl. Rdn. 15). Bei Beweispersonen, die auf Anordnung des Vorsitzenden oder des Gerichts geladen worden sind, haben nach Absatz 3 alle Verfahrensbeteiligte das Antragsrecht, sofern sie durch das Beweismittel in ihren Verfahrensinteressen betroffen sind[13].

**11**     **4. Zeitpunkt der Antragstellung.** Der Antrag kann bis zum Schluß der Beweisaufnahme gestellt werden. Es braucht also nicht unmittelbar vor oder bei Verwendung des Beweismittels von den dadurch überraschten Verfahrensbeteiligten um Aussetzung nachgesucht zu werden. Maßgeblich dafür ist die Erwägung, daß der zum Antrag Berechtigte möglicherweise erst nach Erhebung aller Beweise ermessen kann, ob seine Rechtsverfolgung eine Aussetzung erfordert[14]. Der bloße Protest gegen die Vernehmung hat nicht ohne weiteres die Bedeutung eines Antrags auf Aussetzung[15].

**12**     **5.** Eine **Belehrung** des Angeklagten oder eines anderen Verfahrensbeteiligten über das Antragsrecht nach § 246 ist nicht vorgeschrieben. Sie kann aber bei Vorliegen besonderer Umstände erforderlich werden, vor allem, wenn damit der Gefahr vorgebeugt wird, daß der durch ein unerwartetes Beweismittel überrumpelte Verfahrensbeteiligte aus Unkenntnis des Antragsrechts an der sachgerechten Wahrnehmung seiner Verfahrensrechte gehindert wird. Bei einem Angeklagten, dem ein Verteidiger zur Seite steht, bedarf es keiner Belehrung[16].

**13**     **6. Entscheidung des Gerichts.** Über den Aussetzungsantrag entscheidet das Gericht. Sind die Voraussetzungen der Absätze 2 oder 3 gegeben, so steht es, wie Absatz 4 bestimmt, im freien Ermessen des Gerichts, ob es die Hauptverhandlung aussetzen will.

**14**     Zum Begriff des **freien Ermessens** wird in den Motiven (*Hahn* 1 193) gesagt: „Der Entwurf mußte die Beurteilung der Anträge auf Aussetzung der Verhandlung nach allen Richtungen hin dem freien Ermessen des Richters überlassen. Das Gericht soll sowohl darüber, ob es dem Gegner des Beweisführers an der erforderlichen Zeit zu Erkundigungen gefehlt hat, als auch darüber, ob es solcher Erkundigungen nach Lage der Sache überhaupt bedarf, frei entscheiden, und ebenso soll es, wenn es die Aussetzung der Verhandlung beschließt, die zu gewährende Frist nach seinem Ermessen festsetzen". Das Gericht soll also bei der Beurteilung der vom Gesetz festgelegten Voraussetzungen einer Aussetzung einen breiten Spielraum haben, der es ihm ermöglicht, der Lage des Einzelfalles gerecht zu werden. Im übrigen aber muß es seine Entscheidung an der Aufklärungspflicht, an dem Schutzzweck der Vorschrift und den berechtigten Belangen des vom Beweismittel überraschten Prozeßbeteiligten ausrichten. Verkennt es diesen Zweck, oder setzt es sich mißbräuchlich darüber hinweg, dann begründet dieser Rechtsfehler die Revision (Rdn. 22). Freies Ermessen ist hier — ebenso wie bei § 244 Abs. 4 — als pflichtgemäßes Ermessen zu verstehen[17].

**15**     Sind die **Voraussetzungen des § 265 Abs. 4** gegeben, erfordert die veränderte Lage die Aussetzung zur besseren Vorbereitung der Anklage oder der Verteidigung, dann

---

[12] Da § 246 Abs. 2 formell an die gegnerische Verfahrensrolle als solche anknüpft, kann an sich zweifelhaft sein, ob er die weite Auslegung zuläßt, daß schon widerstreitende Verfahrensinteressen bei der einzelnen Beweiserhebung zum „Gegner" machen.
[13] KMR-*Paulus* 5; *Gollwitzer* FS Sarstedt 30.

[14] Mot. 185.
[15] OLG Frankfurt NJW **1948** 395; *Eb. Schmidt* 5; KK-*Herdegen* 2; *Kleinknecht/Meyer* 3; KMR-*Paulus* 6; vgl. § 222, 18.
[16] Vgl. § 222, 19; KMR-*Paulus* 5.
[17] BGH bei *Holtz* MDR **1984** 278; KK-*Herdegen* 3; KMR-*Paulus* 11; *Warda* Ermessen 81.

muß das Gericht nach dieser Vorschrift die Hauptverhandlung aussetzen. Für die Ermessensentscheidung nach §246 Abs. 4 bleibt dann kein Raum.

Das Gericht kann den Aussetzungsantrag vor allem **ablehnen**, wenn der Antrag- **16** steller genügend Zeit zur Erkundigung hatte oder eine solche nach den Umständen des Einzelfalls nicht erforderlich ist[18] (z. B. neu benannte Beweisperson ist dem Antragsteller bereits bekannt[19]) oder die zu beweisende neue Tatsache in jeder Hinsicht für seine Entscheidung unerheblich ist oder wenn es auf die Verwertung des Beweismittels überhaupt verzichtet[20]. Letzteres ist allerdings nur dann mit der Aufklärungspflicht vereinbar, wenn das Beweismittel für die Entscheidung ohne wesentliche Bedeutung ist.

Der Beschluß ergeht nach Anhörung der Verfahrensbeteiligten (§33). Die Ableh- **17** nung ist nach Maßgabe des §34 zu **begründen**[21].

**7. Unterbrechung.** Der Vorsitzende kann einem Aussetzungsantrag unter Umstän- **18** den dadurch den Boden entziehen, daß er die Verhandlung nach §228 Abs. 1 Satz 2 für die zu den Erkundigungen nötige Zeit unterbricht[22]. Hält der Antragsteller die Zeit für nicht ausreichend, dann kann er gegen die Anordnung des Vorsitzenden nach §238 Abs. 2 das Gericht anrufen[23].

**8. Aussetzung von Amts wegen.** Wenn ein anwesender Angeklagter keinen Ausset- **19** zungsantrag stellt, so wird dadurch das Gericht nicht von der Verpflichtung entbunden, selbst zu prüfen, ob durch die Verwendung eines nicht vorher angekündigten Beweismittels die Aussetzung oder Unterbrechung des Verfahrens erforderlich wird[24], etwa im Hinblick auf die Aufklärungspflicht oder um eine ausreichende Vorbereitung der Verteidigung zu ermöglichen[25] oder nach §265 Abs 4 (Rdn. 15).

Dies gilt erst recht, wenn die Hauptverhandlung **ohne den Angeklagten** stattfin- **20** det und wenn für diesen auch kein Verteidiger erschienen ist. Vor allem, wenn das Gericht einen nicht vorher namhaft gemachten Belastungszeugen vernimmt, kann die Aussetzung geboten sein, um dem Angeklagten umfassendes rechtliches Gehör zu gewähren und um ihm die Möglichkeit zu erhalten, sich dagegen zu verteidigen[26]. Zur Notwendigkeit der Aussetzung im Verfahren nach §233 vgl. dort Rdn. 35.

## III. Rechtsmittel

**1. Die Beschwerde** gegen die Entscheidung, mit der das Gericht die Aussetzung **21** ablehnt, scheitert an §305. Auch der Beschluß, der die Aussetzung anordnet, unterliegt nur in den Fällen der Beschwerde, in denen die Rechtsprechung annimmt, daß §305 Satz 1 hier ausnahmsweise nicht der gesonderten Anfechtung entgegensteht. Wegen der Einzelheiten vgl. §228, 29 bis 31 und bei §305.

---

[18] BGH bei *Holtz* MDR **1984** 278; KMR-*Paulus* 11.

[19] BGH StrVert. **1982** 457.

[20] BayObLGSt **1954** 157.

[21] KK-*Herdegen* 3; *Kleinknecht/Meyer* 3; KMR-*Paulus* 10.

[22] Vgl. KMR-*Paulus* 10, der diese Befugnis des Vorsitzenden davon abhängig macht, daß der Antragsteller nicht darauf besteht, daß das Gericht über seinen Aussetzungsantrag entscheidet.

[23] *Eb. Schmidt* 7; KK-*Herdegen* 4.

[24] Zur Eigenprüfungspflicht der Gerichte vgl. *Bohnert* 151 f.

[25] Vgl. LG Nürnberg-Fürth JZ **1982** 260 (Vorlage neuer Akten mit weiteren Zeugenaussagen).

[26] OLG München HRR **1940** Nr. 484; *Eb. Schmidt* 6; KK-*Herdegen* 4.

Walter Gollwitzer

**22**    **2. Revision.** Wird eine Beweiserhebung vom Gericht **entgegen § 246 Abs. 1** abgelehnt, so begründet dies die Revision (§§ 336, 337, ev. auch § 338 Nr. 8). Das gilt auch, wenn der Vorsitzende die Entgegennahme des Beweisantrags verweigert hat. Die Anrufung des Gerichts ist nicht erforderlich[27].

**23**    Hat das Gericht einen **Aussetzungsantrag nach Absatz 2** unter Fehlgebrauch seines Ermessens zu Unrecht abgelehnt (Rdn. 14) oder nicht in der Hauptverhandlung beschieden, kann dies ebenfalls mit der Revision beanstandet werden[28]. Das Urteil muß allerdings auf dem Verfahrensverstoß beruhen, was im Einzelfall zu prüfen ist.

**24**    Hat dagegen der vom Beweismittel überraschte Prozeßbeteiligte **keinen Aussetzungsantrag** gestellt, so kann er nach der vorherrschenden Meinung mit der Revision nicht rügen, daß § 222 bzw. § 246 Abs. 2 verletzt worden ist[29]. Eine Ausnahme macht die Rechtsprechung, wenn der rechtsunkundige, durch keinen Verteidiger unterstützte Angeklagte vom Vorsitzenden nicht auf den Fehler und die Möglichkeit, Aussetzung zu beantragen, hingewiesen wurde[30]. Für den vom Erscheinen in der Hauptverhandlung befreiten Angeklagten gilt der Rügeausschluß nicht[31].

**25**    Für diese Ansicht spricht, daß der Gesetzgeber die Verfahrensbefugnisse bei einer verspäteten Benennung eines Beweismittels in § 246 **abschließend geregelt** hat. Dies folgt daraus, daß der Aussetzungsantrag nur bis zu einem gewissen Verfahrensabschnitt gestellt werden kann (Ende der Beweisaufnahme) und daß die Entscheidung darüber in das Ermessen des Gerichts gestellt ist[32]. Die Ausnahme beim rechtsunkundigen Angeklagten ohne Verteidiger läßt sich im Ergebnis damit rechtfertigen, daß der Vorsitzende in diesem Fall kraft seiner Fürsorgepflicht in der Regel gehalten ist, ihn auf die Möglichkeit, die Aussetzung zu beantragen, hinzuweisen (Tatfrage!). Der Verstoß gegen die Hinweispflicht und nicht die verspätete Benennung ist dann der die Rüge begründende Verfahrensfehler. Er muß allerdings ordnungsgemäß (§ 344 Abs. 2) gerügt worden sein, wozu auch die Angabe der Tatsachen gehören kann, aus denen sich im Einzelfall die Belehrungspflicht des Gerichts ergibt.

**26**    Wer diesen Weg nicht gehen will, muß grundsätzlich die Revision auch dann zulassen, wenn kein Aussetzungsantrag gestellt wurde, im Einzelfall aber prüfen, ob im Unterlassen des Aussetzungsantrags ein stillschweigender **Verzicht** auf eine Beanstandung liegt (was bei einem rechtskundigen Angeklagten nicht angenommen werden kann), oder ob die Revisionsrüge durch das absichtliche Nichtergreifen der prozessualen Möglichkeit, Aussetzung zu beantragen, **verwirkt** ist[33]. Die in der Rechtsprechung häufig vertretene Ansicht, bei Unterlassen eines Aussetzungsantrags beruhe das Urteil nicht auf dem Verfahrensverstoß, trifft dagegen nicht zu[34].

---

[27] BGH NStZ **1981** 311; nach der bei § 238, 44 ff vertretenen Auffassung ist dies ohnehin entbehrlich.

[28] BGHSt **1** 284; BGH VRS **19** 132; StrVert. **1982** 457; BGH bei *Holtz* MDR **1984** 278; BayObLGSt **1954** 157; OLG Hamm JMBlNW **1968** 236; MDR **1975** 422; KK-*Herdegen* 5; *Kleinknecht/Meyer* 4; KMR-*Paulus* 12; *Bohnert* 151; *Dahs* Hdb. 837; *Warda* Ermessen 81.

[29] Vgl. *Schmid* Verwirkung 230 mit weit. Nachw.; KK-*Herdegen* 5; KMR-*Paulus* § 222, 14.

[30] OLG Dresden HRR **1938** Nr. 935; OLG Köln OLGSt 1; KK-*Herdegen* 5; zweifelnd,

ob diese Rechtsprechung noch maßgebend ist, *Bohnert* 154.

[31] KMR-*Paulus* § 222, 16 hält insoweit nur die Rüge der Beeinträchtigung der Verteidigung für gegeben.

[32] Vgl. § 222, 22. Anders als der Antrag nach § 238 Abs. 2 ist der Aussetzungsantrag aber kein „Zwischenrechtsbehelf" (so z. B. *Nüse* JZ **1953** 221), sondern ein dem Prozeßbeteiligten auch ohne vorgängigen Verfahrensfehler zustehendes Recht der Prozeßgestaltung.

[33] Vgl. OLG Frankfurt NJW **1948** 395.

[34] Vgl. § 222, 22 und § 238, 45.

## IV. Kosten der Aussetzung

Die Kosten der Aussetzung, die durch einen verspäteten Beweisantrag eines Ver- **27** teidigers veranlaßt wurden, können diesem nicht auferlegt werden. § 145 Abs. 4 gilt hier nicht[35].

# § 246 a

[1]Ist damit zu rechnen, daß die Unterbringung des Angeklagten in einem psychiatrischen Krankenhaus, einer Entziehungsanstalt oder in der Sicherungsverwahrung angeordnet werden wird, so ist in der Hauptverhandlung ein Sachverständiger über den Zustand des Angeklagten und die Behandlungsaussichten zu vernehmen. [2]Hat der Sachverständige den Angeklagten nicht schon früher untersucht, so soll ihm dazu vor der Hauptverhandlung Gelegenheit gegeben werden.

**Schrifttum:** *Kaatsch* Die Zuziehung des medizinischen Sachverständigen im Strafprozeß bei Anordnung der Sicherungsverwahrung (§§ 80 a; 246 a StPO), Diss. Würzburg 1983.

**Entstehungsgeschichte.** Art. 2 Nr. 20 AGGewVerbrG hat den § 246 a im Hinblick auf die §§ 42 b und 42 c StGB a. F. in die Strafprozeßordnung aufgenommen. Die ursprüngliche Fassung schrieb mit Rücksicht auf den damals geltenden § 42 k die Vernehmung des Sachverständigen auch für den Fall vor, daß mit der Anordnung der Entmannung zu rechnen war. Durch Art. 9 Nr. 11 des 1. StrRG wurde die Sicherungsverwahrung in die Vorschrift eingefügt (vgl. *Wulf* JZ **1970** 160). Art. 21 Nr. 64 EGStGB hat Satz 1 neugefaßt. Die Einbeziehung der Unterbringung in einer sozialtherapeutischen Anstalt ist infolge des mehrfachen Hinausschiebens des Inkrafttretens des § 65 StGB und schließlich der Aufhebung dieser Bestimmung nicht wirksam geworden, so daß es bei derjenigen Fassung des § 246 a verbleibt, die er gemäß Art. 326 Abs. 5 Nr. 2 Buchst. d EGStGB als Übergangsfassung erhalten hat (Art. 3 Nr. 3 Buchst. c des Gesetzes zur Änderung des Strafvollzugsgesetzes vom 20. 12. 1984 — BGBl I 1654).

*Übersicht*

**1. Zweck der Vorschrift.** Bei den Schuldunfähigen, den vermindert Schuldfähi- **1** gen, den Gewohnheitstrinkern und den Betäubungsmittelsüchtigen und den sonst in ihrer Persönlichkeitsentwicklung schwer gestörten Personen kommen Entartungen der geistigen und körperlichen Beschaffenheit in Betracht, desgleichen bei Tätern, bei denen die Anordnung der Sicherungsverwahrung zu erwarten ist. Die vom Gericht zu tref-

---

[35] OLG Frankfurt JR **1950** 570.

Walter Gollwitzer

fende Entscheidung setzt eine umfassende Beurteilung des körperlichen und geistigen Zustands des Angeklagten voraus. Die Ursachen seines Fehlverhaltens, die Frage, wieweit es krankheitsbedingt ist, und die künftige Entwicklung müssen dabei berücksichtigt werden. Da diese Fragen sich meist nur nach Zuziehung eines Sachverständigen sicher entscheiden lassen, schreibt § 246 a die Anhörung eines Sachverständigen in der Hauptverhandlung zwingend vor. Er soll die Gründlichkeit der Prüfung aller tatsächlichen Umstände wegen der tiefgreifenden Wirkung der in Betracht kommenden Maßregeln gewährleisten[1] und das Gericht bei der oft schwierigen Auswahl der im Einzelfall angemessenen Maßnahmen fachkundig unterstützen.

**2**     Diesen Anforderungen genügt nur ein Sachverständiger, der die zur Begutachtung des Zustands des Angeklagten und der Behandlungsaussichten **notwendigen Sachkenntnisse** hat. Er muß aber nicht notwendig ein Arzt sein[2]. In der Regel wird das Gericht jedoch einen Arzt mit einschlägigem Fachwissen zuziehen müssen[3]. Ausnahmsweise kann jedoch auch ein anderer Sachverständiger das von § 246 a vorausgesetzte Fachwissen haben, so etwa, wenn für die Anordnung der Sicherungsverwahrung im Einzelfall nur nichtmedizinische Fragen zu beurteilen sind.

**3**     Ob das Gericht **mehrere Sachverständige** zu hören hat, richtet sich nach § 246 a (Rdn. 10) und nach den bei § 244 aufgestellten Grundsätzen[4]. Die Vorschrift, die dem Schutze und dem wohlverstandenen Interesse des Angeklagten dient[5], ändert nichts daran, daß über die Voraussetzungen der Maßregeln letztlich der Strafrichter auch insoweit zu entscheiden hat, als ärztliche Fragen eingreifen; der Sachverständige ist auch da nur Gehilfe des Richters[6].

**4**     § 246 a stellt **Mindestforderungen** auf. Im Einzelfall kann die Aufklärungspflicht mehr fordern, insbesondere kann sich daraus eine Verpflichtung zur Beiziehung weiterer Sachverständiger ergeben[7]; so vor allem, wenn sich das Gericht dem Gutachten des zugezogenen Sachverständigen nicht anschließen will, denn das Gesetz geht davon aus, daß die eigene Sachkunde des Gerichts in der Regel für eine sichere Beurteilung dieser Fragen nicht ausreicht[8].

**5**     2. **Voraussetzung der Anwendbarkeit.** § 246 a setzt, ebenso wie die eng damit zusammenhängende Sollvorschrift des § 80 a, voraus, daß mit der Anordnung der erwähnten Maßregeln der Besserung und Sicherung zu rechnen ist. Das ist weniger als die von § 126 a geforderten „dringenden Gründe für die Annahme", daß eine solche Maßregel angeordnet wird. Es genügt die Möglichkeit, daß eine solche Maßnahme in Betracht kommt, um die Pflicht des Gerichts zur Anhörung des Sachverständigen auszulösen.

**6**     Eine **vergleichbare Regelung** enthält § 415 Abs. 5 für das Sicherungsverfahren. Er stellt zugleich klar, daß der Sachverständige auch dann in der Hauptverhandlung zu hören ist, wenn diese in Abwesenheit des Angeklagten stattfindet und der Sachverständige bei der Anhörung des Angeklagten nach § 415 Abs. 2 zugegen war.

---

[1] RGSt **69** 32; vgl. *Müller-Dietz* NStZ **1983** 204.

[2] KK-*Herdegen* 1 (Mediziner nur selten entbehrlich); *Kleinknecht/Meyer* 1; KMR-*Paulus* 2. Die bis 31.12.1975 geltende Fassung schrieb die Zuziehung eines ärztlichen Sachverständigen zwingend vor.

[3] BGH bei *Dallinger* MDR **1976** 17; *Müller-Dietz* NStZ **1983** 204.

[4] Vgl. § 244, 74 ff; zur früheren Rechtslage *Wulf* JZ **1970** 160.

[5] *In der* Beck/*Wuttke* SchlHA **1971** 74.

[6] RG HRR **1935** Nr. 992.

[7] BGHSt **18** 374.

[8] BGHSt **27** 166.

**3. Vernehmung des Sachverständigen in der Hauptverhandlung (Satz 1).** Diese **7**
Vernehmung darf auch nicht unterlassen werden, wenn ein Sachverständiger den Angeklagten im Vorverfahren gemäß § 80 a untersucht, ein erschöpfendes schriftliches Gutachten über das Ergebnis der Untersuchung erstattet hat und es zulässig wäre, das
schriftliche Gutachten in der Hauptverhandlung zu verlesen[9]. Auch die Vernehmung
des Sachverständigen durch den ersuchten Richter außerhalb der Hauptverhandlung genügt nicht der Vorschrift des § 246 a[10].

Der Sachverständige braucht aber nicht während der **ganzen Hauptverhandlung** **8**
**anwesend** zu sein[11]. Unerläßlich ist nur, daß er vom erkennenden Gericht zum geistigen
und körperlichen Zustand des Angeklagten umfassend gehört wird. Er muß seine Beurteilung des Zustandes des Angeklagten und der Erfolgsaussichten auf den gesamten
dafür relevanten Prozeßstoff stützen können. Werden nachträglich weitere Anknüpfungstatsachen bekannt, ist dem Sachverständigen Gelegenheit zu geben, sein Gutachten zu ergänzen[12]. Im übrigen richtet es sich nach den allgemeinen Gesichtspunkten,
wieweit die Anwesenheit des Sachverständigen zur Sachaufklärung notwendig oder
zweckmäßig ist. Ergibt sich erst während der Hauptverhandlung, daß mit einer Unterbringung oder Sicherungsverwahrung zu rechnen ist, dann kann es genügen, wenn das
Gericht einem Sachverständigen Gelegenheit gibt, den Angeklagten zu untersuchen
und ihn dann vernimmt; nicht notwendig ist, daß der bereits durchgeführte Teil der
Hauptverhandlung in Anwesenheit des Sachverständigen wiederholt wird. Das Gericht
muß jedoch dann mit besonderer Sorgfalt prüfen, ob der Gutachter eine ausreichend
tragfähige Grundlage für sein Gutachten hat[13].

**4. Untersuchung des Angeklagten durch einen Sachverständigen vor der Haupt-** **9**
**verhandlung (Satz 2).** Die Untersuchung und die Vernehmung des Sachverständigen
über den körperlichen und geistigen Zustand des Angeklagten gehören untrennbar zusammen. Obwohl Satz 2 als Sollvorschrift auftritt, wird die Untersuchung mit Recht als
im Regelfall zwingend angesehen. Da sie eine wichtige Grundlage für das Gutachten
des Sachverständigen bietet, steht es nicht im freien Ermessen des Gerichts oder des Gutachters, auf die Erkenntnisquelle zu verzichten[14]. Von der Untersuchung darf daher
nicht abgesehen werden, weil sie nach der Ansicht des Arztes oder des Gerichtes nicht erforderlich ist, etwa, weil der Arzt den Angaben des Angeklagten über seinen Gesundheitszustand glaubt[15], oder weil der Angeklagte sich weigert, sich untersuchen zu lassen[16]. Eine Ausnahme kann allenfalls dann Platz greifen, wenn die Untersuchung
gegen den Widerstand des Angeklagten und ohne seine Mitwirkung kein verwertbares
Ergebnis erwarten läßt und eine Unterbringung nach § 81 ausscheidet. Ist die Untersuchung nicht vor der Hauptverhandlung geschehen, so muß sie in ihr oder während einer
ausreichenden Verhandlungspause nachgeholt werden[17].

Dem Erfordernis es § 246 a genügt **nicht irgendeine Untersuchung**, sondern nur **10**
eine solche, die unter dem Gesichtspunkt der anzuordnenden Maßregel ausgeführt
worden ist und sich auf die geistige und körperliche Beschaffenheit des Untersuchten

[9] RG HRR **1935** Nr. 993; BGH bei *Dallinger*
MDR **1953** 723; KK-*Herdegen* 2; *Klein-
knecht/Meyer* 1; KMR-*Paulus* 5.
[10] KMR-*Paulus* 5.
[11] RG JW **1933** 2774; **1937** 1836; BGHSt **27**
167; BGH bei *Dallinger* MDR **1953** 725; *Eb.
Schmidt* Nachtr. I 2.
[12] BGHSt **27** 167; KK-*Herdegen* 2.

[13] BGH NJW **1968** 2298; KK-*Herdegen* 2.
[14] RGSt **68** 198, 327; **69** 129; BGHSt **9** 1; vgl.
BGH MDR **1954** 310; *Eb.* Schmidt 5 und
Nachtr. I 4; KK-*Herdegen* 3; KMR-*Paulus* 6.
[15] RGSt **68** 200; *Kleinknecht/Meyer* 2; KMR-
*Paulus* 6.
[16] BGH NJW **1972** 348.
[17] RGSt **68** 198.

gerade in den Beziehungen erstreckt hat, die für die hierbei zu beurteilenden Fragen ausschlaggebend sind[18]. Hat das Gericht zu entscheiden, welche von **mehreren Maßregeln** anzuordnen ist, so ist eine Untersuchung unter dem Gesichtspunkt jeder in Frage kommenden Maßregel erforderlich[19]. Ist ein Sachverständiger nicht in der Lage, alle danach erforderlichen maßnahmespezifischen Untersuchungen vorzunehmen, so muß das Gericht dafür mehrere Sachverständige heranziehen.

**11**      Die vom Gesetz verlangte Untersuchung kann nicht dadurch **ersetzt** werden, daß der beauftragte Sachverständige die Akten einsieht und sich Kenntnis vom Gutachten eines anderen Arztes verschafft[20] oder ein mehrere Jahre zurückliegendes Gutachten heranzieht[21]. Es muß also gerade der in der Hauptverhandlung gehörte Sachverständige den Beschuldigten vorher untersucht haben.

**12**      **5. Revision.** Mit der Revision kann nach § 337 gerügt werden, daß die durch Satz 1 vorgeschriebene Heranziehung eines Sachverständigen zur Hauptverhandlung unterblieben ist oder daß der Angeklagte durch eine fehlerhafte Ermessensausübung bei Anwendung der Sollvorschrift des Satzes 2 nicht untersucht wurde; nicht dagegen, daß die Staatsanwaltschaft im Vorverfahren keine solche Untersuchung in die Wege geleitet hat[22]. Strittig war, ob im ersten Fall die Rüge nur auf § 337 zu stützen ist, oder ob auch der absolute Revisionsgrund des § 338 Nr. 5 durchgreift[23]. Die Rüge, der Angeklagte sei zu Unrecht nicht oder nicht ordnungsgemäß untersucht worden, richtet sich dagegen unstreitig nach § 337. Ob das Urteil auf dem jeweiligen Verfahrensfehler beruht, ist unter Berücksichtigung der Umstände des Einzelfalls zu prüfen[24].

**13**      Das Unterlassen einer ordnungsgemäßen Untersuchung kann — wenn die sonstigen Voraussetzungen gegeben sind — auch mit der **Aufklärungsrüge** geltend gemacht werden[25]. Zu ihrer Begründung sind vielfach die gleichen Tatsachen vorzutragen wie zur Begründung der ermessensfehlerhaften Anwendung der Sollvorschrift des Satzes 2, so daß es nahe lag, daß die Revisionsgerichte auf sie ausgewichen sind.

**14**      Die **Beschränkung** der Anfechtung auf die Anordnung der Unterbringung ist in solchen Fällen nicht möglich. Das Gutachten des Sachverständigen kann auch die Schuldfrage berühren, so daß Fehler bei der Begutachtung in der Regel das Urteil im ganzen erfassen[26].

---

[18] RGSt **68** 327; **64** 133; KK-*Herdegen* 3.

[19] RGSt **69** 133.

[20] RG HRR **1935** Nr. 405; BGHSt **9** 1 = LM Nr. 2 mit Anm. *Jagusch*.

[21] BGH NJW **1972** 348.

[22] BGH NStZ **1984** 134.

[23] RG HRR **1935** Nr. 993 hielt den absoluten Revisionsgrund des § 338 Nr. 5 für anwendbar (vgl. dazu BGH bei *Dallinger* MDR **1953** 723), während die jetzt wohl herrschende Meinung zu Recht die Rüge nach 337 behan-

delt, so BGHSt **9** 3; **27** 166; OLG Hamm MDR **1978** 864; KK-*Herdegen* 4; *Kleinknecht/Meyer* 4; KMR-*Paulus* 7; *Eb. Schmidt* 3; wobei nach den beiden letztgenannten bei der Prüfung des Beruhens allerdings dem Grundgedanken des § 338 Nr. 5 Rechnung getragen werden soll.

[24] Vgl. RG DJ **1939** 181 (Verstoß gegen Satz 2).

[25] BGHSt **18** 376; BGH MDR **1954** 310; NJW **1968** 2298; KK-*Herdegen* 4; KMR-*Paulus* 7; *Müller-Dietz* NStZ **1983** 203.

[26] RG HRR **1939** Nr. 1211; OLG Hamm MDR **1978** 864; KMR-*Paulus* 7.

# § 247

[1]Das Gericht kann anordnen, daß sich der Angeklagte während einer Vernehmung aus dem Sitzungszimmer entfernt, wenn zu befürchten ist, ein Mitangeklagter oder ein Zeuge werde bei seiner Vernehmung in Gegenwart des Angeklagten die Wahrheit nicht sagen. [2]Das gleiche gilt, wenn eine Person unter sechzehn Jahren als Zeuge zu vernehmen ist und die Vernehmung in Gegenwart des Angeklagten einen erheblichen Nachteil für das Wohl des Zeugen befürchten läßt. [3]Die Entfernung des Angeklagten kann für die Dauer von Erörterungen über den Zustand des Angeklagten und die Behandlungsaussichten angeordnet werden, wenn ein erheblicher Nachteil für seine Gesundheit zu befürchten ist. [4]Der Vorsitzende hat den Angeklagten, sobald dieser wieder anwesend ist, von dem wesentlichen Inhalt dessen zu unterrichten, was während seiner Abwesenheit ausgesagt oder sonst verhandelt worden ist.

**Entstehungsgeschichte.** Art. 4 Nr. 27 des 3. StRÄndG hatte 1953 die jetzt in Satz 3 enthaltene Vorschrift zur Schonung der Gesundheit des Angeklagten eingefügt (damals Absatz 1 Satz 2). Der jetzige Wortlaut beruht auf der Neufassung durch Art. 1 Nr. 12 des 1. StVRErgG, die die vorhergehende, noch nicht in Kraft getretene Änderung des damaligen Absatzes 1 durch Art. 21 Nr. 65 EGStGB übernahm, gleichzeitig aber den durch § 231 b ersetzten Absatz 2 aufhob. Bezeichnung bis 1924: § 246.

*Übersicht*

## I. Zweck und Geltungsbereich

**1. Grundgedanke** der Vorschrift ist, daß Recht und Pflicht des Angeklagten zur **1** ständigen Anwesenheit in der Hauptverhandlung (§ 230, 1) trotz ihrer überragenden Bedeutung für Wahrheitsermittlung und Verteidigung, insbesondere auch für die Gewährung des rechtlichen Gehörs, durch gewichtige Belange eine Einschränkung erfahren dürfen. Der Gesetzgeber, dem die Abwägung der kollidierenden Interessen obliegt, hat dem Gebot der umfassenden Sachaufklärung den Vorrang eingeräumt, wenn die Anwe-

Walter Gollwitzer

senheit des Angeklagten eine wahrheitsgemäße Aussage gefährdet[1], denn die Anwesenheit des Angeklagten soll kein „Hindernis für die ungetrübte Wahrheitserforschung sein"[2]. Vorrang vor dem Anwesenheitsrecht hat ferner der Schutz kindlicher und jugendlicher Zeugen vor psychischen Schäden, die die Gegenwart des Angeklagten bei ihrer Vernehmung bei ihnen auslösen könnte[3]. Vorrangig ist aber auch der Schutz der Gesundheit des Angeklagten, wenn sein körperlicher oder geistiger Zustand nicht ohne erhebliche Nachteile für ihn in seiner Gegenwart erörtert werden könnte. Das Recht des Angeklagten auf Anwesenheit erfährt also nicht nur im Interesse der besseren Sachaufklärung (Satz 1), sondern auch im Interesse des Schutzes der jugendlichen und kindlichen Zeugen (Satz 2) sowie des Angeklagten selbst (Satz 3) eine Einschränkung.

**2**       Das **Mindestmaß an rechtlichem Gehör**, das dem Angeklagten von Verfassungs wegen (Art. 103 Abs. 1 GG) auch hinsichtlich des ohne ihn verhandelten Verfahrensteils gewährt werden muß, wird durch die Unterrichtung nach Satz 4 sichergestellt. Er erhält dadurch Gelegenheit, seine Verteidigung auf die in seiner Abwesenheit verhandelten Verfahrensvorgänge auszudehnen, sein Fragerecht auszuüben und die ihm für seine Verteidigung erforderlich erscheinenden Anträge zu stellen (Rdn. 38).

**3**       Soweit der Angeklagte nach § 247 von der Teilnahme an der Hauptverhandlung ausgeschlossen ist, bedarf es nach dem Sinn dieser Vorschrift auch nicht seiner **vorherigen Anhörung nach § 33 Abs. 1** zu den Entscheidungen, die ausschließlich der Durchführung des Verfahrensvorgangs dienen, für den sein Ausschluß angeordnet wurde, und die keine darüber hinausreichende Wirkung haben (vgl. Rdn. 19). Bei allen anderen Entscheidungen schließt die Sonderregelung des § 247 Satz 4 die Pflicht zur vorherigen Anhörung des Angeklagten nach § 33 Abs. 1 nicht aus, auch wenn sie zeitlich oder gegenständlich mit dem Verfahrensvorgang zusammenhängen, für den der Ausschluß gilt[4]. § 247 schränkt insoweit nur das Anwesenheitsrecht des Angeklagten, nicht aber seine sonstigen Verfahrensbefugnisse ein[5].

**4**       2. Einer **ausdehnenden Auslegung** ist die Ausnahmevorschrift des § 247 wegen der Bedeutung des Anwesenheitsrechts für die Verteidigung grundsätzlich nicht zugänglich[6]. Das Recht des Angeklagten auf Anwesenheit darf **nur insoweit eingeschränkt** werden, als es zur wirksamen Strafverfolgung[7], zur ungetrübten Wahrheitserforschung[8] oder zur Verhinderung erheblicher Nachteile für jugendliche Zeugen oder für den Angeklagten selbst „notwendig und unvermeidbar" ist[9]. Es ist grundsätzlich nicht zulässig, § 247 über seinen Wortlaut hinaus auf andere Beweismittel, andere Verfahrensteile und andere Verfahrensbeteiligte auszudehnen.

**5**       Beim **Urkundenbeweis** ist eine Anordnung nach § 247 Satz 1 oder Satz 2 ausgeschlossen[10]. Im Rahmen des Satzes 3 dürfen Urkunden in Abwesenheit des Angeklagten

---

[1] *Hahn* Mat. **2** 1363.

[2] RGSt **60** 181.

[3] Begr. zum Entwurf eines 2. StVRG BTDrucks. **7** 2526 S. 26.

[4] Das Verhältnis zu § 33 Abs. 1 ist strittig; vgl. *Gollwitzer* JR **1979** 434; Fußn. 5.

[5] Vgl. RGSt **18** 138; ob dieser Entscheidung noch zu folgen ist, läßt BGH NJW **1979** 276 (mit Anm. *Strate* NJW **1979** 909 = JR **1979** 434 mit Anm. *Gollwitzer*) offen. Zu den strittigen Fragen der Tragweite des § 247 vgl. Rdn. 19 ff.

[6] BGHSt **21** 333; **22** 18; BGH NJW **1957** 1161; ferner BGHSt **15** 195: „Keine erweiternde Auslegung von Vorschriften, die die Durchbrechung des Anwesenheitsprinzips zulassen"; KK-*Mayr* 2; KMR-*Paulus* 3; *Kleinknecht/Meyer* 1.

[7] BGHSt **1** 346; **3** 384.

[8] RGSt **60** 181.

[9] BGHSt **3** 386; KMR-*Paulus* 2.

[10] BGHSt **21** 333; RGSt **38** 433; RG Recht **1912** Nr. 1863; unten Rdn. 27.

nur insoweit zum Gegenstand der Verhandlung gemacht werden, als sie den Gesundheitszustand des Angeklagten betreffen und der Zweck des Ausschlusses dies rechtfertigt.

Die **Vernehmung eines Sachverständigen** in Abwesenheit des Angeklagten ist im **6** Falle des Satzes 3 vorgesehen, nicht aber im Falle des Satzes 1, der ausdrücklich nur Zeugen und Mitangeklagte anführt. Zwingende Gründe, die die Einbeziehung des Sachverständigen hier rechtfertigen könnten, sind im Normalfall auch nicht anzuerkennen. Vom Sachverständigen muß verlangt werden, daß er, unbeeinflußt durch den anwesenden Angeklagten, sein Gutachten wahrhaft erstattet.

Die **Rechtsprechung** hat früher bei **Vorliegen zwingender Gründe** auch in nicht in **7** §247 vorgesehenen Fällen das Abtretenlassen des Angeklagten während der Aussage eines Sachverständigen in **entsprechender Anwendung** dieser Vorschrift für zulässig gehalten[11]. Der Hauptgrund für diese Ausnahme, die Schonung des Angeklagten während der Erörterung seines **Gesundheitszustands** durch den Sachverständigen[12], ist in das Gesetz aufgenommen worden. Der andere Fall, daß die Staatssicherheit, insbesondere der **Schutz von Staatsgeheimnissen**, es gebietet, den Angeklagten fernzuhalten, während der Sachverständige sein Gutachten erstattet, ist es dagegen nicht. Es erscheint fraglich, ob man diese Ausnahme deshalb nach der Neufassung des §247 noch anerkennen kann[13]. Eine richtige Sachbehandlung vorausgesetzt, dürfte in der Regel ein zwingender Grund für die Ausnahme meist fehlen. Für den materiellen Geheimnisschutz bringt die Entfernung des Angeklagten wenig, da der wesentliche Inhalt des Gutachtens dem Angeklagten zur Gewährung des rechtlichen Gehörs ohnehin mitgeteilt werden müßte (Satz 4); Staatsgeheimnisse, die für die strafrechtliche Entscheidung nicht wesentlich sind, sollten vom Sachverständigen ohnehin nicht in der Hauptverhandlung erörtert werden. Zur Möglichkeit, den Angeklagten nach Satz 1 im Interesse der Wahrheitsfindung auszuschließen, wenn andernfalls eine Aussagegenehmigung für einen Zeugen nicht erteilt würde[14], vgl. Rdn. 16, 20.

Eine **analoge Anwendung** des §247 auf den Fall, daß sich der **Angeklagte vom 8 Verhandlungsort entfernt**, um an der vom Gericht beabsichtigten Rekonstruktion des Tatgeschehens (Verkehrsunfall) mitzuwirken, während das Gericht einen Zeugen vernimmt, scheidet aus; denn hier besteht kein die Einschränkung des Grundsatzes des §230 Abs. 1 als unvermeidbar rechtfertigender Grund. Der gegenteiligen Ansicht des Oberlandesgerichts Braunschweig[15] kann nicht gefolgt werden[16].

Verläßt der Angeklagte **eigenmächtig** die Hauptverhandlung, kommt nicht die Anwendung des §247, sondern des §231 in Betracht[17]. Weder §247 noch §231 greift ein, **9** wenn das Gericht dem Angeklagten nahelegt, sich für einige Zeit „freiwillig" aus der Hauptverhandlung zu entfernen, und dieser dem Wunsch nachkommt. Weder der Angeklagte noch andere Verfahrensbeteiligte können auf die Anwesenheit des Angeklagten in der Hauptverhandlung wirksam verzichten[18].

---

[11] RGSt **49** 40; **60** 179; **73** 306; RG GA **47** (1900) 296; RG JW **1935** 1861; vgl. *Eb. Schmidt* 13.

[12] Vgl. RGSt **49** 40.

[13] RGSt **69** 253 läßt dies offen, verneinend *Eb. Schmidt* 12; KK-*Mayr* 2; KMR-*Paulus* 12; a. A wohl *Grünwald* StrVert. **1984** 56.

[14] Vgl. auch BGHSt **32** 32 = JZ **1984** 145 mit Anm. *Geerds;* ob diese Entscheidung weiterentwickelt wird, bleibt abzuwarten, da ihre Tendenz (Entscheidung für das kleinere

Übel) zwischenzeitlich vom Großen Senat in anderem Zusammenhang abgelehnt wurde; vgl. BGHSt **32** 115; aber auch BGH NStZ **1985** 136 und Fußn. 30.

[15] NJW **1963** 1322 mit abl. Anm. *Kleinknecht.*

[16] KK-*Mayr* 2; vgl. §230, 8.

[17] RGSt **52** 68; *Eb. Schmidt* 6; KMR-*Paulus* 4; vgl. §231, 14 ff.

[18] BGHSt **22** 18; BGH NJW **1976** 1108; bei *Holtz* MDR **1983** 281; OLG Koblenz MDR **1977** 777; vgl. §230, 2.

**10**     Eine **Entfernung des Nebenklägers** darf in entsprechender Anwendung des § 247 nicht angeordnet werden[19]. Vernommene **Zeugen** dürfen aus sachlichen Gründen ohnehin aus dem Sitzungssaal verwiesen werden[20].

**11**     **3. Anwendungsbereich.** § 247 gilt für die Hauptverhandlung. Er ist jedoch bei einer Beweisaufnahme durch den **ersuchten** oder **beauftragten Richter** entsprechend anwendbar, da insoweit ein an sich zur Hauptverhandlung gehörender Verfahrensteil vorweggenommen wird und die Gründe, die die Entfernung des Angeklagten rechtfertigen, hier gleichfalls durchgreifen[21]. Die kommissarische Vernehmung ist aber kein Teil der Hauptverhandlung. Ein von ihr ausgeschlossener Angeklagter muß deshalb nicht nach Satz 4 belehrt werden[22]. Er bzw. sein Verteidiger können sich bis zur Hauptverhandlung über den Inhalt der Aussage selbst unterrichten, sie wird außerdem in seiner Anwesenheit in der Hauptverhandlung verlesen. Wegen der Ausnahme im Falle des Satzes 3 vgl. Rdn. 27.

**12**     Für die dem **Freibeweisrecht** unterliegenden Beweiserhebungen gelten an sich die Vorschriften über die Beweisaufnahme der §§ 244 ff nicht[23]. Deshalb könnte man § 247 entsprechend seiner Stellung im Gesetz insoweit für nicht anwendbar halten und daraus die Folgerung ziehen, das Gericht könne hier den Angeklagten auch aus anderen Gründen abtreten lassen[24]. Dagegen spricht: Der Grundsatz, daß in Anwesenheit des Angeklagten zu verhandeln und ihm in dieser Form das rechtliche Gehör zu gewähren ist (§ 230 Abs. 1), umfaßt auch die Vorgänge, die dem Freibeweisrecht unterliegen, wie etwa die Vernehmung eines Sachverständigen über die Verhandlungsfähigkeit des Angeklagten oder die Erörterung der Rechtzeitigkeit eines Strafantrags. Ausnahmen bedürfen deshalb der gesetzlichen Zulassung. § 247 ist ebenso wie § 231 a und § 231 b (früher § 247 Abs. 2!) als eine das Anwesenheitsrecht einschränkende Sondervorschrift zu verstehen, die trotz ihrer Stellung im Gesetz nach Regelungszweck und systematischem Verständnis alle Vorgänge in der Hauptverhandlung erfaßt und nicht etwa nur die Beweiserhebungen, für die das Strengbeweisrecht gilt.

**13**     **4.** Eine **Sondervorschrift** enthält § 51 JGG, der es dem Vorsitzenden (nicht dem Gericht) ermöglicht, über die Fälle des § 247 hinaus den Angeklagten oder seine Angehörigen bei **für die Erziehung** nachteiligen **Erörterungen** auszuschließen. Zur Tragweite dieser Erweiterung des § 247 vgl. die Erläuterungsbücher zu § 51 JGG.

## II. Die einzelnen Fälle des § 247

### 1. Befürchtung, daß Mitangeklagter oder Zeuge mit der Wahrheit zurückhält (Satz 1)

**14**     a) **Zweck** der Entfernung des Angeklagten aus dem Sitzungssaal ist es, die psychologischen Hemmungen zu mindern, die einer wahrheitsgetreuen Aussage entgegenstehen können, wenn sie in Gegenwart des Angeklagten erstattet werden soll. Zu einem anderen Zweck als zur Herbeiführung einer wahrheitsgetreuen Aussage des Zeugen oder Mitangeklagten ist das Abtretenlassen des Angeklagten nicht zulässig. Die Zwangsentfernung eines Angeklagten darf also nicht allein den Zweck verfolgen, die Anpas-

---

[19] RGSt **25** 177; *Kleinknecht/Meyer* 1; KMR-*Paulus* 6.

[20] RGSt **48** 211; KMR-*Paulus* 5; *Gollwitzer* JR 1976 341; vgl. § 243, 32.

[21] BGHSt **32** 32 = JZ **1984** 45 mit Anm. *Geerds; Eb. Schmidt* Nachtr. I 4; KMR-*Paulus*

[7]; KK-*Mayr* 17; **a. A** OLG Dresden HRR **1927** Nr. 208; vgl. § 224, 5.

[22] BGH GA **1967** 371; KMR-*Paulus* 7.

[23] Vgl. § 244, 3 ff; § 251 Abs. 3.

[24] *Beling* ZStW **30** (1910) 44.

sung der Einlassung eines Angeklagten an die Einlassung eines Mitangeklagten zu verhindern, die Aussicht auf ein Geständnis zu erhöhen, den entfernten Angeklagten in Widersprüche zu verwickeln oder sonst leichter überführen zu können[25].

**b)** Die **Befürchtung des Gerichts**, daß die Anwesenheit des Angeklagten den Zeu- **15** gen oder Mitangeklagten von einer wahren, das gesamte Wissen des Zeugen umfassenden Aussage abhalten werde, muß sich auf konkrete, im vorliegenden Einzelfall begründete Tatsachen stützen und nicht etwa nur auf allgemeine Erwägungen. Maßgebend ist die Sachlage zur Zeit des Ausschlusses[26]. Entscheidend ist, daß das Gericht diese Befürchtung hat, nicht, ob der betroffene Zeuge sich fürchtet[27].

Die Entfernung des Angeklagten ist nicht schon dann zulässig, wenn ein **Zeuge 16 wünscht**, in Abwesenheit des Angeklagten aussagen zu dürfen[28]. Dagegen kann das Gericht die Anordnung auch treffen, wenn ein zur Verweigerung des Zeugnisses berechtigter Zeuge erklärt, daß er nur in Abwesenheit des Angeklagten aussagen wolle[29]. Der BGH hält Satz 1 auch für anwendbar, wenn ein Zeuge die erforderliche Aussagegenehmigung nach § 54 StPO nur mit dieser Einschränkung erhält[30], oder wenn eine zulässige Sperre nach § 96 nur dadurch überwunden werden kann.

Diesen Fällen steht die **Besorgnis** gleich, daß die Aussage des Zeugen für das Ver- **17** fahren **verlorengehen** werde, weil der Zeuge, wenn er in Gegenwart des Angeklagten vernommen wird, infolge eines durch die Tat des Angeklagten verursachten schweren Nervenleidens zusammenbrechen werde[31].

**Mitangeklagte** kann das Gericht getrennt in Abwesenheit vernehmen, wenn zu be- **18** fürchten ist, daß sie sich in Gegenwart des anderen nicht zu einer wahren Aussage entschließen werden[32]. Es muß aber bei jedem einzelnen Angeklagten besonders geprüft werden, ob bei ihm diese Befürchtung tatsächlich besteht.

**c) Vernehmung** ist hier die gesamte Anhörung zur Person und Sache, auch die **19** Befragung nach § 68[33] sowie alle damit unmittelbar zusammenhängenden Verfahrensvorgänge, wie Vorhalte, Belehrungen, sonstige die Einvernahme betreffende Anordnungen des Vorsitzenden sowie die Entscheidung des Gerichts hierüber oder über die Zulässigkeit von Fragen (§§ 238 Abs. 2; § 242). Die Verfahrensbedeutung dieser Vorgänge muß sich aber ausschließlich in der Ausgestaltung und Durchführung der Vernehmung erschöpfen und darf keine zusätzliche, darüber hinausreichende, selbständige

---

[25] BGHSt **3** 384; **15** 194; BGH NJW **1957** 1161; KK-*Mayr* 2; KMR-*Paulus* 14; **a. A** RG HRR **1941** Nr. 314; *Hanack* JR **1972** 81 hält BGHSt **15** 194 für zu streng; ebenso *Kleinknecht/Meyer* 3; krit. auch *Küster* NJW **1961** 419.

[26] Die Beurteilung ex ante bleibt grundsätzlich maßgebend, vgl. Rdn. 36, 37.

[27] BGH bei *Dallinger* MDR **1972** 199.

[28] RG HRR **1938** Nr. 568; BGHSt **22** 21; BGH bei *Dallinger* MDR **1972** 199; *Kohlhaas* LM Nr. 4.

[29] RG HRR **1935** Nr. 1361; BGHSt **22** 18; zust. *Hanack* JZ **1972** 81.

[30] BGHSt **32** 32 = JZ **1984** 145 mit Anm. *Geerds;* BGH NStZ **1985** 136; vgl. auch BGH NStZ **1982** 42 (offen, ob solche Verfahrensweise zur Vermeidung eines Beweismittelverlustes generell zulässig); aber auch Fußn. 14; *Engels* NJW **1983** 1532.

[31] RGSt **73** 355; BGHSt **22** 296; GA **1970** 111; OLG Hamburg NJW **1975** 1573.

[32] RGSt **8** 155; RG HRR **1941** 314. Vgl. § 244, 10.

[33] RGSt **38** 10; BGH bei *Dallinger* MDR **1972** 199.

Walter Gollwitzer

Wirkung haben[34]. So sind Vorhalte aus Urkunden vom Ausschluß erfaßt, nicht aber deren Verlesung zu Beweiszwecken[35]. Gleiches gilt bei Lichtbildern, die als Vernehmungsbehelf verwendet werden, während der Augenscheinsbeweis in Gegenwart des Angeklagten einzunehmen ist[36].

**20**     Die **Vereidigung** des Zeugen ist — ebenso wie die Verhandlung hierüber — kein Teil der Vernehmung. Sie ist grundsätzlich in Anwesenheit des Angeklagten und immer erst nach dessen Unterrichtung vorzunehmen[37]. Dies entspricht sowohl dem eng auszulegenden Wortlaut des § 247, denn die Eidesleistung ist kein Teil der Vernehmung, als auch dessen Sinn. Das Interesse an der Wahrheitserforschung gebietet nicht, den Angeklagten nach abgeschlossener Aussage auch bei der Vereidigung fernzuhalten. Ihre große Bedeutung erfordert es andererseits um der Verteidigung des Angeklagten willen, ihn wieder vorzulassen und über den wesentlichen Inhalt der Aussage des Zeugen zu unterrichten, bevor dieser das Zeugnis mit dem Eid bekräftigt. Geschieht das nicht, erhält der Angeklagte keine Gelegenheit, sich vor der Vereidigung des Zeugen über das Zeugnis zu äußern, eine Frage oder einen Vorhalt anzubringen, so ist keine sichere Gewähr für die Erforschung der Wahrheit gegeben. Die Unterrichtung darf in Abwesenheit des Zeugen durchgeführt werden (Rdn. 44). Bei Gefahr der Enttarnung eines Zeugen hält es der BGH für zulässig, nach eventuell wiederholter Unterrichtung den Angeklagten beim Vereidigungsvorgang selbst wieder auszuschließen[37a].

**21**     Die Entscheidung, die **Öffentlichkeit** während einer in Abwesenheit des Angeklagten durchzuführenden Vernehmung **auszuschließen**, ist kein Teil dieser Vernehmung, sondern ein eigenständiger Verfahrensvorgang. Der Angeklagte muß daher vorher zu ihr gehört werden; sein Ausschluß von der Vernehmung umfaßt nicht eine aus Anlaß dieser Vernehmung notwendig werdende Verhandlung und Entscheidung über den Ausschluß der Öffentlichkeit[38].

**22**     Auch für einen **Teil der Vernehmung** eines Zeugen kann der Angeklagte entfernt werden[39]; sogar für einzelne Fragen. Die Notwendigkeit einer Anordnung nach § 247

---

[34] Die genaue Abgrenzung ist strittig. BGH NJW **1979** 276 rechnet alle Prozeßvorgänge zur Vernehmung, die mit ihr in enger Verbindung stehen oder sich daraus entwickeln; ebenso BGH bei *Dallinger* MDR **1975** 544; *Kleinknecht/Meyer* 4. Die Formel ist jedoch bei Satz 1 insofern zu weit, als der Ausschluß des Angeklagten auch Verfahrensvorgänge betrifft, die sich zwar aus der Vernehmung entwickeln, die aber darüber hinaus auch eine selbständige verfahrensrechtliche Bedeutung haben; vgl. *Gollwitzer* JR **1979** 434; ferner *Strate* NJW **1979** 909; wie hier KK-*Mayr* 6; KMR-*Paulus* 15. Das Absehen von der Vernehmung eines erschienenen Zeugen wird nicht von Satz 1 gedeckt, BGH bei *Holtz* MDR **1983** 282.

[35] RGSt **29** 30; RG Recht **1925** 2563; BGHSt **21** 332; dazu *Hanack* JZ **1982** 71; BGH bei *Holtz* MDR **1983** 450.

[36] BGH StrVert. **1981** 57.

[37] RGSt **39** 357; RG Recht **1908** Nr. 3369; BGHSt **8** 310; **22** 289; **26** 218 = JR **1976** 340

mit Anm. *Gollwitzer* = LM StPO **1975** Nr. 1 mit Anm. *Pelchen;* BGH NJW **1976** 1108; StrVert. **1984** 102; NStZ **1982** 256; **1983** 181; **1985** 136; BGH bei *Holtz* MDR **1978** 460; bei *Pfeiffer/Miebach* NStZ **1983** 355; KK-*Mayr* 7; *Kleinknecht/Meyer* 11; KMR-*Paulus* 15; a. A RGSt **74** 47; *Schneider-Neuenburg* DStR **1940** 146; *Eb. Schmidt* 7 (Teil der Vernehmung). Eine andere, davon zu trennende Frage ist, ob die Vereidigung oder ihr Unterlassen in allen Fällen ein wesentlicher Teil der Hauptverhandlung ist; vgl. dazu Rdn. 47.

[37a] BGH NStZ **1985** 136 (beschränkte Aussagegenehmigung) unter Hinweis auf BGHSt **32** 125; BVerfGE **57** 286.

[38] RGSt **18** 138; **39** 356; KK-*Mayr* 9; KMR-*Paulus* 15; a. A BGH NJW **1979** 276 = JR **1979** 434 mit abl. Anm. *Gollwitzer;* abl. *Strate* NJW **1979** 909.

[39] BGHSt **22** 297; BGH bei *Dallinger* MDR **1975** 544; KK-*Mayr* 6; *Kleinknecht/Meyer* 4; KMR-*Paulus* 16.

wird oft erst im Verlauf einer Vernehmung erkennbar werden. Umgekehrt kann sich bei fortschreitender Vernehmung ergeben, daß die Befürchtung, die die Entfernung des Angeklagten rechtfertigt, nicht mehr besteht. Da die Entfernung des Angeklagten nicht länger als nötig dauern darf, muß dann das Gericht den Angeklagten unter Umständen schon vor Abschluß der Vernehmung wieder an der Verhandlung teilnehmen lassen (vgl. auch Rdn. 30).

### 2. Nachteil für das Wohl eines noch nicht 16 Jahre alten Zeugen (Satz 2)

**a)** Ein erheblicher Nachteil für das Wohl des kindlichen oder jugendlichen Zeu- **23** gen rechtfertigt die Entfernung des Angeklagten auch dann, wenn die von Satz 1 vorausgesetzte **Gefahr für eine wahrheitsgemäße Aussage** nicht besteht. Satz 2 setzt nur voraus, daß die Vernehmung in Gegenwart des Angeklagten sich schädlich auf die Psyche des Kindes oder Jugendlichen auswirken kann. Anders als Satz 1, der der Sachaufklärung den Vorrang gibt, schützt Satz 2 das Wohl des Zeugen unter 16 Jahren vor den nachteiligen Folgen einer Vernehmung in Gegenwart des Angeklagten, unter Umständen auch auf Kosten der Sachaufklärung. Bestehen zwischen dem Angeklagten und dem jugendlichen Zeugen enge Beziehungen, insbesondere verwandtschaftlicher Art, so werden allerdings nicht selten die Voraussetzungen des Satzes 1 und des Satzes 2 gleichzeitig gegeben sein.

**b)** Nur ein **erheblicher Nachteil** für das Wohl des kindlichen oder jugendlichen **24** Zeugen rechtfertigt es, den Angeklagten zu entfernen. Es muß also eine Beeinträchtigung des Zeugen zu erwarten sein, deren Wirkung über die unmittelbare Einvernahme hinaus eine gewisse Zeit andauert[40]. Ob dies zu befürchten ist, hat das Gericht nach pflichtgemäßem Ermessen unter Berücksichtigung aller Umstände des Einzelfalls zu prüfen. Maßgebend ist hierfür insbesondere Alter und Persönlichkeitsstruktur des jugendlichen Zeugen, sein Verhältnis zum Angeklagten und die Art und Schwere des gegen diesen erhobenen Vorwurfs[41].

**c)** Die Entfernung des Angeklagten wird hier in der Regel **für die Dauer der Ver- 25 nehmung** anzuordnen sein. Im übrigen gilt das bei Rdn. 19, 22 Ausgeführte auch hier. Die Frage der Vereidigung in Gegenwart des Angeklagten stellt sich hier nicht (§ 60 Nr. 1). Der Schutzzweck des Satzes 2 kann erfordern, daß auch die Fragen an den Zeugen, die der Angeklagte nach seiner Wiederzulassung stellt, nur in Abwesenheit des Angeklagten an den Zeugen weitergegeben werden[42]. Ob dies allerdings notwendig ist, kann immer nur auf Grund der Umstände des Einzelfalls entschieden werden.

### 3. Nachteil für die Gesundheit des Angeklagten (Satz 3)

**a)** Zur **Schonung der Gesundheit** des Angeklagten kann seine Entfernung an- **26** geordnet werden für die Dauer der Erörterung seines Zustands und seiner Behandlungsaussichten. Die Notwendigkeit einer solchen Anordnung und ihre möglichen Folgen kann das Gericht mit einem anwesenden Sachverständigen im Wege des Freibeweises klären[43]. Die Gefahr einer psychischen oder physischen Schädigung des Angeklagten muß allerdings erheblich sein. Dies ist der Fall, wenn zu befürchten ist, daß der Angeklagte Selbstmord begeht, wenn er durch die Erörterungen Einzelheiten seines Gesundheitszustands oder seiner Behandlungsaussichten erfährt. Dies trifft aber auch schon zu, wenn der Heilungserfolg dadurch ungünstig beeinflußt wird oder sich das Befinden

---

[40] *Kleinknecht/Meyer* 5; KMR-*Paulus* 17.
[41] *Becker* Zentralblatt für Jugendrecht und Jugendpflege **1975** 515.
[42] BGH NJW **1969** 702; KMR-*Paulus* 17.
[43] *Dallinger* JZ **1953** 440; KK-*Mayr* 11.

des Angeklagten durch diese Kenntnis nach Ausmaß und Zeitdauer nicht nur geringfügig verschlechtert.

**27**    **b) Alle Verfahrensvorgänge.** Bei der Verwendung **aller Beweismittel**, aber auch bei sonstigen Vorgängen (Plädoyer usw.)[44], die in der Hauptverhandlung zu einer Erörterung des Gesundheitszustands des Angeklagten oder seiner Behandlungsaussichten Anlaß geben, kann die Entfernung des Angeklagten nach Satz 3 angeordnet werden, also nicht nur bei der Anhörung der in den Sätzen 1 und 2 angeführten Personen. Sein Hauptanwendungsgebiet ist zwar die Vernehmung medizinischer Sachverständiger, er gilt aber nach Wortlaut und Sinn auch für die Verwendung anderer Beweismittel, Zeugen, Urkunden und für sonstige Ausführungen, soweit diese den Gesundheitszustand oder Behandlungsaussichten betreffen. Zum Schutze des Angeklagten kann auch der Ausschluß der Öffentlichkeit in Betracht kommen (§ 172 Nr. 2 GVG).

### III. Verfahrensrechtliche Fragen

**28**    **1. Anordnung durch Gerichtsbeschluß.** Die Anordnungen nach § 247 erfordern einen Gerichtsbeschluß; eine Verfügung des Vorsitzenden genügt nicht[45]. Der Beschluß ergeht gemäß § 33 nach Anhörung der Beteiligten, insbesondere des Angeklagten. Er ist nach § 34 mit Gründen zu verkünden. Der Beschluß muß die Dauer der Ausschließung eindeutig festlegen, wozu meist die Angabe des jeweiligen Verfahrensvorgangs ausreicht. Ist der Ausschluß auf einen Teilvorgang begrenzt (Rdn. 22), ist dieser dem Gegenstand nach zu bezeichnen (etwa „. . . soweit betrifft").

**29**    Seine **Begründung** muß erkennen lassen, welchen Fall des § 247 das Gericht für gegeben hält und welche konkreten Anhaltspunkte es für die Befürchtung hat. Eine Wiederholung des bloßen Gesetzeswortlauts genügt nicht[46]. Eine Begründung ist auch dann notwendig, wenn alle Beteiligten mit der Entfernung des Angeklagten einverstanden sind[47].

**30**    Der Beschluß ist **auslegungsfähig**, auch hinsichtlich der Dauer des Ausschlusses. Wird er für die Dauer der Vernehmung eines Zeugen zu einem bestimmten Fragenkomplex angeordnet, so umfaßt er alle Verfahrensvorgänge, die mit diesem Teil der Vernehmung in enger Verbindung stehen oder sich unmittelbar daraus entwickeln[48]. Die Auslegung des Beschlusses kann jedoch die Zulässigkeit der Abwesenheitsverhandlung nicht über die Grenzen hinaus erweitern, die der Gesetzgeber in den einzelnen Fällen des § 247 unterschiedlich gezogen hat[49].

**31**    Die **Ablehnung** eines auf die Entfernung des Angeklagten zielenden Antrags erfordert nach RGSt **56** 377 keine weitere tatsächliche Begründung als die, daß zu der beantragten Anordnung nach Lage der Sache kein Anlaß bestehe[50].

---

[44] KK-*Mayr* 11; KMR-*Paulus* 18.

[45] RGSt **20** 273; RG GA **48** (1901) 302; RG HRR **1934** Nr. 999; BGHSt **1** 346; **4** 364; **15** 194; **22** 18; BGH JZ **1955** 386; BGH GA **1968** 281; NJW **1976** 1108; BayObLGSt **1973** 160 = NJW **1974** 249; soweit ersichtlich heute herrschende Meinung, vgl. KK-*Mayr* 12; *Kleinknecht/Meyer* 7; KMR-*Paulus* 9.

[46] BGHSt **15** 194; **22** 18; OLG Koblenz GA **1981** 475; KK-*Mayr* 12; vgl. auch BGH NStZ **1983** 324.

[47] *Kleinknecht/Meyer* 7; KMR-*Paulus* 10.

[48] BGH bei *Dallinger* MDR **1975** 544; NJW **1979** 276 (in Anlehnung an die ähnliche Auslegung beim Ausschluß der Öffentlichkeit; vgl. bei § 174 GVG). Zur strittigen Frage, ob der Begriff Vernehmung in Satz 1 enger auszulegen ist, vgl. Fußn. 34.

[49] Keine erweiternde Auslegung, vgl Rdn. 4, Fußn. 6.

[50] Ebenso KMR-*Paulus* 10; vgl. auch § 34, 3.

**2. Eingrenzung der Abwesenheitsverhandlung.** Während der Abwesenheit des An- **32**
geklagten ist die Hauptverhandlung streng auf den Verfahrensabschnitt zu begrenzen,
für den die Entfernung des Angeklagten angeordnet wurde. Andere Verfahrenshandlungen dürfen nicht vorgenommen werden. Dies gilt insbesondere für die Verlesung von
Urkunden zu Beweiszwecken (vgl. Rdn. 19), auch im Rahmen des § 253 Abs. 2, § 254[51].

Beim Ausschluß des Angeklagten während der Dauer der Erörterung seines Zu- **33**
stands nach **Satz 3** besteht zwar — anders als in den Fällen der Sätze 1 und 2 — die Beschränkung auf ein bestimmtes Beweismittel nicht. Hier ist aber besonders darauf zu
achten, daß die **thematische Grenze,** die den Erörterungen in Abwesenheit des Angeklagten durch die sachlichen Schranken (Zustand, Behandlungsaussichten) gesetzt
sind, nicht überschritten wird.

Für **sonstige Verfahrensvorgänge** gelten ebenfalls die durch den Wortlaut des Ge- **34**
setzes und durch die Anordnung des Gerichts gezogenen Grenzen für die Abwesenheitsverhandlung. Während der Abwesenheit des Angeklagten darf nichts vorgenommen
werden, was nicht wegen seines unmittelbaren, inneren Zusammenhangs zu dem Verfahrensvorgang gehört, für den die Entfernung des Angeklagten angeordnet wurde
(vgl. Rdn. 19). Ob ein solcher Zusammenhang besteht, ist nach dem Zweck der jeweiligen Regelung zu beurteilen und nicht etwa nach formalen Kriterien (zur Frage der Vereidigung vgl. Rdn. 20). Andere Verfahrensvorgänge werden auch dann nicht durch die
Anordnung gedeckt, wenn sie während des Verfahrensteils anfallen, für den der Angeklagte ausgeschlossen worden ist. Sie müssen aufgeschoben werden, bis der Angeklagte
wieder anwesend ist. Ist ein Aufschub der Erörterung und der Entscheidung des Gerichts nicht möglich, so muß der Angeklagte insoweit zunächst wieder zugezogen werden. Dies gilt vor allem, wenn eine Entscheidung des Gerichts notwendig wird, bei der
der Angeklagte vorher zu hören ist, wie etwa die Entscheidung, ob die Öffentlichkeit
während der Vernehmung des Zeugen oder Mitangeklagten ausgeschlossen werden soll
(vgl. Rdn. 21).

**3. Heilung.** Ein Verfahrensvorgang, der zu Unrecht in Abwesenheit des Ange- **35**
klagten stattgefunden hat, kann und muß in seiner Gegenwart wiederholt werden. Die
bloße nachträgliche Unterrichtung genügt zur Heilung nicht[52]. Ist eine Urkunde zu Beweiszwecken verlesen worden, so kann der **Verfahrensverstoß** dadurch **geheilt** werden,
daß das Gericht die Verlesung nach Wiedereintritt des Angeklagten wiederholt[53], dies
gilt auch, wenn in Abwesenheit des Angeklagten ein Teil der Niederschrift einer früheren Vernehmung des Zeugen verlesen wurde[54]. Auch wenn es in Abwesenheit des Angeklagten zur Einnahme eines **Augenscheins** kommt, was leicht geschehen kann, wenn
einem Zeugen im Zusammenhang mit seiner Vernehmung Skizzen, Karten oder Lichtbilder vorgelegt werden, muß die Augenscheinseinnahme in Gegenwart des Angeklagten wiederholt werden[55].

**4. Veränderung der Verfahrenslage.** Ob eine Befürchtung im Sinne des § 247 be- **36**
steht und ob sie den Ausschluß rechtfertigt, ist auf Grund der Tatsachen zu beurteilen,
die dem Gericht im Zeitpunkt seiner Entscheidung bekannt waren. Führen später gewonnene Erkenntnisse zu einer anderen Beurteilung dieser Frage, so beseitigt dies die

---

[51] KMR-*Paulus* 19.
[52] BGHSt **30** 74.
[53] RGSt **29** 30; **38** 433; RG JW **1923** 389;
BGHSt **30** 74; BGH StrVert. **1984** 102;
KK-*Mayr* 16; KMR-*Paulus* 20.

[54] RG Recht **1922** Nr. 1745; *Hanack* JZ **1972**
81 fordert auch beim Vorhalt einer Urkunde
die Wiederholung; vgl. Rdn. 19.
[55] *Eb. Schmidt* 14.

Walter Gollwitzer

Rechtmäßigkeit des Ausschlusses nicht rückwirkend. Für die Zukunft allerdings darf das Gericht nicht weiterhin auf Grund des Ausschließungsbeschlusses verfahren. Es muß diesen — soweit er noch nicht erledigt ist — im Interesse der Verfahrensklarheit aufheben und den Angeklagten unverzüglich wieder zuziehen[56].

**37**      Eine in Abwesenheit des Angeklagten durchgeführte, noch **nicht völlig abgeschlossene Einvernahme** eines Zeugen muß das Gericht aber nicht in dessen Anwesenheit wiederholen, wenn es erkennt, daß seine zum Ausschluß führende Befürchtung nicht begründet war[57]. Geht man davon aus, daß der Ausschluß zunächst gerechtfertigt war, dann besteht zu einer Wiederholung unter dem Gesichtspunkt der Heilung eines Verfahrensfehlers kein Anlaß. Bei Aussagen von entscheidender Bedeutung kann sich allenfalls bei Vorliegen besonderer Umstände aus der Pflicht zur „fairen" Verfahrensgestaltung oder aus der Aufklärungspflicht die Notwendigkeit ergeben, die Aussage vom Zeugen in ihren entscheidenden Teilen in Gegenwart des Angeklagten wiederholen zu lassen.

### 5. Unterrichtung des Angeklagten nach Wiedereintritt

**38**      **a) Zweck und Form der Mitteilung.** Die in Satz 4 vorgeschriebene Mitteilung dient dazu, dem Angeklagten hinsichtlich der in seiner Abwesenheit durchgeführten Verhandlungsteile nachträglich rechtliches Gehör zu gewähren. Sie ist von Amts wegen in Anwesenheit des Vernommenen zu erteilen[58]. Der Angeklagte kann nicht wirksam auf sie verzichten. Die Art der Mitteilung ist im Gesetz nicht bestimmt. Der Vorsitzende kann die ihm geeignet erscheinende Form wählen. Die Meinung, die Mitteilung könne auch in die Form eines Vorhalts gekleidet werden[59], ist bedenklich. Wenn der Angeklagte bei seiner Vernehmung darauf hingewiesen worden ist, daß und inwiefern seine Angaben von der Aussage abweichen, die ein Zeuge im Ermittlungsverfahren gemacht hat, kann es genügen, wenn ihm nach der Vernehmung dieses Zeugen mitgeteilt wird, dieser sei bei der früheren Aussage geblieben[60]. Die Unterrichtung des Angeklagten wird nicht dadurch entbehrlich, daß der Mitangeklagte oder Zeuge in Abwesenheit des Angeklagten nichts gesagt hatte, was er nicht schon vorher in seiner Gegenwart angegeben hatte[61], besteht ihr Zweck doch auch darin, dem Angeklagten die Unsicherheit hinsichtlich des in seiner Abwesenheit Verhandelten zu nehmen.

**39**      **b) Zum wesentlichen Inhalt**, über den der Vorsitzende den Angeklagten zu unterrichten hat, gehört alles, was der Angeklagte wissen muß, um sich sachgerecht verteidigen zu können[62]. Was hierfür wichtig ist, hängt von den Umständen des jeweiligen Falles ab. Neben den Angaben zur Sache können auch die Personalien eines Zeugen Entscheidungsrelevanz haben[63], ferner die Entscheidungen, die hinsichtlich des jeweiligen Beweisvorgangs ergangen sind[64], auch Vorhalte und Fragen, die nicht oder unzurei-

---

[56] Nach *Kleinknecht/Meyer* 8 ist ein Beschluß für die vorzeitige Wiederzulassung entbehrlich; es genügt, wenn das Protokoll vermerkt, ab wann der Angeklagte wieder teilnimmt.

[57] A. A OLG Hamburg NJW **1975** 1573 mit abl. Anm. *Fischer*. Nach KK-*Mayr* 2; *Roxin* § 42 F II 3d; *Schlüchter* 447 bleibt die Beurteilung ex ante maßgebend.

[58] BGH NJW **1957** 1161; NStZ **1982** 181.

[59] RG Recht **1912** Nr. 2780.

[60] KMR-*Paulus* 24.

[61] BGHSt **1** 346; OLG Koblenz MDR **1977** 777; KK-*Mayr* 13; KMR-*Paulus* 24.

[62] BGH NStZ **1983** 281; KK-*Mayr* 14; KMR-*Paulus* 24; vgl. BGHSt **3** 386.

[63] Zur Bedeutung des § 68 für die Beurteilung der Glaubwürdigkeit vgl. etwa BGHSt **23** 244; **32** 128; ferner bei § 68 und zu den Personalien des sogen. V-Mannes etwa *Tiedemann/Sieber* NJW **1984** 756 und bei § 250.

[64] BGH bei *Dallinger* MDR **1952** 18; *Kleinknecht/Meyer* 10; KMR-*Paulus* 24; auch über die Ablehnung einer Frage nach § 242; vgl. *Gollwitzer* JR **1979** 435.

chend beantwortet wurden; bei einer ordnungsgemäßen Antwort ist dagegen nur diese, nicht der Vorhalt oder die Frage wesentlich[65]. Mitzuteilen sind auch gestellte Anträge[66], nicht aber in der Regel die Maßnahmen der Sitzungspolizei wie die Verhängung einer Ordnungsstrafe[67]. Ist der Zeuge unzulässigerweise (Rdn. 20) in Abwesenheit des Angeklagten vereidigt worden, oder ist beschlossen worden, den Zeugen unvereidigt zu lassen, so ist der Angeklagte auch davon zu unterrichten. Im übrigen entscheidet der Vorsitzende im Rahmen seiner Sachleitung nach pflichtgemäßem Ermessen, was zum wesentlichen Inhalt gehört[68]. Das Mitgeteilte darf aber mit der späteren Urteilsbegründung nicht in Widerspruch stehen[69]. In den Fällen des Satzes 3 ist die Mitteilung so zu gestalten, daß die Gesundheitsgefährdung vermieden wird[70].

Sind **mehrere Zeugen** oder Sachverständige vernommen worden, so genügt eine **40** einzige Mitteilung am Schluß dieser Vernehmungen[71].

**c) Zeit.** Der Angeklagte ist zu unterrichten, sobald er wieder vorgelassen wird. **41** Die Unterrichtung ist also vor jeder weiteren Verfahrenshandlung vorzunehmen, insbesondere auch vor der Vereidigung eines Zeugen (Rdn. 20). Dies entspricht dem Sinn des § 247, der den Angeklagten in seinem Recht auf ununterbrochene Anwesenheit in der Hauptverhandlung nur insoweit einschränkt, als er zur Wahrung vorrangiger Interessen ausgeschlossen werden kann; ist jedoch die Vernehmung beendet, das Beweismittel ausgeschöpft, dann ist der Angeklagte wieder zuzulassen. Dann kann die normalerweise durch seine Anwesenheit in der Hauptverhandlung gegebene Möglichkeit, seine Verteidigung auf den Inhalt der Aussage abzustellen, die Zurückstellung der Unterrichtung nicht rechtfertigen, auch wenn dies die Überführung des Angeklagten erleichtern würde[72].

Dies gilt auch, wenn jeder von **mehreren Mitangeklagten** auf Grund einer einheit- **42** lichen Anordnung des Gerichts jeweils in Abwesenheit der anderen vernommen wird. Das Gericht muß den später vernommenen Angeklagten das mitteilen, was die vor ihnen Vernommenen ausgesagt haben. Die Rechtsprechung hielt es früher im Interesse der Wahrheitsfindung und zur Vermeidung von Verdunkelungsversuchen für zulässig, ausnahmsweise die Unterrichtung erst vorzunehmen, wenn sämtliche Mitangeklagte nach ihrer Vernehmung wieder zugelassen sind[73]. Bei der vom Bundesgerichtshof geforderten engen Auslegung des § 247, wonach eine Zwangsentfernung zu dem Zweck, die Anpassung an die Einlassung eines Mitangeklagten zu verhindern, unzulässig ist[74], erscheint eine solche Ausnahme, die unzulässigerweise Methoden des Ermittlungsverfahrens in die Hauptverhandlung überträgt, nicht mehr vertretbar[75].

---

[65] BGH bei *Dallinger* MDR **1952** 18; KMR-*Paulus* 25.
[66] BGH bei *Dallinger* MDR **1952** 18; **1957** 267; die Begründung der Anträge braucht nach RGSt **32** 88 nicht mitgeteilt zu werden; dies dürfte jedoch nicht ausnahmslos gelten; vgl. *Kleinknecht/Meyer* 10 (in der Regel).
[67] RG GA **56** (1909) 214; bei Entscheidungsrelevanz kann aber auch hier die Unterrichtung geboten sein.
[68] BGH bei *Dallinger* MDR **1957** 267; KK-*Mayr* 14; KMR-*Paulus* 24.
[69] OLG Hamburg JR **1950** 113; *Schorn* Menschenwürde 85.

[70] RG Recht **1914** Nr. 1203. *Dallinger* JZ **1953** 432; KMR-*Paulus* 24.
[71] BGHSt 3 384; 15 194; KK-*Mayr* 13.
[72] RGSt **20** 23; **32** 120; RG DRiZ **1931** Nr. 364; HRR **1934** Nr. 999; BGHSt **3** 384; **15** 194; **22** 297; BGH NJW **1953** 1113; **1957** 1161; KK-*Mayr* 13; KMR-*Paulus* 26.
[73] RGSt **8** 153; **32** 121; **38** 348; RG GA **1943** 34; RG Recht **1914** Nr. 1203; HRR **1935** Nr. 477; BayObLGSt **1949/51** 62.
[74] BGHSt **15** 194; vgl. Rdn. 4.
[75] Wie hier KK-*Mayr* 13; KMR-*Paulus* 26; *Eb. Schmidt* 17, 18; Nachtr. I 4; **a. A** *Küster* NJW **1961** 419.

Walter Gollwitzer

**43**　　Jede Mitteilung über den wesentlichen Inhalt der Aussagen und des in Abwesenheit eines Angeklagten sonst Verhandelten hat in **Gegenwart aller Angeklagter** zu geschehen[76].

**44**　　**d) Fragerecht.** Der wieder zugelassene Angeklagte kann sein Fragerecht nach § 240 nachträglich ausüben. Eine über die Beantwortung der Fragen hinausgehende nochmalige Vernehmung ist dagegen nicht vorgesehen[77]. Hängt die Vernehmungsfähigkeit eines Zeugen davon ab, daß er den Angeklagten nicht zu Gesicht bekommt, dann hat der Angeklagte keinen Anspruch darauf, sein Fragerecht persönlich auszuüben. Er kann dann nach seiner Unterrichtung in Abwesenheit des Zeugen Fragen stellen, die diesem in Abwesenheit des Angeklagten vorzulegen sind[78].

**45**　　**6. Beurkundung.** Die Entscheidung, daß der Angeklagte zu entfernen sei und ihre Gründe sind nach §§ 273, 274 in der Sitzungsniederschrift zu beurkunden, desgleichen, daß der Angeklagte gemäß Satz 4 unterrichtet wurde[79]. Der Wortlaut der Unterrichtung braucht im Protokoll nicht festgehalten zu werden[80], das Protokoll hat insoweit keine Beweiskraft gemäß § 274. Ob die Unterrichtung ausreichend war, ist erforderlichenfalls im Wege des Freibeweises festzustellen[81]. Ferner muß aus dem Protokoll ersichtlich sein, bei welchen Verfahrensvorgängen der Angeklagte abwesend war, wann er abtrat und wann er wieder zugezogen wurde[82].

**46**　　**7. Revision.** Nimmt das Gericht die Voraussetzungen des § 247 zu Unrecht an, so greift der **absolute Revisionsgrund des § 338 Nr. 5** in Verb. mit § 230 durch. Dies gilt auch, wenn ein förmlicher Gerichtsbeschluß fehlt, etwa, weil der Vorsitzende den Angeklagten abtreten ließ[83], oder wenn der Gerichtsbeschluß zwar ergangen ist, aber nicht oder so ungenügend begründet wurde, daß zweifelhaft bleibt, ob die sachlichen Voraussetzungen der Entfernung des Angeklagten zu Recht bejaht wurden[84]. Der Bundesgerichtshof hat allerdings früher der Revision den Erfolg versagt, wenn sie nur formelle Fehler des Beschlusses rügte, aber nicht — oder erkennbar zu Unrecht — bestritt, daß die sachlichen Voraussetzungen für ein Abtretenlassen des Angeklagten gegeben waren[85].

[76] RGSt **34** 332; BGHSt **15** 194; BGH NJW **1957** 1161; *Schorn* Menschenwürde 85; vgl. Fußn. 75.

[77] RGSt **54** 110; KMR-*Paulus* 27.

[78] BGHSt **22** 289; BGH GA **1970** 111; NStZ **1985** 136; *Gollwitzer* JR **1976** 341; *Kleinknecht/Meyer* 11; KMR-*Paulus* 27.

[79] RG LZ **1915** 846; BGHSt **1** 259, 349; **3** 384; **4** 364; **9** 82; **22** 18; BGH NJW **1953** 1925; StrVert. **1984** 102; KK-*Mayr* 12; *Kleinknecht/Meyer* 7; KMR-*Paulus* 28.

[80] KMR-*Paulus* 28.

[81] BGH bei *Dallinger* MDR **1957** 267; KK-*Mayr* 15; KMR-*Paulus* 28.

[82] RG JW **1931** 2506; OLG Hamburg NJW **1965** 1342; *Kleinknecht/Meyer* 8; KMR-*Paulus* 28.

[83] BGHSt **4** 365; BGH NJW **1953** 1925; GA **1968** 281; NJW **1976** 1108; BayObLGSt **1973**

160 = NJW **1974** 249; h. M vgl. KK-*Mayr* 15; *Kleinknecht/Meyer* 13; KMR-*Paulus* 30. BGH StrVert. **1984** 102 läßt die Frage offen.

[84] BGHSt **15** 194; **22** 18; BGH bei *Dallinger* MDR **1975** 544; OLG Koblenz MDR **1977** 777; vgl. KMR-*Paulus* 31: Beanstandung des Mangels des Gerichtsbeschlusses genügt nicht, wenn nicht zugleich das Fehlen der sachlichen Voraussetzungen beanstandet wird.

[85] BGH JZ **1955** 386 = LM Nr. 4; ähnlich *Eb. Schmidt* 24; die Rechtsprechung hat die Anwendbarkeit des § 338 Nr. 5 nicht immer einheitlich beurteilt, vgl. RG GA **48** (1901) 302; **50** (1903) 101; JW **1911** 855; **1935** 1861; Recht **1925** Nr. 2568; HRR **1927** Nr. 1173; **1935** Nr. 1361; BGHSt **1** 350; **4** 364; **15** 196; **22** 297; dazu *Hanack* JZ **1972** 82; BGH NJW **1973** 522 läßt die Streitfrage offen.

Mit der Rüge nach § 338 Nr. 5 kann auch beanstandet werden, wenn während **47** der Abwesenheit des Angeklagten ein Gegenstand verhandelt, eine Anordnung getroffen[86] oder ein Beweismittel verwertet wurde, auf das sich sein **Ausschluß nicht bezog** oder bei dem er überhaupt nicht ausgeschlossen werden durfte, etwa, wenn eine Urkunde zu Beweiszwecken verwendet wurde. Vermerkt das Protokoll nur, daß eine Urkunde während der Abwesenheit des Angeklagten verlesen wurde, so ist — sofern die Urteilsgründe nichts Gegenteiliges ergeben — davon auszugehen, daß dies zu Beweiszwecken geschehen ist[87]. Gerügt werden kann auch, wenn der Angeklagte nicht zur Entscheidung über die Vereidigung wieder zugezogen wurde (vgl. Rdn. 20)[88]. Die Rüge der Verletzung des § 338 Nr. 5 hat aber immer nur Erfolg, wenn das fehlerhafte Fernhalten des Angeklagten einen wesentlichen Punkt der Hauptverhandlung betraf[89]. Sie muß angeben, bei welchem Abschnitt der Hauptverhandlung der Angeklagte abwesend war (§ 344 Abs. 2)[90].

Wird bemängelt, der Angeklagte sei vor Anordnung seiner Entfernung **nicht gehört** worden[91], so kann die Rüge nicht auf § 338 Nr. 5, sondern nur auf § 337 in Verbindung mit § 33 gestützt werden. **48**

Bei einem **Verstoß gegen die Unterrichtungspflicht** nach § 247 Satz 4 ist die Rüge **49** nach § 337 gegeben. Es hängt von den Umständen des Einzelfalls ab, ob das Urteil auf dem Verstoß beruht[92]. Wenn der Angeklagte nicht unverzüglich nach seiner Rückkehr oder ungenügend vom wesentlichen Inhalt des in seiner Abwesenheit Verhandelten unterrichtet wird, ist das Beruhen oft schon deshalb nicht auszuschließen, weil der Angeklagte dann die Möglichkeit verliert, sich zum Verhandelten alsbald zu erklären und seine weitere Verteidigung daran auszurichten[93]. Ein Beruhen auf der verspäteten Unterrichtung ist aber verneint worden, wenn sich der Beschwerdeführer ebenso wie früher eingelassen hatte und keine Umstände ersichtlich waren, wie er sich bei früherer Unterrichtung anders oder wirksamer hätte verteidigen können, oder wenn sein Verteidiger ihn von allem Wesentlichen unterrichtet hatte[94].

Ein **Mitangeklagter** kann sich nicht darauf berufen, daß die Rechte eines anderen Angeklagten bei der Anwendung des § 247 verletzt worden seien[95]. Die unzulässige Entfernung des Nebenklägers gewährt dem Angeklagten kein Rügerecht. **50**

Zugleich mit § 247 können auch **andere Verfahrensvorschriften** verletzt sein, so **51** daß die Revision auch auf diese gestützt werden kann, etwa auf § 258[96].

---

[86] Vgl. BGH bei *Holtz* MDR **1983** 282 (Absehen von der Vernehmung eines geladenen und erschienenen Zeugen).

[87] BGHSt **21** 333; *Kleinknecht/Meyer* 13; *Peters* Fortentwicklung 23.

[88] BGHSt **26** 218; BGH NStZ **1982** 256 (Abwesenheit bei Vereidigung); vgl. die Nachweise Fußn. 37.

[89] Vgl. dazu bei § 338. Ob es sich beim Absehen von der Beeidigung um einen wesentlichen Teil der Hauptverhandlung handelt, ist strittig. BGH bei *Holtz* MDR **1978** 460 (zu § 60 Nr. 1), BGHSt **22** 297 (zu § 61 Nr. 2) verneinen dies. Dazu abl. KK-*Mayr* 7; anders BGH NStZ **1983** 181; *Kleinknecht/Meyer* 11 stellt darauf ab, ob es sich um eine Ermessensentscheidung handelt.

[90] BGHSt **26** 91; BGH GA **1963** 19; vgl. bei § 230.

[91] Vgl. BGH JZ **1955** 386; BayObLG bei *Rüth* DAR **1977** 206; KMR-*Paulus* 32.

[92] RGSt **8** 49; **35** 434; RG LZ **1915** 846; JW **1934** 1661; HRR **1935** Nr. 1361; BGHSt **1** 350; **3** 386.

[93] BGHSt **1** 350; KK-*Mayr* 15; vgl. RG HRR **1938** Nr. 498.

[94] BGH NJW **1957** 1326; KK-*Mayr* 15; KMR-*Paulus* 32; a. A. *Eb. Schmidt* 49.

[95] RGSt **8** 155; **32** 120; **38** 272; **62** 260; RG GA **70** (1926) 107; HRR **1939** Nr. 1212; KMR-*Paulus* 29.

[96] BGHSt **9** 77.

# § 248

[1]Die vernommenen Zeugen und Sachverständigen dürfen sich nur mit Genehmigung oder auf Anweisung des Vorsitzenden von der Gerichtsstelle entfernen. [2]Die Staatsanwaltschaft und der Angeklagte sind vorher zu hören.

**Bezeichnung bis 1924:** § 247.

*Übersicht*

**1**     **1. Zweck.** Satz 1 verdeutlicht, daß die Zeugnispflichten über die Vernehmung hinaus andauern. Er verpflichtet die vernommenen Zeugen und Sachverständigen grundsätzlich zum Verbleiben an der Gerichtsstelle, weil es sich im Laufe des Verfahrens als notwendig erweisen kann, sie nochmals zu befragen oder einem anderen gegenüberzustellen. Müßte man dann die Zeugen oder Sachverständigen neu herbeiholen, so könnte dies den Prozeßablauf empfindlich stören und würde außerdem auch unnötige Kosten verursachen[1]. Andererseits erfordert es die Rücksichtnahme auf die Zeugen und Sachverständigen, daß ihre Zeit nicht über Gebühr beansprucht wird[2]. Kinder und Jugendliche sollen sich ohnehin nicht länger als unbedingt notwendig im Gerichtsgebäude aufhalten. Welcher dieser gegensätzlichen Gesichtspunkte überwiegt, kann immer nur für den jeweiligen Einzelfall entschieden werden. Deshalb ermächtigt Satz 1 den Vorsitzenden, Zeugen und Sachverständige schon vor der Beendigung der Hauptverhandlung zu entlassen.

**2**     Ob die Beweispersonen künftig noch benötigt werden, ob insbesondere die Prozeßbeteiligten auf sie nochmals zurückgreifen wollen, kann der Vorsitzende erst nach deren **Anhörung** mit einiger Sicherheit beurteilen[3]. Deshalb schreibt Satz 2 ihre vorherige Anhörung zwingend vor (Rdn. 6).

**3**     Der **Zeuge oder Sachverständige** selbst kann aus § 248 weder den Anspruch ableiten, vorzeitig entlassen zu werden, noch den, an der Hauptverhandlung in der Eigenschaft als Zeuge oder Sachverständiger bis zu deren Ende teilzunehmen[4]. Nach der Entlassung kann er nur als Zuhörer (also ohne Anspruch auf Entschädigung für seinen weiteren Zeitverlust) der Verhandlung beiwohnen. Zum Recht des Vorsitzenden, ihm das in Ausnahmefällen zu untersagen, vgl. § 243, 32.

**4**     **2. Verbleiben an der Gerichtsstelle.** Die Gerichtsstelle, von der die Zeugen und Sachverständigen sich nicht ohne Erlaubnis entfernen dürfen, ist nicht — wie in § 224 Abs. 2 — das Gerichtsgebäude, sondern der Ort, an dem die Verhandlung abgehalten wird[5]. Sie kann auch außerhalb des Gerichtsgebäudes liegen (Augenschein). Ein Entfernen von der Gerichtsstelle liegt andererseits bereits dann vor, wenn die Beweisperson

---

[1] RGSt **46** 198; KMR-*Paulus* 2; *Eb. Schmidt* 1.
[2] Vgl. Nr. 135 Satz 1 RiStBV.
[3] Vgl. RGRspr. **7** 279; RGSt **46** 198.

[4] RG LZ **1915** 631; KMR-*Paulus* 1.
[5] KK-*Mayr* 1; *Kleinknecht/Meyer* 2; KMR-*Paulus* 7.

sich vom Ort der Verhandlung so weit entfernt hat, daß sie für das Gericht nicht mehr sofort verfügbar ist. Wird die Hauptverhandlung unterbrochen, so haben sich die noch nicht entlassenen Beweispersonen nach der Unterbrechung wieder an der Gerichtsstelle einzufinden.

Die **ungenehmigte Entfernung** kann für den Zeugen oder Sachverständigen die **5** gleichen Folgen auslösen wie das Nichterscheinen (vgl. dazu §§ 51, 77).

**3.** Die **Anhörung der Verfahrensbeteiligten** schreibt Satz 2 ausdrücklich vor. **6** Dazu gehören der Angeklagte — und für diesen sein Verteidiger[6] —, Staatsanwalt, Nebenkläger oder Nebenbeteiligter (soweit betroffen), nach § 104 Abs. 1 Nr. 9 JGG ferner Erziehungsberechtigte und gesetzliche Vertreter. Die Anhörung hat nach dem Sinn der Vorschrift unmittelbar vor der Entlassung der Beweisperson zu geschehen; denn die Verfahrensbeteiligten sollen nochmals die Gelegenheit erhalten, auf Grund des gesamten Verfahrensgangs zu überlegen, ob sie noch Fragen, eventuell auch neue Anträge, stellen wollen[7]. Eine frühere Befragung nach Satz 2, die nicht zur Entlassung der Beweisperson führte, ist deshalb in der Regel selbst dann zu wiederholen, wenn der betreffende Verfahrensbeteiligte früher sein Einverständnis mit der Entlassung erklärt hatte; denn die Verfahrenslage kann sich inzwischen geändert haben.

Die **Anhörung** des Angeklagten **nach § 257** schließt in der Regel die auf ein ande- **7** res Ziel gerichtete Anhörung nach Satz 2 nicht mit ein, auch wenn der Zeuge unmittelbar nach seiner Vernehmung entlassen werden soll. In Ausnahmefällen kann allerdings die Äußerung des Angeklagten nach § 257 eine Anhörung nach Satz 2 überflüssig machen[8].

Erklärt ein Zeuge, daß er von seinem **Zeugnisverweigerungsrecht** Gebrauch **8** macht, kann er vom Vorsitzenden ohne Anhörung der Prozeßbeteiligten entlassen werden, denn Satz 2 gilt nicht, wenn der Zeuge als Beweismittel überhaupt nicht mehr in Betracht kommt[9].

**4. Entscheidung des Vorsitzenden.** Über die Entlassung der vernommenen Beweis- **9** personen entscheidet der Vorsitzende nach pflichtgemäßem Ermessen unter Berücksichtigung der Zwecke des § 248 und der von den Prozeßbeteiligten vorgetragenen Umstände. Gegen die Entscheidung des Vorsitzenden kann das Gericht nach § 238 Abs. 2 angerufen werden[10].

Ob in der Entlassung eines Zeugen durch den Vorsitzenden zugleich auch die **10** stillschweigende Entscheidung liegt, daß der Zeuge **unbeeidigt** bleibt, hängt von den Umständen des Einzelfalls ab. Bei einer nicht unmittelbar auf die Vernehmung folgenden Entlassung ist dies nicht anzunehmen[11].

**5. Folgen der Entlassung.** Mit der Entlassung und Entfernung des vernommenen **11** Zeugen erlischt das Fragerecht nach §§ 240, 241 a Abs. 2 und die an die Präsenz der Beweisperson anknüpfende Vernehmungspflicht des Gerichts nach § 245. Mit der endgültigen Entlassung ist die Vernehmung des Zeugen abgeschlossen. Erweist es sich später

---

[6] KK-*Mayr* 5 (Verteidiger kraft seiner Stellung als Beistand); **a. A** KMR-*Paulus* (nicht vorgeschrieben).

[7] RGSt **41** 32; **46** 198; KK-*Mayr* 1.

[8] **A. A** RG JW **1922** 30; KMR-*Paulus* 6 (Befragung des Angeklagten nach § 257 genügt in der Regel).

[9] RGSt **41** 31; *Eb. Schmidt* 2; KK-*Mayr* 4; *Kleinknecht/Meyer* 1; KMR-*Paulus* 4.

[10] *Eb. Schmidt* 2; KK-*Mayr* 2; KMR-*Paulus* 8; **a. A** RG JW **1931** 1098.

[11] OLG Hamm MDR **1972** 623; KMR-*Paulus* 8.

Walter Gollwitzer

notwendig, ihn nochmals zu vernehmen, ist er neu zu belehren (BGH NStZ **1984** 418; vgl. bei § 52,50).

**12**     6. Für die **vorläufige Beurlaubung** der noch nicht vernommenen Zeugen und Sachverständigen gilt § 248 nicht. Der Vorsitzende kann ihnen kraft seiner Befugnis zur Verhandlungsleitung nach § 238 Abs. 1 gestatten, sich vorübergehend von der Gerichtsstelle zu entfernen[12]. Die Verfahrensbeteiligten braucht der Vorsitzende dazu nicht vorher zu hören, da ihre Verfahrensrechte dadurch — anders als bei der endgültigen Entlassung — nicht beeinträchtigt werden[13]. Dasselbe gilt, wenn ein schon vernommener Zeuge wegen der Möglichkeit einer nochmaligen Vernehmung noch nicht entlassen ist, aber vorübergehend beurlaubt werden soll.

**13**     7. **Sitzungsniederschrift.** Die Anhörung der Verfahrensbeteiligten nach Satz 2 ist eine nach § 273 zu protokollierende wesentliche Förmlichkeit des Verfahrens. Dies folgt aus der allerdings strittigen Auffassung (vgl. Rdn. 14), daß ein Verstoß gegen Satz 2 die Revision begründen kann.

**14**     8. **Revision.** Ob sie auf den Verstoß gegen § 248 gestützt werden kann, ist strittig. Die eine Ansicht verneint dies unter Hinweis auf das fortbestehende Beweisantragsrecht der Verfahrensbeteiligten und den Charakter des § 248 als Ordnungsvorschriften[14]. Die andere Ansicht[15], der zuzustimmen ist, läßt die Revision grundsätzlich zu, sofern durch eine fehlerhafte (ohne Befragung) oder ermessensmißbräuchliche Entlassung einer Beweisperson Verfahrensrechte eines Verfahrensbeteiligten beeinträchtigt worden sind, vor allem aber, der Angeklagte in seiner Verteidigung beschränkt worden ist und nicht ausgeschlossen werden kann, daß das Urteil auf dem Verstoß beruht (vgl. Rdn. 15). Strittig ist auch, ob eine verfrühte Entlassung durch den Vorsitzenden mit der Revision nur gerügt werden kann, wenn vorher das Gericht nach § 238 Abs. 2 angerufen wurde[16].

**15**     Ein Verfahrensbeteiligter, der der Entlassung bei der Anhörung **nicht widersprochen** hat, kann mit der Revision nicht nachträglich geltend machen, der Vorsitzende habe ihn dadurch in der Wahrnehmung seiner Verfahrensrechte zu Unrecht beschränkt. Im übrigen haben die Prozeßbeteiligten jederzeit die Möglichkeit, unter Berufung auf die Aussagen der bereits vernommenen Zeugen und Sachverständigen neue Beweisanträge zu stellen, soweit sie die Ergänzung der Aussage in einem wichtigen Punkt (neue Tatsachen) nachträglich für notwendig halten. Unterlassen sie dies, kann in der Regel nicht angenommen werden, daß die weitere Anwesenheit des entlassenen Zeugen geeignet gewesen wäre, das Ergebnis des Verfahrens zu beeinflussen[17]. Die Revision scheitert dann schon daran, daß die Entscheidung nicht auf dem Verstoß gegen § 248 beruht. Bei einem unverteidigten Angeklagten ist diese Annahme aber nicht ohne weiteres gerechtfertigt[18].

---

[12] KK-*Mayr* 2; *Kleinknecht/Meyer* 1; KMR-*Paulus* 3.

[13] KMR-*Paulus* 3 (Beurlaubung betrifft nur äußeren, zeitlichen Ablauf der Verhandlung).

[14] *Kleinknecht/Meyer* 3; KMR-*Paulus* 9 unter Hinweis auf eine unveröffentlichte Entscheidung des BGH und auf RG JW **1922** 301; zur Frage der „Ordnungsvorschriften" vgl. bei § 337, 15 ff.

[15] OLG Kiel SchlHA **1979** 90; *Eb. Schmidt* 3; KK-*Mayr* 6.

[16] So KK-*Mayr* 6; strittig; folgt man der bei § 238, 47 vertretenen Ansicht, hängt die Revision nicht von der Anrufung des Gerichts ab.

[17] KMR-*Paulus* 9; a. A KK-*Mayr* 7, wonach diese Möglichkeit nicht ausreicht.

[18] KK-*Mayr* 7.

# § 249

[1]Urkunden und andere als Beweismittel dienende Schriftstücke werden in der Hauptverhandlung verlesen. [2]Dies gilt insbesondere von früher ergangenen Strafurteilen, von Straflisten und von Auszügen aus Kirchenbüchern und Personenstandsregistern und findet auch Anwendung auf Protokolle über die Einnahme des richterlichen Augenscheins.

(2) [1]Von der Verlesung einer Urkunde oder eines anderen als Beweismittel dienenden Schriftstücks kann abgesehen werden, wenn die Staatsanwaltschaft, der Verteidiger und der Angeklagte hierauf verzichten. [2]Der wesentliche Inhalt soll mitgeteilt werden. [3]Die Richter müssen vom Wortlaut Kenntnis genommen haben; Schöffen ist hierzu jedoch erst nach Verlesung des Anklagesatzes Gelegenheit zu geben. [4]Die Beteiligten müssen Gelegenheit gehabt haben, vom Wortlaut Kenntnis zu nehmen. [5]Die Feststellungen hierüber und der Verzicht auf die Verlesung sind in das Protokoll aufzunehmen. [6]Auf Verlesungen nach den §§ 251, 253, 254 und 256 findet Satz 1 keine Anwendung.

**Schrifttum.** *Dolderer* Der Beweis durch Urkunden im Strafprozeß, §§ 249–256, unter besonderer Berücksichtigung der Grundsätze der Mündlichkeit und Unmittelbarkeit, Diss. Tübingen 1956; *Geerds* Über Vorhalt und Urkundenbeweis mit Vernehmungsprotokollen, FS Blau (1985) 67; *Groth* Der Urkundenbeweis im Strafprozeß (1937); *Hanack* Protokollverlesungen und Vorbehalte als Vernehmungsbehelf, FS Schmidt-Leichner 83; *Heuer* Beweiswert von Mikrokopien bei vernichteten Originalunterlagen, NJW **1982** 1505; *Krause* Der Urkundenbeweis im Strafprozeß (1966); *Kuckuck* Zur Zulässigkeit von Vorbehalten aus Schriftstücken in der Hauptverhandlung des Strafverfahrens (1977); *Puszlai* Die Urkunde als Beweismittel im Strafverfahren, ZStW **91** (1979) 1096; *Schneidewin* Der Urkundenbeweis in der Hauptverhandlung, JR **1951** 481; *Schroth* Der Vorhalt eigener protokollierter Aussagen an den Angeklagten, ZStW **87** (1975) 103; *Wömpner* Zum Urkundenbeweis mit Fotokopien und anderen Reproduktionen, MDR **1980** 889; *Wömpner* Zur Verlesung früherer Urteile, NStZ **1984** 481. Vgl. auch bei § 250.

**Entstehungsgeschichte.** Dem unverändert gebliebenen einzigen Absatz, dem jetzigen Absatz 1 fügte Art. 1 Nr. 21 StVÄG 1979 einen Absatz 2 an, der es dem Gericht gestattet, zur Entlastung der Hauptverhandlung unter gewissen Voraussetzungen die von § 249 Abs. 1 Satz 1 grundsätzlich vorgeschriebene Verlesung einer Urkunde durch die Feststellung ihres wesentlichen Inhalts zu ersetzen. Bezeichnung bis 1924: § 248.

**Beschlossene Änderung.** Nach Art. 1 Nr. 16 StVÄG 1987 vom 27. 1. 1987 (BGBl. I 475) wird Absatz 2 mit Wirkung vom 1. 4. 1987 folgende Fassung erhalten:

„(2) Von der Verlesung kann, außer in den Fällen der §§ 251, 253, 254 und 256, abgesehen werden, wenn die Richter und Schöffen vom Wortlaut der Urkunde oder des Schriftstückes Kenntnis genommen haben und die übrigen Prozeßbeteiligten hierzu Gelegenheit hatten. Widerspricht der Staatsanwalt, Angeklagte oder Verteidiger unverzüglich der Anordnung des Vorsitzenden, nach Satz 1 zu verfahren, so entscheidet das Gericht. Die Anordnung des Vorsitzenden, die Feststellungen über die Kenntnisnahme und die Gelegenheit hierzu und der Widerspruch sind in das Protokoll aufzunehmen."

S. im einzelnen die Erläuterungen im Nachtrag zur 24. Auflage.

*Übersicht*

## I. Allgemeines

### 1. Zulässigkeit des Urkundenbeweises

**1**   **a) Begriff. Urkundenbeweis** ist die Ermittlung des gedanklichen Inhalts eines Schriftstücks oder sonstigen Schriftträgers und dessen unmittelbare Verwendung zu

Beweiszwecken[1]. § 249 setzt die Zulässigkeit der Verwendung von Urkunden als Beweismittel voraus; er regelt nur die **Form,** in der eine Urkunde zu Beweiszwecken in die Hauptverhandlung einzuführen ist[2]. Die Verpflichtung des Gerichts, eine Urkunde oder andere Schriftstücke zu Beweiszwecken zu verwenden, folgt aus den §§ 244, 245, vor allem aus dem Gebot, die Wahrheit zu ermitteln (§ 244 Abs. 2)[3]. Grundsätzlich muß das Gericht bei der Bildung seiner Überzeugung alle ihm verfügbaren Erkenntnisquellen ausschöpfen, also auch alle Arten von Schriftstücken als Beweismittel verwenden. Das Gericht darf allein aus ihnen, also ohne Bestätigung durch Auskunftspersonen, nach freier Beweiswürdigung jeden denkgesetzlich möglichen tatsächlichen Schluß ziehen. § 249 spricht dies nicht aus. Die Vorschrift bestätigt den Grundsatz aber dadurch, daß sie sich auf seinen Boden stellt und vorschreibt, wie nach Strengbeweisrecht Urkunden oder sonstige Schriftstücke, die der Richter zum Beweise heranziehen will, in der Hauptverhandlung zur Kenntnis der Beteiligten gebracht werden müssen[4].

Aus dem **Grundsatz der Mündlichkeit** folgt, daß sie allen Beteiligten wörtlich und **2** hörbar vorgeführt, also verlesen werden müssen, wenn der Richter von der grundsätzlich bestehenden Möglichkeit Gebrauch machen will, sie zum Beweise heranzuziehen. Unter den Voraussetzungen des Absatzes 2 darf das Verlesen durch das dort geregelte Verfahren ersetzt werden[5].

b) **Einschränkungen der Zulässigkeit des Urkundenbeweises.** Dieser ist **grundsätz- 3 lich zulässig,** soweit er nicht ausdrücklich ausgeschlossen wird[6]. Einschränkungen enthalten die §§ 250 bis 256. Sie ergeben sich aus den Grundsätzen der Mündlichkeit und der Unmittelbarkeit. Soweit mit Schriften nicht die in ihnen verkörperte Gedankenäußerung als solche bewiesen werden soll, sondern eine Wahrnehmung, von der die Schrift berichtet, schließt § 250 die Beweisführung durch die alleinige Verlesung der Schrift grundsätzlich aus. Die Vernehmung eines Zeugen darf nur in den besonders zugelassenen Ausnahmefällen durch die Verlesung seiner schriftlich niedergelegten Angaben ersetzt werden. Die Einzelheiten sind bei den §§ 250 bis 256 erörtert. Im übrigen gelten die **allgemeinen Beweisverbote** auch für den Urkundenbeweis[7]. Zu beachten sind ferner die spezifischen Verwertungsverbote für Schriftstücke, die sich aus dem Beschlagnahmeverbot des § 97[8] oder aus dem Grundrechtschutz des unantastbaren Kernbereichs der Persönlichkeitssphäre ergeben[9].

2. **Strengbeweisrecht.** Die §§ **249 bis 256,** die den Beweis durch Gebrauch schriftli- **4** cher Beweismittel bestimmen und begrenzen, sind Vorschriften für das Strengbeweisrecht[10]. Sie brauchen nur beachtet zu werden, soweit es sich um eine Beweiserhebung

---

[1] *Alsberg/Nüse/Meyer* 241; *Kleinknecht/Meyer*[37] 1; KMR-*Paulus* 2; *Eb. Schmidt* 1; *Schneidewin* JR 1951 481.

[2] RGRspr. **2** 45; BGH bei *Dallinger* MDR 1972 753; *Fezer* JuS 1977 235; *Geppert* 189; KK-*Mayr* 1; *Kleinknecht/Meyer*[37] 1; KMR-*Paulus* 2; *Schneidewin* JR 1951 481.

[3] *Alsberg/Nüse/Meyer* 242; KK-*Mayr* 5 (systemimmanent); *Kleinknecht/Meyer*[37] 1; nach KMR-*Paulus* 2 normieren auch die §§ 250, 251; 253 bis 256 bestimmte Beweiserhebungsgebote.

[4] Vgl. die Nachweise Fußn. 3; ferner *Haag* DJ **1937** 809; DStR **1938** 410; *Koeniger* 367; *Kohlhaas* NJW **1954** 535; *Schneider-Neuen-* burg DStR **1938** 32; *Schneidewin* JR **1951** 481.

[5] Vgl. dazu Rdn. 53 ff.

[6] RGSt **65** 295; BGHSt **20** 162; **27** 136 = JR **1978** 119 mit Anm. *Gollwitzer;* KK-*Mayr* 5; 6; *Kleinknecht/Meyer*[37] 1; *Eb. Schmidt* 1; *Alsberg/Nüse/Meyer* 251 mit weit. Nachw.

[7] Vgl. Einl. Kap. **14;** § 244, 189 ff.

[8] Vgl. § 97, 103 ff.

[9] Vgl. BGHSt **19** 325 (intime Tagebuchaufzeichnungen); dazu § 244, 201; KK-*Mayr* 7.

[10] Zur Abgrenzung zwischen Streng- und Freibeweisrecht und zu den hier bestehenden strittigen Fragen vgl. Einl. Kap. **11** unter IV; § 244, 3 ff; § 251, 65 ff.

zur Schuld- und Rechtsfolgenfrage handelt. Wie § 251 Abs. 3 zeigt, ist das Gericht freier gestellt, wenn es darum geht, das Vorhandensein oder Nichtvorhandensein einer Verfahrensvoraussetzung oder der Voraussetzungen für eine einzelne Verfahrenshandlung im Wege des **Freibeweises** zu ergründen oder die Verfahrenslage — etwa im Bericht nach § 324 — zu erklären[11] oder das anzuwendende Recht zu ermitteln[12].

**5**      **3. Beweiswert der Schriftstücke.** § 249 ordnet das Verfahren mit Schriften, die gebraucht werden sollen, damit ein Beweis durch ihren Inhalt geführt werde. Ob eine Schrift nach Form und Inhalt jedoch einen hinlänglichen Beweiswert hat, ist für die Anwendbarkeit des § 249 ohne Belang. Dies ist vom Gericht bei der Urteilsfindung ebenso zu prüfen[13] wie die Notwendigkeit der Zuziehung weiterer Beweismittel. § 249 hat auch keine Bedeutung für die Frage, wie die **Echtheit** einer Schrift zu beweisen ist[14], sowie, ob die Verlesung im Einzelfall verfahrensrechtlich zulässig ist[15]. Auch einfache Abschriften, Durchschläge, Fotokopien[16] oder Reproduktionen von Mikrofilmen[17] sind zum Urkundenbeweis verlesbar. Der Umstand, daß die in der Schrift enthaltene Erklärung unvollendet ist oder nicht die endgültige Stellungnahme des Erklärenden offenbaren soll, wie das beim Entwurf eines Schreibens oder dem von einem verstorbenen Sachverständigen angefertigten Entwurf eines Gutachtens zutreffen mag, hindert die Benutzbarkeit als Beweismittel nicht[18]. Welcher Beweiswert derartigen für sich allein mitunter wenig aussagekräftigen Beweismitteln — eventuell in Verbindung mit anderen — beizumessen ist, beurteilt sich nach der Beweislage des Einzelfalls. § 249 begründet andererseits auch keine Verpflichtung, den Inhalt einer Schrift im Wege des Urkundenbeweises festzustellen. Sofern nicht die Aufklärungspflicht entgegensteht, kann dies auch durch andere Beweismittel, vor allem durch Zeugenbeweis, geschehen[19].

## II. Urkunden und andere als Beweismittel dienende Schriftstücke

**6**      **1. Begriff.** § 249 stellt Urkunden und andere als Beweismittel dienende Schriftstücke gleichwertig nebeneinander. Es wäre daher verfahrensrechtlich ohne Bedeutung, wenn man, veranlaßt durch den Wortlaut der Bestimmung, die Urkunden als eine durch besondere Kennzeichen herausgehobene Untergruppe der als Beweismittel dienenden Schriftstücke ansehen wollte[20]. Die herrschende Meinung verzichtet auf diese Unterscheidung und behandelt beide Begriffe als inhaltsgleich[21]. Auch § 273 Abs. 1 unterscheidet nicht.

---

[11] RGSt **59** 313; **66** 113; *Alsberg/Nüse/Meyer* 144; KMR-*Paulus* 2; *Wömpner* NStZ **1984** 482.

[12] Zur Feststellung des anzuwendenden Rechts vgl. § 244, 2.

[13] Vgl. § 261, 97.

[14] Zu dem dazu meist erforderlichen Augenscheinsbeweis vgl. Rdn. 30.

[15] Vgl. Rdn. 3.

[16] RGSt **36** 372; **51** 94; RG GA **39** (1891) 234; JW **1903** 217; RG Recht **1920** Nr. 242; BGHSt **15** 253; **27** 137; BGH NJW **1966** 1719; GA **1967** 282; OLG Bremen NJW **1947/48** 312; OLG Düsseldorf JMBlNW **1979** 226; KK-*Mayr* 12; *Kleinknecht/Meyer*[37]

[17] Zum Beweiswert der Mikrokopien vernichteter Originalunterlagen vgl. *Heuer* NJW **1982** 1505.

[18] *Alsberg/Nüse/Meyer* 243.

[19] BGHSt **11** 160; **27** 135 dazu Anm. *Gollwitzer* JR **1978** 119; BGH NStZ **1985** 464; KK-*Mayr* 2; KMR-*Paulus* 1; § 261, 99.

[20] So RGSt **65** 295 (sowohl Urkunden im engeren Sinn des § 267 StGB als auch andere Schriftstücke); vgl. § 359, 13 ff.

[21] KK-*Mayr* 11; *Kleinknecht/Meyer*[37] 3; KMR-*Paulus* 7; *Roxin* § 28 B 1; *Eb. Schmidt* 2; *Alsberg/Nüse/Meyer* 243 mit weit. Nachw.

3; KMR-*Paulus* 9; *Wömpner* MDR **1980** 889; vgl. *Alsberg/Nüse/Meyer* 248 mit weit. Nachw.

Unter den Begriff fallen alle Schriftträger, deren **gedanklicher Inhalt** zu Beweis- **7** zwecken herangezogen werden kann, gleichviel aus welchem Stoff sie bestehen und mit welchen Zeichen der durch Verlesen reproduzierbare gedankliche Inhalt festgehalten („verkörpert") ist[22]. Anders als beim Urkundenbegriff des materiellen Strafrechts ist nicht notwendig, daß der Aussteller der Urkunde erkennbar ist[23]. Es genügt, ist aber andererseits auch erforderlich, daß der im Schriftstück verkörperte Gedanke selbst aus sich heraus verständlich ist, und damit durch Verlesen in der Verhandlung allen Verfahrensbeteiligten zur Kenntnis gebracht werden kann. Abschriften, Durchschläge, Fotokopien, Mikrofilme, schriftliche Übertragungen von Tonträgeraufnahmen[24], Übersetzungen[25] sind deshalb ebenfalls nach § 249 verlesbare Schriftstücke (Rdn. 5). Eine andere, davon zu trennende Frage ist, welcher Beweiswert ihnen im Einzelfall zukommt und ob ihre Übereinstimmung mit dem Original durch andere Beweismittel festgestellt werden muß[26].

Schriftstücke, deren Inhalt **nicht durch Verlesen** (bzw. durch Selbstlesung nach **8** Absatz 2) in die Hauptverhandlung eingeführt werden kann, fallen nicht unter § 249. Sie unterliegen dem **Augenscheinsbeweis,** der auch gilt, soweit die durch Besichtigung festzustellende Beschaffenheit einer Urkunde Beweisgegenstand ist[27]. § 249 ist nicht anwendbar auf Karten und Pläne[28], Unfall- oder Tatortskizzen, mit Ausnahme etwaiger aus sich selbst verständlicher, verlesbarer Zusätze[29], Lichtbilder[30], Radaraufnahmen[31], Röntgenbilder[32], Filme[33] und andere Bildträger, Tonträger aller Art, etwa Schallplatten und Tonbänder[34], Fahrtschreiberaufzeichnungen[35] und andere technische Aufzeichnungen[36], Zeichnungen, Abgüsse oder sonstige Abbildungen sowie auf Beweiszeichen[37].

**a)** Die übliche **Klassifizierung** der Schriftstücke[38], ihre Einteilung in die von Anfang an zu Beweiszwecken errichteten **Absichtsurkunden** und in die erst nachträglich Beweisbedeutung erlangenden **Zufallsurkunden** (vgl. Rdn. 14), in die die Straftat selbst verwirklichenden **Konstitutiv-** oder einen beweiserheblichen Umstand mitteilenden **Berichtsurkunden** (vgl. Rdn. 10, 11, 14) ist für die Anwendbarkeit des § 249 unerheblich. Es kommt auch nicht darauf an, daß ein Schriftstück sich einer dieser Gruppen zuordnen läßt. **9**

---

[22] Ob eintätowierte Schriften am menschlichen Körper dem Urkundenbeweis zugänglich sind, ist strittig; verneinend *Alsberg/ Nüse/Meyer* 245 mit weit. Nachw.

[23] *Alsberg/Nüse/Meyer* 242; KK-*Mayr* 9; *Kleinknecht/Meyer*[37] 3; KMR-*Paulus* 7; *Roxin* § 28 B 1.

[24] BGHSt **27** 135 = JR **1978** 117 mit Anm. *Gollwitzer*; *Alsberg/Nüse/Meyer* 249; *Dahs/ Dahs* 226; *Fezer* JuS **1979** 188; *Kleinknecht/ Meyer*[37] 7.

[25] Strittig, vgl. Rdn. 32, 33.

[26] RGSt **34** 49; *Wömpner* MDR **1980** 891; *Alsberg/Nüse/Meyer* 249 mit weit. Nachw.

[27] Vgl. BGH NStZ **1986** 519 (Augenschein bei Scheckfotografien).

[28] Vgl. § 86, 14; 27; § 244, 328.

[29] Vgl. § 86, 24; § 244, 328; § 245, 23; § 250, 10.

[30] BGH GA **1968** 305; BayObLGSt **1965** 79; OLG Koblenz VRS **44** 433; § 86, 15; § 244, 328 mit weit. Nachw. Nur soweit das Lichtbild Vermerke über Aufnahmezeit, Aufnahmeort oder Hersteller enthält, ist es auch eine verlesbare Urkunde; vgl. *Alsberg/Nüse/Meyer* 245 mit weit. Nachw.

[31] OLG Hamm VRS **44** 117; OLG Saarbrücken VRS **48** 211; vgl. § 86, 17.

[32] § 86, 22.

[33] § 86, 11.

[34] § 86, 23, 29; § 244, 333 ff; § 250, 10.

[35] § 86, 10.

[36] KK-*Mayr* 27; sind sie allerdings verlesbar, wie ein vom Computer ausgedruckter Text, so ist der Urkundenbeweis zulässig.

[37] *Alsberg/Nüse/Meyer* 244.

[38] Vgl. etwa *Alsberg/Nüse/Meyer* 243; KMR-*Paulus* 7; *Eb. Schmidt* 3 ff.

Beispielsweise werden als verlesbar behandelt:

**10** b) Schriften, in denen die den **Gegenstand der Untersuchung bildende strafbare Handlung verkörpert** ist; dazu gehören die fälschlich angefertigte Urkunde oder die hochverräterische, unzüchtige oder beleidigende Schrift, die verlesbar ist, auch wenn sie ein Leumundszeugnis im Sinne des § 256 enthält[39];

**11** c) **in Strafsachen wegen Eidesverletzung** die über die Vernehmung und Vereidigung aufgenommene Niederschrift, deren Verlesbarkeit von der Einhaltung der vorgeschriebenen Formen, insbesondere von der Unterzeichnung durch den Urkundsbeamten nicht abhängt und deren Verlesung unter Umständen notwendig ist[40];

**12** d) Schriften, die keine Wahrnehmung widergeben, sondern eine im öffentlich-rechtlichen oder bürgerlich-rechtlichen Verkehr abgegebene **Willenserklärung** enthalten, zum Beispiel Steuerbescheide, staatsanwaltschaftliche Verfügungen, gerichtliche Beschlüsse[41], Erklärung der Annahme eines Vertragsangebots[42], Schuldverschreibungen[43], Protokolle über die Beschlüsse einer Gesellschaft[44];

**13** e) **Eingaben des Angeklagten** in der anhängigen Sache; so eine schriftliche Erklärung, die er bei der Staatsanwaltschaft oder dem Gericht angebracht hat[45], eine vom Angeklagten nach § 163 a Abs. 1 Satz 2 abgegebene schriftliche Äußerung[46], auch gegenüber der Verwaltungsbehörde[47]. Gleiches gilt für eine vom Verteidiger abgegebene Erklärung. Sie ist dem Angeklagten aber nur zuzurechnen, soweit der Verteidiger darin eine Erklärung des Angeklagten — und nicht seine eigene Meinung — festgehalten hat[48].

**14** f) **Sonstige Schriften des Angeklagten,** in denen dieser **außerhalb des Verfahrens** eine Tatsache geschildert hat, etwa ein von ihm an die vorgesetzte Behörde erstatteter Bericht, ein Brief, oder ein selbstgeschriebener Lebenslauf[49]; aber auch eine andere Äußerung zur Sache[50];

**15** g) **Schriften anderer Personen,** die irgendein Ereignis oder einen Zustand beschreiben, wie Zeitungsaufsätze[51], Handelsbücher einschließlich der Kopierbücher, Empfangsbekenntnisse[52], Buchungsbelege[53], Briefe[54].

### 3. Verlesbarkeit von Strafurteilen, Auszügen aus Kirchenbüchern und Personenstandsregistern

**16** a) **Bedeutung von Absatz 1 Satz 2.** Er ergänzt Absatz 1 Satz 1 durch einige Beispiele für verlesbare öffentliche Urkunden. Zugleich verdeutlicht er den unausgesprochenen allgemeinen Grundsatz von der Zulässigkeit des Urkundenbeweises durch eine **unvollständige Aufzählung.** Deshalb verbietet sich der Schluß, daß Urkunden, die in

---

[39] RGSt **25** 93; RG GA **48** (1901) 365; BGHSt **11** 29.

[40] RGSt **17** 15; **65** 420; RG Recht **1917** Nr. 926; RG JW **1938** 3103; 3138; KMR-*Paulus* 14.

[41] RGSt **24** 263; **46** 201; RG GA **46** (1898/99) 207.

[42] OLG Dresden HRR **1928** Nr. 91.

[43] RGSt **33** 35.

[44] RG GA **50** (1903) 106.

[45] RGSt **18** 23; **35** 234; OLG Zweibrücken GA **1981** 273; StrVert. **1986** 290.

[46] OLG Hamm JMBlNW **1968** 215; vgl. bei § 163 a.

[47] OLG Düsseldorf VRS **41** 436.

[48] *Günter* DRiZ **1971** 379.

[49] OGHSt **3** 26.

[50] OLG Celle MDR **1970** 786.

[51] RG DRiZ **1931** Nr. 51.

[52] RG Recht **1924** Nr. 492.

[53] BGHSt **15** 253.

[54] RGSt **33** 36; 357; RG LZ **1914** 401; JW **1923** 388; BGHSt **5** 278; BGH GA **1967** 282.

Satz 2 nicht aufgeführt sind, aus diesem Grunde nicht verlesbar seien. Ob der Gesetzgeber darüber hinaus die **Beweisverwendbarkeit** dieser von ihm wohl als für das Strafverfahren besonders wichtig erachteten öffentlichen Urkunden unabhängig von den §§ 250 ff eigenständig festlegen wollte, ist strittig. Dies hat vor allem für die Frage Bedeutung, ob frühere Strafurteile auch insoweit als Beweismittel verwendet werden dürfen, als in ihnen Wahrnehmungen von Personen wiedergegeben werden[54a]; ferner für die Verlesbarkeit von Urteilsfeststellungen, deren Inhalt einem Leumundszeugnis gleichkommt (§ 256, 32) und für die Frage, ob nichtrichterliche Augenscheinsprotokolle ungeachtet der Einschränkung des Satzes 2 als Behördenzeugnisse (§ 256, 20) verlesbar sind[55].

**17**

**b) Früher ergangene Strafurteile.** Gemeint sind in erster Linie die in einer **anderen Sache** ergangenen Urteile, die zum Beweise ihrer Existenz und ihres Inhalts; nach vorherrschender Meinung auch zum Beweise der darin mitgeteilten Tatsachen verlesbar sind[56]. Verlesbar sind auch die in einer anderen Strafsache ergangenen Beschlüsse[56a]. Auch die im **gegenwärtigen Verfahren** ergangenen Urteile können Gegenstand einer Beweisaufnahme sein. Zu eng ist die früher vertretene Meinung, in einer neuen Verhandlung dürfe sowohl das Urteil des Revisionsgerichts als auch das von ihm aufgehobene Urteil der Strafkammer nur verlesen werden, sofern dies zur Aufklärung über den Gang und Stand des Verfahrens erforderlich erscheine, während die aufgehobenen Feststellungen niemals für die neu zu treffenden Feststellungen verwertet werden dürften[57]. Ein in derselben Sache ergangenes früheres Urteil darf ohnehin zur Unterrichtung der Beteiligten über die Verfahrenslage verlesen werden[58], es ist aber auch zum Zwecke des Urkundenbeweises oder des Vorhalts an den Angeklagten oder an Zeugen verwendbar. Das zur eigenen Sachprüfung verpflichtete Gericht darf zwar nicht die auf Grund der früheren Beweiswürdigung für erwiesen erachteten Tatsachen ungeprüft übernehmen, doch ist es zulässig, selbst ein aufgehobenes Urteil als Beweismittel dafür zu verwerten, daß sich der Angeklagte oder ein Zeuge in der früheren Verhandlung in bestimmtem

---

[54a] Nach einer in der Rechtsprechung vertretenen Auffassung sind die Urteilsgründe weder im Wortsinn noch nach ihrer Zweckbestimmung Vernehmungsprotokolle oder schriftliche Erklärungen im Sinne des § 250 Satz 2; vgl. RG JW **1892** 142; GA **68** (1920) 357; BGHSt **6** 143; auch BGHSt **20** 386; a. A Wömpner NStZ **1984** 484 mit weit. Nachw. § 249 Abs. 1 Satz 2 spricht dafür, daß der Gesetzgeber die Beweisverwendung der Urteile nicht einschränken wollte; der Versuch einer rein dogmatisch konstruierenden Lösung aus dem System der §§ 249 bis 256 erscheint anzweifelbar, da das System ohnehin nicht durchwegs in sich stimmig ist.

[55] Die Unanwendbarkeit des Verbots des § 250 nehmen an RG GA **37** (1898) 166; **61** (1914) 509; **68** (1920) 357; RG JW **1935** 3395; BGHSt **6** 141; **31** 332; auch BGHSt **20** 386; bei Spiegel DAR **1979** 186; OLG Hamm NJW **1965** 410; **1974** 1880; Alsberg/Nüse/Meyer 144; 252; KK-Mayr 17; Kleinknecht/Meyer[37] 9; KMR-Paulus 11; G. Schäfer

§ 73 III 1; **a. A.** RG GA **50** (1903) 138; RG JW **1931** 1816 mit abl. Anm. Alsberg; BGH MDR **1955** 121; Eb. Schmidt 9 ff; Wömpner NStZ **1984** 483 mit weit. Nachw.

[56] RGSt **8** 157; BGHSt **6** 141 = LM Nr. 6 mit Anm. Sarstedt, vgl. ferner RGSt **60** 297; BGH MDR **1955** 121; GA **1976** 368 und die Nachw. Fußn. 55.

[56a] BGHSt **31** 331.

[57] RGSt **5** 430; **21** 436; RG GA **38** (1891) 42; **75** (1931) 215; Recht **1908** Nr. 2613; **1918** Nr. 653; JW **1931** 1816; 2825.

[58] Die Verlesung der in der gleichen Sache bereits ergangenen Urteile zur Feststellung der dem Gericht verbleibenden Entscheidungskompetenz und bereits eingetretener Bindungen an die in ihnen enthaltenen Tatsachenfeststellungen oder an die rechtliche Beurteilung (§ 358 Abs. 1) ist ohnehin keine Beweisaufnahme im Rahmen des Strengbeweises nach § 249; vgl. etwa Alsberg/Nüse/Meyer 253; Wömpner NStZ **1984** 482.

Walter Gollwitzer

Sinne geäußert hat[59]. Das Urteil eines Revisionsgerichts kann nicht zum Beweis von Tatsachen verlesen werden, die es, weil es an die Feststellungen des Tatrichters gebunden ist, seinen Rechtsausführungen zugrunde legt[60].

**18**      Daß das zu verlesende Urteil **rechtskräftig** sei, wird vom Gesetz in der Regel[61] nicht gefordert[62]. Ob es den Angeklagten verurteilt oder freigesprochen hat, ist gleichgültig[63]. Die Verlesung eines Urteils ist unzulässig, wenn ihr das **Beweisverbot** der §§ 51, 52 BZRG (i. d. F d. Neubek. v. 21. 9. 1984, BGBl. I 1229) entgegensteht[64]. Liegen die Voraussetzungen des § 68 a Abs. 2 vor, können auch Strafurteile verlesen werden, die gegen einen Zeugen ergangen sind[65].

**19**      Die Verlesung darf sich auch auf die **Gründe** eines **in anderer Sache** ergangenen Strafurteils, insbesondere auf die darin wiedergegebenen Zeugenaussagen und auf ein darin angeführtes Leumundszeugnis erstrecken[66]. Strittig ist die Zulässigkeit der Verlesung, wenn der Zeuge, dessen Aussage in den Urteilsgründen angeführt wird, in der Verhandlung über die jetzt zu entscheidende Sache vom Recht, das Zeugnis zu verweigern, Gebrauch macht[67]. Abgesehen von dieser nach dem Regelungszweck der §§ 52, 252 zu verneinenden Sonderfrage darf nach dem Grundsatz der freien Beweiswürdigung das erkennende Gericht Tatsache und Inhalt, aber auch das Beweisergebnis der anderen Entscheidung, bei Bildung seiner eigenen, aus dem Inbegriff der Verhandlung geschöpften Überzeugung mitverwerten[68], ohne daß es dadurch aber der **Pflicht zur eigenen Beweiserhebung** in dem durch die Aufklärungspflicht gebotenen Umfang und zur eigenen Meinungsbildung entbunden wird. Es darf vor allem nicht die in einem früheren Urteil festgestellten Wahrnehmungen oder Gutachten von Menschen, die in

[59] RG GA **68** (1920) 357; RG JW **1924** 1767; **1935** 3395; Recht **1914** Nr. 2813; vgl. auch RGSt 60 297; BGHSt 6 141 = LM Nr. 6 mit Anm. *Sarstedt*; BGH MDR **1955** 121; bei *Spiegel* DAR **1977** 172; KK-*Mayr* 17; *Kleinknecht/Meyer*[37] 9; KMR-*Paulus* 11; *Sarstedt/Hamm* 300; a. A *Eb. Schmidt* 10; *Wömpner* NStZ **1984** 486 (der aber über die analoge Anwendung der §§ 251, 253 bis § 256 meist zum gleichen Ergebnis kommt). Zum Streitstand vgl. auch Fußn. 55.

[60] BGHSt 7 6. Ob die Heranziehung des Revisionsurteils ausnahmsweise zulässig ist, wenn das Urteil des Tatrichters nicht greifbar ist und ihm nur entnommen werden soll, was der Tatrichter festgestellt hat, ist strittig, bejahend KMR-*Paulus* 11; vgl. auch *Alsberg/ Nüse/Meyer* 254 (Feststellung des Inhalts eines verlorenen Urteils der Tatsacheninstanz). Nach *Wömpner* NStZ **1984** 482 sind die Revisionsurteile insoweit nicht unzulässige, sondern ungeeignete Beweismittel.

[61] Eine Ausnahme besteht, wenn eine Bindungswirkung des anderen Urteils erst mit Rechtskraft eintritt, wie etwa bei § 190 StGB. Vgl. § 261, 65; § 262, 6 ff.

[62] RGSt 8 153; OLG Düsseldorf StrVert. **1982** 512; *Alsberg/Nüse/Meyer* 252; *Kleinknecht/ Meyer*[37] 9; KMR-*Paulus* 11; *Eb. Schmidt* 12.

[63] RG ZStW **47** (1900) Beil. 3.

[64] *Alsberg/Nüse/Meyer* 253; KK-*Mayr* 18; vgl. § 244, 198.

[65] RG JW **1891** 378; BGHSt **1** 341; *Alsberg/ Nüse/Meyer* 252; KMR-*Paulus* 11. Vgl. aber auch *Wömpner* NStZ **1984** 481 (§ 68 a begründet als Ordnungsvorschrift kein Urkundenbenutzungsverbot).

[66] RGSt **8** 157; **60** 297; RG Rspr. **10** 16; RG GA **48** (1901) 365; BGHSt **6** 141; *Alsberg/ Nüse/Meyer* 252; KMR-*Paulus* 11; vgl. *Wömpner* NStZ **1984** 483 (nur zulässig wegen des auf Inhalt und nicht auf Wahrheit des Urteils begrenzten Beweisthemas); ferner § 256, 32.

[67] RG GA **68** (1920) 357; RG Recht **1914** Nr. 2813; *Alsberg/Nüse/Meyer* 252 bejahen Verlesbarkeit, dagegen *Eb. Schmidt* 11; *Wömpner* NStZ **1984** 483; 486. BGHSt **20** 386 verneint dies, weil die §§ 52, 252 nicht nur eine Einschränkung des Urkundenbeweises enthalten, sondern nach ihrem Zweck ein Verwertungsverbot für alle früheren Aussagen begründen. Vgl. § 252, 11 ff.

[68] RGSt **8** 158; **60** 297; **68** 357; GA **61** (1914) 509 (Vortat der Hehlerei); BGHSt **6** 142; **31** 332; *Alsberg/Nüse/Meyer* 255; KK-*Mayr* 17; KMR-*Paulus* 11; *Eb. Schmidt* 11. Zur Streitfrage, wieweit die §§ 250, 253, 254 und 256 dem Urkundenbeweis entgegenstehen, vgl. die Nachw. Fußn. 55.

der neuen Verhandlung als Zeugen oder Sachverständige vernommen werden könnten, dem Urteil im schwebenden Verfahren nur deshalb zugrundelegen, weil sie im früheren Urteil festgestellt sind[69].

**c) Andere Urteile.** Auch **Zivilurteile** können, wie sich schon aus § 262 ergibt, zu Be- **20** weiszwecken verlesen werden, wenn sie auch in § 249 Satz 2 nicht aufgeführt werden[70]. Wollte man ihre Verwendbarkeit als Beweismittel einschränken, wäre § 262 Abs. 2 zwecklos. Verlesbar sind auch die Urteile der Verwaltungs-, Arbeits-, Sozial- und Finanzgerichte.

**d) Straflisten.** In Betracht kommen vornehmlich die Auskünfte aus dem Bundes- **21** zentralregister zur Feststellung der Vorstrafen. Die Straflisten (Strafregisterauszüge) reichen in der Regel zum Beweis der Vorstrafen aus. Ergeben sich Zweifel an der Richtigkeit der Eintragung, so ist ihr Nachweis mit allen zulässigen Beweismitteln nach den allgemeinen Regeln zu führen[71].

Verlesbar sind ferner die Auskünfte aus dem **Erziehungsregister** (§§ 59 ff BZRG), **22** dem **Gewerbezentralregister** (§§ 150 ff GewO) und aus dem **Verkehrszentralregister** (§ 28 StVG).

**e) Auszüge aus Kirchenbüchern und Personenstandsregistern.** Hierzu rechnen ins- **23** besondere die beglaubigten Abschriften[72], die von den zuständigen Stellen aus den vor dem 1. 1. 1876 von Religionsgesellschaften geführten Kirchenbüchern und Registern, aus den vor dem 1. 1. 1876 von staatlichen Behörden geführten Zivilstandsregistern und aus den seit dem 1. 1. 1876 gemäß den Vorschriften des Personenstandsgesetzes von den Standesbeamten geführten Personenstandsbüchern erteilt werden. Man wird davon ausgehen können, daß diese Urkunden verlesbar sein sollen, auch sofern sie nicht als Zeugnis einer Behörde (§ 256) behandelt werden können.

**4. Niederschriften über die Vornahme des richterlichen Augenscheins**
**a) Allgemeines.** Nach Absatz 1 Satz 2 sind Niederschriften über den Augenschein **24** durch einen Richter verlesbar, gleichviel, ob der Augenschein im Vorverfahren oder gemäß § 225 nach Eröffnung des Hauptverfahrens stattgefunden hat, nicht jedoch, wenn er im Rahmen der Hauptverhandlung vom erkennenden Gericht selbst vorgenommen wird[73]. Verlesbar sind aber auch die Ergebnisse des Augenscheins einer früheren Hauptverhandlung[74]. Die Verlesung einer im Vorverfahren aufgenommenen Niederschrift ist auch dann zulässig, wenn das Verfahren zur Zeit der Vornahme des Augenscheins noch nicht gegen den jetzigen Angeklagten gerichtet war[75]. Im übrigen ist es strittig, ob es sich um einen im selben Strafverfahren eingenommenen richterlichen Augenschein handeln muß[76].

---

[69] RGSt **60** 297; BGHSt **31** 332; vgl. auch OLG Düsseldorf StrVert. **1982** 512; *Alsberg/Nüse/Meyer* 255; KK-*Mayr* 17; *Kleinknecht/Meyer*[37] 9; KMR-*Paulus* 11; *G. Schäfer* § 73 III 1. Vgl. auch § 261, 29 f.

[70] RG Recht **1917** Nr. 1188; BGHSt **5** 110; *Alsberg/Nüse/Meyer* 255; *Kleinknecht/Meyer*[37] 9; KMR-*Paulus* 11; *Eb. Schmidt* 12; vgl. § 262, 10 ff.

[71] RGSt **56** 75; OLG Kiel SchlHA **1946** 91; *Alsberg/Nüse/Meyer* 256; *Kleinknecht/Meyer*[37] 10; KMR-*Paulus* 12; vgl. § 243, 95.

[72] Nach BGH bei *Kleinknecht/Meyer*[37] 11 können auch einfache Abschriften ausreichen.

[73] RGSt **26** 277; RG DStrZ **1920** 248; *Alsberg/Nüse/Meyer* 257; KMR-*Paulus* 13.

[74] BayObLG bei *Rüth* DAR **1979** 241; *Alsberg/Nüse/Meyer* 257; KMR-*Paulus* 13.

[75] *Alsberg/Nüse/Meyer* 257.

[76] So *Alsberg/Nüse/Meyer* 257; *Kleinknecht/Meyer*[37] 12; a. A KK-*Mayr* 20 unter Hinweis auf den Zweck, Beweisverluste zu vermeiden.

**25**    Zu den hier in Betracht kommenden Niederschriften gehören auch diejenigen über eine **Leichenschau** unter Mitwirkung eines Richters (§ 87 Abs. 1)[77]. Über das Ergebnis einer **Leichenöffnung** muß — sofern die Niederschrift nicht als ein nach § 256 verlesbares Gutachten zu bewerten ist — Beweis durch mündliche Vernehmung der beteiligten Ärzte erhoben werden; die Verlesung der Niederschrift ist nur gemäß den §§ 251, 253 statthaft[78]. Ferner ist der § 249 auch auf die Niederschriften über **richterliche Durchsuchungen** insoweit anwendbar, als sie den Erfordernissen der Niederschriften über den Augenschein entsprechen[79].

**26**    Die von der Polizei oder Staatsanwaltschaft oder von Vertretern einer **anderen Behörde** aufgenommene Niederschrift über einen Augenschein darf dagegen in der Regel nicht verlesen werden, auch nicht nach § 256 Abs. 1[80]; die Vertreter der anderen Behörde sind als Zeugen zu hören[81]. Wegen der Unfall- und Tatortskizzen vgl. § 250, 11.

**27**    **b) Fehlerhafte Vornahme des Augenscheins.** Leidet das bei der Vornahme des Augenscheins beobachtete Verfahren an einem wesentlichen Mangel, so darf die Niederschrift nicht verlesen werden. Ein wesentlicher Mangel liegt insbesondere vor, wenn die Niederschrift nicht gemäß § 168 a unterschrieben[82], der mitwirkende Protokollführer nicht vereidigt[83] ist oder wenn die Vorschriften der §§ 168 d, 168 c Abs. 5, 224, 225 über die Benachrichtigung der Beteiligten nicht eingehalten worden sind[84]. Ein Verstoß gegen die Benachrichtigungspflichten wird jedoch durch die Einwilligung der Beteiligten in die Verlesung geheilt[85]. Dagegen kommt den im § 168 a Abs. 3 enthaltenen Vorschriften, nach denen die Niederschrift den Beteiligten vorzulesen oder vorzulegen und ein urkundlicher Vermerk hierüber aufzunehmen ist, keine so schwerwiegende Bedeutung zu, daß ein Verstoß gegen sie die Verlesung hindern könnte; vielmehr hat das Gericht angesichts eines solchen Mangels nach pflichtmäßigem Ermessen zu erwägen, ob er die Beweiskraft beeinträchtigt oder aufhebt[86]. Ist ein Augenscheinsprotokoll wegen formeller Mängel nicht verlesbar, kann sein Verfasser als Zeuge zu den beim Augenschein festgestellten Tatsachen vernommen und ihm dabei auch der Inhalt des Protokolls als Gedächtnisstütze vorgehalten werden[87].

**28**    **c) Umfang der Verlesung.** Waren zum Augenschein Zeugen oder Sachverständige zugezogen worden, so können ihre in der Niederschrift beurkundeten Angaben insoweit mitverlesen werden, als es sich um Hinweise handelt, die den Vorgang der Augenscheinseinnahme betreffen[88]. Soweit die Aussagen darüber hinaus eine selbständige Bedeutung für die Sachentscheidung haben, darf — wenn nicht ein Fall der §§ 251, 256

---

[77] RGSt **53** 348; *Alsberg/Nüse/Meyer* 257; *Dähn* JZ **1978** 640; *Kleinknecht/Meyer*[37] 7; KMR-*Paulus* 13; *Eb. Schmidt* 5. Vgl. § 87, 1.

[78] RGSt **2** 159; **53** 349. Vgl. § 87, 1.

[79] RGSt **24** 233; *Alsberg/Nüse/Meyer* 258; KMR-*Paulus* 13.

[80] *Alsberg/Nüse/Meyer* 256; *Kleinknecht/Meyer*[37] 12; vgl. § 86, 5; § 256, 17; 22.

[81] *Alsberg/Nüse/Meyer* 256; *Kleinknecht/Meyer*[37] 12; *Koeniger* 369; *Schneidewin* JR **1951** 486.

[82] RGSt **41** 217; **53** 107; *Alsberg/Nüse/Meyer* 508; KMR-*Paulus* 13; wegen weiterer Nachw. vgl. § 168 a, 42.

[83] BGHSt **27** 339 = JR **1978** 525 mit Anm.

*Meyer-Goßner*; KK-*Mayr* 20; weit. Nachw. § 168, 25.

[84] RGSt **1** 256; *Alsberg/Nüse/Meyer* 508; 510; KK-*Mayr* 20; *Kleinknecht/Meyer*[37] 12; KMR-*Paulus* 13; weit. Nachw. § 168 d, 54; 56; § 225, 6; 10.

[85] BGH NStZ **1986** 325; *Alsberg/Nüse/Meyer* 510; *Schlüchter* 433; vgl. § 224, 23; 32; § 168 c, 56.

[86] RGSt **31** 136; **34** 397; **55** 5; RG JW **1931** 2504; *Alsberg/Nüse/Meyer* 508; KK-*Mayr* 20; § 168 a, 57.

[87] KK-*Mayr* 21.

[88] RGSt **18** 186; *Alsberg/Nüse/Meyer* 258; KMR-*Paulus* 13; vgl. § 86, 39.

vorliegt — die Vernehmung der Zeugen oder Sachverständigen in der Hauptverhandlung nach § 250 nicht durch die Verlesung ersetzt werden[89], vielmehr muß diese erforderlichenfalls neben der Verlesung erfolgen; das gilt beispielsweise für die Zeugen, die bei einer Leichenöffnung zugezogen worden sind, damit festgestellt werde, wer der Verstorbene sei[90].

**5. Behördliche Schriftstücke,** die die Grundlage des **anhängigen Verfahrens** selbst **29** bilden, sind in diesem keine als Beweismittel verwendbaren und darum auch nicht im Urkundenbeweis zu Beweiszwecken verlesbaren Schriftstücke. Dies gilt für die Strafanzeige der Polizei, durch die das Verfahren ausgelöst wurde[91], ebenso wie für die Anklageschrift[92] oder den Bericht der Gerichtshilfe[93] oder den Bußgeldbescheid, nicht aber für Protokolle über Beweiserhebungen (vgl. § 250, 5).

### III. Verfahren. Allgemeines

**1. Zusammentreffen von Urkundenbeweis und Augenscheinsbeweis.** Soll nicht der **30** gedankliche Inhalt einer Schrift, sondern ihre **äußere Erscheinung,** ihre Beschaffenheit oder ihr Erhaltungszustand zum Beweis einer Tatsache dienen, so ist insoweit die Schrift in Augenschein zu nehmen. Die Beweiswirkung wird nicht durch Verlesen, sondern durch Besichtigen erzielt, indem etwa über die Einteilung eines Kassenbuchs oder die Art der Eintragungen oder die Schriftzüge oder die Merkmale einer Verfälschung, Ausschabung oder Überschreibung Beweis zu erheben ist[94]. § 249 ist daneben nur anwendbar, wenn zugleich auch über den gedanklichen Inhalt der Schrift Beweis erhoben werden soll. Es liegen dann zwei verschiedene Beweiserhebungsvorgänge vor, die einander nicht einschließen und die deshalb getrennt anzuordnen und zu protokollieren sind.

**2. Sachverständigenbeweis.** Verwendet ein **Sachverständiger** den Inhalt von Ur- **31** kunden bei der Erstattung seines Gutachtens, so brauchen diese nicht gesondert verlesen zu werden, wenn es sich um Urkunden handelt, zu deren Erschließung es der Sachkunde des Sachverständigen bedarf. Der Inhalt dieser Urkunden wird dann mit dem Gutachten, dessen Beurteilungsgrundlagen sie bilden, in die Hauptverhandlung eingeführt. So kann ein Buchsachverständiger Kontokarten als Unterlagen für sein Gutachten verwenden und in der Hauptverhandlung erörtern, ohne daß es notwendig wäre, sie gesondert zu verlesen[95]. Etwas anderes gilt, wenn die Urkunden nur Zusatztatsachen enthalten[96], über die in der Hauptverhandlung gesondert Beweis erhoben werden muß. Die Verlesung wissenschaftlicher Werke, die ein Sachverständiger für sein Gutachten verwertet und dem Gericht überreicht hat, kann aus § 249 nicht gefordert werden.

**3. Fremdsprachige Schriften.** Fremdsprachige Schriften können als Beweismittel **32** gebraucht werden. § 184 GVG steht nicht entgegen[96a]. Sofern nicht alle Verfahrensbe-

[89] BGHSt 10 10; 12 308; RG JW 1920 579; *Alsberg/Nüse/Meyer* 258; KK-*Mayr* 22; *Kleinknecht/Meyer*[37] 12; KMR-*Paulus* 13; *Eb. Schmidt* 17.

[90] RGRspr. 6 394; anders, wenn Person des Toten zweifelsfrei feststeht, RGSt 53 348; *Alsberg/Nüse/Meyer* 258; vgl. § 88, 1.

[91] OLG Schleswig bei *Ernesti/Jürgensen* SchlHA 1974 187; vgl. § 256, 17; 22.

[92] BGHSt 18 53; RGSt 41 262; BGH GA 1968 305; vgl. § 256, 17, 22 mit weit. Nachw.

[93] Vgl. § 256, 18; *Hörster* JZ 1982 92.

[94] RGSt 5 398; RGRspr. 3 789; RG GA 37 (1889) 54.

[95] BGHSt 15 253.

[96] Vgl. § 79, 21; § 250, 34.

[96a] *Eb. Schmidt* 21; a. A *Alsberg/Nüse/Meyer* 246; *Kleinknecht/Meyer*[37] 5; *Krause* 117; vgl. bei § 184 GVG und unten Fußn. 97.

teiligten der fremden Sprache mächtig sind, können sie jedoch nicht durch Verlesen des Urtextes in die Hauptverhandlung eingeführt werden[97]. Sie sind zu übersetzen. **In der Hauptverhandlung** wird dies in der Regel durch einen Sprachkundigen geschehen, der insoweit nicht als Dolmetscher im Sinne des § 185 GVG, sondern als Sachverständiger tätig wird[98] und der das „sprachliche Gutachten", das die Übersetzung bedeutet, grundsätzlich in der Hauptverhandlung selbst vorträgt. Ist ein Mitglied des Gerichts genügend sprachkundig, kann es auch selbst die Sprachübertragung in der Hauptverhandlung vornehmen[99].

**33**　Ob eine bei den Akten befindliche **schriftliche Übersetzung** im Wege des Urkundenbeweises nicht nur zum Beweise ihres Vorhandenseins, sondern auch zum Beweise des Sinngehalts des fremdsprachigen Originals in der Hauptverhandlung verlesen werden darf, ist strittig[100]. Die Ansicht, die dies verneint[101], stützt sich darauf, daß nach § 250 das Sprachgutachten, das die Übersetzung darstellt, durch mündlichen Vortrag des Gutachters in die Hauptverhandlung eingeführt werden muß[102], sofern nicht ausnahmsweise Sondervorschriften Platz greifen, die, wie §§ 251, 256 das Verlesen gestatten[103]. Nach der Gegenmeinung, die auch der BGH vertritt, steht § 250 der Verlesung nicht entgegen, da die Übersetzung keine individuelle Wahrnehmung wiedergebe, sondern eine nicht an eine bestimmte Person gebundene und — solange das fremdsprachige Original greifbar ist — auch jederzeit wiederholbare und nachprüfbare Leistung sei[104]. Ähnlich wie bei der Verwendung einer Abschrift müsse sich das Gericht gegebenenfalls durch Verwendung anderer Beweismittel in freier Beweiswürdigung Gewißheit darüber verschaffen, ob die schriftliche Übersetzung den Sinngehalt des fremdsprachigen Originals richtig und vollständig wiedergibt[105]. Dazu kann es genügen, daß ein öffentlich bestellter oder allgemein vereidigter Übersetzer[106] die Richtigkeit und Vollständigkeit der von ihm gefertigten oder überprüften Übersetzung bestätigt[107]. Ob die

[97] RGSt **9** 51; **27** 269; **32** 239; KMR-*Paulus* 9; zur Gegenmeinung vgl. Fußn. 96.

[98] BGHSt **1** 6; BGH NJW **1965** 643; NStZ **1985** 466 (Dolmetscher kann aber dazu herangezogen werden); KK-*Mayr* 16; *Kleinknecht/Meyer*[37] 5; KMR-*Paulus* 9; vgl. bei § 185 GVG.

[99] *Alsberg/Nüse/Meyer* 246; *Kleinknecht/Meyer*[37] 5.

[100] Schon in der Rechtsprechung des RG war dies strittig, verneinend RGSt **7** 390; **9** 53; **25** 353; **27** 162; **32** 240; **36** 372; RG JW **1924** 707; *Beling* 147; *Hegler* Rechtgang **2** 287; a. A. RGRspr. **5** 534; RGSt **51** 94; RG GA **66** (1918/19) 568.

[101] *Alsberg/Nüse/Meyer* 246; *Kleinknecht/Meyer*[37] 5; *Eb. Schmidt* 21; ebenso noch LR[23] 30.

[102] Zur Streitfrage, ob dies auch gilt, wenn das Gutachten keine eigenen Wahrnehmungen des Gutachters enthält, vgl. § 250, 29.

[103] Vor allem können die von deutschen oder ausländischen Behörden gefertigten Übersetzungen nach § 256 verlesen werden.

[104] BGHSt **27** 137 = JR **1978** 117 mit Anm. *Gollwitzer*; BGH GA **1982** 40; NStZ **1983**

181; bei *Pfeiffer/Miebach* NStZ **1983** 357; *Jessnitzer* Dolmetscher 66; KK-*Mayr* 15; KMR-*Paulus* 9.

[105] Vgl. etwa KMR-*Paulus* 9; ferner Fußn. 104.

[106] Die Bezeichnungen sind in den Ländern nicht einheitlich; vgl. *Jessnitzer* Dolmetscher 22 ff; ferner zu den einzelnen landesrechtlichen Regelungen *Lichtenberger* BayVwBl. **1986** 360.

[107] Nach § 2 der als Bundesrecht fortgeltenden Verordnung zur Vereinfachung des Beurkundungswesens vom 21. 10. 1942 (BGBl III 315 – 5) gilt eine Übersetzung als richtig und vollständig, wenn ein (nach dem jeweils einschlägigen Landesrecht) dazu ermächtigter Übersetzer dies bescheinigt. vgl. dazu BayVerfGH BayVwBl. **1986** 363; *Lichtenberger* BayVwBl **1986** 360; ferner *Ruderisch* BayVBl. **1985** 169. Auch ohne diese widerlegbare Vermutung kann das Gericht aus dem Umstand, daß die Übersetzung von einem allgemein beeidigten Dolmetscher oder Übersetzer gefertigt wurde, auf die Richtigkeit und Vollständigkeit der Sprachübertragung schließen.

Sprachübertragung der Urkunde im Interesse der Sachaufklärung der Hauptverhandlung vorzubehalten ist, weil sie sich dadurch einen persönlichen Eindruck vom Übersetzer und seinen fachlichen Fähigkeiten verschaffen kann und weil sie zugleich auch die Möglichkeit eröffnet, etwaige sprachliche Schwierigkeiten der Übersetzung (schwer übersetzbare oder mehrdeutige Stellen usw.) in der Hauptverhandlung zu erörtern, beurteilt sich nach den Erfordernissen des Einzelfalls. Abzulehnen ist die Ansicht, daß eine Beweisverwendung des Inhalts der Übersetzung auch dadurch möglich wird, daß der Vorsitzende den Inhalt einer fremdsprachigen Urkunde den Prozeßbeteiligten im Rahmen eines Vorhalts zur Kenntnis bringt[108].

Ist die **fremdsprachige Urschrift** unzugänglich und liegt dem Gericht nur eine **34** deutsche Übersetzung vor, dann bedarf es in der Regel nicht der Zuziehung eines Übersetzers zur Hauptverhandlung, um das Schriftstück zu verlesen[109]. Es ist eine allgemeine Beweisfrage, auf welchem Weg sich das Gericht dann die Kenntnis vom Übereinstimmen der vorliegenden Übersetzung mit der Urschrift verschaffen will; insoweit kann es auch den Fertiger der Übersetzung als sachverständigen Zeugen hören[110] oder das Geständnis des Angeklagten verwerten[111].

Nicht erforderlich ist, daß die Sprachübertragung in der Hauptverhandlung oder **35** die vorherige schriftliche Übersetzung von einem **öffentlich bestellten und/oder allgemein beeidigten Dolmetscher oder Übersetzer** bzw. ermächtigten Urkundenübersetzer erstellt wird oder daß ihre Richtigkeit förmlich bestätigt wird[112]. Unbeschadet des Umstands, daß die Übersetzung durch einen behördlich bestellten Übersetzer bei der Beweiswürdigung ins Gewicht fallen kann (vgl. Rdn. 33), ist das Gericht bei Auswahl der Übersetzer und bei der Beweiswürdigung rechtlich frei.

**4. Geheimschriften.** Ist eine Schrift in Ziffern oder auf andere Weise verschlüsselt **36** niedergeschrieben, so daß ein Nichteingeweihter sie nicht zu verstehen vermag, scheidet ein Urkundenbeweis durch Verlesen aus. Es ist ein Sachverständiger zuzuziehen, der im Rahmen seines Gutachtens den Klartext der Schrift bekannt gibt[113]. Die für die Übersetzung einer fremdsprachigen Schrift erörterten Grundsätze gelten auch hier. Ob die in einer geläufigen Kurzschrift abgefaßten Schriften wie Geheimschriften zu behandeln sind, erscheint fraglich[114].

**5. Formen des Urkundenbeweises.** Will das Gericht Beweis über den gedanklichen **37** Inhalt einer Schrift erheben, kann dies nur in einer der beiden von § 249 vorgeschriebenen Formen geschehen, durch Verlesen der Schrift nach Absatz 1 oder durch das Selbstleseverfahren nach Absatz 2. Ob als dritte Form des Urkundenbeweises auch die Feststellung des Inhalts der Schrift durch den Vorsitzenden zulässig ist, ist strittig[115].

---

[108] So aber wohl BGH bei *Dallinger* MDR **1975** 369; die Entscheidung dürfte von der Ansicht beeinflußt sein, daß die Verlesung eines Schriftstücks durch Bekanntgabe seines Inhalts ersetzt werden darf, vgl. Rdn. 44 ff; ablehnend KMR-*Paulus* 9.

[109] *Alsberg/Nüse/Meyer* 247.

[110] *Jessnitzer* Dolmetscher 66 (sofern Übersetzer die Schrift nicht im anhängigen Verfahren am Auftrag des Gerichts oder Staatsanwalts übersetzt hat, da er dann als Sachverständiger zu hören sei).

[111] RGSt **36** 372; *Alsberg/Nüse/Meyer* 248; KK-*Mayr* 15.

[112] Vgl. RGSt **25** 354; **51** 94; RG GA **66** (1918/19) 568.

[113] *Alsberg/Nüse/Meyer* 245 (der auch die in Kurzschrift abgefaßten Schreiben vom Urkundenbeweis ausschließen will).

[114] *Alsberg/Nüse/Meyer* 245; *Kleinknecht/Meyer*[37] 4 nehmen das an; a. A RGSt **65** 294; OLG Frankfurt HESt **2** 218; KK-*Mayr* 8; *Eb. Schmidt* 7.

[115] Vgl. Rdn. 44 ff.

Walter Gollwitzer

## IV. Urkundenbeweis durch Verlesen nach Absatz 1

**38**　1. Kommt es darauf an, den **Inhalt einer Schrift** den zur Urteilsfindung berufenen Richtern und den übrigen Verfahrensbeteiligten zur Kenntnis zu bringen, so muß die Schrift in der Hauptverhandlung regelmäßig **wörtlich verlesen** werden[116], und zwar laut und deutlich, damit alle Anwesenden es verstehen können[117], auch wenn die Beteiligten den Inhalt der Schrift aus den Akten kennen.

**39**　2. Zu verlesen ist der Inhalt aber nur insoweit, als er zum Verständnis der für die Urteilsfindung bedeutsamen Schriftstellen notwendig ist. Ob es genügt, **Teile einer Schrift** zu verlesen, entscheidet das Gericht unter Berücksichtigung seiner **Aufklärungspflicht** nach pflichtgemäßem Ermessen[118]. Teile der Schrift, die weder wegen ihres Inhalts noch wegen des Gesamtzusammenhangs für die Entscheidung erheblich sind, vor allem bei einem umfangreichen Druckwerk, brauchen nicht mitverlesen zu werden. Bei inhaltlich gleichen Schriften genügt es, eine repräsentative Auswahl zu verlesen[119]. Verlangt ein Beteiligter die Verlesung der ganzen Schrift, so hat das Gericht darüber gemäß § 245 zu entscheiden[120]. Die Verlesung muß auf Teile der Schrift beschränkt bleiben, wenn die anderen Teile überhaupt nicht oder zumindest nicht im Wege der Verlesung als Beweismittel verwendet werden dürfen[121].

**40**　3. **Unzulänglichkeit der bloßen Vorlegung.** Eine Schrift wird nicht dadurch allein, daß ein Beteiligter sie in der Hauptverhandlung vorlegt, als Beweismittel gebraucht. Insbesondere darf, wenn ausweislich der Sitzungsniederschrift nichts weiter geschehen ist, als daß Akten vorgelegt worden sind, keine Feststellung auf den Inhalt einer in den Akten enthaltenen Urkunde gestützt werden[122].

**41**　4. **Entscheidung über das Erfordernis der Verlesung.** Es hängt, wenn kein Beweisbeschluß zu vollziehen oder keine Schrift als präsentes Beweismittel (§ 245 Abs. 1) zu verlesen ist, von der Aufklärungspflicht ab, ob eine Schrift zu verlesen ist, damit durch ihren Inhalt Beweis erbracht werde[123].

**42**　Die Entscheidung über die Verlesung steht zunächst dem **Vorsitzenden** zu[124], der weder eine förmliche Anordnung erlassen[125] noch die Verfahrensbeteiligten vorher anhören muß. Eines **Gerichtsbeschlusses** bedarf es nur, wenn die Anordnung des Vorsitzenden nach § 238 Abs. 2 beanstandet wird; ferner, wenn eine Sondervorschrift wie § 251 Abs. 4 dies vorschreibt (vgl. § 251, 72). Hat der Vorsitzende eine Schrift zur Verlesung gebracht, die nach den gesetzlichen Vorschriften nicht verlesen werden durfte, so darf das Gericht die Schrift grundsätzlich nicht bei der Urteilsfindung verwerten,

---

[116] RGSt **59** 100; RG DRiZ **1931** Nr. 51.

[117] *Alsberg/Nüse/Meyer* 313; KMR-*Paulus* 18.

[118] RGSt **8** 129; RG GA **69** (1925) 90; JW **1917** 554; BGHSt **11** 31; BGH GA **1960** 277; bei *Dallinger* MDR **1972** 753; bei *Pfeiffer/Miebach* NStZ **1984** 211; *Alsberg/Nüse/Meyer* 314; KK-*Mayr* 30; *Kleinknecht/Meyer*[37] 15; KMR-*Paulus* 19; *Schlüchter* 531; *Eb. Schmidt* Nachtr. I 19.

[119] *Alsberg/Nüse/Meyer* 315; *Kleinknecht/Meyer*[37] 15; KMR-*Paulus* 3.

[120] RG GA **46** (1898/99) 424; BGH GA **1960** 277. Vgl. § 245, 30 ff; 62 ff.

[121] *Alsberg/Nüse/Meyer* 315; *Gössel* § 27 C I a 1.

[122] RGRspr. **3** 259; Recht **1910** Nr. 816.

[123] RGSt **1** 383; RGRspr. **2** 45 sprachen vom „richterlichen Ermessen".

[124] KK-*Mayr* 29 (Akt der Sachleitung, § 238); KMR-*Paulus* 17.

[125] *Alsberg/Nüse/Meyer* 312; *Kleinknecht/Meyer*[37] 15.

auch wenn kein Beteiligter die Verlesung beanstandet hat. Tut es dies trotzdem, so kann der Verfahrensfehler die Revision begründen[126].

**5. Ausführung der Verlesung.** In der Regel verliest der Vorsitzende selbst die Ur- **43** kunde. Er darf dies einem mitwirkenden Richter, auch einem Ergänzungsrichter oder Schöffen, oder den Protokollführer übertragen[127]. Ist die Schrift vom Angeklagten oder einem anwesenden Zeugen geschrieben und schwer lesbar, so ist es statthaft, den Urheber zur Verlesung heranzuziehen[128]. Auch sonst kann die Verlesung, wenn Gründe der Zweckmäßigkeit hierfür sprechen und die Gewähr vollkommener Wiedergabe gegeben ist, einem Beteiligten übertragen werden[129]; die im § 238 Abs. 1 enthaltene Vorschrift, daß die Aufnahme der Beweise durch den Vorsitzenden erfolgt, steht nicht entgegen. Für eine Verlesung, die zur Beweisaufnahme gehört, ist im Schlußvortrag von Staatsanwalt oder Verteidiger kein Raum[130], zur Beweisverwendung ist die vom Gericht herbeigeführte Verlesung nach Wiedereintritt in die Hauptverhandlung notwendig[131].

**6. Die Feststellung des Inhalts** einer Schrift durch eine streng sachliche Schilde- **44** rung des Vorsitzenden an Stelle der Verlesung hielt das Reichsgericht für zulässig, wenn die Verlesung an sich zulässig war und die Beteiligten nicht widersprachen[132]. Dies ist auch die Ansicht des Bundesgerichtshofs[133], der daran auch nach Einführung des Selbstleseverfahrens des Absatzes 2 festhält, sofern es auf den genauen Wortlaut nicht ankommt und die Aufklärungspflicht im Einzelfall auch sonst nicht die Verlesung fordert[134]. Ihm folgt die Rechtsprechung der Oberlandesgerichte[135]. Die Revisionsgerichte haben die Feststellung als Verlesungsersatz oft auch in Fällen zugelassen, in denen im Protokoll der **Vermerk über die Verlesung** fehlte, bei denen aber davon ausgegangen werden konnte, daß zumindest der wesentliche Inhalt der Urkunde in der Hauptverhandlung zur Sprache gekommen, dem Mündlichkeitsgrundsatz also genügt war. In diesen Fällen hätte jedoch das Urteil meist auch mit der Begründung gehalten werden können, daß es nicht auf der unterbliebenen Verlesung beruht.

---

[126] Die fehlerhafte Urteilsgrundlage wirkt fort vgl. § 238, 50.

[127] RGSt **27** 173; KK-*Mayr* 29; *Kleinknecht/ Meyer*[37] 15; KMR-*Paulus* 17.

[128] RG GA **56** (1909) 223; *Alsberg/Nüse/Meyer* 314; KMR-*Paulus* 17.

[129] *Alsberg/Nüse/Meyer* 314; **a. A** KMR-*Paulus* 17 (sofern nicht Zeuge oder Sachverständiger die Schrift im Rahmen seiner Vernehmung verliest und diese dadurch Teil seiner Vernehmung wird).

[130] RGSt **21** 69; RG GA **60** (1913) 432; *Alsberg/ Nüse/Meyer* 314; KMR-*Paulus* 17.

[131] *Alsberg/Nüse/Meyer* 314 mit dem Hinweis, daß dies dann nicht erforderlich ist, wenn Verlesung nicht Beweisaufnahme ergänzen, sondern einen Begriff verdeutlichen soll oder nur eine Rechtsfrage betrifft.

[132] RGRspr **3** 789; RGSt **3** 142, 162; **26** 32; **35**

198; **64** 79; RG GA **46** (1898) 191; LZ **1915** 631; **1922** 167; Recht **1917** Nr. 1188; **1920** Nr. 241; **a. A** RGSt **2** 408; **25** 126; RG JW **1891** 53. Vgl. *Alsberg/Nüse/Meyer* 326 mit weit. Nachw.

[133] BGHSt **1** 94; **11** 29; 159; dazu *Hanack* JZ **1972** 202. Wie sehr sich hier die Grenzen zum Vorhalt verwischen, zeigt BGH MDR **1975** 369 bei *Dallinger* —

[134] BGHSt **30** 10 = NStZ **1981** 231 mit Anm. *Kurth* = JR **1982** 83 mit abl. Anm. *Gollwitzer* = StrVert **1981** 217 mit abl. Anm. *Wagner* = LM StPO 1975 Nr. 1 mit Anm. *Schmidt*.

[135] OLG Düsseldorf VRS **59** 269; OLG Frankfurt HESt **2** 218; KG VRS **14** 453; OLG Hamburg MDR **1973** 156; OLG Hamm NJW **1958** 1359; **1969** 572; MDR **1964** 344; KG VRS **14** 453; OLG Köln MDR **1955** 122; OLG Schleswig SchlHA **1954** 387.

**45**    Zu Recht verneint das **Schrifttum** überwiegend die Zulässigkeit eines solchen Verfahrens[136]. Mit gutem Grund kennt das Verfahrensrecht als Form des Urkundenbeweises nur die Verlesung nach Absatz 1 und das Selbstleseverfahren nach Absatz 2, um die Kenntnis aller Richter und aller Verfahrensbeteiligten vom Inhalt einer als Beweismittel verwendeten Schrift herbeizuführen. Der Bericht des Vorsitzenden über den Inhalt einer Urkunde ist keine Beweisquelle; er sollte auch der Beweiswürdigung des Gerichts nicht durch eine Vorauswahl der als Urkundensubstrat relevanten Tatsachen vorgreifen[137]. Die **Gegenmeinung**[138] läßt aus Praktikabilitätsgründen einen Bericht des Vorsitzenden als Verlesungsersatz zu, wenn der Vorsitzende den Urkundeninhalt objektiv wiederholt, die Urkunde sich ihrem Inhalt nach dazu eignet, durch den Vortrag des Vorsitzenden wiedergegeben zu werden, und keiner der Beteiligten widerspricht. Sind diese auch von der Gegenmeinung geforderten Voraussetzungen gegeben, bleibt für den Bericht nur Raum, wo die Verlesung des beweiserheblichen Teils der Urkunde ohnehin weder Mühe noch Zeit kostet. Die Feststellung ist ebenso wie die Verlesung zu protokollieren[139]. Gründe der Verfahrensklarheit sprechen dagegen, diese im Gesetz nicht vorgesehene Art des Urkundenbeweises zuzulassen, zumal da sie geeignet ist, vor allem bei den Laienrichtern den grundsätzlichen Unterschied zwischen diesem und der Verwendung einer Urkunde zu einem Vorhalt zu verwischen. Bei einer Verlesung entfällt auch jeder Streit darüber, ob die Berichterstattung des Vorsitzenden über den Inhalt der Urkunde objektiv und hinreichend erschöpfend war, um der Aufklärungspflicht, dem Gebot zur Gewährung des rechtlichen Gehörs und dem Mündlichkeitsgrundsatz zu genügen. *Grünwald*[140] weist mit Recht darauf hin, daß dann nur die zusammengefaßte Wiedergabe des Urkundeninhalts durch den Vorsitzenden, nicht aber der Wortlaut der nicht verlesenen Urkunde Gegenstand der Urteilsfindung (§ 261) sein kann.

**46**    Im übrigen hat auch die Rechtsprechung inzwischen anerkannt, daß die **Verlesung** einer Urkunde dann **nicht ersetzbar** ist, wenn es auf die Kenntnis ihres genauen oder vollen Wortlauts, auf Stil und Ausdrucksweise[141] ankommt oder wenn das Schriftstück länger, sprachlich schwierig oder sonst schwer verständlich ist, denn seine Auslegung kann ohnehin nicht dem Vorsitzenden überlassen bleiben[142].

**47**    Im **Bußgeldverfahren** läßt § 78 Abs. 1 OWiG (i. d. F. d. Gesetzes vom 7. 7. 1986 — BGBl. I 977) die Bekanntgabe des wesentlichen Inhalts eines Schriftstücks durch das Gericht an Stelle der Verlesung zu, sofern es nicht auf den Wortlaut ankommt (vgl. Rdn. 54).

**48**    Werden nur **Teile einer Schrift** verlesen, dann ist es zulässig, wenn der Vorsitzende zur Klarstellung der Zusammenhänge die Beteiligten über den Inhalt der nicht entscheidungserheblichen und darum auch nicht verlesenen Teile der Schrift unterrichtet[143].

---

[136] *Dahs/Dahs* 227; *Fezer* JuS **1977** 234; *Gössel* § 27 C I a 2; *Hanack* JZ **1972** 202; KK-*Mayr* 21; KMR-*Paulus* 20; *Roxin* § 28 B 3; *Eb. Schmidt* Nachtr. I 19; ZStW **65** (1953) 161; *Schneidewin* JR **1951** 481; früher schon *Beling* 320; *Graf zu Dohna* 164; *Hegler* Rechtsgang **1** 422.

[137] KK-*Mayr* 28; gegen diese Bedenken *Alsberg/Nüse/Meyer* 325.

[138] *Kleinknecht/Meyer*[37] 26; *Alsberg/Nüse/Meyer* 326 mit weit. Nachw.

[139] Vgl. Rdn. 50.

[140] *Grünwald*, Gutachten zum 50. DJT 19 (Verh. des 50. DJT, 1974), S. C 76.

[141] BGHSt **30** 10 (vgl. Fußn. 134); BGH bei *Dallinger* MDR **1972** 18; BayObLG bei *Rüth* DAR **1983** 252.

[142] RGSt **76** 295; OGHSt **3** 26; BGHSt **5** 278; **11** 29, 159; OLG Hamm NJW **1969** 572; bei Eidesdelikten forderten auch RGSt **65** 20; **69** 90 – einschränkend RG DRZ **1933** Nr. 17 – in der Regel die Verlesung der Niederschrift über die Aussage.

[143] RGSt **8** 128.

**7. Beurkundung der Verlesung.** Die Verlesung jedes einzelnen Schriftstücks muß **49** nach § 273 Abs. 1 durch die Sitzungsniederschrift beurkundet werden[144], wobei die Tatsache der Verlesung und das verlesene Schriftstück, gegebenenfalls auch die verlesenen Teile, genau und unverwechselbar zu bezeichnen sind[145]. Ist die Beurkundung unterblieben, so gilt die Verlesung auf Grund des § 274 als nicht geschehen. Nach § 255 sind auf Antrag auch die Gründe für die Verlesung der dort bezeichneten Protokolle in die Sitzungsniederschrift aufzunehmen[146].

Das **Reichsgericht**, das ursprünglich strenge Anforderungen gestellt hatte[147], **50** wies später die Rüge, daß das angefochtene Urteil eine ausweislich der Sitzungsniederschrift nicht verlesene Urkunde als Beweismittel verwertet habe, vielfach mit der Begründung zurück, die Schrift könne ohne Verlesung durch eine der Beweiserhebung dienende Mitteilung des Vorsitzenden zur Kenntnis der Beteiligten gebracht oder sonstwie in ausreichender Weise besprochen worden sein[148]. Um einen Mißbrauch des Urkundenbeweises und die Verwertung eines nicht vorgetragenen Aktenstoffes zu verhindern, muß aber zwischen der Verlesung oder der die Verlesung ersetzenden Bekanntgabe des wesentlichen Inhalts einer Urkunde durch den Vorsitzenden — falls man sie überhaupt zulassen will — und dem aus der Urkunde geschöpften bloßen Vorhalt scharf unterschieden werden. Die Aufnahme in die Sitzungsniederschrift ist für die inhaltliche Bekanntgabe gleich wie für die Verlesung notwendig[149].

In Sitzungsniederschriften und in Urteilen findet sich nicht selten der Vermerk, **51** daß bestimmte Urkunden **zum Gegenstand der Verhandlung gemacht"** worden seien. Mit einer solchen unklaren und unscharfen Wendung wird jedenfalls die Verlesung der Urkunde, die allein die Urkunde im Wege des Urkundenbeweises zur Urteilsgrundlage machen könnte, nicht bezeugt. Die Rechtsprechung hat sich deshalb gegen diesen Brauch, der nur als Unsitte bezeichnet werden kann, mit Recht gewandt[150]. Zum Vorhalt vgl. Rdn. 84 ff.

Werden Schriften im Wege des **Augenscheins** zu Beweiszwecken herangezogen **52** (Rdn. 8; 30), so ist dies im Protokoll festzuhalten[151].

## V. Selbstleseverfahren nach Absatz 2

**1. Zweck** des Absatzes 2 ist es, die Hauptverhandlung zu entlasten[152]. Bei um- **53** fangreichen Schriftstücken, wie etwa Schriften beleidigenden, pornographischen oder

---

[144] *Alsberg/Nüse/Meyer* 315; *Kleinknecht/Meyer*[37] 15; KMR-*Paulus* 34; *Eb. Schmidt* 22.

[145] Vgl. § 273, 16.

[146] Vgl. dazu § 255, 3.

[147] RGSt 2 76; RGRspr. 2 79; 529.

[148] RG JW **1936** 1048; vgl. OLG Hamm NJW **1956** 1359 mit weit. Nachw.

[149] RGSt 7 79; **21** 109; **64** 79; OLG Düsseldorf VRS **59** 269; OLG Hamburg MDR **1973** 156; OLG Hamm MDR **1964** 344; *Kleinknecht/ Meyer*[37] 27; KMR-*Paulus* 34; *Alsberg/Nüse/ Meyer* 329 mit weit. Nachw. zum Streitstand; a. A RGSt 2 76; KG VRS **14** 454; OLG Köln MDR **1955** 122.

[150] RGSt **64** 78; BGHSt **11** 29; OLG Celle StrVert. **1984** 107; OLG Hamm NJW **1958** 1359; OLG Koblenz VRS **67** 146; OLG Schleswig SchlHA **1954** 387; KK-*Mayr* 58;

*Kleinknecht/Meyer*[37] 15; KMR-*Paulus* 36. Vgl. § 273, 16.

[151] RGSt **39** 257; OLG Köln VRS **24** 62; vgl. § 273, 15.

[152] Dies war verschiedentlich gefordert worden, so *Herrmann* ZStW **85** (1973) 281; *Grünwald* 50. DJT C 75; *Tiedemann* 49. DJT C 103 ff. Gegen die Neuregelung, der *Rudolphi* JuS **1978** 866 zustimmt, äußert *Geppert* 191 grundsätzliche Bedenken (Durchbrechung der formellen Unmittelbarkeit und Verlust der Transparenz der Hauptverhandlung); vgl. auch *Geppert* FS v. Lübtow (1980) 779; *Peters*[4] § 39 III 6 (S. 323); ferner *Alsberg/Nüse/Meyer* 316; *Schroeder* NJW **1979** 1530; *Rieß* NJW **1978** 2270; *Ulsenheimer* AnwBl. **1983** 379; *Zierl* DRiZ **1983** 411.

Walter Gollwitzer

staatsfeindlichen Inhalts oder ausgedehnte Geschäftskorrespondenzen beansprucht das Verlesen in der Hauptverhandlung einen erheblichen Zeitaufwand und ermüdet die Aufmerksamkeit der Verfahrensbeteiligten. Soweit diese den Inhalt der Schrift ohnehin schon kennen, wird der Vorgang zu einer leeren Formalität. Dazu kommt, daß viele Menschen den genauen Inhalt einer Schrift durch eigenes Lesen viel besser und schneller erfassen als durch Zuhören bei einer länger dauernden Verlesung im Gerichtssaal. Diesen Umständen trägt der Absatz 2 Rechnung, wenn er dem Absatz 1 eine **Form der Beweisaufnahme** über Urkunden zur Seite stellt, deren Bedeutung darin liegt, daß die Richter den Inhalt der Schreiben selbst lesen müssen, alle anderen Verfahrensbeteiligten ihn lesen können und daß in der Hauptverhandlung nur noch der wesentliche Inhalt mündlich mitgeteilt und damit die ganze Schrift zur Erörterung gestellt wird. Diese Form des Urkundenbeweises ist von der Qualität des Erkenntnisvorgangs her dem Verlesen nach Absatz 1 vielfach gleichwertig; lediglich dort, wo es darauf ankommt, einen bestimmten Wortlaut in der Hauptverhandlung zur Erörterung zu stellen, ist das Verlesen angezeigt. Trotzdem hat der Gesetzgeber diese neue Form des Urkundenbeweises bisher an den Verzicht der Verfahrensbeteiligten gebunden, weil bei Schaffung der Vorschrift 1978 befürchtet wurde, daß andernfalls Erörterungen und Beweisantritte darüber, ob die Urkunde gelesen worden sei, das Verfahren verzögerten[153].

**54**      Im **Bußgeldverfahren** läßt § 77a Abs. 1 OWiG (i. d. F. d. Gesetzes vom 7. 7. 1986 — BGBl. I 977) eine vereinfachte Form des Urkundenbeweises zu; es genügt, wenn das Gericht den wesentlichen Inhalt der Urkunde feststellt und den Verfahrensbeteiligten die Kenntnisnahme vom Inhalt der Urkunde ermöglicht. Dieses Verfahren bedarf der Einwilligung der anwesenden Verfahrensbeteiligten, sofern auch die Verlesung des Schriftstücks nur bei Einwilligung zulässig ist.

### 2. Voraussetzungen für den Ersatz der Verlesung

**55**      **a)** Der **Verzicht** des Staatsanwalts, des Angeklagten und des Verteidigers auf die Verlesung ist nach Absatz 2 Satz 1 eine unabdingbare Voraussetzung dafür, daß der Inhalt eines Schriftstücks durch Mitteilung seines wesentlichen Inhalts zu Beweiszwecken in die Hauptverhandlung eingeführt werden kann[153a]. Soweit in der Hauptverhandlung anwesende andere Verfahrensbeteiligte gleiche Befugnisse wie Staatsanwalt oder Angeklagter (Einziehungsbeteiligter § 433 usw.) ausüben können[154], ist auch ihr Verzicht erforderlich. Dies gilt auch für den Nebenkläger, dessen Beweiserhebungsinteresse die Form der Beweiserhebung umfaßt[155]. Notwendig ist auch der Verzicht des Beistands nach § 69 JGG; dagegen bedarf es keiner Erklärung des Beistands nach § 149, ferner des gesetzlichen Vertreters und des Erziehungsberechtigten nach § 67 JGG[156].

**56**      Nur die in der Hauptverhandlung **anwesenden** Verfahrensbeteiligten müssen verzichten[157]. Wer befugt oder unbefugt der Hauptverhandlung fernbleibt, kann vom Regelungszweck her nicht die Macht haben, darüber zu bestimmen, in welcher Weise der Urkundenbeweis in der Hauptverhandlung durchgeführt wird. Dies ist, da es nicht um die Beweiserhebung als solche geht, sondern nur um die Form, in der sie ausgeführt

---

[153] Wegen der Einzelheiten des Meinungsstreits im Gesetzgebungsverfahren vgl. 23. Aufl. EB 2.

[153a] Nach der am 1. 4. 1987 in Kraft tretenden Neufassung des Absatz 2 ist der Verzicht keine Voraussetzung mehr.

[154] Also nur, soweit eigene Verfahrensinteressen berührt sein können, vgl. Vor § 226, 33.

[155] *Alsberg/Nüse/Meyer* 318; *Gollwitzer* FS Schäfer 82; *Kleinknecht/Meyer*[37] 18; KMR-*Paulus* 23; *Rüth* JR **1982** 267; a. A KK-*Mayr* 37 unter Berufung auf den Gesetzeswortlaut.

[156] *Alsberg/Nüse/Meyer* 318; KK-*Mayr* 37.

[157] *Alsberg/Nüse/Meyer* 318; *Kleinknecht/Meyer*[37] 18; KMR-*Paulus* 23.

wird, den Teilnehmern an der Hauptverhandlung vorbehalten. Insoweit erscheint hier eine großzügigere Abgrenzung vertretbar als dort, wo ein Wechsel in der Art der Beweiserhebung Umfang oder Qualität des Beweises verändert.

**Jeder** der genannten **Verfahrensbeteiligten** muß verzichten. Deshalb scheitert der **57** Ersatz der Verlesung durch die Mitteilung und das Verfahren nach Absatz 2 schon dann, wenn auch nur einer der anwesenden dispositionsberechtigten Verfahrensbeteiligten nicht einverstanden ist. Der Verteidiger, der ausdrücklich neben dem Angeklagten genannt wird, kann unabhängig vom Willen des Angeklagten aus eigenem Recht entscheiden. Ein vom Angeklagten erklärter Verzicht bindet ihn nicht. Umgekehrt gilt gleiches; jedoch wird man darin, daß der Angeklagte dem ausdrücklich erklärten Verzicht seines Verteidigers nicht widerspricht, in der Regel eine konkludente eigene Verzichtserklärung sehen können[158]. Nimmt ein Angeklagter ohne Verteidiger die Mitteilung des wesentlichen Inhalts widerspruchslos hin, so liegt darin allein noch kein stillschweigender Verzicht[159]. **Entbehrlich** erscheint ein Verzicht derjenigen Verfahrensbeteiligten, die durch die Beweiserhebung in ihrer Prozeßführung auch nicht einmal mittelbar betroffen sind, so etwa, wenn die Schrift ausschließlich für das Verfahren gegen einen Mitangeklagten von Bedeutung ist, die Verteidigungsinteressen der anderen Angeklagten aber in keiner Hinsicht berührt werden[160].

Der Verzicht ist **in der Hauptverhandlung mündlich** zu erklären und nach Ab- **58** satz 2 Satz 5, § 273 Abs. 1 in der Sitzungsniederschrift festzuhalten[161]. Wird er schon vor der Hauptverhandlung schriftlich erklärt, so ist er trotzdem in der Hauptverhandlung nach Absatz 2 Satz 5 festzustellen und in das Protokoll aufzunehmen. Eine vor der Hauptverhandlung abgegebene Verzichtserklärung wird deshalb nur die Bedeutung einer Ankündigung dieser Erklärung in der Hauptverhandlung haben. Sie bindet den Erklärenden ohnehin noch nicht endgültig[162].

Der Verzicht gilt nur **für die konkrete Hauptverhandlung,** für die er erklärt wor- **59** den ist; er erstreckt sich nicht auf die künftige Hauptverhandlung in der gleichen Sache, erst recht nicht auf die Hauptverhandlung des Berufungsverfahrens[163]. Daß der Verzichtserklärung zumindest in der Regel diese Beschränkung innewohnt, folgt daraus, daß sie sich auf eine Modalität der Beweiserhebung in einer bestimmten Hauptverhandlung bezieht; für eine andere künftige Hauptverhandlung, deren Verfahrenslage noch nicht vorhersehbar ist, ist eine Festlegung in der Regel nicht beabsichtigt.

Der Verzicht ist **bedingungsfeindlich.** Er ist nicht mehr **widerruflich,** wenn die Be- **60** weisaufnahme in der Form des § 249 Abs. 2 durchgeführt worden ist, denn als prozessuale Bewirkungshandlung kann er nicht mehr beseitigt werden, wenn er zur Grundlage des Verfahrens geworden ist[164]. Ob er bis zum Beginn des Verfahrens nach § 249 Abs. 2 frei widerrufen werden kann, dürfte, wie auch sonst bei den prozessualen Bewirkungshandlungen, strittig sein. Geht man davon aus, daß eine prozessuale Bewirkungshandlung dann unwiderruflich wird, wenn ihre prozeßgestaltende Wirkung einsetzt, wenn sie also das Verhalten der anderen Prozeßbeteiligten und des Gerichts bestimmt, dann endet die Widerruflichkeit spätestens mit der Hinausgabe der Schrift an die Schöffen zur Kenntnisnahme (Rdn. 63). Nach anderer Ansicht[165] tritt die Bindung bereits mit der Abgabe der Verzichtserklärung in der Hauptverhandlung ein.

---

[158] *Alsberg/Nüse/Meyer* 318.

[159] Anders wenn er schweigt, obwohl für ihn hörbar der Verzicht zu Protokoll festgestellt wird, *Alsberg/Nüse/Meyer* 319.

[160] *Alsberg/Nüse/Meyer* 318; *Gollwitzer* FS Sarstedt 30; KK-*Mayr* 38; vgl. Vor § 226, 33.

[161] Vgl. Rdn. 81.

[162] *Alsberg/Nüse/Meyer* 319; KMR-*Paulus* 24.

[163] *Alsberg/Nüse/Meyer* 320; *Kleinknecht/Meyer*[37] 19; KMR-*Paulus* 25.

[164] Vgl. RGSt **63** 302; KK-*Mayr* 39.

[165] *Alsberg/Nüse/Meyer* 320; *Kleinknecht/Meyer*[37] 19; KMR-*Paulus* 25.

Walter Gollwitzer

**61**　　Es ist **Sache des Vorsitzenden,** eine ausdrückliche Erklärung aller Verfahrensbeteiligten herbeizuführen, bevor er die Verlesung durch die Mitteilung ersetzt, auch wenn ein stillschweigender Verzicht an sich möglich wäre[166]. Eine unterbliebene Verzichtserklärung kann auch noch nachträglich abgegeben werden[167]. Im Interesse der Verfahrensbeschleunigung kann der Vorsitzende schon bei der Vorbereitung der Hauptverhandlung den Verfahrensbeteiligten vorsorglich eine solche Erklärung anheimgeben und sie — mit Ausnahme der Schöffen (Rdn. 63) — auffordern, die Schrift schon jetzt zu lesen.

**62**　　Der Verzicht ist auf **Teile einer Schrift** beschränkbar; diese — oder die zu verlesenden Teile — müssen aber genau bezeichnet werden[168]. Bei unterschiedlich weiten Verzichtserklärungen darf nur in dem durch alle Erklärungen abgedeckten Umfang nach Absatz 1 verfahren werden[169].

**63**　　**b) Kenntnisnahme der Richter.** Nach Absatz 2 Satz 3 müssen die Richter — und zwar die Berufsrichter ebenso wie die Schöffen — vom Wortlaut der Schrift Kenntnis genommen haben. Dies ist auch bei den **Schöffen** unverzichtbar[170]. Soweit der zweite Halbsatz von Satz 3 davon spricht, daß den Schöffen hierzu erst nach Verlesung des Anklagesatzes Gelegenheit zu geben ist, legt er lediglich den Zeitpunkt fest, von dem an die Schöffen den Wortlaut der Schrift zur Kenntnis nehmen dürfen. Er darf nicht dahin verstanden werden, daß es bei den Schöffen ausreicht, wenn sie Gelegenheit zur Kenntnisnahme hatten, wie dies Satz 4 bei den anderen Verfahrensbeteiligten genügen läßt. Der Vorsitzende wird durch entsprechende Vorkehrungen, wie Bereitstellen von Ablichtungen, Einplanung von Lesezeiten bei der Verhandlungsgestaltung und entsprechende Hinweise und Erkundigungen darauf hinwirken müssen, daß die Schöffen die betreffende Schrift auch tatsächlich lesen können und lesen[171]. Die Schöffen dürfen erst **nach Verlesen des Anklagesatzes** vom Wortlaut der Beweisurkunden Kenntnis erhalten[171a]. Mit dieser Regelung will der Gesetzgeber einer möglichen Voreingenommenheit der Schöffen vorbeugen[172]. Erst von diesem Zeitpunkt an hält der Gesetzgeber für gewährleistet, daß ein Schöffe „den Inhalt der Urkunde verstehen, in den Zusammenhang einordnen und gleichzeitig unbefangen sein Amt wahrnehmen" kann[173].

**64**　　**Wann und wie** sich die Richter (einschließlich Ergänzungsrichter) die positive Kenntnis vom Inhalt der Urkunde verschaffen, legt das Gesetz nicht fest. Es muß aber auf jeden Fall **vor Schluß der Beweisaufnahme** geschehen sein[174]. Vorsitzender und Berichterstatter werden sie in der Regel bereits vor der Hauptverhandlung bei deren Vorbereitung lesen, während die übrigen während einer Sitzungspause oder sonstigen Unterbrechung[175] diese Kenntnis erwerben müssen. Vor allem bei den Schöffen dürfte

---

[166] KMR-*Paulus* 24; *Schlüchter* 531.

[167] *Alsberg/Nüse/Meyer* 319; *Kleinknecht/Meyer*[37] 19.

[168] *Alsberg/Nüse/Meyer* 319; *Kleinknecht/Meyer*[37] 20.

[169] *Alsberg/Nüse/Meyer* 319; *Kleinknecht/Meyer*[37] 20; KMR-*Paulus* 23.

[170] Begr. BTDrucks. **8** 976 S. 54.

[171] Daß er das Lesen als solches nicht überwachen kann (vgl. *Alsberg/Nüse/Meyer* 321) enthebt ihn nicht von der Verpflichtung, dies organisatorisch zu ermöglichen und die Schöffen dazu aufzufordern und – eventuell auch – es sich bestätigen zu lassen.

[171a] Nach der am 1. 4. 1987 in Kraft tretenden Neufassung des Absatz 2 entfällt diese Beschränkung.

[172] Zur ähnlichen Problematik bei der Anklageschrift vgl. § 261, 31.

[173] Begr. BTDrucks. **8** 976 S. 54.

[174] BGHSt **30** 11; *Alsberg/Nüse/Meyer* 321; KK-*Mayr* 40; *Kleinknecht/Meyer*[37] 21.

[175] Ob die Sitzungspause für das Selberlesen ausscheidet (so *Alsberg/Nüse/Meyer* 321), hängt von der Länge der Schrift und der Pause ab.

sich dies anbieten, da eine Kenntnisnahme **vor Verlesen des Anklagesatzes** nicht zulässig ist und eine Kenntnisnahme während der laufenden Hauptverhandlung praktisch ausscheidet, da dies zu sehr die Aufmerksamkeit vom Verhandlungsgeschehen ablenken würde[176]. Bei kurzen Schriften mag es denkbar sein, ihren Inhalt während der laufenden Hauptverhandlung ohne Beeinträchtigung der gebotenen Aufmerksamkeit zur Kenntnis zu nehmen, jedoch sollte auch dies nach Möglichkeit vermieden werden, um den Anschein zu vermeiden, daß ein Richter den Vorgängen in der Hauptverhandlung nicht die volle Aufmerksamkeit widmet. Bei kurzen Schriftstücken, deren Wortlaut die Mehrzahl der Richter noch nicht kennt, ist die Verlesung nach Absatz 1 ohnehin der einfachere und schnellere Weg, die allgemeine Kenntnisnahme zu sichern.

c) Bei den **anderen Prozeßbeteiligten** reicht es nach Absatz 2 Satz 4 aus, daß sie **65** **Gelegenheit** gehabt haben, vom Wortlaut der Urkunde **Kenntnis zu nehmen.** Daß sie diese Gelegenheit genützt und sich die positive Kenntnis verschafft haben, ist nicht erforderlich. Eine Kenntnisnahme wäre bei ihnen vom Gericht weder zu gewährleisten noch durchzusetzen. Für die Wahrung des rechtlichen Gehörs genügt die Möglichkeit der Kenntnisnahme[177]. Diese Möglichkeit müssen aber **alle Personen** haben, die mit verfahrensgestaltenden Befugnissen an der Hauptverhandlung teilnehmen, auch wenn ihr Verzicht für das Verfahren nach Absatz 2 nicht erforderlich war und sie in ihren eigenen Verfahrensinteressen nicht berührt erscheinen[178]. Unerheblich ist auch, ob sie bereits früher von dem betreffenden Schriftstück durch Akteneinsicht Kenntnis genommen haben; wird die Beweisverwendung im Selbstleseverfahren angeordnet, müssen sie sich genauso, wie wenn die Schrift verlesen worden wäre, über deren Inhalt nochmals vergewissern können[179]. Die Möglichkeit braucht nur dem Verfahrensbeteiligten nicht mehr eröffnet zu werden, der ausdrücklich darauf verzichtet[180].

In welcher **Form** die Gelegenheit zur Kenntnisnahme zu geben ist, legt das Ge- **66** setz nicht näher fest. In der Regel wird der Hinweis genügen, daß die betreffende Urkunde sich bei den Akten befindet und von dem Prozeßbeteiligten, der es wünscht, im Original eingesehen werden kann oder daß ihm eine Ablichtung (Abschrift) des Schriftstücks auf Verlangen ausgehändigt wird. Die Befugnis des Angeklagten, die betreffende Schrift zur Kenntnis zu nehmen, darf nicht dadurch verkürzt werden, daß ihm die Einsicht in die Strafakten verweigert werden kann. Er muß auch dann die Möglichkeit haben, die Schrift selber zu lesen, wenn sie sein Verteidiger bereits lesen konnte[181].

Da der Wortlaut der Urkunde nicht nur aus dem Original zur Kenntnis genom- **67** men werden kann, ist es zulässig und ausreichend, wenn **Ablichtungen** hinausgegeben werden[182], um mehreren Interessenten die gleichzeitige Kenntnisnahme zu ermöglichen. Ist die Herstellung von Abschriften nicht angezeigt, etwa aus Gründen des Schutzes von Staats- oder von Privatgeheimnissen, so sollte mit den Interessenten abgespro-

---

[176] *Alsberg/Nüse/Meyer* 321; KMR-*Paulus* 27; *Schroeder* NJW **1979** 1530.

[177] Begr. BTDrucks. **8** 976 S. 55; h. M.

[178] *Alsberg/Nüse/Meyer* 322; KK-*Mayr* 42; *Kleinknecht/Meyer*[37] 22.

[179] *Alsberg/Nüse/Meyer* 322; *Kleinknecht/Meyer*[37] 22; KMR-*Paulus* 28; a. A KK-*Mayr* 44 (der es genügen läßt, daß der Verteidiger bei der Akteneinsicht Kenntnis nehmen konnte).

[180] *Alsberg/Nüse/Meyer* 322.

[181] *Alsberg/Nüse/Meyer* 322; *Kleinknecht/Meyer*[37] 22; KMR-*Paulus* 28; a. A KK-*Mayr* 44.

[182] Der Rechtsausschuß des Bundestags hatte erwogen, im Gesetz vorzuschreiben, daß den Prozeßbeteiligten, die sich nicht im Besitz der entsprechenden Urkunden befinden, Fotokopien oder Abschriften hinausgegeben werden müsse; er hat jedoch davon abgesehen in der Annahme, für diese regelmäßig zweckmäßige Verfahrensweise bedürfe es keiner gesetzlichen Regelung (BTDrucks. **8** 1844, S. 33).

chen werden, in welcher Reihenfolge sie die Schrift lesen wollen. Bei Druckschriften, bei denen der Ersatz der Verlesung besondere praktische Bedeutung erlangt, empfiehlt es sich, mehrere Exemplare für diesen Zweck bereit zu halten, sofern die Beteiligten nicht ohnehin diese Schrift in den Händen haben.

**68**　　Den Verfahrensbeteiligten muß eine **ausreichende Zeit für die Kenntnisnahme** eingeräumt werden, bevor der Inhalt der Schrift durch die Mitteilung ihres wesentlichen Inhalts[183] zum Gegenstand der mündlichen Verhandlung gemacht wird. Sie haben nur dann die vom Gesetz geforderte Gelegenheit zur Kenntnisnahme erhalten, wenn ihnen dafür eine Umfang und Schwierigkeitsgrad der Schrift entsprechende und den sonstigen Umständen nach angemessene Zeit zur Verfügung steht[184].

**69**　　**3. Ermessensentscheidung des Vorsitzenden.** Ob von der Verlesung einer zu Beweiszwecken dienenden Schrift unter den Voraussetzungen des Absatzes 2 Satz 1, 3, 4 abzusehen ist, hat der Vorsitzende kraft seiner Sachleitungsbefugnis (§ 238 Abs. 1) nach pflichtgemäßem Ermessen zu entscheiden („kann... absehen"). Er ist auch dann dazu nicht gezwungen, wenn alle Voraussetzungen dafür vorliegen und insbesondere alle Verfahrensbeteiligten auf die Verlesung verzichtet haben. Die Erfordernisse einer sachlich konzentrierten und transparenten Verhandlungsgestaltung können dort, wo der genaue Wortlaut einer Schrift im Mittelpunkt des Verfahrens steht, ebenso das Verlesen nach § 249 Abs. 1 Satz 1 angezeigt erscheinen lassen wie Erwägungen der Prozeßwirtschaftlichkeit. So ist es mitunter für die Beschleunigung des Verfahrens förderlicher, eine nicht zu umfangreiche Schrift durch sofortiges Verlesen in die Hauptverhandlung einzuführen als nach Absatz 2 zu verfahren und — weil eine vorherige Lektüre den Schöffen und den Verhandlungsbeteiligten nicht möglich war — etwa gar zu diesem Zweck die Hauptverhandlung zu unterbrechen. Andererseits kann ein Verfahren erheblich gestrafft werden, wenn es gelingt, das Verlesen langatmiger Schriftstücke zu vermeiden und nur deren entscheidungserheblichen Teil in der Hauptverhandlung anzusprechen. Welche Art der Beweiserhebung den Vorzug verdient, bedarf also einer Abwägung aller Umstände des jeweiligen Verfahrens.

**70**　　Die **Aufklärungspflicht** als solche dürfte bei dieser Entscheidung in der Regel kaum noch ins Gewicht fallen[185]. Der volle Wortlaut der Schrift wird auch bei dem Verzicht auf Verlesung Gegenstand der mündlichen Verhandlung und der Urteilsfindung[186]. Ist allerdings der genaue Wortlaut unmittelbar entscheidungserheblich und strittig, so sollte er weiterhin als Grundlage für die mündliche Erörterung des besseren Verständnisses wegen in der Hauptverhandlung verlesen werden[187]. Dies ist auch dort möglich, wo der Inhalt der Schrift im übrigen nach Absatz 2 zum Gegenstand der Hauptverhandlung gemacht und nur ihr wesentlicher Inhalt mitgeteilt wird.

**71**　　Der mit Beweisantrag geltend zu machende **Anspruch auf Beweiserhebung** über den Inhalt einer bestimmten Urkunde wird durch das Verfahren nach Absatz 2 ebenso **verbraucht** wie durch das Verlesen nach Absatz 1. Der Antrag, über den Inhalt der gleichen Urkunde nochmals in der anderen Form des § 249 Beweis zu erheben, ist deshalb kein neuer Beweisantrag, sondern ein Antrag auf Wiederholung der Beweisaufnahme, der nach den dafür geltenden Gesichtspunkten[188] zu bescheiden ist.

---

[183] Vgl. Rdn. 72 ff.
[184] *Alsberg/Nüse/Meyer* 323; KK-*Mayr* 45; *Kleinknecht/Meyer*[37] 22.
[185] *Alsberg/Nüse/Meyer* 320.
[186] BGHSt **30** 11. Deshalb können auch Schriften mit unmittelbar entscheidungserheblichem Wortlaut nach Absatz 2 behandelt wer-

den, vgl. *Alsberg/Nüse/Meyer* 320; *Kleinknecht/Meyer*[37] 17.
[187] Sofern nicht Verfahrensbeteiligte zum Wortlaut befragt werden müssen, folgt dies nicht aus der Aufklärungspflicht, sondern ist eine Frage des Verfahrensstils.
[188] Vgl. § 244, 132.

**4. Mitteilung des wesentlichen Inhalts**

**a)** Der **wesentliche Inhalt** der Urkunden, die nach Absatz 2 nicht verlesen wer- **72** den, soll nach Absatz 2 Satz 2 in der Hauptverhandlung mitgeteilt werden[188a]. Dies soll gewährleisten, daß derjenige Teil der Schrift, der für das Verfahren **entscheidungser- heblich** ist, in der Hauptverhandlung zur Erörterung gestellt wird, wobei es zulässig ist, die nach Auffassung des Gerichts wichtigen Passagen besonders hervorzuheben[189]; in- soweit kann es in Einzelfällen der besseren Transparenz wegen angezeigt sein, gewisse Stellen im Wortlaut vorzulesen.

**b) Obwohl** es sich nach dem Wortlaut des Gesetzes um eine **Sollvorschrift** han- **73** delt und der eigentliche Akt der Beweiserhebung das Selbstlesen der Richter ist[190], bleibt das Gericht grundsätzlich verpflichtet, den Inhalt einer Schrift, auf deren Verle- sung verzichtet wurde, zum Gegenstand der mündlichen Verhandlung zu machen. Auch die Begründung des Regierungsentwurfs spricht insoweit von einer **Pflicht des Ge- richts**[191]. Die Bedeutung der Sollvorschrift kann nicht darin liegen, das Gericht von der Pflicht zu entbinden, die nicht verlesene Schrift über die Verzichtsformalien hinaus in- haltlich in die Verhandlung einzuführen[192]. Dies erfordert auch die Öffentlichkeit des Verfahrens[193]; den Verfahrensbeteiligten aber wird durch Herausstellen dessen, was das Gericht für wesentlich hält, ein Hinweis gegeben, der die weitere Verfahrensfüh- rung erleichtern kann. Die Sollvorschrift hat den Zweck, den Vorsitzenden freier zu stellen, was er als wesentlichen Inhalt der als bekannt zu behandelnden Schrift in der Hauptverhandlung herausstellen will, vor allem aber soll sie die revisionsrechtliche Be- anstandung ausschließen, die Mitteilung habe wesentliche Gesichtspunkte übergan- gen[194]. Die Einräumung eines Ermessensspielraums hinsichtlich des mitzuteilenden In- halts ist um so eher vertretbar, als jeder Verfahrensbeteiligte den Wortlaut der Schrift durch eigene Lektüre bereits kennt oder selbst zu vertreten hat, wenn er die ihm gebo- tene Möglichkeit dazu nicht nützt. Wer die Mitteilung für unvollständig oder unrichtig erachtet, kann die Richtigstellung oder Ergänzung im Wege einer Erklärung nach § 257 selbst vornehmen.

Mit Einholung des Verzichts, der Feststellung, daß vom Verlesen der Schrift ab- **74** gesehen wird und mit der Mitteilung des wesentlichen Inhalts ist der gesamte Wortlaut der Schrift zum **Gegenstand der mündlichen Verhandlung** gemacht worden, auch wenn die Kenntnisnahme außerhalb der mündlichen Verhandlung stattfand. Der volle Wort- laut der Schrift — und nicht nur das, was in der Hauptverhandlung zur Sprache kam — wird dadurch Gegenstand der Beweisaufnahme in der Hauptverhandlung[195] und damit Gegenstand der Urteilsfindung im Sinne des § 261.

**c)** Die Mitteilung des wesentlichen Inhalts ist **Aufgabe des Vorsitzenden.** Da sich **75** dies bereits aus § 238 Abs. 1 ergibt, wurde davon abgesehen, dies im Wortlaut des § 249 ausdrücklich klarzustellen[196]. Es kann aber nicht die Entscheidung des Gerichts nach

---

[188a] Nach der am 1. 4. 1987 in Kraft tretenden Neufassung wird diese Bestimmung entfallen.

[189] Begr. BTDrucks. **8** 976 S. 54; *Alsberg/Nüse/ Meyer* 323; *Kleinknecht/Meyer*[37] 23; KMR- *Paulus* 30; *Kurth* NStZ **1981** 233.

[190] BGHSt **30** 11; *Alsberg/Nüse/Meyer* 323; *Kleinknecht/Meyer*[37] 23.

[191] BTDrucks. **8** 976 S. 54.

[192] *Alsberg/Nüse/Meyer* 324; KK-*Mayr* 47;

[--] *Kleinknecht/Meyer*[37] 23; KMR-*Paulus* 31; *Kurth* NStZ **1981** 231; *Rieß* NJW **1978** 2270; *Schroeder* NJW **1979** 1530.

[193] *Alsberg/Nüse/Meyer* 323; KMR-*Paulus* 29.

[194] *Alsberg/Nüse/Meyer* 324 sieht den Zweck al- lein im Ausschluß der Revisibilität.

[195] Vgl. die Nachw. Fußn. 186.

[196] Begr. BTDrucks. **8** 976 S. 54.

§ 238 Abs. 2 herbeigeführt werden, um die Auffassung des Vorsitzenden vom wesentlichen Inhalt zu korrigieren[197].

### 5. Weitere Verfahrensfragen

**76**     **a)** Das Verfahren nach § 249 Absatz 2 ist **Beweiserhebung** (besondere Form des Urkundenbeweises). Nach Mitteilung des wesentlichen Inhalts der Schrift ist deshalb ebenso wie sonst nach dem Verlesen einer Beweisurkunde der Angeklagte nach § 257 Abs. 1 zu befragen. Dem Staatsanwalt und dem Verteidiger muß nach § 257 Abs. 2 auf Verlangen Gelegenheit zu einer Erklärung gegeben werden. Hierbei kann der gesamte Inhalt der als Beweismittel verwendeten Schrift zur Sprache gebracht werden und nicht nur der Teil, den der Vorsitzende bei seiner Mitteilung für wesentlich hielt[198].

**77**     **b)** Soweit nicht der Inhalt der Schrift Beweismittel ist, sondern ihre **äußere Beschaffenheit,** bleibt der **Beweis durch Augenschein** notwendig[199]. Das Verfahren nach Absatz 2 ersetzt ihn selbst dann nicht, wenn alle Verfahrensbeteiligten das Original der Schrift in Händen gehabt haben sollten.

**78**     **c) Unanwendbar** ist Absatz 2 bei **Vernehmungsniederschriften** und bei **Zeugnissen** und **Gutachten,** die nach den §§ 251, 253, 254 und 256 in der Hauptverhandlung zu verlesen sind. Bei diesen kann das Verlesen in der Hauptverhandlung nicht durch das Verfahren nach Absatz 2 ersetzt werden, wie Absatz 2 Satz 6 ausdrücklich festlegt. Diese Beweismittel ergänzen oder ersetzen unter gewissen Voraussetzungen die an sich durch § 250 vorgeschriebene Einvernahme der Beweispersonen in der Hauptverhandlung. Deshalb soll die Beweisaufnahme durch einen Verzicht auf Verlesung nicht noch weiter aufgelockert werden können.

**79**     **6.** In der **Sitzungsniederschrift** sind alle in Absatz 2 geforderten Voraussetzungen festzuhalten. Absatz 2 Satz 5 legt dies ausdrücklich fest, da bei einigen dieser Voraussetzungen zweifelhaft sein könnte, ob sie als wesentliche Förmlichkeiten der Hauptverhandlung im Sinne des § 273 Abs. 1 anzusehen wären, so etwa die Feststellung, daß die Richter vom Wortlaut der Schrift Kenntnis genommen haben.

**80**     Die Sitzungsniederschrift muß zunächst das Schriftstück, von dessen Verlesung abgesehen wird, **konkret** und **unverwechselbar bezeichnen.** Dies legt der durch Art. 1 Nr. 24 StVÄG 1979 ergänzte § 273 Abs. 1 ausdrücklich fest. Es gelten die gleichen Anforderungen wie für die Bezeichnung der nach § 249 Abs. 1 Satz 1 verlesenen Schriftstücke[200]. Wurde nur auf die Verlesung von Teilen einer umfangreicheren Schrift verzichtet, muß aus dem Protokoll klar ersichtlich sein, welche Teile verlesen wurden und bei welchen nach Absatz 2 verfahren wurde.

**81**     Im übrigen ist festzustellen,

    — daß Staatsanwalt, Verteidiger und Angeklagter sowie andere Verfahrensbeteiligte, deren Zustimmung notwendig ist, auf die Verlesung **verzichtet** haben[201];

    — daß die **Richter** vom Wortlaut der Schrift **Kenntnis genommen** haben[202]; bei den Schöffen muß der Vermerk erkennen lassen, daß dies erst nach Verlesung der Anklage-

---

[197] *Alsberg/Nüse/Meyer* 323; *Kleinknecht/Meyer*[37] 23; *Schlüchter* 531.

[198] KK-*Mayr* 47.

[199] Vgl. Rdn. 30.

[200] Vgl. § 273, 16.

[201] *Alsberg/Nüse/Meyer* 325; KK-*Mayr* 57; *Kleinknecht/Meyer*[37] 24; KMR-*Paulus* 35.

[202] *Alsberg/Nüse/Meyer* 325; KK-*Mayr* 357; *Kleinknecht/Meyer*[37] 24; KMR-*Paulus* 35.

schrift geschehen ist; ob auch bei ihnen die Kenntnisnahme von der Schrift zu vermerken ist, ist strittig[203];

— daß die **anderen Verfahrensbeteiligten** Gelegenheit zur Kenntnisnahme hatten; wann und wodurch sie diese Gelegenheit erhalten haben, braucht nicht festgehalten zu werden[204], ein entsprechender Vermerk kann aber zweckmäßig sein, wie etwa der Hinweis, daß und an wen Ablichtungen hinausgegeben wurden;

— daß der wesentliche **Inhalt** des Schriftstücks in der Hauptverhandlung mitgeteilt worden ist; was im einzelnen **mitgeteilt** wurde, braucht nicht dargetan zu werden[205]. Die **Anordnung des Vorsitzenden,** nach Absatz 2 zu verfahren, dürfte dagegen keine protokollpflichtige wesentliche Förmlichkeit sein[206]. Es genügt, daß aus dem Protokoll ersichtlich ist, daß der Urkundenbeweis nach Absatz 2 erhoben wurde und daß die gesetzlichen Voraussetzungen dafür vorlagen.

Werden **mehrere Schriftstücke** nach § 249 Abs. 2 in die Hauptverhandlung einge- **82** führt, dann muß das Protokoll für jedes einzelne Schriftstück diese Voraussetzungen belegen.

Dies schließt einen **Sammelvermerk** nicht aus, der auch auf Besonderheiten, die **83** sich bei den einzelnen Schriftstücken ergeben haben, hinweisen kann. Voraussetzung dafür ist jedoch, daß die Eindeutigkeit der von Absatz 2 Satz 5 für jedes nicht verlesene Schriftstück geforderten Feststellungen darunter nicht leidet.

## VI. Formfreier Vorhalt

**1. Zweck.** Der Vorsitzende, der die Verhandlungsleitung nach dem ihm bekann- **84** ten Akteninhalt gestaltet, aber auch ein frageberechtigter anderer Beteiligter, wird oft durch Zweckmäßigkeitsgründe dazu veranlaßt, als **Vernehmungsbehelf** den Inhalt einer vorliegenden berichtenden Urkunde nur für eine Frage oder einen Vorhalt an den Angeklagten oder an einen Zeugen oder Sachverständigen zu verwenden[207]. Der formfreie Vorhalt steht einer formgemäßen Verlesung nicht gleich und ist nicht an die für diese maßgebenden Voraussetzungen gebunden; er kann auch einer nicht verlesbaren Urkunde entnommen werden[208].

**2.** Der Vorhalt einer Urkunde ist **kein Urkundenbeweis,** auch wenn die Urkunde **85** verlesen werden sollte. Nicht diese, sondern die Erklärung, die der Angeklagte oder der sonst Befragte auf den Vorhalt hin abgibt, bildet die **alleinige Grundlage** für die vom Ge-

---

[203] Bejahend KK-*Mayr* 57; KMR-*Paulus* 35; *Kurth* NStZ **1981** 232; *Schmidt* LM StPO **1975** Nr. 1; *G. Schäfer* § 75 II 2; **a. A** (nur Feststellung, daß sie Gelegenheit dazu hatten) *Alsberg/Nüse/Meyer* 325; *Kleinknecht/ Meyer*[37] 24.

[204] *Alsberg/Nüse/Meyer* 325; *Kleinknecht/Meyer*[37] 24; KMR-*Paulus* 35.

[205] *Alsberg/Nüse/Meyer* 325; *Kleinknecht/Meyer*[37] 24; KMR-*Paulus* 35.

[206] Verneinend *Alsberg/Nüse/Meyer* 325; bejahend *Kleinknecht* 39; LR[23] EB 30. Vgl. auch Rdn. 69.

[207] Die nicht ausdrücklich geregelte Befugnis zum Vorhalt als Mittel der Sachaufklärung folgt beim Vorsitzenden aus der von der Inquisitionsmaxime bestimmten Sachleitungsbefugnis und bei den übrigen Verfahrensbeteiligten aus dem Fragerecht; vgl. etwa *Geerds* FS Blau 68; *Hanack* FS Schmidt-Leichner 84; KK-*Mayr* 48; KMR-*Paulus* § 244, 66; *Krause* 180 ff; *Schlüchter* 537, 538; *Schroth* ZStW **87** (1975) 119.

[208] BGHSt **11** 160; dazu *Hanack* JZ **1972** 202; ferner etwa BGH NStZ **1983** 86 (Vermerk über informatorische Befragung).

Walter Gollwitzer

richt zu treffende Feststellung[209]. Dementsprechend ist die Unmaßgeblichkeit der Urkunde in der Frage oder dem Vorhalt zum Ausdruck zu bringen[210]. Auch wenn auf Grund des Vorhalts der Urkundeninhalt bestätigt wird, wird sie dadurch nicht selbst Beweismittel[211]. Die **Urteilsgründe** müssen zweifelsfrei erkennen lassen, daß sich das Gericht seine Überzeugung nicht aus der vorgehaltenen Urkunde, sondern allein auf Grund der Äußerung der Auskunftsperson gebildet hat[212]. Die wörtliche Aufnahme eines vorgehaltenen Schriftstücks in die Urteilsbegründung läßt dies vor allem bei einer längeren Urkunde zweifelhaft erscheinen und verbietet sich deshalb in der Regel[213]. Die bloße Erwähnung einer Urkunde im Urteil beweist dagegen in der Regel noch nicht (Tatfrage!), daß sie selbst als Beweismittel verwendet, ihr Inhalt also nicht über die (glaubhafte) Aussage einer Beweisperson in die Hauptverhandlung eingeführt worden ist[214].

**86**　　Für einen Vorhalt ist **kein Raum**, wenn die Auskunftsperson den Inhalt der Schrift nicht aus eigener Wahrnehmung bestätigen kann[215] oder wenn der Verwendung des Urkundeninhalts ein Beweisverwertungsverbot entgegensteht[216].

**87**　　**3. Der Gegenstand des Vorhalts** reicht soweit, wie das Fragerecht. Der Vorsitzende kann insbesondere die Tatsache und den Inhalt einer Aussage, die der Angeklagte oder ein Zeuge früher vor der Polizei gemacht hat, durch Vorhalt und Befragen erheben; das Gericht darf das, was der Angeklagte oder der Zeuge auf den Vorhalt oder die Frage hin über seine frühere Aussage angegeben hat, für die Feststellung des Sachverhalts verwerten[217]. Wollte man formlose Vorhaltungen aus dem Akteninhalt, insbesondere aus nicht verlesbaren Schriftstücken, schlechthin für unzulässig erklären, würde dem Richter ein wichtiges Mittel aus der Hand geschlagen, Erinnerungsmängeln abzuhelfen, Widersprüche aufzuklären und auf eine umfassende wahrheitsgemäße Aussage hinzuwirken. Solange durch die Art und Weise, wie ein Schriftstück vorgehalten wird, bei den Beteiligten kein Zweifel darüber aufkommen kann, daß nicht die mit der vorgehaltenen Urkunde verbundene Frage, sondern die Antwort des Befragten zur Beweisgrundlage werden soll, besteht keine Gefahr der Mißdeutung oder des Mißbrauchs. Einer unsachlichen Handhabung der Befugnis zu Vorhaltungen aus dem Akteninhalt können alle Beteiligten dadurch begegnen, daß sie die Art der Vorhaltung beanstanden und erforderlichenfalls die Entscheidung des Gerichts anrufen[218].

---

[209] RGSt **36** 53; **54** 17; **61** 73; **64** 78; **69** 89; RG LZ **1915** 6311; JW **1929** 1048; **1930** 2565; **1932** 245; BGHSt **3** 201; **5** 278; **11** 159; 338; **14** 312; **21** 150; NJW **1966** 211; OLG Celle VRS **30** 196; OLG Hamburg MDR **1973** 156; OLG Köln NJW **1965** 830; *Gössel* § 27 C Ib 1; *Geerds* FS Blau 69; *Hanack* FS Schmidt-Leichner 87; KK-*Mayr* 49; *Kleinknecht/Meyer*[37] 28; KMR-*Paulus* § 244, 67; *Sarstedt/Hamm* 305; *Schneidewin* JR **1951** 488.

[210] RGSt **69** 89.

[211] KMR-*Paulus* § 244, 69 (kein „eingeschränkter Urkundenbeweis"); a. A *Kuckuck* 175; *Riegner* NJW **1961** 64; *Schroth* ZStW **87** (1975) 122; *Eb. Schmidt* NJW **1964** 541.

[212] BGHSt **22** 171.

[213] BGHSt **11** 159; BayObLG VRS **63** 213; *Kleinknecht/Meyer*[37] 28; nach KK-*Mayr* 49 trifft dies in dieser Allgemeinheit nicht zu.

[214] BGH bei *Dallinger* MDR **1974** 369.

[215] RGSt **69** 90; OLG Hamburg MDR **1973** 156; OLG Köln VRS **24** 62; vgl. auch OLG Düsseldorf VRS **59** 269 (Bestätigung der Ergebnisse eines Gutachters durch Angeklagten); ähnlich OLG Celle StrVert. **1984** 107; *Kleinknecht/Meyer*[37] 28; KMR-*Paulus* § 244, 73.

[216] Vgl. etwa BGHSt **31** 140; *Hanack* FS Schmidt-Leichner 90 ff; *Kleinknecht/Meyer*[37] 28; *Krause* NJW **1976** 2029.

[217] RG HRR **1938** Nr. 1153; OLG Frankfurt HESt **2** 221; BGHSt **1** 8, 339; **3** 281; **11** 338; **14** 312; **22** 171 = JZ **1968** 749 mit Anm. *Grünwald*; BayObLGSt **1949/51** 62.

[218] BGHSt **3** 201; *Hanack* JZ **1972** 203.

**Frühere Aussagen der Auskunftsperson** oder sonstige Urkunden können ihr in **88** der Weise vorgehalten werden, daß der Vernehmende den Inhalt frei wiedergibt. Der Vernehmende darf aber auch den Inhalt der Urkunde wortwörtlich zum Zwecke des Vorhalts verlesen. Auch im Falle der Verlesung zum Zwecke des Vorhalts wird die Urkunde nicht selbst in „die Verhandlung eingeführt" und damit mögliche Grundlage des späteren Urteils, sondern immer nur die Antwort der Auskunftsperson, die sie auf den Vorhalt hin gibt. Deshalb darf, ohne daß darin ein Verstoß gegen den Grundsatz der Unmittelbarkeit und Mündlichkeit liegt (vgl. § 250, 15), auch ein Schriftstück, das nicht zum Zwecke des Urkundenbeweises verlesbar wäre, durch Wiedergabe seines Inhalts oder durch Verlesung zum Zwecke des Vorhalts vorgelesen werden[219]. Gegen diese Unterscheidung zwischen Vorhalt und Urkundenbeweis sind Bedenken erhoben worden, weil die Unterscheidung gekünstelt und praktisch undurchführbar sei[220]; die Laienrichter könnten die Verlesung zum Zwecke des Vorhalts und zu Beweiszwecken oft nicht auseinanderhalten, so daß die Gefahr bestehe, daß die nur zum Zwecke des Vorhalts verlesene Schrift doch bei der Urteilsbildung mit verwertet werde[221]. Diese Bedenken sind nicht von der Hand zu weisen. Sie lassen es ratsam erscheinen, von einer Verlesung zum Zwecke des Vorhalts nur mit Vorsicht Gebrauch zu machen. Dabei kann es sich empfehlen, durch einen entsprechenden Hinweis klarzustellen, daß nur das, was der Zeuge bekundet, zu Beweiszwecken verwertbar ist[222]. Unzulässig ist die Verlesung zum Zwecke des Vorhalts nicht[223]. Sie kann, wenn es darauf ankommt, ob sich der Zeuge an den genauen Wortlaut einer Äußerung erinnert, unter Umständen sogar zur Sachaufklärung geboten sein. Kann sich eine Verhörsperson trotz Vorhalts der von ihr protokollierten Aussage des Angeklagten nicht an deren Inhalt erinnern, so kann eine vorgehaltene (nicht verlesbare) Niederschrift über die Aussage auch dann nicht im Urteil verwertet werden, wenn die Verhörsperson bekundet, sie pflege immer die Aussagen getreulich zu protokollieren[224]. Die Verwendung früherer Aussagen im Rahmen eines Vorhalts wird nach der vorherrschenden Meinung auch nicht durch die §§ 253, 254 ausgeschlossen[225].

Auch **Tonträgeraufzeichnungen** und die schriftlichen Übertragungen ihres Inhalts **89** können zu Vorhalten verwandt werden, sofern der Verwertung des Tonbands als Beweismittel kein Beweisverbot entgegensteht[226].

**4. Zeitpunkt des Vorhalts.** Der Vorhalt des Inhalts einer Urkunde ist nicht davon **90** abhängig, daß die Auskunftsperson vorher erklärt, sich daran nicht erinnern zu können. Jedoch ist darauf Bedacht zu nehmen, daß § 69 beachtet wird, den Zeugen und Sachver-

---

[219] RGSt **36** 53; **61** 74; **64** 88; BGHSt **1** 8; 339; **3** 283; **11** 341; **14** 312; **21** 150; **22** 172; KK-*Mayr* 51; *Kleinknecht/Meyer*[37] 28; KMR-*Paulus* § 244, 83; 84; strittig; zum Teil a. A *Grünwald* JZ **1968** 754; *Krause* 193; *Kuckuck* 230; *Löhr* 130; ferner Fußn. 220 bis 222.

[220] *Niese* JZ **1953** 598; *Kuckuck* 219; *Roxin* § 44 B I 3; dazu KMR-*Paulus* § 244, 83.

[221] *Eb. Schmidt* I, 442.

[222] Vgl. etwa BGHSt **3** 281; **5** 278; **11** 151; **14** 312; **21** 286; BGH bei *Holtz* MDR **1983** 623; *Hanack* FS Schmidt-Leichner 93; 95 (differenzierend).

[223] Vgl. Rdn. 85; ferner etwa *Fezer* JuS **1977**

523; *Hanack* JZ **1972** 203; *Hanack* FS Schmidt-Leichner 93; KK-*Mayr* 52; KMR-*Paulus* § 244, 83.

[224] BGHSt **14** 310; dazu *Hanack* JZ **1972** 275; *Hanack* FS Schmidt-Leichner 95; KMR-*Paulus* § 244, 74; *Eb. Schmidt* JZ **1964** 539; vgl. § 261, 84.

[225] KK-*Mayr* 52; *Kleinknecht/Meyer*[37] 28; KMR-*Paulus* § 244, 85; a. A ein Teil des Schrifttums, vgl. § 253, 4; § 254, 24.

[226] BGHSt **14** 340; vgl. auch BGHSt **27** 135; **30** 317; BGH NStZ **1982** 125 mit Anm *Odenthal* NStZ **1982** 390; KK-*Mayr* 55; *Kleinknecht/Meyer*[37] 29.

ständigen also ausreichend Gelegenheit gegeben wird, sich im Zusammenhang über den Gegenstand der Vernehmung zu äußern. Vorhalte sind erst angebracht, wenn feststeht, was der Zeuge noch von sich aus weiß[227]. Solange noch offen ist, ob eine Aussage in der Hauptverhandlung verwertbar ist, weil der betreffende Zeuge möglicherweise von einem Zeugnisverweigerungsrecht Gebrauch macht (vgl. § 252, 24), darf die Aussage auch nicht zu Vorhalten verwendet werden.

**91**      5. In die **Sitzungsniederschrift** braucht ein Vorhalt auch dann nicht aufgenommen zu werden, wenn er aus einer Urkunde geschöpft wird[228].

## VII. Rechtsbehelfe

**92**      1. Die **Entscheidung des Gerichts** nach § 238 Abs. 2 kann angerufen werden, wenn der Vorsitzende eine Urkunde nach § 249 zu Beweiszwecken verwenden will, deren Verwendung unzulässig ist; ferner, wenn er nach § 249 Abs. 2 von der Verlesung eines Schriftstückes absehen will, obwohl die Voraussetzungen dafür nicht vorliegen, etwa, weil ein Verfahrensbeteiligter nicht auf die Verlesung verzichtet hat oder weil er geltend macht, ihm sei keine ausreichende Zeit für die Kenntnisnahme eingeräumt worden (Rdn. 68). Der Rechtsbehelf ist dagegen nicht gegeben, soweit der Vorsitzende nach pflichtgemäßem Ermessen (Rdn. 69) darüber entscheidet, ob er eine Schrift verlesen oder ob er nach Absatz 2 verfahren will[228a], ferner nicht wegen des Inhalts der Mitteilung nach § 249 Abs. 2 Satz 2.

**93**      2. Die **Beschwerde** der Verfahrensbeteiligten gegen die Anordnungen des Vorsitzenden und gegen die Entscheidung des Gerichts nach § 238 Abs. 2 wird durch § 305 ausgeschlossen.

### 3. Revision

**94**      a) **Verstoß gegen § 261.** Lassen die Urteilsgründe erkennen, daß für die **Überzeugung des Gerichts** Inhalt oder Wortlaut einer Urkunde maßgebend gewesen ist, obwohl ausweislich der Sitzungsniederschrift diese Urkunde nicht zum Zwecke des Urkundenbeweises verlesen oder nach § 249 Abs. 2 als Beweismittel verwendet wurde, kann dies unter dem Blickwinkel der Verletzung des § 261 gerügt werden[229], sofern der Inhalt der Urkunde nicht durch ein anderes Beweismittel[230] in die Hauptverhandlung eingeführt worden ist. Ob es dafür ausreicht, daß der Inhalt eines nicht verlesenen Schriftstücks zum „unbestrittenen und unzweifelhaften Teil des Sachverhalts" gehört[231], erscheint zweifelhaft. Die Revisionsrüge, ein Schriftstück sei nicht verlesen worden, ist unter Umständen unvollständig, wenn sie offen läßt, ob sein Inhalt in sonst zulässiger

---

[227] BGHSt **3** 283; **5** 279; OLG Koblenz GA **1974** 222; KMR-*Paulus* § 244, 82 (Vorhalte nur subsidiär; durch Verlesen nur als ultima ratio).

[228] RGSt **69** 90; RG GA **69** (1925) 89; BGHSt **21** 286; **22** 26; BayObLGSt **1949/51** 62; OLG Koblenz VRS **67** 146; KK-*Mayr* 58; *Kleinknecht/Meyer*[37] 28; *Eb. Schmidt* 23; *Eb. Schmidt* JZ **1968** 435.

[228a] Anders nach der am 1. 4. 1987 in Kraft tretenden Neufassung der Vorschrift.

[229] BGHSt **5** 278; **6** 143; **11** 29; **22** 26; KK-*Mayr* 59; *Kleinknecht/Meyer*[37] 30.

[230] Vgl. Rdn. 5; ferner BGH NStZ **1985** 464; KMR-*Paulus* 37.

[231] So BGHSt **11** 159; dazu *Eb. Schmidt* Nachtr. I 5. Nach BGH bei KK-*Mayr* 59 soll das Urteil nicht darauf beruhen, wenn der unstrittige Inhalt eines nicht verlesenen Schriftstücks verwertet wurde.

Weise (durch Bekundungen einer Beweisperson) in die Hauptverhandlung eingeführt wurde[232]. Bei zulässig erhobener Rüge ist dies gegebenenfalls durch Freibeweis zu klären[233]. § 261 kann aber auch verletzt sein, wenn das Gericht eine Urkunde oder eine durch Vorhalt herbeigeführte Erklärung in irriger Annahme eines Verwertungsverbots unberücksichtigt läßt[234]. Wird eine Schrift ohne Verlesen zu Beweiszwecken verwendet, obwohl die Voraussetzungen des § 249 Abs. 2 nicht gegeben waren, ist zugleich § 249 Abs. 1 Satz 1 verletzt, da dann die Schrift in der Hauptverhandlung nur nach Verlesen als Beweismittel hätte verwendet werden dürfen, auch wenn kein Beschluß nach § 238 Abs. 2 herbeigeführt wurde[235].

**95**  **b)** Dagegen kann die **Ermessensentscheidung** des Vorsitzenden, ob er eine Urkunde nach Absatz 1 verlesen oder bei Vorliegen der gesetzlichen Voraussetzungen nach Absatz 2 verfahren will[236], grundsätzlich mit der Revision ebensowenig beanstandet werden wie eine ungenügende Mitteilung des wesentlichen Inhalts nach Absatz 2 Satz 2[237]. Ist die Mitteilung überhaupt unterblieben, kann ein hierin liegender Verfahrensverstoß mit der Revision nur beanstandet werden, wenn das Urteil unbeschadet des davon nicht berührten Beweiserhebungsvorgangs (Selbstlesen) auf der unterlassenen Mitteilung beruhen kann[238]. Gerügt werden kann mit der Revision, wenn die Schöffen keine Möglichkeit hatten, die Urkunde zu lesen[239]. Die Rüge, die Richter hätten die Urkunde nicht gelesen, wird in der Regel am Beratungsgeheimnis scheitern[240].

**96**  **c) Umdeutung.** Sind nach Anordnung des Selbstleseverfahrens (Absatz 2) dessen gesetzliche Voraussetzungen nicht eingehalten worden, kann das Revisionsgericht wegen des unterschiedlichen Gegenstandes der Beweiserhebung und im Hinblick auf die Rechte der Verfahrensbeteiligten die fehlerhafte Beweiserhebung nicht als zulässige Feststellung des Urkundeninhalts durch den Vorsitzenden (Rdn. 44 ff) behandeln[241].

**97**  **d)** Wird eine verlesbare Urkunde nicht oder in einem entscheidungserheblichen Teil nicht verlesen, ihr Inhalt auch ausweislich der Urteilsgründe bei der Überzeugungsbildung nicht verwertet, obwohl die **Aufklärungspflicht** dies gebot[242], oder unterbleibt die Verlesung zu Unrecht trotz eines ausdrücklichen darauf gerichteten **Antrags**, kommt auch eine die Revision begründende Verletzung der §§ 244 oder 245 in Betracht.

[232] OLG Hamburg MDR **1973** 156; OLG Köln GA **1955** 221; KMR-*Paulus* 37.

[233] BGHSt **22** 26 (Vorhalt).

[234] BGHSt **30** 317.

[235] KK-*Mayr* 60; *Kleinknecht/Meyer*[37] 30.

[236] Vgl. Rdn. 69. KK-*Mayr* 60 hält in Ausnahmefällen die Rüge nach § 338 Nr. 8 nach Herbeiführung eines Gerichtsbeschlusses für möglich. Ebenso KMR-*Paulus* 38.

[237] *Alsberg/Nüse/Meyer* 324; KMR-*Paulus* 39; vgl. Rdn. 72 ff.

[238] *Alsberg/Nüse/Meyer* 324 hält dies wegen der rechtlichen Konstruktion für stets ausgeschlossen. **Anders** KK-*Mayr* 60; KMR-*Paulus* 38; *Kurth* NStZ **1981** 233; *Gollwitzer* JR **1982** 84; *Schroeder* NJW **1979** 1527; *Ulsenheimer* AnwBl. **1983** 379 (Verstoß gegen fair trial und § 261).

[239] *Kleinknecht/Meyer*[37] 30.

[240] KK-*Mayr* 60; *Kleinknecht/Meyer*[37] 30.

[241] So aber BGHSt **30** 10 = NStZ **1981** 231 mit Anm. *Kurth* = JR **1982** 82 mit abl. Anm. *Gollwitzer*.

[242] KMR-*Paulus* 37; vgl. § 244, 51; § 60; ferner BGH bei *Pfeiffer/Miebach* NStZ **1984** 211.

# § 250

[1]Beruht der Beweis einer Tatsache auf der Wahrnehmung einer Person, so ist diese in der Hauptverhandlung zu vernehmen. [2]Die Vernehmung darf nicht durch Verlesung des über eine frühere Vernehmung aufgenommenen Protokolls oder einer schriftlichen Erklärung ersetzt werden.

### Schrifttum

**Allgemein.** *Geppert* Der Grundsatz der Unmittelbarkeit im Deutschen Strafverfahren (1979); *Grisebach* Der Grundsatz der Unmittelbarkeit der Beweisaufnahme im deutschen und schweizer Strafprozeßrecht, Diss. Freiburg 1979; *Grünwald* Der Niedergang des Prinzips der unmittelbaren Zeugenvernehmung, FS Dünnebier 347; *Heissler* Die Unmittelbarkeit der Beweisaufnahme im Strafprozeß unter besonderer Berücksichtigung des Zeugen vom Hörensagen, Diss. Tübingen 1973; *Löhr* Der Grundsatz der Unmittelbarkeit im deutschen Strafprozeß (1972); *Maas* Der Grundsatz der Unmittelbarkeit in der Reichsstrafprozeßordnung (1907); *Mehner* Die Vernehmung von Verhörspersonen im deutschen Strafprozeß (1975); *Oetker* Mündlichkeit und Unmittelbarkeit im Strafverfahren unter besonderer Berücksichtigung der Monstreprozesse, GS **105** (1935) 1; *Westhoff* Über die Grundlagen des Strafprozesses mit besonderer Berücksichtigung des Beweisrechts (1955); *Wömpner* Zur Bedeutung und zum wechselseitigen Verhältnis der §§ 250, 253, 254 StPO, NStZ **1983** 293; wegen weiterer Hinweise vgl. bei § 249, § 244 und § 261.

**Zum Zeugen von Hörensagen und zum V-Mann.** *Backes* Abschied vom Zeugen von Hörensagen, FS Klug 447; *Bruns* Neue Wege zur Lösung des strafprozessualen V-Mann-Problems (1981); *Bruns* Der Beschluß des Großen Senats zum strafprozessualen V-Mann-Problem, MDR **1984** 177; *Bruns* Präjudizierende Randbemerkungen zum Vorlage-Beschluß des BGH 2 StR 792/82 vom 4. 5. 1983, StrVert. **1983** 382; *Emmerlich* Zum Zeugen von Hörensagen, Recht und Politik **1985** 104; *Friedrichs* Der Einsatz von V-Leuten durch die Ämter für Verfassungsschutz (1981); *Geißer* Das Anklagemonopol der Staatsanwaltschaft und die Gewährsperson als Aufklärungsmittel im Ermittlungs- und als Beweismittel im Strafverfahren, GA **1983** 385; *Gribbohm* Der Gewährsmann als Zeuge im Strafprozeß, NJW **1981** 305; *Gusy* Rechtsstellung und Betätigung von V-Leuten des Nachrichtendienstes, Recht im Amt **1982** 101; *Heinisch* Der Einfluß der Exekutive auf die Wahrheitsfindung im Strafprozeß, MDR **1980** 898; *Krüger* Verfassungsrechtliche Grundlagen polizeilicher V-Mann-Arbeit, NJW **1982** 855; *Krainz* Über den Zeugen von Hörensagen. Zur strafprozessualen Problematik im Lichte kriminalistischer Erkenntnisse, GA **1985** 402; *Lamprecht* Der Zeuge vom Hörensagen, FS R. Schmidt 285; *Lisken* Der Ausschluß des anonymen Zeugen aus dem Strafprozeß, ZRP **1984** 192; *Lüderssen* Die V-Leute Problematik . . oder Zynismus, Borniertheit oder „Sachzwang", Jura **1985** 113; *Lüderssen* Zur Unerreichbarkeit des V-Mannes, FS Klug 527; *Meilicke* Der vom Staatsgeheimnis verhüllte V-Mann-Belastungszeuge, NJW **1963** 425; *J. Meyer* Zur prozeßrechtlichen Problematik des V-Manns, ZStW **95** (1983) 834; *J. Meyer* Zur V-Mann-Problematik aus rechtsvergleichender Sicht, FS Jescheck (1985) 1311; *Miebach* Der Ausschluß des anonymen Zeugen aus dem Strafprozeß, ZRP **1984** 81; *Preuß* Prozeßsteuerung durch Exekutive, StrVert. **1981** 312; *Rebmann* Der Einsatz verdeckt ermittelnder Polizeibeamter im Bereich der Strafverfolgung, NJW **1985** 1; *Rebmann* Der Zeuge von Hörensagen im Spannungsverhältnis zwischen gerichtlicher Aufklärungspflicht, Belangen der Exekutive und Verteidigungsinteressen, NStZ **1982** 315; *Röhrich* Rechtsprobleme bei der Verwendung von V-Leuten im Strafprozeß, Diss. Erlangen 1974; *H. Schäfer* Das Ende des V-Manns, JR **1984** 397; *S. Schäfer* Zeugnis von Hörensagen und freie Beweiswürdigung im Strafprozeß (1933); *Schmid* Der gesperrte V-Mann, DRiZ **1984** 474; *Schoreit* Die kommissarische Vernehmung des anonym bleibenden Vertrauensmanns der Polizei und dessen Verwertung als Beweismittel in der neueren Rechtsprechung, MDR **1983** 617; *Seebode/Sydow* „Hörensagen ist halb gelogen" Das Zeugnis von Hörensagen im Strafprozeß, JZ **1980** 506; *Seelmann* Zur materiell-rechtlichen Problematik des V-Manns, ZStW **95** (1983) 797; *Seelmann* Der anonyme Zeuge — ein erstrebenswertes Ziel der Gesetzgebung? StrVert. **1984** 477; *Tiedemann/Sieber* Die Verwertung des Wissens der V-Leute im Strafverfahren. Analysen und Konsequenzen der Entscheidung des Großen Senats des BGH, NJW **1984** 753; *Weider* Zur Problematik des polizeilichen V-Mannes, StrVert. **1981** 151; Wegen weiterer Nachweise vgl. bei § 96.

**Bezeichnung** bis 1924: § 249.

*Übersicht*

**1. Sinn der Vorschrift.** § 250 legt zusammen mit § 261 Strukturprinzipien der **1** Hauptverhandlung fest. Neben der **formellen Unmittelbarkeit** der Beweisaufnahme wird deren **materielle Unmittelbarkeit** jedoch nur für einen Teilbereich vorgeschrieben[1]. Dem Gericht wird in Satz 1 geboten, den Menschen, auf dessen Wahrnehmung der Beweis einer Tatsache beruht, in der Hauptverhandlung zu vernehmen, und zur Sicherung und Umgrenzung[2] dieses Gebots in Satz 2 untersagt, die Vernehmung durch Verlesung der über eine frühere Vernehmung aufgenommenen Niederschrift oder einer schriftlichen Erklärung zu ersetzen[3]. Diese Beweiserhebungsregel[4], die in ihrem Anwendungsbereich dem Personalbeweis Vorrang vor dem Urkundenbeweis einräumt[5], nimmt Rücksicht auf die Tatsache, daß sich der Angeklagte, die Zeugen und Sachverständigen in der Hauptverhandlung regelmäßig nicht zum erstenmal äußern. Sehr oft sind sie schon vorher von der Polizei, der Staatsanwaltschaft oder dem Gericht gehört und ihre Äußerungen in einem Protokoll festgehalten worden. Die **im Grundsatz bestehende Freiheit des Urkundenbeweises**[6] würde es ohne § 250 ermöglichen, den Beweis zur Sache allein mit solchen Protokollen über frühere Vernehmungen, also mit Beweissurrogaten, zu führen. Es ist der Sinn der Vorschrift, dies im Interesse der besseren Sachaufklärung für den Regelfall auszuschließen, weil auch das beste Protokoll im Vergleich zur mündlichen Vernehmung der Auskunftsperson in der Hauptverhandlung das weniger anschauliche und wegen der Möglichkeit von Unvollständigkeiten, von Ausdrucks- und Aufnahmefehlern mitunter auch sonst das schlechtere Beweismittel ist[7],

---

[1] Vgl. Einl. Kap. **13**; ferner zum Unterschied zwischen formeller und materieller Unmittelbarkeit *Geppert* 122 ff.

[2] BGHSt **6** 209.

[3] Der Grundsatz der Unmittelbarkeit gilt nach Maßgabe der StPO; er gibt kein grundrechtlich geschütztes Gebot wieder, BVerfGE **1** 429.

[4] *Löhr* 134, auch zur Beurteilung des Satzes 2 als Beweisverbot; *Schroth* ZStW **87** (1975) 108; vgl. ferner etwa KK-*Mayr* 2 (kein völliges Verbot des Urkundenbeweises); *Klein-*

*knecht/Meyer*[37] 1 (Beweismittelverbot); KMR-*Paulus* § 244, 193 (kein Verlesungsverbot).

[5] BGHSt **15** 253; *Alsberg/Nüse/Meyer* 459; KK-*Mayr* 1; *Kleinknecht/Meyer*[37] 2; *Wömpner* NStZ **1983** 294; vgl. aber auch *Grünwald* FS Dünnebier 363. Zur strittigen Frage, wieweit auch ein Vorrang vor dem Augenscheinsbeweis besteht, vgl. Rdn. 4.

[6] Vgl. § 249, 3.

[7] RGSt **18** 24; **59** 101; RGRspr. **9** 448; *Schneidewin* JR **1951** 482.

zumal den Richtern der für die Beweiswürdigung wichtige persönliche Eindruck von der Auskunftsperson fehlt. Das Fragerecht der Verfahrensbeteiligten und ihr Anspruch auf rechtliches Gehör wird durch die Einvernahme der Wahrnehmungsperson in der Hauptverhandlung am besten gewährleistet[8].

**2**    **2. Anwendungsbereich.** § 250 ist eine Regel des **Strengbeweisrechts**[9]. Er ist bei der Feststellung aller Tatsachen, auch der Hilfs- und Indiztatsachen, zu beachten, die die Entscheidung in der Schuld- und Rechtsfolgenfrage betreffen, nicht aber bei der Ermittlung prozessualer Tatsachen[10]. Von der Verpflichtung, den § 250 zu beachten, wird das Gericht auch dort nicht entbunden, wo das Gesetz wie im **Privatklage-** oder **Bußgeldverfahren** (z. B. 284 Abs. 3; 77 OWiG) die Bestimmung des **Umfangs der Beweisaufnahme** in das pflichtgemäße Ermessen des Gerichts gestellt hat[11]. § 77a OWiG (i.d.F. d. G vom 7. 7. 1986 — BGBl I 977) gestattet jedoch, bei Einverständnis aller anwesenden Verfahrensbeteiligten die Verlesung aller Vernehmungsniederschriften und Schriftstücke an Stelle des Personalbeweises.

### 3. Tragweite der Vorschrift

**3**    **a)** Bei Satz 1 ist strittig, ob er ebenso wie Satz 2 **nur für den Vorrang des Personalbeweises vor dem Urkundenbeweis** gilt, sowie, ob sich aus ihm allgemein die Verpflichtung ableiten läßt, das tatnächste Beweismittel zu verwenden (Grundsatz der materiellen Unmittelbarkeit)[12]. Der Sachbeweis durch Augenschein wird nicht erfaßt. § 250 enthält auch keine Festlegung des Inhalts, daß der Beweis nur mit einer Originalurkunde und nicht mit einer Ablichtung geführt werden dürfe[12a].

**4**    **b)** Das Verbot des Satzes 2 betrifft nur **berichtende Schriften,** also die Schriften, in denen eine Wahrnehmung mitgeteilt wird[13]. Sie dürfen nicht zur alleinigen Beweisführung über den Gegenstand der Wahrnehmung verwendet werden, wenn der Wahrnehmende selbst dazu vernommen werden kann. Ausnahmen von diesem Grundsatz finden sich vor allem bei §§ 49; 50; 249 Abs. 1 Satz 2; §§ 251; 256; 325. Gegenstand des Verbotes sind Protokolle über frühere Vernehmungen und schriftliche Erklärungen.

**5**    **Protokolle über frühere Vernehmungen** sind alle amtlichen Niederschriften, in denen festgehalten ist, was eine Person über ihre Wahrnehmung geäußert hat. Unerheblich ist, ob dies vor der Polizei, der Staatsanwaltschaft, vor einem Richter oder vor einer sonstigen Behörde und ob dies im anhängigen Strafverfahren oder aus einem anderen Anlaß geschehen ist[14]. Strafurteile und richterliche Augenscheinsprotokolle sowie die sonstigen in § 249 Abs. 1 Satz 2 genannten Urkunden sind nach dieser Vorschrift verlesbar, auch soweit sie Wahrnehmungen enthalten[15].

**6**    Bei den **schriftlichen Erklärungen** ist die Tragweite des Verbotes des Satzes 2 strittig. Das Reichsgericht und ein Teil des Schrifttums verstehen darunter **alle schriftlichen**

[8] BGHSt **29** 109; KK-*Mayr* 1; KMR-*Paulus* 2.
[9] *Kleinknecht/Meyer*[37] 1; KMR-*Paulus* 3; vgl. § 244, 3.
[10] Vgl. § 244, 3; § 251, 65.
[11] BayObLG bei *Rüth* DAR **1974** 187; **1977** 211; OLG Celle NdsRpfl. **1976** 75; OLG Hamm VRS **42** 369; **43** 54; **49** 193; OLG Karlsruhe VRS **64** 40; OLG Koblenz VRS **45** 124; **59** 267; OLG Schleswig bei *Ernesti/Jürgensen* SchlHA **1977** 182; KK-*Mayr* 18;

*Kleinknecht/Meyer*[37] 1; KMR-*Paulus* 3; **a. A** *Göhler* § 77, 6 ff.
[12] Vgl. etwa *Geppert* 127; dazu Rdn. 23.
[12a] BGH NStZ **1986** 519.
[13] KK-*Mayr* 1; *Kleinknecht/Meyer*[37] 1; KMR-*Paulus* 3; 6.
[14] BGHSt **20** 160 = JZ **1965** 649 mit Anm. *Peters; Kleinknecht/Meyer*[37] 7.
[15] BGHSt **31** 331; KK-*Mayr* 9; zu den strittigen Fragen vgl. § 249, 17 ff.

**Aufzeichnungen,** die Beobachtungen derjenigen Person enthalten und wiedergeben, auf die die Aufzeichnungen zurückzuführen sind[16], denn der Grund des Verbotes treffe für alle berichtenden Schriften zu. Bei beiden fehle dem Gericht die Möglichkeit, Zuverlässigkeit und Glaubwürdigkeit der Wahrnehmungsperson zu beurteilen; es bestehe auch keine Gewähr für die erschöpfende Auswertung der Beweisquelle, auch sei die Beweisbestimmung einer Schrift vielfach zweifelhaft[17].

Nach der auch vom BGH vertretenen Gegenmeinung ist der Begriff auf solche **7** Beweisstücke beschränkt, die **von vornherein zu Beweiszwecken verfaßt** sind[18]. Dabei ist es gleichgültig, ob sie nun ausdrücklich für das gegenwärtige oder ein anderes Verfahren hergestellt sind oder ob es sich um Bescheinigungen handelt, die jemand einem andern zu beliebiger Verwendung ausgestellt hat. Für diese Auffassung wird angeführt, daß die „schriftliche Erklärung" in § 250 in eine Reihe mit dem zu Beweiszwecken hergestellten Protokoll über eine frühere Vernehmung gestellt wird. Eine noch engere Auslegung will nur die zu Beweiszwecken **für das anhängige Strafverfahren** gefertigten Schriftstücke dem Satz 2 unterstellen[19]. Es kann jedoch hier, wie auch sonst[20], keinen Unterschied machen, für welches Verfahren eine Beweisurkunde abgefaßt wurde[21]. Dem Verbot des Satzes 2 unterfallen Strafanzeigen[22], Angaben die ein Dritter im Anhörungsbogen gemacht hat[23], schriftliche Stellungnahmen in einem behördlichen Verfahren oder Antworten auf behördliche Anfragen[24], Observationsberichte[25].

Bei Beschränkung des Anwendungsbereiches des Satzes 2 auf **Beweisurkunden 8** (Rdn. 7) gehören regelmäßig **Zufallsurkunden** wie Privatbriefe und Tagebuchaufzeichnungen, die nicht selten hervorragende Beweismittel sein können[26], zu denjenigen Beweismitteln, deren Verwendung im Wege des Urkundenbeweises durch § 250 auch dann nicht untersagt wird, wenn der Hersteller der Urkunde nicht daneben als Zeuge vernommen wird[27].

c) Bei Aufzeichnungen von Tatsachen im Rahmen einer arbeitsteiligen oder ma-  **9** schinellen Bearbeitung, die den Lebensvorgang nur in reduzierender Abstraktion wiedergeben, wie **Eintragungen in Geschäftsbücher, Buchungsbelege**[28], Karteivermerke, tritt die eigene Wahrnehmung des Bearbeiters als bleibender Erinnerungsposten in aller Regel völlig in den Hintergrund. Sie kann daher nach dem Sinn des Satzes 2 nicht mit der dort vorausgesetzten eigenständigen persönlichen Wahrnehmung gleichgesetzt werden[29]. Da derartige Bearbeitungsvorgänge, vor allem bei mechanischer Abwicklung von Massenvorgängen oder bei starker Arbeitsteilung keinen bleibenden Eindruck zu hinterlassen pflegen, ist in solchen Fällen die Urkunde das bessere Beweismittel[30]. Dies

---

[16] RGSt **26** 138; **71** 10; RG GA **46** (1925) 453; KK-*Mayr* 9; *Krause* 156; *Löhr* 121; *Eb. Schmidt* § 251, 23.
[17] KK-*Mayr* 9.
[18] BGHSt **6** 142; **20** 161; dazu *Hanack* JZ 1972 202; *Peters* JZ **1965** 649; auch BGHSt **6** 211 (wo dies aber offen gelassen wurde); BGH NStZ **1982** 79; OLG Hamm JMBlNW **1964** 44; *Alsberg/Nüse/Meyer* 461; *Geppert* 200; *Kleinknecht/Meyer*[37] 8; KMR-*Paulus* 6; *Schlüchter* 532; *Schneidewin* JR **1951** 483; *Wömpner* NStZ **1983** 294.
[19] BGH NStZ **1982** 79.
[20] Vgl. § 251, 8.
[21] *Alsberg/Nüse/Meyer* 462; *Kleinknecht/Meyer*[37] 8; *Schlüchter* 532.

[22] OLG Schleswig bei *Ernesti/Jürgensen* Schl-HA **1974** 187.
[23] OLG Koblenz VRS **59** 267.
[24] *Alsberg/Nüse/Meyer* 461; *Kleinknecht/Meyer*[37] 8.
[25] BGH NStZ **1982** 79.
[26] RGSt **33** 35; *Schneidewin* JR **1951** 481.
[27] Zur Frage, ob Verlesung aus anderem Grund unzulässig ist, vgl. § 244, 195 ff.
[28] BGHSt **15** 253.
[29] BGHSt **15** 253; **27** 135; *Hanack* JZ **1972** 204; KK-*Mayr* 6; *Kleinknecht/Meyer*[37] 10; KMR-*Paulus* 7.
[30] KK-*Mayr* 6.

Walter Gollwitzer

gilt auch beim Fertigen von Abschriften oder bei der schriftlichen Übertragung eines Tonbands[31]. Ob auch bei der **Übersetzung** einer fremdsprachigen Urkunde die eigene personenbezogene Wahrnehmung hinter die sachbezogene und nicht personengebundene Sprachübertragung zurücktritt, ist strittig[32]. Ob der Bearbeiter zusätzlich als Zeuge zum Zustandekommen der Eintragung oder zur Richtigkeit einer von ihm vorgenommenen Übertragung zu hören ist, richtet sich nach der **Aufklärungspflicht** im Einzelfall[33].

**10**     **d) Lichtbilder und Filme** sind keine schriftlichen Erklärungen[34].

**11**     **e) Unfall- und Tatortskizzen,** wie sie etwa zur Feststellung der örtlichen Verhältnisse bei Straftaten und Ordnungswidrigkeiten erstellt werden, sind zwar Augenscheinsobjekte[35]. Ihr Inhalt gibt aber gleichzeitig auch die Wahrnehmungen ihres Verfertigers über bestimmte örtliche Gegebenheiten (also das Ergebnis seines Augenscheins) wieder. Soweit daher nicht über das Vorhandensein der Skizze und ihren Inhalt als solchen, sondern über die Richtigkeit der in ihr festgehaltenen Wahrnehmungen ihres Verfertigers Beweis erhoben werden soll, erscheint § 250 Satz 2 zumindest entsprechend anwendbar[36]. *Eb. Schmidt* Nachtr. I 1 verneint dies für die als Augenscheinsobjekte in Betracht kommenden Unfallskizzen. Die Nichtvernehmung des Herstellers verstoße nicht gegen § 250 Satz 2 sondern gegen § 244 Abs. 2; das Problem liege nicht in der Zulässigkeit, sondern in der Geeignetheit des Beweismittels[37]. Für die Gleichstellung der Unfallskizzen mit den sonstigen zu Beweiszwecken verfaßten Erklärungen spricht jedoch, daß es für die verfahrensrechtliche Behandlung keinen Unterschied machen sollte, ob die Wahrnehmungen über die örtlichen Gegebenheiten am Unfallort usw. in einer Niederschrift festgehalten worden sind oder, der besseren Übersicht wegen, in einer Skizze.

**12**     **f)** Ist die **in der Schrift verkörperte Mitteilung** als solche Beweisgegenstand und nicht der Inhalt einer dort mitgeteilten Wahrnehmung, dann schränkt § 250 die Verwendung der Schrift zu Beweiszwecken nicht ein[38]. Dies gilt für Schriften, die **Willenserklärungen** im Sinne des bürgerlichen Rechts (Verträge, einseitige rechtsgeschäftliche Erklärungen u. a.) enthalten, ebenso wie für sonstige Äußerungen oder Darstellungen, deren Abgabe oder Vorhandensein in der Schrift bewiesen werden soll, etwa, weil sie den **Gegenstand der strafbaren Handlung** verkörpern, wie bei einem Schreiben mit beleidigendem oder pornographischem Inhalt[39]. § 250 steht nicht entgegen, wenn nur die **Existenz** eines Schriftstücks mit einem bestimmten Inhalt bewiesen werden soll, oder wenn die **Ermittlung der Urheberschaft** eines Schreibens ohne oder mit falscher Unter-

[31] BGHSt **27** 135 = JR **1978** 117 mit Anm. *Gollwitzer.*
[32] Vgl. § 249, 33.
[33] OLG Hamm VRS **42** 369; OLG Zweibrükken VRS **55** 289.
[34] BGH GA **1968** 305; *Alsberg/Nüse/Meyer* 460; vgl. § 86; § 244, 328; § 249, 8 mit weit. Nachw.
[35] BGHSt **18** 53; BGH VRS **27** 120; § 86, 24; § 244, 328; § 249, 8 mit weit. Nachw.
[36] BGH VRS **36** 189; BayObLGSt **1965** 79 = JR **1966** 389 mit Anm. *Koffka;* OLG Celle VRS **33** 43; OLG Hamm VRS **28** 280; **42** 369;

OLG Schleswig bei *Ernesti/Jürgensen* SchlHA **1970** 199; *Alsberg/Nüse/Meyer* 233; *Kleinknecht/Meyer*[37] 2; BGH GA **1968** 305 läßt dies für die Unfallskizzen offen; ebenso BGHSt **18** 53; a. A OLG Hamburg VRS **10** 372; KG NJW **1953** 1118; OLG Neustadt VRS **23** 447; KMR-*Paulus* 7 (Skizzen werden nicht verlesen).
[37] Ähnlich KMR-*Paulus* 7; ferner BGH VRS **27** 119; bei *Spiegel* DAR **1977** 176.
[38] KK-*Mayr* 5; *Kleinknecht/Meyer*[37] 13; KMR-*Paulus* 7.
[39] RGSt **22** 51; KK-*Mayr* 5; vgl. § 249, 10.

schrift Beweisgegenstand ist[40]. Zur Feststellung der gegenständlichen Beschaffenheit eines Schreibens im Wege des Augenscheins vgl. § 249, 8; 30.

#### 4. Kein Ersatz der Vernehmung durch Berichtsurkunden

**a) Grundsatz.** An Stelle der **Vernehmung** der Beweisperson ist die Verlesung **13** ihrer in einer Schrift im Sinne des Satzes 2 festgehaltenen Wahrnehmung unzulässig. Etwas anderes gilt, wenn eine **Sonderregelung** wie § 256 eingreift oder wenn die Vernehmung der Beweisperson über ihre Wahrnehmung aus rechtlichen oder tatsächlichen Gründen unmöglich ist. Wie § 251 zeigt, steht auch das Verbot des § 250 Satz 2 unter der selbstverständlichen Voraussetzung, daß die Einvernahme der Person, von der die Wahrnehmung stammt, durchführbar ist. Die Einzelheiten sind bei § 251 erläutert. Die **mögliche Vernehmung** eines Wahrnehmungszeugen darf nicht durch Verlesen oder Verwerten seiner früheren schriftlichen Erklärung **ersetzt** werden[41]. Verboten ist nur der Ersatz der Vernehmung durch die Verlesung einer Niederschrift oder einer schriftlichen Erklärung, wenn derjenige, dessen Wahrnehmung oder Urteil verwertet werden soll, an sich vernommen werden kann; nicht aber die zusätzliche Verlesung[42].

Ein **Vortrag des Vorsitzenden** ist unzulässig, der unter dem Anschein eines an **14** den Angeklagten gerichteten Vorhalts so gehalten wird, daß der Eindruck entstehen kann, als ob der Inhalt der vorgetragenen Schrift geeignet sei, die Unterlage für die Überzeugung des Gerichts von der Wahrheit der in der Schrift beschriebenen Tatsache zu bilden[43].

Anders verhält es sich mit dem **echten Vorhalt,** der sich durch seine Fassung als **15** solcher kennzeichnet[44]. So kann der Vorsitzende beim Ausbleiben eines Zeugen den Angeklagten in Anlehnung an die vorliegende polizeiliche Niederschrift über eine Bekundung des Zeugen durch eine Frage oder einen Vorhalt veranlassen, sich darüber auszusprechen, ob das aufzuklärende Ereignis sich nicht etwa so zugetragen habe, wie es in der polizeilichen Niederschrift als angebliche Schilderung des Zeugen dargestellt ist[45]. Bestreitet der Angeklagte dies, so muß die Vernehmung des Zeugen, erforderlichenfalls unter Aussetzung der Verhandlung, herbeigeführt werden[46]. Sagt dagegen der Angeklagte auf die Frage oder den Vorhalt in Übereinstimmung mit jener Schilderung aus, so kann die Angabe des Angeklagten als Beweisgrundlage verwertet werden. Wieweit die §§ 253, 254 Raum für einen Vorhalt aus einer Niederschrift über eine frühere Vernehmung lassen, wird dort erörtert.

Aus der **Aufklärungspflicht** ergeben sich mitunter weitere Einschränkungen. **16** Wenngleich der § 251 Abs. 2 die Verlesung der Niederschrift über die polizeiliche Vernehmung eines verstorbenen Zeugen oder Mitbeschuldigten ermöglicht, so genügt doch das Gericht, falls die Richtigkeit der Niederschrift vom Angeklagten bestritten oder sonst zweifelhaft wird, der Aufklärungspflicht in der Regel nur dadurch, daß es den Polizeibeamten, der die Niederschrift aufgenommen hat, zur Hauptverhandlung zuzieht und über die vor ihm gemachte Angabe des Vernommenen hört[47].

**b) Ergänzende Verlesung. Neben der Einvernahme** der Beweisperson ist die Verle- **17** sung einer über dessen Wahrnehmung berichtenden Schrift zulässig. § 250 verbietet nach der vorherrschenden Meinung nur, eine an sich mögliche Vernehmung der Be-

---

[40] RGSt **31** 408; **32** 240; **33** 36; RGRspr. **10** 29; RG Recht **1920** Nr. 242.
[41] H. M vgl. etwa OLG Hamm VRS **43** 54; **49** 139; OLG Koblenz VRS **45** 12; ferner die Nachw. Fußn. 48, 49.
[42] Vgl. dazu Rdn. 17 ff.

[43] RG GA **46** (1898/99) 193; JW **1922** 494; **1930** 936.
[44] Vgl. § 249, 84 ff.
[45] RG DRiZ **1927** Nr. 72.
[46] BayObLG HRR **1934** Nr. 1000.
[47] RGSt **67** 254; vgl. § 251, 64.

weisperson durch die Verlesung zu **ersetzen,** er verbietet aber nicht, **zusätzlich** zu der Vernehmung auch die vorhandenen schriftlichen Erklärungen zu Beweiszwecken heranzuziehen, vor allem, wenn sie als Ergänzung der mündlichen Aussage des als Zeugen erschienenen Schreibers dienen sollen[48].

**18**      Die Ansicht, daß die Verlesung einer Schrift zum Beweis einer Wahrnehmung, die der Verfasser oder ein anderer gemacht haben soll, **schlechthin unzulässig** sei[49], berücksichtigt zu wenig die durch Aufklärungspflicht und freie Beweiswürdigung geprägte Verfahrensstruktur. Diese verbietet einerseits, daß sich das Gericht mit der Verlesung des Berichts über die Wahrnehmung einer Beweisperson begnügt, statt sie selbst darüber zu hören. Andererseits wäre es mit dem Gebot der umfassenden Sachaufklärung unvereinbar, wollte man dort, wo ein solcher Bericht über die Wahrnehmungen vorhanden ist, darauf verzichten, auch diesen als zusätzliche Erkenntnisquelle mit heranzuziehen. Dies gilt nicht nur, soweit sich daraus Schlüsse auf die Beobachtungsgabe und das Erinnerungsvermögen der Beweisperson und auf sonstige für die Beurteilung ihrer Glaubwürdigkeit wichtige Umstände ergeben können[50], sondern auch, soweit der Inhalt der Urkunde und — im Wege der freien Beweiswürdigung — auch deren Richtigkeit festgestellt wird[51].

**19**      Einem Sachverständigen kann auch **Einsicht** in ein dem Gericht bereits vor der Hauptverhandlung schriftlich vorgelegtes **Gutachten**[52] gewährt werden[53]; er kann daraus im Rahmen seiner Aussage selbst vorlesen[54], die Verlesung kann aber auch zusätzlich angeordnet werden[55].

**20**      Neben der Vernehmung des Zeugen darf die schriftliche Fixierung seiner Wahrnehmung zu Beweiszwecken verlesen werden, wenn der Zeuge selbst sich in der Hauptverhandlung an den Vorgang **nicht** mehr **erinnern** kann[56]. Dies spielt vor allem bei den Anzeigen der Polizeibeamten eine Rolle. So darf die eigene (nicht von einem anderen Beamten verfaßte) Anzeige eines Polizeibeamten durch Verlesen in die Hauptverhandlung eingeführt werden, wenn der Beamte erklärt, er könne sich an den Vorgang selbst nicht mehr entsinnen, er pflege aber seine Anzeigen wahrheitsgemäß zu erstatten[57]. Über den Beweiswert einer solchen Aussage in Verbindung mit dem Inhalt der verlesenen Anzeige hat das Gericht in freier Beweiswürdigung zu befinden.

---

[48] RGSt **33** 36; **60** 170; **71** 10; RGRspr. **8** 719; RG GA **48** (1901) 308; BGHSt 1 5; **20** 162 = JZ **1965** 649 mit Anm. *Peters*; BGH NJW **1970** 1559; OLG Stuttgart NJW **1979** 559; OLG Schleswig bei *Ernesti/Jürgensen* SchlHA **1973** 187; *Hanack* JZ **1972** 203; KK-*Mayr* 2; *Kleinknecht/Meyer*[37] 12; KMR-*Paulus* 10; *Koeniger* 167; *Roxin* § 44 B I 2 e; *G. Schäfer* § 76 II 5; *Schlüchter* 532; *Schroth* ZStW **87** (1975) 107; *Wömpner* NStZ **1983** 296.

[49] RGSt **21** 52; RG JW **1917** 554; *Gössel* § 21 D I a 3; *Grünwald* JZ **1966** 493; *Kuckuck* 225; *Peters* Gutachten 46 DJT I 3 A 145; *Rüping* Kap 6 III 4 d cc; *Eb. Schmidt* 4; *Schneidewin* JR **1951** 483. Nach *Löhr* (127, 218) ist die Verlesung nur zulässig, wenn sie einem anderen Beweisziel dient als der Feststellung der Wahrnehmungstatsachen, also vor allem zur Ermittlung von Hilfstatsachen, die für die Beweiswürdigung von Bedeutung sein kön-

nen, wie etwa der Glaubwürdigkeit oder des Erinnerungsvermögens eines Zeugen; ähnlich *Peters* JZ **1965** 650.

[50] So etwa LG Lübeck StrVert. **1984** 111; *Löhr* 128; *Peters* JZ **1965** 650; vgl. dazu KK-*Mayr* 2.

[51] KK-*Hürxthal* § 261, 23; *Kleinknecht/Meyer*[37] 12; *Wömpner* NStZ **1983** 296; vgl. Fußn. 48; ferner § 261, 97.

[52] Zulässig, vgl. BGH JR **1962** 111.

[53] RGSt **5** 129.

[54] Vgl. § 249, 31.

[55] OLG Stuttgart MDR **1978** 863.

[56] Vgl. § 253, 24; § 261, 84.

[57] BGHSt **20** 160; **23** 213; BGH NJW **1970** 1558 = LM § 261 Nr. 57 mit Anm. *Martin*; OLG Hamm NJW **1977** 2090; *Alsberg/Nüse/Meyer* 464; *Kleinknecht/Meyer*[37] 12; vgl. § 253, 24; § 261, 84 mit weit. Nachw. aber auch OLG Köln NStZ **1981** 76.

**5. Einflußlosigkeit der Erklärungen der Beteiligten.** § 250 wurzelt letzten Endes **21** in der Pflicht des Gerichts, alles zur Erforschung der Wahrheit Erforderliche zu tun, indem er das Gericht zur Benutzung des besseren Beweismittels zwingt. Die Beteiligten können daher an der Unzulässigkeit der Verlesung einer Niederschrift oder einer schriftlichen Erklärung nichts ändern, insbesondere nicht wirksam auf die nochmalige Vernehmung eines außerhalb der Hauptverhandlung vernommenen und noch vernehmbaren Zeugen verzichten[58], sofern nicht eine Ausnahmeregel wie § 251 Abs. 1 Nr. 4 ihnen diese Dispositionsbefugnis einräumt[59]. Die Unzulässigkeit der Verlesung des Gutachtens eines Sachverständigen wird nicht durch das Einverständnis der Beteiligten behoben[60], ebenso nicht die Unzulässigkeit der Bekanntgabe einer behördlich eingeholten Auskunft[61].

**6. Die Verwendung des sachnächsten** oder „bestmöglichsten" **Beweismittels** wird **22** durch § 250 nicht allgemein vorgeschrieben, der Indizienbeweis nicht ausgeschlossen. Die vorherrschende Meinung[62] folgert dies aus der Stellung des Satzes 1 im Gesetz und vor allem aus dem Systemzusammenhang mit § 244 Abs. 2 und § 261. Nach ihr folgt die Verpflichtung, nach Möglichkeit das tatnächste oder das sonst die beste und zuverlässigste Aufklärung versprechende, erreichbare Beweismittel zu wählen, wie auch sonst beim Indizienbeweis, aus der **Aufklärungspflicht** und nicht aus den Grundsätzen der Unmittelbarkeit und Mündlichkeit[63].

Von einem Teil des **Schrifttums** wird demgegenüber die Auffassung vertreten, **23** daß das Gebot des Satzes 1 weiter reiche als das nur den Urkundenbeweis betreffende Verbot des Satzes 2. Satz 1 verpflichte deshalb den Richter generell, das jeweils verfügbare sachnächste Beweismittel anstelle von Beweissurrogaten zu verwenden und vor allem die Wahrnehmung einer Person durch deren Einvernahme in die Hauptverhandlung einzuführen. Die Streitfrage spielt vor allem beim Zeugen von Hörensagen eine Rolle (Rdn. 24 ff).

**7. „Zeugen von Hörensagen"**
**a) Unmittelbares Beweismittel.** Nach der herrschenden Meinung ist es grundsätz- **24** lich zulässig, einen Zeugen von Hörensagen als Beweismittel heranzuziehen, also einen Zeugen, der nicht über Äußerungen berichtet, die er bei Beobachtung des Tatgeschehens

---

[58] RGSt 9 49; 30 439; 44 11; RGRspr. 7 401; RG JW 1935 2380; BGH NStZ 1986 325; OLG Hamm VRS 49 113; OLG Stuttgart NJW 1976 1852; Dahs/Dahs 230; Kleinknecht/Meyer[37] 1; KMR-Paulus 3.

[59] Vgl. § 251, 42 ff.

[60] RG JW 1932 1751; OLG Schleswig DAR 1962 214.

[61] OLG Hamm JMBlNW 1964 6.

[62] RGSt 2 160; 7 502; 48 246; BGHSt 1 375; 2 99; 6 209; 9 296; 17 384; 22 270 = JZ 1974 257 mit Anm. Friederichs; BGH NJW 1952 153; BGH VRS 16 205; bei Spiegel DAR 1978 155; BayObLG VRS 63 211; OLG Frankfurt NJW 1976 985 mit Anm. Geisler NJW 1976

1986; OLG Hamm NJW 1970 821; OLG Stuttgart NJW 1972 66; Alsberg/Nüse/Meyer 460; Geppert 216 ff; Gössel § 27 D I a 1; Hanack JZ 1972 236; KK-Mayr 1; Kleinknecht/Meyer[37] 3; KMR-Paulus 4; 11; Krainz GA 1985 405; Krause 155; Löhr 50; 158; Eb. Schmidt Nachtr. I 3; Schneidewin JR 1951 482; Schroth ZStW 87 (1975) 109; Tiedemann JuS 1965 18.

[63] Vgl. Geppert 186 (materielles Prinzip des bestmöglichen Beweises); ferner etwa Krainz GA 1985 405; BVerfGE 57 274 und die Revisionsgerichte leiten die Verpflichtung zur Ausschöpfung sachnäherer Beweismittel aus der Aufklärungspflicht her.

selbst wahrgenommen hat[64], sondern der darüber aussagen soll, was ihm ein Dritter über seine Wahrnehmungen erzählt hat[65]. Ein Teil des Schrifttums vertritt dagegen die Auffassung, daß verfügbare Tatzeugen nicht durch Zeugen von Hörensagen ersetzt werden dürfen[66], sie seien nur neben diesen heranziehbar[67]. Eine noch weitergehende Auffassung will Zeugen von Hörensagen überhaupt ausschließen[68]. Diese Auffassungen lassen sich nicht auf § 250 stützen[69]. Er legt nur fest, daß der Beweis durch Zeugen dem Beweis durch berichtende Urkunden vorgeht, nicht aber, daß auch sonst stets das tatnächste Beweismittel herangezogen werden muß[70]. Auch der Zeuge von Hörensagen ist unmittelbares Beweismittel in dem Sinn, daß zwischen den über seine eigenen Beobachtungen berichtenden Zeugen und dem Gericht kein weiteres Beweismittel dazwischengeschaltet ist[71]. Seine Bekundungen betreffen allerdings den aufzuklärenden Gegenstand nicht selbst, sondern nur ein Indiz[72], das allenfalls im Rahmen der freien Beweiswürdigung[73] Schlüsse von der bezeugten Äußerung auf die vom Dritten wahrgenommenen Tatsachen zuläßt, und das deshalb hinsichtlich seines Beweiswertes besonders kritisch zu prüfen ist[74]. Der „Zeuge von Hörensagen" kann nur bekunden, was er

---

[64] Zeugen, die die Tatsache, daß ein anderer eine unmittelbar zum Tathergang gehörende Erklärung abgegeben hat, aus eigener Wahrnehmung bekunden, sind keine Zeugen vom Hörensagen; vgl. etwa *Alsberg/Nüse/Meyer* 460; *Geppert* 217 („res gestae Zeugen"); *Kleinknecht/Meyer*[37] 4; *Seebode/Sydow* JZ **1980** 515; auch *Knies* ZStW **6** (1886) 105 (Tatsachen von „selbständiger Bedeutung").

[65] Zum Begriff vgl. *Geppert* 216; *Krainz* GA **1985** 402; *Seebode/Sydow* JZ **1980** 506. Zeuge im formellen Sinn ist aber nur der Zeuge vom Hörensagen, nicht auch sein Gewährsmann.

[66] *Grünwald* JZ **1968** 493; *Peters* § 39 II; JR **1969** 429; *Seebode/Sydow* JZ **1980** 5; vgl. ferner die Nachw. Fußn. 67; 68; 85; 86.

[67] So OHGSt **1** 133; OLG Oldenburg JR **1951** 90; *Arndt* NJW **1962** 27; **1963** 432; *Hanack* JZ **1972** 236; KK-*Herdegen* § 244, 28; *Koffka* JR **1969** 306; *Meilicke* NJW **1963** 428; vgl. auch *Hanack* JZ **1972** 237 (vorhandene Tatzeugen nicht aussparen); früher etwa *Beling* 319; *Ditzen* ZStW **10** (1890) 154; *G. Schäfer* 14.

[68] *Heissler* 165 ff; *v. Kries* ZStW **6** (1886) 105 (der Begriff des Zeugen vom Hörensagen wird dort allerdings enger gesehen, vgl. dazu *Geppert* 216); *Muskat* GA **36** (1888) 281. Nach *Seebode/Sydow* JZ **1980** 515 gehört die Aussage, die nur Zwischenträgerfunktion erfülle, nicht zu den abschließend zugelassenen Beweismitteln; dagegen spricht jedoch, daß sich der numerus clausus der Beweismittel auf das formelle Beweismittel bezieht, nicht aber auf den Inhalt; auch Beweissurrogate können durch die Beweismittel eingeführt werden.

[69] So etwa BVerfGE **57** 292; vgl. ferner *Alsberg/Nüse/Meyer* 461; *Geppert* 197 ff; *Reb-*

*mann* NStZ **1982** 317; *G. Schäfer* § 66 II 3; *Seebode/Sydow* JZ **1980** 509; ferner Rdn. 21.

[70] BVerfGE **57** 292; RGSt **48** 246; BGHSt **1** 375; **6** 210; **17** 384; **22** 270; **33** 70; 83; BGH MDR **1969** 156; NJW **1980** 770; **1985** 1789; bei *Dallinger* MDR **1971** 898; *Alsberg/Nüse/Meyer* 461; *Geppert* 186 ff; 249; KK-*Mayr* 10; *Kleinknecht/Meyer*[37] 4; KMR-*Paulus* § 244, 196 ff; *Krainz* GA **1985** 405; *Rebmann* NStZ **1982** 317; *Seebode/Sydow* JZ **1980** 509; *Schlüchter* 472.

[71] BGHSt **17** 383; OLG Hamm NJW **1970** 821; *Geppert* 218; *Rebmann* NStZ **1982** 317; ferner Fußn. 70.

[72] Vgl. BGHSt **17** 383 (Beweisanzeichen); *Alsberg/Nüse/Meyer* 460; *Eb. Schmidt* I 450; *Lohr* 52; *Spendel* JuS **1964** 472; nach *Geppert* 219 ff darf dies aber nicht darüber hinwegtäuschen, daß es um die Reproduktion einer fremden Wahrnehmung geht. Vgl. auch *Seebode/Sydow* JZ **1980** 513 („leicht irreführend").

[73] § 261 ist nicht verletzt, sofern das Gericht die Glaubwürdigkeit des Dritten, dessen Äußerung der Zeuge vom Hörensagen bestätigt, selbst beurteilt und nicht die Einschätzung des Zeugen ungeprüft übernimmt; vgl. dazu und zum Gedankenschema der Beweiswürdigung *Geppert* 291; *Seebode/Sydow* JZ **1980** 506. Es kommt auch sonst vor, daß das Gericht die Glaubwürdigkeit eines nicht selbst gehörten Zeugen zu beurteilen hat, so bei der Würdigung der Aussagen kommissarisch vernommener Zeugen. Vgl. § 261, 83.

[74] Weitgehend unstreitig, vgl. etwa BVerfGE **57** 292; BGHSt **17** 358; **33** 178; BGH NStZ **1983** 376; ferner Fußn. 70 mit weit. Nachw.

---

gehört hat, nicht aber, ob das Gehörte auch wahr ist[75]. **Verfassungsrechtlich** bestehen gegen den Beweis von Hörensagen weder unter dem Blickwinkel des Rechts auf Gehör noch unter dem der Achtung der Menschenwürde oder der Garantie eines rechtsstaatlichen (fairen) Verfahrens Bedenken[76]. Er wird auch von Art. 6 MRK nicht untersagt[77].

Als **Beweismittel** ist er meist — entscheidend sind aber immer die Umstände des **25** Einzelfall[78] — von **geringerem Wert** als der unmittelbare Tatzeuge[79]. Es bedarf daher der Absicherung durch andere Umstände und Beweisergebnisse (Hilfstatsachen zur Beurteilung der Glaubwürdigkeit des die Wahrnehmung mitteilenden Dritten, Indizien, die die Wahrnehmung des Dritten bestätigen usw.)[80]. Das Gericht muß sich der Problematik der Beweisführung und der sich daraus ergebenden rationalen Grenzen seiner Überzeugungsbildung bewußt sein und in den Urteilsgründen ersichtlich machen, daß es sie erkannt und gewahrt hat[81].

In der Regel gebietet die **Aufklärungspflicht,** erreichbare unmittelbare Tatzeugen **26** heranzuziehen[82] und Zeugen von Hörensagen nur daneben anzuhören, wobei ihren Bekundungen mitunter wichtige Schlüsse auf den Beweiswert der Aussage des tatnäheren Zeugen zulassen[83]. Sind Zeugen, die über die zu beweisende Tatsache aus unmittelbarer Anschauung berichten können, nicht vorhanden oder sind sie für das Gericht aus tat-

---

[75] *Eb. Schmidt* 3.

[76] BVerfG **1** 429; **57** 292; BVerfG JZ **1967** 570; *Geppert* 236 ff (weder Recht auf Gehör, noch Menschenwürde noch Rechtsstaatsprinzip im Normalfall verletzt); vgl. auch *Tiedemann* MDR **1963** 458; JuS **1965** 19; KMR-*Paulus* § 244, 201; *Rüping* Kap. 6 III 4 f; *Rebmann* NStZ **1983** 317; **a. A** *Arndt* NJW **1962** 27; **1963** 433; *Grünwald* JZ **1966** 494; *Koffka* JR **1969** 306; *Mehner* 132; *Meilicke* NJW **1963** 428.

[77] Er ist mit Art. 6 Abs. 1 MRK (fair hearing) und mit Art. 6 Abs. 3 Buchst. d MRK (Recht Belastungszeugen zu befragen) vereinbar, da sich dies nur auf die in der Hauptverhandlung anwesenden Zeugen bezieht, ebenso mit Art. 14 Abs. 3 IPBR, vgl. etwa BVerfGE **57** 290; BGHSt **17** 388; BGH bei *Holtz* MDR **1976** 988; OLG Stuttgart NJW **1972** 67; *Geppert* 239; *Gribbohm* NJW **1981** 305; *Hanack* JZ **1972** 237; KMR-*Paulus* § 244, 201; *Krainz* GA **1985** 407; *Rebmann* NStZ **1982** 318; *Röhrich* 293; 562; *Rüping* Kap. 6 III 4 f; *Tiedemann* MDR **1963** 459; JuS **1965** 19; JZ **1957** 570; anders wohl BGH JR **1969** 306 mit Anm. *Koffka; Grünwald* JZ **1966** 494; *J. Meyer* ZStW **95** (1983) 850; *v. Zezschwitz* NJW **1972** 799.

[78] Mitunter kann aber auch der Zeuge von Hörensagen das bessere Beweismittel sein; KK-*Mayr* 10; *Kleinknecht/Meyer*[37] 4; KMR-*Paulus* § 244, 191; *Sarstedt/Hamm* 297. So kann es beispielsweise zweckmäßig sein, statt eines Kleinkinds, an dem ein Sittlichkeitsverbrechen begangen wurde, die Mutter zu hö-

ren, der das Kind das Geschehen unmittelbar nach der Tat erzählt hat. Vgl. *Kries* ZStW **6** (1886) 5; dazu *Geppert* 217 ff; ferner zum Beweiswert 167 ff.

[79] Vgl. etwa BVerfGE **57** 279; BGHSt **17** 382; BGHSt **33** 70; **83** mit Anm. *Fezer;* JZ **1985** 496; BGH MDR **1954** 628; *Geisler* NJW **1976** 1986; *Kohlhaas* JR **1955** 42; *Seebode/Sydow* JZ **1980** 506; ferner Fußn. 80.

[80] Zur Beurteilung des Beweiswerts auf beiden „Ebenen" vgl. etwa *Geppert* 167 ff; *Fezer* JZ **1985** 497; *Krainz* GA **1985** 408 ff; KMR-*Paulus* 21; ferner Fußn. 81; nach *Lamprecht* FS R. Schmidt 285 ist Beweiswert nicht beurteilbar.

[81] BVerfGE **57** 293; BGHSt **17** 385; **29** 111; **33** 178; **34** 15; BGH bei *Dallinger* MDR **1954** 400; OLG Frankfurt NJW **1968** 1000; **1976** 985; OLG Hamm NJW **1970** 821; MDR **1976** 1040; OLG Stuttgart NJW **1972** 66; KMR-*Paulus* 22; *Eb. Schmidt* I Nr. 367 ff; *Alsberg/Nüse/Meyer* 461; vgl. Rdn 28.

[82] BGHSt **1** 376; **17** 384; mit Anm. *Eb. Schmidt* JZ **1962** 720; BGHSt **32** 123; BGH GA **1968** 370; JR **1969** 306 mit Anm. *Koffka;* bei *Pfeiffer/Miebach* NStZ **1983** 210; 355; *Alsberg/Nüse/Meyer* 461; *Geppert* 184; KK-*Mayr* 10; *Kleinknecht/Meyer*[37] 4; KMR-*Paulus* § 244, 196 ff; *Schlüchter* 572.

[83] In der Praxis ist deshalb der Unterschied zu der Auffassung, die den Zeugen vom Hörensagen nur neben einem erreichbaren unmittelbaren Wahrnehmungszeugen als Beweismittel zulassen will (oben Fußn. 66), meist gering.

sächlichen oder rechtlichen Gründen nicht erreichbar, muß sich das Gericht ohnehin mit Zeugen von Hörensagen begnügen, etwa, wenn das Opfer der Tat vor seinem Tod noch das Tatgeschehen einem Dritten geschildert hat.

**27**    **b) Unbekannte Gewährsmänner.** Die obigen Grundsätze sind im neueren Schrifttum vor allem dort stark umstritten, wo — abweichend vom Normalfall der Einvernahme eines Zeugen über die mehr oder minder zufällig zu seiner Kenntnis gelangten Wahrnehmungen eines Dritten — ein Zeuge vernommen werden soll, der als „gerufener Zeuge"[84] im amtlichen Auftrag eingeschaltet war, um die Mitteilungen eines Dritten entgegenzunehmen, wenn nicht sogar herbeizuführen, weil dessen Identität oder Aufenthalt geheimgehalten wird. Soweit aus Gründen des öffentlichen Wohls — insbesondere aus Gründen der Staatssicherheit — die Zeugen, die die unmittelbare Beobachtung zum Tatgeschehen gemacht haben, dem Gericht nicht zur Verfügung stehen, weil sie unbekannt bleiben sollen, hält ein Teil des Schrifttums[85] die Reproduktion ihrer Aussagen durch die mit ihnen in Kontakt gekommenen Beamten für unzulässig[86]. Diese Bedenken gründen sich neben den allgemeinen Bedenken gegen Zeugen von Hörensagen überhaupt[87], vor allem auf den grundsätzlichen Ausschluß anonymer Zeugen durch die StPO[88], auf die darin liegenden Beschränkungen der Verteidigungsmöglichkeiten, die als Verstoß gegen die Grundsätze eines rechtsstaatlichen, fairen Verfahrens gesehen werden[89], ferner auch darauf, daß es gegen die Zuständigkeitsordnung der StPO verstößt, wenn nach Eröffnung des Hauptverfahrens ein gerufener Zeuge die Wahrnehmungen des Dritten entgegennimmt, um sie dann vor Gericht bekunden zu können[90]. Nach der vorherrschenden Rechtsprechung ist die Vernehmung des Zeugen von Hörensagen, dem der unbekannt bleibende Gewährsmann (V-Mann) seine Bekundungen mitgeteilt hat, zulässig[91]. Ihr ist zuzustimmen. Der Zeuge von Hörensagen ist auch in

---

[84] Zur Zulässigkeit der Vernehmung des Zufallszeugen von Hörensagen vgl. OLG Hamm MDR **1976** 1040. Beim sogen. „gerufenen Zeugen" ist insoweit kein Unterschied zu machen, vgl. Fußn. 90.

[85] Etwa *Arndt* NJW **1962** 1192; **1963** 433; *Bruns* MDR **1984** 182; vgl. auch StrVert. **1983** 49; *Evers* Privatsphäre und Ämter für Verfassungsschutz, 252; *Grünwald* JZ **1966** 494; FS Dünnebier 358 ff; *Krainz* GA **1985** 402; *Meilicke* NJW **1963** 425; *J. Meyer* ZStW **95** (1983) 849; *Peters* Gutachten 46. DJT (I 3 a) 108; 138; NJW **1966** 2051; *Spendel* JuS **1964** 473; *Woesner* NJW **1961** 533; Österreich. OGH ZfRV **1970** 207.

[86] Zu den einzelnen Argumenten vgl. *Geppert* 283 ff; auch zur Frage, ob aus §§ 251 ff ein Ausschluß dieser reproduzierenden Zeugenaussage hergeleitet werden kann. *Grünwald* FS Dünnebier 353 nimmt dies an; vgl. ferner *Backes* FS Klug 455; *J. Meyer* ZStW **95** (1983) 846 (mit Grundkonzeption unseres Strafprozesses unvereinbar).

[87] Vgl. Rdn. Fußn. 66, 67.

[88] Vgl. §§ 68, 222, 246; ferner BGHSt **32** 128 (GSSt); *Engels* NJW **1983** 1531; *Frenzel* NStZ **1984** 39; *Grünwald* FS Dünnebier 361;

StrVert. **1984** 58; *Tiedemann/Sieber* NJW **1984** 755; vgl. § 68, 3 mit weit. Nachw.; ferner *Miebach* ZRP **1984** 81.

[89] In der Umgehung des Verbots der unmittelbaren Verwertung der Aussage eines anonymen Zeugen (vgl. Fußn. 88) durch Rückgriff auf Beweissurrogate liegt nach *Tiedemann/Sieber* NJW **1984** 761 ein Verstoß gegen die Grundsätze eines fairen Verfahrens; ähnlich *Geppert* 297 ff, der im Vorenthalten des Namens des Gewährsmanns auch einen Verstoß gegen das Recht auf Gehör sieht; vgl. Fußn. 95.

[90] *Strate* StrVert. **1985** 340 sieht darin eine Umgehung der §§ 223, 224, da nach der Eröffnung nur vom Gericht und nur auf diesem Wege noch die für die Hauptverhandlung verwendbaren Beweise gewonnen werden dürften. BGH NJW **1985** 1789 hält es weiterhin für unerheblich, ob der Zeuge vom Hörensagen seine Wahrnehmungen zufällig, im Auftrage der Polizei oder als „gerufener" Zeuge des Gerichts gemacht hat; gegen eine solche Unterscheidung auch *Geppert* 280.

[91] BVerfGE **57** 292; BGHSt **17** 385 = NJW **1962** 1876 mit Anm. *Eb. Schmidt*; BGHSt **22** 270; **31** 290; **32** 122; **33** 87; 181; BGH NJW **1981** 1626; **1985** 984; 1789; **1986** 1766; JR

diesen Sonderfällen kein schlechthin unzulässiges, durch § 250 ausgeschlossenes Beweismittel[92]. Es müssen bei seiner Verwendung allerdings die hier besonders ins Gewicht fallenden Schranken eingehalten werden, die sich aus der Aufklärungspflicht[93], der Pflicht zur eigenen, rational nachvollziehbaren Beweiswürdigung[94] und den sonstigen Anforderungen eines rechtsstaatlichen (fairen) Verfahrens[95] im Einzelfall ergeben; sie können etwa bei einer mißbräuchlichen Verweigerung der Auskunft über den V-Mann verletzt sein[95a].

Der **Beweiswert derartiger Angaben** muß aber auch nach der herrschenden Ansicht **besonders kritisch geprüft** werden. Er wird in der Regel gering sein, da das Gericht weder die Glaubwürdigkeit des im Dunkeln bleibenden Gewährsmanns, noch die sonstigen Fehlerquellen abschätzen kann, so daß derart in den Prozeß eingeführte Tatsachen allenfalls bei Bestätigung durch gewichtige anderweitige Indizien eine belastende Feststellung zu tragen vermögen[96]. Der Versuch einer weiteren Sachaufklärung ist in der Regel unerläßlich. Das Urteil muß in solchen Fällen erkennbar machen, daß sich das Gericht der besonderen Problematik bewußt war[97]. Verweigert der als Zeuge von Hörensagen vernommene Beamte befugt[98] die Nennung seines Gewährsmanns, dann kann es die **Aufklärungspflicht** gebieten, daß das Gericht sich nicht damit begnügt, sondern alle der Bedeutung der Sache entsprechende Möglichkeiten ausschöpft, um die Einvernahme des Gewährsmanns in einer die prozessuale Verwertung ermöglichenden Form doch noch zu erreichen[99]. Wieweit ein solcher Zeuge als **unerreichbar** angesehen werden darf, ist bei §§ 244, 251 erörtert[100].

**28**

---

1981 346 mit Anm. *Franzheim*; StrVert. **1983** 403; **1984** 5; **1985** 137; OLG Frankfurt NJW **1976** 985 mit Anm. *Geisler* NJW **1976** 1986; OLG Hamm NJW **1970** 822; OLG Karlsruhe Justiz **1981** 368; OLG Stuttgart NJW **1972** 67; KK-*Mayr* 13; *Kleinknecht/Meyer*[37] 5; KMR-*Paulus* 11; ferner *Gribbohn* NJW **1981** 305; *Herdegen* NStZ **1984** 202 ff; *Kohlhaas* JR **1957** 41; *Rebmann* NStZ **1982** 319; *Roxin* § 44 B IV; *Rüping* Kap. 6 III 4 f; *Eb. Schmidt* JZ **1962** 760; *Schlüchter* 472.1; *Tiedemann* MDR **1963** 456; **1965** 870; JuS **1965** 14; vgl. aber jetzt *Tiedemann/Sieber* NJW **1984** 761; *Willms* DRiZ **1964** 234.

[92] Vgl. Rdn. 24 Fußn. 68.

[93] Vgl. Rdn. 25; § 244, 69; KMR-*Paulus* 14.

[94] Vgl. § 261, 41 ff; ferner Rdn. 25.

[95] BVerfGE **57** 283; BGHSt **29** 111; **31** 149 = NStZ **1983** 228 mit Anm. *Franzheim*; ferner etwa OLG Hamburg, StrVert. **1983** 449; LG Bremen StrVert. **1981** 19 mit Anm. *Weider*; KK-*Mayr* 14; KMR-*Paulus* 17; nach *Rüping* Kap. 6 III 4 f kann das Recht auf Gehör verletzt sein, wenn das Gericht Namen und Personalien des V-Manns kennt, dem Angeklagten aber vorenthält, nicht aber, wenn er auch dem Gericht unbekannt bleibt.

[95a] Vgl. etwa BVerfGE **57** 290; BGHSt **29** 112; **33** 70; LG Münster NStZ **1983** 474 will bei einer unbegründeten Weigerung der Behörde unterstellen, daß die zur Aufklärung not-

wendige Vernehmung des V-Mannes zugunsten des Angeklagten ausgegangen sei; ähnlich etwa *Lüderssen* FS Klug 538; *Plähn* StrVert. **1981** 110. Ob ein Verwertungsverbot die Einführung der Aussage des zu Unrecht gesperrten V-Mannes durch einen Zeugen vom Hörensagen generell ausschließt, erscheint fraglich; so aber wohl KK-*Mayr* 14.

[96] Vgl. Rdn. 24 Fußn. 80; ferner etwa BGHSt **17** 386; **33** 87; 181; BGH NJW **1986** 1766; NStZ **1982** 433; StrVert. **1983** 403.

[97] Vgl. Rdn. 24 Fußn. 81; ferner etwa BGH NJW **1986** 1766; bei *Holtz* MDR **1982** 971.

[98] Vgl. § 54, 17 ff; § 96, 19 ff; 25 ff mit weit. Nachw.

[99] BGHSt **17** 384; **22** 270; **29** 112; NJW **1978** 113; GA **1968** 370; BGH bei *Holtz* MDR **1983** 987; OLG Hamm NJW **1970** 821; MDR **1976** 1040; OLG Koblenz MDR **1978** 691; NStZ **1981** 450; OLG Stuttgart NJW **1972** 66. Zur Frage, wann das Gericht die Sperrerklärung hinnehmen muß vgl. § 96, 25 ff mit weit. Nachw.; ferner zu den durch BGHSt **32** 115 (GS St) eingeschränkten Möglichkeiten des Gerichts, durch Schutzvorkehrungen für den gesperrten Zeugen dessen Einvernahme zu erreichen vgl. etwa KK-*Mayr* 14; KMR-*Paulus* 14; *J. Meyer* ZStW **95** (1983) 854; *Rebmann* NStZ **1982** 318; ferner § 96, 33 ff mit weit. Nachw.

[100] Vgl. § 244, 271; § 251, 40; 59.

**8. Sachverständige**

**29**  a) Der **Vorrang des Personalbeweises** vor dem Urkundenbeweis gilt, wie § 251 zeigt, auch für Sachverständigengutachten, die, soweit nicht Ausnahmeregelungen wie vor allem § 256 eingreifen, durch **Einvernahme des Sachverständigen** und nicht durch Verlesen in die Hauptverhandlung einzuführen sind[101]. Die Anwesenheit des Sachverständigen gestattet den Verfahrensbeteiligten, ihm Fragen zu stellen und sich ein Bild von ihm und der Überzeugungskraft seiner Ausführungen zu machen. Die vorherrschende Meinung[102] nimmt dies ungeachtet des Wortlauts des § 250 im Rückschluß aus § 256 auch dann an, wenn ausnahmsweise der Sachverständige nur über abstrakte Erfahrenssätze und nicht zugleich auch über die mit einer Begutachtung eines konkreten Sachverhalts verbundenen Wahrnehmungen berichtet. Nach der Gegenmeinung[103] unterfallen Gutachten, die sich auf die Wiedergabe abstrakten Wissens beschränken, dem § 250 nicht und können daher auch durch Verlesen in die Hauptverhandlung eingeführt werden. In Verbindung mit der persönlichen Einvernahme des Sachverständigen ist es zulässig, ergänzend auch sein schriftliches Gutachten oder Teile davon zu verlesen[104].

**30**  b) Ein „**Sachverständiger von Hörensagen**" ist begrifflich ausgeschlossen. Eine Vertretung in der höchstpersönlichen Sachverständigenleistung ist nicht möglich; als Sachverständiger kann nur herangezogen werden, wer auf dem Sachgebiet, zu dem er sich äußern soll, eigene Sachkunde besitzt. Ergebnisse, die ein anderer Sachverständiger kraft seiner besonderen Sachkunde gefunden hat, können nicht von einem anderen Sachverständigen, der dieser besonderen Sachkunde ermangelt, durch seine Gutachtenerstattung in die Hauptverhandlung eingeführt werden[105]. Dies schließt nicht aus, daß der Sachverständige in seinem Gutachten die von **Hilfskräften**[106] ermittelten Teilergebnisse mitverwendet oder daß ein von mehreren Sachverständigen gemeinsam erarbeitetes Gutachten von demjenigen allein vor Gericht vertreten wird, der als Leiter des Arbeitsteams die Einzelergebnisse ausgewertet und im Gutachten zusammengefaßt hat[107]. Voraussetzung ist aber auch hier — ebenso wie bei den Befundtatsachen —, daß der Sachverständige in der Lage ist, die fachliche Richtigkeit der übernommenen Schlußfolgerungen selbst zu beurteilen und aus eigener Sachkunde die Verantwortung dafür zu übernehmen[108].

---

[101] BGHSt **1** 7; **22** 270; BayObLGSt **1949/51** 304; BayObLG bei *Rüth* DAR **1965** 286; OLG Düsseldorf NJW **1949** 917; OLG Schleswig DAR **1962** 214; bei *Ernesti/Lorenzen* SchlHA **1984** 104; vgl. *Alsberg/Nüse/Meyer* 463 mit weit. Nachw.; *Eb. Schmidt* 2; *Wömpner* NStZ **1983** 294; vgl. auch Fußn. 102.

[102] *Alsberg/Nüse/Meyer* 463; *Geppert* 193 ff; *Geppert* FS v. Lübtow 779; KK-*Mayr* 7; *Kleinknecht/Meyer*[37] 11; *Löhr* 114.

[103] OLG Stuttgart JR **1977** 205 mit Anm. *Gollwitzer*; *Gössel* DRiZ **1980** 370.

[104] OLG Stuttgart NJW **1979** 559; KK-*Mayr* 7; *Kleinknecht/Meyer*[37] 12; zur ergänzenden Verlesung vgl. Rdn. 17 f.

[105] BGH NJW **1968** 206; BayObLG bei *Rüth* DAR **1965** 286; OLG Celle NJW **1964** 462;

OLG Frankfurt MDR **1983** 849; OLG Köln NJW **1964** 2218; *Bleutge* NJW **1985** 1185.

[106] Zur Definition der Hilfskraft *Bleutge* NJW **1985** 1185.

[107] OLG Hamm NJW **1973** 1427; abl. *Friedrichs* NJW **1973** 2259; *Bleutge* NJW **1985** 1185; *Hanack* NJW **1961** 2045; vgl. bei § 72.

[108] BGHSt **22** 268; OLG Frankfurt MDR **1983** 849; OLG Schleswig bei *Ernesti/Jürgensen* SchlHA **1974** 181; *Bleutge* NJW **1985** 1185 (Grenze dort, wo nicht nur Ergebnisse eines genau definierten Verfahrens ermittelt oder logische Gesetze angewendet werden, sondern sich Entscheidungsräume für Wertungen auftun); *Hanack* JZ **1971** 128; *Peters* JR **1969** 427; *Eb. Schmidt* JZ **1970** 34; a. A *Friedrichs* JZ **1974** 257.

Aus der **Aufklärungspflicht** können sich im Einzelfall engere Grenzen ergeben, **31** insbesondere, wenn konkrete Zweifel an der Richtigkeit eines im Gutachten übernommenen Teilergebnisses geltend gemacht werden.

c) Als **Zeuge (auch von Hörensagen)** kann dagegen auch ein **Sachverständiger** in **32** Betracht kommen. Es ist zu unterscheiden:

Über sogen. **Befundtatsachen,** das sind Tatsachen, die der Sachverständige nur **33** vermöge seiner Sachkunde wahrgenommen oder erschöpfend verstanden hat oder gerade wegen seiner Sachkunde zutreffend beurteilen kann, darf er ohnehin in seinem Gutachten berichten, ohne daß es notwendig wäre, ihn oder einen anderen als Zeugen zu hören[109]. Dazu rechnet etwa der fachliche Inhalt einer Krankengeschichte[110], der Befund bezüglich eines Blutbilds[111], auch wenn das Ergebnis von einem Hilfssachverständigen gewonnen wurde, sofern es der Sachverständige kraft eigener Sachkunde kritisch prüft und in sein Gutachten unter eigener Verantwortung übernimmt[112].

Die sogen. **Zusatztatsachen,** das sind Tatsachen, zu deren Wahrnehmung und **34** Verständnis es nicht der besonderen Sachkunde des Sachverständigen bedarf, können dagegen nicht über das Sachverständigengutachten in die Hauptverhandlung eingeführt werden. Dies gilt vor allem für Angaben über das Tatgeschehen, die dem Sachverständigen bei Erstellung des Gutachtens mitgeteilt worden sind[113]. Hierzu bedarf es der üblichen Beweismittel, insbesondere also des Zeugenbeweises. Erst wenn diese Tatsachen unter den besonderen Rechtsgarantien der Prozeßordnung in der mündlichen Verhandlung erörtert und bewiesen wurden, kann sich das Gutachten darauf stützen[114]. Insoweit wird zwar in der Regel die vom Sachverständigen gehörte Person selbst als Zeuge in der Hauptverhandlung zu hören sein; es kann jedoch auch der Sachverständige als Zeuge von Hörensagen in Frage kommen[115], sofern der Verwertung seines Wissens nicht ein Hindernis entgegensteht, etwa, weil die Auskunftsperson später von einem Zeugnis- oder Aussageverweigerungsrecht Gebrauch macht[116]. Ob sich das Gericht mit den Bekundungen des Sachverständigen als Zeugen von Hörensagen begnügen darf, richtet sich im übrigen auch hier nach seiner Pflicht, die Wahrheit zu erforschen[117]. Soweit der Sachverständige als Zeuge vernommen wird, ist er gemäß den für

---

[109] BGHSt 7 84; 9 292; 13 1, 250; 18 107; 22 268; BGH NJW **1951** 171; **1963** 401; MDR **1956** 691; weitere Beispiele für Befundtatsachen bringt *Russ* NJW **1963** 385 (zu BGHSt 18 107). Nach *Hanack* JZ **1971** 127 ermangelt die Unterscheidung in der Rechtsprechung noch der scharfen Konturen; vgl. *Hanack* JR **1966** 425; vgl. auch BGH NStZ **1985** 182; OLG Bremen VRS **54** 65; wegen der Einzelheiten vgl. Vor § 72, 8.

[110] BGH NJW **1956** 1526.

[111] BGHSt 9 292; OLG Celle GA **1961** 245.

[112] Zur eigenen Verantwortung des übernehmenden Sachverständigen vgl. Rdn. 30 Fußn. 108.

[113] Vgl. etwa BGH NStZ **1982** 256; **1985** 135.

[114] BGHSt 9 292 zust. *Eb. Schmidt* JZ **1957** 229; BGHSt **18** 107; **20** 166; BGH NJW **1956** 1526; JR **1962** 111; GA **1963** 18; *Heinitz* FS Engisch, 696. Vgl. OLG Hamm VRS **39** 113 (keine alleinige Verlesung des klinischen Be-

fundes des die Blutprobe entnehmenden Arztes); OLG Düsseldorf VRS **39** 277 (die Aufzeichnungen einer Fahrtschreiberscheibe können nicht allein über ein Gutachten in die Hauptverhandlung eingeführt werden); OLG Hamm StrVert. **1984** 457 (Schriftprobe ist keine Befundtatsache). Zur Gefahr, daß der Sachverständige sein Gutachten auf den Akteninhalt stützt, ferner *Sarstedt* NJW **1968** 180; § 79, 19 mit weit. Nachw.

[115] BGH NJW **1959** 828; NStZ **1982** 256; **1985** 135; *Löhr* 117.

[116] BGHSt **13** 1; 250; **18** 107; BGH NJW **1959** 828.

[117] *Heinitz* FS Engisch, 704 nimmt an, daß für periphere Tatsachen, die das Bild nur abrunden, die Aufklärungspflicht in der Regel nicht die Anhörung der Auskunftsperson des Sachverständigen fordert, während dies notwendig ist, wenn das Gericht aus den Zusatztatsachen wesentliche Schlüsse ziehen will.

die Zeugen geltenden Vorschriften zu belehren und zu vereidigen[118]. Zusatztatsachen, die der Sachverständige Schriftstücken entnommen hat, die nach § 250 nicht verlesen werden dürfen, können nicht mittelbar über das Gutachten in die Hauptverhandlung eingeführt werden[119].

### 9. Behördenauskünfte

**35**    **a) Schriftliche Auskünfte** von Behörden dürfen nach Strengbeweisrecht nur gemäß § 256 im Wege des Urkundenbeweises in die Hauptverhandlung eingeführt werden, sofern nicht die dort erörterten Ausnahmen entgegenstehen[120]. § 250 Satz 2 gilt insoweit nicht. Wenn § 256 nicht anwendbar ist oder wenn die Sachaufklärung dies erfordert, kann auch ein Behördenangehöriger über seine Wahrnehmungen als Zeuge gehört werden.

**36**    **b) Fernmündliche Auskünfte** von Behörden oder Privatpersonen können — abgesehen von den in § 251 Abs. 3 angesprochenen Fällen des Freibeweises — selbst mit Einverständnis der Beteiligten nicht durch Bekanntgabe in die Hauptverhandlung eingeführt werden. Dem steht § 250 Satz 1 entgegen. Der Grundsatz der Unmittelbarkeit verlangt, daß derjenige, der die Auskunft erteilt hat, als Zeuge in der Hauptverhandlung vernommen wird[121]. Für das **Bußgeldverfahren** läßt § 77 a Abs. 3 OWiG (i. d. F. d. Gesetzes vom 7. 7. 1986 — BGBl. I 977) dies zu, sofern die in der Hauptverhandlung anwesenden Verfahrensbeteiligten zustimmen.

**37**    Ist die Vernehmung der Auskunftsperson in der Hauptverhandlung nicht möglich, so muß ihre **kommissarische Einvernahme** angeordnet werden, um die Voraussetzungen für die Verlesung der Aussage nach § 251 zu schaffen. Die Einholung einer schriftlichen Auskunft kann genügen, wenn § 256 ihre Verlesung zuläßt[122]. Ob es genügt, denjenigen, der die Auskunft entgegengenommen hat, über ihren Inhalt als Zeugen von Hörensagen zu vernehmen, bestimmt sich nach der richterlichen Aufklärungspflicht.

### 10. Revision

**38**    **a) Als Verstoß gegen § 250** kann gerügt werden, wenn statt der gebotenen Vernehmung einer Person deren Wahrnehmungen durch Urkundenbeweis in die Hauptverhandlung eingeführt und bei der Urteilsfindung verwenden wurden[123]. Die Verwendung eines sachferneren Beweismittels kann dagegen nach der hier vertretenen Auffassung nur unter dem Gesichtspunkt einer Verletzung der **Aufklärungspflicht** beanstandet werden[124]. Bei Verwendung eines Zeugen von Hörensagen kann im Einzelfall auch ein **Verstoß gegen § 261** in Betracht kommen, etwa, wenn dessen Würdigung der Glaubwürdigkeit seines Gewährsmannes vom Gericht ungeprüft übernommen wurde[125] oder wenn das Urteil insoweit nicht den Anforderungen entspricht, die die Revisionsgerichte an die Darlegung der Beweiswürdigung stellen[126].

**39**    **b)** Zur **Begründung** des behaupteten Verstoßes gegen § 250 muß die Revision durch Tatsachenvortrag aufzeigen, daß und auf welche Weise dagegen verstoßen wur-

---

[118] BGHSt **9** 293; **13** 2; 251; **18** 108; **20** 185; **22** 271; BGH NJW **1951** 771; **1979** 1371; NStZ **1982** 256; **1985** 135; 182; vgl. § 79 mit weit. Nachw.

[119] BGH GA **1963** 18.

[120] Vgl. § 256, 29 ff.

[121] OLG Hamm VRS **49** 193; OLG Karlsruhe MDR **1976** 247; vgl. BGH NStZ **1984** 134.

[122] OLG Hamm JMBlNW **1964** 6.

[123] OLG Karlsruhe Justiz **1981** 366; OLG Koblenz NStZ **1981** 450; KMR-*Paulus* 23.

[124] Vgl. Rdn. 25; 26.

[125] Vgl. Rdn. 24; § 261, 29 ff.

[126] BVerfGE **57** 292; BGHSt **17** 380; **33** 181; BGH NStZ **1982** 433; StrVert. **1983** 433; vgl. Rdn. 25 mit weit. Nachw.

de, etwa, daß eine bestimmte Urkunde in die Hauptverhandlung eingeführt worden ist, obwohl die gesetzlichen Voraussetzungen dafür nicht vorlagen. Der Inhalt dieser Urkunde ist anzugeben, damit das Revisionsgericht beurteilen kann, ob die Verlesung nicht nach §249 ff zulässig war[127]. Die allgemeine Behauptung, eine bestimmte Beweiserhebung verletze den Grundsatz der Unmittelbarkeit, genügt nicht[128].

# § 251

(1) Die Vernehmung eines Zeugen, Sachverständigen oder Mitbeschuldigten darf durch Verlesung der Niederschrift über seine frühere richterliche Vernehmung ersetzt werden, wenn

1. der Zeuge, Sachverständige oder Mitbeschuldigte verstorben oder in Geisteskrankheit verfallen ist oder wenn sein Aufenthalt nicht zu ermitteln ist;
2. dem Erscheinen des Zeugen, Sachverständigen oder Mitbeschuldigten in der Hauptverhandlung für eine längere oder ungewisse Zeit Krankheit, Gebrechlichkeit oder andere nicht zu beseitigende Hindernisse entgegenstehen;
3. dem Zeugen oder Sachverständigen das Erscheinen in der Hauptverhandlung wegen großer Entfernung unter Berücksichtigung der Bedeutung seiner Aussage nicht zugemutet werden kann;
4. der Staatsanwalt, der Verteidiger und der Angeklagte mit der Verlesung einverstanden sind.

(2) Ist ein Zeuge, Sachverständiger oder Mitbeschuldigter verstorben oder kann er aus einem anderen Grund in absehbarer Zeit gerichtlich nicht vernommen werden, so dürfen auch Niederschriften über eine andere Vernehmung sowie Urkunden, die eine von ihm stammende schriftliche Äußerung enthalten, verlesen werden.

(3) Soll die Verlesung anderen Zwecken als unmittelbar der Urteilsfindung, insbesondere zur Vorbereitung der Entscheidung darüber dienen, ob die Ladung und Vernehmung einer Person erfolgen sollen, so dürfen Vernehmungsniederschriften, Urkunden und andere als Beweismittel dienende Schriftstücke auch sonst verlesen werden.

(4) [1]In den Fällen der Absätze 1 und 2 beschließt das Gericht, ob die Verlesung angeordnet wird. [2]Der Grund der Verlesung wird bekanntgegeben. [3]Wird die Niederschrift über eine richterliche Vernehmung verlesen, so wird festgestellt, ob der Vernommene vereidigt worden ist. [4]Die Vereidigung wird nachgeholt, wenn sie dem Gericht notwendig erscheint und noch ausführbar ist.

**Schrifttum.** Vgl. die Hinweise bei den §§ 223, 244, 249, 250; ferner *ter Veen* Das unerreichbare Beweismittel und seine prozessualen Folgen — eine Übersicht zur Rechtsprechung des BGH und anderer Obergerichte, StrVert **1986** 295; *Thien* Zeugenvernehmung im Ausland. Zur Problematik der Verwertbarkeit im deutschen Prozeß, Diss. Köln, 1979.

**Entstehungsgeschichte.** Art. 4 der Dritten VereinfVO vom 29. 5. 1943 faßte §251 neu. Absatz 1 der alten Fassung wurde zu Absatz 1 Nr. 1, während Absatz 1 Nrn. 2 und 3 den ehemaligen Absatz 2 in einer vereinfachten und erweiterten Fassung übernahmen. Absatz 1 Nr. 4 wurde neu eingefügt, desgleichen die Absätze 2 und 3, die in der

---

[127] BGH bei *Holtz* MDR **1978** 988; KK-*Mayr* 19; *Kleinknecht/Meyer*[37] 15.　[128] KK-*Mayr* 19.

Rechtsprechung entwickelte Grundsätze in das Gesetz übernahmen. Absatz 4 stimmt inhaltlich mit dem früheren Absatz 3 überein. Im Jahre 1950 hat Art. 3 Nr. 113 VereinhG — abgesehen von einer Änderung des Absatzes 1 Nr. 3 — die Fassung der Dritten VereinfachungsVO beibehalten. Zur Entstehungsgeschichte *Hanack* JZ **1971** 513. Bezeichnung bis 1924: § 250.

**Beschlossene Änderung.** Nach Art. 1 Nr. 17 StVÄG 1987 vom 27. 1. 1987 (BGBl. I 475) wird Absatz 2 mit Wirkung vom 1. 4. 1987 folgende Fassung erhalten:

> „(2) Hat der Angeklagte einen Verteidiger, so kann die Vernehmung eines Zeugen, Sachverständigen oder Mitbeschuldigten durch die Verlesung einer Niederschrift über eine andere Vernehmung oder einer Urkunde, die eine von ihm stammende schriftliche Erklärung enthält, ersetzt werden, wenn der Staatsanwalt, der Verteidiger und der Angeklagte damit einverstanden sind. Im übrigen ist die Verlesung nur zulässig, wenn der Zeuge, Sachverständige oder Mitbeschuldigte verstorben ist oder aus einem anderen Grunde in absehbarer Zeit gerichtlich nicht vernommen werden kann."

S. im einzelnen die Erläuterungen im Nachtrag zur 24. Auflage.

## Übersicht

## I. Allgemeines

### 1. Ausnahme vom Grundsatz des § 250

**a) Zulässigkeit.** Die Worte „darf" und „dürfen" im § 251 Abs. 1 und 2 bedeuten, **1** daß die Verlesung, wenn die gesetzlichen Voraussetzungen vorliegen, zulässig ist. Ob sie **notwendig und ausreichend** ist, hat das Gericht nach Beweisgrundsätzen, vor allem unter Berücksichtigung seiner Aufklärungspflicht, zu entscheiden[1]. Danach kann die Verlesung selbst dann geboten sein, wenn der Zeuge, Sachverständige oder Mitbeschuldigte schon zur Zeit der Vernehmung geisteskrank war[2]. Von der Zulässigkeit und der Notwendigkeit der Verlesung muß die Frage nach dem **Beweiswert** der zu verlesenden Niederschrift oder schriftlichen Erklärung unterschieden werden. Über sie ist erst im Rahmen der Urteilsfindung zu befinden[3]. Diese Frage kann insbesondere dann auftauchen, wenn nicht die Urschrift, sondern nur eine Abschrift beigebracht wird[4].

**b) Die Aufklärungspflicht,** die das ganze Strafverfahren beherrscht, erfordert die **2** in § 251 Abs. 1 Nr. 1 und 2 und Abs. 2 vorgesehenen Ausnahmen von dem in § 250 festgelegten Vorrang des Personalbeweises vor dem Urkundenbeweis. Die anderen Ausnahmen, die vor allem die wirtschaftliche und zügige Durchführung des Verfahrens erleichtern sollen[5], sind mit ihr nach der Besonderheit des einzelnen Falles vereinbar. Das Gericht ist zur Verlesung der Niederschrift über eine frühere Vernehmung eines Zeugen, Sachverständigen oder Mitbeschuldigten oder seiner schriftlichen Erklärung insbesondere dann verpflichtet, wenn eine schwere körperliche Erkrankung des Zeugen, Sachverständigen oder Mitbeschuldigten der abermaligen oder erstmaligen Vernehmung

---

[1] Vgl. § 244, 60.
[2] RGSt **33** 395; **57** 188.
[3] Teilw. **a. A** RGSt **55** 3.

[4] Vgl. § 249, 5.
[5] BGHSt **10** 189; **26** 20; KK-*Mayr* 1; *Klein-knecht/Meyer*[37] 1; *Gründler* MDR **1986** 903.

durch einen beauftragten oder ersuchten Richter oder vor dem erkennenden Gericht entgegensteht[6]. Andererseits rechtfertigt das bloße **Ausbleiben eines Zeugen**, Sachverständigen oder Mitbeschuldigten oder die **unberechtigte Verweigerung der Zeugenaussage** in der Hauptverhandlung die Verlesung der über eine frühere richterliche Vernehmung aufgenommenen Niederschrift nur dann, wenn die im § 251 Abs. 1 Nr. 4 angegebene Voraussetzung erfüllt ist und Gewähr dafür besteht, daß der Sachverhalt durch die Verlesung ebensogut wie durch die Vernehmung aufgeklärt werden kann[7]. Trifft das nicht zu, so muß das Gericht das Erscheinen des Ausgebliebenen oder die Aussage des Erschienenen durch die gesetzlichen Mittel erzwingen[8].

**3**     c) Soweit sich § 251 auf den Beweis von Tatsachen bezieht, die der Beantwortung der **Schuld- oder Rechtsfolgenfrage** zugrundeliegen oder doch zugrundeliegen können, ist er nicht nur als eine **Ausnahme** zum Grundsatz des § 250 im logischen Sinne anzusehen, sondern zugleich im Sinne der **engen Interpretation.** Er beruht auf der im Regelfall zutreffenden Annahme, daß in allen Fällen, in denen jemand über einen Vorfall Beobachtungen gemacht hat, zu dem das Gericht Feststellungen treffen muß, von denen die Entscheidung der Schuld- oder Straffrage abhängt, die Vernehmung dieser Person über ihre Beobachtungen in der Hauptverhandlung zu besseren Ergebnissen führt, d. h. zu Ergebnissen, die der objektiven Wahrheit näherkommen, als die Verlesung einer Niederschrift über eine frühere Vernehmung oder eine dem Gericht gegebene schriftliche Schilderung der Beobachtungen. Deshalb soll das meist schlechtere Beweismittel, die Niederschrift über eine frühere Vernehmung oder die schriftliche Schilderung, grundsätzlich allenfalls dann gebraucht werden, wenn das bessere Beweismittel, die Vernehmung der Auskunftsperson über die eigenen Wahrnehmungen in der Hauptverhandlung, nicht zur Verfügung steht[9].

**2. Sonderregelungen**

**4**     a) Art. VII Abs. 9 Buchst. b des **Nato-Truppenstatuts** gewährt den Mitgliedern der Stationierungsstreitkräfte und den ihnen gleichgestellten Personen das Recht, den Belastungszeugen gegenübergestellt zu werden. Ob dies die Verlesung von Zeugenaussagen ausschließt, ist strittig. Nach der einen Auffassung verleiht das Truppenstatut keine über die StPO hinausgehenden Rechte[10], während nach der anderen den Angehörigen der Stationierungsstreitkräfte die Verfahrensbefugnisse — nämlich das unmittelbare Befragungs- und Erklärungsrecht — gesichert werden sollen, die sie, zumindest im anglo-amerikanischen Rechtskreis, vor ihren nationalen Gerichten haben[11]. Die Verlesung nach § 251 wird man zumindest dann für **zulässig** halten müssen, wenn der Anklagte damit einverstanden ist oder Gelegenheit hatte, nach § 224 an der Vernehmung teilzunehmen und Fragen zu stellen[12], oder wenn eine Gegenüberstellung nicht möglich ist, weil der Belastungszeuge verstorben oder unbekannten Aufenthalts ist[13].

---

[6] RGSt **15** 409; RG GA **62** (1915/1916) 341.
[7] Vgl. Rdn. 44; 49.
[8] Vgl. § 70, 13; 18.
[9] *Kohlhaas* NJW **1954** 535; *Eb. Schmidt* 3; vgl. § 250, 13 ff. Die Verhörsperson, die in der Hauptverhandlung bezeugt, was ein anderer bei der früheren Einvernahme ausgesagt hat, ist hinsichtlich der ihr mitgeteilten Tatsachen auch Zeuge vom Hörensagen; trotzdem wird ihre Einvernahme – im Regelfall wohl zu Recht – als das bessere Beweismittel angesehen; vgl. KMR-*Paulus* § 244, 190 f; 223.

[10] BGH (unveröffentlicht) nach BGHSt **26** 19; *Alsberg/Nüse/Meyer* 260; KK-*Treier* § 224, 2; *Kleinknecht/Meyer*[37] 1; KMR-*Paulus* 6 unter Hinweis auf BGHSt **21** 84; vgl. aber § 224, 3; BGHSt **26** 18 neigt ebenfalls dieser Ansicht zu, läßt die Frage aber offen.
[11] BGH bei *Dallinger* MDR **1973** 729; *Marenbach* NJW **1963** 1429.
[12] BGHSt **26** 18; KK-*Mayr* 23; vgl. § 224, 2.
[13] KK-*Mayr* 23; *Marenbach* NJW **1974** 1071 f; *Schwenk* NJW **1963** 1429.

**b) Im Ordnungswidrigkeitenverfahren** ist § 251 anwendbar. § 77 a OWiG (i. d. F. **5** des Gesetzes vom 7.7. 1986 — BGBl. I 977) erweitert jedoch die Verlesbarkeit der Vernehmungsniederschriften und schriftlichen Äußerungen dahin, daß sie — ohne die Einschränkung durch Absatz 1 Nr. 4 — allgemein verlesen werden dürfen, wenn der Betroffene, der Verteidiger und der Staatsanwalt — soweit in der Hauptverhandlung anwesend — zustimmen.

**3. Verhältnis der Absätze 1 und 2.** Die StPO geht davon aus, daß Niederschriften **6** über eine richterliche Vernehmung in der Regel mehr als andere Vernehmungsniederschriften oder schriftliche Erklärungen Vertrauen verdienen, daß sie die Bekundung desjenigen, der eine erhebliche Tatsache wahrgenommen hat, erschöpfend und zutreffend wiedergeben. Diese Erfahrungstatsache[14] gibt den Ausschlag dafür, daß das Gesetz die Voraussetzungen für die Verlesung von Niederschriften über eine richterliche Vernehmung weiter faßt als diejenige für die Verlesung anderer Niederschriften oder schriftlicher Erklärungen. Insbesondere rechtfertigen die Rücksicht auf gewisse Verhältnisse eines Zeugen oder Sachverständigen und das Einverständnis der Beteiligten nur die Verlesung der Niederschrift über eine richterliche Vernehmung. Kann ein Zeuge, Sachverständiger oder Mitbeschuldigter in absehbarer Zeit gerichtlich vernommen werden, so darf die Niederschrift über seine frühere polizeiliche oder staatsanwaltschaftliche Vernehmung auch dann nicht verlesen werden, wenn die Beteiligten sich mit der Verlesung einverstanden erklären[15]. Andererseits schließt das Vorliegen einer Niederschrift nach Absatz 1 nicht aus, auch eine Niederschrift nach Absatz 2 zu verlesen[16]. Die Benutzung eines Beweismittels von voraussichtlich geringerem Beweiswert wird nicht schon dadurch unzulässig, daß auch ein Beweismittel von voraussichtlich höherem Beweiswert zur Verfügung steht[17]. Die Aufklärungspflicht wird allerdings in der Regel die Verwendung beider fordern. Richterliche Niederschriften, die den Formerfordernissen des Absatzes 1 nicht genügen, können nach Absatz 2 verlesbar sein (Rdn. 56).

## II. Niederschrift über eine frühere richterliche Vernehmung (Absatz 1)

### 1. Begriff
**a) Richterliche Vernehmung.** § 251 Abs. 1 läßt nur die Verlesung der Nieder- **7** schrift über eine von einem Richter ausgeführte Vernehmung zu. Richterliche Vernehmungen sind auch solche, die ein mit richterlichen Befugnissen ausübender Beamter vorgenommen hat[18]. Wird ein Zeuge durch einen Referendar als Richter kraft Auftrags vernommen, der zur Abnahme von Eiden nicht befugt ist, und soll der Zeuge vereidigt werden, muß ein Richter vor der Eidesleistung die Verhandlung übernehmen und dem Vernommenen die Aussage vorlesen. Das muß aus der Niederschrift hervorgehen[19]. Zur Vernehmung im Ausland s. Rdn. 22 ff.

**b)** Grundsätzlich ist die Niederschrift **jeder richterlichen Vernehmung** verlesbar. **8** Absatz 1 setzt nicht voraus, daß die frühere Vernehmung in der **anhängigen Strafsache**

---

[14] Zur keinesfalls einheitlichen Beurteilung des unterschiedlichen Beweiswerts vgl. etwa BGHSt **29** 111.
[15] RGSt **9** 19; **67** 254; BGH VRS **5** 212. Nach der am 1. 4. 1987 in Kraft tretenden Neufassung des Absatz 2 ist bei Mitwirkung eines Verteidigers die Verlesung im allseitigen Einverständnis möglich.

[16] BGHSt **19** 354; **27** 139; vgl. Rdn. 54; 60.
[17] BGHSt **19** 354.
[18] Vgl. Rdn. 30 (Konsularbeamter); RGSt **29** 433; **52** 1 (Militärjustizbeamte, Gerichtsoffiziere); RG GA **54** (1907) 290 (Disziplinarverfahren).
[19] BGHSt **12** 92.

Walter Gollwitzer

stattgefunden hat[20], noch weniger ist sein Anwendungsbereich auf die kommissarischen Vernehmungen nach § 223 beschränkt[21]. Verlesbar ist auch eine Niederschrift, die in einem **anderen Verfahren** und zu einem anderen Zweck aufgenommen wurde, so zum Beispiel die Niederschrift in einer anderen Strafsache[22], in einem bürgerlichen Rechtsstreit[23] oder eine von einem Vormundschaftsrichter aufgenommene Niederschrift[24]. Hier hängt die Verlesbarkeit nicht davon ab, daß ein Urkundsbeamter mitgewirkt hat[25]; es ist sachgerecht, die Wahrung derjenigen Form genügen zu lassen, die in dem Verfahren zu beachten ist, in dem die Niederschrift entstanden ist[26].

**9**    Niederschriften, die den Inhalt einer Zeugenaussage **in der Hauptverhandlung** (§ 273) wiedergeben, sind ebenfalls verlesbar[27]. Wird neu verhandelt, so kann die in der früheren Hauptverhandlung abgegebene, in der Sitzungsniederschrift beurkundete Aussage eines Zeugen, Sachverständigen oder Mitbeschuldigten, der inzwischen verstorben, in Geisteskrankheit verfallen oder flüchtig geworden ist, auch dann verlesen werden, wenn eine dem § 273 Abs. 3 entsprechende Verlesung und Genehmigung des Niedergeschriebenen nicht stattgefunden hat und nur ihr wesentlicher Inhalt nach § 273 Abs. 2 festgehalten ist[28]. Die Sitzungsniederschrift muß aber gewissen Mindestanforderungen genügen, vor allem muß sie vom Vorsitzenden und vom Protokollführer unterschrieben sein[29]. Die Bewertung einer nur sinngemäß und verkürzt festgehaltenen Aussage erheischt freilich große Vorsicht[30]. Ob Verfahrensfehler bei der Vernehmung einer anderen Person in einem **anderen Verfahren** eine **verfahrensübergreifende Wirkung** haben und zu einem Verwertunsverbot führen, ist allein aus der Sicht des gegenwärtigen Verfahrens zu beurteilen[30a]. Maßgebend ist Gewicht und Fortwirkung des Verfahrensfehlers und der Schutzzweck der verletzten Norm.

### 2. Mindesterfordernisse und hindernde Mängel

**10**    a) Die Verlesbarkeit der Niederschrift über eine richterliche Vernehmung nach Absatz 1 setzt ein **ordnungsgemäß errichtetes Protokoll** voraus. Es müssen gewisse **Mindesterfordernisse** hinsichtlich der maßgebenden Verfahrensvorschriften erfüllt sein. Sie entfällt, wenn wesentliche Vorschriften verletzt sind. Was unter dem Blickwinkel des Absatz 1 wesentlich ist, beurteilt sich nach der Relevanz des verfahrensrechtlichen Zweckes der jeweiligen Vorschrift für die Zielsetzung des § 251. Sonstige Mängel der Niederschrift stehen der Verlesung nicht unbedingt entgegen, müssen aber bei der Verlesung bekanntgegeben werden. Sie können allerdings den Beweiswert der Aussage in

[20] Etwa im Vorverfahren (vgl. BGHSt **10** 186; **32** 332; BGH VRS **36** 356) oder im Zwischenverfahren (vgl. RGSt **66** 213; BGH bei *Holtz* MDR **1977** 461).

[21] H. M vgl. *Alsberg/Nüse/Meyer* 266; KK-*Mayr* 13; *Kleinknecht/Meyer*[37] 16; KMR-*Paulus* 22 mit weit. Nachw.; unzutreffend OLG Hamm JR **1950** 123 (nur Vernehmung nach § 223).

[22] RGSt **58** 100.

[23] BGHSt **10** 187; BayObLGSt **1953** 92 = JZ **1953** 702.

[24] RGSt **10** 29; **32** 75; **56** 257.

[25] RGSt **56** 257.

[26] A. A RGSt **56** 257; *Krause* 164; BGHSt **5** 215 neigt der Gegenauffassung zu, läßt die Frage aber offen. Wie hier: KK-*Mayr* 13; *Kleinknecht/Meyer*[37] 16; KMR- *Paulus* 22.

[27] BGHSt **24** 183 = JR **1971** 512 mit Anm. *Hanack* = LM Nr. 20 mit Anm. *Kohlhaas*; BayObLG MDR **1982** 217; OLG Köln JMBlNW **1960** 286; OLG Saarbrücken NJW **1974** 1959; *Alsberg/Nüse/Meyer* 266; KK-*Mayr* 13; *Kleinknecht/Meyer*[37] 16; KMR-*Paulus* 22; *Schlüchter* 534.2.

[28] RGRspr. **6** 212; RG JW **1929** 2741.

[29] *Hanack* JR **1971** 512; vgl. Rdn. 11.

[30] RG DRiZ **1929** Nr. 900; BGH nach KK-*Mayr* 13; OLG Köln JMBlNW **1960** 286; OLG Saarbrücken NJW **1974** 1959; *Dahs/Dahs* 231; KMR-*Paulus* 22; *Ostler* MDR **1967** 374; *Eb. Schmidt* Nachtr. I 7.

[30a] Verneinend für unterbliebene Benachrichtigung in einem anderen Verfahren BGH NJW **1986** 1999 mit krit. Anm. *Fezer* StrVert. **1986** 372.

Frage stellen, wenn begründete Zweifel bestehen, ob die mangelhafte Niederschrift die Bekundungen der Beweisperson richtig und vollständig wiedergibt[31].

**b)** Als **wesentlicher Mangel** wurde angesehen, wenn bei der Vernehmung ein **11** kraft Gesetzes ausgeschlossener Richter mitgewirkt hat[32] oder ein Protokollführer nicht vereidigt worden war[33], ferner, wenn die Unterschrift des Richters oder — sofern ein Schriftführer zugezogen war — des Schriftführers fehlt[34]; nach Ansicht von OLG Stuttgart sogar, wenn die Richtigkeit der Übertragung eines Tonbandprotokolls vom Übertragenden nicht unterschriftlich bestätigt wurde[35]. Die fehlende Unterschrift des Richters ist unschädlich, wenn der Zeuge durch ein Mitglied des erkennenden Gerichts als beauftragter Richter vernommen worden ist, der bei der Verlesung der Aussage noch dem erkennenden Gericht angehört und gegen die sachliche Richtigkeit der Niederschrift keine Einwendungen erhebt[36]. Unschädlich ist ferner, wenn der Vernommene das Protokoll entgegen § 168 a Abs. 3 nicht selbst unterschrieben hat[37]. War bei der richterlichen Vernehmung ein **Dolmetscher** zugezogen, der entgegen § 189 GVG nicht vereidigt worden war, dann darf die Niederschrift nicht nach Absatz 1, sondern nur unter den Voraussetzungen des Absatzes 2 verlesen werden[38]. *Hanack*[39] hält auch die Verlesung nach Absatz 2 nur dann für zulässig, wenn sich das Gericht von der Glaubwürdigkeit und Befähigung des Dolmetschers Beweis verschafft hat.

**c)** Die Niederschrift über die Vernehmung eines Zeugen muß erkennen lassen, **12** daß **§ 69 beachtet** wurde, soweit er zwingendes Recht enthält[40]. Die erforderliche zusammenhängende Äußerung bei der Vernehmung darf nicht durch den bloßen Vorhalt früherer Angaben ersetzt worden sein. Dies schließt Bezugnahmen auf frühere Protokolle in der Niederschrift nicht aus, sofern klargestellt ist, daß bei der Vernehmung selbst nach § 69 Abs. 1 Satz 1 verfahren wurde[41]. Ist § 69 insoweit verletzt worden, darf die Niederschrift auch nicht mit Zustimmung des Beteiligten nach Absatz 1 Nr. 4 verlesen werden, denn auf die Beachtung des § 69 können diese nicht wirksam verzichten[42].

**d)** Die Niederschrift muß die **Personalien des Zeugen** nach Maßgabe des § 68 ent- **13** halten, da sie für die Beurteilung der Glaubwürdigkeit und der strafrechtlichen Verantwortlichkeit von Bedeutung sind. Fehlen sie, ist die Niederschrift grundsätzlich nicht

---

[31] BGH VRS 20 122 (zu § 188 Abs. 3 a. F.).

[32] RGSt 30 70; *Kleinknecht/Meyer*[37] 18; KMR-*Paulus* 24.

[33] Vor allem ein Hilfsprotokollführer muß besonders vereidigt sein; vgl. BGHSt 22 120; 27 339; BGH NStZ 1984 564; bei *Pfeiffer* NStZ 1981 95; KK-*Mayr* 14; vgl. § 168, 17 f.

[34] RGSt 34 396; 41 216; 53 107; RGRspr. 3 259; RG JW 1902 581; BGHSt 9 297; OLG Hamm JMBlNW 1983 51; *Kleinknecht/Meyer*[37] 18; KMR-*Paulus* 25; vgl. § 168 a, 57.

[35] OLG Stuttgart NStZ 1986 41 mit Anm. *Mitsch* NStZ 1986 377; vgl. dazu kritisch § 168 a, 58.

[36] BGHSt 9 298; KMR-*Paulus* 25 (es empfiehlt sich aber, Unterschrift nachzuholen).

[37] RGSt 34 396; *Kleinknecht/Meyer*[37] 19; KMR-*Paulus* 25; vgl. § 168 a, 57.

[38] BGHSt 22 118 = JR 1978 525 mit Anm. *Meyer-Goßner*; BGH StrVert. 1984 409; 1985 314; bei *Pfeiffer* NStZ 1981 95; OLG Hamburg NJW 1975 1572; vgl. § 189 GVG.

[39] *Hanack* JZ 1972 237.

[40] BGH JZ 1953 121 mit Anm. *Lay*; bei *Holtz* MDR 1981 632; vgl. § 69, 14 mit weit. Nachw.; ferner Rdn. 19 ff.

[41] Die Vorschrift darf aber nicht formalistisch ausgelegt werden; BGH bei *Dallinger* MDR 1966 25; KK-*Mayr* 14.

[42] RGSt 74 35; RG JW 1934 173; 1938 658; BGH JZ 1953 121 mit Anm. *Lay*; StrVert. 1981 269; bei *Holtz* MDR 1981 632; KMR-*Paulus* 28.

verlesbar[43]. Hat ein Zeuge **falsche Personalien** bei seiner Einvernahme angegeben und ist er deshalb nicht erreichbar, so ist strittig, ob die mangelnde Identifizierbarkeit des Zeugen die Verlesung grundsätzlich ausschließt oder ob dies nur bei der Beweiswürdigung ins Gewicht fällt[44]. Wenn nicht feststellbar ist, um wessen Zeugnis es sich in Wirklichkeit handelt, ist auch eine richterliche Niederschrift als Beweismittel nicht verwendbar. Dagegen dürften die formalen Mindestanforderungen für die Verlesbarkeit bei Angabe einer **falschen Anschrift** allein noch nicht ohne weiteres entfallen[45]. Gleiches gilt, wenn die Person des Zeugen zwischenzeitlich den Verfahrensbeteiligten sicher bekannt ist[45a]. Wieweit im übrigen die Unmöglichkeit einer ordnungsgemäßen Namhaftmachung des Zeugen in entsprechender Anwendung des § 246 der Verwendung als Beweismittel entgegensteht, beurteilt sich nach den Umständen des Einzelfalls und dem Sinn der §§ 222, 246[46].

**14**    **e) Belehrungen.** Die **Belehrung des Zeugen** über sein Recht, das Zeugnis oder die Beeidigung zu verweigern (§§ 52, 63), ist eine wesentliche Voraussetzung dafür, daß die Niederschrift über seine Vernehmung verlesen werden kann[47]. Ob das gleiche für die Belehrung über das Auskunftsverweigerungsrecht nach § 55 gilt, ist strittig. Der Bundesgerichtshof leitet daraus, daß die Belehrung nach § 55 unterblieben ist, kein Verbot der Verlesung der Niederschrift hinsichtlich des vom Auskunftsverweigerungsrecht betroffenen Teils der Aussage ab[48]. Ist der **Zeuge verstorben,** dann steht nach Ansicht des Bundesgerichtshofs selbst eine unterlassene Belehrung nach § 52 der Verlesung nicht entgegen[49].

**15**    Ist ein **Mitbeschuldigter** — der Begriff stellt auf die Verfahrensrolle bei Protokollierung, nicht bei Verwertung der Aussage ab und umfaßt die früheren Mitbeschuldigten[50] — ohne die vorgeschriebene Belehrung (z. B. nach § 136 Abs. 1; § 163 a Abs. 4;

---

[43] Wegen der Einzelheiten vgl. § 68, 2 ff; ferner BGHSt 32 128; 33 87; BGH StrVert. 1984 231; *Bruns* MDR 1984 178; *Engels* NJW 1983 1530; *Fezer* StrVert 1986 373; *Tiedemann/Sieber* NJW 1984 756; 761; *Kleinknecht/Meyer*[37] 18; 27; KMR-*Paulus* 28; ferner *Miebach* ZRP 1984 81; *Seelmann* StrVert. 1984 477; *Schoreit* MDR 1983 617 und zur Verlesbarkeit nach § 251 Abs. 2 Rdn. 62.

[44] So BGHSt 32 128; BGH NStZ 1986 231; StrVert. 1984 231; OLG Frankfurt NJW 1973 2074; *Kleinknecht/Meyer*[37] 27; a. A *Fischer* NJW 1974 68.

[45] Vgl. § 68 Satz 2.

[45a] Vgl. BGH NStZ 1983 569; StrVert. 1986 137 mit abl. Anm. *Fezer* StrVert. 1986 372.

[46] BGHSt 32 128; 33 87; BGH NStZ 1986 231; vgl. § 246, 6.

[47] RGSt 20 198; RG LZ 1914 1723; BGHSt 2 99; 10 77; BayObLGSt 1953 92 = JZ 1953 702 mit Anm. *Busch*; OLG Bremen NJW 1962 2314; KK-*Mayr* 15; *Kleinknecht/Meyer*[37] 27; KMR-*Paulus* 8. Wegen der Einzelheiten vgl. § 52, 53; § 252, 20.

[48] BGHSt 1 10; 10 186; 11 213; BGH MDR 1951 180; BayObLGSt 1953 92 = JZ 1953 702 mit abl. Anm. *Busch*; *Kleinknecht/Meyer*[37] 1; a. A OLG Schleswig SchlHA 1956 331; *Gossrau* MDR 1958 468; KMR-*Paulus* 8; *Peters* JR 1968 429; *Eb.* Schmidt 15; JZ 1958 596. Wegen der Einzelheiten vgl. § 55, 22.

[49] BGHSt 22 35; zust. *Hanack* JZ 1972 237; JR 1977 436; BGH bei *Dallinger* MDR 1966 384; KK-*Mayr* 16; KMR-*Paulus* 8; a. A *Fezer* JuS 1978 330; *Michaelis* NJW 1969 730; *Peters* JR 1968 429; 1977 476; *Roxin* § 24 D III 2; *Eb. Schmidt* NJW 1968 1218. Vgl. § 52, 53; § 252, 12.

[50] Vgl. BGHSt 10 186; dazu *Prittwitz* Der Mitbeschuldigte im Strafprozeß 192 ff; ferner BGHSt 27 139 = JR 1977 433 mit Anm. *Hanack.* Für den anwesenden Mitangeklagten gilt § 254. Soweit ein Mitangeklagter befugt oder unbefugt der auch gegen ihn geführten Hauptverhandlung fernbleibt, richtet sich die Verlesbarkeit seiner Einlassung nach den dafür geltenden Vorschriften, wie § 231 a Abs. 1, § 232 Abs. 3; § 233 Abs. 3; KK-*Mayr* 12; *Eb. Schmidt* 7.

§ 243 Abs. 4) vernommen worden, so ist strittig, ob und unter welchen Voraussetzungen dies der Verlesung seiner Aussage entgegensteht[51].

**f) Verletzung der Benachrichtigungspflichten und des Anwesenheitsrechts.** Die **16** Verlesbarkeit einer richterlichen Vernehmungsniederschrift nach Absatz 1 hängt ferner davon ab, daß die jeweils einschlägigen gesetzlichen Vorschriften über die Benachrichtigung Verfahrensbeteiligter vom Vernehmungstermin (vgl. etwa §§ 168 c; 224) beachtet worden sind. Soweit Verfahrensbeteiligte ein Anwesenheitsrecht bei der jeweiligen Vernehmung haben, muß ihnen die Teilnahme an der richterlichen Vernehmung und die Ausübung der damit verbundenen Befugnisse (Fragerecht usw.) ermöglicht worden sein[52]. Unerheblich ist, ob sie tatsächlich teilgenommen haben[53]. Welche Erfordernisse und Schranken für die Terminsnachricht und für das Anwesenheitsrecht im einzelnen bestehen, richtet sich nach der Verfahrenslage im Zeitpunkt der Vernehmung (Rdn. 17) und den Vorschriften, auf Grund derer sie durchgeführt wurde. Sind diese nicht eingehalten worden, ist die Verlesung nach Absatz 1 nur mit Einwilligung der Betroffenen zulässig[54]. Andere Personen, die nach der maßgebenden damaligen Rechtslage keinen Anspruch auf Terminsnachricht oder Anwesenheit hatten, können der Verlesung nicht deshalb widersprechen, weil diese Vorschriften im Hinblick auf einen Dritten verletzt wurden[55].

**g) Maßgebender Zeitpunkt.** Die **Verfahrenslage zur Zeit der Verlesung** in der **17** Hauptverhandlung ist nicht nur maßgebend dafür, ob die Niederschrift überhaupt verlesen werden darf, nach ihr richtet sich auch, ob eine und gegebenenfalls welche Belehrung des Vernommenen notwendig ist, um seine Aussage im Prozeß verwerten zu können[56]. Die Verlesung ersetzt die Anhörung der Zeugen, Sachverständigen oder Mitbeschuldigten in der Hauptverhandlung und muß deshalb den Anforderungen entsprechen, die sich aus der **Verfahrenslage im Zeitpunkt der Hauptverhandlung** ergeben. Dies gilt auch, wenn die Niederschrift über die Aussage eines früheren Mitbeschuldigten verlesen wird, der, falls er in der Hauptverhandlung gehört würde, nunmehr als Zeuge vernommen werden müßte, etwa, weil das Verfahren gegen ihn abgetrennt worden ist. Hat er ein Zeugnisverweigerungsrecht nach § 52, über das er bei seiner Vernehmung als Beschuldigter naturgemäß nicht belehrt worden ist, dann darf die Niederschrift über seine Einlassung nicht verlesen werden[57].

Bei der **Würdigung der Aussage,** deren Niederschrift verlesen worden ist, muß **18** das Gericht jedoch andererseits von der verfahrensrechtlichen Stellung der vernomme-

---

[51] Vgl. KK-*Mayr* 17; *Kleinknecht/Meyer*[37] 27; KMR-*Paulus* 9; 10; ferner zu den Einzelheiten § 136, 53 ff; bei § 163 a; § 252, 20 ff mit weit. Nachw.

[52] BGHSt **9** 24; **26** 332 = JR **1977** 257 mit Anm. *Meyer-Goßner;* dazu Krause NJW **1976** 2029; BGHSt **29** 1 = LM StPO 1975 § 168 c Nr. 2; BGHSt **31** 140 = JZ **1983** 354 mit Anm. *Fezer;* BGH GA **1976** 242; BGH bei *Holtz* MDR **1980** 456; **1977** 461; bei *Pfeiffer/Miebach* NStZ **1986** 207; BayObLGSt **1977** 37 = NJW **1977** 2037; KG StrVert. **1984** 68; OLG Koblenz VRS **50** 32; KK-*Mayr* 19; *Kleinknecht/Meyer*[37] 18; KMR-*Paulus* 29. Zur Entwicklung der Rechtslage vgl. LR[23], 41 ff;

RG HRR **1935** Nr. 82 ließ im Falle des § 251 Abs. 1 Nr. 1 die Verlesung auch bei Verletzung der Benachrichtigungspflicht zu; ebenso KMR-*Paulus* 29 und LR[23], 29.

[53] BGH bei *Dallinger* MDR **1972** 753.

[54] Vgl. die Nachw. Fußn. 52, ferner Rdn. 45 ff, auch zur Frage, ob der Verlesung ausdrücklich widersprochen werden muß.

[55] BGH NStZ **1986** 231; vgl. Rdn. 45.

[56] BGHSt **10** 186; KK-*Mayr* 12; 15; *Kleinknecht/Meyer*[37] 2.

[57] BGHSt **10** 186; BayObLG NJW **1978** 387; vgl. § 252, 12; mit weit. Nachw., auch zu dem in BGHSt **27** 139 behandelten Sonderfall, daß der frühere Mitangeklagte flüchtig ist.

nen Person im **Zeitpunkt der Vernehmung** ausgehen. Die Aussage einer vom Richter als Beschuldigten vernommenen Person ist auch dann weiterhin als eine solche zu würdigen, wenn bei der Entscheidung über die Zulässigkeit der Verlesung darauf abgestellt wird, daß die Verlesung nunmehr an die Stelle einer Zeugeneinvernahme tritt[58].

**19**    **3. Umfang der verlesbaren Niederschriften.** Zu den Niederschriften, deren Verlesung der § 251 Abs. 1 ermöglicht, gehören auch die **Protokollvermerke** des vernehmenden Richters über den Gang des Verfahrens einschließlich der bei der Vernehmung gemachten Vorhalte[59] sowie über das Verhalten des Zeugen, Sachverständigen oder Mitbeschuldigten und über den Eindruck, den der Richter von ihm empfangen hat. Auch diese Bekundungen sind, weil ihnen eine Bedeutung für die Bewertung der Aussage zukommt, mitzuverlesen[60], sofern sie nicht erst nach Abschluß des Protokolls zu den Akten gebracht wurden[61].

**20**    Ferner ist die Verlesung auch auf die in die Niederschriften einbezogene und von dem Vernommenen auf Vorlesen genehmigten **Anlagen** zu erstrecken[62]. Hat ein Zeuge oder ein Sachverständiger bei ordnungsgemäßer Einvernahme durch einen beauftragten oder ersuchten Richter eine im Vorverfahren vor einem Richter abgegebene Erklärung wiederholt und enthält die über jene Vernehmung aufgenommene Niederschrift an Stelle einer neuen Wiedergabe der Erklärung eine **Verweisung auf die frühere Niederschrift**, so ist diese als ein Bestandteil der ersteren anzusehen und somit verlesbar[63]. Das gilt entsprechend auch für nichtrichterliche Niederschriften sowie für schriftliche Erklärungen, zum Beispiel Anzeigen des Vernommenen, auf die die richterliche Niederschrift verweist[64]. Voraussetzung der Verlesung nach § 251 Abs. 1 Nr. 2, 3 ist jedoch, daß die polizeiliche oder staatsanwaltschaftliche Niederschrift oder die schriftliche Erklärung bei der richterlichen Vernehmung verlesen worden sind, daß das aus der richterlichen Niederschrift ersichtlich ist[65], sowie, daß bei der Vernehmung § 69 beachtet ist, der Zeuge also veranlaßt worden ist, zunächst von sich aus eine zusammenhängende Schilderung zu geben[66]. Die **Aussage eines anderen** darf in der Regel auch dann nicht mitverlesen werden, wenn die richterliche Niederschrift eine Verweisung auf sie enthält[67].

**21**    Zulässig ist die Verlesung nicht nur der Urschrift einer im § 251 Abs. 1 bezeichneten Niederschrift, sondern auch einer **Abschrift,** wenn dem Gericht nicht die Urschrift, sondern nur eine Abschrift vorliegt[68]. Über die Frage, ob die Abschrift mit der Urschrift übereinstimme, entscheidet das Gericht innerhalb der durch den § 261 bestimmten Grenzen der Beweiswürdigung.

### 4. Niederschriften über Vernehmungen im Ausland
**22**    **a)** Die Niederschrift über eine **richterliche Vernehmung,** die im Ausland **nach den dort gültigen Rechtssätzen** stattgefunden hat, kann unter den im § 251 Abs. 1 bestimmten Voraussetzungen verlesen werden. Ein deutsches Gericht, das ein ausländisches Gericht

---

[58] BGHSt **10** 186; vgl. § 261, 71.

[59] BGH NStZ **1982** 41.

[60] RGSt **37** 212; BGHSt **2** 2; BGH bei *Holtz* MDR **1977** 108; KK-*Mayr* 20.

[61] KMR-*Paulus* 47; zur Unanwendbarkeit von § 256 vgl. § 256, 22.

[62] RGSt **1** 393; **14** 1; **18** 24; RGRspr. **9** 176; RG Recht **1914** Nr. 1771; BGH NJW **1953** 35; OLG Düsseldorf VRS **5** 138.

[63] RGSt **1** 391; **26** 289; **62** 148; **65** 274; **74** 35; KK-*Mayr* 14.

[64] RGSt **14** 1; RGRspr. **9** 176.

[65] RG HRR **1927** Nr. 1365.

[66] Vgl. Rdn. 12 und § 168 a, 15.

[67] RGSt **18** 24.

[68] Vgl. § 249, 5.

um Rechtshilfe angeht, muß sich, sofern die Verlesbarkeit nicht am Fehlen rechtsstaatlicher Mindestvoraussetzungen scheitert[69], grundsätzlich damit begnügen, daß die Vernehmung in den Rechtsformen verläuft, die für das ausländische Gericht maßgebend sind[70]. Ihm obliegt es jedoch, durch Hinweise auf einschlägige Regelungen des deutschen Rechts, wie etwa auf Zeugnis- und Auskunftsverweigerungsrechte, sowie durch Stellen aller nach den jeweils einschlägigen Rechtshilfeabkommen möglichen Anträge[71] darauf hinzuwirken, daß die deutschen Verfahrensvorschriften beobachtet werden, soweit es nach dem ausländischen Recht zulässig und nach den Umständen erreichbar ist. Keinesfalls geht es an, daß das deutsche Gericht selbst den Anlaß zu einem im ausländischen Recht nicht begründeten Verstoß gegen die deutschen Vorschriften gibt[72].

Eine **Niederschrift,** die eine für Erledigung von Rechtshilfeersuchen zuständige **23** **ausländische Behörde** oder sonstige Stelle unter Wahrung der von ihr zu beobachtenden Vorschriften aufgenommen hat, steht im Sinn des §251 Abs. 1 einer richterlichen Vernehmung gleich, wenn sie nach dem maßgeblichen **Recht des Vernehmungsorts** die gleiche Funktion erfüllt wie eine Vernehmung durch einen deutschen Richter[73]. Dies gilt auch, wenn die Niederschrift von einem Staatsanwalt, einem Polizeibeamten[74] oder einem gerichtlich beauftragten Nichtbeamten errichtet worden ist[75].

Der Niederschrift über eine richterliche Vernehmung im Sinne des Absatzes 1 **24** werden allerdings nur solche Vernehmungen im Ausland gleichgestellt werden können, die den **grundlegenden rechtsstaatlichen Anforderungen** genügen[76] und die nach dem maßgebenden ausländischen Recht dort eine **vergleichbare Funktion** erfüllen, wie eine entsprechende innerstaatliche richterliche Vernehmung[77]. Diese Voraussetzungen sind in der Regel bei den Vernehmungen auf Grund eines Rechtshilfeersuchens gegeben, wenn sie von der nach dem Recht des Vernehmungsorts örtlich und sachlich zuständigen Stelle des ausländischen Staates erledigt werden. Bei Vernehmungsniederschriften, die eine ausländische Stelle in einem anderen Zusammenhang — etwa in einem dort anhängigen Verfahren — gefertigt hat, muß dagegen festgestellt werden, welche Bedeutung sie nach dem ausländischen Verfahrensrecht haben, und es muß geprüft werden, ob sie nach Art ihres Zustandekommens und nach der Rechtsstellung der vernehmenden Per-

---

[69] Vgl. Rdn. 24; 25.
[70] RGSt **11** 391; **15** 413; **40** 189; **46** 51; RGRspr. 7 293; RG GA 47 (1900) 164; GA **54** (1907) 482; JW **1937** 2647; **1938** 658; BGHSt 1 221; 2 303; 7 15; BGH GA **1964** 176; **1976** 218; **1982** 40; StrVert. **1982** 153; BGH VRS **20** 122; **31** 268; **41** 203; BGH ROW **1961** 251; BGH bei *Holtz* MDR **1977** 461; **1979** 637; **1984** 444; BayObLGSt **1949/51** 113; **1984** 107 = JR **1985** 477 mit Anm. *Gollwitzer*; OLG Bremen NJW **1962** 2314; OLG Celle NJW **1956** 922; OLG Düsseldorf JMBlNW **1966** 165; OLG Hamm DAR **1959** 192; *Alsberg/Nüse/Meyer* 268; KK-*Mayr* 18; *Kleinknecht/Meyer*[37] 20; KMR-*Paulus* § 223, 36; *Kohlhaas* NJW **1954** 545; *Vogler* ZStW **96** (1984) 544; vgl. § 223, 38.
[71] Vgl. vor allem Art. 3, 4 EuRHÜ; § 223, 39; ferner etwa BayObLGSt **1984** 107 = JR **1985** 477 mit Anm. *Gollwitzer* (Verlangen einer Terminsnachricht nach Art. 4 EuRHÜ).
[72] RG HRR **1938** Nr 191; 637; BayObLGSt

**1949/51** 113; *Alsberg/Nüse/Meyer* 268; vgl. § 223, 39.
[73] Vgl. Rdn. 24.
[74] BGHSt **7** 15 (Staatsanwalt des Kantons Basel-Stadt bzw. ein von ihm beauftragter Kriminalkommissar); BGH NStZ **1981** 181 (sowjetischer Staatsanwaltsgehilfe); BGH GA **1976** 218; OLG Celle NJW **1956** 922 (Polizeirichteramt der Stadt Zürich und Bezirksamt im Kanton Thurgau); RGSt **46** 51; BGH GA **1964** 176 und OLG Düsseldorf JMBlNW **1966** 165 (franz. Officier de Police Judiciaire).
[75] BGH GA **1982** 40; bei *Pfeiffer/Miebach* NStZ **1983** 212 (Commissioner des Staates New York), dazu *Grützner* GA **1953** 18.
[76] BGHSt **7** 15; BGH NStZ **1983** 181; KK-*Mayr* 18.
[77] RGSt **11** 391; **15** 413; **40** 189; **46** 53; BGHSt **2** 303; **7** 15; BGH bei *Holtz* MDR **1982** 282; OLG Düsseldorf JMBlNW **1966** 65; KK-*Mayr* 18; *Thien* 23 ff.

Walter Gollwitzer

son der Niederschrift einer richterlichen Vernehmung gleichzustellen sind. Andernfalls können sie nur unter den Voraussetzungen des Absatzes 2 verlesen werden. Im übrigen bedarf es **keiner Übereinstimmung mit dem deutschen Verfahrensrecht**. Sofern das vom ausländischen Recht vorgeschriebene Verfahren beachtet ist, entfällt die Verlesbarkeit nicht deshalb, weil die Beteiligten von Zeit und Ort der Vernehmung des Zeugen oder Sachverständigen nicht benachrichtigt worden sind[78], wenn ihnen die Anwesenheit bei der Vernehmung nicht gestattet worden ist[79] und wenn die Vereidigung unterblieben oder durch ein Handgelübde ersetzt worden ist[80]. Wesentliche Abweichungen der ausländischen Form- und Verfahrensvorschriften können im Rahmen der Beweiswürdigung berücksichtigt werden[81].

**25**　　Ob **Verstöße gegen das ausländische Verfahrensrecht** die Verlesbarkeit ausschließen, bestimmt sich nach dem einschlägigen ausländischen Recht. Dessen Vorschriften sind insbesondere auch dafür entscheidend, ob der Mangel die Niederschrift formnichtig und damit unverlesbar werden läßt[82]. Ist dies nicht der Fall und stimmt die verletzte ausländische Verfahrensvorschrift mit dem deutschen Recht inhaltlich überein, dann zieht die Rechtsprechung zur Beurteilung der Frage, ob der Mangel der Niederschrift ihre Verlesbarkeit beseitigt, auch die Grundsätze mit heran, die hinsichtlich der Verlesbarkeit von innerstaatlichen Niederschriften entwickelt worden sind[83]. Vor allem wird als unschädlich angesehen, wenn Anforderungen des ausländischen Rechts unbeachtet geblieben sind, die bei einer innerstaatlichen Vernehmung ohnehin nicht Platz gegriffen hätten; es genügt, wenn die geringeren Anforderungen des deutschen Rechts erfüllt sind[84].

**26**　　b) Für die Verlesbarkeit der von den **staatlichen Organen der DDR** gefertigten Niederschriften gelten nach der Rechtsprechung die gleichen Grundsätze. Auch hier richtet sich die Zuständigkeit und das Verfahren nach dem Recht des Vernehmungsorts. Die von einem dortigen Richter aufgenommenen Niederschriften sind grundsätzlich nach Absatz 1 verlesbar[85].

**27**　　c) Von der Frage, ob die Verlesung der Niederschrift einer ausländischen Stelle zulässig ist, ist die Frage nach dem **Beweiswert der Niederschrift** streng zu scheiden. Bei der Beweiswürdigung kann der Richter berücksichtigen, daß das Recht am Verneh-

---

[78] RG HRR **1938** Nr. 191; BGHSt **1** 221; BGH GA **1964** 176; bei *Holtz* MDR **1977** 461; bei *Spiegel* DAR **1978** 156; vgl. auch Fußn. 77.

[79] RGSt **11** 391; **40** 189; **46** 51; RG Recht **1923** Nr. 1073, GA **47** (1906) 164; BGH GA **1964** 176; bei *Holtz* MDR **1985** 448; bei *Spiegel* DAR **1976** 92 (zur früheren Rechtslage in Österreich); zur jetzigen BayObLGSt **1984** 107 = JR **1985** 477 mit Anm. *Gollwitzer.*

[80] RGSt **12** 347; RG GA **47** (1900) 164; **52** (1905) 95; RG HRR **1930** Nr. 577; RG Recht **1903** Nr. 1936; **1918** Nr. 313; BGH VRS **31** 268; *Alsberg/Nüse/Meyer* 268; *Kleinknecht/ Meyer*[37] 20; KMR-*Paulus* § 223, 39; *Thien* 132; *Eb. Schmidt* 18.

[81] BGHSt **2** 304; KK-*Mayr* 18; vgl. Rdn. 26.

[82] Vgl. BGH bei *Holtz* MDR **1976** 637 (wo offen blieb, wie die Nichtunterzeichnung des Protokolls nach öster. Recht zu beurteilen ist); *Kohlhaas* NJW **1954** 536.

[83] Vgl. RG JW **1938** 658 bezüglich eines Verstoßes gegen eine inhaltlich dem § 69 StPO entsprechende Verfahrensnorm; ferner BGH VRS **20** 122 bezüglich des ehem. § 188 Abs. 3 und BayObLGSt **1984** 107 = JR **1985** 477 mit Anm. *Gollwitzer* (Verletzung des Anwesenheitsrechts nach § 224); vgl. auch *Thien* 131 ff (der Verwertbarkeit weiter einschränken will).

[84] BGH nach KK-*Mayr* 18.

[85] BGHSt **2** 304; BGH VRS **20** 122; **31** 268; BGH ROW **1961** 251; OLG Bremen NJW **1962** 2314; OLG Hamm DAR **1959** 192; *Alsberg/Nüse/Meyer* 269; *Kleinknecht/Meyer*[37] 21; a. A *Eb. Schmidt* 18 und Nachtr. I 7, der die Niederschriften nur nach Absatz 2 für verlesbar hält. Vgl. auch *ter Veen* StrVert. **1985** 304.

mungsort wesentliche Abweichungen aufweist[86], z. B. keine beschränkte Parteiöffentlichkeit i. S des § 223 kennt. Der Beweiswert der Niederschrift der Aussage hängt ferner auch davon ab, wieweit das ausländische Verfahren genügend Garantien für eine in jeder Hinsicht unbeeinflußte und erschöpfende Darstellung des Sachverhalts durch die Auskunftsperson geboten hat. Diese Fragen sind jeweils unter Berücksichtigung aller Umstände des Einzelfalls vom Gericht in freier Beweiswürdigung zu entscheiden.

**d)** Die Verlesung der von einem vereidigten Dolmetscher gefertigten **Überset-** **28** **zung der Niederschrift** über die Vernehmung eines Zeugen oder Sachverständigen im Ausland ist nach allerdings strittiger Ansicht statt der mündlichen Vernehmung eines Übersetzers zulässig, wenn das Gericht an der Zuverlässigkeit der Übersetzung mit Rücksicht auf ihre Herkunft nicht zweifelt und ein Einwand gegen die Richtigkeit von keiner Seite erhoben wird[87].

**e) Rechtsänderung.** Welche Förmlichkeiten bei der Vernehmung beachtet werden **29** müssen, richtet sich nach dem für das jeweilige Verfahren am Vernehmungsort **zur Zeit der Vernehmung** geltenden Recht[88]. Eine spätere Rechtsänderung ist nur insoweit beachtlich, als sie die Förmlichkeiten erleichtert. Entfällt danach die nicht beachtete Förmlichkeit, so besteht kein Anlaß, die Niederschrift, die im Zeitpunkt der Verlesung dem geltenden Recht entspricht, wegen des früheren Verstoßes von der Verlesung auszuschließen[89].

**f) Vernehmungen,** welche die dazu befugten oder besonders ermächtigten (§ 19) **30** **deutschen Konsularbeamten** auf Ersuchen eines deutschen Gerichts nach § 15 Konsulargesetz vorgenommen haben, sind Akte innerstaatlicher Rechtshilfe[90]. Sie stehen einer richterlichen Vernehmung gleich (§ 15 Abs. 4); die Niederschriften dürfen nach § 251 Abs. 1 verlesen werden[91]. Die für die Vernehmung durch einen ersuchten Richter geltenden Vorschriften sind dabei sinngemäß anzuwenden, Dolmetscher brauchen jedoch nicht vereidigt zu werden. Die Mitwirkung eines Protokollführers ist entbehrlich, wenn der vernehmende Konsularbeamte selbst das Protokoll führt (§ 15 Abs. 3 KonsG)[92]. Der Konsularbeamte ist aber kein Richter und kann deshalb nicht wegen Befangenheit abgelehnt werden[93].

## III. Die Fälle der Verlesbarkeit einer richterlichen Vernehmungsniederschrift

### 1. Voraussetzungen des Absatzes 1 Nr. 1

**a) Unmöglichkeit der Vernehmung in der Hauptverhandlung.** Die Nr. 1 regelt — **31** im Gegensatz zu den Nrn. 2 bis 4 — die Fälle, in denen die Vernehmung des Zeugen, Sachverständigen oder Mitbeschuldigten überhaupt nicht mehr bewirkt oder doch nicht vorausgesehen werden kann, ob sie jemals noch ausführbar sein werde. Sie trägt drei Ereignissen Rechnung, die der Vernehmung in der Hauptverhandlung entgegenstehen, nämlich dem Tod, der Geisteskrankheit und der Abwesenheit mit unbekanntem Auf-

---

[86] BGHSt **2** 304; KK-*Mayr* 18.
[87] RG HRR **1937** Nr. 1139; BGH bei *Pfeiffer/ Miebach* NStZ **1983** 357; vgl. § 249, 33 mit weit. Nachw.; dort ist auch die Gegenmeinung nachgewiesen.
[88] *Kohlhaas* NJW **1954** 535.
[89] Vgl. RGSt **48** 360; RG GA **71** (1927) 168; a. A *Kohlhaas* NJW **1954** 536.
[90] BGHSt **26** 142; KK-*Mayr* 18.

[91] BGH NStZ **1984** 128.
[92] Vgl. RGSt **39** 319; RG JW **1893** 530; GA **54** (1907) 482; OLG Karlsruhe GA **1975** 218 (zur vergleichbaren Rechtslage nach dem Konsulargesetz von 1867); BGH bei *Spiegel* DAR **1978** 157; KK-*Mayr* 18.
[93] BGH 11. 6. 1985 1 StR 828/84; OLG Düsseldorf StrVert. **1984** 65.

Walter Gollwitzer

enthalt. Sind diese Ereignisse eingetreten, so ist das Gericht darauf angewiesen, sich der Niederschrift über die frühere richterliche Vernehmung statt der unausführbaren neuen Vernehmung in der Hauptverhandlung zum Beweis der aufzuklärenden Tatsache zu bedienen. In diesen Fällen dürften im übrigen auch sonstige Niederschriften nach Absatz 2 verlesen werden (vgl. Rdn. 55).

**32**　　**b) Tod.** Die richterlichen Vernehmungsniederschriften der Aussagen, die ein Zeuge, Sachverständiger oder Mitbeschuldigter vor seinem Tode gemacht hat, dürfen zu Beweiszwecken verlesen werden. Die irrtümliche Annahme des Gerichts, daß ein Zeuge, Sachverständiger oder Mitbeschuldigter verstorben sei, begründet die Revision, wenn die Verlesung der Niederschrift auf dem Irrtum beruht[94]. Doch wird in dem Falle, daß ein Gericht irrig den Tod eines Zeugen bejaht, oft die andere Voraussetzung gegeben sein, daß sein Aufenthalt nicht zu ermitteln war[95].

**33**　　**c) Geisteskrankheit.** Unheilbarkeit der Geisteskrankheit ist nicht erforderlich[96]; es genügt, wenn als Folge der Erkrankung die Wiederherstellung der Vernehmungsfähigkeit in absehbarer Zeit nicht zu erwarten ist[97]. Die Vernehung eines Geisteskranken als Zeuge ist nicht unter allen Umständen ausgeschlossen; es ist Sache des Gerichts, nach dem Grundsatz freier Beweiswürdigung zu prüfen, ob ein geistig erkrankter Zeuge noch imstande ist, eine der Wahrheit entsprechende Aussage zu machen[98]. Gegebenenfalls kann auch die — eventuell nochmalige — kommissarische Vernehmung eines solchen Zeugen angezeigt sein, wenn er den Belastungen der Hauptverhandlung nicht gewachsen sein sollte[99]. Der Umstand, daß der Zeuge schon zur Zeit der Vernehmung geisteskrank war, schließt die Verlesung der Niederschrift nicht aus[100]. Doch wird in solchen Fällen besonderer Anlaß bestehen, die Glaubwürdigkeit der Aussage gewissenhaft zu prüfen.

**34**　　**d) Unmöglichkeit der Ermittlung des Aufenthalts.** Diese Voraussetzung ist nicht schon dann erfüllt, wenn die Ladung dem Zeugen, Sachverständigen oder Mitbeschuldigten nicht hat zugestellt werden können, weil sein derzeitiger Aufenthalt unbekannt ist[101], sondern nur dann, wenn erfolglos versucht worden ist, den Aufenthalt zu ermitteln[102] und wenn nach der Lage des Einzelfalls eine der Bedeutung seines Zeugnisses entsprechende, nach der Sachlage mögliche und mit dem Gebot der Verfahrensbeschleunigung vereinbare weitere Nachforschung keinen Erfolg verspricht[103]. Indes ge-

---

[94] RG Recht **1905** Nr. 1402; *Kleinknecht/Meyer*[37] 5; KMR-*Paulus* 31.

[95] *Alsberg/Nüse/Meyer* 260; KMR-*Paulus* 31.

[96] RGSt **15** 412.

[97] KK-*Mayr* 2; *Kleinknecht/Meyer*[37] 5; KMR-*Paulus* 31.

[98] RGSt **33** 394.

[99] KK-*Mayr* 2; vgl. § 223, 9.

[100] RGSt **57** 188; KMR-*Paulus* 31.

[101] BGH GA **1968** 19; vgl. § 244, 263 mit weit. Nachw.; *ter Veen* StrVert. **1985** 297 ff.

[102] RGSt **1** 285; **12** 104; **54** 22; RG DJZ **1925** 1588; vgl. § 244, 260; 262 mit weit. Nachw. der umfangreichen Rechtsprechung zur Unerreichbarkeit eines Zeugen. Bei § 251 gelten grundsätzlich die gleichen Gesichtspunkte; bei der abwägenden Würdigung der Umstände des Einzelfalls fällt hier jedoch ins

Gewicht, daß eine schriftlich fixierte, verwertbare Äußerung des Zeugen bereits vorliegt; dies ist bei der Frage, ob die Sachaufklärung die Einvernahme des Zeugen vor dem erkennenden Gericht erfordert, ebenso zu berücksichtigen wie der Umstand, daß kein Beweisantrag gestellt wurde (vgl. BGHSt **32** 86; dazu *Schlüchter* JR **1984** 514).

[103] Vgl. etwa BGHSt **32** 68 (kein für alle Fälle gültiger Maßstab); BGH GA **1980** 422; JR **1969** 266 mit Anm. *Peters;* NStZ **1982** 212; **1984** 179; StrVert. **1983** 496; bei *Holtz* MDR **1978** 806; bei *Pfeiffer/Miebach* NStZ **1985** 15; KK-*Mayr* 3; *Kleinknecht/Meyer*[37] 5; KMR-*Paulus* 31; *Schlüchter* 534.2 Fußn. 463, 464; ferner zu den Einzelheiten § 244, 263; 266; *Alsberg/Nüse/Meyer* 262, 628 ff; *ter Veen* StrVert. **1985** 297 ff mit weit. Nachw.

nügt es, wenn die Akten Umstände ergeben, aus denen die Erfolglosigkeit mit Sicherheit zu schließen ist; das ist etwa der Fall, wenn die Flucht des Mitbeschuldigten feststeht[104] oder wenn sonst das Gericht keine Möglichkeit hat, den Aufenthalt des als Auskunftsperson in Betracht kommenden zu ermitteln[105]. Daß überhaupt keine Aussicht vorhanden sei, den Aufenthalt des Zeugen jemals zu ermitteln, fordert Absatz 1 Nr. 1 nicht[106]. Die Unmöglichkeit, den Aufenthalt zu ermitteln, darf jedoch nicht leichthin angenommen werden; an ihr Vorliegen sind strenge Anforderungen zu stellen[107]. Welche **Nachforschungen** angebracht sind und ob weitere Bemühungen aussichtslos sind, hat das Gericht unter Berücksichtigung aller ihm bekannten Umstände nach seinem durch die Aufklärungspflicht gebundenen pflichtgemäßen Ermessen zu entscheiden[108].

Bei einem Zeugen, der **im Ausland** wohnt und nicht bereit ist, vor das erken-    **35** nende Gericht zu kommen und dessen Vernehmung durch ein ausländisches Gericht nach Lage der Dinge untunlich ist, hat RGSt **73** 197 die Vorschrift des § 251 Abs. 1 Nr. 1 entsprechend angewendet. Das erklärt sich durch den damaligen Rechtszustand. Heute greift im Falle der Unerreichbarkeit trotz bekannten Aufenthalts die damals noch nicht geltende Vorschrift des Absatzes 1 Nr. 2 unmittelbar ein[109].

**2. Voraussetzungen der Verlesung nach § 251 Abs. 1 Nrn. 2 und 3**
**a) Allgemein.** Die **Voraussetzungen,** von denen die Nrn. 2 und 3 die Verlesbarkeit    **36** der Niederschrift über eine frühere richterliche Vernehmung abhängig machen, stimmen, soweit Zeugen und Sachverständige in Betracht kommen, mit den Voraussetzungen überein, die nach § 223 die Anordnung der Vernehmung durch einen beauftragten oder ersuchten Richter begründen; sie ermöglichen darüber hinaus auch die Verlesung der Angaben, die ein früherer Mitbeschuldigter bei seiner Einvernahme gemacht hat. Gegenstand der im § 251 Abs. 1 Nrn. 2 und 3 getroffenen Regelung sind vor allem Fälle, in denen die Vernehmung in der Hauptverhandlung zwar nicht auf Dauer unmöglich ist, aber entweder wegen eines nicht zu beseitigenden Hindernisses für eine **längere** oder **ungewisse Zeit aufgeschoben** werden müßte oder für einen Zeugen oder Sachverständigen mit einer ihm **nicht zuzumutenden Last** verbunden wäre. Er umfaßt aber auch die nicht von Absatz 1 Nr. 1 erfaßten sonstigen **nicht behebbaren Hindernisse**[110].

---

[104] RGSt **9** 88.

[105] Ob dies auf tatsächlichen Umständen oder rechtlichen Hindernissen oder auf einer Kombination beider beruht, ist letztlich vom Regelungszweck her gesehen unerheblich; dies gilt auch für das Sonderproblem der sogen. V-Leute (Rdn. 40; vgl. BVerfGE **57** 250), bei denen ein Teil des Schrifttums danach differenzieren will, ob der Staat die rechtliche Unerreichbarkeit selbst herbeiführt; vgl. *Seelmann* StrVert. **1984** 477; ferner *Fezer* JZ **1984** 434; *Grünwald* FS Dünnebier 362; *Günther* NStZ **1984** 36; *Lüderssen* FS Klug 527 ff; LG Düsseldorf MDR **1981** 249 beschränkt Anwendung auf Hindernisse tatsächlicher Art.

[106] RGSt **3** 367; **4** 416; **15** 412; RG JW **1932** 3114.

[107] RGSt **54** 22; RGRspr. **8** 459; RG LZ **1920** 803; JW **1934** 44; BGH GA **1981** 264; StrVert. **1983** 7; BGH bei *Dallinger* MDR **1975** 726; OLG Celle NJW **1961** 1490; OLG Neustadt VRS **9** 465; vgl. § 244, 260.

[108] BGHSt **32** 68 = JR **1984** 514 mit Anm. *Schlüchter*; BGH bei *Pfeiffer/Miebach* NStZ **1982** 189; vgl. § 244, 262 ff mit weit. Nachw. Bei der Abwägung fällt allerdings ins Gewicht, daß – anders als bei § 244 Abs. 3 – bei § 251 bereits eine verlesbare Aussage vorliegt, deren Bedeutung somit leichter einschätzbar ist (vgl. dazu *Schlüchter* JR **1984** 520). Zum unerreichbaren Beweismittel vgl. ferner *ter Veen* StrVert. **1985** 297 ff mit weit. Nachw.

[109] BGH MDR **1969** 234; KMR-*Paulus* 31; *Eb. Schmidt* 12.

[110] KK-*Mayr* 4.

**37**      **b) Hindernisse nach Absatz 1 Nr. 2** sind die als Beispiele genannten Verhinderungen durch **Krankheit** und **Gebrechlichkeit**[111], ferner alle sonstigen durch das Gericht **nicht behebbaren Hindernisse** von nicht nur vorübergehender Dauer[111a]. Ein solches Hindernis kann auch der **Auslandsaufenthalt** eines Zeugen sein, der nicht bereit ist, vor Gericht zu erscheinen[112]. Das Gericht muß aber alle zumutbaren und der Bedeutung der Aussage angemessenen Anstrengungen unternommen haben, um den Zeugen zum Erscheinen zu bewegen[113].

**38**      **Absatz 1 Nr. 2** greift auch ein, wenn dem Zeugen im Falle seines Erscheinens eine ernsthafte, anderweitig nicht zu beseitigende **Gefahr für Leib oder Leben** droht[114]. Es besteht kein Grund, eine solche Gefahr anders zu behandeln als sonst eine drohende Gesundheitsschädigung. Eine andere Frage ist, ob dieser Gefahr vorrangig durch andere zulässige[115] Vorkehrungen, wie Ausschluß der Öffentlichkeit oder Verlegung der Hauptverhandlung an einen anderen Ort, begegnet werden muß[116] und ob sie überhaupt durch das Verlesen der früheren Aussage vermindert oder vermieden werden kann[117]. Das Gericht muß verneinenden Falls prüfen, ob der Verwendung der Aussage im Prozeß nicht vorrangige andere Rechtsgüter entgegenstehen. Ein Fall des Absatzes 1 Nr. 2 liegt nach Ansicht des Bundesgerichtshofs auch vor, wenn der in der Hauptverhandlung erschienene Zeuge in ihr deshalb nicht vernommen werden kann, weil zu besorgen ist, daß er nach seiner Vernehmung und Rückkehr in die DDR dort in willkürlicher, nicht rechtsstaatlicher Weise verfolgt werden würde[118].

**39**      Auch **Hindernisse rechtlicher Natur** können nicht zu beseitigende Hindernisse im Sinne des Absatz 1 Nr. 2 schaffen[118a]. Dies kann der Fall sein, wenn die Eltern eines Kindes dessen Vernehmung in der Hauptverhandlung wegen drohender Erziehungs- und Entwicklungsschäden befugt ablehnen[119].

**40**      **Behördlich geheimgehaltene Zeugen** (verdeckt ermittelnde Polizeibeamte, Vertrauensleute usw.) können für die Hauptverhandlung nicht verfügbar sein, wenn ihr ge-

---

[111] Vgl. dazu § 223, 9; ferner *ter Veen* StrVert. **1985** 299 mit weit. Nachw.

[111a] Vgl. Rdn. 53.

[112] BGHSt **7** 15; **13** 300; **32** 68; ferner § 223, 10; § 244, 266; *ter Veen* StrVert. **1985** 300 ff mit weit. Nachw.

[113] BGHSt **22** 118; BGH MDR **1969** 234; NStZ **1984** 179; StrVert. **1985** 134; bei *Pfeiffer* NStZ **1982** 189. Wegen der Einzelheiten vgl. § 223, 10; § 244, 266 mit weit. Nachw.; ferner Rdn. 33.

[114] BGHSt **23** 311 (dazu krit. *Hanack* JZ **1972** 237) läßt dies offen; vgl. BGHSt **33** 70; ferner BGH bei *Holtz* MDR **1983** 987; *Herdegen* NStZ **1984** 201; KK-*Mayr* 5; *Kleinknecht*/*Meyer*[37] 7; ferner zur Verlesbarkeit nach § 251 Abs. 2 Rdn. 50.

[115] Die Entscheidung des großen Senats BGHSt **32** 115 ff hat die in mehreren Entscheidungen und von einem Teil des Schrifttums für zulässig erachteten Maßnahmen, wie Geheimhaltung der Personalien, Abschirmung des Zeugen usw. (vgl. etwa *Rebmann* NStZ **1982** 315 ff; § 96, 35) abgelehnt, so daß nur die wenigen im geltenden Verfah-

rensrecht ausdrücklich vorgesehenen Möglichkeiten bestehen; vgl. BGHSt **33** 70; 178; 182; Rdn. 13; § 96, 33 ff; § 223, 12; ferner zum Rückgriff auf § 251 Abs. 2 Rdn. 50, 52.

[116] BGHSt **22** 313; KK-*Mayr* 5; *Kleinknecht*/ *Meyer*[37] 7; KMR-*Paulus* § 223, 12; vgl. § 223, 13.

[117] BVerfGE **57** 290; BGHSt **29** 115; **30** 37; vgl. § 244, 204.

[118] BGHSt **17** 337; abl. *Eb. Schmidt* Nachtr. I 3; dazu ferner *Hanack* JZ **1972** 114; BGH bei *Holtz* MDR **1986** 625; vgl. § 223, 13; 244, 272.

[118a] Ob – nach Ausgrenzung der Fälle rechtlich generell unzulässiger Beweiserhebung, vgl. Rdn. 52 – rechtliche Hindernisse als Verlesungsgrund anzuerkennen sind, ist strittig; da auch die rechtlichen Hindernisse in tatsächlichen Grundlagen wurzeln, hat der Streit nur begrenzte Bedeutung, vgl. Rdn. 40; 52.

[119] OLG Saarbrücken NJW **1974** 1959 mit Anm. *Eschke* NJW **1975** 354; *Kleinknecht*/ *Meyer*[37] 7.

genwärtiger Aufenthalt dem Gericht vorenthalten wird[120] oder wenn ihre Gestellung zur Hauptverhandlung dem Gericht trotz bekannten Aufenthalts rechtlich nicht möglich ist, weil dies eine dazu befugte Behörde durch entsprechende Erklärungen (Verweigerung der Aussagegenehmigung, Sperrerklärung nach § 96) verhindert, etwa, um die in § 96 umschriebenen Staatsgeheimnisse zu wahren[121] oder um diese Personen vor einer ernsthaft drohenden Gefahr für Leib und Leben zu schützen[122]. In diesen Fällen, die bei unbekanntem Aufenthalt der Nr. 1, im übrigen aber der Nr. 2 unterfallen (anderes Hindernis), muß das Gericht alle rechtlich möglichen und der Bedeutung der jeweiligen Aussage angemessenen Schritte unternehmen, um das Erscheinen eines solchen Zeugen doch noch zu erreichen. Vor allem muß es die Gründe für die Verweigerung erforschen, eventuell auch Gegenvorstellungen erheben[123] und ihm mögliche Sicherheitsvorkehrungen[124] anbieten. Es darf sich in der Regel auch nicht mit den Erklärungen nachgeordneter Dienststellen zufriedengeben, sondern muß auf die verbindliche Entscheidung der zuständigen obersten Dienstbehörde hinwirken[125]. Nur wenn es alle nach den Umständen des Einzelfalls gebotenen Schritte unternommen hat, darf es davon ausgehen, daß der Vernehmung des Zeugen in der Hauptverhandlung nicht zu beseitigende Hindernisse entgegenstehen[126].

c) **Unzumutbarkeit des Erscheinens wegen großer Entfernung** (Absatz 1 Nr. 3) **41** rechtfertigt den Ersatz der persönlichen Einvernahme in der Hauptverhandlung durch Verlesen der richterlichen Vernehmungsniederschrift nur dann, wenn der zeitliche und finanzielle Aufwand der Reise in keinem Verhältnis zur Bedeutung der Strafsache steht. Einem Zeugen oder Sachverständigen müssen um so größere Unbequemlichkeiten zugemutet werden, je bedeutsamer seine Aussage für das Verfahren ist und je größer der zu erwartende „Aufklärungsgewinn" ist[127]. Bildet in einem Strafverfahren, das einen besonders schweren strafrechtlichen Vorwurf zum Gegenstand hat, die Aussage eines Zeugen das alleinige Beweismittel, ist ihm grundsätzlich zuzumuten, auch von Übersee aus in der Hauptverhandlung zu erscheinen[128]. Es kommt aber immer nur darauf an, ob dem Zeugen selbst das Erscheinen zugemutet werden kann, nicht, ob der Strafverfolgungsbehörde die Vorführung des an einem anderen Ort in Haft befindlichen Zeugen zumutbar ist[129]. Ob das Erscheinen zumutbar ist, hat das Gericht in **Abwägung aller Umstände** des Einzelfalls, wie Bedeutung der Sache und der Aussage, Erforderlichkeit eines persönlichen Eindrucks vom Zeugen, Belastungen des Zeugen durch die Reise

---

[120] Vgl. BVerfGE **57** 282 (verfassungsrechtlich zulässig).

[121] Wegen der Einzelheiten vgl. § 96, 25 ff mit weit. Nachw. zur Rechtsprechung und zum umfangreichen und kontroversen Schrifttum.

[122] Vgl. etwa BGHSt **29** 115; **30** 37; **31** 294 = JR **1983** 225 mit Anm. *J. Meyer* = StrVert. **1983** 225; BGHSt **32** 115 mit Anm. *Taschke* StrVert. **1985** 269; BGHSt **33** 90 = NStZ **1985** 278 mit Anm. *Arloth* = StrVert. **1985** 45 mit Anm. *Taschke*; skeptisch gegenüber der Annahme einer Gefahr *J. Meyer* ZStW **95** (1983) 855; vgl. ferner Rdn. 38; § 96, 32; § 223, 13; § 244, 204; 272.

[123] Vgl. § 54, 22; § 96, 45 ff; mit weit. Nachw.

[124] Zu den nur noch begrenzt zulässigen Maßnahmen vgl. Rdn. 38 Fußn. 115; ferner § 96, 34 ff.

[125] Vgl. § 54, 14, 23 ff; § 96, 19 ff; 42 ff.

[126] Eine eventuell vorliegende richterliche Vernehmungsschrift darf dann – wenn die sonstigen Voraussetzungen erfüllt sind (vgl. insbes. Rdn. 16) – nach Absatz 1 als Beweismittel verlesen werden.

[127] BGH GA **1964** 275; NStZ **1981** 271; VRS **41** 203; BGH bei *Holtz* MDR **1979** 989; OLG Hamm VRS **41** 376; vgl. § 223, 16 ff; ferner KK-*Mayr* 8; *Kleinknecht/Meyer*[37] 9; KMR-*Paulus* § 223, 16.

[128] BGHSt **9** 230; BGH NStZ **1981** 271; *Alsberg/Nüse/Meyer* 263.

[129] BGH GA **1970** 183; *Alsberg/Nüse/Meyer* 264; *Kleinknecht/Meyer*[37] 8.

Walter Gollwitzer

und Beschleunigungsbedürftigkeit des Verfahrens, nach pflichtgemäßem Ermessen zu beurteilen[130]. Danach richtet sich auch, ob die Hauptverhandlung um einen oder zwei Sitzungstage zu verlängern ist, um die persönliche Einvernahme eines Zeugen abzuwarten, dem ein vorzeitiger Abbruch seines Urlaubs nicht zumutbar war[131].

### 3. Einverständliche Verlesung nach Absatz 1 Nr. 4

**42**      **a) Frühere Rechtslage.** Die Anwendung des § 251 Abs. 2 a. F. gab früher Anlaß zur Erörterung der Frage, ob nicht die Verlesung der Niederschrift über eine frühere richterliche Vernehmung auf das Einverständnis der Beteiligten dann gestützt werden könne, wenn die Benachrichtigung der zur Anwesenheit bei der Vernehmung Berechtigten den maßgebenden Vorschriften zuwider unterblieben war. Das Reichsgericht bejahte diese Frage in einer reichhaltigen, durch feine Unterscheidungen ausgezeichneten Rechtsprechung grundsätzlich[132]. **Jetzt** verschafft § 251 Abs. 1 Nr. 4 dem Rechtsgedanken, daß gewisse Unzulänglichkeiten des Verfahrens durch das **Einvernehmen der Beteiligten** ausgeglichen werden können, für die Verlesung der Niederschrift über eine frühere richterliche Vernehmung allgemeine Geltung.

**43**      **b) Ersatz der Voraussetzungen der Nrn. 1 bis 3.** Das Gericht darf die Verlesung einer solchen Niederschrift auf Grund des Einverständnisses der Beteiligten auch dann anordnen, wenn die Voraussetzungen **weder der Nr. 1 noch der Nr. 2 oder 3 erfüllt sind,** wenn also der früher schon von einem Richter vernommene Zeuge, Sachverständige oder Mitbeschuldigte in der Hauptverhandlung vernommen werden kann, und zwar alsbald und ohne daß einem Zeugen oder Sachverständigen gegenüber eine unbillige Zumutung in dem Verlangen zu erblicken wäre, daß er in der Hauptverhandlung erscheine. Gleichgültig ist, ob die richterliche Vernehmung ursprünglich die Vernehmung in der Hauptverhandlung ersetzen sollte und ob sie im Vor- oder Zwischenverfahren stattgefunden hat[133].

**44**      **c)** Die aus dem Einverständnis der Beteiligten herzuleitende Voraussetzung für die Verlesung der Niederschrift erfährt jedoch die notwendige **Beschränkung durch die Aufklärungspflicht** des Gerichts[134]. Die Anordnung der Verlesung der Niederschrift ist trotz Erklärung des Einverständnisses unstatthaft, wenn mit der Möglichkeit zu rechnen ist, daß der Inhalt der Niederschrift nicht genügt, um die Vernehmung des Zeugen, Sachverständigen oder Mitbeschuldigten in der Hauptverhandlung zu ersetzen, mit anderen Worten, daß das erkennende Gericht für die Aufklärung des Sachverhalts mehr erreichen kann, indem es den Zeugen, Sachverständigen oder Mitbeschuldigten selbst sieht und hört.

**45**      **d) Einverständnis.** Die Verlesung setzt das **Einverständnis** sowohl **des Angeklagten** als auch des **Staatsanwalts und** des **Verteidigers** voraus. Zustimmen müssen — soweit sie in ihren eigenen Verfahrensinteressen betroffen sind[135] — auch die **Nebenbeteiligten**[136] und der **Nebenkläger**[137]. Verteidiger und Angeklagter müssen beide zustim-

---

[130] BGH NStZ **1981** 271; StrVert. **1983** 444; VRS **41** 203; OLG Saarbrücken MDR **1974** 421; *Alsberg/Nüse/Meyer* 263; *Schlüchter* 534.2; *ter Veen* StrVert. **1985** 302 m. weit. Nachw.

[131] BGH StrVert. **1983** 444.

[132] RGSt **44** 9; **58** 90; **66** 216; RGRSpr. **9** 745.

[133] BGH VRS **36** 356.

[134] BGHSt **10** 191; BGH NJW **1952** 1305; KK-*Mayr* 9; *Kleinknecht/Meyer*[37] 10; KMR-*Paulus* 33.

[135] Vgl. Vor § 226, 33.

[136] KK-*Mayr* 9; *Kleinknecht/Meyer*[37] 12.

[137] BGHSt **28** 274; *Alsberg/Nüse/Meyer* 264; *Gollwitzer* FS Schäfer 812; *Kleinknecht/ Meyer*[37] 12; KMR-*Paulus* 34; *Rüth* JR **1982** 267; a. A KK-*Mayr* 9; *Schlüchter* 534.2. Nach der am 1. 4. 1987 in Kraft tretenden Neufassung des § 397 Abs. 1 ist die Zustimmung des Nebenklägers nicht mehr erforderlich.

men; insbesondere darf die Niederschrift nicht verlesen werden, wenn zwar der Angeklagte zustimmt, der Verteidiger aber widerspricht[138]. Bei einer Hauptverhandlung, die gemäß § 231 Abs. 2, §§ 231 a, 231 b, 232 in Abwesenheit des Angeklagten durchgeführt wird, bedarf es des Einverständnisses des Angeklagten nicht[139]. Dagegen ist es erforderlich bei der Hauptverhandlung nach § 233[140]. Der Verteidiger kann, sofern er Vertretungsmacht (§ 234) hat, den Angeklagten bei der Zustimmung vertreten[141].

Dem die Verhandlung leitenden Vorsitzenden obliegt es, die Beteiligten zu einer   **46**
**Erklärung** darüber zu veranlassen, ob sie mit der Vernehmung einverstanden sind. Er muß die Erklärung des Einverständnisses einholen, bevor er mit der Verlesung beginnt. Schweigt der Angeklagte, wenn sein Verteidiger der Verlesung ausdrücklich zustimmt, so liegt darin in der Regel auch die eigene Zustimmung[142]. Dagegen kann das Einverständnis des rechtsunkundigen Angeklagten, dem kein Verteidiger zur Seite steht, nicht allein daraus gefolgert werden, daß er die Verlesung geschehen läßt, ohne sich gegen sie zu verwahren[143]. Dem Angeklagten ist vielmehr in solchen Fällen Gelegenheit zu geben, ausdrücklich zur Verlesung Stellung zu nehmen. Eine an sich mögliche **stillschweigende Zustimmung**[144] zur Verlesung kann nur angenommen werden, wenn auf Grund der vorangegangenen Verfahrensgestaltung (Fragen des Vorsitzenden; Beschluß, der unter Hinweis auf das allseitige Einverständnis die Verlesung anordnet[145]) davon ausgegangen werden darf, daß sich alle Verfahrensbeteiligten der Tragweite ihres Schweigens bewußt waren[146]. Dann kann, wenn der Angeklagte, der Staatsanwalt und der Verteidiger die Verlesung widerspruchslos zulassen, Grund gegeben sein, ihr Einverständnis anzunehmen[147].

Das Einverständnis kann bereits **vor der Hauptverhandlung** erklärt werden[148]; es   **47**
wird aber erst mit der Verlesung bindend[149]. Wer vorher zugestimmt hat, muß aber, wenn er seine Meinung geändert hat, spätestens der Verlesung ausdrücklich widerspre-

---

[138] BayObLGSt **1957** 132; **1978** 17 = NJW **1957** 1566; **1978** 1817; *Alsberg/Nüse/Meyer* 265; *Kohlhaas* NJW **1954** 537; *Spendel* JZ **1959** 739.

[139] *Alsberg/Nüse/Meyer* 265; KK-*Mayr* 9; *Kleinknecht/Meyer*[37] 12; vgl. § 231, 29; § 231 a, 28; § 232, 23; BGHSt **3** 206 beschränkte dies auf den Fall, daß der anwesende Verteidiger Vertretungsvollmacht hat; ebenso wohl zu § 232 *Schlüchter* 534.2 Fußn. 466.

[140] *Alsberg/Nüse/Meyer* 265; KK-*Mayr* 9; *Kleinknecht/Meyer*[37] 12; *Schlüchter* 534.2 Fußn. 466; vgl. § 233, 35.

[141] *Alsberg/Nüse/Meyer* 265; KK-*Mayr* 9; *Kleinknecht/Meyer*[37] 12; *Kleinknecht* JZ **1964** 329; § 234,12.

[142] BayObLGSt **1978** 17 = NJW **1978** 1817 unter Aufgabe von BayObLGSt **1957** 132 = NJW **1957** 1566; *Alsberg/Nüse/Meyer* 265; *Kleinknecht/Meyer*[37] 12; KMR-*Paulus* 35; *Schlüchter* 534.2 Fußn. 466; a. A OLG Hamm VRS **36** 53; OLG Stuttgart JR **1977** 343 mit Anm. *Gollwitzer*; *Eb. Schmidt* Nachtr. I 4 a.

[143] BayObLGSt **1953** 221; **1978** 17 = NJW **1954** 323; **1978** 1817; OLG Stuttgart JR **1977** 343 mit Anm. *Gollwitzer*.

[144] BGHSt **9** 232; BGH StrVert. **1983** 319 mit Anm. *Schlothauer*; BGH NJW **1984** 66; BGH bei *Pfeiffer/Miebach* NStZ **1986** 207; OLG Hamm VRS **40** 197; JMBlNW **1957** 275.

[145] BGH nach *Alsberg/Nüse/Meyer* 265.

[146] *Alsberg/Nüse/Meyer* 265; KK-*Mayr* 9; *Kleinknecht/Meyer*[37] 13; KMR-*Paulus* 35; *Kohlhaas* NJW **1954** 537; *Eb. Schmidt* 14.

[147] Rechtsprechung und Schrifttum beurteilten diese von der Lage des Einzelfalls abhängigen Fragen nicht einheitlich; vgl. RGRspr. **5** 536; **6** 624; RGSt **4** 301; **50** 364; **58** 101; RG HRR **1933** Nr. 451; BGHSt **9** 232; **26** 332; BGH NJW **1952** 1426; NStZ **1983** 325; **1985** 376; ferner die Entscheidungen Fußn. 142 bis 145 und zur Tragweite des Rügeverzichts BGHSt **32** 32 = JZ **1984** 45 mit Anm. *Geerds*.

[148] *Alsberg/Nüse/Meyer* 264; *Kleinknecht/Meyer*[37] 11; KMR-*Paulus* 34; vgl. *Ostler* MDR **1967** 374.

[149] KK-*Mayr* 9; KMR-*Paulus* 34; *Kleinknecht/Meyer*[37] 14; vgl. *Ostler* MDR **1967** 374; vgl. aber auch OLG Koblenz VRS **57** 116 (unwiderruflich).

chen[150]. Widerruft der Angeklagte sein Einverständnis, das er in einer früheren (später ausgesetzten) Hauptverhandlung erklärt hatte, in der neuen Hauptverhandlung, so schließt dies die Verlesung aus[151].

**48**      Ist die Verlesung ausgeführt worden, ohne daß die Beteiligten zugestimmt haben, so kann der hierin liegende Verstoß dadurch **geheilt werden,** daß der Angeklagte, der Staatsanwalt und der Verteidiger die geschehene Verlesung übereinstimmend genehmigen, also ausdrücklich erklären, daß sie die Vernehmung des Zeugen, Sachverständigen oder Mitbeschuldigten in der Hauptverhandlung nicht verlangen[152].

**49**      e) Das Einverständnis aller Verfahrensbeteiligten mit der Verlesung hat immer nur die **Wirkung**, eine der Voraussetzungen des Absatzes 1 Nrn. 1 bis 3, wenn sie fehlt, zu ersetzen[153], oder einen Verfahrensmangel auszugleichen, der eine zur Disposition der Verfahrensbeteiligten stehende Regelung betrifft[154]. Es vermag aber nicht, **andere Hindernisse** zu beseitigen, wie etwa die Zuverlässigkeit des Inhalt in Frage stellende wesentliche Mängel der Niederschrift oder des ihr zugrunde liegenden Verfahres[155] oder Beweisverbote[156]. Deshalb darf, wenn ein Zeuge nach § 52 in der Hauptverhandlung die Aussage verweigert, die Niederschrift über seine frühere richterliche Vernehmung entgegen dem Verbot des § 252 auch dann nicht verlesen werden, wenn alle Verfahrensbeteiligten einverstanden sind[157]. Das gilt auch für die Niederschrift über die frühere Vernehmung des Zeugen, der sich erst in der Hauptverhandlung auf sein Auskunftsverweigerungsrecht nach § 55 beruft[158], oder bei einem Mitbeschuldigten, der, wenn er in der Hauptverhandlung als Zeuge vernommen würde, ein Zeugnisverweigerungsrecht nach § 52 hätte[159].

## IV. Verlesung von Niederschriften über nichtrichterliche Vernehmungen und von schriftlichen Erklärungen (Absatz 2)

**50**      **1. Grundsätzliches.** Zur Erforschung der Wahrheit ist das Gericht verpflichtet, jede Schrift, die einen Einblick in die Wahrnehmung oder das Vorbringen eines Zeugen, Sachverständigen oder Mitbeschuldigten gewähren kann, als Beweismittel zu verwerten, wenn seine gerichtliche Vernehmung in der Zeit, in der die Sache erledigt werden muß, nicht durchführbar ist[160]. Diesem Grundsatz trägt § 251 Abs. 2 Rechnung. Um Beweisverluste zu vermeiden und um die zügige Durchführung der Verhandlung zu ermögli-

---

[150] BGHSt **3** 209; *Alsberg/Nüse/Meyer* 265; *Kleinknecht/Meyer*[37] 13.

[151] BayObLG bei *Rüth* DAR **1971** 206; *Kleinknecht/Meyer*[37] 11; KMR-*Paulus* 34.

[152] *Alsberg/Nüse/Meyer* 266; *Kleinknecht/Meyer*[37] 14; KMR-*Paulus* 34.

[153] *Alsberg/Nüse/Meyer* 264; KK-*Mayr* 9; *Kleinknecht/Meyer*[37] 10.

[154] Etwa die unterbliebene Benachrichtigung nach § 224; vgl. BGHSt **9** 28; **26** 332 = JR **1977** 257 mit Anm. *Meyer-Goßner*; BGHSt **29** 1; BGH NJW **1952** 1426; NStZ **1983** 326; **1986** 325; BGH bei *Holtz* MDR **1977** 461; KG StrVert. **1984** 68; OLG Schleswig bei *Ernesti/Jürgensen* SchlHA **1972** 159 (Verwirkung); *Alsberg/Nüse/Meyer* 264; KK-*Mayr* 19; *Kleinknecht/Meyer*[37] 18; KMR-*Paulus* 29; vgl. § 224, 32; § 168 c, 56.

[155] Vgl. Rdn. 10 ff; ferner etwa BGH StrVert **1981** 269 (Verstoß gegen § 69); *Alsberg/Nüse/Meyer* 264; KK-*Mayr* 9; *Kleinknecht/Meyer*[37] 10.

[156] Vgl. Einl. Kap. 14; ferner etwa KK-*Mayr* 22, 23; BGH NStZ **1986** 325 (§ 250).

[157] BGHSt **10** 77; BGH NJW **1983** 947; vgl. § 252, 11 ff; ferner etwa KK-*Mayr* 15 bis 17.

[158] BGH NJW **1977** 158 NStZ **1982** 342; NJW **1984** 136; LG Düsseldorf MDR **1981** 249; *Alsberg/Nüse/Meyer* 264; *Kleinknecht/Meyer*[37] 10; strittig; vgl. § 55, 15 mit weit. Nachw.

[159] BGHSt **10** 186 = LM Nr. 13 mit Anm. *Krumme*; KK-*Mayr* 17; vgl. § 252, 4.

[160] *Niethammer* in *Gürtner* Bericht der Amtl. Strafprozeßkomm. 171.

chen[161], läßt er die Verlesung bestimmter Schriften zu, wenn feststeht, daß der Zeuge, Sachverständige oder Mitbeschuldigte, von dem eine Auskunft über eine für die Urteilsfindung wesentliche Tatsache zu erlangen war, in der Hauptverhandlung nicht vernommen werden kann[162]. Soweit er in Durchbrechung des § 250 auch die unmittelbare Beweisverwendung nichtrichterlicher Vernehmungsniederschriften zuläßt, entfällt die Bindung der Verwertbarkeit an die Vernehmung der Verhörsbeamten (§ 250 Satz 2).

### 2. Voraussetzungen für die Verlesbarkeit nach Absatz 2

**a) Nichtverfügbarkeit der Auskunftsperson.** Diese Voraussetzung ist sowohl er- **51** füllt, wenn ein Zeuge **verstorben** ist oder wenn unheilbare Geisteskrankheit ihn für die Zeit seines Lebens vernehmungsunfähig macht, als auch dann, wenn sich seiner gerichtlichen Vernehmung ein sonstiges **Hindernis** entgegenstellt, das **in absehbarer Zeit nicht beseitigt** werden kann[163], etwa, weil der zu Vernehmende ins Ausland geflohen ist oder sich mit unbekanntem Aufenthalt verborgen hält oder als Soldat im Feld vermißt wird oder trotz Aussicht auf spätere Heilung geisteskrank und für längere Zeit vernehmungsunfähig ist. Dagegen rechtfertigt die **Unzumutbarkeit des Erscheinens** (Absatz 1 Nr. 3)[164] die Verlesung nach Absatz 2 ebensowenig wie das **Einverständnis** der Verfahrensbeteiligten (Absatz 1 Nr. 4)[165]. Die Hinderungsgründe müssen in der Person des Vernommenen vorliegen, mit der Verhinderung des Vernehmenden kann die Verlesung der Vernehmungsniederschrift nicht begründet werden[166].

Auch **Rechtsgründe** können ausschließen, daß eine Auskunftsperson in absehba- **52** rer Zeit gerichtlich vernommen werden kann. Gemeint sind hier nicht die sich aus der Rechtsstellung der Auskunftsperson allgemein ergebenden Beweiserhebungsschranken, wie Zeugnisverweigerungsrechte, sondern das auf besonderen Umständen beruhende rechtliche Unvermögen des Gerichts, eine Auskunftsperson, vor allem einen Zeugen, zu der verfahrensrechtlich an sich zulässigen und möglichen Aussage in der Hauptverhandlung zu bringen[167]. Diese von Absatz 2 gemeinte Nichtverfügbarkeit für die gerichtliche Einvernahme hat meist tatsächliche und rechtliche Ursachen[168]; es würde eine

---

[161] BGHSt 10 189; BGH MDR **1974** 369.

[162] Vgl. Rdn. 32. Gegen das vom Gesetz vorgesehene „Umschalten" von dem unter besseren Richtigkeitsgarantien gewonnenen Beweismittel auf das Schlechtere werden im Schrifttum verschiedentlich Bedenken erhoben; vgl. etwa *Bruns* NStZ **1983** 386; *Grünwald* FS Dünnebier 356; ferner Rdn. 54.

[163] Dies entspricht dem „nicht zu beseitigenden Hindernis" Absatz 1 Nr. 2; vgl. Rdn. 38 ff. Der Tod des Vernehmungsbeamten rechtfertigt die Anwendung des Absatz 2 nicht.

[164] *Alsberg/Nüse/Meyer* 270; *Kleinknecht/Meyer*[37] 23; *Eb. Schmidt* 20.

[165] BGH VRS **5** 212; BGH bei *Holtz* MDR **1976** 989; anders nach der mit Wirkung vom 1. 4. 1987 in Kraft tretenden Neufassung des Absatz 2 für den Fall, daß der Angeklagte verteidigt ist, vgl. bei beschlossene Änderung.

[166] Vgl. OLG Köln VRS **63** 265 (verstorbener Vernehmungsbeamter, spätere Aussageverweigerung des Angeklagten).

[167] Vgl. Rdn. 39, 40; ferner Rdn. 61; § 223, 12, 13; § 244, 260, 270 (auch zur Ausgrenzung der unzulässigen Beweiserhebung und des ungeeigneten Beweismittels). Verweigert der in der Hauptverhandlung anwesende Zeuge das Zeugnis oder die Auskunft, wird er dadurch nicht zum unerreichbaren Beweismittel; er bleibt auch dann ein Zeuge, der gerichtlich vernommen werden kann; § 251 Abs. 2 erfaßt diese Fälle nicht; vgl. ferner BGH NJW **1984** 136; BGH bei *Pfeiffer/Miebach* NStZ **1982** 342; **1984** 32; **1984** 211; BGH nach KK-*Mayr* 11; OLG Köln VRS **63** 265; im Ergebnis auch LG Düsseldorf MDR **1981** 249; ferner *Kleinknecht/Meyer*[37] 25; KMR-*Paulus* 42; a. A KK-*Mayr* 11; *D. Meyer* MDR **1977** 543.

[168] Vgl. Rdn. 40; die Zuordnung der Hinderungsgründe ist nicht immer einheitlich, zumal nicht immer zwischen der Gestellung zur Hauptverhandlung und der Erreichbarkeit einer Aussage unterschieden wird.

sinnvolle Abgrenzung nur erschweren, hier allein auf die tatsächlichen Hinderungsgründe abzustellen. Bei einem Zeugen im Ausland, dessen Wohnsitz bekannt ist, dessen Erscheinen vom Gericht aber nicht erzwungen werden kann, ist die Verlesung nach Absatz 2 ebenso gerechtfertigt wie bei einem Zeugen mit unbekanntem Aufenthalt[169]. Absatz 2 ist deshalb grundsätzlich auch anwendbar, wenn Zeugen, deren Aufenthalt feststellbar ist, aus Rechtsgründen nur deshalb nicht vernommen werden können, weil eine Behörde in Ausübung einer rechtlichen Befugnis dies verhindert[170]. Die aus der Kollision mit anderen Vorschriften entstehenden Probleme sind nicht durch eine restriktive Auslegung des Absatzes 2 zu lösen[171], sondern durch eine den Sinn und Zweck der jeweiligen Vorschrift Rechnung tragende Auslegung und durch Rückgriff auf die Grundsätze eines rechtsstaatlichen, fairen Verfahrens[172].

**53**     b) „In absehbarer Zeit". Der maßgebende Zeitraum kann nicht allgemein fest begrenzt werden[173]. Es muß sich um einen ungewissen, nicht zu kurzen Zeitraum handeln, so daß nach Lage des Einzelfalls ein Zuwarten mit dem Gebot der Verfahrensbeschleunigung unvereinbar wäre. Abzuwägen sind hierbei alle Umstände des Einzelfalls, wie Schwere und Bedeutung der Tat, die Belange des Angeklagten und die Erfordernis der Sachaufklärung, die Wichtigkeit des Beweismittels und die Gefahr des Verlustes anderer Beweismittel[174].

**54**     Mit der **gerichtlichen Vernehmung,** die nicht in absehbarer Zeit ausgeführt werden kann, ist die Vernehmung vor dem **erkennenden Gericht** gemeint[175], im Gegensatz zur richterlichen Vernehmung des Absatz 1. Die Verlesbarkeit einer Urkunde nach Absatz 2 setzt nicht zwingend voraus, daß die Auskunftsperson auch nicht durch einen ersuchten Richter vernommen werden kann. Ein solcher verfahrensverzögernder Automatismus wäre weder sinnvoll noch würde er dem verfahrensvereinfachenden Zweck des § 251 Abs. 2 gerecht. Zwar sieht das Verfahrensrecht eine richterliche Vernehmung, wie sich aus dem Verhältnis beider Absätze ergibt, mit Recht als wertvoller an als eine nichtrichterliche Vernehmung oder eine schriftliche Äußerung. Deshalb kann es je nach

---

[169] Vgl. Rdn. 37; ferner § 223, 12 f; § 244, 266.

[170] Die verfassungsrechtlich nicht zu beanstandende (BVerfGE **57** 282) Rechtsprechung nimmt überwiegend an, daß die nichtrichterliche Vernehmungsniederschrift eines für die Einvernahme in der Hauptverhandlung gesperrten Zeugen nach Absatz 2 verlesbar ist, wenn das Gericht vorher alles versucht hat, die Einvernahme in der Hauptverhandlung zu erreichen; vgl. etwa BGHSt **29** 109; BGHSt **31** 149 = JZ **1983** 354 mit Anm. *Fezer;* 33 70 = JR **1985** 215 mit Anm. *Bruns* = NStZ **1986** 130 mit Anm. *Meyer* = StrVert. **1985** 269 mit Anm. *Taschke;* BGHSt 33 83 = JZ **1985** 494 mit Anm. *Fezer* = NStZ **1985** 278 mit Anm. *Arloth;* BGH NStZ **1982** 79; NJW **1980** 2088; BayObLGSt **1977** 37 = NJW **1977** 2037; LG Bremen StrVert. **1981** 19 mit Anm. *Weider.*

[171] So aber LG Düsseldorf MDR **1981** 249, das den Streit um die Tragweite des § 55 durch eine Beschränkung des Anwendungsbereichs des Absatzes 2 auf tatsächliche Hindernisse lösen will; ähnlich *Kleinknecht/Meyer*[37] 25

(wo aber rechtliche Gründe wohl in einem engeren Sinn – ähnlich Fußn. 167 – verstanden werden).

[172] Vgl. Rdn. 63.

[173] OGHSt **2** 326; *Alsberg/Nüse/Meyer* 270; KK-*Mayr* 10.

[174] BGHSt **13** 302; **22** 120; BGH bei *Dallinger* MDR **1974** 369; bei *Holtz* MDR **1978** 806; bei *Spiegel* DAR **1978** 156; **1980** 206; BayObLG bei *Rüth* DAR **1978** 214; OLG Hamm JMBlNW **1972** 237; KG StrVert. **1983** 95; OLG Schleswig StrVert. **1982** 11; *Hanack* JZ **1972** 237; *Kleinknecht/Meyer*[37] 24; KMR-*Paulus* 41; *D. Meyer* MDR **1977** 544; *Schlüchter* 534.4 Fußn. 474; *ter Veen* StrVert. **1985** 299; § 244, 262; 265; **a. A** *Herdegen* NStZ **1984** 338 (keine Berücksichtigung der Schwere der Tat).

[175] BGH NStZ **1985** 561; **1986** 469; *Alsberg/ Nüse/Meyer* 270; *Bruns* Neue Wege 45; *Kleinknecht/Meyer*[37] 24; KMR-*Paulus* 41; **a. A** *Grünwald* FS Dünnebier 356; *G. Schäfer* § 76 II 4 b; *Eb. Schmidt* 20.

den Umständen des Falles unter dem Gesichtspunkt der **Aufklärungspflicht** geboten sein, auf die Verlesung einer nach Absatz 2 verlesbaren Urkunde vorerst zu verzichten, wenn die Auskunftsperson wenigstens kommissarisch vernommen werden kann[176]. Es gibt aber auch Fälle, in denen eine kommissarische Vernehmung durch einen Richter überflüssig ist, weil das Gericht letztlich zur besseren Sachaufklärung nur auf Grund eines persönlichen Eindrucks in der Lage wäre[177]. Im übrigen ist eine Niederschrift nach Absatz 2 auch dann verlesbar, wenn eine nach Absatz 1 verlesbare Niederschrift über eine richterliche Vernehmung bei den Akten ist[178]. Es bestimmt sich nach der Aufklärungspflicht im Einzelfall, ob und mit welcher Niederschrift sich das Gericht begnügen darf oder ob es beide verlesen muß[179].

### 3. Nach Absatz 2 verlesbare Schriften

a) **Niederschriften über eine anderweite Vernehmung.** Dieser Begriff knüpft an **55** Absatz 1 an. Jede Vernehmung, die nicht ein Richter ausgeführt hat, ist eine „anderweite" Vernehmung, ganz gleich, in welchem Verfahren und von welcher Behörde oder Stelle sie durchgeführt wurde[180]. Auch Protokolle der Behörden fremder Staaten sind verlesbar[181]. Insbesondere gehören polizeiliche und staatsanwaltschaftliche Vernehmungen hierher. Die Verlesbarkeit hängt nicht davon ab, daß die Niederschriften bestimmten **Formerfordernissen** genügen, etwa, daß Protokolle über eine polizeiliche Vernehmung von vernommenen Zeugen unterschrieben sind[182]. Auch sonstige Formfehler oder Verfahrensfehler schließen die Anwendbarkeit des Absatzes 2 nicht aus, sofern sie nicht im Einzelfall ein Beweisverbot zur Folge haben[183]. Für die Beweiswürdigung können solche Umstände dagegen von Bedeutung sein[184]. Aktenvermerke der Polizei, die keine Äußerung einer vernommenen Person wiedergeben, sind dagegen keine verlesbaren Vernehmungsniederschriften[185].

**Richterliche Vernehmungsniederschriften,** die wegen Formfehler nach Absatz 1 **56** nicht verlesbar sind[186], dürfen nach der vorherrschenden Meinung nach Absatz 2 verlesen werden, wenn dessen Voraussetzungen gegeben sind[187] und keine speziellen Beweisverbote eingreifen[188].

[176] BGH NStZ **1985** 561; KK-*Mayr* 10; KMR-*Paulus* 43 unter Hinweis auf den höheren Beweiswert und der Möglichkeit der Vereidigung; ferner *ter Veen* StrVert. **1985** 303 mit weit. Nachw.

[177] KK-*Mayr* 10; vgl. § 244, 268; *ter Veen* StrVert. **1985** 303.

[178] BGHSt **19** 354; **27** 140; BGH NStZ **1986** 469; *Alsberg/Nüse/Meyer* 269; *Hanack* JZ **1972** 237; KK-*Mayr* 21; *Kleinknecht/Meyer*[37] 26; KMR-*Paulus* 36.

[179] Vgl. KK-*Mayr* 21.

[180] *Alsberg/Nüse/Meyer* 271; *Kleinknecht/Meyer*[37] 26; KMR-*Paulus* 37; *D. Meyer* MDR **1977** 544.

[181] BGH NStZ **1986** 469 (Vernehmungsprotokoll des KGB); bei *Holtz* MDR **1978** 806 (Polizeidienststelle der DDR); KK-*Mayr* 21; *Kleinknecht/Meyer*[37] 26.

[182] BGHSt **5** 214; **33** 85; OLG Düsseldorf StrVert. **1984** 107; *Alsberg/Nüse/Meyer* 271; *Fezer* JuS **1977** 383; *Kleinknecht/Meyer*[37] 27; KMR-*Paulus* 37.

[183] Vgl. Rdn. 50; 56. Da bei polizeilichen Vernehmungen die Verfahrensbeteiligten weder zu benachrichtigen sind noch ein Anwesenheitsrecht haben, stellt sich die Frage nach der Tragweite eines Verstoßes gegen solche Vorschriften nicht; vgl. KK-*Mayr* 21 und zum Unterschied zwischen den Absätzen 1 und 2 BGHSt **33** 88.

[184] BGHSt **5** 214.

[185] OLG Düsseldorf StrVert. **1984** 107; KMR-*Paulus* 37; *Eb. Schmidt* 21.

[186] Vgl. Rdn. 10 ff.

[187] BGHSt **22** 120; BGH NStZ **1984** 409; BayObLGSt **1977** 3 = JR **1977** 475 mit abl. Anm. *Peters*; *Alsberg/Nüse/Meyer* 271; *Franzheim* NStZ **1983** 230; *Gössel* § 27 D II a 2; KK-*Mayr* 14; *Kleinknecht/Meyer*[37] 28; KMR-*Paulus* 38; *Kohlhaas* NJW **1954** 538; *Schlüchter* 534.4; *Eb. Schmidt* 21; a. A KK-*Herdegen* § 244, 75; *Krause* StrVert. **1984** 173; vgl. auch zur Problematik ausführlich § 168 c, 58 ff.

[188] Vgl. Rdn. 49; § 244, 189 ff.

**57**    **b) Urkunden, die eine von ihm stammende schriftliche Äußerung enthalten.** § 251 Abs. 2 hat nur Bedeutung für Schriften, die unter das Beweisverbot des § 250 fallen[189]. Die anderen Schriften dürfen nach § 249 auch dann verlesen werden, wenn die Voraussetzungen des § 251 Abs. 2 nicht gegeben sind[190]. Je nach der hierzu vertretenen Auffassung kommen in Betracht: Ein Brief, in dem der verstorbene Zeuge über ein angebliches Erlebnis berichtet hat, ein von ihm über die Dienste eines Arbeitnehmers ausgestelltes Zeugnis, eine von ihm errichtete letztwillige Verfügung und die schriftliche dienstliche Äußerung[191] oder die Anzeige[192] eines verstorbenen Polizeibeamten, ferner ein in Schriftform vorliegendes Gutachten eines verstorbenen Sachverständigen[193]. Es ist nicht zu fordern, daß der nicht mehr vernehmbare Zeuge, Sachverständige oder Mitbeschuldigte die Schrift **selbst geschrieben** hat, wohl aber, daß der Inhalt der Schrift von ihm herrührt, auf ihn als den Urheber und Kundgeber in dem Sinne zurückgeht, daß sie in seinem Auftrage und mit seinem Willen für ihn hergestellt ist und seine Äußerung darstellen soll[194], so etwa eine in seinem Auftrag gefertigte Anzeige[195]. Auch anonyme Anzeigen und sonstige Schriften, die ihren Urheber nicht erkennen lassen, sind nicht nur zum Beweis ihres Vorhandenseins sondern auch wegen der darin behaupteten Wahrnehmungen verlesbar[196].

**58**    Für die Verlesbarkeit einer schriftlichen Äußerung bedeutet es keinen Unterschied, ob das **Schriftstück schon vorhanden** war oder nach Eröffnung des Hauptverfahrens zum Zwecke der Verwertung in der Hauptverhandlung erst hergestellt wurde[197]. Die Herbeiführung einer solchen Äußerung kann bei Fehlen jedes Rechtshilfeverkehrs zur Erforschung des Wissens eines im Ausland befindlichen Zeugen[198] ebenso angezeigt sein wie zur Erforschung des Wissens eines von den Behörden für die gerichtliche Einvernahme befugt gesperrten Gewährsmannes[199]. Bei dem geringen Beweiswert der auf diesem Weg gewonnenen — allenfalls indiziell als Belastung heranziehbaren — Angaben hat diese Möglichkeit vor allem Bedeutung für die Bestätigung entlastender Behauptungen des Angeklagten[200]. Der Antrag, eine schriftliche Erklärung eines Zeugen herbeizuführen, der nicht in der Hauptverhandlung vernommen werden kann, ist deshalb zulässig.

**59**    **c) Tonbandaufzeichnungen** und ihre schriftlichen Übertragungen fallen nicht unter §§ 250, 251[201]. Etwas anderes gilt lediglich für das Tonbandprotokoll des § 168 a

---

[189] Vgl. § 250, 3 ff; 12 ff zu den strittigen Grenzen dieses Verbots.

[190] *Alsberg/Nüse/Meyer* 271; *Kleinknecht/Meyer*[37] 29; KMR-*Paulus* 39.

[191] OLG Saarbrücken NJW **1971** 1904; vgl. auch BGH bei *Holtz* MDR **1978** 806 (Tatortprotokoll).

[192] OLG Köln OLGSt 13.

[193] RGSt **71** 11.

[194] OLG Frankfurt HESt **2** 221 (Aufnahme in Kurzschrift); *Alsberg/Nüse/Meyer* 271; *Kleinknecht/Meyer*[37] 29; KMR-*Paulus* 40; *Eb. Schmidt* 21.

[195] OLG Düsseldorf NJW **1970** 958.

[196] Vgl. § 250, 11. Zu der hiervon zu trennenden Frage, ob die Identität eines behördlich vernommenen Person den Verfahrensbeteiligten verschwiegen werden darf, vgl. Rdn. 13; 62.

[197] BGH GA **1954** 374 mit Anm. *Grützner*; BGH NJW **1980** 2088; **1981** 770; NStZ **1982** 79; *Alsberg/Nüse/Meyer* 271; *Kleinknecht/Meyer*[37] 30; KMR-*Paulus* 40; a. A *J. Meyer* ZStW **95** (1983) 856.

[198] Vgl. BGH GA **1954** 174 mit Anm. *Grützner*; BVerfGE **57** 278.

[199] Vgl. BGH NJW **1980** 2088; **1981** 770; BGH NStZ **1981** 270 mit Anm. *Fröhlich*; NStZ **1982** 79, 40; *Alsberg/Nüse/Meyer* 272; *Kleinknecht/Meyer*[37] 30; KMR-*Paulus* 40; a. A *Bruns* Neue Wege 41; *Engels* NJW **1983** 1530; *J. Meyer* ZStW **95** (1983) 855; *Strate* StVert. **1985** 340 (Umgehung der §§ 223, 224) vgl. § 250, 27.

[200] *Alsberg/Nüse/Meyer* 272; *Kleinknecht/Meyer*[37] 30.

[201] Vgl. § 244, 333; § 250, 8; ferner *Kleinknecht/Meyer*[37] 1; *Eb. Schmidt* 6.

Abs. 2, das wie andere richterliche Protokolle[202] bei Formmangel nach Abs. 2 verlesbar ist[203].

**4. Beweiswert.** Da Niederschriften über nichtrichterliche Vernehmungen und **60** schriftliche Äußerungen meist von geringerem **Beweiswert** sind als die Vernehmung in der Hauptverhandlung und oft nicht einmal den Wert von Protokollen über richterliche Vernehmungen erreichen, ist in jedem Falle ihr Beweiswert besonders sorgfältig, aber ohne verkürzende Verallgemeinerungen, zu prüfen[204]. Die ihnen zu entnehmenden Angaben bedürfen in aller Regel der Absicherung durch andere Beweisergebnisse[205]. Die Zulässigkeit der Verlesung hängt jedoch auch hier nicht von dem Beweiswert ab.

**5. Beweisverbote.** Auch wenn die Voraussetzungen des Absatz 2 gegeben sind, **61** vermögen sie — ebenso wie im Falle des Absatz 1 — **sonstige Beweisverbote** nicht außer Kraft zu setzen. Niederschriften und Äußerungen, die ohne den notwendigen ausreichenden Hinweis auf ein bestehendes Zeugnisverweigerungsrecht zustandegekommen sind, dürfen nur verlesen werden, wenn und soweit § 252 dies zuläßt[206]. Ob und wieweit § 55 die Verlesung ausschließen kann, ist strittig[207]. Da § 274 nicht für polizeiliche Vernehmungsprotokolle gilt, ist unter Umständen im Wege des Freibeweises zu klären, ob eine für die Verlesung erforderliche Belehrung, die nachgewiesen sein muß, erteilt worden ist[208].

Ob nichtrichterliche Vernehmungsniederschriften, bei denen die vernommene **62** Auskunftsperson **anonym** bleibt, nach Absatz 2 verlesbar sind, ist strittig. Nach Ansicht des BGH schließt § 68 die Verlesung einer Niederschrift über eine polizeiliche Vernehmung, in der die Personalangaben fehlen, nicht aus[209]. Diese Auffassung ist mit dem Wortlaut und wohl auch mit der ratio der angeführten Vorschriften, vor allem mit § 163 a, vereinbar. Sie findet aber — selbst wenn man die für die richterliche Vernehmung geltenden Grundsätze nicht entsprechend heranziehen will[210] — wegen der Personenbindung des Personalbeweises ihre Schranke im Gebot einer rechtsstaatlichen, die Verteidigungsmöglichkeiten nicht einseitig verkürzenden, fairen Verfahrensgestaltung. Aus einer solchen Vernehmungsniederschrift dürfen keine ins Gewicht fallende Schlüsse zu Lasten des Angeklagten hergeleitet werden, wenn der Angeklagte durch die Unkenntnis von der Person des Belastungszeugen in seiner Verteidigung behindert wird.

[202] Vgl. Rdn. 56; ferner Rdn. 11.
[203] OLG Stuttgart NStZ **1986** 41 läßt dies offen. KK-*Mayr* 21 hält Abs. 2 allgemein auf das Abspielen von auf Tonträgern aufgenommenen Äußerungen für anwendbar.
[204] BGHSt **5** 214; **19** 354; **29** 111; vgl. aber auch BVerfGE **57** 280 ff; dazu *Grünwald* FS Dünnebier 356; BGH bei *Holtz* MDR **1982** 971; KMR-*Paulus* 44; *Kohlhaas* NJW **1954** 538; *Eb. Schmidt* 24; *Schneidewin* JR **1951** 483; ferner *Eisenberg* JZ **1984** 912; § 250, 24; 28.
[205] Vgl. etwa BGHSt **33** 83; 181; die von der Rechtsprechung beim Zeugen vom Hörensagen entwickelten Anforderungen an die Beweiswürdigung und ihre Begründung (vgl. § 250, 28) gelten auch hier.
[206] Vgl. § 252, 9 ff; ferner BGHSt **27** 139 = JR

**1977** 431 mit Anm. *Hanack* (flüchtiger früherer Mitangeklagter, der nach Abtrennung Zeugnisverweigerungsrecht hätte).
[207] Vgl. § 252, 5 mit Nachw. zum Streitstand; ferner zur Auskunftsverweigerung eines in der Hauptverhandlung anwesenden Zeugen Rdn. 52 Fußn. 166; ferner etwa BGH NStZ **1981** 32.
[208] Vgl. *Peters* JR **1968** 429; § 273, 2.
[209] BGHSt **33** 83 = JZ **1985** 494 mit Anm. *Fezer* = NStZ **1985** 278 mit Anm. *Arloth*; *Herdegen* NStZ **1984** 202 (kritische Beweissituation ist nur durch entsprechende Beweiswürdigung aufzufangen); a. A *Bruns* MDR **1984** 178; *Engels* NJW **1983** 1530; *Kleinknecht/Meyer*[37] 27; *Tiedemann/Sieber* NJW **1984** 761.
[210] Vgl. Rdn. 13.

Walter Gollwitzer

**63**    Die Gewährleistung eines **rechtsstaatlichen, fairen Strafverfahrens** kann im Einzelfall auch sonst der Verlesung einer Vernehmungsniederschrift eines für die Vernehmung in der Hauptverhandlung gesperrten Zeugen[211] entgegenstehen[212]. Dies wird vor allem auch dann angenommen, wenn die zuständige Behörde dies ohne Darlegung zureichender Gründe oder erkennbar rechtsmißbräuchlich verhindert[213].

**64**    **6. Ergänzende Vernehmung.** Wird die Niederschrift über eine nichtrichterliche Vernehmung verlesen, so muß das Gericht zwar nicht immer, aber doch in den Fällen, in denen die Richtigkeit der Aussage oder ihrer Wiedergabe bestritten oder sonst zweifelhaft wird, kraft seiner Aufklärungspflicht den Beamten, der die Niederschrift aufgenommen hat, als Zeugen über den Hergang und den Inhalt der früheren Vernehmung hören[214].

### V. Unbeschränkter Gebrauch schriftlicher Beweismittel zur Feststellung von Tatsachen, die nicht Grundlage der Sachentscheidung sein sollen (Absatz 3)

**65**    **1. Grundsätzliches.** Die in den § 244 bis 256 enthaltenen Vorschriften über die Beweisaufnahme betreffen nur das Verfahren bei Erhebung der Beweise über Tatsachen, die das Urteil über Täterschaft und Schuld und über die sich hieraus ergebenden Rechtsfolgen begründen sollen. Diese Beschränkung auf das **Strengbeweisrecht** ist in der Rechtsprechung von früh an allgemein anerkannt worden. Die vom Grundsatz der Unmittelbarkeit und Mündlichkeit beherrschten §§ 249 und 250 sind nur anzuwenden, wenn Tatsachen nachgeforscht wird, die in dem eben erörterten Sinn erheblich sind. Im übrigen gilt Freibeweis[215].

**66**    Der nachträglich eingefügte § 251 Abs. 3 spricht jenen Grundsatz an falscher Stelle[216] in unvollkommener Fassung aus. Es handelt sich um keine als Ausnahme zu verstehende Sonderregelung. Die Freistellung von den Bindungen des Strengbeweisrechts gilt nach vorherrschender Auffassung[217] nicht nur beim Urkundenbeweis, sondern allgemein für jede Beweiserhebung zur Klärung ausschließlich verfahrenserheblicher Tatsachen.

**67**    **2. Nicht unmittelbar auf die Urteilsfindung gerichteter Zweck.** Die Regel des § 250 und die Ausnahmen in den §§ 251 ff gelten uneingeschränkt, wenn Beweis über eine Tatsache erhoben wird, die in den tatsächlichen Unterbau des Urteilsspruchs eingefügt werden soll. Für die im § 251 Abs. 3 vorgesehene Verlesung von Schriften ist nur außerhalb der zuvor bezeichneten Beweisaufnahme Raum, also vor allem dann, wenn es sich darum handelt, das Vorhandensein oder Nichtvorhandensein einer Verfahrensvoraussetzung oder eines Verfahrenshindernisses[218] oder der Voraussetzung einer einzelnen Verfahrenshandlung zu ergründen oder die Verfahrenslage zu klären oder das anzuwendende Recht zu ermitteln.

---

[211] Vgl. § 96, 45 ff.

[212] Vgl. BVerfGE **57** 280 ff; BGHSt **29** 111; **31** 290; OLG Hamburg StrVert. **1983** 449; ferner *Rebmann* NStZ **1982** 315; *Schoreit* MDR **1983** 618.

[213] BGHSt **31** 144 = NStZ **1983** 228; weitergehend LG Bremen StrVert. **1981** 19 mit Anm. *Weider.*

[214] RGSt **67** 254.

[215] Vgl. § 244, 3 ff.

[216] Absatz 3 zerreißt den Zusammenhang zwischen den Absätzen 1, 2 und 4; vgl. *Alsberg/Nüse/Meyer* 114 ff; 272; *Schneidewin* JR **1951** 484.

[217] Vgl. § 244, 3 ff mit Nachw. auch zu den Gegenstimmen im Schrifttum.

[218] Zu den hier bestehenden Streitfragen vgl. § 244, 4 und zur Anwendung des Strengbeweisrechts bei den sogen. doppelrelevanten Tatsachen § 244, 6.

Hat beispielsweise der Strafrichter die Hauptverhandlung ausgesetzt, weil eine **68** fieberhafte Erkrankung von voraussichtlich kurzer Dauer die **Verhandlungsfähigkeit** des verhafteten Angeklagten minderte, so steht es ihm frei, den Wachtmeister des Amtsgerichtsgefängnisses am übernächsten Morgen formlos als Zeugen darüber zu hören, ob der Angeklagte wieder gesund sei. Der Vorsitzende kann auch fernmündliche Erkundigungen anordnen und den Justizbediensteten, der sie durchgeführt hat, über die erteilten Auskünfte hören oder eine von diesem darüber gefertigte Niederschrift vorlesen, denn der Grundsatz der Unmittelbarkeit der Beweisaufnahme ist insoweit nicht zwingend vorgeschrieben[219].

**3. Vorbereitung der Entscheidung über die Einvernahme von Personen.** Ob je- **69** mand als Zeuge, Sachverständiger oder Mitbeschuldigter vernommen werden soll, kann das Gericht im Wege des **Freibeweises** klären[220]. Gleiches gilt für die Frage, ob die Voraussetzungen des §251 Abs. 1, 2 vorliegen, die es rechtfertigen, die Vernehmung eines Zeugen, Sachverständigen oder Mitbeschuldigten durch die Verlesung der Niederschrift über eine frühere Vernehmung zu ersetzen oder eine von ihm herrührende schriftliche Erklärung zu verlesen. Tod, Geisteskrankheit, unbekannter Aufenthalt und Verhinderung am Erscheinen in der Hauptverhandlung gehören hierher. Ermittlungen darüber, ob solche Zustände oder Verhältnisse vorliegen, dienen im Sinn des §251 Abs. 3 zur Vorbereitung der hier in Frage kommenden Entscheidung. Auch das Verfahren gegenüber Beweis- und Beweisermittlungsanträgen[221] fällt unter die Vorschrift. Die im Freibeweisverfahren festgestellte Tatsache darf jedoch nur bei der Verfahrensentscheidung — etwa bei der Ablehnung eines Beweisantrags — herangezogen werden; die Beweiswürdigung der Sachentscheidung darf nicht darauf zurückgreifen[222].

**4. Vernehmungsniederschriften und andere als Beweismittel dienende Schriften. 70** Unter Vernehmungsniederschriften sind Niederschriften zu verstehen, die ein Beamter auf Grund einer gesetzlichen Vorschrift oder einer Verwaltungsanordnung oder zufolge eines ihm erteilten Auftrags oder eines an ihn gerichteten Ersuchens über die Vernehmung eines Beschuldigten, Zeugen oder Sachverständigen aufgenommen hat. Wegen des Begriffs der anderen als Beweismittel dienenden Schriften vgl. §249, 6 ff; §250, 4 ff. Die Erwähnung dient nur der Aufzählung; wegen der ohnehin bestehenden freien Verwendbarkeit aller Beweismittel stellen sich keine Abgrenzungsfragen.

**5. Zuständigkeit des Vorsitzenden.** Die im §251 Abs. 3 vorgesehenen Anordnun- **71** gen stehen dem Vorsitzenden kraft seiner Sachleitungsbefugnis[223] zu. Er kann sie dem Gericht überlassen.

---

[219] BayObLGSt **1959** 315 = NJW **1960** 687; vgl. §244, 4.

[220] Vgl. beispielsweise BGH NStZ **1984** 134 (Verlesen des Aktenvermerks über ein Telefongespräch des Berichterstatters mit der als Zeuge in Betracht kommenden Person).

[221] §244, 120.

[222] Nach KK-*Mayr* 25 hat der Vorsitzende durch geeignete Hinweise dafür zu sorgen, daß bei den Verfahrensbeteiligten und nicht zuletzt auch bei den Schöffen kein Irrtum hierüber entsteht.

[223] KK-*Mayr* 25; *Kleinknecht/Meyer*[37] 31; KMR-*Paulus* 12; vgl. §238, 1; 11.

Walter Gollwitzer

## VI. Verfahren bei der Verlesung (Absatz 4)

**72**    **1. Anordnung durch Gerichtsbeschluß.** In den Fällen des § 251 Abs. 1 und 2 muß das **Gericht** in der Hauptverhandlung nach Anhörung der Verfahrensbeteiligten (§ 33)[224] im Wege des Freibeweises prüfen und entscheiden, ob die gesetzlichen Voraussetzungen für die Verlesung der Niederschrift über eine frühere Vernehmung oder der schriftlichen Erklärung im gegenwärtigen Zeitpunkt erfüllt sind[225]. Der **Vorsitzende** darf nicht von sich aus — auch nicht stellvertretend für das Gericht — die Verlesung von Niederschriften oder sonstigen Urkunden nach den Absätzen 1 und 2 anordnen. Wird dagegen von der Verlesung abgesehen, genügt die Anordnung des Vorsitzenden[226]. Eines Gerichtsbeschlusses bedarf es nicht, es sei denn, daß damit zugleich auch ein Beweisantrag abgelehnt werden soll[227].

**73**    **2. Die Verkündung** eines **mit Gründen versehenen Gerichtsbeschlusses** ist unerläßliches Erfordernis der Verlesung; der Mangel eines solchen Beschlusses oder seiner Begründung rechtfertigt die Revision. Das Gesetz hat mit gutem Grund die Ausnahme vom Grundsatz des § 250 an die Einhaltung einer bestimmten Form geknüpft. Dies soll sicherstellen, daß das Gericht prüft, ob die Voraussetzungen für die Verlesbarkeit (noch) vorliegen[228] und daß es von dieser Möglichkeit ohne Schaden für die Ermittlung der Wahrheit Gebrauch macht. Gleichzeitig wird damit den Prozeßbeteiligten zur Kenntnis gebracht, aus welchem Grund das Gericht die Verlesung für zulässig erachtet. Der Beschluß darf sich deshalb nicht mit einem Hinweis auf die angewandte Gesetzesbestimmung begnügen, sondern muß die dafür **maßgebenden Tatsachen**[229] so konkret angeben, daß die Gesetzesanwendung nachprüfbar wird[230]. Lediglich bei § 251 Abs. 1 Nr. 4 genügt der Hinweis auf die allseitige Einwilligung[231]. Bei möglicherweise veränderter Sachlage genügt es nicht, wenn nur auf die Gründe eines früheren Beschlusses verwiesen wird, in dem die kommissarische Vernehmung angeordnet worden war[232]. Fehlt die Begründung, so wird die Verlesung dadurch nicht unzulässig[233].

**74**    Das Gericht darf auch mit **Zustimmung aller Verfahrensbeteiligten** von der Beachtung der durch Absatz 4 vorgeschriebenen Förmlichkeiten nicht absehen[234]. Eine Begründung ist grundsätzlich auch erforderlich, wenn der Verlesungsgrund allen Verfahrensbeteiligten bekannt ist[235].

---

[224] KMR-*Paulus* 14.

[225] Vgl. BayObLGSt **1959** 315 = NJW **1960** 687; ferner Rdn. 75.

[226] *Kleinknecht/Meyer*[37] 34; KMR-*Paulus* 14 unter Hinweis auf BGH.

[227] Vgl. § 244 Abs. 6.

[228] *Eb. Schmidt* 26; vgl. Rdn. 75, ferner BGH NStZ **1986** 325 (Beschluß, daß Gründe noch fortbestehen, genügt nicht, wenn die komm. Vernehmung ohne Begründung angeordnet worden war).

[229] Maßgeblich ist immer, welche Tatsachen zur Darlegung des jeweiligen Hinderungsgrundes notwendig sind; so genügt die Angabe, daß der Zeuge verstorben ist, nicht aber, daß er „krank" ist; vgl. OLG Hamm VRS **36** 51.

[230] RGSt **38** 254; **60** 170; **61** 73; BGHSt **9** 230; BGH NJW **1952** 1305; **1956** 1367; BGH

NStZ **1983** 325; 569; BGH StrVert. **1984** 324; BayObLG StrVert. **1981** 12; OLG Karlsruhe NJW **1973** 1942; OLG Köln VRS **70** 143; OLG Oldenburg NdsRpfl. **1954** 17; OLG Stuttgart DAR **1955** 67; OLG Schleswig bei *Ernesti/Lorenzen* SchlHA **1981** 94; KK-*Mayr* 24; *Kleinknecht/Meyer*[37] 35; KMR-*Paulus* 16.

[231] Nach BGH bei *Kleinknecht/Meyer*[37] 35 genügt schon der Hinweis auf § 251 Abs. 1 Nr. 4.

[232] BGH NStZ **1983** 569. Vgl. Rdn. 75.

[233] OLG Oldenburg NdsRpfl. **1954** 17; dies kann aber die Revision begründen, vgl. Rdn. 91.

[234] RGSt **1** 120; RGRspr. **6** 754; BGH NJW **1932** 1305; OLG Hamm VRS **36** 51; *Kleinknecht/Meyer*[37] 35; KMR-*Paulus* 14; *Eb. Schmidt* 26.

[235] Vgl. Rdn. 91.

**An frühere Beschlüsse**[236] und die damals gegebene Begründung ist das Gericht **75** weder gebunden, noch wird es durch sie von der Pflicht zur nochmaligen Prüfung befreit. Die Verlesung ist nur zulässig, wenn einer der in § 251 Abs. 1, 2 genannten Gründe **zur Zeit der Verlesung** vorliegt[237]. Er braucht nicht mit dem früheren Grund nach § 223 übereinstimmen, sondern kann von dem Grund für die Anordnung der Vernehmung durch einen beauftragten oder ersuchten Richter abweichen[238]. Einer veränderten Sachlage muß Rechnung getragen werden. Doch schließt die Anordnung der Verlesung keinen Rechtsverstoß in sich, wenn das Gericht vom Wegfall des früheren Hindernisses keine Kenntnis erlangt und keinen Anlaß hat, an seinem Fortbestand zu zweifeln[239]. Nach der Art des Grundes (Erkrankung), der Aktenlage oder auch dem Vorbringen in der Hauptverhandlung können sich jedoch erneute Nachforschungen nach dem Fortbestand des Hinderungsgrundes als notwendig erweisen.

**3. Ausführung der Verlesung.** Die Verlesung der Niederschrift oder der schriftli- **76** chen Erklärung kann durch die bloße Mitteilung ihres Inhalts nicht ersetzt werden[240]. Das Selbstleseverfahren nach § 249 Abs. 2 ist ausgeschlossen (§ 249 Abs. 2 Satz 6)[240a]. Es ist in der Regel nicht statthaft, einen **Teil der Schrift** von der Verlesung auszuschließen[241]. Eine Abweichung von dieser Regel erfordert die Zustimmung aller Beteiligten[242]. Wenn der Zeuge oder Sachverständige mehrmals vernommen worden war, müssen nicht notwendig alle Niederschriften verlesen werden[243]. Die Verlesung obliegt grundsätzlich dem Vorsitzenden, der jedoch auch einen mitwirkenden Richter oder den Protokollführer damit beauftragen kann[244].

**4. Nachträgliche Veränderungen.** Die Beweiserhebung durch die Verlesung wird **77** nicht dadurch **nachträglich unzulässig,** daß der Grund, aus dem sie angeordnet wurde, im weiteren Verlauf der Verhandlung wegfällt[245]. Das Gericht ist an seinen Beschluß, auch wenn er schon ausgeführt ist, aber auch nicht gebunden[246]. Es kann ihn widerrufen[247] und einen erreichbar gewordenen Zeugen oder Sachverständigen in der Hauptverhandlung hören, wenn der Zeuge oder Sachverständige, obwohl er von einem beauftragten oder ersuchten Richter vernommen worden war, vor dem erkennenden Gericht erscheint.

Wird die **nachträgliche Vorladung und Vernehmung** des Zeugen beantragt, so ent- **78** scheidet das Gericht über diesen Antrag nach pflichtgemäßem Ermessen[248]. Die Erfordernisse, die aus der Aufklärungspflicht erwachsen, sind jedoch bei Ausübung des Er-

---

[236] Etwa nach § 223; vgl. § 223, 22 ff.

[237] RGSt **59** 302; BGHSt **1** 103; BGH bei *Dallinger* MDR **1972** 572; BayObLGSt **1957** 133; OLG Stuttgart DAR **1955** 67; KMR-*Paulus* 16. Vgl. auch BGH NStZ **1986** 325 (Fußn. 227).

[238] Vgl. RG GA **64** (1917) 551; **70** (1926) 107.

[239] RGSt **52** 87; RG LZ **1919** 59; *Alsberg/Nüse/Meyer* 275.

[240] *Kleinknecht/Meyer*[37] 33.

[240a] Ebenso nach der am 1. 4. 1987 in Kraft tretenden Neufassung des § 249 Abs. 2, vgl. bei § 249, beschlossene Änderung.

[241] RGSt **14** 1; RGRspr. **1** 655.

[242] RGRspr. **9** 176; BGH nach *Kleinknecht/Meyer*[37] 33; KMR-*Paulus* 46.

[243] RGRspr. **7** 153.

[244] Vgl. § 249, 43.

[245] RGSt **49** 361.

[246] *Alsberg/Nüse/Meyer* 274; *Eb. Schmidt* 27.

[247] Der ausdrückliche Widerruf (Aufhebung des Verlesungsbeschlusses) ist zwar nicht unbedingt notwendig. Zumindest wenn er noch nicht ausgeführt war, dient seine förmliche Aufhebung jedoch der Verfahrensklarheit. Sie ist erforderlich, wenn ein Verfahrensfehler geheilt werden soll, vgl. Vor § 226, 54.

[248] RGSt **40** 180; **51** 20; **57** 322; RG GA **57** (1910) 215; RG Recht **1917** Nr. 1198; BayObLGSt **1959** 315 = NJW **1960** 687.

messens stets zu beachten. Bestehen die Gründe, die die Verlesung rechtfertigen, fort, so hat grundsätzlich kein Prozeßbeteiligter Anspruch auf eine nochmalige Vernehmung des Zeugen in der Hauptverhandlung[249]. Andererseits muß dem Antrag auf nochmalige Vernehmung stattgegeben werden, wenn der Antragsteller unter Angabe bestimmter Tatsachen behauptet, die erste Vernehmung des Zeugen sei nicht erschöpfend gewesen oder, der Zeuge habe sich geirrt, er werde die Aussage bei einer Gegenüberstellung ändern[250].

**79**     **5. Feststellung der Vereidigung.** Ob die verlesene Aussage beeidigt ist oder nicht, muß vom Vorsitzenden stets ausdrücklich angegeben werden, damit die Beteiligten und die zur Entscheidung berufenen Richter instandgesetzt werden, die Bedenken geltend zu machen oder zu würdigen, die sich daraus ergeben, daß der Zeuge oder Sachverständige nicht vereidigt worden ist. Die Angabe kann bis zum Schluß der Hauptverhandlung nachgeholt oder berichtigt werden[251]. Wird sie unterlassen oder eine unrichtige Angabe gemacht, so kann dieser Verstoß die Revision begründen[252].

**80**     Einer **Mitteilung des Grundes,** aus dem von der Vereidigung eines vom beauftragten oder ersuchten Richter vernommenen Zeugen abgesehen worden ist, bedarf es nicht; die Revision kann also nicht darauf gestützt werden, daß die verlesene Niederschrift den Grund der Nichtvereidigung nicht erkennen lasse[253].

**81**     Wird die Niederschrift über die Vernehmung eines **Beschuldigten** verlesen, so sind Ausführungen zur Vereidigung überflüssig[254], desgleichen, wenn die Eidesunmündigkeit des Zeugen sich aus dem verlesenen Protokoll ergibt[255]. Bedenklich dagegen ist die Ansicht, daß die Feststellung nur der Unterrichtung der Richter diene und unterbleiben könne, wenn das Gericht den Mangel der Vereidigung gekannt habe[256].

**82**     **6. Nachholung der Vereidigung.** Die Frage, ob ein Zeuge zu vereidigen sei, steht zu der anderen Frage, ob er vor dem erkennenden Gericht selbst zu vernehmen sei oder nicht, an sich in keiner Beziehung[257]. Hieraus folgt einerseits, daß auch die Aussage eines eidesunfähigen Zeugen verlesen werden darf, andererseits, daß die Vereidigung eines eidesfähigen Zeugen nicht dadurch entbehrlich wird, daß die Verlesung der Niederschrift über eine frühere Vernehmung an die Stelle der Vernehmung vor dem erkennenden Gericht tritt.

**83**     Das Gericht muß auf Grund des Ergebnisses der Hauptverhandlung — also möglicherweise unter veränderten Gesichtspunkten — **von Amts wegen** über die Vereidigung entscheiden. Wenn die zu verlesende Aussage nicht beeidigt ist, hat es entsprechend den §§ 59 ff zu prüfen, ob Grund gegeben ist, den Zeugen oder Sachverständigen zu vereidigen[258]. Das Gericht erhält insoweit durch Absatz 4 keinen weiteren Ermessensspielraum. Für die Entscheidung gelten dieselben Grundsätze wie für die Entscheidung über die Vereidigung der in der Hauptverhandlung vernommenen Zeugen.

**84**     Es bedarf eines **förmlichen Beschlusses** des Gerichts, der mit Gründen zu verkün-

---

[249] OLG Hamm VRS 40 197; vgl. § 244, 132 ff.

[250] RG Recht **1915** Nr. 2783; vgl. auch BGH StrVert. **1985** 222 (ausweichende Antwort des Zeugen auf wesentliche Frage).

[251] RG Recht **1915** Nr. 1913; *Kleinknecht/Meyer*[37] 37; KMR-*Paulus* 49.

[252] RGSt **2** 237; RGRspr. **1** 230.

[253] RG JW **1890** 398; HRR **1938** Nr. 771; *Kleinknecht/Meyer*[37] 37.

[254] RG LZ **1920** 718; *Kleinknecht/Meyer*[37] 37.

[255] RG JW **1891** 324; *Alsberg/Nüse/Meyer* 274.

[256] Vgl. RG LZ **1917** 127.

[257] Mot. 186.

[258] BGHSt **1** 270; BGH NStZ **1984** 179; OLG Hamm JMBlNW **1954** 12; VRS **24** 299; OLG Köln NJW **1954** 70; OLG Saarbrücken MDR **1973** 428; KK-*Mayr* 24; *Kleinknecht/Meyer*[37] 38; KMR-*Paulus* 53.

den ist, und der Angabe der Gründe der Nichtbeeidigung im Protokoll (§ 64). Bei allseitigem Verzicht kann das Gericht von der Vereidigung absehen[259].

Ist danach die Vereidigung geboten, muß zunächst zu ihrer Nachholung die **85** **nochmalige Vernehmung** angeordnet werden, sofern sie ausführbar ist[260]. Dies gilt auch dann, wenn der Zeuge zur Zeit der früheren Vernehmung eidesunmündig war, zur Zeit der Hauptverhandlung dagegen eidesmündig ist[261]. Ist die nochmalige **Vernehmung unausführbar,** wie das in den Fällen des § 251 Abs. 1 Nr. 2 und Abs. 2 immer oder in der Regel zutrifft, so gestattet der § 251 Abs. 1 und 2 die Verlesung der unbeschworenen Aussage, damit dem Gericht kein sich darbietendes Beweismittel entzogen werde. Der **Unausführbarkeit** ist ein Hindernis gleichzuachten, das in absehbarer Zeit nicht behoben werden kann[262]. Die Verlesung der unbeschworenen Aussage eines Zeugen ist auch zulässig, wenn der Zeuge die Eidesleistung verweigert[263]. Die Verhängung der Zwangshaft nach § 70 Abs. 2 steht im pflichtmäßigen Ermessen des Gerichts[264]. Ist der Zeuge zu Unrecht vereidigt worden, muß das Gericht dies in der Hauptverhandlung feststellen und darauf hinweisen, daß es die Aussage nur als uneidliche würdigt[265].

**7. Sitzungsniederschrift.** Die Beachtung der durch Absatz 4 vorgeschriebenen **86** Förmlichkeiten kann nur durch die Sitzungsniederschrift bewiesen werden (§ 274). Die gilt insbesondere für die Bekanntgabe des Verlesungsgrundes, der als eine wesentliche Förmlichkeit des Verfahrens (§ 273) in die Sitzungsniederschrift aufzunehmen ist[266], für die Feststellung über die Vereidigung nach Absatz 4 Satz 3[267] und für die Entscheidung des Gerichts hierüber[268].

## VII. Rechtsbehelfe

**1.** Die **Beschwerde** gegen die Beschlüsse des erkennenden Gerichts scheitert an **87** § 305 Satz 1.

**2. Revision**

**a)** Mit der Revision kann der **Verstoß gegen** § 250 gerügt werden, der darin liegt, **88** daß durch die unrichtige Anwendung der Absätze 1 oder 2 eine in Wirklichkeit nicht gegebene Ausnahme von dieser Vorschrift angenommen wurde[269].

**b)** Unter dem Blickwinkel eines **Verstoßes** gegen die jeweils angewandte Rege- **89** lung in § 251 Abs. 1 oder 2 kann beanstandet werden, wenn das Gericht die jeweiligen Verlesungsvoraussetzungen rechtsfehlerhaft bejaht oder verneint hat, vor allem, wenn es einen Rechtsbegriff falsch ausgelegt oder bei der Würdigung der tatsächlichen Vor-

---

[259] *Alsberg/Nüse/Meyer* 276; *Kleinknecht/Meyer*[37] 38.

[260] RGSt **20** 60; BGHSt **1** 269; *Kleinknecht/Meyer*[37] 38; KMR-*Paulus* 53; *Eb. Schmidt* 30.

[261] RG GA **57** (1910) 214; *Alsberg/Nüse/Meyer* 275; a. A KMR-*Paulus* 52 (keine Nachholung, sofern nicht nach § 244 Abs. 2 die nochmalige eidliche Vernehmung angeordnet wird).

[262] RG GA **57** (1910) 214; KMR-*Paulus* 53.

[263] RG GA **59** (1912) 119; *Alsberg/Nüse/Meyer* 276.

[264] RG GA **59** (1912) 119.

[265] *Alsberg/Nüse/Meyer* 276; **a.** A KMR-*Paulus* 54 (sofern möglich, nochmalige uneidliche Einvernahme des Zeugen).

[266] Vgl. § 273, 16.

[267] RGSt **1** 120; *Alsberg/Nüse/Meyer* 274; *Eb. Schmidt* 26.

[268] § 273, 14; 26.

[269] Vgl. etwa BGH StrVert. **1981** 164; **1984** 5 KMR-*Paulus* 57.

Walter Gollwitzer

aussetzungen die seinem Beurteilungsraum gesetzten Grenzen nicht eingehalten hat[270]. Ein solcher Rechtsfehler wird auch angenommen, wenn das Gericht das Maß der nach den gesamten Umständen **gebotenen Nachforschungen** und der dabei gebotenen Gründlichkeit ersichtlich verkannt hat[271] oder wenn es seiner Pflicht nicht nachgekommen ist, vor Anordnung der Verlesung mit allen möglichen und nach der Verfahrenslage gebotenen Mitteln darauf hinzuwirken, daß die Auskunftsperson für eine Einvernahme in der Hauptverhandlung verfügbar wird[272].

**90**     Ein die Revision begründender Verstoß gegen § 251 Abs. 1 kann ferner darin liegen, daß ein **richterliches Protokoll** verlesen wurde, obwohl dieses wegen **Mängel** seiner Form oder seines Zustandekommens nicht nach Absatz 1 verlesen werden durfte[273].

**91**     c) § 251 Abs. 4 Satz 1, 2 ist verletzt, wenn das Gericht die Verlesung nicht durch einen **Gerichtsbeschluß** angeordnet hat oder wenn dieser nicht oder nicht ordnungsgemäß **begründet** wurde[274].

**92**     **Unterbleibt** die **Angabe des Verlesungsgrundes**, so ist dies nur unschädlich, wenn der Grund der Verlesung allen Beteiligten ohnehin zweifelsfrei bekannt war[275]. Die Angabe der Gesetzesbestimmung ist nicht erforderlich. Sie bietet grundsätzlich auch keinen Ersatz für fehlende tatsächliche Angaben. Sind letztere richtig angeführt, ist die Berufung auf eine falsche Gesetzesbestimmung unschädlich[276], sofern nicht ausnahmsweise die Verfahrensbeteiligten dadurch in ihrem weiteren Prozeßverhalten in eine falsche Richtung gelenkt worden sind. Waren die Voraussetzungen für die Verlesung tatsächlich gegeben, so wird in der Regel das Urteil nicht auf der unterbliebenen oder unrichtigen Angabe des Verlesungsgrundes beruhen[277]. Soweit dies ohne Eingriff in das tatrichterliche Ermessen möglich ist, kann das Revisionsgericht an Stelle eines zu Unrecht angenommenen Verlesungsgrundes auf einen zweifelsfrei gegebenen Grund zurückgreifen[278].

**93**     Unterbleibt die nach Absatz 4 Satz 3 gebotene **Feststellung über die Vereidigung** oder ist sie falsch, kann das ebenso mit der Revision gerügt werden[279] wie wenn das Gericht es unterlassen hat, eine nach den §§ 59 ff notwendige und auch mögliche Vereidigung nachzuholen[280]. Der Verstoß rechtfertigt die Revision, wenn der Angeklagte dadurch in seiner Verteidigung beeinträchtigt worden ist[281]. Nur in Ausnahmefällen kann die fehlende ausdrückliche Entscheidung über die Beeidigung den Bestand des Urteils nicht gefährden, etwa, wenn sich für die Verfahrensbeteiligten zweifelsfrei ergibt, daß

---

[270] Vgl. Rdn. 34; 38; 41; 53 f mit Nachw.; ferner etwa RGSt **54** 22; RGRspr. **8** 459; RG JW **1934** 44; LZ **1920** 803; BGH JR **1969** 267 mit Anm. *Peters*; GA **1980** 422; NStZ **1984** 179; StrVert. **1981** 220; **1982** 507; **1983** 444; VRS **41** 203; bei *Dallinger* MDR **1975** 726; bei *Holtz* MDR **1976** 989; bei *Spiegel* DAR **1978** 156; **1980** 206; OLG Celle NJW **1961** 1490; OLG Köln VRS **70** 143; OLG Neustadt VRS **9** 465; KMR-*Paulus* 64; ter Veen StrVert. **1985** 297; 302.

[271] Vgl. etwa BGH bei *Holtz* MDR **1976** 989; ferner die Nachw. Fußn. 270 und zum Verhältnis zur Aufklärungspflicht Fußn. 283.

[272] Vgl. Rdn. 40.

[273] Vgl. Rdn. 10 bis 16; KMR-*Paulus* 60.

[274] RGSt **1** 118; 242; RGRspr. **1** 657; **2** 562; RG Recht **1915** Nr. 745; BGHSt **9** 231; BGH

NStZ **1983** 325; **1986** 325; OLG Schleswig bei *Ernesti/Lorenzen* SchlHA **1981** 94; a. A OLG Bamberg JR **1951** 692.

[275] RGSt **59** 302; BGH NStZ **1986** 325; bei *Dallinger* MDR **1972** 572; BayObLGSt **1957** 133; OLG Karlsruhe NJW **1973** 1942; OLG Köln VRS **70** 143; OLG Stuttgart DAR **1955** 67; KMR-*Paulus* 63.

[276] OLG Karlsruhe NJW **1973** 1942; OLG Köln VRS **63** 265; OLG Stuttgart DAR **1955** 67.

[277] OLG Stuttgart DAR **1955** 67.

[278] Vgl. BGH JR **1969** 267 mit Anm. *Peters*.

[279] RGSt **2** 237; RGRspr. **1** 230; BGH NStZ **1983** 325; KMR-*Paulus* 61.

[280] Vgl. Rdn. 83.

[281] OLG Saarbrücken MDR **1973** 428.

sich das erkennende Gericht den Grund zu eigen machen wollte, aus dem der ersuchte Richter von der Vereidigung abgesehen hat (z. B. wenn der Vernommene der Verletzte war[282].

**d)** Als **Verletzung der Aufklärungspflicht** kann beanstandet werden, wenn das Ge- **94** richt sich mit der Verlesung einer Vernehmungsniederschrift begnügt hat, obwohl die Aussage von ausschlaggebender Bedeutung war und eine Einvernahme der Auskunftsperson durch das erkennende Gericht möglich gewesen wäre[283] oder wenn es eine nach der Sachlage gebotene nochmalige kommissarische Einvernahme eines Zeugen unterlassen[284] oder von einer möglichen und nach der Beweislage notwendigen Zuziehung weiterer Beweismittel abgesehen hat[285]. Auch die rechtsirrige Verneinung der Verlesbarkeit einer Schrift kann gegen die Aufklärungspflicht verstoßen.

**e)** Ein **Verstoß gegen** § 261 kann darin liegen, daß das Gericht im Urteil nicht **95** aufgezeigt hat, daß es sich des geringen Beweiswerts der verlesenen Urkunden bewußt war und daß es diesem Umstand bei seiner Beweiswürdigung Rechnung getragen hat[286], aber auch darin, daß es von vornherein ohne Einzelwürdigung einer Niederschrift jeden Beweiswert abspricht[287].

**f)** Zur **Begründung** der **jeweiligen Revisionsrüge** müssen lückenlos alle Tatsachen **96** angeführt werden, aus denen sich der behauptete Rechtsverstoß ergibt[288]. So sind beispielsweise bei der Rüge einer unrichtigen Anwendung von § 251 Abs. 1 Nr. 3 der die Verlesung anordnende Gerichtsbeschluß sowie alle für die Abwägung (vgl. Rdn. 41) maßgebenden Umstände, wie Bedeutung der Aussage, Entfernung zwischen Wohnort des Zeugen und Ort der Hauptverhandlung usw., anzuführen, um darzulegen, daß ihm das Erscheinen zumutbar war. Wird die Unrichtigkeit oder Mangelhaftigkeit eines Beschlusses beanstandet, muß dessen Inhalt zweckmäßigerweise im Wortlaut mitgeteilt werden, und es müssen die Tatsachen angeführt werden, die dessen Unrichtigkeit und — wenn sich dies nicht schon aus dem Beschlußinhalt selbst ergibt — auch dessen Unvollständigkeit belegen[289].

---

[282] OLG Karlsruhe VRS **33** 288.

[283] Vgl. Rdn. 41 mit Nachw. Die Rüge, das Gericht habe den Begriff des nicht zu beseitigenden Hindernisses oder der Zumutbarkeit verkannt, kann – je nach dem Tatsachenvortrag – auch eine Rüge der Verletzung der Aufklärungspflicht enthalten. Es müssen dann allerdings alle zur Begründung einer solchen Rüge erforderlichen Tatsachen vorgetragen sein; vgl. § 244, 345. Dagegen kann – sofern kein Beweisantrag abgelehnt wurde – nur unter dem Blickwinkel der Aufklärungspflicht gerügt werden, daß das Gericht einen Zeugen, dessen Aussage nach § 251

Abs. 2 verlesen wurde, im Ausland im Wege der Rechtshilfe kommissarisch hätte vernehmen lassen müssen; vgl. BGH NStZ **1985** 561.

[284] Vgl. Rdn. 54; ferner Fußn. 283; § 244, 343 ff; *ter Veen* StrVert. **1985** 303.

[285] Vgl. Rdn. 64; ferner § 244, 46; 60; 68.

[286] Vgl. Rdn. 40; ferner § 261, 56 ff; § 337, 125 ff; *Rebmann* NStZ **1982** 317; *Bruns* MDR **1984** 181.

[287] BGHSt **29** 109; vgl. auch BGH NStZ **1985** 230 (Verfahrenseinstellung).

[288] Vgl. § 344, 76 ff.

[289] Vgl. etwa BGH NStZ **1983** 325.

Walter Gollwitzer

# § 252

**Die Aussage eines vor der Hauptverhandlung vernommenen Zeugen, der erst in der Hauptverhandlung von seinem Recht, das Zeugnis zu verweigern, Gebrauch macht, darf nicht verlesen werden.**

**Schrifttum.** *Eser* Das Verwertungsverbot des § 252 StPO und die Vernehmung des vernehmenden Richters, NJW **1963** 234; *Fezer* Grundfälle zum Verlesungs- und Verwertungsverbot im Strafprozeß, JuS **1977** 234; 382; 520; 669; 813; **1978** 104; 325; 472; 612; 765; **1979** 35; 186; *Fuhrmann* Das Verwertungsverbot des § 252 StPO und die Aufklärungspflicht des Gerichts, JuS **1963** 273; *Geppert* Notwendigkeit und Grenzen der „informatorischen Befragung" im Strafverfahren, FS Oehler 323; *Haubrich* Informatorische Befragung von Beschuldigten und Zeugen, NJW **1981** 803; *Mehner* Die Vernehmung von Verhörspersonen im Strafprozeß (1975); *D. Meyer* Verwertung früherer Aussagen nach Aussageverweigerung, JA **1972** 163; *Prittwitz* Das Zeugnisverweigerungsrecht des Angehörigen und seine Wirkung für Mitbeschuldigte, NStZ **1986** 64; *Redecker* Die Verwertung des Vernehmungsprotokolls in der Hauptverhandlung, Diss. Frankfurt 1972; vgl. ferner die Schrifttumshinweise bei den §§ 52, 53, 53 a, 249, 250 und allgemein zu den Beweisverboten Einl. Kap. 14.

**Entstehungsgeschichte.** Die Entwürfe sahen keine dem § 252 ähnliche Vorschrift vor. Sie ist erst durch die Reichstagskommission eingefügt worden. Ausführliche Darlegung der Entstehungsgeschichte RGSt **10** 375. Bezeichnung bis 1924: § 251.

*Übersicht*

**1**  **1. Geltungsgebiet.** § 252 ist an falscher Stelle in das Gesetz eingefügt worden. Er gehört nicht in den Zusammenhang der §§ 250, 251, 253 bis 256, sondern zu den §§ 52 ff, weil hier eine Rechtsfolge der Ausübung des Zeugnisverweigerungsrechts geregelt wird[1]. § 252 gilt nicht nur für die Fälle der §§ 52, 53 und 53 a, sondern auch für den Fall des § 54, sofern ein Beamter ein Zeugnis in der irrigen Meinung abgelegt hat, daß es seine Pflicht zur Amtsverschwiegenheit nicht berühre[2]. Er gibt dagegen der vorgesetzten Dienstbehörde nicht das Recht, die erteilte Genehmigung zur Aussage zu widerrufen[3]. Dagegen bezieht die Rechtsprechung[4] die Vorschrift des § 252 nicht auf das Auskunftsverweigerungsrecht des § 55[5]. Zur Anwendbarkeit des § 252 auf Sachverständige vgl. § 76.

Das **zwischen Mitangeklagten** bestehende nahe Verwandtschafts- oder Schwäger- **2** schaftsverhältnis gibt ihnen kein „Zeugnisverweigerungsrecht"[6]. Die Frage, ob frühere, in einem Vernehmungsprotokoll niedergelegte Erklärungen eines Angeklagten zum Beweis über sein Geständnis verlesen und gegen ihn wie gegen den Mitangeklagten verwertet werden dürfen, ist nicht nach § 252, sondern nach § 254 zu beurteilen[7].

### 2. Sinn und Tragweite der Vorschrift

**a) Beweiserhebungs- und Verwertungsverbot.** Zweck des § 252 ist es, dem Zeu- **3** gen, der zur Verweigerung des Zeugnisses berechtigt ist, bis zu seiner Einvernahme in der Hauptverhandlung die Freiheit der Entschließung zu erhalten und ihn davor zu schützen, voreilig zur Belastung des Angeklagten beizutragen. Bei der Auslegung der Vorschrift standen sich lange Zeit zwei Rechtsmeinungen gegenüber: Die eine sah in § 252 ein bloßes **Verlesungsverbot** und hielt es für erlaubt, den Inhalt der früheren Aussage in anderer Weise als durch Verlesung der Niederschrift, insbesondere durch Vernehmung des Verhörsbeamten, festzustellen und als Beweisgrundlage zu verwerten[8]. Die andere sieht in § 252 nicht nur eine Einschränkung des Urkundenbeweises, sondern ein **Verwertungsverbot** des Inhalts, das es unzulässig sei, die frühere — in einer Vernehmungsniederschrift niedergelegte — Aussage zu berücksichtigen und in irgendeiner Weise zum Gegenstand der Beweiserhebung zu machen[9].

---

[1] *Alsberg/Nüse/Meyer* 465; KK-*Mayr* 1.
[2] OLG Celle MDR **1959** 414; *Alsberg/Nüse/ Meyer* 467; *Gössel* NJW **1981** 2220; *Kleinknecht/Meyer*[37] 4; KMR-*Paulus* 5; *Schlüchter* 515; a. A KK-*Mayr* 8; vgl. § 54, 20.
[3] *Alsberg/Nüse/Meyer* 467; KMR-*Paulus* 5.
[4] In Anlehnung an die sogen. Rechtskreistheorie – BGHSt 11 213; vgl. § 337, 95.
[5] BGHSt **1** 39; **6** 211; **17** 245; VRS **34** 218; BGH MDR **1951** 180; bei *Dallinger* MDR **1968** 202; bei *Holtz* MDR **1983** 796; bei *Pfeiffer/Miebach* NStZ **1985** 493; BayObLGSt **1953** 92; **1966** 166; **1984** 1 = NJW **1953** 1116; **1967** 1095; **1984** 1246; OLG Schleswig SchlHA **1974** 180; LG Aachen JMBlNW **1970** 273; *Gössel* NJW **1981** 2220; *Grünwald* JZ **1966** 499; KK-*Mayr* 7; *Kleinknecht* NJW **1966** 1539; *Kleinknecht/Meyer*[37] 5; *Otto* GA **1970** 301; *Schlüchter* 502; a. A *Busch* JZ **1953** 703; *Hanack* JZ **1972** 238; FS Schmidt-Leichner 92; KMR-*Paulus* 5; 10; *Kohlhaas* JR **1955** 43; *Niese* JZ **1953** 223; *Rogall* NJW **1978** 2538; *Eb. Schmidt* 3; NJW **1968** 1218

Fußn. 80. Weit. Nachw. zum Streitstand *Alsberg/Nüse/Meyer* 467; § 55, 15. Zur verfassungsrechtlichen Zulässigkeit von Einschränkungen des Auskunftsverweigerungsrechts nach § 55 vgl. BVerfG (Vorprüfungsausschuß) NStZ **1985** 277.
[6] Zum Schweigerecht und der Wirkung einer unterbliebenen Belehrung vgl. § 136, 53 ff; § 243, 71 ff.
[7] Vgl. § 254, 18.
[8] So etwa RGSt **5** 143; **16** 119; **35** 5; **48** 246; **51** 123; **70** 6; **72** 222; nach 1945 folgten nur OLG Kiel SchlHA **1946** 163 und OLG Stuttgart NJW **1951** 932 dem RG; a. A OLG Bamberg SJZ **1948** 471; OLG Bremen HESt **3** 42; OLG Düsseldorf HESt **1** 174 = MDR **1947** 274 mit Anm. *Sieverts*; OLG Hamm JMBlNW **1950** 62; KMR-*Paulus* 3.
[9] Die Entstehungsgeschichte zeigt, daß § 252 die Wirkung einer berechtigten Zeugnisverweigerung umschreiben sollte; vgl. *Hahn* **2** 1880 ff.

Walter Gollwitzer

**4**    **Rechtsprechung**[10] und **Schrifttum**[11] stimmen heute insoweit weitgehend überein, daß § 252 nicht nur die Beweisverwendung der Vernehmungsniederschriften ausschließt, sondern — über seinen Wortlaut hinaus — grundsätzlich auch die Feststellung des Inhalts der Aussage durch andere Beweismittel verbietet. Einem Zeugen, der aus Gründen seiner persönlichen Nähe zur Sache mit dem Zeugniszwang verschont werden soll, soll die seelische Belastung erspart bleiben, daß sein — vielleicht voreilig oder auch ohne Kenntnis des Verweigerungsrechts — abgegebenes Zeugnis entgegen seinem Willen doch noch Einfluß auf die Entscheidung gewinnen kann[12]. Diese Rücksicht ist der Rechtfertigungsgrund für § 252 und nicht der Gedanke, daß alle geringwertigeren Erkenntnisquellen ausgeschlossen werden müßten, wenn das Gesetz den Verlust des am besten geeigneten Beweismittels — nämlich der Aussage des weigerungsberechtigten Zeugen in der Hauptverhandlung — zulasse[13].

**5**    **b) Ausnahme für Vernehmungsrichter.** Nach der im **Schrifttum** vorherrschenden Meinung gilt das aus dem Grundgedanken des § 252 herzuleitende Verbot einer anderweitigen Beweisaufnahme unterschiedslos auch für die Einvernahme aller Verhörspersonen, und zwar ganz gleich, ob der Zeuge über sein Weigerungsrecht belehrt worden war und ob er von einem Polizeibeamten oder einem Staatsanwalt oder einem Richter vernommen worden ist[14].

**6**    Die **Rechtsprechung** des BGH[15] unterscheidet dagegen zwischen richterlichen und nichtrichterlichen früheren Vernehmungen. Die Rücksicht auf die Belange des Zeugen verbietet es nur dann, die frühere Aussage zum Gegenstand der Beweiserhebung zu machen und als Beweisgrundlage zu verwerten, wenn es sich um eine nichtrichterliche Vernehmung handelt oder der Zeuge zwar vom Richter vernommen, aber entgegen § 52 Abs. 2 nicht über sein Zeugnisverweigerungsrecht belehrt worden ist. Die schutzwürdigen Belange des weigerungsberechtigten Zeugen, auf die § 252 Rücksicht zu nehmen gebietet, müssen aber dem Grundsatz der Wahrheitserforschung weichen, der zum Wohle der Allgemeinheit die Aufklärung, Verfolgung und gerechte Ahndung von Verbrechen unter Verwendung aller verfügbaren Beweismittel fordert, wenn es sich um eine Aussage handelt, die der Zeuge bei einer richterlichen Vernehmung nach Belehrung über sein damals bereits bestehendes Zeugnisverweigerungsrecht gemacht hat. In diesem Falle besteht kein Anlaß, den Zeugen vor Folgen zu bewahren, die ihm das Gesetz zwar durch Zubilligung des Zeugnisverweigerungsrechts ersparen will, die er aber durch freiwillige Entschließung in Kenntnis der Tragweite seines Verhaltens und im Bewußtsein seiner Bedeutung auf sich genommen hat.

---

[10] Zur wechselnden höchstrichterlichen Rechtsprechung vgl. die 23. Aufl. Rdn. 3 bis 8; ferner *Eser* NJW **1963** 234; *Fuhrmann* JuS **1963** 273; *Otto* GA **1970** 295.

[11] Vgl. Fußn. 14 und – für die Gegenmeinung – Fußn. 18, 20.

[12] BGHSt 10 77; *Schneidewin* JR **1951** 487.

[13] So noch OLG Bamberg SJZ **1948** 471; vgl. auch *Gössel* FS Bockelmann 806; 810 (keine Beeinträchtigung der Wahrheitsfindung durch konfliktbelastete Aussage).

[14] Ein uneingeschränktes Verwertungsverbot, das auch die Einvernahme des Verhörsrichters ausschließt, nehmen an *Eser* NJW **1963** 235; *Fezer* JuS **1977** 671; *Geerds* FS Blau 72;

*Gössel* § 25 D II e 1; *Hanack* JZ **1972** 238; FS Schmidt-Leichner 91; *Heinitz* JR **1960** 226; *Niese* JZ **1953** 219; *Michaelis* NJW **1966** 117; **1967** 58; *Peters* § 39 III 3 a; NJW **1966** 2051; JR **1967** 467; 46. DJT I 3 A 118; *Reinicke* NJW **1952** 1036; 1155; *Roxin* § 44 B III 1; *Eb. Schmidt* 6; JZ **1957** 98; NJW **1968** 1209; *Seydel* NJW **1966** 740; *Spendel* NJW **1966** 1105; JuS **1964** 470; vgl. ferner *Alsberg/Nüse/Meyer* 471 mit weit. Nachw.

[15] In Fortsetzung von OGHSt 1 299; BGHSt 2 99, 110; 7 195; 10 77; 11 97, 338; 13 394; 18 146; 20 384; 22 219; 26 284; 27 231; 32 29; BGH NJW **1954** 204; **1955** 1289; **1956** 1886; **1973** 1139; **1979** 1722.

Diese Abgrenzung ist eine **kriminalpolitische Zweckmäßigkeitsentscheidung**[16], die **7**
weder im Wortlaut noch im Regelungszweck des § 252 eine überzeugende Stütze findet.
Seit der Neuregelung der Belehrungspflichten besteht auch insoweit kein Unterschied
mehr zwischen den einzelnen Vernehmungsarten[17]. Die Abgrenzung läßt sich allenfalls
als ein Kompromiß erklären, der für die Auslegung des § 252 den rechtfertigenden
Grundgedanken des Schutzes der Belange des einzelnen gegen die Bedürfnisse der Allgemeinheit abwägt und dabei berücksichtigt, wie das Gesetz auch im übrigen die Interessen des einzelnen und der Allgemeinheit gegeneinander abgrenzt, wenn sie einmal miteinander in Widerstreit geraten[18].

Der Unterschied zwischen der richterlichen Vernehmung und der Vernehmung **8**
durch andere Verhörspersonen, mit dem der Bundesgerichtshof seine unterschiedliche
Bewertung bei der Abwägung der widerstreitenden Interessen rechtfertigt, ist nach Ansicht des Bundesgerichtshofs trotz **Angleichung der Belehrungspflichten** beizubehalten[19]. Eine Minderheit des Schrifttums vertritt die Ansicht, daß mit der Ausdehnung der
Belehrungspflicht auf Polizei und Staatsanwaltschaft der entscheidende Unterschied
entfallen und deshalb auch die Vernehmung des Polizeibeamten oder des Staatsanwalts
zulässig geworden sei[20], sofern der Belehrungspflicht ordnungsgemäß genügt ist.

### 3. Voraussetzungen des Verbots

**a) Vernehmung vor der Hauptverhandlung** ist jede vor der **jetzigen** Hauptver- **9**
handlung liegende Einvernahme durch ein staatliches Organ. Auch die Vernehmung in
einer früheren Hauptverhandlung gehört hierher[21], was namentlich für das Verfahren
nach Aussetzung einer Hauptverhandlung oder vor dem Berufungsgericht bedeutsam
ist. Bei Vernehmungen in anderen Verfahren ist es unerheblich, welche **verfahrensrechtliche Stellung** der jetzige Zeuge hatte, insbesondere, wenn das frühere Verfahren
ein Strafverfahren war, ob er dort als Angeklagter oder als Zeuge vernommen wurde.
Maßgebend für die Anwendung des § 252 ist allein die Zeugenstellung in der gegenwärtigen Hauptverhandlung[22]. Nach seinem Schutzzweck umfaßt § 252 auch Aussagen

---

[16] *Hanack* FS Schmidt-Leichner 91; *Wömpner*
NStZ **1983** 296.
[17] Vgl. etwa *Geerds* FS Blau 72.
[18] Dem BGH folgen KK-*Mayr* 22; *Klein-
knecht/Meyer*[37] 14; *G. Schäfer* § 65 II 2 a.
KMR-*Paulus* 3; 4 sieht in § 252 nur ein Verlesungsverbot; ein über die unmittelbare Proto-
kollverlesung hinausreichendes Verwertungsverbot läßt sich nach ihm nur aus dem
Schutzzweck der Beweisbestimmungen herleiten; er kommt aber zum gleichen Ergebnis, wenn er den Rückgriff auf die Aussage
vor dem Richter zuläßt, weil sie in qualitativ
gleicher Verfahrenslage wie die Weigerung
erstattet worden sei.
[19] BGHSt **21** 218 mit Anm. *Michaelis* NJW
**1968** 58; zust. *Pelchen* LM Nr. 22 = JR **1967**
467 mit abl. Anm. *Peters*; KK-*Mayr* 26; *Otto*
GA 1970 295.
[20] *Kohlhaas* NJW **1965** 1255; DRiZ **1966** 286;
*Nüse* JR **1966** 283; *Roestel* SchlHA **1967** 162;
*Schlüchter* 497.3.
[21] BGH bei *Dallinger* MDR **1969** 18; *Alsberg/*

*Nüse/Meyer* 456; *Fuchs* NJW **1979** 17;
*Kleinknecht/Meyer*[37] 7; *Eb. Schmidt* 11.
[22] RGSt **32** 75; **35** 8; RG JW **1932** 419; BGHSt
**10** 186; **20** 385; **27** 141; BGH GA **1976** 144;
BayObLGSt **1977** 127; **1984** 1 = NJW **1978**
387; **1984** 1246; BayObLG StrVert. **1981** 12;
OLG Koblenz NJW **1983** 2342; OLG Köln
VRS **57** 425; OLG Schleswig bei *Ernesti/Jür-
gensen* SchlHA **1978** 188; OLG Stuttgart
VRS **63** 52; *Alsberg/Nüse/Meyer* 465; *Dallinger* MDR **1966** 162; *Fezer* JuS **1977** 814;
KK-*Mayr* 14 ff; *Kleinknecht/Meyer*[37] 7;
KMR-*Paulus* 9; LM-*Pelchen* LM Nr. 21; *Rogall* NJW **1978** 2538; *Schlüchter* 510; a. A
OLG Hamm NJW **1958** 721; das aus dem
Rollenwechsel bei einem Mitangeklagten erster Instanz kein Verwertungsverbot herleitet. Nach *Hanack* JZ **1972** 239 und *Peters*
Fortentwicklung (25) liegt hier eine sachlich
gerechtfertigte analoge Anwendung des
§ 252 vor. Vgl. auch OLG Hamm NJW **1981**
1682 (Fußn. 24).

in einem Zivilprozeß[23] oder einem sonstigen Verfahren. Dagegen wird die Heranziehung der Aussage zur Feststellung ihres Inhalts in einem Verfahren wegen eines Aussagedelikts für zulässig gehalten[24].

**10**      **Vernehmung** ist dabei im **weiten Sinn** zu verstehen. Sie umfaßt alle Bekundungen über wahrgenommene Tatsachen auf Grund einer amtlichen, von einem Staatsorgan veranlaßten Befragung, also nicht nur die förmliche Vernehmung im Sinne der §§ 136, 161 a, 163 a usw., sondern auch die gegenüber der Polizei auf **informatorisches Befragen** abgegebenen Erklärungen bei Beginn der Ermittlungen[25], einschließlich der mittels Fragebogen erhobenen Angaben[26], nicht aber ungefrage spontane Mitteilungen (Rdn. 29; 30).

**11**      **b) Ausübung des Zeugnisverweigerungsrechts.** Nur wenn dieses Recht im Zeitpunkt der gegenwärtigen Hauptverhandlung besteht und ausgeübt wird, steht § 252 einer Verwertung der früheren Aussage entgegen. Ob das Zeugnisverweigerungsrecht auch **schon zur Zeit der früheren Vernehmung** bestanden haben muß, richtet sich nach dem Schutzzweck der §§ 52 bis 54 und wird dort näher erörtert.

**12**      In den **Fällen des § 52** ist § 252 auch anwendbar, wenn das Recht **erst nach der früheren Vernehmung** durch das Verlöbnis oder die Eingehung der Ehe mit dem Beschuldigten oder durch die Herstellung eines sonst in Betracht kommenden Verhältnisses zum Beschuldigten entstanden ist[27]. **Minderjährige,** sowie die ihnen in § 52 Abs. 2 gleichgestellten Personen bedürfen, sofern die sonstigen Voraussetzungen des § 52 Abs. 2 gegeben sind, zur Aussage, nicht aber zur Verweigerung der Aussage, der Zustimmung des gesetzlichen Vertreters. Die Einzelheiten sind bei § 52 Abs. 2 erläutert. Ist der weigerungsberechtigte Zeuge **gestorben,** ohne von seinem Recht Gebrauch gemacht zu haben, so ist seine frühere Aussage dem Beweis zugänglich[28]. Dasselbe gilt, wenn er vollständig unzurechnungsfähig geworden ist[29]. Eine bereits erklärte Weigerung wirkt dagegen fort und muß auch nach dem Ableben des Zeugen beachtet werden[30]. Ist der Zeuge **unbekannten Aufenthalts,** scheitert die Verwertung seiner Aussage nicht daran,

---

[23] BGHSt **17** 324, dazu *Eser* NJW **1963** 234; *Fuhrmann* JuS **1963** 273; *Hanack* JZ **1972** 238; KK-*Mayr* 16; *Kleinknecht/Meyer*[37] 7; KMR-*Paulus* 16; *Nüse* JR **1966** 283; *Schlüchter* 509; a. A RGSt **35** 254; RG JW **1938** 2199; OGHSt 1 299; BGH JR **1951** 349; vgl. *Alsberg/Nüse/Meyer* 465 mit weit. Nachw. zum Streitstand.

[24] OLG Hamm NJW **1981** 1682; *Alsberg/Nüse/Meyer* 465; KK-*Mayr* 5.

[25] BGHSt **29** 230 = JR **1981** 125 mit Anm. *Gollwitzer* = NJW **1980** 2142 mit Anm. *Gundlach*; BayObLGSt **1982** 167 = VRS **64** 201; BayObLG VRS **59** 205; **65** 290; bei *Rüth* DAR **1976** 176; OLG Stuttgart VRS **63** 52; *Alsberg/Nüse/Meyer* 468; KK-*Mayr* 17; KMR-*Paulus* 16; *Schlüchter* 501; vgl. aber auch *Haubrich* NJW **1981** 803.

[26] OLG Stuttgart VRS **63** 52; *Alsberg/Nüse/Meyer* 468.

[27] BGHSt **22** 220; **27** 141; 231; BGH NJW **1972** 1334; **1980** 67; BayObLGSt **1965** 81 = NJW **1966** 117; KK-*Mayr* 5; *Kleinknecht/Meyer*[37] 2; KMR-*Paulus* 13.

[28] BGHSt **22** 35; BGH bei *Dallinger* MDR **1966** 384; OLG Nürnberg HESt 3 40; *Willms* LM Nr. 17; *Michaelis* NJW **1969** 730; KK-*Mayr* 13; *Kleinknecht/Meyer*[37] 2; KMR-*Paulus* 12; *Schlüchter* 504; a. A *Eb. Schmidt* § 251, 21; NJW **1968** 1218; *Peters* Fortentwicklung 30: Aussageverweigerungsrecht diene nicht nur der Vermeidung von Konflikten zwischen den Angehörigen, sondern auch dem Familienschutz; es solle niemand wider Willen die Verurteilung eines Angehörigen herbeiführen; dieses Interesse wirke über den Tod hinaus und mache Aussage unverwertbar, wenn der notwendige Verzicht auf das Weigerungsrecht nicht mehr erlangt werden könne; vgl. auch JR **1968** 429.

[29] RGSt **9** 91; *Alsberg/Nüse/Meyer* 2; *Kleinknecht/Meyer*[37] 2.

[30] OLG Celle NJW **1968** 415; *Alsberg/Nüse/Meyer* 466; *Fezer* JuS **1977** 815; *Kleinknecht/Meyer*[37] 2; a. A *Michaelis* NJW **1969** 730.

daß er in der Hauptverhandlung die Möglichkeit der Zeugnisverweigerung gehabt hätte[31].

Ist der weigerungsberechtigte Zeuge nur mit **einem von mehreren Angeklagten** **13** verwandt, so wirkt das Verwertungsverbot des § 252 bei einer Zeugnisverweigerung auch zugunsten der übrigen Mitangeklagten, soweit gegen alle ein sachlich nicht trennbarer Vorwurf erhoben worden ist[32]. Wegen des gleichen geschichtlichen Ereignisses (§ 264)[33] muß gegen den Angehörigen des Zeugen ein Tatvorwurf erhoben worden sein; nach der nicht unbestrittenen[34] Ansicht der Rechtsprechung muß ferner in irgendeinem Abschnitt auch das **Verfahren gemeinsam geführt** worden sein[35]. Diese Gemeinsamkeit des Verfahrens braucht aber im Zeitpunkt der Einvernahme des Zeugen nicht mehr bestehen; das Zeugnisverweigerungsrecht besteht auch nach Trennung des Verfahrens fort[36].

Im Falle der §§ 53, 53 a schließt § 252 die Verwertung einer früheren Aussage nur **14** dann nicht aus, wenn die Zeugen bei ihrer früheren Vernehmung von der Schweigepflicht entbunden waren[37]. Hat ein Arzt **nach Entbindung von der Schweigepflicht** durch einen zur Verweigerung berechtigten Zeugen vor dem Richter ausgesagt, dann hindert die nachträgliche Verweigerung des Zeugnisses durch diesen Zeugen und der Widerruf der Entbindung von der Schweigepflicht das Gericht nicht, den Richter über den Inhalt der ärztlichen Aussage zu vernehmen[37a].

c) **Verweigerung des Zeugnisses vor der Hautverhandlung.** Wenn auch grundsätz- **15** lich die berechtigte Zeugnisverweigerung zur Zeit der Hauptverhandlung für die Anwendung des § 252 maßgeblich ist (Rdn. 11), so schließt dies nicht aus, daß der Zeuge seinen Entschluß, in der Hauptverhandlung das Zeugnis zu verweigern, schon vorher kundtut. Auch dann greift § 252 ein. Insbesondere kann in den Fällen des § 251 Abs. 1 Nr. 2 und 3 der im Vorverfahren gemäß §§ 162 ff oder durch einen beauftragten oder ersuchten Richter nach § 223 vernommene, zur Hauptverhandlung nicht geladene Zeuge nachträglich die Zeugnisverweigerung schriftlich erklären. Wenn er zur Verweigerung des Zeugnisses berechtigt ist, kann er dadurch die Verwertung seiner Aussage ebenso hindern, wie er sie bei freiwilligem Erscheinen in der Hauptverhandlung durch eine mündliche Erklärung desselben Inhalts hindern könnte[38]. Der Zeuge muß dies aber selbst erklären; da es sich um ein höchstpersönliches Recht handelt, darf sich das Gericht nicht damit begnügen, daß es durch einen Dritten von der nunmehrigen Zeugnisverweigerung unterrichtet wird[39].

---

[31] BGHSt **25** 176; dazu *Hanack* JR **1977** 436 (mit Bedenken gegen die Begründung des BGH); KK-*Mayr* 12; *Kleinknecht/Meyer*[37] 16; vgl. § 251, 8.

[32] BGHSt **7** 194 = LM Nr. 8 mit Anm. *Krumme*; BGHSt **27** 141; BGH NJW **1974** 758; **1980** 67; NStZ **1982** 389; **1984** 176; **1985** 419; bei *Holtz* MDR **1978** 280; bei *Pfeiffer/Miebach* NStZ **1985** 205; OLG Celle NdsRpfl. **1964** 279; *Alsberg/Nüse/Meyer* 466; KK-*Mayr* 5; *Kleinknecht/Meyer*[37] 2.

[33] Vgl. etwa BGH GA **1984** 21; bei *Holtz* MDR **1978** 280; § 52, 19 mit weit. Nachw.

[34] Vgl. *Prittwitz* NStZ **1986** 64 (nach Zweck der Regelung genügt, daß Verwandter des Zeugen wegen der gleichen Tat förmlich beschuldigt wurde, auch wenn es zu keinem gemeinsamen Verfahren kam); *Prittwitz* Der

Mitbeschuldigte im Strafprozeß 104 ff; vgl. § 52, 17; 21.

[35] Vgl. etwa BGH NStZ **1985** 419; bei *Pfeiffer/Miebach* NStZ **1985** 205 und die weit. Nachw. Fußn. 32.

[36] BGH bei *Dallinger* MDR **1973** 902; bei *Holtz* MDR **1978** 280; vgl. § 52, 19; ferner RGSt **1** 207; **27** 272 (rechtskräftige Erledigung); RGSt **32** 350 (Tod).

[37] BGHSt **18** 148 = JR **1963** 266 mit Anm. *Eb. Schmidt*; KK-*Mayr* 6; *Kleinknecht/Meyer*[37] 3. Wegen der Einzelheiten vgl. § 53, 60 ff.

[37a] BGHSt **18** 146; dazu krit. *Hanack* JZ **1972** 238; a. A *Haffke* GA **1973** 80.

[38] BGHSt **21** 12; KK-*Mayr* 21.

[39] BGH bei *Holtz* MDR **1979** 989; KK-*Mayr* 21.

**16**　　d) Verweigert ein nach Belehrung richterlich einvernommener Zeuge die Aussage, so kann die **Aufklärungspflicht** dem Gericht gebieten, trotzdem auf seinem Erscheinen in der Hauptverhandlung zu bestehen, wenn der Zeuge zu seiner Weigerung durch den Irrtum veranlaßt sein kann, mit der Weigerung sei auch seine frühere Aussage unverwertbar geworden[40].

**17**　　**4. Verbot, nichtrichterliche Verhörsbeamten über die frühere Aussage einzuvernehmen.** Verweigert der Zeuge berechtigt die Aussage, so darf — wie dargelegt — der Inhalt der Aussage auch nicht anderweitig festgestellt und grundsätzlich auch die **Verhörsperson** nicht über diese Aussage als Zeuge gehört werden. Dies gilt selbst dann, wenn sie den Zeugen über sein Zeugnisverweigerungsrecht belehrt hat[41]. Weil die Zulässigkeit der Vernehmung des nichtrichterlichen Verhörsbeamten davon abhängt, daß der weigerungsberechtigte Zeuge in der Hauptverhandlung von seinem Recht keinen Gebrauch macht, darf der Verhörsbeamte **erst** nach dem weigerungsberechtigten Zeugen vernommen werden, es sei denn, der Zeuge hat bereits erklärt, daß er in der Hauptverhandlung aussagen werde[42].

### 5. Vernehmung des Richters

**18**　　a) Eine **Ausnahme** macht die Rechtsprechung nur dann, wenn der Zeuge nach Belehrung über sein Zeugnisverweigerungsrecht im Bewußtsein der Bedeutung und Tragweite dieses Rechts **vor dem Richter** ausgesagt hat. Dann darf der **Richter** als Zeuge vernommen werden[43]. Ob dies auch bei einem ausländischen Vernehmungsrichter gilt, erscheint zweifelhaft[44]. Bevor dies geschieht, kann jedoch die Aufklärungspflicht gebieten, daß das Gericht klarstellt, ob der Zeuge bei Kenntnis dieses Umstandes auf seinem Zeugnisverweigerungsrecht beharrt[45]. Hatte der Zeuge das Zeugnisverweigerungsrecht erst nach der früheren Vernehmung erlangt, sind die Voraussetzungen für eine Einvernahme des Vernehmungsrichters nicht gegeben[46].

**19**　　Vernommen werden dürfen **alle Richter,** bei einer Vernehmung vor einem Kollegialgericht also auch die Beisitzer und Laienrichter, die der Vernehmung beiwohnten[47]. Dagegen ist es nach Ansicht des Bundesgerichtshofs[48] unzulässig, **zusätzlich noch andere Personen,** wie etwa den Protokollführer oder einen anwesenden Referendar über den Inhalt der vor dem Richter abgegebenen Zeugenaussage zu hören, denn nur der vernehmende Richter, nicht aber andere Personen, die bei der Vernehmung anwesend wa-

---

[40] BGHSt **21** 12; KK-*Mayr* 21.
[41] BGHSt **21** 218; vgl. Rdn. 8 mit weit. Nachw. auch zur Gegenmeinung.
[42] RGSt **15** 100; **27** 29; OGHSt **1** 303; BGHSt **2** 110; **7** 194; **25** 177; LG Frankfurt SJZ **1948** 475 mit Anm. *Sachs; Alsberg/Nüse/Meyer* 473; *Gössel* § 25 D II e 2; *Eb. Schmidt* 10.
[43] Zum Streitstand vgl. Rdn. 3 bis 8 und die dortigen Nachweise.
[44] KK-*Mayr* 27 hält dies für zulässig, wenn bei der ausländischen Vernehmung dieselben Kautelen beachtet wurden, wie bei einer deutschen.
[45] BGHSt **21** 12; OLG Hamm MDR **1973** 427; vgl. Rdn. 16.

[46] BGHSt **27** 231; KK-*Mayr* 28.
[47] BGHSt **13** 398 = JR **1960** 225 mit Anm. *Heinitz*; KK-*Mayr* 25; *Kleinknecht/Meyer*[37] 14.
[48] BGHSt **13** 394 = JR **1960** 225 mit Anm. *Heinitz*; dazu *Hanack* JZ **1972** 238; a. A *Fränkel* LM Nr. 16: bedenkliche Vorwegnahme der Beweiswürdigung; es liege im Interesse des Angeklagten, Mißverständnisse des Richters bei der Vernehmung des Zeugen durch die Einvernahme der anderen bei der Vernehmung anwesenden Personen zu klären; die Ansicht des BGH schneide auch dem Angeklagten den Gegenbeweis ab. Wie BGH KK-*Mayr* 25.

ren, könnten dem erkennenden Gericht zuverlässig bestätigen, ob der Zeuge den Entschluß, auszusagen, nach der Belehrung im vollen Verständnis seiner Tragweite gefaßt habe. Dieses Verständnis, von dessen Vorliegen das erkennende Gericht überzeugt sein müsse, sei Voraussetzung für die Zulässigkeit der Vernehmung des Richters[49]. Der Bundesgerichtshof rechtfertigt seine Auffassung ferner damit, daß nur der vernehmende Richter Zuverlässiges über die Glaubwürdigkeit der Aussage bekunden könne. Folgt man trotz einiger Zweifel der Ansicht des Bundesgerichtshofs, dann fragt sich allerdings, ob man im Interesse der Sachaufklärung und der Verteidigung nicht neben dem Richter die Vernehmung anderer Zuhörer über den Inhalt der Aussage zulassen muß, wenn die Bekundungen des Richters von dem betroffenen Angeklagten oder dem Zeugen in Frage gestellt werden.

Ist eine ordnungsgemäße **Belehrung**[50] **unterblieben,** darf der Richter in der Regel **20** nicht vernommen werden, auch nicht, wenn der Zeuge sein Recht gekannt hat[51]. Es genügt, wenn die Belehrung vorsorglich allgemein erteilt wurde, das für das Weigerungsrecht maßgebende konkrete Verwandtschaftsverhältnis braucht der Richter nicht zu kennen[52]. Wenn ein Zeuge in voller Kenntnis des Zeugnisverweigerungsrechts und seiner Tragweite dem vernehmenden Richter das Angehörigenverhältnis bewußt verschwiegen hat, darf der Richter über seine Aussage auch dann als Zeuge gehört werden, wenn er in Unkenntnis des Angehörigenverhältnisses die Belehrung unterließ. Die gebotene Abwägung der Interessen erfordert dann nicht, ein Verwertungsverbot anzunehmen[53]. Gleiches gilt, wenn der Zeuge nach nachträglicher, ordnungsgemäßer Belehrung über sein Zeugnisverweigerungsrecht sein Einverständnis mit der Verwertung der Aussage erklärt[54]. Auf das **Einverständnis des Angeklagten** oder seines Verteidigers kommt es insoweit nicht an[55].

**b)** Was der das Zeugnis verweigernde Zeuge in einem **anderen Verfahren** ausge- **21** sagt hat, darf nur unter den gleichen Voraussetzungen wie bei den Aussagen im anhängigen Strafverfahren durch Vernehmung der Verhörsperson in die Hauptverhandlung eingeführt werden. Es dürfen also nur Richter über den Inhalt der Aussage vernommen werden und auch nur dann, wenn der jetzige Zeuge in dem anderen Verfahren über sein Zeugnisverweigerungsrecht belehrt worden war und die das Aussageverhalten motivierende **Interessenlage gleichartig** ist. Die Belehrung muß allerdings nicht notwendig auf Grund der § 52 ff vorgenommen worden sein; es genügt, wenn sie dem einschlägigen Verfahrensrecht entsprach, sofern die dort vorgesehene Belehrung auf dem gleichen Grundgedanken beruht, wie die Belehrung der Strafprozeßordnung. So darf der Zivilrichter über die Aussage eines Zeugen vernommen werden, die dieser nach Belehrung gemäß §§ 383 Abs. 1 Nrn. 1 bis 3, 384 ZPO in einem Ehescheidungsprozeß gemacht hat-

[49] BGHSt **13** 394; **14** 221; **a. A** RGSt **4** 398 (Verständnis der Zeugen und Überzeugung des Richters hierüber unerheblich).

[50] Ob dazu auch der Hinweis gehört, daß die Aussage auch bei späterer Zeugnisverweigerung verwendbar bleibt, ist strittig; BGHSt **32** 31 verneint dies; ebenso *Kleinknecht/Meyer*[37] 14; **a. A** KK-*Mayr* 28.

[51] BGHSt **2** 101; **10** 79; **11** 338; **13** 394; **14** 21; **17** 324; **18** 148; **26** 284; **27** 232 = LM StPO 1975 § 252 Nr. 1; BGHSt **32** 29; BGH JR

**1980** 123 mit Anm. *Foth*; BGH NStZ **1984** 43; BayObLGSt **1977** 127 = NJW **1978** 387; *Alsberg/Nüse/Meyer* 472; KK-*Mayr* 20; *Kleinknecht/Meyer*[37] 13.

[52] BGHSt **32** 29.

[53] OLG Oldenburg NJW **1967** 1872; *Alsberg/Nüse/Meyer* 472 Fußn. 335; *Kleinknecht/Meyer*[37] 13.

[54] OLG Karlsruhe OLGSt 21; *Alsberg/Nüse/Meyer* 472 Fußn. 335; vgl. § 52, 52.

[55] BayObLG StrVert. **1981** 12; vgl. Rdn. 41.

te[56]. Ist allerdings die für die Aussage maßgebende Interessenlage im früheren Verfahren eine andere, etwa, weil der jetzige Zeuge damals als Beschuldigter vernommen wurde und unter dem psychologischen Zwang stand, sich selbst verteidigen zu müssen, so ist die Einvernahme des vernehmenden Richters selbst dann ausgeschlossen, wenn der Zeuge damals nach § 136 und — unbehelflich wegen des Widerspruchs der Belehrungen — zugleich auch nach § 52 belehrt worden war[57].

**22**     c) Ob die **Beachtung der Verfahrensvorschriften** bei der früheren Vernehmung Voraussetzung für die Einvernahme des Vernehmungsrichters ist, hängt vom Schutzzweck dieser Vorschriften ab. Wegen dieser strittigen Fragen vgl. die Erläuterungen zu den einzelnen Bestimmungen[58]. Die Vernehmung des Richters wird nicht etwa dadurch ausgeschlossen, daß die frühere Vernehmung verfahrensrechtlich nicht vorgesehen war, vorausgesetzt, daß hierdurch die besondere Lage des Zeugen nicht berührt wurde[59].

**23**     d) Ob die **Voraussetzungen für eine Vernehmung** des Richters gegeben sind, vor allem, ob der zur Aussageverweigerung berechtigte Zeuge bei der früheren Einvernahme ordnungsgemäß belehrt worden war, hat das Gericht vor Anordnung der Vernehmung **von Amts wegen zu erforschen.** Enthält die Niederschrift über die Vernehmung darüber keinen zureichenden Vermerk oder bestehen Zweifel an dessen Richtigkeit, so muß das Gericht dies im Wege des **Freibeweises** klären[60]. An das Protokoll ist es insoweit nicht gebunden[61]. Zu prüfen ist auch, ob bei Minderjährigen oder entmündigten Personen, die von der Bedeutung des Zeugnisverweigerungsrechts keine genügende Vorstellung haben, die nach § 52 Abs. 2 notwendige Zustimmung ihres gesetzlichen Vertreters vorlag[62]. Ob der Zeuge fähig war, die Belehrung zu verstehen, ist notfalls durch Anhörung eines Sachverständigen zu klären[63]. In Zweifelsfällen kann es ratsam sein, bei einer entscheidungserheblichen Verwertung einer Aussage in den Urteilsgründen aufzuzeigen, daß die dafür notwendigen Voraussetzungen, vor allem die ordnungsgemäße Belehrung, vorlagen[64].

**6. Verwendung der Niederschrift zu Vorhalten**

**24**     a) **Niederschriften** über frühere Bekundungen des die Aussage verweigernden Zeugen dürfen — soweit § 252 die Vernehmung der Verhörsperson ausschließt — auch **nicht zu Vorhalten** verwendet werden. Sie dürfen weder dem Angeklagten noch anderen

---

[56] BGHSt **17** 324; *Alsberg/Nüse/Meyer* 471; Bedenken äußern Hanack JZ **197** 238; *Fezer* JuS **1977** 814; KK-*Mayr* 24; KMR-*Paulus* 23; *Schlüchter* 509. Nach *Eser* NJW **1963** 324 muß die Konfliktsituation, in der sich der Zeuge damals in dem anderen Verfahren befand und die er nach Belehrung über das Zeugnisverweigerungsrecht durch seine Aussage löste, sachlich und psychologisch die gleiche sein wie im jetzigen Strafverfahren. Vgl. ferner BGHSt **20** 384 mit Anm. *Seydel* NJW **1966** 740; *Dallinger* MDR **1970** 197.

[57] BGH GA **1979** 144; BayObLGSt **1977** 127 = NJW **1978** 387; OLG Koblenz NJW **1983** 2342.

[58] Ferner etwa zum Verstoß gegen Benachrichtigungspflichten BGHSt **26** 335; BGH bei *Holtz* MDR **1977** 461; KMR-*Mayr* 30.

[59] Vgl. KMR-*Paulus* 4.

[60] BGHSt **26** 283; KK-*Mayr* 31; *Kleinknecht/Meyer*[37] 14.

[61] BGHSt **13** 398; **26** 283; **32** 30; BGH JR **1980** 123 mit Anm. *Foth*; NJW **1979** 1722.

[62] Vgl. etwa BGHSt **23** 221. Wegen der Einzelheiten vgl. § 52, 25 ff.

[63] BGH nach KK-*Mayr* 31.

[64] BGH JR **1980** 123 mit Anm. *Foth*; eine Pflicht hierzu besteht aber entgegen der Ansicht des BGH nicht; vgl. KK-*Mayr* 32; Rdn. 42.

Zeugen vorgehalten werden[65]. Zulässig ist es dagegen nach Ansicht des Bundesgerichtshofs, einen Polizeibeamten über die Angaben des Angeklagten vor der Polizei zu vernehmen, wenn dem Angeklagten damals Bekundungen vorgehalten worden sind, die ein weigerungsberechtigter Zeuge gemacht hatte[66].

**b)** War bei der früheren Vernehmung des Zeugen, zu der es nach Hinweis auf **25** das Zeugnisverweigerungsrecht kam, ein **Tonband** eingeschaltet, so darf auch dieses Tonband nicht zu Beweiszwecken abgespielt werden, denn die Zulässigkeit der Einführung des Tonbands in den Prozeß kann nicht anders entschieden werden als die Frage der Verlesbarkeit der Niederschrift[67].

**c)** Soweit **die Vernehmung des Richters** zulässig ist[68], schließt § 252 nur die Verle- **26** sung der Niederschrift zum Zwecke des Beweises aus.

**Vorhaltungen** können jedoch dem als Zeugen vernommenen Richter aus der zu **27** Beweiszwecken nicht verlesbaren Niederschrift gemacht werden. Das kann auch in der Weise geschehen, daß ihm die Niederschrift zum Zwecke des Vorhalts vorgelesen oder zur Durchsicht vorgelegt wird, wenn nur dabei kein Zweifel darüber aufkommen kann, daß nur die Antwort des Zeugen als Beweisgrundlage dienen soll[69]. Über den Beweiswert einer solchen Aussage zu urteilen, ist Sache des Gerichts. Er wird bisweilen gering sein, denn als Beweisergebnis ist nur verwertbar, was dem Richter in die Erinnerung zurückgekehrt ist. Erinnert sich der Richter trotz Vorhalts an die frühere Zeugenaussage nicht, und kann er nur bekunden, daß das Protokoll die Angaben der Zeugen schon richtig wiedergeben werde, läßt sich, da der Protokollinhalt als solcher unverwertbar bleibt, darauf keine sichere richterliche Überzeugung gründen[70]. Die Vernehmung des Richters darf nicht durch Einvernahme anderer Verhörspersonen über ihren Eindruck vom Zeugen ergänzt werden[71].

**7. Verwertbarkeit der bei der Aussage übergebenen Beweisstücke.** Schriftstücke **28** (Briefe, eigene Notizen usw.) sowie sonstige Beweisgegenstände, die ein Zeuge bei seiner Vernehmung übergibt und deren Inhalt er zum Bestandteil seiner Aussage gemacht hat, dürfen ebenfalls nicht verlesen und verwertet werden, wenn der Zeuge die Aussage berechtigt verweigert; denn die Sachlage ist insoweit nicht anders, als wenn der Zeuge den Inhalt der Schriftstücke mündlich wiedergegeben hätte[72]. Etwas anderes gilt nur

---

[65] BGHSt 7 194; **21** 150; BGH NJW 1956 1886; **1980** 67; OLG Schleswig bei *Ernesti/ Jürgensen* SchlHA **1978** 188; vgl. auch LG Darmstadt GA **1970** 250; *Dahs/Dahs* 209; *Geerds* FS Blau 80; *Gössel* NJW **1981** 2220; *Hanack* FS Schmidt-Leichner 91; KK-*Mayr* 1; *Kleinknecht/Meyer*[37] 12; KMR-*Paulus* 32; *Schlüchter* 499; ferner *Alsberg/Nüse/Meyer* 470 mit weit. Nachw.

[66] BGH NJW **1953** 1289 mit abl. Anm. *Lürken; Alsberg/Nüse/Meyer* 473; *Nüse* JR **1966** 283; a. A *Koeniger* 358.

[67] *Alsberg/Nüse/Meyer* 470; *Kleinknecht/Meyer*[37] 12.

[68] Vgl. Rdn. 6 ff.

[69] RGSt **72** 324; RG HRR **1939** Nr. 1213; BGHSt 11 338; 15 347; 21 150; KK-*Mayr* 25; *Kleinknecht/Meyer*[37] 15; *Schlüchter* 498.1;

a. A BGH NJW **1952** 556; *Fezer* JuS **1977** 672; *Riegner* NJW **1961** 63 und die ältere Rechtsprechung des RG. Vgl. *Alsberg/Nüse/ Meyer* 472 mit weit. Nachw.; KMR-*Paulus* 33 hält nur den Vorhalt, nicht aber die Verlesung zum Zwecke des Vorhalts für zulässig.

[70] BGHSt 11 341; 21 149; BGH bei *Spiegel* DAR **1980** 204; *Alsberg/Nüse/Meyer* 472; *Heinitz* JR **1960** 217; *Kleinknecht/Meyer*[37] 15; *Michaelis* NJW **1968** 59; *Wömpner* NStZ **1983** 298.

[71] BGH NJW **1979** 1722; KK-*Mayr* 25.

[72] BGHSt **22** 219 = LM Nr. 25 mit Anm. *Kohlhaas; Gössel* § 25 D II e 3; *Fezer* JuS **1977** 814; KK-*Mayr* 2; *Kleinknecht/Meyer*[37] 12; KMR-*Paulus* 19; *Schlüchter* 500; *Alsberg/Nüse/ Meyer* 467 mit weit. Nachw.

dann, wenn die Schriftstücke und sonstigen Beweisgegenstände **unabhängig von der früheren Aussage** als selbständige Beweismittel in die Hauptverhandlung eingeführt werden können, etwa, weil sich ein anderer Zeuge ebenfalls auf sie bezieht oder weil Auszüge oder Abschriften auch auf anderem Weg zu den Akten gelangt sind[73].

### 8. Verwertung anderer Erklärungen

**29**    **a) Erklärungen außerhalb einer Vernehmung.** § 252 schließt nicht aus, daß über eine Erklärung Beweis erhoben wird, die ein zur Verweigerung des Zeugnisses berechtigter Zeuge nicht bei einer früheren Vernehmung[74], sondern bei einer anderen Gelegenheit abgegeben hat[75]. Schriftliche oder mündliche Äußerungen eines solchen Zeugen gegenüber Dritten bleiben dem Beweise zugänglich, so etwa Briefe, auch an den Angeklagten selbst, sofern sich nicht ein Hindernis aus einer anderen Vorschrift, etwa dem § 97, ergibt[76], aber auch Schreiben und Äußerungen, mit denen sich der Zeuge an Behörden gewandt hat, so etwa Angaben bei einer Sozialhilfebehörde[77] oder beim Vormundschaftsgericht[78], aber auch sonstige Eingaben bei amtlichen Stellen oder die Abgabe einer eidesstattlichen Versicherung in einem Zivilprozeß[79]. Verwertbar bleiben auch Schadensmeldungen des Zeugen bei seiner Versicherung[80].

**30**    **b) Abgrenzungsfragen.** Die **Strafanzeige** eines zur Verweigerung des Zeugnisses berechtigten Menschen wird nicht als Aussage im Sinn des § 252 anzusehen sein, sofern sie nicht mit einer Vernehmung verbunden worden ist[81]. Gleiches gilt für Erklärungen gegenüber einem Polizeibeamten, mit denen dieser zur Verhütung eines bevorstehenden oder zur Abstellung eines noch andauernden Angriffs um Hilfe angegangen wird[82]. Die durch dieses Ersuchen in der Regel ausgelöste **informatorische Befragung** durch die Polizei ist jedoch eine Vernehmung, die vom Verbot des § 252 erfaßt wird[83], so daß nur die **spontanen Angaben** beim Hilfeersuchen, nicht aber die von den Beamten erfragten weiteren Bekundungen des Zeugen der Beweiserhebung zugänglich sind. Auch sonst sind spontane Äußerungen gegenüber der Polizei, die der Zeuge von sich aus gemacht

---

[73] BGH NJW **1968** 2018.
[74] Zur weiteren Auslegung dieses Begriffs vgl. Rdn. 9.
[75] RGSt **14** 266; RG GA **39** (1891) 422; OGHSt 1 301; BGHSt 1 373; BGH JR **1951** 349; NJW **1956** 1886; OLG Bremen HESt 3 42; OLG Hamm JMBlNW 1950 62; OLG Kiel HESt 1 77; OLG Oldenburg HESt 1 36; *Fezer* JuS **1977** 815; *Geppert* FS v. Lübtow (1980) 794; FS Oehler 330; *Gössel* § 25 D II g; *Hahnzog* NJW **1969** 68; KK-*Mayr* 20; *Kleinknecht/Meyer*[37] 9; **a. A** OLG Bamberg SJZ **1948** 472; *Eb. Schmidt* 8; vgl. *Alsberg/ Nüse/Meyer* 469 mit weit. Nachw.
[76] RGSt **22** 51; RG Recht **1913** Nr. 2665; JW **1917** 554; *Schlüchter* 501.
[77] BGH GA **1970** 153; KMR-*Mayr* 20; vgl. auch BGH NStZ **1986** 232 (Sozialarbeiterin).
[78] RGSt **35** 247.
[79] BGH GA **1970** 153; *Alsberg/Nüse/Meyer* 469.

[80] OLG Celle JR **1982** 475 mit abl. Anm. *Rengier*; *Geppert* DAR **1982** 301; vgl. § 261, 80 Fußn. 240 mit weit. Nachw.
[81] RG JW **1935** 2979; BGH NJW **1956** 1886; BayObLGSt **1949/51** 605 NJW **1952** 517; OLG Köln OLGSt 9; 261, 96; *Geppert* FS Oehler 331; *Gössel* § 25 D II g; KK-*Mayr* 20; *Kleinknecht/Meyer*[37] 8; KMR-*Paulus* 18; *Schlüchter* 501; *Alsberg/Nüse/Meyer* 469 mit weit. Nachw.; **a. A** *Rengier* Jura **1981** 301.
[82] BGH GA **1970** 153; BGH NStZ **1986** 232; BayObLGSt **1949/51** 605 = NJW **1952** 517; BayObLGSt **1982** 167 = VRS **64** 201; BayObLG StrVert. **1983** 452; VRS **65** 290; OLG Stuttgart VRS **63** 53; LG Frankfurt MDR **1986** 340 mit Anm. *Sieg*; ferner das Schrifttum Fußn. 80.
[83] BayObLGSt **1982** 167 = NJW **1983** 262; BayObLG VRS **59** 205; 268; **65** 290; bei *Rüth* DAR **1986** 247.

hat, verwertbar[84], nicht aber Auskünfte, die er bei einer, wenn auch informellen amtlichen Befragung durch die Polizei oder sonstige staatliche Organe erteilt hat[85]. Unerheblich ist dabei, ob er diese Befragung selbst herbeigeführt hat[86]. Nach Ansicht des OLG Hamm[87] ist die Vernehmung auch zulässig über eine spontane Reaktion des Zeugen unmittelbar im Anschluß an die Vernehmung. Angaben gegenüber einem Beauftragten der **Gerichts- und Jugendgerichtshilfe** fallen unter den weiten Begriff der Vernehmung[88].

**c) Äußerungen gegenüber einem Sachverständigen.** Auch der Sachverständige ist **31** eine Verhörsperson, so daß hinsichtlich der Angaben, die ein weigerungsberechtigter Zeuge gegenüber einem Sachverständigen gemacht hat, § 252 gilt. Hier ist zu unterscheiden:

Betreffen die Angaben sogenannte **Zusatztatsachen**[89], dann können sie ohnehin **32** nicht durch das Sachverständigengutachten in die Hauptverhandlung eingeführt werden. Es muß über sie Beweis erhoben werden. Der Sachverständige darf als Zeuge von Hörensagen darüber nur vernommen werden, wenn der Zeuge von seinem Zeugnisverweigerungsrecht keinen Gebrauch macht; denn die vom Sachverständigen vernommene Befragung ist keine Befragung durch einen Richter. Die von der Rechtsprechung insoweit zugelassene Ausnahme vom Verwertungsverbot gilt für ihn nicht[90].

Bei **Befundtatsachen** dagegen kommt es darauf an, ob der Zeuge vor seiner Befra- **33** gung durch den Sachverständigen vom Richter über sein Zeugnisverweigerungsrecht belehrt worden ist. Hat der Zeuge danach die Fragen des Sachverständigen beantwortet, so hat eine spätere Weigerung, auszusagen, nur zur Folge, daß keine weiteren Untersuchungen vorgenommen und keine weiteren Fragen an den Zeugen mehr gestellt werden dürfen. Die bisher gemachten Äußerungen sind dagegen vom Sachverständigen in seinem Gutachten verwertbar[91].

---

[84] RGSt **39** 433; RG JW **1917** 554; **1935** 2979; OGHSt **1** 299; BGHSt **1** 375; **29** 232; BGH NJW **1956** 1886; BayObLG VRS **59** 206; OLG Koblenz VRS **53** 440; OLG Stuttgart VRS **63** 52; vgl. auch OLG Düsseldorf NJW **1968** 1840 mit Anm. *Hahnzog*; NJW **1969** 68; ferner das Schrifttum Fußn. 85.

[85] BGHSt **29** 230 = JR **1981** 125 mit Anm. *Gollwitzer* = NJW **1980** 2142 mit Anm. *Gundlach*; kritisch *Haubrich* NJW **1981** 803; BayObLGSt **1982** 167 = NJW **1983** 262; BayObLG VRS **59** 205; 268; bei *Rüth* DAR **1976** 176; OLG Stuttgart VRS **63** 52; *Alsberg/Nüse/Meyer* 468; *Geppert* FS Oehler 332; KMR-*Mayr* 17; *Kleinknecht/Meyer*[37] 7; KMR-*Paulus* 16; *Peters* § 39 III 3 a; *Schlüchter* 501; a. A OLG Stuttgart Justiz **1972** 322 (keine Vernehmung, wenn Ehefrau der an der Tür klingelnden Polizei erklärt, ihr Mann sei nicht zu Hause). Vgl. auch LG Lüneburg NJW **1969** 442, das § 252 eingreifen ließ, wenn die Zeugin gegenüber einem Polizeibeamten „ihr Herz ausgeschüttet" hatte.

[86] BayObLGSt **1982** 167 = NJW **1983** 1132; *Kleinknecht/Meyer*[37] 7.

[87] OLG Hamm JMBlNW **1972** 262; *Kleinknecht/Meyer*[37] 8; a. A KK-*Mayr* 20; *Schlüchter* 501.

[88] KK-*Mayr* 19.

[89] Zum Begriff vgl. vor § 728; § 244, 316 ff; § 250, 33, 34.

[90] BGHSt **13** 1; 250; **18** 107; BGH NJW **1959** 828; StrVert. **1983** 401; **1984** 453; bei *Spiegel* DAR **1977** 175; *Alsberg/Nüse/Meyer* 469; KK-*Mayr* 18; *Kleinknecht/Meyer*[37] 10; KMR-*Paulus* 29; *Ruß* NJW **1963** 385.

[91] BGHSt **11** 97 hat die Entscheidung gebilligt, daß ein Sachverständiger in seinem Gutachten über die Glaubwürdigkeit eines Zeugen die Angaben verwertete, die ihm der Zeuge nach Belehrung über sein Zeugnisverweigerungsrecht gemacht hatte, obwohl der Zeuge später das Zeugnis verweigerte. Ebenso *Busch* FS Eb. Schmidt, 576. *Alsberg/Nüse/Meyer* 469; *Fezer* JuS **1977** 816; *Geppert* FS v. Lübtow 749; *Kleinknecht/Meyer*[37] 10; KMR-*Paulus* 30; a. A KK-*Mayr* 18 (enger als BGHSt **11** 97, aber kein Verwertungsverbot für die nur durch Exploration zu ermittelnden Befundtatsachen); *Rengier* Jura **1981** 305.

**34**　　Tatsachen, von deren Vorliegen das Gericht auf Grund des Ergebnisses der Hauptverhandlung **unabhängig von den Bekundungen** des weigerungsberechtigten Zeugen gegenüber dem Sachverständigen **überzeugt ist,** darf dieser auch trotz Zeugnisverweigerung und ohne Rücksicht auf eine Belehrung des Zeugen seinem Gutachten zugrunde legen[92].

**35**　　9. Der **Verwertung des äußeren Erscheinungsbildes** eines Zeugen, der von seinem Zeugnisverweigerungsrecht Gebrauch macht, steht § 252 nicht entgegen. Das Gericht kann seinen persönlichen Eindruck vom Zeugen, etwa von seiner Konstitution, verwerten[93]. Es darf auch eine Verhörsperson als Zeugen dazu, nicht aber auch nach seinen Eindrücken von der früheren Vernehmung, hören. Aus dem Verhalten des die Aussage verweigernden Zeugen dürfen keine Schlüsse auf sein Wissen gezogen werden[94].

**36**　　10. **Untersuchungsverweigerungsrecht.** Für das Untersuchungsverweigerungsrecht nach § 81 c gelten die Grundsätze des Zeugnisverweigerungsrechts. Ergebnisse einer Untersuchung, die ohne vorherige richterliche Belehrung über das Recht, die Untersuchung zu verweigern, vorgenommen worden ist, können nur verwertet werden, wenn die Untersuchungsperson nachträglich belehrt wird und sich dann mit der Verwertung einverstanden erklärt[95].

**37**　　Der Zeuge, dem ein besonderes Zeugnis- und damit Untersuchungsverweigerungsrecht zusteht, muß auch bei Untersuchungen, die kein Zeuge über sich ergehen zu lassen braucht, die also **nur mit seiner Einwilligung** vorgenommen werden können, wie psychologische Untersuchungen über seine Glaubwürdigkeit, darüber besonders richterlich belehrt werden, wenn das Ergebnis der Untersuchung verwertbar sein soll[96].

**38**　　11. **Aussagen in der Hauptverhandlung,** die ein weigerungsberechtigter Zeuge nach Belehrung nach §§ 52 bis 54 gemacht hat, dürfen auch dann verwertet werden, wenn der Zeuge später die Aussage verweigert[97]. Einer Verlesung bedarf es insoweit ohnehin nicht.

**39**　　Dies gilt jedoch nur für Aussagen **in der gleichen Hauptverhandlung;** in einer erneuerten Hauptverhandlung — nach Aussetzung, in der Berufungsinstanz oder nach Zurückverweisung — können die in einer früheren Hauptverhandlung abgegebenen Aussagen nach Verweigerung des Zeugnisses nicht durch Verlesen eingeführt werden, auch nicht durch Verlesen eines früheren Urteils[98]. Hier ist nur unter den bei Rdn. 17 angeführten Voraussetzungen die Vernehmung des Richters möglich[99].

**40**　　12. **Keine Fernwirkung des Verwertungsverbots.** Macht ein Zeuge erst in der Hauptverhandlung von seinem Zeugnisverweigerungsrecht Gebrauch, so dürfen Beweismittel, die auf Grund des Wissens um diese Aussage durch weitere Ermittlungen erlangt worden sind, verwertet werden[100].

---

[92] BGHSt **18** 107.

[93] BGH GA **1965** 108; OLG Schleswig bei *Ernesti/Jürgensen* SchlHA **1972** 160; KMR-*Paulus* 21; vgl. § 244, 11; 325; § 261, 81, 89.

[94] Vgl. etwa BGHSt **32** 141; BGH NStZ **1985** 87; OLG Köln VRS **57** 425; weit. Nachw. § 52, 41; § 261, 87.

[95] BGHSt **12** 235; wegen der Einzelheiten vgl. bei § 81 c.

[96] BGHSt **13** 398; vgl. § 81 c, 5 ff mit weit. Nachw.

[97] BGHSt **2** 107; BGH bei *Pfeiffer/Miebach* NStZ **1985** 13; vgl. § 52, 35 mit weit. Nachw.

[98] BGHSt **20** 386; *Kleinknecht/Meyer*[37] 12; KMR-*Paulus* 17; *Schlüchter* 510.

[99] BGHSt **13** 396; BGH bei *Pfeiffer/Miebach* NStZ **1985** 493.

[100] *Otto* GA **1970** 295.

**13. Keine Dispositionsbefugnis der Verfahrensbeteiligten.** Soweit eine Nieder- **41** schrift vom Verwertungsverbot des § 252 betroffen wird, ist sie auch mit **Einwilligung der Beteiligten** nicht verlesbar. § 251 Abs. 1 Nr. 4 ist insoweit nicht anwendbar[101].

**14. Revision.** Jede durch § 252 verbotene Verlesung der Niederschrift über eine **42** frühere Vernehmung zum Zwecke des Beweises und jede durch § 252 verbotene Einvernahme eines Verhörsbeamten und jede nicht zulässige Verwertung der früheren Aussage begründet die Revision[102], sofern das Urteil darauf beruht. Sofern der Verfahrensfehler unter Vortrag aller ihn kennzeichnenden Tatsachen (§ 344 Abs. 2) ordnungsgemäß gerügt ist, prüft das Revisionsgericht selbst nach, ob die behauptete Rechtsverletzung vorliegt, unabhängig davon, ob das Urteil Ausführungen dazu enthält[103].

Ist ein Zeuge, der sich zunächst auf sein Zeugnisverweigerungsrecht berufen hat **43** te, nach der unzulässigen Verlesung seiner früheren Aussage damit einverstanden, daß er als Zeuge vernommen wird, so wird durch den darin liegenden Verzicht auf das Zeugnisverweigerungsrecht auch der frühere Verstoß gegen § 252 in der Regel **geheilt,** denn neben der Zeugenaussage ist auch die frühere Niederschrift verlesbar[104]. Im übrigen wird es zur Heilung einer Verletzung des § 252 für genügend erachtet, wenn der Vorsitzende die Beteiligten über den Verstoß belehrt und die Richter auffordert, den fehlerhaften Vorgang unbeachtet zu lassen[105].

Auf die Verletzung des § 252 kann sich ein **Mitangeklagter,** dem gegenüber kein **44** Zeugnisverweigerungsrecht besteht, jedenfalls dann berufen, wenn sich das Zeugnisverweigerungsrecht nicht zugunsten eines Mitangeklagten einschränken läßt und die Aussage auch ihn betreffen kann[106].

Glaubt das Gericht zu Unrecht, eine in die Hauptverhandlung eingeführte Ver **45** nehmung wegen § 252 nicht für die Urteilsfindung verwerten zu können, so kann darin ein **Verstoß gegen § 261** liegen. Unterläßt das Gericht in Verkennung der Tragweite des § 252 die Einvernahme eines Zeugen oder Verlesung eines Vernehmungsprotokolls, so kann, sofern die Umstände zur Verwendung dieses Beweismittels drängten, auch die **Aufklärungspflicht** verletzt sein.

---

[101] BGHSt 10 77; OLG Karlsruhe OLGSt 21.

[102] Für eine Verletzung des Verwertungsverbotes spricht beispielsweise, wenn das Urteil die Niederschrift über die Zeugenaussage wörtlich wiedergibt, obwohl ihr Inhalt nur durch Vernehmung des Richters in die Verhandlung eingeführt werden durfte (BGH NJW **1967** 213; BGHSt **21** 151). Vgl. § 52, 54 ff; § 53, 67 ff.

[103] KK-*Mayr* 32; **a. A** bezüglich einer im Vernehmungsprotokoll nicht ausgewiesenen Be

lehrung BGH NJW **1979** 1722; vgl. Rdn. 23; § 337, 74.

[104] Vgl. § 250, 17; **a. A** RG GA **53** (1906) 278; KMR-*Paulus* 35.

[105] Kritisch dazu *Eb. Schmidt* JZ **1969** 761.

[106] RGSt **3** 161; RGRspr. **5** 599; RG GA **38** (1891) 343; BGHSt **7** 194; **27** 141; NJW **1980** 67; KMR-*Paulus* 35; *Eb. Schmidt* NJW **1968** 1218. Vgl. auch BGHSt **33** 148 = JR **1986** 33 mit Anm. *Hanack* (keine Relativierung des berufsbezogenen Schweigerechts).

Walter Gollwitzer

# § 253

(1) Erklärt ein Zeuge oder Sachverständiger, daß er sich einer Tatsache nicht mehr erinnere, so kann der hierauf bezügliche Teil des Protokolls über seine frühere Vernehmung zur Unterstützung seines Gedächtnisses verlesen werden

(2) Dasselbe kann geschehen, wenn ein in der Vernehmung hervortretender Widerspruch mit der früheren Aussage nicht auf andere Weise ohne Unterbrechung der Hauptverhandlung festgestellt oder behoben werden kann.

**Schrifttum.** Siehe die Nachweise bei §§ 249, 250 und 254.

**Bezeichnung** bis 1924: § 252.

*Übersicht*

### 1. Grundsätzliches

**1**    **a)** Die Vorschrift enthält — ebenso wie die §§ 251, 254 — eine **Ausnahme von dem Grundsatz des § 250.** Anders als beim Vorhalt, bei dem nur die Antwort des Befragten, nicht der Inhalt des Vorhalts zur Beweisgrundlage wird, gestattet § 253 unter den hier beschriebenen Voraussetzungen, die im Protokoll niedergelegte Aussage des Zeugen oder Sachverständigen selbst durch Verlesung zur Beweisgrundlage zu machen. Die Ausnahme des § 251 ist sachgemäß, weil ohne sie zum Schaden der Wahrheitserforschung wichtige Beweismittel möglicherweise ganz ungenutzt bleiben müßten. Von der Ausnahme des § 253 läßt sich das nicht uneingeschränkt sagen. Hier steht der Zeuge oder Sachverständige regelmäßig in der Hauptverhandlung zur Verfügung. Sein Wissen kann in Übereinklang mit den Grundsätzen des § 250 durch Vernehmung in der Hauptverhandlung festgestellt werden, so wie es dem Grundsatz der Wahrheitserforschung auch am besten entspricht. Wenn § 253 unter den dort aufgezählten Voraussetzungen zusätzlich die Verwertung des Ergebnisses einer früheren Vernehmung im Wege des Urkundenbeweises gestattet, mag dies angängig sein, wenn sich in den Fällen des Absatzes 1 der Zeuge in der Hauptverhandlung — etwa wegen der zwischenzeitlich verstrichenen Zeit — nicht mehr an die früher bekundeten Wahrnehmungen erinnern kann. Insoweit besteht eine dem § 251 Abs. 2 vergleichbare Lage, denn der **Erinnerungsverlust** läßt den Zeugen als Beweismittel trotz seiner Anwesenheit in der Hauptverhandlung ebenso ausscheiden wie in den Fällen des § 251 Abs. 2. Der Rückgriff auf seine früheren Bekundungen ist dagegen bedenklicher, wenn auch in den Fällen **widersprüchlicher Aussagen** die Verlesung aller Niederschriften früherer Aussagen, auch der polizeilichen, uneingeschränkt zu Beweiszwecken zugelassen wird. Als Mittel, echte oder vermeintliche Widersprüche festzustellen, mag der vereinfachende Rückgriff auf das Protokoll als Ersatz der Vernehmung der Verhörsperson angehen; zur Klärung der Widersprüche und zur Feststellung der Wahrheit wird es jedoch nur wenig beitragen[1].

Um den Gefahren einer unkritischen Verwertung der qualitativ unterschiedlichen **2** früheren Vernehmungsprotokolle[2] vorzubeugen, erlangt hier die Beachtung der **Aufklärungspflicht** besonderes Gewicht. Die vom Gesetzgeber erstrebte Verfahrensvereinfachung kann nicht in Anspruch genommen werden, wenn nicht nur generell-abstrakt, sondern auch konkret die nach den Umständen des Einzelfalls gebotene weitere Sachaufklärung unterbleiben würde[3]. Es ist stets zu fragen, ob sich das Gericht mit der nach § 253 an sich zulässigen Verwertung des Ergebnisses einer früheren Vernehmung im Wege des Urkundenbeweises begnügen darf. Vor allem in den Fällen, in denen der Zeuge oder Sachverständige nach Verlesung der Niederschrift über die frühere Vernehmung die frühere Aussage nicht bestätigt, sondern geltend macht, er habe sich nicht so, wie die Niederschrift erkennen lasse, geäußert, und er müsse vom Vernehmenden mißverstanden worden sein, wird unter dem Gesichtspunkt des § 244 Abs. 2 die Vernehmung des Verhörsbeamten regelmäßig nicht zu umgehen sein, sofern die in der Niederschrift festgehaltene frühere Aussage als Grundlage für das Urteil verwertet werden soll[4].

**b) Urkundenbeweis.** Die herrschende Meinung[5] geht davon aus, daß § 253 eine **3** Kombination zwischen Zeugenbeweis und Urkundenbeweis zuläßt, daß also die nach § 253 verlesenen Niederschriften **zu Beweiszwecken** sowohl hinsichtlich ihres Vorhandenseins als auch hinsichtlich des Inhalts der Aussage[6] **verwendbar** sind.

Demgegenüber vertritt ein Teil des Schrifttums[7] die Ansicht, daß § 253 nur gestat- **4**

---

[1] *Schneidewin* JR **1951** 485; vgl. auch *G. Schäfer* § 76 II 5 a.

[2] Vgl. aber *Wömpner* NStZ **1983** 296 (Ausnahmeregelung, die auf dem Vertrauen beruht, das das Gesetz in Objektivität und Zuverlässigkeit der Protokolle staatlicher Vernehmungsbeamter setzt); ferner KMR-*Paulus* § 244, zur Differenzierung zwischen § 253 und § 254; kritisch zur Genauigkeit der Protokolle *Hanack* FS Schmidt-Leichner 89.

[3] KK-*Mayr* 6; KMR-*Paulus* § 244, 95 stellt die prozeßökonomische Bedeutung des § 253 heraus, während *Wömpner* NStZ **1983** 297 den Sinn des § 253 in einer Lockerung der Aufklärungspflicht sieht.

[4] KK-*Mayr* 6; *Kleinknecht/Meyer*[37] 6.

[5] RGSt **20** 220; **59** 144; BGHSt **3** 201; 282; **11** 340; **20** 162 = JZ **1965** 649 mit Anm. *Peters*; BGH bei *Dallinger* MDR **1970** 198; BayObLGSt **1953** 215 = NJW **1954** 363; BayObLGSt **1957** 8; KG NJW **1979** 1668; OLG Koblenz GA **1974** 222; OLG Köln NJW **1965** 830; OLG Saarbrücken JR **1973** 472 mit Anm. *Fuhrmann*; *Gössel* § 27 D II b 2;

*Gössel* FS Bockelmann 890; KK-*Mayr* 1; *Kleinknecht/Meyer*[37] 1; KMR-*Paulus* 2; *Roxin* § 45 B I 2 d; *Sachs* JZ **1967** 229; *G. Schäfer* § 76 II 5 a; *Schneidewin* JZ **1951** 484; *Schlüchter* 536.1; *Wömpner* NStZ **1983** 296; ferner *Alsberg/Nüse/Meyer* 277 mit weit. Nachw. zum Streitstand.

[6] Zur Unterscheidung zwischen Beweisthema (Tatsache und Inhalt der damaligen Aussage) und der daraus in freier Beweiswürdigung zu beurteilenden Richtigkeit der Bekundungen vgl. etwa KMR-*Paulus* § 244, 100; *Wömpner* NStZ **1983** 296; 297; enger *Hanack* FS Schmidt-Leichner 89.

[7] *Grünwald* JZ **1966** 493; *Hanack* FS Schmidt-Leichner 87; 94; (anders noch JZ **1972** 274); *Krause* Urkundenbeweis 188; *Kuckuck* (kein selbständiger Urkundenbeweis) 128; *Löhr* Grundsatz der Unmittelbarkeit 144; *Peters* § 39 III 3 b; *Peters* Gutachten 46. DJT; 145 ff; JZ **1965** 493; *Eb. Schmidt* 1; *Eb. Schmidt* FS Jellineck (1955) 633; JZ **1964** 540.

Walter Gollwitzer

te, Protokolle über frühere Vernehmungen unter bestimmten Voraussetzungen **zum Zwecke eines Vorhalts** zu verlesen. Es sei „mit [dem] Grundprinzip des § 250 unvereinbar, daß Ergebnisse des Vorverfahrens im Wege des Urkundenbeweises zur Urteilsgrundlage werden"[7a]. Versteht man unter dem Vernehmungsbehelf des Vorhalts (§ 249, 84), daß, gleichgültig wie er im einzelnen vorgenommen wird, immer nur die Antwort der Auskunftsperson auf den Vorhalt mögliche Urteilsgrundlage sein kann, nie aber das Vorgehaltene selbst, würde § 253 etwa Selbstverständliches besagen; er würde die Möglichkeit des Vorhalts zudem noch an Voraussetzungen knüpfen, die nach einhelliger Meinung nicht notwendig gegeben zu sein brauchen[8]. Die Vorschrift würde weitgehend leerlaufen, da ohne Heranziehung der Niederschrift zu Beweiszwecken nicht einmal das Vorliegen eines Widerspruchs feststellbar wäre. Ein Teil der Mindermeinung stellt deshalb eine gewisse Beweisfunktion der Verlesung auch nicht in Abrede[9]. Erkennt man aber eine auch nur indizielle Beweisbedeutung der Vernehmung an, ist es — auch um der Verfahrensklarheit willen — förderlicher, die Verlesung zum Zwecke des Vorhalts (bei der der Zeuge alleiniges Beweismittel bleibt) von der Verlesung abzugrenzen, bei der auch die Niederschrift Beweismittelqualität erlangt.

5      Als Ausnahmeregel ist die Vorschrift, wie es auch offenbar geschieht, von den Gerichten mit großer Zurückhaltung anzuwenden und **eng auszulegen**[10].

### 2. Vorbedingung für die Anwendbarkeit des § 253

6      a) **Vollständige Einvernahme.** Bei der Einvernahme der Beweisperson in der Hauptverhandlung müssen zunächst die §§ 69, 72 beachtet werden. Der Zeuge oder Sachverständige ist **vollständig zu vernehmen** und erst wenn dies nicht weiterhilft und eine sonstige Aufklärung in der Hauptverhandlung nicht möglich ist, darf auf die frühere Vernehmung zurückgegriffen werden[11]. Die in § 253 selbst enthaltenen Voraussetzungen für die Anwendung dieser Vorschrift besagen im Grunde genommen nicht mehr als das, was sich schon aus § 69 ergibt. Schon hieraus folgt, daß ein Vorsitzender, der die Vernehmung eines Zeugen als eine bloße Wiederholung der früheren Vernehmung gestalten wollte und — was die Handhabung des § 253 anbelangt — sofort und verfrüht das Protokoll über eine frühere Vernehmung verlesen wollte, das Gesetz verletzt und dadurch die Erforschung der Wahrheit gefährdet[12].

7      Zunächst hat der Vorsitzende mit einem auf den Inhalt der Niederschrift über eine frühere Vernehmung gestützten **Vorhalt** einzugreifen, wenn ein Mangel in der Erinnerung eines Zeugen oder ein Widerspruch bemerkbar wird[13]. Auch steht grundsätzlich dem nichts entgegen, daß die Niederschrift dem Zeugen ausgehändigt wird, um sein Gedächtnis aufzufrischen[14]. Bleibt aber ein bloßer Vorhalt ohne Erfolg und will das Gericht, was in seinem pflichtgemäßen Ermessen steht, die frühere Aussage zu Beweiszwecken verwerten — und sei es auch nur zum Beweis der Glaubwürdigkeit — dann muß es den Inhalt der Niederschrift durch wörtliches Verlesen den Mitgliedern

---

[7a] *Löhr* Der Grundsatz der Unmittelbarkeit . . . (1972), 144.

[8] *Hanack* FS Schmidt-Leichner 87 wendet sich gegen diese Argumentation, da sie zu Unrecht die unbegrenzte Zulässigkeit des Vorhalts voraussetze.

[9] Vgl. etwa *Eb. Schmidt* 9; *Kuckuck* 143; 150.

[10] OLG Koblenz GA **1974** 224; OLG Saarbrücken JR **1973** 472 mit Anm. *Fuhrmann*.

[11] BGHSt **3** 281; **20** 162; *Kleinknecht/Meyer*[37] 2.

[12] Zur Problematik einer vorherigen Informationspflicht der Zeugen vgl. *Nöldeke* NJW **1979** 1644 und bei § 163.

[13] RGSt **59** 145; **61** 9; **69** 88; RGRspr. **9** 123; *Alsberg/Nüse/Meyer* 281 mit weit. Nachw.

[14] RGSt **36** 53; *Kleinknecht/Meyer*[37] 3; vgl. auch Fußn. 11.

des Gerichts und den Verfahrensbeteiligten zur Kenntnis bringen[15]. Dies gilt auch dann, wenn der Inhalt der Niederschrift schon vorher durch Vorhalt bekanntgegeben worden ist.

**b)** Die Verlesung ist grundsätzlich nur im **unmittelbaren Zurammenhang mit der** **8** **Vernehmung** des Zeugen und **in dessen Gegenwart** zulässig, damit er die Möglichkeit hat, sie in seine Aussage einzubeziehen und dazu Stellung zu nehmen und damit das Gericht auch Schlüsse aus seinem Verhalten ziehen kann[16]. Ist der Zeuge entlassen, so ist eine Verlesung nach § 253 nicht mehr statthaft[17].

**c)** § 253 ermöglicht nur den **Rückgriff auf die eigenen** früheren **Aussagen** der in **9** der Hauptverhandlung vernommenen Beweisperson. Auf frühere Aussagen anderer Personen ist er nicht entsprechend anwendbar (Rdn. 5). Beim Angeklagten darf nur unter den engeren Voraussetzungen des § 254 (nur bei richterlichen Protokollen) eine frühere Aussage zu Beweiszwecken verwendet werden[18]. Bei Einvernahme der Verhörspersonen kann die zusätzliche Heranziehung der von ihnen erstellten Vernehmungsniederschrift zu Beweiszwecken nicht auf § 253 gestützt werden[19]. Andererseits ist für die Anwendbarkeit des § 253 nicht erforderlich, daß hinsichtlich der Verhörsperson, deren Protokoll verlesen werden soll, zusätzlich auch die Voraussetzungen des § 251 vorliegen[20].

**3. Die beiden Fallgruppen der Verlesung nach § 253**

**a) Mangelnde Erinnerung.** Soweit die Vorschrift die **Unterstützung des Gedächt-** **10** **nisses** des Zeugen oder Sachverständigen bezweckt, ist sie auch anwendbar, wenn der Zeuge behauptet, nichts mehr zu wissen[21] oder sich nur noch ungenügend erinnern zu können. Der Zeuge braucht die Erklärung nicht mit ausdrücklichen Worten abzugeben[22]. Eine ungenügende oder lückenhafte Erinnerung kann sich schon aus der Vernehmung selbst ergeben[23]. Das Gericht ist nicht verpflichtet, vor Anwendung des § 253 das Vorbringen des Zeugen auf seine Richtigkeit nachzuprüfen[24] oder Maßnahmen nach § 70 anzuwenden[25].

**b) Widersprüchliche Aussagen.** Voraussetzung für die Anwendbarkeit des Absat- **11** zes 2 ist, daß der Widerspruch erst bei der Vernehmung **in der Hauptverhandlung** hervortritt, und daß er in dieser nicht auf andere Weise, insbesondere nicht durch Verneh-

---

[15] RGRspr. **5** 145; RGSt **27** 163; **59** 145; RG GA **43** (1895) 242; OLG Hamburg LZ **1927** 555; *Oetker* JW **1925** 2474; OLG Köln NJW **1965** 830.

[16] KG NJW **1979** 1668; OLG Saarbrücken JR **1973** 472 mit Anm. *Fuhrmann*; KK-*Mayr* 7; *Kleinknecht/Meyer*[37] 3; *Wömpner* NStZ **1983** 296. Vgl. aber auch Rdn. 21.

[17] BGH bei *Dallinger* MDR **1970** 198.

[18] Vgl. BGH bei *Holtz* MDR **1983** 624; § 254, 5 ff; *Alsberg/Nüse/Meyer* 278.

[19] Wieweit der Rückgriff auf das Protokoll neben der Einvernahme der Verhörspersonen als Zeugen zulässig ist, bestimmt sich nach § 250; vgl. *Wömpner* NStZ **1983** 299; § 250, 17.

[20] BGH bei *Holtz* MDR **1983** 824.

[21] RGSt **20** 220; *Alsberg/Nüse/Meyer* 278; KK-*Mayr* 5; *Kleinknecht/Meyer*[37] 5; KMR-*Paulus* 9.

[22] OLG Koblenz GA **1974** 222.

[23] BGHSt **1** 340; **3** 285; KK-*Mayr* 5; *Kleinknecht/Meyer*[37] 5; *Eb. Schmidt* 12; *Alsberg/Nüse/Meyer* 278 mit weit. Nachw.; *Hanack* FS Schmidt-Leichner 87 hält unter Berufung auf den Gesetzeswortlaut eine ausdrückliche Erklärung des Zeugen für unerläßlich.

[24] RGSt **59** 248; *Alsberg/Nüse/Meyer* 278; KK-*Mayr* 5; *Kleinknecht/Meyer*[37] 5; *v. Scanzoni* JW **1925** 2784.

[25] KMR-*Paulus* 9; vgl. § 70, 8.

Walter Gollwitzer

mung der anwesenden Verhörsperson **behoben** werden kann[26], die Verhandlung also ausgesetzt oder unterbrochen werden müßte[27].

**12**    War er für das Gericht **schon früher erkennbar,** so ist es gehalten, schon vor der Hauptverhandlung die zur Aufklärung des Widerspruchs benötigten Beweismittel herbeizuschaffen, insbesondere die Personen, die den Zeugen oder Sachverständigen früher vernommen haben, als Zeugen zu laden. Ist dies unterblieben, so muß zum Versuch, den Widerspruch auf andere Weise zu beheben, notfalls auch die Hauptverhandlung unterbrochen werden. Auch wenn die Voraussetzungen des § 253 an sich gegeben sind, muß dies geschehen, wenn es die Aufklärungspflicht erfordert[28].

**13**    Der die Verlesung begründende **Widerspruch tritt** vornehmlich dann **hervor,** wenn der Zeuge bestreitet, die ihm vorgehaltene Aussage früher gemacht zu haben. Übrigens schließt § 253 nicht aus, daß die Niederschrift über die frühere Vernehmung verlesen wird, um festzustellen, daß der Zeuge bei ihr ebenso wie in der Hauptverhandlung ausgesagt hat[29].

**14**    Ein Fall des Absatzes 2 liegt nicht vor, wenn der Widerspruch nicht zwischen der Aussage in der Hauptverhandlung und der Niederschrift über eine frühere Vernehmung, sondern bereits **zwischen mehreren früheren Vernehmungen** liegt. Kommt es auf die Klärung von Widersprüchen zwischen mehreren früheren Vernehmungen an, müssen die Verhörspersonen als Zeugen geladen werden[30].

### 4. Verlesbare Niederschriften

**15**    **a) Art der Niederschrift.** Der § 253 ermöglicht — anders als die §§ 251 Abs. 1 und 254 — die Verlesung von Niederschriften nicht nur über eine richterliche Vernehmung, sondern, wie der § 251 Abs. 2, auch über eine „anderweite", also insbesondere eine polizeiliche oder staatsanwaltschaftliche Vernehmung[31]. Es gilt gleich viel, ob die Niederschrift in derselben oder in einer anderen Strafsache oder in einem bürgerlichen Rechtsstreit[32] oder im Ermittlungsverfahren einer Verwaltungsbehörde aufgenommen worden ist[33]. Die Verlesung findet auch statt, wenn der Zeuge früher nicht als solcher, sondern als Beschuldigter vernommen worden war[34]. In der Niederschrift in Bezug genommene schriftliche Erklärungen der Beweisperson können mitverlesen werden[35]; dies gilt auch für das schriftliche Gutachten eines Sachverständigen[36].

**16**    § 253 betrifft nur Niederschriften, die eine **amtliche Stelle** über eine **frühere Aussage** des jetzt zu vernehmenden Zeugen oder Sachverständigen errichtet hat. Niederschriften, die der **Zeuge selbst** über die Aussage eines anderen Zeugen aufgenommen hat oder die sonstwie die Aussage eines anderen Zeugen wiedergeben, fallen nicht unter § 253. Bei ihnen gilt § 250 Satz 2; ihre Verlesung zu Beweiszwecken ist nur in den bei

---

[26] *Alsberg/Nüse/Meyer* 279; KK-*Mayr* 6; *Kleinknecht/Meyer*[37] 6; KMR-*Paulus* 11; *Eb. Schmidt* 13.

[27] U. U. kann der Widerspruch aber auch dadurch nicht behoben werden; vgl. RGSt 34 48.

[28] KK-*Mayr* 6; *Kleinknecht/Meyer*[37] 6; vgl. Rdn. 2.

[29] RGSt **31** 69; **37** 317; KK-*Mayr* 8; **a. A** RGSt **33** 128; *Hanack* FS Schmidt-Leichner 87.

[30] *Eb. Schmidt* 13.

[31] RGSt **1** 400; **39** 434; BayObLGSt **1953** 215 = NJW **1954** 363.

[32] RGSt **10** 358; RG JW **1894** 49; *Alsberg/ Nüse/Meyer* 279 mit weit. Nachw.

[33] RGSt **34** 48; RG GA **68** (1920) 353; JW **1930** 922.

[34] RGSt **12** 118; **55** 223; RG GA **36** (1888) 319; **69** (1921) 89; HRR **1927** Nr. 203; *Kleinknecht/Meyer*[37] 7; KMR-*Paulus* 12; *Alsberg/Nüse/Meyer* 279 mit weit. Nachw.

[35] *Alsberg/Nüse/Meyer* 280 (ohnehin verlesbar); *Kleinknecht/Meyer*[37] 7.

[36] RG GA **46** (1898/99) 128.

§ 250 erörterten Fällen sowie unter den Voraussetzungen des § 251 Abs. 2 zulässig[37]. Soweit sie zu Vorhalten gegenüber einem in der Hauptverhandlung vernommenen Zeugen verwendet werden, hängt die Zulässigkeit nicht davon ab, daß die Voraussetzungen des § 253 erfüllt sind[38].

**b) Die Abschrift** einer Niederschrift kann auf Grund des § 253 verlesen werden, **17** wenn die Übereinstimmung mit der Urschrift feststeht[39]. Der Nachweis der Übereinstimmung kann mit jedem zulässigen Beweismittel erbracht werden.

**5. Abspielen von Tonbändern.** Tonbänder sind keine Urkunden und keine Nieder- **18** schriften über eine frühere Vernehmung. Unter der Voraussetzung, daß die Tonbandaufnahme nicht in unzulässiger Weise erschlichen, sondern im Einvernehmen mit der Auskunftsperson hergestellt ist, und unter der weiteren Voraussetzung, daß die Aufnahme inhaltlich nicht verändert ist, was notfalls durch Verwendung anderer Beweismittel festzustellen ist, können Tonbänder nach den Grundsätzen des Augenscheinsbeweises zum Beweise dafür abgespielt werden, daß sich die Auskunftsperson so geäußert hat, wie es auf dem Tonband festgehalten ist[40]. Wird ein Tonband unter den angegebenen Voraussetzungen abgespielt, kommt das im Ergebnis der Verlesung einer früheren Niederschrift unter den Voraussetzungen des § 253 gleich, weil das Gericht aus dem Abspielen des Tonbands die Überzeugung gewinnen darf, daß sich die Auskunftsperson früher so geäußert hat, wie auf dem Tonband festgehalten ist.

**6. Anordnung der Verlesung.** Der Vorsitzende ordnet im Rahmen seiner Verhand- **19** lungsleitung an, daß und welcher Teil der Niederschrift zu verlesen ist. Eines Gerichtsbeschlusses bedarf es nur, wenn seine Anordnung nach § 238 Abs. 2 beanstandet wird[41].

**7. Beschränkung.** Die Verlesung ist — entsprechend dem Regelungszweck — **20** grundsätzlich auf den **Teil der Niederschrift** zu beschränken, der den Tatkomplex enthält, welcher dem Zeugen nicht mehr erinnerlich ist oder vom Widerspruch betroffen wird. Die damit im inneren Zusammenhang stehenden Teile der Aussage müssen jedoch insoweit mitverlesen werden, als dies zum Verständnis der Aussage notwendig ist. Unter Umständen kann es sich deshalb als notwendig erweisen, die ganze Aussage zu verlesen[42]. Ob dies erforderlich ist, entscheidet der Vorsitzende — bei Anrufung das Gericht — nach tatrichterlichem Ermessen, für das der Zweck des § 253 Richtschnur ist.

**8. Abwesenheit des Zeugen oder Sachverständigen.** Als Kombination zwischen **21** Zeugen und Urkundenbeweis setzt die Anwendung des § 253 grundsätzlich die Anwesenheit des Zeugen oder Sachverständigen in der Hauptverhandlung voraus (Rdn. 8). Entgegen der vorherrschenden Meinung[43] erscheint es jedoch in Ausnahmefällen zuläs-

---

[37] Vgl. etwa OLG Hamm JMBlNW **1964** 44; *Schünemann* DRiZ **1979** 107; ferner § 251, 57.

[38] BGHSt **3** 201; 208; *Alsberg/Nüse/Meyer* 280 mit weit. Nachw.; ferner § 249, 84 ff.

[39] RGSt **50** 129; *Alsberg/Nüse/Meyer* 279; *Kleinknecht/Meyer*[37] 7; KMR-*Paulus* 12; a. A RGSt 34 48.

[40] *Alsberg/Nüse/Meyer* 231; 278; KK-*Mayr* 10; KMR-*Paulus* 13; vgl. BGHSt **14** 338; § 244, 333 ff; a. A *Hanack* FS Schmidt-Leichner 87; 94.

[41] RGRspr. **6** 210; KMR-*Paulus* 16; *Eb. Schmidt* 17.

[42] RGSt **57** 377; **59** 144; OLG Koblenz GA **1974** 224; *Alsberg/Nüse/Meyer* 280; KK-*Mayr* 9; *Kleinknecht/Meyer*[37] 8; KMR-*Paulus* 16.

[43] BGH bei *Dallinger* MDR **1970** 198; KG NJW **1979** 1668; OLG Saarbrücken JR **1973** 472 mit Anm. *Fuhrmann*; *Alsberg/Nüse/Meyer* 278; KK-*Mayr* 7; *Kleinknecht/Meyer*[37] 3; KMR-*Paulus* § 244, 96; *Wömpner* NStZ **1983** 296; a. A RG JW **1891** 236.

Walter Gollwitzer

sig, einen in der Hauptverhandlung zu Tage tretenden Widerspruch zwischen einer nach § 251 verlesenen Aussage und einer nicht nach § 251 verlesbaren Vernehmungsniederschrift durch Verlesen nach § 253 festzustellen und so für die Beweiswürdigung nutzbar zu machen. Zwar wird es in solchen Fällen die Aufklärungspflicht meist fordern, sowohl den eigentlichen Wahrnehmungszeugen als auch die Verhörsperson zur Hauptverhandlung zu laden. Ist dies aber beim Wahrnehmungszeugen nicht möglich, erübrigt sich mitunter dessen erneute kommissarische Einvernahme, wenn davon keine weitere Sachaufklärung zu erwarten ist, weil er sich bereits früher zum Widerspruch geäußert hatte, ohne ihn aufklären zu können.

**22**    **9. Vernehmung durch den beauftragten oder ersuchten Richter.** Der beauftragte oder ersuchte Richter, der einen Zeugen oder Sachverständigen außerhalb der Hauptverhandlung vernimmt, darf nach der vorherrschenden Meinung[44] § 253 nicht anwenden. Es genügt, wenn bei der kommissarischen Vernehmung der Inhalt der früheren Aussage vorgehalten und eine Erklärung des Zeugen auch darüber herbeigeführt wird, um Erinnerungsmängel oder Widersprüche nach Möglichkeit zu beheben oder aber als unbehebbar zu kennzeichnen. Folgt man der bei Rdn. 21 vertretenen Auffassung, kann die Verlesung zu Beweiszwecken dann der Hauptverhandlung überlassen bleiben[45].

**23**    **10. Protokollierung.** Erklärt ein Zeuge, sich nicht mehr erinnern zu können, ist diese Erklärung ebensowenig eine wesentliche Förmlichkeit (§ 273) wie die Tatsache, daß zwischen der Erklärung in der Hauptverhandlung und der Niederschrift über eine frühere Erklärung ein Widerspruch besteht. Beides braucht nicht in die Sitzungsniederschrift aufgenommen zu werden[46]. Dagegen muß die Verlesung der Niederschrift über eine frühere Vernehmung nach § 273 Abs. 1 im Protokoll vermerkt werden[47]. Wird nur ein Teil verlesen, ist dieser genau zu bezeichnen. Auf Antrag[48] muß nach § 255 auch ihr Grund angegeben werden; es muß also festgehalten werden, auf welchen der in Absatz 1 oder Absatz 2 angeführten Gründe das Gericht die Verlesung gestützt hat. Dies kann auch ohne Antrag von Amts wegen geschehen, da es sich ohnehin empfiehlt, bei Verlesung einer Urkunde auch den Zweck, zu dem dies geschieht, im Protokoll festzuhalten[49].

**24**    **11. Beweiswürdigung.** Der Inhalt der verlesenen Niederschrift unterliegt, da er durch die Verlesung Gegenstand der Beweisaufnahme geworden ist, bei der Urteilsfällung gleich den anderen Beweismitteln der freien Würdigung des Gerichts, und zwar auch dann, wenn sich der Zeuge oder Sachverständige nicht mehr zur früheren Aussage bekannt hat[50]. Erklärt ein Zeuge, er könne sich **nicht mehr erinnern**, er habe aber damals seine Wahrnehmungen nach bestem Wissen zu Protokoll gegeben, dann muß es der freien Beweiswürdigung des Gerichts überlassen bleiben, welche Schlüsse es aus dem vom Zeugen nicht bestätigten Inhalt der Niederschrift zieht. Etwas anderes würde nur dann gelten, wenn man daraus, daß die Verlesung nur „zur Unterstützung des Ge-

[44] KK-*Mayr* 7; *Kleinknecht/Meyer*[37] 1.

[45] **A. A** RGSt **50** 130; KMR-*Paulus* 14; ferner LR[23] 22.

[46] Bezüglich des Erinnerungsmangels: RG DRiZ **1927** Nr. 640; RG HRR **1930** Nr. 1299; *Alsberg/Nüse/Meyer* 279; *Kleinknecht/Meyer*[37] 5. Der ausdrücklichen Feststellung, daß der Widerspruch nur durch Verlesen behoben

werden könne, bedarf es nicht; RG Recht **1907** Nr. 3744; *Kleinknecht/Meyer*[37] 6.

[47] BGH JR 1986, 524; mit Anm. *Gollwitzer*; OLG Köln NJW **1965** 830; vgl. § 255, 3; § 273, 16.

[48] Vgl. § 255, 5.

[49] *Eb. Schmidt* 13.

[50] RGSt **20** 222; OLG Köln MDR **1974** 420.

dächtnisses" des Zeugen zugelassen wird, wiederum eine Beschränkung der in § 253 zugelassenen Ausnahme vom Grundsatz des § 250 herleiten wollte[51], der es verbietet, die nach § 253 verlesene Niederschrift unabhängig von den Bekundungen des Zeugen als Beweismittel zu verwerten[52]. Wie bereits bei Rdn. 1 dargelegt, verdient die Ansicht den Vorzug, daß die nach § 253 verlesene Niederschrift ein zulässiges Beweismittel ist.

Ob sie, wenn der Zeuge ihren Inhalt nicht bestätigt oder für unzutreffend er- **25** klärt, für sich allein ein **genügend zuverlässiges Beweismittel** ist, hat das Gericht unter Berücksichtigung aller Umstände des Einzelfalls in freier Beweiswürdigung zu entscheiden, wobei es sich auch mit den zahlreichen Zweifeln auseinandersetzen muß, welche eine weder durch den Zeugen noch durch die Einvernahme der Verhörsperson bestätigte Niederschrift hinsichtlich der Richtigkeit ihres Inhalts hervorruft.

**12. Revision.** Es begründet die Revision, wenn unter Verletzung des § 253 eine **26** Urkunde verlesen und bei der Urteilsfindung verwertet wurde; dies gilt auch, wenn die Verlesung unnötig auf andere Teile der Niederschrift ausgedehnt wurde[53]. Es kommt nicht darauf an, ob in der Hauptverhandlung eine Entscheidung des Gerichts nach § 238 Abs. 2 herbeigeführt worden ist[54].

Auch wenn § 253 nicht verletzt ist, kann die Verlesung der Niederschrift einen **27** die Revision begründenden Verstoß gegen die **Aufklärungspflicht** enthalten, so wenn die Verfahrenslage zur Einvernahme der für die Abfassung des Protokolls verantwortlichen Verhörsperson gedrängt hätte. Umgekehrt kann die Aufklärungspflicht auch dadurch verletzt werden, daß zur Auffrischung der Erinnerung des Zeugen oder zur Behebung eines Widerspruchs die nach § 253 zulässige Verlesung einer früheren Vernehmungsniederschrift unterblieb.

# § 254

(1) Erklärungen des Angeklagten, die in einem richterlichen Protokoll enthalten sind, können zum Zweck der Beweisaufnahme über ein Geständnis verlesen werden.

(2) Dasselbe kann geschehen, wenn ein in der Vernehmung hervortretender Widerspruch mit der früheren Aussage nicht auf andere Weise ohne Unterbrechung der Hauptverhandlung festgestellt werden kann.

**Schrifttum.** *D. Meyer* Verwertung früherer Aussagen nach Aussageverweigerung, JA **1972** 163; *Rogall* Zur Verwertbarkeit der Aussage einer noch nicht beschuldigten Person, MDR **1977** 978; *Schroth* Der Vorhalt eigener protokollierter Aussagen an den Angeklagten, ZStW **87** (1975) 103; *Wömpner* Ergänzender Urkundenbeweis neben §§ 253, 254 StPO, NStZ **1983** 293; wegen weiterer Nachweise vgl. bei § 249 und § 250.

**Bezeichnung** bis 1924: § 253.

---

[51] Vgl. etwa *Eb. Schmidt* 1; Rdn. 4.
[52] Im Ergebnis so OLG Hamm JMBlNW **1964** 44. OLG Köln NJW **1965** 830 geht dagegen vom Grundsatz der freien Beweiswürdigung aus; zu den einzelnen Varianten vgl. § 250, 20, § 252, 27, § 254, 9 und die Erläuterungen zu § 261. 84.
[53] Vgl. Rdn. 20; *Hanack* FS Schmidt-Leichner 86.
[54] Vgl. § 238, 50.

*Übersicht*

### 1. Grundsätzliches

**1**    **a) Absatz 1** läßt zum Beweis eines Geständnisses, das vor einem Richter abgelegt wurde, die Verlesung des **richterlichen Vernehmungsprotokolls** zu. Als Ersatz für die Vernehmung des Richters oder des Urkundsbeamten, die das Geständnis entgegengenommen und beurkundet haben, darf die richterliche Niederschrift „zum Zwecke der Beweisaufnahme" verlesen werden. Es handelt sich nicht nur um einen Vernehmungsbehelf, sondern um einen **Urkundenbeweis,** auf den sich die freie richterliche Beweiswürdigung (§ 261) stützen kann[1]. Für die richterlichen Vernehmungsprotokolle, nicht aber für alle anderen Vernehmungsniederschriften, vor allem auch nicht für polizeiliche Protokolle, begründet § 254 hinsichtlich der Verhörspersonen beim Angeklagten die gleiche Ausnahme vom Ersetzungsverbot des § 250 und von dem Grundsatz der Mündlichkeit und Unmittelbarkeit[2] wie § 253 für den Zeugen und Sachverständigen[3].

**2**    **b) Bei Absatz 2** darf nach vorherrschender Ansicht[4] das richterliche Vernehmungsprotokoll ebenfalls **zur Beweisverwendung** verlesen werden. Dagegen vertritt ein Teil des Schrifttums[5] die Ansicht, er lasse nur die Verlesung zum Zwecke des Vorhalts, nicht aber zum Beweis über die Wahrheit des bekundeten Sachverhalts zu. Zwischen beiden Absätzen zu unterscheiden wäre jedoch gekünstelt und entspräche weder dem Wortlaut („Dasselbe") noch dem Sinnzusammenhang der beiden Absätze. Auch § 255 zeigt, daß der Gesetzgeber die einzelnen Absätze der §§ 253, 254 hinsichtlich der Proto-

---

[1] RGSt **61** 74; **45** 197; OGHSt **1** 110; BGHSt **1** 337; **14** 310; KG JR **1958** 369; OLG Schleswig SchlHA **1954** 387; *Hanack* FS Schmidt-Leichner 94; *Wömpner* NStZ **1983** 294; 296.

[2] Sofern man den Grundsatz der Unmittelbarkeit nicht nur als formales Prinzip versteht; dazu *Schroth* ZStW **87** (1975) 103. („Definitionsfrage").

[3] *Alsberg/Nüse/Meyer* 282; KK-*Mayr* 2; *Kleinknecht/Meyer*[37] 1; KMR-*Paulus* 1; *Schlüchter* 535; *Wömpner* NStZ **1983** 296.

[4] BGHSt **1** 337; *Alsberg/Nüse/Meyer* 282; *Gössel* § 27 D II c 1; KK-*Mayr* 2; *Kleinknecht/Meyer*[37] 1; KMR-*Paulus* 2; *Roxin* § 44 B I 2 d; *G. Schäfer* § 76 I 1 a; *Schlüchter* 535; *Schroth* ZStW **87** (1975) 103.

[5] *Eb. Schmidt* 1; 10; *Krause* Urkundenbeweis, 186, 191; *Löhr* Grundsatz der Unmittelbarkeit, 148; dagegen *Schroth* ZStW **87** (1975) 113. Die Materialien zeigen zwar, daß zunächst zwischen der Verlesung „zum Zwecke der Beweisaufnahme über ein Geständnis" und der „Feststellung und Hebung von Widersprüchen" unterschieden wurde (*Hahn* Mat. **2** 30; § 215 E urspr. Fassung); dies gibt jedoch keinen Anlaß zu einer anderen Beurteilung des Beweiszweckes. Wäre nur ein Vorhalt gewollt, hätte die Beschränkung der Zulässigkeit der Verlesung auf richterliche Protokolle wenig Sinn. Zu den Gesetzesmaterialien vgl. auch *Wömpner* NStZ **1983** 295; 297.

kollierung wegen ihrer Beweisbedeutung gleichbehandelt hat[6]. Mit der herrschenden Meinung ist daran festzuhalten, daß Absatz 2 ebenso wie Absatz 1 die Verlesung zu Beweiszwecken gestattet.

**c)** § 254 schließt nicht aus, daß **andere Schriften,** zum Beispiel Briefe des Ange- **3** klagten, die ein Schuldbekenntnis enthalten, **verlesen** werden[7] oder daß der Angeklagte bei seiner Vernehmung eine schriftliche Erklärung zur Ergänzung oder Erläuterung seiner mündlichen Aussage vorträgt[8].

**d) Vernehmung der Verhörspersonen.** § 254 läßt die Zulässigkeit der Verneh- **4** mung der an der Errichtung der Niederschrift beteiligten **Richter und Schriftführer** über die Behauptung, daß die Niederschrift die Erklärungen des Angeklagten unrichtig wiedergebe, selbstverständlich unberührt[9]. Wieweit die **Aufklärungspflicht** dies erfordert, ist nach den Umständen des Einzelfalls zu beurteilen[10].

### 2. Gegenstand der Verlesung

**a)** Auf Grund des § 254 darf eine Erklärung des Angeklagten nur aus einer **rich-** **5** **terlichen Niederschrift** verlesen werden[11]. Dies gilt auch für den Absatz 2. Zu den richterlichen Niederschriften gehören, wie nach § 251 Abs. 1, auch die Sitzungsniederschriften über eine Hauptverhandlung in Strafsachen, selbst wenn der Wortlaut der Erklärung nicht gemäß § 273 Abs. 3 festgestellt ist[12], ferner die Niederschriften, die aus einem bürgerlichen Rechtsstreit, einem Verfahren der freiwilligen Gerichtsbarkeit, einem Dienststrafverfahren oder einem berufs- oder ehrengerichtlichen Verfahren herrühren, vorausgesetzt, daß ein Richter für die Niederschrift verantwortlich ist[13]. Verlesbar sind ferner die Niederschriften, die kraft Gesetzes den **richterlichen Niederschriften gleichgestellt** sind, wie etwa Vernehmungen durch einen dazu ermächtigten Konsularbeamten[14].

Die Verlesbarkeit hängt davon ab, daß die Niederschrift unter **Beobachtung der** **6** für das jeweilige Verfahren **vorgeschriebenen Förmlichkeiten** aufgenommen ist[15]. Für die im Strafverfahren errichteten Niederschriften kommen vor allem die §§ 168 a, 168 c, 271 in Betracht[16], ferner bei Vernehmung eines nicht deutsch sprechenden Angeklagten unter Zuziehung eines Dolmetschers, daß er für die betreffende Sprachübertragung ordnungsgemäß nach § 189 GVG vereidigt war[17]. Welche Förmlichkeiten jeweils maßgebend sind, ist bei diesen Vorschriften erläutert, insbesondere auch die Frage, wieweit ein Verstoß gegen eine vorgeschriebene **Belehrungs-** oder **Benachrichtigungspflicht** die Verlesbarkeit beeinträchtigt[18]. Bei den in einem anderen gerichtlichen Verfahren aufge-

---

[6] *Sax* JZ **1967** 229; vgl. andererseits *Hanack* FS Schmidt-Leichner 88, der die Unterschiede herausstellt.

[7] BGHSt **20** 160; vgl. *Alsberg/Nüse/Meyer* 310 mit weit. Nachw.; *Wömpner* NStZ **1983** 297; ferner § 250, 14.

[8] RG GA **60** (1913) 87.

[9] H. M; so etwa RG JW **1922** 1036; vgl. Fußn. 10 und Rdn. 9.

[10] *Alsberg/Nüse/Meyer* 282; *Kleinknecht/Meyer*[37] 1; KMR-*Paulus* 2.

[11] RGSt **14** 258; **18** 24; **24** 94.

[12] RGSt **20** 23; **31** 69; BGHSt **24** 183 = JR **1971** 512 mit Anm. *Hanack*; BayObLG MDR **1982** 512; *Kleinknecht/Meyer*[37] 4; vgl. § 251, 9.

[13] RGSt **20** 25; **56** 258; **4** 427; **5** 40; **9** 174; RG Recht **1903** Nr. 1793; **1922** Nr. 361; GA **54** (1907) 290; **60** (1913) 430; OLG Hamm JMBlNW **1974** 20; vgl. § 251, 7; *Alsberg/ Nüse/Meyer* 284; *Schneidewin* JR **1951** 485.

[14] KK-*Mayr* 4; wegen der Einzelheiten vgl. § 224, 37; § 251, 7; 30.

[15] RGSt **41** 217; **55** 107; **56** 257; RG GA **38** (1891) 187; OLG Hamburg NJW **1975** 1573; KK-*Mayr* 5; vgl. § 251, 11 ff.

[16] Vgl. § 224, 32 ff; § 251, 11.

[17] BGHSt **22** 118; BGH StrVert. **1985** 314; OLG Hamburg NJW **1975** 1573; vgl. § 251, 11; § 189 GVG mit weit. Nachw.

[18] Vgl. *Eb. Schmidt* NJW **1968** 1218; KK-*Mayr* 6 ff; § 251, 14.

Walter Gollwitzer

nommenen Niederschriften genügt die Wahrung der sie betreffenden Vorschriften; unbegründet ist die Annahme, daß sie überdies den für die strafrichterlichen Niederschriften maßgebenden Vorschriften hinsichtlich der Mitwirkung eines Schriftführers entsprechen müssen[19].

**7**　　**b) Sonstige Niederschriften.** Den Gegensatz zu den richterlichen Niederschriften bilden die Niederschriften über Vernehmungen des Angeklagten vor der **Polizei,** der **Staatsanwaltschaft** oder einer **sonstigen Behörde.** § 254 gestattet nur bei richterlichen Niederschriften, nicht aber bei anderen Vernehmungsprotokollen, den Ersatz der durch § 250 an sich gebotenen Einvernahme der Verhörsperson durch Verlesen der Niederschrift[20]. Wieweit er in den nicht von § 250 erfaßten Fällen die Verwendung derartiger Niederschriften zu Beweiszwecken ausschließt, ist strittig[21]. Zu deren Verwendung im Wege des Vorhalts vgl. Rdn. 24 ff.

**8**　　§ 254 gilt nicht für **Niederschriften,** die eine **Privatperson** über eine Äußerung des Angeklagten gefertigt hat oder für Schreiben, die der Angeklagte zu den Akten eingereicht hat[22] oder die nach § 163 a Abs. 1 Satz 2; § 46 Abs. 1, 2 OWiG im Straf- oder Bußgeldverfahren abgegebenen **schriftlichen Äußerungen,** auch wenn diese eine polizeiliche Vernehmung ersetzen sollten[23]. Sie dürfen nach allgemeinen Grundsätzen zu Beweiszwecken verlesen werden.

**9**　　Kommt es darauf an, den Inhalt einer Erklärung festzustellen, die der Angeklagte vor einem nichtrichterlichen Beamten abgegeben hat, so muß dieser **als Zeuge** vernommen werden. Die Einvernahme der Verhörsperson darf nicht durch das Verlesen der Niederschrift ersetzt werden (§ 250). Hierin besteht kein Unterschied zwischen einer solchen Erklärung und einer anderen, außergerichtlichen Äußerung des Angeklagten[24]. Die Angaben des Angeklagten bei einer früheren nichtrichterlichen Vernehmung können auch dann in dieser Weise zum Gegenstand der Beweisaufnahme gemacht werden, wenn der Angeklagte in der Hauptverhandlung erklärt, er wolle zu den früheren Angaben keine Erklärung abgeben[25]. Kann sich die Verhörsperson trotz Vorhalts an den Inhalt der Aussage nicht mehr erinnern, bekundet sie aber, die Aussage des Angeklagten „getreulich" aufgenommen zu haben, dann ist strittig, ob § 254 gestattet, das Protokoll als Ergänzung der Zeugenaussage zu verlesen und im Rahmen der freien Beweiswürdigung auf den Inhalt der früheren Aussage und auf die Richtigkeit des damals vom Angeklagten Bekundeten zu schließen[26]. Hierfür spricht, daß § 254 als Ausnahme

---

[19] *Alsberg/Nüse/Meyer* 385; a. A RGSt **56** 258; vgl. § 251, 8.

[20] RGSt **20** 322; RG Recht **1917** Nr. 2113; JW **1913** 1003; **1922** 1036; OGHSt **1** 110; **3** 24; BGHSt **1** 337; **14** 310; bei *Spiegel* DAR **1977** 176; OLG Köln VRS **63** 365; OLG Zweibrücken VRS **60** 442; vgl. auch Fußn. 21; *Wömpner* NStZ **1983** 298.

[21] Vgl. *Wömpner* NStZ **1983** 298; ferner etwa *Alsberg/Nüse/Meyer* 286; KK-*Mayr* § 249; *Kleinknecht/Meyer*[37] 6; KMR-*Paulus* 9; *G. Schäfer* § 76 I 1 h; *Schroth* ZStW **87** (1975) 103 (unzulässig); § 249, 16; § 243, 71.

[22] RGSt **18** 23; **35** 234; OLG Düsseldorf JMBlNW **1979** 247; OLG Hamm JMBlNW **1968** 215.

[23] OLG Düsseldorf JMBlNW **1979** 247; VRS **41** 436; OLG Zweibrücken VRS **60** 442; *Göhler* NStZ **1982** 12.

[24] Mot. 185.

[25] BGHSt **1** 337; **22** 171; vgl. § 243, 71 mit weit. Nachw.

[26] *Wömpner* NStZ **1983** 297, 299 hält die vom Verbot des § 250 nicht erfaßte ergänzende Verlesung zu Beweiszwecken für zulässig, anders BGHSt **14** 310; **23** 220. Vgl. BGH NJW **1970** 574; *Alsberg/Nüse/Meyer* 287; *Hanack* JZ **1972** 274; FS Schmidt-Leichner 97 (kein Rückgriff durch Verlesen, da sonst Reproduktion der Urkunde); *Kleinknecht/Meyer*[37] 8; KMR-*Paulus* 10; ferner § 261.

vom Verbot des § 250 anzusehen ist, während für die Gegenmeinung angeführt wird, daß dann eben doch das nichtrichterliche Vernehmungsprotokoll die Beweisbedeutung erlange, die ihm der Gesetzgeber versagt habe.

**c) Tonbandaufnahmen.** Werden bei einer polizeilichen Vernehmung die Erklärun- **10** gen des Angeklagten mit seinem Einverständnis auf ein **Tonband** aufgenommen, darf dieses Tonband im Wege des Augenscheinsbeweises abgespielt werden[27], wobei jedoch der Umstand, daß das Tonband Erklärungen des Angeklagten getreu wiedergibt, entweder durch die Angaben des Angeklagten oder durch Zeugenaussagen der Verhörsbeamten zur Überzeugung des Gerichts erwiesen werden muß[28]. *Hanack* und *Eb. Schmidt*[29] halten dagegen **§ 254 für entsprechend anwendbar**, da das Tonband, auch wenn man es als Augenscheinsobjekt ansieht, sachlich der Niederschrift über ein Geständnis vor der Polizei gleichzuachten sei, so daß das Verbot der direkten Verwendung einer solchen Niederschrift sinngemäß auch für das Tonband gelten müsse.

### 3. Verlesung nach Absatz 1

**a)** Die Verlesung gemäß Absatz 1 geschieht **zum Zweck der Beweisaufnahme** über **11** ein **Geständnis,** also der Feststellung, ob der Angeklagte ein Geständnis abgelegt hat, welchen Inhalt es hatte und ob es wahr ist[30]. Infolgedessen können auch Erklärungen verlesen werden, um nachzuweisen, daß der Angeklagte nicht gestanden oder ein früheres Geständnis geändert oder widerrufen hat[31].

**b)** Unter **Geständnis** ist nicht nur ein Schuldbekenntnis oder ein Geständnis der **12** ganzen Tat zu verstehen, sondern schon die Einräumung einer einzelnen, für den Schuldspruch unmittelbar oder mittelbar erheblichen Tatsache[32]. Dazu gehört auch, wenn der Angeklagte in einem früheren Strafverfahren eine Tatsache eingeräumt hat, aus der sich die Gewerbsmäßigkeit der ihm jetzt zur Last gelegten Tat ergibt[33]. Auch die Angabe von Tatsachen, die nicht für die Schuldfrage, sondern nur für die Rechtsfolgenentscheidung bedeutsam sind, können Gegenstand eines Geständnisses sein[34]. Unerheblich ist, ob sie den Angeklagten be- oder entlasten[35].

Absatz 1 beschränkt sich nicht auf Erklärungen, die der Angeklagte bei der **Ver-** **13** **nehmung als Beschuldigter** abgegeben hat; vielmehr kann grundsätzlich auch eine Aussage verlesen werden, die er als Zeuge in der gegenwärtigen oder einer anderen Strafsache gemacht hat[36]; das gilt auch, wenn der jetzige Angeklagte sein damaliges Zeugnis mit dem Eid bekräftigt hatte[37].

[27] BGHSt 14 339; vgl. § 244, 333.
[28] *Alsberg/Nüse/Meyer* 284; *Kleinknecht/Meyer*[37] 1; KMR-*Paulus* 12.
[29] *Hanack* JZ **1972** 275; FS Schmidt-Leichner 96; *Eb. Schmidt* JZ **1964** 539.
[30] *Alsberg/Nüse/Meyer* 283; *Kleinknecht/Meyer*[37] 2; *Schroth* ZStW **87** (1975) 110; *Wömpner* NStZ **1983** 297.
[31] RGSt 45 196; 54 128; RG GA **59** (1912) 336; *Alsberg/Nüse/Meyer* 283; KK-*Mayr* 3; *Kleinknecht/Meyer*[37] 2; *Eb. Schmidt* 3.
[32] RGSt 45 197; 54 127; RGRspr. **6** 554; RG GA **55** (1908) 328; RG JW **1913** 1003; LZ **1914** 1026.
[33] RG JW **1933** 453.
[34] BGH bei *Holtz* MDR **1977** 984; *Alsberg/*

*Nüse/Meyer* 283; KK-*Mayr* 3; *Kleinknecht/Meyer*[37] 2; KMR-*Paulus* 14; *Schneidewin* JR **1951** 458; zweifelnd *Eb. Schmidt* 2.
[35] RGSt 45 196; 54 127; BGH bei *Holtz* MDR **1977** 984; *Alsberg/Nüse/Meyer* 283; KK-*Mayr* 3; *Kleinknecht/Meyer*[37] 2.
[36] RGSt 9 174; RGRspr. 4 428; 5 410; 646; RG JW **1913** 1003; BGH NJW **1952** 1027; *Alsberg/Nüse/Meyer* 284 mit weit. Nachw.; *Kleinknecht/Meyer*[37] 4; KMR-*Paulus* 4; **a. A** KK-*Mayr* 3 (keine Belehrung nach § 136); vgl. auch *Rogall* Der Beschuldigte als Beweismittel gegen sich selbst, 221( Belehrungspflicht darf nicht umgangen werden).
[37] RGRspr. 5 410.

**14**    Es muß sich aber immer um **dieselbe Beschuldigung,** denselben Vorgang handeln. Es versteht sich von selbst, daß der § 254 Abs. 1 nicht dazu gebraucht werden kann, um überhaupt alle Geständnisse eines Angeklagten in anderen Strafsachen zu verlesen[38].

**15**    Die Voraussetzungen des Absatzes 1 sind auch gegeben, wenn der Angeklagte ein früher zu richterlichem Protokoll erklärtes Geständnis in der Hauptverhandlung **widerruft**[39]. Die Verlesung wird möglicherweise unnötig, weil der Angeklagte damit selbst zugibt, seinerzeit ein Geständnis abgelegt zu haben, aber nicht unzulässig[40]. § 254 Abs. 1 knüpft die Verlesbarkeit von Erklärungen über ein Geständnis nicht daran, daß der Angeklagte in der Hauptverhandlung bestimmte Erklärungen abgibt oder nicht abgibt. Ein Gericht kann selbst dann Anlaß haben, nach Absatz 1 zu verfahren, wenn sich der Angeklagte in der Hauptverhandlung genauso wie früher äußert. Es kann, wenn sich der Angeklagte über eine längere Zeit stets in derselben Weise eingelassen hat, darin ein Anzeichen für die Glaubwürdigkeit sehen. Um wieviel mehr kann im Falle des Widerrufs Anlaß zur Beweiserhebung über ein früheres Geständnis bestehen, zumal da die bloße Tatsache des Widerrufs über den Inhalt des früheren Geständnisses nichts auszusagen braucht. Macht der Angeklagte im Zusammenhang mit dem Widerruf des Geständnisses Ausführungen, die im Widerspruch zu seiner früheren Einlassung stehen, dann ist die Verlesung auch unter den Voraussetzungen des Absatzes 2 zulässig.

**16**    Soll ein Geständnis verlesen werden, das **ein Zeuge** früher als Beschuldigter, etwa als früherer Mitangeklagter vor Trennung der Verfahren, abgelegt hat, so ist nicht § 254, sondern § 253 anwendbar[41].

**17**    c) Die Vorschrift ist auch anwendbar, wenn die **Hauptverhandlung ohne den Angeklagten** durchgeführt wird[42].

**18**    d) Wird gegen **mehrere Mitangeklagte** verhandelt, so darf die Aussage eines Mitangeklagten auf Grund des § 254 Abs. 1 auch dann verlesen werden, wenn die Tatsache, daß er ein Geständnis abgelegt hat, zur Überführung eines anderen Mitangeklagten dienen kann[43]. Bei Würdigung des Beweisergebnisses ist das Gericht nicht gehindert, den über § 254 eingeführten Prozeßstoff im Zuge der einheitlichen Tatsachenfeststellung[44] auch zu Lasten der übrigen Mitangeklagten zu verwerten[45]. Dies gilt auch, wenn die Mitangeklagten miteinander nahe verwandt oder verschwägert sind; denn die Zulässigkeit der Verlesung der Niederschrift über die richterliche Vernehmung des einen und die Verwertbarkeit der früheren Angaben gegenüber den anderen Mitangeklagten ist nach § 254 und nicht nach § 252 zu beurteilen[46]. Über § 254 sind aber nur Erklärungen verwertbar, die die Tat betreffen, die dem geständigen Angeklagten im anhängigen Verfahren zur Last gelegt werden[47].

---

[38] RGSt **54** 127; RG GA **41** (1893) 416.

[39] *Alsberg/Nüse/Meyer* 284 (zulässig, aber überflüssig, da dann Vorhalt genügt); ebenso *Kleinknecht/Meyer*[37] 2; KMR-*Paulus* 5.

[40] So aber wohl OLG Schleswig SchlHA **1954** 387; *Eb. Schmidt* 3.

[41] RGSt **55** 223; BGHSt **27** 13.

[42] KMR-*Paulus* 5.

[43] RGSt **9** 88; RG JW **1899** 475; RG JW **1899** 475; Recht **1917** Nr. 1933; BGHSt **3** 149; **22** 372; *Alsberg/Nüse/Meyer* 284; *Fezer* JuS **1977** 523; *Hanack* JZ **1972** 275; KK-*Mayr* 8; *Kleinknecht/Meyer*[37] 5; KMR-*Paulus* 5; *Eb.*

*Schmidt* 9; JZ **1970** 342; a. A *Schneidewin* JR **1951** 486. *Roxin* § 44 B I 2 d hält die Verlesung eines richterlichen Protokolls über das Geständnis eines Mitangeklagten für unzulässig, da dieser persönlich dazu vernommen werden müsse. Vgl. auch *Prittwitz* Der Mitbeschuldigte im Strafprozeß, 217 ff; 225 ff.

[44] Vgl. Vor § 226, 39; § 244, 10.

[45] BGHSt **22** 372; weit. Nachw. vgl. Fußn. 43.

[46] BGHSt **3** 149.

[47] KK-*Mayr* 8 (folgt aus Begriff Geständnis) unter Hinweis auf eine BGH Entscheidung, die dies offenließ.

**4. Verlesung nach Absatz 2.** Zur Behebung eines **Widerspruchs** zwischen den Aus- **19** führungen des Angeklagten in der Hauptverhandlung und den früheren Einlassungen vor einem Richter dürfen die Protokolle über die richterliche Niederschrift ebenfalls verlesen werden; vorausgesetzt, der Widerspruch ist in der Hauptverhandlung **nicht auf andere Weise,** etwa durch Vernehmung der anwesenden Verhörspersonen oder durch ein anderes Beweismittel, zu klären. Im Gegensatz zu Absatz 1 ist also hier die Verlesung zu Beweiszwecken **nur subsidär** gegenüber anderen Beweismitteln zulässig[48].

Wegen der Voraussetzungen **im einzelnen** und wegen der Bedeutung der Aufklä- **20** rungspflicht, die durch Absatz 2 nicht eingeschränkt wird, gilt das gleiche wie bei § 253 Abs. 2[49].

**5. Anordnung und Umfang der Verlesung**

**a)** Ebenso wie bei § 253 ordnet der **Vorsitzende** die Verlesung an[50] oder nimmt **21** sie gleich selbst vor, wenn er glaubt, daß die Voraussetzungen dafür gegeben sind und die Verlesung zur Sachaufklärung notwendig ist. Auch die anderen Prozeßbeteiligten können die Verlesung anregen. Entspricht der Vorsitzende einer solchen Anregung nicht und beanstandet ein Beteiligter dies oder widerspricht ein Beteiligter der vom Vorsitzenden beabsichtigten Verlesung, so entscheidet das Gericht gemäß § 238 Abs. 2 darüber durch Beschluß. Das **Selbstleseverfahren** (§ 249 Abs. 2) ist durch § 249 Abs. 2 Satz 6 ausdrücklich ausgeschlossen[50a]. Die vorherrschende Meinung hält es weiterhin für zulässig, daß der Vorsitzende im allgemeinen Einverständnis den Inhalt des Geständnisses bekannt gibt, statt die Niederschrift zu verlesen[51].

**b)** Die Verlesung der **ganzen Niederschrift** ist nicht vorgeschrieben („,Teil des **22** Protokolls")[52]. Sie ist nur angezeigt, wenn und soweit dies dem Verständnis des zu verlesenden Teils der Aussage dient. Gegenerklärungen eines Zeugen können insoweit mitverlesen werden, als sie die Bekundung des Angeklagten ergänzen[53].

**c) Bei Bezugnahme** einer richterlichen Niederschrift auf eine in einer **nichtrichter- 23 lichen Niederschrift** enthaltene Erklärung des Angeklagten darf diese mitverlesen werden, wenn und soweit ihr Inhalt als ein Teil der richterlichen Niederschrift zu gelten hat[54]. Dies setzt voraus, daß dem Angeklagten zunächst Gelegenheit gegeben wurde, sich vor dem Richter im Zusammenhang auf die Beschuldigung zu äußern, daß ihm, wenn sich dabei herausstellt, daß seine Angaben mit denjenigen einer nichtrichterlichen Niederschrift im wesentlichen übereinstimmen, diese Angaben im Laufe der richterlichen Vernehmung vorgelesen, nicht nur inhaltlich vorgehalten worden sind und daß er seinen Willen kundgetan hat, er wolle seine früheren Angaben auch in der ihnen gegebenen Fassung als Bestandteil seiner Erklärungen vor dem Richter betrachtet wissen. Alles das muß zweifelsfrei aus dem richterlichen Protokoll hervorgehen[55]. Eine bloße Verwei-

---

[48] Vgl. § 253, 11.
[49] Vgl. § 253, 12 ff.
[50] *Kleinknecht/Meyer*[37] 1; vgl. § 238, 11; § 244, 34; 141; 249, 42; BGH VRS **32** 352.
[50a] Ebenso nach der am 1. 4. 1987 in Kraft tretenden Änderung des § 249 Abs. 2.
[51] *Kleinknecht/Meyer*[37] 1; *Alsberg/Nüse/Meyer* 282 wegen weiterer Nachweise zum Streitstand vgl. § 249, 44.
[52] RG JW **1890** 270; vgl. *Hanack* FS Schmidt-Leichner 86 (zu § 253); vgl. § 249; 253.

[53] RG GA **51** (1904) 49.
[54] RGSt **24** 94; **25** 31; **40** 425; RG GA **42** (1894) 395; Recht 1910 Nr. 1193; LZ **1921** 756; BGHSt **6** 281; **7** 73; vgl. Fußn. 55.
[55] BGHSt **6** 279; **7** 73; BGH NJW **1952** 1027; bei *Herlan* MDR **1954** 656; *Alsberg/Nüse/ Meyer* 285; *Dahs/Dahs* 238; *Kleinknecht/ Meyer*[37] 4; **a. A** *Mittelbach* MDR **1955** 245; vgl. bei § 251, 20.

Walter Gollwitzer

sung in einem vorgedruckten Protokoll genügt dafür regelmäßig nicht. Erschöpft sich die richterliche Vernehmung in der Bezugnahme oder in der Entgegennahme von Erklärungen zu der vorgelesenen polizeilichen Aussage, so liegt eine verlesbare Niederschrift einer richterlichen Vernehmung nicht vor[56].

**24**      **6. Formfreier Vorhalt.** Die Befugnis des Vorsitzenden, den Angeklagten bei der Vernehmung im Hinblick auf eine in einer richterlichen oder nichtrichterlichen Niederschrift enthaltene Erklärung durch eine Frage oder einen Vorhalt zu einer Äußerung darüber zu veranlassen, ob er etwa bei einer früheren Vernehmung vor einem Polizeibeamten, einem Staatsanwalt oder einem Richter ein Geständnis abgelegt oder eine Tatsache eingeräumt habe, wird durch den § 254 **nicht eingeschränkt**[57]. Doch darf eine nicht verlesbare Niederschrift durch einen solchen Vorhalt, der nur ausnahmsweise in einer wörtlichen Wiedergabe bestehen darf, nicht so zur Kenntnis des Gerichts gebracht werden, daß der Anschein erwächst, als ob der Inhalt der Niederschrift geeignet sei, das Geständnis zu beweisen und hiermit eine Folgerung auf Tat und Schuld zu begründen. Vielmehr schafft, wenn der Angeklagte auf den Vorhalt hin anerkennt, bei der früheren Vernehmung etwas zugestanden zu haben, nur diese in der Hauptverhandlung gemachte Angabe eine Beweisgrundlage. Dies muß das Urteil zum Ausdruck bringen[58].

**25**      Beim **Bestreiten des Geständnisses** durch den Angeklagten darf sich das Gericht nicht mit einem Vorhalt begnügen. Es muß, sofern es das in der Niederschrift niedergelegte Geständnis verwerten will, Beweis über das Geständnis erheben, und zwar, falls die Niederschrift als richterliche verlesen werden darf, durch die Verlesung, falls sie als nichtrichterliche der Verlesung entzogen ist, durch die Vernehmung des Verhörsbeamten. Diesen von der Rechtsprechung nach einigem Schwanken[59] entwickelten Grundsätzen hat sich der Bundesgerichtshof angeschlossen[60].

**26**      Ein Teil des **Schrifttums** vertritt die Ansicht, § 254 schließe auch die **mittelbare Reproduktion des Vernehmungsinhalts** durch Einvernahme eines nichtrichterlichen Verhörsbeamten aus[61]. Es widerspräche außerdem dem Sinn des § 243 Abs. 4 Satz 1, wenn bei einem schweigenden Angeklagten seine in einem Protokoll enthaltenen früheren Angaben über einen Vorhalt zum Gegenstand der Aussage des Verhörsbeamten gemacht werden könnten; § 243 Abs. 4 Satz 1 setze dem Rückgriff auf frühere Aussagen Schranken[62].

**27**      Die Vernehmung des Verhörsbeamten über das Geständnis ist ferner im Sinn des § 244 Abs. 2 regelmäßig notwendig, wenn der Angeklagte zwar anerkennt, gegenüber dem Polizeibeamten oder Staatsanwalt gestanden zu haben, aber behauptet, daß er zum Geständnis **durch eine Drohung** gezwungen oder durch eine **Zusicherung** verleitet worden sei.

[56] BGH bei *Dallinger* MDR **1974** 725.
[57] KK-*Mayr* 1; *Kleinknecht/Meyer*[37] 6; KMR-*Paulus* 10; vgl. § 249, 84.
[58] BGHSt **14** 310; **22** 271; vgl. § 249, 85 mit weit. Nachw.
[59] RGSt **14** 258; **18** 224; **20** 231; **35** 5.
[60] RGRspr. **7** 215; RGSt **23** 58; **52** 243; **54** 16; **61** 72; RG DJZ **1913** 867; JW **1928** 2722; **1930** 936; **1931** 953; BGHSt **1** 337; **14** 310; **22** 171; BGH NJW **1952** 1027; BayObLG HRR **1934** Nr. 1000; OLG Braunschweig NdsRpfl. **1948** 203; OLG Hamburg VRS **10** 370; *Kleinknecht/Meyer*[37] 7; KMR-*Paulus* 3; vgl. auch *Geppert* FS Oehler (1985) 338 ff.
[61] *Grünwald* JZ **1968** 752; *Riegner* NJW **1961** 63; *Schroth* ZStW **87** (1975) 130; differenzierend *Hanack* FS Schmidt-Leichner 95; vgl. auch JZ **1972** 274.
[62] *Grünwald* JZ **1968** 754; *Hanack* JZ **1972** 274.

**7. Protokollierung.** Nach §255 ist in den Fällen der §§253 und 254 die Verlesung **28** und auf Antrag der Staatsanwaltschaft oder des Angeklagten sowie der ihnen befugnismäßig gleichgestellten anderen Verfahrensbeteiligten[63] auch ihr Grund im Protokoll festzuhalten[64]. Die Tatsache der Verlesung muß unabhängig von einem Antrag immer gemäß §273 Abs. 1 in der Niederschrift beurkundet werden[65]. Unabhängig von §255 empfiehlt es sich, den Grund und Zweck der Verlesung in jedem Falle — auch ohne Antrag eines Beteiligten — zu beurkunden. Wenn eine zum Zwecke des Urkundenbeweises nicht verlesbare Urkunde zum Zwecke des Vorhalts wörtlich verlesen wird, kann es angezeigt sein, diesen Zweck im Protokoll festzuhalten[66].

**8. Revision.** Wird ein Geständnis aus einer nichtrichterlichen Niederschrift verle- **29** sen und im Urteil verwertet, so begründet diese Verletzung des §254 die Revision, sofern das Urteil auf dem Verstoß beruht[67]. Verwertet das Urteil die Einlassung des Angeklagten vor der Polizei und erwähnt es in diesem Zusammenhang nur die polizeiliche Niederschrift, so spricht dies entweder für einen Verstoß gegen die §§250, 254[68] oder — falls die polizeiliche Niederschrift überhaupt nicht in die Hauptverhandlung eingeführt wurde — für einen Verstoß gegen §261.

Die Revision kann nicht auf die Behauptung gestützt werden, die verlesene Nieder- **30** schrift habe **kein Geständnis** enthalten oder ein Widerspruch habe nicht vorgelegen. Dies zu beurteilen, ist allein Sache des Tatrichters[69].

Eine **Verletzung der Aufklärungspflicht** (§244 Abs. 2) kann darin liegen, daß das **31** Gericht es unterlassen hat, durch Verlesen der richterlichen Vernehmungsniederschrift die Beweisaufnahme auf ein früheres Geständnis zu erstrecken oder einen Widerspruch aufzuklären. Sie kann andererseits aber — bei Beachtung der Voraussetzungen des §254 — auch darin liegen, daß sich das Gericht mit der Verlesung der richterlichen Niederschrift begnügt und die sich nach der Sachlage aufdrängende Heranziehung weiterer Beweismittel unterlassen hat.

# §255

In den Fällen der §§253 und 254 ist die Verlesung und ihr Grund auf Antrag der Staatsanwaltschaft oder des Angeklagten im Protokoll zu erwähnen.

**Bezeichnung** bis 1924: §254.

**1. Zwecke und Geltungsraum der Vorschrift.** Der erst durch die Reichstagskom- **1** mission eingefügte §255 verdankt seine Entstehung den Bedenken, die in ihr gegen die Beweisführung gemäß den §§253, 254 aufgetaucht waren. Er sollte den Beteiligten wenigstens die Möglichkeit geben, für das Revisionsgericht einen vollgültigen Beweis zu

---

[63] Vgl. §255, 5.
[64] Zur Bedeutung und Tragweite des §255 vgl. §255, 1 bis 3.
[65] Vgl. §255, 3.
[66] RGSt 61 72.
[67] Ob dies auszuschließen ist, beurteilt sich nach Lage des Einzelfalls, vgl. etwa BGHSt 27 17.

[68] RGSt **61** 75; OGHSt **3** 24; OLG Hamburg VRS **10** 370; KMR-*Paulus* 18.
[69] RGSt **45** 196; RG GA 55 (1908) 328; Recht **1914** Nr. 2814; BGHSt **1** 338; **14** 310; **29** 21; BGH bei *Dallinger* MDR **1975** 369; KK-*Mayr* 3; *Kleinknecht/Meyer*[37] 9; KMR-*Paulus* 18.

Walter Gollwitzer

schaffen, wenn eine Vernehmungsniederschrift unter Verletzung einer gesetzlichen Vorschrift verlesen worden ist[1]. Für das **Ordnungswidrigkeitenverfahren** schreibt § 77 a Abs. 3 Satz 2 OWiG (i. d. F. d. Gesetzes vom 7. 7. 1986 — BGBl. I 979) zusätzlich vor, daß auf Antrag auch der Inhalt einer fernmündlich eingeholten Erklärung einer Behörde in das Protokoll aufzunehmen ist.

Nur die **Verlesung** als Akt der Beweiserhebung bedarf der Erwähnung in der Sitzungsniederschrift, dagegen nicht der **Vorhalt**. Als Vernehmungsbehelf[2] bildet dieser einen Teil der Vernehmung, deren Einzelheiten nicht beurkundet zu werden brauchen. Doch ist anzuraten, in allen Fällen, in denen nicht verlesbare Urkunden nur zum Zwecke eines Vorhalts wörtlich verlesen werden, diesen Umstand zu beurkunden[3].   **2**

**2. Bedeutung der Vorschrift.** Nach § 273 Abs. 1 muß die Sitzungsniederschrift   **3** stets — auch ohne Antrag eines Beteiligten[4] — die Tatsache der Verlesung der genau zu bezeichnenden Niederschrift beurkunden. Nach vorherrschender Auffassung ist die Verlesung nach §§ 253, 254 Beweiserhebung und damit eine wesentliche Förmlichkeit des Verfahrens, die von der positiven und negativen Beweiskraft des Protokolls erfaßt wird. Die Bedeutung des § 255 besteht also wie diejenige des § 251 Abs. 4 Satz 2 darin, daß er — sofern ein entsprechender Antrag gestellt wird — zusätzlich auch die Beurkundung des **Grundes der Verlesung** vorschreibt[5]. Zu beurkunden ist der vom Vorsitzenden bei Anordnung der Verlesung bzw. nach Antragstellung bekanntgegebene Grund.

Wird die Verlesung, nachdem ein Beteiligter Widerspruch gegen sie erhoben hat,   **4** durch **Gerichtsbeschluß** angeordnet, so muß der Beschluß den Grund der Verlesung angeben[6].

**3. Antragsberechtigt** sind neben Staatsanwalt und Angeklagtem auch der Verteidi-   **5** ger in seiner Stellung als Beistand[7], ferner in den Grenzen ihrer Beteiligungsbefugnis[8] auch Nebenkläger und die sonstigen Nebenbeteiligten. Der Antrag ist nach § 273 Abs. 1 ebenfalls in der Sitzungsniederschrift festzuhalten.

**4. Revision.** Nur die Tatsache der Verlesung, nicht aber die Angabe ihres Grun-   **6** des ist eine nur durch das Protokoll zu beweisende Förmlichkeit im Sinne des § 274. Auch wenn der Grund der Verlesung trotz eines entsprechenden Antrags in der Niederschrift nicht vermerkt ist, hat das Revisionsgericht in freier Beweiswürdigung nachzuprüfen, ob die Voraussetzungen für die Verlesung nach den §§ 253, 254 gegeben waren[9]. Das Urteil kann daher nicht darauf beruhen, daß der Grund der Verlesung entgegen § 255 nicht protokolliert ist[10], sondern allenfalls auf einer Verletzung der §§ 253, 254.

---

[1] Vgl. *Schneidewin* JR **1951** 485.
[2] Vgl. § 249, 84 ff.
[3] RGSt **61** 72; § 249, 91; § 254, 24; 28; § 273, 16.
[4] BGH JR **1986** 524 mit Anm. *Gollwitzer*; OLG Hamburg LZ **1927** 555; OLG Köln NJW **1965** 830; KK-*Mayr* 1; *Kleinknecht/ Meyer*[37] 1; KMR-*Paulus* 1; *Eb. Schmidt* 2; a. A RGSt **32** 315; RG JW **1894** 49, wonach auch die Tatsache der Verlesung nur auf Antrag zu protokollieren ist, weil darin keine selbständige Beweisaufnahme, sondern nur ein Teil der Zeugeneinvernahme gesehen wurde; ähnlich *Kuckuck* 128.

[5] KK-*Mayr* 1; *Kleinknecht/Meyer*[37] 1; KMR-*Paulus* 2; a. A *Kuckuck* 128 (selbständige Erweiterung des § 273). Vgl. Fußn. 4.
[6] RG Rspr. **3** 358.
[7] BGHSt **12** 371; *Hanack* JZ **1972** 275; KK-*Mayr* 1; *Kleinknecht/Meyer*[37] 2; KMR-*Paulus* 2; *Rieß* NJW **1977** 882; im Ergebnis auch *Spendel* JZ **1959** 739.
[8] Vgl. Vor § 226, 33.
[9] *Schneidewin* JR **1951** 489; *Kleinknecht/Meyer*[37] 3; KMR-*Paulus* 3.
[10] KK-*Mayr* 2; *Kleinknecht/Meyer*[37] 3; KMR-*Paulus* 4.

# § 256

(1) [1]Die ein Zeugnis oder ein Gutachten enthaltenden Erklärungen öffentlicher Behörden sowie der Ärzte eines gerichtsärztlichen Dienstes mit Ausschluß von Leumundszeugnissen sowie ärztliche Atteste über Körperverletzungen, die nicht zu den schweren gehören, können verlesen werden. [2]Dasselbe gilt für Gutachten über die Auswertung eines Fahrtschreibers, die Bestimmung der Blutgruppe oder des Blutalkoholgehalts einschließlich seiner Rückrechnung sowie für ärztliche Berichte zur Entnahme von Blutproben.

(2) Ist das Gutachten einer kollegialen Fachbehörde eingeholt worden, so kann das Gericht die Behörde ersuchen, eines ihrer Mitglieder mit der Vertretung des Gutachtens in der Hauptverhandlung zu beauftragen und dem Gericht zu bezeichnen.

**Schrifttum.** *Ahlf* Zur Ablehnung des Vertreters von Behördengutachten durch den Beschuldigten im Strafverfahren, MDR **1978** 981; *Gollwitzer* Behördengutachten in der Hauptverhandlung des Strafprozesses, FS Walther Weißauer (1986) 23; *Gössel* Behörden und Behördenangehörige als Sachverständige vor Gericht, DRiZ **1980** 363; *Leineweber* Die Rechtsstellung der Polizeibediensteten als Sachverständige vor Gericht, MDR **1980** 7; *Schnellbach* Sachverständigengutachten kollegialer Fachbehörden im Prozeß, Diss. Marburg 1964; *Steinke* Sachverständige und Vertreter von Behördengutachten im Strafprozeß, Zeitschrift für das gesamte Sachverständigenwesen, **1983** 129.

**Entstehungsgeschichte.** Art. 1 Nr. 75 des 1. StVRG hat Absatz 1 erweitert. In Satz 1 werden die Ärzte eines gerichtsärztlichen Dienstes den Behörden gleichgestellt. Der neu eingefügte Satz 2 dehnt die Verlesbarkeit auf einige für die Praxis besonders wichtige Schriftstücke aus. Bezeichnung bis 1924: § 255.

*Übersicht*

Walter Gollwitzer

## I. Grund der Vorschrift

### 1. Ausnahmen von § 250

**1**    **a) Zur Verfahrenserleichterung** läßt Absatz 1 für bestimmte schriftliche Erklärungen auch im Rahmen des Strengbeweisrechts Ausnahmen vom Verlesungsverbot des § 250 zu. Für fernmündliche Erklärungen gilt er im Strafverfahren nicht[1]; im Bußgeldverfahren gestattet § 77 a Abs. 3 OWiG jetzt, daß auch fernmündlich eingeholte Erklärungen von Behörden durch Bekanntgabe ihres wesentlichen Inhalts in die Hauptverhandlung eingeführt werden[1a]. Die in Absatz 1 genannten Beweismittel (Gutachten und Zeugnisse) können in der **Form des Urkundenbeweises**[2] durch Verlesen — nicht aber im Selbstleseverfahren nach § 249 Abs. 2[3] — in die mündliche Verhandlung eingeführt werden, auch wenn sie über Wahrnehmungen berichten und die Voraussetzungen des § 251 Abs. 2 nicht vorliegen. Es ist nicht notwendig, die Verfasser als Zeugen oder Sachverständige in der Hauptverhandlung persönlich zu hören.

**2**    Dabei ist zu unterscheiden: Bei den schriftlichen Erklärungen der **Behörden** und der **Ärzte** eines **gerichtsärztlichen Dienstes** hängt die Verlesbarkeit nicht vom Inhalt der Erklärung — etwa vom Inhalt des Attestes — ab[4], mit der einzigen Einschränkung, daß es sich nicht um ein Leumundszeugnis handeln darf. Bei den **übrigen** in Absatz 1 erwähnten **Erklärungen** ist dagegen ihr Inhalt maßgebend. Nur soweit die Schriftstücke den in Absatz 1 bezeichneten Inhalt haben, kann ihre Verlesung die Vernehmung ihres Urhebers in der Hauptverhandlung ersetzen. § 77 a Abs. 2 OWiG (i. d. F. d. Gesetzes vom 7. 7. 1986 — BGBl. I 979) erweitert für das **Bußgeldverfahren** die Verlesbarkeit von Erklärungen von „Behörden und sonstigen Stellen"; auch wenn die Voraussetzungen des § 256 nicht vorliegen, dürfen Erklärungen über ihre dienstlichen Wahrnehmungen, Untersuchungen und Erkenntnisse und über diejenigen ihrer Angehörigen verlesen werden, sofern die anwesenden Verfahrensbeteiligten zustimmen.

**3**    **b) Der rechtfertigende Grund** für diese **Ausnahme in § 256 Abs. 1** liegt darin, daß sich die genannten Erklärungen für den Urkundenbeweis besonders gut eignen. Die Objektivität bei der schriftlichen Fixierung der bezeugten Wahrnehmungen und der daraus gezogenen Schlußfolgerungen erscheint bei ihnen hinreichend gewährleistet. Für sie spricht die Fachkunde und die Erfahrung der zur Unparteilichkeit verpflichteten Behörde oder der berufsrechtlich verpflichteten Ärzte[5]. Bei den meist routinemäßig erstellten Gutachten des Satzes 2 kann der Gutachter in der Hauptverhandlung ohnehin in der Regel kaum mehr bekunden als das, was als Ergebnis der Untersuchungen bereits schriftlich festgelegt ist. Unter diesen Umständen erfordert die Pflicht zur erschöpfenden Sachaufklärung in der Regel nicht die persönliche Einvernahme des Verfassers in der Hauptverhandlung. Es entspricht der Prozeßwirtschaftlichkeit und dem Bedürfnis der Praxis[6], die Verlesung zuzulassen. Das uneingeschränkte Festhalten am Unmittelbarkeitsgrundsatz würde hier ohne Gewinn für die Sachaufklärung wegen der ander-

---

[1] OLG Karlsruhe MDR **1976** 247; § 250, 36.

[1a] § 77 a Abs. 3 OWiG i. d. F. d. G. vom 7. 7. 1986 – BGBl. I 977.

[2] RGSt **1** 383; BGHSt **1** 96; *Ahlf* MDR **1978** 982; *Alsberg/Nüse/Meyer* 300; *Dästner* MDR **1979** 546; *Gössel* § 27 D II d; DRiZ **1980** 373; *Hanack* NJW **1961** 2041; *Kleinknecht/Meyer*[37] 1; a. A *Jessnitzer*: 69 (Sachverständigenbeweis in Urkundenform); *Hegler* Rechtsgang I 385 (Sachverständigenbeweis).

[3] § 249 Abs. 2 Satz 6 (nach der am 1. 4. 1987 in Kraft tretende Neufassung Absatz 2 Satz 1) schließt dies aus; vgl. dort Rdn. 78.

[4] RG DRiZ **1931** Nr. 707; BGH VRS **48** 209.

[5] OLG Koblenz NJW **1984** 2424; *Ahlf* MDR **1978** 982; *Alsberg/Nüse/Meyer* 295; *Kleinknecht/Meyer*[37] 1; *Eb. Schmidt* 1.

[6] Begr. zum RegEntw. des 1. StVRG, BT-Drucks. 7 551, S. 81.

weitigen Verpflichtungen der Gutachter nur die Terminierung der Hauptverhandlung erschweren, ihre Durchführung verzögern und die betreffenden Beweispersonen nutzlos ihren anderen Aufgaben entziehen[7] und unnötige Kosten verursachen[8].

c) Die **Aufklärungspflicht** des Gerichts wird durch Absatz 1 nicht berührt. Das **4** Gericht darf sich nicht mit dem Verlesen der Erklärungen begnügen, wenn die Umstände des Einzelfalls darauf hindeuten, daß die persönliche Vernehmung des Urhebers in der Hauptverhandlung zur besseren Sachaufklärung beitragen kann[9]. Dies gilt insbesondere, wenn konkret begründete Zweifel an der Richtigkeit oder Vollständigkeit der verlesenen Erklärung geltend gemacht werden[10].

d) **Auslegung.** Als Ausnahmevorschrift ist Absatz 1 unter Berücksichtigung der **5** aus seiner Zielsetzung folgenden Grenzen **auszulegen**[11]. Entgegen seinem Wortlaut ist er nicht bei Erklärungen anwendbar, die in gleicher Sache von den mit der Strafverfolgung befaßten Behörden abgegeben worden sind[12]. Eine **analoge Anwendung** auf die Gutachten privater Organisationen oder auf routinemäßig erstellte Befundgutachten ähnlicher Art und Bedeutung wie die in Satz 2 angeführten, ist nicht möglich.

**2. Zweck des Absatzes 2,** der systematisch nur begrenzt mit Absatz 1 zusammengehört, ist es, den kollegial organisierten Behörden die mündliche Erläuterung eines verlesenen Behördengutachtens in der Hauptverhandlung zu erleichtern. **6**

## II. Die einzelnen Fälle des Absatzes 1

### 1. Erklärungen öffentlicher Behörden
a) **Begriff. Öffentliche Behörde** ist bei § 256 im weiten Sinne zu verstehen[13]. Der **7** Vorschrift unterfällt jede nach öffentlichem Recht errichtete, mit der Erfüllung öffentlicher Aufgaben beauftragte Stelle des Staates oder der Körperschaften, Anstalten, Stiftungen oder einer sonstigen Organisationsform des öffentlichen Rechts[14], die in ihrem Bestand von den sie vertretenden Personen unabhängig ist[15]. Nicht notwendig ist, daß der Stelle obrigkeitliche Befugnisse mit Zwangsgewalt übertragen sind[16] oder daß sie

---

[7] RGSt **14** 6; KK-*Mayr* 1; *Leineweber* MDR **1980** 7; *Eb. Schmidt* 1; *Schneidewin* JR **1951** 486.

[8] Mot. *Hahn* 1 196; KK-*Mayr* 1.

[9] BGHSt **1** 96; *Alsberg/Nüse/Meyer* 300; KK-*Mayr* 10; *Kleinknecht/Meyer*[37] 1; KMR-*Paulus* 3; *Roxin* § 44 B I 2 f; *G. Schäfer* § 76 II 4 c; *Eb. Schmidt* 2.

[10] OLG Schleswig SchlHA **1978** 88.

[11] *Geppert* FS v. Lübtow (1980) 780.

[12] Vgl. Rdn. 22.

[13] Im öffentlichen Recht gibt es keinen durchgängig einheitlichen Behördenbegriff; vgl. *Dreher*, Die Amtshilfe (1959) 35; *Rasch* VerwA **1959** 10 ff; *Wolff/Bachof* Verwaltungsrecht II § 76 1; ferner die Kommentare zu den Verwaltungsverfahrensgesetzen.

[14] Wie etwa Zweckverbände oder kommunale Verwaltungsgemeinschaften.

[15] Vgl. BVerfGE **10** 48; BGH MDR **1964** 68; VRS **11** 451; BayObLGSt **1964** 38 = NJW

**1964** 1192; OLG Celle MDR **1954** 248; OLG Düsseldorf JMBlNW **1951** 20; OLG Hamburg NJW **1969** 571; OLG Karlsruhe NJW **1973** 1426; OLG Koblenz NJW **1984** 2424. Im wesentlichen ähnlich RGSt 8 5; **17** 346; **18** 250; **25** 141; **26** 138; **32** 366; **38** 18; **40** 161; **47** 49; **52** 198; **54** 150; **57** 324; RG GA **56** (1909) 222; JW **1925** 2468; zur neueren Rechtsprechung vgl. die bei den Einzelheiten angeführten Entscheidungen und die vergleichbaren Entscheidungen zu § 272 b Abs. 2 Nr. 2 ZPO; ferner etwa *Hanack* NJW **1961** 2041; KK-*Mayr* 3; *Kleinknecht/Meyer*[37] 2; KMR-*Paulus* 6; *Kleinewefers/Wilts* NJW **1964** 428; und *Alsberg/Nüse/Meyer* 296 mit weit. Nachw.

[16] RGSt **40** 164; BGHZ **25** 188; OLG Celle MDR **1954** 248; OLG Karlsruhe NJW **1973** 1426; OLG Stuttgart RdK **1955** 124; *Alsberg/Nüse/Meyer* 296; *Kleinknecht/Meyer*[37] 2; KMR-*Paulus* 6.

Walter Gollwitzer

Aufgaben der öffentlichen Verwaltung im engeren Sinn[17] wahrnimmt. Unter § 256 fallen auch Stellen, die im Bereich der leistungsgewährenden Verwaltung lediglich Aufgaben der Daseinsfürsorge wahrnehmen oder denen rein fiskalische Aufgaben zugewiesen sind[18].

**8**  Notwendig ist jedoch, daß die betreffende Stelle ihre öffentlichen Aufgaben nicht durch Privatpersonen wahrnimmt, sondern durch Bedienstete ausübt, die, wie vor allem Beamte oder Angestellte im öffentlichen Dienst, in einem **Dienstverhältnis** stehen, das von **öffentlich-rechtlichen Pflichten** geprägt wird[19]. Die von § 256 vorausgesetzte Verläßlichkeit der schriftlichen Erklärung, die sich nicht zuletzt auf deren dienstrechtliche Verantwortlichkeit gründet, hängt auch hiervon ab.

**9**  Nicht entscheidend ist die **Art des Organisationsaktes** (Rechtsvorschrift, Verwaltungsanordnung), durch den die Behörde errichtet wurde, es muß sich lediglich um eine Maßnahme des öffentlichen Rechts handeln. Eine unter Verwendung der Gestaltungsformen des **privaten Rechts** (als Verein, Handelsgesellschaft, Genossenschaft) errichtete Stelle ist dagegen keine Behörde, auch wenn sie von der öffentlichen Hand kontrolliert wird und mit der Wahrnehmung einzelner öffentlicher Aufgaben betraut sein sollte[20]. Im übrigen ist es unerheblich, ob die Stelle unmittelbar in den staatlichen Behördenaufbau eingegliedert ist oder ob sie zu einer rechtsfähigen Körperschaft oder Anstalt oder Stiftung des öffentlichen Rechts gehört, die mittelbar Staatsaufgaben wahrnimmt. Dies gilt insbesondere für die Einrichtungen der kommunalen Gebietskörperschaften[21], die als solche nach der vorherrschenden Meinung keine Behörden sind, sondern Behörden haben. Zu den Behörden rechnen auch die mit Verwaltungsaufgaben beauftragten Führungsstellen militärischer Einheiten, z. B. der Kompaniechef[22].

**10**  Die **innere Organisation** ist für die Frage, *ob* eine Behörde vorliegt, unerheblich; es kommt also nicht darauf an, ob die Behörde monokratisch oder kollegial verwaltet wird. Die innere Organisation ist dagegen maßgebend für die Frage, wer befugt ist, für die Behörde Erklärungen abzugeben[23].

**11**  **Zum Beispiel** wurden von der Rechtsprechung als **öffentliche Behörden** im Sinne des § 256 angesehen: Das Reichsbankdirektorium, das innerhalb des einschlägigen Gebiets durch die Falschgeldabteilung der Reichsbank vertreten wird[24]; die Bundesbank und die Landeszentralbanken[25]; das Direktorium der Reichsdruckerei[26]; das Reichsmonopolamt[27]; das Zollkriminalinstitut in Köln[28]; Zollinspektionen[29]; Postämter[30]; Oberpostdirektionen[31]; Eisenbahnhauptkassen[32]; Berufskonsuln[33]; Justizvollzugsanstalten[34]; staatliche meteorologische Anstalten und Wetterwarten[35]; die Physikalisch-

---

[17] Vgl. § 1 VwVfG.
[18] OLG Karlsruhe NJW **1973** 1426; *Alsberg/Nüse/Meyer* 296 mit weit. Nachw.
[19] Der beliehene Unternehmer ist auch dann, wenn er die ihm übertragene öffentliche Aufgabe wahrnimmt, keine Behörde im Sinne des § 256.
[20] BGH bei *Pfeiffer/Miebach* NStZ **1984** 211 (Stiftung privaten Rechts); KMR-*Paulus* 6; vgl. Fußn. 53 und 57.
[21] Vgl. RGRspr. **1** 770; RGSt **6** 247; **14** 130; **40** 162.
[22] RGSt **18** 249; *Alsberg/Nüse/Meyer* 298; *Kleinknecht/Meyer*[37] 3.
[23] Vgl. Rdn. 15.

[24] RGSt **63** 122; RG Recht **1922** Nr. 513.
[25] *Alsberg/Nüse/Meyer* 297; *Kleinknecht/Meyer*[37] 3; KMR-*Paulus* 7.
[26] RG JW **1932** 245.
[27] RG HRR **1935** Nr. 555.
[28] BGH nach *Alsberg/Nüse/Meyer* 297.
[29] RG JW **1929** 1050.
[30] RG Recht **1984** Nr. 1183; KG VRS **14** 453.
[31] *Alsberg/Nüse/Meyer* 297.
[32] RGSt **57** 323.
[33] RG GA **56** (1909) 222; HRR **1938** Nr. 191.
[34] BGH nach *Alsberg/Nüse/Meyer* 298; KK-*Mayr* 4; vgl. BGH bei *Pfeiffer* NStZ **1981** 295.
[35] RG Recht **1917** Nr. 904; *Alsberg/Nüse/Meyer* 297 mit weit. Nachw.

Technische Bundesanstalt[36]; Universitätskliniken und Krankenhäuser der öffentlichen Hand[37]; Gesundheitsämter[38]; Polizeiärzte, soweit sie zu Äußerungen namens der Behörde befugt sind[39]; Polizeidienststellen[40]; Bundeskriminalamt und Landeskriminalämter[41]; auch ein kriminaltechnisches Institut beim Kriminalpolizeiamt[42]; chemische Untersuchungsämter[43] und rechts- bzw. gerichtsmedizinische Institute der Universitäten[44]; staatliche Blutalkoholuntersuchungsstellen[45], insbesondere, soweit sie Gutachten über den Blutalkoholgehalt erstatten; eine staatliche bakteriologische Untersuchungsanstalt[46]; ferner ein staatl. Veterinäruntersuchungsamt[47]. Behördeneigenschaft haben auch die Vorstände (Präsidenten) der Rechtsanwaltskammern[48]; die sonstigen als Körperschaft des öffentlichen Rechts errichteten Berufskammern, Handwerkskammern[49]; Industrie- und Handelskammern[50] sowie etwa die Sachverständigenkammer[51]. Auch beim Gutachterausschuß des Landes Nordrhein-Westfalen wurde das angenommen[52].

**Verneint** wird die Eigenschaft einer öffentlichen Behörde beim Technischen Überwachungsverein[53]; beim Deutschen Kraftfahrzeug-Überwachungsverein[54]; beim Hygienischen Institut des Ruhrgebiets[55], da der Träger der Einrichtungen ein privater Verein ist, ferner beim preußischen Notar[56]. Die Vorstände der Berufsgenossenschaften werden nicht zu den Behörden gerechnet[57]. **12**

---

[36] OLG Koblenz NJW **1984** 2424.

[37] BGH NStZ **1984** 231; VRS **34** 344; BGH nach *Alsberg/Nüse/Meyer* 297; OLG Jena DRiZ **1931** Nr. 365 (Direktor einer öffentl. Heilanstalt); OLG Karlsruhe NJW **1973** 1426; OLG Zweibrücken NJW **1968** 2301; *Hanack* NJW **1961** 2041; *Kleinewerfer/Wilts* NJW **1964** 428; KK-*Mayr* 4; *Kleinknecht/Meyer*[37] 3. Zu den hier bestehenden Fragen der Zurechnung vgl. Rdn. 15.

[38] BGHSt **1** 95; BGH bei *Dallinger* MDR **1955** 397.

[39] RG DRiZ **1931** Nr. 707; vgl. Rdn. 14.

[40] HessVGH VGRspr. **1979** 57; *Leineweber* MDR **1980** 7.

[41] BGH NJW **1968** 206; OLG Hamburg NJW **1969** 571; OLG Schleswig bei *Ernesti/Lorenzen* SchlHA **1982** 123; **1984** 105; *Ahlfs* MDR **1978** 981; *Alsberg/Nüse/Meyer* 297; *Dästner* MDR **1979** 545; *Gössel* DRiZ **1980** 363; KK-*Mayr* 4; *Kleinknecht/Meyer*[37] 3; KMR-*Paulus* 7.

[42] OLG Düsseldorf JMBlNW **1951** 20.

[43] BGH NJW **1953** 1801; BayObLG NJW **1953** 194; OLG Hamm NJW **1953** 1528; **1969** 572; OLG Stuttgart RdK **1955** 125; a. A OLG Frankfurt NJW **1952** 757; *Alsberg/Nüse/Meyer* 297; KK-*Mayr* 4.

[44] BGH VRS **11** 449; **34** 344; **48** 209; NJW **1967** 299; MDR bei *Dallinger* **1956** 651; bei *Spiegel* DAR **1977** 176; **1978** 155; OLG Celle MDR **1954** 248; OLG Düsseldorf StrVert. **1982** 273 mit Anm. *Neixler*; OLG Frankfurt VRS **44** 37; OLG Hamburg NJW **1963** 408;

OLG Hamm MDR **1969** 599; OLG Koblenz VRS **39** 202; OLG Köln NJW **1964** 2218; zust. *Eb. Schmidt* JZ **1970** 343; OLG Schleswig bei *Ernesti/Jürgensen* SchlHA **1969** 153; **1972** 160; *Alsberg/Nüse/Meyer* 297 mit weit. Nachw.

[45] OLG Schleswig SchlHA **1978** 88; bei *Ernesti/Jürgensen* SchlHA **1979** 205.

[46] BayObLGSt **1964** 36 = NJW **1964** 1192.

[47] OLG Celle NJW **1966** 1881.

[48] KG JW **1918** 271; *Alsberg/Nüse/Meyer* 298.

[49] *Alsberg/Nüse/Meyer* 297; *Kleinknecht/Meyer*[37] 3; KMR-*Paulus* 7.

[50] RGSt **52** 198; *Alsberg/Nüse/Meyer* 297; *Kleinknecht/Meyer*[37] 3; KMR-*Paulus* 7.

[51] RGSt **22** 258 (zu § 46 KunstUrhG); KMR-*Paulus* 7.

[52] Vgl. OVG Münster StrVert. **1982** 430 mit Anm. *Tondorf*.

[53] BayObLGSt **1955** 89 = VRS **8** 467; OLG Hamm Blutalkohol **1981** 276; OLG Köln MDR **1964** 254; *Alsberg/Nüse/Meier* 298; *Jessnitzer* NJW **1971** 1075; KK-*Mayr* 5; *Kleinknecht/Meier*[37] 4; KMR-*Paulus* 6; 7; *Eb. Schmidt* Nachtr. I 2.

[54] OLG Koblenz MDR **1980** 336; *Alsberg/Nüse/Meyer* 298; KMR-*Paulus* 7.

[55] OLG Düsseldorf JMBlNW **1954** 182.

[56] RGSt **18** 249; *Alsberg/Nüse/Meyer* 398; für bayerische Notare nehmen KMR-*Paulus* 7 und *Eb. Schmidt* 3 Behördeneigenschaft an.

[57] RGSt **34** 367; *Alsberg/Nüse/Meyer* 298; KMR-*Paulus* 446.

**13**    Für die Erklärungen **ausländischer Behörden** gilt § 256 ebenfalls[58]. Die für sie maßgebende Rechtslage und Organisationsform muß aber im wesentlichen mit den innerstaatlichen Behörden vergleichbar sein, so etwa bei einer Erklärung in einer von einem öffentlichen Notar des Staates Illinois errichteten Urkunde[59], oder für Behörden der DDR[60] oder in Berlin (Ost).

**14**    b) Eine **verlesbare Erklärung** einer öffentlichen Behörde liegt nur vor, wenn diese dabei nicht völlig außerhalb ihrer **Zuständigkeit** gehandelt hat[61]. Die Abgabe der Äußerung, vor allem die Erstattung eines Gutachtens, braucht jedoch nicht ausdrücklich durch Rechtssatz oder Anordnung des Dienstherrn zur Dienstaufgabe erklärt worden zu sein. Es genügt, wenn sich die Behörde im Einzelfall zu einer auch ihren Aufgabenbereich berührenden Angelegenheit äußert.

**15**    Das Zeugnis oder Gutachten muß von einer zur **Vertretung der Behörde** berechtigten Person **im Namen der Behörde nach außen hin** abgegeben worden sein. Nicht notwendig ist, daß die Erklärung stets vom Leiter der Behörde oder seinem ständigen Vertreter unterschrieben ist, es kann genügen, wenn ein Sachbearbeiter die Erklärung „im Auftrag" unterfertigt hat[62]. Notwendig ist aber stets, daß derjenige, der die Erklärung abgegeben hat, nach der bestehenden Organisationsordnung allgemein oder kraft einer Anordnung des an sich Vertretungsberechtigten im Einzelfall[63] befugt war, die Erklärung für die Behörde abzugeben[64] und daß er dies auch wollte[65]. Ob die Erklärung eines Ministerialrates eine Erklärung des Ministeriums bedeutet[66], ist daher im Einzelfall ebenso zu prüfen wie die Frage, ob der Vorstand einer öffentlichen Heilanstalt eine Erklärung für diese abgegeben oder ob er sich nur persönlich als behandelnder Arzt geäußert hat[67]. Zweifel sind an Hand der für die Behörde und ihre innere Organisation jeweils geltenden Rechts- und Verwaltungsvorschriften zu klären. Gegebenenfalls ist eine Auskunft der Behörde oder ihrer vorgesetzten Stelle über die Dienstaufgaben der Behörde und über die zur Abgabe von Erklärungen nach außen ermächtigten Personen einzuholen (Rdn. 27).

**16**    **Der Adressat der Erklärung** der Behörde ist für die Verlesbarkeit nach § 256 unerheblich. Es ist gleich, ob die Erklärung für das anhängige Strafverfahren vom Gericht,

---

[58] RGRspr. **10** 450; RG JW **1938** 2965; RG Recht **1914** Nr. 2023; *Dahs/Dahs* 241; KK-*Mayr* 4; *Kleinknecht/Meyer*[37] 2; KMR-*Paulus* 6; *Eb. Schmidt* 3; *Alsberg/Nüse/Meyer* 296 mit weit. Nachw.

[59] RG HRR **1938** Nr. 191.

[60] BGH ROW **1960** 71; *Kleinknecht/Meyer*[37] 2.

[61] BGH VRS **48** 209; OLG Hamburg NJW **1969** 408; OLG Karlsruhe NJW **1973** 1426; Justiz **1977** 104 (Gutachten des Arztes einer Justizvollzugsanstalt über Erwerbsfähigkeit des A); vgl. BVerwGE **53** 212; ferner *Alsberg/Nüse/Meyer* 299; *Gössel* DRiZ **1980** 369; KK-*Mayr* 3; *Kleinknecht/Meyer*[37] 6; KMR-*Paulus* 17.

[62] BayObLGSt **1964** 36 = NJW **1964** 1192; OLG Hamburg NJW **1969** 570. Die Unterzeichnung „i. A." spricht zwar ebenso wie „i. V." für ein Handeln für die Behörde; ob aus dem Fehlen der umgekehrte Schluß ge-

zogen werden kann (so BGH NStZ **1984** 231; **1985** 36) hängt vom Einzelfall ab; vgl. Rdn. 27.

[63] OLG Karlsruhe NJW **1973** 1426.

[64] Vgl. ferner *Alsberg/Nüse/Meyer* 299; KK-*Mayr* 3; *Kleinknecht/Meyer*[37] 6; KMR-*Paulus* 17.

[65] Vgl. BGH VRS **11** 449; **34** 344; OLG Hamburg NJW **1963** 408; **1969** 571.

[66] RGSt **64** 78.

[67] OLG Jena DRiZ **1931** Nr. 365. Zur strittigen Abgrenzung zwischen persönlichen Gutachten und Behördengutachten vgl. *Gollwitzer* FS Weißauer (1986) 23; *Gössel* DRiZ **1980** 368; *Leineweber* MDR **1980** 7; ferner bei Ärzten der Krankenhäuser der öffentlichen Hand; BGH NStZ **1984** 231; OLG Schleswig bei *Ernesti/Lorenzen* SchlHA **1984** 105 und bei Gutachten von Polizeiangehörigen *Ahlfs* MDR **1978** 981.

der Staatsanwaltschaft oder einem anderen Verfahrensbeteiligten eingeholt wurde[68] oder ob sie von der Behörde aus einem anderen Anlaß abgegeben worden ist. Die Möglichkeit der Einholung eines Zeugnisses kann durch gesetzliche Vorschriften, vor allem besondere Geheimhaltungsvorschriften und die §§ 54, 96 StPO, eingeschränkt sein[69], desgleichen die Verwertbarkeit einer aus anderem Anlaß abgegebenen Erklärung[70].

Ausschließlich **für den innerdienstlichen Gebrauch** bestimmte Stellungnahmen **17** sind keine verlesbaren Zeugnisse oder Gutachten nach Absatz 1, denn hierzu gehört, daß die Behörde sich **nach außen** — und nicht etwa nur innerdienstlich — geäußert hat. Der Bericht eines Beamten der Polizei oder der Staatsanwaltschaft an seine vorgesetzte Dienststelle ist daher nicht nach Absatz 1 verlesbar[71], desgleichen der Bericht eines Richters an den Gerichtspräsidenten über die in seinem Auftrag durchgeführte Geschäftsprüfung eines Notars[72]. Soweit derartige Erklärungen bei der Strafverfolgungsbehörde im anhängigen Verfahren angefallen sind, scheitert die Anwendbarkeit des § 256 auch daran, daß die Prozeßordnung die Art, in der die Strafverfolgungsbehörde diese Vorgänge dem Gericht zur Kenntnis bringen kann, besonders geregelt hat[73]; insoweit liegt auch kein Zeugnis (Rdn. 18, 19) vor.

Die Berichte der **Gerichtshilfe** und der **Jugendgerichtshilfe** dürfen, auch soweit **18** sie nicht ohnehin unverlesbare Leumundszeugnisse enthalten, in der Hauptverhandlung in der Regel nicht nach § 256 verlesen werden[74]. Dies wird zum einen daraus hergeleitet, daß es sich um Äußerungen der jeweiligen Gerichtshelfer, nicht aber um eine Behördenerklärung handelt[75], es folgt zum anderen auch schon daraus, daß es sich um die für das Strafverfahren selbst durchgeführten Ermittlungen handelt, und es keinen Unterschied machen kann, ob die für die Rechtsfolgenentscheidung maßgebenden Erhebungen von der Polizei oder der Gerichtshilfe durchgeführt wurden[76].

**c) Begriff des Zeugnisses.** Das Zeugnis, dessen Verlesung der § 256 zuläßt, ist be- **19** grifflich verschieden von dem Zeugnis, das der 6. Abschnitt des Ersten Buchs regelt. Der Unterschied ergibt sich daraus, daß als Zeuge im Sinn des letztgenannten Abschnitts jemand anzusehen ist, der im Verfahren über seine eigene Wahrnehmung aussagen soll und daß er — wenigstens in der Regel — nicht durch andere Zeugen oder andere Beweismittel ersetzbar ist[77]. Beim Zeugnis einer Behörde braucht derjenige, der es ausstellt, mit dem Wahrnehmenden nicht identisch zu sein. Andererseits muß er aber befugt sein, die im Zeugnis liegende Erklärung nach außen für die Behörde abzugeben[78]. Der Übergang zum Gutachten ist fließend, was aber für die Verlesbarkeit nach § 256 keine Rolle spielt.

---

[68] RGSt **19** 264; *Alsberg/Nüse/Meyer* 300; *Gössel* DRiZ **1980** 369; *Kleinknecht/Meyer*[37] 7; KMR-*Paulus* 17.

[69] RG JW **1892** 415; *Alsberg/Nüse/Meyer* 301; § 96, 20 ff.

[70] Vgl. § 96, 47.

[71] RGSt **2** 301; RG GA **38** (1891) 341; RG Recht **1910** Nr. 254; *Alsberg/Nüse/Meyer* 300.

[72] RGSt **26** 138; RGRspr. **8** 264; *Alsberg/Nüse/ Meyer* 300 mit weit. Nachw.

[73] *Eb. Schmidt* 2a; 4.

[74] *Alsberg/Nüse/Meyer* 299; KK-*Mayr* 5; *Kleinknecht/Meyer*[37] § 160, 26; KMR-*Müller* § 160, 14; *Schlüchter* 536.3 Fußn. 481 (Leumunds-

zeugnis); vgl. bei § 160; Vor § 226, 46, 47 mit weit. Nachw.; ferner die Kommentare zu § 38 JGG. Ob der Vertreter der Gerichtshilfe den eigenen Bericht vorlesen darf (so BGH NStZ **1984** 467 mit abl. Anm. *Brunner*) ist strittig; ein Verlesen nach § 256 liegt darin nicht.

[75] Vgl. etwa *Kleinknecht/Meyer*[37] 6; ferner Fußn. 74 mit weit. Nachw.

[76] OLG Koblenz OLGSt § 338, 19; KMR-*Paulus* 12; vgl. Rdn. 22.

[77] RGSt **47** 105; vgl. Vor § 48, 1 ff; *Alsberg/ Nüse/Meyer* 301.

[78] Vgl. Rdn. 14.

**20**    **Zeugnis einer öffentlichen Behörde** ist jede Bescheinigung, die von der Behörde einem Außenstehenden erteilt wird. Sie hat — oftmals auf Grund der bei der Amtsstelle geführten Unterlagen, Bücher, Register, Akten — **amtlich festgestellte Tatsachen** zum Gegenstand, die auf der Mitteilung eines Dritten an die Behörde oder auf der unmittelbaren Wahrnehmung eines Beamten beruhen können[79]. Doch ist es nicht ausgeschlossen, daß das Zeugnis **sonstige Wahrnehmungen** wiedergibt, die ein Beamter innerhalb seines amtlichen Wirkungskreises als Repräsentant seiner Behörde — und nicht nur bei Gelegenheit amtlichen Tätigwerdens — gemacht hat[80]. Hierzu rechnen Auskünfte aus den amtlich geführten Büchern und Registern, wie etwa Zeugnisse des Amtsgerichts über Eintragungen im Grundbuch, im Vereins-, Güterrechts- oder Musterregister, Auskünfte des Einwohnermeldeamts über die polizeiliche An- oder Abmeldung.

**21**    Vorgänge dagegen, die nicht **Gegenstand einer amtlichen Tätigkeit** waren, sondern die ein Beamter der Behörde nur zufällig anläßlich einer amtlichen Verrichtung wahrgenommen hat, können nicht Gegenstand eines nach § 256 verlesbaren Zeugnisses sein; über sie muß der Beamte als Zeuge vernommen werden[81].

**22**    Die **aus Anlaß des Strafverfahrens,** vor allem im Vorverfahren bei der **Polizei,** der **Staatsanwaltschaft** oder bei **Gericht** angefallenen Vorgänge scheiden wegen ihres verfahrensinternen Verwendungszweckes (Rdn. 17) als Gegenstand eines nach § 256 verlesbaren amtlichen Zeugnisses aus. Dies gilt für Aktenvermerke der Staatsanwaltschaft und der Polizei[82]; aber auch für Niederschriften über einen von der Polizei, der Staatsanwaltschaft oder einer anderen Behörde eingenommenen Augenschein[83] oder für Niederschriften über Vernehmungen. Diese Vorgänge müssen — soweit Strengbeweisrecht gilt — in den von der Prozeßordnung für sie vorgeschriebenen Formen dem Gericht zur Kenntnis gebracht werden. § 256 gilt für sie nicht. So kann beispielsweise ein Vermerk, den ein im Verfahren tätiger Amtsrichter im Hinblick auf den § 3 JGG über die geistigen oder sittlichen Fähigkeiten eines von ihm vernommenen jugendlichen Beschuldigten oder über die Glaubwürdigkeit eines von ihm gehörten Zeugen in den Akten angebracht hat, Gegenstand eines Zeugnisses des Amtsgerichts auch dann nicht sein, wenn der zugezogene Schriftführer sich der Äußerung angeschlossen hat[84]. Erklärungen einer mit der Sache selbst **nicht befaßten Strafverfolgungsbehörde,** etwa eine Auskunft über ein anderswo anhängiges Strafverfahren oder über den Aufenthalt bestimmter Personen, können nach § 256 verlesen werden[85]. Die Verlesbarkeit der Äußerungen anderer, nicht unmittelbar mit der Strafverfolgung beauftragter Stellen, die aus Anlaß des Strafverfahrens erholt wurden[86], bleibt aber zulässig[87]. Wegen der nicht verlesbaren Leumundszeugnisse vgl. Rdn. 29.

---

[79] RGSt **9** 88; RG GA **37** (1889) 187.

[80] RGSt **9** 92; BayObLGSt **1953** 194; *Alsberg/Nüse/Meyer* 301; *Kleinknecht/Meyer*[37] 8; KMR-*Paulus* 10; *Eb. Schmidt* 4; a. A OLG Frankfurt NJW **1952** 757 (nur Auskünfte aus Unterlagen).

[81] RGSt **9** 91; RGRspr. **7** 200; RG GA **38** (1891) 341; *Kleinknecht/Meyer*[37] 8; KMR-*Paulus* 11; *Eb. Schmidt* 4; *Alsberg/Nüse/Meyer*[37] 301 mit weit. Nachw.; a. A RG JW **1932** 3356 mit abl. Anm. *Mannheim.*

[82] RGSt **2** 301; **37** 212; BGH NStZ **1982** 79 (polizeilicher Observationsbericht); KK-*Mayr* 5; *Kleinknecht/Meyer*[37] 8; KMR-*Paulus* 12; *Eb. Schmidt* 4; vgl. auch *Böttcher* NStZ **1986** 396.

[83] *Schneidewin* JR **1951** 486; vgl. *Alsberg/Nüse/Meyer* 302; a. A *Wömpner* NStZ **1984** 487. Ob die Unverlesbarkeit nichtrichterlicher Augenscheinsprotokolle bereits aus § 249 Abs. 1 Satz 2 hergeleitet werden kann, ist strittig, vgl. § 249, 16.

[84] RGSt **37** 212; RGRspr. **7** 199; **9** 489; *Alsberg/Nüse/Meyer* 302; KMR-*Paulus* 12.

[85] *Kleinknecht/Meyer*[37] 8; KMR-*Paulus* 12.

[86] Vgl. etwa die Gutachten nach § 83 Abs. 3; §§ 87; 91; 92.

[87] A. A OLG Schleswig bei *Ernesti/Lorenzen* SchlHA **1984** 105 für ein aus Anlaß des konkreten Strafverfahrens eingeholtes Gutachten zur Schuldfähigkeit.

**d) Begriff. Behördengutachten** sind Äußerungen, die auf Grund besonderer Sach- **23**
kunde oder Fachkenntnisse unter Verantwortung der Behörde in deren Namen von
einer dazu befugten Person abgegeben werden[88]. Verlesbar sind auch die im Gutachten
mitgeteilten Befundtatsachen. Soweit das Gutachten Zusatztatsachen enthält, kann es
ein amtliches Zeugnis sein, das ebenfalls nach §256 verlesen werden darf[89]; andernfalls
muß der Behördenbedienstete, der die Tatsache wahrgenommen hat, als Zeuge vernommen werden.

Bei der Fertigung des Gutachtens können **mehrere Angehörige der Behörde** mit- **24**
gewirkt haben[90]. Ob es sich dabei um selbständige Teilgutachten handelt oder um
Hilfsgutachten, auf denen das Gesamtgutachten aufbaut, ist für die Anwendbarkeit des
§256 ohne Bedeutung, sofern nur alle Beiträge als Gutachten der Behörde anzusehen
sind.

Gutachten von Behörden **über den Blutalkoholgehalt** sind auch nach Absatz 1 **25**
Satz 1 verlesbar[91]; dies kann auch für die Diagnose des blutentnehmenden Arztes über
den Grad der Trunkenheit gelten, sofern die Diagnose von den Amtsaufgaben mit
umfaßt ist[92]. Der neu eingefügte Absatz 1 Satz 2, bei dem die Behördeneigenschaft
keine Rolle mehr spielt, läßt diese Fragen jedoch praktisch bedeutungslos werden.

Für **Rechtsgutachten** gilt §256 nicht. Dem Gericht steht es frei, das Recht in **26**
jeder beliebigen Weise festzustellen. Soweit es dies für zweckdienlich erachtet, kann es
Rechtsgutachten von Behörden ebenso wie Rechtsgutachten privater Personen ohne
Bindung an die für den Beweis von Tatsachen geltenden Vorschriften in der Hauptverhandlung verlesen[93].

**e) Formfragen.** Eine besondere Form der behördlichen Gutachten und Zeugnisse **27**
wird von §256 nicht vorausgesetzt. Die **äußere Form** kann zwar Anhaltspunkte dafür
geben, ob eine Äußerung einer Behörde oder ein privates Schreiben des Verfassers vorliegt, sie ist aber nicht allein entscheidend[94]. Es kann sich auch aus dem Inhalt der
Schrift oder sonstigen Umständen ergeben, daß es als verantwortliche Äußerung der Behörde gewollt ist[95]. Es ist unschädlich, wenn Dienstsiegel oder Amtsstempel fehlen[96],
sogar, wenn die Unterschrift fehlt, sofern trotzdem eindeutig festgestellt ist, daß und
von wem die Erklärung für die Behörde abgegeben wurde[97].

Ist dies zweifelhaft, oder ist fraglich, ob etwa eine mit dem Briefkopf der Be- **28**
hörde abgegebene Erklärung eine solche der Behörde oder aber eine private Erklärung
des Behördenleiters ist — inbes. bei Direktoren von Universitätsinstituten kann das
fraglich sein — so muß dies durch eine **Rückfrage bei der Behörde** im Freibeweisverfah-

---

[88] Vgl. Rdn. 14; zum Begriff des Gutachtens
vgl. Vor §72.
[89] BGH bei *Dallinger* MDR **1955** 397; OLG
Karlsruhe NJW **1973** 1426; *Alsberg/Nüse/
Meyer* 302; *Kleinknecht/Meyer*[37] 9; KMR-
*Paulus* 15; die Zusatztatsachen müssen dann
allerdings aus dem für ein amtliches Zeugnis
offenen Bereich stammen; andernfalls muß
der Beamte, auf dessen Wahrnehmung sie
beruhen, als Zeuge vernommen werden.
[90] Vgl. *Hanack* NJW **1961** 2041.
[91] Vgl. Rdn. 11.
[92] OLG Koblenz VRS **39** 202 einerseits; OLG
Hamm NJW **1965** 1041 andererseits.
[93] Vgl. §244, 2.

[94] Wenn unter Hinweis auf RGSt **64** 80;
BayObLGSt **1964** 36 = NJW **1964** 1192 gefordert wird, daß sich der amtliche Charakter
der Urkunde aus ihrem Inhalt selbst ergeben
muß (so etwa *Alsberg/Nüse/Meyer* 299; *Ahlfs*
MDR **1978** 982), kann dem nur insoweit zugestimmt werden, daß primär bei Prüfung
dieser Frage von Form und Inhalt auszugehen
ist.
[95] KK-*Mayr* 3; KMR-*Paulus* 17; vgl. etwa
BGH VRS **11** 449; **48** 208; ferner Fußn. 94.
[96] RGSt **43** 405; *Alsberg/Nüse/Meyer* 299;
*Kleinknecht/Meyer*[37] 6.
[97] RGRspr. **7** 200; *Alsberg/Nüse/Meyer* 299 mit
weit. Nachw.

Walter Gollwitzer

ren[98] möglichst schon vor der Hauptverhandlung geklärt werden[99]. Dasselbe gilt, wenn fraglich ist, ob der Behördenangehörige, der die Erklärung unterzeichnet hat, befugt war, sie für die Behörde abzugeben[100]. Stellt sich ein Gutachten nach Form (Kopf, Unterschrift usw.), Inhalt und den Begleitumständen eindeutig als Äußerung einer Behörde dar, dann zwingt der Umstand, daß der unterzeichnende Gutachter berechtigt ist, Gutachten gleichen Inhalts in privater Nebentätigkeit zu erstatten, bei Fehlen aller anderen Anhaltspunkte nicht dazu, vor der Verlesung aufzuklären, in welcher Eigenschaft der Gutachter tätig wurde[101]. Umgekehrt liegt auch nicht schon deshalb allein ein Privatgutachten vor, weil im Kopf des Gutachtens der Name des Institutsleiters vorangestellt ist[102].

### 2. Nicht verlesbare Leumundszeugnisse

29    **a) Grundsätzliches.** Unter **Leumund** ist nicht ausschließlich der gute oder schlechte Ruf zu verstehen, der einem Menschen nach einem in weiten Kreisen verbreiteten, auf sein Verhalten und bestimmte Vorkommnisse gestützten Urteil zukommt, sondern jedes Werturteil über einen anderen, durch das sein Charakter und seine sittlichen Eigenschaften eingeschätzt werden. Unerheblich ist, ob diese Beurteilung die Meinung eines größeren oder kleineren Personenkreises ist oder die Ansicht einzelner Personen, namentlich solcher, die berufen sind, ein Urteil abzugeben[103].

30    Die **Verlesung behördlicher Leumundszeugnisse** ist schlechthin unstatthaft, ganz gleich, ob es den Angeklagten, einen Zeugen oder einen Dritten betrifft[104], ob eine eigene oder fremde Meinung wiedergegeben wird[105] und ob die Verfahrensbeteiligten damit einverstanden sind[106]. Damit sollte der Gefahr vorgebeugt werden, daß Behörden derartige Zeugnisse leichtfertig erstellen und daß die Laienrichter durch derartige Äußerungen über Gebühr beeindruckt werden[107]. Soweit es auf personelle Wertungen ankommt, muß sich das Gericht hierüber unbeeinflußt von der Ansicht anderer selbst eine Meinung bilden. Leumundszeugnisse können von Sympathie oder Antipathie ihres Verfassers gefärbt sein, eine Fehlerquelle, die beim Verlesen weit schwerer erkennbar ist als bei dessen persönlichen Einvernahme als Zeugen[108]. Diese Einschränkung mußte bei § 256 besonders ausgesprochen werden. Bei privaten Leumundszeugnissen steht § 250 Satz 2 in der Regel ebenfalls der Verlesung entgegen, sofern nicht § 251 Abs. 2 eine Ausnahme zuläßt[109]. Der Beweis über den Leumund eines Menschen kann **nur durch Vernehmung von Zeugen** erhoben werden. Aber auch beim Leumundszeugnis sind die zu beweisenden Tatsachen nicht die Glaubwürdigkeit oder andere innere Eigenschaften

[98] Etwa OLG Düsseldorf StrVert. **1983** 273 mit Anm. *Neixler.*

[99] BGH VRS **11** 449; **44** 39; OLG Düsseldorf JMBlNW **1954** 182; StrVert. **1983** 273 mit Anm. *Neixler;* OLG Hamburg NJW **1969** 571; OLG Karlsruhe NJW **1973** 1426; *Alsberg/Nüse/Meyer* 299; *Kleinknecht/Meyer*[37] 6; KMR-*Paulus* 17; vgl. auch Rdn. 15; *Gössel* DRiZ **1980** 369.

[100] Vgl. etwa BGH StrVert. **1984** 142 (Oberarzt); ferner Rdn. 14 mit weit. Nachw.

[101] OLG Frankfurt VRS **44** 37.

[102] BGH VRS **44** 209; vgl. Fußn. 99.

[103] RGSt **53** 280; **59** 374; RG HRR **1927** Nr. 27; OGHSt **3** 80; **59** 374; OLG Hamburg GA **1985** 513; *Alsberg/Nüse/Meyer* 202; 303;

KK-*Mayr* 7; *Kleinknecht/Meyer*[37] 11; KMR-*Paulus* 13; *Eb. Schmidt* 5; *Schneidewin* JR **1951** 486.

[104] RGSt **30** 439; **41** 429; RG GA **38** (1891) 328.

[105] *Alsberg/Nüse/Meyer* 303; *Kleinknecht/Meyer*[37] 11; a. A *Hartung* ZStW **50** (1930) 224.

[106] RG HRR **1936** Nr. 856; *Alsberg/Nüse/Meyer* 305; *Kleinknecht/Meyer*[37] 10; KMR-*Paulus* 14.

[107] *Hahn* **1** 196; 870; vgl. KK-*Mayr* 7 (Gericht muß sich selbst eigene Meinung bilden).

[108] *Alsberg/Nüse/Meyer* 303.

[109] RGSt **53** 280; KK-*Mayr* 7; KMR-*Paulus* 14; vgl. Rdn. 36.

eines Menschen, sondern äußere Vorgänge, aus denen sich das Gericht ein Urteil über jene Eigenschaften bilden kann[110].

Sind **einzelne Tatsachen** und nicht der Leumund als solcher Gegenstand der Erklärung, so greift das Verbot des §256 nicht ein, auch wenn die Tatsachen als solche geeignet sind, Schlüsse auf den Leumund zuzulassen[111]. **31**

**Ausnahmen** vom Verbot der Verlesung finden nur insofern statt, als eine Schrift, die den Gegenstand der Untersuchung verkörpert, auch dann, wenn sie sich als Leumundszeugnis darstellt, verlesen werden darf[112]; auch beim Vortrag eines in einer Strafsache oder einem bürgerlichen Rechtsstreit ergangenen Urteils ist eine in diesem wiedergegebene Würdigung von der Verlesung nicht ausgeschlossen[113]. Im übrigen muß, wenn ein **Teil** einer zur Verlesung kommenden Schrift ein Leumundszeugnis ist, von der Verlesung dieses Teils abgesehen werden[114]. **32**

Ist die Verlesung unstatthaft, so darf der Vorsitzende den Inhalt eines Leumundszeugnisses auch **nicht auf andere Weise bekanntgeben**. Insbesondere kann der sonst zulässige formfreie Vorhalt nicht dazu gebraucht werden, um das Verwertungsverbot zu umgehen und dem Gericht Kenntnis vom guten oder schlechten Leumundszeugnis zu verschaffen[115]. Einzelne Tatsachen hieraus können vorgehalten werden. **33**

**b) Einzelfälle.** Mit Rücksicht auf den Zweck des Gesetzes wird der Begriff weit ausgelegt[116]. Maßgebend ist aber immer nur der Inhalt, nicht Bezeichnung, Form oder Anlaß der jeweiligen Erklärung[117]. Als Leumundszeugnisse sind insbesondere folgende Erklärungen öffentlicher Behörden anzusehen: Schulzeugnisse, die sich nicht etwa nur über die geistigen Fähigkeiten eines Schülers und die durch sie bedingte Glaubwürdigkeit[118], sondern auch über sein sonstiges Verhalten, seine Charaktereigenschaften und seine Wahrheitsliebe aussprechen[119]; behördliche, vor allem polizeiliche Auskünfte, die auf denselben Gegenstand eingehen[120]; Berichte eines kirchlichen Jugend- und Wohlfahrtsamts über die Anlagen, insbesondere die sittlichen Eigenschaften des Angeklagten[121]; Anträge eines Jugendamts auf Entziehung der mütterlichen Fürsorge, sofern sie über den Lebenswandel der Mutter und ihre Beziehungen zu Männern urteilen[122]; Beurteilungen von Beamten und militärische Eignungsberichte, die Angaben über die sittliche Lebensführung des Beurteilten enthalten[123]; Äußerungen eines Strafanstaltsvorstandes über die Führung eines Gefangenen in der Anstalt[124]. **34**

**Kein Leumundszeugnis** sind dagegen das nur Leumundstatsachen wiedergebende Führungszeugnis nach dem BZRG[125], Zeugnisse, die sich nur über körperliche oder gei- **35**

---

[110] RGSt **39** 364.
[111] *Alsberg/Nüse/Meyer* 303; *Dallinger* JZ **1953** 434; KK-*Mayr* 7; KMR-*Paulus* 13; *Eb. Schmidt* 5; vgl. Rdn. 35.
[112] Vgl. § 250, 11.
[113] RG GA **48** (1901) 365; RG Recht **1924** Nr. 884; *Alsberg/Nüse/Meyer* 304; vgl. § 249, 19.
[114] RGRspr. **1** 523.
[115] RGSt **59** 374; RG Recht **1917** Nr. 1530; JW **1923** 516; *Alsberg/Nüse/Mayr* 303; KK-*Mayr* 7; *Kleinknecht/Meyer*[37] 13; KMR-*Paulus* 14; **a. A** RG HRR **1940** Nr. 844.
[116] *Kleinknecht/Meyer*[37] 11.
[117] *Alsberg/Nüse/Meyer* 303.
[118] RGSt **1** 234.

[119] RGSt **53** 280; RGRspr. **7** 757; RG HRR **1942** 511.
[120] RG HRR **1940** Nr. 844; OLG Hamburg GA **1985** 513.
[121] RG HRR **1936** Nr. 856.
[122] KG JW **1930** 3485.
[123] RG GA **45** (1897) 430; **57** (1910) 225; Recht **1924** Nr. 244; OGHSt **3** 80.
[124] RG HRR **1935** Nr. 154; 1286; BGH nach *Alsberg/Nüse/Meyer* 304; dazu *Eb. Schmidt* 6; *Dallinger* JZ **1953** 434.
[125] *Alsberg/Nüse/Meyer* 304; **a. A** für polizeiliche Führungszeugnisse nach dem früheren Recht RG GA **45** (1897) 430.

Walter Gollwitzer

stige Fähigkeiten oder Leistungen aussprechen[126] oder psychiatrische oder psychologische Gutachten über die Glaubwürdigkeit einer Person[127]. Auch dem **Gutachten** einer kriminalbiologischen Sammelstelle ist die Eigenschaft eines Leumundszeugnisses nicht ohne weiteres beizumessen[128]. Ferner stehen Entscheidungen der Behörden in Dienstaufsichts- und Dienststrafsachen sowie Urteile den Leumundszeugnissen nicht gleich[129].

**36**      Schließlich findet § 256 keine Anwendung auf den Beweis mit Leumundszeugnissen, die nicht von einer öffentlichen Behörde, sondern im **bürgerlichen Rechtsverkehr,** insbesondere von einem Arbeitgeber, ausgestellt sind; die Zulässigkeit der Verlesung solcher Zeugnisse richtet sich nach §§ 250 ff, zutreffendenfalls nach § 251 Abs. 2[130].

**37**      **3. Die Erklärungen der Ärzte eines gerichtsärztlichen Dienstes** werden hinsichtlich der Verlesbarkeit den Erklärungen der Behörden gleichgestellt, auch wenn sie nach der Struktur dieses Dienstes nicht namens der Behörde erstattet werden. Beim Landgerichtsarzt in Bayern wurde früher die Ansicht vertreten, daß er zwar einer Behörde angehöre, sie aber bei der Gutachtenerstattung nicht vertrete und daß sein Gutachten deshalb nicht verlesbar sei[131]. Die Ergänzung des Absatz 1 Satz 1 ermöglicht es, die Gutachten und Zeugnisse der Ärzte eines gerichtsärztlichen Dienstes ohne Rücksicht auf dessen interne Organisation zu verlesen. Einschließlich der auch hier Platz greifenden Ausnahme für Leumundszeugnisse[132] gilt im übrigen das für die Zeugnisse und Gutachten öffentlicher Behörden Gesagte. Die bei den Justizvollzugsanstalten angestellten Ärzte rechnen nicht zum gerichtsärztlichen Dienst[133].

**38**      Auf die **im eigenen Namen** und nicht für die Behörde erstatteten Gutachten anderer, dem öffentlichen Dienst angehörender Sachverständiger ist die Ausnahmevorschrift für den gerichtsärztlichen Dienst nicht übertragbar[134]. Dies gilt auch für die Ärzte der rechts- oder gerichtsmedizinischen Institute der Universitäten[135], sofern sie nicht im Nebenamt auch zu Landgerichtsärzten bestellt worden sind[136].

### 4. Ärztliche Atteste über Körperverletzungen

**39**      **a) Begriff.** Es muß sich um die Bestätigung eines ordnungsgemäß nach dem für ihn geltenden Berufsrecht[137] bestallten Arztes[138] handeln, in der dieser Art und Umfang

---

[126] RGSt **1** 234; *Alsberg/Nüse/Meyer* 304; KK-*Mayr* 7.

[127] BGH nach *Alsberg/Nüse/Meyer* 304; *Kleinknecht/Meyer*[37] 12; KMR-*Paulus* 14.

[128] RG JW **1935** 2378.

[129] RGSt **7** 267; *Alsberg/Nüse/Meyer* 304 mit weit. Nachw.

[130] RGSt **41** 429; RG DRiZ **1931** Nr. 51; vgl. Rdn. 30.

[131] BayObLGSt **1949/51** 304 unter Hinweis auf RGSt **64** 80; vgl. BGH NJW **1970** 1981. Seit der Neuregelung durch Art. 3 Abs. 2 des Gesetzes über den öffentlichen Gesundheitsdienst vom 12. 7. 1986 (BayGVBl. 120) sind die Gutachten der bayrischen Landgerichtsärzte Behördengutachten.

[132] Vgl. Rdn. 29.

[133] OLG Karlsruhe Justiz **1977** 104; *Kleinknecht/Meyer*[37] 5.

[134] *Rieß* NJW **1975** 86.

[135] KK-*Mayr* 3; *Kleinknecht/Meyer*[37] 5; KMR-*Paulus* 8.

[136] Dies geschieht im Einzelfall; in Bayern können nach Art. 3 Abs. 2 des Gesetzes über den öffentlichen Gesundheitsdienst vom 12. 7. 1986 (BayGVBl. 120) die Leiter der rechtsmedizinischen Institute mit der Wahrnehmung der Aufgaben des Landgerichtsarztes betraut werden.

[137] Dies dürfte auch für im Ausland approbierte Ärzte gelten, selbst wenn sie nicht nach EG-Recht zur Berufsausübung in der Bundesrepublik berechtigt sind; vgl. die ähnliche Rechtslage bei den ausländischen Behörden, Rdn. 13.

[138] RGSt **14** 55; **19** 364; BGHSt **4** 156; *Alsberg/Nüse/Meyer* 305; KK-*Mayr* 8; *Kleinknecht/Meyer*[37] 15; KMR-*Paulus* 20; *Eb. Schmidt* 8.

einer von ihm im Rahmen seiner beruflichen Tätigkeit wahrgenommenen Körperverletzung beschreibt[139]. Eine schriftliche Erklärung, die keine Äußerung über einen eigenen Befund, also über eine **eigene Wahrnehmung** enthält, sondern eine gutachtliche Stellungnahme zu der Wahrnehmung eines anderen, ist kein Attest im Sinne des § 256[140]. Niederschriften über die frühere Vernehmung eines Arztes über eine Körperverletzung fallen nicht unter § 256[141]. Im übrigen stellt § 256 **keine besonderen Formerfordernisse** an das Attest. Es genügt, wenn es von einem approbierten Arzt ausgestellt wurde, dessen Person eindeutig feststeht[142]. Auf die Lesbarkeit der Unterschrift kommt es ebensowenig an wie auf den Zweck, für den das Attest ursprünglich ausgestellt worden war[143]. Auch die Eintragungen eines Arztes in ein Krankenblatt können die Voraussetzungen des § 256 erfüllen[144].

**b) Gegenstand des Attestes** muß eine Körperverletzung sein; verlesen werden **40** darf es aber nur, wenn über Vergehen nach den §§ 223, 223 a, 223 b oder § 230 StGB verhandelt wird[145]. Bei einer **schweren Körperverletzung** im Sinne des § 224 StGB schließt § 256 die Verlesbarkeit ausdrücklich aus. Ob das Attest eine schwere Körperverletzung betrifft, richtet sich nach der im Strafverfahren gegen den Angeklagten erhobenen Beschuldigung, wenn dieser wegen der im Attest festgestellten Körperverletzung belangt wird[146]. Ist eine **fahrlässige Körperverletzung** (§ 230 StGB) Gegenstand des Verfahrens, ist das Attest ohne Rücksicht auf die dort bezeugte Schwere der Verletzung verlesbar[147].

**Die Verlesbarkeit** des Attestes hängt ferner davon ab, daß das Attest **ausschließlich 41 zum Nachweis einer Körperverletzung** in einem wegen dieses Vorwurfs geführten Verfahrens dient. Wird die Tat, die zu der Verletzung führte, unter einem anderen rechtlichen Gesichtspunkt verfolgt, etwa als ein Sexualdelikt oder Raub, ist das Attest über die Körperverletzung in der Hauptverhandlung nicht nach § 256 verlesbar[148]; dies gilt auch, wenn die Verletzungsfolgen nur für das Vorliegen eines Regelbeispiels eines besonders schweren Falls Bedeutung haben[149]. Steht die Körperverletzung in **Tateinheit** mit einem anderen Delikt, ist das Attest in der Regel nicht verlesbar[150], denn es darf ausschließlich zum Nachweis der Körperverletzung verwendet werden. Nur wenn auszuschließen ist, daß die Verlesung des Attestes die Urteilsfindung über das andere Delikt beeinflussen kann — etwa, wenn das andere Delikt völlig aufgeklärt ist und nur Feststellungen zur Körperverletzung darauf gestützt werden sollen — ist die Verlesung nach

[139] RGSt **19** 364; RG GA **61** (1914) 350; ferner die Nachw. bei Fußn. 138.

[140] RG Recht **1913** Nr. 3321; *Alsberg/Nüse/Meyer* 306.

[141] RGSt **6** 254; RGRspr. 1 633.

[142] *Alsberg/Nüse/Meyer* 305.

[143] RGSt **19** 364; *Alsberg/Nüse/Meyer* 305; *Kleinknecht/Meyer*[37] 14; KMR-*Paulus* 20; vgl. Rdn. 45.

[144] OLG Koblenz VRS **62** 287.

[145] RGSt **1** 188; **39** 290; RG Recht **1905** Nr. 252; BGHSt 4 155; BGH NJW **1980** 651; *Alsberg/Nüse/Meyer* 306; KK-*Mayr* 8; *Kleinknecht/Meyer*[37] 16; KMR-*Paulus* 21.

[146] BGHSt 4 155; *Alsberg/Nüse/Meyer* 307.

[147] RGSt **39** 290; BGHSt 4 155; BGH NJW **1980** 651.

[148] RGSt **26** 38; **35** 162; RGRspr. 1 633; RG JW **1892** 417; **1934** 3209; **1935** 542; BGHSt 4 155 = LM Nr. 2 mit Anm. *Krumme*; BGH NJW **1980** 651; VRS **32** 56; StrVert. **1982** 59 mit Anm. *Schwenn*; **1982** 557; **1983** 496; BGH bei *Pfeiffer/Miebach* NStZ **1984** 211; **1985** 206; OLG Karlsruhe Justiz **1977** 104; OLG Saarbrücken OLGSt 9; vgl. *Alsberg/Nüse/Meyer* 307 mit weit. Nachw.

[149] BGH NJW **1980** 651 (zu § 176 Abs. 3 Satz 2 Nr. 2 StGB).

[150] Vgl. RGSt **26** 38; RG JW **1935** 542; BGH VRS **32** 56; BGH NJW **1980** 651; StrVert. **1984** 142; VRS **32** 56; bei *Dallinger* MDR **1967** 174; bei *Pfeiffer/Miebach* NStZ **1984** 211; KK-*Mayr* 8; KMR-*Paulus* 22; vgl. ferner Fußn. 151.

dem Sinn der Regelung zulässig[151]. Steht die Körperverletzung mit einem anderen Delikt in **Tatmehrheit**[152] oder wird sie nur einem von mehreren Mitangeklagten zur Last gelegt[153], so kann — aber nur zu ihrem Nachweis — das Attest verlesen werden.

**42**      Die Verlesbarkeit setzt andererseits aber nicht voraus, daß die im Attest bescheinigte Körperverletzung Teil der **Straftat** ist, die **dem Angeklagten zur Last** liegt; verlesbar sind die Atteste auch, wenn sonst eine Körperverletzung verfahrenserheblich ist, etwa, weil sie der Angeklagte erlitten hat oder die von einem Dritten begangen wurde[154]. Insoweit ist dann allerdings der Inhalt des Attestes dafür maßgebend, daß es sich nicht auf eine schwere Körperverletzung im Sinne der §§ 224 ff StGB bezieht[155].

**43**      c) Enthält das Attest außer den Angaben über den Befund der Körperverletzung noch **zusätzliche Angaben,** insbesondere ein Gutachten, so kann das Attest trotzdem verlesen werden[156]. Die zusätzlichen Angaben, die nicht Gegenstand des Urkundsbeweises nach § 256 sein können, dürfen jedoch nicht mitverlesen werden. Dies gilt insbesondere, wenn der Arzt Angaben des Verletzten oder eines Dritten über die Entstehung der Körperverletzung, über das Verhalten des Verletzten, über den Krankheitsverlauf oder über den Zustand der Kleider des Verletzten in das Attest mitaufgenommen hat[157]. Sollen aus der Art der Verletzung Rückschlüsse auf die Tatbegehung gezogen werden, ist der Arzt als Zeuge zu vernehmen[158].

**44**      Ist die **Verlesung unstatthaft,** dann darf der Inhalt des Attestes auch nicht dadurch zu Beweiszwecken in die Verhandlung eingeführt werden, daß der Vorsitzende ihn bekanntgibt[159] oder daß andere Personen als der Aussteller über den Inhalt des Attestes als Zeugen vernommen werden[160]. Zulässig ist jedoch, ein solches Zeugnis zu Vorhalten zu verwenden, wenn anzunehmen ist, daß der Befragte Art und Umfang der Körperverletzung glaubhaft bestätigen oder widerlegen kann[161]. Im übrigen schließt § 256 nicht aus, den Arzt oder andere Zeugen, die über die Körperverletzung Bescheid wissen, darüber als Zeugen zu vernehmen. Dies muß trotz Verlesbarkeit des Attestes geschehen, wenn besondere Umstände zu einer weiteren Sachaufklärung drängen. Im **Freibeweisverfahren,** vor allem zur Feststellung verfahrenserheblicher Tatsachen, ist die Verlesung ärztlicher Atteste nicht an die Einschränkungen des § 256 gebunden[162]. Ist das Attest von einer ärztliche Aufgaben wahrnehmenden **Behörde** ausgestellt[163], gelten die Beschränkungen hinsichtlich der Verlesbarkeit ebenfalls nicht.

**45**      d) **Vorlage.** Das Gesetz läßt die Verlesung der Atteste zur Verfahrenserleichterung, zur Entlastung der Ärzte und auch zur Kostenersparnis für die nicht so schwer-

---

[151] BGHSt **33** 389; *Krumme* LM Nr. 2 (Anm. zu BGHSt **4** 155); *Alsberg/Nüse/Meyer* 307; *Kleinknecht/Meyer*[37] 16.

[152] BGH nach *Alsberg/Nüse/Meyer* 308; KMR-*Paulus* 22.

[153] KMR-*Paulus* 22.

[154] RGSt **35** 162; *Alsberg/Nüse/Meyer* 308 mit weit. Nachw.; ferner etwa KK-*Mayr* 8; *Eb. Schmidt* 9.

[155] *Alsberg/Nüse/Meyer* 308.

[156] RGSt **19** 364; RG JW **1891** 505; *Alsberg/Nüse/Meyer* 306 weit. Nachw.; vgl. Fußn. 157.

[157] RG GA **46** (1898/99) 199; JW **1903** 218; Recht **1903** Nr. 1218; BGHSt **4** 155 = LM Nr. 2 mit Anm. *Krumme*; BGH StrVert. **1984** 142; BGH bei *Dallinger* MDR **1955** 397; *Alsberg/Nüse/Meyer* 306; KK-*Mayr* 8; *Kleinknecht/Meyer*[37] 8; KMR-*Paulus* 23; *Eb. Schmidt* 11.

[158] BGH NJW **1980** 651; bei *Pfeiffer/Miebach* NStZ **1984** 211.

[159] RG GA **61** (1914) 130; **64** (1917) 372; JW **1914** 435; Recht **1925** Nr. 2570; *Alsberg/Nüse/Meyer* 307; KMR-*Paulus* 24.

[160] RGSt **14** 4.

[161] *Alsberg/Nüse/Meyer* 307; *Schneidewin* JR **1951** 486.

[162] KMR-*Paulus* 22; vgl. § 244, 3 ff; § 251, 65 ff.

[163] Mot. *Hahn* **1** 196; zu Entstehungsgeschichte und Zweck dieser Regelung vgl. RGSt **39** 289; BGHSt **33** 389.

wiegenden Fälle zu, in denen es wesentlich nur darauf ankommt, die Richtigkeit der Angaben zu prüfen, die der Verletzte oder ein anderer über die Verletzung gemacht haben[164]. Es begründet daher keinen Unterschied, ob das Attest von Anfang an zur Verwendung vor Gericht bestimmt war und ob es vom Angeklagten, von der Staatsanwaltschaft oder von einem Sachverständigen oder von einem Zeugen dem Gericht vorgelegt worden ist[165] oder ob es das Gericht selbst erholt hat. Ein behördlicherseits vom Arzt angefordertes Attest darf auch dann verlesen werden, wenn der Arzt nicht auf sein Aussageverweigerungsrecht hingewiesen worden ist[166].

**5. Routinegutachten nach Absatz 1 Satz 2,** also die auf Grund allgemein anerkann- **46** ter wissenschaftlicher Erkenntnisse und Erfahrungssätze erstellten Routinegutachten[167] über die Auswertung eines Fahrtschreiberdiagramms[168], über die Bestimmung der Blutgruppe oder des Blutalkoholgehalts einschließlich seiner Rückrechnung, dürfen zur Verfahrensvereinfachung und zur Entlastung der Gutachter[169] verlesen werden, auch wenn sie nicht von einer Behörde (amtliche Untersuchungsstelle, Universitätsinstitut) erstellt worden sind, sondern von einer privaten Stelle oder einem privaten Sachverständigen. Ob ein **Behördengutachten** im Sinne des Absatz 1 Satz 1 vorliegt, ist nur noch von Bedeutung, wenn das Gutachten Feststellungen enthält, die über die inhaltliche Begrenzung der nach Absatz 1 Satz 2 verlesbaren Erklärungen hinausgehen.

Durch Verlesen in die Hauptverhandlung einführbar sind nach Absatz 1 Satz 2 **47** immer nur die zum jeweiligen Gutachten gehörenden **Befundtatsachen** und Schlußfolgerungen sowie das gefundene Ergebnis. Dies schließt auch Feststellungen über das ordnungsgemäße Funktionieren des Fahrtschreibers[170] oder über Besonderheiten der untersuchten Blutprobe mit ein[171]. **Sonstige Erkenntnisse,** die außerhalb der standartisierten Untersuchung liegen, sowie sonstige Tatsachen, die der Sachverständige aus Anlaß der Begutachtung festgestellt hat, können nicht durch Verlesen nach Absatz 1 Satz 2 in die Hauptverhandlung eingeführt werden, sondern nur durch Vernehmung des Sachverständigen[172]. Dies gilt etwa für Feststellungen über Manipulationen am Fahrtschreiber[173].

Vor Verwertung der verlesenen Gutachten bei der Beweiswürdigung ist stets zu **48** prüfen, ob die ihm zugrunde liegenden tatsächlichen Annahmen noch dem **Ergebnis der Beweisaufnahme** entsprechen. Dies gilt vor allem bei der Rückrechnung des Blutalkoholgehalts. Ist dies nicht der Fall und kann das Gericht die Auswirkungen der veränderten Sachlage nicht aus eigener Sachkunde sicher beurteilen, muß es den Sachverständigen in der Hauptverhandlung hören oder ein neues, der veränderten Beweislage Rechnung tragendes Gutachten einholen. Auch sonst können Unstimmigkeiten oder ein konkreter Verdacht von Unregelmäßigkeiten die persönliche Anhörung des Sachverständigen erfordern[174].

[164] Vgl. Rdn. 11.

[165] RGSt **19** 364; RG Recht **1910** 1469; *Alsberg/ Nüse/Meyer* 305; *Kleinknecht/Meyer*[37] 14; KMR-*Paulus* 20.

[166] OLG Zweibrücken NJW **1968** 2310.

[167] Begr. zu Art. 1 Nr. 75 des 1. StVRG (BT-Drucks. **7** 551).

[168] Mit Auswertung des Fahrtschreibers ist die Auswertung der Aufzeichnungen dieses Geräts gemeint; OLG Celle JR **1978** 122 mit Anm. *Puppe; Alsberg/Nüse/Meyer* 308; KK-*Mayr* 9; *Kleinknecht/Meyer*[37] 19.

[169] KK-*Mayr* 9.

[170] OLG Celle JR **1978** 122 mit abl. Anm. *Puppe; Alsberg/Nüse/Meyer* 309; KK-*Mayr* 9; *Kleinknecht/Meyer*[37] 19; KMR-*Paulus* 25; *Schlüchter* 537 Fußn. 484.

[171] *Alsberg/Nüse/Meyer* 309; *Kleinknecht/Meyer*[37] 20; KMR-*Paulus* 25.

[172] KK-*Mayr* 9; *Puppe* JR **1978** 122.

[173] OLG Celle JR **1978** 122 mit Anm. *Puppe;* weit. Nachw. vgl. Fußn. 170.

[174] Zu den Erfordernissen der Aufklärungspflicht vgl. § 244, 86, 91.

Walter Gollwitzer

**49**    6. **Ärztliche Berichte zur Entnahme der Blutprobe,** also die vom Arzt bei Entnahme der Blutprobe getroffenen Feststellungen über Ort und Zeit der Entnahme und das Erscheinungsbild und das Verhalten des Betroffenen, können ebenfalls durch Verlesen in die Hauptverhandlung eingeführt werden[175]. Dies umfaßt auch die dabei durchgeführten klinischen Tests[176]. Damit entfällt der frühere Streit, ob diese für die Bestimmung des Blutalkoholgehalts wichtigen Tatsachen durch die Vernehmung des Sachverständigen, der den Blutalkoholgehalt begutachtet, in die Hauptverhandlung eingeführt werden müssen.

### III. Sonstige Verfahrensfragen

**50**    1. Die **Anordnung der Verlesung** steht im pflichtgemäßen Ermessen des Gerichts (Kann-Vorschrift)[177]. Sie erläßt in den Fällen des Absatzes 1 der Vorsitzende. Widerspricht ein Verfahrensbeteiligter der Verlesung, so entscheidet darüber das Gericht nach § 238 Abs. 2. Gleiches gilt, wenn der Vorsitzende die Verlesung ablehnt und der Antragsteller dagegen das Gericht anruft[178]. Eine Zustimmung der Verfahrensbeteiligten ist für die Verlesung nicht erforderlich. Das **Verlesen** selbst ist grundsätzlich Sache des Gerichts (Vorsitzender, Beisitzer); ob auch ein Zeuge ein nicht von ihm stammendes Attest verlesen darf, erscheint fraglich[179]; allerdings wird in solchen Fällen bei richtiger Wiedergabe des Inhalts ausgeschlossen werden können, daß dadurch der Inhalt des Urteils beeinflußt worden ist.

**51**    Die Rechtsprechung hält es für zulässig, wenn an Stelle des wörtlichen Verlesens der **Inhalt** der Schrift vom Vorsitzenden oder einem beisitzenden Richter **bekanntgegeben** wird[180]. Dieser Ansicht kann nicht beigetreten werden[181]. Das Selbstleseverfahren ist durch § 249 Abs. 2 Satz 6 ausdrücklich ausgeschlossen.

**52**    2. In der **Sitzungsniederschrift** ist die Verlesung einer unter Absatz 1 fallenden Erklärung unter genauer Bezeichnung des verlesenen Schriftstücks als **wesentliche Förmlichkeit** des Verfahrens ausdrücklich zu beurkunden[182]. Ein Vermerk, wonach „festgestellt wird, daß eine bestimmte Blutalkoholkonzentration ermittelt" worden ist, bezeugt nicht die Verlesung[183].

**53**    3. **Einwirkung allgemeiner Beweisgrundsätze.** Ist die Verlesung einer Erklärung oder eines Attestes nach § 256 zulässig, dann ist dem Beweiserhebungsanspruch genügt, wenn diese Erklärung verlesen wird. Das Gericht darf den **Antrag auf persönliche Vernehmung des Ausstellers** der Erklärung oder des Attestes ablehnen, sofern nicht besondere Umstände diese nach § 244 Abs. 2 geboten erscheinen lassen[184]. Im übrigen gelten

---

[175] BGH bei *Spiegel* DAR **1979** 186; *Alsberg/ Nüse/Meyer* 309; KK-*Mayr* 9; *Kleinknecht/ Meyer*[37] 21; KMR-*Paulus* 25; *Rieß* NJW **1975** 87.

[176] KK-*Mayr* 9; *Kleinknecht/Meyer*[37] 21.

[177] KK-*Mayr* 10.

[178] KK-*Mayr* 11; *Kleinknecht/Meyer*[37] 23.

[179] OLG Koblenz VRS **62** 287 hält dies für unschädlich; vgl. *Alsberg/Nüse/Meyer* 314 (nur in Ausnahmefällen: Verfasser einer schwer lesbaren Handschrift).

[180] Vgl. etwa BGHSt **1** 94; OLG Düsseldorf VRS **59** 269; OLG Hamm NJW **1969** 572; KG VRS **14** 453; *Kleinknecht/Meyer*[37] 23; a. A

[181] Zum Streitstand vgl. § 249, 44 ff.

[182] OLG Koblenz DAR **1973** 274; KMR-*Mayr* 11; KMR-*Paulus* 29.

[183] OLG Koblenz DAR **1973** 274; OLG Schleswig bei *Ernesti/Lorenzen* SchlHA **1982** 123; vgl. § 273, 16.

[183] Zum Streitstand ob die Feststellung des Inhalts genügt, vgl. § 249, 44 ff.

[184] BGH bei *Pfeiffer* NStZ **1981** 295; BayObLGSt **1952** 228 = NJW **1953** 194; *Alsberg/Nüse/Meyer* 296 (Antrag ist der Sache nach kein Beweisantrag).

die allgemeinen Grundsätze. So darf ein Beweisantrag auf Einholung der Erklärung einer öffentlichen Behörde nicht abgelehnt werden, weil das Gegenteil der zu beweisenden Tatsachen feststehe[185]. Ob der Antrag, zusätzlich zu dem in Form des Urkundenbeweises verlesenen Behördengutachten einen **weiteren Sachverständigen** zu hören, als Antrag nach § 244 Abs. 3; Abs. 4 Satz 1 zu behandeln ist[186] oder, was trotz der verschiedenen Beweismittel näher liegt, als Antrag auf Anhörung eines weiteren Gutachters nach § 244 Abs. 4 Satz 2, dürfte in der Praxis keine große Rolle spielen. In solchen Fällen wird immer erst ein Vertreter der Behörde das Gutachten mündlich erläutern, sofern nicht die Aufklärungspflicht ohnehin ein weiteres Gutachten erfordert[187].

Bei der **Beweiswürdigung** ist das Gericht auch gegenüber den Zeugnissen öffentlicher Behörden und den ärztlichen Attesten völlig frei; insbesondere kommt dem Zeugnis einer öffentlichen Behörde keine erhöhte Beweiskraft zu[188].   **54**

## IV. Vertretung des Gutachtens einer kollegialen Fachbehörde (Absatz 2)

**1. Verfahrenserleichterung.** Während bei monokratisch organisierten Behörden **55** ihr Leiter und die von ihm generell oder im Einzelfall beauftragten Personen die Behörde nach außen vertreten, kann bei Kollegialbehörden nur das Kollegium in seiner Gesamtheit dazu befugt sein. Vor allem die Erstattung eines Behördengutachtens kann dem Kollegium vorbehalten sein, wie etwa bei Gutachterausschüssen[189]. Absatz 2 soll eine allenfalls erforderliche mündliche Erläuterung des Gutachtens dadurch erleichtern, daß es dazu nicht aller Mitglieder des die Behörde vertretenden Kollegiums bedarf, sondern schon **ein Mitglied** genügt. Die Auswahl dieses Mitglieds muß der Fachbehörde vorbehalten bleiben. Das von ihr erstattete Gutachten stellt in der Regel die Meinung der Mehrheit dar[190]. Ein Mitglied, dessen Meinung in der Minderheit geblieben ist, wird deshalb in der Regel von der Behörde nicht benannt werden[191]. Da es sich um ein Behördengutachten handelt, ist die Auswahl des Vertreters **Sache der Behörde** und nicht des Gerichts[192], das allenfalls die Beauftragung einer bestimmten Person anregen kann[193].

**2. Voraussetzung** des Absatzes 2 ist, daß ein schriftliches Behördengutachten Ge- **56** genstand der Beweisaufnahme in der Hauptverhandlung ist und dort zu Beweiszwecken

---

[185] RG JW **1930** 3417.

[186] *Gössel* DRiZ **1980** 374 nimmt dies wegen der Verschiedenartigkeit des Beweismittels an; zur Unterschiedlichkeit der Beweismittel vgl. *Alsberg/Nüse/Meyer* 301; Rdn. 1.

[187] Bei mündlicher Erläuterung in der Hauptverhandlung hält auch *Gössel* DRiZ **1980** 375 den § 244 Abs. 4 Satz 2 für anwendbar; er weist im übrigen zu Recht darauf hin, daß auch bei Anwendbarkeit des § 244 Abs. 4 Satz 1 das Gericht die Ablehnung auf die durch das Behördengutachten gewonnene eigene Sachkunde stützen kann.

[188] *Dästner* MDR **1979** 545.

[189] Gutachterausschüsse mit Behördeneigen-

schaft gibt es in den verschiedensten Formen; vgl. etwa OLG Nürnberg NJW **1967** 401 (Vorstand der Patentanwaltkammer) oder Gutachterausschüsse nach § 133 BBauG; zu den vor allem im Zivilprozeß strittigen Fragen vgl. etwa BGHZ **62** 93 und die Kommentare zu § 402 ff ZPO.

[190] Es kann auch Kollegialbehörden geben, die Einstimmigkeit fordern.

[191] Vgl. RGSt **44** 400.

[192] *Gössel* DRiZ **1980** 375; KK-*Mayr* 12; KMR-*Paulus* 31; *Leineweber* MDR **1980** 7.

[193] Davon zu unterscheiden ist die Bestellung eines Behördenangehörigen als persönlicher Sachverständiger, vgl. Rdn. 60.

Walter Gollwitzer

verlesen wird[194]. Die Verlesung des Gutachtens soll durch die Vernehmung des Mitglieds der Behörde nur ergänzt, nicht aber ersetzt werden[195].

**57**    3. **Ersuchen des Gerichts.** Ob die Fachbehörde um **Benennung eines Mitglieds** zu ersuchen ist, entscheidet das Gericht nach pflichtgemäßem Ermessen unter Berücksichtigung seiner Aufklärungspflicht. Bei Vorbereitung der Hauptverhandlung hat regelmäßig der Vorsitzende bei der Ladung der Beweispersonen nach §§ 214, 221 darüber zu befinden, ob er ein solches Ersuchen an die Behörde richten will[196]. Das Ersuchen kann aber auch bereits bei Einholen des schriftlichen Gutachtens an die Behörde gerichtet werden.

**58**    **Befugt** dazu ist **nur das Gericht,** nicht aber die anderen Verfahrensbeteiligten[197], die ein solches Ersuchen bei Gericht anregen können. Das Gericht ist an die von der Fachbehörde getroffene Wahl auch dann gebunden, wenn die Fachbehörde ohne ein solches richterliches Ersuchen ihm mitteilt, welches ihrer Mitglieder befugt ist, das Gutachten im Bedarfsfall zu vertreten. Es hat nicht die Möglichkeit, ein anderes Mitglied dieser Behörde zur Vertretung des Gutachtens zu laden[198].

**59**    Die **Fachbehörde** wird durch § 256 **nicht verpflichtet,** dem Ersuchen stattzugeben, selbst nicht unter den Voraussetzungen des § 75[199]. Kommt sie dem Ersuchen nicht nach, so kann das Gericht zwar die ihr übergeordnete Behörde im Aufsichtsweg um Abhilfe ersuchen[200], solange aber kein Mitglied benannt ist, hat es nur die Wahl, sich mit der Verlesung des Gutachtens zu begnügen oder auf die Verlesung zu verzichten und einen anderen Sachverständigen zuzuziehen.

**60**    4. **Der Beauftragte des Kollegiums** hat in der Hauptverhandlung bei der mündlichen Erläuterung des Behördengutachtens die Funktion eines Sachverständigen. Er wird dabei aber für die Gutachten erstattende Behörde tätig, nicht als persönlicher Sachverständiger. Er kann deshalb nicht als Vertreter der Kollegialbehörde den Gutachtereid leisten[201]. Seine Beeidigung kommt nur in Betracht, soweit er über die Erläuterung des Inhalts des Behördengutachtens hinaus als persönlicher Gutachter bestellt und tätig wird[202]. Dann kann die Berufung auf den Diensteid nach § 79 Abs. 3 in Frage kommen, sofern die Gutachtenerstattung Dienstaufgabe der Fachbehörde ist[203]. Eine Ablehnung des Behördengutachtens wegen **Befangenheit der Behörde** ist nicht möglich[204]. Ob da-

[194] RGSt **39** 141; *Eb. Schmidt* 13.
[195] *Hahn* Mat. **1** 870; **2** 1348; *Gössel* DRiZ **1980** 370 (streng akzessorisch).
[196] KK-*Mayr* 12; *Kleinknecht/Meyer*[37] 22.
[197] RGSt **39** 141; *Kleinknecht/Meyer*[37] 22; KMR-*Paulus* 32.
[198] RGSt 44 400; *Eb. Schmidt* 13.
[199] *Kleinknecht/Meyer*[37] 22; KMR-*Paulus* 32; a. A *Gössel* DRiZ **1980** 375 (Behörde gem. § 75 zur Benennung verpflichtet).
[200] RGSt 44 400; KMR-*Paulus* 32.
[201] *Gollwitzer* FS Weißauer (1986) 33; *Gössel* DRiZ **1980** 376; KMR-*Paulus* 33; *Lineweber* MDR **1980** 9.
[202] Zulässig, vgl. *Gössel* DRiZ **1980** 376; KMR-*Paulus* 32. Das Behördengutachten bleibt daneben weiterhin verwertbar. Zum Erfordernis

einer Aussagegenehmigung vgl. § 54, 7 ff; ferner *Ahlfs* MDR **1978** 982; *Dästner* MDR **1979** 546; *Gössel* DRiZ **1980** 375.
[203] *Eb. Schmidt* 13.
[204] *Ahlfs* MDR **1978** 983; *Gössel* MDR **1980** 375; vgl. bei § 74; ferner *Dästner* MDR **1979** 547; auch zur Verwendbarkeit eines Gutachtens, das behördenintern von einem Beamten erstellt wurde, der nach den für das Verwaltungshandeln maßgebenden Vorschriften (etwa §§ 20, 21 VwVfG) im konkreten Fall nicht hätte tätig werden dürfen; insoweit ist aber entscheidend, für welchen Zweck das Gutachten erstellt wurde. Zu den ähnlichen Fragen bei § 406 ZPO vgl. die einschlägigen Kommentare mit Nachw. zur Rechtspr.

gegen ihr Vertreter, der in der Hauptverhandlung das Gutachten erläutert, nach §72 abgelehnt werden kann, ist strittig[205], aber zu bejahen, da auch eine Behörde nur durch unbefangene Personen handeln darf[206].

**5. Monokratisch organisierte Behörden** fallen nicht unter §256 Abs. 2. Aber auch **61** hier ist es grundsätzlich Sache der Behörde, durch welchen Bediensteten sie sich bei der Erläuterung ihres Gutachtens in der Hauptverhandlung vertreten läßt[207]. Der Beauftragte muß selbst sachkundig sein. Bei einem mehrere Sachgebiete umfassenden Behördengutachten müssen deshalb unter Umständen mehrere Behördenangehörige für die Vertretung des Gutachtens vor Gericht benannt werden[208]. Für den Behördenvertreter gelten hinsichtlich Beeidigung und Ablehnung die gleichen Grundsätze wie beim Vertreter einer Kollegialbehörde[209].

## V. Revision

**1. Verstoß gegen §§ 250, 256.** Werden Erklärungen einer Behörde oder ärztliche **62** Zeugnisse verlesen, die nach §256 nicht verlesen werden dürfen, so kann dieser Verfahrensfehler die Revision begründen; ebenso, wenn ein Schriftstück vollständig verlesen wird, das nur teilweise verlesbar wäre[210]. Wird eine schriftliche Äußerung verlesen, bei der §256 dies nicht gestattet, kann dies unter dem Blickwinkel einer Verletzung des §250 mit der Revision gerügt werden, auch wenn gegen die Anordnung der Verlesung durch den Vorsitzenden das Gericht nicht nach §238 Abs. 2 angerufen wurde[211]. Ob und wieweit das Urteil auf dem Verstoß beruht, hängt vom Einzelfall ab[212].

**2. §261 ist verletzt,** wenn das Gericht nur Teile einer Äußerung oder eines Gut- **63** achtens verlesen hat, das Urteil aber auf den Gesamtinhalt gründet[213].

**3.** Als **Verletzung der Aufklärungspflicht** kann beanstandet werden, wenn sich das **64** Gericht mit der Verlesung einer nach §256 verlesbaren Urkunde begnügt, obwohl die Umstände des Einzelfalls es nahelegen, den Aussteller als Zeugen zu hören[214].

---

[205] OLG Hamm GA **71** (1927) 116; *Dästner* MDR **1979** 545; *Gössel* DRiZ **1980** 375 (Sachverständigenstellung) nehmen dies an; a. A *Ahlfs* MDR **1978** 981 (Erläuterung keine eigenverantwortliche Sachverständigentätigkeit, nur von untergeordneter Bedeutung, Vereinfachungszweck des §256 in Frage gestellt); *Leineweber* MDR **1980** 9 (Sache des Dienstherrn). Vgl. bei §74.

[206] Vgl. §§ 20, 21 VwVfG und die vergleichbaren Vorschriften mit den für die Behörde jeweils maßgebenden Regelungen. Das Gericht, das die mündliche Anhörung angeordnet hat, muß begründeten Bedenken gegen den Behördenvertreter im eigenen Verfahren Rechnung tragen, auch wenn es dessen Auswahl nicht beeinflussen konnte. Dies kann schon deshalb nicht dem jeweiligen Verwaltungsverfahren überlassen bleiben, weil die im Strafverfahren Ablehnungsberechtigten keinesfalls Beteiligte eines Verwaltungsverfahrens sind und selbst wenn dies der Fall

wäre, die fehlerhafte Beauftragung des betreffenden Bediensteten nur im Zusammenhang mit der Anfechtung der Hauptsache geltend machen könnten; vgl. die Kommentare zu den §§ 20, 21 VwVfG; ferner *Gollwitzer* FS Weißauer 34.

[207] *Ahlfs* MDR **1978** 982; vgl. Rdn. 14.

[208] Vgl. §250, 30.

[209] *Ahlfs* MDR **1978** 982; vgl. Rdn. 60; vor allem Fußn. 205; 206.

[210] BGHSt 4 155.

[211] OLG Düsseldorf StrVert. **1983** 273 mit Anm. *Neixler*; KK-*Mayr* 11; *Kleinknecht/ Meyer*[37] 24.

[212] Vgl. etwa BGH StrVert. **1982** 59 mit Anm. *Schwenn* (nur Rechtsfolgenausspruch); KG StrVert. **1983** 273.

[213] OLG Schleswig bei *Ernesti/Lorenzen* SchlHA **1982** 123.

[214] BGHSt 1 96; *Kleinknecht/Meyer*[37] 24; KMR-*Paulus* 34.

Walter Gollwitzer

# § 257

(1) Nach der Vernehmung eines jeden Zeugen, Sachverständigen oder Mitangeklagten sowie nach der Verlesung eines jeden Schriftstücks soll der Angeklagte befragt werden, ob er dazu etwas zu erklären habe.

(2) Auf Verlangen ist auch dem Staatsanwalt und dem Verteidiger nach der Vernehmung des Angeklagten und nach jeder einzelnen Beweiserhebung Gelegenheit zu geben, sich dazu zu erklären.

(3) Die Erklärungen dürfen den Schlußvortrag nicht vorwegnehmen.

**Entstehungsgeschichte.** § 257 bestand ursprünglich nur aus dem jetzigen Absatz 1 in einer dem Wortlaut nach etwas weiteren Fassung. Die Neufassung durch Art. 1 Nr. 12 des 1. StVRErgG hat den 1964 durch Art. 7 Nr. 11 StPÄG neu eingefügten § 257 a als Absatz 2 nach § 257 übernommen. Beide Absätze stellen jetzt klar („dazu"), daß sich die Erklärungen auf den vorhergehenden Verfahrensvorgang beziehen müssen, während der neue Absatz 3 zur Vermeidung von Mißbrauch ausdrücklich hervorhebt, daß die Schlußvorträge nicht vorweggenommen werden dürfen. Bezeichnung des Absatz 1 bis 1924: § 256.

**Beschlossene Änderung.** Nach Art. 1 Nr. 18 StVÄG 1987 vom 27. 1. 1987 (BGBl. I 475) wird Absatz 1 mit Wirkung vom 1. 4. 1987 folgende Fassung erhalten:

> (1) Nach der Vernehmung eines jeden Mitangeklagten und nach jeder einzelnen Beweiserhebung soll der Angeklagte befragt werden, ob er dazu etwas zu erklären habe.

S. im einzelnen die Erläuterungen im Nachtrag zur 24. Auflage.

*Übersicht*

**1**   **1. Zweck der Vorschrift.** Absatz 1 soll dem Angeklagten in Ergänzung seiner Anhörung zur Sache (§ 243 Abs. 4)[1] und schon vor den Schlußausführungen (§ 258) ermöglichen, unmittelbar nach jeder Beweiserhebung zu dieser Stellung zu nehmen und sein Recht auf Gehör in einer besonders wirksamen Weise auszuüben. Die Regelung gehört zu den prozessualen Mitwirkungsrechten, die der Stellung des Angeklagten als

---

[1] KK-*Mayr* 1. Vgl. BGH NStZ **1986** 370 (kein Ersatz der Vernehmung zur Sache durch die Befragung nach § 257).

Prozeßsubjekt Kontur und Substanz verleihen[2]. Sie ermöglicht ihm die Ergänzung seiner Einlassung zur Sache und verbessert seine Verteidigungsmöglichkeiten. Eine unmittelbar dem Beweismittel oder der Äußerung des Mitangeklagten folgende Stellungnahme ist eindrucksvoller als eine erst später abgegebene. Außerdem ist so auch die Gefahr am geringsten, daß der Angeklagte später eine von ihm für notwendig erachtete Stellungnahme zu der Vernehmung oder zu der verlesenen Schrift versehentlich unterläßt. Absatz 1 betrifft also nicht so sehr die Gewährung des rechtlichen Gehörs als solches, sondern den Zeitpunkt, zu dem es in der Regel gewährt werden soll, um die Verteidigung besonders wirksam zu gestalten. Die unmittelbare Stellungnahme des Angeklagten kann mitunter auch die erschöpfende Sachaufklärung erleichtern.

Gleiches gilt für **Verteidiger und Staatsanwalt,** denen Absatz 2 das Recht ein- **2** räumt, unmittelbar nach Vernehmung jedes Angeklagten und nach jeder einzelnen Beweiserhebung **dazu** Stellung zu nehmen. Dadurch können sie rechtzeitig die von ihnen für erheblich gehaltenen Gesichtspunkte herausstellen, die Aufmerksamkeit der Richter darauf richten, sie so in ihrem Gedächtnis fixieren und ihnen, sowie den anderen Verfahrensbeteiligten, die Möglichkeit geben, erforderlichenfalls durch die weitere Verfahrensgestaltung (zusätzliche Fragen usw.) zur bestmöglichen Aufklärung der entscheidungserheblichen Fragen beizutragen.

Das Recht, sich nach jeder Beweiserhebung sofort zu dieser zu erklären, ist für **3** die **verantwortliche Führung der Verteidigung** von besonderem Gewicht. Richtig gehandhabt, trägt es den Erfordernissen eines „fairen Verfahrens"[3] in besonders eindrucksvoller Weise Rechnung.

Die Gefahr eines **Mißbrauchs** für verfahrensfremde Zwecke, insbesondere auch **4** die Gefahr einer Verfahrensverschleppung durch uferlose Erklärungen ist andererseits besonders groß. Die Neufassung hat deshalb bewußt die Erklärungen auf den vorhergehenden Akt der Beweisaufnahme beschränkt und in Absatz 3 die Vorwegnahme der Schlußvorträge ausdrücklich verboten.

## 2. Erklärungsrecht des Angeklagten (Absatz 1)

**a) Fragepflicht des Vorsitzenden.** Der Angeklagte, der bereits **während** der Be- **5** weisaufnahme durch Ausübung seines Fragerechts (§ 240) das Wissen der vernommenen Person für seine Verteidigung nutzen kann, hat, wie Absatz 1 zeigt, zusätzlich das Recht, **nach** der Vernehmung dazu Stellung zu nehmen. Damit er aus Unkenntnis oder Befangenheit nicht auf diese Verteidigungsmöglichkeit verzichtet, schreibt Absatz 1 seine Befragung vor.

Der Angeklagt **soll** nach jeder Vernehmung eines Mitangeklagten oder einer Be- **6** weisperson und nach Verlesung eines jeden Schriftstücks befragt werden, ob er sich dazu erklären wolle. Die Einnahme eines **Augenscheins** vor dem erkennenden Gericht fehlt in der Aufzählung der Beweismittel in Absatz 1, während sie der Wortlaut des Absatzes 2 („jede einzelne Beweiserhebung") mit umfaßt. Dieser durch die Entstehungsgeschichte bedingte Unterschied hat jedoch keine größere sachliche Bedeutung. Selbst wenn man annehmen wollte, daß die Sollvorschrift des Absatz 1 nach Einnahme eines Augenscheins in der Hauptverhandlung nicht zum Tragen kommt und es deshalb im pflichtgemäßen Ermessen des Vorsitzenden steht, ob er den Angeklagten dazu befragen

---

[2] Vgl. KMR-*Paulus* 1; Vor § 226, 38; ferner *Rüping/Dornseifer* JZ **1977** 417 (Angeklagter kann vortragen, was aus seiner Sicht potentiell erheblich ist).

[3] Art. 6 Abs. 1 MRK. Vgl. Vor § 226, 15; 16.

Walter Gollwitzer

will[4], könnte dieses Ermessen nach dem Sinn des Gesetzes kaum anders ausgeübt werden, als wenn die Sollvorschrift des Absatz 1 unmittelbar anwendbar wäre. Soweit Niederschriften über einen außerhalb der Hauptverhandlung vor dem beauftragten oder ersuchten Richter eingenommenen Augenschein verlesen werden, greift Absatz 1 ohnehin unmittelbar Platz.

**7**     b) Die **Erklärung des Angeklagten** muß sich auf die **unmittelbar vorangegangene Beweiserhebung** (im weiteren Sinn, also einschließlich der Vernehmung des Mitangeklagten) beziehen[5]. Für andere Erklärungen, welche diesen Bezug vermissen lassen, ist nach § 257 kein Raum. Für Ausführungen, die in den Rahmen des Schlußvortrags gehören, stellt dies Absatz 3 noch besonders klar. Im übrigen überläßt es Absatz 1 dem Angeklagten, ob und wie er sich äußern will. Er kann die Übereinstimmung oder die Unterschiede zwischen der vorangegangenen Beweiserhebung und seiner eigenen Einlassung herausstellen, auf Zusammenhänge oder Widersprüche mit anderen Beweisergebnissen hinweisen, seine eigene Darstellung, soweit sie im Zusammenhang mit dem Beweisthema steht, ergänzen oder durch entsprechende Anträge unter Beweis stellen[6] oder sich sonst zum Beweiswert der vorangegangenen Beweiserhebung äußern.

**8**     Nur **dem Angeklagten persönlich** steht das Erklärungsrecht des Absatzes 1 zu. Eine Vertretung des anwesenden Angeklagten durch den Verteidiger oder durch eine andere Person ist nicht möglich[7] und im Hinblick auf die in Absatz 2 geregelten eigenen Rechte des Verteidigers auch nicht nötig.

**9**     3. **Personen,** die dem **Angeklagten verfahrensrechtlich gleichstehen,** sollen insoweit ebenfalls nach § 257 Abs. 1 befragt werden. **Nebenbeteiligte** haben im Rahmen ihrer Beteiligung (§ 433 Abs. 2; §§ 442; 444) das Recht zu Erklärungen nach § 257 Abs. 1[8]. Nach § 67 Abs. 1 JGG steht auch den **Erziehungsberechtigten** und gesetzlichen Vertretern im Verfahren gegen Jugendliche, nicht aber gegen Heranwachsende[9], das Erklärungsrecht nach Absatz 1 zu[10]. Dieses umfaßt ja nicht nur die allein dem Angeklagten zukommende Möglichkeit einer weiteren Einlassung zur Sache, sondern auch die Befugnis zu argumentativer Auseinandersetzung mit dem Beweisergebnis. Es ist kein Grund ersichtlich, warum diese entgegen dem Wortlaut des § 67 JGG den Erziehungsberechtigten und gesetzlichen Vertretern vorenthalten werden sollte.

**4. Erklärung von Staatsanwalt und Verteidiger (Absatz 2)**
**10**     a) **Keine Fragepflicht des Vorsitzenden.** Er braucht Verteidiger und Staatsanwalt nicht besonders fragen. Sie haben jedoch, sofern sie dies von sich aus verlangen, nach

---

[4] *Kleinknecht/Meyer*[37] 1; nach KK-*Mayr* 1; KMR-*Paulus* 7 muß der Angeklagte auch nach jeder Augenscheinseinnahme nach Absatz 1 befragt werden; die am 1. 4. 1987 in Kraft tretende Neufassung des Absatz 1 stellt dies ausdrücklich klar.

[5] *Rieß* NJW **1975** 94; KK-*Mayr* 4; *Kleinknecht/Meyer*[37] 5; KMR-*Paulus* 9.

[6] RGSt **44** 284; RG GA **46** (1898/99) 434.

[7] RGSt **44** 285; **64** 164; **66** 209; 265; KMR-*Paulus* 6; *Eb. Schmidt* 1; *Weber* Der Verteidiger als Vertreter in der Hauptverhandlung

(1982), 167. Zur Vertretung des abwesenden Angeklagten vgl. § 234, 12; 16.

[8] KK-*Mayr* 2; *Kleinknecht/Meyer*[37] 1; KMR-*Paulus* 6.

[9] KMR-*Paulus* 6.

[10] Strittig; wie hier *Kleinknecht/Meyer*[37] 1; KMR-*Paulus* 6; *Eb. Schmidt* 4; ferner *Eisenberg* JGG[2] § 67, 9; a. A BGH bei *Spiegel* DAR **1977** 176; KK-*Mayr* 2; *Brunner* JGG[8], § 67, 6. Im Schrifttum zu § 67 JGG ist die Frage ebenfalls strittig.

Absatz 2 das Recht, Erklärungen abzugeben. Für den Nebenkläger und den Prozeßvertreter eines Nebenbeteiligten gilt Gleiches[11].

**b) Inhaltliche Begrenzung.** Das Erklärungsrecht ist — ebenso wie das des Ange- **11** klagten — auf den **unmittelbar vorangegangenen Verfahrensteil** beschränkt. Bei mehreren Angeklagten besteht es nach der Vernehmung jedes Angeklagten für alle Verteidiger. Das Erklärungsrecht des Verteidigers entfällt auch nicht, wenn der Angeklagte die Einlassung zur Sache verweigert. Der Verteidiger wird dadurch nicht gehindert, Erklärungen für das Schweigen seines Mandanten abzugeben, sowie darüber, wie sich der Sachverhalt aus der Sicht der Verteidigung darstellt.

Das Erklärungsrecht besteht ferner nach **jeder einzelnen Beweiserhebung,** ganz **12** gleich, ob diese in der Einvernahme einer Beweisperson, der Verlesung eines Schriftstücks oder der Einnahme eines Augenscheins durch das erkennende Gericht besteht.

### 5. Aufgabe des Vorsitzenden

**a)** Dem Vorsitzenden obliegt es kraft seiner **Sachleitungsbefugnis** (§ 238 Abs. 1), **13** den Angeklagten und die ihm gleichgestellten Personen (Rdn. 9) nach jeder Vernehmung eines Mitangeklagten sowie nach jeder Beweiserhebung zu befragen, ob sie dazu sich erklären wollen.

Absatz 1 ist zwar eine **Sollvorschrift,** die diesen Hinweis nicht absolut zwingend **14** vorschreibt, sondern in das durch den Regelungszweck gebundene Ermessen des Vorsitzenden stellt[12]. Dieser muß bei der Ermessensausübung jedoch berücksichtigen, daß das Gesetz die Befragung als die für den Regelfall zweckmäßigste Verfahrensgestaltung herausgestellt hat. Von dieser Regel abzuweichen, ist nur bei Vorliegen sachlicher Gründe angezeigt, etwa, wenn der Angeklagte überhaupt schweigt, und auch nur dann, wenn dies ohne Beeinträchtigung des von § 257 verfolgten Zweckes möglich erscheint.

**Staatsanwalt** und **Verteidiger** braucht der Vorsitzende nicht von sich aus zur Er- **15** klärung aufzufordern. Er muß ihnen nur Gelegenheit dazu geben, wenn sie sich zu Worte melden. Auch dann ist aber die ausdrückliche oder stillschweigende Worterteilung von ihnen abzuwarten[13].

**b) Beanstandungspflicht.** Über die **Einhaltung der Grenzen,** die § 257 dem Inhalt **16** der Erklärungen setzt, hat der Vorsitzende zu wachen. Er kann die Erklärung unterbrechen, wenn sie sich nicht konkret auf die vorhergehende Vernehmung oder Beweisaufnahme bezieht und die Überschreitung abmahnen, und er kann, wenn Mahnungen fruchtlos sind, dem Erklärenden das Wort entziehen. Ob und wann er einschreiten soll, steht in seinem pflichtgemäßen Ermessen, das das Gebot der Verfahrensbeschleunigung ebenso berücksichtigen muß wie die Forderung, den Angeklagten im Interesse einer fairen Verfahrensgestaltung ausreichend zu Worte kommen zu lassen. Der Vorsitzende muß, ohne dabei kleinlich zu sein, für eine zügige, straffe und vor allem sachbezogene Durchführung des Verfahrens sorgen. Die Möglichkeit zur Sachdarstellung darf er dem Angeklagten aber selbst dann nicht abschneiden, wenn dieser sich dabei in der Wortwahl vergreift[14].

---

[11] BGHSt **28** 272; *Gollwitzer* FS Schäfer 79; KK-*Mayr* 3; *Kleinknecht/Meyer*[37] 2; KMR-*Paulus* 11. Die am 1. 4. 1987 in Kraft tretende Neufassung des § 397 Abs. 1 bestimmt dies ausdrücklich.
[12] *Kleinknecht/Meyer*[37] 1; **a. A** KMR-*Paulus* 8 (kein Ermessen bezüglich Hinweispflicht;

Sollvorschrift erlaubt allgemeinen Hinweis vor Beginn der Beweisaufnahme).
[13] *Kleinknecht/Meyer*[37] 2.
[14] KMR-*Paulus* 4; wegen der in etwa vergleichbaren Schranken beim Fragerecht vgl. § 241, 22.

Walter Gollwitzer

**17**    c) Die **Anrufung des Gerichts** nach § 238 Abs. 2 ist gegen die Anordnungen des Vorsitzenden im Rahmen des § 257 möglich. Diese Anordnungen betreffen die Sachleitung[15].

### 6. Gegenstand der Erklärungen

**18**    a) **Nur der jeweils abgeschlossene Vorgang.** Die Erklärung darf nur die vorhergehende, abgeschlossene Vernehmung eines Angeklagten oder einer Beweisperson oder einen sonstigen abgeschlossenen Akt der Beweisaufnahme betreffen. Diese zeitliche und inhaltliche Grenze ergibt sich schon aus dem Gesetzeswortlaut („nach"). Es kann daher nicht verlangt werden, daß der Vorsitzende eine Vernehmung unterbricht, um einem Prozeßbeteiligten Gelegenheit zu einer Erklärung nach § 257 zu geben[16]. Das **Fragerecht nach § 240,** das während der Vernehmung einer Beweisperson auszuüben ist, darf nicht dazu mißbraucht werden, daß Erklärungen nach § 257 schon vor Abschluß der jeweiligen Beweiserhebung abgegeben werden.

**19**    **Inhaltlich** muß sich die Erklärung auf den konkreten Beweisgegenstand beziehen, also thematisch in dem **vorangegangenen Akt der Beweisaufnahme** (einschließlich der Vernehmung der Angeklagten zur Sache) ihren Bezugspunkt haben[17]. Sie kann in einer kritischen Stellungnahme zum Beweiswert bestehen, Widersprüche und Unklarheiten aufzeigen und auch auf Zusammenhänge mit anderen Beweismitteln hinweisen, um zu verhüten, daß sich die Richter, vor allem die Laienrichter, zu früh eine feste Meinung bilden[18]. Nicht notwendig ist, daß die Erklärung ergänzende Ausführungen zur Sache enthält oder mit Anträgen verbunden ist. Auch eine rein wertende Stellungnahme ist möglich; die Ausführungen müssen aber insoweit inhaltlich auf den Beweisgegenstand begrenzt bleiben. Das Erklärungsrecht besteht nur, soweit der jeweils abgeschlossene Verfahrensvorgang **eigene Verfahrensinteressen** des Erklärenden (im weit verstandenen Sinn) berühren kann[19]. Vermag der Erklärende einen solchen Bezug nicht aufzuzeigen und äußert er sich nur zu einer ihn in keiner Hinsicht betreffenden Beweisaufnahme, so ist ihm das Wort zu entziehen.

**20**    b) Eine **Vorwegnahme der Schlußvorträge** ist, wie Absatz 3 klarstellt und wie sich auch aus § 258 Abs. 1 ergibt, unzulässig. Der Unterschied zwischen der Erklärung nach § 257 und den Schlußanträgen liegt nicht nur in der thematischen Begrenzung der ersteren, sondern auch darin, daß Ziel der Schlußanträge eine umfassende Würdigung des Beweismittels aus der Gesamtschau der abgeschlossenen Hauptverhandlung ist, während die Erklärung nach § 257 kurz und prägnant in wenigen Sätzen einige Schlaglichter setzen soll, welche für die weitere Verfahrensgestaltung oder für die Verhandlungsstrategie bedeutsame Gesichtspunkte aufscheinen lassen[20].

**21**    c) **Sonstiges.** Für eine **Darlegung der Prozeßstrategie** der Verteidigung oder eine Gegendarstellung zur Anklage ist, sofern nicht der Vorsitzende dazu vorher, etwa nach Verlesung der Anklage nach § 238 Abs. 1, das Wort erteilt hat, im Rahmen des § 257 Abs. 2 nur nach der Vernehmung des Angeklagten zur Sache Raum. Da diese den gesamten Prozeßgegenstand erfaßt, stehen die inhaltlich sonst durch das vorangegangene einzelne Beweismittel gezogenen Grenzen hier — und nur hier — einer solchen Erklärung nicht entgegen. Anders als nach dem aufgehobenen § 257 a hat der Verteidiger nach Verlesung der Anklage nicht mehr die Befugnis zur Abgabe einer Gegendarstel-

---

[15] KK-*Mayr* 4; *Kleinknecht/Meyer*[37] 5; KMR-*Paulus* 14; *Kleinknecht* JZ **1965** 159.
[16] RG Recht **1924** Nr. 1605; KMR-*Paulus* 4.
[17] *Eb. Schmidt* Nachtr. I 3.
[18] Vgl. *Dahs* Handbuch 427.
[19] Vgl. KMR-*Paulus* 6; Vor § 226, 33.
[20] Vgl. KK-*Mayr* 4; *Kleinknecht/Meyer*[37] 5.

lung. Sofern er eine solche überhaupt für zweckmäßig hält[21], kann er sie nur mit Einwilligung des Gerichts im Einverständnis mit allen Prozeßbeteiligten zu diesem Zeitpunkt abgeben, sonst muß er damit warten, bis er nach Vernehmung des Angeklagten zur Sache Gelegenheit für eine solche Erklärung erhält.

Das Recht der Verfahrensbeteiligten, **Anträge,** vor allem Beweisanträge, zu stellen, wird durch §257 nicht eingeschränkt[22]. **22**

7. In der **Sitzungsniederschrift** muß die Befragung nach §257 Abs. 1 (wesentliche **23** Förmlichkeit nach §273) nicht notwendig einzeln festgehalten werden. Es genügt eine allgemeine Feststellung, die sich auf alle Fälle des Absatzes 1 bezieht[23]. Ist der Hinweis bei einem einzelnen Beweismittel zu Recht oder Unrecht unterblieben, muß dies allerdings dann neben dem allgemeinen Vermerk im Protokoll besonders hervorgehoben werden[24].

Die Abgabe einer **Erklärung nach Absatz 2** ist in der Sitzungsniederschrift ebenso **24** zu beurkunden wie etwa der Umstand, daß dem Staatsanwalt oder Verteidiger entgegen ihrem Verlangen die Abgabe einer Erklärung versagt wurde. Dagegen braucht nicht besonders hervorgehoben zu werden, wenn Staatsanwalt und Verteidiger die Gelegenheit zu Erklärungen nicht verlangen. Zu beurkunden sind ferner die Anträge, mit denen eine Entscheidung des Gerichts nach §238 Abs. 2 herbeigeführt wird und die darauf ergehende Entscheidung.

8. **Revision.** Die jetzt in Absatz 1 enthaltene Regelung wurde früher als Ord- **25** nungsvorschrift angesehen, auf deren Verletzung die Revision nicht gestützt werden konnte[25]. Nachdem der Bundesgerichtshof die frühere Rechtsprechung zu den Ordnungsvorschriften aufgegeben hat und auch insoweit unter Umständen die Revision zuläßt[26], kann die Verletzung des §257 Abs. 1 grundsätzlich mit der Revision geltend gemacht werden[27]. Da Absatz 1 als Sollvorschrift dem Gericht einen gewissen Ermessensspielraum einräumt, muß die Revision allerdings in der Lage sein, einen **Fehlgebrauch des Ermessens** bei Anwendung dieser Vorschrift darzutun. Es sind nach §344 Abs. 2 die Tatsachen vorzutragen, aus denen sich ergibt, daß der Angeklagte sich nicht äußern konnte sowie der Inhalt der beabsichtigten Erklärung[28].

Auch **Verstöße gegen Absatz 2** (eventuell in Verbindung mit Absatz 3) können **26** grundsätzlich mit der Revision beanstandet werden. Hier hat die Streitfrage besondere Bedeutung, ob die Ablehnung der Worterteilung durch den Vorsitzenden oder die Entziehung des Wortes mit der Revision nur gerügt werden kann, wenn in der Hauptverhandlung das **Gericht hiergegen angerufen** wurde[29]. Soweit ein Gerichtsbeschluß vorliegt, kann dieser auch unter dem Gesichtspunkt angegriffen werden, daß durch ihn die Verteidigung in einem wesentlichen Punkte beschränkt worden sei[30].

---

[21] *Dahs* Handbuch 425.
[22] KMR-*Paulus* 4; *Schmidt-Leichner* NJW 1975 426.
[23] BGH bei *Dallinger* MDR **1967** 175; *Kleinknecht/Meyer*[37] 1; KMR-*Paulus* 14.
[24] KMR-*Paulus* 14.
[25] *Hahn* Mat. I 863 „instruktionelle Vorschrift"; RGSt **32** 321; **42** 169; **44** 284; RGRspr. **1** 231; OGHSt **1** 110; BGH VRS **34** 344; BGH bei *Dallinger* MDR **1967** 175;

OLG Koblenz VRS **46** 435; *Kleinknecht* JZ **1965** 159.
[26] Vgl. §337, 15 ff.
[27] BGH StrVert. **1984** 454; KK-*Mayr* 5; a. A weiterhin *Kleinknecht/Meyer*[37] 6; KMR-*Paulus* 14; 15.
[28] BGH StrVert. **1984** 454.
[29] Vgl. §238, 43 ff.
[30] KMR-*Paulus* 15.

Walter Gollwitzer

**27**    Im allgemeinen werden derartige Revisionsrügen aber **keinen Erfolg** haben. Es liegt in der Natur der Vorschrift, daß bei den Verstößen gegen Absatz 1 ebenso wie bei denen nach Absatz 2 meist ausgeschlossen werden kann, daß das Urteil darauf **beruht**[31]. Wird der Hinweis nach Absatz 1 unterlassen oder eine Erklärung nach Absatz 2 nicht zugelassen oder zu Unrecht verkürzt, so ist der Betroffene nicht gehindert, seine Erklärung bei den Schlußvorträgen nachzuholen[32]. Sein Recht, Beweispersonen zu befragen und Beweisanträge zu stellen, wird durch eine unrichtige Anwendung des § 257 ohnehin nicht behindert.

**28**    Es läßt sich meist ausschließen, daß ein Beschluß des Gerichts nach § 238 Abs. 2, der den Verteidiger zu Unrecht an der Abgabe einer Erklärung nach § 257 Abs. 2 hindert, die **Verteidigung** in einem wesentlichen Punkt **beschränkt** hat. Einzelne Ausnahmefälle, in denen dies nicht ausgeschlossen werden kann, sind aber denkbar, etwa bei Großverfahren, die sich über Wochen und Monate hin erstrecken[33].

**29**    Die Verletzung der **Aufklärungspflicht** kann nicht schon damit begründet werden, daß das Gericht § 257 nicht beachtet habe. Es müssen besondere, von der Revision darzulegende Umstände (§ 344 Abs. 2) hinzukommen, welche ergeben, daß das Gericht zur weiteren Aufklärung gedrängt worden wäre, vor allem, daß es trotz der sonstigen Äußerungsmöglichkeiten von sich aus darauf hinzuwirken hatte, daß sich der Angeklagte zu einem bestimmten, offen gebliebenen Punkt erklärt[34].

**30**    Eine Verletzung des verfassungsmäßig garantierten **Rechts auf Gehör** liegt in einem Verstoß gegen § 257 in der Regel ebenfalls nicht. Es genügt, daß vor allem die Schlußanträge eine hinreichende Möglichkeit zur Abgabe einer eigenen Stellungnahme geben[35].

§ 257 a

sah vor, daß dem Staatsanwalt und dem Verteidiger Gelegenheit zur Abgabe von Erklärungen zu geben ist. Er ist durch Art. 1 Nr. 14 des 1. StVRErgG **entfallen** (vgl. Entstehungsgeschichte von § 257).

§ 258

(1) Nach dem Schluß der Beweisaufnahme erhalten der Staatsanwalt und sodann der Angeklagte zu ihren Ausführungen und Anträgen das Wort.

(2) Dem Staatsanwalt steht das Recht der Erwiderung zu; dem Angeklagten gebührt das letzte Wort.

(3) Der Angeklagte ist, auch wenn ein Verteidiger für ihn gesprochen hat, zu befragen, ob er selbst noch etwas zu seiner Verteidigung anzuführen habe.

---

[31] Es kommt aber immer auf den Einzelfall an. Zu den hier bestehenden Fragen vgl. § 337, 24; 254 ff.
[32] OLG Schleswig bei *Ernesti/Jürgensen* SchlHA **1975** 190; KMR-*Paulus* 16.

[33] *Eb. Schmidt* § 257 a (a. F.) Nachtr. I 7.
[34] KMR-*Paulus* 16.
[35] KMR-*Paulus* 2; vgl. Einl. Kap. **13** XI.

**Schrifttum.** *Alsberg* Das Plädoyer (Nachdruck) AnwBl. **1978** 1; *Baudisch* Niederschreiben der Urteilsformel vor den Schlußvorträgen NJW **1960** 135; *Dahs sen.* Das Plädoyer des Strafverteidigers AnwBl. **1959** 1; *Dahs sen.* Das Plädoyer des Staatsanwalts DRiZ **1960** 106; *Dästner* Schlußvortrag und letztes Wort im Strafverfahren, Recht und Politik **1982** 180; *Milhan* Das letzte Wort des Angeklagten, Diss. München 1971; *Reuß* Das Plädoyer des Anwalts JR **1965** 162; *Schlothauer* Wiedereröffnung der Hauptverhandlung und letztes Wort, StrVert. **1984** 134; *Solbach* Anklageschrift, Einstellungsverfügung, Dezernat und Plädoyer, 6.A (1985). Hinweise auf das Schrifttum zur Rhetorik finden sich bei *Dahs* Hdb. 598.

**Bezeichnung** bis 1924: § 257.

*Übersicht*

## I. Allgemeines

**1. Bedeutung.** § 258 sichert, daß die Verfahrensbeteiligten unmittelbar vor der **1** endgültigen Beschlußfassung des Gerichts über die zu fällende Entscheidung Gelegenheit erhalten, zu dem gesamten Ergebnis der Hauptverhandlung in tatsächlicher und rechtlicher Hinsicht Stellung zu nehmen. Die verfassungsrechtliche Pflicht, allen Verfahrensbeteiligten rechtliches Gehör zu gewähren (Art. 103 Abs. 1 GG), wird dadurch näher konkretisiert[1] und, was den Angeklagten anlangt, durch die Verpflichtung zur Gewährung des letzten Worts (Absatz 2) besonders wirksam ausgestaltet[2].

---

[1] BVerfGE **54** 141; zum Recht auf Gehör vgl.    [2] Vgl. BGHSt **9** 79.
Einl. Kap. **13** XI.

Walter Gollwitzer

**2**    **Zweck** der Schlußvorträge ist es, auf die Entscheidung des Gerichts durch eine Gesamtwürdigung des Prozeßstoffs Einfluß zu nehmen. Das Gericht, das die zum Inbegriff der Hauptverhandlung gehörenden Erklärungen (§ 261) bei seiner Urteilsfindung berücksichtigen muß, darf sich diesem Einfluß nicht entziehen[3]. Die kontradiktorischen Stellungnahmen zum Prozeßstoff dienen auch der Wahrheitsfindung[4]. Sie fördern seine gedankliche Durchdringung und erleichtern dem Gericht, die für und gegen den Angeklagten sprechenden Umstände vollständig zu erkennen, sie in ihrer Bedeutung richtig zu erfassen und sie gegeneinander abzuwägen.

### 2. Schluß der Beweisaufnahme

**3**    **a)** Es bedarf **keiner förmlichen Feststellung** durch Gerichtsbeschluß oder Anordnung des Vorsitzenden, daß die Beweisaufnahme geschlossen werde[5]. Es genügt, wenn der Vorsitzende den Verfahrensbeteiligten unmißverständlich zu erkennen gibt, daß nunmehr mit den abschließenden Ausführungen zum Ergebnis der Verhandlung begonnen werden könne, weil keine weiteren Beweise zu erheben sind und auch sonst keine Verfahrenshandlungen mehr anstehen. Der Hinweis des Vorsitzenden, daß die Beweisaufnahme geschlossen werde, ist üblich und zweckmäßig, aber nicht notwendig[6].

**4**    **b)** Der Schluß der Beweisaufnahme hat stets nur **vorläufigen Charakter**[7]. Er hindert weder die Verfahrensbeteiligten, neue Beweisanträge zu stellen, noch das Gericht, auf Grund eines solchen Antrags oder von Amts wegen erneut in die Beweisaufnahme einzutreten, Hinweise zu erteilen oder sonst über eine Frage zu verhandeln mit der Folge, daß die schon gehaltenen Schlußvorträge oder das letzte Wort die Bedeutung einer abschließenden Äußerung verlieren und die Gelegenheit dazu den Verfahrensbeteiligten nochmals eingeräumt werden muß[8].

### 3. Erneuerung der Schlußvorträge

**5**    **a)** Die Pflicht, Schlußvorträge und letztes Wort nochmals zu ermöglichen, tritt **nach jedem Weiterverhandeln** ein, das — als zum Inbegriff der Hauptverhandlung gehörig — die Grundlagen der Urteilsfindung in tatsächlicher Hinsicht oder auch nur argumentativ beeinflussen kann. Als formal gestaltetes, zwingendes Anhörungsgebot fordert § 258, daß eine abschließende **Äußerung zum ganzen Verfahrensergebnis** unmittelbar vor der Urteilsberatung ermöglicht wird. Auf Umfang und Bedeutung der nochmaligen Verhandlung kommt es dabei nicht an[9]. Auch wenn der Wiedereintritt bedeu-

---

[3] BGHSt **11** 74; BGH StrVert. **1983** 402; vgl. Rdn. 46 ff; § 261, 2; 14.

[4] KK-*Hürxthal* 2.

[5] KK-*Hürxthal* 2; *Kleinknecht/Meyer*[37] 14; KMR-*Paulus* 4 (unter Hinweis auf BGH); OLG Köln NJW **1954** 46. Dort wird ausgeführt, daß ein förmlicher Beschluß sogar irreführend sein kann, insbesondere, wenn er mit dem Zusatz versehen wird, daß die Beweisaufnahme im allseitigen Einverständnis geschlossen werde. Denn die Vorläufigkeit dieser Feststellung ist für prozeßunkundige Personen nicht ersichtlich (zust. *Eb. Schmidt* 1).

[6] Nach dem Zweck des § 258 ist Beweisaufnahme weit auszulegen; vgl. *Eb. Schmidt* 1 (jede Prozeßhandlung, die ihrer Natur nach

in den prozessualen Bereich der Beweisaufnahme gehört); ferner etwa BayObLGSt **1957** 88 = NJW **1957** 1289; *Schlothauer* StrVert. **1984** 134; Rdn. 8.

[7] KK-*Hürxthal* 2; *Kleinknecht/Meyer*[37] 14; KMR-*Paulus* 3.

[8] RGSt **6** 254; RGRspr. **6** 248; RG JW **1891** 450; DRiZ **1930** Nr. 22; BGHSt **13** 59; **18** 84; **20** 273; **22** 279; BGH NJW **1969** 473; StrVert. **1981** 221; **1984** 104; bei *Dallinger* MDR **1966** 893; bei *Pfeiffer/Miebach* NStZ **1983** 217; 357; OLG Schleswig bei *Ernesti/Jürgensen* SchlHA **1970** 199; KK-*Hürxthal* 23; *Kleinknecht/ Meyer*[37] 2; 14; KMR-*Paulus* 4; *Schlothauer* StrVert. **1984** 134.

[9] BGHSt **22** 278; KK-*Hürxthal* 26; KMR-*Paulus* 4.

tungslos war oder nur einen von mehreren Tatvorwürfen betraf, müssen die Schlußvorträge und das letzte Wort im vollen Umfang hinsichtlich des ganzen Verfahrensgegenstands[10] — und nicht etwa nur hinsichtlich des vom Wiedereintritt betroffenen Teils — erneuert werden.

Jeder mit der **Beweiserhebung** zusammenhängende Vorgang löst die Pflicht zur **6** nochmaligen Ermöglichung der Schlußanträge und des letzten Wortes aus, so die Verwendung eines weiteren Beweismittels[11], die nachträgliche Vereidigung eines Zeugen[12], aber auch, wenn das Gericht einen im vorangegangenen Schlußvortrag gestellten **Beweisantrag ablehnt**, und zwar selbst dann, wenn es die behauptete Tatsache als wahr unterstellt[13]. Etwas anderes gilt nur, wenn ein hilfsweise oder bedingt gestellter Beweisantrag, der an sich in den Urteilsgründen abgelehnt werden könnte, gleichzeitig mit der Urteilsverkündung durch einen besonderen Beschluß abgelehnt wird[14]. Legt ein Angeklagter beim letzten Wort ein **Geständnis** ab, muß in der Regel den anderen Verfahrensbeteiligten, vor allem den Mitangeklagten Gelegenheit zur nochmaligen Äußerung gegeben werden[15]. Auch ein **sonstiges Verhandeln über einzelne Vorgänge** oder Anträge eröffnet erneut die Schlußvorträge, so wenn ein Aussetzungs- oder Unterbrechungsantrag abgelehnt[16], auf die Veränderung eines rechtlichen Gesichtspunkts hingewiesen[17], eine Nachtragsanklage nicht zugelassen[18], das Verfahren gegen einen Mitangeklagten oder wegen eines Teils der angeklagten Taten abgetrennt[19], die Anwendung des § 154 a erörtert[20] oder ein Teil des Verfahrens nach §§ 153 ff eingestellt wird[21]. In

[10] BGHSt **20** 275; BGH VRS **30** 121; bei *Dallinger* MDR **1966** 893; KK-*Hürxthal* 16; KMR-*Paulus* 4.

[11] Vgl. BGH bei *Pfeiffer/Miebach* NStZ **1983** 357 (Verlesen eines Schreibens, wobei offenblieb, zu welchem Zweck dies geschah); *Schlothauer* StrVert. **1984** 134.

[12] KMR-*Paulus* 4; *Schlothauer* NStZ **1984** 134.

[13] RGSt **20** 380; **26** 32; RGRspr. **7** 519; RG JW **1922** 1037; OLG Düsseldorf VRS **64** 205; KK-*Hürxthal* 24; KMR-*Paulus* 4; a. A RG JW **1922** 496.

[14] RGSt **29** 438; **55** 109; OLG Karlsruhe MDR **1966** 948; *Eb. Schmidt* 1; wonach der Angeklagte mit Stellung des Eventualantrags grundsätzlich darauf verzichtet, daß dieser vor den Schlußworten verbeschieden wird; ferner KK-*Hürxthal* 24. Anders, wenn der Staatsanwalt auf den Hilfsantrag erwidert hat; OLG Celle StrVert. **1985** 7.

[15] BGH nach *Kleinknecht/Meyer*[37] 14; KMR-*Paulus* 4; unter Umständen kann schon die Pflicht zur Gewährung des rechtlichen Gehörs erfordern, die anderen Verfahrensbeteiligten zum Geständnis zu hören.

[16] RG HRR **1938** Nr. 193; BGH bei *Pfeiffer* NStZ **1982** 190; KK-*Hürxthal* 24; KG JR **1950** 633; KMR-*Paulus* 4; *Schlothauer* StrVert. **1984** 135.

[17] BGHSt **19** 156; **22** 278; BGH bei *Pfeiffer* NStZ **1981** 295; bei *Pfeiffer/Miebach* NStZ **1985** 494; BayObLG bei *Rüth* DAR **1982** 253.

[18] BGH StrVert. **1981** 221; **1982** 4; bei *Pfeiffer/Miebach* NStZ **1983** 212.

[19] BGH NStZ **1984** 468; StrVert. **1983** 232; **1984** 104; 233; bei *Pfeiffer/Miebach* NStZ **1983** 212; *Kleinknecht/Meyer*[37] 14; dazu *Schlothauer* NStZ **1984** 134, der auf die mindestens indirekte Beweisbedeutung derartiger Beschlüsse abstellt.

[20] BGH bei *Dallinger* MDR **1966** 892; OLG Hamm VRS **23** 54 (zu § 153); *Schlothauer* StrVert. **1984** 135; KK-*Hürxthal* 24; KMR-*Paulus* 4.

[21] Ob schon in der bloßen Verkündung des Einstellungsbeschlusses ein Wiedereintritt liegt, ist strittig; bejahend für die dort entschiedenen Fälle BGH StrVert. **1981** 221; **1982** 4; **1983** 323; **1984** 104; 469; KMR-*Paulus* 4; *Schlothauer* StrVert. **1984** 135; wegen einer verneinenden Entscheidung des BGH vgl. Fußn. 22. BGH JR **1986** 166 (mit Anm. *Pelchen*) läßt dies offen. *Pelchen* sieht in der bloßen Verkündung des Einstellungsbeschlusses keinen Wiedereintritt; bei anderen Beschlüssen scheint er dies anzunehmen.

Walter Gollwitzer

diesen und ähnlichen Fällen besteht fast immer die Möglichkeit, daß die Verfahrensgestaltung und die daraus herzuleitenden Rückschlüsse auf die Beurteilung des verbleibenden Verfahrensstoffes Anlaß zu weiterem Sachvortrag oder zur argumentativen Auseinandersetzung geben können[22]. Aus den gleichen Gründen erfordert auch die Aufrechterhaltung eines Haftbefehls oder die Erörterung seiner Invollzugsetzung die Erneuerung der Schlußanträge und des letzten Wortes[23]. Gleiches gilt, wenn der Antrag,
die Beweisaufnahme wieder zu eröffnen, abgelehnt wird; denn die Mitteilung der
Gründe für die Ablehnung kann eine Äußerung erfordern[24]. Unter diesem Blickwinkel
ist auch zu beurteilen, ob in der Verwerfung des Ablehnungsgesuchs ein Wiedereintritt
liegt[25].

**7**    Gibt dagegen ein Zeuge nach Beendigung der Beweisaufnahme **unaufgefordert
eine Erklärung** ab, so braucht den Prozeßbeteiligten nicht nochmals das Wort erteilt zu
werden, vorausgesetzt, diese Erklärung wird nicht vom Vorsitzenden zum Gegenstand
der mündlichen Verhandlung gemacht. Im Urteil darf eine solche Erklärung dann aber
keinesfalls verwertet werden. Dasselbe gilt bei Unmutsäußerungen oder **Zwischen-
bemerkungen** des Staatsanwalts ohne konkreten Inhalt[26], oder wenn der Vorsitzende
den Angeklagten beim letzten Wort zu einer Ergänzung auffordert, ohne dabei in eine
Vernehmung überzugehen[27]. Erklärt der Staatsanwalt unmittelbar vor der Urteilsverkündung auf Frage des Richters, daß er der Einstellung nach § 153 nicht zustimme, so
bedarf es ebenfalls keiner Wiederholung der Schlußvorträge; etwas anderes gilt jedoch,
wenn der Staatsanwalt hierbei Ausführungen macht, die auch für die Schuld- oder
Straffrage bedeutsam sein können[28]. Nimmt der Vorsitzende **nach Beginn der Urteilsverkündung** einen Beweisantrag entgegen, liegt darin noch kein Wiedereintritt in die
Hauptverhandlung[29].

**8**    b) Es bedarf **keiner förmlichen Anordnung** des Wiedereintritts in die Beweisaufnahme, da dafür allein der tatsächliche Verfahrensgang maßgebend ist[30]. Wird dies aber
vom Vorsitzenden oder in einem Beschluß des Gerichts ausdrücklich erklärt, so folgt
schon daraus die Pflicht zur Wiederholung[31], da die Verfahrensbeteiligten ihre Prozeßführung darauf eingestellt haben können.

**9**    c) Die **früheren Schlußvorträge** sind durch den Wiedereintritt zwar nicht gegenstandslos geworden — insbesondere die in ihnen gestellten Anträge bleiben wirksam —,

---

[22] Vgl. BGH NJW **1985** 211 = JR **1986** 166
mit Anm. *Pelchen*. Die von *Schlothauer*
StrVert. **1984** 135 mitgeteilte Entscheidung
des BGH, wonach nicht nach jedem Abtren-
nungs- oder Einstellungsbeschluß nochmals
das letzte Wort zu erteilen ist, betraf den Fall,
daß die Verfahrenseinstellung bezüglich
zweier Anklagevorwürfe bereits früher beantragt worden war und der Einstellungsbeschluß zusammen mit dem Urteil verkündet
wurde.
[23] BGH NStZ **1984** 376; **1986** 270; *Klein-
knecht/Meyer*[37] 14; *Schlothauer* StrVert. **1984**
135.
[24] BayObLGSt **1957** 88 = NJW **1957** 1289;
KMR-*Paulus* 4.
[25] Vgl. KK-*Hürxthal* 25; *Kleinknecht/Meyer*[37]
15; (kein Wiedereintritt bei Verwerfung als

unzulässig); BGH NStZ **1985** 465 läßt dies
bei Ablehnung von Sachverständigen offen;
vgl. ferner BGH bei *Spiegel* DAR **1986** 197.
[26] OLG Saarbrücken JBl Saar **1961** 14;
KK-*Hürxthal* 25.
[27] BGH nach KK-*Hürxthal* 15; vgl. aber
wegen eines Geständnisses Rdn. 7.
[28] BGH nach KK-*Hürxthal* 25; OLG Hamm
VRS **23** 54.
[29] BGH NStZ **1986** 182; StrVert. **1986** 286;
vgl. § 244, 102; § 246, 2.
[30] BGH nach KK-*Hürxthal* 24; *Kleinknecht/
Meyer*[37] 14; KMR-*Paulus* 4; entscheidend ist
aber der tatsächliche Verfahrensgang und
nicht der Wille des Gerichts, die Hauptverhandlung wieder aufzunehmen.
[31] Vgl. BGHSt **22** 279; *Schlothauer* StrVert.
**1984** 136.

aber die besondere rechtliche Bedeutung als Schlußausführungen, die das gesamte Ergebnis der Hauptverhandlung unmittelbar vor der Urteilsberatung und Verkündung zusammenfassen, haben sie nicht mehr[32]. Die Verfahrensbeteiligten und der Angeklagte sind nicht gezwungen, ihre früheren Ausführungen und die dabei gestellten Anträge nochmals zu wiederholen. Es genügt, wenn sie ausdrücklich oder stillschweigend darauf Bezug nehmen oder sonst zu erkennen geben, daß es trotz des Wiedereintritts bei ihren früheren Ausführungen sein Bewenden haben soll[33]. Gibt ein nicht rechtskundiger Angeklagter keine oder nur eine auf den nach Wiedereintritt verhandelten Verfahrensteil beschränkte Erklärung ab, so kann daraus allerdings nicht ohne weiteres geschlossen werden, daß er in Kenntnis seines Rechts, umfassende Ausführungen zu machen, auf diese verzichten will. Dies wird in der Regel nur bei einer entsprechenden Belehrung durch das Gericht angenommen werden können[34]. Ein solch besonderer Hinweis ist dagegen beim Verteidiger oder beim Staatsanwalt entbehrlich[35].

## II. Schlußvorträge (Absatz 1)

**1. Worterteilung.** Der Vorsitzende erteilt das Wort zu den Schlußvorträgen **von** **10** **Amts wegen,** ohne Rücksicht darauf, ob es von den dazu berechtigten Personen verlangt wird. Die Worterteilung muß **unmißverständlich** sein. Eine bloße Handbewegung genügt nur, wenn die Wortergreifung zeigt, daß sie verstanden wurde[36].

**2. Berechtigte.** Absatz 1 nennt nur den Staatsanwalt und den Angeklagten. Das **11** Recht zu Schlußausführungen steht aber auch dem Nebenkläger[37] zu, ferner — soweit beteiligt — dem Einziehungsbeteiligten nach § 433 Abs. 1 und dem Vertreter einer juristischen Person oder einer Personenvereinigung nach § 444 Abs. 2[38]. Bei einem jugendlichen Angeklagten müssen der Erziehungsberechtigte und der gesetzliche Vertreter von Amts wegen das Wort erhalten (§§ 67, 104 Abs. 1 Nr. 9 JGG), und zwar auch dann, wenn sie in einem früheren Verfahrensabschnitt bereits gehört wurden[39]. Für den Staatsanwalt kann auch ein der Staatsanwaltschaft zur Ausbildung zugeteilter Referendar die Ausführungen machen und Anträge stellen, wenn er unter der Aufsicht eines Vertreters der Staatsanwaltschaft steht[40].

Der **Verteidiger** wird in Absatz 1 nicht genannt. Wie Absatz 3 zeigt, geht das Ge- **12** setz aber davon aus, daß er den Schlußvortrag für den Angeklagten halten kann[41]. Da der Wunsch des Verteidigers, Schlußausführungen zu machen, regelmäßig bereits da-

---

[32] Vgl. Rdn. 4 und vor allem die Nachw. Fußn. 8.

[33] BGH bei *Dallinger* MDR **1966** 893; KK-*Hürxthal* 26; KMR-*Paulus* 4.

[34] BGHSt **20** 273; OLG Düsseldorf GA **1976** 371 (L); KK-*Hürxthal* 14.

[35] BGHSt **20** 273; **22** 278; *Hanack* JZ **1972** 275.

[36] RGSt **61** 317; KK-*Hürxthal* 4; KMR-*Paulus* 7.

[37] RGSt **16** 253; BGHSt **28** 272; *Gollwitzer* FS Schäfer 79; KK-*Hürxthal* 3; *Kleinknecht/ Meyer*[37] 2; KMR-*Paulus* 7; in der ab 1. 4. 1987 in Kraft tretenden Neufassung des § 397 Abs. 1 ist dies ausdrücklich bestimmt.

[38] KK-*Hürxthal* 3; *Kleinknecht/Meyer*[37] 4; KMR-*Paulus* 7.

[39] RGSt **42** 52; BGHSt **17** 33; **21** 288; BGH NStZ **1985** 230; OLG Schleswig bei *Ernesti/ Jürgensen* SchlHA **1970** 199; KK-*Hürxthal* 3; *Kleinknecht/Meyer*[37] 11; KMR-*Paulus* 7; ferner die Kommentare zu § 67 JGG. Soweit ein Heranwachsender einen gesetzlichen Vertreter haben sollte (etwa bei Entmündigung) wäre auch dieser im Falle des § 109 Abs. 2 JGG zu hören.

[40] Wegen der Einzelheiten vgl. § 226, 4 und bei § 142 GVG.

[41] RGSt **42** 54; BGH bei *Holtz* MDR **1980** 274; OLG Hamm JMBlNW **1980** 81; KG NStZ **1984** 521; OLG Koblenz VRS **55** 278.

Walter Gollwitzer

durch zum Ausdruck kommt, daß er vor Gericht auftritt, ist es sachgerecht, wenn der Vorsitzende auch dem anwesenden Verteidiger von Amts wegen das Wort zu den Schlußvorträgen erteilt[42]. Im übrigen ist der Verteidiger befugt, für den Angeklagten zu sprechen, wenn dieser zu Schlußausführungen nach Absatz 1 aufgefordert wird[43]. Da strittig ist, ob insoweit eine Rechtspflicht des Gerichts besteht, ist es — auch zur Absicherung einer späteren Revisionsrüge — angezeigt, daß der Verteidiger ausdrücklich das Wort für die Schlußausführungen verlangt[44]. Einem Verteidiger, der bei den Schlußanträgen nicht anwesend war, der aber vor Verkündung des Urteils erscheint, muß auf Antrag Gelegenheit zum Plädoyer gegeben werden[45] ohne Rücksicht darauf, ob er seine Anwesenheit während der Schlußausführungen zu vertreten hat[46].

**13**  3. Die **Reihenfolge** der Schlußvorträge wird nicht zwingend vorgeschrieben. Die Reihenfolge des Absatzes entspricht allerdings der zweckmäßigsten Verfahrensgestaltung. Der Vorsitzende kann jedoch von ihr abweichen, wenn er das für sachdienlich hält[47]. So kann er — entgegen dem Grundgedanken des Absatzes 1 — ausnahmsweise den Nebenkläger nach dem Verteidiger zu Worte kommen lassen[48]. Mehrere Staatsanwälte können den Schlußvortrag nach eigenem Ermessen unter sich teilen, desgleichen mehrere Verteidiger eines Angeklagten[49]. Für die Berufungsverhandlung gilt § 326 Abs. 1.

**14**  Sind **mehrere Angeklagte** vorhanden, so bestimmt der Vorsitzende die Reihenfolge, in der sie und ihre Verteidiger sprechen können[50]. Gleiches gilt für die Reihenfolge, in der Nebenbeteiligte und die sonstigen zu Schlußausführungen berechtigten Verfahrensbeteiligte zu Worte kommen. Schlagen die Verfahrensbeteiligten, vor allem die Verteidiger, eine bestimmte Reihenfolge vor, in der sie sprechen wollen, so ist darauf nach Möglichkeit Rücksicht zu nehmen, es sei denn, daß darin ein Mißbrauch liegt oder ein nicht verteidigter Angeklagter benachteiligt würde.

#### 4. Verpflichtung zu Schlußausführungen

**15**  a) § 258 begründet grundsätzlich **keine Verpflichtung** zu Schlußausführungen[51]. Dies gilt für den Angeklagten, dessen Schweigerecht auch insoweit nicht eingeschränkt ist, und für die ihm befugnismäßig gleichstehenden Nebenbeteiligten; dies gilt aber auch für alle Verfahrensbeteiligten, die, wie der Nebenkläger, ohnehin nicht zur Anwesenheit verpflichtet sind. Es beeinträchtigt den Fortgang des Verfahrens nicht, wenn sie von der durch § 258 eingeräumten Möglichkeit keinen Gebrauch machen, nachdem sie der Vor-

---

[42] BayObLGSt **1955** 270; OLG Hamm JMBlNW **1954** 156; VRS **48** 433; KG NStZ **1984** 521; vgl. auch Fußn. 41; ferner KK-*Hürxthal* 5; KMR-*Paulus* 7; weitergehend *Kleinknecht/Meyer*[37] 2 (von Amts wegen erteilen).

[43] Vgl. etwa RGSt **42** 52; KMR-*Paulus* 7.

[44] RGSt **41** 51; BGHSt **20** 273; **22** 278; BGH bei *Holtz* MDR **1980** 274; OLG Koblenz VRS **55** 278; KK-*Hürxthal* 5; a. A OLG Hamm VRS **48** 433; wohl auch BayObLG VRS **62** 374.

[45] BayObLG VRS **61** 128; OLG Hamm MDR **1970** 784; *Kleinknecht/Meyer*[37] 7.

[46] OLG Hamm JMBlNW **1980** 81.

[47] RGSt **64** 134; OLG Hamburg JR **1955** 233; KK-*Hürxthal* 6; *Kleinknecht/Meyer*[37] 2; KMR-*Paulus* 8; a. A *Gössel* § 30 B I c 1 (zwingend vorgeschrieben, daß Angeklagter und Verteidiger nach den Klägern sprechen).

[48] BGH nach KK-*Hürxthal* 6.

[49] Vgl. § 227, 9 ff.

[50] RGSt **57** 265; KK-*Hürxthal* 6; KMR-*Paulus* 8.

[51] KK-*Hürxthal* 7; *Kleinknecht/Meyer*[37] 6; KMR-*Paulus* 9; *Eb. Schmidt* 10.

sitzende dazu aufgefordert hat. Sie können insoweit auch ausdrücklich auf Ausführungen oder auf Anträge verzichten.

**b)** Der **Staatsanwaltschaft** erwächst aus ihrer besonderen Stellung die (ungeschrie- **16** bene) verfahrensrechtliche **Pflicht, Schlußausführungen** zu machen und Anträge zu stellen. Sie ist nicht befugt, in zweifelhaften Fällen die Entscheidung dem Gericht anheimzugeben und sich der Stellung eines Antrags zu enthalten. Die Stellung bestimmter Anträge ist dem Staatsanwalt nicht nur innerdienstlich[52] zur Pflicht gemacht, sie folgt auch aus der besonderen Stellung, die ihm im Offizialverfahren eingeräumt ist. Mit dieser wäre es unvereinbar, wenn sich der Staatsanwalt seiner Mitverantwortung für ein gerechtes Urteil dadurch entziehen wollte, daß er von Schlußvorträgen oder von einer Antragstellung absieht[53]. Setzt das Gericht ohne Schlußvortrag und Antrag des Staatsanwalts die Hauptverhandlung fort, liegt darin ein Verfahrensverstoß. Dies muß auch das Gericht beachten, da er die Revision begründen kann, sofern nach der Verfahrenslage nicht auszuschließen ist, daß das Urteil darauf beruht[54]. Es ist aber keine Urteilsvoraussetzung schlechthin, daß der Staatsanwalt Sachanträge für den Urteilsspruch gestellt hat[55]. **Welche Anträge** der Staatsanwalt stellen will, steht ihm dagegen frei. Er ist keinesfalls gezwungen, bei einer nach seiner Ansicht nicht genügend aufgeklärten Sache zwischen Verurteilung und Freisprechung zu wählen, sondern kann in diesen Fällen die Beiziehung weiterer Beweismittel oder die Aussetzung beantragen. Er kann aber auch diesen Hauptantrag mit einem Hilfsantrag (z. B. hilfsweise Freisprechung) verbinden[56]. Der Staatsanwalt darf sich auch dann nicht eines bestimmten Antrags enthalten, wenn in der Berufungsverhandlung allein über die Berufung des Nebenklägers entschieden wird, denn auch dann liegt weiterhin ein auf öffentliche Klage erhobenes Verfahren vor[57].

**c)** Der **Verteidiger** wird durch § 258 schon dem Wortlaut nach zu Schlußvorträgen **17** nicht verpflichtet[58], auch nicht in den Fällen der notwendigen Verteidigung. Es ist zwar eine wesentliche Aufgabe der Verteidigung, das Verhandlungsergebnis aus ihrer Sicht in den Schlußvorträgen umfassend zu würdigen. Es muß aber der eigenen Entscheidung des Verteidigers überlassen bleiben, in welcher Form und mit welchen Erklärungen er die Verteidigung führen will. Anders als der Staatsanwalt darf er sich jeder aktiven Mitwirkung enthalten und dem Gericht die Entscheidung anheimstellen. Gegen seinen Wil-

---

[52] Vgl. Nr. 138, 139 RiStBV.

[53] BGH NStZ **1984** 468; OLG Düsseldorf NJW **1963** 1167; OLG Köln GA **1964** 156; OLG Zweibrücken StrVert. **1986** 51; KK-*Hürxthal* 8; *Kleinknecht/Meyer*[37] 6; KMR-*Paulus* 9; *Peters* § 23 IV 1 e; *Schlüchter* 561.1; a. A *Koeniger* 425; *Eb. Schmidt* Nachtr. I 7; *Schütz* NJW **1963** 1589 (nur innerdienstliche Pflicht).

[54] Strittig; wie hier wohl auch BGH bei *Holtz* MDR **1984** 789; ferner OLG Düsseldorf NJW **1963** 1167; OLG Zweibrücken StrVert. **1986** 51; *Kleinknecht/Meyer*[37] 6; KMR-*Paulus* 9; *G. Schäfer* § 81 I 3; *Schlüchter* 561.3; a. A AG Bad Oldesloe MDR **1976** 776; vgl. § 338, 87 (kein absoluter Revisionsgrund nach § 338 Nr. 5).

[55] KK-*Hürxthal* 8.

[56] Vgl. AG Bad Oldesloe MDR **1976** 776; KK-*Hürxthal* 8; a. A KMR-*Paulus* 9 (über anderweitigen Antrag ist vorweg zu entscheiden und dann der Staatsanwalt erneut zu Schlußantrag aufzufordern). BGH NStZ **1984** 468 läßt offen, ob Antrag, das Verfahren nach § 154 einzustellen, genügt.

[57] RGSt **63** 55; OLG Köln GA **1964** 156; OLG Zweibrücken StrVert. **1986** 51; KK-*Hürxthal* 8; a. A OLG Frankfurt NJW **1956** 1250.

[58] Vgl. etwa OLG Köln NJW **1962** 1735 (Vertretung erfordert keine Antragstellung); § 334, 17 mit weit. Nachw.; ferner bei § 411.

len kann das Gericht den Schlußvortrag nicht erzwingen[59]. Weigert er sich, obwohl er dazu in der Lage wäre[60], ist dem Verfahren sein Fortgang zu geben[61].

### 5. Gegenstand der Schlußvorträge

**18**     a) Die Schlußvorträge dürfen sich nur mit **Inhalt und Ergebnis der Hauptverhandlung** beschäftigen, nicht aber Tatsachen erörtern, über die nicht mündlich verhandelt wurde. Die Einführung eines **verhandlungsfremden Stoffes** ist unzulässig[62], so etwa die Bezugnahme auf den Inhalt einer anderen Untersuchung oder Verhandlung[63] oder das Vortragen oder Vorlesen von Schriften, über die nicht verhandelt worden ist[64] oder die Einführung privaten Wissens[65]. Etwas anderes gilt nur, wenn die neuen Tatsachen nicht in Würdigung des bisherigen Verfahrensergebnisses, sondern zur Begründung eines den Wiedereintritt in die Beweisaufnahme bezweckenden Haupt- oder Hilfsantrags vorgetragen werden. Unzulässig ist auch, im Schlußvortrag die ganze Anklageschrift zu verlesen, während es nach Lage des hier wie auch sonst maßgebenden Einzelfalls[66] statthaft sein kann, einzelne Teile aus ihr vorzutragen[67]. Unzulässig sind ferner Ausführungen, die sich über ein **Verwertungsverbot** hinwegsetzen[68].

**19**     Für die Schlußvorträge **aller** dazu befugter **Personen**[69] gilt, daß sie umso wirkungsvoller sind, je mehr es gelingt, unter Vermeidung aller tönender Phrasen **die Sache sprechen zu lassen** und die Zusammenhänge klar und einsichtig darzustellen. Wird der Prozeßstoff wohlgeordnet, objektiv und unter Hervorhebung aller tatsächlichen und rechtlichen Zweifelsfragen unter Konzentration auf das Wesentliche knapp erörtert, dann stellen die Schlußvorträge — gerade wenn sie strittige Fragen kontradiktorisch herausstellen — eine wesentliche Entscheidungshilfe für das Gericht dar[70]. Dies bedeutet aber nicht, daß der Prozeßstoff schematisch und trocken abgehandelt werden soll. Es ist zwar zulässig, wenn die Prozeßbeteiligten ihren Vortrag auf eine schriftliche Ausarbeitung stützen und aus ihr vorlesen[71], aber wirkungsvoller ist das frei gesprochene Wort.

**20**     Die Verpflichtung, die **Menschenwürde zu achten** (Art. 1 Abs. 1 GG) und die Ehre und den privaten Persönlichkeitsbereich anderer Personen nicht unnötig zu verletzen, gilt auch und gerade für die Plädoyers von Staatsanwalt, Nebenkläger und Verteidiger gleichermaßen. Jede sachlich nicht notwendige Herabwürdigung des Angeklagten, der Zeugen oder anderer Personen sollte ebenso unterbleiben wie der Form nach

---

[59] A. A *Schlüchter* 561.3 (Verteidiger, der sich weigert, ist als ausgeblieben zu behandeln und nach § 145 zu verfahren); *Eb. Schmidt* Nachtr. I 10 (keine Pflicht bestimmte Anträge zu stellen; aber völlige Ablehnung käme Niederlegung der Verteidigung gleich); anders BGH nach *Hilger* NStZ **1983** 341 (kein Verstoß gegen § 338 Nr. 5); vgl. § 338, 96.

[60] Vgl. KG NStZ **1984** 523; Rdn. 12.

[61] BGH bei *Pfeiffer* NStZ **1981** 295; *Dahs/Dahs* 157 a; KK-*Hürxthal* 5; 7; *Kleinknecht/Meyer*[37] 6; KMR-*Paulus* 9; vgl. *Hilger* NStZ **1983** 341; a. A *Schlüchter* 561.3; *Eb. Schmidt* Nachtr. I 10; vgl. Fußn. 59; § 338, 96.

[62] KK-*Hürxthal* 9; *Kleinknecht/Meyer*[37] 5; KMR-*Paulus* 19; *Peters* § 29 V 5.

[63] RGRspr. **8** 271.

[64] RG GA **60** (1913) 432; a. A RGRspr. **5** 550.

[65] *Kleinknecht/Meyer*[37] 7; KMR-*Paulus* 19; *Mayer* SchlHA **1955** 348.

[66] RGSt **41** 261; KK-*Hürxthal* 9.

[67] RGSt **21** 65; **39** 19; **41** 262.

[68] Vgl. etwa *Kleinknecht/Meyer*[37] 7; KMR-*Paulus* 19: Verwertung eines nicht verlesbaren Leumundszeugnisses; § 256, 29.

[69] Zum Plädoyer des Staatsanwalts *Dahs* DRiZ **1960** 106; zu dem des Verteidigers *Dahs* AnwBl. **1959** 1; *Dahs* Hdb 598 ff; *Ostendorf* NJW **1978** 1345; *Reuss* JR **1965** 162; *Zieger* StrVert. **1982** 305; zur Bedeutung des dialektischen Zusammenwirkens von Staatsanwalt, Verteidiger und Gericht für die Urteilsfindung *Mangakis* GA **1966** 327 ff.

[70] Zur sachlichen Gediegenheit des Plädoyers *Dahs* Hdb. 606 a; 611 ff.

[71] BGHSt **3** 368; *Dahs* Hdb. 603.

verletzende Ausführungen[72]. Wird die Grenze zur Formalbeleidigung nicht überschritten, sind sachliche Auseinandersetzungen und Wertungen anderer Personen in der Regel durch §193 StGB gedeckt[73]. Die Schlußvorträge sind aber nicht grundsätzlich jeder strafrechtlichen Würdigung entzogen[74].

b) Für die **Ausführungen des Staatsanwalts** gilt das Gebot absoluter Objektivität **21** und Unvoreingenommenheit im besonderen Maße. Nicht der Inhalt der Anklageschrift, sondern allein das Ergebnis der Hauptverhandlung darf die Grundlage seiner sowohl die tatsächliche wie auch die rechtliche Seite des Falls umfassenden Erörterungen sein[75].

Die **Anträge des Staatsanwalts**[76] sollen sich auf alle Punkte erstrecken, die das **22** Gericht in dem Tenor der vom Staatsanwalt vorgeschlagenen Entscheidung zu treffen hat. Der Staatsanwalt hat daher, wenn er die Verurteilung beantragt, Art und Höhe der Haupt-und Nebenstrafen ebenso konkret zu bezeichnen, wie die in Frage kommenden Nebenfolgen oder Maßregeln der Sicherung und Besserung. Kommt Strafaussetzung zur Bewährung in Frage, hat er sich auch damit auseinanderzusetzen. Bei in Untersuchungshaft befindlichen Angeklagten ist außerdem die Notwendigkeit der Haftfortdauer zu erörtern. Beantragt der Staatsanwalt Freispruch, muß er auch dazu Stellung nehmen, ob dem Angeklagten die Erstattung der notwendigen Auslagen zu versagen ist[77]. Die Frage der Weisungsgebundenheit ist bei §146 GVG erläutert.

**Bewußt unrichtige Anträge** zu Lasten des Angeklagten — dazu gehört auch das **23** vorsätzliche Stellen überhöhter Strafanträge — setzen den Staatsanwalt der Gefahr einer Strafverfolgung nach §344 StGB aus[78].

c) **Der Schlußvortrag des Verteidigers**[79] wird von diesem zwar für den Angeklag- **24** ten, aber in eigener Verantwortung gehalten[80]. Als Organ der Rechtspflege ist auch der Verteidiger zu einer objektiven Würdigung des Ergebnisses der Hauptverhandlung verpflichtet, er braucht jedoch hierbei nicht entgegen den Interesssen seines Mandanten die belastenden Gesichtspunkte besonders hervorzukehren. Er muß und darf seine Erörterungen ebenfalls auf das Ergebnis der Hauptverhandlung beschränken und aus diesem seine Anträge begründen. Er darf sich nicht darauf verlassen, daß das Gericht ihn besonders darauf hinweisen werde, wenn es einer für den Angeklagten günstigeren Ansicht im Plädoyer des Staatsanwalts nicht folgen wolle. Zu einem solchen Hinweis ist das Gericht nicht verpflichtet[81]. Eigenes **privates Wissen** hat er dabei unbeachtet zu lassen[82]. Er darf deshalb, ohne seine Standespflicht zu verletzen oder ohne sich wegen Begünstigung strafbar zu machen, auch dann die Freisprechung beantragen, wenn er die Schuld

---

[72] KMR-*Paulus* 20; zur Respektierung des von §172 Nr. 2, 3 GVG bezweckten Persönlichkeitsschutzes vgl. *Kleinknecht/Meyer*[37] 5 und die Erl. zu §172 GVG.

[73] Vgl. etwa OLG Köln OLGSt §185 StGB 13; 16; OLG Saarbrücken AnwBl. **1979** 193; LG Hechingen NJW **1983** 1766; KMR-*Paulus* 20; ferner die Kommentare zu §§ 185 ff StGB.

[74] Vg. etwa BGHSt **18** 204; **31** 16 = JR **1983** 118 mit abl. Anm. *Gössel*; ferner Rdn. 23, 24; 40.

[75] KK-*Hürxthal* 11; *Kleinknecht/Meyer*[37] 6; KMR-*Paulus* 14; *Eb. Schmidt* Nachtr. I 7.

[76] Zur Pflicht, Anträge zu stellen, vgl. Rdn. 16.

[77] Vgl. Nrn. 138, 139 RiStBV.

[78] KMR-*Paulus* 14; *Less* JR **1951** 193; *Mohrbotter* JZ **1969** 491; gegen das Vorbieten auch *Kleinknecht/Meyer*[37] 6.

[79] Zum Recht des Verteidigers dazu vgl. Rdn. 12; 17.

[80] Vgl. Vorbem. zu §137.

[81] BGH bei *Dallinger* MDR **1971** 18; *Dahs* Hdb. 625.

[82] Vgl. Rdn. 18.

Walter Gollwitzer

des Angeklagten kennt. Unzulässig ist nur die bewußte Verdunkelung des Sachverhalts und die Verwendung unerlaubter verfahrensrechtlicher Mittel[83].

**25**    6. **Recht zur Erwiderung.** Absatz 2 sieht nur für den Staatsanwalt ein Recht zur Erwiderung ausdrücklich vor. Für den Nebenkläger folgt dieses Recht aus § 397 Abs. 1, § 385[84]. Für den Angeklagten und seinen Verteidiger bedurfte es einer solchen ausdrücklichen Bestimmung nicht, da dem Angeklagten ohnehin das letzte Wort zusteht und der Verteidiger befugt ist, hierbei für den Angeklagten zu sprechen[85].

**26**    Aus der Regelung des Absatzes 2 ist zu folgern, daß kein Prozeßbeteiligter im Rahmen der Schlußvorträge Anspruch darauf hat, **mehr als zweimal** das Wort zu erhalten[86]. Eine sachlich begründete Bitte um erneute Erteilung des Worts wird jedoch nicht abgelehnt werden können[87]. Die Befugnis, sie zu versagen, steht dem Vorsitzenden und — falls seine Entscheidung beanstandet wird — dem Gericht zu, wenn in dem öfteren Sprechen eine mißbräuchliche Ausdehnung der Schlußvorträge zu finden ist[88]. Die Verteidigung muß aber immer wieder gehört werden, wenn der Staatsanwalt noch ein weiteres Mal gesprochen hat[89].

**27**    Nur das **Recht zur mehrmaligen Erwiderung** kann bei Mißbrauch **beschränkt** werden, nicht aber das Recht, Anträge zu stellen und zu begründen[90]. Auch dem Prozeßbeteiligten, der kein Recht zur Erwiderung mehr hat, muß das Wort erteilt werden, wenn er zum Zwecke der Antragstellung darum nachsucht. Etwas anderes gilt nur dann, wenn der Vorsitzende oder das Gericht die Überzeugung gewinnt, der Angeklagte beabsichtige, nicht seine Verteidigung zu fördern, sondern wolle nur unter dem Schein der Antragstellung unzulässige Zwecke verfolgen[91]. Eine solche Überzeugung muß jedoch eingehend begründet werden, da andernfalls eine den Bestand des Urteils gefährdende Beschränkung der Verteidigung vorliegt[92].

### III. Recht des Angeklagten auf das letzte Wort

#### 1. Letztes Wort

**28**    a) **Als höchstpersönliches Recht des Angeklagten** ist das letzte Wort seiner Natur nach nicht übertragbar[93]. Eine Vertretung beim letzten Wort ist nicht möglich, auch der Verteidiger ist nur befugt, sich für den anwesenden Angeklagten[94], nicht aber an seiner

---

[83] BGHSt **2** 375. Zur Wahrheitspflicht des Verteidigers vgl. etwa *Beulke* Der Verteidiger im Strafverfahren (1980), 149 f; *Bottke* ZStW **96** (1984) 726; *Dahs* Hdb. 38 ff; *Ostendorf* NJW **1978** 1345; *Pfeiffer* DRiZ **1984** 341; ferner Vor § 137.

[84] BGHSt **28** 272; vgl. BGH bei *Holtz* MDR **1978** 281; *Kleinknecht/Meyer*[37] 3; vgl. aber die ab 1. 4. 1987 geltende Neufassung des § 397 Abs. 1.

[85] BGH NJW **1976** 1951; BGH bei *Holtz* MDR **1978** 281; OLG Bremen MDR **1967** 608; OLG Oldenburg NJW **1957** 839; KK-*Hürxthal* 13; *Kleinknecht/Meyer*[37] 3; KMR-*Paulus* 22.

[86] RGSt **11** 135; KK-*Hürxthal* 13; KMR-*Paulus* 22.

[87] KK-*Hürxthal* 13.

[88] RGSt **11** 136; KK-*Hürxthal* 10; *Kleinknecht/Meyer*[37] 3.

[89] RGSt **42** 51; BGH NJW **1976** 1951; bei *Holtz* MDR **1978** 281; BayObLG VRS **61** 128; OLG Bremen MDR **1967** 608; OLG Oldenburg NJW **1957** 839; KK-*Hürxthal* 13; *Kleinknecht/Meyer*[37] 3; KMR-*Paulus* 23.

[90] RGSt **22** 335; KK-*Hürxthal* 13; KMR-*Paulus* 22; vgl. § 244, 102; § 246, 2.

[91] RGSt **22** 336.

[92] RGSt **13** 153; **20** 207; **22** 336. Vgl. Rdn. 55.

[93] BGH GA **1978** 376; KK-*Hürxthal* 14; *Kleinknecht/Meyer*[37] 9; KMR-*Paulus* 25.

[94] RGSt **57** 265; BGH bei *Spiegel* DAR **1978** 153; ferner etwa OLG Koblenz NJW **1978** 2257.

Stelle als letzter zu äußern[95]. Es ist dem Angeklagten vorbehalten, mit eigenen Worten abschließend zu sprechen[96].

**b) Reihenfolge.** Die im Gesetz vorgesehene **Reihenfolge der Schlußvorträge** ent- **29** spricht zwar der Regel, ist aber nicht zwingend[97]. Wesentlich ist jedoch immer, und das schreibt Absatz 2 zwingend vor, daß dem Angeklagten das letzte Wort gebührt. Ohne Rücksicht auf die Reihenfolge der Schlußvorträge und die Zahl der Erwiderungen stehen die abschließenden Ausführungen stets dem Angeklagten zu. Soweit Absatz 2 das Verhältnis zwischen dem Angeklagten und den für ihn sprechenden Personen einerseits und dem Staatsanwalt und Nebenkläger andererseits regelt, brauchte dies an sich nicht unbedingt nach dem Verteidiger oder Beistand geschehen[98]. Jedoch folgt aus Absatz 3 — und auch aus dem Begriff des letzten Worts nach Absatz 2 —, daß die **letzten Ausführungen** immer **dem Angeklagten persönlich** zustehen, und zwar auch dann, wenn er bereits früher das Wort für Schlußausführungen erhalten hat und wenn danach nur für ihn andere Personen gesprochen haben[99]. Die Ausführungen seines Beistands anders zu behandeln als die seines Verteidigers besteht kein überzeugender Grund[100]. Auch im Verhältnis zu den Nebenbeteiligten, die ebenfalls Anspruch auf Gewährung des letzten Worts haben[101], steht dem Angeklagten das letzte Wort zu. Er ist daher nach ihnen nochmals zu hören.

Nicht notwendig ist dagegen, daß der Angeklagte im Rahmen der Schlußvor- **30** träge **ebenso oft das Wort erhält** wie sein Verteidiger oder Beistand; insbesondere muß ihm nicht, sofern er das nicht ausdrücklich verlangt, bei jeder Erwiderung erneut Gelegenheit zu Ausführungen gegeben werden. Unerläßlich ist nur, daß er als letzter sprechen kann.

**2. Inhalt.** Der Angeklagte ist grundsätzlich frei, was er im Rahmen seines Schluß- **31** vortrags und des letzten Worts ausführen will[102]. Die Gewährung des letzten Worts hängt insbesondere nicht davon ab, daß er die Wahrheit sagt. Es ist daher unzulässig, ihm die Entziehung für den Fall anzudrohen, daß er nicht bei der Wahrheit bleibe[103]. Der Sinn der Schlußausführungen des Angeklagten besteht darin, daß er das, was er aus seiner Sicht für wichtig hält und was ihm auf dem Herzen liegt, dem Gericht darlegen kann[104]. Er muß also bis zu einem gewissen Umfang auch mit Ausführungen gehört

---

[95] OLG Schleswig bei *Ernesti/Jürgensen* SchlHA **1970** 199; *Eb. Schmidt* 11; *Weiß* NJW **1983** 89. Ob auch beim abwesenden Angeklagten der Verteidiger nicht zum Schlußwort aufzufordern ist, wie BGH GA **1978** 376 annimmt, erscheint zweifelhaft, vor allem, wenn der Verteidiger auch zur Vertretung des Angeklagten ermächtigt ist; vgl. § 234, 12, 16. In diesen Fällen sollte ohnehin dem Verteidiger des Angeklagten als letztem nochmals die Gelegenheit zu einer Äußerung eingeräumt werden.

[96] RGSt **64** 133; BGHSt **13** 59; **17** 32; **18** 87; **20** 273; **22** 278; BGH VRS **41** 159; BGH bei *Pfeiffer/Miebach* NStZ **1985** 494; KK-*Hürxthal* 14; *Kleinknecht/Meyer*[37] 9; KMR-*Paulus* 25.

[97] Vgl. Rdn. 13.

[98] So etwa RGRspr. **7** 191; RGSt **57** 265; OLG Saarbrücken VRS **17** 63 (Verhältnis zum Nebenkläger).

[99] BGHSt **18** 84; **20** 273; BGH bei *Pfeiffer/Miebach* NStZ **1985** 494; vgl. Fußn. 95 mit weit. Nachw.

[100] **A. A** RGSt **57** 265; KK-*Hürxthal* 20 (Vorsitzender kann Reihenfolge bestimmen); KMR-*Paulus* 25 (keine nochmalige Anhörung).

[101] BGHSt **17** 32; KK-*Hürxthal* 18; *Kleinknecht/Meyer*[37] 16; vgl. Rdn. 39.

[102] BGHSt **9** 77; BGH StrVert. **1985** 355; KK-*Hürxthal* 21; *Rüping/Dornseifer* JZ **1977** 419; *Eb. Schmidt* 10; *Seibert* MDR **1964** 472.

[103] BGH JR **1965** 348; KK-*Hürxthal* 21.

[104] BGH StrVert. **1985** 355; *Rüping/Dornseifer* JZ **1977** 419; *Tröndle* DRiZ **1970** 217.

Walter Gollwitzer

werden, die sich auf den Anlaß zu seiner Tat beziehen[105], unbedeutende Nebenpunkte betreffen oder die neben der Sache liegen, denn nur dann hat er das Empfinden, daß er fair behandelt wurde[106]. Das Gericht sollte deshalb hier, wo es um die Verwirklichung eines so wichtigen Grundrechts wie des Anspruchs auf rechtliches Gehör geht, nicht ungeduldig werden. Der Vorsitzende sollte deshalb nur eingreifen, wenn dies für einen geordneten Verfahrensfortgang unerläßlich wird und auch dann sollte er nach Möglichkeit vermeiden, den Angeklagten durch scharfe Unterbrechungen und Ermahnungen aus dem Konzept zu bringen[107].

**32**    Dem Angeklagten darf auch nicht verwehrt werden, bei seinen Ausführungen **schriftliche Aufzeichnungen** zu verwenden[108] oder die Unfallvorgänge an Hand eines Modells zu erklären[109].

**33**    **3. Kein Ausschluß.** Wegen der großen rechtsstaatlichen Bedeutung, die der Gewährung des letzten Worts zukommt, verwirkt dies ein Angeklagter nicht dadurch, daß er eigenmächtig (§ 231 Abs. 2) sich aus der Hauptverhandlung entfernt hat und bei den Schlußvorträgen nicht anwesend war. Erscheint er vor der Urteilsverkündung wieder, hat er Anspruch auf das letzte Wort[109a]. Davon darf auch ein Angeklagter, der aus dem Sitzungssaal nach § 231 b entfernt worden ist, nicht ohne weiteres ausgeschlossen werden. Das Gericht darf von dem Versuch, ihm das letzte Wort zu erteilen, nur absehen, wenn der Versuch von vornherein als völlig aussichtslos erscheint[110]. In der Regel muß es den Angeklagten wieder zuziehen, um zu versuchen, ob er die Gelegenheit zu seiner Verteidigung nutzen will.

**34**    Auch sonst muß das Gericht alles tun, um dem Angeklagten das **letzte Wort zu ermöglichen.** Erleidet der Angeklagte während des letzten Worts einen Schwächeanfall, so obliegt es dem Gericht, sich davon zu überzeugen, ob er sich so weit erholt hat, daß er seine Ausführungen fortsetzen kann, und es muß ihm dann dazu die Gelegenheit geben[111]. Hindert den Angeklagten eine sich plötzlich verschlimmernde Sprachstörung am Schlußwort, so muß er das dem Gericht durch Zeichen oder schriftlich mitteilen[112]. Bleibt er passiv, entbindet das das Gericht allerdings nicht von der eigenen Prüfung, ob der Angeklagte nicht sprechen will oder ob er nicht sprechen kann[113].

**35**    **4. Befragung des Angeklagten. Absatz 3** will sicherstellen, daß der Angeklagte persönlich als letzter zu Wort kommt, und zwar auch dann, wenn ein Verteidiger für ihn gesprochen hat[114]. Der Angeklagte — auch wenn er es nicht verlangt — muß deshalb am Schluß der Verhandlung ausdrücklich vom Vorsitzenden befragt werden, was er zu seiner Verteidigung noch auszuführen habe.

**36**    Auf die **Form und den Wortlaut der Frage** kommt es dabei nicht entscheidend an, doch muß für den Angeklagten in einer jedes Mißverständnis ausschließenden Weise erkennbar sein, daß er nunmehr als letzter sich zum ganzen Verfahren abschließend äußern kann[115]. Stellt das Gericht nach Wiedereintritt in die mündliche Verhandlung nur

---

[105] BGHSt **31** 16 = JR **1983** 118 mit Anm. *Gössel* (Angriffe auf die Gesellschaftsordnung); BGH StrVert. **1985** 355 (Beweggründe für seine Tat).

[106] *Seibert* MDR **1964** 472.

[107] BGH nach KK-*Hürxthal* 21; vgl. Rdn. 40 ff.

[108] BGHSt **3** 368; BayVerfGHE **24** 178; KK-*Hürxthal* 21.

[109] OLG Hamm VRS **35** 370.

[109a] BGH NStZ **1986** 372.

[110] BGHSt **9** 77; OLG Koblenz MDR **1975** 424; vgl. § 231 b, 12.

[111] RG DRiZ **1932** 453; *Kleinknecht/Meyer*[37] 17; KMR-*Paulus* 25.

[112] RG JW **1932** 3105.

[113] *Oetker* Anm. zu RG JW **1932** 3105 (Fußn. 112).

[114] Vgl. Rdn. 28.

[115] OLG Hamm VRS **41** 159; KK-*Hürxthal* 17; *Kleinknecht/Meyer*[37] 9; KMR-*Paulus* 26.

noch eine Einzelfrage zur Erörterung, so kann es nicht ohne weiteres annehmen, der Angeklagte wisse ohne Hinweis von sich aus, daß er sich nochmals umfassend zum ganzen Verfahren äußern könne[116]. Die Aufforderung zur nochmaligen Antragstellung kann nicht ohne weiteres der Aufforderung zur umfassenden Stellungnahme gleichgestellt werden[117]. Eine nicht erkennbare Erteilung steht der Nichterteilung gleich[118].

Die ausdrückliche **Befragung erübrigt sich** nur dann, wenn der Angeklagte ohnehin sich als letzter (in Kenntnis des Umstands) zur Sache äußert oder wenn er von sich aus um das Wort gebeten hat, um Ausführungen zu machen oder um sich den Ausführungen seines Verteidigers anzuschließen[119]. Es muß sich dabei aber immer erkennbar um Schlußausführungen im Sinne des § 258 handeln. Eine Erklärung, die der Angeklagte nach § 257 abgibt, ersetzt selbst dann nicht das letzte Wort, wenn ihr keine weitere Erklärung eines Prozeßbeteiligten folgt[120]. Gleiches gilt, wenn der Angeklagte nach Wiedereintritt in die Hauptverhandlung vom Gericht nochmals vernommen worden ist[121]. **37**

**5. Mehrere Angeklagte.** Bei mehreren Angeklagten bestimmt der Vorsitzende die Reihenfolge, in der sie und ihre Verteidiger sprechen können[122]. Der Verpflichtung zur Erteilung des Schlußworts ist genügt, wenn jeder Angeklagte nach den gegen oder für ihn sprechenden Personen (Verteidiger, Beistand usw.) als letzter zu Worte kam[123]. **38**

**6.** Den **Nebenbeteiligten,** Einziehungsbeteiligten usw. gebührt im Umfang ihrer Beteiligung ebenso wie dem Angeklagten das letzte Wort[124]. Dies gilt auch im selbständigen Verfahren[125]. **39**

## IV. Sonstige verfahrensrechtliche Fragen

### 1. Grenzen der Redefreiheit

**a) Befugnis zum Eingreifen.** Der Vorsitzende, dessen Pflicht zur Leitung der Verhandlung sich auch auf die Schlußvorträge erstreckt[126], darf nur einschreiten, wenn die Befugnis zu den Schlußausführungen oder zum letzten Wort von einem Prozeßbeteiligten offensichtlich mißbraucht werden oder wenn dies unerläßlich ist, um die Ordnung in der Sitzung und einen geregelten Verhandlungsgang zu wahren[127]. So kann er abmahnen, wenn im Schlußvortrag Tatsachen verwertet werden, die nicht Gegenstand des Verfahrens gewesen sind oder wenn die Ausführungen in der Form fehlgreifen, insbesondere, wenn sie die Ehre des Gerichts, des Staatsanwalts, eines Zeugen oder Sachverständigen oder die eines anderen Prozeßbeteiligten unnötig oder in einer ungehörigen Form antasten[128]. Ein Mißbrauch des Schlußworts kann aber auch in fortwährenden Abschweifungen oder in der öfteren und unbegründeten Wiederholung derselben **40**

---

[116] BGHSt **20** 273; BGH bei *Dallinger* MDR **1966** 893; OLG Düsseldorf GA **1976** 371; *Hanack* JZ **1972** 275; KK-*Hürxthal* 17; KMR-*Paulus* 26; vgl. Rdn. 9.

[117] *Hanack* JZ **1972** 276 zu BGHSt **18** 86.

[118] RGSt **61** 317; BGHSt **13** 59; **18** 84; **20** 273; **22** 278; OLG Braunschweig NdsRpfl. **1956** 77; KK-*Hürxthal* 17.

[119] BGHSt **18** 84; **20** 273; KK-*Hürxthal* 16.

[120] BayObLGSt **1955** 270; vgl. § 257, 7.

[121] OLG Schleswig bei *Ernesti/Jürgensen* Schl-HA **1973** 187.

[122] RGSt **55** 265; *Gollwitzer* FS Sarstedt 18; KK-*Hürxthal* 19; vgl. auch Rdn. 14.

[123] KK-*Hürxthal* 19.

[124] KK-*Hürxthal* 18; *Kleinknecht/Meyer*[37] 16.

[125] BGHSt **17** 32.

[126] *Hahn* Mat. **1** 196; RG HRR **1939** Nr. 210; KK-*Hürxthal* 9; *Kleinknecht/Meyer*[37] 17.

[127] KK-*Hürxthal* 10.

[128] RGSt **16** 367; **41** 261; RG GA **39** (1891) 309; *Meves* GA **39** (1891) 305; KK-*Hürxthal* 9.

Ausführungen liegen[129]. Ein Eingreifen des Vorsitzenden kann notwendig sein, um einen völlig neben der Sache liegenden Schlußvortrag zum Gegenstand des Prozesses zurückzuführen, aber auch, um die ergänzende Erörterung eines nach Ansicht des Gerichts wichtigen Punktes anzuregen[130]. Werden diese äußeren Grenzen eingehalten, unterliegt es im übrigen nicht seiner Beurteilung, ob ein Verfahrensbeteiligter bereits alles Wesentliche vorgetragen hat. Dieser hat darüber selbst zu entscheiden, die Möglichkeit dazu darf ihm nicht beschnitten werden[131].

**41**    **b) Maßnahmen.** Der Vorsitzende wird in der Regel Ungehörigkeiten **abmahnen** und unbehelfliche Ausführungen durch Hinweise, Anregungen oder Fragen zu steuern versuchen.

**42**    Die **Entziehung des Wortes** ist nur als das letzte Mittel und in der Regel nur dann zulässig, wenn wiederholte Mahnungen ohne Erfolg geblieben sind. Der Vorsitzende kann sowohl dem Angeklagten als auch dem Verteidiger, dem Staatsanwalt oder dem Nebenkläger oder sonst einem nach § 258 zu Schlußausführungen Berechtigten das Wort entziehen. Das Recht, Beweisanträge zu stellen, darf dadurch aber nicht beeinträchtigt werden[132].

**43**    Eine **bestimmte Redezeit** darf weder im voraus noch während der Ausführungen festgesetzt werden, denn das Recht, die zur Sache erforderlichen Ausführungen zu machen, darf nicht begrenzt werden. Eine solche Begrenzung würde die Revision selbst dann begründen, wenn der Angeklagte oder der sonstige Prozeßbeteiligte deswegen erklärt hat, er wolle dann auf Ausführungen überhaupt verzichten[133]. Lediglich für Ausführungen, die der Vorsitzende als nicht zur Sache gehörig ganz unterbinden könnte, kann er eine begrenzte Redezeit gewähren.

**44**    **c)** Die **Entscheidung des Gerichts nach § 238 Abs. 2** kann gegen die sachleitenden Anordnungen des Vorsitzenden, insbesondere gegen die Beschränkung oder völlige Entziehung des Worts, angerufen werden[134].

**45**    **d) Anregungen und Fragen des Vorsitzenden,** die auf eine sinnvolle Gestaltung des Schlußvortrags hinwirken oder eine Ergänzung des Schlußvortrags herbeiführen sollen, stellen keinen Wiedereintritt in die Verhandlung dar und lösen deshalb auch nicht erneut Schlußanträge aller Beteiligten aus. Etwas anderes gilt nur dann, wenn sich aus den Fragen eine nochmalige Vernehmung des Angeklagten entwickeln sollte[135].

### 2. Schlußvorträge und Beratung
**46**    **a) Berücksichtigung der Schlußvorträge.** Der Inhalt der Schlußvorträge einschließlich des letzten Worts des Angeklagten gehört zum **Inbegriff der Verhandlung** im Sinne des § 261[136]. Das Gericht darf seine Überzeugung nicht ohne Berücksichtigung der Schlußvorträge bilden. Dies folgt auch aus Art. 103 Abs. 1 GG.

---

[129] BGH MDR **1964** 72; StrVert. **1985** 355; Kleinknecht/Meyer[37] 17; KMR-*Paulus* 20; Rüping/Dornseifer JZ **1977** 419; Schorn NJW **1958** 1333 (Glosse); Seibert MDR **1964** 471.

[130] BGH nach KK-*Hürxthal* 10; KMR-*Paulus* 19.

[131] BGH StrVert. **1985** 355; OLG Köln VRS **69** 444; KK-*Hürxthal* 9; Rdn. 31.

[132] Rdn. 27. Nach RGSt **20** 207; **22** 336; KMR-*Paulus* 20 hindern Scheinbeweisanträge die Maßnahmen des Vorsitzenden nicht.

[133] RGSt **64** 57; RG DJZ **1912** Nr. 162; BGH

bei *Dallinger* MDR **1953** 598; *Kleinknecht/Meyer*[37] 17.

[134] H. M; so schon RGRspr. **4** 151; **9** 271; RG HRR **1939** Nr. 210; 1450; KK-*Hürxthal* 10; vgl. § 238, 19 ff; 25; ferner KG NStZ **1984** 521 (Weigerung des Vorsitzenden, die Hauptverhandlung zur Vorbereitung des Plädoyers zu unterbrechen).

[135] BGH nach KK-*Hürxthal* 15; KMR-*Paulus* 27; vgl. Rdn. 7.

[136] Vgl. Rdn. 2; § 261, 37; KK-*Hürxthal* 28.

Dazu gehört auch, daß die Richter den Schlußanträgen mit der **gebotenen Auf-** **47**
**merksamkeit** zuhören[137] und daß sie alles vermeiden, was sie davon ablenken könnte,
so das Studium anderer Akten, das Sprechen untereinander oder mit dritten Personen.
In einem solchen Fall wird nur bei ganz kurzfristigen und die Aufmerksamkeit des
Richters nicht voll beanspruchenden Abhaltungen angenommen werden können, daß
dem Richter keine wesentlichen Teile des Schlußvortrags entgangen sind. Andernfalls
liegt ein Verstoß gegen § 258 und gegen § 261 vor, der die Revision begründet[138].

Die **Beratung** muß den Schlußvorträgen und dem letzten Wort des Angeklagten **48**
zeitlich nachfolgen. Kommt es vorher dazu, was nicht unzulässig ist[139] und stets dann
zutrifft, wenn das Gericht nach durchgeführter Beratung noch einmal in die Verhandlung eintritt, darf ein schon vorher beschlossenes Urteil erst verkündet werden, nachdem das Gericht **erneut beraten** hat.

**In Ausnahmefällen** kann es genügen, wenn sich alle Mitglieder eines Kollegialge- **49**
richts **im Sitzungssaal** darüber verständigen, daß es bei dem beschlossenen Urteil bleiben
soll[140]. Es muß jedoch eine echte (wenn auch abgekürzte) Beratung und Beschlußfassung stattfinden, in die auch die Laienrichter für die Prozeßbeteiligten erkennbar einbezogen sind. Erforderlich ist, daß die Laienrichter ausdrücklich befragt werden; denn
ihnen ist mitunter unbekannt, daß die endgültige Beschlußfassung über das Urteil erst
jetzt stattfindet. Ein solches ,,nur mit größter Zurückhaltung" anzuwendendes Verfahren[141] ist allenfalls angängig, wenn bei der Entscheidung einfacher Fragen rascheste
Verständigung und Beschlußfassung möglich ist, so, wenn der neue Verfahrensteil ohne
sachlichen Gehalt geblieben ist[142]. Um Mißdeutungen zu vermeiden[143], ist es in der
Regel besser, wenn das Gericht sich nochmals zur **Beratung zurückzieht**. Ergeht das
Urteil ohne nochmalige Beratung, so wird in der Regel nicht ausgeschlossen werden
können, daß das Urteil auf dem Verstoß gegen §§ 258, 261 beruht[144], der meistens zugleich eine Verletzung des Grundrechts auf rechtliches Gehör (Art. 103 Abs. 1 GG) bedeutet[145].

**b)** Zulässig ist dagegen, wenn das Urteil schon während der Verhandlung in Sit- **50**
zungspausen vom Gericht **vorberaten** und das Ergebnis dieser Vorberatungen auch
schon schriftlich festgehalten wird — was insbesondere in umfangreichen Punktesachen
zweckdienlich sein kann —, sofern nur die endgültige Beschlußfassung über das Urteil
erkennbar erst nach Beendigung der Schlußvorträge vorgenommen wird[146]. Unter der
gleichen Voraussetzung ist auch das Verwenden einer bereits vor der Hauptverhandlung

---

[137] KK-*Hürxthal* 28; *Sarstedt* JR **1956** 274; *Eb.
Schmidt* JZ **1970** 340.
[138] BGHSt **11** 74; BGH NJW **1962** 2212; bei
*Dallinger* MDR **1956** 398; ferner etwa *Marr*
NJW **1963** 310; *Ostler* DRiZ **1958** 64; vgl.
§ 226, 2; § 261, 33 ff; § 338, 44.
[139] Vgl. Rdn. 50.
[140] RGSt **42** 85; OGHSt **2** 139; BGHSt **19** 156
dazu *Martin* LM § 260 Nr. 31; BGHSt **24** 171;
BGH NJW **1951** 206; *Hanack* JZ **1972** 313;
*Hülle* NJW **1951** 297; KK-*Hürxthal* 30; 32;
*Kleinknecht/Meyer*[37] 13; 15; KMR-*Paulus* 30;
*Eb. Schmidt* Nachtr. I 5.
[141] BGHSt **19** 156; vgl. KK-*Hürxthal* 32.
[142] BGHSt **24** 171 (keine Erklärung nach
Hinweis gemäß § 265).

[143] Nach BGHSt **24** 172 ist das Unterlassen
einer nochmaligen förmlichen Beratung
meist schlechter Verhandlungsstil und ein
gegenüber Staatsanwalt und Angeklagten
unangemessenes Verfahren, das den Eindruck erwecken kann, das Gericht handele
nicht mit der gebotenen Gründlichkeit und
dem erforderlichen Ernst.
[144] RGSt **42** 85; **43** 51; **46** 373; OGHSt **2** 193;
BGH NJW **1951** 206; OLG Braunschweig
NJW **1952** 677; KK-*Hürxthal* 30; *Klein-
knecht/Meyer*[37] 13; KMR-*Paulus* 28.
[145] BVerfGE **54** 141; *Baudisch* NJW **1960** 50;
OLG Köln VRS **69** 444.
[146] BGHSt **17** 338; BGH bei *Spiegel* DAR **1977**
178; **1978** 154; KK-*Hürxthal* 31.

Walter Gollwitzer

vorgeschriebenen Urteilsformel ohne Strafhöhe[147] oder eines vom Berichterstatter vorbereiteten Urteilsentwurfs[148] rechtlich nicht zu beanstanden. Es sollte jedoch alles vermieden werden, was Außenstehende als eine vorzeitige Festlegung des Gerichts mißdeuten könnten.

**51**    **c) Vorzeitige Niederschrift der Urteilsformel.** Der **Richter beim Amtsgericht als Strafrichter** verstößt nicht gegen § 258 (und § 261), wenn er die Urteilsformel schon während der Schlußvorträge niederschreibt[149], sofern dies nur als Entwurf der späteren Entscheidung gedacht ist und erkennbar ist, daß der Richter die endgültige Entscheidung erst nach den Schlußvorträgen und dem letzten Wort des Angeklagten getroffen hat. Der Inhalt der Schlußvorträge wird dadurch in der Regel nicht seiner Aufmerksamkeit entzogen. Eine solche Übung, die den Eindruck erwecken kann, der Richter habe sich bereits entschieden und sei nicht mehr bereit, die Schlußvorträge zu berücksichtigen, sollte schon des bösen Scheines wegen im Interesse des Ansehens der Rechtspflege unterbleiben[150].

**52**    **3. Sitzungsniederschrift.** Es gehört zu den **wesentlichen Förmlichkeiten** des Verfahrens, daß nach Abschluß der Beweisaufnahme alle dazu berechtigten Personen Schlußvorträge gehalten haben, auch, daß ihnen das Wort zu den Schlußausführungen erteilt worden ist[151], daß der Angeklagte gegebenenfalls nach Absatz 3 befragt wurde[152], daß ihm — und damit auch seinem Verteidiger[153] — das letzte Wort gewährt wurde[154]; ferner, daß er als letzter sich äußern konnte[155]. Eine wesentliche Förmlichkeit liegt ferner in der Anordnung, die einem Verfahrensbeteiligten das Wort zu Schlußausführungen ausdrücklich verweigert oder es ihm entzieht[156]; ferner, wenn gegen eine Beanstandung des Vorsitzenden das Gericht angerufen wurde sowie die hierauf er-

[147] OLG Karlsruhe Justiz **1972** 41; KMR-*Paulus* 29.

[148] BVerfGE **9** 215.

[149] BGHSt **11** 74; OLG Bremen VRS **5** 297; OLG Celle JZ **1958** 30; OLG Frankfurt JR **1965** 431; *Baudisch* NJW **1960** 135; *Lienen* NJW **1960** 136; *Swarzenski* JZ **1958** 31; ferner KK-*Hürxthal* 29; *Kleinknecht/Meyer*[37] 13; KMR-*Paulus* 29; a. A OLG Hamburg VRS **10** 374; OLG Köln NJW **1955** 1291; OLG Hamm DAR **1956** 254; *Hanack* JZ **1972** 314; *Hoffmann* NJW **1959** 1526; *Rüping* Kap 6 III 3 c; *Eb. Schmidt* JZ **1970** 340; *Schlüchter* 727; vgl. § 338, 44. Zur Möglichkeit einer Ablehnung nach § 24 Abs. 2 vgl. BayObLG bei *Rüth* DAR **1979** 239; § 24, 37.

[150] Vgl. *Sarstedt* JR **1956** 274.

[151] OLG Koblenz OLGSt 5; OLG Schleswig bei *Ernesti/Jürgensen* SchlHA **1970** 199; OLG Zweibrücken StrVert. **1986** 51; KK-*Hürxthal* 33; *Kleinknecht/Meyer*[37] 12; KMR-*Paulus* 31.

[152] BGHSt **22** 278; BGH bei *Pfeiffer/Miebach* NStZ **1985** 494; OLG Hamm VRS **41** 159; h. M, vgl. § 273, 11.

[153] Nach vorherrschender Auffassung beweist der Protokollvermerk, daß der Angeklagte das letzte Wort hatte, in der Regel auch, daß bei dieser Gelegenheit auch der Verteidiger die Möglichkeit hatte, für ihn zu sprechen; so BGH NJW **1979** 1668 (wo offenblieb, ob dies wesentliche Förmlichkeit); vgl. BayObLGSt **1955** 269; OLG Koblenz NJW **1978** 2257; OLG Köln VRS **57** 18; KK-*Hürxthal* 33; *Kleinknecht/Meyer*[37] 12; KMR-*Paulus* 31; ferner Rdn. 12. Soweit es dem Verteidiger überlassen ist, neben dem Angeklagten für diesen zu sprechen, dürfte auch keine wesentliche Förmlichkeit vorliegen.

[154] BGH StrVert. **1982** 103; bei *Pfeiffer/Miebach* NStZ **1985** 494; KK-*Hürxthal* 33; *Kleinknecht/Meyer*[37] 12; KMR-*Paulus* 31.

[155] Soweit es auf die Reihenfolge der Verfahrensvorgänge und die eventuelle Erneuerung der Schlußvorträge und des letzten Wortes ankommt (vgl. Rdn. 5 ff; 29), ist die protokollierte Reihenfolge maßgebend.

[156] Vgl. Rdn. 33.

gangene Entscheidung des Gerichts[157]. Die Beobachtung dieser Förmlichkeiten kann nach § 274 nur durch das Protokoll bewiesen werden[158].

Das Protokoll muß nicht den Gesetzeswortlaut wiederholen; sein **Inhalt ist ausle-** **53** **gungsfähig**[159], wobei die dienstlichen Äußerungen des Vorsitzenden und des Protokollführers ebenso außer Betracht zu bleiben haben[160] wie eine Protokollberichtigung, die der bereits erhobenen Revisionsrüge den Boden entziehen würde[161]. Nur wenn die positive und negative Beweiskraft des Protokolls entfällt, etwa, weil die Vermerke widersprüchlich sind[162] oder wenn die Auslegung des Protokolls selbst mehrere Möglichkeiten offenläßt, kann im Wege des Freibeweises unter Heranziehung dienstlicher Erklärungen geprüft werden, ob das letzte Wort tatsächlich erteilt worden ist[163]. Schließt die Sitzungsniederschrift in der Angabe über die Schlußvorträge nur mit dem Satz ab: „Die Beteiligten blieben bei ihren Anträgen", so wird dadurch nicht ersichtlich, daß dem Angeklagten das letzte Wort gewährt wurde. Dagegen ließ BGHSt 13 59 den Vermerk „Der Staatsanwalt, der Verteidiger und der Angeklagte blieben bei ihren Anträgen" genügen[164]. Der Vermerk: „Der Angeklagte hatte das letzte Wort" reicht aus[165]. Um Auslegungsschwierigkeiten zu vermeiden, sollte die Gewährung des letzten Wortes im Protokoll ausdrücklich und eindeutig festgestellt werden. Ein Vermerk über die Befragung und über eine etwaige Belehrung des Angeklagten über den Umfang des letzten Wortes (Rdn. 36) ist dann nicht notwendig, kann im Einzelfall aber zweckmäßig sein.

## V. Revision

1. **Mögliche Verfahrensrügen.** Nach §§ 337; 258 kann mit der Revision gerügt **54** werden, daß einem dazu berechtigten Verfahrensbeteiligten die **Möglichkeit zu Schluß-** **vorträgen** versagt oder verkürzt wurde[166]; ferner, daß das Gericht ohne jeden Schlußvortrag der Staatsanwaltschaft entschieden hat[167]. Gerügt werden kann ferner, wenn der Angeklagte oder ein ihm gleichgestellter Verfahrensbeteiligter weder das **letzte** **Wort** hatte[168] noch nach Absatz 3 befragt worden war[169]. Der Nichtgewährung des

---

[157] Vgl. § 273, 23; 26; zur negativen Beweiskraft vgl. OLG Zweibrücken MDR **1969** 780; § 274, 20.

[158] BGHSt 13 59; **22** 278; BGH StrVert. **1982** 103; bei *Pfeiffer/Miebach* NStZ **1983** 212; OLG für Hessen HESt 1 118; OLG Hamm JMBlNW **1954** 156; OLG Koblenz VRS **44** 43; OLG Köln GA **1971** 217; OLG Schleswig bei *Ernesti/Jürgensen* SchlHA **1970** 199; *Hanack* JZ **1972** 275.

[159] RG JW **1926** 2761; BGHSt 13 59; BGH VRS **34** 346; Bedenken bei *Hanack* JZ **1972** 275.

[160] BGHSt **13** 59; **22** 280; BGH bei *Pfeiffer/Miebach* NStZ **1983** 212; OLG Hamm JMBlNW **1954** 156; KMR-*Paulus* 33; KK-*Hürxthal* 33.

[161] BGH bei *Pfeiffer/Miebach* NStZ **1985** 494; OLG Zweibrücken MDR **1969** 780; vgl. § 271, 55.

[162] Vgl. OLG Hamm JMBlNW **1954** 156; § 274, 23 ff.

[163] OLG Braunschweig NdsRpfl. **1956** 77; OLG Hamm VRS **48** 433.

[164] Dagegen *Hanack* JZ **1972** 276; KMR-*Paulus* 31 (beweist Absatz 2 und 3 nicht).

[165] RGSt **23** 320; **57** 266; OLG Hamm JMBl-NW **1959** 210 unter Aufgabe von NJW **1958** 1836; *Schmitt* NJW **1959** 62; *Hanack* IZ **1972** 276; a. A OLG Hamm NJW **1958** 1836; VRS **41** 159; *Eb. Schmidt* Nachtr. I 11, wonach ins Protokoll aufzunehmen ist, daß der Angeklagte nach Absatz 3 befragt wurde; *Schorn* Strafrichter 299.

[166] Vgl. Rdn. 5 ff; mit weit. Nachw.; etwa auch OLG Köln VRS **69** 44. Gerügt werden kann auch, wenn dem Verteidiger genügende Zeit zur Vorbereitung seines Plädoyers entgegen seinem Antrag versagt wurde, KG NStZ **1984** 521.

[167] Vgl. Rdn. 16; ferner § 338, 37 (kein absoluter Revisionsgrund nach § 338 Nr. 1).

[168] Vgl. Rdn. 28 ff; 37.

[169] Vgl. Rdn. 35 ff.

Walter Gollwitzer

letzten Wortes steht eine unzulässige Beschränkung gleich[170]. Die Rüge greift vor allem auch durch, wenn nach einem Wiedereintritt in die Verhandlung versäumt wurde, den Verfahrensbeteiligten Gelegenheit zu geben, die Schlußvorträge und das letzte Wort zu wiederholen[171]. Wird das Urteil ohne nochmalige Beratung verkündet, ist auch § 260 Abs. 1 verletzt.

**55**      Die vorherige **Anrufung des Gerichts** gegen die Maßnahmen des Vorsitzenden ist zur Erhaltung der Verfahrensrüge nicht erforderlich[172]. Dies folgt — unabhängig von der allgemein bei § 238 vertretenen Auffassung[173] — schon daraus, daß das Gericht nicht entscheiden darf, wenn es nicht vorher den Verfahrensbeteiligten, vor allem dem Angeklagten, Gelegenheit gegeben hat, sich abschließend umfassend zum Verfahrensergebnis zu äußern[174]. Dies gilt für jede, durch nachträgliche Anhörung nicht geheilte[175] Beschränkung der Äußerungsmöglichkeit, die § 258 verletzt[176]. Für eine Differenzierung zwischen sachleitenden Anordnungen des Vorsitzenden, die einer Nichterteilung des Wortes gleichkommen, und anderen gegen § 258 verstoßenden Anordnungen ist kein Raum[177]. Hat das Gericht fälschlich eine Anordnung des Vorsitzenden bestätigt, die das Äußerungsrecht von Verteidiger oder Angeklagten betraf, so kann dies unter dem Blickwinkel eines die Verteidigung beschränkenden Beschlusses auch nach § 338 **Nr. 8** beanstandet werden[178].

**56**      Der Angeklagte kann mit seiner Revision geltend machen, daß sein Verteidiger oder sonst eine für ihn an der Hauptverhandlung teilnehmende Person entgegen § 258 in ihren **Äußerungsrechten beschnitten** wurde. Er kann aber auch dadurch beschwert sein, daß das Urteil **ohne Schlußvortrag des Staatsanwalts** erlassen wurde[179]. Andere Verfahrensbeteiligte — etwa der Nebenkläger oder der Staatsanwalt — können dagegen mit der Revision nicht rügen, daß der Angeklagte nicht das letzte Wort hatte[180].

**57**      Soweit die Beschränkung der Äußerungsbefugnis zur Folge hatte, daß ein Verfahrensbeteiligter sich zu neuem tatsächlichem Vorbringen nicht äußern konnte, ist sein verfassungsrechtlich verbürgtes **Recht auf Gehör** verletzt[181], was zusätzlich zum Verstoß gegen § 258 mit der Revision geltend gemacht werden kann und zur Erhaltung der Verfassungsbeschwerde auch geltend gemacht werden muß[182].

**58**      Ein **Verstoß gegen § 261** und eventuell auch **gegen § 338 Nr. 1** liegt vor, wenn das Gericht den Schlußvorträgen und dem letzten Wort nicht die erforderliche Aufmerksamkeit schenkt[183].

---

[170] BGHSt **3** 370; BGH StrVert. **1985** 355; vgl. Rdn. 31 ff.

[171] Vgl. Rdn. 5 ff.

[172] RG JW **1933** 1591; BGHSt **3** 370; **21** 290; BGH JR **1965** 348; OLG Karlsruhe MDR **1966** 948; OLG Köln GA **1971** 217; OLG Schleswig bei *Ernesti/Jürgensen* SchlHA **1970** 199; *Fuhrmann* NJW **1963** 1235; *Hanack* JZ **1972** 276; *Kleinknecht/Meyer*[37] 18; KMR-*Paulus* 34; *Eb. Schmidt* Nachtr. I 4; a. A OLG Neustadt GA **1961** 186.

[173] Vgl. § 238, 43 ff.

[174] Dies gilt erst recht, wenn dadurch auch der Verfassungsanspruch auf rechtliches Gehör verletzt wird; vgl. Rdn. 56.

[175] Vgl. BGH bei KK-*Hürxthal* 33; ferner Rdn. 60. OLG Hamm JMBlNW **1980** 81 (Nachholung des Schlußvortrags nach Urteilsbera-

tung, auch wenn Verteidiger seine vorherige Abwesenheit zu vertreten hat).

[176] Bei zulässigen Einschränkungen stellt sich die Frage nicht; bei unzulässigen, aber unwesentlichen Beschränkungen wird das Beruhen ausgeschlossen werden können.

[177] KMR-*Paulus* 34; **a. A** RG GA **46** (1898/99) 337; BGHSt **3** 369; KK-*Hürxthal* 35.

[178] Vgl. etwa OLG Hamm JMBlNW **1980** 81; ferner § 338, 41.

[179] OLG Zweibrücken StrVert. **1986** 51; vgl. Rdn. 16.

[180] BGH nach KK-*Hürxthal* 36; vgl. § 339, 4; 6 mit weit. Nachw.

[181] Vgl. Rdn. 1; Einl. Kap. **13** XI.

[182] Zur Subsidiarität der Verfassungsbeschwerde vgl. Einl. Kap. **13** XI.

[183] Vgl. Rdn. 46 ff.

**2.** Für die **Begründung** der Rüge der Verletzung des § 258 genügt es, wenn die **59** Verletzung dieser Vorschrift unter Angabe der erforderlichen Tatsachen (§ 344 Abs. 2) behauptet wird. Es muß nicht angegeben werden, welche Anträge und Ausführungen der in seinem Recht Verletzte vorgebracht hätte[184]. Um der Möglichkeit vorzubeugen, daß das Revisionsgericht das Beruhen verneint, können diese Angaben angebracht sein[185].

**3. Beruhen.** Ist § 258 verletzt, so wird in aller Regel die Möglichkeit nicht ausge- **60** schlossen werden können, daß das Urteil auf dem Verfahrensverstoß **beruht.** In besonders gelagerten Ausnahmefällen hält die Rechtsprechung dies für möglich, wobei es immer auf den **Einzelfall** ankommt[186]. Nach diesem beurteilt sich auch, ob für das ganze Urteil oder nur für einen abtrennbaren Verfahrensteil, wie etwa den Schuldspruch, jede Auswirkung des Verfahrensverstoßes auf die Entscheidung verneint werden kann. Die Nichtbeachtung des § 258 ist — ebenso wie der Verstoß gegen § 260 Abs. 1; § 261 — kein absoluter Revisionsgrund. Das Beruhen kann jedoch nur insoweit ausgeschlossen werden als mit Sicherheit feststellbar ist, daß das Urteil auch bei Beachtung dieser Vorschriften nicht anders gelautet hätte[187]. Andererseits kann das Urteil nicht allein darauf beruhen, daß ein Verfahrensbeteiligter nicht gehindert wurde, beim Schlußwort nicht zur Sache gehörende Ausführungen zu machen[188].

**4. Heilung noch während Urteilsverkündung.** Die Verstöße gegen § 258, insbeson- **61** dere die Nichtgewährung des letzten Worts, können bis zur Beendigung der Urteilsverkündung dadurch **geheilt** werden, daß sie ordnungsgemäß nachgeholt werden[189].

---

[184] RGSt **9** 69; RG JW **1933** 1591; BGHSt **10** 202; **21** 288; BGH bei *Spiegel* DAR **1978** 153; OLG Schleswig SchlHA **1953** 284; KK-*Hürxthal* 36; KMR-*Paulus* 33.

[185] BGHSt **22** 281; OLG Hamm VRS **41** 159; KK-*Hürxthal* 36; KMR-*Paulus* 33.

[186] BGHSt **21** 290; **22** 278; BGH NJW **1951** 206; **1985** 221; NStZ **1985** 465; StrVert. **1985** 355; bei *Holtz* MDR **1977** 639; bei *Pfeiffer/ Miebach* NStZ **1981** 295; **1983** 357; OLG Braunschweig NdsRpfl. **1956** 77; OLG Düsseldorf VRS **64** 205; OLG Hamburg JR **1955** 233; OLG Hamburg JR **1955** 233; OLG Hamm DAR **1964** 113; VRS **41** 159; OLG Karlsruhe MDR **1966** 948; OLG Koblenz VRS **44** 43; OLG Köln VRS **57** 355; OLG Schleswig bei *Ernesti/Jürgensen* SchlHA **1974** 182; OLG Zweibrücken MDR **1969** 780; KK-*Hürxthal* 37 (mit Beispielen aus der Rechtspr.); *Kleinknecht/Meyer*[37] 18; KMR-

*Paulus* 36; **a. A** *Sarstedt* 154; *Eb. Schmidt* JR **1969** 234; *Hanack* JZ **1972** 276 (Ausschluß des Beruhens wird der rechtsstaatlichen Bedeutung des § 258 Abs. 3 nicht gerecht). Ob BayObLGSt **1957** 89 = NJW **1957** 1289 ausnahmslos das Beruhen bejahen wollte, erscheint nicht ganz sicher.

[187] Vgl. etwa BGH StrVert. **1985** 355; OLG Düsseldorf VRS **65** 389; vgl. OLG Koblenz VRS **65** 389 (zweifelhaft, ob das Beruhen schon deshalb ausgeschlossen werden konnte, weil nach dem Verteidiger niemand mehr sprach, denn der Angeklagte hätte möglicherweise weitere Gesichtspunkte zu seinen Gunsten, etwa für die Strafzumessung, vortragen können).

[188] RGSt **32** 241.

[189] OLG Hamm JMBlNW **1955** 237; *Schmid* JZ **1969** 763 mit weit. Nachw. zur strittigen Frage.

Walter Gollwitzer

# § 259

(1) **Einem der Gerichtssprache nicht mächtigen Angeklagten müssen aus den Schluß-vorträgen mindestens die Anträge des Staatsanwalts und des Verteidigers durch den Dolmetscher bekanntgemacht werden.**

(2) **Dasselbe gilt von einem tauben Angeklagten, sofern nicht eine schriftliche Verständigung erfolgt.**

**Bezeichnung** bis 1924: § 258.

**1**     **1. Einschränkung der §§ 185, 186 GVG.** Absatz 1 schränkt die für die Zuziehung eines Dolmetschers und den Umfang der Sprachübertragung maßgebende Bestimmung des § 185 GVG für die Schlußvorträge ein; Absatz 2 enthält in bezug auf einen tauben Angeklagten die gleiche Einschränkung des § 186 GVG. Die Einschränkung trägt dem Umstand Rechnung, daß eine Übertragung des ganzen Inhalts der Schlußvorträge regelmäßig schwer ausführbar sein würde[1].

**2**     **2.** Nur die sprachliche **Vermittlung der Schlußvorträge** (§ 258) an den sprachunkundigen Angeklagten wird durch § 259 eingeschränkt. Für die **eigenen Erklärungen** dieses Angeklagten einschließlich seines letzten Wortes gilt er ebensowenig wie für die sonstigen Teile der Hauptverhandlung[2] und die Sprachübertragung der mündlichen Urteilsgründe[3].

**3**     Die **Anträge** von Staatsanwalt und Verteidiger, aber auch die Anträge sonstiger Verfahrensbeteiligter, wie etwa eines Nebenklägers oder eines Nebenbeteiligten, müssen einem der deutschen Sprache unkundigen oder tauben Angeklagten durch den Dolmetscher durch wörtliche Übersetzung zur Kenntnis gebracht werden. Im übrigen steht es im **Ermessen des Gerichts,** ob es den Dolmetscher beauftragt, dem Angeklagten auch den Inhalt der Schlußvorträge durch eine wörtliche Übertragung oder durch eine gedrängte Inhaltsangabe verständlich zu machen. Es ist dazu aber auch bei umfangreichen Verfahren nicht verpflichtet[4]; auch nicht durch Art. 6 Abs. 3 Buchst. 2 MRK[5].

**4**     **3. Taubheit.** Taubheit bedeutet Gehörlosigkeit. Sie liegt vor, wenn eine „unmittelbare Verständigung durch das gesprochene Wort" nicht mehr möglich ist[6]. Hochgradige Schwerhörigkeit steht der Taubheit nicht gleich. Im Falle bloßer Schwerhörigkeit muß das Gericht diejenigen Mittel anwenden, die eine sachgemäße Verständigung möglich machen. Über die zu ergreifenden Maßnahmen entscheidet zunächst der Vorsitzende. Es kommen in Betracht: lautes Sprechen, Zuziehung von Angehörigen, die des Umgangs mit dem Schwerhörigen gewohnt sind, Verwendung von Hörapparaten, auch schriftliche Verständigung[7].

**5**     **4. Sitzungsniederschrift.** Wird der Dolmetscher zur ganzen Verhandlung hinzugezogen und die Zuziehung als wesentliche Förmlichkeit[8] im Protokoll vermerkt, braucht

---

[1] Mot. *Hahn* **1** 197.

[2] BVerfGE **64** 148; RGSt **36** 356; KK-*Hürxthal* 1.

[3] BGH GA **1963** 148; KK-*Hürxthal* 1; KMR-*Paulus* 1; *Eb. Schmidt* Nachtr. I 1.

[4] BGH GA **1963** 148; *Kleinknecht/Meyer*[37] 1; ferner die Nachw. Fußn. 3.

[5] Vgl. öster. OGH ZfRV **1974** 148 mit Anm. *Liebscher;* KMR-*Paulus* 1.

[6] RGSt **15** 173; BGH LM Nr. 1; KK-*Hürxthal* 2; KMR-*Paulus* 2.

[7] RGSt **33** 181; BGH LM Nr. 1; OLG Freiburg JZ **1951** 23.

[8] Vgl. § 273, 10 und bei § 185 GVG.

die Beachtung der einschränkenden Vorschrift des § 259 ebensowenig beurkundet zu werden[9] wie jedes einzelne Tätigwerden, da vermutet wird, daß die Funktion gesetzesgemäß ausgeübt wurde[10]. Die Maßnahmen, die der Vorsitzende zum Zwecke der Verständigung trifft, brauchen nicht beurkundet zu werden, da es sich insoweit um keine wesentliche Förmlichkeit handelt[11].

**5. Revision.** Werden entgegen der Mindestforderung des § 259 nicht einmal die **6** Anträge der Schlußausführungen übertragen, so kann das durch Anführung der erforderlichen Tatsachen (§ 344 Abs. 2) mit der Revision gerügt werden[12]. Ob die Übertragung der durch das Sitzungsprotokoll gem. §§ 273, 274 nachgewiesenen Anträge zu Unrecht unterblieben ist, muß — da es sich insoweit um keine wesentliche Förmlichkeit handelt — im Wege des **Freibeweises** (dienstliche Erklärungen, eventuell auch Akten) geklärt werden[13]. Ob ausgeschlossen werden kann, daß das Urteil auf dem die Verteidigungschancen möglicherweise beeinträchtigenden Fehler beruht, ist eine Frage des Einzelfalls. Die allgemeine Behauptung, der Dolmetscher habe unrichtig übertragen, kann die Revision nicht begründen[14].

## § 260

(1) Die Hauptverhandlung schließt mit der auf die Beratung folgenden Verkündung des Urteils.

(2) Wird ein Berufsverbot angeordnet, so ist im Urteil der Beruf, der Berufszweig, das Gewerbe oder der Gewerbezweig, dessen Ausübung verboten wird, genau zu bezeichnen.

(3) Die Einstellung des Verfahrens ist im Urteil auszusprechen, wenn ein Verfahrenshindernis besteht.

(4) [1]Die Urteilsformel gibt die rechtliche Bezeichnung der Tat an, deren der Angeklagte schuldig gesprochen wird. [2]Hat ein Straftatbestand eine gesetzliche Überschrift, so soll diese zur rechtlichen Bezeichnung der Tat verwendet werden. [3]Wird eine Geldstrafe verhängt, so sind Zahl und Höhe der Tagessätze in die Urteilsformel aufzunehmen. [4]Wird die Strafe oder Maßregel der Besserung und Sicherung zur Bewährung ausgesetzt, der Angeklagte mit Strafvorbehalt verwarnt oder von Strafe abgesehen, so ist dies in der Urteilsformel zum Ausdruck zu bringen. [5]Im übrigen unterliegt die Fassung der Urteilsformel dem Ermessen des Gerichts.

(5) [1]Nach der Urteilsformel werden die angewendeten Vorschriften nach Paragraph, Absatz, Nummer, Buchstabe und mit der Bezeichnung des Gesetzes aufgeführt. [2]Ist bei einer Verurteilung, durch die auf Freiheitsstrafe oder Gesamtfreiheitsstrafe von nicht mehr als zwei Jahren erkannt wird, die Tat oder der ihrer Bedeutung nach überwiegende Teil der Taten auf Grund einer Betäubungsmittelabhängigkeit begangen worden, so ist außerdem § 17 Abs. 2 des Bundeszentralregistergesetzes anzuführen.

---

[9] RG JW **1890** 270; BGH nach KK-*Hürxthal* 4; *Kleinknecht/Meyer*[37] 2; KMR-*Paulus* 3; § 273, 10; vgl. bei § 185 GVG.

[10] RGSt **43** 442; KK-*Hürxthal* 4.

[11] BGH LM Nr. 1.

[12] *Kleinknecht/Meyer*[37] 3; KMR-*Paulus* 4; *Eb. Schmidt* 1.

[13] Vgl. Rdn. 5; KK-*Hürxthal* 3; *Kleinknecht/Meyer*[37] 3; *Eb. Schmidt* 3.

[14] RGSt **76** 177; BGH nach KK-*Hürxthal* 4; vgl. bei § 185 GVG.

**Schrifttum.** *Achenbach* Strafprozessuale Ergänzungsklage und materielle Rechtskraft, ZStW **87** (1975) 74; *Berz* Der Urteilstenor bei Zusammentreffen von Straftaten und Ordnungswidrigkeiten, Zeitschrift für Verkehrs- und Ordnungswidrigkeitenrecht **1973** 262; *Bloy* Zur Systematik der Einstellungsgründe im Strafverfahren, GA **1980** 161; *Furtner* Das Urteil im Strafprozeß (1970); *Granderath* Erschwerungsgründe in der strafgerichtlichen Urteilsformel, MDR **1984** 988; *Grünhut* Das Minderheitsvotum, FS Eb. Schmidt 620; *Jasper* Die Sprache des Urteils, MDR **1986** 198; *Kühl* Unschuldsvermutung, Freispruch, Einstellung (1983); *Kugler/Solbach* Zur Fassung der Urteilsformel im Strafverfahren, DRiZ **1971** 56; *Kuhlmann* Teilurteile im Strafverfahren, DRiZ **1975** 77; *Lemke* Probleme der strafprozessualen Vorab- und Ergänzungsklage, ZRP **1980** 141; *Lenzen* Die besondere Schwere der Schuld i. S. von § 57 a StGB in der Bewertung durch die Oberlandesgerichte, NStZ **1983** 543; *Naucke* Die Formulierung des Tenors bei der Verurteilung zur Geldstrafe, NJW **1978** 407; *Palder* Anklage, Eröffnungsbeschluß, Urteil. Eine Trias mit Tücken, JR **1986** 94; *Peters* Die Parallelität von Prozeß- und Sachentscheidungen, ZStW **68** (1956) 374; *Regel* Gesamtstrafe aus Geldstrafen bei Tagessätzen unterschiedlicher Höhe, MDR **1977** 446; *Roeder* Die Begriffsmerkmale des Urteils im Strafverfahren, ZStW **79** (1967) 250; *Schnapp* Zur Tenorierung bei natürlicher Handlungseinheit und Fortsetzungszusammenhang, DRiZ **1966** 187; *Stree* Teilrechtskraft und fortgesetzte Tat, FS Engisch 676; *Sulanke* Die Entscheidung bei Zweifeln über das Vorhandensein von Prozeßhindernissen und Prozeßvoraussetzungen im Strafverfahren (1974); *Wagner* Die selbständige Bedeutung des Schuldspruchs im Strafrecht, insbesondere beim Absehen von Strafe gemäß § 16 StGB, GA **1972** 33; *Willms* Zur Fassung der Urteilsformel in Strafsachen, DRiZ **1976** 82.

**Entstehungsgeschichte.** § 260 hat seine jetzige Fassung im wesentlichen durch Art. 21 Nr. 66 EGStGB erhalten. In Absatz 1 entfiel der Satz 2, ein neuer Absatz 5 wurde angefügt und im übrigen wurde die Vorschrift den im neuen Strafrecht vorgesehenen Rechtsfolgen angepaßt. Die Vorschrift ist auch früher schon mehrfach geändert worden: Art. 2 Nr. 21 AGGewVerbrG hatte an die Stelle des ursprünglichen Absatzes 1 zwei Absätze treten lassen; Art. 3 Nrn. 114, 115 VereinhG gab dem Absatz 1 Satz 1 den jetzigen Wortlaut und veränderte die Absätze 3 und 4. Art. 4 Nr. 28 des 3. StRÄndG nahm den Ausspruch über die Strafaussetzung zur Bewährung in den Absatz 4 auf, während § 65 BZRG den Absatz 4 Satz 1 dahin ergänzte, daß auch die angewandte Strafvorschrift in den Urteilsausspruch aufzunehmen ist. Diese Regelung zur Erleichterung der Registerführung ist in den neuen Absatz 5 übernommen worden. Das Zweite Gesetz zur Änderung des Bundeszentralregistergesetzes vom 17. 7. 1984 hat bei Absatz 5 den Satz 2 angefügt. Durch die Umnummerierung der Paragraphenfolge in der Neufassung des BZRG vom 21. 9. 1984 (BGBl. I 1229) wurde der dort in Bezug genommene § 18 a BZRG zu § 17. Art. 2 Nr. 1 Buchst. b des 23. StRÄndG hat jetzt auch den Wortlaut von Absatz 5 Satz 2 dem angepaßt. Gleichzeitig wurde in Absatz 4 der Satz 5 gestrichen, der ehemalige Satz 6 wurde Satz 5 (Art. 2 Nr. 1 Buchst. a des 23. StRÄndG). Bezeichnung bis 1924: § 259.

## Übersicht

## I. Urteilsverkündung als Teil der Hauptverhandlung

**1.** Absatz 1 verdeutlicht, daß die Verkündung des Urteils einen **wesentlichen Teil** **1** der Hauptverhandlung bildet[1], ferner, daß die Hauptverhandlung durch ein die Instanz beendendes Urteil abgeschlossen werden muß, soweit nicht das Gesetz ausdrücklich eine andere Form vorschreibt, wie beispielsweise in § 153 Abs. 2 oder § 270.

---

[1] BGHSt 4 279.

**2**     Die jetzige Fassung zeigt deutlicher als die frühere, daß sich die Urteilsverkün- **2** dung unmittelbar **an die Beratung anschließen** muß, ohne daß sich ein anderer Verhandlungsteil dazwischenschieben darf. Tritt das Gericht noch einmal in die Verhandlung ein, muß es — gleichgültig, worin dieser Verhandlungteil besteht — § 258 erneut beachten und erneut beraten und darf erst dann das Urteil verkünden[2]. Dabei kann es genügen, daß sich die Mitglieder des Gerichts im Sitzungssaal darüber verständigen, daß es bei dem beschlossenen Urteil verbleiben solle[3]. Eine nach § 274 nur durch das Hauptverhandlungsprotokoll zu beweisende wesentliche Förmlichkeit des Verfahrens ist diese **Nachberatung** im Sitzungssaal nicht[4].

**3**     **2. Anwendbare Vorschriften. Die Urteilsverkündung** ist in § 268 näher geregelt. **3** Da sie Teil der Hauptverhandlung ist, gelten bei ihr die Anwesenheitserfordernisse der §§ 226, 230 ff; ferner die §§ 169 ff GVG. Auf die geheime **Urteilsberatung** dagegen sind diese Vorschriften nicht anwendbar; sie ist auch keine durch das Sitzungsprotokoll nachzuweisende wesentliche Förmlichkeit[5].

**4**     **3.** Absatz 1 bezieht sich nur auf die Fälle, in denen der Schluß der Hauptverhand- **4** lung zugleich das **Verfahren in der Instanz abschließen** soll. Über die bloße Aussetzung einer Hauptverhandlung (§§ 228, 246 Abs. 2, 265 Abs. 3 u. 4) und über die nur vorläufige Einstellung des Verfahrens nach § 205 wird durch Beschluß entschieden[6].

**5**     Außerhalb der Hauptverhandlung kann das Verfahren durch **Beschluß** endgültig **5** eingestellt werden, wenn es an einer Verfahrensvoraussetzung fehlt und der Mangel auch ohne Hauptverhandlung einwandfrei festgestellt werden kann. Die Rechtsprechung hat das schon immer angenommen[7]; § 206 a spricht das ausdrücklich aus; ebenso § 206b.

## II. Wesen und Bedeutung des Urteils

**6**     **1. Erledigungsfunktion.** Nach Absatz 1 schließt das Urteil die Hauptverhandlung **6** mit der in der Urteilsformel kundzugebenden Entscheidung des Gerichts ab. Er befaßt sich unmittelbar nur mit den in erster Instanz ergehenden Urteilen, die immer auf die Erledigung des Prozesses angelegt sind, an dieser Wirkung aber durch ein zulässiges Rechtsmittel gehindert werden können. Da § 270 für die in erster Instanz mögliche Verweisung vorschreibt, daß sie durch Beschluß zu geschehen hat, kommt die Erwähnung eines auf Verweisung lautenden Urteils innerhalb der Regelung des Abschlusses der erstinstanzlichen Hauptverhandlungen nicht in Betracht. Soll aber klargestellt werden, wodurch sich die Urteile von anderen Entscheidungen, den Beschlüssen und Verfügungen, unterscheiden, so müssen auch die Urteile ins Auge gefaßt werden, die die **Hauptverhandlung über ein Rechtsmittel** abschließen. Diese können auf Verweisung lauten und hiermit zwar das Verfahren in der Instanz beenden, aber den Prozeß im übrigen weiterleiten.

---

[2] BGHSt **24** 170 = LM Nr. 38 mit Anm. *Martin.*

[3] Vgl. § 258, 49 mit Nachw.

[4] OLG Karlsruhe Justiz **1985** 173; vgl. § 273, 5.
Nach BGH bei KK-*Hürxthal* 3; *Kleinknecht/ Meyer*[37] 4 ist ein Protokollvermerk über eine solche Kurzberatung aber zweckmäßig; vgl. *Fränkel* LM § 274 Nr. 5.

[5] BGHSt **5** 294. Vgl. die Erläuterungen zu § 263 und zu §§ 192 ff GVG, 43 DRiG; ferner § 273, 5 und wegen der Unzulässigkeit einer Beratung am Tatort § 230, 8 und § 261, 23.

[6] BGHSt **25** 242 = JR **1974** 522 mit Anm. *Kohlhaas*; vgl. § 205, 26; § 228, 5; 17; § 246, 17; § 265, 94; 105.

[7] RGSt **53** 52, 249; BayObLGSt **2** 388; **3** 93, 179; vgl. § 206 a, 1.

**2. Wesensmerkmale. Allen Urteilen ist wesentlich,** daß sie auf Grund einer **7**
Hauptverhandlung verkündet werden und vermöge ihres Inhalts geeignet sind, entweder
dem Prozeß ein Ende zu bereiten oder die Beziehung des Gerichts, bei dem die Klage
anhängig geworden ist, zu dem Prozeß zu lösen und zugleich eine solche Beziehung mit
Wirkung für ein anderes Gericht herzustellen[8]. Im allgemeinen herrscht Übereinstimmung darüber, daß Entscheidungen, die nicht auf Grund einer Hauptverhandlung erlassen werden, nicht als Urteile zu gelten haben und daß der Zweck, den Prozeß überhaupt oder doch in der Instanz zu beenden, die Urteile kennzeichnet[9].

Die gesetzlich vorgeschriebene **Urteilsurkunde** ist kein wesentliches Merkmal des **8**
Urteils, da es schon mit der Verkündung rechtlich entstanden ist[10]. Wenn es, was die
Regel ist, in Gegenwart des Angeklagten verkündet wurde, wird es mangels Anfechtung
mit dem Ablauf der in § 314 Abs. 1 und § 341 Abs. 1 gesetzten Fristen rechtskräftig, auch
wenn die Urteilsurkunde zu dieser Zeit noch nicht angefertigt ist. Selbst die Unmöglichkeit der fristgerechten Abfassung vermag die Rechtskraft des verkündeten Urteils nicht
zu beeinträchtigen. Stirbt der Strafrichter, der auf Freisprechung erkannt hat, vor der
Niederschrift des Urteils, so ist die Sache, wenn keine Berufung eingelegt wird, durch
das Urteil endgültig erledigt, wie andererseits das Fehlen der Urteilsurkunde im Fall der
Verurteilung weder der Anfechtung des Urteils mit der Berufung oder Revision[11] noch,
sofern nur eine Abschrift der Urteilsformel gemäß § 451 — etwa mit Hilfe der Sitzungsniederschrift — erteilt werden kann, der Vollstreckung entgegensteht. Wenn demnach
ein rechtswirksames Urteil ungeachtet des Nichtvorhandenseins der Urteilsurkunde bestehen kann, so schließt erst recht ein in der vorhandenen Urkunde unterlaufener Fehler
die Anerkennung einer Entscheidung als Urteil nicht aus[12].

Die Verurteilung ist auch nicht vom **Bestand der Akten,** von der rechtzeitigen Ab- **9**
fassung der Urteilsgründe nach § 275 oder vom Fortbestand der Urteilsurkunde abhängig[13].

Nach **Inhalt** und **Funktion** einer Entscheidung beurteilt sich, ob sie als **Beschluß 10**
**oder** als **Urteil** anzusehen ist. Es hängt nicht davon ab, von welcher Vorstellung das Gericht bei Erlassung der Entscheidung ausgegangen ist und mit welcher Bezeichnung es
demzufolge die Entscheidung ausgestattet hat. Trägt eine auf Grund einer Hauptverhandlung erlassene, instanzbeendende Entscheidung die Überschrift „Beschluß", so ist
sie, sofern das Gesetz nicht die Beschlußform vorschreibt, wie etwa bei § 153 Abs. 2,
trotzdem Urteil und der Anfechtung zugänglich, die das Gesetz gegenüber den Urteilen
gewährt[14]. Andererseits muß eine Entscheidung, die ohne urteilsmäßigen Inhalt in der
äußeren Erscheinung eines Urteils auftritt, als Beschluß gewertet werden[15].

---

[8] RGSt **65** 397; KK-*Hürxthal* 15; 17.
[9] *Beling* 224; *Gössel* § 33 D I; KK-*Hürxthal*
  15; KMR-*Paulus* 6; *Oetker* JW **1930** 3556;
  *Peters* § 52, I 1; *Roxin* § 23 A I 1; *G. Schäfer*
  § 84 I 1; *Eb. Schmidt* I Nr. 36; *Schlüchter* 567.
  Nach *Roeder* ZStW **79** (1967) 270 ist die In-
  stanzbeendigung Wirkung und nicht Be-
  griffsmerkmal des Urteils.
[10] RGSt **47** 323; vgl. § 35 Abs. 1 Satz 1; ferner
  § 268, 17 mit weit. Nachw.; **a. A** *Beling* 224.
[11] RGSt **40** 184; **65** 337; vgl. § 268, 17 ff;
  § 275, 70; 71; § 338, 84, 115 ff.
[12] Vgl. OLG Hamm VRS **60** 206 (unvollstän-

dige Urteilsformel); *Roeder* ZStW **79** (1967)
  250 ff; Einl. Kap. **16** mit weit. Nachw.
[13] OLG Hamm *Alsb.* E **2** 133 Nr. 96; *W.*
  *Schmid* FS Lange 783; weit. Nachw. § 275,
  66 f und bei § 316.
[14] RGSt **63** 247; **65** 398; RG JW **1933** 967;
  BGHSt **8** 383; **18** 381; **26** 108; KG JR **1956**
  478; OLG Celle NJW **1960** 114; vgl. Vor
  § 296 mit weit. Nachw.; ferner KK-*Hürxthal*
  15; KMR-*Paulus* 6.
[15] BGHSt **25** 242 = LM Nr. 39 mit Anm.
  *Börtzler; Oetker* JW **1930** 3557.

Walter Gollwitzer

**11**     3. Zu unterscheiden ist zwischen **Sachentscheidungen** im engeren Sinn und bloßen **Prozeßentscheidungen** (Formalentscheidungen)[16]. Von den in **erster Instanz** erlassenen Urteilen gehören die auf Freisprechung, Verurteilung, Anordnung einer Maßregel der Besserung und Sicherung oder einer sonstigen Rechtsfolge lautenden zu den Sachentscheidungen, während die Urteile, die es wegen des Mangels einer Prozeßvoraussetzung ablehnen, in eine Sachentscheidung einzutreten, oder die das Verfahren gemäß § 389 einstellen, weil der Prozeß zwar nicht überhaupt, aber doch in der gewählten besonderen Prozeßart unzulässig ist, reine Prozeßentscheidungen sind.

**12**     In den **Rechtsmittelinstanzen** greifen andere Erwägungen ein. Hier sind nur die Urteile, die sich wegen Unzulässigkeit des Rechtsmittels weigern, darüber zu befinden, ob das angefochtene Urteil dem Angriff des Beschwerdeführers standhalte oder nicht, als reine Prozeßentscheidungen gekennzeichnet. Allen anderen Urteilen der Rechtsmittelgerichte kommt die Eigenschaft von Sachentscheidungen zu, gleichviel, welchen Inhalt die angefochtene Entscheidung hat und ob das Rechtsmittelgericht veranlaßt ist, das den Gegenstand der Klage bildende Ereignis zu ermitteln oder die Anwendung des Strafgesetzes auf den festgestellten Sachverhalt nachzuprüfen oder sich nur mit einer verfahrensrechtlichen Frage zu beschäftigen[17]. Stützt der Beschwerdeführer die Revision ausschließlich auf einen Mangel im Verfahren, so ist das Urteil des Revisionsgerichts, obwohl es sich auf die Überprüfung des behaupteten Verfahrensfehlers beschränkt, doch Sachentscheidung.

**13**     Im gesamten hebt sich also ein **Unterscheidungsmerkmal** hervor. Die reinen Prozeßentscheidungen beruhen durchweg auf der Unzulässigkeit des Prozesses oder der Prozeßart oder der Prozeßhandlung, die den Prozeß in die Rechtsmittelinstanz weitertreiben will; sie sprechen sich niemals über die Begründetheit der Klage oder des Rechtsmittels oder sonstigen Antrags aus. Wo immer ein Urteil über die Begründetheit ergeht, liegt eine Sachentscheidung vor. Zur Rechtsnatur des Verwerfungsurteils nach § 329 siehe die dortigen Erläuterungen.

### 4. Besondere Urteilsformen

**14**     a) Die Strafprozeßordnung kennt **keine Zwischenurteile,** durch die einzelne, den Gegenstand der Urteilsfällung bildende Fragen vorab entschieden werden; die zugelassene Anklage muß, soweit es sich um **eine Tat** im verfahrensrechtlichen Sinn handelt, durch eine einheitliche Entscheidung, durch ein Urteil, **erschöpfend erledigt** werden (vgl. Rdn. 40). Einzelne Sach- oder Rechtsfragen oder einzelne Rechtsfolgen können nicht Gegenstand eines gesonderten Urteils sein. Die Möglichkeit, die Nachprüfung der Rechtsmittelgerichte auf einzelne Urteilsteile zu beschränken, ist bei § 318 erörtert.

**15**     b) **Teilurteile,** mit denen das Gericht unselbständige, nicht abtrennbare Teile des Prozeßstoffs vorweg erledigt, kennt das geltende Strafprozeßrecht nicht. Die Aburteilung einer Tat im verfahrensrechtlichen Sinn kann nicht aufgespalten werden. Bilden dagegen mehrere selbständige Taten im Sinne des § 264 den Gegenstand der Anklage, dann hindert § 260 Abs. 1 das Gericht nicht, das Verfahren hinsichtlich einer Tat, die noch der weiteren Aufklärung bedarf, **abzutrennen** und **auszusetzen** und zunächst den nicht abgetrennten Teil durch Urteil zu entscheiden[18].

---

[16] *Gerland* 278; *Beling* 224; *Graf zu Dohna* 179; *Sauer* Grundlagen 518; *Oetker* JW **1930** 3555.

[17] *Oetker* JW **1930** 3357.

[18] BGH bei *Dallinger* MDR **1975** 23; vgl. bei § 237, 6 ff; KK-*Hürxthal* 17; ferner *Kuhlmann* DRiZ **1975** 77, der de lege ferenda auch für den Strafprozeß Teil- und Zwischenurteile fordert.

Ein **isolierter Schuldspruch** ist nach geltendem Recht grundsätzlich nicht zuläs- **16**
sig[19], sofern nicht in einem Sonderfall das Gesetz ausdrücklich etwas anderes vorsieht
(vgl. Rdn. 78). Er könnte für sich allein ebensowenig Bestand haben wie ein Ausspruch
über Rechtsfolgen, bei dem der Schuldspruch fehlt[20].

c) Ein **Ergänzungsurteil,** durch das ein ergangenes Urteil hinsichtlich eines verse- **17**
hentlich unterbliebenen Teils des Entscheidungssatzes nachträglich ergänzt wird, ist in
der Strafprozeßordnung nicht vorgesehen[21]. Die Möglichkeit und die Grenzen einer **Be-**
**richtigung** des Urteilsspruchs sind bei § 268 erörtert; die strittigen Fragen der Nachholung einer unterbliebenen Kosten- oder Auslagenentscheidung bei § 464. Vgl. ferner
Rdn. 126.

Ein **Nachverfahren** hinsichtlich einzelner Urteilsfolgen ist nur dort und nur in **18**
dem Umfang zulässig, in dem dies das Gesetz ausdrücklich vorsieht, wie etwa bei der
Einziehung in den §§ 439, 441.

d) Ein **bedingter Schuldspruch** oder ein Urteil unter einem **Vorbehalt** sind — von **19**
Ausnahmen abgesehen — nach der Strafprozeßordnung grundsätzlich nicht zulässig.
Die vom Gericht zu treffende Entscheidung hat auf Grund der Ergebnisse der Hauptverhandlung zu ergehen, das Gericht darf sie nicht von späteren, außerhalb der Hauptverhandlung zu treffenden Feststellungen abhängig machen. Es darf also nicht auf eine
Maßregel der Besserung und Sicherung nur unter der Voraussetzung erkennen, daß
ihre Notwendigkeit vor der Vollziehung zu prüfen sei[22]. Auch wenn das Gericht die
Voraussetzung für die Anwendung eines Straffreiheitsgesetzes zu prüfen hat und
darüber noch nicht entscheiden kann, weil die Anwendbarkeit vom Ausgang eines anderen Strafverfahrens abhängt, darf es nicht mit einem entsprechenden Vorbehalt verurteilen[23].

Ein **Vorbehalt** ist nur dort zulässig und wirksam, wo ihn das Gesetz ausdrücklich **20**
vorsieht, wie etwa beim Vorbehalt der Einziehung[24].

Die **Verwarnung mit Strafvorbehalt** (§ 59 StGB) ist die Verhängung einer beson- **21**
deren Rechtsfolge. Das Urteil, das sie ausspricht, ist kein Vorbehaltsurteil im verfahrensrechtlichen Sinn[25].

**5. Nichtigkeit.** Nur in besonders gelagerten Ausnahmefällen sind Urteile wegen **22**
eines ihnen anhaftenden groben Mangels nichtig, mit der Folge, daß sich die Nichtigkeit
auch durchsetzt, wenn kein Rechtsmittel eingelegt wird. Wegen der Einzelheiten wird
auf Einleitung (Kap. 16) verwiesen.

---

[19] BGHSt **20** 120; BayObLGSt **1959** 129 =
NJW **1959** 1646; OLG Hamm NJW **1981**
697; *Roeder* ZStW **79** (1967) 291; *Wagner*
GA **1972** 33. Vgl. ferner das Schrifttum zum
formalen Schuldinterlokut Vor § 226, 57.

[20] OLG Hamm NJW **1981** 967. Zu den
Sonderfällen der Rechtsfolgenfestsetzung
ohne Schuldspruch im Sicherungsverfahren
vgl. BGH bei *Holtz* MDR **1985** 449; §§ 413 ff;
ferner für das selbständige Einziehungsverfahren §§ 444 ff.

[21] RGSt **61** 391; BGHSt **10** 109; BGH NStZ
**1984** 279; OLG Schleswig bei *Ernesti/Jürgen-*

sen SchlHA **1970** 199; *Kroschel/Meyer-Goß-*
*ner* 14 f.

[22] BGHSt **5** 350; KK-*Hürxthal* 17. Auch wenn
das materielle Recht eine solche Prüfung
vorschreibt (vgl. § 67 c StGB), gehört ein solcher Vorbehalt nicht in die Urteilsformel.

[23] BGH NJW **1953** 1522; BayObLGSt **1975**
91 = VRS **50** 96; KMR-*Paulus* 17; a. A OLG
Frankfurt NJW **1950** 477; OLG Braunschweig NdsRpfl. **1951** 110; OLG Köln NJW
**1952** 808; vgl. § 264, 18 ff.

[24] Vgl. § 74 b StGB; ferner bei §§ 439, 441.

[25] Vgl. Rdn. 77.

### III. Urteilsformel. Allgemein

**23**    1. Das Urteil und damit auch die Urteilsformel ist bei Kollegialgerichten das **Ergebnis einer Mehrheitsentscheidung** (vgl. § 263). Es ist in der Strafprozeßordnung nicht vorgesehen, daß die überstimmten Richter ihre abweichende Meinung zugleich mit dem Urteil bekannt geben[26]. In der Urteilsformel hätte ein derartiger Hinweis ohnehin nichts zu suchen.

#### 2. Eindeutigkeit; Vollständigkeit

**24**    a) Die Urteilsformel muß aus sich selbst heraus verständlich sein und **eindeutig** zum Ausdruck bringen, welche Entscheidung das Gericht für jede angeklagte, rechtlich selbständige Straftat getroffen hat. Es muß erkennbar sein, ob es sich um eine Prozeß- oder um eine Sachentscheidung (Rdn. 11) handelt, sowie, welchen Inhalt die Sachentscheidung hat. Bezugnahmen sind unzulässig; allenfalls können Entscheidungen der Rechtsmittelgerichte auf einen Urteilssatz der Vorinstanz Bezug nehmen, sofern hierdurch keine Unklarheiten entstehen[27].

**25**    Als **möglichen Inhalt** der Urteilsformel hatte früher der durch Art. 21 Nr. 66 EGStGB aufgehobene Absatz 1 Satz 2 Freisprechung, Verurteilung, Anordnung einer Maßregel der Sicherung und Besserung oder Einstellung aufgezählt. Dies gilt auch heute noch. Mit der Streichung des Satzes 2 wollte der Gesetzgeber lediglich den Eindruck vermeiden, diese Aufzählung sei abschließend[28]. Die Entscheidung über die Begründetheit der zugelassenen Anklage kann nur durch Freisprechung, Verurteilung oder Anordnung einer Maßregel der Sicherung und Besserung getroffen werden; bloße **Feststellungsurteile** sind dem Strafverfahren fremd, soweit nicht gewisse Vorschriften des sachlichen Rechts Schuldigsprechung verbunden mit Straffreierklärung[29] oder das Absehen von Strafe (§§ 60, 233 StGB) vorsehen[30].

**26**    b) **Vollständigkeit.** Die Urteilsformel muß den Gegenstand der Urteilsfindung erschöpfend erledigen und das vom Gericht Beschlossene grundsätzlich vollständig wiedergeben (zur früheren Ausnahme vgl. Rdn. 91). Rechtsfolgen, die notwendig in die Formel aufzunehmen sind, gelten als nicht verhängt oder als abgelehnt, wenn die verkündete Urteilsformel über sie schweigt. Eine nachträgliche Ergänzung der Formel im Wege der Berichtigung ist nur in besonderen Ausnahmefällen möglich[31].

**27**    Bei Entscheidungen, deren **Aufnahme** in die Urteilsformel **nicht zwingend** vorgeschrieben ist, und die auch isoliert ergehen können, liegt im **Schweigen der Formel** dagegen noch keine Ablehnung. Bei der Entscheidung über die Entschädigung nach § 8 StrEG war dies strittig, da eine Entscheidung außerhalb der Hauptverhandlung nur ergehen darf, wenn sie in der Hauptverhandlung nicht möglich ist (§ 8 Abs. 1 Satz 2 StrEG). Die vorherrschende Meinung vertritt jedoch die Ansicht, daß das Schweigen des Urteils keine Ablehnung der Entschädigung bedeute, die Entscheidung darüber vielmehr nachgeholt werden könne, auch wenn das Urteil insoweit keinen Vorbehalt enthalte[32].

---

[26] KK-*Hürxthal* 4. Wegen der Einzelheiten und der Nachweise vgl. § 43 DRiG.

[27] KMR-*Paulus* 18; vgl. Rdn. 30.

[28] *Willms* DRiZ **1976** 82; gegen die Streichung *Peters* Der neue Strafprozeß 176.

[29] RGSt **65** 63.

[30] BGH NJW **1957** 552; BayObLG NJW **1972** 696; vgl. Rdn. 36.

[31] Vgl. Rdn. 17, 18; ferner KK-*Hürxthal* 17; zur Berichtigung § 268, 42 ff.

[32] BayObLG bei Rüth DAR **1973** 210; OLG Düsseldorf NJW **1973** 1660; OLG Hamm NJW **1974** 374; OLG München NJW **1977** 2090; OLG Koblenz GA **1985** 461; OLG Zweibrücken VRS **47** 443.

**3. Trennung von Formel und Gründen.** Wenngleich Formel und Gründe des Ur-   **28**
teils ein Ganzes derart bilden, daß jene aus den Gründen ausgelegt und unter gewissen
Voraussetzungen ergänzt werden kann[33], wenn Art und Umfang der getroffenen Entscheidung unklar ist, so muß doch zwischen Formel und Gründen scharf unterschieden
werden. Grundsätzlich ist eine Entscheidung, die in der Formel keinen Ausdruck gefunden hat, nicht getroffen; nur wenn die Gesetzesverletzung die Entscheidung in der Formel beeinflußt haben kann, kann sie den Erfolg einer Revision begründen[34].

**4.** Es steht im **Ermessen des Gerichts,** wie die Urteilsformel **im einzelnen** zu fas-   **29**
sen ist (Absatz 4 Satz 5), soweit nicht Einzelvorschriften des Verfahrensrechts (wie die
Absätze 2 und 4 oder § 464 Abs. 1) oder sonstige Gesetze (wie etwa § 200 StGB) bestimmte Anforderungen an Wortlaut oder Inhalt der Formel stellen[35].

Bei Ausübung des Ermessens ist der im Gesetz zum Ausdruck gekommenen   **30**
**Zweckbestimmung des Tenors** Rechnung zu tragen. Er ist in knapper, verständlicher
Sprache abzufassen und von allem freizuhalten, was nicht unmittelbar der Erfüllung seiner Aufgabe dient[36]. Er ist unter Vermeidung jeder überflüssigen juristischen Förmelei
so **einfach und verständlich** wie möglich zu halten. Dabei ist zu berücksichtigen, daß die
Urteilsformel die Grundlage für die Vollstreckung und die Eintragung der Verurteilung
in das Strafregister bildet und aus sich selbst heraus verständlich sein muß. Hat das Revisionsgericht ein Urteil aufgehoben und die Sache zurückverwiesen, so darf das neue,
wiederum verurteilende Erkenntnis nicht lauten: „Das erste Urteil wird aufrecht erhalten"; die Verurteilung muß vielmehr in der üblichen Form erneut ausgesprochen werden[37].

**5.** Ist der Hauptverhandlung ein **Strafbefehls- oder ein Bußgeldverfahren** vor-   **31**
ausgegangen, so kommt dies in der Urteilsformel nicht zum Ausdruck. Ist der Einspruch
gegen den Strafbefehl oder gegen den Bußgeldbescheid wirksam, dann ist das Urteil so
zu fassen, wie wenn diese Bescheide nicht vorhanden wären[38]. Die förmliche Aufhebung
des Bußgeldbescheides ist dagegen notwendig, wenn der Verurteilung wegen einer
Straftat ein rechtskräftiger Bußgeldbescheid wegen der gleichen Tat vorangegangen
ist[39].

## IV. Urteilsformel bei Freispruch

**1. Voraussetzungen.** Freispruch ist geboten, wenn die **Unschuld** des Angeklagten   **32**
festgestellt oder seine Schuld nicht zur Überzeugung des Gerichts erwiesen ist[40]. Sind
diese Voraussetzungen gegeben, muß das Gericht freisprechen, auch wenn ein Verfahrenshindernis besteht, das an sich die Einstellung erlauben würde (Rdn. 100 ff) oder
wenn zugleich eine Maßregel der Besserung und Sicherung verhängt wird[41].

---

[33] RGSt **2** 379; **4** 180; **46** 326; **54** 291; vgl.
§ 268, 17; 38 ff mit weit. Nachw.
[34] RGSt **63** 185; vgl. bei § 296.
[35] BGHSt **24** 205.
[36] BGHSt **27** 289; KK-*Hürxthal* 28. Vgl. Rdn.
55; 60 ff; ferner allgemein zum Erfordernis
einer knappen, sprachlich guten Fassung des
Urteilsspruchs *Jasper* MDR **1986** 198; *Kro-
schel/Meyer-Goßner* 11 ff.
[37] RG GA **53** (1906) 331; KK-*Hürxthal* 28.

[38] RGSt **63** 345; OLG Düsseldorf JMBlNW
**1972** 84; KK-*Hürxthal* 28.
[39] BayObLGSt **1978** 187 = NJW **1979** 827.
Wegen der Einzelheiten vgl. die Kommentare
zu § 86 OWiG.
[40] OLG Frankfurt HESt **2** 253; KK-*Hürxthal*
24, 26; KMR-*Paulus* 20; *Eb. Schmidt* 6.
[41] KK-*Hürxthal* 24; *Kleinknecht/Meyer*[37] 22;
KMR-*Paulus* 22; *Willms* DRiZ **1976** 82.

Walter Gollwitzer

**33**    **2. Die Strafprozeßordnung kennt nur eine Art von Freispruch.** Mit der Unschuldsvermutung (Art. 6 Abs. 2 MRK) unvereinbare Zusätze wie „mangels Nachweises" oder „wegen erwiesener Unschuld" oder „aus Rechtsgründen" dürfen in die Urteilsformel nicht aufgenommen werden[42]. Die Urteilsformel braucht auch nicht anzugeben, von welcher Anklage freigesprochen wird. Bei einem Urteil, das zu mehreren Anklagepunkten ergeht, und das teils verurteilt, teils freispricht oder einstellt, kann es jedoch angebracht sein, zur Klarstellung auch in der Urteilsformel anzugeben, worauf sich der Freispruch bezieht[43]. Neben einer Verurteilung genügt es jedoch in der Regel, wenn „im übrigen" freigesprochen wird.

**34**    Der Angeklagte hat keinen Anspruch, **aus einem bestimmten Grund** freigesprochen zu werden. Sobald feststeht, daß der Angeklagte freizusprechen ist, muß diese Entscheidung grundsätzlich (vgl. Rdn. 100 ff) ohne weitere Sachaufklärung ergehen[44]. Ein Freispruch, der sich auf § 20 StGB stützt, aber offen läßt, ob der Angeklagte die Tat überhaupt begangen hat, ist aber nur angebracht, wenn der Sachverhalt auf Grund der Hauptverhandlung nicht weiter aufklärbar ist und eine Anordnung nach § 63 StGB ausscheidet. Kommt das Gericht dagegen zu der Überzeugung, daß dem Angeklagten die Tat nicht nachweisbar ist, so muß es deswegen und nicht wegen § 20 StGB freisprechen[45].

**35**    **3. Maßregeln. Neben einem Freispruch** aus § 20 StGB kann die Unterbringung in einem psychiatrischen Krankenhaus oder in einer sonstigen Anstalt (§§ 63 bis 65) angeordnet werden. Zur Kostenentscheidung, insbesondere zur Erstattung der notwendigen Auslagen des Freigesprochenen vgl. § 467. Wird ein Angeklagter freigesprochen, so hat das Gericht nach § 8 StrEG grundsätzlich im Urteil, eventuell auch durch besonderen Beschluß, darüber zu befinden, ob ein Anspruch auf Entschädigung für erlittene Strafverfolgungsmaßnahmen besteht[46].

**36**    **4. Absehen von Strafe.** Die **Schuldigsprechung,** bei der das Gericht für straffrei erklärt (§ 199 StGB) oder von Strafe absieht (vgl. beispielsweise §§ 60, 233 StGB) ist keine Freisprechung, sondern Verurteilung, wie Absatz 4 Satz 4 und § 468 zeigen[47].

## V. Teilweise Freisprechung

**37**    **1. Wegen einer und derselben Tat** (i. S. des § 52 StGB) eines und desselben Angeklagten kann das Urteil nur einheitlich auf Freisprechung oder auf Verurteilung lauten[48]. Neben der Verurteilung ist insbesondere kein Raum für eine Freisprechung, wenn das erkennende Gericht die angeklagte Tat **rechtlich anders würdigt** als die zugelassene Anklage, etwa nicht als Täterschaft, sondern als Anstiftung oder nicht als Diebstahl, sondern als Unterschlagung[49] oder wenn es statt der zunächst angenommenen Verletzung mehrerer Strafgesetze durch eine Handlung im Sinn des § 52 StGB nur ein Gesetz

---

[42] BGHSt **16** 374; KK-*Hürxthal* 25; *Kleinknecht/Meyer*[37] 19; KMR-*Paulus* 21; *Peters* § 52 IV 5; § 71 II 7; *Schwenck* NJW **1960** 1932; *Seibert* JZ **1970** 543 (Freispruch mit Bedauern).

[43] KK-*Hürxthal* 24; KMR-*Paulus* 23.

[44] BGHSt **16** 379.

[45] *Schwenck* NJW **1964** 1455; vgl. auch § 170, 9a; 33.

[46] Vgl. Rdn. 27.

[47] KK-*Hürxthal* 24; KMR-*Paulus* 20; *Wagner* GA **1972** 38. Vgl. Rdn. 25.

[48] KK-*Hürxthal* 19; *Kleinknecht/Meyer*[37] 11; KMR-*Paulus* 26; *Eb. Schmidt* 7; *Schlüchter* 568; *G. Schäfer.* § 88 I 5. Vgl. Rdn. 107.

[49] RGSt **3** 4; 43.

anwendet[50] oder einen die Strafbarkeit erhöhenden Umstand nicht mehr für gegeben erachtet[51] oder die angeklagte Tat nicht im vollen **Umfang** (z. B. Entwendung von 10 statt von 20 Uhren) als erwiesen ansieht[52]. Wird in solchen Fällen trotzdem zugleich verurteilt und freigesprochen, so hat die Freisprechung keine selbständige Bedeutung; sie ist der Rechtskraft nicht fähig[53].

Wird nur wegen einer **Ordnungswidrigkeit** und nicht wegen der angeklagten **38** Straftat verurteilt, so ist nach der herrschenden Meinung für einen gesonderten Freispruch kein Raum[54]. Eine abweichende Meinung[55] fordert dagegen, daß zur Wiederherstellung der durch die Anklage angetasteten sozialen Stellung des Angeklagten auch in der Urteilsformel zum Ausdruck gebracht werde, daß der Vorwurf einer schwerer wiegenden Tat entfällt, wenn in einem solchen Fall nur wegen einer Ordnungswidrigkeit verurteilt wird.

Rechtlich unzulässig ist es, daß über eine einheitliche Tat nach **einzelnen tatsächli- 39 chen Richtungen** oder unter **einzelnen rechtlichen Gesichtspunkten** durch Urteil entschieden und gleichzeitig — sei es durch Beschlußfassung gemäß § 270 oder in anderer Weise — die Erledigung im übrigen einem **späteren Urteil vorbehalten** wird[56]. Einzelne abtrennbare Teile einer Tat oder einzelne von mehreren rechtlichen Gesichtspunkten kann das Gericht nur nach § 154 a Abs. 2 ausscheiden.

**2. Mehrere Taten**
**a) Erschöpfung des Verfahrensgegenstands.** Der Urteilsspruch muß — unbescha- **40** det der Möglichkeit einer vorherigen Abtrennung — den gesamten Verfahrensgegenstand erschöpfend erledigen. Hatte das Verfahren **mehrere Taten** (im materiell-rechtlichen Sinn) des Angeklagten zum Gegenstand — sei es, daß bereits die durch den Eröffnungsbeschluß zugelassene Anklage (oder der Strafbefehl) mehrere selbständige Handlungen im Sinne des § 53 StGB annahm, sei es, daß erst das Gericht auf Grund der Hauptverhandlung zu diesem Ergebnis kam —, dann ist bei jeder **selbständigen Tat** gesondert zu entscheiden, ob freizusprechen, zu verurteilen oder das Verfahren einzustellen ist, auch wenn die selbständigen Handlungen zu einer Tat (§ 264) gehören[57].

**b)** Wieweit neben einer Verurteilung ein Freispruch notwendig ist, beurteilt sich **41** durch einen **Vergleich des Urteilsspruchs** mit der **zugelassenen Anklage**[58]. Der Urteilsspruch, der das Ergebnis der Hauptverhandlung wiedergibt, ist hinsichtlich des Erfordernisses eines Teilfreispruchs daran zu messen, was dem Angeklagten in der zugelasse-

---

[50] RGRspr. 4 210; 5 604; RGSt **36** 276; **52** 190; 270; **53** 50; **57** 302; **66** 54; BGH bei *Pfeiffer/ Miebach* NStZ **1985** 15; OLG Hamburg NJW **1964** 2435; OLG Hamm VRS **53** 125; OLG Schleswig bei *Ernesti/Jürgensen* SchlHA **1970** 200; OLG Stuttgart VRS **67** 356.

[51] RGSt **9** 327.

[52] RGSt **18** 297.

[53] RG JW **1928** 2265; LG Bochum MDR **1978** 510; KK-*Hürxthal* 19; KMR-*Paulus* 27.

[54] OLG Karlsruhe NJW **1973** 1989; KK-*Hürxthal* 20; KMR-*Paulus* 27; *Schlüchter* 569. Vgl. die Kommentare zu § 21 OWiG und die dort nachgewiesene Rechtsprechung.

[55] *Kugler/Solbach* DRiZ **1971** 56.

[56] RGSt **61** 225; vgl. Rdn. 19; 37.

[57] H. M etwa BGH VRS **39** 190; OLG Saarbrücken VRS **46** 23; KK-*Hürxthal* 21; a. A *Roxin* § 47 B III (bei einem einheitlichen historischen Vorgang i. S. des § 264 keine Aufspaltung; also nur Verurteilung oder nur Freispruch).

[58] BGH bei *Pfeiffer/Miebach* NStZ **1984** 212; bei *Schmidt* MDR **1984** 186; BayObLGSt **1960** 116 = NJW **1960** 2014; OLG Köln NJW **1958** 838; VRS **64** 206; KK-*Hürxthal* 18; *Kleinknecht/Meyer*[37] 10; KMR-*Paulus* 28 ff; *Schlüchter* 568 ff; a. A G. *Schäfer* § 88 I 5 b (kein Vergleich mit Eröffnungsbeschluß; maßgebend allein Ergebnis der Hauptverhandlung); vgl. auch *Peters* § 52 II 2.

Walter Gollwitzer

nen Anklage zur Last gelegt worden war; denn nur, wenn die Verurteilung den dort festgelegten Verfahrensgegenstand nicht erschöpft, ist ein Teilfreispruch geboten. Sind später **weitere Taten** zum Gegenstand des Verfahrens gemacht worden — etwa durch Einbeziehung einer Nachtragsanklage oder weiterer unselbständiger Handlungen einer
fortgesetzten Tat —, dann muß das Urteil sich auch darauf erstrecken[59]. Die zugelassene Anklage ist für die Urteilsgestaltung nur insoweit nicht maßgebend, als er das Verhältnis der mehreren Tatbestandsverwirklichungen zueinander **offensichtlich rechtlich
falsch** beurteilt. Dann ist insoweit von der Rechtslage auszugehen, wie sie sich im Zeitpunkt des Urteils darstellt[60].

**42**     Abgesehen davon aber wird ein Eröffnungsbeschluß nicht dadurch gegenstandslos, daß ein weiterer ergeht, der die Fälle, die der erste als selbständige Straftaten würdigt, als Teile einer Fortsetzungstat auffaßt[61]. Werden aber, wenn wegen derselben Tat
unzulässigerweise **zwei Eröffnungsbeschlüsse** ergangen sind, die beiden Verfahren zu
gemeinsamer Verhandlung und Entscheidung miteinander verbunden, so erledigt das in
der Sache ergehende Urteil beide Verfahren, ohne daß in einem auf Einstellung oder
Freisprechung gesondert zu erkennen wäre[62].

**43**     **c) Im einzelnen:** Hat die zugelassene Anklage **Tateinheit** angenommen und wird
nur wegen einer einzigen Gesetzesverletzung verurteilt, so bedarf es, wie bei Rdn. 37 ausgeführt, keines Freispruchs, wenn die andere Tatbestandserfüllung entfällt. Etwas anderes gilt, wenn die Annahme von Tateinheit bereits bei Eröffnung rechtlich fehlerhaft
war, weil die dem Angeklagten zur Last gelegten Gesetzesverletzungen schon nach dem
dort zugrunde gelegten Sachverhalt in Tatmehrheit gestanden haben oder wenn die
Hauptverhandlung klar ergeben hat, daß der nicht erwiesene oder aus sonstigen Gründen nicht zur Bestrafung führende Vorwurf mit dem zur Verurteilung führenden in Tatmehrheit gestanden hätte. Dann entspricht es der Billigkeit, den Angeklagten von dem
gesonderten Vorwurf freizusprechen[63], da nur so die nach Sach- und Rechtslage gebotene Kostenteilung möglich ist und der Umfang des Verbrauchs der Strafklage klargestellt wird. Trifft eine minderschwere Dauerstraftat mit zwei unter sich selbständigen
Verstößen rechtlich zusammen, so ist kein Raum für eine besondere Freisprechung,
wenn eines der schwereren Delikte entfällt, der Angeklagte aber wegen der Dauerstraftat verurteilt wird[64].

**44**     Hat die zugelassene Anklage **Tatmehrheit** angenommen und führt eine der Anschuldigungen nicht zur Bestrafung, so ist der Angeklagte insoweit freizusprechen. Dies
gilt selbst dann, wenn das Gericht — sofern es zur Verurteilung gekommen wäre — insoweit Tateinheit mit der abgeurteilten Verfehlung oder eine natürliche Handlung
hätte annehmen müssen[65].

**45**     Kommt das Gericht zu dem Ergebnis, daß statt der zwei angeklagten selbständigen Taten nur eine **Rauschtat** (§ 323 a StGB) vorliegt, weil der Täter bei beiden
schuldunfähig war, so ist für eine teilweise Freisprechung kein Raum, weil die Verurteilung wegen eines Vergehens nach § 323 a StGB den Eröffnungsbeschluß hinsichtlich bei-

---

[59] OLG Hamm JMBlNW **1965** 34; vgl. § 266,
22.
[60] KK-*Hürxthal* 18; *Kleinknecht/Meyer*[37] 18;
KMR-*Paulus* 28; vgl. die Entscheidungen
Fußn. 51; 64.
[61] RGSt **70** 342.
[62] RG HRR **1939** Nr. 478; vgl. § 237, 3.
[63] BayObLGSt **1960** 116 = NJW **1960** 2014;
OLG Köln NJW **1958** 838; OLG Saarbrük-

ken JBlSaar **1961** 219; OLG Schleswig bei *Er-
nesti/Jürgensen* SchlHA **1970** 200; **a. A** RGSt
**52** 190.
[64] BGH VRS **21** 341; BayObLG bei *Rüth*
DAR **1986** 247; OLG Hamm VRS **50** 419;
OLG Stuttgart VRS **67** 356.
[65] BGHSt **22** 76; BGH NJW **1952** 432; VRS
**39** 190; bei *Pfeiffer/Miebach* NStZ **1984** 212;
bei *Schmidt* MDR **1984** 186.

der Anschuldigungen erschöpft[66]. Ist aber eines der als selbständige Taten angeklagten Vergehen nicht nachweisbar, so ist gesonderter Freispruch notwendig, auch wenn dieses andernfalls unter die gleiche Rauschtat fallen würde[67].

Die **straflose Nachtat** steht in einem so engen Zusammenhang mit der abgeurteil- **46** ten Vortat, daß es insoweit eines besonderen Freispruchs nicht bedarf[68].

### 3. Fortgesetzte Tat; Dauerstraftat; Sammelstraftat
**a) Fortsetzungszusammenhang.** Legt die zugelassene Anklage dem Angeklagten **47** mehrere in **Fortsetzungszusammenhang** stehende Einzelhandlungen zur Last und verurteilt das Gericht auch wegen einer fortgesetzten Tat, so bedarf es keines Freispruchs, wenn das Gericht einige der bei Eröffnung angenommenen unselbständigen Einzelhandlungen als nicht nachgewiesen ansieht[69], und zwar auch dann nicht, wenn nicht feststeht, ob die unbewiesenen Handlungen, wenn sie nachgewiesen wären, überhaupt in den Fortsetzungszusammenhang fallen würden. Dagegen muß das Gericht, wenn es nur wegen **einer** oder wegen **mehrerer selbständiger Handlungen** verurteilt und die anderen, als unselbständige Teilhandlungen beurteilten Einzelhandlungen für nicht erwiesen hält, hinsichtlich dieser Einzelhandlungen freisprechen. Andernfalls wäre die zugelassene Anklage nicht erschöpft, denn die Rechtskraft der Verurteilung würde nur die abgeurteilten Handlungen erfassen[70]. Ein Freispruch erübrigt sich also nur, wenn das Urteil an dem Fortsetzungszusammenhang festhält, seine Rechtskraft sich also mit dem Umfang der zugelassenen Anklage deckt. Löst das Urteil dagegen den Fortsetzungszusammenhang durch die Verurteilung wegen einzelner selbständiger Handlungen auf, dann ist wegen der nicht erwiesenen freizusprechen[71]. Dies gilt auch, wenn die zugelassene Anklage, die ersichtlich eine fortgesetzte Tat angenommen hatte, dies nicht besonders zum Ausdruck brachte[72].

Nimmt die zugelassene Anklage mehrere **selbständige Handlungen,** das Urteil da- **48** gegen eine fortgesetzte Handlung an, aus der es jedoch einzelne Fälle als nicht erwiesen ausscheidet, dann muß es insoweit freisprechen[73]. Werden jedoch alle Einzelhandlungen in die Verurteilung wegen einer fortgesetzten Tat mit einbezogen, so bedarf es keines Freispruchs. Hält das Gericht von zwei angeklagten Taten nur eine für erwiesen, dann muß es wegen der anderen auch dann freisprechen, wenn es bei Nachweisbarkeit der anderen Tat Fortsetzungszusammenhang zwischen beiden angenommen hätte[74].

---

[66] BGHSt **13** 233; OLG Hamm VRS **53** 125; *Hanack* JZ **1952** 313; vgl. RG HRR **1936** Nr. 854.

[67] OLG Köln VRS **64** 206; KK-*Hürxthal* 21; vgl. Rdn. 47 zur ähnlichen Rechtslage bei der fortgesetzten Tat.

[68] OLG Hamm JMBlNW **1957** 177; KK-*Hürxthal* 21.

[69] RGSt **39** 146; **57** 302; BGHSt **9** 324; OLG Tübingen NJW **1953** 1605; KK-*Hürxthal* 22; KMR-*Paulus* 30; *Roxin* § 47 B III; *Kroschel/ Meyer-Goßner* 23; *G. Schäfer* § 88 I 5 b; *Eb. Schmidt* 8; *Schlüchter* 573; a. A *Peters* § 52 II 2 (Freispruch wegen der nicht erwiesenen Einzelakte).

[70] RGSt **51** 81; **57** 304; RG GA **53** (1906) 279; JW **1930** 3222; **1931** 945; 1611; 1826; BGH NJW **1951** 411; 726; JZ **1951** 309; LM Nr. 7; BGH bei *Holtz* MDR **1980** 987, bei *Pfeiffer/ Miebach* NStZ **1981** 295; **1985** 13; OLG Celle NdsRpfl. **1958** 195; OLG Hamm NJW **1960** 1025; JMBlNW **1965** 34; MDR **1970** 347; **1974** 597; KMR-*Paulus* 31; *Oetker* JW **1925** 1012; *Roxin* § 47 B III; *Schlüchter* 574; *Eb. Schmidt* 9.

[71] *Kroschel/Meyer-Goßner* 23; *Eb. Schmidt* 10; vgl. BGH bei *Pfeiffer/Miebach* NStZ **1985** 15.

[72] BGH bei *Pfeiffer* NStZ **1981** 295.

[73] RGSt **50** 351; RG GA **53** (1906) 729; **59** (1912) 328; BGHSt **22** 67; BGH NJW **1952** 432; VRS **39** 190; OLG Celle NdsRpfl. **1963** 95.

[74] RGSt **50** 351; OLG Hamm MDR **1970** 347; **1974** 597; OLG Karlsruhe VRS **43** 261.

Walter Gollwitzer

**49**　Nimmt die zugelassene Anklage nur eine aus einer **einzigen Handlung** bestehende Tat an, ergibt aber die Hauptverhandlung, daß es sich um den Teil einer fortgesetzten Tat handelt, ist der Angeklagte wegen fortgesetzter Tat zu verurteilen, vorausgesetzt, daß er damit auch wegen der angeklagten Tat verurteilt wird. Andernfalls ist er freizusprechen[75], sofern nicht die anderen Taten durch Nachtragsanklage nach § 266 in das Verfahren mit einbezogen worden sind. Hat der Erstrichter weitere, nach dem Eröffnungsbeschluß begangene Teile der angeklagten fortgesetzten Handlung zum Gegenstand des Verfahrens gemacht, so muß, wenn diese einbezogenen Einzelhandlungen nicht nachweisbar sind, insoweit Freispruch erfolgen, auch wenn die Verurteilung allein den Eröffnungsbeschluß abdecken würde[76].

**50**　b) Bei **Dauerstraftaten** beurteilt sich die Notwendigkeit eines Teilfreispruchs nach den gleichen Gesichtspunkten wie bei der fortgesetzten Tat[77].

**51**　c) **Gewerbsmäßige, gewohnheitsmäßige und geschäftsmäßige Handlungen** wurden, soweit die Gewerbsmäßigkeit, Gewohnheitsmäßigkeit oder Geschäftsmäßigkeit der Begehung Tatbestandsmerkmal war, vom Reichsgericht früher als Sammelstraftat zu einer rechtlichen Einheit zusammengefaßt. Wurden nur Teilstücke erwiesen, tauchten für den Urteilsspruch ähnliche Fragen auf wie bei der fortgesetzten Handlung[78]. Mit dem Beschluß des Großen Senats (RGSt 72 164) leitete das Reichsgericht eine Entwicklung ein, die sachlichrechtlich wie verfahrensrechtlich beim Sammeldelikt die Verbrechenseinheit aufgab[79]. Der Bundesgerichtshof und das neuere Schrifttum sind dieser Auffassung gefolgt[80]. Damit entfallen bei den gewerbs-, gewohnheits- und geschäftsmäßig begangenen Straftaten die Besonderheiten. Die einzelnen Akte sind, soweit nicht Fortsetzungszusammenhang vorliegt, rechtlich selbständige Handlungen.

## VI. Urteilsformel bei Verurteilung

**52**　**1. Allgemeines.** Absatz 4 enthält Bestimmungen, wie der Urteilsspruch bei Verurteilung zu fassen ist. Den Schuldspruch betreffen die Sätze 1 und 2, die Festsetzung der auf Grund dieses Schuldspruchs angeordneten Rechtsfolgen — Haupt- und Nebenstrafen, Nebenfolgen und Maßregeln der Besserung und Sicherung — die Sätze 3 und 4. Für die Untersagung der Berufsausübung enthält Absatz 2 eine Sonderregelung.

**53**　Welche Entscheidung das Gericht zu treffen hat, insbesondere, welche Rechtsfolgen das Gericht verhängen darf, richtet sich nach dem **materiellen Strafrecht.** Diesem ist zu entnehmen, wieweit die einzelnen Rechtsfolgen nebeneinander und neben einem Freispruch oder einer Einstellung ausgesprochen werden können.

**54**　Im übrigen entscheidet das Gericht nach **pflichtgemäßem Ermessen,** wie im Hinblick auf deren Zweck die Urteilsformel zu fassen ist (Absatz 4 Satz 5; Rdn. 29).

### 2. Schuldspruch

**55**　a) **Rechtliche Bezeichnung der Tat** (Absatz 4 Satz 1). Der Urteilsspruch muß die rechtliche Bezeichnung der Tat — nicht etwa Merkmale des tatsächlichen Geschehens — angeben. Grundsätzlich („soll") sind die Bezeichnungen zu verwenden, die das Gesetz selbst in der Überschrift für bestimmte Straftaten gebraucht. Fehlen solche oder pas-

---

[75] BGHSt **9** 324; BGH bei *Pfeiffer/Miebach* NStZ **1985** 13; BayObLGSt **1963** 115; **1966** 108; OLG Köln JMBlNW **1964** 215.
[76] OLG Hamm JMBlNW **1965** 34; vgl. auch OLG Hamm MDR **1970** 347.
[77] BGHSt **19** 286; KK-*Hürxthal* 23; *Kleinknecht/Meyer*[37] 17; KMR-*Paulus* 30.
[78] RGSt **33** 142; **51** 81.
[79] RGSt **72** 257; 285; 313; 401; **73** 216.
[80] BGHSt **1** 41.

sen sie nicht für den abgeurteilten Tatbestand, sind die herkömmlichen Bezeichnungen zu verwenden, andernfalls eine sonst die Tat charakterisierende Bezeichnung[81]. Die Urteilsformel soll durch eine **knappe und prägnante Fassung** für Angeklagten und Öffentlichkeit leichter verständlich werden[82]. Sie soll nach Möglichkeit keine Paragraphen enthalten, da deren Anführung nach der Urteilsformel (Absatz 5) genügt. Nur wenn weder eine geeignete Gesetzesüberschrift noch sonst eine allgemein bekannte oder aus sich selbst heraus verständliche Bezeichnung für die Tat zu finden ist, kann ausnahmsweise in der Urteilsformel auch der Paragraph des verletzten Strafgesetzes aufgenommen werden[83]. Die rechtliche Bezeichnung der Tat wird nicht dadurch entbehrlich, daß nach der Urteilsformel die angewandten Strafvorschriften in einer Liste aufzuführen sind[84].

Die **Klassifizierung** der Tat als Verbrechen, Vergehen oder Ordnungswidrigkeit **56** ist zu ihrer rechtlichen Bezeichnung nicht erforderlich[85]. Ein solcher Zusatz ist zwar nicht untersagt, er macht den Urteilsspruch jedoch sprachlich schwerfällig, so daß zumindest bei allgemein bekannten Tatbeständen auf die Klassifizierung verzichtet werden sollte. Es empfiehlt sich auch nicht, die Tat näher durch sonstige Zusätze zu kennzeichnen, etwa „wegen Fahrraddiebstahls" oder „Unterschlagung eines Rundfunkempfängers".

Zur rechtlichen Bezeichnung der Tat gehört, auch bei Ordnungswidrigkeiten, die **57** Angabe der **Schuldform,** wenn dies zur Kennzeichnung der Tat erforderlich ist, insbesondere, wenn der gleiche Tatbestand sowohl vorsätzlich wie auch fahrlässig begangen werden kann und beide Begehungsformen nicht gleichwertig sind[86], ferner ist anzugeben, wenn nur ein **Versuch** vorliegt[87].

Zur rechtlichen Bezeichnung der Tat gehört ferner die **Teilnahmeform.** Es muß **58** ersichtlich sein, ob der Verurteilte Täter oder Teilnehmer, nicht dagegen, ob er Allein- oder Mittäter war[88]. Bei § 30 StGB ist der Versuch der Beteiligung oder die Verabredung des jeweiligen Verbrechens, das konkret zu nennen ist, kenntlich zu machen[89].

**Bei Auffangdelikten** gilt anderes. Bei einer Verurteilung nach § 323 a StGB **59** braucht die im Rausch begangene Tat im Urteilsspruch nicht zu erscheinen[90].

b) **Tatbestände,** die **keine eigene Straftat beschreiben,** sondern nur **Strafzumes- 60 sungsregeln** enthalten, sind in die Urteilsformel nicht aufzunehmen[91], so beispielsweise die verminderte Schuldfähigkeit nach § 21 StGB[92] oder früher das Vorliegen der Rück-

---

[81] Vgl. KK-*Hürxthal* 29; *Granderath* MDR **1984** 988 („Wegen unerlaubten Handeltreibens mit Betäubungsmittel" und nicht „wegen Verstoßes gegen das Betäubungsmittelgesetz").

[82] *Kleinknecht/Meyer*[37] 26; KMR-*Paulus* 34; *Kroschel/Meyer-Goßner* 17 f. Nach *Willms* DRiZ **1976** 82 braucht dabei nicht alles zum Ausdruck zu kommen, was in den Paragraphen der Liste nach Absatz 5 aufzuführen ist.

[83] KK-*Hürxthal* 29; *Kleinknecht/Meyer*[37] 27; KMR-*Paulus* 37.

[84] KK-*Hürxthal* 29; KMR-*Paulus* 38.

[85] BGH bei *Dallinger* MDR **1973** 730; BGH NJW **1986** 1116.

[86] BGH VRS **65** 359; OLG Koblenz NStZ **1984** 370; für Bußgeldverfahren: OLG Karlsruhe VRS **54** 68; **58** 263; OLG Koblenz VRS **58** 379; *Schalscha* DRiZ **1958** 193.

[87] KK-*Hürxthal* 30; *Kleinknecht/Meyer*[37] 28; KMR-*Paulus* 36.

[88] BGHSt **27** 289; BGH bei *Holtz* MDR **1977** 108; *Willms* DRiZ **1976** 83.

[89] KK-*Hürxthal* 30; KMR-*Paulus* 36; *Kroschel/Meyer-Goßner* 18; vgl. BGHSt **2** 360; bei *Dallinger* MDR **1969** 777; *Schalscha* DRiZ **1958** 193 zu § 49 a StGB a. F.

[90] RGSt **69** 187; OLG Oldenburg NdsRpfl. **1970** 239; KK-*Hürxthal* 32.

[91] BGHSt **27** 389; KK-*Hürxthal* 31 ff; *Kleinknecht/Meyer*[37] 28; KMR-*Paulus* 39; *Schalscha* DRiZ **1958** 193.

[92] BGHSt **27** 289.

Walter Gollwitzer

fallvoraussetzungen nach § 48 StGB a. F.[93], oder die Anwendung unbenannter Straf-
schärfungs- oder Strafmilderungsgründe (§ 12 Abs. 3 StGB: besonders schwere oder
minder schwere Fälle)[94].

**61**     Im übrigen ist zu unterscheiden: Ist unter Verwendung echter **Qualifikations-
merkmale** ein **eigener Straftatbestand** mit eigenem Strafrahmen gebildet worden, ist
dieser mit seiner Bezeichnung in die Urteilsformel aufzunehmen[95]. Werden dagegen besonders schwere oder minder schwere Fälle im Gesetz durch **zwingende Beispiele** oder
durch **Regelbeispiele** verdeutlicht, muß deren Vorliegen nicht in der Urteilsformel festgestellt werden[96]. Die Aufnahme ist aber nicht unzulässig[97], sofern die gewählte Bezeichnung nicht mißverständlich ist, wie es bei der Verwendung des Begriffs „Schwerer
Diebstahl" bei § 243 angenommen wird[98]. Bei Verhängung von Jugendstrafe scheidet
die Bezeichnung als besonders schwerer Fall schon wegen der anderen Bemessungsgrundlage aus[99].

**62**     **c) Konkurrenzen.** Bei **tateinheitlichem Zusammentreffen** sind alle verletzten Tatbestände aufzuführen[100]; das Vorliegen der Tateinheit ist deutlich zu machen („zugleich" oder „durch eine und dieselbe Handlung").

**63**     Bei **Gesetzeseinheit** ist dagegen allein die angewandte Strafvorschrift in den Urteilsausspruch aufzunehmen, selbst wenn Nebenfolgen aus einer verdrängten Vorschrift
angeordnet worden sind[101].

**64**     Bei **Tatmehrheit** muß die Urteilsformel alle verletzten Tatbestände anführen und
erkennen lassen, daß es sich um mehrere selbständige Straftaten handelt; erforderlichenfalls ist auch die Zahl der Fälle hervorzuheben („wegen Betrugs in drei Fällen,
davon in einem in Tateinheit mit Urkundenfälschung"). Einer näheren Kennzeichnung
der einzelnen Taten bedarf es nicht[102].

**65**     **d)** Wird der Angeklagte wegen einer **fortgesetzten Handlung** verurteilt, ist es
nicht notwendig[103], aber üblich und empfehlenswert, dies im Urteilsspruch auszudrük-

---

[93] BGHSt **23** 237; **27** 289; *Willms* DRiZ **1976**
821; *Kroschel/Meyer-Goßner* 18; *Roxin* § 47 B
I 1 a.

[94] *Kleinknecht/Meyer*[37] 28; KMR-*Paulus* 39;
vgl. ferner *Granderath* MDR **1984** 988;
*Willms* DRiZ **1976** 82; *Roxin* § 47 B I 1 a.

[95] BGH NStZ **1982** 29 (zu § 260 StGB ge-
werbsmäßige Hehlerei) weitere Beispiele:
„Diebstahl mit Waffen" § 244 Abs. 1 Nr. 2
StGB; „Schwerer Raub" § 250 StGB, „Un-
erlaubte Einfuhr von Betäubungsmitteln in
nicht geringen Mengen" § 30 Abs. 1 Nr. 1
BtMG; *Granderath* MDR **1984** 988; vgl. dazu
KK-*Hürxthal* 30; *Kleinknecht/Meyer*[37] 26;
KMR-*Paulus* 39; *Kroschel/Meyer-Goßner* 19;
*G. Schäfer* § 88 I 2 a.

[96] BGHSt **23** 254; **27** 289; *Granderath* MDR
**1984** 988; *Kleinknecht/Meyer*[37] 28; KMR-
*Paulus* 39; *Kroschel/Meyer-Goßner* 18.

[97] BGH NJW **1970** 2120; **1977** 1830; BGH bei
*Dallinger* MDR **1975** 543; nach *Granderath*

MDR **1984** 988 ist diese Entscheidung durch
BGHSt **27** 287 überholt. Vgl. ferner *Börtzler*
NJW **1971** 682; KK-*Hürxthal* 33.

[98] Vgl. *Börtzler* NJW **1971** 682, der „Diebstahl in einem besonders schweren Fall" für
zulässig hält. Nach *Granderath* MDR **1984**
988 streicht der BGH diese Bezeichnung in
jeder Urteilsformel.

[99] BGH MDR **1976** 769; KK-*Hürxthal* 34;
*Kaiser* NJW **1981** 1028.

[100] RGSt **27** 86; OGHSt **1** 34; KK-*Hürxthal*
34; *Kroschel/Meyer-Goßner* 20; *Roxin* § 47 B
I 1 c.

[101] *Dünnebier* GA **1954** 274; *Hartung* NJW
**1954** 587; KK-*Hürxthal* 34; KMR-*Paulus* 37;
*Roxin* § 47 B I 1 c.

[102] *Kroschel/Meyer-Goßner* 19.

[103] BGHSt **27** 289; BGH nach *Schmidt* MDR
**1978** 7; KK-*Hürxthal* 34; *Kleinknecht/Mey-
er*[37] 28; KMR-*Paulus* 37; *Willms* DRiZ **1976**
83.

ken. Doch ist der Angeklagte nicht beschwert, wenn es unterbleibt[104]. Besteht die fortgesetzte Handlung zum Teil aus **vollendeten**, zum Teil aus **versuchten** Straftaten, ist im Entscheidungssatz nur wegen einer vollendeten fortgesetzten Tat zu verurteilen[105]. Schließt die fortgesetzte Handlung eine **einzelne schwerere Begehungsart** mit ein, dann hat dieser Einzelfall nicht die Kraft, die Bezeichnung der ganzen Fortsetzungstat zu prägen und so den irrigen Eindruck zu erwecken, der Täter wäre fortgesetzt in der erschwerten Form strafbar geworden. Hier entspricht es dem Zweck des §260, wegen der leichteren Form zu verurteilen und den Einzelfall mit der erschwerten Form daneben gesondert zu erwähnen („wegen fortgesetzter Erpressung, in einem Fall in der Form der versuchten räuberischen Erpressung")[106].

**e) Sonstiges.** Erfüllt die Tat zugleich die Merkmale einer **nur auf Antrag** und **66** einer von Amts wegen zu verfolgenden Straftat, so hindert das Fehlen des Strafantrags nicht, daß der Angeklagte auf Grund des von Amts wegen zu verfolgenden Delikts verurteilt wird[107]. Hat die zugelassene Anklage eine fortgesetzte Handlung angenommen und erachtet das Gericht mehrere selbständige Handlungen für vorliegend, von denen eine mangels Strafantrag nicht verfolgt werden kann, so erfordert die Erschöpfung der Klage insoweit die Einstellung[108]. Zur Frage, wieweit statt der Einstellung Freisprechung geboten ist, vgl. Rdn. 100 ff.

Zur Fassung des Urteilsspruchs bei einer **Verurteilung auf mehrdeutiger Tatsa-** **67** **chengrundlage** siehe §261, 166 ff.

**3. Rechtsfolgen; Allgemeines.** Die Bezeichnung „Rechtsfolgen der Tat" ist dem **68** Strafgesetzbuch entnommen (vgl. Überschrift des Dritten Abschnitts). Sie umfaßt alle staatlichen Reaktionen, auf die der Strafrichter wegen der Straftat erkennen kann, also Strafen, Maßregeln der Besserung und Sicherung, und alle sonstigen Nebenfolgen, wie etwa Einziehung und Verfall. Welche Rechtsfolge das Gericht im Einzelfall verhängen darf oder muß, richtet sich nach dem materiellen Recht.

In die Urteilsformel sind **alle Rechtsfolgen** aufzunehmen, die das Gericht auf- **69** grund des Schuldspruchs verhängt[109]. Die Urteilsformel muß die Rechtsfolgen nach Art und Umfang klar und eindeutig bezeichnen. Es sind die im materiellen Strafrecht verwendeten Bezeichnungen zu gebrauchen und die dort gezogenen Grenzen und die dort festgelegten Bemessungseinheiten zu beachten.

Werden mehrere Rechtsfolgen für **mehrere Straftaten** verhängt, muß die Urteils- **70** formel **eindeutig** ersehen lassen, für welche Tat jede einzelne Rechtsfolge festgesetzt wird. Dies ist insbesondere bei neben der Hauptstrafe ausgesprochenen Nebenstrafen, Maßregeln der Besserung und Sicherung und sonstigen Nebenfolgen zu beachten. Beispielsweise muß der Urteilsspruch erkennen lassen, wenn nur wegen eines von mehreren Verkehrsdelikten ein Fahrverbot ausgesprochen worden ist[110].

---

[104] Vgl. BGHSt **6** 93; OLG Bremen DRZ **1950** 165; *Kroschel/Meyer-Goßner* 22; *Roxin* § 47 B I 1 c.

[105] OGHSt **2** 352; BGH NJW **1957** 1288; bei *Dallinger* MDR **1975** 542; OLG Düsseldorf SJZ **1950** 284; KK-*Hürxthal* 34; *Kroschel/Meyer-Goßner* 22.

[106] BGH NJW **1957** 1288; bei *Dallinger* MDR **1958** 564; vgl. die Beispiele bei *Börtzler* NJW **1971** 682; ferner BGHSt **10** 230 (für den gleichgelagerten Fall der natürlichen Handlungseinheit).

[107] RGRspr. **4** 211; RGSt **18** 286; **31** 281; **33** 341; **46** 47.

[108] RG GA **75** (1931) 291.

[109] Seit der Streichung des Absatz 4 Satz 5 durch das 23. StrÄndG gilt dies ausnahmslos.

[110] *Koffka* JR **1969** 394 zu OLG Köln JR **1969** 392; a. A KMR-*Paulus* 54 (es genügt, wenn aus den Urteilsgründen ersichtlich).

Walter Gollwitzer

**4. Strafen**

**71**　　a) Bei **Freiheitsstrafe** ergeben sich die Grenzen aus den §§ 38, 39 StGB. Die Bemessung nach Tagen ist ausgeschlossen; im übrigen ist es aber zulässig, eine kleinere Zeiteinheit auch bei Überschreiten der nächstgrößeren beizubehalten (7 Wochen; 15 Monate usw.)[111]. Erkennt das Gericht anstelle einer vom Gesetz ausschließlich angedrohten Freiheitsstrafe auf eine Geldstrafe (§ 47 StGB), so ist nur die Geldstrafe anzuführen.

**72**　　b) Bei **Geldstrafe** schreibt Absatz 4 Satz 3 vor, daß **Zahl und Höhe** der **Tagessätze** in die Urteilsformel aufzunehmen sind. Dabei genügt es, wenn die Höhe eines Tagessatzes bestimmt wird. Der Gesamtbetrag, der sich aus der Höhe des einzelnen Tagessatzes und der Zahl der Tagessätze ergibt, muß nicht in den Urteilsspruch aufgenommen werden[112]; desgleichen erübrigt sich die Angabe der **Ersatzfreiheitsstrafe**. Ihr Umfang ist jetzt bereits durch § 43 StGB festgelegt[113]. Bewilligte **Zahlungserleichterungen** (§ 42 StGB) sind anzuführen[114].

**73**　　c) Wird bei Tatmehrheit nach §§ 53, 54 StGB auf eine **Gesamtstrafe** (Gesamtgeldstrafe) erkannt, ist nur diese in den Urteilsspruch aufzunehmen[115]. Die Anführung der Einzelstrafen im Urteilsspruch ist nicht üblich; sie würde den Urteilsspruch oft unübersichtlich und schwerfällig machen; es genügt, daß die Einzelstrafen in den Urteilsgründen ausgewiesen werden[116]. Bereits rechtskräftig erkannte Einzelstrafen einer früher verhängten Gesamtstrafe, die unter Auflösung der früheren Gesamtstrafe gemäß § 55 StGB in eine neue einbezogen werden, bestehen in dieser fort. Im Urteilsspruch darf also nur angeordnet werden, daß die frühere Gesamtstrafe wegfällt, nicht aber, daß die früheren Einzelstrafen in Wegfall kommen[117]. Wie bei der Bildung einer Gesamtstrafe die Tagessätze unterschiedlicher Höhe zusammenzufassen sind, ist strittig[118]. Nebenstrafen, die nicht in die Gesamtstrafe mit einzubeziehen sind, müssen nach § 55 Abs. 2 StGB aufrechterhalten werden, soweit sie nicht durch die Gesamtstrafe gegenstandslos geworden sind[119].

**74**　　Werden Freiheitsstrafe und Geldstrafe **nicht zu einer Gesamtstrafe** zusammengefaßt, so darf auch nicht für den Fall der Uneinbringlichkeit der Geldstrafe eine aus der Freiheitsstrafe und der Ersatzfreiheitsstrafe gebildete Gesamtstrafe festgesetzt werden[120]. Treffen mehrere Straftaten zusammen, bei denen jeweils **Freiheitsstrafe** und **Geldstrafe getrennt festgesetzt** werden müssen, so sind aus Freiheitsstrafen und Geldstrafen gesonderte Gesamtstrafen zu bilden[121], nicht dagegen, wenn mehrere Freiheits- und Geldstrafen zu einer einzigen Gesamtstrafe zusammengezogen werden[122].

---

[111] BayObLG nach *Kleinknecht/Meyer*[37] 32; KK-*Hürxthal* 37; vgl. ferner die Kommentare zu §§ 38, 39 StGB.

[112] KK-*Hürxthal* 38; *Kleinknecht/Meyer*[37] 32; KMR-*Paulus* 56; *Göhler* NJW **1974** 829; *Zipf* JuS **1974** 139; a. A *Naucke* NJW **1978** 407; *Vogler* JR **1978** 353. Vgl. die Kommentare zu § 40 StGB mit weit. Nachw. zur Streitfrage.

[113] KK-*Hürxthal* 38; KMR-*Paulus* 56.

[114] *Kleinknecht/Meyer*[37] 32; KMR-*Paulus* 60; vgl. die Kommentare zu § 42 StGB.

[115] OLG Oldenburg NdsRpfl. **1951** 56; h. M vgl. KK-*Hürxthal* 37; *Kleinknecht/Meyer*[37] 32; KMR-*Paulus* 57; *Eb. Schmidt* 17. Die Aufnahme der Einzelstrafen in den Urteilstenor ist aber nicht unzulässig. Vgl. RGSt **25** 297 ff; OLG Hamm JMBlNW **1956** 68; *Roxin* § 47 B I 2 c.

[116] Vgl. oben Fußn. 116.

[117] BGHSt **12** 99; KK-*Hürxthal* 37.

[118] Vgl. etwa BGH NJW **1978** 319; BayObLGSt **1976** 124 = NJW **1977** 2322 mit Anm. *Meyer*; OLG Hamburg MDR **1976** 419; *Naucke* NJW **1978** 407; *Regel* MDR **1977** 446; ferner die Kommentare zum StGB.

[119] BGH NJW **1979** 2113.

[120] BayObLGSt **1971** 7 = MDR **1971** 860.

[121] BGHSt **23** 200.

[122] BayObLGSt **1971** 141 = NJW **1971** 2318.

Das erkennende Gericht darf eine ihm mögliche Gesamtstrafenbildung nicht dem **75** nachträglichen Beschlußverfahren gemäß § 460 überlassen[123]. Etwas anderes kann gelten, wenn die Einbeziehung weiterer Strafen, den Abschluß des Verfahrens verzögernde Ermittelungen erfordern würde[124] oder wenn der Bestand der einzubeziehenden Einzelstrafen wegen eines aussichtsreichen Wiedereinsetzungsantrags zweifelhaft ist[125]. In solchen Fällen muß das Urteil in den Gründen darlegen, warum es von der Einbeziehung absieht. Das Schweigen zu einer nach der Sachlage naheliegenden Einbeziehung einer früheren Verurteilung könnte sonst als sachlich-rechtlicher Mangel des Urteils gewertet werden[126].

d) Die **Aussetzung einer Strafe** oder einer Maßregel der Besserung und Sicherung **76** zur Bewährung ist im Urteilsspruch ausdrücklich anzuordnen (Absatz 4 Satz 4). Schweigt der Urteilsspruch darüber, so bedeutet das, daß die Strafe nicht zur Bewährung ausgesetzt ist. In den Urteilsspruch gehört nur die Anordnung der Aussetzung. Die Dauer der Bewährungsfrist und etwaige Bewährungsauflagen sind in einem gesondert zu verkündenden Beschluß (§ 268 a) festzulegen[127].

e) Bei **Verwarnung mit Strafvorbehalt** (§ 59 StGB) ist sowohl die Verwarnung als **77** auch der Vorbehalt einschließlich der bereits bestimmten Strafe in den Urteilsspruch aufzunehmen[128]. Die Nebenentscheidungen (Bewährungszeit; Auflagen) bleiben einem Beschluß nach § 268 a vorbehalten.

f) Wird unter Schuldigsprechung nach § 60 StGB **von Strafe abgesehen,** so ist das **78** im Urteilsspruch zum Ausdruck zu bringen (Absatz 4 Satz 4)[129]. Der Schuldspruch muß im übrigen den Rdn. 54 ff aufgezeigten Grundsätzen genügen. Die Pflicht, die Kosten des Verfahrens zu tragen, ist ebenfalls auszusprechen[130].

g) Die **Anrechnung der Untersuchungshaft** und anderer Freiheitsentziehungen **79** auf die festgesetzte Freiheits- oder Geldstrafe braucht das Gericht nicht mehr ausdrücklich anzuordnen, da dies nunmehr kraft Gesetzes allgemein vorgeschrieben ist (§ 51 StGB)[131]; dies gilt auch, wenn die Untersuchungshaft für eine nicht zur Verurteilung führenden Tat bereits beendet war, bevor die abgeurteilte Tat begangen wurde[132], oder wenn eine einbezogene rechtskräftige Freiheitsstrafe bereits verbüßt ist[133].

Eine **besondere richterliche Entscheidung** in der Urteilsformel ist nur dann notwen- **80** dig, wenn **ausnahmsweise** eine **konstitutive Entscheidung** ergeht, so, wenn das Gericht abweichend von der Regel anordnet, daß die Anrechnung ganz oder zum Teil unter-

---

[123] BGHSt **12** 1; dazu *Fitzner* NJW **1966** 1206; BGHSt **23** 98; OLG Stuttgart Justiz **1968** 233; KMR-*Paulus* 58; vgl. die Kommentare zu § 55 StGB mit weit. Nachw.; ferner bei § 460, 2 ff.

[124] RGSt **34** 267; **37** 284; BGHSt **23** 99 mit Anm. *Küper* MDR **1970** 885; OLG Hamm NJW **1970** 1200 mit Anm. *Küper* NJW **1970** 1559; KMR-*Paulus* 58.

[125] BGHSt **23** 98 mit Anm. *Küper* MDR **1970** 885.

[126] BGHSt **23** 98; OLG Stuttgart Justiz **1968** 233.

[127] KK-*Hürxthal* 39; *Kleinknecht/Meyer*[37] 32; KMR-*Paulus* 59.

[128] Vgl. Rdn. 21; *Kroschel/Meyer-Goßner* 36.

[129] Vgl. Rdn. 36; KK-*Hürxthal* 40; *Kleinknecht/Meyer*[37] 32; KMR-*Paulus* 59; *Kroschel/Meyer-Goßner* 35.

[130] Vgl. OLG Hamm VRS **5** 400; ferner bei § 465.

[131] BGHSt **24** 30; **27** 287 (deklaratorische Aufnahme überflüssig); BGHSt **28** 29 = JR **1979** 73 mit Anm. *Tröndle*; BGH NStZ **1983** 524; KK-*Hürxthal* 41; *Kleinknecht/Meyer*[37] 33; KMR-*Paulus* 61; *Mösl* NStZ **1983** 494.

[132] BGHSt **28** 29 = JR **1979** 73 mit Anm. *Tröndle*; OLG Schleswig NJW **1978** 115; a. A RGSt **58** 95; **71** 140.

[133] BGHSt **21** 186 (schon zur früheren Rechtslage).

Walter Gollwitzer

bleibt[134] oder wenn es den Maßstab für die Anrechnung einer Freiheitsentziehung im Ausland nach Absatz 4 Satz 2 nach seinem Ermessen zu bestimmen hat[135]. Einer Anordnung bedarf es ferner, wenn **Zweifel über die Art und Weise der Anrechnung** bestehen können. Beispiele: Es werden verschiedenartige Strafen (Geld- und Freiheitsstrafen) nebeneinander verhängt und es muß über die Anrechnung auf die verschiedenen Strafen entschieden werden[136] oder es ist unklar, wieweit eine Freiheitsentziehung im Ausland vollstreckt worden ist (§ 51 Abs. 4 Satz 1). Ist der Angeklagte in zwei getrennten Verfahren verurteilt worden, so ist die Untersuchungshaft, die er im zweiten Verfahren erlitten hat, auf die aus beiden Verurteilungen zu bildende Gesamtstrafe auch dann anzurechnen, wenn sie die Einzelstrafen übersteigt, die in der zweiten Sache verhängt wurden[137]. Wird ein Verfahren, für das sich der Angeklagte in Untersuchungshaft befand, später getrennt, so ist bei Freispruch im ersten Urteil die Entscheidung über Haftentschädigung bzw. Anrechnung der Untersuchungshaft einheitlich dem späteren Urteil vorzubehalten[138]. Bei Anwendung der §§ 52, 52 a JGG bedarf es einer ausdrücklichen Entscheidung des Tatrichters[139] über die Anrechnung der Untersuchungshaft auf Jugendstrafe oder Jugendarrest.

**81**      Die Anrechnung einer vorläufigen Entziehung der Fahrerlaubnis oder einer Beschlagnahme oder Sicherstellung des Führerscheins auf ein **Fahrverbot** oder eine Sperre für die Erteilung der Fahrerlaubnis nach § 69 a Abs. 4 StGB wird nach § 51 Abs. 5 StGB ebenfalls automatisch vorgenommen, wenn die Urteilsformel nichts Gegenteiliges bestimmt[140].

**82**      5. Die Anordnung einer **Maßregel der Besserung und Sicherung** (§ 61 StGB) ist mit dem abstrakten gesetzlichen Wortlaut in die Urteilsformel aufzunehmen[141]. Zugleich sind die sonstigen Anordnungen zu treffen, soweit diese nach materiellem Recht in den Urteilsspruch und nicht in den besonderen Beschluß nach § 268 a gehören oder dem Vollstreckungsverfahren vorbehalten bleiben können[142]. Die Anordnung, daß die Strafe vor der Maßregel zu vollziehen ist (§ 67 Abs. 2 StGB), ergeht im Urteilsspruch, desgleichen die Bestimmung der Reihenfolge der Vollstreckung nach § 73 Abs. 3 Satz 1 StGB.

**83**      Die **Ablehnung eines Antrags** auf Anordnung einer Maßregel der Sicherung gehört nur dann in den Urteilsspruch, wenn im selbständigen Sicherungsverfahren der Antrag auf Unterbringung abgelehnt wird (§ 414 Abs. 2 Satz 2). Nur in diesem Falle bildet die Ablehnung des Antrags den einzigen Inhalt der Entscheidung. In allen übrigen Fällen bildet sie nur einen Teil der im übrigen die Freisprechung oder die Verurteilung aussprechenden Entscheidung[143]. Enthält aber der andere Entscheidungen umfassende Ur-

---

[134] BGHSt **27** 287; *Horstkotte* NJW **1969** 1605; vgl. die Kommentare zu § 51 Abs. 1 Satz 2 StGB.

[135] BGH NStZ **1984** 214; GA **1982** 470; StrVert. **1985** 503; OLG Oldenburg NJW **1982** 2741; *Kroschel/Meyer-Goßner* 32; *Mösl* NStZ **1982** 454; **1983** 495.

[136] BGHSt **24** 290; **27** 287; BGH bei *Dallinger* MDR **1970** 196; KK-*Hürxthal* 41; *Kleinknecht/Meyer*[37] 34; KMR-*Paulus* 61; *Kroschel/Meyer-Goßner* 32. Vgl. auch BGH NJW **1971** 1373.

[137] BGHSt **3** 297; KK-*Hürxthal* 41; vgl. Fußn. 133.

[138] OLG Schleswig SchlHA **1976** 71.

[139] Nicht des Revisionsrichters, BGH GA **1972** 366.

[140] LG Köln VRS **44** 14; KK-*Hürxthal* 41; *Kleinknecht/Meyer*[37] 34; KMR-*Paulus* 61.

[141] RG HRR **1940** Nr. 50; BGH MDR **1952** 530; KMR-*Paulus* 62; *Kroschel/Meyer-Goßner* 32.

[142] So die Bezeichnung einer bestimmten Anstalt; vgl. RGSt **70** 176; KK-*Hürxthal* 36.

[143] Vgl. Rdn. 69; KK-*Hürxthal* 36; KMR-*Paulus* 62; *Kroschel/Meyer-Goßner* 33.

teilsspruch nichts über die Anordnung einer Maßregel der Besserung und Sicherung, so bedeutet das Schweigen darüber die Ablehnung eines darauf gerichteten Antrags[144]. Jedoch kann es nicht als unzulässig angesehen werden, die Ablehnung eines Antrags auf Anordnung einer Maßregel der Besserung und Sicherung im Urteilsspruch selbst zum Ausdruck zu bringen.

Die **einzelnen Maßnahmen** und die dabei im Urteil zu treffenden Entscheidungen **84** sind in den §§ 63 bis 72 StGB geregelt. Dies gilt vor allem auch für die bei **Entziehung der Fahrerlaubnis** in die Urteilsformel aufzunehmenden Entscheidungen[145].

6. **Bei einem Berufsverbot** muß der Urteilsspruch dessen zeitliche Dauer sowie **85** den Beruf, das Gewerbe oder den Gewerbezweig, dessen Ausübung untersagt wird, genau bezeichnen (Absatz 2)[146]. Das Verbot, „sich als Manager zu betätigen" genügt diesen Anforderungen nicht[147], ebenso das Verbot des „Kaufmannsgewerbes"[148] oder „jeder selbständigen Geschäftstätigkeit"[149]. Dagegen kann die Untersagung der „Ausübung des Vertreterberufs im weitesten Sinn" noch genügen[150]. Es ist zulässig, einem Gewerbetreibenden, der nur in einem Zweig seines Gewerbes Straftaten begangen hat, die Ausübung dieses Gewerbes allgemein zu untersagen. Die Fassung der Urteilsformel muß jedoch immer eindeutig zum Ausdruck bringen, welche Berufs- oder Gewerbetätigkeit dem Verurteilten künftig verboten sein soll. Etwaige Zweifel über die Tragweite eines Berufsverbots hat das Gericht nach § 458 zu entscheiden.

7. **Verfall, Einziehung, Wertersatz.** Wird auf **Verfall** einer Sache oder eines **86** Rechts oder auf **Einziehung** erkannt, so sind die betroffenen Gegenstände grundsätzlich in der Urteilsformel aufzuzählen und einzeln so genau zu bezeichnen, daß bei der Vollstreckung ihre zweifelsfreie Identifizierung möglich ist[151]. Dazu kann die Angabe von Art und Menge der einzuziehenden Sachen erforderlich sein[152]. Maßgebend sind die Umstände des Einzelfalls, insbesondere auch, ob der einzuziehende Gegenstand bereits im amtlichen Gewahrsam ist. So kann es genügen, das „bei der Tat benutzte Messer" einzuziehen, wenn dieses Messer sichergestellt ist und für alle zweifelsfrei erkennbar ist, daß sich die Anordnung nur auf dieses Messer bezieht. Ist dies dagegen nicht der Fall, dann muß das betreffende Messer so genau beschrieben werden, daß feststellbar ist, an welchem Gegenstand der Staat nach §§ 73 d, 74 e StGB mit Rechtskraft des Urteils Eigentum erwirbt und worauf sich das Veräußerungsverbot der §§ 73 d Abs. 2, 74 e Abs. 3 StGB bezieht. Werden mehrere Gegenstände eingezogen, so kann deren Beschreibung in einer (mitzuverkündenden) Anlage zum Urteilsspruch aufgenommen werden[153]. Eine Bezugnahme auf eine in der Anklageschrift aufgenommene Aufstellung

---

[144] RG HRR **1940** Nr. 50; BGH MDR **1952** 530.

[145] Wegen der Einzelheiten vgl. die Kommentare zum StGB.

[146] KK-*Hürxthal* 42; KMR-*Paulus* 62.

[147] BGH bei *Dallinger* MDR **1958** 139.

[148] BGH bei *Dallinger* MDR **1956** 143; **1958** 783; vgl. aber auch RGSt **71** 69; BGH NJW **1958** 1404 („Verbot jedweden Handelsgewerbes" genügt den Anforderungen).

[149] BGH VRS **30** 275; BGH bei *Dallinger* MDR **1952** 530; ferner BGH bei *Dallinger* MDR **1974** 12 (zu unbestimmt: „Geschäftstätigkeit, die Verfügung über fremde Gelder ermöglicht"); KMR-*Paulus* 62.

[150] OLG Celle NJW **1965** 265; KMR-*Paulus* 62; strittig; vgl. die Kommentare zu § 70 StGB; ferner BGH NJW **1965** 1389 (Verleger und Redakteur).

[151] RGSt **70** 341; BGHSt **8** 212; **9** 89; KK-*Hürxthal* 43; *Kleinknecht/Meyer*[37] 32; KMR-*Paulus* 63; *Kroschel/Meyer-Goßner* 30.

[152] Z. B. bei Betäubungsmitteln, BGH nach KK-*Hürxthal* 43; *Kroschel/Meyer-Goßner* 31.

[153] BGHSt **9** 89; BGH LM Nr. 28; nach BGH StrVert. **1981** 396; bei *Pfeiffer* NStZ **1981** 295 genügt äußerstenfalls die genaue Beschreibung in den Urteilsgründen.

Walter Gollwitzer

dieser Gegenstände ist dagegen nicht zulässig, denn das Urteil muß aus sich heraus verständlich sein[154]. Wird eine Schrift allgemein eingezogen, so müssen der volle Titel und das Impressum dieser Schrift in die Urteilsformel oder die Anlage dazu aufgenommen werden[155].

**87**     Wird der Verfall eines Gegenstands oder die Einziehung **gegen einen Dritten** ausgesprochen (§ 73 Abs. 3, 4, §§ 74, 74 a StGB), so sind dessen Personalien im Urteil genau zu bezeichnen[156].

**88**     Ordnet das Urteil den Verfall oder die Einziehung des **Wertersatzes** an (§§ 73 a, 74 c StGB), so muß es den Betrag des Wertersatzes in der Urteilsformel angeben[157].

**89**     Der **Vorbehalt der Einziehung** ist zugleich mit der Anweisung, die Gegenstände unbrauchbar zu machen oder zu ändern oder über sie in einer bestimmten Weise zu verfügen, in den Fällen des § 74 b Abs. 2 StGB in die Urteilsformel aufzunehmen[158]. Die zur Vermeidung der Einziehung zu treffenden Maßnahmen sind dabei genau zu bezeichnen.

**90**     8. Wird die **Bekanntmachung des Urteils** angeordnet, so muß die Urteilsformel so gefaßt werden, daß die Vollstreckung keinen Schwierigkeiten begegnet[159]. Wenn Zweifel möglich sind, vor allem, wenn nur ein Teil der Verurteilung veröffentlicht werden soll, ist im Urteilsspruch selbst anzugeben, welche Urteilsteile zur Veröffentlichung bestimmt sind[160] und wie diese zu fassen ist. Wird die Veröffentlichung nicht von Amts wegen angeordnet (z. B. im Falle des § 200 Abs. 2 StGB), dann ist der Verletzte, dem die Veröffentlichungsbefugnis zugestanden wird, im Urteil mit Namen zu bezeichnen[161]. Die Art der Bekanntmachung ist unter Festlegung des Veröffentlichungsvorgangs nach Inhalt, Form und Frist genau zu bestimmen. Dem Verletzten darf nicht die Auswahl unter mehreren Tageszeitungen überlassen bleiben[162]. Das Urteil ist ferner so zu fassen, daß von mehreren Verletzten jeder die Veröffentlichung unabhängig von den anderen betreiben kann[163].

**91**     9. **Nicht vollstreckbare Rechtsfolgen,** Strafen oder Maßregeln der Besserung und Sicherung, die neben anderen Strafen oder Maßregeln nicht vollstreckt werden können, wurden früher nach dem jetzt aufgehobenen Absatz 4 Satz 5 (a. F.) nicht in den Urteilsspruch aufgenommen, sondern nur in den Urteilsgründen ausgewiesen[164]. Für den Hauptanwendungsfall der früheren Regelung, der verwirkten zeitlichen Freiheitsstrafe neben einer lebenslangen Strafe, hatte die vorherrschende Meinung[165] seit Einführung

---

[154] Vgl. BGH NJW **1962** 2019; StrVert. **1981** 396.

[155] BGHSt **9** 88; BGH NJW **1962** 2019; *Kleinknecht/Meyer*[37] 32; vgl. die Kommentare zu § 74 d StGB.

[156] KK-*Hürxthal* 43. Wegen der Einzelheiten vgl. die Kommentare zum StGB und bei § 436 ff.

[157] KK-*Hürxthal* 43; KMR-*Paulus* 63.

[158] *Kroschel/Meyer-Goßner* 30; vgl. die Kommentare zu § 74 b StGB.

[159] Vgl. die Hinweise dafür in Nr. 231 RiStBV.

[160] BGHSt **10** 311.

[161] BGHSt **3** 377; KK-*Hürxthal* 44; *Kroschel/Meyer-Goßner* 30.

[162] BayObLGSt **1954** 72; KK-*Hürxthal* 44; *Kleinknecht/Meyer*[37] 35.

[163] BGHSt **10** 311; BayObLGSt **1961** 141; OLG Hamm NJW **1974** 466; KK-*Hürxthal* 44; KMR-*Paulus* 64; *Kroschel/Meyer-Goßner* 30.

[164] Absatz 4 Satz 5 ist durch Art. 2 Nr. 1 Buchst. a des 23. StRÄndG aufgehoben. Zur Rechtslage bis 1982 vgl. etwa KK-*Hürxthal* 36; KMR-*Paulus* 54.

[165] BGHSt **32** 93 = StrVert. **1984** 6 mit Anm. *Beckmann*; BGH NJW **1984** 674; *v. Bubnoff* JR **1982** 444; *Groß* ZRP **1979** 133; *Horn* JR **1983** 382; *Kleinknecht/Meyer*[37] 32; *Lackner* FS Leferenz 609; a. A *Böhm* NJW **1982** 135; vgl. ferner die Kommentare zu §§ 57 a, 66 StGB, aber auch BGH JZ **1986** 454 (keine Sicherungsverwahrung neben lebenslanger Freiheitsstrafe).

des § 57 a StGB die Aufnahme einer aus den zeitlichen Freiheitsstrafen zu bildende gesonderte Gesamtstrafe[166] in den Urteilstenor gefordert, desgleichen für mehrere lebenslange Freiheitsstrafen[167] und für freiheitsentziehende Maßregeln der Besserung und Sicherung[168]. Seit der Neufassung des § 54 Abs. 1 Satz 1 StGB ist jetzt unter Einbeziehung der Einzelstrafen auf die lebenslange Freiheitsstrafe als Gesamtstrafe im Urteilsspruch zu erkennen[169], neben der auch freiheitsentziehende Maßregeln anzuführen sind. Der Zweck des früheren Absatz 4 Satz 5 (Entlastung des Urteilsspruchs und volkstümlichere Fassung des Urteilsspruchs)[170] wird jetzt auf geändertem Weg erreicht.

Rechtsfolgen, die durch eine **Anrechnungsregelung** (vgl. Rdn. 79) ausgeglichen **92** und deshalb nicht mehr zu vollstrecken sind, wie eine durch Untersuchungshaft verbüßte Freiheitsstrafe oder ein wegen der Anrechnung der vorläufigen Fahrerlaubnisentziehung nicht mehr zu vollstreckendes Fahrverbot, sind in die Urteilsformel aufzunehmen[171].

10. Die **Kostenentscheidung** ist ebenfalls Bestandteil der Urteilsformel. Die Einzel- **93** heiten sind bei §§ 464 ff erläutert.

## VII. Einstellung (Absatz 3)

**1. Allgemeines.** Die alte Fassung des § 260 ordnete nur an, daß die Einstellung **94** des Verfahrens auszusprechen sei, wenn bei einer nur auf Antrag zu verfolgenden Straftat sich ergebe, daß der erforderliche Antrag nicht vorliegt, oder wenn der Antrag zurückgenommen sei (§ 260 Abs. 2 **a. F.**). Die auf das Vereinheitlichungsgesetz 1950 zurückgehende Fassung des jetzt geltenden Absatzes 3 folgt den Erkenntnissen, zu denen Rechtsprechung und Rechtslehre in der Zwischenzeit hinsichtlich der Lehre von den Verfahrensvoraussetzungen gelangt sind.

**2. Der Begriff der Verfahrensvoraussetzungen** und die für sie geltenden Rechts- **95** sätze sind in der Einleitung (Kap. 11) und bei § 206 a, 22 ff näher erläutert[172]. Mangelnde Gerichtsbarkeit oder Gerichtsunterworfenheit oder die Unzulässigkeit der Verfolgung nach Auslieferungsrecht gehören ebenso hierher wie der Verbrauch der Strafklage oder ein unwirksamer Eröffnungsbeschluß[173], ferner das Vorliegen der zur Strafverfolgung notwendigen Strafanträge oder Verfolgungsermächtigungen oder die Bejahung des öffentlichen Interesses sowie die Verjährung oder die Niederschlagung des Verfahrens auf Grund eines Straffreiheitsgesetzes[174].

---

[166] BGH bei *Pfeiffer* NStZ **1981** 295; KK-*Hürxthal* 36.

[167] BGH NJW **1984** 674; früher schon RGSt 54 290.

[168] Für Sicherungsverwahrung neben zusätzlicher zeitiger Freiheitsstrafe BGH NJW **1985** 2839; **a. A** *Böhm* NJW **1982** 135; für Unterbringung im psychiatrischen Krankenhaus *Böhm* NJW **1982** 135; LK-*Hanack* § 63 Rdn. 93. Vgl. Fußn. 165.

[169] Vgl. die Erläuterungen zu § 54 StGB. Eine Übergangsvorschrift enthält Art. 316 EG-StGB (Art. 4 Nr. 2 des 23. StRÄndG).

[170] RGSt 77 380; *Kleinknecht/Meyer*[37] 32.

[171] BGHSt **29** 58.

[172] Zum Unterschied zwischen § 260 Abs. 3 und § 206 a vgl. § 206 a, 5; ferner zu den einzelnen Verfahrensvoraussetzungen § 206 a, 32 ff; und zur strittigen Frage, ob der Tod des Angeklagten ein Verfahrenshindernis ist § 206 a, 53.

[173] Vgl. § 207, 37 ff; 65 ff; ferner BGHSt **29** 94; 355 **33** 167; BGH StrVert. **1986** 329; BayObLGSt **1985** 52 = StrVert. **1985** 357 (in sich widersprüchlicher Eröffnungsbeschluß); OLG Karlsruhe StrVert. **1986** 336.

[174] Vgl. § 206 a, 48.

**96**    **Kein Verfahrenshindernis** bilden die **überlange Prozeßdauer**[175] oder sonstige schwerwiegende Verfahrensverstöße[176]. Wenn ein Angeklagter erst so spät zu dem gegen ihn erhobenen Vorwurf gehört wird, daß er sich an den Vorgang, der den Gegenstand der zugelassenen Anklage bildet, nicht mehr erinnern kann, etwa bei von einem Polizeibeamten beobachteten Verkehrsverstößen, muß der Richter diesem Umstand bei der Beweiswürdigung dadurch Rechnung tragen, daß er an den Schuldnachweis besonders strenge Anforderungen stellt. Dies hindert aber nicht die Durchführung der Hauptverhandlung[177].

### 3. Einstellungsurteil, Grundsätzliches

**97**    **a) Verfahrensentscheidung.** Eine Sachentscheidung ist ausgeschlossen, soweit ein Verfahrenshindernis vorliegt[178]. Das Verfahren ist insoweit in der Regel einzustellen. Es sind aber auch andere Verfahrensentscheidungen möglich. Das Gesetz kann ausdrücklich eine andere Entscheidung vorschreiben, wie etwa die Verweisung nach § 270. Die vorübergehende Einstellung nach § 154 e Abs. 2 ergeht durch Beschluß; § 260 Abs. 3 ist nicht anzuwenden[179]; gleiches gilt für die vorläufige Einstellung wegen Abwesenheit des Angeklagten nach § 205[180]. Bei Verfahrenshindernissen, mit deren **Behebung in absehbarer Zeit** zu rechnen ist, kann es die Prozeßökonomie gebieten, das Verfahren nur zu unterbrechen oder auszusetzen[181], um ihre Beseitigung, etwa die Nachholung eines fehlenden Antrags, zu ermöglichen. Es genügt, wenn die Verfahrensvoraussetzungen im Zeitpunkt der Urteilsfällung gegeben sind[182].

**98**    Bei **Unzulässigkeit eines Rechtsbehelfs** ist nicht das weitere Verfahren einzustellen, sondern der Rechtsbehelf zu verwerfen[183]. Eine zu Unrecht auf diesen Rechtsbehelf hin ergangene Sachentscheidung ist aufzuheben, etwa, wenn trotz Rechtskraft eines Strafbefehls auf Grund des verspäteten Einspruchs eine Sachentscheidung erlassen worden ist[184]. Wird dagegen in Unkenntnis der Rücknahme des Einspruchs gegen einen Bußgeldbescheid ein Urteil erlassen, so ist die Einstellung des ganzen gerichtlichen Verfahrens möglich, da der Bestand des Bußgeldbescheids dadurch nicht berührt wird[185].

**99**    **b)** Der **Umfang der Einstellung** reicht soweit wie die fehlende Prozeßvoraussetzung. Sie erfaßt aber die jeweilige Straftat **im vollen Umfang**, auch wenn der Schuldspruch rechtskräftig ist oder nur noch eine Rechtsfolge, wie etwa die Gesamtstrafe, zur

---

[175] Vgl. § 206 a, 56; Vor § 213, 22; zur Tatprovokation durch einen Lockspitzel vgl. § 206 a, 57 f und bei § 163.

[176] Vgl. § 206 a, 57 ff; Einl. Kap. **11**; ferner beispielsweise BGH NStZ **1984** 419 mit Anm. *Gössel* (Kenntnis vom Verteidigungskonzept); BGH StrVert. **1985** 399 mit Anm. *Bekker* (Versuch der Polizei, Verurteilung um jeden Preis zu erreichen); BGH NStZ **1985** 464 (Verletzung fremder Hoheitsrechte bei Festnahme); vgl. auch *Rieß* JR **1985** 45.

[177] OLG Celle NJW **1963** 1320; OLG Düsseldorf NJW **1961** 1734; OLG Schleswig NJW **1963** 455; *Bockelmann* DAR **1963** 231; *Mendler* NJW **1961** 2103; a. A *Arndt* NJW **1962** 27; **1963** 455; *Dahs* Das rechtliche Gehör 40.

[178] Einl. Kap. **11**; § 206 a, 26; zur Systematik der Einstellungsgründe *Bloy* GA **1980** 161.

[179] BGHSt **8** 151; GA **1979** 223; vgl. § 154 e, 14.

[180] Vgl. § 205, 6; 26.

[181] KK-*Hürxthal* 46; *Kleinknecht/Meyer*[37] 39; KMR-*Paulus* 66; *Eb. Schmidt* I Nr. 195; vgl. ferner die Nachw. Fußn. 189.

[182] Vgl. Einl. Kap. **11**; § 206 a, 27.

[183] OLG Hamm VRS **41** 381; zur Frage, ob die wirksame Anfechtung eine Verfahrensvoraussetzung des Rechtsmittelverfahrens ist, vgl. § 206 a, 23.

[184] BGH VRS **18** 57; OLG Karlsruhe DAR **1960** 237; vgl. Einl. Kap. **11**.

[185] OLG Koblenz NJW **1973** 2118.

---

Entscheidung offensteht[186]. Im Urteilstenor ist die Einstellung auszusprechen, wenn bei einer selbständigen Tat im Sinne des § 264 oder bei einer von mehreren sachlich zusammentreffenden Straftaten (§ 53 StGB) innerhalb der gleichen Tat im verfahrensrechtlichen Sinn die Voraussetzungen für ein Sachurteil fehlen[187]. Betrifft der Mangel dagegen nur **eine in Tateinheit stehende Gesetzesverletzung** (§ 52 StGB), so entfällt diese, ohne daß im Urteilstenor die Einstellung neben dem verurteilenden Erkenntnis ausgesprochen werden müßte[188]. Wegen der Besonderheiten bei einem noch behebbaren Verfahrenshindernis vgl. Rdn. 102. Die Einstellung im Urteil nach § 260 Abs. 3 beendet das anhängige Strafverfahren. Ist dies aus Gründen der Prozeßwirtschaftlichkeit nicht angezeigt, ist das Verfahren auszusetzen oder zu unterbrechen, in der Rechtsmittelinstanz eventuell auch zurückzuverweisen, nicht aber die Einstellungswirkung durch einen entsprechenden Zusatz im Urteilstenor auf einzelne Verfahrensabschnitte zu beschränken[189].

**c) Vorrang der Sachentscheidung.** Für eine Einstellung nach Absatz 3 ist kein **100** Raum, wenn die Hauptverhandlung bereits ergeben hat, daß der Angeklagte aus tatsächlichen oder rechtlichen Gründen **freizusprechen** wäre. Dann gebührt dem Sachurteil, das mit dem Freispruch klarstellt, daß sich der Angeklagte keiner Straftat schuldig gemacht hat, der Vorrang vor der Einstellung wegen eines Verfahrenshindernisses[190], etwa auf Grund eines Straffreiheitsgesetzes[191]. Eine Ausnahme würde dann nur gelten, wenn der Freispruch noch nicht gesichert erscheint, weil die naheliegende Möglichkeit besteht, durch eine Aussetzung des Verfahrens zum Zwecke der weiteren Sachaufklärung noch Beweise für die Schuld des Angeklagten zu erlangen[192]. Ist diese Aufklärung durch präsente Beweismittel ohne nennenswerte Verfahrensverzögerung möglich, dann ist es ein nobile officium des Gerichts, vor der Entscheidung diese Beweismittel zu benutzen[193].

**d) Einheitlichkeit der Entscheidung.** Betrifft das Verfahrenshindernis nur **eine von 101 zwei rechtlich** zusammentreffenden Straftaten, kann im Urteil nur einheitlich entschieden werden[194]. Vor allem darf wegen einer und derselben Straftat im Urteilsspruch nicht gleichzeitig auf Freisprechung und auf Einstellung erkannt werden[195]. Im Urteilsspruch kann jeweils nur einer dieser Gesichtspunkte zum Zuge kommen. Hier wird unterschieden, ob das Verfahrenshindernis bereits endgültig eingetreten ist oder ob es noch entfallen kann.

**4. Entscheidung bei behebbarem Verfahrenshindernis.** Ist das Verfahrenshindernis **102** noch behebbar, etwa weil die Strafantragsfrist noch nicht abgelaufen ist, dann ist das

---

[186] BGHSt 8 269 = JZ **1956** 417 mit Anm. *Jescheck*; BGH NJW **1954** 1776.

[187] OLG Karlsruhe VRS **57** 114.

[188] BayObLGSt **1963** 157; OLG Stuttgart Justiz **1971** 147; KMR-*Paulus* 68.

[189] BayObLGSt **1985** 52 = JR **1986** 430 mit abl. Anm. *Ranft*; zweifelnd OLG Köln NJW **1962** 1385; bejahend *v. Steuber* MDR **1978** 890; vgl. § 206 a, 65 mit weit. Nachw.; § 207, 66 ff; ferner oben Rdn. 97.

[190] RGSt **70** 193; BGHSt **13** 273; **20** 333; BayObLGSt **1963** 47; OLG Celle NJW **1968** 2119; OLG Düsseldorf NJW **1950** 360; OLG Oldenburg NJW **1982** 1166; *Hanack* JZ **1972**

313; *Hillenkamp* JR **1975** 140; *Jagusch* NJW **1962** 1417; *Koch* GA **1961** 344; KK-*Hürxthal* 50; *Kleinknecht/Meyer*[37] 41; KMR-*Paulus* 67; *Kühl* Unschuldsvermutung, 88.

[191] Vgl. ferner RG DStR **1937** 206: Fehlt Strafantrag, ist deswegen und nicht auf Grund eines Straffreiheitsgesetzes einzustellen; gleiches gilt bei Verjährung (KK-*Hürxthal* 47).

[192] Vgl. § 244, 57; 58; weit. Nachw. Fußn. 188.

[193] Vgl. Einl. Kap. **11**; Rdn. 34; 39; § 245, 86.

[194] Vgl. Rdn. 37; 99.

[195] Vgl. BGHSt **1** 231 = LM § 260 Abs. 1 Nr. 4 mit Anm. *Jagusch*; *Kleinknecht/Meyer*[37] 9.

Verfahren hinsichtlich der jeweiligen Tat im verfahrensrechtlichen Sinn einzustellen, sofern nicht eine Unterbrechung oder Aussetzung des Verfahrens sachdienlicher ist, weil Wegfall oder Endgültigkeit des Verfahrenshindernisses in absehbarer Zeit geklärt sein wird[195a]. Sofern man der Ansicht folgt, daß auch ein Einstellungsurteil das vom Verfahrenshindernis nicht betroffene rechtlich oder sachlich konkurrierende Delikt miterledigt, weil es insoweit wie ein Sachurteil wirkt[196], ist dies zur Erhaltung einer alle Gesichtspunkte der Tat erfassenden Strafverfolgung notwendig, wenn das Gericht das nicht vom Verfahrenshindernis betroffene Delikt für erwiesen hält[197]. Ist umgekehrt wegen des sachlich oder rechtlich konkurrierenden Delikts ein Freispruch angezeigt, darf dieser nach herrschender Meinung nicht ergehen, da er die Strafklage für die gesamte Tat verbrauchen würde. Ein auf Einstellung lautendes Formalurteil muß die Möglichkeit offen lassen, die Tat später unter dem rechtlichen Gesichtspunkt zu verfolgen, bei dem gegenwärtig die Prozeßvoraussetzungen noch fehlen. Auf das gegenseitige Wertverhältnis der konkurrierenden Gesichtspunkte kommt es insoweit nicht an[198]. Die Einstellung ist auch dann auszusprechen, wenn für das Gericht nicht feststellbar ist, ob das Verfahrenshindernis bereits endgültig eingetreten ist, etwa, wenn die Möglichkeit nicht auszuschließen ist, daß für einen Strafantragsberechtigten die Antragsfrist noch läuft.

### 5. Entscheidung bei endgültigem Verfahrenshindernis

**103** a) Sachentscheidung. Steht dagegen fest, daß das **Verfahrenshindernis nicht mehr behebbar** ist, insoweit also eine Sachentscheidung auch in Zukunft nicht mehr ergehen kann, dann ist über die nicht vom Verfahrenshindernis betroffenen Anklagepunkte, selbst wenn sie mit der nicht mehr verfolgbaren Tat in Idealkonkurrenz stehen, eine Sachentscheidung möglich[199]. Ist insoweit Freispruch geboten, bestimmt nach **vorherrschender Auffassung** der schwerer wiegende Vorwurf den Tenor der Urteilsformel[200]. Dem Angeklagten soll billigerweise durch den Freispruch bestätigt werden, daß sich der schwerer belastende Vorwurf, der in der Regel die Optik des Verfahrens in der Öffentlichkeit bestimmt, nicht bestätigt hat[201]. Das Wertverhältnis, das zwischen der nachge-

---

[195a] KK-*Hürxthal* 46; vgl. Rdn. 97.

[196] So etwa RGSt **46** 363; BGH GA **1959** 18; KMR-*Sax* Einl. XIII 12 (Formalentscheidung enthält insoweit auch Sachentscheidung); *Peters* ZStW **68** (1956) 372; *Eb. Schmidt* 28; vgl. Rdn. 115. Wieweit in der Rechtsmittelinstanz die Zurückverweisung statt der Einstellung angezeigt ist, hängt von den Umständen des Einzelfalls ab; vgl. etwa OLG Hamm VRS **53** 189; OLG Karlsruhe GA **1985** 134 einerseits; OLG Frankfurt VRS **55** 52 andererseits; ferner § 354, 8.

[197] RGSt **46** 363; **66** 51; **72** 300; BGHSt **1** 231; **7** 261; **32** 10; BGH GA **1959** 18; *Gössel* § 33 C III a 2; *Kleinknecht/Meyer*[37] 19; KMR-*Paulus* 68; KMR-*Sax* Einl. XIII 12; *G. Schäfer* § 88 I 5 c; *Eb. Schmidt* 28.

[198] RGSt **72** 300; BayObLGSt **1952** 112.

[199] Vgl. Rdn. 99.

[200] RGSt **66** 51; **72** 300; BGHSt **1** 235; **7** 261; **13** 268; BGH GA **1959** 18; bei *Pfeiffer/Miebach*

NStZ **1985** 495; BayObLGSt **1961** 186; **1963** 44; **1978** 158 = MDR **1979** 518; **1963** 44; OLG Bremen VRS **28** 440; OLG Braunschweig NdsRpfl. **1956** 208; OLG Celle MDR **1957** 117; **1970** 164; OLG Hamburg NJW **1964** 2435; OLG Hamm JMBlNW **1952** 270; VRS **7** 208; DAR **1955** 307; KG VRS **8** 468; OLG Köln NJW **1962** 2118; OLG Stuttgart NJW **1957** 1488; **1963** 1417; OLG Schleswig bei *Ernesti/Jürgensen* SchlHA **1963** 190; **1976** 171; *Jagusch* NJW **1962** 1418; *Hertweck* NJW **1968** 1462; *Jagusch* NJW **1962** 1418; KK-*Hürxthal* 51; *Kleinknecht/Meyer*[37] 42; KMR-*Paulus* 68; *G. Schäfer* § 88 II 5 c; ferner die Entscheidungen Fußn. 202. Anders *Bindokat* NJW **1955** 1863, der unter Hinweis auf die frühere Rechtsprechung des Reichsgerichts immer die Einstellung für angezeigt hält.

[201] KK-*Hürxthal* 51.

wiesenen, aber nicht verfolgbaren und der verfolgbaren, aber nicht nachweisbaren Rechtsverletzung besteht, ist dann maßgebend dafür, ob das Urteil auf Einstellung oder Freispruch lautet. Dies gilt insbesondere, wenn ein angeklagtes Vergehen nicht nachweisbar, die damit rechtlich zusammentreffende Ordnungswidrigkeit aber verjährt ist oder sonst wegen eines endgültig eingetretenen Verfahrenshindernisses nicht mehr abgeurteilt werden kann[202].

Bei **Beurteilung des Wertverhältnisses,** in dem die einzelnen rechtlichen Gesichts- **104** punkte untereinander stehen, muß von der vom Gesetzgeber vorgenommenen Einteilung der Straftaten in Verbrechen, Vergehen und Ordnungswidrigkeiten ausgegangen werden[203], innerhalb der gleichen Deliktsart von der Höhe der gesetzlichen Strafdrohungen[204]. Bei gleicher Schwere bleibt es bei der Einstellung[205]. Eine Wertung, die darauf abstellt, ob eine Tat mit Kriminalcharakter mit einer Tat ohne einen solchen zusammentrifft[206], wird zwar sehr oft zum gleichen Ergebnis führen, sie ist aber praktisch wenig brauchbar, vor allem, wenn es sich um Straftaten aus dem Bereich des Nebenstrafrechts handelt.

**Eine Minderheit**[207] vertritt demgegenüber die Auffassung, daß **in allen Fällen,** in **105** denen das Verfahrenshindernis endgültig eingetreten ist, die **Sachentscheidung den Vorrang vor der Formalentscheidung** hat. Nach ihr ist stets und ohne Rücksicht auf das Wertverhältnis der konkurrierenden rechtlichen Gesichtspunkte freizusprechen, wenn die Tat unter dem einen rechtlichen Gesichtspunkt wegen des Fehlens einer Verfahrensvoraussetzung nicht verfolgbar und unter dem anderen nicht erwiesen ist oder aus Rechtsgründen entfällt. Für diese Auffassung spricht ihre Folgerichtigkeit. Bei einer Verurteilung hat die Sachentscheidung ebenfalls den Vorrang vor der Formalentscheidung, ohne daß es auf das Wertverhältnis ankommt; denn eine Verurteilung kann niemals allein in den Urteilsgründen ausgesprochen werden, sondern immer nur in der Formel, während die Formalentscheidung, welche die Verfolgbarkeit eines rechtlichen Gesichtspunkts wegen eines Verfahrenshindernisses verneint, in den Urteilsgründen abgehandelt werden kann.

**b) Andere rechtliche Würdigung.** Ändert sich bei einer angeklagten Straftat, die **106** nur ein Strafgesetz verletzt, die rechtliche Würdigung auf Grund des Ergebnisses der Hauptverhandlung und kann die Straftat in der nun hervortretenden rechtlichen Gestalt nicht verfolgt werden, weil ein Verfahrenshindernis vorliegt, so kommt es nach der vorherrschenden Meinung ebenfalls auf das Wertverhältnis an, das zwischen der in der Anklage bezeichneten Rechtsverletzung und der nach dem Ergebnis der Hauptverhandlung geschehenen Rechtsverletzung obwaltet[208]. Fällt die nicht verfolgbare Rechtsverletzung schwerer ins Gewicht oder ist sie der anderen mindestens gleichwertig, so wird das Verfahren eingestellt; sonst wird der Angeklagte freigesprochen.

**c)** Bei **irriger Annahme von Tatidentität** bedarf es im Hinblick auf eine ohne **107** Eröffnungsbeschluß zum Gegenstand des Strafverfahrens gemachten Straftat neben dem Freispruch wegen der angeklagten, aber nicht erwiesenen Straftat keiner ausdrück-

---

[202] BGHSt **6** 375; BGH GA **1978** 371; OLG Düsseldorf NJW **1982** 2883; OLG Frankfurt NJW **1980** 2824; OLG Karlsruhe MDR **1975** 426; OLG Oldenburg NJW **1985** 1177; *Göhler* NStZ **1986** 22.

[203] KK-*Hürxthal* 51; *Kleinknecht/Meyer*[37] 42; KMR-*Paulus* 68.

[204] OLG Düsseldorf NJW **1982** 2832; OLG

Frankfurt NJW **1980** 2824; vgl. auch KK-*Hürxthal* 51.

[205] *Kleinknecht/Meyer*[37] 42.

[206] *Koch* GA **1961** 344; *Peters* ZStW **68** (1956) 394.

[207] OLG Karlsruhe VRS **57** 114; *Eb. Schmidt* 27.

[208] Vgl. Rdn. 103; Fußn. 200.

lichen Einstellung[209]. Einzustellen ist dagegen das Verfahren, wenn wegen einer Namensverwechselung der Bußgeldbescheid einer falschen Person zugestellt und über dessen Einspruch verhandelt wurde[210]. Freispruch und nicht Einstellung ist aber angezeigt, wenn bei einer angeklagten **fortgesetzten Handlung** die in nichtverjährter Zeit liegenden Tathandlungen nicht erweisbar, die nachgewiesenen aber verjährt sind[211].

### 6. Sonstige Verfahrensfragen

**108**     **a) Erörterung der Verfahrensvoraussetzungen in der Hauptverhandlung.** Das Gericht muß **von Amts wegen prüfen,** ob alle erforderlichen Verfahrensvoraussetzungen vorliegen. Da sie jedoch nicht zu den Tatbestandsmerkmalen gehören, so bedarf es ihrer Erörterung in der Verhandlung nur, wenn hierzu Anlaß besteht[212]. — Soweit das Gericht dazu Feststellungen treffen muß, gilt **Freibeweis**[213]; beispielsweise ist es dem Ermessen des Gerichts überlassen, in welcher Weise es das Vorhandensein eines Strafantrags feststellen will. So ist es nicht notwendig, den Antrag zu verlesen[214]; er muß jedoch zum Gegenstand der mündlichen Verhandlung gemacht werden. Die Verlesung wird jedoch meist zweckmäßig sein. Es würde gegen das Gebot zur Gewährung des rechtlichen Gehörs verstoßen, wollte das Gericht das Vorhandensein des Antrags nur im Beratungszimmer aus den Akten entnehmen.

**109**     **b) Fassung des Urteilsspruchs.** Auch wenn das Gericht für möglich hält, daß eine im Zeitpunkt der Urteilsfällung fehlende Verfahrensvoraussetzung später vorliegen könne, ist schlechthin die Einstellung des Verfahrens, nicht etwa die Einstellung auf Zeit in der Urteilsformel auszusprechen[215]. Es genügt, daß aus den Urteilsgründen hervorgeht, daß und welches Hindernis der Sachentscheidung zur Zeit entgegensteht. Die Wirkung eines auf Einstellung lautenden Urteils hat auch ein unangefochten bleibender, in der Hauptverhandlung ergehender Beschluß des erkennenden Gerichts, durch den es sich sachlich und örtlich für unzuständig erklärt[216].

**110**     **c)** Für die **Urteilsgründe** fordert § 267 nicht ausdrücklich die Feststellung, daß die erforderlichen Verfahrensvoraussetzungen vorliegen oder keine Verfahrenshindernisse bestehen. Deshalb braucht auch, wenn die Strafverfolgung von der Stellung eines Strafantrags abhängt, nicht ausdrücklich festgestellt zu werden, daß er ordnungsgemäß gestellt ist[217]. Ob die Behauptung, daß ein Verfahrenshindernis bestehe, nach § 267 Abs. 2 die Begründungspflicht auslöst, ist ohne praktische Bedeutung, wenn es auch angebracht ist, daß sich die Urteilsgründe dazu äußern. Da das Revisionsgericht, ohne insoweit an die Feststellungen des Tatrichters gebunden zu sein, stets von Amts wegen und selbständig darüber zu entscheiden hat, ob alle Verfahrensvoraussetzungen vorliegen, kann das Schweigen der Urteilsgründe dazu in der Regel für sich allein keinen Revisionsgrund bilden[218].

---

[209] BayObLGSt **1978** 158 = MDR **1979** 518 unter teilweiser Aufgabe von BayObLGSt **1970** 29; **1974** 58; ferner KG VRS **64** 42; OLG Koblenz VRS **63** 372; OLG Stuttgart VRS **71** 295 (unter Aufgabe der früheren Rspr.).

[210] OLG Karlsruhe Justiz **1985** 211.

[211] BayObLGSt **1963** 4; 52; KMR-*Paulus* 68.

[212] RGRspr. 4 207.

[213] BGHSt **14** 138; **16** 166; strittig; vgl. § 244, 4; § 251, 65 ff; ferner etwa OLG Karlsruhe

GA **1985** 134 und zur Gegenmeinung *Többens* NStZ **1982** 184.

[214] RGSt 4 264.

[215] RGSt 4 211; **41** 155; **52** 264.

[216] BGHSt **18** 1; *Hanack* JZ **1972** 313; vgl. § 204, 17.

[217] RG GA **61** (1914) 339.

[218] Vgl. § 267, 158; ferner OLG Hamm MDR **1986** 778 (Erforderlichkeit tatsächlicher Feststellungen bei § 109 UrhG).

**d) Umfang der Beweisaufnahme bei Einstellung des Verfahrens.** Die Strafprozeß- **111** ordnung enthält keine Bestimmungen darüber, ob, wenn wegen eines Verfahrenshindernisses das Verfahren einzustellen ist, alsbald und ohne Eingehen auf die Sache das Urteil gefällt werden darf oder ob vorher die Hauptverhandlung, insbesondere die Beweisaufnahme, vollständig durchgeführt werden muß. Die Frage ist je nach der Art des Hindernisses verschieden zu beantworten.

Ist das Hindernis **unabhängig** von der **strafrechtlichen Würdigung** der Tat und **112** kann infolgedessen das Ergebnis der die Sache selbst betreffenden Beweisaufnahme das Urteil darüber, ob ein Hindernis vorliegt, nicht beeinflussen, so ist es statthaft, alsbald das Urteil zu fällen. Wie nach § 206 a das Verfahren außerhalb der Hauptverhandlung durch Beschluß eingestellt werden darf, wenn ohne Durchführung der Hauptverhandlung ein Verfahrenshindernis einwandfrei festgestellt werden kann, so ist es in der Hauptverhandlung trotz § 245 ohne Durchführung der Beweisaufnahme zur Sache selbst statthaft, das Verfahren durch Urteil einzustellen, wenn das Verfahrenshindernis ohne Beweisaufnahme zur Sache festgestellt werden kann[219].

Anders verhält es sich, wenn das Hindernis von der **strafrechtlichen Würdigung** **113** der Sache **abhängt** und eine Abweichung des Urteils von der Würdigung des Sachverhalts im Eröffnungsbeschluß zu dem Ergebnis führen kann, daß ein Hindernis, das von der Würdigung des Eröffnungsbeschlusses aus bejaht werden müßte, bei einer als möglich in Betracht kommenden anderen Würdigung nicht gegeben ist. In solchen Fällen müßte streng genommen die Beweisaufnahme stets durchgeführt werden, da rechtlich die Möglichkeit niemals auszuschließen ist, daß sie zu einer anderen Beurteilung der Tat führt (§ 264). Doch würde es dann vielfach zu nutzlosen Beweisaufnahmen kommen. Es ist deshalb richtig, auch in solchen Fällen die sofortige Urteilsfällung zuzulassen, sofern das Gericht nach Prüfung der Akten keinen Anhalt für die Annahme findet, es könne die Beweiserhebung eine veränderte Würdigung der Tat zur Folge haben. Das Gericht ist auch durch § 245 Abs. 1 nicht genötigt, einen für die Vorfrage bedeutungslosen Beweis nur deshalb zu erheben, weil die Beweismittel zur Stelle sind. Ob ein Antrag nach § 245 Abs. 2 abgelehnt werden kann, weil jeder Zusammenhang mit dem Gegenstand der Urteilsfindung fehlt, beurteilt sich nach den Umständen des Einzelfalls[220]. § 245 greift aber ein, wenn und soweit sich die Beweismittel auf Tatsachen beziehen, auf die es bei der Entscheidung der Vorfrage ankommen kann. Sind einzelne abtrennbare Teile einer fortgesetzten Handlung nach § 154 a Abs. 1 und 2 vorläufig ausgeschieden worden, so müssen sie wieder einbezogen werden, wenn anderweitig die Verjährung der fortgesetzten Tat nicht abschließend beurteilt werden kann[221].

Wieweit das Verfahren fortzusetzen ist, wenn die Voraussetzungen eines **Straf-** **114** **freiheitsgesetzes** gegeben sind, ist in der Einleitung[222] dargelegt. Zur Frage des Übergangs vom Strafverfahren zum Sicherungsverfahren vgl. bei § 416.

**e) Wirkung der Einstellung.** Das Einstellungsurteil beendet das anhängige Straf- **115** verfahren ebenso wie ein Sachurteil. Es ist der formellen Rechtskraft fähig. Es stellt bindend fest, daß im Zeitpunkt seines Erlasses der Sachentscheidung ein Prozeßhindernis entgegenstand. Auf welches Prozeßhindernis sich diese Entscheidung bezieht und ob die Sachentscheidung endgültig oder nur vorübergehend ausgeschlossen ist, muß den

---

[219] Vgl. Rdn. 125; ferner § 244, 221; § 245, 86.
[220] Vgl. § 245, 86. Zur Pflicht, präsente Beweismittel auszuschöpfen, wenn zwischen Freispruch und Einstellung zu entscheiden ist, vgl. Rdn. 100.
[221] BGH NJW **1980** 2821; vgl. auch § 154 a, 35.
[222] Vgl. Einl. Kap. **12**; § 206 a, 49.

Urteilsgründen entnommen werden. Hieraus ergibt sich, ob die Bindungswirkung des rechtskräftigen Einstellungsurteils jedes neue Verfahren hindert oder ob nach Wegfall des Hindernisses ein neues Verfahren wegen des von der Einstellung umfaßten Vorwurfs möglich ist. Als Verfahrensentscheidung, die über die sachliche Richtigkeit des angeklagten Vorwurfs nicht befindet, verbraucht die Einstellung als solche die Anklage nicht. Das Einstellungsurteil kann aber zugleich eine im Tenor nicht zum Ausdruck gekommene **Sachentscheidung mit umfassen,** etwa, wenn das Gericht ein ideell konkurrierendes, weniger schwerwiegendes Delikt sachlich geprüft und nicht für erwiesen gehalten hat (vgl. Rdn. 101 f). Insoweit erledigt auch ein formell nur auf Einstellung lautendes Urteil die Strafklage endgültig[223]. Die Tat, deren Nichterweislichkeit in den Urteilsgründen festgestellt ist, kann später nicht erneut angeklagt werden[224], wohl aber die sachlich damit zusammentreffende Straftat hinsichtlich der das Verfahren eingestellt wurde. Daß es sich hierbei um ein und dieselbe Tat im verfahrensrechtlichen Sinn handelt, steht nach der wohl herrschenden Meinung dieser Aufspaltung nicht entgegen. Die Verzehrwirkung der materiellen Rechtskraft reicht nicht weiter als die Befugnis des Gerichts zur Sachentscheidung. Sie umfaßt daher zwar die im Urteil mitenthaltene oder die bei Ausschöpfung des Verfahrensgegenstands (§ 264) mögliche Sachentscheidung[225], nicht aber den wegen eines Verfahrenshindernisses davon ausgenommenen Tatteil[226]. Der Ablauf der Frist für die Verfahrensverjährung nach § 78 b StGB wird auch durch ein Einstellungsurteil gehemmt[227].

## VIII. Bezeichnung der angewandten Strafvorschriften (Absatz 5)

**116**    **1. Allgemeines.** Zur Entlastung der Urteilsformel vom Paragraphenwerk und zur Erleichterung einer zuverlässigen Erfassung des Urteils im Bundeszentralregister und anderen Registern schreibt Absatz 5 vor, daß nach der Urteilsformel die angewandten Gesetzesbestimmungen angeführt werden[228]. Absatz 5 gilt auch im Bußgeldverfahren[229].

**117**    Die Liste dieser Vorschriften gehört **nicht zur Urteilsformel** (vgl.: ,,nach der Urteilsformel") und auch nicht zu den Urteilsgründen. Sie ist also weder nach § 268 Abs. 2

---

[223] Dies ist bei einstellenden Urteilen, die das Verfahren wegen der Behebbarkeit des Verfahrenshindernisses nicht endgültig erledigen sollen, im Ergebnis nicht streitig. Umstritten auch in der Konstruktion ist dagegen, ob ein das Verfahren endgültig einstellendes Urteil der materiellen Rechtskraft fähig ist und wieweit gegebenenfalls bei Unanfechtbarkeit seine formelle Sperrwirkung reicht. Vgl. etwa RGSt **25** 150; **32** 51; BGHSt **18** 5; Bay-ObLGSt **1985** 52; KK-*Hürxthal* 48; *Kleinknecht/Meyer*[37] Einl. 172. Einen Strafklageverbrauch bezüglich des materiellrechtlichen Gehalts der Verfahrensentscheidung nehmen im unterschiedlichen Umfang an *Gössel* § 33 E III a 2; KMR-*Sax* Einl. XIII 12; *G. Schäfer* § 100 III 6 b bb; *Schlüchter* 601; ferner BGHSt **32** 209; *Peters* § 54 III 2; *Peters* ZStW **68** (1956) 374; *Roxin* § 50 B III 1, aa;

*Többens* NStZ **1982** 186. Wegen des Streitstandes im einzelnen vgl. Einl. Kap. **12.**
[224] RGSt **46** 369; **66** 54; *Gössel* § 33 E III a 2; KMR-*Sax* Einl. XIII 12; *Peters* ZStW **68** (1956) 374; *Schlüchter* 601; *G. Schäfer* § 100 III 6 b; *Eb. Schmidt* I 270; 28; vgl. auch BGHSt **18** 5; **18** 385; **32** 209.
[225] Vgl. dazu *Peters* ZStW **68** (1956) 374; ferner die Nachw. Fußn. 223 und Einl. Kap. **12.**
[226] RGSt **32** 57; **37** 88; **46** 368; BGHSt **18** 5; KK-*Hürxthal* 48; *Kleinknecht/Meyer*[37] 43; *Eb. Schmidt* I 269.
[227] BGHSt **32** 209.
[228] *Peters* Der neue Strafprozeß 177 lehnt die Neuregelung ab.
[229] OLG Karlsruhe VRS **54** 68; KMR-*Paulus* 72; § 72 Abs. 4 OWiG (i. d. F. d. Gesetzes vom 7. 7. 1986 – BGBl. I 977) schreibt dies jetzt ausdrücklich vor.

bei der Verkündung des Urteils zu verlesen[230] noch sonst bekanntzugeben. Sie muß bei der Urteilsverkündung nicht schriftlich vorliegen. Sie kann erst später zusammengestellt werden. Zweckmäßig und auch zur Selbstkontrolle des Gerichts hilfreich ist es allerdings, die Vorschriften bereits bei der Beratung niederzuschreiben, denn in die Liste sind diejenigen Vorschriften aufzunehmen, auf die das Gericht bei der Beratung sein Urteil gestützt hat. In der schriftlichen Ausfertigung des Urteils ist die Liste nach der Urteilsformel vor den Entscheidungsgründen aufzuführen[231]. Die Unterschrift der Richter unter dem Urteil bestätigt auch die Übereinstimmung der Aufstellung mit dem Beratungsergebnis[232].

**118**    Anzugeben sind die **angewendeten Rechtsvorschriften** genau nach Gesetz, Paragraphen, Absatz, Nummer, Buchstabe oder sonstiger, für die genaue Kennzeichnung vom Gesetzgeber verwendeten Bezeichnung (Artikel, Abschnitt u. a.). Das angewandte Gesetz darf mit der vom Gesetzgeber vorgesehenen oder einer allgemein üblichen Kurzbezeichnung oder Abkürzung angegeben werden; jedoch darf die Eindeutigkeit und Verständlichkeit der Aussage darunter nicht leiden.

**119**    Bei **mehreren Angeklagten** ist für jeden eine gesonderte Liste zu erstellen. Nur wenn die anzuführenden Vorschriften bei den Angeklagten vollständig übereinstimmen, ist eine Zusammenfassung vertretbar[233].

**120**    **2. Bei Verurteilungen** sind sowohl die Vorschriften aufzunehmen, die die Straftat rechtlich bezeichnen, als auch die Vorschriften, die die verhängten Rechtsfolgen bestimmen. Dazu gehören die angewandten Straftatbestände mit den einschlägigen Qualifizierungen[234] und Modalitäten, die die Art des Verschuldens, der Beteiligung und besondere Formen der Tatbestandsverwirklichung kennzeichnen (z. B. §§ 25 Abs. 2, 26, 27, 30), ferner die Angabe des Konkurrenzverhältnisses mehrerer Strafvorschriften (§§ 52, 53 StGB). Bei Blankettgesetzen ist sowohl das einschlägige Blankettstrafgesetz wie auch die ausfüllende Norm genau anzugeben.

**121**    Die für die **Bestimmung der Rechtsfolgen** maßgebenden Vorschriften müssen ebenfalls in der Liste ausgewiesen werden. Ergibt sich der Strafrahmen nicht bereits aus der die Straftat kennzeichnenden Norm, so sind auch die mitgestaltenden Schärfungs- oder Milderungsvorschriften aufzuzeigen[235], etwa die Vorschriften, die eine Strafmilderung nach den Grundsätzen des § 49 StGB vorsehen oder (früher) § 48 StGB (Rückfall). Bei Strafaussetzung zur Bewährung ist § 56 anzugeben; bei einer ausdrücklichen Anordnung über die Anrechnung einer Freiheitsentziehung auf die Strafe (vgl. Rdn. 79 ff) auch die entsprechende Bestimmung des § 51 StGB (z. B. § 51 Abs. 1 Satz 2 oder § 51 Abs. 4 Satz 2). Vorschriften, die nicht die Besonderheiten des jeweiligen Falls charakterisieren, sondern die in jedem Fall geltende **allgemeine Grundsätze** enthalten, wie etwa § 46 StGB oder bei der Freiheitsstrafe die §§ 38, 39, 47, 49 StGB oder bei der Geldstrafe die §§ 40, 43 StGB können in der Liste weggelassen werden[236]. Bei Verurteilungen zu einer zwei Jahre nicht übersteigenden Freiheits- oder Gesamtfreiheitsstrafe ist nach der ausdrücklichen Regelung in Absatz 5 Satz 2 außerdem § 17 BtMG in die Liste aufzunehmen, wenn die Tat oder der nach seiner Bedeutung überwiegende Teil der Taten auf Grund einer **Betäubungsmittelabhängigkeit** begangen wurde.

---

[230] *Grauham* DRiZ **1975** 171; KK-*Hürxthal* 52; *Kleinknecht/Meyer*[37] 46; KMR-*Paulus* 72.

[231] OLG Karlsruhe Justiz **1977** 435; VRS **58** 263; KK-*Hürxthal* 52; KMR-*Paulus* 72.

[232] *Kleinknecht/Meyer*[37] 52.

[233] KK-*Hürxthal* 55; *Kleinknecht/Meyer*[37] 50;

KMR-*Paulus* 73; vgl. Nr. 141 Abs. 1 Satz 4 RiStBV.

[234] KK-*Hürxthal* 53; *Kleinknecht/Meyer*[37] 47; KMR-*Paulus* 74; *Kroschel/Meyer-Goßner* 58.

[235] *Willms* DRiZ **1976** 82.

[236] *Kleinknecht/Meyer*[37] 47; KMR-*Paulus* 77.

     Walter Gollwitzer

**122**    Die Bestimmungen, auf denen die angeordneten **Maßregeln** der **Besserung und Sicherung** oder Nebenfolgen beruhen, sind ebenfalls aufzuzeigen. Gleiches gilt für die Normen, auf die sich eine wegen einer Ordnungswidrigkeit verhängte Geldbuße stützt.

**123**    Die für **Annexentscheidungen** maßgebenden Vorschriften brauchen dagegen nicht in die Liste aufgenommen zu werden. Dies gilt für die Vorschriften über die Verfahrenskosten ebenso wie für die Entscheidung über die Entschädigung und für die Bestimmungen, auf die sich die zugleich mit dem Urteil verkündeten Beschlüsse stützen[237].

**124**    3. Bei einem **Freispruch** sind die Vorschriften, auf die sich die Anklage stützt, nicht angewendet worden. Sie sind deshalb nicht in der Liste anzuführen. Beruht der Freispruch dagegen auf § 20 StGB (Schuldunfähigkeit), so ist § 20 StGB anzugeben. Aufzunehmen sind ferner die Vorschriften, die für Rechtsfolgen bestimmend sind, die neben einem Freispruch verhängt werden[238], wie etwa Maßregeln der Besserung und Sicherung, Verfall, Einziehung u. a.

**125**    4. Bei einem **Einstellungsurteil** (nicht bei Beschlüssen nach §§ 153 Abs. 2, 153 a Abs. 2) sind nach dem Wortlaut des Absatzes 5 ebenfalls die angewandten Vorschriften anzuführen. Bei einer Einstellung des Verfahrens wegen Verjährung sind dies die einschlägigen Verjährungsregelungen, insbesondere § 78 StGB[239].

**126**    5. Die **Richtigstellung** der Liste ist möglich, wenn sie das Beratungsergebnis unvollständig oder unrichtig wiedergibt[240]. Das Rechtsmittelgericht darf ebenfalls die vom Erstrichter erstellte Liste berichtigen oder ergänzen. Wenn es selbst entscheidet, hat es die bei der eigenen Entscheidung angewandten Vorschriften anzugeben, wobei eine eigene Liste zur Klarstellung zweckmäßig ist[241]. Bei Urteilsteilen, die nicht angefochten sind, ist dem Rechtsmittelgericht eine Berichtigung möglich, um die Übereinstimmung mit dem aus Urteilsgründen und Urteilstenor ersichtlichen Beratungsergebnis herzustellen, nicht aber, um einen nicht angefochtenen Urteilsteil rechtlich zu korrigieren[242].

### IX. Revision

**127**    1. Nach dem **Inhalt der Entscheidung,** nicht nach der vom Gericht gewählten Bezeichnung, beurteilt es sich, ob eine Entscheidung als Urteil zu behandeln und mit den gegen Urteile gegebenen Rechtsmitteln anfechtbar ist[243].

**128**    2. Mit der Revision kann unter dem Gesichtspunkt eines Verstoßes gegen § 260 Abs. 1 gerügt werden, daß ein Urteil ohne unmittelbar vorausgegangene **Beratung** erlassen wurde[244]. In diesen Fällen wird meist auch ein Verstoß gegen § 258 vorliegen (vgl. § 258, 48; 54).

---

[237] KK-*Hürxthal* 53; *Kleinknecht/Meyer*[37] 47; 48; KMR-*Paulus* 77; *Kroschel/Meyer-Goßner* 59.

[238] KK-*Hürxthal* 54; *Kleinknecht/Meyer*[37] 48; KMR-*Paulus* 75.

[239] KK-*Hürxthal* 54; *Kleinknecht/Meyer*[37] 49; KMR-*Paulus* 76.

[240] KK-*Hürxthal* 52; *Kleinknecht/Meyer*[37] 52; KMR-*Paulus* 78.

[241] KK-*Hürxthal* 56; *Kleinknecht/Meyer*[37] 51.

[242] BayObLGSt **1972** 1 = MDR **1972** 342; OLG Saarbrücken MDR **1975** 334.

[243] BGHSt **8** 384; **18** 1; **18** 385; **25** 242; LG Flensburg VRS **68** 53; vgl. Vor § 296.

[244] Vgl. Rdn. 2; § 258, 48 ff.

**3. Ist die Urteilsformel unrichtig,** so kann dies mit der Verfahrensrüge nach § 260 **129** geltend gemacht werden, wobei die Revisionsbegründung die entsprechenden Tatsachen (§ 344 Abs. 2) vortragen muß[245]. Eine unrichtige Urteilsformel ist jedoch auch im Rahmen der Sachrüge zu beachten[246], da Urteilsformel und Urteilsgründe eine Einheit bilden und einander entsprechen müssen[247]. Beschränkt sich der Fehler auf die unrichtige Fassung der Urteilsformel, etwas weil ein gebotener Teilfreispruch unterblieben ist, so kann das Revisionsgericht dies in der Regel richtigstellen, ohne daß deshalb eine Zurückverweisung erforderlich wird[248], auch ein unrichtiger Schuldspruch kann geändert oder ergänzt oder auch nachgeholt werden, sofern die Feststellungen in den Urteilsgründen dafür ausreichen[249].

Mit der Revision kann auch gerügt werden, daß das Verfahren nach § 260 Abs. 3 **130** **eingestellt** wurde, obwohl kein Verfahrenshindernis vorlag oder auf Grund des festgestellten Sachverhalts ein **Freispruch** möglich gewesen wäre[250]. Der Angeklagte ist beschwert, wenn statt eines Freispruchs das Verfahren eingestellt wird[251]. Reicht der festgestellte Sachverhalt nicht aus, um zu entscheiden, ob die Aburteilung einer Straftat an einem Verfahrenshindernis scheitert, kann das Verfahren an die Vorinstanz zurückverwiesen werden[252].

**4. Ist der im Anschluß an die Urteilsformel zu bringende Katalog der angewand-** **131** **ten Vorschriften** (Absatz 5) unrichtig oder unvollständig, so kann das Revisionsgericht ihn ändern oder ergänzen, und zwar auch dann, wenn ein Teil des Urteils bereits unanfechtbar geworden ist[253].

Zur **Berichtigung** der Urteilsformel vgl. § 268, 42; ferner BGHSt **34** 11.     **132**

[245] OLG Karlsruhe NJW **1973** 1989.

[246] BGH LM Nr. 7; OLG Karlsruhe VRS **43** 261; NJW **1973** 1989; KMR-*Paulus* 79; zur Berichtigung der Formel vgl. BGHSt **34** 11.

[247] Vgl. etwa OLG Hamm JMBlNW **1981** 107; OLG Sttutgart JZ **1951** 345; § 268, 36.

[248] OLG Karlsruhe VRS **43** 261.

[249] OLG Hamm NJW **1981** 697; vgl. aber auch OLG Düsseldorf StrVert. **1985** 361 (kein Ersatz des Freispruchs durch Schuldspruch, wenn Angeklagter wegen des Freispruchs Urteilsfeststellungen nicht angreifen konnte); ferner § 354, 15.

[250] Vgl. Rdn. 100 mit Nachw.; Fußn. 200.

[251] RGSt **66** 51; BGH GA **1959** 17; OLG Hamburg JZ **1967** 546; OLG Oldenburg NJW **1985** 147; *Göhler* NStZ **1986** 22; a. A RGSt **46** 370; KK-*Ruß* Vor § 296, 5; *Kleinknecht/ Meyer*[37] Vor § 296, 13; vgl. bei § 296; ferner LG Bochum MDR **1978** 510 (Revision des Staatsanwalts).

[252] Zur Zurückverweisung bei fraglichem Verfahrenshindernis vgl. etwa BGHSt **16** 403; OLG Celle MDR **1960** 343; OLG Karlsruhe GA **1985** 134; OLG Neustadt GA **1962** 125; ferner OLG Hamm MDR **1986** 778; § 337, 33; 36; 41; 58; 60; 64.

[253] BayObLGSt **1972** 1 = MDR **1972** 342; OLG Saarbrücken MDR **1975** 334; KMR-*Paulus* 79; vgl. Rdn. 126.

# § 261

**Über das Ergebnis der Beweisaufnahme entscheidet das Gericht nach seiner freien, aus dem Inbegriff der Verhandlung geschöpften Überzeugung.**

## Schrifttum

**Allgemeines.** *Albrecht* Überzeugungsbildung und Sachverständigenbeweis in der neueren strafrechtlichen Judikatur zur freien Beweiswürdigung, NStZ **1983** 486; *Arzt* Zum Verhältnis von Strengbeweis und freier Beweiswürdigung, FS Peters 223; *Bach* Wider Vermutungen im Strafverfahren, MDR **1976** 19; *Bender* Der Irrtum ist der größte Feind der Wahrheitsfindung vor Gericht, StrVert. **1982** 484; *Bender/Nack* Grundzüge einer Allgemeinen Beweislehre, DRiZ **1980** 121; *Bendix* Zur Psychologie der Urteilstätigkeit des Berufsrichters (1968); *Berkemann* Die richterliche Entscheidung in psychologischer Sicht, JZ **1971** 537; *Bohne* Zur Psychologie der richterlichen Überzeugungsbildung (1948); *Bruns* Der Verdächtige als schweigeberechtigte Auskunftsperson und als selbständiger Prozeßbeteiligter neben dem Beschuldigten und Zeugen? FS Schmidt-Leichner 1; *Bruns* Richterliche Überzeugung bei Prognoseentscheidungen über Sicherungsmaßregeln, JZ **1958** 647; *Bull* Von der Bequemlichkeit, einem Zeugen zu glauben, DRiZ **1972** 205; *Esser* Richterrecht, Gerichtsgebrauch, Gewohnheitsrecht, FS von Hippel (1967) 95; *Fincke* Die Gewißheit als hochgradige Wahrscheinlichkeit, GA **1973** 266; *Francke* Die irrationalen Elemente der richterlichen Entscheidung, in Heckel, Das Richteramt (1958); *Geerds* Revision bei Verstoß gegen Denkgesetze oder Erfahrungssätze, FS Peters 267; *Greger* Beweis und Wahrscheinlichkeit (1978); *Gschwind/Peterson/Rautenberg* Die Beurteilung psychiatrischer Gutachten im Strafprozeß (1982); *Günther* Die Schweigebefugnis des Tatverdächtigen im Straf- und Bußgeldverfahren aus verfassungsrechtlicher Sicht, GA **1978** 193; *Guradze* Schweigerecht und Unschuldsvermutung im englisch-amerikanischen und bundesdeutschen Strafprozeß, FS Karl Loewenstein (1971) 151; *Habscheid* Über das Verhältnis Richter und Recht, Beiträge zum Richterrecht (1968); *Hanack* Maßstäbe und Grenzen richterlicher Überzeugungsbildung im Strafprozeß, JuS **1977** 727; *Herdegen* Tatgericht und Revisionsgericht, FS Kleinknecht (1985) 173; *Himmelreich* Verwertung der getilgten Ordnungswidrigkeiten, NJW **1978** 800; *v. Hippel* Gefahrurteile und Prognoseentscheidungen in der Strafrechtspraxis (1972); *v. Hippel* Pragmatische Aspekte zur Rollenverkehrung beim Sachverständigenbeweis, FS Peters 285; *Hirschberg* Das Fehlurteil im Strafprozeß (1960); *Höcherl* Die richterliche Überzeugung, FS II Peters 17; *Hruschka* Die Konstitution des Rechtsfalls (1965); *Kasper* Freie Beweiswürdigung und moderne Kriminaltechnik, Kriminologische Schriftenreihe Bd. 61 (1975); *Jäger* Subjektive Verbrechensmerkmale als Gegenstand psychologischer Wahrheitsfindung, Kriminologie im Strafprozeß (1980) 173; *Jung* Der Kronzeuge — Garant der Wahrheitsfindung oder Instrument der Überführung, ZRP **1986** 38; *Käser* Wahrheitserforschung im Strafprozeß (1974); *Kaufmann* Die Beurteilung hypothetischer Erfolgsursachen in Strafrecht, FS Schmidt 200; *Klug* Die Verletzung von Denkgesetzen als Revisionsgrund, Festschrift für Philipp Möhring (1965) 363 ff; *Körner* Die Glaubwürdigkeit und die Strafbarkeit von V-Personen, StrVert. **1982** 382; *Krauß* Das Prinzip der materiellen Wahrheit im Strafprozeß, FS Friedrich Schaffstein (1975) 411; *Krauß* Schweigepflicht und Schweigerecht der ärztlichen Sachverständigen im Strafprozeß, ZStW **97** (1985) 81; *Krause* Grenzen richterlicher Beweiswürdigung im Strafprozeß, FS Peters 323; *Kube* Kommunikationsprobleme zwischen Polizei und Gericht, JZ **1976** 17; *Krüger* Beweisführung durch vertrauliche Hinweise, Polizei **1983** 77; *Kuchinke* Grenzen der Nachprüfbarkeit tatrichterlicher Würdigung und Feststellungen in der Revisionsinstanz (1964); *Kunert* Strafprozessuale Beweisprinzipien im Wechselspiel, GA **1979** 401; *Kühl* Freie Beweiswürdigung des Schweigens des Angeklagten und der Untersuchungsverweigerung eines angehörigen Zeugen, JuS **1986** 115; *Küper* Historische Bemerkungen zur „freien Beweiswürdigung" im Strafprozeß, FS II Peters 24; *Larenz* Über die Bindungswirkung von Präjudizien, FS Hans Schima (Wien 1969) 247; *Lenckner* Mitbeschuldigter und Zeuge, FS Peters 333; *Maeffert* „Licht und Schatten". Einzelfragen zur Beurteilung der Glaubwürdigkeit von Polizeibeamten StrVert. **1982** 386; *Mattil* Überzeugung, GA **1954** 334; *Meurer* Beweiswürdigung und Strafurteil, FS Kirchner (1985) 249; *Meurer* Denkgesetze und Erfahrungsregeln, FS Ernst Wolf (1985) 48; *Meurer* Beweis und Beweisregeln im deutschen Strafprozeß, FS Oehler 357; *Meurer* Beweiserhebung und Beweiswürdigung, FS Kaufmann (1986) 947; *Mittendorf* Prozeßvereitelung und Fehlurteil, SchlHA **1973** 2; *Nack* Der Indizienbeweis, MDR **1986** 366; *Nell* Wahrscheinlichkeitsurteile in juristischen Entscheidungen (1983); *Nickl* Das Schweigen des Beschuldigten und seine Bedeutung für die Beweiswürdigung, Diss. München 1978; *Niemöller* Die strafrichterliche Beweiswürdigung in der neueren Rechtsprechung des Bundesgerichtshofes, StrVert. **1984** 431; *Odenthal* Die Gegenüberstellung zum Zwecke des Wiedererkennens, NStZ **1985** 433; *Peters* Fehlerquellen im Strafprozeß (1970 bis 1974); *Peters* Zur Problematik der freien Beweiswürdigung, Kriminologische Aktualität (1974) 29; *Peters* Übergänge im Strafprozeß. Dargestellt am Grundsatz der freien Beweiswürdigung, FS Rudolf Gmür (1983) 311; *Pötter* Richterrecht und richterliches Gewissen, Beiträge zum Richterrecht (1968); *Prüfer* Aussagebewertung in Strafsachen. Abgrenzungsmerkmale und Beurteilungskriterien (1986); *Rieß* Zur Revisibilität der freien tatrichterlichen Überzeugung, GA **1978** 257; *Rödig* Die Theorie des gerichtlichen Erkenntnisverfahrens (1973); *Rogall* Der Beschuldigte als Beweismittel gegen sich selbst (1977); *Roschmann* Das Schweigerecht des Beschuldigten im Strafprozeß. Seine rechtlichen und tatsächlichen Grenzen, Diss. Bremen 1983; *Sachs* Beweiswürdigung und Strafzumessung (1932); *Samson* Hypothetische Kausalverläufe im Strafrecht (1972); *Sarstedt* Beweisregeln im Strafprozeß, FS Hirsch 171; *Schefold* Zweifel des erkennenden Gerichts (1971); *Schneider* Logik für Juristen, 2. Aufl. (1972); *Schneider* Der mögliche Einfluß von Soziologie und Psychologie auf den Entscheidungsvorgang des Richters, DRiZ **1975** 265; *Schöneborn* Das Problem der Rollenvertauschung und des Zeugnisverweigerungsrechts bei mehreren Mitbeschuldigten in vergleichender Betrachtung, ZStW **86** (1974) 921; *Schreiber* Akteneinsicht für Laienrichter, FS Welzel 941; *Schweling* Die Revisibilität der Erfahrung, ZStW **83** (1971) 435; *Sello* Die Irrtümer der Strafjustiz und ihre Ursachen (1911); *Stein* Das private Wissen des Richters (1893); *Thomann* Der Polizeibeamte als Zeuge, Kriminalistik, **1982** 110; 156; *Vogler* Die strafschärfende Verwertung strafbarer Vor- und Nachtaten bei der Strafzumessung und die Unschuldsvermutung, FS Kleinknecht (1985) 429; *Volk* Anscheinbeweis und Fahrlässigkeit im Strafprozeß, GA **1973** 177; *Volk* In dubio pro reo und Alibibeweis, JuS **1975** 25; *Volk* Wahrheit und materielles Recht im Strafprozeß (1980); *Walter* Freie Beweiswürdigung (1979); *Walter* Sachverständigenbeweis zur Schuldfähigkeit und strafrichterliche Überzeugungsbildung, Diss. Berlin 1982; *Waider* Die Bedeutung der präsumptio doli für die Strafrechtsentwicklung in Deutschland JuS **1972** 305; *Weimar* Psychologische Strukturen richterlicher Entscheidung (1969); *Wimmer* Parapsychologen als Sachverständige, NJW **1976** 1131; *Wimmer* Parapsychologie, Wissenschaft und Rechtsordnung, NJW **1979** 5; wegen weiterer Nachweise Vgl. vor § 333 und bei § 337.

**Zum Grundsatz im Zweifel für den Angeklagten:** *Bringewat* Fortsetzungstat und in dubio pro reo, JuS **1970** 329; *Frisch* Zum Wesen des Grundsatzes in dubio pro reo, FS Henkel 273; *v. Hippel* Über funktional gleichwertige Tatbestandsbildungen im Strafprozeß, FS Oehler 43; *Holtappels* Die Entwicklungsgeschichte des Grundsatzes in dubio pro reo (1960); *Lehmann* Die Behandlung zweifelhaften Tatsachenverstoßes im Strafprozeß (1983); *Mann* Die Anwendbarkeit des Grundsatzes „In dubio pro reo" auf Prozeßvoraussetzungen, ZStW **76** (1964) 264); *Michael* Der Grundsatz in dubio pro reo im Strafverfahrensrecht (1981); *Montenbruck* In dubio pro reo (1985); *Sax* Zur Anwendbarkeit des Satzes in dubio pro reo im prozessualen Bereich, FS Stock 143; *Seibert* In dubio pro reo und Revision, NJW **1955** 172; *Stree* In dubio pro reo (1962); *Terhorst* Bewährungsprognose und der Grundsatz in dubio pro reo, MDR **1978** 973; *Volk* In dubio pro reo und Alibibeweis, JuS **1975** 25; *Wolter* Contra in dubio pro reo, MDR **1981** 441.

**Zur Verurteilung aufgrund mehrdeutiger Tatsachenfeststellungen:** *Blei* Wahlfeststellung zwischen Vorsatz und Fahrlässigkeit, NJW **1954** 500; *Dreher* Im Irrgarten der Wahlfeststellung, MDR **1970** 369; *Endruweit* Die Wahlfeststellung und die Problematik der Überzeugungsbildung, der Identitätsbestimmung, der Urteilssyllogistik sowie der sozialen und personalen Gleichwertigkeit von Straftaten (1973); *Fuchs* Die Wahlfeststellung zwischen Vorsatz und Fahrlässigkeit im Strafrecht, Diss. Freiburg 1962; *Fuchs* Wahlfeststellung und Tatidentität, NJW **1966** 1110; *Fuchs* Die rechtethische und psychologische Vergleichbarkeit bei der Wahlfeststellung, DRiZ **1967** 16; *Fuchs* Zur Wahlfeststellung, DRiZ **1968** 16; *Günther* Verurteilungen im Strafprozeß trotz subsumptionsrelevanter Tatsachenzweifel (1976); *Heinitz* Die Grenzen der zulässigen Wahlfeststellung im Strafprozeß, JZ **1952** 100; *Heinitz* Zum Verhältnis der Wahlfeststellung zum Satz in dubio pro reo, JR **1957** 126; *v. Hippel* Zum Problem der Wahlfeststellung, NJW **1963** 1533; *v. Hippel* Überfunktional gleichwertige Tatbestandsbildungen im Strafprozeß, FS Oehler (1985) 43; *Hruschka* Zum Pro-

Walter Gollwitzer

blem der Wahlfeststellungen, MDR **1967** 265; *Hruschka* Zur Logik und Dogmatik von Verurteilungen aufgrund mehrdeutiger Beweisergebnisse im Strafprozeß, JZ **1970** 637; *Hruschka* Wahlfeststellung zwischen Diebstahl und sachlicher Begünstigung? NJW **1971** 1392; *Jakobs* Probleme der Wahlfeststellung, GA **1971** 257; *Küper* Wahlfeststellung und Anwendung des § 158 StGB bei einander widersprechenden Zeugenaussagen, NJW **1976** 1828; *Küper* Probleme der „Postpendenzfeststellung" im Strafverfahren, FS Lange 65; *Mannheim* Zur wahldeutigen Tatsachenfeststellung, ZStW **44** (1924) 440; *Montenbruck* Wahlfeststellung und Werttypus im Strafrecht und Strafprozeßrecht (1976); *Nüse* Das Problem der Zulässigkeit von Alternativschuldfeststellungen, Strafrechtl. Abh. 324; *Nüse* Die Zulässigkeit von wahlweisen Feststellungen, GA **1953** 33; *Otto* In dubio pro reo und Wahlfeststellung, FS Peters 373; *Rheinen* Zur Praxis der Wahlfeststellungen im Strafprozeß, NJW **1957** 942; *Sax* Wahlfeststellung bei Wahldeutigkeit mehrerer Taten, JZ **1965** 745; *von Schack* Die Grenzen der wahldeutigen Feststellungen im Strafrecht, Strafrechtl. Abh. 380; *Schaffstein* Die neuen Voraussetzungen der Wahlfeststellung im Strafverfahren, NJW **1952** 725; *Schneidewin* Vollrausch und Wahlfeststellung, JZ **1957** 324; *Schönke* Wahlfeststellung im Strafprozeß, DRZ **1947** 48; *Schorn* Die Problematik wahlweiser Feststellungen im Strafprozeß, DRiZ **1964** 45; *Schröder* Wahlfeststellung und Anklageprinzip, NJW **1985** 780; *Schulz* Wahlweise Feststellung einer nicht verwirklichten Straftat, NJW **1983** 268; *Schulz* Wahlfeststellung und Tatbestandsreduktion, JuS **1974** 635; *Schwarz* Rauschtat und Wahlfeststellung, NJW **1957** 401; *Siever* Das Verhältnis der wahldeutigen Feststellung zu dem Grundsatz in dubio pro reo, Diss. Münster 1950; *Tröndle* Zur Begründung der Wahlfeststellung, JR **1974** 133; *Weber* Zur Frage der Zulässigkeit der Wahlfeststellungen im Strafrecht, Diss. Freiburg 1950; *Willms* Zum Begriff der Wahlfeststellung, JZ **1962** 628; *Wolter* Alternative und eindeutige Verurteilung auf mehrdeutiger Tatsachengrundlage im Strafrecht (1972); *Zeiler* Verurteilung aufgrund wahldeutiger Tatsachenfeststellung, ZStW **40** (1919) 168; *Zeiler* Verurteilung auf wahldeutiger Tatsachengrundlage, ZStW **64** (1952) 156; *Zeiler* Zur Frage der Verurteilung auf wahldeutiger Tatsachengrundlage, ZStW **72** (1960) 4: Weiteres Schrifttum zur sog. Wahlfeststellung findet sich insbes. bei LK-*Tröndle* § 1, 59.

**Bezeichnung** bis 1924: § 260.

*Übersicht*

# I. Bedeutung

**1.** § 261 ist eine das **ganze Strafverfahren bestimmende Grundsatznorm**. Aus ihr **1**
folgt, daß die für das Urteil maßgebenden tatsächlichen Feststellungen von der **vollen
persönlichen Überzeugung** des Richters von ihrer Richtigkeit getragen werden müssen[1].

---

[1] Dies ist zur Widerlegung der im Rechtsstaatsprinzip und im Grundrechtsschutz
wurzelnden, durch Art. 6 Abs. 2 MRK, Art.
14 Abs. 2 IPBR international anerkannten
Unschuldvermutung notwendig. Dazu Einl.
Kap. **14**; Vor § 226, 23; Rdn. 103; *Klein-
knecht/Meyer*[37] 2.

Diese subjektive Gewißheit[2] kann nicht durch die Bindung des Richters an eine zu Beweisregeln verfestigte „generalisierte Durchschnittserfahrung" gewonnen werden, sondern nur durch die grundsätzliche **Freiheit bei der Beweiswürdigung**. Deren Verankerung in § 261 bildet neben der Pflicht des Gerichts zur Erforschung der Wahrheit (§ 244 Abs. 2) einen tragenden Eckpfeiler des Beweisrechts[3]. Durch das Gebot, die richterliche Überzeugung nur aus dem Inbegriff der Hauptverhandlung zu schöpfen, sichert § 261 auch die Grundsätze der **Unmittelbarkeit** und **Mündlichkeit**[4]. Das Verfassungsgebot zur Gewährung des **rechtlichen Gehörs** wird dadurch in der bestmöglichen Form, nämlich der Beweiserhebung in Gegenwart aller Verfahrensbeteiligten, verwirklicht[5].

**2**    2. § 261 umfaßt im wesentlichen folgende **Pflichten des Gerichts**:

Der Richter darf nur die **eigene Überzeugung**, nicht aber eine von ihm nicht ausdrücklich voll geteilte Meinung anderer Personen seiner Entscheidung zu Grunde legen. Er darf die Entscheidung nur auf Tatsachen stützen, die das Gericht selbst für erwiesen hält[6]. Er ist auch insoweit unabhängig und grundsätzlich nicht gezwungen, etwas gegen seine Überzeugung für erwiesen zu halten[7].

**3**    Der Richter darf seine Überzeugung von den Tatsachen, auf die sich seine Entscheidung über Schuld und Strafe stützt, nur aus dem **Inhalt der Hauptverhandlung** selbst, nicht aber aus anderen Erkenntnisquellen, schöpfen[8].

**4**    Der Richter hat grundsätzlich die Beweisfragen **frei**, also **ohne Bindung an Beweisregeln**, zu entscheiden. Das Gesetz kann Ausnahmen von diesem Grundsatz zulassen. Diese sind jedoch eng zu begrenzen. Der Kernbereich der verfassungsmäßig garantierten richterlichen **Unabhängigkeit** (Art. 97 GG) darf durch diese Ausnahmen nicht ausgehöhlt werden[9].

**5**    Damit diese Freiheit nicht zur Willkür werde, erwächst aus ihr die **Pflicht** für das Gericht, sie auch selbst zu nutzen. Seine Mitglieder müssen alle Vorgänge der Hauptverhandlung mit uneingeschränkter Aufmerksamkeit zur Kenntnis nehmen und alle in der Hauptverhandlung zulässig gewonnenen Erkenntnisse und Beweisergebnisse **erschöpfend zu würdigen**[10].

**6**    3. **Verhältnis zu § 267.** § 261 betrifft die Überzeugungsbildung der Richter als Grundlage der Urteilsfindung, § 267 die nachträgliche Dokumentation der tragenden Urteilsgründe. Die Beachtung des § 261 und die Einhaltung der daraus hergeleiteten Grundsätze kann jedoch von den nachfolgenden Instanzen nur an Hand dessen überprüft werden, was in den Urteilsgründen festgehalten worden ist oder dort nach § 267

---

[2] Der Begriff der Gewißheit wird in verschiedener Weise gebraucht, oft als Synonym für Überzeugung im Sinne von subjektiven Nichtbezweifeln; nach *Greger* 21 sollte er nur für die objektive Unbezweifelbarkeit verwendet werden.

[3] Zur Entwicklung des Grundsatzes der freien Beweiswürdigung *Krause* FS Peters 323; ferner *Kunert* GA 1979 401; *Küper* FS II Peters 25; *Rüping* Kap. 7 I 2.

[4] Einl. Kap. **13** VII; § 250, 1; *Geppert* 138; 141; ferner zum Zusammenhang dieser Grundsätze mit dem Erfordernis der subjektiven Überzeugung *Peters* FS Gmür 319; *Walter* 329.

[5] Einl. Kap. **13** XI; vgl. *Geppert* 236 ff.

[6] Vgl. etwa BGH bei *Dallinger* MDR **1973** 190.

[7] Vgl. BGH bei *Pfeiffer* NStZ **1982** 190; *Krause* 330; ferner *Geppert* 183, wonach positive Beweisregeln, die zwingend die Beweiskraft eines bestimmten Beweismittels festlegen, mit dem Prinzip der freien Beweiswürdigung grundsätzlich unvereinbar sind. Ausnahme: § 191 StGB; vgl. Rdn. 65.

[8] Vgl. Rdn. 29 ff.

[9] Dies schließt einzelne Beweisregeln und Beweisverbote nicht aus; vgl. Rdn. 64.

[10] Vgl. Rdn. 41 ff; § 267, 54 ff; § 337, 120 ff.

bzw. nach den von der Rechtsprechung aus dem materiellen Recht und aus § 261 entwik-
kelten Anforderungen festgehalten hätte werden müssen[11]. Beide Vorschriften überdek-
ken sich deshalb vielfach trotz ihrer in der Zielsetzung unterschiedlichen Regelungsge-
genstände. In der Rechtsprechung wird von Fall zu Fall einmal der eine oder der andere
Gesichtspunkt in den Vordergrund gestellt; den § 261 betreffende Fragen sind daher
auch bei § 267 erörtert[12].

## II. Die richterliche Überzeugung

### 1. Wesen der Überzeugung

**a) Begriff.** Unter **Überzeugung** ist eine bestimmte, aus dem Inbegriff der Verhand-  **7**
lung erwachsene, innere Stellungnahme des Richters zum Gegenstand der Untersuchung zu verstehen. Der Richter ist von einem tatsächlichen Hergang überzeugt, wenn
er ihn nach einer gewissenhaften Prüfung der vorgeführten Beweise auf Grund objekti-
vierbarer, rational einleuchtender, nachvollziehbarer Erwägungen[13] unter strenger Beachtung des Grundsatzes, daß von mehreren Möglichkeiten allemal die dem Angeklagten günstigere anzunehmen ist, auch subjektiv **für wahr**[14] hält. Hierbei üben nicht nur
verstandesmäßige Erwägungen einen Einfluß aus; vielmehr wirkt auch das Gefühl
mit[15]. Die richterliche Überzeugungsbildung ist ein komplexer Vorgang, dessen einzelne Elemente oft auch nicht quantifizierbare Wahrscheinlichkeitsaussagen mitumfas-
sen; ohne die zusätzliche Komponente der **persönlichen Gewißheit** bestünde die Gefahr
einer Verurteilung auf Grund objektiver Wahrscheinlichkeiten im stärkeren Maße.
Läßt die von Verstand und Gefühl beherrschte Wertung auch nur noch einen leisen
Zweifel an der Täterschaft oder der Schuld des Angeklagten übrig, so fehlt es, wenn
sich gleich erdrückende Verdachtsgründe zusammendrängen, doch an der zur Verurteilung erforderlichen Überzeugung[16].

Der die **Verurteilung hindernde Zweifel** darf allerdings nicht lediglich aus dem  **8**
Bewußtsein der allgemeinen Unzulänglichkeit des menschlichen Erkenntnisvermögens
hergeleitet werden[17]. Von dem Gedanken: „ich sehe, daß wir nichts wissen können",
darf sich ein Tatrichter nicht leiten lassen. Vielmehr gibt immer nur der reale Zweifel
den Ausschlag, der sich im Hinblick auf die besondere Beschaffenheit des einzelnen Falls

---

[11] Der Umfang der Darlegungspflicht ist streitig, vgl. § 267, 52 ff; § 337, 123; ferner etwa
*Niemöller* StrVert. **1984** 432.

[12] Vgl. *Niemöller* StrVert. **1984** 432 (Beweis-
würdigungsfehler und Darstellungsmangel
verschmelzen in der Sicht des Revisionsgerichts).

[13] Vgl. Rdn. 13; 49; 50.

[14] Im Sinne von wirklich geschehen; vgl. *Pe-
ters* FS Gmür 316 (Überzeugung, daß realer
Vorgang der Außenwelt stattgefunden hat).
Zum Wahrheitsbegriff im Strafprozeß *Krauß*
FS Schaffstein 411; *Rieß* GA **1978** 257;
*Schmidt* JuS **1973** 204; *van der Venn* FS
Schaffstein 411; vgl. ferner *Geppert* 181;
*Greger* 34; *Küper* FS Peters 45; *Peters* FS
Gmür 312; *Volk* (Wahrheit) 8.

[15] *Mösl* DRiZ **1970** 11: „Vielschichtiges gei-
stig-seelisches Geschehen, das vom logisch

geschulten Verstand ebenso getragen wird
wie vom Gefühl"; ferner *Mayer* FS Mezger
455 ff; *Francke*: „Die irrationalen Elemente
der richterlichen Entscheidung"; *Francke*
DRiZ **1960** 434 gegen *Böhme* DRiZ **1960** 20;
*Greger* 19 ff; *Niese* GA **1954** 148; *Mattil* GA
**1954** 334; *Wimmer* DRZ **1950** 390; *Sarstedt/
Hamm* 312 (Überzeugung ist Erlebnis, nicht
Willensentscheidung oder Ermessen); *Peters*
§ 37 XI lehnt die Mitwirkung des Gefühls bei
der Wertung ab.

[16] RGSt **66** 163; RG JW **1928** 116; BGH VRS
**62** 120; bei *Spiegel* DAR **1978** 160; BGH LM
Nr. 6; OLG Koblenz VRS **65** 377; *Mannheim*
JW **1928** 117; *v. Scanzoni* JW **1928** 2181;
*Ehrenzweig* JW **1929** 85; *Alsberg* JW **1929**
863; **1930** 761.

[17] RGSt **61** 206; **66** 163; BGH NJW **1951** 83;
MDR **1951** 122.

---

Walter Gollwitzer

nicht beheben läßt, und zwar der auf konkrete Tatsachen gestützte eigene Zweifel des Richters und nicht der im Hinblick auf die Unvollkommenheit menschlicher Erkenntnis an sich abstrakt denkbare, theoretische Zweifel[18]. Die richterliche Überzeugung setzt **keine mathematische**, jede theoretische Möglichkeit des Gegenteils ausschließende **objektive Gewißheit** voraus. Ein ausreichendes Maß an Sicherheit, dergegenüber vernünftige Zweifel nicht mehr laut werden können, genügt als Grundlage der Überzeugung[19].

**9**    Die an **Sicherheit grenzende Wahrscheinlichkeit** — die keine objektive Gewißheit ist — kann als Beweismaß für sich allein nicht an die Stelle der (bestehenden oder nicht bestehenden) subjektiven Überzeugung des Gerichts treten. Das Reichsgericht hat mit Rücksicht auf die Unerreichbarkeit einer unbedingten Gewißheit in einer viel kritisierten Entscheidung[20] ausgesprochen, daß der Richter in der geistigen Arbeit, die er bei der abschließenden Würdigung des Verhandlungsergebnisses zu leisten hat, sich durchgehend mit einem so **hohen Grad von Wahrscheinlichkeit** begnügen dürfe, wie er bei möglichst erschöpfender und sorgfältiger Anwendung der vorhandenen Erkenntnismittel entstehe, daß ein solcher Grad von Wahrscheinlichkeit als Wahrheit gelte[21]. Diese Ansicht ist nicht zu billigen. Das Fürwahrscheinlichhalten kommt dem Fürwahrerachten nicht gleich. Zu dem objektiven, für jedermann nachvollziehbaren Wahrscheinlichkeitsurteil muß die subjektive Gewißheit des Richters hinzukommen. Ein hoher Grad von Wahrscheinlichkeit für einen bestimmten Geschehensverlauf in der Vergangenheit genügt nicht. Es muß der Glaube des Richters an die Wahrheit dieses Geschehens hinzukommen[22].

**10**    b) Für die richterliche Überzeugung vom **ursächlichen Zusammenhang** zwischen einer Handlung oder Unterlassung des Angeklagten und einem bestimmten Erfolg gilt

---

[18] BGHSt **5** 34; **25** 365; OLG Koblenz VRS **46** 38; **67** 267; **70** 18; OLG Schleswig bei *Ernesti/Jürgensen* 1977 182.

[19] RGSt **51** 127; **66** 164; BGH NJW **1951** 83 (dazu kritisch *v. Scanzoni* NJW **1951** 222), NJW **1951** 325; **1967** 360, 1643; BGH MDR **1967** 226; NStZ **1982** 478; **1983** 277; GA **1954** 152; **1969** 181; VRS **16** 438; **24** 207; **29** 14; **39** 103; **49** 429; **53** 110; **55** 186; **63** 39; BGH bei *Holtz* MDR **1978** 806; bei *Pfeiffer/Miebach* NStZ **1984** 212; bei *Schmidt* MDR **1986** 974; bei *Spiegel* DAR **1978** 157; 160; **1985** 197; BayObLG GA **1970** 186; OLG Celle NJW **1976** 2030; OLG Düsseldorf VRS **66** 358; OLG Hamm VRS **41** 30; JMBlNW **1976** 18; OLG Karlsruhe VRS **22** 368; NJW **1972** 2237; Justiz **1982** 26; OLG Koblenz VRS **44** 44; **45** 118; **46** 37; **65** 377; **67** 267; GA **1975** 220; OLG Schleswig bei *Ernesti/Jürgensen* SchlHA **1974** 183; **1975** 190; OLG Zweibrücken JZ **1968** 675; *Hanack* JuS **1977** 727; *Niese* GA **1954** 148; *Mösl* DRiZ **1970** 110; *Peters* JR **1978** 82; ferner Fußn. 18.

[20] RGSt **61** 202; vgl. auch RG DRiZ **1929** Nr. 75; JW **1930** 761; **1933** 454; **1935** 543; ähnliche Sätze finden sich in BGHSt **5** 34; BGH NJW **1953** 83; 122; GA **1969** 181; ferner *Bohne* NJW **1953** 1377; *Bender/Nack* DRiZ **1980** 121. Zur Problematik *Fincke* GA **1973** 266; *Greger* 38 ff; 60 ff; *Hanack* JuS **1977** 730; vgl. ferner § 337, 159 m. weit. Nachw.

[21] *Greger* 60 nimmt auf Grund einer Gesamtwürdigung an, daß sich diese Entscheidungen nur mißverständlich ausgedrückt haben und in Wirklichkeit das Erfordernis der subjektiven Überzeugung gar nicht in Frage stellen, sondern nur die Anforderungen an deren objektive Grundlagen zurechtrücken wollten. Vgl. auch KMR-*Paulus* § 244, 149.

[22] So auch BGHSt **10** 208; **29** 20 = JR **1980** 169 mit Anm. *Peters*; BGH GA **1954** 152; LM Nrn. 6; 14; BayObLG NJW **1959** 1189 („die bloße ‚Annahme' ist noch keine Überzeugung"); GA **1970** 186; OLG Celle NdsRpfl. **1976** 181; OLG Schleswig bei *Ernesti/Jürgensen* SchlHA **1974** 183; *Dahs/Dahs* 60; *Hartung* SJZ **1948** 586; KMR-*Paulus* § 244, 151; *Niese* GA **1954** 148; *Eb. Schmidt* 11, 12; JZ **1970** 337; *Mösl* DRiZ **1970** 110; vgl. OLG Hamburg DAR **1952** 187; wonach dies nicht zu einer Beweisvermutung zu Lasten des Angeklagten führen dürfe; ferner *Greger* 113; 121 ff.

grundsätzlich nichts anderes als sonst von der Bildung der richterlichen Überzeugung. Nach der Rechtsprechung ist der Erfolg verursacht durch eine Handlung, wenn diese nicht hinweggedacht werden kann, ohne daß der Erfolg entfiele[23]. Vom ursächlichen Zusammenhang zwischen einer Handlung des Angeklagten und einem bestimmten Erfolg muß der Richter **subjektiv** überzeugt sein. Abzulehnen ist die Ansicht, daß an das Urteil über den ursächlichen Zusammenhang zwischen einem bestimmten Verhalten und einem bestimmten Erfolg weniger strenge Anforderungen zu stellen seien als sonst bei der richterlichen Überzeugungsbildung, vor allem, wenn die Ursächlichkeit einer Unterlassung zu beurteilen sei und daß insoweit eine „an Sicherheit grenzende Wahrscheinlichkeit" genüge[24]. Für diese Unterscheidung fehlt es an einem zureichenden Grunde[25]. Hinsichtlich der subjektiven Gewißheit kann zwischen richterlicher Überzeugung, die einen Ursachenzusammenhang betrifft, und richterlicher Überzeugung, die sich auf andere, dem Schuldspruch zugrundeliegenden Tatsachen bezieht, nicht unterschieden werden[26]. Allerdings sind manche Entscheidungen nicht ganz frei von mißverständlichen Formulierungen[27]. So spricht BGHSt **11** 1 im Zusammenhang mit der Frage, ob die bloß gedachte Möglichkeit eines anderen Kausalverlaufs zu berücksichtigen ist, von der „Überzeugung von der an Sicherheit grenzenden Wahrscheinlichkeit des Gegenteils", obwohl andere Ausführungen des Urteils dahin verstanden werden können, daß sich die richterliche Überzeugung vom Ursachenzusammenhang von der richterlichen Überzeugung zu anderen Teilen des Schuldspruchs nicht unterscheidet[28].

**c) Prognosen.** Entscheidungen, die eine **Voraussage für die Zukunft** erfordern, **11** wie etwa die Anordnung von Maßregeln der Besserung und Sicherung, müssen sich hinsichtlich der Prognose mit einer Wahrscheinlichkeitsberechnung begnügen[29]. Soweit eine solche Entscheidung von bestimmten, zeitlich **vor dem Urteilsspruch liegenden Tatsachen** abhängig ist, hat sie das Gericht in einer Weise für erwiesen zu halten, die sich durch nichts von der Überzeugung unterscheiden darf, die das Gericht von den sonstigen, dem Schuld- und Rechtsfolgenausspruch zugrundeliegenden Tatsachen gewinnen muß. Daneben muß das Gericht aber regelmäßig prüfen, ob eine bestimmte **zukünftige Entwicklung** zu erwarten ist, etwa, ob eine bestimmte Maßregel der Besserung und Sicherung erforderlich ist, um einer vom Angeklagten in der Zukunft ausgehenden Gefahr zu begegnen. Die Meinungsbildung des Gerichts über ein mögliches oder wahrscheinliches Verhalten eines Menschen in der Zukunft unterscheidet sich von der Überzeugung, dem Fürwahrhalten eines in der Vergangenheit liegenden Vorgangs, wie

---

[23] Ständige Rechtspr. vgl. RGSt **56** 348; **57** 393; **58** 130; **63** 214, 392; **66** 184; **69** 47; **75** 49; BGHSt **1** 332; **2** 24; zum strafrechtlichen Kausalitätsbegriff vgl. die Erläuterungsbücher zum StGB.

[24] So etwa RGSt **15** 151; **51** 127; **58** 130; **63** 211; **75** 49; 324; 372; RG JW **1928** 2716; **1931** 2576; **1937** 3087; dazu *Greger* 64.

[25] *Eb. Schmidt* 12; I Nr. 374; *Mösl* DRiZ **1970** 110. *Greger* 177 ff verneint ebenfalls einen Unterschied im Beweismaß, nimmt als Bezugsgröße des Beweismaßes aber an, daß es genügt, wenn das Gericht von der nach der Lebenserfahrung bestehenden Wahrscheinlichkeit der Kausalität überzeugt ist.

[26] BGH LM Nr. 6 mit Anm. *Neumann*; LM Nr. 14; BGH NJW **1951** 122; VRS **16** 432; OLG Celle NJW **1976** 2030; OLG Koblenz GA **1975** 220; vgl. *Greger* 67; 176 ff.

[27] BGH NJW **1954** 1047; **1955** 1487; VRS **10** 359; bei *Dallinger* MDR **1951** 274; **1953** 20; bei *Holtz* MDR **1978** 806; vgl. KMR-*Paulus* § 244, 149.

[28] Vgl. den durch BGHSt **11** 1 erledigten Vorlagebeschluß OLG Hamm VRS **13** 39; ferner *Greger* 67; *Mezger* JZ **1958** 281.

[29] *Krause* FS Peters 326; *Kleinknecht/Meyer*[37] 27; vgl. auch *Nell* Wahrscheinlichkeitsurteile in juristischen Entscheidungen; ferner *Greger* 39; *Montenbruck* „In dubio" 96; ferner etwa BVerfGE **70** 313; Rdn. 119.

Walter Gollwitzer

die Aussage über das wahrgenommene und erlebte Wetter des vorhergegangenen Tages von der Wettervorhersage für die kommenden Tage. An die Stelle des Fürwahrhaltens muß notwendig das unter Verwertung aller sachlich in Betracht kommenden Anhaltspunkte zustandegekommene Urteil treten, daß sich der Angeklagte in Zukunft nach aller Erfahrung wahrscheinlich so und nicht anders verhalten werde. Das vom Gesetz in Fällen dieser Art geforderte Urteil hinsichtlich eines zukünftigen Verhaltens muß nach dem Grade der Sicherheit notwendig hinter der Überzeugung über ein abgeschlossenes Ereignis zurückstehen.

**12**    **2. Persönliche Überzeugung und objektive, rational einleuchtende Beweiswürdigung.** Die Überzeugung des Tatrichters als die persönliche, von Zweifeln freie Gewißheit über einen bestimmten Geschehensverlauf, ist höchstpersönlich. Eine übereinstimmende Überzeugung kann aber auch bei einem **Kollegialgericht** durch das gemeinsame Erleben der Hauptverhandlung (vgl. Rdn. 14 ff) und durch den Meinungsbildungsprozeß der Beratung dessen Entscheidung tragen, notfalls als Entscheidung der überzeugten Mehrheit. Hat der Tatrichter auf Grund der Hauptverhandlung eine bestimmte Überzeugung gewonnen, so kann sie nicht deshalb in Frage gestellt werden, weil die gezogenen Schlüsse zwar möglich, aber nicht zwingend sind[30] oder ein anderer vielleicht noch gezweifelt hätte[31]. Zur Freiheit der Überzeugung gehört auch die Freiheit der Entschließung gegenüber einem an sich objektiv möglichen Zweifel[32]. Konnte umgekehrt der Tatrichter die sichere Gewißheit nicht erlangen, so ist dies ebenfalls hinzunehmen, auch wenn nach den Urteilsgründen der Geschehnisablauf mit einer an Sicherheit grenzenden Wahrscheinlichkeit festzustehen scheint[33]. Abgesehen von der Bindung durch schlechthin zwingende Schlußfolgerungen gibt es keine Normen, die verbindlich festlegen, welche Überzeugung der Richter auf Grund bestimmter Beweise haben müsse, insbesondere, welchen Wert er bestimmten Beweisen beizumessen habe[34].

**13**    Das Abstellen auf die **subjektive Gewißheit** als unerläßliches Erfordernis[35] der richterlichen Überzeugung bedeutet nicht, daß sie allein schon für eine Verurteilung ausreicht, wenn sie sich nicht rational-argumentativ auf eine **tragfähige Tatsachengrundlage** stützen kann[36]. Die subjektive Gewißheit ist ein auf Menschenkenntnis und Einfühlungsvermögen des Richters aufbauendes Korrektiv der rein rationalen Beweis-

[30] BGHSt 10 208; 25 367; 26 63; 29 20 = JR 1980 169 mit Anm. *Peters*; BGH NJW 1951 325; 1967 359; NStZ 1982 478; VRS 30 101; 32 198; bei *Pfeiffer/Miebach* NStZ 1983 357; 1984 17; bei *Spiegel* DAR 1983 206; 1985 15.

[31] Eine solche Feststellung wäre ohnehin hypothetisch, da die richterliche Überzeugung, die subjektive Gewißheit, sich nur in der Hauptverhandlung mit ihren oft unwägbaren Nuancierungen bilden kann. Sie ist für einen Dritten nicht nachvollziehbar.

[32] BGH NJW 1967 360; GA 1954 152; bei *Spiegel* DAR 1983 206; vgl. auch BGH NStZ 1983 277; 1985 516; ferner die Entscheidungen Fußn. 30.

[33] BGHSt 10 208; BGH NJW 1951 325; NStZ 1984 180; 376; VRS 39 103; bei *Holtz* MDR 1978 281; bei *Spiegel* DAR 1983 206; 1984 205; OLG Schleswig bei *Ernesti/Jür-*

gensen SchlHA 1973 187; *Hartung* SJZ 1948 579; *Niese* GA 1954 148; *Peters* § 37 XI.

[34] BGHSt 10 208; BGH VRS 33 431; 55 186; bei *Pfeiffer* NStZ 1982 190; bei *Spiegel* DAR 1978 160; OLG Köln MDR 1954 631; OLG Schleswig bei *Ernesti/Lorenzen* SchlHA 1984 105; *Eb. Schmidt* JR 1957 387; 1970 337.

[35] Zur Unersetzlichkeit der subjektiven Gewißheit vgl. *Greger* 113 ff.

[36] BayObLGSt 1971 129 = JR 1972 30 mit Anm. *Peters*; OLG Köln NJW 1977 398; *Albrecht* NStZ 1983 488; *Geerds* SchlHA 1964 65; KK-*Hürxthal* 45; *Kleinknecht/Meyer*[37] 2; KMR-*Paulus* § 244, 155; *Peters* JR 1977 84; *Roxin* § 15 II 1 a; *Schneider* MDR 1962 868; 951; vgl. ferner *Klug* FS Möhring 363; *Krause* FS Peters 332; *Stree* In dubio pro reo 40; *Herdegen* FS Kleinknecht 175.

würdigung. Es ersetzt sie aber nicht. Rein intuitive Einsichten oder bloße **Vermutungen** vermögen keine Verurteilung zu tragen. Die Überzeugung des Richters muß auf einer logischen, verstandesmäßig einsichtigen Beweiswürdigung beruhen, deren nachvollziehbare Folgerungen den Denkgesetzen entsprechen und von den festgestellten Tatsachen getragen werden[37]. Sie dürfen sich von diesen nicht so weit entfernen, daß sie nur eine bloße **Vermutung** bedeuten und als ein **objektiv nicht mehr fundierter Verdacht** erscheinen[38]. Eine richterliche Überzeugung, welche des **rationalen Unterbaus** einer objektiv hohen Wahrscheinlichkeit des Tatgeschehens (vgl. Rdn. 9, 42) ermangelt, wäre willkürlich und damit fehlerhaft[39]. Dies gilt vor allem dort, wo nach der objektiven Beweislage verstandesmäßig die erforderliche Gewißheit nicht gewonnen werden kann[40].

### III. Inbegriff der Verhandlung

**1.** Daß das Gericht seine Überzeugung aus dem Inbegriff der Verhandlung zu **14** schöpfen hat, hat eine **doppelte Bedeutung**. Negativ bedeutet der Grundsatz, daß der Richter bei der Überzeugungsduldung nur das benutzen darf, was in **verfahrensrechtlich zulässiger Weise** Gegenstand der Verhandlung geworden ist[41], also nicht sein privates Wissen (Rdn. 17 ff). Zum anderen umschließt er aber auch die Verpflichtung für die Überzeugungsbildung *alles* zu berücksichtigen, was in die Hauptverhandlung eingeführt worden ist, sofern nicht ausnahmsweise ein Beweisverbot entgegensteht. Die Beweisergebnisse sind erschöpfend zu würdigen, alle Möglichkeiten, die sich aus den festgestellten Tatsachen ergeben können, sind in Betracht zu ziehen[42]. Die Richter, und zwar Berufsrichter ebenso wie Laienrichter, müssen den Geschehnissen in der Hauptverhandlung mit voller, uneingeschränkter Aufmerksamkeit folgen.

**2. Gesamteindruck der Hauptverhandlung.** Zum Inbegriff der Verhandlung ge- **15** hört alles, was in ihr vom Aufruf der Sache bis einschließlich des letzten Wortes verhandelt wurde[43]. Auch wenn wegen verschiedener Taten gegen mehrere Angeklagte ge-

---

[37] BGH NStZ **1982** 478 (verstandesmäß einsichtige Tatsachengrundlage); JR **1981** 304 mit Anm. *Peters*; BGH bei *Holtz* MDR **1980** 631; bei *Spiegel* DAR **1978** 160; vgl. aber auch OLG Celle JR **1977** 82 mit krit. Anm. *Peters*.

[38] BGH MDR **1980** 849; NStZ **1986** 373; StrVert. **1982** 256; **1985** 92 (L); **1986** 61; bei *Pfeiffer* NStZ **1981** 296; bei *Pfeiffer/Miebach* NStZ **1986** 208; BayObLG bei *Rüth* DAR **1984** 225; **1985** 245; OLG Schleswig bei *Ernesti/Lorenzen* SchlHA **1984** 104; OLG Stuttgart VRS **71** 281; OLG Zweibrücken StrVert. **1985** 359; vgl. auch BGH bei *Spiegel* DAR **1983** 207 (keine Beweisgrundlagen).

[39] Zur Wissenschaftlichkeit der Beweiswürdigung vgl. Rdn. 42 ff; ferner *Fincke* GA **1973** 266; *Gössel* GA **1974** 241; *Herdegen* FS Kleinknecht 178; *Krause* FS Peters 332; *Musielak/Stadler* JuS **1980** 427; *Peters* § 37 XI „Grundsatz der objektiv-subjektiven Beweiswürdigung" (Unterbau der objektiven

Maßstäblichkeit wird durch subjektive Wertung überhöht); *Peters* Der neue Strafprozeß 172; *Peters* JR **1980** 168; *Roxin* § 15 C II 1 a; 2 a; *Rieß* GA **1978** 257; *G. Schäfer* § 87 I 1; *Schlüchter* 567; *Stree* In dubio pro reo 40; *Stree* JR **1977** 84.

[40] Wegen Beispiele aus der Rechtsprechung vgl. Rdn. 42; 49, insbesondere auch zu dem als alleiniges Indiz nicht ausreichenden Schluß vom Halter auf den Fahrer eines Kraftfahrzeugs (BGHSt **25** 365); weit. Nachw. Fußn. 36 bis 38.

[41] Vgl. BGHSt **19** 195 (Nur Wissen, das in und durch Verhandlung erworben).

[42] Vgl. Rdn. 56 ff. Auch die Aufklärungspflicht, deren Hauptziel das Beibringen der Beweismittel für die Hauptverhandlung ist, fordert das Ausschöpfen der beigebrachten Beweismittel in der Hauptverhandlung; vgl. § 244, 51; 52.

[43] KK-*Hürxthal* 6; vgl. Rdn. 5.

meinsam verhandelt wird, bildet die Hauptverhandlung eine **einheitliche Erkenntnisquelle**, die das Gericht für und gegen jeden Angeklagten verwenden darf[44]. Für Vorgänge, die vor der Verbindung oder nach einer Trennung der Verfahren liegen, gilt das nicht[45]. Verwendbar sind nicht nur die durch den **Gebrauch der förmlichen Beweismittel** in der Hauptverhandlung gewonnenen Erkenntnisse[46]. Der bei der Beweiswürdigung zu berücksichtigende Inbegriff der Hauptverhandlung beschränkt sich nicht auf die Erkenntnisse, die durch die zulässig eingeführten und verwertbaren förmlichen Beweismittel[47] und die Einlassung des Angeklagten gewonnen wurden. Er ist nach Wortlaut und Sinn des § 261 **umfassend** zu verstehen. Zu ihm rechnen — unbeschadet der Frage der Beweismitteleigenschaft — **alle Äußerungen der Verfahrenssubjekte**. Das Gericht muß auch deren argumentative Stellungnahmen zu den Beweisergebnissen in seine Gesamtwürdigung miteinbeziehen. Dies folgt aus dem Recht auf Gehör[48] und vor allem aus der Funktion der mündlichen Verhandlung, die darauf angelegt ist, daß die richterliche Meinungsbildung in kontradiktorischer Erörterung der Beweisergebnisse gewonnen wird. Zum Inbegriff der Hauptverhandlung rechnen daher nicht nur die Einlassung des Angeklagten[49] einschließlich seines letzten Wortes[50], sondern auch Äußerungen des Privat-[51] und Nebenklägers[52] ferner Erklärungen, die ein Verteidiger abgibt[53].

**16**     Der Inbegriff der Hauptverhandlung umfaßt das gesamte **Verhalten der Verhandlungsteilnehmer**, ihre Angaben, ihre Reaktion bei bestimmten Verhandlungsvorgängen,

---

[44] Vgl. Vor § 226, 39; *Eb. Schmidt* JZ **1970** 342.

[45] Vgl. § 230, 12 ff; § 231 c, 21; ferner Rdn. 17.

[46] Was beim Gebrauch der förmlichen Beweismittel zum Inbegriff der Hauptverhandlung wird, ist bei diesen erörtert; vgl. § 249, 30; 37 ff (Verlesung von Urkunden); § 249, 85 (Vorhalt); § 250, 23 ff (Zeugen von Hörensagen); § 250, 30, 31 (Befundtatsachen beim Sachverständigenbeweis). Zur abschließenden Festlegung der Beweismittel vgl. § 244, 8; zur Unverwertbarkeit informatorischer Befragung § 244, 12.

[47] Es ist strittig, ob § 261 nur die Würdigung der förmlichen Beweismittel regelt, so etwa *Prittwitz* 170 ff unter Hinweis auf das Wechselspiel zwischen freier Beweiswürdigung und Bindung bei der Beweisaufnahme; ferner *Seebode/Sydow* JZ **1980** 512, oder ob er für sämtliche prozessual zulässigen Erkenntnisquellen gilt; vgl. etwa KMR-*Paulus* 2 und die Rechtspr. Fußn. 49.

[48] Die Pflicht, bei der Beweiswürdigung auch den argumentativen Vortrag aller an der Hauptverhandlung teilnehmenden Prozeßsubjekte in Erwägung zu ziehen und damit die Zurechnung zum Inbegriff der Hauptverhandlung folgt aus dem Wesen der mündlichen Verhandlung und dem Recht auf Gehör. Der für die subjektive Gewißheit maßgebende Inbegriff der Hauptverhand-

lung reicht weiter als die Vorgänge der förmlichen Beweisaufnahme. Vgl. auch *Kleinknecht/Meyer*[37] 5.

[49] BGHSt **3** 384; **21** 285; **23** 372; BayObLG MDR **1973** 692; OLG Hamm VRS **44** 46; *Eb. Schmidt* JZ **1970** 342; vgl. § 244, 10, auch zur Frage, ob die Einlassung eines Mitangeklagten als Beweismittel in Richtung gegen einen anderen Mitangeklagten verwendet werden darf; ferner Rdn. 69, 71.

[50] BGHSt **11** 74; BGH StrVert. **1983** 402; vgl. Rdn. 37; 38. Soweit der Angeklagte dabei neue Tatsachen vorträgt oder ein Geständnis ablegt, gehört dies zum Inbegriff der Hauptverhandlung, auch wenn das Gericht in der Regel nicht ohne Erörterung darauf eine Verurteilung stützen darf, vgl. OLG Köln NJW **1961** 1224; KK-*Hürxthal* 12.

[51] BayObLGSt **1953** 26 = MDR **1953** 377; OLG Hamm RPfl. **1956** 240.

[52] Vgl. § 244, 10, **a.A** *Prittwitz* 166 (Aussage des Nebenklägers muß in Form einer Zeugenaussage justizförmig eingeführt werden).

[53] Auch wenn der Inhalt der Erklärung nicht als Beweismittel zu Lasten des Angeklagten verwendet werden kann, gehört sie entgegen OLG Köln VRS **59** 349 zum Inbegriff der Hauptverhandlung; zur Frage, wieweit Erklärungen des Verteidigers als materielles Beweismittel verwertbar sind vgl. § 234, 16; *Kleinknecht/Meyer*[37] 5 mit weit. Nachw.

wie etwa bei einer Gegenüberstellung[54], der Eindruck den sie machen, ferner ihr äußeres Erscheinungsbild (Alter, Ähnlichkeit, offen erkennbare Körperbeschaffenheit usw.), und zwar unabhängig davon, ob der Angeklagte von seinem Recht zum Schweigen Gebrauch macht oder ob der erschienene Zeuge berechtigt die Aussage verweigert[55]. **Ausnahmen** von dem Grundsatz, daß das Gericht das Gesamtverhalten der Verhandlungsteilnehmer bei der Beweiswürdigung berücksichtigen darf und muß, können sich aus anderen Rechtsvorschriften ergeben[56].

### 3. Außerhalb der Hauptverhandlung erworbene Erkenntnisse

**a)** Die Beweiswürdigung darf nur auf die Erkenntnisse aus der Hauptverhand-   **17** lung gestützt werden, in der über die Anklage gegen den jeweiligen Angeklagten entschieden wird. Der **Inhalt anderer Hauptverhandlungen**, auch frühere in der gleichen Sache, gehört nicht zum Inbegriff der Hauptverhandlung im Sinne des § 261. Gegen diesen Grundsatz wird erfahrungsgemäß leicht verstoßen, wenn Verfahren gegen mehrere Angeklagte verbunden, getrennt und dann abermals verbunden werden[57]. Nach § 154 **vorläufig eingestellte Tatkomplexe** oder nach § 154 a ausgeschiedene Teile einer Tat dürfen in die Beweiswürdigung erst einbezogen werden, wenn die ihnen zugrundeliegenden Tatsachen Gegenstand der Hauptverhandlung waren und wenn ein Angeklagter, der damit nicht rechnen mußte, vorher darauf hingewiesen worden ist[58]. Zur Einführung gerichtskundiger Tatsachen vgl. Rdn. 25 ff.

**b)** Die Aussage, die ein Zeuge vor den ihn **kommissarisch einvernehmenden Be-**   **18** **rufsrichtern** macht, ist kein Teil der Hauptverhandlung. Der persönliche Eindruck, den die Richter bei der Einvernahme gewonnen haben, darf bei der Urteilsfindung nur verwertet werden, wenn er in der Niederschrift über die Vernehmung festgehalten und der Vermerk in der Hauptverhandlung verlesen worden ist[59].

**c) Dienstliches Wissen**, das die Richter außerhalb der Hauptverhandlung erlangt   **19** haben, dürfen sie — unbeschadet der Möglichkeit eines Vorhalts — als solches grundsätzlich bei der Beweiswürdigung nicht verwerten, so etwa von Äußerungen, die ein Angeklagter außerhalb der Hauptverhandlung abgegeben hat oder die Stellungnahme

---

[54] Vgl. § 58, 13; § 243, 7; § 244, 17; ferner BVerfGE **56** 42 und zum Wiedererkennen in der Hauptverhandlung etwa BGH NStZ **1982** 342; StrVert. **1986** 287; OLG Köln StrVert. **1986** 12; AG Unna StrVert. **1982** 109 mit Anm. *Budde*; *Nöldeke* NStZ **1982** 194; *Odenthal* NStZ **1984** 137; *Rogall* 37; ferner Rdn. 89; 101.

[55] BGH GA **1965** 108. Ferner für den Angeklagten BGH MDR bei *Dallinger* **1974** 368; KG NJW **1979** 1668; OLG Koblenz VRS **47** 441; § 244, 11 und für den Zeugen § 86, 21; § 244, 325. Ob es dazu bei einem die Aussage zu Recht verweigernden Zeugen der Anordnung eines Augenscheins bedarf, ist strittig; vgl. OLG Hamm VRS **48** 105; *Rogall* MDR **1975** 813.

[56] Vgl. Rdn. 74; 86.

[57] Vgl. etwa BGHSt **33** 119; BGH JR **1985** 125 mit Anm. *Gollwitzer*; JR **1986** 165 mit Anm. *Pelchen*; StrVert. **1984** 186; 364; **1985** 354 mit Anm. *Rogall*; ferner § 230, 12 ff; 52; § 231 c, 5; § 237, 27 mit weit. Nachw.

[58] BGHSt **30** 147; 197; **31** 302; BGH NJW **1985** 1479; StrVert. **1984** 364; § 154, 54; 77 mit weit. Nachw. Zur Rechtsprechung und zum Schrifttum vgl. etwa *Schimansky* MDR **1986** 283; *Vogler* FS Kleinknecht 429 (der wegen der Unschuldsvermutung die Verwertung nicht rechtskräftig abgeurteilter Taten ablehnt).

[59] BGHSt **2** 1; BGH NStZ **1983** 182; BGH bei *Holtz* MDR **1977** 108; OLG Koblenz MDR **1980** 689; vgl. § 223, 34; 40; aber auch § 223, 42.

eines Ministeriums oder eines Fachverbandes[60]. Eine Ausnahme gilt nur, wenn das Wissen als gerichtskundig in die Hauptverhandlung eingeführt werden durfte und auch tatsächlich eingeführt worden ist (Rdn. 26).

**20**      Auf den **Inhalt der Akten** darf das Gericht nicht zurückgreifen und ihnen Beweise entnehmen, die nicht Gegenstand der mündlichen Verhandlung waren[61]. Es verletzt § 261, wenn es die Aussage eines Zeugen, der in der Verhandlung nicht vernommen und dessen Zeugnis nicht verlesen wurde, oder ein zu den Akten eingereichtes, in der Verhandlung nicht vorgetragenes Gutachten berücksichtigt oder eine längere Urkunde im Wortlaut verwertet, obwohl sie in der Hauptverhandlung ausweislich der Sitzungsniederschrift (vgl. § 274) nicht verlesen oder im Selbstleseverfahren nach § 249 Abs. 2 behandelt, sondern nur ihr Inhalt durch Vorhalt und die Erklärung des Angeklagten darauf „zum Gegenstand der Verhandlung gemacht" wurde[62] oder wenn eine Eintragung in das Strafregister oder Verkehrszentralregister verwertet wird, ohne daß sie vorher ordnungsgemäß in die Hauptverhandlung eingeführt wurde[63]. Soweit für die Strafzumessung der Bericht der Gerichtshilfe oder Jugendgerichtshilfe verwertet wird, müssen alle Umstände, die das Gericht aus ihm für die Strafzumessung berücksichtigen will, in der Hauptverhandlung erörtert und bewiesen werden[64]. Dem Angeklagten und seinem Verteidiger darf nichts unbekannt bleiben, was für die Bildung des Urteils Bedeutung hat.

**21**      Wenn ein **Sachverständiger** sein Gutachten auf außerhalb der Hauptverhandlung getroffene Feststellungen (Akteninhalt, Ergebnis eigener Befragungen) stützt, ist zwischen den sogenannten **Befundtatsachen** und den **Zusatztatsachen** zu unterscheiden. Die Befundtatsachen, die der Sachverständige nur kraft seiner besonderen Sachkunde wahrnehmen oder verstehen kann, dürfen über das Gutachten in die mündliche Verhandlung eingeführt werden. Die sogenannten Zusatztatsachen, die ohne besondere Sachkunde wahrgenommen werden können, müssen durch Beweisaufnahme zum Gegenstand der Verhandlung gemacht werden; sie dürfen bei der Entscheidung nicht verwertet werden, wenn dies unterblieben ist[65]. Setzt ein Sachverständiger sich in seinem in der Hauptverhandlung erstatteten Gutachten mit einem in einem anderen Verfahren abgegebenen früheren Gutachten auseinander, so wird dadurch ein als Tatsachengrundlage verwendetes früheres Gutachten in die Hauptverhandlung eingeführt[66], was nur zulässig ist, wenn es sich dabei um Befundtatsachen handelt.

**22**      Außerhalb der Hauptverhandlung darf das Gericht Lücken in der Beweiserhebung oder nachträglich aufgetauchte Zweifelsfragen nicht durch **Fragen an Zeugen oder Sachverständige** beheben[67]. Ergibt sich die Notwendigkeit zu klärenden Fragen, muß

---

[60] Vgl. etwa OLG Koblenz GA **1977** 313 (Äußerung des Angeklagten vor Hauptverhandlung); VRS **65** 379 (Stellungnahme eines Ministeriums oder Fachverbandes). Zur ordnungsgemäßen Einführung solcher Äußerungen vgl. § 249, 14 ff; § 250, 5 ff.

[61] So schon RGRspr. **2** 529; RGSt **1** 81; **2** 76; z. B. auch BGH bei *Martin* DAR **1971** 122; BGH StrVert. **1985** 401 mit Anm. *Sieg*; *Hussmann* MDR **1977** 896.

[62] OGHSt **2** 334; **3** 26; BGHSt **11** 29; BGH NJW **1954** 361; StrVert. **1985** 401 mit Anm. *Sieg*; OLG Hamburg StrVert. **1981** 333; vgl. aber auch Rdn. 99; vgl. § 249, 85; § 250, 15; § 337, 82.

[63] Vgl. etwa OLG Düsseldorf VRS **64** 128; ferner § 243, 91 ff; § 249, 21 ff.

[64] Vgl. auch § 244, 41. Zur Gerichtshilfe vgl. bei § 160; zur Jugendgerichtshilfe bei §§ 38, 50 JGG; ferner etwa BGH MDR **1984** 682; *Schaffstein* FS Dünnebier 661, 673; Vor § 226, 46; 47; § 256, 18.

[65] Wegen der Einzelheiten vgl. Vor § 72, 8; § 250, 33 ff.

[66] BGH bei *Holtz* MDR **1977** 108.

[67] RG HRR **1939** Nr. 1214; BGH bei *Dallinger* MDR **1952** 532; OLG Stuttgart NJW **1968** 2022; zu großzügig RGSt **71** 326; nach *Eb. Schmidt* 4 verstoßen solche Besprechungen im Beratungsstadium gegen § 261.

das Gericht nochmals in die Verhandlung eintreten und dort die Fragen stellen. Es darf nicht vom Beratungszimmer aus ermitteln[68]. Dagegen darf sich das Gericht wissenschaftliche Werke, auf die ein Sachverständiger sein Gutachten gestützt hat, vom Sachverständigen in das Beratungszimmer bringen lassen. Nach Ansicht des Reichsgerichts ist es zulässig, daß das Gericht außerhalb der Verhandlung technische Versuche anstellt, um sich darüber schlüssig zu machen, ob es der Anhörung eines Sachverständigen bedürfe[69].

Das Gericht darf seine **Beratung** nicht **am Tatort** abhalten, um den Eindruck **23** eines vorausgegangenen Augenscheins auf diese Weise zu vertiefen. Hierin sieht die Rechtsprechung eine Beweiserhebung, deren Vornahme in Abwesenheit des Staatsanwalts, des Urkundsbeamten und des Angeklagten nicht etwa nur dem § 261, sondern den §§ 226 und 230 zuwiderläuft, so daß die Folge des § 338 Nr. 5 eintritt[70]. Gegen § 261 wird verstoßen, wenn einzelne Richter die **Kenntnis der Örtlichkeit**, die sie für sich allein gewonnen haben, bei der Urteilsfällung verwerten[71]. Daraus allein, daß einzelne Mitglieder des erkennenden Gerichts aus eigenem Entschluß den Tatort eingesehen haben, kann ein Verstoß gegen § 261 nicht hergeleitet werden, sofern nichts dafür spricht, daß das Gericht seine Überzeugung aus einer Quelle geschöpft habe, die in der Hauptverhandlung nicht erschlossen wurde[72].

d) **Privat erworbenes Tatsachenwissen** (das nicht offenkundig ist) darf der Rich- **24** ter nicht zur Grundlage der Beweiswürdigung machen. Er darf es nur zum Vorhalt verwenden. Verwertbar ist aber nur, was die Auskunftsperson erwidert hat. Der Vorhalt selbst wird weder Gegenstand der Beweisaufnahme noch Grundlage der Bewürdigung[73]. Der Richter kann sein privates Wissen auch nicht etwa dadurch zum Gegenstand der Hauptverhandlung machen, daß er es in ihr bekanntgibt, denn er kann nicht zugleich Zeuge sein[74]. Nur die allgemeinkundigen oder gerichtsbekannten Tatsachen dürfen vom Gericht in das Verfahren eingeführt und nach Erörterung in der Hauptverhandlung der Entscheidung zugrunde gelegt werden[75]. Davon zu unterscheiden ist der Fall, daß das Gericht besonderes Fachwissen für sich beansprucht[76].

### 4. Offenkundige Tatsachen

a) Offenkundige Tatsachen bedürfen, wie § 244 Abs. 3 Satz 2 zeigt, **keines Bewei-** **25** **ses** in der Hauptverhandlung[77]. Sie müssen aber trotzdem durch einen Hinweis des Vorsitzenden oder sonst in geeigneter Weise zum **Gegenstand der mündlichen Verhandlung** gemacht werden, damit sie bei der Urteilsfällung verwendet werden können[78]. Der

---

[68] OLG Schleswig bei *Ernesti/Jürgensen* SchlHA **1974** 183 (Einholen einer Auskunft).

[69] RGSt **45** 104; RG GA **74** (1930) 200.

[70] Vgl. § 226, 19; § 230, 8.

[71] RGSt **26** 272; **50** 155; OLG Hamburg NJW **1952** 1271; OLG Hamm VRS **12** 448; OLG Koblenz MDR **1971** 507.

[72] RG HRR **1938** Nr. 65; KG VRS **17** 285; § 225, 9; § 226, 19.

[73] Vgl. RGSt **40** 54; BGH bei *Dallinger*; MDR **1952** 532; OLG Frankfurt NJW **1952** 638; OLG Hamburg NJW **1952** 1271; vgl. § 249, 85 mit weit. Nachw.

[74] Vgl. Vor § 48, 23; ferner etwa OLG Frankfurt StrVert. **1983** 192 (Hinweis auf eigene Ortskenntnisse); LG Aachen StrVert. **1984** 20 (Einführung privaten Wissens durch „dienstliche Erklärung").

[75] Vgl. Rdn. 25 ff.

[76] Vgl. § 244, 302; strittig.

[77] Vgl. § 244, 227.

[78] BVerfGE **10** 183; RGSt **16** 328; **28** 172; RG GA **39** 342, 343; JW **1903** 94; Recht **1919** Nr. 846; BGHSt **6** 295; BGH NJW **1963** 598; BayObLG bei *Rüth* DAR **1986** 247; vgl. § 244, 234 mit weit. Nachw.; ferner *Schlothauer* StrVert. **1986** 228, der die Hinweispflicht dem Grundsatz des fairen Verfahrens zuordnet.

Grundsatz, daß die Hauptverhandlung die alleinige Erkenntnisquelle ist, darf durch die Verwertung offenkundiger Tatsachen in seinem wesentlichen Gehalt nicht angetastet werden[79]. Zu erörtern sind sowohl die Tatsache als auch ihre Offenkundigkeit. Die Prozeßbeteiligten müssen Gelegenheit haben, zu beiden Stellung zu nehmen[80]. Dies gilt für allgemeinkundige gleich wie für gerichtskundige Tatsachen und ist nur insofern einzuschränken, als unter den offenkundigen Tatsachen solche hervortreten, die so unerschütterlich feststehen und so selbstverständlich sind oder deren Bedeutung für die Untersuchung allen Beteiligten so offensichtlich ist, daß es keiner ausdrücklichen Erörterung bedarf[81]. Die Voraussetzungen, unter denen Tatsachen als **allgemeinkundig** oder **gerichtskundig** behandelt werden dürfen, sind bei § 244, 227 ff erläutert[82].

**26**　　b) Auch **Erfahrungssätze** können, sofern weite Kreise vermöge allgemeiner Lebenserfahrung und Bildung an ihnen teilhaben, allgemeinkundig und, sofern sie in der besonderen Sachkunde des Gerichts feststehen, gerichtskundig sein[83]. Die in der einzelnen Sache beweisbedürftigen Tatsachen können nur mit Hilfe der aus der Beobachtung anderer Lebensvorgänge gewonnenen, zuverlässigen Erfahrungen festgestellt und zu dem abgeschlossenen Bild ineinandergefügt werden, das als das Ergebnis der Verhandlung der rechtlichen Würdigung zu unterziehen ist[84]. Wo immer die dem Gericht ohne weiteres zu Gebot stehenden Erfahrungssätze für die Beurteilung nicht ausreichen, muß es sich, um die fehlenden Kenntnisse zu beschaffen, des Beistands eines Sachverständigen bedienen. Die für offenkundige Tatsachen angeführten Regeln sind zwar nicht durchweg, aber doch im weiten Maße hinsichtlich der Voraussetzungen der Offenkundigkeit der Erfahrungssätze und ihrer Verwertung im Verfahren anzuwenden[85]. Erfahrungssätze sind keine Tatsachen, sondern hypothetische Urteile von allgemeingültiger Bedeutung[85a]. Sie kommen aber, insbes. wenn sie bestimmte Geschehnisse der Vergangenheit betreffen, allgemeinkundigen Tatsachen sehr nahe, da der Unterschied zwischen einer auf Grund allgemeinkundigen Wissens feststehenden Tatsache und einer aus einem feststehenden Erfahrungswissen nur gefolgerten Tatsache praktisch meist gering ist. Es liegt daher nahe, wenn insoweit nicht nur die Tatsachen, an die das Erfahrungswissen anknüpft und die meist ihrerseits wieder allgemeinkundig sind, sondern auch bestimmte, für die Schlußfolgerung verwandte Erfahrungssätze oder auch das Ergebnis der Schlußfolgerung wie offenkundige Tatsachen in der Verhandlung zur Erörterung gestellt werden. Soweit die Erfahrungssätze bestimmte tatsächliche Gegebenheiten, also räumlich und zeitlich fixierbare Tatsachen betreffen, fordert der Grundsatz der Gewährung des rechtlichen Gehörs ihre **Erörterung in der Hauptverhandlung**[86]. Davon zu unterscheiden sind die zahlreichen, in jeder Sache eingreifenden und vielfach völlig unbewußt verwendeten Erfahrungssätze, deren Inhalt kein konkretes Ereignis betrifft, und die selbstverständlich und allgemein geläufig sind. Bei diesen kann sowohl die

---

[79] BGHSt **26** 61.
[80] OLG Hamm VRS **41** 49; StrVert. **1985** 225; BSG MDR **1975** 965; KK-*Hürxthal* 11; *Kleinknecht/Meyer*[37] 7; KMR-*Paulus* 7; *Alsberg/Nüse/Meyer* 572; *Nüse* GA **1955** 74; § 244, 234; ferner § 273, 17.
[81] *Alsberg/Nüse/Meyer* 570; KK-*Hürxthal* 11; *Kroschel/Meyer-Goßner* 117.
[82] Vgl. auch *Alsberg/Nüse/Meyer* 534.
[83] *Alsberg* JW **1923** 758; *Klee* GA **70** (1926)

158; *Alsberg/Nüse/Meyer* 534 mit weit. Nachw.
[84] *Stein* 12 ff; *Sauer* Grundlagen 66.
[85] RGSt **45** 403; RG LZ **1915** 754.
[85a] *Eb. Schmidt* 22.
[86] Vgl. BVerfGE **10** 183; BGHSt **26** 59; BayObLG JR **1966** 227; OLG Köln VRS **68** 51; KK-*Hürxthal* 11; KMR-*Paulus* 7; § 244, 234; auch BVerwG NStZ **1983** 738; vgl. Rdn. 25; Fußn. 81 mit weit. Nachw.

Allgemeinkundigkeit als auch der Einfluß auf die Sachgestaltung so sehr auf der Hand liegen, daß sich die ausdrückliche Erörterung in der Hauptverhandlung erübrigt[87].

**c) Sonstige Verfahrensfragen.** Die Erörterung der Offenkundigkeit einer Tat- **27** sache in der Hauptverhandlung ist keine **wesentliche Förmlichkeit** des Verfahrens, die in der Sitzungsniederschrift festgehalten werden muß[88]. Zum Nachweis, daß die Beteiligten hierzu gehört wurden, kann dies aber trotzdem zweckmäßig sein[89].

Die Feststellung einer offenkundigen Tatsache setzt nicht voraus, daß die Kennt- **28** nis von ihr bei **allen zur Entscheidung berufenen Richtern** vorhanden ist[90]. Dies ist strittig. Bei allgemeinkundigen Tatsachen, die jeder weiß oder ohne besondere Fachkenntnisse aus zuverlässigen Quellen (Nachschlagewerke, Kursbücher usw.) sicher feststellen kann[91], wird diese Frage zwar kaum auftauchen; sie ist aber von Bedeutung bei den gerichtskundigen Tatsachen. Der Gegenmeinung, wonach die sonst für die Meinungsbildung des Gerichts maßgebenden Vorschriften der § 196 GVG und § 263 StPO hier nicht eingreifen, kann nicht gefolgt werden. Abgesehen davon, daß das Gericht das Stimmverhältnis in den Urteilsgründen grundsätzlich nicht mitzuteilen braucht und dem Revisionsgericht verwehrt ist, darüber Erhebungen anzustellen, ist kein einleuchtender Grund für jene Auffassung zu erkennen. Die nach § 196 GVG oder § 263 StPO maßgebliche Mehrheit, die von der Richtigkeit einer Tatsache überzeugt ist, kann durch die Minderheit nicht zu einer weiteren Beweiserhebung über diese Tatsache gezwungen werden, gleichgültig, worauf die Überzeugung der Mehrheit beruht[92].

## 5. Verpflichtung zum eigenen Urteil

**a)** Die Verpflichtung zum eigenen Urteil kann das Gericht dadurch verletzen, daß **29** es seiner Entscheidung nicht die von ihm durch die Hauptverhandlung selbst festgestellten Tatsachen zu Grunde legt, sondern die **Auffassung anderer Personen** oder Stellen, gleich ob Gerichte, Behörden oder Privatpersonen, ungeprüft übernimmt. Es darf sich weder mit der bloßen Berufung auf allgemein verbreitete Meinungen oder Werturteile begnügen (Angeklagter als Schläger „allgemein bekannt")[93], noch darf es sich ungeprüft die Beurteilung der Glaubwürdigkeit zu eigen machen[93a], die ein Zeuge vom Hörensagen seinem Gewährsmann beimißt. Auch die Ansicht der Sachverständigen darf das Gericht nicht ohne eigene Prüfung übernehmen[94].

Wenn Auffassungen anderer Personen über das **Ergebnis der Beweisaufnahme —** **30** etwa durch Zeitungsnachrichten — dem Richter zur Kenntnis kommen, dürfen sie keinen Einfluß auf die Bildung seiner Überzeugung gewinnen[95]. Geschähe es, würde da-

---

[87] *Stein* 98; KMR-*Paulus* § 244, 207; *Roxin* § 24 e II 3; vgl. Rdn. 25; § 244, 227 ff; ferner *Alsberg/Nüse/Meyer* 534 mit weit. Nachw.

[88] RGSt **28** 171; RG Recht **1902** Nr. 1539; **1919** Nr. 846; **1921** Nr. 1481; BGH NJW **1963** 598; bei *Spiegel* DAR **1977** 175; OLG Hamm NJW **1956** 1729; VRS **41** 49; StrVert. **1985** 225; OLG Koblenz VRS **63** 134; *Alsberg/Nüse/Meyer* 573; **a.A** *Eb. Schmidt* Nachtr. I § 273, 4.

[89] BGH NJW **1963** 598.

[90] Vgl. § 244, 233 mit weit. Nachw. zum Streitstand.

[91] BGHSt **6** 192.

[92] *Alsberg/Nüse/Meyer* 564 mit weit. Nachw.

[93] BGH bei *Dallinger* MDR **1973** 190; vgl. auch OLG Saarbrücken JZ **1968** 308; KK-*Hürxthal* 13; KMR-*Paulus* 9.

[93a] Vgl. BGHSt **17** 382; **29** 111; **34** 15; § 250, 25.

[94] Vgl. Rdn. 12; § 244, 233.

[95] OLG Saarbrücken JZ **1968** 308; KK-*Hürxthal* 13; KMR-*Paulus* 9; *Eb. Schmidt* DRiZ **1962** 402; **1963** 376; JZ **1970** 337. Vgl. den Bericht der Bundesregierung „Öffentliche Vorverurteilung und faires Verfahren", BTDrucks. **10** 4608 vom 27. 12. 1985, Rdn. 83 ff; 89.

Walter Gollwitzer

durch § 261 verletzt werden. Ein Nachweis für eine durch solche Vorgänge verursachte Verletzung des § 261 wird freilich kaum erbracht werden können[96]. Ein Verstoß gegen § 261 kann vorliegen, wenn der Richter außerhalb der Hauptverhandlung und vor der Urteilsverkündung die **Sache mit einem Dritten bespricht**[97]. Bloße Vermutungen insoweit reichen allerdings nicht aus, den Verstoß zu begründen[98].

**31**      **b)** Während die **Aushändigung der Anklageschrift** mit dem Ermittlungsergebnis an die Berufsrichter regelmäßig nicht zu beanstanden ist[99], hält die Rechtsprechung die **Aushändigung der vollständigen Anklageschrift** an die Schöffen für einen Verstoß gegen die durch § 261 gesicherten Grundsätze der Unmittelbarkeit und Mündlichkeit, weil zu befürchten ist, daß sich die Eindrücke, die den Schöffen aus verschiedenen Quellen zufließen, verwischen und sie deshalb ihre Überzeugung nicht mehr allein aus dem Inbegriff der Hauptverhandlung bilden[100]. Nr. 126 Abs. 2 Satz 3 RiStBV verbietet deshalb, den Schöffen eine Abschrift der Anklageschrift zu überlassen. § 261 ist aber nicht schon bei einer Mißachtung dieser Vorschrift verletzt, sondern allenfalls dann, wenn der Schöffe vor Abschluß des Verfahrens vom Inhalt der Anklage auch tatsächlich Kenntnis genommen hat[101]. Der Bundesgerichtshof hat eine Verletzung des Grundsatzes der Mündlichkeit und Unmittelbarkeit des Verfahrens (§ 261) sogar in dem Falle bejaht, daß ein Schöffe dem neben ihm sitzenden armamputierten Richter während der Verhandlung beim Umblättern der Anklageschrift behilflich war und dadurch Gelegenheit erhielt, die Anklageschrift teilweise zu lesen, dies auch tat und das in ihr enthaltene Ermittlungsergebnis mit den Angaben des Angeklagten und Bekundungen von Zeugen in der Hauptverhandlung verglich[102]. Das Oberlandesgericht Hamburg hat gebilligt, daß das Landesgericht die Schöffen von einer Haftentscheidung ausschloß, damit sie nicht während der noch nicht abgeschlossenen Beweisaufnahme Kenntnis vom Inhalt der Akten erhielten[103]. Eine Beeinflussung der Schöffen scheidet dagegen aus, wenn der Staatsanwalt versehentlich einen nicht zugelassenen Anklagesatz verliest, vom Vorsitzenden unterbrochen und das Versehen durch Verlesen der zugelassenen Anklage richtig gestellt wird[104]. Auch in der Verlesung eines vom Revisionsgericht **aufgehobenen Urteils** in der erneuerten Hauptverhandlung zu Informationszwecken hat der Bundesgerichtshof keine unzulässige Beeinträchtigung der Unvoreingenommenheit der Schöffen gesehen[105].

**32**      **c)** Die Verpflichtung zum eigenen Urteil gilt auch bei **Bemessung der Strafen** und der anderen Rechtsfolgen. Der Richter hat nur die vom Gesetz aufgestellten Vor-

---

[96] RGSt **65** 436; KK-*Hürxthal* 13.
[97] OLG Hamm NJW **1958** 74; da die Fallgestaltungen sehr unterschiedlich sind, kommt es auf den Einzelfall an.
[98] OLG Saarbrücken JZ **1968** 308; KK-*Hürxthal* 11.
[99] RG HRR **1935** Nr. 1640; GA **62** (1915/16) 155; KMR-*Paulus* 9; a.A *Schreiber* FS Welzel 941.
[100] RGSt **32** 318; **53** 178; **69** 120; RG LZ **1920** 834; JW **1922** 1039; BGHSt **5** 261; **13** 73 = JR **1961** 30 mit zust. Anm. *Eb. Schmidt*; *Sarstedt/Hamm* 314; BGH GA **1959** 148; **1960** 314; *Schreiber* FS Welzel 941 hält die vorherige Akteneinsicht bei Berufs- und Laienrichter gleichermaßen für zulässig, das gelte

auch für die Anklageschrift, lediglich die Bekanntgabe des Ermittlungsergebnisses sollte untersagt bleiben. BGH GA **1976** 368 läßt die Frage jetzt offen. LG Kiel SchlHA **1977** 56 stellt auf Einzelfall ab, ebenso KMR-*Paulus* 9. Vgl. § 243, 15.
[101] BGH bei *Dallinger* MDR **1973** 19; KK-*Hürxthal* 14; *Kleinknecht/Meyer* 40; KMR-*Paulus* 9.
[102] BGHSt **13** 73 = JR **1961** 30 mit zust. Anm. *Eb. Schmidt*; abl. *Hanack* JZ **1972** 314 („rechtlich nicht gebotene Ängstlichkeit").
[103] OLG Hamburg MDR **1973** 69 mit Anm. *Stadie*.
[104] BGH bei *Pfeiffer/Miebach* NStZ **1984** 15.
[105] BGH GA **1976** 368; KK-*Hürxthal* 14.

aussetzungen (vgl. § 46 ff StGB) zu beachten. In deren Rahmen hat er frei zu entscheiden, ohne daß er an örtliche (gerichtsübliche usw.) **Taxen** oder **Strafzumessungsempfehlungen** amtlicher oder privater Stellen gebunden wäre. Dies gilt auch für die Bußgeldkataloge der Verwaltungsbehörden. Alle diese Verwaltungsvorschriften, Regelsätze oder Empfehlungen haben für das Gericht nur die Bedeutung einer Orientierungshilfe. Sie dürfen im Interesse der Gleichbehandlung gleichgelagerter Sachverhalte nicht völlig außer acht gelassen werden, sie entbinden das Gericht aber nicht von der Verpflichtung, die Strafe oder Rechtsfolge unter Würdigung aller Umstände des Einzelfalls eigenverantwortlich festzusetzen[106]. Andererseits muß es ins Gewicht fallende Abweichungen begründen[107].

**6. Beschränkung der Wahrnehmungsfähigkeit der Richter.** Eine die Revision be- **33** gründende Verletzung des § 261 kann unter Umständen darin liegen, daß einer der mitwirkenden Richter in seiner Aufmerksamkeit durch eine mit der Verhandlung der Sache nicht zusammenhängenden Tätigkeit (Durchsicht von Häftlingsbriefen, Studium anderer Akten usw.) von den Vorgängen in der Hauptverhandlung abgelenkt wird, sofern ihm dadurch wesentliche Teile entgehen[108]. *Eb. Schmidt*[109] hält insoweit einen strengeren Standpunkt für angebracht, da alle Vorgänge in der Hauptverhandlung die ungeteilte Aufmerksamkeit des Richters erforderten.

**Schläft** ein Richter während der Hauptverhandlung, so verletzt dies neben § 338 **34** Nr. 1[110] auch § 261. Dauert der Schlaf eine nicht nur völlig unerhebliche Zeitspanne an, so wird das Beruhen des Urteils auf diesem Verstoß nicht ausgeschlossen werden können[111].

Die Mitwirkung eines **blinden Richters** an der Hauptverhandlung verstößt nach **35** der herrschenden Rechtsprechung nicht schlechthin gegen § 261[112]. Sie ist aber ausgeschlossen, wenn die Verwertung visueller Eindrücke (Ortsbesichtigung, Einsicht in Karten, Pläne usw.) nach dem Ergebnis der Hauptverhandlung im Einzelfall für die Beweiswürdigung unerläßlich ist[113].

Ein **tauber Richter** dagegen, der den Verlust seiner Hörfähigkeit nicht durch **36** Hilfsmittel ausgleichen kann, dürfte an der mündlichen Verhandlung in der Regel nicht mitwirken können[114].

---

[106] BayObLGSt **1969** 125 = MDR **1970** 258; BayObLGSt **1974** 62; OLG Celle NdsRpfl. **1972** 122; VRS **40** 125; NStZ **1986** 464 mit Anm. *Schall*; OLG Hamburg NJW **1972** 1150; OLG Hamm NJW **1972** 1150; VRS **43** 215; **50** 377; OLG Köln NJW **1972** 1152; OLG Stuttgart VRS **38** 211; OLG Schleswig SchlHA **1971** 225; *Jagusch* NJW **1970** 401; *Janiszewski* NStZ **1985** 544; *Tröndle* DRiZ **1971** 211; *Peters* und *Schröder* Gutachten für den 41. DJT; ferner KK-*Hürxthal* 15; KMR-*Paulus* 9; unten Fußn. 107; § 267, 89; § 337, 216 mit weit. Nachw.

[107] OLG Düsseldorf VRS **52** 367; **58** 268; **61** 454; OLG Hamm JMBlNW **1981** 69; *Janiszewski* NStZ **1985** 544; vgl. § 267, 89.

[108] BGH NJW **1962** 2212; dazu *Seibert* NJW **1963** 1044; OLG Schleswig bei *Ernesti/Lorenzen* SchlHA **1982** 125; weit. Nachw. § 258, 47; § 338, 44.

[109] JZ **1970** 340; vgl. ferner KK-*Hürxthal* 18; KMR-*Paulus* 10; § 258, 35.

[110] Sofern ihm ein wesentlicher Teil der Verhandlung entging; vgl. § 338, 43.

[111] BGHSt **2** 14; **11** 77; strenger *Hanack* JZ **1972** 315; vgl. § 338, 43 mit weit. Nachw.

[112] BGHSt **11** 78; **18** 51; zust. *Hanack* JZ **1972** 314; vgl. BGHSt **4** 191; **5** 354; BGH MDR **1964** 522; BVerfGE **20** 55; BVerwG DÖV **1983** 121; ferner § 338, 39; *Eb. Schmidt* JZ **1970** 340 hält die Mitwirkung eines blinden oder tauben Richters an der Hauptverhandlung in Strafsachen mit § 261 unvereinbar, da dieser dem dort geforderten ständigen Einsatz aller Sinne nicht genügen könne.

[113] Vgl. § 338, 39.

[114] Vgl. § 338, 41.

**37**     7. Eine **vorzeitige Festlegung** des **Urteils** vor Abschluß der mündlichen Verhandlung würde § 261 verletzen. Es verstößt jedoch noch nicht gegen diese Vorschrift, wenn der Richter schon vor der Hauptverhandlung einen Entwurf der Urteilsformel vorbereitet[115]. In den Akten haben solche Entwürfe aber vor der Verkündung nichts zu suchen. Der böse Schein einer Voreingenommenheit muß vermieden werden. Gleiches gilt für die Niederschrift der Urteilsformel noch während der Verhandlung[116]. Zur Zulässigkeit der Vorberatung von Urteilsteilen vgl. § 258, 50.

**38**     Ein Verstoß gegen § 261 liegt auch vor, wenn das Gericht nicht den ganzen Verfahrensstoff in seine **Beratung** einbezieht, etwa, wenn es nach Wiedereintritt in die Hauptverhandlung die **erneute Beratung** unterläßt[117].

**39**     8. **Aufzeichnungen über die Verhandlung.** § 261 verbietet weder, daß der Vorsitzende die Verhandlung in Kurzschrift oder auf Tonband aufnehmen läßt, noch, daß er diese Aufzeichnungen, die den Prozeßbeteiligten nicht vorgelegt zu werden brauchen, den Mitgliedern des Gerichts zugänglich macht[118]. Ob solche für den internen Gebrauch bestimmte Tonbandaufnahmen nur mit Zustimmung des Sprechenden zulässig sind, ist strittig[119]. Solche internen Aufzeichnungen, (Notizen, Abschriften von Tonbändern) unterliegen nicht der Akteneinsicht[120], auch wenn sie sich versehentlich bei den Akten befinden. Etwas anderes gilt nur, wenn sie ausdrücklich zu den Akten genommen worden sind[121]. Die Richter dürfen **in der Beratung** die Aufzeichnungen verwerten, die sie sich während der Verhandlung gemacht haben. Ihre Verwendbarkeit hängt nicht davon ab, daß sie in der Hauptverhandlung verlesen werden, weil sie keine zusätzlichen Erkenntnisquellen neben der Hauptverhandlung, sondern selbst Niederschlag des Verhandlungsergebnisses sind.

**40**     9. **Sitzungsniederschrift.** Ob das Urteil ausschließlich auf den Erkenntnissen beruht, die aus dem Inbegriff der mündlichen Verhandlung gewonnen wurden, beurteilt sich, soweit es sich um **wesentliche Förmlichkeiten** des Verfahrens (§ 273) handelt, allein nach der Sitzungsniederschrift, die insoweit positiv und negativ beweiskräftig ist (§ 274). Aus ihr ergibt sich vor allem, ob und auf welche Weise ein Beweismittel in der Hauptverhandlung verwendet wurde (vgl. Rdn. 172; § 273, 14 ff).

## IV. Inhalt und Grenzen der freien Beweiswürdigung

**41**     1. **Wesen der freien Beweiswürdigung.** Die freie Beweiswürdigung besteht darin, daß der Richter nicht an Beweisregeln, d. h. an gesetzliche Vorschriften über die Wirkung der Beweise, an Bestimmungen darüber, unter welchen Voraussetzungen eine Tat-

---

[115] BVerfGE **9** 215; OLG Karlsruhe Justiz **1972** 41; BVerwG BayVBl. **1980** 56. Vgl. § 258, 50; 51.

[116] BGHSt **11** 74; dazu *Hanack* JZ **1972** 314; vgl. § 258, 51 mit weit. Nachw.

[117] OGHSt **2** 193; BGHSt **24** 171; BGH NJW **1951** 206; *Hülle* NJW **1951** 297; vgl. § 258, 5 ff; § 268, 4.

[118] RGSt **65** 436; BGHSt **19** 193; *Hanack* JZ **1971** 170; **1972** 314; *Eb. Schmidt* JZ **1964** 538.

[119] Dazu BGH bei *Dallinger* MDR **1968** 729; *Marxen* NJW **1977** 2189; *Praml* MDR **1977** 14; *Roggemann* JR **1966** 47; weit. Nachw. § 271, 1 und bei § 169 GVG; vgl. auch § 168 a, 24.

[120] *Praml* MDR **1977** 16; *Marxen* NJW **1977** 2189 fordert unter dem Gesichtspunkt der Chancengleichheit ihre Zugänglichmachung an den Verteidiger.

[121] OLG Karlsruhe Justiz **1981** 483; vgl. § 271, 1; 37.

sache als bewiesen anzusehen sei, gebunden ist[122]. Das Gesetz trägt damit dem Umstand Rechnung, daß sich allgemeingültige Regeln, die mit Sicherheit auch im Einzelfall Geltung beanspruchen können, nicht aufstellen lassen, insbesondere, daß sich der Wert eines Beweismittels nicht abstrakt beurteilen läßt[123]. Aus der Freiheit, die das Gesetz dem Tatrichter einräumt, erwächst ihm die schwere Aufgabe „nach seiner persönlichen Umsicht und Erfahrung, seinem Verantwortungsbewußtsein und Wissen" über die Ergebnisse der Beweisaufnahme zu entscheiden[124].

Die Freiheit, die dem Richter bei der Beweiswürdigung eingeräumt ist, ist aber **42** niemals Freiheit zur Willkür. Auch wenn seine Entscheidung letztlich immer nur von seiner subjektiven Gewißheit getragen werden kann, ist sie nur dann rechtsfehlerfrei zustande gekommen, wenn sie auf einer **tragfähigen Tatsachengrundlage** und verstandesmäßig einsichtigen Schlußfolgerungen beruht[125] und wenn alle zulässig gewonnenen Ergebnisse der Beweisaufnahme erschöpfend gewürdigt worden sind[126]. Die Denkgesetze und die gesicherten wissenschaftlichen Erkenntnisse müssen ebenso beachtet worden sein wie das vielfältige Erfahrungswissen, das aus der Lebenskenntnis und den Erkenntnissen der hereinspielenden Wissenszweige, vor allem aus kriminalistischen, psychologischen und medizinischen Gegebenheiten, erwächst[127]. Die subjektive Überzeugung muß sich auf rationelle Überlegungen von intersubjektiver Gültigkeit stützen, die mit dem heutigen Bildungsgut und Wissenschaftsstand vereinbar sind. Persönliche Offenbarungen und sonstige, nicht von Tatsachen verstandesmäßig ableitbare Einsichten reichen dafür nicht aus[128].

Die **Grenzen der freien Beweiswürdigung**[129], ihre Einschränkung durch über- **43** geordnete verfahrensrechtliche Gesichtspunkte[130] oder eine ausdrückliche gesetzliche Regelung[131], sind zu beachten. Gegenstand der freien tatrichterlichen Beweiswürdigung sind grundsätzlich nur diejenigen Beweismittel und Vorgänge in der Hauptverhandlung, deren Verwertung nach Verfahrensrecht, vor allem nach dem Beweisrecht, zulässig ist[132].

**2. Beachtung der Denkgesetze, der Erfahrungssätze und der wissenschaftlichen Erkenntnisse**

**a) Denkgesetze**, also die Regeln der Logik, muß der Tatrichter bei seiner Beweis- **44** würdigung beachten. Vor allem muß seine Argumentation klar, folgerichtig und frei von

---

[122] RGSt **20** 323.

[123] *Peters* § 37 XI; *Roxin* § 15 C I.

[124] *Peters* § 37 XI.

[125] BayObLGSt **1971** 128 = JR **1972** 30 mit Anm. *Peters*; weit. Nachw. Rdn. 13 Fußn. 36 bis 39; § 337, 120 ff; 144 ff.

[126] Dazu Rdn. 13; 50.

[127] Z. B. BGHSt **17** 385: Gericht darf nicht die aus den Erfahrungen des Lebens, den Gesetzen der Wissenschaft und der Logik, insbesondere auch der Zeugenpsychologie, sich ergebenden Gesichtspunkte unberücksichtigt lassen. Wegen der Einzelheiten vgl. Rdn. 81 ff.

[128] BGH NJW **1978** 1207 (Parapsychologie); *Krause* FS Peters 328; zur wissenschaftlichen Beweisführung vgl. *Peters* § 37 XI; *Peters* Gutachten 52. DJT 52; ferner *Kleinknecht* 2; *Wimmer* NJW **1976** 1131 (keine wissenschaftlichen Beweise für okkulte Phänomene) mit weit. Nachw.; dagegen *Bender* NJW **1977** 1089. Vgl. auch Rdn. 13.

[129] Vgl. OLG Bremen VRS **47** 37 (§ 261 verletzt, wenn die Grenzen zu eng oder zu weit angenommen werden).

[130] Z. B. Verwertungsverbote, die aus der Verletzung einer bestimmten Verfahrensvorschrift erwachsen (vgl. § 244, 188 ff; Einl. Kap. **14**; ferner Rdn. 76; 87.

[131] Vgl. Rdn. 64; § 262, 8 ff.

[132] *Hanack* JZ **1972** 314; vgl. § 337, 80 ff mit weit. Nachw.

Lücken, Widersprüchen und Kreisschlüssen sein[133]. Die Denkgesetze sind auch verletzt, wenn das Gericht in Verkennung bestehender Alternativen seine Schlußfolgerung als einzig mögliche und damit als zwingend ansieht[134].

**45**    **b)** Die **Erfahrungssätze**, die empirisch aus der Beobachtung und Verallgemeinerung von Einzelfällen und nicht durch reines Denken gewonnenen Einsichten[135] werden unterschieden

nach der **Erkennbarkeit**; also danach, ob sie für jedermann auf Grund eigener Erfahrung einsichtig sind, weil sie Vorgänge des täglichen Lebens betreffen, oder ob ihre Erkennbarkeit örtlich oder zeitlich begrenzt oder durch Spezialkenntnisse bedingt ist. Die ersteren Sätze werden meist als „Lebenserfahrung", die letzteren als „spezielle Erfahrungssätze" bezeichnet;

**46**    nach dem Grad der **Allgemeingültigkeit** der in den Sätzen enthaltenen Aussage; also danach, ob diese Erfahrungssätze eine allgemeingültige, im Anwendungsbereich ausnahmslos zutreffende Aussage enthalten oder ob sie nur eine mehr oder weniger große Wahrscheinlichkeit für die Verknüpfung zweier Gegebenheiten aufzeigen, also der Ergänzung durch andere Beweise bedürfen. Ausnahmslos geltende Erfahrungssätze, also Sätze, die ähnlich den Naturgesetzen im praktischen Anwendungsbereich mit einer der Sicherheit gleichzuachtenden Wahrscheinlichkeit gelten, werden oft als **allgemeine Erfahrungssätze** bezeichnet[136].

**47**    Rechtsprechung und Schrifttum verwenden diese **Bezeichnungen** aber **keinesfalls einheitlich**[137]. Weder die verfahrensrechtliche Behandlung noch auch die Beurteilung der Bedeutung eines Erfahrungssatzes für die richterliche Beweiswürdigung hängen von der gewählten Bezeichnung ab. Maßgebend ist immer, ob das Gericht unabhängig von der gewählten Bezeichnung Erkennbarkeit und Gültigkeitsgrad des herangezogenen Erfahrungssatzes richtig beurteilt hat. Die allgemeine Erkenntlichkeit hat Bedeutung für die Art und Weise, in der ein Erfahrungssatz in die Hauptverhandlung einzuführen ist. Für die richterliche Beweiswürdigung ist dagegen entscheidend, ob der Erfahrungssatz, bezogen auf den entscheidungserheblichen Anwendungsbereich, eine schlechthin zwingende Folgerung enthält oder nur eine Wahrscheinlichkeitsaussage. **Zwingenden Erfahrungssätzen** muß das Gericht bei seiner Beweiswürdigung entsprechen. **Wahrscheinlich-**

---

[133] Vgl. etwa BGHSt **3** 214; **19** 34; **28** 311; BGH VRS **35** 264; OLG Koblenz VRS **59** 125; OLG Köln VRS **30** 313; **58** 23; OLG Schleswig bei *Ernesti/Lorenzen* SchlHA **1983** 112; OLG Zweibrücken VRS **45** 443; KK-*Hürxthal* 47; KMR-*Paulus* § 244, 149 ff; *Meurer* FS Wolf 486; *Niemöller* StrVert. **1984** 435 (mit Beispielen); vgl. ferner § 337, 165 ff mit weit. Nachw.

[134] BGHSt **12** 316; BGH bei *Herlan* MDR **1955** 19; ferner KMR-*Paulus* § 244, 163; § 337, 165 mit weit. Nachw.

[135] Dazu *Schweling* ZStW **83** (1971) 435 ff; ferner *Meurer* FS Wolf 493 ff.

[136] Vgl. BGHSt **31** 89 = JR **1983** 128 mit Anm. *Katholnigg*; *Geerds* FS Peters 267. *Schweling* ZStW **83** (1971) 447 ff unterscheidet neun Stufen, von dem mit Gewißheit ausnahmslos geltenden Erfahrungssatz über die mit Aus-

nahmen geltende Erfahrungsregel bis zu den Stufen einer immer weniger sicheren Erfahrung. Das OLG Köln VRS **48** 24 stellt die zwingenden „allgemeinen Erfahrungssätze" der nicht immer und unbedingt geltenden „Alltagserfahrung" gegenüber. Es folgt damit der Rechtsprechung des Bundesverwaltungsgerichts (MDR **1974** 957; *Grave-Mühle* MDR **1975** 278 mit weit. Nachw.) und des Bundessozialgerichts (NJW **1971** 167); ähnlich OLG Koblenz VRS **50** 296. Der Bundesgerichtshof verwendet in Zivilsachen die Bezeichnung Erfahrungssatz auch für die nicht ausnahmslos geltenden Sätze, die nur eine gewisse Wahrscheinlichkeit begründen (vgl. BGH MDR **1973** 748).

[137] *Schweling* ZStW **83** (1971) 464 mit weit. Nachw.; Rdn. 45 ff.

**keitsaussagen,** die ein bestimmtes Ergebnis als naheliegend erscheinen lassen, muß es insoweit Rechnung tragen, daß es sich mit ihnen auseinandersetzt und an Hand weiterer Beweisanzeichen prüft, ob diese ausreichen, um die Wahrscheinlichkeit zur Gewißheit zu machen. Setzt sich das Gericht über eine solche Wahrscheinlichkeitsaussage hinweg, muß es im Urteil die Gründe dafür aufzeigen, wenn es seiner Verpflichtung zur erschöpfenden Beweiswürdigung genügen will.

Ob ein Erfahrungssatz besteht und welches **Maß von Allgemeingültigkeit** ihm zukommt, kann mitunter **zweifelhaft** sein[138]. Insbesondere besteht hier die Gefahr, daß rein persönliche Erfahrungen zu Unrecht verallgemeinert[139] oder Pauschalurteile unbedacht übernommen werden[140]. In vielen Fällen wird es sich ohnehin um nicht allgemeinkundige Erfahrungssätze aus besonderen Lebensbereichen handeln, die dem Sachverständigenbeweis zugänglich sind und seiner in der Regel auch bedürfen. Offenkundige Erfahrungssätze müssen, auch wenn sie nicht Gegenstand der Beweisaufnahme sind, grundsätzlich in der Hauptverhandlung erörtert werden[141].  **48**

Ein vom Revisionsgericht nachprüfbarer **Verstoß gegen Erfahrungssätze** kann sowohl darin liegen, daß das Gericht einen bestehenden Erfahrungssatz ohne hinreichenden Grund mißachtet hat, als umgekehrt auch darin, daß es zu Unrecht einen solchen Satz für gegeben hielt[142]. Dies ist insbesondere der Fall, wenn aus einer Tatsache ein Schluß auf eine andere gezogen wird, obwohl kein einsichtiger Grund diese Schlußfolgerung trägt, wie etwa beim Schluß von einem ehebrecherischen Verhältnis auf die Begehung eines Ladendiebstahls[143] oder der nur bei weiteren Beweisanzeigen mögliche Schluß vom Halter auf den Fahrer eines Kraftfahrzeugs[144]. Auch wenn ein **typischer**  **49**

---

[138] Vgl. beispielsweise BGH MDR **1970** 253 (zur Frage, ob es einen Erfahrungssatz gibt, daß der Kraftfahrer Übermüdung wahrnimmt) oder BGHSt **19** 82 (alkoholbedingte Fahruntüchtigkeit der Radfahrer).

[139] *Hartung* SJZ **1948** 579; *Schneider* MDR **1962** 954. Vgl. etwa BGH StrVert. **1981** 605 (von früherer Einlassung abweichende Aussage unrichtig); BGH bei *Holtz* MDR **1982** 972 (Gleichförmige Tatausführung Indiz für Reife); BayObLG VRS **67** 427 (ausgeschlossen, daß niemand in verkehrsdichter Straße feststellungsbereit gewesen wäre); OLG Karlsruhe VRS **56** 359 (Alle Türken lügen vor Gericht); OLG Koblenz VRS **64** 281. OLG Köln VRS **48** 24 (Polizeibeamte ziehen niemanden in Gegenwart von Zeugen an den Haaren).

[140] BGH VRS **63** 452.

[141] Dazu und zu den Ausnahmen vgl. Rdn. 27.

[142] Vgl. etwa BGH bei *Spiegel* DAR **1983** 206; ferner die Nachw. Fußn. 139 und zu den Typen der Verstöße gegen Erfahrungssätze *Meurer* FS Wolf 494.

[143] OLG Hamm GA **1969** 26. Vgl. dazu *Eb. Schmidt* JZ **1970** 339, der die schwer zu bestimmende Grenze der Nachprüfbarkeit der Schlußfolgerungen dort ziehen will, wo keinerlei „Adäquanzverhältnis" besteht, wo

also nach vernünftiger Würdigung der Umstände des Einzelfalls ein innerer Zusammenhang zwischen den durch den Schlußfolgerung verknüpften Tatsachen nicht ersichtlich ist, insbesondere auch vom Tatrichter nicht ersichtlich gemacht wird; beispielsweise BGH bei *Dallinger* MDR **1969** 194, wo als rechtlich bedenklich bezeichnet wird, wenn Tatrichter die Überzeugung, die Pistole des Räubers sei geladen gewesen, allein damit begründet, der Räuber habe einige Tage vorher bei einem anderen Raub eine geladene Pistole mit sich geführt. An sich dürfte aber der natürlich nicht zwingende Schluß von einer „üblichen Arbeitsweise" des Täters auf die Begehungsweise der abzuurteilenden Tat möglich sein. Vgl. ferner *Hartung* SJZ **1948** 579 und § 337, 170 ff; auch *Schneider* MDR **1962** 951, wonach voreilige Verallgemeinerungen Denkfehler sein können.

[144] Z. B. BGHSt **25** 365 = JR **1975** 382 mit Anm. *Gollwitzer*; BayObLGSt **1980** 79 = VRS **59** 348; BayObLG VRS **62** 273; bei *Rüth* DAR **1973** 197; **1982** 253; **1983** 252; OLG Bremen VRS **48** 435; OLG Celle VRS **45** 445; OLG Düsseldorf DAR **1974** 246; VRS **55** 360; OLG Hamburg MDR **1980** 780; VRS **59** 351; OLG Hamm NJW **1974**

**Geschehensablauf** nach der Lebenserfahrung den Schluß auf ein bestimmtes Verhalten des Angeklagten naheliegt, müssen die anderen Alternativen ausgeschieden werden, bevor die Überzeugung sich auf den Erfahrungssatz stützen darf. Ob ernsthafte Möglichkeiten eines anderen Geschehensablaufs bestehen, unterliegt der richterlichen Beweiswürdigung. Nachprüfbar ist nur, ob die anderen Alternativen erkannt und fehlerfrei gewürdigt worden sind, ferner Verstöße gegen die **Aufklärungspflicht**, die auch darin liegen können, daß eine Tatsache, die auf einen von den angenommenen Erfahrungssatz abweichenden Sachhergang hindeuten kann, unbeachtet geblieben ist. Zu dem sogenannten Beweis des ersten Anscheins vgl. Rdn. 107.

**50**     **Unzulängliche Schlußfolgerungen**, bei denen sich das Gericht auf einem Schluß beruft, der aus den festgestellten Tatsachen allein nicht gezogen werden konnte, machen die Beweiswürdigung fehlerhaft[145]. Die Schlüsse dürfen sich nicht so sehr von den festgestellten Tatsachen entfernen, daß sie nach der Lebenserfahrung nicht letztlich nur Vermutungen sind, die allenfalls einen Verdacht begründen[146]. **Statistische Wahrscheinlichkeitsberechnungen**, etwa die „Hochrechnung" bei fortgesetzten Serienstraftaten, reichen als Grundlage ebenfalls nicht aus[146a].

**51**     **c) Gesicherte wissenschaftliche Erkenntnisse** können sowohl auf rein verstandesmäßig erschlossenen Gesetzmäßigkeiten (Denkgesetze) als auch auf empirisch gewonnenen speziellen Erfahrungssätzen beruhen. Meist tragen beide Erkenntnisquellen dazu bei, daß eine bestimmte Folgerung zu einer allgemeinen wissenschaftlichen Erkenntnis geworden ist.

**52**     Über **gesicherte wissenschaftliche Erkenntnisse** darf sich der Tatrichter bei der Beweiswürdigung nicht hinwegsetzen[147]. Folgt aus ihnen eine bestimmte Tatsache **zwingend**, muß er auch bei der Beweiswürdigung davon ausgehen[148]. Zur Feststellung, ob solche gesicherten Erkenntnisse vorliegen, wird er sich allerdings oft der Sachverständigen bedienen müssen[149]. Ergibt die Anhörung, daß die betreffende Frage Gegenstand

---

249; KG VRS **45** 287; OLG Karlsruhe VRS **49** 47; 117; OLG Koblenz VRS **58** 377; **59** 434; **64** 281; OLG Köln VRS **47** 39; 191; **56** 149; **57** 429; **61** 361; OLG Saarbrücken VRS **47** 438; OLG Schleswig SchlHA **1976** 158; bei *Ernesti/Jürgensen* SchlHA **1979** 205; bei *Ernesti/Lorenzen* SchlHA **1982** 123; OLG Stuttgart VRS **69** 295; a. A OLG Hamm NJW **1973** 159; JMBlNW **1973** 233. Bei privaten Kleinflugzeugen hält OLG Frankfurt MDR **1974** 688 es für zulässig, allein aus der Haltereigenschaft zu schließen, dieser sei der Pilot gewesen; dagegen *Bach* MDR **1976** 19. Vgl. ferner OLG Frankfurt VRS **64** 221 (Schluß vom Abholen des abgeschleppten Fahrzeugs auf Täterschaft beim Falschparken).

[145] Vgl. etwa BayObLG VRS **66** 34 (Schluß von der Aufgabe eines Briefes auf Zugang); weitere Beispiele: OLG Zweibrücken StrVert. **1985** 359; *Niemöller* StrVert. **1984** 434; ferner Fußn. 143, 144; Rdn. 13; 49; 50.

[146] BGH MDR **1980** 948; vgl. Rdn. 42.

[146a] BGH bei *Holtz* MDR **1978** 803; *Niemöller*

StrVert. **1984** 434. Zur Beweiskraft statistischer Wahrscheinlichkeiten vgl. *Allgaier* MDR **1986** 626.

[147] Vgl. etwa BGHSt **5** 34; **6** 70; **10** 211; **17** 385; **21** 159; *Eb. Schmidt* JZ **1970** 338; ferner § 337, 171 ff. Die zahlreichen Entscheidungen, die zu einzelnen naturwissenschaftlichen Gesetzmäßigkeiten ergangen sind, wie etwa zu den Methoden des Vaterschaftsnachweises, zur Blutgruppen- und Blutalkoholbestimmung, zur Fahrgeschwindigkeitsbestimmung oder zum Nachweis von Unfallursachen, sind in den Übersichtsblättern der Deutschen Rechtsprechung IV 456 bei § 261 nachgewiesen. Bei Heranziehung der Rechtsprechung ist zu beachten, daß der Ausdruck Erfahrungssätze sehr oft auch für zwingende naturwissenschaftliche Erkenntnisse verwendet wird.

[148] BGHSt **5** 34; **6** 70; **10** 211; **21** 159; **24** 203; **25** 248; BGH NJW **1978** 1207; BGH bei *Holtz* MDR **1980** 987; bei *Spiegel* DAR **1982** 206.

[149] Vgl. § 244, 71 ff; 302 ff.

eines wissenschaftlichen Meinungsstreits ist, dann muß der Richter trotz aller Schwierigkeiten selbst entscheiden, welcher Meinung er sich anschließen will[150]. Vereinzelte Ansichten, die sich nicht auf eine ausreichende Erfahrungsbreite stützen können, vermögen jedoch in der Regel die Verbindlichkeit des von der herrschenden Lehre als gesichert erachteten Wissens nicht zu beseitigen[151]. Das Gericht darf hiervon nur abweichen, wenn es seine Gegenmeinung auf sorgfältige und überzeugende Gegenuntersuchungen oder auf die Meinung anerkannter Autoritäten stützen kann[152].

Die Bindung besteht grundsätzlich auch, wenn die naturwissenschaftliche Forschung das Ergebnis nur durch Wertungen und **Wahrscheinlichkeitsrechnungen** gewinnen konnte[153], sofern nur — wenn auch eventuell unter Berücksichtigung einer Toleranzgrenze — im praktischen Anwendungsbereich eine genügende Sicherheit (Zwangsläufigkeit) des Ergebnisses gewährleistet bleibt. Ist aber auch in diesem Bereich der Wissenschaft nur eine Wahrscheinlichkeitsaussage möglich, dann besteht keine Bindung. Der Tatrichter muß dann in freier Beweiswürdigung entscheiden, ob er unter Berücksichtigung des Wahrscheinlichkeitsgrades und anderer Beweisanzeichen den Beweis für erbracht hält[154]. Ob **technische Regelwerke** die Bedeutung einer Festlegung allgemein geltender wissenschaftlich-technischer Erfahrungswerte haben oder ob darin auch nicht zwingend notwendige, aber wünschenswerte Sollvorgaben enthalten sind, läßt sich nicht allgemein beurteilen, sondern muß im Einzelfall für die jeweilige Aussage geprüft werden[155]. **53**

An gesicherte wissenschaftliche Erkenntnisse ist der Richter auch dann gebunden, wenn er die Richtigkeit der Ergebnisse **selbst nicht nachprüfen** kann, wie dies insbesondere bei den mitunter äußerst komplizierten Gesetzmäßigkeiten im Bereich der Naturwissenschaft der Fall ist[156]. **54**

Bei Verwertung wissenschaftlicher Erkenntnisse muß das Gericht in den Urteilsgründen seine Sachkunde ausweisen und unter Umständen auch die **Quelle angeben**, aus der es diese Erkenntnis gewonnen hat[157]. Eine Ausnahme gilt bei den allgemeinbekannten Sätzen, deren Gültigkeit offenkundig (Rdn. 27 ff) ist. **55**

---

[150] *Eb. Schmidt* JZ **1970** 338; vgl. Rdn. 22.
[151] BGHSt **6** 70 = LM Nr. 17 mit Anm. *Kohlhaas*; vgl. *Mösl* DRiZ **1970** 113; zur Bedeutung des Verstoßes gegen Naturgesetze in der Revision vgl. § 337, 170 ff. Im Schrifttum ist insbesondere auf *Eb. Schmidt* JZ **1970** 337 ff und auf *Sarstedt* FS Hirsch 171 ff hinzuweisen.
[152] BGH bei *Dallinger* MDR **1952** 274; vgl. § 244, 80 ff; 310 ff.
[153] BGHSt **21** 159, dazu *Haffke* JuS **1972** 448; *Mösl* DRiZ **1970** 113; *Eb. Schmidt* JZ **1970** 338; zur unterschiedlichen Denkweise vgl. auch *Arbab-Zadeh* NJW **1970** 1214; LG Aachen JZ **1971** 516, dazu abl. *A. Kaufmann* JZ **1971** 572.
[154] BGH NJW **1973** 1411.
[155] Vgl. etwa *Rittstieg* NJW **1983** 1098; *Nicklisch* NJW **1983** 841; BB **1983** 261; auch BVerfGE **49** 135 ff.

[156] Vgl. BGHSt **10** 208; **21** 159; OLG Hamm JMBlNW **1969** 260. Ob gesicherte wissenschaftliche Erkenntnisse oder nur Erfahrungssätze in dem Sinn einer Wahrscheinlichkeitsaussage vorliegen, ist mitunter zweifelhaft. Die Rechtsprechung verwendet den Begriff Erfahrungssatz oftmals auch bei gesicherten Erkenntnissen (z. B. „nach den Ergebnissen der wissenschaftlichen Erfahrung" usw.). Maßgebend für die richterliche Beweiswürdigung ist aber nicht die gewählte Bezeichnung, sondern nur, ob der Satz, bezogen auf den entscheidungserheblichen Anwendungsbereich, eine zwingende Folgerung enthält oder eine Wahrscheinlichkeitsaussage.
[157] Vgl. § 244, 304; § 267, 61.

### 3. Erschöpfende Beweiswürdigung

**56**     **a) Pflicht zur erschöpfenden Würdigung.** Die Freiheit, die dem Richter bei der Beweiswürdigung eingeräumt ist, findet ihre Ergänzung in der Verpflichtung, sie auch zu nutzen[158]. Der Richter muß alle aus dem Inbegriff der Hauptverhandlung gewonnenen Erkenntnisse zur Bildung seiner Überzeugung heranziehen. Er muß das Ergebnis der Hauptverhandlung unter allen für die Urteilsfindung wesentlichen Gesichtspunkten **erschöpfend** würdigen. Soweit kein Beweisverwertungsverbot entgegensteht, sind alle in der Hauptverhandlung zu Tage getretenen Umstände in die Überlegungen einzubeziehen und in ihrem Beweiswert gegeneinander abzuwiegen[159]. Erforderlich ist eine **Gesamtschau**; es genügt nicht, wenn einzelne Vorgänge allein für sich und ohne Zusammenhang mit den sonst festgestellten Tatsachen beurteilt werden[160].

**57**     Läßt eine Tatsache oder ein Tatsachenkomplex mehrere **verschiedene Deutungen** zu, darf sich der Tatrichter nicht für eine von ihnen entscheiden ohne die übrigen in seine Überlegung einzubeziehen und sich mit ihnen auseinanderzusetzen. Er braucht zwar nicht jeder denkbaren, den Umständen nach ferneliegenden Fallgestaltung nachzugehen, er darf aber von mehreren naheliegenden tatsächlichen Möglichkeiten nicht nur eine in Betracht ziehen und die anderen außer acht lassen[161]. Welche Möglichkeiten naheliegen, beurteilt sich nach der Lebenserfahrung sowie danach, ob die festgestellten Tatsachen im Einzelfall konkrete Ansatzpunkte für eine solche Möglichkeit ergeben haben. Naheliegend ist eine Möglichkeit dann, wenn die Beweisanzeichen nach der gegebenen Sachlage mit ihr nicht weniger gut zu vereinen sind als mit dem vom Gericht für erwiesen erachteten Sachverhalt[162].

**58**     **b) Urteilsgründe.** Aus der Notwendigkeit einer erschöpfenden Beweiswürdigung leitet die Rechtsprechung der Revisionsgerichte[163] die Verpflichtung her, auch **in den Urteilsgründen** aufzuzeigen, daß die Beweise erschöpfend gewürdigt worden sind. Auch wenn das Gericht nicht gehalten ist, auf jedes Vorbringen einzugehen[164] und alles lückenlos darzulegen, was für die Bildung seiner Überzeugung maßgebend war[165], dürfen

---

[158] Zum Verhältnis zur Aufklärungspflicht vgl. *Niemöller* StrVert. **1984** 431.

[159] RGSt **77** 79; BGHSt **12** 315; **14** 164; **25** 285; **29** 109; **31** 42; ferner BGH GA **1974** 61; NJW **1967** 140; **1980** 2423; VRS **53** 109; NStZ **1982** 478; **1983** 277; StrVert. **1981** 14; 221; bei *Pfeiffer/Miebach* **1983** 357; **1984** 17; 212; **1985** 495; bei *Spiegel* DAR **1978** 157; OLG Düsseldorf VRS **65** 381; **66** 358; KK-*Hürxthal* 49; *Kleinknecht/Meyer*[37] 6; KMR-*Paulus* 11.

[160] BGH NJW **1980** 2423; BGH bei *Dallinger* MDR **1974** 548; bei *Holtz* MDR **1978** 988; bei *Pfeiffer/Miebach* NStZ **1983** 357; bei *Spiegel* DAR **1986** 202; *Niemöller* StrVert. **1984** 439.

[161] BGHSt **12** 315; **25** 365 = JR **1975** 381 mit Anm. *Gollwitzer*; BGH NJW **1959** 780; GA **1974** 61; VRS **53** 110; StrVert. **1981** 221; 508; **1982** 59; 508; **1983** 359; bei *Pfeiffer* NStZ **1981** 296; bei *Pfeiffer/Miebach* **1983** 212; 358; **1984** 17; bei *Spiegel* DAR **1982** 206; **1983** 206; OLG Bremen VRS **48** 270;

OLG Köln VRS **50** 348; **51** 213; OLG Saarbrücken VRS **47** 438; OLG Schleswig bei *Ernesti/Jürgensen* SchlHA **1976** 171; **1977** 182; ferner die zahlreichen Entscheidungen zum Schluß vom Halter auf den Fahrer eines Kraftfahrzeugs bei Rdn. 49 Fußn. 144; vgl. auch *Niemöller* StrVert. **1984** 440.

[162] BGHSt **25** 367; BGH bei *Holtz* MDR **1977** 284; KK-*Hürxthal* 49.

[163] Zur Ableitung der in § 267 nicht vorgesehenen Begründungspflicht aus § 261 und der Forderung, die Grundlagen für die Anwendung des materiellen Rechts lückenlos aufzuzeigen vgl. § 267, 48 ff; § 337, 120 ff; 145 ff.

[164] Eine solche Pflicht folgt auch nicht aus dem Recht auf Gehör, vgl. BVerfGE **5** 24; **13** 149; **42** 368; § 267, 47 ff; 57 ff.

[165] Etwa BGH bei *Holtz* MDR **1978** 281; **1979** 637; bei *Pfeiffer/Miebach* NStZ **1984** 212; bei *Spiegel* DAR **1985** 197; OLG Düsseldorf VRS **66** 36; vgl. § 267, 52 ff; § 337, 134, 144 ff mit weit. Nachw.

Umstände, welche geeignet sind, die Entscheidung wesentlich zu beeinflussen, im Urteil nicht stillschweigend übergangen werden. Die Urteilsgründe müssen darlegen, auf welchen Tatsachen und Schlußfolgerungen die Beweiswürdigung beruht. Für jede ernsthaft in Betracht kommende Fallgestaltung ist aufzuzeigen, daß das Gericht diese Möglichkeit erwogen, daß es die Beweisbedeutung der jeweils in Betracht kommenden Tatsachen erkannt hat[166], ferner, aus welchen verstandesmäßig einsichtigen Gründen es eine der Möglichkeiten für erwiesen und die anderen für ausgeschlossen erachtet hat. Der die Nachprüfung des Revisionsgerichts beschränkende Grundsatz, daß die Beweiswürdigung des Tatrichters und die von ihm gezogenen Schlüsse denkgesetzlich möglich, aber nicht zwingend sein müssen, greift nur ein, wenn das Urteil den festgestellten Sachverhalt, soweit er Schlüsse zugunsten oder zuungunsten des Angeklagten zuläßt, erschöpfend gewürdigt hat[167].

Um der Nachprüfbarkeit willen fordert die Rechtsprechung zunehmend, daß sich **59** die Urteilsgründe **mit allen festgestellten Tatsachen** auseinandersetzen müssen, wenn diese unter irgendeinem Gesichtspunkt entscheidungserheblich sein können[168]. Es wird beanstandet, wenn die Beweisbedeutung der festgestellten Tatsachen nicht in jeder Richtung ausgeschöpft wird[169]. Die Erörterungsbedürftigkeit wird dabei auch aus dem konkreten Vorbringen der Verfahrensbeteiligten[170], vor allem aus der Verteidigung des Angeklagten[171], mitunter auch schon aus der Sachlogik des zur Aburteilung stehenden Vorgangs[172] hergeleitet. Ihr muß durch Anführung sachliche Erwägungen genügt werden[173]. Bei einem Freispruch genügt es nicht, wenn ohne Mitteilung sachlicher Erwägungen lediglich mitgeteilt wird, das Gericht habe „verbliebene letzte Zweifel nicht überwunden"[174].

**4.** Der **Indizienbeweis**; bei dem die unmittelbar entscheidungserheblichen Tatsa- **60** chen aus anderen Tatsachen erschlossen werden[175], ist keine andere Beweisart als der direkte Beweis. Er erfordert lediglich mehr Schlüsse als dieser[176]. Auch hier gilt der Grundsatz der freien Beweiswürdigung[177]. Die Verpflichtung zur erschöpfenden Beweiswürdigung[178] und ihrer lückenlosen Darstellung in den Urteilsgründen erlangt hier

---

166 BGH StrVert. **1982** 157; VRS **55** 186; BGH bei *Holtz* MDR **1976** 813.

167 BGH NJW **1964** 325; GA **1974** 61; StrVert. **1981** 227; weit. Nachw. Fußn. 161.

168 BGH NJW **1980** 2423; GA **1974** 61; NStZ **1981** 401; bei *Holtz* MDR **1980** 806; BayObLG bei *Rüth* DAR **1986** 248; *Niemöller* StrVert. **1982** 210; **1984** 440; vgl. § 267, 52 ff; § 337, 151 mit weit. Nachw.

169 Vgl. § 267, 54 ff; § 337, 156; ferner etwa BGH bei *Spiegel* DAR **1983** 206.

170 Etwa auch aus Gesichtspunkten, die bei der Würdigung einer Zeugenaussage eine Rolle spielen können, vgl. BGH NStZ **1981** 271; StrVert. **1983** 496; **1984** 412.

171 Vgl. etwa BGH NStZ **1985** 136; StrVert. **1984** 411; OLG Hamm VRS **69** 221; *Niemöller* StrVert. **1984** 439; ferner zur subjektiven Tatseite BGH StrVert, **1984** 411; § 267, 58.

172 Vgl. Rdn. 42; § 267, 55; § 337, 156.

173 Vgl. Rdn. 13; 42.

174 OLG Köln MDR **1978** 338. Vgl. ferner BGH bei *Pfeiffer/Miebach* NStZ **1984** 212 (Fehlen realer Anknüpfungspunkte für Irrtum der Zeugen); vgl. auch § 267, 60; § 337, 162.

175 Mittelbar beweiserhebliche Tatsachen, vgl. OGHSt **1** 166; § 244, 219 ff; auch zu den Hilfstatsachen, die den Wert eines Beweismittels betreffen; ferner *Nack* MDR **1986** 368 und die Nachw. Fußn. 176.

176 *Grünwald* FS Honig 60; vgl. ferner etwa *Alsberg/Nüse/Meyer* 578; KK-*Hürxthal* 64; *Kleinknecht/Meyer*[37] 25; KMR-*Paulus* § 244, 47; *Roxin* § 24 C 2, 3.

177 RGSt **48** 246; BGH NStZ **1983** 133; JR **1983** 84 mit Anm. *Peters*.

178 Vgl. Rdn. 56 ff; ferner zur Prüfung, mit welcher Wahrscheinlichkeit eine belastende Schlußfolgerung aus dem Indiz herzuleiten ist, *Nack* NJW **1983** 1035; MDR **1986** 368.

Walter Gollwitzer

besonderes Gewicht. Lassen die festgestellten Tatsachen mehrere Möglichkeiten zu, so ist aufzuzeigen, daß das Gericht dies erkannt und warum es sich für eine entschieden hat[179].

**61**  Die **Tatsachen**, von denen der Indizienbeweis **ausgeht**, müssen als solche **zweifelsfrei feststehen**[180]. Der Indizienbeweis darf nicht mit unerwiesenen Indiztatsachen geführt werden[181], wohl aber mit erwiesenen Indiztatsachen, die nur eine gewisse Wahrscheinlichkeit für eine unmittelbar entscheidungserhebliche (indizierte) Tatsache (einen „Verdacht") begründen[182]. Es ist nicht erforderlich, daß ein einzelnes Beweisanzeichen für sich allein schon dem Richter die volle Gewißheit verschafft, maßgebend ist die **Gesamtschau**[183]. Die volle Überzeugung des Gerichts vom Vorliegen der aus Indizien gefolgerten unmittelbar entscheidungserheblichen Tatsache muß auf Grund einer Gesamtwürdigung aller be- und entlastenden Umstände gewonnen werden; das Gericht darf sich daher nicht mit einer isolierten Würdigung der einzelnen Indizien begnügen[184]. Die weiteren Einzelheiten, die sich aus dem Grundsatz ergeben, daß im Zweifel für den Angeklagten zu entscheiden ist, sind bei Rdn. 114 erläutert.

**62**  Die **Schlüsse**, die den Indizienbeweis tragen, müssen **denkgesetzlich möglich**, sie brauchen aber nicht zwingend zu sein[185]. Mehrere Indizien können sich gegenseitig stützen, wenn sie sich unabhängig voneinander auf denselben beweiserheblichen Umstand beziehen[186]. Sind mehrere Zwischenschlüsse erforderlich, so muß die Beweiskette, also die logisch aufeinander aufbauenden Folgerungen aus den in diese Kette eingeordneten Indizien, lückenlos sein[186a]. Der Indizienbeweis ist relativ sicher, soweit er mit objektiven Beweismitteln geführt werden kann. Er wird um so unsicherer, je mehr er auf persönlichen Beweismitteln beruht und je mehr Zwischenschlüsse er erfordert[187]. Sofern die Schlußfolgerung nicht schlechthin zwingend ist, kann er nicht mit einem einzelnen Indiz geführt werden[188]. Er kann sich nicht ausschließlich auf Tatsachen von ge-

---

[179] BGHSt **12** 316; **25** 285; OLG Bremen VRS **48** 276; OLG Schleswig SchlHA **1956** 184; vgl. § 337, 156.

[180] OGHSt **1** 166; 361; BGH LM Nr. 19; NJW **1980** 2433; JR **1954** 468; JR **1975** 34 mit Anm. *Peters*; StrVert. **1985** 48 (L); OLG Hamm NJW **1960** 398; OLG Schleswig bei *Ernesti/Jürgensen* SchlHA **1970** 199; KK-*Hürxthal* 64; *Kleinknecht/Meyer*[37] 25; KMR-*Paulus* 28; *Sarstedt/Hamm* 409; *Eb. Schmidt* 13; **a. A** (Wahrscheinlichkeit genügt): *Bender/Nack* DRiZ **1980** 121; *Grünwald* FS Honig 58; *Montenbruck* In dubio 143; *Nack* MDR **1986** 370; *Volk* NStZ **1983** 423; vgl. Rdn. 114; Fußn. 362 mit weit. Nachw.

[181] BGH bei *Dallinger* MDR **1969** 194: „Aus mehreren Wahrscheinlichkeiten darf keine Gewißheit konstruiert werden"; vgl. § 337, 160; 169.

[182] BGH JR **1975** 34 mit Anm. *Peters*.

[183] BGH NStZ **1983** 133; bei *Dallinger* MDR **1974** 584; bei *Herlan* MDR **1955** 18; OLG Stuttgart Justiz **1971** 63; *Nack* MDR **1986** 368.

[184] BGH NStZ **1983** 133.

[185] BGH bei *Dallinger* MDR **1970** 198; bei *Spiegel* DAR **1983** 206; vgl. Rdn. 57 ff; § 337, 168 mit weit. Nachw.; ferner EKMR NJW **1977** 2011; *Grünwald* FS Honig 57; *Peters* § 37 VII fordert dagegen, daß die gezogenen Schlüsse zwingend sind; die unmittelbar erwiesenen Tatsachen dürfen keine anderen Folgerungen zulassen.

[186] KK-*Hürxthal* 64; vgl. *Kleinknecht/Meyer*[37] 25, der auf den Unterschied zwischen Indizienreihe (auf die gleiche Tatsache parallel zueinander hindeutenden Anzeichen = Beweisring) und der Indizienkette hinweist; dazu *Grünwald* FS Honig 59; *Nack* MDR **1986** 368.

[186a] Vgl. BGH StrVert. **1981** 114; *Nack* MDR **1986** 368; § 337, 152 mit weit. Nachw.

[187] KMR-*Paulus* 28; *Kleinknecht/Meyer*[37] 25 (Kette so stark wie ihr schwächstes Glied); vgl. § 244, 222.

[188] OLG Frankfurt VRS **64** 221; vgl. die zahlreiche Rechtsprechung zum Schluß vom Halter auf den Fahrer Rdn. 49 Fußn. 144; ferner zur Wertung der Beweiskraft der Indizien *Nack* MDR **1986** 369.

ringem Beweiswert stützen, die der Tat weit vorgelagert sind[189] oder die in keiner unmittelbaren Beziehung zur Tat stehen, wie etwa Lebenswandel oder Vorstrafen des Angeklagten[190]. Statthaft, und in vielen Fällen sogar unerläßlich ist es, von äußeren Umständen auf die innere Einstellung des Angeklagten zur Tat zu schließen[191].

Der **Alibi-Beweis** ist eine besondere Form des Indizienbeweises. Er kann ein **63** unter Umständen zwingendes Indiz dafür schaffen, daß der Angeklagte nicht der Täter gewesen sein kann. Sein Scheitern ist für sich allein noch kein Indiz für die Täterschaft des Angeklagten (dazu Rdn. 116).

**5. Einschränkungen, Beweisverbote, Beweisvermutungen.** Ausdrückliche **Ausnah- 64 men vom Grundsatz der freien Beweiswürdigung** stellen diesen als solchen nicht in Frage, solange sie nur vereinzelt zur Verwirklichung rechtsstaatlicher Zielsetzungen oder zum Schutze öffentlicher oder privater Belange von Gewicht[192] die Verwertung bestimmter Beweisergebnisse insgesamt oder — wie die im Freibeweisverfahren gewonnenen Ergebnisse — für den Bereich des Strengbeweises ausschließen[193]. Solche Einschränkungen bestehen in den verschiedensten Formen. Soweit sie reichen, hat der Richter bei seiner Beweiswürdigung die unverwertbaren Erkenntnisse ebenso außer Betracht zu lassen wie sonst nicht verwertbares dienstliches oder privates Wissen. Er muß vorher allerdings prüfen, ob das jeweilige Verbot seiner Zielsetzung nach den Rückgriff auf ein Beweisergebnis schlechthin untersagt oder ob es nur die Verwertung zum Nachteil des Angeklagten ausschließt[194].

Die **Rechtsgrundlagen** für solche Einschränkungen finden sich bei den jeweiligen **65** Einzelregelungen, etwa für den Wahrheitsbeweis in § 190 StGB[195] oder für die Verwertung von Vorstrafen in §§ 51, 52 BZRG[196]. Auch aus der StPO erwachsen solche Verbote, etwa aus § 81 c Abs. 3 Satz 5, §§ 97, 100 a, 136 a Abs. 3[197]. Die Einzelheiten sind bei den jeweiligen Vorschriften erläutert; das Verbot, das Schweigen des Angeklagten zu seinem Nachteil zu verwerten, ist außerdem bei Rdn. 75 ff behandelt, das Verbot, aus dem Verhalten eines befugt schweigenden Zeugen Schlüsse zu Lasten des Angeklagten zu ziehen, bei Rdn. 86 ff.

---

[189] BGH StrVert. **1981** 330; bei *Pfeiffer* NStZ **1981** 296; bei *Pfeiffer/Miebach* NStZ **1985** 495.

[190] BGH bei *Holtz* MDR **1985** 630; auch BGH NStZ **1986** 325 (Tatsache, daß ein anderer Tatbeteiligter seine Verurteilung nicht angefochten hat).

[191] BGH bei *Dallinger* MDR **1970** 198; zu den Anforderungen vgl. etwa BayObLGSt **1971** 129 = JR **1972** 30 mit Anm. *Peters*; § 267, 41; 58; § 337, 143; ferner Rdn. 73.

[192] Zu den Gründen solcher Beschränkungen der freien Beweiswürdigung vgl. etwa BVerfGE **9** 167; **34** 238; **36** 188; *Rogall* ZStW **91** (1979) 8 ff; ferner § 244, 188 ff; Einl. Kap. **14**.

[193] Vgl. etwa *Arzt* FS Peters 223; zur Problematik bei den Prozeßvoraussetzungen ferner *Többens* 90 ff; *Volk* (Prozeßvoraussetzungen) 57; ferner § 244, 4 ff m. weit. Nachw.

[194] „Belastungsverbot" vgl. *Rogall* ZStW **91** (1979) 38; BGHSt **27** 108; Einl. Kap.

[195] RGSt **44** 257; KG GA **74** (1930) 32. Zur Frage, ob § 190 StGB als Beweisverbot oder als Beweisregel zu betrachten ist, vgl. § 244, 194 und die Kommentare zum StGB mit Nachw.; ferner *Meurer* FS Oehler 375; *Stern* FS Oehler 486 (verfassungsrechtliche Bedenken).

[196] i. d. F. d. Neubek. v. 21. 12. 84 – BGBl. I 1229; vgl. dazu BVerfGE **36** 188; ferner KK-*Hürxthal* 36; etwa *Segger* NJW **1976** 1189; § 243, 96; § 244, 198; mit weit. Nachw. ferner zum Verhältnis zu § 190 StGB *Dähn* JZ **1973** 51.

[197] Vgl. KK-*Hürxthal* 34; *Rogall* ZStW **91** (1979) 4; ferner *Alsberg/Nüse/Meyer* 476 ff mit weit. Nachw.

Walter Gollwitzer

**66**   Soweit das materielle Recht an bestimmte Tatbestandsmerkmale bestimmte **Vermutungen** anknüpft, die den Schuldnachweis erleichtern sollen[198], ändert es nur das Beweisthema sowie den Beziehungspunkt für die Beweiswürdigung. Eine darüber hinausgehende Einschränkung der freien Beweiswürdigung liegt darin aber ebensowenig wie etwa eine Überbürdung der Beweislast auf den Angeklagten[199]. Das Gericht hat auch insoweit den Sachverhalt im vollen Umfang von Amts wegen zu erforschen und frei zu würdigen[200]. Die Regel-Ausnahmeverhältnisse, die das materielle Strafrecht beispielsweise in § 69 Abs. 2 StGB oder bei den Regelbeispielen für schwere Fälle wie etwa § 243 Abs. 1 StGB aufstellt, erleichtern dem Gericht zwar die Begründung bei Annahme eines Regelfalls, sie schränken aber die freie Beweiswürdigung nicht ein[201].

**67**   Soweit **landesrechtliches Strafrecht** möglich ist, können auch im Landesrecht Vermutungen zu Lasten des Angeklagten begründet werden. Das wichtigste Beispiel dürfte die Vermutung der Kenntnis und Billigung der Veröffentlichung zu Lasten des verantwortlichen Redakteurs in einigen Pressegesetzen der Länder sein (§ 11 Abs. 2 BayPresseG; § 11 Abs. 1 Hess. PresseG)[202].

**68**   Die auf **anderen Rechtsgebieten** bestehenden Beweisregeln binden den Strafrichter grundsätzlich nicht. Dies wurde auch bei den in den Vorschriften des bürgerlichen Rechts aufgestellten Beweisvermutungen früher allgemein angenommen[203]. In Schrifttum und Rechtsprechung mehren sich allerdings die Stimmen, wonach auch der Strafrichter diese Vermutungen zu beachten habe, wenn er incidenter über das Bestehen eines bürgerlich-rechtlichen Anspruchs, wie etwa das Bestehen der Unterhaltspflicht im Rahmen des § 170 b StGB, entscheidet[204].

**69**   Eine Einschränkung des Grundsatzes der freien Beweiswürdigung im eigentlichen Sinne liegt dagegen nicht vor, soweit das erkennende Gericht an **Vorentscheidungen** anderer Gerichte oder Verwaltungsbehörden **gebunden** ist, denn insoweit entfällt die Entscheidungskompetenz überhaupt und nicht nur die freie Würdigung bei einer der richterlichen Entscheidung offenen Frage[205].

**70**   **6. Sonstige verfahrensrechtliche Bindungen.** Die Zusage der **Wahrunterstellung** bestimmter Tatsachen schränkt die freie Beweiswürdigung als solche nicht ein. Kommt das Gericht zu der Erkenntnis, daß die als wahr unterstellte Tatsache nicht zutrifft, kann und muß es die Bindung, die es mit der Zusage der Wahrunterstellung eingegangen ist, in einer den verfahrensrechtlichen Anforderungen genügenden Form noch in der Hauptverhandlung wieder lösen. Die Einzelheiten sind in §§ 244, 251 erörtert. Das

---

[198] Zu den engen verfassungsrechtlichen Grenzen solcher Vermutungen vgl. BVerfGE **9** 167; BayVerfGHE **35** 47; KG NStZ **1986** 560.

[199] BayVerfGHE **35** 47; KG NStZ **1986** 560; KK-*Hürxthal* 38; *Kleinknecht/Meyer*[37] 23; *Louven* MDR **1970** 295.

[200] Vgl. BayObLGSt **1972** 39 = GA **1972** 349 (zu § 395 AO **a.** F). Ob es im Zweifelsfall contra reum zu entscheiden hat, ist eine Auslegungsfrage des materiellen Strafrechts und dort meist streitig; vgl. etwa *Eb. Schmidt* I 372; Rdn. 109; ferner zum ehem. § 245 a StGB: LG Heidelberg NJW **1959** 1932 mit Anm. *Schröder* NJW **1959** 1903; OLG Braunschweig MDR **1964** 342.

[201] KK-*Hürxthal* 38; vgl. Rdn. 110.

[202] Vgl. auch BayVerfGHE **35** 47 zu § 11 Abs. 3 Satz 1 **a.** F BayPresseG.

[203] RGSt **36** 333; **57** 277; RG GA **53** (1906) 73; **59** (1912) 342; Motive zum BGB 4 883; *Peters* § 6 II; § 262, 1; 3.

[204] OLG Stuttgart NJW **1960** 2204; OLG Celle NJW **1962** 600 (**a.** A NJW **1955** 563); OLG Braunschweig NJW **1964** 214; OLG Köln NJW **1966** 2131; *Schröder* JZ **1959** 346; *Koffka* JR **1968** 228; *Mattmer* NJW **1967** 1593; *Eggert* MDR **1974** 445; *Kaiser* NJW **1972** 1847; ferner die Kommentare zu § 170 b StGB.

[205] Vgl. Einl. Kap. **14**; § 262, 8 ff.

**Verbot der Vorwegnahme der Beweiswürdigung** soll sichern, daß das Gericht sich seine endgültige Überzeugung erst nach Ausschöpfung der vorhandenen Beweismittel bildet; vgl. dazu § 244, 45; 182.

## V. Einzelfragen der Beweiswürdigung

**1. Unabhängigkeit von der Verfahrensrolle.** Freie Beweiswürdigung bedeutet, daß **71** es dem Gericht grundsätzlich freisteht, aus den durch die Hauptverhandlung erschlossenen Erkenntnisquellen die von ihm für richtig gehaltenen, denkgesetzlich möglichen Schlüsse zu ziehen, ohne an die Auffassung der anderen Prozeßbeteiligten gebunden zu sein. Bei einem Widerspruch zwischen mehreren Erkenntnisquellen entscheidet es ohne Rücksicht auf deren Art und Zahl darüber, in welchen von ihnen die Wahrheit ihren Ausdruck gefunden hat. Stehen die Bekundungen eines Zeugen den Einlassungen des Angeklagten gegenüber, dann hat das Gericht auch insoweit frei und ohne durch die **Verfahrensrollen** voreingenommen zu sein, zu entscheiden, wem es glauben will[206]. Maßgebend ist der innere Wert der Aussage, nicht die formale Stellung des Aussagenden im Prozeß[207]. Bei der Würdigung des Beweiswerts einer Aussage im Einzelfall ist dagegen mitzuberücksichtigen, in welcher Verfahrenslage und Verfahrensstellung sie abgegeben wurde[208].

Auch daraus, daß ein Angeklagter oder sonst eine Auskunftsperson **jugendlich** **72** oder **geisteskrank** oder geistesschwach oder drogenabhängig ist, ergibt sich keine Abweichung von diesem Grundsatz[209].

### 2. Aussageverhalten des Angeklagten

**a)** Die **Einlassung des Angeklagten** hat das Gericht ebenso wie seinen äußeren **73** Eindruck[210] und sein ganzes Verhalten in der Verhandlung ohne Voreingenommenheit frei zu würdigen[211]; es muß sich vergewissern, ob die vorgetragenen be- oder entlastenden Umstände zutreffen[212]. Dies gilt auch, wenn die Einlassung des Angeklagten durch Verlesen[213] oder durch eine Erklärung seines Verteidigers[214] in die Hauptverhandlung eingeführt wurde. Auf Grund der aus dem Inbegriff der Hauptverhandlung gewonnenen Überzeugung kann es ein **Geständnis**, obwohl es aufrechterhalten wird, für un-

---

[206] BGHSt **18** 238; **26** 62; BGH GA **1968** 303; StrVert. **1982** 501. Zu den strittigen Fragen des Rollentausches vgl. etwa *Bruns* FS Schmidt-Leichner 1; *v. Hippel* FS Peters 285; *Lenkner* FS Peters 333; *Prittwitz* Der Mitbeschuldigte im Strafprozeß (1984); *Rogall* NJW **1978** 2535; *Schöneborn* ZStW **86** (1974) 921; ferner Einl. Kap. 14; Vor § 48, 17 ff; § 237, 18; 27; § 244, 192.

[207] OLG Koblenz VRS **48** 29.

[208] Vgl. BGH StrVert. **1982** 2; aber auch BGH StrVert. **1982** 501; Fußn. 203.

[209] BGHSt **2** 269; BGH bei *Pfeiffer/Miebach* NStZ **1984** 209; vgl. etwa *Hetzer/Pfeiffer* NJW **1964** 441; *Peters* § 44 III 5 (abnorme Aussagepersonen); *Niemöller* StrVert. **1984** 438; *Täscher* NJW **1984** 638 (Drogenabhängige); ferner § 244, 82 ff; Vor § 48, 1.

[210] Vgl. Rdn. 16; § 244, 11.

[211] Etwa BGH StrVert. **1983** 8; OLG Düsseldorf VRS **65** 43; OLG Koblenz VRS **71** 42; KMR-*Paulus* 21; *Niemöller* StrVert. **1984** 439.

[212] BGHSt **25** 287; BGH bei *Holtz* MDR **1978** 108; **1979** 637; bei *Pfeiffer* NStZ **1982** 190; OLG Hamm JZ **1968** 676; OLG Koblenz VRS **60** 217; ferner OLG Düsseldorf NStZ **1985** 81 (keine undifferenzierte Verwertung als „Schutzbehauptung"); *Niemöller* StrVert. **1984** 434; BGH bei *Pfeiffer/Miebach* NStZ **1986** 208 (keine ungeprüfte Übernahme als unwiderlegbar).

[213] OLG Düsseldorf VRS **41** 436; **55** 360; vgl. § 231 a, 27; § 232, 27; § 233, 30; § 243, 98.

[214] Vgl. Rdn. 15; § 234, 16; § 243, 98; ferner etwa OLG Zweibrücken StrVert. **1986** 290.

glaubhaft[215] oder, obwohl es widerrufen ist, für glaubhaft erachten[216] oder aus einer vom Angeklagten eingeräumten Tatsache, die der Richter auf Grund der Einlassung für erwiesen hält, auf eine von ihm bestrittene Tatsache folgern oder die Einlassung des Angeklagten teils annehmen, teils verwerfen[217] oder der Bezichtigung eines Mitangeklagten gegen einen anderen Glauben beimessen[218].

**74**    In den **Urteilsgründen** ist die Einlassung mitzuteilen, soweit sie für die rechtliche Nachprüfung von Bedeutung sein kann. In Zweifelsfällen ist aufzuzeigen, daß die Einlassung des Angeklagten bei der Beweiswürdigung in Betracht gezogen und aus welchen nachvollziehbaren Erwägungen und welchen Indizien ihr das Gericht gefolgt ist oder sie für widerlegt hielt[219]. Schließt das Gericht die Unglaubwürdigkeit aus dem **Wechsel der Einlassung**, sind die verschiedenen Einlassungen mitzuteilen[220]. Daß der Angeklagte einen für ihn günstigen Umstand **verspätet** geltend macht, rechtfertigt für sich allein noch nicht den Schluß auf die Unrichtigkeit dieser Einlassung. Ein solcher Schluß ist nur bei Hinzutreten weiterer Umstände zulässig[221]. Hält das Gericht für erwiesen, daß der Angeklagte **lügt**, ist dies in der Regel noch kein tragfähiges Indiz für seine Täterschaft[222]. Andererseits dürfen Angaben des Angeklagten, für deren Richtigkeit oder Unrichtigkeit es keinen unmittelbaren Beweis gibt, nicht ohne weiteres als unwiderlegt dem Urteil zugrunde gelegt werden; auch wenn sich ihr Gegenteil nicht positiv feststellen läßt, hat das Gericht auf Grund des Gesamtergebnisses der Beweisaufnahme zu entscheiden, ob es ihnen für seine Überzeugungsbildung Gewicht beimessen will[223].

**75**    b) **Schweigen.** Eine **Einschränkung der freien Beweiswürdigung** ergibt sich daraus, daß das Recht des Angeklagten, zu den gegen ihn erhobenen Beschuldigungen **zu**

---

[215] Vgl. OLG Schleswig bei *Ernesti/Jürgensen* SchlHA **1980** 175 (Einräumung des Verkehrsverstoßes als solchen genügt nicht, Geständnis muß sich auf Tatsachen beziehen); ferner OLG Koblenz VRS **60** 217 (,,A. räumt ein" läßt nicht erkennen, ob die Tatsachen zur Überzeugung des Gerichts feststehen).

[216] BGHSt **21** 285 = LM Nr. 52 mit Anm. *Martin* (Gericht muß aber sorgfältig prüfen, weshalb der Angeklagte die früheren Angaben gemacht und weshalb er sie widerrufen hat); *Eb. Schmidt* JZ **1970** 342; vgl. auch OLG Köln NJW **1961** 1224 (Prüfungspflicht); KMR-*Paulus* 21.

[217] In der Regel bedarf es dann einer näheren Begründung, die diese Differenzierung einsichtig macht. Vgl. etwa BGH StrVert. **1984** 411; *Niemöller* StrVert. **1984** 438; ferner Rdn. 71.

[218] BGHSt **3** 384; **21** 285; **22** 375, dazu *Eb. Schmidt* JZ **1970** 342; BGH NStZ **1985** 136; vgl. Rdn. 15; Vor § 48, 17; § 244, 10 mit weit. Nachw.

[219] BGH GA **1965** 208; BGH bei *Holtz* MDR **1978** 108; BayObLGSt **1972** 103 = NJW **1972** 1433; OLG Celle NJW **1966** 2325; OLG Düsseldorf VRS **65** 43; **66** 36; NStZ **1985** 81; StrVert. **1986** 378; OLG Koblenz

VRS **71** 42; OLG Stuttgart Justiz **1972** 209; vgl. § 267, 58; § 337, 150 mit weit. Nachw. Zur Erörterungspflicht bei Widersprüchen mit Zeugenaussagen vgl. OLG Düsseldorf VRS **66** 36 und bei Rdn. 57; ferner *Niemöller* StrVert. **1984** 437.

[220] BayObLG bei *Rüth* DAR **1985** 245; vgl. auch BGH NStZ **1981** 488 (Wechsel hinsichtlich des Tatmotivs); BGHSt StrVert. **1986** 191 (sofern kein besonderer Vertrauenstatbestand geschaffen wurde, muß Gericht den Angeklagten nicht darauf hinweisen, daß es seine Einlassung für widerlegt hält).

[221] OLG Köln JMBlNW **1964** 6; StrVert. **1986** 192; auch OLG Hamm JMBlNW **1970** 71; 238; KMR-*Paulus* 20; ferner § 246, 1.

[222] BGHSt **25** 287; BGH NStZ **1986** 325; StrVert. **1982** 158; **1985** 356; BGH bei *Holtz* MDR **1979** 637; vgl. auch BGH bei *Pfeiffer* NStZ **1982** 190; bei *Spiegel* DAR **1986** 202; OLG Köln StrVert. **1986** 192; *Kleinknecht/Meyer*[37] 16; *Niemöller* StrVert. **1984** 434. Zum Scheitern des Alibi-Beweises vgl. Rdn. 115.

[223] BGHSt **34** 34; BGH NJW **1980** 2423; VRS **27** 105; bei *Spiegel* DAR **1983** 159; **1986** 201; *Hanack* JR **1974** 383; *Niemöller* StrVert. **1984** 434; 442.

**schweigen**, nach der herrschenden Meinung grundsätzlich nicht dadurch verkürzt werden darf, daß dieses Verhalten als belastendes Indiz zu seinen Ungunsten verwertet wird. Dies würde dem Sinn des Weigerungsrechts widersprechen, da der Angeklagte andernfalls gezwungen wäre, sich zur Sache zu äußern, schon um zu verhindern, daß in seinem Schweigen ein Eingeständnis der Schuld gesehen wird. Die Gründe, warum ein Angeklagter schweigt, können im übrigen sehr verschiedenartig sein, so daß sich auch deshalb ein sicherer Schluß auf die Schuld des Angeklagten verbietet. Das Gericht darf den Motiven für das Schweigen im übrigen auch gar nicht nachforschen[224].

Wählt der Angeklagte das Schweigen als eine ihm durch den Hinweis ausdrücklich freigestellte Verteidigungsform, so darf das Gericht dies weder bei der Beweiswürdigung noch beim Strafmaß **zu seinen Ungunsten** werten[225]; noch bei der Bescheidung von Verfahrensanträgen ungünstige Schlüsse daraus herleiten[225a]. Es muß sich bemühen, den Sachverhalt ohne Mitwirkung des Angeklagten aufzuklären, dabei muß es auch allen den Angeklagten entlastenden Umständen nachgehen, sofern konkrete Anhaltspunkte für solche Umstände ersichtlich sind. Rein theoretisch denkbare Möglichkeit kann es dagegen ohne weitere Sachaufklärung für ausgeschlossen erachten[226]. **76**

Aus dem Schweigen des Angeklagten dürfen belastende Schlüsse nicht gezogen werden, auch wenn er sich **früher zur Sache eingelassen** hatte[227] oder wenn er früher, etwa bei seiner Einvernahme durch die Polizei, geschwiegen hatte und sich erst in der Hauptverhandlung zur Sache äußert[228], sogar, wenn er sich dann erstmals auf Notwehr[229] oder ein Alibi[230] beruft. Das Verbot greift auch ein, wenn er nur zum Tathergang schweigt und nur zur Frage der Rechtsfolgen aussagt[231] oder umgekehrt, oder wenn er nur zu einer von mehreren ihm zur Last gelegten Straftaten schweigt[232], selbst **77**

---

[224] *Günther* JR **1978** 94; KK-*Hürxthal* 39; *Kleinknecht/Meyer*[37] 16; KMR-*Paulus* § 244, 180; *Wessel* JuS **1966** 172.

[225] BGHSt **20** 281 = LM Nr. 48 mit Anm. *Martin*; dazu *Kleinknecht* JR **1966** 270; BGHSt **25** 368; BGH GA **1969** 307; BGH bei *Dallinger* MDR **1971** 18; bei *Spiegel* DAR **1986** 202; BayObLGSt **1980** 79 = NJW **1981** 1385; OLG Braunschweig JZ **1966** 618; OLG Celle NJW **1974** 202; JZ **1982** 341; OLG Hamburg VRS **59** 351; OLG Hamm VRS **42** 219; **43** 346; **46** 143; **292**; KG VRS **42** 217; OLG Koblenz VRS **45** 365; **58** 377; OLG Oldenburg NJW **1969** 806 mit Anm. *Ostermeyer* und *Güldenpfennig* NJW **1969** 1187, 1867; OLG Schleswig bei *Ernesti/Jürgensen* SchlHA **1972** 160; bei *Ernesti/Lorenzen* SchlHA **1980** 175; OLG Stuttgart NStZ **1981** 272; VRS **69** 295; StrVert. **1986** 191; OLG Zweibrücken StrVert. **1986** 290; *Arndt* NJW **1966** 870; *Berz* DAR **1974** 197; *Schmidt-Leichner* NJW **1966** 190; *Seibert* NJW **1966** 1706; *Spendel* NJW **1966** 1105; *Stree* JZ **1966** 593; *Tzschach* DAR **1973** 286; *Wessel* JuS **1966** 171; vgl. Fußn. 144 mit weit. Nachw.; **a. A** RG JW **1930** 713; *Kohlhaas* DRiZ **1965** 299; NJW **1965** 2282; *Liepmann* ZStW **44** (1924) 673; *Stümpfler* DAR **1973** 1 (mehr im Grundsätzlichen als im Regelfall im

Ergebnis); wegen weiterer Hinweise vgl. Einl. Kap. **14**; § **136**, 26.

[225a] BGH StrVert. **1985** 485.

[226] BayObLG bei *Rüth* DAR **1969** 237; **1971** 206; OLG Hamburg VRS **41** 195; OLG Hamm VRS **46** 366; KG VRS **45** 287; *Kleinknecht* JR **1966** 271; KK-*Hürxthal* 39; *Kleinknecht/Meyer*[37] 18; KMR-*Paulus* 20; vgl. § 337, 163; 164.

[227] BGH bei *Dallinger* MDR **1971** 18; OLG Schleswig bei *Ernesti/Lorenzen* SchlHA **1986** 107; OLG Zweibrücken StrVert. **1986** 290; *Dahs/Dahs* 80a; KK-*Hürxthal* 41; *Kleinknecht/Meyer*[37] 17; **a. A** *Rogall* 250 ff.

[228] BGHSt **20** 281 = LM Nr. 19 mit Anm. *Martin*; BGH GA **1969** 307; StrVert. **1983** 321; **1984** 143; OLG Düsseldorf MDR **1984** 164; OLG Hamm JMBlNW **1968** 154; NJW **1974** 1881; OLG Karlsruhe DAR **1983** 93; OLG Stuttgart StrVert. **1986** 191.

[229] BGH StrVert. **1984** 143; bei *Pfeiffer/Miebach* NStZ **1984** 16.

[230] BGH StrVert. **1985** 401; bei *Pfeiffer/Miebach* NStZ **1986** 208.

[231] KK-*Hürxthal* 39; *Kleinknecht/Meyer*[37] 17.

[232] OLG Köln VRS **61** 361; *Hanack* JR **1981** 432; *Rüping* JR **1974** 135; *Stree* JZ **1966** 597; vgl. Fußn. 231.

Walter Gollwitzer

einer früheren Tat, die für das anhängige Verfahren lediglich indizielle Bedeutung hat[233]. Dem völligen Schweigen steht es gleich, wenn der Angeklagte sich auf die **allgemeine Erklärung** beschränkt, er sei nicht der Täter, er sei unschuldig, oder wenn er — ohne konkrete Angaben zum Tathergang — andere, die Tat **nur allgemein in Abrede** stellende Äußerungen abgibt[234] oder auf ein Verfolgungshindernis hinweist[235] oder Verfahrensrechte ausübt[236]. Eine der Beweiswürdigung offene Teileinlassung liegt in solchen Erklärungen nicht.

**78**  Das **teilweise Schweigen** des Angeklagten zu einem einheitlichen Tatkomplex ist nach der vorherrschenden Meinung der Beweiswürdigung offen. Wenn der Angeklagte sich zur Sache einläßt und nur zu einigen Punkten eines einheitlichen Sachverhalts die Einlassung ablehnt oder lückenhaft oder ausweichend antwortet, kann das Gericht daraus Schlüsse ziehen und dies auch zum Nachteil des Angeklagten verwerten[237]. Diese müssen jedoch immer der konkreten Situation des Angeklagten Rechnung tragen, da auch das Teilschweigen unterschiedliche Motive haben kann[238].

**79**  Verweigert der Angeklagte durch ein **sonstiges Verhalten** einen Beitrag zur Sachaufklärung, so dürfen — da er hierzu nicht verpflichtet ist[238a] — allein daraus keine nachteiligen Schlüsse hergeleitet werden, wenn er auch sonst geschwiegen hat. Es hängt, ebenso wie beim Teilschweigen, von den Umständen des Einzelfalls ab, wieweit es neben einer Einlassung bewertbar ist. Dies gilt auch, wenn der Angeklagte sich weigert, einen Zeugen, der zu einer von ihm selbst aufgestellten Schutzbehauptung etwas bekunden könnte, von der **Schweigepflicht zu entbinden**[239].

**80**  Daß das Schweigen nicht zu Lasten des Angeklagten gewürdigt werden kann, schließt nicht aus, die frühere Äußerung durch ein **zulässiges anderes Beweismittel** in die

[233] BGHSt **32** 140 = JR **1985** 70 mit Anm. *Pelchen* = NStZ **1984** 377 mit Anm. *Volk*; ferner zur Auskunftsverweigerung als Zeuge in einem anderen Verfahren OLG Stuttgart NStZ **1981** 272.

[234] BGHSt **25** 368; BGH JR **1981** 432 mit Anm. *Hanack*; BayObLG VRS **66** 207; bei *Rüth* DAR **1985** 245; OLG Celle NJW **1974** 202; OLG Düsseldorf VRS **55** 360; OLG Hamburg VRS **50** 366; **51** 44; OLG Hamm NJW **1973** 1708; **1974** 1880; OLG Karlsruhe VRS **54** 158; OLG Saarbrücken VRS **47** 440; OLG Stuttgart VRS **69** 295; vgl. auch Rdn. 49 Fußn. 144 (Schluß von Halter auf Fahrer).

[235] Z. B. Verjährung BayObLG VRS **62** 373; bei *Rüth* DAR **1980** 270; OLG Hamburg VRS **59** 351; OLG Koblenz VRS **59** 434; OLG Köln OLGSt 55; OLG Stuttgart VRS **69** 295; vgl. auch BayObLG bei *Rüth* DAR **1983** 252 (Zahlung des Verwarnungsgeldes).

[236] Vgl. OLG Schleswig bei *Ernesti/Lorenzen* SchlHA **1980** 175 (Stellungnahme zu Beweisantrag).

[237] BGHSt **20** 298 = LM Nr. 49 mit Anm. *Martin* = JR **1966** 351 mit Anm. *Meyer*; OLG Hamm NJW **1974** 1880; OLG Köln VRS **57** 429; OLG Oldenburg NJW **1969** 806; OLG Schleswig bei *Ernesti/Lorenzen* SchlHA **1985**

132; KK-*Hürxthal* 41; *Kleinknecht/Meyer*[37] 17; KMR-*Paulus* § 244, 181; 54 ff; *Roxin* § 15 C 2 b; *Rieß* JA **1980** 295; weitere Nachweise § 136, 27; Einl. Kap. **14**; **a. A** *Eser* ZStW **79** (1967) 576; *Rogall* Der Beschuldigte als Beweismittel gegen sich selbst, 255; *Rüping* JR **1974** 138. *Eb. Schmidt* JZ **1970** 341 vertritt ebenfalls die Auffassung, daß das Gericht nach § 261 die Möglichkeit hat, aus den gesamten Begleitumständen auf eine bestimmte Bedeutung des teilweisen Schweigens zu schließen und das Ergebnis dann bei seiner Beweiswürdigung zu verwerten (anders noch Nachtr. I, 17). *Stree* JZ **1966** 598 hält nur das Schweigen zu entlastenden Tatsachen der Schlußfolgerung bei der Beweiswürdigung für zugänglich.

[238] Vgl. KMR-*Paulus* § 244, 182 ff; *Wessel* JuS **1966** 172; § 136, 27.

[238a] Vgl. BGHSt **1** 347; **20** 298; OLG Stuttgart Justiz **1986** 328; Vor § 226, 26.

[239] BGHSt **20** 298 (vgl. Fußn. 237); KK-*Hürxthal* 41; **a. A** *Schmidt-Leichner* NJW **1966** 190. Vgl. auch *Stree* JZ **1966** 599, wonach aus der Weigerung des Angeklagten, die Entlastungsbehauptung näher zu substantiieren, auf die Glaubwürdigkeit dieses Vorbringens geschlossen werden darf.

Hauptverhandlung einzuführen und bei der Urteilsfindung zu verwerten[240]. Ob sich ein Angeklagter in der Hauptverhandlung zur Sache eingelassen hat, beurteilt das Revisionsgericht an Hand der schriftlichen Urteilsgründe. Ergibt sich daraus eine Einlassung zur Sache, ist es unbeachtlich, wenn das Protokoll feststellt, daß er eine Äußerung zur Sache ablehnt[241].

### 3. Zeugen

a) In der **Würdigung der Zeugenaussage** ist der Tatrichter ebenfalls nicht an feste **81** Regeln gebunden. Er muß sich unter Berücksichtigung der Erkenntnisse der Aussagepsychologie auf Grund des äußeren Eindrucks vom Zeugen, seines Aussageverhaltens[242] und aller anderen hereinspielenden Umstände[243], wie Persönlichkeitsstruktur, Alter, Geisteszustand[244] darüber schlüssig werden, ob er dem Zeugen glauben kann. Mögliche Fehlerquellen sind dabei in Betracht zu ziehen, so etwa bei Gegenüberstellungen[245] oder bei Aussagen von Zeugen, die durch ein gemeinsames Ziel verbunden sind[246]. Ein Sachverständigengutachten über die Glaubwürdigkeit[247] kann ihm dabei helfen, es entbindet ihn aber niemals von der eigenen Verantwortung für diese mitunter sehr schwierige Entscheidung[248], die kritische Distanz, Einfühlungsvermögen und Lebensklugheit erfordert. Die Beurteilung der Glaubwürdigkeit des Zeugen durch andere

---

[240] Etwa BGH bei *Dallinger* MDR **1971** 18; OLG Hamm NJW **1974** 1880; OLG Koblenz VRS **45** 365; OLG Schleswig bei *Ernesti/Jürgensen* SchlHA **1977** 182; OLG Zweibrükken StrVert. **1986** 290; *Günter* DRiZ **1971** 379; *Rejewski* NJW **1967** 200; KK-*Hürxthal* 39; KMR-*Paulus* 564; *Schlüchter* 465; § 243, 71. Zur strittigen Verwertbarkeit früherer Aussagen, die ohne Belehrung über Schweigerecht gemacht wurden, vgl. BGHSt **31** 395 mit abl. Anm. *Fezer* JR **1984** 340; *Sieg* MDR **1984** 725; § 136, 54 ff. Zur Frage, wieweit Angaben, die der Angeklagte in Erfüllung einer außerstrafrechtlichen Auskunftspflicht abgegeben hat, im Strafverfahren unverwertbar sind, weil andernfalls sein Schweigerecht unterlaufen würde (BVerfGE **56** 50), vgl. Einl. Kap. 14; ferner etwa *Dingeldey* NStZ **1984** 529; *K. Schäfer* FS Dünnebier 11; oder die Rechtsprechung und Schrifttum zur Verwertung von Erklärungen in Versicherungs- oder betrieblichen Unfallakten; etwa LG Hamburg MDR **1984** 867; OLG Celle JR **1982** 475 mit Anm. *Rengier*; NJW **1985** 640; *Geppert* DAR **1981** 305; § 252, 29. Zur Verwertbarkeit von Angaben, die der Angeklagte als Zeuge in einem anderen Strafverfahren machte, vgl. BayObLGSt **1984** 1; OLG Stuttgart Justiz **1981** 243.

[241] BGH bei *Holtz* MDR **1981** 268.

[242] BGH MDR **1986** 950, vgl. z. B. *Undeutsch* Die Verwendbarkeit unwillkürlicher Ausdruckserscheinungen bei der Aussagewürdigung ZStW **87** (1975) 650; *Bender* StrVert. **1984** 127; ferner *Bull* DRiZ **1972** 205; *Kühne*

NStZ **1985** 252; *Niemöller* StrVert. **1984** 438; *Peters* § 44; ZStW **87** (1975) 663; *Prüfer* DRiZ **1977** 41; *Reinecke* MDR **1986** 630; *Schuhmacher* DRiZ **1960** 286; *Wegener* Typische Fehlerquellen bei Aussagen von Opferzeugen im Strafverfahren in „Die Behandlung des Opfers von Straftaten im Strafverfahren" (1985), 52.

[243] Vgl. BGH StrVert. **1982** 255 mit Anm. *Bendler* (Umstände und Zeitpunkt der Einführung des Zeugen) oder BGH StrVert. **1983** 496 (Tatbeteiligung).

[244] Vgl. Rdn. 71; *Knippel* MDR **1980** 112; *Peters* § 44 III; § 244, 82 ff; ferner etwa BGH NStZ **1982** 432; StrVert. **1981** 330; **1984** 143; 412; bei *Pfeiffer* NStZ **1982** 190; OLG Düsseldorf StrVert. **1982** 12.

[245] Zur Gegenüberstellung vgl. § 58 Abs. 2; § 244, 17; ferner zur Beweiswürdigung des Wiedererkennens bei Gegenüberstellungen vgl. etwa BGH NStZ **1982** 342; StrVert. **1986** 287; LG Frankfurt StrVert. **1986** 291; *Niemöller* StrVert. **1984** 435; *Peters* § 44 II 2 c cc); *Odenthal* Die Gegenüberstellung im Strafverfahren 11 ff; 70 ff; 100 ff; *Odenthal* NStZ **1985** 433; *Schlüchter* 397; ferner Fußn. 54.

[246] Etwa KG JR **1984** 393 mit Anm. *Peters*; vgl. § 244, 331.

[247] Zur nur in Ausnahmefällen bestehenden Notwendigkeit zur Zuziehung eines solchen vgl. § 244, 82 ff.

[248] BGH bei *Holtz* MDR **1977** 284; § 244, 82 ff.

Richter in einem früheren Verfahren kann die eigene Entscheidung nicht ersetzen[249]. Aktenkenntnis schließt die Einvernahme nicht aus[250], kann aber das Gericht veranlassen, aufzuklären, wieweit der Zeuge eigene Wahrnehmungen aus eigener Erinnerung wiedergibt[251].

**82**    Welchen **Inhalt** eine Zeugenaussage hat, ist Sache der tatrichterlichen Würdigung. Der Tatrichter hat zu entscheiden, wie eine Aussage zu verstehen ist[252].

**83**    Bei der **Bewertung** der Zeugenaussagen sind alle in der Hauptverhandlung zu Tage getretenen Umstände heranzuziehen[253]. Das Gericht kann beispielsweise bei einem Widerspruch zwischen einer beeidigten und einer unbeeidigten Zeugenaussage der unbeeidigten Aussage glauben oder es kann einer Zeugenaussage nur bezüglich eines Beweisthemas glauben[254], muß diese Differenzierung aber mit vertretbaren Erwägungen begründen[255]. Besteht Anlaß, Glaubwürdigkeit oder Beweiswert einer Zeugenaussage besonders kritisch zu prüfen, wie etwa bei einem im Ausland kommissarisch vernommenen Zeugen oder bei den Bekundungen eines Zeugen vom Hörensagen[256], müssen die Urteilsausführungen erkennen lassen, daß sich das Gericht dieses Umstands bewußt war[257]. Glaubt das Gericht einem Zeugen nicht, sind zusammen mit der Wiedergabe der Aussage die Gründe dafür aufzuzeigen[258]. Gleiches gilt, wenn Aussagen in einem entscheidungserheblichen Punkte einander widersprechen[259] oder der Zeuge sich an einen Umstand nicht erinnert, der ihm unmöglich entgangen sein könnte[259a].

**84**    Es ist ein Verstoß gegen den Grundsatz der freien Beweiswürdigung, wenn sich das Gericht bei der Bewertung einer Zeugenaussage durch einen nicht bestehenden Satz der Alltagserfahrung für gebunden hält, so, wenn es einem Zeugen glaubt, weil er ein „klassischer Zeuge" sei[260]. Kann ein Polizeibeamter sich an den zur Anzeige führenden Verkehrsvorgang **nicht mehr erinnern** und erklärt er nur, er hätte den Verkehrsteilnehmer unter den von diesen behaupteten Umständen nicht angezeigt, so obliegt es der freien Beweiswürdigung des Gerichts, ob es nach Aufklärung der Umstände, unter denen der Verkehrsvorgang beobachtet und die Anzeige erstattet wurde[261], diese Äuße-

[249] OLG Hamm VRS 40 456.

[250] OLG Oldenburg VRS **58** 31; vgl. auch Rdn. 83.

[251] Vgl. § 244, 50 ff.

[252] BGHSt **15** 347; **21** 151; **26** 62; **29** 20; BGH VRS **37** 28; **38** 104; vgl. § 267, 59, 165; § 273, 60.

[253] BGH MDR **1986** 950 (Zusammentreffen mehrerer Umstände); vgl. Rdn. 80; Fußn. 243.

[254] OLG Köln NJW **1968** 1247; vgl. auch OLG Schleswig bei *Ernesti/Jürgensen* **1977** 182 (daß der Zeuge die Aussage hätte verweigern können, begründet keine höhere Zuverlässigkeit).

[255] BGH StrVert. **1981** 330; **1984** 412; **1986** 236; *Niemöller* StrVert. **1984** 438.

[256] BVerfGE **57** 292; BGHSt **17** 385; **33** 83; 181; **34** 15; BGH NStZ **1981** 270; **1982** 433; **1983** 133; 376; *Körner* StrVert. **1982** 382; *Niemöller* StrVert. **1984** 438; Rdn. 30; § 250, 25, 28; § 251, 40; ferner zur Würdigung der Aussage eines kommissarisch vernommenen Zeugen § 251, 27; 60.

[257] BGH StrVert. **1982** 382; 509; vgl. § 250, 25; § 267, 60.

[258] BGH bei *Pfeiffer/Miebach* NStZ **1984** 212; BGH StrVert. **1983** 186 (LS); StrVert. **1986** 6 (bei Behauptung von Putativ-Notwehr); bei *Spiegel* DAR **1986** 201; OLG Hamm JMBlNW **1982** 30.

[259] Vgl. Rdn. 58; 59; § 267, 60; § 337, 150; ferner etwa BGH StrVert. **1983** 445; OLG Düsseldorf VRS **66** 36.

[259a] BGH StrVert. **1986** 287 (Exzeß des Täters).

[260] OLG Bremen VRS **47** 37; vgl. auch Fußn. 261.

[261] OLG Düsseldorf VRS **62** 282; ZfS **1981** 387; OLG Hamm VRS **57** 291; OLG Köln NStZ **1981** 76; VRS **61** 360; **65** 376; allgemein zu Polizeibeamten als Zeugen *Kube* JZ **1976** 17; *Maeffert* StrVert. **1982** 386; *Thomann* Kriminalistik **1982** 110; 156; ferner zur Pflicht, handschriftliche Aufzeichnungen zuzuziehen, die die Grundlage der Anzeige bildeten, OLG Hamm JMBlNW **1980** 70; § 244, 70.

rung zur Widerlegung der Einlassung des Angeklagten als ausreichend ansieht. Fehlerhaft wäre es, wenn es insoweit einen nicht bestehenden Erfahrungssatz angenommen hätte, wonach eine solche Aussage schlechthin beweiskräftig sei[262], oder, wenn von der Richtigkeit ihres Inhalts ausgegangen würde, obwohl der Zeuge an ihrer Abfassung weder mitgewirkt noch sich sonst von ihrer Richtigkeit überzeugt hatte[263].

Oft wird verlangt, daß ein **beeidigtes** Zeugnis als **unbeeidigt gewürdigt** werde, wenn **85** sich nachträglich ergibt, daß der Zeuge, insbesondere etwa wegen des Verdachts der Teilnahme, unbeeidigt hätte vernommen werden müssen[264]. Diese Zumutung läuft auf die Verleugnung einer in Wirklichkeit vorgenommenen Verfahrenshandlung hinaus; für erforderlich und genügend ist vielmehr in solchen Fällen zu erachten, daß das Gericht bei der Würdigung des Zeugnisses den Grund nicht außer acht läßt, der zur unbeeidigten Vernehmung hätte führen sollen[265]. Hierauf sind die Verfahrensbeteiligten hinzuweisen[266].

**b) Schweigt** ein Zeuge in der Hauptverhandlung **unberechtigt** ganz oder zu einer **86** einzelnen Frage, so kann das Gericht aus diesem Schweigen im Rahmen seiner Beweiswürdigung Schlüsse ziehen, sofern nach den ganzen Umständen das Motiv dieses Schweigens erkennbar wird[267]. Die Verwertbarkeit für die Beweiswürdigung hängt nicht davon ab, ob der Richter versucht hat, gemäß § 70 den Zeugen zu einer Aussage zu veranlassen[268]; ob dies notwendig ist, beurteilt sich nach den Erfordernissen der Aufklärungspflicht[269].

**c)** Bei einer **berechtigten Zeugnisverweigerung** ist die freie Beweiswürdigung des **87** Gerichts eingeschränkt, wenn der Zeuge nach § 52 und nach den §§ 53 und 53 a sein Zeugnis verweigert. Hier fordert der Schutz der Entscheidungsfreiheit des Zeugen, daß aus der Tatsache der Zeugnisverweigerung keine **Schlüsse zu Lasten des Angeklagten** gezogen werden[270]; die Motive für die Weigerung sind nicht zu erforschen[271]. Dies gilt

---

[262] BGHSt **23** 213 = LM Nr. 57 mit Anm. *Martin*; Nr. 58; BGH NJW **1970** 1558; vgl. OLG Köln JR **1969** 392 mit zust. Anm. *Eb. Schmidt* JR **1969** 473; und die durch die angeführten Entscheidungen des Bundesgerichtshofs erledigten Vorlagebeschlüsse des OLG Hamm NJW **1969** 2032; **1970** 264. Wegen ähnlicher Fälle vgl. OLG Hamm MDR **1967** 1029; VRS **52** 431; **53** 40; **55** 135; *Kohlhaas* DAR **1971** 165; ferner OLG Köln VRS **62** 451 (strengere Anforderungen, wenn Polizeibeamter ein ihn selbst betreffendes Verkehrserlebnis angezeigt hat) und OLG Hamm JMBlNW **1982** 30 (Anforderungen an Beweiswürdigung, wenn Insassen den Bekundungen widersprechen).

[263] Für die vielfach geforderte Erklärung, der Zeuge „übernehme die Verantwortung" (was immer sie besagen soll), fehlt es dann an jeder tatsächlichen Grundlage, da der Zeuge aus eigenem Wissen einen Irrtum bei der Anzeigenerstattung nicht ausschließen kann; vgl. OLG Köln VRS **60** 205; **65** 376; OLG Hamm VRS **52** 431; **53** 40; **54** 138; **55** 134.

[264] So RGSt **59** 94; **72** 219; RG JW **1931** 1599; BGHSt **4** 131; BGH NJW **1952** 1146; **1982** 1602; **1986** 266; vgl. aber auch StrVert. **1986** 89; dazu *Schlothauer* StrVert. **1986** 90.

[265] *Gössel* § 27 E 5 a; *Schlothauer* StrVert. **1986** 90; *W. Schmid* FS Maurach 535; ferner allgemein zur Heilung Vor § 226, 54; § 337, 262; 263.

[266] BGH StrVert. **1981** 329; OLG Bremen StrVert. **1984** 369; *Schlothauer* StrVert. **1986** 226.

[267] BGH NJW **1966** 351 dazu *Meyer* JR **1966** 351; KK-*Hürxthal* 44; *Kleinknecht/Meyer*[37] 19; KMR-*Paulus* § 244, 181.

[268] KK-*Hürxthal* 44; *Kleinknecht/Meyer*[37] 19.

[269] Vgl. § 244, 52.

[270] BGHSt **22** 113 = LM Nr. 54 mit Anm. *Pelchen*; BGHSt **32** 140 = JR **1985** 70 mit Anm. *Pelchen*; BGH NJW **1980** 794; **1984** 136; JR **1981** 432 mit Anm. *Hanack*; StrVert. **1982** 101; **1985** 486; bei *Pfeiffer* NStZ **1981** 296; OLG Hamm VRS **46** 364; KG NJW **1966** 605; mit Anm. *Arndt* NJW **1966** 869; OLG Karlsruhe GA **1975** 182; KK-*Hürxthal* 42;

auch, wenn das Aussageverhalten des Angehörigen wechselt, etwa, wenn er später doch noch aussagt und das Gericht zu prüfen hat, ob seine den Angeklagten entlastenden Angaben glaubhaft sind[272] oder wenn der Zeuge zwar belanglose Angaben macht, hinsichtlich aller für die Sachentscheidung wesentlichen Tatsachen aber sein Weigerungsrecht ausübt[273] oder wenn er nur zu einem von mehreren getrennt zu beurteilenden Tatkomplexen aussagt[274]. Daß der Angeklagte die Zeugnisverweigerung seines Angehörigen erwartet und gewollt hat, darf ebenfalls bei der Beweiswürdigung nicht zu seinem Nachteil verwendet werden[275]. Äußert der Zeuge sich dagegen zu Teilfragen eines einheitlichen Tatgeschehens und verweigert nur zu anderen die Aussage, muß das Gericht das teilweise Schweigen bei der Beweiswürdigung berücksichtigen, da es von indizieller Bedeutung für die Bewertung der Bekundungen sein kann, deren Lückenhaftigkeit nicht außer Betracht gelassen werden darf[276]. Bei der Beweiswürdigung verwertbar ist auch, wenn der Zeuge zwar trotz eines Weigerungsrechts aussagt, aber die Kontrolle seiner Aussage durch eine von seiner Zustimmung abhängigen Untersuchung verweigert[277]. Hat der Zeuge in Kenntnis seines Aussageverweigerungsrechtes ausgesagt, so darf und muß seine Aussage auch dann verwertet werden, wenn er sich nachträglich auf sein Aussageverweigerungsrecht beruft[278].

**88**　Schützt dagegen das Zeugnisverweigerungsrecht nicht das **Verhältnis** zwischen dem **Zeugen** und dem **Angeklagten** und scheidet es deshalb aus, daß der Zeuge durch die Möglichkeit einer dem Angeklagten nachteiligen Verwertung seiner Zeugnisverweigerung in seiner freien Entscheidung über den Gebrauch seines Zeugnisverweigerungsrechts beeinträchtigt wird, wie etwa im Falle des § 54 und auch in den meisten Fällen des § 55, kann die Tatsache der Zeugnisverweigerung bei der Beweiswürdigung mit herangezogen werden[279]. Dann besteht kein zwingender Grund, den Grundsatz der freien Beweiswürdigung ausnahmsweise einzuschränken. Allerdings wird in diesen Fällen eine Verwertung zu Lasten des Angeklagten meist daran scheitern, daß die Motivation zur Zeugnisverweigerung, die ja gerade nicht in bezug auf den Angeklagten erfolgt, nicht eindeutig aufklärbar ist[280]. Schlüsse zugunsten des Angeklagten erscheinen dagegen eher möglich.

---

*Kleinknecht/Meyer*[37] 20; KMR-*Paulus* Vor § 48, 84; *Roxin* § 15 C II 2 b bb; *Eb. Schmidt* JZ **1970** 340; **a. A** *Ostermeyer* NJW **1968** 1789; die Rechtsprechung hatte früher die nachteilige Verwertung der Tatsache der Zeugnisverweigerung zugelassen, vgl. RGRspr. **8** 502; RGSt **55** 20; BGHSt **2** 351; dagegen früher schon *Alsberg* JW **1931** 1596; *Buchwald* SJZ **1949** 360 und die Vorauflagen. Zu diesen Fragen ferner *Schneider* JuS **1970** 271.

[271] BGH NJW **1954** 1496; KK-*Hürxthal* 42; KMR-*Paulus* § 48, 84; § 244, 550; vgl. auch (zur Unzulässigkeit ihrer Protokollierung) § 168 a, 12.

[272] BGH NJW **1980** 794; NStZ **1985** 87; BayObLGSt **1968** 83 = NJW **1969** 200; OLG Karlsruhe DAR **1983** 93; vgl. § 252, 9; 15.

[273] BGH JR **1981** 432 mit Anm. *Hanack*; JZ **1979** 766; NStZ **1985** 87; KK-*Hürxthal* 42.

[274] Die zum teilweisen Schweigen des Angeklagten entwickelten Grundsätze gelten auch hier; vgl. Rdn. 79.

[275] OLG Hamm MDR **1970** 162.

[276] BGHSt **32** 140 = JR **1985** 70 mit Anm. *Pelchen*; *Hanack* JR **1981** 432.

[277] BGHSt **32** 140 (Verweigerung der Blutprobe nach § 81 c Abs. 3 Satz 1); vgl. Fußn. 276.

[278] BGH StrVert. **1984** 326; bei *Pfeiffer/Miebach* NStZ **1985** 493; vgl. § 252, 38 mit weit. Nachw.

[279] RGSt **55** 20; OLG Hamm JMBlNW **1950** 62; KK-*Hürxthal* 43; *Kleinknecht/Meyer*[37] 20; *G. Schäfer* § 65 V 3; **a. A** KMR-*Paulus* § 55, 18; *Rogall* 235; vgl. § 55, 17.

[280] KK-*Hürxthal* 43; *Kleinknecht/Meyer*[37] 20; vgl. BGH StrVert. **1984** 233 (Urteil muß sich mit Motiven auseinandersetzen).

**c)** Den durch Augenschein feststellbaren **äußeren Eindruck**, den der Zeuge **89** macht, darf das Gericht bei seiner Entscheidung verwerten, auch wenn der Zeuge berechtigt die Aussage verweigert[281].

**4.** Beim **Sachverständigenbeweis** obliegt dem Gericht nicht nur bei den Rechtsfra- **90** gen (wie etwa der Schuldfähigkeit)[282], sondern auch bei den Fachfragen die letzte Entscheidung, die es auf Grund der ihm von den Sachverständigen vermittelten Sachkunde in eigener Würdigung der mitgeteilten Gründe zu treffen hat[283]. Abgesehen von den Fällen des § 256 ist dabei grundsätzlich das in der Hauptverhandlung mündlich erstattete Gutachten maßgebend, nicht die in den Akten einliegende schriftliche Fassung[284].

Setzt sich das Gericht mit seiner Beweiswürdigung in **Widerspruch** zu der An- **91** sicht des Sachverständigen, dann muß es die Gegengründe des Sachverständigen ausführlich erörtern und mit eigenen Gründen so widerlegen, daß ersichtlich wird, daß es das von ihm beanspruchte bessere Sachwissen auf dem zur Erörterung stehenden Teilbereich des fremden Wissensgebietes zu Recht für sich in Anspruch nimmt[285].

**Schließt** sich das Gericht dem Gutachten des Sachverständigen an, dann muß es **92** im Urteil kenntlich machen, daß es dies auf Grund eigener Überzeugung getan hat[286]. Dazu reicht in der Regel nicht aus, daß es nur das Ergebnis des Sachverständigengutachtens wiederholt oder dessen Ergebnis pauschal als „überzeugend" oder „einleuchtend" bezeichnet[287]. Das Gericht muß vielmehr im Urteil die gedankliche Schlüssigkeit durch Wiedergabe der wesentlichen Anknüpfungstatsachen und Schlußfolgerungen aufzeigen und zu erkennen geben, daß und warum es die Ausführungen des Sachverständigen in eigener Verantwortung billigt[288]. Auch wenn dem Gericht eine eigene, wissenschaftliche Auseinandersetzung mit dem Gutachten nicht möglich ist[289], hat es wenigstens die wesentlichen tatsächlichen Grundlagen des Gutachtens und die daraus vom Sachverständigen gezogenen Schlußfolgerungen insoweit mitzuteilen, als dies

---

[281] BGH GA **1965** 108; OLG Schleswig bei *Ernesti/Jürgensen* SchlHA **1972** 160; Rdn. 16; zu den strittigen Einzelheiten vgl. § 244, 325; § 52, 38; ferner OLG Köln VRS **57** 425 (kein Schluß vom äußeren Verhalten auf Wissen).

[282] BGHSt **7** 238; KK-*Hürxthal* 31; vgl. *Kaufmann* JZ **1985** 1065; *Walter* Sachverständigenbeweis zur Schuldfähigkeit und strafrichterliche Überzeugungsbildung; Diss. Berlin 1982; ferner auch *Geppert* FS v. Lübtow (1980) 773.

[283] BGHSt **8** 117; **12** 311; BGH NStZ **1982** 342; bei *Holtz* MDR **1977** 637; OLG Köln GA **1983** 43; *Albrecht* NStZ **1983** 490; vgl. § 244, 300 ff; § 267, 61.

[284] BGH NJW **1970** 525; BGH bei *Pfeiffer* NStZ **1981** 296; *Kleinknecht/Meyer*[37] 8.

[285] Vgl. etwa BGH GA **1977** 275; NStZ **1983** 377; **1985** 421; bei *Dallinger* MDR **1972** 570; bei *Holtz* MDR **1977** 284; 637; 810; bei *Pfeiffer* NStZ **1981** 296; OLG Stuttgart Justiz **1971** 312; ferner § 244, 73 ff; 304 ff; § 267, 61; § 337, 140.

[286] Vgl. etwa BGHSt **12** 311; BGH NStZ **1982** 342; OLG Hamm VRS **40** 197; KK-*Hürxthal* 32; *Kleinknecht/Meyer*[37] § 267, 13; *Mösl* DRiZ **1970** 113; vgl. § 267, 61 mit weit. Nachw.

[287] BGH NStZ **1982** 342; BGH bei KK-*Hürxthal* 32 („vom Gutachten überzeugt" genügt nur in einfachen Fällen), vgl. Rdn. 95.

[288] Vgl. etwa BGHSt **7** 238; **8** 113; **12** 311; BGH NJW **1959** 780; StrVert. **1986** 47; VRS **31** 107; BGH bei *Pfeiffer/Miebach* NStZ **1984** 17; OLG Bremen VRS **48** 272; **54** 65; OLG Celle MDR **1963** 334; VRS **25** 55; **42** 41; OLG Düsseldorf VRS **64** 208; OLG Frankfurt VRS **51** 120; OLG Hamm NJW **1963** 405; **1967** 691; VRS **40** 197; **41** 276; OLG Koblenz DAR **1974** 134; VRS **51** 116; **55** 46; **67** 443; OLG Köln GA **1965** 156; **1983** 43; VRS **47** 281; **56** 446; OLG Schleswig bei *Ernesti/Jürgensen* SchlHA **1977** 271; *Albrecht* NStZ **1983** 486; ferner Fußn. 290; § 267, 61; § 337, 140 mit weit. Nachw.; zu Schriftgutachten vgl. BGH NJW **1982** 2882; § 244, 313 mit weit. Nachw.

[289] Vgl. Rdn. 54.

---

zum Verständnis des Gutachtens und seiner gedanklichen Schlüssigkeit notwendig ist[290].

**93** Die **tragenden Anknüpfungstatsachen**[291] müssen lückenlos wiedergegeben und unter allen vernünftigerweise in Betracht kommenden Erklärungsmöglichkeiten gewürdigt werden[292]. Das Gericht hat besonders darauf zu achten, daß der Sachverständige seinem Gutachten nur solche Tatsachen zugrunde gelegt hat, die in ordnungsgemäßer Form in die Hauptverhandlung eingeführt worden sind[293] und die es für erwiesen erachtet. Hier besteht vor allem bei den Zusatztatsachen die Gefahr eines Verstoßes gegen § 261, wenn der Sachverständige sein Gutachten unter Verwendung der Akten vorbereitet hat[294].

**94** Liegen mehrere **widersprüchliche Sachverständigengutachten** vor, muß das Gericht entscheiden und schlüssig begründen[295], welcher Auffassung es folgen will. Es genügt nicht, lediglich die unterschiedlichen Ergebnisse mitzuteilen[296]. Reicht seine durch die Gutachten erlangte Sachkunde dafür aus, braucht es keinen weiteren Sachverständigen zuzuziehen[297]. Grundsätzlich sind alle Gutachten nach der Überzeugungskraft ihrer Argumente zu beurteilen, ein „Obergutachten"[298] hat dabei keine höhere Beweiskraft.

**95** Bei **ständig wiederkehrenden Sachverständigenfragen**, die wegen ihrer Häufigkeit in der Gerichtspraxis allen Beteiligten geläufig sind, kann die Schlüssigkeit des Ergebnisses bei einfachen Fragen unter Umständen auch ohne nähere Darlegung zweifelsfrei sein[299]; die Anknüpfungstatsachen müssen aber auch dann in ausreichendem Maße dargelegt werden[300].

**96** Stützt der Tatrichter die Entscheidung im wesentlichen auf **eigene Feststellungen und Überlegungen**, die ohne Mitwirkung des Sachverständigen gewonnen wurden, dann kann es genügen, wenn das Urteil den Inhalt des Gutachtens und Anknüpfungstatsachen nur bezüglich des bei der Entscheidung **mitverwendeten Teiles** wiedergibt[301], vorausgesetzt, daß dadurch das Verständnis der mitgeteilten Erwägungen nicht leidet.

**97** 5. Beim **Urkundenbeweis** gilt freie Beweiswürdigung für die **Auslegung** des Urkundeninhalts[302], für die **Beurteilung des Beweiswerts** der Urkunde und die daraus zu

---

[290] BGHSt **12** 331; BGH NStZ **1981** 488; VRS **71** 23; auch BGH VRS **27** 264; BayObLGSt **1968** 70 = NJW **1968** 2299; *Seibert* NJW **1960** 1285; ferner die Nachw. Fußn. 288.

[291] Zur Unterscheidung zwischen Befund- und Zusatztatsachen vgl. Vor § 72, 8; § 250, 33 ff; der Unterschied ist wegen der Form der Einführung in die Hauptverhandlung wichtig, nicht für die Darlegungspflicht, da das Gutachten aus beiden Tatsachengruppen seine Schlüsse ziehen kann. Ferner § 244, 316, 317; KK-*Hürxthal* 26.

[292] OLG Hamm VRS **40** 94; vgl. § 244, 303 ff; § 267, 61 mit weit. Nachw.

[293] Vgl. etwa BGHSt **9** 293; **13** 3; 251; **18** 108; **22** 271; **28** 236; BGH NStZ **1985** 135; 182; ferner § 250, 34 mit weit. Nachw. und zur Pflicht des Gerichts, den Sachverständigen anzuleiten, sein Gutachten dem Beweisergebnis anzupassen, BGH StrVert. **1986** 138 mit 1 Anm. *Deckers*.

[294] Vgl. BGH bei *Spiegel* DAR **1986** 200; *Sarstedt* NJW **1968** 180; Rdn. 21; § 250, 34.

[295] BGH NStZ **1981** 488; bei *Spiegel* DAR **1978** 158; vgl. § 244, 307; § 267, 61 mit weit. Nachw.

[296] BGH StrVert. **1983** 8.

[297] BGH bei *Holtz* MDR **1977** 810; vgl. § 244, 73 ff; 309.

[298] Vgl. § 244, 307 ff.

[299] BGHSt **12** 314; **28** 238; BGH bei *Pfeiffer/Miebach* NStZ **1984** 17; OLG Karlsruhe VRS **43** 135; **48** 129; OLG Köln VRS **56** 446 (Urteil beruht nicht auf Fehler).

[300] BGH VRS **27** 264; **31** 107.

[301] OLG Schleswig bei *Ernesti/Jürgensen* SchlHA **1971** 271.

[302] KG JR **1980** 291 mit Anm. *Volk*; OLG Köln JMBlNW **1984** 47; *W. Schmid* ZStW **85** (1973) 377; vgl. § 337, 117 mit weit. Nachw. auch zu den Grenzen der Revisibilität des Auslegungsergebnisses.

ziehenden Schlüsse. Die unrichtige Feststellung des Wortlauts einer verlesenen Urkunde im Urteil wird dadurch aber nicht gedeckt[303]. Im übrigen bestehen auch hier die Grenzen, die der freien Beweiswürdigung allgemein gesetzt sind, vor allem ihre Bindung an Denkgesetze und zwingende Erfahrungssätze, zu denen auch **allgemeine Auslegungsregeln** gehören[304].

Die Strafprozeßordnung kennt keine Regelung, die bestimmten Urkunden eine **98** **besondere Beweiskraft** zuerkennt, insbesondere sind die Erklärungen öffentlicher Behörden mit keiner verstärkten Beweiskraft ausgestattet. Die Ausnahme des § 274 ist für die Sachverhaltsfeststellungen des Tatrichters ohne praktische Bedeutung. Das Gericht kann aus einem in der Hauptverhandlung verlesenen rechtskräftigen Strafurteil nicht nur den Beweis der Verurteilung herleiten, es kann auch für erwiesen halten, daß der Verurteilte die Tat begangen hat[305]. Das Gericht ist grundsätzlich auch insoweit zur freien Beweiswürdigung berechtigt und verpflichtet. Es darf nicht von einer eigenen Würdigung der Tatsachen absehen[306]. Die tatsächliche und rechtliche Würdigung, die ein gleichgelagerter Sachverhalt durch andere Gerichte erfahren hat, bindet es nur in Ausnahmefällen[307].

**Voraussetzung** für die Einbeziehung einer Urkunde in die freie Beweiswürdigung **99** ist aber immer, daß deren Inhalt in einer verfahrensrechtlich zulässigen Weise zum **Gegenstand der mündlichen Verhandlung** gemacht worden ist[308]. Dies muß, vor allem, wenn es nicht auf den genauen Wortlaut ankommt, nicht notwendig in den für den Urkundenbeweis vorgeschriebenen Formen (§ 249 ff) geschehen[309]. Der Inhalt einer Urkunde kann auch durch Zeugenaussagen oder durch Bekundungen des Angeklagten in die Hauptverhandlung eingeführt werden[310], wobei die Urkunde selbst auch zum Zwecke des Vorhalts oder sonst als Vernehmungsbehelf verwendet werden kann[311].

**6. Augenschein.** Beweisgegenstände, die in einer zulässigen Form zum Gegen- **100** stand der Hauptverhandlung gemacht wurden[312], kann und muß das Gericht bei seiner Beweiswürdigung mitberücksichtigen. Seine Beweiswürdigung ist auch hier grundsätz-

---

[303] Die Überzeugungsbildung beruht dann auf einer Tatsachengrundlage, die nicht dem Inbegriff der Hauptverhandlung entnommen sein kann. Diesen Verstoß kann das Revisionsgericht feststellen, da es dazu keiner Rekonstruktion der Hauptverhandlung bedarf; BGHSt **29** 21 = JR **1980** 168 mit Anm. *Peters*; BGH StrVert. **1983** 321 (LS); **1984** 411; bei *Holtz* MDR **1976** 989; **1986** 625; BayObLG StrVert. **1985** 226; OLG Bremen VRS **48** 372; OLG Hamm MDR **1973** 516; **1975** 245; OLG Köln NJW **1974** 1150; KK-*Hürxthal* 52; *Kleinknecht/Meyer*[37] § 337, 14; KMR-*Paulus* 40; a. A *Willms* FS Heusinger 405; vgl. § 267, 165; § 337, 83; 84; 105.

[304] Vgl. § 337, 118, 119.

[305] Vgl. § 249, 17 ff; ferner etwa *Alsberg/Nüse/Meyer* 253.

[306] BGHSt **17** 390; § 249, 19.

[307] Vgl. BGH NJW **1973** 1805; Rdn. 65 und § 262, 12.

[308] Vgl. Rdn. 20; § 249, 8; 39; 74. Maßgebend ist insoweit die Sitzungsniederschrift, sofern es sich um eine wesentliche Förmlichkeit handelt, vgl. BGH bei *Pfeiffer/Miebach* NStZ **1985** 495.

[309] Wieweit die Aufklärungspflicht gebietet, den Wortlaut einer Urkunde nach § 249 in die Hauptverhandlung einzuführen, hängt von den Umständen des Einzelfalls ab; vgl. § 244, 46; 51; § 249, 38 ff; 41; 45; 70.

[310] Etwa BGHSt **6** 143; **11** 159; BGH NJW **1985** 465; vgl. § 249, 2; 37.

[311] Zu den Grenzen dieser Verfahrensgestaltung, die sich aus § 244, Abs. 2 und § 261 ergeben, vgl. Rdn. 20 und § 249, 84 ff; ferner KK-*Hürxthal* 24.

[312] Vgl. Rdn. 14; § 244, 324 ff; 333 ff; ferner zum Nachweis des Augenscheins durch die Sitzungsniederschrift § 273, 15; BGH StrVert. **1985** 223 (L); bei *Pfeiffer/Miebach* NStZ **1985** 495; OLG Hamm VRS **56** 362.

Walter Gollwitzer

lich frei, muß sich aber im Rahmen der Denkgesetze, der wissenschaftlichen Erkenntnisse und der allgemeinen Erfahrungssätze halten[313]. Das Gericht darf insbesondere aus dem Beweisgegenstand keine Schlußfolgerungen herleiten, die nach der Natur der Sache aus diesem nicht gefolgert werden können[314] oder sich mit der Darlegung einer von mehreren möglichen Folgerungen begnügen[315]. Wieweit der Gegenstand des Augenscheins in den Urteilsgründen darzustellen ist, richtet sich nach den jeweiligen Umständen des Einzelfalls[316]. Sind **Bilder, Filme, Tonaufnahmen** bei der Beweiswürdigung entscheidungserheblich, muß das Gericht ihren Inhalt im erforderlichen Umfang in den Urteilsgründen sprachlich schildern[317] und dort gegebenenfalls auch umfassend würdigen[318].

**101**    Werden Lichtbilder (Radarfotos) zur **Identifizierung einer Person** herangezogen, genügt es in der Regel nicht, nur festzustellen, daß das Gericht von der Identität überzeugt ist. Die Urteilsgründe müssen dartun, worauf sich diese Überzeugung stützt. Es sind die charakteristischen Merkmale anführen und aufzeigen, wieweit sie bei der Abbildung und der zu identifizierenden Person übereinstimmen[319]. Bei der Beweiswürdigung können — vor allem wenn der Vergleich zu keinem eindeutigen Ergebnis führt — auch sonstige, aus dem Inbegriff der Hauptverhandlung gewonnenen Erkenntnisse herangezogen werden[320]. Aus der Tatsache, daß ein von der Pflicht zum Erscheinen entbundener Angeklagter (Betroffener) der Hauptverhandlung fernbleibt, kann nicht geschlossen werden, er sei nur ferngeblieben, um seine Identifizierung an Hand eines Bildes zu verhindern[321]. Zum Wiedererkennen des Täters vgl. im übrigen Rdn. 81; § 58, 13 ff.

**102**    **Protokolle** über einen **außerhalb der Hauptverhandlung** aufgenommenen Augenschein sind nach den Regeln des Urkundenbeweises (§ 249) in die Hauptverhandlung einzuführen[322], dabei dürfen Angaben einer Auskunftsperson, die zum besseren Verständnis in das Protokoll aufgenommen wurden, zwar mitverlesen werden; sie dürfen aber, da kein zulässiges Beweismittel, bei der Beweiswürdigung nicht berücksichtigt werden[323].

## VI. Im Zweifel für den Angeklagten

### 1. Bedeutung

**103**    **a)** Die gesamte Urteilsfindung wird von dem Grundsatz beherrscht, daß bei Anwendung des materiellen Strafrechts jeder nicht behebbare **Zweifel im Tatsächlichen** zugunsten des Angeklagten ausschlagen müsse (in dubio pro reo). Dieser „rechtsstaatliche Fundamentalgrundsatz"[324], der mit der Unschuldsvermutung (Art. 6 Abs. 2 MRK;

---

[313] Vgl. Rdn. 13; 42; 44 ff.

[314] Vgl. OLG Düsseldorf VRS **68** 220; OLG Stuttgart VRS **71** 281; Rdn. 50.

[315] Vgl. Rdn. 57 ff.

[316] Zu den strittigen Fragen vgl. Rdn. 13; 58 ff; § 267, 62; § 337, 106 ff; Vor § 333, 4.

[317] Vgl. für Abbildungen § 267, 11 ff; für Tonaufnahmen § 267, 24 ff; ferner § 337, 106, 107.

[318] Vgl. Rdn. 58 ff und zur Freiheit der Beweiswürdigung BGHSt **29** 18 = JR **1980** 168 mit Anm. *Peters*; vgl. § 267, 11 ff; 24 ff; § 337, 104 ff; 136 ff.

[319] BGHSt **29** 18 = JR **1980** 168 mit Anm. *Pe-*

*ters*; StrVert. **1981** 55; BayObLG VRS **61** 41; OLG Frankfurt NJW **1984** 1128; OLG Köln VRS **61** 437; OLG Schleswig bei *Ernesti/Lorenzen* SchlHA **1985** 132; OLG Stuttgart VRS **71** 281; LG Frankfurt StrVert. **1985** 228; **1986** 13; 291; *Knußmann* StrVert. **1983** 127; vgl. Rdn. 16; 89.

[320] Vgl. Rdn. 16; 61.

[321] OLG Düsseldorf VRS **68** 220.

[322] Vgl. § 249, 24 ff.

[323] BGHSt **33** 217 = NStZ **1985** 468 mit Anm. *Dankert*; vgl. § 250, 10.

[324] *Roxin* § 15 D 1.

Art. 14 Abs. 2 IPBR) eng verwandt ist[325], ist in der Strafprozeßordnung nirgends ausdrücklich ausgesprochen. Seine Ableitung und seine Rechtsnatur sind umstritten[326]. Er ist Ausdruck des Rechtsstaatsprinzips, das jeden Eingriff in die verfassungsrechtlich verbürgten Rechte und Freiheiten, insbesondere aber jede Bestrafung, nur dann zuläßt, wenn die vom Gesetz tatbestandsmäßig festgelegten Voraussetzungen (vgl. Art. 103 Abs. 2 GG) sicher erfüllt sind[327], die Schuld des Angeklagten zur vollen Überzeugung nachgewiesen ist. Eine Verurteilung trotz Zweifel hinsichtlich des die Rechtsanwendung tragenden Sachverhalts verletzt das sachliche Recht; dies ist auf Sachrüge hin zu beachten[328]. Insoweit ist der Zweifelssatz „die Kehrseite des materiell-rechtlichen Schuldprinzips", das eine Verurteilung auf Verdacht nicht zuläßt[329]. Er reicht aber darüber hinaus[330]. Er verdeutlicht und ergänzt die Regeln über die richterliche Überzeugungsbildung im Rahmen der freien Beweiswürdigung nach § 261. Aus ihm ergibt sich, wie zu entscheiden ist, wenn das Gericht die zur Verurteilung erforderliche Gewißheit (Rdn. 6 ff) von einem bestimmten Sachverhalt nicht gewinnen kann[331].

Der Grundsatz „Im Zweifel für den Angeklagten" ist keine Regel für die **Bil-** **104** **dung der richterlichen Überzeugung.** Ihm ist nicht zu entnehmen, daß das Gericht bei Vorliegen bestimmter objektiver Beweistatsachen zweifeln müsse oder daß es bei mehreren möglichen Schlußfolgerungen nur die für den Angeklagten günstigsten für erwiesen halten dürfte. Eine Verletzung dieses Grundsatzes liegt nicht schon vor, wenn der Richter verurteilt hat, obwohl er auf Grund bestimmter objektiver Gegebenheiten hätte zweifeln müssen, sondern nur dann, wenn er verurteilte, obwohl er gezweifelt hat[332].

---

[325] Beide beruhen auf dem Schutz der Menschenwürde und dem Rechtsstaatsprinzip. Ob der Zweifelssatz aus der Unschuldsvermutung ableitbar ist, ist strittig; dazu (verneinend) *Montenbruck* (In dubio) 67 ff.

[326] Zu den teilweise ungeklärten Fragen der rechtsgeschichtlichen Entwicklung vgl. *Holtappels* Die Entwicklungsgeschichte des Grundsatzes in dubio pro reo; *Sax* FS Stock 143 ff; *Stree* 14; *Wasserburg* ZStW **94** (1982) 922; ferner die Darstellungen bei *Lehmann* 65; *Montenbruck* (In dubio) 17 ff. OLG Hamm NJW **1951** 286 nimmt eine „gewohnheitsrechtlich entstandene Rechtsnorm" an; ähnlich *Schünemann* ZStW **84** (1972) 870. *Montenbruck* (aaO) hält diese „vulgärrechtliche Formel" (65) zur Lösung der Zweifelsfragen für entbehrlich.

[327] BayVerfGH **35** 48 = NJW **1983** 100 (Teilhabe am Verfassungsrang des Grundsatzes nulla poena sine culpa, sonst Freispruch geboten); *Born* Wahrunterstellung 28; *Schöneborn* MDR **1975** 444; *Wasserburg* ZStW **94** (1982) 922; vgl. auch den Bericht der BReg BTDrucks **10** 4608 Nr. 27 ff (prozessuale Ergänzung des Satzes nulla poena sine culpa); ferner BGHSt **18** 27 (Ausdruck fortschreitender Entwicklung rechtsstaatlichen Denkens); BVerfG MDR **1975** 469 läßt die Frage nach dem Verfassungsrang des Satzes offen.

[328] OGHSt **1** 166, 361; BGHSt **10** 373; LM Nr. 19; OLG Celle MDR **1957** 435; OLG Oldenburg NdsRpfl. **1959** 115; KK-*Hürxthal* 56; *Kleinknecht/Meyer*[37] 26; KMR-*Paulus* § 244, 293; *Eb. Schmidt* 13 ff; *Arndt* NJW **1959** 7; *Seibert* NJW **1955** 172; **1960** 20; *Sarstedt* FS Hirsch 186; *Sarstedt/Hamm* 343; *Stree* JZ **1974** 299; *Volk* JuS **1975** 25; ferner § 337, 14 mit weit. Nachw.; Einl. Kap. 13.

[329] *Lehmann* 83; *Rüping* Kap. 7 IV 1 a; *Sax* JZ **1958** 179; vgl. *Frisch* FS Henkel 283 (materiell-rechtliche Rechtsanwendungsnorm); *Montenbruck* (In dubio) 52 ff (Behandlung begünstigender Normen als negative Tatbestandsmerkmale); *Volk* JuS **1975** 26 (zur Frage Beweisregel oder Beweislastregel).

[330] Vgl. BGHSt **18** 274; *Montenbruck* (In dubio) 33 ff; früher war strittig, ob der Zweifelssatz für Strafausschließungsgründe gilt (verneinend etwa OGHSt **1** 389; **2** 126).

[331] BayVerfGH **35** 48 = NJW **1983** 100.

[332] Dies wird bei Rügen, die eine Verletzung dieses Grundsatzes behaupten, häufig übersehen, obwohl dies der h. M entspricht, vgl. etwa BVerfG MDR **1975** 469; BayVerfGH **35** 48; BGH NJW **1957** 1039; bei *Dallinger* MDR **1970** 899; OLG Nürnberg DRiZ **1950** 423; dazu krit. *Wimmer* DRZ **1950** 395; ferner BGH NJW **1951** 286; GA **1970** 86; OLG Schleswig bei *Ernesti/Jürgensen* SchlHA **1971** 216; *Seibert* NJW **1955** 172.

Der Grundsatz in dubio pro reo kommt erst nach Vorliegen des Endergebnisses der Beweiswürdigung zum Zuge, wenn das Gericht alle Mittel der Sachaufklärung erschöpft hat, um zu eindeutigen Feststellungen zu gelangen[332a]. Er ist keine Beweisregel, der das Gericht zu bestimmten Tatsachenfeststellungen zwingt[333]. Er gilt für die Feststellung rechtserheblicher Tatsachen, nicht aber für deren Bewertung[334].

**105**     b) Bei **rechtlichen Zweifelsfragen**, insbesondere bei Fragen der Gesetzesauslegung, ist der Satz im Zweifel für den Angeklagten nicht anwendbar[335]. Er gilt also beispielsweise nicht bei der Frage, ob eine Buchführungspflicht im Sinne des § 283 Abs. 1 Nr. 5, 6, StGB besteht. Ob eine Auslegung zugunsten oder zuungunsten des Angeklagten angebracht ist, richtet sich nach den für die Auslegung der jeweiligen Norm maßgebenden Gesichtspunkten. So ist etwa bei der Auslegung von Grundrechten grundsätzlich der Auslegung für den Bürger der Vorzug zu geben[336]. Der Satz „in dubio pro reo" gilt nicht bei der zur Gesetzesanwendung zählenden Vertragsauslegung[337], er gilt ferner nicht für die Bewertung der festgestellten Tatsachen[338]. Der Grundsatz erfährt wesentliche Einschränkungen, wenn das materielle Recht eine Wahrscheinlichkeitsaussage genügen läßt oder Prognosen erfordert, etwa, wenn die Rechtsfolgenentscheidung eine günstige Sozialprognose voraussetzt[339]. Es gibt keine Umkehrung der Beweislast[340].

**106**     2. **Keine Beweislast.** Zu Lasten der Angeklagten darf das Gericht nur Tatsachen verwerten, die es für voll erwiesen hält. Dies gilt auch bei negativen Tatbestandsmerkmalen. Eine Beweislast trifft den Angeklagten niemals[341].

**107**     Für den Strafprozeß wird die Rechtsfigur des **Beweises des ersten Anscheins** zu Recht allgemein abgelehnt[342], auch wenn, wie *Volk*[343] aufzeigt, die Überzeugungsbildung auf Grund von Erfahrungssätzen dem Beweis des ersten Anscheins im Ergebnis na-

---

[332a] Zum Vorrang der Aufklärungspflicht vgl. BGHSt **13** 328; § 244, 40; 45 mit weit. Nachw.

[333] OLG Koblenz VRS **44** 192. Vgl. *Volk* NStZ **1983** 423 (die tatsächliche Ungewißheit bleibt, gesichert wird lediglich die eindeutige Rechtsentscheidung).

[334] BGH bei *Martin* DAR **1974** 122.

[335] BGHSt **14** 73; BGH bei *Dallinger* MDR **1972** 572; OLG Hamm JMBl **1964** 203; KK-*Hürxthal* 61; *Kleinknecht/Meyer*[37] 37; *Roxin* § 15 D 3 d; *Peters* § 37 III 1 e; vgl. auch OLG Celle GA **1969** 153.

[336] BVerfGE **15** 281; **30** 162.

[337] BGH bei *Dallinger* MDR **1972** 572.

[338] BGH bei *Martin* DAR **1974** 122.

[339] Die wohl vorherrschende Meinung hält den Zweifelssatz auf die (prognostische) Erwartung für unanwendbar, auf die zugrundeliegenden Basistatsachen soll er jedoch angewendet werden; *Kleinknecht/Meyer*[37] 27; KMR-*Paulus* § 244; 325 ff. *Montenbruck* (In dubio) 100 ff stellt diesen Ansatz in Zweifel (Auslegungsproblem). Zu den strittigen Fragen vgl. *Montenbruck* (aaO) 96 ff; 131 ff; *Pe-*

*ters* § 37 III 1 f; Einl. Kap. **13**; ferner Rdn. 117 und die Kommentare zu §§ 56; 57; 63 ff StGB mit weit. Nachw.

[340] OLG Celle NdsRpfl. **1969** 214; OLG Hamburg MDR **1953** 121; OLG Hamm JMBlNW **1963** 182; **1976** 68; KG VRS **13** 53; *Gössel* § 22 C; *Louven* MDR **1970** 295. Soweit die Rechtsprechung (z. B. BGH NJW **1951** 530; **1968** 1888) bei § 182 StGB a. F annahm, bis zum Nachweis des Gegenteils sei von der Unbescholtenheit auszugehen, ist sie im Schrifttum auf Ablehnung gestoßen. *Deubner* NJW **1969** 147; *Stree* 21; *Van Els* MDR **1971** 635. Vgl. auch *Volk* JuS **1975** 25.

[341] *Eb. Schmidt* I 366 ff; Einl. Kap. **13** mit weit. Nachw. Vgl. etwa BGH StrVert. **1983** 186 (fehlerhaft, wenn Urteilsgründe besorgen lassen, Gericht habe sich nicht streng daran gehalten, daß es nicht Sache des Angeklagten sei, seine Unschuld darzutun).

[342] BayObLG VRS **63** 277; OLG Hamm JMBlNW **1976** 68; *Henkel* FS Eb. Schmidt 589; *Louven* MDR **1970** 295; *Rüping* Kap 7 IV 1 a.

[343] *Volk* GA **1973** 161.

hekommen kann[344]. Die den Strafprozeß beherrschenden Grundsätze für die richterliche Aufklärungspflicht und für die richterliche Überzeugungsbildung auf Grund von Erfahrungssätzen (evtl. auch bei mehrdeutiger Tatsachengrundlage) würden durch die Übernahme dieses Rechtsbegriffs nur verdunkelt. Soweit einzelne Entscheidungen wegen einer unzulässigen Verwendung des „Beweises des ersten Anscheins" angegriffen werden, verbirgt sich hinter dieser Kritik oft der Vorwurf, daß das Gericht sich entweder mit einer Wahrscheinlichkeit der Schuld begnügt oder aber, daß es einen in Wirklichkeit nicht bestehenden Erfahrungssatz seiner Überzeugungsbildung zu Grunde gelegt habe.

Der Strafrichter darf sich nicht damit begnügen, daß der sich auf den Sachhergang gründende **erste Anschein** die Schuld des Angeklagten nach der Lebenserfahrung als äußerst wahrscheinlich erscheinen läßt und insbesondere der Angeklagte nichts vorgetragen hat, was diese Wahrscheinlichkeit erschüttern könnte. Er muß entsprechend seiner Aufklärungspflicht allen konkreten Anhaltspunkten für einen anderen Geschehensablauf nachgehen und er darf nur verurteilen, wenn er die volle Überzeugung von der Schuld des Angeklagten erlangt hat. Daß der auf einen typischen Geschehensablauf nach der Lebenserfahrung bestehende erste Anschein dafür spricht, bindet den Strafrichter nicht mehr als andere Erfahrungssätze[345]. **108**

In den wenigen **Ausnahmefällen**, in denen das materielle Recht die Beweisanzeichen für das an sich strafwürdige Verhalten **zu Tatbestandsmerkmalen verselbständigt** hat (wie früher bei den Umständen i. S. des § 259 StGB a. F.), genügt die sichere Feststellung dieser Tatbestandsmerkmale[346]. Insoweit gilt der Grundsatz in dubio pro reo aber uneingeschränkt. **109**

Auch die **Regelbeispiele** des materiellen Strafrechts verschieben nur den Bezugspunkt für die Beweisaufnahme und Beweiswürdigung[346a]. Sie heben aber den Grundsatz in dubio reo hinsichtlich der Feststellung der vom Gesetz geforderten Tatbestandsmerkmale nicht auf. Gleiches gilt, soweit das materielle Strafrecht bei der Bemessung bestimmter Rechtsfolgen **Schätzungen** erlaubt[347]. **110**

### 3. Geltung bei Anwendung des materiellen Rechts

**a) Nur sicher erwiesene Tatsachen.** Der Grundsatz im Zweifel für den Angeklagten gilt uneingeschränkt für die tatsächlichen Feststellungen, die die **Anwendung des materiellen Rechts** einschließlich der Bestimmung der Rechtsfolgen betreffen[348]. Sie tragen eine Verurteilung nur, wenn sie zur vollen Überzeugung des Gerichts feststehen[349]. Der Richter muß einen zugunsten des Angeklagten wirkenden Umstand unter- **111**

---

[344] Ob im Zivilprozeßrecht der sich auf einen typischen Geschehensablauf gründende „Beweis des ersten Augenscheins" eine Umkehrung der Beweislast bewirkt, ist strittig; die heute vorherrschende Meinung sieht in ihm eine die Beweislast nicht berührende Beweiswürdigungsregel, die mit der freien richterlichen Überzeugungsbildung vereinbar ist, weil sie nur „eine immanente oder gewohnheitsrechtlich gezogene Schranke der Freiheit der Beweiswürdigung auf der Grenze zur Willkür" bedeutet (*Volk* GA 1973 161 ff, insbes. 175 mit weit. Nachw.).

[345] Vgl. Rdn. 48 ff.

[346] *Henkel* FS Eb. Schmidt 578; *Sarstedt* FS

Heusinger 349; *Roxin* § 15 D 3 a weist darauf hin, daß das materielle Strafrecht heute eigentliche Schuldvermutungen nicht mehr kennt. Die Ausnahmen seien nur scheinbar, so sei z. B. § 186 StGB als Risikodelikt ausgestaltet. Ähnlich *Rüping* Kap. 7 IV 1 b; vgl. Rdn. 66 ff mit weit. Nachw.; Einl. Kap. 13.

[346a] *Kleinknecht*[33] 23; vgl. Rdn. 66.

[347] Vgl. Rdn. 113; ferner § 244, 21 ff.

[348] Vgl. Rdn. 7 ff; 50; Einl. Kap. 13.

[349] Ein fortbestehender Zweifel kommt z. B. dadurch zum Ausdruck, wenn ein Gericht eine Tatsache „mit großer Wahrscheinlichkeit" für gegeben hält (OLG Saarbrücken VRS **44** 218).

stellen, wenn er dessen Nichtvorhandensein nicht sicher für ausgeschlossen hält[350]. Er darf zu Lasten des Angeklagten keine Rechtsfolgen festsetzen, wenn er eine dafür erhebliche Tatsache nicht für sicher erwiesen hält, wenn bei ihm insoweit noch Zweifel fortbestehen[351].

**112**      b) Der Grundsatz findet Anwendung bei allen Tatumständen, in denen das Gericht die **Merkmale des gesetzlichen Tatbestandes** sieht. Dies trifft auch zu, wenn der Angeklagte die vom Gericht bezweifelte Tatsache selbst zu seiner Entlastung behauptet hat[352]. Das Gericht darf seine Entscheidung nur dann auf die **Einlassung des Angeklagten** stützen, wenn es von deren Richtigkeit überzeugt ist oder wenn nach Lage des Falles für den Angeklagten günstigere Feststellungen nicht in Frage kommen[353], nicht aber, wenn es die Behauptung „für nicht widerlegt" hält[354]. Aus einer nicht bewiesenen Tatsache, die zugunsten eines Angeklagten als wahr unterstellt wird, darf keine für ihn oder einen Mitangeklagten nachteilige Folgerung hergeleitet werden[355]. Dies kann zu **wechselnden Unterstellungen** zwingen (Rdn. 118). Bleibt zweifelhaft, welche von mehreren Handlungen des Täters den Erfolg herbeigeführt hat, muß das Gericht von der Handlung ausgehen, bei der die Rechtslage für den Angeklagten am günstigsten ist[356].

**113**      c) **Schätzungen über den Tatumfang** dürfen dem Urteil nicht zugrunde gelegt werden. Der Richter darf nur von dem **Mindestumfang** ausgehen, den er — und sei es auf Grund eines Indizienbeweises — mit Sicherheit für erwiesen hält[357]. Eine Hochrechnung von den untersuchten Fällen auf die Gesamtzahl der Taten oder den Tatumfang ist nicht zulässig[358]. Dies gilt auch im Steuerstrafrecht, wo der Tatrichter nicht von den mittels Schätzung nach der Abgabenordnung festgesetzten Steuern ausgehen darf, sondern nur von den mit Sicherheit als verkürzt nachgewiesenen Beträgen[359].

**114**      d) Beim **Indizienbeweis** (Rdn. 60 ff) gilt der Grundsatz im Zweifel für den Angeklagten für jede unmittelbar entscheidungserhebliche Tatsache (Tatbestandsmerkmal usw.), die durch Indizien bewiesen werden soll[360]. Sie muß nach **Gesamtwürdigung** aller Indizien zur vollen Überzeugung des Gerichts feststehen. Auf die einzelnen Verdachtsmomente, auf die sich der Indizienbeweis stützt, ist der Grundsatz jedoch nicht zusätzlich anwendbar. Diese sind nur vorgelagerte, unselbständige Bestandteile des komple-

---

[350] RGSt **73** 58; BGH bei *Holtz* MDR **1979** 635.

[351] BGH NJW **1951** 283; StrVert. **1983** 457; BayObLGSt **1958** 244; vgl. Rdn. 12.

[352] Vgl. OGHSt 1 361; Fußn. 329.

[353] OLG Hamm VRS **44** 46.

[354] BGH NJW **1951** 532; **1967** 2367; VRS **30** 99; BGH bei *Dallinger* MDR **1975** 198; bei *Holtz* MDR **1979** 637; OLG Hamm VRS **47** 279; vgl. auch BGH StrVert. **1986** 5 (Berücksichtigung günstigerer Möglichkeiten, auch wenn Angeklagter sie nicht behauptet).

[355] RG JW **1931** 2030; BGH StrVert. **1983** 140 mit Anm. *Strate* **1983** 321; vgl. § 244, 242 mit weit. Nachw.

[356] RGSt **71** 365; BGH bei *Holtz* MDR **1979** 279; **1984** 542; vgl. aber auch *Wolter* MDR **1981** 441; ferner zur Unterstellung des jeweils günstigsten Sachverhalts Rdn. 118.

[357] BGH GA **1978** 279; bei *Theune* NStZ **1986** 493; *Pelchen* MDR **1982** 10; vgl. Rdn. 50; § 267, 40; ferner zum Mindestumfang einer fortgesetzten Tat BGH bei *Dallinger* MDR **1971** 545; StrVert. **1984** 243 (L).

[358] BGH bei *Holtz* MDR **1978** 803; vgl. Rdn. 50; § 267, 40.

[359] BGH NJW **1953** 873; BB **1967** 948; OLG Braunschweig NJW **1952** 67; OLG Düsseldorf MDR **1973** 337 (L); *Lohmeier* SchlHA **1970** 83.

[360] KK-*Hürxthal* 65; *Kleinknecht/Meyer*[37] 29; *Roxin* § 15 D; vgl. Rdn. 61; ferner KMR-*Paulus* § 244, 329 (Scheinproblem, da jeder Beweis Indizienbeweis und immer nur die Gesamtwürdigung maßgebend).

xen Vorgangs der **einheitlichen richterlichen Beweiswürdigung**[361]. Das bedeutet aber nicht, daß ein Verdacht auf **unbewiesene Tatsachen** gestützt werden darf. Die Ausgangstatsachen (Beweisanzeichen) als solche müssen zur Überzeugung des Gerichts feststehen[362]. Sind auch sie für ein einzelnes Verdachtsmoment ungeklärt, so darf dieses Verdachtsmoment bei der Überzeugungsbildung im Rahmen des Indizienbeweises nicht zu Lasten des Angeklagten herangezogen werden[363]. Das Gericht ist aber andererseits nicht gehalten, bei der Gesamtbeweiswürdigung umgekehrt zugunsten des Angeklagten zu unterstellen, daß das Verdachtsmoment widerlegt sei. Es kann insoweit im Rahmen der seiner Überzeugungsbildung gesetzten Grenzen diesen Umstand frei würdigen[364]. Da der Grundsatz in dubio pro reo nicht auf die einzelnen Indizien als solche anwendbar ist, können im übrigen im Rahmen des Indizienbeweises auch Verdachtsmomente, die nur eine **Wahrscheinlichkeit** für den indizierten Vorgang begründen, in die Gesamtbeweiswürdigung mit einbezogen werden. Sie müssen sich aber auf erwiesene Ausgangstatsachen gründen[365] und in der Gesamtschau aller Indizien zur vollen richterlichen Überzeugung führen.

Der **Alibi-Beweis**, der wegen der erstrebten negativen Ausschließlichkeit des aus **115** ihm abzuleitenden Schlusses eine besondere Form des Indizienbeweises ist[366], macht hiervon keine Ausnahme. Die Pflicht, im Zweifel für den Angeklagten zu entscheiden, zwingt das Gericht nicht, ein mißlungenes Alibi bei der Gesamtbeweiswürdigung zugunsten des Angeklagten als zutreffend zu unterstellen[367]. Ein mißlungener Alibi-Beweis ist für sich allein kein Beweisanzeichen für die Täterschaft[368]. Ein ungeklärtes Alibi muß — ebenso wie andere behauptete beweiserhebliche Tatsachen — bei der Gesamtbeweiswürdigung mit in Erwägung gezogen werden. Das Gericht hat diesen Umstand in freier Beweiswürdigung ebenso zu prüfen wie eine andere nicht erwiesene, aber

---

[361] Etwa *Foth* NJW **1974** 1572; *Grünwald* FS Honig 65; *Hanack* JR **1974** 383; JuS **1977** 731; *Schneider* MDR **1974** 945; *Schöneborn* MDR **1975** 444; *Stree* JZ **1974** 298; *Tenckhoff* JR **1978** 348; *Volk* NStZ **1983** 423; ferner *Alsberg/Nüse/Meyer* 665.

[362] OGHSt **1** 166; 361; BGH NJW **1980**; BGH StrVert. **1985** 48 (L); KK-*Hürxthal* 34; *Kleinknecht/Meyer*[37] 29; **a. A** *Grünwald* FS Honig 58; *Nack* MDR **1986** 368; *Montenbruck* (Wahlfeststellung) 55; der darauf hinweist, daß der Streit um die Zulässigkeit von Schlußfolgerungen aus wahrscheinlich vorliegenden Indizien meist ein Scheinproblem ist, da sich die Wahrscheinlichkeit ihrerseits auf festgestellte Tatsachen gründet. Weit. Nachw. zum Streitstand Rdn. 61 Fußn. 180.

[363] BGHSt **25** 285 = JR **1975** 34 mit Anm. *Peters*; BGH LM 19; VRS **30** 99; OLG Hamm VRS **40** 363; OLG Stuttgart Justiz **1971** 63.

[364] Es gelten die allgemeinen Grundsätze für die Beweiswürdigung einschließlich der Bindung durch Erfahrungsgrundsätze und an zwingende Schlußfolgerungen; vgl. etwa *Tenckhoff* JR **1978** 349.

[365] Vgl. Rdn. 61 und oben Fußn. 362.

[366] *Alsberg/Nüse/Meyer* 578; *Hanack* JR **1974** 383; *Schneider* MDR **1974** 945; *Stree* JZ **1972** 299; *Volk* JuS **1975** 27; **a. A** *Peters* § 37 III 1 d (Alibifrage ist keine Indizfrage).

[367] BGHSt **25** 286 = LM Nr. 61 mit Anm. *Willms*. Die Entscheidung wird wegen einiger in ihrer Allgemeinheit mißverständlicher Sätze kritisiert, vgl. die Anm. von *Blei* JA **1974** 468; *Stree* JZ **1974** 298; *Hanack* JR **1974** 383; *Foth* NJW **1974** 1574; *Schneider* **1974** 512; *Volk* JuS **1975** 25; ferner *Peters* Der neue Strafprozeß, 174; *Peters* § 37 III 1 d; ferner BGH JR **1978** 348 mit Anm. *Tenckhoff*; BGH NStZ **1983** 422 mit Anm. *Volk*; OLG Hamm JZ **1968** 676; OLG Celle JR **1977** 82 mit Anm. *Peters*; KK-*Herdegen* § 244, 5; *Kleinknecht/Meyer*[37] 29; KMR-*Paulus* § 244, 329.

[368] BGH NStZ **1983** 422 mit Anm. *Volk*; BGH StrVert. **1982** 158 mit Anm. *Strate*; BGH StrVert. **1986** 369; KK-*Hürxthal* 66; *Kleinknecht/Meyer*[37] 25; ferner BGH StrVert. **1984** 495 (Bestreben, sich ein falsches Alibi zu verschaffen, trägt für sich allein den Schluß auf die Täterschaft nicht). Vgl. Rdn. 63.

Walter Gollwitzer

auch nicht widerlegte Einlassung des Angeklagten[369]. Es muß entscheiden, ob es unter Berücksichtigung aller Umstände einschließlich des ungeklärten Alibis des Angeklagten seine Tatbeteiligung für nicht erwiesen hält oder aber, ob diese auf Grund anderer Umstände zu seiner Überzeugung feststeht, das Alibi also damit widerlegt ist[370].

**116**    **e) Einzelfragen.** Ob mehrere Tatbestandsverwirklichungen selbständige Handlungen oder Teilstücke einer **fortgesetzten Handlung** sind, ist, wenn Zweifel übrigbleiben, nach dem Grundsatz im Zweifel für den Angeklagten zu entscheiden, nicht etwa nach dem Grundsatz, daß die Annahme selbständiger Handlungen die Regel, die fortgesetzte Handlung wegen des zusätzlich zu fordernden **Gesamtvorsatzes** die Ausnahme bilde und bei nicht sicher erwiesenem Gesamtvorsatz im Zweifel die Regel gelte[371]. Da es sich nicht um eine Wertungsfrage handelt, sondern um Zweifel bei einer tatsächlichen Feststellung, nämlich, ob der Gesamtvorsatz vorliegt, kann die Anwendung des Grundsatzes in dubio pro reo mit dieser bei Rechtsfragen geltenden Argumentation nicht ausgeschlossen werden. Im praktischen Ergebnis wird allerdings die Anwendung des Grundsatzes in dubio pro reo in aller Regel ebenfalls zur Annahme selbständiger Einzelhandlungen führen, da die (zusätzliche) Annahme eines Gesamtvorsatzes und damit einer verstärkten verbrecherischen Haltung in der Regel zuungunsten des Täters sprechen muß[372]. Bei den übrigen tatsächlichen Voraussetzungen der fortgesetzten Handlung wird der Grundsatz angewendet[373].

**117**    Ob **Tateinheit** oder **Tatmehrheit** vorliegt, kann eine Frage der rechtlichen Subsumtion sein[374] und damit nicht unter den Grundsatz in dubio pro reo fallen. Hängt aber die richtige rechtliche Subsumtion von einer Tatsache ab, die das Gericht für nicht sicher erwiesen hält, dann greift der Grundsatz Platz. Im Zweifel ist dann zugunsten des Angeklagten von Tateinheit auszugehen[375].

**118**    Der Grundsatz gilt bei allen **entscheidungserheblichen Tatsachen,** so bei den objektiven und subjektiven Tatbestandsmerkmalen, etwa, wenn zweifelhaft ist, ob der

---

[369] BGH NStZ **1983** 133; **1986** 325; OLG Köln StrVert. **1986** 192; vgl. Rdn. 73; 74 mit weit. Nachw.

[370] BGH NStZ **1983** 422 mit Anm. *Volk;* ferner das bei Fußn. 366 angeführte Schrifttum mit Nachweisen zu den im einzelnen strittigen Fragen. Vgl. auch BGH bei *Holtz* **1978** 460 (Wahrunterstellung des Alibi).

[371] *Bringewat* JuS **1970** 329; *Bender/Nack* DRiZ **1980** 121; *Sarstedt* 242; *Ostendorf* DRiZ **1983** 426; *Stree* 24. Die vorherrschende Meinung will hier das Regel-Ausnahme-Verhältnis gelten lassen, so daß, wenn Gesamtvorsatz nicht feststellbar, im Zweifel von dem Vorliegen von Einzelhandlungen auszugehen ist. So etwa RG HRR **1940** Nr. 281; BGHSt **23** 35; NStZ **1983** 311; 414; StrVert. **1984** 242 mit Anm. *Schlothauer;* BGH bei *Dallinger* MDR **1956** 9; **1972** 923; bei *Herlan* MDR **1955** 16; OLG Braunschweig GA **1954** 222; OLG Hamm NJW **1953** 1724; DAR **1969** 162; OLG Stuttgart NJW **1978** 712; KK-*Hürxthal* 61; *Kleinknecht/Meyer*[37] 31; KMR-*Paulus* § 244, 323

(der aber Begründung mit Regel-Ausnahme-Verhältnis ablehnt). Zum Meinungsstreit vgl. ferner die Kommentare zu §§ 52, 53 StGB und allgemein zur Problematik *Montenbruck* (In dubio) 115 ff.

[372] BGH bei *Holtz* MDR **1984** 89; OLG Hamm NJW **1962** 67; OLG Schleswig bei *Ernesti/Lorenzen* SchlHA **1980** 175. OLG Hamburg NJW **1955** 920 will das Problem durch Wahlfeststellung lösen. Vgl. ferner *Montenbruck* (In dubio) 120 ff, der im Ergebnis (Durchbrechung der rechtlichen Fiktion des Fortsetzungszusammenhangs) der herrschenden Rechtspr. folgt.

[373] BGH StrVert. **1984** 242 mit Anm. *Schlothauer.*

[374] KK-*Hürxthal* 61; *Kleinknecht/Meyer*[37] 31; vgl. *Montenbruck* (In dubio) 108 ff.

[375] BGH NStZ **1983** 365; BGH bei *Dallinger* MDR **1972** 925; KK-*Hürxthal* 61; KMR-*Paulus* § 244, 321; vgl. ferner BGH StrVert. **1984** 242; *Montenbruck* In dubio 110 ff wirft die Frage auf, ob die Annahme von Tateinheit für den Angeklagten immer günstiger ist.

Angeklagte mit direktem oder mit bedingtem Vorsatz gehandelt hat[376], ferner, wenn offen bleibt, ob er Anstifter oder Gehilfe war[377], oder wenn das Vorliegen eines **Tatbestandsirrtums**[378] oder der tatsächlichen Grundlagen eines Verbotsirrtums[379] oder Voraussetzungen des **Notstands** oder der **Notwehr** nicht sicher feststellbar sind[380] oder wenn Zweifel hinsichtlich der Schuldfähigkeit des Angeklagten nicht behoben werden können[381]. Der Grundsatz in dubio pro reo gilt auch, wenn zweifelhaft bleibt, ob **sonstige** zugunsten des Angeklagten sprechende **Umstände** vorliegen, so bei Zweifel hinsichtlich der Tatzeit[382], hinsichtlich der besonderen Umstände im Sinne des § 56 Abs. 2 StGB[383], bei den Voraussetzungen des § 157 StGB[384], des § 199 StGB[385], bei den Voraussetzungen des § 213 StGB[386], ferner, wenn zweifelhaft bleibt, ob Jugendstrafrecht anzuwenden ist[387], oder wenn Zweifel hinsichtlich eines für die Strafbemessung wesentlichen Umstands bestehen[387a].

Zweifel, ob die **tatsächlichen** Voraussetzungen für eine **Maßregel der Besserung 119 und Sicherung**[388] oder eine an **Prognosen** geknüpfte Rechtsfolge vorliegen, sind, soweit es in Rahmen der Gesamtwürdigung auf die zweifelhafte Tatsache überhaupt ankommt[389], zugunsten des Angeklagten zu entscheiden. Auf die Prognose als solche ist der Zweifelssatz nicht anwendbar[390]. Es richtet sich nach der jeweiligen Vorschrift, welche Folge es hat, wenn das Gericht nach Erschöpfen aller Beweismittel die dort vor-

[376] BGH NJW **1984** 1693; das Gericht muß dann unter Umständen prüfen, welche Annahme für den Angeklagten günstiger ist. Vgl. ferner BGH bei *Holtz* MDR **1984** 542.

[377] Vgl. etwa BGH JZ **1983** 115 mit Anm. *Baumann* = NStZ **1983** 165 mit Anm. *Dingeldey*; eine Wahlfeststellung scheidet insoweit aus, vgl. Rdn. 135.

[378] RGSt **64** 26.

[379] BayObLG NJW **1954** 811.

[380] BGH NStZ **1983** 453; StrVert. **1986** 6 (Putativnotwehr); BGH bei KK-*Hürxthal* 58; *Kleinknecht/Meyer*[37] 30; ferner zum rechtfertigenden Notstand nach § 34 StGB *Montenbruck* In dubio, 126 ff (mit Hinweis, daß Anwendung des Zweifelssatzes oft Wertung verdeckt).

[381] RGSt **70** 127; **73** 44; BGHSt **8** 113; **14** 70; **18** 167; BGH NJW **1967** 297; GA **1965** 250; *bei Holtz* MDR **1983** 619 (Zweifel an Stärke des Affekts); *Montenbruck* (In dubio) 132; zur strittigen Frage der Zweifel an der Schuldunfähigkeit bei Rauschtaten im Sinne von § 223 a vgl. Rdn. 132.

[382] BGHSt **18** 274; OLG Oldenburg GA **1960** 28.

[383] BGH bei *Dallinger* MDR **1973** 900.

[384] BGH GA **1968** 304; BGH bei *Dallinger* MDR **1952** 407.

[385] BGHSt **10** 373 = JZ **1958** 373 mit Anm. *Kern*; dazu *Küper* JZ **1968** 656; BayObLGSt **1958** 244; *Roxin* § 15 D 3 a; a. A *Reiff* NJW

**1958** 982; *Schwarz* NJW **1958** 10; Einl. Kap. **13** mit weit. Nachw. zum Streitstand.

[386] *Roxin* § 15 D 3 a.

[387] BGHSt **5** 366; **12** 116; 129; 134; BGH bei *Holtz* MDR **1982** 104; OLG Schleswig SchlHA **1978** 193; LG Münster NJW **1979** 938.

[387a] BGH bei *Holtz* MDR **1986** 622.

[388] So setzt etwa die Unterbringung im psychiatrischen Krankenhaus voraus, daß zweifelsfrei feststeht, daß der Angeklagte zumindest vermindert schuldfähig ist, BGHSt **18** 167 mit Anm. *Foth* JZ **1963** 404; BGH NJW **1967** 297; GA **1965** 250; bei *Holtz* MDR **1981** 98; 265; StrVert. **1986** 16. Vgl. auch BVerfGE **70** 313; *Bruns* JZ **1958** 647; *Mösl* NStZ **1982** 456; Einl. Kap. **13**.

[389] Vgl. *Montenbruck* 101 ff, wonach bei Prognosen die sogen. Basistatsachen in der Regel in der Gesamtbetrachtung aufgehen.

[390] Nach der vorherrschenden Meinung gilt der Zweifelssatz nicht für die Prognose, wohl aber für die Basistatsachen; BGHSt **27** 301 (zu § 60 StGB); BGH bei *Dallinger* MDR **1973** 900; *Kleinknecht/Meyer*[37] 27; KMR-*Paulus* § 244, 325 ff. Weit. Nachw. Rdn. 11; Fußn. 339; 391; 392; 393; Einl. Kap. **13**. *Montenbruck* (In dubio) 96 ff, 131 ff zweifelt an der Trennbarkeit; er stellt auf die durch Auslegung festzustellenden Erfordernisse der einzelnen Tatbestände ab. Vgl. auch *Terhorst* MDR **1978** 975.

Walter Gollwitzer

ausgesetzte Erwartung nicht sicher beurteilen kann[391]. Fordert das Gesetz für Milderung oder Verzicht auf eine Rechtsfolge eine günstige **Sozialprognose**, wirken sich die Zweifel zu Lasten des Angeklagten aus[392]; anders kann es sein, wenn eine **Gefährlichkeitsprognose** die Eingriffsvoraussetzung bei bestimmten Maßregeln der Besserung oder Sicherung bildet[393]. Eine Beweislast trifft den Angeklagten aber auch insoweit nicht.

**120**　　　f) Die **Unterstellung der günstigeren Möglichkeit** ist dafür maßgebend, ob und gegebenenfalls welche Rechtsfolge bei einem offenen Sachverhalt gegen den Angeklagten festgesetzt werden darf[394]. Was im Einzelfall für den Angeklagten günstiger ist, kann letztlich nur **nach den Rechtsfolgen beurteilt** werden, die die betreffende Tatsache, sofern sie zur Gewißheit des Gerichts feststünde, auslösen würde[395]. Da ein zweifelhafter Sachverhalt oft für verschiedene Rechtsfolgen von Bedeutung sein kann, muß für jede dieser Rechtsfolgen gesondert geprüft werden, welche Annahme die für den Angeklagten günstigste ist. Dies kann zu entgegengesetzten Unterstellungen bei einem und demselben Angeklagten führen[396]. Bei einem zweiaktigen Tatgeschehen kann dies bedeuten, daß ein Erfolg keinem der beiden Akte zugerechnet werden kann[397]. Bei **mehreren Angeklagten** muß für jeden Mitangeklagten die für ihn günstigste Möglichkeit unterstellt werden[398]; so muß, wenn die Tatbeteiligung des einen Angeklagten nicht zweifelsfrei feststellbar ist und dieser deshalb freigesprochen wird, bei dem wegen der Tat allein verurteilten anderen Mitangeklagten trotzdem davon ausgegangen werden, daß der Freigesprochene daran teilgenommen hat[399], oder es muß, wenn nicht aufklärbar ist, welcher von mehreren Mitangeklagten der Täter und welche die Gehilfen waren, bei jedem unterstellt werden, er sei nur Gehilfe gewesen[400]. Haben mehrere einen Dritten vergiftet, steht aber nicht fest, wessen Gift den Tod herbeigeführt hat, dann können alle nur wegen Versuchs bestraft werden[401]. Eine unwiderlegte Einlassung einer Angeklagten darf nicht zu Lasten eines Mitangeklagten verwertet werden[402].

**121**　　　Soweit jedoch eine Rechtsfolge bei einem Angeklagten zu beurteilen ist, kann der Grundsatz in dubio pro reo innerhalb eines und desselben Geschehnisses **nur einmal angewendet** werden. Die Unterstellung des für den Angeklagten günstigsten Sachverhalts bei Beurteilung der Schuldfrage kann beispielsweise nicht etwa deshalb ihrerseits wieder

---

[391] Vgl. etwa BGH NJW **1978** 768 zu § 60 StGB.

[392] BGH bei *Dallinger* MDR **1973** 900; OLG Celle JR **1958** 150 mit Anm. *Mittelbach*; OLG Hamm NJW **1971** 1620; OLG Karlsruhe NJW **1980** 134; OLG Koblenz NJW **1978** 2044; VRS **53** 29; vgl. auch *Terhorst* MDR **1978** 973.

[393] BGHSt **5** 352; BGH GA **1955** 151; *Geppert* NJW **1971** 2156; **a. A** OLG Hamm NJW **1971** 1620; OLG Schleswig DAR **1954** 139. Es kommt aber immer auf den einzelnen Tatbestand an. Wegen weit. Nachw. vgl. die Kommentare zu den einschlägigen Bestimmungen des StGB.

[394] Insoweit liegt der Entscheidung eine ungeklärte Tatsachenalternative zugrunde; also ebenso wie bei der sogen. Wahlfeststellung eine mehrdeutige Tatsachengrundlage.

Vgl. Rdn. 165; ferner BGH JZ **1984** 852 mit Anm. *Ulsenheimer*.

[395] BGH bei *Holtz* MDR **1981** 455; bei *Spiegel* DAR **1982** 206; KK-*Hürxthal* 57.

[396] Vgl. etwa BGHSt **25** 250; BGH NJW **1957** 1643; dazu abl. *Peters* GA **1958** 97; vgl. Fußn. 403; VRS **12** 211; **21** 54; KK-*Hürxthal* 57; KMR-*Paulus* § 244, 312 ff mit weit. Beispielen; *Martin* DAR **1962** 61.

[397] BGH bei *Holtz* MDR **1979** 279 (versuchter Totschlag oder Körperverletzung mit Todesfolge); dazu kritisch *Wolter* MDR **1981** 441; KK-*Hürxthal* 57.

[398] BayObLGSt **1952** 45.

[399] OLG Köln NJW **1953** 157.

[400] RGSt **71** 365; BGHSt **4** 216; **10** 373.

[401] KK-*Hürxthal* 57; *Kleinknecht/Meyer*[37] 32.

[402] OLG Köln VRS **14** 368.

in Frage gestellt werden, weil die Möglichkeit eines eine schwerere Schuld begründenden Tathergangs nicht ausgeschlossen ist[403].

Die Verpflichtung, im Zweifelsfall den für den Angeklagten günstigsten Tatsa-  **122** chenverlauf zu unterstellen, gilt grundsätzlich auch, wenn diese Unterstellung nicht zum Freispruch, sondern nur zu einer **milderen rechtlichen Beurteilung** führt. Die zahlreichen Fragen, die sich hier stellen, insbesondere die Frage, ob und unter welchen Voraussetzungen eine solche wahldeutige Tatsachenfeststellung überhaupt noch eine Verurteilung zu tragen vermag, vor allem die Anforderungen an die Einordnung der Tatbestände in ein diese Bewertung ermöglichendes Stufenverhältnis sind bei Rdn. 127 ff erörtert.

4. Bei den **Verfahrensvoraussetzungen** ist im einzelnen strittig, ob und wieweit  **123** der Grundsatz in dubio pro reo gilt. Der Bundesgerichtshof geht nunmehr davon aus, daß eine einheitliche Lösung für alle Prozeßvoraussetzungen und Verfahrenshindernisse nicht möglich ist, so daß diese Frage für jede Verfahrensvoraussetzung gesondert geprüft werden müsse[404]. Der derzeitige Sach- und Streitstand und die Einzelheiten sind in der Einleitung Kap. 11 erörtert[405].

5. Beim Nachweis der sonstigen **verfahrensrechtlich erheblichen Tatsachen** wen-  **124** det die Rechtsprechung den Grundsatz im Zweifel für den Angeklagten nicht an[406]. Welche Bedeutung es hat, wenn eine für die Verfahrensgestaltung erhebliche Tatsache nicht sicher festgestellt werden kann, muß grundsätzlich nach Sinn und Zweck der jeweils in Frage kommenden verfahrensrechtlichen Norm und nicht unter Rückgriff auf eine allgemeine Formel entschieden werden. So greifen grundsätzlich Ausnahmeregelungen nur Platz, wenn ihre Voraussetzungen sicher feststellbar sind, desgleichen greift eine Verfahrensrüge nur durch, wenn der behauptete Verfahrensverstoß nachgewiesen ist[407].

## VII. Verurteilung auf Grund mehrdeutiger Tatsachenfeststellungen (Wahlfeststellung)[408]

1. **Mehrere Alternativen des Tatsachenverlaufes.** Kann das Gericht nach Aus-  **125** schöpfen aller zur Sachaufklärung dienlicher Mittel nicht zu einer festen Überzeugung von einem bestimmten Sachhergang gelangen, sondern ist es lediglich davon überzeugt,

---

[403] *Peters* GA **1958** 97 abl. zu BGH GA **1958** 109 = NJW **1957** 1643; *Peters* § 37 III 1 b.
[404] BGHSt **18** 274; BayObLGSt **1968** 75; NJW **1968** 2118.
[405] Vgl. ferner § 206 a, 28; § 337, 34.
[406] BGHSt **16** 164; **17** 353; **21** 10; weit. Nachw. *Lehmann* 52 ff; § 337, 76; ferner etwa *Alsberg/Nüse/Meyer* 894; *Foth* JR **1976** 255; KK-*Hürxthal* 63; *Sax* FS Stock 165; *Stree* 78; *Schlüchter* 692, 2. Im Schrifttum ist die Frage strittig. So neigen etwa *Kleinknecht/Meyer*[37] 33 (nur zum Teil), KMR-*Paulus* § 244, 345 ff; *Roxin* § 15 D 3; *Eb. Schmidt* JR **1962** 109; *Wasserburg* ZStW **94** (1982) 514 zu einer differenzierenden Betrachtung; vgl. auch § 337, 76. Zu den einzelnen Lösungsansätzen *Lehmann* 36 ff; dieser lehnt zwar die Anwendung des Grundsatzes In dubio pro reo ab, kommt aber unter Berufung auf das Rechtsstaatsprinzip und die Justizförmigkeit des Verfahrens zur Beachtlichkeit zweifelhafter Verfahrensverstöße.
[407] Dies gilt nach BGHSt **16** 164 selbst für die Behauptung eines Verstoßes gegen § 136 a. Wegen der Einzelheiten vgl. die Erläuterungen zu den einzelnen Verfahrensvorschriften, insbesondere § 136 a, 69 und § 337, 76 mit Nachw.; ferner *Montenbruck* (In dubio) 163 ff je mit Nachw. zum Streitstand.
[408] Der übliche Begriff „Wahlfeststellung" ist irreführend; vgl. *Willms* JZ **1962** 628. LK-*Tröndle* § 1, 64.

daß für den Tatsachenverlauf mehrere Möglichkeiten in Betracht kommen, dann stellt sich die Frage, ob es den Angeklagten auf Grund dieser Alternativfeststellung verurteilen darf oder ob es ihn nach dem Grundsatz in dubio pro reo freisprechen muß, weil keine der ausschließlich in Betracht kommenden Alternativen des Tatgeschehens zu seiner vollen Überzeugung erwiesen ist[409]. Es sind **verschiedene Fallgruppen** zu unterscheiden, die auch in Kombination[410] auftreten können. Nachfolgend werden die wichtigsten erörtert, wobei jedoch immer vorausgesetzt wird, daß sich die Alternativen des Tathergangs **im Rahmen der angeklagten Tat** oder der angeklagten Taten im Sinne des § 264 halten, die Aburteilungsbefugnis des Gerichts also nicht überschritten wird[411]. Unter dieser Voraussetzung ist eine Wahlfeststellung bei einer echten Alternativität des historischen Geschehens auch zwischen Vorgängen möglich, die verschiedene Taten im Sinne des § 264 sind[412].

**126**   Bei **mehreren Tatbeteiligten** eines nur alternativ feststellbaren Sachhergangs muß für jeden einzelnen gesondert geprüft werden, welche Alternative bei ihm in Frage kommen und welche für ihn die günstigste Beurteilung ermöglichen.

### 2. Anwendung des Grundsatzes im Zweifel für den Angeklagten

**127**   a) Der Grundsatz im Zweifel für den Angeklagten führt zum **Freispruch**, wenn von den in Frage kommenden Möglichkeiten des Sachhergangs eine Alternative nicht sicher auszuschließen ist, bei der jede Strafbarkeit entfällt. Die Verurteilung setzt voraus, daß zur sicheren Überzeugung des Gerichts feststeht, daß der Angeklagte sich nach jedem in Betracht kommenden Tatsachenverlauf strafbar gemacht hat[413].

**128**   b) **Rückgriff auf den mit Sicherheit gegebenen Tatbestand.** Er bildet ferner das alleinige Lösungsprinzip in all den Fällen, in denen ein Straftatbestand mit Sicherheit gegeben ist und die Tatsachenalternativität sich nur darauf beschränkt, daß **daneben** oder aber **statt dessen auch ein anderer Straftatbestand** zutreffen kann. Hier ist stets die dem Angeklagten günstigste Möglichkeit zu unterstellen. Wenn es die Anwendung des Zweifelssatzes ermöglicht, von einem eindeutig gegebenen Tatbestand auszugehen, hat dieser Weg den **Vorrang** vor einer wahldeutigen Verurteilung[414]. Ist der sicher festgestellte Tatbestand der mildere, ist der Angeklagte nur wegen dieses Tatbestands zu verurteilen; würde dagegen die offen gebliebene Alternative zu einer milderen Beurteilung der Tat führen, so ist zugunsten des Angeklagten von ihr auszugehen[415]. Die Probleme der echten Gesetzesalternativität stellen sich bei dieser Fallgruppe nicht, denn der Rückgriff auf einen mit Sicherheit erfüllten minderschweren Tatbestand oder die Unter

---

[409] Vgl. Rdn. 118.

[410] Vgl. *Hruschka* NJW **1971** 1392; **1973** 1804; *Jakobs* GA **1971** 258; *Küper* Probleme der Postpendenzfeststellung im Strafverfahren, FS Lange 65; *Wolter* JuS **1983** 363; 602; 769; **1984** 37; 530; 606.

[411] BGHSt **10** 137; **32** 150; dazu *Schröder* NJW **1985** 780; GA **1967** 184; JZ **1970** 327; OLG Celle NdsRpfl. **1986** 259 (unter Aufgabe von NJW **1968** 2390); OLG Hamm GA **1974** 84; a. A BayObLGSt **1965** 52 = JR **1965** 430 mit abl. Anm. *Koffka*; OLG Düsseldorf JR **1980** 470. Die Fragen sind strittig, vgl. § 264, 40 mit weit. Nachw.

[412] Z. B. wenn nicht feststeht, welche von zwei

verschiedenen Aussagen falsch ist (RGSt **72** 342; BGHSt **2** 351; BGH NJW **1957** 1887; OLG Braunschweig JZ **1951** 235; NJW **1952** 38. Auch bei BGHSt **13** 70 lagen zwei alternierende Sachverhalte vor; vgl. Fußn. 411 und § 264, 41 ff.

[413] BGHSt **12** 389; OLG Hamm NJW **1972** 836; *Hruschka* JW **1971** 1392; vgl. Rdn. 7.

[414] BGH NJW **1983** 405; GA **1984** 373; OLG Hamm NJW **1981** 2269; VRS **77** 136; vgl. Rdn. 118.

[415] BGHSt **11** 100; **22** 156; BayObLGSt **1975** 98 = NJW **1976** 860 mit Anm. *Küper*; vgl. ferner Rdn. 130.

stellung eines nicht mit Sicherheit ausschließbaren Tathergangs zugunsten des Angeklagten ist immer zulässig. Hierher rechnen vor allem die Fälle, in denen die alternativ
in Frage kommenden Straftatbestände in einem gesetzeslogischen oder wertmäßigem
Stufenverhältnis stehen und die sogenannten Auffangtatbestände.

c) Ein **(sachlogisches) Stufenverhältnis** liegt vor, wenn die zur Überzeugung des **129**
Gerichts festgestellten Tatsachen einen Straftatbestand voll erfüllen und der nicht eindeutig feststellbare Teil des Tathergangs sich nur auf Tatbestandsmerkmale bezieht, die
denselben Grundtatbestand straferschwerend oder strafmildernd abwandeln, so daß ihr
Vorwurf ein „Mehr" oder „Weniger" bedeutet. Hier greift der Grundsatz in dubio pro
reo durch. Ist das strafrechtliche relevante Mehr nicht zur vollen Überzeugung des Gerichts nachgewiesen, darf nur wegen des (bei seinem Wegfall) mit Sicherheit erfüllten
weniger schweren Tatbestands verurteilt werden. Es stehen sich auf der normativen
Ebene nicht zwei einander ausschließende Alternativen gegenüber, das Lösungsprinzip
ist hier durch den Grundsatz in dubio pro reo gebotene Reduktion des strafbaren Verhaltens auf einen mit Sicherheit erfüllten Grundtatbestand[416].

Ein solches sachlogisches Stufenverhältnis besteht zwischen allen **Grundtatbestän-** **130**
**den** und den darauf aufbauenden Qualifizierungen[417] und Privilegierungen, etwa zwischen Mord und Totschlag[418] oder zwischen § 242 und §§ 244, 247, 248 a, 248 b
StGB[419]. Die neuere Rechtsprechung hat dies beispielsweise auch angenommen zwischen eidlicher und uneidlicher Aussage[420], zwischen versuchter Gewaltunzucht und
versuchter Notzucht[421], oder zwischen Verführung und Notzucht[422], zwischen Beihilfe zum Diebstahl und Hehlerei und der Hehlerei allein[423], ferner zwischen Versuch
und Vollendung[424].

**Postpendenzfeststellungen.** Der Rückgriff auf einen mit Sicherheit erfüllten milde- **131**
ren Tatbestand ist auch möglich, wenn dieser bei Erweislichkeit der vorangegangenen
Tat nur eine straflose Nachtat wäre, denn dieser liegt vor und ist strafbar, wenn die
Haupttat nicht erweislich ist[425]. Ob dies auch gilt, wenn die spätere Tat beim Nachweis
der vorangegangenen tatbestandslos würde, etwa, weil ein erforderliches Tatbestandsmerkmal dann bereits durch die erste Tat verwirklicht wäre, ist strittig[425a].

[416] *Schulz* JuS **1974** 635; NJW **1983** 268;
*Küper* NJW **1976** 1828; ferner KK-*Hürxthal*
68; *Kleinknecht/Meyer*[37] 36; KMR-*Paulus*
§ 244, 312; sowie die Kommentare zu § 1
StGB.
[417] BayObLGSt **1954** 41 = NJW **1954** 122.
[418] *Hruschka* MDR **1967** 265; nach BGH GA
**1967** 182 scheidet ein Stufenverhältnis aus,
wenn nicht feststellbar, ob die Tat Mord,
Totschlag oder leichte Körperverletzung
war und der Tatbeitrag der beiden beteiligten
Personen nicht aufklärbar ist.
[419] KK-*Hürxthal* 68.
[420] BGH NJW **1957** 1886; bei *Dallinger* MDR
**1957** 396.
[421] BGHSt **11** 100.
[422] BGHSt **22** 154; **a. A** *Deubner* NJW **1969**
147.
[423] BGHSt **15** 66.
[424] RGSt **41** 352; BGHSt **22** 156.
[425] BGH JZ **1968** 710; OLG Hamm JMBlNW

**1955** 236; **1974** 190; KMR-*Paulus* § 260, 41
(wenn früheres Verhalten konkurrenzrele-
vant ist, nicht aber, wenn es tatbestandsrele-
vant ist); vgl. auch Fußn. 425 a; ferner BGH
GA **1984** 373 (keine wahldeutige Verurteilung wegen Beihilfe zum Diebstahl und anschließender Hehlerei).
[425a] *Hruschka* JZ **1970** 641; NJW **1971** 1392
nimmt es an, während die Rechtsprechung
zur wahldeutigen Verurteilung neigt, etwa
BGH NJW **1974** 804; BGHSt **23** 360; DRiZ
**1972** 30; OLG Hamm JMBlNW **1967** 138;
OLG Saarbrücken NJW **1976** 65 (auf Erlangung von Eigenbesitz gerichteten Betrug und
Hehlerei). Zu den strittigen Fragen ferner
*Günter* JZ **1976** 665; *Küper* FS Lange 65;
LK-*Tröndle* § 1, 67; *Montenbruck* Wahlfeststellung 182; *Otto* FS Peters 374; *Röhmel* JA
**1975** 378; *Schröder* JZ **1971** 141; *Wolter* GA
**1974** 161; JuS **1983** 603.

Walter Gollwitzer

**132**     d) Bei den **Auffangtatbeständen**, die nach dem Willen des Gesetzgebers Platz greifen sollen, wenn die Verwirklichung eines anderen, meist schwereren Tatbestandes nicht nachweisbar ist, bleibt kein Raum für eine Verurteilung auf wahldeutiger Grundlage[426]. Auch § 323 a StGB wird als Auffangtatbestand gesehen, der Platz greift, wenn nicht feststellbar ist, ob der Täter bei im Rausch begangener Tat schuldunfähig oder nur vermindert schuldfähig war; eine wahldeutige Verurteilung zwischen § 323 a StGB und der im Zustand verminderter Schuldfähigkeit (im Rausche) begangenen Tat scheidet aus[427].

**133**     e) Anders als bei dem gesetzeslogischen Stufenverhältnis, das durch den Tatbestandsaufbau vorgegeben ist und bei dem immer ein mit Sicherheit erfüllter, milderer Straftatbestand bleibt, besteht bei dem sogenannten **wertlogischen Stufenverhältnis** an sich eine echte Alternativität der Straftatbestände. Keine der in Betracht kommenden Straftaten kann mit Sicherheit festgestellt werden. Es liegt eine wahldeutige Verurteilung vor, die Besonderheit besteht jedoch darin, daß keine in etwa gleichwertigen Tatbeständen zur Wahl stehen, sondern ungleichwertige, die nach Art der Rechtsgutverletzung und nach ihrer Einordnung in den mehrdeutigen Geschehensablauf so miteinander korrespondieren, daß bei vergleichender Unrechtsbewertung eine **wertende Abstufung** sicher möglich ist. Ähnlich wie beim echten Stufenverhältnis, hält es eine allerdings strittige Auffassung für zulässig, die Verurteilung auf die mildeste Form der in Betracht kommenden Rechtsgutverletzungen zu stützen[428]. Die Hilfskonstruktion der Rechtsprechung vom Auffangtatbestand bezweckt im Grunde nichts anderes.

**134**     Ein solches Stufenverhältnis zwar nicht in logischer, aber in rechtlich-wertender Betrachtung besteht zwischen der **vorsätzlichen und der fahrlässigen Begehung** des gleichen Tatbestands. Zwar ist die vorsätzliche Begehung im begriffslogischen Sinn kein Mehr gegenüber der fahrlässigen Tatbestandsverwirklichung[429]. Die Fahrlässigkeit erfordert eine andere innere Einstellung als der Vorsatz. Beide sind qualitativ verschieden[430] und schließen einander aus. In der rechtlichen Bewertung wiegt jedoch die Fahrlässigkeit regelmäßig weniger schwer als die vorsätzliche Tat. Die Bewertung, daß der

---

[426] Ob und mit welcher Tragweite eine Strafnorm Auffangtatbestand ist, ist durch Auslegung des materiellen Strafrechts zu ermitteln; so wird etwa § 226 a als Auffangtatbestand gegenüber Totschlag angesehen; *Hürxthal* 71; LK-*Tröndle* § 1, 98 sieht in der Konstruktion einen Irrweg; vgl. ferner Rdn. 135; 136.

[427] Vgl. (zum Teil zu früheren Fassungen) BGHSt **9** 390; **16** 187; **32** 48; BGH GA **1968** 371; VRS **50** 358; **56** 447; BayObLGSt **1977** 178; **1978** 161 = NJW **1978** 957 mit Anm. *Montenbruck*; ferner zu den strittigen Einzelfragen OLG Hamm VRS **53** 24; OLG Karlsruhe MDR **1979** 778; OLG Köln VRS **60** 41; **68** 38; OLG Schleswig MDR **1977** 247; bei *Ernesti/Lorenzen* SchlHA **1980** 173; *Denker* NJW **1980** 2162; JZ **1984** 453; *Heiß* NStZ **1983** 67; *Horn* JR **1982** 6; *Montenbruck* GA **1978** 265; Wahlfeststellung 376; *Otto* FS Peters 382; *Ranft* JA **1983** 197; *Schuppner/Sippel* NStZ **1984** 67; *Wolter* JuS **1983** 775;

sowie die Kommentare zu § 323 a StGB mit weit. Nachw.

[428] Zur Problematik vgl. etwa *Schröder* JZ **1971** 141 zu BGHSt **23** 260; ferner BGH bei *Holtz* MDR **1979** 635; *Hruschka* JZ **1970** 715; *Löhr* JuS **1976** 715; außerdem KK-*Hürxthal* 69; *Kleinknecht/Meyer*[37] 36 und die Kommentare zum StGB.

[429] So aber etwa RGSt **7** 185; **41** 389; **59** 83.

[430] Vgl. *Fuchs* GA **1964** 65: „Vorsatz ist wertfreie, kognitiv-psychologische Tatsache auf der Seins-Ebene, Fahrlässigkeit normativer Begriff auf der Wertebene.“ Dagegen *Otto* FS Peters 378 (Vorsatz ist als „Mehr“ zu verstehen; unterschiedlicher Grad der Rechtsgutverletzung). Vgl. ferner *Blei* NJW **1954** 500; *Heinitz* JR **1957** 126; *v. Hippel* FS Oehler 43; *Jakobs* GA **1971** 260; *Peters* GA **1958** 104; *Schneider* DRiZ **1956** 12; *Schröder* JZ **1970** 423; *Schulz* NJW **1983** 268; KMR-*Hürxthal* 69; *Eb. Schmidt* § 244, 11.

Täter fahrlässig gehandelt hat, ist dem Gericht in aller Regel auch möglich, wenn es die Feststellung, daß der Täter vorsätzlich gehandelt hat, nicht sicher treffen kann. Das Gericht kann deshalb, wenn es die volle Überzeugung von einem vorsätzlichen Handeln des Angeklagten nicht erlangt hat, nach dem Grundsatz in dubio pro reo dieses verneinen und wegen einer fahrlässigen Tatbegehung verurteilen, sofern feststeht, daß die Tat zumindest fahrlässig begangen wurde[431]. Die jüngere Rechtsprechung des BGH begründet dies unter dem Blickwinkel des Auffangtatbestandes[432]. Für eine wahlweise Verurteilung zwischen vorsätzlicher und fahrlässiger Tatbestandsverwirklichung ist dann kein Raum[433]. Etwas anderes gilt nur für den **Ausnahmefall**, daß zwei getrennte tatsächliche Vorgänge zur Wahl stehen, von denen einer vorsätzlich, der andere fahrlässig begangen worden ist[434].

Ist nicht aufklärbar, ob der Angeklagte als **Täter** oder als **Gehilfe** gehandelt hat, **135** dann ist er aus der gleichen Grundüberlegung heraus, daß er für den geringeren Unwert einzustehen habe, unter Anwendung des Grundsatzes in dubio pro reo als Gehilfe zu verurteilen[435]. Gleiches gilt im Verhältnis zwischen **Beihilfe** und **Anstiftung**[436]. Bleibt dagegen offen, ob **Täterschaft** oder **Anstiftung** vorlag, wurde auf wahldeutiger Grundlage verurteilt[437].

Ist nicht feststellbar, ob ein strafrechtlich relevanter Erfolg durch ein **Tun** oder **136** **Unterlassen** herbeigeführt worden ist, wird, obwohl auch hier kein logisches Stufenverhältnis vorliegt, wegen der Strafmilderungsmöglichkeit nach § 13 Abs. 2 StGB im Zweifel zugunsten des Angeklagten von einer Tatbegehung durch Unterlassen auszugehen sein[438].

---

[431] BVerfG GA **1969** 246; im Ergebnis auch KK-*Hürxthal* 69; *Kleinknecht/Meyer*[37] 36; KMR-*Paulus* § 244, 319, vgl. LK-*Tröndle* § 1, 100 ff.

[432] BGHSt **17** 210 in Anlehnung an BGHSt **9** 390; dazu *Dreher* MDR **1970** 370; *v. Hippel* NJW **1963** 1533; *Willms* JZ **1962** 628; ferner das Schrifttum Fußn. 430; 431.

[433] Vorherrschende Meinung; vgl. Nachw. Fußn. 430 bis 432. Anders BGHSt **4** 340, wo die Wahlfeststellung zwischen Meineid und unbewußt fahrlässigem Falscheid für zulässig erklärt wird, obwohl, wie die Urteilsbegründung zeigt, die festgelegten Tatsachen die Bewertung der Tat als fahrlässigen Falscheid rechtfertigen, weil der Angeklagte die Unrichtigkeit seiner Aussage hätte erkennen können und nur der für den Vorsatz erforderliche zusätzliche Nachweis fehlte, daß er die Unrichtigkeit auch erkannt hat. LK-*Tröndle* § 1, 101.

[434] *Fuchs* GA **1964** 74; LK-*Tröndle* § 1, 102; vgl. *Montenbruck* (Wahlfeststellung) 360.

[435] BGHSt **23** 207; **31** 136 (dazu Fußn. 436). Ähnlich wie hier RGSt **71** 365 (leichtere Form) und *Dreher* MDR **1970** 369; BGHSt **23** 204 (dazu *Fuchs* NJW **1970** 1053) kommt zu gleichem Ergebnis, die Entscheidung will

aber den Grundsatz in dubio pro reo nur analog anwenden; ein Stufenverhältnis (in logischem Sinn) wird wegen der psychologischen Andersartigkeit der Tatbegehung verneint; zust. *Schröder* JZ **1970** 422; a. A BGH MDR **1953** 21 (Wahlfeststellung); *Löhr* JuS **1976** 715; BayObLGSt **1966** 137 = NJW **1967** 361 (Auffangtatbestand), dazu abl. *Fuchs* NJW **1967** 739; *Otto* FS Peters 379 (Psychologische Andersartigkeit begründet keinen Artunterschied innerhalb des Unrechts); ferner *Jakobs* GA **1971** 272. Wie hier KK-*Hürxthal* 69; *Kleinknecht/Meyer*[37] 36; vgl. ferner OLG Hamm NJW **1981** 2269 (zu § 14 OWiG).

[436] BGHSt **31** 136 (= JZ **1983** 115 mit Anm. *Baumann* = NStZ **1983** 166 mit Anm. *Dingeldey* = JR **1983** 202 mit Anm. *Hruschka* JR **1983** 177) behandelt die Beihilfe als wertungsmäßige Abstufung gegenüber der Anstiftung und wendet deshalb den Grundsatz in dubio pro reo an.

[437] Wahlfeststellung nehmen an BGHSt **1** 127; OLG Düsseldorf NJW **1976** 579; KK-*Hürxthal* 75.

[438] BGH NJW **1964** 731 mit Anm. *Schröder* JR **1964** 227; KMR-*Paulus* § 244, 314; *Montenbruck* (In dubio) 124 ff.

### 3. Alleinige Tatsachenalternativität

**137**    **a)** Bei der alleinigen Tatsachenalternativität legt das Gericht zwar auch seinem Urteil eine mehrdeutige Tatsachenfeststellung zugrunde, die Tatsachenalternative führt aber zu keiner alternativen Gesetzesanwendung, da sie so geartet ist, daß die **Eindeutigkeit des Schuldspruchs**[439] von ihr nicht berührt wird.

**138**    Eine solche Tatsachenalternativität liegt vor, wenn die Ungewißheit über den tatsächlichen Geschehensverlauf überhaupt **kein Tatbestandsmerkmal**, sondern sonst für die Rechtsanwendung — etwa nur für die Strafzumessung — bedeutsame Umstände betrifft. Die Tatsachenalternativität kann aber auch daraus herrühren, daß nicht aufklärbar ist, ob der Täter das **gleiche Tatbestandsmerkmal** durch das eine oder andere Verhalten erfüllt hat, so, wenn ungewiß bleibt, zu welchem Zeitpunkt oder durch welche von mehreren Handlungen der Täter das Tatbestandsmerkmal verwirklicht hat, etwa, welcher von mehreren Schüssen tödlich war[440] oder aus welchen von mehreren als niedrig zu bewertenden Motiven einen Mord begangen wurde[441] oder ob die Tat an dem einen oder dem anderen Tag begangen wurde[442]. Schwierigkeiten ergeben sich bei dieser Fallgruppe nur, wenn die alternativen Tatsachen, welche den Straftatbestand erfüllen, örtlich und zeitlich so weit auseinanderliegen, daß sie nicht mehr demselben Lebensvorgang, derselben Tat im Sinne des § 264 angehören[443].

**139**    **b) Gleichwertige Tatbestandsmerkmale.** Eine alternative Tatsachenfeststellung, die den Urteilsausspruch nicht beeinflußt, obwohl sie — anders als die vorerwähnten Fälle — zu einer alternativen Gesetzesanwendung führt, liegt vor, wenn nicht aufklärbar ist, ob das Verhalten des Angeklagten das eine oder das andere gleichwertige Tatbestandsmerkmal eines Straftatbestands erfüllt hat[444]. Eine solche Alternativverurteilung, die nur in den Urteilsgründen zum Ausdruck kommt, wird seit jeher für zulässig gehalten[445].

**140**    Sie liegt beispielsweise vor, wenn nicht feststellbar ist, ob sich ein **Unfall** auf die eine oder andere, vom Angeklagten aber in jedem Fall verschuldete Weise ereignet hat, sofern hier nicht ohnehin nur das gleiche Tatbestandsmerkmal erfüllt worden ist[446] oder wenn nicht feststellbar ist, ob der Tod eines Menschen durch die eine oder andere fahrlässige Verhaltensweise herbeigeführt worden ist[447]. In diesen Fällen berührt die Alternativfeststellung den Schuldspruch des Urteils nicht, das Gericht muß aber im übrigen, etwa bei Bemessung der Rechtsfolgen, zugunsten des Angeklagten stets von der Alternative ausgehen, die nach der **konkreten Fallgestaltung** für den Angeklagten **am günstigsten** ist[448].

---

[439] *Hruschka* MDR **1967** 579.

[440] BGHSt **22** 13; BGH bei *Holtz* MDR **1981** 267; vgl. etwa auch OLG Karlsruhe VRS **33** 127 (verschiedene Unfallursachen).

[441] BGH NJW **1957** 1643; dazu abl. *Peters* GA **1958** 97; NJW **1966** 1823; VRS **62** 274; vgl. KK-*Hürxthal* 72; KMR-*Paulus* § 260, 41; ferner *Montenbruck* (Wahlfeststellung) 45 ff (Lösung durch höheren Abstraktionsgrad des normativen Begriffes).

[442] OLG Braunschweig JZ **1951** 255.

[443] Vgl. Rdn. 125; § 264, 40 ff.

[444] Vgl. *Heinitz* JZ **1952** 100.

[445] Etwa BGHSt **22** 12: Mord aus niedrigen Beweggründen oder zur Verdeckung einer

Straftat. KK-*Hürxthal* 72; KMR-*Paulus* § 260, 41.

[446] Vgl. BGHSt **2** 351; BGH NJW **1959** 1139; VRS **12** 213; **15** 432; bei *Dallinger* MDR **1955** 270; BayObLGSt **1952** 45; OLG Braunschweig JZ **1951** 235; NJW **1952** 38; OLG Celle VRS **40** 16; OLG Hamm VRS **8** 155; **10** 364; **16** 353; KG VRS **35** 390; OLG Karlsruhe VRS **33** 127; OLG Köln JMBlNW **1959** 208. OLG Neustadt VRS **23** 448; MDR **1956** 312; GA **1957** 256; vgl. Rdn. 137.

[447] OLG Karlsruhe NJW **1980** 1859 gegen OLG Koblenz NJW **1965** 1926; OLG Schleswig SchlHA **1978** 185.

[448] BGH NJW **1959** 1139.

### 4. Verurteilung bei alternativ verletzten Strafgesetzen

**a)** Eine Verurteilung aufgrund **zweier oder mehrerer alternativ verletzter Strafbe-** **141**
**stimmungen**, also die eigentliche wahldeutige Verurteilung, greift Platz, wenn ein
Rückgriff auf einen mit Sicherheit „zumindest" erfüllten Tatbestand nicht möglich
ist[449]. Auf Grund der vom Gericht festgestellten Tatsachen müssen sich mehrere für die
rechtliche Zuordnung der Tat relevante Möglichkeiten des Tathergangs derart gegenüberstehen, daß sie sich **gegenseitig ausschließen**, das Gericht aber keine volle Überzeugung von der Richtigkeit einer Variante erlangen kann. Darüber hinaus muß für das Gericht zweifelsfrei feststehen, daß der Angeklagte entweder der einen oder der anderen
Straftat schuldig ist. Es muß also die Möglichkeit eines Tathergangs, bei dem sich der
Angeklagte überhaupt nicht strafbar gemacht hätte, mit Sicherheit auszuschließen
sein[450]. Andernfalls ist nach dem Grundsatz in dubio pro reo freizusprechen.

**b)** Besteht eine solche **echte Alternativität** der Straftatbestände, dann läßt die **142**
Rechtsprechung[451] eine wahldeutige Verurteilung zu, wenn die in Betracht kommenden
Tatbestände **rechtsethisch und psychologisch vergleichbar** sind[452]. Sie müssen nach
ihrem kriminellen Gehalt untereinander nahe verwandt sein, sich gegen das gleiche oder
zumindest gegen ein ähnliches Rechtsgut richten, die gleiche sittliche Mißbilligung verdienen und eine im wesentlichen gleichartige innere Einstellung des Täters für ihre Begehung erfordern[453]. Wie die angeführten Beispiele (Rdn. 147) zeigen, sind die von der
Rechtsprechung gezogenen Grenzen im einzelnen flüssig und umstritten. Die Tendenz,
die Formel von der Vergleichbarkeit aus Gerechtigkeitserwägungen auszuweiten, ist
dabei nicht zu übersehen[454].

---

[449] Vgl. etwa BGHSt **22** 154; BGH MDR **1980**
948. Zum Erfordernis einer erschöpfenden
Sachaufklärung vgl. Rdn. 159.

[450] BGHSt **12** 386; **15** 63; BGH NJW **1983**
405.

[451] Das Reichsgericht hatte die Verurteilung
auf Grund doppeldeutiger Feststellungen
zunächst nur zugelassen, wenn verschiedene
Ausführungsarten desselben Delikts (wenn
auch in verschiedenen Vorschriften geregelt)
in Betracht kamen. Erst in RGSt **68** 257 erklärten die Vereinigten Strafsenate die
Wahlfeststellung zwischen Diebstahl und
Hehlerei für zulässig, um „einem dringenden
praktischen Bedürfnis" zu genügen, wobei
hervorgehoben wurde, daß „die Sicherheit
der Urteilsfindung und die Gerechtigkeit der
Urteilswirkung bei Zulassung dieser stofflich
streng begrenzten Ausnahme keinen Schaden" litten. Der kurz darauf im Jahre 1935
eingefügte § 2 b StGB führte die wahldeutige
Verurteilung allgemein ein. Nach seiner
Aufhebung durch das Kontrollratsgesetz Nr.
11 kehrte die Rechtsprechung zu den
Grundsätzen RGSt **68** 257 zurück und ließ
die wahldeutige Verurteilung innerhalb der
dort angezeigten Grenzen zu (OGHSt **2** 89).
Auch der Bundesgerichtshof vertritt nunmehr (seit BGHSt **9** 390) in ständiger Recht-

sprechung die Ansicht, daß aus rechtsstaatlichen Gründen eine wahldeutige Feststellung
nur zugelassen werden kann, wenn die zur
Wahl stehenden Straftaten ethisch und psychologisch gleichwertig sind. Dem hat sich
nur ein Teil des Schrifttums angeschlossen;
vgl. etwa *Fuchs* DRiZ **1967** 16; *Koeniger* 551;
KK-*Hürxthal* 73; KMR-*Paulus* § 260, 42 ff;
*Peters* § 37 III 2; ferner zum Streitstand Rdn.
145 ff.

[452] Im Schrifttum wird die Abgrenzungsformel
von der rechtsethischen und psychologischen
Vergleichbarkeit als unzutreffende und un-
brauchbare Leerformel bekämpft (vgl.
*Hruschka* MDR **1967** 265; *Deubner* JuS **1962**
23; NJW **1969** 147; *Dreher* MDR **1957** 179;
*Tröndle* GA **1966** 4; LK-*Tröndle* § 1, 82;
95 ff.

[453] BGHSt **25** 184; vgl. ferner etwa BGHSt **5**
280; **9** 394; **11** 28; **16** 187; **20** 101; **21** 153; **22**
156; **23** 204; 306; **30** 77; NStZ **1985** 123;
BGH bei *Holtz* MDR **1985** 89; BayObLG
NJW **1958** 560; JR **1974** 208; OLG Hamm
NJW **1974** 1958; **1982** 192; GA **1974** 85;
OLG Karlsruhe NJW **1976** 902; OLG Ko-
blenz NJW **1965** 1928; OLG Saarbrücken
NJW **1976** 67.

[454] Vgl. etwa die Kritik von *Hruschka* NJW
**1973** 1804; *Tröndle* JR **1974** 133.

**143**     Ob einzelne Tatbestände vergleichbar sind, ist immer durch **Vergleich** der im Einzelfall als Alternative in Betracht kommenden **konkreten Formen** der Tatbestandsverwirklichung zu ermitteln und nicht allgemein durch einen abstrakten Normenvergleich der mitunter sehr weitgespannten Tatbestände. Es ist erforderlich und ausreichend, wenn die Tatbestände in ihren konkreten Begehungsformen den Anforderungen genügen[455].

**144**     Liegt Vergleichbarkeit nur bei einem **Teil der alternativ möglichen Straftatbestände** vor, so schließt das die wahldeutige Verurteilung nicht aus, es müssen jedoch diejenigen Tatbestände oder qualifizierenden Tatbestandsmerkmale außer Betracht bleiben, bei denen diese Vergleichbarkeit fehlt[456], z. B., weil sie nur bei einer Alternative mit einem der vergleichbaren Tatbestände rechtlich zusammentreffen oder weil sie einen vergleichbaren Grundtatbestand zu einer unvergleichbar schwereren Tat qualifizieren[457].

**145**     c) Die **unterschiedlichen Auffassungen des Schrifttums** reichen von der Ablehnung der wahldeutigen Verurteilung aus rechtsstaatlichen Überlegungen[458] bis zur Bejahung ihrer Zulässigkeit über die herrschende Rechtsprechung hinaus aus dem Blickwinkel eines kriminalpolitischen Bedürfnisses[459].

**146**     An Stelle der ethischen und psychologischen Vergleichbarkeit sieht eine im Schrifttum in verschiedenen Varianten vertretene Auffassung in der **Verwandtschaft des verletzten Rechtsguts** und **im gleichen Unrechtskern** der Delikte die Voraussetzungen für die wahlweise Feststellung zwischen den bestehenden Tatbestandsalternativen[460]. Verschiedentlich wird dabei abgestellt auf die Vergleichbarkeit des vertypten Unrechtswertgehalt, der Ähnlichkeit der Rechtsgutverletzung und der Deckungsgleichheit der Handlungsabläufe[461] oder auf die Zurückführbarkeit der graduellen Unwertverschiedenheit auf einen gemeinsamen Grundtatbestand[462] oder auf einen im Wege der Abstraktion gewonnenen Werttypus[463].

**147**     *Dreher*[464] sucht die Lösung in einer (erweiterten) Anwendung des Grundsatzes in **dubio pro reo**, wonach bei Nichterweisbarkeit des schwereren Tatbestandes der bei Verneinung des schwereren sicher gegebene leichtere Tatbestand Anwendung finden soll. Wegen weiterer Einzelheiten vgl. die Erläuterungsbücher zum StGB.

**148**     d) **Beispiele aus der Rechtsprechung.** Die nachfolgenden Beispiele aus der Rechtsprechung sind zum Teil zu Straftatbeständen des materiellen Rechts ergangen, die sich zwischenzeitlich — mitunter mehrfach — geändert haben. Sie können daher nicht ohne weiteres auf das gegenwärtig geltende Strafrecht übernommen werden.

---

[455] OLG Saarbrücken NJW **1976** 65; auch BayObLGSt **1977** 35 = JR **1978** 25 mit Anm. *Hruschka*; KMR-*Paulus* § 260, 48; *Schulz* JuS **1974** 637; *Wolter* 107 ff; **a. A** wohl BGHSt **11** 28; **20** 101; *Günter* JZ **1976** 665.

[456] KMR-*Paulus* § 260, 48.

[457] BGHSt **25** 182 für Unterschlagung und dem im schweren Raub enthaltenen Diebstahl; dazu *Hruschka* NJW **1973** 1466; *Schulz* JuS **1974** 635; *Tröndle* JR **1974** 133.

[458] Z. B. *Endruweit* 189 ff; ferner (nur beschränkt auf die Erscheinungsformen desselben Delikts); *Heinitz* JZ **1952** 100; JR **1957** 126; *Eb. Schmidt* § 244, 17; *Schorn* DRiZ **1964** 45.

[459] *v. Hippel* NJW **1963** 1533; *Nüse* GA **1953** 33; *Zeiler* ZStW **64** (1952) 156; **72** (1960) 4.

[460] *Deubner* NJW **1967** 738; **1969** 147; JuS **1962** 23; *Fleck* GA **1966** 336; *Hardwig* FS Eb. Schmidt 484; *Hruschka* JR **1978** 26; *Jakobs* GA **1971** 270; *Otto* FS Peters 373; *Tröndle* JR **1974** 133; vgl. dazu *Montenbruck* (Wahlfeststellung) 141 ff.

[461] *Wolter* 117; GA **1974** 161; JuS **1984** 609.

[462] Vgl. etwa *Günther* 106; 123; JZ **1976** 665; ferner OLG Saarbrücken NJW **1976** 67; *v. Hippel* FS Oehler 43 (funktionsgleichwertige Tatbestandsbildungen).

[463] *Montenbruck* (Wahlfeststellung) 117 ff.

[464] *Dreher* MDR **1970** 371.

Unter ausdrücklicher Bejahung der ethischen und psychologischen Vergleichbar- **149** keit wurde die alternative Verurteilung zugelassen

zwischen vollendeter **Abtreibung** entweder in Tateinheit mit vollendetem Totschlag oder in Tatmehrheit mit versuchtem Totschlag (BGHSt 10 294);

zwischen falscher **Aussage** und wissentlich falscher Verdächtigung (OLG Braun- **150** schweig NJW **1959** 1114; BayObLG JZ **1974** 392; **a. A** Schönke/ Schröder § 1, 80; vgl. aber BGHSt **32** 146: nicht, wenn verschiedene Taten);

zwischen **Meineid** und falscher Verdächtigung (BayObLGSt **1977** 35 = JR **1978** 25 mit Anm. *Hruschka*); zwischen Meineid und falscher Versicherung an Eides Statt (OLG Hamm GA **1974** 84); zwischen Meineid und fahrlässigem Falscheid (BGHSt **4** 340; BayObLG NJW **1962** 2211; vgl. aber Rdn. 134);

zwischen **Betrug** und Untreue (OLG Hamburg JR **1956** 28; BGH GA **1970** 24); **151** Betrug und Hehlerei (BGH NJW **1974** 804; jedoch nicht abschließend entschieden) Betrug und Unterschlagung (OLG Hamm MDR **1974** 682; NJW **1974** 804; OLG Saarbrücken NJW **1976** 65; dazu *Günther* JZ **1976** 66);

zwischen **Betrug** und Diebstahl in besonderen Fällen (Trick-Diebstahl; OLG Karlsruhe NJW **1976** 902; BGH bei *Holtz* MDR **1985** 89 läßt dies offen; vgl. unten Rdn. 167);

zwischen **betrügerischem Bankrott** und Gläubigerbegünstigung (BGH GA **1955** **152** 365 bei *Herlan*);

zwischen **Diebstahl** und Hehlerei (BGHSt **1** 302; **12** 386; BGH NJW **1952** 114; **153** OLG Celle GA **1955** 29; NdsRpfl. **1986** 258); auch wenn als dritte Möglichkeit noch die Beihilfe in Tatmehrheit mit Hehlerei dazukommt (BGHSt **15** 63; vgl. auch OLG Hamm MDR **1950** 57)[465]; schwerem Diebstahl, Unterschlagung und Hehlerei (BGHSt **16** 184); schwerem Diebstahl und gewerbsmäßiger Hehlerei (BGHSt **11** 26; BGH NJW **1954** 931; JR **1959** 300), Mundraub und Hehlerei (OLG Neustadt NJW **1953** 1443); schwerem Diebstahl und sachliche Begünstigung (BGHSt **23** 260 = JZ **1971** 141 mit Anm. *Schröder*; dazu *Hruschka* NJW **1971** 1392; *Wolter* GA **1974** 167); Diebstahl und Unterschlagung (OLG Köln GA **1974** 121; **a. A** *Hruschka* NJW **1973** 1805); Diebstahl als Grundtatbestand des Raubes und Unterschlagung (BGHSt **25** 182; dazu Rdn. 133); Diebstahl und erschwerter Amtsunterschlagung (BayObLGSt **1958** 17 = NJW **1958** 560); Diebstahl, Unterschlagung und Hehlerei (BGH NJW **1961** 1936); bei den Regelbeispielen (§ 243 StGB) für besonders schwere Fälle scheidet eine wahldeutige Verurteilung aus, da die einzelnen Modalitäten der erschwerten Tatbegehung keine Tatbestandsqualität haben (*Schönke/ Schröder* StGB § 1, 84); eine wahlweise Feststellung zwischen verschiedenen Begehungsformen des § 243 ist aber möglich;

zwischen **Fahren in angetrunkenem Zustand** und Duldung, daß ein anderer ohne **154** Führerschein gefahren ist (OLG Celle NJW **1965** 1173; OLG Karlsruhe NJW **1980** 1859; OLG Köln GA **1968** 24; **a. A** OLG Koblenz NJW **1965** 1926; vgl. ferner OLG Hamm NJW **1982** 192);

zwischen vom **Halter selbst** begangener Parkverstoß und der Förderung des Park- **155** verstoßes eines anderen (BayObLG bei *Rüth* DAR **1983** 107; OLG Hamm VRS **61** 368; KG StrVert. **1984** 107);

---

[465] BGH bei *Dallinger* MDR **1970** 13 läßt offen, ob die Wahlfeststellung auch zwischen Diebstahl und gewohnheitsmäßiger Hehlerei möglich ist; die Frage stellt sich aber nur, wenn die Gewohnheitsmäßigkeit durch mehrere Hehlereihandlungen, die sicher – und nicht nur auf wahldeutiger Grundlage festgestellt sind – nachgewiesen ist. Vgl. ferner BGH bei *Dallinger* MDR **1967** 549; **1971** 547.

**156**     zwischen **Raub** und räuberischer Erpressung (BGHSt **5** 280; vgl. auch *v. Hippel* FS Oehler 55); Verabredung eines Raubes und räuberischer Erpressung (BayObLGSt **1954** 41 = NJW **1954** 1248):

zwischen **Steuerhinterziehung** und Steuerhehlerei (BGHSt **4** 128; **8** 37; BGH GA **1954** 242; BayObLGSt **1951** 592; **1953** 177 = NJW **1954** 122);

**157**     **Abgelehnt** wurde eine wahldeutige Verurteilung beispielsweise zwischen Landes- verrat und landesverräterischer Fälschung §§ 100 Abs. 1 und 100 a StGB a. F. (BGHSt **20** 100); zwischen Vergehen nach § 11 Abs. 1 Nr. 4 BtMG und versuchter Strafvereite- lung (BGHSt **30** 77 = JR **1982** 80 mit Anm. *Günther*), zwischen Betrug und versuchter Abtreibung (BGH bei *Dallinger* MDR **1958** 739), zwischen Bestechlichkeit und Betrug (BGHSt **15** 99); Betrug und Diebstahl (OLG Karlsruhe Justiz **1973** 57; vgl. aber oben 160); zwischen Betrug und Urkundenfälschung (OLG Düsseldorf NJW **1974** 1833); zwischen Diebstahl und Vortäuschen einer Straftat (OLG Köln NJW **1982** 347); zwi- schen Nichtanzeige eines Verbrechens (§ 138 StGB) und Verbreiten von Falschgeld (BGH bei *Holtz* MDR **1979** 635); oder zwischen vorsätzlicher Tötung und Beihilfe zur Körperverletzung (BGH GA **1967** 182).

**158**     Soweit BGHSt **21** 152 die wahldeutige Verurteilung zwischen **schwerem Raub** und **Hehlerei** abgelehnt hatte[466], ist die Entscheidung zum Teil in BGHSt **25** 182 auf- gegeben worden (vgl. Rdn. 153), eine wahldeutige Verurteilung wegen Beihilfe zum Diebstahl und anschließender Hehlerei scheidet aus, weil die beiden Alternativen sich nicht gegenseitig ausschließen (BGH GA **1984** 373).

### 5. Verfahrensfragen

**159**     **a)** Bevor das Gericht sich zu einer Verurteilung auf einer mehrdeutigen Tatsa- chengrundlage entschließt, muß es kraft seiner Aufklärungspflicht **alle Beweismöglich- keiten ausschöpfen**, um zu versuchen, doch noch zu eindeutigen Feststellungen gelan- gen zu können[467]. Erst wenn alle Beweismöglichkeiten erschöpft sind, darf das Gericht sich mit einer doppeldeutigen Tatsachengrundlage begnügen. An Stelle der im Regelfall notwendigen Überzeugung, daß der Angeklagte so und nicht anders gehandelt habe, tritt die Überzeugung, daß nur mehrere, im einzelnen genau umschriebene, sich gegen- seitig ausschließende Möglichkeiten vorgelegen haben können und alle anderen Mög- lichkeiten auszuschließen sind.

**160**     **b)** Für diese **Überzeugungsbildung** gelten im übrigen die **allgemeine Regeln**. Das Gericht darf deshalb unglaubhafte oder nur nicht widerlegte Angaben des Angeklagten den Alternativen, von denen es unter Ausschluß aller anderen Möglichkeiten bei der Ur- teilsfindung ausgehen möchte, grundsätzlich ebensowenig zugrunde legen wie bei ein- deutigen Feststellungen[468]. Nur wenn neben der Möglichkeit oder den Möglichkeiten, die das Gericht aus anderen Gründen als gegeben ansieht, nach seiner Überzeugung die Darstellung des Angeklagten richtig sein muß, falls jene andere Möglichkeit nicht zu- treffen sollte, darf es bei Verurteilung auf doppeldeutiger Grundlage auch von der nicht

---

[466] Vgl. dazu *Deubner* NJW **1967** 738; *Oellers* MDR **1967** 506; *Fuchs* DRiZ **1968** 16; ferner *Deubner* NJW **1962** 95; wonach die Wahl- feststellung zwischen der Unterschlagung und den als ihre Vortaten in Betracht kom- menden Aneignungsdelikten zulässig ist.

[467] RGSt **71** 343; RG JW **1939** 221; 365; BGHSt **11** 100; **12** 388; **21** 152; **22** 154; BGH LM Nr. 16; BGH NJW **1954** 932; GA **1970**
24; bei *Holtz* MDR **1985** 285; BayObLG NJW **1967** 361; OLG Hamburg NJW **1955** 920; JR **1962** 229; **a. A** OLG Zweibrücken NJW **1966** 1828 (bei Bagatellfällen in der Revisionsinstanz). Vgl. § 244, 40.

[468] BGH NJW **1954** 932; bei *Spiegel* DAR **1983** 159; vgl. Rdn. 74; ferner *Kroschel/ Meyer-Goßner* 114.

widerlegten, vielleicht sogar für nicht sehr glaubhaft gehaltenen Darstellung des Angeklagten als einer weiteren Möglichkeit ausgehen[469]. Vermag das Gericht mehrere Möglichkeiten nicht auszuschließen, ist die dem Angeklagten günstigste zugrunde zu legen.
Der Grundsatz in dubio pro reo wandelt sich also im Falle der Verurteilung auf doppeldeutiger oder mehrdeutiger Grundlage zu dem Grundsatz in dubio mitius ab[470].

**161**    Allen diesen Fällen der Verurteilung auf doppeldeutiger oder mehrdeutiger Tatsachengrundlage ist gemeinsam, daß der Urteilsspruch zum Teil auf einer tatsächlichen
Annahme beruht, von deren Richtigkeit das Gericht, anders als im Regelfall, nicht die
volle Überzeugung erlangen kann, weil es auch mindestens einen weiteren tatsächlichen
Geschehensverlauf für nicht ausgeschlossen hält. Es muß darüber hinaus aber der gesicherten Überzeugung sein, daß außer den in die wahldeutige Verurteilung einbezogenen Tatalternativen **keine weiteren Modalitäten** des Sachhergangs in Betracht kommen[471]. Die für erwiesen erachteten Tatsachen, in denen die **Merkmale der Straftat** liegen, sind für alle — sich gegenseitig ausschließenden — Alternativen in der von § 267 geforderten Weise im Urteil nach Ort, Zeit und Umständen sicher festzustellen[472]. Sind
die Voraussetzungen für eine wahldeutige Feststellung gegeben, darf das Gericht nicht
von ihr absehen[473].

**162**    Eine wahldeutige Verurteilung entfällt nicht deshalb, weil eine der in Frage kommenden Strafvorschriften nach der einen Tatalternative mit einer **weiteren Strafvorschrift** rechtlich zusammentreffen würde. Der nur bei einer Alternative zusätzlich gegebene rechtliche Gesichtspunkt, der bei den anderen Alternativen keine Entsprechung findet, darf jedoch der Verurteilung nicht mit zugrunde gelegt werden[474].

**163**    Eine wahldeutige Verurteilung ist unzulässig, wenn auch nur bei einer für die Alternativverurteilung in Betracht kommenden Tat ein **Verfahrenshindernis** entgegensteht[475].

**164**    c) Das Gericht muß den Angeklagten auf die **Veränderung des rechtlichen Gesichtspunkts** nach § 265 Abs. 1 hinweisen, wenn es ihn statt der angeklagten Straftat
wahlweise wegen einer anderen verurteilen will[476]. Dabei genügt der Hinweis, daß auch
eine Verurteilung unter dem Gesichtswinkel der anderen Straftat in Betracht kommen
kann; auf die Möglichkeit einer Wahlfeststellung als solcher braucht sich der Hinweis
in der Regel nicht zu erstrecken[477]; in Einzelfällen kann dies wegen der Veränderung
der Sachlage und der veränderten Verteidigungsmöglichkeiten aber trotzdem angebracht sein[478].

**165**    d) Die **Strafe** ist dem Gesetz zu entnehmen, das nach der Lage des Einzelfalls die
mildeste Bestrafung zuläßt[479]; dabei sind auch die Milderungsmöglichkeiten eines an
sich strengeren Gesetzes mit in Betracht zu ziehen[480]. Der Angeklagte darf durch die
wahldeutige Feststellung keinen Nachteil erleiden, insbesondere darf der Verdacht der

---

[469] BGH LM Nr. 16.

[470] Vgl. Rdn. 122.

[471] BGH JR **1981** 305 mit Anm. *Peters*; NJW
**1983** 405; NStZ **1986** 373; *Kroschel/Meyer-
Goßner* 113.

[472] BGH GA **1967** 182; 184; JR **1981** 305 mit
Anm. *Peters*; NJW **1954** 932; NStZ **1986**
373; vgl. § 267, 46.

[473] BayObLGSt **1953** 177 = NJW **1954** 122.

[474] BGH NJW **1957** 1643; **1961** 790; GA **1970**
24.

[475] OLG Braunschweig NJW **1951** 38.

[476] Vgl. § 265, 22.

[477] BGH bei *Dallinger* MDR **1974** 369.

[478] Vgl. § 265, 22.

[479] RGSt **68** 363; **69** 373; **70** 281; **71** 73;
BGHSt **25** 186; BGH NJW **1952** 114; **1954**
931; **1959** 119; BGH bei *Dallinger* MDR
**1957** 397; *Nüse* GA **1953** 42; KK-*Hürxthal*
79; *Kleinknecht/Meyer*37 § 260, 31; KMR-
*Paulus* § 260, 51; *Otto* FS Peters 391; sowie
die Kommentare zum StGB.

[480] BGHSt **13** 70 (zu § 158 StGB).

schweren Verfehlung nicht zu seinen Ungunsten ins Gewicht fallen. Dies gilt auch bei den Nebenfolgen. Auf sie darf nur erkannt werden, wenn sie bei allen die Verurteilung tragenden Tatbeständen rechtlich zulässig und bei jedem der möglichen Geschehensabläufe sachlich gerechtfertigt sind[481].

**166**      **e)** Die **Fassung des Urteilsspruchs** ist bei **alleiniger Tatsachenalternativität** (gleichartige Wahlfeststellung[482]) unproblematisch, da die Alternativen denselben Straftatbestand erfüllen und schon deshalb im Urteilstenor nicht erscheinen[483].

**167**      Wie der Urteilsspruch bei der Verurteilung auf Grund mehrerer **alternativ angewandter Strafbestimmungen** (Gesetzesalternativität) zu lauten hat, ist nirgends vorgeschrieben. Es steht somit nach § 260 Abs. 4 Satz 5 im Ermessen des Gerichts[484]. Die Rechtsprechung hat sowohl zugelassen, daß nur das mildeste Gesetz in den Urteilsspruch aufgenommen wird[485], als auch, daß die wahlweise Verurteilung und das angewandte Strafgesetz im Urteilsspruch angeführt werden[486]. Im Schrifttum wird sowohl die Auffassung vertreten, daß die wahlweise angewandten Gesetze in der Urteilsformel erscheinen müssen[487], als auch, daß, um Benachteiligung des Angeklagten zu vermeiden, nur das mildeste Gesetz angeführt werden darf[488]. Vertreten werden auch einige dazwischenliegende Varianten, etwa, daß nur, wenn die Vorschriften gleichschwer sind, beide nebeneinander angeführt werden müssen, während sonst nur das mildere Gesetz anzugeben ist[489].

**168**      Geht man davon aus, daß die Fassung im **pflichtgemäßen**, am Zweck der Formel auszurichtenden **Ermessen** des Gerichts steht, dann erscheint es angezeigt, wenn diejenige Formel gewählt wird, welche sicherstellt, daß der Angeklagte durch den Urteilsspruch — der allein im Strafregister eingetragen wird — nicht über Gebühr belastet ist; insbesondere, daß nicht später eine nur möglicherweise gegebene Straftat als voll erwiesen behandelt wird. Welcher Teil der Verurteilung später einmal Bedeutung erlangen kann, läßt sich nicht mit Sicherheit vorhersehen[490]. Dies spricht dafür, die wahldeutige Verurteilung auf jeden Fall in der Urteilsformel kenntlich zu machen[491] und hier die alternativ verletzten Gesetze anzuführen.

---

[481] RGSt **68** 263; KK-*Hürxthal* 79; *Kleinknecht-Meyer*[37] § 260, 31; KMR-*Paulus* § 260, 51.

[482] Vgl. Rdn. 137.

[483] KMR-*Paulus* § 260, 52.

[484] BGHSt **1** 302; **4** 130; OLG Zweibrücken NJW **1966** 1828; *Kroschel/Meyer-Goßner* 24; früher schrieb § 267 b Abs. 1 StPO vor, daß in die Formel nur das anzuwendende (mildere) Gesetz aufzunehmen sei.

[485] BGHSt **1** 302; **8** 37; BGH NJW **1959** 1140; JZ **1952** 116, dazu *Heinitz* JZ **1952** 100; OLG Celle NdsRpfl. **1951** 91; OLG Hamburg MDR **1950** 57; OLG f. Hessen HESt **2** 110; OLG Hamm HESt **3** 54; OLG Neustadt NJW **1953** 1443; OLG Zweibrücken NJW **1966** 1828.

[486] RGSt **68** 261; OGHSt **2** 93; BGHSt **15** 66; **25** 186; BGH NJW **1973** 1466; NJW **1952** 114.

[487] OLG Celle HannRpfl. **1947** 48; JZ **1951** 465; OLG Hamm SJZ **1950** 55; OLG

Braunschweig NJW **1957** 1933; *Jakobs* GA **1971** 272; *Jescheck* AT § 16 III 2 c; *Kleinknecht*[33] 31; *Schönke-Schröder*[18] § 1, 89; vgl. *Eb. Schmidt* 13; 14; *Kleinknecht/Meyer*[37] § 260, 31; KMR-*Paulus* 52.

[488] *Deubner* JuS **1962** 23; NJW **1967** 359; *Heinitz* JZ **1952** 101; *Henkel* § 92 Fußn. 4; LK-*Tröndle* § 1, 114 ff; ferner Rdn. 165.

[489] *Hruschka* MDR **1967** 269; NJW **1973** 1805.

[490] Man denke z. B. an die vorzeitige Straftilgung im Rahmen eines auf bestimmte Deliktsgruppen beschränkten Straffreiheitsgesetzes. Nach BGH bei *Dallinger* MDR **1970** 899 war der Angeklagte bei der durch § 17 StGB a. F (entsprach dem jetzt aufgehobenen § 48 StGB) geschaffenen Rechtslage nicht beschwert, wenn er statt wahldeutig wegen Diebstahls und Hehlerei allein wegen Hehlerei verurteilt wird.

[491] *Kroschel/Meyer-Goßner* 24 mit Beispielen für die Fassung des Urteilsspruches.

Wenn der Verurteilung in Anwendung des Grundsatzes in dubio pro reo Tatbe-  **169** stände zugrunde liegen, zwischen denen zumindest in der juristischen Wertung ein **Stufenverhältnis** besteht, ist allein das mildeste Gesetz in die Urteilsformel aufzunehmen[492].

f) Die **Urteilsgründe** müssen, wie auch sonst, die sicher erwiesenen Tatsachen an-  **170** geben, in denen die gesetzlichen Merkmale der Straftat gefunden werden. Soweit dies an nicht behebbaren Zweifeln scheitert, ist an deren Stelle der äußere und innere Sachverhalt der Verhaltensweisen zu schildern, der nach der Überzeugung des Gerichts als allein möglich in Betracht kommt. Sie müssen erkennen lassen, daß und warum unter Ausschöpfung aller Beweismittel keine eindeutige Feststellung möglich ist[493], und daß statt dessen zur Überzeugung des Gerichts feststeht, daß nur eine der aufgezeigten, sich nach der konkreten Sachlage gegenseitig ausschließenden Alternativen in Betracht kommt[494] und insbesondere die Annahme eines straflosen Verhaltens mit Sicherheit ausscheidet. Dabei darf die Ungewißheit, welcher von mehreren Tatbeständen verwirklicht ist, nur darauf beruhen, daß jeweils die Verwirklichung der anderen Möglichkeiten nicht ausgeschlossen werden kann[495]. Da mit Divergenz und Zahl der als möglich in Betracht kommenden Geschehensverläufe die Gefahr eines Irrtums wächst, werden an die Darstellung aller Tatmodalitäten und an die Ausführungen zum Ausschluß jeder anderen Möglichkeit strenge Anforderungen gestellt[496]. Bei Ermittlung des nach Sachlage mildesten Gesetzes ist es nicht erforderlich, zu Vergleichszwecken für jede in Betracht kommende Tat die angemessene Strafe in den Urteilsgründen auszuwerfen[497].

## VIII. Revision

**1. Nicht aus dem Inbegriff der Hauptverhandlung gewonnene Umstände.** Hat das  **171** Gericht **Tatsachen, die nicht Gegenstand der Hauptverhandlung** waren, bei seiner Urteilsfindung verwendet, kann dies mit der Verfahrensrüge nach § 261 geltend gemacht werden. Das Gebot, nur den Inbegriff der Hauptverhandlung der Entscheidung zu Grunde zu legen, ist verletzt, wenn das Gericht in seine Überlegungen Erkenntnisse einbezieht, die es nicht in der Verhandlung gegen den betreffenden Angeklagten gewonnen hat[498]. Ein solcher Fehler liegt vor, wenn die Urteilsgründe Feststellungen enthalten, die aus einem Verfahrensteil stammen, in dem nicht gegen den betreffenden Angeklagten, sondern nur gegen Mitangeklagte verhandelt wurde[499] oder wenn eine Feststellung weder in den verwendeten Beweismitteln noch in den sonstigen zum Inbegriff der Hauptverhandlung gehörenden Vorgängen eine Grundlage finden kann[500], zum Beispiel wenn sie sich auf die ersichtlich nicht in die Hauptverhandlung eingeführte Aussage eines Zeugen stützt[501], oder sonst auf ein Beweismittel, das nicht oder nicht in zulässiger Form in der Hauptverhandlung verwendet worden war[502]. Gleiches gilt, wenn

---

[492] Vgl. etwa BGH GA **1954** 22 (fahrlässiger Falscheid bei Zweifel, ob dieser oder Meineid vorliegt). *Kroschel/Meyer-Goßner* 115.

[493] OLG Hamburg NJW **1955** 920; OLG München HRR **1936** 1594; *Kroschel/Meyer-Goßner* 116.

[494] OLG Celle VRS **40** 16.

[495] BGHSt **12** 386.

[496] BGH NJW **1983** 405; NStZ **1986** 373; JR **1981** 304 mit Anm. *Peters*.

[497] BGH bei *Dallinger* **1957** 397.

[498] Vgl. dazu Rdn. 17 ff.

[499] Vgl. Rdn. 17; § 231 c, 24; 237, 27 mit weit. Nachw.

[500] BGH bei *Spiegel* DAR **1983** 207.

[501] BGH bei *Dallinger* MDR **1976** 989.

[502] Vgl. Rdn. 14; 18; BGH StrVert. **1985** 401 mit Anm. *Sieg*; ferner § 249, 85; 94 (Vorhalt); § 250, 35; 37.

das Gericht irrigerweise einen Verfahrensvorgang als in der Hauptverhandlung geschehen behandelt, so, wenn es Schlußfolgerungen aus einer in Wirklichkeit unterbliebenen Belehrung[503] oder Vereidigung[504] herleitet.

**172**      Der **Nachweis** eines solchen Verstoßes gegen § 261 kann durch Vergleich der schriftlichen Urteilsgründe mit dem Sitzungsprotokoll erbracht werden, dessen positive und negative Beweiskraft (§ 274) die Einhaltung der wesentlichen Förmlichkeiten und die Verwendung der Beweismittel in der Hauptverhandlung bezeugt[505]. Nur soweit die Beweiskraft der Sitzungsniederschrift nicht den Rückgriff auf andere Beweismittel verwehrt, gilt Freibeweis; dann kann der Nachweis durch andere Erkenntnisquellen geführt werden, nicht zuletzt auch durch dienstliche Erklärungen der Richter und anderer Verfahrensbeteiligter[506].

**173**      Von der Rüge, der Beweisstoff sei außerhalb der Verhandlung geschöpft worden, ist die Rüge zu unterscheiden, ein in der Hauptverhandlung verwendetes Beweismittel habe **inhaltlich etwas anderes** ergeben als im Urteil festgestellt worden ist. Diese Rüge scheitert daran, daß dem Revisionsgericht eine **Rekonstruktion des Inhalts der Beweisaufnahme** verwehrt ist[507]. Es muß grundsätzlich die Feststellungen des Tatrichter über den Inhalt einer Aussage[508], über das Ergebnis eines Sachverständigengutachten oder eines Augenscheins[509] oder der Einlassung des Angeklagten[510] als richtig und vollständig hinnehmen. Sie hat nur in **Ausnahmefällen** Erfolg, in denen es keiner inhaltlichen Rekonstruktion der Beweisaufnahme bedarf, weil schon äußere Umstände ergeben, daß das Urteil sich auf Vorgänge oder Tatsachen stützt, die so nicht aus dem Inbegriff der Hauptverhandlung gewonnen sein können, etwa, wenn das Gericht sein Urteil auf den Wortlaut oder den Inhalt einer in der Hauptverhandlung verlesenen Urkunde oder Vernehmungsniederschrift gründet, die in Wirklichkeit einen anderen Inhalt oder Wortlaut haben[511].

**174**      Abgesehen von diesen Ausnahmefällen kann mit der Behauptung eines Verstoßes gegen § 261 nicht geltend gemacht werden, daß die Feststellungen des Urteils dem Ergebnis der Hauptverhandlung nicht entsprechen[512]; noch weniger ist für die **Rüge der Aktenwidrigkeit** der getroffenen Feststellungen Raum[513]. Letztere kann allenfalls

---

[503] BayObLGSt **1964** 141 = JZ **1965** 291.
[504] BGH bei *Dallinger* MDR **1955** 297; vgl. § 59, 21.
[505] Vgl. Rdn. 40; § 273, 14 ff; § 274, 18 ff; § 337, 71 ff.
[506] Vgl. etwa BGHSt **22** 26; dazu Rdn. 175 Fußn. 515; *Husmann* MDR **1977** 896; § 337, 74.
[507] BGHSt **29** 21; BGH bei *Holtz* MDR **1986** 625; vgl. § 267, 1; 165; § 337, 77 ff mit weit. Nachw.; ferner etwa KK-*Hürxthal* 53; *Kleinknecht/Meyer*[37] 38.
[508] BGHSt **21** 149; 372; **26** 62; BGH bei *Holtz* MDR **1986** 625; OLG Hamm NJW **1974** 1150; vgl. Rdn. 82; § 267, 165; ferner KMR-*Paulus* 38; § 337, 77 ff mit weit. Nachw.
[509] KK-*Hürxthal* 53; *Kleinknecht/Meyer*[37] 38; vgl. Rdn. 100. Strittig ist, ob dies auch für die Auswertung eines Lichtbilds gilt; so BGHSt **29** 18 = JR **1980** 168 mit abl. Anm. *Peters*. Nach KMR-*Paulus* 46 kann die Revision

darauf gestützt werden, wenn ein völlig unergiebiges Lichtbild zur Grundlage der Beweiswürdigung gemacht wurde. Vgl. Rdn. 101; § 267, 61, 62 und § 337, 86 mit weit. Nachw.
[510] BGH bei *Dallinger* MDR **1975** 369; ferner BGH bei *Holtz* MDR **1981** 268; OLG Hamm MDR **1973** 516; VRS **29** 39; § 267, 58; 165; vgl. § 337, 77.
[511] Vgl. Rdn. 97; § 337, 83 ff mit weit. Nachw.; ferner etwa BGH bei *Holtz* MDR **1986** 625; *Husmann* MDR **1977** 896.
[512] Vgl. etwa BGHSt **15** 347; **17** 352; **21** 149; BGH VRS **37** 28; LM Nr. 15 mit Anm. *Hengsberger*; OLG Hamm NJW **1970** 69; *Husmann* MDR **1977** 894; *Eb. Schmidt* JZ **1970** 340; *Willms* FS Heusinger 402 Fußn. 25; § 267, 165; § 337, 132.
[513] OLG Koblenz VRS **46** 441; *Dahs/Dahs* 44; KMR-*Paulus* 39; *Sarstedt/Hamm* 319; *Eb. Schmidt* 34; vgl. § 337, 105 mit weit. Nachw.

unter Darlegung der dazu erforderlichen Tatsachen zur Begründung der Aufklärungsrüge herangezogen werden[514].

Rügt die Revision allerdings, zugleich mit §261 sei auch der Verfassungsgrund- **175** satz der **Gewährung des rechtlichen Gehörs** (Art. 103 Abs. 1 GG) verletzt worden, so hat das Revisionsgericht nach Ansicht des Bundesgerichtshofs unter Heranziehung aller Beweismittel im Wege des Freibeweises nachzuprüfen, ob der Vorwurf des Verfassungsverstoßes, der zugleich ein Verfahrensverstoß ist, zutrifft. Es würde der Prozeßwirtschaftlichkeit widersprechen, die Entscheidung hierüber nach Erschöpfung des Rechtszugs dem Bundesverfassungsgericht zu überlassen[515]. Unterbleibt eine demnach uneingeschränkt mögliche Verfahrensrüge hat dies zur Folge, daß eine spätere Verfassungsbeschwerde an der Nichterschöpfung des Rechtsweges scheitert.

**2. Nichtberücksichtigung von Teilen der Verhandlung.** Die Rüge, das Gericht **176** habe nicht das **ganze Ergebnis der Hauptverhandlung** seiner Entscheidung zu Grunde gelegt, greift durch, wenn schon äußere Umstände dies belegen. Dies ist zum Beispiel der Fall, wenn aus der Sitzungsniederschrift erkennbar ist, daß das Gericht sein Urteil nach Wiedereintritt in die Hauptverhandlung ohne erneute Beratung verkündet hat[516], oder wenn sich ergibt, daß Mitglieder des Gerichts einen Teil der Vorgänge in der Hauptverhandlung nicht wahrgenommen haben können[517]. Grundsätzlich kann jedoch nicht allein aus dem **Schweigen der Urteilsgründe** der Schluß hergeleitet werden, das Gericht habe einen Vorgang der Hauptverhandlung oder ein verwendetes Beweismittel, etwa den Vortrag eines Verfahrensbeteiligten oder die Aussage eines Zeugen, zu Unrecht nicht gewürdigt. Das Gericht muß nicht alles, was Gegenstand der Hauptverhandlung war, in die schriftlichen Urteilsgründe aufnehmen[518]. Zur Frage, wieweit im Einzelfall eine Erörterungspflicht besteht, vgl. Rdn. 6; §267, 54 ff; ferner §337, 66 ff und die dortige Darstellung der Revisionsrechtsprechung, in der sich in diesem Bereich die Unterschiede zwischen Verfahrens- und Sachrüge verwischt haben[519].

**3.** Die **tatrichterliche Überzeugung**, die subjektive Gewißheit des Tatrichters vom **177** Vorliegen eines bestimmten Sachverhalts als solche, muß das Revisionsgericht ebenso hinnehmen wie das aus konkreten Umständen abgeleitete Unvermögen des Tatgerichts, letzte Zweifel zu überwinden[520]. Es darf und kann, schon weil ihm die aus dem Inbegriff der gesamten Hauptverhandlung gewonnenen Erkenntnisse fehlen, seine eigene Überzeugung nicht an die Stelle der tatrichterlichen setzen.

Nachprüfbar an Hand der Urteilsgründe ist aber, ob die Tatrichter die **rechtlichen 178 Anforderungen an die Überzeugungsbildung** verkannt haben, vor allem, ob sie sich des Umstandes bewußt waren, daß die Überzeugung keine mathematische Sicherheit und

---

[514] Vgl. § 244, 46; 345; 346.
[515] BGHSt **22** 26 mit zust. Anm. *Eb. Schmidt* JZ **1968** 435; zust. *Hanack* JZ **1973** 729; OLG Düsseldorf VRS **64** 128; *Husmann* MDR **1977** 896; KK-*Hürxthal* 55; vgl. § 337, 75; ferner *Meyer* FS Kleinknecht 275.
[516] KK-*Hürxthal* 20; *Kleinknecht/Meyer*[37] 6; *Rieß* GA **1976** 263; vgl. Rdn. 14 ff; § 258, 54; 58.
[517] Vgl. Rdn. 38; § 258, 47; 51.
[518] KK-*Hürxthal* 20; vgl. Rdn. 33 ff; § 337, 77;

ferner OLG Koblenz VRS **71** 42 (Verpflichtung des Gerichts, sich mit der im Urteil nicht erwähnten, nach dem Protokoll aber erklärten Einlassung des Angeklagten auseinanderzusetzen, wobei deren Inhalt und Relevanz auf Grund einer Verfahrensrüge durch Freibeweis festgestellt wurde).
[519] Vgl. § 337, 68; 120 ff; 124 ff.
[520] Vgl. Rdn. 12; § 337, 158; 164 mit weit. Nachw.

Walter Gollwitzer

nicht den Ausschluß jedes abstrakt denkbaren Zweifels voraussetzt[521]. Wegen der Einzelheiten vgl. Rdn. 8 ff; ferner § 337, 157 ff.

**179**　　Nachprüfbar ist ferner, ob die Überzeugung des Tatgerichts in den getroffenen Feststellungen und den daraus hergeleiteten Schlußfolgerungen auch objektiv eine **zureichende Grundlage** findet. Nach der heute in Schrifttum[522] und Rechtsprechung[523] vorherrschenden Auffassung muß sich die subjektive Gewißheit des Tatrichters auf tragfähige konkrete Tatsachenfeststellungen und intersubjektiv nachvollziehbare, rational einsichtige Schlüsse gründen, die mit den Denkgesetzen und der Lebenserfahrung vereinbar sind und die das gefundene Ergebnis als hinreichend gesichert[524] erscheinen lassen. Bloße Vermutungen oder eine rein irrational fundierte Gewißheit genügt dafür nicht[525]. Wegen der Einzelheiten vgl. Rdn. 13; 41 ff; 182 und § 337, 157 ff.

**180**　　Stehen nach den insoweit allein maßgeblichen schriftlichen Urteilsgründen die getroffenen Feststellungen **nicht zur vollen Überzeugung** des Gerichts fest, etwa, weil sich ausdrücklich oder aus dem Gesamtzusammenhang der Begründung ergibt, daß das Gericht hinsichtlich eines die Entscheidung mittragenden Umstandes selbst zweifelte, so begründet auch dies die Revision. Die Verurteilung darf sich nur auf Tatsachen stützen, die das Gericht für erwiesen hält[526]. Dagegen kann unter dem Blickwinkel des § 261 in der Regel nicht gerügt werden, daß das Tatgericht hätte zweifeln müssen[527].

**181**　　Bei einer **wahldeutigen Verurteilung** müssen sich deren Voraussetzungen aus den Urteilsgründen ergeben. Wegen der Einzelheiten vgl. Rdn. 170.

**182**　　Die **Beweiswürdigung** des Tatrichters als solche ist der Nachprüfung des Revisionsgerichts entzogen[528], sofern sich die in den Urteilsgründen mitgeteilten Erwägungen im Rahmen der durch das Gesetz gezogenen Grenzen halten[529], mit den Denkgesetzen und Erfahrungssätzen vereinbar sind[530] und der Pflicht zur erschöpfenden Beweiswürdigung genügt ist[531]. Das **Revisionsgericht** hat nur zu beurteilen, ob das Gericht bei seiner Beweiswürdigung diesen Gesetzmäßigkeiten Rechnung getragen, die sich aus ihnen ergebenden Gesichtspunkte in ihrer Wertigkeit richtig erkannt, gegeneinander abgewogen und folgerichtig ausgewertet hat. Diese Nachprüfung erfaßt aber

---

[521] Rdn. 8; § 337, 162 mit weit. Nachw.; ferner etwa OLG Koblenz VRS **70** 18 (unwahrscheinlicher Geschehensverlauf kann nur unterstellt werden, wenn Urteil dies plausibel begründet).

[522] Die Absicherung des subjektiven Gewißheitsurteils durch objektiv gesicherte Feststellungen und durch Schlußfolgerungen, die dem „Erfordernis der Wissenschaftlichkeit" der Überzeugungsbildung genügen, wird heute im Schrifttum – wenn auch mit einer gewissen Variationsbreite – weitgehend gefordert. Vgl. etwa *Fincke* GA **1973** 272; *Gössel* GA **1979** 241; *Gössel* Tatsachenfeststellung in der Revisionsinstanz, in Schlosser/ Jonqueres/ Tasenack/ Chapus/ Gössel/ Decocq Arbeiten zur Rechtsvergleichung Bd. **112** (1982) 132; *Herdegen* FS Kleinknecht 175 (1985); *Klug* FS Möhring 363; *Krause* FS Peters 332; *Küper* FS II Peters 45; *Paeffgen* FS II Peters 85; *Peters* § 37 XI; *Peters* FS Gmür 316; *Peters* JR **1972** 30; JR **1977** 84; *Rieß* GA **1978** 257; *Roxin* § 15 II 1 a; *Rü-*

*ping* Kap. 7 I 2 b; *G. Schäfer* § 87 I; II 1 a; *Schlüchter* 567; 694.1; *Schneider* MDR **1962** 868; 591; *Stree* (In dubio pro reo) 40.

[523] Vgl. etwa BGH NStZ **1982** 478; **1984** 376; StrVert. **1982** 59; **1985** 92; bei *Holtz* MDR **1980** 631; BayObLGSt **1971** 128 = JR **1972** 30 mit Anm. *Peters*.

[524] Im Schrifttum (vgl. Fußn. 522) werden an den Grad der Wahrscheinlichkeit unterschiedliche Anforderungen gestellt (hinreichend, hochgradig, an Sicherheit grenzend); große Bedeutung dürften diese Unterscheidungen kaum haben, da die Revisionsgerichte die Plausibilität der Gründe immer nur einzelfallbezogen beurteilen.

[525] Vgl. Rdn. 13; 42.

[526] Vgl. Rdn. 103; § 337, 160 ff.

[527] Vgl. § 337, 161.

[528] Vgl. Rdn. 41 ff; 56 ff; § 337, 144; 146 ff.

[529] Vgl. Rdn. 43 ff.

[530] Vgl. Rdn. 44 ff; § 337, 165 ff; § 337, 165 ff.

[531] Vgl. Rdn. 56 ff; § 337, 151.

---

grundsätzlich immer nur den rational faßbaren, objektivierbaren Teil der Beweiswürdigung, nicht aber den darauf aufbauenden subjektiven Vorgang, der letztlich erst die volle Überzeugung des Tatrichters begründet. Hat die Beweiswürdigung alle festgestellten Tatsachen ausgeschöpft, sind die Schlüsse des Tatrichters möglich und mit den getroffenen Feststellungen vereinbar, dann kann das Revisionsgericht das Ergebnis nicht deshalb in Zweifel ziehen, weil es selbst davon nicht voll überzeugt ist (vgl. Rdn. 180).

Nachprüfbar ist, ob das Gericht die **Grenzen der freien Beweiswürdigung** ver- **183** kannt hat, sei es, daß es sie zu weit oder zu eng[532] angenommen oder ihre Einschränkung durch Verwertungsverbote und sonstige übergeordnete verfahrensrechtliche Gesichtspunkte[533] oder eine ausdrückliche gesetzliche Regelung[534] übersehen hat. Im letzteren Fall ist allerdings nicht § 261, sondern die betreffende Spezialnorm verletzt. Gegenstand der freien tatrichterlichen Beweiswürdigung sind grundsätzlich nur diejenigen Beweismittel und Vorgänge in der Hauptverhandlung, deren Verwendung nach Verfahrensrecht, vor allem nach dem Beweisrecht, zulässig ist[535]. Wegen der Einzelheiten vgl. Rdn. 41 ff; 56 ff; § 267, 166; und § 337, 77 ff; 108 ff; 120 ff.

**4. Verletzung der Pflicht zur eigenen Entscheidung** kann als Verstoß gegen § 261 **184** gerügt werden, wenn das Gericht sich in einer Frage zu Unrecht an die Vorentscheidung einer anderen Stelle, ein anderes Urteil oder die Festsetzungen oder Empfehlungen einer Verwaltungsbehörde gebunden glaubte und so den ihm eingeräumten Raum zur eigenverantwortlichen Entscheidung nicht genützt hat[536]. Gleiches gilt auch, wenn es Ausführungen und Ergebnis eines Sachverständigengutachten ungeprüft übernimmt[537]. Wegen der Einzelheiten wird auf Rdn. 29 ff; § 267, 61 verwiesen.

**5. Zur Begründung der Verfahrensrüge** muß der Revisionsführer nach § 344 **185** Abs. 2 lückenlos alle Tatsachen anführen, die notwendig sind, um den Verstoß gegen § 261 aufzuzeigen. Der Umfang des erforderlichen Tatsachenvortrags ist je nach Art und Richtung der Rüge unterschiedlich. Während es genügen kann, wenn vorgetragen wird, daß die Urteilsfeststellung über den Blutalkoholgehalt ohne Beweiserhebung getroffen worden sei[538], weil ausweislich der Sitzungsniederschrift kein dazu taugliches Beweismittel verwendet worden ist, bedarf es in anderen Fällen für die Rüge der Verwertung einer nicht aus dem Inbegriff der Hauptverhandlung gewonnenen Tatsache eines eingehenderen Tatsachenvortrags, um aufzuzeigen, daß die festgestellte Tatsache weder durch die Einlassung des Angeklagten noch durch ein Beweismittel in die Hauptverhandlung eingeführt worden war. Eine Revisionsbegründung, die sich nur in Angriffen gegen die Beweiswürdigung erschöpft, genügt nicht den Anforderungen des § 344 Abs. 2.

**6.** Mit der **Sachrüge** können aus den Urteilsgründen ersichtliche Fehler oder Män- **186** gel bei der Beweiswürdigung, Verstöße gegen Beweisverbote, zu strenge oder zu geringe Anforderungen an die Überzeugungsbildung oder die Verwertung nicht erwiesener Tatsachen ebenfalls gerügt werden. Zu den Einzelheiten vgl. § 337, 99.

---

[532] OLG Bremen VRS **47** 37.
[533] Vgl. Einl. Kap. **14**; Rdn. 64 ff; § 244, 186 ff.
[534] Vgl. Rdn. 65.
[535] *Hanack* JZ **1972** 314.

[536] Vgl. Rdn. 29 ff.
[537] Vgl. Rdn. 30; 97; ferner § 244, 300 ff; § 267, 61.
[538] Vgl. etwa OLG Hamburg MDR **1981** 693.

# § 262

(1) **Hängt die Strafbarkeit einer Handlung von der Beurteilung eines bürgerlichen Rechtsverhältnisses ab, so entscheidet das Strafgericht auch über dieses nach den für das Verfahren und den Beweis in Strafsachen geltenden Vorschriften.**

(2) **Das Gericht ist jedoch befugt, die Untersuchung auszusetzen und einem der Beteiligten zur Erhebung der Zivilklage eine Frist zu bestimmen oder das Urteil des Zivilgerichts abzuwarten.**

**Schrifttum.** *Arnhold* Strafbarer Ungehorsam gegen rechtswidrige Verwaltungsakte, JZ **1977** 789; *Benfer* Zum Begriff „Rechtmäßigkeit der Amtshandlung" in § 113 Abs. 3 StGB, NStZ **1985** 255; *Eggert* Die Bedeutung der Statusakte i. S. des § 1600 a BGB für den Strafrichter, MDR **1974** 445; *Erichsen/Knocke* Bestandskraft von Verwaltungsakten, NVwZ **1983** 185; *Gerhards* Die Strafbarkeit des Ungehorsams gegen Verwaltungsakte, NJW **1978** 86; *Haaf* Die Fernwirkung gerichtlicher und behördliche Entscheidungen. Dargestellt am Problem der Bindung des Strafrichters an Zivil- und Verwaltungsgerichtsurteile sowie an Verwaltungsakte (1984); *Haueisen* Unterschiede in den Bindungswirkungen von Verwaltungsakt, öffentlich rechtlichen Vertrag, gerichtlichen Vergleich und Urteil, NJW **1963** 1329; *Hellmann* Die Bindung des Strafrichters an Straf-, Zivil- und Verwaltungsgerichtsurteile, Diss. Münster 1954; *Kaiser* Die Bindung des Strafrichters an Zivilurteile im Verfahren nach § 170 b StGB, NJW **1972** 1847; *Kern* Die Aussetzung des Strafverfahrens zur Klärung präjudizieller Fragen nach § 262 Abs. 2 StPO, FS Reichsgericht 131; *Knöpfle* „Tatbestands"- und „Feststellungswirkung" als Grundlage der Verbindlichkeit von gerichtlichen Entscheidungen und Verwaltungsakten, BayVBl. **1982** 225; *Lagemann* Der Ungehorsam gegenüber sanktionsbewehrten Verwaltungsakten (1978); *Lorenz* Die Folgepflicht gegenüber rechtswidrigen Verwaltungsakten und die Strafbarkeit des Ungehorsams, DVBl. **1971** 165; *Merten* Bestandskraft von Verwaltungsakten, NJW **1983** 1993; *Mittenzwei* Die Aussetzung des Prozesses zur Klärung von Vorfragen (1971); *Mohrbotter* Bindung des Strafrichters an das Handeln der Verwaltung? JZ **1971** 213; *Nicklisch* Die Bindung des Gerichts an gestaltende Gerichtsentscheidungen und Verwaltungsakte (1969); *Ostendorf* Die strafrechtliche Rechtmäßigkeit rechtswidrigen hoheitlichen Handelns, JZ **1981** 165; *Schenke* Probleme der Bestandskraft von Verwaltungsakten, DÖV **1983** 320; *Schenke* Die Strafbarkeit der Zuwiderhandlung gegen einen sofort vollziehbaren, nachträglich aufgehobenen Verwaltungsakt, JR **1970** 449; *Schima* Gedanken zur Auslegung behördlicher Entscheidungen, FS Larenz (1983) 265; *Schlüchter* Tatbestandsmerkmal in der Krise. Überflüssige Reform oder Versöhnung des Konkursstrafrechts mit dem Schuldprinzip, MDR **1978** 977; *Skouris* Die schwebende Rechtssatzprüfung als Aussetzungsgrund gerichtlicher Verfahren, NJW **1975** 713.

**Bezeichnung** bis 1924: § 261.

*Inhaltsübersicht*

## I. Anwendungsbereich

**1. Vorfragen aus allen Rechtsgebieten** kann der Strafrichter grundsätzlich (Aus- **1** nahmen vgl. Rdn. 6 ff) selbst entscheiden. § 262 spricht dies nur für die Beurteilung bürgerlicher Rechtsverhältnisse aus. Sein Grundgedanke folgt aus § 261; er gilt auch bei Fragen anderer Rechtsgebiete[1], vor allem solcher des öffentlichen Rechts. Absatz 2 ist entsprechend anwendbar, wenn das Gericht ein Strafverfahren **aussetzen** will, um die Klärung einer für seine Entscheidung erheblichen Frage durch die Verwaltungs-, Finanz-, Sozial- oder Arbeitsgerichte anzuregen oder abzuwarten[2]. § 262 gilt auch im Bußgeldverfahren (§ 46 Abs. 1, § 71 OWiG).

**2.** Eine **Sonderregelung** enthält § 396 AO; der Strafrichter kann nach dieser Vor- **2** schrift das Strafverfahren wegen Steuerhinterziehung bis zum rechtskräftigen Abschluß des Besteuerungsverfahrens aussetzen[3].

---

[1] RGSt **43** 377; KK-*Hürxthal* 2; KMR-*Paulus* 2; *Eb. Schmidt* 2; vgl. § 154 d, 1; Einl. Kap. 12 X.

[2] RGSt **12** 3; **17** 26; **32** 110; **39** 64; **43** 42; 377; BayObLGSt **1960** 94 = NJW **1960** 1534; BayVerfGHE **16** 64 = GA **1963** 375; KK-*Hürxthal* 2; *Kleinknecht/Meyer*[37] 4; KMR-*Paulus* 3; *Kaiser* NJW **1961** 1190; vgl. § 154 d; 4.

[3] Vgl. § 154 d, 7 mit weit. Nachw., auch zur Frage, ob sich die auch hier ins Ermessen des

Gerichts gestellte Frage in Ausnahmefällen in eine Aussetzungspflicht verwandeln kann; ferner noch OLG Karlsruhe NStZ **1985** 227; LG Bonn NJW **1985** 3033; *Groh* NJW **1985** 997; *Lerche* FS für Hugo von Wallis (1985) 465; *Schlüchter* JR **1985** 360; *Vogel* NJW **1985** 2986; *Kirchhof* NJW **1985** 2977 (zur Bindung an bestandskräftigen Steuerbescheid); *Rößler* NJW **1986** 972 und die Nachw. Fußn. 89.

## II. Kompetenz zur Entscheidung außerstrafrechtlicher Vorfragen

### 1. Entscheidungsbefugnis des Strafgerichts

**3**    **a)** Absatz 1 stellt den **Grundsatz** auf, daß das Strafgericht — und zwar nach den für das Verfahren und den Beweis in Strafsachen geltenden Vorschriften, also nach seiner freien Überzeugung und ohne an die Einlassung der Parteien, an Beweisregeln, widerlegbare Vermutungen und dergleichen gebunden zu sein — auch über solche **bürgerliche Rechtsverhältnisse** (Rechtszustände, Berechtigungen usw.) zu entscheiden hat, von deren Vorhandensein oder Nichtvorhandensein die Strafbarkeit einer Handlung abhängt. Der in § 261 anerkannte Grundsatz der freien Beweiswürdigung gilt auch für die vom Strafgericht zu lösenden Vorfragen aus dem bürgerlichen Recht. Selbst wenn ein Zivilgericht über das zu beurteilende bürgerliche Rechtsverhältnis zur Zeit der vom Strafgericht abzuurteilenden Handlung schon rechtskräftig entschieden hatte, ist das Strafgericht im allgemeinen nicht gehalten, das bürgerliche Rechtsverhältnis seiner Entscheidung so zugrunde zu legen, wie es im Urteil des Zivilgerichts behandelt ist. Dies folgt auch daraus, daß für das Strafverfahren die Inquisitionsmaxime gilt, während der Zivilprozeß von dem Dispositionsgrundsatz geprägt wird, der Richter also an den unstreitigen Sachvortrag und das Beweiserbieten der Parteien gebunden ist und daher nur innerhalb dieser Grenzen die (formale) Wahrheit finden kann[4].

**4**    Eine Ausnahme kommt allerdings insoweit in Betracht, als Urteile der Zivilrichte **rechtsgestaltende Kraft** haben, also selbst Rechtsverhältnisse schaffen oder beseitigen. Denn durch § 262 sollte zwar, wie die Motive[5] ergeben, die Geltung der Grundregel des § 261 auch in den Fällen gesichert werden, in denen das Strafgericht zivilrechtliche Vorfragen zu entscheiden hat; damit sollte aber die Tatsache eines vor der Tat ergangenen zivilrechtlichen Urteils nicht schlechthin als bedeutungslos bezeichnet werden. Der Gesetzgeber war sich vielmehr darüber im klaren, daß ein solches Urteil nicht nur als Beweisanzeichen, sondern aus sachlichrechtlichen oder verfahrensrechtlichen Gründen unmittelbar die Entscheidung des Strafgerichts beeinflussen kann, glaubte aber, dafür keine auf alle möglichen Fälle passenden Vorschriften geben zu können.

**5**    **b) Gesetzlicher Richter** (Art. 101 Abs. 1 Satz 1 GG). Die dem Strafgericht eingeräumte Befugnis, auch Vorfrage aus anderen Rechtsgebieten mitzuentscheiden, läßt es auch bezüglich dieser Vorfrage zum gesetzlichen Richter werden. Entscheidet es diese mit, so wird dadurch das Recht des Angeklagten auf den gesetzlichen Richter nicht verletzt[6]. Nur wenn die Kompetenz zur Entscheidung einer Frage **ausschließlich** einem anderen Richter vorbehalten ist, ist der Strafrichter, da nicht entscheidungsbefugt, auch nicht gesetzlicher Richter[7].

### 2. Ausnahmen

**6**    **a) Ausschließliche Entscheidungskompetenz einer anderen Stelle.** Der Grundsatz, daß das Strafgericht Vorfragen aus anderen Rechtsgebieten nach den für den Strafprozeß geltenden Grundsätzen selbst entscheidet, erfährt dort Ausnahmen, wo der Gesetzgeber die Entscheidung bestimmter Fragen ausdrücklich einem anderen Gericht

---

[4] Vgl. OLG Oldenburg NJW **1952** 118; KK-*Hürxthal* 3; Einl. Kap. 7 I.
[5] *Hahn* 202.
[6] Vgl. BayVerfGHE **16** 64 = GA **1963** 375; ferner BGH NJW **1963** 446.
[7] Vgl. BVerfGE **3** 363; **9** 215; **13** 143; **18** 447; **23** 319; **64** 14; BVerfG 22. 10. 1986 2 BvR

1986/83; BayVerfGH NJW **1985** 2894. Ein Verstoß gegen die verfassungsrechtliche Garantie des gesetzlichen Richters liegt aber nur vor, wenn die Bejahung der eigenen Zuständigkeit willkürlich, nämlich bei objektiver Betrachtung unverständlich und objektiv unhaltbar war.

oder einer anderen Stelle vorbehalten hat[8]. Hierher gehört das Entscheidungsmonopol der Verfassungsgerichte und des Europäischen Gerichtshofs (dazu Rdn. 48 ff). In diesen Fällen muß das Gericht das Verfahren aussetzen und die Entscheidung der Vorfrage durch das allein dazu berufene Gericht herbeiführen. Gleiches gilt für die ausschließliche Entscheidungskompetenz der Kartellgerichte nach § 96 GWB.

**b) Landesrecht** kann Ausnahmen von den Regeln der §§ 261, 262 nur insoweit zu- **7** lassen, als die Strafprozeßordnung und die §§ 3 und 6 EGStPO sie ausdrücklich gestatten.

### 3. Bindung an Hoheitsakte

**a) Grundsätzlich keine Bindung.** Das Strafgericht ist — wie § 262 zeigt — grund- **8** sätzlich an die **Entscheidungen anderer Gerichte** nicht gebunden. Dies gilt selbst, wenn die Gültigkeit einer Ehe in Frage steht; die Reichstagskommission hat einen Antrag, der eine abweichende Behandlung dieses Falls bezweckte, abgelehnt[9]. Das Strafgericht hat also auch hierüber selbst zu entscheiden, wenn sich diese Frage ihm als Vorfrage (zu unterscheiden von den Fällen der Tatbestandswirkung) stellt. Die **Rechtsauffassung anderer Behörden**, ihre allgemein oder in der gleichen Sache vertretene Ansicht, ist für den Strafrichter unverbindlich[9a]. Sie befreit ihn grundsätzlich nicht von der Pflicht, die jeweilige Frage in tatsächlicher und rechtlicher Hinsicht selbst zu prüfen und zu entscheiden. Etwas anderes gilt, wenn das Vorliegen einer Verwaltungsentscheidung lediglich die Bedeutung eines Tatbestandsmerkmals hat. Zur Bindung durch rechtsgestaltende Verwaltungsakte und durch Gestaltungsurteile vgl. Rdn. 11 ff.

**b) Einzelfragen zur Bindung an Urteile.** Urteile in **bürgerlichen Rechtssachen**, ein- **9** schließlich der arbeitsgerichtlichen Urteile, binden den Strafrichter grundsätzlich nicht. Abzulehnen ist die Ansicht, daß **Zivilurteile**, die **bereits vor der Tat** das Bestehen oder Nichtbestehen eines durch Rechtssatz begründeten Rechtsverhältnisses mit Wirkung gegen den Angeklagten rechtskräftig festgestellt haben, das Strafgericht binden, sofern sie nicht erschlichen sind[10]. Die Bindung des Strafgerichts an die Entscheidung eines anderen Gerichts kann nicht davon abhängen, wann diese Entscheidung ergangen ist. Eine andere Frage ist, ob ein vor der Tat ergangenes Urteil nach dem materiellen Recht als eine Pflichten begründende oder beseitigende Tatsache zu beachten ist[11]. Dies muß durch Auslegung des einzelnen Straftatbestands ermittelt werden. Im Einzelfall mag eine solche Auslegung des materiellen Rechts angebracht sein[12], wollte man dies aber

---

[8] Zur Frage, ob die Bindung an die Entscheidung einer nichtrichterlichen Stelle mit Art. 19 Abs. 4 GG und dem Rechtsprechungsmonopol der Gerichte (Art. 92, 97 GG) vereinbar ist, vgl. Einl. Kap. **13** XIII; *Mohrbotter* JZ **1971** 213; zum Aussetzungszwang nach § 96 Abs. 2 GWB vgl. *Schmidt* NJW **1977** 10; ferner OLG Karlsruhe Justiz **1983** 133 (keine Bindung an die Auffassung des Auswärtigen Amts bei Auslegung des Art. 38 WÜD); dazu auch bei § 18 GVG.

[9] Prot. *Hahn* 422 ff.

[9a] So etwa BayObLGSt **1960** 95 = NJW **1960** 1534 mit Anm. *Karch*; OLG Karlsruhe Justiz **1983** 133; vgl. auch BVerwGE **6** 42.

[10] Wie hier BGHSt **5** 108; OLG Stuttgart

NJW **1960** 2204; **a. A** OLG Königsberg GA **56** (1909) 254; OLG Dresden GA **61** (1914) 370; *Binding* Abh. **2** 306; dazu vgl. *Schwab* NJW **1960** 2169 ff.

[11] Die Motive (*Hahn* 201) sahen in dieser Unterscheidung die Lösung des Problems, ähnlich OLG Braunschweig NJW **1953** 558; *Dünnebier* JZ **1961** 672 und *Böttcher* FS zum hundertjährigen Bestehen des Deutschen Juristentags Bd. I 511 ff; vgl. dazu *Schwab* NJW **1960** 2169 ff.

[12] Wieweit ein rechtskräftiges Unterhaltsurteil den Strafrichter bindet, ist vor allem beim abweisenden Urteil strittig; vgl. Rdn. 11 und die Kommentare zu § 172 b StGB.

Walter Gollwitzer

allgemein annehmen, so würde das bedeuten, daß jedem Urteil Gestaltungswirkung beigemessen würde.

**10**    Eine Bindung tritt auch nicht ein, wenn das Gericht das Verfahren nach Absatz 2 oder nach § 154 d ausgesetzt und die **Entscheidung** eines anderen Gerichts **abgewartet** hat. Es steht in seinem an der Aufklärungspflicht auszurichtenden, pflichtgemäßem Ermessen, ob es ein solches Urteil seiner Entscheidung zugrunde legen will[13]. Das Strafgericht, das die Entscheidung eines Zivilgerichts für zutreffend hält, kann, wie die §§ 262, 359 Nr. 4 zeigen, sein Urteil auf diese Entscheidung stützen. Es ist in diesem Fall in der Regel nicht genötigt, seinerseits nochmals die Beweise zu erheben, auf denen das Urteil des Zivilrichters beruht. Dieses kann, vor allem wenn rechtskräftig, hinsichtlich des Rechtsverhältnisses die strafgerichtliche Beweisführung ersetzen, also selbst als Beweismittel wirken, sofern es für das Strafgericht überzeugend ist[14]. Andererseits ist das Strafgericht aber nicht gehalten, sich der Feststellung zu unterwerfen, die in dem abgewarteten Zivilurteil wegen des bürgerlichen Rechtsverhältnisses rechtskräftig getroffen ist[15].

**11**    **Entscheidungen** des Zivilrichters, die **für und gegen alle** wirken, wie etwa die Feststellung der Vaterschaft nach §§ 1600 a BGB, §§ 640 ff ZPO sind nach heute herrschender Ansicht für das Strafgericht bindend[16]. Abgesehen von diesen inter omnes wirkenden Entscheidungen vertritt die vorherrschende Meinung weiterhin die Ansicht, daß das Strafgericht im Verfahren **wegen Verletzung einer gesetzlichen Unterhaltungspflicht** (§ 170 b StGB) nicht an eine rechtskräftige Verurteilung des Angeklagten zur Unterhaltszahlung gebunden ist[17]. Es entscheidet auch hier nach den allgemeinen, für das Strafverfahren maßgebenden Grundsätzen, zu denen auch die Anwendung des Grundsatzes im Zweifel für den Angeklagten gehört[18]. Dies schließt nach allerdings strittiger Ansicht nicht aus, daß bei der Entscheidung über das Bestehen eines bürgerlich-rechtlichen Unterhaltsanspruchs die dem System des materiellen Rechts zugehörigen Beweisvermutungen beachtet werden müssen, da es sich bei diesen um Anwendungsregeln für das materielle Recht und nicht nur um verfahrensrechtliche Beweiserleichterungen handelt[19]. Über die Nichtehelichkeit eines in der Ehe geborenen Kindes darf dagegen der

---

[13] BayObLGSt **1952** 224; OLG Oldenburg NJW **1952** 118; KK-*Hürxthal* 3.

[14] Motive (*Hahn* 202); RG GA **61** (1914) 509; BGHSt **5** 108; OLG Oldenburg NJW **1952** 118; OLG Celle NJW **1955** 563; BayObLGSt **1952** 224; *Peters* § 31. Strittig, vgl. § 249, 16 ff.

[15] Wegen der Ausnahmen vgl. Rdn. 11; 15.

[16] BGHSt **26** 111 zu Art. 12 § 3 Abs. 1, 2 NEG (mit Hinweis, daß BGHSt **5** 108 überholt); OLG Hamm JMBlNW **1974** 19; OLG Stuttgart NJW **1973** 2305; *Kaiser* NJW **1972** 1847; KK-*Hürxthal* 7; *Kleinknecht/Meyer*[37] 3; KMR-*Paulus* 12; *Roxin* § 15 C I 3; *Schwab* NJW **1960** 2172. Nach der früher vorherrschenden Meinung bindet auch ein im Statusprozeß ergangenes Urteil den Strafrichter nicht, da es ein Feststellungsurteil ist, BGH LM Nr. 6 zu § 640 ZPO; OLG Stuttgart NJW **1960** 2204; *Eb. Schmidt* Nachtr. I 6; *Müller-Sax*[6] 1 c; *Bruns* FS Lent (1957) 105 ff; **a. A** auch *Eggert* MDR **1974** 445 (Tatbestandswirkung).

[17] Strittig, vgl. BGHSt **5** 106; BayObLGSt **1967** 1 = NJW **1967** 1287; aber auch BGHSt **12** 166; BayObLGSt **1961** 110 = JZ **1961** 672 mit Anm. *Dünnebier*; OLG Bremen NJW **1964** 1286; OLG Celle NJW **1955** 563 sowie die weit. Nachw. zum Streitstand in den Erläuterungsbüchern zu § 172 b StGB; ferner Fußn. 19. Wie hier auch KK-*Hürxthal* 3; KMR-*Paulus* § 244, 282.

[18] Vgl. etwa *Lackner*[16] § 172 b StGB, 2 a; § 261, 103 ff.

[19] Vgl. etwa OLG Braunschweig NdsRpfl. **1959** 230; OLG Celle NJW **1962** 600; KMR-*Paulus* § 244, 282; *Koffka* JR **1968** 228; *Mattmer* NJW **1967** 1593; *Schröder* JZ **1959** 347; vgl. auch OLG Braunschweig NJW **1964** 214; **a. A** OLG Celle NJW **1955** 563. Wegen weiterer Nachweise zum Streitstand vgl. die Kommentare zu § 172 b StGB.

Strafrichter nicht selbst entscheiden. Sie muß durch eine erfolgreiche Anfechtungsklage rechtskräftig festgestellt sein[20].

**Rechtskräftige strafgerichtliche Urteile** aus einem anderen Verfahren[21] binden den **12** Strafrichter nicht, selbst wenn sie dieselbe Tat betreffen, wie etwa das abgetrennte Verfahren gegen einen Mittäter. Nur in ausdrücklich geregelten **Ausnahmefällen**, wie etwa § 190 StGB, begründet das Gesetz die Verbindlichkeit einer in anderer Sache ergangenen strafrichterlichen Entscheidung[22].

An die Urteile der Gerichte **anderer Gerichtszweige** ist das Strafgericht grundsätz- **13** lich nicht automatisch gebunden[23], auch soweit in diesen Verfahren — anders als im normalen Zivilprozeß — der Grundsatz der Amtsuntersuchung gilt. Sofern nicht Sondervorschriften bestehen, ist es frei, ob es ein solches Urteil zur Grundlage seiner Entscheidung machen will. Dies gilt auch für die Urteile der Finanz- und Verwaltungsgerichte[24]. Es ist strittig, ob , in welchen Fällen und wieweit deren Entscheidungen den Strafrichter binden, vor allem, wenn sie über die Rechtmäßigkeit eines Verwaltungsakts entschieden haben[25]. Bei Berücksichtigung der besonderen Aufgabe des Strafprozesses und seinen besonderen Rechtsgarantien wird man jedoch entsprechend dem Grundgedanken des § 262 Abs. 1 die grundsätzliche Bindung des Strafgerichts an Vorentscheidungen der Verwaltungsgerichte nicht schon zwingend aus dem ungeschriebenen kompetenzrechtlichen Grundsatz der gegenseitigen Respektierung kompetenzgerechter Hoheitsakte herleiten können[26] oder aus einer nur inter partes bestehenden Rechtskraftwirkung (§ 121 VwGO)[27]. Ob die Vorfragenkompetenz des Strafrichters einge-

[20] RGHSt **12** 166; BayObLGSt **1961** 110 = JZ **1961** 672 mit Anm. *Dünnebier*; OLG Frankfurt FamRZ **1957** 367; a. A OLG Saarbrücken FamRZ **1959** 35.

[21] Zu unterscheiden davon sind die innerhalb des gleichen Verfahrens durch Rechtsmittelbeschränkung oder begrenzter Zurückverweisung eintretenden Bindungen sowie die Bindungen durch § 358 Abs. 1.

[22] Vgl. § 261, 64.

[23] Es hängt vom Einzelfall ab und ist weitgehend strittig, ob, in welchem Umfang und aus welchem Rechtsgrund sich Bindungen ergeben können; so etwa *Knöpfle* BayVBl. **1982** 225 (rechtsdogmatisch unsicheres und kontroverses Terrain). Vgl. etwa Fußn. 26, 54 und Einl. Kap. **12** X.

[24] *Kleinknecht/Meyer*[37] 5; *Peters* § 5 VII; *Roxin* § 15 C II 3; *Rüping* Kap. 7 III 4 a; zur strittigen Frage der Bindung an die Entscheidung der Finanzgerichte über das Bestehen eines Steueranspruchs vgl. OLG Hamm NJW **1978** 283; die Nachweise bei Fußn. 3; Einl. Kap. **12** X; ferner zur früheren Rechtslage BGHSt **14** 11.

[25] Vgl. BayVerfGHE **16** 64 = GA **1963** 375, wo die Frage offengelassen wird; ferner BayObLGSt **1961** 256. Soweit im Schrifttum für andere Verfahren eine solche grundsätzliche Bindung bejaht wird (vgl. etwa *Eyermann/Fröhler*; *Redeker/von Oertzen* VwGO[8] § 121, 9; *Menger* VerwA **1955** 78; **1963** 205; *Soergel/Siebert* BGB Einl. 110 ff mit Hinweisen auf die Rechtsprechung, insbesondere des Bundesgerichtshofs, etwa BGHZ **15** 19; BGH DÖV **1981** 337), sind die dafür maßgebenden Erwägungen nicht ohne weiteres auf den Strafprozeß übertragbar.

[26] Zur Ableitung der wechselseitigen Bindung der Gerichte aus allgemeinen Grundsätzen vgl. *Knöpfle* BayVBl. **1982** 225; mit weit. Nachw. ferner etwa *Redeker/von Oertzen* VwGO § 121, 19 (aus Wesen der funktionellen Zuständigkeit).

[27] Zu den Grenzen der nicht nur auf den Bereich der Verwaltungsrechtspflege beschränkten materiellen Bindung der Beteiligten durch § 121 VwGO vgl. die einschlägigen Kommentare zur VwGO; ferner etwa BGHZ **15** 19; BGH DÖV **1981** 337 (zu § 47 VwGO); NVwZ **1982** 148.

schränkt wird, ist primär durch Auslegung des Straftatbestandes zu bestimmen[28], aus dem sich ergibt, ob er die Rechtmäßigkeit des Verwaltungshandelns voraussetzt oder ob rechtsgestaltende Verwaltungsakte und die sie bestätigenden oder aufhebenden verwaltungsgerichtlichen Entscheidungen vom Strafrichter hinzunehmen sind[29].

**14**　　Aus den **Entscheidungen der Verfassungsgerichte**[30], des **Europäischen Gerichtshofs**[31] und des **Europäischen Gerichtshofs für Menschenrechte**[32] kann über die entschiedene Sache hinaus eine auch für andere Verfahren geltende Bindung an eine bestimmte Rechtsauffassung erwachsen. Wird im **Normenkontrollverfahren** nach § 47 VwGO eine im Rang unter den Landesgesetzen stehende Norm (Verordnung u. a.) für ungültig erklärt, ist dies auch für die Strafgerichte verbindlich[33].

**15**　　c) **Rechtsgestaltende Urteile** und **rechtsgestaltende Entscheidungen der Verwaltungsbehörden** muß das Strafgericht grundsätzlich beachten[34]. Es muß den Rechtszustand, der durch ein rechtskräftiges Gestaltungsurteil — etwa ein Grenzscheidungsurteil (§ 920 BGB) oder ein Ehescheidungsurteil — geschaffen wurde, anerkennen und seiner Entscheidung zugrunde legen[35]. Dasselbe gilt für einen **rechtsgestaltenden Verwaltungsakt**, wie etwa die Verleihung der Beamteneigenschaft oder der Staatsangehörigkeit[36] oder die Erteilung oder den Widerruf einer Erlaubnis oder die Widmung eines öffentlichen Wegs[37]. Gestaltend in dem hier maßgebenden weiten Sinn wirken auch die vor allem im Sicherheits- und Ordnungsrecht häufigen „befehlenden" Verwaltungsakte, die ein bestimmtes Tun gebieten oder verbieten und dadurch Pflichten für den Bürger begründen[38]. **Entscheidungen des Patentamts** über die Erteilung, Nichtigkeit oder Zu-

---

[28] Vgl. Rdn. 17; Fußn. 44. Wenn der Straftatbestand auf die Rechtmäßigkeit des Verwaltungshandelns abstellt, kann ohnehin nicht angenommen werden, daß der Gesetzgeber die Kontrollbefugnis allein den Verwaltungsgerichten zugewiesen hat. Vgl. die Hinweise Fußn. 34; 35; *Bachof* JZ **1952** 212; *Lorenz* DVBl. **1971** 171; KMR-*Paulus* 12; *Knöpfle* BayVerwBl. **1982** 230; *Schenke* JZ **1970** 450.

[29] Vgl. Rdn. 15; ferner BGHSt **31** 314 (Auslegung von Auflagen). Ob der Richter auch an Verwaltungsakte ohne konstitutive Wirkung gebunden ist, ist strittig; vgl. Einl. Kap. **12** X; ferner *Eyermann/Fröhler* VwGO[8] § 42, 28; *Bachof* JZ **1962** 605, 748; *Bettermann* Grundrechte III/2 534 ff; 905; *Knöpfle* BayVerwBl. **1982** 228; *Menger* VerwA **1955** 78; **1963** 205; *Merten* NJW **1983** 1993; ferner Einl. Kap. **12** X.

[30] Vgl. insbes. § 31 BVerfGG; ferner Rdn. 49 ff.

[31] Vgl. Rdn. 60; ferner etwa *Herdegen* MDR **1985** 543.

[32] Dazu *Stöcker* NJW **1982** 1905 (Anwendungsverbot für eine als konventionswidrig erklärte Norm).

[33] Vgl. Rdn. 69 und die Kommentare zu § 47 VwGO.

[34] BayVerfGHE **16** 64 = GA **1963** 375; BayObLGSt **1953** 186; **1959** 260; **1961** 256; BayObLGZ **1962** 87; RGSt **18** 440; **43** 375; RGZ **151** 193; BGHZ **1** 225; OLG Köln GA **59** (1912) 213; BVerwGE **4** 331; KK-*Hürxthal* 5; 6; KMR-*Paulus* 12; *Peters* § 5 VII; *Eb. Schmidt* 14; vgl. Fußn. 29, 61, 63, 103 mit weit. Nachw.

[35] RGSt **14** 374; BayVerfGH **16** 64 = GA **1963** 375; OLG Hamm GA **63** (1916) 455; KK-*Hürxthal* 5; KMR-*Paulus* 12; *Peters* § 5 VII.

[36] KK-*Hürxthal* 6; KMR-*Paulus* 12; *Peters* § 5 VII.

[37] Vgl. etwa BGHZ **1** 225; **48** 243; **77** 341; **90** 12; ferner die Kommentare zur VwGO.

[38] OLG Düsseldorf NStZ **1981** 68; weit. Nachw. Fußn. 63. Zu den vielfältigen Formen rechtsgestaltender Verwaltungsakte vgl. die Kommentare zu den Verwaltungsverfahrensgesetzen. Die Einteilung ist unterschiedlich; soweit neben dem „feststellenden" und dem „gestaltenden" Verwaltungsakt die Sondergruppe der „befehlenden" Verwaltungsakte gestellt wird (vgl. etwa *Erichsen/Martens* Allgemeines Verwaltungsrecht § 12 I), ist diese wegen ihrer Pflichten begründenden oder konkretisierenden Wirkung den gestaltenden Verwaltungsakten

rücknahme eines Patents[39] oder über die Eintragung eines Warenzeichens in die Zeichenrolle binden den Richter[40], nicht aber die Eintragung von Gebrauchsmustern[41].

Betrifft die **Gestaltungswirkung** allerdings ein **Tatbestandsmerkmal**, dann muß sie **16** bereits vor der Tat eingetreten sein; eine Rückwirkung wäre strafrechtlich unbeachtlich[42]. Auch eine zu Unrecht im Strafregister vorgenommene Löschung einer Vorstrafe ist als begünstigender Verwaltungsakt verbindlich[43].

Bei rechtsgestaltenden Hoheitsakten besteht ausnahmsweise **keine Bindung**, wenn **17** der einzelne Straftatbestand nicht auf ihre **Wirksamkeit** (bzw. Vollziehbarkeit) und die von ihnen herbeigeführte pflichtenbegründende oder konkretisierende Rechtswirkung abstellt, sondern darauf, ob sie **rechtmäßig** waren[44], wie beispielsweise in den §§ 113, 352, 353 StGB. *Lorenz*[45] nimmt abweichend von der herrschenden Meinung aber auch dann ein Prüfungsrecht des Strafgerichts an, wenn die Auslegung des Straftatbestandes ergibt, daß die Verletzung der im Verwaltungsakt konkretisierten materiellen öffentlichen Interessen und nicht der formale Ungehorsam mit Strafe bedroht ist; dann könne das Strafgericht selbst nachprüfen, ob der in seiner Existenz nicht in Frage gestellte Verwaltungsakt rechtmäßig sei.

**d) Nichtigkeit.** Eine Bindung entfällt, wenn das **Gestaltungsurteil nichtig** ist[46]. **18** Desgleichen sind **nichtige Verwaltungsakte** als rechtlich nicht existent zu betrachten (vgl. § 43 Abs. 3; § 44 VwVfG). Sie binden das Strafgericht nicht[47]. Es kann, sofern dies nicht ausnahmsweise einem besonderen Verfahren vorbehalten ist, ihre Nichtigkeit selbst feststellen, es kann jedoch auch das Verfahren nach § 262 Abs. 2 aussetzen, wenn die Nichtigkeit Gegenstand eines verwaltungsgerichtlichen Verfahrens ist.

---

zuzurechnen. Lediglich „gesetzeswiederholende" Verwaltungsakte haben diese Wirkung nicht (vgl. etwa BayVGH DÖV **1982** 251; BVerwG NJW **1977** 772). Im Einzelfall bestehen hier Zweifelsfragen.

[39] RGSt **3** 253; **7** 147; **14** 262; vgl. RGZ **59** 133; **61** 21; BGH GRUR **1957** 270; *Spendel* NJW **1966** 1104; KK-*Hürxthal* 6; KMR-*Paulus* 10; *Kleinknecht/Meyer*[37] 4. Zur Bindungswirkung eines Patents vgl. die Kommentare zu § 14 PatG; ferner die internationalen Übereinkommen, etwa Art. 76 des Übereinkommens über das Europäische Patent für den Gemeinsamen Markt.

[40] RGSt **28** 277; **30** 214; **33** 308; **42** 88; **44** 194; **46** 23; **48** 391; *Schenke* JZ **1970** 453; KK-*Hürxthal* 6; *Kleinknecht/Meyer*[37] 4; KMR-*Paulus* 6.

[41] RGSt **46** 93; *Reimer* Patentgesetz und Gebrauchsmustergesetz[3] 5 zu § 5 GbmG; vgl. auch § 11 GbmG; KMR-*Paulus* 10.

[42] Vgl. BayObLGSt **1961** 256; KK-*Hürxthal* 6; zur Beachtlichkeit auf Grund der Tatbestandswirkung vgl. Rdn. 21 ff.

[43] BGHSt **20** 205; KMR-*Paulus* 12.

[44] Strittig. Vgl. *Arnold* JZ **1977** 789; *Bachof* JZ **1952** 212; *Benfer* NStZ **1985** 255; *Bettermann* Grundrechte III/2, 902 ff; *Eyermann/Fröhler* VwGO[8] § 40, 26; *Günther*

NJW **1973** 311; KMR-*Paulus* 11; *Lorenz* DVBl. **1971** 172; *W. Meyer* NJW **1972** 1845; *Schenke* JZ **1970** 450; *Wagner* JuS **1975** 224; ferner etwa OLG Celle NJW **1971** 444 (keine Bindung durch rechtswidrige Auflage); ferner *Horn* NJW **1981** 2; *Knöpfle* BayVerwBl. **1982** 228 sieht die Nachprüfbarkeit der Rechtmäßigkeit der Verwaltungsakte durch den Strafrichter in diesen Fällen als eine durch den jeweiligen Straftatbestand begründete, gesetzliche Ausnahme von der durch die Kompetenzordnung festgelegten Maßgeblichkeit an. *Ostendorf* JZ **1981** 165 stellt dagegen den Unterschied zwischen Grund- und Vollzugsakt heraus (auch rechtswidriger Hoheitsakt kann rechtmäßig vollstreckt werden); vgl. ferner *Gerhards* NJW **1978** 86 und die Kommentare zu § 113 StGB.

[45] DVBl. **1971** 172.

[46] Vgl. Einl. Kap. 14.

[47] BayVerfGHE **16** 64 = GA **1963** 375; *Bachof* SJZ **1949** 387; *Eyermann/Fröhler* VwGO[8] § 40, 26; *Redeker/von Oertzen* VwGO § 42, 18; *Bettermann* Grundrechte III/2 906; *Bergmann* VerwA **1958** 352; vgl. BGH NJW **1957** 1403; *Gerhards* NJW **1978** 86; *Knöpfle* BayVerwBl. **1982** 22.

**19**　　e) **Akte fremder Hoheitsgewalt.** Die Entscheidungen **aller Gerichte der Bundesrepublik** sind beachtlich, auch soweit sie nicht auf einer bundeseinheitlichen Verfahrensordnung, sondern auf Landesrecht beruhen. **Ausländische Urteile** sind insoweit beachtlich, als sich dies aus einem innerstaatlichen Rechtssatz oder dem Völkerrecht, vor allem aus internationalen Vereinbarungen ergibt[48]. Aus der bundesstaatlichen Kompetenzordnung folgt ferner, daß auch **andere Hoheitsakte** eines Bundeslandes, vor allem rechtsgestaltende Verwaltungsakte, in den anderen Ländern zu beachten sind, und zwar ganz gleich, ob sie auf Grund Bundesrechts[49] oder Landesrechts erlassen werden[50]. Soweit dies durch Rechtssatz[51] ausdrücklich festgelegt ist, gilt dies auch für Hoheitsakte ausländischer Staaten und Staatengemeinschaften[52].

### 4. Tatbestandswirkung der hoheitlichen Entscheidung

**20**　　a) **Allgemein.** Das materielle Strafrecht stellt mitunter auf das Vorliegen eines bestimmten Urteils, Verwaltungsakts oder sonstigen Hoheitsaktes **als bloßes Faktum** ab; für den Straftatbestand genügt dann die Tatsache, daß ein solcher Hoheitsakt wirksam ergangen ist. Ob sich die strafrechtliche Bedeutung des Hoheitsakts in einer solchen **Tatbestandswirkung**[53] erschöpft, ist durch Auslegung des jeweiligen Straftatbestandes zu ermitteln, bei dem der fragliche Hoheitsakt oder sein Fehlen (z. B. „ohne Erlaubnis")[53a] ein Tatbestandsmerkmal oder eine objektive Bedingung der Strafbarkeit bilden[54]. In diesen Fällen braucht die Rechtmäßigkeit des Urteils oder des Verwaltungshandelns[55] nicht nachgeprüft zu werden. Vom Strafgericht ist lediglich Vorhandensein und Wirksamkeit des Urteils oder des Verwaltungsakts, oder — sofern der Straftatbestand darauf abstellt oder der Eintritt der Gestaltungswirkung davon abhängt — die Rechtskraft oder Bestandskraft des Hoheitsaktes festzustellen. Ein **nichtiger Hoheitsakt** kann auch keine Tatbestandswirkung zeigen, seine Unwirksamkeit ist von jedermann zu beachten[56].

---

[48] Zur Bindungswirkung der Entscheidungen des EuGH vgl. BVerfGE **45** 162; **52** 201; BVerfG 22. 10. 86; einschlägig sind auch die Kollisionsnormen des internationalen Privat- und Strafrechts.

[49] So BVerfGE **11** 19; die Abgrenzung ist aber zu eng.

[50] Zu den wenig geklärten Fragen vgl. *Bleckmann* NVwZ **1986** 1.

[51] Hierher rechnen auch die internationalen Abkommen.

[52] Vgl. *Bleckmann* JZ **1985** 1072 mit weit. Nachw.; ferner zur Rechtsnatur der öffentlichen Gewalt zwischenstaatlicher Einrichtungen etwa BVerfGE **58** 26 ff.

[53] Zu den unterschiedlichen Definitionen dieses auf *Kormann* (AöR **30** -1913- 255: „Wirkung, die ein Staatsakt als solcher durch die bloße Tatsache seines Vorhandenseins hat") zurückgehenden Begriffs vgl. *Knöpfle* BayVerwBl. **1982** 226; zur Unterscheidung zwischen Tatbestandswirkung und Bestandskraft ferner etwa *Merten* NJW **1983** 1993.

[53a] Stellt der Straftatbestand darauf ab, daß **eine Erlaubnis fehlt**, genügt es, wenn zur Zeit der Tat keine vorliegt. Es ist unerheblich, ob die Versagung angefochten ist; vgl. OLG Saarbrücken JMBl. Saar **1964** 208.

[54] Grundsätzlich wird davon auszugehen sein, daß die Bestandskraft als Eigenschaft des Verwaltungsaktes sich aus den für ihn geltenden Regeln des allgemeinen oder besonderen Verwaltungsrechts ergibt, während eine darüber hinausgehende Feststellungswirkung auch aus Sondervorschriften folgen kann. Die Tragweite der Tatbestandswirkung ist dagegen aus dem Blickwinkel der Rechtsnorm zu beurteilen, für deren Anwendung der Verwaltungsakt als Tatbestandsmerkmal Bedeutung hat. Die verschiedenen Betrachtungsweisen bringen notwendig Überschneidungen mit sich; vgl. Rdn. 22.

[55] Etwa das Vorliegen einer behördlichen Erlaubnis, vgl. *Ostendorf* JZ **1981** 174 (auch zur Frage einer rechtsmißbräuchlich erschlichenen Erlaubnis); ferner *Horn* NJW **1981** 3.

[56] Weitgehend h. M. *Kleinknecht/Meyer*[37] 1; vgl. etwa *Lorenz* DVBl. **1971** 166 mit weit. Nachw. und Rdn. 18. Ferner Einl. Kap. **12** X.

**b) Beispiele.** Manche Straftatbestände setzen eine bestimmte **rechtskräftige rich-** **21** **terliche Entscheidung** voraus, so beispielsweise § 238 Abs. 2 StGB, daß die erschlichene Ehe durch ein rechtskräftiges Urteil aufgehoben oder für nichtig erklärt wurde[57], § 84 Abs. 1 StGB, daß das Bundesverfassungsgericht eine Partei für verfassungswidrig erklärt hat[58] oder § 258 Abs. 2 StGB, daß ein vollstreckungsfähiges Urteil vorliegt[59] oder die §§ 283 ff StGB, daß der Konkurs durch einen rechtskräftigen Beschluß eröffnet oder der Eröffnungsantrag mangels Masse abgewiesen worden ist (§ 283 Abs. 6 StGB)[60].

Straf- und Bußgeldtatbestände fordern vielfach nur, daß ein bestimmter (wirksa- **22** mer) **Verwaltungsakt** ergangen ist, etwa eine wirksame Pfändung bei § 137 StGB oder eine bestimmte Verwaltungsanordnung[61] oder eine wirksam gewordene Auflage[62] oder auch einen wirksamen Widerruf eines begünstigenden Verwaltungsakts[62a]. Für die Strafbarkeit einer Zuwiderhandlung gegen die Anordnung einer Verwaltungsbehörde ist meist ausreichend, aber auch erforderlich, daß der mit seinem Erlaß wirksame, aber noch nicht bestandskräftige Verwaltungsakt, der die Anordnung enthält, im Zeitpunkt der Tat **unanfechtbar oder vollziehbar** und damit vom Angeklagten zu beachten war[63]. In Ausnahmefällen, etwa, wenn der Verwaltungsakt nur eine bereits bestehende Verpflichtung konkretisiert, hat die Rechtsprechung allein auf die mit Erlaß des Verwaltungsaktes eingetretene Wirksamkeit abgestellt[63a]. Was der Gesetzgeber gewollt hat, ist durch **Auslegung** des jeweiligen Straf- oder Bußgeldtatbestands zu ermitteln[64].

---

[57] Vgl. Einl. Kap. **12** X und die Kommentare zu § 238 Abs. 2 StGB.

[58] Ferner etwa § 82 StGB, § 20 VereinsG.

[59] *Sturm* JZ **1975** 11; KMR-*Sax* Einl. Kap. **16** XIII und die Kommentare zu § 250 StGB.

[60] Vgl. dazu etwa BGHSt **28** 231; *Schlüchter* MDR **1978** 977; *Tiedemann* NJW **1977** 717; zum früheren Recht etwa RGSt **26** 37; BGH bei *Herlan* GA **1955** 365.

[61] Wie etwa nach herrschender, wenn auch umstrittener Rechtsprechung ein Verkehrszeichen; vgl. BVerfG NJW **1965** 2395; BGHSt **20** 128; **23** 88; BayObLGSt **1967** 69; **1975** 144; **1977** 47; 192; **1979** 6; **1981** 54; **1983** 17; **1984** 57; **1985** 12; OLG Celle NJW **1967** 7; BVerwG **27** 182; **59** 224.

[62] Vgl. BGHSt **31** 314 (Aufenthaltsbeschränkung nach AuslG).

[62a] Vgl. auch OLG Stuttgart NJW **1977** 1408 (Wegfall einer Bedingung).

[63] BVerfGE **22** 27; BGHSt **23** 91; BayObLGSt **1957** 204; **1962** 31; **1985** 64; BayObLG VRS **35** 195; NStZ **1986** 36; OLG Düsseldorf NStZ **1981** 68; OLG Hamm MDR **1979** 516; NJW **1980** 1476; *Bachof* SJZ **1949** 388; JZ **1952** 212; **1962** 605; 748; *Bettermann* Grundrechte III 2 904; *Horn* NJW **1981** 2; vgl. ferner etwa *Ostendorf* JZ **1981** 165; *Schenke* JR **1970** 749; *Vogel* BayVerwBl. **1977** 617; zur ähnlichen Rechtslage bei Anordnung von Zwangsgeld vgl. etwa BayVGH BayVerwBl. **1976** 86 mit abl. Anm.

*Kalkbrenner*; OVG Lüneburg NdsRpfl. **1985** 264. Die im Verwaltungsrecht strittige Frage, ob der grundsätzlich mit Bekanntgabe wirksam werdende Verwaltungsakt (vgl. § 43 Abs. 1 VwVfG) durch die aufschiebende Wirkung der Anfechtung in seiner Wirksamkeit oder nur in seiner Vollziehbarkeit gehemmt wird (dazu etwa *Erichsen/Klenke* DÖV **1976** 833; *Merten* NJW **1983** 1933; und die Kommentare zu § 80 VwGO mit weit. Nachw.), spielt insoweit keine Rolle. Bei einem öffentlich-rechtlichen Hausverbot ist die Frage strittig; vgl. OLG Hamburg JR **1981** 33 mit Anm. *Oehler*; OLG Karlsruhe NJW **1978** 116, dazu *Arnhold* JZ **1977** 789; *Gerhards* NJW **1978** 86; ferner etwa OLG Celle MDR **1965** 594; **1966** 944; OLG Bremen VRS **23** 265.

[63a] Vgl. etwa BayObLGSt **1962** 296; **1969** 262 = BayVerwBl. **1963** 193; **1969** 328 (Vorladung zum Verkehrsunterrricht), dazu andererseits aber BVerfGE **22** 27. Zur Pflicht, die Verkehrszeichen zu beachten, vgl. die Nachw. Fußn. 61.

[64] Mitunter ergibt dies schon der Wortlaut der Straf- oder Bußgeldnorm, wenn sie ausdrücklich auf die Unanfechtbarkeit oder Vollziehbarkeit des Verwaltungsakts abstellt. Vgl. auch die allgemeine Regelung in Art. 4 Abs. 2 BayLStVG (BayRS 2011 -2- 1); zur Maßgeblichkeit der jeweiligen Norm vgl. BayObLGSt **1962** 262. *Lorenz* (DVBl. **1971**

**23**    Kommt es nach dem Straf- oder Bußgeldtatbestand nur auf die **Wirksamkeit** des Verwaltungsaktes und der durch Bestandskraft oder Anordnung der Vollziehbarkeit begründeten Pflicht des Bürgers zu seiner Befolgung an, muß — abgesehen von der immer zu prüfenden Frage der Nichtigkeit — das Gericht nur die Unanfechtbarkeit oder die Vollziehbarkeit (§ 80 VwGO) im Zeitpunkt der Begehung der Tat nachprüfen, insbesondere, ob die Anordnung kraft Gesetzes ohnehin sofort vollziehbar war (§ 80 Abs. 2 Nrn. 1 bis 3 VwGO) oder ob sofortige Vollziehung nach § 80 Abs. 2 Nr. 4 wirksam angeordnet wurde. Die Rechtmäßigkeit des Verwaltungsaktes selbst oder der Anordnung, welche die sofortige Vollziehbarkeit begründet, ist in diesen Fällen der Nachprüfung durch das Strafgericht entzogen[65]. Dabei ist es insoweit meist unerheblich, ob man hierin eine bloße Tatbestandswirkung sieht oder eine Bindung des Strafgerichts an die Gestaltungswirkung des Verwaltungsakts (Rdn. 15). Die Bindungswirkung ist zwar von der bloßen Tatbestandswirkung zu unterscheiden, da sie eine Eigenschaft des betreffenden Hoheitsaktes ist[66], während die Tatbestandswirkung lediglich auf der besonderen Ausformung des strafrechtlichen Tatbestands beruht, also auch für Hoheitsakte gelten kann, denen jede Gestaltungs- oder Bindungswirkung fehlt. In beiden Fällen ist aber — wenn auch aus unterschiedlichen Gründen — die Nachprüfung der Rechtmäßigkeit des Hoheitsaktes im Strafverfahren in der Regel[67] ausgeschlossen und deshalb auch kein Raum für eine Aussetzung des Verfahrens nach § 262 Abs. 2 (Rdn. 25).

**24**    **5. Die Auslegung des Verwaltungsaktes** zur näheren Bestimmung seines Gegenstands und Inhalts, bei einer Strafbewehrung nicht zuletzt auch zur Kontrolle der erforderlichen rechtsstaatlichen Bestimmtheit[68], obliegt dem Strafrichter, auch wenn er von dessen Vorliegen auszugehen hat. Er muß den Inhalt nach den für die Auslegung des öffentlichen Rechts maßgebenden Grundsätzen feststellen. Maßgebend ist der erklärte Wille, so wie ihn der Empfänger bei objektiver Würdigung verstehen muß. Unklarheiten gehen zu Lasten der Verwaltung[69].

### III. Befugnis, das Verfahren auszusetzen

**25**    **1. Sinn des Absatzes 2.** Die Regelung wurde im Interesse der Prozeßwirtschaftlichkeit erlassen und nicht etwa zur Vermeidung divergierender Entscheidungen oder zur besseren Sachaufklärung. Die Motive[70] sagen hierzu: „Wenn der Absatz 2 dem Strafrichter gestattet, die Untersuchung auszusetzen und das Urteil des Zivilgerichts über die zivilrechtliche Vorfrage abzuwarten, so sind es wesentlich Gründe praktischer Zweckmäßigkeit, welche zu dieser Bestimmung geführt haben. Die Erfahrung lehrt nämlich, daß nicht selten von den Beteiligten Untersuchungen in solchen Fällen anhängig gemacht werden, wo die Rechtsverletzung, wenn eine solche überhaupt vorliegt, lediglich zivilrechtlicher Natur ist und also nur Anlaß zu einem Zivilprozeß vorlag. Nicht

---

165, 170 ff) unterscheidet, ob der Schutzzweck des Straftatbestands ein bestimmtes, durch den Verwaltungsakt verfolgtes materielles Interesse des gemeinen Wohls ist oder die Störung der durch den Verwaltungsakt begründeten formellen Ordnung oder ob er die Befolgung der Anordnung als solche garantieren soll; dazu OLG Karlsruhe Justiz **1977** 304. Vgl. ferner *Mohrbotter* JZ **1971** 213; *Schenke* JR **1970** 449.

[65] Vgl. die Nachw. Fußn. 63; 64.
[66] Vgl. *Erichsen/Knocke* NVwZ **1983** 185.
[67] Wegen der Ausnahme von der Bindungswirkung vgl. Rdn. 17.
[68] Vgl. etwa *Wolf/Bachof* VwR I § 50 II d; ferner Einl. Kap. **12** X.
[69] BGHSt **31** 314 und Hinweis auf BVerwGE **60** 228.
[70] *Hahn* 202.

selten wird der Versuch gemacht, die Erhebung einer Zivilklage dadurch zu umgehen, daß man die Einleitung einer Kriminaluntersuchung herbeiführt, weil man auf dem Wege und durch die Mittel einer solchen leichter, müheloser und ohne Aufwendung eigener Kosten zur Befriedigung des Anspruchs zu gelangen hofft. Namentlich werden aus solchen Beweggründen in Fällen, in denen Sozietätsverträge, Geschäftsverbindungen, Auftragsverhältnisse usw. gelöst worden sind, öfter ganz unbegründete Denunziationen wegen Betruges oder Unterschlagung erhoben. In solchen Fällen würde der Strafrichter durch das widerrechtliche Vorgehen des denunzierenden Beteiligten gezwungen sein, weitläufige Auseinandersetzungen vorzunehmen und in der Tat die Aufgaben eines Zivilprozesses innerhalb des Strafverfahrens zu lösen, wenn ihm nicht die Befugnis beigelegt würde, die Entscheidung des Zivilrichters abzuwarten".

**2. Anwendungsbereich.** Die Vorschrift greift nur Platz, wenn die Strafbarkeit **26** einer Handlung von der dem Strafrichter obliegenden **Beurteilung eines außerstrafrechtlichen Rechtsverhältnisses** abhängt[71]. Es kann dies ein Rechtsverhältnis des bürgerlichen Rechts sein, wie etwa das Eigentum einer Sache oder das Bestehen einer Unterhaltspflicht gegenüber Angehörigen[72], es kann dies aber auch ein Rechtsverhältnis des öffentlichen Rechts sein, wie etwa die Beamteneigenschaft, die Rechtmäßigkeit eines bestimmten Verwaltungshandelns[73] oder das Bestehen einer öffentlich-rechtlichen Pflicht. Ob die Strafbarkeit von der Beurteilung des Rechtsverhältnisses abhängt, also für die strafgerichtliche Entscheidung vorgreiflich ist, ist durch Auslegung des jeweiligen Straftatbestands zu ermitteln.

Absatz 2 gilt über § 332 auch in der **Berufungsinstanz.** Im Verfahren vor den **Re- 27 visionsgerichten** ist er nicht anwendbar[74]. Wie die Stellung des § 262 im Gesetz zeigt, hat er in erster Linie die Aussetzung in der Hauptverhandlung im Auge, jedoch ist schon vorher, im Zwischenverfahren vor Erlaß des Eröffnungsbeschlusses, die Aussetzung zulässig[75]. Dies gebietet schon die Prozeßökonomie.

Die **Staatsanwaltschaft** ist durch § 262 nicht unmittelbar angesprochen. Sie ist **28** aber ebenfalls befugt, im Ermittlungsverfahren innezuhalten und die gerichtliche Entscheidung eines für das Strafverfahren vorgreiflichen Rechtsverhältnisses abzuwarten, sie kann bei Vergehen dem Anzeigeerstatter nach § 154 d eine Frist zur Klageerhebung setzen. Der Grundgedanke, auf dem § 262 beruht, gilt im übrigen auch für das staatsanwaltschaftliche Ermittlungsverfahren[76].

Im **Beschwerdeverfahren** hat das OLG Schleswig[77] § 262 Abs. 2 entsprechend an- **29** gewendet, um die Entscheidung über einen Sicherungshaftbefehl bis zur Entscheidung der ausländischen Behörde über ein Auslieferungsbegehren abzuwarten.

**3. Keine Aussetzung**
**a) Tatsachenfeststellungen.** § 262 betrifft nicht den Fall, daß **Tatsachen**, die in **30** dem Strafverfahren erheblich sind, auch **in einem anderen Verfahren Bedeutung** haben. Die Feststellung dieser Tatsachen darf das Strafgericht nicht dem anderen Verfahren

---

[71] KK-*Hürxthal* 7. Die Pflicht zur Aussetzung bei vorgreiflichen Rechtsfragen, die der Entscheidungskompetenz des Strafrichters entzogen sind, folgt aus dem jeweiligen Sonderrecht; vgl. Rdn. 22 ff.
[72] Vgl. BGHSt **26** 117; Rdn. 11.
[73] Vgl. Rdn. 13.

[74] RGSt **3** 253; KG VRS **41** 288; KK-*Hürxthal* 12; KMR-*Paulus* 3; *Eb. Schmidt* 9.
[75] OLG Köln Alsb.E **2** Nr. 67; KK-*Hürxthal* 12; *Eb. Schmidt* 10.
[76] *Eb. Schmidt* 10; zu § 154 d vgl. die dortigen Erläuterungen.
[77] Bei *Ernesti/Lorenzen* SchlHA **1984** 105.

überlassen[78]. Wieweit es die tatsächlichen Feststellungen einer anderen Entscheidung für die Bildung seiner eigenen Überzeugung mit verwenden darf, ist bei Rdn. 10 erörtert. Tatsächliche Umstände, die in einem Verfahren wegen fahrlässiger Körperverletzung oder fahrlässiger Tötung zu ermitteln sind, muß das Strafgericht selbständig feststellen, es darf also nicht abwarten, zu welchem Ergebnis die Beweisaufnahme eines den selben Fall betreffenden Schadensersatzprozesses führt[79].

**31**    **b) Tatbestandswirkung.** Eine Aussetzung nach Absatz 2 scheidet ferner dort aus, wo es für die Erfüllung des Straftatbestands die Tatsache ausreicht, daß ein bestimmter Hoheitsakt ergangen ist[80]. Hier kann und muß sich das Strafgericht mit der von ihm selbst zu treffenden Feststellung begnügen, daß der fragliche Hoheitsakt vorhanden und wirksam ist. Eine Aussetzung kommt allenfalls dann in Betracht, wenn die Nichtigkeit des Hoheitsaktes in einem anderen Verfahren mit triftigen Gründen (vgl. § 44 VwVfG) geltend gemacht wird[81].

**32**    **c)** Soweit das Strafgericht die **Gestaltungswirkung**[82] eines Urteils oder anderen Hoheitsaktes beachten muß, ist in der Regel für eine Aussetzung des Strafverfahrens kein Raum. Etwas anderes gilt nur in den Ausnahmefällen, in denen in dem anderen Verfahren die ex tunc wirkende Nichtigkeit des betreffenden Hoheitsaktes und damit der Nichteintritt der Gestaltungswirkung verbindlich festgestellt werden soll[83].

**33**    **d)** § 262 gestattet ferner keine Aussetzung, um die **Entscheidung eines anderen Strafgerichts** über eine vom Gericht zu entscheidende **strafrechtliche Frage** abzuwarten. So darf das Gericht eine entscheidungsreife Strafsache nicht etwa deswegen aussetzen, weil der Bundesgerichtshof die zur Entscheidung heranstehende grundsätzliche Frage in einer anderen Sache in Bälde entscheiden wird[84] oder weil zu erwarten ist, daß ein Verfassungsgericht in einem anderen Verfahren eine einschlägige Frage entscheiden wird[84a].

### 4. Die Entscheidung über die Aussetzung

**34**    **a)** Das Gericht hat nach **pflichtgemäßem Ermessen** darüber zu befinden, ob es von der Befugnis, das Verfahren auszusetzen, Gebrauch machen will[85]. Es ist dazu befugt, ganz gleich, ob der Rechtsstreit über die Vorfrage anhängig ist oder erst anhängig gemacht werden soll. Ob die Aussetzung angebracht ist, muß es unter Berücksichtigung von Art und Gewicht der Strafsache, des Gebots der Verfahrensbeschleunigung und der Schwierigkeit der Vorfrage und ihrer Bedeutung für die anhängige Sache entscheiden, wobei neben Zweckmäßigkeitserwägungen[86] auch andere Verfahrensgesichtspunkte mit berücksichtigt werden dürfen. Für eine Aussetzung ist kein Raum, wenn das Rechtsverhältnis, auf das es ankommt, bereits rechtskräftig entschieden ist, oder wenn aus tatsächlichen oder rechtlichen Gründen eine Entscheidung nicht zu erwarten ist. Der Angeklagte kann nicht verlangen, daß die Untersuchung bis zur Entscheidung über einen von

---

[78] KK-*Hürxthal* 7; KMR-*Paulus* 14.
[79] KK-*Hürxthal* 7; *Eb. Schmidt* 5.
[80] Vgl. Rdn. 21 ff.
[81] Vgl. Rdn. 20; 21; KMR-*Paulus* 14.
[82] Vgl. Rdn. 15 ff.
[83] KMR-*Paulus* 14.
[84] OLG Hamm HESt **2** 102; KK-*Hürxthal* 7; KMR-*Paulus* 14; *Eb. Schmidt* 7; zur allge-

meinen Problematik vgl. *Skouris* NJW **1975** 713 (zu § 148 ZPO).
[84a] LG Osnabrück MDR **1986** 517; vgl. Rdn. 48 ff; ferner § 265, 97.
[85] RGSt **49** 309; BayVerfGH **16** 64 = GA **1963** 375; KK-*Hürxthal* 8; *Kleinknecht/ Meyer*[37] 2; KMR-*Paulus* 16; *Eb. Schmidt* 13.
[86] BGH nach KK-*Hürxthal* 8; vgl. Rdn. 25.

ihm anhängig gemachten Zivilprozeß ausgesetzt werde[87]. Umgekehrt gibt der Umstand, daß noch keine Zivilklage erhoben ist, dem Staatsanwalt auch keine Handhabe, die Aussetzung zu verhindern.

b) Eine **Pflicht zur Aussetzung** kann aus §262 seiner Zielsetzung nach nicht hergeleitet werden[88]. §262 Abs. 2 berechtigt das Gericht zur Aussetzung, verpflichtet es aber nicht dazu. Er betrifft grundsätzlich nur die Fälle, in denen das Gericht zur eigenen Entscheidung befugt ist. Deshalb erscheint es fraglich, ob sich hier selbst bei Vorliegen gewichtiger Gesichtspunkte für eine Aussetzung der Ermessensspielraum des Gerichts so verengen kann, daß nur die Aussetzung als einzig sachgerechte Entscheidung verbleibt[89]. **35**

Eine solche Aussetzungspflicht kann sich aber aus einem **Sondergesetz** ergeben, sowie daraus, daß eine entscheidungserhebliche Vorfrage nur von dem anderen Gericht mit bindender Wirkung entschieden werden kann; etwa, wenn in Strafsachen wegen Verletzung von Patenten und Warenzeichen die Nichtigkeit einer Eintragung behauptet wird[90], denn hier wird eine von Anfang an bestehende Nichtigkeit durch die dafür ausschließlich zuständige Stelle festgestellt. Eine Pflicht zur Aussetzung kann auch bestehen, wenn das Urteil eines anderen Gerichts eine das Strafgericht bei seiner Entscheidung bindende Gestaltungswirkung hat. Diese Fälle werden jedoch selten sein, da es für die Strafbarkeit einer Tat grundsätzlich nur auf die Rechtslage im Zeitpunkt ihrer Begehung ankommt, so daß ein Gestaltungsurteil, selbst wenn es Rückwirkung haben sollte, in der Regel schon deswegen nicht geeignet ist, die Strafbarkeit herbeizuführen oder zu beseitigen. Ausnahmen sind jedoch denkbar, insbesondere wenn die entscheidungserhebliche Vorfrage kein Tatbestandsmerkmal betrifft. **36**

Wird ein **vollziehbarer Verwaltungsakt**, dessen Mißachtung mit Strafe bedroht ist, vor den Verwaltungsgerichten angefochten, so ist strittig, ob das Strafgericht das Strafverfahren aussetzen muß oder darf oder ob die Aussetzung insoweit unzulässig ist, weil die Aufhebung des Verwaltungsakts durch das Verwaltungsgericht die bereits eingetretene Strafbarkeit der Zuwiderhandlung selbst dann nicht mehr beseitigen kann, wenn man in der Aufhebung ein ex tunc wirkendes rechtsgestaltendes Urteil sieht. Der Bundesgerichtshof hat sich — veranlaßt durch einen Vorlagebeschluß des Bayerischen Obersten Landesgerichts — der letztgenannten Meinung angeschlossen[91]. **37**

---

[87] RG Recht **1911** Nr. 1856.

[88] Vgl. Rdn. 25; ferner Fußn. 89.

[89] Strittig; *Gerhards* NJW **1978** 89 nimmt Aussetzungspflicht an, wenn es um die Nichtigkeit des bewehrten Verwaltungsaktes geht. Ob sich das Aussetzungsermessen „auf null reduzieren" und in eine Aussetzungspflicht verwandeln kann, ist bei § 396 AO in Schrifttum und Rechtsprechung stark umstritten, vgl. etwa BVerfG (Vorprüfungsausschuß) NJW **1985** 1950; BGH NStZ **1985** 126; OLG Karlsruhe JR **1985** 387, dazu *Schlüchter* JR **1985** 360; LG Bonn NJW **1985** 3033; und das umfangreiche Schrifttum, das auch auf die zwischen § 262 und § 396 AO nach Zielsetzung und Ausgestaltung bestehenden Unterschiede eingeht; dazu die Nachw. Fußn. 3; § 154 d, 7.

[90] RGSt **7** 146; **48** 422; KK-*Hürxthal* 8; *Schenke* JZ **1970** 453; *Eb. Schmidt* 13.

[91] BGHSt **23** 86; BayObLG VRS **35** 195; dazu *Schreven* NJW **1970** 155; BayObLGSt **1962** 31; OLG Celle NJW **1967** 744; OLG Hamburg JZ **1970** 586; JR **1981** 31 mit Anm. *Oehler*; OLG Karlsruhe NJW **1978** 116; vgl. ferner BVerfGE **22** 21; *Horn* NJW **1981** 8 (Aufhebung des Verwaltungsakts wirkt strafrechtlich nur ex nunc); Einl. Kap. **12** IX; **a. A** OLG Frankfurt NJW **1967** 262; vgl. OLG Saarbrücken JBl. Saar **1964** 208; LG Dortmund NJW **1964** 2028. *Janicki* JZ **1968** 94; *Lorenz* DVBl. **1971** 165; *Mohrbotter* JZ **1971** 213; *Schenke* JR **1970** 449.

Walter Gollwitzer

### 5. Fristbestimmung

**38**   **a) Adressat.** Die Aussetzung kann damit verbunden werden, daß das Gericht einem Beteiligten eine Frist für die Klageerhebung setzt. **Beteiligte** in diesem Sinn sind neben dem Angeklagten alle Personen, die im Strafverfahren als Anzeigeerstatter, Strafantragsteller, Privat- oder Nebenkläger aufgetreten sind[92]. Auch ein als Zeuge im Verfahren auftretender Verletzter kann Beteiligter in diesem weiten Sinn sein. Der Beteiligte muß allerdings rechtlich in der Lage sein, durch Klageerhebung eine Klärung des fraglichen Rechtsverhältnisses herbeizuführen[93] und es darf nicht bereits offensichtlich sein, daß er nicht klagen will.

**39**   **b) Die Frist,** die zweckmäßigerweise dem Datum nach bestimmt wird, kann verhältnismäßig kurz bemessen werden, da sie ja nur für die Klageerhebung gilt[94] und dem aussetzenden Gericht Gewißheit verschaffen soll, ob überhaupt die Entscheidung der Vorfrage durch ein anderes Gericht zu erwarten ist. Soweit die Anfechtung eines Verwaltungsaktes in Frage kommt, muß allerdings berücksichtigt werden, daß der Betroffene unter Umständen erst das Vorverfahren nach § 68 ff VwGO durchzuführen hat. Das gleiche gilt, wenn sonst ein Abhilfeverfahren der Klageerhebung vorausgehen muß.

**40**   **c)** Die Fristsetzung begründet für den betroffenen Beteiligten **keine Verpflichtung zur Klageerhebung.** Läßt er die Frist ungenützt verstreichen, so können ihm daraus keinerlei Nachteile erwachsen, er hat — anders als bei § 154 d — allenfalls zu gewärtigen, daß das Gericht möglicherweise aus seinem Unterlassen im Rahmen der Beweiswürdigung gewisse Schlüsse zieht, wenn es nach Fristablauf das Verfahren fortsetzt. Das Gericht kann deshalb mit der Bekanntmachung des Beschlusses an den Beteiligten keine andere Warnung verbinden, als die, das andernfalls mit dem Strafverfahren fortgesetzt werde. Die Warnung wird freilich für andere Personen als den Angeklagten meist bedeutungslos sein, insbesondere wird sie jemanden, der seine Zivilansprüche erst nach Klärung des Sachverhalts durch das Strafverfahren geltend machen will, kaum zu einer vorzeitigen Klageerhebung unter Übernahme des Prozeßrisikos bewegen. Die Androhung, daß das Gericht bei Unterlassen der Klage bei der Beweiswürdigung ungünstige Schlüsse für den Beteiligten ziehen könnte, erscheint nicht angebracht, da das Gericht sich seiner Pflicht zur Sachaufklärung und zur objektiven Wahrheitsfindung nicht entziehen kann[95].

### 6. Beschluß des Gerichts

**41**   **a) Durch Beschluß** ordnet das Gericht die Aussetzung an. In der Hauptverhandlung entscheidet nach Anhörung der Verfahrensbeteiligten (§ 33)[96] das erkennende Gericht, im Zwischenverfahren und nach Eröffnung des Hauptverfahrens das nach §§ 201 ff zuständige Gericht.

**42**   Einer **Begründung** bedarf nur der ablehnende Beschluß (§ 34)[97], soweit nicht auch dort der Gedanke eingreift, daß eine im freien Ermessen des Gerichts stehende Entscheidung nicht näher begründet zu werden braucht[98].

**43**   **b)** Der Beschluß des Gerichts, durch den der Beteiligte zur Klageerhebung binnen einer bestimmten Frist aufgefordert wird, ist diesem in geeigneter Form **bekannt zu**

---

[92] KK-*Hürxthal* 10; *Kleinknecht/Meyer*[37] 2; KMR-*Paulus* 17; *Eb. Schmidt* 14.
[93] KK-*Hürxthal* 10; KMR-*Paulus* 17.
[94] KMR-*Paulus* 17; *Eb. Schmidt* 14.
[95] KK-*Hürxthal* 10; KMR-*Paulus* 17; *Eb. Schmidt* 14.

[96] KMR-*Paulus* 18.
[97] KK-*Hürxthal* 9; KMR-*Paulus* 18.
[98] RGSt **57** 44; vgl. § 34, 7.

**machen**[99] sofern er nicht in der Hauptverhandlung in Anwesenheit dieses Beteiligten verkündet wird (§ 35 Abs. 1 Satz 1). Der Beteiligte, der durch den Beschluß zu nichts verpflichtet und dadurch also auch nicht beschwert wird, hat hiergegen kein Beschwerderecht.

**c) Keine Bindung.** Das Gericht ist an seinen Beschluß nicht gebunden. Es kann **44** schon vor Ablauf der Frist oder trotz Klageerhebung das Verfahren fortsetzen, wenn es dies aus sachlichen Gründen für angezeigt hält[100]. Dies ist insbesondere dann angebracht, wenn der Beteiligte dem Gericht zweifelsfrei zu verstehen gibt, daß er nicht beabsichtige, die ihm angesonnene Klage zu erheben.

**7. Folgen der Aussetzung.** Setzt das Gericht gemäß § 262 Abs. 2 nach pflichtgemä- **45** ßem Ermessen das Verfahren aus, so ruht die **Verjährung** nicht[101]. § 78 b Abs. 1 StGB trifft nur den Fall, in dem das Gericht das Verfahren wegen der Notwendigkeit der Entscheidung der Vorfrage in einem anderen Verfahren aussetzen muß[102]. Wegen der Sonderregelungen vgl. Rdn. 46 ff, 48 ff.

**8. Sonderregelungen** in anderen gesetzlichen Bestimmungen gehen der Anwen- **46** dung des § 262 vor; so z. B. die Pflicht zur Einstellung des Verfahrens wegen falscher Verdächtigung und Beleidigung bis zum Abschluß des Straf- oder Disziplinarverfahrens nach § 154 e Abs. 2 oder die Möglichkeit der Aussetzung des Steuerstrafverfahrens bis zum rechtskräftigen Abschluß des Besteuerungsverfahrens nach § 396 AO[103].

In diesen Fällen sind auch die Auswirkungen der Einstellung bzw. Aussetzung auf **47** die **Verjährung** besonders geregelt (§ 154 e Abs. 3; § 396 Abs. 3 AO).

## IV. Sonderfälle der Aussetzung

**1. Grundsätzliches.** § 262 Abs. 2 betrifft nicht die Fälle, in denen das Gericht das **48** Verfahren aussetzen und die Entscheidung eines Verfassungsgerichts einholen muß. Recht und Pflicht zur Vorlage bestimmen sich ausschließlich nach den jeweiligen Sondervorschriften in den einschlägigen Gesetzen des Bundes und der Länder[104]. In Betracht kommen vor allem die Aussetzung zur Vorlage beim Bundesverfassungsgericht und beim Gerichtshof der Europäischen Gemeinschaften.

**2. Aussetzung und Vorlage beim Bundesverfassungsgericht oder beim Verfassungsgericht eines Landes**
**a) Konkrete Normenkontrolle.** Der Richter hat grundsätzlich die Verfassungsmä- **49** ßigkeit des anzuwendenden Rechts selbst zu prüfen und zu entscheiden. Nur wenn er eine **entscheidungserhebliche** Vorschrift in einem nachkonstitutionellen förmlichen Gesetz — und nicht etwa nur eine bestimmte Auslegung[105] — für verfassungswidrig hält, hat er nach Art. 100 Abs. 1 GG, § 13 Nr. 11, §§ 80 bis 82 BVerfGG die Entscheidung des Bundesverfassungsgerichts einzuholen. Jede andere Entscheidung ist dann ausgeschlos-

---

[99] Nicht notwendig durch förmliche Zustellung, da der Beteiligte zu nichts verpflichtet wird; KMR-*Paulus* 18.
[100] KK-*Hürxthal* 10; KMR-*Paulus* 19.
[101] KK-*Hürxthal* 11; KMR-*Paulus* 20; *Eb. Schmidt* 18.
[102] Vgl. die Kommentare zu § 78 StGB; ferner

etwa BVerfG BGHSt **24** 6 (zu Art. 100 GG) und Rdn. 47.
[103] Vgl. Rdn. 2.
[104] KMR-*Paulus* 4.
[105] BVerfGE **22** 373; vgl. § 337, 25 ff; ferner *Aretz* JZ **1984** 918.

Walter Gollwitzer

sen[106]. Die Entscheidung über die Verfassungsmäßigkeit der Norm, wegen der vorgelegt wird, muß für die konkret zu treffende Entscheidung rechtlich erheblich und nach der Verfahrenslage unerläßlich sein. Das Gericht muß bei Gültigkeit der Norm zu einem anderen Ergebnis kommen als im Falle der Ungültigkeit[107]. Es darf die nach seiner Ansicht bestehende Verfassungswidrigkeit nicht durch eine verfassungskonforme Auslegung[108] beheben können; es darf auch nicht die Möglichkeit bestehen, daß die Frage bei Durchführung der Beweisaufnahme gegenstandslos werden kann. An der Entscheidungserheblichkeit fehlt es auch, wenn das vorlegende Gericht die Frage nicht selbst entscheiden darf, weil insoweit eine Vorlagepflicht besteht[109] oder weil es insoweit durch eine vorangegangene Entscheidung bereits gebunden ist[110]. Die bloße Aussetzung des Verfahrens ohne gleichzeitige Vorlage beim Bundesverfassungsgericht ist weder nach Art. 100 Abs. 1 GG noch nach § 262 Abs. 2 zulässig. Auch wenn wegen der gleichen Vorschrift bereits ein Verfahren beim Bundesverfassungsgericht anhängig ist, muß das Gericht vorlegen[111].

**50**     Soweit nach Landesrecht auch eine Vorlage bei einem **Verfassungsgericht eines Landes** in Betracht kommt, gilt grundsätzlich das gleiche; das Landesrecht kann aber auch die Nachprüfung der Verfassungsmäßigkeit vorkonstitutioneller Normen dem Landesverfassungsgericht vorbehalten. Die Zuständigkeit des Bundesverfassungsgerichts wird jedoch nicht dadurch berührt, daß nach Landesrecht auch eine Prüfungszuständigkeit des Landesverfassungsgerichts besteht[112] und dieses gleichzeitig angerufen worden ist.

**51**     b) Bei **Zweifeln**, ob eine **Regel des Völkerrechts** Bestandteil des Bundesrechts ist oder ob sie unmittelbare Rechte oder Pflichten für den einzelnen erzeugt (Art. 25 GG), hat das Gericht nach Art. 100 Abs. 2 GG, § 13 Nr. 12, §§ 83, 84 BVerfGG die Entscheidung des Bundesverfassungsgerichts einzuholen. Anders als bei der konkreten Normenkontrolle (Rdn. 49) genügt es hier, daß objektiv ernste Zweifel hinsichtlich der Geltung der Völkerrechtsregel bestehen[113]; ob das Gericht selbst zweifelt, ist unerheblich. Die Vorlage ist auch erforderlich, wenn die Völkerrechtsregel sich nur an die Staaten und ihre Organe wendet[114] oder wenn nur ihre Tragweite zweifelhaft ist[115]. Dagegen ist nicht Prüfungsgegenstand der Vorlage nach Art. 100 Abs. 2 GG, ob innerstaatliches Recht mit einer Regel des Völkerrechts übereinstimmt[116]. Die Rechtsfrage muß auch hier entscheidungserheblich sein[117].

---

[106] BVerfGE **34** 324: „zwingendes Verfahrenshindernis"; vgl. § 337, 27.

[107] BVerfGE **34** 259; **37** 334; **48** 396; **51** 164; BVerfG NJW **1980** 1946; *Ulsamer* BayVerwBl. **1980** 519. Die Vorlage kann nicht begründet werden mit einem aus einem konstruierten Sachverhalt hergeleiteten Verfassungsverstoß (BVerfGE **66** 231) oder mit einer nur Dritte belastende Gleichheitsverletzung (BVerfGE **67** 239); dazu *Sachs* DVBl. **1985** 1106. Zum Einfluß nachträglich eintretender Umstände auf die Erheblichkeit vgl. BVerfG **51** 161.

[108] BVerfGE **48** 45; **51** 323; **68** 344.

[108a] *Ulsamer* BayVerwBl. **1980** 520.

[109] Etwa § 121 Abs. 2; § 136 GVG.

[110] BVerfGE **65** 140; **68** 345; 352 (zu § 61 Abs. 3 IRG).

[111] Vgl. BGHSt **24** 6; OLG Köln NJW **1961** 2269; OLG Schleswig bei *Ernesti/Jürgensen* SchlHA **1976** 178; *Frowein* NJW **1962** 1091; § 337, 27; wegen der Einzelheiten, die hier nicht erörtert werden können, vgl. die Kommentare zu Art. 100 GG und zu §§ 80 bis 82 BVerfGG.

[112] BVerfGE **17** 180.

[113] BVerfGE **23** 288; **46** 360; **61** 14; **64** 14.

[114] BVerfGE **15** 33; **16** 33; **46** 302; **64** 14.

[115] BVerfGE **15** 31; **16** 32.

[116] Vgl. *Leibholz/Rupprecht* BVerfGG Vor § 83, 1; die Frage ist strittig.

[117] BVerfGE **4** 321; **15** 30; **16** 278; **18** 447. Nach BVerfGE **46** 360 kann bei Gefahr einer Völkerrechtsverletzung schon die Erheblichkeit für einen Beweisbeschluß genügen.

Das Gericht muß sich, bevor es vorlegt, um eine **Klärung der Rechtsfrage** bemü- **52** hen. Kommt es zu dem Ergebnis, daß die Rechtslage eindeutig ist, so kann es — anders als im Falle des Art. 100 Abs. 1 GG (Rdn. 49) — die Rechtsfrage nach beiden Richtungen hin selbst entscheiden[118]. Nur wenn beachtliche Zweifel erkenntlich sind, etwa, weil nennenswerte Meinungen im Schrifttum oder gerichtliche Entscheidungen die Frage unterschiedlich beurteilen, hat es vorzulegen[119].

**c) Normenqualifikationsprüfung.** Ist im Verfahren streitig und entscheidungser- **53** heblich, ob Recht als Bundesrecht fortgilt, so hat das Gericht nach Art. 126 GG, §13 Nr. 14, §86 Abs. 2 BVerfGG die Entscheidung des Bundesverfassungsgerichts einzuholen. Die Vorlagepflicht besteht nicht nur bei förmlichen Gesetzen, sondern bei allen Rechtsnormen[120], bei denen es streitig ist, daß sie nach Art. 124 ff GG als Bundesrecht fortgelten[121]. Grundsätzlich muß sich das Gericht zunächst selbst um eine Klärung bemühen. Es ist aber zur Vorlage verpflichtet, wenn es selbst Zweifel hat oder wenn die Rechtsfrage im Schrifttum oder Rechtsprechung umstritten ist. Dies trifft zu, wenn das Gericht bei seiner Entscheidung sich mit einer beachtlichen Auffassung im Schrifttum oder mit der Rechtsprechung anderer Gerichte, insbesondere eines oberen Bundesgerichts oder eines Verfassungsgerichts, in Widerspruch setzen müßte[122]. Eine rein wissenschaftliche Meinungsverschiedenheit soll dagegen nicht genügen[123], desgleichen nicht, wenn die Frage nur zwischen den Beteiligten des vorliegenden Verfahrens streitig geworden ist, das Gericht selbst aber keine ernstlichen Zweifel hat. Ernsthafte Zweifel des Gerichts genügen zur Vorlage[124].

Die Rechtsfrage, nämlich die Fortgeltung als Bundesrecht, muß auch hier **ent-** **54** **scheidungserheblich** sein. Dies ist nicht der Fall, wenn es für die vom Gericht zu treffende Entscheidung dahingestellt bleiben kann, auf welcher Ebene die Rechtsnorm fortgilt.

**d)** Der **Vorlagebeschluß,** der in der Regel mit dem Aussetzungsbeschluß zu ver- **55** binden ist, ist vom Gericht in der gleichen Besetzung und im gleichen Verfahren zu erlassen wie die Sachentscheidung, an deren Stelle er zunächst tritt. Er ist also — soweit er das Urteil ersetzt — auf Grund der Hauptverhandlung in der dafür vorgeschriebenen Besetzung — also unter Mitwirkung der Laienrichter — zu beschließen[125]. Unterschrieben braucht er dagegen, ebenso wie das Urteil, nur von den Berufsrichtern zu werden[126].

Der Beschluß ist zu **begründen.** Er muß **aus sich heraus verständlich** sein (keine **56** Bezugnahmen). In ihm ist gem. §80 Abs. 2 BVerfGG der Sachverhalt darzustellen, ferner sind die rechtlichen Erwägungen mitzuteilen, aus denen sich die Unvereinbarkeit der jeweiligen Norm mit dem höherrangigen Recht und die Entscheidungserheblichkeit der Vorlegungsfrage ergibt[127]. Ist der Beschluß ergangen, so leitet der Vorsitzende des Spruchkörpers, der den Beschluß erlassen hat (eventuell auch sein Vertreter), ihn unter

---

[118] BVerfGE **64** 14.
[119] Vgl. *v. Münch* JZ **1964** 163; ferner die Kommentare zu Art. 100 GG und zu den §§ 83, 84 BVerfG.
[120] BVerfG **28** 119; **a. A** *Maunz/Dürig* Art. 126, 22 mit weit. Nachw.
[121] BVerfGE **4** 216; **8** 191; **13** 367.
[122] BVerfGE **7** 23; **8** 191; **11** 92; **17** 291; **23** 122.
[123] BVerfGE **4** 369.
[124] BVerfGE **4** 369; **11** 92; **23** 121; vgl. aber

auch BVerfGE **7** 24; **9** 157; die Fragen sind zum Teil in den Einzelheiten noch nicht sicher geklärt; vgl. die Kommentare zu § 86 Abs. 2 BVerfGG.
[125] BVerfGE **1** 80; **16** 305; **19** 72; **21** 149; **29** 179; vgl. § 337, 28.
[126] BVerfGE **2** 276; **9** 27; **34** 260.
[127] BVerfGE **13** 129; **19** 141; **22** 177; **26** 307; **34** 259; **66** 100; BVerfG NJW **1973** 1319; vgl. § 337, 28; *Aretz* JZ **1984** 919.

Beifügung der Akten (§ 80 Abs. 2 Satz 2 BVerfGG) unmittelbar — und nicht etwa auf dem Dienstweg — dem Bundesverfassungsgericht zu.

**57**    Der Vorlagebeschluß ist **unanfechtbar**[128], und zwar auch, wenn das Rechtsmittel auf die mangelnde Entscheidungserheblichkeit der Vorlegungsfrage gestützt werden soll[129].

**58**    Die **Rücknahme** des Vorlagebeschlusses ist auch dann noch möglich, wenn die Sache bereits dem Bundesverfassungsgericht zugeleitet ist. Voraussetzung für die Aufhebung des Vorlagebeschlusses ist, wie auch sonst bei der nachträglichen Änderung von verfahrensgestaltenden Beschlüssen, daß neue Tatsachen vorliegen oder daß sich die Rechtslage geändert hat, etwa, wenn dadurch die Entscheidungserheblichkeit der Vorlegungsfrage entfällt. Dazu bedarf es in der Regel eines begründeten Beschlusses, der auch außerhalb der Hauptverhandlung ergehen kann und der dem Bundesverfassungsgericht mitzuteilen ist[130]. Ist die Vorlage durch eine Änderung der Prozeßlage gegenstandslos geworden (z. B. wirksame Rechtsmittelrücknahme, Tod des Angeklagten), so genügt es, wenn dies dem Bundesverfassungsgericht vom Vorsitzenden mitgeteilt wird.

**59**    Eine **Ergänzung des Vorlagebeschlusses** ist notwendig, wenn die nachträglich eingetretenen Umstände, etwa eine Gesetzesänderung, zu Zweifeln Anlaß geben, ob die Entscheidungserheblichkeit der Vorlegungsfrage noch fortbesteht. Die Vorlage wird unzulässig, wenn die Ergänzung vom vorlegenden Gericht nicht in angemessener Zeit vorgenommen wird[131].

### 2. Vorlage an den Europäischen Gerichtshof

**60**    a) Art. 177 EWGV überträgt dem Europäischen Gerichtshof die bindende präjudizielle **Vorabentscheidung** über die Auslegung des Vertrags zur Gründung der Europäischen Wirtschaftsgemeinschaft, über die Gültigkeit und Auslegung von rechtsverbindlichen Handlungen der Organe der Gemeinschaft (dazu gehören auch Verordnungen, Richtlinien und Empfehlungen im Sinne des Art. 189 EWGV) sowie — eingeschränkt — auch für die Auslegung der Satzungen der Gemeinschaftseinrichtungen[132]. Eine gleichartige Vorschrift enthält Art. 150 EAGV, während Art. 41 EGKSV die Auslegung des Vertragsrechts nicht der Vorabentscheidung unterwirft. Das Vorabentscheidungsverfahren soll die Rechtseinheit innerhalb der Mitgliedstaaten durch eine Verknüpfung der nationalen Gerichtsbarkeit mit der Europäischen Gerichtsbarkeit sichern[133] und dadurch auch die „Überstaatlichkeit der Gemeinschaft" wahren[134]. Die Vorabentscheidung ergeht in einem **objektiven Zwischenverfahren**, das nur die abstrakte Auslegung des Gemeinschaftsrechts, nicht aber die Entscheidung des konkreten Rechtsstreites zum Ziele hat. Im übrigen haben die nationalen Gerichte das Gemeinschaftsrecht selbst auszulegen[135].

---

[128] BVerfG NJW **1973** 1319; OLG Bremen NJW **1956** 387; § 337, 28. Wegen der Einzelheiten vgl. die Kommentare zu § 80 BVerfGG. Muster für Vorlagebeschlüsse und die dazu gehörigen Begleitschreiben finden sich bei *Leibholz/Rupprecht* Anh. II Nr. 4 bis 6; *Maunz/Sigloch/Bleibtreu/Klein* BVerfGG § 80, 306.

[129] Strittig; wie hier *Maunz/Sigloch/Bleibtreu/ Klein* BVerfGG § 80, 306; **a. A** *Brüggemann* MDR **1952** 185.

[130] *Maunz/Sigloch/Bleibtreu/Klein* BVerfGG § 80, 322; § 337, 28.

[131] BVerfGE **51** 61.

[132] Vgl. dazu *Tomuschat* Die gerichtliche Vorabentscheidung nach den Verträgen über die Europäische Gemeinschaft (1964) 76 ff; *van Themaat* BayVerwBl. **1986** 483; ferner die Kommentare zu den jeweiligen Vertragsartikeln.

[133] *Dauses* JZ **1979** 125; *Lutter* ZZP **1973** 107; *Oppermann/Hiermaier* JuS **1980** 788; *Tomuschat* (Fußn. 132) 6 ff.

[134] *Tomuschat* (Fußn. 132) 6 ff.

[135] BVerfGE **29** 209; BayVerfGH NJW **1985** 2894.

Die Vorabentscheidung des Europäischen Gerichtshofs ist von den nationalen Ge- **61** richten nach Maßgabe der europäischen Gemeinschaftsverträge einzuholen, wenn die Gültigkeit der Handlung eines Organs oder eine Auslegungsfrage des Gemeinschafts- rechts **entscheidungserheblich** ist[136] und insoweit **Zweifel** bestehen. Zweifelt das Gericht nicht an der Gültigkeit oder hält es die auszulegende Norm für klar und völlig eindeutig, so braucht es nicht vorzulegen, es sei denn, daß es sich damit in Widerspruch zu einer Auffassung des Europäischen Gerichtshofs setzen würde[137]. Die Voraussetzung für die Vorlage ist jedoch gegeben, wenn die Auslegung — auch trotz einer bereits ergangenen Entscheidung des Europäischen Gerichtshofs — zweifelhaft sein kann[138] oder wenn das Gericht an der Gültigkeit eines Aktes eines Gemeinschaftsorgans zweifelt oder wenn es sie verneinen will[139]. Soweit die verbindliche Auslegung dem Europäischen Gerichtshof obliegt, ist für eine Divergenzvorlage an den BGH (§ 121 Abs. 2 GVG) kein Raum[139a].

Die Vereinbarkeit **nationalen Rechts** und nationaler Hoheitsakte mit dem Ge- **62** meinschaftsrecht kann nicht Gegenstand der Vorlage sein, ebensowenig die Vereinbar- keit des Gemeinschaftsrechts mit dem Grundgesetz. Hierüber haben die Gerichte selbst zu entscheiden bzw. die Entscheidung des Bundesverfassungsgerichts nach Art. 100 GG einzuholen[140]. Der Europäische Gerichtshof ist auch für den Bereich der ihm übertrage- nen Vorabentscheidungen gesetzlicher Richter im Sinne der Verfassungsgarantien[141].

**b)** Eine **Vorlagepflicht** besteht nach Art. 41 EGKSV für alle Gerichte, nach **63** Art. 177 EWGV und Art. 150 EAGV nur für die Gerichte der letzten Instanz, also nur für die Gerichte, deren Entscheidungen nach innerstaatlichem Recht im konkreten Fall nicht mehr mit einem Rechtsmittel angefochten werden können[142]. Die Anrufung eines Verfassungsgerichts ist kein Rechtsmittel in diesem Sinn[143].

Die **anderen Gerichte** sind zur Einholung einer Vorabentscheidung nicht ver- **64** pflichtet. Sie können die Fragen des Gemeinschaftsrechts selbst entscheiden, sie sind aber nach den Gemeinschaftsverträgen vorlageberechtigt, und zwar selbst dann, wenn

---

[136] EuGHE **1963** 24; **1978** 2368; *Knopp* JZ **1961** 305. Maßgebend ist die Ansicht des vorlegenden Gerichts. Anders als das Bun- desverfassungsgericht (vgl. Rdn. 56) prüft der EuGH die Entscheidungserheblichkeit – abgesehen von offensichtlich mißbräuchli- chen Vorlagen – nicht nach, vgl. *Daig* in *Groeben/Boeckh/Thiesing/Ehlermann* Kom- mentar zum EWG-Vertrag³, Art. 177 30 ff mit weit. Nachw.

[137] BVerwGE **31** 284; BayVerfGH NJW **1985** 2894; BGHSt **33** 78; *Dauses* JZ **1979** 125; *Herdegen* MDR **1985** 542; *Oppermann/ Hiermaier* JuS **1980** 780; *Groeben/Boeckh/ Thiesing/Ehlermann* (aaO Fußn. 136) 40 ff.

[138] Etwa wenn ein nationales Gericht das EG-Recht anders ausgelegt hat; vgl. *Herde- gen* MDR **1985** 543; zu BGHSt **33** 76. Keiner Vorlage bedarf es, wenn der EuGH die we- sentlichen Rechtsfragen bei einer anderen Norm bereits entschieden hat; BGH NJW **1986** 659.

[139] *Dauses* JZ **1979** 126.

[139a] BGHSt **33** 79.

[140] BVerfGE **31** 170 = NJW **1971** 2122 mit Anm. *Meier*; BVerfGE **37** 283; **52** 202. Zum Verhältnis zur Vorlagepflicht nach Art. 100 GG und zur strittigen Frage der Kollision der Grundrechtsgarantien mit dem Vorrang des Gemeinschaftsrechts vgl. EuGH NJW **1978** 1741; BVerwG DÖV **1983** 343; *Benda/Klein* DVBl. **1974** 389; *Herdegen* MDR **1985** 542 sowie die Kommentare zu den EG-Verträ- gen.

[141] BVerfG 22. 10. 1986 2 BvR 197/83; offen gelassen in BVerfGE **29** 207; 219; **31** 169; **45** 181; BayVerfGH NJW **1985** 2894 (wo je- weils Willkür bei Unterlassen der Vorlage verneint wurde); vgl. dazu etwa *Meier* NJW **1971** 2122; *Riegel* NJW **1975** 1053; *Schiller* NJW **1983** 2736.

[142] Vgl. OLG Stuttgart NJW **1980** 1242 (Ober- landesgerichte im Rechtsbeschwerdeverfah- ren nach OWiG); *Herdegen* MDR **1985** 543.

[143] *Darg* AöR **83** (1958) 196; *Daig* in *Groeben/ Boeckh/Thiesing/Ehlermann* (Fußn. 136) Art. 177, 38.

　　Walter Gollwitzer

sie nach innerstaatlichem Recht an die rechtliche Beurteilung eines übergeordneten Gerichts gebunden sind[144].

**65**     **c)** Über die Vorlage ist unabhängig von Anträgen und dem Vortrag der Verfahrensbeteiligten **von Amts wegen zu entscheiden.** Gleichzeitig damit ist das Verfahren durch Beschluß **auszusetzen**[145].

**66**     Der Vorlagebeschluß ist, ähnlich wie ein Vorlagebeschluß nach Art. 100 GG, zu **begründen**[146]. Insbesondere ist darzutun, weshalb die in Betracht gezogene Auslegung des Gemeinschaftsrechts im konkreten Fall entscheidungserheblich ist. Die Vorlegungsfrage ist dabei nach Möglichkeit abstrakt zu fassen, doch ist auch eine konkrete Fassung unschädlich[147]. Die Vorlage selbst ist nach Art. 20 der Satzung des Europäischen Gerichtshofs vom vorlegenden Gericht zu veranlassen, wobei der Vorsitzende die Übermittlung des Beschlusses an den Europäischen Gerichtshof verfügen kann. Eine Einschaltung der Justizverwaltung bei der Übermittlung ist nicht notwendig, sie ist aber auch nicht unzulässig[148].

**67**     **d) Anfechtbarkeit.** Der Aussetzungs- und Vorlagebeschluß ist — ähnlich wie bei Art. 100 GG, der als Vorbild für diese vertragliche Regelung diente — im Strafverfahren (§ 305) nicht anfechtbar, da er nur die Klärung einer objektiven Rechtsfrage zum Ziele hat[149]. Dies ist allerdings eine Folgerung aus dem innerstaatlichen Prozeßrecht und nicht etwa eine ausdrückliche Regelung der Verträge. Der Europäische Gerichtshof vertritt die Ansicht, daß ihn eine innerstaatliche Anfechtung des Vorlagebeschlusses nicht an der Vorabentscheidung hindert[150].

**68**     **e) Bindung.** Die Vorabentscheidung des Europäischen Gerichtshofs ist nur in der Sache, in der sie ergangen ist, für die innerstaatlichen Gerichte bindend[151]. Eine weitergehende Bindungswirkung — etwa für alle gleichgelagerte Fälle — kommt ihr nicht zu. Die erneute Einholung einer Vorabentscheidung ist deshalb möglich, bei eindeutig bereits entschiedenen Fragen dürfte sie aber entbehrlich sein, wenn kein Anlaß besteht, daran zu zweifeln, daß der Europäische Gerichtshof an seiner Auffassung festhält[152]. Will das Gericht davon abweichen, muß es aber erneut vorlegen[153].

**69**     **3. Verwaltungsgerichtliches Normenkontrollverfahren.** Nach § 47 VwGO kann das Landesrecht vorsehen, daß ein Oberverwaltungsgericht im Rahmen seiner Ge-

---

[144] EuGH DVBl. **1974** 624; BVerwG NJW **1986** 1448; *Dauses* JZ **1979** 125; *Daig* in *Groeben/Boeckh/Thiesing/Ehlermann* (Fußn. 136) Art. 177, 37.

[145] *Barth* SchlHA **1972** 67; *Dauses* JZ **1979** 125; *Ipsen* Europäisches Gemeinschaftsrecht 769; *Schumann* ZZP **78** 78; *Tomuschat* (Fußn. 132) 126.

[146] Strittig, da nicht ausdrücklich vorgeschrieben; vgl. etwa *Tomuschat* (Fußn. 132) 126 (Begründungspflicht Selbstverständlichkeit); ferner *Daig* in *Groeben/Boeckh/Thiesing/Ehlermann* (Fußn. 136) 35, wonach der EuGH in der Regel keine strengen Anforderungen stellt und nur selten die Vorlage zurückweist, weil wegen des Fehlens näherer Angaben eine sachgerechte Beantwortung

nicht möglich sei.–; *VanThemaat* BayVerwBl. **1986** 483.

[147] *Dauses* JZ **1979** 127; *Oppermann/Hiermaier* JuS **1980** 790.

[148] *Wohlfahrt/Everling/Glaesner/Sprung* Die Europäische Wirtschaftsgemeinschaft (1960) Art. 177 EWGV, 7.

[149] *Dauses* JZ **1979** 125; *Oppermann/Hiermaier* JuS **1980** 790.

[150] *Runge* Einführung in das Recht der Europäischen Gemeinschaften (1972), 143.

[151] BVerfGE **31** 174; *Ipsen* (Fußn. 145) 770; *Oppermann/Hiermaier* JuS **1980** 790; *Runge* (Fußn. 150) 144.

[152] *Runge* (Fußn. 150) 194.

[153] *Daig* in *Groeben/Boeckh/Thiesing/Ehlermann* (Fußn. 136) 49; *Rengeling* DVBl. **1986** 306.

richtsbarkeit über die Gültigkeit von landesrechtlichen Verordnungen oder anderen im Rang unter den Landesgesetzen stehenden Rechtsvorschriften entscheidet. Diese Entscheidung ist allgemeinverbindlich, wenn die Gültigkeit der betreffenden Vorschrift verneint wird. Dies ist auch vom Strafrichter zu beachten[154]. Ob auch die Gerichte befugt sind, im Rahmen eines bei ihnen anhängigen Verfahrens eine solche Entscheidung herbeizuführen, ist in Schrifttum und Rechtsprechung strittig[155]. Mit der in der Rechtsprechung vorherrschenden Meinung ist ein solches Recht der Gerichte abzulehnen. Das Strafgericht muß selbst entscheiden, ob die Verordnung oder Rechtsnorm, auf deren Anwendung es im Strafverfahren ankommt, gültig ist[156]. Die verwaltungsgerichtliche Prüfungskompetenz erstreckt sich im Normprüfungsverfahren ohnehin nicht auf den Bestand einer **Bußgeldnorm** als solcher, sondern nur auf eine sie ausfüllende untergesetzliche Rechtsnorm des Verwaltungsrechts[157].

Der **Geschäftsverteilungsplan** eines ordentlichen Gerichts kann nicht auf Antrag **69a** eines vor diesem Gericht an einem Verfahren Beteiligten der Normenkontrolle unterzogen werden. Die Verwaltungsgerichte sind auch bei der Normenkontrolle den anderen Gerichten nicht übergeordnet und daher für die Normenkontrolle nur insoweit zuständig, als auch sonst die Überprüfung der Norm im Verwaltungsrechtsweg vorzunehmen ist[158].

## V. Rechtsmittel

**1. Beschwerde.** Der Beschluß, der die Aussetzung nach § 262 Abs. 2 **ablehnt**, ist, **70** wenn er vom erkennenden Gericht erlassen worden ist, nicht mit der **Beschwerde** anfechtbar, da er im Sinne des § 305 Satz 1 der Vorbereitung des Urteils dient[159]. Bei dem die **Aussetzung anordnenden** Beschluß schließt § 305 Satz 1 die Beschwerde insoweit nicht aus, als mit ihr geltend gemacht wird, daß die rechtlichen oder **tatsächlichen** Voraussetzungen für die Aussetzung nach Absatz 2 überhaupt nicht vorlagen, etwa, weil die Strafbarkeit der angeklagten Tat gar nicht von der Vorfrage abhängt. Die Aussetzung ist dann zur Förderung des Verfahrens nicht geeignet und kann deshalb mit der einfachen Beschwerde nach § 304 angegriffen werden[160]. Ob das Gericht eine entscheidungserhebliche Vorfrage selbst entscheiden oder aber die vorgreifliche Entscheidung eines anderen Gerichts abwarten will, ist seinem eigenen pflichtgemäßen Ermessen überlassen, in das ein übergeordnetes Gericht nicht dadurch eingreifen kann, daß es sein eigenes Ermessen an die Stelle des Ermessen des erkennenden Gerichts setzt[161].

[154] Vgl. Rdn. 23; ferner etwa BGH DÖV **1981** 337.

[155] Bejahend *Eyermann/Fröhler* VwGO § 47, 25; *Menger* VerwA **1963** 402.

[156] BayVerwGHE **25** 29 = BayVerwBl. **1972** 327; dazu krit. *Mutius* VerwA **1973** 95; VGH Mannheim DVBl. **1963** 399; OVG Kassel DÖV **1967** 420; *Redeker/von Oertzen* VwGO § 47, 22; zum Streitstand vgl. ferner Fußn. 155; *Mößle* BayVerwBl. **1976** 609; *Staudacher* JZ **1985** 969.

[157] BayVGH BayVerwBl. **1979** 176; VGHBW DVBl. **1983** 1070.

[158] BayVGH NJW **1979** 1472; wegen der weiteren Einzelheiten vgl. bei § 21 e GVG.

[159] RGSt **43** 181; BayObLGSt **9** 408; OLG Celle GA **38** (1891) 218; KG GA **73** (1929)

260; KK-*Hürxthal* 9; *Kleinknecht/Meyer*[37] 7; KMR-*Paulus* 22; *Eb. Schmidt* 17; vgl. zu § 396 AO: OLG Hamm NJW **1978** 283; *Schlüchter* JR **1985** 360; ferner § 228, 29 und zur ähnlichen Rechtslage im verwaltungs- und finanzgerichtlichen Verfahren VGH BW DÖV **1986** 707; BFHE **132** 217.

[160] OLG Frankfurt NJW **1954** 1012; **1966** 992; LG Osnabrück MDR **1986** 517; *Kleinknecht/Meyer*[37] 7; KMR-*Paulus* 22; *Eb. Schmidt* 16; vgl. § 228, 30; ferner zu § 396 AO: OLG Karlsruhe NStZ **1985** 227; dazu *Schlüchter* JR **1985** 360; a. A OLG Köln JMBlNW **1956** 116.

[161] Vgl. § 28, 30; ferner zu § 396 AO OLG Karlsruhe NStZ **1985** 227.

**71**    Die **Aufforderung zur Klageerhebung** (Rdn. 36 ff) binnen einer bestimmten Frist (Rdn. 36 ff) kann schon mangels Beschwer von keinem Verfahrensbeteiligten, auch nicht vom Adressaten der Aufforderung, mit Beschwerde angefochten werden[162].

**72**    **2. Revision.** Mit der Revision kann unter dem Blickwinkel einer Verletzung der §§ 261, 262 Abs. 1 beanstandet werden, wenn der Strafrichter sich zu Unrecht an ein anderes Urteil oder durch die Auffassung einer Verwaltungsbehörde gebunden glaubte und dieses deshalb ohne eigene Nachprüfung seiner Entscheidung zugrunde gelegt hat[163]. Gerügt werden kann auch, wenn das Gericht in Verkennung seiner Entscheidungskompetenz eine Vorfrage selbst entschieden hat, zu deren Prüfung es nicht befugt war, so, wenn es sich dabei zu Unrecht über die Bindung durch die Entscheidung eines anderen Gerichts oder einer Verwaltungsbehörde hinweggesetzt hat[164].

**73**    Macht das Gericht von der Befugnis, das Verfahren **nach § 262 Abs. 2 auszusetzen**, keinen Gebrauch, so kann die Revision in der Regel nicht darauf gestützt werden[165]. Bei dem weiten Ermessensrahmen des Absatzes 2 ist allenfalls in besonders gelagerten Ausnahmefällen denkbar, daß dem Gericht als einzige sachgerechte Entscheidung nur die Aussetzung verblieb[166]. Gerügt werden kann, wenn das Gericht die Möglichkeit einer Aussetzung nicht erkannt hat[167] und wenn es seine Aufklärungspflicht verletzt hat[168].

**74**    Mit der Revision kann ferner geltend gemacht werden, daß das Gericht gegen eine aus einer Spezialnorm sich ergebende **Aussetzungs- und Vorlagepflicht**[169] verstoßen hat. Dadurch kann auch der Anspruch auf den gesetzlichen Richter verletzt sein, dessen willkürliche Entziehung nach Erschöpfung des Rechtswegs die Verfassungsbeschwerde eröffnet[170]. Ein Verfassungsverstoß liegt andererseits nicht bereits darin, daß der Strafrichter einen ihn bindenden konstitutiven Verwaltungsakt ohne Nachprüfung seiner Rechtmäßigkeit seiner Entscheidung zu Grunde legen muß, denn die Betroffenen haben die Möglichkeit, im Verwaltungsverfahren Gehör und richterliche Überprüfung herbeizuführen[171]. Soweit der Europäische Gerichtshof eine Frage im Rahmen seiner Zuständigkeit bindend entschieden hat, kann aus Art. 19 Abs. 4 GG kein Recht auf einen innerstaatlichen Rechtsbehelf hergeleitet werden[172].

---

[162] KMR-*Paulus* 22.

[163] KK-*Hürxthal* 13; *Kleinknecht/Meyer*[37] 7; KMR-*Paulus* 23; vgl. § 261, 30.

[164] Vgl. Rdn. 5.

[165] RGSt **7** 146; **18** 123; OLG Schleswig bei *Ernesti/Jürgensen* SchlHA **1973** 187; KK-*Hürxthal* 13 (unter Hinweis auf BGH, der dies auch für den Fall annahm, daß das Gericht einen Aussetzungsantrag nicht ausdrücklich beschieden hat); KMR-*Paulus* 23.

[166] Bei § 396 AO ist dies strittig geworden; vgl. etwa (verneinend) BGH NStZ **1985** 387; OLG Hamm NJW **1978** 283; OLG Karlsruhe JR **1985** 387; dazu *Schlüchter* JR **1985** 360; ferner das bei den Fußn. 3, angeführte umfangreiche Schrifttum.

[167] Vgl. BGH NStZ **1985** 126; vgl. Fußn. 165. § 265, 106; 112.

[168] OLG Saarbrücken JBl. Saar **1964** 208; OLG Schleswig bei *Ernesti/Jürgensen* SchlHA **1973** 187; KK-*Hürxthal* 13; KMR-*Paulus* 23.

[169] Vgl. vor allem die Vorlagepflichten nach Art. 100 GG und nach den Verträgen der Europäischen Gemeinschaften Rdn. 48 ff.

[170] Vgl. etwa BVerfGE **64** 13; BayVerfGH NJW **1985** 363; weit. Nachw. Rdn. 5, ferner Fußn. 7.

[171] Vgl. etwa BGH NJW **1963** 446; BayObLGSt **1959** 258.

[172] BVerfGE **58** 26 ff (keine subsidiäre deutsche Gerichtsbarkeit); vgl. ferner BVerfG 22. 10. 1986 2 BvR 197/83 zur Vereinbarkeit der Entscheidungskompetenz des EuGH mit Art. 19 Abs. 4 GG.

# § 263

**(1) Zu jeder dem Angeklagten nachteiligen Entscheidung über die Schuldfrage und die Rechtsfolgen der Tat ist eine Mehrheit von zwei Dritteln der Stimmen erforderlich.**

**(2) Die Schuldfrage umfaßt auch solche vom Strafgesetz besonders vorgesehene Umstände, welche die Strafbarkeit ausschließen, vermindern oder erhöhen.**

**(3) Die Schuldfrage umfaßt nicht die Voraussetzungen der Verjährung.**

**Schrifttum.** *Beling* Bindings Lehre von der Abstimmung im Strafgericht, ZStW **37** (1916) 365; *Beling* Zur Lehre von der ratsgerichtlichen Abstimmung ZStW **42** (1921) 599; *Binding* Die Beschlußfassung im Kollegialgericht. Abh. II 141 (1915); *Grünhut* Das Minderheitsvotum, FS Eb. Schmidt, 620; *Kern* Die qualifizierten Mehrheiten im Strafverfahren, DJ **1938** 1386.

**Entstehungsgeschichte.** Ursprünglich (bis 1924) forderte § 263 nur für den Schuldspruch die Zweidrittelmehrheit; im übrigen genügte die einfache Mehrheit. Absatz 3 ist als Rest der alten Regelung stehen geblieben, die Erwähnung des Rückfalls wurde jedoch durch Art. 21 Nr. 67 Buchst. b EGStGB 1974 gestrichen. Seine jetzige Fassung hat Absatz 1 durch Art. 21 EGStGB erhalten, der die frühere Neufassung dieses Absatzes durch Art. 2 AGGewVerbrG ablöste. Der 1953 durch das 3. StRÄndG eingefügte Absatz 4, der die Strafaussetzung zur Bewährung betraf, ist durch Art. 21 Nr. 67 Buchst. c EGStGB wieder aufgehoben worden. Bezeichnung bis 1924: § 262.

*Übersicht*

## I. Allgemeines

**1. Verhältnis zu den §§ 192 ff GVG.** § 263 ist eine den allgemeinen Regeln über **1** Abstimmung und Beratung bei Kollegialgerichten (§§ 192 ff GVG) vorgehende **Sondervorschrift** für den Strafprozeß. Soweit er keine abweichenden Bestimmungen trifft, gelten die §§ 192 ff GVG, die auch die Art der Abstimmung regeln[1]. Das Beratungsgeheimnis ist in § 43 DRiG festgelegt. Auf die Erläuterungen zu diesen Vorschriften wird verwiesen.

---

[1] KK-*Hürxthal* 1; KMR-*Paulus* 2; *Eb. Schmidt* 2.

Walter Gollwitzer

**2** 　**2. Bedeutung.** Die **Abgrenzung von Schuld- und Rechtsfolgenfrage** in § 263 hat für den ganzen Strafprozeß Bedeutung, auch wenn jetzt § 263 Abs. 1 bei beiden Fragen die Zweidrittelmehrheit fordert. Bei der Abstimmung spielt der Unterschied im Rahmen des § 196 Abs. 3 GVG weiterhin eine Rolle, da über Schuld- und Rechtsfolgenfrage getrennt abzustimmen ist und über die Schuldfrage nur einheitlich (vgl. Rdn. 5) abgestimmt werden darf. Bedeutsam ist die Unterscheidung ferner für die Beschränkung der Rechtsmittel (§§ 318, 344) sowie für den Umfang der Aufhebung eines Urteils durch ein Rechtsmittelgericht (vgl. § 353). Es besteht kein Anlaß, bei den letztgenannten Vorschriften Schuld-und Rechtsfolgenfrage anders abzugrenzen als in § 263[2]. Desgleichen sind die **Umstände**, welche die **Strafbarkeit erhöhen**, in Absatz 2 grundsätzlich im gleichen Sinn zu verstehen wie in § 265 Abs. 2[3] und § 267 Abs. 2.

## II. Mehrheit von zwei Dritteln

**3** 　**1.** Für **jede dem Angeklagten nachteilige Entscheidung** bei der Schuldfrage und über die Rechtsfolgen fordert Absatz 1 die **Zweidrittelmehrheit.** Für das Schöffengericht in seinem regelmäßigen Bestand — Richter beim Amtsgericht und zwei Schöffen, § 29 Abs. 1 GVG — ist die Vorschrift ohne Bedeutung, da in diesem die Zweidrittelmehrheit mit der einfachen Mehrheit zusammenfällt. Dasselbe gilt von der kleinen Strafkammer § 76 Abs. 2 GVG. Dagegen ist bei dem großen mit zwei Berufsrichtern und zwei Laien besetzten Schöffengericht (§ 29 Abs. 2 GVG) eine Mehrheit von drei Stimmen erforderlich[4]. Ebenso kann in der mit drei Richtern und zwei Schöffen besetzten großen Strafkammer (§ 76 Abs. 2 GVG) eine dem Angeklagten nachteilige Entscheidung der Schuldfrage und des Strafmaßes nur mit mindestens vier Stimmen erfolgen. Auch im Oberlandesgericht als Gericht erster Instanz (§§ 120, 122 Abs. 2, 139 GVG) ist für eine Entscheidung solcher Art die Zweidrittelmehrheit erforderlich[5]. § 263 ist über § 332 im **Berufungsrechtszug** entsprechend anwendbar[6].

**4** 　Für die **Revisionsinstanz** fehlt eine ähnliche Vorschrift. Das hat einen guten Grund, denn das Revisionsgericht entscheidet in der Regel nur über Rechtsfragen. Es ist ihm verwehrt, sich eine selbständige Überzeugung über die seinem Spruch zugrunde liegenden Tatsachen zu bilden (§ 354, 1). Wieweit § 263 Abs. 1 ausnahmsweise anwendbar ist, ist strittig[7].

**2. Schuldfrage**

**5** 　**a) Einheit der Entscheidung.** Die Zweidrittelmehrheit muß jede dem Angeklagten nachteilige Entscheidung in der Schuldfrage decken, also der Frage, ob der Angeklagte die Tat begangen hat, ob diese den Tatbestand eines Strafgesetzes erfüllt, ob sie rechtswidrig ist und dem Angeklagten zur Schuld vorgeworfen werden kann; einschließlich aller damit zusammenhängender Umstände. Die Schuldfrage ist innerhalb einer Straftat[8] **unteilbar**, da die hierzu nötigen Feststellungen innerlich zusammenhängen und

---

[2] *Eb. Schmidt* 8; OLG Bremen NJW **1953** 1034; **a. A** OLG Hamm MDR **1954** 631, das § 157 StGB bei § 263 zur Schuldfrage und bei der Rechtsmittelbeschränkung zur Straffrage rechnet; ferner BayObLGSt **1949/51** 111.

[3] BGHSt **3** 30.

[4] *Deisberg/Hohendorf* DRiZ **1984** 261.

[5] KK-*Hürxthal* 2; KMR-*Paulus* 2; *Eb. Schmidt* 11.

[6] KMR-*Paulus* 4.

[7] Zum Streitstand vgl. § 351, 11.

[8] Maßgebend ist die Abgrenzung des materiellen Strafrechts (vgl. KMR-*Paulus* 8) und nicht, wie OGH NJW **1950** 195 annimmt, der verfahrensrechtliche Tatbegriff des § 264. Wegen Einzelheiten vgl. bei § 194 GVG.

über sie einheitlich zu befinden ist. Hierüber hat das Gericht in **Totalabstimmung** und nicht etwa abgestuft nach den einzelnen Tat- und Rechtsfragen zu entscheiden[9]. Es darf jedoch die Schuld nicht nur allgemein bejahen, sondern muß den Angeklagten eines bestimmten Deliktes für schuldig befinden[10]. Daß über die Schuldfrage nur einheitlich abgestimmt werden darf, schließt nicht aus, zunächst **Teilfragen** bei der Beratung durch Abstimmung zu klären. Diese informatorischen Einzelabstimmungen haben aber keine bindende Wirkung für die einheitliche Abstimmung über die Schuldfrage[11]. Wird die Zweidrittelmehrheit für eine bestimmte rechtliche Würdigung der Tat **nicht erzielt**, indem etwa von den fünf Richtern einer großen Strafkammer drei die Tat als Betrug und zwei als Unterschlagung ansehen, dann kann der Angeklagte nicht verurteilt werden[12]. Bei einer **wahldeutigen Verurteilung** muß zunächst über die einzelnen, zur Wahl stehenden Delikte und dann über die wahldeutige Verurteilung abgestimmt werden[13].

Die Schuldfrage umfaßt auch die in Absatz 2 zur Klarstellung besonders aufgeführten **strafmildernden, straferhöhenden** oder **strafausschließenden** Umstände.    **6**

b) **Umstände, welche die Strafbarkeit ausschließen.** Dieser Ausdruck umfaßt sowohl die **Rechtfertigungsgründe** wie Notwehr, Notstand, rechtlich beachtliche Einwilligung, Wahrnehmung berechtigter Interessen, auch wenn sie sich nicht aus dem Strafgesetz, sondern aus anderen Gesetzen ergeben, wie §§ 228, 904 BGB, § 758 ZPO; § 127 Abs. 1 StPO[14], und die **Schuldausschließungsgründe**, wie Schuldunfähigkeit[15], mangelnde Einsicht, Drohung, Irrtum, Überschreitung der Notwehr, Notstand, als auch die Strafausschließungsgründe (etwa §§ 173 Abs. 3 StGB) und die Strafaufhebungsgründe (z. B. §§ 24, 163 Abs. 2, 310, 311 c StGB). Die große Strafkammer muß also freisprechen, wenn zwei Richter die Schuldunfähigkeit des Angeklagten bezweifeln oder Notwehr, freiwilligen Rücktritt vom Versuch, Wahrheit der behaupteten ehrenrührigen Tatsache oder rechtzeitiges Löschen des Brandes seitens des Täters für dargetan erachten[16].    **7**

c) **Umstände, welche die Strafbarkeit vermindern** sind alle im Gesetz tatbestandsmäßig festgelegten Privilegierungen, welche die mildere Beurteilung eines Grundtatbestandes zulassen[17], wie etwa die Merkmale der §§ 217, 248 a, 263 Abs. 4 StGB, deren Tatbestände sich vom allgemeinen Vergehenstatbestand unterscheiden[18]. Ferner gehören beispielsweise hierher die in den §§ 157, 158, 213 erste Alternative, §§ 216, 313 Abs. 2 StGB aufgeführten Umstände[19]. Strittig ist, ob § 21 StGB hierher oder zur Straffrage zählt[20].    **8**

---

  [9] RGSt **18** 220; KK-*Hürxthal* 3; KMR-*Paulus* 8; *Peters* § 53 I 2 b bb; *Roxin* § 47 III 2.

[10] OLG Hamm JMBlNW **1964** 7; *Beling* ZStW **37** (1916) 365; **42** (1921) 599; KK-*Hürxthal* 4; KMR-*Paulus* 9; *Peters* § 53 I 2 a; *Eb. Schmidt* 12.

[11] BGH bei *Holtz* MDR **1976** 989; KK-*Hürxthal* 3; KMR-*Paulus* 8.

[12] KK-*Hürxthal* 4; KMR-*Paulus* 9.

[13] KK-*Hürxthal* 3; *Peters* § 53 I 2 b bb.

[14] KK-*Hürxthal* 4; *Kleinknecht/Meyer*[37] 2; KMR-*Paulus* 7; *Eb. Schmidt* 4.

[15] Die Feststellung, daß der Angeklagte im schuldfähigen Zustand mit der Trunkenheitsfahrt rechnen mußte, gehört zum

Schuldspruch (BayObLGSt **1968** 70 = NJW **1968** 2299).

[16] RGRspr. 4 782.

[17] KK-*Hürxthal* 5.

[18] RGSt **5** 404; **6** 327; **24** 38. Vgl. § 318.

[19] RGSt **1** 423; **6** 26; **14** 298; **20** 352; RG GA **52** 92; BayObLGSt **1949/51** 111 (zu § 213). OLG Braunschweig NdsRpfl. **1953** 166 rechnet § 157 StGB hierher, ebenso KMR-*Paulus* 7, während BGHSt **2** 379 ihn der Straffrage zuweist; vgl. auch OLG Hamm MDR **1954** 631.

[20] Nach OLG Hamm NJW **1972** 1149 und *Eb. Schmidt* 5 gehörte § 51 Abs. 2 StGB **a. F.** hierher, nach KMR-*Paulus* 10 zur Straffrage.

**9**　d) **Umstände, welche die Strafbarkeit erhöhen** sind alle Merkmale, bei deren Vorliegen das Gesetz eine höhere Strafe als im Grundtatbestand androht; die also qualifizierend wirken, wie beispielsweise die §§ 223 a bis 226 StGB gegenüber der einfachen Körperverletzung oder die öffentliche Begehung einer Beleidigung[21]. Hierher gehört bei bestimmten Tatbeständen, daß der Täter Amtsträger ist (§ 11 Abs. 1 Nr. 2 StGB) oder gewerbs- oder gewohnheitsmäßig gehandelt hat[22].

**10**　Soweit das materielle Strafrecht für „besonders schwere" Fälle nur **Regelbeispiele** aufstellt, war zunächst fraglich, ob über das Vorliegen eines solchen nicht mehr zwingend straferhöhenden Umstands im Zusammenhang mit der Schuldfrage oder erst im Rahmen der Straffrage zu entscheiden ist[23]. Vom Strafgesetz besonders vorgesehene Umstände wird man hier aber im gleichen Sinn zu verstehen haben wie bei § 267 Abs. 2. Hierzu rechnen nur solche Umstände, die der Gesetzgeber als Grund der Straferhöhung **tatbestandsmäßig abschließend** festgelegt hat. Bei den nur „in der Regel" straferhöhenden Umständen oder den unbenannten besonders schweren Fällen[24] trifft dies nicht zu. Über ihr Vorliegen ist, wie der Gesetzgeber in § 267 Abs. 3 Satz 3 klargestellt hat, im Rahmen der Straffrage zu entscheiden.

**11**　3. Bei der **Festsetzung der Rechtsfolgen** erfordert ebenfalls jede dem Angeklagten nachteilige Entscheidung eine Zweidrittelmehrheit. Dies gilt für alle staatlichen Reaktionsmittel, die im Strafverfahren festgesetzt werden, für die Haupt- und Nebenstrafen ebenso wie für Maßregeln der Besserung und Sicherung und sonstige Nebenfolgen oder die Verhängung einer Geldbuße bei Ordnungswidrigkeiten und die Erziehungsmaßregeln und Zuchtmittel des Jugendrechts. Die Straffrage umfaßt insbesondere auch die Entscheidung, ob Jugendrecht oder Erwachsenenrecht anzuwenden ist[25]; ob ein minder schwerer Fall vorliegt[26]; im Gegensatz zu den besonders tatbestandsmäßig beschriebenen, gesetzlichen Milderungsgründen[27] oder ein durch Regelbeispiele beschriebener besonders schwerer Fall[28]. Zu ihr gehört ferner, ob an Stelle einer Freiheitsstrafe nach dem § 47 StGB eine Geldstrafe zu verhängen, Untersuchungshaft oder eine andere Freiheitsentziehung nach § 51 StGB anzurechnen sowie, ob von Strafe abzusehen oder der Täter für straffrei zu erklären (199 StGB) ist[29].

**12**　Auch bei der **Strafaussetzung zur Bewährung** bedarf es jetzt nach Wegfall des früheren Absatzes 4 der Zweidrittelmehrheit, wenn sie zu Lasten des Angeklagten versagt werden soll[30].

### III. Einfache Stimmenmehrheit

**13**　1. Bei den **sonstigen** im Prozeß zu entscheidenden **Fragen** bleibt es bei der Regel des § 196 Abs. 1 GVG. Es genügt einfache Stimmenmehrheit. Wegen der Einzelheiten

[21] BayObLGSt **1960** 248 = NJW **1961** 569; OLG Hamm JMBlNW **1951** 63; RGSt **68** 432; 70 304; BGH NJW **1959** 996; **1977** 1830.

[22] KK-*Hürxthal* 6; KMR-*Paulus* 7; *Eb. Schmidt* 6. Vgl. auch BGH bei *Dallinger* MDR **1952** 532.

[23] BGHSt **23** 256; NJW **1977** 1830; StrVert. **1983** 14; vgl. *Otto* JZ **1985** 24; vgl. § 265, 43.

[24] BGH NJW **1977** 1830; KK-*Hürxthal* 6.

[25] BGHSt **5** 207; BayObLGSt **1956** 7 = NJW **1956** 921; LG Nürnberg-Fürth NJW **1968** 120.

[26] Zum Begriff des minder schweren Falls BGH JR **1976** 24 mit Anm. *Zipf*; ferner § 267, 95.

[27] BayObLGSt **1949/51** 111; a. A *Eb. Schmidt* 9, der auch die im Gesetz herausgehobenen mildernden Umstände (§ 213 StGB) zur Straffrage rechnet.

[28] Rdn. 10; vgl. BGH NJW **1959** 996; *Furtner* JR **1969** 11; ferner § 265, 43; 267, 96.

[29] Vgl. § 260, 36.

[30] KK-*Hürxthal* 7; *Kleinknecht/Meyer*[37] 3; KMR-*Paulus* 10.

vgl. die Erläuterungen zu §193 GVG. Einfache Mehrheit genügt insbesondere bei den nachfolgenden Entscheidungen:

**2.** Über die **Verfahrensvoraussetzungen** entscheidet das Gericht mit einfacher **14** Mehrheit[31], wie Absatz 3 für die Verjährung besonders hervorhebt. Die mit der einfachen Mehrheit getroffenen Feststellungen über die tatsächlichen Grundlagen der Verfahrensvoraussetzungen dürfen allerdings nicht den Feststellungen widersprechen, die im Rahmen der Schuldfrage getroffen worden sind. Dies gilt insbesondere auch für die bei Prüfung der Verjährung getroffene Feststellung über die Tatzeit[32]. Bei doppelrelevanten Tatsachen sind die mit Zweidrittelmehrheit beim Schuldspruch festzustellenden Tatsachen maßgebend[33].

**3. Objektive Bedingungen der Strafbarkeit** gehören weder zur Schuld- noch zur **15** Straffrage[34].

**4. Kosten** einschließlich der Entscheidung über die Erstattung der notwendigen **16** Auslagen und über die Entschädigung für unschuldig erlittene Strafverfolgungsmaßnahmen[35].

**5. Vermögensrechtliche Ansprüche** des Verletzten gegen den Angeklagten, die im **17** Adhäsionsverfahren nach den §§403 ff geltend gemacht werden[36].

**6.** Über **Verfahrensfragen** wie Offenkundigkeit[37] entscheidet das Gericht auch **18** bei der Urteilsberatung mit einfacher Stimmenmehrheit[38].

## IV. Revision

**Fehler bei der Abstimmung** können mit der Revision nach §337 gerügt werden. **19** Sie müssen aber vom Revisionsführer ganz konkret unter Anführung der Tatsachen, aus denen sich der Fehler ergibt, behauptet werden[39] und vom Revisionsgericht feststellbar sein. Dies begegnet Schwierigkeiten, da das **Beratungsgeheimnis** (§43 DRiG) entgegensteht. Darüber, ob höherwertige Interessen der Rechtspflege eine Durchbrechung des Beratungsgeheimnisses gestatten, hat nicht das Revisionsgericht zu entscheiden, sondern allein die an der Beratung beteiligten Richter. Diese können daher nicht ohne weiteres als Zeugen über die Vorgänge bei der Beratung und Abstimmung vernommen werden[40], wohl aber kann das Revisionsgericht ihnen anheimgeben, ob sie eine dienstliche Äußerung darüber abgeben wollen[41]. Unabhängig davon ist es ein nobile officium,

---

[31] BGH bei *Dallinger* MDR **1953** 532; *Friedlaender* JW **1924** 278; KK-*Hürxthal* 8; KMR-*Paulus* 3.

[32] RGSt 15 107; vgl. *Koeniger* 435.

[33] KMR-*Paulus* 3; vgl. §244, 6.

[34] KK-*Hürxthal* 8; a. A *Roxin* §47 C III 1 b.

[35] RGSt 39 293; KK-*Hürxthal* 8; KMR-*Paulus* 3; *Eb. Schmidt* 14.

[36] *Peters* §53 I 2 a.

[37] Strittig; vgl. §244, 233; §261, 28.

[38] *Ditzen* Dreierlei Beweis 37; *Friedlaender* JW **1924** 278; KK-*Hürxthal* 8; KMR-*Paulus* 3.

[39] BGH nach KK-*Hürxthal* 9. Die bloße Behauptung, bei der Abstimmung sei gesetzwidrig verfahren worden, genügt nicht: RGSt 26 202; 36 373; 61 218; RG GA 56 (1909) 212; 64 (1917) 255; OLG Celle MDR **1958** 182; KMR-*Paulus* 12.

[40] RGSt 36 373; 61 217; vgl. bei §43 DRiG.

[41] Vgl. *Eb. Schmidt* 15, der unter Hinweis auf OGHSt 1 223 die Anforderung solcher dienstlicher Äußerungen als zulässiges und gebotenes Mittel zur Feststellung von Beratungsfehlern ansieht.

Walter Gollwitzer

wenn nicht sogar eine Pflicht der Richter, im Interesse der Gerechtigkeit in den Urteilsgründen auf bewußt gewordene Beratungsfehler, insbesondere auf Abstimmungsfehler,
hinzuweisen. Auch in Zweifelsfällen kann es aus den gleichen Erwägungen angebracht
sein, wenn das Gericht von sich aus in der schriftlichen Begründung des Urteils die Art
der Abstimmung oder das Stimmverhältnis darlegt, um dem Revisionsgericht die rechtliche Nachprüfung zu ermöglichen[42].

# § 264

(1) Gegenstand der Urteilsfindung ist die in der Anklage bezeichnete Tat, wie sie sich
nach dem Ergebnis der Verhandlung darstellt.

(2) Das Gericht ist an die Beurteilung der Tat, die dem Beschluß über die Eröffnung
des Hauptverfahrens zugrunde liegt, nicht gebunden.

**Schrifttum.** *Achenbach* Strafprozessuale Ergänzungsklage und materielle Rechtskraft, ZStW
**87** (1975) 74; *Achenbach* Tat, Straftat, Handlung und die Strafrechtsreform, MDR **1975** 19; *Beh-*
*rendt* Der Tatbegriff im materiellen und formellen Steuerstrafrecht, ZStW **94** (1982) 888; *Bertel*
Die Identität der Tat. Der Umfang von Prozeßgegenstand und Sperrwirkung im Strafprozeß,
(1970); *Bindokat* Zur Frage des prozessualen Tatbegriffs, GA **1967** 362; *Büchner* Der Begriff der
strafprozessualen Tat, Diss. Würzburg 1976; *Dedes* Die Identität der Tat im Strafprozeß, GA **1965**
102; *Fleischer* Verhältnis von Dauerstraftat und Einzelstraftaten, NJW **1979** 1337; *Fliedner* Die verfassungsrechtlichen Grenzen mehrfacher stattlicher Bestrafungen auf Grund desselben Verhaltens, AöR **99** (1974) 242; *Geerds* Zur Lehre von der Konkurrenz im Strafrecht, (1961); *Grünwald*
Der Verbrauch der Strafklage bei Verurteilungen nach den §§ 129, 129 a StGB, FS Bockelmann
737; *Helmken* Strafklageverbrauch, Rechtssicherheit contra Einzelfallgerechtigkeit, MDR **1982**
715; *Herzberg* Ne bis in idem, JuS **1972** 113; *Hruschka* Der Begriff der Tat im Strafverfahrensrecht,
JZ **1966** 700; *Kinnen* Zum verfahrensrechtlichen Begriff der Tat, MDR **1978** 545; *Kröpil* Die prozessuale Tat als Zentralbegriff in der strafrechtlichen Ausbildung und Prüfung JuS **1986** 211; *Krö-*
*pil* Die Bedeutung der Tatbegriffe für den Strafklageverbrauch, DRiZ **1986** 448; *Krauth* Zum Umfang der Rechtskraftwirkung bei Verurteilung von Mitgliedern krimineller und terroristischer Vereinigungen, FS Kleinknecht 215; *Maatz* Doppelverurteilung in Fällen fortgesetzter Handlungen,
MDR **1986** 285; *Maatz* Zur materiell- und verfahrensrechtlichen Beurteilung verbotenen Waffen-
besitzes in Notwehrfällen, MDR **1985** 881; *Marxen* Der prozessuale Tatbegriff in der neueren
Rechtsprechung, StrVert. **1985** 472; *Marxen* Straftatensystem und Strafprozeß (1984); *Neuhaus*
Der strafverfahrensrechtliche Tatbegriff — ne bis in idem (1985); *Oehler* Neuere Verschiebungen
beim prozessualen Tatbegriff, Gedächtnisschrift Schröder, 439; *Palder* Anklage — Eröffnungsbeschluß — Urteil. Eine Trias mit Tücken, JR **1986** 94; *Puppe* Funktion und Konstitution der un-
gleichartigen Idealkonkurrenz, GA **1982** 143; *Puppe* Die Individualisierung der Tat in Anklage-
schrift und Bußgeldbescheid und ihre nachträgliche Korrigierbarkeit, NStZ **1982** 230; *Schöneborn*
Zum Problem der materiellrechtlichen und prozessualen Tateinheit durch Verklammerung, NJW
**1974** 735; *Schöneborn* Alternativität der Handlungsvorgänge als Kriterium des strafprozessualen
Tatbegriffs, MDR **1974** 529; *Stein* Strafprozessualer Tatbegriff und Alternativität von Vorwürfen,
JR **1980** 444; *Tiedemann* Entwicklungstendenzen der strafprozessualen Rechtskraftlehre (1969);
*Werle* Die Beteiligung an kriminellen Vereinigungen und das Problem der Klammerwirkung, JR

---

[42] BGH MDR **1976** 989 bei *Holtz*; ferner
RGRspr. 4 198; RGSt **8** 219; **60** 296; Bay-
ObLGZ DJZ **1916** Nr. 665; LG Mannheim
JW **1929** 1026; OLG Celle MDR **1958** 182;
OLG Hamm JMBlNW **1964** 7; *Koeniger* 433;
KK-*Hürxthal* 9; KMR-*Paulus* 12; a. A *Als-*
*berg* DJT 35 I 450 Anm. 17.

1979 93; *Werle* Konkurrenz und Strafklageverbrauch bei der mitgliedschaftlichen Beteiligung an kriminellen und terroristischen Vereinigungen, NJW **1980** 2671; *Wolter* Tatidentität und Tatumgestaltung im Strafprozeß, GA **1986** 143; *Wolter* Verurteilung aus nicht tatbestandsmäßiger Nachtat, GA **1974** 161; *Wolter* Natürliche Handlungseinheit, normative Sinneinheit und Gesamtgeschehen, StrVert. **1986** 315.

**Bezeichnung** bis 1924: 263.

*Übersicht*

# I. Allgemeines

**1.** § 264 behandelt das **Verhältnis des Urteils zur Anklage.** Nur die Tat, die durch **1** die zugelassene Anklage (oder einen sie ersetzenden Verfahrensvorgang) formell der Entscheidung des Gerichts unterbreitet worden ist, bildet den Gegenstand der Urteilsfindung[1]. Dies ist die einzige Grenze, die der Kognition des Gerichts — nicht zuletzt auch zum Schutze des Angeklagten vor Überraschungen — gezogen ist. Im übrigen ist das Gericht weder an die Darstellung des Tathergangs in tatsächlicher Hinsicht noch an seine rechtliche Beurteilung in der Anklage oder im Eröffnungsbeschluß gebunden. Entsprechend dem Mündlichkeitsgrundsatz geht die Prozeßordnung davon aus, daß die Hauptverhandlung nicht nur eine Verhandlung über die in der Anklage erhobene konkrete Beschuldigung sein soll, sondern, daß gerade sie die **eigentliche Untersuchung** ist,

---

[1] Zur Bedeutung des Anklagegrundsatzes vgl. Einl. Kap. **13**; § 151, 1, 6 ff; ferner zur rechtsstaatlichen Bedeutung der Beschränkung der Untersuchung auf die angeklagte Tat *Gössel* GA **1980** 332.

in der erst die wahre Beschaffenheit der durch die Anklage vor Gericht gebrachten Tat ermittelt und festgestellt werden muß. Das Gericht ist somit zu einer selbständigen und erschöpfenden Beurteilung des ihm in der Hauptverhandlung unterbreiteten Prozeßstoffs berechtigt und verpflichtet, sofern nur die Identität des Tatvorgangs gewahrt bleibt.

**2**    2. Diese allseitige und umfassende Erkenntnispflicht deckt sich nach der vorherrschenden Meinung[2] mit dem **Umfang**, in welchem die richterliche Entscheidung die **Strafklage verbraucht**[3], das verfassungsrechtliche Verbot der Doppelbestrafung ein neues Verfahren anschließt[4] und mit dem Umfang der Sperrwirkung einer anderweitigen Rechtshängigkeit[5]. Das prozeßökonomische Bedürfnis nach einer weitgespannten Untersuchungs- und Erledigungsbefugnis des Gerichts und die Notwendigkeit einer vernünftigen Einengung der Erledigungswirkung des rechtskräftigen Urteils ermöglichen keine unterschiedliche Abgrenzung[6].

## II. Der verfahrensrechtliche Tatbegriff

**3**    1. **Der verfahrensrechtliche Begriff der Tat**, von dem § 264 ausgeht, dient, ebenso wie bei § 155, der Abgrenzung der Untersuchungspflicht hinsichtlich des zur Aburteilung gestellten Verhaltens. Er stellt auf die **Einheit eines Lebenssachverhalts** ab und deckt sich deshalb nicht mit dem Rechtsbegriff der Handlung des **materiellen Strafrechts** im Sinne der §§ 52 ff StGB. Er ist weiter als diese und kann daher auch mehrere sachlich zusammentreffende Straftaten (§ 53 StGB) einheitlich umfassen[7]. Mehrere tateinheitlich zusammentreffende strafbare Handlungen werden wegen der Verknüpfungen des tatsächlichen Geschehens regelmäßig nur eine Tat im verfahrensrechtlichen Sinn sein[8].

---

[2] Vgl. etwa BGHSt **25** 390; **29** 292 = NStZ **1981** 72 mit Anm. *Rieß*; BGHSt **32** 150; KK-*Hürxthal* 2; *Kleinknecht/Meyer*³⁷ 1; KMR-*Paulus* 2; *Jung* JZ **1984** 535; *Oehler* Gedächtnisschrift Schröder 443; *Schöneborn* MDR **1974** 530; *Wolter* GA **1986** 154.

[3] A. A *Peters* § 54 II, der der Entscheidung des Gerichts den weit zu fassenden Lebensvorgang unterstellt, zu dem alles gehört, was mit den die Anklage tragenden Tatsachen im Zusammenhang steht, und der nur bei der Rechtskraftlehre unter Hinweis auf die verschiedene Prozeßsituation – die weit gefaßte Untersuchung hat sich auf eine engere, auf die Tätigkeitsrichtung abstellende (materielle) Abgrenzung vertritt; ähnlich *Krauth* FS Kleinknecht 233; *Marxen* StrVert. **1985** 492; vgl. auch BVerfGE **56** 35.

[4] Vgl. Einl. Kap. **12** V; BVerfGE **23** 202; **45** 434; **56** 28 = JR **1982** 108 mit Anm. *Gössel*.

[5] Vgl. § **12**, 10 ff.

[6] Vgl. dazu die Zusammenstellung der Argumente bei *Wolter* GA **1986** 154, der auch anführt, daß die Prozeßdynamik nicht nur eine Verengung sondern auch eine Ausweitung

der abzuurteilenden Tat zur Folge haben könne.

[7] RGSt **24** 370; **56** 325; **61** 317; **62** 112; BGHSt **9** 11; **10** 396; **13** 23; 322; **16** 200; **23** 141; 273; **24** 185; **29** 288; BGH NJW **1954** 122; **1969** 994; **1970** 255; BGH VRS **60** 292; BGH bei *Dallinger* MDR **1957** 396; bei *Pfeiffer* NStZ **1982** 190; bei *Pfeiffer/Miebach* NStZ **1983** 212; **1984** 212; BayObLGSt **1957** 199; **1960** 5, 160 = MDR **1960** 160; NJW **1953** 1482; **1971** 22; OLG Celle NJW **1961** 1080; OLG Hamm NJW **1981** 237; StrVert. **1984** 15; KG DAR **1968** 244; OLG Stuttgart MDR **1975** 423; vgl. auch BVerfGE **45** 434.

[8] Vgl. etwa BGHSt **8** 94; **26** 284; **29** 292; BGH NJW **1981** 997; ferner die Rdn. 7; 11; 26 ff mit weit. Nachw.; KK-*Hürxthal* 4; *Kleinknecht/Meyer*³⁷ 6; KMR-*Paulus* 14. Strittig ist, ob bei Idealkonkurrenz notwendig immer eine Tat im verfahrensrechtlichen Sinn vorliegt (nur eine Strafe!) oder ob in atypischen Ausnahmefällen (Rdn. 7) Tatidentität verneint werden kann. Vgl. etwa *Grünwald* JZ **1970** 327; *Rieß* NStZ **1981** 74.

Nur in seltenen Ausnahmefällen wird die materiell-rechtliche Klammer, die mehrere Geschehensabläufe verbindet, so schwach und weitläufig sein, daß sie nicht ausreicht, die mehreren Tatkomplexe zu einer Einheit zusammenfassen[9]. § 264 begrenzt nur den Verfahrensstoff, der für die **Entscheidung der Schuldfrage** maßgebend ist. Er hindert nicht die Erforschung und Verwendung anderer Tatsachen, auch anderer Straftaten[10], wenn diese ausschließlich für Beweiszwecke oder die Bemessung der Rechtsfolgen Bedeutung haben. Insoweit dürfen auch in der Anklage nicht enthaltene Vorgänge zum Gegenstand der Hauptverhandlung gemacht und verwertet werden[11].

### 2. Tat als historischer Vorgang

**a) Begriff.** Nach der in der Rechtsprechung herrschenden Auffassung ist entspre- **4** chend dem Zweck des § 264[12] als Tat der gesamte (geschichtliche) Lebensvorgang einschließlich aller damit zusammenhängender oder darauf bezüglicher Vorkommnisse zu verstehen, aus dem die zugelassene Anklage gegen den jeweiligen Angeklagten[13] den Vorwurf einer Straftat oder Ordnungswidrigkeit herleitet[14]. Dieser geschichtliche Vorgang wird in seiner Gesamtheit, also soweit er nach der **Auffassung des Lebens** eine **sinnvolle Einheit** bietet, der Entscheidung des Gerichts unterstellt, ohne daß es insoweit auf die in der Anklage hervorgehobenen Einzelvorkommnisse und ihre rechtliche Würdigung ankommt.

Ein **einheitlicher, geschichtlicher Vorgang** liegt vor, wenn die einzelnen Lebens- **5** sachverhalte innerlich so miteinander verknüpft sind, daß sie nach der Lebensauffassung eine Einheit bilden, dergestalt, daß ihre Behandlung in getrennten Verfahren als unnatürliche Aufspaltung eines zusammengehörenden Geschehens erscheinen würde[15].

---

[9] Zu den hier bestehenden Sonderfragen der fortgesetzten Tat und der Dauerstraftat vgl. Rdn. 7.

[10] Vgl. BGHSt 30 147; 165 = JR **1982** 247 mit Anm. *Terhorst*; ferner etwa BGH NJW **1951** 763; bei *Dallinger* MDR **1957** 654.

[11] Zur Verwertbarkeit anderer Straftaten bei der Strafzumessung vgl. § 261, 20; 65; § 267, 82; *Kleinknecht/Meyer*[37] 11; KK-*Hürxthal* 24; ferner zur Berücksichtigung der nach §§ 154, 154 a ausgeschiedenen bzw. eingestellten Taten und Tatteile § 154, 54 ff; § 154 a, 29.

[12] Vgl. Rdn. 1. Zur Funktion des prozessualen Tatbegriffs vgl. Rdn. 1; ferner etwa KMR-*Paulus* 2 und unten Fußn. 13.

[13] Entsprechend seiner Abgrenzungsfunktion ist der Tatbegriff auf die Person des Angeklagten bezogen. Bei mehreren Angeklagten wird die Hauptverhandlung zur einheitlichen Erkenntnisquelle für die Urteilsfindung gegen alle Angeklagten, die individuelle Schranke, die sich bei jedem einzelnen aus der gegen ihn zugelassenen Anklage ergibt, wird dadurch jedoch nicht aufgehoben; vgl. BGHSt 32 216; dazu *Marxen* StrVert. **1985** 475.

[14] Vgl. etwa RGSt **72** 339; BGHSt 13 25; **23** 145; 25 390; weit. Nachw. Fußn. 15.

[15] Dies ist die von der Rechtsprechung im Grundsatz einhellig vertretene Auffassung; vgl. RGSt **9** 420; **15** 11; **24** 371; **41** 165; **44** 30; **51** 128; 371; **56** 324; **58** 116; **61** 236; **62** 130; **65** 109; 292; **66** 21; **70** 398; **71** 361; **72** 340; JW **1927** 1595; **1931** 66; BGHSt **2** 374; 6 92; 8 94; **9** 10; **10** 396; **13** 21; 320; **15** 268; **16** 202; 25 388; **29** 288; **32** 216; BGH bei *Dallinger* MDR **1954** 17; **1957** 396; **1958** 565; NJW **1954** 122; **1955** 1240; **1969** 995; **1970** 225; **1981** 997; NStZ **1983** 87; **1984** 469; StrVert. **1981** 606; BayObLGSt **1957** 252; **1964** 95; **1965** 46; OLG Celle NJW **1979** 228; OLG Düsseldorf NJW **1983** 768; OLG Hamm NJW **1981** 237; OLG Karlsruhe JR **1978** 36 mit Anm. *Meyer*; Justiz **1973** 27; OLG Oldenburg NdsRpfl. **1955** 159; ferner BVerfGE **23** 202; **45** 434; *Bindokat* GA **1967** 362; *Busch* ZStW **68** (1920) 3; *Grünwald* JZ **1970** 330; *Hanack* JZ **1972** 355; *Kröpil* DRiZ **1986** 448; *Roxin* § 20 B 2a; *Eb. Schmidt* I 295 ff; JZ **1951** 21; **1954** 706; JR **1959** 427; *G. Schmidt* JZ **1966** 89; KK-*Hürxthal* 5; *Kleinknecht/Meyer*[37] 2; 3; KMR-*Paulus* 6; ferner die Beispiele Rdn. 44 ff.

    Walter Gollwitzer

Dies muß sich aus den Ereignissen selbst ergeben[16]. Die bloße zeitliche oder örtliche Aufeinanderfolge der einzelnen Vorgänge genügt für sich allein ebensowenig[17], wie der Umstand, daß die Taten sich logisch aus einander entwickelt haben[18] oder der Täter aus der gleichen Grundsituation, bei Erfüllung eines einheitlichen Aufgabenkreises[19] oder aus einer einheitlichen inneren Grundhaltung heraus gehandelt hat oder im Zuge der Verwirklichung eines Gesamtplans oder in Verfolgung des gleichen Endzwecks[20] tätig geworden ist. Ein großer zeitlicher Zwischenraum zwischen den einzelnen Vorkommnissen kann die Einheit des geschichtlichen Vorgangs beseitigen[21]. Für sich allein genügt auch nicht, daß der Täter das gleiche Rechtsgut verletzt oder den gleichen Partner benützt hat[22].

**6**     Die Beurteilung, ob eine solche innere **Verknüpfung der tatsächlichen Vorgänge** vorliegt, insbesondere, ob zwei (strafbare) Handlungen als eine oder als zwei Taten im verfahrensrechtlichen Sinn zu betrachten sind, erfordert wegen der Unmöglichkeit einer eindeutigen begrifflichen Abgrenzung eine sich am Regelungszweck der §§ 155, 264 orientierende **funktionale Gesamtbetrachtung** (vgl. auch Rdn. 7 ff; 26 ff). Hierbei kommt es primär auf die Sachzusammenhänge zwischen den tatsächlichen Geschehensabläufen an. Ermangeln diese allerdings bei Taten mit geringem spezifischen Handlungsgehalt der aussagekräftigen Abgrenzungsmerkmale oder beruht die Einheit verschiedener tatsächlicher Vorgänge überhaupt nur auf einer durch das Recht geschaffenen Zusammenfassung, wie etwa bei der fortgesetzten Tat, dann ist, wie auch sonst in Grenzfällen, die **materiell-rechtliche Beurteilung** für die Abgrenzung mit heranzuziehen[23]. Der auf die Einheitlichkeit des tatsächlichen Geschehens abstellende Tatbegriff des § 264 wird zwar grundsätzlich als ein Lebensvorgang verstanden, der vom Handlungsbegriff des materiellen Strafrechts unabhängig ist. Aus der Beschreibung des strafrechtlich relevanten Verhaltens im materiellen Strafrecht und der strafrechtlichen Bedeutung der Handlungen ergeben sich jedoch mitunter erst die Gesichtspunkte, die selektiv einzelne äußerlich selbständige Lebensvorgänge innerlich zu einer Tat im verfahrensrechtlichen Sinn verknüpfen[24]. Bei manchen Deliktsgruppen, wie den unechten Unterlassungstaten, ist dies sogar unerläßlich, da eine eigentliche tatbezogene Handlung fehlt und dem Täter zur Last liegt, daß er nicht gehandelt hat[25]. Bei der **fortgesetzten**

---

[16] Die bloße Erwähnung in der Anklage stellt sie nicht her; vgl. etwa BGHSt **13** 25; **32** 146; Rdn. 20.

[17] BGHSt **23** 273; BayObLGSt **1984** 78; **1985** = NStZ **1984** 569; vgl. Rdn. 26; zu den während einer Fahrt begangenen Taten vgl. Rdn. 52.

[18] BGH NStZ **1983** 87 (Betrug und spätere räuberische Erpressung).

[19] BGHSt **13** 25; **23** 145; BGHSt **26** 287 (arbeitsteilige Begehung im Gewerbebetrieb); BGH NJW **1981** 997; MDR **1976** 593; StrVert. **1981** 606 (mehrere Untreuehandlungen eines GmbH-Gesellschafters).

[20] BGH NJW **1959** 997; **1981** 997; NStZ **1983** 87; bei *Holtz* MDR **1985** 92 (mehrere Betrugstaten auf Grund einer Zeitungsanzeige); OLG Celle NdsRpfl. **1961** 112; OLG Köln OLGSt 45; KMR-*Paulus* 21 mit weit. Nachw.

[21] BayObLG VRS **59** 270; OLG Düsseldorf JMBlNW **1965** 281.

[22] KK-*Hürxthal* 6; vgl. Rdn. 8.

[23] Vgl. etwa BGHSt **32** 215, dazu *Roxin* JR **1984** 346; *Marxen* StrVert. **1985** 472; *Wolter* GA **1986** 145 („gestufter faktisch-normativer Tatbegriff"); *Wolter* StrVert. **1986** 320.

[24] Vgl. etwa BGHSt **30** 28 (Handeltreiben mit Betäubungsmitteln als strafrechtliche Bewertungseinheit); ferner BGHSt **13** 21; **23** 146; BGH bei *Pfeiffer/ Miebach* NStZ **1983** 212; OLG Hamm StrVert. **1984** 15; ferner OLG Koblenz NJW **1978** 716, das auch die unterschiedliche sittliche Bewertung bei der Beurteilung der Einheitlichkeit mit heranzieht.

[25] Vgl. Rdn. 66 zu Unterhaltpflichtverletzung; Rdn. 60 bis 62 zur Hinterziehung verschiedener Steuern.

**Tat** verleiht das materielle Recht dem Gesamtfortsatz des Täters die Kraft, auch ohne räumlich/zeitliche Verknüpfung der Geschehensabläufe mehrere äußerlich selbständige, voneinander unabhängige Handlungen zu einer Tat im Sinne des § 264 zusammenzufassen[26]. Hier besteht eine vom materiellen Recht geschaffene Einheit mehrerer natürlicher Vorgänge, die deshalb auch folgerichtig durch die Zäsurwirkung der letzten Tatsachenverhandlung zur Schuldfrage (Rdn. 34) beendet werden kann. Abgesehen von solchen Sonderfällen gilt aber weiterhin, daß trotz der gelegentlich aufgetretenen Neigung, die freien Raum[27] gebende Formel vom „gleichen geschichtlichen Vorgang" unter stärkerer Heranziehung normativer Merkmale enger zu fassen[28], die Rechtsprechung bei einem empirisch abgegrenzten, verfahrensrechtlichen Tatbegriff bleibt, für den bisher kein überzeugender Ersatz gefunden wurde[29].

b) Ein **Sonderproblem** bei der **Fortsetzungs- oder Dauerstraftat** besteht darin, wie- **7** weit sie die Kraft hat, die mit ihr zusammentreffenden selbständigen Straftaten zu einer verfahrensrechtlichen Tat zu vereinen. Die meist minderschweren Klammerdelikte sind nach Tatbestand, Zeitdauer und auch hinsichtlich ihrer Verzahnung mit den anderen Straftaten unterschiedlich strukturiert. Deshalb hängt es von der natürlichen Betrachtung des **Einzelfalls**[30] ab, ob dadurch ein auch unbekannt gebliebene Delikte umfassender, unteilbarer einheitlicher Lebensvorgang entsteht[31]. Vom Regelungszweck des § 264 her[32] spricht vieles dafür, daß — sofern nicht besondere Umstände vorliegen — eine sich über eine lange Zeit hin erstreckendes Dauer- oder Fortsetzungsstraftat nicht die Wirkung hat, alle damit zusammentreffenden, an sich handlungsmäßig selbständigen und in andere Rechtsgüter eingreifende Straftaten zu einer Tat mit den verfahrensrechtlichen Konsequenzen (Verzicht auf Anklage; Rechtskraftwirkung) werden zu lassen. Selbst wenn allen Taten ein einheitliches Motiv zugrunde liegen sollte, handelt es

[26] Zu den Einzelheiten vgl. Rdn. 32 ff; ferner BayObLG MDR **1985** 957 zur Unwirksamkeit eines diese Einheit aufspaltenden Eröffnungsbeschlusses.

[27] Vgl. BGHSt **11** 130.

[28] Vgl. die Nachweise Fußn. 23, 24; *Tiedemann* Entwicklungstendenzen der strafprozessualen Rechtskraftlehre, 32 ff, mit rechtsvergleichenden Hinweisen auf die Entwicklung in anderen Ländern; *Wolter* GA **1986** 143 ff; *Wolter* StrVert. **1986** 315.

[29] Vgl. *Achenbach* ZStW **87** (1975) 81, der darauf hinweist, daß „einheitlicher geschichtlicher Vorgang" nicht als eine den Begriff der Tatidentität definierende Formel, sondern als heuristisches Lösungsprinzip zu verstehen ist. Ähnlich KMR-*Paulus* 4 (Es gibt keinen abstrakten, durch allgemein klassifizierende Merkmale zu fassenden Tatbegriff, sondern nur einen konkret funktionalen, der nicht positiv inhaltlich, sondern nur negativ bestimmbar ist, daß eine Tat entfällt, wenn die Abgrenzungsfunktion im Einzelfall nicht gegeben ist).

[30] Die einzelfallbezogene Prüfung erscheint bei den unterschiedlichen Erscheinungsfor-

men der fortgesetzten Taten und Dauerstraftaten unvermeidlich, ungeachtet der Gefahr eines Zirkelschlusses.

[31] BGHSt **29** 288 = NStZ **1981** 72 mit Anm. *Rieß* = NJW **1980** 2671 mit Anm. *Werle*; OLG Braunschweig GA **1978** 34; strittig; wie hier KK-*Hürxthal* 8; vgl. *Kleinknecht/Meyer*[37] 6; *Meyer* JR **1978** 36. Ob der Dauertat die Bindungswirkung innewohnt, über die kontinuierliche Verletzung des jeweiligen Tatbestandes hinaus auch das sonstige (strafbare) Verhalten zu einem einheitlichen, abgrenzbaren Lebensvorgang zusammenzufassen, kann nicht einheitlich beurteilt werden; es ist in der Regel zu verneinen, wenn nicht die Handlungselemente der Dauertat sondern die der anderen Taten das äußere Geschehen bestimmen.

[32] Vgl. Rdn. 1; diese Abgrenzung hat nicht nur für den Verbrauch der Strafklage, sondern auch für den Anklagegrundsatz und den Umfang der Aburteilungsbefugnis bei einer nur das Dauerdelikt erfassenden Anklage Bedeutung. Zu den strittigen Fragen vgl. *Kröpil* DRiZ **1986** 450; *Wolter* GA **1986** 143 ff; ferner das Schrifttum Fußn. 43.

sich in der Regel um strukturell verschiedene Geschehensabläufe und nicht um einen einheitlichen Lebensvorgang, bei dem nach dem Zweck des § 264 die umfassende richterliche Kognition nicht aufspaltbar ist. Vor allem kann eine Tat, die nach materiellen Recht die mit ihr zusammentreffenden schwereren Straftaten nicht einmal zur Tateinheit zu verbinden vermag, auch nicht die rechtliche Kraft haben, automatisch (es kommt auch hier auf den Geschehensverlauf des Einzelfalls an) zu einer Tat im Sinne des § 264 zu verknüpfen[33]. Bei den **Organisationsdelikten** der §§ 129, 129 a wird daher zu Recht die Ansicht vertreten, daß sie die im Zusammenhang mit ihnen begangenen schwereren Straftaten mit weitergehenden Rechtsgüterverletzungen nicht zu einer einzigen verfahrensrechtlichen Tat zusammenfügen können[34]. Weder unter den Blickwinkeln der Rechtsstaatlichkeit noch der Prozeßwirtschaftlichkeit erfordert der Zweck des § 264 eine solche Hintansetzung des Gebots der materiellen Gerechtigkeit, die darin liegen würde, wenn die Aburteilung des Dauerdelikts auch die Strafklage hinsichtlich aller damit in Verbindung stehender, zunächst unbekannt gebliebener schwererer Straftaten verbrauchen würde. Für ähnliche sich über längere Zeiträume hinweg erstreckende Dauerstraftaten, wie etwa den **unerlaubten Waffenbesitz**, wird Gleiches angenommen[35]. Wieweit die bei **einer Fahrt** mit einem Kraftwagen begangenen Straftaten dadurch zu einem einheitlichen geschichtlichen Vorgang werden, ist in den Einzelheiten umstritten[36].

**8**     **c)** Die **mitbestrafte Vor- oder Nachtat** muß nicht notwendig zum gleichen geschichtlichen Vorgang im Sinne des § 264 gehören[37]. Bei den Unterlassungstaten gilt ähnliches, wenn sie gegenüber Begehungsdelikten subsidiär sind[38]. Mehraktige Straftaten umfassen in ihrem Straftatbestand oft Handlungen aus verschiedenen Lebensvorgängen. Ob sie die einzelnen Formen der Tatbestandsverwirklichung in jedem Fall zu einer Tat im Sinne des § 264 zusammenschließen, erscheint fraglich und wird jedenfalls dann

---

[33] Bei schwereren Straftaten wird auch im materiellen Strafrecht die Klammerwirkung einer minderschweren Tat verneint (vgl. die Kommentare zu § 52 StGB). Ob diese Abgrenzung uneingeschränkt auf den prozessualen Tatbegriff wegen seines anderen Ausgangspunktes übernommen werden kann, ist strittig und wohl nicht generell zu bejahen; vgl. BGHSt 23 141 mit abl. Anm. *Grünwald* JZ 1970 327; *Rieß* NStZ 1981 75; BVerfGE 56 22 = JR 1982 108 mit Anm. *Gössel* = StrVert. 1981 323 mit Anm. *Grünwald*; BGH bei *Spiegel* DAR 1985 190; KK-*Hürxthal* 6; ferner Fußn. 31, 32.

[34] Im Ergebnis ebenso BGHSt 29 288 = NStZ 1981 72 mit Anm. *Rieß* = NJW 1980 2671 mit Anm. *Werle*; BGHSt 32 146 = NJW 1985 780 mit Anm. *Schröder*; BVerfGE 45 434; 56 22 = JR 1982 108 mit Anm. *Gössel* = StrVert. 1981 323 mit Anm. *Grünwald*. OLG Karlsruhe JR 1978 34 mit Anm. *Meyer* nimmt Tatmehrheit und verschiedene verfahrensrechtliche Taten an, ebenso *Werle* NJW 1980 267. Vgl. zu den strittigen Fragen

ferner *Bottke* JA 1979 596; *Fleischer* NJW 1979 1339; *Grünwald* FS Bockelmann 737; *Kröpil* DRiZ 1986 451; *Schlüchter* 362; 363 (kein einheitlicher Lebensvorgang); *Werle* JR 1979 93; ferner KK-*Hürxthal* 6 (Gewicht der anderen Straftaten muß die als Bindeglied in Betracht kommende Dauer- oder Fortsetzungstat erheblich übersteigen).

[35] Die Frage der Verknüpfung ist auch bei Vergehen nach dem Waffengesetz und schweren Straftaten, die mit der Waffe begangen wurden, strittig, vgl. Rdn. 67 und die Nachw. Fußn. 234 a.

[36] Vgl. *Maatz* MDR 1986 285; ferner Rdn. 52.

[37] *Wolter* GA 1986 173; zur Möglichkeit der Einbeziehung in die Umgestaltung vgl. aber 171; KK-*Hürxthal* 4; weitergehend *Roxin* § 20 B II 1 a (alle Vorbereitungs-, Neben-und Nachhandlungen); a. A *Bindokat* GA 1967 364.

[38] OLG Celle NJW 1961 1080. Vgl. auch BGH NJW 1986 1820 (bei einem Subsidiaritätsverhältnis zweier Straftatbestände nicht notwendig eine Tat).

zu verneinen sein, wenn die allein angeklagte Begehungsweise als nicht strafbar ausscheidet, eine in Frage kommende andere aber erhebliche Zeit zurückliegt[39].

**d)** Ein spezifisch **prozeßrechtliches Abgrenzungskriterium** wird verschiedentlich **9** in der möglichen **Alternativität der Handlungsvorgänge** gesehen[40]. Nach der für die Auslegung des § 264 maßgebenden Prozeßökonomie müsse die Umgestaltungsbefugnis des Gerichts so weit reichen, daß die einheitliche Ahndung alternativer Handlungssituationen möglich sei, um zwei Verfahren mit möglicherweise widersprechenden Urteilen zu vermeiden. Auch hier dürfte es jedoch auf die Verknüpfungen des Einzelfalls ankommen; letztlich bestimmt nicht die Alternativität den Umfang der Aburteilungsbefugnis sondern umgekehrt die Einheitlichkeit des angeklagten natürlichen Geschehens die Berücksichtigungsfähigkeit der Alternativität[41].

**3.** Ein Teil des Schrifttums versucht, den schwer abgrenzbaren naturalistisch/historischen Tatbegriff[42] durch einen an den materiellen Strafnormen sich orientierenden **10** **normativen Tatbegriff** zu ersetzen, wobei an die Handlungssubstanz, an den rechtlichen Geschehenskern, an den Unwertgehalt oder an die verletzten Rechtsgüter angeknüpft wird[43]. Es wird, nicht zuletzt im Hinblick auf die Großverfahren, eine Einengung des prozessualen Tatbegriffes für erforderlich gehalten[44]. Ausgangspunkt dieser Lehren ist neben der Unmöglichkeit, allgemeingültige Kriterien für den natürlichen Tatbegriff zu finden, vor allem auch das Bestreben, die Rechtskraftwirkung zu begrenzen und in bestimmten Fällen einen mit dem Gerechtigkeitsgefühl schwer zu vereinbarenden Strafklageverbrauch auszuschließen. Es ist richtig, daß jede Sachverhaltsdarstellung in Strafverfahren die Lebensvorgänge immer nur selektiv erfaßt und unter Sinnzusammenhängen verknüpft, die dem materiellen Strafrecht entnommen sind. Diese „Bedeutungsbezüge"

---

[39] Vgl. BayObLGSt **1957** 196; **1966** 109; OLG Oldenburg NdsRpfl. **1951** 227; vgl. auch OLG Celle NdsRpfl. **1986** 258.

[40] *Schöneborn* MDR **1974** 529; OLG Celle NJW **1968** 2390; **1979** 228 (zum selben Lebenssachverhalt gehört auch negatives Spiegelbild); OLG Düsseldorf JR **1980** 470; OLG Hamm NJW **1981** 237 (läßt offen, ob Alternativität notwendig zur Tatidentität führt); OLG Zweibrücken NJW **1980** 2144; anders BGHSt **32** 146; BGH NJW **1955** 1240; NJW **1957** 1886; vgl. ferner Rdn. 41.

[41] Gegen die Alternativität als Kriterium *Stein* JR **1980** 444; *Bottke* JA **1982** 219; KMR-*Paulus* 10 (zu eng und zu weit); *Roxin* § 50 B II 5; *Schröder* NJW **1985** 780; *Wolter* GA **1986** 161.

[42] Die Kritik sieht in ihm vielfach nur eine Leerformel.

[43] Ein am materiellen Strafrecht sich orientierender Tatbegriff wird im Schrifttum in den verschiedensten Varianten vertreten; vgl. den Überblick bei *Wolter* GA **1986** 157. Die Gleichheit der Tat wird nach der „Handlungssubstanz", der „Tätigkeitsrichtung", dem „Handlungserfolg" und der „Einheitlichkeit der Rechtsgutverletzung" hergelei-

tet, so etwa *Bertel* 140 (Identität des verletzten Rechtsguts); *Geerds* 359 („sozialer Sinnzusammenhang", der sich aus Tatsachen im Hinblick auf Delikttyp ergibt); *Herzberg* JuS **1972** 117 (Übereinstimmung im Handlungselement); *Oehler* FS Rosenfeld 139; Gedächtnisschrift Schröder 439 (Überlagerung des rechtlich normierten Geschehens); *Hruschka* JZ **1966** 703 (gleicher rechtlicher Geschehenskern). Einen materiellrechtlich orientierten normativen Tatbegriff vertreten ferner *Busch* ZStW **68** (1956) 3; *Gössel* § 33 A II a; *Jescheck* JZ **1957** 29; *Peters* § 54 II 3 (nur bei Rechtskraft); *Puppe* JR **1986** 205 (andere Beurteilung der materiellrechtlichen Konkurrenz). Die Kombinationstheorien stellen bei nicht abgrenzbaren Handlungen allein auf die Handlungseinheit und nicht auf die rechtliche Qualifikation der Taten ab, während sie bei „abgrenzbaren" Geschehnissen Gleichartigkeit der Rechtsgutverletzung fordern. Vgl. etwa *Schwinge* ZStW **52** (1932) 203; *Roxin* JR **1984** 346; *Wolter* GA **1986** 164.

[44] Vgl. etwa *Oehler* Gedächtnisschrift Schröder 446; *Sack* ZRP **1976** 257.

---

Walter Gollwitzer

können jedoch für sich allein nicht allgemeingültig den prozessualen Tatbegriff bestimmen, denn mit der Veränderung der materiellrechtlichen Beurteilung der Tat ändern notwendigerweise auch sie sich. Zur allseitigen Kognitation des Gerichts gehört aber, daß es gerade auch befugt sein soll, den ihm unterbreiteten Lebensvorgang unter dem Gesichtswinkel verschiedener, einander ergänzender oder auch sich gegenseitig ausschließender strafrechtlicher Gesichtspunkte zu würdigen, auch wenn diese zueinander weder in einem Mehr-Weniger-Verhältnis stehen noch einander nach ihrem Unrechtsgehalt gleichwertig sind.

**11**        Eine sich an den **Strafnormen orientierende Abgrenzung** des Umfangs der Kognitionsbefugnis des Gerichts kann zwar manchmal hilfreich sein[45], sie ist aber methodisch anzweifelbar, wenn sie, um den Umfang der richterlichen Kognitionsbefugnis zu bestimmen, deren Ergebnis vorwegnehmen muß[46]. Im übrigen aber führt sie zu einer aus Gründen der Prozeßökonomie und aus Gerechtigkeitsgesichtspunkten kaum hinnehmbaren Einengung der richterlichen Kognitionsbefugnis[47]; die Abgrenzungsschwierigkeiten werden nur verlagert, weil die Unrechtsbeschreibung der einzelnen Straftatbestände unterschiedlich aufgebaut ist. Die Frage nach der Tatgleichheit kann verschiedene Richtungen haben[48]. Geht es darum, die Ausdehnung der angeklagten Tat festzustellen, etwa, welche Vorgänge während einer Autofahrt noch zur angeklagten Tat gehören[49], dann bieten die Tatbestände und Grundsätze des materiellen Strafrechts brauchbare Abgrenzungshilfen[50]. Gleiches gilt, wenn das materielle Strafrecht verschiedene Lebensvorgänge zu einer rechtlichen Einheit verbindet, wie bei mehraktigen Delikten und bei der fortgesetzten Handlung. Geht es aber darum, ob der vom Gericht in Abweichung von der Anklage festgestellte tatsächliche Geschehensverlauf, der den Tatbestand eines anderen Strafgesetzes erfüllt, noch die Tatgleichheit wahrt, dann muß die Abgrenzung aus dem historischen Geschehen selbst unter Abwägung des Gewichts der oft nur quantitativen Unterschiede des konkreten Falles gewonnen werden[51]. Ergibt beispielsweise die Hauptverhandlung, daß der Angeklagte den Einbruchdiebstahl nicht, wie die Anklage angenommen, am Sonntag, sondern schon am Freitag ausgeführt hat, so wird dies in der Regel die Tatgleichheit nicht in Frage stellen[52], da sie durch die konkrete Rechtsgutverletzung eindeutig individualisiert bleibt. Ergibt sie aber, daß der Angeklagte vor mehreren Jahren in das fragliche Haus eingebrochen und dabei andere Gegenstände entwendet hat, dann fehlt die Tatgleichheit[53]. Bei reinen Begehungsdelikten ohne jede konkrete Gefährdung oder Verletzung eines Rechtsguts sind Ort und Zeit der Tat in der Regel zu deren Individualisierung unerläßlich und darum nicht austauschbar[54].

---

[45] Vgl. Rdn. 6.

[46] *Achenbach* ZStW **87** (1975) 90.

[47] Vgl. *Schöneborn* MDR **1974** 529.

[48] Vgl. *Dedes* GA **1965** 102, der den Maßstab für die Beurteilung der Tatgleichheit daraus gewinnen will, ob der in der Anklage erhobene Vorwurf ein bloßes Tun oder Unterlassen oder die Herbeiführung eines Erfolgs betrifft oder sich aus beiden Elementen zusammensetzt; vgl. dazu *Bindokat* GA **1967** 362.

[49] Beispielsweise OLG Stuttgart VRS **27** 361; OLG Hamm VRS **36** 122; OLG Köln NJW **1970** 961; ferner Rdn. 50.

[50] *Oehler* Gedächtnisschrift Schröder 446.

[51] Vgl. die Beispiele bei *Bindokat* GA **1967** 362.

[52] Vgl. etwa BGH NJW **1970** 904, wo die Tatidentität bejaht wird, wenn der Anzug nicht durch Erbrechen des Kraftfahrzeuges, sondern anderswo aus einem Spind gestohlen wurde.

[53] Im Ergebnis ebenso *Oehler* Gedächtnisschrift Schröder 446 vgl. Rdn. 26.

[54] AG Gemünden NJW **1980** 1477. Vgl. aber auch OLG Schleswig bei *Ernesti/Lorenzen* SchlHA **1986** 115 (Fahrt mit abgefahrenen Reifen einige Tage vor der im Bußgeldbescheid bezeichneten Tat).

Eine zu starke Einengung der Rechtskraftwirkung auf rechtliche Gesichtspunkte **12** wäre im übrigen kaum mit **Art. 103 Abs. 3 GG** vereinbar, denn diese Verfassungsbestimmung will verhindern, daß jemand wegen des gleichen Lebensvorgangs zweimal vor Gericht gestellt werden kann. Insoweit deckt sie sich in ihrer Zielsetzung mit dem überkommenen Tatbegriff des Prozeßrechts[55], sie legt ihn aber nicht in allen Einzelheiten fest[56]. Sie folgt aber auch nicht Veränderungen, welche ihre Zielsetzung teilweise aufheben würden[57].

### III. Die in der Anklage bezeichnete Tat

#### 1. Bindung an Anklage

**a) Abgrenzungsfunktion.** Das erkennende Gericht ist an die zugelassene Anklage **13** insoweit gebunden, als es nur die dort bezeichnete Tat, nicht aber eine andere zum Gegenstand der Aburteilung machen darf, und zwar auch dann nicht, wenn die andere Tat nur eine Wiederholung der angeklagten Tat ist[58]. Durch die konkrete Beschreibung der Tat in der Anklage (bzw. im Strafbefehl) wird der Lebenssachverhalt umgrenzt, auf den sich die Verhandlung — einschließlich der Verteidigung des Angeklagten — und die Urteilsfindung erstrecken[59]. Maßgebend ist, welche Tat die Staatsanwaltschaft dem Angeklagten zur Last gelegt hat.

**b)** Hat die Staatsanwaltschaft das Ermittlungsverfahren wegen einer Tat nach **14** § 154 Abs. 1 **vorläufig eingestellt**, kann das Gericht sie mangels Anklage nicht in das eine andere Tat betreffende Strafverfahren miteinbeziehen. Bei den vorläufig **vom Gericht** eingestellten Verfahren nach § 154 Abs. 2 ist dies dagegen dem Gericht von Amts wegen möglich[60]. Desgleichen hindert die vorläufige Einstellung nach § 154 a die spätere Einbeziehung nicht[61].

**c) Verfolgungswille.** Aus welchem **Lebensvorgang** sich der Vorwurf eines strafbaren **15** Verhaltens herleitet, muß nötigenfalls durch **Auslegung der Anklage** in ihrer durch den Eröffnungsbeschluß zugelassenen Form ermittelt werden. Hierbei ist zu unterscheiden zwischen den Vorgängen, welche nach dem Willen der Staatsanwaltschaft mit der Anklage verfolgt werden sollen, und denen, die nur zum besseren Verständnis der erhobenen Anklage oder zum Zwecke des Beweises (beiläufig) erwähnt werden. Letztere werden, sofern sie selbständige Taten im prozessualen Sinn sind, damit nicht der Entscheidung des Gerichts unterstellt[62]. Der Verfolgungswille der Staatsanwaltschaft erstreckt sich nicht auf sie. Auf diesen Willen kommt es allerdings nur an, soweit zu beurteilen ist, ob ein bestimmter Lebenssachverhalt Gegenstand der Anklage ist oder ob es sich um die bloße Erwähnung zusätzlicher und selbständiger geschichtlicher Ereignisse

---

[55] Vgl. BVerfGE **3** 149; **9** 96; **12** 66; Bay-VerfGHE **11** 18; BGHSt **9** 11; **28** 119; BGH NStZ **1984** 469; KK-*Hürxthal* 2; **a. A** *Maunz/Düring* Art. 103 Abs. 3, 131.

[56] BVerfGE **56** 33 = JR **1982** 109 mit Anm. *Gössel* = StrVert. **1981** 323 mit Anm. *Grünwald*; *Oehler* Gedächtnisschrift Schröder 441 (keine Versteinerung).

[57] Vgl. BVerfGE **23** 202 (Grundsatz im Lichte des Grundgesetzes zu interpretieren).

[58] RGRspr. **2** 101. Vgl. etwa OLG Koblenz VRS **71** 43 (Verweigerung der Personalangaben in zwei Fällen).

[59] RG HRR **1938** Nr. 1265; **1940** Nr. 340; BGH NJW **1959** 898; NStZ **1986** 275; OLG Saarbrücken NJW **1974** 375; KG VRS **64** 42; zu der daraus folgenden Notwendigkeit einer genügenden Konkretisierung vgl. *Krause/Thon* StrVert. **1985** 252; *Puppe* NStZ **1982** 230; Fußn. 96 § 200, 3; 10 ff.

[60] Vgl. § 154, 58 ff.

[61] BGHSt **25** 388; vgl. § 154 a, 31 ff mit weit. Nachw.

[62] BGHSt **13** 26; NJW **1959** 898; KMR-*Paulus* 31.

Walter Gollwitzer

handelt. Gehören die beiläufig erwähnten Geschehnisse **zum angeklagten Lebensvorgang selbst**, unterliegen sie der Entscheidung des Gerichts, auch wenn sie die Staatsanwaltschaft nicht als strafbares Verhalten gewürdigt hat. Innerhalb einer angeklagten Tat ist der Verfolgungswille unteilbar. Mit der Erhebung der Anklage hat die Staatsanwaltschaft die ganze Tat in rechtlicher und tatsächlicher Hinsicht dem Gericht unterbreitet[63] und damit zum Gegenstand der richterlichen Entscheidung gemacht[64]. Nur in Ausnahmefällen ist die die gesamte Tat umfassende Entscheidungsbefugnis des Gericht rechtlich eingeschränkt[65].

**16** d) Bei den durch einen **Bußgeldbescheid** eingeleiteten Verfahren ist das Gericht weder durch das für die Verwaltungsbehörden geltende Opportunitätsprinzip noch durch Zuständigkeitsregelungen im Verwaltungsbereich gehindert, den ihm unterbreiteten Sachverhalt[65a] unter dem Gesichtspunkt einer im Bußgeldbescheid nicht erwähnten Ordnungswidrigkeit zu ahnden[66], erst recht ist es befugt, den zur Aburteilung gestellten Sachverhalt unter Beachtung des § 81 OWiG als Straftat zu würdigen[67].

**17** 2. **Erschöpfung der Anklage.** Das Gericht muß die Anklage, wie sie im Eröffnungsbeschluß zugelassen ist, vollständig erschöpfen, d. h. sich in den Entscheidungsgründen über das Vorhandensein oder Nichtvorhandensein der in ihr bezeichneten Tatbestandsmerkmale aussprechen; es darf die in ihr angenommene strafrechtliche Würdigung der Tat nicht mit Stillschweigen übergehen. Dies bezieht sich aber nur auf den wesentlichen Inhalt der Anklage. Sind in sie Umstände aufgenommen, die nicht hinein gehören (z. B. die Strafmilderungsgründe, §§ 157, 158 StGB), so braucht über diese Umstände keine ausdrückliche Entscheidung zu ergehen[68]. Die Pflicht zur erschöpfenden Würdigung des Unrechtsgehalts der angeklagten Tat ist verletzt, wenn das Gericht aus Kostengründen nur 10 von 300 angeklagten Betrugsfällen aburteilt[69]; um den Verfahrensstoff auf das Wesentliche zu beschränken, ist nach §§ 154, 154a zu verfahren. Das Erfordernis einheitlicher und erschöpfender rechtlicher Würdigung gilt vor allem bei einem **Freispruch** (vgl. § 267, 148). Wenn die Verletzung mehrerer Strafgesetze durch eine und dieselbe Handlung in Betracht kommt, greift es auch gegenüber der Berufung des Nebenklägers Platz, dessen Recht zum Anschluß sich nur auf eines der verletzten Gesetze stützt[70].

**18** Der Pflicht zu einer umfassenden Würdigung der angeklagten Tat in tatsächlicher und rechtlicher Hinsicht hat das Gericht **im anhängigen Verfahren** nachzukommen, so-

---

[63] BGHSt **10** 396; **16** 200; **23** 275; BGH LM Nr. 19; VRS **37** 41; BayObLGSt **1960** 160 = MDR **1960** 947; BayObLGSt **1964** 95 = NJW **1964** 1813; BayObLGSt **1965** 46 = VRS **29** 110; OLG Braunschweig MDR **1975** 862; OLG Düsseldorf JMBlNW **1970** 213; NJW **1983** 767; JMBl NW **1986** 93; OLG Saarbrücken NJW **1974** 375; *Hanack* JZ **1972** 356; ferner KK-*Hürxthal* 9; *Kleinknecht/Meyer*[37] 7; KMR-*Paulus* 31.

[64] Ob die Ergänzung einer die Tat nicht erschöpfenden Anklage trotzdem erzwungen werden kann (so OLG Hamm NJW **1974** 68 mit abl. Anm. *Bliesener* NJW **1974** 874; vgl. näher § 172, 13 f), erscheint fraglich. Notwendig ist eine solche Ergänzung jedenfalls

nicht. KK-*Hürxthal* 9 (praktisch bedeutungslos).

[65] Vgl. Rdn. 57.

[65a] Zur Abgrenzungsfunktion des Bußgeldbescheids in persönlicher und sachlicher Hinsicht vgl. etwa KG VRS **65** 42.

[66] OLG Hamm MDR **1972** 440; OLG Köln NJW **1970** 221; zur Streitfrage vgl. die Kommentare zum OWiG.

[67] Vgl. die Kommentare zu § 81 OWiG.

[68] RGSt **30** 209.

[69] BGH bei *Holtz* MDR **1978** 460; BGH nach KK-*Hürxthal* 10; KMR-*Paulus* 32.

[70] RGSt **41** 349; **45** 326; **46** 366; **61** 349; **63** 67; **65** 62; 131.

fern der Pflicht zur umfassenden Kognition nicht rechtliche Hindernisse entgegenstehen[71]. Zu berücksichtigen sind alle Umstände, die dem Gericht bis zum Abschluß der Hauptverhandlung (maßgebend letzte Tatsachenverhandlung zur Schuldfrage) bekannt werden[72]. Setzt die Erschöpfung der Anklage eine weitere Sachaufklärung oder eine weitere Beweiserhebung voraus, muß das Verfahren unter Umständen ausgesetzt werden[73]. Bei mehreren angeklagten Taten im verfahrensrechtlichen Sinn müssen alle durch das Urteil erledigt werden; ist dies bei einer nicht möglich, ist das Verfahren insoweit abzutrennen.

Durch **Teilurteil** darf das Gericht nicht einen zur gleichen Tat gehörenden Teil **19** des Prozeßstoffes vorweg erledigen[74]. Auch der **Vorbehalt einer anderweitigen Verfolgung** ist nicht zulässig[75]. Ist ein einheitlicher Lebensvorgang bei zwei verschiedenen Gerichten angeklagt, muß von Amts wegen nach den für die Beseitigung der doppelten Rechtshängigkeit geltenden Grundsätzen die Voraussetzung für eine umfassende einheitliche Aburteilung geschaffen werden[75a]. Der Vorbehalt einer späten Entscheidung für einen Teil der Tat ist rechtlich wirkungslos. Er hindert, wenn das Urteil nicht angefochten wird, den Verbrauch der Strafklage hinsichtlich der ganzen Tat nicht[76].

### 3. „Umgestaltung" der zugelassenen Anklage

a) Soweit **dieselbe Tat** vorliegt und damit auch die eigene Entscheidung ein späteres **20** Verfahren sperrt, ist das erkennende Gericht berechtigt und verpflichtet **von Amts wegen** — also ohne daß es dazu eines Antrags bedarf — alle in der Hauptverhandlung hervorgetretenen tatsächlichen Umstände in Betracht zu ziehen und das Verhalten des Angeklagten unter allen denkbaren rechtlichen Gesichtspunkten zu würdigen, ohne Rücksicht darauf, wie es die Staatsanwaltschaft rechtlich beurteilt hat[77]. An die Anklage ist es nur insoweit gebunden, als es den geschichtlichen Vorgang, der ihr zugrunde liegt, nicht völlig verlassen oder einen damit nicht zusammenhängenden Vorgang in das Verfahren einbeziehen darf[78].

Im übrigen ist es unerheblich, ob die Umstände, die zur anderen Beurteilung des **21** Prozeßstoffes führen, in der Hauptverhandlung **neu zu Tage getreten** sind[79], oder ob sie schon aus den Akten ersichtlich waren. Die freie Beurteilung des Gerichts greift selbst bei solchen Umständen Platz, die der Eröffnungsbeschluß als unerheblich oder unerwiesen ausdrücklich ausgeschieden hat oder wenn — ohne daß ein Fall des § 154 a vorlag

---

[71] Vgl. Rdn. 19.

[72] Vgl. Rdn. 33; KK-*Hürxthal* 12; *Kleinknecht/Meyer*[37] 9.

[73] KMR-*Paulus* 32.

[74] KK-*Hürxthal* 11; KMR-*Paulus* 32. Die Möglichkeit, einen Teil des Verfahrens abzutrennen und nur über den entscheidungsreifen Teil zu entscheiden, besteht nur bei verschiedenen verfahrensrechtlichen Taten.

[75] Die StPO hat diese in früheren Prozeßrechten vorgesehene Möglichkeit nicht übernommen; vgl. § 260, 14 ff.

[75a] Vgl. Einl. Kap. 12 IV; § 12, 1 ff; § 237, 3.

[76] BGHSt 16 280; 18 381 = JZ 1963 714 mit Anm. *Eb. Schmidt*; dazu *Hanack* JZ 1972 356; BGH LM Nr. 5; NJW 1953 273; GA 1978 2782; bei *Dallinger* MDR 1975 544;

RGSt 4 34; 7 229; **15** 133; **21** 79; **44** 118; **48** 91; **61** 225; **66** 22; **68** 384. Anders kann die Rechtslage bei Urteilen der ehem. Besatzungsgerichte sein; vgl. BayObLGSt 1949/51 100.

[77] BGHSt 10 396; **16** 202; **22** 106; **23** 275; **25** 72; **32** 84; BGH bei *Dallinger* MDR 1975 544; BayObLGSt 1964 95 = NJW 1964 1813; KK-*Hürxthal* 9; 10; *Kleinknecht/Meyer*[37] 9; 10; KMR-*Paulus* 38 ff.

[78] BGH LM Nr. 9; BayObLGSt 1953 101 = NJW 1953 1482; OLG Celle VRS 30 196; OLG Düsseldorf JMBlNW 1970 213; NJW 1983 767; OLG Hamm DAR 1957 162; *Hanack* JZ 1972 356.

[79] OLG Saarbrücken VRS 46 22; vgl. Fußn. 72.

— die Anklage nur beschränkt zugelassen worden ist[80]. Das Gericht ist auch nicht gehindert, ein Strafgesetz anzuwenden, dessen Anwendung im Eröffnungsbeschluß ausdrücklich abgelehnt wurde[81].

**22**      Der **Antrag** eines Prozeßbeteiligten, die angeklagte Tat in tatsächlicher oder rechtlicher Hinsicht anders zu würdigen, hat nur die Bedeutung, daß das Gericht in den Urteilsgründen sich gegebenenfalls mit behaupteten Umständen im Sinne des § 267 Abs. 2 ausdrücklich auseinandersetzen muß, während es ohne einen solchen Antrag nicht gehalten ist, die Gründe zu erörtern, aus denen es eine abweichende Beurteilung verneint[82].

**23**      b) § 264 gilt **für jede Tatsacheninstanz,** auch für das **Berufungsgericht**[83], dessen Urteilsfindung bei uneingeschränkter Anfechtung nicht durch das Ersturteil, sondern durch die zugelassene Anklage bestimmt und begrenzt wird[84]. Sein Urteil muß sich nicht nur auf alles erstrecken, was vom angefochtenen Urteil im Rahmen des § 264 bei erschöpfender tatsächlicher und rechtlicher Würdigung als die unter Anklage gestellte Tat zu erfassen gewesen wäre, sondern auch noch auf die zu dieser Tat gehörenden Ereignisse, die erst nach dem angefochtenen Urteil eingetreten sind[85]. Dies ist insbesondere bei Dauertaten und fortgesetzten Taten von Bedeutung[86]. Unerheblich ist dabei, wer das Urteil angefochten hat. Hebt das Revisionsgericht das Urteil im Schuldspruch samt den Feststellungen auf und verweist es die Sache an den Tatrichter zurück, so ist auch dieser zur Umgestaltung befugt.

**24**      Ist dagegen ein Rechtsmittel **wirksam** auf den Rechtsfolgenausspruch **beschränkt** worden, so endet mit der Möglichkeit der Umgestaltung auch die Möglichkeit der Einbeziehung weiterer, zur abgeurteilten Tat gehörender Einzelhandlungen[87]. Gleiches gilt, wenn nach einer auf den Rechtsfolgenausspruch beschränkten Zurückverweisung der Schuldspruch nicht mehr der Nachprüfung unterliegt.

**25**      c) **Die Verteidigung des Angeklagten** darf durch die Umgestaltung nicht beeinträchtigt werden. Er muß wissen, aus welchen Tatsachen ein Schuldvorwurf gegen ihn hergeleitet werden soll, um sich dagegen zur Wehr zu setzen und sachgerechte Beweisanträge stellen zu können. Die gegenüber der Anklage veränderten Umstände müssen in einer Form zum Gegenstand der mündlichen Verhandlung gemacht werden, daß für den Angeklagten kein Zweifel besteht, daß auch diese Vorkommnisse Gegenstand des gegen ihn erhobenen Vorwurfs sind. Ist der Angeklagte mit seiner Verteidigung nicht genügend darauf vorbereitet, so hat das Gericht unter Umständen die Hauptverhandlung nach § 265 Abs. 4 auszusetzen[88]. Ändert sich der rechtliche Gesichtspunkt, so ist der Angeklagte nach § 265 Abs. 1 oder 2 darauf hinzuweisen.

---

[80] BGH nach KK-*Hürxthal* 10. Zur Pflicht, nach §§ 154, 154 a ausgeschiedene Teile vor Freispruch einzubeziehen, vgl. Rdn. 69.

[81] RGRspr. **2** 637; RGSt **23** 395; **46** 220; RG GA **49** (1903) 119; BayObLGSt **1964** 95 = NJW **1964** 1813; vgl. auch Fußn. 77.

[82] Vgl. § 267, 67.

[83] RGSt **56** 324; **62** 130; **66** 45.

[84] RGSt **10** 56; **61** 399; **62** 130; RG JW **1931** 2311; OLG Koblenz VRS **45** 289; OLG Oldenburg NdsRpfl. **1955** 160; KK-*Hürxthal*

12; *Kleinknecht/Meyer*[37] 9; vgl. bei § 327; zur Nachholung der Entscheidung, wenn Urteil Eröffnungsbeschluß nicht erschöpft, vgl. *Meyer-Goßner* JR **1985** 452.

[85] RGSt **62** 131; **66** 48; BGHSt **9** 324; BayObLGSt **1957** 218 = NJW **1958** 110.

[86] Dazu Rdn. 32 ff.

[87] Vgl. bei § 318.

[88] BGHSt **8** 96; **19** 88; KK-*Hürxthal* 18; vgl. § 265, 99 mit weit. Nachw.

#### 4. Einzelheiten zur Abgrenzung

a) Eine unschädliche **tatsächliche Abweichung** liegt in der Regel vor, wenn **Zeit** **26** oder **Ort** der Tat, die Person des Verletzten, der **Gegenstand**, auf den sich die Tat bezieht oder die **Begehungsart** anders als in der Anklage festgestellt werden. Abweichungen dieser Art stellen in der Regel (entscheidend ist der Einzelfall) die Identität der Tat nicht in Frage[89], sofern die Abweichung nur einzelne Merkmale betrifft und die Tat durch die anderen Umstände so genügend konkretisiert bleibt, daß ihre singulare Individualität und damit ihre Unterscheidbarkeit von anderen Taten gewahrt ist[90]. Richtet sich die Tat gegen **höchstpersönliche Rechtsgüter** einer bestimmten Person, entfällt bei einem Wechsel der Person des Opfers oft, aber nicht immer auch die Identität der Tat[91]. Das der Anklage zugrundeliegende Geschehen darf nicht durch ein ganz anderes, wenn auch gleichartiges, ersetzt werden[92]. Das Tatbild der Anklage darf in der Hauptverhandlung nicht völlig verändert werden, an die Stelle des durch Zeit, Ort, Täterverhalten, Richtung und Objekt der Tat insgesamt charakterisierten Vorwurfs darf nicht ein völlig anderer treten[93]. Wird dem Angeklagten vorgeworfen, an einem bestimmten Tag an einem bestimmten Ort ein 6jähriges Mädchen unzüchtig berührt zu haben, so handelt es sich nicht um dieselbe Tat, wenn das Gericht statt dessen annimmt, er habe zu einer anderen Zeit an einem anderen Ort ein unbekannt gebliebenes 4jähriges Kind in einer anderen Weise unzüchtig berührt[94].

Bei Verstößen gegen die **Straßenverkehrsvorschriften** wird Zeit und Ort der Tat **27** entscheidende Bedeutung beigemessen, so daß die Gleichheit der Tat schon entfallen kann, wenn die Hauptverhandlung ergibt, daß der Angeklagte nicht an dem in der Anklage angenommenen Ort, sondern an einem anderen zur gleichen Zeit falsch gefahren ist[95]. Entscheidend sind aber auch hier die Umstände des Einzelfalls. Von diesen hängt es auch ab, ob Abweichungen der Tatzeit die Tatidentität beseitigen oder ob sie unschädlich sind, weil der angeklagte Lebensvorgang durch besondere Tatumstände oder durch ein damit zusammenhängendes Ereignis (Unfall, eventuell auch nur die Art der Kontrol-

[89] RGSt **10** 149; **15** 69; **23** 296; **24** 370; RGRspr. **1** 549; **3** 493; **9** 430; BGHSt **19** 89; **22** 90; BGH bei *Dallinger* MDR **1957** 396; 397; BayObLGSt **1971** 66 = VRS **41** 209; OLG Karlsruhe MDR **1982** 248; vgl. *Dedes* GA **1965** 105; *Puppe* NStZ **1982** 231.

[90] *Jacobs* GA **1971** 258; *Puppe* NStZ **1982** 234 (unverändert bleibender Teil des Vorwurfs muß Tat eindeutig charakterisieren).

[91] BGH bei *Dallinger* MDR **1954** 17; **1956** 271; KK-*Hürxthal* 16; KMR-*Paulus* 13; 14 (Beleidigung mehrerer Personen); vgl. aber auch *Wolter* StrVert. **1986** 320; *Wolter* GA **1986** 167 (keine Unterscheidung bei höchstpersönlichen Straftaten); auch hier ist letztlich Einzelfall entscheidend.

[92] BGH LM StPO **1975** Nr. 10 mit Anm. *Mösl*; BayObLGSt **1953** 101 = NJW **1953** 1482; OLG Koblenz VRS **58** 378; KK-*Hürxthal* 17; KMR-*Paulus* 32; vgl. Fußn. 89.

[93] Vgl. BGHSt **32** 215 = JZ **1984** 535 mit Anm. *Jung* = JR **1984** 346 mit Anm. *Roxin* (Anklage wegen Strafvereitelung, Verurtei-

lung wegen Mordes); dazu auch *Marxen* StrVert. **1985** 472. •

[94] BGH bei *Dallinger* MDR **1956** 271; der Bundesgerichtshof hat dort die Ansicht vertreten, daß bei derartigen Unzuchtshandlungen schon der Austausch der Person des Verletzten die Tatgleichheit beseitigt; vgl. andererseits aber BGH bei *Dallinger* MDR **1954** 17.

[95] BayObLG VRS **59** 270; **62**; **131**; OLG Hamm VRS **36** 122; OLG Köln VRS **27** 216; NJW **1970** 961; OLG Stuttgart VRS **27** 361; AG Gemünden NJW **1980** 1477 (gegen OLG Saarbrücken VRS **50** 439); KMR-*Paulus* 39. Nach OLG Hamm NJW **1973** 1709 ist die Angabe einer falschen Straße unschädlich, wenn Fahrzeug, Tathergang und Tatzeit richtig bezeichnet sind und keine Verwechslungsgefahr besteht. Vgl. aber BayObLG VRS **67** 362 (verbotswidriges Parken eines bestimmten Kfz erfaßt nicht das Parken eines anderen am gleichen Ort); OLG Stuttgart VRS **71** 294.

le) so eindeutig charakterisiert ist, daß Zweifel an seiner Identität auch bei einer Datumsverschiebung nicht entstehen können[96].

**28**    **b)** Eine **rechtliche Abweichung** liegt vor, wenn das Gericht die Tat anders rechtlich würdigt. Ist der vom Gericht für erwiesen erachtete Sachverhalt gegenüber der Anklage unverändert, so kann beispielsweise die rechtliche Abweichung darauf beruhen, daß das Gericht einem Vorgang, der als nebensächlich oder nur als Beweisanzeichen angesehen wurde, nunmehr die Bedeutung eines Tatbestandsmerkmals beimißt; etwa, wenn es statt einer Unterschlagung einen Betrug annimmt, weil es in einer unrichtigen Mitteilung des Angeklagten, die zunächst als unwesentlich behandelt wurde, eine „Vorspiegelung" sieht[97]. Das Gericht muß, soweit keine zulässige Beschränkung eingetreten ist und keine rechtlichen Hindernisse entgegenstehen, den Unrechtsgehalt der Tat voll ausschöpfen[98].

**29**    Die Änderung des rechtlichen Gesichtspunkts kann auch darin bestehen, daß das erkennende Gericht auf den durch die Hauptverhandlung ermittelten Sachverhalt **zwei Strafgesetze** anwendet (§ 52 StGB), während der Eröffnungsbeschluß nur eins für anwendbar erachtet hatte[99]. Liegt eine Handlungseinheit vor, die sich über einen gewissen Zeitraum erstreckt, so ist es gleichgültig, ob bei ihrer Unterordnung unter die verschiedenen verletzten Strafgesetze sich ergibt, daß die Verletzung des einen Gesetzes früher rechtlich vollendet wurde als die des anderen; die Tateinheit erfordert jedoch, daß die den Tatbestand der verschiedenen Gesetze erfüllenden Akte der Willensbetätigung in der Weise zu einem Teil zusammentreffen, daß mindestens dieser Teil zugleich den Tatbeständen der mehreren als verletzt in Betracht kommenden Gesetze angehört[100]. Es können aber auch mehrere selbständige Handlungen angenommen werden, solange der gleiche geschichtliche Vorgang nicht verlassen wird[101]. Dies ist jedoch der Fall, wenn in das Urteil eine gleichartige, zeitlich aber weit entfernte andere selbständige Tat mit einbezogen wird[101a]. Zu den Besonderheiten der fortgesetzten Handlung s. Rdn. 32.

**30**    **c)** Sehr oft werden sich jedoch auf Grund der Hauptverhandlung gleichzeitig **in tatsächlicher und rechtlicher Hinsicht Abweichungen** von der zugelassenen Anklage ergeben, so etwa, wenn das Gericht Umstände feststellt, die gegenüber der Anklage eine verminderte oder erhöhte Strafbarkeit begründen. Insbesondere darf das Gericht auch die Tat als Verbrechen einer schwereren Gattung würdigen, also beispielsweise als Mord oder Totschlag, obwohl die zugelassene Anklage auf Körperverletzung mit tödlichem Ausgang oder auf fahrlässige Tötung oder auch nur auf ein Vergehen nach § 53 Waffengesetz lautet[102].

---

[96] OLG Düsseldorf VRS **60** 48; OLG Hamm GA **1972** 60; OLG Karlsruhe MDR **1982** 248; OLG Köln VRS **62** 57; OLG Saarbrücken VRS **50** 439; OLG Stuttgart Justiz **1985** 214. Vgl. auch OLG Karlsruhe NStZ **1986** 321 mit Anm. *Hermann*.

[97] RGSt **9** 420; RGRspr. **6** 289.

[98] BGHSt **25** 75; vgl. Rdn. 17 mit weit. Nachw.

[99] So schon RGRspr. **1** 681.

[100] RGSt **1** 111; **25** 149; **30** 397; **32** 139, 384; **44** 31; **49** 273; **52** 288, 300; **54** 247, 256; **55** 96, 112; **56** 59; 329; **57** 200; **58** 35; **60** 40; 243; **64** 20.

[101] Vgl. Rdn. 3.

[101a] Vgl. OLG Koblenz VRS **71** 43 (Abstand von einem Monat zwischen zwei gleichartigen Taten).

[102] Zur früheren Rechtslage (§ 367 Abs. 1 Nr. 8 StGB **a. F.**) vgl. RGSt **70** 30; *Schöneborn* MDR **1974** 531; im Schrifttum wird bei Erörterung der Rechtskraft die Tatidentität zum Teil verneint, weil der Unrechtsgehalt der Tat im wesentlichen unberücksichtigt blieb (*Henkel* § 100 III 1 b) oder weil die Tätigkeitsrichtung verschieden war (*Hruschka* JZ **1966** 703).

Durch die Umgestaltung der Anklage kann der **Vorwurf**, gegen den sich der An- **31** geklagte verteidigen muß, eine **völlig andere Richtung** und ein völlig anderes Gewicht bekommen; die Schuldform kann wechseln[103], an Stelle eines strafbaren Tuns kann dem Angeklagten auch ein Unterlassen zur Last gelegt werden, sofern nur die Tatidentität gewahrt bleibt.

**d) Fortgesetzte Handlung.** Hat der Angeklagte nach dem Ergebnis der Hauptver- **32** handlung eine fortgesetzte Straftat begangen, so muß das Gericht alle ihm bekannten unselbständigen Einzelhandlungen einbeziehen, auch wenn sie in der zugelassenen Anklage nicht erwähnt sind[104]. Das Urteil, das gegen den Angeklagten wegen einer im Fortsetzungszusammenhang begangenen Gesetzesverletzung ergeht, erledigt, sobald es rechtskräftig ist, alle vor der letzten Tatsachenverhandlung (Rdn. 34) begangenen, in den Fortsetzungszusammenhang gehörigen Einzelhandlungen, gleichviel, ob das erkennende Gericht sie berücksichtigt hat oder nicht, ob es sie kannte und ob es Anlaß und Gelegenheit hatte, sich Kenntnis von ihnen zu verschaffen[105]. Dies gilt auch, wenn die abgeurteilte Fortsetzungstat nur zwei Teilakte erfaßte und der überwiegende Teil aller Teilakte unbekannt und unberücksichtigt blieb. Die aus der **umfassenden Erledigungswirkung** folgende Pflicht zur Einbeziehung aller erkennbaren Teilakte besteht auch, wenn der Einzelakt in der Anklage bisher nur einem anderen Mitangeklagten angelastet worden war[106] oder wenn ein Teilakt Gegenstand eines anderen Verfahrens war, das nach §206a wegen der umfassenderen Rechtshängigkeit eingestellt wurde[107]; ferner, wenn das Hauptverfahren wegen einer selbständigen Handlung eröffnet ist, in der Hauptverhandlung sich aber noch andere ergeben, die das Gericht mit jener in Fortsetzungszusammenhang stehend ansieht[108].

**Zeitlich** begrenzt die Urteilsfällung den Gegenstand der Urteilsfindung so, daß al- **33** les, was **nach der Verkündung des Urteils** geschieht, von diesem nicht erfaßt und erledigt wird[109]. Die Aburteilung stellt die Selbständigkeit einer nach der Urteilsfällung verwirklichten Einzelhandlung her, während diese bei Zugrundelegung des Rechtsbegriffs der fortgesetzten Handlung als ein unselbständiges Glied der vom Urteil ergriffenen Tat zu beurteilen wäre. Wird ein verurteilendes Erkenntnis nicht angefochten, ist der **Zeitpunkt der Aburteilung** und nicht der des Eintritts der Rechtskraft maßgebend dafür, ob die Fortsetzung einer strafbaren Handlung als eine neue Tat zu gelten hat[110].

Stets ist die **letzte Tatsachenverhandlung** maßgebend, deren Schuldspruch rechts- **34** kräftig wird[111]. Legt nur der Angeklagte Berufung ein, unterliegen die nach dem ersten Urteil bis zum Berufungsurteil liegenden Teilstücke der fortgesetzten Handlung noch der Erkenntnis des Berufsgerichts. Das Verbot der Schlechterstellung gilt nur für den

---

[103] Vgl. etwa BGH bei *Holtz* MDR **1983** 282.

[104] RGSt **66** 50; RG GA **73** (1929) 107; JW **1930** 1870; 3222; BGHSt **6** 95; 122; **9** 326; 334; **27** 115; BGH GA **1958** 366; NStZ **1982** 128; 213; 519; bei *Holtz* MDR **1980** 272; BayObLGSt **1982** 92 = MDR **1983** 72; OLG Schleswig SchlHA **1951** 93; KK-*Hürxthal* 19; *Kleinknecht/Meyer*[37] 9; KMR-*Paulus* 41.

[105] RGSt **44** 398; **51** 254; **54** 333; **66** 50; BGHSt **6** 97; **9** 324; BGH StrVert. **1986** 141; bei *Dallinger* MDR **1953** 273; **1954** 17; **1957** 396; bei *Holtz* MDR **1980** 272; OLG Koblenz JR **1981** 520 mit Anm. *Rieß*; vgl. ferner die Nachw. Fußn. 104 u. Rdn. 37.

[106] BGH NStZ **1982** 213.

[107] BGH bei *Hürxthal* DRiZ **1978** 86; BGH GA **1970** 84; KK-*Hürxthal* 19; *Kleinknecht/Meyer*[37] 9; vgl. auch BGH bei *Pfeiffer/Miebach* NStZ **1984** 212.

[108] RGSt **73** 41; BGH NJW **1952** 1263.

[109] RGSt **42** 374; **53** 44; **66** 48; h. M. OLG Düsseldorf VRS **61** 301; KK-*Hürxthal* 19; *Rieß* JR **1981** 523; vgl. aber Rdn. 66 zu Ausnahmefällen, in denen der Fortsetzungszusammenhang die Aburteilung überdauert.

[110] RGSt **42** 374; **66** 48; BGHSt **33** 367; OLG Bremen NJW **1954** 1695.

[111] BGHSt **9** 237; **33** 367; BGH GA **1986** 228; weit. Nachw. Fußn. 112.

Teil der fortgesetzten Handlung der vor der nicht angefochtenen Entscheidung zur Schuldfrage begangen wurde[112]. Bei Ordnungswidrigkeiten können die Tatteile, die erst nach den rechtskräftigen Bußgeldbescheid liegen, als neue Taten geahndet werden[113].

**35**      Eine **Einbeziehung** von Taten, die zeitlich **nach dem Eröffnungsbeschluß** liegen, ist jedoch nur möglich, wenn das Gericht wenigstens eine **vor** dem Eröffnungsbeschluß liegende Einzelhandlung für erwiesen hält. Ein Fortsetzungszusammenhang kann nur zwischen erwiesenen und verfolgbaren Straftaten bestehen. Entfallen alle vor dem Eröffnungsbeschluß liegenden oder in ihm erfaßten Taten, dann fehlt das verbindende Band, das eine Ausdehnung der Entscheidungsbefugnis des Gerichts auf nach der Eröffnung liegende Taten rechtfertigen könnte, denn diese sind dann keine unselbständigen Teilakte der Tat, die in der zugelassenen Anklage der Entscheidung des Gerichts unterstellt wurde[114]. Der Angeklagte ist von der angeklagten Tat freizusprechen. Die nach der Eröffnung begangenen Taten können nur abgeurteilt werden, wenn sie durch eine Nachtragsanklage und einen Einziehungsbeschluß nach § 266 nachträglich zum Gegenstand des Verfahrens gemacht worden sind[115]. Ist dies unterblieben, ist strittig, ob es insoweit überhaupt einer Entscheidung bedarf[116]. Die förmliche Einstellung nach § 260 Abs. 3 erscheint jedoch zur Klarstellung zumindest dann angezeigt, wenn über die vom Eröffnungsbeschluß nicht erfaßten Taten verhandelt und vor allem, wenn in der Vorinstanz hierüber sachlich entschieden worden war. Dasselbe gilt, wenn sich die angeklagte fortgesetzte Tat nach dem Ergebnis der Hauptverhandlung als mehrere selbständige Einzelhandlungen darstellt, auch dann entfällt mit der Verneinung des Fortsetzungszusammenhangs mit einer vom Eröffnungsbeschluß erfaßten Tat die Möglichkeit einer Einbeziehung[117].

**36**      Die **Freisprechung** vom Vorwurf einer Tat, die nach der zugelassenen Anklage im Fortsetzungszusammenhang begangen sein soll, verbraucht die Strafklage nach vorherrschender Meinung nur hinsichtlich der in der Anklage in den Zusammenhang einbezogenen und der Entscheidung unterworfenen Einzelhandlungen[118]. Die Frage, ob zwei oder mehr Vorgänge zueinander im Verhältnis einer fortgesetzten strafbaren

---

[112] RGSt **66** 49 (gegen RGSt **49** 353); BGHSt **9** 324 = JZ **1957** mit krit. Anm. von *Peters*; BGHSt **17** 5; **21** 259; BGH bei *Holtz* MDR **1980** 272; BayObLGSt **1957** 83, 218 = NJW **1958** 111 (unter Aufgabe von BayObLGSt **1955** 77); OLG Braunschweig NJW **1964** 1237; OLG Düsseldorf StrVert. **1984** 425; OLG Hamburg NJW **1962** 2119; *Hanack* JZ **1972** 356; OLG Stuttgart NJW **1965** 2218; **1978** 712; KK-*Hürxthal* 19; *Kleinknecht/Meyer*[37] 9; KMR-*Paulus* 42; **a. A** OLG Hamm NJW **1955** 313.

[113] OLG Düsseldorf JMBlNW **1981** 155.

[114] BGHSt **17** 157; **27** 116; BGH LM Nr. 9; NStZ **1982** 519; StrVert. **1982** 159; **1984** 363; BayObLGSt **1959** 377 = JR **1960** 189; BayObLGSt **1963** 115; BayObLG JR **1986** 30 mit Anm. *Keller*; OLG Hamburg NJW **1962** 2119; OLG Hamm JMBlNW **1955** 83; MDR **1977** 951; KG VRS **64** 42; KK-*Hürxthal* 19; *Kleinknecht/Meyer*[37] 9; KMR-*Paulus* 19.

[115] BGHSt **27** 115; BGH StrVert. **1982** 159;

**1984** 363; OLG Köln VRS **27** 216; vgl. ferner BGH NStZ **1982** 519, wonach der Verweisungsbeschluß nach § 270 die förmliche Einbeziehung durch einen eröffnenden Beschluß nicht ersetzt.

[116] Verneinend KMR-*Paulus* 19; vgl. etwa auch OLG Koblenz VRS **71** 43; die Revisionsentscheidungen Fußn. 114 haben das Verfahren insoweit nach § 260 Abs. 3 ausdrücklich eingestellt.

[117] BGH StrVert. **1984** 363; VRS **24** 192; KMR-*Paulus* 41.

[118] RGSt **23** 232; **24** 420; **41** 110; **47** 400; **54** 383; **66** 26; RG JW **1931** 216; BGH nach KK-*Hürxthal* 19; OLG Celle NdsRpfl. **1963** 44; OLG Düsseldorf JMBlNW **1979** 64; *Kleinknecht/Meyer*[37] Einl. 175; *Roxin* § 50 B II 3 b; **a. A** *Beling* JW **1931** 216; *Herzberg* JuS **1972** 114; *Rüping* Kap. 9 II 2 b; *Eb. Schmidt* I Nr. 307; 308; vgl. ferner *Gössel* JZ **1986** 46; KMR-*Sax* Einl. **XIII** 26 ff.

Handlung stehen, kann überhaupt nur unter der Voraussetzung entstehen, daß es sich bei allen diesen Vorgängen um Straftaten handelt. Steht also durch die Freisprechung des Angeklagten von dem Vorwurf, eine bestimmte fortgesetzte strafbare Handlung begangen zu haben, fest, daß die diesem Vorwurf zugrundeliegenden Vorgänge strafrechtlich gleichgültig und nicht als Straftaten zu beurteilen sind, so kann gar nicht die Frage auftauchen, ob andere Straftaten mit den als nicht strafbar erkannten Vorgängen eine fortgesezte Handlung bilden. Es geht auch nicht an, statt vom freisprechenden — also Straftaten verneinenden — Urteil von der andersartigen Annahme der Anklage oder des Eröffnungsbeschlusses auszugehen; denn diese Annahme hat sich in der Hauptverhandlung ja gerade als unrichtig erwiesen. Die **Verurteilung** wegen einer **selbständigen Einzeltat** steht der späteren Aburteilung der vor oder nach ihr liegenden gleichartigen Taten, die Teil einer fortgesetzten Handlung bilden, nicht entgegen, nur kann die selbständig abgeurteilte Einzeltat nicht in die fortgesetzte Handlung mit einbezogen werden[118a].

Ob die **frühere Aburteilung** einer oder mehrerer Taten als **selbständige Einzeltaten** **37** ein neues Verfahren ausschließt, wenn die Taten nach Ansicht des jetzt erkennenden Gerichts in den Fortsetzungszusammenhang fallen, ist strittig[119]. Geht man davon aus, daß die frühere Tat grundsätzlich der späteren Kognitionsbefugnis entzogen ist, dann gilt dies sowohl für die Bejahung des Fortsetzungszusammenhangs als auch für dessen ausdrückliche oder konkludente Verneinung. Von diesem Standpunkt aus steht die früherer Aburteilung (auch Freispruch) einer oder mehrerer Einzeltaten der späteren Aburteilung anderer Teilakte unter dem Blickwinkel einer fortgesetzten Tat nicht entgegen[120]. Gleiches gilt für die Einstellung wegen eines Teilakts nach § 154 Abs. 2[121]. Andererseits kann dann ein später erkennender Richter nicht berufen sein, den Strafklageverbrauch durch die frühere Verurteilung wegen einer fortgesetzten Tat deshalb zu verneinen, weil die frühere Entscheidung den Begriff des Fortsetzungszusammenhangs rechtsirrig zu weit gefaßt habe und in Wirklichkeit mehrere rechtlich selbständige Taten vorgelegen hätten[122]. Die Prüfungsbefugnis des später erkennenden Gerichts beschränkt sich dann darauf, festzustellen, ob die jetzt zur Aburteilung stehende Tat in den bereits früher rechtskräftig abgeurteilten Fortsetzungszusammenhang fällt, ohne aber dessen Bejahung in Frage zu stellen[123].

e) Bei **Dauerstraftaten** gelten grundsätzlich dieselben Gesichtspunkte wie bei der **38** fortgesetzten Tat[124]. Da nur eine einzige Tat vorliegt, ist die Einbeziehung des nach

---

[118a] BGH VRS **24** 192.

[119] Den Strafklageverbrauch verneinen RGSt 47 401; **54** 285; 335; **72** 258; BGHSt **29** 63; BGH NJW **1963** 549; **1985** 1174; GA **1984** 231; GA **1970** 84; bei *Dallinger* MDR **1953** 273; bei *Hürxthal* DRiZ **1978** 86; KK-*Hürxthal* 19; *Kleinknecht/Meyer*[37] Einl. 175. Zum Streitstand vgl. Einl. Kap. **12**; ferner *Gössel* JZ **1986** 46; KMR-*Sax* Einl. **XIII** 26 ff; ferner die Erörterung der Probleme der fortgesetzten Handlung in den Kommentaren zum StGB.

[120] BGHSt **3** 165; **6** 92; 122 (dazu *Eb. Schmidt* JZ **1954** 705); BGHSt **15** 268 = JZ **1961** 425 mit Anm. *Peters*; *Hanack* JZ **1972** 356 (bedenklich); BGHSt **33** 122; vgl. *Gössel* JZ **1986** 46.

[121] BGH bei *Hürxthal* DRiZ **1978** 46; *Kleinknecht/Meyer*[37] 9.

[122] Zur Tendenz der Rechtsprechung hier unterschiedlich zu verfahren *Gössel* JZ **1986** 46 zu BGHSt **33** 122 einerseits und BGH NJW **1985** 1174 andererseits.

[123] Vgl. RGSt **51** 21; *Gössel* JZ **1986** 47 zur Bindung an die Bewertung der Vorentscheidung.

[124] BGHSt **8** 96; BayObLGSt **1957** 218; **1971** 125; **1980** 54 = GA **1978** 81 (L); NJW **1958** 110; MDR **1980** 1043; BayObLG VRS **41** 443; OLG Braunschweig NJW **1964** 1237; KK-*Hürxthal* 20; *Kleinknecht/Meyer*[37] 9; KMR-*Paulus* 40; vgl. ferner etwa OLG Düsseldorf VRS **61** 301; OLG Stuttgart Justiz **1980** 394; NStZ **1982** 514.

dem Eröffnungsbeschluß liegenden Tatteiles auch dann zulässig, wenn der vorherliegende Teil der Tat wegen eines Verbotsirrtums dem Angeklagten nicht als verschuldet angelastet werden kann[125]. Wieweit Dauerdelikte mit anderen Delikten in Tateinheit stehen und diese zu einer nicht aufspaltbaren einheitlichen verfahrensrechtlichen Tat verknüpfen können, ist strittig[126].

**39**　　**f) Gewerbs- und Gewohnheitsmäßigkeit.** Bei Straftaten, zu deren Tatbestand die Gewerbsmäßigkeit oder Gewohnheitsmäßigkeit gehört, nahm die Rechtsprechung früher an, daß sie ein sog. Sammeldelikt bilden, bei dem die einzelnen Verwirklichungen des Tatbestandes wie die Teilstücke einer fortgesetzten Handlung keiner selbständigen rechtlichen Betrachtung zugänglich seien. Die bei der fortgesetzten Handlung erörterten Grundsätze galten deshalb auch für die Sammeldelikte. Die Rechtsprechung sieht jetzt gewerbsmäßig und gewohnheitsmäßig begangene Straftaten, falls sie nicht in Fortsetzungszusammenhang stehen, als rechtlich selbständige Taten an[127]. Für sie gelten daher bei der Prüfung der Frage, über welche Tat das Gericht zu urteilen hat, keine besonderen Grundsätze mehr. Das Gericht darf also nur diejenigen Fälle berücksichtigen, die zu den im Eröffnungsbeschluß enthaltenen geschichtlichen Vorgänge gehören[128].

**40**　　**g) Ein Alternativverhältnis zwischen mehreren an sich selbständigen Taten** im Sinne des § 264 kann sich daraus ergeben, daß wegen der besonderen Fallgestaltung zwar sicher feststeht, daß sich der Angeklagte entweder auf Grund des einen oder des anderen Lebensvorgangs strafbar gemacht haben muß, das Gericht aber nicht in der Lage ist, sich für eine der beiden Möglichkeiten zu entscheiden. Die in Frage kommenden Alternativen müssen nicht notwendig innerhalb des gleichen geschichtlichen Vorgangs liegen[129], die Vorgänge, aus denen der Vorwurf einer Straftat alternativ hergeleitet wird, müssen aber als solche Gegenstand der Anklage sein. Die korrespondierende Alternativität allein verknüpft nach vorherrschender Auffassung das in Betracht kommende Geschehen nicht notwendig zu einer historischen Tat[130]. Nur wenn alle Geschehensabläufe, denen die Alternativen entnommen werden, der Kognitionspflicht des Gerichts unterstellt worden sind, kann — sofern die sonstigen Voraussetzungen vorliegen[131] — das Gericht auch eine Alternativverurteilung aussprechen; etwa, wenn die beiden festgestellten Alternativen denselben Strafbestand erfüllen[132] oder wenn die in Frage kommenden verschiedenen Taten Tatbestände betreffen, die in einem Stufenverhältnis zueinander stehen. Es müssen aber für jede der einzelnen Alternativen genügend tatsächliche Feststellungen möglich sein[133].

**41**　　Ist dagegen nur eine Alternative Gegenstand der zugelassenen Anklage, dann fordert der Bundesgerichtshof den mitunter nicht gangbaren Weg der **Nachtragsanklage** nach § 266, um die Entscheidungsgrundlage für die Alternativverurteilung zu schaf-

---

[125] BayObLGSt **1960** 168 = JR **1960** 385.
[126] Vgl. Rdn. 7.
[127] RGSt **72** 164; **73** 216; BGHSt **1** 41; KK-*Hürxthal* 21; KMR-*Paulus* 23; **a. A** *Eb. Schmidt* I Nr. 311.
[128] RG HRR **1938** Nr. 1320; **1939** Nr. 1138.
[129] Vgl. KMR-*Paulus* § 260, 47; **a. A** *Koffka* JR **1965** 430; *Sax* JZ **1965** 745; *Schmitt* NJW **1957** 1886.

[130] Vgl. Rdn. 9.
[131] Vgl. § 261, 125.
[132] Etwa, wenn nur offen ist, ob der Angeklagte bei der einen oder anderen Aussage einen Meineid geschworen hat.
[133] Vgl. BGH GA **1967** 184; § 261, 141; 170.

fen[134] oder aber eine getrennte Anklageerhebung mit nachfolgender Verbindung mit dem bereits anhängigen und bis dahin auszusetzenden Verfahren[135].

Das Bayerische Oberste Landesgericht ließ dagegen auch **ohne Nachtragsanklage** **42** die **Einbeziehung** des anderen, nicht zur angeklagten Tat gehörenden Vorgangs zu, da andernfalls der Freispruch wegen des einen Vorgangs einer später notwendig werdenden Alternativanklage entgegenstünde; die Befugnis zur Aburteilung könne nicht enger sein als die Rechtskraftwirkung des Urteils; aus diesem Grund reiche, ähnlich wie bei der fortgesetzten Handlung, die Befugnis zur Aburteilung über den angeklagten Lebensvorgang hinaus[136]. Diese Auffassung vermeidet die verfahrensrechtlichen Schwierigkeiten, die der Ansicht des Bundesgerichtshofs entgegenstehen, sie führt aber praktisch zu einer schwer eingrenzbaren Ausweitung des Tatbegriffs des §264 und ist deshalb abzulehnen[137].

Die **verfahrensrechtlichen Folgen** sind je nach der vertretenen Auffassung ver- **43** schieden. Hält man eine Nachtragsanklage nicht für erforderlich, dann hat das Gericht beide Alternativen zu prüfen. Scheidet eine wahldeutige Verurteilung aus (§261, 159 ff), hat es freizusprechen, wenn es der Überzeugung ist, der Angeklagte habe sich nicht durch den angeklagten Vorgang strafbar gemacht, sondern durch den nur bei einer Alternativverurteilung einbeziehbaren anderen Vorgang. Der andere Vorgang kann dann getrennt angeklagt werden. Ist er dagegen durch eine Nachtragsanklage einbezogen oder durch eine Alternativanklage von Anfang an dem Gericht mit zur Untersuchung unterbreitet worden, dann muß das Gericht in jedem Fall auch über ihn befinden. Verurteilt es wegen eines der beiden Vorgänge, dann bedarf es wegen des Alternativverhältnisses keines besonderen Freispruchs wegen des anderen Vorgangs, sofern die zugelassene Anklage oder die Nachtragsanklage bereits von einem Alternativverhältnis ausgegangen ist und nicht etwa in dessen Verkennung zwei selbständige Straftaten angenommen hat. Gleiches gilt, wenn man mit der vorherrschenden Meinung annimmt, daß die Alternativität nur berücksichtigt werden darf, wenn die zugelassene Anklage beide Taten umfaßt.

**5. Beispiele aus der Rechtsprechung.** Die nachstehend angeführten Beispiele aus **44** der Rechtsprechung betreffen das materielle Recht in der jeweils zur Tatzeit geltenden Fassung. Sie geben lediglich Hinweise, da letztlich immer nur der tatsächliche Geschehensablauf entscheidend ist. Wenn nichts anderes erwähnt ist, wurde die Tatidentität bejaht.

---

[134] BGHSt **32** 146.

[135] BGHSt **32** 146; BGH NJW **1957** 1886 mit abl. Anm. *Schmitt*; GA **1967** 184; OLG Braunschweig NJW **1959** 1144; *Zeiler* DJ **1934** 906; *Dalma* ZStrW **55** (1936) 580; *Nüse* GA **1963** 37; vgl. auch BGHSt **2** 351; BGH NJW **1959** 1139; KK-*Hürxthal* 22; *Kleinknecht/Meyer*[37] §260, 29; KMR-*Paulus* §260, 47; *Schröder* NJW **1985** 780.

[136] BayObLGSt **1965** 53 = NJW **1965** 2211 = JR **1965** 428 mit abl. Anm. *Koffka*; abl. *Sachs* JZ **1965** 745; *Fuchs* NJW **1966** 1110; *Jakobs* GA **1971** 258; ähnlich OLG Celle NJW **1968** 2390 mit abl. Anm. *Fuchs* = JR **1969** 153 mit abl. Anm. *Koffka*; dazu LK-*Tröndle* §1, 79. Nach OLG Celle NJW **1979** 228 umschließt die Tat wegen der offenen Alternativität ein-

zelner Tatsachen auch das negative Spiegelbild; OLG Celle NdsRpfl. **1986** 259 hält an beiden Entscheidungen nicht mehr fest; vgl. ferner OLG Düsseldorf JR **1980** 470 (abl. *Stein* JR **1980** 444); OLG Hamm NJW **1981** 237 (dazu *Bottke* JA **1982** 219); KG NJW **1979** 228; OLG Schleswig bei *Ernesti/Lorenzen* SchlHA **1984** 106; OLG Zweibrücken NJW **1980** 2144; ferner Fußn. 40, 41 mit weit. Nachw. zum Streitstand. Auch BayObLGSt **1983** 109 stellte auf das Alternativverhältnis ab; BayObLGSt **1984** 78 hat dies aufgegeben; vgl. Rdn. 63.

[137] BGHSt **32** 146; weit. Nachw. Fußn. 136. Zur Kritik an einem die Alternativität als Abgrenzungskriterium benützenden Tatbegriff vgl. Rdn. 9.

**Abtreibung** und Tötung des dadurch vorzeitig geborenen Kindes sind zwei Taten[138];
**Anstiftung** statt Täterschaft[139]; die versuchte Anstiftung und die Anstiftung verschiedener Personen, sind zwei Taten, auch wenn sie das gleiche Verbrechen betreffen[140],

**45**      eine **Aussage**, die mehrere Angaben enthält, ist in der Regel eine Tat; so ist bei Meineid oder fahrlässigem Falscheid die gesamte beeidigte Aussage Gegenstand des Verfahrens; das Gericht kann also die Verurteilung auch auf in der Anklage nicht genannte Teile der Aussage stützen[141]. Auch eine in mehreren Punkten falsche uneidliche Aussage ist nur eine Tat im Sinne des § 264[142], nicht aber mehrere bei verschiedener Gelegenheit abgegebene, inhaltlich verschiedene Aussagen[143];

**46**      **Äußerungen** in ein und derselben Schrift oder Rede; diese können je nach dem inneren Zusammenhang der in ihnen zum Ausdruck gebrachten Gedanken eine und dieselbe oder aber mehrere Taten sein[144];

**47**      **Bauen ohne Genehmigung** und Fortsetzung des Baus nach behördlicher Einstellungsanordnung sind in der Regel verschiedene Taten[145],

**Begünstigung** statt Mittäterschaft[146]. Eigennützige Begünstigung in Bezug auf einen durch Hehlerei erworbenen Kraftwagen statt Anstiftung zum Diebstahl dieses Wagens[147]; sachliche Begünstigung statt Hehlerei in Bezug auf dieselben Sachen[148],

**Beihilfe** statt Täterschaft und umgekehrt[149],

**Beleidigung** statt Verführung[150],

**Betäubungsmittelgesetz.** Erwerb von indischem Hanf oder von Haschisch[151], Handeltreibens mit Betäubungsmitteln[152]; Erwerb und späteren Handel[153].

**48**      **Betrug** statt Unterschlagung und umgekehrt[154]; Betrug statt Untreue[155], Betrug zum Nachteil einer Versicherungsgesellschaft statt Betrug zum Nachteil eines Zeugen, auch wenn die den Tatbestand erfüllende Handlung verschieden ist[156]. Betrug zu Lasten der Versicherung steht zwar in Tatmehrheit zur betrügerischen Brandstiftung nach § 265 StGB[157], er kann jedoch von einer unter den Gesichtspunkten der §§ 265, 306 StGB angeklagten Tat mit umfaßt werden[158]. Hat A dagegen Möbel von B erschwindelt und an C verkauft, wo B sie zurückerhielt, so ist Betrug zu Lasten des B eine andere Tat als der Betrug zu Lasten des C[159]. Die im Rahmen eines Geschäftsbetriebs begangenen Betrügereien sind verschiedene Taten, wenn sie in eine Vielzahl von Einzelhandlun-

---

[138] BGH NJW **1959** 823; *Oehler* Gedächtnisschrift für Schröder 448.

[139] RGSt **3** 95.

[140] OLG Celle NdsRpfl. **1961** 112.

[141] RGSt **61** 225; **62** 154; RG JW **1927** 2045; BGHSt **15** 274; bei *Dallinger* MDR **1969** 904; OLG Oldenburg NdsRpfl. **1958** 99.

[142] OLG München NJW **1967** 2219; **a.** A OLG Düsseldorf NJW **1965** 2070 mit Anm. *Oppe.*

[143] BGHSt **32** 146; BGH NJW **1955** 1240; **1957** 1887.

[144] RGSt **62** 83; RG JW **1925** 2781; *Kern* Äußerungsdelikte 51; vgl. die Kommentare zu § 185 ff StGB.

[145] BayObLGSt **1970** 205; **1972** 252; anders OLG Stuttgart Justiz **1980** 394 (bei baldiger Fortsetzung der Arbeiten).

[146] RGSt **25** 334; **55** 76; **62** 112.

[147] BGHSt **2** 374.

[148] BGHSt **13** 320.

[149] RGSt **9** 161; **13** 148; RGRspr. **6** 654.

[150] RGSt **30** 11.

[151] BayObLGSt **1973** 104.

[152] BGHSt **30** 28; StrVert. **1984** 366 (Bewertungseinheit).

[153] BGH StrVert. **1981** 127; **1982** 60; **1986** 6.

[154] RGSt **9** 420; **44** 118; **46** 221.

[155] RG GA **42** (1894) 124.

[156] OLG Stuttgart NJW **1965** 2218; vgl. OLG Düsseldorf OLGSt NF § 263 StGB Nr. 2 (Betrug des Zeitschriftenwerbers zum Nachteil des Verlags und Betrug zum Nachteil des Kunden).

[157] BGHSt **11** 398; vgl. die Kommentare zu § 265 StGB.

[158] RG HRR **1939** Nr. 670.

[159] BGH bei *Dallinger* MDR **1970** 199.

gen zerfallen[160]. Eine nach Scheitern des Betrugsversuchs begangener Versuch einer räuberischen Erpressung ist eine neue Tat[161].

**Diebstahl** statt Hehlerei und umgekehrt[162]; Diebstahl statt Erwerb unter Verstoß **49** gegen Preisvorschriften[163]. Ein Mittäter des Diebstahls kann auch zusätzlich wegen Hehlerei an der Beute belangt werden[164] oder wegen versuchten Betrugs beim Absatz des Diebesguts[165]. Fortgesetztes Fahren ohne Führerschein und fortgesetzte Diebstähle, auch wenn der Täter zum Tatort fuhr und das Diebesgut abtransportierte, sind verschiedene Taten[166],

**Entführung** faßt die in der Trunkenheitsfahrt liegende Verkehrsgefährdung und **50** die **versuchte Vergewaltigung** zu einer Tat zusammen[167],

**Falschgeld**, Beschaffen und in Verkehr bringen[167a],

**fahrlässige** statt vorsätzliche Begehung einer Tat und umgekehrt[168], **51**

eine **Fahrt** mit einem Fahrzeug kann eine oder mehrere Taten im Sinne des §264 **52** umfassen. Es hängt dies von den Umständen des Einzelfalls ab. Wegen der im einzelnen strittigen Fragen muß auf die Erläuterungsbücher zum Straßenverkehrsrecht verwiesen werden. Es können hier nur einige Beispiele aus der Rechtsprechung gebracht werden: Eine Fahrt, die von Anfang an geplant war, ist eine Tat, auch wenn sie unterbrochen wurde[169]; mehrere auf derselben Fahrt begangene Verkehrsverstöße sind je nach den Umständen mitunter aber auch mehrere Taten[170]. Mehrere durch einen Unfall verursachte Körperverletzungen sind eine Tat[170a].

Die fahrlässige Verkehrsgefährdung ist bei der **Trunkenheitsfahrt** eine Dauerstraftat, die mit Herbeiführung der Gemeingefahr zwar vollendet, aber nicht beendet ist, so daß auch spätere Vorkommnisse auf dieser Fahrt zur gleichen Tat gehören[171], so auch Trunkenheitsfahrt und Widerstand[172]; ob eine Trunkenheitsfahrt mehrere voneinander unabhängige Verkehrsverstöße zu einer Tat zusammenfassen kann, ist strittig und hängt von der Gestaltung des Einzelfalls ab[173].

---

[160] BGHSt **26** 284 = LM StPO **1975** Nr. 1 mit Anm. *Willms*; ferner Rdn. 5 mit weit. Nachw.

[161] BGH NStZ **1983** 87.

[162] RGSt **2** 187; **8** 135; RGRspr. **3** 811; **4** 93; **6** 644; RG GA **59** (1912) 138.

[163] A. A OGHSt **2** 80.

[164] BGH JZ **1953** 85; vgl. aber auch Rdn. 8.

[165] OLG Oldenburg NdsRpfl. **1955** 159.

[166] BGH GA **1961** 346; BGH NJW **1981** 997 differenziert danach, ob Tateinheit vorliegt, weil Abtransport noch zur Diebstahlshandlung gehört.

[167] BGH VRS **60** 292; vgl. bei *Pfeiffer/Miebach* NStZ **1984** 212; ferner BGH bei *Dallinger* MDR **1973** 556; zust. *Schöneborn* NJW **1974** 735.

[167a] BGH NJW **1986** 2960; GA **1984** 92; OLG Düsseldorf JMBlNW **1986** 93.

[168] Seit RGRspr. **1** 798; **2** 332 (vgl. Rdn. 31) ständige Rechtsprechung; etwa BGH VRS **48** 354; **49** 177; BayObLGSt **1973** 96; **1980** 13 = VRS **59** 195; OLG Hamm NJW **1973** 1852; VRS **48** 226.

[169] BGH NJW **1963** 549; BayObLG bei *Rüth* DAR **1986** 248; OLG Celle VRS **30** 196;

OLG Hamburg VRS **35** 184; OLG Hamm DAR **1957** 162; OLG Karlsruhe VRS **57** 114; Justiz **1973** 27; KG VRS **57** 354; OLG Saarbrücken DAR **1960** 361.

[170] BGHSt **23** 141; 271; BayObLGSt **1968** 57 = VRS **35** 421; BayObLGSt **1970** 51; BayObLG bei *Rüth* DAR **1982** 254; **1985** 245; **1986** 247; OLG Hamm VRS **46** 277; **47** 193; **50** 449; OLG Köln NJW **1970** 961.

[170a] OLG Braunschweig NdsRpfl. **1975** 128.

[171] BayObLGSt **1963** 46; **1980** 13 = VRS **29** 110; **59** 195; KG VRS **57** 354; OLG Karlsruhe Justiz **1973** 27.

[172] OLG Stuttgart MDR **1975** 423.

[173] Verneinend BGHSt **23** 141 = JZ **1970** mit abl. Anm. *Grünwald*; vgl. etwa auch BGH NJW **1969** 257; BGH VRS **63** 39 (eine Tat); BayObLG bei *Rüth* DAR **1986** 247 (verschiedene Taten); OLG Düsseldorf NJW **1967** 1768 mit Anm. *Oppe*; KG VRS **35** 347; OLG Karlsruhe Justiz **1973** 27; ferner die Sonderfälle BayObLG VRS **59** 197 (Übermüdung); **69** 37 (vorsätzliche Körperverletzung); OLG Zweibrücken VRS **69** 296 (Trunkenheit nach Unfall).

Walter Gollwitzer

**53**    Das **unerlaubte Entfernen vom Unfallort** und die vorangegangene Herbeiführung eines Verkehrsunfalls sind eine Tat[174].

**54**    Fahren **ohne Fahrerlaubnis** kann — je nach den Umständen — eine (fortgesetzte) Tat sein[175], in Verbindung damit auch die Urkundenfälschung durch Gebrauch eines gefälschten Führerscheins[176]. Der Diebstahl eines Kraftwagens und das Fahren dieses Fahrzeugs ohne Fahrerlaubnis wurden als verschiedene Taten gewürdigt[177], während im Fahren ohne Fahrerlaubnis und der bei der Fahrt begangenen räuberischen Erpressung und sexuellen Nötigung eine Tat gesehen wurde[178]. Wird statt des angeklagten Fahrens ohne Fahrerlaubnis Vortäuschen einer Straftat und persönliche Begünstigung (A hat sich zu Unrecht als Fahrer ausgegeben) angenommen, liegt nicht die gleiche Tat vor[179]; ebenso zwischen dem eigenen Fahren und dem Dulden, daß ein anderer fährt[179a]; zu den Problemen des sog. Alternativverhältnisses vgl. Rdn. 9; 40 ff.

**55**    Der Vorwurf, **falsch gefahren** zu sein, und der Vorwurf, durch **mangelhafte Sicherung** des Kraftfahrzeuges dessen Gebrauch durch einen Unbefugten ermöglicht zu haben, betreffen zwei verschiedene Taten[180]; desgleichen verbotswidriges Parken und unterlassene Anmeldung eines Kraftfahrzeugs[181] oder das Unterlassen gebotener Eintragungen und ein Verkehrsverstoß[182]. Verschiedene Taten sind auch die Dauerordnungswidrigkeit der Nichtanmeldung beim TÜV zur Hauptuntersuchung und das Nichtwiedervorführen zur Überprüfung der Mängelbeseitigung[183] oder die Inbetriebnahme trotz erloschener Betriebserlaubnis[184] oder eine durch einen Fahrfehler begangene fahrlässige Körperverletzung[185]. Zu einer Tat gerechnet werden der Verstoß gegen § 29 StVZO und die darauf beruhenden Verstöße gegen die Straßenverkehrsordnung[186], das Nichtmitführen der Fahrzeugpapiere und ein auf der Fahrt begangener Verkehrsverstoß[187] oder die Verkehrsordnungswidrigkeit und die sich unmittelbar daran anschließende Verweigerung der Angaben der Personalien gegenüber der Polizei[188] oder ein Verkehrsverstoß und eine damit zusammenhängende Beleidigung[189].

---

[174] BGHSt **23** 141; **24** 185; **25** 72; (vgl. Vorlagebeschlüsse BayObLG VRS **38** 252; OLG Hamm NJW **1969** 80); BGH VRS **63** 39; BGH nach *Hürxthal* DRiZ **1982** 388; BayObLG VRS **59** 197; bei *Rüth* DAR **1986** 248; OLG Celle VRS **34** 350; **36** 352; **54** 38; OLG Hamburg VRS **49** 378; OLG Hamm NJW **1970** 1244; **1974** 68; VRS **42** 360; KG VRS **35** 347; **39** 71; OLG Köln VRS **63** 128; OLG München NJW **1970** 261; OLG Saarbrücken VRS **46** 22; OLG Zweibrücken VRS **63** 53; OLG Stuttgart Justiz **1984** 404.

[175] Etwa BGH NJW **1963** 549; OLG Hamm DAR **1957** 162.

[176] OLG Frankfurt VRS **56** 37; OLG Köln VRS **49** 360; vgl. auch KG JR **1976** 516 mit Anm. *Meyer-Goßner*.

[177] BGH NJW **1981** 997 (keine innerliche Verknüpfung); OLG Koblenz VRS **46** 204; vgl. Rdn. 49.

[178] BGH NStZ **1984** 135; zur Klammerwirkung der Entführung vgl. Rd. 50.

[179] OLG Celle NJW **1968** 2390; dazu *Fuchs* NJW **1968** 2390; vgl. OLG Schleswig bei *Ernesti/Lorenzen* SchlHA **1984** 106 (Strafvereitelung); weit. Nachw. Rdn. 55.

[179a] BayObLG VRS **65** 208; OLG Köln VRS **63** 128; vgl. auch BayObLG bei *Rüth* DAR **1986** 248 (Ermächtigung zum Fahren ohne Fahrerlaubnis und Unfallflucht im Vollrausch).

[180] OLG Hamm JMBlNW **1964** 237; vgl. auch OLG Koblenz VRS **63** 372.

[181] OLG Koblenz VRS **58** 378.

[182] OLG Hamm VRS **60** 50.

[183] BayObLGSt **1982** 97 = VRS **63** 366.

[184] OLG Stuttgart VRS **60** 64.

[185] OLG Hamm VRS **48** 344.

[186] OLG Hamm NJW **1968** 1248; vgl. BayObLG VRS **61** 447; **62** 131 (Bußgeldbescheid wegen der abgefahrenen Reifen erfaßt auch das vorausgegangene Fahren); ähnlich, aber weitergehend OLG Schleswig bei *Ernesti/Lorenzen* SchlHA **1986** 115.

[187] BayObLGSt **1984** 95.

[188] OLG Düsseldorf MDR **1971** 320; vgl. auch BayObLG MDR **1971** 597.

[189] BayObLGSt **1971** 22; 106 = NJW **1971** 1325; MDR **1971** 1030.

---

Als eine Tat behandelt wurden ferner die fahrlässige Trunkenheitsfahrt und die versuchte Vergewaltigung[190] oder versuchte Nötigung und Unfallflucht[191], während in der Dauerordnungswidrigkeit nach § 24 a StVG und in der in ihrer Unterbrechung begangenen sexuellen Nötigung verschiedene Taten gesehen wurden[192].

**Fortsetzungszusammenhang** statt eine Mehrzahl selbständiger Straftaten[193]; zu **56** den Besonderheiten der fortgesetzten Tat s. Rdn. 32;

**Konkursvergehen** nach § 240 Nr. 4 statt § 240 Nr. 3 KO a. F[194] (vgl. jetzt §§ 283 ff **57** StGB); ein durch Vorlage der gefälschten Bilanz begangener Betrug ist dagegen eine andere Tat[195];

**Kuppelei** und zuhälterische Handlungen bei derselben Frau[196]; **58**

**Körperverletzung** durch Unterlassen bei Obhutspflicht und vorsätzliche Tötung[197];

**Lebensmittelvergehen**; das In-den-Verkehr-bringen eines nachgemachten Lebensmittels wird von der Anklage mit umfaßt, das Lebensmittel in der Absicht nachgemacht zu haben, es in den Verkehr zu bringen[198];

**Mehrzahl** selbständiger Straftaten statt einer einheitlichen Handlung[199]; mehrere **59** selbständige Taten können durch eine mit ihnen rechtlich zusammentreffende Straftat zu einer Tat i. S. des § 264 zusammengefaßt werden. Wieweit durch diese Klammerwirkung ein auch innerlich zusammengehörender einheitlicher Lebensvorgang entsteht, hängt von den Umständen des jeweiligen Sachverhalts ab und ist, vor allem bei sich über einen längeren Zeitraum erstreckenden Fortsetzungs- oder Dauertaten strittig[200]; dies gilt auch für die Frage, ob eine minderschwere Tat dies bewirken kann[201].

**Unterlassen** der **Nacheichung** (Vorführen der Waage beim Eichamt) ist nicht die- **60** selbe Tat wie das Bereithalten der nicht nachgeeichten Waage für den Verkehr[202].

**Nichtabführung von Arbeitnehmeranteilen** zur Sozialversicherung und unerlaubte Beschäftigung von Ausländern[203]; ob die Nichtabführung der Lohnsteuer eine davon verschiedene Tat ist, ist strittig[204].

**Nichtanzeige eines Verbrechens** (§ 139 StGB) kann je nach der Lage des Falls dieselbe Tat sein wie die Teilnahme am Verbrechen[205];

**Pressedelikt** (Beleidigung) und Verantwortlichkeit als Redakteur[206]; fahrlässiges **61** **Pressevergehen** nach dem ehem. § 21 RPresseG statt vorsätzlicher Verstoß nach § 20 RPresseG[207];

**Steuerhinterziehung** und Bestechung[208]. Das Steuervergehen kann eine andere **62** Tat sein als das damit zusammenhängende Wirtschaftsvergehen[209]. Die Steuererklä-

---

[190] BGH bei *Dallinger* MDR **1975** 544; vgl. Rdn. 50.

[191] BGH NJW **1975** 176.

[192] Vgl. OLG Koblenz NJW **1978** 716; dazu abl. *Kinnen* MDR **1978** 544.

[193] RGSt 9 344; vgl. § 260, 47 ff.

[194] RGSt 11 251.

[195] BGH bei *Herlan* GA **1955** 365.

[196] BGH GA **1958** 366.

[197] BGH NStZ **1984** 469.

[198] BayObLGSt **1957** 252 (zum früheren § 4 LMG).

[199] Seit RGRspr. 2 163 h. M.

[200] Vgl. Rdn. 7; 11; 50 mit weit. Nachw.

[201] So BGHSt 6 97; vgl. Rdn. 7 mit weit. Nachw.

[202] BayObLGSt **1953** 101 = NJW **1953** 1482.

[203] OLG Stuttgart NStZ **1982** 514; vgl. auch *Müller* NStZ **1985** 397.

[204] Verneinend BayObLGSt **1985** 131 = NStZ **1986** 173; OLG Stuttgart MDR **1986** 693; OLG Zweibrücken NJW **1975** 128 nimmt eine Tat an; ebenso OLG Stuttgart NStZ **1982** 514 (bei unerlaubter Beschäftigung); *Müller* NStZ **1985** 397.

[205] RGSt 14 78; 21 78; 28 12; 53 169; RG JW **1926** 820; BGH JZ **1955** 344.

[206] OLG Schleswig bei *Ernesti/Lorenzen* **1981** 94; vgl. OLG Stuttgart Justiz **1980** 487 (Presseorganisationsdelikt und Strafbarkeit als verantwortlicher Redakteur).

[207] RGSt 29 143.

[208] BGHSt 10 396.

[209] OLG Frankfurt NJW **1953** 557 mit Anm. *Leise.*

Walter Gollwitzer

rung faßt durch die Versicherung ihrer Richtigkeit die verschiedenen Angaben zu einer Tat zusammen[210]. Im Steuerstrafrecht wird der prozessuale Tatbegriff meist mit der Tatmehrheit gleichgesetzt[211]. Vgl. ferner Rdn. 60;

**63**    **Strafvereitelung** durch Beihilfe zur Beseitigung der Leiche und Mord sind verschiedene Taten[212]; desgleichen die Strafvereitelung und der durch die Behauptung, selbst gefahren zu sein, ausgelöste Vorwurf der fahrlässigen Tötung oder der unerlaubten Entfernung vom Unfallort[213].

Der fortgesetzte Erwerb von **unedlem Metall** unter Verstoß gegen das frühere UMG umfaßte auch den Ankauf von gestohlenem Metall von Minderjährigen[214],

**Unterdrückung des Personenstands** statt Kindesaussetzung[215],

**64**    **Unterlassene Hilfeleistung** statt Raufhandel oder Körperverletzung[216], statt Beihilfe zum Raub[217] oder statt sexueller Nötigung und umgekehrt[218],

**Unterschlagung** statt Diebstahl[219] oder statt Untreue[220]; Anstiftung der Unterschlagung statt Hehlerei[221],

**Untreue** durch Nichtabführung eingenommener Gelder kann auch Hingabe ungedeckter Schecks einschließen[222]. Mehrere Untreuehandlungen zum Nachteil der Gesellschafter einer GmbH sind mehrere Taten[223].

**65**    **Urkundenfälschung** statt Betrug[224]; erfüllt der angeklagte Gebrauch eines verfälschten Passes nicht den Tatbestand des § 267 StGB, so gehört die längere Zeit vorher vorgenommene Verfälschung nicht zur gleichen Tat[225], wohl aber die falsche Beurkundung im Amt (§ 348 StGB) statt fahrlässiger Tötung bei falscher Bescheinigung von Trichinenfreiheit[226]. Der Vorwurf der Urkundenunterdrückung betrifft dagegen eine andere Tat als der Vorwurf der schweren passiven Bestechung[227].

**66**    **Verletzung der Unterhaltspflicht** durch Unterlassen der möglichen getrennten Geldüberweisungen an zwei verschiedene, getrennt lebende, nicht ranggleiche Unterhaltsberechtigte sind zwei selbständige Taten[228]; anders dagegen, wenn ein pflichtwidriges Verhalten ursächlich für die Pflichtverletzung gegenüber zwei Personen ist[229]

---

[210] Vgl. BGH NJW **1980** 2591; **1985** 1967 mit weit. Nachw. zu den in Einzelheiten strittigen Fragen; ferner etwa *Leise* NJW **1953** 167; *Reinisch* MDR **1966** 896 und die Kommentare zur AO.

[211] Vgl. etwa BGH NJW **1985** 1967; wistra **1982** 226; **1983** 187; bei Holtz MDR **1979** 279; 987; **1981** 100; ferner *Behrendt* ZStW **94** (1982) 888 mit weit. Nachw.

[212] BGHSt **32** 215 = JR **1984** 346 mit Anm. *Roxin* = JZ **1984** 535 mit Anm. *Jung*; dazu ferner *Marxen* StrVert. **1985** 472.

[213] BayObLGSt **1984** 78 = VRS **67** 440 unter Aufgabe von BayObLGSt **1983** 109 = JZ **1984** 533 mit Anm. *Jung*; BayObLG bei *Rüth* DAR **1985** 245; **a. A** OLG Schleswig bei *Ernesti/Lorenzen* SchlHA **1984** 105; OLG Zweibrücken NJW **1980** 2144.

[214] BGHSt **6** 92.

[215] RGSt **2** 15.

[216] BGHSt **16** 200; BGH StrVert. **1984** 190; OLG Celle NJW **1961** 129.

[217] BGH bei *Holtz* MDR **1985** 284.

[218] OLG Düsseldorf OLGSt NF § 178 StGB Nr. 1. Die den Unglücksfall auslösende Tathandlung gehört zum gleichen Lebensvorgang wie die unterlassene Hilfeleistung; vgl. etwa BGH StrVert. **1984** 190 und Fußn. 216, 217.

[219] RGSt **12** 88.

[220] RGSt **2** 116.

[221] RGRspr. **9** 722.

[222] OLG Celle NdsRpfl. **1956** 230.

[223] BGH StrVert. **1981** 606.

[224] RGSt **44** 29.

[225] BayObLGSt **1957** 196.

[226] RG JW **1893** 333.

[227] BGH bei *Dallinger* MDR **1958** 565.

[228] BayObLGSt **1960** 5.

[229] BayObLGSt **1961** 135 = NJW **1961** 1685; OLG Hamm NJW **1978** 2210 (L); OLG Köln JMBlNW **1970** 120.

oder wenn ein leistungsunwilliger Schuldner zur vollen Befriedigung mehrerer gleichrangiger Unterhaltsgläubiger außer Stande ist[230].

**Verweigerung des Militär- oder Zivildienstes** kann bei Totalverweigerung eine Tat auch über die rechtskräftige Aburteilung hinaus sein[231]; es können aber auch mehrere Taten vorliegen[232].

**Volltrunkenheit** allein begründet keine Tatidentität zwischen dem Diebstahl von **67** Geld und einer anschließend vom Täter unternommenen Trunkenheitsfahrt[233].

**Vortäuschen einer Straftat** und das Begehen der vorgetäuschten Straftat werden als verschiedene Taten angesehen[234].

**Waffenbesitz** und **Waffenführen** ohne die erforderliche waffenrechtliche Erlaubnis und die mit der Waffe begangenen Straftaten wurden, vor allem, wenn materiellrechtlich Tateinheit vorlag, meist als eine Tat angesehen; in der neueren Rechtsprechung ist dies strittig[234a].

### 6. Einschränkung der Umgestaltungsbefugnis des Gerichts
**a) Verfahrensvoraussetzungen.** Das Recht und die Pflicht des Gerichts, innerhalb **68** der durch die Tatidentität gezogenen Grenzen den in der Hauptverhandlung erwiesenen Sachverhalt tatsächlich und rechtlich voll auszuschöpfen, wird dadurch eingeschränkt, daß auch für die neue Straftat **alle Verfahrensvoraussetzungen** (insbesondere auch ein gegebenenfalls erforderlicher Strafantrag) vorliegen müssen. Fehlt es daran, ist weder eine Umgestaltung noch eine Einbeziehung weiterer unselbständiger Teilhandlungen möglich[235]. Dies gilt auch, soweit die Sperrwirkung des § 153 a reicht[236].

**b)** Eine Beschränkung der richterlichen Kognition innerhalb der angeklagten **69** Tat tritt auch ein, wenn **rechtliche Gesichtspunkte nach § 154 a** ausgeschieden worden sind; dies gilt jedoch nur, solange die ausgeschiedenen Teile oder Gesetzesverletzungen nicht wieder einbezogen werden. Hierzu ist das Gericht verpflichtet, wenn es den Angeklagten wegen des nicht ausgeschiedenen Teils freisprechen will[237] oder wenn sich erst dann beurteilen läßt, ob eine Tat verjährt ist[238]. Die Pflicht zur Einbeziehung besteht auch, wenn rechtsirrig § 154 statt § 154 a angewendet wurde[239].

---

[230] OLG Stuttgart MDR **1977** 1034; abl. *Schmid* MDR **1978** 547.

[231] BVerfGE 23 206; OLG Düsseldorf StrVert. **1986** 6; LG Duisburg StrVert. **1986** 99; *Nestler/Tremel* StrVert. **1985** 343; *Struensee* JZ **1985** 955.

[232] BVerfGE (Vorprüfungsausschuß) NJW **1984** 1675; **1985** 1519; BayObLG StrVert. **1985** 315; OLG Celle StrVert. **1986** 5; vgl. auch OLG Düsseldorf StrVert. **1986** 6 mit Anm. *Friedeck*.

[233] OLG Hamm NJW **1961** 366.

[234] OLG Celle NJW **1985** 393; a. A OLG Düsseldorf JMBlNW **1979** 178; OLG Köln GA **1968** 24.

[234a] BGHSt 1 67 (unerlaubter Erwerb); BGHSt 31 30 (auch wenn Delikt schwerer wiegt – Totschlag – als unerlaubter Waffenbesitz und Waffenführen; gegen BGHSt 3 165); BayObLGSt **1977** 89; mehrere Taten nehmen an RGSt **59** 361; BGH NStZ **1981** 299; dagegen *Maatz* MDR **1985** 881; OLG

Braunschweig GA **1978** 246; OLG Hamm JR **1986** 205 mit Anm. *Puppe* = StrVert. **1986** 241 mit Anm. *Grünwald*; OLG Zweibrücken NJW **1986** 2841; *Kröpil* DRiZ **1986** 451.

[235] Vgl. etwa BGHSt **17** 157; KK-*Hürxthal* 13; *Kleinknecht/Meyer*[37] 5; KMR-*Paulus* 35.

[236] Vgl. BGH StrVert. **1984** 366 (bezüglich Teilakte einer fortgesetzten Tat); OLG Frankfurt NJW **1985** 1850. Wegen der teilweise strittigen Fragen des Umfangs der Sperrwirkung vgl. § 153 a, 61 ff.

[237] BGHSt **22** 106; **29** 315; **32** 85; vgl. § 154 a, 35 mit weit. Nachw.; ferner KK-*Hürxthal* 10; KMR-*Paulus* 35; aber auch BayObLGSt **1960** 302 = JR **1961** 224 (vor Geltung des § 154 a), wonach in entsprechender Anwendung des § 154 abgespaltene Teilakte einer fortgesetzten Tat nicht unerörtert bleiben dürfen, wenn das Gericht freisprechen will.

[238] BGHSt **29** 315; BGH MDR **1980** 947; § 154 a, 35.

[239] BGHSt **25** 388.

**70**    c) Der **Grundsatz der Spezialität** kann die Ahndung der Tat unter einem rechtlichen Gesichtspunkt verbieten, für den die Auslieferung nicht bewilligt worden ist[240]. Wenn das Gericht den von einem ausländischen Staat ausgelieferten Angeklagten wegen einer Tat, derentwegen er nicht ausgeliefert ist, verurteilt und das Urteil rechtskräftig wird, steht jedoch der Einwand der bereits entschiedenen Sache einer späteren, nunmehr die Auslieferungsbedingungen nicht verletzenden Aburteilung wegen derselben Tat entgegen.

**71**    d) Eine Einschränkung kann sich auch daraus ergeben, daß der Angeklagte kraft Völkerrechts (Vertrag oder eine nach Art. 25 GG unmittelbar geltende allgemeine Regel des Völkerrechts) für bestimmte Taten **nicht der deutschen Strafgerichtsbarkeit** unterliegt (§§ 18 bis 20 GVG). Dies kann für die Umgestaltung der Strafklage nach § 264 bedeutsam werden, wenn der Angeklagte nicht — wie etwa ein ausländischer Diplomat[241] — voll von der deutschen Strafgerichtsbarkeit befreit ist, sondern — wie etwa ein Konsul — nur in bestimmten Fällen[242] nicht strafrechtlich zur Verantwortung gezogen werden darf; oder wenn sonst die deutsche Gerichtsbarkeit für bestimmte Straftaten nicht besteht, wie dies etwa früher bei bestimmten Verstößen der Fall war, deren Ahndung sich die Besatzungsmächte vorbehalten hatten oder wenn in Verträgen mit anderen Staaten vorgesehen ist, daß unter bestimmten Bedingungen dem anderen Staat die Aburteilung obliegt.

**72**    e) Die Umgestaltung ist ferner ausgeschlossen, soweit der Bundestag oder ein Landtag die **Immunität** eines Abgeordneten nicht aufgehoben hat. In der Regel wird allerdings die Genehmigung der Strafverfolgung für den ganzen, mit der Tat zusammenhängenden historischen Vorgang erteilt[243], sie kann aber auch auf einzelne sachlich zusammentreffende Taten beschränkt werden[244].

## IV. Rechtsmittel

**73**    1. Im Rechtsmittelverfahren ist von **Amts wegen** zu prüfen, ob das Gericht die Grenzen seiner Aburteilungsbefugnis überschritten hat. Es darf keine Taten einbezogen haben, die nicht Gegenstand der zugelassenen Anklage waren[245]. Von Amts wegen zu beachten ist ferner, wenn die abgeurteilte Tat bereits Gegenstand eines früheren Strafverfahrens war, die neue Befassung eines Gerichts somit gegen das verfassungsrechtliche **Verbot der Doppelbestrafung** verstößt[246].

**74**    2. Mit der **Revision** kann geltend gemacht werden, daß das Gericht seiner Verpflichtung zur erschöpfenden Aburteilung des von der angeklagten Tat umfaßten Ge-

---

[240] RGSt **21** 182; **27** 128, 416; **29** 271; **33** 387; **37** 91; **41** 275; **45** 276; **64** 189; **65** 111; **66** 173, 347; BGHSt **15** 126; vgl. Einl. Kap. **12** X; § 206 a, 50 und Vor § 156 GVG.

[241] Vgl. Wiener Übereinkommen über die diplomatischen Beziehungen vom 18. 4. 1961 – Gesetz vom 6. 8. 1964 (BGBl. II 957); ferner § 206 a, 36; § 18 ff GVG.

[242] Sog. Amtsimmunität, vgl. das Wiener Übereinkommen über die konsularischen Beziehungen vom 24. 4. 1963 – Gesetz vom 24. 8.

1969 (BGBl. II 1585); vgl. § 19 GVG und Einl. Kap. **12**; ferner *Bothe* ZaöRV **31** 247 f.

[243] BGHSt **15** 274; BGH bei *Herlan* JR **1951** 327; *Hanack* JZ **1972** 356; ferner § 152 a, 40; § 206 a, 34.

[244] *Maunz/Dürig* Art. 46 GG, 66 ff; vgl. Einl. Kap. **12**; a. A LR-*Rieß* § 152 a, 41.

[245] Vgl. Einl. Kap. **12** I; § 200, 57; § 206 a, 41; § 207, 5; § 337, 29; 42 ff mit weit. Nachw.

[246] Vgl. Einl. Kap. **12** V; § 206 a, 43; § 337, 62 mit weit. Nachw.

samtgeschehens nicht nachgekommen ist[247]. Die nicht erschöpfende Würdigung unter allen in Betracht kommenden tatsächlichen und rechtlichen Gesichtspunkten ist auch im Rahmen der **Sachrüge** beachtlich[248]; sie kann vielfach auch unter dem Blickwinkel eines Verstoßes gegen § 261 gerügt werden[249]. Wenn mitzuberücksichtigende Tatsachen ungeklärt blieben, kann auch die **Aufklärungsrüge** durchgreifen[250]. Staatsanwaltschaft und Nebenkläger, mangels Beschwer aber nicht der Angeklagte, können beanstanden, daß das Gericht den Angeklagten freigesprochen hat, ohne ausgeschiedene Tatteile wieder mit einzubeziehen[251]. Ausnahmsweise kann aber auch der Angeklagte durch eine nicht erschöpfende Aburteilung seiner Tat **beschwert** sein, so, wenn das Gericht nur einen einzigen Teilakt einer fortgesetzten Tat abgeurteilt hat und er deshalb ein weiteres Strafverfahren wegen der übrigen Teilakte gewärtigen muß[252].

# § 265

(1) Der Angeklagte darf nicht auf Grund eines anderen als des in der gerichtlich zugelassenen Anklage angeführten Strafgesetzes verurteilt werden, ohne daß er zuvor auf die Veränderung des rechtlichen Gesichtspunktes besonders hingewiesen und ihm Gelegenheit zur Verteidigung gegeben worden ist.

(2) Ebenso ist zu verfahren, wenn sich erst in der Verhandlung vom Strafgesetz besonders vorgesehene Umstände ergeben, welche die Strafbarkeit erhöhen oder die Anordnung einer Maßregel der Besserung und Sicherung rechtfertigen.

(3) Bestreitet der Angeklagte unter der Behauptung, auf die Verteidigung nicht genügend vorbereitet zu sein, neu hervorgetretene Umstände, welche die Anwendung eines schwereren Strafgesetzes gegen den Angeklagten zulassen als des in der gerichtlich zugelassenen Anklage angeführten oder die zu den im zweiten Absatz bezeichneten gehören, so ist auf seinen Antrag die Hauptverhandlung auszusetzen.

(4) Auch sonst hat das Gericht auf Antrag oder von Amts wegen die Hauptverhandlung auszusetzen, falls dies infolge der veränderten Sachlage zur genügenden Vorbereitung der Anklage oder der Verteidigung angemessen erscheint.

(5) Wird in den Fällen des § 231 Abs. 2, § 231 a Abs. 1 die Hauptverhandlung ohne den Angeklagten durchgeführt, so genügt es, wenn die nach den Absätzen 1 und 2 erforderlichen Hinweise dem Verteidiger gegeben werden.

**Schrifttum.** *Ditzen* Was versteht § 264 Abs. 1 StPO unter einem anderen Strafgesetz, LZ **1917** 1213; *Furtner* Der „schwere", „besonders schwere" und „minder schwere Fall" im Strafrecht, JR **1969** 11; *Heldmann* Der verhinderte Verteidiger, StrVert. **1981** 82; *Heubel* Die Verschiebung der Hauptverhandlung wegen Verspätung des Verteidigers, NJW **1981** 2678; *Küpper* Die Hinweispflicht nach § 265 StPO bei verschiedenen Begehungsformen desselben Strafgesetzes, NStZ **1986** 249; *Lachnit* Voraussetzungen und Umfang der Pflicht zum Hinweis auf die Veränderungen des rechtlichen Gesichtspunktes nach § 265 (1965); *Meves* Was will § 264 der Strafprozeßordnung? GA **38** (1891) 93, 253; *Meyer* Entsprechende Anwendung des § 265 Abs. 1 StPO bei veränderter Sachlage, GA **1965** 257; *Schlothauer* Gerichtliche Hinweispflichten in der Hauptverhandlung, StrVert. **1986** 213; *Wertheimer* Die Mischgesetze des deutschen StGB (1903) Strafr. Abh. Heft 47.

---

[247] H. M KK-*Hürxthal* 25; *Kleinknecht/Meyer*[37] 14; KMR-*Paulus* 49.

[248] BGH StrVert. **1981** 128; KK-*Hürxthal* 25; *Kleinknecht/Meyer*[37] 12.

[249] Vgl. § 261, 176; 182.

[250] Vgl. § 244, 39; vgl. ferner § 244, 345.

[251] Vgl. Rdn. 69; § 154 a, 47.

[252] BayObLGSt **1982** 92 = VRS **63** 278.

**Entstehungsgeschichte.** Die jetzige Fassung des **Absatzes 2** geht auf Art. 2 Nr. 23 AGGewVerbrG zurück. Sie ersetzte, ohne daß sich daraus eine sachliche Änderung ergab, die ursprüngliche Fassung: „wenn... Umstände behauptet werden", durch die Wendung: „wenn sich... Umstände ergeben", und fügte die Umstände hinzu, welche „die Anordnung einer Maßregel der Sicherung und Besserung rechtfertigen"; im übrigen hat Art. 3 Nr. 117 VereinhG 1950 die alte Fassung der Absätze 1 und 2 wieder hergestellt. Art. 7 Nr. 12 StPÄG 1964 ersetzte — als Folge der Neufassung des § 207 — in den **Absätzen 1 und 3** die Worte „in dem Beschluß über die Eröffnung des Hauptverfahrens" durch „in der gerichtlich zugelassenen Anklage". Art. 21 Nr. 68 EGStGB hat in **Absatz 2** nur die Worte „Sicherung" und „Besserung" umgetauscht. **Absatz 5** wurde durch Art. 1 Nr. 15 des 1. StVRErgG 1974 neu eingefügt. Bezeichnung bis 1924: § 264.

**Geplante Änderungen.** Nach Art. 1 Nr. 19 StVÄG 1987 v. 27. 1. 1987 (BGBl. I 475) wird mit Wirkung vom 1. 4. 1987 Absatz 5 wegen der in Art. 1 Nr. 15 StVÄG enthaltenen generellen Regelung in einem neuen § 234 a (s. dort) entfallen.

*Übersicht*

# I. Bedeutung

**1. Sinn der Vorschrift.** Das Gericht muß in der Hauptverhandlung den in der zu- **1** gelassenen Anklage umschriebenen tatsächlichen Vorgang, die Tat im Sinne des § 264, unter allen in Betracht kommenden rechtlichen Gesichtspunkten umfassend würdigen. Es ist an die Rechtsauffassung der Anklage nicht gebunden[1]. Andererseits bestimmt der rechtliche Gesichtspunkt, unter dem die Tat angeklagt wurde, weitgehend den Vortrag und die Anträge der Prozeßbeteiligten, deren gesamtes Prozeßverhalten sich auf die jeweils entscheidungsrelevanten Tatsachen konzentrieren muß.

Vor allem die **Verteidigung des Angeklagten** ist daraufhin ausgerichtet. Ändert **2** sich der rechtliche Gesichtspunkt, so kann plötzlich bis dahin Unwichtiges und Nebensächliches entscheidende Bedeutung erlangen. Dem trägt § 265 Rechnung. Als gesetzlich geregelter Fall der gerichtlichen Fürsorgepflicht[2] will er verhüten, daß der Angeklagte durch eine Verlagerung der rechtlichen Bewertung überrascht und gehindert wird, seine Verteidigung dieser Änderung anzupassen[3]. Gleiches gilt, wenn erst in der Hauptverhandlung besondere Umstände hervortreten, welche eine erhöhte Strafbarkeit begründen oder eine Maßregel der Besserung und Sicherung angezeigt erscheinen lassen (§ 265 Abs. 2)[4]. § 265 sichert die **sachgemäße Verteidigung** des Angeklagten und damit einen „fairen Prozeß" im Sinne der rechtsstaatliche Erfordernisse[5] und des Art. 6 Abs. 1, Abs. 3 Buchst. a MRK. Er gewährleistet in Zusammenschau mit den anderen Vorschriften, daß der Angeklagte von allen tatsächlichen und rechtlichen Gesichtspunkten Kenntnis erhält, aus denen Vorwürfe gegen ihn hergeleitet werden[6]. Er trägt zugleich zur **Aufklärung des Sachverhalts** bei; jede Beeinträchtigung der Verteidigung begründet auch die Besorgnis, daß die Sachaufklärung darunter leiden könnte. Die Einlassung des Angeklagten ist eine wichtige Quelle zur Erforschung des Sachverhalts und der Wahrheitsfindung[7].

**2.** Für die **Auslegung** des nicht nur rein prozeßtechnisch als formale Ergänzung **3** der zugelassenen Anklage[8] zu verstehenden § 265 ist diese Zielsetzung maßgebend[9]. Die Erforderlichkeit eines Hinweises beurteilt sich aber grundsätzlich nach dem Inhalt der Anklage[10]. Eine andere verfahrensrechtliche Tat als die in der zugelassenen Anklage umschriebene kann auch über einen Hinweis nach § 265 nicht zum Gegenstand des Verfahrens gemacht werden[11].

---

[1] Dazu § 264, 20; 28 ff; *Schlothauer* StrVert. **1986** 213.

[2] KK-*Hürxthal* 1; KMR-*Paulus* 3; *Küpper* NStZ **1986** 249; *Maiwald* FS Lange 746; *Schorn* MDR **1966** 460; vgl. Einl. Kap. **6** VI; Vor § 226, 17 ff.

[3] BGHSt **2** 373; **11** 19; **18** 288; **23** 96; **25** 287; **29** 278; BGH NJW **1980** 714; NStZ **1983** 34; **1985** 85 mit Anm. *Berz*; **1985** 563; bei *Holtz* MDR **1985** 982; OLG Hamm NJW **1980** 1587; *Hanack* JZ **1972** 433; KK-*Hürxthal* 1; *Kleinknecht/Meyer*[37] 1; KMR-*Paulus* 3; *Küpper* NStZ **1986** 249.

[4] Dazu KG VRS **53** 42; vgl. Rdn. 47 ff.

[5] Für den effektiven Rechtsschutz in einem rechtsstaatlich geführten Verfahren ist unerläßlich, daß der Angeklagte genügend Raum für seine Verteidigung hat; vgl. *Schlothauer* StrVert. **1986** 215; Vor § 226, 16; 23 ff.

[6] Vgl. etwa EKMR NJW **1977** 2011; *Schlothauer* StrVert. **1986** 216; weit. Nachw. Fußn. 3.

[7] RGSt **76** 82; BGHSt **13** 323; **19** 141; **28** 198; BGH GA **1980** 185; KK-*Hürxthal* 1; KMR-*Paulus* 3; vgl. § 244, 54.

[8] Vgl. aber KG VRS **53** 42.

[9] *Hanack* JZ **1972** 433; vgl. Rdn. 79 ff; 96.

[10] *Kaiser* NJW **1981** 1028. Zur Umgrenzungs- und Informationsfunktion der Anklage vgl. § 200, 3 ff; *Schlothauer* StrVert. **1986** 216.

[11] Vgl. Rdn. 1; Fußn. 1; § 264, 20 ff.

Walter Gollwitzer

**4**　3. § 265 ist eine Norm des **einfachen Prozeßrechts** und nicht etwa die Ausprägung unmittelbar geltendes Verfassungsrechts. Mit dem verfassungsrechtlichen **Anspruch auf rechtliches Gehör** (Art. 103 Abs. 1 GG) besteht zwar ein grundsätzlicher Zusammenhang. Sowohl die Pflicht zur Gewährung des rechtlichen Gehörs als auch die Pflicht, durch Hinweise auf die veränderte rechtliche Würdigung und notfalls durch Aussetzung des Verfahrens eine sachgerechte Verteidigung zu ermöglichen, wurzeln im Gebot zur Achtung der Menschenwürde (Art. 1 Abs. 1 GG). Unter besonderen Umständen kann ein Hinweis zur ausreichenden Gewährung des rechtlichen Gehörs geboten sein. In der Regel ist die Hinweis- und Aussetzungspflicht nach § 265 kein Unterfall oder Anwendungsfall des Anspruchs auf rechtliches Gehör in dem Sinn, daß die Verletzung des § 265 notwendig zugleich auch eine Verletzung des Art. 103 Abs. 1 GG enthalten müsse[12]. Insbesondere gewährleisten Art. 103 Abs. 1 GG gerade nicht die **Erörterung von Rechtsfragen.** Umgekehrt können sich aus dem Gebot zur Gewährung des rechtlichen Gehörs auch über den § 265 hinausreichende Pflichten des Gerichts ergeben[13].

**5**　Es dient der Sicherung der **umfassenden Sachaufklärung** und der **fairen Prozeßgestaltung**[14] gleichermaßen, wenn zum Schutz vor Überraschungen auch über die in § 265 angesprochenen Fälle hinaus vom Gericht verlangt wird, die Beteiligten auf **entscheidungserhebliche Umstände** hinzuweisen, wenn ersichtlich ist, daß sie deren Bedeutung verkannt haben. Soweit diese Umstände neue Tatsachen enthalten, gebietet es schon der Grundsatz des rechtlichen Gehörs, daß sie in der Hauptverhandlung zur Sprache kommen und daß alle Beteiligten, insbesondere der Angeklagte, sich zu ihnen äußern können. Im Strafprozeßrecht folgt dies aber nicht so sehr aus § 265, sondern aus dem Grundsatz der Mündlichkeit und Unmittelbarkeit (§ 261), nach denen das Gericht nur die in der Hauptverhandlung erörterten Tatsachen seiner Entscheidung zugrunde legen darf[15]. Hinsichtlich des Angeklagten gewährleistet noch eine Reihe **anderer Verfahrensvorschriften**, daß und wann ihm am wirkungsvollsten Gehör gewährt werden muß, insbesondere § 243 Abs. 4, §§ 257, 258[16].

## II. Die Hinweispflicht nach Absatz 1 und 2

### 1. Allgemeine Voraussetzungen

**6**　a) **Änderung der rechtlichen Beurteilung.** Die Absätze 1 und 2 setzen voraus, daß sich — mit oder ohne Veränderung der tatsächlichen Umstände[17] — die **rechtliche Beurteilung** der Tat gegenüber der zugelassenen Anklage **ändert,** der Angeklagte also auf Grund eines anderen Strafgesetzes oder eines dort nicht angeführten straferhöhenden Umstandes **verurteilt** oder eine dort nicht angegebene Maßregel der Besserung und Sicherung gegen ihn verhängt werden soll.

---

[12] BayVerfGH 11 195 = NJW 1959 285 mit Anm. *Röhl;* BayVerfGH 15 40; 17 74; 33 104; BGHSt 13 325 = LM Nr. 18 mit Anm. *Geier* = JZ 1960 227 mit Anm. *Eb. Schmidt;* BGHSt 16 47; 19 88; 141; 22 339; NJW 1969 941; KG VRS 53 42; KK-*Hürxthal* 1; KMR-*Paulus* 4; *Eb. Schmidt* Nachtr. I 2; *Jagusch* NJW 1959 265; a. A BGHSt 11 91, wo die Hinweispflicht aus dem Anspruch auf rechtliches Gehör abgeleitet wird; *Arndt* NJW 1959 1297; *Schlothauer* StrVert. **1986**

214. Vgl. Einl. Kap. 6 VI; ferner die Kommentare zu Art. 103 Abs. 1 GG.
[13] BGHSt 29 278. Zu den Einzelheiten vgl. Einl. Kap. 13 11.
[14] Vgl. Rdn. 2 Fußn. 6; 7; Einl. Kap. 6 V, VI; Vor § 226, 15.
[15] Vgl. § 261, 14.
[16] Vgl. etwa *Jagusch* NJW 1959 265; *Meyer* GA 1965 268; *Schlothauer* StrVert. 1986 216.
[17] BGHSt 18 288; KK-*Hürxthal* 2; *Kleinknecht/Meyer*[37] 1.

**b) Ausgangspunkt** ist die **Anklage**, so wie sie vom Gericht im Eröffnungsbeschluß **7** gemäß § 207 **zugelassen** wurde. Hat das Gericht die Anklage nur mit Änderungen zugelassen, etwa mit einer anderen rechtlichen Würdigung nach § 207 Abs. 2 Nr. 3, so ist sie in dieser Form und nicht etwa in der ursprünglichen Fassung maßgebend. Es ist also ein Hinweis notwendig, wenn das Gericht zu der Rechtsauffassung der ursprünglichen Anklage zurückkehren will[18].

Ist infolge eines **Schreibfehlers** oder eines **sonstigen Versehens** in der zugelasse- **8** nen Anklage eine falsche Paragraphenzahl angeführt oder fehlt dort die Angabe der verletzten Strafbestimmung überhaupt, ist aber die Tat mit ihren gesetzlichen Merkmalen richtig bezeichnet, dann bedarf es keines Hinweises nach § 265[19]. Etwas anderes gilt nur dann, wenn unklar ist, welche Gesetzesverletzung dem Angeklagten zur Last gelegt werden soll, dann ist das Gericht gehalten, dies in entsprechender Anwendung des § 265 klarzustellen[20].

**c)** Der **zugelassenen Anklage**, die hier als der Hauptfall erwähnt wird, **stehen 9 gleich** der Strafbefehl sowie die mündlich erhobene Anklage im beschleunigten Verfahren nach § 212 a sowie Anklage und Einbeziehungsbeschluß nach § 266, wobei bei den mündlich erhobenen Anklagen der Vermerk über ihren Inhalt im Sitzungsprotokoll maßgebend ist[21]. Gleiches gilt für den **Hinweis nach § 81 Abs. 2 OWiG**, durch den das gerichtliche Bußgeldverfahren in ein Strafverfahren übergeleitet wird. Will das Gericht den Angeklagten wegen eines rechtlichen Gesichtspunktes verurteilen, der nicht Gegenstand des Hinweises nach § 81 Abs. 2 OWiG war, muß es ihn nach § 265 Abs. 1 auf die erneute Veränderung hinweisen[22]. Neben dem Hinweis nach § 81 Abs. 2 OWiG kann aber der **Bußgeldbescheid** insoweit weiterhin die zugelassene Anklage ersetzen, als das übergeleitete Strafverfahren zusätzlich auch Ordnungswidrigkeiten umfaßt. Ebenso tritt im gerichtlichen Bußgeldverfahren, in dem § 265 entsprechend anwendbar ist, der Bußgeldbescheid an die Stelle der zugelassenen Anklage[23].

Verweist das Gericht die Sache nach § 270 an ein Gericht höherer Ordnung, so **10** tritt der **Verweisungsbeschluß** an die Stelle der zugelassenen Anklage. Auf die dort angeführten rechtlichen Gesichtspunkte braucht demnach nicht nochmals besonders hingewiesen zu werden[24]. Wenn das Gericht in der rechtlichen Würdigung von diesem Beschluß abweichen will, muß es auf die Veränderung selbst dann hinweisen, wenn es zur ursprünglichen Rechtsauffassung der Anklage zurückkehrt[25], sogar, wenn neben dem Verweisungsbeschluß fälschlich der ursprüngliche Anklagesatz mitverlesen wurde[26]. Gleiches gilt für den Beschluß, mit dem ein Gericht eine Sache übernimmt, die außerhalb der Hauptverhandlung abgegeben wurde[27], ferner für das Verweisungsurteil nach § 328 Abs. 3.

Wird die Verhandlung nach einem Hinweis nach § 265 **ausgesetzt**, um dem Ange- **11** klagten Gelegenheit zu geben, seine Verteidigung der veränderten Rechtslage anzupassen, dann bedarf es in der **erneuerten Hauptverhandlung** in der Regel keines nochmali-

---

[18] OLG Hamm HESt **3** 52.
[19] RGSt **6** 169; **53** 186; RG GA **46** (1898/99) 214; OGHSt **2** 322; KK-*Hürxthal* 3; KMR-*Paulus* 9.
[20] KK-*Hürxthal* 3.
[21] KK-*Hürxthal* 4; *Kleinknecht/Meyer*[37] 1; KMR-*Paulus* 10; *Meves* GA **38** (1891) 97; *Eb. Schmidt* 6.
[22] Vgl. die Kommentare zu § 81 OWiG.
[23] BGH VRS **59** 129; BayObLGSt **1981** 25;

OLG Koblenz VRS **63** 372; **71** 209; KMR-*Paulus* 10; vgl. § 270, 38.
[24] BGHSt **22** 31; *Hanack* JZ **1972** 434; KK-*Hürxthal* 4; KMR-*Paulus* 12.
[25] RGSt **65** 363; KK-*Hürxthal* 4; KMR-*Paulus* 12.
[26] RGSt **15** 289; KK-*Hürxthal* 4; *Eb. Schmidt* 5; vgl. § 243, 60.
[27] Vgl. § 225 a, 31.

Walter Gollwitzer

gen Hinweises. Dies gilt auch sonst bei einer Aussetzung des Verfahrens, sofern nicht nach den Umständen anzunehmen ist, daß der Angeklagte den früheren Hinweis vergessen haben kann[28].

**12**      Hat ein **Rechtsmittelgericht** das Urteil aufgehoben und die Sache zurückverwiesen, dann erübrigt sich, sofern nicht besondere Umstände vorliegen, ein Hinweis auf diejenigen Gesichtspunkte, die das aufgehobene und das aufhebende Urteil erörtert haben. Denn diese Ausführungen enthalten bereits einen genügenden Hinweis, der es dem Angeklagten gestattet, seine Verteidigung darauf einzurichten[29], und zwar ganz gleich, ob der Angeklagte bei der Verkündung dieses Urteils anwesend war oder ob es ihm zugestellt wurde. Darauf, ob der entsprechende Teil des aufhebenden Urteils in der neuen Hauptverhandlung nochmal verlesen wurde, kommt es nicht an[30].

**13**      In der **Berufungsinstanz** gilt § 265 entsprechend (§ 332). Das Berufungsgericht muß den Angeklagten darauf hinweisen, wenn sich der rechtliche Gesichtspunkt gegenüber der zugelassenen Anklage ändert. Hat allerdings bereits das Erstgericht wegen eines veränderten Gesichtspunkts verurteilt, dann bedarf es insoweit keines Hinweises mehr[31], auch wenn der Hinweis in der ersten Instanz unterlassen wurde. Ein solcher kann aber umgekehrt angezeigt sein, wenn das Berufungsgericht wieder zur rechtlichen Würdigung der Anklage zurückkehren will. Nur wenn der Angeklagte nach der Verfahrenslage ohnehin damit rechnen muß, daß dies geschehen kann, ist der Hinweis entbehrlich[32]. Im übrigen entspricht es dem Zweck des § 265, wenn das Gericht im Zweifel einen Hinweis gibt[33]. Ein in der ersten Instanz erteilter Hinweis braucht nach Ansicht des Reichsgerichts[34] in der Berufungsinstanz nur dann wiederholt zu werden, wenn ausnahmsweise anzunehmen ist, daß ihn der Angeklagte nicht mehr in Erinnerung hat. Dem Zweck des § 265 dürfte es jedoch besser gerecht werden, wenn der Hinweis wiederholt wird, sofern der rechtliche Gesichtspunkt nicht in das Urteil eingegangen ist und nicht ersichtlich ist, daß der Angeklagte bei seiner Verteidigung auch den früheren Hinweis berücksichtigt.

**14**      Zur Anwendbarkeit des § 265 **vor dem Revisionsgericht** und zu dessen Befugnis, den Schuldspruch zu ändern, vgl. die Erläuterungen zu § 354[35]. Die Überleitung eines Bußgeldverfahrens in das Strafverfahren ist auch in der Rechtsbeschwerdeinstanz möglich[36].

**15**      Im **Wiederaufnahmeverfahren** braucht der Hinweis ebenfalls nicht wiederholt zu werden, wenn der Angeklagte bereits in der früheren Hauptverhandlung auf den rechtlichen Gesichtspunkt hingewiesen und unter diesem verurteilt worden war[37]; anders da-

---

[28] BGH bei *Dallinger* MDR **1971** 363.

[29] RGSt **58** 52; RG GA **57** (1910) 17; BGH JZ **1951** 655; OLG Köln NJW **1957** 473 (L); OLG Stuttgart MDR **1976** 2235; KK-*Hürxthal* 20; 21; *Kleinknecht/Meyer*[37] 11. *Eb. Schmidt* 20 hat hiergegen Bedenken. BGH LM Nr. 1 hält den Hinweis selbst dann für entbehrlich, wenn der wegen Totschlags Angeklagte wegen Beihilfe zum Mord verurteilt worden ist und nunmehr – nach Aufhebung des Urteils – wegen Beihilfe zum Totschlag verurteilt werden soll. Vgl. BGH bei *Dallinger* MDR **1971** 363.

[30] RG GA **41** (1893) 362; **46** (1898/99) 340; **49** (1903) 272; BGHSt **22** 29.

[31] OLG Köln MDR **1947** 311; NJW **1957** 473 (L); *Kleinknecht/Meyer*[37] 11.

[32] OLG Koblenz VRS **52** 128; KK-*Hürxthal* 20.

[33] OLG Schleswig SchlHA **1956** 332.

[34] RGSt **59** 423; ebenso BGH bei *Dallinger* MDR **1971** 363; KK-*Hürxthal* 20.

[35] Vgl. § 354, 19 f.

[36] Vgl. etwa OLG Düsseldorf VRS **70** 153; OLG Stuttgart Justiz **1981** 247 und die Kommentare zu § 81 OWiG.

[37] RGSt **57** 10; **58** 52; KK-*Hürxthal* 21; *Kleinknecht/Meyer*[37] 11.

gegen, wenn nicht damit zu rechnen ist, daß ein nicht in das Urteil eingegangener früherer Hinweis dem Angeklagten noch geläufig ist[38].

**d)** Nur bei einer **Verurteilung** ist ein Hinweis nach Absatz 1 oder 2 erforderlich, **16** nicht aber, wenn das Gericht im Zusammenhang mit einem **Freispruch** auch andere in der Anklage nicht erwähnte rechtliche Gesichtspunkte erörtert.

Eine **Verurteilung** im Sinne des §265 Abs. 1, 2 ist jede gegen den Angeklagten **17** ausgesprochene Strafe, Maßregel der Besserung und Sicherung oder sonstige Rechtsfolge. Eine Verurteilung in diesem Sinn liegt auch vor, wenn das Gericht von Strafe absieht[39], ferner, wenn es wegen einer Ordnungswidrigkeit eine Geldbuße verhängt oder gegen einen Jugendlichen oder Heranwachsenden auf Erziehungsmaßregeln oder Zuchtmittel erkennt[40] oder wenn eine verjährte Straftat sich auf die Begründung des Schuldvorwurfs oder die Rechtsfolgenbemessung auswirken kann[41].

Nach dem Grundgedanken des §265 Abs. 1 bedarf es auch eines Hinweises, **18** wenn das Gericht das Verfahren unter Anwendung eines anderen als des in der Anklage angeführten Strafgesetzes auf Grund eines Straffreiheitsgesetzes **einstellen** will, weil der Angeklagte dadurch genauso wie durch eine Verurteilung überrascht und in der Wahrnehmung seiner Rechte aus dem Straffreiheitsgesetz beeinträchtigt sein kann[42].

Bei **anderen Entscheidungen**, etwa einem Verweisungsbeschluß nach §270, wird **19** ein Hinweis nicht gefordert[43].

### 2. Anderes Strafgesetz (Absatz 1)

**a)** Ein anderes Strafgesetz bildet den Grund der Verurteilung, wenn es einen **20** Straftatbestand enthält, der **anstatt** oder **neben** einem in der zugelassenen Anklage angeführten Straftatbestand für den Schuldspruch des Urteils in Betracht kommt[44]. Dies gilt auch, wenn sich die **Zahl der Verstöße** gegen das gleiche Strafgesetz erhöht (etwa sechs statt fünf Urkundenfälschungen)[45].

Nicht notwendig ist dabei, daß der neue Tatbestand auch **in der Urteilsformel** er- **21** scheint; es genügt, wenn seine Anwendung dem Schuldvorwurf eine andere oder weitere Grundlage gibt[46] oder sonst für die Entscheidung von Bedeutung ist. Es muß deshalb auch auf eine wegen Verjährung nicht anwendbare Strafvorschrift hingewiesen werden[47] oder auf eine Ordnungswidrigkeit, auch wenn diese nach §21 OWiG im Urteilsspruch nicht erscheint[48]. Dagegen bedarf es keines Hinweises, wenn das Vorliegen des verjährten Straftatbestands oder des Ordnungswidrigkeitentatbestandes für die Beurteilung der Schuldfrage ohne Bedeutung ist und auch für die Strafzumessung keine Rolle spielt[49].

**b) Wahldeutige Verurteilung.** Ein anderes Strafgesetz ist auch dann mit Grund **22** der Verurteilung, wenn es vom Gericht wahlweise mit einem in der Anklage bezeichne-

---

[38] KMR-*Paulus* 6; vgl. §275, 15.

[39] KK-*Hürxthal* 5; vgl. §260, 36.

[40] RG GA **50** (1903) 125.

[41] BayObLGSt **1964** 133 = VRS **28** 215; BayObLG bei *Rüth* DAR **1978** 211; OLG Karlsruhe NJW **1965** 1773; KK-*Hürxthal* 5; KMR-*Paulus* 26.

[42] BGH NJW **1952** 1346; KK-*Hürxthal* 5; KMR-*Paulus* 13; *Eb. Schmidt* 7.

[43] Vgl. OLG Köln JMBlNW **1960** 222 (Kostenurteil); KMR-*Paulus* 13.

[44] BGHSt **22** 338; *Küpper* NStZ **1986** 250.

[45] BGH bei *Holtz* MDR **1977** 461; vgl. auch BGH NStZ **1985** 563 (weitere Vergehen der Zuhälterei).

[46] BGHSt **29** 127; **29** 277; KK-*Hürxthal* 6.

[47] Vgl. Rdn. 17; weit. Nachw. Fußn. 41.

[48] KMR-*Paulus* 26.

[49] Keine Verurteilung vgl. Rdn. 17.

Walter Gollwitzer

ten Straftatbestand angewandt werden soll[50]. In der Regel genügt der Hinweis auf das andere Strafgesetz. Auf die Möglichkeit der Wahlfeststellung als solche braucht nach § 265 Abs. 1 nicht besonders hingewiesen zu werden[51]. Wird dagegen nicht wegen der wahldeutig angeklagten Straftaten, sondern nur wegen einer von ihnen (eindeutig) verurteilt, bedarf es keines Hinweises[52].

**23**    c) Die **Anwendung eines milderen Gesetzes** macht den Hinweis nicht überflüssig. Der Angeklagte muß die Möglichkeit erhalten, darzutun, daß auch das mildere Gesetz in seinem Fall nicht verletzt ist[53], daß er also beispielsweise weder vorsätzlich noch fahrlässig gehandelt hat; insbesondere der Vorwurf der Fahrlässigkeit erfordert meist eine andere Verteidigung[54].

**24**    **Der Hinweis ist entbehrlich**, wenn das mildere Gesetz lediglich deshalb angewendet wird, weil ein Tatbestandsmerkmal des in der Anklage bezeichneten Gesetzes **wegfällt**[55], sofern in diesen Fällen die Veränderung des rechtlichen Gesichtspunkts die Verteidigung des Angeklagten nicht berührt. Dies trifft etwa zu beim Übergang von § 255 StGB zu § 253 StGB oder von § 244 Abs. 1 Nr. 1 StGB zu § 242 StGB[56] oder von § 272 StGB zu § 271 StGB[57]. Beim Übergang von Verleumdung zur üblen Nachrede ist dagegen ein Hinweis notwendig, da beide Tatbestände rechtlich „nichts gemein" haben[58]. Ob der Übergang zum milderen Gesetz eine Tatbestandsänderung enthält, welche die Verteidigung beeinflussen kann, muß immer an Hand der Umstände des Einzelfalls geprüft werden[59].

**25**    Ein Hinweis ist erforderlich, wenn der Wegfall eines Tatbestandsmerkmals bewirkt, daß die Strafverfolgung von einem **Antrag abhängig** wird[60], oder wenn sich die Möglichkeit einer **Aufrechnung** (§§ 199, 233 StGB) eröffnet oder wenn nunmehr den Strafrahmen beeinflussende Umstände geltend gemacht werden können[61].

**26**    Eines Hinweises bedarf es nicht, wenn von mehreren Strafgesetzen, die die zugelassene Anklage als rechtlich zusammentreffend anführt, eines **ausscheidet**[62], wohl aber, wenn **Versuch** statt **Vollendung** angenommen wird[63].

---

[50] RGSt **63** 430; RG HRR **1937** Nr. 837; BGH NJW **1985** 2488; bei *Holtz* MDR **1977** 108; OLG Düsseldorf DAR **1970** 190; OLG Hamburg NJW **1955** 920; KK-*Hürxthal* 11; *Kleinknecht/Meyer*[37] 4; *Eb. Schmidt* 10; *Schlothauer* StrVert. **1986** 217; vgl. § 261, 164.

[51] BGH bei *Dallinger* MDR **1974** 369; KK-*Hürxthal* 11; *Kleinknecht/Meyer*[37] 4; KMR-*Paulus* 25; a. A LK-*Tröndle* § 1, 113; vgl. auch die anderen Kommentare zum StGB; ferner § 261, 164.

[52] BGH nach KK-*Hürxthal* 11; OLG Karlsruhe Justiz **1985** 445.

[53] RGSt **5** 200 (§ 270 StGB **a. F.** statt § 242 StGB); RGRspr. **4** 298; RG DJZ **1926** 379; BGHSt **2** 250; BGH NStZ **1983** 424; MDR **1977** 63; OLG Köln VRS **56** 281; KK-*Hürxthal* 12; *Kleinknecht/Meyer*[37] 6; KMR-*Paulus* 20; *Schlothauer* StrVert. **1986** 217.

[54] *Sarstedt* JR **1958** 352; vgl. Rdn. 27 mit weit. Nachw.

[55] RGSt **53** 100; **56** 333; **59** 424; RG GA **55** (1908) 309; JW **1930** 2792.

[56] RGSt **56** 333; BGH nach KK-*Hürxthal* 12.

[57] *Kleinknecht/Meyer*[37] 6.

[58] RGSt **5** 211; **20** 33; RG JW **1922** 301; **a. A** RGRspr. **2** 191.

[59] RGSt **51** 125 hat für den Übergang vom versuchten Einstiegdiebstahl nach § 243 Nr. 2 StGB a. F. zum versuchten einfachen Diebstahl eine Hinweispflicht deshalb bejaht, weil der Beginn der Ausführung beim Einstiegdiebstahl zeitlich anders liege als beim einfachen Diebstahl (ebenso *Müller/Sax*[6] 4). Diese Begründung überzeugt allerdings nicht, wie *Eb. Schmidt* 12 ausführt.

[60] KK-*Hürxthal* 12.

[61] RGSt **5** 199; **7** 200; **17** 296; RGRspr. **6** 213; RG GA **49** (1903) 266.

[62] RGSt **37** 102; KK-*Hürxthal* 12; KMR-*Paulus* 15; *Eb. Schmidt* 13.

[63] RGRspr. **5** 536; BGHSt **2** 250; BayObLG bei *Rüth* DAR **1971** 207; OLG Köln VRS **56** 281; KK-*Hürxthal* 10; KMR-*Paulus* 20; *Schlothauer* StrVert. **1986** 217.

**d)** Eine **Änderung der Schuldform** (Vorsatz statt Fahrlässigkeit und umgekehrt) **27** erfordert einen Hinweis[64]. Dies gilt grundsätzlich auch, wenn beide Begehungsweisen im gleichen Straftatbestand erfaßt werden, denn der Angeklagte darf seine Verteidigung allein auf den in der zugelassenen Anklage erhobenen Schuldvorwurf abstellen. Fehlt die Angabe der Schuldform überhaupt, bedarf es zumindest dann eines Hinweises, wenn das Gericht Vorsatz annehmen will[65].

**e)** Ein **Wechsel in der Teilnahmeform** — etwa unmittelbare statt mittelbarer **28** Täterschaft, Alleintäterschaft statt Mittäterschaft, Täterschaft statt Anstiftung oder Begünstigung — erfordert wegen der Möglichkeit einer anderen sachgemäßen Verteidigung ebenfalls einen Hinweis nach § 265 Abs. 1[66], desgleichen, wenn die Person des Haupttäters, dem der Angeklagte Beihilfe geleistet hat, wechselt[67] oder wenn statt Täterschaft Teilnahme im weiten Sinn des § 14 OWiG angenommen wird[68].

**f) Wechsel der Konkurrenzen.** Ein Hinweis ist notwendig, wenn sachliches statt **29** rechtliches Zusammentreffen und umgekehrt[69], **Fortsetzungszusammenhang** statt mehrerer selbständiger Einzelhandlungen und umgekehrt[70] oder eine fortgesetzte Handlung statt einer Einzeltat[71] angenommen werden. Dagegen bedarf es keines Hinweises, wenn einzelne von mehreren Einzelakten in den Fortsetzungszusammenhang einbezogen werden[72] oder aus ihm ausscheiden, selbst wenn nur eine Einzeltat übrig bleibt[73]; ferner nicht, wenn statt der fortgesetzten Begehung natürliche Handlungseinheit angenommen wird[74].

**g) Verschiedene Begehungsweisen.** Ein anderes Strafgesetz liegt auch vor, wenn **30** verschiedene Tatbestände aus äußeren Gründen in einem Satz derselben Strafvorschrift zusammengefaßt sind, sofern die Begehungsweisen **ihrem Wesen** nach verschieden sind.

---

[64] RGSt **6** 349; BGH VRS **49** 184; bei *Hürxthal* DRiZ **1975** 283; OLG Hamm MDR **1973** 783; OLG Koblenz VRS **63** 50; OLG Neustadt JR **1958** 352 mit Anm. *Sarstedt*; OLG Schleswig bei *Ernesti/Jürgensen* SchlHA **1975** 191; *Kleinknecht/Meyer*[37] 6; KMR-*Paulus* 22; *Schlothauer* StrVert. **1986** 217; a. A BayObLG bei *Rüth* DAR **1971** 207 (bei Fahrlässigkeit statt Vorsatz). Weit. Nachw. Fußn. 67.

[65] BayObLG bei *Rüth* DAR **1986** 248; OLG Hamm VRS **61** 292; **63** 58; *Doller* DRiZ **1981** 202; KK-*Hürxthal* 10.

[66] RGSt **22** 367; **63** 430; RGRspr. **5** 23; 190; RG GA **43** (1895) 393; **54** (1907) 71; HRR **1937** Nr. 984; RGHSt **2** 371; **11** 19; **28** 196; BGH LM Nr. 1; 7; MDR **1977** 63; NJW **1952** 1385; **1985** 2488; NStZ **1983** 569; **1986** 85 mit Anm. *Berz*; StrVert. **1983** 403; **1984** 368; BGH bei *Pfeiffer* NStZ **1981** 296; bei *Pfeiffer/ Miebach* NStZ **1983** 358; OLG Schleswig bei *Ernesti/Jürgensen* SchlHA **1971** 217; **1975** 191; KK-*Hürxthal* 10; *Kleinknecht/Meyer*[37] 5; KMR-*Paulus* 23; *Eb. Schmidt* 10; *Schlüchter* 366.2; *Schlothauer* StrVert. **1986** 217; vgl. auch Fußn. 67.

[67] OLG Hamburg HESt **3** 54; vgl. auch BGH

bei *Holtz* MDR **1977** 108 (Hinweispflicht aus § 265 Abs. 4); ferner Rdn. 60.

[68] BayObLGSt **1978** 175 = VRS **57** 33; OLG Düsseldorf VRS **56** 33.

[69] RGSt **9** 429; **16** 437; **56** 58; RGRspr. **2** 163; KK-*Hürxthal* 10; *Kleinknecht/Meyer*[37] 5; KMR-*Paulus* 24; *Schlothauer* StrVert. **1986** 217.

[70] RGSt **9** 426; **20** 226; RGRspr. **8** 659; RG GA **58** (1911) 194; BGH StrVert. **1984** 26; **1985** 489; BGH bei *Dallinger* MDR **1951** 464; **1973** 19; **1974** 369; bei *Herlan* MDR **1954** 656; bei *Holtz* MDR **1985** 982; bei *Pfeiffer/Miebach* NStZ **1984** 213; OLG Schleswig bei *Ernesti/Jürgensen* SchlHA **1973** 187; KK-*Hürxthal* 10; *Kleinknecht/ Meyer*[37] 5; KMR-*Paulus* 24; *Schlothauer* **1986** 217.

[71] RG HRR **1937** Nr. 906; KK-*Hürxthal* 10; KMR-*Paulus* 24.

[72] BGH NStZ **1985** 325 (aber Unterrichtung nach § 265 Abs 4.).

[73] KK-*Hürxthal* 10; KMR-*Paulus* 15.

[74] BGH nach KK-*Hürxthal* 10; ebenso zum umgekehrten Fall OLG Dresden DRiZ **1928** Nr. 969.

Dem Angeklagten muß erkennbar sein, welche Begehungsweise ihm das Gericht vorwerfen will[75]. Nur bei einem Wechsel zwischen **wesensgleichen Begehungsformen** derselben Straftat bedarf es keines Hinweises. Ob zwei Begehungsformen gleich sind, bestimmt sich nicht nach ihrem rechtlichen Gewicht, auch nicht allein nach den äußeren Tatbestandsmerkmalen. Entscheidend ist nach dem Regelungszweck, ob der Wechsel des Vorwurfs dem Angeklagten Anlaß geben kann, seine Verteidigung zu ändern[76]. Bei Tatbestandsmerkmalen, die im konkreten Fall[76a] auf andere normausfüllende Tatsachen abstellen oder eine andere innere Einstellung des Täters voraussetzen oder die der Tat eine andere Zielrichtung geben, ferner bei Übergang von einem tatbezogenen zu einem täterbezogenen Merkmal ist in der Regel ein Hinweis geboten[77]. Ist zweifelhaft, ob eine gleichartige Erscheinungsform desselben Straftatbestandes oder aber eine andersartige Begehungsform vorliegt, so empfiehlt sich zur Vermeidung von Revisionsrügen immer ein Hinweis[78].

**31**　　Ein anderes Strafgesetz liegt nach der auf den Zweck des Hinweises abstellenden Rechtsprechung auch vor, wenn dasselbe Gesetz wegen der Verletzung einer Person angewendet werden soll, die bisher **nicht als Verletzter bezeichnet** wurde[79]. Zur Änderung der Tatzeit vgl. Rdn. 82.

**32**　　**h) Allgemein geltende Vorschriften. Keines Hinweises** nach § 265 bedarf es, soweit in der zugelassenen Anklage nur solche Vorschriften nicht angeführt sind, die, wie etwa § 18 StGB, **allgemein** bestimmte Straftatbestände zugunsten des Täters **inhaltlich ändern**[80], oder die **neben dem Strafgesetz berücksichtigt** werden müssen, wie etwa §§ 11, 28, 29 StGB[81], oder die, wie etwa §§ 157, 213 StGB, bei der Strafzumessung sich allgemein zugunsten des Angeklagten auswirken[82].

**33**　　**i)** Eine generelle Hinweispflicht auf alle **Vorschriften**, die für die **Bestimmung der Unrechtsfolgen** der Tat in Betracht kommen können, schreibt § 265 Abs. 1, 2 nicht vor. Wieweit diese in der zugelassenen Anklage aufzuführen sind, ist strittig[83].

**34**　　Die Hinweispflicht des Absatzes 1 ist grundsätzlich auf die für den **Schuldspruch maßgebenden Strafgesetze** ausgerichtet, sie betrifft nicht alle Vorschriften, welche die Rechtsfolgen regeln. In Absatz 2 wird die Hinweispflicht nur auf die Umstände ausgedehnt, welche die **Strafbarkeit erhöhen** oder die Anordnung einer **Maßregel der Besse-**

---

[75] BGH NStZ **1984** 328; *Küpper* NStZ **1986** 250; vgl. Rdn. 39 mit weit. Nachw.; ferner Fußn. 76.

[76] BGHSt **2** 371; **23** 95 = LM Nr. 29 mit Anm. *Martin*; BGHSt **25** 287 = LM Nr. 32 mit Anm. *Kohlhaas*; BGH LM Nr. 9; NJW **1984** 2593; NStZ **1983** 34; **1984** 328; BGH bei *Holtz* MDR **1981** 102; OGH NJW **1950** 195; OLG Köln NStZ **1983** 31; *Hanack* JZ **1972** 433; KK-*Hürxthal* 7; *Kleinknecht/Meyer*[37] 3; KMR-*Paulus* 16; *Schlothauer* StrVert. **1986** 217. Vgl. aber BGHSt **21** 1 = LM Weingesetz Nr. 10 (Kein Hinweis auf Begehungsform bei Verfälschen oder Nachmachen).

[76a] Vgl. *Küpper* NStZ **1986** 253 (Wesensverschiedenheit abhängig von der jeweiligen Begehungsweise in concreto).

[77] Vgl. z. B. BGHSt **25** 287; ferner Rdn. 39.

[78] *Küpper* NStZ **1986** 253; vgl. Rdn. 39.

[79] BGH GA **1962** 338; OLG Schleswig bei *Ernesti/Jürgensen* SchlHA **1974** 183; KK-*Hürxthal* 11; *Kleinknecht/Meyer*[37] 3; KMR-*Paulus* 17; vgl. *Schlothauer* StrVert. **1985** 224, der – ebenso wie bei Änderung der Tatzeit (Rdn. 82) – die Hinweispflicht aus der wesentlichen Änderung der Sachlage herleitet; ferner Rdn. 79 ff.

[80] *Küpper* NStZ **1986** 250. Zur Korrespondenz der Hinweispflicht mit dem notwendigen Inhalt der zugelassenen Anklage, vgl. BGHSt **29** 278; ferner etwa BGH NJW **1956** 1246 (zu § 56 StGB a. F.).

[81] KK-*Hürxthal* 6.

[82] RGSt **4** 40; **29** 21; **53** 185; vgl. ferner RGSt **50** 11 zum ehem. § 151 GewO (jetzt § 14 StGB); *Eb. Schmidt* 8 hält diese Entscheidung für bedenklich.

[83] § 200, 18 ff.

**rung und Sicherung** rechtfertigen. Es bedarf daher nach vorherrschender Meinung keines Hinweises auf diejenigen Vorschriften, welche die Verhängung und Bemessung der Strafen, insbesondere die Annahme eines nicht näher umschriebenen besonders schweren Falles[84] und die Anordnung von **Nebenstrafen und Nebenfolgen** festlegen[85]. Der Angeklagte muß sich danach selbst darüber unterrichten, welche Unrechtsfolgen außer den von § 265 Abs. 1, 2 erfaßten Hauptstrafen und Maßregeln der Besserung und Sicherung ihn treffen können[86]; so wurde eine Hinweispflicht auf die Möglichkeit der Einziehung[87], die früher mögliche Anordnung der Polizeiaufsicht[88] oder die nach § 32 a StGB **a. F.** zulässige Aberkennung der bürgerlichen Ehrenrechte[89] verneint.

Hängt die Anordnung einer **fakultativen Rechtsfolge** von besonderen Umständen **35** ab, so ist strittig, ob nicht in entsprechender Anwendung des § 265 Abs. 1, 2 ein Hinweis auf die Möglichkeit ihrer Verhängung angezeigt ist, um den Angeklagten entsprechend dem Grundgedanken dieser Vorschrift die Möglichkeit zu einer entsprechenden Verteidigung zu geben[90]. Der Zweck des § 265 (Rdn. 1) spricht für eine entsprechende Anwendung des § 265 Abs. 2 in den Fällen, in denen die Verhängung der Nebenfolge die **Feststellung besonderer Umstände** voraussetzt, die zum Straftatbestand hinzutreten müssen, wie etwa eine bestimmte äußere Modalität des Tatgeschehens oder eine bestimmte innere Einstellung des Täters. In diesen Fällen ist dem Angeklagten durch einen förmlichen Hinweis deutlich zu machen, daß er bei seiner Verteidigung auch diese, aus der zugelassenen Anklage nicht ersichtlichen Gesichtspunkte berücksichtigen muß. Im übrigen verlangt zwar Art. 103 Abs. 1 GG keinen Hinweis auf die Unrechtsfolgen einer Straftat[91], er fordert aber die Anhörung zu den Tatsachen, auf die das Gericht die Anordnung der jeweiligen Nebenfolge stützen will. Soweit die Anordnung von besonderen Umständen abhängt, muß der Angeklagte zu diesen Umständen gehört werden. Dazu gehört in der Regel ohnehin, den Angeklagten nicht über den Grund der Anhörung im Unklaren zu lassen, damit er sich ordnungsgemäß verteidigen kann[91a].

Bei dem **Fahrverbot** des § 44 StGB, das — anders als das Fahrverbot nach § 25 **36** StVG — keine über die Erfüllung des jeweiligen Straftatbestandes hinausreichenden Feststellungen voraussetzt[92], ist das Erfordernis eines förmlichen Hinweises ebenfalls strittig. Die verneinende Meinung beruft sich darauf, daß hinsichtlich der Rechtsfolgen § 265 keine förmliche Hinweispflicht mit Ausnahme der in Absatz 2 besonders angeführten Maßregeln begründet[93]. Die Gegenmeinung stützt die Annahme einer förmlichen Hinweispflicht auf den über den Wortlaut hinausreichenden Zweck des § 265, auf das Erfordernis einer besonderen Verteidigung bei Ermessenentscheidungen und auf die Pflicht zur fairen Verfahrensgestaltung[94]. Es wird deshalb auch die Ansicht vertre-

---

[84] Vgl. Rdn. 45.

[85] RGSt **33** 398 (Bekanntmachungsbefugnis); BGHSt **2** 88; **22** 336; **29** 1; GA **1968** 303; KK-*Hürxthal* 6; *Kleinknecht/Meyer*[37] 7.

[86] RGSt **5** 139; *Meyer* JZ **1971** 518.

[87] BGHSt **16** 47; anders aber BGH StrVert. **1984** 453 mit Anm. *Schlothauer*; *Schlothauer* StrVert. **1986** 222.

[88] BGHSt **18** 66; BGH MDR **1955** 530.

[89] BGHSt **22** 339 = LM Nr. 28 mit Anm. *Martin*; BGH GA **1968** 303.

[90] Verneinend BGHSt **22** 338; **29** 274 (Kein Unterschied, ob zwingend oder fakultativ); *Kleinknecht/Meyer*[37] 2; KK-*Hürxthal* 6; bejahend OLG Hamm MDR **1971** 776; *Hanack*

JZ **1971** 220; **1972** 433; KMR-*Paulus* 30. Vgl. Fußn. 93 bis 96 zur strittigen Frage beim Fahrverbot.

[91] *Meyer* JR **1971** 518.

[91a] *Schlothauer* StrVert. **1986** 220 (Angeklagter muß Anknüpfungspunkt für seine Verteidigung erhalten).

[92] Vgl. BGHSt **24** 348.

[93] So KG VRS **53** 42; OLG Koblenz NJW **1971** 1472 mit Anm. *Händel*; vgl. BGHSt **29** 274.

[94] BayObLGSt **1978** 89 = JZ **1978** 576; OLG Hamm VRS **34** 418; JR **1971** 517 mit abl. Anm. *Meyer*; GA **1981** 174 (L); *Schlothauer* StrVert. **1986** 221.

Walter Gollwitzer

ten, daß ein Hinweis unterbleiben darf, wenn der Angeklagte nach dem bisherigen Verfahrensverlauf mit einer solchen Nebenfolge rechnen mußte[95]. Bei dem Fahrverbot des § 25 StVG nimmt die wohl vorherrschende Meinung eine Hinweispflicht an[96].

**37**    **j) Anwendung von Jugendrecht.** Wird erst in der Hauptverhandlung bekannt, daß der Angeklagte Jugendlicher oder Heranwachsender ist, so muß er auf das Eingreifen der Vorschriften des Jugendgerichtsgesetzes hingewiesen werden[97].

### 3. Beispiele aus der Rechtsprechung

**38**    **a) Maßgebend Einzelfall.** Die nachstehend angeführten **Beispiele** aus der Rechtsprechung sind zu verschiedenen Fassungen der jeweiligen Strafgesetze ergangen. Es ist stets im Einzelfall zu prüfen, ob der Grund, warum damals die Hinweispflicht bejaht oder verneint wurde, auch nach dem nunmehr geltenden Recht noch zutrifft.

**39**    **b)** In den folgenden Fällen hielt die Rechtsprechung einen **Hinweis für erforderlich**

§ 113 StGB — tätlicher Angriff statt Widerstandsleistung, wobei freilich zu beachten ist, daß im einzelnen Fall dieselbe Handlung zugleich Angriff und Widerstand sein kann[98]

§ 123 StGB — widerrechtliches Eindringen statt unbefugten Verweilens[99];

§ 142 — Absatz 2 statt Absatz 1 und umgekehrt[100];

§ 163 StGB — fahrlässige statt vorsätzliche Verletzung der Eidespflicht[101]. Legt jedoch der Eröffnungsbeschluß dem Angeklagten ein Vergehen gegen § 153 in Fortsetzungszusammenhang mit Meineid zur Last, und hält das Gericht nur die Verurteilung wegen Meineids für zulässig, weil die uneidliche Falschaussage durch den Meineid aufgezehrt werde, bedarf es keines Hinweises[102];

§ 166 StGB — Beschimpfung kirchlicher Gebräuche statt beschimpfenden Unfugs in einer Kirche[103];

§ 176 Abs. 1 Nr. 1, — versuchte gewaltsame Vornahme unzüchtiger Handlungen statt versuchte Notzucht[104];

§ 181 StGB — verschiedene Begehungsformen[105];

§§ 185, 187 StGB — Beleidigung statt Verleumdung; Beleidigung statt Unzucht mit Minderjährigen[106];

---

[95] OLG Celle VRS **54** 268; (Hinweis in Anklage auf § 69; 69 a StGB) OLG Hamm OLGSt § 44 StGB, 1; OLG Koblenz NJW **1971** 1472 (wenn keine Überraschung); ähnlich VRS **71** 209 (wenn Bußgeldbescheid mit Fahrverbot zurückgenommen und durch einen ohne diese Nebenfolge ersetzt worden war). KMR-*Paulus* 31 hält den Hinweis für erforderlich; vgl. OLG Karlsruhe Justiz **1980** 210 (Ausschluß des Beruhens).

[96] BGHSt **29** 274 (kein anderes Strafgesetz, aber analog Absatz 2 nach Sinn und Zweck des § 265); OLG Düsseldorf JMBlNW **1978** 54; OLG Hamm MDR **1980** 161; DAR **1975** 219; VRS **41** 100; OLG Koblenz VRS **71** 209; OLG Köln VRS **48** 52; OLG Schleswig bei *Ernesti/Jürgensen* SchlHA **1971** 220;

OLG Stuttgart VRS **44** 134; *Schlothauer* StrVert. **1986** 222; a. A OLG Saarbrücken OLGSt 15; *Meyer* JR **1971** 517.

[97] KK-*Hürxthal* 11; *Eb. Schmidt* 14; so schon zum früheren Recht RGSt **33** 166; **53** 187.

[98] RGSt **28** 99; RG GA **48** (1901) 359.

[99] RGSt **19** 401.

[100] BayObLG VRS **61** 31; OLG Celle VRS **54** 38; OLG Schleswig bei *Ernesti/Jürgensen* SchlHA **1985** 132.

[101] RGSt **65** 363.

[102] BGH LM Nr. 12.

[103] RG Recht **1910** Nr. 1470.

[104] RG HRR **1940** Nr. 206.

[105] RG JW **1936** 2554.

[106] BGH GA **1962** 338.

**§ 211 StGB** — Mord zur Verdeckung einer Straftat oder aus Haß statt Mord zur Befriedigung des Geschlechtstriebs[107]; zur Begehung oder Verdeckung einer Straftat[108] oder Tötung aus Rachgier statt aus Habsucht[109]; grausame Tötung statt aus niedrigen Beweggründen[110]; niedere Beweggründe statt Heimtücke; Verdeckungsabsicht statt Wut oder Rachsucht[111];

**§ 222** — statt Aussetzung mit Todesfolge (§ 221 Abs. 3), die trotz § 18 StGB ein anderer Tatbestand ist[112];

**§ 223 a StGB** — Verübung mit gefährlichen Werkzeugen statt gemeinschaftlich[113] oder durch hinterlistigen Überfall[114];

**§ 243 StGB a. F.** — Erbrechen eines Behältnisses statt Einbruchs oder Einbruchs statt Einsteigen[115]; die einzelnen Regelbeispiele der Neufassung des § 243 StGB sind keine Tatbestandsmerkmale mehr; dazu Rdn. 43;

**§§ 243, 252 StGB** — schwerer statt räuberischer Diebstahl[116];

**§§ 246, 266 StGB** — Unterschlagung statt Untreue[117] oder statt Amtsunterschlagung[118];

**§ 250 StGB** — Bandenraub statt Raub mit Waffen[119];

**§ 257 StGB** — persönliche statt sachlicher Begünstigung[120]; eigennützige sachliche Begünstigung statt Anstiftung zum Diebstahl und Hehlerei[121];

**§ 259 StGB** — Mitwirken zum Absatz statt Ansichbringens oder Verheimlichens oder dieses statt Ansichbringens[122];

**§ 260 StGB** — gewerbsmäßige statt gewohnheitsmäßige Hehlerei[123];

**§ 266 StGB** — Treubruchtatbestand statt des Mißbrauchstatbestands bei der Untreue[124], für den umgekehrten Fall kann etwas anderes gelten[125];

**§ 274 StGB** — Wegnahme statt Unkenntlichmachens eines Grenzmerkmals[126];

**§ 289 StGB** — Wegnahme einer fremden statt der eigenen Sache[127];

**§ 316 StGB** und **§ 24 a StVG**[128];

**§ 323 a (§ 330 a a. F.) StGB** — bei Änderungen des Grunddelikts[129];

**§ 348 Abs. 2 StGB** — Vernichtung einer amtlich zugänglichen statt einer amtlich anvertrauten Urkunde[130];

---

[107] BGHSt **23** 95; OGH NJW **1950** 195; OLG Kiel SchlHA **1948** 191; *Küpper* NStZ **1986** 251.

[108] BGH StrVert. **1984** 367; bei *Holtz* MDR **1981** 102; offengelassen in BGHSt **23** 95; **25** 287; *Küpper* NStZ **1986** 251.

[109] KG HESt **1** 189.

[110] BGH bei *Dallinger* MDR **1970** 382.

[111] BGHSt **25** 287; *Küpper* NStZ **1986** 251.

[112] BGH NStZ **1983** 424; *Schlothauer* StrVert. **1986** 217, Fußn. 50.

[113] RGSt **12** 379; **30** 177; RGRspr. **9** 204; vgl. *Küpper* NStZ **1986** 251 zu den einzelnen Tatbestandsvariationen des § 223 a.

[114] BGH nach KK-*Hürxthal* 8.

[115] RGRspr. **7** 138; RG GA **46** (1898/1899) 321; *Oetker* JW **1922** 1016.

[116] RG Recht **1927** Nr. 231; BGH VRS **65** 128.

[117] RGSt **46** 378.

[118] RGSt **17** 294.

[119] BGH nach KK-*Hürxthal* 8.

[120] RG JW **1920** 649.

[121] BGHSt **2** 371.

[122] RG GA **42** (1894) 395; **51** (1904) 354; JW **1928** 2259; a. A RG GA **65** (1918) 544.

[123] RGSt **27** 138.

[124] BGHSt **26** 174; BGH NJW **1954** 1616; a. A OLG Oldenburg HESt **2** 45. Zu den einzelnen Fallgestaltungen vgl. *Küpper* NStZ **1986** 252.

[125] BGH JR **1985** 28 mit Anm. *Otto*; vgl. auch BGHSt **24** 386; *Küpper* NStZ **1986** 252.

[126] RG GA **52** (1905) 255; a. A RGRspr. **4** 62.

[127] RG Recht **1902** Nr. 2772.

[128] OLG Schleswig bei *Ernesti/Lorenzen* SchlHA **1981** 94.

[129] BGH bei KK-*Hürxthal* 8; BayObLGSt **1954** 45 = NJW **1954** 1579; OLG Schleswig bei *Ernesti/Jürgensen* SchlHA **1969** 153; *Schlothauer* StrVert. **1986** 217 Fußn. 53.

[130] RGSt **24** 89.

Walter Gollwitzer

verschiedene **Verkehrsverstöße** sind in der Regel keine gleichartigen Erscheinungsformen derselben Tat[131].

**40**    c) Der **Hinweis** wurde **für entbehrlich** gehalten;

§ 117 StGB — vom Eigentümer bestellter Aufseher statt Forstbeamter[132];

§ 175 StGB — Verführen zum Unzuchttreiben statt Verführung zum Mißbrauchenlassen[133];

§ 176 Nr. 3 StGB a. F. — Verleitung zur Verübung einer unzüchtigen Handlung statt Verübung einer solchen[134];

§ 180 StGB — Absatz 2 statt Absatz 1[135];

§ 223 a StGB — Benutzung eines gefährlichen Werkzeugs statt eines Messers[136];

§ 223 b StGB — Vernachlässigen statt quälen[137];

§ 257 StGB — Begünstigung eines Vergehens statt eines Verbrechens[138];

§ 274 StGB — Unterdrückung statt Vernichtung einer Urkunde[139]; fälschliches Setzen eines Grenzsteins statt Verrückung[140];

§ 286 StGB — Lotterie statt Ausspielung[141];

§ 302 a StGB — Ausbeutung des Leichtsinns statt Notlage[142];

§ 4 Nr. 1 LebMG a. F. — Verfälschen statt Nachmachen[143];

§§ 239, 240 KO a. F. (vgl. jetzt § 283 StGB ff). — Zahlungseinstellung statt Konkurseröffnung[144]; einfacher statt betrügerischer Bankrott[145]; unordentliches Führen der Bücher statt Unterlassen der Buchführung[146].

### 4. Straferhöhende Umstände und Maßregeln der Besserung und Sicherung (Absatz 2)

**41**    a) **Straferhöhende Umstände** sind in der Hauptverhandlung **neu hervorgetretene Tatsachen**[146a], die zur Anwendung einer nach Art oder Umfang schwereren oder einer zusätzlichen Strafsanktion führen können und die der Angeklagte nicht aus der zugelassenen Anklage entnehmen und auf die er sich daher zu seiner Verteidigung nicht vorbereiten konnte[147]. Beim Wegfall straferhöhender Umstände oder bei Hervortreten oder beim Wegfall strafmildernd wirkender Tatsachen bedarf es dagegen keines Hinweises[148].

**42**    Unter den Umständen, welche die **Strafbarkeit erhöhen**, ist grundsätzlich dasselbe wie in § 263 Abs. 2 zu verstehen. Solche Gründe sind z. B. StGB §§ 123 Abs. 2, 129

---

[131] BayObLGSt **1956** 286; OLG Hamm VRS **42** 115; KG VRS **10** 58; OLG Köln VRS **12** 284; OLG München DAR **1951** 67; OLG Saarbrücken VRS **48** 187; OLG Schleswig DAR **1962** 157; bei *Ernesti/Lorenzen* SchlHA **1980** 176; vgl. aber auch KG VRS **12** 451.

[132] RGSt **32** 224.

[133] BGH MDR **1953** 629 zu § 175 a Nr. 2 StGB a. F.

[134] RG LZ **1914** 784.

[135] RGSt **63** 160.

[136] RGSt **30** 176.

[137] RGSt **70** 358.

[138] RGSt **13** 136.

[139] RGSt **40** 114.

[140] RGSt **19** 402; RGRspr. **4** 62.

[141] RGSt **31** 71.

[142] RGSt **17** 440.

[143] BGHSt **21** 1; dazu *Hanack* JZ **1972** 433;

zur Rechtslage nach dem LMBG vgl. die einschlägigen Kommentare.

[144] RGSt **36** 266.

[145] BGH LM Nr. 9.

[146] RGSt **3** 417; **19** 402.

[146a] *Schlothauer* StrVert. **1986** 222 stellt den erst in der Hauptverhandlung neu hervorgetretenen Tatsachen diejenigen gleich, die zwar schon vorher bekannt waren, deren Relevanz für die schärfere Rechtsfolge aber erst in der Hauptverhandlung erkannt wurde.

[147] RGSt **52** 249; RG JW **1926** 1217; BGHSt **29** 279; KK-*Hürxthal* 13; *Kleinknecht/Meyer*[37] 7; KMR-*Paulus* 28. Für eine weite Auslegung, die alle Sanktionen – einschließlich Nebenfolgen und Nebenstrafen – umfaßt, *Schlothauer* StrVert. **1986** 225.

[148] KK-*Hürxthal* 14; *Kleinknecht/Meyer*[37] 7.

Abs. 4, 221 Abs. 2 und 3, 223 Abs. 2, 223 a, 223 b, 224, 239 Abs. 2, 239 a, 250, 292 Abs. 3, 293 Abs. 3[149].

Die **Regelbeispiele** für besonders schwere Fälle (z. B. § 113 Abs. 2, §§ 125, 235 **43** Abs. 2, §§ 243, 311 Abs. 3, 311 a Abs. 3 StGB) sind keine straferhöhenden Umstände im Sinne des Absatzes 2, da hier, wohl ebenso wie bei §§ 263 Abs. 2, 267 Abs. 3 Satz 3, nur die tatbestandsmäßig ausformulierten Fälle gemeint sind[150]. Ob Absatz 2 nach dem Zweck der Regelung entsprechend anwendbar ist, wenn die Verurteilung wegen eines tatbestandmäßig ausgestalteten Regelbeispiels in Betracht kommt, ist strittig[151].

Die prozessuale **Fürsorgepflicht** dürfte — ebenso wie der in gleicher Richtung ge- **44** hende Rechtsgedanke des § 265 — einen Hinweis dann gebieten, wenn das Gericht ab- weichend von der Anklage den besonders schweren Fall mit dem Vorliegen eines Regel- beispiels begründen will, sofern für den Angeklagten nicht ohnehin aus der zugelasse- nen Anklage oder aus dem Gang der Hauptverhandlung ersichtlich ist, daß das Gericht den das Regelbeispiel begründenden Tatsachen Gewicht beimißt. Der Angeklagte muß zu diesen Tatsachen gehört werden und er muß seine Verteidigung darauf einstellen können, wenn das Gericht den Tatbestand eines Regelbeispiels annehmen und damit in erleichterter Form einen höheren Strafrahmen rechtfertigen will[151a].

**Unbenannte Strafschärfungsgründe**, die für nicht näher umschriebene „besonders **45** schwere Fälle" (z. B. §§ 263 Abs. 3; 266 Abs. 2 StGB) eine höhere Strafe androhen, fallen nach der Rechtsprechung nicht unter Absatz 2[152]. Bloße Strafzumessungsgründe, die innerhalb des ordentlichen Strafrahmens berücksichtigt werden sollen, gehören nicht hierher[153].

Die Anwendung besonderer gesetzlicher **Milderungsgründe** ist auch ohne einen **46** entsprechenden Hinweis zulässig[154]; etwas anderes gilt, wenn sich der mildere Fall zu einem Sonderstraftatbestand verfestigt hat[155].

**b)** Bei den Umständen, welche die Anordnung einer **Maßregel der Besserung und 47 Sicherung** rechtfertigen, kann zweifelhaft sein, ob es sich um solche tatsächlicher Art handeln muß. Der Zweck des § 265 Abs. 2 würde verfehlt, wenn man annehmen wollte, daß es keines Hinweises bedürfe, wenn schon der Eröffnungsbeschluß diejenigen Tat- sachen enthalte, aus denen das Gericht auf die Notwendigkeit der Anordnung der Maß- regel schließe, ohne daß dort die Tatsachen als Voraussetzung der Anordnung gekenn- zeichnet seien. Nach dem Schutzzweck des § 265 müssen dem Angeklagten, wenn er

---

[149] Vgl. § 263, 9 ff; § 267. Hierher gehörten auch die Rückfallvoraussetzungen des ehem. § 48 StGB, vgl. etwa BGH StrVert. **1982** 557.

[150] RGSt **70** 357; BGH NJW **1959** 996; **1977** 1830 mit Anm. *Braunsteffer* NJW **1978** 60.

[151] BGH NJW **1980** 714 bejaht dies unter Ein- schränkung von BGH NJW **1977** 1830 (für die Gewerbsmäßigkeit beim Handeln mit Betäubungsmitteln); ebenso *Arzt* JuS **1972** 512; *Braunsteffer* NJW **1978** 60; *Fabry* NJW **1986** 15; *Furtner* JR **1969** 11; KK-*Hürxthal* 14; KMR-*Paulus* 28; *Roxin* § 42 D V 2 c; *Schlüchter* 366.3; *Schlothauer* StrVert. **1986** 221; verneinend BGH NJW **1977** 1830; VRS **56** 189; *Kleinknecht/Meyer*[37] 7; OLG Hamm NJW **1980** 1587 (kein Hinweis bei höherer Geldbuße) läßt die Frage offen.

[151a] *Schlothauer* StrVert. **1986** 221 fordert einen Hinweis auch dann, wenn das Gericht außerhalb eines besonders schweren Fall annehmen will; a. A *Arzt* JuS **1972** 517.

[152] RGSt **70** 357; RG JW **1935** 2433; BGH NJW **1959** 996; a. A *Furtner* JR **1969** 11; *Kaiser* NJW **1981** 1028.

[153] Vgl. OLG Hamm NJW **1980** 1587; die Fra- ge, ob wegen der Befugnis zur Einspruchs- zurücknahme der Betroffene auf die Mög- lichkeit einer höheren Geldbuße hinzuwei- sen ist, ist keine Frage des § 265 Abs. 1, 2.

[154] BGH NJW **1956** 1246; *Kleinknecht/Meyer*[37] 7.

[155] Vgl. Rdn. 23.

Walter Gollwitzer

vor Überraschung geschützt werden soll, die Tatsachen, auf die das Gericht eine bestimmte Maßregel stützen will, **als mögliche Voraussetzung** einer **solchen Anordnung** bezeichnet werden, wenn das in der zugelassenen Anklage unterblieben ist[156]. Dabei ist unerheblich, ob die Maßregel wegen neu in der Hauptverhandlung zu Tage getretener Umstände oder aber bei gleichbleibendem Sachverhalt in Erwägung gezogen wird[157].

**48**      Soll beispielsweise ein **Berufsverbot** ausgesprochen werden, so ist der Angeklagte in der Hauptverhandlung ausdrücklich auf die Möglichkeit dieser Maßregel hinzuweisen, wenn die ihm zur Last gelegten Straftaten im Eröffnungsbeschluß nicht als Voraussetzungen dafür gekennzeichnet sind[158]. Gleiches gilt für die Unterbringung im **psychiatrischen Krankenhaus**[159], für die Anordnung der Sicherungsverwahrung[160], für die **Führungsaufsicht**[160a] und für die **Entziehung der Fahrerlaubnis**[161].

**49**      Da die einzelnen Maßregeln der Besserung und Sicherung ihrem Wesen nach verschieden sind, muß der Angeklagte nach Absatz 2 auch darauf hingewiesen werden, wenn eine **andere Maßregel** in Betracht kommt als die zugelassene Anklage angeführt hat[162].

### 5. Hinweis durch das Gericht

**50**      **a)** Der **Vorsitzende** erteilt den Hinweis (§ 238 Abs. 1) für das Gericht[163]. Er kann ihn ohne vorgängigen Gerichtsbeschluß aussprechen[164]; er muß ihn geben, wenn das Gericht dies (etwa im Rahmen der Urteilsberatung) beschlossen hat.

**51**      Der Hinweis kann auch durch **Gerichtsbeschluß** erteilt werden, etwa im Falle des § 238 Abs. 2, wenn der Vorsitzende einen darauf gerichteten Antrag abgelehnt hat. Der Hinweis selbst ist dagegen keine Anordnung im Sinne des § 238 Abs. 2, so daß gegen ihn das Gericht nicht angerufen werden kann[165].

**52**      Der Hinweis erfordert eine an den Angeklagten gerichtete **förmliche Erklärung**, die eine den rechtlichen Rahmen der Hauptverhandlung bestimmende Prozeßhandlung ist[166]. Er kann auch schon im Eröffnungsbeschluß erteilt werden[167].

**53**      Der Hinweis wird nicht dadurch entbehrlich, daß der rechtliche Gesichtspunkt, auf den hinzuweisen ist, ohnehin vor oder in der Hauptverhandlung **zwischen den Verfahrensbeteiligten erörtert** wurde, so etwa durch den Staatsanwalt, durch den Verteidiger[168], durch einen Sachverständigen, einen Zeugen oder auch durch den **Angeklagten**

[156] BGHSt **18** 288; BGH bei *Pfeiffer/Miebach* NStZ **1983** 358; OLG Koblenz VRS **50** 30; KK-*Hürxthal* 15; *Kleinknecht/Meyer*[37] 8; KMR-*Paulus* 29; *Schlothauer* StrVert. **1986** 218. Vgl. auch § 200, 18 ff.

[157] OLG Koblenz VRS **50** 30.

[158] BGHSt **2** 82.

[159] BGHSt **22** 29; BGH NJW **1964** 459; BGH bei *Holtz* MDR **1976** 815; bei *Pfeiffer/Miebach* NStZ **1983** 358; *Schlothauer* StrVert. **1986** 218.

[160] BGH GA **1966** 180; bei *Holtz* MDR **1976** 815.

[160a] *Schlothauer* StrVert. **1986** 219.

[161] BGHSt **18** 288; OLG Koblenz VRS **50** 30; *Schlothauer* StrVert. **1986** 219. Zur Hinweispflicht beim Fahrverbot vgl. Rdn. 36.

[162] RG HRR **1939** Nr. 133; *Kleinknecht/Meyer*[37] 8; KMR-*Paulus* 29.

[163] KK-*Hürxthal* 16; *Kleinknecht/Meyer*[37] 9.

[164] *Prot. Hahn* 878.

[165] KK-*Hürxthal* 16; KMR-*Paulus* 38; *Eb. Schmidt* 15.

[166] BGHSt **22** 31; OLG Koblenz VRS **50** 30; OLG Köln MDR **1975** 164.

[167] BGHSt **23** 304 = LM § 200 Nr. 3 mit Anm. *Martin*; vgl. Rdn. 64; § 207, 26.

[168] RGSt **1** 254; **20** 33; RG HRR **1939** Nr. 733; RG JW **1927** 2046 (vor Hauptverhandlung eingereichte Schutzschrift); BGHSt **19** 141; **22** 29; **23** 95; BGH NJW **1964** 459; MDR **1977** 63; bei *Dallinger* MDR **1952** 532; **1973** 19; bei *Holtz* **1976** 815; bei *Pfeiffer/Miebach* NStZ **1983** 358; BayObLG VRS **62** 129; OLG Hamburg NJW **1955** 1730 (L); OLG Koblenz VRS **50** 30; OLG Köln MDR **1975** 164; VRS **56** 281.

**selbst.** Einer Erörterung durch die Verfahrensbeteiligten fehlt die verbindliche Wirkung der gerichtlichen Handlung. Sie würde noch nicht bedeuten, daß das Gericht die Anwendung des anderen Gesetzes, den straferhöhenden Umstand oder die Maßregel der Besserung und Sicherung in Abweichung von der von ihm zugelassenen Anklage ernsthaft erwägt. Daß dies der Fall ist, muß dem Angeklagten unmißverständlich durch das Gericht selbst zur Kenntnis gebracht werden[169].

Soweit nicht gerichtliche Entscheidungen vorliegen, die anstelle des Eröffnungsbeschlusses den Rahmen der Hauptverhandlung bestimmen (Rdn. 10 ff), wird der Hinweis nicht durch **Rechtsausführungen in anderen Entscheidungen** ersetzt, die mit dem Strafverfahren in Zusammenhang stehen, wie etwa der Begründung eines Beschlusses, in dem die Haftfortdauer mit einem dem Gegenstand des Hinweises bildenden Gesichtspunkt gerechtfertigt wurde[170] oder mit dem das Gericht einen Beweisantrag abgelehnt hat[171]. **54**

**b)** Der **Inhalt des Hinweises** und die Art, in der er zu erteilen ist, wird von § 265 nicht näher vorgeschrieben. Aus dem Zweck der Regelung ergibt sich, daß der Hinweis Angeklagten und Verteidiger in die Lage versetzen soll, die Verteidigung auf den neuen Gesichtspunkt einzurichten[172]. Aus dem Hinweis selbst — ggf. in Verbindung mit Anklage und Eröffnungsbeschluß und den Umständen der Hauptverhandlung[173] — muß eindeutig erkennbar sein, welches Strafgesetz, gegebenenfalls welche Begehungsform, das Gericht bei einem bestimmten Sachverhalt in Betracht zieht und in welchen Tatsachen die gesetzlichen Tatbestandmerkmale gesehen werden[174]. Was der Hinweis im einzelnen enthalten muß, folgt aus der jeweiligen Sachlage und aus seinem Zweck, den Angeklagten im Interesse einer effektiven Verteidigung und im Dienste der Sachaufklärung vor Überraschungen zu schützen. **55**

**Nicht genügt** die bloße Befragung des Angeklagten, ob er für den Fall der Veränderung des rechtlichen Gesichtspunktes Anträge zu stellen habe[175], oder, wenn der Angeklagte rechtsunkundig ist, die bloße Bezeichnung der neu in Betracht kommenden Paragraphen[176]. Diese können allenfalls ausreichen, wenn der Angeklagte einen Verteidiger hat[177], sofern für diesen eindeutig ersichtlich ist, in welchen Tatsachen das Gericht die Tatbestandsmerkmale des neuen rechtlichen Gesichtspunktes erblickt[178] oder wenn nur eine andere Würdigung des unverändert gebliebenen Sachverhalts erwogen wird[179]. **56**

In der Regel muß das Gericht die **Tatbestandsmerkmale** des neuen Gesichtspunkts eindeutig herausstellen, um in Ergänzung der zugelassenen Anklage dem Angeklagten aufzuzeigen, auf welche tatsächlichen Annahmen sich der neue Vorwurf nun- **57**

---

[169] BGH MDR **1977** 63; NStZ **1985** 325; KK-*Hürxthal* 16; vgl. Fußn. 168.

[170] BGHSt **22** 31 = LM Nr. 27 mit Anm. *Willms*; *Hanack* JZ **1972** 434.

[171] KK-*Hürxthal* 16.

[172] BGHSt **18** 56; BGH NStZ **1983** 34; NStZ **1985** 563; BGH bei *Dallinger* MDR **1975** 545; bei *Holtz* MDR **1984** 444; vgl. Rdn. 1.

[173] Vgl. BGH VRS **65** 128; KK-*Hürxthal* 17.

[174] BGHSt **2** 373; **11** 88; **13** 323 = JZ **1960** 227 mit Anm. *Eb. Schmidt*; BGHSt **18** 56; **22** 29; **23** 96; **25** 287; BGH StrVert. **1982** 408; **1985**

489; bei *Dallinger* MDR **1975** 545; KK-*Hürxthal* 17; *Kleinknecht/Meyer*[37] 9; KMR-*Paulus* 44; *Eb. Schmidt* 17; vgl. Rdn. 57; 61.

[175] RGSt **2** 116; RGRspr. **8** 623; *Meves* 253; KMR-*Paulus* 44.

[176] *Fuchs* JW **1922** 1394; KMR-*Paulus* 44.

[177] BGHSt **13** 320; BGH bei *Dallinger* MDR **1975** 653.

[178] BGHSt **18** 56.

[179] BGH bei *Dallinger* MDR **1970** 198; BGH nach KK-*Hürxthal* 17.

Walter Gollwitzer

mehr gründet[180]. Es ist unschädlich, wenn es daneben die Nummern der Paragraphen nicht erwähnt[181]. Der Hinweis kann in Ausnahmefällen durch **Bezugnahme** auf die Ausführungen eines anderen Prozeßbeteiligten, etwa des Staatsanwalts, erteilt werden[182]; jedoch muß dann stets zweifelsfrei klargestellt werden, daß das Gericht die Anwendung des rechtlichen Gesichtspunkts in Betracht zieht.

**58**    Die **Erwägungen**, aus denen **das Gericht** den neuen rechtlichen Gesichtspunkt oder den erschwerenden Umstand für gegeben hält, braucht es andererseits bei dem Hinweis nicht offenzulegen[183]. Der Hinweis braucht mit keiner Belehrung verbunden zu werden.

**59**    Der Hinweis muß **eindeutig** sein. Er muß dem Angeklagten klar erkennbar machen, was ihm nunmehr zur Last gelegt wird, insbesondere, welche von mehreren, konkret zu bezeichnenden Begehungsformen der neuen Straftat das Gericht in Betracht zieht[184] oder auf welchen Gesichtspunkt es nunmehr ankommen kann. Zwischen ähnlichen Tatbeständen muß deutlich unterschieden werden.

**60**    Verändert sich mit dem rechtlichen Gesichtspunkt auch die **Richtung des Vorwurfs** (Begünstigung des A, statt Hehlerei nach Diebstahl des B), so muß auch das aus dem Hinweis hervorgehen[185]. Sind zwei Angeklagte beschuldigt, eine Straftat gemeinschaftlich begangen zu haben, so ersetzt der Hinweis gegenüber dem einen, daß mit seiner Bestrafung wegen Beihilfe zu rechnen sei, in der Regel nicht den Hinweis an den andern, daß er als Alleintäter bestraft werden könne[186]. Der Hinweis auf § 52 StGB reicht nicht aus, um die Verurteilung des Angeklagten wegen einer im Fortsetzungszusammenhang ausgeführten Straftat zu ermöglichen[187].

**61**    **Erläuterungen tatsächlicher Art** können je nach den Umständen[188] zur **Ergänzung des Hinweises** notwendig werden, wenn dieser von einem Sachhergang ausgeht, der sich von den tatsächlichen Annahmen der zugelassenen Anklage entfernt hat. Der Zweck des Hinweises erfordert, daß der Angeklagte erkennen kann, in welchen von den tatsächlichen Annahmen des Eröffnungsbeschlusses abweichenden tatsächlichen Vorgängen die Merkmale der neu genannten Strafvorschrift gefunden werden könnten[189].

**62**    Mit dem Hinweis muß das Gericht gegebenenfalls den Angeklagten darüber belehren, daß er nunmehr das Recht habe, die **Bestellung eines Pflichtverteidigers** zu beantragen. Die Belehrung müßte dahin gehen, daß der Antrag sofort zu stellen sei. Die geänderte Bewertung der dem Angeklagten zur Last gelegten Tat kann das Gericht verpflichten, dem Angeklagten von Amts wegen einen Pflichtverteidiger zu bestellen[190].

**63**    c) Ein **Zeitpunkt für den Hinweis** wird von § 265 nicht vorgeschrieben[191]. Er ist

---

[180] EKMR NJW **1977** 2011 (zu Art. 6 MRK); BGHSt **13** 320; **19** 143; BGH bei *Dallinger* MDR **1970** 198; bei *Pfeiffer* NStZ **1981** 190; BayObLG bei *Rüth* DAR **1974** 182; *Hanack* JZ **1972** 434; KK-*Hürxthal* 17.

[181] BGH nach KK-*Hürxthal* 17; KMR-*Paulus* 44.

[182] RG ZStW **47** (1927) 269.

[183] BGHSt **13** 320; BGH NJW **1954** 1089; bei *Dallinger* MDR **1971** 18; KK-*Hürxthal* 17; KMR-*Paulus* 44.

[184] Vgl. etwa BGHSt **23** 96; **25** 187; BGH bei *Dallinger* MDR **1975** 545; ferner Rdn. 61.

[185] BGHSt **2** 374; OLG Köln MDR **1975** 164. *Schlothauer* StrVert. **1986** 225.

[186] BGHSt **2** 371; BGH GA **1962** 338; BGH bei *Dallinger* MDR **1957** 653; vgl. Rdn. 28; 31.

[186a] RG GA **43** (1895) 394; **a. A** BGH NStZ **1983** 569; *Kleinknecht/Meyer*[37] 17; vgl. BGH GA **1980** 185; BGH bei *Pfeiffer/Miebach* NStZ **1983** 358.

[187] RG GA **58** (1911) 194.

[188] BGHSt **19** 143.

[189] BGHSt **11** 88; **13** 320 = JZ **1960** 227 mit zust. Anm. *Eb. Schmidt*; vgl. Rdn. 57 mit weit. Nachw.

[190] OLG Düsseldorf StrVert. **1984** 369; KG StrVert. **1985** 184; vgl. bei § 140; ferner auch BGHSt **6** 14.

[191] RGRspr. **6** 174.

zulässig bis zur Verkündung des Urteils. Aus dem Zweck des § 265, eine sachgemäße Verteidigung zu sichern, folgt jedoch, daß der Hinweis möglichst frühzeitig zu geben ist[192].

Der Hinweis kann schon **vor der Hauptverhandlung** gegeben werden. Schon bei **64** Erlaß des Eröffnungsbeschlusses kann das Gericht den Angeklagten darauf hinweisen, daß die Tat möglicherweise auch unter einem anderen rechtlichen Gesichtspunkt beurteilt werden kann als in der zugelassenen Anklage[193].

Nach dem Hinweis muß der Angeklagte **ausreichend Gelegenheit zur Verteidi- 65 gung** erhalten. Wenn der Hinweis unmittelbar vor der Urteilsverkündung erteilt wird, vor allem, wenn erst nach der Beratung die Hauptverhandlung zur Erteilung des Hinweises wieder aufgenommen wird[194], muß der Vorsitzende durch sein Verhalten unzweideutig zum Ausdruck bringen, daß das Gericht bereit ist, mit Rücksicht auf die eingetretene Veränderung Erklärungen und Anträge des Angeklagten entgegen zu nehmen. Dem Angeklagten muß zu solchen Erklärungen und Anträgen ausreichend Zeit gelassen werden[195]. Nicht vorgeschrieben, aber ratsam ist es, wenn der Vorsitzende den Angeklagten ausdrücklich fragt, was er dem veränderten Gesichtspunkt gegenüber zu seiner Verteidigung anzuführen habe[196].

**6. Die Abwesenheit des Angeklagten** läßt die Hinweispflicht des Gerichts unberührt. **66** Ein Hinweis, der dem Angeklagten nicht in der Hauptverhandlung eröffnet werden kann, ist ihm in geeigneter Form zur Kenntnis zu bringen. Vielfach kann er der Ladung beigefügt werden, wenn ein neuer Termin zur Fortsetzung der Hauptverhandlung bestimmt werden muß[197]. Nach dem Hinweis muß dem Angeklagten, der dies wünscht, ausreichend Zeit zur Vorbereitung seiner Verteidigung eingeräumt werden[197a].

Der Hinweis, der den Inhalt der Anklage verändert, ist dem **Angeklagten** grund- **67** sätzlich **persönlich** zu erteilen, auch wenn ein Verteidiger für ihn an der Abwesenheitsverhandlung teilnimmt. Der Hinweis an den (nicht zur Vertretung ermächtigten) Verteidiger als solchen genügt nach der derzeitigen Rechtslage[198] nicht[199].

Nur wenn sich der Angeklagte der Teilnahme an der Hauptverhandlung **eigen- 68 mächtig entzogen** hat, reicht in den Fällen nach § 231 Abs. 2, § 231 a nach der gegenwärtig noch geltenden **Sonderregelung des Absatzes 5** der Hinweis an den Verteidiger aus. Insoweit ist unerheblich, ob der Verteidiger zur Vertretung des Angeklagten ermächtigt ist[200]. § 74 Abs. 4 OWiG (i. d. F. d. Gesetzes vom 7. 7. 1986 — BGBl. I 977) gestattet für das Bußgeldverfahren allgemein, die Hinweise nach Absatz 1 und 2 dem Verteidiger zu erteilen, wenn die Hauptverhandlung ohne den Betroffenen durchgeführt wird.

Wird nach § 231 b in Abwesenheit des Angeklagten verhandelt, so ist ihm ein er- **69** forderlich werdender Hinweis auf die Veränderung des rechtlichen Gesichtspunkts nach dem Sinn des § 231 b Abs. 1 Satz 2 zwar nach Möglichkeit in der Hauptverhandlung

---

[192] KK-*Hürxthal* 18; *Kleinknecht/Meyer*[37] 10; KMR-*Paulus* 42; *Eb. Schmidt* 18.

[193] BGHSt **23** 304; vgl. Rdn. 52 und § 207, 26.

[194] Zur Notwendigkeit, erneut das letzte Wort zu erteilen und erneut zu beraten vgl. § 258, 6.

[195] RGSt **21** 372; **25** 340; KK-*Hürxthal* 22.

[196] BGH nach KK-*Hürxthal* 22; *Eb. Schmidt* 18.

[197] Vgl. BayObLG bei *Rüth* DAR **1986** 248; KK-*Hürxthal* 19; *Kleinknecht/Meyer*[37] 12.

[197a] BayObLG bei *Rüth* DAR **1986** 248.

[198] Anders nach dem am 1. 4. 1987 in Kraft tretenden § 234 a, der § 265 Abs. 5 ersetzen soll; vgl. den Hinweis auf die vorgesehene Änderung bei § 234 a.

[199] BayObLGSt **1970** 228 = VRS 40 270; KK-*Hürxthal* 19; *Kleinknecht/Meyer*[37] 12; KMR-*Paulus* 40.

[200] Vgl. § 231, 28; § 231 a, 28.

Walter Gollwitzer

selbst zu erteilen, stehen dem aber die Gründe des § 231 b Abs. 1 Satz 1 entgegen, dann kann es auch genügen, daß ihm aufgrund einer in der Hauptverhandlung zu erlassenden Anordnung des Vorsitzenden oder des Gerichts der Hinweis schriftlich oder durch einen beauftragten Richter mündlich bekanntgegeben wird[201], wenn kein vertretungsberechtigter Verteidiger (Rdn. 70) vorhanden ist.

**70**    Ein ausdrücklich zur **Vertretung** des Angeklagten ermächtigter **Verteidiger** (§ 234) ist auch bei einer Abwesenheitsverhandlung nach §§ 231 b, 232, 329 Abs. 1 Satz 2, Abs. 2 oder § 411 Abs. 2 berechtigt, für den Angeklagten den Hinweis wirksam entgegenzunehmen[202].

**71**    Bei der **Abwesenheitsverhandlung nach § 233** muß der Angeklagte ohnehin zur veränderten Anklage erneut kommissarisch vernommen werden, so daß ihm spätestens hierbei der Hinweis auch persönlich zu eröffnen ist[203].

**72**    **7. Wirkung des Hinweises.** Der Hinweis wirkt grundsätzlich für das gesamte weitere Verfahren. Zur Rechtslage bei mehreren Instanzen und nach Aussetzung vgl. Rdn. 10 ff. Er gestattet dem Gericht, sein Urteil abweichend von der zugelassenen Anklage auf die im Hinweis angeführten rechtlichen Gesichtspunkte zu stützen, er verwehrt ihm aber auch nicht, der Rechtsauffassung der zugelassenen Anklage zu folgen. Die Prozeßbeteiligten, vor allem der Angeklagte und sein Verteidiger müssen nach einem Hinweis stets mit beiden Möglichkeiten rechnen und sie bei ihrem Prozeßverhalten berücksichtigen.

**73**    Wenn das Gericht (und nicht etwa nur der Vorsitzende) **ausdrücklich** erklärt hat, daß es die ursprünglichen rechtlichen Gesichtspunkte nicht mehr in Betracht ziehe, fordert die Fürsorge einen besonderen Hinweis durch das Gericht, wenn es wieder zur **früheren Rechtsauffassung zurückkehren** will[204]. Eine solche ausdrückliche Erklärung des Gerichts kann zur Prozeßbeschleunigung sinnvoll sein, da hierdurch überflüssige Ausführungen und Anträge der Prozeßbeteiligten vermieden werden. Im bloßen Hinweis nach § 265 Abs. 1, 2 ist eine solche Erklärung des Gerichts jedoch nicht enthalten, auch wenn der Eindruck erweckt wird, die alte Vorschrift komme nicht mehr in Betracht[205].

**74**    **8. Als wesentliche Förmlichkeit** des Verfahrens kann der Hinweis nach § 265 Abs. 1, 2 nur durch die **Sitzungsniederschrift** nachgewiesen werden[206]. Ein Vermerk in den Urteilsgründen reicht hierzu nicht aus[206a].

**75**    Zu den wesentlichen Förmlichkeiten des Verfahrens gehört aber nicht nur, daß ein Hinweis erteilt wurde, sondern auch, welchen wesentlichen **Inhalt** er hatte[207]. Es genügt nicht, wenn das Protokoll lediglich anführt, daß der Angeklagte auf die mögliche

[201] § 231 b, 18; KK-*Hürxthal* 19; *Kleinknecht/Meyer*[37] 12; KMR-*Paulus* 15.

[202] BayObLGSt **1970** 228 = VRS **40** 270; OLG Düsseldorf VRS **40** 275; KK-*Hürxthal* 19; *Kleinknecht/Meyer*[37] 12; KMR-*Paulus* 40; strittig, vgl. § 234, 14.

[203] Vgl. § 233, 34; 234, 15.

[204] BGH bei *Dallinger* MDR **1972** 925. Zur Frage eines Hinweises nach einem Verweisungsbeschluß nach § 270 in der Berufungsinstanz und in einer erneuerten Hauptverhandlung nach Aussetzung oder Zurückverweisung vgl. Rdn. 10 ff.

[205] BGH bei *Dallinger* MDR **1972** 925.

[206] BGHSt **2** 373; **19** 143; **23** 95; BGH NStZ **1985** 325; vgl. auch StrVert. **1984** 63; BGH bei *Dallinger* MDR **1975** 545; OLG Hamm JMBlNW **1974** 214; OLG Köln MDR **1975** 164; VRS **56** 281; OLG Saarbrücken VRS **48** 187; OLG Schleswig SchlHA **1980** 57; vgl. § 273, 12.

[206a] RGRspr. **1** 67; vgl. § 274, 21.

[207] BGHSt **2** 373; bei *Dallinger* MDR **1957** 635; **1970** 198; **1975** 545; KK-*Hürxthal* 23; KMR-*Paulus* 46. Das Reichsgericht (RG JW **1922** 1394) hatte dies nicht gefordert.

Anwendbarkeit eines bestimmten Paragraphen hingewiesen wurde. Sofern das Gericht nach Absatz 1, 2 mehr zu tun hat[208], muß auch das Protokoll das ersehen lassen, denn es ist gemäß § 274 davon auszugehen, daß der Hinweis den aus dem Protokoll ersichtlichen Inhalt hatte.

Der **Wortlaut des Hinweises** muß dabei nicht in das Protokoll aufgenommen wer- **76** den, es genügt, wenn das Protokoll seinen **wesentlichen Inhalt** wiedergibt. Dazu gehört beispielsweise bei einem Strafgesetz, das mehrere Begehungsarten kennt, die Angabe der Begehungsart, die das Gericht für anwendbar hält.

Die dem konkreten Tatbestandsmerkmal **zuzuordnenden Tatsachen** braucht der **77** Hinweis nach der vorherrschenden Meinung[209] nicht aufzuzeigen; es genügt, wenn die in Frage kommenden rechtlichen Gesichtspunkte zuverlässig erkennbar gemacht werden. Die mit dem Hinweis verbundene Erläuterung der entscheidungserheblichen Tatsachen ist keine wesentliche Förmlichkeit; ein Protokollvermerk hierüber ist aber zweckmäßig. Sofern man bei Veränderung der Tatsachen Absatz 1 und 2 für entsprechend anwendbar hält[210], muß der Hinweis auch diese Tatsachen umfassen; welche Tatsachen aufzunehmen sind, hängt dann vom jeweiligen Einzelfall ab.

Enthält das Protokoll nicht den Wortlaut, sondern nur den wesentlichen Inhalt **78** des Hinweises, dann schließt seine Beweiskraft nach § 274 nicht aus[211], daß das Revisionsgericht im Wege des **Freibeweises weitere Feststellungen** trifft, wenn es ausnahmsweise für eine bestimmte Revisionsrüge einmal auf den genauen Wortlaut des Hinweises ankommen sollte oder auf die mit dem Hinweis zur Erörterung gestellten Tatsachen oder auf die Umstände, unter denen der Hinweis erteilt wurde[212].

## III. Hinweis bei bloßer Änderung der Sachlage

**1. Problem.** Ändert sich in der Hauptverhandlung die **Sachlage**, ohne daß damit **79** eine Änderung des rechtlichen Gesichtspunkts verbunden ist, so sind die Absätze 1 und 2 ihrem Wortlaut nach nicht anwendbar[213].

---

[208] Vgl. Rdn. 28; 30 ff.

[209] BGHSt **2** 373; **19** 143; vgl. Rdn. 81.

[210] Vgl. BGHSt **19** 88 bei Änderung der Tatzeit; dazu Rdn. 81.

[211] Enthält das Protokoll keinen Vermerk, daß sich der Hinweis auf tatsächliche Umstände erstreckt hat, dann soll nach § 274 davon auszugehen sein, daß auf solche Umstände nicht hingewiesen wurde (BGH bei *Dallinger* MDR **1957** 654). Nach *Jagusch* NJW **1959** 265 kann § 274 das Revisionsgericht nicht daran hindern, festzustellen, ob dem Art. 103 Abs. 1 GG genügt ist.

[212] BGHSt **11** 88; **13** 320; **19** 143; KK-*Hürxthal* 23; KMR-*Paulus* 46.

[213] Vgl. *Hanack* JZ **1972** 433; *Meyer* GA **1965** 257; *Schlothauer* StrVert. **1986** 222. Auf die „Lücke" haben schon *Alsberg* (Anm. zu RG JW **1922** 811) und *Ditzen* LZ **1917** 1213 hingewiesen. Soweit sich bei gleichbleibendem Straftatbestand die Richtung der Tat ändert, wird meist ohne nähere Erörterung von der Rechtsprechung ein Hinweis nach § 265 Abs. 1 gefordert, so etwa, wenn bei einer Anklage wegen Beihilfe die Person des Haupttäters wechselt (OLG Hamburg HESt **3** 54) oder wenn statt der Gefährdung des Kindes A die Gefährdung des Kindes B (BGH MDR **1954** 17 bei *Dallinger*) oder statt Betrug zum Nachteil des A Betrug zum Nachteil des B (OLG Stuttgart MDR **1967** 233) angenommen wird; nach BGH GA **1962** 338 auch, wenn das Gericht nicht nur wegen Beleidigung des belästigten Mädchens, sondern auch wegen Beleidigung von dessen Eltern verurteilen will; die Notwendigkeit des Hinweises folgt hier jedoch unproblematisch unmittelbar aus § 265 Abs. 1, da die mehreren Beleidigungen rechtlich zusammentreffen, was im Hinweis hätte zum Ausdruck kommen müssen, vgl. Rdn. 31.

**80**　　Zwar fordert das **rechtliche Gehör**, daß **neu zu Tage getretene Tatsachen** der Entscheidung nur zugrunde gelegt werden dürfen, wenn der Angeklagte Gelegenheit hatte, sich gemäß § 243 Abs. 4 Satz 2 zu ihnen zu äußern. Auf welchem Weg er dazu Gelegenheit erhält, ist aus der Sicht des Art. 103 Abs. 1 GG unerheblich. In der Regel wird es genügen, wenn die neuen Tatsachen in Gegenwart des Angeklagten erörtert werden und wenn er Gelegenheit hat, zu jedem einzelnen Beweismittel, durch das diese Tatsachen in die Hauptverhandlung eingeführt werden und dann zum Ergebnis der Hauptverhandlung insgesamt Stellung zu nehmen (§§ 257, 258). Die strafrechtliche Bedeutung der einzelnen Tatsachen kann jedoch dem Angeklagten verborgen bleiben. Geben sie dem gegen ihn erhobenen Vorwurf eine völlig **neue Richtung** oder ein **gesteigertes Gewicht**, dann fordert der Schutz der Angeklagten vor Überraschungen, ebenso wie bei den Absätzen 1 und 2, daß der Angeklagte durch einen Hinweis Gelegenheit erhält, sich auch hiergegen zu verteidigen. Hat das Gericht durch seine Verfahrensgestaltung — etwa mit der Begründung für die Ablehnung eines Beweisantrags — einen **Vertrauenstatbestand** geschaffen, muß es den Angeklagten darauf hinweisen, wenn es von einem damit widersprechenden Sachverhalt ausgehen will[213a]. Dies erfordert übrigens auch die **Aufklärungspflicht**[214], denn der Angeklagte, der sich unter dem Gesichtswinkel des ihm in der Anklage ursprünglich zur Last gelegten Verhaltens erfolgreich wehrt, unterläßt es möglicherweise aus Unkenntnis, Umstände anzuführen, welche zwar nicht für den ursprünglichen, wohl aber für den neuen Vorwurf von Bedeutung sind.

**81**　　Die **Rechtsprechung** ist uneinheitlich. Ein Teil nimmt unter ausdehnender Auslegung der Absätze 1 und 2 eine **förmliche Hinweispflicht** auch in solchen Fällen an, in denen die Veränderung der tatsächlichen Grundlagen für den Angeklagten mindestens ebenso schwerwiegend ist wie die Veränderung des rechtlichen Gesichtspunkts. Andere Entscheidungen bejahen zwar ebenfalls, daß der Angeklagte nicht im unklaren bleiben darf, wenn das Gericht in einem wesentlichen Punkt von einem anderen Sachverhalt ausgehen will als in der zugelassenen Anklage; sie verneinen aber, daß insoweit eine förmliche, protokollpflichtige und nur durch das Protokoll beweisbare Hinweispflicht besteht.

**82**　　2. Vor allem bei **Änderungen der Tatzeit** ist strittig, ob ein (protokollpflichtiger) förmlicher Hinweis notwendig ist, wenn die Annahme einer anderen Tatzeit für die Verteidigung gegen den Schuldvorwurf von ausschlaggebender Bedeutung ist[215], oder ob es genügt, daß der Angeklagte durch den Gang der Verhandlung oder auf sonstige Weise, vor allem auch durch einen formlosen (nicht protokollpflichtigen) Hinweis des Gerichts, sichere Kenntnis davon erlangt, von welcher Tatzeit das Gericht nunmehr ausgehen will[216]. Für die letztere Auffassung spricht, daß zwar alle für die Entscheidung wesentlichen tatsächlichen Änderungen in der Hauptverhandlung klargestellt werden müssen, daß es dazu aber auch sonst keines förmlichen Hinweises bedarf; bei einer ein-

---

[213a] Vgl. BGH StrVert. **1986** 191; § 244, 155; 255.

[214] Vgl. Rdn. 2; § 244, 54.

[215] BGHSt **19** 88 = JR **1964** 65 mit Anm. *Dünnebier* = LM Nr. 24 mit Anm. *Willms*; jetzt wohl eingeschränkt auf die Fälle, in denen Tatzeit von ausschlaggebender Bedeutung, BGH NStZ **1981** 190; KK-*Hürxthal* 24;

ferner OLG Köln MDR **1984** 962; OLG Schleswig MDR **1980** 516.

[216] BGHSt **19** 144; **28** 197; BGH MDR **1984** 683; bei *Holtz* MDR **1977** 108; OLG Frankfurt StrVert. **1985** 224; OLG Saarbrücken VRS **50** 438; *Hanack* JZ **1972** 43; *Kleinknecht/Meyer*[37] 21; KMR-*Paulus* 33; *Meyer* GA **1965** 268; *Eb. Schmidt* JR **1964** 188.

heitlichen Behandlung wird die ohnehin wenig praktikable wertende Unterscheidung nach der Bedeutung der Änderung unnötig[217].

**3. Unterrichtungspflicht.** Der Grundsatz, daß der Angeklagte nicht überrascht **83** werden darf, wenn sich die Sachlage in der Hauptverhandlung gegenüber dem in der Anklage angenommenen Sachverhalt in einem für seine Verteidigung wesentlichen Punkt verändert[218], fordert ebenso wie in vielen Fällen die Aufklärungspflicht und — formal — die dem Gericht nach Absatz 4 obliegende Pflicht zur Prüfung der Erforderlichkeit einer Aussetzung, daß das Gericht dem Angeklagten anheimgibt, sich zur neuen Sachlage zu äußern[219]. Auch aus § 243 Abs. 4 läßt sich ableiten, daß der Angeklagte erneut zur Sache zu hören ist, wenn der Prozeßverlauf vom Inhalt der Anklage wesentlich abweichende Tatsachen ergibt. Dies setzt in der Regel eine mit einem entsprechenden Hinweis zu verbindende Frage an den Angeklagten voraus. Das Gericht darf den Angeklagten nicht im dunkeln lassen, wenn es die Verurteilung auf eine in der Anklage nicht enthaltene Tatsache stützen will[220]. Seine Unterrichtung ist entbehrlich, wenn feststeht, daß er die Veränderung ohnehin aus dem Gang der Verhandlung erkannt hat[221]. Dies kann auch aus der im Urteil dann zweckmäßigerweise wiederzugebenden[222] eigenen **Einlassung des Angeklagten**[223] folgen. Dagegen genügt es nicht, daß der neue tatsächliche Gesichtspunkt von einer **Beweisperson** oder einem anderen Verfahrensbeteiligten angesprochen wurde, denn es muß für den Angeklagten deutlich erkennbar sein, daß auch das Gericht diesen neuen Gesichtspunkt in seine Urteilsfindung mit einbeziehen will[224]. Das Gericht darf sich meistens nicht darauf verlassen, daß die Bedeutung des neuen Gesichtspunkts aus dem Gang der Hauptverhandlung für die Beteiligten erkennbar geworden ist[225]. Es muß vielmehr durch einen entsprechenden Hinweis, der zweckmäßigerweise mit einer Aufforderung zur Stellungnahme verbunden ist, dafür sorgen, daß der Angeklagte die Prozeßlage tatsächlich richtig beurteilt[226] und so seine Verteidigung darauf einstellen, unter Umständen die Aussetzung beantragen kann.

Aus dieser Zielsetzung ist abzuleiten, in welcher **Form** und in welchem **Umfang** **84** der Angeklagte im Einzelfall zu unterrichten ist. Insoweit gelten die gleichen Gesichts-

---

[217] Ob die Veränderung „von ausschlaggebender Bedeutung ist", kann schon nicht der Tatrichter und noch weniger der Revisionsrichter aus seiner Sicht sicher beurteilen, da er nicht wissen kann, welchen Stellenwert die Veränderung für die Verteidigung des Angeklagten hat; es erscheint daher nicht angezeigt, die Protokollpflicht von einer solchen Wertung abhängen zu lassen. Gegen die Unterscheidung *Schlothauer* StrVert. **1986** 224, der aber eine „förmliche Hinweispflicht gemäß § 243 Abs. 4 S. 2, 136 Abs. 2" annimmt.

[218] RGSt **76** 85; RG JW **1928** 820; RG HRR **1931** Nr. 636; BGHSt **8** 92; **11** 88 sehen diesen Grundsatz als ungeschriebenes, aber verbindlichen Verfahrensrecht an; der Grundsatz läßt sich aber, worauf *Eb. Schmidt* (JR **1958** 267) hinweist, wohl auch aus dem geschriebenen Recht ableiten; vgl. dazu BGH GA **1980** 185; *Meyer* GA **1965** 259.

[219] Vgl. etwa BGHSt **19** 141.

[220] BGHSt **28** 196. Es muß sich um eine Änderung der tatsächlichen Entscheidungsgrundlage handeln. Will das Gericht nur den für den Angeklagten günstigeren Ausführungen des Staatsanwalts im Plädoyer nicht folgen, ist es nicht verpflichtet, den Angeklagten und seinen Verteidiger darauf hinzuweisen (BGH bei *Dallinger* MDR **1971** 18).

[221] BGHSt **28** 196 unter Hinweis auf BGH bei *Holtz* MDR **1977** 108; BGH bei *Holtz* MDR **1980** 107; vgl. auch Fußn. 216.

[222] BGHSt **28** 198; *Kleinknecht/Meyer*[37] 21.

[223] OLG Saarbrücken VRS **50** 438 (abweichende Tatzeit beruht auf eigener Einlassung des Angeklagten).

[224] BGHSt **28** 198; KK-*Hürxthal* 24.

[225] So aber möglicherweise BGHSt **19** 141.

[226] *Dünnebier* JR **1964** 66.

punkte wie dort, wo die tatsächliche Änderung mit einer Änderung der rechtlichen Beurteilung verbunden ist (Rdn. 35, 61).

**85**　　**4. Sitzungsniederschrift.** Die Unterrichtung des Angeklagten bei Änderung der Sachlage ist **keine wesentliche Förmlichkeit** des Verfahrens; das Schweigen des Protokolls über die Unterrichtung beweist in solchen Fällen nichts. Das Revisionsgericht muß vielmehr im Wege des Freibeweises klären, ob eine Unterrichtung des Angeklagten bei der besonderen Lage des Einzelfalls notwendig war, und ob sie mit der erforderlichen Eindeutigkeit erteilt worden ist[227]. Gerade deshalb erscheint es oft zweckmäßig, Vornahme und wesentlichen Inhalt dieser Unterrichtung im Sitzungsprotokoll festzuhalten[228]. Dies gilt vor allem dort, wo die Grenzen zur förmlichen Hinweispflicht des Absatzes 1 zweifelhaft sein können[229].

## IV. Aussetzung bei veränderter Sach- und Rechtslage (Absatz 3)

**86**　　**1.** Der Angeklagte hat ein uneingeschränktes **Recht auf Aussetzung**, wenn die Voraussetzungen des Absatzes 3 **sämtlich** vorliegen[230] und er einen entsprechenden **Antrag** stellt. Das Gericht ist grundsätzlich nicht verpflichtet, den Angeklagten über diesen Anspruch zu belehren[231]. Doch muß es, wie der Zusammenhang mit Absatz 4 ergibt, auch ohne Antrag von Amts wegen aussetzen, sofern die Veränderung der Sachlage dies angemessen erscheinen läßt. Im **Privatklageverfahren** entfällt das Recht aus Absatz 3, während die anderen Absätze auch im Privatklageverfahren gelten (§ 384 Abs. 3).

**2. Voraussetzungen**

**87**　　**a)** Die **Veränderung der Sachlage** muß in dem Hervortreten **neuer Tatsachen oder tatsächlicher Verhältnisse** bestehen, die der Angeklagte weder aus dem Eröffnungsbeschluß, noch aus der Anklageschrift ersehen, auch nicht aus einer früheren Hauptverhandlung entnehmen konnte[232]. Aus den bei Rdn. 47 ff erörterten Gründen liegen neue Tatsachen im Sinne des Absatz 3 auch vor, wenn das Gericht die Tatsachen als Voraussetzung für die Anordnung einer Maßregel der Besserung und Sicherung kennzeichnet, die Anklage und Eröffnungsbeschluß nicht in diesem Sinne gekennzeichnet haben[233]. Gleichgültig ist, ob die neue Tatsache zur äußeren oder inneren Tatseite ge-

---

[227] *Meyer* GA **1965** 268; *Eb. Schmidt* JR **1964** 188; vgl. auch BGHSt **11** 88; **13** 320; **28** 196; ferner Rdn. 82. OLG Hamm VRS **18** 461 rechnet den Hinweis bei einer Veränderung der tatsächlichen Umstände ebenfalls zu den wesentlichen Förmlichkeiten des Verfahrens, so daß auch für ihn die Beweiskraft des Protokolls gilt, ähnlich BayObLG DAR **1962** 216. *Schlothauer* StrVert. **1986** 223 leitet die Hinweispflicht aus § 243 Abs. 4 Satz 2 ab und nimmt deshalb eine wesentliche Förmlichkeit an, dies dürfte jedoch nicht weiterführen, da nur die Tatsache der Befragung, nicht aber Gegenstand der Frage als wesentliche Förmlichkeit anzusehen wäre.

[228] *Eb. Schmidt* JR **1964** 188.
[229] Vgl. Rdn. 28; 30; 35; 82.
[230] RGSt **1** 106; **3** 404; KK-*Hürxthal* 25; KMR-*Paulus* 52.
[231] *Eb. Schmidt* 22; KK-*Hürxthal* 28; KMR-*Paulus* 52 halten dagegen unter Berufung auf RGSt **57** 147; **65** 246 eine Belehrung des Angeklagten auf Grund der Fürsorgepflicht des Gerichts für geboten, wenn dieser den Antrag nicht stellt, obwohl es bei vernünftiger Führung seiner Verteidigung zu erwarten wäre.
[232] RGSt **39** 19; **52** 250; RGRspr. **7** 474; KK-*Hürxthal* 26.
[233] BGHSt **2** 85; vgl. Rdn. 49.

hört. Kein neu hervorgetretener Umstand ist ein **neues Beweismittel**[234]. Insoweit gilt §246.

Selbstverständlich genügt das Hervortreten **eines neuen Umstands**. Eine verän- **88** derte Sachlage ist auch gegeben, wenn in einer Untersuchung wegen Meineids das Urteil die Eidesverletzung in einem anderen Teil der Aussage findet als der Eröfnnungs- beschluß, oder wenn eine andere Person als verletzt oder als Täter der Haupttat be- zeichnet wird[235]. **Mangels neuer Umstände** begründet die Veränderung des rechtlichen Gesichtspunkts (Absatz 1) allein den Anspruch auf Aussetzung nicht; dies gilt auch, wenn das Gericht aus dem unveränderten Sachverhalt der Anklage andere Schlüsse zieht[236].

**b) Anwendung eines schwereren Strafgesetzes.** Unter dem schwereren Strafgesetz **89** ist ein solches zu verstehen, das die Verhängung einer schwereren Strafe gegen den An- geklagten zuläßt, als das im Eröffnungsbeschluß angeführte Strafgesetz[237]. Es kommt also nur auf die angedrohte Strafe an; Art und Maß der im vorliegenden Fall wirklich zu verhängenden Strafe kann die Ablehnung des Antrags auf Aussetzung nicht begründen. Es ist nicht vorgeschrieben, das in Betracht kommende Strafgesetz durch Verlesung be- kanntzugeben[238].

Den Umständen, die die Anwendung eines schwereren Strafgesetzes rechtferti- **90** gen, stehen diejenigen gleich, die **straferhöhend** wirken oder zur Anwendung einer **Maßregel** der **Besserung und Sicherung** führen können.

**c)** Der Angeklagte muß die neu hervorgetretenen Umstände **bestreiten**, d. h. die **91** Richtigkeit der Tatsachen in Abrede stellen. Widerspricht er nur in rechtlicher Bezie- hung, so liegt die Voraussetzung des Absatzes 3 nicht vor; desgleichen nicht, wenn er die neue Tatsache als solche einräumt, die Aussetzung aber zur besseren Vorbereitung seiner Verteidigung begehrt[239].

**d)** Der Angeklagte muß **behaupten**, auf die Verteidigung **nicht genügend vorberei-** **92** **tet** zu sein. Die Richtigkeit dieser Behauptung unterliegt nicht der Prüfung des Ge- richts[240]; dieses darf also die Aussetzung nicht deshalb verweigern, weil eine anderwei- tige Vorbereitung der Verteidigung nicht erforderlich ist.

Eine andere Frage ist die, ob neue Umstände wirklich in der Weise hervorgetre- **93** ten sind, daß von ihrer **Berücksichtigung bei der Urteilsfällung** die Rede sein kann. In dieser Beziehung ist das Ermessen des Angeklagten nicht maßgebend, da ihm sonst in vielen Fällen die Handhabe geboten sein würde, willkürlich Aussetzungen herbeizufüh- ren und seine Verurteilung hinzuhalten. Es kommt vielmehr nur darauf an, ob die Um- stände im Urteil **als erwiesen** angesehen und dem Angeklagten **zur Last gelegt** werden; ist dies nicht der Fall, so kann der Angeklagte aus der Ablehnung seines Aussetzungsan- trags keinen Beschwerdegrund entnehmen. Die Frage ist also vom Gericht zu entschei- den[241].

**3.** Die **Entscheidung des Gerichts** über den Aussetzungsantrag hängt häufig von **94** dem Gesamtergebnis der Beweisaufnahme ab. Daher muß das Gericht für befugt erach- tet werden, den Beschluß über den Aussetzungsantrag bis zum Schluß der Beweisauf-

---

[234] RGSt **52** 251; vgl. §246.

[235] Vgl. Rdn. 28; 30; 31.

[236] BGH nach KK-*Hürxthal* 26 (Aussetzung nach Absatz 4 zu beurteilen).

[237] Prot. *Hahn* 878; KK-*Hürxthal* 26.

[238] RG GA **71** (1927) 17.

[239] KK-*Hürxthal* 27.

[240] *Dahs* Hdb. 590; KK-*Hürxthal* 27; *Klein- knecht/Meyer*[37] 16; KMR-*Paulus* 52; *Sauer* Grundlagen 217; *Eb. Schmidt* 23.

[241] KK-*Hürxthal* 26; *Kleinknecht/Meyer*[37] 16.

Walter Gollwitzer

nahme aufzuschieben. Er muß aber noch in der Hauptverhandlung bekanntgegeben und begründet werden. Der Angeklagte muß nach Ablehnung seines Aussetzungsantrags Gelegenheit haben, noch in der Hauptverhandlung weitere Ausführungen zu machen und weitere Anträge zu stellen[242]. Die Entscheidung darf daher nicht dem Urteil vorbehalten werden (vgl. Rdn. 107).

### V. Aussetzung bei veränderter Sachlage (Absatz 4)

**95**     1. **Bedeutung des Absatzes 4.** Während die Veränderung der Sach- und Rechtslage den Angeklagten unter den Voraussetzungen des Absatzes 3 einen **Anspruch auf Aussetzung gibt**, steht die Aussetzung bei einer veränderten Sachlage im pflichtgemäßen Ermessen des Gerichts. Es muß **auf Antrag** eines Verfahrensbeteiligten[243] oder **von Amts** wegen prüfen, ob die Veränderung der Sachlage die Aussetzung, eventuell auch nur eine Unterbrechung, zur besseren Vorbereitung der Anklage oder der Verteidigung angezeigt erscheinen läßt. Dagegen kann es das Verfahren nicht aussetzen, um sich selbst auf die Veränderung einzustellen; insoweit ist nur eine Unterbrechung möglich.

**96**     Absatz 4 darf **nicht eng ausgelegt** werden[244]. Er enthält einen über die vorangehenden Absätze **hinausweisenden Grundsatz**, der besagt, daß das Gericht im Rahmen seiner Justizgewährungspflicht für eine Verfahrensgestaltung zu sorgen hat, die die Verteidigungsmöglichkeiten des Angeklagten in der Hauptverhandlung nicht verkürzt. Die Verpflichtung zur fairen Verfahrensgestaltung kommt hierin zum Ausdruck.

**97**     Eine Aussetzung der Hauptverhandlung **zu anderen Zwecken**, etwa, um den Angeklagten Gelegenheit zu geben, sich bis zur nächsten Hauptverhandlung zu bewähren[245] oder um die Entscheidung eines anderen Gerichts abzuwarten[246], kann nicht mit der analogen Anwendung des § 265 Abs. 4 begründet werden.

**98**     Absatz 4 ist nach § 154a Abs. 3 Satz 3 **entsprechend anzuwenden**, wenn Teile einer Tat, die nach §§ 154a, 207 Abs. 2 ausgeschieden worden sind, wieder in das Verfahren einbezogen und zum Nachteil des Angeklagten verwertet werden sollen[247].

### 2. Veränderungen

**99**     a) **Änderung des Sachverhalts.** Eine veränderte Sachlage liegt vor, wenn im Rahmen des § 264 Handlungen oder sonstige Tatsachen zum Gegenstand der Urteilsfindung gemacht werden sollen, die in der zugelassenen Anklage nicht erwähnt worden sind. Diese **neuen Tatsachen** müssen entscheidungserheblich sein. Sie können den Umfang der Schuld betreffen, sie können aber auch für den Strafausspruch oder die Anordnung einer Maßregel der Besserung oder Sicherung von Bedeutung sein. Es muß sich aber immer um neu zu Tage getretene, in der zugelassenen Anklage nicht erwähnte tatsächliche Umstände handeln, mit deren Verwertung die Verfahrensbeteiligten nicht zu rech-

---

[242] KK-*Hürxthal* 28.
[243] Antragsberechtigt sind auch der Nebenkläger (BGHSt **28** 274), jedenfalls nach dem bis zum 1. 4. 1987 geltenden Rechtszustand, und die Nebenbeteiligten, soweit sie die Befugnisse des Angeklagten haben; vgl. Vor § 226, 33.
[244] RGSt **71** 354; RG JW **1926** 1219; BGH NJW **1958** 1736; OLG Hamburg NJW **1966**

843; LG Duisburg StrVert. **1984** 19; KK-*Hürxthal* 29.
[245] OLG Karlsruhe Justiz **1974** 97; KK-*Hürxthal* 29.
[246] KK-*Hürxthal* 29; vgl. § 262, 30; 33.
[247] Vgl. § 154a, 38 und zur Hinweispflicht vor Berücksichtigung ausgeschiedener Taten oder Tatteile § 154, 54 ff; *Schlothauer* StrVert. **1986** 226.

nen brauchten[248] und zu denen sie sich daher in der Hauptverhandlung nicht abschließend äußern können.

Es hängt immer von den **Umständen des Einzelfalls** ab, ob die Aussetzung zur genügenden Vorbereitung der Anklage oder der Verteidigung erforderlich ist. Dies kann, muß aber nicht zutreffen, wenn eine **fortgesetzte Straftat** Gegenstand des Verfahrens bildet und deshalb nicht mitangeklagte Straftaten, die sich als unselbständige Teilakte der fortgesetzten Handlung darstellen, in das Verfahren mit einbezogen werden[249]. Kommen in einem wegen des Vorwurfs eines Vergehens nach §170 d StGB durchgeführten Strafverfahren Handlungen des Angeklagten zur Sprache, die in der Anklage nicht erwähnt wurden und von denen der Angeklagte deshalb nicht anzunehmen brauchte, daß sie ihm zur Last gelegt werden sollen, so kann diese Veränderung der Sachlage zur Aussetzung zwingen[250]. Daß der **Umfang der Tat**, etwa der Beute eines Diebstahls, größer war, als in der Anklage angenommen, wird meist — es kommt auch hier auf den Einzelfall an — noch nicht als eine wesentliche Veränderung der Sachlage aufzufassen sein[251].

**b)** Die Veränderung der Sachlage kann aber auch in Veränderungen der **Verfahrenslage** liegen, sofern diese eine **weitere Vorbereitung** der Anklage oder der Verteidigung notwendig macht. Vernimmt beispielsweise das Gericht in der Hauptverhandlung einen neuen Belastungszeugen, so kann zur Vorbereitung der Verteidigung und zur Gewährung des rechtlichen Gehörs die Aussetzung geboten sein, so, wenn der Angeklagte von der Pflicht zum Erscheinen entbunden und auch nicht durch einen Verteidiger vertreten war[252]. Gleiches gilt, wenn der Verteidiger keine Gelegenheit hatte, die Stichhaltigkeit des Gutachtens eines erst in der Hauptverhandlung zugezogenen Sachverständigen nachzuprüfen[253] oder wenn erst in der Hauptverhandlung möglicherweise zur Entlastung geeignete Akten oder Beweismittel (z.B. Lichtbilder) vorgelegt werden[254] oder wenn dem Verteidiger keine Akteneinsicht gewährt wurde[255] oder der Angeklagte die Anklageschrift nicht erhalten hatte[256].

Eine die Aussetzung erfordernde Veränderung der prozessualen Lage kann insbesondere vorliegen, wenn der Angeklagte in seinem Recht, sich des **Beistands eines Verteidigers** zu bedienen, unvorhergesehen beeinträchtigt wird und dem Angeklagten nach Lage der Sache eine Verhandlung ohne Verteidiger nicht zumutbar ist[257]. Die Ursachen dafür können verschiedenartig sein, sie reichen von der plötzlichen Erkrankung[258] oder dem Tod[259] des Verteidigers bis zu dessen für den Angeklagten **unvorher-**

**100**

**101**

**102**

[248] BayObLGSt 1971 91 = VRS 41 374.
[249] BGH NStZ 1985 325; vgl. §264, 33 ff; KMR-*Paulus* 55; *Schlothauer* StrVert. 1986 225.
[250] BGHSt 8 92 = LM Nr. 6 zu §170 d StGB mit Anm. *Kohlhaas*.
[251] OLG Schleswig bei *Ernesti/Jürgensen* Schl-HA 1973 187; KK-*Hürxthal* 30; KMR-*Paulus* 55.
[252] Vgl. OLG München HRR 1940 484; BayObLGSt 1971 91 = VRS 41 374; ferner §246, 6 ff.
[253] OLG Koblenz VRS 60 119.
[254] BayObLGSt 1981 14 = VRS 61 129; BayObLG VRS 60 378; LG Duisburg StrVert. 1984 19; LG Nürnberg-Fürth JZ 1982 260; KK-*Hürxthal* 29.

[255] BGH StrVert. 1985 4.
[256] BGH nach KK-*Hürxthal* 29. Wegen weiterer Beispiele vgl. *Schlothauer* StrVert. 1986 226.
[257] BayObLG VRS 64 129; OLG Celle NJW 1965 2264; OLG Hamm MDR 1971 68; 1972 254; DRiZ 1977 184; OLG Zweibrücken StrVert. 1984 148; vgl. *Heldmann* StrVert. 1981 82; *Heubel* NJW 1981 2678; KK-*Hürxthal* 31; *Kleinknecht/Meyer*[37] 19; vgl. §228, 20; 21; *Schlothauer* StrVert. 1986 228.
[258] OLG Celle NJW 1965 2264.
[259] BayObLG VRS 64 129; StrVert. 1983 270 mit Anm. *Weider*.

**sehbaren Verhinderung**[260]. Die Verpflichtung, eine sachgerechte Verteidigung zu ermöglichen, kann die Aussetzung erfordern, wenn der Verteidiger für den Angeklagten nicht vorhersehbar sein Mandat zu einem Zeitpunkt niederlegt, in dem es dem Angeklagten nicht mehr möglich war, rechtzeitig einen anderen Verteidiger zu bestellen[261] oder wenn ein als Verteidiger geladener Referendar für den abwesenden Angeklagten unvorhersehbar vom Gericht nicht als Wahlverteidiger zugelassen wird[262] oder wenn der Verteidiger wegen unvorschriftsmäßiger Kleidung zurückgewiesen wird[263] oder wenn dem nicht rechtskundigen Angeklagten die Ablehnung seines rechtzeitig gestellten Antrags auf Beiordnung eines Pflichtverteidigers so spät mitgeteilt wird, daß er weder eine Änderung des Beschlusses herbeiführen noch einen Wahlverteidiger beauftragen kann[264]. Eine Aussetzung kann aber auch dann notwendig werden, wenn im Falle einer notwendigen Verteidigung der eine von zwei gewählten Verteidigern das Mandat niederlegt und der andere wegen der zwischen ihnen abgesprochenen Aufgabenteilung die Verantwortung für die ganze Verteidigung nicht zu übernehmen bereit ist[265], ferner, wenn der Angeklagte wegen der Untätigkeit des Pflichtverteidigers[266] oder wegen der Verhinderung seines Verteidigers einen Anwalt seiner Wahl beauftragt und dieser sich nicht mehr rechtzeitig vorbereiten kann[267]. Dasselbe gilt, wenn ein Verteidiger in einer Sache, die nicht einfach gelagert ist, keine ausreichende Zeit zur Durchsicht der Akten erhält[268]; aber auch, wenn ein neu bestellter Pflichtverteidiger die Verteidigung nach einer für die Schwierigkeit der Sache nicht ausreichenden Vorbereitungszeit übernimmt[269].

**103**     § 145 Abs. 3 regelt die Pflicht des Gerichts zur Aussetzung oder Unterbrechung **nicht abschließend.** Er berührt insbesondere die Pflicht des Gerichts nicht, von Amts wegen auszusetzen, wenn dies § 265 Abs. 4 erfordert. Gleiches gilt für § 228 Abs. 2[270]. Umgekehrt machen diese Vorschriften aber auch deutlich, daß der Angeklagte nicht in jedem Fall wegen der Verhinderung seines Verteidigers die Aussetzung verlangen kann. Es kommt auf Anlaß und Vorhersehbarkeit der Verhinderung sowie auf die Bedeutung der Sache und die sonstigen **Umstände des Einzelfalls** an, ob bei Abwägung aller Belange die Aussetzung nach Absatz 4 aus der Sicht des unverteidigten Angeklagten[271] geboten ist. Die Schwierigkeit der Sach- oder Rechtslage, die Fähigkeit des Angeklagten, sich selbst zu verteidigen, sind dabei ebenso zu berücksichtigen wie die Lage des Verfahrens, die Dauer der Verhinderung des Verteidigers und das Gebot der Verfahrensbeschleunigung[272].

**104**     Grundsätzlich kann jede vom Angeklagten nicht verschuldete **Verschlechterung seiner Verteidigungsmöglichkeit** den Anlaß zur Aussetzung geben, beispielsweise auch, wenn der Verteidiger ohne Verschulden des in der Hauptverhandlung nicht anwesenden

---

[260] OLG Düsseldorf VRS **63** 458; OLG Zweibrücken StrVert. **1984** 148; vgl. aber auch BGH MDR **1977** 767 mit abl. Anm. *Sieg*; ferner LG Dortmund StrVert. **1986** 13; *Heldmann* StrVert. **1981** 82; § 228, 18.

[261] OLG Celle NdsRpfl. **1964** 234.

[262] OLG Köln NJW **1970** 720.

[263] OLG Köln VRS **70** 21.

[264] RGSt **57** 147; RG JW **1932** 406.

[265] RGSt **71** 353; OLG Köln VRS **23** 295; vgl. auch RG JW **1926** 1218 mit Anm. *Oetker*, *Mamroth*.

[266] BGH NJW **1958** 1736.

[267] BGH VRS **26** 46; **31** 188.

[268] BGH VRS **31** 188; OLG Hamburg NJW **1966** 843.

[269] BGH NJW **1965** 2164 mit Anm. *Schmidt-Leichner*; MDR **1977** 767 mit Anm. *Sieg*; BGH NStZ **1983** 281.

[270] BGH bei *Dallinger* MDR **1966** 26; KMR-*Paulus* 55. Vgl. § 228, 19 ff und bei § 145.

[271] BayObLG StrVert. **1983** 270 mit Anm. *Weider*.

[272] BGH NJW **1973** 1985 = JR **1974** 247 mit zust. Anm. *Peters* = LM Nr. 31; OLG Koblenz VRS **52** 430; vgl. Fußn. 269 mit weit. Nachw.

Angeklagten außerstande ist, sich zur Sache zu äußern[273] oder wenn das Gericht entgegen der in Aussicht gestellten Einstellung in Abwesenheit des Verteidigers dann doch zur Sache verhandelt[274], oder wenn das Gericht nach Weggang des Wahlverteidigers eines minderjährigen Angeklagten vor der Urteilsverkündung unerwartet nochmals in die mündliche Verhandlung eintritt und auf eine vom Angeklagten in der Tragweite nicht übersehbare Veränderung des rechtlichen Gesichtspunkts hinweist[275]; unter Umständen auch, wenn dem Gericht mitgeteilt wurde, der Verteidiger werde sich verspäten[276]. Andererseits kann der Verteidiger im Falle einer nicht notwendigen Verteidigung die Aussetzung nicht dadurch erzwingen, daß er nach Ablehnung seines Vertagungsantrags zur Hauptverhandlung nicht erscheint[277]. Erklärt der neu bestellte Verteidiger, er sei zur Verteidigung genügend vorbereitet, darf sich das Gericht im Normalfall darauf verlassen[278].

**3. Entscheidung des Gerichts.** Ob das Verfahren nach Absatz 4 auszusetzen ist, **105** hat das Gericht nach **pflichtgemäßem Ermessen** zu entscheiden. Für die Ausübung des Ermessens ist neben den Anforderungen, die sich aus der Aufklärungspflicht und der Pflicht zur Gewährung des rechtlichen Gehörs nach Art. 103 Abs. 2 GG ergeben, vor allem die Pflicht zur Gewährleistung eines fairen Verfahrens und die daraus folgende Fürsorgepflicht maßgebend. In jedem Fall muß die sachgemäße Ausübung der prozessualen Rechte von Anklage und Verteidigung gesichert bleiben. Der Angeklagte soll nicht hilflos einer veränderten prozessualen Lage ausgesetzt werden, sondern Gelegenheit erhalten, seine wohlverstandenen Belange im Verfahren wahrzunehmen[279].

Die **Ermessensentscheidung** des Gerichts ist — ganz gleich, ob sie in einem die **106** Aussetzung ablehnenden Beschluß oder nur in der weiteren Durchführung des Verfahrens stillschweigend ihren Ausdruck gefunden hat — **vom Revisionsgericht nachprüfbar**, zumindest, soweit ihre Anwendung von rechtlichen Erwägungen abhängt. Dies ist etwa der Fall, wenn sie eine zu enge Auslegung des § 265 Abs. 4 erkennen läßt oder auf einen Fehlgebrauch des Ermessens hindeutet[280], vor allem, wenn bei sachgemäßer Würdigung der maßgebenden Gesichtspunkte die Aussetzung unabweisbar erscheint[281]. Fehlerhaft ist es beispielsweise, einen Vertagungsantrag, der zur Beibringung von Belegen für ein Verteidigungsvorbringen gestellt wird, mit der Begründung abzulehnen, das Gegenteil der Schutzbehauptung sei erwiesen[282]. Ist ein Hinweis nach § 265 Abs. 1 gegeben worden, und ist für die Anwendung des neuen Strafgesetzes ein Tatumstand von Bedeutung, der bei Anwendung des in der Anklage angeführten Strafgesetzes unerheblich gewesen wäre, dann bedarf der Antrag, die Verhandlung nach Absatz 4 auszuset-

---

[273] BayObLG DAR **1957** 131.
[274] BayObLG VRS **63** 279.
[275] OLG Saarbrücken VRS **25** 66.
[276] Vgl. § 228, 22 ff.
[277] OLG Köln VRS **23** 295.
[278] BGH bei *Hürxthal* 31.
[279] OLG Hamm NJW **1973** 381; OLG Koblenz VRS **50** 294; OLG Saarbrücken VRS **25** 66; KK-*Hürxthal* 31.
[280] BGHSt **8** 96; BayObLG DAR **1957** 131; OLG Celle NdsRpfl. **1964** 234 (übermäßige Einschränkung des § 137 nachprüfbar); vgl. RGSt **28** 124; **57** 147; **65** 247; RG JW **1925** 372; *Mezger* ZStW **47** (1927) 160; JW **1922**

820; *Mannheim* und *Mamroth* JW **1926** 1216. OLG Hamm GA **1971** 25 sieht in der Ablehnung der Vertagung wegen Verhinderung des Verteidigers keinen Ermessensfehler, wenn es sich um einen einfach gelagerten Fall handelt. Ferner OLG Koblenz VRS **51** 288; OLG Hamm VRS **47** 358 (Zuwarten bei kurzfristiger Verhinderung) und die bei Rdn. 102 bis 104 angeführten Entscheidungen.
[281] Sogen. Reduktion des Ermessens auf Null, vgl. etwa BayObLG VRS **60** 378.
[282] RG GA **75** (1931) 213; vgl. auch § 246, 15; 19 ff.

Walter Gollwitzer

zen, um das Vorliegen jenes Tatumstands zu klären, nicht als Beweisermittlungsantrag zurückgewiesen werden[283].

**107**　　Ein Aussetzungsantrag nach Absatz 4 muß **in der Hauptverhandlung** beschieden werden, damit die Prozeßbeteiligten ihr weiteres Prozeßverhalten danach einstellen und die entsprechenden Anträge stellen können. Es ist unzulässig, die Ablehnung erst mit der Urteilsverkündung bekannt zu geben[284].

**108**　　**4. Die Dauer der Aussetzung** nach Absatz 3 und 4 wird durch das richterliche Ermessen bestimmt, das danach auszurichten ist, welche Zeit der Angeklagte und sein Verteidiger — im Falle des Absatzes 4 gegebenenfalls auch die Staatsanwaltschaft oder Nebenkläger — brauchen, um ihre Rechte sachgemäß wahrnehmen zu können. Die Schwierigkeiten der Sach- und Rechtslage und die Bedeutung der neu aufgetretenen Umstände sind dabei zu berücksichtigen. Nach ihnen bemißt sich der Zeitraum, der für die weitere Vorbereitung einschließlich etwaiger notwendig gewordener Ermittlungen zuzubilligen ist. Sie sind auch entscheidend dafür, ob eine bloße **Unterbrechung** der Verhandlung genügt[285]. Mitunter muß ohne Rücksicht auf die Fristen des § 229 die Hauptverhandlung neu begonnen werden, so, wenn bei einem Verteidigerwechsel der neue Verteidiger wichtigen Vorgängen der Beweisaufnahme nicht beiwohnen konnte, ihm also mangels persönlichen Eindrucks eine Beurteilung der wesentlichen Belastungszeugen nicht möglich war[286].

## VI. Rechtsmittel

**109**　　**1. Beschwerde.** Der Hinweis als solcher ist keine beschwerdefähige Verfügung im Sinne des § 304 Abs. 1. Im übrigen sind auch gerichtliche Entscheidungen über Erteilung oder Unterlassen eines Hinweises nach § 265 durch § 305 der Beschwerde entzogen. Sie können nur im Rahmen der Urteilsanfechtung beanstandet werden. Gleiches gilt für den Beschluß, der die Aussetzung des Verfahrens ablehnt und grundsätzlich auch für den Beschluß, der nach Absatz 3 oder 4 das Verfahren aussetzt. Nur in Ausnahmefällen, in denen der aussetzende Beschluß nicht der Vorbereitung der Urteilsfindung dient, sondern einen von § 265 nicht gedeckten Zweck verfolgt (vgl. Rdn. 97), kann ebenso wie bei §§ 228, 246 die Beschwerde zulässig sein (vgl. § 228, 30 ff).

**2. Revision**

**110**　　a) Ein **Verstoß gegen die Absätze 1 bis 4** eröffnet die Revision. Soweit allerdings ausschließlich die Verteidigung des Angeklagten gesichert werden soll, kann ihre Verletzung nicht zu seinem Ungunsten von Staatsanwalt, Nebenkläger oder Privatkläger geltend gemacht werden[287].

**111**　　Ob ein **Verstoß** gegen die **Absätze 1 oder 2** vorliegt, ist unter Berücksichtigung der Beweiskraft des Hauptverhandlungsprotokolls zu beurteilen[288]. Für sonst erforderliche tatsächliche Hinweise gilt dies nicht[289]. Wenn ein Verstoß gegen eine aus **Absatz 4**

[283] RG JW **1933** 967.

[284] OLG Dresden GA **72** (1928) 388.

[285] Es kann auch eine Verhandlungspause genügen; vgl. BGH bei KK-*Hürxthal* 30; KMR-*Paulus* 55; § 246, 18; vgl. ferner *Heubel* NJW **1981** 2678 (Hinausschieben des Verhandlungsbeginns).

[286] BGH VRS **26** 46 (besonders im Falle einer notwendigen Verteidigung).

[287] RGSt **5** 221; **59** 100; BGH bei *Dallinger* MDR **1966** 18; OLG Schleswig bei *Ernesti/Jürgensen* SchlHA **1974** 183; OLG Stuttgart MDR **1955** 505 (L); KK-*Hürxthal* 32; *Kleinknecht/Meyer*[37] 22; KMR-*Paulus* 56; vgl. § 339, 4.

[288] Vgl. Rdn. 74.

[289] Vgl. Rdn. 80 ff.

abgeleitete **Belehrungspflicht** behauptet wird, geht es zu Lasten des Beschwerdeführers, wenn die Behauptung einer unzureichenden Belehrung im Freibeweisverfahren nicht erwiesen ist[290].

Hat das Gericht einen Aussetzungsantrag des Angeklagten nach **Absatz 3 oder 4** **112** zu Unrecht abgelehnt, kann es dieser auch unter dem Gesichtspunkt des § 338 Nr. 8 rügen[291]. Ob der Angeklagte einen **Anspruch auf Aussetzung** nach Absatz 3 hatte, kann das Revisionsgericht im Wege des Freibeweises auch unter Heranziehung des Akteninhalts feststellen[292]. Zur Nachprüfbarkeit der Ermessensentscheidung nach Absatz 4 vgl. Rdn. 105.

**b)** Zur **Begründung der Revision** muß der Revisionsführer angeben (§ 344 Abs. 2), **113** wie die zugelassene Anklage in dem betreffenden Punkt lautete sowie, daß das Gericht den Angeklagten ohne den erforderlichen Hinweis wegen einer anderen Vorschrift oder wegen eines anderen Sachverhalts abgeurteilt hat[293]. Sind mehrere Fälle angeklagt, muß die Revision die Einzelfälle bezeichnen, in denen ohne Hinweis von der Würdigung der Anklage abgewichen wurde. Wird beanstandet, daß das Gericht die Aussetzung abgelehnt habe[294], müssen der gestellte Antrag und der ablehnende Beschluß dem Inhalt nach — am besten aber wörtlich — mitgeteilt werden[295]. Ausführungen zum Beruhen des Urteils auf dem Verfahrensverstoß sind an sich nicht unbedingt erforderlich, sie können aber zweckmäßig sein (vgl. Rdn. 114).

**c)** Die Revision hat nur Erfolg, wenn nicht auszuschließen ist, daß das Urteil auf **114** dem Verfahrensverstoß **beruht** (§§ 337, 338 Nr. 8). Ob dies **ausnahmsweise** ausgeschlossen werden kann, hängt von der Sach- und Rechtslage des Einzelfalls ab. Es muß feststehen, daß der Angeklagte und sein Verteidiger sich auch bei einem Hinweis nicht anders und erfolgreicher hätten verteidigen können[296]. Dies kann hinsichtlich des Schuldspruchs der Fall sein, wenn ein wegen Mords Angeklagter wegen Totschlags verurteilt wird, da der Vorwurf des Mords (in der Regel) den Vorwurf des Totschlags so in sich schließt, daß sich der Angeklagte dagegen nur in derselben Weise verteidigen kann[297]. Das gleiche gilt, wenn Mittäterschaft statt Alleintäterschaft angenommen wird und der Angeklagte alle zum Tatbestand gehörenden Ausführungshandlungen in eigener Person verwirklicht hat[298]. Das Beruhen wird ferner verneint, wenn der Angeklagte und sein Verteidiger zu dem rechtlichen Gesichtspunkt auch ohne Hinweis durch das Gericht in der Hauptverhandlung ausführlich Stellung genommen haben, etwa, weil der Staatsanwalt in seinen Schlußausführungen eine dementsprechende Rechtsansicht ver-

---

[290] BGHSt **19** 143; vgl. aber auch BGH NStZ **1985** 325 (Behauptung nicht widerlegt).

[291] Vgl. etwa BGH NJW **1965** 2164; NStZ **1983** 281; KK-*Hürxthal* 32; KMR-*Paulus* 60. Vgl. § 338, 126 ff.

[292] KK-*Hürxthal* 32; KMR-*Paulus* 61.

[293] *Dahs/Dahs* 362; KMR-*Paulus* 58.

[294] BGH bei *Holtz* MDR **1977** 461.

[295] OLG Koblenz VRS **51** 289; KMR-*Paulus* 60; vgl. auch OLG Düsseldorf StrVert. **1985** 361 (Notwendigkeit des Aussetzungsantrags).

[296] BGHSt **2** 250 = LM Nr. 2; BGHSt **18** 288; **23** 98; BGH NJW **1964** 459; VRS **49** 184; bei *Dallinger* MDR **1974** 548; BayObLG VRS

**62** 129; bei *Rüth* DAR **1986** 248; OLG Koblenz VRS **50** 30; OLG Saarbrücken MDR **1970** 439; VRS **48** 187; *Hanack* JZ **1972** 434; KK-*Hürxthal* 33; *Kleinknecht/Meyer*[37] 22; KMR-*Paulus* 59. *Eb. Schmidt* 26 beanstandet zu Recht, daß das Reichsgericht das Beruhen mitunter zu großzügig verneint hat, z. B. RGSt **76** 253; **77** 257; vgl. auch OLG Oldenburg HESt **2** 45; KG JR **1950** 633; OLG Neustadt JR **1958** 352 mit abl. Anm. *Sarstedt*.

[297] BGH bei *Dallinger* MDR **1952** 532; KK-*Hürxthal* 33.

[298] BGH NJW **1952** 1385.

Walter Gollwitzer

treten hat[299], und ersichtlich keine andere Verteidigungsmöglichkeit bestand[300]. Schon im Hinblick auf diese Rechtsprechung ist es angebracht, wenn vor allem bei den Verstößen gegen die formelle Hinweispflicht nach den Absätzen 1 und 2 die Revisionsbegründung aufzeigt, welche besseren Verteidigungsmöglichkeiten der Angeklagte bei einem ordnungsmäßigen Hinweis gehabt hätte[301].

**115**     Soweit die **Aussetzung** nach **Absatz 3 oder 4** zu Unrecht abgelehnt wurde, wird das Beruhen des Urteils auf diesem Verstoß in der Regel nicht verneint werden können[302].

**116**     **d) Andere Verfahrensrügen.** Ein Verstoß gegen § 265 kann auch gleichzeitig unter dem Blickwinkel einer Verletzung des **Rechts auf Gehör**[303] oder der **Aufklärungspflicht**[304] beanstandet werden, sofern die tatsächlichen Voraussetzungen für diese Rügen, die nicht notwendig mit denen der Rüge nach § 265 übereinstimmen, gegeben sind. Die betreffenden Tatsachen müssen dann in der Revisionsbegründung angeführt werden. Gerügt werden kann ferner, wenn versäumt wurde, dem Angeklagten einen **Pflichtverteidiger** zu bestellen, obwohl dies wegen der Änderungen nach § 140 notwendig geworden ist[305].

# § 265 a

[1]Kommen Auflagen oder Weisungen (§§ 56 b, 56 c, 59 a Abs. 2 des Strafgesetzbuches) in Betracht, so ist der Angeklagte in geeigneten Fällen zu befragen, ob er sich zu Leistungen erbietet, die der Genugtuung für das begangene Unrecht dienen, oder Zusagen für seine künftige Lebensführung macht. [2]Kommt die Weisung in Betracht, sich einer Heilbehandlung oder einer Entziehungskur zu unterziehen oder in einem geeigneten Heim oder einer geeigneten Anstalt Aufenthalt zu nehmen, so ist er zu befragen, ob er hierzu seine Einwilligung gibt.

**Entstehungsgeschichte.** § 265 a ist durch Art. 9 Nr. 12 des 1. StrRG 1969 eingefügt worden. Er steht im engen Zusammenhang mit der am 1. 4. 1970 in Kraft getretenen Neuregelung der Strafaussetzung zur Bewährung (§§ 23 ff StGB **a. F.**) durch das 1. StrRG. Später hat Art. 21 Nr. 69 EGStGB nur die Verweisungen auf das Strafgesetzbuch den neuen Paragraphennummern angepaßt.

---

[299] BGH NJW **1951** 726; OLG Köln NJW **1948** 148; KK-*Hürxthal* 33; KMR-*Paulus* 59.
[300] BGH MDR **1977** 63; OLG Köln MDR **1975** 164.
[301] Zur Zweckmäßigkeit von Ausführungen zur Beruhensfrage vgl. § 344, 87.
[302] Vgl. etwa BGHSt **8** 96.

[303] Vgl. etwa BVerfGE **49** 252; auch OLG Düsseldorf (Rechtsbeschwerde nach OWiG) NStZ **1984** 320 mit Anm. *Bauckelmann* 297; *Eckert* NStZ **1985** 32.
[304] Vgl. Rdn. 5; 80; § 244, 345.
[305] Vgl. Rdn. 62; KG StrVert. **1985** 184; ferner bei § 140.

**1. Sinn der Vorschrift.** Wird die Freiheitsstrafe zur Bewährung ausgesetzt, so **1** kann das Gericht dem Angeklagten nach §56b StGB die dort in Absatz 2 vorgesehenen **Auflagen** machen und es kann ihm nach §56c StGB **Weisungen** für seine Lebensführung erteilen. Erbietet sich der verurteilte Angeklagte aber selbst zu angemessenen Leistungen oder macht er Zusagen für seine künftige Lebensführung, so soll das Gericht in der Regel von Auflagen und Weisungen absehen, wenn zu erwarten ist, daß der Angeklagte sein Versprechen hält (§56b Abs. 3, §56c Abs. 3 StGB). Um eine sachgerechte Entscheidung vorzubereiten[1] und um dem Angeklagten Gelegenheit zu geben, seinen Willen zur Wiedergutmachung und Sühne seiner Tat und seine Bereitschaft zur Änderung seiner Lebensführung unter Beweis zu stellen, sieht §265a Satz 1 vor, daß das Gericht dem Angeklagten in der Hauptverhandlung Gelegenheit gibt, entsprechende Erklärungen abzugeben. Gleiches gilt bei Auflagen und Weisungen nach §59a Abs. 2, 3[1a].

§265a soll ferner dem Gericht ermöglichen, in der Hauptverhandlung den An- **2** geklagten dazu zu hören, welche Auflagen und Weisungen für ihn **zumutbar** (§56b Abs. 1, §56c Abs. 1) sind. Hierdurch kann Auflagen und Weisungen vorgebeugt werden, welche nicht den besonderen Lebensverhältnissen des Täters Rechnung tragen und deshalb leicht ihren Zweck verfehlen. Zugleich soll für den Täter der Anreiz geschaffen werden, sich selbst Gedanken darüber zu machen, auf welche Art er dem Verletzten oder der Allgemeinheit Genugtuung für seine Tat leisten will, sowie, ob eine Änderung seiner Lebensführung angezeigt ist. Es soll ein Anreiz für den Täter geschaffen werden, aktiv — und nicht nur passiv — an der Wiedergutmachung seiner Tat und an seiner Resozialisierung mitzuwirken.

Die nach Satz 2 vorgesehene Frage, ob der Angeklagte bereit ist, sich einer **Heil- 3 behandlung** oder einer Entziehungskur zu unterziehen oder in einem Heim oder einer geeigneten Anstalt Aufenthalt zu nehmen, ist ferner deshalb notwendig, weil nach §56c Abs. 3, 59a Abs. 3 StGB derartige Weisungen die **Einwilligung des Angeklagten** erfordern.

**2. Voraussetzungen**

**a)** Das Gericht muß, — ggf. aufgrund des Ergebnisses einer Zwischenberatung[2] **4** — der Ansicht sein, daß ein Schuldspruch und die **Aussetzung einer Strafe zur Bewährung** mit einiger **Wahrscheinlichkeit** zu erwarten ist. Es muß ferner in Erwägung ziehen, diese mit Auflagen und Weisungen zu verbinden.

**b)** Nach Satz 1 muß ein **„geeigneter Fall"** vorliegen. Ein solcher dürfte vor allem **5** dann gegeben sein, wenn der Angeklagte nach seiner Persönlichkeit erwarten läßt, daß

---

[1] KK-*Hürxthal* 1; KMR-*Paulus* 1 (Konkretisierung der Aufklärungspflicht).

[1a] Nach dem Regelungszweck ist die Vorschrift auch bei Weisungen nach dem neuen

§59a Abs. 3 StGB (angefügt durch das 23. StrÄndG) anzuwenden.

[2] KK-*Hürxthal* 2; *Kleinknecht/Meyer*[37] 1; KMR-*Paulus* 5; *Schmidt-Hieber* NJW **1982** 1020.

seine Zusagen glaubhaft sind. Bestreitet der Angeklagte seine Schuld nachdrücklich, so wird allerdings bei ihm keine Bereitschaft zu irgendwelchen Zusagen in der Hauptverhandlung bestehen; ob dann die Befragung nach Satz 1 trotzdem angebracht ist, hängt von den Umständen des Einzelfalls ab. Ist bei der Person des Angeklagten oder sonst nach den Umständen ein echtes und annehmbares Anerbieten nicht zu erwarten, scheidet eine Befragung nach Satz 1 aus[3].

**6**    3. Wenn eine **Weisung nach Satz 2** in Betracht kommt, ist der Angeklagte immer — also nicht nur wie bei Satz 1 „in geeigneten Fällen" — zu befragen, ob er in die vorgeschriebene Maßnahme einwilligt. Ohne Einwilligung wäre die Weisung nach § 56 c Abs. 3 StGB nicht zulässig.

**7**    **Weisungen nach Satz 2** haben in der Regel nur Erfolg, wenn der Angeklagte auch innerlich gewillt ist, die meist längere Zeit erfordernde Behandlung auf sich zu nehmen. Es erscheint daher angezeigt, wenn das Gericht bei Befragung des Angeklagten klärt, ob er dazu bereit ist. Dies setzt voraus, daß der Vorsitzende den Angeklagten über die **Bedeutung seiner Einwilligung** und über die Behandlungsmaßnahme aufklärt, die das Gericht zum Gegenstand einer Weisung machen will[4]. Die nach § 268 a Abs. 2 vorgeschriebene Belehrung, die dem Beschluß nachfolgt, der die Auflagen und Weisungen festsetzt, käme zu spät. In ihrem Rahmen ist für die Erörterung der Zweckmäßigkeit der einzelnen Maßnahmen kein Raum mehr. Gerade letzteres aber will die Neuregelung erreichen, wenn sie vorschreibt, daß der Angeklagte vorher gehört werden soll.

**8**    4. Die **Befragung** ist als Maßnahme nach § 238 Abs. 1 **Aufgabe des Vorsitzenden**, der vorher mit den übrigen Mitgliedern des Gerichts abklären muß, ob nach der Verfahrenslage eine solche Frage überhaupt in Betracht kommt[5]. Da der Angeklagte zu befragen ist, bevor das Gericht über seine Schuld endgültig entschieden hat, muß der Vorsitzende alles unterlassen, was den Eindruck erwecken könnte, er nehme vor Abschluß der Hauptverhandlung deren Ergebnis vorweg.

**9**    5. Der **Zeitpunkt der Befragung**, den das Gesetz nicht festsetzt, ist regelmäßig so zu wählen, daß der Eindruck einer Vorverurteilung vermieden werden kann. Die Befragung erscheint in der Regel erst nach Beendigung der Beweisaufnahme vor dem letzten Wort[6] angezeigt. Nur in den Fällen, in denen der Angeklagte voll geständig ist, kann es zweckmäßig sein, die Frage schon bei der Vernehmung des Angeklagten zur Sache zu stellen. Kommen eine Heilbehandlung, eine Entziehungskur oder sonst ein Anstaltsaufenthalt als Gegenstand einer Weisung in Betracht, so kann die Frage an den Angeklagten, ob er damit einverstanden sei, unter Umständen auch nach Einvernahme eines Sachverständigen, der in seinem Gutachten diese Möglichkeit erörtert hat, gestellt werden[7]. Sie ist dann zweckmäßigerweise mit der Befragung nach § 257 zu verbinden.

**10**    Die Befragung muß **vor Verkündung** des Urteils **nachgeholt** werden, wenn das Gericht erst auf Grund der Urteilsberatung zu dem Ergebnis kommt, daß eine Strafaussetzung zur Bewährung mit entsprechenden Auflagen oder Weisungen in Betracht kommt. Das Gericht muß dann nochmals in die Hauptverhandlung eintreten[8].

---

[3] OLG Koblenz VRS **71** 44; KK-*Hürxthal* 2; *Kleinknecht/Meyer*[37] 2; KMR-*Paulus* 6.
[4] KK-*Hürxthal* 1; *Eb. Schmidt* Nachtr. II 8.
[5] KMR-*Paulus* 8; Rd. 4 Fußn. 2.

[6] KK-*Hürxthal* 3; *Kleinknecht/Meyer*[37] 5; KMR-*Paulus* 9; *Wulf* JZ **1970** 161.
[7] KMR-*Paulus* 9.
[8] KK-*Hürxthal* 3; *Kleinknecht/Meyer*[37] 5; KMR-*Paulus* 9; vgl. § 258, 5; 48.

Hält das Gericht eine Befragung des Angeklagten vor Verkündung des Urteils **11** für ungeeignet, so ist es durch § 265 a andererseits nicht gehindert, **nach Verkündung des Urteils**, aber vor Verkündung des Beschlusses nach § 268 a, den Angeklagten zu befragen und dann erst den Beschluß nach erneuter Beratung zu erlassen[9].

**6. Keine Antwortpflicht des Angeklagten.** Ihm steht es frei, ob er die Frage beant- **12** worten will. Erklärt er nicht ausdrücklich seine Einwilligung in eine der in Satz 2 aufgeführten Maßnahmen, so kann diese nicht zum Gegenstand einer Weisung nach § 56 c Abs. 3 StGB gemacht werden. Das Gericht muß dann allerdings prüfen, ob es die Strafaussetzung mit anderen Weisungen anordnen kann oder ob es überhaupt von ihr Abstand nehmen muß, weil ihr Zweck ohne eine entsprechende Behandlung des Angeklagten nicht erreichbar erscheint.

Der Angeklagte kann seine **Einwilligung** bis zur Erteilung der Weisung **widerru- 13 fen**[10]. Ist die Weisung erteilt, kann er nur nach § 56 c StGB beantragen, sie nachträglich zu ändern. Das Gericht hat dann im Verfahren nach § 453 darüber zu entscheiden.

**7. Vertretung.** Ist der Angeklagte nicht anwesend, so kann auch ein zu seiner Ver- **14** tretung berechtigter Verteidiger (§ 234) befragt werden und die entsprechenden Erklärungen für ihn abgeben[11]. Bei einem von der Pflicht zum Erscheinen entbundenen Angeklagten (§ 233) ist dieser allerdings bereits bei seiner kommissarischen Einvernahme auch selbst zu befragen[12].

**8.** In die **Sitzungsniederschrift** ist aufzunehmen, daß der Angeklagte nach Satz 1 **15** und gegebenenfalls auch nach Satz 2 befragt wurde, sowie, ob und welche Zusagen er gemacht und zu welchen Leistungen er sich erboten hat, desgleichen, in welche konkrete Maßnahme nach Satz 2 er einwilligt oder aber die Einwilligung verweigert hat. Die Befragung und die daraufhin abgegebenen Erklärungen sind **wesentliche Förmlichkeiten** nach § 273 Abs. 1[13].

**9. Rechtsmittel**
**a)** Mit der **Beschwerde** gegen den Bechluß nach § 268 a kann nur geltend ge- **16** macht werden, daß eine Auflage oder Weisung **gesetzwidrig** ist. Dies ist der Fall, wenn bei einer Weisung nach § 56 c Abs. 3 StGB die Einwilligung fehlt oder wenn eine Auflage oder Weisung unzumutbar ist; das bloße Unterlassen der Anhörung als solches macht die Anordnung aber noch nicht gesetzwidrig[14].

**b)** Mit der **Revision** kann allenfalls unter den Blickwinkel einer Verletzung der **17 Aufklärungspflicht** beanstandet werden, daß das Gericht eine sich nach Sach- und Verfahrenslage aufdrängende Befragung nach § 265 a unterlassen und deshalb die Strafaussetzung zur Bewährung versagt hat. Im übrigen aber können Verstöße gegen § 265 a schon deshalb nicht mit der Revision geltend gemacht werden, weil auf ihnen nicht das Urteil, sondern allenfalls der Beschluß nach § 268 a beruhen kann[15].

---

[9] KK-*Hürxthal* 3; *Kleinknecht/Meyer*[37] 6; *Wulf* JZ **1970** 161 unter Hinweis auf den schriftlichen Bericht des Sonderausschusses des Bundestags BTDrucks. V 4094, 42.

[10] KMR-*Paulus* 10.

[11] KK-*Hürxthal* 3; *Kleinknecht/Meyer*[37] 1; KMR-*Paulus* 8; vgl. § 233, 34; § 234, 12.

[12] Vgl. § 233, 20.

[13] KK-*Hürxthal* 3; *Kleinknecht/Meyer*[37] 5; KMR-*Paulus* 11; *Eb. Schmidt* Nachtr. II 6; 10.

[14] *Kleinknecht/Meyer*[37] 8; KMR-*Paulus* 12; vgl. bei § 305 a.

[15] BGH nach KK-*Hürxthal* 4; *Kleinknecht/Meyer*[37] 9; KMR-*Paulus* 12; vgl. § 268 a, 5.

Walter Gollwitzer

# § 266

**(1) Erstreckt der Staatsanwalt in der Hauptverhandlung die Anklage auf weitere Straftaten des Angeklagten, so kann das Gericht sie durch Beschluß in das Verfahren einbeziehen, wenn es für sie zuständig ist und der Angeklagte zustimmt.**

**(2) Die Nachtragsanklage kann mündlich erhoben werden. [2]Ihr Inhalt entspricht dem § 200 Abs. 1. [3]Sie wird in die Sitzungsniederschrift aufgenommen. [4]Der Vorsitzende gibt dem Angeklagten Gelegenheit, sich zu verteidigen.**

**(3) [1]Die Verhandlung wird unterbrochen, wenn es der Vorsitzende für erforderlich hält oder wenn der Angeklagte es beantragt und sein Antrag nicht offenbar mutwillig oder nur zur Verzögerung des Verfahrens gestellt ist. [2]Auf das Recht, die Unterbrechung zu beantragen, wird der Angeklagte hingewiesen.**

**Schrifttum.** *Hilger* Kann auf eine Nachtragsanklage (§ 266) die Eröffnung des Hauptverfahrens mangels hinreichenden Tatverdachts abgelehnt werden? JR **1983** 441; *Meyer-Goßner* Nachtragsanklage und Ablehnung der Eröffnung des Hauptverfahrens, JR **1984** 53.

**Entstehungsgeschichte.** Eine dem § 266 entsprechende Vorschrift fehlt in den Entwürfen. Sie wurde erst von der Reichstagskommission (Protokolle *Hahn* 927; 1354) aufgenommen. Die ursprüngliche Fassung lautete:

(1) Wird der Angeklagte im Laufe der Hauptverhandlung noch einer anderen Tat beschuldigt, als wegen welcher das Hauptverfahren wider ihn eröffnet worden ist, so kann sie auf Antrag der Staatsanwaltschaft und mit Zustimmung des Angeklagten zum Gegenstande derselben Aburteilung gemacht werden.

(2) Diese Bestimmung findet nicht Anwendung, wenn die Tat als ein Verbrechen sich darstellt oder ihre Aburteilung die Zuständigkeit des Gerichts überschreitet.

Die jetzt geltende Fassung beruht auf Art. 9 § 7 der 2. VereinfVO vom 13. 8. 1942 und auf Art. 3 Nr. 118 VereinhG, das die Fassung der 2. Vereinfachungsverordnung übernahm, aber die dort beseitigte Zustimmung des Angeklagten wieder zur Voraussetzung der Einbeziehung machte. Bezeichnung bis 1924: § 265.

## Übersicht

**1. Zweck der Vorschrift.** Die Vorschrift dient — ähnlich wie § 212 — der Verein- **1**
fachung und Beschleunigung, die unter Überspringung gewisser, regelmäßig vorgeschriebener Verfahrenshandlungen durch eine außergewöhnliche Art der Verbindung
erreicht wird. Die Vermeidung unnötiger Weitläufigkeiten ermöglicht § 266 namentlich
dann, wenn die Untersuchung mehrere gleichartige Vergehen betrifft, in der Hauptverhandlung aber sich noch neue Straffälle ergeben, die alsbald ohne Schwierigkeit abgeurteilt werden können[1], weil die Beweismittel präsent sind oder der Angeklagte geständig
ist.

**2. Voraussetzung der Nachtragsanklage**

**a)** Eine „**weitere Straftat**" soll entsprechend dem Angeklageprinzip der Kogni- **2**
tionsbefugnis des Gerichts unterstellt werden. Straftat ist hier nicht im Sinne des materiellen Strafrechts (§ 53 StGB) zu verstehen, sondern im Sinne des prozessualen Tatbegriffs des § 264. Die Nachtragsanklage setzt begriffsnotwendig voraus, daß eine **andere
Tat**, ein anderes geschichtliches Ereignis als das von der zugelassenen Anklage erfaßte,
zusätzlich der Entscheidung des Gerichts unterstellt werden soll[2]. Im Einspruchsverfah-
ren nach einem Bußgeldbescheid kommt eine entsprechende Anwendung des § 266
nicht in Betracht[3]. Im Strafverfahren kann die Staatsanwaltschaft auch wegen einer
Ordnungswidrigkeit Nachtragsanklage erheben, wenn sie deren Verfolgung nach § 42
OWiG übernimmt[4].

**Innerhalb der angeklagten Tat** hat das Gericht ohnehin von Amts wegen die Un- **3**
tersuchung auf alle in Betracht kommenden tatsächlichen und rechtlichen Gesichtspunkte zu erstrecken, so daß es insoweit **keiner Nachtragsanklage** bedarf[5]. Insbesondere
muß das Gericht auch ohne Nachtragsanklage weitere, erst nachträglich bekannt werdende Einzelakte einer fortgesetzten Handlung in die Untersuchung mit einbeziehen[6].
Nur wenn für die Zeit bis zum Eröffnungsbeschluß kein strafbarer Einzelakt nachweisbar ist, müssen die späteren Handlungen durch Nachtragsanklage der Entscheidung des
Gerichts unterstellt werden[7]. Gleiches gilt, wenn eine erst in der Hauptverhandlung festgestellte strafbare Handlung kein Teilakt der angeklagten fortgesetzten Tat ist[8].

**b)** Die weitere Straftat braucht im übrigen mit der bereits angeklagten Tat in **kei-** **4**
**nerlei** sachlichen **Zusammenhang** zu stehen[9]. Sie braucht weder gleichartig zu sein, noch
kommt es darauf an, ob die Bildung einer Gesamtstrafe zu erwarten ist. Gleichgültig ist
ferner, ob der Angeklagte wegen der in der zugelassenen Anklage bezeichneten Tat

[1] Bericht der Reichstagskommission 71; *Hahn* Prot. 927; 1354; vgl. auch zur Entste- hungsgeschichte unter Einbeziehung der Re- formentwürfe *Rieß* FS Reichsjustizamt, 403.
[2] BGH JZ **1971** 105 mit Anm. *Kleinknecht*; OLG Koblenz VRS **46** 204; OLG Saarbrük- ken NJW **1974** 375; *Achenbach* MDR **1975** 19; *Eb. Schmidt* 3. Daß die 2. VereinfVO „Tat" durch „Straftat" ersetzte, ändert daran nichts. Die Formulierung mag durch den damaligen Streit, ob zwischen dem ma- teriell-rechtlichen und verfahrensrechtlichen Tatbegriff ein Unterschied bestehe (vgl. *Eb. Schmidt* I Nr. 300) beeinflußt worden sein.

[3] BayObLGSt **1970** 31 = VRS **38** 366; OLG Koblenz VRS **60** 49; 458; **63** 140; *Göhler* § 71, 52; KMR-*Paulus* 4.
[4] *Göhler* § 42, 11; § 71, 52; *Kleinknecht/Mey-er*[37] 1; vgl. auch Rdn. 3.
[5] OLG Saarbrücken NJW **1974** 375; BGH bei *Hürxthal* 2; vgl. § 264, 20 ff.
[6] Vgl. § 264, 32 ff mit weit. Nachw.; *Klein-knecht/Meyer*[37] 1.
[7] BGHSt **27** 115; BayObLGSt **1963** 115 = OLGSt 1; vgl. § 264, 35; aber auch Rdn. 12.
[8] BGH NStZ **1982** 128; 519; StrVert. **1982** 159; 256; vgl. § 264, 35 mit weit. Nachw.
[9] KK-*Hürxthal* 2; *Kleinknecht/Meyer*[37] 2.

verurteilt oder freigesprochen wird und ob die weitere Straftat ein Verbrechen (anders die frühere Fassung) oder ein Vergehen[10] oder eine Ordnungswidrigkeit ist[11].

### 3. Nachtragsanklage

**5**      **a) Antrag des Staatsanwalts.** Die Nachtragsanklage erfüllt die Prozeßvoraussetzung der Erhebung der öffentlichen Klage[12]. Es steht im freien Ermessen des Staatsanwalts, ob er Nachtragsanklage erheben oder ob er die Verfolgung der neuen Straftat einem gesonderten Verfahren vorbehalten will[13]. Das Gericht kann insoweit allenfalls mit Anregungen an die Staatsanwaltschaft herantreten. Das Fehlen einer Nachtragsanklage wird nicht dadurch geheilt, daß das Gericht das Verfahren wegen der einzubeziehenden Tat nach § 270 an ein anderes Gericht verwiesen hat[14].

**6**      Voraussetzung für die Erhebung der Nachtragsanklage ist jedoch, daß dafür — ebenso wie bei der Erhebung der Anklage nach § 170 Abs. 1 — ein genügender Anlaß besteht. Es muß also ein **hinreichender Tatverdacht** gegeben sein, der eine Verurteilung wahrscheinlich erscheinen läßt[14a].

**7**      Der **Inhalt** der Nachtragsanklage muß, auch wenn sie nur mündlich vorgetragen wird, dem § 200 Abs. 1 entsprechen. Sie hat entsprechend der Umgrenzungs- und Informationsfunktion[15] jeder Anklage die dem Angeklagten zur Last gelegte Tat unter Hervorhebung ihrer gesetzlichen Merkmale und der Zeit und des Ortes ihrer Begehung sowie das anzuwendende Strafgesetz zu bezeichnen[16]; das wesentliche Ergebnis der Ermittlungen braucht nicht vorgetragen werden[17].

**8**      **b)** Die Nachtragsanklage muß vom Staatsanwalt **in der Hauptverhandlung mündlich** erhoben werden. Reicht der Staatsanwalt — was zweckmäßig sein kann — vorher eine Anklageschrift ein, wird diese erst dadurch, daß sie in der Hauptverhandlung mündlich vorgetragen wird, zu der in der Hauptverhandlung abzugebenden Prozeßerklärung. Überreicht der Staatsanwalt eine Anklageschrift unter mündlichem Vortrag ihres Inhalts, so kann diese Schrift als Anlage zum Protokoll genommen und zu seinem Bestandteil gemacht werden[18].

**9**      Die Nachtragsanklage kann **bis zum Schlusse der Verhandlung**, also bis zum Abschluß der Urteilsverkündung, erhoben werden[19]. Die Gegenmeinung[20] hält die Erhebung der Nachtragsanklage dagegen nur bis zum Beginn der Urteilsverkündung für zulässig. Diese Streitfrage dürfte kaum große Bedeutung haben. In der Regel wird das Gericht bei einer nach Beginn der Urteilsverkündung erhobenen Nachtragsanklage im Hinblick auf das Beschleunigungsgebot ohnehin die Einbeziehung ablehnen, es sei denn, daß die Nachtragsanklage nur erhoben wird, um das erst verspätet erkannte Fehlen einer Prozeßvoraussetzung für eine ohne ordnungsgemäße Anklage zum Gegenstand des Verfahrens und der Urteilsfindung gemachten Tat zu beseitigen. Wird die Nachtragsanklage nach Abschluß der Beweisaufnahme erhoben, muß das Gericht erneut in die mündliche Verhandlung eintreten.

---

[10] KK-*Hürxthal* 2; *Eb. Schmidt* 8.
[11] *Göhler* § 42, 11; *Kleinknecht/Meyer*[37] 3; KMR-*Paulus* 6.
[12] Einl. Kap. **12** I; § 200, 3.
[13] KMR-*Paulus* 8; *Lüttger* GA **1957** 206.
[14] BGH NStZ **1981** 519; StrVert. **1982** 256; vgl. § 270, 5; 32.
[14a] Vgl. dazu § 203, 2; 6 ff.
[15] Vgl. § 200, 3 ff; KMR-*Paulus* 16; *Schlüchter* 405.

[16] BGH NStZ **1986** 276; bei *Pfeiffer/Miebach* NStZ **1986** 207; BayObLGSt **1953** 1 = NJW **1953** 674; OLG Koblenz VRS **49** 43.
[17] KK-*Hürxthal* 3; *Eb. Schmidt* 8.
[18] Vgl. Rdn. 33.
[19] KMR-*Paulus* 9.
[20] Vgl. BGH bei *Dallinger* MDR **1955** 397; KK-*Hürxthal* 4; *Eb. Schmidt* 7.

**4. Voraussetzung für die Einbeziehung**

**a) Zuständigkeit des Gerichts.** Das Gericht muß zur Aburteilung — einschließlich **10** einer etwaigen Gesamtstrafenbildung[21] — **sachlich** zuständig sein. Es darf nicht die Zuständigkeit eines höheren Gerichts begründet sein. Dagegen ist es, wie die ursprüngliche Fassung des Absatzes 2 deutlicher gezeigt hat, unschädlich, wenn die nachträglich angeklagte weitere Tat für sich allein vor ein Gericht niederer Ordnung gehören würde (§ 269); das höherrangige Gericht ist auch sonst zur Aburteilung solcher Taten befugt, die mit den in seine Zuständigkeit fallenden Straftaten gemeinsam angeklagt oder verbunden werden. Eine Straftat dagegen, deren Aburteilung seine Zuständigkeit übersteigt, darf das Gericht auch nicht zu dem Zweck einbeziehen, sie danach entweder allein oder zusammen mit den übrigen bereits anhängigen Taten nach § 270 an das zuständige höhere Gericht zu verweisen[22]. Stellt sich allerdings erst im Laufe des weiteren Verfahrens heraus, daß die einbezogene Tat vor ein Gericht höherer Ordnung gehört, so kann das Gericht abtrennen und nach § 270 verfahren[23]. Die örtliche Zuständigkeit ist stets gegeben (§ 13).

**b)** Die Nachtragsanklage kann noch **in der Berufungsinstanz** erhoben werden **11** (§ 332)[24]. Dies ist strittig. Die Gegenmeinung[25] führt an, daß dem Berufungsgericht die Zuständigkeit zur erstinstanzlichen Verhandlung der nachträglich angeklagten Tat fehle und daß dem Angeklagten ein Rechtszug „genommen würde". Dies greift nicht durch. Ein weiterer Vorwurf darf in das bisherige Verfahren ohnehin nur einbezogen werden, wenn der Angeklagte zustimmt. Er hat es also jederzeit in der Hand, ob er sich „einen Rechtszug nehmen" lassen will. Legt er, weil er der Einbeziehung einer Nachtragsanklage zustimmt, selbst keinen Wert auf einen weiteren Rechtszug, so ist nicht einzusehen, weshalb ihm entgegen seinem Wunsch und Wollen ein weiterer Rechtszug offenstehen soll. Würde die Staatsanwaltschaft, statt eine Nachtragsanklage zu erheben, eine selbständige Anklage einreichen, so könnte das neue Verfahren nach der Eröffnung des Hauptverfahrens mit einem vor demselben Landgericht im Berufungsrechtszuge anhängigen Verfahren zum Zwecke gleichzeitiger Verhandlung und Entscheidung verbunden werden[26]. Es ist kein rechter Grund dafür einzusehen, weshalb für die Nachtragsanklage im Einverständnis mit dem Angeklagten etwas unzulässig sein soll, was im Falle einer selbständigen Anklage sogar ohne und gegen den Willen des Angeklagten geschehen dürfte.

Wenn das Gericht des ersten Rechtszuges den Angeklagten auch wegen einer Tat **12** verurteilt hatte, die nicht von der Anklage umfaßt war, soll nach strittiger Ansicht der **Mangel dieser Prozeßvoraussetzung** im Berufungsrechtszuge durch Nachtragsanklage analog § 266 behoben werden können[27]. Sofern man in diesem Sonderfall nicht annimmt, daß die Nachholung der Anklage auch das Verfahren der ersten Instanz rückwirkend heilt, der Berufungsrechtszug also nicht verlassen wird, müßte auch hier das

[21] KMR-*Paulus* 7.

[22] RGRspr. **3** 91; KK-*Hürxthal* 6; KMR-*Paulus* 7. Vgl. ferner *Deisberg/Hohendorf* DRiZ **1984** 265 (keine Verweisung vom einfachen an das erweiterte Schöffengericht); *Meyer-Goßner* JR **1985** 455.

[23] KMR-*Paulus* 7; *Eb. Schmidt* 10.

[24] *Gössel* § 33 A III b 3; KK-*Hürxthal* 5; *Kleinknecht/Meyer*[37] 7; KMR-*Paulus* 3; *G. Schäfer* § 86.

[25] RGSt **42** 91; **62** 132; RG GA **42** (1894) 251; *Meyer-Goßner* JR **1985** 454; *Eb. Schmidt* 5;

vgl. auch *Palder* JR **1986** 96.

[26] § 237, 4; 14; vgl. auch BGHSt **4** 152. Da die kleine Strafkammer nur Berufungsgericht ist, müßten die Verfahren von der für erstinstanzielle Sachen zuständigen großen Strafkammer verhandelt werden. Im Hinblick auf die Prozeßökonomie wird die Einbeziehung dort in Betracht kommen, wo die große Strafkammer Berufungsgericht ist.

[27] RGSt **56** 113; OLG Hamm JMBlNW **1955** 83; KK-*Hürxthal* 5; KMR-*Paulus* 3.

Walter Gollwitzer

Verfahren insoweit als erstinstanzielles Verfahren durchgeführt werden[28]. Wurde der Angeklagte allerdings in der ersten Instanz nur wegen einer Tat verurteilt, die nicht Gegenstand der zugelassenen Anklage war, dann kann nach einer die Akzessorität der Nachtragsanklage betonenden Ansicht des BGH die fehlende Anklage in der Berufungsinstanz nicht im Wege der Nachtragsanklage nachgeholt werden[29].

**13**     c) In der **Revisionsinstanz** kann keine Nachtragsanklage erhoben werden, weil dem Revisionsgericht in dieser Eigenschaft jede tatrichterliche Zuständigkeit mangelt[30].

**14**     **5. Zustimmung des Angeklagten.** Der Angeklagte muß zu dem Antrag des Staatsanwalts gehört werden. Er muß der Einbeziehung ausdrücklich und unzweideutig zustimmen. Es genügt nicht, daß er schweigt und keine Einwendungen erhebt, oder sich nur auf die neu erhobene Anklage einläßt[31].

**15**     Die Zustimmungserklärung des Angeklagten gehört zu den das Verfahren **gestaltenden Willenserklärungen.** Die Zustimmung kann deshalb nicht widerrufen werden. Ist allerdings im Zeitpunkt des Widerrufs der Einbeziehungsbeschluß des Gerichts noch nicht ergangen, wird das Gericht prüfen müssen, ob es nicht wegen des „Widerrufs" die beantragte Einbeziehung ablehnen sollte[32].

**16**     Die Zustimmung zur Einbeziehung kann **nur der Angeklagte selbst** erteilen. Wird die Hauptverhandlung in seiner Abwesenheit durchgeführt, kann auch ein zur Vertretung des Angeklagten nach § 234 ermächtigter Verteidiger diese Zustimmung nicht für den Angeklagten erklären[33]. Eine vom Verteidiger in Gegenwart des Angeklagten erklärte Zustimmung ist unwirksam, wenn der Angeklagte ihr widerspricht[34]. Schweigt er dazu, so wird in der Regel sein Einverständnis mit der Erklärung des Verteidigers unterstellt werden dürfen. Wegen der Bedeutung der Einbeziehung sollte der Angeklagte aber stets selbst ausdrücklich befragt werden. Ein Widerspruch des Verteidigers gegen die Einbeziehung ist unbeachtlich, wenn der Angeklagte ihr zustimmt[35]. Hier handelt es sich nicht lediglich um die Ausübung einer prozessualen Befugnis bei Führung der Verteidigung gegenüber der erhobenen Anklage, bei der der Wille des fachkundigen Verteidigers den Vorrang hat, sondern — ähnlich der Rechtslage bei § 297 — um die **höchstpersönliche Entscheidung des Angeklagten**[36], ob er sich der neuen Anklage so-

---

[28] RGSt **65** 113; KMR-*Paulus* 3. Von seinem gegenteiligen Standpunkt aus verneint *Eb. Schmidt* 5 konsequenterweise die Möglichkeit einer Heilung der fehlenden Prozeßvoraussetzungen der Anklage und des Eröffnungsbeschlusses durch Nachtragsanklage und Einbeziehung in der Berufungsinstanz.

[29] BGHSt **33** 167 = JR **1986** 119 mit Anm. *Naucke*; entgegen OLG Hamburg MDR **1985** 604; vgl. auch BGH NStZ **1986** 276, wo offen blieb, ob Nachtragsanklage wegen einer weiteren Tat zulässig, wenn wegen der ursprünglich angeklagten Tat nicht wirksam eröffnet worden war. *Palder* JR **1986** 96 hält Nachtragsanklage zur Heilung eines unwirksamen oder fehlenden Eröffnungsbeschlusses für zulässig, da es auch sonst genüge, wenn die fehlende Verfahrensvoraussetzung bei Erlaß des Berufungsurteils bestehe und dadurch weder zwingende Zuständig-

keitsregeln verletzt würden noch der Angeklagte eine Instanz verliere.

[30] RG HRR **1928** Nr. 295; KMR-*Paulus* 4.

[31] RG GA **47** (1900) 154; BGH JR **1985** 126 mit Anm. *Gollwitzer*; BayObLGSt **1953** 1 = NJW **1953** 674; KG DAR **1956** 334; KK-*Hürxthal* 7; *Kleinknecht/Meyer*[37] 3; KMR-*Paulus* 11; a. A RGSt 4 76.

[32] KK-*Hürxthal* 7; KMR-*Paulus* 12; *Eb. Schmidt* 11.

[33] KK-*Hürxthal* 7; KMR-*Paulus* 11; *Eb. Schmidt* Nachtr. II 15; vgl. § 234, 12 mit weit. Nachw. auch zur Gegenmeinung.

[34] KK-*Hürxthal* 7.

[35] *Beling* 151; KK-*Hürxthal* 7, KMR-*Paulus* 11; a. A *Rieß* NJW **1977** 883 Fußn. 34; *Spendel* JZ **1959** 741.

[36] Vgl. *Beling* 151: Abwägung der Vor- und Nachteile der Einbeziehung ist eigene Angelegenheit des Angeklagten; RGSt 4 80.

fort stellen will. Selbst wenn er dies nur tut, um sich Aufregung oder Kosten zu sparen, muß sein Wille dem des Verteidigers vorgehen. Dem Angeklagten sollte allerdings Gelegenheit gegeben werden, sich vor einer endgültigen Erklärung mit seinem Verteidiger zu besprechen. Eine andere Frage ist, welche Folgerungen das Gericht daraus ziehen muß, wenn in einem solchen Fall der Verteidiger erklärt, er sei außer Stande, die Verteidigung wegen der neuen Tat zu führen. Dann muß das Gericht nach den bei § 265 Abs. 4 erörterten Gesichtspunkten prüfen, ob insoweit die Verhandlung ohne Verteidiger zumutbar ist[37]; ist dies nicht der Fall, wird es unter Umständen von der Einbeziehung trotz der Einwilligung des Angeklagten im Interesse der Verfahrensbeschleunigung absehen (vgl. Rdn. 27 ff).

Die Zustimmung des Angeklagten ist **keine** von Amts wegen in jeder Lage des **17** Verfahrens zu beachtende **Verfahrensvoraussetzung**[38]. Der Mangel der Zustimmung ist ein Verfahrensfehler, der die Wirksamkeit des Einbeziehungsbeschlusses nicht berührt und auch sonst nicht von Amts wegen zu beachten ist, sondern nur, wenn er mit der Berufung oder Revision gerügt wird. Ob der Mangel einer vorherigen Zustimmung dadurch geheilt werden kann, daß der Angeklagte der Einbeziehung nachträglich zustimmt, ist strittig[39].

### 6. Einbeziehungsbeschluß

**a) Beschluß des Gerichts.** Der Beschluß, durch den die weitere Straftat in das **18** Verfahren einbezogen wird, tritt an die Stelle des Eröffnungsbeschlusses. Er muß vom Gericht — nicht vom Vorsitzenden — erlassen werden[40]. Er braucht nicht notwendig aus sich heraus verständlich zu sein, sondern kann auf die protokollierte Nachtragsanklage oder auf die als Anlage zum Protokoll genommene Nachtragsanklageschrift Bezug nehmen, falls er nicht in rechtlicher oder tatsächlicher Beziehung von ihr abweicht (§ 207 Abs. 2). In diesem Fall müssen sich die Abweichungen aus dem Beschluß ergeben. Daß für den Einbeziehungsbeschluß nicht dieselbe Formstrenge wie für den Eröffnungsbeschluß gilt, kann daraus entnommen werden, daß § 266 nicht auf § 207 verweist, während hinsichtlich der Nachtragsanklage auf § 200 Abs. 1 verwiesen wird[41]. Der Einbeziehungsbeschluß muß aber eindeutig erkennen lassen, in welcher tatsächlichen und rechtlichen Gestalt die Nachtragsanklage zum Gegenstand des Verfahrens gemacht werden soll[42].

Der Einbeziehungsbeschluß erfordert ferner, daß hinsichtlich der einzubeziehen- **19** den Tat ein **hinreichender Tatverdacht** vom Gericht bejaht wird[43]. Insoweit besteht kein Unterschied zum Eröffnungsbeschluß.

Auch wenn alle förmlichen Voraussetzungen für eine Einbeziehung gegeben sind **20** und insbesondere auch der Angeklagte damit einverstanden ist, steht es im pflichtgemäßen **Ermessen** des Gerichts, ob es die weitere Tat einbeziehen will. Entsprechend dem prozeßökonomischen Zweck des § 266 wird es dabei zu berücksichtigen haben, daß die Einbeziehung in der Regel nur dann sinnvoll ist, wenn dadurch die weitere Fortsetzung

---

[37] Dazu § 265, 102.

[38] RG GA **47** (1900) 154; BGH bei *Holtz* MDR **1977** 984; auch BGH JR **1985** 126 mit Anm. *Gollwitzer*; KK-*Hürxthal* 7; *Kleinknecht/Meyer*[37] 4; KMR-*Paulus* 12; LG München I MDR **1978** 161.

[39] Bejahend KMR-*Paulus* 12; a. A LG München I MDR **1978** 161.

[40] KK-*Hürxthal* 8; *Kleinknecht/Meyer*[37] 5; KMR-*Paulus* 14.

[41] OLG Oldenburg MDR **1970** 946; KK-*Hürxthal* 8; *Kleinknecht/Meyer*[37] 5; KMR-*Paulus* 15.

[42] BayObLG NJW **1953** 674.

[43] *Hilger* JR **1983** 441; *Lüttger* GA **1957** 206; *Meyer-Goßner* JR **1984** 53.

Walter Gollwitzer

der Hauptverhandlung nicht gefährdet wird[44]. Wie Absatz 3 zeigt, muß die Einbeziehung mit dem Gebot der beschleunigten und zügigen Erledigung des bereits anhängigen Verfahrens vereinbar sein[45].

**21**    b) Der Einbeziehungsbeschluß muß in der Hauptverhandlung **verkündet** werden. Sein Erlaß ist eine wesentliche Förmlichkeit. Er kann nicht „**stillschweigend**" dadurch ergehen, daß die Tat für die Verfahrensbeteiligten ersichtlich zum Gegenstand der Hauptverhandlung gemacht wird[46].

**22**    c) Mit der Verkündung des Einbeziehungsbeschlusses wird die nachträglich angeklagte Tat **rechtshängig** und der Disposition der Staatsanwaltschaft entzogen (§ 156). Auch das Gericht kann die Einbeziehung nicht mehr frei widerrufen[47]. Es treten die vollen Wirkungen der Rechtshängigkeit ein; das Verfahren bleibt auch dann bei dem Gericht rechtshängig, wenn es später insoweit abgetrennt wird. Die Wirksamkeit oder Unwirksamkeit eines fehlerhaften Einbeziehungsbeschlusses beurteilt sich nach den gleichen Gesichtspunkten wie bei einem normalen Eröffnungsbeschluß[48].

**23**    d) Hat die Staatsanwaltschaft (zu Unrecht) Nachtragsanklage erhoben, obwohl es sich um einen **Teil der bereits angeklagten Tat** handelt, so braucht das Gericht keinen förmlichen Einbeziehungsbeschluß erlassen. Nach Ansicht des Bundesgerichtshofs kann es die Nachtragsanklage als unnötig durch Beschluß förmlich zurückweisen[49], wenn sie nicht von der Staatsanwaltschaft zurückgenommen wird. Ein Einbeziehungsbeschluß[50] erscheint allenfalls in den Fällen vertretbar, in denen es zweifelhaft sein kann, ob es sich noch um die gleiche Tat im Sinne des § 264 handelt. Im übrigen dürfte es genügen, daß das Gericht klarstellt, nach seiner Auffassung sei die nachträglich angeklagte Straftat ohnehin Gegenstand der Hauptverhandlung und unterliege nach § 264 auch ohne förmliche Einbeziehung seiner Kognition. Diese Klarstellung der Rechtslage in der Hauptverhandlung kann mit den meist ohnehin erforderlich werdenden Hinweisen nach § 265 verbunden werden[51]. Ist dies geschehen und hat das Gericht zu Recht angenommen, daß auch der nachträglich angeklagte Sachverhalt zur bereits angeklagten Tat gehört, dann ist für das weitere Verfahren unbehelflich, ob es die Nachtragsanklage als „unnötig" oder „unzulässig" zurückweist. Wichtig ist nur, daß bei den Prozeßbeteiligten und

---

[44] KK-*Hürxthal* 8.

[45] Vgl. Rdn. 27; *G. Schäfer* § 86.

[46] KK-*Hürxthal* 9; KMR-*Paulus* 15; *Eb. Schmidt* Nachtr. I 1. Soweit OLG Oldenburg JR **1963** 109; MDR **1970** 946 und OLG Schleswig bei *Ernesti/Jürgensen* SchlHA **1969** 153 in Ausnahmefällen einen stillschweigend ergangenen Beschluß für möglich halten, kann ihnen nicht gefolgt werden, da es sich um eine Prozeßvoraussetzung für das weitere Verfahren handelt, die mit einem bestimmten Mindestinhalt eindeutig ergangen und durch das Sitzungsprotokoll nachgewiesen werden muß.

[47] Die formale Aufhebung des Einbeziehungsbeschlusses durch das Gericht, das ihn erlassen hat, ist allenfalls zur Klarstellung zulässig, wenn Wirksamkeit und Bestand des Einbeziehungsbeschlusses ohnehin wegen eines Verfahrensfehlers entfallen würde. Anders

früher *Oetker* Das Verfahren von den Schwur- und Schöffengerichten (1907) 340, 641. Diese Ansicht hängt jedoch mit einer früher vertretenen Rechtsauffassung zusammen, die aus dem ursprünglichen Wortlaut des § 266 („zum Gegenstand derselben Aburteilung gemacht") eine Akzessorität der „Zusatz"- oder „Incident"-Klage herleitete, die diese hinfällig werden ließ, wenn die gemeinsame Aburteilung nicht möglich war (*Rosenfeld*, Reichsstrafprozeß [1912] 291).

[48] Vgl. § 207, 37 ff.

[49] BGH NJW **1970** 904 = LM Nr. 1; nach *Kleinknecht* JZ **1971** 105; *Kleinknecht/Meyer*[37] 1; „wegen bereits bestehender Rechtshängigkeit"; ebenso KK-*Hürxthal* 2; KMR-*Paulus* 6.

[50] Dagegen *Kleinknecht* JZ **1951** 105.

[51] OLG Saarbrücken NJW **1974** 375.

insbesondere beim Angeklagten außer jedem Zweifel klargestellt ist, daß die nachträglich angeklagte Tat trotz Zurückweisung der Nachtragsanklage Gegenstand des Verfahrens ist[52].

**7. Ablehnender Beschluß.** Der Beschluß, der die Einbeziehung ablehnt, bedarf als **24** reine **Ermessensentscheidung** keiner näheren Begründung[53]; schon die Ablehnung drückt klar aus, daß das Gericht die Einbeziehung nicht für angebracht hält. Nach Ablehnung der Einbeziehung kann die nicht rechtshängig gewordene Tat von der Staatsanwaltschaft in einem selbständigen Verfahren erneut zum gleichen oder zu einem anderen Gericht angeklagt werden. Mit Ablehnung der Einbeziehung ist die Tat, die Gegenstand der Nachtragsanklage bildet, nicht mehr bei Gericht anhängig, denn die Nachtragsanklage hat nach der Zielsetzung des § 266 keine über die Ablehnung der Einbeziehung hinausreichende Wirkung. Sie erledigt sich mit der Ablehnung auch ohne Rücknahme nach § 156. Begründet andererseits das Gericht die Ablehnung damit, daß ein hinreichender Tatverdacht nicht bestehe, so hat diese (überflüssige) Begründung nicht die Sperrwirkung, die der Ablehnung der Eröffnung des Hauptverfahrens durch das Gericht normalerweise zukommt. § 211 gilt hier nicht[54].

**8. Verfahren nach Erlaß des Einbeziehungsbeschlusses.** Mit Erlaß des Einbezie- **25** hungsbeschlusses wird die weitere Tat (im Sinne des § 264) der Untersuchung und Entscheidung des Gerichts unterstellt. Einer Verlesung des bereits durch die mündliche Klageerhebung in die Verhandlung eingeführten Anklagesatzes nach § 243 Abs. 3 Satz 1 bedarf es nicht[55]. Da die Nachtragsanklage auch noch erhoben werden kann, wenn das ursprüngliche Verfahren bereits einen fortgeschrittenen Stand erreicht hat, kann der regelmäßige Verfahrensgang, so wie ihn die §§ 243, 244 Abs. 1 vorsehen, in der Regel nicht mehr eingehalten werden[56]. Der Angeklagte muß jedoch Gelegenheit erhalten, sich zu verteidigen (Absatz 2 Satz 3). Auch wenn der Gesetzgeber § 266 nicht ausdrücklich der Neuregelung angepaßt hat, muß er zum Gegenstand der Nachtragsanklage **nach § 243 Abs. 4 vernommen** werden[57]. Daß er vor Erlaß des Einziehungsbeschlusses Gelegenheit hatte, zur Nachtragsanklage Stellung zu nehmen, ersetzt seine spätere Einvernahme zur Sache nicht[58]; dies gilt auch für seine Anhörung vor der Entscheidung über die Einbeziehung[59]. Eine nochmalige Belehrung über sein Schweigerecht bedarf es nicht[60].

Mit der Einvernahme des Angeklagten zur Sache wird zweckmäßigerweise auch **26** der in Absatz 3 Satz 2 vorgeschriebene **Hinweis** verbunden, daß er die Unterbrechung beantragen kann, sofern der Hinweis nicht bereits bei Befragung des Angeklagten, ob er der Einbeziehung zustimme, erteilt wurde.

**9. Unterbrechung des Verfahrens**
a) Absatz 3 läßt zur **Vorbereitung der Verhandlung** über die Nachtragsanklage **27** nur die Unterbrechung der Hauptverhandlung im Rahmen der in § 229 festgelegten

---

[52] OLG Saarbrücken NJW **1974** 375; KMR-*Paulus* 6.
[53] KK-*Hürxthal* 8; *Kleinknecht/Meyer*[37] 5; KMR-*Paulus* 14.
[54] *Gössel* § 33 A III b; *Kleinknecht/Meyer*[37] 5; KMR-*Paulus* 14; **a. A** *Hilger* JR **1983** 441.
[55] KK-*Hürxthal* 9; KMR-*Paulus* 15.
[56] BGH bei *Dallinger* MDR **1955** 387.

[57] KK-*Hürxthal* 9; *Kleinknecht/Meyer*[37] 5; KMR-*Paulus* 17; *Eb. Schmidt* Nachtr. I, § 243, 34; **a. A** OLG Frankfurt HESt **2** 109.
[58] BGH NJW **1956** 1367.
[59] BGHSt **9** 245.
[60] BGH bei *Hürxthal* 9; **a. A** KMR-*Paulus* 17 (erneute Belehrung).

Walter Gollwitzer

Höchstdauer zu und nicht, wie etwa § 265 Abs. 3 und 4 auch die Aussetzung. Der Grund liegt darin, daß eine Tat, bei der die Aussetzung der Hauptverhandlung erforderlich wird, nicht in das Verfahren einbezogen werden soll, weil in diesem Fall der mit Zulassung der Nachtragsanklage erstrebte prozeßökonomische Zweck sich in sein Gegenteil verkehren würde[61]. Der Angeklagte soll ferner dadurch, daß er der Einbeziehung zustimmt, nicht die Möglichkeit erhalten, des Fortgang des gesamten Verfahrens durch einen Aussetzungsantrag zu hemmen und eine neue Hauptverhandlung zu erzwingen. Normalerweise wird eine Einbeziehung nur in Frage kommen, wenn die Hauptverhandlung innerhalb der Zehntagefrist des § 229 Abs. 1 fortgesetzt werden kann. Erscheint eine längere Unterbrechung im Rahmen des § 229 Abs. 2 möglich und notwendig, so werden in der Regel das Gebot der Verfahrensbeschleunigung und die Erfordernisse der Prozeßwirtschaftlichkeit gegen die Einbeziehung sprechen. Zulässig ist eine solche Unterbrechung nach Absatz 3 aber dennoch.

**28**    Absatz 3 schließt nicht aus, daß das Gericht das Verfahren trotzdem **aussetzen** kann, wenn dazu ein anderer hinreichender Anlaß besteht[62]. Auf Absatz 3 kann jedoch eine solche Aussetzung nicht gestützt werden. Einen Verzicht des Angeklagten auf Aussetzung nach anderen verfahrensrechtlichen Gesichtspunkten (vor allem § 265 Abs. 4) enthält die Zustimmung des Angeklagten zur Einbeziehung nicht. Es ist zulässig, die mit der Einbeziehung der weiteren Straftat ausgesprochene Verbindung der Strafsachen wieder rückgängig zu machen und nur das Verfahren wegen der einbezogenen Tat **nach Abtrennung** auszusetzen.

**29**    b) Der **Vorsitzende** (§ 228 Abs. 1 Satz 2; § 238 Abs. 1) und bei längerer Dauer das **Gericht** (§ 228 Abs. 1 Satz 1) ordnen die Unterbrechung **von Amts wegen** an, wenn sie sie für erforderlich für die sachgemäße Vorbereitung des weiteren Verfahrens halten, insbesondere, um dem Angeklagten Gelegenheit zu geben, seine Verteidigung vorzubereiten oder um allen Prozeßbeteiligten die Beiziehung weiterer Beweismittel zu ermöglichen. Ob diese Voraussetzungen oder sonstige Gründe gegeben sind, ist auf Grund der Prozeßlage nach eigenem pflichtgemäßen Ermessen zu entscheiden.

**30**    c) Auf **Antrag des Angeklagten** muß der Vorsitzende dagegen die Hauptverhandlung unterbrechen, sofern nicht offenkundig ist, daß der Antrag **mutwillig**, das heißt ohne sachlichen Grund, etwa aus Lust am Widerspruch oder nur zur **Verzögerung des Verfahrens**, gestellt ist[63]. Diese alleinigen Gründe für die Ablehnung des Unterbrechungsantrags des Angeklagten müssen zweifelsfrei vorliegen. Andere Gründe rechtfertigen es nicht, den Unterbrechungsantrag des Angeklagten abzulehnen.

**31**    d) Beantragen dagegen **andere Prozeßbeteiligte**, etwa der Staatsanwalt oder ein von der Nachtragsanklage nicht betroffener Mitangeklagter oder sonst ein Verfahrensbeteiligter die Unterbrechung, dann kann der Vorsitzende den Antrag auch aus anderen als den in Absatz 3 Satz 1 angeführten Gründen ablehnen.

**32**    e) Die Entscheidung des Vorsitzenden über die Unterbrechung (§ 228 Abs. 1 Satz 2) ist eine **Maßnahme der Sachleitung** (§ 238 Abs. 1). Gegen sie kann um **Entscheidung des Gerichts** nach § 238 Abs. 2 nachgesucht werden[64].

**33**    **10. Sitzungsniederschrift.** Die Erhebung der Nachtragsanklage, ihr Inhalt, die Zustimmung des Angeklagten und Inhalt und Verkündung des Einbeziehungsbeschlusses

---

[61] KK-*Hürxthal* 10; KMR-*Paulus* 20; *Eb.*
    *Schmidt* 16.
[62] KK-*Hürxthal* 10; KMR-*Paulus* 20.

[63] KK-*Hürxthal* 10.
[64] KK-*Hürxthal* 10; KMR-*Paulus* 18.

gehören zu den **wesentlichen Förmlichkeiten** des Verfahrens (§ 273), die nur durch das Protokoll bewiesen werden können[65]. Ist der Wortlaut der Nachtragsanklage in einem besonderen Schriftstück dem Protokoll beigefügt, muß diese Anlage durch ausdrückliche Bezugnahme zum Gegenstand des Protokolls gemacht werden[66]. Die Zustimmung des Angeklagten muß dem Protokoll eindeutig zu entnehmen sein; der Satz, daß gegen die Einbeziehung „keine Bedenken erhoben" wurden, genügt dafür ebensowenig wie der Vermerk, daß der Angeklagte auf Befragen die Unterbrechung nicht beantragt habe[67].

Zu den protokollpflichtigen wesentlichen Förmlichkeiten gehört ferner, daß der **34** Angeklagte hinsichtlich des Gegenstands der Nachtragsanklage **zur Sache vernommen** wurde[68], sowie, daß er nach Absatz 3 Satz 2 belehrt wurde. In das Protokoll aufzunehmen ist auch, wenn der Angeklagte die Unterbrechung beantragt hat sowie die Entscheidung über diesen Antrag.

### 11. Rechtsmittel

**a) Beschwerde.** Der Beschluß, der die Einbeziehung einer nachträglich angeklag- **35** ten Tat anordnet, ferner der Beschluß, der die Unterbrechung der Verhandlung nach Absatz 3 Satz 1 anordnet oder ablehnt, wird durch § 305 Satz 1 der Beschwerde entzogen[69]. Nicht anfechtbar ist aber nach der vorherrschenden Meinung auch der Beschluß, der die Einbeziehung der im Wege der Nachtragsanklage vor Gericht gebrachten Tat ablehnt[70]. Nur wer entgegen dieser Meinung annimmt, der ablehnende Beschluß löse die Sperrwirkung des § 211 aus, müßte der Staatsanwaltschaft in entsprechender Anwendung des § 210 Abs. 2 das Recht zur sofortigen Beschwerde einräumen[71].

**b) Revision.** Die Erhebung der Nachtragsanklage und der Einbeziehungsbeschluß **36** in einer den Mindestanforderungen genügenden Form[72] gehören zu den **Verfahrensvoraussetzungen**[73]. Fehlen sie, ist dieser Mangel in jeder Lage des Verfahrens von Amts wegen zu berücksichtigen. In geeigneten Fällen (etwa bei einem unzulänglichen Einbeziehungsbeschluß[74] und einer auch sonst notwendigen Zurückverweisung) kann die Sache statt der an sich gebotenen Einstellung nach § 260 Abs. 3 an die Vorinstanz zurückverwiesen werden[75].

Die **fehlende Zustimmung** zur Einbeziehung (Rdn. 14 ff) ist, sofern man in ihr **37** keine eigenständige Verfahrensvoraussetzung oder Wirksamkeitsvoraussetzung des Einbeziehungsbeschlusses sieht, nur auf entsprechende Rüge hin zu beachten[76]. Greift

---

[65] BGH JR **1985** 125 mit Anm. *Gollwitzer*; BGH bei *Holtz* MDR **1977** 984; OLG Koblenz VRS **49** 43; LG München I MDR **1978** 161; KK-*Hürxthal* 2; 7; *Kleinknecht/Meyer*[37] 3.

[66] BayObLG bei *Rüth* DAR **1985** 245; vgl. Rdn. 8.

[67] BGH JR **1985** 125 mit Anm. *Gollwitzer*.

[68] OLG Frankfurt HESt **2** 109; KK-*Hürxthal* 9.

[69] KK-*Hürxthal* 8; *Kleinknecht/Meyer*[37] 5; KMR-*Paulus* 23.

[70] *Gössel* § 33 A III b; *Meyer-Goßner* JR **1984** 53; ferner die Nachw. Fußn. 69.

[71] *Hilger* JR **1983** 441.

[72] BGH bei *Pfeiffer/Miebach* NStZ **1986** 207;

BayObLGSt **1953** 1 = NJW **1953** 674; vgl. Rdn. 7.

[73] Vgl. Einl. Kap. **12** I; Rdn. 2; § 264, 1 ff, 13.

[74] Vgl. OLG Koblenz VRS **49** 43; vgl. Rdn. 18; 19.

[75] BayObLGSt **1963** 115 = OLGSt 1; vgl. BGH JR **1985** 126 mit Anm. *Gollwitzer*; BGH NJW **1970** 904 (hier fehlte allerdings keine Verfahrensvoraussetzung, da die Nachtragsanklage gar keine andere Tat im Sinne des § 264 betraf); KK-*Hürxthal* 11; KMR-*Paulus* 25; ferner § 260, 97; 99 und bei § 328.

[76] Vgl. die Nachw. zum Streitstand Rdn. 17, Fußn. 38.

die Rüge durch, ist das Verfahren in der Regel vom Revisionsgericht hinsichtlich der Tat einzustellen, für deren Einbeziehung die Zustimmung fehlt[77]. Sonstige Fehler bei Anwendung des § 266, etwa eine nur unzulänglich ermöglichte Verteidigung[78], sind auf ausdrückliche Rüge hin zu beachten, sofern der Revisionsführer alle zu ihrer Begründung erforderlichen Tatsachen (§ 344 Abs. 2) vorgetragen hat.

**38**      Die **Ablehnung der Unterbrechung** nach Absatz 3 kann der Angeklagte nach § 338 Nr. 8 rügen, wenn ein Beschluß des Gerichts hierüber ergangen ist[79]. Ohne einen solchen Beschluß kann er die ablehnende Entscheidung nach § 337 beanstanden[80]. Wieweit ausgeschlossen werden kann, daß das Urteil auf dem Verfahrensfehler beruht, ist im Einzelfall zu prüfen[81].

---

[77] BGH bei *Holtz* MDR **1977** 984; *Klein-knecht/Meyer*[37] 4.
[78] Vgl. Rdn. 28 ff.

[79] KMR-*Paulus* 26.
[80] Vgl. § 338, 128; 129; KMR-*Paulus* 26.
[81] Vgl. BGH NJW **1970** 904; KMR-*Paulus* 26.

# § 267

(1) [1]Wird der Angeklagte verurteilt, so müssen die Urteilsgründe die für erwiesen erachteten Tatsachen angeben, in denen die gesetzlichen Merkmale der Straftat gefunden werden. [2]Soweit der Beweis aus anderen Tatsachen gefolgert wird, sollen auch diese Tatsachen angegeben werden. [3]Auf Abbildungen, die sich bei den Akten befinden, kann hierbei wegen der Einzelheiten verwiesen werden.

(2) Waren in der Verhandlung vom Strafgesetz besonders vorgesehene Umstände behauptet worden, welche die Strafbarkeit ausschließen, vermindern oder erhöhen, so müssen die Urteilsgründe sich darüber aussprechen, ob diese Umstände für festgestellt oder für nicht festgestellt erachtet werden.

(3) [1]Die Gründe des Strafurteils müssen ferner das zur Anwendung gebrachte Strafgesetz bezeichnen und die Umstände anführen, die für die Zumessung der Strafe bestimmend gewesen sind. [2]Macht das Strafgesetz Milderungen von dem Vorliegen minder schwerer Fälle abhängig, so müssen die Urteilsgründe ergeben, weshalb diese Umstände angenommen oder einem in der Verhandlung gestellten Antrag entgegen verneint werden; dies gilt entsprechend für die Verhängung einer Freiheitsstrafe in den Fällen des § 47 des Strafgesetzbuches. [3]Die Urteilsgründe müssen auch ergeben, weshalb ein besonders schwerer Fall nicht angenommen wird, wenn die Voraussetzungen erfüllt sind, unter denen nach dem Strafgesetz in der Regel ein solcher Fall vorliegt; liegen diese Voraussetzungen nicht vor, wird aber gleichwohl ein besonders schwerer Fall angenommen, so gilt Satz 2 entsprechend. [4]Die Urteilsgründe müssen ferner ergeben, weshalb die Strafe zur Bewährung ausgesetzt oder einem in der Verhandlung gestellten Antrag entgegen nicht ausgesetzt worden ist; dies gilt entsprechend für die Verwarnung mit Strafvorbehalt und das Absehen von Strafe.

(4) [1]Verzichten alle zur Anfechtung Berechtigten auf Rechtsmittel oder wird innerhalb der Frist kein Rechtsmittel eingelegt, so müssen die erwiesenen Tatsachen, in denen die gesetzlichen Merkmale der Straftat gefunden werden, und das angewendete Strafgesetz angegeben werden; bei Urteilen des Strafrichters und des Schöffengerichts, die nur auf Geldstrafe lauten oder neben einer Geldstrafe ein Fahrverbot oder die Entziehung der Fahrerlaubnis und damit zusammen die Einziehung des Führerscheins anordnen, kann hierbei auf den zugelassenen Anklagesatz, auf die Anklage gemäß § 212 a Abs. 2 Satz 2 oder den Strafbefehl sowie den Strafbefehlsantrag verwiesen werden. [2]Den weiteren Inhalt der Urteilsgründe bestimmt das Gericht unter Berücksichtigung der Umstände des Einzelfalls nach seinem Ermessen. [3]Die Urteilsgründe können innerhalb der in § 275 Abs. 1 Satz 2 vorgesehenen Frist ergänzt werden, wenn gegen die Versäumung der Frist zur Einlegung des Rechtsmittels Wiedereinsetzung in den vorigen Stand gewährt wird.

(5) [1]Wird der Angeklagte freigesprochen, so müssen die Urteilsgründe ergeben, ob der Angeklagte für nicht überführt oder ob und aus welchen Gründen die für erwiesen angenommene Tat für nicht strafbar erachtet worden ist. [2]Verzichten alle zur Anfechtung Berechtigten auf Rechtsmittel oder wird innerhalb der Frist kein Rechtsmittel eingelegt, so braucht nur angegeben zu werden, ob die dem Angeklagten zur Last gelegte Straftat aus tatsächlichen oder rechtlichen Gründen nicht festgestellt worden ist. [3]Absatz 4 Satz 3 ist anzuwenden.

(6) [1]Die Urteilsgründe müssen auch ergeben, weshalb eine Maßregel der Besserung und Sicherung angeordnet oder einem in der Verhandlung gestellten Antrag entgegen nicht angeordnet worden ist. [2]Ist die Fahrerlaubnis nicht entzogen oder eine Sperre nach § 69 a Abs. 1 Satz 3 des Strafgesetzbuches nicht angeordnet worden, obwohl dies nach der

**Art der Straftat in Betracht kam, so müssen die Urteilsgründe stets ergeben, weshalb die Maßregel nicht angeordnet worden ist.**

**Schrifttum.** *Baldus* Versäumte Gelegenheiten; zur Auslegung des § 338 Nr. 8 und des § 267 Abs. 1 Satz 2 StPO, FS Heusinger 373; *Blunk* Beweiswürdigung und rechtliche Würdigung im Strafurteil, MDR **1970** 470; *Brüggemann* Die richterliche Begründungspflicht (1971); *Brünger* Noch einmal: Das abgekürzte Strafurteil, DRiZ **1974** 230; *Bruns* Strafzumessungsrecht, Allgemeiner Teil, 2. Aufl. (1974); *Bruns* Zum Revisionsgrund der — ohne sonstige Rechtsfehler — „ungerecht" bemessenen Strafe. FS Engisch 709; *Bruns* Zum Verbot der Doppelbewertung von Tatbestandsmerkmalen oder strafrahmenbildenden Umständen, FS Mayer, 353; *Dahm* Das freisprechende Urteil (1936); *Doller* Urteilsgründe in Bußgeldsachen, DRiZ **1981** 209; *Dreher* Über die gerechte Strafe (1947); *Drost* Das Ermessen des Strafrichters (1930); *Elmering* Die kriminologische Frühprognose. Kriminologische Schriftenreihe Hamburg (1969); *Exner* Studien über Strafzumessungspraxis der deutschen Gerichte (1931); *Foth* Angabe der Beweismittel im Strafurteil, DRiZ **1974** 23; *Frisch* Revisionsrechtliche Probleme der Strafzumessung (1971); *Fuhrmann* Ist die Bezugnahme auf ein früheres Urteil in den Urteilsgründen zulässig? JR **1962** 81; *Furtner* Das Urteil im Strafprozeß (1970); *Furtner* Feststellung und Beweiswürdigung im Strafurteil, JuS **1969** 419; *Furtner* Die „schweren", „besonders schweren" und „milderschweren" Fälle im Strafrecht, JR **1969** 11; *Graßberger* Die Strafzumessung (1932); *Hassemer* Die Formalisierung der Strafzumessungsentscheidung, ZStW **90** (1978) 64; *Henkel* Die „richtige" Strafe (1969); *von Hentig* Die Strafe (1932); *Hülle* Die Begründung der Urteile in Strafsachen, DRiZ **1952** 92; *Köndgen* Ehrverletzung durch Gerichtsentscheid und Spruchrichterprivileg, JZ **1979** 246; *Krehl* Die Ermittlung der Tatsachengrundlage zur Bemessung der Tagessatzhöhe bei der Geldstrafe (1985); *Kroschel/Meyer-Goßner* Die Abfassung der Urteile in Strafsachen, 24. A. (1984); *Meves* Das Urteil im deutschen Strafverfahren, GA **36** (1888) 102 ff.; *Middendorf* Die kriminologische Prognose in Theorie und Praxis. Strafrecht, Strafverfahren, Kriminologie Bd. 17 (1967); *Mösl* Zum Strafzumessungsrecht, NStZ **1981** 131; 425; **1982** 483; **1983** 160; **1984** 492; *Müller* NStZ **1985** 158; *Munkwitz* Die Prognose der Frühkriminalität (1967); *Paeffgen* Ermessen und Kontrolle, FS II Peters 61; *Peters* Die Aufgaben des Gerichts bei der Anwendung der Strafen, ZStW **81** (1969) 63; *Peters* Die Persönlichkeitserforschung im Strafverfahren. Gedächtnisschrift Schröder 425; *Sachs* Beweiswürdigung und Strafzumessung (1932); *Seebald* Ausgleiche Strafzumessung und tatrichterliche Selbstkontrolle, GA **1974** 193; *Seibert* Fehler bei Strafurteilen, DRiZ **1955** 32; *Seibert* Angreifbare Strafurteile NJW **1960** 1285; *Stree* Deliktsfolgen und Grundgesetz. Zur Verfassungsmäßigkeit der Strafen und sonstiger Maßnahmen (1960); *Theune* Grundsätze und Einzelfragen der Strafzumessung aus der Rechtsprechung des Bundesgerichtshofs, StrVert. **1985** 162; 205; *Tröndle* Die Aufgabe des Gerichts bei der Anwendung der Strafen, ZStW **81** (1969) 84; *Vogler* Die strafschärfende Verwertung strafbarer Vor- und Nachtaten bei der Strafzumessung und die Unschuldsvermutung (Art. 6 Abs. 2 EMRK), FS Kleinknecht (1985) 429; *v. Weber* Die richterliche Strafzumessung. Schriftenreihe der Jur. Studiengesellschaft, Karlsruhe Heft 24 (1956); *Wenzel* Das Fehlen der Beweisgründe im Strafurteil als Revisionsgrund, NJW **1966** 577; *Werner* Das abgekürzte Strafurteil, DRiZ **1974** 125; *Wolf* Das Wesen des gerichtlichen Urteils, Gedächtnisschrift für Rudolf Bruns, 221 (1980); *Zillmer* Lückenhafte Beweiswürdigung im Strafprozeß als Revisionsgrund, NJW **1961** 720; *Zipf* Strafmaßrevision (1969).

**Entstehungsgeschichte.** Die jetzige Fassung des § 267 ist das Ergebnis mehrfacher Änderungen und Ergänzungen, mit denen den Änderungen des materiellen Strafrechts Rechnung getragen und die Anforderungen an die Begründungspflicht teils erweitert, teils wieder vereinfacht wurden. Eine grundlegende Neukonzeption der für die schriftliche Abfassung der Urteile maßgebenden Vorschrift war damit nicht verbunden, wenn man von der Änderung des Absatzes 3 absieht, die ab 1951 zur Angabe der Strafzumessungsgründe verpflichtete. Die Änderungen im einzelnen:

In dem im Prinzip unverändert gebliebenen **Absatz 1** hat Art. 21 Nr. 70 Buchst. a

EGStGB nur „strafbare Handlung" durch „Straftat" ersetzt. Ferner hat Art. 1 Nr. 22 Buchst. a StVÄG 1979 den Satz 3 angefügt.

Bei **Absatz 3** wurde die ursprüngliche Sollvorschrift des Satzes 1 durch Art. 3 Nr. 119 VereinhG zu einer Mußvorschrift. Der auf Art. 9 Nr. 13 des 1. StrRG beruhende Wortlaut des Satzes 2 wurde durch Art. 21 Nr. 70 Buchst. b EGStGB neu gefaßt. Art. 21 Nr. 71 Buchst. c EGStGB fügte gleichzeitig den jetzigen Satz 3 neu ein, während der bisherige Satz 3, der auf Art. 4 Nr. 30 des 3. StRÄndG beruhte, unter Neufassung seines zweiten Halbsatzes zu Satz 4 wurde.

Der auf das Entlastungsgesetz 1921 zurückgehende **Absatz 4**, der ursprünglich sogar die später wieder beseitigte Vereinfachung enthielt, daß bei Angabe der für erwiesen erachteten Tatsachen auf den Eröffnungsbeschluß Bezug genommen werden durfte, wurde durch Art. 1 Nr. 76 Buchst. a des 1. StVRG neugefaßt, der die Änderung durch Art. 21 Nr. 70 Buchst. a EGStGB mit übernahm. Zur weiteren Vereinfachung der Urteilsbegründung bei den nicht angefochtenen Urteilen des Strafgerichts und des Schöffengerichts läßt ein durch Art. 1 Nr. 20 Buchst. b StVÄG 1979 bei Satz 1 angefügter Halbsatz jetzt wiederum bei bestimmten Urteilen die Bezugnahme auf die Anklage und die ihr gleichstehenden Schriftstücke zu.

Bei **Absatz 5** hat Art. 1 Nr. 76 Buchst. 1 des 1. StVRG die Sätze 2 und 3 angefügt.

Der auf Art. 2 Nr. 27 AGGewVerbrG und auf Art. 3 Nr. 120 VereinhG zurückgehende **Absatz 6** Satz 1 und der auf dem 2. Gesetz zur Sicherung des Straßenverkehrs beruhende Absatz 6 Satz 2 wurden durch Art. 21 Nr. 70 Buchst. e und f EGStGB redaktionell dem neuen Strafrecht angepaßt.

Bezeichnung bis 1924: § 266.

**Geplante Änderungen.** Nach Art. 1 Nr. 19 StVÄGE 1984 sollen in Absatz 4 Satz 1 die Worte „des Strafrichters und des Schöffengerichts" entfallen. Ferner hat der BRat unter Nr. 10 seiner Stellungnahme zu diesem Entw. vorgeschlagen, in Absatz 1 Satz 3 vor dem Wort „Abbildungen" die Worte „Schriftstücke und" einzufügen.

S. ggf. die Erläuterungen im Nachtrag zur 24. Auflage.

*Übersicht*

# I. Bedeutung der Urteilsgründe

## 1. Gegenstand und Zweck

**a)** Die Urteilsgründe haben die tatsächlichen und rechtlichen Grundlagen aufzu- **1** zeigen, auf die sich die im wesentlichen in der Urteilsformel (§ 260) zum Ausdruck gekommene Entscheidung des Gerichts stützt. Sie halten das für den Urteilsspruch maßgebliche **Ergebnis der Hauptverhandlung** fest, nicht deren Inbegriff[1]. Sie sind keine Dokumentation aller Vorgänge, aus denen das Gericht seine Entscheidung nach § 261 gewonnen hat. Schweigen sie zu bestimmten Vorgängen in der Hauptverhandlung, so kann daraus allein noch nicht gefolgert werden, daß das Gericht diese Beweismittel nicht gewürdigt habe[2]. Die formelhafte Aufzählung der in der Hauptverhandlung herangezogenen Beweismittel beweist insoweit nichts[3]. Sie ist überflüssig. Die Dokumentation von **Gang und Ergebnis der Hauptverhandlung** ist Sache des **Sitzungsprotokolls** (§ 273), nicht der Urteilsgründe. Die Pflicht zur erschöpfenden Würdigung aller Beweise (§ 261) wirkt sich jedoch insoweit auf den Inhalt der schriftlichen Urteilsgründe aus, als diese durch Erörterung der Sachargumente unter Umständen dartun müssen, daß sie beachtet wurde (vgl. Rdn. 47 ff). Gleiches gilt für die Erfüllung der Aufklärungspflicht.

**b) Verfahrensvorgänge** sind im Urteil grundsätzlich nicht zu erörtern. Eine Aus- **2** nahme gilt dann, wenn die Entscheidung über Anträge, die in der Hauptverhandlung gestellt wurden, dem Urteil vorbehalten worden ist, wie etwa die Entscheidung über Hilfsbeweisanträge (§ 244, 160 ff). Dann muß auch der Inhalt der Hilfsbeweisanträge im Urteil mitgeteilt werden[4]. Die Gründe für die Beeidigung eines Zeugen sind nur ausnahmsweise dort darzulegen (§ 59, 18). Ob Ausführungen im Urteil geeignet sind, einen bei der Beratung erkannten und berücksichtigten Verfahrensfehler zu heilen, hängt von der Art des jeweiligen Fehlers ab, sowie davon, ob es notwendig ist, die prozessuale Lage noch in der Hauptverhandlung für alle Beteiligte klarzustellen[5]. Zur Frage, wieweit die Erörterung der Tatsachen notwendig ist, die in der Hauptverhandlung als offenkundig oder erwiesen behandelt wurden oder deren Unterstellung als wahr zugesichert wurde, vgl. Rdn. 63.

Ist zweifelhaft, ob die **Prozeßvoraussetzungen** gegeben sind, so kann — trotz der **3** Verpflichtung, dies in jeder Lage des Verfahrens von Amts wegen zu prüfen — eine Erörterung im Urteil angezeigt sein[6]. Zur Begründung des Einstellungsurteils vgl. Rdn. 158.

Aus dem Anspruch auf **rechtliches Gehör**[7] folgt nicht, daß das Gericht sich **4** in den Urteilsgründen ausdrücklich mit jedem Vorbringen eines Verfahrensbeteiligten auseinandersetzen müsse[8]. Das rechtliche Gehör ist allerdings verletzt, wenn die Ur-

---

[1] *Kleinknecht/Meyer*[37] 2; KK-*Hürxthal* 2; KMR-*Paulus* 4.

[2] BGH NJW **1951** 325; 413; 533; GA **1961** 172; **1965** 109; **1969** 280; OLG Hamm NJW **1970** 69; MDR **1973** 516; VRS **41** 123; **42** 43; OLG Koblenz VRS **46** 436; *Foth* DRiZ **1974** 23 (Erwähnung sinnvoll, soweit das einzelne Beweismittel Gegenstand der ausdrücklichen Beweiswürdigung ist; sonst nur Gefahrenquelle für Bestand des Urteils).

[3] BGH GA **1969** 280; NJW **1951** 533; OLG

Hamm NJW **1970** 70; *Foth* DRiZ **1974** 23; *G. Schäfer* § 93 IV 8.

[4] Vgl. etwa OLG Hamm NJW **1962** 66; § 244, 267 ff.

[5] Vgl. Vor § 226, 54 ff; § 244, 150 ff; § 337, 256.

[6] Vgl. Einl. Kap. **11** IV.

[7] Einl. Kap. **13** IX.

[8] BVerfGE **22** 274; **27** 173; 252; **34** 347; BayVerfGHE **20** 61.

teilsgründe in Verbindung mit den sonstigen Umständen eindeutig ergeben, daß das Gericht ein für die Entscheidung wesentliches Vorbringen nicht in Erwägung gezogen hat[9].

**5**     c) **Zweck.** Die Urteilsgründe sollen den Leser, nicht zuletzt den Angeklagten selbst, von der **Richtigkeit** und **Gerechtigkeit** des Urteils überzeugen. Durch die Erwägungen, die den individuellen Fall einer allgemeinen Norm zuordnen, legitimieren sie den an Gesetz und Recht (Art. 20 Abs. 3 GG) gebundenen Richterspruch. Sie sollen zeigen, daß er auf einer willkürfreien Anwendung des geltenden Rechts beruht; zugleich verdeutlichen und bestätigen sie die für die Gemeinschaft verbindlichen Wertvorstellungen[10]. Der Zwang, die maßgebenden Urteilsgründe schriftlich festzulegen, dient zugleich auch der Eigenkontrolle der Richter[11].

**6**     Die schriftlichen Urteilsgründe sind bedeutsam für das **weitere Verfahren** in derselben Sache, insbesondere für das Rechtsmittelverfahren. Sie sollen dem Revisionsgericht die sachlich-rechtliche Nachprüfung des Urteils ermöglichen[12]. Die Zulässigkeit einer **Rechtsmittelbeschränkung** hängt davon ab, daß die nicht angefochtenen Teile der Entscheidung widerspruchsfrei und so ausreichend begründet sind, daß das Rechtsmittelgericht eine sichere Grundlage für die ihm verbliebene Entscheidung findet (vgl. bei § 318 und § 344, 26). Ob der **Wiederaufnahmegrund** des § 359 Nr. 5 gegeben ist, läßt sich nur aus den Urteilsgründen ermitteln[13]. Aus ihnen ist zu entnehmen, welche Tat im Sinne des § 264 abgeurteilt ist, wie weit also die **klageverbrauchende Wirkung** des Urteils reicht[14]. Sie bilden eine wichtige Grundlage für die Ausübung des Gnadenrechts, können aber auch für **andere Verfahren** von großer Bedeutung sein, so für die Strafzumessung oder die Anordnung von Maßregeln der Besserung und Sicherung in einem späteren Strafverfahren oder für ein Dienststrafverfahren, oder ein berufs- oder ehrengerichtliches Verfahren. Wenn sie den Inhalt von Zeugenaussagen wiedergeben, können sie eine Unterlage für ein späteres Verfahren wegen Meineids oder falscher uneidlicher Aussage bieten[15].

**7**     Der Aufgabe, von der sachlichen und gedanklichen Richtigkeit, der inneren Schlüssigkeit und der Gerechtigkeit der gefällten Entscheidung zu überzeugen, werden die Urteilsgründe am besten gerecht, wenn sie die entscheidenden Überlegungen in **klarer und einfacher Sprache** aufzeigen und auf alle Weitschweifigkeit und unnötige juristische Förmelei und papierne Gelehrsamkeit verzichten. Frei von polemischer Schärfe und Ironie sollen sie die Sachlichkeit und Ausgewogenheit der Urteilsfindung dokumentieren und sich jeder unnötigen, weil für die Begründung der Entscheidung nicht erforderlichen persönlichen Herabsetzung von Angeklagten und Zeugen enthalten[16]. Die Verfahrensbeteiligten beispielsweise sollen mit ihrem Namen und nicht etwa

---

[9] BVerfGE **22** 274; **27** 173; 252; **34** 347; Bay-VerfGHE **20** 61.

[10] *Roellecke/Stark* VVDStRL **34** 7; 72; *Roxin* § 48 III 1; *Wagner* StrVert. **1984** 190; *Wolf* Gedächtnisschrift R. Bruns 230.

[11] *Stark* VVDStRL **34** 72.

[12] Zur Bedeutung der Urteilsgründe als Grundlage der revisionsrichterlichen Nachprüfung vgl. § 337, 2 ff; ferner zu den ständig steigenden Anforderungen der Revisionsgerichte an die Urteilsgründe im Rahmen der Darstellungsrüge § 337, 120 ff; vgl. aber auch *Sarstedt* FS Dreher 685 (Richter soll bekunden, wovon

er überzeugt ist, es ist nicht seine Aufgabe, den Revisionsrichter zu überzeugen).

[13] Vgl. bei § 359.

[14] Einl. Kap. **12** V.

[15] Vgl. bei § 249.

[16] *Kroschel/Meyer-Goßner* 78; zur Beleidigung durch Urteilsgründe OLG Oldenburg NdsRpfl. **1981** 88; *Köndgen* JZ **1979** 246; ferner BGHSt **10** 298; NJW **1978** 824; BGHZ **70** 1 = NJW **1971** 824 mit Anm. *Wolf*; zur Zulässigkeit einer dienstaufsichtlichen Beanstandung vgl. bei § 26 DRiG.

nur mit ihrer Verfahrensrolle bezeichnet werden[17]. Die Urteilsgründe können ihren Zweck nur dann voll erfüllen, wenn sie nach sorgfältiger Sichtung des verhandelten und erwiesenen Stoffes unter Verzicht auf alle unwichtigen Einzelheiten das für die Entscheidung Wesentliche gedanklich und zeitlich gut geordnet und übersichtlich gegliedert darstellen[18].

**2. Übereinstimmung mit dem Beratungsergebnis.** Die Urteilsgründe müssen, ohne **8** daß die abweichende Ansicht des überstimmten Urteilsverfassers Ausdruck finden darf, so angegeben werden, wie sie in der Beratung kraft des Willens der Mehrheit oder der nach § 263 maßgebenden Minderheit beschlossen worden sind (vgl. § 275, 40). Es ist sowohl unzulässig, nachträglich angestellte Erwägung hineinzuarbeiten[19], als auch, um das Urteil vor erfolgreicher Anfechtung zu bewahren, Gründe herzustellen, die von denen abweichen, mit denen sich die obsiegende Mehrheit oder Minderheit durchgesetzt hat[20]. Auch über die Einzelheiten der Urteilsfassung und ihr Übereinstimmen mit dem Beratungsergebnis entscheiden die Berufsrichter mit Stimmenmehrheit[21].

## II. Form der Urteilsgründe

**1. Geschlossene Darstellung.** Die Urteilsgründe müssen aus sich heraus verständ- **9** lich sein und selbständig den Erfordernissen des § 267 entsprechen[22]. Die geforderten eigenen Feststellungen sind in einer geschlossenen Darstellung[23] zu bringen. Sie dürfen nicht durch eine **Verweisung auf** andere **Schriften**, auch nicht auf Schriften **in den Akten** ersetzt werden. Nur unter den Voraussetzungen des Absatz 4 Satz 1 darf die Bezugnahme auf die dort genannten Urkunden an die Stelle der eigenen Sachverhaltsdarstellung treten. Im übrigen genügt weder ein Hinweis auf die Anklageschrift[24], noch auf den Eröffnungsbeschluß[25], noch auf die Sitzungsniederschrift[26], noch auf den Inhalt eines bei den Akten befindlichen Gutachtens[27]. Unzulässig ist auch die Bezugnahme auf eine bei den Akten befindliche Skizze oder ein dort befindliches Lichtbild[28], sofern sie an die Stelle der Sachverhaltsdarstellung treten sollen[29]; nur wegen der Einzelheiten läßt Absatz 1 Satz 3 eine **ergänzende Verweisung** auf solche **Abbildungen** zu (Rdn. 11 ff). Hinweise auf Schriften in den Urteilsgründen sind grundsätzlich (Ausnahmen Rdn. 12) für das **Revisionsgericht unbeachtlich** (Rdn. 24 ff). Sie gefährden den Bestand des Urteils nur dann nicht, wenn dieses unbeschadet des Hinweises selbst alle er-

---

[17] *Obermeyer* DRiZ **1971** 58.
[18] Wegen der Einzelheiten vgl. die Bücher von *Furtner* und *Kroschel/Meyer-Goßner*; insbes. auch zum Stil der Urteilsgründe.
[19] RG JW **1928** 2270.
[20] *Jung* JW **1927** 363; KMR-*Paulus* 4; *Sachse* GA 70 (1926) 161; *Seibert* MDR **1957** 597; teilw. **a. A** *Alsberg* JW **1926** 2164; JW **1930** 2521; zur Zulässigkeit der Bekanntgabe der abweichenden Meinung vgl. die Erläuterungen zu § 43 DRiG.
[21] BGHSt **26** 92; vgl. § 275, 40 mit weit. Nachw.
[22] BGHSt **30** 227; **33** 59; BGH StrVert. **1981** 396; bei *Pfeiffer* NStZ **1981** 296; OLG Bremen NJW **1964** 738; KK-*Hürxthal* 3; *Kleinknecht/Meyer*[37] 2; KMR-*Paulus* 18; 21.

[23] BGH VRS **5** 606.
[24] RGSt **4** 382; RG HRR **1927** Nr. 769.
[25] RGSt **4** 381; OLG Braunschweig NJW **1956** 72.
[26] RGRspr. **1** 558.
[27] OLG Schleswig bei *Ernesti/Jürgensen* Schl-HA **1976** 171.
[28] BGH VRS **5** 393; OLG Braunschweig NJW **1956** 72; OLG Frankfurt DAR **1957** 191; OLG Schleswig bei *Ernesti/Jürgensen* SchlHA **1970** 200.
[29] RGSt **41** 22; RG Recht **1915** Nr. 278; **1918** Nr. 1646; OLG Stuttgart DAR **1968** 337; OLG Schleswig bei *Ernesti/Jürgensen* SchlHA **1972** 161.

Walter Gollwitzer

forderlichen Feststellungen enthält und die Geschlossenheit und Lückenlosigkeit der Darstellung durch den Hinweis auch nicht in Frage gestellt wird.

**10**　　Die möglichst wörtliche **Wiedergabe der entscheidungserheblichen Teile** einer Schrift oder einer Tonaufnahme ist deshalb unerläßlich. Kann eine umfangreiche Schrift nicht insgesamt dem Urteil beigeheftet[30] und so zu dessen Bestandteil gemacht werden, muß bei einer auszugsweisen Wiedergabe in den Urteilsgründen auch dargetan werden, in welchem Sinnzusammenhang diese Teile untereinander und zum Gesamtinhalt des Werkes stehen und welche Bedeutung ihnen aus der Sicht des Gesamtinhaltes zukommt. Da das Urteil aus sich heraus verständlich sein muß, entfallen die erforderlichen Feststellungen des den Tatbestand einer Straftat erfüllenden Inhalts einer Schrift oder eines Ton- oder Bildträgers nicht etwa deshalb, weil der Inhalt des allgemein zugänglichen Werkes **offenkundig** ist[31]. Auch allgemeinkundige Tatsachen müssen in den Urteilsgründen festgestellt werden, das Revisionsgericht darf fehlende tatsächliche Feststellungen über die den Straftatbestand erfüllenden Tatsachen nicht von sich aus unter Hinweis auf die Offenkundigkeit ergänzen. Werden Bilder oder Skizzen in das Urteil selbst aufgenommen, so kann dies zur Verdeutlichung der sprachlichen Sachverhaltsfeststellung dienen, es kann sie aber nicht völlig ersetzen[32].

### 2. Bezugnahme auf Abbildungen (Absatz 1 Satz 3)

**11**　　**a) Zweck** des in Absatz 1 nachträglich eingefügten Satzes 3 ist es, „zur Vereinfachung der schriftlichen Urteilsgründe und zur Verringerung des Schreibwerks[33] die Bezugnahme auf Abbildungen zuzulassen, die sich bei den Akten befinden. Das Prinzip, das die Urteilsgründe aus sich selbst heraus verständlich sein müssen, wird beibehalten. Die wenn auch knappe Schilderung des wesentlichen Aussagegehalts der Abbildung bleibt erforderlich[34], nur wegen der Einzelheiten darf **ergänzend** auf die Abbildung verwiesen werden. Der Gesetzgeber wollte auch bei Abbildungen das Verweisungsverbot nur in „einer vorsichtigen, die Verständlichkeit der schriftlichen Urteilsgründe nicht beeinträchtigenden Form" lockern[35]. Früher mußte der Inhalt einer dem Urteil nicht beigefügten Abbildung auch hinsichtlich aller entscheidungserheblichen Einzelheiten in den Urteilsgründen mit Worten umständlich beschrieben werden, obwohl die Betrachtung der bei den Akten befindlichen Abbildung einen viel exakteren und anschaulicheren Eindruck vermittelt.

**12**　　Durch die Verweisung wird die Abbildung als Ganzes so zum **Bestandteil der Urteilsgründe**, wie wenn sie in diese aufgenommen worden wäre (Rdn. 10). Das Revisionsgericht, das bisher bei der Beurteilung einer Abbildung im Rahmen der Sachrüge ausschließlich auf den Urteilsinhalt beschränkt und an die dortigen Feststellungen gebunden war, kann die bei den Akten befindliche Abbildung aus eigener Anschauung würdigen. Damit werden überflüssige Aufhebungen wegen einer ungenügenden Beschreibung der Darstellung in den Urteilsgründen vermieden und dem Revisionsgericht wird eine bessere und umfassendere Überprüfung der Schlüssigkeit der tatsächlichen

---

[30] KMR-*Paulus* 11; *G. Schäfer* § 93 III 4.
[31] So aber *Heiligmann* NJW **1972** 1961; KMR-*Paulus* 11; mit Einschränkung auch *W. Schmid* ZStW **85** (1973) 903; vgl. § 337; 106; ferner § 244, 231.
[32] *Eb. Schmidt* 4; § 337, 107.
[33] Begr. BTDrucks. 8 976, S. 24; vgl. Rdn. 21.
[34] KK-*Hürxthal* 6; *Kleinknecht/Meyer*[37] 11;

KMR-*Paulus* 17; *Rieß* NJW **1978** 2270; *Schlüchter* 586.2; *G. Schäfer* § 93 III 5.
[35] Begr. BTDrucks. **8** 976, S. 55. Vgl. OLG Celle NdsRpfl. **1985** 47 (Bezugnahme auf Radarfoto in den Akten macht Beschreibung der einzelnen Identifizierungsmerkmale entbehrlich); ferner § 261, 101.

Urteilsgrundlagen ermöglicht[36]. Die technisch mitunter schwierige Aufnahme einer Abbildung in das Urteil erübrigt sich.

**b) Alle Arten von bildlichen Darstellungen**, also alle durch Gesichts- und Tast- **13** sinn in ihrem Aussagegehalt erfaßbaren Gebilde[37], können durch Verweisung zum Bestandteil der Urteilsgründe gemacht werden. Der Regierungsentwurf nennt als Beispiele beleidigende oder pornographische Darstellungen oder Lichtbilder, ferner Skizzen zur Verdeutlichung einer Örtlichkeit[38]. Es kommt jede Art von Abbildung in Betracht, in der der Tatbestand einer Straftat gefunden wird oder die sonst für eine zu treffende Tatsachenfeststellung von Bedeutung ist, also nicht nur gemalte oder gezeichnete Bilder oder Lichtbilder, sondern auch Lageskizzen oder Landkarten; auch sonstige, der optischen Wahrnehmung durch Augenschein zugängliche Aufzeichnungen gehören hierher, wie etwa technische Diagramme oder die graphische Darstellung einer Statistik. Format und Material des Bildträgers spielen dabei ebensowenig eine Rolle wie die Mittel der bildlichen Gestaltung oder Gegenstand und Zweck der Darstellung oder die Frage, ob es sich um ein Original oder eine Kopie handelt.

Fraglich kann allenfalls sein, ob eine für die Bezugnahme geeignete Abbildung **14** auch dann vorliegt, wenn **technische Hilfsmittel** notwendig sind, um sie betrachten zu können, wie etwa bei Abbildungen in Mikroformat, bei Diapositiven oder bei Verwendung elektronischer Bildträger. Vom Regelungszweck her wird man dies jedoch bejahen müssen; selbst bei Filmen dürfte die Verweisung auf ihren Bildteil zulässig sein, während die sie begleitende Musik und ihr Begleittext nicht mehr dazu gerechnet werden können (vgl. Rdn. 15).

Die Unzulässigkeit der Verweisung auf Schriftstücke (Rdn. 25) schließt die Ver- **15** weisung auf Abbildungen nicht aus, wenn diese zu ihrer Ergänzung einen **unselbständigen Text** enthalten. Soweit sich seine Bedeutung darin erschöpft, das Verständnis der Abbildung zu erleichtern oder sie zu erläutern, wie etwa bei Straßennamen auf Landkarten oder Begleittexten bei Statistiken, wird er von der Bezugnahme mitumfaßt. Die Grenze dürfte dort liegen, wo ein auf einer Abbildung angebrachter Vermerk nicht mehr im Wege des Augenscheins, sondern im Wege des Urkundenbeweises nach § 249 in die Hauptverhandlung eingeführt werden muß, weil sein gedanklicher Inhalt aus sich heraus verständlich ist und eine vom Inhalt der Darstellung lösbare eigene Beweisbedeutung hat[39].

**c)** Voraussetzung für die Zulässigkeit der Bezugnahme ist, daß sich die Abbil- **16** dung **bei den Akten befindet** und zumindest für die Dauer des Verfahrens dort verbleibt. Nur dann ist sie — weil für Gericht und Verfahrensbeteiligte jederzeit einsehbar — geeignet, das Urteil zu ergänzen. **Abbildungen** im **Besitz anderer Behörden** oder von **Privatpersonen** scheiden für die Verweisung ebenso aus wie Abbildungen, die zwar in allgemein zugänglichen, offenkundigen Schriften einsehbar sind (Rdn. 10), ohne daß jedoch ein Stück den Akten beiliegt. Auch auf ein Bild, das sich nur in den Handakten der Staatsanwaltschaft befindet, darf nicht verwiesen werden.

**Bei den Akten** befindet sich eine Abbildung nicht nur dann, wenn sie in die **17** Hauptakten eingeheftet ist; es genügt, wenn sie rechtlich Bestandteil der Akten des be-

---

[36] Begr. BTDrucks. **8** 976, S. 55; KK-*Hürxthal* 6; zur Problematik § 337, 107.

[37] KK-*Hürxthal* 6; *Kleinknecht/Meyer*[37] 9; KMR-*Paulus* 15; vgl. auch die Erläuterungen

zum Begriff der Abbildung bei § 11 Abs. 3 StGB.

[38] BTDrucks. **8** 967 S. 55.

[39] Vgl. bei §§ 249, 250.

treffenden Strafverfahrens ist, auch wenn sie gesondert aufbewahrt wird[40]. Es dürfte ausreichen, wenn sich die Abbildung in den Strafakten eines im Zeitpunkt des Urteils mit dem Verfahren gegen den Angeklagten **verbundenen anderen Verfahrens** befindet, oder in Akten, die zum Strafverfahren beigezogen worden sind, denn auch dann sind die Abbildungen später bei Bedarf für Gericht und Verfahrensbeteiligte greifbar. Abbildungen, die dem Gericht in einem anderen, nicht verbundenen Verfahren vorliegen, kommen dagegen für die Bezugnahme nicht in Betracht.

**18**     Bei Abbildungen, die nach Rechtskraft des Verfahrens **an andere Personen hinausgegeben** werden müssen, wie etwa von Dritte erlangte Beweismittel[41], könnte die Zulässigkeit der Bezugnahme fraglich sein. Diese Abbildungen stehen bei einer späteren Verwendung des rechtskräftigen Urteils (Strafvollstreckung, Gnadenverfahren, Wiederaufnahmeverfahren usw.) nicht mehr zur Verfügung und sind unter Umständen später auch nicht mehr beizubringen. Da die Bezugnahme das Urteil jedoch nur hinsichtlich der Einzelheiten ergänzt und seine Allgemeinverständlichkeit nicht beeinträchtigt, scheint eine Bezugnahme auch dann noch rechtlich vertretbar, wenn die Abbildung nach Rechtskraft des Urteils aus den Akten entfernt und an eine andere Person hinausgegeben werden muß. Praktisch sollte späteren Schwierigkeiten allerdings dadurch vorgebeugt werden, daß in solchen Fällen ein Lichtbild oder eine Kopie der Abbildung für dauernd zu den Hauptakten genommen wird.

**19**     Eine Bezugnahme muß nach dem Sinn der Regelung **unterbleiben,** wenn sich die betreffende Abbildung im Zeitpunkt der Urteilsabsetzung bereits **nicht mehr bei den Akten** befindet oder wenn voraussehbar ist, daß sie nicht mehr greifbar sein wird, wenn sich die nächste Instanz, vor allem das Revisionsgericht, mit dem Urteil befaßt. Der Umstand, daß das Urteil auf eine Abbildung Bezug genommen hat, würde für sich allein ihre Herausgabe an den Berechtigten (vgl. § 111 k) nicht hindern. Schwierigkeiten für die Praxis dürften hieraus allerdings kaum entstehen, denn eine Bezugnahme kommt nur bei entscheidungserheblichen Abbildungen in Frage, also bei Bildern, die ohnehin noch für die Zwecke des Strafverfahrens benötigt werden und bei denen schon deshalb eine vorzeitige Freigabe ausscheidet.

**20**     Das **Original** der Abbildung braucht nicht vorliegen, es darf auch auf eine in den Akten befindliche Kopie verwiesen werden. Durch die Reproduktion bedingte wesentliche Unterschiede in der Wiedergabe (z. B. schwarz/weiß statt farbig) sind in den Urteilsgründen darzulegen. Soweit sie entscheidungserhebliche Tatsachen betreffen, bedarf es unter Umständen ergänzender Feststellungen.

**21**     **d) Urteilsgründe bei Bezugnahme.** Die Bezugnahme nach Absatz 1 Satz 3 soll nur die Schilderung der Einzelheiten ersetzen, nicht jedoch die für die Verständlichkeit des Urteils aus sich heraus notwendige zusammenhängende, in sich geschlossene Darstellung aller Tatsachen, in denen die gesetzlichen Merkmale der Straftat gefunden werden (Rdn. 32 ff). Was hierzu notwendig ist, bestimmt sich nach den Erfordernissen einer aus sich heraus verständlichen Gesamtdarstellung sowie danach, unter welchem Gesichtspunkt die Abbildung rechtlich für die Urteilsfindung relevant ist, kann also je nach der Bedeutung der Abbildung für die Urteilsfindung unterschiedlich zu beurteilen sein. Aber auch wo ihr Inhalt als solcher den objektiven Straftatbestand erfüllt, genügt es, wenn sich das Urteil auf eine knappe Hervorhebung des Wesentlichen beschränkt. Alle Einzelheiten, etwa die Details einer beleidigenden oder pornographischen Darstellung,

---

[40] Vgl. bei § 147; § 199, 23.    [41] Vgl. bei §§ 94; 98; 111 k.

können auch dann durch die Verweisung ersetzt werden, wenn sie für die Urteilsfindung von Bedeutung sind[42].

Die **Form der Bezugnahme** muß es dem Leser des Urteils ermöglichen, die Abbil- **22** dung in den Akten unschwer zu finden. Es sollte also, auch wenn der Gesetzgeber dies nicht ausdrücklich fordert[43], bei der Bezugnahme die Aktenstelle angegeben werden, an der sich die Abbildung befindet. Bei umfangreichen Akten oder bei Bezugnahme auf einer den Beiakten einliegenden Abbildung ist dies unerläßlich.

e) **Freisprechende** oder einstellende **Urteile.** Die Bezugnahme auf Abbildungen **23** nach Absatz 1 Satz 3 ist auch bei den freisprechenden Urteilen zulässig. Soweit diese tatsächliche Feststellungen enthalten müssen, ging der Gesetzgeber davon aus, daß Absatz 1 Satz 3 auf Grund des Gesamtzusammenhangs des § 267 ebenfalls anwendbar ist. Eine ausdrückliche gesetzliche Regelung, die Absatz 1 Satz 3 bei Absatz 5 für entsprechend anwendbar erklärt, wurde für entbehrlich gehalten[44]. Bei **einstellenden Urteilen** muß dann das Gleiche gelten, da insoweit an die Urteilsbegründung auch der Form nach keine strengeren Anforderungen gestellt werden können als bei verurteilenden Erkenntnissen nach § 267 Abs. 1 bis 4.

### 3. Keine Bezugnahme auf Tonträger und Schriftstücke

a) **Keine analoge Anwendung von Absatz 1 Satz 3. Tonträger,** deren Inhalt aku- **24** stisch wahrnehmbar ist, fallen nicht unter den Begriff der Abbildung. Bei ihnen wäre die Möglichkeit einer Bezugnahme genauso sinnvoll und zweckmäßig wie bei Abbildungen. Die analoge Anwendung des Absatzes 1 Satz 3 auf Tronträger läge deshalb nahe. Gegen sie spricht jedoch derzeit, daß der Gesetzgeber die Ausnahmeregelung für Abbildungen bewußt eng gefaßt und die Zulässigkeit der Bezugnahme auf Schriftstücke ausdrücklich abgelehnt hat (Rdn. 25). Solange diese Rechtslage noch unverändert fortbesteht (vgl. den Hinweis auf die beabsichtigte Gesetzesänderung), sollte eine ergänzende Verweisung auf die bei den Akten befindlichen Tonträger unterbleiben, um den Bestand des Urteils nicht zu gefährden[44a].

**Schriftstücke** dürfen gegenwärtig nicht durch Verweisung zum Bestandteil der **25** Urteilsgründe gemacht werden. Der Gesetzgeber hat dies in Übereinstimmung mit dem Regierungsentwurf entgegen dem Vorschlag des Bundesrates abgelehnt, weil er eine solche Regelung wegen praktischer Schwierigkeiten und der nur geringen Arbeitsentlastung nicht für sachgerecht hielt[45]. Der Regierungsentwurf hatte darauf hingewiesen, daß die wörtliche Aufnahme von Schriftstücken in die Urteilsgründe wegen der Möglichkeit, Abdrucke in die Urteilsgründe einzufügen, weder Richter noch Kanzleien wesentlich belaste; wo dies nicht notwendig sei, würde der Zwang, neben der Verweisung noch den wesentlichen Inhalt der Urkunde in eigenen Worten zusammenzufassen, eher

---

[42] BGH ArchPR **1978** 103 (keine Verpflichtung, sexualbezogene Filmszenen mit besonderer Genauigkeit zu schildern) ähnlich OLG Frankfurt JZ **1974** 516; OLG Hamm OLGSt § 184 StGB, 63. Die bloße Wiedergabe des Ergebnisses der Wertung genügt aber nicht: OLG Stuttgart GA **1979** 471 (Nacktfilme mit pornographischem Inhalt); OLG Karlsruhe NJW **1974** 2016; ferner BayObLG NJW **1972** 1961.

[43] Der Entwurf des Bundesrats (BTDrucks. **8** 354, S. 6) hatte eine „Bezugnahme mit Angabe der Aktenstelle" vorgesehen.

[44] BTDrucks. **8** 976, S. 55.

[44a] *Paeffgen* FS II Peters 83 lehnt die Anwendung des Absatzes 1 Satz 3 auf Tonträger ab.

[45] RAussch. BTDrucks. **8** 1844, S. 32. Die Einbeziehung soll nach dem Vorschlag des BRates jetzt zugelassen werden; vgl. den Hinweis auf die beabsichtigte Änderung, der die Bundesregierung allerdings weiterhin widersprochen hat.

Walter Gollwitzer

zu einer Mehrarbeit führen und außerdem die Gefahr von Unklarheiten und Widersprüchen in den Urteilsfeststellungen in sich bergen[46]. Bei dem erklärten gegenteiligen Willen des Gesetzgebers ist auch für eine analoge Anwendung des Absatzes 1 Satz 3 auf Schriftstücke kein Raum.

**26**    **b) Urteilsgründe bei Schriften.** Ergeben sich die Merkmale einer Straftat aus einem Schriftstück, etwa einem Brief oder einem Zeitungsaufsatz oder einer anderen Druckschrift, so muß der für die Entscheidung bedeutsame **wesentliche Inhalt** des Schriftstücks in die Urteilsgründe aufgenommen werden. Diese müssen in sich verständlich sein, eine Verweisung auf das in den Akten enthaltene Schriftstück reicht nicht aus[47]. Es bedarf nicht immer einer vollständigen und wörtlichen Wiedergabe oder, wenn eine Mehrzahl von Schriftstücken strafbaren Inhalts in Betracht kommt, einer Erörterung aller einzelnen Schriftstücke. Es genügt, wenn das Gericht in den Urteilsgründen den Inhalt des Schriftstücks so beschreibt, daß die Nachprüfung rechtsirrtumsfreier Anwendung des Strafgesetzes ermöglicht wird, und wenn es bezüglich der mitherangezogenen Schriftstücke feststellt, daß diese einen gleichen oder durchaus ähnlichen Inhalt haben[48]. Soweit es allerdings auf den Wortlaut ankommt, muß dieser in seinen für die Strafrechtsanwendung wesentlichen Sätzen wiedergegeben werden[49]. Auch die Berechnungsgrundlagen für die Höhe einer hinterzogenen Abgabe und für den Wertersatz müssen in den Urteilsgründen enthalten sein; auch insoweit dürfen sie sich nicht auf Einzelheiten in den Akten beziehen[50]. Wird entgegen dem zuvor besprochenen Erfordernis im Urteil auf ein den strafbaren Tatbestand erfüllendes Schriftstück ohne ausreichende Wiedergabe seines Inhalts verwiesen, so fehlt die von § 267 geforderte Urteilsbegründung, außerdem führt auch die Sachrüge zur Aufhebung des Urteils[51].

**27**    **c) Urteilsgründe bei Tonträgern.** Erfüllt der Inhalt einer **Schallplatte** (Text und Musik) den Tatbestand einer strafbaren Handlung, dann müssen die Urteilsgründe den wesentlichen Inhalt der Platte wiedergeben; unter Umständen muß auch die musikalische Untermalung in ihrer Eigenart geschildert werden, soweit dies für die strafrechtliche Würdigung von Bedeutung sein kann[52]. Für andere Tonträger gilt gleiches.

### 4. Bezugnahme auf Urteile

**28**    **a) Auf Urteile**, die in einer **anderen Sache** ergangen sind, darf nicht verwiesen werden, um die vom Gericht selbst zu treffenden tatsächlichen Feststellungen zu ersetzen oder um selbständige Formulierungen zu ersparen. Dabei ist es gleich, ob diese Urteile gegen den Angeklagten oder eine andere Person ergangen sind[53].

**29**    **b)** Bei Urteilen, die in der **gleichen Sache** ergangen sind, ist zu unterscheiden: Sind tatsächliche Feststellungen in früheren Urteilen für **das weitere Verfahren bindend** geworden, etwa weil ein Rechtsmittel wirksam beschränkt oder die Sache nur zum Teil

---

[46] BT-Drucks. **8** 967, S. 55.
[47] RGSt **53** 258; **62** 216; **66** 8; RG JW **1929** 1051; **1931** 1571; HRR **1939** Nr. 548; 1009; BGHSt **11** 31; **17** 389; **23** 78; BayObLG NJW **1972** 1961; OLG Braunschweig NJW **1956** 72; *Hanack* JZ **1972** 488; KK-*Hürxthal* 5; KMR-*Paulus* 11; *Eb. Schmidt* 4.
[48] RG JW **1929** 2739.
[49] BayObLG NJW **1972** 1961 mit abl. Anm. *Heiligmann.*

[50] RG HRR **1938** Nr. 637.
[51] RGSt **66** 4; RG DRiZ **1927** Nr. 841; BGH LM § 352 Nr. 4; KK-*Hürxthal* 3; vgl. § 337, 136.
[52] OLG Köln GA **1968** 344; vgl. auch BGHSt **23** 78.
[53] RGSt **4** 367; **30** 143; RG GA **51** (1904) 394; **69** 92; JW **1923** 395; **1932** 404; **1934** 44; BGH NJW **1951** 413; *Fuhrmann* JR **1962** 81; KMR-*Paulus* 10.

zur neuen Entscheidung zurückverwiesen wurde, darf hierauf verwiesen werden[54]. Insoweit ist das Gericht zu eigenen Feststellungen nicht befugt, die bindend gewordenen Teile der früheren Entscheidungen sind Teil der aus mehreren sich ergänzenden Urteilen zusammengesetzten (einheitlichen) Gesamtentscheidung[55]. **Unzulässig** ist dagegen die Bezugnahme auf frühere Urteile oder Urteilsteile, die samt den zugrunde liegenden Feststellungen **aufgehoben** wurden, so die Bezugnahme auf ein aufgehobenes eigenes Urteil[56] oder auf ein Revisionsurteil, das ein früheres·Urteil samt Feststellungen aufgehoben und die Sache an die Vorinstanz zurückverwiesen hatte[57]. Die **persönlichen Verhältnisse** des Angeklagten müssen grundsätzlich nach jeder den Rechtsfolgenausspruch betreffenden Aufhebung im neuen Urteil neu festgestellt werden; soweit sie für die zu treffende Entscheidung relevant sind, scheidet die Verweisung auf die Ausführungen in einem früheren Urteil aus[58]. Dies gilt auch, wenn das neu erkennende Gericht die gleichen Feststellungen wie im früheren Urteil treffen will. Mit dem Ausschluß der Verweisung soll in diesen Fällen nicht nur die Urteilsklarheit, sondern auch die Pflicht zu eigenständigen Würdigung und Feststellungen gesichert werden[59]. Deshalb kann auch in der **wörtlichen Wiederholung** der Feststellungen eines aufgehobenen Urteils eine unzulässige Bezugnahme liegen[60]. Stimmen einige Absätze des neuen Urteils wörtlich mit dem aufgehobenen Urteil überein, so bedeutet das andererseits noch nicht, daß das Gericht seine Überzeugung nicht aus der neuen Hauptverhandlung gewonnen habe[61].

c) Eine **Ausnahme** macht die Rechtsprechung lediglich für die **Berufungsurteile**, **30** in denen auf das gegen den Beschwerdeführer ergangene Urteil der ersten Instanz Bezug genommen wird. Voraussetzung für eine solche Bezugnahme ist aber, daß genau und zweifelsfrei angegeben ist, in welchem Umfang das Berufungsgericht die tatsächlichen und rechtlichen Ausführungen übernimmt. Die Gesamtdarstellung darf dadurch in keinem Stück unsicher oder unklar oder der Umfang der Verweisung zweifelhaft werden. **Unzulässig** sind daher in der Regel **Pauschalverweisungen**[62]. Gleiches gilt für Bezugnahmen „soweit sich nicht aus dem Folgenden Abweichendes ergibt" oder „im Wesentlichen", denn das Berufungsgericht darf nicht dem Leser überlassen, die Abweichun-

---

[54] BGHSt **24** 274; **30** 225; **33** 59; BGH NJW **1982** 589; **1985** 638; *Fuhrmann* JR **1962** 81; KK-*Hürxthal* 4; *Kleinknecht-Meyer*[37] 2; KMR-*Paulus* 10.

[55] BGHSt **30** 225; BGH NJW **1985** 638; vgl. aber BayObLG bei *Rüth* DAR **1983** 253 (zum Umfang der Bezugnahme bei Rechtsmittelbeschränkung auf Rechtsfolgenausspruch).

[56] RG JW **1934** 44; **1938** 1814 mit Anm. *Klee*; HRR **1942** Nr. 746; BGHSt **24** 274; BGH NJW **1977** 1247; JR **1956** 307; StrVert. **1982** 105; bei *Holtz* MDR **1978** 460; bei *Martin* DAR **1975** 121; bei *Pfeiffer* NStZ **1982** 190; bei *Pfeiffer/Miebach* NStZ **1984** 18; bei *Spiegel* DAR **1985** 193; BayObLGSt **1959** 71; OLG Bremen NJW **1964** 738; a. A RG JW **1938** 513; OLG Saarbrücken NJW **1960** 590. BGHSt **30** 225 läßt offen, ob dies auch uneingeschränkt gilt, wenn das erkennende Gericht dieselben Feststellungen erneut in eigener Verantwortung getroffen hat.

[57] RG JW **1938** 1814 mit Anm. *Klee*; BGHSt **24** 275; BGH JR **1956** 307; NJW **1977** 1247; LM § 253 Nr. 4.

[58] BGH NJW **1977** 1247; bei *Holtz* MDR **1978** 460; StrVert. **1981** 115; VRS **50** 342; BGH bei *Pfeiffer* NStZ **1981** 296; bei *Pfeiffer/Miebach* NStZ **1983** 213; 358; **1984** 18; bei *Spiegel* DAR **1985** 193.

[59] *Fuhrmann* JR **1962** 81; KMR-*Paulus* 10.

[60] BGH StrVert. **1982** 105; BGH bei *Pfeiffer/Miebach* NStZ **1983** 213 (Feststellungen, die nahezu wörtlich mit denen des aufgehobenen Urteils übereinstimmen). Es ist aber immer nach den Besonderheiten des Einzelfalls zu beurteilen, ob die Eigenständigkeit der Feststellungen gesichert ist.

[61] BGH bei *Dallinger* MDR **1957** 653.

[62] OLG Stuttgart Justiz **1979** 270; 271; KMR-*Paulus* 13; vgl. auch Fußn. 63.

gen durch einen Vergleich beider Urteile zu ermitteln[63]. Eine Bezugnahme auf Teile des Ersturteils wird verschiedentlich auch dann als unzulässig angesehen, wenn nicht gesichert erscheint, daß die Pflicht zu eigenen Feststellungen voll beachtet wurde, etwa, wenn auf die Gründe des Ersturteils verwiesen wurde, obwohl das Berufungsurteil auf einer anderen Beweisgrundlage ergangen ist[64], oder wenn trotz Änderung des Schuldspruchs (Beihilfe statt Mittäterschaft) auf die „zutreffenden" Strafzumessungsgründe des Ersturteils Bezug genommen wurde[65].

**31**     5. Die **Verwendung von Vordrucken** für die Urteilsbegründung ist nicht grundsätzlich ausgeschlossen. Es muß aber für die individuelle Feststellung der Besonderheiten des Einzelfalls genügend Raum bleiben und dieser muß auch genutzt worden sein[66]. Die Einzelfallbezogenheit der Urteilsfeststellungen muß erkennbar gewahrt sein. Daran fehlt es, wenn der Vordruck, um einer Vielzahl von Fällen gerecht zu werden, so verallgemeinernd gehalten ist, daß er die Besonderheiten des Tatgeschehens nicht mehr hinreichend kennzeichnet[67]. Die von § 267 Abs. 1 Satz 1 geforderten eigenen Feststellungen des konkreten Sachverhalts dürfen nicht durch formelhafte Wendungen ersetzt werden. Ein Vordruck, der für die Feststellung aller Besonderheiten des Einzelfalls Raum läßt, wäre zwar nicht zu beanstanden, sein Rationalisierungseffekt ist aber gering. Die Übersendung des Vordrucks als Urteilsausfertigung an außenstehende Prozeßbeteiligte sollte auf jeden Fall unterbleiben, da sie weder der Bedeutung des Strafurteils noch der Würde des Gerichts entspricht[68]. Die Verwendung elektronisch gespeicherter **Textbausteine** ist ebenfalls zulässig, sofern die Einzelfallbezogenheit der Urteilsgründe gewahrt bleibt.

## III. Feststellungen zum Tathergang

### 1. Merkmale der Straftat

**32**     a) Die Urteilsgründe müssen in einer **geschlossenen, aus sich selbst heraus verständlichen Darstellung** (Rdn. 9) diejenigen Tatsachen angeben, in denen die gesetzlichen Merkmale der Straftat gefunden werden. In der Schilderung des vom Gericht für erwiesen erachteten Sachverhalts müssen die Merkmale der Straftat, jedoch aufgelöst in bestimmte Tatsachen[69], wiederkehren. Eine Feststellung, die nur die Worte des Ge-

---

[63] RGSt **59** 78; 427; **66** 8; RG JW **1931** 212; OLG Hamm NJW **1952** 77; JMBlNW **1980** 71; OLG Karlsruhe Justiz **1974** 98; OLG Koblenz GA **1977** 248; VRS **53** 186; OLG Köln VRS **7** 219; MDR **1954** 566; OLG Neustadt VRS **23** 40; OLG Oldenburg NdsRpfl. **1954** 35; OLG Stuttgart GA **1968** 285; Justiz **1973** 332; **1979** 271; OLG Schleswig bei *Ernesti/Jürgensen* SchlHA **1975** 191; *Fuhrmann* JR **1962** 81; *Lichti* DRiZ **1952** 152; *Seibert* JR **1952** 77; OLG Schleswig bei *Ernesti/Jürgensen* SchlHA **1970** 200 hält es für zulässig, wenn auf bestimmte Seiten des Ersturteils „soweit rot eingeklammert" Bezug genommen wird. Für das Revisionsgericht mag damit zwar der Umfang der Bezugnahme genau erkennbar sein, für die anderen Prozeßbeteiligten ist er aber ohne Akteneinsicht nicht feststellbar.

[64] OLG Hamm JMBlNW **1970** 145; nach KMR-*Paulus* 13 kann die eigene Beweiswürdigung im Urteil nicht durch Bezugnahme ersetzt werden.

[65] OLG Köln MDR **1979** 865; OLG Schleswig bei *Ernesti/Lorenzen* SchlHA **1985** 133; vgl. Rdn. 88.

[66] BVerfG NJW **1982** 29; BayObLG bei *Rüth* DAR **1977** 207; KMR-*Paulus* 9.

[67] OLG Frankfurt VRS **35** 375; **37** 60; MDR **1969** 72; OLG Hamm JMBlNW **1980** 69.

[68] KK-*Hürxthal* 7; vgl. Fußn. 66.

[69] Zur geschlossenen Sachdarstellung vgl. § 337, 133; OGHSt **1** 87; BayObLGSt **1949/51** 546; BGH NStZ **1982** 79 läßt ausnahmsweise die bloße Angabe der Tatbestandsmerkmale genügen, da die Gesamtheit der Urteilsgründe mit der erforderlichen Sicherheit ergab, daß die zugrunde liegenden Tatsachen einwandfrei festgestellt waren.

setzes wiederholt, oder mit einem gleichbedeutenden Wort oder einer allgemeinen Redewendung umschreibt, reicht nicht aus. Die abstrakten Tatbestandsmerkmale müssen in einzelne, konkrete Tatsachen des für erwiesen erachteten Lebensvorgangs aufgelöst werden, wobei bei **normativen Merkmalen** zusätzlich zu den rein deskriptiven Tatsachen auch deren Wertung mitzuteilen ist[70]. Die Darstellung muß so eingehend und klar sein, daß das Revisionsgericht nachprüfen kann, ob das Strafgesetz mit Recht auf das nachgewiesene Ereignis angewendet worden ist[71]. Nach dem Zweck der Urteilsgründe (Rdn. 5) darf die geschlossene Darstellung grundsätzlich nicht durch **verstreute Feststellungen** in den Urteilsgründen, vor allen in der Beweiswürdigung, ersetzt werden; denn dann besteht weder die erforderliche Sicherheit, daß alle die Entscheidung tragenden Umstände auch Eingang in die Urteilsgründe gefunden haben, noch ist das Revisionsgericht gehalten, sich die tatsächlichen Feststellungen zusammenzusuchen[72].

Die durch § 267 Abs. 1 Satz 1 geforderte **zusammenhängende, zeitlich und gedank-**   **33** **lich geordnete Darstellung** des Sachverhalts zur äußeren und inneren Tatseite, von dem das Gericht bei der rechtlichen Beurteilung ausgeht, hat keinen **rein verfahrensrechtlichen Selbstzweck** in dem Sinne, daß ein Verstoß gegen die verfahrensrechtliche Norm auf entsprechende Revisionsrüge stets zur Aufhebung des Urteils führen müßte. Die verfahrensrechtliche Forderung steht vielmehr im Dienste der richtigen **Anwendung des sachlichen Rechts.** Eine der Forderung des § 267 Abs. 1 Satz 1 nur mangelhaft genügende Sachdarstellung gefährdet den Bestand des Urteils nicht wegen des Verstoßes gegen diese verfahrensrechtliche Norm, sondern deshalb und insoweit, als wegen der Mängel im Aufbau des Urteils und in der Darstellung unsicher bleibt, welchen Sachverhalt das Gericht seiner rechtlichen Beurteilung eigentlich zugrunde gelegt hat[73]. In sich **unklare, widersprüchliche** oder **unvollständige** oder rein formelhafte Feststellungen führen auf eine mit der Sachrüge begründeten Revision zur Aufhebung des Urteils, weil sie dem Revisionsgericht die Prüfung der richtigen Anwendung des sachlichen Rechts unmöglich machen[74]. Fehlen zwingend vorgeschriebene Urteilsgründe, so können sie durch einen Berichtigungsbeschluß nicht rechtswirksam nachgeschoben werden[75].

b) Die für erwiesen erachteten **äußeren Tatsachen** müssen sich aus dem in ge-   **34** drängter Kürze darzustellenden, für erwiesenen erachteten Sachverhalt ergeben[76]. **Ort** und **Zeit der Tat** sind möglichst genau festzustellen. Sie sind anzuführen, wenn dies zu einer ausreichenden Identifizierung der Tat notwendig ist[77], gleiches gilt für die **Namen** der Beteiligten und Verletzten, soweit diese feststellbar sind[78].

---

[70] Vgl. dazu § 337, 111 ff mit Nachw., ferner etwa OLG Düsseldorf JR **1985** 157 mit Anm. *Lampe* und Fußn. 42.

[71] RGSt 2 419; 3 201; **71** 25; RGRspr **1** 558; **2** 112; **3** 636; **4** 281; OGHSt **1** 117; 148; BayObLGSt **1949/51** 546; **1952** 40; OLG Hamm VRS **43** 448; KG DAR **1962** 56; OLG Koblenz VRS **45** 210; **47** 265; **51** 106; ferner KK-*Hürxthal* 8; KMR-*Paulus* 18; *Fuhrmann* JR **1962** 81; *Seibert* NJW **1960** 1285; Rdn. 28 ff.

[72] BGH nach KK-*Hürxthal* 8; vgl. auch BGH VRS **5** 606; StrVert. **1984** 213; § 337, 122.

[73] OGHSt **2** 270; OLG Oldenburg NJW **1962** 693 (geschlossene Darstellung nicht zwingend; „soll"). Nach KMR-*Paulus* 18 ist es unschädlich, wenn einzelne Tatsachen erst in anderem Zusammenhang (Beweiswürdigung usw.) angeführt werden, solange der Sachverhalt eindeutig und überprüfbar bleibt.

[74] RG HRR **1937** Nr. 541; OGHSt **1** 146; **2** 269; BGHSt **7** 77; weit. Nachw. Fußn. 71; § 337, 151; 154 f.

[75] RG HRR **1939** Nr. 1010; vgl. § 268, 42 ff mit weit. Nachw.

[76] Zur Bestimmtheit der Feststellungen vgl. bei § 261; ferner § 337, 160.

[77] BGHSt **22** 92; dazu *Hanack* JZ **1972** 488; vgl. KG JW **1927** 925; OLG Hamm NJW **1962** 66; OLG Koblenz VRS **51** 41; OLG Schleswig bei *Ernesti/Jürgensen* SchlHA **1975** 191; vgl. bei § 264.

[78] KK-*Hürxthal* 9.

**35**    Bei **Verkehrsstrafsachen** muß der gesamte Verkehrsvorgang dargestellt werden mit allen Tatsachen, die das Verhalten des Angeklagten und die daraus entstandenen Folgen kennzeichnen[79]. Dies gilt selbst bei Ordnungswidrigkeiten[80].

**36**    Allgemein bekannte und verständliche **Rechtsbegriffe** wie Kauf und Verkauf, können hierbei verwendet werden, ohne daß es ihrer Auflösung in die zugrundeliegenden tatsächlichen Vorgänge bedarf. Im Einzelfall kann dies jedoch zum Verständnis des Geschehens notwendig sein; das gleiche gilt, wenn die Rechtsbegriffe kompliziert oder mehrdeutig sind[81]. Eine formelhafte Wiederholung des Gesetzeswortlauts genügt nicht[82].

**37**    Bei einer Verurteilung wegen **Abgabenverkürzung** müssen die Tatsachen, aus denen sich der verkürzte Steueranspruch dem Grunde und der Höhe nach ergibt, in der Regel für jede Steuerart und jeden Steuerabschnitt im Urteil aufgezeigt werden, um die Berechnung der verkürzten Steuern nachprüfbar zu machen[83]. Gleiches gilt auch sonst bei **Blankettgesetzen**, bei denen sowohl der Tatbestand der Blankettbestimmung als auch der der jeweiligen blankettausfüllenden Norm durch ausreichende tatsächliche Feststellungen zu belegen ist. Bei einer Verurteilung wegen **Verletzung der Unterhaltspflicht** sind die Einkommensverhältnisse des Angeklagten, seine anderweitigen Verpflichtungen sowie die ihm danach möglichen Leistungen zahlenmäßig darzulegen[83a].

**38**    Wird der Angeklagte wegen **mehrerer selbständiger Straftaten** verurteilt, so müssen die Gründe für jede Tat die erwiesenen Tatsachen angeben, und zwar nach Zeit, Ort und Art der Begehung so deutlich, daß das Revisionsgericht nachprüfen kann, ob das Strafgesetz auf jede einzelne Tat ohne Rechtsirrtum angewandt ist, und daß nach Eintritt der Rechtskraft beim Auftauchen einer neuen Beschuldigung gegen den Verurteilten festgestellt werden kann, ob er wegen dieser Tat schon abgeurteilt worden ist[84].

---

[79] Etwa die Unübersichtlichkeit einer Straße (BayObLGSt **1951** 546; DAR **1962** 272; KG VRS **11** 71; **30** 383; OLG Hamm VRS **38** 50; **51** 449; OLG Koblenz VRS **53** 360); die Umstände, aus denen sich die Vorfahrt ergibt (OLG Koblenz VRS **64** 297; OLG Schleswig SchlHA **1960** 148) oder die überhöhte Geschwindigkeit (BGH VRS **38** 432; OLG Hamm VRS **51** 448; OLG Koblenz VRS **50** 289; **53** 360; OLG Stuttgart DAR **1963** 335; OLG Schleswig bei *Ernesti/Jürgensen* SchlHA **1979** 205; vgl. aber auch KG VRS **33** 55; OLG Köln VRS **26** 223). Für weitere Beispiele vgl. etwa BayObLGSt **1952** 40; NJW **1968** 313; OLG Hamm VRS **48** 377; OLG Koblenz VRS **61** 437; OLG Schleswig bei *Ernesti/Jürgensen* SchlHA **1976** 271; § 337, 142.

[80] OLG Hamm VRS **59** 271; OLG Schleswig bei *Ernesti/Lorenzen* SchlHA **1985** 132 (Rotlichtverstoß); *Doller* DRiZ **1981** 209.

[81] Wie etwa bei Widerstand gegen Vollstreckungsbeamte alle Umstände einschließlich des Dienstgrades des Beamten, aus denen sich die Rechtmäßigkeit seines Handelns ergibt

(OLG Schleswig StrVert. **1983** 204) oder der Inhalt einer pornographischen Schrift (BayObLG NJW **1972** 1691; OLG Düsseldorf JR **1985** 157 mit Anm. *Lampe;* OLG Stuttgart GA **1979** 471; dazu Rdn. 21) oder das Vorliegen einer Pfändung (BayObLGSt **1951** 439), das Bestehen einer Unterhaltspflicht (OLG Köln NJW **1958** 720) oder bei Verstößen gegen das Wohnungsbindungsgesetz die überhöhte Mietforderung (OLG Köln MDR **1971** 1030); vgl. ferner § 337, 142.

[82] OLG Braunschweig NJW **1954** 363 (zum öffentlichen Interesse); OLG Köln MDR **1971** 1030.

[83] BGH NJW **1983** 404; StrVert. **1981** 222; **1982** 458 (L); bei *Holtz* MDR **1980** 455; OLG Düsseldorf MDR **1973** 337; JMBlNW **1984** 92; OLG Schleswig bei *Ernesti/Jürgensen* SchlHA **1972** 192.

[83a] Vgl. etwa OLG Bremen JR **1961** 227; OLG Hamm NJW **1975** 457; OLG Schleswig StrVert. **1985** 110; ferner Fußn. 81.

[84] RG HRR **1939** Nr. 1011; vgl. BGHSt **1** 222; BGH GA **1959** 371; KK-*Hürxthal* 9.

Dies gilt auch bei der Verurteilung wegen einer größeren Zahl im wesentlichen gleichartiger Straftaten. Zusammenfassungen sind nur insoweit möglich, als dadurch die Identifizierung jeder einzelnen Tat in ihrem konkreten Verlauf nicht vereitelt wird[85].

Bei einer **fortgesetzten Handlung** ist das Tatgeschen grundsätzlich so darzustellen, daß die Tatbestandsmäßigkeit jedes Einzelakts rechtlich nachprüfbar ist[86]. Bei einer Vielzahl von gleichartigen Einzelfällen braucht aber nicht jeder Fall in seinen Einzelheiten geschildert zu werden. Die in allen wesentlichen Punkten gleichen Fälle können in einer gemeinsamen Beschreibung ihrer Merkmale zusammengefaßt werden, wobei aber jeder Einzelfall nach Ort, Zeit und Verletzten usw. kurz zu identifizieren ist, schon damit über seine rechtskräftige Aburteilung keine Zweifel auftreten können[87]. Einzeln dargestellt werden müssen diejenigen Fälle oder Fallgruppen, die in ihrer Ausführungsweise nicht unerheblich voneinander abweichen[88]. **39**

Werden **nicht alle Teilakte** der fortgesetzten Handlung im Urteil geschildert, darf dieses keinen Zweifel daran lassen, daß dem Schuld- und Strafausspruch nur die festgestellten Vorgänge zugrunde gelegt wurden[89]. Auszugehen ist von der im Urteil zu begründenden **Mindestzahl**[90], die zur sicheren Überzeugung des Gerichts (Verdacht genügt nicht) feststehen muß[91]. Die rein mathematische Hochrechnung ist unzulässig[92]. Das Fehlen von Angaben über die dem Urteil zugrunde liegende Mindestzahl ist nur dann unschädlich, wenn der erfaßte Schuldumfang anderweitig sicher feststeht oder die Tat anderweitig (Zeit, Ort, Ausmaß) sicher eingegrenzt ist[93]. **40**

c) Die gesetzlichen Merkmale der **inneren Tatseite** sind ebenfalls durch tatsächliche Feststellungen zu belegen. Ihr Fehlen ist nur dort unschädlich, wo sie eindeutig den Darlegungen zur äußeren Tatseite zu entnehmen sind[94]. Unerheblich ist, ob die jeweilige Strafnorm die Schuldform und sonstige innere Tatbestandsmerkmale ausdrücklich hervorhebt oder ob sie sich nur aus dem Zusammenhang ergeben[95]. Die Rechtsbegriffe des inneren Tatbestandes müssen in ihre tatsächlichen Bestandteile aufgelöst werden[96]. Dies gilt vor allem bei **fahrlässiger Tatbegehung**, bei der auch die Tatsachen anzugeben sind, aus denen die Pflichtwidrigkeit des Handelns und die Vermeidbarkeit des Erfolgs gefolgert wurde[97]. Unterscheiden sich zwei Straftatbestände nur durch die Schuld- **41**

---

[85] Vgl. etwa BGH NStZ **1982** 79; ferner bei Rdn. 39.
[86] BGH GA **1965** 92; JR **1954** 268; NStZ **1982** 128; **1984** 565.
[87] BGH NStZ **1983** 326; **1984** 565; StrVert. **1981** 542; bei *Holtz* MDR **1985** 91; OLG Schleswig bei *Ernesti/Jürgensen* SchlHA **1975** 19; KK-*Hürxthal* 9; *Kleinknecht/Meyer*[37] 6; KMR-*Paulus* 23; *G. Schäfer* § 93 III 3; vgl. auch Fußn. 86.
[88] BGH GA **1959** 371.
[89] BGH JR **1954** 268.
[90] BGH GA **1959** 326; JR **1954** 268; NStZ **1983** 326; bei *Dallinger* MDR **1971** 545; bei *Holtz* MDR **1985** 91; OLG Hamm VRS **48** 239.
[91] BGH bei *Holtz* MDR **1985** 326; KK-*Hürxthal* 6; vgl. § 261, 50; 113.
[92] BGH bei *Holtz* MDR **1978** 803; *Kleinknecht/Meyer*[37] 6.

[93] BGH **1983** 326; vgl. auch BGH GA **1959** 371.
[94] RG JW **1926** 1183; OLG Celle NJW **1966** 2325; OLG Koblenz VRS **47** 24; OLG Saarbrücken VRS **40** 450; NJW **1974** 1391; vgl. § 337, 143.
[95] BGHSt **5** 143.
[96] KK-*Hürxthal* 10. Wieweit die äußeren Umstände hervorzuheben sind, aus denen sie erschlossen werden, hängt von der Lage des Falles ab. OLG Hamburg MDR **1971** 414 verneint dies im Regelfall; ähnlich KMR-*Paulus* 29. Vgl. auch OLG Celle NdsRpfl. **1981** 150 (Trunkenheit im Verkehr); § 337, 143.
[97] BGH NStZ **1983** 134; OLG Koblenz VRS **63** 354; OLG Schleswig bei *Ernesti/Jürgensen* SchlHA **1971** 217.

form, so muß die Urteilsbegründung zweifelsfrei dartun, welche Schuldform für erwiesen erachtet wurde[98] und aufgrund welcher erwiesenen äußeren Tatsachen dies beruht[99].

**42**      Die Tatsachen, die den **Vorsatz** des Täters aufzeigen sowie die daraus gewonnene Überzeugung von der Vorsätzlichkeit der Tatbegehung sind in dem durch die Lage des Einzelfalls gebotenem Umfang festzustellen[99a]. Dies gilt auch, wenn der Vorsatz ungeschriebenes Tatbestandsmerkmal ist und in der Hauptverhandlung kein Tatbestandsirrtum (§ 16 Abs. 1 StGB) behauptet wird[100]. Die sorgfältige Darstellung der inneren Tatseite ist vor allem notwendig beim **bedingten Vorsatz**, der mit der bewußten Fahrlässigkeit nahe beisammen liegt[101]; die Wendung, der Täter habe den Erfolg in Kauf genommen, ist allein noch nicht ausreichend[102]. Soweit der Straftatbestand eine bestimmte Absicht erfordert, ist darzutun, daß der Angeklagte den betreffenden Erfolg herbeiführen wollte oder daß dieser von seinem Streben mitumfaßt war[103]. Häufig findet sich der Fehler, daß in den Urteilsgründen zwischen dem Kennen der einzelnen Tatbestandsmerkmale und dem Kennenkönnen und Kennenmüssen nicht deutlich genug unterschieden wird. Fehlerhaft sind Darlegungen, die — ohne daß insoweit eine wahldeutige Feststellung beabsichtigt ist[104] — an die Feststellung, daß der Täter mit direktem Vorsatz gehandelt habe, die **Hilfserwägung** anschließen, daß er aber jedenfalls mit bedingtem Vorsatz gehandelt habe. Hilfserwägungen dieser Art erwecken den Verdacht, daß das Gericht entgegen der vorangegangenen Versicherung vom unbedingten Vorsatz nicht überzeugt ist. Dadurch kann eine den Bestand des Urteils gefährdende Unsicherheit in die Feststellungen hineingetragen werden[105].

**43**      Zur inneren Tatseite gehören auch Ausführungen zur Frage, ob der Angeklagte das **Unrechtsbewußtsein** (§ 17 StGB) hatte[106], oder ob er sich irrte, sofern der Sachverhalt zur Erörterung dieser Frage Anlaß bietet oder der Angeklagte behauptet hat, im Irrtum gehandelt zu haben[107]. Zur Frage der Entschuldbarkeit eines **Verbotsirrtums** ist erst Stellung zu nehmen, wenn er feststeht oder seine Möglichkeit nicht ausgeräumt werden kann.

---

[98] BayObLG DAR **1977** 201; OLG Saarbrücken NJW **1974** 1391; OLG Schleswig bei *Ernesti/Jürgensen* SchlHA **1971** 220; bei *Ernesti/Lorenzen* SchlHA **1981** 95.

[99] Vgl. OLG Schleswig bei *Ernesti/Jürgensen* SchlHA **1977** 183.

[99a] Nach *Hruschka* FS Kleinknecht 191 ist die Annahme des Tatvorsatzes ein Zurechnungsmerkmal; die Verwendung der Bezeichnung „innere Tatsachen" lehnt er ab. Zum strafrechtlichen Vorsatzbegriff vgl. *Schmidhäuser* FS Oehler 135, ferner die Kommentare zum StGB.

[100] BGHSt **5** 144; jetzt h. M; KK-*Hürxthal* 10; *Kleinknecht/Meyer*[37] 7; KMR-*Paulus* 31; *Eb. Schmidt* 8; a. A RGSt **1** 169; **8** 46; **27** 179; **51** 204.

[101] Vgl. etwa RGSt **72** 43; **76** 115; BGHSt **7** 369; **19** 101; BGH VRS **50** 94; **59** 183; **64** 112; StrVert. **1982** 509; **1984** 187; BGH bei *Dallinger* MDR **1952** 16; bei *Holtz* MDR **1977** 105; bei *Hürxthal* DRiZ **1981** 103; KK-*Hürxthal* 10; *G. Schäfer* § 93 III 9; IV 6;

*Schneider* NJW **1957** 372 § 337, 143. Zu den im materiellen Recht strittigen Einzelfragen vgl. die Erläuterungsbücher zum Strafgesetzbuch.

[102] Vgl. etwa BGH VRS **50** 94; bei *Holtz* MDR **1977** 105; ferner KMR-*Paulus* 31 (keine besonderen Feststellungen nur, soweit offensichtlich).

[103] BGHSt **4** 107; **16** 1; BGH NJW **1953** 835; KK-*Hürxthal* 10; KMR-*Paulus* 33; *Oehler* NJW **1966** 1633; ferner die Erläuterungsbücher zum StGB.

[104] Zur Anwendung des Grundsatzes im Zweifel für den Angeklagten vgl. § 261, 143.

[105] RG JW **1931** 3559; KK-*Hürxthal* 10.

[106] BGHSt **2** 199; OLG Braunschweig NJW **1957** 640; OLG Oldenburg VRS **32** 276; OLG Schleswig bei *Ernesti/Jürgensen* SchlHA **1972** 162.

[107] KK-*Hürxthal* 10; *Kleinknecht/Meyer*[37] 7; KMR-*Paulus* 32; vgl. Fußn. 106; ferner Rdn. 58; § 337, 143.

Die **Schuldfähigkeit** braucht im Urteil nur erörtert zu werden, wenn Anhalts- **44** punkte vorliegen, daß sie beeinträchtigt sein könnte. Werden allerdings Umstände ersichtlich, die dies nahelegen, dann muß sich das Urteil ausdrücklich damit auseinandersetzen[108]. Je nach den Umständen muß es auch aufzeigen, daß das Gericht die Frage aus eigener Sachkunde beurteilen konnte. Wurde ein Sachverständigengutachten erholt, sind die maßgebenden Anknüpfungs- und Befundtatsachen sowie die daraus zu ziehenden Schlußfolgerungen wiederzugeben[109].

Begeht ein Täter **mehrere gleichartige Straftaten**, brauchen die dazugehörenden **45** Feststellungen zur inneren Tatseite nicht notwendig in jedem Falle mit besonderen Worten getroffen zu werden. Im Urteil können vielmehr in solchen Fällen aus Gründen der besseren Darstellung oder aus anderen Gründen Feststellungen zur inneren Tatseite, die für mehrere Fälle in gleicher Weise zutreffen, gemeinsam nach der Erörterung der Besonderheiten des äußeren Tathergangs getroffen werden, wenn nur kein Zweifel darüber entstehen kann, auf welche Fälle sich solche Feststellungen zur inneren Tatseite im einzelnen beziehen[110].

**d) Mehrdeutige Tatsachengrundlagen.** Kann das Gericht zu keinen eindeutigen **46** Tatsachenfeststellungen kommen, weil es keine von mehreren Möglichkeiten des tatsächlichen Geschehens mit Sicherheit ausschließen kann, so muß es an Stelle der für erwiesen erachteten Tatsachen, in denen die Merkmale der Straftat zu finden sind, den äußeren und inneren Sachverhalt der Verhaltensweisen schildern, die nach der Überzeugung des Gerichts als **allein möglich** in Betracht kommen[110a]. Die Zulässigkeit der Verurteilung auf einer mehrdeutigen Tatsachengrundlage und die bei der Urteilsbegründung zu beachtenden Einzelheiten sind bei § 261, 159 ff erörtert.

**2. Angabe der Beweistatsachen (Absatz 1 Satz 2)**
**a) Pflicht zur Feststellung im Urteil.** Der Entwurf der StPO wollte die Beweis- **47** gründe nicht in das Urteil aufnehmen, weil nach dem Grundsatz der freien Beweiswürdigung die Überzeugung von der Schuld des Angeklagten bei dem einen Richter auf anderen Gründen beruhen kann als bei dem anderen[111]. Die Reichstagskommission hielt es jedoch für notwendig, das unbeschränkte richterliche Ermessen einer Art von Selbstüberwachung zu unterwerfen; sie nahm deshalb die Bestimmung des Absatz 1 Satz 2 auf[112]. Nach dieser „sollen" die Beweistatsachen, also die Tatsachen, aus denen der Beweis der Tat „gefolgert" wird (Anzeichen), in den Urteilsgründen angeführt werden. Wird z. B. der Angeklagte des ihm zur Last gelegten Diebstahls für schuldig erachtet, weil man ihn um die Zeit der Tat in der Nähe des Tatortes bemerkt, weil er nach der Tat ungewöhnliche Ausgaben gemacht hat usw., so bedarf es der Anführung dieser Tatsachen. Wenn dagegen z. B. bei einer Anklage wegen Körperverletzung die verschiedenen Augenzeugen den Hergang verschieden darstellen, so soll es keiner Angabe der Gründe bedürfen, aus denen das eine Zeugnis für beweisend, das andere für nicht beweisend an-

[108] Vgl. etwa BGH NJW **1964** 2213; VRS **34** 274; **61** 261; StrVert. **1984** 419; 463; OLG Düsseldorf NJW **1983** 354 (L); OLG Köln VRS **65** 426; **68** 351; JMBlNW **1984** 251; OLG Hamburg VRS **60** 190; **61** 341; vgl. Rdn. 65 ff und § 244, 76 ff.

[109] Vgl. Rdn. 61 und § 261, 93; ferner § 244, 303 ff; 308 ff; § 337, 140.

[110] Vgl. etwa OGHSt **3** 36; ferner Rdn. 40.
[110a] BGH JR **1981** 305 mit Anm. *Peters*; § 261, 170.
[111] Motive *Hahn* 211.
[112] Protokolle *Hahn* 882; 1356. Zur Entstehungsgeschichte vgl. *Baldus* FS Heusinger 385; *Wenzel* NJW **1966** 577.

gesehen worden ist[113]. Nicht voll Bewiesenes, nur leicht Mögliches, von dem das Gericht nicht überzeugt ist, kann nicht als Beweistatsache festgestellt werden[114].

**48**      Aus der Fassung der Bestimmung („sollen") wird gefolgert, daß sie nur eine **Ordnungsvorschrift** ist, die mangelnde Angabe der Beweistatsachen also unter dem Blickwinkel des § 267 Abs. 1 Satz 2 keine Gesetzesverletzung im Sinn des § 337 enthält[115]. Angesichts des Wortlauts und der Entstehungsgeschichte der Vorschrift wird man nicht bestreiten können, daß die bei der Gesetzgebung beteiligten Organe § 267 Abs. 1 seinerzeit in diesem Sinne verstanden wissen wollten. Trotzdem muß bezweifelt werden, ob § 267 Abs. 1 auch heute noch so verstanden werden darf. Tatsächlich geschieht es in der Praxis nicht. Abgesehen von den Fällen des Absatzes 4 besteht im Ergebnis weitgehend Übereinstimmung, daß die Gerichte verpflichtet sind, in den Urteilsgründen nicht nur anzugeben, daß sie die Überzeugung vom Vorliegen eines bestimmten Sachverhalts erlangt haben, sondern auch näher darzulegen, auf welchem Wege und auf Grund welcher Tatsachen sie zu dieser Überzeugung gelangt sind[116], soweit dies für die Nachprüfbarkeit der Entscheidung notwendig ist. Strittig ist, ob der **Begründungszwang** allein aus der Pflicht zur Darlegung aller die Anwendung des materiellen Rechts tragenden Erwägungen und zum Nachweis der durch § 261 gebotenen erschöpfenden Beweiswürdigung abzuleiten ist[117] oder ob dies auch aus § 267 Abs. 1 Satz 2 folgt[118]. Wegen der gestiegenen Anforderungen an die erstgenannten Begründungspflichten ist die Streitfrage praktisch kaum noch von Bedeutung[119]. Wenn man nicht annimmt, Richtergewohnheitsrecht habe die Sollvorschrift des Absatzes 1 Satz 2 in eine Mußvorschrift verwandelt[120], lassen Wortlaut und Entstehungsgeschichte die Deutung des Satzes 2 als einer absoluten Mußvorschrift nicht zu. Das von *Baldus*[121] aufgezeigte Verständnis der Sollvorschrift als eine Norm, die das richterliche Ermessen zwar nicht aufhebt, für seine Ausübung aber eine bestimmte Richtung aufzeigt, eröffnet den Weg für eine praktisch

[113] RGRspr. **8** 598.

[114] OGHSt **1** 166. Wegen der Einzelfragen des Indizienbeweises vgl. § 261, 60 ff; 114 ff; und § 337, 152.

[115] BGHSt **12** 315; vgl. auch BGHSt **14** 165; so schon RGSt **47** 109; ferner z. B. OLG Celle NdsRpfl. **1965** 161; OLG Düsseldorf VRS **65** 381; OLG Karlsruhe Justiz **1977** 244; GA **1977** 24; OLG Schleswig bei *Ernesti/Jürgensen* SchlHA **1977** 182; **1979** 205; *Börker* DRiZ **1953** 64; *Wenzel* NJW **1966** 578; *Blunk* MDR **1970** 47; zu BGHSt **12** 311 ff; vgl. *Baldus* FS Heusinger 384.

[116] Vgl. etwa BGH NStZ **1985** 184; KK-*Hürxthal* 12; *Kleinknecht/Meyer*[37] 11 (Rechtfertigung der Beweiswürdigung in den Urteilsgründen, soweit dies nach den Umständen unter dem Gesichtspunkt der Nachprüfbarkeit geboten); KMR-*Paulus* 36; *Baldus* FS Heusinger 386; *Hanack* JZ **1972** 489. *Eb. Schmidt* 6 führt unter Berufung auf *v. Hippel* (364) aus, daß ein Indizienurteil, das nur die für erwiesen erachteten Tatsachen enthält, in denen das Gericht die gesetzlichen Merkmale der strafbaren Handlung gefunden hat, ohne

die Beweisanzeichen anzugeben und zu erörtern, auf denen diese Feststellungen beruhen, in Wahrheit nur Behauptungen enthält, aber keine Begründung; vgl. § 337, 145; ferner OLG Celle NdsRpfl. **1965** 161, das insoweit auf den Einzelfall abstellt; OLG Hamburg MDR **1971** 414; OLG Bremen VRS **50** 129; OLG Hamm VRS **39** 347.

[117] Nach KMR-*Paulus* 38 normiert § 267 Abs. 1 Satz 2 nur unvollkommen eine Folge aus § 261, wenn er für bestimmte Fälle eine bestimmte Form vorsehe; er sei eine Ordnungsvorschrift, denn was in das Urteil aufzunehmen sei, bestimme sich inhaltlich nach § 261; dessen Verletzung und nicht der Verstoß gegen § 267 Abs. 1 Satz 2 begründe die Revision.

[118] So etwa *Eb. Schmidt* 6; Nachtr. I 3 (bei vernünftiger rechtsstaatlicher Auslegung keine Ordnungsvorschrift); *Peters* § 52 IV 3 a.

[119] KK-*Hürxthal* 12; KMR-*Paulus* 38 (§ 267 Abs. 1 Satz 2 bedeutungslos).

[120] Vgl. § 337, 120 ff; zur Entwicklung der Rechtsprechung ferner § 337, 145 ff.

[121] FS Heusinger 386 ff.

brauchbare Lösung, die die Anforderungen an die aus verschiedenen Prinzipien abgeleiteten Begründungspflichten weitgehend zur Konkordanz bringt und dem an sich denkbaren Rückschluß den Boden entzieht, daß die Beweiswürdigung nur insoweit nachprüfbar ist, als eine Pflicht besteht, sie und die ihr zugrunde liegenden Indizien in das Urteil aufzunehmen (vgl. Rdn. 51 f).

Nach dieser Auffassung ist bei Absetzung des Urteils zu entscheiden, ob die be- **49** sonderen Umstände des Falles bei Berücksichtigung der Bedeutung der Sache und des Zweckes der Urteilsbegründung (Rdn. 1 ff) erlauben, von der durch die **Sollvorschrift aufgestellten Regel ausnahmsweise abzugehen**, weil die Bedeutung der Sache so gering und die Rechts- und Sachlage so einfach ist, daß auf die Wiedergabe der Beweistatsachen verzichtet werden kann[122]. Der Tatrichter hat hier einen gewissen Ermessensspielraum, ist jedoch durch die Sollvorschrift in seiner Ermessensausübung weitgehend gebunden[123]. Ein Fehlgebrauch des Ermessens kann auch darin liegen, daß das Gericht die für die Ermessensausübung richtungsweisende Bedeutung der Sollvorschrift nicht erkannt oder sich ohne ausreichenden Grund darüber hinweggesetzt hat. Er muß ebenso mit der Revision gerügt werden können[124], wie auch sonst die Überschreitung der Ermessensgrenzen bei der Verfahrensgestaltung. Ein solcher Fehlgebrauch wäre beispielsweise gegeben, wenn das Gericht sich in einer Strafsache von einigem Gewicht damit begnügen wollte, bei einem allein auf Indizien gestützten Urteil lediglich die Haupttatsachen, die den Straftatbestand begründen, anzugeben, nicht aber die Beweistatsachen, aus denen es sie erschlossen hat.

**b)** Die **Urteilsstelle**, an der die festgestellten Indizien mitzuteilen sind, ist nicht **50** festgelegt. Zweckmäßigkeitsgründe, vor allem die Erfordernisse einer verständlichen Darstellung, entscheiden darüber, ob die Beweisanzeichen bereits in der Sachverhaltsdarstellung oder erst im Zusammenhang mit der Beweiswürdigung abzuhandeln sind. Es kommt also auf den Einzelfall an[125], wichtig ist aber immer, daß eindeutig aus dem Urteil ersichtlich ist, welche konkreten Beweisanzeichen das Gericht für erwiesen hält.

### 3. Wiedergabe der Beweiswürdigung
**a) Keine ausdrückliche Regelung.** Eine Pflicht des Gerichts, die volle Beweiswür- **51** digung im Urteil wiederzugeben, findet sich in § 267 nicht. Der Gesetzgeber hat sich mit der **Sollvorschrift** über die Angabe der **Beweistatsachen** beim Indizienbeweis begnügt[126]. Die bloße Aneinanderreihung von Beweistatsachen könnte aber keine verfahrensrechtliche Aufgabe erfüllen. Absatz 1 Satz 2 gewinnt nur einen Sinn, wenn man ihn auf die Beweiswürdigung erstreckt[127] und fordert, daß das Urteil lückenlos die Beweisbeziehung der festgestellten Indiztatsachen zu den Tatsachen dartut, die den gesetzlichen Tatbestand begründen[128]. Die in den Anforderungen uneinheitliche **Rechtsprechung der Re-**

---

[122] BGH bei *Dallinger* MDR **1975** 198; bei *Holtz* MDR **1980** 631; OLG Celle NdsRpfl. **1965** 161; OLG Schleswig bei *Ernesti/Jürgensen* SchlHA **1975** 191; **1976** 171; KK-*Hürxthal* 18; KMR-*Paulus* 39; *Peters* § 52 IV 3 a. Nach *Wenzel* NJW **1966** 580 rechtfertigen auch einfach gelagerte Sachen keine Ausnahme. Zu diesem Ergebnis kommt er jedoch über die materiell-rechtliche Ableitung der Begründungspflicht, nicht in Auslegung der hier zunächst allein interessierenden Sollvorschrift des § 267 Abs. 1 Satz 2.

[123] *Hanack* JZ **1972** 489.
[124] Zur Revisibilität von Sollvorschriften vgl. § 337, 15 ff; ferner § 337, 120.
[125] *G. Schäfer* § 93 IV 4; *Eb. Schmidt* Nachtr. I 13 hält die Mitteilung im Rahmen der Beweiswürdigung für angebracht.
[126] Vgl. Rdn. 47.
[127] *Baldus* FS Heusinger 386.
[128] BGH NJW **1959** 780; StrVert. **1981** 161; vgl. § 261, 60 ff; ferner § 337, 152.

**visionsgerichte** hat im Ergebnis doch eine über die Aufnahme und Erörterung der Indiztatsachen weit hinausreichende Wiedergabe des **rationalen Teils der Beweiswürdigung** in den Urteilsgründen erzwungen. Vor allem hat sie im Einzelfall die Notwendigkeit einer solchen Erörterung aus der Pflicht zur erschöpfenden Würdigung des Ergebnisses der Hauptverhandlung[129] sowie daraus hergeleitet, daß es zur Darlegung der richtigen **Anwendung des materiellen Rechts** gehören kann, entscheidungserhebliche Teile der Beweiswürdigung lückenlos mitzuteilen, um dem Revisionsgerichte die Nachprüfung der richtigen Anwendung des materiellen Rechts einschließlich der Beachtung der Denkgesetze und der Erfahrungssätze zu ermöglichen[130]. Dies gilt aber nur für die nachprüfbaren, rationalen Grundlagen der Überzeugungsbildung; eine Offenlegung aller Einzelheiten des komplexen psychologischen Vorgangs der Gewinnung der richterlichen Überzeugung wird nicht gefordert[131].

**52**　　b) **Auseinandersetzung mit festgestellten Tatsachen.** Nach der herrschenden Meinung muß sich das Gericht mit den im Urteil wiedergegebenen Tatsachen und mit den nach der Sachlage naheliegenden Möglichkeiten des Geschehensablaufs unter allen rechtlich oder sachlich für die Entscheidung erheblichen Gesichtspunkten auseinandersetzen[132]. Das **Verhältnis** zwischen der **eingeschränkten Begründungspflicht** nach § 267 Abs. 1 und den aus der umfassenden sachlich-rechtlichen Nachprüfung abgeleiteten **Begründungsanforderungen** wird unterschiedlich beurteilt. Es bereitet nach der hier vertretenen Auffassung keine Schwierigkeiten, wo — und das dürfte die Regel sein — das Schweigen des Urteils zur Beweiswürdigung und den dazu festgestellten Tatsachen gegen § 267 verstößt, wo also die Urteilsgründe den Anforderungen dieser Vorschrift, insbesondere auch der in § 267 Absatz 1 Satz 2 zum Ausdruck gekommenen Ermessensregel nicht genügen. Dann greift sowohl die Verfahrensrüge der ungenügenden Urteilsbegründung durch als auch die Sachrüge, da die Unvollständigkeit des Urteils auch bei deren Prüfung zu beachten ist. Die Frage, ob das Schweigen des Urteils zu den Beweistatsachen und zur Beweiswürdigung ermessensfehlerhaft ist (Rdn. 49), läßt sich an Hand der übrigen Urteilsgründe beurteilen[133].

**53**　　In den **Ausnahmefällen** aber, in denen das Gericht befugt davon absehen durfte, die Grundlagen seiner Beweiswürdigung im Urteil wiederzugeben, wo also das Unterlassen von Ausführungen im Urteil mit § 267 in Einklang steht, entfällt für das Revisionsgericht die Möglichkeit, die Beweiswürdigung im Zusammenhang mit der Sachrüge nachzuprüfen. Der beim partiellen Fehlen von Urteilsausführungen in Betracht kom-

---

[129] Vgl. § 261, 58 ff und bei § 337, 144 ff.
[130] Z. B. BGHSt **12** 311; **14** 165; BGH NJW **1961** 2069; GA **1965** 109; StrVert. **1981** 509; BGH bei *Dallinger* MDR **1971** 898; **1974** 502; **1975** 198; bei *Holtz* MDR **1980** 631; bei *Pfeiffer/Miebach* NStZ **1985** 15; OLG Bremen VRS **50** 129; OLG Celle NdsRpfl. **1976** 181; OLG Düsseldorf VRS **65** 381; OLG Hamm NJW **1966** 581; **1972** 916; JMBlNW **1980** 69; OLG Karlsruhe Justiz **1977** 244; OLG Koblenz VRS **57** 32; **64** 281; OLG Köln VRS **51** 213. Zu den steigenden Anforderungen der Revisionsgerichte vgl. § 337, 144 ff; 157 ff.
[131] BGH NJW **1951** 413; GA **1961** 172; OLG Schleswig bei *Ernesti/Jürgensen* SchlHA **1979**

205; KK-*Hürxthal* 12; KMR-*Paulus* 37; vgl. ferner die Entscheidungen Fußn. 129; sowie § 261, 7; 12 ff und § 337, 146; 158.
[132] BGHSt **6** 68; **12** 314; **25** 285; **20** 315; **20** 331; BGH NJW **1959** 780; **1980** 2423; GA **1974** 61; StrVert. **1981** 169; **1984** 188 mit Anm. *Wagner*; BayObLGSt **1954** 39; OLG Celle NdsRpfl. **1985** 47; OLG Koblenz VRS **56** 360; OLG Celle NdsRpfl **1985** 47; OLG Frankfurt VRS **64** 34.
[133] Vgl. BGH bei *Dallinger* MDR **1952** 272: Gericht muß Umstände erörtern, die erfahrungsgemäß berücksichtigt werden müssen; ferner beispielsweise OLG Neustadt DAR **1961** 204; *Peters* § 52 IV 3 a; vgl. Rdn. 54.

mende Schluß, daß sich dahinter möglicherweise ein Rechts- oder Denkfehler verbergen könnte, ist beim befugten Schweigen nicht ohne weiteres zulässig[134]. Für ihn ist nur dort Raum, wo der Gesamtzusammenhang des Urteils oder einzelne Ausführungen das Schweigen bewertbar machen, wie etwa, wenn festgestellte Tatsachen, die eine andere Entscheidung hätten rechtfertigen können, ungewürdigt geblieben sind[135].

Diese Erörterungspflicht gilt für die **rechtliche Würdigung** der festgestellten Tat- **54** sachen, die sich auf alle entscheidungserheblichen Punkte erstrecken muß (Rdn. 77); sie gilt aber auch für die **Beweiswürdigung**. Letztere ist trotz ihrer beschränkten Nachprüfbarkeit insoweit darzustellen, als notwendig ist, um aufzuzeigen, daß eine nach den getroffenen Feststellungen naheliegende Möglichkeit nicht auf Grund eines Verstoßes gegen die Denkgesetze oder aus rechtsfehlerhaften Überlegungen unberücksichtigt geblieben ist[136]. Eine solche Begründungspflicht wird insbesondere dann angenommen, wenn eine im Urteil **festgestellte Tatsache unerörtert** bleibt, die für das Hereinspielen eines im Urteil nicht erwähnten rechtlichen Gesichtspunkts spricht oder die an sich geeignet wäre, das Beweisergebnis in einem entgegengesetzten Sinn zu beeinflussen[137], ferner wenn die festgestellten Tatsachen in erheblicher Weise voneinander abweichen[138]. Fehlerhaft ist es, wenn von **mehreren** naheliegenden **Möglichkeiten** nur eine erörtert, die Begründung also lückenhaft wird[139]. Dies kann, ebenso wie eine sonstige Unvollständigkeit der Urteilsgründe, im Rahmen der Sachrüge zur Aufhebung des Urteils führen.

Die im Urteil **mitgeteilte Beweiswürdigung** muß in sich logisch geschlossen, klar **55** und lückenfrei sein[140]. Sie muß die Grundzüge der Überlegungen des Gerichts und die Vertretbarkeit des gefundenen Ergebnisses sowie die Vertretbarkeit des Unterlassens einer weiteren Würdigung aufzeigen. Es müssen alle aus dem Urteil ersichtlichen Tatsachen und Umstände, die Schlüsse zugunsten oder zuungunsten des Angeklagten zulassen, ausdrücklich erörtert werden[141]. Das Urteil enthält einen sachlich-rechtlichen Mangel, wenn seine Beweiserwägungen diesen Anforderungen nicht entsprechen[142]. Eine darüber hinausgehende Detailschilderung oder eine erschöpfende Würdigung aller, auch der ferner liegenden Umstände oder nur theoretischen Möglichkeiten kann nicht gefordert werden[143]. Es besteht keine verfahrensrechtliche Pflicht, im Urteil **alles zu erörtern**, was Gegenstand der Hauptverhandlung war.

---

[134] *Blunk* MDR **1970** 471; vgl. auch KG JR **1962** 389 mit krit. Anm. *Dünnebier,* a. A *Wenzel* NJW **1966** 577 ff, der auch hier eine Lösung des Problems im Rahmen der Sachrüge sucht.

[135] Die praktischen Schwierigkeiten, die sich für die Abgrenzung ergeben können, werden nicht verkannt. Sie sind jedoch nicht größer als bei den methodisch anzweifelbaren Versuchen, die Pflicht zur Darlegung aller für die Urteilsfindung maßgebender Überlegungen allein über die Sachrüge zu erreichen, obwohl der ganze Aufbau des § 267 und nicht nur dessen Absatz 1 Satz 2 zeigt, daß der Gesetzgeber keine unbegrenzte Begründungspflicht wollte.

[136] Vgl. § 261, 44 ff und § 337, 156.

[137] Zur umfangreichen Rechtspr. vgl. etwa BGH NJW **1953** 1440; **1959** 780; NJW **1962** 549; **1967** 1140; VRS **53** 110; BGH MDR **1974** 502; bei *Pfeiffer/Miebach* NStZ **1985** 15; RGSt **77** 79; 261; OLG Bremen NJW **1954** 613; OLG Hamburg MDR **1971** 414; OLG Hamm MDR **1950** 120; NJW **1960** 398; **1963** 405; **1972** 916; OLG Köln NJW **1954** 1091; OLG Koblenz VRS **56** 360.

[138] OLG Düsseldorf VRS **65** 42; JMBlNW **1983** 274; OLG Saarbrücken VRS **47** 49.

[139] BGHSt **25** 365; BGH MDR **1951** 276; vgl. § 337, 156.

[140] BGHSt **3** 213; BGH StrVert. **1984** 188 mit Anm. *Wagner;* vgl. § 261, 12 ff und § 337, 148.

[141] BGH MDR **1974** 502; § 337, 151.

[142] Z.B. BGHSt **1** 266; **12** 311; **14** 162; **15** 1; **18** 204; weit. Nachw. bei § 261, 58 und § 337, 149 ff.

[143] BGH NJW **1951** 325; *Baldus* FS Heusinger 390; *Koeniger* 524 (nur Hauptgesichtspunkte); *Eb. Schmidt* Nachtr. I 3.

### 4. Einzelfragen

**56**    a) Wieweit auf **einzelne Beweismittel** im Rahmen der mitgeteilten Beweiswürdigung einzugehen ist, hängt von den Umständen des jeweiligen Falles ab. Der Umfang der Darlegungspflicht, die meist nicht aus § 267 Abs. 1, sondern aus § 261 und der Pflicht zur umfassenden Begründung der materiellen Rechtsanwendung abgeleitet wird, richtet sich dabei nach Beweislage und Bedeutung der Beweisfrage unter Berücksichtigung von Inhalt und Richtung der Verteidigung[144]. Die Verfahrensbeteiligten, insbesondere der Angeklagte und das Revisionsgericht, müssen in der Lage sein, die für die Schuldfeststellung entscheidenden Gründe rechtlich sowie daraufhin zu überprüfen, ob sie im Einklang mit den für die Überzeugungsbildung maßgebenden Grundsätzen, insbesondere den Denkgesetzen und den allgemeinen Erfahrungssätzen stehen[145]. Das kann mitunter erfordern, auch abweichende Fallgestaltungen oder mögliche Fehlerquellen zu erwähnen und darzulegen, weshalb sie auszuschließen sind[146]. **Schweigt** das Urteil zu einem bestimmten Beweismittel, während es andere erwähnt, so kann daraus allein noch nicht geschlossen werden, das Gericht habe das unerwähnt gebliebene Beweismittel bei seiner Beweiswürdigung übersehen[147]. Andererseits besagt die bloße Erwähnung eines Beweismittels noch nichts darüber, ob sich daraus etwas Wesentliches für die Urteilsfindung ergeben habe[148].

**57**    b) In der Regel ist es nicht notwendig, das tatsächliche **Vorbringen der Prozeßbeteiligten**, besondere die Angaben des Angeklagten und seines Verteidigers in allen Einzelheiten referierend wiederzugeben und sich mit jeder Schutzbehauptung auseinanderzusetzen[149]. Auch das Recht auf Gehör (Art. 103 Abs. 1 GG) fordert dies nicht[150]. In sachlich und rechtlich einfach gelagerten Fällen von geringer Bedeutung kann das Gericht auch ohne Verstoß gegen seine materiell-rechtliche Begründungspflicht auf die Wiedergabe ganz verzichten[151].

**58**    Die Wiedergabe der **Einlassung des Angeklagten**[152] ist im Einzelfalle zum Verständnis des Urteils notwendig. Sie wird von der Rechtsprechung insoweit gefordert, als dies zur Prüfung der materiellen Rechtsanwendung oder zum Verständnis der Beweiswürdigung (Indizienbeweis, Alibi usw.) notwendig ist, so etwa für die Feststellungen zur inneren Tatseite, die Beurteilung eines Rechtfertigungs- oder Entschuldigungsgrundes, oder, wenn andernfalls Zweifel nicht ausgeräumt werden können, daß das Gericht die rechtliche Bedeutung einer Äußerung des Angeklagten verkannt oder rechtlich unzutreffend gewürdigt hat[153] oder ihn zu neuen tatsächlichen Gesichtspunkten nicht

---

[144] OLG Köln VRS **47** 281.

[145] Etwa BGH bei *Pfeiffer/Miebach* NStZ **1983** 357; BayObLG bei *Rüth* DAR **1985** 246; OLG Düsseldorf VRS **65** 42; JMBlNW **1983** 274; weit. Nachw. § 261, 44 und § 337, 165 ff.

[146] Vgl. etwa BayObLG VRS **61** 41; 143; OLG Düsseldorf VRS **66** 359.

[147] BGH GA **1969** 28; vgl. Rdn. 1 mit weit. Nachw.; ferner Fußn. 149.

[148] OLG Hamm VRS **41** 123.

[149] BGH GA **1961** 172; BGH NJW **1951** 325; 413; 533; OLG Hamm NJW **1970** 69; VRS **42** 43; OLG Schleswig bei *Ernesti/Jürgensen* SchlHA **1972** 161. Vgl. Rdn. 1.

[150] BVerfGE **13** 149; **42** 368; anders nur, wenn eindeutig erkennbar ist, daß das Gericht we-sentliches tatsächliches Vorbringen nicht zur Kenntnis genommen und bei der Entscheidung nicht erwogen hat, vgl. BVerfG **27** 251; **42** 368.

[151] BGH bei *Dallinger* MDR **1975** 198; KK-*Hürxthal* 14.

[152] Sie gehört nicht zur Feststellung des erwiesenen Sachverhalts sondern ist allenfalls im Rahmen der Beweiswürdigung zu erörtern; BGH nach KK-*Hürxthal* 14.

[153] BGH NJW **1953** 1441; GA **1965** 109; 208; NStZ **1984** 233; StrVert. **1984** 188 mit Anm. *Wagner*; StrVert. **1981** 509; BayObLGSt **1972** 103 = NJW **1972** 1433; VRS **57** 32; bei *Rüth* DAR **1979** 243; **1970** 70; **1972** 916; OLG Stuttgart NJW **1977** 1410; OLG Zwei-

gehört hat[154]. Sie ist ferner notwendig, wenn erhebliche Widersprüche zwischen ihr und den Bekundungen eines Zeugen bestehen[155]. Schweigt der Angeklagte, muß jede ernsthaft in Betracht kommende Fallgestaltung erwogen und abgehandelt werden[156].

c) Die **Zeugenaussagen** müssen in den Urteilsgründen grundsätzlich nicht in allen **59** Fällen wiedergegeben und erörtert werden. Dies ist nur dann und nur in dem Umfang notwendig, in dem das Verständnis des Urteilsspruchs und Nachprüfbarkeit der Rechtsanwendung dies erfordern. Maßgebend sind stets die Umstände des Einzelfalls, aus denen sich auch ergibt, was das Gericht anführen muß, um aufzuzeigen, daß es seiner Pflicht zur umfassenden Beweiswürdigung genügt hat[157]; so ist etwa der Teil der Aussage mitzuteilen, dem bei einem sonst unklaren Beweisergebnis entscheidende Bedeutung beigemessen wurde[157a]. Im übrigen verlangen weder §261 noch §267, daß das Gericht **alle Aussagen** der Zeugen im einzelnen wiedergibt und sich damit auseinandersetzt[158]. Aus dem Schweigen der Urteilsgründe zu einem Beweisgeschehen allein kann nicht geschlossen werden, daß das Gericht dieses entgegen §261 außer acht gelassen hat[159]. Hat das Gericht einen die Vereidigung des Zeugen ausschließenden Tatverdacht verneint, muß es in den Urteilsgründen nur dann darauf eingehen, wenn die festgestellten Tatsachen einen solchen Verdacht als naheliegend erscheinen lassen[159a].

Eine **ausdrückliche Auseinandersetzung** mit Zeugenaussagen verlangt die Recht- **60** sprechung jedoch dann, wenn die Bedeutung der Aussage oder die Besonderheiten der Beweislage dies erfordern[160], so etwa, wenn der Angeklagte schweigt und das Urteil allein auf den Bekundungen von Belastungszeugen beruht[161] oder wenn Widersprüche aufgetreten sind[162] oder nach der Lebenserfahrung Zweifel an der Zuverlässigkeit einer Zeugenaussage bestehen[163] oder wenn nur ein Teil der Bekundungen für glaubwürdig gehalten wird[164]. Wird die Aussage in den Urteilsgründen wiedergegeben, müssen diese zweifelsfrei erkennen lassen, ob das Gericht damit nur ihren Inhalt mitteilen wollte oder ob es deren Inhalt als erwiesen der Entscheidung zugrunde gelegt hat. Die Darstellung der erhobenen Beweise kann die Wiedergabe der eigenverantwortlichen Beweiswürdigung nicht ersetzen[165]. Unter besonderen Umständen kann es sogar notwen-

---

brücken VRS **51** 213; vgl. dazu *Wenzel* NJW **1966** 577; *Blunk* MDR **1970** 471; ferner § 337, 150.

[154] BGHSt **28** 196; *Kleinknecht/Meyer*[37] 12.

[155] OLG Düsseldorf VRS **65** 43; JMBlNW **1983** 274.

[156] BGH bei *Holtz* MDR **1980** 108; OLG Koblenz VRS **57** 33; vgl. § 337, 150; weit. Nachw. bei § 261, 75 ff; § 337, 127; 150; 163.

[157] BGH NStZ **1983** 133; BGH bei *Holtz* MDR **1978** 988; **1979** 637 **1985** 630; bei *Spiegel* DAR **1985** 197; OLG Koblenz GA **1976** 185; KK-*Hürxthal* 15; *Kleinknecht/Meyer*[37] 12; KMR-*Paulus* 42.

[157a] BGH NStZ **1985** 563 (L).

[158] BGH bei *Holtz* MDR **1979** 637; OLG Koblenz VRS **46** 436; OLG Schleswig bei *Ernesti/Jürgensen* SchlHA **1972** 161; **1973** 87; **1975** 191.

[159] Vgl. § 261, 58; § 337, 144 f.

[159a] BGH bei *Spiegel* DAR **1985** 194; vgl. § 60, 50.

[160] Vgl. etwa BGHSt **12** 315; BayObLG bei *Rüth* DAR **1984** 245; OLG Köln VRS **47** 282; **59** 374.

[161] OLG Koblenz GA **1976** 25; VRS **50** 442; vgl. Fußn. 155.

[162] Vgl. etwa RGSt **71** 25; BGH NJW **1961** 2069; BGH bei *Martin* DAR **1971** 123; OLG Köln VRS **30** 313.

[163] Etwa OLG Hamm VRS **58** 380 (Geschwindigkeitsschätzungen). OLG Köln VRS **59** 374 (Zweifel an Zuverlässigkeit des Zeugen); vgl. auch BGH StrVert. **1984** 190 (L).

[164] BGH bei *Holtz* MDR **1980** 108; OLG Celle OLGSt § 267 Abs. 3, 8; OLG Köln JMBlNW **1973** 15; OLG Koblenz VRS **57** 33; OLGSt 62.

[165] BGH NStZ **1985** 184; StrVert. **1983** 445.

Walter Gollwitzer

dig sein, den Teil einer Zeugenaussage in den Urteilsgründen mitzuteilen und zu erörtern, den das Gericht bei der Urteilsverkündung nicht verwertet hat[166].

**61**    d) Bei **Sachverständigengutachten** fordert die Rechtsprechung[167] neben den erforderlichen tatsächlichen Feststellungen eine eigene Stellungnahme des Gerichts zu den Fachfragen, um aufzuzeigen, daß es gemäß dem Gebot zur freien Beweiswürdigung (§ 261) die Frage mit Hilfe der Sachverständigen selbst entschieden hat[168]. Schließt sich das Gericht dem Gutachten im Vertrauen auf die Sachkunde des Gutachtens an, so muß es dies deutlich zum Ausdruck bringen; es muß dann die wesentlichen tatsächlichen Grundlagen dieses Gutachtens (die Anknüpfungstatsachen) und die vom Sachverständigen daraus gezogenen Schlußfolgerungen insoweit mitteilen, als dies zum Verständnis des Gutachtens und seiner gedanklichen Schlüssigkeit nötig ist[169]. Folgt es dem Gutachten nicht, müssen die Urteilsgründe die Überlegungen des Gutachtens und die nach Ansicht des Gerichts dagegen sprechenden Erwägungen aufzeigen[170]. Gleiches gilt bei einander widersprechenden Gutachten[171] oder wenn das Gericht eine nicht allgemeinkundige Fachfrage aus **eigenem Wissen** entscheidet[172]. Die Notwendigkeit, die eigene Sachkunde und unter Umständen auch ihre Grundlage im Urteil darzulegen, entfällt nur dann, wenn die Beweislage so eindeutig und die hereinspielenden Fachfragen so bekannt sind, daß das Revisionsgericht die Richtigkeit des Ergebnisses auch ohne diese Ausführungen beurteilen kann[173].

**62**    e) Ist das **Ergebnis eines Augenscheins** eine wesentliche Grundlage der Entscheidung, müssen die Urteilsgründe in nachprüfbarer Weise darlegen, auf welche festgestellten Einzelheiten und welchen daran anknüpfenden Erwägungen sich die Beweiswürdigung des Gerichts stützt[174]. Bei Identifizierung eines Angeklagten an Hand eines

---

[166] OLG Celle OLGSt § 267 Abs. 3, 8 (Auseinandersetzung mit Glaubwürdigkeit und Beweiswert der Angaben eines Alibi-Zeugen bei einem Indizienurteil); OLG Köln JMBlNW 1973 151 (Aussage des Verletzten).

[167] BGHSt **8** 118; **12** 311; BGH GA **1977** 275; StrVert. **1982** 210; bei *Spiegel* DAR **1980** 208; **1982** 206; BayObLG bei *Rüth* DAR **1981** 281; **1984** 253; OLG Hamm VRS **40** 197; OLG Koblenz VRS **56** 360; **67** 442; OLG Schleswig bei *Ernesti/Jürgensen* SchlHA **1977** 182; bei *Ernesti/Lorenzen* SchlHA **1983** 112; ferner zu Fragen der Blutalkoholgutachten: BGHSt **28** 238; OLG Düsseldorf NJW **1978** 1208; VRS **56** 292; OLG Hamburg MDR **1979** 693; 1261; OLG Hamm VRS **47** 296; OLG Karlsruhe Justiz **1977** 20; OLG Köln VRS **57** 23; OLG Koblenz VRS **56** 361; OLG Schleswig NJW **1978** 1209; bei *Ernesti/Lorenzen* SchlHA **1984** 106.

[168] Die (zusätzliche) besondere Wiedergabe der wesentlichen Ausführungen des Sachverständigen ist bei Übereinstimmung entbehrlich; vgl. BGH bei *Pfeiffer* NStZ **1981** 296.

[169] BGHSt **7** 238; **8** 118; **12** 311; BGH NStZ **1981** 488; VRS **27** 264; **31** 107; StrVert. **1983** 210; **1984** 241; BGH bei *Pfeiffer/Miebach* NStZ **1984** 77; **1985** 200; BayObLGSt **1968** 70 = NJW **1968** 2299; BayObLG bei *Rüth* DAR **1985** 246; OLG Bremen VRS **48** 272; OLG Celle MDR **1963** 334; **1972** 259; VRS **25** 55; OLG Düsseldorf NStZ **1983** 283; VRS **64** 208; OLG Hamm NJW **1963** 405; **1967** 691; VRS **40** 197; **41** 276; OLG Köln GA **1965** 156; **1983** 43; VRS **47** 281; OLG Koblenz DAR **1974** 134; VRS **51** 116; **53** 360; **56** 360; OLG Schleswig bei *Ernesti/Lorenzen* SchlHA **1983** 12; **1984** 106; vgl. auch Fußn. 167.

[170] BGH GA **1977** 275; NStZ **1983** 377; BGH bei *Dallinger* MDR **1972** 570; bei *Holtz* MDR **1977** 284; 637; 810; bei *Pfeiffer* NStZ **1981** 296; OLG Stuttgart Justiz **1971** 312; *G. Schäfer* § 93 IV 7; weitere Nachweise § 244, 42 ff; § 337, 140; vgl. ferner § 261, 91.

[171] Vgl. § 244, 72 ff; 308 ff.

[172] BGHSt **12** 18; vgl. § 244, 71 ff; 303 ff.

[173] Vgl. etwa BGH bei *Spiegel* DAR **1983** 207.

[174] Vgl. § 244, 338; § 261, 100 und bei § 86.

Bildes müssen grundsätzlich die charakteristischen Merkmale angeführt werden, in denen Lichtbild und Erscheinungsbild des Angeklagten übereinstimmen[175].

**f) Verfahrensrechtlich gebotene Erörterung.** Soweit im vorausgegangenen Verfah- **63** ren Tatsachen als **erwiesen** oder **unerheblich** behandelt oder ihre **Unterstellung als wahr** zugesichert worden ist, muß die Beweiswürdigung dem Rechnung tragen[176]. Wenn nicht offensichtlich ist, daß dies geschehen ist, wird je nach den Umständen in den Urteilsgründen darauf einzugehen sein. Wegen der strittigen Einzelheiten vgl. bei §244 und §261[177].

**5. Besondere Umstände, die die Strafbarkeit ausschließen, vermindern oder erhöhen (Absatz 2)**

**a) Begriff.** Um die Urteilsbegründung zu erleichtern und nicht mit unnötigen ne- **64** gativen Feststellungen zu belasten, fordert Absatz 2 eine Erörterung der dort genannten Umstände nur, wenn sie behauptet worden sind. Ebenso wie §263 Abs. 2 betrifft Absatz 2 nur diejenigen Umstände, welche **gesetzlich nach Art einer Tatbestandsschilderung** konkretisiert sind[178]. Sie müssen in einem Gesetz besonders vorgesehen sein. Hierzu gehören die Rechtfertigungs-, Schuld- oder Strafausschließungsgründe sowie die Strafmilderungs- oder -erhöhungsgründe, wenn sie tatbestandsmäßig umschrieben sind. Beschränkt sich das Strafgesetz darauf, Regelbeispiele für besonders schwere Fälle (z. B. §243 StGB) oder unbenannte Strafmilderungs- oder Strafschärfungsgründe aufzustellen, so fallen diese nicht unter Absatz 2, sondern unter Absatz 3[179].

**Beispielsweise** fallen unter Absatz 2 die Voraussetzungen der erheblich verminder- **65** ten Schuldfähigkeit nach §21 StGB[180]; die Voraussetzungen des §23 Abs. 2[181] und Abs. 3[182] StGB; §24 Abs. 1 StGB[183]; die Bereicherungsabsicht nach §41 StGB[184]; §60 StGB[185], ferner die Straftatbestände, die auf §49 StGB verweisen[186]. Bei den Rückfallvoraussetzungen des zur Aufhebung vorgeschlagenen §48 StGB müssen alle dafür nach dem materiellen Strafrecht erforderlichen Feststellungen in die Urteilsgründe aufgenommen werden[187], so die Tatzeiten der Vortaten und die Daten der Vorverurteilun-

---

[175] BGHSt **29** 18 = JR **1980** 169 mit Anm. *Peters*; BayObLG VRS **61** 41; bei *Rüth* DAR **1982** 253; OLG Köln DAR **1982** 24; §261, 101 mit weit. Nachw. Nach OLG Celle NdsRpfl. **1985** 47 kann die Wiedergabe der einzelnen charakteristischen Merkmale dann entfallen, wenn das Bild ein ganzheitliches Wiedererkennen ermöglicht. Zu den Grenzen der revisionsrichterlichen Nachprüfung vgl. BGH VRS **58** 374; §337, 86.

[176] Vgl. §261, 94.

[177] Vgl. §244, 225, 236; §261, 25; zur Wahrunterstellung §244, 249 ff; 256; ferner BGH StrVert. **1984** 142.

[178] KK-*Hürxthal* 19; *Kleinknecht/Meyer*[37] 15; KMR-*Paulus* 26; *Kroschel/Meyer-Goßner* 132; vgl. bei §263.

[179] KK-*Hürxthal* 19; *Kroschel/Meyer-Goßner* 134; vgl. Rdn. 94; ferner bei §263.

[180] OLG Hamm NJW **1972** 1149; vgl. *Kroschel/Meyer-Goßner* 132 ff.

[181] KK-*Hürxthal* 19; *Kleinknecht/Meyer*[37] 15; KMR-*Paulus* 26.

[182] KMR-*Paulus* 26; wie alle auf §49 verweisenden Bestimmungen vgl. Fußn. 186.

[183] KK-*Hürxthal* 19.

[184] KMR-*Paulus* 26.

[185] *Kleinknecht/Meyer*[37] 15.

[186] KK-*Hürxthal* 19; *Kleinknecht/Meyer*[37] 15; §337, 228 mit weit. Nachw.

[187] RGSt **65** 237; **68** 389; KMR-*Paulus* 26; vgl. §337, 225; 226. Wegen der jeweils erforderlichen Einzelheiten vgl. die Erläuterungen zu §48 StGB in den einschlägigen Kommentaren.

gen[188], nicht aber deren Rechtskraft[189]; ferner, soweit erforderlich, auch Ausführungen zu den materiellen Rechtskraftvoraussetzungen[190]. Unter Absatz 2 fallen ferner etwa §§ 223 a, 239 a Abs. 3 StGB[191], sowie zahlreiche Tatbestände des Nebenstrafrechts[192]. Auf den in der Hauptverhandlung gestellten Antrag des Verteidigers, Jugendrecht anzuwenden, ist Absatz 2 entsprechend anwendbar[193].

**66**     **Nicht hierher gehört** die Behauptung, daß eine **Prozeßvoraussetzung** fehle[194] oder daß die Tat einer vom Eröffnungsbeschluß abweichenden rechtlichen Beurteilung zu unterziehen sei[195]. Noch weniger kann von einer Verletzung des Absatzes 2 die Rede sein, wenn andere Behauptungen tatsächlicher Art in den Urteilsgründen nicht widerlegt oder nicht angeführt sind[196].

**67**     **b) Erörterungspflicht.** Werden in der Hauptverhandlung Umstände im Sinne des Absatzes 2 **behauptet**, so muß das Gericht in den Urteilsgründen darlegen, ob sie gegeben sind oder auf Grund welcher tatsächlicher oder rechtlicher Überlegungen sie entfallen. Die Erörterungspflicht nach Absatz 2 wird durch die bloße Behauptung solcher Umstände ausgelöst[197], die auch ohne ausdrückliche Benennung des jeweiligen Umstandes in einem entsprechenden Sachvortrag liegen kann; die bloße Beantragung einer „milden Strafe" genügt dafür aber nicht[198]. Unerheblich ist, ob die Behauptung vom Angeklagten oder seinem Verteidiger oder aber vom Staatsanwalt oder Nebenkläger aufgestellt worden ist, sowie, ob die vom Gericht festgestellten Tatsachen zu der Erörterung dieser Umstände drängten[199].

**68**     Nach Absatz 2 ist auch zu verfahren, wenn solche Umstände entgegen der **zugelassenen Anklage** für nicht erwiesen erachtet werden[200]; denn die Feststellungen müssen den Eröffnungsbeschluß erschöpfen. Das Gericht muß bei einer anderen rechtlichen Würdigung ausdrücklich aussprechen, welche Merkmale nicht festgestellt sind. Dessen bedarf es nicht, wenn es eine Abweichung zwar erwägt, im Ergebnis aber verneint[201].

**69**     Die Erörterung muß den behaupteten Umstand sachlich und rechtlich **erschöpfend** unter Darlegung der für und gegen ihn sprechenden Umstände[202] abhandeln. Die

[188] BGH GA **1976** 182; OLG Karlsruhe NJW **1976** 433; OLG Köln StrVert. **1985** 237 mit Anm. *Dünkel*; OLG Koblenz VRS **54** 429; OLG Schleswig NJW **1975** 2353; bei *Ernesti/Jürgensen* SchlHA **1976** 166; *Mösl* NStZ **1981** 484; § 337, 226.

[189] BGHSt **26** 387; BayObLGSt **1975** 16 = JR **1976** 290 mit Anm. *Zipf*; KMR-*Paulus* 26; a. A OLG Karlsruhe NJW **1976** 433; Justiz **1972** 360; **1973** 213.

[190] Vgl. etwa OLG Köln MDR **1984** 771; OLG Koblenz NJW **1978** 2043; sowie die Erläuterungsbücher zum StGB.

[191] KMR-*Paulus* 26.

[192] Etwa § 31 Nr. 1 BtMG (BGHSt **31** 139; OLG Köln JMBlNW **1984** 188); vgl. KMR-*Paulus* 26.

[193] BGH bei *Herlan* **1956** 347.

[194] RGSt **53** 59; KMR-*Paulus* 25; *Kroschel/Meyer-Goßner* 133.

[195] RGSt **20** 351.

[196] Vgl. dazu Rdn. 57; § 261, 73.

[197] KK-*Hürxthal* 20; KMR-*Paulus* 27; *Kroschel/Meyer-Goßner* 134.

[198] Vgl. BGHSt **31** 139.

[199] Letzteres ist aber von Bedeutung für die aus der Pflicht zur erschöpfenden Sachwürdigung abgeleitete Pflicht des Gerichts, die festgestellten Tatsachen unter allen entscheidungserheblichen Gesichtspunkten zu prüfen, die unabhängig davon besteht, ob in der Hauptverhandlung Umstände im Sinne des Absatzes 2 behauptet wurden; vgl. Rdn. 72; § 337, 244.

[200] BGH nach KK-*Hürxthal* 20; *Eb. Schmidt* 17.

[201] Vgl. RGSt **60** 22 (Hinweis nach § 265 löst keine Erörterungspflicht hinsichtlich der nichtangewandten Tatbestände aus); ob dies auch gilt, wenn nur auf Umstände nach Absatz 2 hingewiesen wurde, erscheint fraglich.

[202] OLG Düsseldorf JR **1948** 199; KMR-*Paulus* 27.

floskelhafte Wendung, „ein besonders schwerer Fall liege nach dem festgestellten Sachverhalt nicht vor", genügt in der Regel den Anforderungen des Absatzes 2 nicht[203].

**c)** Die Behauptung eines Umstandes nach Absatz 2 in der Hauptverhandlung ist **70** **keine wesentliche Förmlichkeit** (§ 273), die nur durch das Sitzungsprotokoll nachgewiesen werden könnte (§ 274)[204].

**d)** Wird mit der **Revision** die Verletzung der Verfahrensvorschrift des Absatzes 2 **71** gerügt, dann kann nach Ansicht von BGHSt 31 139[205] das Revisionsgericht nicht durch eine eigene Beweiserhebung prüfen, ob der Angeklagte besondere Umstände im Sinne des Absatzes 2 vorgetragen hat, denn dies würde auf eine der Ordnung des Revisionsverfahrens widersprechende Wiederholung der tatrichterlichen Verhandlung hinauslaufen. Die frühere Rechtsprechung und das Schrifttum[206] vertreten demgegenüber zu Recht[207] die Ansicht, daß das Revisionsgericht im Wege des **Freibeweises** nachprüfen kann, ob in der Hauptverhandlung ein Umstand behauptet wurde, der nach Absatz 2 im Urteil hätte erörtert werden müssen. Daß eine solche Behauptung aufgestellt wurde, kann sich beispielsweise schon aus den Urteilsgründen[208] oder aus dem Gang der Hauptverhandlung ergeben[209], so kann aus der Vernehmung eines Psychiaters als Sachverständigen auf die Behauptung der Schuldunfähigkeit oder der verminderten Schuldfähigkeit geschlossen werden[210], oder aus dem Protokoll nach § 273 Abs. 2[211]. Auch die Einholung dienstlicher Erklärungen erscheint zulässig.

**e)** Auch **ohne Behauptung** nach Absatz 2 müssen die Urteilsgründe zum Vorlie- **72** gen der dort genannten Umstände Stellung nehmen, wenn der festgestellte Sachverhalt dies nahelegt und andernfalls die richtige Anwendung des sachlichen Rechts nicht nachgeprüft werden könnte[212].

## IV. Bezeichnung des angewandten Strafgesetzes

**1.** Die Urteilsgründe müssen die **angewandten Strafgesetze** ersehen lassen. Sie **73** müssen erkennbar machen, welche gesetzlich festgelegten Straftatbestände und welche konkrete Begehungsart das Gericht für gegeben hielt und welche Vorschriften für die

---

[203] BGH bei *Dallinger* MDR **1972** 199; *Kroschel/Meyer-Goßner* 134.

[204] BGHSt 31 139 = NJW **1983** 186 mit Anm. *Sieg* NJW **1983** 2014 = NStZ **1983** 278 mit Anm. *Fezer*; OLG Hamm NJW **1972** 1149; KK-*Hürxthal* 20; KMR-*Paulus* 26. Soweit unter Berufung auf RGSt 17 346 die Ansicht vertreten wird, daß der Nachweis einer solchen Behauptung nur aus der Sitzungsniederschrift geführt werden könne, kann dem nicht gefolgt werden. RGSt 17 346 betrifft die Anwendung der §§ 199, 233 StGB, die ohnehin nicht unter Absatz 2 sondern unter Absatz 3 fällt (*Eb. Schmidt* 15). Das Reichsgericht hat dies in späteren Entscheidungen auch nicht gefordert; vgl. Fußn. 206.

[205] Vgl. Fußn. 204.

[206] RG JW **1922** 495; **1927** 2628; **1930** 1601 mit Anm. *Alsberg*; BayObLGSt **1960** 300 = JR **1961** 151; *Fezer* NStZ **1983** 278; *Sieg* NJW **1983** 2014; KK-*Hürxthal* 20; KMR-*Paulus* 28; *Kroschel/Meyer-Goßner* 134; **a. A** OLG Hamm HESt **2** 255 (nur aus Protokoll oder Urteil).

[207] Vgl. § 337, 80; ferner *Fezer* NStZ **1983** 278; *Sieg* NJW **1983** 2014. Da auch keine Protokollierungspflicht besteht (vgl. Fußn. 204) würde Absatz 2 andernfalls leerlaufen; es hinge vom Zufall ab, ob ein Verstoß gegen die Begründungspflicht im Rahmen der Sachrüge durchgreifen würde.

[208] OLG Dresden JW **1931** 1625.

[209] BayObLGSt **1960** 300 = JR **1961** 151.

[210] RG JW **1930** 1601.

[211] OLG Hamm NJW **1972** 1149.

[212] Etwa OLG Düsseldorf NJW **1983** 358; OLG Köln MDR **1980** 245; VRS **68** 351; **69** 38; zur materiellrechtlichen Begründungspflicht vgl. Rdn. 43; 52; 53; *Kroschel/Meyer-Goßner* 131.

Bestimmung der Rechtsfolgen, vor allem für die Bemessung der Strafe maßgebend waren[213]. Auch die Vorschriften über den Versuch und die Art der Teilnahme gehören hierher[214]; ferner die Vorschrift, der der **Strafrahmen** entnommen wurde, sofern er sich nicht bereits aus dem angeführten Gesetz ergibt[215]. Bei **Blankettgesetzen** sind auch die blankettausfüllenden Normen aufzuführen, bei Tateinheit alle Vorschriften, gegen die der Täter verstoßen hat[216]. Die hinter dem Urteilstenor anzuführende Liste der angewandten Vorschriften (§ 260 Abs. 5) ersetzt die Bezeichnung der angewandten Vorschriften in den Urteilsgründen nicht[217].

**74**      **Zweck der Vorschrift** ist es, jeden Zweifel darüber auszuschließen, welche gesetzlichen Bestimmungen vom Gericht angewendet wurden[218]. Dies trägt der strengen Bindung der staatlichen Strafgewalt an das Gesetz (Art. 103 Abs. 3 GG) Rechnung und erleichtert die Nachprüfung[219].

**75**      Die **Form**, in der das angewandte Strafgesetz **zu bezeichnen** ist, legt Absatz 3 Satz 1 nicht näher fest; erforderlich ist nur, daß das Urteil zweifelsfrei ersehen läßt, welche gesetzliche Vorschrift — bei mehreren Begehungsarten eines Straftatbestandes auch welche von ihnen — das Gericht für gegeben erachtet hat[220]. Ein bloßes **Schreibversehen** bei der Angabe der Paragraphenzahl ist unschädlich. Fehlt diese überhaupt, so genügt auch die zweifelsfreie Bezeichnung des Gesetzes durch Wiedergabe seines Wortlauts[221]. Es kann ferner genügen, wenn sich das angewandte Gesetz zweifelsfrei aus dem Zusammenhang der sonstigen Urteilsausführungen[222] ergibt, etwa daraus, daß ein Berufungsurteil ausführt, weswegen der Angeklagte in der ersten Instanz verurteilt wurde und dann darlegt, daß die Berufung keinen Erfolg hatte[223].

**76**      **2. Nicht angewendete** gesetzliche Bestimmungen, deren Anwendung das Gericht zwar erwogen, dann aber verworfen hat, brauchen nach dem Wortlaut des Absatzes 3 Satz 1 im Urteil nicht erwähnt zu werden[224], es sei denn, daß das Gericht sich damit wegen der besonderen Begründungspflichten (§ 267 Abs. 2, Abs. 3 Sätze 2 bis 4; Abs. 6) auseinandersetzen muß[225].

**77**      **3.** Ob und in welchem Ausmaß die Urteilsgründe außer der Anführung des angewandten Strafgesetzes weitere **Rechtsausführungen** enthalten müssen, hängt von den jeweiligen Umständen ab, vor allem davon, ob solche Betrachtungen zum Verständnis der Rechtsanwendung erforderlich sind. Es darf nicht zweifelhaft bleiben, ob das Gericht eine sich im konkreten Fall aufdrängende Rechtsfrage erkannt und wie es sie beurteilt hat[226]. Rechtsausführungen sind zum Beispiel auch bei Ermittlung des milderen Ge-

[213] RGRspr. **5** 175; RGSt **54** 202; RG GA **45** (1897) 367; KG VRS **16** 44; DAR **1962** 56; KK-*Hürxthal* 21; *Kleinknecht/Meyer*[37] 17; KMR-*Paulus* 45; *Eb. Schmidt* 17.

[214] RGSt **19** 213; **25** 418; **32** 351; OGHSt **1** 53; *Furtner* Strafurteil 122; KK-*Hürxthal* 21; KMR-*Paulus* 45; *Kroschel/Meyer-Goßner* 137.

[215] OLG Schleswig SchlHA **1982** 96; *Mösl* NStZ **1981** 136.

[216] *Kroschel/Meyer-Goßner* 137.

[217] *Kleinknecht/Meyer*[37] 17; KMR-*Paulus* 45; *Kroschel/Meyer-Goßner* 137.

[218] OGHSt **1** 54; KG VRS **16** 44; KK-*Hürxthal* 21.

[219] KMR-*Paulus* 45.

[220] KMR-*Paulus* 45; vgl. Fußn. 218; ferner BGHSt **1** 53.

[221] KK-*Hürxthal* 21; KMR-*Paulus* 45; *Kroschel/Meyer-Goßner* 136.

[222] BGH nach KK-*Hürxthal* 21.

[223] OGHSt **1** 53; OLG Karlsruhe DAR **1959** 217; KMR-*Paulus* 45.

[224] KMR-*Paulus* 45; § 337, 231 mit weit. Nachw.

[225] Vgl. Rdn. 67; 97; 102; 109; 111.

[226] KK-*Hürxthal* 23; *Kleinknecht/Meyer*[37] 17; KMR-*Paulus* 46; *Kroschel/Meyer-Goßner* 135; vgl. etwa BGH bei *Holtz* MDR **1980** 104.

setzes nach § 2 Abs. 3 StGB im Regelfall angezeigt. Mehr als nach der Sachlage nötig, sollte jedoch nicht erörtert und entschieden werden[227]. Rechtstheoretische Abhandlungen sind in der überwiegenden Mehrzahl aller Fälle ebenso überflüssig wie das Belegen der vertretenen Meinung mit Nachweisen aus Rechtsprechung und Schrifttum. Hier das rechte Maß zu finden, ist — nicht zuletzt im Hinblick auf das Vorbringen der Verfahrensbeteiligten — auch eine Frage des richterlichen Taktes[228].

## V. Begründung des Rechtsfolgenausspruchs

**1. Allgemeines.** Seit dem VereinhG 1950 schreibt § 267 Abs. 3 Satz 1 **zwingend 78** vor, die für die Strafzumessung bestimmenden Umstände in den Urteilsgründen wiederzugeben[229]. Welche Umstände bei der Strafzumessung berücksichtigt werden dürfen und müssen, hängt davon ab, wie man die Frage nach dem Sinn und Zweck der Strafe beantwortet und welche Anforderungen das sachliche Recht, vor allem §§ 46 ff StGB, an die Begründung der jeweiligen Rechtsfolge stellt[230].

**2.** Auf die **persönlichen Verhältnisse und den Werdegang des Angeklagten** einzu- **79** gehen, fordert § 267 nicht ausdrücklich[231]. Nach heutiger Auffassung läßt sich jedoch ohne Kenntnis der Persönlichkeit des Täters weder das Maß seiner Schuld noch seine Strafempfindlichkeit noch seine Resozialisierungsbedürftigkeit sicher beurteilen[232]. Soweit diese Umstände für die Strafzumessung bestimmend sind, müssen sie auch in den Urteilsgründen wiedergegeben werden[233]. Vor allem, wenn eine Prognoseentscheidung zu treffen ist[234] oder wenn die Angemessenheit einer Rechtsfolge nicht ohne Ganzheitsbetrachtung von Tatgeschehen und Täterpersönlichkeit sicher beurteilt und die gebotene Berücksichtigung aller Gesichtspunkte vom Revisionsgericht andernfalls nicht nachgeprüft werden kann, muß das Urteil in dem nach Lage des Einzelfalls gebotenen Umfang auch Feststellungen zu den persönlichen Verhältnissen des Angeklagten enthalten[235]. Ganz weggelassen werden dürfen sie allenfalls bei **massentypischen Bagatellta-**

---

[227] KK-*Hürxthal* 22; KMR-*Paulus* 45; *Kroschel/Meyer-Goßner* 236; *Blunk* MDR **1970** 473 hält weitere Rechtsausführungen immer für überflüssig.

[228] *Kroschel/Meyer-Goßner* 71 ff; 136.

[229] Zur Umwandlung der ehem. Sollvorschrift in zwingendes Recht vgl. Entstehungsgeschichte.

[230] Die zur Begründung des Rechtsfolgenausspruchs notwendigen Feststellungen bemessen sich nach dem, was jeweils zur Darlegung der richtigen Anwendung des materiellen Rechts erforderlich ist; insoweit wird auf die Erläuterungsbücher zum StGB verwiesen. Vgl. ferner § 337, 181 ff.

[231] Dies erklärt sich aus der damaligen Sicht, bei der die Ahndung der Tat im Vordergrund der strafrichterlichen Wertung stand.

[232] Zur Ganzheitsbetrachtung von Tatgeschehen und Täterpersönlichkeit (als Forderung des materiellen Rechts) vgl. etwa BGHSt 7 31; **16** 353; **24** 270; BGH NStZ **1981** 389; BGH bei *Holtz* MDR **1979** 105; bei *Pfeiffer* NStZ **1981** 296; bei *Pfeiffer/Miebach* NStZ **1983**

213; **1984** 18; bei *Spiegel* DAR **1978** 160; **1982** 203; KK-*Hürxthal* 25; KMR-*Paulus* 81; *Mösl* NStZ **1983** 161; *Kroschel/Meyer-Goßner* 76.

[233] § 267 Abs. 3 Satz 1 fordert damit mitunter weniger als das materielle Recht; vgl. KK-*Hürxthal* 25; oben Fußn. 232; zum Unterschied zwischen prozessualem Begründungszwang und materiell-rechtlicher Begründungspflicht vgl. etwa *Bruns* Strafzumessungsrecht 123; NStZ **1982** 288; *Zipf* Strafzumessung 78; JR **1980** 425; § 337 181.

[234] Etwa im Zusammenhang mit einer Maßregel der Besserung und Sicherung oder der Strafaussetzung zur Bewährung vgl. Rdn. 112; § 337, 236; 245. Die wirtschaftlichen Verhältnisse sind u.a. für die Bemessung des Tagessatzes unentbehrlich. Zur Feststellung der Vorstrafen vgl. Rdn. 82.

[235] Vgl. Fußn. 232; BGH JR **1977** 162 mit Anm. *Bruns*; NJW **1976** 2220; ferner etwa BGH NStZ **1981** 389 (bei schwereren Schuldvorwürfen sorgfältige Erörterung der Persönlichkeit des Täters und seines Vorlebens unerläßlich).

ten, wenn sie weder für die Beurteilung der Tat nach für die Bemessung der im Bereich des Üblichen liegenden Rechtsfolge ins Gewicht fallen[236]. In allen anderen Fällen ist ein Mindestmaß an Feststellungen zur Person des Angeklagten unerläßlich; fehlen sie ganz, gefährdet diese Lücke den Bestand des Rechtsfolgenausspruchs, da die Revisionsgerichte im Regelfall nicht ausschließen können, daß das Gericht der Pflicht zur umfassenden Würdigung von Tat und Täterpersönlichkeit nicht genügt habe[237].

**80**　　In welcher **Ausführlichkeit** das Urteil die persönlichen Verhältnisse des Angeklagten erörtern muß, richtet sich nach den Erfordernissen des sachlichen Rechts und — wegen der unter Umständen darin liegenden Bloßstellung — auch nach der Schwere der Straftat[238]. Alle für das Verständnis der Rechtsanwendung nicht erforderlichen Ausführungen, die den Angeklagten unnötig herabwürdigen oder bloßstellen, sollten deshalb unterbleiben[239], da sie die Akzeptanz des Urteils erschweren und die Resozialisierung gefährden können.

**81**　　Üblicherweise werden in einem **eigenen Abschnitt** die persönlichen und wirtschaftlichen Verhältnisse des Angeklagten, sein Werdegang, seine Anlagen und seine Umwelt geschildert. Die Ausführungen stehen meist am Anfang der Urteilsgründe, auch wenn sie nur für den Rechtsfolgenausspruch und nicht etwa auch für den Schuldspruch, wie etwa bei der Beurteilung der Schuldfähigkeit, Bedeutung haben. Notwendig ist dies nicht[240]. Sofern die Klarheit der Urteilsfeststellungen nicht darunter leidet, können die jeweils erforderlichen Feststellungen auch an anderer Stelle der Urteilsgründe mitgeteilt werden[241].

**82**　　Für die **Feststellung** der entscheidungserheblichen Umstände gelten dieselben Grundsätze wie für die Feststellung der Tatsachen, in denen der Strafrichter die Merkmale der Straftat findet[242]. Sie müssen, soweit das Gericht daraus negative Schlüsse herleitet, **erwiesen sein**. So reicht es beispielsweise nicht aus, eine ungünstige Täterprognose allein daraus herzuleiten, daß der Angeklagte in der Hauptverhandlung einen ungünstigen Eindruck gemacht habe[243]. Eine negative Persönlichkeitsbeurteilung muß von den festgestellten Tatsachen getragen werden[244]. **Frühere Verfehlungen** sind nach Art, Zeit, Umfang und Vollstreckung festzustellen[245]. Die Verwertungsverbote des BZRG

---

[236] Vgl. *Doller* DRiZ **1981** 209.

[237] BGH NStZ **1982** 433 (L); BGH bei *Holtz* MDR **1979** 105; BGH bei *Pfeiffer* NStZ **1981** 296; bei *Pfeiffer/Miebach* **1983** 213; 358; **1984** 18; **1985** 207; OLG Köln GA **1980** 267; KK-*Hürxthal* 26; vgl. ferner Rdn. 29 zur Bezugnahme auf ein früheres Urteil; § 337, 183.

[238] Vgl. die gleichartigen Erwägungen bei § 243, 45 ff.

[239] *Kroschel/Meyer-Goßner* 76; *Peters* Gedächtnisschrift Schöder 426.

[240] *Peters* Gedächtnisschrift Schröder 426 hält dies für falsch; ähnlich *Kleinknecht* 3 und LR[23] 66 (systematisch bedenklich, wenn nur für Rechtsfolgenausspruch bedeutsam). A. A *Kleinknecht/Meyer*[37] 4; vgl. auch *Kroschel/ Meyer-Goßner* 76 (keine feste Regel); KK-*Hürxthal* 26 (dort zu erörtern, wo für das Verständnis der Entscheidung notwendig).

[241] *Kroschel/Meyer-Goßner* 76; vgl. BGHSt **24** 271; BGH bei *Pfeiffer/Miebach* NStZ **1983** 358.

[242] BGHSt **1** 51; vgl. Rdn. 32 ff; § 337, 181 ff.

[243] OLG Köln GA **1967** 187; OLG Schleswig bei *Ernesti/Jürgensen* SchlHA **1969** 153.

[244] Vgl. OLG Köln VRS **34** 104; OLGSt 14; OLG Koblenz VRS **69** 298; KK-*Hürxthal* 26.

[245] BGH bei *Dallinger* MDR **1976** 13 („erheblich vorbestraft" genügt nicht); OLG Düsseldorf VRS **68** 65; OLG Koblenz VRS **64** 215; zur Verwertbarkeit sonstiger Verfehlungen BGHSt **30** 147; 165; ferner etwa BGH NJW **1954** 1416; **1971** 1758; BayObLG NStZ **1982** 288 mit Anm. *Bruns* (zu den Grenzen der Verwertbarkeit); wegen der Einzelfragen wird auf die Erläuterungen zu § 46 StGB verwiesen; dazu auch *Sarstedt/Hamm* 424; ferner § 337, 214.

sind zu beachten[246]. Bei einer positiven Prognose muß sich das Gericht andererseits mit festgestellten Vorstrafen auseinandersetzen[247]. Zu den strittigen Fragen, wieweit das Gericht nicht rechtskräftig abgeurteilte Straftaten bei der Strafzumessung berücksichtigen darf vgl. die Kommentare zum StGB und § 261, 17; § 154, 54 ff.

### 3. Die für die Strafzumessung bestimmenden Umstände

**a)** Absatz 3 Satz 1 fordert nur die Anführung der Umstände, die für die Strafzu- **83** messung **bestimmend** gewesen sind, verlangt also **keine erschöpfende Aufzählung**[248]. Mit Recht sieht *Eb. Schmidt*[249] den Sinn der Vorschrift darin, daß sie den Tatrichter dazu anhält, diejenigen Umstände und Erwägungen anzugeben, die ihn dazu bestimmt haben, diese und keine andere (höhere oder geringere) Strafe auszusprechen[250]. Die Gerichte werden durch § 267 Abs. 3 zu nichts anderem als zur Wahrheit verpflichtet. Sie sollen die von ihnen festgestellten Tatsachen in einer sie wertenden und gegeneinander abwägenden Darstellung[251] mitteilen. Eine bloße Aufzählung oder allgemeine und **nichtssagende Wendungen**, wie, daß das Gericht die Strafe als erforderliche und angemessene Sühne ansehe, genügen nicht[252]. Es brauchen aber auch nicht alle nach materiellem Recht denkbaren Umstände abgehandelt zu werden.

Der **Umfang der Darlegungspflicht** richtet sich nach den Anforderungen des **84** materiellen Rechts und nach der Bedeutung und den Besonderheiten der Sache im Einzelfall[253]; ferner danach, ob die vom Gericht ausgesprochene Strafe sich im Rahmen des bei **Durchschnittsfällen** gleicher Art Üblichen hält. Weicht das Gericht hiervon erheblich nach unten oder oben ab, muß es die Gründe hierfür besonders sorgfältig angeben[254], um aufzuzeigen, daß es bei der Bewertung des Einzelfalls weder willkürlich gehandelt, noch bei dem festgestellten Sachverhalt nahe liegende Strafzumessungserwägungen übersehen oder unzutreffend gewürdigt hat. Bei Verhängung der Höchststrafe

---

[246] Es kommt darauf an, ob das Verbot in der letzten mündlichen Verhandlung der Tatsacheninstanz wirksam geworden ist, vgl. BGH NStZ **1983** 30; OLG Düsseldorf VRS **54** 50; OLG Hamburg MDR **1977** 162; OLG Hamm NStZ **1983** 175; VRS **47** 42; OLG Karlsruhe VRS **55** 284; OLG Stuttgart Justiz **1985** 174; *Mösl* NStZ **1983** 493.

[247] OLG Koblenz VRS **62** 442.

[248] BGHSt **3** 179; **7** 28; **8** 205; **20** 246; **24** 268 = NJW **1972** 454 mit Anm. *Jagusch*; BGHSt **27** 2; BGH GA **1961** 172; VRS **18** 432; NJW **1976** 2220; **1979** 21; NStZ **1981** 299; BGH bei *Dallinger* MDR **1951** 276; **1970** 899; **1971** 721; bei *Pfeiffer/Miebach* NStZ **1983** 358; OLG Hamburg JZ **1980** 160 mit Anm. *Spiegel*; OLG Hamm NJW **1972** 1150; KK-*Hürxthal* 24; KMR-*Paulus* 49; *Kroschel/Meyer-Goßner* 143; *Mösl* NStZ **1981** 131; § 337, 209 ff.

[249] *Eb. Schmidt* 19; ebenso KK-*Hürxthal* 24.

[250] Vgl. *Hassemer* ZStW **90** (1978) 64 zur Schwierigkeit, Darstellung und emotional mitbeeinflußte Entscheidungsmotive in Einklang zu bringen.

[251] Vgl. etwa BGH bei *Holtz* MDR **1980** 105; OLG Koblenz VRS **56** 338; *Bruns* ZStW **94** (1982) 123; *Kroschel/Meyer-Goßner* 142; *G. Schäfer* § 93 VII 1.

[252] BayObLG NJW **1954** 1212; OLG Frankfurt VRS **37** 60; *Kroschel/Meyer-Goßner* 141; *Eb. Schmidt* 23.

[253] Vgl. etwa *Mösl* NStZ **1983** 496; ferner § 337, 181; 189 ff.

[254] BGHSt **1** 136; **20** 265; BGH GA **1974** 78; MDR **1954** 495; bei *Dallinger* MDR **1967** 698; bei *Herlan* MDR **1954** 331; bei *Holtz* MDR **1978** 623; bei *Spiegel* DAR **1978** 149; OLG Hamm NJW **1977** 2087; OLG Karlsruhe NJW **1980** 133; OLG Köln NJW **1954** 1053; *Grünwald* MDR **1959** 714; *Hanack* JZ **1973** 728; *Mösl* DRiZ **1979** 166; *Theune* StrVert. **1985** 205; ferner KK-*Hürxthal* 25; *Kleinknecht/Meyer*[37] 18; KMR-*Paulus* 51; *Kroschel-Meyer-Goßner* 143; § 337, 186; 187; 197 ff.

dürfen Milderungsgründe nicht unerörtert bleiben[255]. Besonderer Darlegungen zum Ausschluß der Willkür bedarf es auch, wenn ein Gericht nach Zurückverweisung trotz niedrigeren Strafrahmens auf die gleiche Strafe erkennt[256]. Bei **Bagatellfällen**, bei denen Geldstrafen oder Geldbußen nahe der unteren Grenze ausgesprochen werden, kann nach den Grundsätzen der Prozeßökonomie keine umfangreiche Begründung gefordert werden[257]. Erhebliche Abweichungen von den Sätzen eines Bußgeldkatalogs können aber auch hier eine Begründung aus den Besonderheiten des Einzelfalls erfordern[258].

**85**    Die Strafzumessungsgründe setzen sich, worauf vor allem *Wimmer*[259] hingewiesen hat, aus **Tatsachen** und **Erwägungen** zusammen, ohne daß freilich immer scharf zwischen beiden unterschieden werden kann. Soweit das Gericht für die Strafzumessung noch andere Tatsachen als diejenigen, die dem Schuldspruch zugrunde liegen, verwertet, müssen diese zur **vollen Überzeugung** des Gerichts **feststehen**. Es ist rechtlich fehlerhaft, nicht voll Bewiesenes, nur leicht Mögliches, also einen bloßen Verdacht, strafschärfend zu berücksichtigen[260]. Sind aus einer festgestellten Tatsache sowohl strafschärfende als auch strafmildernde Gesichtspunkte abzuleiten, muß sich das Gericht mit beiden Möglichkeiten auseinandersetzen[261]. Statt negativen Erwägungen (keine Milderungsgründe ersichtlich) sollten positive Aussagen gewählt werden[262].

**86**    Die Verpflichtung zur wahrheitsgemäßen Darlegung der bestimmenden Strafzumessungsgründe genügt ein Gericht nur, wenn es zunächst den angewandten **Normal- oder Sonderstrafrahmen**[263] angibt und begründet, wobei es unter Umständen auch darlegen muß, daß und warum es von einer bestehenden Möglichkeit der Milderung oder Verschärfung des Strafrahmens keinen Gebrauch gemacht hat. Bei der Strafzumessung knüpft es dann an die von ihm für erwiesen erachteten Tatsachen in der Person des Täters und den näheren Umständen der Tat an, wobei es im Rahmen der Gesamtwürdigung auch Gesichtspunkte berücksichtigen darf, die bei der Findung des Strafrahmens mit verwendet wurden[264]. Das Gericht muß immer nur die Umstände des konkreten Falls würdigen, es darf nicht statt dessen von einem **nur vorgestellten Sachverhalt** ausgehen und erwägen, welche Strafe in diesem Falle angemessen wäre. Kann also z. B. die

[255] BGH bei *Dallinger* MDR **1976** 14 (Fußn. 3), bei *Holtz* MDR **1978** 110; KK-*Hürxthal* 25; KMR-*Paulus* 52; vgl. *Müller* NStZ **1985** 158; § 337, 187.

[256] BGH JR **1983** 376 mit Anm. *Terhorst*; OLG Braunschweig StrVert. **1984** 77 (L).

[257] OLG Celle NdsRpfl. **1972** 122; KK-*Hürxthal* 25; KMR-*Paulus* 49; vgl. BGH VRS **25** 42 (Strafe an Untergrenze); aber auch OLG Frankfurt VRS **37** 60 (keine umfangreichen Darlegungen, aber Mitteilung der bestimmenden Gesichtspunkte).

[258] BayObLG NJW **1972** 70; 1150; VRS **45** 472; **50** 70; 304; **51** 294; **54** 290; OLG Düsseldorf VRS **58** 268; OLG Koblenz VRS **52** 200; OLG Köln NJW **1972** 1152; KMR-*Paulus* 51; vgl. Rdn. 89 und bei § 261, 32.

[259] *Wimmer* NJW **1947/48** 126; 176; *Bruns* ZStW **94** (1982) 121 ff; vgl. oben Fußn. 251, 252; § 337, 84 ff.

[260] RG HRR **1932** Nr. 1183; BayObLG

[261] NJW **1951** 311; KK-*Hürxthal* 26; vgl. bei § 261, 111.

[261] BGH VRS **56** 189; *Kroschel/Meyer-Goßner* 142.

[262] *Mösl* NStZ **1981** 131.

[263] BGH MDR **1980** 104 (Aufhebung, wenn zweifelhaft, ob dies beachtet); BGH NStZ **1984** 213; **1985** 30; OLG Celle NdsRpfl. **1985** 284; *Bruns* ZStW **94** (1982) 121; *G. Schäfer* § 93 VII 1. Vgl. Rdn. 73; § 337, 212.

[264] Zur (begrenzten) Tragweite des Ausschlusses der Doppelverwertung eines Milderungsgrundes nach § 49 StGB durch § 50 StGB vgl. die Erläuterungsbücher zum StGB; *Dankert* StrVert. **1983** 476; KMR-*Paulus* 60; *Müller* NStZ **1985** 159; *Kroschel/Meyer-Goßner* 156; *Sarstedt/Hamm* 436; ferner etwa BGHSt **16** 351; **17** 266; **26** 54; 311; **27** 299; BGH MDR **1976** 590; **1980** 241; NStZ **1984** 214 (keine pauschale Bezugnahme); StrVert. **1983** 60; **1985** 55; BGH bei *Spiegel* DAR **1977** 147.

Strafe nach § 49 StGB gemildert werden und entschließt sich das Gericht, von der Möglichkeit der Milderung Gebrauch zu machen, so muß es bei der Strafzumessung von dem danach sich ergebenden Strafrahmen ausgehen[265]. Es widerstreitet der Forderung nach der wahrheitsgemäßen Angabe der bestimmenden Strafzumessungsgründe, müßte allerdings wohl auch als sachlich-rechtlich fehlerhaft angesehen werden, wenn das Gericht zunächst erwägen wollte, welche Strafe angemessen wäre, wenn der Milderungsgrund nicht vorläge, um dann die Strafe zu ermäßigen[266].

Aus ähnlichem Grunde wird § 267 Abs. 3 Satz 1 verletzt (aber auch das sachliche **87** Strafrecht), wenn sich in den Strafzumessungsgründen die **Hilfserwägung** findet, das Gericht hätte dieselbe Strafe auch dann ausgesprochen, wenn es bei der Strafzumessung tatsächlich oder rechtlich von einem anderen Sachverhalt hätte ausgehen müssen, als es ihn für erwiesen erachtet hat. Die Hilfserwägung gefährdet den Strafausspruch aber nur für den Fall, daß das Revisionsgericht die Beurteilung des Sachverhalts durch den Tatrichter nicht billigt, sondern im Gegensatz zum ihm gerade diejenige Sach- und Rechtslage für gegeben hält, für die die Hilfserwägung gelten soll[267].

**b)** Das Gericht muß die Strafe **selbständig** und **bezogen** auf den abzuurteilenden **88** **Einzelfall** bestimmen. Dem Absatz 3 Satz 1 wird nicht genüge getan, wenn das Urteil wegen der Strafzumessungsgründe auf ein anderes Urteil[268] oder die „ständige Praxis"[269] verweist. Die Art, wie Mittäter von anderen Gerichten bestraft worden sind, darf ihn nur dann zu einer ähnlichen Strafe veranlassen, wenn er sie auch im konkreten Fall nach seiner eigenen Überzeugung für rechtlich geboten hält. Das muß aus dem Urteil hervorgehen[270]. Dabei genügt es in der Regel nicht, von einem nicht näher definierten „Durchschnittsfall" auszugehen und die Strafhöhe des Einzelfalls durch einen Vergleich mit dieser zu bestimmen[271]. Wird die Strafe vom Revisionsgericht nebst den dazugehörenden Feststellungen aufgehoben, hat der Tatrichter **ohne Bindung an** seine **frühere Entscheidung** die für die Strafzumessung wichtigen Tatsachen, soweit sie nicht durch die Rechtskraft des Schuldspruchs und die diesem zugrundeliegenden Tatsachen feststehen, erneut zu ermitteln und sie mit seinen Erwägungen in den Urteilsgründen darzulegen. Er darf weder ausdrücklich noch stillschweigend auf die — aufgehobenen — früheren Strafzumessungsgründe verweisen oder sich durch sie für gebunden erachten (vgl. Rdn. 29).

Diese Pflicht ist auch verletzt, wenn der Tatrichter sich durch **amtliche** oder **pri- 89** **vate Strafzumessungsempfehlungen**, Richtsätze oder von der Verwaltung aufgestellte Bußgeldkataloge gebunden glaubt. Die letzteren geben jedoch eine Orientierungshilfe für die gleichmäßige Behandlung massenhaft vorkommender Durchschnittsfälle. Der

---

[265] Vgl. Fußn. 262.

[266] RGSt **59** 154; OGHSt **1** 194; BGHSt **1** 115; KK-*Hürxthal* 25; § 337, 215.

[267] RGSt **70** 403; **71** 104; RG JW **1935** 1938; BGHSt **7** 359; BGH JR **1955** 228; BGH bei *Dallinger* MDR **1955** 269; OLG Celle DAR **1958** 273; OLG Hamm VRS **12** 434; OLG Schleswig SchlHA **1978** 182; KK-*Hürxthal* 25; *Kleinknecht/Meyer*[37] 7; KMR-*Paulus* 57.

[268] BGH NJW **1951** 413; OLG Hamm JMBl-NW **1980** 71.

[269] BGH JR **1979** 382; dazu *Bruns* JR **1979**

353; OLG Hamburg NJW **1963** 2387; OLG Hamm NJW **1964** 254; OLG Köln NJW **1966** 895; OLG Neustadt DAR **1963** 304; KK-*Hürxthal* 25; *Kroschel/Meyer-Goßner* 140; *Leonhard* DAR 1979 89; vgl. § 261, 33.

[270] BGH NJW **1951** 532; BGH bei *Holtz* MDR **1979** 986; *Kroschel/Meyer-Goßner* 159; vgl. § 337, 203.

[271] BGH NStZ **1984** 450; andererseits aber auch BGH StrVert. **1984** 450; zu den Theorien zur Strafzumessung vgl. § 337, 190 ff.

dem Gebot der Gleichbehandlung ebenfalls verpflichtete Richter muß deshalb im Urteil die besonderen Umstände darlegen, wenn er eine davon erheblich abweichende Strafe oder Buße festsetzen will[272].

**90**    4. Bei der **Geldstrafe** ist sowohl die Zahl der Tagessätze als auch die Höhe des einzelnen Tagessatzes anzugeben und zu begründen und zwar auch dann, wenn die Geldstrafe in eine Gesamtstrafe einbezogen wird[273]. Es muß auch hier nur aufgezeigt werden, welche Gesichtspunkte für die Zahl der Tagessätze und für deren Höhe **bestimmend** waren; eine erschöpfende Erörterung aller Umstände ist nicht erforderlich[274]. Maßgebend ist vor allem § 46 StGB für die Bemessung der Zahl und § 42 Abs. 2 StGB für die Bestimmung der Höhe der Tagessätze[275]. Folgt der Richter der dort aufgestellten Regel nicht, so muß er darlegen, welche besonderen Umstände ihn dazu veranlaßt haben. Folgt er dagegen der Regel, so muß er nur bei Vorliegen besonderer Umstände dartun, warum diese keine Abweichung von der Regel erfordern[276]. Bei **extrem hohen oder niedrigen Gesamtsummen** muß dargetan werden, daß sie die Ermessensgrenze nicht überschreiten, die darin liegt, daß Strafe und Bedeutung der Tat in einem angemessenen Verhältnis stehen müssen[277]. Wegen der im einzelnen mitunter strittigen Fragen wird auf die Erläuterungsbücher zum StGB verwiesen. Macht das Gericht von der Möglichkeit der Schätzung (§ 40 Abs. 3 StGB) Gebrauch, muß es die Tatsachen und Überlegungen, auf die sich seine Schätzung gründet, im Urteil festhalten[278]. Die Entscheidung über die Bewilligung von **Zahlungserleichterungen** brauchen zwar nicht nach § 267 Abs. 3 besonders begründet zu werden. Eine Erörterung kann jedoch zur Darlegung der richtigen Anwendung des materiellen Rechts notwendig sein[279].

**91**    5. Bei **Geldbußen** nach § 17 OWiG sind die Bedeutung der Ordnungswidrigkeit und der Vorwurf, der den Täter trifft, sowie dessen wirtschaftliche Verhältnisse in Betracht zu ziehen[280]. Bei geringfügigeren Ordnungswidrigkeiten, die sich im Rahmen des Üblichen halten, braucht jedoch auf letztere im Urteil nicht besonders eingegangen

---

[272] BGH bei *Martin* DAR **1963** 187; BayObLG DAR **1969** 277; OLG Braunschweig VRS **52** 262; OLG Celle NdsRpfl. **1984** 16; VRS **40** 125; OLG Düsseldorf JMBlNW **1969** 223; VRS **58** 268; **61** 454; OLG Hamburg VRS **58** 52; 220; 397; OLG Hamm NJW **1972** 1150; **1975** 1848; MDR **1964** 254; VRS **53** 63; **56** 368; KG VRS **30** 280; OLG Köln NJW **1966** 895; OLG Stuttgart VRS **38** 211; *Göhler* NStZ **1986** 19; *Jagusch* NJW **1970** 401; *Janiszewski* NStZ **1985** 544; *Schall* NStZ **1986** 1; *Sebald* GA **1974** 197; KK-*Hürxthal* 25; KMR-*Paulus* 55; *Kroschel/ Meyer-Goßner* 140; 232; vgl. Rdn. 84, 91; § 261, 32; § 337, 216.

[273] BGHSt **30** 93; OLG Hamm JZ **1978** 408; *Kroschel/Meyer-Goßner* 154; *Mösl* NStZ **1981** 435.

[274] OLG Schleswig bei *Ernesti/Jürgensen* SchlHA **1976** 165; *Meyer* MDR **1981** 280.

[275] *Kroschel/Meyer-Goßner* 144. Zu den strittigen Einzelheiten vgl. § 337, 205 ff und die Kommentare zum StGB.

[276] BayObLGSt **1975** 73 = MDR **1975** 1038.

[277] Vgl. etwa BGH NJW **1976** 1510; OLG Hamburg NJW **1978** 551 mit Anm. *Naucke* NJW **1978** 1171; § 337, 205.

[278] Vgl. § 244, 21 ff; § 337, 206 und bei § 261; ferner etwa BGH GA **1978** 279; OLG Koblenz NJW **1976** 1275; *Meyer* MDR **1981** 275; *Kroschel/Meyer-Goßner* 147.

[279] *Zipf* zu OLG Schleswig JR **1980** 425; zur Erörterungspflicht auf Grund des materiellen Rechts vgl. die Erläuterungsbücher zu § 42 StGB; ferner § 337, 208.

[280] Wegen der Einzelheiten vgl. die Erläuterungen in den Kommentaren zu § 17 OWiG und bei Verkehrsordnungswidrigkeiten zu § 24 StVG; ferner *Kroschel/Meyer-Goßner* 241; *Kaiser* NJW **1979** 1533; dazu *Schnupp* NJW **1979** 2240; *Schall* NStZ **1986** 1 zu OLG Düsseldorf NStZ **1986** 36.

zu werden, wenn sich auch die Geldbuße in diesen Rahmen hält[281]. Die Anforderungen an die Begründungspflicht dürfen in solchen Fällen nicht überspannt werden[282]. An die Bußgeldkataloge der Verwaltungsbehörden sind die Gerichte nicht gebunden; eine wesentliche Abweichung bedarf jedoch der Begründung[283].

**6. Die Bildung der Gesamtstrafe** (§§ 54, 55 StGB) ist ein gesonderter Strafzumes-  **92** sungsvorgang, der neben der Bestimmung der Einzelstrafen im Urteil gesondert zu begründen ist[284]. Das bedeutet jedoch nicht, daß für jede der Einzelstrafen gesondert alle Gründe schriftlich niedergelegt werden müßten und unabhängig davon die Gründe für die Gesamtstrafe ohne jede Beziehung zu den Einzelstrafen darzulegen sind. Schon im Interesse einer übersichtlichen und gefälligen Darstellung ist es den Gerichten nicht verwehrt, eine Mehrzahl von Straftaten für die Darlegung der bestimmenden Strafzumessungsgründe zusammenzufassen, wobei die allen Straftaten eigenen, für die Strafzumessung wichtigen Umstände gemeinsam geschildert und die nur für einige von ihnen kennzeichnenden Tatsachen gesondert angegeben werden. Eingehender muß die Gesamtstrafe allerdings dann begründet werden, wenn eine Einsatzstrafe nur unerheblich überschritten oder die Summe aller Einsatzstrafen nahezu erreicht wird[285] oder wenn eine Geldstrafe in die Gesamtstrafe einbezogen wird und die Gesamtstrafe dadurch zu einem schwereren Übel wird, weil die Bedingungen für die Strafaussetzung erschwert werden[286]. Überläßt das Gericht die Einbeziehung einer früheren Verurteilung dem **Nachverfahren**, muß es in den Urteilsgründen darlegen, warum es ausnahmsweise von der Entscheidung über die Gesamtstrafenbildung nach § 55 StGB absehen durfte[286a]. Ist eine solche Gesamtstrafenbildung nicht mehr möglich, weil die an sich einzubeziehende Strafe bereits vollstreckt ist, muß aufgezeigt werden, wieweit die darin liegende Härte im Rahmen der Strafzumessung ausgeglichen wurde[287].

**7.** Bei Anwendung von **Jugendrecht** gegen Jugendliche oder Heranwachsende  **93** muß auch das Erwachsenengericht bei der Begründung seines Urteils den besonderen (zusätzlichen) Anforderungen von § 54 JGG genügen[287a]. Wird Erwachsenenstrafrecht angewandt (§ 105 Abs. 1 JGG) bedarf dies einer eingehenden Begründung[288].

---

[281] Vgl. etwa OLG Frankfurt VRS **54** 290; **57** 358; OLG Zweibrücken VRS **53** 61. Wegen der Einzelheiten vgl. etwa *Kroschel/Meyer-Goßner* 242 und die Erläuterungen zu § 17 Abs. 3 OWiG in den einschlägigen Kommentaren.

[282] Vgl. Rdn. 84 und Fußn. 280.

[283] Dazu Rdn. 88, 89.

[284] BGHSt **24** 268 = NJW **1972** 454 mit Anm. *Jagusch*; vgl. § 337, 231 ff. Wegen der weiteren Einzelheiten, nicht zuletzt auch wegen der Frage der Doppelbewertung der Strafzumessungstatsachen, muß auf die Erläuterungen zu § 54 StGB verwiesen werden.

[285] BGHSt **8** 205; **24** 268; OLG Hamburg NJW **1981** 1282; vgl. Rdn. 84; KK-*Hürxthal* 28; KMR-*Paulus* 86; ferner etwa *Kroschel/Meyer-Goßner* 154; § 337, 219.

[286] BGH VRS **43** 422; BGH bei *Dallinger* MDR **1973** 17; KK-*Hürxthal* 28; KMR-*Paulus* 86; vgl. auch OLG Koblenz GA **1978** 188 (Begründung der Wahl, Gesamtstrafe zu bilden oder Geldstrafe neben der Freiheitsstrafe gesondert zu verhängen); OLG Schleswig SchlHA **1976** 166; § 337, 232.

[286a] OLG Düsseldorf VRS **68** 365; § 337, 293 mit weit. Nachw.

[287] BGHSt **31** 103; **33** 131.

[287a] Vgl. dazu die Kommentare zu § 54 JGG; ferner KMR-*Paulus* 88; ferner *Kroschel/Meyer-Goßner* 224 ff; 233.

[288] Vgl. etwa BGH MDR **1964** 694; OLG Hamm MDR **1969** 113; OLG Zweibrücken VRS **54** 113; *Kroschel/Meyer-Goßner* 225.

**8. Minder schwere Fälle, besonders schwere Fälle (§ 267 Abs. 3 Satz 2, 3)**

**94**     **a) Grundsatz.** Die Vorschrift spricht nicht mehr von mildernden Umständen und sonstigen, allgemein umschriebenen Fällen, von denen das Strafrecht Milderungen oder Strafschärfungen abhängig macht, sondern nur noch von minder schweren und besonders schweren Fällen[289]. Für die **Abgrenzung** zu den Fällen des **Absatzes 2** ist aber weiterhin von Bedeutung, daß Absatz 2 die tatbestandsmäßig festgelegten, benannten Strafänderungen betrifft[290], während Absatz 3 Satz 2, 3 die unbenannten Strafänderungen erfaßt, einschließlich der Fälle, in denen eine abschließende tatbestandsmäßige Ausformung der Milderungs- und Erschwerungsgründe fehlt[291]. Verfahrensrechtlich muß — unbeschadet der sich aus dem materiellen Recht ergebenden Erörterungspflichten (Rdn. 100) — im Prinzip jeweils nur die **Ausnahme von der Regel** besonders gerechtfertigt werden[292].

**95**     **b) Einzelne Fälle.** Bei den **minder schweren Fällen**, die an die Stelle der mildernden Umstände und des besonders leichten Falls getreten sind[293], muß das Gericht im Urteil die Umstände angeben, auf die es seine Annahme eines solchen Falles stützt. Soweit sich diese nicht bereits aus den Feststellungen zur äußeren und inneren Tatseite ergeben, bedarf es dazu besonderer Feststellungen, die, weil sie den Strafrahmen bestimmen, grundsätzlich von den Ausführungen zur Strafzumessung zu trennen sind[294]. Es sind alle Umstände heranzuziehen, die für die Wertung von Tat und Täter in Betracht kommen, gleichgültig, ob sie der Tat selbst innewohnen, sie begleiten, ihr vorausgehen oder ihr nachfolgen. Entscheidend ist die in Abwägung dieser Umstände gewonnene Gesamtwürdigung[295].

**96**     Bei den **besonders schweren Fällen**, die im Strafgesetz durch **Regelbeispiele** verdeutlicht sind, stellt Absatz 3 Satz 3 jetzt klar, daß sie nicht unter Absatz 2 fallen und daß die Abweichungen von der Regel besonders zu begründen sind. Das Gericht muß besonders darlegen, warum es trotz Vorliegens der tatbestandsmäßigen Voraussetzungen eines Regelbeispiels einen besonders schweren Fall verneint und es muß umgekehrt die Umstände dartun, in denen es einen besonders schweren Fall erblickt, wenn kein Regelbeispiel eingreift[296].

**97**     **c) Antrag.** Bei **Verneinung** eines minder schweren Falles fordert Absatz 3 Satz 2 eine Begründung nur, wenn in der Hauptverhandlung die Annahme eines solchen Falls

---

[289] Seit der Neufassung durch Art. 21 Nr. 70 Buchst. b, c EGStGB zur Anpassung an die Änderungen des materiellen Strafrechts.

[290] Vgl. Rdn. 64.

[291] KK-*Hürxthal* 29; *Kleinknecht/Meyer*[37] 21; KMR-*Paulus*58; *Kroschel/Meyer-Goßner* 170; § 337, 218 mit weit. Nachw.

[292] BGH bei *Holtz* MDR **1978** 987; **1979** 105; BayObLGSt **1973** 65 = NJW **1973** 1808; KG JR **1966** 307; OLG Koblenz VRS **57** 22; KK-*Hürxthal* 29; *Kleinknecht/Meyer*[37] 21; KMR-*Paulus* 61; vgl. *Kroschel/Meyer-Goßner* 171; *G. Schäfer* § 93 VII 1 (I); ferner § 337, 219.

[293] BGHSt **26** 97 = JR **1976** 24 mit Anm. *Zipf.*

[294] BGH GA **1984** 374; MDR bei *Holtz* **1980** 104; NStZ **1983** 407; *Dankert* StrVert. **1983** 476.

[295] BGHSt **4** 8; BGH GA **1976** 303; **1979** 313; 339; **1984** 374; NStZ **1981** 389; StrVert. **1981** 169; bei *Holtz* MDR **1979** 105; bei *Spiegel* DAR **1982** 202; OLG Karlsruhe NJW **1980** 133; OLG Koblenz VRS **57** 22; KMR-*Paulus* 58 ff; *Kroschel/Meyer-Goßner* 170. Wegen der Einzelheiten muß auf die Kommentare zum StGB verwiesen werden. Zum Verhältnis zwischen der Ganzheitsbetrachtung und § 50 StGB vgl. Fußn. 264; § 337, 218.

[296] Vgl. die Erläuterungen zu den einschlägigen Vorschriften des StGB; ferner etwa BGH GA **1980** 143; NStZ **1982** 465; BGH bei *Holtz* MDR **1975** 368; **1976** 16; **1977** 638; § 337, 220.

beantragt worden war. Die bloße Behauptung entsprechender Umstände löst — anders als bei Absatz 2 — noch keine Begründungspflicht aus[297]. Der Antrag muß nicht ausdrücklich auf die Anwendung des besonderen Milderungs- oder Schärfungsgrundes lauten, es kann genügen, wenn eine Strafe beantragt wird, die nur bei Vorliegen eines solchen Grundes verhängt werden darf. Ein solcher Antrag liegt auch darin, daß die „mildeste Strafe" oder eine nur bei Annahme eines minder schweren Falls zulässige Strafe beantragt wird[298].

**98** Der Antrag, der die Begründungspflicht auslöst, ist eine **wesentliche Förmlichkeit**, die nur durch das Sitzungsprotokoll nachgewiesen werden kann (§§ 273, 274)[299]. Es ist jedoch unschädlich, wenn das Urteil die Frage erörtert, obwohl das Protokoll zu einem solchen Antrag schweigt[300].

**99** Welche Ausführungen zur **Begründung** notwendig sind, richtet sich nach den Erfordernissen des sachlichen Rechts und nach den Umständen des Einzelfalls. Wird einem Antrag nicht entsprochen, so muß sich das Urteil ausdrücklich damit auseinandersetzen. Es dürfte dann nicht genügen, wenn aus dem Gesamtinhalt der Urteilsausführungen die Gründe der versagenden Entscheidung ersichtlich sind[301], jedoch wird in einem solchen Fall ausgeschlossen werden können, daß das Urteil auf dem Unterlassen der Begründung beruht. Der Antrag muß auch abgehandelt werden, wenn die einheitliche Tat **mehrere Strafgesetze** verletzt, von denen nur eines einen minder schweren Fall vorsieht[302]. Dies gilt nach Ansicht des Bayerischen Obersten Landesgerichts jedoch nur, wenn die Annahme zu einem milderen Strafrahmen führen kann[303].

**100** Die Darlegung der **richtigen Anwendung** des **materiellen Rechts** kann es jedoch erfordern, daß das Urteil sich auch ohne einen solchen Antrag zu dieser Frage äußert, wenn es Umstände festgestellt hat, die einen minder schweren oder besonders schweren Fall nahelegen[304]. Dies ist für jeden Angeklagten in Würdigung seines Tatbeitrags gesondert zu begründen[304a].

**101** 9. Erkennt das Gericht auf **Freiheitsstrafe unter sechs Monaten**, so muß es nach § 267 Abs. 3 Satz 2 die Umstände darlegen, auf Grund derer es die Voraussetzungen des § 47 StGB für gegeben erachtete, während umgekehrt eine Begründung nur gefordert wird, wenn ein Antrag auf Verhängung einer Freiheitsstrafe unter sechs Monaten abgelehnt wurde. Die Rechtslage ist insoweit die gleiche wie bei den minder schweren Fällen[305]. Nach der kriminalpolitischen Zielsetzung[306] ist dem Begründungserfordernis mit allgemeinen Wendungen nicht genügt[307]. Damit die Rechtsanwendung nachprüf-

[297] BGH bei *Dallinger* MDR **1953** 149; vgl. auch BGH GA **1961** 172; KK-*Hürxthal* 31; KMR-*Paulus* 61; *Kroschel/Meyer-Goßner* 171.

[298] RGSt 29 276; 43 297; 45 331; BGH bei *Dallinger* MDR **1953** 149; **1967** 15; BayObLGSt **1955** 254; OLG Köln NJW **1952** 198; KK-*Hürxthal* 31; KMR-*Paulus* 61; *Kroschel/Meyer-Goßner* 171.

[299] RGSt **29** 277; *Dankert* StrVert. **1983** 476; KK-*Hürxthal* 31; *Eb. Schmidt* 27.

[300] *Eb. Schmidt* Nachtr. II 1.

[301] KK-*Hürxthal* 31; **a.** A OLG Köln NJW **1952** 198; KMR-*Paulus* 61.

[302] RGRspr. **10** 158; RGSt **5** 156; **14** 10.

[303] BayObLGSt **1955** 254.

[304] Etwa BGH NStZ **1982** 465; StrVert. **1981** 169; OLG Koblenz VRS **57** 22; KK-*Hürxthal* 29; KMR-*Paulus* 58; 61; *Mösl* NStZ **1981** 134.

[304a] BGHSt **29** 244; BGH NStZ **1982** 206; **1984** 27.

[305] Vgl. *Horstkotte* NJW **1969** 1601 (Ausnahme von der Regel); § 337, 222.

[306] *Eb. Schmidt* Nachtr. II 3; *Wulf* JZ **1970** 160.

[307] OLG Braunschweig NdsRpfl. **1969** 67; OLG Karlsruhe Justiz **1981** 132 (Hinweis auf Rückfall); KK-*Hürxthal* 32; § 337, 223 mit weit. Nachw.

bar ist, müssen auf den Einzelfall bezogene, aus Tat oder Täter rational hergeleitete Gründe dafür angeführt werden, weshalb die Verhängung einer kurzfristigen Freiheitsstrafe unerläßlich ist. Auch wenn dies mit der **Verteidigung der Rechtsordnung** begründet werden soll, darf dies nicht allein mit generalpräventiven Gesichtspunkten geschehen. Notwendig ist auch hier eine eingehende Würdigung von Tat und Täter[308]. Der Umfang des formellen Begründungszwangs nach § 267 Abs. 3 Satz 2 deckt sich insoweit mit den strengen Anforderungen, die das materielle Recht an die Darlegung der Unerläßlichkeit einer kurzfristigen Freiheitsstrafe stellt[309].

### 10. Strafaussetzung zur Bewährung

**102**     a) Die **Bewilligung** der **Strafaussetzung zur Bewährung** ist im Urteil unter Darlegung der dafür maßgeblichen Erwägungen (vgl. § 56 StGB) in einer den Anforderungen des sachlichen Rechts genügenden Weise zu begründen[310]. Für die **Ablehnung** fordert Absatz 3 Satz 4 eine Begründung nur, wenn sie beantragt worden war[311].

**103**     b) Der **Antrag** ist nicht dem Angeklagten und seinem Verteidiger vorbehalten, auch der Staatsanwalt kann ihn stellen; er kann auch hilfsweise, etwa in Verbindung mit einem Hauptantrag auf Freispruch, eingebracht werden[312]. Wird er ausdrücklich gestellt, ist er als **wesentliche Förmlichkeit** des Verfahrens in der Sitzungsniederschrift zu beurkunden[313]. Der **Antrag** muß aber **nicht ausdrücklich** auf Zubilligung von Strafaussetzung zur Bewährung lauten. Ähnlich wie bei Absatz 3 Satz 2 genügt auch hier, wenn das Begehren nach Strafaussetzung in einem anderen Antrag mittelbar oder hilfsweise mit enthalten ist[314]. Ob dies zutrifft, ist eine Auslegungsfrage, die nach den jeweiligen Umständen des Einzelfalls zu beurteilen ist[315].

**104**     Obwohl § 267 Abs. 3 Satz 4 eine Begründung nur für den Fall vorschreibt, daß die Strafe zur Bewährung **ausgesetzt** oder ein darauf gerichteter **Antrag abgelehnt** wird, kann aus dem Zwang zur Anführung der bestimmenden Strafzumessungsgründe und aus **sachlich-rechtlichen Erwägungen** die Verpflichtung zu näheren Ausführungen erwachsen; so, wenn nach der Höhe der Strafe und den sonstigen Feststellungen eine Strafaussetzung naheliegt, das Gericht von ihr aber absieht, ohne daß ein solcher Antrag

---

[308] *Eb. Schmidt* Nachtr. II 3; wegen der Einzelheiten vgl. die Kommentarliteratur zu § 47 StGB; ferner KMR-*Paulus* 62; *Kroschel/Meyer-Goßner* 151; § 337, 224.

[309] Die Rechtsprechung nimmt auch eine Erörterungspflicht an, wenn im Urteil festgestellte Umstände das Festhalten an der Freiheitsstrafe nahelegen; vgl. OLG Braunschweig GA **1970** 87; OLG Hamm MDR **1986** 72; OLG Stuttgart Justiz **1970** 93; VRS **41** 413; § 337, 223; 224.

[310] Vgl. etwa *Mösl* NStZ **1983** 496.

[311] In Nichtbefassen trotz Antrags liegt Verfahrensfehler BGH StrVert. **1982** 61 mit Anm. *Schlothauer*; StrVert. **1982** 257; BGH bei *Schmidt* MDR **1983** 4. Vgl. § 337, 234.

[312] Vor allem im Rahmen der Schlußanträge, vgl. bei § 258; ferner *Kleinknecht/Meyer*[37] 23.

[313] KK-*Hürxthal* 33; wegen der ähnlichen Rechtslage vgl. Rdn. 98; ferner § 273, 23.

[314] OLG Braunschweig NdsRpfl. **1954** 134 (Freispruch); OLG Bremen NJW **1954** 613 (Verwerfung der Berufung der Staatsanwaltschaft); KG JR **1964** 107 (Freispruch); KK-*Hürxthal* 33; KMR-*Paulus* 90; *Peters* § 53 IV 4; *Eb. Schmidt* 30.

[315] So z. B. auch, ob im Einzelfall im Antrag auf „milde Beurteilung" ein Antrag nach Absatz 3 Satz 4 enthalten ist; bejahend OLG Braunschweig NJW **1954** 284; KMR-*Paulus* 90; verneinend BGH nach KK-*Hürxthal* 33; *Kroschel/Meyer-Goßner* 174; KG JR **1962** 389 mit Anm. *Dünnebier* läßt dies offen. Wegen der weitgehenden Darlegungspflicht bei Anwendung des sachlichen Rechts (Rdn. 104) hat diese Frage kaum noch praktische Bedeutung; ebenso KK-*Hürxthal* 33.

gestellt worden war. Das gilt vor allem, wenn der Angeklagte nicht gut einen Antrag auf Strafaussetzung stellen konnte, ohne sich mit seiner sonstigen Verteidigung in Widerspruch zu setzen[316]. Die Urteilsgründe müssen in diesem Falle mindestens erkennen lassen, daß das Gericht der Möglichkeit, nach §56 StGB zu verfahren, geprüft hat. Ohne solche Darlegungen kann meist nicht ausgeschlossen werden, daß §56 StGB übersehen wurde oder das Gericht insofern von rechtlich fehlerhaften Erwägungen ausgegangen ist[317]. Aus der materiell-rechtlichen Prüfungspflicht, die immer besteht, erwächst jedoch nicht immer auch eine uneingeschränkte Begründungspflicht für die ablehnende Entscheidung des Gerichts. Sind keine dahin drängenden Umstände ersichtlich, kann die innere Schlüssigkeit der Urteilsgründe auch gewahrt sein, wenn das Gericht die Strafaussetzung zur Bewährung ohne nähere Erörterung der bei der Entscheidung zu berücksichtigenden Gesichtspunkte ablehnt[318]. Dies gilt insbesondere für die Fälle des §56 Abs. 2 StGB, in denen Strafaussetzung nur ausnahmsweise gewährt werden darf. Sind keine besonderen Umstände im Urteil festgestellt oder nach der Sachlage naheliegend, dann gebietet das materielle Recht keine Erörterung dieser Ausnahmefälle im Urteil[319]. Eine nähere Begründung der Versagung ist dann nur veranlaßt, wenn ein gestellter Antrag die Begründungspflicht nach Absatz 3 Satz 3 auslöst.

Zur **Erfüllung der Begründungspflicht** genügen die Wiederholung des Gesetzeswortlauts oder allgemeine Wendungen nicht[320]. Insbesondere reicht der nicht näher begründete Ausspruch nicht aus, daß die Verteidigung der Rechtsordnung die Vollstreckung der Strafe erfordere. Die Strafaussetzung zur Bewährung darf bei Straftaten bestimmter Art nicht grundsätzlich und allgemein versagt werden[321]. Es kommt vielmehr stets auf die Umstände des einzelnen Falles an, die darzulegen sind. Rechtlich fehlerhaft wäre es, die an sich angemessene Strafe geringer zu bemessen, weil der Angeklagte keine Strafaussetzung zur Bewährung verdient, sondern seine Strafe verbüßen muß[322]. **105**

Ob die Strafe zur Bewährung auszusetzen ist, muß auf Grund einer **Gesamtwürdigung** der in §56 StGB aufgeführten Umstände entschieden werden, wobei unter Umständen eine günstige Täterprognose mit den sich aus §56 Abs. 3 StGB ergebenden besonderen Belangen abzuwägen ist[323]. Ebenso wie bei der Bemessung der Strafart und der Strafhöhe haben auch hier nur **hilfsweise mitgeteilte Überlegungen** zu unterbleiben, **106**

---

[316] BGH JR **1955** 471; BGH LM Nr. 27 zu §23 StGB a. F; BayObLG OLGSt 21; KG JR **1964** 107; VRS **22** 33; KK-*Hürxthal* 33; *Kleinknecht/Meyer*[37] 23; KMR-*Paulus* 90 (der diesen Fall der verfahrensrechtlichen Begründungspflicht zuordnet); vgl. §337, 234; 235.

[317] BGHSt **6** 68; 172; BayObLG bei *Rüth* DAR **1975** 203; OLG Hamm VRS **8** 121; **36** 177; **54** 28; OLG Koblenz GA **1975** 370; OLG Köln NJW **1954** 1091; KG JR **1964** 107; VRS **22** 33; OLG Oldenburg StrVert. **1983** 274 (L); OLG Schleswig bei *Ernesti/Lorenzen* SchlHA **1984** 106; KK-*Hürxthal* 33; KMR-*Paulus*90; *Kroschel/Meyer-Goßner* 175; *Eb. Schmidt* 30; vgl. §337, 234; ferner die Kommentare zu §56 StGB.

[318] KG JR **1962** 389 mit krit. Anm. *Dünnebier*; vgl. OLG Köln NStZ **1985** 139 (L); auch OLG Braunschweig NJW **1954** 284.

[319] BGH NJW **1976** 1414; OLG Hamm VRS **46** 131; OLG Karlsruhe NJW **1980** 133; OLG Köln VRS **61** 367; §337, 238 ff; vgl. aber auch BGHSt **24** 5.

[320] Vgl. etwa BGH NJW **1983** 1624; StrVert. **1982** 569; BGH bei *Holtz* MDR **1977** 808; OLG Celle DAR **1956** 248; KG GA **1955** 219; KK-*Hürxthal* 33; KMR-*Paulus* 92; *Zipf* JR **1974** 520.

[321] BGHSt **6** 298; *Kroschel/Meyer-Goßner* 177; vgl. die Kommentare zu §56 StGB mit weit. Nachw.

[322] BGH NJW **1954** 39; KK-*Hürxthal* 33.

[323] Vgl. etwa BGH NJW **1955** 996; BayObLGSt **1974** 32 = JR **1974** 517 mit Anm. *Zipf*; OLG Hamm NJW **1967** 1332; KK-*Hürxthal* 33; KMR-*Paulus* 92. Vgl. §337, 326.

Walter Gollwitzer

da sie die Entscheidung bei Fehlerhaftigkeit der Haupterwägung in der Regel nicht zu retten vermögen, sie andererseits aber nur unnötig gefährden[324].

**107**    c) Die **Bewährungsanordnungen** (Bewährungszeit, Auflagen und Weisungen) werden in einem besonderen Beschluß festgesetzt (§ 268 a). In den Urteilsgründen sind diese Anordnungen nicht zu behandeln[325].

**108**    d) Im **Jugendstrafverfahren** ist § 267 Abs. 3 Satz 4 auf die Entscheidung über die Aussetzung einer Jugendstrafe entsprechend anzuwenden (§ 57 Abs. 4 JGG)[326].

**109**    11. Für die **Verwarnung mit Strafvorbehalt** gilt nach § 267 Abs. 3 Satz 4 ebenfalls, daß das Gericht die Anwendung dieser mildesten Sanktion des Strafrechts unter Darlegung der Voraussetzungen des § 59 StGB entsprechend den Anforderungen des materiellen Rechts begründen muß, während die Nichtanwendung nur bei einem entsprechenden **Antrag** zu erörtern ist. Ein solcher Antrag kann auch hilfsweise im Schlußvortrag gestellt werden[327]. Wenn die festgestellten Umstände die Anwendung des § 59 StGB so nahelegen, daß die Unterlassung von Ausführungen nach sachlichem Recht fehlerhaft wäre, besteht unabhängig von der Antragstellung eine Erörterungspflicht[328].

**110**    Die **vorbehaltene Strafe** muß bei der Verwarnung mit Strafvorbehalt in den Urteilsgründen nach den allgemein für die Begründung einer Strafe geltenden Grundsätzen (Rdn. 83 ff) begründet werden[329].

**111**    12. **Absehen von Strafe** (Absatz 3 Satz 4 zweiter Halbsatz). Soweit das Gericht nach § 60 StGB oder auf Grund einer Sondervorschrift wie etwa § 157 Abs. 2, § 158 Abs. 1 oder § 175 Abs. 2 StGB von Strafe absieht, muß es dies begründen[330]. Das gleiche gilt, wenn es einem darauf abzielenden **Antrag** nicht entspricht. Im übrigen gelten die gleichen Gesichtspunkte, wie sie bei Rdn. 101 ff erörtert sind. Die Ausführungen des Gerichts müssen erkennen lassen, daß es alle nach der Sachlage sich aufdrängenden Gesichtspunkte rechtsfehlerfrei gegeneinander abgewogen hat[331].

### 13. Maßregeln der Besserung und Sicherung. (Absatz 6)

**112**    a) **Allgemeines.** Absatz 6 stellt ebenfalls die bereits bei Absatz 3 Satz 2 bis 4 erörterte Regel auf, daß das Urteil angeordnete Maßregeln unter Darlegung der vom materiellen Recht vorausgesetzten Tatsachen und Prognoseentscheidungen zu begründen hat, während beim Unterbleiben einer solchen Anordnung verfahrensrechtlich erst ein in der Verhandlung gestellter Antrag die Begründungspflicht auslöst[332].

---

[324] BGHSt **7** 359; KK-*Hürxthal* 33; *Kleinknecht/Meyer*[37] 23.

[325] *Kroschel/Meyer-Goßner* 179; § 268 a, 1.

[326] Auch wenn ein Antrag nach § 267 Abs. 3 Satz 3 gestellt wird, kann die Entscheidung dem Nachverfahren vorbehalten werden, BGH NJW **1960** 587; vgl. ferner die Kommentare zum JGG.

[327] BayObLG MDR **1980** 951; vgl. § 337, 241. Nach *Horn* NJW **1980** 106 ist auch die erfolglose Zustimmung des Angeklagten zur Verfahrenseinstellung als ein die Begründungspflicht auslösender Antrag zu werten.

[328] OLG Zweibrücken VRS **66** 196; KK-*Hürx-*

*thal* 34; vgl. OLG Düsseldorf JR **1985** 376 mit Anm. *Schöch* = NStZ **1985** 362 mit Anm. *Horn* (materiell-rechtliche Darlegungspflicht nur in Ausnahmefällen); ferner Rdn. 104; § 337, 241.

[329] KK-*Hürxthal* 34.

[330] Vgl. dazu *Kroschel/Meyer-Goßner* 180; § 337, 242; 243 und die Erläuterungen zu den einschlägigen Vorschriften des materiellen Rechts.

[331] OLG Karlsruhe NJW **1974** 1005.

[332] KK-*Hürxthal* 35; *Kleinknecht/Meyer*[37] 37; KMR-*Paulus* 98; *Kroschel/Meyer-Goßner* 181; § 337, 244.

Auch hier kann jedoch die Pflicht, sich mit festgestellten Umständen auseinander- **113** zusetzen, wenn sie für die Anwendung des materiellen Rechts erheblich sind, im Einzelfall eine über Absatz 6 **hinausreichende Begründungspflicht** auslösen. So müssen bei fehlender oder erheblich verminderter Schuldfähigkeit die Urteilsgründe erkennen lassen, ob das Gericht die Notwendigkeit der Unterbringung in einem psychiatrischen Krankenhaus (§ 63 StGB) geprüft hat, sofern die Sachlage zu Überlegungen in dieser Richtung drängt[333].

Die Rechtsprechung stellt **hohe Anforderungen** an die Begründung, mit der Maß- **114** regeln der Besserung und Sicherung gerechtfertigt werden, wenn diese mit einem erheblichen Eingriff in die Freiheit verbunden sind oder einen einschneidenden Eingriff in die Handlungsfreiheit bedeuten, wie etwa beim Berufsverbot. Die einzelnen Anforderungen, denen die Begründung genügen muß, ergeben sich aus dem materiellen Recht[334]. Sind den Voraussetzungen nach **mehrere Maßregeln zulässig** und geeignet, muß das Gericht seine Wahl begründen, wobei gegebenenfalls auch darzulegen ist, weshalb der Angeklagte durch die angeordnete Maßregel am wenigsten beschwert ist[335]. Ordnet das Gericht den Vorwegvollzug der Strafe vor der Maßregel (§ 67 Abs. 2 StGB) an, bedarf es einer auf die Umstände des Einzelfalls eingehenden besonderen Begründung, die auch darlegen muß, daß dies zur Erreichung des Maßregelziels förderlicher ist, als die umgekehrte Reihenfolge[335a].

**b)** Hinsichtlich der **Entziehung der Fahrerlaubnis** nach § 69 StGB und der an ihre **115** Stelle tretenden Sperre für die Erteilung der Fahrerlaubnis nach § 69 a Abs. 1 Satz 3 StGB erweitert **Absatz 6 Satz 2** die Begründungspflicht. Das Gericht muß also nicht nur nach Satz 1 die Anordnung einer solchen Maßnahme begründen, sondern es muß auch, ohne Rücksicht darauf, ob ein dementsprechender Antrag gestellt wurde, in den Urteilsgründen darlegen, weshalb es die Maßregel nicht angeordnet hat, wenn ihre Verhängung nach der Art der Straftat in Betracht kam[336]. Bei allen mit Strafe bedrohten Handlungen, die bei oder im Zusammenhang mit dem Führen eines Kraftfahrzeugs oder unter Verletzung der Pflichten eines Kraftfahrzeugführers begangen wurden (§ 69 Abs. 1), muß also das Gericht im Urteil zur Anwendbarkeit des § 69 StGB Stellung nehmen, ganz gleich, wie es sich entschieden hat. Die Begründungspflicht besteht ohne Rücksicht auf die Umstände des Einzelfalls bereits dann, wenn die objektiven Voraussetzungen des § 69 StGB gegeben sind[337].

Wegen der **Erfordernisse der Begründung**, insbesondere wegen der Bedeutung **116** der Regelbeispiele des § 69 Abs. 2 StGB, die auch der Erleichterung der Begründung dienen[338], muß auf die Erläuterungen zu § 69 StGB und die dort angeführte Rechtsprechung verwiesen werden[339].

**14.** Für das **Fahrverbot** nach § 44 StGB, § 25 StVG gilt die erweiterte Begrün- **117** dungspflicht nach Absatz 6 Satz 2 nicht. Wird diese Nebenstrafe verhängt, sind nach

---

[333] Vgl. Rdn. 52; ferner § 244, 46; 76 ff; § 337, 244.

[334] Vgl. die Erläuterungen zu §§ 62 ff StGB; ferner etwa *Kroschel/Meyer-Goßner* 182 ff; § 337, 245 ff.

[335] Vgl. BGH bei *Holtz* MDR **1981** 809.

[335a] Vgl. etwa BGH NJW **1986** 141; 142; ferner die Kommentare zu § 67 StGB und § 337, 250 mit weit. Nachw.

[336] Zweck dieser Erweiterung ist, dem Ergebnis des Strafverfahrens den Vorrang vor Entscheidungen im Verwaltungswege zu sichern; vgl. OLG Hamm VRS **43** 21; *Lackner* JZ **1965** 125; KK-*Hürxthal* 35; *Kleinknecht/Meyer*[37] 37; KMR-*Paulus* 99; *Kroschel/Meyer-Goßner* 188.

[337] OLG Hamm VRS **43** 21.

[338] Vgl. *Kroschel/Meyer-Goßner* 189; *Schreiner* DAR **1978** 272.

[339] Ferner *Kroschel/Meyer-Goßner* 188 ff.

§ 267 Abs. 3 Satz 1 die dafür bestimmenden Gesichtspunkte in Übereinstimmung mit den Erfordernissen des materiellen Rechts darzulegen[340], wobei mitunter gleichzeitig die Ablehnung der Entziehung der Fahrerlaubnis zu begründen ist (Rdn. 115). Wird ein Fahrverbot nicht angeordnet, braucht dies nur begründet zu werden, wenn dies nach der Sachlage notwendig ist, um die fehlerfreie Anwendung des materiellen Rechts aufzuzeigen[341].

**118**      **15. Verfall, Einziehung, Unbrauchbarmachung und sonstige Nebenfolgen.** Soweit diese Nebenfolgen Strafcharakter haben, folgt die Verpflichtung, die Umstände, die für ihre Verhängung bestimmend waren, im Urteil anzugeben, aus Absatz 3 Satz 1. Werden Nebenfolgen verhängt, muß das Urteil die tatsächlichen und rechtlichen Grundlagen dafür angeben. Was im einzelnen anzuführen ist, richtet sich nach den Anforderungen des materiellen Rechts, dessen richtige Anwendung aufzuzeigen ist. § 267 enthält insoweit keine speziellen Vorschriften[342]. Die Maßnahmen sind in die für die Findung einer schuldangemessenen Sanktion erforderlichen Gesamtschau aller Strafen mit einzubeziehen, sofern ihre Auswirkungen dabei ins Gewicht fallen, wie etwa bei Einziehung einer Sache von beträchtlichem Wert[343]. Wegen des auch hier geltenden Übermaßverbotes muß bei Sicherungsmaßnahmen erörtert werden, ob der Zweck dieser Anordnungen mit weniger einschneidenden Maßnahmen erreichbar ist[344].

**119**      Bei **Verfall und Einziehung** müssen die Voraussetzungen, von denen sie abhängen, tatbestandsmäßig aufgezeigt werden, bei § 74 StGB also die Beziehung der eingezogenen Sache zur Tat sowie, daß die Sache dem Täter gehört oder die Allgemeinheit gefährdet usw. Insoweit muß auf die Erläuterung zu §§ 73 ff StGB verwiesen werden[345]. Steht die Anordnung im Ermessen des Gerichts, müssen die Gründe erkennen lassen, daß sich das Gericht dieses Umstandes bewußt war[346]. Gleiches gilt wenn dem Gericht mehrere Alternativen zur Wahl standen[347].

**120**      Werden Verfall, Einziehung oder die Anordnung einer sonstigen Nebenfolge **nicht ausgesprochen**, obwohl sie nach den getroffenen Feststellungen in Betracht kommen, dann müssen die Urteilsgründe erkennen lassen, weshalb dies unterblieben ist[348].

## VI. Abgekürztes Urteil (Absatz 4)

**121**      **1. Anwendungsbereich.** Absatz 4 betrifft nur die abgekürzte Begründung eines **verurteilenden Erkenntnisses**. Für die Abkürzung freisprechender Urteile gilt Absatz 5 Satz 2 und 3[349]. Enthält das Urteil neben der Verurteilung einen Freispruch, so ist für

---

[340] Vgl. *Kroschel/Meyer-Goßner* 173.

[341] Vgl. Rdn. 84.

[342] Nach BGH bei KK-*Hürxthal* 36 gelten die Verfahrensbestimmungen des § 267 Abs. 2 und 3 nicht entsprechend.

[343] BGH GA **1983** 521; NStZ **1985** 362; OLG Schleswig bei *Ernesti/Lorenzen* SchlHA **1985** 140; anders, wenn nach der Sachlage die Einziehung die Bemessung der Hauptstrafe nicht wesentlich zu beeinflussen vermag, BGH MDR **1984** 241; vgl. ferner etwa BGHSt **28** 369; OLG Köln NJW **1965** 2360; OLG Saarbrücken NJW **1975** 66; § 337, 252.

[344] BGH bei *Holtz* MDR **1981** 266; OLG Stuttgart NJW **1975** 66; vgl. Fußn. 343; § 337, 253.

[345] Vgl. auch KMR-*Paulus* 95; ferner § 337, 252 und die Erläuterungen in den einschlägigen Kommentaren zum StGB.

[346] BGHSt **19** 256 („war einzuziehen" genügt dafür nicht); BGH bei *Dallinger* MDR **1951** 657; OLG Köln NJW **1965** 2360; OLG Koblenz GA **1974** 378; OLG Saarbrücken NJW **1975** 66; KMR-*Paulus* 95; § 337, 252.

[347] OLG Oldenburg NJW **1971** 769; KMR-*Paulus* 95; vgl. BGHSt **28** 369; § 337, 252.

[348] KK-*Hürxthal* 36; *Kroschel/Meyer-Goßner* 173.

[349] Vgl. Rdn. 154 und zur Frage der abgekürzten Fassung bei Einstellungsurteilen Rdn. 158.

Zulässigkeit und Inhalt der abgekürzten Fassung im einen Fall Absatz 4, im anderen Absatz 5 Satz 2 maßgebend. Im Bußgeldverfahren sind diese Bestimmungen entsprechend anwendbar[350], ebenso im Jugendstrafverfahren; das Urteil muß hier jedoch den von §54 JGG geforderten Inhalt haben[351].

**2. Rechtskraft.** Voraussetzung für die abgekürzte Abfassung des Urteils ist, daß **122** das Urteil im Schuld- und Rechtsfolgenausspruch unanfechtbar geworden ist. Alle, die den konkreten Urteilsspruch in einem Punkt anfechten können[352], müssen entweder auf Rechtsmittel verzichtet oder innerhalb der eventuell unterschiedlich endenden Anfechtungsfristen kein Rechtsmittel eingelegt haben. Dem steht es gleich, wenn ein eingelegtes Rechtsmittel zurückgenommen worden ist oder wenn ein Anfechtungsberechtigter auf Rechtsmittel verzichtet hat, während die anderen die Anfechtungsfrist ungenützt verstreichen ließen. Unerläßlich ist seit der Neufassung nur noch, daß im Zeitpunkt der Urteilsabfassung feststeht, daß das Urteil in seinen entscheidenden Teilen, also sowohl hinsichtlich des Schuld- als auch des Rechtsfolgenausspruchs, unanfechtbar geworden ist. Daß die Kostenentscheidung mit Beschwerde nach §464 Abs. 3 angefochten ist oder daß die Entscheidung nach §8 Abs. 3 StrEG oder der Beschluß nach §268a Gegenstand einer Beschwerde ist, schließt die abgekürzte Fassung nicht aus[353].

Für Urteile, die überhaupt **keiner Anfechtung unterliegen**, weil sie mit der Ver- **123** kündung rechtskräftig werden, wie etwa die Urteile der Revisionsgerichte, gilt Absatz 4 nicht[354].

Betraf das Urteil **mehrere Angeklagte** und ist es nur gegen einen unanfechtbar ge- **124** worden, so ist die abgekürzte Abfassung nur hinsichtlich solcher Taten möglich, an denen die Mitangeklagten unbeteiligt waren[355]. Bei **mehreren Taten** im Sinne des §264 kann für die eine die Abkürzung zulässig sein und für die andere nicht[356].

**3. Ermessen des Gerichts.** Ob das Gericht von der Möglichkeit des Absatzes 4 Ge- **125** brauch machen will, steht in seinem Belieben. Auch wenn die Voraussetzungen vorliegen, ist es dazu nicht verpflichtet. Es kann von der Arbeitsweise her rationeller sein, wenn das Urteil sofort nach der Hauptverhandlung vollständig abgesetzt wird als abzuwarten, ob nach Ablauf der Anfechtungsfrist die Voraussetzungen für ein abgekürztes Urteil eintreten[357].

---

[350] BayObLGSt **1977** 137 = VRS **53** 441; OLG Düsseldorf OLGSt NF 3; OLG Hamm VRS **62** 294; **64** 44; OLG Schleswig bei *Ernesti/ Lorenzen* SchlHA **1983** 112; KK-*Hürxthal* 38; *Kleinknecht/Meyer*[37] 45; KMR-*Paulus* 108; *Kroschel/Meyer-Goßner* 244; *Göhler* §71, 44; die praktischen Schwierigkeiten, bei den in Abwesenheit der Staatsanwaltschaft ergehenden Urteilen (vgl. BayObLG bei *Rüth* DAR **1981** 254; OLG Schleswig bei *Ernesti/ Lorenzen* SchlHA **1979** 205) sollen vom Gesetzgeber durch einen neuen §77 b OWiG behoben werden, der die abgekürzte Fassung auch zuläßt, bevor das Urteil gegenüber der Staatsanwaltschaft unanfechtbar wird; EOWiGÄndG, BTDrucks. **10** 2652.

[351] *Peters* §52 IV (§54 JGG ist vorgehende Spezialvorschrift); *Kroschel/Meyer-Goßner* 253.
[352] Vgl. BGH bei *Dallinger* MDR **1971** 898; ferner bei §296.
[353] KK-*Hürxthal* 37; *Kleinknecht/Meyer*[37] 24; KMR-*Paulus* 108; *Kroschel/Meyer-Goßner* 195.
[354] KK-*Hürxthal* 37; *Kroschel/Meyer-Goßner* 133; *Eb. Schmidt* 34.
[355] BGH bei *Dallinger* MDR **1971** 898; KMR-*Paulus* 108.
[356] KK-*Hürxthal* 37; *Kleinknecht/Meyer*[37] 24.
[357] *Brünger* DRiZ **1974** 230; KK-*Hürxthal* 37; KMR-*Paulus* 109; *Rieß* NJW **1975** 87; *Werner* DRiZ **1974** 215.

Walter Gollwitzer

**126**    **4. Inhalt.** Eine abgekürzte Urteilsfassung sollte das Gericht durch einen entsprechenden **Vermerk** — zweckmäßigerweise in Verbindung mit der Überschrift „Gründe" „abgekürzt nach § 267 Abs. 4 StPO" — kenntlich machen[358].

**127**    Die abgekürzten Urteilsgründe müssen nur die für erwiesen erachteten Tatsachen angeben, in denen das Gericht die **gesetzlichen Merkmale der Straftat** gefunden hat (vgl. Rdn. 32 ff) sowie das angewandte Strafgesetz (Rdn. 73 ff), ferner die Rechtsfolgen und die sie tragenden Bestimmungen[359]. Die durch § 267 Abs. 1 Satz 2, Abs. 2, 3 und 6 Satz 1 festgelegten **besonderen Begründungspflichten** gelten für das abgekürzte Urteil nicht[360]. Die Angaben nach Absatz 6 Satz 2 sind dagegen wegen der Bindungswirkung des Strafurteils stets erforderlich[361].

**128**    Abgesehen von dem durch Absatz 4 Satz 1 festgelegten Mindestinhalt entscheidet das **Ermessen** des Gerichts, was unter Berücksichtigung der Umstände des Einzelfalls in die Urteilsbegründung noch aufzunehmen ist. Dieses Ermessen hat sich am Zweck der Urteilsgründe zu orientieren[362], wobei allerdings der Gesichtspunkt, daß dem Revisionsgericht die Nachprüfung der Rechtsanwendung ermöglicht werden soll, ausscheidet. Gedacht ist vor allem an Ausführungen, die für den Strafvollzug, für nachträgliche Entscheidungen über die Rechtsfolgen, wie den Widerruf der Strafaussetzung oder über die bedingte Entlassung, wichtig sind oder die für spätere Verfahren Bedeutung haben, jedoch nicht ohne weiteres aus den Akten feststellbar sind[363]. Vor allem bei der Anordnung längerer Freiheitsstrafen oder bei Maßregeln der Besserung und Sicherung ist die Würdigung der Täterpersönlichkeit und die Mitteilung der für die Strafzumessung und die Anordnung der Maßregel bestimmenden Erwägungen am Platze[364]. Überhaupt wird auch beim abgekürzten Urteil die **Bedeutung der Sache** die Ermessensausübung beeinflussen müssen; während sich bei Bagatellsachen, die mit einer Geldstrafe geahndet werden, meist jede über den Mindestinhalt hinausgehende Begründung erübrigt[365], sind bei schwerwiegenden Strafen zusätzliche Ausführungen meist angezeigt.

**5. Bezugnahme auf den Anklage**

**129**    **a) Zweck.** Um die schnelle Urteilsabsetzung bei rechtskräftigen Urteilen im Bereiche der kleineren und mittleren Kriminalität noch weiter zu erleichtern, Richter und Schreibkanzleien von überflüssigem Aufwand zu entlasten und so zur Verfahrensbeschleunigung beizutragen, läßt Absatz 4 Satz 2 es zu, die nach Satz 1 auch bei abgekürzten Urteilen erforderliche Angabe der erwiesenen tatbestandsrelevanten Tatsachen und der angewandten Rechtsvorschriften durch die Bezugnahme auf den Anklagesatz bzw.

---

[358] KK-*Hürxthal* 37; *Kleinknecht/Meyer*[37] 24; KMR-*Paulus* 109; *Kroschel/Meyer-Goßner* 195 mit weiteren Beispielen („in Richtung gegen den Angeklagten A abgekürzt gem. § 267 Abs. 4").

[359] KK-*Hürxthal* 38; *Kleinknecht/Meyer*[37] 25; KMR-*Paulus* 110; *Kroschel/Meyer-Goßner* 196.

[360] Vgl. KK-*Hürxthal* 38; *Kleinknecht/Meyer*[37] 25; KMR-*Paulus* 110; *Kroschel/Meyer-Goßner* 195.

[361] Begr. BTDrucks. **8** 976 S. 56 (wegen § 4 Abs. 2, 3 StVG immer erforderlich); *Kroschel/Meyer-Goßner* 196.

[362] Amtl. Begründung BTDrucks. **7** 551, 82, wiedergegeben bei *Werner* DRiZ **1974** 125, der auch darauf hinweist, daß es oft nicht vorhersehbar ist, unter welchen Gesichtspunkten ein Urteil später Bedeutung erlangen kann.

[363] KK-*Hürxthal* 38; *Kleinknecht/Meyer*[37] 28; *Kroschel/Meyer-Goßner* 196; *Rieß* NJW **1975** 87; *G. Schäfer* § 95, 1; *Werner* DRiZ **1974** 125.

[364] KMR-*Paulus* 110; *Franke* DRiZ **1977** 244 gegen *Feldmann* DRiZ **1977** 183.

[365] *Kleinknecht/Meyer*[37] 28; *Kroschel/Meyer-Goßner* 196; *G. Schäfer* § 95, 1.

die ihm gleichgestellten Schriftstücke (Rdn. 136; 137) zu ersetzen[366]. Vor allem bei geständigen Tätern ergibt die Hauptverhandlung vielfach den gleichen Sachverhalt wie er bereits der Anklage zugrunde liegt, so daß er als überflüssiges Schreibwerk erscheint, wenn dieser im Urteil nochmals wiederholt werden muß, obwohl er dem Angeklagten und allen Verfahrensbeteiligten bereits aus der Anklageschrift bekannt ist. Die Bezugnahme auf den Anklagesatz soll vor allen den Richtern die besondere Urteilsabsetzung ersparen. Bei allseitigem Rechtsmittelverzicht können sie das Urteil nebst den auf die Bezugnahme beschränkten Gründen gleich in das Hauptverhandlungsprotokoll gemäß §275 Abs. 1 Satz 2 aufnehmen[367].

**b)** Die **tragenden Urteilsfeststellungen** werden durch die Bezugnahme auf den An- **130** klagesatz ersetzt. Anders als bei der nur ergänzenden Verweisung auf die Einzelheiten von Abbildungen nach Absatz 1 Satz 3 wird hier der Grundsatz durchbrochen, daß das Urteil aus sich heraus verständlich sein muß[368]. Durch die Bezugnahme wird der Wortlaut des Anklagesatzes inhaltlich zum **Bestandteil des Urteils**[369]. Seine Kenntnis ist zum Verständnis des Urteils unerläßlich. Deshalb muß er den Urteilsausfertigungen zumindest dann in Abschrift oder Ablichtung beigefügt werden, wenn diese an Personen oder Stellen hinausgehen, die nicht die Anklageschrift oder die sie ersetzende Schrift (vgl. Rdn. 136 ff) in Händen haben[370]. Es wird ferner dafür zu sorgen sein, daß die zur Ergänzung des Urteils notwendigen Aktenteile ebenso lange aufbewahrt werden wie das rechtskräftige Urteil.

Die Verweisung ist auch wegen **einzelner, prozessual selbständiger Taten** mög- **131** lich, bei denen die Tatsachen unverändert geblieben sind[371]. Ob dies aber auch gilt, wenn die auf Geldstrafe lautende Einzelstrafe bei einer solchen Tat in eine auf Freiheitsstrafe lautende Gesamtstrafe mit einbezogen wird, erscheint zweifelhaft[372]. Das Urteil als Grundlage der Vollstreckung der Freiheitsstrafe wird in diesen Fällen ohne Verweisungen abzufassen sein. Dies erscheint um so eher angezeigt, als in solchen Fällen der Vereinfachungseffekt der Bezugnahme gering wäre.

**c) Voraussetzungen der Bezugnahme.** Nur in eng begrenzten Fällen läßt der Ge- **132** setzgeber gegenwärtig bei abgekürzten Urteilen die Bezugnahme auf den Anklagesatz zu, um im Bereich der unteren und mittleren Kriminalität die schnelle Absetzung rechtskräftig gewordener Urteile ohne größere sachliche Bedeutung zu erleichtern. Liegen diese keiner **ausdehnenden Auslegung** zugänglichen Voraussetzungen nicht vor, dürfen die auch bei abgekürzten Urteilen in den Urteilsgründen zu treffenden Feststellungen der für erwiesen erachteten Tatsachen (Rdn. 127) nicht durch eine Bezugnahme auf den Anklagesatz ersetzt werden.

Nur bei den abgekürzten Urteilen des **Strafrichters** und des **Schöffengerichts** ist **133** die Bezugnahme zulässig[373], nicht jedoch bei den abgekürzten Urteilen anderer Gerich-

---

[366] Das StVÄG 1979 hat die Bezugnahme auf den Anklagesatz erneut zugelassen; nachdem die 1921 eröffnete Möglichkeit der Bezugnahme auf den Eröffnungsbeschluß – später dann auf die Anklageschrift – durch das Vereinheitlichungsgesetz 1950 entfallen war. Zu den früheren Regelungen vgl. *Kiesow* JW **1921** 376; *Dittmann* JW **1922** 993.

[367] Begr. BTDrucks. **8** 976 S. 56; *Rieß* NJW **1978** 2271.

[368] Hiergegen hatte das Schrifttum bereits früher Bedenken erhoben; vgl. *v. Hippel* 366;

Bedenken äußert auch *Kroschel/Meyer-Goßner* 197.

[369] *Kleinknecht/Meyer*[37] 26; KMR-*Paulus* 115.

[370] *Kleinknecht/Meyer*[37] 27; KMR-*Paulus* 115.

[371] RegEntw. BTDrucks. **8** 976 S. 56; *Kleinknecht/Meyer*[37] 26; KMR-*Paulus* 112.

[372] KMR-*Paulus* 112.

[373] Die Beschränkung auf die Urteile der Amtsgerichte soll künftig entfallen (vgl. den Hinweis auf die geplante Änderung), die Beschränkung hinsichtlich der Rechtsfolgen soll dagegen bleiben.

Walter Gollwitzer

te, insbesondere nicht bei erstinstanzlichen Urteilen der großen Strafkammer. Urteile der Strafkammer als Berufungsgericht dürfen auch dann nicht auf die Anklage Bezug nehmen, wenn an Stelle des Amtsgerichts eine Strafe verhängt wird, bei der die Bezugnahme zulässig gewesen wäre, hätte das Urteil bereits in der ersten Instanz Rechtskraft erlangt.

**134**     Das Urteil darf nur **auf Geldstrafe** lauten; daneben darf allenfalls ein **Fahrverbot** oder die **Entziehung der Fahrerlaubnis** sowie eine mit dieser verbundene **Einziehung des Führerscheins** (§ 69 Abs. 3 Satz 2; § 74 Abs. 4 StGB) angeordnet worden sein[374]. Geldbußen wegen Ordnungswidrigkeiten stehen den Geldstrafen gleich[375]. Bei **anderen Strafen** oder **Nebenfolgen** muß wegen der Bedeutung der Strafe oder den Besonderheiten der erkannten Rechtsfolgen die Bezugnahme auf den Anklagesatz unterbleiben. Bei abgekürzten Urteilen, die auf Freiheitsstrafe lauten oder eine Verwarnung mit Strafvorbehalt aussprechen oder die eine andere Maßregel der Besserung und Sicherung verhängen, ist für einen Ersatz der eigenen Urteilsbegründung durch eine Bezugnahme kein Raum[376].

**135**     d) **Gegenstand der Bezugnahme** ist der Anklagesatz (§ 200 Abs. 1 Satz 1), so wie ihn das Gericht zugelassen hat. Sofern das Gericht die erhobene Anklage nur mit Änderungen zuläßt, ist dies der Anklagesatz der nachgereichten Anklage nach § 207 Abs. 2 Nr. 1, 2 oder der Anklagesatz, der gemäß § 243 Abs. 3 Satz 3 mündlich vorgetragenen Anklage nach § 207 Abs. 2 Nr. 3; 4[377]. Dabei wird vorausgesetzt, daß letzterer in den Fällen des § 207 Abs. 2 Nr. 4 in seinem Wortlaut eindeutig feststellbar ist. Fälle einer veränderten Anklage dürften sich allerdings für die Bezugnahme nur in Ausnahmefällen empfehlen.

**136**     Der zugelassenen Anklage stehen der Anklagesatz im **Strafbefehl** und im **Strafbefehlsantrag** (§§ 408 Abs. 2, 409 Abs. 1 Nr. 3, 4) gleich[378], ferner die Anklage gemäß § 212 a Abs. 2 Satz 2, also der in das Sitzungsprotokoll aufgenommene wesentliche Inhalt der mündlich erhobenen Anklage im **beschleunigten Verfahren**[379]. Im **Bußgeldverfahren** folgt aus der sinngemäßen Anwendung (§ 46 OWiG) des § 267 Abs. 4, daß das Urteil auf den Bußgeldbescheid verweisen darf[380].

**137**     Der **Verweisungsbeschluß** nach § 270 Abs. 2[381] oder der eine Zurückverweisung enthaltende Beschluß nach § 328 Abs. 3, ferner der Übernahmebeschluß nach § 225 a Abs. 3 scheiden für die Bezugnahme ebenso aus wie die Nachtragsanklage nach § 266 Abs. 2[382].

**138**     e) **Ermessen des Gerichts.** Ob die Begründung eines abgekürzten Urteils durch die Bezugnahme auf den Anklagesatz noch weiter verkürzt werden kann, entscheidet das Gericht nach pflichtgemäßem Ermessen. Die **Entscheidung** obliegt an sich nicht dem Vorsitzenden oder dem Urteilsfasser allein, sondern ist von den für die Urteilsfassung verantwortlichen Berufsrichtern[383] zu treffen; praktische Bedeutung hat diese Frage hier nur wegen des erweiterten Schöffengerichts[384].

---

[374] *Kroschel/Meyer-Goßner* 196.
[375] Vgl. Rdn. 121.
[376] Vgl. KMR-*Paulus* 112.
[377] Begr. BTDrucks. **8** 976, S. 56; *Kleinknecht/Meyer*[37] 27; KMR-*Paulus* 113.
[378] KK-*Hürxthal* 38; *Kleinknecht/Meyer*[37] 27.
[379] KK-*Hürxthal* 38; *Kleinknecht/Meyer*[37] 27.

[380] Begr. BTDrucks. **8** 967 S. 56; OLG Hamm VRS **62** 294; **64** 44; KK-*Hürxthal* 38.
[381] KK-*Hürxthal* 38; KMR-*Paulus* 113.
[382] KMR-*Paulus* 113.
[383] Vgl. § 275, 36 ff.
[384] Vgl. bei § 30 Abs. 2 GVG.

Die **Ermessensausübung** hat sich an dem Zweck der schriftlichen Urteilsgründe **139** zu orientieren, die den Verfahrensbeteiligten und den später mit dem Urteil befaßten Personen Klarheit über den Grund der Verurteilung und über den Gegenstand der Urteilsfindung verschaffen sollen. Die Bezugnahme setzt voraus, daß nach dem Ergebnis der Hauptverhandlung im wesentlichen die **gleichen Tatsachen** erwiesen sind, die im Anklagesatz angegeben wurden. Dies folgt aus der Entstehungsgeschichte[385] und dem Vereinfachungszweck der Bezugnahme, der nicht erreicht würde, wenn man neben der Bezugnahme noch abweichende Tatsachenfeststellungen hinsichtlich der gesetzlichen Merkmale der Straftat zulassen würde. Es ist zwar möglich, einige zusätzliche klarstellende Feststellungen in das Urteil aufzunehmen, etwa Tatort oder Tatzeit zu präzisieren, um der Klarheit der Urteilsgründe willen bleibt dafür aber nur ein eng begrenzter Raum[386].

**Unklarheiten** durch die Bezugnahme dürfen nicht entstehen. Sind größere Ergän- **140** zungen zur Klarstellung notwendig, so ist der mit der Verweisung erstrebte Vereinfachungseffekt ohnehin nicht erreichbar. Grundsätzlich kommt für die Bezugnahme nur ein Anklagesatz in Frage, der sich nach Inhalt und Wortlaut uneingeschränkt dafür eignet, vom Gericht für die Wiedergabe der eigenen Feststellungen übernommen zu werden. Vor allem muß in ihm auch die Tat so konkret beschrieben sein, daß später keine Zweifel hinsichtlich des Gegenstandes der Aburteilung und des Verbrauchs der Strafklage entstehen können. Wird die Anklage nur mit Änderungen zugelassen, so wird vielfach von einer Bezugnahme abzusehen sein[387].

**Unterbleiben** sollte die Bezugnahme auch sonst, wenn von ihr keine Verein- **141** fachung zu erwarten ist, etwa bei der Verweisung auf ganz kurze Anklagesätze, deren inhaltliche Wiedergabe im Urteil nicht mehr Aufwand erfordert als die Formulierung der Verweisung, ferner, wenn der Rechtsfolgenausspruch eine nähere Begründung erfordert[388], die auch auf den zum Tatbestand festgestellten Sachverhalt eingehen muß, etwa, um aufzuzeigen, weshalb trotz der festgestellten Tatsachen eine Entziehung der Fahrerlaubnis unterbleiben konnte[389]. Eine Bezugnahme auf den Anklagesatz würde in solchen und ähnlichen Fällen nur das Verständnis des Urteils erschweren, ohne dessen beschleunigte Absetzung wesentlich zu fördern.

**f)** Für die **Bezugnahme** selbst ist **keine bestimmte Formel** vorgeschrieben; es muß **142** jedoch eindeutig erkennbar sein, daß, gegebenenfalls in welchem Umfang, sich das Gericht die im zugelassenen Anklagesatz enthaltenen Feststellungen zu eigen macht. Dies kann auch dadurch geschehen, daß das Gericht ausführt, es erachte die im Anklagesatz bezeichnete Tat für erwiesen[390].

### 6. Nachträgliche Ergänzung des abgekürzten Urteils
**a) Zweck.** Absatz 4 Satz 3 läßt die nachträgliche Ergänzung eines abgekürzten Ur- **143** teils zu, wenn die Unanfechtbarkeit als Voraussetzung für die Kurzfassung nachträglich entfällt, weil einem Anfechtungsberechtigten gegen die Versäumung der Frist zur Einlegung des Rechtsmittels **Wiedereinsetzung** gewährt worden ist. Der Grundsatz von der

---

[385] Begr. BTDrucks. **8** 976 S. 56.
[386] Vgl. *Rieß* NJW **1978** 2271 (Deckung in allen wesentlichen Feststellungen). KMR-*Paulus* 114; *G. Schäfer* § 952.
[387] Vgl. Rdn. 135.

[388] Vgl. Rdn. 128.
[389] Vgl. Rdn. 127.
[390] Vgl. die Beispiele bei *Kroschel/Meyer-Goßner* 196; ferner *Kiesow* JW **1921** 376.

Unabänderlichkeit der Urteilsbegründung erfährt dadurch eine Ausnahme[391]. Das abgekürzte Urteil ist zwar ein mit Gründen versehenes Urteil im Sinne des § 338 Nr. 7[392], wird es aber der Nachprüfung durch das höhere Gericht unterstellt, muß sein Inhalt den Anforderungen genügen, die sich aus dem sachlichen Recht und den § 267 Abs. 1 bis 3, 6 ergeben[393]. Um unnötige Aufhebungen zu vermeiden, ist die nachträgliche Ergänzung notwendig[394]. Für eine Bezugnahme auf den Anklagesatz ist dann kein Raum mehr; die Tatbestandsmerkmale sind durch eigene Feststellungen in den Urteilsgründen zu belegen.

**144**    **b)** Die Ergänzung des Urteils ist nur innerhalb der **Frist** des **§ 275 Absatz 1 Satz 2** zulässig. Diese Frist (fünf Wochen, ggf. länger) läuft in § 275 von der Verkündung des Urteils ab. Nach dem Wortlaut des Absatz 4 Satz 3 könnte angenommen werden, daß die eigentliche Frist des § 275 Abs. 1 Satz 2 auch hier der Ergänzung des Urteils eine absolute zeitliche Grenze setzt, ohne Rücksicht darauf, wann die Wiedereinsetzung gewährt worden ist. Dies würde mit dem Zweck des § 275 Abs. 1 Satz 2 übereinstimmen, der den Gefahren einer zu lange nach der Urteilsverkündung zu Papier gebrachten Urteilsbegründung begegnen will. Gegen diese Auslegung läßt sich aber anführen, daß die Wiedereinsetzung mitunter erst nach Ablauf der von der Urteilsverkündung an laufenden Frist beantragt oder bewilligt wird, es aber nicht Sinn der Regelung sein kann, die Ergänzung der Begründung in diesen Fällen auszuschließen und den Bestand des zulässigerweise in abgekürzter Form erstellten Urteils zu gefährden. Nach vorherrschender Ansicht bestimmt die Verweisung nur die Dauer der Frist. Sie **beginnt** mit dem Erlaß des die Wiedereinsetzung bewilligenden Beschlusses[395] und nicht etwa erst mit dessen Zustellung. Erlassen ist der Beschluß in dem Zeitpunkt, in dem er — auch ohne Anordnung des Vorsitzenden — aus dem inneren Dienstbetrieb hinausgegeben wird[396]. Nach Ablauf der Frist darf das abgekürzte Urteil nicht mehr ergänzt werden[397]. Im übrigen aber scheitert die Ergänzung nach Bewilligung der Wiedereinsetzung nicht daran, daß das Urteil in der abgekürzten Fassung an Verfahrensbeteiligte hinausgegeben worden ist.

**145**    **c)** Wird das Urteil vom Gericht **in Unkenntnis seiner rechtzeitigen Anfechtung** — etwa, weil die rechtzeitig eingegangene Rechtsmittelschrift verspätet zu den Akten ge-

---

[391] OLG Stuttgart MDR **1984** 118. Zu unterscheiden ist zwischen der bei allen Urteilen – auch den abgekürzten Urteilen – bestehenden Möglichkeit, die Gründe zu ändern oder zu ergänzen, solange sie den internen Gerichtsbereich noch nicht verlassen haben (vgl. OLG Köln VRS **63** 460; § 268, 41; § 275, 56 ff) und der bei abgekürzten Urteilen unabhängig davon bestehenden, aber erst nach diesem Zeitpunkt praktisch bedeutsamen Änderungsbefugnis nach § 267 Abs. 4 Satz 3.

[392] KMR-*Paulus* 122; KK-*Hürxthal* 37; vgl. OLG Hamm VRS **62** 294 (unterbliebene Ergänzung führt nicht notwendig zur Zulassung der Rechtsbeschwerde); VRS **64** 44.

[393] BGH nach KK-*Hürxthal* 37; OLG Schleswig bei *Ernesti/Lorenzen* SchlHA **1983** 112.

[394] *Peters* Der neue Strafprozeß (1975) 178 lehnt die nachträgliche Ergänzung wegen der Durchbrechung des Grundsatzes der Unveränderlichkeit des einmal festgelegten Urteils ab.

[395] BayObLGSt **1981** 84 = NJW **1981** 2589; vgl. auch BayObLGSt **1979** 148 = VRS **58** 34; BayObLGSt **1977** 77 = VRS **58** 34; KK-*Hürxthal* 39; *Kleinknecht/Meyer*[37] 30; früher **a. A** *Kleinknecht*[33] (Zustellung des Beschlusses); vgl. auch *Rieß* NStZ **1982** 445 Fußn. 101 (Eingang beim Gericht, das das Urteil zu ergänzen hat, erwägenswert).

[396] BayObLGSt **1979** 148 = VRS **58** 34 (in Gerichtsauslauf gegeben); ähnlich BayObLGSt **1981** 84 = NJW **1981** 2589; KK-*Hürxthal* 39; **a. A** KMR-*Paulus* 118 (wenn vom Vorsitzenden der Geschäftsstelle zugeleitet). Vgl. auch Fußn. 391.

[397] OLG Hamburg MDR **1978** 247; KK-*Hürxthal* 39.

langte — in abgekürzter Form erstellt, so scheidet nach der vorherrschenden Meinung eine Urteilsergänzung in **entsprechender Anwendung von Absatz 4 Satz 3** aus, weil die Voraussetzungen für die Abkürzung von Anfang an nicht vorlagen; Prämissengleichheit also nicht bestehe und der Grundsatz von der Unabänderlichkeit des Urteils es verbiete, bei Rechtsmitteleinlegung nachträgliche Änderungen zuzulassen[398]. Zwingend ist diese Ansicht nicht, zumal der Gesetzgeber den Grundsatz von der Unabänderlichkeit des abgekürzten Urteils aus Gründen der Prozeßwirtschaftlichkeit selbst gelockert hat, die nachträgliche Ergänzung der Gründe auch keine schützenswerten Belange des Angeklagten und der anderen Verfahrensbeteiligten beeinträchtigt und so eine Urteilsaufhebung aus Formalgründen vermieden werden kann. Die Gründe der Prozeßwirtschaftlichkeit, die auch sonst die Auslegung des Abs. 4 bestimmen, sprechen dafür, Absatz 4 Satz 3 entsprechend anzuwenden, wenn das Gericht in Unkenntnis der Anfechtung das Urteil in abgekürzter Form erstellt hat[399]. Die Änderungsfrist beginnt dann mit der Kenntnis des Gerichts von Nichteintritt der Rechtskraft zu laufen. Der analogen Anwendung der Ergänzungsbefugnis des Absatzes 4 Satz 3 bedarf es nicht, wenn das abgekürzte Urteil den **internen Gerichtsbereich** noch nicht verlassen hat. Dann ist seine Ergänzung nach den allgemein für Änderungen geltenden Grundsätzen bis zum Ablauf der Absetzungsfrist des § 275 Abs. 1 Satz 2 ohnehin möglich[400].

**7. Sonstige Verfahrensfragen.** Werden die abgekürzten Urteilsgründe zu einer **146** vollständigen Urteilsbegründung ausgeweitet, wird in der Regel zur Vermeidung urteilsgefährdender Unklarheiten die Neufassung der Gründe angezeigt sein. In ihr ist klarzustellen, daß sie an die Stelle der abgekürzten Urteilsfassung tritt, die aber bei den Akten bleibt. Die **Wahrung der Ergänzungsfrist** ist — ebenso wie bei der ursprünglichen Kurzfassung die Wahrung der Absetzungsfrist (§ 275 Abs. 1 Satz 5) — von der Geschäftsstelle zu vermerken[401]. Die neue Fassung des Urteils ist den Verfahrensbeteiligten neu **zuzustellen**, um die Frist für die Rechtsmittelbegründung in Lauf zu setzen[402]. Eine nach Ablauf der Ergänzungsfrist zu den Akten gegebene komplette Fassung des Urteils ist dagegen für das Revisionsgericht unbeachtlich[403] und nicht geeignet, das ursprüngliche abgekürzte Urteil zu ersetzen. Ob die Urteilsergänzungsfrist ebenso wie die ursprüngliche Begründungsfrist nach § 275 Abs. 1 Satz 4 bei Eintritt eines nicht vorhersehbaren, unabwendbaren Umstands überschritten werden darf, kann wegen der begrenzten Verweisung auf § 275 Abs. 1 Satz 2 zweifelhaft sein, für die entsprechende Anwendung spricht jedoch die verfahrenswirtschaftliche Zielsetzung der gesamten Regelung.

Hat ein Urteil, das nur im Schuldspruch nicht angefochten worden war, **zu Unrecht** **147** auf den **Anklagesatz Bezug genommen**, ist die Berufungsbeschränkung auf den Rechtsfolgenausspruch unwirksam, weil eigene Feststellungen zum Schuldspruch im angefochtenen Urteil fehlen. Das Berufungsgericht muß deshalb zum Schuld- und Rechtsfolgenausspruch neu verhandeln und in seinem Urteil eigene Feststellungen dazu treffen[404].

---

[398] BayObLGSt **1977** 77 = MDR **1977** 778; **1977** 137 = VRS **53** 441; **1981** 84 = NJW **1981** 2589; OLG Düsseldorf OLGSt NF 3; OLG Köln VRS **56** 149; **63** 460; **67** 45; OLG Stuttgart MDR **1984** 118; OLG Schleswig bei *Ernesti/Lorenzen* **1981** 95; KK-*Hürxthal* 37; KMR-*Paulus* 120; *Kroschel/Meyer-Goßner* 197; OLG Hamburg MDR **1978** 247 läßt die Frage offen.

[399] Ebenso *Kleinknecht/Meyer*[37] 24; *Rieß* NStZ **1982** 445.
[400] BayObLG bei *Rüth* DAR **1985** 246; OLG Köln VRS **63** 460; vgl. § 268, 41; § 275, 56 ff.
[401] Vgl. § 275, 54; 58.
[402] OLG Düsseldorf OLGSt NF 3.
[403] OLG Köln VRS **56** 149; vgl. § 275, 18.
[404] OLG Schleswig bei *Ernesti/Lorenzen* SchlHA **1983** 112.

Walter Gollwitzer

## VII. Das freisprechende Urteil

### 1. Begründung nach Absatz 5 Satz 1

**148**  a) **Allgemeines.** Das Gesetz „fordert von den Gründen eines freisprechenden Urteils zum mindesten ein klares und bestimmtes Auseinanderhalten der tatsächlichen und der rechtlichen Gesichtspunkte, andererseits in tatsächlicher Beziehung eine deutliche Bezeichnung derjenigen Tatsachen, welche das erkennende Gericht als nicht erwiesen erachtet, und in rechtlicher Beziehung eine Hervorhebung des Rechtsgrundes, welcher für die Entscheidung bestimmend gewesen ist"[405]. Die Urteilsgründe müssen eine erschöpfende Würdigung der angeklagten Tat (§ 264) unter allen für die Entscheidung nach der Sachlage vernünftigerweise in Betracht zu ziehenden tatsächlichen und rechtlichen Gesichtspunkten — also nicht nur unter dem Blickwinkel der von der Anklage angenommenen Straftaten — enthalten. Dem Revisionsgericht muß die Prüfung ermöglicht werden, ob der Sachverhalt erschöpfend und frei von sachlich-rechtlichen Mängeln gewürdigt worden ist[406]. Einer vollständigen Darlegung aller Umstände, vor allem die ausdrückliche Verneinung nicht erwiesener Möglichkeiten, bedarf es aber nicht[407]. Ist das Urteil in tatsächlicher oder rechtlicher Beziehung mangelhaft, so wird dieser Mangel durch einen Hinweis auf die Anklageschrift[408] oder auf die Gründe eines anderen Urteils nicht ersetzt[409].

**149**  Bei einem Freispruch unter dem Gesichtspunkt der **Notwehr** sind deren tatsächliche Voraussetzungen so darzustellen, daß sie die Rechtsanwendung tragen[410]. Im Verfahren wegen übler Nachrede (§ 186 StGB) ist grundsätzlich auf die Frage der **Wahrnehmung berechtigter Interessen** (§ 193 StGB) erst einzugehen, nachdem die Erweislichkeit der behaupteten oder verbreiteten Tatsache geprüft worden ist[411]. Liegen **mehrere Rechtfertigungsgründe** vor, genügt es, die Voraussetzungen eines von ihnen festzustellen. Rechtfertigungsgründe sind in der Regel vor Schuldausschließungsgründen zu behandeln[412].

**150**  b) Hält das Gericht den Angeklagten in **tatsächlicher Hinsicht** für **nicht überführt**, muß die Begründung die erwiesenen Tatsachen feststellen und dartun, welche Merkmale des angeklagten Straftatbestandes vom Gericht für nicht erwiesen gehalten werden. Sie muß die getroffenen Feststellungen unter allen nach der konkreten Sachlage naheliegenden Gesichtspunkten würdigen[413] und darlegen, warum die getroffenen und

[405] RGRspr. **1** 811; RGSt **3** 147; **5** 225; **13** 34; **15** 217; **41** 19; OLGHamm MDR **1964** 853; vgl. auch *Wimmer* ZStW **80** (1968) 369.

[406] BGH bei *Holtz* MDR **1980** 406; OLG Köln VRS **65** 383; OLG Oldenburg VRS **57** 62; OLG Schleswig bei *Ernesti/Jürgensen* SchlHA **1979** 205; KK-*Hürxthal* 41; 42; KMR-*Paulus* 103; § 264, 17.

[407] BGH bei *Holtz* MDR **1978** 281; *Kleinknecht/Meyer*37 33; KMR-*Paulus* 103; *Kroschel/Meyer-Goßner* 198; vgl. Rdn. 47; 52 ff.

[408] RGSt **4** 137; wegen der nur bei nicht angefochtenen Urteilen zulässigen Bezugnahme vgl. Rdn. 129 ff.

[409] RGSt **30** 145; RG GA **51** (1904) 394; KMR-*Paulus* 103.

[410] OLG Hamm Rpfleger **1956** 240; KK-*Hürxthal* 42.

[411] BGHSt **4** 198; **7** 391; **11** 273; *Kleinknecht/Meyer*37 33; *Kroschel/Meyer-Goßner* 200.

[412] *Hirsch* JR **1980** 113 zu BGH JR **1980** 113, das dahinstehen ließ, ob die Voraussetzungen eines rechtfertigenden Notstands (§ 34 StGB) gegeben waren, weil der Angeklagte jedenfalls nach § 35 StGB ohne Schuld gehandelt habe. Vgl. *G. Schäfer* § 94 I 4 (Feststellungen zu den nach Deliktsaufbau vorrangigen Gesichtspunkten).

[413] BGH GA **1974** 61; NJW **1951** 325; **1959** 780; **1980** 2423; BGH bei *Holtz* MDR **1978** 806; **1980** 108; BayObLGSt **1954** 39; OLG Köln VRS **65** 383; OLGSt 51; vgl. Rdn. 148 und Fußn. 406; 407 mit weit. Nachw.; ferner Rdn. 51 ff.

möglichen Feststellungen nach seiner Überzeugung zum Nachweis des Straftatbestandes nicht ausreichen. Es läßt sich nur nach den Umständen des Einzelfalls beurteilen[414], wieweit das Gericht im übrigen gehalten ist, die Grundlagen seiner **Beweiswürdigung** und den Inhalt der erhobenen, zum Nachweis eines Strafbestandes nicht ausreichenden oder gegen das Vorliegen eines solchen sprechenden Beweises mitzuteilen. Zu der von Absatz 5 geforderten Angabe, *ob* der Angeklagte für nicht überführt erachtet worden ist, gehört eine Erörterung der Einzelheiten des *warum* nicht unbedingt[415]. In der Rechtsprechung wird gefordert, die Urteilsbegründung müsse so gehalten sein, daß das Revisionsgericht nachprüfen könne, ob die Grundregeln der Beweiswürdigung beachtet, vor allem die Anforderungen an die richterliche Überzeugung nicht überspannt worden sind[416]. Dazu gehört, daß das Gericht sich mit entscheidungserheblichen Beweisergebnissen[417], mit den für den Freispruch maßgebenden Teilen eines Gutachtens[418], eventuell auch mit Zeugenaussagen[419] auseinandersetzt. Mitunter wird auch gefordert, die Gründe müßten so ausführlich sein, daß das mit der Entscheidung über einen Antrag auf Wiederaufnahme des Verfahrens betraute Gericht die Frage beantworten könne, ob eine falsche Urkunde oder ein falsches Zeugnis oder Gutachten das Urteil im Sinn des § 362 Nr. 1, 2 beeinflußt habe[420].

**151** Die Feststellung des äußeren Tatbestands ist nicht unter allen Umständen erforderlich; ausnahmsweise kann allein die **Verneinung der inneren Tatseite** genügen, sofern nur der Rechtsstandpunkt, von dem das Gericht ausging, klar erkennbar ist[421]. Für den Regelfall gilt jedoch, daß sich vielfach einwandfreie Feststellungen zur inneren Tatseite erst treffen lassen, nachdem zuvor festgestellt ist, was der Angeklagte im einzelnen getan hat, weil häufig erst daraus Schlüsse auf die Richtung seines Willens und den Inhalt seines Bewußtseins gezogen werden können. Verneinende Feststellungen zur inneren Tatseite vermögen allein die Freisprechung dann nicht zu tragen, wenn sie wegen fehlender — aber möglicher — Aufklärung der äußeren Tatseite der Rüge der Verletzung des § 244 Abs. 2 ausgesetzt sind[422]. Dies gilt insbesondere auch beim Freispruch wegen Schuldunfähigkeit[423].

**152** c) In **rechtlicher Hinsicht** muß das freisprechende Urteil die Erwägungen aufzeigen, auf Grund derer es im festgestellten Sachverhalt keine Straftat sieht[424], wobei die

---

[414] Die meist einzelfallbezogenen Entscheidungen der Revisionsgerichte dürfen daher nicht unbesehen verallgemeinert werden.

[415] *Blunk* MDR **1970** 473 hält es für ausreichend, wenn das Gericht beim Freispruch aus tatsächlichen Gründen angibt, welche den Straftatbestand begründenden Tatsachen es für erwiesen und welche es für nicht erwiesen hält; die Beweiswürdigung mitzuteilen, sei nicht erforderlich.

[416] Vgl. § 261, 7 ff; 56 ff; § 337, 162 ff und die dort nachgewiesene umfangreiche Rechtsprechung.

[417] Vgl. RGSt 77 160; BGH NJW **1962** 549; KK-*Hürxthal* 41; Rdn. 52; § 337, 162.

[418] Vgl. etwa OLG Köln MDR **1978** 338; und Rdn. 61; ferner die bei § 244, 73; 303 ff und bei § 261, 68 ff; § 337, 162 nachgewiesene Rechtsprechung.

[419] Vgl. Rdn. 51 ff; 59 ff; 62.

[420] BayObLG JW **1931** 957 mit Anm. *Mannheim*; OLG Hamm NJW **1964** 863; vgl. Fußn. 413.

[421] RGSt 4 355; 43 397; 47 419; RG JW **1917** 555; BGHSt 16 374; 31 286; BGH GA **1974** 61; NJW **1980** 2423; KK-*Hürxthal* 41; *Kleinknecht/Meyer* 33; KMR-*Paulus* 105; *Kroschel/Meyer-Goßner* 200; vgl. ferner *Hirsch* Anm. zu BGH JR **1980** 113.

[422] RGSt 47 417; OGHSt 1 188; BGH bei *Dallinger* MDR **1956** 272; vgl. BGHSt 14 165; BGH NJW **1962** 549; **1980** 2423; GA **1974** 61; KK-*Hürxthal* 41; KMR-*Paulus* 105; vgl. § 244, 58; 65.

[423] BGH NStZ **1983** 280; bei *Dallinger* MDR **1956** 272.

[424] OLG Oldenburg VRS **57** 62.

Walter Gollwitzer

festgestellten Tatsachen unter allen in Betracht kommenden rechtlichen Gesichtspunkten zu würdigen sind[425]. Der Umfang der erforderlichen Rechtsausführungen hängt dabei von den Besonderheiten der jeweiligen Rechtslage ab; er sollte sich jedoch stets auf die für das Verständnis der Entscheidung unerläßlichen Erörterungen beschränken. Rechtsfragen, die dahingestellt bleiben können, sollten nicht erörtert werden.

**153**　　d) Die **Bezugnahme auf Abbildungen** nach Absatz 1 Satz 3 ist auch bei den freisprechenden Urteilen zulässig, soweit diese tatsächliche Feststellungen enthalten müssen[426].

**154**　　2. Ein **abgekürztes freisprechendes Urteil** ist nach Absatz 5 Satz 2 jetzt ebenfalls zulässig. Die Voraussetzungen sind die gleichen wie bei Absatz 4 Satz 1. Gegen das Urteil darf innerhalb der Einlegungsfrist kein Rechtsmittel eingelegt worden sein. Wegen der Einzelheiten vgl. Rdn. 121 bis 126.

**155**　　Die **Urteilsgründe** können sich beim abgekürzten Urteil darauf beschränken, anzugeben, ob eine Straftat aus tatsächlichen oder aus rechtlichen Gründen verneint wurde. Feststellungen zum Sachverhalt erübrigen sich[427]. Der Anklagesatz und die nicht für erwiesen Tatbestandsmerkmale sollten jedoch in bündiger Kürze angeführt werden[428], zwingend notwendig ist dies jedoch nicht, da er auch aus den Akten festgestellt werden kann. Deshalb ist es unschädlich, wenn das abgekürzte Urteil ausdrücklich darauf verweist[429]. **Rechtsausführungen** sind in der Regel entbehrlich; beim Freispruch aus Rechtsgründen sollte jedoch der für die Rechtsauffassung bestimmende Gesichtspunkt angegeben werden. Bei Freispruch wegen **Schuldunfähigkeit** (§ 20 StGB) ist dies wegen § 11 BZRG[430] in den Urteilsgründen festzustellen[431].

**156**　　Die **Ergänzung** der abgekürzten Urteilsgründe ist bei Wiedereinsetzung eines Anfechtungsberechtigten gegen die Versäumung der Einlegungsfrist unter den gleichen Voraussetzungen zulässig wie bei Absatz 4 Satz 3 (vgl. die Verweisung in Absatz 5 Satz 3). Auch hier setzt also die von Erlaß des Wiedereinsetzungsbeschlusses an laufende Frist des § 275 Abs. 1 Satz 2 der Ergänzung eine zeitliche Grenze[432].

**157**　　3. Wird eine **Maßregel der Besserung und Sicherung** neben dem Freispruch angeordnet, so gelten für die Begründung des Freispruchs keine Besonderheiten. Zur Begründung der angeordneten Maßregel muß das Urteil jedoch — ebenso wie sonst ein verurteilendes Erkenntnis — den Sachverhalt, auf den es die Maßregel stützt, in einer geschlossenen Schilderung feststellen, insoweit Anknüpfungstatsachen und Beweiswürdigung nach Maßgabe von Absatz 1 Satz 2, Absatz 6 wiedergeben und die angeordnete Rechtsfolge auch sonst nach den Anforderungen des sachlichen Rechts begründen[433].

---

[425] BGH GA **1974** 61; BayObLGSt **1954** 42; KK-*Hürxthal* 42.

[426] Vgl. Rdn. 11 ff; Absatz 1 Satz 3 ist auf Grund des Zusammenhangs des § 267 anwendbar (Rdn. 23).

[427] KK-*Hürxthal* 44; *Kleinknecht/Meyer*[37] 36; KMR-*Paulus* 116; *Kroschel/Meyer-Goßner* 202; *G. Schäfer* § 95, 3.

[428] Vgl. Fußn. 427.

[429] Absatz 5 Satz 3 verweist nur auf Absatz 4 Satz 3, nicht auf dessen sonstigen Inhalt. Deshalb kann zweifelhaft sein, ob der Gesetzgeber die Bezugnahme auf den Anklagesatz auch für das freisprechende Urteil übernehmen wollte. Entgegen LR[23] EB 39 wird dies von der vorherrschenden Meinung bejaht, vgl. KK-*Hürxthal* 44; *Kleinknecht/Meyer*[37] 36; KMR-*Paulus* 116; an der abweichenden Auffassung wird nicht festgehalten.

[430] I. d. F. d. Neubek. v. 21. 9. 1984 – BGBl I 1229.

[431] KMR-*Paulus* 116; *Kroschel/Meyer-Goßner* 203; *Rieß* NJW **1975** 87.

[432] Wegen der Einzelheiten vgl. Rdn. 143 bis 146.

[433] KK-*Hürxthal* 43; *Kleinknecht/Meyer*[37] 37; KMR-*Paulus* 103; *Kroschel/Meyer-Goßner* 202.

### VIII. Einstellende Urteile. Verfahrensurteile

**1.** Über den **notwendigen Inhalt** der Begründung eines auf **Einstellung** lautenden **158** Urteils enthält der auf Sachentscheidungen ausgerichtete § 267 keine Vorschrift. Der Begründungszwang ergibt sich vielmehr aus § 34 und der Natur der Sache[434]. Die Begründung muß darlegen, an welcher Verfahrensvoraussetzung es fehlt oder welches Verfahrenshindernis der Durchführung des Verfahrens entgegensteht. Bei der Mannigfaltigkeit und Unterschiedlichkeit der einzelnen Verfahrensvoraussetzungen und -hindernisse hängt es ganz von der Art des Hindernisses ab, was das Urteil an notwendigen Feststellungen enthalten muß. Jedenfalls muß das Gericht zunächst von dem unter Anklage gestellten Sachverhalt ausgehen und in einer vom Revisionsgericht nachprüfbaren Weise[435] seine Verfahrensentscheidung begründen. Ob dabei Feststellungen über die Erwiesenheit der angeklagten Tat in das Urteil aufzunehmen sind, richtet sich nach dem Grund für die Einstellung[436]. Das Gericht muß aber immer in den Urteilsgründen seine Rechtsauffassung darlegen sowie den Tatsachenstoff unterbreiten, auch wenn das Revisionsgericht in der Lage wäre, diesen selbständig zu ermitteln. Solche Feststellungen können z. B. unerläßlich sein, wenn für die Prüfung der Rechtzeitigkeit des Strafantrags der Zeitpunkt der Tat oder der Zeitpunkt der Kenntnis des Verletzten von ihr Bedeutung gewinnt oder wenn für das Eingreifen eines Amnestiegesetzes die Modalitäten einer Tat oder der Zeitpunkt ihrer Begehung wichtig sind[437]. Unter den gleichen Voraussetzungen wie beim verurteilenden oder freisprechenden Erkenntnis nach § 267 dürften aber auch beim einstellenden Urteil **Bezugnahmen** auf Abbildungen (vgl. Rdn. 11) oder nach Eintritt der Rechtskraft eine **abgekürzte Fassung** zulässig sein, denn an Prozeßentscheidungen sind insoweit keine strengeren Anforderungen zu stellen als an Sachentscheidungen.

**2. Verfahrensurteile**, die das Verfahren aus sonstigen verfahrensrechtlichen Grün- **159** den abschließen, etwa, indem sie den Einspruch gegen den Strafbefehl nach § 412 oder gegen den Bußgeldbescheid nach § 74 Abs. 2 OWiG oder die Berufung nach § 329 verwerfen, fallen ebenfalls nicht unter § 267. Die Pflicht zu ihrer Begründung folgt aus § 34 und den jeweiligen Sondervorschriften, deren Voraussetzungen und richtige Anwendung aufzuzeigen ist. Die Einzelheiten sind bei den betreffenden Vorschriften erläutert.

### IX. Förmlichkeiten. Berichtigung

§ 267 betrifft nur den verfahrensrechtlichen Mindestinhalt der schriftlichen Urteils- **160** gründe. Die **Formalien der Urteilsbegründung** sind in § 275 geregelt und dort behandelt, desgleichen auch die Fragen des Ersatzes einer verloren gegangenen Urschrift des Urteils. Wegen der Zulässigkeit und der Grenzen einer **Berichtigung** der Urteilsgründe wird auf § 268, 42 ff verwiesen; wegen der Übersetzung in eine fremde Sprache auf §§ 184 ff GVG.

---

[434] RGSt **69** 159; KK-*Hürxthal* 45; *Kleinknecht/Meyer*[37] 29; KMR-*Paulus* 106; *Kroschel/Meyer-Goßner* 204; *G. Schäfer* § 94 II (kein festes Schema); *Eb. Schmidt* 38.

[435] RGSt **69** 159; KK-*Hürxthal* 45; *Roxin* § 48 III 7; *Eb. Schmidt* 38.

[436] *Eb. Schmidt* 38; *G. Schäfer* § 94 II.

[437] *Kroschel/Meyer-Goßner* 204; *Eb. Schmidt* 38; vgl. Einl. Kap. **11**.

## X. Revision

**161**     **1. Allgemeines.** Die schriftlichen Urteilsgründe sind die allein maßgebliche **Grundlage für die Sachrüge**[438]. Der mündlichen Urteilsbegründung kommt insoweit keine Bedeutung zu[439]. Ob die schriftlichen Urteilsgründe wirklich das für das Urteil bestimmende Ergebnis der Hauptverhandlung beurkunden, ist für das Revisionsgericht grundsätzlich nicht nachprüfbar[440]. Die verfahrensrechtliche Vorschrift des § 267 hat unter anderem den Zweck, die Nachprüfung des Urteils durch das Revisionsgericht in sachlich-rechtlicher Beziehung sicherzustellen[441]. Diesem Zweck dienen auch die speziellen Begründungspflichten der Absätze 2, 3 Satz 2 bis 4 und 6. Verstöße gegen § 267 führen in der Regel zu unzureichenden Urteilsfeststellungen, bei denen die Sachrüge durchgreift. Die an sich mögliche **Verfahrensrüge** hat daneben nur untergeordnete Bedeutung[442]. Sie kann auch nur dahingehen, daß wegen eines Verstoßes gegen § 267 die Rechtsanwendung des Tatrichters nicht nachprüfbar sei, bzw., daß wegen des Fehlens entsprechender Urteilsausführungen nicht ersichtlich sei, ob das Gericht bei der Urteilsfindung den übergangenen Gesichtspunkt berücksichtigt habe. Fehlen die Urteilsgründe überhaupt oder sind sie nicht fristgerecht zu den Akten gebracht worden, greift auch der **absolute Revisionsgrund des § 338 Nr. 7** durch[443].

**2. Verstoß gegen Absatz 1**

**162**     **a)** Bei einer **dem Absatz 1 Satz 1 nicht genügenden Urteilsbegründung**, die nicht sämtliche Merkmale des Unrechtstatbestandes durch festgestellte Tatsachen belegt, enthält das Urteil zugleich einen sachlich-rechtlichen Mangel[444]. Deshalb führt in solchen Fällen schon die Sachrüge zum Ziel, ohne daß es einer besonderen, auf die Verletzung des § 267 gestützten Verfahrensrüge bedarf. Geben also die Urteilsgründe entgegen § 267 nicht die für erwiesen erachteten Tatsachen klar und widerspruchsfrei an, in denen das Gericht die gesetzlichen Merkmale der Straftat gefunden hat, oder ist sonst nicht sicher erkennbar, welchen Sachverhalt der Tatrichter der Verurteilung zugrunde gelegt hat, etwa durch eine ungenaue Bezugnahme[445], so kann das Revisionsgericht die Anwendung des sachlichen Rechts nicht zuverlässig nachprüfen; das Urteil muß dann schon auf die allgemeine Sachrüge hin aufgehoben werden. Soweit die Feststellungen eines Urteils unzureichend sind, muß ihre Ergänzung dem Tatrichter überlassen bleiben. Eigene Feststellungen zur Ausfüllung der Lücken sind dem Revisionsgericht verwehrt[446], es darf insoweit auch nicht im Wege des Freibeweises auf die Sitzungsniederschrift zurückgreifen[447].

**163**     **Verstöße gegen Absatz 1 Satz 3** sind für das Revisionsgericht nur insoweit beachtlich, als durch eine **unzulässige Bezugnahme** die Urteilsfeststellungen unzureichend werden und nicht mehr den an sie zu stellenden inhaltlichen Anforderungen genügen[448], so daß bereits die Sachrüge durchgreift. Dies gilt auch, wenn eine in Bezug genommene

---

[438] § 268, 19; § 275, 2; 71 ff; § 337, 101.

[439] RGSt **4** 382; RG GA **64** (1917) 553; BGHSt 7 370; VRS **25** 113; BGH bei *Dallinger* MDR **1951** 539; KK-*Hürxthal* 47; § 268, 19; § 337, 102 mit weit. Nachw.

[440] Rdn. 1; 8.

[441] KK-*Hürxthal* 47.

[442] Vgl. insbes. Rdn. 32; 51 ff; *Sarstedt/Hamm* 330.

[443] Vgl. § 275, 71; § 338, 116.

[444] Vgl. Rdn. 6; 32 ff.

[445] Rdn. 28 ff.

[446] Vgl. § 337, 132.

[447] OLG Schleswig bei *Ernesti/Jürgensen* SchlHA **1973** 188.

[448] Vgl. Rdn. 21 ff.

Abbildung in den Akten nicht mehr auffindbar ist und deshalb, aus welchen Gründen auch immer, im späteren Verfahren nicht mehr zur Ergänzung des Urteils herangezogen werden kann. Ist eine ausdrückliche Bezugnahme versehentlich unterblieben und kann eine solche Bezugnahme auch nicht der Gesamtheit der Urteilsgründe im Wege der Auslegung entnommen werden, dann ist dem Revisionsgericht die Ergänzung der Urteilsfeststellungen durch einen Rückgriff auf die bei den Akten befindliche Abbildung weiterhin verwehrt[448a].

**b)** Die Rüge eines Verstoßes gegen die **Sollvorschrift des §267 Abs. 1 Satz 2** er- **164** scheint zwar möglich[449], gegenüber der Sachrüge hat sie aber wegen der gestiegenen Anforderungen an die Darstellung der materiellen Rechtsanwendung nur geringe selbständige Bedeutung. In Grenzfällen, in denen zweifelhaft ist, ob die Sachrüge beim Schweigen des Urteils zu den Beweistatsachen greift, kann es trotzdem zweckmäßig sein, sie zusätzlich zu erheben[450].

Ob die Urteilsfeststellungen dem **Ergebnis der Hauptverhandlung** entsprechen, **165** kann das Revisionsgericht dagegen grundsätzlich nicht nachprüfen[451], dies gilt auch für die Frage, ob ein bestimmtes **Beweismittel verwertet** worden ist[452]. Die Feststellung des Inhalts einer Zeugenaussage ist Sache der tatrichterlichen Würdigung und damit der Nachprüfung durch das Revisionsgericht entzogen[453]. Eine Beweiserhebung über den **Inhalt einer Zeugenaussage** ist dem Revisionsgericht grundsätzlich verwehrt; es kann nicht mit der Revision geltend gemacht werden, daß der im Urteil wiedergegebene Inhalt einer Aussage der Wiedergabe dieser Aussage im Sitzungsprotokoll widerspricht[454] oder daß sich aus den Aufzeichnungen eines Verfahrensbeteiligten ein anderer Inhalt ergibt[455]. Eine **Ausnahme** gilt nur, wenn in der Hauptverhandlung lediglich eine im Wortlaut fixierte Aussage aus einem Protokoll verlesen wurde, so daß das Revisionsgericht die Unrichtigkeit ohne Beweiserhebung feststellen kann[456].

**c)** Die **Beweiswürdigung** ist als solche nur angreifbar, wenn das Urteil lückenhaft **166** oder in sich widersprüchlich ist oder wenn die Ausführungen in den Urteilsgründen es als möglich erscheinen lassen, daß sie durch einen Verstoß gegen wissenschaftliche Erfahrungssätze oder einen sonstigen Denkfehler beeinflußt ist[457]. Fehlt die Beweiswürdi-

---

[448a] Vgl. §337, 106 ff; 136 ff.

[449] Rdn. 48 ff; **a. A** BGHSt **12** 315; weit. Nachw. Fußn. 115; 116; vgl. auch *Sarstedt/ Hamm* 340 (Streit wegen Sachrüge geringe Bedeutung).

[450] Zu den strittigen Fragen vgl. Rdn. 48; ferner etwa KMR-*Paulus* 38, wonach nicht die Verletzung der Sollvorschrift des §267 Abs. 1 Satz 2, sondern der Verstoß gegen §261 Revisionsgrund ist; vgl. Fußn. 117; ferner §337, 127; 144 ff.

[451] Vgl. §261, 1; 6; ferner §337, 132.

[452] Zum Schweigen der Urteilsgründe vgl. Rdn. 1; 59; 61.

[453] BGHSt **15** 349; **17** 351; **21** 151; dazu *Hanack* JZ **1973** 729; OLG Schleswig bei *Ernesti/Jürgensen* SchlHA **1973** 187; OLG Hamm

VRS **40** 456; weit. Nachw. bei §261, 82 und bei §337, 150.

[454] BGH bei *Dallinger* MDR **1966** 164; **1974** 369; OLG Hamm NJW **1970** 69; VRS **40** 456; OLG Koblenz VRS **46** 435; OLG Schleswig bei *Ernesti/Jürgensen* SchlHA **1973** 187; **1975** 192; *Lackner* JR **1966** 305; weit. Nachw. bei §261, 173; bei §337, 127; vgl. auch §273, 60.

[455] BGHSt **15** 349.

[456] OLG Bremen VRS **48** 372; OLG Düsseldorf VRS **64** 112; OLG Hamm MDR **1973** 516; **1975** 245; OLG Köln MDR **1974** 420; **a. A** OLG Schleswig bei *Ernesti/Jürgensen* SchlHA **1973** 188; vgl. bei §261, 173 und §337, 84.

[457] Vgl. §261, 44 ff; 182 und §337, 144 ff; 165 ff.

gung im Urteil ganz, kann darin eine Verletzung der aus § 261 oder dem materiellen Recht abgeleiteten Begründungspflichten liegen[458].

**167**　　3. Für die in **Absatz 2** aufgeführten Umstände gilt, daß ein Urteil auch ohne die Rüge der Verletzung dieser Vorschrift auf die **Sachrüge** hin aufgehoben werden muß, wenn der Inhalt der Urteilsgründe den Verdacht begründet, daß ungeprüft blieb, ob einer der Umstände vorliegt, welche die Strafbarkeit ausschließen, vermindern oder erhöhen[459]. So muß beispielsweise das Gericht im Urteil erörtern, ob die Schuldfähigkeit des Angeklagten erheblich vermindert (§ 21 StGB) war, wenn es Umstände (z. B. erheblichen Alkoholgenuß) feststellt, die dies als möglich erscheinen lassen[460]. In der Nichterörterung des Eidesnotstandes nach § 157 StGB kann ein die Revision begründender sachlich-rechtlicher Mangel auch dann liegen, wenn der eine Eidesverletzung in Abrede stellende Angeklagte sich nicht darauf beruft (und nach der Art seiner Verteidigung auch nicht gut darauf berufen kann), im Eidesnotstand gehandelt zu haben[461].

**168**　　Die **Verfahrensrüge** eines Verstoß gegen § 267 Abs. 2 hat neben der allgemeinen Sachrüge Bedeutung, wenn die Ausführungen des angefochtenen Urteils keine solche Umstände ersehen lassen, solche Umstände in der Hauptverhandlung aber **behauptet** worden sind[462]. Die Einzelheiten, vor allem auch die strittige Frage, ob das Revisionsgericht das Vorliegen einer solchen Behauptung im Wege des Freibeweises feststellen kann, sind bereits bei Rdn. 70 ff erörtert. Die **Aufklärungsrüge** ist in solchen Fällen ebenfalls denkbar, sie setzt aber voraus, daß die Sachlage insoweit zu einer weiteren Sachaufklärung drängte[463], was zwar bei der bloßen Behauptung eines Umstandes im Sinne des § 267 Abs. 2 oft, aber nicht immer der Fall sein wird.

**169**　　4. Fehlt im Urteil die Anführung des **angewandten Gesetzes** (Absatz 3 Satz 1), so kann dies der Sachrüge nur zum Erfolg verhelfen, wenn auch unter Heranziehung der Urteilsformel zweifelhaft bleibt, welche Strafvorschrift das Gericht für gegeben erachtete; im übrigen ist lediglich das Urteil zu berichtigen. Gleiches gilt für die Verfahrensrüge eines Verstoßes gegen § 267 Abs. 3 Satz 1, die nur Erfolg haben könnte, wenn das Urteil auf diesem Begründungsfehler beruht[464]. Dies kann unter Umständen nicht auszuschließen sein, wenn wegen der fehlenden Erörterung einer Gesetzesbestimmung die Möglichkeit besteht, daß eine weitere Feststellungen erfordernde Frage deshalb ungeprüft geblieben ist oder daß bei Abwägungsfragen die volle Tragweite der hereinspielenden rechtlichen Gesichtspunkte nicht erkannt wurde[465].

**170**　　5. Bei Revisionsangriffen gegen die **Strafzumessung** ist ebenfalls das sachliche Strafrecht (insbes. die §§ 46 ff StGB) der bessere Ausgangspunkt als § 267 Abs. 3 Satz 1. Soweit der Angriff gegen die Strafzumessung darauf gestützt wird, daß der Tatrichter

---

[458] Rdn. 51 ff; etwa BGH GA **1974** 61; NJW **1980** 2423; NStZ **1981** 401; wegen weiterer Einzelheiten vgl. § 261, 12; 56 ff und § 337, 125 ff; ferner wegen des Schweigens der Urteilsgründe als auslösendes Moment für die Aufklärungsrüge § 244, 344; *Sarstedt/Hamm* 418.
[459] Vgl. Rdn. 72.
[460] BGH bei *Dallinger* MDR **1956** 526; OLG Koblenz VRS **43** 260; OLG Köln MDR **1957**

858; vgl. § 261, 58 ff und unter dem Blickwinkel der Aufklärungsrüge § 244, 76 ff; ferner bei § 337, 148 ff.
[461] OLG Hamm JZ **1950** 207; vgl. auch BGHSt **17** 131.
[462] Vgl. Rdn. 67 ff.
[463] Vgl. § 244, 40 ff.
[464] RGSt **32** 35; **43** 299; KK-*Hürxthal* 21; vgl. Rdn. 74; 77; § 337, 108.
[465] Vgl. Rdn. 77; KK-*Hürxthal* 22.

bei der Strafzumessung von verfahrensrechtlich nicht einwandfrei geklärten Tatsachen ausgegangen sei, dienen dem Angriff nicht §267 Abs. 3, sondern andere verfahrensrechtliche Vorschriften zur Stütze[466]. Soweit geltend gemacht wird, der Tatrichter habe die von ihm bei der Strafzumessung berücksichtigten Umstände rechtlich fehlerhaft gewürdigt, wird eine Verletzung des sachlichen Rechts behauptet. Dies gilt auch, wenn gerügt wird, eine sich aufdrängende Strafzumessungstatsache sei unberücksichtigt geblieben oder falsch gewürdigt worden, weil wesentliche Umstände[467] unerwähnt blieben. Wer die Verletzung des §267 Abs. 3 Satz 1 rügen will, muß geltend machen, daß das Urteil die bestimmenden Strafzumessungsgründe vermissen lasse. Dem völligen Fehlen solcher Ausführung steht es gleich, wenn das Gericht sich mit allgemeinen, nichtssagenden Wendungen begnügt[468], ein Fehler, der aber auch im Rahmen der Sachrüge zu beachten ist.

Die in den **schriftlichen Urteilsgründen** niedergelegten Strafzumessungsgründe **171** müssen als die „wahren" Strafzumessungsgründe gelten, die, wenn sie als fehlerhaft angegriffen werden sollen, grundsätzlich nur mit der Sachrüge bekämpft werden können. Die vielfach zu beobachtende Gepflogenheit, Angriffe gegen die Strafzumessung damit zu begründen, daß §267 Abs. 3 verletzt sei, verkennt gründlich die rechtlichen Gegebenheiten. Nicht weil §267 Abs. 3 verletzt ist, sondern weil diese Vorschrift beachtet ist und die in den Urteilsgründen enthaltenen Strafzumessungsgründe als die „bestimmenden" Strafzumessungsgründe angesehen werden müssen, ergibt sich die Möglichkeit, sie als fehlerhaft zu bekämpfen. Das kann regelmäßig nur aus **sachlich-rechtlichen Erwägungen** geschehen, gleichgültig, ob im einzelnen geltend gemacht wird, daß die Strafzumessungsgründe Überlegungen enthalten, die rechtlich unzulässig (vgl. z. B. §§46 ff StGB) oder sonst fehlerhaft sind, oder ob bemängelt wird, daß Erwägungen, die sich nach der Sachlage aufgedrängt hätten, nicht angestellt worden sind[469]. Als Verstoß gegen §267 Abs. 3 könnte gedanklich die Rüge in Betracht kommen, daß das Gericht der ihm durch §267 Abs. 3 auferlegten Pflicht zur **wahrheitsgemäßen Angabe** der Strafzumessungsgründe nicht genügt habe, sondern sich in Wahrheit von ganz anderen Gründen bei der Strafzumessung habe leiten lassen. Doch kann keine solche Rüge erhoben werden, weil sie nicht bewiesen werden könnte. Vorgänge bei der Urteilsberatung sind grundsätzlich dem Beweise nicht zugänglich[470].

Hat ein **Antrag formelle Begründungspflichten** nach §267 Abs. 3 Satz 2 bis 4; **172** Abs. 6 Satz 1 ausgelöst, kann auch mit der Verfahrensrüge geltend gemacht werden, daß das Gericht seiner Erörterungspflicht nicht genügt hat, obwohl es dem Antrag nicht entsprochen hatte[471]. Daß ein solcher Antrag[472] gestellt worden war, muß die Revisionsbegründung unter Angabe der entsprechenden Tatsachen vortragen (§344 Abs. 2). Fehlt im Urteil eine nach diesen Vorschriften **erforderliche Begründung**, so kann dies der Revision zum Erfolg verhelfen, sofern das Urteil auf dem Verstoß beruhen kann[473].

---

[466] BGHSt 1 51; vgl. Rdn. 85; §337, 181 ff.

[467] Etwa Feststellungen zur Person des Täters (Rdn. 79 ff) oder zur Tatbegehung z. B (KG NJW **1982** 838 agent provocateur) oder der beamtenrechtlichen Folgen (*Sarstedt/Hamm* 429). Vgl. §337, 188.

[468] Vgl. Rdn. 83; §337, 195 ff.

[469] Vgl. etwas *Sarstedt/Hamm* 414 ff.

[470] Vgl. Rdn. 161; Fußn. 439.

[471] Vgl. Rdn. 94; 104; §337, 182.

[472] Wesentliche Förmlichkeit, vgl. Rdn. 98; 103.

[473] RGSt 43 298; vgl. BGH bei *Pfeiffer/Miebach* NStZ **1983** 359 (nicht auszuschließen, daß Richter zu einer anderen Entscheidung gekommen, wenn er Begründungspflicht erwogen hätte); BayObLG MDR **1980** 951.

Walter Gollwitzer

**173**    6. Ist ein Urteil unter **Verstoß gegen Absatz 4**, aber innerhalb der Frist des § 275 Abs. 1 Satz 2 in abgekürzter Form zu den Akten gebracht worden, so kann der **Mangel ausreichender tatsächlicher Feststellungen** (die Verweisung ist dann unbeachtlich)[474] der Sachrüge zum Erfolg verhelfen, soweit das Urteil bzw. die Unmöglichkeit seiner Überprüfung auf dem gerügten Verstoß beruht[475]. Der absolute Revisionsgrund des § 338 Nr. 7 ist dagegen nicht gegeben, denn das abgekürzte Urteil ist kein Urteil ohne Gründe[476]. Für das abgekürzte freisprechende Urteil nach **Absatz 5 Satz 2, 3** gilt Gleiches.

**174**    Das **Berufungsgericht** kann dagegen bei seiner Nachprüfung des Urteils (§ 327) die fehlenden Feststellungen selbst nachholen[477]; eine Zurückverweisung nach § 328 Abs. 2 Satz 1 ist unter dem Blickwinkel der Verfahrensbeschleunigung in der Regel nicht veranlaßt.

## § 268

(1) Das Urteil ergeht im Namen des Volkes.

(2) [1]Das Urteil wird durch Verlesung der Urteilsformel und Eröffnung der Urteilsgründe verkündet. [2]Die Eröffnung der Urteilsgründe geschieht durch Verlesung oder durch mündliche Mitteilung ihres wesentlichen Inhalts. [3]Die Verlesung der Urteilsformel hat in jedem Falle der Mitteilung der Urteilsgründe voranzugehen.

(3) [1]Das Urteil soll am Schluß der Verhandlung verkündet werden. Es muß spätestens am elften Tage danach verkündet werden, andernfalls mit der Hauptverhandlung von neuem zu beginnen ist. [2]§ 229 Abs. 3 Satz 2 gilt entsprechend.

(4) War die Verkündung des Urteils ausgesetzt, so sind die Urteilsgründe tunlichst vorher schriftlich festzustellen.

**Schrifttum.** *Batereau* Die Schuldspruchberichtigung (1971); *Bertel* Die Urteilsberichtigung im Strafverfahren, Juristische Blätter **1968** 541; *Molketin* Die Anwesenheit des Verteidigers während der Urteilsverkündung im Strafverfahren, AnwBl. **1983** 254; *Perels* Zum Verhältnis von Wiederaufnahmeantrag und Urteilsberichtigung und seinen kostenrechtlichen Folgen, NStZ **1985** 538; *Poppe* Urteilsverkündung in Abwesenheit notwendiger Prozeßbeteiligter, NJW **1954** 1914; *Poppe* Urteilsverkündung unter Ausschluß der Öffentlichkeit, NJW **1955** 6; *Seibert* Berichtigung des Urteilsspruchs in Strafsachen, NJW **1964** 239; *W. Schmid* Zur Heilung gerichtlicher Verfahrensfehler durch den Instanzrichter, JZ **1969** 757; *Thier* Aussetzung der Urteilsverkündung im Strafprozeß, NJW **1958** 1478; *Werner* Mündliche und schriftliche Urteilsbegründung im Strafprozeß, JZ **1951** 779; *Wiedemann* Die Korrektur strafprozessualer Entscheidungen außerhalb des Rechtsmittelverfahrens (1981); *Zietkern* Das Urteilsberichtigungsverfahren (1932).

**Entstehungsgeschichte.** Das Gesetz vom 27. 12. 1926 änderte Absatz 2 und fügte einen Absatz 4 an, der die Rechtsmittelbelehrung vorschrieb und durch Art. 4 Nr. 31 des 3. StRÄndG 1953 mit Rücksicht auf die allgemeine Vorschrift des § 35 a wieder gestri-

---

[474] Vgl. Rdn. 146.
[475] Rdn. 146; vgl. § 338, 116 ff.
[476] BayObLG bei *Rüth* DAR **1985** 246; vgl. Rdn. 143, Fußn. 392; § 338, 117.

[477] Vgl. Rdn. 147; OLG Schleswig bei *Ernesti/ Lorenzen* SchlHA **1983** 112.

chen wurde. Im übrigen hatte Art. 3 Nr. 121 VereinhG 1950 die Frist für die Urteilsverkündung (damals Absatz 2) auf vier Tage verkürzt und im jetzigen Absatz 4 (damals Absatz 3) das Wort „tunlichst" eingefügt. Die jetzige Fassung beruht auf Art. 1 Nr. 77 des 1. StVRG, das in einem neuen Absatz 3 den Zeitpunkt, bis zu dem das Urteil verkündet sein muß, neu regelte und im Zusammenhang damit auch Absatz 2 Satz 1 neu faßte. Der bisherige Absatz 3 wurde zu Absatz 4. Bezeichnung bis 1924: § 267.

**Geplante Änderung.** Nach Art. 1 Nr. 20 StVÄGE 1984 soll als Folge der bei § 229 geplanten Änderung Absatz 3 Satz 3 die Fassung erhalten: „§ 229 Abs. 3 und Abs. 4 Satz 2 gilt entsprechend". S. ggf. die Erläuterungen im Nachtrag zur 24. Auflage.

*Übersicht*

# I. Urteilsverkündung

## 1. Teil der Hauptverhandlung

**a) Schluß der Verhandlung.** Die Urteilsverkündung bildet einen Teil der Haupt- **1** verhandlung (§ 260 Abs. 1 Satz 1), ganz gleich, ob sie sich unmittelbar an die Verhandlung mit den Verfahrensbeteiligten anschließt, also „am Schluß der Verhandlung" vorgenommen wird oder erst nachher in einem besonderen Verkündungstermin. Soweit Absatz 3 vom Schluß der Verhandlung spricht, ist damit nur der Schluß des Verhandelns mit den Verfahrensbeteiligten im Gerichtssaal gemeint (Rdn. 12). Die Ansicht, daß deshalb die „ausgesetzte" Urteilsverkündung nicht mehr Teil der mündlichen Verhandlung sei[1], wird — soweit ersichtlich — heute nicht mehr vertreten[2].

**2**      Die Hauptverhandlung ist erst **abgeschlossen**, wenn in ihr das Urteil, bestehend aus Urteilsformel und Urteilsgründen, vollständig eröffnet, die Verkündung des Urteils also beendet ist[3] und wenn das Gericht die etwa sonst noch erforderlichen Entscheidungen (§§ 268 a, 268 b) erlassen und die notwendigen Belehrungen (§§ 35 a, 268 a Abs. 3, § 268 c) erteilt hat.

**3**      **b) Neue Anträge.** Da die Verkündung Teil der Hauptverhandlung ist, können auch in einem zur Urteilsverkündung anberaumten Termin noch neue Anträge, insbesondere neue Beweisanträge, gestellt werden. Werden sie **vor der Verkündung** gestellt, müssen sie vom Gericht noch beschieden werden[4].

**4**      Hat das Gericht mit der **Verkündung** des Urteils **begonnen**, hat der Antragsteller keinen Anspruch mehr darauf, daß das Gericht ihm Gelegenheit zur Antragstellung gibt, noch weniger, daß es die mündliche Verhandlung nochmals aufnimmt und sein Antrag sachlich bescheidet[5]. Der Vorsitzende, zu dessen Aufgabe die Urteilsverkündung gehört, kann deren Unterbrechung ablehnen. Diese Entscheidung bedarf keiner Begründung[5a]. Der Antragsteller kann dagegen nicht das Gericht nach § 238 Abs. 2 anrufen[6]. Der Vorsitzende darf die Verkündung auch noch fortsetzen, wenn er sich mit dem Kollegium beraten hat, ob der Antrag Anlaß zum Wiedereintritt in die mündliche Verhandlung gibt. Ein **Wiedereintritt in die Hauptverhandlung** liegt in einer solchen Beratung nicht[7]. Das Gericht kann aber den Antrag zum Anlaß nehmen, nochmals in die Verhandlung einzutreten, solange die Verkündung noch nicht beendet, das Urteil also noch nicht endgültig erlassen und deshalb noch abänderbar ist[8]. Es muß dies tun, wenn es die Aufklärungspflicht erfordert[9]. Tut es das, so muß es die neu aufgenommene mündliche Verhandlung nach den allgemeinen Grundsätzen zu Ende führen und nach Gewährung der Schlußvorträge und des letzten Wortes sowie nach erneuter Beratung das Urteil nochmals neu verkünden[10].

**5**      2. Alle Personen, deren **Anwesenheit** für die Hauptverhandlung vorgeschrieben ist (§§ 226, 230 Abs. 1, § 145), müssen bei der Verkündung des Urteils anwesend sein. Die Verkündung kann deshalb nur in Gegenwart der **Berufs- und Laienrichter**, die in der Hauptverhandlung mitgewirkt haben, stattfinden[11]. Ist das Gericht aus irgendeinem Grund, zum Beispiel wegen des Todes eines Richters, am Zusammentritt in der früheren

---

[1] *Hegler* JW **1932** 679.

[2] Wie hier KK-*Engelhardt* 7; *Kleinknecht/Meyer*[37] 1; KMR-*Müller* 3; *Eb. Schmidt* 3.

[3] RGSt **47** 232; **57** 142; **61** 390; BGHSt **8** 41; **15** 263; **25** 333; BGH NJW **1953** 155; vgl. Rdn. 17.

[4] RG GA **44** (1896) 27; **59** (1912) 343; JW **1926** 1215; Recht **1912** Nr. 961; OLG Schleswig bei *Ernesti/Jürgensen* SchlHA **1976** 171; zu Beweisanträgen vgl. § 244, 102; § 246, 2.

[5] RGSt **57** 142; **59** 420; BGH StrVert **1985** 398; bei *Dallinger* **1975** 24; OLG Neustadt NJW **1962** 1632; OLG Schleswig bei *Ernesti/Jürgensen* SchlHA **1972** 161.

[5a] Dem Gericht ist es jedoch unbenommen, in den schriftlichen Urteilsgründen darzutun, warum die Sachaufklärung keinen Wiedereintritt in die Hauptverhandlung erforderte, BGH NStZ **1986** 182.

[6] BGH bei *Dallinger* MDR **1975** 23; KK-*Engelhardt* 14; vgl. § 238, 27.

[7] BGH bei *Dallinger* MDR **1975** 23; KK-*Engelhardt* 14; *Kleinknecht/Meyer*[37] 4 § 258, 7.

[8] BGHSt **25** 336; BGH StrVert. **1985** 398; bei *Dallinger* MDR **1972** 199. Zur Möglichkeit des Verteidigers, noch in diesem Verfahrensabschnitt offensichtliche Versehen zu korrigieren vgl. *Molketin* AnwBl. **1983** 254.

[9] BGH NStZ **1986** 182; VRS **36** 368; KK-*Engelhardt* 14; *Kleinknecht/Meyer*[37] 4; KMR-*Müller* 5; *Molketin* AnwBl. **1983** 254; vgl. § 244, 38; 102; § 246, 2 und Fußn. 5a.

[10] Vgl. bei § 258, 5 ff; § 260, 2.

[11] Vgl. § 226, 1; 2.

Besetzung verhindert, muß die Hauptverhandlung erneuert werden[12]. Eine Ausnahme kann selbst dann nicht zugelassen werden, wenn das Urteil schon nach § 268 Abs. 4, § 275 zu den Akten gebracht ist.

Bei der Verkündung müssen ferner ein **Staatsanwalt**, ein **Urkundsbeamter** der Ge- **6** schäftsstelle, sowie, wenn die Verteidigung eine notwendige ist, auch der **Verteidiger** anwesend sein[13]. Die Abwesenheit des Pflichtverteidigers ist unschädlich, wenn mit seinem Einverständnis ein vom Gericht nach § 138 Abs. 2 zugelassener Verteidiger anwesend ist[14]. Ob der Privatkläger bei der Urteilsverkündung anwesend sein muß und ob sein Ausbleiben bei einem besonderen Verkündungstermin die Versäumnisfolge des § 391 Abs. 2 nach sich zieht, ist strittig[15].

Der **Angeklagte** muß bei der Verkündung ebenfalls anwesend sein, sofern nicht **7** die Voraussetzungen der §§ 231 Abs. 2, 231 a, 231 b, 232, 233 vorliegen[16], die die Verhandlung und Urteilsverkündung in Abwesenheit des Angeklagten rechtfertigen oder die Sonderfälle der § 329 Abs. 1, 2, § 412 gegeben sind. Greifen diese Sonderbestimmungen nicht ein, fehlt es etwa an der Eigenmacht im Sinne des § 231 Abs. 2, weil der Angeklagte nach unterbrochener Hauptverhandlung verspätet erscheint[17] oder weil er durch eine ernsthafte Erkrankung am Erscheinen verhindert ist, so muß das Gericht die Verhandlung unterbrechen oder, wenn dies nicht ausreicht, aussetzen[18]. Der nicht auf freiem Fuß befindliche Angeklagte muß zur Urteilsverkündung gleich wie zur sonstigen Verhandlung vorgeführt werden[19].

**3. Verkündungstermin.** Die Anberaumung eines besonderen Verkündungstermins **8** ist entbehrlich, wenn das Urteil unmittelbar **im Anschluß** an die mündliche Verhandlung beraten und verkündet werden soll, auch wenn die Beratung — eventuell mit Pausen — bis zum nächsten Tag dauert[20].

Beabsichtigt das Gericht dagegen nicht, das Urteil unmittelbar im Anschluß an **9** die Verhandlung zu beraten und zu verkünden, muß der Vorsitzende den **Zeitpunkt** der Urteilsverkündung am Ende der Verhandlung **bekanntgeben**. Der anwesende Angeklagte braucht nicht geladen zu werden, da der Verkündungstermin Teil der Hauptverhandlung ist. Wird der Termin dagegen außerhalb der Hauptverhandlung bestimmt, etwa nachträglich auf einen früheren oder späteren Zeitpunkt verlegt, so sind die Verfahrensbeteiligten, vor allem der Angeklagte, zum neuen Termin zu laden[21]. Dies kann nach § 35 Abs. 2 Satz 2 auch mündlich geschehen[22].

**4. Frist für die Urteilsverkündung.** Nach Absatz 3 soll das Urteil nach Möglich- **10** keit am Schlusse der mündlichen Verhandlung, also ohne Anberaumung eines eigenen Verkündungstermins (vgl. Rdn. 8), verkündet werden. Ist dies nicht möglich, so hat dies

---

[12] RGSt **3** 116; **62** 198.

[13] RGSt **57** 264; **63** 249 (RGSt **54** 292 ist aufgegeben); vgl. § 226, 3 ff; 9 ff; 12 ff; § 227, 1; 5 und bei §§ 140, 145; ferner *Molketin* AnwBl. **1983** 254 (nicht nur nobile officium für jeden Verteidiger).

[14] OLG Bremen VRS **65** 36.

[15] Vgl. § 391, 29 ff.

[16] Etwa BGHSt **16** 180; vgl. § 231, 14 ff; KK-*Engelhardt* 7.

[17] OLG Bremen StrVert. **1985** 50.

[18] OLG Düsseldorf GA **1957** 417; vgl. § 231, 17.

[19] RGSt **31** 398; RG Recht **1922** 696; § 231, 23 ff.

[20] RG JW **1930** 3326; *Koeniger* 461.

[21] KMR-*Müller* 21.

[22] *Hilger* in abl. Anm. zu BGH NStZ **1984** 41, wo eine schriftliche Ladung gefordert wird; vgl. § 35, 17 (Zustellung aus Beweisgründen vorzuziehen); ferner RiStBV Nr. 117.

spätestens am elften Tage danach zu geschehen, andernfalls muß die Hauptverhandlung von neuem begonnen werden (vgl. § 229, 17). Die Frist in Absatz 3 Satz 2 entspricht jetzt der Normalfrist des § 229 Abs. 1, so daß sich für den Regelfall die früher durch den Unterschied beider Fristen aufgeworfenen Fragen[23] nicht mehr stellen. Sie könnten allenfalls noch bei einer längeren Unterbrechungsmöglichkeit nach § 229 Abs. 2 Bedeutung haben. Nach dem Wortlaut (keine Verweisung auf § 229 Abs. 2) und dem Willen des Gesetzgebers sollte jedoch die Frist für die Urteilsverkündung in Absatz 3 **abschließend geregelt** und auch in Großverfahren die Urteilsverkündung nicht über den elften Tag hinaus aufgeschoben werden können[24].

**11**    Bei der **Berechnung der Frist** zählen die Sonn- und Feiertage mit; das Urteil muß also spätestens am elften Kalendertag nach dem Schluß der Verhandlung verkündet werden. Kann die Verkündung, die aus Bekanntgabe der Urteilsformel und der Urteilsgründe besteht, wegen ihres Umfangs nicht am elften Tage abgeschlossen werden, so ist dies unschädlich, es sei denn, daß das Gericht nur formal am elften Tage mit der Verkündung begonnen hatte. Ist der elfte Tag ein Sonntag, ein allgemeiner Feiertag oder ein Sonnabend, dann darf, da Absatz 3 Satz 3 den § 229 Abs. 3 Satz 2 für entsprechend anwendbar erklärt, die Verkündung auf den nächstfolgenden Werktag verschoben werden[25].

**12**    Die Frist läuft auch während der Zeit der **Beratung**, die nach der herrschenden Meinung nicht zur Verhandlung rechnet[26]. Die Schwierigkeiten, die sich bei großen Verfahren mit einer längere Zeit erfordernden Beratung ergeben können, müssen dadurch gemeistert werden, daß das Gericht noch während der Hauptverhandlung die einzelnen Punkte vorberät[27]. Nicht angängig ist es dagegen, zunächst einen Verkündungstermin unter Einhaltung der Frist des § 268 anzuberaumen und dann in diesem die Urteilsverkündung insgesamt über die Frist des § 229 Abs. 1 hinaus zu verlegen[28]. Tritt dagegen das Gericht im Verkündungstermin erneut in die mündliche Verhandlung ein, beginnt die Frist nach deren Abschluß erneut zu laufen[29].

**13**    Für Urteile des **Revisionsgerichts** ist die auf die Verhältnisse der Tatsacheninstanzen abstellende Frist des § 268 Abs. 3 ohne Bedeutung[30].

### 5. Urteilsverkündung

**14**    **a) Eingangssatz.** Das Urteil ergeht im Namen des Volkes (Absatz 1), denn nach Art. 20 Abs. 2 GG geht alle Staatsgewalt vom Volke aus; dies gilt mittelbar auch für die

---

[23] Vgl. dazu BGHSt **9** 302 und LR[22] 3.

[24] BGH StrVert. **1982** 283 mit Anm. *Peters*; Begr. zu Art. 1 Nr. 80 Entw. 1. StVRG BT-Drucks. **7** 551, S. 3; KK-*Engelhardt* 9; *Rieß* NJW **1975** 86; vgl. § 229, 21. Zur geplanten Fristverlängerung vgl. den Hinweis nach der Entstehungsgeschichte.

[25] Vgl. § 229, 10.

[26] KK-*Engelhardt* 8; so auch die herrschende Meinung beim früheren Absatz 2, etwa *Eb. Schmidt* 13; a. A *Thier* NJW **1958** 1478; *Peters* § 53 II, wonach die Beratung noch ein Teil der Verhandlung im Sinne des § 268 ist, so daß die Frist erst vom Beratungsschluß an läuft, die Frist des § 229 muß aber gewahrt bleiben (auch *Peters* StrVert. **1982** 5). Gegen diese

Auslegung sprachen der Wortlaut des Absatzes 2 und die Entstehungsgeschichte (*Dallinger* MDR **1956** 528). Für den jetzigen Absatz 3 folgt dies ebenfalls aus der amtlichen Begründung des Entwurfs BTDrucks. 7 551, 83.

[27] Vgl. § 258, 48 ff Bedenken dagegen bei *Peters* § 53 II 3 (Gefahr der Verletzung des rechtlichen Gehörs vorprogrammiert).

[28] Vgl. RGSt **57** 423.

[29] Die zulässige Dauer der ersten, im Endergebnis nicht zur Urteilsverkündung führenden Unterbrechung beurteilt sich dann unmittelbar nach § 229; vgl. § 229, 13 bis 16.

[30] RGSt **27** 116; a. A KK-*Engelhardt* 10, der wegen § 356 den ganzen § 268 auch hier für anwendbar hält. Vgl. § 356, 1.

richterliche Gewalt[31]. Es ist aber kein den Bestand des Urteils gefährdender Verfahrensverstoß (Sollvorschrift), wenn diese Worte nicht gebraucht werden[32].

**b)** Es ist **Aufgabe des Vorsitzenden** als des Verhandlungsleiters, die Urteilsformel **15** zu verlesen und den wesentlichen Inhalt der Urteilsgründe mitzuteilen[33]. Daß er sich aus besonderen Gründen — etwa bei stimmlicher Behinderung — durch ein berufsrichterliches Mitglied des erkennenden Gerichts darin vertreten läßt, wird man für zulässig halten müssen. Unzulässig ist es dagegen, einen Schöffen, den Staatsanwalt oder einen dem Gericht zur Ausbildung überwiesenen Referendar damit zu betrauen[34]. Der Mangel der ordnungsmäßigen Verkündung wird auch nicht durch Zustellung des Urteils geheilt. Das falsch verkündete Urteil ist aber nicht nichtig, sondern nur anfechtbar (§ 338 Nr. 1).

**c)** **Reihenfolge.** Absatz 2 Satz 3 schreibt vor, daß **zunächst die Urteilsformel** verle- **16** sen werden muß, ehe die Urteilsgründe mitgeteilt werden. Dadurch wird die Bedeutung der Urteilsformel besonders hervorgehoben. Die Vorschrift nimmt zugleich Rücksicht auf die Lage des Angeklagten[35], für den es eine starke seelische Belastung bedeuten kann, einer vielleicht langen Urteilsbegründung folgen zu müssen, ehe er das Ergebnis erfährt, auf das es ihm regelmäßig am meisten ankommt. Wird die Verkündung unterbrochen, um die Formel zu ändern, muß mit der Bekanntgabe der Gründe nochmals neu begonnen werden[36].

**d)** Die Verkündung des Urteils muß sich stets, auch wenn der Angeklagte nicht **17** anwesend ist, auf **Urteilsformel und Urteilsgründe** erstrecken. Beide bilden eine Einheit, so daß die Verkündung des Urteils erst mit Bekanntgabe der Gründe abgeschlossen ist[37]. Auch wenn der Angeklagte nicht anwesend ist, wird das Urteil mit der Verkündung — und nicht etwa erst mit der Zustellung an ihn — existent[37a]. Die **Liste der angewendeten Vorschriften** (§ 260 Abs. 5) wird nicht mit verkündet[38]. Die Verkündung eines Beschlusses nach §§ 268 a, 268 b und die zu erteilenden Belehrungen gehören nicht mehr zur Urteilsbegründung[39]. Im Verhältnis zum Entscheidungssatz des Urteils, der Urteilsformel, sind die mündlich verkündeten Urteilsgründe allerdings der minder wichtige Teil des Urteils. Die Urteilsformel enthält den eigentlichen Urteilsspruch. Nur wenn sie verlautbart wird, liegt ein Urteil im Rechtssinne vor[40]. Ihre Bekanntgabe ist ein wesentlicher Teil der Hauptverhandlung im Sinne des § 338 Nr. 5[41].

Die mündliche **Eröffnung der Urteilsgründe** durch den Vorsitzenden ist dagegen **18** **keine Wirksamkeitsvoraussetzung** für das Urteil. Unterbleibt sie, so liegt trotzdem ein wirksames Urteil vor[42]. Dies gilt auch, wenn der Vorsitzende nach der Verlesung der

---

[31] KK-*Engelhardt* 1; vgl. ferner die Kommentare zu Art. 20 Abs. 2 GG und zu den einschlägigen Artikeln der einzelnen Landesverfassungen.

[32] RG Recht **1934** Nr. 221; *Gössel* § 33 D IV c; KK-*Engelhardt* 1; 16; *Kleinknecht/Meyer*[37] 1; KMR-*Müller* 1; *Eb. Schmidt* 7.

[33] BGH bei *Dallinger* MDR **1975** 24; KK-*Engelhardt* 2; *Kleinknecht/Meyer*[37] 2.

[34] OLG Oldenburg NJW **1952** 1310; KK-*Engelhardt* 2; *Eb. Schmidt* 6.

[35] KK-*Engelhardt* 5; *Roxin* § 47 A I.

[36] KK-*Engelhardt* 5.

[37] RGSt **4** 179; **46** 326; **61** 390; BGHSt **25** 335;

BGH NStZ **1984** 279; OLG Düsseldorf MDR **1984** 604; OLG Hamm VRS **57** 35; KK-*Engelhardt* 4; *Kleinknecht/Meyer*[37] 3; KMR-*Müller* 3; vgl. Rdn. 2.

[37a] *Roeder* ZStW **79** (1967) 279.

[38] *Kleinknecht/Meyer*[37] 2.

[39] BGHSt **25** 335; KK-*Engelhardt* 6; *Kleinknecht/Meyer*[37] 5; KMR-*Müller* 3; § 268 a, 2.

[40] BGHSt **8** 41; **15** 264; **25** 335; weit. Nachw. bei § 260, 7.

[41] BGH bei *Dallinger* MDR **1973** 373; OLG Bremen StrVert. **1985** 50; vgl. § 338, 84.

[42] OLG Düsseldorf MDR **1984** 604; *Roxin* § 47 A I.

Urteilsformel während der Eröffnung der Urteilsgründe krank wird oder stirbt[43]. Die Gründe, auf denen das Urteil beruht, werden nur durch die von allen Berufsrichtern unterzeichnete, schriftliche Begründung des Urteils nachgewiesen, nicht durch die vom Vorsitzenden mündlich eröffneten Gründe[44]. Die vorherrschende Meinung sieht in ihrer Eröffnung deshalb keinen wesentlichen Teil der Hauptverhandlung[45]. Die mündliche Urteilsbegründung hat die Aufgabe, die Verfahrensbeteiligten **vorläufig** darüber **zu unterrichten**, welche Gründe das Gericht zu seiner Entscheidung bestimmt haben[46]. Unterbleibt sie, vermag dieser Mangel regelmäßig nicht die Anfechtung des Urteils zu begründen[47].

**19**    Die **Bedeutung der mündlichen Urteilsgründe** darf nicht danach beurteilt werden, daß sie für das Revisionsgericht hinter der schriftlichen Begründung zurücktreten und daß sich die Frage, ob ein Urteil existent geworden ist, allein nach der Verlesung der Urteilsformel richtet. Während die schriftlichen Urteilsgründe hauptsächlich — wenn auch selbstverständlich nicht nur — ein Werk von Juristen für Juristen sind, ist die mündliche Urteilsbegründung, „eine der ganz wenigen Gelegenheiten, wo das Gericht die Welt der Akten verläßt und unmittelbar der Öffentlichkeit gegenübergestellt ist"[48]. Aus Art und Form der mündlichen Urteilsbegründung wird nicht nur der Angeklagte ein Urteil darüber gewinnen, ob Richter mit Mut und Verantwortungsbewußtsein, mit Menschenkenntnis und Lebenserfahrung, aber auch mit Mitgefühl und Herz bemüht gewesen sind, in seinem Falle das richtige und gerechte Urteil zu finden[49], auch die breite Öffentlichkeit wird sich ihr Bild von der Strafrechtspflege zu einem nicht geringen Teil aus der ihr bekannt werdenden mündlichen Urteilsbegründung formen. Im Bewußtsein einer solchen weiten Wirkungsmöglichkeit sollte der Vorsitzende bei der Mitteilung des wesentlichen Inhalts der Urteilsbegründung seine Worte mit Bedacht wählen[50].

**20**    e) Die **Urteilsformel** muß stets **verlesen**, folglich vor der Verkündung des Urteils **niedergeschrieben** werden; die Bestimmung will die Möglichkeit einer Abweichung der verkündeten von der beschlossenen Entscheidung ausschließen[51]. Daß die Urteilsformel vor der Verkündung protokolliert, unterschrieben und aus dem Sitzungsprotokoll verlesen werde, ist nicht vorgeschrieben[52]. Der Zettel, auf dem die Urteilsformel für das Verlesen niedergeschrieben wird, braucht nicht unterschrieben zu werden[53]. Bis zur Verkündung ist die niedergeschriebene Urteilsformel ein jederzeit abänderbarer Entwurf[54]. Dies gilt auch bei einer vorgefertigten Urteilsformel, z. B. einem Formular, das bis auf die Strafhöhe ausgefüllt ist[55].

---

[43] BGHSt **8** 41.

[44] Vgl. § 267, 161; § 275, 63.

[45] Rdn. 19; § 388, 84.

[46] BGHSt **2** 66. Anders *Peters* § 53 II 5, der die mündliche Begründung aufwerten, und die „Doppelbegründung" abschaffen will. Vgl. auch *Peters* FS v. Weber 384, wo er vorschlägt, entgegen der herrschenden Meinung die in der Hauptverhandlung gegebene Urteilsbegründung für maßgebend zu erklären; der schriftlichen Urteilsbegründung will er aber die Beweiskraft des § 274 beimessen, so daß nur, wenn diese entfällt, der maßgebliche Inhalt der mündlichen Begründung im Wege des Freibeweises festgestellt werden kann.

[47] Vgl. Rdn. 66.

[48] *Werner* JZ **1951** 779.

[49] Der Angeklagte sollte deshalb nach Möglichkeit persönlich angesprochen werden; *Less* JZ **1951** 468; KMR-*Müller* 9; vgl. auch *Nagel* DRiZ **1974** 79.

[50] Ähnlich *Eb. Schmidt* 9.

[51] RGSt **3** 131.

[52] RGRSpr. **4** 382; RGSt **60** 270.

[53] OLG Hamm JMBlNW **1975** 165; *Eb. Schmidt* 8.

[54] Vgl. § 258, 51.

[55] OLG Hamm JMBlNW **1975** 165; OLG Karlsruhe Justiz **1972** 42; vgl. § 261, 37; ferner BVerwG BayVerwBl. **1980** 56.

**f) Einem jugendlichen Angeklagten** und einem Heranwachsenden, dessen Tat **21** nach Jugendstrafrecht beurteilt wird (§§ 105, 109 Abs. 2 JGG) sind die Urteilsgründe nicht mitzuteilen, soweit davon Nachteile für die Erziehung zu befürchten sind (§ 54 Abs. 2 JGG)[56].

**g) Die Öffentlichkeit** darf bei Verkündung der Urteilsformel niemals ausgeschlos- **22** sen werden (§ 173 Abs. 1 GVG; vgl. Art. 6 Abs. 1 Satz 2 MRK; Art. 14 Abs. 1 IPBR). Für die Verkündung der Urteilsgründe ist dagegen ein Ausschluß der Öffentlichkeit zulässig[57].

**h) Ein Dolmetscher** ist zur Urteilsverkündung hinzuzuziehen, wenn der Ange- **23** klagte der deutschen Sprache nicht mächtig oder taub oder stumm ist (§§ 185, 186 GVG). Er muß Formel und Begründung des Urteils dem Angeklagten übersetzen[58].

**6.** Die vorherige **schriftliche Feststellung der Urteilsgründe** ist auch dann nicht **24** zwingend vorgeschrieben, wenn die Urteilsverkündung ausgesetzt war. Absatz 4 ist, wie die Einführung des Wortes „tunlichst" zeigt, keine zwingende Vorschrift, so daß die Revision nicht darauf gestützt werden kann, wenn dies unterblieben ist[59]. Zur schriftlichen Feststellung der Urteilsgründe gehört die Unterschrift sämtlicher Berufsrichter, die bei der Entscheidung mitgewirkt haben[60]. Auch wenn die Urteilsgründe nach Absatz 4 vorher schriftlich festgestellt worden sind, können sie durch die mündliche **Mitteilung ihres wesentlichen Inhalts** eröffnet werden. Eine Verlesung der schriftlichen Gründe ist nicht erforderlich[61].

Liegen die in diesem Sinne schriftlich festgestellten Gründe bei der Verkündung **25** als ihre Unterlage vor, dürfen sie unstreitig nachträglich mit **nebensächlichen Zusätzen** versehen, insbesondere in der sprachlichen Fassung verbessert werden. Strittig ist dagegen, ob sie auch **sachlichen Änderungen** noch offen sind, solange das fristbezogene Änderungsverbot des § 275 Abs. 1 Satz 3 nicht Platz greift und die Urteilsurkunde den inneren Bereich des Gerichts noch nicht verlassen hat. Da in der mündlichen Eröffnung der Urteilsgründe als solcher noch keine Hinausgabe der schriftlichen Begründung liegen dürfte, wird man die Änderungsbefugnis auch insoweit bejahen können[62].

**7. Sitzungsniederschrift.** Die Verkündung des Urteils muß durch das Protokoll beur- **26** kundet werden. Die Urteilsformel ist in das Protokoll aufzunehmen (§ 273 Abs. 1), bei den Gründen ist dagegen lediglich zu vermerken, daß sie eröffnet wurden. Sie können aber auch — wie § 275 Abs. 1 zeigt — in die Sitzungsniederschrift aufgenommen werden. Zweckmäßig ist das aber nur bei kurzen Begründungen[63].

Weicht die Formel, die in das Protokoll aufgenommen ist, von der Formel in der **27** Schrift ab, die zum Verlesen der Urteilsformel gedient hat, so ist nach § 274 die in der Sitzungsniederschrift **beurkundete Fassung maßgebend**[64]. Gleiches gilt, wenn die in der

---

[56] Wegen der Einzelheiten vgl. die Kommentare zum JGG.

[57] Vgl. bei § 173 GVG.

[58] BGH GA **1963** 148; vgl. § 259, 2 und bei § 185 GVG.

[59] KK-*Engelhardt* 19; *Kleinknecht/Meyer*[37] 6; KMR-*Müller* 24.

[60] § 275 Abs. 2; RGSt **13** 68; **54** 256.

[61] RGRspr. **9** 603.

[62] KK-*Engelhardt* 12; **a. A** RGSt 44 308 und die Vorauflagen (z. B LR[23] 29). Die von allen Richtern unterschriebene Urteilsbegründung darf aber nicht bereits vom Vorsitzenden zur Hinausgabe bestimmt und von einem Verfahrensbeteiligten eingesehen worden sein.

[63] Vgl. § 275, 21.

[64] RGRspr. **4** 398; KK-*Engelhardt* 16; KMR-*Müller* 18.

Urteilsurkunde wiedergegebene Formel nicht mit der protokollierten übereinstimmt. Ist allerdings der Protokollvermerk selbst widersprüchlich oder ungenau, verliert er seine Beweiskraft[65].

**28**     Nur der **neue Urteilsspruch** ist maßgebend, wenn das Gericht die Verkündung unterbrochen hat, um nochmals in die mündliche Verhandlung einzutreten oder um seine Entscheidung zu ändern; dann ist nur der neue Urteilsspruch, nicht aber der nicht wirksam gewordene überholte, in das Protokoll aufzunehmen[66]. Der erste Urteilsspruch ist dagegen ebenfalls im Protokoll festzuhalten, wenn das Gericht das zweite (korrigierende) Urteil erst zu einem Zeitpunkt erlassen hat, an dem das erste nicht mehr geändert werden durfte[67].

**29**     Im Protokoll zu beurkunden ist auch, wenn ein **besonderer Verkündungstermin** bestimmt wird.

**30**     **8. Zustellung des Urteils.** War der Angeklagte bei der Verkündung des Urteils nicht anwesend (§ 231 Abs. 2, § 231 a Abs. 2; §§ 232, 233) oder hatte er sich vor Abschluß der Verkündung entfernt, so muß ihm das Urteil mit den Gründen durch Zustellung bekanntgemacht werden[68]. Dies gilt nach der vorherrschenden Meinung auch, wenn die Urteilsformel noch in seiner Gegenwart verkündet worden war[69].

**31**     Dem **Einziehungsbeteiligten**, der bei der Urteilsverkündung weder anwesend noch vertreten war, ist das Urteil gemäß § 436 Abs. 4 zuzustellen. Das gleiche gilt für ein Urteil, das gegen eine in der Hauptverhandlung nicht vertretene juristische Person oder eine Personenvereinigung ergeht (§ 444 Abs. 2). Wegen der Einzelheiten wird auf die Erläuterungen zu den §§ 436 Abs. 4 und 444 Abs. 2 verwiesen, wegen der Zustellung an den Nebenkläger auf § 401.

**32**     Soweit **Sondervorschriften**, wie etwa § 407 Abs. 2 AO bei Steuerstraftaten oder §§ 83 Abs. 1, 76 Abs. 4 OWiG dies vorschreiben, ist das Urteil auch bestimmten **Verwaltungsbehörden mitzuteilen**.

### 9. Rechtsmittelbelehrung

**33**     a) Bis zum Inkrafttreten des § 35 a sah der 1926 eingefügte Absatz 4 eine Rechtsmittelbelehrung in der Form einer Ordnungsvorschrift vor (vgl. Entstehungsgeschichte). Nunmehr ist sie **durch § 35 a allgemein und zwingend** vorgeschrieben. Diese Vorschrift greift bei der Verkündung von Urteilen ein, soweit sie durch ein Rechtsmittel anfechtbar sind. Die Unterlassung der Belehrung begründet die Wiedereinsetzung (§ 44 Satz 2). Soweit nur die Staatsanwaltschaft ein Rechtsmittel hat, bedarf es keiner Belehrung[70].

**34**     b) Der **Inhalt** der Belehrung ist nicht im einzelnen vom Gesetz vorgeschrieben, jedoch sind der Angeklagte und die sonst Anfechtungsberechtigten außer der Staatsanwaltschaft[71] auf **alle in Betracht kommenden Rechtsmittel** hinzuweisen. Eine in der Hauptverhandlung zu Tage getretene unrichtige Rechtsauffassung hinsichtlich der Anfechtbarkeit des Urteils muß dabei unter Umständen korrigiert werden[72]. Die ordnungs-

---

[65] Vgl. OLG Celle NdsRpfl. **1952** 231; OLG Hamm VRS **60** 206; ferner 274, 23 ff; § 275, 64.

[66] BGH NJW **1952** 155.

[67] Dazu BGH NStZ **1984** 279.

[68] Vom Vorsitzenden anzuordnen; vgl. BGH bei *Holtz* MDR **1976** 814; BayObLGSt **1982** 12 = MDR **1982** 600.

[69] BGHSt **15** 265; OLG Düsseldorf MDR

**1984** 118; OLG Stuttgart Justiz **1986** 56; a. A KG NJW **1955** 565. Zur Streitfrage vgl. § 341, 20 und bei § 314.

[70] Vgl. § 35 a, 7.

[71] *Kleinknecht/Meyer*[37] 7; § 35 a, 7 bis 12.

[72] So OLG Köln VRS **47** 189 hinsichtlich der Unwirksamkeit einer bereits im Schlußplädoyer vorsorglich erklärten Anfechtung. Vgl. ferner § 35 a, 22.

gemäße Rechtsmittelbelehrung kann auch den Hinweis erfordern, daß das Rechtsmittel in deutscher Sprache eingelegt werden muß[73]. Neben die allgemeine Rechtsmittelbelehrung nach § 35 a, die auch die Belehrung über die **sofortige Beschwerde** gegen die Kostenentscheidung nach § 464 Abs. 3 mit einschließen muß, treten gegebenenfalls noch die in den §§ 268 a und 268 c vorgesehenen besonderen Belehrungen.

**c) Form.** Die Belehrung ist **grundsätzlich mündlich** zu erteilen; wegen der Einzel-    **35** heiten ist die Verweisung auf ein ausgehändigtes Merkblatt möglich[74]. Bei nicht genügend sprachkundigen Ausländern kann sich trotz Übersetzung durch den Dolmetscher empfehlen, ihnen ein Merkblatt in einer ihnen geläufigen Sprache auszuhändigen[75]. Die Belehrung ist in der Sitzungsniederschrift festzuhalten[76]. War der Angeklagte bei der Verkündung des Urteils **nicht anwesend**, ist bei der Zustellung des Urteils eine schriftliche Rechtsmittelbelehrung beizufügen[77]. Wegen der Einzelheiten, auch wegen der Möglichkeit eines Verzichts auf die Belehrung vgl. § 35 a.

## II. Abänderung und Berichtigung des Urteils

### 1. Zulässigkeit der Abänderung

**a)** Der **Urteilsformel** kommt zwar gegenüber den Urteilsgründen das größere Ge-    **36** wicht zu, da sie die Willenserklärung des Gerichts enthält, den Umfang der Rechtskraft bestimmt[78] und ein der Rechtskraft fähiges Urteil auch dann vorliegt, wenn die Eröffnung der Urteilsgründe aus irgendeinem Anlaß unterbleibt[79]. Die Eröffnung der Urteilsgründe bildet aber zusammen mit der Verlesung der Urteilsformel ein zusammengehörendes Ganzes[80], so daß die Verkündung erst mit der vollständigen Eröffnung beider Urteilsteile abgeschlossen ist (Rdn. 17).

**Bis zum Abschluß der Verkündung** kann das in der Urteilsformel zum Ausdruck    **37** gekommene Urteil ohne weiteres noch vom Gericht **geändert** werden, wenn sich hierzu während der Eröffnung — mit oder ohne Wiedereintritt in die mündliche Verhandlung — ein Anlaß ergibt[81]. Auch die Ergänzung der Urteilsformel ist bis zu diesem Zeitpunkt zulässig. Dies geschieht am besten dadurch, daß die Verkündung der Gründe an geeigneter Stelle unterbrochen und zur Klarstellung die ganze Formel in der neuen Fassung nochmals bekanntgegeben wird. Jedoch ist es nicht rechtsfehlerhaft, wenn nur die Ergänzung nachgeholt wird[82]; sofern die Klarheit des Urteilsspruchs dadurch nicht leidet.

**Nach Beendigung der Verkündung,** also nach dem letzten Satz, mit dem die Be-    **38** kanntgabe der Urteilsgründe erkennbar abgeschlossen wurde, ist jede **sachliche Änderung** oder Ergänzung des ergangenen Urteilsspruches unstatthaft[83].

---

[73] BGHSt **30** 182; § 35 a, 26 mit weit. Nachw.

[74] Vgl. Nr. 142 Abs. 1 RiStBV; § 35 a, 19.

[75] *Meyer* ZStW **93** (1981) 526; vgl. bei § 35 a, 21 und bei § 185 GVG.

[76] Wesentliche Förmlichkeit (§ 273 Abs. 1); vgl. § 35 a, 7; Nr. 142 Abs. 1 RiStBV.

[77] Nr. 142 Abs. 3 RiStBV; § 35 a, 21.

[78] RGSt **57** 52; RG DRiZ **1929** Nr. 304; vgl. Einl. Kap. **12** V.

[79] BGHSt **8** 40; Rdn. 18.

[80] BGHSt **25** 333; weit. Nachw. Fußn. 37.

[81] RGSt **47** 323; **57** 142; **61** 390; **71** 379; BGHSt **2** 248; **3** 248; **8** 41; **15** 263; BGH NJW **1953** 155 = LM Nr. 6 mit Anm. *Kohlhaas;*

BayObLGSt **1952** 110 = MDR **1952** 631 mit Anm. *Mittelbach*; OLG Hamm JMBlNW **1965** 105; LG Berlin NJW **1968** 1734; KK-*Engelhardt* 4; *Kleinknecht/Meyer*[37] § 260, 7; KMR-*Müller* 4; *Peters* § 53 II 1; *Eb. Schmidt* 5; *v. Stackelberg* NJW **1951** 774.

[82] OLG Koblenz VRS **49** 194.

[83] RGSt **28** 81; 247; RG JW **1926** 553; GA **71** (1927) 379; BGHSt **2** 248; **3** 245; **8** 41; **15** 263; **25** 335; BGH GA **1969** 119; NStZ **1984** 279; BayObLG JW **1929** 2750 (Änderung der Personalbezeichnung des Angeklagten); OLG Hamm VRS **57** 35.

**39**　　Die Unabänderlichkeit des Urteils tritt auch dann mit dem Abschluß der Urteilsbegründung ein, wenn **anschließend noch Beschlüsse** über Bewährungsauflagen (§ 268 a) oder über die Fortdauer der Untersuchungshaft verkündet werden müssen[84], oder wenn noch die **Rechtsmittelbelehrung**[85] oder andere Belehrungen zu erteilen sind. Unerheblich ist insoweit auch, daß der Vorsitzende die Hauptverhandlung noch nicht förmlich für geschlossen erklärt hat[86].

**40**　　Ist das Urteil **unabänderlich**, dann darf das Gericht weder die mündliche Verhandlung wieder eröffnen, um über einen übergangenen Antrag zu entscheiden[87], oder um einen vergessenen Urteilsausspruch nachzuholen[88], noch darf ein sachlicher oder rechtlicher Fehler korrigiert werden. Wird ein solcher nachträglich offenbar, bleibt dem Gericht nur die Möglichkeit, in den schriftlichen Urteilsgründen — sofern sie noch nicht abgefaßt sind — auf den Fehler hinzuweisen, um dem Rechtsmittelgericht die Möglichkeit einer Richtigstellung zu eröffnen[89]. Für nachträgliche Anordnungen, welche den Urteilsinhalt verändern, ist nur dort Raum, wo sie durch Sondervorschriften ausdrücklich zugelassen sind.

**41**　　**b)** Die **schriftliche Urteilsbegründung** ist nur innerhalb der durch § 275 Abs. 1 Satz 2 mit 4 gezogenen Frist und nur solange abänderbar, solange das schriftliche Urteil den inneren Bereich des Gerichts noch nicht verlassen hat[90]. Wegen der Einzelheiten vgl. § 275, 56 ff und wegen der Besonderheiten für die Ergänzung abgekürzter Urteile § 267, 143 ff; 156.

### 2. Berichtigung

**42**　　**a)** Die **Berichtigung** bedeutet **keine inhaltliche Änderung** des vom Gericht beschlossenen Urteils. Sie soll im Gegenteil dem Beschlossenen besseren Ausdruck verleihen, wenn es in dem verkündeten Urteil oder in seiner schriftlichen Begründung ungenau oder unrichtig wiedergegeben ist.

**43**　　Die Strafprozeßordnung enthält keine dem § 319 ZPO entsprechende Vorschrift[91], jedoch folgern Rechtsprechung und Lehre die **Zulässigkeit der Urteilsberichtigung** in den oben erörterten Grenzen aus § 267, der das Gericht verpflichtet, im Urteil die Ergebnisse der Hauptverhandlung (§ 261) so, wie sie in der Beratung gesehen und gewürdigt wurden, vollständig und wahrheitsgetreu wiederzugeben. Versehen, die diese Übereinstimmung in Frage stellen, können und sollen deshalb durch einen nachfolgenden Beschluß des Gerichts behoben werden[92]. Liegt der Fehler in der nachträglich gefertigten **schriftlichen Urteilsbegründung**, so bedarf es allerdings eines Berichtigungsbeschlusses erst von dem Zeitpunkt an, an dem das schriftliche Urteil vom Gericht hinaus-

---

[84] BGHSt **25** 333 = LM Nr. 15 mit Anm. *Börtzler*; KK-*Engelhardt* 6; *Kleinknecht/ Meyer*[37] 5; KMR-*Müller* 4; *Peters* § 53 II 1; *Roxin* § 47 A I.

[85] *Kleinknecht/Meyer*[37] 5; vgl. Rdn. 33 ff.

[86] RGSt **5** 173; RGRspr. **7** 245; RG Recht **1911** Nr. 959.

[87] RGSt **42** 341; **61** 388.

[88] OLG Schleswig bei *Ernesti/Jürgensen* Schl-HA **1970** 199; LG Bonn AnwBl. **1978** 318.

[89] *Kohlhaas* NJW **1953** 402; *Schorn* Strafrichter 312 (nobile officium).

[90] Vgl. etwa RGSt **54** 21; RG GA **71** (1927) 92; BayObLGSt **1963** 138 = NJW **1963** 1512;

OLG Köln VRS **63** 460; vgl. auch Rdn. 25; § 275, 59 ff.

[91] § 319 ZPO wird teilweise ausdrücklich für entsprechend anwendbar erklärt (z. B. BGHSt **7** 75; OLG Hamm MDR **1957** 501; OLG Hamburg NJW **1968** 215; OLG Saarbrücken VRS **28** 439); es dürfte aber nicht diese, einem anderen Verfahren zugehörige Vorschrift als solche entsprechend anwendbar sein, sondern der allgemeine Rechtsgedanke, der in § 319 ZPO, § 118 VwGO, § 138 SGG und anderen vergleichbaren Verfahrensvorschriften seinen Ausdruck gefunden hat.

[92] BGHSt **12** 376; *Wiedemann* 31 ff.

gegeben worden ist. Bis dahin ist das Gericht ohnehin zu Änderungen und Ergänzungen befugt (Rdn. 41).

**b)** Die **Abgrenzung zwischen Berichtigung und Änderung** liegt darin, daß bei der **44** Änderung oder Ergänzung des Urteils nachträglich etwas sachlich Neues, eine auf einem **neuen Denkvorgang** beruhende Erkenntnis rechtlicher oder tatsächlicher Art, in das Urteil hineingenommen wird[93]. Eine solche inhaltliche Änderung oder Ergänzung ist nach Beendigung der Urteilsverkündung nicht mehr möglich, die bloße Berichtigung dagegen kann auch noch später vorgenommen werden. Berichtigt werden können demnach nur Fehler oder Unklarheiten in der **äußeren Urteilsfassung**, nicht dagegen Fehler bei der **Urteilsfindung**[94]. Irrtümer des Gerichts bei der Beweiswürdigung oder Rechtsfehler dürfen deshalb niemals im Wege der Urteilsberichtigung behoben werden.

Ob ein Fehler des Urteils auf einem bloßen **Fassungsversehen** oder auf einen **45** **Rechts- oder Denkfehler bei der Urteilsfindung** beruht, ist mitunter für andere Personen als die beteiligten Richter nicht ersichtlich; so kann beispielsweise die bei der Beratung beschlossene Verhängung einer Nebenstrafe nur versehentlich in der Urteilsformel keinen Ausdruck gefunden haben, das Gericht kann aber auch übersehen haben, darüber bei der Beratung einen Beschluß zu fassen. In solchen **Zweifelsfällen** kann nicht auf das an sich allein maßgebende Ergebnis der Beratung abgestellt werden, sondern nur auf das, was das Gericht als seine Entscheidung verkündet hat, wobei allerdings das erkennbar Entschiedene nicht allein aus dem Wortlaut der Formel, sondern auch aus der Gesamtheit der Verlautbarungen des Gerichts bei der Verkündung erschlossen werden kann. Es ist ein strenger Maßstab anzulegen, um zu verhindern, daß sich hinter der Berichtigung eine unzulässige Abänderung des Urteils verbirgt[95]. Die Rechtsprechung ist insoweit nicht immer einheitlich[96], sie stimmt aber grundsätzlich darin überein, daß eine Berichtigung schon dann ausscheidet, wenn es zweifelhaft ist, ob es sich nur um die Berichtigung eines Fassungsversehens handelt oder um eine nachträgliche Meinungsänderung. Sobald dieser Zweifel Platz greifen kann, hat „das Bedürfnis, die schriftlichen Urteilsgründe dem anzupassen, was das Gericht auf Grund des Ergebnisses der Hauptverhandlung in der allein maßgeblichen Beratung sachlich festgestellt und rechtlich ge-

---

[93] RGSt **56** 233; **61** 388; OGHSt **3** 93; BGHSt **2** 248; **3** 245; **12** 374; BGH StrVert. **1985** 401 mit Anm. *Sieg*; OLG Celle GA **1960** 218; KMR-*Müller* 15; *Sieg* MDR **1986** 16; *Wiedemann* 39.

[94] *Hanack* JZ **1972** 489; *Kleinknecht/Meyer*[37] 39; KMR-*Müller* 15; *Schönfelder* JR **1962** 368; *Wiedemann* 42; vgl. ferner die Entscheidungen Fußn. 93.

[95] BGH NJW **1954** 730; BGHSt **12** 376; OLG Düsseldorf MDR **1981** 606.

[96] Da die einzelnen Entscheidungen auf den Einzelfall und seine Besonderheiten abstellen, sind sie nicht immer vergleichbar. Nach OLG Hamm JMBlNW **1965** 105 ist der unterbliebene Ausspruch der Ersatzfreiheitsstrafe (früher notwendig) nicht im Wege der Berichtigung nachholbar; KG JR **1962** 69 ließ demgegenüber zu, daß eine bei einer Übertretung ausgesprochene Ersatzfreiheitsstrafe von 30 Tagen Gefängnis in eine Ersatzfreiheitsstrafe von 30 Tagen Haft berichtigt

wurde, da es „ausgeschlossen ist, daß das Gericht eine Ersatzgefängnisstrafe auch nur erwogen haben könnte". Vgl. ferner OLG Neustadt JR **1958** 352 (Auswechseln des verletzten Strafgesetzes in der Urteilsformel) mit abl. Anm. *Sarstedt*; BGHSt **3** 145 hielt demgegenüber ein Auswechseln des in der Urteilsformel angeführten Strafgesetzes (§ 174 Abs. 1 Nr. 1 statt § 176 Abs. 1 Nr. 3 StGB a. F) trotz des offensichtlichen Fehlers für unzulässig; ähnlich BGH bei *Pfeiffer/Miebach* NStZ **1983** 212; BGH GA **1969** 119 erhob dagegen insoweit keine Bedenken; vgl. ferner RGSt **5** 173 (keine nachträgliche Anrechnung der Untersuchungshaft); BGH NJW **1953** 155 und RGSt **61** 388 (Aberkennung der bürgerlichen Ehrenrechte); RGSt **56** 233; (Ablehnung der nachträglichen Anordnung des Wertersatzes). OLG Düsseldorf MDR **1981** 606 (Nichteinbeziehung einer früheren Verurteilung in Gesamtstrafe).

Walter Gollwitzer

wollt hat, gegenüber der Geltungskraft zurückzutreten, welche dem von den beteiligten Richtern unterzeichneten und den Verfahrensbeteiligten mitgeteilten Urteil zukommt"[97].

**46**     Die Berichtigung setzt somit voraus, daß aus dem Zusammenhang der Urteilsgründe oder den Vorgängen bei der Verkündung **offenkundig** ist, daß ein bloßes Fassungsversehen vorliegt, ferner aber auch, daß **erkennbar** ist, was das Gericht **tatsächlich gewollt** hat. Es muß also nicht nur das Versehen aus den zu Tage liegenden Tatsachen für alle Verfahrensbeteiligten — und auch für jeden Dritten, der die gesamten Vorgänge kennt — zweifelsfrei hervorgehen[98], es muß darüber hinaus auch ersichtlich sein, was das Gericht tatsächlich ausdrücken wollte[99]; bei einem Fassungsfehler der Urteilsformel also insbesondere, wie es in Wirklichkeit entschieden hat[100].

**47**     **Schreib- und Rechenfehler**, bei denen sich die Unrichtigkeit eindeutig aus den übrigen Urteilsausführungen ergibt, können berichtigt werden[101]. Dies gilt auch, wenn die Gesamtzahl der Taten, deretwegen der Angeklagte verurteilt wurde, falsch zusammengezählt ist, sofern die richtige Zahl aus den in der mündlichen Urteilsbegründung erörterten Einzelfällen zweifelsfrei hervorgeht[102].

**48**     Zulässig ist die Berichtigung auch, wenn sich beim Abschreiben einer wörtlich in die schriftlichen Urteilsgründe **aufgenommenen Urkunde** ein Schreibfehler eingeschlichen hat, der unter Zuhilfenahme des Akteninhalts auch ohne Berichtigung zweifelsfrei als solcher zu erkennen gewesen wäre[103], oder wenn der **Name** eines in der Hauptverhandlung gehörten Sachverständigen in den Urteilsgründen falsch wiedergegeben wird, sofern ersichtlich ist, daß das Urteil mit dem falschen Namen den wirklich in der Hauptverhandlung gehörten Sachverständigen meinte[104]. Auch die Berichtigung des **Namens des Angeklagten** ist zulässig, wenn sich nachträglich ergibt, daß gegen ihn unter einem falschen Namen verhandelt worden waren[104a].

**49**     Unter der Voraussetzung, daß eindeutig feststeht, was das Gericht in Wirklichkeit wollte, darf die **Urteilsformel ergänzt, geändert** und sogar in ihr **Gegenteil verkehrt** werden, so etwa, wenn die mündliche Urteilsbegründung eindeutig ergibt, daß das Revi-

---

[97] BGHSt **12** 376. In RGSt **61** 390 hat das Reichsgericht die früher vertretene Ansicht, die es – selbst wenn das Versehen nicht „offenbar" war – gestattete, einen beschlossenen, aber nicht mitverkündeten Teil eines Urteils innerhalb der in § 268 bestimmten Frist durch die Verkündung eines Nachtragsurteils herauszubringen (RGSt **15** 271; RG GA **41** [1893] 45), mit der zutreffenden Begründung aufgegeben, daß das, was in der Urteilsformel durch Verlesung als Urteil verkündet werde, als das vollständige Urteil, die beschlossene Entscheidung angesehen werden müsse (im wesentlichen wie hier *Eb. Schmidt* 20 bis 24).

[98] KMR-*Müller* 13; *Schlüchter* 587. Zur unterschiedlichen Rechtsprechung, für wen der Fehler offensichtlich sein muß, vgl. *Wiedemann* 33 ff.

[99] BGHSt **12** 376; BGH NJW **1954** 730; GA **1969** 119; BGH bei *Pfeiffer/Miebach* NStZ **1983** 212; *Schönfelder* JR **1962** 369; vgl. *Sarstedt*: LM Nr. 17 zu § 267, wonach Berichti-

gungen im allgemeinen nur zulässig sind, wenn sie nicht nötig sind; ferner OLG Zweibrücken MDR **1971** 597 („Fahrer" statt „Halter"); LG Flensburg (keine Berichtigung: zehn Tage in zehn Monate).

[100] BGH GA **1969** 119; BGH bei *Pfeiffer/Miebach* **1983** 212; *Wiedemann* 38; vgl. auch RG GA **71** (1927) 92.

[101] Vgl. die Beispiele bei *Schönfelder* JR **1962** 369; „drei Fässer Bier" statt „drei Gläser Bier" oder die Angabe einer erst in der Zukunft liegenden Tatzeit.

[102] OGHSt **3** 93; BGH bei *Pfeiffer/Miebach* NStZ **1983** 212; *Seibert* NJW **1964** 239 mit Beispielen aus der Rechtsprechung des Bundesgerichtshofs; vgl. ferner RGSt **13** 267; **28** 82; 250; **56** 233; **61** 392.

[103] BGH NJW **1952** 797.

[104] OLG Köln JMBlNW **1968** 130.

[104a] *Peters* § 54 II 2; zweifelnd *Perels* NStZ **1985** 538; vgl. Einl. Kap. **12**; § 230, 11.

sionsgericht der Revision stattgeben wollte, während die Formel auf Verwerfung lautete[105] oder wenn ein Vergehen nach § 265 a StGB angenommen wurde, die Urteilsformel aber statt dessen § 263 StGB anführte[106] oder wenn ein der Beihilfe zur Aussageerpressung für schuldig befundener Angeklagter im Urteilssatz wegen Aussageerpressung
verurteilt worden ist[107].

Es muß aber in diesen Fällen immer aus der mündlichen Urteilsbegründung **ein-** **50**
**deutig erkennbar** sein, welches Urteil das Gericht in Wirklichkeit beschlossen hatte, so
daß schon der Verdacht, das Gericht wolle sein Urteil nachträglich ändern, ausscheidet[108]. Unter dieser Voraussetzung hat der Bundesgerichtshof auch für zulässig gehalten, eine in der Urteilsformel nicht erwähnte, aber bei Eröffnung der Urteilsgründe erörterte Nebenstrafe im Wege der Berichtigung in die Urteilsformel einzufügen[109] oder
die schriftlichen Urteilsgründe, die durch ein Übertragungsversehen keine Ausführungen zu den in der mündlichen Urteilsbegründung und in der Hauptverhandlung eingehend erörterten Rückfallvoraussetzungen enthielten, entsprechend zu ergänzen[110]. Unzulässig ist die Berichtigung, wenn sie einen Irrtum bei der Beratung richtigstellen soll,
der für die Bemessung der Einsatzstrafe bestimmend war[111].

Die nachträglich gefertigte **schriftliche Urteilsbegründung** reicht für sich allein **51**
nicht aus, um gegenüber einer unvollständigen oder unrichtigen Urteilsformel die wahre
Entscheidung des Gerichts aufzuzeigen[112], wenn diese nicht auch bereits aus der
mündlichen Urteilsbegründung erkennbar geworden ist. Die Berichtigung einer **unvoll-**
**ständigen Kostenentscheidung** wird deshalb schon aus diesem Grunde sehr oft nicht
möglich sein[113]. Im übrigen ist zwar bei einem Widerspruch zwischen Urteilsformel
und Gründe die Formel dafür maßgebend, was das Gericht entschieden hat[114], dies gilt
aber nur bei einem echten Widerspruch, der durch die Berichtigung ohnehin nicht behebbar ist. Ist dagegen das vom Gericht Gewollte offenkundig, dann kann aus der gedanklichen Einheit des Urteils heraus auch die Formel berichtigt und so die nur scheinbar gestörte Übereinstimmung zwischen Formel und Gründen gestellt werden[115].

---

[105] BGHSt **5** 5; vgl. auch BGHSt **7** 75.

[106] OLG Saarbrücken JMBlSaar **1962** 59.

[107] OGH NJW **1950** 316. Vgl. ferner OLG
Hamburg NJW **1968** 215 (Körperverletzung
statt Hausfriedensbruch); OLG Saarbrücken
MDR **1975** 334. OLG Schleswig bei *Ernesti/
Jürgensen* SchlHA **1981** 95 (fahrlässige statt
vorsätzliche Tatbegehung im Tenor).

[108] BGH bei *Pfeiffer/Miebach* NStZ **1983** 212.
Zur Abgrenzung vgl. Rdn. 44. Sprechen die
Umstände dafür, daß das Gericht die fehlerhafte Formel bewußt beschlossen hat (Sitzungsniederschrift, schriftliche Festlegung
der Formel usw.), so kann sie nach der Verkündung nicht berichtigt werden (BGH NJW
**1953** 155 für den Fall einer unrichtigen Gesamtstrafe). Vgl. ferner Fußn. 99.

[109] BGH NJW **1953** 155 = LM Nr. 6 mit Anm.
*Kohlhaas*.

[110] BGHSt **12** 374.

[111] BGH bei *Dallinger* MDR **1973** 902.

[112] OGHSt **3** 93; OLG Düsseldorf MDR **1981**
606; OLG Hamm JMBlNW **1958** 32; **1976**
105.

[113] Vgl. OLG Celle GA **1960** 217 (keine Berichtigung, wenn Berufungsgericht nach Zurückverweisung nicht über die Revisionsko-
sten entschieden hat); BayObLGSt **1960** 146
= NJW **1960** 2065; OLG Frankfurt NJW
**1970** 1432; OLG Karlsruhe DRpfl. **1961** 350;
OLG Saarbrücken JMBl Saar **1962** 15 (keine
Nachholung der Entscheidung über die notwendigen Auslagen); LG Berlin NJW **1968**
1734 (keine Nachholung der unterlassenen
Kostenentscheidung); LG Bonn AnwBl. **1978**
319; LG Dortmund AnwBl. **1975** 367; OLG
Hamm JMBlNW **1976** 105; OLG Hamm
JMBlNW **1954** 190 läßt dagegen zu, daß in
einem Privatklageverfahren der Freispruch
auf Kosten der Staatskasse in einen Freispruch auf Kosten des Privatklägers berichtigt wird.

[114] BGH LM Nr. 1; vgl. Rdn. 67 mit weit.
Nachw.

[115] Vgl. OLG Schleswig bei *Ernesti/Jürgensen*
SchlHA **1978** 188; *Jagusch* LM Nr. 7;
*Kleinknecht/Meyer*[37] 39; *Eb. Schmidt* 26, 27;
*Schönfelder* JR **1962** 371.

**52**　　c) Ist nach den Umständen des Einzelfalls ausgeschlossen, daß sich hinter der Berichtigung eine sachliche Änderung des Urteils verbirgt und liegen die Voraussetzungen für eine Berichtigung auch im übrigen vor, dann darf diese durchgeführt werden, ohne Rücksicht darauf, ob sie sich **zugunsten** oder **zu ungunsten des Angeklagten** auswirkt[116], ob das berichtigte Urteil angefochten oder rechtskräftig ist[117] und ob sie einer schon erhobenen Revisionsrüge den Boden entzieht[118]. Es kommt insoweit dann auch nicht darauf an, ob die Berichtigung nur einen nebensächlichen oder einen entscheidungserheblichen Umstand betrifft[119], sofern nur die Grenzen der Berichtigung — Offenkundigkeit des Fehlers und des vom Gericht Gewollten — eingehalten werden.

**53**　　3. Die Berichtigung wird durch einen **Beschluß des erkennenden Gerichts** herbeigeführt, der auf Anregung eines Beteiligten oder von Amts wegen ergeht. Das Gericht erläßt ihn in der für Entscheidungen außerhalb der Hauptverhandlung zuständigen Besetzung. Da nicht der sachliche Inhalt, sondern für jedermann erkennbare Unstimmigkeiten berichtigt werden können, ist der eine absolute Mehrheit (§ 196 Abs. 1 GVG) erfordernde Beschluß nicht notwendig den Richtern vorbehalten, die das Urteil erlassen haben[120]. Soweit sich der Irrtum nicht ohne weiteres aus dem Zusammenhang der Urteilsgründe ergibt, können dienstliche Erklärungen über die Vorgänge eingeholt werden. Es ist verfassungsrechtlich unbedenklich, daß durch Beschluß ohne mündliche Verhandlung entschieden wird[121].

**54**　　Der Berichtigungsbeschluß ist den Verfahrensbeteiligten **zuzustellen**. Auf ihn ist durch einen **Vermerk auf der Urteilsurkunde** hinzuweisen[122]. Er ergänzt das Urteil, dessen Feststellungen er zwar nicht der Sache nach, wohl aber im Sinne einer Klarstellung verändert. Ist der Berichtigungsbeschluß zulässig, so wird die Frist zur Begründung der Revision erst durch die Zustellung des Berichtigungsbeschlusses in Lauf gesetzt[123], sofern die Berichtigung nicht nur einen für die Anfechtung in jeder Hinsicht bedeutungslosen Urteilsinhalt betrifft[124].

### 4. Anfechtung

**55**　　a) Der **Berichtigungsbeschluß** wird **Teil der Sachentscheidung** und damit Grundlage für die sachliche Überprüfung des Urteils. Ob die Berichtigung zulässig war oder ob der Beschluß eine unzulässige Änderung des Urteils bedeutete, ist im weiteren Ver-

[116] RGSt **61** 392; *Jagusch* LM Nr. 7; KMR-*Müller* 14; *Eb. Schmidt* 21; *Wiedemann* 81 (keine echte Änderung).

[117] *Sarstedt* JR **1958** 352.

[118] BGH NJW **1952** 797; **1953** 155; **1954** 730; BGHSt **12** 374; KG JR **1962** 69; KK-*Engelhardt* § 267, 46; KMR-*Müller* 14; *Eb. Schmidt* 24.

[119] *Schönfelder* JR **1962** 370.

[120] Strittig; wie hier RGSt **61** 392; auch BGHSt **7** 75; OLG Schleswig bei *Ernesti/Lorenzen* SchlHA **1981** 95 (aber fehlerhafte Zusammensetzung unschädlich); ferner h. M bei § 319 ZPO, etwa BGHZ **20** 192; **78** 22; OLG Hamburg MDR **1978** 583; BAG NJW **1964** 1877; ferner bei § 118 VwGO; 138 SGG. Die Gegenmeinung (nur die Richter die am Urteil mitgewirkt und Urteil unterschrieben haben;

evtl. ersetzt durch Verhinderungsvermerk) wird im Anschluß an eine Entscheidung des BGH bei KK-*Engelhardt* 46; *Kleinknecht/ Meyer*[37] 39 vertreten; würde man ihr folgen, dürften die Instanzgerichte im Rahmen ihrer Befugnisse das Urteil zwar sachlich richtigstellen, aber niemals die Wortfassung der Urteilsurkunde selbst berichtigen.

[121] BVerfGE **9** 235.

[122] RG HRR **1927** Nr. 443.

[123] BGHSt **12** 375; dazu *Hanack* JZ **1972** 489; RG HRR **1939** Nr. 1010; KK-*Engelhardt* § 267, 46; **a. A** KMR-*Müller* 16 (offensichtliches Versehen muß auch so für Rechtsmittelführer erkennbar sein).

[124] BayObLGSt **1982** 12 = MDR **1982** 600; BGHSt **12** 375 und RG HRR **1939** Nr. 1010 (Fußn. 123) haben dies offen gelassen.

fahr von Amts wegen zu prüfen[125]. Eine unzulässige Berichtigung ist grundsätzlich unbeachtlich[126]. Dies gilt uneingeschränkt bei lediglich ergänzender Berichtigung. Wird der Urteilsinhalt dagegen durch die Berichtigung geändert, kann dies zur Folge haben, daß der ursprüngliche Urteilsinhalt nicht mehr durch die Unterschrift der Richter gedeckt ist und die Urteilsgründe dadurch lückenhaft werden[127]. Je nach Sachlage kann dies zur Aufhebung des Urteils auf die Sachrüge hin führen.

Vor allem das **Revisionsgericht** hat auch ohne besondere Verfahrensrüge im Rahmen einer zulässigen Revision nachzuprüfen, ob eine Berichtigung zulässig war. Eine vom Tatrichter unterlassene Berichtigung kann es nachholen[128]. Es kann in seiner Entscheidung den Urteilsspruch des angefochtenen Urteils auf Grund der darin getroffenen Feststellung auch dann richtigstellen, wenn eine vorgenommene Berichtigung für das Revisionsgericht unbeachtlich ist[129]. **56**

b) **Beschwerde.** Nach der vorherrschenden Ansicht ist die Beschwerde **gegen den Berichtigungsbeschluß** zwar grundsätzlich statthaft. Sie ist aber unzulässig, solange das berichtigte Urteil angefochten werden kann oder wenn es (hinsichtlich des berichtigten Teils) ohnehin der Nachprüfung durch das Rechtsmittelgericht unterstellt worden ist[130]. Dies wird daraus gefolgert, daß der Berichtigungsbeschluß auch ohne gesonderte Anfechtung zusammen mit der Sachentscheidung der Nachprüfung durch das Rechtsmittelgericht unterliegt und daß auch die Beschwerdeentscheidung das Revisionsgericht nicht bindet, daß widersprechende Entscheidungen über die Zulässigkeit der Berichtigung dadurch vermieden werden und daß bei anhängigem Rechtsmittel in der Sache ein besonderes Rechtsschutzbedürfnis nicht besteht[131]. Ein **genereller Ausschluß der Beschwerde** durch die Möglichkeit der Berufung oder Revision wird auch von der vorherrschenden Meinung verneint. Gerade bei einem unanfechtbar gewordenen Urteil besteht ein Bedürfnis für die Überprüfung des Berichtigungsbeschlusses[132]. Der Ansicht, daß es der Absicht des Gesetzgebers zuwiderlaufen würde, gegen die Berichtigung einer Entscheidung ein Rechtsmittel zu eröffnen, wenn diese selbst nicht angefochten werden könne[133], ist nicht zu folgen[134]. Das Argument, der Berichtigungsbeschluß sei Teil der **57**

---

[125] OLG Hamm MDR **1973** 951; OLG Schleswig bei *Ernesti/Lorenzen* SchlHA **1981** 95.

[126] BGHSt **2** 248; **3** 245; **7** 75; BGH StrVert. **1985** 401 mit Anm. *Sieg*; OLG Celle GA **1960** 217.

[127] BGHSt **7** 75; OLG Celle MDR **1973** 951; KMR-*Müller* 14; *Schlüchter* 587.

[128] OLG Schleswig bei *Ernesti/Jürgensen* SchlHA **1976** 172. Vgl. auch OLG Köln VRS **63** 460 (zur Ergänzung eines abgekürzten Urteils).

[129] BGHSt **3** 247; vgl. OLG Stuttgart Justiz **1974** 270; OLG Schleswig bei *Ernesti/Lorenzen* SchlHA **1984** 106.

[130] OLG Hamburg NJW **1966** 362; OLG Oldenburg MDR **1959** 60; OLG Stuttgart Justiz **1974** 270; OLG Schleswig bei *Ernesti/Lorenzen* SchlHA **1984** 106; KK-*Engelhardt* 46; KMR-*Müller* 17.

[131] Ob die Zulässigkeit der Beschwerde der StPO ein Rechtsschutzbedürfnis voraussetzt, ist strittig; vgl. Einl. Kap. **10**; Vor § 296.

[132] OLG Celle GA **1960** 217; OLG Köln JMBlNW **1968** 130; OLG Stuttgart Justiz **1972** 42; *Wiedemann* 85; vgl. auch Fußn. 130.

[133] OLG Hamm MDR **1957** 501.

[134] Diese Ansicht knüpft an eine auch bei § 319 ZPO vertretene Meinung an, vgl. OLG Breslau JW **1931** 1764 (mit abl. Anm. *Roquette*), **1938** 859; OLG Düsseldorf NJW **1952** 1220; OLG Karlsruhe MDR **1968** 421; **a. A** (Beschwerde statthaft) OLG Braunschweig JW **1935** 1046; OLG Frankfurt MDR **1984** 823; OLG Hamm MDR **1969** 850; auch die Mittelmeinung OLG Düsseldorf NJW **1973** 1132; KG NJW **1972** 1132; *Thomas/Putzo* 5; vgl. ferner *Baumbach/Lauterbach*[43] 43; *Wieczorek* E I je zu § 319 ZPO. Zur Unanfechtbarkeit nachgeholter Nebenentscheidungen bei Unanfechtbarkeit der ergänzten Entscheidung vgl. BayObLG GA **1971** 247.

Sachentscheidung, versagt gerade dort, wo die eigentliche Bedeutung der Beschwerde liegt, nämlich dort, wo geltend gemacht wird, es liege keine Berichtigung eines offensichtlichen Versehens, sondern eine unzulässige Änderung des Urteils vor. Hier bei einer unanfechtbaren Entscheidung die Beschwerde auszuschließen, wäre von der Sache her völlig ungerechtfertigt, zumal die Berichtigung auch einen für die Vollstreckung bedeutsamen Teil der Urteilsformel betroffen haben kann.

**58**　　Die **einfache Beschwerde** nach § 304 (nicht etwa die sofortige Beschwerde in analoger Anwendung des § 319 Abs. 3 ZPO) sollte aber auch entgegen der vorherrschenden Meinung (Rdn. 57) ohne Rücksicht auf Anfechtung und Anfechtbarkeit des Urteils für zulässig angesehen werden. Offensichtliche Unrichtigkeiten beschweren wegen der vermeintlichen Dokumentationswirkung und der damit verbundenen Gefahr von Mißverständnissen die Verfahrensbeteiligten, die auch insoweit eine in Nebenpunkten richtige und zweifelsfreie Fixierung des ergangenen Urteils beanspruchen können. Sie können auch ein rechtlich anzuerkennendes Interesse daran haben, daß schon vor der Entscheidung über ihr Rechtsmittel geklärt wird, ob die Berichtigung Bestand hat; hiervon kann die Entscheidung über die Durchführung des Rechtsmittels in der Hauptsache abhängen, vor allem, wenn zweifelhaft ist, ob die Grenzen der Berichtigung bei einer Änderung der Urteilsformel nicht überschritten sind[135]. Die Beschwerde kann allerdings durch die Entscheidung des Rechtsmittelgerichts in der Sache überholt werden[136], wenn dieses das berichtigte Urteil zur Grundlage der Rechtsmittelentscheidung macht oder aber, wenn es dabei den Berichtigungsbeschluß für unbeachtlich erklärt.

**59**　　Der **Beschluß**, der einen Antrag auf Berichtigung **ablehnt**, dürfte der Beschwerde unter den gleichen Voraussetzungen wie ein Berichtigungsbeschluß zugänglich sein[137]. Sie kann jedoch nach Lage der Dinge im wesentlichen nur darauf gestützt werden, daß das Gericht die Voraussetzungen nicht geprüft oder die Berichtigung aus rechtsirrigen Erwägungen, etwa in Verkennung der an die Offenkundigkeit des Fehlers zu stellenden Anforderungen, abgelehnt hat.

**60**　　c) Über die Zulässigkeit einer sich auf die Strafvollstreckung auswirkenden Berichtigung kann nach Eintritt der Rechtskraft auch nach § 458 **Abs. 1** eine Entscheidung des Gerichts herbeigeführt werden[138].

### III. Heilung von Mängeln bei der Verkündung

**61**　　1. Mit dem Abschluß der Verkündung wird auch ein nicht ordnungsgemäß verkündetes **Urteil existent**[139]. Das erkennende Gericht verliert die Befugnis, Formfehler bei der Verkündung und sachliche Fehler des Urteilsinhalts selbst zu beheben. Für Fehler aus der Zeit vor der Urteilsverkündung ist dies unstreitig[140]. Fehler, die bei der Ur-

---

[135] Vor allem, wenn dem Rechtsmittel andernfalls die Grundlage entzogen würde; vgl. BGHSt **12** 377; die Fälle Rdn. 49 ff; Fußn. 96; 108; 113.

[136] Vgl. Vor § 304.

[137] Nach *Wiedemann* 86 ist die Zurückweisung der Berichtigung nicht mit Beschwerde anfechtbar, sondern nur mit dem Rechtsmittel gegen das Urteil selbst. Bei § 319 ZPO läßt die herrschende Meinung die Beschwerde zwar nicht gegen die eigentliche Sachentscheidung, wohl aber insoweit zu, als das Gericht

sich weigert, über die Berichtigung sachlich zu entscheiden oder wenn es die Berichtigung aus rechtsirrigen Erwägungen, insbesondere in Verkennung des Rechtsbegriffs der Offenkundigkeit, abgelehnt hat; vgl. *Baumbach/Lauterbach*[43] § 319 4 A; *Stein/Jonas* IV 1; *Thomas/Putzo* 5 b; *Zöller* V 1.

[138] Vgl. bei § 258.

[139] OLG Schleswig SchlHA **1979** 21.

[140] Vgl. RG JW **1906** 475; OLG Bremen StrVert. **1985** 50; OLG Hamm JMBlNW **1955** 237; Rdn. 38 ff.

teilsverkündung begangen werden, können ebenfalls nur bis zum Abschluß der Verkündung durch Wiederholung der Verkündung geheilt werden[141]. Vereinzelt wird allerdings eine nachträgliche Heilung durch eine **Wiederholung der bereits abgeschlossenen Urteilsverkündung** in fehlerfreier Form für zulässig gehalten, sofern dies innerhalb der Frist des §268 Abs. 3 Satz möglich ist[142], etwa, daß das versehentlich in Abwesenheit des Urkundsbeamten verkündetes Urteil zur Heilung des Verfahrensverstoßes in formgerechter Weise nochmals verkündet wird[143]. Für diese Ansicht sprechen zwar Gründe der Prozeßökonomie, gegen sie spricht jedoch, daß das fehlerhaft verkündete Urteil, das nur anfechtbar und nicht etwa nichtig ist, mit Beendigung der fehlerhaften Verkündung für das erkennende Gericht unabänderlich geworden ist[144]. Jede Wiederholung der Verkündung würde die bereits abgeschlossene Hauptverhandlung wiedereröffnen und Raum für neue Anträge geben, die zu einem anderen Urteil, zumindest aber zu einer neuen Beschlußfassung über das Urteil führen müßten. Es wird also nicht lediglich ein und dasselbe Urteil zweimal verkündet, sondern das bereits existente Urteil unzulässigerweise durch ein zweites ersetzt, das aber ebenfalls nicht nichtig ist und deshalb — im Gegensatz zum ersetzten Urteil — in Rechtskraft erwachsen kann, wenn es unangefochten bleibt[145].

**62**    **2.** Aus denselben Gründen erscheint auch fraglich, ob das **Revisionsgericht** bei einer entsprechenden Rüge des Verkündungsfehlers das Urteil lediglich zur **Nachholung der** ordnungsgemäßen **Verkündung** und nicht zur erneuten Verhandlung an die Vorinstanz **zurückverweisen** kann.

## IV. Revision

**63**    **1. Verkündungsfehler.** Wird **entgegen Absatz 1** bei der Verkündung des Urteils nicht zum Ausdruck gebracht, daß das Urteil im Namen des Volkes ergeht, so begründet dies nicht die Revision[146]. Gleiches gilt, wenn der Sollvorschrift des **Absatzes 4** nicht entsprochen wurde[147].

**64**    Ist die **Verkündung der Formel** völlig unterblieben, liegt kein Urteil im Rechtssinne vor (Rdn. 17). Dies schließt jedoch nicht aus, diesen Fehler mit der Revision zu rügen, da auch nur scheinbar existente Urteile im Rechtsmittelverfahren beseitigt werden können[148]. Ist das Urteil von einer dazu nicht befugten Person verkündet worden, kann dies nach §338 Nr. 4 beanstandet werden[149].

**65**    Ist die Formel nicht **durch Verlesen** verkündet worden, bildet dies nicht ohne weiteres einen Revisionsgrund[150]. Es muß eine Verschiedenheit zwischen der verkündeten Urteilsformel und der in der Urteilsurkunde enthaltenen behauptet werden[151]. Zur Begründung der Revision bedarf es der Angabe, worin die Verschiedenheit besteht[152].

---

[141] Vgl. Rdn. 37; *W. Schmid* JZ **1969** 762.

[142] *Poppe* NJW **1954** 1914; **1955** 6; dagegen *Eb. Schmidt* 4; *W. Schmid* JZ **1969** 764.

[143] OLG Oldenburg NdsRpfl. **1954** 34; vgl. auch RG GA **41** (1893) 45 (Wiederholung der nicht öffentlichen Urteilsverkündung).

[144] BGHSt **25** 335; BGH NStZ **1984** 279; vgl. Rdn. 38 ff; §337, 102 mit weit. Nachw.

[145] BGH NStZ **1984** 279.

[146] Rdn. 14.

[147] Rdn. 27; KK-*Engelhardt* 19; *Kleinknecht/ Meyer*[37] 4; KMR-*Müller* 24.

[148] Einl. Kap. **16** III, *Gössel* §33 D III d 2; IV c 1.

[149] BGH bei *Dallinger* MDR **1954** 151; OLG Oldenburg NJW **1952** 1310; vgl. Rdn. 15.

[150] RGSt **71** 379; KK-*Engelhardt* 16; KMR-*Müller* 22; vgl. OLG Hamm JMBlNW **1975** 165 (Verwendung eines Vordrucks, in dem nachträglich Geldbuße eingesetzt).

[151] RGSt **3** 131; RGRspr. **4** 398; **7** 233.

[152] RGSt **16** 317; KK-*Engelhardt* 16; *Schmid* FS Lange 785.

Walter Gollwitzer

**66**　Unterblieb die **Eröffnung** der **Urteilsgründe**, vermag dieser Mangel der Revision nicht zum Erfolg zu verhelfen[153]. Auf den Verstoß gegen Absatz 2 kann das vorher beschlossene Urteil nicht beruhen (§ 337). Der absolute Revisionsgrund des § 338 Nr. 7 gilt nur für die schriftlichen Entscheidungsgründe, nicht für die mündliche Urteilsbegründung nach § 268 Abs. 2[154]. Allerdings beginnt der Lauf der Frist für die Einlegung eines Rechtsmittels in diesem Falle nicht schon mit der Verkündung, sondern erst mit der (deshalb hier notwendigen) Zustellung des Urteils[155].

**67**　**2.** Bei einem **Widerspruch** zwischen den **mündlich** eröffneten und den **schriftlich** festgestellten **Urteilsgründen** sind letztere maßgebend. Auf die Nichtübereinstimmung der mündlich verkündeten Gründe mit den schriftlich abgefaßten kann die Revision nicht gestützt werden[156]. Dagegen kann ein echter Widerspruch zwischen **Urteilsformel** und den **schriftlichen Urteilsgründen** die Revision begründen, da beide zusammen eine untrennbare Einheit bilden, deren Inkongruenz in einem entscheidungserheblichen Teil meist zur Aufhebung führt[157]. Ob ein Widerspruch besteht, beurteilt sich nach dem im Sitzungsprotokoll festgehaltenen Wortlaut der Formel[158]. Ist der verkündete Urteilsspruch dort unvollständig wiedergegeben, entfällt die Beweiskraft des Protokolls (§ 274) auch ohne Berichtigung, wenn Protokollführer und Vorsitzender dies nachträglich erklären[159]. Nennt der verkündete Urteilssatz eine niedrigere Strafe als die schriftlichen Urteilsgründe und beruht die Angabe in den Gründen zur Gewißheit des Revisionsgerichts auf einem Schreibversehen, nötigt der scheinbare Widerspruch nicht zur Aufhebung des Urteils. Maßgebend ist dann der verkündete Urteilssatz[160]. Auch umgekehrt ist bei einem offensichtlich irrigen Abweichen des Urteilssatzes vom Inhalt des verkündeten Urteils eine Berichtigung zur Behebung des nur scheinbaren Widerspruchs möglich (vgl. Rdn. 46 ff).

**68**　**3.** Die **Überschreitung der Frist** des Absatz 3 Satz 2 ist ein Rechtsfehler, der einer darauf gestützten Revision nach § 337 zum Erfolg verhilft, da nur in Ausnahmefällen ausgeschlossen werden kann, daß das Urteil darauf beruht[161]. Die Begründung der Verfahrensrüge erfordert hier nach § 344 Abs. 2 die Angabe des Tages, an dem die Frist begonnen hat und des Tages der Urteilsverkündung, nicht dagegen auch die Angabe des Tages, an dem die Frist abgelaufen ist[162].

[153] RGRspr. **1** 249; 467; **2** 51; BGHSt **8** 40; **15** 265; vgl. KK-*Engelhardt* 6; *Roxin* § 47 A II.

[154] *Oetker* JW **1926** 1216; **1928** 267.

[155] RGSt **1** 192; **2** 78.

[156] RGRspr. **4** 210; RGSt **4** 382; **13** 68; **71** 379; RG GA **64** (1917) 553; BGHSt **2** 66; **7** 370; **8** 42; **15** 263; **16** 178; BGH VRS **10** 213; **25** 113; LM Nr. 1; BGH bei *Dallinger* MDR **1951** 539; BayObLGSt **1952** 234 = NJW **1953** 248; OLG Hamburg SJZ **1948** 700; OLG Koblenz VRS **47** 446; OLGSt 9; KK-*Hürxthal* § 267, 47; KMR-*Müller* 20; *Eb. Schmidt* 26; auch *Peters* § 53 II 7 b (h. M im Ausgangspunkt richtig, aber ergänzungsbedürftig).

[157] RGSt **46** 326; KG VRS **16** 44; OLG Schleswig bei *Ernesti/Jürgensen* SchlHA **1971** 217; *Gössel* § 33 D III d 2; 3; KK-*Engelhardt* 16; KMR-*Müller* 19; *Eb. Schmidt* 27.

[158] KK-*Engelhardt* 16; KMR-*Müller* 18; vgl. § 275, 63; ferner Rdn. 51.

[159] OLG Hamm VRS **60** 206; die förmliche Protokollberichtigung ist in solchen Fällen aber angezeigt.

[160] RG HRR **1927** Nr. 443; BGH JZ **1952** 282; NJW **1952** 797; KMR-*Müller* 19; *Eb. Schmidt* 27.

[161] RGSt **57** 423; **69** 23; BGH StrVert. **1982** 5 mit Anm. *Peters*; *Dahs/Dahs* 289; vgl. Rdn. 10 ff. Nach KMR-*Müller* 23 kann Beruhen verneint werden, wenn Urteilsformel fristgerecht festgelegt worden war, die Verkündungsfrist aber aus technischen Gründen oder wegen Erkrankung des Richters nicht eingehalten werden konnte.

[162] BGH StrVert. **1982** 5 mit Anm. *Peters*; KK-*Engelhardt* 18.

**4. Anwesenheit.** Der absolute Revisionsgrund des § 338 Nr. 5 greift durch, wenn **69** die Urteilsformel in Abwesenheit des Staatsanwalts oder einer Person, deren Anwesenheit das Gesetz vorschreibt, ergangen ist[163]. Ob dies auch für die Verkündung der Urteilsgründe gilt, ist strittig. Im Gegensatz zur Verkündung der Urteilsformel sieht vor allem die Rechtsprechung in der Verkündung der Urteilsgründe keinen wesentlichen Teil der Hauptverhandlung im Sinne des § 338 Nr. 5[164].

**5. Öffentlichkeit.** Ist das Urteil nicht in öffentlicher Sitzung verkündet worden, **70** greift der absolute Revisionsgrund des § 338 Nr. 6 ein. Er ist auch gegeben, wenn die Öffentlichkeit während der Urteilsbegründung in einer nicht dem § 173 Abs. 2 GVG entsprechenden Weise ausgeschlossen worden ist[165]. Das Unterlassen der Verkündung der Urteilsgründe kann unter dem Gesichtspunkt einer Verletzung des Öffentlichkeitsgrundsatzes gerügt werden[166].

# § 268 a

(1) Wird in dem Urteil die Strafe zur Bewährung ausgesetzt oder der Angeklagte mit Strafvorbehalt verwarnt, so trifft das Gericht die in den §§ 56 a bis 56 d und 59 a des Strafgesetzbuches bezeichneten Entscheidungen durch Beschluß; dieser ist mit dem Urteil zu verkünden.

(2) Absatz 1 gilt entsprechend, wenn in dem Urteil eine Maßregel der Besserung und Sicherung zur Bewährung ausgesetzt oder neben der Strafe Führungsaufsicht angeordnet wird und das Gericht Entscheidungen nach den §§ 68 a bis 68 c des Strafgesetzbuches trifft.

(3) [1]Der Vorsitzende belehrt den Angeklagten über die Bedeutung der Aussetzung der Strafe oder Maßregel zur Bewährung, der Verwarnung mit Strafvorbehalt oder der Führungsaufsicht, über die Dauer der Bewährungszeit oder der Führungsaufsicht, über die Auflagen und Weisungen sowie über die Möglichkeit des Widerrufs der Aussetzung oder der Verurteilung zu der vorbehaltenen Strafe (§ 56 f Abs. 1, §§ 59 b, 67 g Abs. 1 des Strafgesetzbuches). [2]Erteilt das Gericht dem Angeklagten Weisungen nach § 68 b Abs. 1 des Strafgesetzbuches, so belehrt der Vorsitzende ihn auch über die Möglichkeit einer Bestrafung nach § 145 a des Strafgesetzbuches. [3]Die Belehrung ist in der Regel im Anschluß an die Verkündung des Beschlusses nach den Absätzen 1 oder 2 zu erteilen. [4]Wird die Unterbringung in einem psychiatrischen Krankenhaus zur Bewährung ausgesetzt, so kann der Vorsitzende von der Belehrung über die Möglichkeit des Widerrufs der Aussetzung absehen.

---

[163] BGHSt **8** 41; **15** 263; **16** 180; BGH NJW **1953** 155; BGH bei *Dallinger* MDR **1956** 11; **1957** 141; **1973** 372; OLG Bremen StrVert. **1985** 50; KK-*Engelhardt* 17; vgl. Rdn. 5 ff; § 338, 80 ff; 138; mit weit. Nachw.; ferner § 260, 2. Zum Ausbleiben des Wahlverteidigers außerdem *Dahs/Dahs* 154.
[164] BGHSt **15** 263; **16** 180; LM § 338 Ziff. 5 Nr.

7; a. A RG JW **1938** 1644 mit Anm. *Rilk*; *Roxin* § 47 A I; *Rüping* Kap. 8 II 2; vgl. Rdn. 18; ferner § 338, 84 mit weit. Nachw.
[165] BGHSt **4** 279; KK-*Engelhardt* 17; vgl. § 338, 112; ferner bei § 173 GVG mit weit. Nachw.
[166] KMR-*Müller* 24; *Schlüchter* 585.

Walter Gollwitzer

**Entstehungsgeschichte.** § 268 a wurde durch das 3. Strafrechtsänderungsgesetz 1953 als verfahrensrechtliche Ergänzung zu der durch dasselbe Gesetz geregelten Strafaussetzung zur Bewährung (§§ 23 ff StGB a. F) eingefügt. Die Änderung des materiellen Rechts durch Art. 9 Nr. 14 des 1. StrRG vom 25. 6. 1969 führte zur Angleichung des § 268 a an den neuen Rechtszustand. (Berichtigung der Verweisung in Absatz 1, Neufassung des Absatzes 2 Satz 1; vgl. *Wulf* JZ **1970** 161). Die jetzige Fassung hat § 268 a durch Art. 21 Nr. 71 EGStGB erhalten, der die Vorschrift an das neue Strafrecht anpaßte.

Übersicht

### 1. Urteil und ergänzender Beschluß

**1**    **a) Inhaltliche Abgrenzung.** Die Aussetzung einer Strafe zur Bewährung, die Verwarnung unter Strafvorbehalt, die Aussetzung einer Maßregel der Besserung und Sicherung und die Anordnung der Führungsaufsicht spricht das Gericht **im Urteil** aus[1]. Die vom Strafgesetzbuch vorgesehenen weiteren Anordnungen, die diese Entscheidungen erfordern oder zulassen (§§ 56 a bis 56 d, § 59 a, § 67 b, §§ 68 a bis 68 c StGB) verweist § 268 a in einen **besonderen Beschluß**[2]. Dies entlastet den Urteilsspruch und ist auch deshalb zweckmäßig, weil die Anordnungen und Weisungen nachträglich geändert oder ergänzt werden können (vgl. § 56 a Abs. 2 Satz 2, § 56 e, § 59 a, § 68 b, § 68 d, § 70 a StGB).

**2**    **b)** Der Beschluß, den das Gericht in der für die Hauptverhandlung vorgeschriebenen Besetzung — also unter Mitwirkung der Laienrichter — trifft, ist **mit dem Urteil zu verkünden** (Absatz 1 letzter Halbsatz). Er schließt an das Urteil, dessen Anordnung über die Strafaussetzung zur Bewährung u. a. er näher regelt, an. Er ist **kein Teil des Urteils**[3], steht aber mit diesem in einem akzessorischen sachlichen Zusammenhang, so daß er ohne das Urteil, dem er zugeordnet ist, keinen Bestand haben kann. Er wird von selbst gegenstandslos, wenn das Urteil nicht rechtskräftig wird.

---

[1] Vgl. bei § 260, 76 ff.
[2] BGHSt **6** 302; BGH NJW **1954** 522; *Pentz* NJW **1954** 14.

[3] BGHSt **25** 333; § 268, 17 mit weit. Nachw.

### 2. Inhalt des Beschlusses

**a) Maßgeblichkeit des materiellen Rechts.** Das jeweils angewandte materielle **3**
Recht bestimmt Gegenstand und Inhalt des Beschlusses[4]; insoweit muß auf die Erläuterungsbücher zum Strafgesetzbuch verwiesen werden. Neben § 265 a regelt dieses auch
die sonstigen Erfordernisse, von denen die Entscheidung des Gerichts hinsichtlich der
einzelnen Anordnungen abhängt, so etwa das Erfordernis der Einwilligung des Angeklagten (§ 56 c Abs. 3 StGB).

**b) Im Tenor** des Beschlusses sind die **einzelnen Anordnungen**, etwa die Dauer **4**
der Bewährungszeit, die einzelnen Auflagen und Weisungen, die Anordnung der Führungsaufsicht entsprechend den jeweiligen Erfordernissen des materiellen Strafrechts
eindeutig und möglichst konkret festzulegen. Besonders bei den Weisungen während
der Dauer der Führungsaufsicht fordert das Gesetz, daß das Gericht in seiner Weisung
das verbotene oder verlangte Verhalten genau bestimmt (§ 68 b Abs. 1 Satz 2 StGB).
Eine dem Bestimmtheitsgrundsatz des Art. 103 Abs. 2 GG genügende Festlegung der einzelnen Gebote oder Verbote nach Zeit, Ort und Gegenstand ist hier deshalb unerläßlich, weil eine Zuwiderhandlung gegen diese Weisungen nach § 68 b Abs. 1 StGB in
§ 145 a StGB mit Strafe bedroht ist.

**c) Der Beschluß ist zu begründen** (§ 34). Zwar bedarf es in der Regel keiner nähe- **5**
ren Begründung, soweit das Gericht bei der Anordnung von Auflagen und Weisungen
sein Ermessen ausübt[5], es muß aber darlegen, daß die materiell-rechtlichen Voraussetzungen für die Anordnungen und die sonstigen rechtlichen Erfordernisse — insbesondere die Einwilligung des Angeklagten — gegeben sind. Daß eine Begründung des Beschlusses in § 268 a nicht verlangt wird, rechtfertigt hier — ebenso wie bei § 453[6] —
nicht den Schluß, daß eine Begründung nicht erforderlich sei[7]. Nach der Neuregelung
der §§ 56 ff StGB kann dies noch weniger angenommen werden, weil nicht alle der zu
treffenden Entscheidungen dem reinen Ermessen des Gerichts überlassen sind. So bedarf etwa die Unterstellung unter die Aufsicht eines Bewährungshelfers im Regelfall des
§ 56 d Abs. 2 StGB dann einer näheren Begründung, wenn Tatsachen naheliegen, aus
denen sich das Fehlen der Voraussetzungen des § 56 d Abs. 1 ergeben könnten, während
umgekehrt stets zu begründen ist, wenn das Gericht ausnahmsweise von der Regel des
Absatzes 2 absehen möchte[8]. In der Begründung wird regelmäßig auch darzulegen sein,
wenn das Gericht von Auflagen oder Weisungen nur deshalb vorläufig abgesehen hat,
weil der Angeklagte entsprechende Zusagen gemacht hatte (§ 56 b Abs. 3, 56 c Abs. 4
StGB). Zu begründen ist auch, warum das Gericht ein Anerbieten des Angeklagten als
nicht angemessen erachtet oder wenn es der Ansicht ist, daß eine Erfüllung dieses Aner-
bietens nicht zu erwarten ist (§ 56 b Abs. 2; § 56 c Abs. 4 StGB)[9].

### 3. Zeitpunkt für den Erlaß des Beschlusses

**a)** Der Beschluß ist **in der Hauptverhandlung zu verkünden**, wobei es dem Ge- **6**
richt überlassen ist, ob es in Anschluß an die Verlesung der Urteilsformel auch den
Tenor des Beschlusses bekannt gibt, um den Angeklagten schnell über die Tragweite

---

[4] Vgl. KK-*Engelhardt* 3 mit 6; *Kleinknecht/
Meyer*[37] 2; 5; 6; KMR-*Müller* 1 ff.
[5] Vgl. § 34, 7; KK-*Engelhardt* 8.
[6] Vgl. bei § 453.
[7] KK-*Engelhardt* 8; *G. Schäfer* § 89 IV 1; *Eb.*

*Schmidt* 6; a. A (keine Begründung): KMR-
*Müller* 5; *Pentz* NJW **1954** 141.
[8] Vgl. die Kommentare zum StGB, etwa *Dre-
her/Tröndle*[42].
[9] KK-*Engelhardt* 8.

aller Entscheidungen ins Bild zu setzen, oder ob es es für zweckmäßiger hält, den Beschluß erst nach Bekanntgabe der Urteilsgründe zu verkünden[10].

**7**     Eine **Abschrift des Beschlusses** über Strafaussetzung zur Bewährung ist nach Nr. 140 RiStBV[11] mit Rechtskraft des Urteils dem Verurteilten und seinem Verteidiger zu übersenden. Im Verfahren gegen Jugendliche und Heranwachsende sowie in Staatsschutzsachen kann davon abgesehen werden. Ein Antrag nach § 35 Abs. 1 Satz 2 ist nicht erforderlich.

**8**     b) Dem **nicht anwesenden Angeklagten** wird der Beschluß zusammen mit dem Urteil **zugestellt**. Soweit neben einem Strafbefehl ein Beschluß nach § 268 a in Betracht kommt (Verwarnung mit Strafvorbehalt), wird er zugleich mit dem Strafbefehl vom Richter erlassen und dem Angeklagten zugestellt[12]. Notwendig ist die Zustellung des Beschlusses an sich nicht (§ 35 Abs. 2 Satz 2).

**9**     c) Die **Möglichkeit nachträglicher Entscheidungen** über die Strafaussetzung zur Bewährung nach § 453 gestattet dem erkennenden Gericht nicht, auch die erste Entscheidung über Dauer und Modalitäten der Strafaussetzung dem späteren Verfahren vorzubehalten[13]. Das erkennende Gericht muß diese Entscheidung selbst treffen. Es ist auf Grund der ihm durch die Hauptverhandlung vermittelten Erkenntnisse und auf Grund seines persönlichen Eindrucks vom Angeklagten dazu auch am besten in der Lage. Die Frage, ob Auflagen und insbesondere Weisungen bei der Persönlichkeit des Angeklagten erfolgversprechend sind, ist mitunter entscheidend dafür, ob eine Strafaussetzung überhaupt angeordnet werden kann. Die Bestellung eines Bewährungshelfers nach § 68 a StGB kann allerdings zurückgestellt werden, wenn der Verurteilte eine Freiheitsstrafe verbüßt[14].

### 4. Belehrung (Absatz 3)

**10**     a) Absatz 3 schreibt, ähnlich wie § 35 a für die Rechtsmittelbelehrung, **zwingend** vor, daß der Vorsitzende den Angeklagten über Inhalt, Bedeutung und Folgen belehrt, wenn das Gericht eine der in § 268 a Abs. 1, 2 aufgezählten Entscheidungen getroffen hat[15].

**11**     Eine **Ausnahme** enthält insoweit lediglich Satz 4, der es bei der Aussetzung der Unterbringung in einem psychiatrischen Krankenhaus in das **pflichtgemäße Ermessen des Vorsitzenden** stellt, ob er den Angeklagten über die Möglichkeit des Widerrufs der Aussetzung belehren will. Über die Dauer der Bewährungszeit und — wenn das Gericht wegen der kraft Gesetzes eintretenden Führungsaufsicht Weisungen nach § 68 b StGB erteilt — hinsichtlich dieser Weisungen muß der Angeklagte aber auch in diesem Fall belehrt werden.

**12**     b) Den **Inhalt der Belehrung** legt Absatz 3 Satz 1, 2 nur durch die Aufzählung einiger **Mindestvoraussetzungen** fest. Die kriminalpolitische Zielsetzung der Vorschrift erfordert, daß sich der konkrete Inhalt der Belehrung und ihre Intensität an den Erfordernissen des jeweiligen Einzelfalls orientiert. Die Belehrung soll nach Möglichkeit per-

---

[10] Vgl. BGHSt **25** 337; KK-*Engelhardt* 9; *Kleinknecht/Meyer*[37] 3; KMR-*Müller* 4.

[11] Für Bayern enthält Nr. 1.3 EBekRiStBV (JMBl. **1976** 358) eine von Nr. 140 RiStBV abweichende Regelung, die ebenfalls die Übersendung einer Abschrift des Beschlusses nach § 268 a an den Angeklagten vorschreibt.

[12] KK-*Engelhardt* 10; KMR-*Müller* 4.

[13] *Kleinknecht/Meyer*[37] 1.

[14] KK-*Engelhardt* 5.

[15] OLG Celle MDR **1972** 967; KK-*Engelhardt* 11.

sönlich gehalten werden. Eine rein formale und unpersönliche Wiederholung des abstrakten Gesetzestextes verfehlt meist ihren Zweck.

Nach Satz 1 muß die Belehrung dem Angeklagten die **Bedeutung der ausgesetz-** **13** **ten Strafe** oder Maßregel der Besserung und Sicherung, der Verwarnung mit Strafvorbehalt oder der Führungsaufsicht vor Augen führen (Absatz 3 Satz 1). Sie muß ihm nachdrücklich bewußt machen, daß er den Widerruf der Aussetzung oder die Verurteilung zu der vorbehaltenen Strafe zu erwarten hat, wenn er die in ihn gesetzten Erwartungen enttäuscht, vor allem, wenn er innerhalb der Bewährungszeit erneut straffällig wird. Auch auf die sonstigen Widerrufsgründe des materiellen Rechts ist, sofern dies im Einzelfall angezeigt erscheint, einzugehen.

Gleichzeitig ist dem Angeklagten die Bedeutung und Tragweite der Pflichten vor **14** Augen zu halten, die ihm aus den auferlegten **Auflagen und Weisungen** erwachsen, sowie die Folgen, die ein Verstoß gegen diese Pflichten auslösen kann[16]. Dies ist besonders bedeutsam bei Weisungen im Rahmen der Führungsaufsicht nach § 68 b Abs. 1 StGB, deren Mißachtung in § 145 a StGB mit Strafe bedroht ist. Auf die Möglichkeit einer solchen Bestrafung ist der Angeklagte bei der Belehrung ausdrücklich hinzuweisen, wie Absatz 3 Satz 2 vorschreibt.

**c) Zeit und Form der Belehrung.** Die in Absatz 3 vorgeschriebene Belehrung ist **15** vom Vorsitzenden in der Regel im Anschluß an die Verkündung des Beschlusses nach den Absätzen 1 und 2 zu erteilen (Absatz 3 Satz 3), sie kann aber auch später erfolgen[17]; insbesondere können, wenn noch weitere Beschlüsse zu verkünden und weitere Belehrungen (z. B. nach § 268 c) notwendig sind, alle Belehrungen am Ende der Verhandlung zusammengefaßt werden. Ist die Belehrung in der Hauptverhandlung versehentlich unterblieben oder war sie aus irgendeinem Grund nicht möglich, so muß sie nach § 453 a nachgeholt werden; das gleiche gilt, wenn der Vorsitzende aus Zweckmäßigkeitsgründen in der Hauptverhandlung davon abgesehen hat, was in Ausnahmefällen zulässig sein kann (vgl. Absatz 3, Satz 4), etwa, wenn der Angeklagte nicht in der Lage ist, die Belehrung aufzunehmen[18].

Die Belehrung nach § 268 a ist grundsätzlich **mündlich** zu erteilen[19]. Dies schließt **16** jedoch nicht aus, daß dem Angeklagten in Verbindung mit der mündlichen Belehrung ein **Merkblatt** übergeben werden kann, in welchem die wichtigsten Gesichtspunkte nochmals zusammengefaßt sind. Bei Ausländern kann die Aushändigung eines Merkblatts in einer ihnen geläufigen Sprache angezeigt sein[20]. Die eindrucksvollere mündliche Belehrung, durch die der Angeklagte vom Richter persönlich angesprochen wird, darf jedoch dadurch in der Regel nicht ersetzt werden. Im Strafbefehlsverfahren wird die von § 409 Abs. 1 Satz 2 vorgeschriebene Belehrung grundsätzlich zugleich mit dem Strafbefehl und dem Beschluß nach § 268 a schriftlich erteilt[21]. Ist sie unterblieben, kann sie nach § 453 a nachgeholt werden.

**d)** Über sein **Beschwerderecht nach § 305 a** braucht der Angeklagte bei Bekanntgabe **17** des Beschlusses nach § 268 a nicht *belehrt* zu werden, da dieses Rechtsmittel nicht befristet ist (§ 35 a)[22]. Die hinsichtlich des Urteils zu erteilende Rechtsmittelbelehrung muß sich also nicht auf die Anfechtungsmöglichkeiten des Beschlusses nach § 268 a erstrekken; gleiches gilt für die Belehrung nach Absatz 3.

---

[16] Vgl. *Koch* NJW **1977** 419.
[17] KK-*Engelhardt* 14; KMR-*Müller* 11.
[18] *Kleinknecht/Meyer*[37] 7; KMR-*Müller* 14.
[19] KK-*Engelhardt* 13; *Kleinknecht/Meyer*[37] 7; KMR-*Müller* 12.

[20] Vgl. § 268, 35; § 35 a, 21.
[21] KK-*Engelhardt* 13; vgl. bei §§ 408; 409.
[22] KK-*Engelhardt* 12; vgl. § 35 a, 4.

Walter Gollwitzer

**18**     **5. Sitzungsniederschrift.** Der Beschluß nach § 268 a Abs. 1, 2 ist nach § 273 Abs. 1 (Entscheidung) mit dem Wortlaut seines Tenors in der Sitzungsniederschrift zu beurkunden[23]. Auch die Tatsache der Belehrung nach Absatz 3 (nicht ihr Wortlaut) ist eine wesentliche Förmlichkeit, die in die Sitzungsniederschrift aufzunehmen ist[24].

**19**     **6. Das Berufungsgericht** hat über die Anordnungen, die sich auf die Strafaussetzung zur Bewährung beziehen, **neu zu entscheiden,** wenn es nach durchgeführter Berufung eine Freiheitsstrafe zur Bewährung aussetzt oder eine bereits vom Erstrichter angeordnete Strafaussetzung unter Verwerfung des Rechtsmittels bestätigt. § 268 a gilt auch für die Berufungsinstanz (§ 332)[25]. Das Berufungsgericht ist bei seiner Entscheidung weder durch den Beschluß des Erstrichters noch durch den nur für die Beschwerdeentscheidung geltenden § 305 a gebunden. Wegen des akzessorischen Zusammenhangs zwischen Urteil und Beschluß (Rdn. 2) wird der Beschluß des Erstrichters mit Erlaß des Berufungsurteils von selbst **gegenstandslos**[26]. Das Berufungsgericht muß ihn durch eine eigene Entscheidung ersetzen, die allerdings auch dahin lauten kann, daß es den Beschluß des Erstrichters bestätigt.

**20**     Das Berufungsgericht erläßt den neuen Beschluß als **erstinstanzielles Gericht,** das eine mit dem Berufungsurteil in innerer Wechselwirkung stehende, unselbständige Nebenentscheidung selbst trifft, und **nicht als Beschwerdegericht** nach § 305 a. Es ist daher unerheblich, ob neben dem Ersturteil auch der Beschluß des Erstrichters mit Beschwerde angefochten worden ist[27]. Das **Verschlechterungsverbot** (§ 331) erfaßt die neue Entscheidung weder unmittelbar noch kann es analog herangezogen werden[28], da der Beschluß nach § 268 a unter dem Vorbehalt nachträglicher Änderungen steht, dem Angeklagten also keine Rechtsposition einräumt, auf die er vertrauen darf; außerdem steht der analogen Anwendung auch die kriminalpolitische Zielsetzung der Regelung entgegen[29]. Die neue Entscheidung des Berufungsgerichts ist mit der Beschwerde nach § 305 a anfechtbar[30].

**21**     **7. Das Revisionsgericht** muß die Entscheidung nach § 268 a grundsätzlich dem Tatrichter überlassen[31]. Nur wenn es in Übereinstimmung mit der Staatsanwaltschaft die Mindestdauer der Bewährungszeit für angemessen hält, kann es diese neben dem

---

[23] KK-*Engelhardt* 15.

[24] KK-*Engelhardt* 15; KMR-*Müller* 13; *Eb. Schmidt* 11; a. A *Kleinknecht/Meyer*[37] (bezogen auf Hauptverhandlung keine wesentliche Förmlichkeit sondern nur Ordnungsvorschrift; ihre Protokollierung empfiehlt sich aber aus Beweisgründen).

[25] OLG Düsseldorf MDR **1982** 1042; KK-*Engelhardt* 1; 16; *Kleinknecht/Meyer*[37] 9; KMR-*Paulus* § 305 a, 9.

[26] Vgl. die Nachw. Fußn. 24.

[27] OLG Celle MDR **1970** 68; OLG Düsseldorf NJW **1956** 1889; OLG Hamm JMBlNW **1964** 176; **1967** 510; KG VRS **11** 364; LG München DAR **1956** 111; KK-*Engelhardt* 1; *Kleinknecht/Meyer*[37] 9; KMR-*Paulus* § 305 a, 10; *Schmitt* NJW **1956** 1728; a. A BayObLG NJW **1956** 1728.

[28] OLG Hamburg NJW **1981** 470 mit Anm. *Loos* NStZ **1981** 363; OLG Hamm NJW **1978** 1596; OLG Karlsruhe Justiz **1979** 211; OLG Koblenz NStZ **1981** 154; *Kleinknecht/Meyer*[37] 9; KMR-*Paulus* § 305 a, 10; *Horn* MDR **1981** 15; ferner (zu § 358 Abs. 2) BGH JR **1982** 419 mit Anm. *Meyer* (die Entscheidung läßt die Streitfrage offen, was gilt, wenn die materiell-rechtlichen Voraussetzungen für eine Abänderung nicht vorlagen); a. A OLG Koblenz JR **1977** 346 mit abl. Anm. *Gollwitzer*; OLG Frankfurt NJW **1978** 959; *Wittschier* Das Verbot der reformatio in peius im strafprozessualen Beschlußverfahren (1985) 134 ff.

[29] OLG Hamburg NJW **1981** 470.

[30] KMR-*Paulus* § 305 a, 10; vgl. bei § 305 a.

[31] KK-*Engelhardt* 2; vgl. § 337 und bei § 305 a.

(verwerfenden) Urteil selbst durch Beschluß festsetzen, wobei aber auch dann die Entscheidung über die Auflagen dem Tatrichter (in Nachverfahren) vorbehalten ist[32]. Hebt es auf die Revision das Urteil in einem für den Beschluß nach § 268 a relevanten Teil auf, wird dieser gegenstandslos[33].

### 8. Rechtsbehelfe

**a) Unterbliebene Verkündung.** Ist in der Hauptverhandlung der nach dem Urteils- **22** inhalt notwendige **Beschluß** nach § 268 a versehentlich nicht verkündet worden, kann er nachträglich nach § 453 erlassen werden[34]. Bis dahin gilt die Mindestbewährungszeit ohne Auflagen und Weisungen[35]. Einer Nachholung bedarf es nicht, wenn Berufung eingelegt ist, weil das Berufungsgericht den Beschluß neu erlassen muß, so daß auch kein Raum für eine Zurückverweisung ist[36]. Die Revision kann auf das Fehlen eines Beschlusses nach § 268 a nicht gestützt werden, da das Urteil hierauf nicht beruhen kann[37].

**b) Rechtsmittel gegen Beschluß.** Während die Berufung gegen das Urteil automa- **23** tisch zu einer neuen, eigenen Entscheidung des Berufungsgerichts nach § 268 a führt[38], kann die gegen den Beschluß allein gerichtete Beschwerde nach § 305 a nur darauf gestützt werden, daß eine der Anordnungen gesetzwidrig ist, also insbesondere den im materiellen Strafrecht getroffenen Einzelregelungen widerspricht[39].

Soweit das Revisionsgericht über die Beschwerde nach § 305 a Abs. 2 zu befinden **24** hat, entscheidet es durch selbständigen **Beschluß** und nicht etwa im Revisionsurteil. Die Revision gegen das Urteil kann nicht mit Angriffen gegen Bewährungsanordnungen begründet werden[40].

**c)** Eine **unterbliebene Belehrung nach Absatz 3** ist nachzuholen (Rdn. 15); ein **25** Rechtsmittel kann hierauf nicht gestützt werden, da der Bestand des Beschlusses nicht von der Belehrung abhängt[41].

**9. Folgen einer unrichtigen Belehrung nach Absatz 3.** Der **Widerruf der Strafaus- 26 setzung** hängt zwar grundsätzlich nicht davon ab, daß der Angeklagte ordnungsgemäß belehrt worden ist. Im Einzelfall kann es jedoch für die Beurteilung seines Verhaltens, insbesondere bei der Würdigung der Schwere eines Verstoßes gegen Auflagen und Weisungen zugunsten des Angeklagten ins Gewicht fallen, daß er nicht ordnungsgemäß belehrt worden ist[42], da dann ein gröblicher oder beharrlicher Verstoß gegen Auflagen und Weisungen (§ 56 f Abs. 1 Nrn. 2, 3 StGB) mitunter nicht vorliegen wird (Tatfrage!)[43]. Gleiches gilt bei den anderen Entscheidungen nach § 268 a Abs. 1, 2.

[32] BGH nach KK-*Engelhardt* 2.
[33] KK-*Engelhardt* 16; vgl. Rdn. 19 und bei § 305 a.
[34] In entsprechender Anwendung: OLG Celle NJW **1957** 275; MDR **1970** 68; OLG Düsseldorf MDR **1982** 7042; KG VRS **11** 357; OLG Koblenz MDR **1981** 423; LG Osnabrück NStZ **1985** 378; *Kleinknecht/Meyer*[37] 10; KMR-*Müller* 9 (soweit auch nachträgliche Änderungen zulässig); a. A LG Kempten NJW **1978** 840; mit Einschränkung auch OLG Frankfurt StrVert. **1983** 24 (Nachholung nur, wenn auf Grund der Urteilsgründe eine Entscheidung über Modalitäten möglich); vgl. bei § 453.

[35] LG Kempten NJW **1978** 840; KMR-*Müller* 9.
[36] OLG Düsseldorf MDR **1982** 1042; vgl. Rdn. 19, 20.
[37] OLG Koblenz MDR **1981** 423.
[38] Vgl. Rdn. 19; 20.
[39] Wegen der Einzelheiten vgl. bei § 305 a.
[40] Etwa OLG Hamm NJW **1969** 890; KG NJW **1957** 275. Wegen der Einzelheiten vgl. bei § 305 a.
[41] Vgl. KK-*Engelhardt* 11.
[42] Vgl. OLG Celle NJW **1958** 1009.
[43] Vgl. *Koch* NJW **1977** 419.

**27**    Die **Strafbarkeit** der Zuwiderhandlung gegen bestimmte Weisungen im Rahmen der **Führungsaufsicht** nach § 145 a StGB hängt nicht davon ab, daß der Angeklagte gemäß Absatz 3 Satz 1 und 2 belehrt worden ist. Es ist eine Tatfrage, ob eine fehlende oder unzureichende Belehrung den von dieser Strafvorschrift vorausgesetzten (mindestens) bedingten Vorsatz entfallen läßt, etwa, weil der Angeklagte nicht erkannte, daß er durch sein Verhalten den Zweck der Maßregel gefährdete.

# § 268 b

[1]Bei der Urteilsfällung ist zugleich von Amts wegen über die Fortdauer der Untersuchungshaft oder einstweiligen Unterbringung zu entscheiden. [2]Der Beschluß ist mit dem Urteil zu verkünden.

**Entstehungsgeschichte.** § 268 b ist durch Art. 4 Nr. 32 des 3. StRÄndG 1953 eingefügt worden.

## Übersicht

### 1. Sinn der Vorschrift

**1**    **a) Die Notwendigkeit der Haftfortdauer** hat das erkennende Gericht **während der ganzen Hauptverhandlung** zu prüfen. Es hat von Amts wegen einen Haft- oder Unterbringungsbefehl unverzüglich aufzuheben, wenn seine Voraussetzungen nicht mehr gegeben sind (§ 120). Es darf die Aufhebung nicht bis zur Verkündung des Urteils und der in § 268 b vorgeschriebenen Beschlußfassung über die Haftfortdauer aufschieben, sofern diese Entscheidungen nicht alsbald[1] ergehen können. Dies gilt auch, wenn die Haftprüfung nach § 122 Abs. 3 Satz 2 dem Oberlandesgericht obliegt[2].

**2**    **b)** Besteht dagegen im **Zeitpunkt der Urteilsfällung** noch ein Haft- oder Unterbringungsbefehl, so hat das Gericht zugleich mit Verkündung des Urteils über dessen **Fortdauer** zu entscheiden, und zwar ganz gleich, ob es den Angeklagten verurteilt oder freispricht[3]. Die Entscheidung hat auch zu ergehen, wenn der Vollzug des Haftbefehls nach § 116 ausgesetzt ist[4].

---

[1] *Kleinknecht/Meyer*[37] 1: noch am selben Tage; vgl. auch KMR-*Müller* 2.
[2] *Kleinknecht/Meyer*[37] 2; vgl. § 121, 20 ff; § 122, 49.
[3] KK-*Engelhardt* 2; *Kleinknecht/Meyer*[37] 2; KMR-*Müller* 1.
[4] KMR-*Müller* 1.

§ 268 b legt eine auch schon vorher in der Praxis gepflogene Übung gesetzlich **3** fest. Er entscheidet die Streitfrage, ob das erkennende Gericht über die Haftfortdauer auch dann beschließen dürfe, wenn das Urteil alsbald mit der Verkündung **rechtskräftig** wird, sei es, daß alle Anfechtungsberechtigten auf Einlegung eines Rechtsmittels verzichten, sei es, daß gegen das Urteil überhaupt kein Rechtsmittel gegeben ist. § 268 b unterscheidet nicht zwischen anfechtbaren und solchen Urteilen, die mit der Verkündung oder alsbald nach ihr rechtskräftig werden, sondern begründet die Zuständigkeit des erkennenden Gerichts für die Entscheidung über die Haftfortdauer für jeden Fall ohne Ausnahme[5].

**2. Entscheidung über Fortdauer der Untersuchungshaft** ist die Entscheidung, ob **4** der Haftbefehl aufrechtzuerhalten, sein Vollzug auszusetzen oder ob er aufzuheben ist. Dies muß das Gericht nach den Regeln des **materiellen Haftrechts** (insbesondere §§ 112 bis 113, 116, 120) auf Grund der in der Hauptverhandlung gewonnenen Erkenntnisse, insbesondere des nach seiner Überzeugung feststehenden Sachverhalts, von Amts wegen prüfen. Die prozessualen Voraussetzungen der Haftentscheidung können aber im Wege des **Freibeweises** festgestellt werden[6]. Bestehen die Haftgründe fort, ist der Haftbefehl unter Umständen der neuen Sach- und Rechtslage anzupassen; gleiches gilt, wenn sich die Haftgründe ändern, der Haftbefehl nunmehr auf Fluchtgefahr gestützt werden soll statt auf die mit Durchführung der Hauptverhandlung meist entfallende Verdunkelungsgefahr. Wird der Angeklagte freigesprochen oder wird das Verfahren nicht nur vorläufig eingestellt, so ist der Haftbefehl nach § 120 aufzuheben[7].

Gegen den auf **freiem Fuß** befindlichen Angeklagten kann im Zusammenhang **5** mit dem Erlaß des Urteils Haftbefehl ergehen, wenn auch bei den mit der Verkündung rechtskräftig werdenden Urteilen Verdunkelungsgefahr als Haftgrund wohl stets ausscheiden wird[8].

**3.** Für den **Unterbringungsbefehl** gelten die vorstehenden Ausführungen entspre- **6** chend[9].

**4.** Der **Beschluß** nach § 268 b wird vom erkennenden Gericht in der für die Ur- **7** teilsfällung vorgeschriebenen Besetzung — also unter Mitwirkung der Laienrichter — erlassen[10]. Während einer Unterbrechung der Hauptverhandlung kann die Haftentlassung (§§ 116, 128) auch ohne die Schöffen beschlossen werden[11]. Die Entscheidung nach § 268 b ist gemäß § 34 zu **begründen**[12]. Die inhaltlichen Anforderungen an die Begründung werden durch das materielle Haftrecht bestimmt, wobei allerdings zusätzliche Ausführungen zum dringenden Tatverdacht wegen des ergangenen Urteils sich erübrigen.

---

[5] KK-*Engelhardt* 2; KMR-*Müller* 4; *Schmitt* NJW **1959** 1718.

[6] *Alsberg/Nüse/Meyer* 122; vgl. § 114, 23.

[7] KMR-*Müller* 1.

[8] Vgl. OLG Hamm NJW **1954** 298; KK-*Engelhardt* 4; *Eb. Schmidt* 2; *Schneidewin* NJW **1954** 298; **a. A** *Wolff* NJW **1954** 60.

[9] KK-*Engelhardt* 9; KMR-*Müller* 6.

[10] KK-*Engelhardt* 3; KMR-*Müller* § 125, 5; § 126, 9; vgl. OLG Düsseldorf StrVert. **1984** 159.

[11] *Kleinknecht/Meyer*[37] 3; weit. Nachw. Fußn. 10.

[12] KK-*Engelhardt* 6; *Kleinknecht/Meyer*[37]; *Eb. Schmidt* 3.

**8**    **5. Unterlassung der Beschlußfassung.** Unterläßt es das Gericht entgegen § 268 b versehentlich, einen Beschluß über die Haftfortdauer zu fassen, so kann es das Versäumnis jederzeit von Amts wegen oder auf Antrag nachholen. Unterbleibt nur die Verkündung, muß der Beschluß zugestellt werden[13]. In Eilfällen, vor allem, wenn nach Freisprechung des Angeklagten die Aufhebung des Haftbefehls übersehen ist, kann der Vorsitzende nach § 124 Abs. 2 und 3 im Einvernehmen mit der Staatsanwaltschaft allein handeln. Unterbleibt die Beschlußfassung oder die Verkündung, wird ein bestehender Haftbefehl nicht von selbst unwirksam[14]. Nur der Haftbefehl nach § 230 Abs. 2 macht hier eine Ausnahme[15].

**9**    **6. Zeitpunkt der Verkündung.** Der Beschluß über die Aufhebung des Haftbefehls oder die Fortdauer der Haft ist mit dem Urteil zu verkünden. Satz 2 besagt, daß die Verkündung des Urteils und die Verkündung des Beschlusses über die Haftfortdauer im natürlichen Sinn zusammengehören. Eine **zwingende Reihenfolge**, in der die Beschlüsse zu erlassen und die erforderlichen Belehrungen zu erteilen sind, schreibt das Gesetz jedoch nicht vor. Die mit der Urteilsfällung notwendig werdenden Entscheidungen werden je nach Zweckmäßigkeit[16] in folgender Reihenfolge zu verkünden sein: Verlesung des Urteilsspruches, mündliche Urteilsbegründung, Verkündung des Beschlusses nach § 268 b; gegebenenfalls Verkündung des Beschlusses nach § 268 a mit Belehrung nach § 268 a Abs. 3; Belehrung des Verurteilten über das gegen das Urteil zulässige Rechtsmittel (§ 35 a), sowie etwa sonst gebotenen Belehrungen (z. B. nach § 268 c).

**10**    **7. Rechtsbehelfe, Belehrung.** Ergeht bei der Urteilsverkündung ein neuer Haftbefehl, so ist der Angeklagte nach § 115 Abs. 4 über das Recht der Beschwerde und die anderen **Rechtsbehelfe** gegen den **Haftbefehl** zu belehren[17]. Wird nur die Haftfortdauer angeordnet, bedarf es keiner neuen Belehrung über die Zulässigkeit der Beschwerde (§ 304) gegen diesen Beschluß. Die Rechtsbehelfe gegen die Haftentscheidung sind auch gegeben, wenn das Urteil sogleich rechtskräftig wird. Erst wenn die Strafvollstreckung eingeleitet ist, werden sie gegenstandslos[18].

**11**    **8.** In der **Sitzungsniederschrift** ist der Beschluß nach § 268 b gemäß § 273 Abs. 1 zu beurkunden[19].

---

[13] KK-*Engelhardt* 8; *Eb. Schmidt* 5.
[14] KK-*Engelhardt* 8; KMR-*Müller* 5; *Eb. Schmidt* 5.
[15] § 230, 41.
[16] KK-*Engelhardt* 5.
[17] Vgl. *Eb. Schmidt* 3 (Rechtsbehelfsbelehrung

bei jeder Anordnung über die Haftfortdauer); **a. A** KMR-*Müller* 4 (Belehrung nicht vorgeschrieben).
[18] *Schmidt* NJW **1959** 1718.
[19] KK-*Engelhardt* 6.

## § 268 c

[1]Wird in dem Urteil ein Fahrverbot angeordnet, so belehrt der Vorsitzende den Angeklagten über den Beginn der Verbotsfrist (§ 44 Abs. 4 Satz 1 des Strafgesetzbuches). [2]Die Belehrung wird im Anschluß an die Urteilsverkündung erteilt. [3]Ergeht das Urteil in Abwesenheit des Angeklagten, so ist er schriftlich zu belehren.

**Entstehungsgeschichte.** § 268 c ist durch Art. 2 EGOWiG in das Gesetz eingefügt worden. Die Vorschrift, die im Regierungsentwurf nicht enthalten war, beruht auf einem Vorschlag des Rechtsausschusses (Schriftl. Bericht, BTDrucks. V 2600 und 2601, 18). Art. 21 Nr. 72 EGStGB hat ohne sachliche Änderung die Verweisung den neuen Paragraphenbezeichnungen des Strafgesetzbuchs angepaßt.

*Übersicht*

**1. Zweck der Vorschrift.** Mit der Belehrung soll verhindert werden, daß der Ange- **1** klagte, gegen den ein mit Rechtskraft des Urteils wirksames Fahrverbot ausgesprochen worden ist, einen Rechtsnachteil dadurch erleidet, daß er seinen Führerschein nicht alsbald in amtliche Verwahrung gibt und so die Verbotsfrist nicht nach § 44 Abs. 4 Satz 1 StGB in Gang setzt[1].

**2. Anwendungsbereich.** § 268 c schreibt die Belehrung über den Beginn der Ver- **2** botsfrist nur für den Fall vor, daß das Gericht wegen einer Straftat ein Fahrverbot nach § 44 StGB verhängt hat, nicht jedoch für den Fall, daß die Fahrerlaubnis nach § 69 StGB entzogen worden ist. Spricht das Gericht wegen einer Ordnungswidrigkeit ein Fahrverbot nach § 25 StVG aus, so folgt die Pflicht, den Betroffenen über den Beginn der Verbotsfrist im Anschluß an die Verkündung der Bußgeldentscheidung zu belehren, aus § 25 Abs. 8 StVG[2]. Einer solchen Belehrung bedarf es auch dann, wenn der Betroffene bereits bei Zustellung des Bußgeldbescheids von der Verwaltungsbehörde belehrt worden war.

Die Belehrungspflicht gilt auch für die **Berufungsinstanz** (§ 332). Sie wird nicht **3** dadurch hinfällig, daß bereits der Erstrichter eine entsprechende Belehrung erteilt hatte[3]. Für das **Strafbefehlsverfahren** schreibt § 409 Abs. 1 Satz 2 die Belehrung nach § 268 c vor.

**3. Gegenstand der Belehrung** ist der Beginn der Frist des Fahrverbots nach § 44 **4** Abs. 4 Satz 1 StGB. Die Dauer des Verbots ist dem Angeklagten bereits durch das Urteil selbst bekannt gemacht worden. Der Vorsitzende soll den Angeklagten aber auch darauf hinweisen, daß das Fahrverbot mit der Rechtskraft des Urteils wirksam wird und nicht

---

[1] KK-*Engelhardt* 1; KMR-*Müller* 1.  [3] KK-*Engelhardt* 5.

[2] KK-*Engelhardt* 1; *Kleinknecht/Meyer*[37] 5.

Walter Gollwitzer

nur, daß die für sein Ende maßgebende Frist erst zu laufen beginnt, wenn er den Führerschein in amtlichen Gewahrsam gegeben hat[4]. Die Belehrung wird, auch wenn dies § 268 c nicht vorschreibt, zweckmäßigerweise durch den Hinweis ergänzt, wo der Führerschein in Gewahrsam zu geben ist.

**5**    Hat der Angeklagte einen **ausländischen Fahrausweis**, dann ist er zu belehren, daß die Frist erst mit der Eintragung des Verbots in diesem Ausweis läuft.

**6**    **Weitergehende Belehrungen**, etwa über die Berechnung der Verbotsfrist und über die Nichteinrechnung der Zeit, in der der Angeklagte sich in Haft befindet oder sonst auf Grund einer behördlichen Anordnung in einer Anstalt verwahrt wird (§ 44 Abs. 4 Satz 2 StGB), sieht das Gesetz nicht vor.

**7**    **4. Der Vorsitzende** erteilt die Belehrung im Anschluß an die Urteilsverkündung, und zwar zweckmäßigerweise erst nach Verkündung etwaiger, gemeinsam mit dem Urteil ergehender Beschlüsse[5], da er dann die Belehrung nach § 268 c mit einer etwaigen Belehrung nach § 268 a Abs. 3 und mit der Rechtsmittelbelehrung zusammenfassen kann. Ob er die Belehrung nach § 268 c dabei vor der Rechtsmittelbelehrung nach § 35 a oder erst nach dieser erteilt, ist unerheblich. Ebenso wie bei der Rechtsmittelbelehrung[6] kann sich der Vorsitzende auch hier eines Merkblatts bedienen, das aber die Belehrung nur ergänzen und nicht etwa vollständig ersetzen kann[7].

**8**    **5. Bei Abwesenheit des Angeklagten** bei der Urteilsverkündung ist die Belehrung schriftlich zu erteilen (Satz 3). Sie ist dem Angeklagten, ebenso wie beim Strafbefehl, zweckmäßigerweise gemeinsam mit dem Urteil zuzustellen[8].

**9**    **6. Die Nachholung** einer zu Unrecht unterbliebenen Belehrung im Vollstreckungsverfahren ähnlich § 453 a Abs. 1 ist für die Belehrung nach § 268 c StGB nicht vorgesehen. Ist die Belehrung durch das Gericht unterblieben, so kann allerdings die Vollstreckungsbehörde die Belehrung nachholen, wenn sie den Führerschein zur Vollstreckung nach § 59 a Abs. 4 Satz 1 StVollstrO anfordert. Eine Nachholung der Belehrung durch den Richter ist nicht vorgeschrieben[9].

**10**    **7. Sitzungsniederschrift.** Die mündliche Belehrung durch den Vorsitzenden ist zweckmäßigerweise in der Sitzungsniederschrift zu vermerken, auch wenn man in der Belehrung keine wesentliche Förmlichkeit im Sinne des § 273 Abs. 1 sieht[10].

---

[4] OLG Celle NdsRpfl. **1977** 235; KK-*Engelhardt* 3; KMR-*Müller* 1.

[5] KK-*Engelhardt* 4; *Kleinknecht/Meyer*[37] 3; KMR-*Müller* 4.

[6] Vgl. RiStBV Nr. 142 Abs. 1 Satz 2; § 268, 35.

[7] *Kleinknecht/Meyer*[37] 3.

[8] KK-*Engelhardt* 9; *Kleinknecht/Meyer*[37] 4; KMR-*Müller* 3.

[9] KK-*Engelhardt* 7; *Kleinknecht/Meyer*[37] 1.

[10] KK-*Engelhardt* 8; *Kleinknecht/Meyer*[37] 2; *Eb. Schmidt* Nachtr. II 4 (Ordnungsvorschrift); KMR-*Müller* 5 läßt dies offen.

# § 269

**Das Gericht darf sich nicht für unzuständig erklären, weil die Sache vor ein Gericht niederer Ordnung gehöre.**

**Schrifttum.** *Grünwald* Die sachliche Zuständigkeit der Strafgerichte und die Garantie des gesetzlichen Richters, JuS **1968** 452; *Rieß* Die Bestimmung und Prüfung der sachlichen Zuständigkeit und verwandter Erscheinungen im Strafverfahren, GA **1976** 1. Wegen weiterer Nachweise vgl. bei § 6 a, bei § 209 und bei § 270.

*Übersicht*

## 1. Anwendungsbereich

**a)** § 269 betrifft die **sachlichen Zuständigkeit** (§ 1) im engeren Sinn, d. h. die Zuständigkeit der ordentlichen Strafgerichte in ihrem Verhältnis zueinander[1]. Wegen der örtlichen Zuständigkeit vgl. § 16, wegen der funktionellen Zuständigkeit Vor § 1, 7 ff; wegen der geschäftsplanmäßigen Zuständigkeit Vor § 1, 11 ff; § 209, 7 ff. Zu den Besonderheiten, die sich aus der in § 74 e GVG festgelegten Rangfolge an sich gleichrangiger Spruchkörper und bei den Jugendgerichten ergeben vgl. §§ 6 a, 209 a, 225 a, 270. **1**

**b)** § 269 erfaßt das **gesamte Hauptverfahren** von der Eröffnung an[2]; für die Entscheidung über die Eröffnung gilt er nicht (§ 209 Abs. 1)[3]. **2**

**c)** § 269 schließt die Abgabe an ein Gericht niederer Ordnung aus; der Abgabe an ein Gericht **höherer Ordnung** (Vorlage zur Übernahme § 225 a; Verweisung § 270) steht er nicht entgegen. Er gilt auch nicht für die Abgabe zwischen **gleichrangigen Spruchkörpern**[4], selbst wenn zwischen ihnen eine Rangfolge festgelegt ist, wie bei den Strafkammern in § 74 e GVG[5]. **3**

**2. Zweck** der Regelung ist es, aus Gründen der Prozeßwirtschaftlichkeit und der Verfahrensbeschleunigung Verweisungen rechtshängiger Verfahren entgegenzuwirken, die nicht wegen der mangelnden Strafkompetenz unerläßlich sind[6]. Wie § 6 zeigt, gehört die sachliche Zuständigkeit zu den in jeder Lage des Verfahrens von Amts wegen zu prü- **4**

---

[1] Zum Begriff der sachlichen Zuständigkeit vgl. Vor § 1, 1 ff.

[2] KK-*Engelhardt* 2; *Kleinknecht/Meyer*[37] 1; KMR-*Müller* 1. Auch § 225 a bestätigt, daß § 269 einen Grundsatz enthält, der nicht nur für die Hauptverhandlung, sondern für das ganze Verfahren nach der Eröffnung gilt.

[3] Vgl. § 209, 3.

[4] BGHSt **27** 102; KK-*Engelhardt* 7; *Kleinknecht/Meyer*[37] 4; KMR-*Müller* 2; vgl. § 270, 7; ferner *Meyer-Goßner* NStZ **1981** 168.

[5] Vgl. bei § 74 e GVG; ferner die bei Rdn. 1 genannten Sondervorschriften für die Abgabe an nachrangige Kammern; ferner § 209 a, 3.

[6] *Hahn* Motive 213; KK-*Engelhardt* 1; *Kleinknecht/Meyer*[37] 3.

fenden Verfahrensvoraussetzungen. Ihr Fehlen müßte deshalb an sich zu mitunter wiederholten Verweisungen an vor- oder nachrangige Gerichte führen. Wenigstens letzteres will § 269 ausschließen. Er bestimmt deshalb in Abweichung von § 6, daß die fehlende sachliche Zuständigkeit unbeachtlich ist, wenn sich ein Gericht höherer Ordnung mit der Sache befaßt, das Verfahren also vor ihm eröffnet ist[7]. Nach der Auffassung der Strafprozeßordnung schließt die größere sachliche Zuständigkeit die **geringere** ein[8]. Es wird auch nicht als Nachteil für den Angeklagten angesehen, wenn seine Sache vor dem höheren Gericht behandelt wird[9].

**5**      3. § 269 enthält **zwingendes Recht**; die Verweisung an ein Gericht niederer Ordnung ist auch bei Einverständnis aller Verfahrensbeteiligten ausgeschlossen[10].

**6**      **4. Gericht niederer Ordnung.** Maßgebend für die Ordnung, der das jeweilige Gericht angehört, ist die Stufenfolge, in der die Gerichte des gleichen Gerichtszweiges nach der geltenden Gerichtsverfassung eingereiht sind und ihre unterschiedliche Besetzung[11]. Zur Rangordnung vgl. § 2, 11 ff, § 209, 11 ff, § 338, 69 ff.

**7**      Als ein Gericht niederer Ordnung ist auch der **Strafrichter** im Verhältnis zum **Schöffengericht** anzusehen[12], während der Unterschied zwischen dem dreigliedrigen und dem erweiterten Schöffengericht nicht die Zuständigkeit, sondern nur die Besetzung betrifft[13]. Das **Schwurgericht** ist in der neuen Besetzung als besondere Strafkammer (§ 74 Abs. 2 GVG) gegenüber der großen Strafkammer und der Jugendkammer kein Gericht höherer Ordnung mehr[14], wohl aber die **große Strafkammer** gegenüber der kleinen[15].

**8**      Für die **Jugendgerichte** enthält § 47 a JGG eine dem § 269 vergleichbare Regelung, die — unbeschadet des § 103 Abs. 2 Satz 2, 3 JGG[16] — die Verweisung an ein für allgemeine Strafsachen zuständiges Gericht gleicher oder niedrigerer Ordnung ausschließt[17]. Im übrigen ist anerkannt[18], daß Jugendgerichte und Erwachsenengerichte Abteilungen — wenn auch kraft Gesetzes verschieden besetzte Abteilungen — der ordentlichen Gerichte sind und daß auch zwischen Jugendgerichten und Erwachsenengerichten das Verhältnis von Gerichten höherer und niederer Ordnung im Sinne des § 269 besteht[19]. Das irrtümlich angegangene Erwachsenengericht darf daher die Sache nur an ein gleichrangiges Jugendgericht abgeben, nicht aber an ein Jugendgericht niederer Ordnung[20]. Ob § 103 Abs. 3 JGG eine dem § 269 vorgehende Sonderregelung enthält,

---

[7] *Eb. Schmidt* 1. Wegen der Zugehörigkeit des § 269 zu einem umfassenden System, das § 6 erst praktikabel macht, vgl. § 209, 2; *Rieß* GA **1976** 10.

[8] *Hahn* Motive 212; KMR-*Müller* 1.

[9] RGSt **62** 271; *Dünnebier* JR **1975** 3; *Gössel* § 16 C II g; *Kleinknecht/Meyer*[37] 3; vgl. § 270, 7.

[10] KK-*Engelhardt* 5; anders als bei der von einem Einwand des Angeklagten abhängenden Abgabe nach § 6 a.

[11] Vgl. *Rieß* GA **1976** 1.

[12] BGHSt **19** 178; h. M, vgl. § 2, 11; § 209, 11 mit weit. Nachw.

[13] RGSt **62** 270; § 2, 12; § 209, 11.

[14] BGHSt **26** 191 = JR **1976** 164 mit Anm. *Brunner;* = NJW **1976** 201 mit Anm. *Sieg;*

BGHSt **27** 101; OLG Düsseldorf OLGSt § 210, 3.

[15] Vgl. § 2, 13.

[16] Vorrang der besonderen Strafkammer nach § 74 a GVG und der Wirtschaftsstrafkammer nach § 74 e GVG.

[17] *Kleinknecht/Meyer*[37] 2; vgl. die Kommentare zu § 47 a JGG; § 209 a, 20; ferner § 102 JGG (Zuständigkeit für Strafsachen nach § 120 Abs. 1, 2 JGG).

[18] Die Auffassung, die Jugendgerichtsbarkeit sei ein besonderer Gerichtszweig hat der Beschluß des Großen Senats BGHSt **18** 79 aufgegeben; so auch BGHSt **18** 175; **22** 51; **26** 198; vgl. § 209, 12 mit weit. Nachw.

[19] Vgl. § 209, 12; § 209 a, 20 ff.

[20] BGHSt **18** 173.

kann zweifelhaft sein[21]. Bei § 47 a JGG nimmt die Rechtsprechung an, daß dieser entgegen dem Wortlaut des § 103 Abs. 3 JGG eine Abgabe der abgetrennten Erwachsenensache an die Erwachsenengerichte nach Eröffnung ausschließt[22].

**5. Anwendungsfälle.** Dem § 269 ist angesichts seines Zwecks eine möglichst weite **9** Ausdehnung zu geben. Er gilt nicht nur, wenn nachträglich die für die Zuständigkeit des höheren Gerichts maßgebenden Gesichtspunkte entfallen; er ist auch anzuwenden, wenn die Zuständigkeit eines Gerichts niederer Ordnung schon aus dem Eröffnungsbeschluß ersichtlich war[23]; ebenso, wenn das Gericht höherer Ordnung durch eine sachlich zu Unrecht erlassene Unzuständigkeitserklärung des Gerichts niederer Ordnung mit der Sache befaßt worden ist[24]. Dies gilt selbst, wenn der Verweisungsbeschluß nicht formgerecht zustande gekommen, aber rechtlich bindend ist[25]. Eine rechtlich unwirksame Verweisung beendet dagegen die Rechtshängigkeit beim Gericht niederer Ordnung nicht, so daß das höhere Gericht die Sache zurückgeben darf[26]. Bei der Vorlage nach § 225 a schließt erst der Übernahmebeschluß eine Verweisung an ein niederrangigeres Gericht aus[27].

**6. Fortwirkung bei Trennung.** Ob § 269 auch nach der **Trennung verbundener 10 Verfahren** fortwirkt, ist strittig[28]. Es entspricht dem Regelungszweck wohl besser, wenn die abgetrennte Sache nicht automatisch an das an sich für sie zuständige niedere Gericht zurückfällt[29].

**7. Bei mehrfacher Rechtshängigkeit**[30] hindert § 269 die Bereinigung der Verfah- **11** renslage auch dann nicht, wenn das Verfahren vor dem Gericht niederer Ordnung durchzuführen ist[31], denn dessen Zuständigkeit besteht ohnehin, wird also nicht erst neu begründet. Es richtet sich allein nach den für die Bereinigung einer mehrfachen Rechtshängigkeit entwickelten Grundsätzen[32], ob dem höheren Gericht der Vorrang gebührt, etwa, weil die Sache zuerst bei ihm anhängig geworden ist oder weil ihm die umfassendere, die Sache erschöpfende Aburteilung möglich ist.

---

[21] OLG Stuttgart Justiz **1978** 175 läßt dies offen, neigt aber zur Annahme einer vorrangigen Spezialvorschrift.
[22] BGHSt **30** 260; BayObLGSt **1980** 46 = NJW **1980** 2090; ferner die Kommentare zu § 47 a JGG; etwa *Brunner* § 47 a, 4; vgl. auch § 209 a, 25.
[23] RGSt **16** 39; KMR-*Müller* 1; *Eb. Schmidt* 3.
[24] BGH bei *Pfeiffer* NStZ **1981** 297; RGRspr. **7** 641; RGSt **44** 395; **62** 271; *Kleinknecht/Meyer*[37] 1.
[25] RGSt **62** 271; KMR-*Müller* 1; vgl. § 270, 35 ff.
[26] BGHSt **6** 113; KK-*Engelhardt* 5. Vgl. § 270, 37.
[27] Vgl. § 225 a, 32.
[28] Daß § 269 auch bei der Trennung nach § 4 gilt, nehmen an OLG Hamburg MDR **1970**

523; KK-*Engelhardt* 5; *Eb. Schmidt* § 4, 11; anders aber § 269, 4; **a. A** KMR-*Müller* 4; § 2, 51; 52 (Ausnahme von § 269). Für die Verhandlungstrennung nach § 237 ist eine Ausnahme von § 269 schon deshalb abzulehnen, weil andernfalls das Weiterverhandeln vor dem durch die Trennung sachlich unzuständig gewordenen Gericht unzulässig wäre; die Absicht der späteren Wiederverbindung könnte die fehlende sachliche Zuständigkeit nicht begründen.
[29] Vgl. die Rechtsprechung zu § 47 a JGG; Fußn. 22.
[30] Einl. Kap. **12** IV; § 12, 10 ff.
[31] BGHSt **22** 232; KK-*Engelhardt* 6; *Kleinknecht/Meyer*[37] 3; KMR-*Müller* 3.
[32] Einl. Kap. **12** IV; § 12, 7 ff; 27 ff; vgl. auch OLG Stuttgart Justiz **1982** 304.

**12**    8. Die **Revision** kann grundsätzlich nicht unter dem Gesichtspunkt des § 338 Nr. 4; Art. 101 Abs. 1 Satz 2 GG rügen, daß ein Gericht niederer Ordnung zuständig gewesen wäre[33]. Etwas anderes gilt nur dann, wenn § 269 benützt wurde, um den Angeklagten willkürlich, also aus objektiv sachfremden, nicht mehr verständlichen und offensichtlich unhaltbaren Erwägungen[34] seinem gesetzlichen Richter zu entziehen[35]. Ob Art. 101 Satz 2 GG verletzt worden ist, muß bereits das Revisionsgericht auf zulässig erhobene Verfahrensrüge hin prüfen. Liegt eine Verletzung dieses Verfassungsgrundsatzes vor, steht § 269 der Rüge aus § 338 Nr. 4 nicht entgegen[36].

## § 270

(1) [1]Hält ein Gericht nach Beginn einer Hauptverhandlung die sachliche Zuständigkeit eines Gerichts höherer Ordnung für begründet, so verweist es die Sache durch Beschluß an das zuständige Gericht; § 209 a Nr. 2 Buchstabe a gilt entsprechend. [2]Ebenso ist zu verfahren, wenn das Gericht einen rechtzeitig geltend gemachten Einwand des Angeklagten nach § 6 a für begründet hält.

(2) In dem Beschluß bezeichnet das Gericht den Angeklagten und die Tat gemäß § 200 Abs. 1 Satz 1.

(3) [1]Der Beschluß hat die Wirkung eines des Hauptverfahrens eröffnenden Beschlusses. [2]Seine Anfechtbarkeit bestimmt sich nach § 210.

(4) [1]Ist der Verweisungsbeschluß von einem Strafrichter oder einem Schöffengericht ergangen, so kann der Angeklagte innerhalb einer bei der Bekanntmachung des Beschlusses zu bestimmenden Frist die Vornahme einzelner Beweiserhebungen vor der Hauptverhandlung beantragen. [2]Über den Antrag entscheidet der Vorsitzende des Gerichts, an das die Sache verwiesen worden ist.

**Schrifttum.** *Behl* Verweisungsbeschluß gemäß § 270 StPO und fehlende örtliche Zuständigkeit des höheren Gerichts, DRiZ **1980** 182; *Deisberg/Hohendorf* Verweisung an erweitertes Schöffengericht, DRiZ **1984** 261; *Meyer-Goßner* Die Prüfung der funktionellen Zuständigkeit im Strafverfahren, insbesondere beim Landgericht, JR **1977** 353; *Meyer-Goßner* Die Behandlung von Zuständigkeitsstreitigkeiten zwischen allgemeiner und Spezialstrafkammer beim Landgericht, NStZ **1981** 161; *Müller* Zum negativen Kompetenzkonflikt zwischen zwei Gerichtsabteilungen, DRiZ **1978** 14; *Rieß* Die Bestimmung und Prüfung der sachlichen Zuständigkeit und verwandter Erscheinungen im Strafverfahren, GA **1976** 1; *Traut* Der Umfang der Beweisaufnahme im Falle der Unzuständigkeitserklärung des § 270 der Strafprozeßordnung, GS **59** (1901) 193. Weitere Nachweise bei §§ 6 a; 209; 269.

---

[33] BGHSt **9** 368; **21** 358; BGH GA **1963** 100; bei *Pfeiffer* NStZ **1981** 297; *Gössel* § 16 C II g; KK-*Engelhardt* 10; *Kleinknecht/Meyer*[37] 5; KMR-*Müller* 1; vgl. § 338, 70 mit weit. Nachw.

[34] Zum Begriff der Willkür vgl. etwa BVerfG **9** 230; **29** 49; 207; BayVerfGHE **15** 15 = NJW **1962** 790; BayVerfGHE **24** 111; NJW **1985** 2894; BGHSt **25** 71; ferner § 338, 10; 70; und Einl. Kap. 12 XI mit weit. Nachw.

[35] BGH GA **1970** 25; OLG Celle OLGSt 1; OLG Hamburg MDR **1970** 523; KK-*Engelhardt* 10; *Kleinknecht/Meyer*[37] 5; KMR-*Müller* 1. Vgl. BGH GA **1981** 321 mit Anm. *Rieß*.

[36] BGH GA **1970** 25; vgl. § 338, 70 mit weit. Nachw.

**Entstehungsgeschichte.** Die geltende Fassung beruht auf Art. 3 Nr. 123 VereinhG, das den Absatz 2 einfügte und im übrigen der Vorschrift zum Teil eine andere Fassung gab, ohne damit sachliche Änderungen zu verbinden. Die Absätze 2 und 3 wurden durch Art. 7 Nr. 13 StPÄG 1964 an die geänderten §§ 200, 207 angeglichen. Art. 1 Nr. 78 des 1. StVRG hat in Absatz 4 Satz 1 „Amtsrichter durch „Strafrichter" ersetzt und einen die Voruntersuchung ansprechenden Halbsatz gestrichen.

Art. 1 Nr. 23 StVÄG 1979 hat den bisherigen Absatz 1 Satz 1 neu gefaßt; er wurde um einen Halbsatz erweitert. Ferner wurde Satz 2 eingefügt. Die Neuregelung ist Teil einer Gesamtlösung, mit der dieses Gesetz die Abgabe eines Verfahrens wegen Fehlens der sachlichen Zuständigkeit bzw. wegen der gesetzlich festgelegten Zuständigkeit eines Spezialspruchkörpers und das dabei zu beachtende Verfahren nach dem Vorrangprinzip geordnet hat (vgl. insbesondere die Änderungen bei §§ 2, 4, 6 a, 16, 18, 201, 209, 209 a, 225 a, §§ 74 e, 143 GVG, §§ 39, 40, 41, 47a, 102, 103 Abs. 1, 109 JGG, § 391 AO).

*Übersicht*

# I. Zweck und Anwendungsbereich

**1. Zweck.** § 270 soll — ebenso wie §§ 225 a, 269 — dem Gericht einen Weg eröff- **1** nen, der es erlaubt, Veränderungen der **sachlichen Zuständigkeit** prozeßwirtschaftlich Rechnung zu tragen. Dies ist notwendig, da das Gericht nach § 6 seine sachliche Zuständigkeit in jeder Lage des Verfahrens prüfen muß und der Fortgang des Verfahrens — aber auch eine gewandelte Rechtsauffassung — noch während der Hauptverhandlung zu einer abweichenden Beurteilung führen können[1]. Ergibt sich dabei die sachliche Zuständigkeit eines Gerichts höherer Ordnung, soll dem Angeklagten die Rechtsgarantie des Verfahrens vor dem höheren Gericht gewährt[2], gleichzeitig aber die Umständlichkeit einer Verfahrenseinstellung und Neuanklage vermieden werden. Die Bindungswirkung der Verweisung soll Zuständigkeitsstreitigkeiten ausschließen[3]. Die gleichen prozeßwirtschaftlichen Zwecke veranlaßten das StVÄG 1979 zur Ausdehnung des Anwendungsbereiches dieser bisher nur die Verweisung an ein sachlich zuständiges höheres Gericht regelnden Vorschrift auf die Abgabe an die Jugendgerichte und an die besonderen Strafkammern[4].

### 2. Anwendungsbereich

**2**     **a)** § 270 greift nur ein, wenn **nach Beginn der Hauptverhandlung** das Verfahren an ein sachlich zuständiges Gericht höherer Ordnung, an ein Jugendgericht oder — beim Einwand nach § 6 a — an eine besondere Strafkammer verwiesen werden muß. Beginn der Hauptverhandlung ist der **Aufruf der Sache** im Sinne des § 243 Abs. 1 Satz 1. Gegenüber der früheren Fassung, die vom „Ergebnis der Hauptverhandlung" sprach, wird damit klargestellt, daß die Verweisung schon alsbald nach Beginn der Hauptverhandlung zulässig ist; es muß also nicht erst die Hauptverhandlung einschließlich der Beweisaufnahme durchgeführt werden, bevor das Gericht sie beschließen kann. Vor Beginn der Hauptverhandlung muß das Gericht nach § 225 a verfahren. Gleiches gilt, wenn die Hauptverhandlung ausgesetzt wurde, bis zum Beginn der neuen Hauptverhandlung[5]. Während einer Unterbrechung der Hauptverhandlung ist § 270 und nicht § 225 a anwendbar.

**3**     **b) Geschäftsordnungsmäßige Aufteilung.** § 270 greift nicht ein, wenn die Sache an einen gleichartigen und gleichrangigen Spruchkörper desselben Gerichts abgegeben werden muß, weil dieser nach dem Geschäftsverteilungsplan dafür zuständig ist. Die geschäftsordnungsmäßige Aufteilung der Sachen zwischen gleichartigen Spruchkörpern eines Gerichts (§ 21 e GVG) betrifft keine Verfahrensvoraussetzung. Erkennt ein Spruchkörper, daß er nach dem Geschäftsverteilungsplan nicht zur Aburteilung berufen ist, so kann er formlos die Sache dem zuständigen gleichartigen Spruchkörper zuleiten[6]. Vor der Hauptverhandlung kann dies auch der Vorsitzende. Zuständigkeitsstreitigkeiten, die sich aus der Auslegung des Geschäftsverteilungsplanes ergeben, entscheidet nach Maßgabe des Geschäftsverteilungsplanes das Präsidium[7].

**4**     **c) Die örtliche Zuständigkeit** wird vorausgesetzt. § 270 ist im Falle örtlicher Unzuständigkeit auch nicht entsprechend anwendbar[8]. Eine fehlende örtliche Zuständigkeit muß der Angeklagte nach § 16 rechtzeitig geltend machen[9]. Die Konzentration be-

---

[1] Vgl. *Rieß* GA **1976** 14 ff.

[2] KK-*Engelhardt* 1; *Eb. Schmidt* Nachtr. I 1; vgl. Rdn. 7; § 269, 3.

[3] Der Gesetzgeber hat dabei die „Irregularität" der bindenden Feststellung der Zuständigkeit eines höheren Gerichts durch das niederrangigere in Kauf genommen; *Rieß* GA **1976** 16; vgl. Rdn. 15.

[4] Zur Übernahme des Vorrangprinzips vgl. § 209 a, 1; § 225 a, 2; *Katholnigg* NJW **1978** 2375; *Rieß* NJW **1978** 2267; ferner zu den strittigen Fragen der früheren Rechtslage *Rieß* GA **1976** 17 ff; LR²³ 30 ff.

[5] Vgl. § 225 a, 4.

[6] BGH NJW **1977** 1070; *G. Schäfer* § 40 IV (ausdrücklicher Beschluß zweckmäßig).

[7] Wegen der Einzelheiten vgl. Vor § 1, 19; § 209, 9 mit weit. Nachw.; § 338, 66; ferner bei § 21 e GVG.

[8] OLG Braunschweig GA **1962** 284; OLG Hamm NJW **1961** 232; JMBlNW **1969** 66; KK-*Engelhardt* 4; *Eb. Schmidt* 3; vgl. § 16, 10.

[9] Zur Verbindung der Entscheidung über die örtliche Zuständigkeit mit der Verweisung nach § 270 vgl. KK-*Engelhardt* 6.

stimmter Strafsachen bei einem für mehrere Gerichtsbezirke zuständigen Gericht[10] wird der Regelung der örtlichen Zuständigkeit zugerechnet[11].

**d) Besondere Verfahrensarten.** Im beschleunigten Verfahren nach §§ 212 ff ist **5** wegen § 212 b für eine Verweisung nach § 270 kein Raum[12]. Im Privatklageverfahren gilt nicht § 270, sondern § 389[13].

**e)** In der **Berufungsinstanz** ist § 270 nur anwendbar (§ 332), soweit nicht die **6** Sonderregelung in § 328 Abs. 3 Platz greift[14]. § 270 ist anzuwenden, wenn die Entscheidung über die Berufung zwischen den allgemeinen Strafkammern und den Wirtschaftsstrafkammern aufgeteilt ist, ohne daß dem eine entsprechende Zuständigkeitsaufteilung in der ersten Instanz vorangegangen ist[15]. Hier muß der Angeklagte die Befugnis haben, den erstmals in der Berufungsinstanz möglichen Antrag nach § 6 a bis zu seiner Vernehmung zur Sache zu stellen und damit das Verfahren nach § 270 Abs. 1 Satz 2 auszulösen[16].

## II. Verweisung an ein Gericht höherer Ordnung

**1. Sachliche Zuständigkeit.** Wie § 269 so betrifft auch § 270 die sachliche Zustän- **7** digkeit im engeren Sinn[17] und die ihr insoweit gleichgestellte Vorrangregelung zugunsten der Jugendgerichte und bei den besonderen Strafkammern. Während aber im Falle des § 269 das mit der Sache befaßte, sachlich an sich unzuständige höhere Gericht das Verfahren in diesem Rechtszug durch Sachurteil abschließen darf, muß im Falle des § 270 das sachlich unzuständige Gericht die Sache an das sachlich zuständige Gericht höherer Ordnung verweisen. Die **Gerichte der höheren Ordnung** werden vom Gesetz zugleich als Gerichte mit höherer Rechtsgarantie angesehen. Dies hat zur Folge, daß der Angeklagte, der durch ein Gericht höherer Ordnung abgeurteilt wird, obwohl ein Gericht einer niederen Ordnung dazu ausgereicht hätte, dadurch keinen Rechtsnachteil erleidet, während umgekehrt der Angeklagte als benachteiligt angesehen wird, wenn er,

---

[10] Etwa § 58 GVG; § 391 AO; § 43 AWG; § 34 MOG; § 13 WiStG.

[11] Vgl. Einl. Kap. **12** XI; Vor § 7, 11 ff; § 209, 14 mit weit. Nachw.

[12] § 212 b enthält eine Sonderregelung. Zur Frage, ob der fälschlich ergangene Verweisungsbeschluß eines Rechtsmittelgerichts den fehlenden Eröffnungsbeschluß ersetzen kann, vgl. § 212 b, 21 Fußn. 18.

[13] *Herrmann* DJZ **1908** 809; vgl. § 389, 20.

[14] So, wenn bereits das Gericht der ersten Instanz sich zu Unrecht für zuständig gehalten hatte; vgl. BayObLG JR **1978** 474 mit Anm. *Gollwitzer*; OLG Karlsruhe NStZ **1985** 423 mit Anm. *Seebode* = JR **1985** 521 mit Anm. *Meyer*; OLG Koblenz GA **1977** 374; *Meyer-Goßner* NStZ **1981** 171; ferner bei § 328. Wenn *Kleinknecht/Meyer*[37] 1; KMR-*Müller* 10 undifferenziert die Anwendbarkeit des § 270 verneinen, haben sie wohl nur diese Fälle im Auge.

[15] OLG Düsseldorf JR **1982** 514 mit zust.

Anm. *Rieß*; KK-*Engelhardt* 2 (analoge Anwendung des § 270); *Kleinknecht/Meyer*[37] § 74 c GVG, 6; *Meyer-Goßner* NStZ **1981** 172; *Rieß* JR **1980** 79; § 6 a, 28; **a. A** (Zuständigkeitsbestimmung nach §§ 14, 19) OLG München NStZ **1980** 77 mit abl. Anm. *Rieß*.

[16] § 6 a ist analog anwendbar (§ 6 a, 26 mit weit. Nachw.); *Meyer-Goßner* NStZ **1981** 172; *Rieß* JR **1980** 80; **1982** 515; auch zur strittigen Frage, ob die Prüfung von Amts wegen mit Beginn des Vortrags des Berichterstatters oder erst mit Abschluß der Berichterstattung endet (analog zum Eröffnungsbeschluß der ersten Instanz); dazu § 6a, 26 ff; 16, 20. Zur Frage, ob nach Ablauf der Frist für den Einwand das Berufungsgericht als erstinstantielle Strafkammer auch dann zu entscheiden hat, wenn eine Sonderstrafkammer zuständig ist, vgl. OLG Karlsruhe NStZ **1985** 423 mit zust. Anm. *Seebode* = JR **1985** 521 mit abl. Anm. *Meyer*; ferner bei § 328.

[17] RGSt **42** 265.

obwohl seine Sache vor ein Gericht höherer Ordnung gehört hätte, es hinnehmen müßte, von dem Gericht niederer Ordnung und damit von einem Gericht mit geringeren Rechtsgarantien abgeurteilt zu werden[18].

### 2. Voraussetzungen der Verweisung

**8**      **a) Zeitpunkt.** Die Verweisung an ein Gericht höherer Ordnung[19] wird notwendig, wenn sich in der Hauptverhandlung herausstellt, daß das mit der Sache befaßte Gericht zur Aburteilung des angeklagten historischen Vorgangs (der Tat im Sinne des § 264) sachlich nicht zuständig ist. Die sachliche Zuständigkeit eines höheren Gerichts ist nach § 6 von Amts wegen in jeder Lage des Verfahrens zu beachten; dabei bleibt es jedoch insoweit durch den Eröffnungsbeschluß gebunden, als dieser bestimmte normative Merkmale (Fälle besonderer oder minderer Bedeutung) bejaht oder verneint hat[20]. Die Verweisung ist bereits zulässig und geboten, wenn mit genügender Sicherheit erkennbar geworden ist, daß eine Sachentscheidung erforderlich wird, die in die sachliche Zuständigkeit des höheren Gerichts fällt; sei es, daß die eigene Kompetenz von vornherein im Eröffnungsbeschluß zu Unrecht angenommen worden ist (Rdn. 16), sei es, daß später zu Tage getretene Umstände eine Würdigung der Tat unter Gesichtspunkten fordern, für die das Gericht nicht zuständig ist, sei es, daß die Hauptverhandlung einen Sachhergang ergeben hat, zu dessen Ahndung das Gericht seinen Strafbann als nicht ausreichend erachtet.

**9**      Die Verweisung setzt also nicht die Durchführung der gesamten Hauptverhandlung oder den **Abschluß der Beweisaufnahme** voraus[21], selbst präsente Beweismittel (§ 245) braucht das Gericht nicht vorher auszuschöpfen[22]. Vor allem bei der „korrigierenden Verweisung", bei der sich die Zuständigkeit des Gerichts höherer Ordnung bereits aus dem angeklagten Sachverhalt ergibt, kann die Verweisung alsbald ausgesprochen werden[23]. Es ist nicht einmal notwendig, den Angeklagten vorher gemäß § 243 Abs. 4 zur Sache zu hören[24]. Da eine solche „korrigierende Verweisung" bereits auf Grund des § 225 a vor Beginn der Hauptverhandlung möglich ist, werden die Fälle, in denen sie sofort nach Beginn der Hauptverhandlung notwendig wird, selten sein. Denkbar ist aber, daß die Zuständigkeit des Jugendgerichts sehr schnell erkennbar wird (z. B. anderes Alter) und vor allem, daß der Angeklagte gleich zu Beginn der Hauptverhandlung den Einwand der Zuständigkeit einer besonderen Strafkammer nach § 6 a erhebt.

**10**      **b) Anlaß.** Die Verweisung setzt — ebenso wie der Eröffnungsbeschluß, den sie zumindest hinsichtlich der Zuständigkeit verändert — voraus, daß der Angeklagte **hinreichend verdächtig** ist, durch die angeklagte Tat (im Sinne des § 264) eine in die Zuständigkeit des Gerichts höherer Ordnung fallende Straftat begangen zu haben[25]. Ein hinreichender Verdacht ist ebenso wie bei § 203 nur gegeben, wenn die Verurteilung wegen des neu hervorgetretenen Vorwurfs mit einer gewissen **Wahrscheinlichkeit** zu erwarten

---

[18] Vgl. § 269, 4.
[19] Zur Stufenfolge der Gerichtsverfassung vgl. § 1, 2 ff; § 2, 11 ff; § 209, 11 ff; § 209 a, 8 ff; § 269, 6 ff.
[20] Vgl. etwa *Rieß* GA **1976** 11; Rdn. 22; ferner bei §§ 24, 120 GVG mit weit. Nachw.
[21] So schon zur früheren Fassung RGSt **8** 251; **9** 327; **41** 408; **64** 179.
[22] KMR-*Müller* 6.
[23] KK-*Engelhardt* 10; vgl. Rdn. 8; ferner die

Begr. zur Neufassung des Absatzes 1 BT-Drucks. **8** 976 S. 57.
[24] KMR-*Müller* 6; *Eb. Schmidt* Nachtr. I 8.
[25] Motive zu § 229 Entw. (*Hahn* 213); RGSt **64** 180; RGSt **64** 180; RG GA **50** (1903) 284; **69** (1925) 94; RG HRR **1937** Nr. 70; BGHSt **29** 219; 341; KK-*Engelhardt* 7; *Kleinknecht/ Meyer*[37] 6; KMR-*Müller* 6; *Eb. Schmidt* Nachtr. I 10.

ist. Ob diese Wahrscheinlichkeit besteht, hat das Gericht nach den gleichen Maßstäben zu prüfen wie bei § 203[26]. Es muß also nicht nur erwägen, ob die äußere und innere Tatseite mit einer gewissen Wahrscheinlichkeit nachweisbar ist, sondern es muß auch das Vorliegen von Rechtfertigungs-, Schuldausschließungs- oder Strafausschließungsgründen sowie von Verfahrenshindernissen berücksichtigen[27].

Die Verweisung muß ausgesprochen werden, wenn sich der hinreichende **Ver-** **11** **dacht genügend verfestigt** hat, ein Wegfall des Verdachts insoweit also nicht zu erwarten ist[28]. Der *volle Nachweis* der Tatumstände, die die Zuständigkeit des Gerichts höherer Ordnung begründen, ist weder notwendig noch steht dem sachlich unzuständigen Gericht hierüber die Entscheidung zu[29].

Bei der Beurteilung, wann die Verdachtsgründe hierfür ausreichen, hat das Ge- **12** richt einen gewissen **Prüfungsspielraum**. Es steht in seinem **pflichtgemäßen Ermessen**, welche Beweise es erheben will, um zu klären, ob sich der Verdacht verfestigt oder ob er wieder entfällt[30]. Es würde dem Zweck des § 270 widersprechen, wenn das Gericht jeden auch noch so entfernten Verdacht zu Anlaß einer Verweisung nehmen würde.

c) Die **Grenzen der Kognitionsbefugnis**, die das Gericht hinsichtlich der Vor- **13** gänge hat, die den Tatbestand einer in die sachliche Zuständigkeit des höheren Gerichts fallenden Straftat erfüllen, sind im einzelnen strittig[31]. Zum Teil führen die vertretenen Ansichten in Verbindung mit einer entsprechenden Auslegung des § 338 Nr. 4 zumindest im Ergebnis dazu, daß das Gericht zwar nicht wegen einer Straftat verurteilen darf, die außerhalb seiner sachlichen Zuständigkeit liegt, daß es aber unschädlich ist, wenn es das Vorliegen einer solchen Straftat prüft und verneint[32]. Andererseits wird die Ansicht vertreten, daß dem Gericht von einer „gewissen Verdachtsqualität" an[33] schon die Prüfung verwehrt ist, ob eine solche Straftat erwiesen oder erweisbar ist.

Auszugehen ist davon, daß die **fehlende Kompetenz zur Sachentscheidung** die **14** **Verurteilung** wegen einer Straftat **ausschließt**, für die ein Gericht höherer Ordnung zuständig ist. Ob auch das Urteil, daß eine solche Tat ausscheidet, an sich dem sachlich unzuständigen Gericht verwehrt ist, ist hier ohne Belang. Wenn § 270 aus Gründen der Prozeßwirtschaftlichkeit dem niedrigeren Gericht die Befugnis einräumt, bei hinreichendem Verdacht das Verfahren mit bindender Wirkung an das höhere Gericht zu verweisen[34], schließt das die Kompetenz zur sachlichen Prüfung ein, ob die festgestellten Tatsachen einen solchen Verdacht rechtfertigen. Hierüber hat das rangniedrigere Gericht ebenso wie ein eröffnendes Gericht in freier Beweiswürdigung zu entscheiden. Der Umstand, daß das Bejahen einer solchen Straftat seiner endgültigen Beurteilung entzogen ist, hindert es nicht, das Vorliegen des hinreichenden Verdachts einer solchen Straftat zu verneinen[35] und zwar ganz gleich, ob es den Angeklagten freispricht oder wegen einer in seine sachliche Zuständigkeit fallenden Tat verurteilt.

[26] Vgl. § 203, 6 ff.
[27] OLG Celle NJW **1963** 1886; KK-*Engelhardt* 7; *Rieß* GA **1976** 17; § 203, 15; **a. A** *Eb. Schmidt* Nachtr. I 11.
[28] *Kleinknecht/Meyer*[37] 6; KMR-*Müller* 7.
[29] Vgl. RGSt **8** 251; **9** 327; **41** 408; **64** 180; *Dallinger* MDR **1952** 118 (zu BGHSt **1** 346); *Eb. Schmidt* Nachtr. I 11; *Rieß* GA **1976** 17.
[30] RGSt **41** 410; **64** 180; KMR-*Müller* 6.
[31] Vgl. *Rieß* GA **1976** 1.

[32] BGHSt **1** 346 = MDR **1952** 118 mit abl. Anm. *Dallinger*; zu den hier hereinspielenden revisionsrechtlichen Überlegungen vgl. § 338, 72 ff; ferner *Rieß* GA **1976** 16 Fußn. 88.
[33] *Eb. Schmidt* Nachtr. I 11; vgl. auch KMR-*Müller* 9 (wenn Gericht sich im Urteil mit Tatverdacht auseinandersetzen muß).
[34] *Rieß* GA **1976** 16.
[35] RGSt **8** 253.

Walter Gollwitzer

**15**     Das Recht und die Pflicht des Gerichts zur uneingeschränkten Kognition (§ 264 Abs. 2) über die angeklagte Tat besteht im Rahmen des § 270 also auch hinsichtlich der Straftaten, zu deren Aburteilung ein Gericht höherer Ordnung zuständig ist[36]. Es findet seine **Grenze** erst bei genügender Verfestigung der **Verdachtsschwelle**, die die Eröffnung vor dem höheren Gericht und damit auch die bindende Verweisung der Sache an dieses fordert. Erst jenseits dieser Schwelle entfällt die Befugnis zur weiteren sachlichen Prüfung. Es kommt also nicht darauf an, ob die Straftat, die der Zuständigkeit eines Gerichts höherer Ordnung unterfällt, zur vollen Überzeugung des niedrigeren Gerichts erwiesen ist, sondern nur darauf, ob letzteres einen hinreichenden Verdacht bejaht. Zur Verneinung des hinreichenden Verdachtes ist das niedrigere Gericht dagegen sachlich befugt. Diese Abgrenzung entspricht dem Sinn des § 270, der eine prozeßwirtschaftliche und einfach zu erledigende Lösung erstrebt, wozu auch die Vermeidung im Ergebnis unnötiger Verweisungen gehört.

### 3. Die einzelnen Fallgruppen der Verweisung

**16**     a) **Korrigierende Verweisung.** Ergibt schon die Verlesung des Anklagesatzes (§ 243 Abs. 3 Satz 1), daß für die angeklagte Tat ein Gericht höherer Ordnung zuständig und das Verfahren nur aus Versehen vor dem Gericht niederer Ordnung eröffnet worden ist, dann ist der Verweisungsbeschluß alsbald nach Verlesung des Anklagesatzes zu erlassen; eine Befugnis des Gerichts zur Entscheidung über die zugelassene Anklage besteht dann nicht. Der in der Eröffnung vor dem falschen Gericht liegende Fehler ist alsbald durch Verweisung zu korrigieren. Das Gericht darf insbesondere nicht die Hauptverhandlung durchführen, um aufzuklären, ob sich der Vorwurf der Anklage bestätigt oder ob sich der Angeklagte möglicherweise einer anderen, in seine sachliche Entscheidungskompetenz fallenden Straftat schuldig gemacht haben könnte[37]. In diesem Falle ist das Gericht, auch wenn es zur Aburteilung derjenigen Tat zuständig ist, die es nach dem Ergebnis der Hauptverhandlung für erwiesen erachtet, doch rechtlich nicht befugt, verbindlich den weitergehenden Verdacht zu verneinen, der, wenn er erwiesen wäre, die Zuständigkeit eines Gerichts höherer Ordnung begründen würde[38].

**17**     b) **Änderung des Tatverdachts.** Ergeben erst die im **Laufe der Hauptverhandlung** zu Tage getretenen Tatsachen den Verdacht einer Straftat, die in die Zuständigkeit eines Gerichts höherer Ordnung fällt, dann muß das Gericht in eigener Zuständigkeit prüfen, ob dieser Verdacht hinreicht, um das Strafverfahren nunmehr vor dem höheren Gericht unter dem Vorwurf der neuen Tat durchzuführen[39]. Der Verdacht muß sich aus dem Sachverhalt ergeben, der der Kognition des Gerichts bereits unterliegt; nur angekündigte oder beabsichtigte Ausweitungen des Verfahrensgegenstandes rechtfertigen noch keine Verweisung. Die Nachtragsanklage muß erst wirksam erhoben, eine nach § 154 a ausgeschiedene Gesetzesverletzung wieder einbezogen worden sein, bevor die Verweisung darauf gestützt werden darf[40]. Die **Verneinung** eines zur Verweisung hinreichenden Verdachtes liegt noch im Rahmen der Zuständigkeit des Gerichts[41]. Werden einer-

---

[36] RGSt **8** 253; **61** 225.

[37] Vgl. *Eb. Schmidt* Nachtr. I 11; *Dallinger* MDR **1952** 118 zu BGHSt **1** 346; *Rieß* GA **1976** 17; ferner KK-*Engelhardt* 10 (keine Verweisung, wenn Prüfung des Eröffnungsbeschlusses ergibt, daß Gericht bei richtiger rechtlicher Würdigung des angeklagten Sachverhalts zuständig).

[38] BGH GA **1962** 149.

[39] Vgl. Rdn. 14, 15.

[40] Vgl. OLG Düsseldorf JMBlNW **1979** 152 (Nachtragsanklage); BGHSt **29** 344 (zu § 154 a); ferner § 154, 66; § 154 a, 16.

[41] *Eb. Schmidt* Nachtr. I 10; vgl. Rdn. 15.

seits in der Hauptverhandlung Umstände ersichtlich, nach denen die Tat der Zuständigkeit eines Gerichts höherer Ordnung unterfallen könnte, ergibt aber andererseits die Hauptverhandlung, daß der Angeklagte die Tat nicht begangen hat, so fehlt in der Regel der für die Verweisung erforderliche hinreichende Verdacht und das Gericht darf durch Urteil freisprechen[42].

Hält das Gericht ein **endgültiges Verfahrenshindernis** für gegeben, dann stellt es das **18** Verfahren auch dann ein, wenn andererseits Umstände ersichtlich werden, die an sich geeignet wären, die Zuständigkeit eines höheren Gerichts zu begründen[43]. Auch hier besteht dann im Endergebnis kein die Verurteilung erwarten lassender hinreichender Verdacht; im übrigen geht die Pflicht, das Verfahren wegen des Prozeßhindernisses einzustellen, der Verweisung vor[44].

c) **Unzureichende Strafgewalt.** Ergibt sich die Notwendigkeit der Verweisung **19** daraus, daß das Gericht zwar zur Aburteilung der Tat an sich zuständig ist, daß es aber eine **Rechtsfolge** für angemessen hält, die es **nicht verhängen** darf, so rechtfertigt die bloße Vermutung, daß eine solche Rechtsfolge in Betracht kommen könnte, noch nicht die Verweisung. Das Gericht hat die Hauptverhandlung solange weiter zu führen, bis ihr Ergebnis bestätigt, daß der Angeklagte schuldig und eine den Strafbann des Gerichts übersteigende Rechtsfolge angezeigt ist[45].

d) Zeigt sich in der Hauptverhandlung, daß ein **Jugendgericht** zuständig ist, so **20** kann an dieses nicht nur (wie bis 1979) verwiesen werden, wenn es ohnehin ein Gericht höherer Ordnung ist, sondern auch dann, wenn es — was die Regel sein wird — gerichtsverfassungsmäßig zur gleichen Ordnung gehört wie das verweisende Gericht. Die Fiktion des § 209 a Nr. 2 stellt jetzt die gleichrangigen Jugendgerichte insoweit den Gerichten höherer Ordnung gleich und ermöglicht so die Verweisung, um die Schwierigkeiten auszuräumen, die bisher entstanden, wenn in solchen Fällen eine einvernehmliche Übernahme nicht zustande kam[46]. An ein Jugendgericht niederer Ordnung darf nicht verwiesen werden[47]. Wegen der Einzelheiten, insbesondere, wann sich die von Amts wegen zu beachtende Zuständigkeit eines Jugendgerichts ergibt, wird auf die Erläuterungen zu § 209 verwiesen[48]. Eine Verweisung an die gleichrangige **Jugendschutzkammer** ist dagegen nicht möglich[49].

e) Die **Zuständigkeit** einer **besonderen Strafkammer** (§ 74 Abs. 2, §§ 74 a, 74 c **21** GVG) führt nach der Eröffnung des Hauptverfahrens nur noch bei **rechtzeitigem Einwand** des Angeklagten, aber nicht mehr von Amts wegen zur Verweisung[50]. Eine Verweisung zwischen den Strafkammern ist dann aber zulässig, ganz gleich, ob die Straf-

---

[42] Dies war auch schon früher strittig, wie hier *Bischoff* GA **44** (1896) 81 ff; *Traut* GerS **59** (1901) 215 ff; **a. A** *Gerland* 373.

[43] Vgl. BayObLG JW **1929** 1492 mit Anm. *Mannheim* (Einstellung statt Verweisung an das damals höherrangige Schwurgericht).

[44] *Eb. Schmidt* Nachtr. I 12.

[45] *Kleinknecht/Meyer*[37] 5; 7 (gefestigte Wahrscheinlichkeit, daß Rechtsfolgenbann nicht ausreicht); *Rieß* GA **1976** 17. Vgl. BayObLGSt **1985** 33 = NStZ **1985** 470 mit abl. Anm. *Achenbach* (nach Eröffnung keine Prüfung, ob höhere Strafe als ein Jahr Freiheitsstrafe zu erwarten).

[46] Begr. BTDrucks. **8** 976, S. 57; KK-*Engelhardt* 14; *Kleinknecht/Meyer*[37] 8; KMR-*Müller* 3.

[47] KK-*Engelhardt* 14.

[48] § 209, 44; § 209 a, 19 ff; auch zu den Fragen der Verbindung mit Erwachsenenstrafsachen.

[49] KK-*Engelhardt* 14; *Kleinknecht/Meyer*[37] 9; KMR-*Müller* 3.

[50] § 6 a, 11 ff.

kammer, an die verwiesen wird, der verweisenden in der Rangordnung des § 74 e GVG vorgeht oder nachsteht. Der Rechtsgedanke des § 269 greift hier nicht ein[51].

**22**      Ist der **Einwand rechtzeitig**, also vor Beginn der Vernehmung des jeweiligen Angeklagten zur Sache[52] erhoben, so hat das Gericht an die besondere Strafkammer zu verweisen, wenn es auf Grund des bisherigen Verfahrensergebnisses[53] den Einwand für begründet hält, vor allem also, wenn es den hinreichenden Verdacht einer in die Zuständigkeit der besonderen Strafkammer fallenden Straftat nunmehr bejaht[54]. Bei rechtzeitigem Einwand muß das Gericht nach § 270 Abs. 1 verweisen, wenn es auf Grund des bisherigen Verhandlungsergebnisses, etwa auf Grund der Einlassung eines vor Erhebung des Einwands zur Sache vernommenen Mitangeklagten, zu dem Ergebnis kommt, daß die mit dem Einwand behauptete Zuständigkeit der Spezialstrafkammer hinreichend begründet ist. Erst nach dem durch § 6 a für jeden Angeklagten gesondert festgelegten Endzeitpunkt für den Einwand tritt die vom Gesetzgeber gewollte Zuständigkeitsperpetuierung ein[55], die es verbietet, bei der Beweisaufnahme neu zutage getretene Tatsachen als Grundlage für einen Einwand zu verwenden[56]. Wegen der Einzelheiten vgl. bei § 6 a. Die **Vorentscheidung über normative Zuständigkeitsmerkmale** darf durch das verweisende Gericht aber nicht in Frage gestellt werden; es ist hieran gebunden[57].

### III. Der Verweisungsbeschluß

**23**      **1. Verweisung von Amts wegen.** Die Verweisung wird vom Gericht in der für die Hauptverhandlung vorgeschriebenen Besetzung — also unter Mitwirkung der Schöffen — mit einfacher Mehrheit beschlossen[58]. Abgesehen von den Fällen des § 6 a (dazu Rdn. 21, 22) bedarf es dazu keines Einwands oder Antrags, da das Gericht nach § 6 seine sachliche Zuständigkeit in jeder Lage des Verfahrens von Amts wegen zu prüfen hat[59]. **Anträge**, die Verweisung zu beschließen, haben nur die Bedeutung einer Anregung[60]. Das Gericht kann sie dadurch verwerfen, daß es in der Sache selbst erkennt; es kann den Antrag aber auch durch einen in der Hauptverhandlung verkündeten Beschluß förmlich zurückweisen. Letzteres kann unter Umständen zur Klarstellung der Verfahrenslage angezeigt sein; etwa, wenn möglicherweise Sachanträge wegen eines Verweisungsantrags nicht gestellt worden sind.

**24**      **2. Anhörung der Verfahrensbeteiligten.** Vor **Erlaß** des Verweisungsbeschlusses sind die Verfahrensbeteiligten zu den die Verweisung begründenden Umständen zu hören (§ 33 Abs. 1), ganz gleich, ob die Verweisung von Amts wegen oder durch einen darauf abzielenden Antrag oder durch den Einwand des Angeklagten nach § 6 a veranlaßt ist. Die Umstände, die Anlaß zur Verweisung geben können, müssen in der Hauptverhandlung zur Sprache gebracht werden. Wann die Entscheidung möglich und die An-

---

[51] KK-*Engelhardt* 16; *Kleinknecht/Meyer*[37] 13; *Meyer-Goßner* NStZ **1981** 171; vgl. § 6 a, 11.

[52] § 6 a, 15 ff.

[53] Nach *Kleinknecht/Meyer*[37] 14 ist Entscheidungsgrundlage die Sachlage bei Beginn der Hauptverhandlung (Nachprüfung des Eröffnungsbeschlusses); ähnlich KMR-*Müller* 22. Vgl. § 338, 71 ff.

[54] Vgl. Rdn. 10 ff.

[55] Begr. BTDrucks. **8** 976 S. 57; *Rieß* NJW **1978** 2266.

[56] Z. B. Tod des Opfers, BGHSt 30 187 = JR **1982** 511 mit Anm. *Schlüchter*; *Kleinknecht/Meyer*[37] 11; *Rieß* NJW **1978** 2266.

[57] BGH NStZ **1985** 464; BayObLGSt **1985** 33 = NStZ **1985** 470 mit Anm. *Achenbach*; *Kleinknecht/Meyer*[37] 4; 13; KMR-*Müller* 1; *Rieß* NJW **1978** 2268; Rdn. 8; § 209 a, 41; 45.

[58] BGHSt **6** 112; KK-*Engelhardt* 17.

[59] BGHSt **25** 319; § 6, 2.

[60] KK-*Engelhardt* 8; vgl. auch Rdn. 45 ff.

hörung der Verfahrensbeteiligten sinnvoll ist, hängt von dem jeweiligen Grund der Verweisung ab[61]. Über die Verweisung an eine besondere Strafkammer auf Grund eines Einwands nach § 6 a ist entsprechend dem Sinn dieser Regelung grundsätzlich vor Beginn der Beweisaufnahme zu entscheiden[62].

**3. Inhalt des Verweisungsbeschlusses.** Der Verweisungsbeschluß muß in seinem **25** Tenor das Gericht bezeichnen, an das verwiesen wird, ferner muß er den Angeklagten und die ihm zur Last gelegte Tat so beschreiben, wie dies § 200 Abs. 1 Satz 1 für den Anklagesatz fordert[63]. Die Aufnahme des formulierten Anklagesatzes in den Beschluß kann nur dann unterbleiben, wenn sich nach Ansicht des verweisenden Gerichts an dem zugelassenen Anklagesatz nichts ändert, die Verweisung also lediglich deshalb ausgesprochen wird, weil der Strafbann des Gerichts nicht ausreicht[64] oder weil das Gericht seine Zuständigkeit bei der Zulassung der Anklage ohnehin zu Unrecht angenommen hatte[65]. Eine ausdrückliche Unzuständigkeitserklärung fordert Absatz 2 nicht[66].

**Begründet** zu werden braucht der Verweisungsbeschluß nur in Ausnahmefäl- **26** len[67]. Es sind die für die Verweisung maßgebenden Umstände anzugeben, soweit sie nicht bereits aus dem Tenor des Beschlusses, insbesondere dem neu formulierten Anklagesatz, ersichtlich sind, so etwa die Umstände, aus denen sich die Zuständigkeit des Jugendgerichts oder die nicht bereits aus dem Anklagesatz erkennbare Zuständigkeit einer besonderen Strafkammer ergibt. Ein den Einwand nach § 6 a ablehnender Beschluß ist zu begründen (§ 34)[68].

**4. Bekanntgabe.** Der Verweisungsbeschluß wird in der Hauptverhandlung verkün- **27** det (§ 35 Abs. 1). Einem abwesenden Angeklagten ist er schon wegen der Fristsetzung nach Absatz 4 zuzustellen (§ 35 Abs. 2)[69]. Dem Gericht, an das die Sache verwiesen worden ist, wird er dadurch zur Kenntnis gebracht, daß ihm die Akten mit dem Beschluß vorgelegt werden. Anders als bei § 225 a Abs. 1 Satz 1 ist die Einschaltung der Staatsanwaltschaft bei der Vorlage nicht zwingend vorgeschrieben. Sie ist aber andererseits auch nicht unzulässig. Mit der Bekanntmachung beginnt für die Staatsanwaltschaft die Beschwerdefrist. Für den Angeklagten beginnt eine Frist nur, wenn ihm eine solche nach Absatz 4 gesetzt wird.

**5. Vervollständigung eines mangelhaften Beschlusses.** Ein fehlerhafter Verwei- **28** sungsbeschluß kann vom Gericht, das ihn erlassen hat, nicht mehr aufgehoben werden[70]; es wird jedoch für zulässig gehalten, daß es nachträglich einen ungenügenden Beschluß vervollständigt[71]. Das Gericht, an das verwiesen worden ist, darf seinerseits im Beschlußwege bereits vor der neuen Hauptverhandlung eine solche Ergänzung vornehmen[72], nicht zuletzt, um schon vorher Unklarheiten zu beseitigen, die andernfalls

---

[61] Vgl. Rdn. 8 ff; 15 ff.

[62] *Kleinknecht/Meyer*[37] 15; vgl. Rdn. 22.

[63] Vgl. § 200, 6 ff.

[64] BGH bei *Dallinger* MDR **1966** 894 (Bezugnahme auf unveränderten Anklagesatz genügt); KK-*Engelhardt* 18; *Kleinknecht/Meyer*[37] 18; KMR-*Müller* 12.

[65] *Kleinknecht/Meyer*[37] 18.

[66] *Eb. Schmidt* Nachtr. I 16.

[67] *Kleinknecht/Meyer*[37] 19 (keine Begründung

über die erforderliche Inhaltsangabe hinaus); KMR-*Müller* 12; *Eb. Schmidt* Nachtr. I 6.

[68] *Kleinknecht/Meyer*[37] 19; vgl. § 6 a, 21; § 225 a, 25.

[69] RGSt **4** 373; KK-*Engelhardt* 22; *Kleinknecht/Meyer*[37] 20; KMR-*Müller* 13.

[70] RG GA **37** (1890) 191; zum Wegfall der Bindung bei Nichtigkeit vgl. Rdn. 37.

[71] KMR-*Müller* 15.

[72] RG GA **37** (1890) 191; **64** (1917) 372.

Walter Gollwitzer

der zügigen Durchführung der Hauptverhandlung im Wege stehen könnten. In der Hauptverhandlung selbst obliegt es dem Vorsitzenden, ähnlich wie auch sonst, Unklarheiten oder Unvollständigkeiten des Verweisungsbeschlusses durch entsprechende Erklärungen zu bereinigen[73].

**29**    **6. Sachentscheidung neben Verweisungsbeschluß.** Der Verweisungsbeschluß umfaßt notwendig die **ganze Tat im Sinne des § 264.** Neben ihm ist daher für eine Sachentscheidung über die gleiche Tat kein Raum[74]; insbesondere darf wegen der in der zugelassenen Anklage angeführten Straftaten kein gesonderter Freispruch ergehen[75]. Eine „Teilverweisung" ist nicht möglich[76].

**30**    Dagegen kann, wenn sich in einer **mehrere verbundene Strafsachen** umfassenden Verhandlung (§§ 4, 237) die Unzuständigkeit des Gerichts wegen *einer* selbständigen Tat im Sinne des § 264 ergibt, regelmäßig diese **abgetrennt** und im übrigen das Urteil erlassen werden[77]. Dies erfordert in der Regel das Beschleunigungsgebot. Nur wenn besondere Gründe die gleichzeitige Aburteilung aller verbundenen Taten erheischen, darf das Gericht von der Trennung absehen und das Verfahren insgesamt verweisen[78]. Das Gericht höherer Ordnung hat jedoch in *allen* Sachen, auf die sich die Unzuständigkeitserklärung erstreckt, zu verhandeln und zu entscheiden[79].

**31**    **7. Fortdauer der Untersuchungshaft.** Da § 270 nicht ausdrücklich auf § 207 verweist, nimmt die vorherrschende Meinung[80] an, das Gericht dürfe zwar **vor Verkündung** des Verweisungsbeschlusses, nicht aber **danach** über die Fortdauer der Untersuchungshaft entscheiden; § 207 Abs. 4 sei nicht entsprechend anwendbar. Der Übergang der Zuständigkeit dürfte jedoch kein Hindernis sein, daß das Gericht zugleich mit der Verweisung von Amts wegen über die Anordnung oder die Fortdauer der Untersuchungshaft oder der einweiligen Unterbringung (analog § 207 Abs. 4) beschließt[81]. Eine solche Verfahrensgestaltung erscheint auch deshalb prozeßwirtschaftlich und sinnvoll, weil gerade durch die Verweisung sich auch die Grundlagen der Haftanordnung ändern können (geänderter Tatverdacht; Änderungen in der Beurteilung des Haftgrunds).

### IV. Wirkung der Verweisung

**32**    **1. Änderung des Eröffnungsbeschlusses.** Der Verweisungsbeschluß ändert den Eröffnungsbeschluß für das weitere Verfahren ab, ersetzt ihn aber nicht[82], vor allem ändert er nichts daran, daß das Verfahren bereits mit Erlaß des Eröffnungsbeschlusses rechtshängig geworden ist[83]. Nach dem Zeitpunkt seines Erlasses beurteilt sich, bei welchem Gericht die Sache zuerst rechtshängig geworden ist. Die durch den Verweisungsbeschluß eingetretene Instanzverschiebung ist allerdings maßgebend dafür, welchem Gericht die umfassendere Aburteilung möglich ist.

---

[73] RGRspr. **5** 227; **9** 439; RGSt **62** 272; **68** 335; RG GA **37** (1890) 286; vgl. § 243, 56 ff.

[74] KMR-*Müller* 11.

[75] RGSt **3** 4.

[76] RGSt **61** 225; vgl. BGHSt **10** 19; KK-*Engelhardt* 19.

[77] KK-*Engelhardt* 19.

[78] *Traut* GerS **57** (1900) 322.

[79] RG GA **37** (1889) 179.

[80] KK-*Engelhardt* 21; 23; *Kleinknecht/Meyer*[37] 21; *Eb. Schmidt* Nachtr. I 16.

[81] Vgl. Rdn. 33.

[82] Einige Entscheidungen nahmen früher an, daß der Verweisungsbeschluß – auch wenn zu Unrecht ergangen – für das weitere Verfahren selbst das Fehlen einer Anklage (RG GA **37** [1889] 191) oder des Eröffnungsbeschlusses (RGSt **68** 332) heilt; vgl. auch Fußn. 12.

[83] Vgl. § 199, 5; Vor § 213, 2.

**2. Übergang des Verfahrens.** Durch die Verweisung geht das gesamte Verfahren **33** in der Lage, in der es sich befindet, auf das Gericht über, an das zu Recht oder Unrecht[84] verwiesen worden ist. Dieses wird für die weiteren Entscheidungen einschließlich aller anfallenden Nebenentscheidungen so zuständig, wie wenn das Verfahren von Anfang an dort eröffnet worden wäre. Ob der Übergang der Zuständigkeit bereits mit Erlaß des Beschlusses[85] im vollen Umfang eintritt oder erst dann, wenn der Beschluß — in der Regel zusammen mit den Akten — bei dem nunmehr zuständigen Gericht eingeht, kann an sich zweifelhaft sein. Für die letztgenannte Auffassung sprechen jedoch praktische Gesichtspunkte, da das Gericht, an das verwiesen wird, erst vom Eingang des Beschlusses an mit der Sache „befaßt" ist[86] und vorher ohnehin nicht tätig werden kann, während das Gericht, das verwiesen hat, besser in der Lage ist, eilbedürftige Nebenentscheidungen noch zu treffen[87].

Das Verfahren wird allerdings nur hinsichtlich der Tat im Sinne des §264, die **34** der Verweisungsbeschluß umfaßt, beim Gericht höherer Ordnung **anhängig**. Dieses kann daher eine andere Tat, hinsichtlich der das früher befaßte Gericht das Verfahren nach §154 eingestellt hatte, nicht von sich aus wieder in das Verfahren einbeziehen[88].

**3.** Der Verweisungsbeschluß **bindet** das verweisende Gericht. Er bindet auch das **35** Gericht, an das verwiesen worden ist, insofern, als es die Sache nicht mehr an das ursprünglich zuständige Gericht zurückverweisen darf. Jeder Verweisung an ein Gericht niederer Ordnung steht §269 entgegen; bei den Jugendgerichten ergibt sich ihr Vorrang vor den für allgemeine Strafsachen zuständigen Gerichten gleicher Ordnung aus Absatz 1 Satz 1 in Verbindung mit §209 a Nr. 2 Buchst. a und §47 a, 103 Abs. 2 Satz 1 JGG (Ausnahme §103 Abs. 2 Satz 2 JGG[89]). Zwar legt bei den besonderen Strafkammern die Rangfolge des §74 e GVG die Kompetenz-Kompetenz der jeweils vorrangigen Strafkammer fest, die Verweisung nach §270 Abs. 1 Satz 2 bindet jedoch sowohl die nachrangige als auch eine im Range vorgehende Spezialstrafkammer[90].

Die **Weiterverweisung** nach §§225 a, 270 an ein Gericht höherer Ordnung oder **36** an ein Jugendgericht wird dadurch nicht ausgeschlossen[91], vor allem nicht die Berücksichtigung eines erst nach der Verweisung erhobenen Einwands nach §6 a; desgleichen ist die Abgabe zwischen gleichartigen Gerichten auf Grund des Geschäftsplans weiterhin möglich[92].

Die Verweisung ist auch **wirksam** und bindend, wenn der verweisende Beschluß **37** unvollständig, **formell fehlerhaft** oder **sachlich falsch** ist[93]. Nur wenn er wegen schwer-

---

[84] Vgl. Rdn. 35 ff.

[85] So KK-*Engelhardt* 21; 23; *Kleinknecht/Meyer*[37] 21; KMR-*Müller* 17; *Eb. Schmidt* Nachtr. I 21; vgl. OLG Karlsruhe MDR **1980** 599.

[86] Vgl. OLG Celle VRS **55** 285; OLG Karlsruhe Justiz **1984** 429.

[87] Vgl. OLG Karlsruhe Justiz **1984** 429 (Zuständigkeitsübergang mit Erlaß des Verweisungsbeschlusses, aber Fortbestand der Befugnis zu eilbedürftigen Haftentscheidungen); a. A die vorherrschende Meinung oben Fußn. 85.

[88] BGH bei *Dallinger* MDR **1973** 192; vgl. §154, 63.

[89] Vgl. Rdn. 20; §209 a, 19 ff; §269, 8; §338, 77.

[90] Vgl. Rdn. 21; §209 a, 20.

[91] RGSt **59** 244; RG GA **50** (1903) 275; BGHSt **21** 270; KK-*Engelhardt* 24; *Kleinknecht/Meyer*[37] 21; KMR-*Müller* 16.

[92] Vgl. Rdn. 3.

[93] RGSt **62** 265; RG GA **37** (1890) 191; BGHSt **27** 99 = NJW **1977** 2371 mit Anm. *Meyer-Goßner* = JR **1977** 524 mit Anm. *Rieß*; BGHSt **29** 216; OLG Düsseldorf JMBlNW **1979** 152; OLG Karlsruhe MDR **1980** 599; OLG Stuttgart Justiz **1983** 164; *Kleinknecht/Meyer*[37] 21; KMR-*Paulus* 14; *Eb. Schmidt* 21; LG Hannover StrVert. **1983** 194 nimmt dagegen Unwirksamkeit auch bei wesentlichen inhaltlichen Mängeln an; vgl. Fußn. 95.

wiegender Mängel **nichtig** ist, entfällt jede Wirkung, so, wenn die Verweisung offensichtlich den Grundprinzipien der rechtsstaatlichen Ordnung widerspricht und objektiv willkürlich ist, weil sie jedes sachlichen Bezugs zur angewendeten Norm entbehrt, nicht mehr verständlich ist und offensichtlich unhaltbar erscheint[94]. Der Angeklagte würde dadurch willkürlich seinem **gesetzlichen Richter** (Art. 101 Abs. 1 Satz 2 GG) entzogen[95]. Ein unwirksamer Verweisungsbeschluß läßt die Anhängigkeit beim verweisenden Gericht fortbestehen[96]. Das Gericht, an das verwiesen worden ist, ist durch § 269 nicht gehindert, die ihm nur scheinbar überwiesene Sache zurückzugeben[97]. Zu einer Weiterverweisung fehlt ihm dagegen die Zuständigkeit.

**38**　　4. Das Verfahren vor dem Gericht, an das verwiesen worden ist, ist **dasselbe Hauptverfahren** wie das durch den Eröffnungsbeschluß vor dem niedereren Gericht eröffnete. Ein bereits von diesem vereidigter Zeuge braucht daher nach § 67 nicht nochmals von dem Gericht höherer Ordnung vereidigt zu werden[98]. Der Angeklagte muß auf die Veränderung des rechtlichen Gesichtspunkts hingewiesen werden, wenn das Gericht, an das die Sache gemäß § 270 verwiesen ist, nunmehr wieder im Sinne des Eröffnungsbeschlusses verurteilen will[99].

## V. Einzelne Beweiserhebungen (Absatz 4)

**39**　　1. Absatz 4 trägt dem Umstand Rechnung, daß bei einer Verweisung durch den **Strafrichter** oder das **Schöffengericht** der Sachverhalt unter dem zur Verweisung führenden neuen Gesichtspunkt mitunter noch nicht genügend aufgeklärt ist. Dem Angeklagten, der möglicherweise ohne Verteidiger ist, soll damit bewußt gemacht werden, daß er im Hinblick darauf Gelegenheit hat, zur besseren Vorbereitung seiner Verteidigung einzelne Beweiserhebungen vor der Hauptverhandlung zu beantragen, so wie er das auch nach § 201 Abs. 1 Satz 1 bei Mitteilung der Anklage konnte[100].

**40**　　Bei einem Verweisungsbeschluß, den **Gerichte höherer Ordnung** erlassen haben, also regelmäßig in den schwerwiegenderen Fällen, in denen der Sachverhalt vor Anklageerhebung bereits unter allen hereinspielenden Gesichtspunkten aufgeklärt sein dürfte, ist diese Möglichkeit nicht vorgesehen[101]. Der Angeklagte, der in diesen Fällen stets einen Verteidiger hat (§ 140 Abs. 1 Nr. 1), kann in diesen Fällen auch ohne den mit der Fristsetzung verbundenen ausdrücklichen Hinweis nach §§ 219, 223 bis 225 auf eine Beweiserhebung vor der Hauptverhandlung oder auf die Zuziehung weiterer Beweismittel zur Hauptverhandlung hinwirken[102], diese Vorschriften werden durch Absatz 4 nur ergänzt, nicht aber eingeschränkt.

---

[94] Zum Willkürbegriff vgl. etwa BVerfGE **6** 53; **17** 104; **19** 43; **29** 49; 207; **42** 72; ferner Einl. Kap. **13** XIII; § 269, 12; § 338, 10.

[95] BGHSt **29** 216; OLG Düsseldorf JMBlNW **1979** 152; OLG Hamm OLGSt 1; OLG Schleswig NStZ **1981** 491; bei *Ernesti/Jürgensen* SchlHA **1979** 207; OLG Stuttgart Justiz **1983** 164; ferner die weiteren Nachweise Fußn. 93. KK-*Engelhardt* 26 scheint die Grenzen der Unwirksamkeit nicht so eng ziehen zu wollen, da die Nichtigkeitsfolge sehr oft die einzige Korrekturmöglichkeit sei. Vgl. auch *Eb. Schmidt* 21 (mangelnde Qualität einer Sachurteilsvoraussetzung).

[96] OLG Schleswig NStZ **1981** 491; LG Hannover StrVert. **1983** 194.

[97] *Eb. Schmidt* 21.

[98] KMR-*Müller* 38; *Eb. Schmidt* Nachtr. I 4; § 67, 9.

[99] RGSt **65** 363; vgl. bei § 265.

[100] *Alberg/Nüse/Meyer* 365; *Kleinknecht/Meyer*[37] 22; vgl. § 225 a, 34.

[101] Zur strittigen Frage, ob Absatz 4 auch bei einer Verweisung vom Strafrichter an den Jugendrichter usw. anzuwenden ist, vgl. § 225 a, 35.

[102] *Alsberg/Nüse/Meyer* 365; KK-*Engelhardt* 27.

**2. Die Frist**, innerhalb der der Antrag auf einzelne Beweiserhebungen zu stellen **41**
ist, wird bei Bekanntgabe des Verweisungsbeschlusses bestimmt. Sie muß angemessen
sein und kann — ebenso wie die Frist des § 201 Abs. 1 Satz 1 — auf Antrag oder von
Amts wegen verlängert werden[103].

Die Fristbestimmung obliegt dem **Vorsitzenden des verweisenden Gerichts**, es ist **42**
aber auch zulässig, die Fristbestimmung in den Verweisungsbeschluß aufzunehmen[104].
Die Fristsetzung wird grundsätzlich in der Hauptverhandlung mitverkündet. Andernfalls ist nach § 35 Abs. 2 die Verfügung, die die Fristbestimmung enthält, förmlich zuzustellen[105]. Mit der Fristsetzung wird zweckmäßigerweise der Hinweis verbunden, daß
Beweisanträge bei dem Gericht einzureichen sind, an das verwiesen wurde[106].

**3. Über den Beweisantrag entscheidet** der **Vorsitzende** des Gerichts, an das ver- **43**
wiesen worden ist, unter Berücksichtigung der Erfordernisse der Sachaufklärung nach
**pflichtgemäßem Ermessen**. Für seine Entschließung kommt es nicht nur darauf an, ob
die beantragte Beweiserhebung für die Urteilsfindung erheblich ist, sondern, daß
Gründe bestehen, die die Erhebung des Beweises vor der Hauptverhandlung erforderlich machen[107]. Das kann zutreffen, wenn der Verlust des Beweismittels zu besorgen ist
oder wenn zu erwarten ist, daß sich aus der Beweiserhebung weitere geeignete Beweismittel ergeben, aber auch, wenn es darum geht, vorweg zu klären, ob ein bisher unbekanntes Beweismittel zur Hauptverhandlung zuzuziehen ist. Über die Vernehmung von
Zeugen oder Sachverständigen durch einen beauftragten oder ersuchten Richter nach
§§ 223, 224 oder die Einnahme eines Augenscheins nach § 225 muß das Gericht entscheiden[108]. Andere Maßnahmen, wie etwa die Anordnung der vorsorglichen Einvernahme
eines möglicherweise in Betracht kommenden Zeugen durch die Polizei, kann der Vorsitzende anordnen[109]. Lehnt der Vorsitzende die Beweiserhebung ab, muß er dies nach
§ 34 begründen (vgl. § 225 a, 40).

## VI. Rechtsbehelfe

### 1. Beschwerde

**a) Verweisungsbeschluß.** Absatz 3 Satz 2 erklärt § 210 für anwendbar. Dem **Ange- 44
klagten** steht eine Anfechtung des Verweisungsbeschlusses in keinem Fall zu[110].

Hinsichtlich der **Staatsanwaltschaft** führt die entsprechende Anwendung des § 210 **45**
dazu, daß ihr die (sofortige) Beschwerde nur zusteht, wenn entgegen einem von ihr gestellten Antrag der Beschluß die Sache nicht an das im Antrag bezeichnete, sondern an
ein Gericht niederer Ordnung verwiesen hat[111], oder wenn das Gericht bei der Beschlußfassung seine gesetzlichen Befugnisse überschritten hat[112].

---

[103] *Alsberg/Nüse/Meyer* 367; vgl. § 225 a, 39; 40.
[104] *Alsberg/Nüse/Meyer* 367; KK-*Engelhardt* 20;
vgl. Rdn. 27.
[105] *Kleinknecht/Meyer*[37] 23; KMR-*Müller* 23.
[106] *Kleinknecht/Meyer*[37] 23.
[107] *Alsberg/Nüse/Meyer* 367; 368; KK-*Engelhardt* 29; KMR-*Müller* 24.
[108] *Alsberg/Nüse/Meyer* 368; KK-*Engelhardt* 29;
KMR-*Müller* 24; *Eb. Schmidt* Nachtr. I 26.
[109] Die allgemeine Abgrenzung der Befugnisse
bei Vorbereitung der Hauptverhandlung

wird durch Absatz 4 nicht aufgehoben. Zur
Abgrenzung vgl. Vor § 213, 10.
[110] RGSt **3** 311; RGRspr. **5** 691; KK-*Engel-
hardt* 25; *Kleinknecht/Meyer*[37] 24; KMR-
*Müller* 18.
[111] KK-*Engelhardt* 25; KMR-*Müller* 18; *Eb.
Schmidt* 16; vgl. § 6 a, 23; **a. A** *Kleinknecht/
Meyer*[37] 24 (keine Anfechtbarkeit, weil § 210
Abs. 2 nicht zutrifft).
[112] Vgl. § 210, 4 ff (umstritten).

**46**    **b)** Die **Ablehnung** der von **der Staatsanwaltschaft** beantragten **Verweisung** durch das erkennende Gericht ist eine der Urteilsfällung vorausgehende Entscheidung im Sinne des § 305. Sie kann nur zusammen mit dem Urteil angefochten werden. Der Gedanke, daß die entsprechende Anwendung des § 210 dazu führen müsse, die Ablehnung der Eröffnung des Hauptverfahrens der Ablehnung eines Verweisungsantrags gleichzustellen, wäre ein Trugschluß. Der Beschluß, der die Eröffnung des Hauptverfahrens ablehnt, schließt das Verfahren überhaupt ab, wenn er nicht anfechtbar wäre. Der Beschluß, der die Verweisung ablehnt, ist nur eine Zwischenentscheidung, deren Richtigkeit zusammen mit dem in der Sache ergehenden Urteil nachgeprüft werden kann. Ob die Ermittlungen des vorbereitenden Verfahrens den hinreichenden Verdacht einer bestimmten strafbaren Handlung ergeben, kann neben dem Gericht, das über die Eröffnung zu entscheiden hat, und — unabhängig von ihm — auf der Grundlage des Eröffnungsbeschlusses auch vom Beschwerdegericht beurteilt werden. Dem Beschwerdegericht würde aber gerade für den Regelfall des § 270, ob die Hauptverhandlung einen hinreichenden Verdacht für eine die Zuständigkeit eines Gerichts höherer Ordnung begründende Straftat ergeben habe, jede einigermaßen einwandfreie Tatsachengrundlage fehlen. Die Auffassung der Staatsanwaltschaft ist für das Beschwerdegericht nicht verbindlich, die Sitzungsniederschrift braucht über den hinreichenden Verdacht einer die Zuständigkeit des erkennenden Gerichts übersteigenden Straftat nichts zu enthalten, auch das erkennende Gericht wird durch keine Vorschrift verpflichtet, sich mitten in der Hauptverhandlung über den Grad eines weitergehenden Verdachts zu äußern. Alle inneren Gründe sprechen mithin gegen die Gleichsetzung der Ablehnung der Eröffnung des Hauptverfahrens mit dem Beschluß, der die beantragte Verweisung nach § 270 ablehnt. Die Möglichkeit der selbständigen Anfechtung eines solchen Beschlusses durch die Staatsanwaltschaft muß deshalb verneint werden[113].

**47**    Der **Angeklagte** kann nach § 305 Satz 1 ebenfalls keine Beschwerde einlegen, wenn die von ihm angeregte Verweisung an ein höheres Gericht abgelehnt oder seinem Einwand nach § 6a nicht entsprochen wurde[114].

**48**    **c)** Mit der **einfachen Beschwerde** ist der Beschluß anfechtbar, durch den das Gericht in **irriger Anwendung** des § 270 die Sache wegen örtlicher Unzuständigkeit an ein gleichgeordnetes Gericht verwiesen hat[115].

**49**    **d)** Die Entscheidungen, mit der die **Frist nach Absatz 4** bestimmt oder durch die eine **beantragte Beweiserhebung** angeordnet oder abgelehnt wird, sind durch § 305 Satz 1 der Beschwerde entzogen[116]. Bei Ablehnung ist es dem Angeklagten unbenommen, in der Hauptverhandlung einen entsprechenden Beweisantrag neu zu stellen; die Anrufung des Gerichts nach § 238 Abs. 2 ist gegen die ablehnende Verfügung des Vorsitzenden nicht möglich[117].

**2. Revision**

**50**    **a) Verweisung.** Auf einen Verstoß gegen § 270 kann die Revision nur gestützt werden, wenn das Urteil des Gerichts, das auf der Grundlage eines solchen **Verweisungsbeschlusses** ergangen ist, auf dem Mangel beruhen kann[118]. Grundsätzlich ist zu unterscheiden:

---

[113] OLG Braunschweig GA **1959** 89 mit Anm. *Kleinknecht*; KK-*Engelhardt* 25; *Kleinknecht/Meyer*[37] 24; KMR-*Müller* 18; *Eb. Schmidt* Nachtr. I 15.

[114] Vgl. § 6a, 22.

[115] OLG Hamm NJW **1961** 232; vgl. § 16, 17.

[116] KK-*Engelhardt* 29.

[117] *Alsberg/Nüse/Meyer* 370; KMR-*Müller* 24.

[118] Vgl. RGSt **59** 300; **62** 271.

Ist wegen ganz besonders schwerwiegende Verstöße, vor allem wegen Verlet- **51**
zung des Art. 101 Abs. 1 Satz 1 GG, der **Verweisungsbeschluß unwirksam**[119], hat dies
zur Folge, daß das Gericht höherer Ordnung nicht in rechtswirksamer Weise mit der
Sache befaßt war. Dann fehlt es für das Tätigwerden dieses Gerichts an einer **Verfahrensvoraussetzung.** Dies ist von Amts wegen und unabhängig von einer entsprechenden
Verfahrensrüge zu beachten, so daß die Frage des Beruhens des Urteils auf einem Verfahrensfehler nicht auftauchen kann[120].

Liegt ein **wirksamer**, wenn auch **sachlich falscher Verweisungsbeschluß** vor, so ist **52**
das Gericht, an das verwiesen wurde, wegen der Bindungswirkung für das Urteil zuständig. Die Verfahrensvoraussetzungen sind gegeben, der Angeklagte ist grundsätzlich
auch nicht dadurch beschwert, daß seine Sache von einem Gericht höherer Ordnung
entschieden worden ist[121].

Ist der **Verweisungsbeschluß** als solcher **mangelhaft**, so ist im Einzelfall zu prü- **53**
fen, ob das Urteil auf dem Mangel beruhen kann. Dies wurde beispielsweise auch verneint, wenn dieser (nach damaliger Ansicht unzulässig) außerhalb der Hauptverhandlung erlassen worden war, ein auf Grund einer Verhandlung erlassener Beschluß aber
den Angeklagten nicht hätte besser stellen können[122]; desgleichen bei ausreichender Ergänzung eines inhaltlich lückenhaften Verweisungsbeschlusses[123], oder, wenn im Verweisungsbeschluß zwar der Anklagesatz fehlt, durch die Verweisung sich aber an der zugelassenen Anklage nichts geändert hatte[124].

**b)** Ergibt sich aus dem Urteil, daß das Gericht eine nach § 270 gebotene **Verwei- 54
sung unterlassen** hat, kann die Verletzung des § 270 gerügt werden. Der Mangel der
sachlichen Zuständigkeit muß vom Rechtsmittelgericht auch ohne Rüge von Amts
wegen berücksichtigt werden[125]. Hält sich das Urteil allerdings im Rahmen der sachlichen Zuständigkeit des Gerichts, das die Verweisung unterlassen hat, so ist strittig, ob
die unterlassene Verweisung vom Angeklagten mit Erfolg beanstandet werden kann[126].
Daß ein rechtzeitig erhobener Einwand nach § 6 a zu Unrecht verworfen wurde, kann
nach § 338 Nr. 4 mit der Revision gerügt werden[127]; auch ein erwachsener Mitangeklagter kann beanstanden, daß statt des Jugendgerichts ein für Erwachsene zuständiges
Gericht entschieden hat[128].

**c)** Wird **keine Frist gemäß Absatz 4 gesetzt**, kann daraus ein Revisionsgrund nur **55**
hergeleitet werden, wenn dies in der Hauptverhandlung gerügt und die beantragte Aussetzung der Hauptverhandlung entgegen § 265 Abs. 4 abgelehnt worden ist[129]. Auf die
Ablehnung der beantragten Beweiserhebung kann die Revision in der Regel nicht gestützt werden; die entsprechenden Beweisanträge müssen in der Hauptverhandlung neu

---

[119] Vgl. Rdn. 37.
[120] BGHSt **6** 109; KK-*Engelhardt* 32; vgl.
§ 338, 66; 72.
[121] BGH bei *Pfeiffer* NStZ **1981** 297; KK-*Engelhardt* 33; vgl. Rdn. 35; 37; § 269, 12; § 338, 70.
[122] RGSt **52** 306; **58** 125; **62** 272.
[123] RGSt **55** 242; vgl. Rdn. 28.
[124] BGH bei *Dallinger* MDR **1966** 894.
[125] BGHSt **10** 76; BGH bei *Dallinger* MDR
**1972** 18; BayObLGSt **1985** 33 = NStZ **1985**
470 mit Anm. *Achenbach*; KK-*Engelhardt* 30;

*Kleinknecht/Meyer*[37] 25; KMR-*Müller* 25; vgl.
§ 338, 66.
[126] BGHSt **1** 346 verneint die Beschwer; ebenso
KK-*Engelhardt* 30; abl. *Dallinger* MDR **1952**
118; vgl. BGHSt **10** 64; *Rieß* GA **1976** 16
Fußn. 88; ferner § 338, 72; 73.
[127] KMR-*Müller* 26; vgl. § 6 a, 24; § 338, 76.
[128] BGHSt **30** 260; BGH StrVert. **1981** 77;
**1985** 358 (L); vgl. § 209 a, 46; § 338, 77.
[129] Vgl. RGSt **62** 272; *Kleinknecht/Meyer*[37] 25;
KMR-*Müller* 28.

gestellt werden[130]. Unter dem Blickwinkel der Verletzung der Aufklärungspflicht dürfte eine solche Rüge nur bei Darlegung besonderer Umstände Erfolg haben[131].

**56**    3. Wird das Urteil eine Gerichts **rechtskräftig**, das in Verkennung seiner sachlichen Unzuständigkeit entschieden hat, so ist es wirksam und verbraucht die Strafklage auch hinsichtlich des zur Zuständigkeit der höheren Gerichts gehörenden Gesichtspunkts[132].

# § 271

(1) [1]Über die Hauptverhandlung ist ein Protokoll aufzunehmen und von dem Vorsitzenden und dem Urkundsbeamten der Geschäftsstelle zu unterschreiben. [2]Der Tag der Fertigstellung ist darin anzugeben.
(2) [1]Ist der Vorsitzende verhindert, so unterschreibt für ihn der älteste beisitzende Richter. [2]Ist der Vorsitzende das einzige richterliche Mitglied des Gerichts, so genügt bei seiner Verhinderung die Unterschrift des Urkundsbeamten der Geschäftsstelle.

**Schrifttum.** *Börtzler* Die Fertigstellung des Protokolls über die Hauptverhandlung, MDR **1972** 185; *Bohne* Berichtigung des Hauptverhandlungsprotokolls und Verfahrensrüge, SJZ **1949** 760; *Busch* Die Zuständigkeit zur Berichtigung des Hauptverhandlungsprotokolls, JZ **1964** 746; *Gigerl* Die öffentliche Urkunde im Strafrecht, insbes. ihre Beweisbedeutung für und gegen jedermann, Diss. 1981; *Hendrix/Reiss*[6] Die Protokollführung in der Hauptverhandlung der Strafgerichte (1980); *Kirchberg* Der Gegenstand der Vernehmung oder der Beweisaufnahme im Strafprozeß, DRiZ **1968** 233; *Kohlhaas* Die Beweiskraft des Sitzungsprotokolls nach § 274 StPO, NJW **1974** 23; *Krekeler* Wehret auch den kleinen „Anfängen" oder § 273 Abs. 3 muß bleiben, AnwBl. **1984** 417; *Meyer-Goßner* Die Urteile in Strafsachen, 24. Aufl. (1983); *Mittelbach* Das Protokoll im Strafprozeß, JR **1955** 327; *Ortloff* Die Hauptverhandlungsprotokolle, GA **44** (1896) 98; *Ott* Die Berichtigung des Hauptverhandlungsprotokolls im Strafverfahren und das Verbot der Rügeverkümmerung, Diss. Göttingen 1970; *Pecher* Über zivilrechtliche Vergleiche im Strafverfahren, NJW **1981** 2170; *Roggemann* Das Tonband im Verfahrensrecht (1962); *Roggemann* Tonbandaufnahmen während der Hauptverhandlung, JR **1966** 47; *Sailer* Inhaltsprotokoll und rechtliches Gehör, NJW **1977** 24; *W. Schmid* Die wörtliche Protokollierung einer Aussage in der Hauptverhandlung, NJW **1981** 1353; *W. Schmid* Haben die Verfahrensbeteiligten in der Hauptverhandlung Anspruch auf Protokollierung von Verfahrensfehlern? GA **1962** 353; *Sieg* Protokollformulare und Zeugenbelehrung, StrVert. **1985** 130; *Stenglein* Das Protokoll in der Hauptverhandlung, GerS **45** (1891) 81; *Ulsenheimer* Die Verletzung der Protokollierungspflicht im Strafprozeß und ihre revisionsrechtliche Bedeutung, NJW **1980** 2273; *Werner* Das Protokoll im Strafprozeß, DRiZ **1955** 180; *Wißmann* Handbuch der Protokollführung in Strafsachen für Anwärter und Praktikanten zusammengestellt (1980). Vgl. ferner die Verhandlungen des 41. Deutschen Juristentages Bd. II Das Protokoll im Strafprozeß; dazu JZ **1955** 653.

**Entstehungsgeschichte.** Abgesehen von der Anpassung der Bezeichnungen in den Jahren 1924 („Vorsitzender" statt „Amtsrichter" in Absatz 2 Satz 2) und 1927 („Urkundsbeamter" statt „Gerichtsschreiber") blieb die Vorschrift inhaltlich im wesentlichen

---

[130] Vgl. § 225 a, 49.
[131] Vgl. § 225 a, 49; § 244, 46; 100.

[132] RGSt **56** 351; KMR-*Müller* 29.

unverändert. Art. 7 Nr. 14 StPÄG 1964 hat bei Absatz 1 den zweiten Satz angefügt, um der gleichzeitigen Neufassung des § 273 Abs. 4, wonach das Urteil nicht vor Fertigstellung des Protokolls zugestellt werden darf, Rechnung zu tragen.

*Übersicht*

## I. Verhandlungsprotokoll

**1. Begriff.** Verhandlungsprotokoll[1] ist eine allgemein lesbare Niederschrift **1** (Rdn. 2), die die Hauptverhandlung und ihren Verlauf nach Maßgabe der §§ 272, 273 mit Beweiskraft beurkundet (§ 274), wenn die Urkundspersonen durch ihre Unterschrift die Verantwortung dafür übernommen haben[2]. Die (bei Einwilligung zulässige) **Tonbandaufnahme** über eine Verhandlung ist daher kein Protokoll[3], sondern ein Hilfsmittel, das als Gedächtnisstütze bei der Fertigung des Protokolls ebenso herangezogen werden darf wie etwa in Kurzschrift aufgenommene Notizen[4], die außerhalb des Protokolls zulässig sind.

---

[1] Zur Rechtsnatur des Protokolls als gerichtliche Urkunde vgl. § 274, 2.

[2] Zum Zweck des Protokolls vgl. § 273, 1; ferner RGSt 55 1; KK-*Engelhardt* 4; KMR-*Müller* 1.

[3] BGHSt 19 193; BGH NStZ **1982** 204; bei *Spiegel* DAR **1982** 204; OLG Karlsruhe Justiz

**1981** 483; KMR-*Müller* 4; *Röhl* JZ **1956** 206; *Roxin* § 49 VI; *Rüping* Kap. 6 IV 1; *Eb. Schmidt* JZ **1956** 206.

[4] RGSt **65** 436; *Bruns* GA **1960** 162; *Henkels* JZ **1957** 158; 154; *Rassow* NJW **1958** 653; *Schmitt* JuS **1961** 19; *Roxin* § 50 VI.

### 2. Form

**2**    **a)** Das Protokoll muß in einer **gewöhnlichen,** im alltäglichen Leben für die deutsche Sprache **allgemein gebräuchlichen Schrift** (vgl. bei § 168 a) gefertigt sein, nicht etwa in Kurzschrift[5]. Dies gilt auch für Äußerungen, die nach § 273 Abs. 3 wörtlich in das Protokoll aufgenommen werden. § 168 a Abs. 2 ist insoweit nicht anwendbar[6]. Da das in Schreibmaschinenschrift oder handschriftlich in gewöhnlicher Langschrift zu fertigende Protokoll nicht in der Sitzung hergestellt werden muß, sondern auch nachträglich gefertigt werden darf[7], ist es zulässig und bei länger dauernden Hauptverhandlungen meist unerläßlich, in der Hauptverhandlung Aufzeichnungen in Kurzschrift zu machen, um eine brauchbare und verläßliche Grundlage für die spätere Fertigung des Protokolls zu haben. Das mit Beweiskraft nach § 274 ausgestattete Protokoll ist aber immer nur die unterschriebene Reinschrift und nicht die ihr zugrunde liegenden Notizen oder Tonbänder. Letztere müssen weder aufbewahrt noch den Verfahrensbeteiligten zugänglich gemacht werden[8].

**3**    Die Vorgänge sind grundsätzlich in der **Reihenfolge** im Protokoll festzuhalten, in der sie sich ereignet haben[9]. Die Einhaltung der für die Hauptverhandlung vorgeschriebenen Ordnung des Verfahrensganges muß erkennbar sein[10]. Nur wenn dies nicht in Frage gestellt wird, sind Zusammenfassungen gleichartiger Vorgänge in einem Vermerk zulässig, etwa, daß der Angeklagte nach jedem Beweismittel gemäß § 257 befragt wurde[11]. Auf welche Verfahrensvorgänge sich ein solcher Sammelvermerk bezieht, muß eindeutig klargestellt werden[12].

**4**    **Die äußere Beschaffenheit des Protokolls** muß seiner Bedeutung entsprechen; ein Ausschaben oder Überkleben ist unstatthaft[13], ein Durchstreichen oder Hineinschreiben von Sätzen oder Worten ist möglichst zu vermeiden[14]. Die Wirkung etwaiger Verstöße ist nicht besonders geregelt. Es bleibt dem Richter überlassen, den Einfluß eines Verstoßes der fraglichen Art auf die Beweiskraft des Protokolls nach freiem Ermessen zu würdigen[15]. Regelmäßig kann durch einen solchen Verstoß nicht die Beweiskraft des ganzen Protokolls, sondern nur die des betreffenden Satzes oder Teils in Frage gestellt werden[16].

**5**    Werden dem Protokoll **Randvermerke** hinzugefügt, so bedürfen diese der besonderen Beglaubigung durch die Unterschriften des Vorsitzenden und des Urkundsbeamten[17]; die Folge des Mangels dieser Beglaubigung würde indes auch nur sein können, daß der Randvermerk und unter Umständen auch der Satz, zu dessen Ergänzung er dienen soll, der Beweiskraft entbehren würde[18].

**6**    **b) Vordrucke** dürfen für das Protokoll verwendet werden. Dies kann zweckmäßig sein, da hierdurch die Beachtung der in jedes Protokoll gehörenden Formalien erleichtert wird. Die Verwendung von Formularen birgt aber eine Reihe von Gefahren in

---

[5] RGSt **55** 1; BGHSt **19** 193; KK-*Engelhardt* 4; *Kleinknecht/Meyer*[37] 4; KMR-*Müller* 3; *Kroschel/Meyer-Goßner* 322.

[6] *Kleinknecht/Meyer*[37] 4.

[7] BGH GA **1960** 61.

[8] BGHSt **29** 394; BGH bei *Dallinger* MDR **1973** 903; OLG Karlsruhe Justiz **1981** 483; KK-*Engelhardt* 5; KMR-*Müller* 5.

[9] Vgl. KMR-*Müller* 10 (Zug-um-Zug-Protokoll).

[10] *Kroschel/Meyer-Goßner* 324.

[11] KMR-*Müller* 10; weitere Beispiele *Kroschel/ Meyer-Goßner* 324.

[12] Vgl. Rdn. 12 bei Wechsel des Urkundsbeamten.

[13] RG GA **47** (1900) 377.

[14] *Kleinknecht/Meyer*[37] 5.

[15] RG GA **46** (1898/99) 132; LZ **1914** 196.

[16] RGSt **27** 169; *Kleinknecht/Meyer*[37] 5.

[17] Vgl. Rdn. 15.

[18] RGRSpr. **2** 658; RGSt **1** 242; **20** 425; RG GA **61** (1914) 341; *Kleinknecht/Meyer*[37] 5.

sich[19]. Vor allem ist auf die Streichung der im Einzelfall nicht zutreffenden Teile des Vordrucks erhöhte Aufmerksamkeit zu richten, um eine häufige Fehlerquelle auszuschließen.

**c)** Die **Niederschrift** einzelner Aussagen usw. in einer **fremden Sprache** ist nach 7 §185 GVG zulässig, nicht jedoch die Abfassung des ganzen Protokolls[20].

**d)** Eine **Verlesung** und Genehmigung **des Protokolls** findet nicht statt; eine Aus- 8 nahme findet sich in §273 Abs. 3.

### 3. Einheit des Protokolls

**a)** Das Protokoll über die Hauptverhandlung bildet eine **zusammengehörende Ein-** 9 **heit**, auch wenn die Hauptverhandlung mehrere Tage gedauert hat und für jeden Tag ein besonderes Protokoll aufgenommen worden ist[21].

Es steht im Ermessen der für die Protokollführung verantwortlichen Personen 10 (Vorsitzender und Urkundsbeamter), ob sie bei einer mehrtägigen Hauptverhandlung für jeden Tag ein besonderes **Abschnittsprotokoll** oder nur ein auch rein äußerlich einheitliches Protokoll mit nur einmaligem Abschluß herstellen wollen[22]. Es ist allerdings wenig zweckmäßig, wenn das Protokoll einer mehrere Monate andauernden Verhandlung erst nach der Urteilsverkündung erstellt wird[23]. Die Verfahrensbeteiligten, insbes. Verteidiger, haben aber auch keinen Anspruch, daß das Protokoll bei einer mehrwöchentlichen Verhandlung durch mehrere Abschlüsse unterteilt wird. Auch bei abschnittsweiser Erstellung bleibt das Sitzungsprotokoll ein aus seiner Gesamtheit heraus „auslegungsfähiges Ganzes" (*Hanack* JZ **1972** 489). Es ist erst fertiggestellt (Absatz 1 Satz 2; §273 Abs. 4), wenn die Urkundspersonen nach Schluß der Hauptverhandlung den letzten Teilabschnitt und damit die ganze Niederschrift unterschrieben haben[24].

Wird die Hauptverhandlung **unterbrochen**, braucht das Protokoll nicht jedesmal 11 abgeschlossen werden. Es kann zweckmäßig sein, die Unterbrechung und ihre Dauer zu vermerken, jedoch gehören kürzere Unterbrechungen am gleichen Tage — etwa für eine Mittagspause — nicht zu den wesentlichen Förmlichkeiten, die nur durch das Protokoll beweisbar sind[25].

**b) Wechselt** der **Urkundsbeamte** während der Hauptverhandlung, hat jeder Be- 12 amte den von ihm beurkundeten Teil zu unterschreiben und damit abzuschließen[26]. Dabei sind grundsätzlich Sammelvermerke, die für die ganze Hauptverhandlung gelten sollen und deshalb üblicherweise am Schluß des Protokolls aufgenommen werden, wie etwa die Beachtung der Vorschrift des §257, von jedem der mehreren Urkundsbeamten in den von ihm beurkundeten Teil der Hauptverhandlung aufzunehmen[27]. Der Vorsit-

---

[19] *Kohlhaas* NJW **1974** 23; *Sieg* StrVert. **1985** 130 (zu BGH StrVert. **1984** 405); ferner *Kroschel/Meyer-Goßner* 324 (Notwendigkeit, auch bei Platzmangel im Vordruck Übersichtlichkeit zu wahren).

[20] Wegen der Einzelheiten vgl. bei §185 GVG.

[21] BGHSt **16** 306; **29** 394; BGH bei *Dallinger* MDR **1975** 742; *Hanack* JZ **1972** 489; KK-*Engelhardt* 3; *Kleinknecht/Meyer*[37] 1; KMR-*Müller* 6.

[22] RGSt **30** 205; RG JW **1901** 690; **1925** 2785;

BGHSt **16** 301; OLG Düsseldorf JMBlNW **1963** 215.

[23] *Bendix* ZStW **39** (1918) 12; KMR-*Müller* 7. *Busch* JZ **1964** 750 empfiehlt de lege ferenda für jeden Tag ein besonderes Protokoll.

[24] BGH bei *Dallinger* MDR **1975** 724; vgl. Rdn. 28; 37.

[25] BGH JZ **1967** 185; vgl. §272, 7 mit weit. Nachw.

[26] OLG Braunschweig NdsRpfl. **1947** 89; vgl. §226, 9; §272, 11.

[27] KMR-*Müller* 10; vgl. Rdn. 3.

zende ist nicht gehalten, die Sitzungsniederschrift jeweils dann durch seine Unterschrift abzuschließen, wenn der Urkundsbeamte wechselt. Seine Unterschrift am Schluß der Sitzungsniederschrift deckt ihren ganzen Inhalt auch dann, wenn der Urkundsbeamte im Laufe der Verhandlung gewechselt hat[28].

#### 4. Verantwortlichkeit

**13**     a) Die Beurkundung der Vorgänge der Hauptverhandlung in der Sitzungsniederschrift ist dem **Vorsitzenden** und dem **Urkundsbeamten** der Geschäftsstelle (§ 226) zur selbständigen Erledigung zu übertragen. Sie üben insoweit eine **eigene Befugnis als Urkundsperson** aus; sie handeln nicht für das Gericht (vgl. Rdn. 70). Das Festhalten der protokollierungsbedürftigen Vorgänge in der Hauptverhandlung und die Fertigung des Protokolls, die nicht in der Hauptverhandlung zu geschehen braucht, obliegt dem **Urkundsbeamten** in eigener Verantwortung, wobei ihn Nr. 144 Abs. 1 RiStBV anhält, das Protokoll über die Hauptverhandlung wegen seiner weittragenden Bedeutung besonders sorgfältig abzufassen.

**14**     b) Der **Vorsitzende**, nicht das Gericht, ist für die richtige und vollständige Beurkundung der Hauptverhandlung im gleichen Maße wie der Urkundsbeamte der Geschäftsstelle verantwortlich. Es ist seine Aufgabe (vgl. Nr. 144 Abs. 1 RiStBV), den Urkundsbeamten zur sachgerechten Beurkundung anzuhalten, den Protokollentwurf zu prüfen und auf die erforderlichen Änderungen oder Ergänzungen hinzuwirken[29]. Eine Aufgabe, die nicht ernst genug genommen werden kann; in der Praxis führen zahlreiche Verfahrensrügen nicht etwa deshalb zum Erfolg, weil dem Gericht ein Fehler unterlaufen ist, sondern, weil das Protokoll unzulänglich geführt und in Drang der Geschäfte nicht gründlich genug vom Vorsitzenden überprüft worden ist und deshalb Unrichtigkeiten und Mängel enthält, auf die sich die Verfahrensrügen, insbesondere auch wegen der negativen Beweiskraft (§ 274), mit Erfolg gründen lassen. Hat der Vorsitzende das Protokoll unterschrieben ohne es durchzusehen, so kann er dessen Abschluß (Fertigstellung) nicht damit in Abrede stellen, daß er das nur getan habe, um die Urteilsformel zu decken[30].

**15**     Werden dem Vorsitzenden die vom Urkundsbeamten gefertigten und unterzeichneten Protokolle vorgelegt, so ist er berechtigt und verpflichtet, die Niederschrift zu **berichtigen** und zu **ergänzen**[31]. Es ist zulässig, daß er selbst die Änderungen und Ergänzungen in das Protokoll hineinschreibt, da nirgends vorgeschrieben ist, daß das Protokoll von der Hand des Urkundsbeamten fertiggestellt werde, aber es bedarf der **Zustimmung des Urkundsbeamten**. Das Protokoll selbst muß unzweideutig (am besten durch Abzeichnung der Änderung am Rande mit Datum[32]) erkennen lassen, daß **beide Urkundspersonen** die Verantwortlichkeit für die Änderung übernommen haben, damit die Ergänzung oder Umarbeitung als beweiskräftiger Teil des Protokolls (§ 274) gelten kann[33].

**16**     Die **im voraus erklärte Einwilligung** des Urkundsbeamten in die dem Vorsitzenden angebracht erscheinenden Änderungen des vom Urkundsbeamten aufgenommenen und unterschriebenen Protokolls ist nicht geeignet, die vom Vorsitzenden bewirkten Änderungen beweiskräftig zu machen[34].

---

[28] KMR-*Müller* 11.
[29] KK-*Engelhardt* 6; *Kleinknecht/Meyer*[37] 2.
[30] RGSt **68** 244.
[31] RGRspr. **5** 191; RGSt **20** 227; BGH GA **1954** 119; vgl. Fußn. 29.
[32] KK-*Engelhardt* 7; vgl. KMR-*Müller* 9. Es ge-

nügt aber auch die Genehmigung aller Änderungen am Ende des Protokolls, BGH bei *Pfeiffer* NStZ **1981** 290; *Kroschel/Meyer-Goßner* 365.
[33] RGSt **1** 242; **20** 425; **22** 244; vgl. Fußn. 55.
[34] RG DRiZ **1931** Nr. 366.

**c)** Der Vorsitzende kann den Urkundsbeamten bei einer **Meinungsverschiedenheit** **17**
über den **tatsächlichen Verlauf** eines zu beurkundenden Vorgangs nicht anweisen, die
von ihm für richtig gehaltene Darstellung in das Protokoll aufzunehmen[35]. Er muß bei
Meinungsverschiedenheiten über den Verfahrenshergang versuchen, die tatsächlichen
Vorgänge eventuell durch Befragung der anderen Prozeßbeteiligten aufzuklären, um so
doch noch zu einer übereinstimmenden Beurkundung zu kommen. Besteht die Meinungsverschiedenheit nur darin, ob ein als solcher nicht strittiger tatsächlicher Vorgang
im Protokoll festgehalten werden muß, kann der Vorsitzende die von ihm aus **Rechtsgründen** für notwendig gehaltene Protokollierung anordnen[36]. Ob er umgekehrt auch
anordnen könnte, daß eine von ihm aus Rechtsgründen als überflüssig angesehene Protokollierung unterbleibt, ist zweifelhaft[37], praktisch wird sich in solchen Fällen die Aufnahme empfehlen.

Eine den Inhalt des Protokolls betreffende, **unerledigt gebliebene Meinungsver-** **18**
**schiedenheit** zwischen dem Vorsitzenden und dem Urkundsbeamten darf nicht mit Stillschweigen übergangen, muß vielmehr in dem Protokoll selbst zum Ausdruck gebracht
werden[38]. Dem Gericht legt das Gesetz nicht die Befugnis bei, über solche Meinungsverschiedenheiten zu entscheiden und den Inhalt des Protokolls durch Beschluß festzustellen. Die nicht ausgeglichene Meinungsverschiedenheit läßt insoweit die Beweiskraft des
§ 274 nicht entstehen[39].

### 5. Unterschriften
**a) Unterzeichnung.** Um Beweiskraft (§ 274) zu haben, muß das Protokoll vom **19**
Vorsitzenden und vom Urkundsbeamten unterschrieben sein. Die **eigenhändige Unterschrift** darf nicht durch den Gebrauch eines Namensstempels ersetzt werden[40]. Die Unterschrift muß nicht unbedingt leserlich sein, sie muß sich aber als Schriftzug darstellen,
der die Identität des Unterschreibenden ausreichend kennzeichnet; eine lediglich geschlängelte Linie genügt nicht[41]. Erst wenn das Protokoll beide Unterschriften trägt
und auch etwaige Änderungen unterschriftlich genehmigt sind, ist es fertiggestellt
(Rdn. 28).

Das Gesetz schreibt keinen **Zeitpunkt** vor, bis zu dem spätestens die Unterzeich- **20**
nung geschehen sein müsse. Daran hat auch die Einfügung des Absatzes 1 Satz 2 nichts
geändert (vgl. Rdn. 28). Es ist daher statthaft, die aus Versehen unterbliebene **Unter-**

---

[35] KK-*Engelhardt* 8; KMR-*Müller* 13; *Roxin*
§ 49 II.
[36] OLG Köln NJW **1955** 843 nimmt ein Weisungsrecht des Vorsitzenden an; vgl. auch
KK-*Engelhardt* 7. Nach *Gössel* § 34 C II kann
der Vorsitzende in der Hauptverhandlung die
Protokollierung bestimmter Vorgänge nach
§ 238 Abs. 1 anordnen. Der Protokollführer
ist daran (und an etwaige Beschlüsse nach
§ 238 Abs. 2) ebenso gebunden, wie an Beschlüsse nach § 273 Abs. 3 Satz 2; vgl. aber
Rdn. 70.
[37] Ein Weisungsrecht verneinen G. *Schäfer* 90
II und wohl auch *Gössel* § 34 C II (nach
Abschluß der Hauptverhandlung). Nach
KMR-*Müller* 12 kann jeder Verantwortliche
zwar etwas Überflüssiges unterschreiben,

nicht aber ein seiner Meinung nach unvoll-
ständiges Protokoll. A. A LR[23] 17, Fußn. 4
(Weisungsrecht in Rechtsfragen); ebenso
KK-*Engelhardt* 7. Vgl. Rdn. 14. Wegen der
Pflicht, Meinungsverschiedenheiten offen zu
legen, ist der praktische Unterschied gering.
[38] KK-*Engelhardt* 7; *Kleinknecht/Meyer*[37] 3;
KMR-*Müller* 13.
[39] RGSt **57** 396; RG GA **50** (1903) 116; **61**
(1914) 13; 352; BGHSt 4 364; *Zweigert* GA
**60** (1913) 265; ferner die Nachw. Fußn. 38
und § 274, 4 ff; ferner Rdn. 19; **a. A** RG GA **60**
(1913) 265.
[40] RG JZ **1920** 443; *Kleinknecht/Meyer*[37] 5.
[41] OLG Düsseldorf NJW **1956** 923; vgl. auch
§ 345, 24.

zeichnung nachzuholen, und zwar selbst nach Einlegung eines Rechtsmittels, das den Mangel der Unterschrift rügt[42]. Vorsitzender und Urkundsbeamter sind sogar verpflichtet, die Unterschrift nachzuholen, es sei denn, daß sie wegen der verstrichenen Zeit nicht mehr für die Richtigkeit des Inhalts des Protokolls einstehen können[43].

21　　Gibt das Protokoll den Gang einer **mehrtägigen Hauptverhandlung** wieder, so decken die es abschließenden Unterschriften seinen ganzen Inhalt (Rdn. 10); es bedarf, sofern nicht die Urkundsbeamten gewechselt haben (Rdn. 12), keiner besonderen Unterschriften für jeden, einen einzelnen Sitzungstag betreffenden Abschnitt.

22　　Ist das **Urteil mit Gründen** vollständig **in das Protokoll** aufgenommen worden (§ 275 Abs. 1), so genügt es nicht, wenn der Urkundsbeamte Protokoll mit Urteilsformel, der Vorsitzende aber ebenso wie die beisitzenden Richter nur die Gründe unterschreiben; ist so verfahren worden, so liegt ein Mangel des Protokolls vor[44].

23　　**b) Bei Verhinderung des Vorsitzenden** unterschreibt für ihn der dienstälteste, ersatzweise der lebensälteste (analog § 21 h GVG) beisitzende Berufsrichter (Absatz 2 Satz 1)[45]. Ist kein solcher vorhanden, weil der Vorsitzende das einzige berufsrichterliche Mitglied des Gerichts ist, wie etwa beim Schöffengericht, so genügt die Unterschrift des Urkundsbeamten (Absatz 2 Satz 2).

24　　Ein **Hindernis** im Sinne des Absatzes 2 liegt vor, wenn dem Vorsitzenden die Unterschrift aus rechtlichen oder tatsächlichen Gründen dauernd oder (voraussichtlich) für eine solche Zeitspanne unmöglich ist, daß ein Zuwarten bis zum Wegfall des Hindernisses die geregelte Abwicklung des Verfahrens wesentlich verzögern würde[46]; so etwa, wenn der Vorsitzende längere Zeit in Urlaub oder ernsthaft oder für nicht absehbare Zeit erkrankt ist[47]. Ein solches Hindernis wird ferner angenommen, wenn der Vorsitzende verstorben oder aus dem aktiven Richterdienst ausgeschieden ist, sei es, daß er pensioniert wurde, sei es, daß er ein nichtrichterliches Amt übertragen erhalten hat. Ist der Vorsitzende dagegen nur aus dem Spruchkörper ausgeschieden, so hat er die Fähigkeit, das Protokoll als Richter zu unterzeichnen, dadurch nicht verloren[48].

25　　**Die Verhinderung des Urkundsbeamten** ist im Gesetz nicht geregelt. Hier hat jedoch grundsätzlich das gleiche zu gelten wie bei der Verhinderung des Vorsitzenden. Es muß genügen, daß nur der Vorsitzende das Protokoll allein unterschreibt[49]. Eine Verhinderung des Urkundsbeamten ist auch gegeben, wenn er aus dem aktiven Justizdienst ausscheidet oder wenn er sonst die Fähigkeit zur Beurkundung verloren hat[50]. Eine solche ersatzweise Unterschrift durch den Vorsitzenden kann jedoch daran schei-

---

[42] RGSt **13** 351; RG LZ **1920** 443; JW **1932** 2730; BGHSt **10** 145; **12** 270; KK-*Engelhardt* 12; KMR-*Müller* 15.

[43] BGHSt **10** 115; KMR-*Müller* 15.

[44] RGSt **64** 214; *Kleinknecht/Meyer*[37] 5; **a. A** KMR-*Müller* 14 (zu formalistisch; Unterschrift des Vorsitzenden unter das in das Protokoll aufgenommene Urteil deckt auch den sonstigen Protokollinhalt).

[45] KK-*Engelhardt* 10; *Kleinknecht/Meyer*[37] 6; KMR-*Müller* 16.

[46] KK-*Engelhardt* 10 (Abwarten mit geregeltem Dienstbetrieb unvereinbar); KMR-*Müller* 16 (wesentliche Verfahrensverzögerung); *Kleinknecht/Meyer*[37] 6 (für längere oder kür-

zere Zeit); enger wohl Prot. *Hahn* 891. Maßgebend ist die (prognostische) Beurteilung ex ante; entfällt das Hindernis früher als angenommen, berührt das eine zunächst zu Recht angenommene Vertretungsbefugnis nicht.

[47] Dienstliche Überlastung des Vorsitzenden dürfte entgegen KMR-*Müller* 16 dagegen kein Hinderungsgrund sein.

[48] *Busch* JZ **1964** 748; KK-*Engelhardt* 10; zur ähnlichen Lage bei Unterzeichnung des Urteils vgl. § 275, 46 ff.

[49] *Feisenberger* ZStW **38** (1916) 660; KK-*Engelhardt* 11; *Kleinknecht/Meyer*[37] 6; KMR-*Müller* 16 (vgl. aber Fußn. 51); *Eb. Schmidt* 11.

[50] *Busch* JZ **1964** 749.

tern, daß noch kein Protokollsentwurf vorliegt und ein solcher auch nicht aus den vorhandenen Unterlagen und Notizen mit der erforderlichen Zuverlässigkeit erstellt werden kann[51].

**Kein Hindernis**, das den Vertretungsfall auslöst, liegt vor, wenn eine der Ur- **26** kundspersonen infolge einer **Gedächtnislücke** sich außer Stande fühlt, die Verantwortung für die Richtigkeit des Protokolls oder eines Teiles davon zu übernehmen[52]. Läßt sich die Erinnerung nicht durch den zunächst gebotenen Rückgriff auf die Verhandlungsunterlagen oder durch Befragung der anderen Verfahrensteilnehmer wieder auffrischen, muß dies bei Unterschrift des Protokolls unter Kennzeichnung des nicht bestätigten Teiles vermerkt werden.

c) **Verhinderungsvermerk.** Auf die Verhinderung ist von demjenigen, der für den **27** Verhinderten unterschreibt, zur Kennzeichnung seiner Beurkundungsbefugnis hinzuweisen. Der Grund der Verhinderung ist dabei zweckmäßigerweise anzuführen[53].

**6. Vermerk des Tags der Fertigstellung**
a) **Fertigstellung.** Absatz 1 Satz 2 verlangt im Hinblick auf §273 Abs. 3, daß der **28** zeitlich an keine bestimmte Frist (Rdn. 20) gebundene Tag der Fertigstellung im Protokoll zu vermerken ist. Fertiggestellt ist das Protokoll erst, wenn es in allen Teilen[54] vom Urkundsbeamten und vom Vorsitzenden unterschrieben ist; bei Änderungen (Rdn. 15) erst mit der letzten, die Änderung genehmigenden Unterschrift[55].

Genügt wegen der Verhinderung einer dieser Personen ausnahmsweise die **allei- 29 nige Unterschrift** der anderen (Rdn. 23, 25), dann ist das Protokoll fertiggestellt, sobald die eine Unterschrift vorliegt und die Verhinderung feststeht, was zweckmäßigerweise aktenkundig zu machen ist[56].

**Verweigert** eine Urkundsperson die **Unterschrift**, weil sie den Inhalt des Proto- **30** kolls nicht mehr aus ihrer Erinnerung bestätigen kann, dann muß das Protokoll von dem Zeitpunkt an als fertiggestellt gelten, an dem feststeht, daß die Unterschrift endgültig unterbleibt. Dies ist aktenkundig zu machen[57]. Gleiches gilt, wenn eine Fertigstellung des Protokolls aus sonstigen Gründen unmöglich ist[58].

Eine **nachträgliche Berichtigung** des fertigen Protokolls (Rdn. 38 ff) berührt den **31** Zeitpunkt der Fertigstellung nicht mehr[59].

Werden über eine Hauptverhandlung mehrere, jeweils durch Unterschriften abge- **32** schlossene **Teilprotokolle** erstellt (Rdn. 10), dann braucht der Zeitpunkt des Abschlusses dieser Teilprotokolle nicht vermerkt zu werden. Im Hinblick auf die Einheit des gesamten Protokolls und auf den Zweck des Vermerks nach §271 Abs. 1 Satz 2 kommt es nur auf den Zeitpunkt an, an welchem das letzte dieser Teilprotokolle unterschriftlich abgeschlossen ist, das gesamte Protokoll also fertig vorliegt[60].

Daß das Protokoll **vor Urteilsfällung** fertiggestellt ist und dem Gericht bereits bei **33** der Beratung vorliegt, kann nicht gefordert werden[61]. Es ist zulässig, wenn der Vorsit-

---

[51] KMR-*Müller* 16 (unter Hinweis auf OLG Düsseldorf OLGSt §274, 5).

[52] KMR-*Müller* 16.

[53] *Börtzler* MDR **1972** 187 hält die Angabe des Verhinderungsgrundes wegen §273 Abs. 4 für unerläßlich; ebenso wohl *Kroschel/Meyer-Goßner* 364.

[54] BGH bei *Dallinger* MDR **1975** 724.

[55] BGHSt **23** 115; **27** 80; BayObLGSt **1980** 140 = NJW **1981** 1795; StrVert. **1985** 360;

OLG Düsseldorf OLGSt §51 BZRG Nr. 1; *Börtzler* MDR **1972** 185.

[56] Vgl. Rdn. 27.

[57] Dazu Rdn. 25; 26.

[58] *W. Schmid* FS Lange 696.

[59] *Börtzler* MDR **1972** 187.

[60] Rdn. 10; 12; KMR-*Müller* 6.

[61] RG JW **1930** 3404; vgl. *Kroschel/Meyer-Goß-ner* 364 (anzustreben, wenn auch nicht immer erreichbar); KMR-*Müller* 17.

zende Aufzeichnungen über die Hauptverhandlung, insbesondere über die Aussagen der vernommenen Zeugen, die außerhalb des Protokolls gefertigt worden sind (etwa von einem beisitzenden Richter) vor oder bei der Beratung des Urteils den anderen Mitgliedern des Gerichts als Erinnerungsstütze zugänglich macht[62].

**34**      Der am Protokoll anzubringende **Vermerk** über dessen Fertigstellung gehört nicht zu den **Förmlichkeiten der Hauptverhandlung**, die durch das Protokoll mit Beweiskraft (§ 274) beurkundet werden. Er soll lediglich die Feststellung des Zeitpunkts der Fertigstellung erleichtern, ohne jede auszuschließen, daß dieser Zeitpunkt mit anderen Beweismitteln abweichend von ihm festgestellt werden kann[63].

**35**      Seine **Anbringung** rechnet daher nicht mehr zur Fertigstellung des Protokolls. Dieses ist vielmehr mit der letzten Unterschrift der Urkundspersonen fertiggestellt, auch wenn der Vermerk noch fehlt[64]. Der Vermerk kann nachträglich angebracht werden. Können sich die beiden Urkundspersonen an den Tag der Fertigstellung nicht sicher erinnern, genügt es, wenn sie bekunden, daß das Protokoll „spätestens am ... fertiggestellt" war[65].

**36**      b) Die **Form des Vermerks** ist im Gesetz nicht näher geregelt. Dieses schreibt auch nicht vor ,wo er im Protokoll anzubringen ist. Es genügt jeder Hinweis, der zweifelsfrei erkennen läßt, daß er den Zeitpunkt der Fertigstellung bezeugen soll. Erkennbar muß ferner sein, daß der Vermerk von einer dazu befugten Person stammt. Am zweckmäßigsten dürfte es sein, wenn der Vermerk nach den Unterschriften des Protokolls angebracht wird[66] und wenn der Letztunterschreibende, in der Regel also der Vorsitzende (sofern er keine Änderungen vornimmt), in dem bereits vorgeschriebenen Vermerk das Datum einsetzt und dann auch noch den Vermerk unterschreibt[67].

**37**      c) **Einsichtnahme, Abschriften.** Solange das gesamte Protokoll nicht fertiggestellt ist, solange es nicht von beiden Urkundspersonen unterschrieben ist[68], bildet es, wie auch sonst Entwürfe, noch keinen notwendigen Bestandteil der Akten. Es unterliegt nicht der Akteneinsicht nach § 147[69]. Es können auch keine Abschriften oder Ablichtungen von bereits im Entwurf vorliegenden Teilen verlangt werden[70]. Ein Recht auf Übermittlung einer Abschrift hat der Verteidiger nach Ansicht des Bundesgerichtshofs ohnehin nicht[71]. Hinsichtlich der im Protokoll beurkundeten Beschlüsse besteht jedoch ein solcher Anspruch nach § 35 Abs. 1 Satz 2[72]. Eine Abschrift des fertigen Protokolls selbst zu fertigen oder auf eigene Kosten fertigen zu lassen, kann dem Verteidiger nicht verwehrt werden[73], sofern nicht vorrangige öffentliche Geheimhaltungspflichten, eventuell auch grundrechtlich geschützte Individualinteressen, entgegenstehen[74]. Auch wenn

[62] Vgl. RGSt **65** 436; Rdn. 1; 2.
[63] KK-*Engelhardt* 8; KMR-*Müller* 17; 18.
[64] BGHSt **23** 115 = JR **1971** 208 mit abl. Anm. *Koffka* = LM Nr. 3 mit Anm. *Börtzler*; OLG Köln MDR **1972** 260; *Börtzler* MDR **1972** 186; KK-*Engelhardt* 8; *Kleinknecht/Meyer*[37] 7; KMR-*Müller* 18.
[65] *Börtzler* MDR **1972** 187.
[66] BGHSt **23** 115; vgl. Fußn. 64; *Kleinknecht/ Meyer*[37] 7.
[67] A. A *Koffka* JR **1971** 209 (Unterschriften beider Urkundspersonen notwendig).
[68] Zur Einheitlichkeit des Protokolls vgl. Rdn. 9 ff; 28.

[69] BGHSt **29** 394; BGH bei *Dallinger* MDR **1975** 724; KK-*Engelhardt* 22; *Kleinknecht/ Meyer*[37] 1; KMR-*Müller* 8.
[70] BGHSt **29** 394; vgl. Fußn. 69.
[71] BGH bei *Dallinger* MDR **1975** 725; KK-*Engelhardt* 23; vgl. KG Rpfleger **1983** 325 (Vorsitzender entscheidet über Erteilung von Abschriften des fertigen Protokolls nach pflichtgemäßem Ermessen).
[72] RGSt **44** 53; KK-*Engelhardt* 23; vgl. § 35, 8 ff.
[73] BGHSt **18** 371; OLG Hamburg NJW **1963** 1024; KK-*Engelhardt* 22; 23.
[74] Vgl. bei § 147.

kein Anspruch darauf besteht, dürfen dem Verteidiger schon während der noch laufenden Hauptverhandlung abgeschlossene Teilprotokolle zugänglich gemacht werden; bei Protokollentwürfen, bei denen spätere Änderungen vor der endgültigen Fertigstellung nicht auszuschließen sind, ist jedoch im Hinblick auf die Rechtssprechung des BGH (Rdn. 40) Vorsicht geboten; zumindest erscheint ein ausdrücklicher Hinweis, daß es sich noch nicht um ein fertiggestelltes Protokoll handelt, angezeigt. Auf die **gerichtsinternen Aufzeichnungen** über die Hauptverhandlung bezieht sich das Einsichtsrecht nicht, es sei denn, sie sind ausnahmsweise auf Grund einer richterlichen Anordnung zum Bestandteil der Akten gemacht worden[75].

## II. Änderung und Berichtigung des Protokolls

**1. Änderungen und Ergänzungen des noch nicht abgeschlossenen Protokolls.** Das **38** Protokoll ist erst abgeschlossen, wenn sein Inhalt durch die Unterschriften vom Vorsitzenden und Urkundsbeamten gedeckt ist. Bis dahin kann der Entwurf geändert und ergänzt werden, wobei die dazu notwendige Übereinstimmung zwischen Vorsitzendem und Urkundsbeamten auch aus dem Protokoll ersichtlich sein muß (Abzeichnung nachträglich eingefügter Ergänzungen oder Änderungen usw.)[76].

Die **Einlegung der Revision** und dabei eventuell vorzeitig erhobene Verfahrensrü- **39** gen stehen der Änderung und Ergänzung des noch nicht fertiggestellten Protokolls grundsätzlich nicht entgegen, wobei es unerheblich ist, ob der Verteidiger den noch nicht fertiggestellten Protokollentwurf bei den Akten eingesehen hat[77].

Davon zu unterscheiden ist die Frage, ob das **Revisionsgericht** eine nach Eingang **40** der Revisionsbegründung vorgenommene **Änderung** der noch nicht fertiggestellten Niederschrift **berücksichtigen** darf, wenn dadurch einer Verfahrensrüge der Boden entzogen wird. Der Bundesgerichtshof hat dies verneint[78] und die von der Rechtsprechung bei der Protokollberichtigung entwickelten Grundsätze (Rdn. 55) für entsprechend anwendbar erklärt, da dem Beschwerdeführer nur eine verhältnismäßig kurze Frist für die Revisionsbegründung zur Verfügung stehe, so daß er sich für die Frage, ob und in welcher Form er Verfahrensrügen zu erheben habe, auf die bei den Akten befindliche Niederschrift verlassen müsse. Nach Änderung der Rechtslage durch das StPÄG 1964 sollte dieser Auffassung nicht mehr gefolgt werden. Da das Urteil nicht vor Fertigstellung des Protokolls zugestellt werden darf (§273 Abs. 4), ist sichergestellt, daß dem Verteidiger ausreichend Zeit zur Begründung der Revision innerhalb der auf einen Monat verlängerten Frist des §345 verbleibt. Er kann jetzt regelmäßig die Fertigstellung des Protokolls abwarten, bevor er seine Revisionsbegründung dem Gericht einreicht. Er darf deshalb die Verfahrensrügen nicht mehr auf eine den Akten zwar einliegende aber noch nicht unterschriebene und damit ersichtlich noch nicht endgültig fertiggestellte Niederschrift stützen. Reicht er trotzdem vor Fertigstellung des Protokolls die Revisionsbegründung ein, so fehlt es, anders als bei der nachträglichen Protokollberichtigung, an einem schutzwürdigen Interesse daran, dem ordnungsgemäß hergestellten Protokoll die Beweiskraft nur deshalb zu versagen, weil damit einer verfrüht erhobenen Verfahrensrüge möglicherweise der Boden entzogen wird. Dem Verteidiger ist es außer-

---

[75] OLG Karlsruhe NStZ **1982** 299; vgl. Rdn. 1; 2.
[76] Vgl. Rdn. 14 ff.

[77] RGRspr. **5** 191; RGSt **13** 351; BGHSt **10** 145.
[78] BGHSt **10** 145; KK-*Engelhardt* 26; KMR-*Müller* 30; vgl. Fußn. 79 zur Gegenmeinung.

dem unbenommen, nach Fertigstellung des Protokolls innerhalb der Revisionsbegründungsfrist neue Verfahrensrügen auf der Grundlage des Protokolls nachzuschieben. Die für eine Berichtigung des Protokolls aufgestellten Grundsätze zum Schutze des Revisionsführers sind wegen der grundsätzlich anderen Ausgangslage auf Änderungen des noch nicht fertiggestellten Protokolls unanwendbar[79].

**41**      Für den Fall, daß die **Unterschrift des Vorsitzenden** unter das vor Eingang der Revisionsbegründung gefertigte, von ihm lediglich noch nicht unterschriebene Protokoll ohne inhaltliche Änderungen nachgeholt wird, hat auch der Bundesgerichtshof[80] die Anwendung dieser Grundsätze abgelehnt und dem Protokoll die volle Beweiskraft (§ 274) zugebilligt.

### 2. Begriff und Gegenstand der Berichtigung

**42**      **a) Begriff.** Unter **Berichtigung** des Protokolls wird im Gegensatz zur Änderung der noch nicht fertiggestellten Sitzungsniederschrift (Rdn. 38) die nachträgliche inhaltliche Richtigstellung oder Ergänzung des bereits abgeschlossenen, zu den Akten gegebenen Protokolls durch die Urkundspersonen verstanden[81].

**43**      **b)** Der Berichtigung sind **alle in das Protokoll aufgenommenen** Ereignisse zugänglich, also auch solche, die nicht die Förmlichkeiten des Verfahrens bezeugen und auf deren Aufnahme die Prozeßbeteiligten keinen Anspruch haben[82]. Die Beurkundung von Vorgängen, die nicht in das Protokoll aufgenommen werden müssen, weil sie keine wesentliche Förmlichkeit betreffen, kann im Wege eines Berichtigungsantrags nicht gefordert werden[83].

### 3. Voraussetzungen

**44**      **a)** Die Protokollberichtigung ist **zeitlich unbegrenzt** zulässig[84]. Nur das Erinnerungsvermögen der für die Beurkundung zuständigen Gerichtspersonen setzt ihr eine Grenze. Die Berichtigung ist auch noch zulässig, wenn das Verfahren rechtskräftig abgeschlossen ist[85]. Auch dann kann an der Vornahme der Berichtigung noch ein Bedürfnis bestehen, etwa, wenn die Richtigstellung des Protokolls deshalb geboten ist, weil es (wenn auch nicht nach § 274) Erklärungen beweist, die für einen Zivilprozeß von Bedeutung sind[86] oder die im Wiederaufnahmeverfahren eine Rolle spielen können.

**45**      Die Zulässigkeit der Protokollberichtigung wird deshalb grundsätzlich nicht dadurch ausgeschlossen, daß die Berichtigung für das Rechtsmittelgericht, insbesondere für das Revisionsgericht unter bestimmten Umständen (Rdn. 54) **unbeachtlich** ist[87]. Es

---

[79] OLG Karlsruhe JR **1980** 517 mit Anm. *Gollwitzer*; *Alsberg/Nüse/Meyer* 888; *Kleinknecht/Meyer*[37] 8; *Roxin* § 49 IV; *Schlüchter* 591.

[80] RGSt **13** 351; RG JW **1932** 2730 mit Anm. *Jonas*; BGHSt **12** 270 = LM Nr. 1 mit Anm. *Busch*; ebenso OLG Hamm JMBlNW **1954** 156; vgl. BayObLGSt **1960** 125, ferner *Hanack* JZ **1972** 490, der die Möglichkeit einer unbefristeten Nachholung der Unterschrift für bedenklich hält.

[81] KK-*Engelhardt* 15.

[82] KMR-*Müller* 20.

[83] OLG Hamburg NJW **1965** 1342; OLG Nürnberg MDR **1984** 74; OLG Schleswig

NJW **1959** 162; KMR-*Müller* 21; **a. A** OLG Hamburg NJW **1971** 1326.

[84] OLG Hamm JMBlNW **1974** 214; OLG Karlsruhe GA **1971** 216; KK-*Engelhardt* 18.

[85] OLG Hamm JMBlNW **1951** 182.

[86] OLG Schleswig NJW **1959** 162.

[87] OLG Braunschweig NdsRpfl. **1955** 136; OLG Karlsruhe GA **1971** 214; *Oetker* JW **1927** 918; *Alsberg/Nüse/Meyer* 886 gegen RGSt **43** 1. Die Revisionsgerichte gehen in der Regel auf die Frage nicht ein, da es für die von ihnen zu treffende Entscheidung genügt, daß die Wirkung der Berichtigung nicht eintritt, diese also insoweit „rechtsunwirksam" ist.

gibt auch kein „prozessuales Recht" eines Verfahrensbeteiligten auf Unterlassung der Berichtigung eines als fehlerhaft erkannten Protokolls[88].

**b)** Die Berichtigung kann **auf Antrag** eines Verfahrensbeteiligten[89] oder **von Amts wegen** vorgenommen werden[90]. Aus der Verpflichtung des Vorsitzenden und des Urkundsbeamten, für eine wahrheitsgemäße und vollständige Protokollierung der Verfahrensvorgänge zu sorgen, folgt, daß sie von sich aus eine Berichtigung in die Wege leiten müssen, wenn sie nachträglich zu der Überzeugung gelangen, daß sich ein Fehler in die Beurkundung eingeschlichen habe[91], etwa, wenn sie nachträglich übereinstimmend der Ansicht sind, daß ein nicht beurkundeter Beweisantrag in der Hauptverhandlung gestellt worden ist. **46**

**c)** Jede Berichtigung setzt voraus, daß beide Urkundspersonen, **Vorsitzender** und **Urkundsbeamter**, hinsichtlich der Unrichtigkeit des Protokolls und der im Wege der Berichtigung einzufügenden Tatsachen **übereinstimmen**. Sie sind verpflichtet, bei der Berichtigung des Protokolls im gleichen Maße wie bei dessen Herstellung zusammenzuwirken, um die Übereinstimmung herbeizuführen. Der Vorsitzende ist daher auch bei genauer eigener Erinnerung nicht befugt, eine abweichende Äußerung des Urkundsbeamten als unerheblich zu behandeln[92], noch geht es an, daß der Beamte der Geschäftsstelle den Vorsitzenden ermächtigt, die diesem angebracht erscheinenden Änderungen vorzunehmen[93]. **47**

Erweist sich die Erinnerung des Urkundsbeamten oder die Erinnerung des Vorsitzenden bei der Prüfung, ob und wie ein Protokoll zu ändern sei, als nicht mehr ganz zuverlässig, so muß der Vorsitzende **Erhebungen** veranlassen, die den Vorgang ins Gedächtnis der Urkundspersonen zurückrufen können[94]. Vermag sich eine der Urkundspersonen trotzdem nicht an den Vorgang zu erinnern, so kann die Berichtigung selbst dann nicht erzwungen werden, wenn glaubwürdige Zeugen die Richtigkeit bestätigen[95]. **48**

Ist die Übereinstimmung der Urkundspersonen, die bei einer Berichtigung mitwirken müssen, nicht erzielbar, so ist diejenige, welche das Protokoll für unzutreffend hält, berechtigt und verpflichtet, dies in den Akten zu vermerken. Eine solche **einseitige Erklärung** ist zwar keine Protokollberichtigung in dem Sinn, daß nunmehr der in der Berichtigung festgestellte Inhalt des Protokolls die volle Beweiskraft des §274 erlangt, sie beseitigt aber die **Beweiskraft des alten Protokolls**, dessen Inhalt nicht mehr von den beiden Urkundspersonen übereinstimmend bestätigt wird[96]. Eine solche einseitige Erklärung ist aber ebensowenig wie eine Berichtigung geeignet, einer bereits erhobenen Revisionsrüge den Boden zu entziehen[97]. **49**

---

[88] RGSt **43** 1.

[89] OGHSt **1** 278; BGHSt **1** 261; OLG Hamm JMBlNW **1951** 182; OLG Braunschweig NdsRpfl. **1955** 136; *Alsberg/Nüse/Meyer* 886.

[90] KK-*Engelhardt* 16; KMR-*Müller* 20.

[91] RGSt **19** 367; RG JW **1893** 335; OGHSt **1** 278; BGH JZ **1952** 281; OLG Hamm JMBlNW **1974** 214.

[92] OLG Hamburg NJW **1971** 1326; OLG Schleswig MDR **1960** 521.

[93] RGSt **20** 427; RG DRiZ **1931** Nr. 366; KG GA **74** (1930) 310.

[94] KG GA **75** (1931) 304; 386; OLG Hamm JMBlNW **1951** 182; **1959** 247; OLG Nürn-

berg MDR **1984** 74; OLG Schleswig SchlHA **1957** 129; MDR **1960** 521; LG Düsseldorf JMBlNW **1961** 211; vgl. Rdn. 17.

[95] OLG Nürnberg MDR **1984** 74; OLG Saarbrücken OLGSt 5.

[96] BGHSt **4** 364; BGH NJW **1969** 281; GA **1963** 1; bei *Dallinger* MDR **1953** 273; BayObLGSt **1978** 98 = MDR **1979** 160; *Alsberg/Nüse/Meyer* 889 mit weit. Nachw. Vgl. insbesondere auch die bei Fußn. 94 angeführten Entscheidungen, ferner §274, 5; 27.

[97] BayObLGSt **1956** 226 = NJW **1957** 34 (L); vgl. Rdn. 55 ff.

**50**    Ist der **Vorsitzende gestorben**, in den Ruhestand getreten oder sonst aus irgendeinem Grund für dauernd oder doch längere Zeit verhindert, bei der Berichtigung mitzuwirken, so ist an seiner Stelle bei den Kollegialgerichten der dienstälteste beisitzende Richter zur Mitwirkung bei der Berichtigung befugt[98]. War der verhinderte Vorsitzende der alleinige Berufsrichter, so kann der Urkundsbeamte in entsprechender Anwendung des Absatzes 2 Satz 2 die Berichtigung allein unterzeichnen[99]. *Busch*[100] hält dagegen eine Vertretung der Personen, die das Protokoll unterschrieben haben, für unzulässig. Nach ihm können nur sie selbst ihr Protokoll berichtigen.

**51**    **4. Form der Berichtigung.** Die Berichtigung des ordnungsgemäß abgeschlossenen (fertigen) Protokolls kann nicht mehr durch eine einfache Änderung der bereits zu den Akten gegebenen Niederschrift geschehen.

**52**    Sie ist in einer vom Vorsitzenden und Urkundsbeamten unterzeichneten **eigenen Niederschrift** vorzunehmen, die als nachträgliche eindeutig erkennbar und von der ursprünglichen Niederschrift deutlich unterscheidbar sein muß. Die Berichtigung erfolgt deshalb zweckmäßigerweise in einer besonderen, dem Protokoll angefügten Erklärung, die von beiden Urkundsbeamten unterzeichnet ist und die den Tag der Berichtigung angibt[101]. Nur bei ganz kurzen Änderungen oder Ergänzungen kann es vertretbar sein, wenn sie bei der Stelle des Protokolls, zu der sie gehören, am Rande vermerkt werden. Ihre nachträgliche Anbringung muß dann aber eindeutig erkennbar sein (Datum), wenn die Beweiskraft des Protokolls nicht gefährdet sein soll (Rdn. 54).

**53**    **5. Die Ablehnung des Antrags** auf Protokollberichtigung kann vom Vorsitzenden allein ausgesprochen werden. Er muß aber vorher eine Äußerung des Urkundsbeamten herbeigeführt haben, damit aktenkundig feststeht, ob auch dieser den Berichtigungsantrag für unbegründet erachtet oder ob zur Klärung etwaiger Meinungsverschiedenheiten zwischen den Urkundspersonen Nachforschungen zur Auffrischung des Erinnerungsvermögens angezeigt sind[102]. Stimmen Vorsitzender und Urkundsbeamter darin überein, daß der Berichtigungsantrag unbegründet ist, so ist der Antragsteller ablehnend zu bescheiden. Das gleiche hat auch zu geschehen, wenn zwischen den Urkundspersonen eine Übereinstimmung über die Berechtigung des Berichtigungsantrags nicht erzielt werden kann. Im letzten Fall entfällt allerdings die Beweiskraft des Protokolls, weil auch keine Übereinstimmung über die Richtigkeit des ursprünglichen Protokolls mehr besteht (vgl. Rdn. 18).

**6. Wirksamkeit**

**54**    **a)** Die ordnungsgemäße (Rdn. 52) Protokollberichtigung ist grundsätzlich **für** und **gegen alle Verfahrensbeteiligten** wirksam. Die volle Beweiskraft des Protokolls (§ 274) tritt auch bei der Fassung ein, die es erst auf Grund der Berichtigung erhalten hat[103] (wegen der relativen Unwirksamkeit vgl. Rdn. 55, 60, 61).

---

[98] OLG Hamburg NJW **1965** 1342; OLG Hamm JMBlNW **1962** 38; OLG Saarbrücken OLGSt 5; vgl. auch OLG Hamm MDR **1964** 344 (nachträgliche Ablehnung des Vorsitzenden kein Hinderungsgrund).

[99] KK-*Engelhardt* 17; KMR-*Müller* 25 in Verb. mit 16.

[100] JZ **1964** 747.

[101] RGSt **57** 369; OLG Köln NJW **1952** 758; KK-*Engelhardt* 19; KMR-*Müller* 23.

[102] OLG Düsseldorf StrVert. **1985** 359; OLG Hamburg NJW **1971** 1326; OLG Hamm JMBlNW **1951** 182; **1959** 247; OLG Schleswig SchlHA **1957** 129.

[103] RGSt **3** 47; **19** 367; **21** 200; 323; KK-*Engelhardt* 20; KMR-*Müller* 29.

**b)** Eine **Ausnahme** gilt nur insoweit, als eine Berichtigung **für das Rechtsmittelge- 55 richt unbeachtlich** ist, wenn sie einer erhobenen Verfahrensrüge nachträglich den Boden entziehen würde. Soweit der Beschwerdeführer wegen der Beweiskraft des Protokolls von diesem ausgehen muß, darf der Erfolg einer auf das Protokoll gestützten Verfahrensrüge nicht vereitelt werden (Unzulässigkeit der „Rügeverkümmerung"). Spätere Erklärungen, die den für die erhobene Rüge entscheidenden Punkt der Niederschrift betreffen und ihr die tatsächliche Grundlage entziehen würden, sind vom Rechtsmittelgericht nicht zu berücksichtigen[104]. Hierfür spricht zum einen, daß der Revisionswerber wegen der Beweiskraft des Protokolls seine Verfahrensrügen auf dessen Grundlage aufbauen muß (vgl. Rdn. 74), zumal er wegen des Ablaufs der Revisionsbegründungsfrist meist gar nicht mehr in der Lage wäre, Verfahrensfehler, die erst das berichtigte Protokoll offenbar werden läßt, noch zu rügen, und zum anderen, daß bei nachträglichen Berichtigungen die erhöhte Gefahr von Erinnerungstäuschungen[105] besteht. Um schon den Anschein einer Manipulation zu vermeiden, soll von vornherein jede Möglichkeit ausgeschaltet werden, eine begründete Rüge durch eine nachträgliche Änderung des Protokolls zu Fall zu bringen.

**Unbeachtlich für das Revisionsgericht** ist die eine Revisionsrüge vereitelnde Be- 56 richtigung nach der vorherrschenden Meinung dann, wenn sie vorgenommen wird (entscheidend ist auch hier die letzte Unterschrift[106]) nachdem die **Revisionsbegründung** mit der entsprechenden Rüge **bei Gericht eingegangen** ist[107].

Ob die Beurkundungspersonen bei der Berichtigung vom Inhalt der Revisionsbe- 57 gründung **Kenntnis** hatten, ist insoweit unerheblich; im Interesse der Rechtssicherheit kann hierauf nicht abgestellt werden. Der Zeitpunkt des Eingangs der Revisionsbegründung ist auch maßgebend, wenn der Verteidiger die Akten vorher eingesehen hatte[108]. Im Sonderfall, daß der Beschwerdeführer seine Absicht, einen konkreten Verfahrensfehler zu beanstanden, bereits vor der formellen Rechtsmittelbegründung dem Gericht gegenüber eindeutig erklärt hatte, wurde die Protokollberichtigung unter Berufung auf

---

[104] Das Reichsgericht hatte diese Auffassung in ständiger Rechtsprechung vertreten (RG-Rspr. 5 451; RGSt 2 76; 12 121; 13 352; 19 369; 21 200; 324; 28 250; 43 9; 59 429; 61 18; 63 410; 68 244; RG JW 1914 435; 1932 421), war dann aber mit Beschluß des Großen Senats (RGSt 70 241) davon abgegangen und hatte dahin entschieden, daß die Revisionsgericht eine Berichtigung der Verhandlungsniederschrift auch dann berücksichtigen müsse, wenn sie einer vorher erhobenen Rüge den Boden entziehe. Die Rechtsprechung nach 1945 ist dieser Entscheidung mit Recht nicht gefolgt, sondern zur früheren Auffassung des RG zurückgekehrt (OGHSt 1 277; BGHSt 2 125; 10 145; 12 270; BGH JZ 1952 281; StrVert. 1985 135; BayObLGSt 1956 226; OLG Hamm JMBlNW 1974 214; OLG für Hessen HESt 1 118; OLG Zweibrücken MDR 1969 780); das Schrifttum ist der Ansicht des BGH meist beigetreten, so etwa *Eb. Schmidt* 19; *Alsberg/Nüse/Meyer* 887; *Bohne*

SJZ **1949** 760; *Dallinger* NJW **1950** 256; *Cüppers* NJW **1950** 930; **1951** 259; KK-*Engelhardt* 26; KMR-*Müller* 30; *Werner* DRiZ **1955** 183; a. A *Beling* ZStW 38 (1916) 632; 41 124; JW **1925** 2790; *Mannheim* JW **1925** 2818; **1932** 3110; ZStW 48 (1928) 687; *Jonas* JW **1936** 3009; *Oetker* JW **1927** 918; *Schäfheutle* DJ **1936** 1300; *Niethammer* SJZ **1948** 191 und DRZ **1949** 451; *Ditzen* 60 ff; *Simader* 243; vgl. *Stenglein* GerS 45 (1891) 86 ff.

[105] BGHSt 12 270; *Mannheim* JW **1925** 2818.

[106] RGSt 24 214 stellt nicht auf das Datum der Berichtigung ab, sondern darauf, wenn sie zu den Akten gelangt ist; ebenso *Alsberg/Nüse/Meyer* 887.

[107] RGSt 21 200; 24 214; OGHSt 1 278; BGHSt 2 125; 7 218; BGH JZ **1952** 281; bei *Pfeiffer/Miebach* NStZ **1985** 494; BayObLGSt **1960** 126; OLG Karlsruhe GA **1971** 216; *Justiz* **1980** 155; *Alsberg/Nüse/Meyer* 887; *Dahs/Dahs* 383.

[108] BGH JZ **1952** 281.

den Grundgedanken der Ausnahmeregelung bereits von diesem Zeitpunkt an als unbeachtlich angesehen[109].

**58**     Eine **Mindermeinung**[110] zog die Grenze schon bei der **Einlegung** des Rechtsmittels; der Rechtsmittelführer müsse sich darauf verlassen können, daß eine etwaige Berichtigung sein Rechtsmittel nicht mehr berühre. Hierauf kann jedoch schon aus praktischen Gründen nicht abgestellt werden. Im Regelfall läuft die Anfechtungsfrist von der Verkündung des Urteils an, das Protokoll wird deshalb bei Rechtsmitteleinlegung oft noch gar nicht fertiggestellt sein, die Frage, ob das Vertrauen des Rechtsmittelführers auf den (unrichtigen) Inhalt des Protokolls schon in diesem Zeitpunkt schutzwürdig ist, stellt sich meist gar nicht; im übrigen würden auch hier jetzt die bei Rdn. 40 aufgezeigten Überlegungen gelten.

**59**     Haben **mehrere Verfahrensbeteiligte** Revision eingelegt, so ist grundsätzlich bei jedem der Zeitpunkt entscheidend, in dem seine entsprechende Rüge bei Gericht eingeht[111].

**60**     c) Die Protokollberichtigung ist dagegen auch nach Eingang der Revisionsbegründung **unbeschränkt wirksam**, wenn sie **zugunsten des Revisionsführers** wirkt, wenn sie also erst die Voraussetzungen für einen Erfolg der erhobenen Verfahrensrüge schafft[112], indem sie die zur Begründung der Verfahrensrüge vorgetragenen Tatsachen bestätigt. Dies gilt selbst dann, wenn die Rüge auf Grund dieser Tatsachen als unbegründet zu verwerfen ist.

**61**     Eine Berichtigung, die die Revisionsbehauptung **zum Teil bestätigt**, zum Teil aber **widerlegt**, ist unbeachtlich, soweit sie einer vorher erhobenen Rüge den Boden entzieht. Sie ist in vollem Umfang beachtlich, wenn ohne ihre Vornahme die Revision ohnehin am Inhalt des unberichtigten Protokolls scheitern müßte. Dies ist insbesondere dann der Fall, wenn das Protokoll über den Vorgang, auf den sich die Rüge gründet, schweigt[113]. Der Revisionsführer muß in solchen Fällen die Berichtigung im ganzen gegen sich gelten lassen[114].

**62**     d) **Berichtigungen, welche die Beweiskraft des Protokolls nicht berühren**, wie etwa die Berichtigung von Protokolleinträgen, die keine wesentlichen Förmlichkeiten des Verfahrens betreffen, oder die Klarstellung eines Umstands, der sich auch ohnehin bei Auslegung des unberichtigten Protokolls aus diesem ergäbe, ferner die Richtigstellung offensichtlicher Schreibfehler, sind ohnehin unbegrenzt wirksam[115]. Das Rechtsmittelgericht kann sie auch ohne Berichtigung richtigstellen[116].

---

[109] OLG für Hessen HESt **1** 121; OLG Hamm JMBlNW **1974** 214; *Alsberg/Nüse/Meyer* 888; vgl. ferner BayObLG bei *Rüth* DAR **1982** 253 (für dienstliche Erklärungen nach Eingang der Verfahrensrüge).

[110] RGSt **2** 76; *Gerland* 386; *Eb. Schmidt* Nachtr. I 10.

[111] Das Reichsgericht hat in einer bei *Sabarth* DJZ **1912** 1399 wiedergegebenen Entscheidung die Berichtigung gegenüber dem einen Revisionswerber für wirksam, gegenüber dem anderen für unwirksam erachtet; vgl. *Alsberg/Nüse/Meyer* 887 mit Hinweis auf eine ähnliche Entscheidung des Bundesgerichtshofs.

[112] RGSt **19** 367; **21** 200; 323; RG JW **1932** 3109; OGHSt **1** 282; OLG Saarbrücken VRS **17** 63. KMR-*Müller* 31.

[113] RGSt **56** 29; RG GA **57** (1910) 396; JW **1932** 3109; BGHSt **1** 259; vgl. auch BGH LM § 274, Nr. 10; KMR-*Müller* 32.

[114] BGHSt **1** 259.

[115] *Hanack* JZ **1972** 489; *Kleinknecht/Meyer*[37] 9; vgl. aber KK-*Engelhardt* 15.

[116] Vgl. BGHSt **16** 306. Es muß aber zweifelsfrei feststehen, daß nur ein Schreibfehler vorliegt; vgl. OLG Karlsruhe Justiz **1980** 155 (verneinend für „Aussagerecht" statt „Aussageverweigerungsrecht").

Eine **Ausnahme** von dem Grundsatz, daß die Protokollberichtigung, die erst nach **63** Eingang der entsprechenden Rüge des Rechtsmittelführers vorgenommen wird, für das Rechtsmittelgericht unbeachtlich ist, wenn sie dem Rechtsmittel den Boden entzieht, wird in der Rechtsprechung dann gemacht, wenn das **Beschwerdegericht** ohne Bindung durch § 274 und ohne die Möglichkeit einer Zurückverweisung auf Grund der Beschwerde in der Sache selbst entscheidet, wie etwa im Verfahren über die sofortige Beschwerde gegen eine Ordnungsstrafe nach § 181 GVG[117].

**7. Die Wiederherstellung eines verlorengegangenen Protokolls** ist zulässig. Vorsit- **64** zender und Protokollführer können, soweit ihr Gedächtnis reicht oder aus vorhandenen Aufzeichnungen oder durch Bekundungen der Verfahrensbeteiligten wieder aufgefrischt werden kann, eine abhanden gekommene Sitzungsniederschrift neu erstellen[118]. Diese neue Niederschrift hat, soweit nicht erkennbare Lücken oder Unvollständigkeiten oder eine nicht übereinstimmende Erinnerung der Urkundspersonen dies ausschließen, ebenso wie eine Berichtigung die Beweiskraft des § 274[119]. Wieweit der Inhalt eines wiederhergestellten Protokolls für das Revisionsgericht beachtlich ist, richtet sich nach den bei Rdn. 54 ff dargelegten Grundsätzen[120].

## III. Rechtsmittel

**1. Beschwerde.** Die Berichtigung und die Ablehnung eines Berichtigungsantrags **65** durch den Vorsitzenden sind, allerdings mit der **Beschränkung auf Rechtsfragen** (Rdn. 66 bis 70), der Beschwerde nach § 304 zugänglich. Ein unrichtiges Protokoll beschwert die Verfahrensbeteiligten auch dann, wenn seine Beweiskraft durch einen nachträglichen Vermerk (Rdn. 49) entfallen ist[121].

Es kann geltend gemacht werden, daß die Berichtigung oder die Ablehnung **nicht** **66** **im vorgeschriebenen Verfahren** zustande gekommen ist[122], insbesondere, daß die Übereinstimmung zwischen Vorsitzendem und Urkundsbeamten nicht herbeigeführt wurde. Ist bei Ablehnung eines Berichtigungsantrags durch den Vorsitzenden die Beteiligung des Urkundsbeamten unterblieben, so ist der Beschwerdeführer dadurch immer beschwert[123]. Denn selbst wenn man — was aber in der Regel nicht sicher vorhersehbar ist — davon ausgehen könnte, daß der Vorsitzende bei seiner in der Ablehnung des Berichtigungsantrags zum Ausdruck gekommenen Meinung beharrt, so daß die Berichtigung schon daran scheitert[124], würde allein die fehlende Stellungnahme des Urkundsbeamten die Beschwer begründen, da diese, wenn sie zugunsten des Beschwerdeführers ausfällt, zwar für sich allein nicht zur Berichtigung führen, wohl aber die Beweiskraft des Protokolls beseitigen kann[125].

Mit der Beschwerde kann auch gerügt werden, daß die Berichtigung oder ihre **67** Ablehnung auf **rechtlich fehlerhaften Erwägungen** beruht, etwa, wenn zu Unrecht ver-

---

[117] OLG Bremen JR **1951** 693; OLG Hamm JMBlNW **1952** 86; OLG Hamm JMBlNW **1956** 8 läßt die Frage offen.

[118] KK-*Engelhardt* 12; KMR-*Müller* 19; *Koeniger* 457; *W. Schmid* FS Lange 796. Vgl. die VO vom 18. 6. 1942 – BGBl. III 315-4.

[119] RGSt **60** 270.

[120] BGH GA **1962** 305.

[121] OLG Hamburg NJW **1971** 1326; OLG Saarbrücken OLGSt 3.

[122] Dazu gehört auch die Frage, wer den Vorsitzenden vertreten darf (Rdn. 50); vgl. KG GA **74** (1930) 310; **75** (1931) 305; JW **1927** 1331; OLG Hamburg NJW **1965** 1342.

[123] OLG Hamburg NJW **1971** 1326.

[124] OLG Schleswig MDR **1960** 521; *Busch* JZ **1964** 746; vgl. Rdn. 53.

[125] OLG Saarbrücken OLGSt 5.

neint wird, daß ein bestimmter, in tatsächlicher Hinsicht nicht strittiger Verfahrensvorgang zu den in das Protokoll aufzunehmenden wesentlichen Förmlichkeiten des Verfahrens gehört oder wenn auf Grund der unstreitig gegebenen Tatsachen die Hauptverhandlung zu Unrecht als öffentliche bezeichnet wurde[126].

**68**    **Nicht nachprüfbar** mit der Beschwerde ist dagegen die **Beurkundung der Tatsachen**, die diesen und ähnlichen Rechtsbegriffen zugrunde liegen. Hierüber entscheidet immer nur die eigene Erinnerung der Urkundspersonen, die nicht durch eine auch andere Erkenntnisquellen verwertende Überzeugung des Beschwerdegerichts ersetzt werden kann[127]. Die Beschwerde kann deshalb niemals zum Ziele haben, daß das Beschwerdegericht das Protokoll selbst berichtigt. Das Beschwerdegericht ist weder befugt, inhaltliche Änderungen des Protokolls selbst vorzunehmen, noch kann es die für die Richtigkeit der dort beurkundeten tatsächlichen Vorgänge allein verantwortlichen Urkundspersonen zu bestimmten Änderungen oder Ergänzungen ihrer in der Niederschrift festgehaltenen Wahrnehmungen anweisen[128].

**69**    Die Beschwerde ist auch zulässig, wenn einer der Ausnahmefälle vorliegt, in denen der **Urkundsbeamte** das Protokoll **allein** berichtigen darf (Rdn. 24). Der Ansicht[129], wonach in diesem Fall die Beschwerde nicht zulässig sei, weil keine richterliche Entscheidung vorliege, kann nicht gefolgt werden.

**70**    Das **erkennende Gericht** ist — abgesehen von dem Sonderfall des § 273 Abs. 3 Abs. 3 Satz 2 — nicht befugt, darüber zu entscheiden, was in das Protokoll aufgenommen werden darf. Die Beurkundung der Sitzungsvorgänge ist eine dem Vorsitzenden gesondert übertragene Aufgabe, die weder zu seiner richterlichen Entscheidungstätigkeit gehört noch zu seiner Aufgabe, die Verhandlung zu leiten. Es ist daher nicht möglich, gegen eine den Inhalt des Protokolls betreffende Entscheidung des Vorsitzenden das Gericht nach § 238 Abs. 2 anzurufen[130].

**71**    **2. Revision.** Nach dem Grundsatz des § 337 Abs. 1 können **Mängel des Protokolls** (z. B. das Fehlen der Unterschrift oder die unrichtige Bezeichnung eines Beisitzers) an sich nicht die Revision begründen, das das Urteil auf ihnen nicht beruhen kann. Die Revision kann auch niemals allein darauf gestützt werden, daß im Protokoll ein Vorgang undeutlich, unvollständig oder gar nicht beurkundet sei; die sog. **Protokollrügen** sind wirkungslos[131].

**72**    Die Bedeutung des Protokolls für die Revisionsinstanz besteht darin, daß es den Beweis hinsichtlich der Vorkommnisse in der Hauptverhandlung liefert, in denen ein Mangel des Verfahrens gefunden wird. Gerügt werden muß der **Mangel des Verfahrens** unter Anführung der Tatsachen, aus denen er sich ergibt, nicht aber die Mängel des Pro-

---

[126] *Dünnebier* JR **1960** 28; **a. A** KG JR **1960** 28.

[127] OLG Celle NdsRpfl. **1951** 211; OLG Hamburg JR **1951** 218; OLG Hamm JZ **1951** 466; KG GA **75** (1931) 304; JR **1960** 28; OLG Karlsruhe GA **1974** 285; Justiz **1977** 387; OLG Schleswig NJW **1959** 162.

[128] OLG Düsseldorf StrVert. **1985** 359; OLG Hamm JMBlNW **1959** 247; OLG Karlsruhe Justiz **1977** 387; OLG Köln NJW **1955** 843; KK-*Engelhardt* 21; *Kleinknecht/Meyer*[37] 10; KMR-*Müller* 26; *Eb. Schmidt* 18.

[129] *Busch* JZ **1964** 748.

[130] KG JR **1960** 28; OLG Köln NJW **1955** 843.

[131] RGRspr. **2** 39; **9** 55; 480; RGSt **12** 119; **42** 170; **47** 237; **48** 38, 289; **58** 143; **64** 215; **68** 273; BGHSt **7** 162; BayObLGSt **1949/51** 32; OLG Hamm NJW **1953** 839; OLG Celle NJW **1956** 1168; OLG Koblenz VRS **45** 292; **46** 450; OLG Schleswig bei *Ernesti/Jürgensen* SchlHA **1954** 387; **1969** 153; *Dallinger* NJW **1951** 256; *Eb. Schmidt* 21; KK-*Engelhardt* 27; *Kleinknecht/Meyer*[37] 11; KMR-*Müller* 34; vgl. § 273, 59.

tokolls. Diese können nur die Wirkung haben, daß seine gesetzliche Beweiskraft ganz oder teilweise aufgehoben wird. — Das von den Mängeln des Protokolls Gesagte gilt entsprechend auch von einer Fälschung[132].

Die Revision kann auch nicht darauf gestützt werden, daß die **Sitzungsnieder-** **73** **schrift fehle**[133]. Fehlt es an einem ordnungsgemäß abgeschlossenen Protokoll und kann dies auch nicht nachträglich hergestellt oder rekonstruiert (Rdn. 64) werden, so entfällt die Beweiskraft des §274, und der Nachweis eines Verfahrensverstoßes, der sonst nur durch die Sitzungsniederschrift zu führen ist, kann durch jedes sonst zulässige Beweismittel erbracht werden. Es gilt dann der Grundsatz der freien Beweiswürdigung[134].

Aus der ausschließlichen Beweiskraft des Protokolls (§274) folgt, daß der Revi- **74** sionsführer bei Verfahrensrügen grundsätzlich von den **Verfahrensvorgängen** auszugehen hat, so **wie sie im Protokoll beurkundet** sind[135]. Stimmen sie mit der Wirklichkeit nicht überein, so kann der Revisionsführer zwar die Berichtigung des Protokolls beantragen, er ist dazu aber nicht verpflichtet; unter Umständen ist er wegen des Ablaufs der Revisionsbegründungsfrist auch gar nicht in der Lage, die Berichtigung abzuwarten und sein Rechtsmittel aus dem durch das berichtigte Protokoll bezeugten Verfahrenshergang zu begründen. Wegen der ausschließlichen Beweiskraft des Protokolls greift eine Verfahrensrüge, die einen aus dem Protokoll ersichtlichen Verfahrensfehler bestimmt (als in Wirklichkeit vorliegend) behauptet, auch dann durch, wenn in Wirklichkeit der Verfahrensfehler gar nicht vorlag. Ob allerdings der Verteidiger standesrechtlich zur Begründung der Revision wider besseres Wissen einen in Wahrheit gar nicht gegebenen Verfahrensfehler behaupten darf, ist fraglich[136].

Hat der **Verteidiger** an der Hauptverhandlung selbst **nicht teilgenommen**, so steht **75** es in seinem Ermessen, ob er sich mit dem Protokoll begnügen oder ob er sich nach dem wirklichen Verfahrensverlauf bei Angeklagten oder beim früheren Verteidiger erkundigen will[137].

## § 272

**Das Protokoll über die Hauptverhandlung enthält**
1. **den Ort und den Tag der Verhandlung;**
2. **die Namen der Richter und Schöffen, des Beamten der Staatsanwaltschaft, des Urkundsbeamten der Geschäftsstelle und des zugezogenen Dolmetschers;**
3. **die Bezeichnung der Straftat nach der Anklage;**
4. **die Namen der Angeklagten, ihrer Verteidiger, der Privatkläger, Nebenkläger, Verletzten, die Ansprüche aus der Straftat geltend machen, der sonstigen Nebenbeteiligten, gesetzlichen Vertreter, Bevollmächtigten und Beistände;**
5. **die Angabe, daß öffentlich verhandelt oder die Öffentlichkeit ausgeschlossen ist.**

---

[132] Vgl. § 274, 28; RGSt 7 388.
[133] RG HRR **1940** Nr. 343; KK-*Engelhardt* 27.
[134] KK-*Engelhardt* 27; *W. Schmid* FS Lange 798; vgl. § 274, 4; 23 ff; § 337, 72.
[135] BGHSt **7** 164; OGHSt **1** 280; BayObLGSt **1956** 226; § 337, 71.

[136] Vgl. *Pfeiffer* DRiZ **1984** 347; ferner § 337, 71 und Vor § 137 mit weit. Nachw.
[137] BGHSt 7 164; vgl. Vor § 137.

**Schrifttum** vgl. bei § 271.

**Entstehungsgeschichte.** Art. 2 Nr. 9 EG OWiG hat bei Nr. 4 die Worte „der sonstigen Nebenbeteiligten" eingefügt; Art. IV Nr. 6 des Gesetzes vom 26. 5. 1972 strich bei Nr. 2 das Wort „Geschworenen". Art. 21 Nr. 73 EGStGB hat in Nr. 3 „strafbare Handlung" durch „Straftat" ersetzt.

*Übersicht*

### 1. Allgemeines

**1**   **a)** § 272 legt die **äußeren Formalien** des Hauptverhandlungsprotokolls fest, die jedes Protokoll enthalten muß. Sie werden üblicherweise in den „Kopf" der Sitzungsniederschrift aufgenommen, da sie zugleich zur **Identifizierung der Hauptverhandlung** dienen, deren Gang im jeweiligen Protokoll festgehalten ist.

**2**   **Verändern** sich die nach § 272 zu beurkundenden Tatsachen im Laufe der Hauptverhandlung, wird die Hauptverhandlung beispielsweise an einem anderen Ort fortgesetzt (Rdn. 5) oder tritt in der Besetzung der Richterbank ein Wechsel ein, so ist dies — ohne Änderung des Kopfes der Niederschrift — an der Stelle zu vermerken, an der im Verfahrensgang der Wechsel stattgefunden hat[1].

**b)** Die **Beweiskraft**, die § 274 dem Protokoll beimißt, erstreckt sich nicht auf alle in § 272 geforderten Angaben; sie erfaßt sie nur, soweit sie die Tatsache der Hauptverhandlung und ihre vom Gesetz vorgeschriebenen Förmlichkeiten bezeugen[2].

**3**   **c)** Es ist zulässig, das Protokoll hinsichtlich der von § 272 geforderten Angaben bereits vor der Hauptverhandlung entsprechend **vorzubereiten**[3]. In diesen Fällen ist aber erhöhte Aufmerksamkeit darauf zu richten, daß kurz vor der Hauptverhandlung eintretende Änderungen nicht unberücksichtigt bleiben[4]. Bei Verwendung von **Vordrucken** ist besondere Sorgfalt geboten, da die Gefahr von Widersprüchen durch ungenaues Ausfüllen besonders groß ist[5].

### 2. Die Angaben im Einzelnen

**4**   **a) Ort und Tag der Verhandlung (Nr. 1).** Findet die Hauptverhandlung am Sitz des Gerichtes statt, so genügt in der Regel zur Angabe des **Ortes** die jeweilige Ortsbezeichnung, die sich mitunter schon eindeutig aus dem Namen des Gerichts ergibt, das mit der genauen Bezeichnung des Spruchkörpers im Kopf des Protokolls vermerkt wird[6]. Fehlt diese Übereinstimmung, etwa weil die Verhandlung am Sitz einer Zweig-

[1] *Hendrix/Reiss* 21; KMR-*Müller* 6; *Kroschel/Meyer-Goßner* 325.
[2] BGHSt **16** 306; *Gössel* § 34 B I b 2; KK-*Engelhardt* § 274 4; KMR-*Müller* 1; vgl. § 274, 11; auch zur strittigen Frage, ob damit nur die „wesentlichen Förmlichkeiten" im Sinne des § 274 Abs. 1" (so *Kleinknecht/Meyer*[37]

§ 274, 1) gemeint sind; ferner RGSt **46** 112 (Beweiskraft erstreckt sich nicht auf Personenidentität).
[3] KMR-*Müller* 10.
[4] Vgl. *Hendrix/Reiss* 16.
[5] Vgl. § 271, 6 Fußn. 19.
[6] *Kroschel/Meyer-Goßner* 324.

stelle durchgeführt wird, ist der Ort, an dem verhandelt wird, anzugeben. Bei Verhandlungen außerhalb der Gerichtsstelle ist letzterer genau zu bezeichnen.

Nimmt das Gericht im Laufe der Verhandlung einen **Ortswechsel** vor, nimmt es **5** etwa den Tatort in Augenschein oder vernimmt es einen Zeugen in seiner Wohnung oder im Krankenhaus, muß sich das aus der Sitzungsniederschrift ergeben[7], wobei auch ersichtlich sein muß, welche Teile der Verhandlung jeweils an dem betreffenden Ort vorgenommen wurden.

Der **Tag**, an dem die Hauptverhandlung stattfindet, bei einer mehrtägigen Haupt- **6** verhandlung, die Tage, an denen verhandelt wurde, sind mit dem Kalenderdatum zu bezeichnen. Die vollständige und beweiskräftige (§ 274) Aufzählung aller Tage, an denen verhandelt wurde, ist auch wegen der sich danach berechnenden Frist für die Urteilsabsetzung (§ 275 Abs. 1 Satz 3) notwendig. Erstreckt sich die Verhandlung über mehrere Tage, muß die Verhandlungsniederschrift ergeben, welche Verfahrenshandlungen in welcher Reihenfolge an jedem einzelnen dieser Tage geschehen sind; Stunde und Minute der Verhandlungsunterbrechung und des Wiederbeginns sind zu vermerken[8].

Dies gilt nicht für **kürzere Pausen**, die im Laufe ein und desselben Tages die Sit- **7** zung unterbrechen, etwa, wenn eine Mittagspause gemacht wurde. Solche Pausen müssen weder nach Nr. 1 in das Sitzungsprotokoll aufgenommen werden[9] noch gehören sie zu den wesentlichen Förmlichkeiten nach § 273 Abs. 1. Die Beweiskraft des Protokolls erstreckt sich auf sie nicht[10].

Bei der **Urteilsverkündung** ist der Zeitpunkt maßgebend, an dem die Verkündung **8** beendet wurde. Die Angabe eines falschen Tages (etwa, wenn die Urteilsverkündung erst nach Mitternacht beendet worden ist) beeinträchtigt aber nicht den Bestand des Urteils[11].

**b) Namen der Richter, der Vertreter der Staatsanwaltschaft usw.** Auch die **9** Namen der etwa zugezogenen **Ergänzungsrichter** (Ergänzungsschöffen) sind anzugeben; vgl. GVG § 192. — Bei den Richtern ist **Funktion** (als Vorsitzender, Ergänzungsrichter usw.) und Dienstbezeichnung beizufügen[12]. Bei Schöffen empfiehlt es sich, auch ihren Vornamen sowie Beruf und Wohnort zu vermerken[13], zwingend notwendig ist dies nicht[14]. Ein Hinweis über ihre Vereidigung, über die ein besonderes Protokoll aufzunehmen ist (§ 45 Abs. 8 DRiG), schreibt Nr. 2 nicht vor, es handelt sich insoweit auch um keine Förmlichkeit der betreffenden Hauptverhandlung[15].

Mehrere **Staatsanwälte** sind nebeneinander anzuführen, wenn sie gemeinsam an **10** der Hauptverhandlung teilgenommen haben. Lösen sie sich während der Sitzung ab, wird der Wechsel zweckmäßigerweise chronologisch an der entsprechenden Protokollstelle vermerkt[16]. Dem Protokoll muß aber in jedem Fall eindeutig zu entnehmen sein, welcher Staatsanwalt an welchen Sitzungsteilen mitgewirkt und wer die Anträge gestellt hat[17].

Bei einem Wechsel des **Urkundsbeamten** der Geschäftsstelle ist dies im Protokoll **11** an der Stelle ersichtlich zu machen, an der der Wechsel eingetreten ist. Der ausschei-

---

[7] KK-*Engelhardt* 1; KMR-*Müller* 3; *Eb. Schmidt* 3.

[8] *Eb. Schmidt* 3; **a. A** KMR-*Müller* 3 (genaue Zeitangaben üblich, aber nicht notwendig).

[9] KK-*Engelhardt* 2; KMR-*Müller* 3.

[10] BGH JZ **1967** 185; KMR-*Müller* 3.

[11] RG JW **1932** 3105 mit zust. Anm. *Oetker*.

[12] Vgl. § 222 a, 3.

[13] *Hendrix/Reiss* 20; KMR-*Müller* 4; *Kroschel/ Meyer-Goßner* 325; *G. Schäfer* § 91, a.

[14] KMR-*Müller* 4.

[15] BGH bei *Dallinger* MDR **1973** 372; KMR-*Müller* 4.

[16] KMR-*Müller* 6; *Kroschel/Meyer-Goßner* 326.

[17] *Kroschel/Meyer-Goßner* 325.

dende Urkundsbeamte hat den von ihm gefertigten Teil der Niederschrift durch seine Unterschrift abzuschließen[18].

**12**      **Dolmetscher** sind Sprachkundige, deren Aufgabe es ist, den Prozeßverkehr zwischen dem Gericht und einem der deutschen Sprache nicht mächtigen Prozeßbeteiligten zu ermöglichen, zum Unterschiede von sprachkundigen Sachverständigen, die nur zur Sprachübertragung einer Erklärung zugezogen werden, die außerhalb der Hauptverhandlung abgegeben wurde, wie etwa zur Übersetzung einer fremdsprachigen Urkunde[19]. Nur der Dolmetscher braucht im Kopf des Protokolls angeführt zu werden[20]. Der Dolmetscher muß zu Beginn der Verhandlung vereidigt werden, wenn er nicht als Dolmetscher für seine Tätigkeit vor dem betreffenden Gericht allgemein vereidigt ist[21] und sich auf den geleisteten Eid beruft (§ 189 GVG). Daß das eine oder das andere geschehen ist, muß im Protokoll vermerkt werden[22]. Dies folgt aber nicht aus Nr. 2, sondern aus § 273 Abs. 1, denn die Beachtung des § 189 GVG ist eine wesentliche Förmlichkeit[23].

**13**      **c) Bezeichnung der Straftat (Nr. 3).** Diese ist mit ihrer rechtlichen Bezeichnung im Protokoll aufzuführen. Auszugehen ist dabei von dem in der zugelassenen Anklage erhobenen Vorwurf, über den verhandelt wird, und nicht etwa vom Urteil[24]. Der zugelassenen Anklage stehen auch hier der Strafbefehl sowie der Verweisungsbeschluß nach § 270 gleich. In beschleunigten Verfahren ist die mündlich erhobene Anklage maßgebend[25].

**14**      Es genügt, wie bei § 260, die **rechtliche Bezeichnung** der Straftat. Umfaßt die Anklage eine Vielzahl von Straftaten, müssen im Kopf des Protokolls nicht alle einzeln angegeben werden. Es dürfte für den Zweck des § 272 Nr. 4 ausreichen, wenn die in der Anklage erhobenen Vorwürfe schwerpunktmäßig umrissen werden und kenntlich gemacht wird, daß es sich insoweit um keine abschließende Aufzählung handelt (z. B.: „wegen schweren Raubes u. a.")[26].

**15**      **d) Namen der Angeklagten, Verteidiger und der sonstigen Verfahrensbeteiligten (Nr. 4).** Anzugeben sind die Namen in dem für die Identifizierung notwendigen Umfang[27], gegebenenfalls auch ein akademischer Grad. Die Anforderungen sind bei den einzelnen Personengruppen unterschiedlich.

**16**      Beim **Angeklagten** wird mitunter gefordert[28], daß im Kopf des Protokolls neben dem Vor- und Familiennamen — einschließlich des Geburtsnamens — alle sonstigen Angaben zur Person aufzuführen sind, die die Anklageschrift zur Bezeichnung des Ange-

---

[18] Vgl. KMR-*Müller* 6; *Hendrix/Reiss* 22 („Fortgesetzt um Uhr durch …"); ferner § 273, 12; § 226, 9.

[19] Vgl. BGHSt **1** 4; KK-*Engelhardt* 5; ferner bei § 185 GVG.

[20] *Eb.* Schmidt 5; KK-*Engelhardt* 5, der darauf hinweist, daß ein zur Hauptverhandlung generell zugezogener Dolmetscher diese Eigenschaft nicht verliert, wenn er auch die Richtigkeit der Sprachübertragung außerhalb der Hauptverhandlung abgegebener Äußerungen bestätigt.

[21] § 189 Abs. 2 GVG; die allgemeine Beeidigung ist in den Ländern unterschiedlich geregelt und mitunter in der Geltung örtlich eng

(Landgerichtsbezirk) begrenzt; vgl. *Jessnitzer* Dolmetscher (1982) 25; *Ruderisch* BayVBl. **1985** 172.

[22] BGHSt **31** 39; KMR-*Müller* 5; vgl. auch Fußn. 23.

[23] Vgl. BGH NStZ **1982** 517; bei *Pfeiffer/Miebach* NStZ **1983** 359; ferner § 274, 10 und bei § 189 GVG.

[24] KK-*Engelhardt* 6; *Kleinknecht/Meyer*[37] 1; KMR-*Müller* 7.

[25] *Kleinknecht/Meyer*[37] 1.

[26] KK-*Engelhardt* 6; KMR-*Müller* 7; *Kroschel/Meyer-Goßner* 326 (schwerster Vorwurf).

[27] KMR-*Müller* 8; *Eb. Schmidt* 7.

[28] *Hendrix/Reiss* 22.

klagten nach Nr. 110 Abs. 2 RiStBV enthalten muß, also Geburtsdatum und Geburtsort, Anschrift, Beruf, Staatsangehörigkeit und Angaben über Untersuchungshaft u.a.[29] Wortlaut und Zweck des § 272 fordern derartige Angaben jedoch nicht unbedingt. Nur wenn das Urteil nach § 275 Abs. 1 Satz 1 in das Protokoll aufgenommen wird, muß die Sitzungsniederschrift alle für den Urteilskopf erforderlichen Angaben enthalten[30]. **Mehrere Angeklagte** sind zweckmäßigerweise in der Reihenfolge der Anklageschrift im Protokoll aufzuführen.

Nach § 272 müssen die Namen **aller Angeklagter** angegeben werden, ohne Rück- **17** sicht darauf, ob sie zur Hauptverhandlung erschienen sind. Die Feststellung der **Anwesenheit** ist als wesentliche Förmlichkeit nach § 273 Abs. 1 gesondert zu beurkunden[31].

Mit Namen aufzuführen sind ferner der oder die **Verteidiger**, und zwar ganz **18** gleich, ob es sich um eine notwendige Verteidigung handelt, bei der die Anwesenheit des Verteidigers eine wesentliche Förmlichkeit des Verfahrens ist[32]. Anzugeben sind alle Verteidiger, die zumindest an einem Teil der Hauptverhandlung teilgenommen haben, also auch ein Verteidiger, der bei der Urteilsverkündung nicht anwesend war[33]. Ob auch ein Verteidiger im Kopf angeführt werden muß, der überhaupt nicht erschienen ist, ist strittig[34]. Unerheblich, und deshalb nicht zu erwähnen ist, ob es sich um einen Wahl- oder Pflichtverteidiger handelt.

Zu den **sonstigen Verfahrensbeteiligten** im Sinne des § 272 Nr. 4 rechnen der **Bei- 19 stand** (§ 149), der **Nebenkläger** und die **Nebenbeteiligten**, die im allgemeinen Interesse oder zur Abwehr eigener Rechtsnachteile am Verfahren teilnehmen[35] und ihre Bevollmächtigten. Dazu gehören der Einziehungsbeteiligte nach § 431 Abs. 1, dem die juristische Person oder Personenvereinigung im Verfahren nach § 444 gleichgestellt wird, und der Verfallsbeteiligte (§ 442), ferner, nach Maßgabe der einzelnen Sondergesetze (z. B. § 407 AO; § 13 Abs. 2 WiStG), auch bestimmte Behörden, wenn sie zur Hauptverhandlung einen Vertreter entsenden[36]. Ob diese Personen nur aufgeführt werden müssen, wenn sie auch tatsächlich in der Hauptverhandlung anwesend sind, ist ebenfalls strittig[37].

**e) Öffentlichkeit der Verhandlung (Nr. 5).** Das Protokoll muß angeben, ob öffent- **20** lich verhandelt wurde[38]. Gilt dies kraft Gesetzes unverändert während der ganzen Hauptverhandlung, genügt ein entsprechender Vermerk am Anfang des Protokolls[39]. Wird die Öffentlichkeit ausgeschlossen, so muß das Protokoll ersehen lassen, ob über den Ausschluß öffentlich oder nicht öffentlich verhandelt wurde und ob der Beschluß,

---

[29] Vgl. § 200, 7 bis 9.

[30] KMR-*Müller* 8; *Kroschel/Meyer-Goßner* 326; vgl. § 275, 21.

[31] Vgl. etwa BGH bei *Pfeiffer/Miebach* NStZ **1985** 494; *Hendrix/Reiss* 22; KK-*Engelhardt* 7; KMR-*Müller* 8; *G. Schäfer* § 91, b; *Werner* DRiZ **1955** 182; ferner bei § 258 mit weit. Nachw.

[32] Vgl. § 273, 9; § 338, 82.

[33] OLG Koblenz Rpfleger **1973** 219.

[34] KMR-*Müller* 9 (,,insoweit ist Kopf Anwesenheitsliste''); *Eb. Schmidt* 4 (,,wirklich Erschienenen'') verneinen dies, während KK-*Engelhardt* 7 und *Kroschel/Meyer-Goßner* 326 dies bejahen. Vgl. Fußn. 37.

[35] Vgl. *Kleinknecht/Meyer*[37] Einl. 73; KMR-*Müller* 9; *Eb. Schmidt* Nachtr. II 2.

[36] Vgl. Vor § 226, 48.

[37] KMR-*Müller* 9 nimmt diese Einschränkung an; vgl. auch Fußn. 33, während KK-*Engelhardt* 7 und *Kroschel/Meyer-Goßner* 326 (,,geladen'') diese Angabe auch fordern, wenn die in Nr. 4 Genannten nicht erschienen sind; das Ausbleiben ist dann besonders zu beurkunden.

[38] Vgl. §§ 169 bis 175 GVG; 48 Abs. 1 JGG.

[39] *Kroschel/Meyer-Goßner* 326; KMR-*Müller* 2.

durch den die Öffentlichkeit ausgeschlossen worden ist, öffentlich verkündet wurde[40]. Desgleichen ist die Vollziehung des über die Ausschließung ergangenen Beschlusses und die Wiederherstellung der Öffentlichkeit im Protokoll an der jeweiligen Stelle ersichtlich zu machen. Es handelt sich insoweit um wesentliche Förmlichkeiten des Verfahrens (§ 273). Bei einer mehrtägigen Verhandlung muß dies für jeden Verhandlungstag ersichtlich sein, wobei allerdings der am ersten Verhandlungstage aufgenommene Vermerk über die Öffentlichkeit der Verhandlung wegen der Einheit des Protokolls auch für die späteren Tage gelten kann[41].

**21**     **f) Andere Personen.** Auf Grund des § 272 muß das Gericht nur die in § 272 Nrn. 2 und 4 genannten Personen im Protokoll namentlich festhalten, nicht aber andere Personen, die, wie etwa die Referendare, zu Ausbildungszwecken oder aus sonst einem Grund der Hauptverhandlung beiwohnen. Soweit die Namen der Beweispersonen zu beurkunden sind, ergibt sich dies aus § 273 Abs. 1 und nicht aus § 272. Nicht beurkundet zu werden braucht, wenn jemandem die Anwesenheit in der Hauptverhandlung nach § 175 Abs. 2 GVG oder § 48 JGG **gestattet** wird[42].

# § 273

(1) Das Protokoll muß den Gang und die Ergebnisse der Hauptverhandlung im wesentlichen wiedergeben und die Beobachtung aller wesentlichen Förmlichkeiten ersichtlich machen, auch die Bezeichnung der verlesenen Schriftstücke oder derjenigen, von deren Verlesung nach § 249 Abs. 2 abgesehen worden ist, sowie die im Laufe der Verhandlung gestellten Anträge, die ergangenen Entscheidungen und die Urteilsformel enthalten.

(2) Aus der Hauptverhandlung vor dem Strafrichter und dem Schöffengericht sind außerdem die wesentlichen Ergebnisse der Vernehmungen in das Protokoll aufzunehmen.

(3) [1]Kommt es auf Feststellung eines Vorgangs in der Hauptverhandlung oder des Wortlauts einer Aussage oder einer Äußerung an, so hat der Vorsitzende von Amts wegen oder auf Antrag einer an der Verhandlung beteiligten Person die vollständige Niederschreibung und Verlesung anzuordnen. [2]Lehnt der Vorsitzende die Anordnung ab, so entscheidet auf Antrag einer an der Verhandlung beteiligten Person das Gericht. [3]In dem Protokoll ist zu vermerken, daß die Verlesung geschehen und die Genehmigung erfolgt ist oder welche Einwendungen erhoben worden sind.

(4) Bevor das Protokoll fertiggestellt ist, darf das Urteil nicht zugestellt werden.

**Schrifttum** vgl. bei § 271.

**Entstehungsgeschichte.** Art. 7 Nr. 15 StPÄG 1964 hatte Absatz 2 dahin erweitert, daß der wesentliche Inhalt der Vernehmungen nunmehr bei allen als Tatsacheninstanz urtei-

---

[40] RGSt **10** 92; RG GA **38** (1891) 195; bei *Herlan* MDR **1955** 653; bei *Holtz* MDR **1977** 810; vgl. § 338, 110 mit weit. Nachw.
[41] OLG Düsseldorf JMBlNW **1963** 215; Auslegungsfrage vgl. § 274, 7; bei Lückenhaftigkeit

des Protokolls entfällt dessen Beweiskraft, vgl. BGH NJW **1962** 1308; KK-*Engelhardt* 8; vgl. § 274, 23.
[42] Vgl. bei § 175 GVG.

lenden Gerichten in das Protokoll aufzunehmen ist, während dies früher nur bei den Verhandlungen vor dem Amtsrichter und dem Schöffengericht vorgeschrieben war. In Absatz 3 wurde den Verfahrensbeteiligten das Recht eingeräumt, die Protokollierung bestimmter Verfahrensvorgänge oder des Wortlauts bestimmter Aussagen zu beantragen und, falls der Vorsitzende dies ablehnt, gegen seine Entscheidung das Gericht anzurufen. Eingefügt wurde ferner der Absatz 4, der die Urteilszustellung und damit den Beginn der Fristen nach §§ 341 Abs. 2, 345 von der Fertigstellung des Protokolls abhängig macht. Art. 1 Nr. 79 des 1. StVRG (1974) hat die frühere Fassung des Absatzes 2 wieder hergestellt[1], lediglich „Amtsrichter" wurde durch „Strafrichter" ersetzt. Art. 1 Nr. 24 StVÄG 1979 hat bei § 273 Abs. 1 hinter „Schriftstücke" die Worte eingefügt „oder derjenigen, von deren Verlesung nach § 249 Abs. 2 abgesehen worden ist" (Folgeänderung zu § 249 Abs. 2).

**Geplante Änderungen.** Nach Art. 1 Nr. 21 StVÄGE 1984 und dem Vorschlag des BRates in Nr. 11 seiner Stellungnahme zu diesem Gesetz, dem die BReg. zugestimmt hat, soll in Absatz 2 folgender Halbsatz angefügt werden:

> „dies gilt nicht, wenn alle zur Anfechtung Berechtigten auf Rechtsmittel verzichten oder innerhalb der Frist kein Rechtsmittel eingelegt wird."

Absatz 3 Satz 2 soll folgende Fassung erhalten:

> „Die Entscheidung der Vorsitzenden ist unanfechtbar."

S. ggf. die Erläuterungen im Nachtrag zur 24. Auflage.

*Übersicht*

---

[1] *Rieß* NJW **1975** 88.

## I. Allgemeines

**1**    **1. Zweck.** Das Protokoll soll den Gang der Hauptverhandlung so wiedergeben, daß nachprüfbar ist, ob in ihr dem Gesetz entsprechend verfahren wurde. Es soll insbesondere den Gerichten der höheren Instanzen die Prüfung erleichtern, ob Prozeßvorschriften verletzt worden sind. Seine Bedeutung hierfür erhellt die Beweiskraft, die ihm durch § 274 beigelegt wird. Sein Inhalt kann aber auch für Zwecke, die außerhalb des Verfahrens liegen, von Bedeutung sein. Das gilt insbesondere für die Äußerungen, die nach Absatz 3 wörtlich in das Protokoll aufgenommen wurden.

**2**    **2. Verhältnis des § 273 zu anderen Vorschriften.** Während § 271 die Aufnahme eines Protokolles über die Hauptverhandlung vorschreibt und die Verantwortlichkeit dafür regelt, legen die §§ 272 bis 273 Abs. 1 bis 3 den **Inhalt** dieser Sitzungsniederschrift fest, der dann von § 274 zum Teil mit besonderer Beweiskraft ausgestattet wird. § 273 Abs. 4 bindet die Urteilszustellung an die Fertigstellung des Protokolls. Die §§ 272, 273 werden durch **Sondervorschriften** für bestimmte Einzelfälle ergänzt (beispielsweise §§ 64, 255, ferner §§ 174 Abs. 1 Satz 2, 182, 183, 185 Abs. 1 Satz 2 GVG). Die Protokollierung von Vorgängen außerhalb der Hauptverhandlung richtet sich nach den §§ 168 bis 168 b (vgl. auch § 223, 25), doch gelten die §§ 271 bis 273 für die mündliche Haftprüfung (§ 118 a Abs. 3 Satz 3) und die Verhandlung über die Ausschließung des Verteidigers (§ 138 d Abs. 4 Satz 3).

## II. Protokollierung der Hauptverhandlung (Absatz 1)

**3**    **1. Gang der Hauptverhandlung.** Das Protokoll muß den Gang der Hauptverhandlung, vor allem die Reihenfolge, in der die einzelnen Verfahrensabschnitte durchgeführt wurden (vgl. dazu insbes. die §§ 243, 244 Abs. 1, 258, 260 Abs. 1) erkenntlich machen[2]. Ersichtlich sein muß aus dem Protokoll der Ablauf, also die **zeitliche Reihenfolge** aller wesentlichen Vorgänge. Welche Ereignisse außer den in Absatz 1 besonders genannten hierzu rechnen, bestimmt sich nach dem Zweck des Protokolls, den höheren Instanzen mit seiner Beweiskraft die Nachprüfung der Gesetzmäßigkeit des Verfahrens zu erleichtern[3]. Weicht das Gericht von dem normalen Verfahrensgang ab, was insbesondere in den sogenannten Punktesachen angezeigt sein kann, dann muß das Protokoll dies eindeutig aufzeigen[4].

**4**    Wenn Absatz 1 Satz 1 auch die **Ergebnisse der Hauptverhandlung** erwähnt, so erscheint dies insofern müßig, als die Ergebnisse der Beweisaufnahme hier nicht gemeint sein können, da für sie Absatz 2 gilt, im übrigen aber als Ergebnisse der Verhandlung nur die Entscheidungen bezeichnet werden können, die am Schlusse des Absatzes 1 besonders genannt werden[5]. Die Aufzählung in Absatz 1 enthält aber auch sonst Überschneidungen.

---

[2] KK-*Engelhardt* 2; *Kleinknecht/Meyer*[37] 2; KMR-*Müller* 3 ff. Zu den Einzelheiten des Protokollinhalts vgl. *Kroschel/Meyer-Goßner* 321 ff; *G. Schäfer* § 91; dort finden sich auch Beispiele für die Fassung der Protokollvermerke.

[3] KK-*Engelhardt* 2; *Kleinknecht/Meyer*[37] 3.

[4] Vgl. § 243, 5.

[5] KK-*Engelhardt* 3; *Eb. Schmidt* 5; allenfalls könnte die zulässige (vgl. *Pecher* NJW **1981** 2170) Aufnahme eines privatrechtlichen Vergleichs in das Protokoll als ein Ergebnis der Hauptverhandlung betrachtet werden, das nicht zugleich eine Entscheidung ist.

Die **Urteilsberatung** gehört dagegen nicht zu den in der Sitzungsniederschrift zu **5** beurkundenden und nur durch sie beweisbaren Förmlichkeiten der Hauptverhandlung[6]. Dies gilt auch für eine kurze Nachberatung im Sitzungssaal, obwohl letztere für den Urkundsbeamten wahrnehmbar wäre (vgl. §260,2).

**2. Die Beachtung der wesentlichen Förmlichkeiten** des Verfahrens muß das Proto- **6** koll beurkunden. Hierzu gehören alle Vorgänge der Verhandlung, die für die Gesetzmäßigkeit des Verfahrens von Bedeutung sind, wobei als **wesentlich** nur diejenigen Formvorschriften anzusehen sind, deren Mißachtung unter Umständen den Bestand des Urteils gefährden könnte. Es kommt insoweit nur auf das vorliegende Verfahren an; daß der Vorgang für ein anderes Verfahren von Bedeutung ist, rechtfertigt zwar unter Umständen seine Beurkundung in der Sitzungsniederschrift nach Absatz 3, macht ihn jedoch nicht zu einer wesentlichen Förmlichkeit im Sinne des Absatzes 1[7]. Ob eine Verfahrensregel zu den wesentlichen Förmlichkeiten rechnet, ist bei den einzelnen Verfahrensvorschriften erörtert. Soweit dies zweifelhaft oder strittig ist, empfiehlt sich die Protokollierung, um den Bestand des Urteils nicht unnötig zu gefährden.

Nicht alles, was das Gericht zur **Einhaltung eines Verfahrensgrundsatzes** im kon- **7** kreten Fall tun muß, ist aber zugleich auch eine wesentliche Förmlichkeit. So ist vor allem die Gewährung des **rechtlichen Gehörs**[8] für die Gesetzmäßigkeit des Verfahrens von entscheidender Bedeutung; dieses Verfassungsgebot kann aber in der Hauptverhandlung in den verschiedensten Formen erfüllt werden, unter anderem kann ihm schon dadurch genügt sein, daß die entscheidungserheblichen Tatsachen und Beweismittel in Gegenwart des Angeklagten in die Hauptverhandlung eingeführt wurden und er allgemein Gelegenheit hatte, sich dazu zu äußern, oder daß ein entsprechender Vorhalt gemacht wurde[9]. Nur wenn ausnahmsweise zur Wahrung des rechtlichen Gehörs besondere förmliche Hinweise erforderlich werden, gehören diese zu den wesentlichen Förmlichkeiten, auch wenn sie vom Gesetz nicht ausdrücklich vorgeschrieben sind[10].

**3. Beispiele für wesentliche Förmlichkeiten**

**a)** Zu den **wesentlichen Förmlichkeiten** des Verfahrens, die die Sitzungsnieder- **8** schrift nachweisen muß, gehört, ob **öffentlich** verhandelt wurde[11], die Verhandlung über den Ausschluß[12], der Beschluß und seine Durchführung sowie die Wiederherstellung der Öffentlichkeit[13].

**b)** Die **Anwesenheit der Personen**, deren ununterbrochene Gegenwart in der **9** Hauptverhandlung das Gesetz (insbes. §226) **zwingend** vorschreibt, rechnet ebenfalls hierher[14]. Wenn eine solche Person an der Hauptverhandlung nicht teilnimmt oder sich aus dem Sitzungssaal entfernt, muß das Protokoll dies in einer Weise beurkunden, die erkennen läßt, bei welchen Verfahrensvorgängen sie fehlte. Dies gilt insbesondere, wenn ohne den Angeklagten verhandelt wird, wie etwa in den Fällen der §§231 Abs. 1, 231a,

[6] BGHSt **5** 294 = LM Nr. 5 mit Anm. *Krumme*; OLG Schleswig bei *Ernesti/Jürgensen* SchlHA **1973** 187; **1974** 184; KMR-*Müller* 5; teilw. **a. A** *Eb. Schmidt* 10; vgl. auch §268, 12 mit weit. Nachw.

[7] BayObLGSt **1964** 141 = JZ **1965** 291; KK-*Engelhardt* 4; *Kleinknecht/Meyer*[37] 3; KMR-*Müller* 7; *Eb. Schmidt* 5; *Sarstedt* JZ **1965** 293.

[8] So aber OLG Hamm VRS **16** 461.

[9] BGHSt **22** 26.

[10] Vgl. BayObLG DAR **1962** 216.

[11] Vgl. §272, 20; ferner bei §169 GVG.

[12] RGSt **20** 21.

[13] BGHSt **4** 279; **27** 189; BGH bei *Holtz* MDR **1977** 810.

[14] BGHSt **24** 281; OLG Bremen OLGSt §274, 13.

Walter Gollwitzer

231 b, 232, 233[15] oder wenn der Angeklagte zeitweilig nach § 247 aus der Hauptverhandlung entfernt wird[16]. Für die Anwesenheit des notwendigen Verteidigers gilt das gleiche[17]. Bei den anderen Personen, deren Gegenwart das Gesetz für die Durchführung der Hauptverhandlung nicht zwingend fordert, gehört die Tatsache ihrer Anwesenheit nicht zu den wesentlichen Förmlichkeiten, so etwa bei Zeugen, Sachverständigen[18] oder einem Verteidiger, sofern die Verteidigung nicht notwendig ist[19]. Letzterer ist allerdings nach § 272 Nr. 4 im Protokoll anzuführen.

**10**     Wird ein **Dolmetscher** gemäß §§ 185, 186 GVG zugezogen, muß das Protokoll vermerken, daß und warum er zugezogen wurde[20]; ferner seine Vereidigung oder Berufung auf einen allgemeinen Eid[21]. Die einzelnen Vorgänge, bei denen er tätig war, brauchen dagegen nicht angeführt zu werden[22]. Die Sprachübertragung der in der Hauptverhandlung abgegebenen Erklärungen als solche ist keine wesentliche Förmlichkeit[23]. Die **zum Zwecke der Verständigung** mit einem schwerhörigen Angeklagten getroffenen Maßnahmen, etwa daß der Angeklagte einen Hörapparat benutzt hat, sind keine wesentlichen Förmlichkeiten, die in der Sitzungsniederschrift festzuhalten sind[24].

**11**     c) Zu den wesentlichen Förmlichkeiten **des Verfahrensgangs** rechnet, daß die zugelassene Anklage oder eine der an ihrer Stelle tretenden Entscheidungen verlesen[25] und daß der Angeklagte vorher zur Person und erst nach der Verlesung zur Sache vernommen wurde[26], wobei nur die Tatsache der Vernehmung, nicht aber der Inhalt der Aussage festzuhalten ist[27]. Trägt der Verteidiger an Stelle des abwesenden Angeklagten dessen Einlassung zur Sache vor[28] oder wird sie nach § 233 Abs. 3 Satz 2 verlesen[29], so ist dies zu protokollieren. Die Befragung nach § 257[30], die Aufforderung zu den Schlußvorträgen, diese selbst und die Gewährung des letzten Wortes nach § 258 gehören ebenfalls hierzu[31].

**12**     d) Grundsätzlich sind alle dem Gericht kraft Gesetzes obliegenden **Hinweise** — Belehrungen, Unterrichtungen oder Aufforderungen zur Stellungnahme — im Protokoll zu beurkunden[32]. Dies gilt beispielsweise für die rechtlichen Hinweise nach §§ 265 Abs. 1 und 2[33], nicht aber für die in Zusammenhang mit einem solchen Hinweis oder nach § 265 Abs. 4 erforderlich werdenden, nicht an eine bestimmte Form gebundenen sachlichen Belehrungen[34]. Zu beurkunden ist der Hinweis nach § 266 Abs. 3 Satz 2[35].

---

[15] BGH GA **1963** 19.
[16] BayObLGSt **1973** 160; OLG Hamburg NJW **1965** 1342; vgl. § 247, 45 mit weit. Nachw.
[17] BGHSt **9** 243; **24** 280 = LM § 274 Nr. 14 mit Anm. *Kohlhaas*; vgl. bei § 140.
[18] Für Zeugen etwa RGSt **40** 140; BGHSt **24** 280; vgl. § 245, 80; ferner BGH bei *Holtz* MDR **1985** 92; für Sachverständige BGH NStZ **1985** 455; BGH bei *Pfeiffer/Miebach* NStZ **1985** 207.
[19] BGHSt **24** 280.
[20] § 272, 10; vgl. § 259, 5 und bei § 185 GVG.
[21] BGH nach KK-*Engelhardt* 4; vgl. § 272, 12; ferner bei § 189 GVG.
[22] RGSt **1** 137; **43** 442.
[23] *Kleinknecht/Meyer*[37] 4; vgl. bei § 185 GVG.
[24] OLG Freiburg JZ **1951** 23; § 259, 5.
[25] Vgl. etwa BGH NStZ **1984** 521; NStZ **1986**

39; OLG Hamburg MDR **1985** 517 (zu § 324 Abs. 1); ferner § 243, 63.
[26] KK-*Engelhardt* 4; vgl. § 243, 101.
[27] RGSt **58** 59.
[28] OLG Hamm JMBlNW **1964** 214; OLG Köln VRS **59** 349; vgl. § 234, 18.
[29] § 233, 36.
[30] KK-*Engelhardt* 4; ferner bei § 257, 27.
[31] Vgl. bei § 258, 52.
[32] So z. B. die Belehrungen nach §§ 52, 55, 63, 72 oder nach § 243 Abs. 4 Satz 1; oder die Unterrichtung nach § 231 a Abs. 2; § 231 b Abs. 2; § 247 Satz 4; vgl. ferner andererseits § 57, 9.
[33] BGHSt **2** 373; **19** 141; vgl. bei § 265.
[34] BGHSt **19** 141; **28** 197; BGH bei *Holtz* MDR **1985** 449; vgl. bei § 265.
[35] Vgl. bei § 266.

Der vom Gesetz nicht vorgeschriebene Hinweis an den Angeklagten, daß die unterbrochene Hauptverhandlung bei seinem Ausbleiben gegen ihn nach § 231 Abs. 2 fortgesetzt werden könne, ist dagegen keine nur durch das Protokoll zu beweisende Förmlichkeit[36].

**e)** Wesentliche Förmlichkeiten sind neben den besonders erwähnten Anträgen **13** (Rdn. 23) alle **Erklärungen**, mit denen ein Verfahrensbeteiligter von einem **prozessualen Recht Gebrauch** macht, sein Einverständnis zu bestimmten Verfahrenshandlungen erklärt (etwa nach § 251 Abs. 1 Nr. 4; § 266 Abs. 1; § 303; § 325 Abs. 1)[37] oder auf die Einhaltung bestimmter Verfahrensvorschriften (z. B. § 217 Abs. 3) oder auf die Vornahme bestimmter Verfahrenshandlungen, etwa die Durchführung der beantragten Beweiserhebung, die Vernehmung präsenter Zeugen nach § 245 Abs. 1 Satz 2 oder die Verlesung von Urkunden nach § 249 Abs. 2 ausdrücklich verzichtet[38]: für einen stillschweigenden (konkludenten) Verzicht gilt dies nicht.

**f)** Zu beurkunden ist **jede Art von Beweiserhebung** und zwar der Vorgang, der **14** der Beweiserhebung dient und nicht etwa deren Ergebnis. Die Tatsache der Einvernahme der Zeugen und Sachverständigen — nicht der Inhalt ihrer Bekundungen[39] (dazu Absatz 2, 3) — ist in der Reihenfolge ihrer Anhörung anzuführen, wobei festzustellen ist, ob sie vereidigt worden sind oder die Richtigkeit ihrer Aussage unter Berufung auf einen früher geleisteten Eid nach § 67 versichert haben[40]. Der Grund für eine etwaige Nichtbeeidigung ist nach § 64 anzugeben[41]. Zu protokollieren ist, wenn ein Zeuge die Aussage verweigert[42]. Ob auch die Frage an einen nicht von der Verschwiegenheitspflicht entbundenen Arzt, ob er trotzdem aussagen wolle, und seine Antwort hierauf eine wesentliche Förmlichkeit ist, erscheint fraglich[43]. Einzelne **Fragen**, die ein Verfahrensbeteiligter an den Angeklagten oder an einen Zeugen oder Sachverständigen stellt, gehören nicht zu den wesentlichen Förmlichkeiten[44]. Sie müssen zum besseren Verständnis der Vorgänge aber aufgenommen werden, wenn ihre Zulässigkeit beanstandet und eine Entscheidung des Gerichts nach § 238 Abs. 2, § 242 herbeigeführt wird[45], dann handelt es sich insoweit um die von Amts wegen gebotene Feststellung eines Vorgangs (Absatz 3).

Nimmt das Gericht in der Hauptverhandlung einen **Augenschein** ein, muß dies **15** unter Angabe der vom Gericht besichtigten Gegenstände (Fotos, usw.) beurkundet werden. Bei einem Ortstermin ist der Ort des Augenscheins anzugeben. Das Ergebnis des Augenscheins braucht im Protokoll nicht geschildert zu werden[46].

---

[36] OLG Düsseldorf NJW **1970** 1889.

[37] Vgl. bei §§ 251, 254, 266; 303; 325.

[38] Vgl. § 217, 11; § 244, 176; § 245, 45 und bei § 249.

[39] KMR-*Müller* 12; vgl. Rdn. 36; § 245, 80.

[40] BGHSt **4** 141; vgl. § 59, 19; § 67, 19. Bei einem kommissarisch vernommenen Zeugen schreibt dies § 251 Abs. 4 Satz 3 vor.

[41] Vgl. § 64, 5. Bei Verlesung der Aussage eines kommissarisch vernommenen Zeugen bedarf es dies nicht; vgl. *Alsberg/Nüse/Meyer* 274 und bei § 251 mit weit. Nachw.

[42] § 52, 51; § 53, 57; § 64, 5.

[43] BGHSt **15** 200 nimmt dies aber an; vgl. auch § 53, 47.

[44] BayObLGSt **1966** 168; vgl. *Alsberg/Nüse/Meyer* 399; § 244, 174 mit weit. Nachw.

[45] BGHSt **3** 202; vgl. § 241, 23.

[46] RGSt **26** 277; **39** 257; BGH StrVert. **1985** 223 (L); bei *Pfeiffer/Miebach* NStZ **1985** 495; OLG Bremen JR **1982** 252 mit Anm. *Foth*; OLG Hamm VRS **56** 362; OLG Köln NJW **1955** 843; VRS **24** 61; OLG Neustadt MDR **1965** 407; OLG Saarbrücken VRS **48** 211; *Alsberg/Nüse/Meyer* 240; § 244, 337.

**16**     Die **Bezeichnung der verlesenen Schriftstücke** und der Schriftstücke, die im Wege des § 249 Abs. 2 in die Hauptverhandlung eingeführt wurden, fordert § 273 Abs. 1 ausdrücklich. Diese sind im Protokoll so aufzuführen, daß sie identifizierbar sind; ihr Inhalt muß nicht aufgenommen werden. Sind nur Teile einer Schrift verlesen worden, so sind diese Teile zu bezeichnen. Der Vermerk, daß ein Schriftstück „zum Gegenstand der Verhandlung gemacht wurde", ist unklar; er läßt nicht erkennen, auf welche Weise dies gesehehen ist. Das Verlesen beweist er nicht[47]. Die Verwendung eines Schriftstücks zu Beweiszwecken und die Form, in der dies in der Hauptverhandlung geschehen ist, muß als wesentliche Förmlichkeit stets protokolliert werden. Auch in den Fällen des § 255 kommt es nicht darauf an, ob ein entsprechender Antrag gestellt wurde; dieser hat nach heutiger Auffassung nur Bedeutung für die Beurkundung des Grundes der Verlesung[48]. Hat das Gericht den Grund der Verlesung bekanntzugeben (vgl. § 251 Abs. 3 Satz 2), so muß das Protokoll nicht nur ausweisen, daß dies geschehen ist, es muß auch erkennen lassen, welchen Grund das Gericht bekanntgegeben hat[49]. Hält man für zulässig, daß der Inhalt eines kurzen Schriftstücks statt durch Verlesen durch **Feststellung seines Inhalts** in die Verhandlung eingeführt werden kann, so muß die Sitzungsniederschrift bekunden, daß dies geschehen ist[50]. Bloße **Vorhalte** aus Schriftstücken sind dagegen keine wesentlichen Förmlichkeiten, die im Protokoll zu vermerken sind[51], ebensowenig die vom Angeklagten oder Zeugen auf Grund eines Vorhalts abgegebenen Erklärungen. Für Schriftstücke, die im Wege des § 249 Abs. 2 in die Hauptverhandlung eingeführt werden, stellt § 249 Abs. 2 Satz 5 besondere Anforderungen an die Protokollierung auf[52].

**17**     Keine wesentlichen Förmlichkeiten sind die Erörterungen, die über die **Allgemeinkundigkeit** einer Tatsache geführt werden[53]. Wegen der Rüge der Verletzung des Rechts auf Gehör kann jedoch ratsam sein, ihre Einführung in die Hauptverhandlung trotzdem im Protokoll zu vermerken[54].

**18**     **g) Ordnungsvorschriften** wurden von der Rechtsprechung und vom Schrifttum nicht als wesentliche Förmlichkeiten angesehen[55]. Da aber streitig ist, ob eine solche Gruppe der Revision entzogener Verfahrensvorschriften überhaupt noch anzuerkennen ist[56], ferner, ob es sich bei der jeweiligen Bestimmung um eine Ordnungsvorschrift handelt, empfiehlt sich schon deshalb meist die Aufnahme in das Protokoll. Dies gilt insbesondere, soweit bestimmte Hinweise und Belehrungen des Angeklagten herkömmlich als Ordnungsvorschriften betrachtet werden.

**19**     **h)** Zu protokollieren sind auch die vom Gericht zur **Heilung eines Verfahrensfehlers** getroffenen Maßnahmen, einschließlich des fehlerhaften Aktes und seiner Behebung

---

[47] RGSt **64** 78; BGHSt **11** 29; OLG Celle StrVert. **1984** 107; OLG Hamm NJW **1958** 1359; OLG Koblenz VRS **67** 146; OLG Schleswig SchlHA **1954** 387; vgl. bei § 249; ferner *Kleinknecht/Meyer*[37] 5.

[48] BGH StrVert. **1986** 92; vgl. bei § 255; ferner KK-*Engelhardt* 6.

[49] Vgl. bei § 251.

[50] Zu den strittigen Fragen vgl. etwa OLG Hamm MDR **1964** 344; ferner bei § 249; und KMR-*Paulus* § 249, 34.

[51] BGHSt **22** 26; KK-*Engelhardt* 7; *Klein-*

*knecht/Meyer*[37] 4; KMR-*Müller* 8; vgl. bei § 249.

[52] Wegen der Einzelheiten vgl. bei § 249.

[53] RGSt **28** 171; RG JW **1929** 48; BGH NJW **1963** 598 = LM Nr. 2; bei *Spiegel* DAR **1977** 175; BayObLGSt **1949/51** 62; OLG Hamm NJW **1956** 1729; VRS **41** 49; OLG Koblenz VRS **63** 134; *Alsberg/Nüse/Meyer* 573; zweifelnd *Eb. Schmidt* Nachtr. I 4.

[54] Vgl. § 244, 234; § 261, 25; KMR-*Paulus* 244, 207 mit weit. Nachw.

[55] RGSt **56** 67; KMR-*Müller* 8.

[56] Vgl. § 337, 15 ff.

sowie der dazu notwendigen Belehrungen[57] und Hinweise, etwa, daß ein beeidetes Zeugnis nur als unbeeidet gewertet wird[58].

**i) Maßnahmen der Sitzungspolizei** sind keine wesentlichen Förmlichkeiten des **20** Verfahrens; sie sind nur insoweit in das Protokoll aufzunehmen, als dies in § 182 GVG vorgeschrieben ist[59]. Die Beweiskraft des Protokolls (§ 274) gilt insoweit nicht[60].

**k)** Die Erklärung über **Einlegung** oder **Verzicht auf ein Rechtsmittel** ist, auch **21** wenn sie im Anschluß an die Verkündung des Urteils erklärt und im Protokoll beurkundet wird, keine wesentliche Förmlichkeit des Verfahrens. Der Rechtsmittelverzicht nach Verkündung des Urteils ist kein Teil der Hauptverhandlung mehr, mit deren Vorgängen er nur in einem rein äußeren Zusammenhang steht. Die Beweiskraft des § 274 erstreckt sich daher nicht auf ihn[61]. Dies gilt auch, wenn die Verzichtserklärung auf Grund einer Anordnung nach § 273 Abs. 3 wörtlich in das Protokoll aufgenommen, vorgelesen und genehmigt worden ist; denn § 273 Abs. 3 bietet keine Möglichkeit, einen Vorgang außerhalb der Hauptverhandlung den strengen Beweisregeln des § 274 zu unterstellen[62]. Die Aufnahme der Verzichtserklärung in der Form des § 273 Abs. 3, die für die Wirksamkeit des Verzichts nicht notwendig ist[63], hat lediglich deshalb einen höheren Beweiswert, weil sie den Wortlaut der Erklärung festhält, sie schließt aber die Nachprüfung der Wirksamkeit der Verzichtserklärung im Wege des Freibeweises nicht aus[64]. Ein mündlich erklärter Rechtsmittelverzicht, der wegen fehlender Protokollierung nicht wirksam ist, kann nicht dadurch nachträglich Wirksamkeit erlangen, daß das Hauptverhandlungsprotokoll nachträglich im Wege der Berichtigung durch einen Vermerk über die Verzichterklärung ergänzt wird[65]. Die gleichen Grundsätze gelten für die Erklärung über die **Beschränkung** oder die **Zurücknahme** eines **Rechtsmittels**, wenn sie im Anschluß an die Hauptverhandlung der unteren Instanz in der Sitzungsniederschrift beurkundet werden oder vor dem Rechtsmittelgericht *vor* Eintritt in die Hauptverhandlung[66].

Wird dagegen eine solche Erklärung **in der Hauptverhandlung** vor dem Rechts- **22** mittelgericht abgegeben, so ist diese Erklärung ebenso wie die nach § 303 erforderliche Zustimmung des Rechtsmittelgegners eine wesentliche Förmlichkeit des Verfahrens vor dem Rechtsmittelgericht, die in der Sitzungsniederschrift zu beurkunden ist[67]. Erklärungen über andere Rechtsbehelfe als das den Verhandlungsgegenstand bildende Rechtsmittel können in die Sitzungsniederschrift aufgenommen werden; eine Pflicht besteht dazu nicht[68].

[57] *Kleinknecht/Meyer*[37] 3; *Schmidt* JZ **1969** 758; **a. A** OLG Karlsruhe MDR **1970** 438; RG JW **1932** 3109.
[58] RGSt **72** 221; BGHSt **4** 132; *Hassemer* StrVert. **1984** 44; vgl. § 261, 85.
[59] BGHSt **17** 40; vgl. bei § 182 GVG.
[60] OLG Hamm NJW **1963** 1791; h. M; vgl. bei § 182 GVG.
[61] BGHSt **18** 257; vgl. § 302 mit weit. Nachw.
[62] *Hanack* JZ **1972** 49; KMR-*Müller* 10; *Stratenwerth* JZ **1964** 264; **a. A** BGHSt **18** 257; BGH NJW **1984** 1974; OLG Düsseldorf NStZ **1984** 44 (L); KK-*Engelhardt* 5; *Kleinknecht/Meyer*[37] 9.

[63] Die Aufnahme der Erklärung in das Sitzungsprotokoll genügt an sich, RGSt **32** 280; **40** 134, **66** 418; RG JW **1893** 335; OLG Bremen MDR **1951** 696; vgl. bei § 302.
[64] Vgl. etwa BGHSt **19** 103; OLG Frankfurt NJW **1966** 1376.
[65] OLG Schleswig SchlHA **1959** 157.
[66] OLG Hamburg NJW **1955** 1201; KMR-*Müller* 9; vgl. bei § 302.
[67] RGSt **66** 418; OLG Hamburg NJW **1955** 1201; vgl. bei §§ 302, 303 mit weit. Nachw.
[68] Vgl. etwa OLG Koblenz VRS **61** 356; **62** 297; *Kleinknecht/Meyer*[37] 9.

**23**     4. Alle **im Laufe der Verhandlung gestellten Anträge**[69] müssen im Protokoll beurkundet werden, damit für das Rechtsmittelgericht bei der Nachprüfung ihrer Behandlung beweiskräftig (§ 274) feststeht, daß, von wem und mit welchem Inhalt der Antrag gestellt worden ist[70]. Zu protokollieren sind grundsätzlich auch **unzulässige Anträge**[71], ferner die nur **hilfsweise gestellten Anträge**[72]. Die Beurkundung kann auch dadurch geschehen, daß ein schriftlich übergebener Antrag als Anlage zum Protokoll genommen und in diesem darauf verwiesen wird.

**24**     Bei **Beweisanträgen** sind der oder die Antragsteller[72a] sowie die Tatsachen, über die Beweis erhoben werden soll, und die in Vorschlag gebrachten Beweismittel in der Niederschrift anzugeben[73]. Auch unvollständige oder fehlerhafte Beweisanträge und Beweisermittlungsanträge müssen in die Sitzungsniederschrift aufgenommen werden[74]. Ob ein fehlerhafter Beweisantrag oder nur ein Beweisermittlungsantrag vorliegt, ergibt sich nicht selten erst nach umfangreicher gewissenhafter Prüfung. Das Ergebnis einer solchen Prüfung darf nicht dadurch vorweggenommen werden, daß der Antrag überhaupt nicht im Protokoll aufgenommen und damit der Überprüfung durch das Revisionsgericht entzogen wird.

**25**     Dagegen braucht die **Begründung** der Anträge nicht in die Sitzungsniederschrift aufgenommen zu werden; die Prozeßbeteiligten können ihre Beurkundung also nicht verlangen[75].

**26**     5. **Beurkundung der Entscheidungen.** Die im Lauf der Verhandlung ergehenden Entscheidungen (Beschlüsse des Gerichts, Anordnungen des Vorsitzenden) sind mit ihrem vollen Wortlaut und, soweit sie einer Begründung bedürfen (§ 34), mit den Gründen in das Protokoll aufzunehmen. Wird der Beschluß samt seiner Begründung besonders abgefaßt, so kann er dem Protokoll als Anlage beigefügt werden. Sie muß dann als solche in der Niederschrift ausdrücklich in Bezug genommen werden[75a]. Die Beurkundung tatsächlicher Vorgänge, also auch die Verkündung solcher Beschlüsse, gehört aber wegen der Notwendigkeit der Mitwirkung des Urkundsbeamten bei der Beurkundung in das Protokoll selbst[76].

**27**     6. **Beurkundung der Urteilsformel.** Der Wortlaut der in der Hauptverhandlung verkündeten Urteilsformel muß im Protokoll selbst beurkundet sein[77], es genügt nicht, daß sie in eine Anlage aufgenommen wird.

---

[69] Antrag ist hier jede prozessuale Erwirkungshandlung. Nach dem Zweck des Protokolls, die Nachprüfbarkeit zu sichern, kann es nur auf die äußere Form des Begehrens, nicht auf die inhaltliche Zulässigkeit ankommen; vgl. Fußn. 74 (Beweisermittlungsantrag); ferner *Schulz* GA **1981** 318.

[70] Vgl. KK-*Engelhardt* 8; KMR-*Müller* 6.

[71] KK-*Engelhardt* 9; *Eb. Schmidt* 7; vgl. Rdn. 24.

[72] RG JW **1930** 1505; BGH bei *Dallinger* MDR **1975** 368; KG VRS **43** 199; *Alsberg/Nüse/Meyer* 400; 883; vgl. § 244, 174.

[72a] Dazu gehören auch diejenigen, die sich dem Antrag angeschlossen haben; vgl. § 244, 97 ff; *Alsberg/Nüse/Meyer* 400.

[73] RGSt **1** 32; RGRspr. **8** 306; BGH GA **1960**

315; vgl. § 244, 174 mit weit. Nachw.; ferner § 245, 45; 80.

[74] OLG Nürnberg MDR **1984** 74; OLG Saarbrücken JBl Saar **1959** 184; *Alsberg/Nüse/Meyer* 400; *Sarstedt/Hamm* 277; zur Streitfrage, ob ein Beweisermittlungsantrag ein protokollpflichtiger Antrag ist, vgl. § 244, 121; *Alsberg/Nüse/Meyer* 88; *Schulz* GA **1981** 301.

[75] RGSt **32** 239; BayObLGSt **24** 2; KG GA **75** (1931) 304; KK-*Engelhardt* 10; *Kleinknecht/Meyer*[37] 4; KMR-*Müller* 6.

[75a] OLG Celle NdsRpfl. **1953** 231; *Alsberg/Nüse/Meyer* 766.

[76] RGSt **25** 248; 334; OLG Hamm VRS **38** 293; KK-*Engelhardt* 13.

[77] RGSt **58** 143; vgl. § 268, 26.

War die Urteilsformel bei der Verkündung noch nicht protokolliert, und ist sie **28** folglich aus einem **anderen Schriftstück verlesen** worden, so muß die protokollarische Beurkundung mit dieser Schrift wörtlich übereinstimmen. Weicht die Formel in der Urteilsurkunde von der Formel ab, die in der Verhandlungsniederschrift beurkundet ist, so ist letztere maßgebend[78].

Ist die Urteilsformel im Protokoll nicht oder nicht ordnungsgemäß festgehalten, **29** so ist wegen der Beweiskraft des Sitzungsprotokolls mitunter nicht einmal der **Nachweis der Verkündung** des Urteils möglich, was bei entsprechender Rüge im Rechtsmittelverfahren zur Zurückverweisung führt[79]. Auf die Tatsache der unrichtigen Protokollierung der Formel allein kann jedoch ein Rechtsmittel nicht gestützt werden[80].

Die **mit dem Urteil** zu verkündenden **Entscheidungen** nach §268a, 268b und die **30** Erteilung der vom Gesetz vorgeschriebenen Belehrungen sind ebenfalls im Protokoll festzuhalten[81].

### III. Das Inhaltsprotokoll nach Absatz 2

**1. Anwendungsbereich.** Absatz 2 ist jetzt (vgl. Entstehungsgeschichte) wieder eine **31** Sondervorschrift für das Verfahren vor dem Strafrichter und dem Schöffengericht. Die Wiedergabe des wesentlichen Inhalts der Aussage ist wegen der Beweiserleichterung des §325 nur bei den Gerichten angebracht, deren Urteil mit Berufung anfechtbar ist.

Nur bei **Vernehmung** des Angeklagten, der Zeugen und der Sachverständigen fordert Absatz 2 ein Inhaltsprotokoll, nicht bei **sonstigen Beweiserhebungen.** Beim Urkun- **32** denbeweis ist die Aufnahme überflüssig, weil die verlesene Urkunde vorliegt und die Tatsache ihrer Verlesung bereits nach Absatz 1 aufgenommen werden muß[82]. Gleiches gilt bei der Augenscheinseinnahme, deren Ergebnisse nur im Falle des Absatzes 3 aufzunehmen sind.

**2. Wesentliche Ergebnisse.** Es muß nur der wesentliche Inhalt der Aussagen, nicht **33** den Wortlaut, in knapper Form protokolliert werden. Inwieweit der Inhalt einer Aussage wesentlich sei, läßt sich nur nach Lage des einzelnen Falles entscheiden.

Was als wesentlicher Inhalt der Vernehmungen in die Sitzungsniederschrift aufzu- **34** nehmen ist, haben allein der **Vorsitzende** und der **Urkundsbeamte** zu entscheiden. In der Regel wird der Urkundsbeamte den Inhalt der Aussage selbständig zusammenfassen, wobei ihn jedoch der Vorsitzende anweisen kann, was als wesentlich festzuhalten ist[83]. Es ist auch zulässig, aber weder üblich noch angebracht, daß der Vorsitzende die Zusammenfassung der Aussage ins Protokoll diktiert. Die anderen Verfahrensbeteiligten haben insoweit kein Antragsrecht, sie wissen ohnehin meist nicht, was in das Protokoll aufgenommen wird und können nur Anregungen geben[84] oder aber nach Absatz 3 die vollständige Niederschreibung des Wortlauts der Aussage beantragen.

**3. Form.** Das Inhaltsprotokoll ist als im weiteren Verfahren verwertbare Nieder- **35** schrift über eine richterliche Vernehmung (§251 Abs. 1; §254; §325) mit der gebotenen Sorgfalt abzufassen. Jede Aussage ist einzeln niederzuschreiben; ein Zusammenfassen

---

[78] Vgl. §268, 27; ferner RG HRR **1939** Nr. 215 (versehentliche Abweichung).
[79] *W. Schmid* FS Lange 786 mit weit. Nachw.
[80] RGSt **38** 143; zur Unbehelflichkeit der Protokollrüge vgl. §271, 71; §344, 86.
[81] Vgl. §268a, 18; §268b, 11; §268c, 10.
[82] *Kleinknecht/Meyer*[37] 11.
[83] KK-*Engelhardt* 17; *Kleinknecht/Meyer*[37] 15.
[84] KK-*Engelhardt* 17; *Kleinknecht/Meyer*[37] 15; *G. Schäfer* §90 IV b.

mehrerer ist unstatthaft. War ein Zeuge bereits im Vorverfahren, wenn auch nur außergerichtlich, vernommen, so ist es statthaft, auf das betreffende Protokoll Bezug zu nehmen und im übrigen die Protokollierung auf die etwaigen Änderungen der früheren Aussage und die etwaigen Zusätze zu beschränken[85], sofern die Klarheit der Wiedergabe darunter nicht leidet. Dem Grundsatz der Mündlichkeit widerstreitet eine solche Bezugnahme nicht.

**36**    4. Die **Beweiskraft des Sitzungsprotokolls** (§ 274) erstreckt sich nur auf die **Tatsache der Einvernahme**, nicht aber auf den nach Absatz 2 in das Protokoll aufgenommenen wesentlichen Inhalt der Vernehmungen[86]. Insoweit gilt der Grundsatz der freien Beweiswürdigung. Das Protokoll hat Beweiswert für spätere Hauptverhandlungen der Tatsacheninstanzen[87], nicht aber für das Revisionsgericht.

**37**    Die **Feststellung des Sachverhalts im Urteil** ist Aufgabe der bei der Urteilsfällung mitwirkenden Richter und unterliegt ihrer Beratung und Abstimmung. Zu der ausschließlich den Richtern zustehenden Sachverhaltsfeststellung gehört auch die (nicht notwendig ins Urteil aufzunehmende, aber ihm stets zugrunde liegende) Feststellung, was die Zeugen im einzelnen gesagt haben und wie ihre Aussagen auszulegen sind[88]. Das Gericht ist bei der Beratung hierüber an das zu diesem Zeitpunkt auch noch gar nicht unterschriebene Protokoll, für das Vorsitzender und Urkundsbeamter allein verantwortlich sind, nicht gebunden. Auch das Revisionsgericht muß — das ist im Rahmen der Sachrüge unstreitig — allein von dem im Urteil wiedergegebenen Inhalt der Aussage ausgehen; eine Rekonstruktion von Aussagen ist nicht seine Aufgabe. Widerspricht der Inhalt einer nach Absatz 2 protokollierten Aussage den Ausführungen in den schriftlichen Urteilsgründen, so sind nach herrschender Rechtsprechung allein letztere maßgebend[89].

**38**    **Außerhalb des Verfahrens** kann das Inhaltsprotokoll von Bedeutung sein, z. B. in einem Wiederaufnahmeverfahren oder in einem Strafverfahren gegen einen Zeugen wegen unrichtiger Aussage.

### IV. Beurkundung eines Vorgangs oder des Wortlauts einer Äußerung (Absatz 3)

**39**    1. **Feststellung eines Verfahrensvorgangs.** Ein Vorgang ist, wenn es auf seine Feststellung ankommt, vollständig niederzuschreiben und die Niederschrift zu verlesen. Absatz 3 gilt auch im Bußgeldverfahren[90]. Die Vorgänge müssen sich aber immer **in der Hauptverhandlung** zugetragen haben; Vorgänge vor ihrem Beginn oder in einer Sitzungspause oder Vorgänge außerhalb des Sitzungssaals (Zeugenzimmer usw.) fallen nicht unter Absatz 3.

---

[85] KMR-*Müller* 13; vgl. Nr. 144 Abs. 2 RiStBV.
[86] RGSt **42** 160; **58** 58; RGRspr. 7 106; RG JW **1925** 1009; BGH bei *Dallinger* MDR **1973** 557.
[87] Vgl. RGSt **31** 69; **43** 438; ferner bei § 325.
[88] Vgl. § 261, 82; ferner etwa *Husmann* MDR **1977** 895; § 337, 77.
[89] BGHSt **7** 370; **21** 149; BGH NJW **1966** 63; **1967** 61; **1969** 1074; VRS **35** 264; **38** 115; bei

*Dallinger* MDR **1966** 384; 277; **1973** 557; weit. Nachw. § 337, 82; zweifelnd LR-*Hanack* § 337, 82, soweit es um den Rückgriff auf das Protokoll als Grundlage der Rügen nach § 244 Abs. 2; § 261 geht; vgl. ferner KK-*Engelhardt* 19 (Rückgriff zur Prüfung von Verfahrensrügen).
[90] OLG Hamm MDR **1971** 508; OLG Schleswig bei *Ernesti/Jürgensen* SchlHA **1976** 12.

Auf die Feststellung eines Vorganges kommt es an, wenn ein **rechtliches Interesse** **40** dies angezeigt erscheinen läßt. Ein solches Interesse kann aus verschiedenen Gründen an der Feststellung von Vorgängen bestehen, die nicht zu den „wesentlichen Förmlichkeiten" gehören[91], aber auch an der ausführlicheren Feststellung einer aufzunehmenden wesentlichen Förmlichkeit (Rdn. 41 bis 43) bestehen. Der Vorsitzende braucht die in seinem Ermessen stehende Anordnung nicht zu begründen. Der Verfahrensbeteiligte, der die Beurkundung beantragt, muß dartun, worin sein rechtlich anerkanntes Interesse liegt.

Die Feststellung kann **im laufenden Verfahren** von Bedeutung sein, z. B. weil der **41** Vorgang einen Grund für die Ablehnung eines Richters bilden könnte, weil er die geistige Anwesenheit eines Verfahrensbeteiligten (Schlafen eines Schöffen) oder die Verhandlungsfähigkeit des Angeklagten in Frage stellt, oder weil er für die Beweissicherung (auch für die nächste Tatsacheninstanz, oder wegen Verfahrensrügen), eventuell auch für die Beweiswürdigung besonders ins Gewicht fallen könnte (etwa besonderes Ergebnis eines Augenscheins[92]; Versuche von Angeklagten und Zeugen, miteinander in Verbindung zu treten[93]) oder weil er den Verdacht erweckt, das Urteil könne auf außerhalb der Verhandlung liegende Gründe gestützt werden (Übergabe von Akten an einen Laienrichter). Es kann aber auf einen Vorgang aus Gründen ankommen, die **außerhalb des Verfahrens** liegen, z. B. um ein standeswidriges Verhalten eines Anwalts für eine Anzeige bei der Anwaltskammer oder die Beleidigung eines Zeugen durch den Angeklagten für ein künftiges Strafverfahren[94] oder für zivilrechtliche Ansprüche festzustellen. Die Feststellung des Tatbestandes einer in der Sitzung begangenen Straftat im Protokoll obliegt nach § 183 GVG dem Gericht[95].

**2.** Die vollständige Niederschrift des **Wortlauts einer Aussage** oder einer **Äuße-** **42** **rung** kann angebracht sein, wenn und soweit es aus Sach- oder Rechtsgründen, eventuell auch nur wegen der gebrauchten Ausdrücke auf den genauen Wortlaut ankommt, so, wenn verschiedene Deutungsmöglichkeiten bestehen[96]. Daß die Aussage ihrem Inhalt nach entscheidungserheblich ist, rechtfertigt die Aufnahme ihres Wortlauts für sich allein noch nicht[97].

Das Festhalten des Wortlauts kann **beispielsweise** angezeigt sein, weil das Gericht **43** Wert darauf legt, daß ihm von einer wichtigen Aussage ein Wortlautprotokoll für die Urteilsberatung oder für deren Entscheidungen zur Verfügung steht oder daß der Wortlaut für spätere Instanzen (§ 325; Verfahrensrügen) ersichtlich bleibt. Sie kann aber auch aus außerhalb des Verfahrens liegenden Gründen geboten sein, wenn die ab-

---

[91] *Kleinknecht/Meyer*[37] 18; KMR-*Müller* 14.
[92] OLG Bremen NJW **1981** 2827 = JR **1982** 253 mit Anm. *Foth;* OLG Hamm GA **1973** 281; KK-*Engelhardt* 23. Von der grundsätzlich weitgespannten Protokollierungsbefugnis ist die Frage zu trennen, ob und in welchen Fällen ein Anspruch der Verfahrensbeteiligten darauf besteht; vgl. Rdn. 49 ff.
[93] *Kleinknecht/Meyer*[37] 18; vgl. *Krekeler* AnwBl. **1984** 417 mit weiteren Beispielen.
[94] Vgl. KK-*Engelhardt* 23; *Kleinknecht/Meyer*[37] 17; KMR-*Müller* 15; *Krekeler* AnwBl. **1984** 417; ferner (auch zu den Differenzierungen nach Protokollierungszweck und

Protokollierungsobjekt) *Ulsenheimer* NJW **1980** 2273; *W. Schmid* GA **1962** 361 (noch zur alten Fassung).
[95] Vgl. bei § 183 GVG.
[96] Vgl. OLG Schleswig bei *Ernesti/Jürgensen* SchlHA **1976** 172; *Kleinknecht/Meyer*[37] 17.
[97] Strittig, nicht zuletzt wegen der Gefahr des Mißbrauchs und einer Überlastung der Abwicklung der Hauptverhandlung durch die Erzwingung von Wortprotokollen. Vgl. etwa *Meyer* JR **1980** 219; *Roxin* § 49 I; *Schmid* NJW **1981** 1353; *Sieß* NJW **1982** 1625; und für die Gegenmeinung *Krekeler* AnwBl. **1984** 417; *Ulsenheimer* NJW **1980** 2273.

gegebene Erklärung für ein anderes Verfahren von Bedeutung sein kann, insbesondere, wenn sich aus ihr Hinweise auf eine andere Straftat ergeben, oder wenn bei Verdacht einer unrichtigen Aussage eine sichere Unterlage für ein künftiges Ermittlungsverfahren geschaffen werden soll[98].

**44**      Aussagen und Erklärungen, die in einer **fremden Sprache** abgegeben werden, können nach § 185 Abs. 1 Satz 2 GVG in der fremden Sprache in das Protokoll oder in eine Anlage dazu aufgenommen werden[99].

**45**      **3. Protokollierungsvorgang.** Die wörtliche **Niederschrift** ordnet der **Vorsitzende** an. Es liegt insbesondere bei der Fixierung des Wortlauts einer Äußerung in seinem Ermessen, ob er den Wortlaut ins Protokoll diktiert oder ob er den Urkundsbeamten beauftragt, die Aussage mitzuschreiben. An der Verantwortlichkeit beider für die inhaltliche Richtigkeit der Niederschrift (Rdn. 46) ändert sich hierdurch nichts. Die Verhandlungsbeteiligten haben nicht das Recht, selbst den Wortlaut in das Protokoll zu diktieren[100].

**46**      Die Niederschrift muß **nicht** unbedingt **in der Hauptverhandlung** vorgenommen werden. Insbesondere wenn es sich um die nachträglich angeordnete Protokollierung eines Vorgangs in der Hauptverhandlung oder einer dort gefallenen Äußerung handelt, kann die angeordnete Niederschrift vom Vorsitzenden und Urkundsbeamten auch in einer Sitzungspause gefertigt werden. Unerheblich ist, wer sie abfaßt, sie muß aber hinsichtlich der aufgenommenen Tatsachen von der Übereinstimmung beider Urkundspersonen getragen werden[101]. Ist die Beurkundung für einen außerhalb des Verfahrens liegenden Zweck bestimmt, so darf sie auch in einer Anlage zur Sitzungsniederschrift aufgenommen werden. Die Anlage muß dann aber allen Erfordernissen des Protokolls entsprechen[102].

**47**      Auf jeden Fall muß die Niederschrift in der Hauptverhandlung **vorgelesen** und von allen Verfahrensbeteiligten **genehmigt** werden. Daß sie von demjenigen, der sie abgegeben hat, unterschrieben wird, ist nicht vorgesehen. Werden Einwendungen gegen die Richtigkeit der Niederschrift erhoben, wird also bestritten, daß der protokollierte Vorgang oder die protokollierte Aussage dem tatsächlichen Geschehen und der tatsächlichen Aussage entspricht, so sind die erhobenen Einwendungen im Protokoll festzuhalten, soweit ihnen nicht durch eine Richtigstellung der Niederschrift abgeholfen wird[103]. Erklären sich die Verfahrensbeteiligten dagegen mit der vorgelesenen Beurkundung einverstanden oder erheben sie auf die allgemeine Frage hin keinen Widerspruch, so ist diese „Genehmigung" im Protokoll zu vermerken. Ein bestimmter Wortlaut ist dafür nicht vorgeschrieben. Der Vermerk muß aber sinngemäß ergeben, daß die Niederschrift inhaltlich genehmigt worden ist oder daß keine Einwendungen gegen sie erhoben worden sind[104].

**48**      **4. Antrag.** Die Protokollierung ist vom **Vorsitzenden von Amts** wegen anzuordnen, wenn er nach pflichtgemäßem Ermessen die Voraussetzungen dafür für gegeben hält. Daneben kann **jeder Verhandlungsbeteiligte**, also neben Angeklagten, Verteidiger

---

[98] Vgl. Nr. 144 Abs. 2 RiStBV.
[99] Vgl. bei § 185 GVG.
[100] *Kleinknecht/Meyer*[37] 23; KMR-*Müller* 22; vgl. § 271, 13 ff.
[101] Vgl. OLG Königsberg DRiZ **1932** Nr. 451; KK-*Engelhardt* 28; *Kleinknecht/Meyer*[37] 24;

KMR-*Müller* 22; *Sieß* NJW **1982** 1626; vgl. § 271, 15.
[102] RGSt **2** 23; KK-*Engelhardt* 29; *Kleinknecht/Meyer*[37] 24.
[103] KK-*Engelhardt* 30; vgl. ferner Fußn. 104.
[104] *Kleinknecht/Meyer*[37] 25; KMR-*Müller* 22.

und Staatsanwalt Nebenbeteiligten und Nebenkläger[105] aber auch die beisitzenden Berufs- und Laienrichter, die Protokollierung beantragen[106]. Zeugen und Sachverständige rechnen hierzu nicht[107]. Der Antragsteller muß den zu protokollierenden Vorgang konkret bezeichnen und sein rechtliches Interesse darlegen[108].

Aus dem Antragsrecht folgt, daß die Verhandlungsbeteiligten auch einen **Anspruch auf Protokollierung** haben, wenn und soweit es auf den betreffenden Vorgang tatsächlich „ankommt"[109]. Dabei wird nach dem Zweck der Protokollierung unterschieden[110]. Ein Anspruch wird bejaht, wenn der betreffende Vorgang für den **Nachweis eines Verfahrensverstoßes** bedeutsam ist, wobei es sich nicht notwendig um die Feststellung einer wesentlichen Förmlichkeit des Verfahrens zu handeln braucht, auf die sich die Beweiskraft des Protokolls nach § 274 erstreckt (Rdn. 40). Die Bedeutung des Absatzes 3 liegt gerade darin, daß auch andere Vorkommnisse und Äußerungen in der Hauptverhandlung, die nach Absatz 1 nicht in das Protokoll aufgenommen werden müßten, dort beurkundet werden können. Der Nachweis eines Verfahrensverstoßes gegenüber dem Rechtsmittelgericht wird dadurch erleichtert. **49**

Die Verhandlungsbeteiligten können aber auch dann die Protokollierung beantragen, wenn der Vorgang oder die wörtliche Beurkundung **für ein anderes Verfahren**, insbesondere auch für den Nachweis einer in der Hauptverhandlung begangenen Straftat, etwa einer Falschaussage oder einer Verleumdung, zur Wahrung ihrer rechtlichen Interessen bedeutsam ist. Eine Pflicht des Vorsitzenden, einem solchen Antrag zu entsprechen, dürfte jedoch nur gegeben sein, wenn ein hinreichender Verdacht hinsichtlich der betreffenden Straftat besteht oder das rechtliche Interesse an der Beurkundung glaubhaft dargetan ist, andernfalls kann er den Antrag als unbegründet ablehnen, weil nicht feststeht, daß es auf die Protokollierung ankommt[111]. **50**

Strittig ist dagegen, ob vor allem die **wörtliche Protokollierung** von Aussagen auch zu dem Zweck gefordert werden kann, durch ihre Fixierung die Beweiswürdigung des erkennenden Gerichts selbst zu beeinflussen, etwa, um durch die Festlegung des Wortlauts einer Fehldeutung bei der Urteilsberatung vorzubeugen[112], aber auch, um — je nach der vertretenen Rechtauffassung — ein Einfallstor für die Verfahrensrügen nach § 244 Abs. 2; § 261 zu haben[113]. Nach vorherrschender Meinung haben die Verhand- **51**

---

[105] BGHSt **28** 274.

[106] Bei der Fassung vor dem StPÄG 1964 war dies streitig gewesen; vgl. *Eb. Schmidt* 4; *W. Schmid* GA **1962** 353 ff mit weit. Nachw.

[107] *Kleinknecht/Meyer*[37] 22; KMR-*Müller* 17; a. A *Gössel* § 19 A I b 2; *W. Schmid* GA **1962** 362; *Ulsenheimer* NJW **1980** 2274; unter Hinweis auf das Interesse dieser Personen an der Fixierung ihrer Aussage.

[108] OLG Bremen OLGSt 5; NStZ **1986** 183.

[109] Ob und in welchen Fällen mit dem Antragsrecht eine Pflicht zur Protokollierung korrespondiert, oder ob letzteres im Ermessen des Vorsitzenden (bzw. des Gerichts) steht (RGSt **5** 352), ist strittig, wobei der Streit oft mit der Frage verquickt wird, für welchen Zweck es auf die Protokollierung „ankommen" kann. Einen Anspruch auf Protokollierung **bejahen**: OLG Bremen JR **1982** 253 mit

Anm. *Foth*; OLG Schleswig bei *Ernesti/Jürgensen* SchlHA **1976** 172; KK-*Engelhardt* 25; KMR-*Müller* 18; *Krekeler* AnwBl. **1984** 417; *W. Schmid* GA **1962** 353; *Ulsenheimer* NJW **1980** 2274. **Verneinend**: BGH NJW **1966** 61; OLG Bremen OLGSt 5; *Kleinknecht/Meyer*[37] 23; *Foth* JR **1982** 253; *Sieß* NJW **1982** 1625 (kein Recht auf Fixierung der Aussage für die gleiche Instanz).

[110] Vgl. etwa KMR-*Müller* 19; *W. Schmid* GA **1962** 353; *Schmid* NJW **1981** 1353; *Sieß* NJW **1982** 1625; *Ulsenheimer* NJW **1980** 2274.

[111] Vgl. *W. Schmid* GA **1962** 353.

[112] So vor allem *Ulsenheimer* NJW **1980** 2274; dagegen *Foth* JR **1982** 253; *Sieß* NJW **1982** 1652; weit. Nachw. Fußn. 109.

[113] Ob diese Möglichkeit überhaupt besteht, ist strittig; vgl. § 337, 83.

Walter Gollwitzer

lungsbeteiligten kein solches Recht[114]. Sie können dies weder mit Rücksicht auf die Revisionsinstanz verlangen[115], noch sind sie — abgesehen von den beisitzenden Richtern — zur Beurteilung der Frage befugt, ob dies für das erkennende Gericht als Entscheidungshilfe zweckmäßig ist. Lediglich die beisitzenden Richter könnten unter dem letzteren Gesichtspunkt dies beantragen und bei einer Meinungsverschiedenheit mit dem Vorsitzenden eine Entscheidung des Gerichts nach Absatz 3 Satz 2 herbeiführen[116].

**52**     **5. Anrufung des Gerichts.** Lehnt der Vorsitzende den Protokollierungsantrag eines Verhandlungsbeteiligten ab (die Ablehnung ist zu begründen, § 34), dann kann derzeit noch (zur beabsichtigten Abschaffung dieses Rechtsbehelfs vgl. den Hinweis nach der Entstehungsgeschichte) jeder Verhandlungsbeteiligte — also nicht nur derjenige, dessen Antrag abgelehnt wurde[117] — hiergegen nach Absatz 3 Satz 2 die Entscheidung des Gerichts anrufen (ähnlich wie bei § 238 Abs. 2). Das Gericht hat dann darüber zu befinden, ob die Voraussetzungen für eine Protokollierung nach Absatz 3 Satz 1 gegeben sind. Es entscheidet darüber durch Beschluß, der, wenn er die Protokollierung ablehnt, zu begründen ist. Über den Antrag ist alsbald in der Hauptverhandlung und nicht etwa erst nach der Urteilsverkündung zu entscheiden[118].

**53**     An die **Entscheidung des Gerichts,** daß ein Vorgang oder der Wortlaut einer Aussage zu protokollieren ist, sind der Vorsitzende und der Urkundsbeamte auch in ihrer sonst unabhängigen Funktion als Urkundspersonen (vgl. § 271, 13) **gebunden.** Sie müssen Niederschrift fertigen, vorlesen und genehmigen lassen (vgl. Rdn. 47). Ob sie umgekehrt nachträglich bei der Fertigstellung des Protokolls einen Vorgang aufnehmen dürfen, dessen Beurkundung das Gericht abgelehnt hat, ist strittig[119].

**54**     **6. Im Sitzungsprotokoll** ist der Antrag nach Absatz 3 Satz 1 zu beurkunden[120]. Wird ihm entsprochen, genügt es, wenn das Protokoll feststellt, daß die Beurkundung des Vorgangs oder der Äußerung auf Antrag des betr. Verhandlungsbeteiligten angeordnet wurde. Lehnt dagegen der Vorsitzende den Antrag ab, dann ist sein Inhalt im Protokoll festzuhalten, desgleichen die Ablehnung und ihre Begründung[121]. Zu beur-

---

[114] Vgl. oben Fußn. 109; ferner BGH VRS **11** 436; *Lackner* JR **1966** 305.

[115] Nach vorherrschender Meinung sind auch die nach § 273 Abs. 3 wörtlich protokollierten Aussagen unbeachtlich; vgl. zum Streitstand § 337, 83 mit Nachw.; ferner Rdn. 59. Im übrigen würde wohl auch die retrospektive Verwendbarkeit als Beweismittel für eine Verfahrensrüge nach § 261 noch nicht ex ante bedeuten, daß die Protokollierung nach Absatz 3 notwendig sei, um einer keinesfalls wahrscheinlichen, allenfalls denkbaren künftigen Verfahrensverletzung besser begegnen zu können. Die Lage ist insoweit anders als beim Protokollierungsantrag, der den Nachweis eines bereits vorliegenden Verfahrensverstoßes bezweckt. Vgl. KMR-*Müller* 20.

[116] Für sie ist der bei der Urteilsberatung meist nicht greifbare Protokollinhalt aber regelmäßig ohne Belang; vgl. *Foth* JR **1982** 253; *Sieß* NJW **1982** 1627.

[117] KK-*Engelhardt* 26; *Kleinknecht/Meyer*[37] 23; KMR-*Müller* 23.

[118] *W. Schmid* GA **1962** 363.

[119] KMR-*Müller* 23; LR[23] 53 haben dies bejaht; KK-*Engelhardt* verneint eine solche Bindung, da gegen die Protokollierung das Gericht nicht angerufen werden könne.

[120] KMR-*Müller* 23; der Ansicht, daß Prokollierungsanträge nicht in das Protokoll gehören (OLG Saarbrücken JBl. Saar **1961** 14) dürfte durch die Neufassung des Absatzes 3 der Boden entzogen sein, vgl. auch *W. Schmid* GA **1962** 366; OLG Bremen NStZ **1986** 183.

[121] Vgl. KMR-*Müller* 19, wonach die Ablehnung eines Protokollierungsantrags, der einen Verfahrensverstoß betrifft, so zu beurkunden ist, daß das Rechtsmittelgericht die Entscheidung nachprüfen kann.

kunden ist ferner der Antrag, mit dem das Gericht angerufen wird und die Entscheidung des Gerichts. Die **Beweiskraft** des Protokolls ($ 274) erstreckt sich nicht auf den Inhalt der nach $ 273 Abs. 3 aufgenommenen Vorgänge oder Aussagen (strittig, vgl. $ 274, 11).

### V. Fertigstellung des Protokolls und Urteilszustellung (Absatz 4)

**1. Zweck.** Absatz 4[122] soll sicherstellen, daß das Urteil nicht vor Fertigstellung **55** des Protokolls zugestellt wird, um dem Angeklagten und seinem Verteidiger die Möglichkeit zu geben, die durch die Urteilszustellung in Gang gesetzten Fristen, insbesondere die Frist für die Revisionsbegründung, unter Heranziehung des Protokolls voll zu nutzen.

**2. Fertiggestellt** ist das Sitzungsprotokoll mit der letzten, seinen Inhalt deckenden **56** Unterschrift ($ 271, 19), auch wenn der Vermerk über den Zeitpunkt der Fertigstellung ($ 271 Abs. 1 Satz 2) fehlt[123] oder irrigerweise einen anderen Tag der Fertigstellung angibt. Beweiskraft nach $ 274 hat der Vermerk nicht[124]. Die Fertigstellung wird nicht dadurch in Frage gestellt, daß das ordnungsgemäß unterzeichnete Protokoll formelle Mängel oder Lücken aufweist und nachträglich berichtigt werden muß[125]. Wegen der Einzelheiten vgl. $ 271, 28 ff; zur Wiederherstellung eines verlorengegangenen Protokolls $ 271, 64.

**3.** $ 273 Abs. 4 ist eine **zwingende Verfahrensnorm**; eine Urteilszustellung vor Fer- **57** tigstellung des Protokolls ist unwirksam und nicht geeignet, die von der Urteilszustellung abhängigen Fristen, vor allem die Revisionsbegründungsfrist, in Lauf zu setzen[126]. Das Fehlen des Vermerks über den Zeitpunkt der Fertigstellung des Protokolls hindert die Wirksamkeit der Zustellung nicht, wenn eindeutig feststellbar ist, daß das Urteil erst zugestellt wurde, nachdem das Protokoll fertiggestellt war[127].

### VI. Rechtsmittel

**1. Beschwerde.** Die Anordnung des Vorsitzenden, daß ein Vorgang nach **Ab-** **58** **satz 3** in das Protokoll aufgenommen oder nicht aufgenommen wird sowie die Entscheidung des Gerichts hierüber sind durch $ 305 Satz 1 der Beschwerde entzogen, soweit die Protokollierung Zwecken des anhängigen Verfahrens dienen soll[128]. Gleiches gilt bei Zurückweisung sonstiger, den laufenden Protokollierungsvorgang betreffenden Anregungen[129]. Wurde dagegen die Protokollierung für einen außerhalb des Verfah-

---

[122] Eingefügt durch Art. 7 Nr. 15 StPÄG 1964.
[123] BGHSt **23** 115; BayObLGSt **1980** 140 = NJW **1981** 1795; OLG Köln MDR **1972** 260; vgl. $ 271, 20; 28; KK-*Engelhardt* 33.
[124] BGHSt **23** 115.
[125] BGH NStZ **1984** 89; BayObLGSt **1980** 140 = NJW **1981** 1795; *Kleinknecht/Meyer*[37] 26.
[126] BGHSt **27** 80; BayObLGSt **1980** 140 = NJW **1981** 1795; BayObLG StrVert. **1985** 360; OLG Karlsruhe MDR **1980** 251; *Börtzler* MDR **1972** 185; KK-*Engelhardt* 33; *Kleinknecht/Meyer*[37] 26; KMR-*Müller* 24; *Roxin*

$ 49 I. Die Ansicht, Absatz 4 sei eine Ordnungsvorschrift, dürfte kaum noch vertreten werden; vgl. dazu LR[23] 57.
[127] OLG Köln MDR **1972** 260; KK-*Engelhardt* 33.
[128] KK-*Engelhardt* 36.
[129] Auf die Abfassung des Protokolls haben die Verfahrensbeteiligten, abgesehen von $ 273 Abs. 3, keinerlei Einflußmöglichkeit. Sie können lediglich die Berichtigung des fertiggestellten Protokolls beantragen; vgl. $ 271, 46.

rens liegenden Zweck beantragt, so ist die Ablehnung der Beschwerde zugänglich[130]. Mit ihr kann jedoch nur geltend gemacht werden, daß die Protokollierung rechtsfehlerhaft verweigert wurde, nicht aber, daß der Vorgang inhaltlich falsch oder wegen tatsächlicher Zweifel nicht in das Protokoll aufgenommen wurde. Dem Beschwerdegericht ist jede Nachprüfung des Protokolls in tatsächlicher Hinsicht versagt. Es kann die für das Protokoll Verantwortlichen auch nicht anweisen, was sie inhaltlich zu protokollieren haben oder daß sie einen Vorgang in das Protokoll aufnehmen, den sie inhaltlich nicht oder anders in Erinnerung haben[131]. Künftig soll ein neuer Absatz 3 Satz 2 die Entscheidung des Vorsitzenden ausdrücklich der Anfechtung entziehen (vgl. Hinweis).

### 2. Revision

**59**　　a) Auf einen **Mangel des Protokolls** als solchen kann die Revision nicht gestützt werden[132]. Dies gilt auch, wenn die Ordnungsvorschriften über die Verlesung und Genehmigung einer Niederschrift nach Absatz 3 Satz 3 nicht beachtet worden sind[133] oder wenn ein Vorgang nicht so beurkundet wurde, wie es „auf ihn ankommt". Werden **Anträge auf Beurkundung** eines Vorgangs (Absatz 3) zu Unrecht abgelehnt, so beruht das Urteil in aller Regel nicht auf diesem Verstoß. Dies gilt zunächst für alle Fälle, in denen der Vorgang für Zwecke festgehalten werden soll, die außerhalb des Verfahrens liegen. Dies gilt aber auch, wenn damit der Nachweis eines Verfahrensfehlers für die Revisionsinstanz gesichert werden soll, denn das Urteil beruht allenfalls auf dem Verfahrensfehler selbst, es beruht aber niemals auf der unterbliebenen Protokollierung als solcher[134]; die hier in Frage stehenden Verfahrensvorgänge können oftmals auch im Wege des Freibeweises vom Revisionsgericht aufgeklärt werden[135]. Wird die Ablehnung der wörtlichen Protokollierung einer Aussage unter den Gesichtswinkel der Beweiserschwerung im laufenden Verfahren beanstandet, so scheitert die Revision schon daran, daß nach der vorherrschenden Meinung kein Anspruch auf Protokollierung für diesen Zweck besteht[136]. Nur wer einen solchen Anspruch mit der Mindermeinung bejaht und annimmt, daß das fehlende Wortprotokoll Beweiswürdigung und Entscheidung des erkennenden Gerichts beeinflußt haben kann[137], kommt zur Verfahrensrüge nach § 337 in Verb. mit § 273 Abs. 3 und bei Angeklagten nach § 338 Nr. 8[138].

**60**　　b) **Widersprüche zwischen Protokoll und Urteil.** Die Revision kann nach vorherrschender Ansicht weder im Rahmen der Sachrüge noch mit der die Protokollwidrigkeit behauptenden Verfahrensrüge darauf gestützt werden, daß im Protokoll die Aussage

---

[130] KK-*Engelhardt* 36. Sofern man einen Anspruch auf Protokollierung zu diesem Zweck bejaht, enthält die Ablehnung auch eine Beschwer, nicht dagegen die Protokollierung.

[131] Die Rechtslage ist hier die Gleiche wie bei Anfechtung der Protokollberichtigung, vgl. § 271, 74.

[132] Vgl. § 271, 71; § 337, 86.

[133] BGH VRS **11** 436; KMR-*Müller* 27.

[134] KK-*Engelhardt* 35; *Kleinknecht/Meyer*[37] 27; KMR-*Müller* 26; *Ulsenheimer* NJW **1980** 2277 (bei nicht verfahrensrelevanten Protokollierungen).

[135] KK-*Engelhardt* 35 unter Hinweis auf RG JW **1930** 1505; KMR-*Müller* 26.

[136] Vgl. Rdn. 51; RGSt **32** 239; BGH NJW **1966** 63; auch *Ulsenheimer* NJW **1980** 2277 sieht diese Konsequenz.

[137] Dagegen *Foth* JR **1982** 253; *Sieß* NJW **1982** 1627 (Richter bedürfen hinsichtlich des Inhalts der Hauptverhandlung keines Beweismittlers in Form des Protokolls).

[138] Revisibilität des Verstoßes nehmen an: OLG Bremen JR **1982** 2562 mit Anm. *Foth*; OLG Schleswig SchlHA **1954** 387; *Dünnebier* DJT **1955** Bd. II G 15 Fußn. 88; *Kleinknecht* 21; *Kohlhaas* NJW **1974** 24; *Roxin* § 49, I *Ulsenheimer* NJW **1980** 2277.

eines Zeugen oder eine Einlassung des Angeklagten anders wiedergeben ist als in den Urteilsgründen[139]. Strittig ist, ob dies auch gilt, wenn der Wortlaut der Aussage nach Absatz 3 festgehalten worden ist[140].

Im übrigen muß bei Widersprüchen zwischen Protokoll und Urteil **unterschieden** **61** werden, ob es sich um **Förmlichkeiten der Hauptverhandlung** handelt, die durch die Sitzungsniederschrift, oder um **Erwägungen in der Beratung**, die durch das Urteil bewiesen werden[141]. Letztere ist allein dafür maßgebend, was der Zeuge ausgesagt hat (vgl. Rdn. 37). Ob dagegen ein bestimmter Zeuge vernommen und beeidigt oder nicht beeidigt worden ist, das zu beurkunden ist Aufgabe der Sitzungsniederschrift. Weichen Angaben des Urteils, das nicht die Aufgabe hat, Vorgänge solcher Art im Widerspruch zum Protokoll verbindlich festzustellen, von den im Protokoll beurkundeten Vorgängen ab, so kann das bei entsprechender Verfahrensrüge zur Aufhebung des Urteils führen, denn Protokoll und Urteil werden insoweit als Einheit behandelt[142]. Ein echter, nicht behebbarer Widerspruch zwischen beiden (also nicht nur ein durch ein Schreib- oder Fassungsversehen bedingter scheinbarer Widerspruch) kann auf die Revision hin das Urteil zu Fall bringen[143]; so kann beispielsweise aus dem Widerspruch unter Umständen gefolgert werden, das Gericht habe etwas zur Urteilsgrundlage gemacht, was nicht Inbegriff der Hauptverhandlung gewesen sei[144]. Ob die **Aufklärungsrüge** auf den Widerspruch zwischen den Urteilsfeststellungen und dem Protokollinhalt gestützt werden kann, ist strittig[145].

# § 274

[1]**Die Beobachtung der für die Hauptverhandlung vorgeschriebenen Förmlichkeiten kann nur durch das Protokoll bewiesen werden.** [2]**Gegen den diese Förmlichkeiten betreffenden Inhalt des Protokolls ist nur der Nachweis der Fälschung zulässig.**

**Schrifttum** vgl. bei § 271.

*Übersicht*

---

[139] Vgl. RGRspr. **7** 106; **9** 379; RGSt **58** 59; BGHSt **7** 370; **21** 149; NJW **1966** 63; BGH VRS **38** 115; OLG Bremen OLGSt **5**; KK-*Engelhardt* 19; vgl. § 267, 58; aber auch § 337, 82, 83.

[140] Zur Streitfrage um die Beweiskraft des Protokolls vgl. § 274, 11; ferner § 337, 82 ff.

[141] *Sarstedt/Hamm* 179; vgl. § 274, 21; § 275, 63 ff; § 337, 71; 80 ff.

[142] BGH NJW **1953** 155; vgl. § 337, 73; ferner § 261, 80.

[143] OLG Braunschweig NdsRpfl. **1954** 76; *Hülle* DRiZ **1952** 93.

[144] Vgl. § 261, 172 und § 337, 81 ff.

[145] Vgl. § 244, 45 ff; verneinend KG JR **1968** 195.

**1**     **1. Zweck der formellen Beweiskraft** des Hauptverhandlungsprotokolls ist, im anhängigen Verfahren die Prozeßbeteiligten in den höheren Instanzen vor Beweisschwierigkeiten zu bewahren und dem Rechtsmittelgericht die oft mit einem großen Unsicherheitsfaktor belastete Beweiserhebung über die Verfahrensvorgänge in den Vorinstanzen zu ersparen[1]. Eine darüber hinausreichende Beweisregelung enthält die eng auszulegende[2] Vorschrift nicht. Ihre analoge Anwendung auf außerhalb der Hauptverhandlung erstellte richterliche Protokolle ist ausgeschlossen[3].

**2**     Das Hauptverhandlungsprotokoll ist **keine öffentliche Urkunde**, die öffentlichen Glauben für oder gegen jedermann begründet[4].

**3**     **2. Voraussetzungen der ausschließlichen Beweiskraft.** Satz 1 schränkt in den durch seinen Regelungszweck gezogenen Grenzen (Rdn. 1; 8 ff) den Grundsatz der freien Beweiswürdigung ein. Er setzt aber eine Sitzungsniederschrift voraus, die **ordnungsgemäß aufgenommen**[5] worden und deren Inhalt durch die Unterschriften des Vorsitzenden und des Protokollführers gedeckt ist (§ 271, 13 ff). Der Sitzungsniederschrift dürfen keine äußeren Fehler wie Durchstreichungen, Ausschabungen und unbeglaubigte Randvermerke anhaften[6]. Sie darf inhaltlich weder eine offensichtliche Lücke noch einen Widerspruch aufweisen (Rdn. 22).

**4**     Ein Protokoll, das diese Voraussetzungen nicht erfüllt, hat in dem vom Fehler betroffenen Teil, bei schwerwiegenden oder nicht eingrenzbaren Mängeln aber insgesamt, **keine Beweiskraft** nach § 274[7]. Dies bedeutet aber nicht, daß dann das Vorbringen eines Beschwerdeführers über den durch das Protokoll nicht bewiesenen Verfahrensvorgang, etwa den vom Beschwerdeführer gestellten Beweisantrag, ohne weiteres als wahr anzunehmen wäre[8] oder daß umgekehrt der Verfahrensverstoß als nicht bewiesen verneint wird; es tritt die **freie Beweiswürdigung**, für die insbesondere die Urteilsgründe oder dienstliche Äußerungen der Verhandlungsteilnehmer verwertet werden können, an die Stelle der Regel des Satzes 1[9].

---

[1] RGSt **58** 58; 378; **59** 19; OGHSt **1** 279; BGHSt **2** 126; KK-*Engelhardt* 1; *Eb. Schmidt* 1; *Sarstedt* FS Hirsch 185; *Werner* DRiZ **1955** 183; vgl. zu § 164 ZPO BGH NJW **1963** 1062; ferner *Meurer* FS für Dietrich Oehler (1985) 275 (Beweisthema-, Beweismittel- und Beweismittelausschlußregel).

[2] BGHSt **26** 281.

[3] BGHSt **26** 281; KK-*Engelhardt* 3; *Roxin* § 49 III; a. A RGSt **55** 5; RGRspr. **5** 268.

[4] RGSt **58** 58; 78; **59** 19; OLG Hamm NJW **1977** 592; KK-*Engelhardt* 1; *Eb. Schmidt* 16; vgl. *Rüping* Kap 6 IV 2; a. A RGSt **46** 112.

[5] BGH GA **1962** 305; NJW **1976** 977.

[6] RGSt **64** 310; vgl. § 271, 5; 15.

[7] BGHSt **16** 308; **17** 222.

[8] So aber RGSt **57** 323; **59** 429; RG JW **1930** 557.

[9] RGSt **49** 11; **63** 410; RG JW **1931** 2824; BGHSt **4** 364; **17** 220; **31** 39; BGH NJW **1976** 977; **1982** 1057; JR **1961** 508; bei *Dallinger* MDR **1952** 659; BayObLG DRiZ **1931** Nr. 612; BayObLGSt **1949/51** 120; **1953** 135 = NJW **1953** 1524; **1960** 125; KG JW **1931** 1635; OLG Köln NJW **1952** 758; OLG Oldenburg NdsRpfl. **1954** 34; OLG Saarbrücken VRS **48** 439; *Alsberg/Nüse/Meyer*[37] 890; *Ditzen* Dreierlei Beweis 60; KK-*Engelhardt* 12; *Kleinknecht/Meyer*[37] 3; KMR-*Müller* 14; *Eb. Schmidt* 1; vgl. Fußn. 10 mit weit. Nachw.; a. A KG JR **1971** 167; ferner die Entscheidungen Fußn. 8.

Gleiches gilt, wenn eine der Personen, die das Protokoll unterzeichnet hat, den **5** Inhalt durch einen entsprechenden Vermerk oder in einer dienstlichen Äußerung **nachträglich für unrichtig** erklärt oder in Zweifel stellt[10], so daß seine Richtigkeit nicht mehr von ihr bezeugt wird. Hierzu, sowie zur Frage, ob durch die Bekundung nachträglicher Zweifel an der Richtigkeit des Protokolls eine Verfahrensrüge der Boden entzogen werden kann, vgl. § 271, 40, 42 ff, ferner Rdn. 21.

Die Beweiskraft des Protokolls entfällt auch, wenn sich ergibt, daß ein Vorgang **6** nur deshalb nicht in das Protokoll aufgenommen worden ist, weil er von den Urkundspersonen **irrigerweise nicht** als **protokollierungsbedürftige** wesentliche Förmlichkeit des Verfahrens erkannt wurde[11], ferner, wenn das Gericht nach § 273 Abs. 3 Satz 2 die Beurkundung abgelehnt hat, obwohl es sich in Wirklichkeit um eine nach Absatz 1 in die Niederschrift aufzunehmende wesentliche Förmlichkeit gehandelt hat.

**3.** Die **Auslegung des Protokolls** wird durch die Beweiskraft nicht eingeengt. Ist **7** der Sinn eines Protokollvermerks zweifelhaft, ist eine **freie**, nicht am Wortlaut haftende Auslegung möglich[12]. Das Protokoll ist dabei als eine Einheit anzusehen, auch wenn es aus mehreren Teilprotokollen besteht[13]. Im übrigen gelten dieselben Grundsätze wie auch sonst bei der Auslegung schriftlicher Erklärungen. Das übergeordnete Gericht ist deshalb bei Heranziehung des Protokolls nicht genötigt, dem naheliegendsten Wortsinn zu folgen, sondern kann einen davon abweichenden Sinn als bezeugt feststellen, wenn sich für diesen sichere Anhaltspunkte ergeben[14]. Hierbei sind außerhalb des Protokolls liegende Erkenntnisquellen heranziehbar[15], vor allem die Urteilsgründe[16]. Läßt sich durch Auslegung kein eindeutiger Sinngehalt ermitteln, bleibt die Aussage eines Protokollvermerks mehrdeutig, so entfällt insoweit die Beweiskraft des Protokolls[17].

**4. Umfang der Beweiskraft**
**a)** Die ausschließliche Beweiskraft des Protokolls gilt **nur im anhängigen Strafver-** **8** **fahren** und **nur für das übergeordnete Gericht**, das die Gesetzmäßigkeit des bisherigen Verfahren nachprüft[18]. Wird das Protokoll in einem anderen Verfahren zu Beweiszwecken herangezogen, kommt ihm diese Beweiskraft nicht zu. In einem Strafverfahren wegen Meineids hat beispielsweise das Gericht frei nachzuprüfen, ob der Protokollvermerk über die Beeidigung stimmt[19].

---

[10] RGSt **67** 287; BGHSt **4** 364; BGH NJW **1954** 364; **1969** 281; BGH bei *Dallinger* MDR **1953** 273; BayObLGSt **1973** 200 = VRS **46** 295; AnwBl. **1978** 154; bei *Rüth* DAR **1984** 245; OLG Köln NJW **1952** 758; OLG Saarbrücken VRS **48** 439; *Alsberg/Nüse/Meyer* 890.

[11] RGSt **64** 310; RG JW **1930** 1505; *Alsberg* JW **1930** 3859; KK-*Engelhardt* 12; *Kleinknecht/Meyer*[37] 3; *Eb. Schmidt* 4.

[12] RG JW **1926** 2761; BGHSt **4** 140; **13** 59; **31** 39; BGH bei *Dallinger* MDR **1952** 660; **1956** 398; OLG Hamm JZ **1957** 227; KG VRS **43** 199; OLG Schleswig SchlHA **1954** 387; *Alsberg/Nüse/Meyer* 885; KK-*Engelhardt* § 271, 14; *Kleinknecht/Meyer*[37] 4; *Mittelbach* JR **1955** 330; *Eb. Schmidt* Nachtr. I 2; vgl. auch Fußn. 14.

[13] Vgl. § 271, 9 ff.

[14] RG JW **1926** 2761; **1932** 421 mit Anm. *Löwenstein*; JW **1932** 3110; OGHSt **1** 277; BGHSt **13** 59; BGH bei *Dallinger* MDR **1956** 398; JR **1961** 508; OLG Hamburg MDR **1979** 74 mit Anm. *Strate*; OLG Schleswig SchlHA **1954** 387; vgl. auch OLG Düsseldorf JMBlNW **1963** 215.

[15] RGSt **1** 32; RG JW **1927** 126 mit Anm. *Beling*; JW **1931** 2821 mit Anm. *von Scanzoni*; OLG Celle NJW **1947/48** 394; KG VRS **43** 199.

[16] BGH nach *Alsberg/Nüse/Meyer* 885; *Eb. Schmidt* 5.

[17] BGHSt **31** 39; *Dahs/Dahs* 382; vgl. Rdn. 4.

[18] BGHSt **26** 281; KK-*Engelhardt* 1, 2; *Kleinknecht/Meyer*[37] 1; *Roxin* § 49 III 2.

[19] *Sarstedt* FS Hirsch 186.

**9**     Die **Verfassungsgerichte** können ohne Bindung an die Beweisvermutung des § 274 untersuchen, ob verfassungsrechtlich gewährleistete Verfahrensgrundsätze, vor allem das Recht auf Gehör, beachtet sind. Um Verfassungsverstöße nach Möglichkeit noch im Rahmen der ordentlichen Rechtsmittel beheben zu können, wird § 274 auch für das Revisionsgericht nicht als bindend angesehen, wenn es darum geht, nachzuprüfen, ob das Recht auf Gehör in Wirklichkeit und nicht nur dem Protokoll nach gewahrt ist[20].

**10**     b) Die Beweiskraft erfaßt nur die **für die Hauptverhandlung vorgeschriebenen Förmlichkeiten**, das sind alle Vorgänge der Hauptverhandlung, die für deren Rechtsbestand von Bedeutung sind, vor allem also die wesentlichen Förmlichkeiten im Sinne des § 273 Abs. 1[21]. Nicht alle Angaben, über die nach § 272 das Protokoll Aufschluß zu geben hat, zählen zu den für die Hauptverhandlung vorgeschriebenen Förmlichkeiten[22]. Soweit die von § 272 geforderten Angaben nicht die Hauptverhandlung individualisieren oder deren Verlauf und Förmlichkeiten betreffen, besteht kein innerer Grund, sie in die Beweiskraft des § 274 mit einzubeziehen. Dies gilt vor allem für die in das Protokoll nach § 272 aufzunehmenden Einzelheiten über die Personalien sowie für die Bezeichnung der Straftat[23].

**11**     **Nicht von der Beweiskraft erfaßt** werden die nach **§ 273 Abs. 2, 3** beurkundeten Vorgänge und Erklärungen. Dies ist wohl unstreitig für die inhaltliche Zusammenfassung der Aussagen nach § 273 Abs. 2[24]. Es gilt nach Zweck und Wortlaut des § 274 aber auch für eine Aussage, deren Wortlaut nach § 273 Abs. 3 niedergeschrieben, verlesen und genehmigt worden ist[25]. Eine derartige Beurkundung hat einen hohen Beweiswert, ihr derart fixierter Wortlaut betrifft aber weder eine Förmlichkeit des Verfahrens noch wäre es sachlich geboten, die für die Verfahrenskontrolle geschaffene absolute Beweiskraft systemfremd auf die Fixierung von Äußerungen auszudehnen[26]. Soweit nach

---

[20] BGHSt **22** 26; *Hanack* JZ **1973** 729; *Jagusch* NJW **1959** 267; KK-*Engelhardt* 20; *Eb. Schmidt* JZ **1968** 435. Zur allgemeinen Problematik vgl. *Meyer* FS Kleinknecht (1985) 275.

[21] RGSt **1** 85; **53** 177.

[22] Ob die Beweiskraft des § 274 alle von § 272 geforderten Angaben umfaßt, ist strittig. RGSt **2** 76; **66** 419 nahmen das unter Hinweis auf die Entstehungsgeschichte an; ebenso wohl *Roxin* § 49 III 2; *Eb. Schmidt* § 272, 2. Nach *Gössel* § 34 B I b 2; *Kleinknecht/Meyer*[37] 1; KMR-*Müller* 3 fallen unter § 274 nur die Angaben, die zugleich wesentliche Förmlichkeiten im Sinne des § 273 Abs. 1 sind. KK-*Engelhardt* 4 („soweit sie Hergang der Hauptverhandlung betreffen") zieht den Kreis etwas weiter. Für die Angaben über die Anwesenheit der Richter ging BGHSt **16** 308 von der an sich gegebenen Beweiskraft des Protokolls aus.

[23] Vgl. z. B. zu § 272 Nr. 2 einerseits OLG Schleswig bei *Ernesti/Jürgensen* SchlHA **1973** 188 (zeitweilige Abwesenheit der Urkundsbeamtin), andererseits OLG Bremen OLGSt 13.

[24] OLG Hamm NJW **1970** 69; KK-*Engelhardt* 5; *Kleinknecht/Meyer*[37] 1; KMR-Müller 2; *Eb. Schmidt* 6; § 273, 12; vgl. auch Fußn. 25.

[25] Strittig. Wie hier *Dahs* FS Schmidt-Leichner 30; *Dahs/Dahs* 382; *Gössel* § 34 B I b 2; *Husmann* MDR **1977** 895; *Kleinknecht/Meyer*[37] 1; KMR-*Müller* 2; *Lackner* JR **1966** 306; *Roxin* § 49 III 2; *Rüping* Kap. 6 IV 2; *Sarstedt/Hamm* 179; *G. Schäfer* § 90 IV 1; *Schlüchter* 589; früher schon *Alsberg* JW **1924** 1727; **a. A** KK-*Engelhardt* 5; *Eb. Schmidt* Nachtr. I § 273, 13; ferner zur früheren Fassung RGSt **42** 160; **43** 438; **58** 59; *Löwenstein* JW **1924** 1604.

[26] Selbst wenn man dem nach § 273 Abs. 3 protokollierten Wortlaut im Rahmen der Verfahrensrügen nach § 261 Bedeutung beimißt (vgl. § 337, 83), bedarf es dazu keiner absoluten Beweiskraft; für die Richter des erkennenden Gerichts selbst wäre eine solche Bindung an das ohnehin meist noch gar nicht fertig vorliegende Wortprotokoll mit § 261 unvereinbar; vgl. § 273, 61.

§ 273 Abs. 3 Vorgänge protokolliert wurden, die ohnehin zu den wesentlichen Förmlichkeiten zählen, erstreckt sich die Beweiskraft des § 274 selbstverständlich auch darauf.

Die Beweiskraft des Protokolls gilt weder für die **Erklärungen** des Angeklagten **12**
zur Sache, seien es Geständnisse oder Einräumungen oder irgendwelche auf Strafaus-
schließungs- oder Milderungsgründe bezügliche Behauptungen[27] mit Ausnahme der
von § 267 Abs. 3 geforderten **förmlichen Anträge**[28], noch für sonstige Ergebnisse der
Vernehmungen[29], noch für die vom Vorsitzenden hierbei ausgesprochenen Fragen oder
Vorhaltungen[30], noch für Feststellungen, die der Vorsitzende aus den Akten oder anderen Schriftstücken, etwa über die ordnungsgemäße Ladung des Angeklagten, trifft[31];
auch nicht für die Identität der erschienenen Personen[31a].

Bei Erklärungen der Prozeßbeteiligten, die **keine förmlichen Anträge** sind, erfaßt **13**
sie grundsätzlich nur die Tatsache, daß eine solche Erklärung abgegeben wurde, nicht
aber den Inhalt der Erklärung.

Das Sitzungsprotokoll ist auch dort, wo die Beweisvermutung des § 274 nicht **14**
Platz greift, als **Beweismittel verwertbar**. Das Gericht hat dann in freier Beweiswürdigung zu entscheiden, ob es die Angaben im Protokoll für erwiesen hält[32].

c) Nur die **Vorgänge in der Hauptverhandlung selbst** werden der erhöhten Be- **15**
weiskraft des Protokolls teilhaftig. Nur sie können in der Regel Gegenstand der gemeinsamen Wahrnehmungen des Vorsitzenden und des Urkundsbeamten sein. Die der Beratung und Abstimmung gewidmeten Vorgänge nehmen deshalb an der Beweiskraft nicht
teil, gleichviel, ob sie sich im Beratungszimmer oder im Verhandlungsraum zugetragen
haben[33], ebensowenig die Vorgänge vor Beginn oder nach Beendigung der Hauptverhandlung oder während einer Unterbrechung[34].

Dies gilt auch für die **Erklärungen**, die **vor oder nach Beendigung** der Hauptver- **16**
handlung vor dem erkennenden Gericht über die Anfechtung einer Entscheidung oder
über den Verzicht auf ein Rechtsmittel abgegeben werden[35]. Wird dagegen in der
Hauptverhandlung vor dem Rechtsmittelgericht die Beschränkung oder Zurücknahme
eines Rechtsmittels erklärt, so handelt es sich um eine wesentliche Förmlichkeit, auf die
sich die Beweiskraft erstreckt[36].

d) Schließlich ist in diesem Zusammenhang noch darauf hinzuweisen, daß § 274 **17**
keine Anwendung auf das **Protokoll** findet, das vom Urkundsbeamten gemäß § 45 Abs. 8
DRiG (früher § 51 GVG) über die **Beeidigung der Schöffen** aufgenommen wird[37].

---

[27] BGH StrVert. **1981** 56 mit Anm. *Schlothauer*; RGSt **49** 315; **58** 59; vgl § 267, 70; ferner § 337, 80.
[28] Vgl. § 267, 98; 103; 111; 168.
[29] RGSt **49** 315; **58** 59; BGH MDR **1974** 369;
OLG Schleswig bei *Ernesti/Jürgensen* SchlHA
**1971** 217; KK-*Engelhardt* 5; *Eb. Schmidt* 6;
vgl. § 273, 36.
[30] RGSt **35** 164; **42** 160; **43** 438; BGHSt **22** 28;
OLG Koblenz VRS **51** 36; KK-*Engelhardt*
13; *Eb. Schmidt* 7. Vgl. bei § 249.
[31] RG Recht **1920** Nr. 241; JW **1927** 2049.
[31a] RGSt **46** 112; *Rüping* Kap. 6 IV 1.
[32] RGSt **43** 438; *Alsberg* JW **1916** 1205;
KK-*Engelhardt* 12, 13; *Kleinknecht/Meyer*[37]

3; KMR-*Müller* 3; 14; *Eb. Schmidt* JZ **1968**
435; *Willms* FS Heusinger 393.
[33] RGSt **3** 266; **17** 287; **27** 3; RG JW **1911** 510;
Recht **1924** 880; OGHSt **3** 121; BGHSt **5**
294; OLG Schleswig bei *Ernesti/Jürgensen*
SchlHA **1973** 187; *Kleinknecht/Meyer*[37] 2
(Nachberatung im Sitzungssaal); vgl. § 273,
5.
[34] RG JW **1915** 1265; *Kleinknecht/Meyer*[37] 2;
KMR-*Müller* 2.
[35] Strittig, vgl. § 273, 21.
[36] Vgl. § 273, 22.
[37] RGSt **64** 50; RG JW **1928** 2272; BGH bei
*Dallinger* DRM **1973** 372.

Walter Gollwitzer

**5. Wirkung der ausschließlichen Beweiskraft**

**18**　　**a) Positive und negative Beweiskraft.** Die Ausdrucksweise des Gesetzes, das von der Beobachtung der Förmlichkeiten spricht, gibt den Sinn des Gesetzes nur unvollkommen wieder. Die Vorschrift bedeutet, daß das übergeordnete Gerichte alle **wesentlichen Förmlichkeiten der Hauptverhandlung** als so geschehen annehmen muß, wie sie im Protokoll beurkundet sind, und daß dieses den einzigen Beweis für die Frage bildet, welche Verhandlungsvorgänge und wie diese stattgefunden haben. Es handelt sich um die Vorgänge in der Hauptverhandlung, die für die Rechtsbeständigkeit des Verfahrens von Bedeutung sein können, also z. B. um die Stellung von Anträgen der Prozeßbeteiligten und um den Inhalt und die Begründung der im Lauf der Verhandlung ergangenen Entscheidungen[38].

**19**　　Ist im Protokoll die Beobachtung einer vorgeschriebenen Förmlichkeit, z. B. die Beeidigung eines Zeugen, ordnungsgemäß beurkundet, so gilt unter Ausschluß der freien Beweiswürdigung (Rdn. 21) als nachgewiesen, daß der diese Förmlichkeit betreffenden Vorschrift in **vollkommener Weise** genügt ist[39]. Die Verhandlungsniederschrift ist der **alleinige Beweis** nicht nur für die Beobachtung der gesetzlichen Vorschriften, sondern ebenso für deren Nichtbeobachtung.

**20**　　Das Protokoll hat auch **negative Beweiskraft.** Unter Ausschluß des Rückgriffs auf andere Beweismittel beweist es nicht nur, daß das geschehen ist, was es angibt, sondern umgekehrt auch, daß das unterblieben ist, was im Protokoll nicht bezeugt wird[40]. Dies bedeutet beispielsweise, daß davon auszugehen ist, es habe keine Verhandlung über den Ausschluß der Öffentlichkeit stattgefunden, wenn das Protokoll hiervon nichts enthält[41], daß das Gericht den Ausschluß der Öffentlichkeit entgegen § 174 Abs. 1 Satz 3 GVG nicht begründet hat, wenn der protokollierte Beschluß über den Ausschluß der Öffentlichkeit keine Begründung enthält[42], daß der Anklagesatz nicht verlesen wurde, wenn die Sitzungsniederschrift darüber schweigt[43]; daß eine im Protokoll als anwesend bezeichnete Person der Verhandlung bis zum Schluß beigewohnt hat, wenn das Protokoll ihre Entfernung nicht beurkundet[44]; daß ein Zeuge, der vom Zeugnisverweigerungsrecht Gebrauch gemacht hat, auf dieser Stellungsnahme verblieben ist, wenn aus dem Protokoll nichts über einen Widerruf der Zeugnisverweigerung hervorgeht; daß ein Zeuge, dessen Vereidigung das Protokoll nicht ersichtlich macht, unbeeidigt vernommen worden ist[45]; daß ein im Protokoll nicht angegebener Antrag nicht gestellt worden[46], ein im Protokoll nicht erwähnter Gerichtsbeschluß nicht ergangen ist[47]; daß der Vorsitzende nicht das letzte Wort erteilt[47a] oder daß er den Angeklagten, den das

---

[38] Ob sich der Begriff mit den wesentlichen Förmlichkeiten im Sinn des § 273 Abs. 1 deckt (so *Kleinknecht/Meyer*[37] 1) ist strittig; vgl. Rdn. 21. Zu den von der Beweiskraft erfaßten Förmlichkeiten vgl. § 273, 6 ff.

[39] KK-*Engelhardt* 7; *Kleinknecht/Meyer*[37] 6; KMR-*Müller* 4; *Eb. Schmidt* 13.

[40] RGSt **53** 177; **64** 310; BGHSt **22** 280; BGH LM Nr. 10; KK-*Engelhardt* 6; *Kleinknecht/Meyer*[37] 7; KMR-*Müller* 4; *Eb. Schmidt* 13.

[41] RGSt **57** 26; vgl. bei § 174 GVG.

[42] BGHSt **1** 216; ferner etwa BGH bei *Holtz* MDR **1977** 810 (zur Wiederherstellung der Öffentlichkeit); vgl. bei § 174 GVG.

[43] BGH NStZ **1984** 521; zu den Einzelheiten vgl. § 243, 63; ferner zur früheren Rechtslage BGHSt **8** 283.

[44] RGSt **34** 385; die ständige Anwesenheit der Person muß allerdings zu den wesentlichen Förmlichkeiten rechnen; vgl. § 273, 9; § 245, 80; *Alsberg/Nüse/Meyer* 784; 914; verneinend bei Zeugen RGSt **40** 140; BGHSt **24** 280; bei Sachverständigen BGH bei *Holtz* MDR **1985** 92.

[45] RGSt **43** 438; BGH MDR **1974** 548; vgl. auch BGHSt **4** 140 (zur Berufung auf früher geleisteten Eid); ferner **59**, 19; § 64, 5 f.

[46] RGSt **31** 163; **53** 176; **63** 409; BGHSt **2** 127; BGH VRS **30** 194; BGH bei *Dallinger* MDR **1974** 548; **1975** 369; vgl. § 244, 177; ferner *Alsberg/Nüse/Meyer* 883 mit weit. Nachw.

[47] BGHSt **1** 216; OLG Köln NJW **1954** 1820.

[47a] OLG Schleswig bei *Ernesti/Jürgensen* Schl-HA **1970** 199; § 258, 52 mit weit. Nachw.

Gericht gemäß § 247 hatte abtreten lassen, nach dem Wiedereintritt nicht dieser Vorschrift entsprechend unterrichtet hat, wenn das Protokoll hierzu schweigt[48]; daß er ihn auch nicht alsbald unterrichtet hat, wenn zwischen dem beurkundeten Wiedereintritt und der beurkundeten Unterrichtung andere Verfahrensvorgänge geschildert werden[49]; daß die im Protokoll nicht beurkundete Verlesung eines Schriftstücks[50] oder die Einnahme eines Augenscheins[51] nicht stattgefunden hat, oder daß der aus dem Protokoll nicht ersichtliche Hinweis auf die Veränderung des rechtlichen Gesichtspunkts versäumt worden ist[52].

**b) Ausschließlichkeit.** Die Beweiskraft der Verhandlungsniederschrift ist so ausschließlich, daß ihre Angaben, wenn man von dem nach Satz 2 zulässigen Nachweis der Fälschung absieht (Rdn. 28), grundsätzlich durch andere Beweise weder widerlegt noch ergänzt werden können[53]. **Dienstliche Äußerungen**, die das Protokoll erläutern oder ergänzen sollen, sind dafür nicht verwertbar[54]. Beweiserhebungen, die auf eine Widerlegung oder Ergänzung des Protokolls abzielen, können vom Revisionsgericht nicht angeordnet werden[55]. Selbst der **Inhalt des Urteils** ist nicht geeignet, das Protokoll zu widerlegen oder zu ergänzen, soweit dieses den Beweis zu liefern bestimmt ist[56]. Dies gilt auch, wenn Anträge der Prozeßbeteiligten nur im Urteil erwähnt werden[57]. **21**

An der Beweiskraft der Verhandlungsniederschrift wird auch dadurch nichts geändert, daß über ihre Unrichtigkeit zwischen der Staatsanwaltschaft und dem Angeklagten **Einverständnis** besteht[58]. **22**

#### 6. Wegfall der Beweiskraft
**a) Offensichtliche Lücken.** Die negative Beweiskraft des Protokolls greift nach der herrschenden Meinung[59] nicht ein, wenn das Protokoll erkennbar lückenhaft ist. **23**

---

[48] RG LZ **9** 846; BGHSt **1** 350; vgl. § 247, 45.

[49] BGHSt **3** 385; vgl. § 247, 41.

[50] Vgl. bei § 249.

[51] Vgl. etwa OLG Hamm JMBlNW **1978** 276 (Foto); ferner § 244, 337.

[52] Vgl. bei § 265.

[53] RGSt **53** 176; OGHSt **1** 279; BGH NJW **1976** 977; KG VRS **43** 199; *Alsberg/Nüse/ Meyer* 884; *Kleinknecht/Meyer*[37] 5. Zur Zulässigkeit der Auslegung vgl. Rdn. 7.

[54] BGHSt **8** 283; **13** 59; **22** 280; NJW **1976** 977; BGH bei *Dallinger* MDR **1974** 548; BayObLGSt **1956** 226 = NJW **1957** 34; KG VRS **43** 199; OLG Schleswig bei *Ernesti/Jürgensen* SchlHA **1970** 199; *Alsberg/Nüse/Meyer* 884; *Dahs/Dahs* 382; KMR-*Müller* 12. Dienstliche Erklärungen der für die Richtigkeit des Protokolls verantwortlichen Personen können zwar die Beweiskraft des Protokolls aufheben (Rdn. 5; 27; § 271, 49), sie können aber einer bereits erhobenen Verfahrensrüge nicht mehr den Boden entziehen (vgl. Rdn. 27; § 271, 40 ff; 49; 55; 64 ff).

[55] RGSt **20** 166; **53** 177; OLG Bremen OLGSt 13; vgl. § 337, 71.

[56] RGSt **31** 163; **35** 61; RG GA **69** (1925) 86; RGRspr. **9** 379; BGHSt **2** 125; BGH NJW

[56 cont.] **1976** 977; OLG Hamm NJW **1978** 2406; *Alsberg/Nüse/Meyer* 884; *Dahs/Dahs* 390; KMR-*Müller* 13; *Mittelbach* JR **1955** 330; *Eb. Schmidt* 17; vgl. § 273, 60.

[57] RGSt **31** 163; **35** 61; RG GA **37** (1889) 445; **69** (1925) 86.

[58] *Alsberg/Nüse/Meyer* 884; *Kleinknecht/Meyer*[37] 5.

[59] RGSt **63** 410; KG HESt **3** 57; BGHSt **17** 220; **31** 39; BGH LM Nr. 10; MDR **1952** 659; JR **1961** 508; NJW **1976** 977; NStZ **1981** 69 mit Anm. *Liemersdorf*; bei *Dallinger* MDR **1952** 659; **1969** 195; **1974** 548; BayObLGSt **1949/51** 120; **1953** 135 = NJW **1953** 1524; BayObLG bei *Rüth* DAR **1975** 211; **1982** 254; OLG Braunschweig NdsRpfl. **1956** 77; OLG Bremen NJW **1975** 1793; OLG Celle NdsRpfl. **1953** 196; OLG Frankfurt NJW **1953** 198; KG VRS **39** 434; OLG Karlsruhe Justiz **1980** 155; OLG Koblenz VRS **63** 130; OLG Köln VRS **62** 281; OLG Saarbrücken JBl. Saar **1962** 96; VRS **48** 439; *Alsberg/Nüse/Meyer* 890; *Dahs/Dahs* 382; *Gössel* § 34 B III b 1; KK-*Engelhardt* 9; 10; *Kleinknecht/Meyer*[37] 3; KMR-*Müller* 9; *Roxin* § 49 III 3; *G. Schäfer* § 90 IV 3; *Schlüchter* 592. Vgl. Rdn. 3.

Die bloße Nichterwähnung eines Vorgangs im Protokoll rechtfertigt für sich allein aber nicht die Annahmen einer Lücke[60].

**24**　　Die Lücke muß als solche **offensichtlich** sein, was insbesondere dann der Fall ist, wenn ein protokollierter Umstand zeigt, daß ein nicht protokollierter geschehen sein muß[61], so, wenn das Protokoll ersichtlich unvollständig ist, weil es nur einen Teil des Verfahrensvorgangs festgehalten hat[62], etwa, wenn es nur vermerkt, daß ein Beweisantrag durch Wahrunterstellung abgelehnt wurde, ohne jedoch den Inhalt des Beweisantrags anzugeben[63] oder wenn nur festgestellt wird, „der Zeuge wurde vereidigt" ohne daß erkennbar ist, auf welchen von mehreren Zeugen sich dieser Vermerk bezog[64], oder wenn sich ergibt, daß das Gericht die Öffentlichkeit zeitweilig ausgeschlossen hatte, ohne daß festgehalten ist, zu welcher Zeit und in welcher Form das geschehen ist[65]. Ein zutreffend protokollierter Vorgang, etwa die Anordnung der Vereidigung, rechtfertigt aber nicht, eine offensichtliche Lücke anzunehmen, wenn das Protokoll über einen daran anknüpfenden Vorgang, etwa die Ausführung der Beeidigung, schweigt[66].

**25**　　Kann die Lücke nicht bereits durch sinnvolle Auslegung des Protokolls geschlossen werden (Rdn. 7), dann kann das Revisionsgericht im Wege des **Freibeweises** auf alle in Frage kommenden Erkenntnisquellen zurückgreifen und seiner Entscheidung dann den Verfahrensablauf zugrunde legen, den es für erwiesen hält, auch wenn er mit dem Vortrag des Revisionsführers nicht übereinstimmt[67].

**26**　　**b) Widersprüche, sonstige Mängel.** Die Beweiskraft entfällt auch, wenn das Protokoll **widersprüchlich** ist, wenn es also Feststellungen enthält, die sich zwar nicht notwendigerweise logisch, wohl aber bei einer sinnvollen Auslegung des Beurkundeten gegenseitig ausschließen[68]. Auch formale Fehler oder Unklarheiten des Protokolls können diese Folge haben, so, wenn das verwendete Formular ersichtlich unvollständig und widersprüchlich ausgefüllt worden ist[69].

**27**　　**c)** Eine **Protokollberichtigung** (§ 271, 42 ff) beseitigt die Beweiskraft des Protokolls grundsätzlich nicht, sondern ändert nur den Inhalt des Bewiesenen. Kann allerdings die Protokollberichtigung deshalb nicht durchgeführt werden, weil Vorsitzender und Urkundsbeamter hinsichtlich der Richtigkeit des ursprünglichen Protokolls und der Notwendigkeit einer Berichtigung verschiedener Ansicht sind, dann beseitigt die fehlende Übereinstimmung der Urkundspersonen die Beweiskraft des Protokolls[70] und eröffnet dem Revisionsgericht den Weg zum Freibeweis. Dies ist schon dann der Fall, wenn eine den Protokollinhalt in Frage stellende Erklärung einer der beiden Urkundspersonen vorliegt, etwa eine dienstliche Erklärung, in der zu einer Revisionsrüge Stel-

---

[60] BGH NStZ **1982** 517; KMR-*Müller* 9.
[61] BGHSt **17** 220; BGH JR **1961** 508; bei *Dallinger* MDR **1952** 659; **1969** 195; BayObLGSt **1949/51** 120; OLG Bremen OLGSt 13; NJW **1975** 1793; OLG Koblenz VRS **63** 132; *Alsberg/Nüse/Meyer* 891; KK-*Engelhardt* 9; KMR-*Müller* 9; *G. Schäfer* § 90 IV 3.
[62] Vgl. etwa OLG Köln VRS **62** 281; OLG Saarbrücken VRS **48** 439.
[63] OLG Celle NdsRpfl. **1953** 190; ähnlich RGSt **59** 422 bei Ablehnung als unerheblich.
[64] BayObLGSt **1953** 135 = NJW **1953** 1521.
[65] BGHSt **17** 220 = LM 12 mit Anm. *Geier*.
[66] BGH bei *Dallinger* MDR **1974** 548.
[67] BGHSt **17** 220; dazu *Hanack* JZ **1972** 490; BGH NJW **1976** 977; JR **1961** 508; KG VRS **43** 199; OLG Koblenz VRS **63** 130; OLG Köln VRS **62** 281.
[68] BGHSt **16** 306; *Hanack* JZ **1972** 439 äußert gegen den entschiedenen Fall (Nennung verschiedener Richter als Beisitzer) Bedenken.
[69] OLG Köln VRS **62** 281; vgl. Rdn. 3 ff.
[70] Vgl. Rdn. 5; § 271, 49.

lung genommen wird[71]. Einer bereits erhobenen Verfahrensrüge kann dadurch aber nicht der Boden entzogen werden (vgl. § 271, 55, 64; ferner Rdn. 21).

**7. Fälschung der Verhandlungsniederschrift.** Eine Fälschung im Sinn des § 274 **28** liegt vor, wenn entweder die Niederschrift als Ganzes von einem Unbefugten hergestellt oder eine an sich echte Niederschrift in unbefugter Weise inhaltlich verändert worden ist, ferner, wenn von den bei der Errichtung Beteiligten mit Bewußtsein dem Protokoll, sei es durch eine Niederschrift oder durch eine Weglassung, ein unwahrer Inhalt gegeben wird[72]. Dagegen trifft der Begriff der Fälschung nicht zu, wenn nur aus **Mißverständnis oder Fahrlässigkeit** Vorgänge, die sich zugetragen haben, aus der Verhandlungsniederschrift weggelassen oder Vorgänge als wirklich in sie aufgenommen sind, die sich überhaupt nicht oder in anderer Weise zugetragen haben[73].

Der **Nachweis** der Fälschung ist von dem Verfahrensbeteiligten, der sie behaup- **29** tet, mit allen dazu geeigneten Beweismitteln zu führen. Dazu muß es genügen, daß dem Gericht die Beweismittel für die durch konkreten Tatsachenvortrag dargelegte Fälschung bezeichnet werden. Das Gericht hat dann, wie auch sonst bei verfahrensrechtlich erheblichen Tatsachen im Wege des **Freibeweises** darüber zu befinden[74]. Ist der Nachweis der Fälschung erbracht, entfällt die Beweiskraft des Protokolls hinsichtlich der von der Fälschung betroffenen Teile. Die betroffenen Verfahrensvorgänge sind, soweit dies nicht bereits für den Nachweis der Fälschung notwendig war, ebenfalls im Freibeweisverfahren festzustellen. Wenn möglich, ist nachträglich ein Protokoll mit richtiggestelltem Inhalt zu fertigen[75]. Für das Revisionsgericht ist der Nachweis der Fälschung aber nur **von Bedeutung**, wenn es für die Revisionsentscheidung darauf ankommt. Andernfalls braucht es der Behauptung der Fälschung keine Folge zu geben[76].

---

[71] RGSt **57** 396; **67** 287; RG JW **1929** 2740; **1930** 716; **1931** 2506; HRR **1937** Nr. 286; BGHSt **4** 364; GA **1963** 19; **1970** 240; BGH bei *Dallinger* MDR **1953** 273; BayObLGSt **1956** 226; **1960** 125; OLG Köln NJW **1952** 758; OLG Hamm NJW **1954** 156; OLG Schleswig MDR **1960** 521; OLG Saarbrücken OLGSt § 271, 2; OLG Hamburg GA **1967** 121; *Busch* JZ **1964** 747; **a. A** *Beling* JW **1927** 126.

[72] OLG Düsseldorf StrVert. **1984** 108; *Kleinknecht/Meyer*[37] 8; KMR-*Müller* 15; *Eb. Schmidt* 11 mit Nachweisen zu einer früher vertretenen engeren Auffassung, die auch bei bewußt unrichtiger Protokollierung durch die Urkundspersonen eine Fälschung verneinte.

[73] RGSt **5** 44; **7** 388; **8** 143; **19** 344; **20** 166; RG JW **1924** 467 mit Anm. *Hegler*; OLG Düsseldorf StrVert. **1984** 108; *Kleinknecht/Meyer*[37] 8; KMR-*Müller* 15; *Eb. Schmidt* 12; **a. A** *Beling* 325 Anm. 1, der die objektive Unrichtigkeit genügen läßt.

[74] KMR-*Müller* 15.

[75] Vgl. § 271, 44 ff. Die nachträgliche Richtigstellung der Fälschung kann allerdings ebenso wie auch sonst eine Berichtigung der Revision nicht den Boden entziehen, vgl. § 271, 49; 55; 64.

[76] RGSt **7** 391.

## § 275

(1) [1]Ist das Urteil mit den Gründen nicht bereits vollständig in das Protokoll aufgenommen worden, so ist es unverzüglich zu den Akten zu bringen. [2]Dies muß spätestens fünf Wochen nach der Verkündung geschehen; diese Frist verlängert sich, wenn die Hauptverhandlung länger als drei Tage gedauert hat, um zwei Wochen, und wenn die Hauptverhandlung länger als zehn Tage gedauert hat, für jeden begonnenen Abschnitt von zehn Hauptverhandlungstagen um weitere zwei Wochen. [3]Nach Ablauf der Frist dürfen die Urteilsgründe nicht mehr geändert werden. [4]Die Frist darf nur überschritten werden, wenn und solange das Gericht durch einen im Einzelfall nicht voraussehbaren unabwendbaren Umstand an ihrer Einhaltung gehindert worden ist. [5]Der Zeitpunkt des Eingangs und einer Änderung der Gründe ist von der Geschäftsstelle zu vermerken.

(2) [1]Das Urteil ist von den Richtern, die bei der Entscheidung mitgewirkt haben, zu unterschreiben. [2]Ist ein Richter verhindert, seine Unterschrift beizufügen, so wird dies unter der Angabe des Verhinderungsgrundes von dem Vorsitzenden und bei dessen Verhinderung von dem ältesten beisitzenden Richter unter dem Urteil vermerkt. [3]Der Unterschrift der Schöffen bedarf es nicht.

(3) Die Bezeichnung des Tages der Sitzung sowie die Namen der Richter, der Schöffen, des Beamten der Staatsanwaltschaft, des Verteidigers und des Urkundsbeamten der Geschäftsstelle, die an der Sitzung teilgenommen haben, sind in das Urteil aufzunehmen.

(4) Die Ausfertigungen und Auszüge der Urteile sind von dem Urkundsbeamten der Geschäftsstelle zu unterschreiben und mit dem Gerichtssiegel zu versehen.

**Schrifttum.** *Arndt* Das Urteil (1952); *Furtner* Das Urteil im Strafprozeß (1970); *Habscheid* Die verspätete Absetzung von Strafurteilen, NJW **1964** 629; 1842; *Hahn* Die Fristversäumung der Urteilsniederschrift als absoluten Revisionsgrund, ZRP **1976** 63; *Kohlhaas* Das Ärgernis des § 275 StPO, GA **1974** 142; *Kroschel/Meyer-Goßner* Die Abfassung der Urteile in Strafsachen[24] (1982); *Meves* Das Urteil im deutschen Strafverfahren, GA **36** (1888) 102 ff; *Peters* Die verspätete Absetzung des Strafurteils im Strafverfahren, FS Weber, 374; *Rieß* Die Urteilsabsetzungsfrist (§ 275 I StPO), NStZ **1982** 441; *Sarstedt* Verspätete Absetzung von Strafurteilen, JZ **1965** 238; *Seibert* Verspätete Absetzung von Strafurteilen, MDR **1955** 148. Ferner das Schrifttum zu § 338 Nr. 7 bei § 338.

**Entstehungsgeschichte.** Die Frist des Absatzes 1 betrug ursprünglich drei Tage. Durch Gesetz vom 11. 3. 1921 wurde sie auf eine Woche verlängert. Da auch diese Frist praktisch oft nicht einhaltbar war und andererseits die Rechtsprechung[1] unvertretbar lange Fristüberschreitungen tolerierte, brachte Art. 1 Nr. 80 des 1. StVRG mit dem neugefaßten Absatz 1 eine Neuregelung. Diese gilt nach Art. 9 Abs. 4 des 1. StVRG für die nach dem 1. 2. 1975 verkündeten Urteile[2]. Die übrigen Änderungen des § 275 waren weniger einschneidend. Art. 7 Nr. 15 StPÄG hat in Absatz 3 das Wort „Verteidiger" eingefügt, Art. 4 Nr. 7 des Gesetzes vom 26. 5. 1972 in den Absätzen 2 und 3 die Erwähnung der Geschworenen gestrichen.

---

[1] Vgl. BGHSt **21** 4 (16 Monate!) und bei *Herlan* MDR **1954** 656 (1 Jahr); OLG Köln NJW **1969** 520 = JR **1969** 469 mit Anm. *Kleinknecht* (14 Monate) und NJW **1964** 606 (acht Monate); vgl. ferner BGH NJW **1951** 970; GA **1976** 25; OGHSt **2** 328; OLG Celle DAR **1953** 117; OLG Stuttgart NJW **1965** 1504; OLG Schleswig bei *Ernesti/Jürgensen*

SchlHA **1970** 200; **1973** 188; OLG Hamm NJW**1974** 466; OLG Koblenz VRS **43** 423; *Herrmann* ZStW **85** (1973) 288; *Kohlhaas* GA **1974** 142.

[2] Zur Neuregelung vgl. *Hahn* ZRP **1976** 63; *Rieß* NJW **1975** 87; NStZ **1982** 441; ferner die Kritik von *Peters* Der neue Strafprozeß (1975) 179.

*Übersicht*

# I. Frist für die Urteilsabsetzung

**1. Bedeutung.** Die Abfassung des Urteils entsprechend dem Beratungsergebnis ist **1** eine **zur Rechtsprechung gehörende** richterliche Tätigkeit[3], durch die die Grundlage für das weitere Verfahren und eine wichtige Unterlage für die Strafvollstreckung geschaffen wird[4]. Die schriftliche Festlegung der Urteilsgründe ist aber bei einem in Anwesenheit des Angeklagten verkündeten Urteil keine unabdingbare Voraussetzung für den Eintritt der Rechtskraft und der Vollstreckbarkeit[5]. §275 gilt nur für Urteile, nicht für Beschlüsse[6].

---

[3] BGHSt NJW **1964** 2415; BayObLGSt **1967** 51.

[4] Zur Bedeutung der schriftlichen Urteilsgründe vgl. § 267, 1; 8 ff.

[5] BayObLGSt **1967** 51; *Lintz* JR **1977** 127; vgl. bei §§ 449, 451.

[6] § 33, 13 f; vgl. BGH bei *Pfeiffer/Miebach* NStZ **1985** 492; OLG Düsseldorf MDR **1984** 164; OLG Hamm JMBlNW **1978** 70 und Rdn. 45.

**2**    Jede **Verzögerung** der Urteilsabsetzung verstößt gegen das Gebot der Verfahrensbeschleunigung und gefährdet die Zuverlässigkeit, mit der die schriftlichen Urteilsgründe das Beratungsergebnis beurkunden[7]. Deshalb ist es notwendig, die das Urteil tragenden Erwägungen **unverzüglich** (vgl. Rdn. 9) schriftlich niederzulegen. Die Begrenzung der für die schriftliche Urteilsbegründung zur Verfügung stehenden Zeit soll verhüten, daß ein längeres Hinausschieben der Urteilsabfassung die Zuverlässigkeit der Erinnerung des Urteilsfassers und der mitunterzeichnenden Richter beeinträchtigt und zu einer Darstellung der Sach- und Rechtslage in den Urteilsgründen führt, bei der nicht mehr gesichert ist, daß sie der das Urteil tragenden Ansicht der Mehrzahl der Richter bei der Beratung entspricht[8]. Bei kleineren Verfahren, die sich gleichen, ist damit zu rechnen, daß das Erinnerungsbild des Richters schnell verblaßt[9]. Deshalb schreibt Absatz 1 vor, daß das Urteil unverzüglich, spätestens aber vor Ablauf bestimmter Fristen zu den Akten gebracht sein muß. Die Überschreitung der Frist ist jetzt ein absoluter Revisionsgrund nach § 338 Nr. 7.

**3**    **2. Urteilsfasser.** Die Abfassung des Urteils mit den Gründen gehört (vom normal besetzten Schöffengericht und der kleinen Strafkammer abgesehen) nicht zur Aufgabe des Vorsitzenden; vielmehr ist, wie in den höheren Instanzen ein Berichterstatter, so im ersten Rechtszuge einer der beteiligten Berufsrichter als Urteilsfasser zu ernennen[10]; als solcher kann indes auch der Vorsitzende selbst tätig sein.

**3. Verbringen des Urteils zu den Akten**

**4**    **a) Fertiggestellt** ist ein Urteil erst dann, wenn die **Unterschrift aller Berufsrichter** den vollen Urteilsinhalt deckt[11]; dazu gehört auch, daß Änderungen, die einer von ihnen bei der Unterschriftsleistung für nötig hält, von allen unterschriftlich gebilligt sein müssen[12]. Vor Anbringung der letzten erforderlichen Unterschrift liegt nur ein Entwurf vor, der selbst dann nicht Bestandteil der Akten ist, wenn er diesen einliegen sollte. Gleiches gilt, wenn ein Urteil bewußt unvollständig zu den Akten gegeben wird; so, wenn die zu den Akten gebrachten Urteilsgründe nur den Schuldspruch betreffen und die Ausführungen zum Rechtsfolgenausspruch aus Zeitgründen bewußt weggelassen wurden[13] oder wenn die Urteilsurkunde nur die Urteilsgründe, nicht aber Rubrum und Tenor enthält[14].

**5**    Nach dem Sinn der Regelung dürfte aber das Urteil zu den Akten gebracht sein, wenn ein im Text fertig abgefaßtes Urteil **als endgültig fertig** zu den Akten genommen worden ist und sich erst später — eventuell auf Grund einer anderen rechtlichen Beurteilung — herausstellt, daß sein Inhalt unvollständig oder eine Unterschrift unzureichend ist (Handzeichen) oder fehlt, etwa, weil versehentlich ein nicht mit der Sache befaßter Richter mitunterschrieben hat[15] oder weil ein Verhinderungsvermerk auf

---

[7] BGH DRiZ **1979** 314.

[8] BayObLGSt **1976** 97 = NJW **1976** 2273; OLG Koblenz VRS **63** 376; **65** 152.

[9] OLG Koblenz VRS **65** 452.

[10] Vgl. bei § 325.

[11] BGHSt **26** 93; 248; BGH bei *Holtz* MDR **1979** 638; bei *Pfeiffer/Miebach* NStZ **1985** 16; KK-*Engelhardt* 54; KMR-*Müller* 19.

[12] BGH NStZ **1984** 378; StrVert. **1984** 144; BGH bei *Holtz* MDR **1979** 638; **1983** 450.

[13] *Dahs/Dahs* 170 (Urteil muß sachlich fertig sein); *Kleinknecht/Meyer*[37] 11.

[14] BayObLG bei *Rüth* DAR **1983** 253; OLG Köln VRS **64** 282; NJW **1980** 1405. Vgl. Rdn. 74.

[15] Nach OLG Düsseldorf MDR **1981** 423 ist das Urteil erst zu den Akten gebracht, wenn die Unterschrift des richtigen Richters nachgeholt worden ist. Vgl. BGH StrVert. **1985** 275, wo eine Heilung des Mangels durch Nachholung der richtigen Unterschrift wegen Fristablaufs verneint wurde; vgl. Rdn. 37.

einen Grund gestützt wird, der die Annahme einer Verhinderung nicht rechtfertigt[16]. In solchen Fällen wird man — schon um des Fortgangs des Verfahrens willen — auch ein solches Urteil als zu den Akten gebracht ansehen müssen, vorausgesetzt, daß es diesen nach der Meinung der Richter als endgültig fertiggestellt einverleibt worden ist. **Nachträglich erkannte Formfehler** ändern daran ebensowenig wie etwa eine materiellrechtlich unzulängliche oder dem § 267 nicht genügende Begründung. Eine fehlende Unterschrift kann allerdings nachgeholt werden; vgl. Rdn. 37. Ob man in diesem Sonderfall bei einer Nachholung der Unterschrift nach Ablauf der Urteilsbegründungsfrist das Urteil als verspätet begründet ansehen kann, erscheint trotz der oben Rdn. 4 für den Normalfall aufgezeigten Grundsätze fraglich.

Die Fertigstellung setzt nicht notwendig voraus, daß das gesamte Urteil bereits in **6** **Reinschrift** vorliegt, es genügt, wenn das von den Unterschriften gedeckte Original des Urteils in einer allgemein lesbaren Schrift zu den Akten gebracht ist[17]. Die für die Zustellung erforderliche Reinschrift kann auch später erstellt werden (Nr. 141 Abs. 2 RiStBV). Dagegen reicht es nicht aus, daß der Urteilsfasser seinen Entwurf fertiggestellt hat, erst recht nicht, daß er ihn auf Platte oder Tonband diktiert und zur Fertigung der Reinschrift in die Kanzlei gegeben hat[18].

**b) Zu den Akten gebracht** ist nicht wörtlich zu verstehen. Es genügt, wenn das **7** fertige Urteil nach der letzten erforderlichen Unterschrift bzw. nach Anbringung des Verhinderungsvermerks vom letztunterschreibenden Richter auf den Weg zur Geschäftsstelle gebracht wird[19]. Dies kann auch dadurch geschehen, daß der Richter durch eine entsprechende Ablage (Aktenauslauf) in seinem Dienstzimmer dafür sorgt, daß das Urteil ohne sein weiteres Zutun im Geschäftsgang zur Geschäftsstelle gelangt[20]. Daß er es zu Hause dafür bereit legt, genügt nicht[21]. Unerheblich ist, ob er das Urteil dabei selbst in die bei ihm befindlichen Akten eingelegt oder ob er es ohne Akten der Geschäftsstelle zugeleitet hat[22], ferner, ob die eigentlichen Akten für die Geschäftsstelle greifbar sind oder ob sie das ihr zugegangene Urteil zunächst nur den Rest- oder Hilfsakten beifügen kann, weil die eigentlichen Akten versandt sind. Hat der Richter noch innerhalb der Frist alles zur Zuleitung an die Geschäftsstelle erforderliche veranlaßt, so ist es unerheblich, wenn es erst nach Fristablauf bei der Geschäftsstelle eingeht[23].

---

[16] Vgl. Rdn. 36 ff; BayObLGSt **1982** 139 = VRS **64** 209.

[17] KMR-*Müller* 18.

[18] OLG Hamm JMBlNW **1975** 267; OLG Karlsruhe Justiz **1976** 442.

[19] BGHSt **29** 43 mit Hinweis, daß das Gesetz auf den Vorgang, nicht auf das Ergebnis abstellt; *Rieß* NStZ **1982** 443 (funktionelle Betrachtungsweise: entscheidend, ob fristgerecht in den Machtbereich der Geschäftsstelle gelangt); ebenso *Kleinknecht/Meyer*[37] 4 (vgl. aber auch Fußn. 21); ferner Fußn. 18; **a. A** OLG Karlsruhe Justiz **1977** 23 (Unterschrift aller Richter genügt); OLG Zweibrücken VRS **54** 130 läßt dies offen.

[20] BGHSt **29** 43; BGH StrVert. **1985** 135 (L); KK-*Engelhardt* 40; *Kleinknecht/Meyer*[37] 4; KMR-*Müller* 20.

[21] OLG Köln Rpfleger **1977** 413 mit Anm. *Reiß*; KK-*Engelhardt* 40; KMR-*Müller* 20; *Rieß* NStZ **1982** 443.

[22] Üblicherweise wird das unterschriebene Urteil mit den Akten der Geschäftstelle zugeleitet (vgl. BGHSt **29** 43), es kann aber keinen Unterschied machen, wenn dies ohne Akten zur Fertigung des vorgeschriebenen Eingangsvermerks geschieht; vgl. *Rieß* NStZ **1982** 443; aber auch Fußn. 23.

[23] BGHSt **29** 43; KMR-*MKüller* 20; *Rieß* NStZ **1982** 443; *Schlüchter* 588; **a. A** *Reiß* Rpfleger **1977** 414. *Kleinknecht/Meyer*[37] 4 stellt dann auf den Eingang bei der Geschäftsstelle ab, wenn sich die Akten bereits dort befinden, das Urteil also nicht zusammen mit den Akten auf den Weg gebracht wird.

**8**      Ein besonderer **Formalakt**, etwa die förmliche Zuleitung des unterschriebenen Urteils an die Geschäftsstelle, ist für die Aufnahme des Urteils in die Akten nicht erforderlich. Wegen der Verpflichtung der Geschäftsstelle, den Eingang des Urteils zu vermerken (Absatz 1 Satz 5; Rdn. 54), ist es aber zweckmäßig, ihr das Urteil unverzüglich nach
Fertigstellung mit einem entsprechend datierten Hinweis zuzuleiten, damit der Vermerk ohne Verzögerung angebracht werden kann und der Nachweis erleichtert wird,
daß das fertiggestellte Urteil fristgerecht auf den Weg gebracht worden ist[24].

**9**      **4. Pflicht zur unverzüglichen Urteilsabsetzung.** Grundsätzlich ist jedes Urteil **unverzüglich** nach der Verkündung zu den Akten zu bringen (Absatz 1 Satz 1). Die
Höchstfristen des Satzes 2 dürfen nur ausgeschöpft werden, wenn zwingende Gründe
dies erfordern[25]. Auch innerhalb der jeweiligen Frist hat jede sachlich vermeidbare
Verzögerung der Urteilsabsetzung zu unterbleiben[26]. Eine Verletzung dieser Rechtspflicht kann im Rahmen des § 26 Abs. 2 DRiG dienstaufsichtlich beanstandet werden[27].
Der absolute Revisionsgrund des § 338 Nr. 7 greift allerdings nicht ein, da er im Interesse
der Verfahrensklarheit an die Überschreitung der Höchstfristen gebunden ist[28].

**10**      **5. Die Höchstfristen des Absatzes 1 Satz 2** begrenzen nunmehr die Zeitdauer, innerhalb der das Urteil abgesetzt werden kann, ohne den absoluten Revisionsgrund des
§ 338 Nr. 7 auszulösen. Der Gesetzgeber hat, weil die einzelnen Verfahren zu verschieden sind, keine einheitliche Frist vorgeschrieben, sondern nach der Verhandlungsdauer
gestaffelte Höchstfristen. Für jedes Urteil gilt nur eine **einheitliche Frist**; auch wenn
gegen einzelne der gemeinsam vom Urteil erfaßten Mitangeklagten an unterschiedlich
vielen Tagen verhandelt wurde, etwa, weil einer nach § 231 c beurlaubt oder das Verfahren gegen ihn vorübergehend abgetrennt worden war; es ist die Gesamtzahl aller Verhandlungstage maßgebend[29]. Ergeht jedoch nach der Abtrennung gegen einen Angeklagten ein getrenntes Urteil, dann bemißt sich die gesondert zu berechnende Frist nach
der bis dahin verstrichenen Verhandlungsdauer[30]. Die auch **in Bagatellfällen geltende
Mindestfrist** von fünf Wochen wurde so lange bemessen, um bei den vom Berichterstatter gefertigten Urteilsentwürfen dem Kollegium zu ermöglichen, den Entwurf erst nach
seiner Übertragung in Maschinenschrift zu beraten[31].

**11**      Bei einer **länger als drei Tage** dauernden Hauptverhandlung berechnet sich die
Höchstfrist für die Urteilsabsetzung **abstrakt** nach der Zahl der Tage, an denen tatsächlich verhandelt wurde. Auf die Dauer der Verhandlung an den einzelnen Tagen kommt
es nicht an; auch Tage, an denen die Hauptverhandlung sich nur auf einen einzelnen
Verfahrensvorgang beschränkte, zählen mit, wie etwa die auswärtige Einnahme eines
Augenscheins durch das erkennende Gericht oder die Erörterung eines Verfahrensan-
trags (z. B. Richterablehnung). Die aus Gründen der Rechtsklarheit abstrakt an die Verhandlungstage anknüpfende Regelung läßt es genügen, daß an einem bestimmten Tag
die Sache zur Verhandlung aufgerufen wurde. Ob dann tatsächlich zur Sache verhandelt oder ob die Verhandlung alsbald, etwa wegen Ausbleibens des Angeklagten, vertagt

---

[24] KK-*Engelhardt* 40; *Kleinknecht/Meyer*[37] 4.

[25] Amtl. Begr. BTDrucks. 7 551, S. 84.

[26] BVerfG bei *Spiegel* DAR **1985** 193; KK-*Engelhardt* 39; *Kleinknecht/Meyer*[37] 3.

[27] Vgl. den Widerspruchsbescheid DRiZ **1974**
133; KK-*Engelhardt* 39; *Rieß* NStZ **1982**
442.

[28] Vgl. Rdn. 75; § 338, 121.

[29] BGH bei *Holtz* MDR **1980** 631; *Klein-
knecht/Meyer*[37] 5; *Rieß* NStZ **1982** 442.

[30] *Kleinknecht/Meyer*[37] 5; *Rieß* NStZ **1982**
442.

[31] Amtl. Begr. BTDrucks. 7 551, S. 84.

wurde, ist unerheblich[32]; ebenso, ob die Fortsetzung der Verhandlung verfahrensrechtlich zulässig war[33]. Andererseits zählen alle Tage nicht mit, an denen keine Verhandlung stattfand. Dazu rechnen auch alle Tage, an denen das Gericht die Sache beraten hat; denn weder die Schluß- noch die Zwischenberatungen sind Teil der Hauptverhandlung[34]. Ist zum Beispiel an mehr als 90 und weniger als 100 Tagen verhandelt worden, so stehen für die Begründung insgesamt 25 Wochen zur Verfügung (fünf Wochen nach Halbsatz 1, 20 Wochen nach Halbsatz 2).

Die Verhandlungstage werden durch das **Sitzungsprotokoll** bewiesen, dessen Be- **12** weiskraft nach §274 auch insoweit gilt[35].

Für die **Berechnung** des Ablaufes der ermittelten Höchstfrist ist §43 heranzieh- **13** bar[36]. Eine am Samstag, Sonntag oder einem Feiertag endende Frist läuft also erst am nächstfolgenden Werktag ab. Für den Fristbeginn ist der Tag maßgebend, an dem die Urteilsverkündung endet[37]. Wird Wiedereinsetzung nach §267 Abs. 4 Satz 3 gewährt, beginnt die Urteilsabsetzungsfrist an dem Tag, an dem der Wiedereinsetzungsbeschluß den internen Gerichtsbereich verläßt[38]. Eine Wiedereinsetzung in den vorigen Stand gegen die Versäumung der Höchstfrist gibt es nicht. Dies folgt aus Absatz 1 Satz 4 sowie daraus, daß §44 nicht für die Fristen gilt, die das Gesetz den Richtern setzt[39].

### 6. Zulässige Fristüberschreitung

**a)** Nur in eng begrenzten[40] **Ausnahmefällen** läßt Absatz 1 Satz 4 eine Fristüber- **14** schreitung zu. Ein nicht vorhersehbarer, unabwendbarer Umstand muß verhindert haben, daß das Urteil fristgerecht zu den Akten gebracht wurde. Die dann für die Urteilsabsetzung zusätzlich zur Verfügung stehende Frist darf aber nicht automatisch nach der Dauer der Verhinderung bemessen werden. Um den absoluten Revisionsgrund des §338 Nr. 7 zu vermeiden, muß das Urteil nach Wegfall der Verhinderung **unverzüglich**, ohne jede weitere vermeidbare Verzögerung und mit Vorrang vor anderen Dienstgeschäften zu den Akten gebracht werden[41], wobei es im pflichtgemäßen Ermessen des Richters steht, in welcher Reihenfolge er mehrere rückständige Urteile absetzt[42].

**b)** Ein **unvorhersehbarer und unabwendbarer** Umstand liegt nur vor, wenn das **15** Gericht nach dem zu erwartenden Verlauf der Dinge nicht mit ihm zu rechnen brauchte und deshalb auch nicht gehalten war, durch entsprechende Vorkehrungen dafür zu sorgen, daß das Urteil trotzdem fristgerecht abgesetzt werden konnte, etwa, indem bei einem Ausfall des Urteilsfassers ein anderer Richter die Fertigstellung übernimmt[43].

---

[32] BGH NStZ **1984** 466; KK-*Engelhardt* 44; *Kleinknecht/Meyer*[37] 5; KMR-*Müller* 22.

[33] BGH NStZ **1984** 466 (Verhandlung unter Verstoß gegen §231 Abs. 2); *Kleinknecht/Meyer*[37] 5.

[34] KK-*Engelhardt* 45; *Kleinknecht/Meyer*[37] 5; KMR-*Müller* 22; vgl. §268, 12.

[35] Vgl. §272, 6.

[36] BGH bei *Holtz* MDR **1980** 815; KK-*Engelhardt* 46; *Kleinknecht/Meyer*[37] 6; KMR-*Müller* 22; *Rieß* NStZ **1982** 443; *Eb. Schmidt* Nachtr. I 3.

[37] KK-*Engelhardt* 43.

[38] Vgl. §267, 244 mit weit. Nachw.

[39] *Kleinknecht/Meyer*[37] 6; *Rieß* NStZ **1982** 442.

[40] Zur Tendenz der Rechtsprechung, die Anwendbarkeit der Ausnahmeregelung an strengen Anforderungen scheitern zu lassen, vgl. *Rieß* NStZ **1982** 443.

[41] BGH NStZ **1982** 519; BayObLGSt **1982** 139 = VRS **64** 130; *Dahs/Dahs* 171; *Kleinknecht/Meyer*[37] 11.

[42] BayObLGSt **1982** 139 = VRS **64** 130.

[43] BGH NStZ **1982** 80; vgl. auch BGHSt **26** 249 (Pflicht, für Fertigstellung des bereits diktierten Urteilsentwurfs zu sorgen); KK-*Engelhardt* 49; *Kleinknecht/Meyer*[37] 10; *Rieß* NStZ **1982** 444.

Wenn dies wegen anderweitiger, nicht aufschiebbarer Verpflichtungen der übrigen Berufsrichter nicht möglich ist, kann auch bei einem Kollegialgericht die **Erkrankung des Urteilsfassers** ein unabwendbarer Umstand sein[44], sofern mit ihr nicht zu rechnen, der Ausfall des Richters nicht mit einer gewissen Wahrscheinlichkeit vorhersehbar war[45]. Gleiches gilt, wenn vor der endgültigen Fertigstellung des Urteils eine Beratung der Urteilsfassung durch die Mitglieder des Kollegialgerichts notwendig wird, diese aber wegen der Erkrankung eines Mitglieds nicht durchgeführt werden kann[46]. Bei den Gerichten, die mit einem einzigen Berufsrichter besetzt sind, ist eine plötzliche Erkrankung in der Regel unvorhersehbar und unabwendbar[47], nicht dagegen der Antritt eines bereits längere Zeit vorher festgelegten Kuraufenthalts oder der bereits längere Zeit bestehende schlechte Gesundheitszustand eines überlasteten Richters[48] oder der Antritt eines geplanten Urlaubs[49].

**16**    Verzögerungen, die auf der **justizinternen Organisation** beruhen, werden in der Regel nicht als unvorhersehbar und unabwendbar anerkannt, so die Schwierigkeiten wegen der Abordnung eines Richters[50]. **Arbeitsüberlastung** ist nach Ansicht der Rechtsprechung möglichst durch organisatorische Maßnahmen abzuhelfen[51], notfalls sind andere richterliche Aufgaben zurückzustellen[52]. Eine unvorhergesehene **dienstliche Belastung** eines Richters mit zusätzlichen Aufgaben rechtfertigt die verzögerte Absetzung des Urteils nur, wenn die vertretungsweise übernommenen richterlichen Aufgaben eilbedürftig waren (z. B. Haftsachen) oder sonst wegen ihrer Bedeutung gegenüber der Urteilsabfassung nicht zurückgestellt werden konnte[53]. Allen aufschiebbaren Arbeiten geht die Pflicht vor, das Urteil rechtzeitig abzusetzen. Dies gilt erst recht, wenn der Richter durch erhebliche Rückstände belastet ist[54]. Eine nicht nur kurzfristig aufgetretene Überlastung der Schreibkanzlei ist ein vorhersehbarer Umstand[55], ebenso sonstige Schwierigkeiten, die der **Justizorganisation** zuzurechnen sind, wenn deren Anlaß vorhersehbar oder vermeidbar war[56], wie etwa das zeitweise Nichtfinden der Akten[57] oder die Unerreichbarkeit eines Beisitzers am letzten Tage der Frist[58]. Die Durchführung einer anderen Hauptverhandlung rechtfertigt für sich allein in der Regel die Fristüberschreitung nicht[59]. Maßgeblich ist aber auch hier immer die Abwägung aller Umstände des

[44] BGHSt **26** 249; BayObLGSt **1982** 139; VRS **64** 130.
[45] BGH NStZ **1982** 80; OLG Koblenz GA **1976** 251; KMR-*Müller* 25; *Rieß* NJW **1975** 81.
[46] BGHSt **26** 249; KK-*Engelhardt* 49.
[47] OLG Hamm MDR **1977** 1039; OLG Koblenz GA **1976** 252; KK-*Engelhardt* 49; *Kleinknecht/Meyer*[27] 9; KMR-*Müller* 25; *Rieß* NJW **1975** 81; NStZ **1982** 444.
[48] OLG Hamm MDR **1977** 1039 (Pflicht, auf teilweise Freistellung hinzuwirken).
[49] *Rieß* NStZ **1982** 444; vgl. auch BGHSt **26** 249 (bei Notwendigkeit einer nochmaligen Beratung der bereits abgefaßten Urteilsgründe kann Verzögerung bis zum Urlaubsende gerechtfertigt sein).
[50] OLG Hamm NJW **1977** 1303; *Kleinknecht/Meyer*[37] 9.
[51] BGH bei *Pelchen* LM StPO **1975** Nr. 5; BayObLGSt **1982** 139 = VRS **64** 130; OLG Hamm MDR **1977** 1039; KK-*Engelhardt* 50.

[52] BGH NStZ **1982** 519; vgl. auch Fußn. 59.
[53] OLG Celle NdsRpfl. **1977** 64 (für Krankheitsvertretung).
[54] OLG Koblenz GA **1976** 251; *Rieß* NJW **1975** 81.
[55] OLG Bremen StrVert. **1984** 275; OLG Hamm JMBlNW **1975** 267; OLG Karlsruhe Justiz **1976** 442; OLG Köln MDR **1978** 864; OLG Schleswig SchlHA **1978** 188; OLG Zweibrücken VRS **54** 130.
[56] Vgl. etwa OLG Hamm NJW **1977** 1303; OLG Koblenz MDR **1976** 950 (ganztägige Hauptverhandlung am letzten Tag der Frist).
[57] OLG Celle NJW **1982** 397; *Rieß* NStZ **1982** 444; zum Verlust der Urteilsurkunde vgl. Fußn. 66 und Rdn. 67.
[58] BGHSt **28** 194; *Rieß* NStZ **1982** 444.
[59] BayObLG VRS **64** 130 (nach Geschäftsverteilung vorrangige Heranziehung bei Zivilkammer); OLG Koblenz GA **1976** 251.

Einzelfalls. Die Pflicht, das Urteil unverzüglich abzusetzen, fällt dabei stets erheblich ins Gewicht, ebenso die Pflicht der Richter, vor allem des Vorsitzenden, alle nach der Sachlage erforderlichen und zumutbaren **Vorkehrungen für die Wahrung der Frist** zu treffen[60], wie etwa Kennzeichnung des Entwurf als eilbedürftig[61] unter Hinweis auf das Fristende, Berücksichtigung der Möglichkeiten der Schreibkanzlei bei Übernahme von Änderungen in einen neuzuschreibenden Entwurf[62], Überwachung des Fristablaufs[63], Absprachen über die Erreichbarkeit für Unterschrift und eventuell ergänzende Beratung[64]. Geht das **fertiggestellte Urteil verloren**, bevor es zu den Akten gebracht (Rdn. 4) ist, beurteilt es sich nach den im konkreten Fall getroffenen Vorkehrungen, ob die dadurch verursachte Fristüberschreitung bei Neufertigung des Urteils unvermeidbar war[65]. Steht dagegen fest, daß die verlorene Urteilsurschrift schon rechtzeitig zu den Akten gebracht worden war, so ist die Frist des §275 Abs. 1 gewahrt, allenfalls käme die analoge Anwendung des Absatz 1 Satz 4 auf die Rekonstruktion der Urteilsurkunde in Betracht[66].

c) Der Hinderungsgrund, der der rechtzeitigen Urteilsabsetzung entgegenstand, **17** braucht an sich **nicht aktenkundig** gemacht zu werden. Es ist wegen §338 Nr. 7 aber ratsam, wenn der Vorsitzende die Gründe in den Akten vermerkt, an denen die rechtzeitige Urteilsfertigstellung scheiterte[67]. Dies erleichtert den Verfahrensbeteiligten die Entscheidung, ob sie die Revisionsrüge nach §338 Nr. 7 mit Aussicht auf Erfolg geltend machen können und dem Revisionsgericht die Nachprüfung dieser Rüge[68]. Es sichert gleichzeitig den später wegen Personalwechsels oder schwindender Erinnerung nur noch schwer zu erbringenden Nachweis, daß der Einhaltung der Frist Gründe von Gewicht entgegenstanden.

7. **Rechtsfolgen** hat die Fristüberschreitung nur insoweit, als sie einen absoluten **18** Revisionsgrund schafft, der der Revision bei entsprechender Verfahrensrüge zum Erfolg verhilft[69]. Im übrigen aber entfällt weder die Pflicht des Gerichts, das Urteil zu den Akten zu bringen[70] noch beeinträchtigt die Fristüberschreitung die Wirksamkeit und Verbindlichkeit der nach Fristablauf fertiggestellten Urteilsgründe für das weitere Ver-

---

[60] Vgl. BGHSt **26** 249; **28** 194; BGH NStZ **1982** 80; OLG Bremen StrVert. **1984** 275; OLG Hamm MDR **1977** 1039; JMBlNW **1977** 213.

[61] OLG Bremen StrVert. **1984** 275.

[62] Vgl. BGH bei *Rieß* NStZ **1982** 444 (nochmaliges Schreiben eines 50seitigen Urteilsentwurfs kurz vor Fristende, obwohl Unterschrift des vorliegenden Entwurf mit den Korrekturen zur Fristwahrung genügt hätte).

[63] OLG Hamm JMBlNW **1977** 213; *Rieß* NStZ **1982** 444.

[64] Vgl. Fußn. 56; 58.

[65] KK-*Engelhardt* 51.

[66] Zur Problematik vgl. Rdn. 67. Auf den Umstand allein, daß die originale Urteilsurkunde nicht mehr bei den Akten ist, kann das Urteil nicht beruhen, so auch *Rieß* NStZ **1982** 444;

a. A OLG Stuttgart JR **1977** 126 mit abl. Anm. *Lintz*; vgl. §338, 116; 118.

[67] Nr. 141 Abs. 3 RiStBV; KK-*Engelhardt* 52; *Kleinknecht/Meyer*[37] 12; KMR-*Müller* 27.

[68] Vgl. §338, 122.

[69] Vgl. Rdn. 75; §338, 119 ff. Zur Frage, ob die verspätete Absetzung der Urteilsgründe die Wiedereinsetzung bei bereits verstrichener Revisionseinlegungsfrist rechtfertigt, vgl. §338, 120; *Rieß* NStZ **1982** 446.

[70] Diese Dienstpflicht besteht fort, auch wenn der absolute Revisionsgrund des §338 Nr. 7 dadurch nicht mehr aus der Welt geschafft werden kann (§338, 123). Die Urteilsgründe haben eine weit über diese Verfahrensrüge und das Revisionsverfahren hinausragende Bedeutung (vgl. §267, 6); ferner Rdn. 1; *Kleinknecht/Meyer*[37] 1.

Walter Gollwitzer

fahren vor dem Revisionsgericht[71] und für die weiteren Verfahrensabschnitte einschließlich Vollstreckungs-, Gnaden- und Wiederaufnahmeverfahren. Eine andere Beurteilung ist auch durch das Änderungsverbot des Absatzes 1 Satz 3 nicht veranlaßt (Rdn. 60).

**19**      Eine vermeidbare, sachlich nicht gerechtfertigte längere Verzögerung in der Absetzung der Urteilsgründe kann dazu führen, daß der in **Untersuchungshaft** befindliche Angeklagte aus der Haft zu entlassen ist[72].

## II. Aufnahme des Urteils mit Gründen in das Protokoll

**20**      **1. Ermessen des Vorsitzenden.** Ob das Urteil mit den Gründen als besondere Niederschrift (also mit Urteilskopf, Urteilssatz und Gründen)[73] zu den Akten zu bringen oder die Gründe in das Protokoll mit aufzunehmen seien, ist dem nicht anfechtbaren **Ermessen des Vorsitzenden** überlassen[74]. Die Aufnahme der Gründe in das Protokoll empfiehlt sich nur in einfachen Sachen, deren Sachlage ein alsbaldiges Niederschreiben der Gründe gestattet oder aber ihr Diktieren in das Protokoll bei der Urteilsbegründung. Der Umstand, daß die Urteilsgründe in das Protokoll aufgenommen werden, schließt ihre Niederschreibung durch einen der Richter nicht aus.

**21**      **2. Nach Form und Inhalt** muß das in das Protokoll aufgenommene Urteil den gleichen Anforderungen entsprechen wie die in einer getrennten Urkunde erstellten Urteile[75]. Lediglich der Urteilskopf mit den von Absatz 3 geforderten Angaben kann entfallen, sofern diese Angaben vollständig bereits im Kopf des Protokolls enthalten sind[76]. Die **Unterschriften** der Berufsrichter müssen das gesamte Urteil, Formel und Gründe, decken; die Unterschriften des Vorsitzenden und des Protokollführers außerdem die Sitzungsniederschrift[77].

**22**      **3. Unverzügliche Fertigstellung.** § 275 Abs. 1 Satz 1 geht davon aus, daß bei Aufnahme des Urteils in das Protokoll die Pflicht stets erfüllt ist, das Urteil unverzüglich zu den Akten zu bringen[78]. Dies setzt jedoch voraus, daß bereits bei der Urteilsverkündung die von allen Berufsrichtern unterschriebene, fertige Fassung der Urteilsgründe zur Aufnahme in das Protokoll zu den Akten gegeben wird. Da jedoch das Protokoll in der Regel erst nach der Hauptverhandlung hergestellt und unterschrieben wird und erst dann zu den Akten zu nehmen ist[79], ergibt sich auch hier die Pflicht, dafür zu sorgen, daß das Protokoll mit dem Urteil unverzüglich fertiggestellt wird. Der Sinn des Absatzes 2 spricht dafür, auch die Höchstfristen insoweit (analog) anzuwenden[80]. Verzögert

[71] Vgl. § 338, 123.

[72] Vgl. OLG Karlsruhe NJW **1969** 1682; OLG München NJW **1970** 156.

[73] RGSt **19** 233; BayObLG bei *Rüth* DAR **1983** 253; OLG Köln VRS **64** 282; NJW **1980** 1405.

[74] KK-*Engelhardt* 2.

[75] RGSt **19** 233.

[76] Nr. 141 Abs. 1 RiStBV; vgl. § 272, 16; KMR-*Müller* 1.

[77] RGSt **64** 215; KK-*Engelhardt* 4; vgl. § 272, 22.

[78] Vgl. KMR-*Müller* 4 (mit Unterschrift des Richters wird protokolliertes Urteil zur Urteilsurschrift); OLG Düsseldorf MDR **1982** 249 nimmt an, daß das damit vollständig zu den Akten gegebene schriftliche Urteil nicht mehr geändert werden kann.

[79] Vgl. § 271, 10 ff.

[80] KMR-*Müller* 5; **a. A** OLG Düsseldorf MDR **1982** 249.

sich die Erstellung des Protokolls, dann ist es unter Umständen angezeigt, die vorgesehene Aufnahme des Urteils in die Sitzungsniederschrift wieder rückgängig zu machen und das Urteil in getrennter Urkunde zu den Akten zu bringen.

### III. Die äußere Form des Urteils (Absatz 3)

**1. Urteilskopf.** Absatz 3 legt die Angaben, die der Urteilskopf (auch „Eingang", **23** „Rubrum" genannt) enthalten muß, nur in den Grundzügen und auch da nur lückenhaft fest. Viele Einzelfragen bleiben offen. Insoweit entscheidet das Gericht unter Berücksichtigung des Zweckes des Urteilskopfes und der bestehenden Übung nach pflichtgemäßem Ermessen[81].

**2. Die einzelnen Angaben des Urteilskopfes**

**a) Tag der Sitzung.** Hat sich die Sitzung einschließlich der Urteilsverkündung auf **24** mehrere Tage erstreckt oder war die Urteilsverkündung ausgesetzt worden, dann werden üblicherweise alle Tage, eventuell auch nur der Zeitraum einer vieltägigen Hauptverhandlung aufgeführt[82]. Unerläßlich ist es, den **Tag der Urteilsverkündung** anzugeben, da er allein für den Lauf der Fristen entscheidend ist[83]. Maßgebend ist der Tag, an dem die Verkündung beendet wurde; denn erst mit Abschluß der Verkündung ist das Urteil erlassen (von Bedeutung insbesondere, wenn die Urteilsverkündung erst nach Mitternacht endet[84]. Eine unrichtige Datierung beeinträchtigt den Bestand des Urteils nicht[85]. Ein hierdurch verursachter Irrtum über den Beginn der Rechtsmittelfristen kann aber die Wiedereinsetzung rechtfertigen.

**b) Namen der Richter** einschließlich der Laienrichter. Es genügt der Familienna- **25** me[86]. Sind allerdings mehrere Richter gleichen Namens bei dem Gericht, ist eine weitere Individualisierung (Vorname; kennzeichnender Zusatz) angezeigt. Die Amtsbezeichnung der Berufsrichter und die Funktion, in der die Richter am Prozeß teilgenommen haben (Vorsitzender, Beisitzender, Schöffe) ist entsprechend der ständigen Übung ebenfalls anzugeben[87]; nicht notwendig ist die Kenntlichmachung, ob es sich um einen abgeordneten Richter oder einen Richter kraft Auftrags handelt[88]. Beim Richter auf Probe wird dies ohnehin aus der Amtsbezeichnung ersichtlich. Ist ein Ergänzungsrichter eingetreten, so ist sein Name anzuführen und nicht der Name des ausgefallenen Richters[89].

**c) Die Bezeichnung des Gerichts** fordert Absatz 3 nicht ausdrücklich. Es ist aber **26** selbstverständlich, daß der Urteilskopf angeben muß, welches Gericht und welcher bei diesem Gericht gebildete Spruchkörper das Urteil erlassen hat[90]. Die ebenfalls gebotene Angabe des Aktenzeichens genügt für sich allein hierfür nicht.

**d) Beamte der Staatsanwaltschaft.** Haben mehrere nebeneinander an der Sitzung **27** teilgenommen, so sind alle mit Namen und Dienstbezeichnung anzugeben. Ein Refe-

---

[81] Wegen der Einzelheiten vgl. *Kroschel/Meyer-Goßner* 6 ff.

[82] OLG Koblenz Rpfleger **1973** 219; KK-*Engelhardt* 7; KMR-*Müller* 7; vgl. Rdn. 12.

[83] KK-*Engelhardt* 7; *Kleinknecht/Meyer*[37] 2; *Kroschel/Meyer-Goßner* 8; *Eb. Schmidt* 2.

[84] Vgl. RG JW **1932** 3105 mit zust. Anm. *Oetker*; § 272, 6.

[85] OLG Koblenz VRS **45** 190.

[86] KK-*Engelhardt* 8.

[87] *Furtner* 18; *Kroschel/Meyer-Goßner* 8.

[88] *Kleinknecht/Meyer*[37] 2; vgl. § 29 DRiG.

[89] KK-*Engelhardt* 8.

[90] KK-*Engelhardt* 14; KMR-*Müller* 7; *Kroschel/Meyer-Goßner* 8.

rendar, dem der anwesende Staatsanwalt die mündlichen Ausführungen überlassen hat, braucht jedoch nicht erwähnt zu werden[91]. Hat der Staatsanwalt während der Sitzung gewechselt, werden zweckmäßigerweise beide Beamte angegeben[92]. Nur den Beamten der Staatsanwaltschaft anzuführen, der bei der Urteilsverkündung anwesend war[93], entspricht kaum dem Sinn der Vorschrift, die aufzeigen soll, wer am Zustandekommen des Urteils maßgebend mitgewirkt hat und nicht nur, wer bei seiner Verkündung anwesend war. Die Erwähnung der **Nebenkläger** im Urteilskopf ist dagegen nicht vorgeschrieben[94], jedoch zweckmäßig.

**28**     e) **Verteidiger.** Sein Name ist ebenfalls im Urteilskopf anzuführen. Hatte der Angeklagte mehrere Verteidiger, so sind sie alle anzugeben[95], auch wenn einer von ihnen zeitweilig nicht anwesend war. Es gelten insoweit die gleichen Gesichtspunkte wie für die Vertreter der Staatsanwaltschaft. Unerheblich, und deshalb nicht zu erwähnen ist, ob ein Verteidiger als Pflichtverteidiger bestellt worden ist[96].

**29**     Für den **Beistand** (§ 149) fehlt eine solche Regelung. Es besteht daher keine Verpflichtung, ihn im Urteilskopf zu erwähnen[97].

**30**     f) **Urkundsbeamte der Geschäftsstelle.** Hier genügt es, wenn bei einem Wechsel nur der Urkundsbeamte angegeben wird, der an der Verkündung teilgenommen hat[98]; denn jeder Protokollführer ist nur für den von ihm selbst aufgenommenen Teil verantwortlich, nicht aber für das Zustandekommen des Urteils als solchen. Daraus ergibt sich der Unterschied zu den anderen Personen, Rdn. 27, 28.

**31**     g) **Angeklagter.** Er wird in Absatz 3 nicht erwähnt; daß er anzugeben ist, ist jedoch schon der Sache nach unerläßlich. Urteilskopf und Urteilsformel bilden die Grundlage der Vollstreckung und der Eintragung in das Strafregister. Sie werden außerdem anderen Behörden mitgeteilt, die die Akten nicht zur Verfügung haben. Es ist daher unerläßlich, den Angeklagten im Urteilskopf so genau zu bezeichnen, daß seine Identität jederzeit an Hand der Personalien festgestellt werden kann[99]. Erforderlich sind also neben Familiennamen (einschließlich des Geburtsnamens) und Vornamen Angaben über Tag und Ort der Geburt, Wohnort oder Aufenthaltsort (Ort, Straße, Hausnummer) sowie auch Angaben über die Staatsangehörigkeit[100]. Ob die üblichen Angaben über Beruf oder Familienstand geboten sind, kann zweifelhaft sein[101]. Befindet sich der Angeklagte in Untersuchungshaft oder in anderer Sache in Strafhaft, so ist auch

---

[91] *Eb. Schmidt* 3.
[92] KK-*Engelhardt* 10; *Kleinknecht/Meyer*[37] 2.
[93] *Furtner* 18.
[94] KMR-*Müller* 7; *Eb. Schmidt* 4; KK-*Engelhardt* 18 hält dies für notwendig, wenn er an der Hauptverhandlung teilgenommen hat oder über sein Rechtsmittel entschieden wird.
[95] OLG Koblenz Rpfleger **1973** 219; KK-*Engelhardt* 11; *Kleinknecht/Meyer*[37] 2; KMR-*Müller* 7 (nur, wenn sie im Zeitpunkt der Urteilsverkündung noch gewählt oder bestellt waren, nicht die vorher ausgeschiedenen).
[96] KK-*Engelhardt* 11; *Kleinknecht/Meyer*[37] 2.
[97] Eb. *Schmidt* 4; KK-*Engelhardt* 16; *Kroschel/Meyer-Goßner* 8.
[98] KK-*Engelhardt* 12; *Kleinknecht/Meyer*[37] 2; vgl. § 271, 12; § 272, 11.

[99] KK-*Engelhardt* 15; KMR-*Müller* 7; *Kroschel/Meyer-Goßner* 7; vgl. Nr. 141 Abs. 1 Satz 1; 110 Abs. 2 RiStBV.
[100] *Kroschel/Meyer-Goßner* 7; **a. A** KK-*Engelhardt* 15. Die Angabe der Staatsangehörigkeit im Urteilskopf ist bei den durchlässiger gewordenen Grenzen nicht nur zu Identifizierung, sondern auch für die spätere Sachbehandlung angezeigt (Repatriierung; Vollstreckung im Ausland; Benachrichtigungspflichten u. a).
[101] Die Angaben werden unter Hinweis auf Nr. 110 Abs. 2 RiStVB für erforderlich gehalten von *Furtner* 17; *Kroschel/Meyer-Goßner* 7; LR[23] 31; **a. A** KK-*Engelhardt* 15.

dies im Urteilskopf zweckmäßigerweise anzuführen[102]. Religionszugehörigkeit oder der Hinweis auf Vorstrafen gehören dagegen nicht in den Urteilskopf[103].

Durch die Aufnahme der Personalien in den Urteilskopf wird die **Urteilsformel** **32** **entlastet**, sie müssen dann dort nicht wiederholt werden. Umgekehrt kann die Aufnahme aller Personalangaben in der Urteilsformel deren nochmalige Anführung im Urteilskopf entbehrlich machen. Weichen die Personaldaten im Urteilskopf wesentlich von denen der Anklage oder des Bußgeldbescheides ab, muß im Urteil klargestellt werden, daß dieses nicht gegen eine andere Person erlassen wurde[104].

**Mehrere Angeklagte** sind in der Regel in der **Reihenfolge** der Anklageschrift auf- **33** zuführen. Ergehen in einer früher verbundenen Sache getrennte Urteile, kann es angezeigt sein, die frühere Verbindung dadurch kenntlich zu machen, daß die Angabe des Namens mit aufgenommen wird, der das verbundene Verfahren kennzeichnete und daß erst dann die Namen der Angeklagten genannt wird, gegen die im Urteil entschieden wurde[105].

h) Die Personalien eines von der Entscheidung betroffenen **Einziehungsbeteilig-** **34** **ten** sind — ebenso wie die der Angeklagten — im erforderlichen Umfang in den Urteilskopf aufzunehmen[106].

i) Der **Privatkläger** wird in § 275 Abs. 3 nicht angesprochen. Da er das Strafver- **35** fahren gegen den Angeklagten betreibt, muß er jedoch in den Urteilskopf aufgenommen werden, ohne Rücksicht darauf, ob er in der Hauptverhandlung anwesend war[107]. Gleiches gilt bei einem **Verletzten**, über dessen zivilrechtliche Ansprüche im **Adhäsions-** **verfahren** mit entschieden wird[108].

### 3. Unterschriften der Richter

a) Ein **vollständiges schriftliches Urteil** liegt so lange nicht vor, als nicht sämtliche **36** beteiligten Berufsrichter unterzeichnet haben. Die Frist zur Begründung der Revision läuft deshalb grundsätzlich erst von der Zustellung eines von allen Unterschriften gedeckten, fertiggestellten Urteils an[109]. Dasselbe gilt, wenn irrtümlich ein nicht Berufener die Verhinderung eines Richters zur Beifügung seiner Unterschrift unter dem Urteil vermerkt hat[110]. Die **vorzeitige Zustellung** eines von einem Teil der Richter nicht unterschriebenen Urteils ist rechtlich bedeutungslos; der Angeklagte kann keinen Einwand daraus herleiten, wenn das hernach zugestellte, ordnungsgemäße (fristgerecht zu den Akten gebrachte) Urteil inhaltlich von dem abweicht, das ihm zugestellt worden war, bevor die Unterschriften aller mitwirkender Richter vorlagen[111].

Das **Fehlen einer Unterschrift** kann und muß wegen der nicht nur unter dem **37** Aspekt des Revisionsverfahrens zu betrachtenden Bedeutung des Urteils dadurch **geheilt** werden, daß die **Unterschrift nachgeholt** oder — bei Verhinderung — durch einen ent-

---

[102] *Kroschel/Meyer-Goßner* 7; **a. A** *Furtner* 17; KK-*Engelhardt* 15.

[103] KK-*Engelhardt* 15; *Kroschel/Meyer-Goßner* 7 (bezüglich Vorstrafen).

[104] Vgl. OLG Schleswig SchlHA **1979** 288 (andernfalls ist über Schuldvorwurf gegen den eigentlichen Angeklagten nicht entschieden).

[105] *Kroschel/Meyer-Goßner* 7 („Strafsache gegen A und andere; hier gegen B und C").

[106] KK-*Engelhardt* 19.

[107] KK-*Engelhardt* 17 (üblich in der Form der Parteibezeichnung des Zivilprozesses).

[108] Vgl. § 406, 2 ff.

[109] RG LZ **10** 153; vgl. RGZ **82** 422; ferner Rdn. 4.

[110] RG GA **38** (1891) 48.

[111] OLG Dresden JW **1930** 2080.

sprechenden Vermerk (dazu Rdn. 46) ersetzt wird[112]. Dies gilt auch, wenn ein nicht beteiligter Richter an Stelle eines beteiligten irrtümlich das Urteil unterschrieben hat[113]. Eine solche Nachholung ist Dienstaufgabe der Richter und — zeitlich unbegrenzt — grundsätzlich solange möglich, als der Richter noch die Übereinstimmung der Urteilsgründe mit dem Ergebnis der Beratung bezeugen kann[114]. Sie ist selbst dann noch zulässig, wenn die Urteilsbegründungsfrist abgelaufen oder der Mangel in der Revisionsbegründung gerügt ist. Eine grundsätzlich getrennt zu beurteilende Frage ist, ob dadurch der Revisionsgrund des § 338 Nr. 7 noch beseitigt werden kann[115]. Zur Auswirkung des Mangels auf die von der Urteilszustellung abhängigen Fristen vgl. § 345, 5, 6.

**38**　　b) Die Unterschrift **sämtlicher Richter**, und zwar nach Absatz 2 Satz 3 nur der Berufsrichter[116] ist sowohl für den Urteilssatz wie für die Gründe notwendig[117]. Es genügt nicht, wenn hinsichtlich der Gründe auf eine selbst nicht unterschriebene Anlage („Gründe siehe Entwurf") verwiesen wird[118]. Ein eingesprungener Ergänzungsrichter unterschreibt an Stelle des ausgefallenen Richters[119]. Die **Unterschrift** muß zwar nicht leserlich, wohl aber als solche individualisierbar sein. Eine geschlängelte Linie genügt nicht[120], desgleichen nicht ein Handzeichen. Erforderlich ist die handschriftliche Unterschrift mit dem voll ausgeschriebenen Familiennamen[121]. Die Unterschrift der Schöffen ist nicht vorgesehen (Absatz 2 Satz 3); unterschreiben die Schöffen trotzdem die Urteilsgründe, ist dies unschädlich[122].

**39**　　Die Unterschrift des Urteils ist Ausübung der **rechtsprechenden Gewalt**. Der Unterschreibende muß daher nach vorherrschender Ansicht auch im Zeitpunkt der Unterschriftsleistung noch Richter sein[123]. Nicht erforderlich ist, daß er noch dem gleichen

[112] Vgl. RGRspr. **9** 480; RGSt **61** 399; *Peters* FS Weber 383 (zur früheren Rechtslage); so auch herrschende Meinung im Zivilprozeß, vgl. die Erläuterungsbücher zu § 315 ZPO. Zur Gegenmeinung, die zum Teil wohl nur im Rahmen des § 338 Nr. 7 argumentiert, vgl. Fußn. 115.

[113] Vgl. BayObLG bei *Rüth* DAR **1982** 253 (Protokollfehler); OLG Düsseldorf MDR **1981** 423 (absoluter Revisionsgrund greift); ferner Rdn. 5.

[114] Vgl. Fußn. 112; ferner § 338, 123; *Gollwitzer* FS Kleinknecht (1985) 167; *Rieß* NStZ **1982** 443. Das Änderungsverbot des Absatzes 1 Satz 3 steht der Nachholung der Unterschrift nicht entgegen; vgl. Rdn. 60. Die gegenteilige Ansicht würde, sofern sie nicht nur mißverständlich die Anwendbarkeit des § 338 Nr. 7 begründen will, der Begründungsfrist und ihrer Absicherung durch das Veränderungsverbot eine Bedeutung beimessen, die ihr der Gesetzgeber durch die Ausgestaltung als disponible Verfahrensrüge versagt hat. Zur bisherigen Rechtsprechung vgl. Fußn. 115.

[115] *Kleinknecht/Meyer*[37] 13; KMR-*Müller* 19; *Rieß* NStZ **1982** 443; § 338, 123; auch OLG Düsseldorf MDR **1981** 423; dem Wortlaut nach weiter KK-*Engelhardt* 47 (kann nicht

mehr nachgeholt werden); *Kroschel/Meyer-Goßner* 247; BGHSt **27** 335; **28** 196; BGH NStZ **1984** 378; StrVert. **1985** 275; BGH bei *Holtz* MDR **1978** 988; ob allerdings alle Entscheidungen in der Sache mehr besagen wollen, als daß die verspätete Nachholung der Unterschrift bei der Rüge nach § 338 Nr. 7 unbeachtlich ist, erscheint fraglich.

[116] BGHSt **26** 92 = LM Nr. 1 mit Anm. *Pelchen*; BGHSt **31** 212; KK-*Engelhardt* 23; 24; KMR-*Müller* 9.

[117] So schon RGRspr. **1** 826.

[118] BayObLGSt **1970** 224 = VRS **40** 210.

[119] *Eb. Schmidt* 11.

[120] OLG Düsseldorf NJW **1956** 923; KK-*Engelhardt* 25; vgl. auch § 345, 24.

[121] KK-*Engelhardt* 25.

[122] KK-*Engelhardt* 24.

[123] BayObLGSt **1967** 51 = NJW **1967** 1578; *Kleinknecht/Meyer*[37] 15; KMR-*Müller* 15; ferner *Busch* JZ **1964** 749; *Kroschel/Meyer-Goßner* 249; a. A *Kohlhaas* GA **1974** 147; *Gollwitzer* FS Kleinknecht (1985) 169. Zur gleichen Streitfrage bei § 315 ZPO vgl. die entsprechenden Erläuterungsbücher, insbes. *Stein/Jonas*[19] § 315 (maßgebend für Richtereigenschaft Zeitpunkt der Beschlußfassung, nicht der unselbständige Akt der Unterzeichnung); ferner *Vollkommer* NJW **1968** 1309.

Spruchkörper angehört[124]; auch die **Versetzung** an ein anderes Gericht dürfte die Zulässigkeit und Wirksamkeit der Unterschrift nicht beseitigen, da sie den mit besonderen Rechtsgarantien geschützten Richterstatus und die damit verbundene Befugnis zur Ausübung der rechtsprechenden Gewalt nicht berührt, sondern nur die Befugnis, für einen bestimmten Spruchkörper zu handeln. Die Pflicht und Befugnis zur Beurkundung des Beratungsergebnisses ist ein die Versetzung überdauernder Ausfluß des früheren Richteramtes; sie kann auch nach dem Ausscheiden aus dem alten Spruchkörper ausgeübt werden[125], denn es wird damit nur noch eine im alten Richteramt ausgeübte, bereits wirksam gewordene Amtshandlung dokumentiert.

**c)** Mit der Unterschrift bezeugen die Berufsrichter, daß das Urteil nach der **Meinung der Mehrheit** mit dem Ergebnis der Beratung übereinstimmt[126]. Meinungsverschiedenheiten über Form und Inhalt der schriftlichen Urteilsfassung müssen die Berufsrichter in einer Beratung klären und durch Abstimmung mehrheitlich entscheiden[127]. Auch der **überstimmte Richter** muß das Urteil unterschreiben, da er mit seiner Unterschrift nur bestätigt, daß das Urteil nach der Meinung der Mehrheit dem Beratungsergebnis entspricht[128]. Vermerkt er dabei eine abweichende eigene Meinung, so ist dies unbeachtlich und beseitigt die Maßgeblichkeit der schriftlichen Urteilsgründe für das weitere Verfahren nicht[129]. **40**

Bei dem mit **zwei Berufsrichtern** besetzten, **erweiterten Schöffengericht** kann bei Meinungsverschiedenheiten ein Mehrheitsbeschluß nicht herbeigeführt werden. Es ist strittig, ob in diesem Fall die Stimme des Vorsitzenden den Ausschlag gibt[130] oder ob zur Vermeidung einer unüberwindbaren Position des Vorsitzenden die Schöffen zuzuziehen sind, wobei der Vorsitzende dann nur bei einer Pattsituation nach § 194 Abs. 4 GVG den Ausschlag gäbe[131]. Für die erste Auffassung spricht ihre Praktikabilität, ferner daß es systemwidrig wäre, die Laienrichter zur Beschlußfassung über die Fassung der Urteilsgründe beizuziehen. **41**

**d) Änderung nach Unterschrift.** Bedarf es der Unterschrift mehrerer Richter und ist der Urteilsentwurf zunächst nur von einem Teil der Richter unterschrieben, so dürfen spätere sachliche Änderungen nur mit Zustimmung des oder der Richter vorgenommen werden, deren Unterschrift schon vorliegt[132]. Eine dem Vorsitzenden oder einem Beisitzer **im voraus erteilte Ermächtigung**, an den ausgearbeiteten Gründen so viel zu ändern, als der Ermächtigte für erforderlich oder zweckmäßig erachte, ist rechtlich wir- **42**

---

[124] BGHSt **27** 334; BayObLGSt **1982** 133 = JR **1983** 261 mit Anm. *Foth.*

[125] BGH NStZ **1982** 476; KK-*Engelhardt* 34; *Kleinknecht/Meyer*[37] 11; KMR-*Müller* 15; ferner *Busch* JZ **1964** 749; *Kohlhaas* GA **1974** 148; zur vergleichbaren Rechtslage nach § 315 ZPO *Vollkommer* NJW **1968** 1310; ferner OLG Stuttgart Rpfleger **1976** 257 mit abl. Anm. *Vollkommer.* Zur Fortdauer der Befugnisse aus dem alten Richteramt vgl. BGH NJW **1967** 2367.

[126] RG JW **1930** 559; BGHSt **26** 93; **31** 312; StrVert. **1985** 275; BGH bei *Holtz* MDR **1979** 638.

[127] RGSt **28** 58; **44** 120; BGHSt **26** 93.

[128] BGHSt **26** 93; KK-*Engelhardt* 23; *Klein-*

*knecht/Meyer*[37] 13; KMR-*Müller* 11; vgl. auch Rdn. 71.

[129] BGHSt **26** 93; KK-*Engelhardt* 26 (anders, wenn Richter beanstandet, daß Urteilsgründe nicht ordnungsgemäß beschlossen).

[130] So *Koeniger* 464; *Sachs* DRiZ **1925** 154; zum Streitstand vgl. *Krofferbert/Knoth* DRiZ **1926** 176; *Knoth* DRiZ **1925** 33; Sachse GA 70 (1926) 161; und neuerdings *Deisberg/Hohendorf* DRiZ **1984** 261; ferner die Erl. zu § 30 und § 196 GVG.

[131] *Deisberg/Hohendorf* DRiZ **1984** 261; *Kissel* § 196, 7; *Eb. Schmidt* § 29 GVG, 15; wegen des Streitstandes vgl. Fußn. 130.

[132] RGSt **44** 120; RG Recht **1915** Nr. 2189; BGH bei *Holtz* MDR **1979** 638; **1983** 450.

kungslos[133]. Scheidet ein Richter aus dem Gericht aus, nachdem der Urteilsentwurf von ihm, aber bevor er von den anderen Richtern unterzeichnet ist, so steht dem nicht im Weg, daß die Änderung, die den zurückbleibenden Richtern angebracht erscheint, vorgenommen und daß die Unterschrift des ausgeschiedenen Richters durch einen Vermerk über seine Verhinderung an der Unterzeichnung des neu gefaßten Urteils ersetzt wird[134]. Für die **Berichtigung von Rechtschreibfehlern** oder eindeutigen Schreibversehen oder grammatikalischen oder stilistischen Verbesserungen ohne jede sachliche Inhaltsverschiebung bedarf es jedoch keiner nochmaligen Zustimmung der Richter, die bereits unterschrieben haben[135].

**43**　Verweigern die Richter, die den Urteilsentwurf schon unterzeichnet haben, die Zustimmung zu einer von den anderen Richtern gewünschten Änderung, so muß in **gemeinsamer Beratung** geklärt werden, welche Gründe seinerzeit für das Urteil maßgebend waren, und dann ein **neuer Beschluß** über die endgültige Fassung der Urteilsgründe herbeigeführt werden[136].

**44**　e) Der **Urkundsbeamte** hat nur die Ausfertigung des Urteils, nicht aber die (besonders niedergeschriebene) Urschrift zu unterschreiben. Auch wenn das Urteil vollständig in das Protokoll aufgenommen wird, muß es von allen Richtern unterschrieben werden[137].

**45**　f) Absatz 2 bezieht sich nur auf Urteile[138]. Auf **Beschlüsse** ist er nicht entsprechend anwendbar[139]. Die Strafprozeßordnung enthält keine Vorschrift, wonach Beschlüsse zu ihrer Wirksamkeit der eigenhändigen Unterschrift aller mitwirkenden Richter bedürften[140].

### 4. Verhinderung eines Richters

**46**　a) **Zweck des Verhinderungsvermerks.** Anders als bei der Urteilsberatung ist die Mitwirkung aller Richter des erkennenden Gerichts bei der Beurkundung des Beratungsergebnisses in der schriftlichen Urteilsbegründung nicht vorgesehen. Selbst die Beteiligung aller Berufsrichter ist nicht unerläßlich. Absatz 2 Satz 2 läßt den Ersatz der Unterschrift zu, wenn ein Berufsrichter, der am Urteil mitgewirkt hat, an der alsbaldigen Unterschriftsleistung verhindert ist. Der die Unterschrift ersetzende Vermerk muß die Tatsache der Verhinderung und den Hinderungsgrund aufzeigen. Er bezeugt nur die Verhinderung und nicht etwa, daß der verhinderte Richter die Gründe als mit dem Beratungsergebnis übereinstimmend ansieht[141]. Es liegt also **keine Vertretung** bei der Unterschrift vor.

---

[133] RG GA **62** (1915/16) 471; BGHSt **27** 336; BGH NStZ **1984** 274; StrVert. **1984** 144; KK-*Engelhardt* 27; *Kleinknecht/Meyer*[37] 14; KMR-*Müller* 12; *Rieß* NStZ **1982** 443.

[134] RG DRiZ **1929** Nr. 904; KK-*Engelhardt* 27; *Kleinknecht/Meyer*[37] 14.

[135] BGHSt **27** 334; BGH bei *Holtz* MDR **1979** 638; **1984** 93; KK-*Engelhardt* 27; *Kleinknecht/Meyer*[37] 14; *Rieß* NStZ **1982** 443; KMR-*Müller* 12, der jedoch darauf hinweist, daß bei stilistischen Änderungen die Grenze zur unzulässigen sachlichen Änderung zweifelhaft sein kann.

[136] RGSt **44** 121; vgl. Rdn. 40.

[137] Vgl. dazu Rdn. 21.

[138] Er gilt auch für Berufungsurteile. § 332, ob er für Revisionsurteile gilt, ist strittig, vgl. § 356, 3; KK-*Engelhardt* 1.

[139] RGSt **43** 218; *Kroschel/Meyer-Goßner* 292. Vgl. Rdn. 1.

[140] KG GA **1953** 128; OLG Düsseldorf MDR **1984** 164; *Kohlhaas* GA **1955** 69; *Kroschel/Meyer-Goßner* 292; *Sarstedt* JR **1959** 69.

[141] BGHSt **31** 213; *Pelchen* LM § 275 StPO Nr. 1.

**b) Verhinderung.** Verhindert an der Unterschrift ist ein Richter, wenn er seine **47** Unterschrift **nicht leisten kann**, nicht aber dann, wenn er sie **nicht leisten will**. Der überstimmte Richter darf seine Unterschrift nicht verweigern. Es gehört zu seiner richterlichen Pflicht, sich der gesetzlichen Mehrheit zu beugen[142]. Verweigert ein Richter trotzdem die Unterschrift, so ist strittig, ob es zur Wahrung der Urteilsabsetzungsfrist angängig ist, Absatz 2 Satz 2 entsprechend anzuwenden[143].

**Die Hinderungsgründe** zählt Absatz 2 Satz 2 nicht näher auf. An sie werden nicht **48** die strengen Anforderungen gestellt, die für die Umstände gelten, die die fristgerechte Absetzung des Urteils nach Absatz 1 Satz 4 verhindert haben. Eine **Verhinderung** liegt beispielsweise vor, wenn ein Richter verstorben oder ernstlich erkrankt ist oder wenn er inzwischen einen längeren Urlaub angetreten hat oder wenn ein nicht am Gerichtssitz wohnhafter Hilfsrichter mitgewirkt hat und vor der Abfassung des Urteils an seinen Wohnort zurückgekehrt ist[144]; desgleichen, wenn der Richter aus Rechtsgründen das Urteil nicht mehr unterzeichnen darf[145]. **Anderweitige Dienstgeschäfte** können eine Verhinderung begründen, so, wenn der Richter wegen eines anderweitigen, seine Zeit voll beanspruchenden Dienstgeschäftes oder wegen Dienstleistung an einem anderen Ort zur Durchsicht und Unterschrift der Urteilsgründe in vertretbarer Zeit nicht in der Lage ist[146]. Eine **kurzfristige Verhinderung**, die die Pflicht des Gerichts zur unverzüglichen Urteilsabsetzung nicht beeinträchtigt, berechtigt nicht zum Ersetzungsvermerk. Andererseits erscheint es mit dem Gebot, das Urteil unverzüglich zu den Akten zu bringen, auch nicht vereinbar, den Verhinderungsfall nur anzunehmen, wenn der verhinderte Richter das Urteil nicht vor Ablauf der Absetzungsfrist unterzeichnen kann[147]. Die kurzfristige Nichterreichbarkeit eines Richters am letzten Nachmittag der Urteilsabsetzungsfrist genügt allerdings ebensowenig für die Annahme seiner Verhinderung[148], wie — für sich allein — die Zugehörigkeit zu einer anderen Kammer[149]. Die Verhinderung braucht **keine dauernde** zu sein. Auch eine Verhinderung von erkennbar begrenzter Dauer genügt, wenn die Erfüllung der Pflicht, das Urteil unverzüglich zu den Akten zu bringen, durch ein Zuwarten nicht nur unbeträchtlich verzögert würde[150]. Ob dies der Fall ist, muß für den Zeitpunkt der Unterschriftsreife der Urteilsgründe ex ante beurteilt werden, wobei neben der Pflicht, das Urteil unverzüglich, spätestens aber bis zum Ende der Begründungspflicht zu den Akten zu bringen, auch andere Umstände des Dienstbetriebes und die Eilbedürftigkeit der jeweiligen Sache (Haftsache) mit berücksichtigt werden können. Wo die Grenze zu ziehen ist, hat der für den Vermerk und die unverzügliche Urteilsfertigstellung verantwortliche Richter (Vorsitzende, sein Vertreter) zu entscheiden, wobei ihm ein gewisser Beurteilungsspielraum zuzubilligen ist.

---

[142] *Eb. Schmidt* 12; vgl. oben Rdn. 40.

[143] BGHSt **26** 93 läßt dies offen; KK-*Engelhardt* 33 bejaht dies; verneinend *Kroschel/Meyer-Goßner* 250; zweifelnd KMR-*Müller* 11; vgl. auch BGH NJW **1977** 765 zu § 315 ZPO.

[144] RGRspr. **8** 739; RG GA **39** (1881) 318.

[145] Zur strittigen Frage des Ausscheidens aus dem aktiven Richterdienst vgl. Rdn. 39.

[146] BGHSt **31** 213 läßt Teilnahme am Betriebsausflug genügen; vgl. KMR-*Müller* 7.

[147] KK-*Engelhardt* 31 stellt hierauf ab; vgl. auch *Kohlhaas* GA **1974** 148 (vorhersehbar

kurzfristige Erkrankung oder Abwesenheit keine Verhinderung). Vgl. Fußn. 150.

[148] BGHSt **29** 194.

[149] BayObLGSt **1982** 133 = JR **1983** 261 mit Anm. *Foth*; BayObLG VRS **61** 130 (es kann aber ein anderer Hinderungsgrund vorliegen); vgl. Rdn. 39.

[150] BVerfG bei *Spiegel* DAR **1985** 193 (Rückkehr vom Urlaub in 4 Tagen braucht in Haftsache nicht abgewartet werden). Gegen einen zu restriktiven Verhinderungsbegriff KMR-*Müller* 7; *Foth* NJW **1979** 1310; JR **1983** 262; vgl. auch *Rieß* NStZ **1982** 443.

**49**     Satz 2 gilt auch, wenn **mehrere Richter** an der Unterschrift verhindert sind; es ist nicht ausgeschlossen (wenngleich nach Möglichkeit zu vermeiden), daß in solchem Fall einer für alle unterschreibt[151]. Zur Bezeugung des Beratungsergebnisses genügt auch die Unterschrift eines Richters.

**50**     **Bei Verhinderung des allein mitwirkenden Berufsrichters** kann seine Unterschrift nicht ersetzt werden, auch beim Schöffengericht und bei der kleinen Strafkammer nicht durch den älteren Schöffen. Das Urteil enthält dann im prozeßrechtlichen Sinn keine Entscheidungsgründe; so daß die Rüge nach § 338 Nr. 7 durchgreift[152].

**51**     **c) Form des Vermerks.** Der Vorsitzende — bei seiner Verhinderung der dienstälteste Richter — soll durch eine Bemerkung unter dem Urteil ersichtlich machen, daß die Unterschrift eines mitwirkenden Richters nicht aus Versehen fehlt, sondern daß dieser Richter an der Vollziehung der Unterschrift verhindert ist. Vorsitzender ist der Richter, der in der betreffenden Hauptverhandlung den Vorsitz führte[153].

**52**     Die **Herkunft des Vermerks** und sein Verfasser müssen eindeutig erkennbar sein. Die Richtigkeit des Vermerks muß durch die Unterschrift des zur Anbringung befugten Richters bestätigt werden. Deshalb ist es ratsam, bei Verhinderung des eigentlich dazu Berechtigten die Befugnis aufzuzeigen. Zweckmäßig ist es, wenn der Vermerk gesondert unterschrieben wird[154]. Die Formel: „Zugleich für den durch Krankheit (Urlaub usw.) an der Unterschrift verhinderten..." findet sich oft, sie wird trotz des fälschlicherweise (vgl. Rdn. 46) auf eine Vertretung bei der Unterschrift hindeutenden Wortlauts nicht beanstandet, sofern eindeutig erkennbar ist, welcher Richter sie mit seiner Unterschrift deckt[155]. Sie sollte nicht verwendet, sondern die Verhinderung und ihr Grund unterschriftlich bestätigt werden.

**53**     Der **Hinderungsgrund** ist im Vermerk nur allgemein nach Art der Verhinderung zu kennzeichnen („verstorben", „Erkrankung"). Konkrete Einzelheiten dazu oder über die Dauer der Verhinderung sind entbehrlich. Es genügt, wenn ein Hinderungsgrund angeführt wird, der abstrakt den rechtlichen Anforderungen genügt, die von der Rechtsprechung gestellt werden. Fehlt die Angabe des Hinderungsgrundes oder ist sie ungenügend, wird der Vermerk dadurch allein nicht wirkungslos[156]. Ob die fehlende Unterschrift zu Recht durch einen Verhinderungsvermerk ersetzt wurde, ist dann aber im Wege des Freibeweises nachzuprüfen[157].

**54**     **5. Eingangsvermerk.** Die Geschäftsstelle muß nach Absatz 1 Satz 5 den Zeitpunkt aktenkundig machen, an dem das fertiggestellte Urteil zu den Akten gebracht ist (Rdn. 5 ff). Der Vermerk, der auf der Unterschrift des Urteils oder aber auch auf einem

---

[151] RG GA **42** (1894) 31; BGH bei *Pfeiffer* NStZ **1982** 190; KK-*Engelhardt* 37; *Kleinknecht/Meyer*[37] 15.

[152] BayObLG DRiZ **1931** Nr. 785; KK-*Engelhardt* 37; *Kleinknecht/Meyer*[37] 15; KMR-*Müller* 16; *Kroschel/Meyer-Goßner* 249; *Eb. Schmidt* 16; vgl. § 338; **a. A** *Kunowski* GA **37** (1889) 333; vgl. auch BayObLGSt **1967** 51 = NJW **1967** 1578.

[153] RG GA **38** (1891) 48.

[154] KK-*Engelhardt* 35; KMR-*Müller* 13.

[155] Ähnlich die herrschende Meinung zu § 315 ZPO; vgl. die Erläuterungsbücher dazu. Bedenken äußern RG Recht **1918** Nr. 655; *Meyn* LZ **1915** 1433. Auch KK-*Engelhardt* 35 hat gegen den Wortlaut dieser Formel Bedenken, ebenso *Kroschel/Meyer-Goßner* 249; *G. Schäfer* § 96 I („Richter X ist krank; er kann deshalb nicht unterschreiben").

[156] BGHSt **28** 194; vgl. OLG Frankfurt MDR **1979** 678 (zu § 315 ZPO: Zustellung wirksam).

[157] BGHSt **28** 194 mit krit. Anm. *Foth* NJW **1979** 1310.

gesonderten Blatt angebracht sein kann[158], dient zum Nachweis, daß das Urteil fristgerecht (Absatz 1 Satz 2) zu den Akten gelangt ist. Er hat aber nicht die Beweiskraft des Protokolls nach §274; er hindert also nicht den anderweitigen Nachweis, daß das Urteil fristgerecht fertiggestellt und rechtzeitig zu den Akten gebracht ist[159]. Maßgebend ist auch bei einem anderslautenden Vermerk der tatsächliche Zeitpunkt, sofern er mittels **Freibeweis** festgestellt werden kann. Ist dies nicht der Fall, gehen die Zweifel zu Lasten des Gerichts. Gleiches gilt, wenn der Vermerk fehlt[160]. Der Eingangsvermerk selbst muß nicht innerhalb der Urteilsabsetzungsfrist gefertigt werden[161].

Der Eingangsvermerk ist **kein Bestandteil des Urteils**, auch wenn er auf dem Original der Urteilsurkunde angebracht sein sollte; er muß deshalb nicht selbst in die Urteilsausfertigungen übernommen werden[162]. Nachträgliche Änderungen der Urteilsgründe sind ebenfalls zu vermerken (vgl. Rdn. 58). **55**

### 6. Änderung des fertigen Urteils

**a) Bindung.** Ist das Urteil von **allen** mitwirkenden Richtern unterschrieben, so sind die **Urteilsgründe bindend festgestellt.** Jede nachträgliche Änderung oder Ergänzung durch den Vorsitzenden oder einen anderen Richter allein ist ausgeschlossen. Einseitig hinzugefügte Sätze können als Gründe des Urteils überhaupt nicht gelten[163]. Die **Urteilsgründe** sind **unabänderlich**, sobald sie den inneren Bereich des Gerichts verlassen haben und — unabhängig davon — gemäß Absatz 1 Satz 3 nach Ablauf der für die Urteilsbegründung dem Gericht gesetzten Höchstfristen des Absatz 1 Satz 2. **56**

**b)** Bei **Einverständnis aller Richter** sind innerhalb der genannten organisatorischen und zeitlichen Grenzen (Rdn. 59 ff) sachliche Änderungen möglich. Sie bedürfen zur Gültigkeit der besonderen Unterzeichnung durch sätmliche Richter[164]. Eine Ausnahme hiervon kann nur in Betracht kommen, wenn es sich um die Berichtigung offensichtlicher, aus dem Urteil selbst zweifelsfrei hervorgehender Schreib- oder sonstiger Fassungsfehler handelt[165]. Jedoch werden auch Änderungen und Einschaltungen, die der Vorsitzende bewirkt hat, durch die Unterschriften gedeckt, wenn ein späteres Zufügen nicht feststeht[166]. **57**

**c)** Die **Geschäftsstelle** hat jetzt nach Absatz 1 Satz 5 auch jede nachträgliche Änderung des bereits zu den Akten gegebenen Urteils in einem **besonderen Vermerk** festzuhalten, um das Änderungsverbot des Absatzes 1 Satz 3 (Rdn. 60) abzudecken. Der Vermerk wird zweckmäßigerweise unter dem Vermerk angebracht, der den Zeitpunkt festhält, zu dem das fertige Urteil zu den Akten gelangt ist (Rdn. 54). **58**

---

[158] KK-*Engelhardt* 41; *Lintz* JR **1977** 128 hält auch eine Beurkundung außerhalb der Verfahrensakten für rechtlich zulässig, jedoch für nicht sachgerecht, da der rechtzeitige Eingang aus den Akten, am besten durch einen Vermerk auf der Urschrift ersichtlich sein müsse.

[159] BGHSt **29** 46; BayObLG bei *Rüth* DAR **1979** 241; OLG Karlsruhe Justiz **1977** 23; KK-*Engelhardt* 74; *Kleinknecht/Meyer*[37] 4; KMR-*Müller* 21.

[160] OLG Stuttgart GA **1977** 26; KMR-*Müller* 21; § 338, 121.

[161] KK-*Engelhardt* 41.

[162] BGH bei *Pfeiffer* NS **1981** 297; KK-*Engelhardt* 41; 63.

[163] RGSt **13** 66; RG GA **46** (1898/99) 218; JW **1901** 500.

[164] RGSt **23** 261; **28** 57; KMR-*Müller* 28; vgl. Rdn. 42; 43 mit weit. Nachw.

[165] BayObLG DRiZ **1929** Nr. 1020; **a. A** KK-*Engelhardt* 56; der – abgesehen von offensichtlichen Tipp-, Rechtschreib- oder Grammatikfehlern – immer einen förmlichen Berichtigungsbeschluß fordert; ähnlich KMR-*Müller* 12.

[166] RG JW **1891** 54.

Walter Gollwitzer

**59**      **d) Unabänderlichkeit.** Das fertiggestellte und von allen Richtern unterschriebene Urteil kann **nicht mehr geändert** werden, wenn es den **inneren Bereich des Gerichts verlassen** hat. Dies ist der Fall, wenn es zur Post gegeben oder einer anderen Stelle oder gerichtsfremden Person zur Kenntnis gebracht worden ist, etwa, wenn es auf Grund einer Verfügung des Vorsitzenden bei der Staatsanwaltschaft zum Zweck der Zustellung eingegangen ist[167]; aber auch, wenn es ohne richterliche Verfügung von der Geschäftsstelle aus dem internen Gerichtsbereich hinausgegeben wurde, wobei unerheblich ist, daß dann eine Zustellung unwirksam ist[168]. Die Verfügung des Vorsitzenden, mit der die Zustellung angeordnet wird, hat diese Wirkung noch nicht, da sie nur innerdienstlich von Bedeutung ist[169]. Nicht mehr zulässige Änderungen sind grundsätzlich im weiteren Verfahren unbeachtlich[170]. Eine wesentliche sachliche Änderung im Zusatz kann allerdings zur Folge haben, daß dann weder die Urteilsgründe in der ursprünglichen Form noch in der geänderten Fassung ordnungsgemäß bezeugt sind[171].

**60**      Das **Verbot der nachträglichen Änderung** der Urteilsgründe (Absatz 1 Satz 3) soll einer Umgehung der Höchstfristen für die Urteilsabfassung (Absatz 1 Satz 2) vorbeugen[172] und die absolute Revisionsrüge nach § 338 Nr. 7 absichern. Dies spricht dafür, entgegen der herrschenden Meinung[173] die Tragweite dieser Vorschrift in sinnorientierter Auslegung auf den eigentlichen Regelungszweck zu beschränken[174], vor allem aber die Nachholung einer Unterschrift oder den Ersatz eines Verhinderungsvermerkes, die ja keine Änderung der fixierten Urteilsgründe bedeuten, unbegrenzt zuzulassen[175].

**61**      Das Änderungsverbot tritt erst **nach Ablauf der Fristen** des Absatz 1 Satz 2 ein, es hindert also die sachliche Änderung eines bereits zu den Akten gebrachten Urteils nicht, wenn diese Höchstfristen noch nicht verstrichen sind. Voraussetzung ist aber immer, daß das Urteil den inneren Bereich des Gerichts noch nicht verlassen hat. Dies erhellt auch daraus, daß die Geschäftsstelle gehalten ist, den Zeitpunkt der Änderung, die ebenfalls mit der letzten sie bestätigenden Unterschrift wirksam wird, ebenso in den Akten festzuhalten wie den Zeitpunkt des Eingangs des Urteils (Absatz 1 Satz 5; oben 54).

---

[167] BayObLGSt **1963** 138; **1972** 23 = NJW **1963** 1512; OLG Köln VRS **63** 460; OLG Bremen NJW **1956** 435; KK-*Engelhardt* 55; KMR-*Müller* 28; *Kroschel/Meyer-Goßner* 84; *Meyer* JR **1976** 515. Die Rechtsprechung hat früher auf die Zustellung an einen Prozeßbeteiligten abgestellt; vgl. RGSt **28** 82; RG Recht **1911** Nr. 3886; **1926** Nr. 1110; RG GA **71** (1927) 92. Zur Unabänderlichkeit der Urteilsformel vgl. § 268, 37 ff.

[168] BayObLGSt **1981** 84 = NJW **1981** 2589.

[169] A. A RGSt **54** 21; OLG Köln JR **1976** 514.

[170] BGHSt **2** 249; **3** 245; BayObLGSt **1963** 138 = NJW **1968** 1512; ferner RGSt **24** 118; **28** 81; **51** 376; RG JW **1893** 291.

[171] Vgl. RGSt **44** 120; BGHSt **27** 334; BGH bei *Holtz* MDR **1979** 638.

[172] Amtl. Begr. BTDrucks. **7** 551, 85.

[173] BGHSt **28** 194; BGH StrVert. **1985** 275; BGH bei *Holtz* MDR **1978** 988; BayOLGSt **1982** 133 = JR **1983** 261 mit Anm. *Foth*; VRS

**61** 130; OLG Düsseldorf MDR **1981** 423; Vgl. *Rieß* NStZ **1982** 443.

[174] Für die Revision ist bei einer Rüge nach § 338 Nr. 7 beachtlich, wenn die Unterschrift erst nach Fristablauf geleistet wurde; bei der Sachrüge kommt es dagegen nur darauf an, ob die Unterschrift fehlt; vgl. Rdn. 75.

[175] Kopf und Verhinderungsvermerk fallen ebenfalls nicht in den Schutzbereich des § 338 Nr. 7; vgl. Rdn. 73; 74. Die Nachholung einer fehlenden Unterschrift ist aber auch deshalb keine Änderung des fertigen Urteils, weil dieses ohne sie noch nicht fertiggestellt ist. Etwas anderes kann allenfalls gelten, wenn ein falscher Richter unterschrieben oder ein Verhinderungsvermerk zu Unrecht angebracht und das Urteil als endgültig fertiggestellt zu den Akten genommen worden ist; vgl. Rdn. 5; 37; ferner OLG Düsseldorf MDR **1981** 423; § 338, 123.

**e)** Die **Urteilsberichtigung**, die keine sachliche Änderung der Urteilsgründe, son- **62**
dern nur die Richtigstellung eines offensichtlichen Fassungsversehens bedeutet[176], ist
unabhängig von den der Änderung gesetzten Grenzen zulässig. Sie wird vor allem auch
nicht durch das auf sachliche Änderungen abzielende Verbot des Absatzes 1 Satz 3 ausgeschlossen.

**7. Widerspruch zwischen Protokoll und Urteil.** Weicht die in der Sitzungsnieder- **63**
schrift stehende Urteilsformel von der Formel des besonders niedergeschriebenen Urteils
ab, so ist die Niederschrift maßgebend. Denn sie beweist (§274) den Wortlaut des verkündeten Urteils[177]. Darauf muß aber deshalb das alleinige Gewicht gelegt werden,
weil der Angeklagte, der die Verkündung gehört hat, seine Entschließung über die etwaige Einlegung eines Rechtsmittels doch nur im Hinblick auf das ihm Verkündete fassen kann und er eine Abweichung der fraglichen Art regelmäßig erst nach Ablauf der
Einlegungsfrist in Erfahrung bringt[178].

Bei einem Widerspruch zwischen der **Urteilsformel** und den **Urteilsgründen** ist **64**
die Formel maßgebend. Wenn jedoch die (mit dem Protokoll übereinstimmende) Formel
und die Gründe des Urteils einen Widerspruch enthalten, so kann darin ein die Aufhebung des Urteils begründender Rechtsfehler liegen[179]. Der Angeklagte ist aber nicht beschwert, wenn die maßgebende Formel die geringere Strafe enthält[180].

**8. Verbleib der Urteilsurschrift.** Die Urschrift des Urteils ist, wie Absatz 1 zeigt, **65**
zu den **Hauptakten** zu nehmen und grundsätzlich dort zu behalten[181]. Dies erleichtert
den Prozeßbeteiligten, sich vom Einhalten des Absatzes 1 zu überzeugen[182]. Sie muß
nicht mit der Reinschrift des Urteils identisch sein[183].

**Fehlt die Urschrift** des Urteils in den Akten, steht aber fest, daß sie rechtzeitig zu **66**
den Akten gegeben worden war, so begründet dies nicht die Revisionsrüge des §358
Nr. 7[184]. Diese greift nur durch, wenn die Nichteinhaltung der Frist behauptet und die
Einhaltung nicht nachweisbar ist (vgl. Rdn. 54). Für das weitere Verfahren muß allerdings eine mit der Urschrift übereinstimmende Ausfertigung des Urteils verfügbar sein.

Gerät eine **Urteilsurkunde** in **Verlust**, so kann sie durch die mitwirkenden Rich- **67**
ter wieder so hergestellt werden, daß sie inhaltlich (nicht unbedingt wörtlich) mit dem
verlorengegangenen Urteil übereinstimmt. Die von den beteiligten Richtern durch ihre
Unterschrift gebilligte wiederhergestellte Fassung ist dann maßgebend[185]. Ist das Urteil

---

[176] Dazu §268, 42 ff.
[177] *Kleinknecht/Meyer*[37] 12; vgl. §273, 60;
§274.
[178] RGRspr. **3** 378; RG JW **1901** 690; a. A *Kern*
GerS **91** (1923) 145; *Mannheim* NJW **1927**
916.
[179] RGSt **46** 326; RG GA **42** (1894) 37; JW
**1901** 690; Recht **1909** Nr. 1435; DRiZ **1927**
Nr. 75.
[180] KK-*Engelhardt* 67.
[181] OLG Stuttgart JR **1977** 126 mit Anm. *Lintz*.
[182] Nach Ansicht des Oberlandesgerichts Stuttgart JR **1977** 126 handelt es sich insoweit nicht
mehr um eine reine Ordnungsvorschrift, wie
früher das Oberlandesgericht Celle, MDR
**1970** 608, annahm, sondern um eine revisible

Verfahrensvorschrift; dagegen *Lintz* JR **1977**
128. Vgl. §338, 116.
[183] KK-*Engelhardt* 58.
[184] OLG Stuttgart JR **1977** 126; ebenso zum früheren Recht OLG Celle MDR **1970** 608.
[185] RG DJZ **1930** 332; GA **63** (1916/17) 443;
HRR **1940** Nr. 279; BGH NJW **1980** 1007
fordert wortwörtliche Übereinstimmung;
ebenso KMR-*Paulus* §338, 87. Nach KK-
*Engelhardt* 60 genügt die inhaltliche Übereinstimmung. Vgl. *Kleinknecht/Meyer*[37] 17;
zu den Einzelheiten *W. Schmidt* FS Lange 785
mit weit. Nachw.; vgl. ferner bei §316 und
§338, 118 und VO vom 18. 6. 1942 BGBl. III
315 - 4.

noch nicht hinausgegangen, kommt auch eine Neufertigung der Urteilsgründe in Betracht, wobei es vertretbar sein dürfte, den Rechtsgedanken des Absatz 1 Satz 4 analog heranzuziehen[186]. Wird die Urschrift nicht rekonstruiert, kann das weitere Verfahren auch auf Grund einer Abschrift, deren Übereinstimmung mit dem Original verbürgt ist, weiterbetrieben werden. Nur wenn auch dies nicht möglich ist, ist § 338 Nr. 7 entsprechend anwendbar[187]; auch die Sachrüge greift dann durch (Rdn. 71).

**68**     **9. Ausfertigungen.** Unter Ausfertigungen sind amtliche Abschriften zu verstehen, die im Rechtsverkehr die Urschrift ersetzen sollen und deshalb vom Urkundsbeamten in besonderer Form (Ausfertigungsvermerk, Unterschrift des Urkundsbeamten, Gerichtssiegel) erteilt werden[188]. Eine Urteilsausfertigung, die durch Auslassungen oder Wiederholungen halber Sätze usw. den Inhalt der Urschrift nicht sicher erkennen läßt, ist nicht geeignet, die von ihrer Zustellung abhängigen Fristen in Lauf zu setzen[189]. Fehlt eine in der Urschrift vorhandene Unterschrift unter der Ausfertigung, so ist strittig, ob dieser Mangel unerheblich ist[190].

**69**     **Zuständig** zur Vornahme der in Absatz 4 vorgesehenen Amtshandlungen ist der Urkundsbeamte des mit der Sache befaßten Gerichts; wenn es sich um Urteile einer auswärtigen Strafkammer handelt, auch der Urkundsbeamte des Landgerichts neben dem des Amtsgerichts, bei dem die Strafkammer gebildet ist[191]. Die Zustellung der Urteilsausfertigung ist auch wirksam, wenn der Urkundsbeamte die Abschrift nicht handschriftlich, sondern mit seinem Namensfaksimile beglaubigt hat[192].

## IV. Rechtsmittel

**70**     **1. Berufung.** Für das Berufungsverfahren ist es unerheblich, ob das Urteil fristgerecht begründet wurde[193]. Es kann selbst dann durchgeführt werden, wenn die Urteilsgründe überhaupt fehlen[194]; eine Berufungsbeschränkung ist dann allerdings nicht möglich.

### 2. Revision

**71**     **a)** Das **Fehlen der Entscheidungsgründe** kann mit der Verfahrensrüge nach § 338 Nr. 7 geltend gemacht werden; daß das existente Urteil mangels Begründung nicht rechtlich nachprüfbar ist, muß jedoch auch im Rahmen der Sachrüge zur Aufhebung

---

[186] BGH NJW **1980** 1007 läßt offen, ob der Urteilsverlust einem die Fristüberschreitung rechtfertigenden Umstand gleichzuachten ist, sofern der Urteilsverlust vor Fristablauf eingetreten ist. Darauf kann es aber nicht ankommen. Denn die Frist war gewahrt, ganz gleich, ob das Urteil dann vor oder nach Fristablauf verloren ging (KK-*Engelhardt* 51). Es kommt nur darauf an, ob man unter analoger Heranziehung des Rechtsgedankens des Absatz 1 Satz 4 eine nochmalige Abfassung der mit der ursprünglichen Fassung nicht notwendig identischen Urteilsgründe zulassen will, wofür Gründe der Prozeßwirtschaftlichkeit sprechen, auch wenn der Verlust in der Regel nicht unabwendbar war. Vgl. § 338, 118.

[187] *Lintz* JR **1977** 128; vgl. § 338, 118.
[188] KK-*Engelhardt* 61; KMR-*Müller* 31; *Eb. Schmidt* 19; vgl. § 37, 16.
[189] BGH StrVert. **1981** 170; vgl. bei § 316 und § 345, 6 mit weit. Nachw.; ferner KG JR **1982** 251 (Zustellung eines Urteils ohne Angabe der mitwirkenden Schöffen unwirksam).
[190] RG JW **1923** 934 nimmt dies an, ebenso KK-*Engelhardt* 63; anders KG JR **1982** 251.
[191] RGSt **48** 132; KK-*Engelhardt* 62; *Kleinknecht/Meyer*[37] 13.
[192] *Kleinknecht/Meyer*[37] 17; **a. A** KK-*Engelhardt* 61.
[193] KK-*Engelhardt* 64.
[194] Vgl. bei § 316.

des Urteils führen[195]. Gleiches gilt, wenn die **Urteilsurkunde abhanden** gekommen und nicht rekonstruierbar ist und auch keine Ausfertigung für das weitere Verfahren zur Verfügung steht[196]. Entscheidungsgründe fehlen auch, wenn nur ein Urteilsentwurf vorliegt, weil nicht alle beteiligten Berufsrichter unterschrieben haben[197] und die fehlende Unterschrift nicht wegen einer Verhinderung des betreffenden Richters entbehrlich ist[198], oder wenn der Inhalt der von allen Richtern unterschriebenen Urteilsgründe in einem für die Entscheidung wesentlichen Punkt durch einen nicht von allen Unterschriften gedeckten nachträglichen Zusatz in Frage gestellt wird[199]. Andernfalls ist ein solcher Zusatz unbeachtlich[200].

Fehlt **ein Teil der Urteilsgründe** vollständig, etwa für eine von mehreren abgeur- **72** teilten Taten, so greift die Rüge nach § 338 Nr. 7 (ebenso wie die Sachrüge) nur hinsichtlich dieser Tat (§ 264) durch[201]. Eine bloß lückenhafte oder sonst ungenügende Urteilsbegründung unterfällt dagegen nicht den § 338 Nr. 7 (§ 338, 117). Zur Streitfrage, ob eine Eingrenzung dieses absoluten Revisionsgrundes auch dadurch erreichbar ist, daß nur die Begründung des Schuldspruchs fristgerecht zu den Akten gegeben, die Gründe des Rechtsfolgenausspruchs aber nachgereicht werden vgl. § 338, 123; ferner Rdn. 4.

Der **Verhinderungsvermerk** selbst ist kein Bestandteil der Urteilsgründe; sein Feh- **73** len allein kann die absolute Verfahrensrüge nach § 338 Nr. 7 nicht begründen[202]. Fehlt die Angabe des Verhinderungsgrundes oder ist sie unschlüssig, so prüft nach der Rechtsprechung das Revisionsgericht im Wege des Freibeweises nach, ob der Richter tatsächlich an der Leistung der Unterschrift verhindert war[203]; im übrigen begnügt es sich damit, daß der Vermerk rechtlich abstrakt die Verhinderung bezeugt; die tatsächliche Richtigkeit der Angabe wird nicht nachgeprüft, sofern nicht die Revision (unter entsprechendem Tatsachenvortrag) behauptet, die Verhinderung sei willkürlich bestätigt worden[204]. In teilweiser Abweichung von dieser Rechtsprechung sollte die Unvollständigkeit oder Unrichtigkeit eines Verhinderungsvermerks nur auf Grund einer durch entsprechenden Tatsachenvortrag untermauerten Verfahrensrüge nachgeprüft werden, nicht aber auch im Rahmen der Sachrüge[205]. Im Rahmen der letzteren ist für eine Nachprüfung allenfalls Raum, wenn offen ist, ob eine fehlende Unterschrift überhaupt durch einen Verhinderungsvermerk ersetzt werden sollte[206]; denn ob eine formal durch Unterschriften bzw. Verhinderungsvermerk gedeckte fertige Urteilsbegrün-

---

[195] § 338, 115 mit weit. Nachw.

[196] Vgl. Rdn. 67; § 338, 116; 118 mit weit. Nachw.

[197] Vgl. Rdn. 36 ff; § 338, 116. Maßgebend ist nur, daß im Zeitpunkt der Entscheidung des Revisionsgerichts (KK-*Engelhardt* 68) die Urteilsgründe nicht durch alle erforderlichen Unterschriften bezeugt werden; so auch, wenn die Richter sich nicht einigen konnten; BGH bei *Dallinger* MDR **1954** 337.

[198] Vgl. Rdn. 46 ff; § 338, 116 mit weit. Nachw.

[199] Vgl. BGHSt **27** 334; VGH StrVert. **1984** 144; BGH bei *Holtz* MDR **1979** 638; **1983** 450; ferner Rdn. 40; 42.

[200] BGH bei *Holtz* MDR **1979** 638; KMR-*Paulus* § 338, 86; KK-*Engelhardt* 76; vgl. § 338, 123; Rdn. 40.

[201] RGSt **3** 149; **43** 298; **44** 29; RG JW **1935** 2981; KMR-*Paulus* § 338, 85; *Eb. Schmidt* Nachtr. I 33; vgl. § 338, 116.

[202] BGH nach KK-*Engelhardt* 69.

[203] BGH NJW **1979** 663 (nur teilweise in BGHSt **28** 194) mit Anm. *Foth* NJW **1979** 1310; BayObLGSt **1982** 133 = JR **1983** 261 mit Anm. *Foth*; BayObLG VRS **61** 130.

[204] BGH NJW **1961** 782; BGHSt **31** 231; vgl. Rdn. 53; § 338, 123.

[205] *Kleinknecht/Meyer*[37] 18; *Foth* JR **1983** 262; BGHSt **28** 194; BayObLGSt **1982** 133; VRS **61** 130 (vgl. Fußn. 203) lassen die Nachprüfung des Verhinderungsvermerks bereits im Rahmen der Sachrüge zu.

[206] Etwa wenn jeder Hinweis auf Verhinderung fehlt „Für Richter . . .".

Walter Gollwitzer

dung vorliegt ist auch im Rahmen der Sachrüge zu beachten (vgl. Rdn. 71). Mit der Revision kann nicht gerügt werden, daß ein Richter das Urteil mitunterschrieben hat, der an sich als verhindert hätte behandelt werden können[207].

**74**    **b) Sonstige Fehler der Urteilsurkunde.** Sind die Angaben nach Absatz 3 **im Urteilskopf** unvollständig oder unrichtig, so begründet dies weder nach § 338 Nr. 7, der allein auf die Gründe abstellt, noch nach § 337 die Revision, da das Urteil auf diesen Fehlern nicht beruhen kann[208]. Dies gilt auch, wenn die Zeitangaben unrichtig sind[209] oder der Urteilskopf Angaben enthält, die nicht vorgeschrieben sind[210]. Ein Verstoß gegen § 338 Nr. 7 liegt auch nicht vor, wenn die Urteilsgründe in einer besonderen Urkunde, also ohne Aufnahme in das Protokoll (vgl. Rdn. 21), fristgerecht, aber ohne **Kopf und Tenor** zu den Akten gebracht worden sind; auf den nach § 337 zu behandelnden Verstoß gegen § 275 kann das Urteil nicht beruhen[211].

**75**    **c) Überschreitung der Begründungsfrist.** Während die Verletzung des Gebots, das Urteil unverzüglich zu den Akten zu bringen, mit der Revision nicht gerügt werden kann[212], ist es ein **absoluter Revisionsgrund**, wenn es nach Ablauf der Frist des Absatz 1 Satz 2 zu den Akten gebracht wurde[213]. Ob die Frist beachtet wurde, hat das Revisionsgericht gegebenenfalls im Wege des Freibeweises zu klären[214]. Die Fristüberschreitung ist aber nur bei entsprechender Verfahrensrüge vom Revisionsgericht zu prüfen, im Rahmen der Sachrüge ist sie unbeachtlich[215]; dies gilt auch, wenn eine fehlende Unterschrift eines Richters erst nach Fristablauf nachgeholt worden ist[216]. Die Überschreitung der Urteilsabsetzungsfrist kann auch die Staatsanwaltschaft rügen[217].

**76**    **d) Begründung der Verfahrensrügen.** Zur näheren Begründung der Verfahrensrüge, das Urteil sei ohne Gründe, ist die Angabe weiterer Tatsachen im Regelfall entbehrlich. Wird geltend gemacht, ein Richter habe zu Unrecht nicht unterschrieben, da ein Verhinderungsfall in Wirklichkeit nicht vorgelegen habe, so sind nach § 344 die Tatsachen anzugeben, aus denen sich ergibt, daß keine Verhinderung vorlag[218]. Wird gerügt, das Urteil sei entgegen Absatz 1 Satz 2 nicht rechtzeitig zu den Akten gebracht worden, muß die Revision nach der Rechtsprechung[219] alle für die Fristberechnung erforderlichen Tatsachen anführen; also den Tag an dem das Urteil verkündet wurde und den Tag, an dem es zu den Akten gelangte, gegebenenfalls gehören dazu auch Angaben zur Dauer der Hauptverhandlung und zur Frage, ob ein die Fristüberschreitung rechtfertigender Grund vorlag. Wegen der Einzelheiten vgl. § 338, 140.

**77**    **3. Rechtsbeschwerde.** Im Bußgeldverfahren kann die Überschreitung der Urteilsabsetzungsfrist mit der Rechtsbeschwerde (§§ 79, 80 OWiG) gerügt werden[220].

---

[207] KK-*Engelhardt* 69.
[208] RGRspr. **9** 480; KK-*Engelhardt* 66; KMR-*Paulus* § 338, 90; vgl. aber auch Rdn. 32.
[209] RG JW **1932** 3105 mit Anm. *Oetker*; OLG Koblenz VRS **45** 190. Vgl. Rdn. 24.
[210] *Eb. Schmidt* Nachtr. I 2.
[211] BayObLG bei *Rüth* DAR **1983** 253; OLG Köln NJW **1980** 1405; VRS **64** 282; *Kleinknecht/Meyer*[37] 18; vgl. Rdn. 4; § 338, 123.
[212] *Kleinknecht/Meyer*[37] 18; *Rieß* NStZ **1982** 442.
[213] Vgl. Rdn. 10 ff; 14 ff; § 338, 121 mit weit. Nachw.

[214] Vgl. Rdn. 4 ff; § 338, 122.
[215] Vgl. Rdn. 18.
[216] Rdn. 5; 37; vgl. § 338, 123.
[217] BGH NStZ **1985** 184.
[218] BGHSt **31** 212; *Kleinknecht/Meyer*[37] 18.
[219] Etwa BGHSt **29** 203 = JR **1980** 521 mit abl. Anm. *Peters*; BGH VRS **62** 53; bei *Holtz* MDR **1980** 456; *Rieß* NStZ **1982** 446; vgl. ferner Rdn. 10 ff und § 338, 140.
[220] Vgl. etwa BayObLGSt **1976** 97; OLG Koblenz VRS **63** 376; **65** 452.

# SIEBENTER ABSCHNITT

## Verfahren gegen Abwesende

### Vorbemerkungen

**Schrifttum.** *Compes* Entstehung und Entwicklung des geltenden Abwesenheitsverfahrens im Strafprozeß, Diss. Düsseldorf 1937; *Dünnebier* Das Kontumazialverfahren ist abgeschafft, FS Heinitz, 669; *Fuchs* Steuerstrafverfahren gegen Abwesende, ZfZ **1954** 65; *Niethammer* Die Hauptverhandlung ohne den Angeklagten, FS Rosenfeld, 119; *Oppe* Das Abwesenheitsverfahren in der Strafprozeßreform, ZRP **1972** 56; *Ortloff* Das Strafverfahren gegen Abwesende und Flüchtlinge, GA **19** (1871) 492, 590; *Rempe* Verfahren gegen Flüchtige und Abwesende, Bericht der amtlichen Strafprozeßkommission 1938, S. 460. Vgl. auch das bei § 231 angeführte Schrifttum.

**1. Entstehungsgeschichte.** In der Regierungsvorlage[1] war das Abwesenheitsverfahren nur ein Beweissicherungsverfahren. § 273 lautete: „Gegen einen Abwesenden findet eine Hauptverhandlung ... nicht statt. Ein gegen einen Abwesenden eingeleitetes Verfahren hat nur die Aufgabe ... die Beweise zu sichern." Demzufolge umfaßte der achte Abschnitt zunächt nur Bestimmungen, die sich jetzt in § 276 Abs. 1, §§ 285 bis 295 finden[2]. Als Ausgleich für das Fehlen eines Abwesenheitsverfahrens schlug der Entwurf die Beschlagnahme des inländischen Vermögens, jedoch nicht in amtsgerichtlichen Sachen, zur Erzwingung der Gestellung vor (vgl. jetzt § 290). **1**

Das **eigentliche Abwesenheitsverfahren** (§ 276 Abs. 2, §§ 277 bis 284 StPO **a. F**) ist von der Reichstagskommission eingefügt worden. In erster Lesung war die Vermögensbeschlagnahme gefallen[3]. Die dadurch entstandene Lücke wurde in zweiter Lesung so ausgefüllt, daß bei zu erwartender Geldstrafe oder Einziehung ein Abwesenheitshauptverfahren und zur Deckung der Strafe und Kosten die Beschlagnahme von Vermögensteilen (früher § 283) zugelassen, bei anderen als amtsgerichtlichen Sachen die Vermögensbeschlagnahme als Gestellungsmittel (jetzt § 290) wieder hergestellt wurde[4]. In dieser Form ist der Entwurf Gesetz geworden. **2**

Das System der Erzwingungsbeschlagnahme in großen Strafsachen und der Sicherungsbeschlagnahme verbunden mit Abwesenheitshauptverhandlung in Bagatellsachen wurde durch § 25 Abs. 2 der **„Emminger VO"** gestört, indem die Vermögensbeschlagnahme auch in Sachen für zulässig erklärt wurde, die zur Zuständigkeit des Amtsrichters oder des Schöffengerichts gehören. Zufolge dieser Änderung erhielt der Abschnitt etwa den Inhalt, den er bis 1975 hatte[5]; nur die Haft in § 277 Abs. 2 **a. F**, das staatsanwaltschaftliche Ermessen in § 277 a. F und die §§ 282 und 282 c entstammen späteren Änderungen. **3**

---

[1] *Hahn* Mat. **1** 36.
[2] Vgl. *Motive* (*Hahn* Mat. **1** 238) und *Dünnebier* FS Heinitz 669; ferner LR[23] 1.

[3] *Hahn* Mat. **1** 950.
[4] *Hahn* Mat. **2** 1442; 1572.
[5] Bek. vom 22. 3. 1924, RGBl. I, 299; 322.

Walter Gollwitzer

**4**    Durch das Gesetz gegen Verrat der Deutschen Volkswirtschaft vom 12. Juni 1933 (RGBl. I 360) wurde das Abwesenheitsverfahren auf **sämtliche Devisensachen** ausgedehnt. Diese Ausdehnung des Umfangs erforderte eine Erweiterung der Wiederaufnahmegründe. Demzufolge wurde in § 9 Abs. 3 Satz 3 verordnet, bei Ergreifen oder Gestellen habe das Gericht die Erneuerung der Hauptverhandlung mit der Maßgabe zu beschließen, daß das frühere Urteil hinfällig werde.

**5**    Eine **umfangreiche Änderung** erfuhr der Abschnitt durch Art. 6 des Gesetzes zur Änderung von Vorschriften des Strafverfahrens und des Gerichtsverfassungsgesetzes vom 28. Juni 1935 (RGBl. I 844). Äußerlich wurde dieser Abschnitt mit der Überschrift „Hauptverhandlung gegen Flüchtige" auf die damaligen §§ 276 bis 282 beschränkt; die §§ 283 bis 295 bildeten einen achten Abschnitt mit der Überschrift „Weitere Maßnahmen gegen Flüchtige"; ihr Inhalt blieb im wesentlichen unverändert. Das eigentliche Abwesenheitsverfahren wurde — „symptomatisch für den neuen Geist der Verfahrensnovelle"[6] — bei allen Sachen schlechthin für zulässig erklärt, „wenn das Rechtsempfinden des Volkes die alsbaldige Aburteilung der Tat verlangt". In § 277 Abs. 1 wurde das Antragsrecht der Staatsanwaltschaft festgelegt mit dem Zusatz (§ 278 Satz 2), daß keine Nachprüfung durch das Gericht stattfinde. Weitere Vorschriften wurden neu gefaßt, u. a. wurde die Notwendigkeit der Verteidigung begründet (§ 281 a. F.).

**6**    Art. 3 Nr. 131 bis 133 **VereinhG** verlieh dem Abwesenheitsverfahren im wesentlichen (ein Teil der späteren Änderungen wurde beibehalten) wieder den Inhalt, den er nach der Emminger-Verordnung hatte. Das Abwesenheitsverfahren wurde jedoch auch zugelassen, wenn die den Gegenstand der Untersuchung bildende Tat mit geringer Freiheitsstrafe bedroht war. Art. 9 Nr. 15 des 1. StRG änderte später den § 277 Abs. 3 a. F.

**7**    Art. 21 Nrn. 74 bis 78 EGStGB hat dann das eigentliche **Abwesenheitsverfahren abgeschafft** (Aufhebung des § 276 Abs. 2 und der §§ 277 bis 284) und nur noch das **Beweissicherungsverfahrens** und als Mittel zur Sicherung oder Erzwingung der Gestellung die **Vermögensbeschlagnahme** und das **freie Geleit** beibehalten[7].

**8**    **2. Anwendungsbereich.** Die nach den Änderungen durch Art. 21 Nrn. 74, 75 EGStGB 1974 noch verbliebenen Sonderregelungen für das Abwesenheitsverfahren gelten ihrem Sinn nach grundsätzlich **in allen Abschnitten des Strafverfahrens**; während des staatsanwaltschaftlichen Ermittlungsverfahrens ebenso wie während der Anhängigkeit des Strafverfahrens in allen gerichtlichen Instanzen. Naturgemäß liegt der Hauptanwendungsbereich der Maßnahmen zur Beweissicherung und Gestellung des Beschuldigten im Ermittlungsverfahren bei der Staatsanwaltschaft und im gerichtlichen Verfahren der ersten Instanz; aber auch in einem späteren Verfahrensabschnitt können gelegentlich solche Maßnahmen notwendig werden. Die Ansicht, das Abwesenheitsverfahren gelte nur für das **Verfahren der ersten Instanz**[8] enthält eine bei einem Beweissicherungsverfahrens sachlich nicht gebotene Einschränkung. Sie hatte Gewicht für die aufgehobenen Vorschriften über die Durchführung einer Hauptverhandlung gegen Abwesende (§§ 276 Abs. 2, §§ 277 bis 284), die in der Berufungsinstanz nach § 332 nicht anwendbar waren[9].

---

[6] *E. Schäfer* DJ **1935** 933.

[7] Dazu *Rieß* JZ **1975** 265.

[8] KMR-*Müller* § 276, 2; anders KK-*Engelhardt* 1 („gilt für gesamte Strafverfahren").

[9] RGSt **65** 419; **66** 79.

# § 276

**Ein Beschuldigter gilt als abwesend, wenn sein Aufenthalt unbekannt ist oder wenn er sich im Ausland aufhält und seine Gestellung vor das zuständige Gericht nicht ausführbar oder nicht angemessen erscheint.**

**Entstehungsgeschichte.** Art. 21 Nr. 74 EGStGB strich mit der Beseitigung des eigentlichen Abwesenheitsverfahrens auch den Absatz 2, der bis dahin in der Fassung des Art. 6 des Gesetzes vom 28. 6. 1935 gegolten hatte. Bezeichnung bis 1924: § 318.

*Übersicht*

**1.** § 276 stellt für den **Begriff der Abwesenheit** eine **Fiktion** auf. Sind ihre Voraussetzungen gegeben, so gilt der Beschuldigte als abwesend und die Maßnahmen, die der siebente Abschnitt gegen Abwesende vorsieht, sind unter den sonstigen Voraussetzungen auch dann gegen ihn zulässig, wenn er in Wirklichkeit anwesend ist, etwa, wenn er sich unerkannt am Gerichtsort aufhält. **1**

Die Bedeutung des Wortes **abwesend** ist zunächst der Gegensatz von anwesend. In diesem Sinne werden die Worte Abwesenheit und Anwesenheit in § 338 Nr. 5 einander gegenübergestellt. Die dort bezeichnete Anwesenheit ist die Gegenwart in der Hauptverhandlung (§ 226), die Abwesenheit das Fernsein von ihr, sei es zufolge gerichtlicher Erlaubnis (§ 233 Abs. 1), sei es zufolge eigenmächtigen Ausbleibens (§ 232 Abs. 1) oder Entfernens (§ 231 Abs. 2), sei es endlich wegen selbstverschuldeter Abwesenheit (§ 231 a) oder wegen ordnungswidrigen Benehmens (§ 231 b Abs. 1). Diese Beschränkung auf die Beziehung zu einer stattfindenden Hauptverhandlung ist dem Begriff im siebenten Abschnitt nicht eigen[1]. Das zeigen nicht nur die Verwendung des Wortes Beschuldigter, das auch den noch nicht angeklagten Beschuldigten mit umfaßt (§ 157), sondern mehr noch §§ 285 ff, die ein Verfahren gegen einen Abwesenden regeln, das keine Hauptverhandlung ist. **2**

**Abwesend** i. S. des siebenten Abschnitts ist daher grundsätzlich — wegen einer Erweiterung vgl. Rdn. 8 ff — ein Beschuldigter, der nicht zur Hauptverhandlung gebracht werden kann, weil sein Aufenthalt unbekannt ist oder weil trotz eines bekannten Aufenthalts im Ausland die Gestellung vor das zuständige Gericht nicht möglich erscheint. Darin liegt zugleich ein Unterschied zu den Fällen der §§ 231 und 232. In diesen kann der Angeklagte zur Hauptverhandlung gebracht (§ 230 Abs. 2) und in ihr gehalten werden (§ 231 Abs. 1 Satz 2), doch kann das Gericht im Falle des Ungehorsams auf seine Gegenwart verzichten und die Hauptverhandlung ohne ihn durchführen (vgl. aber auch § 285, 2). **3**

**2. Unbekannter Aufenthalt.** Der Aufenthalt des Beschuldigten ist unbekannt, wenn Gericht und Ermittlungsbehörden ihn nicht kennen, ihn auch nicht mit einem der **4**

---

[1] KK-*Engelhardt* 2 (Begriffe decken sich nicht); KMR-*Müller* 2.

Walter Gollwitzer

Bedeutung der Sache angemessenen Aufwand ermitteln können und auch nicht damit zu rechnen ist, daß er ihnen demnächst bekannt wird[2].

**5**     **3. Gestellung** ist das Bewirken des Erscheinens durch Ladung[3]. Die Warnung, der Geladene werde im Falle des unentschuldigten Ausbleibens verhaftet oder vorgeführt werden (§ 216 Abs. 1) ist üblich, aber nicht notwendig. Eine Ladung ohne die im Ausland nicht mögliche Zwangsandrohung reicht ebenfalls aus, wenn der Beschuldigte ihr freiwillig nachkommt[4]. Zum Gestellen rechnen auch die Maßnahmen zum Erzwingen des Erscheinens (§ 236) durch Haft- (§ 114) oder Vorführungsbefehl (§ 134 Abs. 2, § 230 Abs. 2), wobei gegen im Ausland Aufhältige nur der Haftbefehl in Betracht kommt[5], vor allem auch, wenn die Auslieferung betrieben werden soll[6].

**6**     **4. Nicht ausführbar** ist die Gestellung, wenn der Aufenthalt des Beschuldigten unbekannt ist oder zu erwarten ist, daß er bei Ladung weder freiwillig erscheinen wird noch zwangsweise vor Gericht gebracht werden kann, weil ein Einlieferungsverfahren nicht durchführbar ist[7]. Dies gilt sogar, wenn der Beschuldigte im Inland in Haft ist, weil er vom Ausland wegen einer anderen Straftat ausgeliefert wurde, seine Gestellung aber wegen des Grundsatzes der Spezialität der Auslieferung nicht möglich ist[8].

**7**     Die **zwangsweise Gestellung** eines Beschuldigten, der sich im Auslande aufhält, hängt davon ab, ob zu erwarten ist, daß der Beschuldigte in absehbarer Zeit von dem ausländischen Staat nach der Bundesrepublik ausgeliefert wird. Die Entscheidung über diese sog. Einlieferung obliegt den obersten Justizbehörden und letztlich den Regierungen der Länder und des Bundes[9]. Die Gerichte können entgegen einer solchen Feststellung die Ausführbarkeit der Auslieferung nicht bejahen. Andererseits brauchen sie aber eine solche Feststellung nicht unbedingt einzuholen, um bei einem im Ausland befindlichen Beschuldigten die Voraussetzungen des § 276 anzunehmen, so etwa, wenn sie auf andere Weise bereits sichere Kenntnis von der Nichtauslieferung haben[10]. Mitunter wird die Klärung der Auslieferungsfrage sich auch deshalb erübrigen, weil die Gestellung nach der dafür maßgebenden Ansicht des Gerichts nicht als angemessen erscheint (Rdn. 9). Auch sonst kann das Gericht auf einen aussichtslos erscheinenden Gestellungsversuch verzichten[11].

**8**     **5. Nicht angemessene Gestellung.** Nach der Sondervorschrift des § 276 letzte Alternative gilt als abwesend auch, wer sich im Ausland aufhält, wenn seine Gestellung nicht angemessen erscheint. Der Gesetzgeber trägt damit dem Verhältnismäßigkeitsgrundsatz Rechnung. Er will verhindern, daß eine nur mit unverhältnismäßig großen tatsächlichen oder rechtlichen Schwierigkeiten durchführbare oder unverhältnismäßig aufwendige Gestellung versucht werden muß. Die Maßnahmen, die das Gesetz bei abwesenden Angeklagten zuläßt, sollen auch anwendbar sein, wenn die an sich mögliche Gestellung aus dem Ausland wegen der geringen Bedeutung der Sache oder wegen der hierfür notwendigen Mittel oder wegen sonstiger Gründe als unangemessen unterbleibt.

---

[2] KK-*Engelhardt* 3.
[3] KK-*Engelhardt* 5; *Kleinknecht/Meyer*[37] 2; KMR-*Müller* 1.
[4] OLG Frankfurt NJW **1972** 1875; *Oppe* NJW **1966** 2237. Vgl. Nr. 116 RiVASt.
[5] Vgl. Nr. 86 ff RiVASt.
[6] Vgl. dazu Nrn. 85 ff RiVASt.
[7] *Oppe* NJW **1966** 2237.

[8] KG *Alsb.* E **2** Nr. 98.
[9] Vgl. § 74 IRG und die Zuständigkeitsvereinbarung vom 22. 11. 1983 (BAnz. **1983** 12593; ber. BAnz. **1984** 12322); ferner Nr. 88 RiVASt.
[10] Vgl. aber BGHSt **18** 287.
[11] KK-*Engelhardt* 7.

**Unangemessen** ist die Gestellung in der Regel, wenn die mit der Auslieferung aus **9** dem Auslande für den Beschuldigten verbundenen Nachteile oder die durch den Vollzug der Einlieferung für die deutschen öffentlichen Kassen erwachsenden Kosten zu dem öffentlichen Interesse an der Strafverfolgung **außer Verhältnis** stehen. Die Unangemessenheit kann sich aber auch daraus ergeben, daß der im zwischenstaatlichen Verkehr anfallende Verwaltungsaufwand, insbesondere auch der im fremden Staat zur Klärung der Auslieferungsvoraussetzungen anfallende, die Bedeutung der Sache übersteigt[12].

Liegen die **Voraussetzungen des § 290** vor, kann nach dem Sinn der Vorschrift **10** mitunter auch die Beschlagnahme des Vermögens unangemessen sein, sofern nicht die Güterabwägung ergibt, daß die Vermögensbeschlagnahme der Bedeutung der Sache entspricht und im Verhältnis zur zwangsweisen Gestellung das schonendere Zwangsmittel ist. Meistens wird allerdings umgekehrt die Gestellung angemessen sein, wenn ein Fall des § 290 vorliegt.

Die **Feststellung**, daß die Gestellung unangemessen sei, trifft das **Gericht**. Freilich **11** muß es sich dabei in Übereinstimmung mit der Staatsanwaltschaft befinden. Denn wenn diese die Gestellung für angemessen erachtet, wird sie die Einlieferung und nicht das Abwesenheitsverfahren betreiben.

**6. Ausland** i. S. des § 276 Abs. 1 ist funktional zu verstehen; zu ihm rechnet alles, **12** was nicht zum Hoheitsbereich der Bundesrepublik gehört. Dieser umfaßt das Landgebiet und die Eigengewässer (Häfen und die Küsten bespülende Meeresteile) und das Küstenmeer, einen Meeresstreifen, der den Eigengewässern vorgelagert ist[13]. Mit diesem endet der deutsche Hoheitsbereich und beginnt die **offene See**. Diese muß i. S. des § 276 mit zum Ausland zählen, weil die Vorschrift auf die Unwirksamkeit der inländischen Gestellungsmittel abstellt, die sich auf der offenen See eher stärker auswirkt als im Bereiche ausländischer Staaten. Zum Inland rechnet ferner **Berlin (West)**.

Die Maßnahmen, die §§ 285 ff gegen Abwesende vorsehen, sind auch gegen Personen **13** zulässig, die sich in der **DDR** oder **Berlin (Ost)** aufhalten[14]. Unabhängig davon, ob das Verhältnis Inland/Ausland auf das besondere Verhältnis zwischen den deutschen Staaten[15] staats- und völkerrechtlich paßt, spricht viel dafür, die Vorschriften der §§ 285 ff auch bei Personen anzuwenden, die sich in der DDR aufhalten[16]. Dies gilt nicht nur für das Beweissicherungsverfahren, das aus kriminalpolitischen Gründen bei jedem durchführbar sein muß, der faktisch für die Strafrechtspflege nicht erreichbar ist, dies gilt auch für das sichere Geleit, das nach dem Sinn des § 295 auch den Personen nicht verweigert werden kann, denen die Behörden der DDR die Reise erlauben. Bei der

---

[12] Vgl. Nr. 88 Abs. 1 Buchst. c RiVASt; ferner KK-*Engelhardt* 8; KMR-*Müller* 1.

[13] Vgl. *Mettgenberg* DJ **1940** 641.

[14] KK-*Engelhardt* 4.

[15] Vgl. BVerfGE **36** 1.

[16] Im materiellen Strafrecht wird ebenfalls auf den funktionalen Inlandbegriff abgestellt und nicht etwa auf den staatsrechtlichen oder völkerrechtlichen, da es für die Rechtsanwendung nur auf die Tatsache ankommen kann, daß die Hoheitsgewalt der deutschen Staaten auf ihr jeweiliges Hoheitsgebiet beschränkt ist (vgl. Art. 6 des Grundlagenvertrags vom 21. 12. 1972 – BGBl. 1973 II 421). Wegen der Einzelheiten vgl. BGHSt **30** 1 und die Erläuterungsbücher zum Strafgesetzbuch, jeweils Vor § 3. Es ist im Ergebnis unerheblich, ob man den funktionalen Inlandbegriff übernimmt oder ob man die §§ 276 ff bei einem Aufenthalt in der DDR analog anwendet.

Walter Gollwitzer

Vermögensbeschlagnahme ist das sachgerechtere Regelungsprinzip ebenfalls nicht die generelle Verneinung ihrer Anwendbarkeit, sondern die Prüfung, ob sie als Gestellungszwangsmittel nicht deshalb ausscheiden muß, weil der Angeschuldigte unter den konkreten Umständen des Einzelfalls nicht in der Lage ist, sich zu stellen[17].

# §§ 277 bis 284

die die Durchführung der Hauptverhandlung gegen Abwesende regelten, sind durch Art. 21 Nr. 75 EGStGB 1974 **entfallen**.

# § 285

(1) [1]Gegen einen Abwesenden findet keine Hauptverhandlung statt. [2]Das gegen einen Abwesenden eingeleitete Verfahren hat die Aufgabe, für den Fall seiner künftigen Gestellung die Beweise zu sichern.

(2) Für dieses Verfahren gelten die Vorschriften der §§ 286 bis 294.

**Entstehungsgeschichte.** Art. 21 Nr. 76 EGStGB 1974 hat Absatz 1 Satz 1 neu gefaßt. Bezeichnung bis 1924: § 327.

*Übersicht*

## 1. Keine Hauptverhandlung gegen Abwesende

**1**    **a) Allgemeiner Grundsatz.** Absatz 1 Satz 1 legt jetzt durchgängig den **Grundsatz** fest, daß gegen Abwesende (im Sinne des § 276) keine Hauptverhandlung stattfindet. Damit soll ausgeschlossen werden, daß jemand ohne die Möglichkeit, sich zu verteidigen, ja sogar in Unkenntnis des gegen ihn anhängigen Verfahrens und somit ohne rechtliches Gehör und ohne die in seiner Anwesenheit liegende Möglichkeit der Sachaufklärung verurteilt werden kann[1].

---

[17] Vgl. § 290, 2.
[1] KK-*Engelhardt* 1. Zu den Bedenken, die schon bei der Schaffung der Strafprozeßordnung gegen ein mit Verurteilung endendes Abwesenheitsverfahren erhoben wurden, vgl. *Dünnebier* FS Heinitz 669; vgl. ferner Vor § 276 Fußn. 2.

**b) Ausnahmen.** Die Befugnis, gegen einen **ausgebliebenen** Angeklagten nach **2** §232 zu verhandeln oder die Hauptverhandlung gegen einen Angeklagten zu Ende zu führen, der sich eigenmächtig aus der Hauptverhandlung entfernt hat, wird durch §285 Absatz 1 Satz 1 nicht eingeschränkt. Dies muß auch dann gelten, wenn der ordnungsgemäß geladene Angeklagte im Zeitpunkt der Hauptverhandlung nach §232 unbekannten Aufenthalts oder im Ausland ist[2] oder wenn er sich im Falle des §231 Abs. 2 nach seiner eigenmächtigen Entfernung aus der Hauptverhandlung sofort in das Ausland abgesetzt hat[3]. Denn Sinn der Regelungen des Siebten Abschnitts kann es — noch dazu nach Abschaffung der besonderen Hauptverhandlung gegen Abwesende — nicht sein, die Durchführbarkeit des Verfahrens gegen eigenmächtig ausgebliebene Angeklagte über die in §231 Abs. 2, §232 festgelegten Voraussetzungen hinaus einzuschränken und einen flüchtig gewordenen Angeklagten insoweit besser zu stellen als einen, dessen Aufenthalt im Inland bekannt ist[4]. Das Verfahren nach §233 ist gegen einen im Ausland wohnenden Angeklagten ebenfalls zulässig[5]. Gleiches gilt für das Verfahren nach §329 und für das Strafbefehlsverfahren[6].

**c) Bedeutung der Abwesenheit.** Die Abwesenheit im Sinne der §§276 ff ist ein **3** **Hindernis,** das — abgesehen von den genannten Ausnahmefällen — der Durchführung der Hauptverhandlung und auch bestimmten anderen Verfahrenshandlungen, wie etwa der Eröffnung des Hauptverfahrens, entgegensteht[7]. Ein Verfahrenshindernis in dem Sinn, daß mit Eintritt der Abwesenheit jedes Weiterbetreiben des Verfahrens zu unterbleiben hätte, ist die Abwesenheit ebensowenig wie das bloße Ausbleiben des Angeklagten.

**2. Beweissicherungsverfahren.** Absatz 1 Satz 2 läßt gegen Abwesende im Sinne des **4** §276 das Beweissicherungsverfahren zu, das nicht, wie die Hauptverhandlung, die Freisprechung oder die Verurteilung und Vollstreckung zum Ziele hat, sondern die Sicherung der Beweise für den Fall einer künftigen Gestellung. Zulässig ist auch das Verfahren über die Anordnung der Vermögensbeschlagnahme (§§290 bis 294).

Absatz 1 Satz 2 gestattet die **Einleitung** eines **gerichtlichen Verfahrens** für diesen **5** begrenzten Zweck. Die nach Absatz 2 dabei zu beachtenden Sondervorschriften in den §§286 bis 294 modifizieren insoweit die allgemein geltenden Verfahrensregeln, sie ändern aber nichts daran, daß die Maßnahmen der Beweissicherung im übrigen den allgemeinen Verfahrensregeln folgen.

---

[2] KK-*Engelhardt* 3; *Kleinknecht/Meyer*[37] 1; *Oppe* ZRP **1972** 57. Anders die früher vorherrschende Meinung BGH NJW **1957** 472; KMR-*Müller* §276, 2; *Eb. Schmidt* 2; *Oppe* NJW **1966** 2239; *Schlüchter* 781; vgl. §232, 2 mit weit. Nachw.

[3] Vgl. BGHSt **27** 216; KK-*Engelhardt* 4; *Schlüchter* 781.

[4] Ob sich der Angeklagte im Machtbereich der bundesdeutschen Gerichtsbarkeit aufhält oder für sie erreichbar ist (Auslieferung), kann nur dort eine Rolle werden, wo seine Anwesenheit erzwungen werden muß, um die Hauptverhandlung gegen ihn durchführen

zu können. Kann gegen einen ausbleibenden Angeklagten verhandelt werden, bedarf es keines besonderen Beweissicherungsverfahrens. Vgl. auch §205, 3; 10 f.

[5] OLG Schleswig SchlHA **1964** 70; KK-*Engelhardt* 5; *Kleinknecht/Meyer*[37] 1; *Schlüchter* 781; vgl. §233, 4 mit weit. Nachw.; ferner §233, 25.

[6] Vgl. KG NJW **1969** 475; LG Verden NJW **1974** 2194; KK-*Engelhardt* 6; *Kleinknecht/Meyer*[37] 2; KMR-*Müller* 1; *Rieß* JZ **1975** 268; verneinend für Strafbefehlsverfahren *Schlüchter* 781; vgl. bei §329 und 407.

[7] §205, 3 ff.

Walter Gollwitzer

### 3. Die Beweissicherung in den einzelnen Verfahrenslagen

**6**    **a) Bedeutung des Worts „Angeklagter".** Wegen der Arten des Verfahrens könnte § 286 Abs. 1 Verwirrung stiften, weil er von dem **Angeklagten** spricht. Indessen handelt es sich um ein Redaktionsversehen, wie folgende Erwägungen ergeben: Das VereinhG hat § 286 an den ehem. § 281 angepaßt, dabei versehentlich das Wort „Angeklagter" übernommen und dadurch den Sinn des § 286, damit des ganzen Abschnitts und auch des § 285, verdunkelt. Angeklagter ist der Angeschuldigte, gegen den die Eröffnung des Hauptverfahrens beschlossen worden ist (§ 157). Es kann grundsätzlich für das Verfahren nach Satz 2 weder darauf ankommen, daß die Staatsanwaltschaft den Abwesenden anklagt[8], noch, ob das Gericht auf eine gleichwohl erhobene Anklage in den durch §§ 285 bis 289 geregelten Fällen das Hauptverfahren eröffnen kann[9]. In § 286 ist daher, wie in der ursprünglichen Fassung, das Wort „Angeklagter" als „Beschuldigter" zu lesen[10].

**7**    **b)** Daß die Staatsanwaltschaft gegen einen Abwesenden ein **Ermittlungsverfahren** führen darf, bedarf keiner ausdrücklichen Regelung; es ist nach ihrer Aufgabe selbstverständlich, ergibt sich auch aus § 112 Abs. 1 Nr. 1 in Vbdg. mit § 125 Abs. 1. Die Staatsanwaltschaft kann von Ermittlungen absehen und das Verfahren alsbald in entsprechender Anwendung des § 205 einstellen, wenn keine Beweise zu sichern sind, namentlich die eidliche Vernehmung von Zeugen nicht erforderlich erscheint. § 286 Abs. 2 schreibt zwar vor, Zeugen grundsätzlich zu vereidigen, wendet sich indessen, § 65 ergänzend und ändernd, an den Richter, der einen Zeugen vernommen hat. Er zwingt den Staatsanwalt nicht, sämtliche von der Polizei oder von ihm selbst vernommenen Zeugen auch noch richterlich vernehmen und vereidigen zu lassen[11]. Kann der Staatsanwalt annehmen, er werde den Aufenthalt des Beschuldigten in absehbarer Zeit ermitteln können, wird es oft sachgerechter sein, die Vereidigung zurückzustellen, bis der Zeuge auch zu der Einlassung des Beschuldigten Stellung nehmen kann.

**8**    Sind in den Ermittlungsverfahren gegen den Abwesenden **Beweise zu sichern**, so veranlaßt das die Staatsanwaltschaft entweder selbst, indem sie Gegenstände, die als Beweismittel für die Untersuchung von Bedeutung sein können, sicherstellt (§ 94 Abs. 1), oder sie beantragt die **Beschlagnahme** (§ 98 Abs. 1) oder andere **richterliche Untersuchungshandlungen** (§ 162 Abs. 1) beim Amtsgericht, auf die die §§ 286, 287 anwendbar sind[12]. Es kommt vor allem die Vereidigung wichtiger Zeugen in Betracht (§ 286 Abs. 2), wenn mit deren Wegfall zu rechnen ist oder Erinnerungstrübungen zu befürchten sind.

**9**    Nach **Abschluß** dieser formlosen Beweissicherung stellt die Staatsanwaltschaft das Verfahren in entsprechender Anwendung von § 205 vorläufig ein[13], sofern nicht eine Vermögensbeschlagnahme nach § 290 in Betracht kommt.

**10**    **c)** War die **Anklageschrift** im Regelverfahren **eingereicht** worden (§ 170 Abs. 1, § 199 Abs. 2), weil der Beschuldigte bei der Anklageerhebung anwesend war oder weil die Staatsanwaltschaft das irrtümlich angenommen hatte oder weil sie glaubte, der Angeschuldigte werde freiwillig zur Hauptverhandlung aus dem Ausland kommen, und stellt sich nach der Einreichung der Anklageschrift, aber **vor Eröffnung** des Hauptver-

---

[8] Vgl. § 290, 7; *Kleinknecht/Meyer*[37] 2; ferner Rdn. 7.

[9] Vgl. § 205, 5; ferner *Kleinknecht/Meyer*[37] 2; KMR-*Müller* 1; 2.

[10] Vgl. § 286, 2.

[11] KK-*Engelhardt* 8; vgl. § 286 bis 289, 7.

[12] KK-*Engelhardt* 8.

[13] KMR-*Müller* 2; vgl. § 205, 4; KK-*Engelhardt* 9.

fahrens die Abwesenheit des Beschuldigten heraus, dann kann die Staatsanwaltschaft die **Anklage zurücknehmen** (§ 156). Dies kann angezeigt sein, wenn die Anklage nicht zustellbar ist, so daß das Ziel, die Eröffnung des Hauptverfahrens (§ 199 Abs. 2 Satz 1), nicht mehr erreicht werden kann. Eine Zurücknahme scheidet aber aus, wenn die Staatsanwaltschaft eine Vermögensbeschlagnahme beantragen will; das Verfahren nach § 294 setzt voraus, daß die Anklage erhoben ist.

Nimmt die Staatsanwaltschaft die **Anklage zurück**, dann hat sie zur Beweissiche- **11** rung die bei Rdn. 7, 8 aufgezeigten Möglichkeiten. Nimmt sie die Anklage nicht zurück, dann stellt das Gericht — ggf. nach einer Anordnung nach § 290 — das Verfahren nach § 205 Satz 1 vorläufig ein.

Ein erforderliches **Beweissicherungsverfahren** hat das Gericht grundsätzlich vor **12** der Entscheidung über die Einstellung und unter umfassender Sachaufklärung durchzuführen[14], während sonst nach § 205 Satz 2 vom Vorsitzenden die Beweise nur „soweit nötig" zu sichern sind[15].

Das Verfahren nach § 294 greift auch Platz, wenn die Staatsanwaltschaft erst **13** **nach Feststellung der Abwesenheit** Anklage erhebt, um die Voraussetzungen für eine Vermögensbeschlagnahme zu schaffen[16].

**d)** War gegen den Angeklagten im Regelverfahren das **Hauptverfahren eröffnet** **14** worden (§ 203), weil der Angeklagte bei der Eröffnung anwesend war oder weil sich erst nach der Eröffnung des Hauptverfahrens die Abwesenheit des Angeklagten herausstellte, dann ist das Verfahren je nach Verfahrenslage außerhalb oder innerhalb der Hauptverhandlung durch Beschluß vorläufig einzustellen[17]. Eine vorher durchzuführende Beweissicherung obliegt dem Gericht (§ 289).

## § 286

(1) [1]Für den Angeklagten kann ein Verteidiger auftreten. [2]Auch Angehörige des Angeklagten sind, auch ohne Vollmacht, als Vertreter zuzulassen.

(2) Zeugen sind, soweit nicht Ausnahmen vorgeschrieben oder zugelassen sind, eidlich zu vernehmen.

**Entstehungsgeschichte.** Die Textfassung beruht auf Art. 3 Nr. 133 VereinhG. Bezeichnung bis 1924: § 328.

## § 287

(1) Dem abwesenden Beschuldigten steht ein Anspruch auf Benachrichtigung über den Fortgang des Verfahrens nicht zu.

(2) Der Richter ist jedoch befugt, einem Abwesenden, dessen Aufenthalt bekannt ist, Benachrichtigungen zugehen zu lassen.

**Bezeichnung** bis 1924: § 329.

---

[14] Vgl. § 294, 3.
[15] Vgl. § 205, 35 ff.
[16] Vgl. § 290, 6.

[17] KK-*Engelhardt* 10; KMR-*Müller* 3; vgl. § 205, 6 ff.

Walter Gollwitzer

# § 288

**Der Abwesende, dessen Aufenthalt unbekannt ist, kann in einem oder mehreren öffentlichen Blättern zum Erscheinen vor Gericht oder zur Anzeige seines Aufenthaltsortes aufgefordert werden.**

**Bezeichnung** bis 1924: § 330.

## Erläuterungen zu den §§ 286 bis 288

*Übersicht*

**1**    **1. Zweck und Anwendungsbereich.** Die §§ 286 bis 289 **ergänzen** die allgemeinen Vorschriften. Diese gelten grundsätzlich auch, wenn wegen der Abwesenheit des Beschuldigten Maßnahmen zur Beweissicherung (§ 285 Abs. 1 Satz 2; Abs. 2) oder zur Gestellung (§§ 290 ff) durchgeführt werden[1]. Die §§ 286 bis 289 bringen nur einige **Sonderregelungen**, die sich entweder aus der Abwesenheit des Beschuldigten (§ 286 Abs. 1, §§ 287, 288), aus dem Zweck der Beweissicherung (§ 286 Abs. 2) oder aus der Art des Verfahrens (§ 289) ergeben.

### 2. Wahrnehmung der Interessen des Beschuldigten

**2**    **a) Zweck.** § 286 Abs. 1 will die Wahrung der Interessen des abwesenden Beschuldigten erleichtern. Er stellt klar, daß für ihn ein (bevollmächtigter) Verteidiger auftreten kann und er läßt zu diesem Zweck auch die Angehörigen ohne Vollmacht zu. Die Vorschrift gilt auch vor Eröffnung des Hauptverfahrens (§ 147 Abs. 2), das Wort Angeklagter ist, da auf einem Redaktionsversehen beruhend, als Beschuldigter zu lesen[2], zumal kein sachlicher Grund besteht, das Auftreten des Verteidigers abweichend von der allgemeinen Regelung (§ 137) auf das Hauptverfahren zu beschränken[3].

**3**    **b) Die Verteidigung** ist nicht notwendig[4], doch kann, was selbstverständlich ist, ein bevollmächtigter Verteidiger auftreten. Im übrigen gelten die allgemeinen Vorschriften, auch hinsichtlich des Erfordernisses einer besonderen Vertretungsvollmacht und der Beschränkung der Zahl der Verteidiger durch § 137 Abs. 1 Satz 2[5]. § 145 a ist

---

[1] Vgl. § 285, 4 ff.
[2] Dazu § 285, 6.
[3] KK-*Engelhardt* 1; *Kleinknecht/Meyer*[37] 1; **a. A** KMR-*Müller* 1.

[4] KK-*Engelhardt* 2; *Kleinknecht/Meyer*[37] 1; KMR-*Müller* 1.
[5] KK-*Engelhardt* 2.

anwendbar[6]. Die Anwendung der § 140 Abs. 2; § 141 Abs. 3 ist jedoch sorgfältig zu prüfen[7].

**c) Angehörige** sind, ohne daß ein gerichtliches Ermessen obwaltet, auch ohne **4** Vollmacht als Verteidiger zuzulassen (§ 138 Abs. 2)[8]. Wollen mehrere Angehörige für den Beschuldigten tätig werden, so wird man das Gericht für befugt halten müssen, ihre Zahl zu beschränken, wenn andernfalls die geregelte Durchführung des Beweissicherungsverfahrens in Frage gestellt würde. Angehörigen mit einer Vollmacht des Beschuldigten gebührt dann der Vorzug[9]. Das Auftreten eines bevollmächtigten Verteidigers beseitigt die Befugnis der Angehörigen nicht.

**Angehörige** ist — ebenso wie bei § 98 Abs. 2 und § 114 b[10] — im weiten Sinn aus- **5** zulegen[11]. Auch entfernte Verwandte fallen darunter, nicht nur die in § 11 Abs. 1 Nr. 1 StGB oder die in § 52 aufgezählten Personen; zum Beispiel gehört der Stiefvater dazu[12]; ein Ehegatte, mit dem die Ehe nicht mehr besteht (vgl. § 52 Abs. 1 Nr. 2) dürfte nach dem Zweck der Regelung dagegen ausscheiden[13].

**Vertretung** bedeutet hier nicht etwa rechtsgeschäftliche Vertretung, sondern, ent- **6** sprechend dem Sinn der Vorschrift, die Notbefugnis zur Interessenwahrnehmung durch Anträge, Anregungen, Hinweise und Ausübung des Fragerechts. Die Angehörigen sollen — anders als nach § 149 — die gleichen Rechte ausüben dürfen wie ein Verteidiger, auch wenn sie keine Vollmacht des Beschuldigten haben. Vertretungsbefugnis im Sinne des § 234 brauchen sie im Beweissicherungsverfahren nicht[14]. Die Befugnisse der Angehörigen bestehen nur hinsichtlich der Maßnahmen zur Beweissicherung und Gestellung; im übrigen bleiben §§ 149, 298 unberührt.

### 3. Eidliche Zeugenvernehmung (§ 286 Abs. 2)

**a) Beeidigung im Regelfall.** Weil die Aussagen erst später verwendet werden, **7** wenn bei auftauchenden Zweifeln ihre Bestätigung vielleicht nicht mehr erlangt werden kann, ordnet das Gesetz an, daß die Zeugen, nicht die jederzeit ersetzbaren Sachverständigen[15], grundsätzlich vereidigt werden, soweit nicht Ausnahmen vorgeschrieben oder zulässig sind. Inhalt der Vorschrift ist, daß die §§ 65 und 66 b unanwendbar werden[16], die übrigen Ausnahmevorschriften (§§ 60, 61) aber gelten. Das ist auch der Fall bei § 62, weil das Prinzip, wegen Bagatellen keinen Meineid in Kauf zu nehmen, wenn es nicht wegen der ausschlaggebenden Bedeutung der Aussage oder zum Herbeiführen einer wahren Aussage erforderlich ist, keine Ausnahme zufolge der Abwesenheit erheischt[17].

**b) Sind Zeugen uneidlich vernommen worden, ehe die Abwesenheit des Angeklag- **8** ten bekannt geworden war, so ist ihre **Vereidigung nachzuholen**. § 286 Abs. 2 wendet sich

---

[6] *Kleinknecht/Meyer*[37] 1.

[7] KK-*Engelhardt* 2; KMR-*Müller* 1; vgl. auch § 205, 5.

[8] KK-*Engelhardt* 4; KMR-*Müller* 1.

[9] KMR-*Müller* 1.

[10] Vgl. § 114 b, 8; ferner bei § 98.

[11] KK-*Engelhardt* 3; *Kleinknecht/Meyer*[37] 2; **a. A** KMR-*Müller* 1 (§ 52 ist zugrunde zu legen).

[12] OLG Colmar *Alsb*. E 2 Nr. 99.

[13] KK-*Engelhardt* 3.

[14] KK-*Engelhardt* 5; *Kleinknecht/Meyer*[37] 2;

vgl. ferner KMR-*Müller* 1 (Vorschrift zum Schutze des Angeklagten; die Angehörigen dürfen daher keine dem Angeklagten nachteilige Willenserklärung abgeben); *Eb. Schmidt* 2 sieht die Angehörigen als Vertreter an, wie seine Darlegung des Streitstandes bei § 281, 1 zeigt. Mit Beseitigung der eigentlichen Abwesenheitsverhandlung hat der Streit an Bedeutung verloren.

[15] KK-*Engelhardt* 8.

[16] KMR-*Müller* 2.

[17] KK-*Engelhardt* 7.

Walter Gollwitzer

an den Richter. Er zwingt die Staatsanwaltschaft nicht, sämtliche von ihr oder der Polizei vernommene Zeugen richterlich vernehmen oder beeidigen zu lassen[18]. Ob dies zur Sicherung des Beweises notwendig ist, kann sie nach pflichtgemäßem Ermessen entscheiden.

**9**     Soweit dagegen der **Richter** zur Beweissicherung tätig wird, muß er die Zeugen nach § 286 Abs. 2 beeiden. Dabei ist unerheblich, ob er als ersuchter Richter auf Antrag der Staatsanwaltschaft im Ermittlungsverfahren nur einen einzigen Zeugen vernimmt oder ob er als ersuchter oder beauftragter Richter im Auftrage des Gerichts im Verfahren nach § 294 die Einvernahmen durchführt.

### 4. Benachrichtigung des Abwesenden (§§ 287, 288)

**10**     **a) Kein Anspruch auf Benachrichtigung.** Der Abwesende braucht, selbst wenn sein Aufenthalt bekannt oder Zustellungsvollmacht hinterlegt ist[19], nicht von Terminen (z.B. vom Termin zur Zeugenvernehmung nach § 168 c Abs. 5) benachrichtigt zu werden (§ 287 Abs. 1), doch kann der Richter es tun (§ 287 Abs. 2), wenn er dies für angemessen hält.

**11**     **b) Nachrichten an den Verteidiger** (z.B. nach § 168 c Abs. 5 in Vbdg. mit Absatz 2) werden von § 287 Abs. 1 nicht berührt. Insoweit gilt das Regelrecht[20].

**12**     **c)** Der Vorsitzende kann nach seinem Ermessen einen Beschuldigten, dessen Aufenthalt unbekannt ist, durch eine **Anzeige in öffentlichen Blättern** zum Erscheinen oder zur Mitteilung seines Aufenthaltsorts auffordern. Öffentliche Blätter sind alle Zeitungen, die nicht nur von einem beruflich eng begrenzten Personenkreis gelesen werden[21]. Die Aufforderung durch Fernsehen oder Rundfunk wird durch § 288 ebensowenig ausgeschlossen, wie der Versuch einer Kontaktaufnahme durch andere geeignete Mittel[22]. In der Aufforderung muß die genaue Anschrift des Gerichts angegeben werden, bei dem sich der Beschuldigte melden soll; ferner, wenn das Erscheinen zu einem bestimmten Termin gefordert wird, auch Ort und Zeit des Termins[23]. Eine Ladung bedeutet diese Aufforderung nicht, sie hat auch sonst keine Rechtsfolgen[24].

## § 289

**Stellt sich erst nach Eröffnung des Hauptverfahrens die Abwesenheit des Angeklagten heraus, so erfolgen die noch erforderlichen Beweisaufnahmen durch einen beauftragten oder ersuchten Richter.**

**Bezeichnung** bis 1924: § 331.

**1**     **1. Gegenstand der Regelung.** Vor Eröffnung des Hauptverfahrens richtet sich die Zuständigkeit zur Beweissicherung nach den allgemeinen Regeln. Im Vorverfahren ist es der Entscheidung der Staatsanwaltschaft überlassen, ob sie die erforderlichen Beweise

---

[18] KK-*Engelhardt* 6; *Kleinknecht/Meyer*[37] 3; KMR-*Müller* 2.
[19] KK-*Engelhardt* 1; KMR-*Müller* 2.
[20] KK-*Engelhardt* 2; *Kleinknecht/Meyer*[37] 1; KMR-*Müller* 3.
[21] KK-*Engelhardt* 2.
[22] KMR-*Müller* 1.
[23] KK-*Engelhardt* 3.
[24] KK-*Engelhardt* 4.

selbst sichern oder dafür den Ermittlungsrichter einschalten will. Dies kann sie auch noch nach Anklageerhebung, sofern nicht das Gericht im Zwischenverfahren selbst die erforderlichen Anordnungen trifft[1]. § 289 gilt nur für die Beweissicherung nach Eröffnung des Hauptverfahrens, wobei unerheblich ist, ob sich die Abwesenheit des Angeklagten und die Notwendigkeit der Beweissicherung unmittelbar nach der Eröffnung oder erst in einem späteren Verfahrensstadium — etwa nach Aussetzung der Hauptverhandlung — ergibt, sowie, ob das Gericht das Verfahren bereits nach § 205 vorläufig eingestellt hatte.

**2.** Die zur Beweissicherung erforderlichen Anordnungen trifft das **erkennende 2 Gericht.** Es ordnet Beschlagnahmen an und kann durch einen beauftragten oder ersuchten Richter Zeugen vernehmen oder einen kommissarischen Augenschein durchführen lassen.

**3.** Auf **Beauftragung** des Richters und **Durchführung der Beweiserhebung** sind **3** die §§ 223 bis 225 anwendbar[2]. Eine Benachrichtigung des Angeklagten kann unterbleiben (§ 287 Abs. 1), Verteidiger und Angehörige, die nach § 286 Abs. 1 zugelassen sind, müssen dagegen nach Maßgabe des § 224 vom Termin benachrichtigt und zu diesem zugelassen werden[3]. Gleiches gilt für die Staatsanwaltschaft.

# § 290

(1) Liegen gegen den Abwesenden, gegen den die öffentliche Klage erhoben ist, Verdachtsgründe vor, die den Erlaß eines Haftbefehls rechtfertigen würden, so kann sein im Geltungsbereich dieses Bundesgesetzes befindliches Vermögen durch Beschluß des Gerichts mit Beschlag belegt werden.

(2) Wegen Straftaten, die nur mit Freiheitsstrafe bis zu sechs Monaten oder mit Geldstrafe bis zu einhundertachtzig Tagessätzen bedroht sind, findet keine Vermögensbeschlagnahme statt.

**Schrifttum.** *Hilger* § 290 StPO — ein weiterer Weg der „Zurückgewinnungshilfe" neben § 111 b III StPO, NStZ **1982** 375.

**Entstehungsgeschichte.** Durch Art. 3 Nr. 133 VereinhG sind die Worte „im Geltungsbereich dieses Bundesgesetzes" an die Stelle der Wendung „im Deutschen Reich" gesetzt worden. Art. 21 Nr. 77 EGStGB 1974 hat den Absatz 2 angefügt. Bezeichnung bis 1924: § 332.

---

[1] KK-*Engelhardt* 1; KMR-*Müller* 1; 2. Vgl. §§ 285, 7 ff.

[2] KK-*Engelhardt* 2.

[3] KK-*Engelhardt* 2; *Kleinknecht/Meyer*[37] 1; KMR-*Müller* 4.

*Übersicht*

**1**     **1. Zweck der Vermögensbeschlagnahme** ist es, die Gestellung des Abwesenden und damit die Durchführbarkeit der Hauptverhandlung zu erzwingen[1]. Nicht zuletzt sollen ihm dadurch die Mittel zum weiteren Fernbleiben entzogen werden[2]. Die Vermögensbeschlagnahme soll weder den Strafanspruch sichern[3], noch ist sie eine Ungehorsamsstrafe. Sie dient auch nicht der Wahrung der Fiskalinteressen des Staates oder der Sicherung der Vermögensinteressen des Verletzten[4]. Gegen einen nicht abwesenden Beschuldigten läßt § 442 in engeren Grenzen eine Vermögensbeschlagnahme zu (vgl. dort).

    **2. Unzulässigkeit**

**2**     **a) Zweck nicht erreichbar.** Für die Vermögensbeschlagnahme ist **kein Raum**, wenn feststeht, daß die Beschlagnahme die Gestellung nicht bewirken kann[5]. Der Deutsche, der in einem Schweizer Sanatorium Aufenthalt genommen und keine Aussicht hat, lebend nach Deutschland zurückzukehren, ist vor der Beschlagnahme seines Vermögens ebenso geschützt wie der Beschuldigte, der durch die rechtlichen oder faktischen Verhältnisse des Aufenthaltslandes an der Ausreise und damit an der Gestellung in der Bundesrepublik nicht nur vorübergehend gehindert ist[6]. Da die Vermögensbeschlagnahme auf den Willen des Abwesenden einwirken und ihn zur Gestellung aus eigenem Antrieb veranlassen soll, schließt der Umstand, daß die Auslieferung des Angeschuldigten nicht verlangt werden kann, die Vermögensbeschlagnahme nicht aus[6a]. Gleiches gilt für die Erklärung des Betroffenen, er wolle auf keinen Fall, selbst unter Verlust des Vermögens, in die Bundesrepublik zurückkehren. Selbst wenn sie im Augenblick ernst gemeint sein sollte, kann sich eine solche Einstellung bei länger andauernder Vermögensbeschlagnahme wieder ändern, denn die Vermögensbeschlagnahme ist eine Maßnahme mit aggravierender Langzeitwirkung. Unzulässig wegen Nichterreichbarkeit ihres Zweckes ist die Vermögensbeschlagnahme dann, wenn von Anfang an ersichtlich ist, daß sich der Betroffene unabhängig von seinem eigenen Willen langfristig nicht stellen kann.

**3**     Ist das der Beschlagnahme zugängliche **Vermögen** des Angeschuldigten ersichtlich so **gering** und uninteressant, daß bei Berücksichtigung aller Umstände nicht erwartet werden kann, die Beschlagnahme werde in irgend einer Form die Bereitschaft zur Gestellung fördern, dann ist für sie ebenfalls kein Raum.

---

[1] BayObLGSt **7** 249; KK-*Engelhardt* 1; KMR-*Müller* 3; *Hilger* NStZ **1982** 375.

[2] BayObLGZ **33** 374; **1963** 257 = NJW **1964** 300.

[3] KG Recht **1905** 1817.

[4] *Hilger* NStZ **1982** 375. Wegen des Verhält-

nisses zu § 111 b Abs. 3 vgl. die dortigen Erläuterungen.

[5] OLG Hamburg HRR **1935** 1572.

[6] KK-*Engelhardt* 1; KMR-*Müller* 3.

[6a] KK-*Engelhardt* 2; *Kleinknecht/Meyer*[37] 1.

b) Bei **Straftaten von geringerem Gewicht**, die nur mit Freiheitsstrafe bis zu sechs **4** Monaten oder mit Geldstrafe bis zu 180 Tagessätzen bedroht sind, schließt Absatz 2 jetzt die Vermögensbeschlagnahme als unverhältnismäßiges Mittel aus. Maßgebend ist die Obergrenze der im jeweiligen Straftatbestand **angedrohten Strafe** und nicht etwa, wie bei §§ 232, 233, die im konkreten Fall zu erwartende Strafe. Bei den meist höheren Obergrenzen der einzelnen Straftatbestände hat Absatz 2 nur eine geringe praktische Bedeutung[7].

c) Der **Grundsatz der Verhältnismäßigkeit** gilt auch jenseits der durch Absatz 2 **5** gezogenen Grenze. Die Vermögensbeschlagnahme darf auch bei den nicht unter die Ausnahme des Absatzes 2 fallenden Straftaten nicht angeordnet werden, wenn sie und die von ihr zu erwartenden Auswirkungen außer Verhältnis zu der Strafe und den sonstigen Rechtsfolgen stehen, die der Angeschuldigte konkret wegen der begangenen Tat zu erwarten hat[8].

3. **Erhebung der öffentlichen Klage.** Die Vermögensbeschlagnahme ist nur zuläs- **6** sig, wenn gegen den Abwesenden bereits die öffentliche Klage erhoben ist. Die Anklageschrift muß bei Gericht eingereicht, das Hauptverfahren braucht jedoch noch nicht eröffnet zu sein. Auch wenn das Verfahren nach § 205 eingestellt worden ist, bleibt die Vermögensbeschlagnahme zulässig, nicht jedoch, wenn die Staatsanwaltschaft die Anklage wegen der Abwesenheit des Angeschuldigten zurückgenommen hat.

Ist die öffentliche Klage noch **nicht erhoben**, muß es — nach Wegfall der Vorun- **7** tersuchung — als zulässig erachtet werden, daß die Staatsanwaltschaft auch gegen einen abwesenden Beschuldigten die **öffentliche Klage** erhebt, wenn nach den Umständen eine Vermögensbeschlagnahme in Betracht kommt[9].

4. **Haftgründe.** Weitere Voraussetzung der Vermögensbeschlagnahme ist, daß **8** Verdachtsgründe vorliegen, die den Erlaß eines Haftbefehls rechtfertigen würden. Der Ausdruck ist vor der Änderung des neunten Abschnitts durch das Strafprozeßänderungsgesetz 1964 Bestandteil des Gesetzes geworden; er wurde leider nicht angepaßt. Er kann nach dem Zwecke der Vorschrift zufolge der Einwirkung des Strafprozeßänderungsgesetzes indessen nur den Sinn haben, daß die „Voraussetzungen der Untersuchungshaft" vorliegen und die Untersuchungshaft zu der Bedeutung der Sache und zu der zu erwartenden Strafe oder Maßregel der Besserung und Sicherung nicht außer Verhältnis steht (vgl. § 120 Abs. 1 Satz 1). Voraussetzungen der Untersuchungshaft sind dringender Tatverdacht sowie ein Haftgrund nach § 112 Abs. 2, § 112 a oder der Verdacht einer Straftat nach § 112 Abs. 3[10].

---

[7] *Rieß* JZ **1975** 266.

[8] KK-*Engelhardt* 6. § 432 i. d. F. EGStGB E 1928 hatte als weitere Voraussetzung vorgesehen, daß eine schwerere Strafe als Freiheitsstrafe von sechs Monaten zu erwarten sei. Der darin zum Ausdruck kommende Grundsatz der Verhältnismäßigkeit ist sowohl als Voraussetzung für die Anordnung der Untersuchungshaft (§ 112 Abs. 2 Satz 2) als auch in bezug auf die Vermögensbeschlagnahme ein zweites Mal zu prüfen. Denn es ist nachdrücklich zu fordern, daß die schwere Maßnahme der Vermögensbe-

schlagnahme, die bei den Beratungen als „bürgerlicher Tod" bezeichnet worden ist (*Hahn* Mat. **2** 1447), in einem angemessenen Verhältnis zu der Schwere des Delikts und zu der zu erwartenden Strafe steht; sonst „werden die Akte der Justiz zu Akten der Rache" (Abg. *Lasker, Hahn* Mat. **2** 1446).

[9] KK-*Engelhardt* 3; vgl. § 285, 13. Zum Vorschlag, das Erfordernis der Anklageerhebung durch den dringenden Tatverdacht zu ersetzen, vgl. StrVert. **1982** 602.

[10] *Hilger* NStZ **1982** 375; KMR-*Müller* 2; **a. A** KK-*Engelhardt* 4.

**9**     Von den **Haftgründen** spielen der der Wiederholungsgefahr bei gewissen Straftaten (§ 112 a) und derjenige der Verdunkelungsgefahr (§ 112 Abs. 2 Nr. 3) bei der Vermögensbeschlagnahme eine geringere Rolle. Die Fluchtgefahr (§ 112 Abs. 2 Nr. 2) scheidet als Haftgrund in der Regel aus, weil sie die Anwesenheit des Beschuldigten voraussetzt. Meist wird der Fall des § 112 Abs. 2 Nr. 1 Grundlage der Vermögensbeschlagnahme sein, indem festgestellt wird, daß der Beschuldigte flüchtig ist oder sich verborgen hält. Danach werden bei unbekanntem Inlandsaufenthalt und bei bekanntem und unbekanntem Auslandsaufenthalt bei dringendem Tatverdacht in der Regel die Voraussetzungen für den Erlaß eines Haftbefehls begründet sein[11]. Doch sind Ausnahmen möglich. So scheidet bei zwangsweisem Auslandsaufenthalt Flucht als Haftgrund aus. Wird bei Auslandsaufenthalt ein Wohnsitz in der Bundesrepublik beibehalten, bedarf die Fluchtgefahr besonderer Begründung.

**10**     Ein **Haftbefehl** ist keine Voraussetzung der Vermögensbeschlagnahme, doch wird er in der Regel zugleich mit der Vermögensbeschlagnahme zu erlassen sein, wenn er ihr nicht vorausgegangen ist. Auf der anderen Seite wird das Gericht nicht deshalb von seiner Prüfungspflicht entbunden, weil ein Haftbefehl vorliegt[12].

**11**     **5. Ermessen des Gerichts.** Das Gericht kann, wenn es die Voraussetzungen des § 290 für gegeben erachtet, **von Amts wegen** oder aber **auf Antrag** der Staatsanwaltschaft die Vermögensbeschlagnahme anordnen. Die Entscheidung, bei der vor allem der Grundsatz der Verhältnismäßigkeit (Gebot der Güterabwägung) zu beachten ist (Rdn. 2 ff), steht in seinem **pflichtgemäßen Ermessen**. Die Anordnung der Vermögensbeschlagnahme ist in der Regel nur bei Straftaten von Gewicht am Platze. Dem Gericht ist nicht nachzuweisen, daß Vermögen vorhanden ist; die Zulässigkeit der Beschlagnahme hängt an sich davon nicht ab, da auch das künftige Vermögen erfaßt wird. Hat der Angeschuldigte jedoch ersichtlich kein nennenswertes Vermögen in der Bundesrepublik und hat er auch in absehbarer Zeit kein solches zu erwarten, dann ist für die Anordnung der Beschlagnahme kein Raum, weil sie dann kein zur Erzwingung der Gestellung taugliches Mittel ist[13].

**12**     **6.** Die Anordnung ergeht durch **Beschluß** (§ 291), der zu begründen ist (§ 34)[14]. In dem Beschluß ist der Angeschuldigte, dessen Vermögen beschlagnahmt wird, genau zu bezeichnen. Im übrigen genügt die abstrakte Anordnung der Vermögensbeschlagnahme; einzelne Vermögensstücke des Angeschuldigten brauchen im Beschluß nicht angeführt zu werden[15]. Zur Anordnung der Veröffentlichung vgl. § 291.

**13**     **7. Zuständig** ist das mit der Sache durch die Anklage befaßte Gericht. Ist erst in einem späteren Verfahrensstadium, nach Eröffnung des Hauptverfahrens, über die Vermögensbeschlagnahme zu entscheiden, so obliegt das dem Gericht, bei dem die Sache dann anhängig ist, also auch dem Berufungsgericht, das das Verfahren nach § 205 eingestellt hat.

**14**     **8. Gegenstand der Vermögensbeschlagnahme.** Beschlagnahmt wird das Vermögen, das sich im Geltungsbereich der Strafprozeßordnung, also in der Bundesrepublik und in Berlin (West) befindet. Die Beschlagnahme umfaßt insoweit das gegenwärtige

---

[11] Vgl. KK-*Engelhardt* 4.

[12] KK-*Engelhardt* 5; KMR-*Müller* 2.

[13] Vgl. Rdn. 3; § 292, 4.

[14] KK-*Engelhardt* 7; KMR-*Müller* 4.

[15] BayObLGSt 7 248; KK-*Engelhardt* 7; KMR-*Müller* 4.

und künftige Vermögen, belastet mit den Rechten, die Dritte daran erworben haben[16], aber auch mit dem Anspruch von unterhaltsberechtigten Angehörigen auf Unterhalt aus dem Vermögen[17]. Wegen der Wirkung der Vermögensbeschlagnahme vgl. §292, 2.

**9.** Mit der **Beschwerde** (§304 Abs. 1, 2) ist sowohl der Beschluß, der die Beschlag- **15** nahme anordnet als auch der Beschluß, der einen darauf gerichteten Antrag der Staatsanwaltschaft ablehnt, von dem anfechtbar, der hierdurch beschwert ist[18]. Insoweit gelten keine Besonderheiten. Die Beschlagnahmeanordnung kann nach §309 Abs. 2 auch vom Beschwerdegericht erlassen werden. §310 Abs. 1 findet keine Anwendung.

Die **Gläubiger** des Angeschuldigten können Rechte, die sie hinsichtlich einzelner **16** von der Beschlagnahme betroffener Vermögensgegenstände haben (vgl. Rdn. 14), nicht im Strafverfahren geltend machen[19]; sie können aber die durch die Beschlagnahme entstandene Rechtslage für die Verfolgung ihrer Ansprüche ausnützen[20].

# §291

Der die Beschlagnahme verhängende Beschluß ist durch den Bundesanzeiger bekanntzumachen und kann nach dem Ermessen des Gerichts auch durch andere Blätter veröffentlicht werden.

**Entstehungsgeschichte.** Durch Art. 23 Nr. 133 VereinhG sind die Worte „im Bundesanzeiger" an die Stelle der Worte „im deutschen Reichsanzeiger" gesetzt worden. Bezeichnung bis 1924: §333.

**1.** Die **Bekanntmachung** im Bundesanzeiger ist **Voraussetzung der Wirksamkeit**. **1** Es erscheint fraglich, ob darin ein Akt der Vollstreckung (im weit verstandenen Sinn) zu sehen ist[1]. Das Gericht erlangt keine Verfügungsgewalt über das Vermögen. Eine Eintragung der Beschlagnahme im Grundbuch ist unzulässig (§292, 2). Die Bekanntmachung in anderen Blättern dient in erster Linie dem Schutze Dritter, setzt aber auch die Gestellung durch, weil dadurch bekannt wird, daß niemand mit dem Angeschuldigten Kauf-, Arbeits- und sonstige Verträge wirksam abschließen oder Zahlungen an ihn leisten kann[2].

**2.** Die **Anordnung** der Bekanntmachung im Bundesanzeiger wird zweckmäßiger- **2** weise in den Beschlagnahmebeschluß mit aufgenommen[3]; auch eine vom Gericht beab-

---

[16] OLG Colmar *Alsb.* E **2** Nr. 104.
[17] Mot. *Hahn* **1** 241.
[18] KK-*Engelhardt* 9.
[19] OLG Colmar *Alsb.* E **2** Nr. 104.
[20] Vgl. *Hilger* NStZ **1982** 375.
[1] Ob der Begriff der Vollstreckung in diesem weiten Sinn zu verstehen ist, ist strittig; bejahend *Kleinknecht/Meyer*[37] 2; verneinend KK-*Engelhardt* 1. Zu dieser allgemeinen Streitfrage vgl. §36, 18 ff. Für die Wirksamkeit der Beschlagnahme hat es keine Bedeu-

tung, ob die dafür notwendige Veröffentlichung im Bundesanzeiger als Vollstreckungshandlung angesehen und ob sie vom Gericht (vgl. §292, 2), vom Vorsitzenden (vgl. §36, 27 ff) oder der Staatsanwaltschaft herbeigeführt wurde.
[2] Vgl. §292, 2.
[3] *Kleinknecht/Meyer*[37] 1; nach KK-*Engelhardt* 1 genügt die Anordnung des Vorsitzenden bei der kraft Gesetzes vorgeschriebenen Veröffentlichung im Bundesanzeiger; vgl. Fußn. 1.

Walter Gollwitzer

sichtigte Bekanntgabe in anderen Blättern sollte bereits dort verfügt werden. Letzteres ist aber auch noch durch einen späteren Gerichtsbeschluß möglich[4]. Die Zeitungen, in denen das Gericht die Beschlagnahme zusätzlich bekannt geben will, sind bereits im anordnenden Beschluß genau zu bezeichnen. Es muß sich dabei — anders als bei § 288 — nicht notwendig um allgemein gelesene örtliche oder überörtliche Zeitungen handeln; die Veröffentlichung in Zeitschriften, die von bestimmten Berufsgruppen oder sonst besonders in Frage kommenden Personenkreisen gelesen werden, kann zweckmäßiger sein[5]. Für die Wirksamkeit der Beschlagnahme ist allein die erste Veröffentlichung im Bundesanzeiger (§ 292 Abs. 1) entscheidend[6].

# § 292

(1) **Mit dem Zeitpunkt der ersten Bekanntmachung im Bundesanzeiger verliert der Angeschuldigte das Recht, über das in Beschlag genommene Vermögen unter Lebenden zu verfügen.**

(2) [1]**Der die Beschlagnahme verhängende Beschluß ist der Behörde mitzuteilen, die für die Einleitung einer Pflegschaft über Abwesende zuständig ist.** [2]**Diese Behörde hat eine Pflegschaft einzuleiten.**

**Entstehungsgeschichte.** Durch Art. 3 Nr. 133 VereinhG sind die Worte „ Bundesanzeiger" an die Stelle der Worte „im Deutschen Reichsanzeiger" gesetzt worden. Bezeichnung bis 1924: § 334.

**1**    **1. Zeitpunkt der Wirksamkeit.** Die Vermögensbeschlagnahme wird mit Ablauf des Tages wirksam (§ 187 Abs. 1 BGB), an dem die erste Nummer des Bundesanzeigers, die die Bekanntmachung enthält, in Bonn ausgegeben worden ist[1]. Eine frühere Bekanntmachung in anderen Blättern ist selbst dann wirkungslos, wenn der Abwesende oder ein mit ihm Kontrahierender sie gelesen oder sonst Kenntnis von ihr erhalten hat.

**2**    **2. Absolutes Verfügungsverbot.** Der die Folge der Beschlagnahme bezeichnende Wortlaut ist ungenau. Der Angeschuldigte verliert nicht das *Recht* an sich, über sein in der Bundesrepublik und in Berlin (West) befindliches Vermögen unter Lebenden zu verfügen; dieses übt der Pfleger für ihn aus. Ihm wird aber die Befugnis entzogen, Vermögensverfügungen selbst vorzunehmen[2]. Daher sind alle Verfügungen, die er gleichwohl selbst vornimmt, nicht nur (wie im Falle des ehem. § 284 Abs. 2) der Staatskasse gegenüber unwirksam, sondern nach § 134 BGB schlechthin nichtig[3]. Das Verfügungsverbot wirkt für und gegen jedermann, ohne Rücksicht auf die Gutgläubigkeit; es kann und braucht nicht in das Grundbuch eingetragen zu werden[4]. Verfügungen von Todes wegen (§§ 2064 bis 2302 BGB) fallen nicht unter das Verbot[5]. Desgleichen bleiben die

---

[4] KK-*Engelhardt* 1; *Kleinknecht/Meyer*[37] 1.
[5] KK-*Engelhardt* 2.
[6] KK-*Engelhardt* 3; *Kleinknecht/Meyer*[37] 2; KMR-*Müller* 1.
[1] KK-*Engelhardt* 3.
[2] KG Recht **1905** 1817.
[3] KG OLGRspr. **12** 203; KK-*Engelhardt* 1;

*Kleinknecht/Meyer*[37] 1; ferner etwa Münchner Kommentar zum BGB § 135, 10; *Soergel*[11] § 135, 5; 6; *Staudinger*[12] § 135, 4; auch zur strittigen Klassifizierung dieses gesetzlichen Verbots.
[4] BayObLGZ **12** 31; KG Recht **1905** 1817.
[5] *Kleinknecht/Meyer*[37] 1; KMR-*Müller* 1.

Rechte Dritter an den beschlagnahmten Vermögensgegenständen unberührt; auch die Zwangsvollstreckung in das beschlagnahmte Vermögen wird dadurch nicht gehindert[6].

**3.** Die **Abwesenheitspflegschaft (Absatz 2)** hat für den Betrieb des Strafverfahrens **3** keine unmittelbare Bedeutung, auch wenn mittelbar die Wirksamkeit der Vermögensbeschlagnahme dadurch gesichert wird. $\S$ 292 Abs. 2 Satz 2 ist eine Ergänzung (Art. 32 Satz 1 EGBGB) des $\S$ 1911 BGB, die bewirkt, daß das Fürsorgebedürfnis nicht geprüft werden darf. Die Pflegschaft ist wegen des Sicherungszwecks auch einzuleiten, wenn der Angeschuldigte selbst einen Vertreter mit der Wahrnehmung seiner Vermögensinteressen beauftragt hat[7]. Der gerichtlich bestellte Pfleger wird dadurch aber nicht im Strafverfahren zum gesetzlichen Vertreter des Angeklagten im Sinne des $\S$ 298[8].

Die Pflegschaft dient an sich der **Fürsorge für das Vermögen** des Angeschuldig- **4** ten. Daher wird der Beschluß, dem Vormundschaftsgericht nach Absatz 2 Satz 1 mitgeteilt, damit es von seiner Verpflichtung, eine Abwesenheitspflegschaft anzuordnen, Kenntnis erhält. Da es sich um keinen Akt der Vollstreckung im Sinne des $\S$ 36 Abs. 2 handelt, obliegt die **Mitteilung** dem Vorsitzenden des Gerichts; jedoch kann auch die Staatsanwaltschaft das Vormundschaftsgericht auf die Vermögensbeschlagnahme hinweisen. Für die Verpflichtung des Vormundschaftsgerichts zur Einleitung der Pflegschaft ist es unerheblich, durch wen es von der Vermögensbeschlagnahme in Kenntnis gesetzt wird.

**Aufgabe des Pflegers** ist es, das betroffene inländische Vermögen des Beschuldig- **5** ten zu ermitteln und sofort sicherzustellen[9]. Hat der Angeschuldigte kein Vermögen, so darf, damit keine öffentlichen Interessen beeinträchtigt werden, von einer Pflegschaft nur abgesehen werden, wenn die Möglichkeit, daß er künftig Vermögen erlangen wird, so gering ist, daß es verständigerweise keinen Zweck hat, schon jetzt Vorkehrungen für den künftigen Anfall zu treffen[10]. **Zuständig für die Anordnung** der Pflegschaft ist das Amtsgericht ($\S$ 35 FGG); die örtliche Zuständigkeit bestimmt sich allein nach den einschlägigen Vorschriften des FGG (insbes. $\S$ 39 FGG)[11].

**4. Führung der Güterpflegschaft.** Der Pfleger verwaltet an Stelle des nicht verfü- **6** gungsbefugten Angeschuldigten dessen Inlandsvermögen. Er ist zur sachgerechten Verwaltung verpflichtet; dazu kann auch die Erfüllung von Verbindlichkeiten des Angeschuldigten gegenüber den durch die Straftat Geschädigten gehören[12]. Soweit Maßnahmen des Pflegers nach bürgerlichem Recht eine gerichtliche Genehmigung erfordern, entscheidet darüber das Vormundschaftsgericht[13]. Bei der Führung der Pflegschaft muß der **Zweck der Beschlagnahme**, dem flüchtigen Angeschuldigten die Mittel zum weiteren Fernbleiben zu entziehen und ihn zur Gestellung zu veranlassen sowohl vom Pfleger als auch vom Vormundschaftsgericht berücksichtigt werden[14]. Die Vorschrif-

---

[6] BayObLGSt **7** 248; OLG Colmar *Alsb.* E **2** Nr. 104; KG *Alsb.* E **2** Nr. 105; OLG München *Alsb.* E **2** Nr. 106; *Hilger* NStZ **1982** 374.

[7] BayObLGZ **33** 374; KK-*Engelhardt* 8.

[8] OLG Karlsruhe Justiz **1984** 291.

[9] BayObLGSt **7** 248.

[10] BayObLGZ **10** 504; KK-*Engelhardt* 7.

[11] KK-*Engelhardt* 9; *Kleinknecht/Meyer*[37] 2.

[12] *Hilger* NStZ **1982** 375.

[13] BayObLGSt **1963** 257 = NJW **1964** 301; KK-*Engelhardt* 11.

[14] OLG Karlsruhe Justiz **1984** 291; ferner die

Entscheidungen Fußn. 15; *Hilger* NStZ **1982** 375 (Verfügungen des Pflegers sind keine strafprozessualen Maßnahmen). Die Ansicht, das Strafgericht müsse Verfügungen des Pflegers genehmigen, wenn diese den Zweck der Beschlagnahme beeinträchtigen würden (BayObLGSt **1963** 257; KK-*Engelhardt* 11) ist abzulehnen. Solche Verfügungen können rechtlich nicht der Teilaufhebung der Beschlagnahme gleichgesetzt werden; außerdem bedarf es keiner Aufspaltung des Rechtszuges; die Kontrolle des Vormundschaftsgerichts genügt insoweit, vgl. Rdn. 17.

Walter Gollwitzer

ten über die Abwesenheitspflegschaft sind nur insoweit anwendbar, als sie diesem Zweck nicht widerstreiten. Andererseits dürfen aber die Interessen des Angeschuldigten nicht über den Zweck der Beschlagnahme hinaus beeinträchtigt werden[15].

**7**    **5. Beschwerde nach FGG.** Trotz des Fürsorgezwecks ist das **Interesse der Strafverfolgungsbehörde** daran anzuerkennen, daß das Vermögen ordnungsgemäß verwaltet wird und auch nicht mittelbar dem Einfluß des Abwesenden unterliegt. Demzufolge steht der Staatsanwaltschaft die **Beschwerde** (§ 57 Abs. 1 Nr. 3 FGG) zu, wenn die Einleitung der Pflegschaft abgelehnt, eine ungeeignete Person zum Pfleger bestellt[16] oder bei der Durchführung der Pflegschaft dem mit der Beschlagnahme verfolgten Zweck (§ 290, 1) nicht Rechnung getragen wird[17]. Gegen die Anordnung der Pflegschaft hat der Angeschuldigte die Beschwerde[18].

**8**    **6. Beschwerde nach StPO.** Der Pfleger ist nicht befugt, gegen eine strafprozessuale Maßnahme, die das Vermögen des Angeschuldigten betrifft, wie etwa der Verfall einer Sicherheit, namens des Angeschuldigten Beschwerde nach § 304 einzulegen[19].

# § 293

(1) Die Beschlagnahme ist aufzuheben, wenn ihre Gründe weggefallen sind.
(2) Die Aufhebung der Beschlagnahme ist durch dieselben Blätter bekanntzumachen, durch welche die Beschlagnahme selbst veröffentlicht worden war.

**Bezeichnung** bis 1924: § 335.

**1**    **1. Aufhebung der Beschlagnahme.** Die Beschlagnahme ist aufzuheben, wenn ihre **Voraussetzungen weggefallen** sind[1]. Das ist der Fall:
— wenn der Tatverdacht durch die Untersuchung (§ 294) ausgeräumt wird;
— wenn der Haftgrund entfällt;
— wenn eine angeordnete oder als Prüfungsmaßstab vorgestellte Untersuchungshaft zu der Bedeutung der Sache und zu der zu erwartenden Strafe oder Maßregel der Besserung oder Sicherung weiterhin außer Verhältnis stehen würde;
— wenn die Eröffnung des Hauptverfahrens abgelehnt (§ 294, 3) oder das Verfahren wegen Eintritts eines Verfahrenshindernisses (Amnestie) oder wegen Feststellens eines übersehenen Verfahrenshindernisses, (fehlender Strafantrag) oder wegen Verjährung eingestellt wird;
— wenn der Abwesende ergriffen wird oder sich stellt, oder wenn er stirbt.
**2**    Die Beschlagnahme kann ferner nach dem **Ermessen des Gerichts aufgehoben** werden, wenn sie nicht mehr sinnvoll oder angemessen ist; sie muß aufgehoben werden, wenn mit der erforderlichen Sicherheit endgültig feststeht, daß sie ungeeignet ist, den Willen des Angeklagten zu beugen[2].

---

[15] Vgl. BayObLGSt **1963** 257 = NJW **1964** 301; BayObLGZ **12** 34; **33** 374; KG JW **1935** 1882; **1937** 412.
[16] BayObLGZ **10** 559; KG Recht **1911** 811; KK-*Engelhardt* 10.
[17] BayObLGZ **33** 374.
[18] KK-*Engelhardt* 10.
[19] OLG Karlsruhe Justiz **1984** 291.
[1] KK-*Engelhardt* 1; KMR-*Müller* 1.
[2] OLG Hamburg HRR **1935** Nr. 1571; KK-*Engelhardt* 1 (Vorsicht bei dieser Annahme); vgl. § 290, 2.

**2. Verfahren.** Die Aufhebung ordnet das Gericht an, das die Beschlagnahme ver- **3** hängt hat bzw. das funktionsmäßig auf Grund des Verfahrensfortgangs an dessen Stelle getreten ist[3]. Ob die Aufhebung bereits mit Erlaß des Beschlusses, also mit dessen Hinausgabe[4], voll wirksam wird[5] oder ob das absolute Verfügungsverbot erst mit der Bekanntgabe im Bundesanzeiger erlischt (entsprechende Anwendung des § 292 Abs. 1 auf den actus contrarius) erscheint fraglich. Für letztere Annahme sprechen die Erfordernisse der Sicherheit des Rechtsverkehrs und die andernfalls eintretenden Schwierigkeiten bei einer erfolgreichen Beschwerde der Staatsanwaltschaft gegen den Aufhebungsbeschluß. Aus Gründen der Rechtssicherheit, eventuell auch im Interesse des betroffenen Angeklagten, wird man das Gericht als befugt ansehen müssen, den Zeitpunkt des Wegfalls des absoluten Verfügungsverbots im Beschluß festzulegen. Zur Pflicht, den Wegfall der Gründe für die Beschlagnahme von Amts wegen zu prüfen, vgl. § 294, 5.

Die **Bekanntmachung** in den gleichen öffentlichen Blättern, in denen die Be- **4** schlagnahme nachrichtlich bekanntgegeben wurde (§ 291), ist keine Wirksamkeitsvoraussetzung der Aufhebung. Sie dient nur der Unterrichtung. Die Staatsanwaltschaft hat es also nicht in der Hand, wenn sie gegen die Aufhebung Beschwerde einlegt, die ausgeschlossene Vollzugshemmung (§ 307 Abs. 1) dadurch zu beseitigen, daß sie eine ihr überlassene Veröffentlichung unterläßt. Sie wird, wenn sie gegen die Aufhebung Bedenken hat, in ihrer Stellungnahme (§ 33 Abs. 2) zu beantragen haben, daß die Vollziehung auszusetzen und die Veröffentlichung zurückzustellen sei (§ 307 Abs. 2).

Der die Beschlagnahme aufhebende Beschluß ist auch dem **Vormundschaftsge- 5 richt** (§ 292 Abs. 2 Satz 1) **mitzuteilen**, damit dieses im Verfahren nach dem FGG die Aufhebung und Abwicklung der Pflegschaft veranlaßt[6]. Automatisch entfällt die Pflegschaft durch die Aufhebung der Beschlagnahme nicht. Wird der Aufhebungsbeschluß angefochten, ist auch dies dem Vormundschaftsgericht mitzuteilen, damit es die Rechtsmittelentscheidung abwarten kann.

# § 294

(1) Für das nach Erhebung der öffentlichen Klage eintretende Verfahren gelten im übrigen die Vorschriften über die Eröffnung des Hauptverfahrens entsprechend.

(2) In dem nach Beendigung dieses Verfahrens ergehenden Beschluß (§ 199) ist zugleich über die Fortdauer oder Aufhebung der Beschlagnahme zu entscheiden.

**Entstehungsgeschichte.** Die Textfassung beruht auf Art. 9 VereinhG in Vbdg. mit der Bekanntmachung BGBl. 1950 I 631. Art. 1 Nr. 81 des 1. StVRG hat in Absatz 1 die Worte „über die Voruntersuchung" durch „über die Eröffnung des Hauptverfahrens" und in Absatz 2 die Verweisung auf § 198 durch die Verweisung auf § 199 ersetzt. Bezeichnung bis 1924: § 336.

---

[3] Vgl. § 290, 13.
[4] Vgl. § 33, 9; 11.
[5] So KMR-*Müller* 2 und die Vorauflagen, vgl. etwa LR[23] 3.

[6] KK-*Engelhardt* 3.

Walter Gollwitzer

**1**    **1. Beweissicherungsverfahren.** Ist eine Vermögensbeschlagnahme beantragt worden, dann setzt sich das durch die erforderliche (§ 290 Abs. 1) Anklageschrift eingeleitete Verfahren stets in einem förmlichen, schriftlichen Verfahren fort. Auf dieses sind die Vorschriften über die Eröffnung des Hauptverfahrens entsprechend anzuwenden. Das Gericht kann insbesondere nach § 202 einzelne Beweiserhebungen anordnen. Wegen der Einzelheiten vgl. die Erläuterungen zu § 202; ferner §§ 286 ff.

**2**    **2. Ziel.** Das Verfahren hat, wie die Verweisung auf die für entsprechend anwendbar erklärten Vorschriften über die Eröffnung des Hauptverfahrens (Absatz 1) zeigt, nicht nur zum Ziele, einzelne, die Schuld des Angeschuldigten bestätigende Beweise zu erheben und ihre Verwertbarkeit in einer späteren Hauptverhandlung zu sichern. Wie die Entstehungsgeschichte (früher waren die Vorschriften über die Voruntersuchung anwendbar) deutlich macht, ist auch Ziel des Beweissicherungsverfahrens die **umfassende Sachaufklärung.** Alle den Angeklagten be- und entlastenden Umstände müssen erforscht werden, soweit dies ohne Mitwirkung des abwesenden Angeklagten möglich ist[1].

**3**    **3. Entscheidung des Gerichts.** Sind die Beweise gesichert und ist der Sachverhalt soweit, wie nach den Umständen möglich, aufgeklärt, dann entscheidet das Gericht in der für Entscheidungen außerhalb der Hauptverhandlung maßgebenden Besetzung und ohne Bindung an die Anträge der Staatsanwaltschaft (§ 206), ob die Eröffnung des Hauptverfahrens nach § 204 abzulehnen ist, oder ob, weil der hinreichende Verdacht einer Straftat weiterhin besteht, das Verfahren nach § 205 wegen der Abwesenheit der Angeschuldigten vorläufig eingestellt werden muß (Absatz 2 in Verbindung mit § 199). Es gelten die allgemeinen Vorschriften. Eine Eröffnung des Hauptverfahrens (§ 207) scheidet aus[2].

**4**    Mit der Entscheidung über den Abschluß der Untersuchung ist zugleich über die Anordnung bzw., wenn diese schon vorher angeordnet war, über die **Fortdauer** oder **Aufhebung der Beschlagnahme** zu entscheiden (Absatz 2). Wird die Eröffnung des Hauptverfahrens abgelehnt, so versteht sich die Aufhebung von selbst. Aber auch im Falle der vorläufigen Einstellung muß die Beschlagnahme aufgehoben werden, wenn sie nach der Art des im Verdacht bleibenden Delikts unzulässig ist (vgl. § 290, 2 ff) oder sich als unangemessen herausstellt. Der Teil des Beschlusses nach § 204 oder § 205, der die Beschlagnahme aufhebt, ist nach § 293 Abs. 2 zu veröffentlichen[3].

**5**    **4. Weitere Prüfung.** Hält das Gericht die Vermögensbeschlagnahme aufrecht, muß es auf Antrag oder in angemessenen Zeitabständen von **Amts wegen** prüfen, ob die Beschlagnahme aufzuheben ist, weil ihre Gründe entfallen sind[4].

---

[1] Vgl. KMR-*Müller* 1: Beweissicherungsverfahren nur, wenn Beweise für künftiges Hauptverfahren nicht ausreichend gesichert sind oder um die Voraussetzungen der Beschlagnahme zu überprüfen.

[2] KK-*Engelhardt* 1.
[3] KK-*Engelhardt* 2; vgl. § 293, 4.
[4] Vgl. § 293, 1; 2.

# §295

(1) **Das Gericht kann einem abwesenden Beschuldigten sicheres Geleit erteilen; es kann diese Erteilung an Bedingungen knüpfen.**

(2) **Das sichere Geleit gewährt Befreiung von der Untersuchungshaft, jedoch nur wegen der Straftat, für die es erteilt ist.**

(3) **Es erlischt, wenn ein auf Freiheitsstrafe lautendes Urteil ergeht oder wenn der Beschuldigte Anstalten zur Flucht trifft oder wenn er die Bedingungen nicht erfüllt, unter denen ihm das sichere Geleit erteilt worden ist.**

**Entstehungsgeschichte.** Art. 21 Nr. 78 EGStGB ersetzte in Absatz 2 die Worte „strafbare Handlung" durch „Straftat". Bezeichnung bis 1924: §337.

*Übersicht*

**1. Zweck.** Das sichere Geleit dient dem Interesse des Staates, der Funktionstüch- **1** tigkeit der Rechtspflege. Es soll vor allem einen Weg zur **Durchführung eines Strafverfahrens** eröffnen, das andernfalls wegen der Abwesenheit des Beschuldigten nicht zu Ende gebracht werden könnte. Zweck ist die Ermöglichung des Verfahrens, die Verwirklichung der Gerechtigkeit, nicht etwa allein die Bestrafung[1]. Denn wer den Schutz der Verborgenheit aufgibt, um als freier Mensch ein Verfahren durchzustehen mit der Gewißheit der Verhaftung, wenn er zu Freiheitsstrafe verurteilt wird (Absatz 3), tut dies meist im Vertrauen auf seinen Freispruch. Das sichere Geleit kann dem Beschuldigten aber nicht nur für die Teilnahme an seinem eigenen Strafverfahren bewilligt werden, sondern auch für **andere Verfahren**, bei denen seine Anwesenheit als Partei oder Zeuge den Fortgang des Verfahrens fördert oder sonst im staatlichen Interesse liegt[2]. Seinem Wesen nach ist es eine **vertragsähnliche Zusicherung** der Verschonung mit der Untersuchungshaft bis zum Urteil, die sich wegen der Unveränderlichkeit der Entscheidung von der bloßen Aussetzung des Vollzugs (§116) unterscheidet, die jederzeit wieder aufgehoben werden kann[3].

---

[1] OLG Hamburg JR **1979** 174 mit Anm. *Gössel*; KK-*Engelhardt* 1; *Kleinknecht/Meyer*[37] 1; enger *Sonntag* DJZ **1928** 725 (Verwirklichung des staatlichen Anspruchs auf Strafe und Sühne).

[2] Vgl. dazu Rdn. 8; 24; zu den Sondervor-

schriften über das freie Geleit in den Vereinbarungen über den internationalen Rechtshilfeverkehr vgl. Rdn. 31 ff.

[3] Zum Unterschied in der Zielsetzung vgl. *Gössel* JR **1979** 174; ferner Rdn. 5; *Kleinknecht/Meyer*[37] 3.

Walter Gollwitzer

**2**     Da das sichere Geleit Zwang durch freiwillige Zusammenarbeit ersetzen soll, findet es nicht nur statt, wenn „Untersuchungshaft" (Absatz 2) angeordnet oder zu erwarten ist, sondern auch, wenn **andere freiheitsentziehende Zwangsmaßnahmen** (§ 230 Abs. 2 oder § 236) in Rede stehen[4].

**3**     **2. Abwesender Beschuldigter.** Der Begriff der **Abwesenheit** ist aus § 276 zu entnehmen. Es kommt nur auf die Abwesenheit in dem Zeitpunkt an, wo das sichere Geleit erteilt wird. Wird später ein inländischer Wohnsitz begründet, dann kann deswegen die Entscheidung nicht geändert werden[5]. Das ist selbstverständlich. Denn das Ziel, das mit der Gewährung freien Geleits verfolgt wird, ist es ja gerade, den Beschuldigten zu veranlassen, seine „Abwesenheit" aufzugeben, sei es für die Zeit der Hauptverhandlung, sei es dauernd.

**4**     Der Begriff Beschuldigter zeigt an, daß das sichere Geleit **in jedem Abschnitt des Verfahrens** bis zu einem auf Freiheitsstrafe lautenden Urteil zulässig ist. Es kann also namentlich auch während des staatsanwaltschaftlichen Ermittlungsverfahrens gewährt werden, aber auch in den höheren Instanzen, etwa, wenn die Staatsanwaltschaft die Aufhebung eines Freispruchs erstrebt. Ist ein verurteilendes Erkenntnis in der Berufungs- oder Revisionsinstanz aufgehoben worden, so ist für die neue Verhandlung wieder freies Geleit möglich.

### 3. Inhalt

**5**     **a)** Das sichere Geleit gibt **Befreiung von der Untersuchungshaft** (Absatz 2), sinngemäß aber auch von **anderen freiheitsentziehenden Maßnahmen** wie der Haft nach § 230 Abs. 2, § 236[6]. Die Gewährung sicheren Geleits ist nicht davon abhängig, daß ein Haftbefehl schon erlassen ist, obwohl das meist der Fall sein wird. Sie enthält die Zusage, daß ein bestehender oder ein künftiger Haftbefehl nicht vollstreckt, nicht jedoch, daß keiner erlassen werde[7]. Ist der Vollzug eines Haftbefehls ausgesetzt (§ 116), ist zwar meist die Zusicherung des Geleits nicht nötig, sie ist aber auch dann zulässig und angebracht, wenn dadurch Befürchtungen ausgeräumt werden. Ist ein Haftbefehl ergangen, wirkt der Beschluß über die Gewährung sicheren Geleits auch der Staatsanwaltschaft gegenüber als eine Suspendierung des Haftbefehls bis zum Erlöschen (Rdn. 18 ff) des Geleits, so daß die Staatsanwaltschaft bis zu diesem Zeitpunkt den Haftbefehl nicht vollstrecken darf.

**6**     **b)** Das sichere Geleit wird für eine **bestimmte Straftat** erteilt und befreit nur von der Verhaftung für diese. Straftat ist die Tat i. S. des § 264, also der vom Geleitbrief betroffene geschichtliche Vorgang in seiner Gesamtheit, einschließlich aller damit zusammenhängenden und darauf bezüglichen Vorkommnisse und tatsächlichen Umstände, die nach der Auffassung des Lebens eine natürliche Einheit bilden[8]. Die im Geleitbrief angenommene rechtliche Würdigung ist ohne Bedeutung; sie kann jederzeit geändert werden. Auch in tatsächlicher Beziehung ist nicht jede Änderung ausgeschlossen: ein im Geleitbrief nicht ausdrücklich erwähntes Tun oder Unterlassen des Angeklagten kann

---

[4] Vgl. Rdn. 5.
[5] OLG Köln NJW **1954** 1856; KK-*Engelhardt* 2; *Kleinknecht/Meyer*[37] 6.
[6] KK-*Engelhardt* 3; *Kleinknecht/Meyer*[37] 5; **a. A** KMR-*Müller* 1 (Haftbefehle nach § 230; 236 dürfen vollzogen werden, wenn sie erst nach Erteilung des Geleits erlassen werden;

andernfalls könnte der Angeklagte das Verfahren behindern).
[7] Vgl. KG DJZ **1928** 250; KK-*Engelhardt* 3; KMR-*Müller* 1; ferner *Gössel* JR **1979** 174 (Freies Geleit und Haftbefehl schließen einander nicht aus).
[8] *Gössel* JR **1979** 174; *Kleinknecht/Meyer*[37] 5.

Teil der in diesem beschriebenen Tat sein, sofern es bei lebensnaher Betrachtung mit dem zugrundeliegenden geschichtlichen Vorgang eine natürliche Einheit bildet[9]. Wegen der nicht dem sicheren Geleit unterfallenden **anderen Taten** kann der im Ausland geladene Beschuldigte aber Verfolgungsschutz nach den im zwischenstaatlichen Rechtsverkehr geltenden Grundsätzen des freien Geleits (vgl. Rdn. 32) haben.

### 4. Dauer

**a) Ganze Verfahren.** Wenn im Geleitbrief nichts anderes bestimmt ist, gilt das sichere Geleit von seiner Erteilung an für das ganze Strafverfahren; es endet nach Absatz 3, wenn ein auf Freiheitsstrafe lautendes Urteil ergeht, gleichviel in welcher Instanz[10]. **7**

**b)** Das Geleit kann **zeitlich befristet** (auch für einen datumsmäßig bestimmten Zeitraum) oder auf bestimmte, genau zu bezeichnende **Teile des Verfahrens beschränkt** **8** werden, also etwa auf eine richterliche Vernehmung im Vorverfahren[11] oder bis zum Abschluß der Einvernahme des Angeklagten in der Hauptverhandlung[12]. Da bei dieser Beschränkung dem staatlichen Interesse an dem Abschluß des Verfahrens und der Greifbarkeit des Angeklagten, wenn er verurteilt werden sollte, nicht genügt wird, ist von einer solchen Einschränkung in der Regel nur Gebrauch zu machen, wenn durch die damit herbeigeführte Vernehmung das Verfahren gegen Mittäter und Teilnehmer gefördert wird; doch sind ggf. auch andere — etwa andere öffentliche oder historische — Interessen zu berücksichtigen. Kommt der Aufklärung der Sache in einer öffentlichen Verhandlung mehr Bedeutung zu als der Verurteilung, so ist das Gericht nicht gehindert, das sichere Geleit etwa bis zu einer Woche vor der dem Angeklagten bekanntzugebenden Urteilsverkündung zu gewähren, wenn das auch ein seltener, den Absichten des Gesetzes im allgemeinen nicht entsprechender Ausnahmefall sein wird. Wurde das Geleit nur befristet oder nur für einen begrenzten Verfahrensteil gewährt, ist Absatz 3 nicht anwendbar, wenn der Beschuldigte nach Erledigung des Verfahrensteils oder bei Fristablauf das Bundesgebiet wieder verläßt[13].

Wegen des **Widerrufs** des sicheren Geleits s. Rdn. 25 ff.

### 5. Bedingungen.
Das Gericht kann die Erteilung sicheren Geleits bei seiner Bewilligung — nicht aber nachträglich[14] — an Bedingungen knüpfen. Es sollte dabei aber nicht kleinlich sein in der Erwägung, daß der Angeklagte freiwillig das Risiko auf sich nimmt, verhaftet zu werden, wenn er zu Freiheitsstrafe verurteilt wird. **9**

Der **Inhalt der Bedingungen** muß mit dem Zweck des freien Geleits in einem inneren Zusammenhang stehen. Bedingungen dürfen zu dem Zweck auferlegt werden, **10** eine Flucht zu verhindern und den Antritt einer Freiheitsstrafe (Absatz 3) zu sichern. Sie können sich wegen des Zweckes der durch das Geleit suspendierten Untersuchungshaft auch darauf beziehen, Verdunkelungen unmöglich zu machen. In Betracht kommen vor allem Anordnungen, wie sie auch bei Aussetzung des Vollzugs eines Haftbefehls nach § 116 getroffen werden können, so etwa über Aufenthaltsort und Reiseweg[15]. Wird die

---

[9] BGHSt **13** 321; KK-*Engelhardt* 4; KMR-*Müller* 2.
[10] KK-*Engelhardt* 6; KMR-*Müller* 4.
[11] *Kleinknecht/Meyer*[37] 4; *Eb. Schmidt* 1.
[12] Da das sichere Geleit nicht die Anwesenheitspflicht, sondern nur ihre Erzwingbarkeit berührt, wird man das Fernbleiben des Ange-

klagten nach Ablauf des freien Geleits als eigenmächtig im Sinne des § 231 Abs. 2 behandeln können.
[13] KK-*Engelhardt* 6; KMR-*Müller* 4; vgl. Rdn. 19.
[14] KG DJZ **1906** 489.
[15] KMR-*Müller* 5.

Leistung einer angemessenen Sicherheit gefordert, dann sollte, da § 124 nicht gilt, zweckmäßigerweise festgelegt werden, unter welchen Voraussetzungen sie verfällt[16].

**11**      Dagegen darf mit Bedingungen nicht das Unterlassen von Handlungen erzwungen werden, wegen deren **Untersuchungshaft nicht zulässig** wäre. So darf dem Beschuldigten nicht die Bedingung auferlegt werden, nicht öffentlich aufzutreten oder an Versammlungen teilzunehmen[17]; denn das hat mit der Sicherung des Verfahrens, der das freie Geleit dient, nichts zu tun. **Spezialpräventive Maßnahmen** zur Verhütung künftiger Straftaten können — soweit nicht etwa Folgerungen aus einem Haftgrund nach § 112 a gezogen werden — grundsätzlich nicht zu einer Bedingung des sicheren Geleits gemacht werden, zumal dieses ein Einschreiten wegen einer neuen Straftat nicht ausschließt (Absatz 2).

**12**      Die Bedingungen sind wegen der in Absatz 3 angegebenen Folge ihrer Verletzung im Geleitbrief **genau festzulegen**. Solange der Beschuldigte sie einhält, kann sie das Gericht, selbst wenn die Umstände sich ändern, nicht verschärfen[18].

### 6. Verfahren

**13**      **a)** Das sichere Geleit wird durch **Gerichtsbeschluß (Geleitbrief)** erteilt. Der Beschluß bezeichnet die Straftat (Absatz 2), für die das Geleit erteilt wird, unter Hervorhebung ihrer gesetzlichen Merkmale und des anzuwendenden Strafgesetzes sowie das Gericht, vor dem die Prozeßhandlung stattfinden soll, für die das Geleit gewährt wird. Er gibt die genau beschriebenen Bedingungen an, an die die Erteilung des Geleits geknüpft wird[19]. Es ist empfehlenswert, die Absätze 2 und 3 wörtlich in den Beschluß aufzunehmen, soweit sie bei der Art des sicheren Geleits in Betracht kommen (vgl. Rdn. 8). Die Bewilligung des sicheren Geleits ist nicht davon abhängig, daß der Beschuldigte oder die Staatsanwaltschaft dies **förmlich beantragt** haben. Hat es der Beschuldigte nicht selbst angeregt, ist es jedoch zweckmäßig, ihn oder seinen Verteidiger vorher zu hören, da eine Erteilung nur sinnvoll ist, wenn zu erwarten ist, daß der Beschuldigte davon auch Gebrauch macht. Wird einer solchen Anregung nicht entsprochen, ist sie ablehnend zu bescheiden.

**14**      **b)** **Zuständig** ist für die Erteilung des sicheren Geleits grundsätzlich das **Gericht**, vor dem die **Hauptverhandlung** stattfinden soll. Dies ist für die Zeit nach Erhebung der öffentlichen Klage unstreitig, gilt aber auch schon für das Ermittlungsverfahren, wenn das sichere Geleit über die Anklageerhebung hinaus für das Hauptverfahren bewilligt wird[20]. Wird dagegen das sichere Geleit nur für eine richterliche Untersuchungshandlung im Vorverfahren erteilt, so ist dazu vor Erhebung der öffentlichen Klage der **Ermittlungsrichter** (§ 162) zuständig[21].

**15**      Nach anderer Ansicht[22] ist für die Erteilung des sicheren Geleits im Ermittlungsverfahren der **Haftrichter** zuständig. Mit § 126 Abs. 1 Satz 1 läßt sich das nicht begründen, weil die Gewährung sicheren Geleits keine Entscheidung i. S. dieser Vorschrift ist.

---

[16] *Kleinknecht/Meyer*[37] 4; *Sonntag* DJZ **1928** 726.

[17] KK-*Engelhardt* 5; **a. A** *Kleinknecht/Meyer*[37] 4; KMR-*Müller* 5 unter Hinweis auf BGH; *Sonntag* DJZ **1928** 726.

[18] KG DJZ **1906** 489; OLG Hamburg DRiZ **1929** 456.

[19] KK-*Engelhardt* 8.

[20] OLG Hamburg JR **1979** 174; KK-*Engel*-

hardt 7; *Kleinknecht/Meyer*[37] 2; KMR-*Müller* 7. OLG Oldenburg OLGSt 5 nimmt umgekehrt an, daß der Ermittlungsrichter zuständig ist, er aber kein Geleit für das ganze Verfahren erteilen darf.

[21] KK-*Engelhardt* 7; *Kleinknecht/Meyer*[37] 2; KMR-*Müller* 7.

[22] OLG Oldenburg OLGSt 5; *Eb. Schmidt* 6.

Denn die Geleitsgewährung bezieht sich nicht auf die Untersuchungshaft, die ja gerade nicht vollzogen wird, noch ist sie Aussetzung des Haftvollzugs, weil das Gesetz dabei allein den Fall des § 116 im Auge hat. Auch setzt sie einen Haftbefehl nicht voraus (Rdn. 5). Die entsprechende Anwendung des § 126 Abs. 1 Satz 1 scheidet ebenfalls aus. Denn die Entscheidungen über die Untersuchungshaft können stets geänderten Verhältnissen angepaßt werden, dagegen ist die Geleitsgewährung grundsätzlich unabänderlich (Rdn. 25). Eine Entscheidung, die später für das erkennende Gericht verbindlich ist, muß diesem überlassen bleiben[23].

Hat ein **unzuständiges Gericht** entschieden, so ist die Gewährung sicheren Geleits **16** gleichwohl wirksam und unabänderlich. Das zuständige Gericht hat auch nicht die Befugnis des Verzichts in der Weise, daß es das Geleit aufkündigen und dem Angeklagten eine Frist zur Entfernung einräumen könnte[24]. Die Staatsanwaltschaft wird durch Rechtsmittel dafür Sorge zu tragen haben, daß kein höheres Gericht durch die Entscheidung eines unzuständigen niederen Gerichts gebunden wird.

c) Das sichere Geleit gewährt Befreiung von der Untersuchungshaft nur in dem **17** Verfahren, in dem es bewilligt wird. Wenn in **mehreren Verfahren** Haftbefehle ergangen oder zu erwarten sind, erfüllt es in der Regel nur dann seinen Zweck, wenn in allen Verfahren sicheres Geleit erteilt wird. Es ist daher zweckmäßig, daß sich die Gerichte untereinander ins Benehmen setzen.

7. **Erlöschen.** Das sichere Geleit erlischt aus den in Absatz 3 angegebenen drei **18** Gründen von selbst. Im Falle des auf **Freiheitsstrafe lautenden Urteils** kommt es nur auf das Ergehen, d. h. die Verkündung an, nicht dagegen auf die Rechtskraft[25]. „**Anstalten zur Flucht treffen**" ist hier im gleichen Sinn zu verstehen wie bei § 116[26]. Ist dem Beschuldigten das sichere Geleit nur für einen gegenständlich oder zeitlich begrenzten Verfahrensteil gewährt worden, ist er berechtigt, das Bundesgebiet wieder zu verlassen; in der beabsichtigten Ausreise liegen dann keine Anstalten zur Flucht (vgl. Rdn. 8). Das **Nichterfüllen der Bedingungen** unter denen das sichere Geleit erteilt wurde, führt zum Erlöschen, wenn der Beschuldigte eine Bedingung schuldhaft und in einem nicht nur unwesentlichen Ausmaß nicht eingehalten hat[27].

Ist das sichere Geleit nicht für das ganze Verfahren, sondern für einen **bestimm- 19 ten Zeitraum** oder nur für einen **bestimmten Verfahrensteil** eines nicht notwendig gegen den Beschuldigten betriebenen Verfahrens gewährt worden, so erlischt es mit Ablauf der im Geleitbrief festgelegten Geltungsdauer (vgl. Rdn. 8) oder bei Verletzung der Bedingungen. Die beiden anderen Erlöschensgründe des Absatzes 3 sind auf diese Fälle nicht anwendbar.

Das Gericht braucht das Erlöschen des sicheren Geleits **nicht durch Beschluß** fest- **20** zustellen[28]. Wenn ein auf Freiheitsstrafe lautendes Urteil ergeht, wird es dies auch nicht tun, weil der Eintritt der Bedingung eindeutig ist. Ebenso wird die Frage, ob der Be-

---

[23] Dies zeigt § 81 Abs. 1 Satz 2, wo schon die Zweckmäßigkeit, daß das künftig erkennende Gericht bestimme, ob die Untersuchung in einem psychiatrischen Krankenhaus stattfinde und in welchem, zu der Zuständigkeit des Gerichts geführt hat, das für die Eröffnung des Hauptverfahrens zuständig wäre. So auch das Schrifttum Fußn. 20; *Gössel* JR **1979** 174.

[24] Vgl. Rdn. 25.
[25] *Kleinknecht/Meyer*[37] 6; KMR-*Müller* 9.
[26] Vgl. § 116, 47.
[27] Vgl. § 116 Abs. 4 Nr. 1, der sogar eine gröbliche Zuwiderhandlung fordert.
[28] KK-*Engelhardt* 10; *Kleinknecht/Meyer*[37] 6; KMR-*Müller* 9; *Sommer* Recht **1912** 587.

Walter Gollwitzer

schuldigte Anstalten zur Flucht getroffen hat, in der Regel erst im Haftverfahren (§ 115 Abs. 2, 3; § 128 Abs. 1) nachgeprüft werden. Daß das sichere Geleit erloschen ist, weil der Beschuldigte die Bedingungen nicht erfüllt hat, kann dagegen, wenn die Verletzung nicht offensichtlich ist, zweckmäßigerweise durch Gerichtsbeschluß festzustellen sein. Dieser ist erst bei der Verhaftung oder alsbald nach ihr zuzustellen; der Beschuldigte hat im Haftverfahren Gelegenheit, sich zu äußern.

**21**    Ist das sichere Geleit erloschen, dann können das Gericht einen **Haftbefehl** erlassen, die Staatsanwaltschaft einen vorher erlassenen Haftbefehl vollstrecken, die Staatsanwaltschaft und die Polizei den Angeklagten vorläufig festnehmen (§ 127 Abs. 2), wenn die Voraussetzungen eines Haftbefehls vorliegen und Gefahr im Verzug ist.

**22**    **8. Widerruf.** Hat der Beschuldigte von dem sicheren Geleit Gebrauch gemacht, dann kann das Gericht die Gewährung des Geleits nicht widerrufen, selbst wenn sein Beschluß auf einem tatsächlichen Irrtum beruhte. Es kann auch das Geleit nicht in der Weise „aufkündigen", daß es dem Angeklagten eine Frist einräumt, in der er sich sicher entfernen kann[29]. Die Geleitsgewährung beruht auf gegenseitigem Vertrauen, das nicht einseitig entzogen werden kann.

**23**    Wohl aber kann die Erteilung des sicheren Geleits widerrufen werden, wenn der Beschuldigte den **Zweck** des Geleits, in seiner Gegenwart zu verhandeln, dadurch **vereitelt**, daß er im Ausland bleibt, Ladungen keine Folge leistet oder sein Erscheinen von Bedingungen abhängig macht, die ihm nicht erfüllt werden können[30].

**24**    **9. Sicheres Geleit zu anderen Zwecken.** Nach dem Aufbau der Vorschrift, namentlich der Beziehung des ersten Falles des Absatzes 3 zu den Absätzen 1 und 2, hat der Gesetzgeber[31], das sichere Geleit zu dem Zweck im Auge gehabt, den Angeklagten in gegen ihn selbst betriebenen Strafverfahren **zur Hauptverhandlung** zu bringen. Wortlaut und Zweck der Regelung schließen aber nicht aus, einem Beschuldigten sicheres Geleit zu erteilen, wenn er in einem anderen Verfahren als Zeuge, Partei oder Beteiligter zu erscheinen hat[32]. Diese Möglichkeit besteht für alle staatliche Verfahren; auch zum Zwecke der Anhörung durch einen parlamentarischen Untersuchungsausschuß kann sicheres Geleit bewilligt werden[33].

**25**    **Zuständig** für die Gewährung des Geleits in solchen Fällen ist das Gericht, bei dem das Strafverfahren gegen den Beschuldigten anhängig ist[34], nicht das Gericht, das sein Erscheinen wünscht. Ein Angeklagter, der einen in anderer Sache verfolgten abwesenden Beschuldigten als Zeugen benötigt, hat keinen Anspruch darauf, daß diesem sicheres Geleit erteilt werde[35]. Das sichere Geleit dient nicht seinen Interessen, sondern dem Aufklärungsinteresse des Staates. Er kann jedoch die Erteilung des sicheren Geleits

---

[29] KK-*Engelhardt* 9.
[30] OLG Zweibrücken NJW **1966** 1722; KK-*Engelhardt* 9; *Kleinknecht/Meyer*[37] 3; KMR-*Müller* 7.
[31] Vgl. Motive *Hahn* Mat. 1 242.
[32] OLG Köln OLGSt 1; KK-*Engelhardt* 1; *Kleinknecht-Meyer*[37] 1; KMR-*Müller* 4. Ob BGH NJW **1979** 1788, wonach einem im Strafverfahren benötigten Zeugen sicheres Geleit nicht gewährt werden kann, mehr besagen soll, als daß der Strafrichter des anderen

Strafverfahrens dazu nicht zuständig ist, erscheint mir fraglich; es handelt sich ohnehin nur um ein obiter dictum.
[33] Die Vereinbarungen über freies Geleit im zwischenstaatlichen Rechtshilfeverkehr in Strafsachen (Rdn. 31 f) sind insoweit nicht anwendbar.
[34] RG GA **73** (1929) 173; vgl. *Kleinknecht/Meyer*[37] 3.
[35] RG HRR **1937** 361.

(etwa in Verbindung mit einem entsprechenden Beweisantrag) in seinem eigenen Verfahren oder auch unmittelbar bei dem für die Erteilung zuständigen Gericht (vgl. das Ladungsrecht nach §220) **anregen**. Die gleiche Möglichkeit haben die Staatsanwaltschaft, aber auch die Parteien eines Zivilprozesses und auch das andere Gericht selbst, wenn es in einem bei ihm anhängigen Verfahren die Anwesenheit des Beschuldigten für förderlich hält. Da es sich um ein nicht näher geregeltes freies Verfahren handelt, bestehen, abgesehen von einem notfalls darzulegenden Interesse an der Verfahrensförderung, keine formalen Schranken für diese Anregung. Vor Bewilligung des von dritter Seite angeregten sicheren Geleits muß das zuständige Gericht die Staatsanwaltschaft und zweckmäßigerweise (vgl. Rdn. 13) auch den Beschuldigten selbst hören.

**10. Rechtsmittel.** Die Gewährung oder Versagung sicheren Geleits sowie den **26** Beschluß, mit dem die Feststellung getroffen wird, das sichere Geleit sei erloschen, kann sowohl der Staatsanwalt als auch der Beschuldigte mit der **Beschwerde** anfechten (§304 Abs. 1), die Gewährung der Beschuldigte nur, soweit er durch Bedingungen beschwert ist[36].

Die **weitere Beschwerde** nach §310 Abs. 1 ist nicht gegeben, weil das sichere Ge- **27** leit nicht die Verhaftung, sondern die Befreiung von ihr betrifft[37]. Wird der Beschuldigte nach Erlöschen des sicheren Geleits verhaftet, dann gelten die allgemeinen Bestimmungen über Haftbeschwerden, namentlich also §310 Abs. 1 über die weitere Beschwerde.

**Gegenstand der Beschwerde** kann bereits ein Beschluß sein, der feststellt, daß das **28** sichere Geleit erloschen ist (Rdn. 20), im übrigen sind es aber die nach seinem Wegfall angeordneten Zwangsmaßnahmen, vor allem ein Haftbefehl, der vor Erteilung, vor Erlöschen oder nach Erlöschen des sicheren Geleits erlassen und nach Erlöschen vollstreckt worden ist. In allen Fällen sind zunächst der dringende Tatverdacht (§112 Abs. 1) und die Haftgründe (§112 Abs. 2, §112 a) oder die Voraussetzungen des §112 Abs. 3 und die Frage der Verhältnismäßigkeit (§120 Abs. 1 Satz 1 zweiter Halbsatz) zu prüfen. Führt das nicht zur Aufhebung des Haftbefehls, dann sind vor der Frage, ob nach §116 verfahren werden kann, die Erlöschungsgründe nachzuprüfen. Die letzte Prüfung wäre allein anzustellen, wenn lediglich ein Beschluß über das Erlöschen freien Geleits ergangen wäre, aber kein Haftbefehl vollstreckt würde, doch dürfte ein solcher Fall kaum vorkommen.

Mit den Rechtsmitteln und in der Haftprüfung (§117) wird die Frage, ob durch **29** eine Verhaftung die Zusage sicheren Geleits verletzt worden ist, abschließend geprüft. Eine **Prozeßvoraussetzung für die Hauptverhandlung** ist die Einhaltung des sicheren Geleits nicht[38].

Wird das für **Zwecke eines anderen Verfahrens** begehrte sichere Geleit **30** (Rdn. 24 ff) nicht bewilligt, so sind weder der abwesende Beschuldigte, für den das Geleit begehrt wird, noch ein Verfahrensbeteiligter des anderen Verfahrens, in dem der Beschuldigte etwa als Zeuge benötigt worden wäre, dadurch beschwert, da ein Rechtsanspruch auf sicheres Geleit nicht besteht[39].

---

[36] OLG Hamburg JR **1979** 174; KK-*Engelhardt* 11; *Kleinknecht/Meyer*[37] 7; KMR-*Müller* 8.
[37] OLG Frankfurt NJW **1952** 908; OLG Köln NJW **1954** 1856; **1958** 1985; OLG Oldenburg OLGSt 5.
[38] *v. Weber* JZ **1963** 516.
[39] OLG Köln OLGSt 1; vgl. Rdn. 25.

Walter Gollwitzer

**31**     **11. Freies Geleit im Rahmen des internationalen Rechtshilfeverkehrs.** Die bestehenden völkerrechtlichen Verpflichtungen der Bundesrepublik überlagern zum Teil die in § 295 getroffene Regelung[40], sie schließen aber die Gewährung des sicheren Geleits nach § 295 grundsätzlich nicht aus.

**32**     Nach Art. 12 Abs. 1 EuRHÜ darf ein **Zeuge** oder **Sachverständiger**, der auf Grund einer ihm in einem Vertragsstaat zugestellten Vorladung erscheint, wegen einer vor seiner Abreise begangenen Straftat im Inland weder verfolgt, noch in Haft gehalten oder sonstigen Beschränkungen seiner persönlichen Freiheit unterworfen werden. Den gleichen Verfolgungsschutz genießt nach Art. 12 Abs. 2 EuRHÜ ein **Beschuldigter**, der auf Vorladung erscheint, wegen der nicht in die Vorladung aufgenommenen strafbaren Handlungen und Verurteilungen aus der Zeit vor seiner Abreise[41]. Das freie Geleit, das unabhängig von der Staatsangehörigkeit des Vorgeladenen besteht, endet erst, wenn der Erschienene von dem Zeitpunkt an, an dem er von den Justizbehörden nicht mehr benötigt wird, an 15 aufeinanderfolgenden Tagen ungehindert Gelegenheit zur Ausreise gehabt hat (Art. 12 Abs. 3 EuRHÜ). Ähnliche Regelungen finden sich auch in anderen Verträgen[42].

**33**     Soweit der **Verfolgungsschutz des freien Geleites** eingreift, bedarf es in der Regel keiner zusätzlichen Bewilligung des sicheren Geleits nach § 295. Wird es — was zulässig ist[43] — trotzdem erteilt, besteht der Verfolgungsschutz nach den internationalen Rechtshilfeabkommen fort, auch wenn — was vor allem bei Zeugen denkbar ist — der Schutz des sicheren Geleits nach § 295 erloschen ist. Dies gilt unabhängig davon, ob man das freie Geleit für Zeugen und Sachverständige als **allgemein anerkannten Grundsatz des Völkerrechts** (vgl. Art. 25 GG) ansieht[44], der unabhängig von einer Konkretisierung durch zwischenstaatliche Verträge zu beachten ist[45].

---

[40] KK-*Engelhardt* 11.

[41] KK-*Engelhardt* 12; vgl. Rdn. 6; die Regelungen ergänzen sich insoweit.

[42] vgl. *Grützner/Pötz/Walter* Teil II.

[43] *Schnigula* DRiZ **1984** 177.

[44] So KK-*Engelhardt* 12; BGH 11. 6. 1985 (1

StR 828/84) läßt dies offen. *Grützner* in *Schlochauer* Wörterbuch des Völkerrechts (1960) **3** 52 spricht von einem „internationalen Grundsatz".

[45] Vgl. *Walter* NJW **1977** 983.